Kosmos-Handbuch Aquarienkunde

Die Verfasser

Gerhard Brünner (Hamburg)
Aquarienpflanzen

Dr. Stanislav Frank (Prag)
Das System der Fische. Gattungen und Arten der Aquarienfische, ihre Haltung und Zucht

Prof. Dr. Otto Klee (Tübingen)
Aquarienchemie und Ökologie der Fische

Hanns-Jürgen Krause (Darmstadt)
Aquarientechnik

Wolfgang Ostermöller (Frankfurt)
Die Grundlagen der Aquaristik. Eine Einführung

Helmut Pinter (Stockholm)
Futterkunde

Helmut Pinter (Stockholm)
Züchten von Aquarienfischen

Dr. Gottfried Schubert (Hohenheim)
Krankheiten der Fische

Prof. Dr. Erich Schwartz (Gießen)
Bau und Leistung des Fischkörpers

Dr. Jörg Vierke (Husum)
Das Verhalten der Fische

Kosmos-Handbuch Aquarienkunde

Das Süßwasseraquarium

Herausgegeben
von der Redaktion Aquarienmagazin

Kosmos-Verlag
Gesellschaft der Naturfreunde
Franckh'sche Verlagshandlung
Stuttgart

Mit 300 Schwarzweißfotos von Abel (1), Blana-Müller (2), Brünner (37), Chvojka (2), Fa. Eheim (4), Eliáš (1), Frank (84), Fa. Hellige (1), Fa. Hilena (3), Höch (1), Fa. Juchheim (1), Kahl (56), Klee (8), Fa. Kolfertz (2), Fa. H. Müller (1), Ostermöller (1), Perkins (1), Fa. Potthoff (1), Fa. Sander (1), Fa. Schemel & Goetz (4), Schliwa (1), Schubert (45), Fa. Tetra (2), Tomey (2), Fa. Tunze (3), Vierke (25), Fa. Vitakraft (2), Fa. Wiegandt (3), Zukal (4)
sowie 766 Zeichnungen von Andersson (3), Bertsch (12), Brünner (8), Engelhardt (9), Frank (50), Golte-Bechtle (1), Haag (54), Kahl (7), Klee (5), Kropf (76), Löhle (25), Markl (1), Paysan (415), Schwarz (21), Söllner (54), Streble (5), Weigel (9) und 11 Zeichnungen aus dem Archiv im Text.
Mit 320 Farbfotos auf 64 Tafeln von Baumbach (2), Eliáš (8), Frank (4), Franke (4), Hansen (3), Huwald (4), Kahl (238), Paysan (1), Richter (51), Roloff (1), Staeck (3), Zukal (1).
Umschlag von Edgar Dambacher
unter Verwendung einer Aufnahme von Arend van den Nieuwenhuizen
Das Bild zeigt den Eierlegenden Zahnkarpfen Nothrobranchius melanospilus bei der Paarung

CIP-Kurztitelaufnahme der Deutschen Bibliothek

Kosmos-Handbuch Aquarienkunde : d. Süßwasser-Aquarium / hrsg. von d. Red. Aquarienmagazin. [Verf. Gerhard Brünner . . .]. – 2. Aufl. – Stuttgart : Franckh, 1979.
ISBN 3-440-04162-X

NE: Brünner, Gerhard [Mitarb.]

2. Auflage / 9.–13. Tausend
Franckh'sche Verlagshandlung, W. Keller & Co., Stuttgart / 1978

Printed in Germany / Imprimé en Allemagne LH 14 be / ISBN 3-440-04162-X
Gesamtherstellung: Brönner & Daentler KG, Eichstätt

Vorwort

In der Mitte des letzten Jahrhunderts propagierte der Zoologieprofessor Emil Adolf Roßmäßler den „See im Glase", wobei er eine Nachbildung heimischer Gewässer im Zimmeraquarium anstrebte – ein Kaltwasseraquarium also, vielleicht auch der erste Ansatz zu einem mitteleuropäischen Biotopaquarium.

Liest man heute den historischen Aufsatz Roßmäßlers („Die Gartenlaube" Jahrgang 1856, Heft 19), so gewinnt man den Eindruck, daß Roßmäßlers Aquarium nur bei sorgfältiger Pflege und ständigem Ersatz eingegangener Tiere und Pflanzen gedeihen konnte. Das „Heimataquarium" mit einheimischen Fischen und Pflanzen ist auch heute – bei Einsatz modernster technischer Hilfsmittel, der schwierigste Aquarientyp, ganz gewiß ungeeignet für den Anfänger. Dennoch schufen in der Nachfolge Roßmäßlers begeisterte Naturfreunde zauberhafte Kaltwasseraquarien, bei denen besonderer Wert auf üppig wuchernde Wasser- und Sumpfpflanzen gelegt wurde.

Zum Volkshobby wurde die Aquaristik aber erst durch die Einführung kleinwüchsiger tropischer Fische, die nicht nur farbiger waren als die einheimischen Kleinfische, sondern auch sehr viel anspruchsloser, und die sich – besonderer Reiz für den Tierfreund – auch im Aquarium züchten ließen. Zugleich aber traten auch technische Probleme auf: Die „Warmwasseraquarien" mußten beheizt werden, die Pflanzen aus tropischen Urwaldgewässern vertrugen nicht das grelle Licht am Fensterbrett, die Überbesetzung der Becken mit Schwärmen bunter Fischchen erforderte die künstliche Belüftung.

Und dann tauchten die „Problemfische" auf, die schwer zu halten und kaum zu züchten waren, weil sie besondere Ansprüche an die Wasserbeschaffenheit stellten: Der Aquarianer wurde zwangsweise zum Wasserchemiker.

Heute ist die Aquaristik ein Tummelfeld der Spezialisten geworden: Systematiker streiten sich um Art- und Gattungszugehörigkeit von Fischen, um die Priorität von Namen; Botaniker untersuchen die Lebensansprüche der Aquarienpflanzen; Physiologen und Verhaltensforscher nützen Aquarienfische als Versuchstiere, und aus der planlosen Vermehrung der Fische wurde die gezielte Zucht, die Kenntnisse der Vererbungslehre voraussetzt.

So steht der Aquarianer verwirrt vor einer Fülle von Fachausdrücken, fremdländisch klingenden Namen, chemischen Formeln, technischem Zubehör.

Jahrzehntelange publizistische Arbeit in der Aquaristik, nicht zuletzt an unserer Monatsschrift AQUARIENMAGAZIN, hat uns gelehrt, daß weder die umfangreiche Aquarienliteratur noch der einzelne Autor heute noch in der Lage sind, dem ernsthaften Aquarienfreund den Überblick zu vermitteln, den er für seine Arbeit braucht, und ihn zugleich mit dem nötigen Wissen zu versorgen.

So haben wir uns entschlossen, ein Handbuch zu schaffen, das, Lehrbuch und Nachschlagewerk zugleich, dem Aquarianer auf allen Gebieten der Süßwasseraquaristik als Ratgeber dienen kann.

Selbstverständlich mußten die unterschiedlichen Fachgebiete auch von verschiedenen Spezialisten bearbeitet werden. Wir hatten das Glück, für alle Kapitel hervorragende Autoren gewinnen zu können, und wir bedanken uns an dieser Stelle bei allen Mitarbeitern. Sie haben nicht nur das von ihnen jeweils zu bearbeitende Gebiet gründlich und gewissenhaft abgehandelt, sondern auch durch ständige Kontakte untereinander und mit der Redaktion dafür gesorgt, daß unser Handbuch kein zusammenhangloses Konglomerat von Spezialwissen wurde, sondern bei aller Vielfalt doch ein in sich geschlossenes, einheitliches Werk.

Der aufmerksame Leser wird bemerken, daß die Aquaristik kein abgeschlossenes Wissensgebiet mit feststehender Lehrmeinung ist. Die Forschung ist im Fluß, weithin befindet sich die Aquaristik sogar noch im (vorwissenschaftlichen) Zustand der Empirie, und daher unterscheiden sich da und dort die Auffassungen der Autoren.

Querverweise auf andere Kapitel helfen dem Leser, Textstellen, an denen der Gegenstand ausführlich oder unter anderen Gesichtspunkten behandelt wird, rasch aufzufinden.

Das KOSMOS HANDBUCH AQUARIENKUNDE möge dem Leser nützen und die Aquaristik fördern.

Redaktion AQUARIENMAGAZIN

Kosmos-Handbuch Aquarienkunde

1

Wolfgang Ostermöller

Die Grundlagen der Aquaristik

Eine Einführung

Aquaristik – ein Hobby unserer Zeit

Was ist Aquaristik? Im weitesten Sinne die Haltung, Pflege und Zucht von Wassertieren und Wasserpflanzen.

Die Welt unter Wasser begeistert und fasziniert den Menschen. Schon als Kinder haben uns die Gewässer verzaubert, ob wir nun am Ufer eines Baches, eines Flusses, eines Weihers oder auch nur am Rande einer Pfütze standen. Durch die mehr oder minder bewegte Wasseroberfläche blickten wir in rätselhafte Tiefen, beobachteten Mückenlarven, Molche, Stichlinge, Wasserschnecken oder Kaulquappen.

Unsere Zeit, bestimmt von Maschinen, erfüllt von Lärm und Hast, braucht dringend Gegengewichte der Ruhe und Entspannung. Das Aquarium bringt uns ein Stück Natur ins Haus, ermöglicht uns Beobachtungen an Lebewesen – Pflanzen wie Tieren, kurz – es erhält die Beziehungen zwischen dem verstädterten Menschen und der Natur.

Dennoch ist die Aquaristik kein „neues Hobby". Schon im alten Rom wurden Fische gehalten, allerdings nicht zur Zierde in den Wohnungen der römischen Patrizier, sondern zu Speisezwecken in Teichen. Die eigentlichen Väter der Aquaristik sind jedoch die Chinesen. Schon vor rund 1000 Jahren züchteten sie aus einem nahen Verwandten der Karausche, dem Giebel, die ersten Goldfische heraus. Zunächst durfte nur der Kaiser diese schönen Tiere halten; er gab sie nur an hohe Würdenträger, gewissermaßen als lebende Orden, weiter. Diese allerersten „Aquarienfische" wurden in sogenannten Drachenkübeln[1] gehalten. 300 Jahre dauerte es dann noch, bis aus dem Goldfisch eine weitere Variante herausgezüchtet wurde: der Schleierschwanz. Etwa 120 Schleierschwanzformen wurden gezüchtet, alle mehr oder minder monströs, so daß sich die Tiere meist nicht mehr normal bewegen konnten. Andere Zuchtformen des Goldfisches haben rückgebildete Flossen (die sogenannten Eierfische), wieder andere besitzen extreme Glotzaugen oder Hautwucherungen auf dem Kopf (Teleskopfische und Löwenköpfe). Manche dieser Tiere sind so mißgestaltet, daß sie sich „selbst zur Last sind". Um diese Zuchtformen, die bei uns von vielen Aquarianern radikal abgelehnt werden, richtig verstehen zu können, müssen wir bedenken, daß im alten China Aquarien in der heute üblichen Form unbekannt waren. Die Gartenteiche und Drachenkübel gestatteten nur eine Betrachtung der Fische von oben, und dabei hat die normale, spindelförmige Fischgestalt dem Auge nicht allzuviel zu bieten. Anders die Monstren, deren weit wallende Flossen auch von obenher einen imposanten Anblick boten. Und die „Himmelsgucker" gar, deren Augen auf regelrechten Balkonen sitzen, die aus der eigentlichen Augenhöhle herauswachsen, können senkrecht nach oben blicken, ohne ihren Körper auch nur um einen Grad zu neigen.

In unseren heutigen Aquarien sollten wir uns besser auf natürliche Formen beschränken, deren es genug gibt, um jeden Geschmack zu befriedigen.

Dem Goldfisch jedenfalls gebührt die Ehre, der erste „echte" Aquarienfisch zu sein. Er war es auch, der zuerst in einem europäischen Aquarium schwamm: als Geschenk an die bekannte Madame de Pompadour.

Die erste bedeutende Veröffentlichung über Aquaristik (die Bezeichnung „Aquaristik" gab es damals allerdings noch nicht) erschien im Jahre 1856 in der Familienzeitschrift „Die Gartenlaube": Emil Adolf Roßmäßler (geboren am 3. März 1806, gestorben am 9. April 1867)

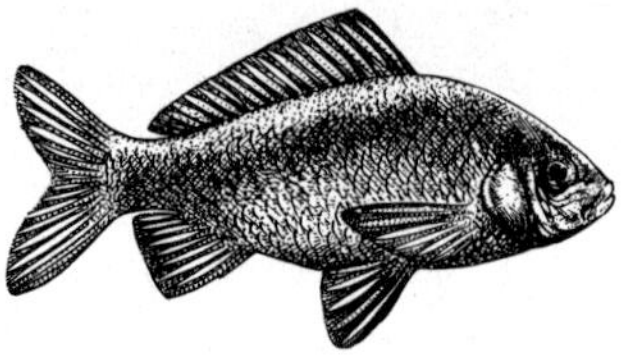

Bild 1.2: Der Gemeine Goldfisch wurde aus der Silberkarausche gezüchtet.

Bild 1.3: Der Schleierschwanz ist eine Zuchtform des Goldfisches.

Bild 1.1: Salonaquarium mit Pflanzenkultur, Felsenbau und Springbrunnen (aus Dr. E. Zernecke, Leitfaden für Aquarien- und Terrarienfreunde, 2. Aufl., Leipzig 1906).

schrieb dort einen Artikel „Der See im Glase". Roßmäßler gilt heute als Vater der Aquaristik in Deutschland.
Heute hat die Aquaristik ihren Siegeszug durch alle zivilisierten Länder der Erde angetreten. Fische gehören wohl zu den am häufigsten im Heim gepflegten Tieren[2].

Das Aquarium als Lebensraum für Fische

Für das „normale" Liebhaberbecken gilt der Leitsatz: Die Fische halten und vermehren sich in unseren Aquarien, weil sie sich extremen Verhältnissen anpassen können, nicht etwa, weil in unseren Becken optimale Verhältnisse herrschen. Die Aufgabe des Aquarianers ist es stets, optimale Lebensbedingungen anzustreben. Zweifelhaft bleibt, in welchem Umfange dies gelingen kann.
Auch das größte Aquarium ist bei weitem nicht so groß, daß in ihm auch nur annähernd natürliche Bedingungen herrschen könnten. Es fehlen Wind, Regen, direkter Sonneneinfall. Betrachten wir diese Faktoren einzeln: Wind vom leisen Lüftchen bis zum vernichtenden Orkan wirkt sehr stark auf die Wasseroberfläche ein. Er verursacht Strömungen, die schwebende Kleinlebewesen – wichtiges Glied in der Nahrungskette[3] – verfrachten. Solche schwebenden Kleinlebewesen – sogenanntes Plankton[4] – gibt es auch in unseren Aquarien. Untersuchen wir jedoch diese Mikroorganismen, so stellen wir fest, daß es sich zumeist um Arten handelt, die in der Natur in einem Gewässertyp vorkommen, den man schlechthin als „Abwasser" bezeichnet. Daran ist freilich nicht allein der fehlende Wind schuld, sondern viele andere nachteilige Faktoren. In der Natur kommt jedoch bei stehenden Gewässern dem Wind eine große Bedeutung für die Durchlüftung zu. Er bewegt die Wasseroberfläche, die dadurch um ein Vielfaches vergrößert wird und den wichtigen Gasaustausch (Sauerstoff : Kohlendioxid)) leichter vornehmen kann. Auch die Verdunstung wird nicht nur durch die Temperatur, sondern auch wesentlich durch die Windstärke bestimmt.
Der Regen ist vor allem Frischwasser, das – extrem salzarm – die natürlichen Gewässer verdünnt. In stehenden, natürlichen Gewässern verdunstet immer Wasser, wobei zwangsläufig der Salzgehalt ansteigt. Durch Regenfälle wird die Konzentration an gelösten Salzen wieder herabgesetzt. Andererseits aber führt Regenwasser, das indirekt in ein stehendes Gewässer gelangt (über Bäche oder das Grundwasser), diesem auch wieder Salze und andere wasserlösliche Stoffe zu. Und noch eines: Der auf die Wasseroberfläche fallende Regentropfen reißt die Oberfläche auf und sorgt so für eine zusätzliche Belüftung.
Die Wirkung des direkten Sonnenlichtes können wir gar nicht hoch genug einschätzen. Fast alle Lebensvorgänge auf der Erde sind direkt oder indirekt vom Sonnenlicht abhängig, denken wir nur an die Photosynthese[5]!
Diese wesentlichen Faktoren fehlen im Aquarium. Mit Hilfe moderner Technik können wir einige davon bis zu einem gewissen Grade nachahmen, und das reicht für die Bedürfnisse der Aquarienbewohner aus, wenn wir auf solche Arten verzichten, die eine vollständige Übereinstimmung mit der Natur verlangen (würde dies mehr beherzigt, könnte es nicht mehr vorkommen, daß immer wieder Tiere und Pflanzen in Aquarien zu Tode gepflegt werden, weil sie sich einfach an die Verhältnisse in unseren Becken nicht anpassen können; dies gilt vor allem für Meeresorganismen).
Unser Aquarium soll immer so groß wie nur möglich sein[6]. Reicht der Platz für ein 300-Liter-Becken, so geben wir diesem den Vorzug vor einem kleineren Becken, auch wenn wir vielleicht einige Wochen länger für die Anschaffung sparen müssen. Völlig falsch ist die Vorstellung, für den Anfang reiche ein kleines Becken: Je kleiner ein Aquarium ist, um so leichter „kippt" das Wasser, das heißt, es wird schlecht, mit organischen Abfallstoffen überladen. Außerdem ist ein kleines Aquarium viel stärker Schwankungen im Chemismus, in der Temperatur usw. unterworfen. Ein großes Becken „puffert" solche Schwankungen eher ab. Und was der Anfänger wohl kaum glauben mag, ein großes Aquarium fordert viel weniger Aufwand und Pflege als ein kleines!
Ein Aquarium als „Lebensraum" soll so eingerichtet sein, daß seine Bewohner die Möglichkeit haben, ihr natürliches Verhalten ablaufen zu lassen. Gerade Fische pflegen sich zum Beispiel nur dann fortzupflanzen, wenn ihnen der Lebensraum zusagt. Dabei müssen wir natürlich auf die Erfordernisse der einzel-

[1] Drachenkübel waren mehr oder minder große, meist runde Porzellanbehälter mit Drachenmotiven. Glas wurde für diese Zwecke noch nicht verwendet.

[2] Die meisten in den Aquarien gehaltenen Fische sind in Gefangenschaft nachgezüchtet. Vor allem in Südostasien gibt es große, gewerblich betriebene Zierfischzüchtereien, aus denen die meisten in unseren Handlungen erhältlichen Zierfische kommen.
Früher unterschied man nur Importfische und Nachzuchtfische, wobei der Importfisch stets in seinem ursprünglichen Heimatgebiet gefangen sein mußte. Heute müssen wir feiner unterscheiden: Importfische sind meist Fische, die aus dem Ausland eingeführt wurden (und sind vorwiegend aus Südostasien). Importnachzuchten sind die Nachkommen von echten Wildfängen, gewöhnliche „Nachzuchten" sind schon in mindestens einer Generationenfolge im Aquarium gezüchtet worden. Schließlich gibt es auch noch „Wildfänge", die tatsächlich in ihrer ursprünglichen Heimat gefangen worden sind. Manche Händler unterscheiden nicht zwischen „Importfischen" und „Wildfängen"!

[3] Die Nahrungskette stellt eine aufsteigende Reihenfolge von Pflanzen und Tieren dar, die einander als Nahrung dienen. Beispiel: Bakterien – Einzeller – Niedere Mehrzeller – Fische – Säugetiere – Menschen – (nach deren Tod:) Bakterien.

[4] Unter Plankton versteht man alle kleinen Lebewesen, die frei im Wasser schweben. Man unterscheidet Zooplankton (tierisches Plankton) und Phytoplankton (pflanzliches Plankton). Das tierische Plankton umfaßt Organismen vom Einzeller bis zur Fischlarve, das pflanzliche Plankton setzt sich aus allen möglichen Schwebealgen zusammen. Alle Gewässer enthalten Plankton.

[5] Photosynthese. Grüne Pflanzen können mit Hilfe des Sonnenlichts und des Farbstoffes Chlorophyll (Blattgrün) aus dem Kohlendioxid der Luft und aus Wasser organische Stoffe (zunächst Kohlenhydrate) aufbauen. Diesen Vorgang nennt man auch Assimilation. Gegensatz: Dissimilation, der Abbau organischer Stoffe zu Kohlendioxid und Wasser. Die Photosynthese ist die entscheidende Voraussetzung für Nahrungsketten, an denen grüne Pflanzen beteiligt sind.

[6] Vergleiche auch die Hinweise auf Seite 292.

nen Arten eingehen, die sich oft grundlegend voneinander unterscheiden. Fische, die in ihrem natürlichen Lebensraum in Höhlen oder sonstigen Verstecken leben, werden sich denkbar unwohl fühlen, wenn wir sie in einem Aquarium unterbringen, das jeder Versteckmöglichkeit bar ist. Sie verlieren in der Regel ihre Farben, verweigern zuweilen die Futteraufnahme, werden apathisch und gehen oft sogar ein. Oder nehmen wir Fische, die von Natur aus gründeln[1]. Sie brauchen einen feinkörnigen Bodengrund. Ein Boden aus groben Kieselsteinen wäre für diese Tiere eine Qual. Wer es nicht schätzt, daß Tiere im Bodengrund buddeln, sollte nicht versuchen, Fische, denen dies ein Lebensbedürfnis ist, durch groben Kies am Buddeln zu hindern: Sie tun es dennoch, oder versuchen es wenigstens. In diesem Fall gibt es nur eine Lösung: Auf die Haltung solcher Fische zu verzichten.

[1] Gründeln. Gründelnde Tiere durchsuchen den Bodengrund nach Freßbarem. Viele gründelnde Fische besitzen besondere Geruchs- und Geschmacksorgane in Form von Barteln, mehr oder minder langen, fadenförmigen Anhängen der Lippen. Manchmal sitzen bei gründelnden Fischen auch auf den Lippen selbst Geschmacksknospen.

Bild 1.4: Die meisten Welse sind typische Bodenbewohner. Auf diesem Bild, das ein Pärchen des Metallpanzerwelses (Corydoras aeneus) zeigt, erkennt man die Barteln sehr deutlich. Aufnahme B. Kahl.

Das Aquarium ist durch seine Glaswände begrenzt und bietet den Fischen keine Zu- oder Abwanderungsmöglichkeiten. Deshalb gehört der Besatz des Aquariums zur Lebensraumgestaltung. Für den Pfleger ist es daher wichtig, daß er sich mit den Lebensgewohnheiten seiner Pfleglinge vertraut macht. Von schlechtem Einfühlungsvermögen zeugt es, wenn Schwarmfische einzeln gehalten werden oder wenn man Einzelgänger mit Artgenossen zusammen pflegt. Ebensowenig kann man natürlich Raubfische mit „Friedfischen" vergesellschaften. („Friedfische" steht hier in Anführungszeichen; bis auf wenige Ausnahmen sind nämlich alle Fische Raubfische, das heißt, sie fressen ihre Artgenossen, soweit sie sie bewältigen können.)
Manche Fische sind unverträglich; sie fallen alle anderen Fische, die in ihre Reichweite kommen, an und beißen sie oder verletzen sie anderweitig. Dazu gehören viele Kugelfische oder Arten, die gar davon leben, daß sie anderen Fischen bestimmte Organe abfressen. Es gibt Nahrungsspezialisten[2], die anderen Fischen die Schuppen wegfressen (Beispiel: der Wimpelpiranha, *Catoprion mento*) oder solche, die anderen Fischen die Augen auspicken (Beispiel: *Haplochromis compressiceps*). Selbstverständlich können wir solche Fische nur im Artbecken halten. Die Aquarienbewohner – Tiere wie Pflanzen – bilden eine

[2] Nahrungsspezialisten sind Tiere, die vorwiegend oder ausschließlich von ganz spezieller Nahrung leben. Sie verweigern oft die Annahme einer Ersatznahrung, oder sie können Ersatznahrung, wenn sie sie aufnehmen, nicht voll auswerten und gehen früher oder später zugrunde, wenn ihre Spezialnahrung nicht geboten wird. Solche Nahrungsspezialisten sind viele Meerestiere, die nicht im Aquarium gehalten werden sollten, wenn die Versorgung mit der spezifischen Nahrung nicht sicherge-

stellt ist (Beispiel: manche Plectognathen leben vor allem von lebenden Korallen).

[3] Vergleiche das Kapitel „Das biologische Gleichgewicht im Aquarium“, S. 18.

[4] Anaerobe Bakterien benötigen für ihre Lebensvorgänge keinen Sauerstoff, ja Sauerstoff kann für sie sogar Gift sein. Gegensatz: Aerobe Bakterien, die für ihre Lebenstätigkeit Sauerstoff brauchen.

Für einen Anfänger oder auch für den fortgeschrittenen Aquarianer kann die Mitgliedschaft in einem Aquarienverein sehr nützlich sein. Der älteste deutsche Aquarienverein, der Verein „Aquarium“ in Gotha, wurde 1882 gegründet. Sehr bald folgten andere Vereinsgründungen, und bereits 1911 wurde als Dachverband der Verband deutscher Vereine für Aquarien- und Terrarienkunde (VDA) ins Leben gerufen. Ihm gehören heute die meisten Aquarienvereine in der Bundesrepublik an. Zum VDA gehörten im Jahre 1966 9655 Mitglieder. Im Jahr 1976 waren es bereits 16 800 Mitglieder aus 589 Vereinen. Aquarienvereine gibt es in wohl allen größeren Städten und auch in sehr vielen kleineren. Mittelpunkt des Vereinslebens sind die zumeist monatlich stattfindenden Vereinsabende, an denen die Mitglieder Erfahrungen austauschen können. Zum Angebot der meisten Vereine gehört ferner das Organisieren von Tümpeltouren, von Aquarienausstellungen und Fischbörsen, die Teilnahme an Fotokursen und anderen Weiterbildungsveranstaltungen, sowie der Besuch von Bezirks- und Verbandstagungen.
Neben den traditionellen Aquarienvereinen sind in den letzten Jahren einige Zweckvereinigungen entstanden, die sich überregional mit speziellen aquaristischen Teilgebieten befassen und die dem VDA nur zum Teil angeschlossen sind. Hierzu gehören unter anderem die Deutsche Killifischgemeinschaft (DKG) und die Deutsche Cichlidengesellschaft (DCG). Diese Vereinigungen unterrichten ihre Mitglieder regelmäßig durch Vereinszeitschriften über die neuesten Erkenntnisse auf ihren Spezialgebieten und versuchen auch selbst an der Weiterentwicklung des jeweiligen Spezialgebietes zu arbeiten. In der DDR haben sich Spezialisten der verschiedensten Fachrichtungen schon Mitte der 60er Jahre zu Zentralen Arbeits-Gemeinschaften (ZAG) zusammengeschlossen.
Vereine sind nicht jedermanns Sache. Man verbindet damit nicht immer zu Unrecht übertriebene Traditionspflege, Klüngel und langweilige oder geschwollene Reden. Andererseits bietet ein Verein die Möglichkeit, Gleichgesinnte kennenzulernen, Gedankenaustausch zu pflegen und von Erfahreneren zu lernen.
Dr. Jörg Vierke

Lebensgemeinschaft. Sie ist natürlich nicht so ausgewogen wie in der Natur[3], aber was wir zusammen halten, darf sich nicht gegenseitig stören.
Viele Fische fressen Pflanzen. Es interessiert sie dabei gar nicht, ob die Amazonasschwertpflanze 25 Mark gekostet hat oder ob der Busch *Hygrophila* den Hauptschmuck des Aquariums bildet. Für sie ist das eine wie das andere einfach Gemüse: Sie fressen es. Solche Fische in einem schön bepflanzten Aquarium zu halten, ist ein hoffnungsloses Unterfangen. Sie werden die Wasserpflanzen immer wieder anderen pflanzlichen Stoffen vorziehen, auch wenn wir noch so viel Spinat, Salat oder Haferflocken füttern. Abhilfe: Entweder verzichten wir auf Fische, die sich an den Aquarienpflanzen vergreifen, oder wir richten das Aquarium nur mit Steinen, Holz und Wurzelstöcken ein, was auch sehr nett sein kann. Auch in freien Gewässern finden wir in der überwiegenden Mehrzahl der Fälle ja nur einen recht spärlichen Pflanzenwuchs, und viele Wasserpflanzen sind überhaupt Algen, die der ,,zünftige" Aquarianer gar nicht gerne sieht.
Sehr oft ist auch das Verhältnis von den Bakterien zu den übrigen Bewohnern des Aquariums gestört. Unter bestimmten Verhältnissen können sich ganze Rasen von Schwefelbakterien bilden, die den Bodengrund und andere Einrichtungsgegenstände mit einem weißen Geflecht überziehen. Das sieht nicht nur schlecht aus: Diese geschlossenen Bakterienkolonien können durch ihre Stoffwechselprodukte eine Gefahr für die Fische und Pflanzen darstellen. Sie verhindern die Beatmung des Bodengrundes (der dann in Fäulnis übergeht), und sie fördern indirekt die Entwicklung anaerober Fäulnisbakterien[4].
In solchen Fällen müssen wir regulierend eingreifen. Die überflüssigen Bakterienansammlungen sind zu entfernen, vor allem aber müssen wir angereicherte Abfallstoffe, von denen sich die Bakterien ernähren, beseitigen.
Eine der wichtigsten Pflegemaßnahmen ist ein regelmäßiger Wasserwechsel, bei dem wir den auf dem Boden angesammelten Mulm entfernen. Je nach der Größe des Aquariums sollten wir alle zwei Wochen ein Viertel bis die Hälfte des Altwassers absaugen (dazu benützt man einen Schlauch) und durch Frischwasser ersetzen. Geringfügige Temperaturschwankungen (in der Regel Temperatursenkung, wenn wir untemperiertes Leitungswasser verwenden) können wir dabei in Kauf nehmen, ja, solche Schwankungen können den Fischen gut bekommen (natürlich nur in Grenzen von wenigen Grad Celsius). Auch in der Natur senkt ja Regen im allgemeinen die Temperatur der Gewässer um einige Grade. Deshalb muß bei der Zucht von vielen Fischen, die in der Natur während der Regenzeiten laichen, die Ablaichtemperatur niedriger liegen als die sonstige Pflegetemperatur und nicht, wie vielfach angegeben wird, höher.

Kalt oder warm?

Für viele Nichtaquarianer ist auch heute noch der Goldfisch das Urbild des Zierfisches. Die Fische aber, die die Aquaristik erst zu dem gemacht haben, was sie heute ist, sind Exoten, die aus meist tropischen Gebieten der Erde stammen. Zu nennen sind die vielen Salmler aus Südamerika und Afrika, die Barben und Bärblinge aus Asien und Afrika, die Buntbarsche aus Südamerika und Afrika. Viel seltener sind in unseren Aquarien Fische aus den gemäßigten Zonen vertreten, also zum Beispiel unsere einheimischen Arten und auch der Goldfisch mit seinen Zuchtformen. Schon von der Größe her gibt es wenige einheimische Arten, die sich für die Haltung im Aquarium eignen. Aber selbst klein bleibende Arten wie Stichlinge, Moderlieschen, Elritzen, Bitterlinge, Steinbeißer, Schlammpeitzger oder die nordamerikanischen Sonnenfische sieht man selten in Aquarien oder Zoogeschäften. Dabei stehen viele der genannten Arten in Färbung und Verhalten den Exoten kaum nach. Die Ursache dafür liegt nicht nur in einer Verachtung der heimischen Fischfauna, sondern auch in der Tatsache, daß die meisten ,,Kaltwasserfische" viel empfindlicher sind als „Warmwasserfische". Sie vertragen z. B. sehr häufig die hohen Sommertemperaturen in unseren Aquarien nicht. Da es jedoch viel einfacher ist, ein Aquarium zu heizen als zu kühlen, zieht der Aquarianer im allgemeinen die tropischen Warmwasserfische vor.
In den gemäßigten Zonen liegen die Wassertemperaturen niedriger als in den Tropen oder den Subtropen. Vor allem sinken sie während der kalten Jahreszeit beträchtlich ab, wogegen in den Tropen die Wassertemperaturen bei weitem nicht so stark schwanken. In den gemäßigten Gebieten dauert es oft recht lange,

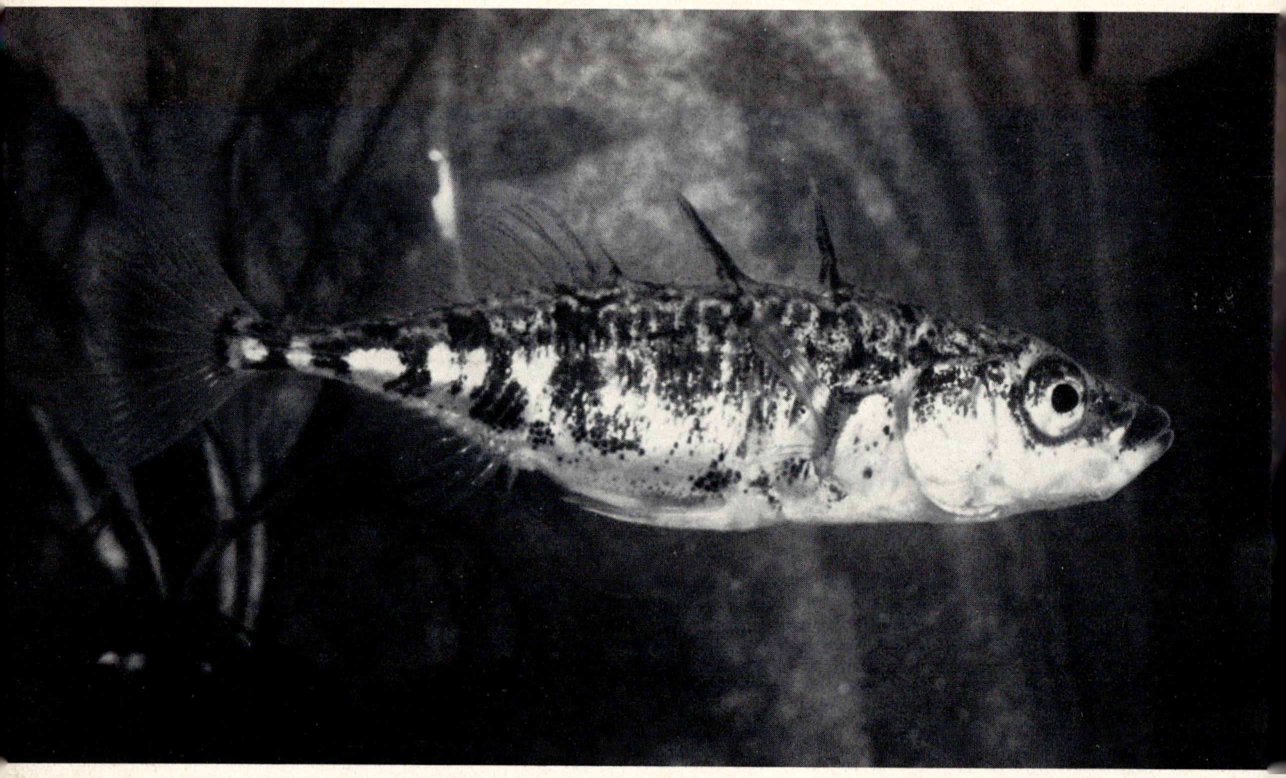

bis sich das Wasser stärker erwärmt (obwohl in kleinen Tümpeln die Temperatur durchaus auch tropische Werte erreichen kann; es kommt dann oft zu Fischsterben). Im Winter gehen in unseren Gewässern die Lebensvorgänge stark zurück, bei abnehmender Temperatur und geringerer Helligkeit „ziehen" die Wasserpflanzen ein, die Fische werden träge, einige vergraben sich sogar in den Bodengrund. Diese krassen Unterschiede gibt es in warmen Gebieten nicht. Alles läuft viel gleichförmiger ab, wenn auch Trocken- und Regenzeiten wechseln.

Berücksichtigen wir diese Tatsachen, so können wir für ein mit einheimischen Tieren und Pflanzen besetztes Aquarium die folgenden Ansprüche zusammenstellen: Das Becken muß so aufgestellt werden, daß es sich nicht zu stark erhitzt, wogegen eine Abkühlung bis auf 8–10° C nichts schadet. Temperaturen von 20 bis 22° C sollten im Sommer nicht überschritten werden. Goldfische und Schleierschwänze vertragen zwar auch noch gut 25° C, aber dann beginnt auch bei ihnen die Sache kritisch zu werden. Erfahrene „Kaltwasseraquarianer" fürchten die Ende Juni oder im Juli oft auftretenden „Hundstage"; sie müssen dann mit Fischverlusten rechnen.

Woher kommt das, wenn doch exotische Fische Temperaturen von 30–35° C noch aushalten? Unsere einheimischen Fische haben ganz einfach ein höheres Sauerstoffbedürfnis. Kühles Wasser löst mehr Sauerstoff als warmes, je wärmer ein Wasser ist, um so weniger Sauerstoff kann es lösen[1]. Hinzu kommt, daß der Sauerstoffgehalt im Wasser um so mehr sinkt, je stärker es biologisch belastet ist. Enthält also ein Kaltwasseraquarium an heißen Sommertagen auch noch organische Abfallprodukte, die sauerstoffzehrend wirken, so werden die Fische bald an gefährlicher Sauerstoffnot leiden.

Im Winter bietet ein Kaltwasseraquarium, wenn die Pflanzen eingezogen sind, einen fast trostlosen Anblick. Das ist aber nicht entscheidend, denn wir können auch in ein „Kaltwasseraquarium" tropische Wasserpflanzen einsetzen, die auf nicht ganz so hohe Temperaturen angewiesen sind.

Im Tropenaquarium können wir eine sehr große Wahl zwischen verschiedensten exotischen Fischen und vielfältigen Pflanzen treffen und unseren „Unterwassergarten" das ganze Jahr hindurch kultivieren. Das Warmwasseraquarium ist, um einen Modeausdruck zu verwenden, „pflegeleicht".

Bild 1.5: Der Dreistachlige Stichling (Gasterosteus aculeatus) ist sehr gut für unser Kaltwasseraquarium geeignet. Die Männchen werden während der Balzzeit fast so bunt wie die buntesten tropischen Süßwasserfische. Aufnahme R. Zukal.

[1] Sauerstoffsättigung. Die folgenden Werte gelten für reines Wasser bei einem Luftdruck von 760 mm Quecksilber. Werte in mg/l O_2. (Standard American Public Health Association). Bei organischer Belastung können die Werte auf Null sinken. Da in einem Aquarium bei höheren Temperaturen der bakterielle Abbau von organischen Stoffen eine sehr starke Sauerstoffzehrung bewirkt, liegt hier der Sauerstoffgehalt stets ungünstiger.

°C	mg/l O_2
4°	13,13
10°	11,33
15°	10,15
20°	9,17
22°	8,83
24°	8,53
26°	8,22
30°	7,63

Dennoch soll betont werden, daß ein Aquarium mit einheimischen Fischen für den Individualisten unter den Aquarianern eine schöne Sache ist. Kann er das Becken mit einer Kühlanlage versehen oder es in einem kühlen Raum aufstellen (die Wassertemperatur soll im Sommer möglichst nicht über 20° C ansteigen und im Winter auf etwa 10° C gehalten werden), so hat er gute Voraussetzungen zur Pflege einheimischer Fische. Zu beachten ist dabei, daß auch künstliche Beleuchtung zusätzlich Wärme liefert.

Ein Warmwasseraquarium können wir an einer beliebigen Stelle im Raum anordnen, dort, wo es sich am besten einfügt. Künstliche Heizung und Beleuchtung ersetzen die Sonne weitgehend, ohne daß wir uns um zu hohe Temperaturen sorgen müßten.

Süß oder salzig?

Das ist, wie in der Gastronomie, eine Frage des Geschmacks. Wir müssen uns nur entscheiden, ob wir Süßwassertiere und Süßwasserpflanzen pflegen wollen oder Meerestiere. Jedes aquaristische Gebiet hat seine eigenen Reize. Freilich muß zugegeben werden, daß die Meeresaquaristik auch heute noch wesentlich mehr Tücken hat als die Süßwasseraquaristik. Noch mehr als ein Süßwasseraquarium ist ein Seewasserbecken eine „Notlösung", denn nie können wir einen Meeresausschnitt ins Wohnzimmer zaubern. Viel schwieriger ist es auch, eine Lebensgemeinschaft aus Meeresorganismen zu bilden als aus im Süßwasser lebenden Tieren und Pflanzen. So wird es uns kaum gelingen, Großalgen und Tange im Aquarium zu pflegen (eine Ausnahme bildet allein die Kriechsproßalge, *Caulerpa prolifera*). Der Besatz eines Meeresaquariums besteht also zum

Bild 1.6: Hochzuchtguppys (Poecilia reticulata) bezaubern durch ihre Formen und Farben. Aufnahme B. Kahl

größten Teil aus Tieren. Bei deren Auswahl müssen wir noch kritischer sein als beim Süßwasser. Die im Meeresaquarium gepflegten Fische sind fast ausschließlich Einzelgänger, zum großen Teil auch Nahrungsspezialisten. Schwarmfische können wir im Meeresaquarium überhaupt nicht unterbringen, denn Meeresschwarmfische sind Hochseefische, die sich mit wenigen Ausnahmen im Aquarium nicht halten lassen[1]. Auch zahlenmäßig müssen wir uns beschränken: In einem 500-Liter-Aquarium sind 10 Fische oft schon zu viel. Gewiß, auch im Meer hält sich z. B. ein Pärchen des Anemonenfisches *Amphiprion percula* stets in der Nähe seiner Wohnanemone[2] auf und entfernt sich selten mehr als einen halben Meter von ihr. Das besagt aber nicht, daß für diese Fische $^1/_4$ m^3 Wasser ausreichend wäre, denn im Meer erneuert sich das Wasser an jedem Standort fortwährend durch Strömungen, im Aquarium fließt es dagegen immer im gleichen engen Kreislauf. Trotz dieser nicht sehr ermutigenden Tatsache zeigt die Meeresaquaristik immer mehr Erfolge. Mittlerweile ist sogar die Nachzucht einzelner Arten gelungen, allerdings nur unter ganz bestimmten Voraussetzungen, die der normale Aquarianer kaum erfüllen kann.
Vor allem aber bietet uns die Meeresaquaristik ein reizvolles Gebiet, das in der Süßwasseraquaristik nur ganz bescheidene Parallelen findet: die Pflege wirbelloser Tiere. Da gibt es Schwämme in leuchtenden Farben, Hohltiere wie Korallen und Seeanemonen, Würmer mit grazilen Tentakelkronen, Krebse in großer Vielfalt. Wirbellose Meerestiere sind auch die Stachelhäuter wie Seesterne, Seeigel und Seewalzen, die es wert sind, gepflegt zu werden, soweit sie sich überhaupt im Aquarium halten lassen.
Auch die Meeresfische bieten an Formen und Farben mehr als die meisten Süßwasserfische. Denken wir an die unwahrscheinliche Farbenfülle z. B. der Chaetodontiden (Borstenzähner, Schmetterlingsfische), Acanthuriden (Doktorfische, Seebader) und Pomacanthiden (Kaiserfische), betrachten wir aber auch die bizarren Formen mancher Meeresfische, so kommen wir aus dem Staunen nicht mehr heraus. Und all diese Tiere leben in einem Wasser, das in Wahrheit eine Salzlösung mit einem Gesamtsalzgehalt von etwa 1,5 ‰ (Ostsee) bis zu 3,5 ‰ (Mittelmeer, Atlantik) darstellt. Diese Salzlösung[3] – sprich Seewasser – hat natürlich auch ihre Nachteile. Aquarien mit Metallrahmen müssen gut isoliert sein, weil das Salz das Metall stark korrodieren läßt. Für Seewasseraquarien sind daher die modernen Becken, die nur aus Glasscheiben zusammengeklebt sind oder Asbestzement-Aquarien – auch gut isoliert – mit einer Sichtscheibe am günstigsten.
Ein ganz anderer Aquarientyp ist das Süßwasseraquarium. Sein hervorstechendes Merkmal: Wir können hier Fische und Pflanzen, und zwar Höhere Pflanzen, im gleichen Becken pflegen. Die Süßwasserfische sind in ihrer Gestalt fast immer „fischtypisch". Obwohl sie in der Färbung selten so kontrastreich sind wie z. B. die sogenannten Korallenfische, bieten sie andere Vorzüge: Vor allem lassen sich viele Süßwasserfische in Gefangenschaft recht leicht züchten, und ihr Verhalten kann auch im Aquarium in günstigen Fällen ganz natürlich ablaufen – was man von Seefischen nur selten sagen kann. Wer Gegensätze liebt und Platz genug hat, kann ein Süßwasserbecken und ein Seewasseraquarium nebeneinander stellen. Er ist der Frage: süß oder salzig? enthoben.

Das biologische Gleichgewicht im Aquarium

Wer Aquarianern zuhört, wird bald auch dem Begriff „biologisches Gleichgewicht" begegnen. Manch ein Aquarianer wird auch behaupten, in seinem Aquarium herrsche ein solches Gleichgewicht. Was versteht man darunter?
In der Theorie sieht die Sache recht einfach aus: Ergänzen sich in einem Lebensraum – hier einem Gewässer – alle Lebewesen tierischer und pflanzlicher Art so, daß ihre Lebensgemeinschaft störungsfrei erhalten bleibt, so ist diese Lebensgemeinschaft im Gleichgewicht. Die abgestorbenen Pflanzen und Tiere sowie die Ausscheidungen der Tiere werden durch Bakterien und Pilze abgebaut, d. h. in anorganische Salze, in Kohlendioxid und Wasser zerlegt. Diese Abbauprodukte wiederum dienen grünen Pflanzen als Nährstoffe. Grüne Pflanzen sind zur Photosynthese befähigt, bei der aus Kohlendioxid[4] mit Hilfe des Lichtes zusammen mit Wasser organische Stoffe (zunächst Traubenzucker) hergestellt werden. Bei diesem Vorgang wird Sauerstoff frei, und zwar mehr, als die

[1] Heringe kann man zum Beispiel in sogenannten Ringbecken halten. Das sind Aquarien in Form eines Ringes, in denen eine ständige gleichgerichtete Wasserströmung herrscht. Die Fische stellen sich gegen die Strömung und schwimmen stets im Kreise herum. Dadurch täuscht man ihnen einen unendlichen Schwimmraum vor. In einem normalen Aquarium kann man Heringe nur ganz kurze Zeit am Leben erhalten.

[2] Fische der Gattung Amphiprion leben in einer Lebensgemeinschaft mit bestimmten Seeanemonen. Dabei werden die Fische durch die Nesselbatterien der Blumentiere geschützt. Ob auch die Seeanemonen von den Fischen einen Vorteil haben, ist noch nicht endgültig geklärt. In Gefangenschaft gehen die Blumentiere, die mit solchen Anemonenfischen zusammengehalten werden, meist nach recht kurzer Zeit ein.

[3] Seewasser-Rezept nach Segedi und Kelley (1964).

I.	kg/m^3
$NaCl$	27.560
$MgSO_4$	6.890
$MgCl_2$	5.392
KCl	0.599
$CaCl_2$	1.378
$NaHCO_3$	0.210

II.	g/m^3
$SrCl_2$	19.812
$MnSO_4 \cdot H_2O$	3.962
$NaH_2PO_4 \cdot 7H_2O$	3.962
$LiCl$	0.991
$Na_2MoO_4 \cdot 2H_2O$	0.991
$Na_2S_2O_3 \cdot 5H_2O$	0.991

III.	mg/m^3
KJ	89.2
$Al_2(SO_4)_3$*	858.6
KBr	26836.6
$CoSO_4$	89.2
$RbCl$	148.6
$CuSO_4 \cdot 5H_2O$	9.9
$ZnSO_4 \cdot 7H_2O$	95.8

* Zum Lösen Erwärmen

I kann technische Qualität sein, II und III sollten p. a. sein.

I, II und III in 24 Stunden Abstand bei Durchlüftung lösen.

[4] Kohlendioxid entsteht bei dem bakteriellen Abbau abgestorbener Organismen und bei der Atmung.

Pflanzen zunächst für die eigene Atmung benötigen. Dieser Sauerstoff wird wiederum von den Tieren (aber auch von Bakterien) veratmet. Gleichzeitig bilden sich Nahrungsketten[5]. Kann sich eine ganze Lebensgemeinschaft in einem abgeschlossenen Raum (z. B. einem See) auf diese Weise selbst erhalten, ohne sich wesentlich zu verändern, so steht sie im biologischen Gleichgewicht.

[5] Siehe Fußnote 3 auf S. 13.

Seit Beginn der Aquaristik bildete man sich ein, solche ausgewogenen Verhältnisse auch im Aquarium schaffen zu können. Bis zu einem gewissen Grade geht das auch, aber früher oder später bricht das Ganze doch zusammen, wenn wir nicht mit technischen Hilfsmitteln eingreifen. Was ist geschehen?

Unsere Aquarien sind mit Tieren und meist auch mit Pflanzen völlig überbesetzt. Die Ausscheidungsprodukte der Tiere reichern sich an; sie werden zwar zum Teil von Bakterien abgebaut, aber es fallen viel mehr Ausscheidungsprodukte an, als eine normale Bakterienflora verarbeiten kann. Auch die aus dem bakteriellen Abbau hervorgehenden Mineralstoffe sind im Überschuß vorhanden, d. h. mehr als die Pflanzen im Aquarium aufnehmen und verarbeiten können. So reichern sich z. B. die Nitrate (Salze der Salpetersäure) so an, daß die Pflanzen schließlich den Nitratgehalt des Wassers nicht mehr nennenswert verringern können. Die Nährstoffkonzentration im Wasser wird so hoch, daß sie auf die

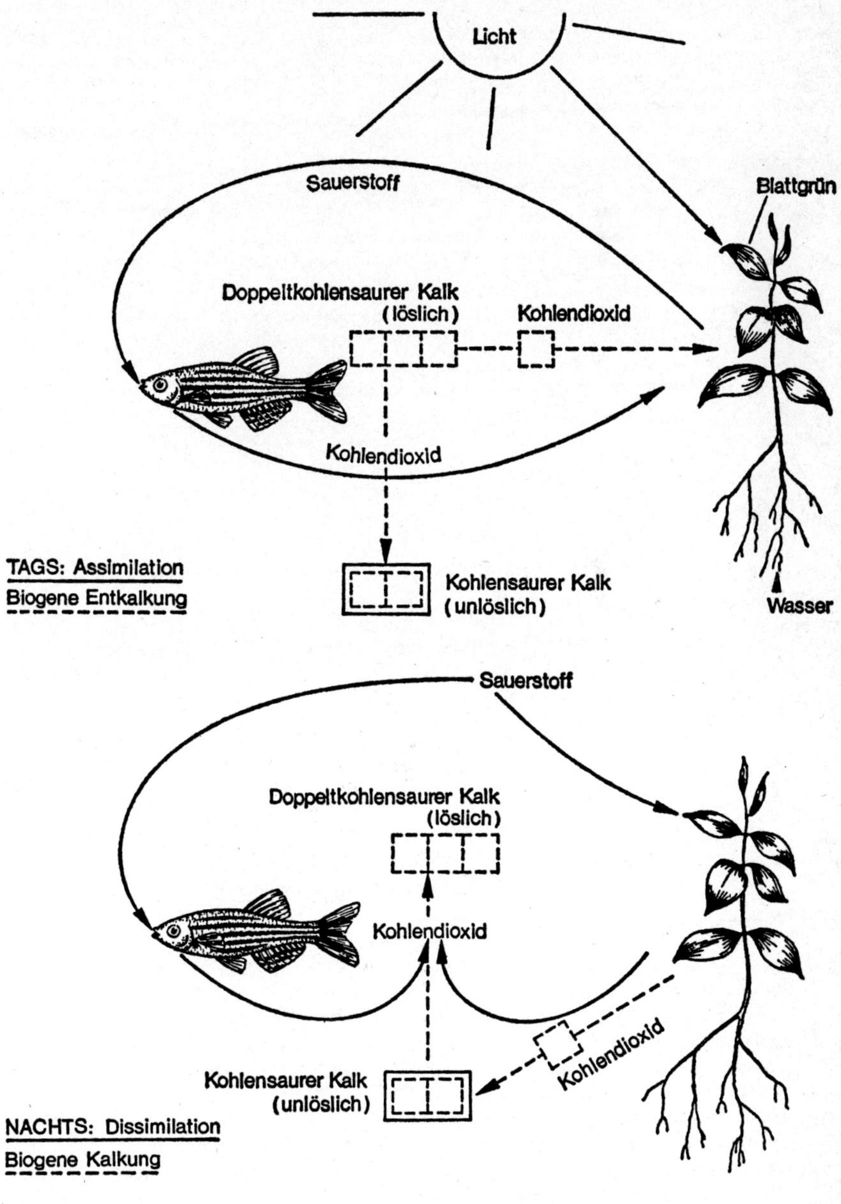

Bild 1.7: Schema des Gasaustausches zwischen Tier und Pflanze: Am Tage nehmen die Pflanzen Kohlendioxid auf und geben Sauerstoff ab, der von den Fischen bei der Atmung verbraucht wird (Assimilation). Nachts nehmen auch die Pflanzen Sauerstoff auf und atmen Kohlendioxid aus (Dissimilation). Es kann daher auch nachts in einem gut bepflanzten Aquarium Sauerstoffmangel herrschen. Die gestrichelten Linien veranschaulichen die biogene Entkalkung bzw. die biogene Kalkung.

Bild 1.8: Ein schön bepflanztes Aquarium. Hier steht Cryptocoryne blassii im Verband mit C. longispatha, C. wendtii und Sagittaria subulata. Aufnahme J. Elias

Pflanzen giftig wirkt: Sie beginnt, die Lebensvorgänge zu hemmen. Unter diesen Umständen klappt auch die Photosynthese nicht mehr: Die Pflanzen nehmen nicht mehr soviel Kohlendioxid auf und geben nicht mehr soviel Sauerstoff ab, wie sie eigentlich unter günstigen Bedingungen könnten. Es ergibt sich ein Kohlendioxid-Überschuß, der zu Atemnot bei den Fischen führt. Der ganze Chemismus des Aquarienwassers verschiebt sich, es treten Fäulnisvorgänge auf, früher oder später kommt es zum Zusammenbruch mit oft erheblichem Fischsterben.

Wann dieser Zusammenbruch eintritt, ist verschieden. Das hängt vor allem davon ab, wie stark das Aquarium besetzt ist, wie hoch die Wassertemperatur ist, wie stark beleuchtet wird usw. Es hängt aber auch von der Fütterung ab: Je stärker gefüttert wird, um so früher „kippt" das Aquarium.

Was können wir daraus lernen? Ein biologisches Gleichgewicht im Aquarium ist auf die Dauer nicht möglich. Wir müssen regulierend eingreifen, wobei uns als einfachstes und bestes Mittel der Wasserwechsel zur Verfügung steht. Mit einem Teil des alten Wassers ziehen wir den angesammelten Mulm ab und entfernen schon dadurch viele Stoffe, die das Aquarienwasser belasten. Wir werden dabei mit unserem Schlauch nicht allen Mulm erreichen können, und das ist gut so: So verbleiben genügend Nährstoffe für die Pflanzen im Wasser, und wir entfernen auch nicht zu viel der für das Wohlbefinden aller Organismen im Aquarium unerläßlichen Bakterien. Mit dem zugeführten Frischwasser verdünnen wir die Konzentration der gelösten Stoffe, so daß wir ihre Hemmwirkung weitgehend ausschalten. Die Pflanzen bleiben aktiv und liefern, wenn auch nie völlig ausreichend, Sauerstoff.

Die Assimilation der Pflanzen – der Aufbau organischer Substanz aus anorganischen Ausgangsstoffen – und die Dissimilation – der Abbau organischer Substanz durch Atmung und bakterielle Zersetzungsvorgänge – laufen in genau umgekehrter Reihenfolge ab. Bei der Assimilation entsteht organische Substanz aus Kohlendioxid und Wasser, bei der Dissimilation wird organische Substanz zu Kohlendioxid und Wasser (und einigen Mineralstoffen) abgebaut. Die Atmung der Pflanze ist ein Dissimilationsvorgang, bei dem genauso Sauerstoff verbraucht und Kohlendioxid ausgeschieden wird wie bei der Atmung der Tiere. So nimmt die Pflanze während der Nacht, wenn zur Assimilation kein Licht zur Verfügung steht, ebenfalls Sauerstoff auf und scheidet Kohlendioxid aus. Es kann dadurch zu einem Kohlendioxid-Überschuß kommen, der bei Fischen unter Umständen zu Atemnot führt. Wir müssen auch hier regulierend eingreifen, und zwar durch Belüften. Dabei wird das überflüssige Kohlendioxid ausgetrieben.

Sehr viel Mißverständnisse gibt es auch bei zwei weiteren wichtigen Begriffen, die zum Thema „Biologisches Gleichgewicht" gehören: der biogenen Entkalkung und der biogenen Kalkung[1].

Unter dem Einfluß des Lichtes assimilieren die grünen Pflanzen, d. h. sie nehmen Kohlendioxid auf. Fehlt es nun im Wasser an freiem Kohlendioxid, so greifen die Pflanzen das im Wasser gelöste Calciumhydrogencarbonat an und entreißen ihm einen Teil seiner Kohlensäure. (Calciumhydrogencarbonat, früher auch doppeltkohlensaurer Kalk genannt, ist für die sogenannte Karbonathärte des Wassers wesentlich verantwortlich.) Das Calciumhydrogencarbonat verwandelt sich dadurch in Calciumcarbonat („einfachkohlensaurer Kalk"), das im Wasser kaum löslich ist und ausfällt. Das Wasser wird also „weich", der pH-Wert fällt. Unter ganz besonders ungünstigen Umständen (starke Sonneneinstrahlung!) kann die biogene Entkalkung weitergehen. Die Pflanzen entreißen dann auch noch dem Calciumcarbonat das Kohlendioxid, wobei Calciumoxid entsteht. Calciumoxid ist wasserlöslich, es bildet das alkalische Calciumhydroxid. Der pH-Wert klettert dadurch in die Höhe, in ungünstigen Fällen bis über 9.

Normalerweise tritt die biogene Entkalkung in Aquarien nur bei direktem Son-

[1] Biogene Entkalkung
1. Stufe:
$Ca\,(HCO_3)_2 - CO_2 = Ca\,CO_3 + H_2O$
2. Stufe:
$CaCO_3 - CO_2 = CaO$
Ungünstige Bedingungen im Sinne der biogenen Entkalkung liegen vor, wenn das Calciumhydrogencarbonat-Kohlensäure-Gleichgewicht (auch als Kalk-Kohlensäure-Gleichgewicht bezeichnet) nicht mehr stimmt. Je höher die Karbonathärte des Wassers ist, um so mehr freie Kohlensäure muß im Wasser vorhanden sein, um den Kalk in Lösung zu halten. Je mehr Kohlensäure aber vorhanden ist, um so leichter kann sie auch von den Pflanzen für die Assimilation verwendet werden. Fehlt der Gehalt an Gleichgewichtskohlensäure, beginnt die Entkalkung. In einem mit Tieren besetzten Aquarium wird die von der Assimilation verbrauchte Kohlensäure meist durch Atmungskohlensäure ersetzt.
Biogene Kalkung
1. Stufe:
$CaO + CO_2 = CaCO_3$
2. Stufe:
$CaCO_3 + H_2O + CO_2 = Ca(HCO_3)_2$

[2] Siehe auf Bild 4.2 auf S. 295.

neneinfall auf und dann höchstens bis zur ersten Stufe. Sie ist nachts, wenn die Pflanzen nicht mehr belichtet werden, durch die Pflanzenatmung rückläufig: Das von den Pflanzen ausgeschiedene Kohlendioxid wird vom Calciumcarbonat wieder aufgenommen, das sich dadurch in wasserlösliches Calciumhydrogencarbonat verwandelt (biogene Kalkung).
Wir sehen: Im Aquarium gibt es ein Gleichgewicht nur dann, wenn wir es selbst durch Wasserwechsel, Durchlüftung und andere pflegerische Maßnahmen aufrechterhalten. Die Technik gibt uns dazu eine Menge Hilfsmittel an die Hand.

Safety first

Diesen Slogan haben wir von den Amerikanern übernommen; er bedeutet „Sicherheit zuerst". Er sollte das Leitmotiv unserer aquaristischen Bemühungen sein.
Das fängt schon bei der Anschaffung unseres ersten Aquariums an. Ein größeres Aquarium ist, im wahren Sinne des Wortes, eine schwerwiegende Angelegenheit. 1 l Wasser wiegt 1 kg. Für ein Aquarium, das 100 l Wasser faßt – so ein Becken gehört noch zu den „kleineren" – müssen wir zusammen mit Unterbau, Technik, Wasser, Sand, Aufbauten 150–200 kg rechnen, also 3–4 Zentner. Bei einem Aquarium mit etwa 250 l Wasserinhalt beträgt das Gewicht schon rund 7–8 Zentner. Bei solchen Gewichten ist es nicht gleichgültig, wie und wo wir das Aquarium aufstellen. Die Tragfähigkeit des Fußbodens und eventuell der Unterbau spielen eine Rolle. Sind auf dem Boden z. B. Dielen verlegt, so sind in gewissen Abständen Tragbalken eingezogen. Es ist wichtig, zu wissen, in welcher Richtung die Tragbalken verlaufen, wo sie liegen und in welchen Abständen sie verlegt sind. Unser Aquarium sollten wir so aufstellen, daß die Füße des Untergestells nie zwischen die Tragbalken zu stehen kommen, sondern jeweils über sie[2]. Sind die Abstände der Tragbalken so bemessen, daß wir nicht beide Fußseiten des Unterbaues daraufstellen können, so legen wir zweckmäßigerweise noch Bohlen in Querrichtung zu den Tragbalken und stellen das Aquarium auf diese Bohlen. Bei modernen Betondecken erkundigen wir uns am besten bei dem zuständigen

Bild 1.9: Den Blauen Njassa-Buntbarsch (Pseudotropheus zebra) aus dem Njassasee kann man nur in großen Becken halten und züchten. Aufnahme B. Kahl

Statiker, welche Tragkraft die Decke bzw. der Fußboden besitzt. Diese Auskunft ist allerdings meist nur bei Aquarien von mehr als 300 l erforderlich[1].
Wer in einer Mietwohnung wohnt, sollte unbedingt eine Haftpflichtversicherung abschließen, um vor unliebsamen Überraschungen verschont zu bleiben. Schäden, die durch Wasser verursacht werden, das durch den Fußboden sickert, können sehr teuer sein. Erkundigen Sie sich schriftlich bei Ihrer Versicherung, ob die Haftpflichtversicherung Schäden durch Auslaufen des Aquarienwassers deckt. (Lehnen Sie jedoch Versicherungen ab, die für die Versicherung des Aquarienwasser-Haftpflichtschadens eine Sonderprämie erheben wollen. Das ist heutzutage ohne Prämienerhöhung „mit drin".) Im übrigen ist das Risiko für die Versicherung sehr gering, denn sehr selten wird ein Aquarium so leck, daß Haftpflichtschäden entstehen, und noch seltener platzen Scheiben.
Safety first gilt auch dann, wenn wir unser Aquarium selbst bauen wollen[2]. Wenn wir nicht ganz sicher sind, ob der ursprünglich vorgesehene Metallwinkel ausreicht, ob der Asbestzement doch nicht zu dünn ist, ob die Scheiben nicht doch brechen könnten, so nehmen wir unbedingt eine stärkere Ausführung. Sind in einer Bauanleitung z. B. Mindeststärken angegeben, so überschreiten wir sie stets. Für übliche Rahmenaquarien sind Glasstärken in verschiedenen Zeitschriften und Büchern angegeben[3]. Für rahmenlose Aquarien liegen die Mindeststärken höher[4].
Metall- und Zementteile müssen isoliert werden. Eisen wird vom Wasser angegriffen, wobei Kondenswasser (praktisch destilliertes Wasser!) und Meerwasser besonders aggressiv sind. Metallrahmen werden durch Korrosion im Laufe der Zeit zerstört. Dem können wir vorbeugen: Der Metallrahmen wird peinlich gesäubert und entfettet, mit einem Rostumwandler vorgestrichen und dann mit einem zwei- bis dreifachen Anstrich eines guten Kunststofflackes versehen. Noch besser: Wir lassen den Rahmen mit einem Sandstrahlgebläse abblasen und ihn dann im Tauchverfahren mit Flüssigkunststoff überziehen.
Auch Asbestzement muß isoliert werden, weil er schädliche Stoffe an das Wasser abgibt. Geeignete Lacke auf Kunststoffbasis führt jedes gute Farbengeschäft.
Safety first gilt auch bei der Einrichtung des Aquariums[5]. Für wirkungsvolle Dekorationen benutzt man gerne große Steine, die ohne weiteres eine Aquarienfrontscheibe zertrümmern können, wenn sie dagegen fallen. Wir stellen daher unseren „Felsaufbau" niemals nur auf den Sand des Bodengrundes. Dort kann er – z. B. durch wühlende Fische – ins Rutschen kommen und umfallen. Daher stellen wir den Stein auf die Bodenscheibe und unterlegen ihn mit kleineren Steinchen so, daß er frei stehen kann. Dann erst wird Sand eingefüllt. Ein so eingefügter Felsaufbau wird auch bei noch so starker Wühlarbeit nicht umgeworfen.
Die Luftpumpe[6] sollte möglichst über der Wasseroberfläche des Aquariums installiert werden, damit bei einem Stromausfall kein Wasser aus dem Aquarium über die Pumpe in die Wohnung geleitet werden kann. (Außerdem kann in diesem Falle beim Wiedereinschalten des Stromes ein Kurzschluß auftreten.) Läßt sich aus technischen Gründen die Pumpe nicht so hoch aufstellen, sollte wenigstens der Durchlüftungsschlauch so gelegt werden, daß eine Schleife weit über den Wasserspiegel hinausreicht. Ansaugstutzen von Filtern sollen so kaschiert werden, daß sie keine Fische (Jungfische!) ansaugen können.
Ein heißes Eisen ist die Beleuchtung[7]. Was man da manchmal zu sehen bekommt, gleicht einem elektrischen Stuhl! Elektrische Installationen dürfen grundsätzlich nur von Fachleuten ausgeführt werden; sie müssen den Richtlinien des VDE entsprechen. Leuchten, die in einem Leuchtkasten über der nicht abgedeckten Wasseroberfläche sitzen, müssen in Feuchtraumausführung installiert werden, alles andere ist tödlicher Leichtsinn. Wer kein Fachmann auf dem Gebiet der Elektrotechnik ist, kauft sich seine Beleuchtung fertig. Safety first gilt aber auch für die Bewohner des Aquariums. Im Süßwasser haben wir es zwar fast nie mit ausgesprochen giftigen Fischen[8] zu tun, aber vor Verletzungen durch scharfe und spitze Flossenstrahlen müssen wir uns dennoch hüten[9]. Solche Verletzungen entzünden sich leicht und können vereitern. Im Meeresaquarium sind Verletzungen durch Skorpionfische lebensgefährlich. Giftfische gibt es auch in anderen Fischfamilien. Man informiere sich daher vorher genau! Verletzungen durch sie werden meist durch leichtsinniges Hantieren im Aquarium verursacht. Grundsatz: In einem mit Giftfischen besetzten Aquarium nie mit bloßen Händen hantieren.

[1] Weitere Hinweise zur Aufstellung von Aquarien auf Seite 295

[2] Einige Beispiele für Metallrahmenstärken für Rahmenbecken aus Winkeleisen; je nach Höhe, Breite und entsprechender Glasstärke: bis 50 cm Länge: 20 × 20 × 2 mm bis 25 × 25 × 3 mm
bis 80 cm Länge: 25 × 25 × 3 mm bis 30 × 30 × 4 mm
bis 100 cm Länge: 30 × 30 × 4 mm bis 40 × 40 × 5 mm

[3] Einige Beispiele für die Mindestglasstärke in Millimeter für Rahmenbecken aus Winkeleisen – jeweils auf halbe Millimeter aufgerundet:

Höhe	Seitenlänge in cm						
in cm	40	50	60	70	80	90	100
bis 30	3,5	4,0	4,5	4,5	4,5	5,0	6,5
bis 40	4,5	5,5	6,0	6,0	6,5	6,5	7,0
bis 50	5,5	6,0	6,5	7,5	8,0	8,5	9,0
bis 60	6,0	6,5	7,5	8,5	9,5	10,0	11,0

[4] Über den Selbstbau rahmenloser Glasaquarien s. S. 296

[5] Zum Material für die Einrichtung s. S. 300.

[6] Die Belüftung von Aquarien und die dazu erforderlichen Geräte werden ausführlich auf den Seiten 323–326 behandelt.

[7] Die Beleuchtung von Aquarien und die technischen Einrichtungen hierzu werden ausführlich auf den Seiten 306–314 besprochen.

[8] Es sind allerdings noch nicht alle Fische auf ihre Giftigkeit untersucht worden. So könnte es durchaus sein, daß auch im Süßwasser ausgesprochen giftige Fische existieren. Siehe auch Pigulewski, S., „Giftige und für den Menschen gefährliche Fische." Wittenberg-Lutherstadt 1974.

[9] Fische mit Waffen. Hier sollen nur einige Beispiele aufgeführt werden, die Angehörigen der genannten Familien oder Gattungen sollten wir niemals mit der Hand fangen oder auch nur berühren.
Fische mit stachligen Rücken- und Afterflossen:
Barsche, Nanderbarsche, Inselmakropoden, Küssende Guramis, Großguramis, Sonnenfische.
Fische mit stacheligen Rücken- und Afterflossen sowie mit Dornen an den Kiemendeckeln:
Busch- und Kletterfische, Schmerlen.
Fische mit Wehrstrahlen an den Brust-, Rücken- und evtl. Bauch-, After- und Fettflossen:
Welse

Die Bedeutung des Lichts[10]

Licht ist ein entscheidender Faktor im Aquarium. Es ermöglicht den Pflanzen die Photosynthese, es steuert aber auch ganz erheblich den Lebensrhythmus der Fische. Der rote Anteil des Lichts fördert bei Pflanzen das Längenwachstum, der blaue das Dickenwachstum. Es müssen also beide Lichtfarben in günstigem Verhältnis zueinander stehen, damit wir einen befriedigenden Pflanzenwuchs erzielen.

Bei völliger Dunkelheit bzw. bei ganz schwacher Beleuchtung schlafen die Fische. Sie stehen entweder still im Wasser oder liegen gar auf dem Boden oder ziehen sich in Höhlen zurück; einige vergraben sich sogar. Erst wenn eine bestimmte Helligkeit erreicht ist, werden die Fische mehr oder minder schnell munter[11]. Bestimmte Arten, z. B. Welse, werden erst lebhaft, wenn Dämmerlicht herrscht, aber auch sie sind bei völliger Dunkelheit meist inaktiv.

Eine wichtige Rolle spielt das Licht beim Ablaichen[12]. Es gibt Fische, die erst bei Einbruch der Nacht zu laichen beginnen, also bei abnehmendem Licht. Andere Arten laichen in den frühen Morgenstunden, also bei zunehmendem Licht, wieder andere brauchen zum Ablaichen volles Licht. Damit nicht genug: Es gibt sogar Fische, die nur dann laichen, wenn das Licht in einem bestimmten Winkel von oben einfällt. Diese Eigentümlichkeiten müssen wir kennen oder zu erforschen suchen, wenn wir Erfolg haben wollen.

Wichtig ist das Licht für das Verhalten der Fische. In den natürlichen Gewässern kommt Licht praktisch nur von oben, für die Fische ist daher die Einfallsrichtung des Lichtes gleichbedeutend mit „oben". Ist daher ein Aquarium oben dunkel und erhält es nur durch eine Seitenscheibe Licht, so stellen die Fische ihren Körper so ein, daß der Rücken der Lichtseite zugeneigt ist. In Aquarien, die nur mit Tageslicht beleuchtet sind, bei denen also das Licht zu einem großen Teil auch durch die Seitenscheiben einfällt, stellen sich die Fische schräg. Ihr Gleichgewichtssinn sagt ihnen, wo „unten" ist; ihr Lichtsinn täuscht ihnen aber ein falsches „oben" vor. Das Resultat ist die Schräglage. Derart orientierte Fische können ihr natürliches Verhalten nicht zeigen.

Schließlich beleuchten wir unsere Aquarien nicht zuletzt, um Fische und Pflanzen gut beobachten zu können. Um das angenehmste Bild zu erhalten, bringen wir die Lampen so an, daß sie zwar von oben, gleichzeitig aber mehr von vorn als von hinten in das Wasser strahlen. So beleuchtet, erscheinen die Fische in den schönsten Farben, und das Aquarium gewinnt scheinbar an Tiefe.

Die Bedeutung des Filters

Filter[13] haben die Aufgabe, mechanische Verunreinigungen zurückzuhalten. Das tun sie in der Regel so lange, bis der Abfall sie zugesetzt hat. Soweit sollten wir es allerdings nicht kommen lassen; wir erneuern die Filtermasse in regelmäßigen Abständen, möglichst bei jedem Wasserwechsel. Das gilt für den sogenannten mechanischen Schnellfilter, der die nichtgelösten Verunreinigungen zurückhält. Die meisten Aquarienfilter arbeiten nach diesem Prinzip. Im Gegensatz dazu beseitigt der sogenannte biologische Langsamfilter auch organische Verunreinigungen, die im Wasser gelöst sind, die wir also gar nicht sehen können. Im Prinzip arbeitet der Langsamfilter wie der Schnellfilter, doch ist seine wirksame Oberfläche so groß, daß die gelösten Verunreinigungen während des Durchflusses von Bakterien, die auf der Filtermasse sitzen, abgebaut werden. Solche Filter haben ein großes Volumen und arbeiten mit relativ langsamer Durchflußgeschwindigkeit. Um voll wirksam zu sein, müßten sie bei unseren Aquarien riesig groß sein. Wirklich wirksame biologische Filter für Liebhaberaquarien gibt es trotz aller Versuche bis heute noch nicht.

Wird ein normaler mechanischer Schnellfilter zu selten gereinigt, so sammeln sich in der Filterkammer Verunreinigungen an, die zu faulen beginnen. Es kommt zu einem Sauerstoffschwund, und die Fäulnisprodukte werden letztlich wieder in das Aquarium zurückgepumpt. So kann ein stark verschmutzter Filter mehr Unheil anrichten als nützen. In einem stillgelegten Filter laufen die (anaeroben) Fäulnisprozesse rascher ab. Es reichern sich Zersetzungsprodukte an, die, wenn

[10] Über die Bedeutung des Lichtes siehe auch S. 353–358.

[11] Auch Fische schlafen; demnach müssen sie auch aufwachen. Je nach Art erwachen die Fische unterschiedlich schnell. Cichliden z. B. sind ausgesprochene „Langschläfer", wogegen Salmler, Barben und andere freilebende Schwarmfische recht schnell wach werden. Siehe dazu auch S. 553–556.

[12] Über den Einfluß der Beleuchtung bei der Zucht von Aquarienfischen s. S. 446.

[13] Aufbau und Funktion von Aquarienfiltern werden ausführlich im Kapitel „Filter" auf den Seiten 331–342 behandelt.

sie in das Aquarium gelangen, sich sehr schädlich auswirken können. Daher: War ein Filter einige Stunden abgestellt, darf er nicht wieder in Betrieb genommen werden, ehe er gereinigt ist. Sehr gefährlich ist es daher auch, den Filter über Nacht abzustellen.
Es gibt auch Filter, die nicht nur Stoffe aufnehmen, sondern erwünschte Stoffe abgeben. Paradebeispiel ist der Torffilter. Einerseits filtert er Abfallprodukte aus dem Wasser heraus, andererseits gibt er Wirkstoffe des Torfes, die unter Umständen auf die Fische anregend wirken, an das Aquarienwasser ab. Auch ein Torffilter muß gereinigt werden, ebensooft oder sogar noch öfter als andere mechanische Schnellfilter. Außerdem gibt es auch chemische Filter, die das Wasser nach dem Ionenaustauschverfahren aufbereiten. Sie sollten jedoch nur in Ausnahmefällen direkt im Aquarium verwendet werden.

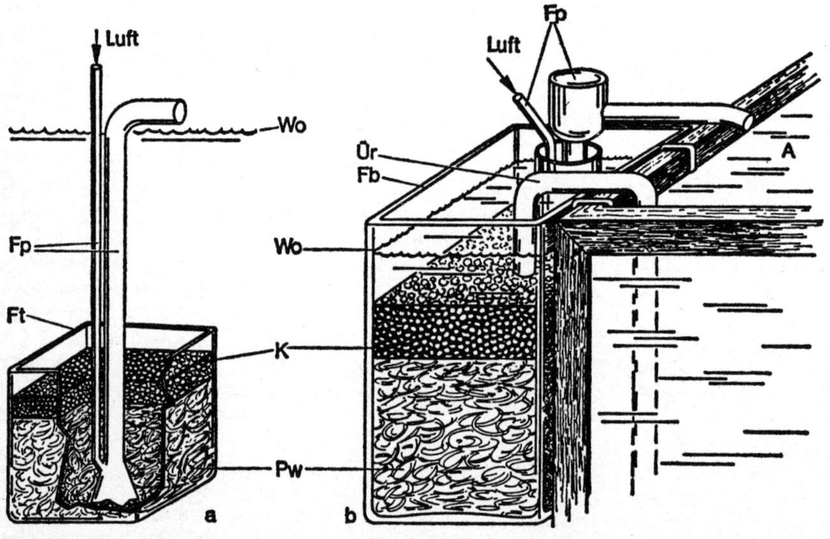

Bild 1.10: Innenfilter (teilweise aufgeschnitten, a) und Außenfilter (b). Ft Filtertopf, Fp Filterpumpe, Wo Wasseroberfläche, K Kies, Pw Perlonwatte, Fb Filterbecken, Ür Überlaufrohr, A Aquarium.

Die Bedeutung der Durchlüftung[1]

Häufig hört und liest man die Auffassung, die mit der Luftpumpe über einen Ausströmer[2] durch das Aquarienwasser geblasenen Luftblasen gäben Sauerstoff an das umgebende Wasser ab. Dies ist falsch. Die Oberfläche der Luftblasen ist viel zu klein, um einen nennenswerten Gasaustausch in der kurzen Verweildauer zu gewährleisten. Wichtig ist bei der Belüftung die Bewegung der Wasseroberfläche, an der vor allem der Gasaustausch Kohlendioxid/Sauerstoff stattfindet. Je stärker die Wasseroberfläche bewegt ist, um so besser ist der Austausch der Gase. Der Idealfall wäre, die Luft in recht großen Blasen zur Wasseroberfläche aufsteigen zu lassen, damit die zerplatzenden Blasen eine regelrechte Woge erzeugen.
Wichtig für die Durchlüftung ist, daß die Deckscheiben nicht zu dicht schließen. Das aus dem Wasser ausgetriebene Kohlendioxid lagert, da es schwerer ist als Luft, direkt über dem Wasserspiegel. Kann es nicht abfließen, entsteht nur eine mangelhafte Belüftung. Im übrigen hat die Durchlüftung keineswegs nur die Aufgabe, dem Wasser Sauerstoff zuzuführen; ebenso wichtig, vielleicht noch wichtiger ist es, mit Hilfe der Durchlüftung überschüssiges Kohlendioxid auszutreiben. Die Luftpumpe selbst hat nicht nur die Aufgabe, Luft durch das Wasser zu treiben, sie muß auch die luftbetriebene Filterpumpe versorgen. Wird der Filterauslauf so angeordnet, daß er die Wasseroberfläche in Bewegung hält, kann man auf eine Durchlüftung im üblichen Sinne meist verzichten. Allerdings sollten wir uns vor Augen halten, daß die herkömmliche Durchlüftung – Luftblasen, die am Bodengrund aus einem Ausströmer austreten – eine zusätzliche wichtige Aufgabe im Aquarium haben kann: die Durchmischung des Wasserkörpers. Die Durchlüftung hält das ganze Aquarienwasser in Bewegung, erzeugt Strömungen,

[1] Siehe dazu auch S. 323–326
[2] Ausströmer bestehen aus verschiedenen Materialien. Gebräuchlich sind Ausströmer aus Kunststein, die im allgemeinen recht grobe Blasen entwickeln und viel Luft benötigen.
Mit relativ wenig Luft lassen sich Ausströmer aus Lindenholz betreiben, die ganz feine Blasen liefern. Beide Sorten von Ausströmern müssen von Zeit zu Zeit erneuert werden. Kunststeinausströmer setzen sich im Lauf der Zeit zu und lassen die Luft nicht mehr passieren. Holzausströmer zersetzen sich früher oder später, und die Luft perlt dann nur noch in großen Blasen aus.
Weitere Informationen auf S. 324; über den Selbstbau eines Ausströmers s. S. 330.

Bild 1.11: Ideal wäre es, die Luft langsam in großen Blasen zur Wasseroberfläche steigen zu lassen, damit die Blasen eine regelrechte Woge erzeugen.

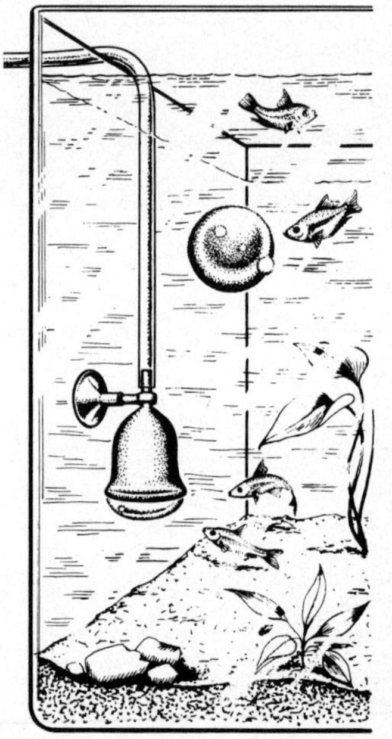

[3] Schwellenwert für Ammoniak nach Wuhrmann und Woker (1949): Für Döbel: 1,0–1,2 mg/l NH_3
Für Forellenbrut: 0,3–0,4 mg/l NH_3
Wenn diese Angaben auch nicht unsere Zierfische betreffen, so zeigen sie doch, wie (auch unterschiedlich) empfindliche Fische auf geringen Ammoniakgehalt reagieren.

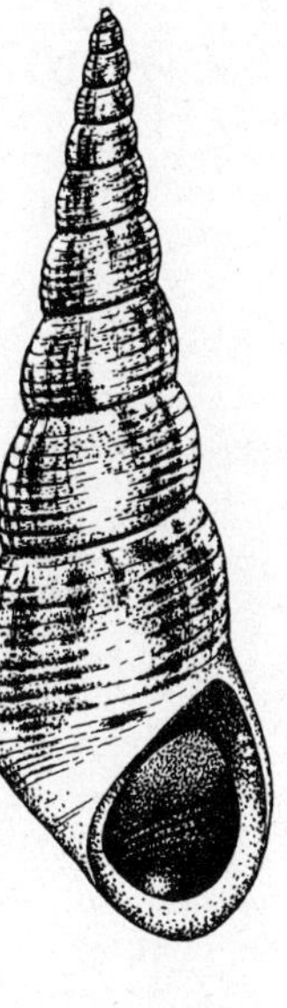

Bild 1.12: Die Turmdeckelschnecke (Melanoides tuberculata) kann man als den „Regenwurm" des Aquariums bezeichnen.

Abhängigkeit des Ammoniakgehalts vom pH-Wert (nach Wuhrmann und Woker) (17° C). Diese Werte wurden für die Teichwirtschaft gemessen, sie dürften bei den höheren Temperaturen des Tropenaquariums noch ungünstiger liegen:

pH-Wert	NH_3 Ammoniak (in %)	NH_4 Ammonium (in %)
6,0	0	100
7,0	1	99
8,0	4	96
9,0	25	75
10,0	78	22
11,0	96	4

Die Bereiche (9) 10–11 pH sind für aquaristische Zwecke völlig uninteressant.

[4] Detritus. Kleinste Trümmer von abgestorbenen, organischen Geweben. Der „Mulm" besteht vorwiegend aus solchem Detritus. Viele niedere Tiere leben davon. Aber auch viele Fische nehmen zusätzlich Detritus auf.

[5] Zur Aufstellung eines Aquariums vergleiche auch die Hinweise auf S. 295.

die für die Ernährung der Pflanzen (die meisten Wasserpflanzen nehmen ihre Nährstoffe teilweise über die Blätter auf) sowie für die Ansiedelung einer biologisch nützlichen Mikrofauna- und -flora förderlich sein können.
Eine Durchlüftung ist stets dort angebracht, wo keine Filter zur Verfügung stehen, die das Wasser ausreichend umwälzen.

Die Bedeutung des Bodengrundes

Eine Zeitlang war das „hygienische" Aquarium große Mode. Das war ein Bekken, das auf alles Beiwerk verzichtete, also auch auf Bodengrund und auf Pflanzen. Die Begründung für ein solches schmuckloses und langweiliges Becken war, der Bodengrund enthalte Fäulnisherde, Wasserpflanzen böten schädlichen Mikroorganismen Unterschlupfmöglichkeiten, absterbende Pflanzenblätter verdürben das Wasser.
Inzwischen gehört „das hygienische Aquarium" längst der Aquariengeschichte an. In einem Aquarium ohne Bodengrund und ohne Pflanzen ist zwar das Wasser mühelos kristallklar zu halten – der einfachste Filter sorgt dafür –, aber es reichern sich gelöste, daher unsichtbare Stoffe in großer Menge an, darunter so schädliche Substanzen wie Nitrit und Ammoniak[3]. Weshalb? In einem biologisch „durchgearbeiteten" Bodengrund leben viele Bakterien, die das chemische Gleichgewicht des Wassers nachhaltig beeinflussen. So oxidieren z. B. die nitrifizierenden Bakterien das gefährliche Nitrit zum fast harmlosen Nitrat. Für diesen wichtigen Vorgang muß allerdings genügend Sauerstoff vorhanden sein. Der Bodengrund also ist es, der für mehr Hygiene, für chemische Sauberkeit sorgt.
Abgesehen von seiner Aufgabe, Bakterien als Lebensraum zu dienen (indirekt also die stickstoffhaltigen Ausscheidungen der Fische aufzubereiten), dient der Bodengrund den Pflanzenwurzeln als fester Halt.
Der Bodengrund sollte, damit er seine Aufgaben erfüllen kann, stets locker bleiben. Deshalb ist es zweckmäßig, wenn wir in unseren Aquarien stets eine Anzahl Turmdeckelschnecken halten. Diese Tiere leben vom Detritus[4], befallen jedoch keine Wasserpflanzen. Sie leben im Bodengrund, halten ihn locker, indem sie ihn durchwühlen und sorgen so indirekt dafür, daß sauerstoffhaltiges Wasser in den Bodengrund eindringen kann. Und noch etwas: Diese Schnecken sind zugleich ein Anzeiger für die Qualität des Bodengrundes: Kommen sie tagsüber in großen Mengen aus dem Boden heraus, steigen sie an den Scheiben hoch, so ist der Bodengrund schlecht geworden. Wir sollten ihn dann unter fließendem Leitungswasser auswaschen. Allerdings sollten wir ihn nicht gleich wegwerfen; es ist besser, den alten Bodengrund weiterzuverwenden, denn auch nach dem Spülen enthält er noch genügend Bakterien, die den lebenswichtigen Nitrifizierungsprozeß gleich wieder anlaufen lassen. Auch mit einem Stäbchen oder ähnlichem können wir den Bodengrund von Zeit zu Zeit auflockern, um ihn gesund zu erhalten.
Der Bodengrund hat also u. a. die Aufgabe eines biologischen Langsamfilters; wir dürfen aber nicht darauf vertrauen, daß er etwa allein in der Lage sei, ein Aquarium sauberzuhalten oder gar ein biologisches Gleichgewicht herzustellen.

Das Aquarium als Zimmerschmuck

Unser Aquarium kann ganz einfach ein Zweckbehälter sein, in dem Wassertiere und Wasserpflanzen gehalten, gepflegt und gezüchtet werden. Es kann aber auch der Verschönerung unseres Wohnraumes dienen.
Das Wichtigste ist immer das Wohlergehen der Pfleglinge.
Soll unser Aquarium sich harmonisch in das Wohnzimmer einfügen, werden wir uns in der Regel für ein Schrankaquarium entscheiden, das in seinem Äußeren gut zur übrigen Einrichtung paßt. Es soll sich in den Raum eingliedern und doch eine gewisse exponierte Stellung haben, ähnlich wie früher etwa ein wertvolles Gemälde oder heute der Fernseher[5]. Vorschlag: Stellen wir unser Aquarium anstelle des Fernsehers auf!
Ein Schrankaquarium hat verschiedene Vorteile: Man kann in dem Schrank alle

Bild 1.13: Dieses verkleidete Schrankaquarium ist neben dem Fenster über Eck aufgestellt. In seiner gefälligen Form paßt es sich gut der Einrichtung an.

technischen Geräte so unterbringen, daß sie unsichtbar bleiben. Bei vielen Aquarien sehen wir einen ganzen Kranz von elektrischen Kabeln und Luftschläuchen um das Becken drapiert. Das alles läßt sich schön im Aquarienschrank verstekken. Beim Schrankaquarium sind bis auf die Frontseite alle Seiten geschlossen, nur die Sichtscheibe bleibt frei[1].

Wir können ein Schrankaquarium als Einbaumöbel konzipieren; allerdings kann man an einem solchen „Regalaquarium" gewöhnlich schlechter hantieren als im gewöhnlichen Schrankaquarium. Und hier liegt der springende Punkt: Solche Aquarium sollten wir nur dann anschaffen, wenn wir uns fest vornehmen können, die notwendigen Pflegearbeiten in regelmäßigen und kurzen Zeitabständen auszuführen. Ein verdrecktes Aquarium wirkt in einem noch so schönen Schrank – etwa in „altdeutschem Stil" – außerordentlich häßlich und störend. Beim Einbauaquarium sind, wie angedeutet, die Pflegearbeiten schwieriger. Schon ein Filterwechsel wird zum Problem, wenn das kostbare Möbelstück von Wasserflecken freigehalten werden soll. Beim 14tägigen Wasserwechsel wird fast sicher irgendwo die Politur gewässert. Im schlimmsten Fall sprudelt auch einmal der Abziehschlauch eine ganze Ladung in den Schrank, und wir müssen dann zu-

[1] Ratschläge für die Eingliederung eines Aquariums im Wohnraum sowie zur Gestaltung eines schönen Aquariums gibt Weigel, W.: Das Schmuck- und Schauaquarium. Reihe Das Vivarium, 5. Auflage, Kosmos-Verlag, Stuttgart 1974.

Bild 1.14: Ein Aquarium hinter einem Wanddurchbruch wirkt wie ein lebendes Bild.

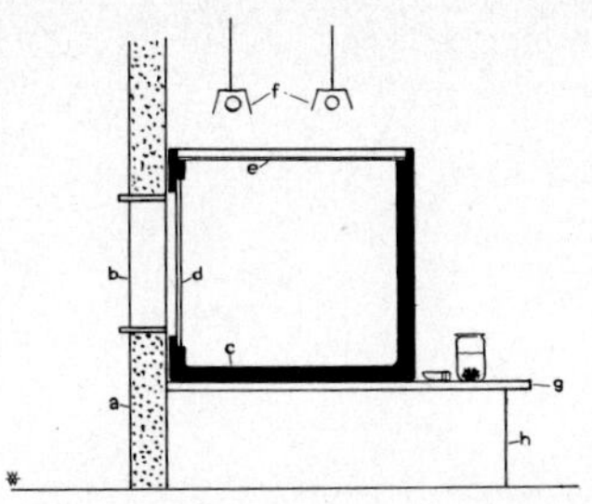

Bild 1.15: So etwa könnte das Aquarium von Bild 1.14 im Schnitt aussehen a Wand, b Durchbruch, c Zementbecken im Schnitt, d Aquarienscheibe, e Aquariendeckscheibe, f Beleuchtungseinrichtung, g Grundbrett, h Sockel.

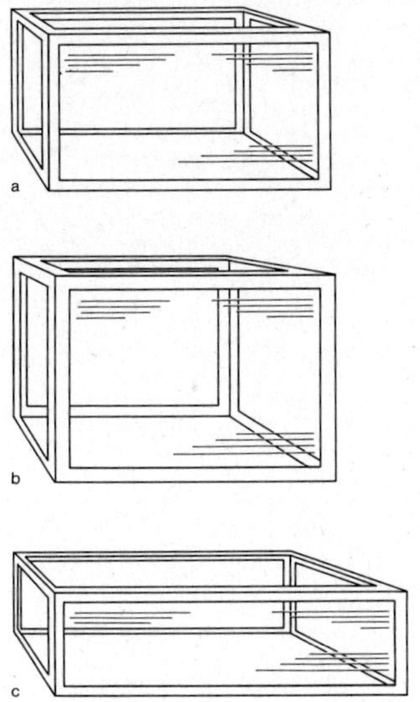

Bild 1.16: Rahmen- oder Gestellaquarium. a normales Becken, b Spezialbecken für hochrückige Fische wie z. B. Skalare, c flaches Aufzuchtbecken mit großer Oberfläche.

Bild 1.17: Vollglasbecken (oben); Kunststoffbecken (unten).

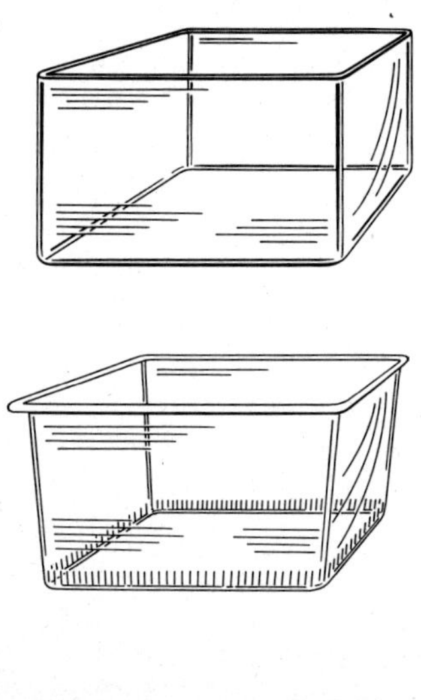

sehen, wie wir das Ding wieder trocken bekommen. Daher: Der Schrank sollte aus wasserunempfindlichem Material bestehen, etwa aus kunststoffversiegelten Preßspanplatten, und die Oberfläche muß unempfindlich gegen Wasser sein, auch gegen Seewasser.

Das „Wandaquarium" wirkt wie ein lebendes Bild. Es stellt allerdings einige Voraussetzungen an die Räumlichkeiten. Hinter der Wand, in die das Aquarium eingelassen wird, muß ein Raum sein, in den das Becken hineinragen kann. Abstellräume und Besenkammern sind besonders günstig, sollten sich aber heizen lassen. Das Aquarium wird so in einen Durchbruch der Wand gestellt, daß es vorne mit der Wand abschließt. Das „Loch" in der Wand muß etwas größer sein als das Aquarium; man umkleidet daher das Aquarium mit einem breiten Holzrahmen, der natürlich wiederum zur Zimmereinrichtung passen muß. Der Holzrahmen soll auch den Aquarienrahmen bzw. – beim rahmenlosen Becken – die Klebefugen abdecken. Alle technischen Geräte sind von der Rückseite, dem Nebenraum, her zugänglich.

In einem großen Raum können wir unser Aquarium auch ganz frei aufstellen und es als Mittel zur Raumaufteilung benutzen. Wir müssen es dann so einrichten, daß es von allen Seiten her einen Blickfang bildet. Richten wir ein derart freistehendes Aquarium als Schrankbecken ein, bleiben drei Seiten so weit offen, daß die Scheiben fast völlig frei liegen; praktisch sind dann nur die Kanten bzw. der Rahmen verkleidet. Die vierte Seite, zweckmäßigerweise eine Schmalseite, wird mit einem kleinen Schränkchen versehen, in dem die notwendigen Kabel und Schläuche laufen. Die Lampen werden in einem Leuchtkasten untergebracht, so daß das Ganze eine organische Einheit bildet.

Die Form eines solchen Schrankaquariums bleibt weitgehend unserer Phantasie überlassen. Wir können ganz einfach die Normbecken verwenden, bei denen die Maße etwa das Verhältnis 10:4:6 wiedergeben. Ein Behälter, der höher als breit ist, sieht zwar besser aus als einer, der breiter als hoch ist; für den Lebensraum Aquarium jedoch wäre es günstiger, das Verhältnis wäre umgekehrt. Dann wäre die Bodenfläche größer (wichtig für revierbildende Fische), und die ebenfalls größere Wasseroberfläche gestattete einen besseren Gasaustausch. Sehr ungünstig liegen diese Verhältnisse bei den sogenannten Säulenaquarien, deren Grundfläche quadratisch oder rund ist und deren Höhe etwa $1^1/_2$mal so groß ist wie der Durchmesser der Bodenfläche. Aquarien mit allseits runden Wänden sind generell abzulehnen; sie geben nur ein verzerrtes Bild der Aquarienbewohner wieder, und auch die Fische selbst werden oft irritiert. Viereckige Säulenaquarien können dagegen als Raumschmuck recht gut aussehen.

Kleinste Kunststoffaquarien, die mit einem „schönen" Bilderrahmen umgeben sind, und die man als Schmuck an die Wände hängen kann, sind mit ihren zwei Litern Inhalt kompromißlos abzulehnen (Ausnahme: Wer einen kleinen Schwarm von 5 bis 10 Wasserflöhen pflegen will, ist mit einem solchen Becken gut bedient).

Das Aquarium als Zweckbehälter

Dem „zünftigen" Aquarianer kommt es nicht so sehr darauf an, daß sein Becken einen ausgesprochenen Raumschmuck darstellt. Er möchte vielmehr Fischen und Pflanzen einen Lebensraum schaffen, in dem sie sich möglichst wohl fühlen. Daher gestaltet er den Behälter so pflegeleicht wie nur möglich – meistens handelt es sich nur um ein Aquarium mit den nötigsten technischen Hilfsmitteln. Der Filter muß leicht zugänglich und leicht zu reinigen sein. Wasserwechsel muß jederzeit ohne großen Aufwand möglich sein, und schließlich muß man ein solches Becken auch einmal ganz kurzfristig „umräumen" können. Ein „Zweckaquarium" wird also nie verkleidet sein, es sei denn, man will eine gelegentliche Abdunklung anbringen, die für einige Fische zum Ablaichen nötig ist. Auch die Form des Aquariums hat sich dem beabsichtigten Zweck anzupassen. In speziellen „Skalarbecken" hält man hochrückige Fische und züchtet sie eventuell auch darin. Diese Aquarien entsprechen in der Regel nicht der Forderung nach einer möglichst großen Oberfläche; aber hochrückige Fische verlangen eben einen hohen Wasserstand, den wir ihnen nur durch hohe Aquarien bieten können. Diskusfische sind keine Flundern!

Ein Skalarbecken sollte die Mindestausmaße von 60 x 50 x 50 cm haben. Für Dis-

kusfische sollten die Ausmaße 100 x 40 x 60 cm nicht unterschreiten. Hier gelten die angegebenen Maße auch für Zuchtaquarien. Anders ist es bei Eierlegenden Zahnkarpfen, den sogenannten Killifischen; bei ihnen kommen wir mit kleinen Aquarien von etwa 5 l Inhalt aus (25 x 12 x 17 cm). Auch diese kleinen Zuchtaquarien sind „Zweckbehälter".

Das Salmler- oder Barbenbecken soll nicht besonders hoch sein. Hier kommt es auf die Länge an, denn diese Fische lieben es, durchs Wasser zu ziehen. Erst dabei kommt ihr Schwarmverhalten zur Geltung, und nur wenn sie eine „lange Strecke" zurücklegen können, werden auch wir Freude an diesen Schwarmfischen haben. Solche Schwarmfischaquarien können 1–2 m lang sein, wobei die Höhe von 30 cm nicht überschritten wird (bei 40–50 cm Breite).

Keine Zweckbehälter sind die fast kugelförmigen Gläser, die man Goldfischglocken oder Goldfischgläser nennt. Sie sind recht unzweckmäßig und sollten nicht verwendet werden. Erstens sind diese Glocken von vornherein für Goldfische viel zu klein, denn Goldfische erreichen immerhin 30–40 cm Länge. Zweitens besitzen sie eine sehr kleine Wasseroberfläche, da sie ja Kugelform haben. Drittens sieht man Fische und Pflanzen durch diese krummen Seitenwände immer nur verzerrt. Zur Not lassen sich solche Gläser als Blumenvasen verwenden, für eine angemessene Tierhaltung sind sie unbrauchbar.

Bild 1.18: Der Skalar oder Segelflosser (Pterophyllum scalare) lebt im Amazonas und in seinen Zuflüssen. Diese Fische werden bis zu 26 Zentimeter hoch und bis zu 25 cm lang. Aufnahme B. Kahl

Bild 1.19: Solche Glaskugeln sind „Mördergruben". Durch die zu kleine Wasseroberfläche leiden die Goldfische – trotz Bepflanzung – bald an Sauerstoffmangel.

Zuchtbecken oder Ablaichbecken können, je nach der zu züchtenden Fischart, recht klein sein. Das erleichtert das Säubern, und Zuchtbecken müssen, je nach Fischart, oft peinlich sauber sein.
In Aufzuchtbecken wird der oft sehr reichliche Kindersegen angepäppelt; sie sollen langgestreckt und flach sein und einen relativ großen Rauminhalt haben. Als Aufzuchtbecken haben sich Aquarien folgender Maße sehr bewährt:
Länge 80–100 cm, Breite 30–40 cm, Höhe 20 cm.

Das Aquarium am Arbeitsplatz

Die Zeiten, zu denen der Büroschreiber an einem Stehpult während seiner Arbeitszeit dahindöste und die gegenüberliegende, mehr oder minder weiße Wand mit den Gemälden seiner Phantasie verzierte, sind vorbei. Heute ist der Begriff „Arbeitsfeldgestaltung" zum Modewort geworden. Großraumbüros werden mit Kübelblumen oder Ziertöpfen ausgestattet, an den Wänden hängen Reproduktionen von Rembrandt, van Gogh und Picasso.
Zur netten Ausgestaltung der Arbeitsräume sind Aquarien die idealen Hilfsmittel. Allerdings ist es mit dem Aufstellen nicht getan: Ein Aquarium braucht seine Pflege. Sie wird oft von ortsansässigen Händlern übernommen, aber schöner ist es, wenn Aquarianer unter den Mitarbeitern sich bereitfinden, die „Betriebsaquarien" selbst zu pflegen. In einem solchen Aquarium findet man anspruchslose Tiere und Pflanzen, die nicht allzu teuer sind und die lange halten.
Zu empfehlen sind Salmlerbecken, Aquarien mit Lebendgebärenden oder Barbenaquarien.

Das Erdteilaquarium

Unter „Erdteilaquarium" verstehen wir ein Becken, in dem ausschließlich Fische aus einem bestimmten Erdteil gepflegt werden. Dabei müssen wir bei den Pflanzen Zugeständnisse machen: Ob die einzusetzenden Pflanzen aus Asien, Afrika oder Südamerika stammen, ist weniger wichtig, als daß sie gut gedeihen.

Das Europa-Aquarium

Dies ist ein Aquarientyp für die Haltung einheimischer Süßwasserfische. Wesentlich ist die Beckengröße. Kaltwasserfische haben nämlich einen recht hohen Sauerstoffbedarf, und in kleinen Aquarien ist die Sauerstoffzehrung durch die

Bild 1.20: Die Rotfeder (Scardinius erythrophthalmus) ist einer unserer hübschesten einheimischen Fische und eignet sich sehr gut als Aquarienfisch. Aufnahme B. Kahl

rasche Anhäufung organischer Abfallstoffe recht groß. Wir bevorzugen hier also große, großflächige Aquarien. Schon bei einer Zuchtgemeinschaft von Stichlingen sollten wir 70 x 40 x 30 cm nicht unterschreiten. Für Bachforellen – reizende Pfleglinge übrigens – muß das Aquarium mindestens einen Meter lang und 50–60 cm breit sein, für die Höhe reichen 30 cm aus. (Sorgfältig abdecken!) Die Temperatur ist niedrig zu halten, die größte Schwierigkeit bei der Pflege einheimischer Fische. Sie darf bei Bachforellen nicht wesentlich über 15° C ansteigen. Andere einheimische Fische sind nicht so empfindlich; sie vertragen durchaus Temperaturen um 20° C. Damit die Fische in guter Kondition bleiben, sollten die Temperaturen während des Winters wesentlich niedriger gehalten werden (es gibt ein Kühlaggregat für aquaristische Zwecke, das jedoch recht teuer ist).
Wie richten wir ein Becken mit einheimischen Kaltwasserfischen ein? Am einfachsten imitieren wir ein Bachbett. Der Bodengrund wird mit feinem Sand bedeckt, darauf kommen Kiesel verschiedenster Größe. Wir können rundliche Steine bis zur Faustdicke verwenden. Die Schmalseiten begrenzen wir durch aufsteigende „Felspartien", den Hintergrund basteln wir aus Schilfrohr zusammen, das wir nicht in, sondern hinter das Aquarium stellen. Wollen wir Forellen pflegen, setzen wir in den Bodengrund einige Bündel Wasserpest und lassen unter der Wasseroberfläche einige Ranken Hornkraut treiben. Eine starke Durchlüf-

Bild 1.21: In einem solchen Vollglasaquarium, besetzt mit einheimischen Fischen und einheimischen Pflanzen, können wir ebenso interessante Beobachtungen anstellen wie an einem Tropenfischaquarium.

tung ist in diesem Falle angebracht. Am besten verteilen wir mehrere Ausströmer im Aquarium, durch die wir starke Luftströme treiben. Die Pumpe soll dabei mindestens 300 l Luft pro Stunde bei etwa einem Meter Wassersäule fördern. Ein gutgängiger Filter, der in kurzen Abständen gereinigt werden muß, sorgt für klares Wasser. Wasserwechsel wöchentlich; dabei ist die Hälfte des Altwassers gegen frisches Leitungswasser auszutauschen. Forellen sind gegen Chlor sehr empfindlich, wir lassen daher das Frischwasser zuvor über einen Kohlefilter laufen.
Für Schleien, Karpfen, Rotaugen, Moderlieschen, Elritzen können wir das Becken wie für Forellen einrichten, doch brauchen wir mit der Temperatur und auch mit der Durchlüftung nicht zu ängstlich zu sein. Bei diesen Fischen, die auch in der Natur in verhältnismäßig sauerstoffarmen, oft flachen Weihern leben, kann im Sommer die Temperatur unbedenklich bis auf 25° C ansteigen, sofern die Becken nicht übersetzt und nicht verschmutzt sind.
Um Stichlinge zu pflegen und zu züchten, müssen wir noch mehr Bodenpflanzen einbringen, z. B. *Ludwigia, Myriophyllum*, Nadelsimse und ähnliche einheimische Pflanzen. Außerdem setzen wir noch andere pflanzliche Stoffe zu, die möglichst nicht mehr zersetzt werden, damit der Stichling Material zum Nestbau hat. Hier hat sich ausgezeichnet Fasertorf bewährt.
Der Bitterling *(Rhodeus sericeus)* übt eine besondere Art der Brutpflege aus: Er legt seine Eier in die Kiemenhöhle der Teichmuschel, in der sie sich entwickeln. Wollen wir Bitterlinge pflegen und züchten, müssen wir auf diese Brutgewohnheit Rücksicht nehmen und in das Bitterlingsaquarium Teichmuscheln einsetzen. Diese Muscheln erreichen eine recht stattliche Größe, außerdem graben sie im Bodengrund und bewegen sich darin fort. Eingepflanzte Wasserpflanzen werden dabei in der Regel entwurzelt, weshalb wir von vornherein auf wurzelnde Pflan-

Bild 1.22: Faszinierend ist die Fortpflanzung der Bitterlinge, die wir in einem Europaaquarium unter günstigen Umständen beobachten können. Links im Bild sieht man das Weibchen mit der Legeröhre über der ausgewählten Muschel. Aufnahme E. Perkins

Bild 1.23: Die Sumatrabarbe oder Viergürtelbarbe (Capoeta tetrazona tetrazona) ist ein lebhafter Schwarmfisch, den wir nicht mit zu langsam schwimmenden oder wenig beweglichen Fischen vergesellschaften dürfen. Er zupft nämlich gern an den Flossen seiner Mitbewohner. Aufnahme B. Kahl

zen verzichten. Wir verwenden Schwimmpflanzen, wobei wieder das Hornkraut gute Dienste leistet. Nicht ganz stilecht, aber zweckmäßig sind auch Wasserhyazinthe und Muschelblume.

Können wir das Kaltwasseraquarium den Winter über in einen kühlen, aber frostfreien Raum stellen, haben wir fast alle Probleme gelöst. Wir brauchen dann das Becken während des Winters kaum zu beachten. Wir kontrollieren lediglich die Temperatur und das Verhalten der Fische. Liegen sie träge auf dem Bodengrund, brauchen wir nichts zu unternehmen. Schwimmen sie jedoch umher, müssen wir ein wenig füttern, in der Regel bei Temperaturen ab etwa 8° C. Zwischen 4 und 8° C befinden sich die Fische in einer Art Winterruhe, und die Wasserpflanzen bilden Winterknospen, die im nächsten Frühjahr wieder ausschlagen.

Das Südostasien-Aquarium

Bild 1.24: Dekorationsvorschlag für ein Landschaftsaquarium der südostasiatischen Ebenen. Die abgebildeten Fische (von links nach rechts: 1 Trichogaster leeri, 2 Betta splendens, 3 Rasbora heteromorpha, 4 Brachygobius doriae, 5 Puntius lineatus, 6 Acanthophthalmus kuhli kuhli. Zeichnung W. Weigel

Hier müssen wir einen tropischen Lebensraum im Aquarium nachahmen. Die Temperatur soll, je nach Herkunft der gepflegten Arten, zwischen 22° C und 30° C liegen. Es wäre falsch, die Temperatur konstant zu halten. Die Nachttemperatur kann gegenüber der Tagestemperatur ruhig um 2 bis 3° C niedriger liegen. Auch während des Winters können die Temperaturen etwas herabgesetzt werden, sollten jedoch 20° C nicht unterschreiten. Makropoden und Kardinalfische vertragen winterliche Hälterungstemperaturen bis 15° C; sie brauchen auch im Sommer keine Heizung.

Aus Asien stammen viele schöne und interessante Aquarienfische. Sehr bekannt, auch bei Nichtaquarianern und Anfängern, sind die Barben der Gattungen *Barbodes, Capoeta, Puntius* und die Bärblinge aus den Gattungen *Danio, Brachydanio* und *Rasbora.* Es sind durchweg kleinere bis mittelgroße, bunte, lebhafte Schwarmfische. Für sie brauchen wir Aquarien mit viel Schwimmraum, denn die Tiere sind ständig in Bewegung. Wir wählen möglichst lange Aquarien, die ziemlich flach sein können. Ein Idealmaß wäre 100 x 40 x 30 cm. Ein solches Aquarium können wir als „Bachbett" darstellen. Dazu statten wir das Becken mit einem flachen Bodengrund aus Flußsand und Kies im Verhältnis 3:1 aus. Den Seiten zu erhöhen wir den Bodengrund etwas und grenzen die Erhöhung mit einigen größeren rundlichen Steinen ab. Im Hintergrund können wir einige Wurzeln einbringen. Die Seiten und den Hintergrund bepflanzen wir und lassen den Mittelteil als Schwimmraum frei.

Asien ist das Heimatgebiet der Cryptocorynen. Viele herrliche Aquarienpflanzen gehören zu dieser Gattung. Manche sind allerdings recht empfindlich, aber wir

Tafel 1
Oben links: Der Silbersalmler (Ctenobrycon spilurus), auch Talersalmler genannt, lebt im nördlichen Südamerika in Fließgewässern küstennaher Bezirke. Die hochrückige Gestalt, die lange Afterflosse und der schwarze Fleck auf dem Schwanzstiel sind seine auffälligsten Merkmale.
Oben rechts: Der Kongosalmler (Phenacogrammus interruptus) ist ein besonders beliebter Afrikaner. Die Männchen (oben) der Kongosalmler werden bis zu 12 cm lang, die Weibchen bleiben stets kleiner. Wer Kongosalmler züchten möchte, füttere reichlich und abwechslungsreich.
Mitte links: Der Gelbe Kongosalmler (Petersius caudalis) stammt aus dem unteren Kongogebiet, er wird ungefähr acht Zentimeter lang.
Mitte rechts: Der Schönflossen- oder Zitronensalmler (Hyphessobrycon pulchripinnis) ist ein friedliches, etwa fünf Zentimeter lang werdendes Fischchen, das aus dem Amazonasgebiet stammt.
Unten links: Der Arnolds-Salmler (Arnoldichthys spilopterus) wird ungefähr acht bis zehn Zentimeter lang. Besonders auffällig sind die großen Schuppen und die Fettflosse. Der Fisch braucht viel Schwimmraum, aber auch Pflanzendickicht, damit sich besonders die scheuen Tiere verstecken können. Keine Einzeltiere pflegen, Arnolds-Salmler sind von Natur aus Schwarmfische.
Unten rechts: Der Langflossensalmler (Alestes longipinnis) stammt aus dem Kongogebiet. Der schnelle und elegante Fisch sollte nur im Schwarm gehalten werden. Das Männchen wird ungefähr dreizehn Zentimeter lang, die Weibchen bleiben kleiner.
Aufnahmen: B. Kahl

Bild 1.25: Dekorationsvorschlag für ein Landschaftsaquarium der südostasiatischen Gebirgsbäche. Die abgebildeten Fische (von links nach rechts:) 1 Labeo bicolor, 2 Botia macracantha, 3 Puntius nigrofasciatus, 4 Rasbora maculata, 5 Acanthopsis choirorhynchus, 6 Botia hymenophysa. Zeichnung W. Weigel

sollten dennoch immer wieder versuchen, sie in unseren Aquarien anzusiedeln und heimisch werden zu lassen. Zwei recht problemlose Arten sind *Cryptocoryne affinis* und *Cryptocoryne wendtii*, mit denen allein man schon eine herrliche Bepflanzung gestalten kann. *Cryptocoryne wendtii* paßt sich ihrem jeweiligen Standort so extrem an, daß man oft meint, es mit verschiedenen Pflanzenarten zu tun zu haben. Pflanzen wir *Cryptocoryne wendtii* im selben Aquarium an einer Stelle, die viel Licht bekommt und an einer anderen, die nur wenig beleuchtet wird, so bildet sie schon verschiedene Wuchsformen.

Weitere Pflanzen, die für das Asienbecken in Frage kommen: *Hygrophila, Aponogeton, Barclaya, Cardamine, Ceratophyllum* (nur geeignet, wenn aus tropischen Gebieten eingeführt), *Ceratopteris, Limnophila, Microsorium pteropus, Hygrophila corymbosa, Hygrophila difformis, Vallisneria, Vesicularia.*

Aus Asien kommen auch die meisten Labyrinthfische, unter denen auch einige

Bild 1.26: Der Zebrabärbling Brachydanio rerio ist ein beliebter, immer munterer, anspruchsloser Fisch aus Vorderindien. Aufnahme B. Kahl

gute Anfängerfische sind. Hierher gehören der Kampffisch, der Makropode, der Blaue Fadenfisch, der sehr heikle Schokoladengurami. Im allgemeinen sind diese Fische ruhig, vorausgesetzt, sie wollen nicht gerade Hochzeit machen. Dann nämlich bilden sie ein Brutrevier und vertreiben alles, was sich in dessen Nähe herumtreibt. Besonders aggressiv werden Labyrinther dann gegen die eigenen Artgenossen. Paradebeispiel dafür sind die Kampffische, von denen man normalerweise keine zwei Männchen in einem Aquarium halten kann: Sie bekämpfen sich so lange, bis eines der Tiere tot ist (in der Natur kommt es meistens nicht so weit, weil der unterlegene Gegner ausweichen kann).

Labyrinthfische pflegen wir am besten in einem „Tümpelaquarium". Die Pflanzen setzen wir gruppenweise ein, wobei wir sowohl feinblättrige als auch großblättrige Arten auswählen. Auf dem Bodengrund sollten Versteckmöglichkeiten aus Steingruppen und Wurzelteilen angebracht werden. Günstig ist eine leichte Schwimmpflanzendecke aus *Pistia* (Muschelblume) oder *Riccia* (Flutendes Lebermoos). Hat sich ein Pärchen gefunden – wir erkennen das daran, daß das Männchen beginnt, ein Schaumnest zu bauen und nur ein bestimmtes Weibchen in seiner Nähe duldet –, so sollten wir diese beiden Fische in ein ähnlich eingerichtetes Zuchtbecken setzen, das nicht ganz so groß zu sein braucht (je nach Art 40–50 x 30–40 x 30 cm). Für die Haltung sollten die Aquarien natürlich größer sein.

Tafel 2
Oben links: Der Glühlichtsalmler (Hemigrammus erythrozonus) stammt aus stehenden oder langsam fließenden Gewässern Guayanas.
Oben rechts: Cheirodon axelrodi (der Rote Neon) stammt aus den Nebenflüssen des Rio Negro.
Mitte links: Der Robertsi-Salmler (Hyphessobrycon robertsi) stammt aus Südamerika und wird bis zu fünf Zentimeter lang.
Mitte rechts: Der Karfunkelsalmler (Hemigrammus pulcher) ist ein typischer Schwarmfisch.
Unten links: Der Neonsalmler (Paracheirodon innesi) ist ein Schwarmfisch, der sich vorzüglich für Gesellschaftsbecken eignet.
Unten rechts: Der Kaisertetra (Nematobrycon palmeri) aus Kolumbien gehört zu den „leichteren" Problemfischen.
Aufnahmen: B. Kahl

Labyrinther sind nicht unbedingt lebhafte Schwimmer, sie ziehen vielmehr meist die Ruhe vor. Auch für größere Arten genügen daher Aquarien in den Ausmaßen 70 x 50 x 30 cm. Da die Labyrinthfische ein akzessorisches Atmungsorgan[1] besitzen, ist eine Durchlüftung unnötig und sogar störend. Dagegen können wir einen Filter mit nicht allzugroßer Förderleistung anbringen. Wichtig für das Labyrintherbecken ist die Abdeckung: Die Fische springen gern, und sie können sich, wenn die Außenluft wesentlich kälter ist als das Wasser, das Labyrinth – das zusätzliche Atemorgan – erkälten. Unter einer Deckscheibe ist die Luft stets gut gewärmt und mit Wasserdampf gesättigt.

Aus Asien stammen viele Schmerlen, meist kleine, langgestreckte bis schlangenförmige Fische, die vorwiegend am Boden leben. Für sie ist der günstigste Aquarientyp das „Uferaquarium". Dabei modelliert man im Aquarium eine Uferlandschaft. Wir können dazu Steinplatten verwenden, die entlang der hinteren Längsscheibe aufgebaut werden. Auch Torfplatten eignen sich, doch sollten wir bei der Verwendung von Torf ständig über Aktivkohle filtern (einer der seltenen Fälle, bei denen dieses Filtermaterial empfohlen werden muß). Ohne Kohlefilterung würden die vom Torf reichlich abgegebenen Farbstoffe das Aquarienwasser in kurzer Zeit dunkelbraun färben.

Zur Gestaltung der Rückwand[2] können wir auf den beliebten Schaumkunststoff Styropor zurückgreifen. Dieses Material ist sehr leicht zu verarbeiten und läßt sich mit geeigneter Farbe dem Zweck entsprechend anstreichen. Die Farbe darf natürlich das Material nicht angreifen, und sie muß für Fische und Pflanzen physiologisch unbedenklich sein. (Gute Farbengeschäfte können hier Auskunft erteilen). Wir können in eine solche Styroporrückwand gleich Pflanzlöcher und Verstecke für die Fische miteinarbeiten. Ein Problem ergibt sich jedoch: Styropor ist so leicht, daß es ohne besondere Befestigung stets an der Wasseroberfläche schwimmt. Wir müssen die Wand also im Aquarienrahmen festklemmen und sie durch Steine, Wurzeln usw. noch zusätzlich sichern.

[1] Akzessorisches Atmungsorgan = zusätzliches Atmungsorgan. Bei den Labyrinthfischen liegt oberhalb der Kiemenhöhle in einer besonderen Höhle im Kopf das „Labyrinth", ein stark durchblutetes, häutiges Organ, das durch feine Knochenlamellen gestützt wird. Es ist ein Teil des letzten Kiemenbogens. Dieses Labyrinth befähigt die Fische, atmosphärische Luft, die sie an der Wasseroberfläche aufnehmen und in die Labyrinthhöhle pressen, zu veratmen. Das ist eine Anpassung an den natürlichen Lebensraum, denn die Labyrinthfische leben in sauerstoffarmen Gewässern, z. B. in überfluteten Reisfeldern. Das Labyrinth befähigt diese Tiere auch, längere Zeit sogar in feuchtem Schlamm zu überdauern.

[2] Verschiedene Vorschläge zur Gestaltung von Rückwänden finden Sie auf S. 303.

Bild 1.27: Dieser „goldene" Fadenfisch ist eine xanthoristische (gelblich bis goldgelb) gefärbte Variante des Fadenfischs Trichogaster trichopterus. Aufnahme B. Kahl

Pflegen wir Bodenfische wie Schmerlen, so müssen wir auch in Bodennähe Verstecke anbringen. Wir bauen kleine Höhlen aus Steinen, Wurzeln oder auch aus halbierten Kokosschalen, in die ein Schlupfloch von genügender Größe gebrochen wird, und die mit der offenen Seite nach unten auf den Bodengrund gelegt werden.

Diese drei Aquarientypen – sie könnten durch Dutzende weiterer ergänzt werden – können wir natürlich auch für Afrika- und Südamerikabecken einsetzen. Nur Meeresaquarien werden generell nach anderen Gesichtspunkten eingerichtet. Auch die genannten Fischgruppen stehen nur als Stellvertreter für manche anderen; nachstehend dazu einige Beispiele:

Fische, die wie Barben und Bärblinge zu halten sind:

Fast alle Schwarmfische wie *Chela*-Arten, *Kryptopterus*-Arten, *Botia sidthimunki, Chanda*-Arten.

Fische, die wie Labyrinthfische zu halten sind:

Ophiocephalus-Arten, Cichliden (nur eine asiatische Gattung!), Cyprinodontiden, Nandiden, *Chanda*-Arten, Mastacembeliden, manche Welse, Eleotridae, Gobiiden (letztere mit etwas Zusatz von Seesalz[3]). Im Gegensatz zu den reinen Labyrintherbecken ist jedoch bei den genannten Arten eine gute Durchlüftung und Filterung angebracht.

Fische, die wie Schmerlen zu halten sind:

Hier sind in erster Linie Fische aus der riesigen Familie der Welse zu nennen. Auch Mastocembeliden können so untergebracht werden. Im übrigen können und sollen wir gerade in Aquarien, in denen vor allem bodenbewohnende Fischarten gepflegt werden, auch einige Fische des freien Wassers halten. Sie beleben das Becken. Geeignet hierfür sind Barben und Bärblinge, aber auch manche Labyrinthfische und Cichliden.

Bei asiatischen Fischen müssen wir dem Wasser etwas Aufmerksamkeit widmen. Die Härte soll im allgemeinen nicht zu hoch sein, vor allem sollte die Karbonathärte nach Möglichkeit nicht über 10° dKH ansteigen. Eine Gesamthärte von 5° dGH wäre ideal, außer für die Fische, die Seesalzzusatz benötigen. Das Wasser sollte schwach sauer sein, also einen pH-Wert aufweisen, der schwach unter 7, etwa bei 6,5 bis 6 liegt. Diese Wasserwerte sind vor allem dann wichtig, wenn wir züchten wollen. So galt die Keilfleckbarbe jahrelang als kaum züchtbar, bis man entdeckte, daß sie ganz einfach weiches und saures Wasser benötigt.

Übrigens bevorzugen auch die meisten Labyrinthfische die genannten Wasserwerte, obwohl sie fast in jedem Wasser leben und sich auch vermehren.

Der erste exotische Aquarienfisch war übrigens ein Asiate: der Großflosser, Paradiesfisch oder Makropode *(Macropodus opercularis).*

Das Afrika-Aquarium

Drei Biotope[4] aus Afrika sind für den Aquarianer besonders interessant: die großen Binnenseen, temporäre[5] Gewässer, Bach- und Flußsysteme.

Davon haben besonders die großen Seen in den letzten Jahren große Bedeutung erlangt. Aus dem Tanganjikasee und dem Malawisee (= Njassasee) kamen sehr viele Buntbarsche (Cichliden) zu uns, die es sonst an keiner anderen Stelle der Erde gibt. Sie leben in diesen Seen endemisch[6]. Die großen afrikanischen Binnenseen haben eine gewaltige Ausdehnung, wir müßten sie eigentlich schon „Binnenmeere" nennen. Der Malawisee ist 28 480 km^2 groß und hat eine Tiefe von maximal etwas über 700 m. Er ist von Gebirgen eingeschlossen und besitzt nach Süden einen Abfluß. Noch größer ist der Tanganjikasee. Seine Fläche umfaßt 32 880 km^2, und seine größte Tiefe beträgt 1435 m. Zum Vergleich: Der Bodensee ist 539 km^2 groß und bis rund 250 m tief.

Das Wasser dieser Seen ist hart, salzhaltig und leicht alkalisch (um pH 8). Bei der Einrichtung der Aquarien müssen wir darauf Rücksicht nehmen, denn die Fische aus dem Malawi- und Tanganjikasee wollen kein weiches, saures Wasser. Zweckmäßig ist es, dem Wasser 10–20 g Seesalz pro 10 l zuzusetzen.

Viele der in Aquarien gehaltenen und zum Teil auch gezüchteten Fische stammen von den felsigen Steilküsten der Seen. Wir gestalten also unser Biotopbecken als Steilküsten-Aquarium. Zunächst bringen wir eine Schicht feinen Flußsand auf den Boden. Den Hintergrund und eventuell auch die Seitenteile des Aquariums kaschieren wir mit Steinen, die mit Kunststoffkleber oder Silikonkautschuk zusammengeklebt werden, damit der Aufbau nicht zusammenbricht. Die

[3] Seesalzzusatz. Wird zu einem Süßwasser ein Zusatz von Seesalz empfohlen, ohne daß es sich um ausgesprochenes Brackwasser handelt, so geben wir auf je 10 Liter Wasser ca. 10–12 g Salz. Zuweilen sind für die betreffenden Fische Bittersalz oder andere Salzmischungen notwendig, deren genaue Zusammensetzung leider selten bekannt ist. In all diesen Fällen bietet Seesalz einen relativ guten Ersatz. Reines Kochsalz sollte man dem Aquarienwasser besser nicht zusetzen; es ist physiologisch nicht ganz unbedenklich.

[4] Unter einem Biotop versteht man einen durch bestimmte Lebewesen gekennzeichneten Lebensraum.

[5] temporär = zeitweilig, vorübergehend. Temporäre Gewässer führen nicht zu allen Jahreszeiten Wasser. Gegensatz: perennierend = ausdauernd.

[6] endemisch = auf einen bestimmten Bezirk beschränkt.

Bild 1.28: Dekorationsvorschlag für ein Landschaftsaquarium aus dem afrikanischen Regenwald. Die abgebildeten Fische (von links nach rechts): 1 Pantodon buchholzi, 2 Epiplatys macrostigma, 3 Aphyosemion bivittatum, 4 Pelvicachromis taeniatus, 5 Polycentropsis abbreviata. Zeichnung W. Weigel

Steine müssen so aufgebaut werden, daß Fische sich nicht dazwischen verfangen können. Andererseits aber sollen in den Felsaufbau recht viele Höhlen eingebaut werden, die den Fischen dann als Unterschlupf dienen. Auch in Bodennähe können wir Höhlen anbringen. Es sollten wesentlich mehr Höhlen als Fische vorhanden sein. Auf eine Bepflanzung können wir ganz verzichten (über die Flora der großen Seen ist bisher recht wenig bekannt), aber wir können auch Pflanzen wie *Anubias, Bolbitis, Ceratophyllum, Fontinalis* einsetzen. Im allgemeinen werden sie gedeihen, wenn wir nur genügend Licht geben.
Ein solches Aquarium macht aber auch ganz ohne Pflanzen, nur mit Steinen als Felsaufbau, einen guten Eindruck. Der Bodensand, der den vorderen Teil des Aquariums bedeckt, soll relativ fein sein (etwa in der Körnung 0,5–1 mm); ihm mischen wir noch ca. $^1/_4$ Kies in Körnungen von 3–15 mm bei. Außerdem können wir in den Bodengrund flache Steine – etwa Schieferplatten – schräg einlassen, so daß sie zum Teil noch herausschauen. Die Fische buddeln darunter gerne Höhlen. Die Steine müssen so gegeneinander verkeilt werden, daß sie bei der Bautätigkeit der Fische nicht zusammenstürzen.
Ein Aquarium, das ein temporäres Gewässer nachahmen soll, ist recht einfach zu gestalten. Pflanzen kommen in diesem Biotop nur sehr beschränkt vor. Be-

Bild 1.29: Der Afrikanische Schmetterlingsbuntbarsch (Haplochromis thomasi) stammt aus Sierra Leone. Es ist ein sehr anspruchsloser Fisch, den man auch relativ leicht nachzüchten kann. Aufnahme B. Kahl

nützen wir diesen Aquarientyp gleichzeitig als Zuchtbecken, so verzichten wir ganz auf eine Bepflanzung und bringen lediglich einige Schwimmpflanzen ein *(Pistia, Eichhornia, Ceratopteris, Ceratophyllum)*. Wir halten in einem solchen Aquarium vor allem Eierlegende Zahnkarpfen vom Typ „Saisonfisch". Das sind kleine, sehr bunte Fische, die an ihren Lebensraum extrem angepaßt sind. Da in der Natur die Minigewässer, in denen diese Tiere leben, während der Trockenzeit völlig austrocknen, haben diese Fische eine besondere Form der Brutfürsorge entwickelt, die den Fortbestand der Art garantiert: Sie legen ihre Eier in den Bodengrund, in dem sie die Trockenzeit überdauern; erst beim nächsten Regen schlüpfen aus den Eiern die Jungfische. Die Fische sind Dauerlaicher, die praktisch vom Eintritt der Geschlechtsreife bis zu ihrem Tod Eier legen. Wir müssen daher das Aquarium so einrichten, daß sie auch ablaichen können.

Bild 1.30: Drei bekannte und beliebte afrikanische Salmler auf einem Bild. Von oben nach unten: Der Langflossensalmler Alestes longipinnis. – Männchen des Kongosalmlers Phenacogrammus interruptus. – Alestes chaperi. – Weibchen des Kongosalmlers Phenacogrammus interruptus. Aufnahme B. Kahl

Dazu bieten wir einen recht weichen Bodengrund, in den sich die Tiere bis zu einem gewissen Grade eingraben können. Ideal ist Torf, der jedoch leicht aufgewirbelt wird und dann die Wasserpflanzen anschmutzt. In größeren Aquarien können wir mit Steinen einen Teil des Bodens abgrenzen, den wir dann mit Torf belegen. Auch dann aber wird es sich nicht ganz vermeiden lassen, daß Torf herumwirbelt.

Bei Arten, die nicht gründeln oder im Boden graben, können wir den Boden über dem Sand mit einer dünnen Schicht Torf bedecken, der zuvor ausgekocht wurde und dabei schon einen Teil seines Farbstoffgehaltes eingebüßt hat. Die feine Pastellfärbung z. B. des Kongosalmlers wird durch einen solchen dunklen Bodengrund besonders hervorgehoben. Im übrigen könnten wir das Becken auch nach dem im vorangegangenen Abschnitt geschilderten Flußbett-Aquarium einrichten, wobei wir diesmal nach Möglichkeit afrikanische Pflanzen verwenden.

Bild 1.31: Ein bekannter Eierlegender Zahnkarpfen ist der Blaue Prachtkärpfling (Aphyosemion sjoestedti). Unser Bild zeigt oben zwei Männchen und unten ein Weibchen. Aufnahme B. Kahl

Entscheiden wir uns für Fische, die gerne im Boden wühlen, so lassen wir den Torf auf dem Boden weg und erhöhen dafür die Sand/Kiesschicht. Außerdem bringen wir einige flache Steine, vielleicht einige Felspartien, Wurzeln und als Höhlen Kokosnußschalen ein. Die Pflanzen müssen, ehe wir die Fische einsetzen, gut angewurzelt sein. Dennoch wird es sich nicht ganz vermeiden lassen, daß die eine oder andere Pflanze entwurzelt wird und dann an der Oberfläche treibt.
Die meisten afrikanischen Zierfische, mit Ausnahme der Tanganjika- und Malawi-Buntbarsche, schätzen weiches, schwach saures Wasser (mit Ausnahmen, etwa unter den *Tilapia*-Arten, aber auch unter den Zahnkarpfen). Im allgemeinen liegen die optimalen Temperaturen zwischen 23 und 28° C.
Für das Afrika-Aquarium steht uns eine ganze Reihe sehr schöner und interessanter Fischarten zur Verfügung. Da ist einmal die große Familie der Buntbarsche (Cichliden). Abgesehen von den in den großen Seen endemischen sind folgende Hauptgattungen zu nennen: *Haplochromis, Hemichromis, Tilapia, Pelmatochromis, Nannochromis, Lamprologus, Steatocranus.* Aus der Verwandtschaft der Welse ist wohl der Zitterwels *(Malapterurus electricus)* der interessanteste. Vielgestaltig sind auch die Angehörigen der Fiederbartwelse (Mochocidae), zu denen auch der Rückenschwimmende Kongowels *(Synodontis nigriventris)* gehört. Andere Welsfamilien, die vor allem für Spezialisten unter den Aquarianern in Frage kommen, sind die Bagridae (Stachelwelse), Schilbeidae (Glaswelse), Clariidae (Kiemensackwelse). In Afrika kommen auch verschiedene Salmlerfamilien vor, die dankbare und schöne Aquarienfische stellen. Hier wieder nur einige Gattungen: *Micralestes, Alestes, Petersius, Phenacogrammus,* außerdem die Familie der Geradsalmler (Citharinidae).
Die Karpfenfische (Cyprinidae) sind nicht nur in Eurasien und Nordamerika, sondern auch in Afrika vertreten. Es gibt hier Vertreter der Gattungen *Barbodes, Caecobarbus* (eine große Seltenheit: die Blindbarbe), *Labeo.* Die einzige afrikanische Labyrinther-Gattung, die bei uns vertreten ist, ist *Ctenopoma* (Buschfische); sie stellt aber einige sehr interessante Arten. Für den erfahrenen Aquarianer seien Arten aus der Familie Mormyridae (Nilhechte) empfohlen, ebenso einzelne Vertreter der Notopteridae (Messerfische), aber auch der Schmetterlingsfisch *Pantodon buchholzi.*
Schließlich ist noch das Heer der Eierlegenden Zahnkarpfen (Cyprinodontidae) zu erwähnen. Sie sind nicht ausschließlich Saisonfische. Wir pflegen sie im Typ „Tümpelaquarium" mit dunkler Torfschicht (die hier nicht die Aufgabe eines Laichsubstrates hat). Hauptgattungen: *Aphyosemion, Epiplatys, Nothobranchius, Roloffia, Aplocheilichthys.*

Das Nordamerika-Aquarium

Klimatisch zählen wir Mittelamerika, insbesondere Mexiko, zu Südamerika. Hier interessiert uns der nördliche, mehr gemäßigte Teil des Doppelkontinentes.
Aus Nordamerika sind einige recht interessante Fische zu uns als Aquarienfische gekommen. Sie eignen sich gut für das ungeheizte Zimmeraquarium. Einige dieser Arten haben sich sogar in unseren Freigewässern angesiedelt. So lebt in Baggerseen und Altwässern der Flüsse der Gemeine Sonnenbarsch *(Lepomis gibbosus)*, und an verschiedenen Stellen ist der Katzenwels *(Ictalurus nebulosus)* mit Erfolg ausgesetzt worden.
Aus der Familie der Karpfenfische ist nur eine nordamerikanische Gattung erwähnens- und empfehlenswert: *Notropis*. Es handelt sich um 6–8 cm lange Schwarmfische, die ähnlich wie asiatische *Rasbora*-Arten zu halten sind, jedoch etwas geringere Temperaturen verlangen. Von den Eierlegenden Zahnkarpfen (Cyprinodontidae) lebt in Nordamerika eine Reihe interessanter Arten aus den Gattungen *Cyprinodon, Fundulus, Jordanella, Leptolucania, Lucania.* Die Lebendgebärenden Zahnkarpfen sind gleichfalls mit einigen Gattungen vertreten *(Gambusia, Heterandria, Poecilia).*
Nordamerikabecken sind grundsätzlich unbeheizte Aquarien, die wir im Prinzip ähnlich einrichten wie unsere Heimataquarien: als Tümpel- oder Bachbettaquarien. Wollen wir nordamerikanische Sonnenbarsche pflegen und eventuell auch züchten, so brauchen wir große, geräumige Becken. Je nach Art könnten die Tiere nämlich bis zu 25 cm lang werden. Allerdings gibt es unter den Sonnenfischen auch Zwerge; so erreichen Vertreter der Gattung *Elassoma* nur Gesamtlängen bis 3,5 cm. Sie sind natürlich auch für kleinste Aquarien geeignet, in denen sie sich sogar, wenn man sie für sich hält, fortpflanzen. Für die größeren Arten sollten die Aquarien etwa 100 cm lang sein, bei einer Breite von 40–50 cm und einer Höhe von 50–60 cm. Der Bodengrund soll aus feinem Sand (Flußsand) bestehen, der mit einer kleinen Menge Kies (etwa 10 %) verschiedener Körnung vermischt ist. Versteckmöglichkeiten aus verschiedenen Wurzelstöcken (über und untereinandergelegt) dürfen nicht fehlen. Einem solchen Wurzelgewirr kommt übrigens auch eine sehr gute dekorative Wirkung zu. Unter den Holzteilen finden auch Katzenwelse Versteckmöglichkeiten. *Notropis*-Arten halten wir natürlich scharenweise. Leider werden diese Fische samt und sonders nicht häufig im Zoohandel angeboten. Es sind eben „nur" Kaltwasserfische.
Legen wir Wert auf Nachzucht, so sollten wir fast alle nordamerikanischen Fische kühl überwintern (4–8° C); dies scheint eine wichtige Voraussetzung für die erfolgreiche Zucht zu sein. Alle Nordamerikaner eignen sich auch hervorragend für das Freilandaquarium (mit Ausnahme von *Notropis*); sie können sogar den Winter über im Gartenteich bleiben, sofern der Teich nicht bis zum Boden durchfriert.
Die Wasserpflanzen für das Nordamerikabecken wählen wir aus folgenden Gattungen: *Bacopa, Cabomba, Ceratophyllum, Peplis, Echinodorus, Eleocharis, Elodea, Heteranthera, Lobelia, Ludwigia, Myriophyllum, Najas, Nuphar, Nymphoides, Sagittaria, Vallisneria.* Wir sehen, hier bietet sich eine ganze Menge, allerdings sind nicht alle Arten der genannten Gattungen in Nordamerika verbreitet, manchmal sind es nur wenige Arten. Wir brauchen aber, wie beim Europa-Aquarium, nicht allzu kleinlich zu sein.
Die nordamerikanischen Fische lieben im allgemeinen härteres und neutrales bis leicht alkalisches Wasser (bis pH 7,5), das sehr sauerstoffreich sein sollte. Gute

Bild 1.32: Der Gemeine Sonnenbarsch (Lepomis gibbosus) ist ein typischer Vertreter der nordamerikanischen Kaltwasserfische. Er wurde Ende des vorigen Jahrhunderts nach Europa eingeführt und teilweise auch ausgesetzt. Bei Massenvermehrung kann er als Fischräuber schädlich werden. Aufnahme U. Höch

Durchlüftung und Filterung sind unbedingt erforderlich. Fische aus dem südlichen Nordamerika brauchen etwas höhere Temperaturen. Bei ihnen fällt auch der Kompromiß mit den tropischen Wasserpflanzen nicht so stark ins Gewicht. Das Wasser sollte wieder etwas weicher sein und sich im pH-Wert mehr dem Neutralpunkt nähern (pH 7, sogar bis 6,5). Diese Empfehlung gilt auch für die Eierlegenden Zahnkarpfen. Liegt unser Beckenwasser im leicht alkalischen Bereich oder auch noch im Neutralbereich, sollten wir durch häufigeren Wasserwechsel eine zu starke Konzentration der Stickstoffverbindungen vermeiden, da sich sonst leicht freies Ammoniak bildet, das auf Tiere und Pflanzen sehr giftig wirkt.

Das Südamerika-Aquarium

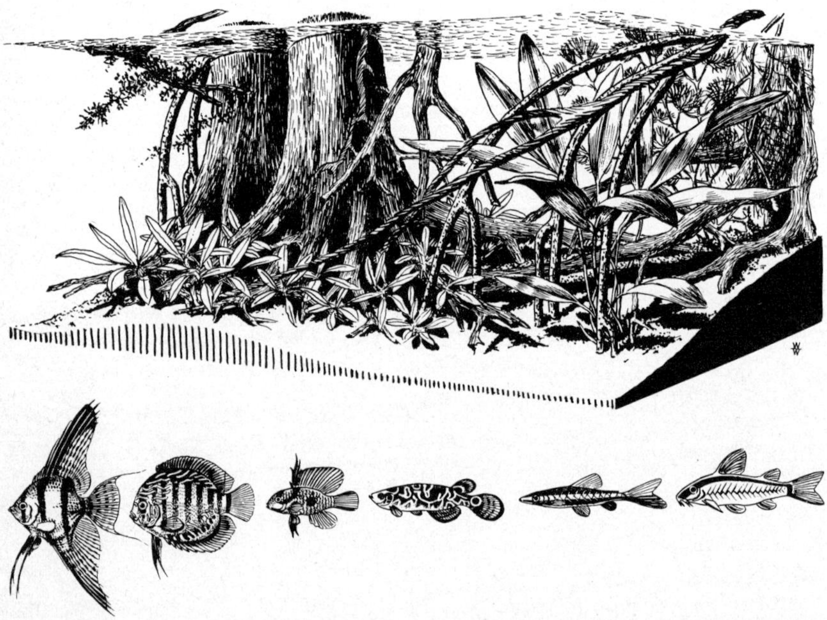

Bild 1.33: Dekorationsvorschlag für ein Landschaftsaquarium des Amazonasgebietes. Die abgebildeten Fische (von links nach rechts). 1 Pterophyllum scalare, 2 Symphysodon discus, 3 Microgeophagus ramirezi, 4 Rivulus ocellatus, 5 Nannobrycon eques eques, 6 Corydoras arcuatus. Zeichnung W. Weigel

Klimatisch rechnen wir, wie schon erwähnt, den mittelamerikanischen Teil des Doppelkontinentes zu Südamerika. Seit eh und je kommen aus Südamerika viele bunte, hübsche, anspruchslose und anspruchsvolle Aquarienfische. Da gibt es das Heer der Salmler (Characidae), sehr viele Cichliden, äußerst interessante Welse. Besonders das riesige Amazonasbecken mit seinen rund 7 Millionen km^2, aber auch die Stromgebiete des Orinoco, des Rio Uruguay, des Rio Paraguay haben uns mit einer großen Zahl von Zierfischen versorgt. Die meisten sind Salmler, vom kleinen, farbenprächtigen Neon bis zum zähnestarrenden Piranha. Unter den Cichliden finden wir hier die bei den Aquarianern so beliebten Zwergbuntbarsche aus der Gattung *Apistogramma.* Viele als Aquarienfische geeignete Arten stellt die Gattung *Cichlasoma*, darunter den Rotbrustbuntbarsch *(Cichlasoma meeki)* und den Flaggenbuntbarsch *(Cichlasoma festivum).* Die *Aequidens*-Arten stellen eine Reihe von kleinbleibenden Cichliden mit ausgeprägtem Großcichlidenverhalten. Die *Geophagus*-Arten mit der völlig harmlosen „Teufelsangel" bestechen durch ihren Perlmutterglanz. Ins Deutsche übersetzt heißt ihr Name „Erdfresser", weil sie ständig den Bodengrund nach Freßbarem durchkauen. Aus der Gattung *Pterophyllum* ist uns der Segelflosser, *Pterophyllum scalare,* wohlbekannt. Einst war er der „König der Aquarienfische". Aus Südamerika kommen auch die berühmten Diskusfische.
In Südamerika finden wir ganz verschiedene Gewässertypen. Flüsse, Bäche und Ströme führen teilweise „Weißwasser", teilweise „Schwarzwasser"[1]. Weder Weißnoch Schwarzwasser können wir im Aquarium völlig kopieren, was im übrigen auch gar nicht so erstrebenswert wäre, weil z. B. Weißwasser in der Natur bis zur völligen Undurchsichtigkeit getrübt sein kann.

[1] Schwarzwasser ist ein im allgemeinen sehr weiches und salzarmes Wasser. Es besteht fast nur aus Regenwasser, das auch beim Durchfließen des Erdreiches kaum Härtebildner und Salze löst. Dafür ist es mit Humusstoffen stark angereichert, von denen es auch seine dunkle Färbung hat. Es liegt mit seinem pH-Wert im sauren Bereich.
Weißwasser dagegen ist stark mit organischen oder (meistens) anorganischen aufgeschwemmten Stoffen belastet (z. B. Bakterien, Lehm, sonstige Erdbestandteile). Weißwasser ist oft (nicht stets) härter und auch salzhaltiger als Schwarzwasser; sein pH-Wert kann neutral oder sogar alkalisch sein. Wo Schwarz- und Weißwasserströme zusammenfließen, vermischen sich beide Wasserarten nur langsam; oft fließen beide Ströme im gleichen Bett über sehr weite Strecken regelrecht nebeneinander her. Während Weißwasser nährstoffreich ist, ist Schwarzwasser nährstoffarm.
Weitere Informationen über die Wassertypen im Amazonasstromgebiet auf S. 397 f.

Bild 1.34: Der Flaggenbuntbarsch (Cichlasoma festivum) lebt im westlichen Guayana und im Amazonasstromgebiet. Er kommt oft in Gesellschaft mit Skalaren vor. Aufnahme B. Kahl

Den Schwarzwassertyp müssen wir einigermaßen nachahmen, um das Wohlbefinden der Fische zu sichern. Dazu lassen wir sehr weiches und salzarmes Wasser (teil- oder vollentsalztes Wasser[2] in Mischung mit Leitungswasser) über einen Torffilter laufen oder fügen Torfextrat zu.

Sehr häufig sind stehende Wasseransammlungen, die ihr Wasser entweder direkt aus den Regengüssen erhalten, oder die indirekt von den während der Regenzeit weit über die Ufer tretenden Wasserläufen gespeist werden. Dieses Mal haben wir es mit weichen Wässern zu tun. Einschränkend ist allerdings zu sagen, daß es in Südamerika auch ausgesprochene Hartwasserfische gibt, und daß selbst die „Schwarzwasserfische" meist mit härterem Wasser zufrieden sind. Wer es jedoch gut machen will, stellt für südamerikanische Salmler, Cichliden und viele südamerikanische Welse ein Wasser zusammen, dessen Härte nicht viel über 5° dGH liegt und deren pH-Wert um 6–6,5 schwankt. Härteres Wasser (15–20° dGH) ist angezeigt bei Lebendgebärenden Zahnkarpfen, die zum Teil sogar aus küstennahen Gewässern ins Meer schwimmen. Sie registrieren einen geringen Zusatz von Seesalz – ca. 20 g pro 10 l Wasser – recht dankbar[3].

Im Prinzip können wir das Südamerika-Aquarium wie das Asienbecken gestalten, doch verwenden wir hier vor allem Pflanzen aus Südamerika. Für die bodenlaichenden Eierlegenden Zahnkarpfen aus den Gattungen *Cynolebias*, *Pterolebias* und *Cynopoecilus* wählen wir den gleichen Aquarientyp wie für die Saisonfische Afrikas.

Hier einige typische Pflanzen für das Südamerika-Aquarium: *Cabomba, Ceratophyllum, Echinodorus, Eichhornia, Elodea, Myriophyllum, Vallisneria.*

[2] Teil- und Vollentsalzung siehe im Kapitel Aquarienchemie, S. 372 ff.

[3] Guppys und Mollys können wir jederzeit in Seewasser umgewöhnen, und insbesondere Mollys entwickeln sich hier zu wahren Prachtstücken.

Bild 1.35: Erwachsene Brillantsalmler (Moenkhausia pittieri) benötigen viel Raum und große Aquarien. Sie werden etwa sechs Zentimeter lang, die Männchen sind größer als die Weibchen. Aufnahme B. Kahl

Bei ausgesprochenen Cichlidenbecken können wir meist nur robuste Pflanzen verwenden, und zuweilen werden wir ganz auf Pflanzen verzichten müssen. Wir richten dann das Aquarium nur mit Steinen und Wurzeln ein, die so verankert sein müssen, daß sie nicht zusammenrutschen und Fische unter sich begraben oder Scheiben zertrümmern.

Aquarien für *Apistogramma*-Arten. Diese Fische verlangen, obwohl sie klein sind, recht geräumige Aquarien, da sie meistens ausgedehnte Reviere bilden. In kleinen Becken neigen sie dazu, „Mutterfamilien" zu bilden, wobei es nicht selten vorkommt, daß das Männchen vom Weibchen totgejagt wird. In großen Becken dagegen teilen sich die Elterntiere die Brutpflege, indem das Weibchen – wie üblich – das „Nest" direkt bewacht, während das Männchen für die Sicherheit der weiteren Umgebung verantwortlich ist. Wie groß das Aquarium für die einzelnen Arten sein muß, können wir nicht verbindlich sagen, da dies auch von individuellen Faktoren abhängig ist. So pflegte in einem Aquarium von rund 50 x 25 x 30 cm ein Pärchen *Apistogramma borelli* einträchtig seine Nachkommenschaft, wogegen es im gleichen Becken mit einem Pärchen *Apistogramma agassizi* zu Katastrophen kam. Im allgemeinen dürfte eine Fläche von etwa $\frac{1}{2}$ m^2 ausreichen, um beide Partner zur Brutpflege zu bringen. Gelingt dies nicht,

Bild 1.36: Sehr viele Panzerwelse eignen sich als „Gesundheitspolizei" im Gesellschaftsbecken. Unser Bild zeigt zwei Leopard-Panzerwelse (Corydoras julii). Aufnahme B. Kahl

belassen wir es lieber bei der Mutterfamilie und entfernen den Vater. Ein *Apistogramma*-Aquarium soll stets einige Höhlen enthalten, die man den Fischen in Form halbierter Kokosnußschalen oder aufgeschichteter flacher Steine bietet.

Bei Großcichliden – etwa Angehörigen der Gattung *Cichlasoma* – lassen wir mehrere flache Steine in den Bodengrund ein. Sie werden gern als Laichplätze benutzt.

Im übrigen können wir unser Südamerika-Aquarium nach eigenem Geschmack einrichten. Schnellschwimmende Schwarmfische brauchen immer ausreichenden Schwimmraum, Welsen sollte eine ausreichend große Partie Sandfläche auf dem Bodengrund reserviert werden, in der sie buddeln können.

Damit auch Pflanzen gedeihen, müssen wir, wenn wir Schwarzwasser nachahmen, darauf achten, daß die Färbung des Wasser nicht zu dunkel wird. Eventuell kann es notwendig werden, mit einem Aktivkohlefilter zu regulieren. Durch nichts zu ersetzen ist der obligatorische Wasserwechsel!

Die Temperaturen im Südamerika-Aquarium schwanken – je nach den gepflegten Fischarten – zwischen 20 und 30° C.

[1] Korallenwelse gehen jedoch nur selten in reines Süßwasser.

[2] Aquarienwasser können wir mit verschiedenen Methoden aufhärten, wenn wir aus unserer Leitung Wasser mit zu geringer Härte erhalten. So können wir durch Zu-

gabe von Gips – wir lösen davon wenig in viel Wasser im Überschuß, das heißt, daß sich ein Bodensatz von ungelöstem Gips bildet – das Wasser aufhärten. Von dieser Lösung geben wir so viel in unser Aquarium, bis wir den gewünschten Härtegrad erreicht haben (laufende Messung). Hierdurch erhöhen wir die Sulfathärte. Wir können auch, es ist eine recht bequeme und einfache Methode, einfach unseren Filter mit kleinen Marmorstücken füllen. Der Marmor wird langsam durch die im Wasser enthaltene Kohlensäure gelöst, wodurch wiederum das Wasser aufgehärtet wird. Wir erhöhen mit dieser Methode die Karbonathärte. Da der Sulfathärte aber der Vorzug zu geben ist, ist die erste Methode besser zum Aufhärten geeignet.

Das Australien-Aquarium

Australien ist der wasserärmste Kontinent der Erde, und so scheint es vermessen, über ein „Australien-Aquarium" zu schreiben. Überdies kommen nur recht wenige unserer Aquarienfische aus Australien. Die meisten australischen Fische gehören zu Familien, von denen die meisten Arten im Meer leben. So finden wir in australischen Süßgewässern einige Schläfergrundeln, Korallenwelse[1], Glasbarsche und Meeräschen. Eine Besonderheit, die aber für Liebhaberaquarien auf keinen Fall in Frage kommt, ist der australische Lungenfisch. Mit Ausnahme der Regenbogenfische *Nematocentris maccullochi* und *N. fluviatilis* wurden und werden nur sehr wenige australische Fische bei uns eingeführt. Hin und wieder gelangen Grundeln in unsere Aquarien, dauern jedoch selten längere Zeit aus.
Regenbogenfische verlangen recht hartes Wasser, das um 20° dGH liegen kann und nicht unter 10° dGH sinken soll[2]. Temperatur zwischen 23 und 26° C. Wollen wir tatsächlich ein Australien-Aquarium einrichten, wählen wir den Typ „Bachbett". Die Regenbogenfische sind lebhafte Schwimmer, daher sollte das Aquarium nicht zu klein sein. Wir wählen die Längsseite mindestens so lang, daß sie der 10fachen Länge des größten im Aquarium gehaltenen Fisches entspricht (das gilt auch für alle anderen Aquarien, soweit es sich nicht um Extremfälle handelt). Regenbogenfische werden nicht wesentlich über 10 cm lang, bleiben meistens noch darunter, und so genügen für einen kleinen Schwarm von 10–15 Tieren folgende Maße: 60–100 x 40–50 x 35–60 cm. Auf den Boden geben wir eine 5–8 cm hohe Schicht gewaschenen Flußsandes, dem wir bis zu 30 % Kies verschiedenster Körnung und Färbung beimischen können. Auf dem Bodengrund verteilen wir einige kleinere und größere Kieselsteine (bis Faustgröße). An Wasserpflanzen steht uns ein reichliches Sortiment zur Verfügung:
Aponogeton, Bacopa, Ceratophyllum, Crassula, Limnophila, Marsilea, Ottelia, Vallisneria.
Wir ordnen die Pflanzen so an, daß sich im Hintergrund und an den Seiten dichte Bestände finden, die reichlich freien Schwimmraum freilassen. Halten wir nur eine Art Regenbogenfische im Schwarm, so können wir mit Nachwuchs rechnen, da die alten Tiere den Eiern und jungen Fischen kaum nachstellen. Aquarien mit Regenbogenfischen sollten so aufgestellt werden, daß sie Sonnenlicht erhalten. Im Licht „spielen" die Fische gern und zeigen dann auch ihre schönsten Farben. Für Regenbogenfische ist es also von Vorteil, wenn wir das Aquarium am

Bild 1.37: Der Zwergregenbogenfisch (Nematocentris maccullochi) ist der wohl beliebteste Aquarienfisch aus der Familie der Ährenfische. Er ist friedlich, anspruchslos, und wir können ihn sowohl mit Lebend- als auch mit Trockenfutter füttern. Aufnahme B. Kahl

Bild 1.38: Dieses unverkleidete Aquarium steht an der dem Fenster direkt gegenüberliegenden Wand. Dadurch fällt diffuses Tageslicht auf das Becken.

Fenster plazieren können. Normalerweise sind wir ja heute nicht mehr an die Fensternähe gebunden.

Das Gesellschaftsaquarium

Das Gesellschaftsaquarium ist das übliche Aquarium schlechthin. Im allgemeinen kommt es dadurch zustande, daß ein Anfänger in ein Zoogeschäft geht, sich ein Aquarium kauft und dann alles an Fischen mitnimmt, was ihm irgendwie gefällt, und das immer schön „paarweise". Da kommt es dann vor, daß Friedfische und Raubfische, kleine Fische, große Fische, Einheimische und Exoten, einzelne Schwarmfische und Schwärme von Einzelgängern zusammengeraten. Das Ganze ist ein Chaos. Wenn alles gut geht, reguliert sich diese seltsame Lebensgemeinschaft im Laufe von Wochen oder Monaten von selbst: Die schwächeren Fische gehen ein, die kleineren werden aufgefressen, die zuerst zu große Zahl von Fischen verringert sich auf ein für die Beckengröße erträgliches Maß.
Das soll nun keineswegs heißen, daß wir das Gesellschaftsaquarium rundweg ablehnen. Aber gerade das Gesellschaftsaquarium erfordert Kenntnisse und Einfühlungsvermögen des Pflegers. Erfahrene Aquarianer können wunderbare Gesellschaftsbecken zusammenstellen[1].
Wir pflegen im Gesellschaftsbecken grundsätzlich nur Tiere und Pflanzen, die ähnliche Ansprüche stellen. Salmler und Lebendgebärende im selben Becken zu pflegen, ist für die eine oder andere Gruppe ungünstig: Die Salmler bevorzugen meist weiches, schwach saures Wasser, die Lebendgebärenden salzhaltiges, neutrales oder gar alkalisches Wasser. Wollen wir auf solche Kombinationen nicht verzichten, so müssen wir Härte und pH-Wert des Wassers auf einen Mittelwert zwischen den Bedürfnissen beider Gruppen einstellen.
Beim Gesellschaftsaquarium dürfen wir unbesorgt Fische aus verschiedenen Erdteilen zusammenhalten. Wichtig ist nur, daß sie an Temperatur, Wasserhärte, Beleuchtung, Futter usw. ähnliche Ansprüche stellen. Wir können auch solche Fische miteinander vergesellschaften, die sich nicht gegenseitig stören, weil sie verschiedene Lebensräume beanspruchen. So passen z. B. Oberflächenfische, Fische der mittleren Wasserschichten und bodengebundene Fische ausgezeichnet zusammen. Hier kann man zu Zusammenstellungen kommen, die alle Schichten des Aquariums beleben.
Konstruieren wir ein Beispiel, bei dem Fische aus allen Erdteilen und etwa denselben Klimazonen vertreten sind:
Für die Oberfläche:
Aplocheilus lineatus (Asien), *Pantodon buchholzi* (Afrika), *Gasteropelecus sternicla* (Südamerika).

[1] Die Wahl der richtigen Fische für das Gesellschaftsaquarium erleichtert das Buch von W. Weiss: Fische fürs Gesellschaftsbecken, Bunter Kosmos-Taschenführer, Kosmos-Verlag, Stuttgart 1973.
60 Farbfotos zeigen 60 Arten, die sich für das Gesellschaftsbecken eignen, aus genauen Hälterungsangaben erfahren wir, welche Fische wir miteinander vergesellschaften können.

Bild 1.39 (oben): Mit Steinen können wir unser Aquarium wirkungsvoll einrichten. Auf dem Bodengrund liegen hier terrassenförmig geschichtete Felssteine, eine Gruppe rundgeschliffener Felssteine und ein aufrechtstehender Block.

Bild 1.40 (Mitte): Bepflanzungsvorschlag für das Becken aus Bild 1.39. Die gestrichelten Linien zeigen die einzelnen Pflanzengruppen, die Kreuze die Anordnung der Pflanzen innerhalb der Gruppen an. Sind die Kreuze zusammenhängend gezeichnet, sollten die Pflanzen zu mehreren in ein Pflanzloch gepflanzt werden. 1 Cabomba oder Limnophila, 2 Zwergsagittaria oder Zwergschwertpflanze, 3 Indischer Wasserfreund (Hygrophila polysperma), 4 Wasserkelche (etwa Cryptocoryne affinis), 5 Sumpfschrauben (Vallisneria spiralis), 6 Amazonasschwertpflanze, 7 Riesenwasserfreund (Nomaphila stricta).

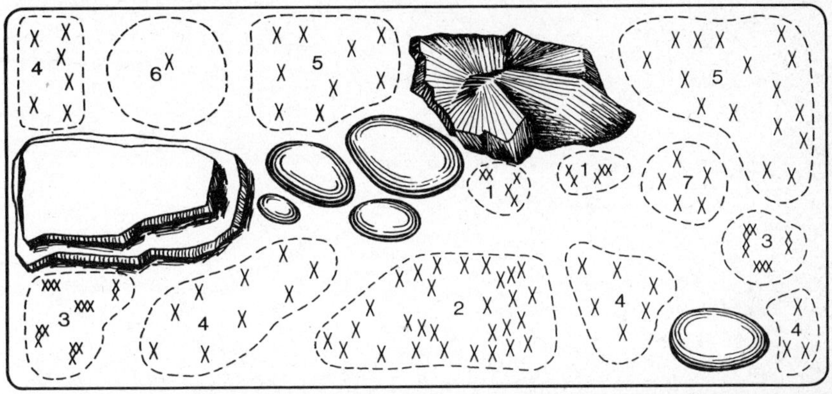

Bild 1.41 (unten): Der Schmetterlingsfisch (Pantodon buchholzi) lebt in seiner Heimat (tropisches Westafrika) direkt unter der Wasseroberfläche. Er nährt sich vor allem von Insekten, die ins Wasser fallen, und man kann ihn deshalb im Aquarium nur mit Lebendfutter halten. Aufnahme B. Kahl

Bild 1.42: Der Malabar-Bärbling (Danio aequipinnatus) ist ein lebhafter Schwarmfisch, der sich meist nahe der Wasseroberfläche aufhält. Aufnahme B. Kahl

Mittlere Wasserschicht:
Danio aequipinnatus (Asien), *Nematocentris maccullochi* (Australien), *Roeboides guatemalensis* (Südamerika), *Kryptopterus bicirrhis* (Asien), *Phenacogrammus interruptus* (Afrika).
Boden:
Botia macracantha (Asien), *Mastocembelus pancalus* (Asien), *Corydoras* (Südamerika), *Doras* und *Acanthodoras* (Südamerika), *Synodontis* (Afrika).
Welse und Schmerlen sind Paradebeispiele für bodengebundene Lebensweise. Aber auch unter den Buntbarschen gibt es viele Arten, die in Bodennähe leben. Sie eignen sich jedoch weniger für das Gesellschaftsaquarium, da sie entweder durch andere Beckenbewohner so irritiert werden, daß sie ihre volle Pracht nicht zeigen, oder aber die anderen Arten tyrannisieren.
Für die Zucht eignet sich ein Gesellschaftsaquarium generell nicht. Erfolge in dieser Hinsicht sind selten und mehr Zufallsprodukte. Es kommt relativ oft vor, daß in gut und dicht bepflanzten Aquarien Lebendgebärende Zahnkarpfen aufkommen, und zuweilen wachsen sogar Jungtiere von Eierlegern heran, wenn die Eier zufällig in einen Außenfilter gesaugt werden.
Auch bei den Pflanzen nehmen wir nur Arten aus ähnlichen oder gleichartigen Lebensräumen auf. Dabei sollten wir uns auf echte Wasserpflanzen und leicht untergetaucht zu haltende Sumpfpflanzen beschränken. Pflanzen wie *Spatiphyllum, Dracaena, Alternanthera* scheiden wir sogleich aus, weil sie in Wahrheit keine Wasserpflanzen sind. Wir könnten genausogut einen Kaktus ins Aquarium setzen.
Eine Auswahl aus den für das Gesellschaftsbecken geeigneten Pflanzen geben wir nachstehend[1]. Wir unterteilen dabei nach den großen Herkunftsgebieten Asien, Afrika, tropisches Amerika, Australien:

[1] Eine Übersicht über die schönsten Aquarienpflanzen gibt der Bunte Kosmos-Taschenführer von A. Sanderse: Pflanzen als Aquarienschmuck, Kosmos-Verlag, Stuttgart 1975.

Asien

Bild 1.43: Die Arten der Gattung Botia sind sehr lebhafte Schwarmfische und brauchen in Bodennähe zahlreiche Verstecke. Unser Bild zeigt die Blaue Prachtschmerle (Botia modesta). Aufnahme B. Kahl

Aus diesem Kontinent kommt die große Gattung der Cryptocorynen. Unter ihnen gibt es viele sehr schöne und brauchbare Aquarienpflanzen, aber es gibt auch recht heikle Pfleglinge, die sich nur sehr schwer an eine Kultur unter Wasser gewöhnen lassen. Als sehr empfehlenswert sollen hier aufgeführt werden: *Cryptocoryne affinis, C. beckettii, C. blassi, C. ciliata, C. griffithi, C. usteriana, C. wendtii.* Andere gute Aquarienpflanzen sind: *Aponogeton crispus, A. stachyosporus, A. undulatus, Barclaya longifolia* (etwas heikel), *Cardamine lyrata, Hygrophila polysperma, Lagenandra* (verschiedene Arten), *Microsorium pteropus, Hygrophila corymbosa, Rotala, Hygrophila difformis, Vesicularia dubyana, nophila indica, L. sessiliflora.*

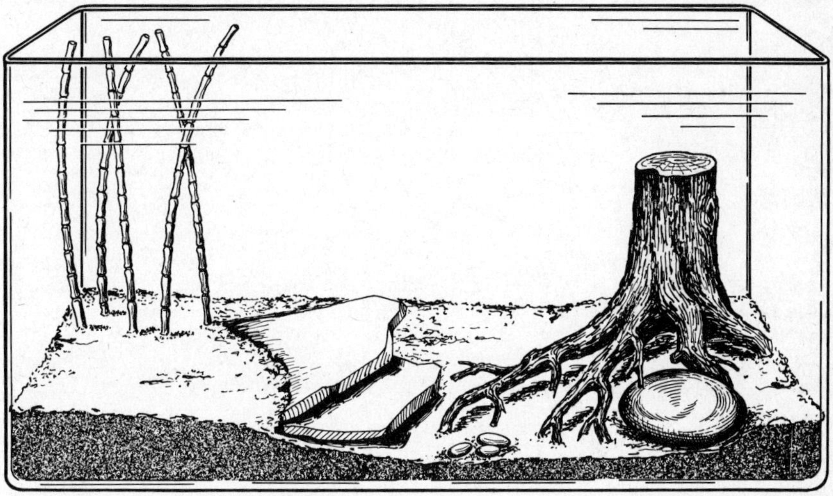

Bild 1.44: Dieser Einrichtungsvorschlag für ein Aquarium zeigt eine Holz-Steine-Kombination. Von links nach rechts: Bambuszone, übereinanderliegende, schräg in den Boden eingelassene Steinplatten, Moorkienholz mit Gruppen von Felssteinen.

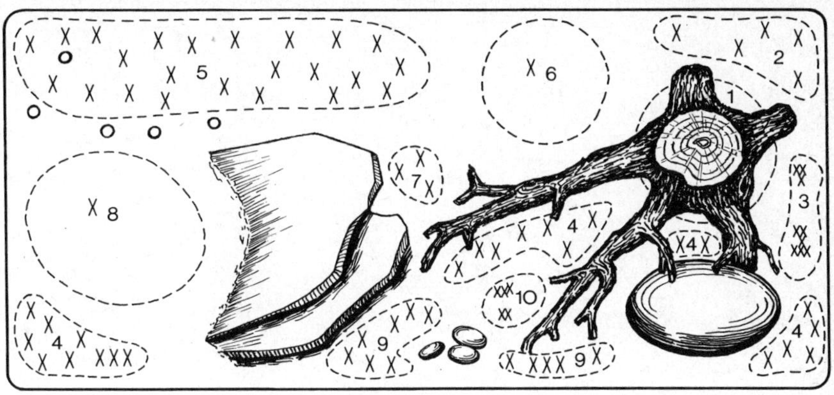

Bild 1.45: Bepflanzungsvorschlag für das Becken aus Bild 1.44. Die gestrichelten Linien zeigen die einzelnen Pflanzengruppen, die Kreuze die Anordnung der Pflanzen innerhalb der Gruppen an. Sind die Kreuze zusammenhängend gezeichnet, sollten die Pflanzen zu mehreren in ein Pflanzloch gepflanzt werden. 1 Javamoos auf dem Moorkienholz festgewachsen, 2 Riesensumpfschraube (Vallisneria gigantea), 3 Indischer Wasserfreund (Hygrophila polysperma), 4 Wasserkelche (Cryptocoryne affinis o. a.), 5 Sumpfschraube (Vallisneria spiralis), 6 Amazonasschwertpflanze, 7 Riesenwasserfreund (Hygrophila corymbosa), 8 Wasserwegerich (Echinodorus cordifolius), 9 Zwergsagittarien oder Zwergschwertpflanzen, 10 Cabomba oder Limnophila.

Afrika

Auch hier kommen einige brauchbare Aquarienpflanzen her, wenn auch die Auswahl nicht so reichhaltig ist wie in Asien.

Die Familie der Araceae, die in Asien durch die Cryptocorynen repräsentiert wird, hat in Afrika als Vertreter die Gattung *Anubias*. Diese sog. Speerblätter lassen sich im Aquarium meist nicht so einfach pflegen wie die Cryptocorynen, solange sie noch nicht akklimatisiert sind. Die bekanntesten Arten sind *Anubias lanceolata, A. nana, A. congensis* und – als aquaristische Seltenheit – *A. barteri, Eichhornia natans, Aponogeton madagascariensis, A. bernierianus, A. ulvaceus* (die erstgenannte *Aponogeton*-Art ist die sogenannte Gitterpflanze, bei der das eigentliche Blattgewebe ganz oder teilweise fehlt, während die Blattnerven erhalten sind; sie gehört durchweg zu den schwierig zu kultivierenden Pflanzen. Übrigens sind sämtliche *Aponogeton*-Arten, die hier als Afrikaner aufgeführt sind, in Madagaskar beheimatet). *Ceratopteris cornuta.*

Tropisches Amerika

Was im tropischen Asien die Cryptocorynen, sind im tropischen Amerika die *Echinodorus*-Arten. Zu ihnen gehören die Amazonas-Schwertpflanzen, aber auch Pflanzen mit breitovalen Blättern. Der Zwerg unter den Schwertpflanzen ist *Echinodorus tenellus*, die maximal 5 cm hoch wird, wobei die Blätter eine Breite von knapp 3 mm haben. Andere interessante Aquarienpflanzen aus dem wärmeren Amerika sind die verschiedenen *Cabomba*-Arten, *Eichhornia azurea* als untergetauchte Pflanze und *Eichhornia crassipes* als Schwimmpflanze, verschiedene *Elodea*-(Wasserpest-)Arten, verschiedene Arten von *Myriophyllum* (Tausendblatt).

Australien

Aus diesem Erdteil kommen einige Pflanzen zu uns, die auch in anderen Erdteilen Verwandte haben. So gibt es hier die Langblättrige Wasserähre *(Aponogeton elongatus)*, die möglicherweise in früheren Zeiten über die Sundainseln nach hier übergesiedelt ist. Die auf dem amerikanischen Kontinent verbreitete Gattung *Bacopa* hat ebenfalls einen bekannten Vertreter in Australien: *Bacopa monniera.* Die Art *Blyxa echinosperma* ist sogar von China bis zum tropischen Australien verbreitet. Die bereits vorher erwähnte *Crassula helmsii* ist eine Merkwürdigkeit, weil die anderen Vertreter der Gattung *Crassula* ausgesprochene Bewohner von Trockensteppen sind. Eigenartigerweise hat es nicht eine Cryptocorynenart fertiggebracht, nach Australien überzusiedeln. Andere in Australien heimische Pflanzen sind: *Hydrilla verticillata,* die Grundnessel, die aber auch noch in Europa, Asien und Afrika vorkommt, *Limnophila indica*, der Indische Sumpffreund, den es auch noch in Asien und Afrika gibt, *Marsilea hirsuta* und *Macaya fluviatilis* sind ausgesprochene Australier. Auch aus der Gattung *Myriophyllum* gibt es Vertreter in Australien. Außer in Afrika und Asien kommt die Froschlöffelähnliche Ottelie *(Ottelia alismoides)* hier vor.

Hinweise

Großwachsende Pflanzen verwenden wir als Solitärpflanzen[1]. Wir setzen sie etwa in Beckenmitte oder in den Hintergrund.
Kleinbleibende Pflanzen (z. B. *Cryptocoryne nevillii* oder *Echinodorus tenellus)* benutzen wir als Rasenpflanzen und setzen sie in Gruppen mehr in den Vordergrund des Aquariums.
Rankende Wasserpflanzen – etwa *Myriophyllum, Elodea* oder *Hygrophila* – setzen wir zu mehreren (drei bis fünf Stück) in ein Pflanzloch. Sie eignen sich besonders gut für die Eckbepflanzung.

[1] Solitärpflanzen sind Pflanzen, die für sich alleine stehen. In der Aquaristik bezeichnet man sie hin und wieder noch als Mittelpunktpflanzen.

Bild 1.46 (links): Weidenblättriger Wasserfreund (Hygrophila angustifolia). Im dichten Wurzelgestrüpp dieser Pflanzen können sich die Jungfische gut verbergen.

Bild 1.47 (rechts): Das Brasilianische Tausendblatt (Myriophyllum aquaticum) ist wohl eine der besten Aquarienpflanzen. Sie ist hellgrün, sehr dekorativ, kann dichte Polster bilden und ist leicht durch Stecklinge zu vermehren. Aufnahme G. Brünner

Tafel 3

Bild (oben): Vermutlich handelt es sich bei diesen Tieren um Pyrrhulina filamentosa. Ihr Vorkommen soll nach dem Salmlerspezialisten Géry auf Guayana beschränkt sein.

Bild (Mitte): Die Heimat von Copella metae ist der peruanische Amazonas und der Rio Meta; das Fischchen wird ungefähr sechs Zentimeter lang. Man vermutet, daß Pyrrhulina nigrofasciata ein Synonym von Copella metae ist.

Bild (unten): Wildfänge von Copella vilmae, so berichtet Harald Schultz, waren herrlich blutrot gefärbt. In Gefangenschaft verblich das Rot leider schon nach kurzer Zeit, es schlug in einen warmen Braunton um.

Aufnahmen: H.-J. Franke

Tafel 4

Bild (oben): Der Zick-Zack-Bindencopella hat noch keinen endgültigen wissenschaftlichen Artnamen.

Aufnahme: S. Frank

Bild (Mitte): Ein Weibchen von Pyrrhulina laeta.

Aufnahme: H.-J. Franke

Bild (unten): Der Augenstrichsalmler, Pyrrhulina rachoviana, lebt am unteren Parana bis zum La Plata. Das Fischchen wird bis fünf Zentimeter lang und ist zur Laichzeit recht zänkisch.

Aufnahme: S. Frank

Pflanzen mit hohem Lichtbedürfnis (z. B. *Cabomba*-Arten) setzen wir direkt unter die Lampe. Pflanzen mit geringem Lichtbedarf können wir unter breit ausladende Blätter beispielsweise einer *Echinodorus (radicans) cordifolius* setzen. Die meisten Cryptocorynen haben geringen Lichtbedarf, ja, zu starkes Licht kann für sie sogar schädlich sein.
Das Wasser in unserem Gesellschaftsbecken darf keine Extremwerte zeigen. Hier eine Empfehlung:
Härte: 10–12 dGH, pH-Wert: möglichst 7, Temperatur: um 25° C.
Soll unser Gesellschaftsaquarium als Zimmerschmuck dienen, müssen wir einige Punkte beachten.

Bild 1.48 (links): Das Pfeilkraut Sagittaria wächst nur langsam, bildet aber nach einigen Monaten viele Tochterpflanzen an den mehr oder weniger langen Ausläufern.

Bild 1.49 (rechts): Die Sumpfschraube Vallisneria benötigt einen hellen Standort und treibt schon nach relativ kurzer Zeit viele Ausläufer.
Aufnahmen G. Brünner

Natürlich soll das Aquarium so aufgestellt werden, daß es einen Blickfang abgibt. Danach muß sich auch die Tier- und Pflanzenzusammenstellung richten. Notfalls müssen wir, wenn die erwünschte Wirkung nicht erreicht wird, auch einmal umräumen. Allerdings: Der endgültige Eindruck wird erst erreicht, wenn das Aquarium „eingelaufen" ist, wenn sich die Pflanzen festgewurzelt haben und schon etwas gewachsen sind. Auch dann lassen sich noch Korrekturen durchführen.
Die sonstige Dekoration halten wir nach unserem persönlichen Geschmack. Den Fischen ist es völlig gleichgültig, ob im Aquarium statt eines Natursteines eine Burgruine steht, ob der Ausströmer die Form eines Tauchers hat oder ob die Versteckplätze, die sie lieben und brauchen, aus Steinen und Wurzeln bestehen. Hauptsache: Die Dekorationsgegenstände geben keine Schadstoffe wie Säuren, Phenole und anderes ab[1].

[1] Dekorationshinweise werden auch auf den S. 303–304 gegeben.

Zur Technik[1]: Wir brauchen Filter, eventuell eine Durchlüftung, Beleuchtung. Das Licht soll von obenher in das Aquarium einfallen, allerdings so, daß die Lampen mehr von vorn in das Becken scheinen. Der Aquarienhintergrund kann ruhig etwas weniger stark beleuchtet werden, die Fische zeigen dann ihre Farben besonders gut.
Wenn die Pflanzen zu üppig wachsen, müssen sie etwas gelichtet werden. In Abständen von etwa 14 Tagen bis drei Wochen wird das Wasser zu einem Viertel bis zur Hälfte gewechselt, je nach Fischbesatz. Dabei ziehen wir den größten Teil des inzwischen angefallenen Mulms mit ab.
Füttern: Wir füttern eher zu knapp als zu reichlich. Fische neigen bei zu reichlicher Fütterung zur Verfettung, liegengebliebene Futterteile faulen und verpesten das Wasser. Auch Lebendfutter sollten wir nur so viel geben, wie die Fische innerhalb etwa 15 Minuten fressen.

[1] Siehe auch das Kapitel „Aquarientechnik", S. 292–348.

[2] Dazu informiert man sich im Kapitel „Das System der Fische", S. 73–228, das die Aquarienfische in systematischer Reihenfolge, also nach ihrer Verwandtschaft vorstellt.
500 Aquarienfische in Farbfotos stellt K. Paysan im Kosmos-Naturführer „Welcher Zierfisch ist das?" vor. 4. Aufl., Stuttgart 1976.

Das Artenaquarium

In unser Gesellschaftsaquarium können wir alles einsetzen, was sich verträgt, was uns gut gefällt. Das Artenbecken dagegen ist der erste Schritt zum Spezialistentum. Hier halten wir nur die Angehörigen einer Gattung oder einer Familie[2]. Die Bepflanzung entspricht der im Gesellschaftsaquarium.
Bei einem Artenbecken müssen wir jedoch insofern Zugeständnisse machen, als wir Fische aus verschiedenen Erdteilen halten können. So können wir in einem Salmlerbecken zugleich Afrikasalmler und Südamerikasalmler pflegen. Im allgemeinen allerdings vermeiden wir dies und halten nur eine Fischfamilie oder auch nur eine Gattung aus einem bestimmten Erdteil; genaugenommen müßten wir von einem Südamerika-Salmleraquarium oder einem Afrika-Salmleraquarium reden. Diese verschiedenen Arten halten wir jeweils in kleinen Schwärmen von mindestens 5–10 Tieren. Solche Salmlerbecken – eine Parallele wären die Barbenbecken – sind meist gleichzeitig ausgesprochene Schmuckaquarien. Bei teilweiser dichter Bepflanzung, geschmackvoller Zusammenstellung der einzelnen Pflanzengruppen, Dekorationen aus bizarr-geformten Wurzeln und schönen Natursteinen, ausreichendem Schwimmraum ist solch ein Aquarium wirklich eine Zierde. Die einzelnen Arten bleiben meist im Schwarm zusammen.
Einen anderen, nicht weniger dekorativen Anblick bietet ein Artenbecken für Labyrinthfische. Dem Pflanzenteil sollte hier ein noch breiterer Raum gewährt werden. Es ist fast spannend, wenn aus dem Pflanzendickicht plötzlich ein Mosaikfadenfisch auftaucht, um Luft zu holen, es ist interessant zu beobachten, wie ein Makropode neugierig beäugt, was vor dem Aquarium passiert.
Für fast alle Gattungen oder Familien finden wir Zusammenstellungen, die oft schöner und interessanter sind als das unüberschaubare Artengewirr im Gesellschaftsbecken. In der Beschränkung zeigt sich der Meister! Auch in einem Artenaquarium nehmen sich zwei oder drei Arten oft besser aus als 5 oder 10. So wirkt ein Aquarium, in dem nur ein ansehnlicher Schwarm Neon und ein individuenreicher Schwarm Glühlichtsalmler schwimmen, ausgesprochen schön. In ein solches Aquarium könnte noch ein kleiner Schwarm des Gestreiften Beilbauchs (Oberflächenfisch!) passen. Weitere Salmler könnten das Bild stören.
Fassen wir zusammen: Das Artenbecken ist ein Aquarium, in dem wir zwar verschiedene, aber untereinander nahe verwandte Arten halten. Wir können Salmlerbecken, Barbenbecken, Buntbarschbecken, Labyrinthfischbecken, Bärblingsbecken, Lebendgebärendenbecken, Welsbecken usw. zusammenstellen.

Das Art-Aquarium

Hier Art-Aquarium, dort Arten-Aquarium? Wodurch unterscheiden sich diese beiden Begriffe?
Das Art-Aquarium ist das genaue Gegenteil des Gesellschaftsbeckens. Im Art-Aquarium halten wir tatsächlich nur eine einzige Art. Es ist eigentlich der Idealtyp eines Aquariums, wenn man eine bestimmte Art genau beobachten möchte. Hier können wir Einzel- und Schwarmverhalten studieren, hier können wir sehen,

wie sich einzelne Individuen untereinander vertragen. Hier können wir Fortpflanzungsbiologie untersuchen, sofern Einrichtung und Größe des Aquariums hierfür die Voraussetzungen bieten. In der Regel werden wir ein Artbecken dann einrichten, wenn wir die Art züchten wollen.
Paradebeispiel für einen Fisch, der fast ausschließlich im Artbecken gepflegt wird, ist der Diskus. Überhaupt hält man Cichliden (Buntbarsche) sehr häufig im Artbecken, höchstens im Artenbecken, nur sehr selten im Gesellschaftsaquarium. Buntbarsche sind nämlich revierbildende Fische, die auch im Aquarium ihre Reviere gründen. Da unsere Aquarien jedoch meistens zu klein sind, schlagen sie sich dann mit anderen Fischen herum, die oft eingehen.
Auch Labyrinthfische sollte man vorzugsweise im Artbecken pflegen, wenn man auf Nachwuchs Wert legt. Bei ihnen müssen wir oft die übrigen Beckeninsassen entfernen, wenn sich ein Paar gefunden hat, um eine Familie zu gründen.

Bild 1.50: Den Diskus – den König der Aquarienfische – sollte man ausschließlich im Artbecken pflegen. Aufnahme B. Kahl

Schwarmfische laichen oft im Schwarm ab, fressen aber in fast allen Fällen ihre Eier. Außerdem kommen auch im Artbecken hin und wieder einige Jungfische auf. Es ist schön, wenn ein Aquarianer behaupten kann, sein Schwarm Kaisertetras wachse ständig.
Noch problemloser ist die Nachzucht bei den meisten Lebendgebärenden. Sie vermehren sich gewissermaßen „von selbst", wenn sie in einem Art-, aber auch wenn sie in einem Artenbecken schwimmen.
Artbecken richten wir wie normale Schaubecken ein. (Ausnahme: Zuchtbecken für Arten, deren Eier oder Junge so empfindlich sind, daß wir möglichst steril arbeiten müssen.) Sollen die Artbecken zugleich zur Zucht dienen, müssen wir bei der Einrichtung allerdings berücksichtigen, daß wir bei manchen Arten die Elterntiere nach dem Ablaichen entfernen müssen, da sie den Eiern nachstellen. Die Beckeneinrichtung ist also so zu gestalten, daß die Elterntiere leicht herausgefangen werden können. Sie dürfen keine unzugänglichen Verstecke finden, es sei denn, wir könnten die Tiere samt ihren Verstecken aus dem Aquarium herausnehmen.

Das Biotop-Aquarium

Hier ahmen wir einen bestimmten Lebensraum nach. Das ist natürlich nur bis zu einem gewissen Grade möglich. Ein Erdteilbecken ist kein Biotop-Aquarium! Dafür sind die Erdteile viel zu groß; wir müssen sie nach geographischen und klimatischen Kriterien in viele Zonen unterteilen. Erdteilbecken sind Gesellschaftsbecken aus einem bestimmten Kontinent.

Hier einige Beispiele zum Biotop-Aquarium:

1. Waldtümpel-Aquarien

Im Waldtümpel gelangt kaum Sonnenlicht auf die Wasseroberfläche. Wir müssen zunächst den Wald simulieren, wofür uns verschiedene Zimmerpflanzen mit großen, breiten Blättern gute Dienste leisten. Nach Möglichkeit sollten auch diese Zimmerpflanzen ungefähr dem Heimatort der zu pflegenden Tiere und Pflanzen entsprechen. Wir beleuchten sehr dürftig, um auch das im Wald stets herrschende Dämmerlicht nachzuahmen. Der Bodengrund besteht aus Lehm, darüber kommt eine Laubschicht. Die Frage, ob wir in einem solchen Behälter überhaupt Wasserpflanzen pflegen können, hängt vom zur Verfügung stehenden Licht ab. Auch in natürlichen Waldtümpeln leben kaum höhere Pflanzen. Zuweilen allerdings wachsen in Waldtümpeln Landpflanzen vom Rande her etwas in das Wasser hinein. Auch das können wir zur Not nachahmen. Übrigens: Je näher wir unserem Ziel kommen, einen natürlichen Biotop nachzuahmen, um so weniger ist unser Aquarium ein „Schmuckstück".

2. Aquarientyp „Temporärer Tümpel"

Die Freunde von bodenlaichenden Eierlegenden Zahnkarpfen, den sogenannten Saisonfischen, sind fast gezwungen, ein „Biotop-Aquarium" einzurichten. Sie müssen nämlich darauf Rücksicht nehmen, daß ihre Pfleglinge in der Natur in kleinsten Wasserlöchern vorkommen, die nur während der Regenzeit Wasser führen, während der Trockenzeit aber zum Teil völlig austrocknen. Die Fische legen daher ihre Eier in den Bodengrund, der teils aus lehmartigem Material, teils aus Pflanzenstoffen besteht. Hier überdauern die Eier die Trockenzeit; die Jungfische werden zu Beginn der nächsten Regenzeit entlassen. Im Zuchtbecken ahmen wir dieses Schema nach, indem wir den Bodengrund mit Torf, Lehm oder feinstem Sand bedecken. Pflanzen werden meist nicht eingebracht. Bei längerem Ansatz bilden sich allerdings oft Algen, wie es auch in den natürlichen Minigewässern der Fall sein dürfte.

3. Biotop „Bachbett"

Beim „Bachbett" haben wir eher die Möglichkeit, ein Aquarium nach eigenem

Bild 1.51: Paar des Streifenhechtlings (Aplocheilus lineatus). Dieser Streifenhechtling wird bis zu 12 Zentimeter lang, wir sollten ihn nur mit großen Fischen vergesellschaften, da ältere Exemplare oft recht angriffslustig sind. Aufnahme H. Abel

Geschmack einzurichten. Meist handelt es sich um einen Ausschnitt mit lehmigem oder steinigem Ufer. Am Ufer wachsen überhängende Landpflanzen, zum großen Teil Gräser. An Stellen mit geringer Strömung siedeln sich auch höhere Wasserpflanzen an, sofern genügend Licht zur Verfügung steht.

Das Landschaftsaquarium

Unter einem Landschaftsaquarium verstehen wir nicht etwa die Nachahmung eines Gewässers, das in einer bestimmten Landschaft anzutreffen ist, wir wollen vielmehr eine richtige Unterwasserlandschaft gestalten.
Da bietet sich zunächst der Tümpel an – ein stehendes Gewässer mit einer meist dicken Mulmschicht. Zur Bodenbedeckung gehören Äste, Wurzeln, Laub, Steine. Das Wasser strömt nicht, Äste, Steine und Laub liegen daher meist ungeordnet über- und durcheinander. Den Seiten zu erhebt sich der Gewässergrund allmählich bis zum „Ufer". Das Wasser ist meist sehr weich, da es fast nur aus Regenwasser besteht; oft ist es von abgestorbenen Pflanzenstoffen braun gefärbt.

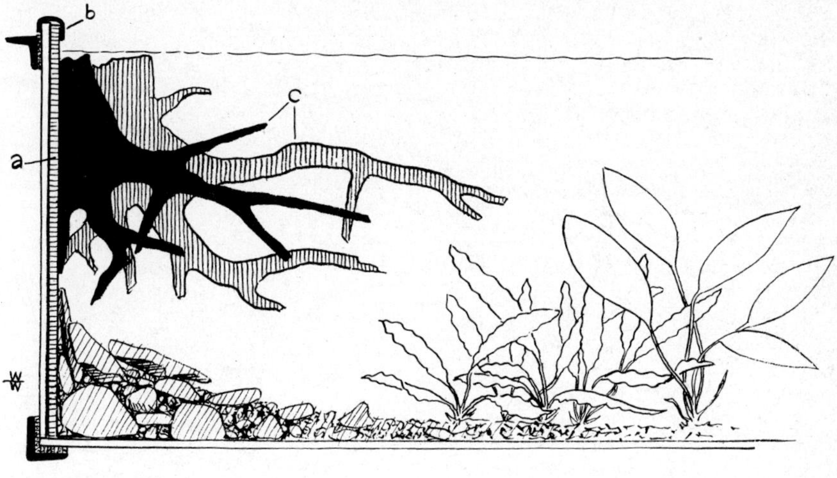

Bild 1.52: Aufbau eines unterspülten Ufers als Beispiel für die Einrichtung eines Landschaftsaquariums. Das frei ins Wasser hängende Wurzelwerk befestigen wir an einer Eternitplatte oder PVC-Platte von der Größe der seitlichen Aquarienwand. Die Platte fixieren wir durch Schichtung des Bodengrundes und befestigen sie auch noch oben am Rand des Aquariums.
a Eternitplatte, b Befestigung der Eternitplatte, c Wurzelstücke (aus Weigel, Das Schmuck- und Schauaquarium, Reihe Das Vivarium, Kosmos-Verlag).

Die Bepflanzung kann völlig fehlen, aber auch so üppig sein, daß der Tümpel regelrecht verkrautet und zu verlanden droht. Eine solche Unterwasserlandschaft können wir im Aquarium relativ einfach nachgestalten.
Ein Bachbett können wir im Querschnittsbild darstellen, wobei sich der Boden nach den Seiten zu erhöht. In der Natur läuft das Bachbett oft gewunden, das Wasser strömt zu wasserarmen Zeiten in einer eingetieften, gewundenen Rinne. Solche Rinnen sind meist von größeren Steinen begrenzt und auf dem Grund mit gröberen Kieseln belegt. In ihnen wachsen meist keine Pflanzen, wogegen sich in der nächsthöheren Region viele Sumpfpflanzen ansiedeln. Holz und Wurzeln sind nur zu finden, wenn sie nicht durch die Strömung fortgetragen werden, wie etwa vom Lande her in den Bach hineinragene Äste und Wurzeln. Je nach dem Grund, über den das Wasser strömt, kann es ganz verschiedene chemische Werte aufweisen. Meist ist es kristallklar.
Anstelle eines Bachbettes können wir auch ein Bachufer gestalten, hier denken wir uns einen Längsschnitt durch den Bach, auf dem wir dann nur den ufernahen Teil des Bodens sehen. Der Bodengrund kann in diesem Fall aus feinem Sand mit Kieseln bestehen oder auch nur aus Felsen.
Aus diesen beiden Grundtypen eines Landschaftsaquariums können wir viele weitere Landschaftsaquarien ableiten. Hier einige Beispiele: Tümpelufer, Tümpelgrund, Bachufer, Bachgrund, Bachquerschnitt, Regenpfütze, Schwarzwasserfluß.

Das Paludarium oder Sumpf-Aquarium

Ein Paludarium ist ein Aquarium mit feuchtem Landteil. Wir verwenden entweder ein Aquarium, das möglichst hoch ist und gleichzeitig eine große Grundfläche hat, oder wir lassen uns den Behälter nach eigenen Angaben anfertigen. Für den Rahmen sind dabei Edelstahl und Aluminium ideale Baumaterialien, normales Eisen ist nur nach gründlicher Isolierung brauchbar. Für die Rückwand und für Pflanzwannen eignet sich Asbestzement.
Ein anderer Vorschlag: Wir errichten über einem normalen Aquarium ein Kleingewächshaus aus Glas oder Acrylglas. Dieses Kleingewächshaus muß mit dem Aquarium eine Einheit bilden, so daß Tiere vom Aquarium auf den Landteil gelangen können und umgekehrt. Im Landteil kultivieren wir vorzugsweise Pflanzen aus den tropischen Regenwäldern; wir können ihn zugleich als biologischen Filter gestalten, durch den wir das Aquarienwasser leiten.
Das Paludarium muß zum einen völlig abgeschlossen sein, damit keine Tiere entweichen können, muß zum anderen aber Öffnungen für ausreichende Lüftung besitzen. Der Aufbau braucht eine besondere Beleuchtung. Der Luftraum muß recht warm und feucht sein. Für die Heizung sorgen in der Regel die Wärmeabstrahlung der Wasseroberfläche und der Leuchtstofflampen; die Feuchtigkeit erzielen wir durch Nebeln mit einer Pflanzenspritze oder durch festmontierte, von einer Kreiselpumpe gespeiste Sprühdüsen. Natürlich können wir im Landteil auch ein Heizkabel anbringen, das über einen Thermostaten geregelt wird. Selbstverständlich müssen Leuchtstoffröhren im Luftteil in Feuchtraum-Ausführung installiert sein!
In einem solchen Paludarium können wir im Wasserteil Aquarienfische, im Landteil schöne exotische Pflanzen (z. B. Orchideen) pflegen. Das Ganze ist dann ein

Bild 1.53: Beispiel für die Einrichtung eines Uferaquariums. Das Uferaquarium ist offen, hat also keine Deckscheibe. Zuviel Wasser verdunstet trotzdem nicht: Die Erfahrung lehrt, daß die üppig wuchernden Sumpf- und Landpflanzen die Wasserfläche weitgehend abdecken, so daß zwar zwischen den Blättern der Pflanzen ein feuchtwarmes tropisches Urwaldklima entsteht, der Feuchtigkeitsgehalt des übrigen Raumes aber durchaus normal bleibt (nach W. Jocher).

Bild 1.54: Die Anlage eines Uferaquariums (von oben gesehen): a Wasserteil, b Sumpfteil, c Natursteine, d Topfpflanzen, e Korkrinde (nach W. Jocher).

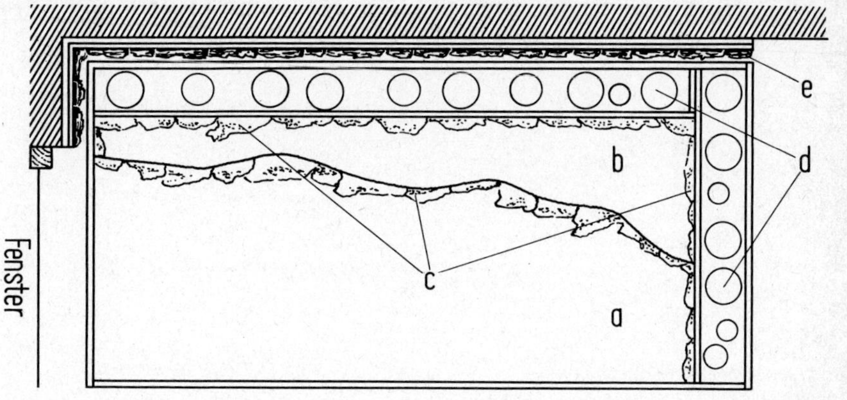

schöner Schmuck unseres Zimmers. Wir können aber auch Fische und Lurche gemeinsam pflegen oder sogar feuchtigkeitsliebende Reptilien.

Hier ein Vorschlag für die Einrichtung eines Paludariums in einem normalen Aquarium. Wir gehen von einer Beckengröße von 100 x 50 x 60 cm aus. Die Grundfläche teilen wir so ein, daß ein möglichst großer Wasserteil, aber auch ein ausreichend großer Landteil entsteht. Wir rechnen seitlich je einen Streifen von 25–30 cm und hinten einen Streifen von 15–20 cm für den Landteil. Der Wasserteil hat dann noch eine Fläche von 40–50 x 30–35 cm.

Zur Gestaltung des Ufers zwei Vorschläge:

1. Wir grenzen den Wasserteil vom Landteil mit Asbestzementplatten ab, die gut isoliert werden müssen und auf die wir in möglichst natürlicher Schichtung Steinplatten mit Kunststoffkleber[1] aufkleben.
2. Wir stellen relativ schmale Steine so auf, daß sie fest genug stehen, um nicht von einer Sand-Kies-Schüttung, die hinter ihnen angebracht wird, umgedrückt zu werden. Sie müssen so hoch sein, daß sie bis zur Oberfläche des Wasserteiles reichen.

Im Wasserteil, der bei unserem Beispiel 25 cm hoch ist, bringen wir einen Bodengrund aus Sand und Kies im Verhältnis 8:2 ein. Bepflanzung je nach Geschmack. Als Beleuchtung für den Wasserteil benutzen wir eine Unterwasserleuchte, die so an der Frontscheibe befestigt wird, daß sie gerade in das Wasser eintaucht und schräg nach hinten und unten leuchtet.

Den Landteil füllen wir etwa bis zur Höhe des Wasserspiegels mit grobem Kies (Körnung 5–10 mm) auf. Hier können wir Pflanzen wie *Philodendron, Monstera* usw. einsetzen. Besser noch: Wir setzen die Pflanzen in Töpfe, die in den Grobkies eingesenkt werden. Für diese Art der Bepflanzung kommen fast ausschließlich Sumpfpflanzen sowie ausgeprägt feuchtigkeitsliebende Pflanzen in Frage. Bauen wir nun noch eine Terrasse auf, so können wir hier Pflanzen setzen, die „nasse Füße“ nicht vertragen. Am einfachsten stellen wir dazu schmale Pflanzschalen auf die Kiesschüttung und kaschieren sie mit Steinen oder Rinde. Schließlich können wir einen schrägliegenden Baumstamm einbringen, der möglichst diagonal durch das Becken geht und den wir mit verschiedenen Aufsitzerpflanzen wie Orchideen und Bromelien besetzen.

Ein solches Paludarium ist die ideale Wohnung für Schützenfische *(Toxotes jaculatrix)*, die im Luftraum nach Insekten schießen können, für Schlammspringer, denen wir eine leicht begehbare Schräge zum Verlassen des Wassers einbauen müssen, für Süßwasserkrabben, aber auch für ganz „normale“ Aquarienfische. Am besten eignen sich kleinere Schwarmfische aus den Familien Salmler und Barben.

Im Landteil können wir kleinere Reptilien wie Taggeckos oder Anolis pflegen, aber auch Laubfrösche aus tropischen Gebieten oder kleine Schwanzlurche eignen sich gut[2].

Um für guten Abschluß, zugleich aber für eine Lüftung zu sorgen, umgeben wir den Aquarienoberrand mit einer Kunststoffauflage für die Deckscheibe. Die Deckscheibe soll nur etwa $^3/_4$ des Aquariums abdecken; rechts und links von ihr bleibt ein größerer freier Raum. Dieser Raum wird mit Fliegengaze zwischen Holz- oder Leichtmetallrähmchen abgedeckt. Dann brauchen wir nur noch zwei Scheiben, mit denen die Fliegengaze-Fenster wiederum bedeckt werden können und die zur Lüftung einfach abgenommen werden.

[1] Nicht alle Klebstoffe sind für aquaristische Zwecke geeignet, manche sind physiologisch bedenklich, andere auf die Dauer nicht wasser- und feuchtigkeitsbeständig. Am besten holen wir Auskünfte in guten Farbenfachgeschäften ein oder bei den Kundendienstabteilungen renommierter Hersteller.

[2] Über diese „Grenzgebiete“ der Aquaristik informieren:
Filek, W. v. „Frösche im Aquarium“. Reihe Das Vivarium, Kosmos-Verlag, 2. Aufl., Stuttgart 1975
Kästle, W. „Echsen im Terrarium“. 2. Aufl., Stuttgart 1974
In derselben Reihe erscheint demnächst: Zimmermann, H. „Tropische Frösche“.

Bild 1.55: Schützenfische (Toxotes chatareus) können wir gut im Sumpfaquarium halten. Ihnen müssen wir in der Gefangenschaft vor allem Insektennahrung bieten. Aufnahme R. Zukal

Zuletzt kommt auf das Paludarium noch eine Leuchtrinne mit zwei Leuchtstofflampen, die einzeln geschaltet werden können. Sonstige technische Hilfsmittel: Durchlüftung und Filter. Verwenden wir einen Kreiselpumpen-Filter, so können wir ihn dazu nützen, einen kleinen Wasserfall auf dem Landteil zu speisen. Das über mehrere Kaskaden herabfallende Wasser sieht nicht nur gut aus, sondern erhöht auch die Luftfeuchtigkeit. Außerdem wird das Wasser auf seinem Weg mit Sauerstoff angereichert.

Das Freilandaquarium[1]

Das Freilandaquarium ist im Grunde ein Gartenteich. Wer sehr viel Geld hat, kann sich ein geheiztes Freilandaquarium leisten und dann sogar im Winter die Temperatur auf etwa 20° C halten.

Auch im ungeheizten oder nur mit einer Zusatzheizung für kühle Sommertage versehenen Freilandaquarium können wir den Sommer über exotische Fische mit großem Erfolg pflegen. Es hat sich gezeigt, daß viele exotische Fische in einem kleinen Gartenteich wesentlich besser gedeihen als in normalen Aquarien. Dies gilt vor allem für Lebendgebärende Zahnkarpfen.

Wichtig ist der Standort unseres Gartenteiches. Der Teich sollte wenigstens von Büschen oder Bäumen beschattet werden, aber ein wenig Sonne sollte die Wasseroberfläche doch erhalten.

Wir heben zunächst eine Grube aus, die ungefähr der Größe und Form des geplanten Freilandaquariums entsprechen muß. Dabei überlegen wir uns rechtzeitig, ob wir einen Abfluß bauen oder ob der Teich später mit einer Pumpe geleert werden soll. Den Abfluß kann man an eine bereits vorhandene Kanalisation anschließen, oder man muß eine Sickergrube anlegen, die wesentlich tiefer reichen muß als das Freilandbecken ist. (Behördliche Vorschriften beachten!) Jedenfalls muß der Abfluß so gestaltet werden, daß weder Fische oder andere Tiere, noch gröbere Teile mit abfließen können.

Bei einer Wassertiefe von mindestens 100 cm können wir erwarten, daß das Freilandaquarium auch in kalten Wintern nicht ganz bis auf den Boden durchfriert. Wir können dann „Kaltwasserfische" im Freien überwintern. Bei flacherem Wasserstand muß der Tümpel im Spätherbst entleert werden; Fische und Pflanzen kommen dann zum Überwintern ins Haus[2].

Wie machen wir den Teich wasserdicht?

Die einfachste Methode: Wir legen die Grube mit einer starken PVC-Folie aus. Sie muß über den Rand reichen und wird mit einigen Steinen, die zugleich als Uferdekoration dienen, beschwert. Steine, die in den Teich gelegt werden, dürfen nie scharfkantig sein, damit sie die Folie nicht beschädigen können. Bei einem solchen „Folientümpel" bauen wir keinen Abfluß ein, sondern pumpen bei Bedarf das Wasser ab. Eine Randbepflanzung, die von oben herab bis auf

[1] Ausführlich über die Anlage und Bepflanzung eines Freilandaquariums berichtet Fehse, F. in „Das Freiland-Aquarium". Reihe Das Vivarium, Kosmos-Verlag, Stuttgart 1973.
Eine Anleitung zum Bau findet sich auch in Kübler, R. „Aquariengeräte – selbstgebaut." Reihe Das Vivarium, Kosmos-Verlag, Stuttgart 1973

[2] Tümpel mit senkrechten Wänden müssen ebenfalls entleert werden, da sonst das Eis die Wände sprengen kann. Besser sind daher schräge Ufer.

die Wasseroberfläche reicht, kaschiert die Folie. Sehr geeignet dafür sind das Pfennigkraut *(Lysimachia nummularia)*, aber auch Gräser.
In Abständen von zwei bis drei Jahren muß die Folie erneuert werden.
Dauerhafter, aber auch aufwendiger, ist die folgende Methode:
Wir legen die Grube zunächst so mit Steinen aus, daß möglichst geringe Zwischenräume bleiben; gut geeignet sind Backsteine. Über die Steine streichen wir eine 5–15 cm dicke Betonschicht, die am Rande relativ dünn sein kann, sich zum Boden hin aber verstärken muß. Da bei dieser Bauart die Größe des Tümpels eine sehr große Rolle spielt, erkundigen wir uns am besten bei einer Baufirma über das Mischungsverhältnis von Zement und Kies und fragen zugleich, ob die Betonschicht durch Armierungseisen verstärkt werden sollte.
Nach dem Abbinden des Betons muß das Becken längere Zeit wässern. Dazu füllen wir es bis zum Überlaufen und lassen es einige Wochen stehen. Das wird mindestens dreimal wiederholt. Ein Anstrich mit einer Isolierfarbe bietet zusätzlich Sicherheit. Sie sollte in einem möglichst unauffälligen Farbton gehalten sein. Auch nach dem Isolieranstrich muß gewässert werden.
Es ist günstig, das Freilandbecken bis zum Herbst fertigzustellen, es dann den Winter über leerstehen zu lassen und erst im nächsten Frühjahr zu besetzen.
Beginnen wir mit der Bepflanzung. Ein Teil unseres Gartenteiches soll so flach

Bild 1.56: So könnte ein selbstgebauter Gartenteich im Schnitt aussehen. GFK Glasfasergewebe mit Kunstharz getränkt und ausgehärtet (nach Kübler)

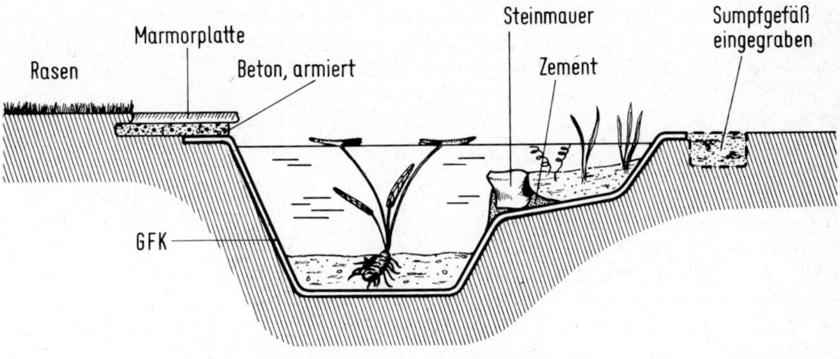

sein, daß wir ihn von obenher mit Erde anfüllen können, die dann vom Tümpelwasser ständig feucht gehalten wird. Diesen Teil bepflanzen wir mit Schilfpflanzen und Sumpfpflanzen. Den Tümpel selbst können wir am Rand mit Pflanzen besetzen, die über den Wasserspiegel hinauswachsen oder auch mit solchen, die nur untergetaucht wachsen. Zu empfehlen sind verschiedene Laichkräuter *(Potamogeton)*, Wasserpest *(Elodea)*, *Ludwigia*, Froschlöffel, Tausendblatt *(Myriophyllum)*. Es sei darauf hingewiesen, daß z. B. Goldfische gerne in ufernahen Pflanzenbeständen ablaichen[3].
Seerosengewächse sind geradezu prädestiniert für das Freilandaquarium. Wir pflanzen sie in Kübel aus Ton oder Plastik in lehmhaltige, nahrhafte Erde. Es ist nicht ratsam, Seerosen direkt in den Bodengrund zu pflanzen, weil wir sonst den Boden gleichfalls mit Lehm versetzen müßten. Wir ordnen die Seerosen so an, daß sie etwa in der Mitte unseres Freilandaquariums eine Gruppe bilden. In Spezialgärtnereien können wir Seerosen in allen möglichen Farbspielarten kaufen. Auf andere Pflanzen verzichten wir nach Möglichkeit, damit unser Tümpel nicht verkrautet.
Für ein solches Freilandaquarium eignen sich vor allem Goldfische[4]. Wem es Spaß macht, der kann auch Schleierschwanzformen pflegen, die jedoch in keinem Fall winterhart sind. Stichling, Bitterling, Elritze, Moderlieschen u. a. einheimische kleine Fische sowie die meisten nordamerikanischen Sonnenbarsche und der nordamerikanische Katzenwels sind winterhart.

Das undichte Aquarium

Heute sind Aquarien sehr solide gebaut, nur selten kommt es vor, daß ein Bekken undicht wird. Aber es kommt vor!
Besonders große Rahmenaquarien neigen dazu, an der einen oder anderen Ecke

[3] Tiere und Pflanzen, die wir in ein Freilandaquarium einsetzen können bzw. beim Tümpeln in einem natürlichen Tümpel finden, werden beschrieben in Engelhardt, W.: „Was lebt im Tümpel, Bach und Weiher? Kosmos-Naturführer, Kosmos-Verlag, Stuttgart 1977.
[4] Flauaus, G. „Der Goldfisch, Rassen, Pflege, Zucht". Reihe Das Vivarium. Kosmos-Verlag, Stuttgart 1975

etwas zu lecken, wenn sie längere Zeit leergestanden waren oder gar transportiert worden sind. Da das Glas nur durch eine dünne Kittschicht am Rahmen verbunden ist, kann schon eine geringfügige Verkantung beim Transport dazu beitragen, daß sich an einer Stelle die Verbindung von Glas und Rahmen löst. Das sind meist nur ganz winzige Stellen, aber der erhebliche Wasserdruck des vollgefüllten Aquariums preßt das Wasser dann doch in einem kleinen Rinnsal nach außen.

Hier einige Tricks und Kniffe, mit denen wir gegen undichte Aquarien angehen können:

1. Aquarien, die vorübergehend nicht betrieben werden, bewahren wir nicht leer, sondern mit Wasser gefüllt auf. Im allgemeinen reicht ein Wasserstand von $^1/_4$ der Beckenhöhe; das Becken selbst decken wir mit einer Plastikfolie ab, damit nicht zuviel Wasser verdunstet.

2. Alle Kittfugen vorsorglich abdichten, wofür sich Silikonkautschuk sehr bewährt hat. Wir entfernen eventuell noch anhaftende alte Vergußmasse, wischen mit einem mit Aceton- oder Waschbenzin getränkten Läppchen alle Kittfugen gut ab. Dabei müssen wir auch kleinste Fettspuren beseitigen. Dann drücken wir die Dichtpaste aus der Tube so in die Kittfugen, daß eine gleichmäßige dicke „Wurst" von etwa 5 mm Durchmesser entsteht; sie wird mit dem mit Seifenwasser befeuchteten Finger glattgestrichen. Das Ganze bleibt dann 24 bis 30 Stunden stehen, danach wird zwei- bis dreimal für jeweils einige Stunden gewässert.

Stellen wir bei einem schon eingerichteten Aquarium fest, daß es undicht ist, können wir uns oft behelfen, ohne das Becken ganz auszuleeren. Im Zoohandel werden diverse Präparate angeboten, mit denen man undichte Aquarien wieder dichtbekommen kann. Meist genügt es jedoch, zunächst einmal einen Eimer unter die Leckstelle zu stellen und zu warten. Die undichten Stellen lassen meist nur sehr wenig Wasser durchsickern, und mit dem durch das Leck dringenden Wasser gelangen feinste Teilchen (Trübungsstoffe) nach außen. Im Laufe der Zeit verstopfen sie den Sickerweg dauerhaft. Rinnt das Aquarium nach drei Tagen immer noch, holen wir uns aus der Apotheke Heilerde (feinstzerriebene Lehmerde) und schwemmen etwa einen Teelöffel bis einen Eßlöffel in einem Glas Wasser auf. Das Zeug kippen wir ins Aquarium und warten weiter. Zunächst sieht das Wasser aus wie Karamelpudding, nach wenigen Tagen aber ist die Trübung restlos wieder verschwunden und das Aquarium (hoffentlich) dicht.

4. Becken ausräumen, trocknen lassen, nach Empfehlung 2 verfahren.

5. Ist ein ganz neues Aquarium undicht, geben wir es dem Verkäufer zurück, es liegt ein Garantieschaden vor.

Die Zuchtstellage

Jeder rechte Aquarianer will auch Fische nachzüchten. Lebendgebärende Zahnkarpfen vermehren sich meist auch im Gesellschaftsbecken, sofern die Jungfische sich zwischen Pflanzen verstecken können und die anderen Beckenbewohner nicht allzu heftig Jagd auf sie machen.

Anders steht es mit den eierlegenden Fischen. Hier sind Nachzuchten im Gesellschaftsbecken sehr selten. Zur Nachzucht dieser Fische brauchen wir ein Zuchtbecken.

Das Zuchtbecken für empfindliche Fische, deren Laich vor Bakterien und einzelligen Tieren geschützt werden muß, ist im allgemeinen ein Vollglas- oder Kunststoffaquarium, das man gut desinfizieren kann. Vollglasbecken, die aus einem Stück gegossen sind, sollten höchstens 40 cm größte Kantenlänge haben. Durch Spannungen im Glas besteht bei diesen Becken doch eine erhebliche Bruchgefahr.

Für größere Fische brauchen wir Rahmen- oder geklebte Nurglasaquarien. Sie lassen sich auch für nicht besonders empfindliche Arten gut verwenden.

Zucht- und Aufzuchtbehälter sollen großflächig und flach sein; ein Zuchtaquarium von 100 x 40 x 20 cm hat daher die richtigen Maße. Freilich werden wir bald merken, daß dieses eine Zuchtbecken uns noch nicht genügend Entfaltungsmöglichkeit bietet. Ein weiteres Zuchtbecken könnte vielleicht die Maße 60 x 40 x 40 cm haben – es fragt sich nur: Wo stellen wir das Becken hin? Es wird sich ein Platz finden, aber eher früher als später kommen wir darauf, daß wir auch noch ein drittes Zuchtbecken unbedingt nötig haben. Wer nicht überall Fischzucht-

Bild 1.57: Eine fünfstöckige Zuchtstellage. Die kleinen Aquarien haben die Maße 40 × 30 × 20 cm; die großen Becken sind 80 × 30 × 20 cm groß. Jede Etage ist von einer 20 Watt-Leuchtstoffröhre in einem hölzernen Leuchtkasten beleuchtet. Die Luftversorgung geschieht mittels einer Membranpumpe mit einer Stundenleistung von 300 Litern Luft. Links neben der Stellage ist der Schaltkasten für die einzelnen Lampen zu sehen. Eine Luftschlauchschleife ist hochgezogen, um auch im ungünstigsten Fall ein Einfließen von Wasser in die unter der Stellage stehende Luftpumpe zu verhindern. Aufnahme W. Ostermöller

Aquarien sehen möchte: im Wohnzimmer, im Flur, im Klo und in der Küche, der wird klugerweise seine Zuchtbecken übereinander anordnen. Wir bauen uns also ein geeignetes Gestell. In einem solchen Zuchtgestell sollte das unterste Aquarium nicht zu niedrig stehen, damit wir noch bequem Wasser wechseln können. Mit anderen Worten: Die Unterkante des untersten Aquariums sollte so hoch liegen, daß sie mit dem Rand eines Eimers abschließt. Zwischen dem Oberrand des untersten und der Auflage für das nächste Aquarium soll mindestens ein Zwischenraum von 15 cm belassen werden, damit wir in den Aquarien auch hantieren können. Auf diese Weise können wir bequem fünf Stufen übereinander bauen, wenn wir Aquarien mit einer Höhe von 20 cm wählen. Wir brauchen auch noch kleinere Aquarien, die lediglich als Ablaichbecken und für die ersten Tage der Aufzucht dienen. Auf die beiden obersten Stufen stellen wir daher je zwei Aquarien von 50 x 40 x 20 cm, wogegen auf die drei unteren Stufen je ein Aquarium mit den Abmessungen 100 x 40 x 20 cm kommt. Wählen wir ein Zuchtgestell, das 20 cm kürzer und 10 cm schmaler ist (diese Maße gehen gerade noch an), so können wir auf den beiden oberen Etagen je zwei Becken von 40 x 30 x 20 cm unterbringen, darunter dreimal je ein Becken von 80 x 30 x 20 cm. Über jede der Etagen kommt eine Leuchtrinne mit Leuchtstofflampen. Diese Zuchtstellage können wir auch so verkleiden, daß nur die vorderen Sichtscheiben offenbleiben.

Sollten wir unsere Zuchtstellage je einmal nicht für Zuchtzwecke brauchen, können wir jedes der Becken für eine oder mehrere kleine Fischarten einrichten. Wir gewinnen dadurch eine Reihe hübscher kleiner Schaubecken[1].

Die Technik für die Zuchtbecken soll so einfach wie möglich sein[2]. Wir müssen ohne großen Aufwand die Filter reinigen können, bei Bedarf das eine oder andere Becken von der Luftleitung trennen oder auch mehr Luft zuführen können. Am besten verwenden wir sogenannte Topffilter, deren Auslauf unter Wasser liegt; damit sparen wir eine getrennte Durchlüftung. Am einfachsten verwenden wir dafür Marmeladegläser, die mit Kies oder Perlonwatte gefüllt werden und in die wir eine kleine Filterpumpe stellen, die das Wasser durch den Filter zieht. Der Oberrand des Marmeladenglases muß dabei unterhalb der Wasseroberfläche liegen, weil in diesem Fall das zu filternde Wasser von oben her einströmt. Sehr zu empfehlen sind auch Filter mit Schaumstoffpatronen, die sich immer wieder auswaschen lassen. Beide Filtertypen werden mit Luft betrieben, die uns eine kräftige Membranpumpe liefert. Die Aquarien sind mit Deckscheiben zu versehen, die möglichst in Gleitschienen lagern sollen (in verschiedener Ausführung im Fachhandel zu haben).

Die Luft führen wir in einem Kunststoffrohr, das an einer hinteren Strebe der Stellage befestigt wird, nach oben. Die Pumpe steht in diesem Fall unter dem Gestell, wir müssen daher eine Sicherung einbauen, die verhindert, daß bei Stromausfall Wasser aus den Aquarien in die Pumpe läuft. Wir benützen deshalb die Luftsteigleitung nicht dazu, die einzelnen Aquarien direkt mit Luft zu versor-

[1] Weitere Bedingungen für eine erfolgreiche Zucht von Aquarienfischen nennt Pinter auf S. 443 f.
[2] Siehe auch das Kapitel „Aquarientechnik", S. 291–348

Bild 1.58: Der Tüpfelbuntbarsch (Aequidens curviceps) stammt aus dem Stromgebiet des Amazonas. Er ist friedlich, außerhalb der Laichzeit kann man ihn sogar im Gesellschaftsbecken halten. Aufnahme B. Kahl

gen. Vielmehr legen wir parallel zum ersten noch ein zweites Rohr, das oben mit dem ersten verbunden wird. Von dem zweiten Rohr aus versorgen wir über Lufthähne die einzelnen Becken. Beide Rohre verbindet oben eine Schlauchschlinge, die höher liegt als der Wasserspiegel des obersten Beckens. So kann auf keinen Fall Wasser über die Luftleitung auslaufen. Das zweite Rohr, das die Luft von oben nach unten führt, wird auf den drei unteren Etagen, in denen nur ein Becken steht, mit je einem Lufthahn unterbrochen. Auf den beiden oberen Etagen brauchen wir je zwei Lufthähne. Am unteren Ende wird das Verteilerrohr verschlossen (am besten mit einer Kunststoffkappe, die man sich selbst herstellen kann: Ein Stück Durchlüfterschlauch wird mit einer Spiritusflamme an einem Ende zugeschweißt). Wenn der Raum, in dem die Zuchtaquarien stehen, nicht ständig auf mindestens 25° C aufgeheizt wird, müssen wir die Zuchtaquarien selbst heizen. In diesem Fall sparen wir viel Energie, wenn wir sie mit Styroporplatten isolieren. Die Heizungen werden auf der Stellage über einen einzigen Thermostaten gesteuert, den wir in eines der kleinen Becken möglichst weit vom Heizer entfernt aufhängen. Das bedeutet, daß wir für die kleinen Bekken gleich starke Heizer verwenden, für die größeren jedoch Heizer von der doppelten Wattzahl. Die Heizer müssen zueinander parallel mit dem Thermostaten in Reihe geschaltet werden. Von jeglicher Bastelarbeit ist dabei abzuraten, – im Zweifelsfall beauftragt man einen Fachmann. Vorteilhaft ist es, wenn man die einzelnen Heizer getrennt abschalten kann; der Heizer darf nämlich keinesfalls außerhalb des Wassers weiterbetrieben werden, wenn wir ein Becken entleeren.

Wir richten ein Aquarium ein[1]

Für unser Aquarium wählen wir von vornherein den Standplatz, an dem es dann endgültig stehen soll. Das Umstellen eines Aquariums macht erhebliche Mühe und kann dem Becken schaden.

Zunächst bringen wir den Bodengrund ein, der normalerweise aus einem Gemisch aus Sand und Kies in den Körnungen 0,5–2 cm im Verhältnis 3–4:1 besteht. Zuvor schon haben wir den Bodengrund im Eimer klargespült: Der Sand wird portionsweise unter schwach fließendem Wasser so lange durchgespült, bis das überstehende Wasser klar bleibt. Die Bodenschicht soll später 5–10 cm hoch sein (Faustregel: je 10 cm Kantenlänge wird der Bodengrund um 1 cm erhöht, geringste Höhe, die nicht unterschritten werden darf, sind 5 cm, die größte ca. 15 cm).

Wir ordnen nun zunächst den Bodengrund ungefähr so an, wie wir uns das Relief später vorstellen. Geplante Terrassen sollen von vorn nach hinten ansteigen, nicht umgekehrt. Auf dem Bodengrund wird dann die Dekoration angebracht, gewöhnlich Steine und Wurzeln. Dabei versenken wir die Steine so, daß sie nicht umfallen können.

Wurzeln, die wir ins Aquarium einbringen, sollen schon so mit Wasser vollgesogen sein, daß sie untersinken. Das bedeutet, daß wir sie unter Umständen wochenlang in einem entsprechend großen Behälter wässern müssen. Zweckmäßig verwenden wir als „Wurzeln" nur sogenanntes Moorkienholz, das ist Holz, das jahrtausendelang im Torf gelagert war, mit Huminsäuren völlig imprägniert ist und daher nicht faulen kann.

Es folgt die Technik, soweit sie im Aquarium selbst untergebracht wird. Jetzt können wir Heizer, Filter, Luftleitung usw. mit Steinen und Wurzeln so kaschieren, daß sie später bei der Betrachtung durch die Frontscheibe nicht mehr oder nur wenig zu sehen sind. Allerdings müssen wir bei aller „Tarnung" darauf achten, daß diese Geräte auch im eingerichteten Aquarium noch leicht zugänglich und austauschbar sind. Ausströmersteine sollen – falls wir überhaupt welche anbringen – nicht zu dicht am Boden stehen. Der von ihnen erzeugte Wasserstrom wirbelt sonst ständig Mulm auf. Wir bringen Ausströmersteine 10–12 cm über dem Bodengrund an.

Nun füllen wir Wasser ein.[2] Dabei setzt sich der Sand, und wir können die übrige Dekoration korrigieren. Das zuerst eingefüllte Wasser ist zunächst noch recht trübe. Am besten füllen wir zunächst nur etwa 10 cm hoch Wasser ein, ziehen es noch einmal mit dem Schlauch ab und erneuern es, indem wir wieder nur 10 cm hoch Wasser einlaufen lassen. Dabei lassen wir das Wasser über einen Stein fließen, damit nicht zu viel vom Bodengrund aufgewirbelt wird. Ist das Becken

[1] Bücher, die in das Gebiet der Aquaristik einführen: Ostermöller, W. „Die Aquarienfibel". Reihe Das Vivarium, Kosmos-Verlag 5. Aufl., Stuttgart 1976

Meulengracht-Madsen, J. „Aquarienpflege – biologisch richtig. Einführung in die moderne Aquarienkunde". Kosmos-Verlag, Stuttgart 1975

Sachs, W. B. „Aquarienpflege – leicht gemacht. Warmwasser-, Kaltwasser- und Seewasser-Aquarien". Kosmos-Verlag, 12. Aufl., Stuttgart 1974

[2] Für den Umgang mit Wasser beim Füllen und Entleeren des Aquariums s. S. 304–306

auf diese Weise zwei- bis dreimal gespült, füllen wir mit temperiertem Wasser bis zu etwa $^{2}/_{3}$ der Beckenhöhe auf.
Jetzt erst beginnen wir mit dem Bepflanzen. Stengelpflanzen, wie *Hygrophila, Cabomba, Elodea* setzen wir zu mehreren (drei bis fünf) in ein Pflanzloch. Kleinere Pflanzen wie Cryptocorynen, kleine *Echinodorus*-Arten, Vallisnerien und Sagittarien setzen wir in Gruppen zusammen, große Pflanzen wie *Echinodorus bleheri* setzen wir einzeln als sogenannte Solitärpflanzen. Niedrig bleibende Pflanzen gehören in den Vordergrund, hochwachsende mehr nach hinten. Solitärpflanzen nehmen das Mittelfeld ein.
Normalerweise beginnen wir mit der Vordergrundbepflanzung (kleinere Pflanzen) und beenden unsere Arbeit mit der Hintergrundbepflanzung an der Rückscheibe (hohe Gewächse). Wenig lichthungrige oder sogar gegen zu viel Licht

Bild 1.59: Der Schönflossenbärbling (Rasbora kalochroma) ist ein schöner, friedlicher, bei der Eingewöhnung aber etwas empfindlicher Schwarmfisch. Aufnahme B. Kahl

empfindliche Pflanzen wie Cryptocorynen setzen wir nach Möglichkeit unter die auslaufenden Blätter von Solitärpflanzen. Nun bleibt das Aquarium zunächst einige Tage stehen, damit sich die Pflanzen festwurzeln können. Allenfalls einige kleine Schwarmfische wie Neon, Zebrabärblinge usw. könnten wir schon einsetzen. Sie stören die Pflanzen nicht und sorgen schon für die ersten Nährstoffe. Auf keinen Fall dürfen wir zu dicht bepflanzen, denn die Pflanzen sollen sich ja vermehren, ausbreiten und wachsen. Normalerweise müssen wir ohnedies hin und wieder auslichten, wobei wir auch Korrekturen vornehmen, Pflanzen umsetzen oder ersetzen können. Günstig ist es, die ersten ein bis zwei Nächte das Licht brennen zu lassen. Dabei richten sich die meisten Pflanzen auf, und danach können wir dann endgültig Fische einsetzen.
Die weitere Pflege des Aquariums:
1. Etwa alle 14 Tage ziehen wir $^{1}/_{3}$ Wasser zusammen mit Mulm ab und ersetzen es durch Frischwasser der gleichen Zusammensetzung und Temperatur.

2. Alle 14 Tage ist der Filter zu reinigen, vorteilhaft gleichzeitig mit dem Wasserwechsel.
3. Abgestorbene Tiere und Pflanzenteile sofort entfernen.
4. Stets nur so viel füttern, wie die Fische in wenigen Minuten fressen; wöchentlich ein Fastentag, an dem überhaupt nicht gefüttert wird.
5. Temperatur mit Hilfe eines Thermometers überwachen. Gegebenenfalls Heizer neu einstellen, Thermostat überprüfen.
6. Algenwuchs auf der Sichtscheibe mit einem Scheibenreiniger entfernen.
7. Fische auf Krankheiten überwachen. Vor allem müssen wir darauf achten, ob sie keine weißen Pünktchen, keine Pilzbeläge, keine Geschwüre, keine ausgefransten Flossenränder oder Hautbeläge aufweisen. Wenn die Fische die Flossen klemmen, wenn sie schaukeln, auf dem Boden rutschen oder an der Wasseroberfläche hängen, müssen wir sofort eingreifen, denn dann sind sie wahrscheinlich krank.[1]
8. Fische, die sich offenkundig mit anderen Beckenbewohnern nicht vertragen, müssen entfernt werden.
9. Bei empfindlichen Tieren oder wenn die Fische überhaupt Unbehagen zeigen und/oder wenn die Wasserpflanzen kümmern, Wasserwerte (pH-Wert, Härte, evtl. Nitrit- und Nitratgehalt) überprüfen. Meßgeräte und Chemikalien hält der Zoofachhandel bereit.

[1] Siehe auch Kapitel Fischkrankheiten, S. 656–709

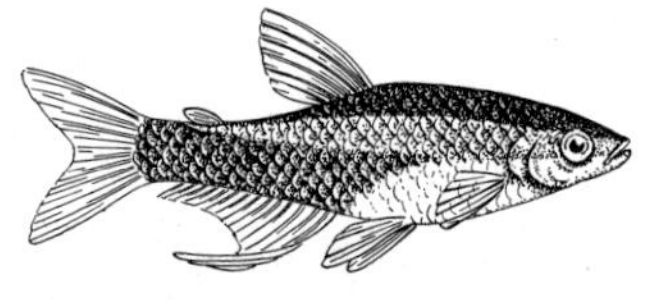

Neon (Paracheirodon innesi)

Fische für den Anfänger

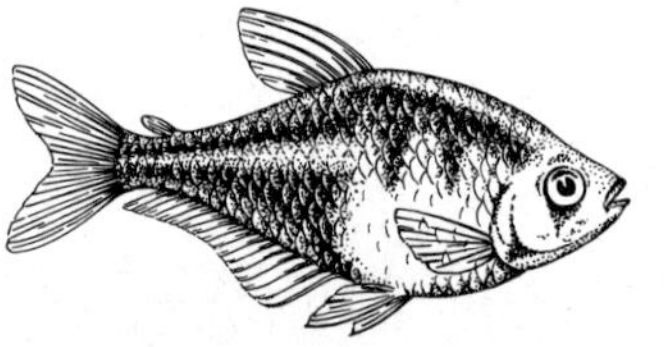

Roter von Rio (Hyphessobrycon flammeus)

Wir erwähnen hier nur Arten und Gattungen, die sich als „Anfängerfische" bewährt haben. Ausführlichere Angaben siehe die Kapitel „System der Fische" und „Das Züchten von Aquarienfischen".

Südamerika

Salmler (Characinoidei)
Gattungen: *Aphyocharax, Astyanax* (nur mit größeren Fischen vergesellschaften), *Brycon, Cheirodon, Gymnocorymbus, Hemigrammus, Hyphessobrycon, Moenkhausia, Nematobrycon, Paracheirodon, Pristella, Thayeria, Nannostomus, Poecilobrycon.*

Bild 1.60: Der Lyratail-Schwertträger ist eine Zuchtform des Schwertträgers (Xiphophorus helleri). Vergleiche auch S. 181. Aufnahme B. Kahl

Schwertträger (Xiphophorus helleri)

Welsähnliche (Siluroidei)
Familien und Gattungen: Pimelodidae, Aspredinidae mit der wichtigsten Gattung *Bunocephalus*, Callichthyidae mit den Gattungen *Brochis, Callichthys, Corydoras, Dianema* und *Hoplosternum*, Loricariidae (für den Anfänger sind nur die Gattungen *Ancistrus, Loricaria* und *Plecostomus* geeignet).
Lebendgebärende Zahnkarpfen (Poeciliidae)
Fast alle Arten der Gattungen *Gambusia, Girardinus, Heterandria (H. formosa* ist jedoch wegen seiner Kleinheit und *H. bimaculata* wegen seiner Unverträglichkeit im Artbecken zu halten), *Phallichthys, Phalloceros, Poecilia, Xiphophorus*. Andere Arten sind oft heikel und unverträglich, eine Art sogar ein ausgesprochener Raubfisch.
Buntbarsche (Cichlidae)
Für das Gesellschaftsaquarium sind Cichliden nur sehr bedingt geeignet. Sie sollten grundsätzlich im Artbecken gepflegt werden. Unter dieser Voraussetzung sind recht viele Arten für den Anfänger geeignet.
Gattungen: *Aequidens* (außer *Ae. portalegrensis*), *Apistogramma* (manche Arten halten sich zum Teil ausgezeichnet im Gesellschaftsbecken), *Cichlasoma* – besonders die kleineren Arten –, *Nannacara* (wie *Apistogramma*), *Pterophyllum (Pt. scalare*; die Art *Pt. altum* ist sehr heikel).

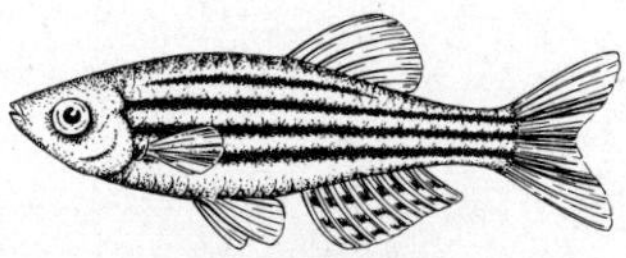

Zebrabärbling (Brachydanio rerio)

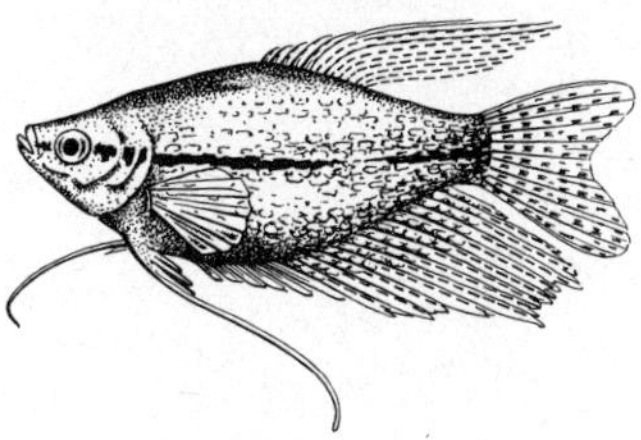

Mosaikfadenfisch (Trichogaster leeri)

Süd- und Südostasien

Karpfenfische (Cyprinidae)
Gattungen: *Barbodes, Capoeta, Puntius* (fast alle Arten), *Brachydanio* (alle Arten), *Danio* (alle Arten; diese Fische benötigen große flache Becken), *Rasbora* (fast alle Arten).
Schmerlen (Cobitidae)
Gattungen: *Acanthophthalmus* (alle Arten), *Botia* (nur *B. sidthimunki*), *Noemacheilus* (tropische Arten).
Welsähnliche (Siluroidei)
Familien und Gattungen: *Kryptopterus*, Bagridae (Gattungen *Leiocassis, Mystus*), Pangasiidae.
Buntbarsche (Cichlidae)
Gattung: *Etroplus (E. maculatus).*
Labyrinthfische (Anabantidae)
Familien und Gattungen: Anabantidae (fast alle Gattungen, außer *Belontia*; besonders geeignete Gattungen: *Colisa, Trichogaster, Macropodus* und einige Vertreter der Gattung *Betta*).

Afrika

So viele schöne Fische für unsere Aquarien dieser Erdteil uns gebracht hat: Ausgesprochene Anfängerfische sind nur relativ wenige darunter.
Salmler (Characinoidei)
Familien und Gattungen: Citharinidae (Geradsalmler); Gattungen: *Nannaethiops, Neolebias.*
Karpfenfische (Cyprinidae)
Gattungen: *Barbodes* (soweit in Afrika beheimatet, alle Arten), *Labeo* (nur als Einzeltiere, da mehrere untereinander meist sehr unverträglich).
Welsähnliche (Siluroidei)
Familien und Gattungen: Bagridae, *Parauchenoglanis macrostoma* (die Art wühlt gern und viel, ist aber unverwüstlich), Schilbeidae mit *Eutropiellus debauwi* (die Art ist ein freischwimmender Wels, der sich im Schwarm besonders wohlfühlt), Mochocidae (die kleineren Arten; fast alle sind recht robust).
Buntbarsche (Cichlidae)
Für die afrikanischen Cichliden gilt in noch stärkerem Maße das, was für die Südamerikaner gesagt wurde. Die Arten aus den großen afrikanischen Seen sind für den Anfänger durchweg ungeeignet, weil die Tiere untereinander und gegenüber anderen sehr oft stark unverträglich sind.
Gattungen und z. T. Arten: *Haplochromis* (bes. *H. burtoni*), *Hemichromis* (nur *H. bimaculatus*, und die noch mit Bedenken), *Pseudocrenilabrus multicolor, Pelmatochromis* (alle Arten außer den Maulbrütern), *Tilapia* (die meisten Arten sind sehr robust und leicht zu halten und zu züchten. Sie dulden jedoch oft keine

Querbandhechtling (Epiplatys chaperi)

anderen Fische, weder von der eigenen noch von anderen Arten, und verwüsten das Aquarium, wobei natürlich keine Pflanzen gedeihen können, die sie zudem oft fressen. Wer dennoch Freude an diesen Fischen hat, sie sind außerdem zum größten Teil ausnehmend schön, und wer sich mit ihren Eigenschaften abfindet, dem können sie uneingeschränkt empfohlen werden. Große Aquarien sind allerdings Voraussetzung).

Australien

Von hier kann eigentlich nur eine Familie mit einer Gattung und zwei Arten für den Anfänger empfohlen werden:
Familie und Gattung: Atherinidae (Ährenfische) mit der Gattung *Nematocentris (N. maccullochi* und *N. fluviatilis).*
Aus Europa werden keine Anfängerfische empfohlen, da es sich fast ausschließlich um sog. „Kaltwasserfische" handelt, die in der Regel an den Pfleger höhere Ansprüche stellen als die „Warmwasserfische".
Doch nun einige ganz kurze Ausführungen zu den einzelnen Gruppen:

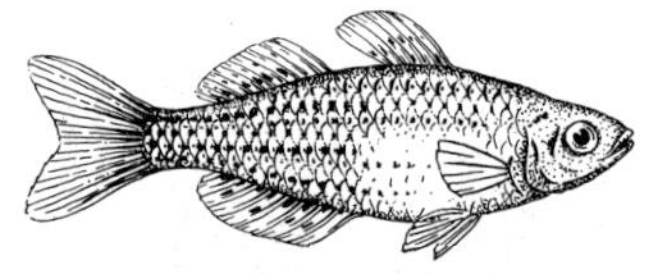

Zwergregenbogenfisch (Nematocentris maccullochi)

Echte Amerikanische Salmler und Geradsalmler (Characidae, Citharinidae)

Sehr artenreiche Fischfamilien aus Südamerika und Afrika. Meist friedliche Schwarmfische; es gibt aber auch gefährliche Raubfische (Piranhas). Die Haltung und Zucht ist oft sehr leicht bis recht schwer (Zucht: Neon, Roter Neon). Alle Arten legen Eier, manche Arten üben Brutpflege (Piranhas, *Pyrrhulina, Copeina-* und *Copella*-Arten). Für empfindliche Arten soll das Wasser weich und leicht sauer sein. Temperaturen je nach Art verschieden, liegen zwischen 20 und 30° C. Es werden alle Arten von Futter genommen, bevorzugt jedoch Lebendfutter. Die Jungfische schlüpfen meist schon nach 24–48 Stunden. Jungfische sind sehr klein, wachsen jedoch in den ersten Tagen bei reichlicher Rädertierchenfütterung sehr rasch. Viele Salmler haben eine Fettflosse, aber nie Barteln.

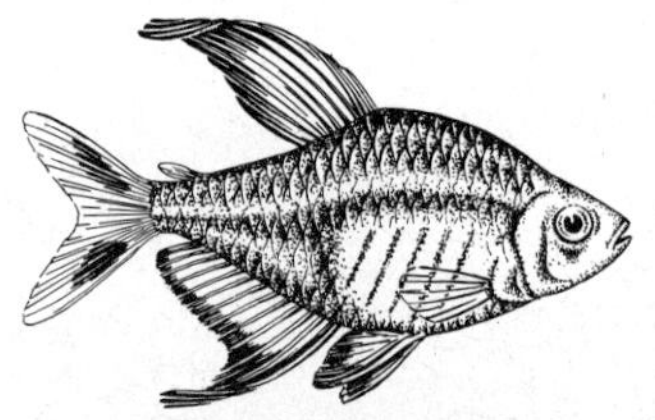

Schmucksalmler (Hyphessobrycon ornatus)

Karpfenfische (Cyprinidae)

Kleine bis große Schwarmfische der alten Welt. Sie haben eine ähnliche Gestalt wie die Salmler, nur daß sie niemals eine Fettflosse, dafür aber in den meisten Fällen Barteln (manchmal nur noch rudimentär erkennbar) tragen. Die Haltung und Zucht gleichen weitgehend der der meisten Salmler. Auch hier gibt es ausgesprochene Anfängerfische (*Brachydanio-* und *Danio*-Arten) und regelrechte Problemfische (manche *Rasbora*-Arten).

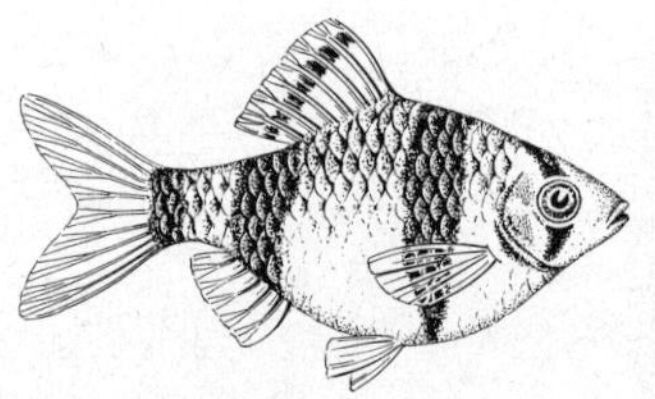

Sumatrabarbe (Capoeta tetrazona tetrazona)

Welsähnliche (Siluroidei)

Die Welse sind die wohl artenreichste Unterordnung der Fische überhaupt. Welse haben nie Schuppen, sondern sind entweder nackt oder mit Knochenplatten bedeckt. Das nicht ausstülpbare Maul ist meist von Barteln oder lappenförmigen Anhängen umgeben. Die meisten Arten sind bodengebunden und leben versteckt in Höhlen. Ihre Brust- und (soweit vorhanden) Rückenflossen, aber auch die Bauch-, After- und sogar Fettflossen, die bei manchen Arten riesige Größen erreichen, können durch Stachelstrahlen (meist mit Sperrgelenken) bewehrt sein. Manche Arten sind Raubfische, eine Gattung *(Malapterurus)* besitzt relativ starke elektrische Organe. An das Wasser werden im allgemeinen keine besonderen Ansprüche gestellt. Temperaturen – je nach Art – 18–30° C. Alle Arten sind Eierleger, manche Arten üben Brutpflege nach Art der Cichliden (auch Maulbrutpflege) oder bauen Schaumnester. Die Zucht der meisten Arten ist jedoch in Gefangenschaft noch nicht gelungen. Die Zucht mancher Panzerwelse gelingt auch dem Anfänger *(Corydoras paleatus, C. aeneus).* Weltweit verbreitet.

Metallpanzerwels (Corydoras aeneus)

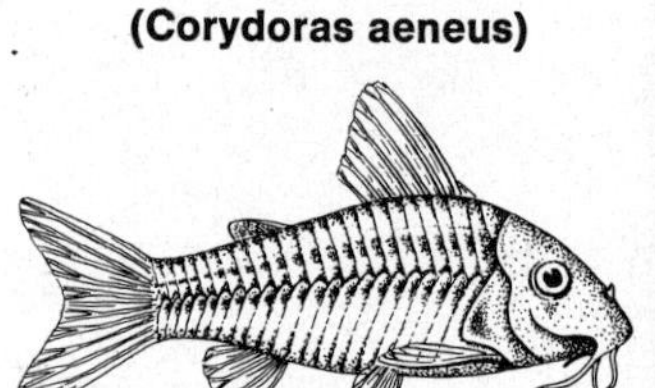

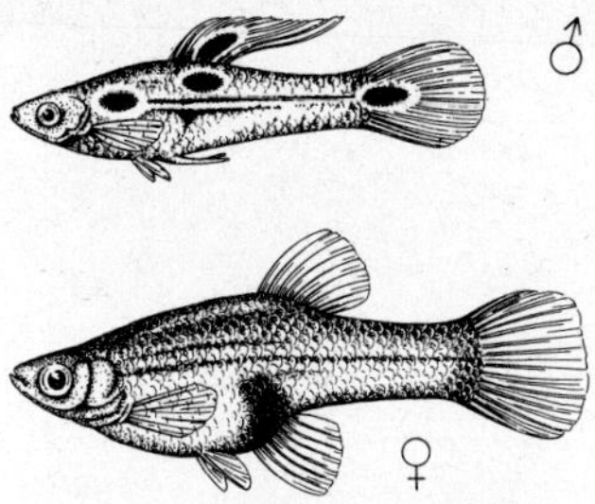

Guppy (Poecilia reticulata)

Lebendgebärende Zahnkarpfen (Poeciliidae)

Die Lebendgebärenden Zahnkarpfen sind kleine bis mittelgroße Fische Mittelamerikas, die lebendige Junge zur Welt bringen (eigentlich sind sie ovovivipar). Bei den Männchen ist die Afterflosse zum Begattungsorgan umgebildet. Allesfresser. Die Haltung und Zucht ist leicht, wenigstens bei den meisten im Handel angebotenen Arten, doch gibt es unter ihnen auch ausgesprochene Problemfische. An das Wasser werden keine besonderen Ansprüche gestellt, es soll jedoch nicht zu weich sein (möglichst nicht unter 10° dGH). Temperaturen zwischen 22 und 28° C. Trächtigkeitsdauer je nach Art 4–6 Wochen.

Ährenfische (Atherinidae)

Von dieser Familie gibt es nur wenige Arten im Süßwasser. Die Hauptvertreter finden sich im Meer. Die Heimat der Süßwasserformen ist Südamerika, Australien, Südasien und Madagaskar. Ihr auffälligstes Merkmal ist die geteilte Rükkenflosse. Sonst ähneln sie Salmlern oder Karpfenfischen. Auch sie leben gern im Schwarm und sind recht friedlich. Ährenfische bevorzugen hartes Wasser. Sonst sind sie anspruchslos und lassen sich sogar im Artbecken ohne besondere Vorbereitung züchten. Es sind Frei- und Pflanzenlaicher.

Buntbarsche (Cichlidae)

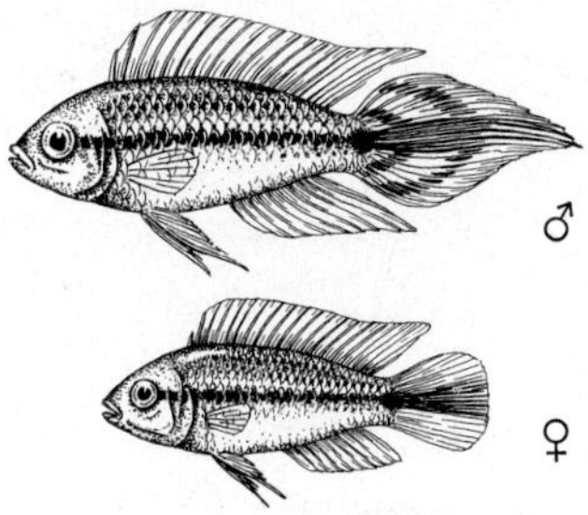

Zwergbuntbarsch (Apistogramma agassizi)

Die Cichliden sind eine arten- und formenreiche Fischfamilie (etwa 1000 Arten und Unterarten), die ihre Hauptvertreter in Südamerika und Afrika hat, und die mit einer Gattung in Asien vertreten ist *(Etroplus)*. Sie sind klein bis groß. Besonders die Zwergbuntbarsche der Gattungen *Apistogramma* und *Nannacara* sind sehr beliebt. Die großen Arten sind oft starke Wühler und Pflanzenfresser. Wegen ihrer interessanten Brutpflege gehören alle Cichliden mit zu den interessantesten Fischen überhaupt. Vom Offenbrüter über den Versteckbrüter zum Maulbrüter und „Halbsäuger" sind alle möglichen Brutpflegemodelle vorhanden. Viele Arten sind Anfängerfische, viele aber auch Problemfische (Diskus).

Labyrinthfische (Anabantidae)

Bei dieser Familie handelt es sich um barschförmige Fische mit einem zusätzlichen Atmungsorgan, dem Labyrinth. Die meisten Gattungen und Arten stammen aus Asien. Aus Afrika wird nur eine Gattung bei uns gepflegt. Viele Arten bleiben

Bild 1.61: Schleierkampffisch (Betta splendens). In ihrer Heimat Thailand werden Kampffische zu Fischkämpfen verwendet, bei denen man ähnlich wie bei Hahnenkämpfen Wetten abschließt. Aufnahme B. Kahl

recht klein und sind für den Anfänger gut geeignet. Sie haben zum großen Teil eine sehr interessante Brutpflege: Sie bauen ein Schaumnest und bewachen die Jungfische bis zum Freischwimmen. Manche Arten sind auch Maulbrüter. An die Wasserzusammensetzung werden keine besonderen Anforderungen gestellt, nur verlangen die meisten Arten eine recht hohe Temperatur: 25–30° C.

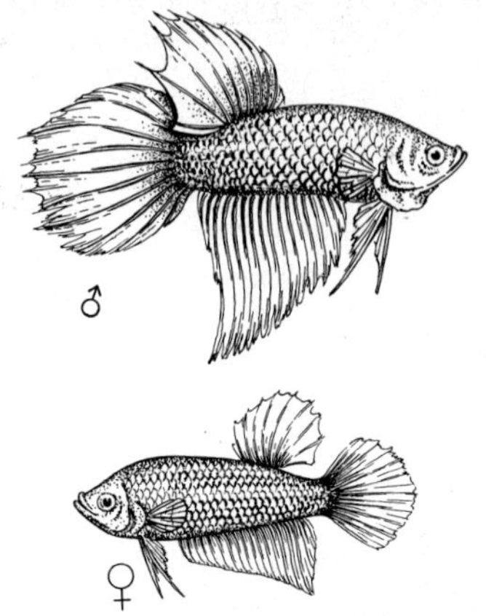

Kampffisch (Betta splendens)

Wir fotografieren Fische

Viele Aquarianer möchten ihre Fische gerne fotografieren. Nun ist gerade die Aquarienfotografie ein nicht gerade einfaches Spezialgebiet. Wir müssen uns hier daher auf einige Hinweise beschränken. Grundsätzlich kann man mit jeder Kamera Fische fotografieren; am einfachsten aber geht es mit einer einäugigen Spiegelreflexkamera. Es kommt nämlich bei der Fischfotografie in erster Linie auf extreme Schnelligkeit und auf exakte Scharfeinstellung an. Nur die „Einäugige" erfüllt beide Forderungen. Was man im Spiegelsucher sieht, kommt auch auf das Bild, und was im Sucher scharf ist, muß theoretisch auch auf dem Bild scharf erscheinen.
Wenn wir unsere Fische möglichst groß aufnehmen wollen, müssen wir mit der Kamera dicht heran; eventuell brauchen wir Vorsatzlinsen oder eine Auszugsverlängerung. Dadurch wird die Schärfentiefe immer geringer; manchmal beträgt sie nur wenige Millimeter. Steht der Fisch zufällig etwas schräg im Aquarium, bekommen wir nur eine ganz schmale Zone scharf, vielleicht nicht einmal das ganze Auge. Wir müssen deshalb weitgehend abblenden, bei den meisten Objektiven etwa bis Blende 11. Dadurch erzielen wir eine größere Schärfentiefe und brauchen aber wesentlich mehr Licht als bei größeren Blenden. Wir müssen deshalb zusätzlich künstlich beleuchten. Dafür kommen Fotolampen (Nitraphot- oder Halogenleuchten) in Frage, doch müssen wir dann, wenn Farbbilder erwünscht sind, mit Kunstlichtfilm arbeiten. Einfacher ist die Verwendung von Blitzlicht. Blitzlampen mit blaugefärbten Glaskolben sind brauchbar, aber relativ teuer. Der Elektronenblitz ist da schon interessanter, zumal er sich ausgezeichnet für Tageslichtfilm eignet. Wir können schon mit dem einfachsten Elektronenblitzgerät arbeiten, das für verhältnismäßig wenig Geld zu bekommen ist.
Mit Spiegelreflexkamera und Elektronenblitz sind wir zunächst einmal für die Fischfotografie gut ausgerüstet. Wollen wir im Makrobereich arbeiten – das wird meist der Fall sein – brauchen wir entweder Vorsatzlinsen oder Zwischenringe oder ein Balgengerät. Wofür wir uns entscheiden, hängt nicht nur vom Geldbeutel, sondern auch vom Kameratyp ab. Vorsatzlinsen werden vor das Objektiv

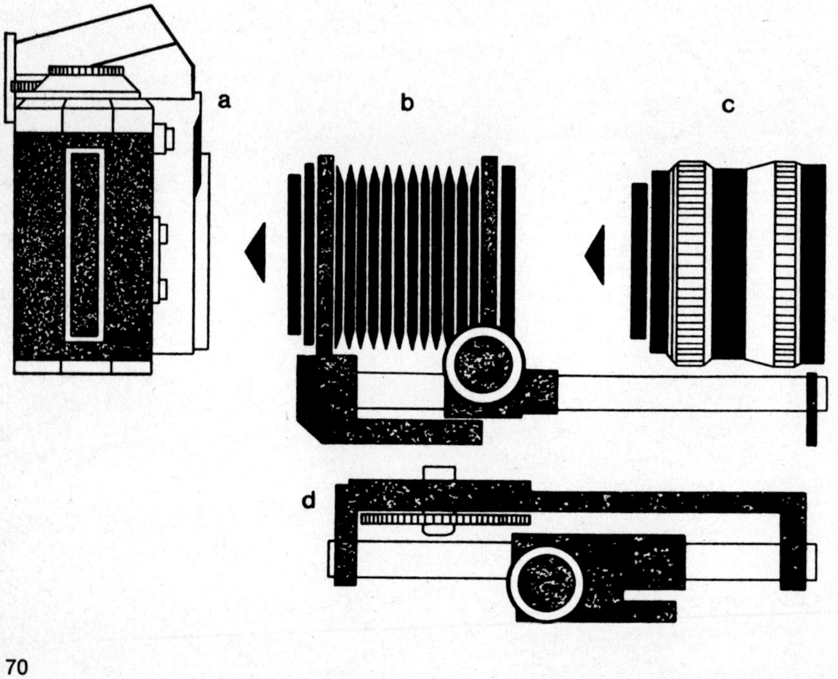

Bild 1.62: Das Balgengerät (b) dient zur kontinuierlichen Auszugsverlängerung. Es wird zwischen Kamera (a) und Objektiv (c) geschraubt. Der Einstellschlitten (d) erlaubt es, Kamera und Balgengerät zu bewegen, ohne daß die Stellung des Stativs verändert wird.

gesetzt. Bei ihnen ist keine Verlängerung der Belichtungszeit erforderlich. Man muß recht nahe an das Objekt heran. Bei Zwischenringen und Balgengeräten brauchen wir eine Belichtungszeitverlängerung, die u. a. vom verlängerten Objektiv und dem Auszugsverhältnis abhängig ist. Vorzugsweise arbeitet man mit Teleobjektiven mit Brennweiten von 90–150 mm (bei Kleinbildformat 24×36 mm). So kann man mit einem Balgengerät und einem Teleobjektiv einen größeren Raum überbrücken, braucht also nicht so nahe an das Objekt heranzugehen wie mit Vorsatzlinsen. Die Schärfentiefe ist jedoch auch hier sehr gering; wir müssen sehr exakt einstellen. Durch die Auszugsverlängerung geht auch Licht für das Sucherbild verloren, das daher recht dunkel erscheint, wodurch die Einstellung wiederum erschwert wird. Wir stellen mit der größtmöglichen Blende ein und wechseln erst kurz vor der Aufnahme auf die vorgewählte Blendenöffnung. Dazu benötigen wir Objektive mit automatischer Springblende und Automatikzwischenringe bzw. Automatik-Balgengeräte oder einen Doppeldrahtauslöser.

Für die Methode mit Auszugsverlängerung ist unbedingt ein Stativ anzuraten, denn Fotoapparat, Balgengerät und Teleobjektiv zusammen sind ziemlich schwer. Bei der Methode mit Vorsatzlinsen arbeiten wir aus freier Hand.

Zur Aufnahmetechnik. Wir wollen in unserem Aquarium regelrecht „auf Jagd gehen". Wir belauern unsere „Beute", und wenn wir sie im Visier haben, drücken wir ab und hoffen, getroffen zu haben.

Nach Möglichkeit sollten wir nur bei klarem Wasser fotografieren; Wasser, das hellgelb oder gar dunkelbraun ist, kann Belichtung und Farben verfälschen. Besonders schwierig ist die Beseitigung von Reflexen. Glas spiegelt nun einmal, und wenn der Blitz unmittelbar neben oder auf der Kamera sitzt, wird das Licht sehr leicht von der Aquarienscheibe gespiegelt. In unglücklichen Fällen erhalten wir dann ein recht gutes Bild von Kamera, Fotografen und Blitzgerät, wogegen vom Fisch fast nichts mehr zu sehen ist. Was ist zu tun?

Bild 1.63: Um Reflexionen an der Aquarienscheibe nicht mit auf den Film zu bekommen, sollten Kamera und Blitz möglichst schräg zur Aquarienfrontscheibe stehen. Ein stumpfer Winkel (unten) ist besser als ein spitzer (oben).

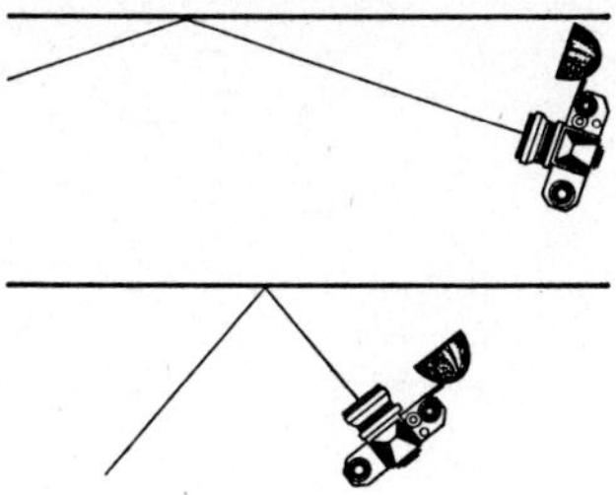

An der Kamera sollten keine metallischen oder sonst hellen Teile sitzen, glänzende Teile des Stativs decken wir mit einem matt-schwarzen Tuch ab. Der Raum selbst sollte dunkel sein, weil Fremdlicht auch andere Gegenstände spiegeln läßt (z. B. Schränke, Tische, Stühle usw.). Als einzige Beleuchtung verwenden wir die normale Aquarienbeleuchtung, die wir zum Einstellen brauchen.

Erinnern wir uns an den Physikunterricht: Bei einem Spiegel ist der Einfallswinkel gleich dem Ausfallswinkel. Das bedeutet: Wir dürfen niemals genau im Winkel von 90° zur Aquarienfrontscheibe fotografieren, sondern sollten Blitz und Kamera trennen. Wir versuchen, mit dem Blitz das Objekt direkt anzuleuchten (ein gut eingespielter Partner, der den Blitz hält und mitgeht, ist hier von großem Wert), während wir mit der Kamera in stumpfem Winkel gegen den Blitz oder aber in der Richtung des Blitzes fotografieren. Ist es nicht zu umgehen, direkt von vorn zu kommen, so sollte die Kamera leicht von oben nach unten geführt werden. Im Spiegelsucher können wir auf alle Fälle prüfen, ob nicht ein Spiegelbild der Kamera entsteht. Der Ausfallswinkel des Blitzlichtes soll außerhalb des Blickfeldes liegen; das müssen wir von vornherein berücksichtigen, wenn wir die Lage des Blitzgehäuses festlegen. Ausschuß läßt sich übrigens nicht vermeiden. Beim Fotografieren stellen wir unbedingt das Auge des Fisches scharf. Eine Ausnahme kann man nur dann gelten lassen, wenn bestimmte Zeichnungsmuster, Flossenstrahlen o. ä. dazustellen sind. Im allgemeinen ist aber das ganze Bild wertlos, wenn das Auge unscharf ist, seien auch andere Strukturen messerscharf abgebildet. Im übrigen macht auch hier nur Übung den Meister, und um Versuche kommen wir nicht herum.

2

Stanislav Frank

Das System der Fische

Gattungen und Arten der Aquarienfische, ihre Haltung und Zucht

Frank

Das System der Fische

Viele Menschen halten jedes Wirbeltier, das im Wasser lebt, für einen Fisch. Das ist nicht immer richtig. Abgesehen von den Wassersäugetieren unterscheiden wir zwei Überklassen von Wasserwirbeltieren: Die Kieferlosen (Agnatha), zu denen die Neunaugen und Inger gehören, und die Kiefermäuler (Gnathostomata), die die Haie, Rochen, Seedrachen, Lungenfische und Knochenfische umfassen. Man schätzt, daß auf der ganzen Erde 20 000 bis 25 000 Arten fischartiger Wirbeltiere leben, die in mehr als 550 Familien und etwa 5000 Gattungen eingeordnet werden. Fische gibt es in einer fast unbegrenzten Fülle von Formen, Farben und Größen, von 1 bis 2 Zentimeter langen Zwergen bis zu den Giganten, den Meereshaien, die 20 Meter und länger werden.
Der Süßwasseraquarianer wird kaum einmal Haie, Rochen oder Seedrachen pflegen (mit Ausnahme vielleicht amerikanischer Süßwasserhaie und Süßwasserrochen, die aber, wenn sie erwachsen sind, für ein Privataquarium zu groß sind). Wir wollen uns daher zuerst mit den beiden letzten Klassen der Kiefermäuler beschäftigen, das heißt mit den Lurch- oder Lungenfischen (Dipnoi) und mit den Knochenfischen (Teleostomi). Zu diesen beiden Klassen gehören fast alle Aquarienfische.
Uns Aquarianer reizen vor allem die kleinen, hübschen, im Verhalten interessanten und leicht zu pflegenden Fische. Die meisten fürs Aquarium geeigneten Fische stammen aus tropischen und subtropischen Gewässern; sie sind in der Wohnung, die fast stets die gleiche Lufttemperatur während des ganzen Jahres aufweist, viel einfacher zu halten als die einheimischen Fische, für die regelmäßige Temperaturschwankungen gemäß den Jahreszeiten lebenswichtig und erblich fest fixiert sind.
Die deutschen Namen der Fische unterliegen keinen festen Regeln. Meist beziehen sie sich auf charakteristische Färbungen, Flossen- und Körperformen, auf das Verhalten oder andere Eigenschaften. Weshalb zum Beispiel der Rotmaulsalmler seinen Namen führt, braucht nicht erklärt zu werden.
Dagegen unterliegen die wissenschaftlichen, dem Lateinischen oder Griechischen entnommenen Namen der Fische (und aller anderen Tiere) strengen Regeln. Danach hat jedes Lebewesen einen Doppelnamen. Hierzu zwei Beispiele:
Botia sidhimunki Klausewitz, 1959. Der erste Name kennzeichnet die Gattung, der zweite die Art, der dritte ist der Name des Autors der Erstbeschreibung, die Zahl kennzeichnet das Jahr der Beschreibung.
Poecilobrycon (Nannobrycon) eques (Steindachner, 1876). Hier ist der erste Name wieder der Gattungsname, der in Klammern gesetzte zweite bezeichnet die Untergattung – nicht mit einem Synonym zu verwechseln! –, der dritte ist der Artname; Name des Autors und Jahr der Beschreibung sind hier in Klammern gesetzt. Die Klammern sagen hier aus, daß die von Steindachner beschriebene Art in eine andere Gattung gehört, als Steindachner ursprünglich angenommen hatte; sie wurde nach neuen Untersuchungen einer anderen oder sogar neuen Gattung zugeordnet. Die Klammern sagen uns also, daß die Art in der Erstbeschreibung einen anderen Gattungsnamen hatte.
Viele Fische wurden zweimal oder mehrmals beschrieben. Das ist kein Wunder bei der großen Zahl an Arten. In solchen Fällen ist der erste Doppelname, das heißt der älteste, gültig. Die späteren Benennungen derselben Fischart sind ungültig und werden als Synonyme bezeichnet. Man schreibt sie dann mit der Abkürzung syn. Zum Beispiel: *Hyphessobrycon erythrostigma* (Fowler, 1943) (syn. *Hyphessobrycon rubrostigma* Hoedeman, 1956); die Erstbeschreibung lautete *Hemmigrammus erythrostigma* Fowler, 1943.
In populärwissenschaftlichen Mitteilungen verwendet man fast immer nur die gültigen Gattungs- und Artnamen, was für die richtige Kennzeichnung einer Art vollkommen ausreicht.
Die Fische sind in ein natürliches System eingeordnet. Das heißt, dem System liegt die stammesgeschichtliche Entwicklung (Phylogenese) zugrunde; die Arten sind in verwandtschaftlicher Gruppierung von den primitivsten bis zu den höchstentwickelten eingeordnet. Unsere Übersicht über das System der Fische ist für die Bedürfnisse des Süßwasseraquarianers gekürzt, nicht aber vereinfacht oder verändert. Alle hier erwähnten Fischgruppen sind auch wissenschaftlich gültig.

Einige weiterführende Werke zum Bestimmen von Zierfischen:
Paysan, K.: Welcher Zierfisch ist das? Kosmos-Naturführer. 4. Auflage, Stuttgart 1976.
Sterba, G.: Handbuch der Aquarienfische. Leipzig und München 1972.
Sterba, G.: Süßwasserfische aus aller Welt. 2 Bände. Leipzig, Melsungen 1970.
Von Dr. Stanislav Frank, dem Verfasser dieses Kapitels, ist erschienen:
Das große Bilderlexikon der Fische. Gütersloh 1969.

Übersichtliche systematische Einordnung der im Aquarium gehaltenen Süßwasserfische

Tierstamm Chordata (Chordatiere), Unterstamm Craniata/Vertebrata (Wirbeltiere)
Überklasse Gnathostomata (Kiefermäuler)
Klasse Dipnoi (Lurch- oder Lungenfische)
  Ordnung Ceratodiformes (Australische Lungenfische)
  Ordnung Lepidosireniformes (Molchfischartige)
    Familie Protopteridae (Afrikanische Molchfische)
    Familie Lepidosirenidae (Südamerikanische Molchfische)
Klasse Teleostomi (Knochenfische)
 Unterklasse Actinopterygii (Strahlenflosser)
  Überordnung Chondrostei (Störartige)
   Ordnung Polypteriformes (Flösselhechtartige)
    Familie Polypteridae (Flösselhechte)
   Ordnung Acipenseriformes (Rüsselstöre)
    Familie Acipenseridae (Störe)
  Überordnung Holostei (Knochenganoide)
   Ordnung Amiiformes (Kahlhechtartige)
    Familie Amiidae (Kahlhechte)
   Ordnung Lepisosteiformes (Knochenhechtartige)
    Familie Lepisosteidae (Kaimanfische)
  Überordnung Teleostei (Neu-Knochenfische)
   Ordnung Clupeiformes (Heringsartige)
    Familie Phractolaemidae (Afrikanische Schlammfische)
    Familie Salmonidae (Lachsähnliche)
    Familie Esocidae (Hechte)
    Familie Umbridae (Hundsfische)
    Familie Osteoglossidae (Knochenzüngler)
    Familie Pantodontidae (Schmetterlingsfische)
    Familie Notopteridae (Messerfische)
   Ordnung Mormyriformes (Nilhechtartige)
    Familie Mormyridae (Nilhechte)
   Ordnung Cypriniformes (Karpfenartige)
    Unterordnung Characinoidei (Salmler[1])
     Familie Characidae (Echte Amerikanische Salmler)
     Familie Alestidae (Echte Afrikanische Salmler)
     Familie Serrasalmidae (Sägesalmler)
     Familie Gasteropelecidae (Beilbauchfische)
     Familie Erythrinidae (Raubsalmler)
     Familie Crenuchidae (Prachtsalmler)
     Familie Characidiidae (Bodensalmler)
     Familie Lebiasinidae (Schlanksalmler)
     Familie Anostomidae (Engmaulsalmler)
     Familie Curimatidae (Barbensalmler)
     Familie Citharinidae (Geradsalmler)
    Unterordnung Gymnotoidei (Nacktaalähnliche)
     Familie Electrophoridae (Elektrische Aale, Zitteraale)
     Familie Gymnotidae (Messeraale)
     Familie Rhamphichthyidae (Amerikanische Messerfische)
     Familie Apteronotidae (Amerikanische Messerfische)
    Unterordnung Cyprinoidei (Karpfenähnliche)
     Familie Cyprinidae (Karpfenfische[2])
      Unterfamilie Abraminae (Brachsenkarpfen)
      Unterfamilie Cyprininae
      Unterfamilie Leuciscinae (Weißfische)
      Unterfamilie Rhodeinae (Bitterlinge)
      Unterfamilie Rasborinae (Bärblinge)
      Unterfamilie Garrinae (Saugbarben)
     Familie Homalopteridae (Flossensauger)
     Familie Gyrinocheilidae (Algenfresser)
     Familie Cobitidae (Schmerlen, Dorngrundeln)
    Unterordnung Siluroidei (Welsähnliche)
     Familie Doradidae (Dornwelse)

Bestimmungsliteratur für einzelne Gruppen:
[1] Frey, H.: Zierfischmonographien, Band 1: Salmler. Melsungen
[2] Frey, H.: Zierfischmonographien, Band 2: Karpfenfische. Melsungen 1973

Familie Auchenipteridae (Falsche Dornwelse)
Familie Plotosidae (Korallenwelse)
Familie Siluridae (Echte Welse[1])
Familie Bagridae (Stachelwelse)
Familie Ictaluridae (Katzenwelse)
Familie Schilbeidae (Glaswelse)
Familie Pangasiidae (Haiwelse)
Familie Clariidae (Kiemensackwelse)
Familie Mochocidae (Fiederbartwelse)
Familie Pimelodidae (Antennenwelse)
Familie Aspredinidae (Bratpfannen- und Banjowelse)
Familie Malapteruridae (Elektrische Welse)
Familie Callichthyidae (Schwielenwelse)
Familie Amphiliidae (Afrikanische Harnischwelse)
Familie Loricariidae (Harnischwelse)
Ordnung Anguilliformes (Aalartige)
Familie Anguillidae (Aale)
Ordnung Beloniformes (Hornhechtartige)
Familie Belonidae (Halbhechte)
Familie Hemirhamphidae (Halbschnabelhechte)
Ordnung Gasterosteiformes (Stichlingsfische)
Familie Gasterosteidae (Stichlinge)
Ordnung Syngnathiformes (Büschelkiemer)
Familie Syngnathidae (Seenadeln)
Ordnung Cyprinodontiformes (Zahnkarpfen)
Familie Cyprinodontidae (Eierlegende Zahnkarpfen)
Unterfamilie Rivulinae (Bachlinge)
Unterfamilie Fundulinae
Unterfamilie Cyprinodontinae
Unterfamilie Aphaniinae
Unterfamilie Procatopodinae (Leuchtaugenfische)
Unterfamilie Oryziatinae (Reiskärpflinge)
Familie Poeciliidae (Lebendgebärende Zahnkarpfen)
Familie Anablepidae (Vieraugen)
Ordnung Mugiliformes (Meeräschenartige)
Familie Atherinidae (Ährenfische)
Ordnung Ophiocephaliformes (Schlangenkopfartige)
Familie Ophiocephalidae (Schlangenköpfe)
Ordnung Perciformes (Barschartige)
Unterordnung Percoidei (Barschfische)
Familie Centropomidae (Glasbarsche)
Familie Centrarchidae (Sonnenbarsche)
Familie Percidae (Echte Barsche)
Familie Psettidae (Flossenblätter)
Familie Toxotidae (Schützenfische)
Familie Scatophagidae (Argusfische)
Familie Nandidae (Nanderbarsche)
Familie Cichlidae (Buntbarsche[2])
Unterordnung Anabantoidei (Kletterfischähnliche)
Familie Anabantidae (Labyrinthfische[3])
Unterordnung Luciocephaloidei (Hechtkopfähnliche)
Familie Luciocephalidae (Hechtköpfe)
Unterordnung Gobioidei (Meergrundelähnliche)
Familie Eleotridae (Schläfergrundeln)
Familie Gobiidae (Meergrundeln)
Familie Periophthalmidae (Schlammspringer)
Familie Apocrypteidae
Unterordnung Cottoidei (Panzerwangen)
Familie Cottidae (Groppen)
Ordnung Pleuronectiformes (Schollenartige)
Familie Soleidae (Seezungen)
Ordnung Mastacembeliformes (Stachelaalartige)
Familie Mastacembelidae (Stachelaale)
Ordnung Tetraodontiformes (Haftkiefer)
Familie Tetraodontidae (Kugelfische)

Bestimmungsliteratur für einzelne Gruppen:
[1] Frey, H.: Zierfischmonographien Band 3: Welse und andere Sonderlinge. Melsungen 1974
[2] Staeck, W.: Cichliden. Wuppertal-Elberfeld 1973
Goldstein, R. J.: Buntbarsche fürs Aquarium. Kosmos-Verlag, Stuttgart 1975
Vierke, J.: Zwergcichliden. Reihe Das Vivarium, Kosmos-Verlag 1977.
Ein Standardwerk für die Cichliden Afrikas ist:
Fryer, Iles: The Cichlid Fishes of the Great Lakes of Africa. Edinburgh 1972
[3] Ostermöller, W.: Labyrinthfische im Aquarium. Reihe Das Vivarium, Kosmos-Verlag, Stuttgart 1976

Klasse Dipnoi (Lungen- und Lurchfische)

Die Lungenfische sind eine altertümliche Fischgruppe, die schon im Erdaltertum bis zum Erdmittelalter (Devon bis Trias) sehr artenreich vertreten war. Nicht nur auffällige anatomische Merkmale, sondern auch die geographische Verbreitung weisen auf das hohe Alter hin: Lungenfische finden wir in Australien, Afrika und Südamerika. Sie zeigen enge Verwandtschaftsbeziehungen sowohl zu primitiven Haien als auch zu den in der Entwicklung weit fortgeschrittenen Amphibien[4]. Die Rückensaite oder Chorda[5] bleibt das ganze Leben über erhalten; Wirbelkörper fehlen. Die Kiemenöffnungen sind durch Kiemendeckel verschlossen. Aus der Kehlseite des Schlundes stülpen sich ein oder zwei Lungensäcke hervor, die von einem kleinen Lungen-Blutkreislauf versorgt werden.

Die paarigen Lungensäcke der Vertreter der Ordnung Lepidosireniformes liegen bauchwärts, der unpaare Lungensack bei der Ordnung Ceratodiformes liegt rückwärts vom Darm. Die Herzvorkammer ist unvollkommen in eine linke und eine rechte Hälfte geteilt.

Der Mitteldarm zeigt, ähnlich wie bei den Haien und Rochen, eine Spiralfalte. Die Nasengruben besitzen je eine innere Öffnung am Dach der Mundhöhle, eine sogenannte Choane, die stark an die der Amphibien erinnert. Im Bau der Geschlechtsorgane dagegen sind die Lungenfische den Knorpelfischen (Haien und Rochen) ähnlicher. Der Schädel und das übrige Skelett sind größtenteils knorpelig und altertümlich.

Die Eigenschaften, die uns bei den Lungenfischen an die Amphibien erinnern, kann man großenteils mit einer Konvergenzentwicklung[6] erklären. Deshalb stellt man diese uralten, großenteils schon ausgestorbenen Fische an den Anfang des Systems der Fische.

Im Zimmeraquarium lassen sich am besten kleinere Exemplare halten und pflegen. Erwachsene Tiere gehören zu den interessantesten und attraktivsten Fischen in großen Ausstellungsbecken. Lungenfische können im Aquarium viele Jahre leben, sofern man sie nur ausreichend warm hält. Sie fressen gerne Fische, Schnecken- und Muschelfleisch, aber auch in Streifen geschnittenes Fischfilet, Kalbfleisch und Frösche. Größere Exemplare sind oft sehr bissig und können auch dem Pfleger recht üble Verletzungen beibringen, wenn er mit den Händen im Aquarium manipuliert. Auch untereinander sind die Tiere sehr unverträglich; am besten hält man sie nur einzeln im Aquarium. Jungtiere der meisten Arten fressen nicht nur Fleisch, sondern recht gerne auch die Wasserpflanzen.

Wir teilen die heute noch lebenden wenigen Arten in zwei Ordnungen auf, die Ceratodiformes und die Lepidosireniformes.

Ordnung Ceratodiformes (Australische Lungenfische)

Die Tiere leben in sumpfigen, australischen Gewässern. Sie besitzen nur einen Lungensack. Ihr Körper ist mit großen Cycloidschuppen[7] bedeckt. Die paarigen Brust- und Bauchflossen bilden das sogenannte biseriale Archipterygium[8], das mit Schuppen bedeckt ist und die Form eines Weidenblattes hat. Von der Mittelachse zweigen beidseitig die Flossenstrahlen ab, die Radialia genannt werden.

Gattung *Neoceratodus* (Lungenfisch)

Von dieser Gattung ist nur eine lebende Art bekannt: *Neoceratodus forsteri*, der Australische Lungenfisch. Der Fisch lebt in Queensland, in den Flüssen Bennet und Mary. Er wird 150–170 cm lang und erreicht ein Gewicht von 10–12 kg. Die Färbung ist einfach braun bis blaugrau, mit weiß-silbrigem bis leicht gelblichem Bauch. Erwachsene Tiere ernähren sich von Würmern, Schnecken und Muscheln, Insektenlarven, trägen Grundfischen. Die Australischen Lungenfische laichen meist im September und Oktober. Die 6–7 mm großen Eier werden an Wasserpflanzen angeklebt. Nach 10–12 Tagen schlüpfen die Larven, die im Gegensatz zu den Afrikanischen und Südamerikanischen Lungenfischen keine äußeren Kiemen besitzen. Sie atmen gleich mit inneren Kiemen. Die Brustflossen wachsen den Jungtieren schon nach 14 Tagen, die Bauchflossen erst nach etwa 10 Wochen.

[4] Amphibien: Lurche, wie zum Beispiel Frösche, Kröten, Salamander, Molche.

[5] Rückensaite oder Chorda: knorpelähnlicher Strang, der während der Embryonalzeit den Körper von Wirbeltieren in der Rückengegend längs durchzieht. Grundlage für die Wirbelsäule.

[6] Konvergenz: Annäherung. Man spricht von Konvergenz, wenn ursprünglich verschieden aussehende Organismen oder Organe einander im Verlauf der Entwicklung ähnlich werden. Konvergenzentwicklung kommt zum Beispiel vor als Anpassung an gleiche Lebensräume oder an die gleiche Funktion. Durch Konvergenz einander ähnlich gewordene Organe oder Organismen sind entwicklungsgeschichtlich nicht miteinander verwandt.

[7] Schuppen. Die Schuppen der Fische bilden ein Hautskelett. Sie sitzen in der Unterhaut und sind von der Oberhaut überzogen. Man unterscheidet Placoidschuppen, Ganoidschuppen, Cycloidschuppen und Ctenoidschuppen. Placoidschuppen kommen bei Haien und Rochen vor. Sie sind zahnähnlich und gleichen auch im Feinbau den Zähnen. Sie bestehen aus einer knöchernen Grundplatte und dem zahnförmig vorspringenden Teil, der aus Dentin (Zahnbein) besteht und von einem Schmelzoberhäutchen überzogen ist. Ganoidschuppen sind rhombische, seltener runde Platten, denen außen eine Schicht Ganoin aufgelagert ist (das ist dichtes Dentin). Cycloid- und Ctenoidschuppen sind biegsam, liegen locker in Schuppentaschen der Unterhaut und greifen mit ihren Rändern dachziegelig übereinander. Bei Cycloidschuppen ist der freie Rand glatt und gerundet, bei Ctenoidschuppen gezähnelt.

[8] Archipterygium. Grundform der paarigen Flossen. Zahlreiche Skelettstücke sind in dicht aneinander schließenden Reihen angeordnet. Eine der Reihen ist besonders stark ausgebildet, die sogenannte Stammreihe. Sie trägt entweder auf beiden Seiten (biseriales Archipterygium) oder nur auf einer Seite (uniseriales Archipterygium) die Seitenreihen der Skelettstücke.

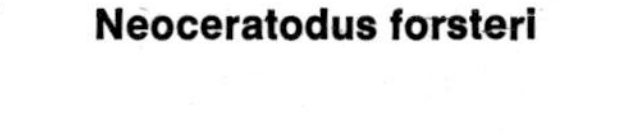

Neoceratodus forsteri

Ordnung Lepidosireniformes (Molchfischartige)

Zu dieser Ordnung gehören 5 Arten, die paarige Lungensäcke besitzen und deren langgestreckter Körper an Schwanzlurche (Molche und Salamander) erinnert. Die paarigen Flossen sind fadenförmig und bilden das sogenannte uniseriale Archipterygium, wobei die Flossenstrahlen (Radialia) nur auf einer Seite (der hinteren) der Mittelachse angewachsen sind; an der vorderen Seite sind sie rückgebildet.

Familie Protopteridae (Afrikanische Molchfische)

Vier Arten in Afrika. Setzt die Trockenzeit ein, bereiten sich die Fische für den Sommerschlaf vor, indem sie sich einen schrägen Schacht von 50–80 cm Tiefe in den Schlamm graben. Am Grunde dieses Schachtes bilden sie aus Schleim und Schlamm eine Schleimkapsel, die mit den Mundrändern so verklebt ist, daß ein schmaler Atmungsschlitz frei bleibt. Die Schleimkapsel schützt das Tier vor dem Austrocknen. Tritt die Regenzeit ein, so löst sich die jetzt ausgetrocknete Kapsel auf, und der Fisch befreit sich.

Gattung *Protopterus*

Eine rein afrikanische Artengruppe der Lungenfische. Die verzweigte Seitenlinie bildet am Kopf merkwürdige Ornamente. Die Fische atmen teils durch Kiemen, teils durch Lungen. Die Lungensäcke füllen sich an der Wasseroberfläche mit Luft. Aus den Eiern schlüpfen Larven mit vier Paaren verästelter Außenkiemen. Die Männchen bewachen Eigelege und Jungfische.

Protopterus amphibius
Kleinste Art der Familie; etwa 30 cm lang; lebt im Sambesidelta und in den Flüssen südöstlich des Rudolfsees.

Protopterus annectens
Lebt hauptsächlich in der sumpfigen Uferregion im Senegal, Niger, Tschadsee, Katanga und Sambesi. Erreicht etwa 70 cm Länge. Sommerschlaf bei dieser Art sehr lang, oft 5–6 Monate.

Protopterus dolloi
Bekannt aus dem Stromgebiet des Kongo. Oft mit leicht roter Kehle. Wird 80 bis 100 cm lang.

Protopterus aethiopicus
Größter afrikanischer Lungenfisch. Bewohnt die Gewässer vom östlichen Sudan bis zum Tanganjika-See. Wird 1,50–2 m lang.

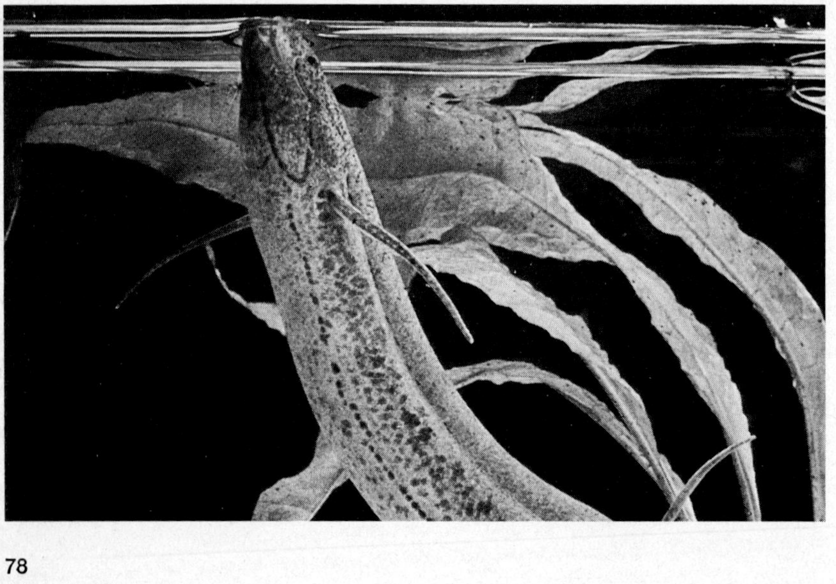

Bild 2.1: Jungtier des größten afrikanischen Lungenfisches Protopterus aethiopicus. Aufnahme S. Frank

Familie Lepidosirenidae (Südamerikanische Molchfische)

Südamerikanische Lungenfisch-Familie mit nur einer bekannten Art.

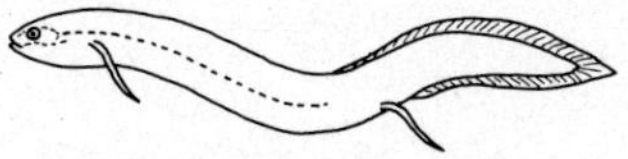

Lepidosiren paradoxa

Lepidosiren paradoxa
Lebt in schlammigen Gewässern des Amazonas und seiner Zuflüsse (Ucayali, Rio Negro, Madeira, Tapajoz) und im Gran Chaco. Der Fisch wird mehr als 1 m lang. In der Trockenzeit atmet das Tier nur durch die Lungen, verfällt jedoch nicht in Sommerschlaf. Es zehrt dann von seinem Fett, das es während der vorhergegangenen Regenperiode gespeichert hatte. Der Fisch ernährt sich hauptsächlich von großen Schnecken der Gattung *Ampullaria.* Fortpflanzung in der Regel zu Beginn der Regenzeit; die Fische laichen in Schlammgängen ab. Während der Brutpflegezeit geht das Männchen nicht zum Luftholen an die Wasseroberfläche. Während dieser Zeit wachsen ihm an den Brustflossen zahlreiche fädige Anhängsel, die als zusätzliches Atmungsorgan dienen. Durch diese Flossenanhänge atmet das Männchen nicht nur, sondern vermittelt auch den Eiern Sauerstoff. Die Eier sind groß und dotterreich und erinnern an Amphibieneier. Die Larven haben vier Paar äußerer Kiemen, die nach etwa 6 Wochen rückgebildet werden. Auch ein Haftorgan am unteren Teil des Kopfes, mit dem sich die Larven an Pflanzen senkrecht anheften, wird nach 6 Wochen rückgebildet. Nach der Metamorphose[1] sind die Jungtiere oft ganz schwarz.

[1] Metamorphose. Umwandlung während der Jugendentwicklung. Meist versteht man unter Metamorphose die Umwandlung einer Larve in ein Tier, das in Gestalt und Bau den erwachsenen Tieren der betreffenden Art entspricht.

[2] dorsal: rückenseitig. ventral: bauchseitig.

Klasse Teleostomi (Knochenfische)

Zu dieser Klasse gehören die meisten heute lebenden Fische. Bei ihnen ist der Kiefer-Gaumen-Apparat (Palatoquadratum) nicht fest mit dem Gehirnschädel (Neurocranium) verwachsen. Es entwickeln sich Kieferknochen, und das ganze Kopfskelett ist mit sogenannten Hautknochen bedeckt. Die Kiemenöffnungen jederseits des Kopfes sind von Kiemendeckeln bedeckt, die aus mehreren Knochen entstanden sind. In jedem Hörbläschen finden sich drei große „Gehörsteine" (Otolithen). In den Flossen entwickeln sich die verknöcherten Flossenstrahlen. Die Elemente des Schultergürtels sind auf der Bauchseite des Körpers nicht verwachsen (mit Ausnahme der Rüsselstöre – Acipenseriformes und der Kahlhechte – Amiiformes). Mittelhirn und Nachhirn sind größer als das Vorderhirn. Der Darm einerseits, die Harn- und Geschlechtswege andererseits münden mit getrennten Öffnungen nach außen (keine Kloake!). Bei Flösselhechten und Heringsartigen sind die sogenannten Dorsal- und Ventralrippen[2] entwickelt. Die relativ kleinen Eier enthalten wenig Dotter. Die Haftorgane der Larven liegen oberhalb des Mundes, im Gegensatz zu denen der Lungenfische und Amphibien, die unterhalb der Mundöffnung liegen.
Nicht nur das Skelett, sondern auch Schuppen und Flossenstrahlen bestehen aus Knochengewebe, das von sternförmigen, verzweigten Knochenzellen gebildet wird.
Die typische Körperform der Knochenfische ist spindelförmig; je nach Lebensweise wird sie oft stark abgewandelt. Der Stabilisierung des Körpers dienen paarige Flossen, unpaarige Flossen übernehmen die Fortbewegung. Ausführliche Angaben zum Bau des Fischkörpers finden wir im Kapitel Bau und Leistung des Fischkörpers.
Knochenfische sind schon seit dem Erdaltertum bekannt; sie treten zuerst in den Schichten des unteren Devons auf.

Unterklasse Actinopterygii (Strahlenflosser)

Das Skelett der Strahlenflosser ist mehr oder minder verknöchert; die Körperoberfläche ist mit Ganoidschuppen bedeckt. Die Flossen werden über ihre ganze Fläche von Knochenstrahlen gestützt. Die paarigen Flossen entwickeln sich ursprünglich wahrscheinlich aus dem altertümlichen Typ des Archipterygiums. Die Riechgrube hat keine Verbindung zur Mundhöhle; es gibt also keine inneren Nasenöffnungen (Choanen). Die meisten Arten der Strahlenflosser lebten im Devon, also im Erdaltertum. Wahrscheinlich entwickelten sie sich in Süßgewässern aus den gleichen Vorfahren wie die Lungenfische und die Quastenflosser. Von Anfang an waren die Strahlenflosser gute Schwimmer.

Überordnung Chondrostei (Störartige)
Ordnung Polypteriformes (Flösselhechtartige)

Der Rücken der Tiere trägt zahlreiche, einzeln hintereinanderstehende Flössel, die aufrecht stehen oder auch umgelegt werden können. Die Brustflossen sind fächerartig, der Kopf ist breit, der Mund groß, die Nase hat röhrenförmige Endungen, die Haut ist mit harten Ganoidschuppen bedeckt. Die Schwimmblase teilt sich in zwei Säcke; sie liegt bauchwärts von der Speiseröhre, mit der sie durch einen Gang verbunden ist. Der Atmung der Tiere an der Wasseroberfläche dienen die Spritzlöcher (Spiracula), die hier spaltenförmig sind und hinter den Augen liegen. Flösselhechte leben ausschließlich im tropischen Afrika. Ihr Körper ist meist schlangenähnlich. Die Tiere halten sich hauptsächlich in reichbewachsenen Ufergebieten und Überschwemmungszonen der Flüsse auf. Sie werden erst in der Dämmerung und in der Nacht aktiv und ernähren sich von Insektenlarven, Krebsen, kleinen Fischen und Mückenlarven.
Nähern sich Flösselhechte im Aquarium einem Beutetier, so heben sie leicht den Kopf an, als ob sie „witterten". Wir können im Aquarium gepflegte Flösselhechte mit Regenwürmern, Roten Mückenlarven, Tubifex, aber auch mit kleinen Fröschen, Mehlwürmern und in schmale Streifen geschnittenem Fischfilet ernähren. In einem gut bepflanzten Becken mit viel Versteckmöglichkeiten, Steinhöhlen, Wurzelwerk und Holzstücken fühlen sie sich wohl. An die Wasserzusammenstellung stellen die Flösselhechte keine besonderen Ansprüche, sie sind aber wärmeliebend: Die Temperatur soll zwischen 22 und 30° C schwanken.
In Gefangenschaft laichen Flösselhechte nur selten ab. Die aus den Eiern schlüpfenden Larven besitzen zuerst bäumchenförmige, äußere Kiemen.
In den letzten Jahren werden Flösselhechte der Familie Polypteridae fast regelmäßig importiert und in Liebhaberbecken gepflegt. Die Familie umfaßt zwei Gattungen:

Gattung *Polypterus*[1]

Die Körperform ist relativ kurz, die vielen Rückenflossen liegen dicht hintereinander. Bauchflossen sind gut ausgebildet.

Polypterus bichir
Die Art lebt im Nil, im Rudolfsee und im Tschadsee. Die Tiere werden bis 70 cm lang. Die Zahl der Rückenflössel ist groß. Der Fisch ist sehr bissig und unverträglich. Auch die kleinere Art *Polypterus weeksi* aus Katanga und dem oberen Kongo, die etwa 40 cm lang wird, ist streitsüchtig. Bei ihr sind die Flossen schwarz getüpfelt oder dunkel quergestreift. Im Aquarium am besten haltbar sind zwei Arten aus dem oberen und mittleren Kongo: *Polypterus delhezi* und *Polypterus ornatipinnis,* die beide etwa 35 cm lang werden. *P. ornatipinnis* hat sich schon in Gefangenschaft fortgepflanzt. Das Elternpaar legt die Eier im Pflanzendickicht ab und kümmert sich nicht weiter um sie. Die Larven schlüpfen nach etwa vier Tagen bei einer Wassertemperatur von 28° C.

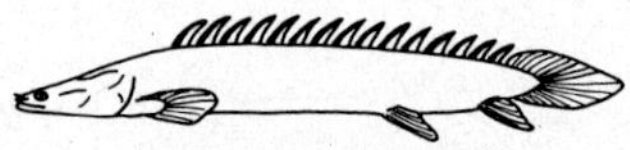

Polypterus bichir

Die kleinste *Polypterus*-Art ist *Polypterus palmas*, der Graue Flösselhecht. Die Tiere werden nur 30 cm lang. Sie leben in Sierra Leone, in Liberia und dem Kongogebiet. Wie bei allen *Polypterus*-Arten ist die Afterflosse des Männchens größer als die des Weibchens; sie liegt an der Basis in einem hohen Schuppenwall. Sowohl die Jungtiere als auch die Erwachsenen sind untereinander meist relativ verträglich; man kann sie jahrelang gut und einfach halten. Ich beobachtete mehrfach, wie zwei zusammengehaltene Weibchen miteinander ablaichten. Eines davon lebt schon seit 17 Jahren im Aquarium und ist so kräftig und munter wie im ersten Jahr.

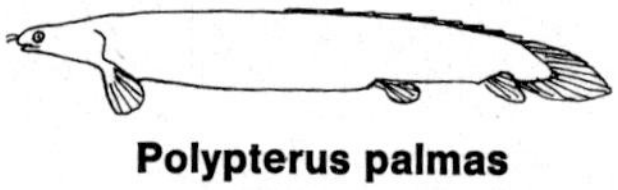

Polypterus palmas

Gattung *Calamoichthys*

Der Körper ist aalartig, die Rückenflössel sind weit voneinander entfernt, Bauchflossen fehlen.

[1] Zum Verhalten von Polypterus s. S. 555

Calamoichthys calabaricus

Calamoichthys calabaricus (Flösselaal)[2]
Der Körper ist schlangen- oder aalartig. Die Art lebt im Nigerdelta, in Kamerun, Chiloango. Die Tiere können fast 1 m lang werden. Bauchflossen fehlen. Flösselaale sind ausgesprochene Nachttiere; sie fressen am liebsten Krebse und Insekten. Während der Trockenzeit kriechen die Fische über Land und suchen tiefere Gewässer. Über die Fortpflanzung ist nichts bekannt. Die Männchen sollen sich von den Weibchen durch die größere Zahl der Flossenstrahlen in den Afterflossen unterscheiden; außerdem soll die ganze Afterflosse der Männchen kräftiger entwickelt sein als die der Weibchen.

Ordnung Acipenseriformes (Rüsselstöre)

Die Rüsselstöre sind durch ein verlängertes Rostrum[3] charakterisiert. Der Körper ist mit fünf Längsreihen von Knochenschildern bedeckt, oder er ist außerhalb des oberen, mit rhombischen Schuppen bewachsenen Schwanzflossenlappens ganz nackt. Die Form der Schwanzflosse ist haiähnlich (heterocerk) mit einem großen oberen Lappen, in den die Wirbelsäule bis zur Spitze eindringt. Die Rückensaite (Chorda) ist nicht reduziert und auch nicht – wie bei anderen Knochenfischen – rosenkranzförmig eingeschnürt. Auch die Spritzlöcher sind noch vorhanden. Bei den heute lebenden Arten dieser Ordnung ist die Verknöcherung des Skelettes stark reduziert. Das unterständige Maul ist rüssel- oder besser trichterartig vorstreckbar; vor dem Maul sitzen vier Tastbarteln.
Die Rüsselstöre leben im Meer und im Brackwasser, steigen aber auch weit in die Flüsse auf. Der Rogen aller Stör-Arten wird zu schwarzem, hochgeschätztem Kaviar verarbeitet.
Die älteste Gattung *(Chondrosteus)* dieser Ordnung ist schon aus dem unteren Jura (etwa 200 Millionen Jahre) bekannt. Die heute lebenden Arten unterteilt man in zwei Familien, die Störe (Acipenseridae) und die Löffelstöre (Polyodontidae).
In Schaubecken wird nur der kleinste Vertreter der Gattung *Acipenser* gehalten, der Sterlet.

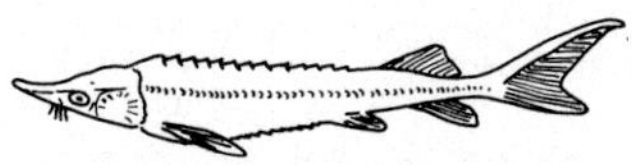

Acipenser ruthenus

Acipenser ruthenus (Sterlet)
Der Sterlet wird nur 1 m lang. Er lebt in den Flüssen, die in das Schwarze, das Kaspische und Asowsche Meer münden. Praktisch hält er sich das ganze Jahr im Süßwasser auf. Der Körper ist spindelförmig, der Kopf ist lang mit langausgezogener, schwach aufgebogener Schnauze. Die Knochenschilder tragen in der Mittellinie des Rückens scharfe, nach hinten gerichtete Spitzen. Die unterständige Mundspalte steht quer, das Maul ist vorstreckbar. Der Sterlet ist ein typischer Bodenfisch, der sich zum Beispiel in der Donau vor allem von Schnecken, Insekten, Würmern und anderen Bodentieren ernährt. Laichzeit: Mai bis Juni. Im Aquarium kann man den Sterlet verhältnismäßig leicht halten, er braucht nur genug Raum und eine große Bodenfläche. Das Futter nimmt der Fisch am liebsten vom Bodengrund mit dem trichterförmigen, langvorstreckbaren Maul. Jüngere Tiere fressen gerne Enchyträen und kleine Würmer aller Art.

Überordnung Holostei (Knochenganoide)

Bei diesen Fischen ist die Schwanzflosse nicht so „haiartig" (heterocerk) gebaut. Das Kopfskelett zeigt einen Übergang von den ausgestorbenen Paleonisciden, die im Trias lebten, zu den heute lebenden Knochenganoiden. Die heute noch vorkommenden Arten haben eine äußerlich fast symmetrische Schwanzflosse, ihren Ganoidschuppen fehlt die Kosminschicht, und das Spritzloch (Spiraculum) ist vollkommen weggefallen. Die über dem Darmkanal liegende Schwimmblase fungiert nur teilweise als Luftatmungsorgan; sie übernimmt mehr eine hydrostatische Funktion. Das ganze Skelett ist viel stärker verknöchert als bei den Chondrostei.

Ordnung Amiiformes (Kahlhechtartige)

Bei den Kahlhechtarten ist die Rückensaite (Chorda) durch die Wirbelkörper in regelmäßigen Abständen so stark eingeschnürt, daß sich ein rosenkranzförmi-

[2] Farbfoto auf Tafel 56, S. 600
[3] Rostrum: Rüssel, vorstehende Schnauze.

ges Bild ergibt. Diese Reduktion der Chorda ist bei den ausgestorbenen, primitiveren Formen weniger auffallend. Der heute lebende Kahlhecht *(Amia)* hat in seinem Blutkreislaufsystem einen sogenannten Bulbus arteriosus entwickelt, das ist ein muskulöser, zusammenziehbarer Ansatz am Herzen, der mithilft, das Blut durch den ganzen Körper zu pumpen. Der Körper wird von Cycloidschuppen bedeckt, die den Ganoinüberzug verloren haben.
Viele Familien sind ausgestorben. Die Ordnung war vor allem im Erdmittelalter, in der Jura- und Kreidezeit, weit verbreitet. Heute lebt nur noch eine Gattung mit einer Art aus der Familie der Kahlhechte (Amiidae), die seit dem oberen Perm bekannt ist:

Amia calva (Kahlhecht)
Der Fisch lebt in den nordamerikanischen Großen Seen mit starkem Wasserpflanzenbewuchs. Er fehlt nur im Oberen See. Er wird bis 70 cm lang. Erwachsene Tiere leben einzeln. Die Nahrung besteht hauptsächlich aus Krebstieren, Schnecken und Fischen. Große Exemplare sind sehr räuberisch; sie ziehen vor allem während der Nacht auf Beutefang. In sumpfigen Gewässern können die Fische atmosphärische Luft atmen und außerhalb des Wassers bis 24 Stunden am Leben bleiben.

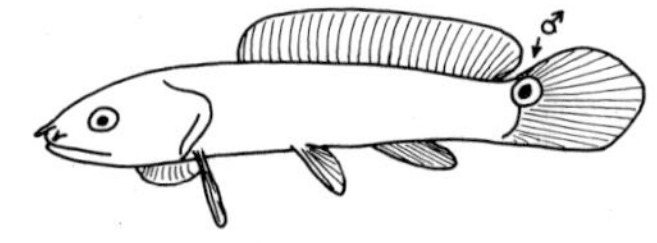

Amia calva

Die Männchen haben auf der Schwanzwurzel einen ovalen, dunklen Fleck. Sie bauen im Frühjahr ein flaches Nest aus Pflanzenresten mit einem Durchmesser von bis zu 90 cm. Die Fische laichen in der Nacht ab; das Männchen bewacht das Gelege sowie die geschlüpfte Brut; es versorgt Gelege und Brut mit frischem Wasser durch Fächeln der Brustflossen. Auch den Schwarm der freischwimmenden Jungtiere begleitet das Männchen noch ziemlich lange, bis die Fischchen etwa 10 cm lang geworden sind und von nun an einzeln leben.
Von Zeit zu Zeit sieht man den Kahlhecht in großen Schaubecken. Er ist sehr gefräßig und nimmt neben Krebstieren und Schnecken auch Regenwürmer, Fische, Frösche, Kalb- und Fischfleisch. Alle Tiere in Schauaquarien sind importiert. In der Gefangenschaft wurde der Kahlhecht bis heute noch nicht nachgezüchtet.

Ordnung Lepisosteiformes (Knochenhechtartige)

Der Körper ist langgestreckt, Rücken- und Afterflosse sind kurz und weit nach hinten verschoben. Die Schwanzflosse ist heterocerk, das heißt, die beiden Schwanzflossenlappen sind ungleich groß. Rhombische Ganoidschuppen. Im Darm finden sich Reste einer Spiralfalte. Die Kiefer sind lang ausgezogen. der Unterkiefer ist stets kürzer als der Oberkiefer. Die aus den Eiern schlüpfenden Larven haben vor dem Maul ein Haftorgan. Die Blütezeit dieser Fischordnung lag im Erdmittelalter; sie ist seit der oberen Kreide bekannt. Die heute noch lebenden sieben Arten sind Relikte, die alle in eine Familie gehören.

Familie Lepisosteidae (Knochenhechte oder Kaimanfische)

Nur eine Gattung: *Lepisosteus*. Die Arten unterscheiden sich voneinander durch Länge und Form des Rostrums, durch die Zahl der Schuppenreihen, durch Körpergröße und Verbreitungsgebiet. Alle Knochenhechte sind typische Raubfische. Sie fangen ihre Beute jedoch auf andere Weise als unser einheimischer Hecht *(Esox)*. Sie schwimmen seitlich an dem Beutefisch vorbei und ergreifen ihn plötzlich mit dem Maul von der linken oder rechten Seite. Am liebsten fressen sie kleinere Fische. Je wärmer das Wasser ist, um so öfter füllen die Knochenhechte die Schwimmblase an der Wasseroberfläche mit neuer Luft (Hilfsatmung!). In Schauaquarien finden wir nur drei Arten:

Lepisosteus (Lepisosteus) osseus (Gemeiner Knochenhecht)
Die Art bewohnt die nordamerikanischen Großen Seen. Die Fische erreichen eine Länge von 150 cm. Das Rostrum ist sehr lang, zweimal so lang wie der Kopf. Im Aquarium ist der Gemeine Knochenhecht widerstandsfähig und im Futter nicht wählerisch. Kleine Exemplare nehmen außer Fleischfutter gerne auch Mehlwürmer, Küchenschaben und verschiedene Wasserinsekten. Bei den Jungtieren verläuft auf den Körperseiten je eine längliche Fleckenreihe, die bei älteren Fischen zu einem unregelmäßigen Längsband verschmilzt. Diese Art ist besonders gut für Schaubecken geeignet.

Lepisosteus (Lepisosteus) osseus

Lepisosteus (Cylindrosteus) platostomus
Ein kleiner Verwandter der oben genannten Art, der nur etwa 60 cm lang wird. Der Fisch ist in den großen Seen Nordamerikas, aber auch in den westlich und südlich gelegenen Flüssen verbreitet. Das Rostrum ist kürzer, nur wenig länger als der Kopf. Im Aquarium verhältnismäßig gut haltbar, leider aber selten importiert.

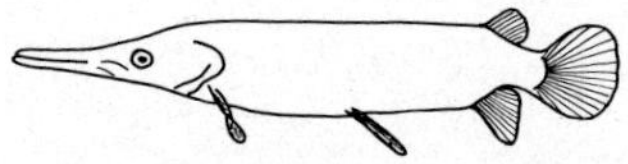

Lepisosteus (Litholepis) tristoechus

Lepisosteus (Litholepis) tristoechus (Kaimanfisch)
Die Art lebt in den an das Karibische Meer angrenzenden Ländern. Der Fisch wird bis zu 3,5 m lang und kann bis zu 90 kg schwer werden. Er kommt im Süß-, Brack- und im Seewasser in Strandnähe vor. In „toten" Flußarmen kann er überdauern, bis das Wasser fast ganz ausgetrocknet ist. Das Rostrum ist höchstens so lang wie der Kopf. Jungtiere sind oft unregelmäßig hell-dunkel marmoriert, alte, erwachsene Kaimanfische sind einfarbig grün- bis grausilbern. Die Art ist recht wärmeliebend; zum Beispiel ertragen kubanische Exemplare gut eine Wassertemperatur von unter 20° C, doch werden sie unbeweglich und nehmen kein Futter an. Erhöht man die Temperatur auf über 24° C, so reagieren die Tiere bald wieder auf die Beute und werden munter. Im Aquarium fressen die Fische am besten in der Dämmerung gegen Abend. Nur jüngere Tiere sind im Aquarium zu halten. Sie wachsen allerdings sehr langsam. Wir pflegen schon seit 15 Jahren zwei Kaimanfische, die beim Import mehr als einen halben Meter lang waren. Sie sind heute, obwohl dauernd in guter Kondition, nur wenige Zentimeter länger.

Überordnung Teleostei (Neu-Knochenfische)

Die meisten heute lebenden Fischarten gehören zu dieser Überordnung. Sie sind vor allem durch gut entwickelte Wirbelkörper gekennzeichnet. Schuppen und Knochen haben keinen Ganoinüberzug und keine Dentinkanälchen. Die Wirbelkörper sind bikonkav, zwischen je zwei Wirbeln finden sich Reste der Rückensaite. Der Übergang von den Holostei zu den Teleostei ist nicht scharf; es gibt viele Gattungen, die mehrere Merkmale zeigen, die beiden Überordnungen zukommen. Am deutlichsten wird dies bei vielen fossilen, heute ausgestorbenen Gattungen.
Die ersten Vorfahren der Neu-Knochenfische sind von der Mitte der Triaszeit an bekannt, das heißt, seit etwa 180 Millionen Jahren. Bei den heute lebenden Vertretern der Teleostei sind die Oberkiefer nur vorn am Schädel aufgehängt und hinten durch ein Band mit den Unterkiefern verbunden. Die höher entwickelten Arten zeigen eine in vielen Richtungen fortschreitende Spezialisierung. Die ursprünglich urtümlichen weichen Flossenstrahlen werden in den Rücken-, Bauch- und Afterflossen zu Hartstrahlen. Die Schwimmblase der höheren Teleostei hat keine Verbindung mehr zum Darm; bei den entwicklungsgeschichtlich niedrigerstehenden Formen (z. B. den Heringsartigen und den Karpfenartigen) existiert jedoch lebenslang noch ein Gang, der als „Ductus pneumaticus" Darm und Schwimmblase verbindet.
Die systematische Gliederung dieser Überordnung ist sehr uneinheitlich, da die einzelnen Ichthyologen[1] sehr verschiedener Auffassung sind.

Ordnung Clupeiformes (Heringsartige)

Die Wirbelsäule besteht aus vollverknöcherten Wirbeln, die bikonkav geformt sind (das bedeutet: beidseitig ausgehöhlt); man spricht von amphicoelen Wirbeln. Jeder Wirbelkörper wird von einem engen Kanal durchbohrt, in dem die stark eingeschnürte Rückensaite verläuft. In den Knochen finden sich noch die Knochenzellen, aber in den Cycloidschuppen fehlen schon die Dentinkanälchen[2]. Die Heringsartigen sind die primitivsten heute lebenden Knochenfische. Es fehlen ihnen die Flossenstacheln, weshalb man sie oft auch als Weichflosser bezeichnet. Nur einzelne Gattungen aus den vielen bekannten Unterordnungen sind als Aquarienfische zu betrachten. Die meisten Arten leben im Meer. Wir erwähnen hier nur einige Familien, die sich zugleich mit Unterordnungen decken. Eine gründliche Beschreibung jeder Unterordnung wäre für den Aquarianer sicher zu langweilig, obwohl einige Gruppen der Heringsartigen fischwirtschaftliche Bedeutung haben, z. B. die Tarpune, die Heringe, Sardellen, Lachse, Stinte u. a.

[1] Ichthyologie: Wissenschaft von den Fischen.
[2] Dentinkanälchen: Kanälchen im Zahnbein. Manche Fischschuppen (Placoidschuppen und Ganoidschuppen) enthalten Zahnbein.

Familie Phractolaemidae (Afrikanische Schlammfische)

Die Afrikanischen Schlammfische sind eine primitive Fischgruppe. Der Mund ist in eigenartiger Weise vorstreckbar. Die Fische leben in schlammigen, dicht mit Wasserpflanzen bewachsenen Gewässern. Sie ernähren sich von Bodentieren. Von der ganzen Familie ist nur eine Art bekannt:

Phractolaemus ansorgei

Phractolaemus ansorgei (Afrikanischer Schlammfisch)
Das Tier lebt im Nigerdelta, im oberen Kongo und Äthiopien. Der langgestreckte Körper erreicht eine Länge von 15 cm. Die Schuppen sind groß, der Kopf ist klein und breit, der unbezahnte Mund rüsselförmig vorstreckbar. Die Männchen zeigen am Kopfe weißliche Knötchen und auf dem Schwanzstiel spitzige Auswüchse.
Im Aquarium brauchen die Tiere weichen Bodengrund oder reiche Versteckmöglichkeiten. Die Wassertemperatur soll zwischen 25 und 30° C liegen, also verhältnismäßig hoch sein. Wir ernähren die Tiere am besten mit *Tubifex,* Enchyträen, Grindalwürmchen, Roten Mückenlarven und frisch getöteten Wasserflöhen, die auf den Boden sinken. Gut eingewöhnte Tiere nehmen teilweise auch Trokkenfutter an und fressen abgestorbene Pflanzenteile ab. Die Art wird selten importiert und kommt immer nur in einzelnen Exemplaren zu uns. Sie ist deshalb dem Aquarianer wenig bekannt und wurde auch noch nicht nachgezogen.

Tafel 5
Oben links: Die Rotflossensalmler (Aphyocharax rubripinnis) werden ungefähr 5,5 Zentimeter lang und stammen aus dem Flußsystem des Parana in Argentinien. Die prächtigsten Farben entfalten sie bei 24–28° C, eine günstige Temperatur für die Haltung und Zucht.
Oben rechts: Der Schmucksalmler (Hyphessobrycon ornatus) wird bis zu fünf Zentimeter lang und stammt aus dem Unterlauf des Amazonas. Unser Bild zeigt oben ein Weibchen, unten ein Männchen.
Mitte links: Wenn wir uns über den Roten von Rio (Hyphessobrycon flammeus) informieren, dann lesen wir nur Positives über ihn: Das attraktive Fischchen ist hübsch gefärbt; ein Allesfresser, den wir selbst mit Trockenfutter über die Runden bringen; leicht zu pflegen, weil er mit jedem Leitungswasser zufrieden ist.
Mitte rechts: Der Kupfersalmler (Hemigrammus nanus) wird bis zu fünf Zentimeter lang und stammt aus den Gewässern Ostbrasiliens, insbesondere lebt er im Rio San Francisco und seinen Zuflüssen.
Unten links: Der Diskussalmler (Poptella orbicularis) wird bis zu zehn Zentimeter lang und stammt aus Südamerika. Für die Pflege des Diskussalmlers ist zu beachten, daß man ihm genügend großen Schwimmraum zur Verfügung stellen kann. Temperaturen um 22° C genügen ihm.
Unten rechts: Der Schrägschwimmer (Thayeria boehlkei) schwimmt etwas aus der Reihe: schräg mit dem Kopf nach oben. Die Haltung wird durch die breite schwarze Längsbinde noch betont. Der Schrägschwimmer ist ein ausgesprochener Schwarmfisch. Das leicht saure Wasser sollte glasklar und ungefähr um 23° C warm sein.
Aufnahmen: B. Kahl

Familie Salmonidae (Lachsähnliche)

Alle Flossen dieser Fische haben Weichstrahlen. Auf dem Schwanzstiel steht zwischen Rückenflosse und Schwanz eine sogenannte Fettflosse, die keine Flossenstrahlen aufweist. Salmoniden ernähren sich als Raubfische. Nicht nur die Kiefer, sondern auch das Pflugscharbein, das Gaumenbein und sogar die Zunge sind mit Zähnen besetzt. Der Eileiter des Weibchens ist verkümmert oder fehlt. Die Eier fallen aus den Eierstöcken frei in die Bauchhöhle, sie werden beim Ablaichen durch zwei sogenannte Abdominalporen ausgeschieden. Die Laichzeit fällt bei den meisten Arten in den Winter.
Die Salmoniden bereiten den Systematikern oft große Schwierigkeiten, weil viele Arten stark variieren. Die meisten Arten sind Zugfische: Sie schlüpfen in Flüssen, wandern als Jungtiere ins Meer und kommen, laichreif geworden, wieder zum Ablaichen in die Flüsse. Die Salmoniden bewohnen Gewässer der nördlichen Halbkugel.
Zur Pflege im Aquarium eignen sich nur Arten, die entweder Süßwasserformen bilden oder die dauernd im Süßwasser leben. Manche Arten sind im Aquarium leicht zu halten; sie sind sehr schön gefärbt und werden bald zahm. Dennoch finden wir Vertreter dieser Fischgruppe nur selten in Aquarien. Die meisten Arten stellen ähnliche Ansprüche an die Nahrung: Kleine Exemplare fressen Insekten, Insektenlarven, Krebstiere, Regenwürmer und Schnecken, größere auch Fische oder Säuger- und Fischfleisch. In der Gefangenschaft müssen die Tiere regelmäßig und reichlich gefüttert werden.
Von den einheimischen Arten können wir im Aquarium die Bachforelle *(Salmo trutta* m. *fario)* oder den Nordamerikanischen Bachsaibling *(Salvelinus fontinalis)* leicht halten. Beide Arten bevorzugen niedrige Temperaturen, die 20° C nicht wesentlich übersteigen. Das Wasser muß immer klar und gut durchlüftet sein. Die durchschnittliche Körperlänge beträgt etwa 25 cm. Bis 35 cm lang werden die Regenbogenforellen *(Salmo gairdneri)*, die aus dem westlichen Nordamerika stammen. Sie wurden im Jahre 1880 in Europa eingeführt und werden heute viel als Speisefische in Teichen gezüchtet. Die Regenbogenforelle ist sehr schnellwüchsig. Bei mir erreichte ein Tier im Alter von $1\frac{1}{2}$ Jahren eine Länge von 24 cm, und das in einem relativ kleinen Becken (Inhalt 250 Liter, Größe 100 x 50 x 50 cm), allerdings bei guter Fütterung. Das Tier war sehr zahm und fraß das angebotene Futter an der Wasseroberfläche direkt aus den Fingern. Die Wassertemperatur kann, gute Durchlüftung vorausgesetzt, bis auf 28° C ansteigen. Eine dichte Abdeckung ist nötig, denn alle Salmoniden sind gute Springer.

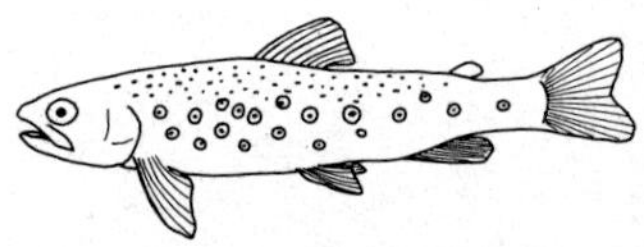

Salmo trutta m. fario

Familie Esocidae (Hechte)

Die Bauchflossen dieser Fische sitzen an der Körpermitte. Rücken- und Afterflossen sind kurz, stehen weit hinten und liegen sich gegenüber. Der Kopf ist groß, das Maul tief gespalten und stark bezahnt.

Esox lucius

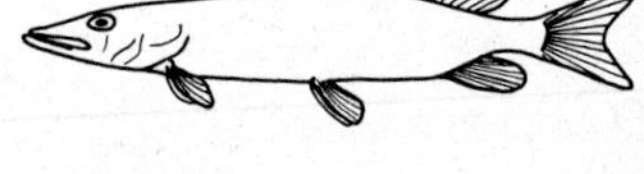

Tafel 6
Oben links: Copella arnoldi, der Spritzsalmler, nimmt unter den brutpflegenden Salmlern eine Sonderstellung ein: Er legt seine Eier außerhalb des Wassers ab.
Oben rechts: Der Drachenflosser (Pseudocorynopoma doriae) wird bis zu acht Zentimeter lang und ist in Südbrasilien und den La-Plata-Staaten beheimatet. Unser Bild zeigt oben ein Männchen, unten ein Weibchen.
Mitte links: Nematobrycon palmeri amphiloxus ist in Europa so gut wie unbekannt. Das Fischchen stammt aus dem Rio Atrato. Das Bild zeigt ein Männchen.
Mitte rechts: Der kleinschuppige Glassalmler (Roeboides microlepis) wird bis zu zehn Zentimetern lang und stammt aus dem Amazonasstromgebiet. (Tiere im Jugendkleid.)
Bild unten links: Der Brillantsalmler (Moenkhausia pittieri) ist in Venezuela zu Hause, er wird bis zu sechs Zentimeter lang.
Unten rechts: Schwierig wirds, wenn es um die Benennung der Blutsalmler geht: Ihre Systematik ist kompliziert und noch nicht sauber geklärt. Unser Bild zeigt oben Hyphessobrycon serpae, links und unten Hyphessobrycon callistus.
Aufnahmen: B. Kahl

Der Hecht *(Esox lucius)* ist in Europa, Nordasien und Nordamerika verbreitet. Er bevorzugt stehendes oder langsamfließendes Wasser mit vielen Wasserpflanzen und Verstecken, aus denen heraus er die Beute durch einen plötzlichen Ausfall angreifen kann. Jungtiere des Hechtes gewöhnen sich im Aquarium leicht ein. Sie wachsen bei guter Fütterung schnell und können in einer einzigen Saison vom Frühling bis zum Herbst „aus dem Aquarium herauswachsen"; sie erreichen in dieser Zeit leicht 20–30 cm! Etwa 5 cm lange Jungfische des Hechtes fressen zuerst gerne größere Wasserflöhe, später aber praktisch nur Fische. Ebenso wie bei den Salmoniden muß man auch bei den Hechten darauf achten, daß das Wasser oft gewechselt und gut durchlüftet wird, vor allem in Aquarien ohne Wasserdurchfluß.

Familie Umbridae (Hundsfische)

Die Hundsfische sind mit Hechten nahe verwandt. Beide Familien entwickelten sich vermutlich schon im Erdmittelalter aus gemeinsamen Vorfahren. Der Körper der Hundsfische ist seitlich nur wenig abgeflacht. Die Rückenflosse ist lang, beginnt etwa in der Rückenmitte und endet oberhalb des Afterflossenendes. Die Schwanzflosse ist rundlich. Die Schwimmblase dient als zusätzliches Luftatmungsorgan.
Im Aquarium finden wir nur zwei Arten der Gattung *Umbra.*

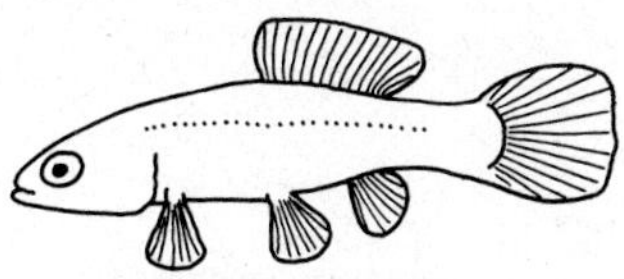

Umbra krameri

Umbra krameri (Ungarischer Hundsfisch)
Die Art lebt im Donaugebiet von Niederösterreich, der Südslowakei und Ungarn bis zum Donaudelta und dem Unterlauf des Dnjestr. Die Fische werden höchstens 13 cm lang. Sie bewohnen Torfmoore und Sümpfe, die dicht mit Wasserpflanzen bewachsen sind. Hauptsächlich ernähren sie sich von Insektenlarven. Bei normaler Fortbewegung greifen Brust- und Bauchflossen abwechselnd wie die Beine eines laufenden Hundes aus; die Rückenflosse bewegt sich dabei wellenförmig. Während der Laichzeit baut das Weibchen eine einfache Kuhle oder Höhle im Pflanzendickicht und im Wurzelwerk, wo es auch das Eigelege bewacht. Die Jungfische schlüpfen nach 6–10 Tagen aus. Sie wachsen relativ schnell, sind aber untereinander sehr bissig und rauflustig; häufig fressen die größeren die kleineren Geschwister auf. Im Aquarium darf die Wassertemperatur im Sommer nicht über 23° C ansteigen. Die widerstandsfähigen Fische nehmen Lebendfutter aller Art und werden bald zahm.

Umbra limi (Amerikanischer Hundsfisch)
Der Amerikanische Hundsfisch bewohnt in Nordamerika das Gebiet von den Großen Seen bis zum oberen Mississippi. Größere Weibchen werden etwa 15 cm lang. An den dunkelgrünen Körperseiten verlaufen etwa 12 helle Längsstreifen. Während der Laichzeit sind die Männchen zitronengelb bis orangerot gefärbt. Das Weibchen legt die Eier entweder auf den Boden oder an Pflanzen ab. Auch dieser Hundsfisch ist wie die vorher erwähnte Art ein Kaltwasserbewohner und ein typischer Frühjahrslaicher.

Familie Osteoglossidae (Knochenzüngler)

Arapaima gigas

Knochenzüngler zeigen viele altertümliche Merkmale im Körperbau. Der größte Süßwasserknochenfisch, der südamerikanische Arapaima *(Arapaima gigas)* gehört zu der nahe verwandten Familie Arapaimidae. Er wird nach einigen Autoren 2 m, nach anderen sogar bis 4,5 m lang.
Der Knochenzüngler *(Osteoglossum bicirrhosum)* lebt im nördlichen Teil von Südamerika, in Guayana und im Stromgebiet des Amazonas. Er wird bis 120 cm lang. Rücken- und Afterflosse sind sehr lang und stehen einander gegenüber. Man trifft den Knochenzüngler oft in größeren Scharen in stehenden Gewässern oder seichten, toten Flußarmen und in Seen. Alles Lebende – vom Plankton bis zu Fischen – wird gefressen. Das Weibchen behält die Eier im Maul, bis die Jungfische schlüpfen. Die Art ist also maulbrütend. Typisch sind zwei verhältnismäßig lange Barteln am Unterkiefer. Als Aquarienfische werden vor allem die Jungtiere eingeführt. Sie brauchen weiches Wasser mit Torfextrakt und eine Temperatur von etwa 25° C. Die kleinsten Exemplare fressen gerne Wasserflöhe, Mückenlarven und alle Arten anderer Wasserinsektenlarven. Später jagen sie lieber Fische. Zusätzlich kann man auch pflanzliche Nahrung füttern. Knochen-

Osteoglossum bicirrhosum

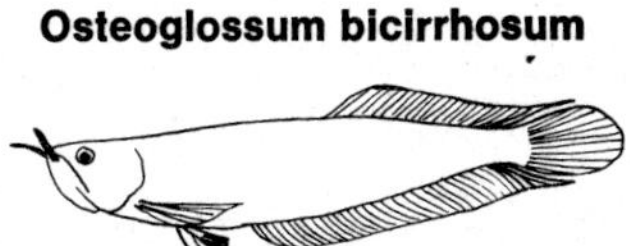

züngler sind schöne und interessante Schaustücke für öffentliche Aquarien. Da sie sehr gut springen, müssen die Becken immer gut abgedeckt sein.

Familie Pantodontidae (Schmetterlingsfische)

Diese Fischfamilie enthält nur eine Art, den Schmetterlingsfisch[1] *(Pantodon buchholzi)*. Er zeigt nur einige verwandtschaftliche Beziehungen zu den Knochenzünglern, von anderen Fischen ist er vollkommen isoliert. Der Schmetterlingsfisch wird höchstens 10–15 cm lang. Er lebt im tropischen Westafrika (Kongo, Niger, Kamerun). Seine Brustflossen sind riesengroß, und die Bauchflossen mit den langausgezogenen Strahlen machen den Fisch zu einer sehr auffallenden Erscheinung. Er lebt unter der Wasseroberfläche und springt mit Hilfe seiner Brustflossen bis 2 m weit. Der Schmetterlingsfisch ernährt sich vor allem von Insekten, die ins Wasser fallen oder die in der Nähe des Wasserspiegels fliegen und durch einen Sprung erhascht werden können. Die erwachsenen Fische füttert man im Aquarium nur mit Lebendfutter, vor allem mit allen möglichen Arten von Insekten wie Schaben, Heimchen, Fliegen, Insektenlarven, aber auch mit kleinen Fischen.

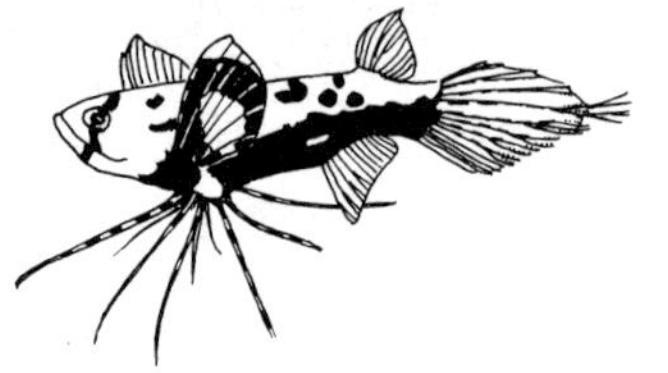

Pantodon buchholzi

Zur Zucht empfiehlt sich ein weiches, torfiges Wasser bei einer Temperatur von 25–30° C. Beim Ablaichen drehen sich die Fische umeinander. Angeblich erfolgt eine innere Befruchtung. Die Eier schwimmen an der Wasseroberfläche; die Eltern kümmern sich nicht um sie. Die Jungfische schlüpfen nach etwa drei Tagen. Zucht und Aufzucht der Schmetterlingsfische sind schwierig.

Familie Notopteridae (Messerfische)

Die südasiatischen und afrikanischen Messerfische bewohnen pflanzenreiche Stellen großer Flüsse oder toter Flußarme. Der Körper ist langgestreckt, die Afteröffnung weit nach vorne verlegt. Die lange Afterflosse bildet mit der Schwanzflosse einen einheitlichen Flossensaum. Das Tier kann durch Bewegungen dieses Flossensaumes gut vor- und zurückschwimmen. Der ganze Körper einschließlich des Kopfes ist von kleinen Schuppen bedeckt. Die Schwimmblase dient als Hilfsatmungsorgan der Luftatmung. Messerfische suchen ihre Nahrung während der Nacht nahe am Bodengrund. Sie fressen Insektenlarven, Würmer, Schnecken und kleine Fische. Ältere Tiere sind sehr räuberisch.

Im Privataquarium kann man nur jüngere Exemplare halten; erwachsene Tiere sind Schaustücke für öffentliche Ausstellungen. Das Wasser soll nicht zu hart sein, und außerdem schätzen die Fische eine relativ hohe Temperatur von 25–28° C. Das Eigelege wird von einem Elternfisch, vermutlich vom Männchen, bewacht. Die Eier kleben am Boden, auf Steinen, auf Holzstücken, Wurzeln oder – bei Sandboden – in Gruben.

Bis jetzt sind zwei Gattungen mit 5 Arten beschrieben. Bei der Gattung *Notopterus* ist eine kurze Rückenflosse vorhanden. Im Aquarium werden von Zeit zu Zeit drei Arten dieser Gattung gehalten.

Notopterus notopterus
Bewohnt Süß- und Brackwässer von Indien, Burma, Thailand, Java und Sumatra. Wird höchstens 35 cm lang. Afterflosse ist schwarz gerandet.

Notopterus chitala (Indischer Fähnchen-Messerfisch)
Wird mehr als 1 m lang. Der Fisch lebt in Thailand, Burma und auf den großen Sundainseln. Die Ausfärbung ist sehr variabel; sie ändert sich stark mit der Größe. Große, alte Exemplare sind sehr hochrückig. Sie werden in ihren Heimatgewässern in großen Mengen gefischt und wegen des schmackhaften Fleisches als Speisefische hoch geschätzt. Das Fleisch ist allerdings sehr grätenreich.

Notopterus chitala

Notopterus afer (Afrikanischer Fähnchen-Messerfisch)
Der Fisch wird etwa 60 cm lang. Er lebt im Flußgebiet von Gambia bis zum Kongo. Die bunte Netzzeichnung fällt nur auf dem Körper der Jungtiere auf. Erwachsene Fische sind einfarbig violettbraun. Die Eier sollen bei dieser Art in eine Sandgrube abgelegt werden.

Von *Notopterus* unterscheidet sich die Gattung *Xenomystus* durch das Fehlen der Rückenflosse und die sehr kleinen Bauchflossen. Die sehr ausdauernde Art wird verhältnismäßig oft in Aquarien gepflegt.

[1] Farbfoto auf Tafel 55, S. 599, Schwarzweißfoto auf S. 47
[2] Farbfoto auf Tafel 56, S. 600
[3] zur Funktion und Wirkung der elektrischen Organe bei Nilhechten s. S. 647

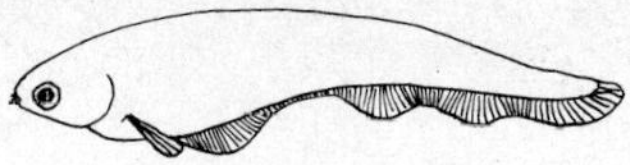

Xenomystus nigri

Xenomystus nigri (Afrikanischer Messerfisch)[2]
Vom oberen Nil bis nach Liberia verbreitet. Nächtlicher Schwarmfisch, der räuberisch lebt, obwohl er nur 20–30 cm lang wird. Liebt Versteckmöglichkeiten, Höhlen, Pflanzenbewuchs und Dunkelheit. Frißt jedes Planktonfutter, aber auch Schnecken, Mückenlarven und Fischfleisch.

Ordnung Mormyriformes (Nilhechtartige)

Hochspezialisierte Süßwasserfische, die mit den Heringsartigen nahe verwandt sind. Heute sind mehr als 100 Arten bekannt, die ausschließlich im tropischen Afrika vorkommen. Bei allen Arten ist die Mundöffnung klein; sie steht oft am Ende einer rüsselförmigen, nach unten gebogenen Schnauze. Das Gehirn ist auffallend groß mit gut entwickeltem Kleinhirn – ein Kennzeichen guter Schwimmer unter den Fischen. Nilhechte gehören zu den sogenannten pseudoelektrischen Fischen. Im hinteren Körperteil finden sich zwei Muskelpaare, die zu einem schwachen elektrischen Organ umgewandelt sind. Diese Fische geben fortlaufend elektrische Impulse ins Wasser, bilden um sich ein elektrisches Feld und können sich durch besondere Sinnesorgane, die am Kopfe liegen, gut auch im trüben Wasser orientieren. Durch spezifische Entladungen können diese kleinäugigen Fische auch Angehörige ihrer eigenen Art und Geschlechter unterscheiden[3]. Im Aquarium imponieren sich zwei Mormyriden normalerweise nicht an, wie dies andere Fische durch Bewegungen und Flossenspreizen tun; sie verwenden statt dessen eine hohe Frequenz der Entladungsimpulse. Die schwachen elektrischen Organe dieser Fische dienen also nicht nur zur Orientierung, sondern auch zur Revierbildung und Revierabgrenzung.

Familie Mormyridae (Nilhechte)

Alle Nilhechte haben einen seitlich gedrückten oder flachen Körper, der mit kleinen Cycloidschuppen bedeckt ist. Die Köpfe der meisten Arten sehen sehr merkwürdig aus. Bei vielen Mormyriden ist das Stirnprofil gewölbt, und der Kopf läuft in einen bauchwärts gebogenen Rüssel aus. Dieser Rüssel besteht entweder aus der verlängerten Unterlippe, oder es ist aus beiden miteinander verwachsenen und verschieden lang ausgezogenen Kiefern entstanden; er ist dicht mit Sinnesorganen für chemische und mechanische Reize besetzt. Die Tast- und Geschmacksempfindlichkeit des Rüssels dient dem Aufspüren der Nahrung im weichen Schlamm. Nilhechte ernähren sich von der tierischen Bodenlebewelt, von *Tubifex*-Würmern, *Chironomus*-Larven, aber auch von Pflanzenresten. Praktisch alle Arten sind Dämmerungstiere, die in langsamfließenden Gewässern leben.
Viele Nilhechte sind untereinander unverträgliche Standortfische, wobei sie gegen oft viel kleinere Fische anderer Arten recht friedlich sind. Über Geschlechtsunterschiede und Fortpflanzungsbiologie ist wenig bekannt. Bei einigen Arten kann man die Geschlechter allenfalls an der Biegung des Körpers im Bereich der Afterflosse unterscheiden. Einige Arten sollen schwimmende Nester, andere Sandgruben bauen. Manche jungen Nilhechte besitzen äußere Kiemen.
Die Haltung im Aquarium ist relativ leicht. Nilhechte benötigen ein gutbepflanztes Becken mit schlammigem Bodengrund. Setzt man sie in ein Gesellschaftsbecken, so reagieren die meisten anderen Fische sehr negativ auf die ständigen elektrischen Reize. Doch gewöhnen sie sich in ein paar Tagen daran und widmen dann den neuen „elektrischen" Mitbewohnern keine Aufmerksamkeit mehr. Da die Nilhechte untereinander unverträglich sind und sich ständig durch elektrische Revierabgrenzung belästigen, hält man in einem Aquarium am besten nur ein oder zwei Tiere. Hinsichtlich der Wasserqualität sind Nilhechte unempfindlich und recht anspruchslos, doch muß man je nach ihrer Herkunft die Wassertemperatur relativ hoch halten (zwischen 22 und 28° C). Gegen plötzliche Abkühlung sind die Tiere sehr empfindlich. Von den vielen Gattungen und Arten bringen wir nur ein paar Beispiele:

Gattung *Gnathonemus*

Relativ kurzer Körper. After- und Rückenflosse in Form und Größe fast gleich. Kleiner, endständiger Mund mit einer Reihe Zähne in der Mitte der Kiefer.

Gnathonemus petersi (Elefantenrüsselfisch)[1]
Wohl die beliebteste und am öftesten importierte Art. Verbreitet vom Kongo und Kamerun bis zum Niger. Der Fisch wird nicht viel länger als 20 cm. Er ist tagsüber scheu, sucht aber in der Dämmerung seine Nahrung mit der langausgezogenen, fingerartigen, sehr beweglichen Unterlippe im Bodengrund. Gegen andere Fische friedlich. Temperatur 22–28° C.

Gnathonemus petersi

Gnathonemus moori (Moors Nilhecht)[2]
Die Art stammt aus Kamerun, Gabun und dem Kongo. Das Kinn springt nur wenig wulstig vor. Grundfärbung braun. Lebhaft und revierbildend. Liebt wie alle Mormyriden öfteren Zusatz von Frischwasser, wobei die Temperatur nicht unter 24° C sinken darf.

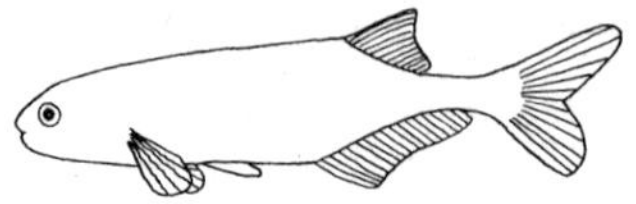

Gnathonemus moori

Gnathonemus schilthuisiae
Eine sehr kleine, etwa 10 cm lange Art aus dem mittleren Kongo. Das Kinn springt wulstig vor. Körper braun, oft mit bläulichem oder violettem Schimmer. Relativ gesellig; mehrfach wurde beobachtet, daß diese Fische gerne spielen. Sie können sich z. B. im Aquarium stundenlang mit einem Blatt oder einer Stanniolkugel abgeben.

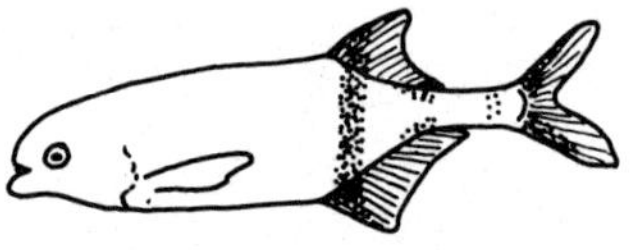

Gnathonemus schilthuisiae

Gattung *Marcusenius*

Mund unterständig, Körper meist kurz und relativ hoch. Hintere Nasenöffnungen weit vom Mund entfernt. Auf jedem Kiefer in einer Reihe 3–10 Zähne. Kein Rüssel.

Marcusenius isidori
Vom Nildelta bis zum Bahr-el-Gebel und am oberen Sambesi verbreitet. Nur etwa 10 cm lang; sehr gesellig.
Der Papageinilhecht, *Marcusenius longianalis*, unterscheidet sich von der Art *isidori* durch den langgestreckten, schlanken Körper. Diese Art lebt im unteren Niger und in Kamerun und wird 15 cm lang. Manche Exemplare sind rehbraun mit fast schwarzem Rücken und mit schwarzen Tupfen an den Körperseiten. Wärmeliebend (Wassertemperatur zwischen 25–28° C).

Marcusenius isidori

Gattung *Mormyrops*

Die Zähne sind in einer Reihe über die ganzen Kiefer bis zum Mundwinkel angeordnet. Der Körper ist langgestreckt, der Mund endständig, manchmal bis unterständig. Die meisten Arten sind groß. Am Tage liegen oder stehen die Fische versteckt; erst abends schwimmen sie auf Nahrungssuche. Es ist unsicher, diese Tiere mit kleineren Arten zu vergesellschaften.

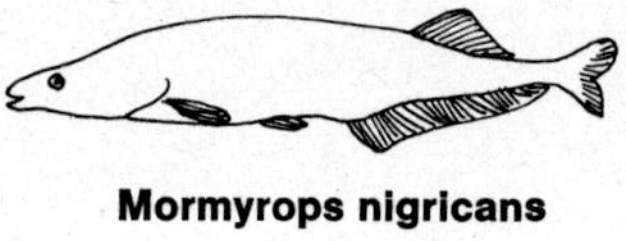

Marcusenius longianalis

Mormyrops nigricans (Gestreckter Nilhecht)
Lebt im unteren Kongo. Wird bis 35 cm lang. Die Jungtiere sind dunkelgefärbt, einschließlich des Bauches. Erwachsene fressen nicht nur *Tubifex*, Wasserflöhe und Mückenlarven, sondern auch Regenwürmer, Schnecken und kleine Fische.

Mormyrops nigricans

Gattung *Mormyrus*

Sehr kurze Afterflosse, lange Rückenflosse. Mund endständig, Kiefer mit mehreren Zahnreihen.

Mormyrus kannume (Tapir-Rüsselfisch)
Dient im Stromgebiet des Nils als Speisefisch. Wird bis 50 cm lang und ist daher für das Zimmeraquarium ungeeignet. Für öffentliche Ausstellungen ein sehr interessantes Tier, das allerdings nur nachts besonders aktiv wird.

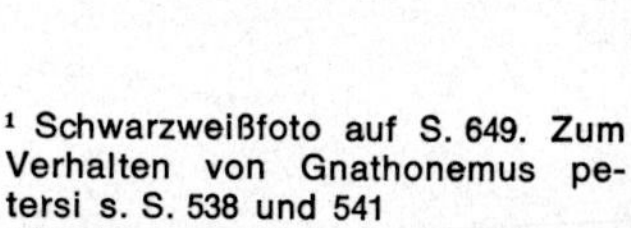

Mormyrus kannume

Die Fische der Gattungen *Petrocephalus* und *Stomatorhinus* sind den *Marcusenius*-Arten sehr ähnlich. Bei *Petrocephalus* ist der Körper kurz, der Mund unterständig (er liegt oft unterhalb der Augen), die Nasenöffnungen liegen an jeder Kopfseite nahe beieinander, knapp vor dem Auge. Das gilt auch für *Stomatorhinus*, bei dem jedoch die hintere Nasenöffnung nahe dem Mundwinkel liegt, fast immer senkrecht unter der vorderen Nasenöffnung. Drei bis zehn Zähne in einer Reihe in jedem Kiefer.

[1] Schwarzweißfoto auf S. 649. Zum Verhalten von Gnathonemus petersi s. S. 538 und 541
[2] Farbfoto auf Tafel 56, S. 600

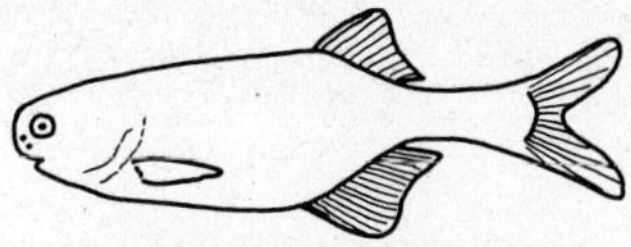

Petrocephalus bovei

Petrocephalus bovei
Ein kleiner, etwa 12 cm langer Fisch. Bekannt vom Nil, aus Senegal und Gambia. Die Jungtiere zeigen unter dem Anfang der Rückenflossenbasis ein dunkles Querband.

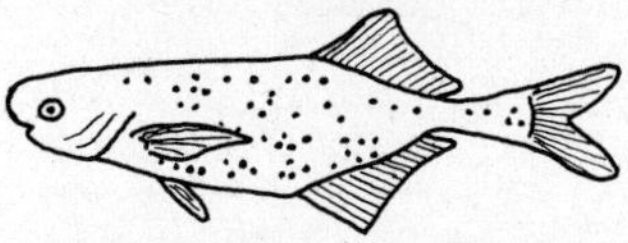

Stomatorhinus puncticulatus

Stomatorhinus puncticulatus
Nur etwa 9 cm lang. Stammt aus dem unteren Kongo. Bei beiden zuletzt erwähnten Arten ist es möglich, mehrere Tiere gemeinsam in einem Becken zu halten.

Ordnung Cypriniformes (Karpfenartige)

Hierher gehören die Süwasserfische, die den sogenannten Weberschen Apparat besitzen – eine Reihe kleiner Knochen, die mit ihrem vorderen Teil auf der Gehörkapsel, mit dem längsten Knochen auf der ersten Kammer der Luftblase liegt. Entwicklungsgeschichtlich wird dieser Apparat den Ohrknöchelchen der Säuger und des Menschen gleichgesetzt. Er entwickelt sich aus den vorderen Wirbeln, die gleich auf den Schädel folgen. Die Tiere werden durch den Weberschen Apparat in das innere Ohr über Druckänderungen in der Schwimmblase rasch und zuverlässig informiert. Sie können also auf Änderungen des Wasserdruckes sofort reagieren, ob sie nun in die Tiefe oder zur Wasseroberfläche schwimmen. Die Bauchflossen der Karpfenartigen liegen am Bauch hinten. Der Darm ist mit der Schwimmblase ständig durch einen Gang verbunden (den Ductus pneumaticus). Die Flossenstrahlen sind gegliedert. Nur am Anfang der Flossen sind sie bei manchen Arten in Dorne umgewandelt.
Karpfenartige sind schon seit der Oberkreide bekannt. Die Zahl der lebenden Arten dieser artenreichsten Süßwasserfischgruppe wird auf etwa 6200 geschätzt.

Unterordnung Characinoidei (Salmler)

Nach dem Körperbau ist dies die primitivste Unterordnung der Karpfenartigen. Sie vereinigt Fische, die sich in Lebensweise und Körperform sehr stark unterscheiden. Wir finden langgestreckte, aber auch hochrückige Arten, Plankton- und Pflanzenfresser, aber auch räuberische Fleischfresser. Von den folgenden drei Unterordnungen unterscheiden sich die Salmler durch die relativ gute Kieferbezahnung und den bartellosen, nicht vorstreckbaren Mund. Viele Arten haben zwischen Rücken- und Schwanzflosse eine Fettflosse, die keine Flossenstrahlen besitzt. Es sind etwa 1400 Arten bekannt, zu denen jedes Jahr neue hinzukommen. Die Salmler bewohnen Süßgewässer in Süd- und Mittelamerika und in Afrika. Viele der kleineren, im Farbkleid ansprechenden Arten sind ideale Aquarienfische, die sich an die Verhältnisse in unseren Becken leicht und gut akklimatisiert haben.
Erwachsene Tiere vertragen im Aquarium ohne weiteres eine Wasserhärte bis zu 15° dH. Die Embryonen allerdings entwickeln sich nur in sehr weichem Wasser, dem oft noch Torfextrakt zugesetzt werden muß. Sie sind dabei gegen Karbonathärte empfindlicher als gegen Nichtkarbonathärte. Sie schlüpfen zeitig und ernähren sich zuerst vom Dottersack. Sobald die Larven nach 4–5 Tagen die Schwimmblase mit Luft gefüllt haben und zu fressen anfangen, sind sie überraschend unempfindlich gegen einen Anstieg der Wasserhärte. Man kann sie sogar nach ein paar Tagen allmählich in härteres Wasser (bis 10° dH) überführen. das im allgemeinen günstiger ist: Härteres Wasser ist viel besser gepuffert, trübt nicht so leicht, und Jungtiere vieler Fischarten werden im härteren Wasser weniger von Fischkrankheiten geplagt. Zum Ablaichen und der Larvenentwicklung ist ein leicht saures Wasser (pH 6–7) günstig. Einige Arten brauchen sogar einen noch niedrigeren pH-Wert, z. B. die Eier des Roten Neons *(Cheirodon axelrodi)*, die sich am besten bei dem sehr niedrigen pH-Wert von 5,0 bis 5,5 entwickeln. Jungtiere des Kaisertetras *(Nematobrycon palmeri)* wachsen besser bei niedrigem pH-Wert (5,5–6,0), wobei halberwachsene Tiere sogar ein Absinken des pH-Wertes auf 4,0 vertragen. Diese beiden zuletzt genannten Arten sind aber Ausnahmen. Umgekehrt entwickelt sich der Blinde Höhlensalmler *(Anoptichthys jordani)* nur in härterem Wasser von 18–20° dH zufriedenstellend. Die Anforderungen der drei erwähnten Fischarten an die Wasserhärte sind als außergewöhnliche Anpassung an extreme Lebensbedingungen zu betrachten.

Familie Characidae (Echte Amerikanische Salmler)

Die Familie umfaßt mehrere Unterfamilien mit vielen Gattungen, die oft recht artenreich sind. Die systematische Einordnung ist noch nicht befriedigend gelöst. Funde fossiler Formen dieser Fischgruppe fehlen fast vollkommen. Auch die heute lebenden Arten sind noch längst nicht alle bekannt, und unsere Kenntnisse über die Verbreitungsgebiete sind oft sehr mangelhaft.
Die Rückenflosse der meisten Arten liegt etwa in der Mitte des Rückens. Im Zwischenkiefer (Mittelteil im Oberkiefer) stehen 1–2, seltener 3–4, im Unterkiefer 1–2 Reihen spitziger Zähne. Kleinere Arten sind oft sehr buntgefärbte Schwarmfische mit interessantem Verhalten. Die meisten importierten Arten werden nicht länger als 10 cm. Salmler stoßen beim Ablaichen die Eier entweder frei ins Wasser aus oder kleben sie auf fein- bis breitblättrige Wasserpflanzen. Die Eltern treiben – mit Ausnahme einiger Arten z. B. der Gattung *Copella* und der Gattung *Pyrrhulina* – keine Brutpflege. Bei einigen Gattungen (z. B. *Stevardia*) erfolgt eine innere Besamung, doch ist in der ganzen Familie kein lebendgebärender Vertreter bekannt. Die Eier der meisten südamerikanischen Salmler sind klein; sie messen 1–1,5 mm im Durchmesser. Die Embryonen schlüpfen sehr bald, je nach Art 18–36 Stunden nach der Besamung; sie sind wenig entwickelt, besitzen einen großen Dottersack und auf dem Kopf Haftdrüsen. Nach dem Ausschlüpfen heften sich die Embryonen fest und hängen so lange an Pflanzen, Steinen, Holzstücken, Aquarienwänden, bis der Dotter verzehrt ist. Nach etwa fünf Tagen füllen die Larven ihre Schwimmblase, schwimmen dann frei und fressen selbständig.

Gattung *Aphyocharax*

Aus dieser Gattung sind mehrere Arten bekannt, doch hat sich nur eine im Aquarium richtig akklimatisiert:

Aphyocharax rubripinnis (Rotflossensalmler)[1]
Der kleine, schlanke Salmler stammt aus Südamerika (Paraná und Argentinien). Er wird nur 5,5 cm lang. Die Rückenflosse ist kurz, eine Fettflosse ist immer vorhanden, die Schwanzflosse ist tief eingeschnitten. Im Vergleich mit der Rückenflosse ist die Afterflosse lang. Auf den Kiefern steht nur eine Zahnreihe.

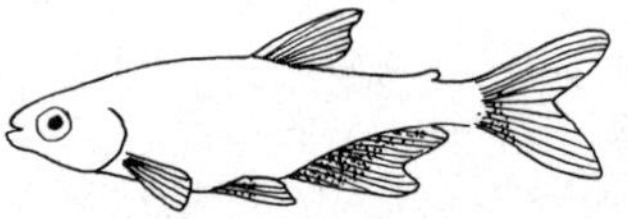

Aphyocharax rubripinnis

Der Rotflossensalmler ist ein typischer Schwarmfisch, der in mittleren und sogar oberen Wasserschichten lebt. Das Männchen ist schlanker als das Weibchen und während der Laichzeit sehr intensiv gefärbt. Man hält dieses friedliche und muntere Fischchen am besten in größeren Aquarien ohne die Gesellschaft anderer Fischarten. *Aphyocharax rubripinnis* verträgt gut auch größere Temperaturschwankungen; am besten gedeiht er allerdings bei einer Wassertemperatur von 22 bis 24° C. Das Wasser muß stets glasklar sein.
Als Ablaichbecken ist gleichfalls ein größeres Aquarium zu empfehlen. Die Tiere

[1] Farbfoto auf Tafel 5, S. 85

Bild 2.2: Pärchen des Rotflossensalmlers (Aphyocharax rubripinnis). Rechts das Männchen, links das Weibchen. Aufnahme S. Frank

laichen in der Nähe von Pflanzen (*Myriophyllum, Ludwigia* usw.); die kleinen, glasklaren Eier bleiben entweder an den Wasserpflanzen haften oder fallen zu Boden. Die Eltern sind nach dem Ablaichen zu entfernen, sonst fressen sie die Eier auf. Die Jungtiere schlüpfen nach etwa 30 Stunden. Sie hängen zunächst an den Pflanzen und den Glasscheiben nahe der Wasseroberfläche, oft sogar am „Oberflächenhäutchen". Nach etwa fünf Tagen schwimmen die Jungfische frei und holen sich selbst ihr Futter. Man muß dann mit kleinem Lebendfutter füttern, am besten mit Rädertierchen, später mit *Cyclops*-Nauplien. Die Jungen wachsen recht schnell. Halberwachsene und ausgewachsene Tiere fressen jede Planktonnahrung, aber auch Trockenfutter.
Der muntere, hübsche Fisch zeigt seine Färbung am schönsten im einfallenden Sonnenlicht, und im Sonnenschein der Morgen- und Vormittagsstunden laicht er am liebsten ab.
Auch andere *Aphyocharax*-Arten wurden importiert, z. B. *A. alburnus* und *A. nattereri,* die sich aber bei europäischen Aquarianern nicht so recht einführen konnten. Die Art *A. affinis* ist vermutlich ein Synonym für *A. rubripinnis*, und der Artname *erythrurus* ist sehr wahrscheinlich ein Synonym für *A. alburnus.*

Aphyocharax alburnus

Gattung *Astyanax*

Die *Astyanax*-Arten sind lebhafte und widerstandsfähige Fische. Sie sind von Neumexiko und Arizona südwärts bis Patagonien verbreitet. Zu der artenreichen Gattung gehören mehr als 70 Arten, die alle zwischen 10 und 20 cm lang werden. Die meisten sind friedlich, leicht zu halten und zu züchten. Die Eier werden im freien Wasser oder zwischen den Pflanzen ausgestoßen. Die Jungtiere schlüpfen schon nach 24–36 Stunden und schwimmen nach etwa fünf Tagen frei. Alle Arten sind sehr produktiv. Die Jungtiere sind mit Lebendfutter leicht aufzuziehen. Leider sind die meisten *Astyanax*-Arten wegen ihrer silbrigen, unauffallenden Färbung bei den Aquarianern nicht sehr beliebt.
Am häufigsten wird eine kleine Art, *Astyanax mexicanus*, von Aquarianern gepflegt und gezüchtet. Die Heimat dieser Art reicht von Texas bis Panama. *Astyanax mexicanus* wird etwa 9 cm lang. Der Fisch lebt in oberirdischen Bächen und verträgt Wassertemperaturen zwischen 18 und 24° C, vielleicht sogar noch niedrigere.

Astyanax mexicanus

Anoptichthys jordani (Blinder Höhlensalmler)[2]
Wird als blinde Form von *Astyanax mexicanus* betrachtet. *A. jordani* lebt in unterirdischen Höhlen der Provinz San Luis Potosi (Cueva Chica). Aus anderen Höhlen wurden weitere *Anoptichthys*-Arten beschrieben. Sie alle kreuzen sich mit *Astyanax mexicanus.* Deshalb sind einige Ichthyologen der Meinung, es handle sich nicht um echte Arten, sondern nur um Höhlenformen, die in verschiedener Weise an die unterirdischen Lebensbedingungen angepaßt sind und die unterschiedlich lange schon unterirdisch leben. Züchtet man *Anoptichthys jordani* mehrere Generationen lang am Licht im Aquarium, so ist das Tier nicht mehr fleischig gefärbt, sondern silbrig: Die Iridocyten[3] sind dann nicht mehr so stark rückgebildet wie bei den Wildfängen.
Für die Haltung ist ein größeres Becken mit Sand und Steinen und nicht allzuvielen Pflanzen zu empfehlen. Die großen, erwachsenen Tiere (die Weibchen werden bis 12 cm lang!) vernichten während der Laichzeit die Wasserpflanzen vollkommen. Sie können übrigens auch kleinere Fische totbeißen oder wenigstens verletzen. Der Blinde Höhlensalmler ernährt sich teilweise auch pflanzlich.
Zur Zucht braucht man härteres Wasser, mindestens zwischen 15 und 20° dH, weil ein hoher Prozentsatz der Brut in weicherem Wasser noch vor dem Freischwimmen an einer (nicht infektiösen) Bauchwassersucht zugrunde geht. Die Wassertemperatur sollte während der Embryonalentwicklung recht hoch liegen, etwa 26–27° C. Unter diesen Bedingungen können wir aus einem Ablaichen 500–1000 Jungtiere erwarten, manchmal sogar noch mehr. Die Larven schlüpfen aus den befruchteten Eiern schon nach 18–24 Stunden; nach weiteren zwei Tagen schwimmen sie frei. Die Jungfische fressen jedes „Staubfutter", das heißt *Cyclops*-Nauplien, kleine Wasserflöhe, auch kleine Wasserflöhe solcher Arten, die andere Salmler nicht fressen, wie z. B. *Bosmina longirostris.* (Füttert man Jungsalmler anderer Arten mit kleinen *Bosmina longirostris,* dann werden diese Wasserflöhe nur angenommen, wenn keine andere Nahrung zur Verfügung steht, und die Jungfische wachsen nicht.) Dagegen wachsen Jungtiere von *A. jordani* auch bei diesem ungünstigen Futter recht schnell. Gleich nach dem Frei-

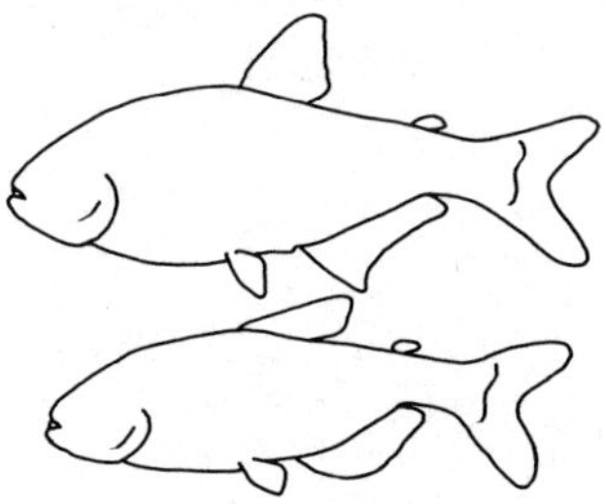

Anoptichthys jordani
oben ♀, unten ♂

[2] Schwarzweißfoto auf S. 602
[3] Iridocyten: Zellen in der Unterhaut, die silbern glitzernde Guaninkristalle enthalten.

schwimmen der Jungen kann man schwarze Augen beobachten, die aber später in die Tiefe der Augenhöhle hinabsinken und unter einem Fettpolster versteckt bleiben. Sie bleiben sehr klein, etwa 0,2 mm und entwickeln sich nicht weiter. Die Fische sind also das ganze Leben blind, was sie durch den Geruchs- und Tastsinn kompensieren. Die Seitenlinie ist sehr gut entwickelt und dient der Orientierung der Tiere.

Gattung *Charax*

Hochrückige Fische mit steiler Rückenlinie und relativ kleinem Kopf. Körperseite stark abgeflacht, Afterflosse lang mit vielen Flossenstrahlen, Zwischenkiefer mit zwei Zahnreihen, Unterkiefer mit einer Zahnreihe. Die Tiere schwimmen und „stehen" im Wasser immer leicht schräg, Kopf nach unten gerichtet.

Charax gibbosus (Glassalmler)
Lebt in Guayana und dem mittleren und unteren Stromgebiet des Amazonas. Wird bis 15 cm lang. Aquarianer in Europa verwechseln diesen Fisch oft mit *Roeboides*-Arten. Die Körperform ist zwar sehr ähnlich, doch liegt ein sehr auffallender Unterschied in den größeren Schuppen von *Charax* (*Charax* hat in der Seitenlinie 58–60 Schuppen, *Roeboides* dagegen 82–100).
Der Körper des Glassalmlers ist schwach durchsichtig, zart gelblich-braun mit Silberglanz. Die Weibchen sind größer als die schlanken Männchen. Beide Geschlechter unterscheiden sich auch in der Form der Schwimmblase. Bei den Weibchen ist die Schwimmblase schmal und bis zur Urogenitalpapille herabgezogen, bei den Männchen ist sie breiter und endet hoch in der Leibeshöhle. Das gilt übrigens für alle Salmler. Glassalmler kann man mit fast allen Fischen entsprechender Größe zusammen halten. Als Ablaichbecken verwendet man am besten ein großes Aquarium mit reichlich Wasserpflanzen und nicht zu hartem, zwei bis drei Tage abgestandenem Wasser (bis 8° Nichtkarbonathärte und höchstens 2° Karbonathärte). Wassertemperatur im Zuchtbecken 22–24° C. Die Brut schlüpft nach 18–24 Stunden aus glasklaren Eiern, die das Zuchtpaar je nach Größe des Weibchens zu einigen Hundert ablegt.
Die Jungfische beginnen nach etwa 5 Tagen freizuschwimmen. Von Anfang an muß man täglich mehrmals füttern, am besten Lebendfutter. Die Jungfische wachsen schnell und sehr unregelmäßig. Vergehen zwischen den Fütterungen längere Zeitabstände, so fressen die größeren Exemplare aus Hunger die kleineren und schwächeren Geschwister auf. Erwachsene Tiere sind gegen andere Aquariumbewohner im ganzen friedlich. Sie lieben dichtbepflanzte Becken. Die Laichabgabe findet immer in der Abenddämmerung statt. Ausgewachsene Tiere vertragen ein Absinken der Wassertemperatur bis auf 16° C.

Gattung *Roeboides*

Nahe mit *Charax* verwandt, in der Körperform sehr ähnlich. Unterschiede siehe *Charax gibbosus*.

Roeboides guatemalensis (Guatemala-Glassalmler)
Heimat: Mittelamerika. Wird bis 10 cm lang. In der Seitenlinie 82–89 Schuppen.

Roeboides guatemalensis

Roeboides microlepis[1]
Heimat: Westliches Amazonasstromgebiet, Bolivien, Rio Paraguay. Wird etwa 10 cm lang. In der Seitenlinien-Längsreihe etwa 100 Schuppen. Beide *Roeboides*-Arten werden von Aquarianern oft mit *Charax gibbosus* verwechselt. Haltung und Zucht wie *Charax gibbosus*.

Gattung *Cheirodon*

Südamerikanische Schwarmfische mit langgestrecktem, seitlich abgeflachtem Körper. Rücken- und Bauchlinie fast gleichmäßig ausgebogen. Zähne in den Kiefern stehen in einer Reihe, Fettflosse immer vorhanden, Seitenlinie unvollständig. Einige Arten laichen im freien Wasser, andere oberhalb feinblättriger Wasserpflanzen.

Cheirodon (Lamprocheirodon) axelrodi (Roter Neon)[2]
Die Art bewohnt die linken Zuflüsse des Rio Negro und des Orinoco-Stromge-

[1] Farbfoto auf Tafel 6, S. 86
[2] Farbfoto auf Tafel 2, S. 34

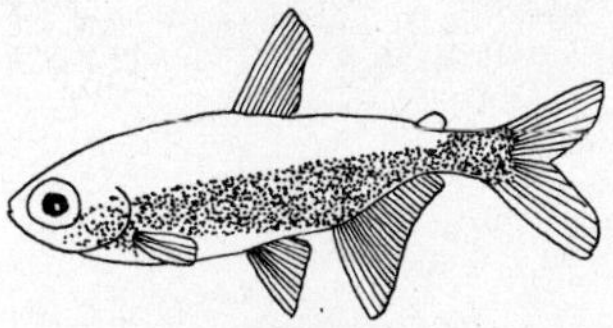

Cheirodon (Lamprocheirodon) axelrodi ♂

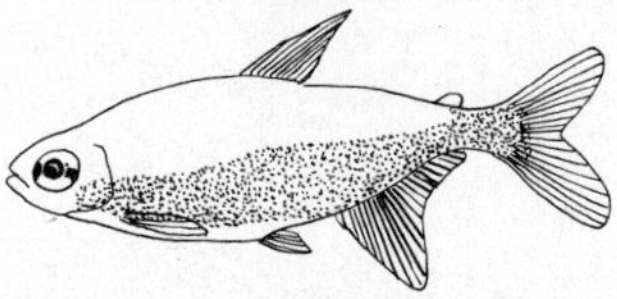

Cheirodon (Lamprocheirodon) axelrodi ♀

bietes. Je nach Herkunft werden die Tiere verschieden groß. Die Maximallänge scheint bei 5 cm zu liegen. Auf den Seiten des ganzen Körpers verlaufen eine blaugrüne und eine rote Längsbinde. Nur ein sehr schmales Bauchfeld bleibt weiß oder weißlich. Einige Populationen (die kleinerwüchsigen) zeigen einen weißlichen Flossensaum, andere (die größeren) haben nur glasklare, durchsichtige Flossen. Geschlechtsreife Weibchen sind sehr kräftig und zeigen einen „ungesund" aussehenden, ausgebuchteten Bauch. Die Fische laichen im freien Wasser in der Abenddämmerung bis in die Nacht.
Die Eier brauchen, um sich gut zu entwickeln, ein praktisch härteloses, sehr saures Wasser (pH 5–5,5). Geeignet ist altes Regen- oder Schneewasser. Keine Torffilterung! In Wasser über 1° dKH gelingt die Aufzucht kaum, weil da die Jungtiere beim Freischwimmen offenbar ihre Schwimmblase nicht füllen können. Bei einer Wassertemperatur von 27–28° C schlüpfen die Larven schon nach 18–20 Stunden. Sie schwimmen nach etwa 5 Tagen frei. Die Jungtiere sind erschütterungsempfindlich und lichtscheu.
Der Rote Neon ist außerordentlich produktiv. 400–500 Eier von einem einzelnen Weibchen sind keine Seltenheit. Die Jungen wachsen aber sehr langsam. Während mindestens 5–6 Wochen füttert man nur „Staubfutter", das heißt, Rädertierchen und *Cyclops*-Nauplien – stets nur in kleinen Mengen. Im Alter von 5 Wochen färben sich die Jungen grün, ihre Größe entspricht dann etwa derjenigen von *Paracheirodon innesi* im Alter von 17 Tagen.

Bild 2.3: Paar des Roten Neons (Cheirodon axelrodi), oben Weibchen, unten Männchen. Aufnahme S. Frank

Andere *Cheirodon*-Arten, wie z. B. der Messingsalmler *(Ch. interruptus), Ch. piaba, Ch. meinkeni, Ch. leuciscus* wurden nur teilweise in der Gefangenschaft nachgezüchtet; sie werden selten importiert und sind nur hin und wieder in Aquarien zu sehen.

Gattung *Paracheirodon*

Mit der Gattung *Cheirodon* nahe verwandt. Enthält nur eine Art:

Paracheirodon innesi (Neontetra)[3]
Schwanzflossenbasis unbeschuppt, Körper langgestreckt, seitlich abgeflacht, beide Kiefer mit drei spitzen Zähnen besetzt, Fettflosse vorhanden. Heimat: Oberlauf des Amazonas und Rio Purus. Wird etwa 4 cm lang. Männchen schlanker als Weibchen.
Die Art war jahrelang ein Problemfisch. Erst vor dem 2. Weltkrieg entdeckten die Aquarianer das Geheimnis der Zucht, das in der Wasserqualität liegt. Die Zuchtpaare laichen willig schon in kleinen, etwa 10 Liter fassenden Vollglasbekken. Das Wasser soll aber sehr weich sein (höchstens 1–2° Nichtkarbonathärte, keine Karbonathärte, pH-Wert zwischen 6,2 und 6,8). Erforderlich ist eine kleine Menge Torfextrakt. Die Ablaichtemperatur beträgt 23–24° C. Die Fische legen die Eier an oder zwischen feinblättrige Wasserpflanzen. Nach dem Ablaichen sind die Elterntiere zu entfernen (Laichräuber!). Die Jungen schlüpfen nach etwa

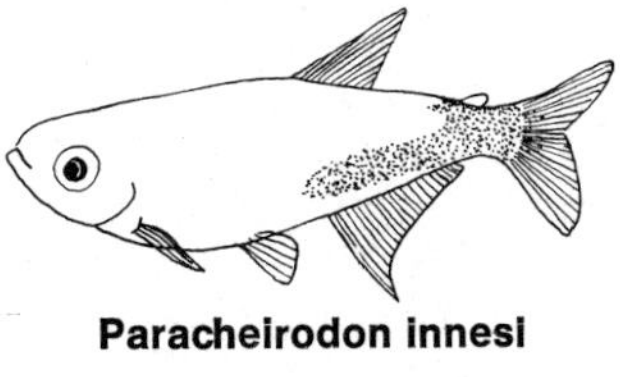

Paracheirodon innesi

[3] Farbfoto auf Tafel 2, S. 34

24 Stunden und schwimmen etwa am 5. Tag frei. Eine Zucht erbringt 70–250 Jungtiere. Nach 14 Tagen färbt sich der Schwanzteil des Körpers rot, 5–7 Tage später (im Alter von 18–21 Tagen nach dem Freischwimmen) erscheint auch die längliche, grüne Binde.
Man hält die Elterntiere vor dem Ablaichen bei niedriger Temperatur von 16–22° C. Nur dann zeigen die Weibchen Laichansatz. Werden die Weibchen bei einer Wassertemperatur über 24° C gehalten, so reifen keine Eier; der Bauch bleibt geradlinig, sie sehen aus wie Männchen und verhalten sich auch so, d. h. sie sind untereinander unverträglich und bissig, ihre Rückenflosse ist dann wie bei treibenden Männchen rötlich gefärbt. Setzt man ein „laichvolles" Weibchen in wärmeres Wasser als 24° C, so verliert es nach ein paar Stunden die Eier, gleichgültig, ob ein Männchen dabei ist oder nicht. Die Eier fallen einfach aus dem Weibchen aus und bleiben unbefruchtet auf dem Boden liegen und verpilzen.

Gattung *Ctenobrycon*

Südamerikanische Salmler mit sehr hoher Rückenpartie und kurzem, seitlich stark abgeflachtem, zusammengedrücktem Körper.

Ctenobrycon spilurus (Talersalmler)[1]
Die olivgraue bis olivgrüne Art lebt in küstennahen Gewässern des nördlichen Teiles von Südamerika. Geschlechtsreife Tiere werden bis 8 cm lang. Die Weibchen sind etwas größer, blasser und zeigen eine stärker gewölbte Bauchpartie als die Männchen. Talersalmler sind Allesfresser, die größere Becken mit reichem Wasserpflanzenbewuchs lieben. Sie vertragen recht große Temperaturschwankungen, weshalb man sie sogar in nicht geheizten Aquarien bei normaler Zimmertemperatur halten kann. Die Zucht ist leicht. Die Eltern legen die Eier nach heftigem Treiben ins Pflanzendickicht. Die Jungen schlüpfen bei einer Wassertemperatur von 26° C nach etwa 24 Stunden. Die Brut wächst schnell; man kann je Ablaichen mit mehreren Hundert Jungen rechnen.

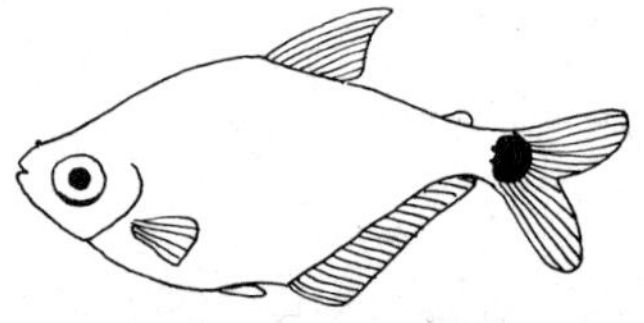

Ctenobrycon spilurus

Bild 2.4: Talersalmler Ctenobrycon spilurus. Aufnahme S. Frank

Gattung *Exodon*

Typisch der kräftig bezahnte Mund. Nur eine Art:

Exodon paradoxus (Zweitupfensalmler)[2]
Der bis 15 cm lange Fisch bewohnt die Gewässer des Rio Branco und Rupununi im nordöstlichen Teil Südamerikas. Vor allem die Jungfische sind bunt gefärbt und zeigen zwei charakteristische, große, tiefschwarze Flecke an den Körperseiten. Sehr bissig, nicht nur gegen Artgenossen, sondern auch gegen andere Arten ausgesprochen räuberisch. Haltung und Zucht daher nur in größeren, gut abgedeckten Becken. Die Eier werden im Pflanzengewirr abgelegt. Die Jungen schlüpfen bei einer Wassertemperatur von 26–28° C nach 25 bis 30 Stunden. Die

Exodon paradoxus

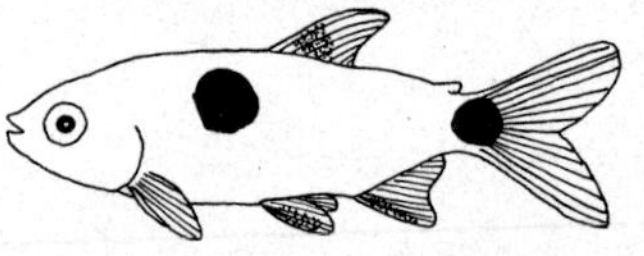

[1] Farbfoto auf Tafel 1, S. 33
[2] Über das Verhalten von Exodon paradoxus s. S. 553

Bild 2.5: Paar des Trauermantelsalmlers (Gymnocorymbus ternetzi), oben Weibchen, unten Männchen. Aufnahme S. Frank

Aufzucht der Jungtiere ist nicht einfach. Die erwachsenen Tiere sind unverträglich und springlustig. Sie werden auch selten importiert und angeboten. Das ist schade, denn der Zweitupfensalmler ist ein besonders schöner Fisch.

Gattung *Gymnocorymbus*

Kleine, hochrückige Salmler mit stark zusammengedrücktem Körper. Die Nackenlinie ist unbeschuppt. Eine Fettflosse ist immer vorhanden; Rücken- und Afterflosse sind relativ groß. Die Seitenlinie ist vollständig. Der Zwischenkiefer trägt zwei Zahnreihen.

Gymnocorymbus ternetzi

Gymnocorymbus ternetzi (Trauermantelsalmler)[3]
Stammt aus dem Matto-Grosso-Gebiet des Rio Paraguay und aus dem Rio Negro. Wird bis 5,5 cm lang. Der einfachen Zucht wegen ist dieser Fisch auch Anfängern zu empfehlen. Der Trauermantelsalmler verträgt ein Absinken der Wassertemperatur bis auf 16° C. Die Jungfische sind schön schwarz gefärbt. Mit zunehmendem Alter wird die Farbe weniger intensiv, vor allem bei den Weibchen, die dann oft nur mehr grau erscheinen. Die Weibchen sind stets größer als die Männchen.
Zur Zucht sind größere Becken zu verwenden, denn die Zuchtpaare sind verhältnismäßig scheu und laichen in kleinen Aquarien nicht ab. Vor der Paarung tritt eine kurze, aber sehr intensive Flatterphase auf. Zur Zucht genügt abgestandenes Leitungswasser, dessen Gesamthärte 8° dGH nicht übersteigt. Die Jungfische schlüpfen nach 24—36 Stunden aus den glasklaren Eiern. Sie hängen dann an Wasserpflanzen, Glasscheiben usw. und schwimmen nach fünf bis sechs Tagen frei; sie suchen dann ihr Futter selbst. Am besten verfüttert man Lebendfutter. Die Brut wächst recht schnell. Ein Schwarm der schwarzen Jungfische ist sehr eindrucksvoll; die Tiere erscheinen schwanzlos, da ihre Schwanzflosse durchsichtig ist.

Gattung *Hemigrammus*

Hemigrammus-Arten gehören zu den beliebtesten Schwarmfischen im Aquarium. Sie sind klein, friedlich, bunt gefärbt. *Hemigrammus*-Arten stammen aus Mittel- und Südamerika. Sie bewohnen alle möglichen stehenden und fließenden Gewässer. Die natürliche Nahrung besteht aus Plankton, aber auch aus Kleininsekten und Wasserpflanzen. Bei den meisten Arten ist die Körperform langgestreckt, seitlich zusammengedrückt, die Rückenflosse ist kurz, die Afterflosse unterschiedlich lang. Die Geschlechter sind leicht zu unterscheiden: Die Männchen sind schlanker und intensiver gefärbt als die Weibchen. Betrachtet man ein

[3] Farbfoto auf Tafel 7, S. 103

Bild 2.6: Pärchen des Gold-Tetras (Hemigrammus armstrongi), oben Weibchen, unten Männchen. Aufnahme S. Frank

Tier von der Seite gegen das Licht, so erkennt man in der Leibeshöhle des Männchens zwischen den Eingeweiden und der Schwimmblase einen freien Raum, der beim Weibchen vom Eierstock ausgefüllt wird. Auch der hintere Teil der Schwimmblase unterscheidet sich beim Männchen und Weibchen (siehe S. 102): Beim Weibchen ist das Ende der Schwimmblase schmal und führt bis zur Urogentialpapille herab; beim Männchen dagegen ist der hintere Abschnitt der Schwimmblase rundlich und endet hoch in der Leibeshöhle (Abb. S. 102 und 105). Erwachsene Tiere schätzen es, wenn genügend Raum zum Ausschwimmen mit nur stellenweise dichtem Pflanzenbewuchs zur Verfügung steht. Mindestens einmal am Tage sollte Sonnenlicht in das Aquarium einfallen. Das Wasser soll glasklar sein, nicht zu hart (5–15° dGH), leicht sauer; ein wenig Torfextrakt ist nützlich. Die Temperaturansprüche der einzelnen Arten sind verschieden, im Durchschnitt liegen sie etwa bei 23° C.
Zur Zucht eignen sich schon kleine, etwa 10 Liter fassende Vollglasbecken, die mit einem Büschel feinblättriger Pflanzen versehen werden. Das Zuchtwasser soll weich und schwach sauer sein; man setzt ihm etwas Torfextrakt zu. Bei allen Arten der Gattung schlüpfen die Jungfische bei passender Wassertemperatur schon nach 20–28 Stunden. Sie hängen dann an Wasserpflanzen, Aquarienscheiben oder sie liegen auf dem Bodenglas des Zuchtbeckens. Nach weiteren 4–5 Tagen schwimmen sie frei und nehmen Planktonfutter (Rädertiere, *Cyclops*-Nauplien, *Artemia*-Nauplien); im allgemeinen wachsen die Jungen schnell. Die Brut sucht zuerst Verstecke auf, d. h. die Tierchen „sitzen" unter den Pflanzen; später schwimmen sie frei und bilden, wenn man sie in ein größeres Becken umsetzt, Schwärme. Das Wasser darf schon beim ersten Umsetzen etwas härter sein.

Hemigrammus armstrongi (Goldtetra)
Die Art stammt aus Westguayana und wird etwa 4,5 cm lang. Erwachsene Weibchen sind silbrig, imponierende Männchen oft schön gold- oder bronzefarbig. Auf der Schwanzwurzel befindet sich ein rautenförmiger Fleck. Die unpaaren Flossen der Männchen sind oft orange bis rötlich. Die meisten Paare laichen auch in sehr kleinen, 8–10 Liter fassenden Becken willig. Die Embryonen entwickeln sich auch bei höheren Härtegraden gut (bis 6° Nichtkarbonathärte, die Karbonathärte soll 2° nicht übersteigen). Die Nachzuchttiere verlieren schon in der ersten Generation den schönen Goldglanz; sie sind dann nur einfarbig silbrig und daher leider nicht allzu beliebt.
Die sehr ähnliche Art *Hemigrammus rodwayi* stammt aus Guayana und dem unteren Amazonasstromsystem. In jedem Lappen der Schwanzflosse findet sich ein kirschroter Fleck; auch die Basis der Rückenflosse ist rötlich. Haltung und Zucht wie bei *H. armstrongi.*

Hemigrammus armstrongi

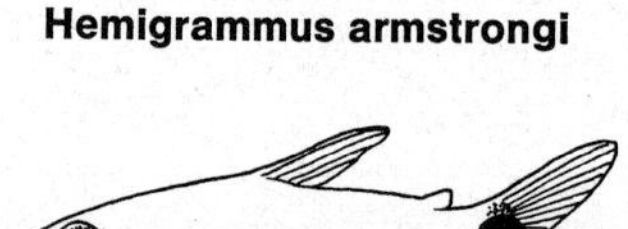

Hemigrammus rodwayi

Hemigrammus caudovittatus (Rautenflecksalmler)[1]
Lebt im Stromgebiet des La Plata. Wird etwa 10 cm lang. Haltung und Zucht des anspruchslosen Pfleglings sind sehr einfach. Entsprechend der Größe muß man diesen Fisch in größeren Aquarien pflegen und darf ihn nur mit entsprechend

[1] Schwarzweißfoto auf S. 615

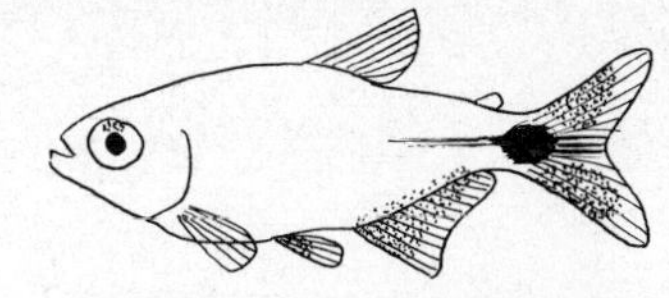

Hemigrammus caudovittatus

großen anderen Fischen zusammen halten. Der Rautenflecksalmler ist sehr gefräßig: Er frißt *Tubifex*, Wasserflöhe, *Cyclops*, Mückenlarven, Trockenfutter aller Art, aber auch Kopfsalat und weichere Wasserpflanzen. Ein Absinken der Wassertemperatur bis auf 16° C wird gut vertragen. Man kann die Tiere nicht nur in Vollglasbecken zur Fortpflanzung bringen, sondern auch in ganz normalen Rahmenaquarien, da sie hinsichtlich der Wasserzusammensetzung anspruchslos sind.

Hemigrammus erythrozonus

Hemigrammus erythrozonus (Glühlichtsalmler)[2]
Stammt aus Guayana. Wird etwa 4,5 cm lang. Aquarianer verwechselten die Art jahrelang mit *Hyphessobrycon gracilis.* Zur Zucht reicht ein kleines Vollglasbecken. Das Wasser muß nicht unbedingt ganz weich sein, ja, es scheint, daß in etwas härterem Wasser bessere Zuchterfolge erzielt wurden. Die Nichtkarbonathärte darf relativ hoch liegen (bis 8° dNKH), die Karbonathärte aber darf höchstens 1° dKH betragen. Ein Zusatz von Torfextrakt zum Zuchtwasser ist erforderlich. Die Zuchttemperatur soll 26–28° C betragen. Die Zuchtpaare laichen in dicht stehenden, feinfiedrigen Wasserpflanzen, wie z. B. Quellmoos und Javamoos. Am Ende eines jeden Laichaktes drehen sich beide Fische in einer Spirale mit dem Bauch nach oben. Dabei stößt das Weibchen die Eier aus. In zu weichem Wasser schlüpfen zwar viele Jungfische, aber viele von ihnen leiden dann an konstitutioneller Bauchwassersucht. Die kranke Brut schwimmt nicht frei und stirbt nach ein paar Tagen. Während der Aufzucht ist häufiger Wasserwechsel zu empfehlen, da die Jungfische gegen höheren Nitritgehalt empfindlich sind. Nach dem Freischwimmen ist die Brut zuerst gelblich, später zeigt sich auf dem ganzen Körper eine dunkle Zeichnung. Die Jungen fressen von Anfang an relativ großes Lebendfutter, wie z. B. *Artemia*-Nauplien.

Hemigrammus hyanuary

Hemigrammus hyanuary (Grüner Neon)[3]
Der Fisch wurde zum ersten Mal im Lake January nahe der Stadt Manaus gefangen; später fand man ihn auch im oberen Amazonasbecken von Iquitos bis Sao Paulo de Olivenca. Der Grüne Neon wird etwa 4 cm lang; die Weibchen sind kräftiger als die Männchen. Will man die Tiere im Aquarium fangen, so zeigen sie sich recht scheu und schwimmen heftig gegen die Glaswände oder bohren sich in den Sandboden ein. Auch das Laichgeschäft verläuft sehr heftig: Zuerst balzt das Männchen neben dem Weibchen, dann schwimmt es das Weibchen plötzlich seitlich an und schmiegt sich an seine Körperseite. Die Grünen Neons laichen in Gefangenschaft am Abend bei Kunstlicht im freien Wasser. Die Eier sinken zu Boden. Die Brut schlüpft nach etwa 24 Stunden bei einer Wassertemperatur von 24–26° C. Ein häufiger Wasserwechsel nach dem Freischwimmen der Brut ist wie beim Glühlichtsalmler nötig.

Hemigrammus marginatus (Bassamsalmler)

Bild 2.7: Paar des Bassamsalmlers (Hemigrammus marginatus), oben Weibchen, unten Männchen. Aufnahme S. Frank

[2] Farbfoto auf Tafel 2, S. 34
[3] Farbfoto auf Tafel 7, S. 104

Lebt in Südamerika von Venezuela bis Argentinien. Die Aquarianer verwechselten diesen Fisch jahrelang mit *Hemigrammus rhodostomus*. Der Bassamsalmler ist sehr leicht zu halten. Nur die Jungtiere sind gegen zu plötzlichen Wasserwechsel empfindlich. Die Fische stellen weder an das Futter noch an das Wasser große Ansprüche, doch brauchen sie zur Zucht weiches, schwach saures Wasser von 1–2° Nichtkarbonathärte (keine Karbonathärte!) und einen pH-Wert von 6,2–6,6. Hält man mehrere erwachsene Fische in einem Schwarm zusammen, so laichen sie oft schon im Gesellschaftsbecken ab. Es ist jedoch besser, die Geschlechter einige Tage voneinander zu trennen. Zeigen die Weibchen dann guten Laichansatz, setzt man sofort ein Pärchen ins Zuchtbecken, das nur mit einem Cryptocorynenbüschel und einem Klumpen Wassermoos besetzt ist; die Cryptocoryne soll unter der Wasseroberfläche schwimmen, unter ihr das Wassermoos. Das Zuchtpaar laicht am liebsten frühmorgens im von der Sonne beleuchteten Becken ab. Der größte Teil der Eier einer Laichabgabe – sie erfolgt meist sehr nahe der Oberfläche – bleibt an den Pflanzen kleben. Nur wenige Eier fallen zu Boden. Alle Eier sind recht klein und schwarz. Da sie an den Pflanzen gut haften, entgehen sie oft der Aufmerksamkeit des Züchters, der sich nur durch gründliche Untersuchung des Laichsubstrates vom Vorhandensein oder Fehlen der Eier überzeugen kann. Werden die Eltern nicht sofort nach der Eiabgabe herausgefangen, so fressen sie die Eier binnen kurzer Zeit auf. Dies scheint mir die einzige Erklärung für die Berichte über Mißerfolge bei der Zucht des Bassamsalmlers. Am besten laichen die Fische bei einer Wassertemperatur von 27–28° C ab. Die Jungen schlüpfen bei dieser Temperatur nach etwa 24 Stunden, schwimmen mit 5 Tagen frei und beginnen dann sofort mit der Futtersuche. Füttert man mit Lebendfutter, so wachsen sie schnell, und man erzielt von einem Ansatz zwischen 150–250 Jungfische.
Da der Bassamsalmler nicht allzu bunt ist, ist er bei Aquarianern nicht sehr verbreitet und beliebt.
Erwachsenen Fischen bietet man klares, nicht zu hartes Wasser und ein gut bewachsenes Becken, das täglich, jedoch nicht zu lange, von der Sonne bestrahlt wird. In Becken, die den ganzen Tag über beleuchtet werden, werden die Fische blaß.

Hemigrammus nanus (Kupfersalmler)[1]
Die Art stammt aus dem Stromgebiet des San Francisco, Südost-Brasilien, und wird etwa 5 cm lang.
Die Grundfarbe der Weibchen ist gelblich bis grünlich-oliv, die schlanken Männchen sind prächtig kupferfarben. Je nach Zucht, vielleicht auch je nach Fundort, sehen die Fische verschieden aus. Daher wurden einige Stämme als *Hasemania marginata* bezeichnet. Dieser Name gilt heute nur noch als Synonym für *H. nanus.*
Der Fisch ist durch sein Laichverhalten sehr interessant. Er laicht am Abend unter Kunstlicht, wobei das Paar durch das Pflanzendickicht schwimmt. Zum Ablaichen genügt ein ganz kleines Vollglasbecken. Die Eier sind etwa 1 mm groß, sehr klebrig, mit glasklar durchsichtiger Eihülle. Innen sind sie braun bis schwarz. Die Brut schlüpft nach 24–36 Stunden; die durchsichtigen Körperchen über den dunklen Dottersäcken verlängern sich, nach etwa drei Tagen sieht man schon schwarze Augen und am fünften bis sechsten Tag schwimmen die Tierchen frei. Die Jungfische verstecken sich nicht zwischen den Pflanzen, sondern schwimmen frei und sind gegen Erschütterungen und plötzliche Beleuchtung unempfindlich. Zu Anfang bemerken wir die Brut nur schwer, weil sie sehr klein ist und glasklar durchsichtig, so daß nach dem Verzehren des dunklen Dottersackes nur die winzig kleinen, schwarzen Augen sichtbar bleiben. Die Jungfische fressen gerne Rädertierchen und *Cyclops*-Nauplien. Sie wachsen sehr schnell heran.

[1] Farbfoto auf Tafel 5, S. 80

Hemigrammus nanus

Hemigrammus ocellifer ocellifer (Laternensalmler)
Stammt aus Guayana. Wird etwa 4,5 cm lang. Diese sogenannte Nominatform wird selten gehalten und gezüchtet. Sie ist größer und hochrückiger als die Unterart *H. ocellifer falsus* und zeigt im Gegensatz zu ihr einen deutlichen Schulterfleck.

Hemigrammus ocellifer ocellifer

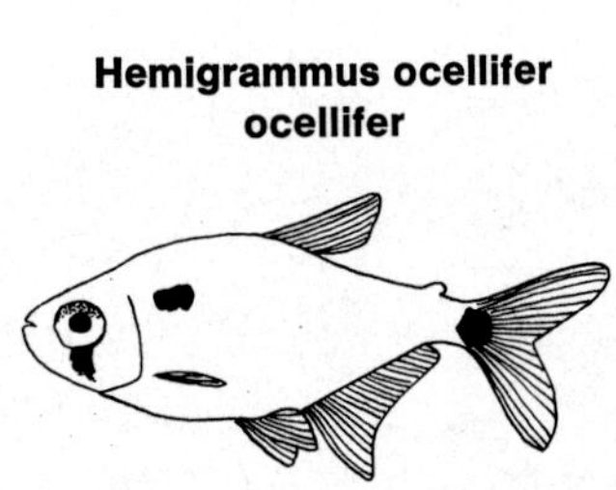

Hemigrammus ocellifer falsus (Fleckensalmler)
Diese Unterart wurde jahrelang nur als *H. ocellifer* bezeichnet und gezüchtet. *H. ocellifer falsus* ist ein kleiner, etwa 4 cm langer Fisch, der aus dem Strom-

Hemigrammus ocellifer falsus

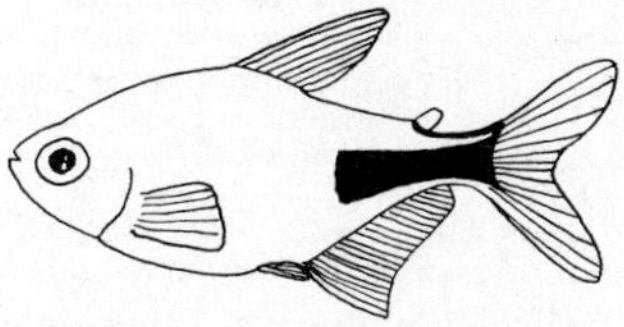

Hemigrammus pulcher pulcher

gebiet des Amazonas stammt. Der muntere Schwarmfisch eignet sich für jedes Gesellschaftsbecken. Er ist anspruchslos und sehr produktiv. Die Wassertemperatur muß über 20° C liegen. Die Samenfäden und die Eier sind nur gegen höhere Karbonathärte empfindlich. Die Nichtkarbonathärte darf relativ hoch liegen (6–8° dNKH). Erwachsene Fische vertragen auf die Dauer eine Gesamthärte von 15–20° dGH bei neutralem bis schwach alkalischem pH-Wert.

Hemigrammus pulcher pulcher (Karfunkelsalmler)[2]
Lebt im peruanischen Teil des Amazonas oberhalb Iquitos. Ruhiger Schwarmfisch, der bis 5 cm lang wird. Bewohnt vor allem die mittleren Wasserschichten. Zur Zucht braucht man ein großes, 30–50 Liter fassendes Vollglasbecken, weil die Fische sehr heftig treiben und ablaichen, und zwar dicht unter der Wasseroberfläche im freien Wasser. Das ablaichende Zuchtpaar widmet den glasklaren, kleinen, zu Boden sinkenden Eiern keine Aufmerksamkeit. Die Entwicklung der Embryonen verläuft am besten in sehr weichem, schwach saurem Wasser. Man erhält oft 400–600 Jungtiere bei einem Ablaichen. Nur Fische, die schon zum Ablaichen bereit sind, darf man ins Zuchtbecken einsetzen. Enthält das Weibchen noch keine reifen Eier, so wird es oft nach heftigem Treiben vom Männchen getötet.

Bild 2.8: Karfunkelsalmler (Hemigrammus pulcher pulcher). Aufnahme S. Frank

[2] Farbfoto auf Tafel 2, S. 34
[3] Farbfotos auf Tafel 7, S. 103 und Tafel 8, S. 104

Hemigrammus pulcher haraldi
Diese Unterart hat ein wesentlich kürzeres schwarzes Längsband, das auf dem Schwanzstiel seitlich, oberhalb des Endes der Afterflosse beginnt und weit in die Schwanzflosse eindringt. Im Aquarium wurde diese Unterart möglicherweise noch nicht nachgezüchtet.

Hemigrammus unilineatus ♂

Hemigrammus unilineatus (Schwanzstrichsalmler)
Auf Trinidad und in Südamerika von Venezuela bis Brasilien verbreitet. Wird bis 5 cm lang. Ein unscheinbarer Salmler, der ruhige Plätze im Pflanzenbewuchs bevorzugt. Die Art wird selten eingeführt und gehalten, obgleich sie sehr anspruchslos ist. Die Zucht entspricht im großen und ganzen der von *H. armstrongi* (siehe Seite 98).

Hemigrammus rhodostomus oben ♀, unten ♂

Hemigrammus rhodostomus (Rotmaulsalmler)[3]
Dieser schöne Schwarmfisch wird etwa 4 cm lang. Er stammt aus dem unteren Amazonasstrom. Die blutrote Ausfärbung geht vom Kopf aus keilförmig auf die Körperseiten über bis unter den Anfang der Rückenflosse. Die Haltung ist nicht schwierig. Die relativ scheuen Importtiere gewöhnen sich bald ans Aquariummilieu. Die Geschlechtsunterschiede in der Körperform sind bei dieser Art recht gering. Die Männchen sind nur ein wenig schlanker als die Weibchen. Die Art wurde jahrelang mit *Petitella georgiae* verwechselt. Daher sind auch die Literaturangaben über Zucht und Nachzucht sehr unsicher. In letzter Zeit wurde offensichtlich *Petitella georgiae* nachgezogen.

Bild 2.9: Weibchen des Rotmaulsalmlers (Hemigrammus rhodostomus, oben) und Männchen des Rotkopfsalmlers (Petitella georgiae, unten). Aufnahme S. Frank

Tafel 7
Bildfolge von links nach rechts, von oben nach unten: Beilbauchsalmler (Gasteropelecus sternicla). – Gestreifter Beilbauch (Carnegiella strigata vesca) oben und Zwergbeilbauch (Carnegiella marthae) (unten). – Grüner Neon (Hemigrammus hyanuary). – Sternflecksalmler oder Wasserstieglitz (Pristella riddlei). – Kirschflecksalmler (Hyphessobrycon erythrostigma). – Rotkopfsalmler (Petitella georgiae, oben) und Rotmaulsalmler (Hemigrammus rhodostomus, unten). – Trauermantelsalmler (Gymnocorymbus ternetzi). – Rotaugen-Mönkhausia (Moenkhausia sanctaefilomenae).
Aufnahmen B. Kahl

Gattung *Petitella*

In der Gestalt ähnlich wie *Hemigrammus*. Bei *Hemigrammus* stehen jedoch die Zähne auf dem Zwischenkiefer in zwei Reihen, bei *Petitella* in einer Reihe. Nur eine Art:

Petitella georgiae (Rotkopfsalmler)[1]
Typischer Schwarmfisch aus dem oberen Amazonas vom Rio Hualanga und von Iquitos in Peru. Die größeren und recht dicken Weibchen werden bis 6 cm lang. Die Art wird oft mit dem kleineren Rotmaulsalmler *(Hemigrammus rhodostomus)* verwechselt, obgleich die Zeichnung auf Schwanzwurzel und Schwanzflossenlappen bei lebenden Tieren deutlich verschieden ist. Im Aquarium laichen die Fische paarweise in weichem Wasser ab. Wassertemperatur 25° C. Die Zucht ist nicht sehr produktiv. Die Jungtiere schlüpfen nach etwa 30–36 Stunden.

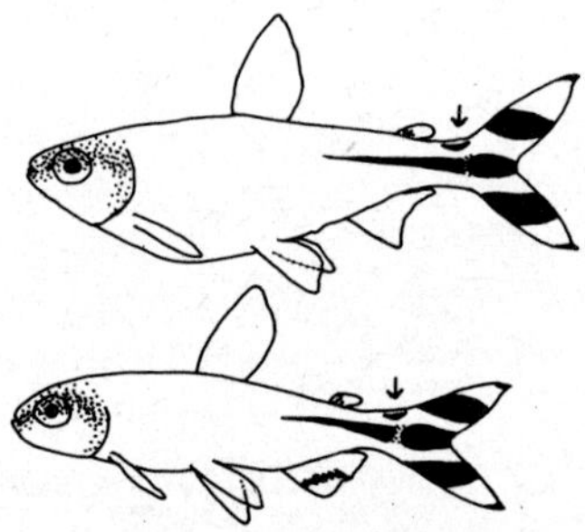

Petitella georgiae
oben ♀, unten ♂

Gattung *Hyphessobrycon*

Nahe verwandt mit der Gattung *Hemigrammus*. Bei allen Arten ist die Schwanzflossenbasis unbeschuppt; die Bezahnung der beiden Kiefer ist unterschiedlich. *Hemigrammus* und *Hyphessobrycon* unterscheiden sich auch im Ablaichverhalten. Die Gattung enthält zahlreiche Arten; ihr Verbreitungszentrum liegt im Stromgebiet des Amazonas. Die meisten *Hyphessobrycon*-Arten sind höchstens 5 cm lang. Eine Ausnahme macht vielleicht der Kirschflecksalmler *(H. erythrostigma)*, der in Gefangenschaft 10 bis 12 cm lang wird. Viele Arten sind beliebte Aquarienfische.

Hyphessobrycon bifasciatus (Gelber Salmler)
Lebt im südöstlichen Teil Brasiliens, oft im Brackwasser. Wird etwa 5 cm lang. In der Körperform ähnlich dem „Roten von Rio" *(H. flammeus)*. Grundfarbe ein zart durchscheinendes Graugelb bis Grüngelb. Hinter dem Kiemendeckel finden sich zwei querliegende Schulterflecke beiderseits des Kopfes. Das Männchen ist schlanker als das Weibchen und zeigt weißgesäumte, verlängerte Rücken- und Afterflossenvorderkanten. Die Afterflosse des Weibchens ist eingebogen, die des Männchens deutlich ausgebuchtet. Haltung und Zucht entsprechen der des „Roten von Rio". Erwachsene Tiere vertragen gut die relativ niedrige Temperatur von 15–16° C. Die Zucht ist sehr einfach. Die Eier werden in feinblättrige Wasserpflanzen abgelegt. Die Tiere beginnen schon bei einer Wassertemperatur von 18–20° C an abzulaichen. Die Elterntiere sind zwar sehr unauffällig gefärbt, die Jungtiere aber sind sehr bunt mit graugrünem Körper und rötlichen bis roten Flossen. Leider wachsen sie aus diesem schönen Jugendkleid bald heraus.

Hyphessobrycon bifasciatus

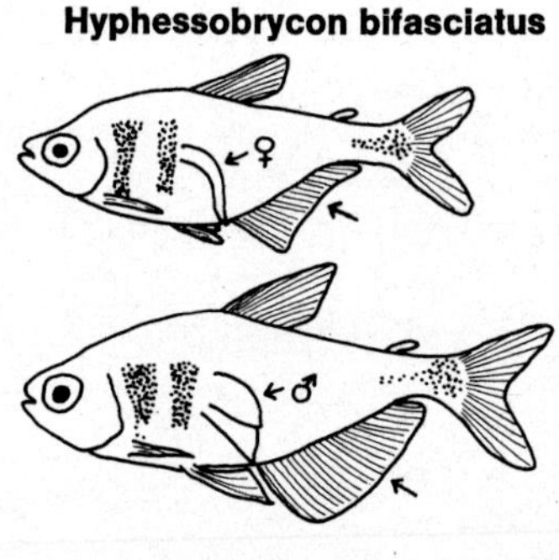

Hyphessobrycon callistus (Blutsalmler)[2]
Ein sehr schöner Schwarmfisch aus dem Paraguaybecken, der etwa 4 cm lang

[1] Farbfotos auf Tafel 7, S. 103 und Tafel 8, S. 104
[2] Farbfoto auf Tafel 6, S. 86

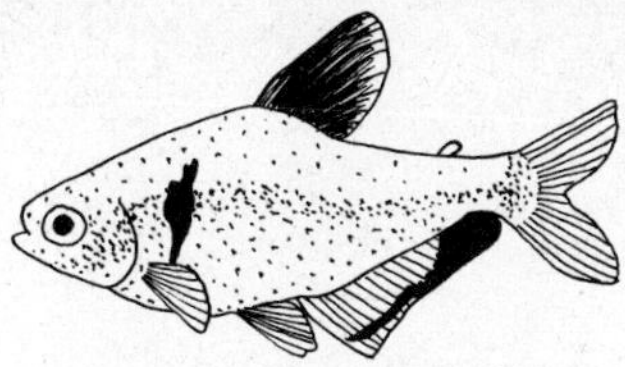

Hyphessobrycon callistus

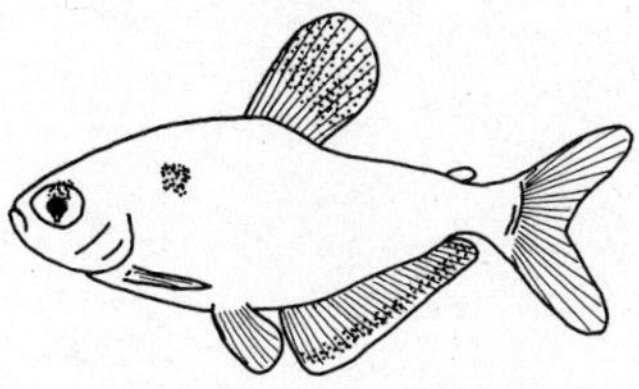

Hyphessobrycon serpae ♂

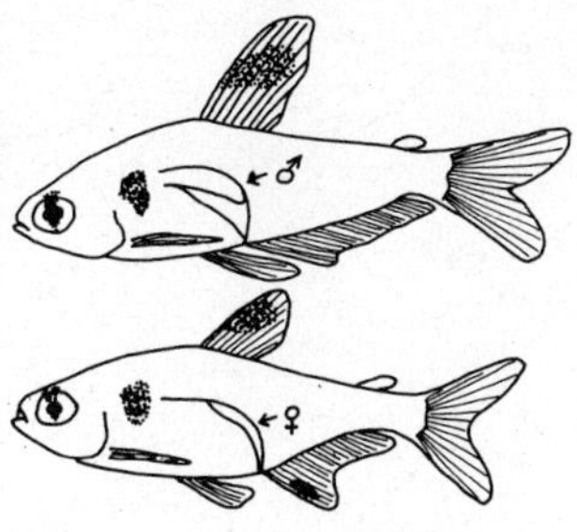

Hyphessobrycon copelandi

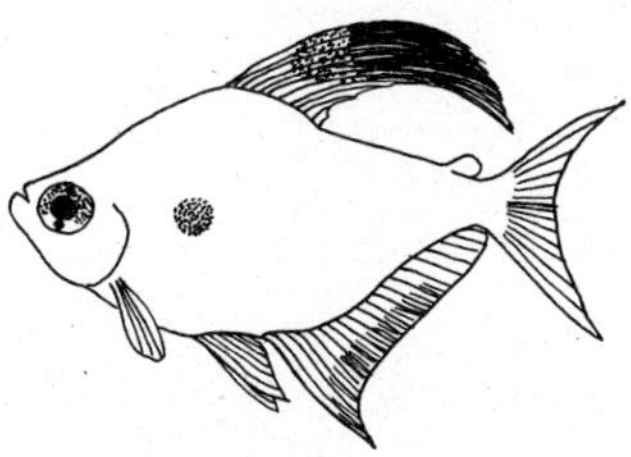

Hyphessobrycon erythrostigma

Hyphessobrycon flammeus ♂

Tafel 8
Rotmaulsalmler (Hemigrammus rhodostomus, oben) und Rotkopfsalmler (Petitella georgiae, unten) werden immer wieder verwechselt. Aufnahmen S. Frank

wird. Sehr langer und deutlicher Schulterfleck; Körperfärbung dunkelrot bis schmutzig-rot. Die meisten Exemplare dieser Art sind lebhaft und munter, aber aggressiv gegen andere Fische, denen sie die Flossen anbeißen. Blutsalmler pflegen unter Pflanzen zu stehen, den Kopf leicht abwärts geneigt und von dort her plötzlich andere Fische anzugreifen. Besonders die Flossen der Neontetras und Glühlichtsalmler scheinen es ihnen angetan zu haben. Nach dem Biß ziehen sich die Tiere blitzschnell wieder ins Pflanzendickicht zurück. Haltung und Zucht entsprechen der des Schmucksalmlers (*H. ornatus;* Seite 107).

Hyphessobrycon serpae (Serpasalmler)
Verbreitungsgebiet: Amazonasbecken und Rio Guapore. Wird bis 5 cm lang. Dem Blutsalmler *(H. callistus)* sehr ähnlich, jedoch leuchtend rot gefärbt. Schulterfleck sehr klein, rundlich, fehlt bei manchen blutroten Aquarienstämmen vollkommen. Diese zuletzt genannte blutrote Form wurde von Aquarianern fälschlich als *„Hyphessobrycon minor"* bezeichnet; der echte *H. minor* ist jedoch eine ganz andere, selbständige Art. Haltung und Zucht des Serpasalmlers sind relativ leicht; man geht ähnlich wie beim Schmucksalmler *(H. ornatus)* vor. Allerdings sind die Serpasalmler kurzlebig (sie werden höchstens zwei Jahre alt), und sie sind krankheitsanfällig (vor allem Bauchwassersucht). Andererseits laichen Serpasalmler das ganze Jahr über willig ab.

Hyphessobrycon copelandi
Heimat: Oberes Amazonasstromgebiet. Wird etwa 5 cm lang. In Körper- und Flossenform ähnlich jungen Schmucksalmlern *(H. ornatus)*, jedoch ist der Schulterfleck bei Jungtieren deutlich komma- bis keilförmig, bei erwachsenen Fischen oval bis rundlich. Erwachsene Männchen haben wenig verlängerte Rücken- und Afterflossen. Die Färbung ist leider sehr hell. Den Schulterfleck umgibt eine helle Zone. In zu stark beleuchteten Aquarien ist *H. copelandi* scheu. Haltung und Zucht sind einfach, an die Wasserzusammensetzung stellt die Art keine größeren Ansprüche. Wassertemperatur 22–27° C. Die Jungfische wachsen bis zu einem Alter von einem Monat recht schnell, danach nur langsam. Sie nehmen am liebsten Lebendfutter. Wegen der unauffälligen Färbung wird die Art selten gehalten.

*Hyphessobrycon erythrostigma (*Kirschflecksalmler)[1]
Ist bekannt unter dem Synonym *H. rubrostigma*. Heimat: Kolumbien. Wird 10 bis 12 cm lang. Sehr schöner, dekorativer, sehr ausdauernder Fisch. Männchen mit sichelförmig verlängerter Rückenflosse, größer als das Weibchen. Zucht gelingt nur selten. Verhalten der treibenden Männchen ähnlich wie beim Schmucksalmler. Kirschflecksalmler sind bei höherer Temperatur (25–26° C) zu halten und möglichst abwechslungsreich zu füttern: Anfluginsekten, Rote Mückenlarven, Trokkenfutter, wie z. B. Tetramin. Nur dann zeigen die Weibchen deutlich den Laichansatz. Das Wasser sollte möglichst häufig teilweise gewechselt werden. Von Pilzen befallene Importtiere werden schneller als mit den besten Medikamenten durch Wasserwechsel, hohe Temperatur und abwechslungsreiche Fütterung geheilt. Die Fische sind, obwohl relativ groß, recht friedlich. Die Männchen bedrohen sich zwar oft stundenlang mit gespreizten Flossen, kämpfen aber offensichtlich nie.

Hyphessobrycon flammeus („Roter von Rio")[2]
Lebt in der Umgebung von Rio de Janeiro. Wird bis 4,5 cm lang. Harter, friedlicher Anfängerfisch, der in mittleren Wasserschichten in Schwärmen lebt. Das Männchen ist schlanker als das Weibchen; es zeigt einen tiefschwarzen Saum um die Afterflosse und blutrote Ausfärbung von Körper und Flossen. Im Winter werden niedrige Wassertemperaturen bis herunter zu 16° C vertragen. Die Art paßt sehr gut ins Gesellschaftsbecken. Zur Zucht kann man entweder ein Vollglasbecken mit nur einem Büschel Wasserpflanzen verwenden, oder aber ein mit normalem Sandboden eingerichtetes, größeres Rahmenaquarium. Die Fische laichen paarweise, aber auch im Schwarm, stets in der Nähe von Pflanzen (Tausendblatt, Quellmoos usw.). Die Eier sind glasklar durchsichtig. Die Jungen schlüpfen bei einer Wassertemperatur von 20–24° C nach 24–36 Stunden. Nach fünf Tagen schwimmt die Brut frei. Man kann sie mit Lebendfutter füttern, oder sogar mit feinem Trockenfutter, das man zuvor anfeuchtet, damit es zu Boden sinkt (die Jungfische halten sich zunächst in Bodennähe auf).
Die Aufzucht des „Roten von Rio" ist kinderleicht. Dieser Fisch eignet sich deshalb auch sehr gut für Anfänger.

[1] Farbfoto auf Tafel 7, S. 103
[2] Farbfoto auf Tafel 5, S. 85

Hyphessobrycon griemi (Roter Goldflecksalmler)

Ein naher Verwandter des „Roten von Rio" und des „Gelben Salmlers". Wurde in Brasilien bei Goyaz gefangen und von dort eingeführt. Lebhafter Schwarmfisch. Wird nur 4 cm lang. Bei erregten Tieren färbt sich der ganze Körper zinnoberrot. Hinter dem Kiemendeckel zwei Schulterflecke. Haltung und Zucht wie beim „Roten von Rio", nur darf bei dieser Art die Temperatur nicht unter 20° C absinken. Die Embryonen brauchen zur Entwicklung etwas weicheres Wasser, das heißt höchstens 7° dGH und ungefähr neutralen pH-Wert.

Hyphessobrycon griemi

Hyphessobrycon georgettae

Heimat: Surinam nahe der brasilianischen Grenze. Kleiner, etwa 2 cm langer Fisch von gelblicher bis kräftig roter Färbung. Die Männchen sind kleiner und schlanker als die Weibchen. *H. georgettae* kann man zusammen mit anderen Salmlern im Gesellschaftsbecken pflegen; die Tiere sind jedoch weitaus am schönsten, wenn man sie allein im Aquarium in einem kleinen Schwarm schwimmen läßt. In der Gesellschaft anderer Arten bleiben sie scheu und zeigen niemals ihre wundervolle Ausfärbung. Auch beim Händler oder beim Netzfang sieht man meist nichts von der schönen Färbung. Werden die Tiere beim Fang gejagt, so schießen sie wie Pfeile wild durchs Becken.

Obwohl der Fisch sehr klein ist, wählen wir zur Zucht ein größeres Aquarium von mindestens 10 Liter Inhalt. Das Zuchtwasser soll weich und schwach sauer sein. Das Zuchtbecken wird mit einem Büschel feinblättriger Wasserpflanzen versehen. Das Zuchtpaar beruhigt sich nach dem Einsetzen rasch, und nach ein bis zwei Tagen kommt es zur Paarung. Die Eier sind überraschend groß, wenn man die geringe Größe der Elterntiere bedenkt, und sie werden in großer Zahl abgesetzt, oft mehr als 100. Die Jungen schlüpfen bei einer Wassertemperatur von 25 bis 28° C nach 18 bis 24 Stunden. Nach etwa fünf Tagen beginnen sie, frei zu schwimmen. Von da an bereitet die Aufzucht mit dem üblichen „Staubfutter" keine größeren Schwierigkeiten. Die Jungfische wachsen überraschend schnell; sie werden in dieser Hinsicht vielleicht nur noch von dem schwarzen Flaggensalmler *(H. herbertaxelrodi)* übertroffen. Schon nach etwa 17 Tagen zeigen die Jungtiere die prächtige Färbung erwachsener Fische. Sie fressen dann sehr gerne kleine *Cyclops*, aber auch jedes andere entsprechend kleine Futter. Spätestens nach vier Monaten sind die Tiere voll ausgewachsen. Bei der Zucht und Aufzucht kann es vorkommen, daß ein wenig fruchtbares Männchen gegen ein gutes ausgetauscht werden muß. Leider ist dieser kleine Salmler gegen Krankheiten sehr anfällig und empfindlich, aber nur, wenn er mit anderen Fischarten zusammen gehalten wird. Wer Gelegenheit hat, die munteren und farbschönen Kleinsalmler allein, in einem nicht zu kleinen Schwarm zu pflegen, dem kann man *H. georgettae* nur warm empfehlen. Öfterer Wasserwechsel ist anzuraten.

Hyphessobrycon herbertaxelrodi (Schwarzer Flaggensalmler)[1]

Heimat: Taquary im Mato Grosso in Brasilien. Wird bis 3,5 cm lang. Lebhafter, munterer Schwarmfisch, der sich in mittleren und oberen Wasserschichten, am liebsten im freien Wasserraum aufhält. In schlecht bepflanzten Becken mit hellem Untergrund fühlen sich die Schwarzen Flaggensalmler nicht wohl; sie zeigen dann ihre Farben auch nur in Andeutungen. Zur Zucht eignet sich ein Vollglasbecken mit nicht zu hartem, leicht saurem Wasser (Nichtkarbonathärte bis 4°, Karbonathärte 0°, pH-Wert etwa 6). Das Paar laicht nach kurzem, heftigem Treiben – meist entlang der Glasscheiben – im freien Wasser oder in einer der Ecken des Beckens ab. Pflanzen werden nie aktiv zum Laichen aufgesucht; findet eine Paarung in der Nähe der Pflanzen statt, so ist dies rein zufällig. Bei jedem Laichakt werden 4 bis 6 Laichkörner ausgestoßen. Sie werden vom Männchen besamt und sinken zu Boden. Die Eier kleben nur schwach. Sie sind recht klein, der Dotter ist leicht gelblich getönt, der Durchmesser beträgt etwa 1 mm. Bei 24° C schlüpfen die glasklaren Embryonen nach etwa 20 Stunden und liegen dann etwa einen Tag am Boden. Am nächsten Tag hängen sie sich an die Glasscheiben an, am fünften Tag nach dem Ausschlüpfen schwimmen sie frei. Die Tiere wachsen recht zügig. Mit drei bis vier Wochen sind die Jungen schon 15 bis 20 mm lang und so gefärbt wie die Elterntiere.

[1] Schwarzweißfoto auf S. 464

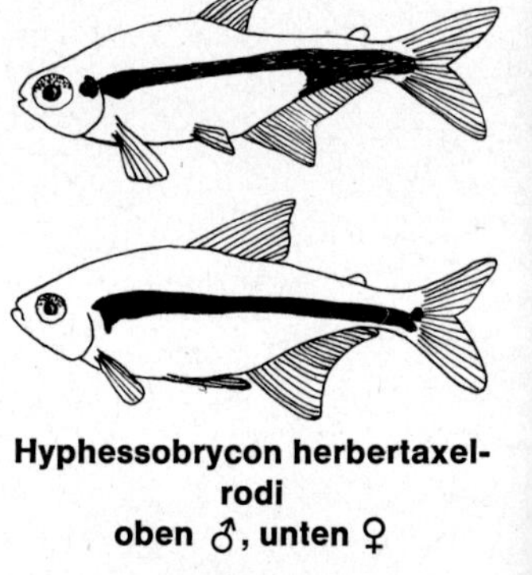

Hyphessobrycon herbertaxelrodi
oben ♂, unten ♀

Hyphessobrycon heterorhabdus

Hyphessobrycon heterorhabdus (Dreibandsalmler)

Heimat: Unterer Amazonas und Rio Tocantins. Bis 5 cm lang. Friedlicher, lebhafter, ausdauernder Schwarmfisch. Zucht und Haltung ähnlich wie bei der vorgenannten Art. Der Dreibandsalmler verträgt relativ niedrige Temperaturen, die

Bild 2.10: Pärchen des Dreibandsalmlers (Hyphessobrycon heterorhabdus), oben Weibchen, unten Männchen. Aufnahme S. Frank

jedoch 20° C nicht unterschreiten sollten. Die Embryonen scheinen empfindlich zu sein; sie benötigen weiches, schwach saures Wasser mit Zusatz von Torfextrakt. Ablaichtemperatur etwa 26° C.

Hyphessobrycon loretoensis (Loretosalmler)
Heimat: Rio Meta, Loretogebiet, im peruanischen Bereich des Amazonas. Kleiner, etwa 4 cm langer, empfindlicher Fisch. Schwanzflosse leuchtend orangerot, dadurch von *H. metae* und *H. peruvianus* unterschieden. Es ist unsicher, ob diese Art je in Gefangenschaft nachgezüchtet wurde.

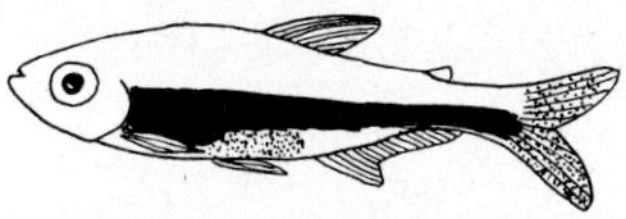

Hyphessobrycon loretoensis

Hyphessobrycon ornatus

Hyphessobrycon ornatus (Schmucksalmler)[2]
Heimat: Unteres Amazonasstromgebiet und Guayana. Wird etwa 4 bis 6 cm lang. Friedlicher, ausdauernder Fisch; gut fürs Gesellschaftsbecken geeignet. Das Wasser sollte für die Zucht nicht allzu weich sein. Die Nichtkarbonathärte darf bis 6° betragen, dagegen sind die Embryonen gegen Karbonathärte sehr empfindlich. Zur Zucht ist Zusatz von Torfextrakt erforderlich. Der pH-Wert sollte etwa neutral sein. In ganz härtefreiem oder zu saurem Wasser leiden viele Embryonen an konstitutioneller Bauchwassersucht; sie füllen ihre Schwimmblase nicht richtig mit Gas und schwimmen nicht frei. Die Art ist oft sehr produktiv: Aus einem Laich gewinnt man nicht selten 500–600 Jungfische. Die Jungtiere fressen nach dem Freischwimmen sehr gerne *Artemia*-Nauplien; sie wachsen gleichmäßig, aber langsam. Während der ersten drei Wochen darf die Wassertemperatur nicht unter 27° C sinken, da sonst die Jungfische oft plötzlich sterben. Auch gegen Nitrit sind die Jungfische recht empfindlich. Schlamm und Abfall müssen

[2] Farbfoto auf Tafel 5, S. 85

Bild 2.11: Paar des Schmucksalmlers (Hyphessobrycon ornatus), links Männchen, rechts Weibchen. Aufnahme S. Frank

Bild 2.12: Zwei Männchen des Zitronensalmlers (Hyphessobrycon pulchripinnis). Aufnahme S. Frank

daher regelmäßig vom Boden abgesaugt, und frisches, richtig temperiertes Wasser muß zugegossen werden. Es ist günstig, die Jungfische möglichst bald in ein normal eingerichtetes Becken mit guter Durchlüftung umzusetzen. Zuweilen wollen die Zuchtpaare nicht ablaichen. Dann sind die beim ersten Ablaichen ausgestoßenen überreifen Eier nicht befruchtungsfähig; es schlüpfen dann oft nur sehr wenige Jungfische. In solchen Fällen wäre es falsch, die Partner auszuwechseln; man setzt sie nach 14 bis 17 Tagen wieder zum Ablaichen an. Wenn auch dann wieder viele unbefruchtete Eier auftreten, ist daran zu denken, die Partner auszuwechseln, weil wahrscheinlich einer davon unfruchtbar ist. Das Männchen lockt das Weibchen über ein Pflanzenbüschel, und stupst es mit gebogenem Körper in die Seite. Das Ablaichen erfolgt ohne Umdrehung der beiden Tiere. Die Eier sind nur schwach klebrig; sie bleiben teils an den Pflanzen hängen, teils sinken sie zu Boden. Sie sind braunrot gefärbt. Die Jungfische schlüpfen schon nach 24—36 Stunden und schwimmen nach 5 Tagen frei. Sie halten sich 17 Tage bis drei Wochen im Pflanzendickicht versteckt. Erst danach beginnen sie langsam herauszuschwimmen und einen Schwarm zu bilden.

Hyphessobrycon pulchripinnis (Zitronensalmler)[1]
Verbreitungsgebiet in Südamerika nicht näher bekannt. In der Gefangenschaft wird der Fisch etwa 5 cm lang. Das Männchen ist schlanker als das Weibchen; seine After- und Rückenflossen sind kräftig gelb und schwarz gefärbt. Haltung und Zucht der schönen, friedlichen und beliebten Art wie beim Schmucksalmler. Der Zitronensalmler scheint gegen niedrigere Wassertemperaturen weniger emp-

[1] Farbfoto auf Tafel 1, S. 33

Hyphessobrycon pulchripinnis

Bild 2.13: Paar des Schwarzbandsalmlers (Hyphessobrycon scholzei), oben Männchen, unten Weibchen. Aufnahme S. Frank

findlich zu sein als der Schmucksalmler. Die Jungfische vertragen von Anfang an gut eine Temperatur um 24–26° C.

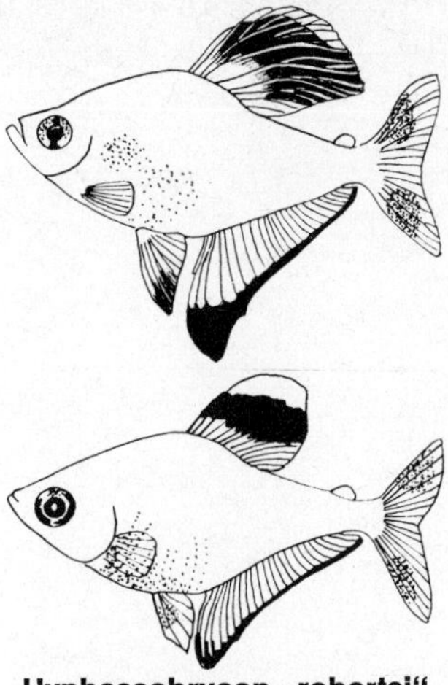

Hyphessobrycon „robertsi" oben ♂, unten ♀

Hyphessobrycon „robertsi" (Sichelsalmler)[2]
Eine wissenschaftlich noch nicht nachbestimmte oder sogar noch nicht beschriebene Art. „Robertsi" ist ein Handelsname. Der Sichelsalmler erinnert stark an den Schmucksalmler, ist jedoch kräftiger rot bis violettrot gefärbt. Die Rükkenflosse des Männchens ist fahnenartig verlängert, manchmal bis zum Ende der Schwanzflosse. Die Weibchen von Sichelsalmler und Schmucksalmler unterscheiden sich sehr deutlich durch Form und Ausfärbung der Afterflosse. Die Zucht ist recht schwierig; die Bedingungen, unter denen die Fische ablaichen, sind noch nicht bekannt.

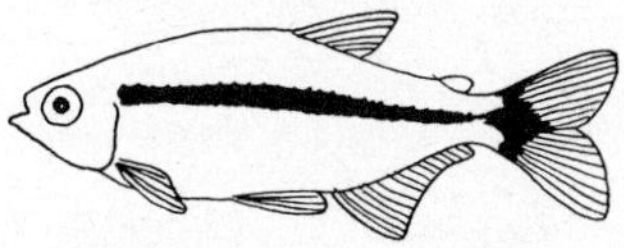

Hyphessobrycon scholzei

Hyphessobrycon scholzei (Schwarzbandsalmler)
Heimat: Umgebung von Pará. Wird bis 5 cm lang. Männchen deutlich schlanker als Weibchen. Anspruchsloser, friedlicher Schwarmfisch, der schon bei einer Wassertemperatur von 23° C willig ablaicht. Aus einem Ablaichen kann man bei vollerwachsenen Tieren die fast unglaubliche Zahl von bis 1600 Jungfischen erzielen. Es sind daher möglichst große Zuchtbecken zu empfehlen. Nimmt alles übliche Futter an, einschließlich Trockenfutter und Pflanzennahrung.

Bild 2.14: Roter Phantomsalmler (Megalamphodus sweglesi). Aufnahme S. Frank

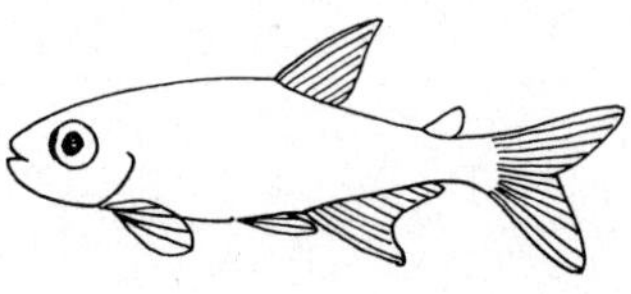

Hyphessobrycon simulans

Hyphessobrycon simulans (Blauer Neon)
Heimat: Rio Iufaris, ein Nebenfluß des Rio Negro. Wird bis 3,5 cm lang. Weibchen kräftiger und dicker als Männchen. Wurde in neuerer Zeit mehrfach importiert, hat sich jedoch noch nicht richtig angepaßt. Der blassen Färbung wegen ist diesem Fisch keine große Zukunft in der Aquaristik vorauszusagen.

Gattung *Megalamphodus*

Nahe verwandt mit der Gattung *Hyphessobrycon.* Es gelang, *Hyphessobrycon ornatus* und *Megalamphodus magalopterus* zu kreuzen; die Bastarde stellen eine Zwischenform der Ausgangsarten dar (intermediärer Erbgang).

Megalamphodus megalopterus

Megalamphodus megalopterus (Schwarzer Phantomsalmler)
Heimat: Rio Guapore. Wird etwa 4,5 cm lang. Bei beiden Geschlechtern ist der schwarze Schulterfleck sehr groß und von einer perlmuttartig glänzenden Zone umrahmt. Rücken- und Afterflosse sind beim Männchen sehr lang und breit. Alle Flossen sind grau bis schwarz gefärbt. Beim Weibchen dagegen bleiben die Bauchflossen und die Fettflosse stets so kräftig rot wie bei den Jungtieren. Haltung und Zucht wie bei den *Hyphessobrycon*-Arten. Die Nachzucht ist nicht schwierig, jedoch wachsen die Jungfische nur langsam heran.

Megalamphodus sweglesi (Roter Phantomsalmler)
Heimat: Rio Muco und oberer Rio Meta. Wird etwa 4 cm lang. Die Männchen bedrohen sich ähnlich wie die des Schwarzen Phantomsalmlers mit gespreizten Flossen, kämpfen jedoch nie ernsthaft. Der Rote Phantomsalmler ist gut haltbar, selbst wenn man ihn zusammen mit anderen Salmlern entsprechender Größe

[2] Farbfoto auf Tafel 2, S. 34

im Gesellschaftsaquarium pflegt. Schwieriger ist es, den kleinen Fisch erfolgreich nachzuzüchten. Man benötigt weiches, schwach saures Wasser. Bemerkenswert: Ein Paar, das schon einmal gut abgelaicht hat, versagt oft beim zweiten Ansatz und erreicht auch bei einem weiteren, viel späteren Ansatz das erste Ergebnis nicht mehr. Das Männchen treibt nach dem Einsetzen das Weibchen sehr stark; dann jedoch ändert sich die Situation: Das in Laichstimmung geratene Weibchen schwimmt immer wieder über die Pflanzen, wird jedoch vom Männchen kaum beachtet. Kommt es dennoch zu Paarungen, so werden meist nur wenige Eier befruchtet. Die meisten bleiben – vielleicht überreif – in der Bauchhöhle des Weibchens zurück.

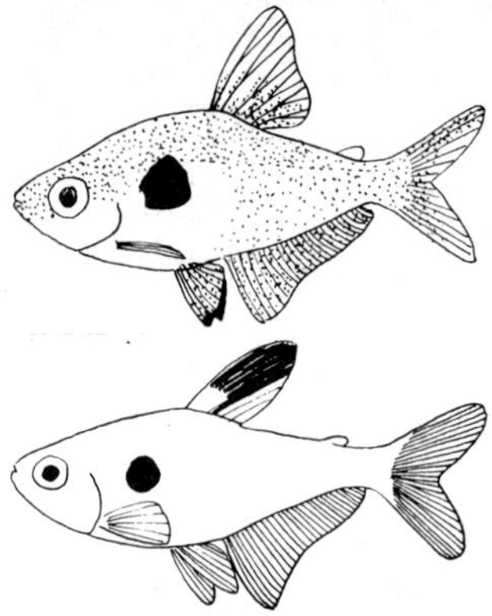

Megalamphodus sweglesi
oben ♂, unten ♀

Gute Zuchten erbringen durchschnittlich 150–300 Jungtiere pro Ansatz. Im Gegensatz zum Schwarzen Phantomsalmler, dessen Junge zunächst sehr langsam wachsen, wächst die Brut von *M. sweglesi* zunächst ziemlich rasch. Im Alter von drei bis vier Wochen fressen die Jungen schon kleine *Cyclops.* Später verlangsamt sich das Wachstum. Während der ersten drei bis vier Wochen ist die Aufzucht mit dem üblichen Staubfutter (möglichst aus fischfreien Teichen) kein Problem. Für die meisten Aquarianer wird *M. sweglesi* noch längere Zeit zu den selteneren Fischen zählen, da größere Zuchterfolge bislang nur vereinzelt bekanntgeworden sind. Das ist schade, denn der Fisch ist gut haltbar, anspruchslos, widerstandsfähig und sehr schön. Durch ihre zarte Orangefarbe fallen die Fische auf, und ein Schwarm ist ein wirklich bezaubernder Anblick. Die Wassertemperatur bei den beiden zuletzt erwähnten Arten soll zwischen 23 und 26° C liegen.

Gattung *Mimagoniates*

Nahe verwandt mit den Gattungen *Glandulocauda* und *Coelurichthys.* Die systematische Stellung dieser drei Gattungen ist noch ziemlich unklar.

Mimagoniates barberi
Ein sehr lebhafter Fisch aus Südostbrasilien und Paraguay. Die Männchen führen eigenartige Paarungstänze auf. Während der Paarung legt sich das Männchen quer, umschlingt das Weibchen und stößt ein Paket aus Samenfäden aus, das in den Eileiter gelangt. Die Eiablage erfolgt einige Stunden oder auch einige Tage oder sogar Wochen nach der Paarung. Das Weibchen klebt die Eier an die Unterseite von Wasserpflanzenblättern. Die Jungfische schlüpfen nach 24 bis 30 Stunden.

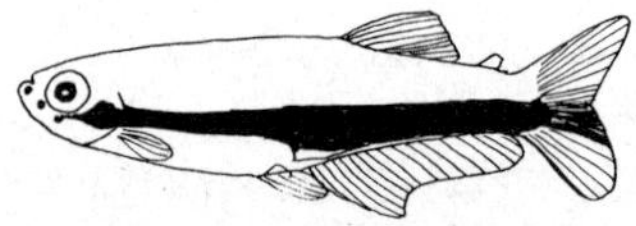

Mimagoniates barberi

Ähnlich: *Coelurichthys microlepis.* Lebt in fließenden Gewässern in Brasilien von Rio de Janeiro bis zum Rio Itapocu. Beide Arten wurden von den Aquarianern lange Zeit verwechselt. Die Paarungstänze sind beiden Arten ähnlich.

Gattung *Boehlkea*

Diese Gattung umfaßt Salmler mit langgestrecktem Körper, die an die Gattung *Glandulocauda* erinnern. Im Gegensatz zu *Glandulocauda* findet sich jedoch auf der Schwanzflossenwurzel keine drüsenartige Bildung.

Boehlkea fredcochui (Blauer Tetra)
Die Art wurde in fließenden Gewässern um Loreto Yacu gefangen. Géry vermu-

Bild 2.15: Männchen des Blauen Tetra (Boehlkea fredcochui). Aufnahme S. Frank

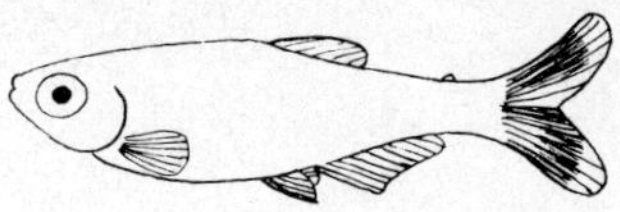

Boehlkea fredcochui

tet, daß sie im ganzen Bereich des Maranon von Iquitos bis Leticia verbreitet ist. Der Blaue Tetra ist ein lebhafter Schwarmfisch. Er wird etwa 4 cm lang. Körperfarbe metallisch-blau bis hellblau mit violettem Schimmer. Die Spitzen der Rücken- und Schwanzflosse sowie die ganze Fettflosse sind weiß. Der europäische Aquarianer kennt diesen Fisch unter dem falschen Namen *Microbrycon cochui*. Über die Nachzucht in Gefangenschaft ist nichts Sicheres bekannt.

Gattung *Moenkhausia*

Eine artenreiche, südamerikanische Gattung. Seitenlinie (mit Ausnahme von *M. sanctaefilomenae*) geradlinig und vollständig. Schwanzflosse an der Basis mit kleinen Schuppen bedeckt. Laichverhalten ähnlich der Gattung *Hyphessobrycon*.

Moenkhausia oligolepis (Schwanztupfensalmler)
Heimat: Amazonas und Guayana. Wird bis 12 cm lang. Auf der Schwanzwurzel ein breites, schwarzes Querband, das vorn von zwei goldglänzenden Feldern begrenzt wird. Anspruchsloser, friedlicher Fisch. Wird oft mit der folgenden, äußerlich ähnlichen Art verwechselt.

Moenkhausia sanctaefilomenae (Rotaugen-Mönkhausia)[1]
Heimat: Flußgebiet des Paraguay und Paranahyba-Becken. Kleiner als die vorgenannte Art, nur etwa 7 cm lang. Zur Zucht sind größere Becken zu verwenden. Günstigste Wassertemperatur 20–25° C. Sehr fruchtbar; ein Laich umfaßt oft 400–600 Eier. Die Embryonen schlüpfen bei einer Temperatur von 26° C nach 36 Stunden. Sie hängen zunächst an den Aquarienwänden, an Wasserpflanzen und dergleichen und schwimmen nach etwa drei Tagen frei. Die Brut ist mit

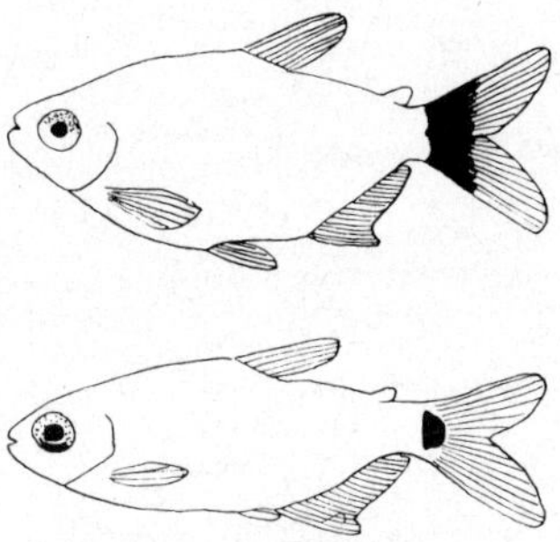

Moenkhausia sanctaefilomenae
oben ♀, unten ♂

Bild 2.16: Rotaugen-Mönkhausia (Moenkhausia sanctaefilomenae). Aufnahme S. Frank

Lebendfutter leicht aufzuziehen, fehlt es an Lebendfutter, gelingt die Aufzucht auch mit einer feinen Aufschwemmung von hartgekochtem Eigelb in Wasser. Da die Jungen sehr gefräßig sind und bei Nahrungsmangel ihre kleineren Geschwister auffressen, muß man mehrmals täglich füttern.

Moenkhausia pittieri (Brillantsalmler)[2]
Stammt aus dem See Valencia in Venezuela. Wird etwa 6 cm lang. Männchen immer größer als Weibchen, mit langausgezogenen Rücken- und Afterflossen. Körper glänzend und in allen möglichen Farben im auffallenden Licht irisierend. Zucht und Aufzucht nicht schwierig. Erwachsene Fische benötigen viel Raum und größere Becken. Körperform ähnlich der des Schmucksalmlers. Zur Zucht verwendet man am besten ein größeres Vollglasbecken, da das Zuchtpaar nicht so scheu ist, wenn ein größerer Raum zur Verfügung steht. Das Wasser soll weich sein, etwa von der Qualität, die für den Neontetra *(Paracheirodon innesi)* erprobt ist.

Moenkhausia pittieri

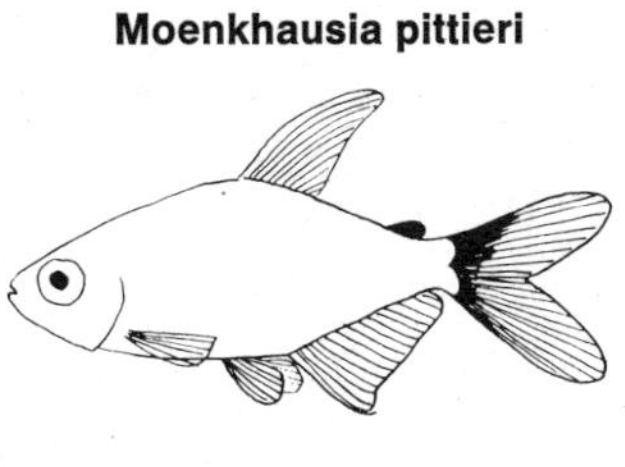

[1] Farbfoto Tafel 7, S. 103
[2] Farbfoto Tafel 6, S. 86

Bild 2.17: Pärchen des Brillantsalmlers (Moenkhausia pittieri), oben Männchen, unten Weibchen. Aufnahme S. Frank

Gattung *Nematobrycon*

Körper keulenförmig, seitlich abgeflacht. Schwanzflosse bei beiden Geschlechtern mit verlängerten mittleren Flossenstrahlen, die jedoch beim Männchen stärker als beim Weibchen entwickelt sind. Seitenlinie unvollständig. Fettflosse fehlt.

Nematobrycon palmeri (Kaisertetra)[1]

Nematobrycon palmeri

Heimat: Rio San Juan und Nebenflüsse Kolumbiens. Männchen größer als das Weibchen, wird bis 7 cm lang. Lebhafter Fisch. Ältere Männchen bilden Reviere und kämpfen untereinander. Kaisertetras laichen paarweise in Becken von 5 bis 10 Liter Inhalt mit dichten Pflanzenbüscheln ab. Zuchtwasser am besten sehr weich (ohne Karbonathärte!) mit einem pH-Wert zwischen 5,5 und 6,5. Geeignet ist altes Regen- oder Schneewasser. Wird das Zuchtwasser über Torf gefiltert, so schlüpfen die Jungfische nur schwer aus der Eihülle, viele bleiben krumm, und andere sterben vor dem Freischwimmen. Die Eltern kleben die Eier an Wasserpflanzen, und zwar am liebsten an feinblättrige Pflanzen. Hierin verhalten sie sich ähnlich wie die *Nannostomus*-Arten. Ein Laich kann 20–90 Eier umfassen. Bei einer Temperatur von 24–26° C schlüpfen die Jungen nach etwa 30 Stunden. Nach 5 Tagen schwimmen sie frei und fressen dann Rädertierchen und *Cyclops*-Nauplien. Im Alter von 14 Tagen nehmen sie schon kleine *Cyclops.* Man sollte zum Aufzuchtwasser in regelmäßigen Abständen Leitungswasser zugießen. Ein Absinken des pH-Wertes bis auf pH 4 ist für die kleinen Fische in diesem Alter sehr schädlich. Dagegen kann man ohne Nachteil den pH-Wert durch Zugabe von Natriumhydrogenkarbonat bis auf pH 7 oder 7,5 erhöhen. Die dabei auftretende anfängliche Wassertrübung schadet den Fischen nicht. Sind die Jungfische vier Wochen alt, so reicht man ihnen außer *Cyclops* einwandfreie, feingehackte *Tubifex*-Würmer. Die halberwachsenen Tiere vertragen den unglaublich niedrigen pH-Wert von 4. Erst bei pH 3,5 beginnen sie schwer zu atmen. Man muß dann möglichst rasch einen teilweisen Wasserwechsel vornehmen.

Ältere Tiere von *N. palmeri* fressen bei der „normalen" Wassertemperatur von 22–23° C ungenügend. Erst bei höheren Temperaturen von 26–27° C gehen diese Fische willig ans Futter. Der Kaisertetra gedeiht am besten, wenn wir außer Fluginsekten nur einwandfreie, gehackte und gut ausgespülte *Tubifex* füttern – ganz im Gegensatz zu den meisten anderen Salmlern. Diese Tatsache ist um so merkwürdiger, als fast alle anderen Salmler bei ausschließlicher *Tubifex*-Fütterung kümmern. Wir reichen dem Kaisertetra Daphnien, Enchyträen und Grindalwürmchen nur in kleinen Mengen in größeren Zeitabständen. Die ausschließliche Fütterung von *Cyclops* führt bei vielen Tieren zu Verdauungsschwierigkeiten und damit fast immer auch zu Verlusten.

Aquarianer in Nordamerika züchten eine Unterart, *Nematobrycon palmeri amphiloxus*[2]. Sie wurde in Europa vielleicht zum ersten Mal erst im Jahre 1975 einge-

[1] Farbfoto auf Tafel 2, S. 34
[2] Farbfoto auf Tafel 6, S. 86

Bild 2.18: Pärchen des Kaiser-Tetras (Nematobrycon palmeri), oben Männchen, unten Weibchen. Aufnahme S. Frank

führt. Die neue Art *Nematobrycon lacortei* ist in Europa noch unbekannt. Sie wurde aus dem oberen Flußgebiet des Rio Calima und aus südlichen Zuflüssen des Rio San Juan beschrieben.

Gattung *Poptella*

Körper scheibenförmig mit freistehendem, nach vorne gebogenem Stachel vor der Rückenflosse. Nahe verwandt mit den Gattungen *Stethaprion* und *Brachycalcinus,* aber auch mit *Moenkhausia* und *Gymnocorymbus. P. orbicularis* ist die bekannteste Art. Die meisten Arten dieser Gattung werden nur gelegentlich importiert.

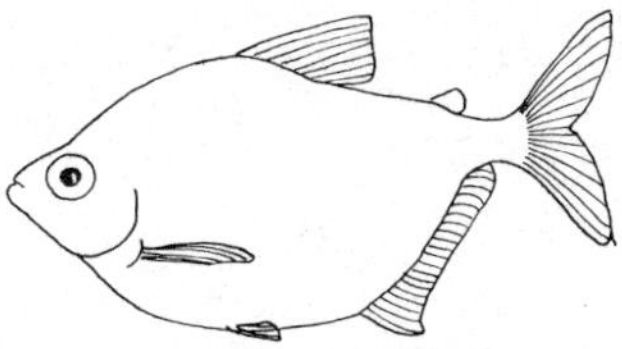

Poptella orbicularis

Poptella orbicularis (Diskussalmler)[3]
Heimat: Guayana, Amazonasstromgebiet, Paraguay. Wird bis 12 cm lang. Lebhafter und ausdauernder Schwarmfisch. Geschlechtsunterschiede nicht bekannt. Den immer munteren Fischen sagen größere Becken mit Schwimmpflanzen am besten zu. Von den Schwimmpflanzen ernähren sie sich teilweise. Unempfindlich gegen Wasserzusammensetzung und Schwankungen der Wassertemperatur (zwischen 20–25° C). Über die Zucht ist nichts bekannt. Ältere Bezeichnung: *Ephippicharax orbicularis.*

Gattung *Pristella*

Erinnert in der Körperform an *Megalamphodus*-Arten, mit denen sie auch nahe verwandt ist. Seitenlinie unvollständig. Schwanzflossenbasis beschuppt. Oberkiefer vollständig bezahnt, obwohl die Zähne der mittleren Kieferpartie in einer etwas unregelmäßigen Reihe angeordnet sind.

Pristella riddlei

Pristella riddlei (Sternflecksalmler)[4]
Heimat: Guayana und unterer Amazonasstrom. Wird bis 4,5 cm lang. Friedlich und lebhaft, in größeren Schwärmen etwas scheu, vor allem wenn das Becken zu stark beleuchtet oder der Bodengrund zu hell ist. Weibchen größer als die sehr schlanken Männchen. Zucht auch in kleinen Vollglas-Aquarien möglich. Zuchtbecken müssen abgeschattet und vor Störungen geschützt sein. Als Laichsubstrat genügt ein Büschel Quellmoos. Jedes nicht zu harte, einen Tag abgestandene Leitungswasser eignet sich als Zuchtwasser. In Südamerika lebt der Sternflecksalmler oft in Brackwasser, doch scheint ein Salzzusatz zum Zuchtwasser nicht günstig zu sein. Die Brut schlüpft aus kleinen, glasklaren Eiern bei einer Temperatur von 25–26° C nach 22–28 Stunden. Aus einem Laich gewinnt man oft 300–400 Junge. Haltung und Zucht entsprechen der von *Hyphessobrycon flammeus.*

[3] Farbfoto auf Tafel 5, S. 85
[4] Farbfoto auf Tafel 7, S. 103

Gattung *Stevardia*

Verwandt mit den Gattungen *Pseudocorynopoma, Glandulocauda* und *Rachowiscus*. Männchen mit typischem, sehr langem Anhang am Hinterrand des Kiemendeckels, der am Ende einen löffelartigen Spiegel bildet. Unterer Schwanzflossenlappen etwas länger als der obere. Seitenlinie vollständig. Einige Arten der erwähnten Gattungen wurden nachgezüchtet. Bekannteste Art:

Stevardia riisei (Zwergdrachenflosser)[1]
Heimat: Trinidad und nördliches Venezuela. Männchen größer als Weibchen, werden bis 7 cm lang. Anspruchsloser Fisch, der sich in gutbepflanzten, hellen Becken bei Temperaturen zwischen 22–28° C wohlfühlt. Allesfresser. Interessantes Balzverhalten. Das begattete Weibchen legt die Eier auch ohne Männchen mehrfach ab. Die Brut schlüpft nach 20–36 Stunden, abhängig von der Temperatur. Bei Fütterung mit feinem Staubfutter wächst sie recht schnell. Die orangegelbliche oder weißliche Zuchtform mit schwarzen Augen ist sehr beliebt; diese Tiere fallen zwischen grünen Aquarienpflanzen sehr gut auf.

Stevardia riisei
oben ♂, unten ♀

Bild 2.19: Zwei Männchen des Zwergdrachenflossers (Stevardia riisei), xanthoristische Form. Aufnahme S. Frank

Gattung *Thayeria*

Körper spindelförmig, seitlich stark zusammengedrückt. Alle Arten bewegen sich beim Schwimmen und beim „Stehen" mit dem Kopf nach oben. Unterer Schwanzflossenlappen größer als der obere. Basis der Schwanzflosse beschuppt. Seitenlinie unvollständig. Weit verbreitete, südamerikanische Gattung mit nur vier bekannten Arten, von denen in Aquarien wahrscheinlich nur zwei gehalten werden.

Thayeria boehlkei (Schrägschwimmer)[2]
Heimat: Oberer Maranon. Wird etwa 6 cm lang. Beide Geschlechter gleich gefärbt, Weibchen während der Laichzeit „voller". Form der Schwimmblase bei beiden Geschlechtern verschieden. Erwachsene Tiere sind gut im Gesellschaftsbecken zu halten, doch muß das Aquarium sorgfältig abgedeckt werden, da die Fische bei Erregung sehr gut springen. Importtiere, die mit dem Netz aus dem Becken gefangen werden sollten, sprangen bei mir 1–2 m weit!
Zur Zucht sind größere Vollglasbecken (30–40 Liter Wasser) erforderlich. Das Wasser soll nicht zu weich sein (3–5° Nichtkarbonathärte, keine Karbonathärte, ein wenig Torfextrakt). Optimale Zuchttemperatur 26° C. Wasserpflanzen sind zum Ablaichen nicht unbedingt erforderlich, sie dienen mehr als Dekoration. Die Fische brauchen genügend freien Schwimmraum. Am besten setzt man drei bis fünf Weibchen und ein bis zwei Männchen zur Zucht an. Die Tiere laichen im freien Wasser ab. Nach jeder Paarung sinkt eine kleine Eierwolke langsam zu Boden. Während des Ablaichens fressen die Alttiere keine Eier. Der pH-Wert soll während der ganzen Embryonalentwicklung in der Eihülle nicht unter 7,0 ab-

Thayeria boehlkei

[1] Über das Verhalten des Zwergdrachenflossers s. S. 571
[2] Farbfoto auf Tafel 5, S. 85

Bild 2.20: Schrägschwimmer (Thayeria boehlkei). Aufnahme S. Frank

sinken, sonst geht die Brut ein. Nach dem Freischwimmen nur mit sehr kleinem Lebendfutter füttern. Jungfische wachsen schnell; sie sind im Alter von 4 Wochen schon 10–12 mm lang. Recht fruchtbare Art: Aus einem Laich eines Paares kann man bis 1000 Jungfische erhalten.

Thayeria obliqua

Thayeria obliqua (Halbbinden-Schrägschwimmer)
Heimat: Rio Guaporé. Wird etwa 8 cm lang. Selten importiert. Nach Weitzman ist die Art. *T. sanctaemariae* wahrscheinlich mit *T. obliqua* identisch. Sehr lebhafter Fisch. Unterer Schwanzflossenlappen stark verlängert. Dunkle Längsbinde nur vom Ende der Afterflossenbasis bis zum unteren Lappen der Schwanzflosse deutlich. Anfang der Längsbinde unter dem Ende der Basis der Rückenflosse nur angedeutet. Die Zucht dieses ausdauernden und sehr dekorativen Fisches ist bis heute noch nicht gelungen. Allesfresser, die Planktonnahrung bevorzugen. Bei der letzten Art, *T. ifati*, beginnt die Längsbinde vorn vor der Rückenflosseninsertion. Nicht eingeführt.

Familie Alestidae (Echte Afrikanische Salmler)

Sehr nahe mit den Echten Südamerikanischen Salmlern verwandt. Die meisten eingeführten Arten sind länger als 10 cm. Die Unterschiede zwischen den südamerikanischen und den afrikanischen Salmlern sind relativ gering, obwohl wir annehmen müssen, daß die beiden Familien seit 200–300 Millionen Jahren voneinander getrennt sind und sich unabhängig voneinander weiterentwickelt und an das verschiedene Lebensmilieu in beiden Kontinenten angepaßt haben.
Bei vielen Arten sind die Eier recht groß (2–3 mm im Durchmesser). Sie sind von einer relativ dicken und harten, nicht klebrigen Eihülle umschlossen. Die meisten Arten sind Freiwasserlaicher. Bei manchen schlüpfen die Embryonen vollkommen entwickelt nach der relativ kurzen Zeit von 6–7 Tagen aus dem Ei, füllen sofort ihre Schwimmblasen, schwimmen frei, verzehren innerhalb von höchstens 2–6 Stunden die letzten Dotterreste und gehen selbständig auf Nahrungssuche.

Gattung *Alestes*

Bewegungslustige, farbenfreudige Schwarmfische mit gestrecktem, seitlich zusammengedrücktem Körper. Die Rückenflosse steht etwa in der Mitte des Körpers. Fettflosse vorhanden. Kieferzähne in kleiner Zahl in 2 Reihen angeordnet. Nahrung vor allem Anfluginsekten. Haltung und Zucht am besten in größeren Becken.

Alestes longipinnis

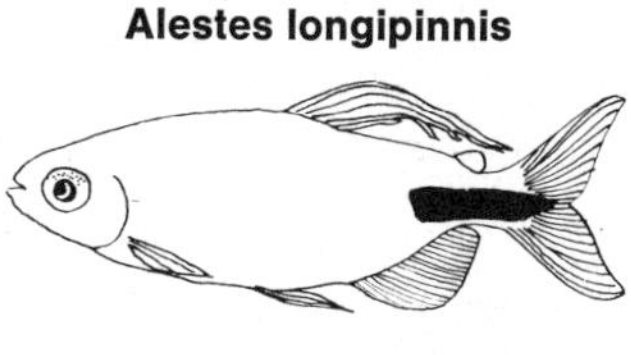

Alestes longiginnis (Langflossensalmler)[3]
Heimat: Tropisches Westafrika von Sierra Leone bis Kongo. Männchen größer als die Weibchen, bis etwa 13 cm lang. Geschlechtsunterschiede deutlich: Männchen mit langausgezogenen Rücken- und Bauchflossen, großer, konvexer Afterflosse, die weißlich gesäumt ist. Afterflosse beim Weibchen geradlinig oder eingebuchtet. Langflossensalmler laichen im freien Wasser in der Nähe von Pflanzen, Steinen, Holzstücken usw. ab. Die Eier sind etwa 2,5 mm groß. Die Larven schlüpfen bei 26–28° C nach etwa 6 Tagen; sie sind vollentwickelt, füllen gleich ihre

[3] Farbfoto auf Tafel 1, S. 33

Bild 2.21: Langflossensalmler (Alestes longipinnis). Aufnahme S. Frank

Schwimmblase und gehen auf Nahrungssuche. Die frischgeschlüpfte Brut schwimmt zuerst mit dem Kopf schräg nach oben (in einem Winkel von 30–45° zur Oberfläche). Die Brut wächst am besten bei Fütterung mit frischgeschlüpften *Artemia*-Nauplien. Frischgeschlüpfte Larven messen durchschnittlich 7,25 mm. Das Zuchtwasser soll weich sein. Während der Entwicklung in den Eihüllen sind die Embryonen gegen Nichtkarbonathärte empfindlicher als gegen Karbonathärte. Die Härte eines guten Zuchtwassers solle 1° dNKH und 3° dKH nicht übersteigen. Zu empfehlen ist Zusatz von ein wenig Torfextrakt, zum Beispiel 5–6 Tropfen ToruMin auf 4–5 Liter Zuchtwasser. Langflossensalmler scheinen Dauerlaicher zu sein. So wurde ein Paar beobachtet, das in 2- bis 6tägigen Intervallen 37mal ablaichte. Insgesamt wurden dabei 5427 Eier eingesammelt, wovon 56 % unbefruchtet waren. Günstig ist starke Durchlüftung, hauptsächlich während des Schlüpfens der Brut, weil sich die Larven in sauerstoffreicherem Wasser leichter aus der Eihülle befreien können.
Außer dem Langflossensalmler wurden noch andere *Alestes*-Arten eingeführt, z. B. *chaperi*[1], *A. imberi, A. macrophthalmus, A. nurse, A. humilis*; davon wurde wahrscheinlich nur *A. humilis* bisher nachgezüchtet.

[1] Schwarzweißfoto auf S. 39
[2] Farbfoto auf Tafel 1, S. 33

Gattung *Arnoldichthys*

Diese Gattung enthält nur eine Art:

*Arnolddichthys spilopterus (*Arnolds Rotaugensalmler)[2]
Heimat: Tropische Gewässer Westafrikas von Lagos bis zur Nigermündung. Wird etwa 7 cm lang. Körperform spindelförmig. Rückenflosse steht über den Bauchflossen. Seitenlinie vollständig, verläuft in der unteren Körperhälfte. Afterflosse des Männchens konvex, die des Weibchens leicht konkav. Haltung und Zucht ähnlich der des Langflossensalmlers. Eier kleiner als beim Langflossensalmler (etwa 1,2 mm), haften relativ gut. Nach R. Beck sollen die Embryonen schon nach 30–36 Stunden schlüpfen und nach etwa 7 Tagen freischwimmen. Die jungen Fische sind sehr schreckhaft. Sie wachsen recht schnell (nach 14 Tagen 15 mm, nach 3 Wochen 2,5–3 cm).

Arnoldichthys spilopterus

Gattung *Micralestes*

Afrikanische Salmler mit spindelförmiger Körperform, die seitlich etwas zusammengedrückt erscheinen. Bei manchen Arten haben die geschlechtsreifen Männchen verlängerte Flossenstrahlen in Rücken- und Schwanzflosse, manchmal auch in der Afterflosse. Seitenlinie vollständig.

Micralestes acutidens
Heimat: Von der Mündung des Nils südwärts bis Sambia und Limpopo. Lebhafter, friedlicher Schwarmfisch. Wird etwa 7 cm lang. Zeigt die volle Ausfärbung nur bei einer Temperatur von 25–27° C und in schwach saurem Wasser.
Erwachsene Tiere vertragen Härtegrade bis 15° dGH recht gut. Zur Zucht darf jedoch die Nichtkarbonathärte 5° dNKH nicht übersteigen, die Karbonathärte darf

Micralestes acutidens

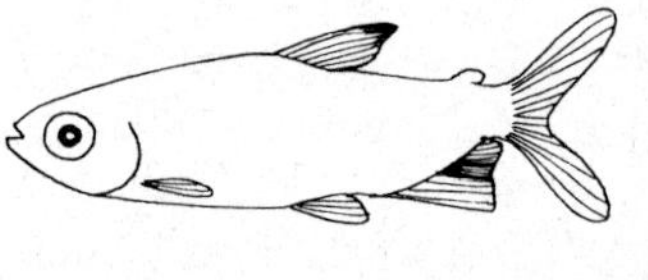

Bild 2.22: Männchen von Micralestes acutidens. Aufnahme S. Frank

höchstens in Spuren vorhanden sein. Beim Ablaichen jagen die Tiere blitzschnell durchs Becken. Die wilde Raserei endet dann in oder über den Pflanzen. Das Männchen schmiegt sich längsseits an das Weibchen; in dieser Stellung verharren die Tiere etwa 5–8 Sekunden ganz still, dann schnellen sie mit einem Ruck auseinander, und man sieht etwa 5–10 glasklare Eier zu Boden sinken. Der Laich bleibt zum Teil an den Pflanzen hängen. Die Jungfische schlüpfen schon nach 36–40 Stunden und beginnen nach etwa drei Tagen frei zu schwimmen. Mit Lebendfutter gefütterte Jungfische wachsen relativ langsam. Erwachsene Fische brauchen viel Schwimmraum und eine Randbepflanzung. Sie sind Allesfresser, geben aber Anfluginsekten und Trockenfutter den Vorzug, also Futter, das sie von der Wasseroberfläche nehmen können.
Hin und wieder werden weitere Arten, z. B. *M. hilgendorfi* und *M. vittatus* importiert. Sie wurden leider bisher in Gefangenschaft noch nicht nachgezogen.

Gattung *Phenacogrammus*

Nahe mit *Micralestes* verwandt. Die Unterschiede zur Gattung *Micralestes* betreffen die Form und den Bau der Afterflosse, die unvollständige Seitenlinie sowie die geographische Verbreitung (nur Kongogebiet).

Phenacogrammus interruptus (Kongosalmler)[3]
Heimat: Kongogebiet. Männchen größer als die Weibchen, wird bis 12 cm lang, vielleicht noch länger. Mittlere Schwanzflossenstrahlen verlängert, bilden einen dritten Schwanzflossenlappen in der Mitte der Flosse. Besonders beim Männchen kann dieser Lappen sehr groß sein.

[3] Farbfoto auf Tafel 1, S. 33

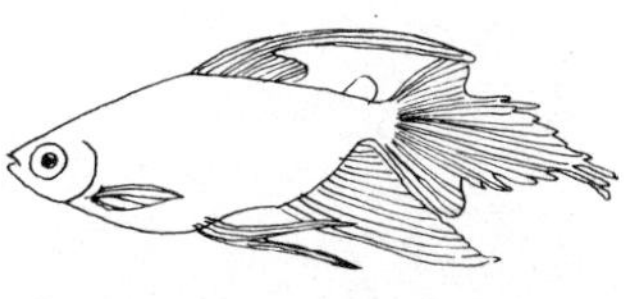

Phenacogrammus interruptus

Bild 2.23: Pärchen des Kongosalmlers (Phenacogrammus interruptus), oben Männchen, unten Weibchen. Aufnahme S. Frank

Sehr schöner und beliebter Fisch, der als Nahrung Anfluginsekten bevorzugt. Die Tiere laichen im freien Wasser, meist an sonnigen Tagen. Die großen, schwach bräunlichen Eier werden nach heftigem Treiben ausgestoßen und sinken zu Boden. Die Jungen schlüpfen bei 26–27° C erst nach 6–7 Tagen, sind vollkommen entwickelt und müssen sogleich gefüttert werden.

Gattung *Petersius*

Nahe verwandt mit den Gattungen *Alestes, Micralestes* und *Phenacogrammus.* Von diesen Gattungen unterscheidet sich *Petersius* durch andere Bezahnung des Unterkiefers.

Petersius caudalis (Gelber Kongosalmler)[1]
Heimat: Unteres Kongogebiet. Wird etwa 8 cm lang. Attraktiver Schwarmfisch, der farblos bleibt, wenn man ihn einzeln oder paarweise hält. Erwachsene Tiere lieben leicht saures, nicht zu hartes Wasser bis etwa 5° dGH und eine Temperatur von 26–30° C. Die Weibchen zeigen nur selten Laichansatz. Vielleicht ist der Laichansatz wie bei den beiden zuvor genannten Gattungen von der Nahrung abhängig. Die Jungfische wachsen zu Anfang sehr langsam. Zucht und Aufzucht wie bei Langflossensalmler und beim Kongosalmler.

Familie Serrasalmidae (Sägesalmler)[2]

Südamerikanische Schwarmfische, die 10–40 cm lang werden. Körperform scheibenförmig, seitlich stark abgeflacht. Bauchkiel von den Kiemendeckeln bis zum Anfang der Afterflossenbasis sägeartig gezähnt. Rücken- und Afterflosse bei manchen Arten lang. Bei einigen Arten finden sich im Vorderteil der Fettflosse Flossenstrahlen. Die Bauchflossen sind klein. Beide Kiefer sind mit sehr scharfen Zähnen besetzt. Es sind mehrere Gattungen bekannt. Einige sind Allesfresser *(Catoprion, Colossoma),* andere ernähren sich von Pflanzen oder Früchten *(Metynnis, Myleus, Mylosoma),* und die Arten der Gattung *Serrasalmus,* die sogenannten Pirayas, sind Fleischfresser und gefürchtete Räuber. Aus allen genannten Gattungen werden von Zeit zu Zeit einige Arten importiert und von Aquarianern gepflegt. Kleinere Scheibensalmler wie z. B. die 12–14 cm langwerdenden *Metynnis argenteus, Metynnis hypsauchen*[3] und *Metynnis maculatus* kann man sogar in Privataquarien halten und züchten. Nachgezogen wurden zum Beispiel *Metynnis maculatus* und *M. hypsauchen. M. hypsauchen* laicht im freien Wasser und legt bis 2000 nicht klebrige Eier, die einen Durchmesser von etwa 2 mm aufweisen. Bei 28° C schlüpfen die Larven nach 70 Stunden, die Brut schwimmt nach etwa 5 Tagen frei und nimmt dann Lebendfutter, *Cyclops*-Nauplien, später Wasserflöhe. Die Tiere wachsen schnell. Erwachsene *Metynnis*-Exemplare fressen Lebendfutter aller Art und pflanzliche Beikost wie z. B. Kopfsalat in riesigen Mengen. Die pflanzenfressenden „Pirayas" stehen in Südamerika an vielen Orten unter Naturschutz: Diese Fische befreien nämlich stehende Gewässer, stillgelegte, tote Flußarme von dem unerwünschten Schwimmpflanzenbewuchs, der den Zutritt des Lichtes zum Wasser behindert. Ohne Licht faulen diese Gewässer und werden lebensfeindlich.
Größere *Serrasalmus*-Arten, die 15–40 cm lang werden, eignen sich nur für Aquarienausstellungen. Pirayas haben außerordentlich kräftige und scharfe Gebisse; sie können im Schwarm großen Tieren und sogar Menschen gefährlich werden. Zu den gefährlichsten Arten gehört vielleicht Natterers Sägesalmler *(Serrasalmus nattereri)*[4] sowie *Serrasalmus piraya,* die beide etwa 30–35 cm lang werden. In einigen Gebieten Brasiliens ist die Piraya-Gefahr ein Problem. Bei der Haltung im Aquarium bereitet die Angriffslust der Fische große Schwierigkeiten. Nicht nur gegen andere Tiere, sondern auch untereinander sind sie so unverträglich, daß oft im Becken bald nur noch ein lebendes Tier übrigbleibt. Man füttert Pirayas mit Fischen, Würmern, Fleischstückchen. Einige *Serrasalmus*-Arten wurden in Europa und Nordamerika nachgezogen. Die Brut läßt sich zuerst mit *Artemia*-Nauplien füttern. Insgesamt sind etwa 16 Arten dieser Gattung bekannt, von denen etwa 6 gelegentlich von Aquarianern gepflegt werden. Die Bestimmung der Art ist bei dieser Gattung leider oft schwierig und unsicher.

[1] Farbfoto auf Tafel 1, S. 33
[2] Über das Verhalten von Sägesalmlern s. S. 539 und 562 f.
[3] Schwarzweißfoto auf S. 536
[4] Schwarzweißfoto auf S. 539, über das Verhalten s. S. 562 f.

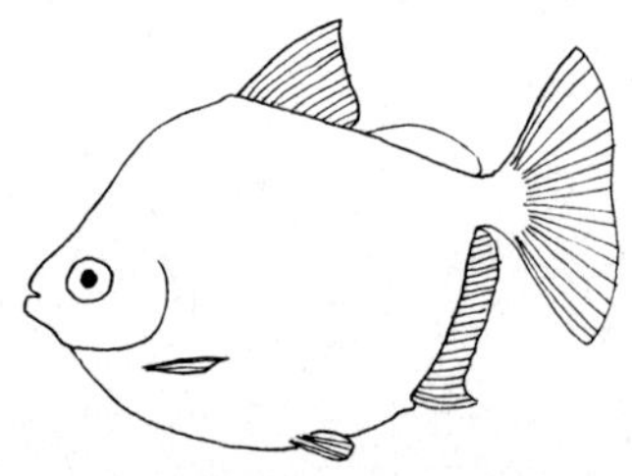
Metynnis hypsauchen

Serrasalmus nattereri

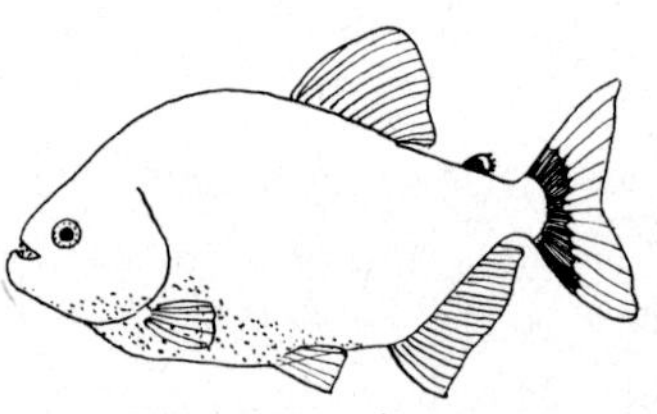
Serrasalmus piraya

Familie Gasteropelecidae (Beilbauchfische)[5]

Heimat: Panama bis La Plata; Beilbauchfische sind also sehr weit verbreitet. Rückenprofil der Tiere nahezu geradlinig, die Bauchlinie bildet einen halbkreisförmigen Bogen. Die Fische sind klein, seitlich stark abgeflacht. Den Schultergürtel dieser Fische bildet ein mächtiges Brustbein, an dem die stark entwickelte Brustflossenmuskulatur ansetzt. Beilbauchfische schwimmen sehr schnell mit den Brustflossen, sie können die Wasseroberfläche durchbrechen und nicht nur in der Luft gleiten, sondern 3–5 m weit fliegen. (Die fliegenden Fische der anderen Fischgruppen gleiten nur auf den großen Brustflossen durch die Luft.) Beilbauchfische leben in Schwärmen, oft mit anderen Salmlerartigen zusammen. Im Aquarium brauchen sie einen möglichst großen Wasserspiegel, das heißt viel Schwimmraum, dunklen Bodengrund, wenig Bepflanzung, weiches Wasser mit

Carnegiella myersi

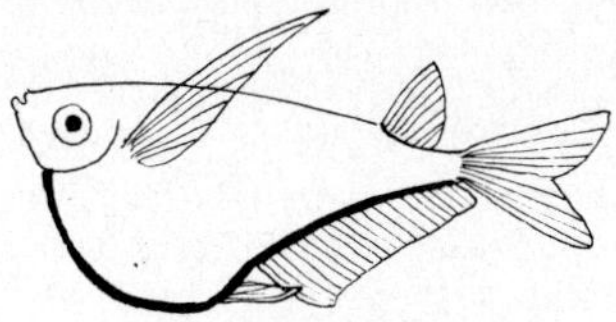

Carnegiella marthae

Carnegiella strigata

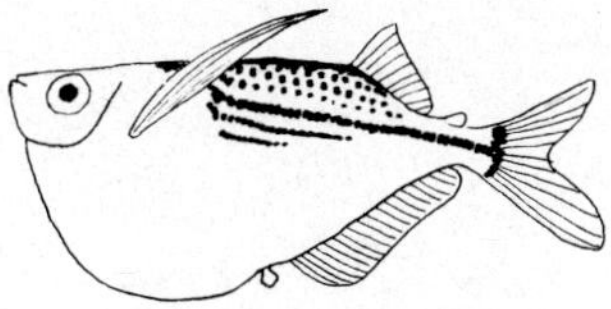

Gasteropelecus levis

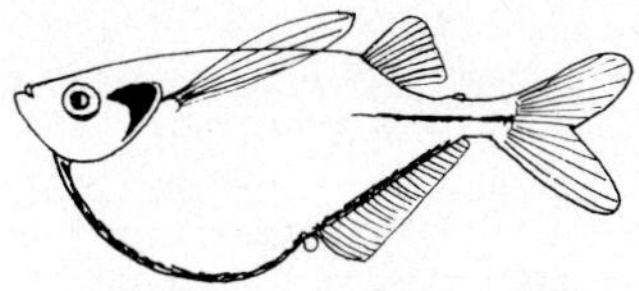

Gasteropelecus sternicla

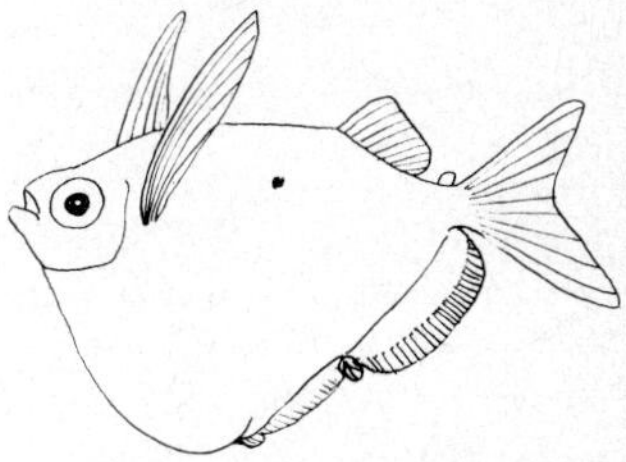

Thoracocharax securis

relativ hohen Temperaturen (25–30° C) und eine gute Abdeckung durch eine dichte Deckscheibe. Man füttert vor allem lebende Insekten, z. B. Taufliegen, kleine Schaben, Heimchen, Mückenlarven, die vor dem Verfüttern kurz abgetrocknet werden, damit sie an der Oberfläche schwimmen, Wasserflöhe (von denen stets ein Teil an der Wasseroberfläche „schwimmen" bleibt, und so leicht von den Fischen zu erreichen ist). Geschlechtsunterschiede sind praktisch nicht zu erkennen. Nur bei einigen Arten sieht man im durchscheinenden Licht in den Leibeshöhlen der Weibchen die reifen Eier. Einige Arten aus den Gattungen *Carnegiella* und *Gasteropelecus* haben sich in Gefangenschaft sogar fortgepflanzt.

Vor allem die kleinen Arten aus der Gattung *Carnegiella* werden häufig importiert. Ihnen fehlt die Fettflosse. Sie stammen aus dem Amazonasstromgebiet, aber auch aus dem Rio Negro, dem Orinoco, den Zuflüssen des Maranon usw. Der Glasbeilbauch *(Carnegiella myersi)* wird nur etwa 2,5 cm lang. Wenig größer ist der Schwarzschwingen-Beilbauch *(Carnegiella marthae)*[6]; etwa 3,5–4,5 cm lang werden der Marmorierte Beilbauchfisch *(Carnegiella strigata)*[7] und der Gestreifte Beilbauchfisch *(Carnegiella strigata vesca)*[8].

Größer werden die Vertreter der Gattung *Gasteropelecus*, nämlich 6–10 cm lang. Bei ihnen ist die Fettflosse immer vorhanden. Die bekanntesten Arten aus dem unteren und mittleren Amazonasstromgebiet und aus Kolumbien sind der Silberbeilbauchfisch *(Gasteropelecus levis)*, der Gemeine Silberbeilbauchfisch *(Gasteropelecus sternicla)*[9] und der Gefleckte Silberbeilbauch *(Gasteropelecus maculatus)*.

Von den beiden erwähnten Gattungen der Beilbauchfische unterscheidet sich die Gattung *Thoracocharax* durch große Schuppen und eine kleine Zahl von Schuppen in der Seitenlinie (18–22). Nur der Platin-Beilbauchfisch *(Thoracocharax securis)* und der Diskusbeilbauch *(Thoracocharax stellatus)* werden häufiger importiert. Beide leben in Brasilien und Argentinien in ruhigen Nebenflüssen und Überschwemmungsgebieten. Importtiere aus Argentinien vertragen gut Temperaturschwankungen und sind gegen niedrigere Wassertemperaturen recht unempfindlich.

[5] Siehe auch S. 529 und 549
[6] Farbfoto auf Tafel 7, S. 103
[7] Schwarzweißfoto S. 589
[8] Farbfoto auf Tafel 7, S. 103
[9] Farbfoto auf Tafel 7, S. 103

Familie Erythrinidae (Raubsalmler)

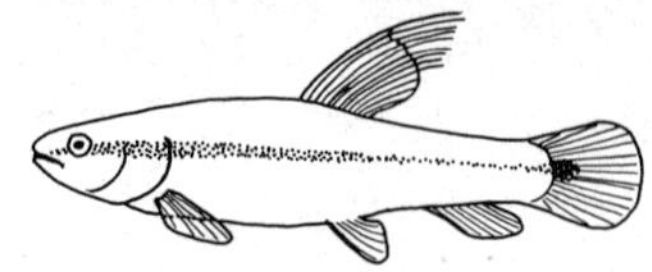

Erythrinus erythrinus

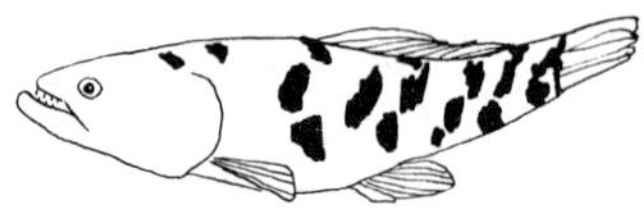

Hoplias malabaricus

Manche Arten dieser Familie sind große Raubfische, die oft 1 m lang werden. Sie suchen Pflanzenverstecke auf, aus denen heraus sie plötzlich auf die Beute zustoßen, ähnlich unseren einheimischen Hechten. Die Schwimmblase ist zu einem Atmungshilfsorgan umgebildet. Die Zähne sind groß, die Flossen meist abgerundet, eine Fettflosse fehlt. Kleinere Arten eignen sich für öffentliche Ausstellungen.
Nur *Erythrinus erythrinus,* der etwa 20 cm lang wird und der bis 50 cm lange Tigersalmler *(Hoplias malabaricus)* werden hin und wieder importiert. Beide Arten stammen aus dem nördlichen und mittleren Südamerika. Sie wachsen auch im Aquarium sehr schnell. Der merkwürdige Artname „Malabaricus" beruht auf einer Verwechslung: Der Ichthyologe M. E. Bloch steckte den Fisch versehentlich in eine Sendung mit Fischen von der Malabarküste Vorderindiens und benannte ihn *Esox malabaricus.* Später wurde dieser Fisch richtig in die Gattung *Hoplias* eingeordnet, doch mußte nach den Nomenklaturregeln der unglückliche Artname „Malabaricus" unverändert beibehalten werden.
Die Fische sind munter und lebhaft im Schatten oder in der Dämmerung. Sie fressen am liebsten Fische, Würmer oder Insektenlarven. Die Männchen sind schlanker als die Weibchen. Die Wassertemperatur soll zwischen 22 und 28° C schwanken. Über Zucht und Nachzucht dieser anspruchslosen, widerstandsfähigen und langlebigen Fische ist nichts bekannt.

Familie Crenuchidae (Prachtsalmler)

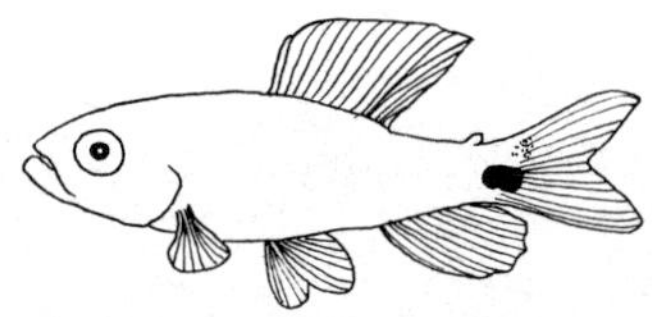

Crenuchus spilurus

Prachtsalmler sind friedliche südamerikanische Fische, die an Kärpflinge erinnern. Sie lieben Pflanzendickicht oder Wurzelverstecke. Alle Flossen sind normal abgerundet, die Rückenflosse kann lang und breit sein. Eine Fettflosse ist bei manchen Arten vorhanden, sie fehlt bei anderen. Aus den bekannten Gattungen *Crenuchus* und *Poecilocharax* wird der kleine Raubsalmler *(Crenuchus spilurus)* importiert. Er stammt aus Westguayana und dem Amazonasstromgebiet und wird etwa 6 cm lang. Die Rückenflosse der (größeren) Männchen ist fahnenartig, die der (kleineren) Weibchen kurz. Das Wasser darf bis 10° dGH hart sein. Torfextrakt ist erforderlich. In der Gefangenschaft hat sich dieser empfindliche Fisch noch nicht fortgepflanzt.

Familie Characidiidae (Bodensalmler)

Heimat: Kleine, südamerikanische Fließgewässer. Bodensalmler ähneln nicht nur in der Körperform, sondern auch im Verhalten den Schmerlen. Für Aquarianer nicht ohne Interesse sind drei Gattungen: *Characidium, Jobertina* und *Klausewitzia.* Man kann sie durch folgende Merkmale voneinander unterscheiden: *Klausewitzia* hat bezahnte Oberkiefer, *Characidium* und *Jobertina* dagegen haben unbezahnte Oberkiefer. Die Seitenlinie von *Characidium* ist vollständig, bei *Jobertina* unvollständig.

Characidium fasciatum (Gebänderter Bodensalmler)
Heimat: Südamerika vom Orinoco bis zum La Plata; weit verbreitet. Wird bis 10 cm lang. Geselliger Bodenfisch. Weibchen kräftiger als die schlanken Männchen, die an der Rückenflossenbasis eine braune Punktzeichnung aufweisen. Unempfindlich gegen Wasserzusammensetzung und Temperaturschwankungen (zwischen 18 und 28° C). Das Wasser soll nicht zu alt sein. Der friedliche Fisch bewegt sich auf dem sandigen Bodengrund ruckartig. Er „steht" auf dem Boden, auf Brust- und Bauchflossen, wobei er sich mit der Afterflosse und dem unteren Schwanzflossenlappen anlehnt. Der Gebänderte Bodensalmler wurde in Gefangenschaft schon nachgezüchtet. Die Elterntiere laichen zwischen den Pflanzen. Die kleinen Eier fallen zu Boden. Die Jungtiere schlüpfen nach etwa 36 Stunden und schwimmen nach weiteren 3–4 Tagen frei. Sie wachsen relativ langsam.

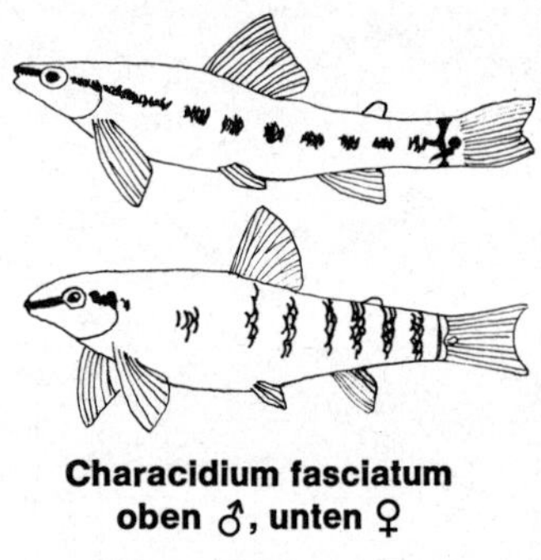

Characidium fasciatum
oben ♂, unten ♀

Familie Lebiasinidae (Schlanksalmler)

In Südamerika weit verbreitet. Langgestreckte Salmler, die vor allem die oberen Wasserschichten bewohnen. Kopf abgeflacht, Mund endständig oder leicht nach oben gerichtet, Körper spindelförmig, seitlich nur gering abgeflacht. Nahe ver-

wandt die Gattungen *Copeina, Copella, Pyrrhulina* und *Lebiasina*. Etwas entfernter verwandt sind die Gattungen *Nannostomus* und *Poecilobrycon.*
Zur Pflege von *Copeina-,* Copella- und *Pyrrhulina*-Arten eignen sich größere Becken mit großblättrigen Pflanzen. Das Wasser soll schwach sauer, weich und recht warm sein (25–29° C). Das Aquarium muß gut abgedeckt sein, weil alle Arten gut springen. Die systematische Stellung und Einordnung der hier genannten Arten ist in vielem noch unklar.

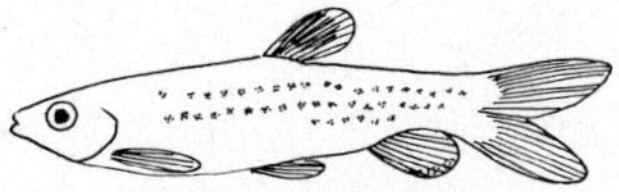

Copeina guttata

Copeina guttata (Forellensalmler)
Heimat: Mittleres Amazonasstromgebiet. Wird bis 15 cm lang. Größerer Schwarmfisch, der eine Wasserhärte bis 10° dGH sehr gut verträgt. Auch Temperaturschwankungen zwischen 22–28° C werden ertragen. Die Männchen sind dunkler gefärbt als die Weibchen; ihr oberer Schwanzflossenlappen ist verlängert. Abgelaicht wird entweder auf breite Wasserpflanzenblätter oder glatte Steine oder – häufiger – in eine Grube im Sand, die die Partner graben. Ein Gelege umfaßt oft bis 500 Eier, die vom Männchen befächelt, gesäubert und betreut werden. Das Weibchen muß man nach dem Ablaichen herausfangen. Der ganze Laichvorgang dauert 2–4 Stunden. Die Brut schlüpft nach 36 Stunden. Nach dem Freischwimmen müssen die Jungfische zunächst mit sehr feinem „Staubfutter" gefüttert werden. Jungtiere sind gegen Temperaturschwankungen empfindlich.

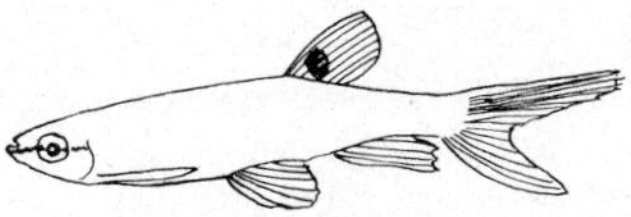

Copella arnoldi

Copella arnoldi (Spritzsalmler)[1]
Heimat: Unterer Amazonas und Rio Para. Männchen größer als das Weibchen, wird bis 8 cm lang. Interessante Brutpflege: Die Eier werden außerhalb des Wassers abgelegt und vom Männchen betreut. Das Paar springt aus dem Wasser und klebt die Eier auf die Blätter von Sumpfpflanzen (im Aquarium häufig an die Deckscheibe). Bei der Paarung bleiben beide Partner kurz auf dem Blatt hängen und fallen dann einzeln wieder ins Wasser zurück. Bei jeder Paarung werden 5–12 Eier abgelegt. Ein Laich umfaßt bis 200 Eier. Das Männchen pflegt die Brut. Es „steht" unter der Wasseroberfläche unter dem Eigelege und bespritzt es von Zeit zu Zeit mit der Schwanzflosse mit Wassertropfen. Die Brut schlüpft nach etwa 36 Stunden und fällt dann ins Wasser herunter. Die Wassertemperatur soll zwischen 21 und 24° C schwanken. Höhere oder niedrigere Temperaturen vertragen die Tiere schlecht. Sie sterben dann ohne erkennbare Ursache oder sind mindestens kurzlebig.
Weitere *Copella*-Arten laichen auf die vom Männchen vorher gut gesäuberte Oberseite breiter Wasserpflanzenblätter, zum Beispiel der Zickzack-Feuersalmler *(C. metae)*[2], der Blaupunktsalmler *(C. nattereri)* und *Copella vilmae*[3]. Die Brutpflege obliegt den Männchen, die das Gelege betreuen und die Eier stark befächeln. Praktisch keine Brutpflege zeigt *Copella vilmae.* Bei den zuletzt genannten drei Arten sind die Eier winzig klein, doch können die Jungfische von Anfang an *Artemia*-Nauplien fressen. Die Wasserhärte darf bei *Copella vilmae* sogar bis 20° dGH betragen, sofern die Karbonathärte 2° dKH nicht übersteigt; Schäden an den sich entwickelnden Embryonen sind dabei nicht festzustellen.

[1] Farbfoto auf Tafel 6, S. 86
[2] Farbfoto auf Tafel 3, S. 51
[3] Farbfoto auf Tafel 3, S. 51

Bild 2.24: Pärchen von Copella vilmae, oben Männchen, unten Weibchen. Aufnahme S. Frank

Gattung *Lebiasina*

Bis heute wurden aus dieser Gattung zwei relativ große Arten importiert: *L. bimaculata* und *L. intermedia*. Die erste Art stammt aus Peru. Sie wird bis 20 cm lang. *L. intermedia* kommt vom mittleren Amazonas und wird etwa 15 cm lang. Beide Arten sind robust, sehr widerstandsfähig, leider aber für das Zimmeraquarium zu groß. *L. bimaculata* lebt in sauerstoffarmen Gewässern und benützt Teile der Schwimmblase als zusätzliches Luftatmungsorgan.

Gattung *Pyrrhulina*

Pyrrhulina vittata
Wohl die am besten im Aquarium akklimatisierte *Pyrrhulina*-Art. Heimat: Amazonasstrom und Rio Tapajoz. Wird nur etwa 7 cm lang. Männchen größer als das Weibchen, mit verlängertem oberen Schwanzflossenlappen und gelblichen bis rötlichen Flossen. Flossen beim Weibchen farblos. Lebhafter und friedlicher Fisch; gut geeignet für das Gesellschaftsbecken. Zur Haltung und Zucht ist ein größeres Becken von 100–250 Liter Inhalt zu empfehlen. Das Zuchtpaar wählt den Laichplatz selbst aus, am häufigsten ein breites und hartes Pflanzenblatt, zum Beispiel die Oberseite eines Cryptocorynenblattes. Das Blatt wird vom Männchen gut gesäubert. Das Männchen übernimmt dann auch die Brutpflege und schützt die Eier vor dem gefräßigen Weibchen, aber auch vor anderen Fischen. Man kann das Pflanzenblatt mit dem Eigelege abschneiden und es in ein kleines Vollglasbecken mit Wasser gleicher Zusammensetzung übertragen. Bei Temperaturen von 24–27° C schlüpft die Brut nach 18–24 Stunden. Die Larven liegen zunächst auf dem Boden oder hängen an den Wänden des Beckens. Nach 5 Tagen beginnen sie freizuschwimmen. Während der ersten Tage halten sich die Jungfische unter der Wasseroberfläche auf und erinnern dann an die Brut von *Copella arnoldi*. Sie sind jedoch kleiner als diese, weshalb man zuerst mit kleinstem Lebendfutter füttern muß, am besten mit Rädertierchen. Manchmal gelingt die Aufzucht auch mit *Cyclops*-Nauplien, doch überlebt dann nur eine kleinere Anzahl der Jungfische. Dabei pflegen einige Exemplare sehr rasch zu wachsen, wogegen andere bald nach der ersten Fütterung absterben. Erwachsene Fische halten wir am besten in einem Schwarm, damit das Männchen nach dem Ablaichen nicht das einzige Weibchen jagt (oder auch tötet), sondern seine Aufmerksamkeit auch auf andere Aquarienbewohner richtet. Im ganzen ist die Zucht sehr leicht, wenn man von der Nahrungsbeschaffung für die Jungtiere absieht. Erwachsene Fische sind gegen Temperaturschwankungen und Wasserzusammensetzung recht unempfindlich. Leider ist der Fisch sehr kurzlebig; selten wird er älter als 1½–2 Jahre. Auch die Bauchwassersucht kann den Bestand stark dezimieren.

Pyrrhulina rachowiana (Augenstrichsalmler)[1]
Auch diese Art ist in unseren Aquarien recht verbreitet. Sie stammt vom unteren Parana und vom La Plata. Wird 5–7 cm lang. Geschlechtsunterschiede am deutlichsten an der Bauchpartie: Weibchen sind viel dicker als die Männchen. Der Augenstrichsalmler laicht willig, entweder an Pflanzenblätter oder in eine Mulde im Sandboden.

Pyrrhulina rachowiana

Weniger beliebt bei den Aquarianern sind der Schuppenflecksalmler *(Pyrrhulina brevis)*, der Rehsalmler *(Pyrrhulina nigrofasciata)* und *Pyrrhulina laeta*. Diese Arten werden nur selten nachgezüchtet. Viele weitere angebliche *Pyrrhulina*-Arten, von denen in der aquaristischen Literatur die Rede ist, sind meist Synonyme der hier erwähnten Fische, oder aber falsch nachbestimmte Arten, die nie eingeführt wurden.

Gattungen *Nannostomus* und *Poecilobrycon*

Langgestreckte, seitlich kaum abgeflachte, kleine Fische. Viele Arten dieser Gattungen leben direkt unter der Wasseroberfläche. Die Vertreter der Untergattung *Nannobrycon* schwimmen – in Anpassung an dieses spezielle Milieu – schräg; sie sammeln die Nahrung am liebsten vom Wasserspiegel. Das Wohlbefinden dieser Fische hängt vor allem von der Wasserqualität ab: Das Wasser muß klar sein, gut durchlüftet werden und 25–28° C warm sein. Alle Arten fressen am liebsten Planktonfutter, d. h. Wasserflöhe und Cyclops, nehmen aber auch kleine oder gehackte *Tubifex* und Enchyträen.

[1] Farbfoto auf Tafel 4, S. 52

Zur Zucht verwendet man kleine Vollglasbecken mit sehr weichem, über Torf gefiltertem Wasser. Das kann weiches Quellwasser sein, aber auch Regen- oder Schneewasser. Bei guter Fütterung können die Paare mehrfach nacheinander in zwei- bis viertägigen Intervallen zum Ablaichen angesetzt werden. Die Jungfische wachsen mäßig rasch. Sie tragen ein „Jugendkleid“, das sie mit zunehmender Größe mehrfach ändern, bis sie die Ausfärbung der Elterntiere erreichen.

Nannostomus beckfordi (Längsband-Ziersalmler)
Heimat: Guayana, Parana, Rio Negro, mittleres und unteres Amazonasstromgebiet. Wird bis 6,5 cm lang. Prächtig rotgefärbte Art mit vielen Farbvariationen, die oft als echte Arten oder Unterarten beschrieben worden sind. Zu den bekanntesten gehören der Aripiranga-Ziersalmler *(N. b. aripirangensis)*[2] und der Goldziersalmler *(N. b. anomalus)*. Die Männchen kämpfen gerne. Das Zuchtwasser soll fast frei von Härte sein, schwach sauer (pH-Wert um 6,6–6,8). Das Weibchen klebt bei jedem Laichakt nur ein bis drei Eier an das Substrat, die ganze Ablaichzeit dauert daher lange (5–6 Stunden). Als Laichsubstrat verwendet man feinblättrige Wasserpflanzen, in denen das Weibchen seine zuvor abgelegten Eier nicht findet und sie daher nicht auffressen kann. Die Jungtiere sind klein; aus einer Laichabgabe können mehr als 100 Stück schlüpfen. Am besten füttert man die Jungen zuerst mit Rädertieren.

Nannostomus marginatus (Zwergziersalmler)[3]
Heimat: Surinam und Westguayana. Wird etwa 4 cm lang. Sehr beliebte Art, die leider nicht sehr produktiv ist. Zuchtbecken kann sehr klein sein (ab 3 Liter Inhalt). Laichsubstrat am besten feinfiedrige Pflanzen. Das Wasser darf bis 2° Nichtkarbonathärte aufweisen. Sonst ähnelt die Zucht der des Längsband-Ziersalmlers, doch sind die Weibchen ganz enorme Laichräuber. Günstig ist es, das Vollglasbecken mit einer Glasscheibe in zwei Hälften zu teilen und in jedes Abteil ein Büschel Wasserpflanzen zu geben. Haben die Fische in einem Abteil abgelaicht, kann man die Glasscheibe entfernen und das Zuchtpaar mit Hilfe eines Glasröhrchens in die zweite Kammer jagen. Sie werden auch hier wieder eine Weile ablaichen. Noch besser: Man hebt die Trennscheibe ein wenig an und zieht unter ihr mit Hilfe eines Glasröhrchens das Pflanzenbüschel in das andere Beckenabteil hindurch. Die Eier sind zuerst klebrig und bleiben an der Pflanze haften. Das kann man so oft wiederholen, bis die eine Beckenhälfte ganz voll mit eierbeladenen Wasserpflanzen ist. Auf diese Weise kann man aus einem Laichvorgang bis 50 Jungfische erzielen – bei dieser Art ein schöner Erfolg. Die Eihüllen quellen bald sehr stark auf, die Eier werden groß, und bei einer Wassertemperatur von 26° C schlüpft die Brut nach etwa 30 Stunden. Sie ist sehr widerstandsfähig und erträgt ein Absinken der Wassertemperatur bis auf 20° C. Die Jungfische sind auch in der Ernährung nicht wählerisch; von Anfang an fressen sie selbst größere *Cyclops*-Nauplien oder *Artemia*-Nauplien.

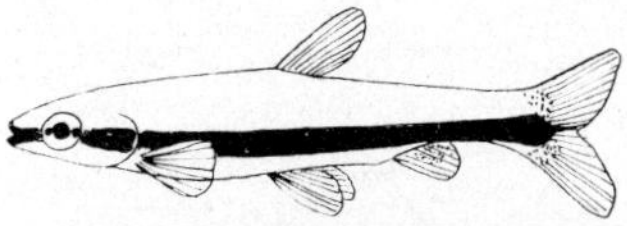

Nannostomus beckfordi aripirangensis

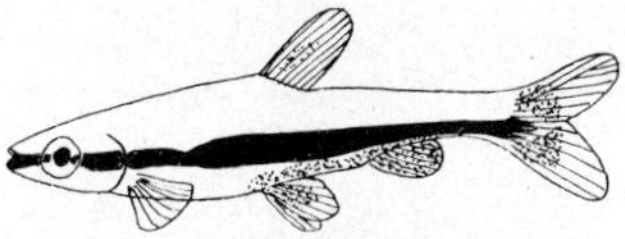

Nannostomus beckfordi anomalus

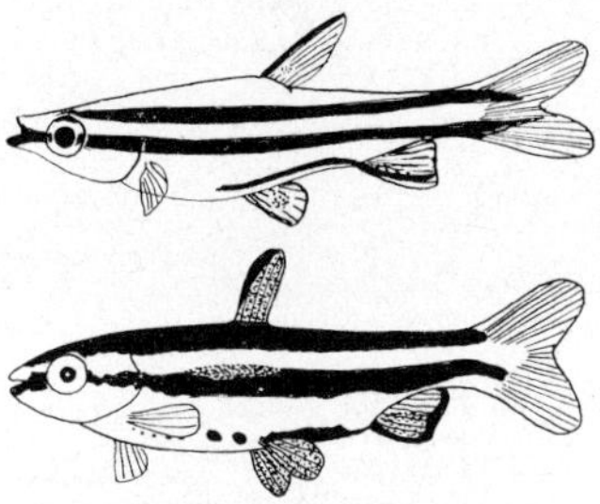

Nannostomus marginatus oben ♀, unten ♂

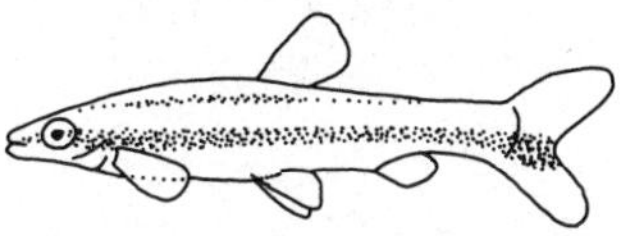

Nannostomus bifasciatus

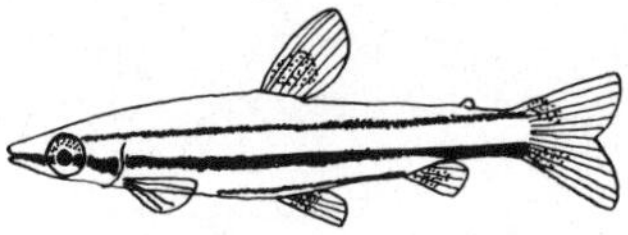

Nannostomus trifasciatus

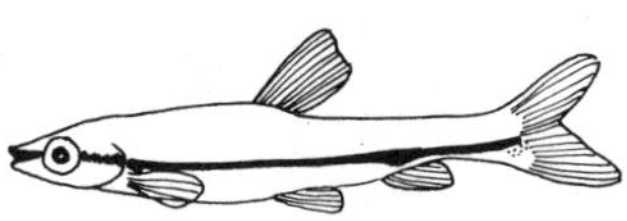

Nannostomus digrammus

Bild 2.25: Dreibinden-Ziersalmler (Nannostomus trifasciatus), oben Weibchen, unten Männchen. Aufnahme S. Frank

[2] Farbfoto auf Tafel 10, S. 138
[3] Farbfoto auf Tafel 10, S. 138

Bild 2.26: Pärchen des Spitzmaul-Ziersalmlers (Poecilobrycon eques), links Männchen, rechts Weibchen. Aufnahme S. Frank

Seltener werden der Zweibinden-Ziersalmler *(N. bifasciatus)*, der Dreibinden-Ziersalmler *(N. trifasciatus)*[1] und *N. digrammus* sowie *N. espei*[2] gehalten. Bei diesen Arten ist die Zucht sehr problematisch. *N. trifasciatus* laicht zwar nach Zugabe von ein paar Tropfen Toru-Min sehr willig, doch sind die Eier leider unbefruchtet (obwohl sie oft in riesigen Mengen, bis zu 200 Stück, abgelegt werden). Übrigens wurde auch die Art *Poecilobrycon harrisoni*[3] wahrscheinlich noch nie in Gefangenschaft nachgezogen.

Nannostomus espei

Poecilobrycon (Nannobrycon) eques (Schrägsteher, Spitzmaul-Ziersalmler)[4]
Die bekannteste, beliebteste und verbreitetste Art der Untergattung *Nannobrycon.* Heimat: Mittlerer Amazonas und Rio Negro. Lebt in Ufernähe der Nebengewässer im Pflanzendickicht, neben Holzstrünken usw. Hält sich in Schwärmen unter herabhängenden Uferpflanzen und Grasbüscheln auf. Wird etwa 5 cm lang. Leicht mit allen friedlichen Fischen zu vergesellschaften, zeigt aber die schöne Ausfärbung und das merkwürdige Verhalten am besten im Artbecken.

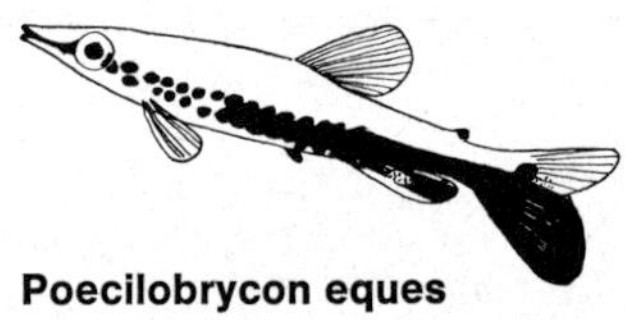

Poecilobrycon eques

Zucht in Vollglasbecken von 10 Liter Inhalt, die möglichst hoch und nicht zu lang sein sollten. Die Eier entwickeln sich bis zu einer Nichtkarbonathärte von etwa 6° dNKH und bei einem pH-Wert im Bereich von 6,5–7,5. Oft wurden auch gute Zuchterfolge in altem Aquarienwasser beobachtet, das vor allem klar sein müßte. Die Geschlechter sind gut nach Körperform und nach den Bauchflossen zu unterscheiden. Bauchflossen beim Weibchen durchsichtig, beim Männchen mit milchigweißem Saum und milchigweißen Spitzen. Als Ablaichsubstrat genügt eine Cryptocoryne, die auf dem Boden durch einen Stein festgehalten wird. Das Zuchtpaar klebt die Eier am liebsten auf die untere Seite der Pflanzenblätter, und zwar bei jedem Laichakt ein bis zwei Stück. Junge Weibchen sind oft sehr gefräßig und kannibalisch und fressen die Eier sofort nach dem Ablegen auf. Von älteren Weibchen kann man aus einem Laichvorgang 60–200 Eier erzielen. Der Spitzmaulsalmler legt die Eier nie in feinblättrige Pflanzen. Die Zuchttemperatur kann zwischen 22 und 28° C schwanken. Bei 25° C schlüpft die Brut nach 24–36 Stunden; weitere 5–6 Tage hängt sie an Pflanzen und Glasscheiben. Die Larven sind längsgestreift. Sie sind ursprünglich 3–4 mm lang und wachsen auf 6–7 mm heran; dabei verzehren sie den glasklar durchsichtigen Dottersack. Nach dem Freischwimmen frißt die Brut kleines Lebendfutter: Rädertierchen, *Cyclops*- und *Artemia*-Nauplien. Die Jungfische wachsen sehr schnell; im Alter von einem Monat sind sie 10–15 mm lang und fressen schon kleine *Cyclops.* Sie bleiben dann allerdings im Wachstum „stehen". Geschlechtsreif werden die Fische erst mit 8–10 Monaten. Vom Freischwimmen an schwimmt die Brut mit dem Kopf schräg nach oben. Nur wenn man die Fische aufstört oder wenn sie schnell auf das Futter zuschwimmen, bewegen sie sich kurze Strecken lang waagerecht. Erwachsene Fische sind recht unbeweglich und halten sich oft im Schwarm zwischen Wasserpflanzen oder an einer Aquarienecke auf.

Poecilobrycon unifasciatus

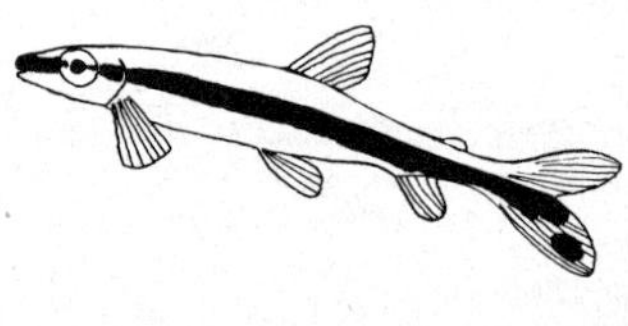

Poecilobrycon (Nannobrycon) unifasciatus (Einbinden-Ziersalmler)
Wird ebenso wie seine Farbvariation *Poecilbrycon unifasciatus ocellatus*[5] öfters importiert. Farbenprächtige, elegante, ruhig schwimmende Fische, die in letzter

[1] Farbfoto auf Tafel 10, S. 138
[2] Farbfoto auf Tafel 10, S. 138
[3] Farbfoto auf Tafel 10, S. 138
[4] Farbfoto auf Tafel 10, S. 138
[5] Farbfoto auf Tafel 10, S. 138

Bild 2.27: Zwei Männchen des Einbinden-Ziersalmlers (Poecilobrycon unifasciatus ocellatus). Aufnahme S. Frank

Zeit einige Male nachgezogen wurden. Untereinander sind sie oft unverträglich und bissig.

Familie Anostomidae (Engmaulsalmler)

Diese Familie umfaßt torpedoförmige Fische, die in Südamerika, Mittelamerika und auf den Westindischen Inseln verbreitet sind. Einige Arten stehen und schwimmen mit dem Kopf schräg nach unten. Die Mundspalte ist bei den Gattungen *Anostomus, Synaptolaemus* und *Gnathodolus* senkrecht nach oben orientiert, bei anderen Gattungen wie zum Beispiel den *Leporinus*-Arten ist der Mund oberständig, unterständig oder endständig. Fettflosse stets vorhanden. Viele Arten sind sehr bunt gefärbt. Aus dieser gattungs- und artenreichen Familie wurden Exemplare aus verschiedenen Gattungen mehrfach eingeführt, zum Beispiel *Abramites, Anostomus, Leporinus, Schizodon*[6]; aber nur *Anostomus anostomus* wurde in der Gefangenschaft nachgezüchtet. Genauere Angaben über die Zucht fehlen. Die Arten der genannten Gattungen werden zwischen 10 und 40 cm lang; viele sind in ihrer Heimat als Speisefische geschätzt.

Abramites hypselonotus

Abramites hypselonotus (Brachsensalmler)
Heimat: Amazonas und Guayana. Wird etwa 13 cm lang. Färbung und Zeichnung sehr variabel. In der aquaristischen Literatur oft unter dem Synonym *A. microcephalus* zu finden. Der Brachsensalmler frißt nicht nur tierische Nahrung, sondern nimmt auch Spinat und Kopfsalat an. Ältere Exemplare sind sehr unverträglich.

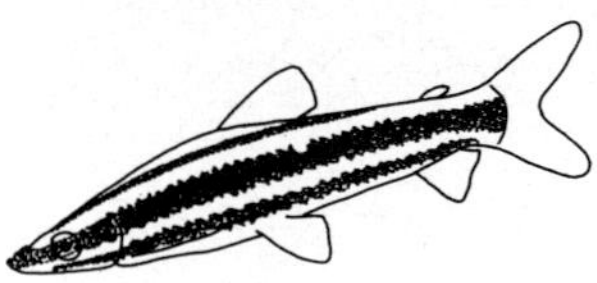

Anostomus anostomus

Anostomus anostomus (Prachtkopfsteher)[7]
Heimat: Amazonas- und Orinoco-Stromgebiet. Wird bis 18 cm lang. Oft verwechselt mit der sehr ähnlichen Art *A. ternetzi.* Bei *A. ternetzi* zeigen jedoch alle Längsbänder glatte Ränder, wogegen bei *A. anostomus* das seitlich über dem Auge verlaufende Längsband hinter dem Kiemendeckel zickzackförmig ist. Beide Arten sind sehr widerstandsfähig; man kann sie in dichtbepflanzten Becken mit viel Wurzelwerk gut halten. Wassertemperatur recht hoch: 24–27° C. Allesfresser, die gerne Algen von Pflanzen, Steinen und Holzstücken abweiden. Die Fische brauchen viel Raum; ältere Tiere werden oft unverträglich. Vor einer Vergesellschaftung mit großen und wenig wendigen Fischen (Skalar, Pfauenaugenbuntbarsch, Diskus u. a.) muß gewarnt werden, da *Anostomus* sie häufig abweidet. Die Verletzungen können direkt oder indirekt (Verpilzung!) zum Tode führen.
Zwei größere Arten dieser Gattung *(A. trimaculatus* und *A. gracilis)* werden hin und wieder importiert. Sie werden bis 20 cm lang.

Anostomus ternetzi

Anostomus trimaculatus

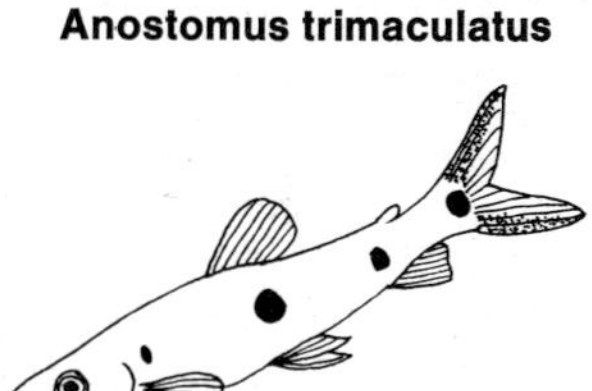

Gattung *Leporinus*

Aus dieser Gattung wurden viele Arten importiert, zum Beispiel *L. striatus, L. melanopleura, L. maculatus, L. megalepis, L. leschenaulti* und *L. frederici.* Aller-

[6] Farbfoto auf Tafel 9, S. 137
[7] Farbfoto auf Tafel 9, S. 137

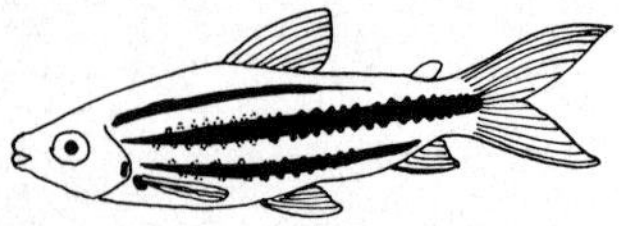

Leporinus striatus

Leporinus megalepis

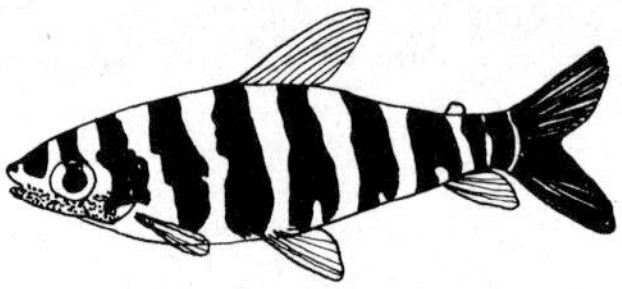

Leporinus fasciatus affinis

dings findet man in den Liebhaberaquarien fast immer nur Exemplare von *Leporinus fasciatus fasciatus*[1] sowie zwei weitere Unterarten: *L. f. affinis* und *L. f. holostictus.* Alle *Leporinus*-Arten sind sehr lebhaft, werden 20–30 cm lang und springen gerne. Die Taxonomie dieser Gattung ist sehr unklar und unsicher. Die an sich schönen, oft aber unverträglichen und recht großen Fische eignen sich fast nur für öffentliche Ausstellungen und Schauaquarien.

Familie Curimatidae (Barbensalmler)

Eine gattungs- und artenreiche Familie. Mund unbezahnt, nur mit einer scharfen Kante im Unterkiefer. Körper gestreckt. Einige Arten sind echte Kopfsteher. Viele Arten ernähren sich von Algen, Pflanzenresten und als Mulmfresser. Aus den vielen Gattungen dieser Familie wurden nur wenige Arten in die Aquaristik eingeführt.

Chilodus punctatus (Punktierter Kopfsteher)[2]
Heimat: Weitverbreitet in Guayana und Surinam, aber auch im Loretogebiet in Peru. Weibchen größer als die Männchen, werden bis 12 cm lang. Friedlich gegen andere Fischarten, aber streitlustig gegen Artgenossen. Braucht viel freien Schwimmraum, schätzt Verstecke aus Wurzeln und dunklen Boden. Der Pflanzenbewuchs darf spärlich sein. Das Wasser soll weich sein, schwach sauer, über Torf gefiltert. Temperatur zwischen 23 und 28° C. Der Punktierte Kopfsteher frißt Lebendfutter aller Art mit pflanzlichem Zusatz.
Die Zucht ist nicht einfach. Die etwa 2 mm großen Eier werden im Dickicht feinblättriger Wasserpflanzen abgelegt. Die Embryonen entwickeln sich nur in Wasser ohne Karbonathärte gut. Enthält das Wasser Karbonate, springt die Eihülle nicht rechtzeitig auf und die Larven bleiben mit gekrümmten Rücken lebensunfähig auf dem Boden liegen. Befruchtete Eier sind glasklar oder schwach gelblich gefärbt. In weichem, schwach saurem Wasser schlüpft die Brut nach drei bis vier Tagen; sie ist leicht mit Rädertierchen oder *Cyclops*- und *Artemia*-Nauplien aufzuziehen.

Chilodus punctatus

Curimatopsis saladensis (Grünbandsalmler)
Heimat: Flußgebiet des Rio Salado. Wird etwa 6 cm lang. Lebt in den unteren Wasserschichten und sucht seine Nahrung gern am Boden. Liebt klares, nicht zu hartes Wasser. Temperatur 20–24° C. Das Zuchtpaar legt die Eier in feinblättrige Pflanzen ab. Die Brut schlüpft schon nach 26–32 Stunden und ist mit Lebendfutter leicht aufzuziehen.

Prochilodus theraponura (Nachtsalmler)
Heimat: Amazonasstromgebiet. Wird bis 35 cm lang. Allesfressender Schwarmfisch. Liebt Versteckmöglichkeiten unter Steinen und Wurzeln. Obwohl der Nachtsalmler sehr groß wird, ist er friedlich; man kann ihn gut im Gesellschaftsbecken mit anderen Fischen zusammen halten. Wärmeliebend. Von Aquarianern oft mit *P. insignis* verwechselt, der wahrscheinlich noch gar nicht nach Europa importiert worden ist.

Familie Citharinidae (Geradsalmler)

Ausschließlich afrikanische Salmler-Familie, die durch eine gerade Seitenlinie charakterisiert ist. Die Körperform der einzelnen Gattungen ist sehr verschieden. Aus den vielen bekannten Gattungen sind bisher nur wenige Arten eingeführt worden und noch weniger haben sich im Aquarium eingewöhnt. Dazu gehören zum Beispiel die Vertreter der Gattungen *Citharinus, Distichodon, Nannaethiops, Neolebias, Nannocharax, Phago, Phagoborus*. Sie sind sehr verschieden groß (von etwa 3–60 cm); natürlich eignen sie sich nur die kleinen Arten für das Zimmeraquarium. Die oft sehr prächtig gefärbten, großen Arten, zum Beispiel aus der Gattung *Distichodus*[3], eignen sich gut für öffentliche Schauaquarien.

[1] Farbfoto auf Tafel 9, S. 137
[2] Farbfoto auf Tafel 9, S. 137
Schwarzweißfoto auf S. 468
[3] Farbfoto von Distichodus decemmaculatus auf Tafel 9, S. 137

Nannaethiops unitaeniatus

Nannaethiops unitaeniatus (Afrikanischer Einstreifensalmler)
Heimat: Ganzes äquatoriales Afrika, vom Weißen Nil bis zur afrikanischen Westküste. Weibchen größer als die Männchen, werden bis 7 cm lang. Lebhafter Schwarmfisch der mittleren und unteren Wasserschichten. Friedlich, in zu hell stehenden Becken scheu. In der Nahrung nicht anspruchsvoll, nimmt Lebendfutter aller Art. Zum Ablaichen bietet man dem Zuchtpaar größere Aquarien mit Sandboden und einem Büschel Wasserpflanzen. Von einem laichwilligen Paar ist eine sehr zahlreiche Nachkommenschaft zu erwarten. Das Zuchtwasser soll weich sein und eine Temperatur zwischen 25 und 27° C aufweisen. Nach dem Ablaichen ist das Zuchtpaar zu entfernen. Die Brut schlüpft bei 25° nach 26 bis 32 Stunden; die Larven schwimmen nach weiteren 5 Tagen frei. Sie fressen lebendes „Staubfutter" und sind leicht aufzuziehen.
Aus der Familie Citharinidae haben sich Arten aus der Gattung *Neolebias* am besten im Aquarium eingewöhnt. Sie gehören zu mehreren Untergattungen, deren Namen im folgenden in Klammern gesetzt sind.

Neolebias ansorgei

Neolebias (Micraethiops) ansorgei (Grüner Neolebias)
Heimat: Zentralafrika. Weibchen größer als die Männchen, werden nur etwa 3,5 cm lang. Während der Laichzeit sind Bauchflossen und Afterflosse blutrot. Schätzt Versteckmöglichkeiten zwischen Wasserpflanzen. Das Wasser soll nicht nur zur Zucht, sondern auch zur Haltung der erwachsenen Tiere weich sein. Zuchttemperatur zwischen 24 und 30° C. Eier klein, werden in einer Zahl von etwa 300 ins Pflanzendickicht abgelegt. Brut schlüpft nach 24–36 Stunden, hängt sich an die Wasseroberfläche und schwimmt nach etwa 5 Tagen frei. Sie nimmt feinstes Staubfutter. Die Brut wächst relativ schnell; die Jungfische sind nach 6–8 Monaten erwachsen und geschlechtsreif. Zucht und Aufzucht sind schwierig, da die Fische vor allem gegen Wasserwechsel sehr empfindlich sind. Die von Aquarianern oft benützten Namen *N. landgrafi* und *N. geisleri* sind Synonyme von *N. ansorgei.*

Neolebias (Rhabdaethiops) trilineatus (Afrikanischer Dreistreifensalmler)
Heimat: Oberer Kongo. Weibchen größer als das Männchen, etwa 4 cm lang. Dieser Fisch war lange unter dem Handelsnamen „Goldneon" bekannt. Die Zucht entspricht der von *Neolebias ansorgei*, doch sind sowohl Eltern als auch Jungtiere sehr scheu; sie fühlen sich nur wohl, wenn sie dunkel gehalten werden, wenn der Bodengrund dunkel ist und wenn die Möglichkeit zu Verstecken im Pflanzendickicht besteht. Man kann die Art mit kleinen, harmlosen Salmlern wie z. B. dem Glühlichtsalmler, dem Neontetra oder den *Nannostomus*-Arten vergesellschaften. Weniger produktiv als *Neolebias ansorgei.*

Gattung *Nannocharax*

Verbreitet in West- und Äquatorialafrika (Senegal, Gambia, oberer Niger, Ogowe, Kongo). Eine Art kommt auch im Nil vor. Die meisten Arten erinnern in der Körperform an die südamerikanischen *Nannostomus*-Arten. Sie werden nur 3 bis 8 cm lang.

Nannocharax ansorgei (Nigeria-Kopfsteher)

Nannocharax ansorgei

Bild 2.28: Männchen des Nigeria-Kopfstehers (Nannocharax ansorgei). Aufnahme S. Frank

Heimat: Nigeria. Wird etwa 4–5 cm lang. Einziger Vertreter der Gattung, der sich von Planktonfutter ernährt. Alle anderen *Nannocharax*-Arten sind spezialisierte Bodenfische.

Nannocharax fasciatus (Gebänderter Kopfsteher)
Heimat: Goldküste bis Kongo. Wird etwa 7,5 cm lang. Leicht zu verwechseln mit seinem südamerikanischen Vetter *Characidium fasciatum*, bleibt aber kleiner. Der südamerikanische *Characidium fasciatum* „steht" mit Brust- und Bauchflossen auf dem Boden, der afrikanische *Nannocharax fasciatus* dagegen benützt dazu Bauchflossen, Afterflosse und den unteren Lappen der Schwanzflosse, wobei er die Brustflossen hochhält.
N. fasciatus gibt sich schon mit kleinsten Becken zufrieden, selbst ein Aquarium mit 10 Liter Inhalt reicht ihm aus. Im Gesellschaftsbecken fühlt sich der Fisch nur dann wohl, wenn seine Mitbewohner klein und friedlich sind. Er hält sich fast nur am Boden auf und „sitzt" dort mit dem Kopf nach oben und beobachtet neugierig seine Umgebung. Das Futter *(Tubifex* und *Cyclops)* pickt er sehr schnell vom Boden auf, ähnlich wie es Küken tun. Pflanzennahrung und Trokkenfutter nimmt der Fisch nicht.

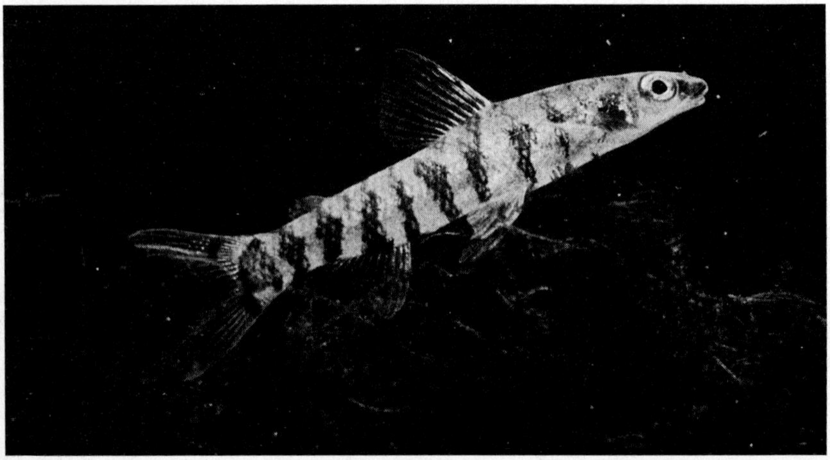

Bild 2.29: Gebänderter Kopfsteher (Nannocharax fasciatus). Aufnahme S. Frank

In der Dämmerung oder bei Wetterumschlägen schwimmen diese Salmler recht träge, suchen häufig die Wasseroberfläche auf und verweilen dort kurz mit dem Kopf schräg nach oben; danach lassen sie sich langsam zu Boden sinken. Lassen wir sie in Frieden und haben sie sich erst einmal eingewöhnt, so schwimmen sie ruhig und mühelos oft stundenlang durch den ganzen Schwimmraum. Der Körper ist dabei stets nach oben um etwa 45° geneigt. Beide hier erwähnten *Nannocharax*-Arten sind nicht empfindlich gegen die Wasserzusammensetzung, doch darf das Wasser praktisch kein Nitrit enthalten.

Gattung *Phago*

Heimat: Tropisches Westafrika. Fische mit sehr langer und schmaler Schnauze und tiefgespaltenem, kräftig bezahnten Maul. Ctenoidschuppen mit harten Borsten.

Phago loricatus (Gepanzerter Schnabelsalmler)
Phago maculatus (Gefleckter Schnabelsalmler)
Beide Arten werden etwa 15 cm lang. Sie sind gegen die Wasserzusammensetzung nicht empfindlich, fühlen sich aber erst bei 26–28° C wohl. Sie brauchen viel Versteckmöglichkeiten zwischen Pflanzen- oder Wurzelwerk. Gegen andere Fischarten verhalten sie sich räuberisch; in der Natur reißen sie anderen Fischen Flossenstücke ab, von denen sie sich ernähren. Im Aquarium nehmen beide *Phago*-Arten auch Ersatznahrung wie kleine Fische, Wasserinsekten und Insektenlarven. Geschlechtsunterschiede unbekannt. In Gefangenschaft noch nicht nachgezüchtet.

Phago maculatus

Unterordnung Gymnotoidei (Nacktaalähnliche)

Im Schädelbau und vielen anderen anatomischen Merkmalen stellen die Gymnotoidei einen Übergang von den Salmlern zu den Karpfenfischen dar. Der langgestreckte Körper ist bei den meisten Arten fast aalförmig, nach hinten zugespitzt, nackt oder mit kleinen Schuppen bedeckt. Rücken- und Schwanzflosse sind stark reduziert oder fehlen ganz. Die lange Afterflosse verläuft von der Afteröffnung verschieden weit bis zur Schwanzspitze oder verschmilzt mit der Schwanzflosse. Die Afteröffnung liegt weit vorne („Kehllage") unter dem Kopf, nie hinter den Brustflossen. Der Bewegung dient die lange Afterflosse, die wellenförmig schlägt. Auf diese Weise bewegen sich alle Arten gleich gut rückwärts wie vorwärts. Die meisten Arten leben im Stromgebiet des Amazonas. Bekannt sind 4 Familien mit mehr als 30 Arten. In ihren Heimatgebieten findet man die Tiere nur in ruhigen Gewässern, Lagunen und flachen Seen mit reichlichem Pflanzenwuchs. Fürs Zimmeraquarium sind fast alle Arten zu groß. Dagegen sind sie interessante Schauobjekte für Zoologische Gärten und öffentliche Ausstellungen. Über Geschlechtsunterschiede und Fortpflanzungsbiologie ist noch nichts bekannt.

Familie Electrophoridae (Elektrische Aale, Zitteraale)

Aalähnliche Fische mit langem, starkem, elektrischem Organ.

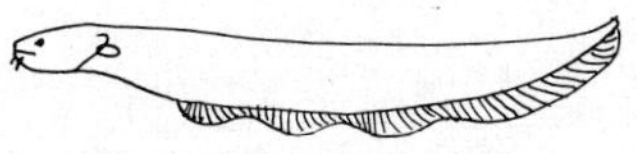

Electrophorus electricus

Electrophorus electricus (Zitteraal)
Weitverbreitet im nördlichem Teil Südamerikas. Wird bis 2,5 m lang. Rückenflosse und Bauchflosse fehlen. Die lange Afterflosse verwächst mit der Schwanzflosse und bildet mit ihr einen einheitlichen Flossensaum auf der unteren Körperseite, der hinten nicht auf die Rückenseite übergeht. Der Zitteraal lebt in Wasserlöchern kleiner Flüsse und Bäche und atmet nicht nur mit Kiemen, sondern auch über die gut durchblutete Gaumenschleimhaut. Den Sauerstoff nimmt das Tier mit dem Mund aus der Luft auf.
Die elektrischen Organe bestehen aus umgewandelten Muskelfasern. Sie können eine Spannung von 800 Volt entwickeln. Elektrische Aale können badenden Tieren bis zur Größe eines Pferdes gefährlich werden, da die Tiere durch den elektrischen Strom betäubt werden und ertrinken können. Der Mensch wird von den Schlägen nicht getötet, aber empfindlich und lähmend getroffen. Der Zitteraal jagt seine Beute mit Hilfe der Stromentladungen. Fische, Frösche, kleine Säugetiere, die in seiner Umgebung durch den Strom getötet werden, sucht er auf und verzehrt sie.

Familie Gymnotidae (Messeraale)

Kiefer gut bezahnt, Schwanz in eine Spitze ausgezogen, Schwanzflosse fehlt. Körper mit sehr kleinen Schuppen bedeckt. Kein elektrisches Organ. Jungfische ähneln den Zitteraalen in Form und Färbung.

Gymnotus carapo

Gymnotus carapo (Gebänderter Messerfisch)
Heimat: Guatemala in Mittelamerika bis zum La Plata in Südamerika. Wird bis 60 cm lang. Anspruchsloses, sehr unverträgliches Dämmerungstier. Kann im Aquarium sehr zahm werden. Frißt je nach Größe Mückenlarven, Würmer, Fische, Fleischstücke. Wassertemperatur 22–28° C.

Familie Rhamphichthyidae (Amerikanische Messerfische)

Kiefer unbezahnt oder nur mit kleinen Zähnchen besetzt. Rücken-, Schwanz- und Bauchflossen fehlen. Körper dicht mit Schuppen bedeckt.

Eigenmannia virescens

Eigenmannia virescens (Grüner Messerfisch)[1]
Heimat: Nördliches Südamerika bis zum La Plata. Wird bis 45 cm lang. Lebt in mittleren und unteren Wasserschichten. Versteckt sich tagsüber. Körper seitlich stark abgeflacht. Pflege im Aquarium entsprechend der von *Gymnotus carapo.*
Außer dieser Art werden aus der Familie Rhamphichthyidae ab und zu auch Vertreter der Gattungen *Hypopomus* und *Steatogenys* importiert. Sie bleiben wesentlich kleiner und erreichen eine Länge von nur etwa 20 cm.

[1] Farbfoto auf Tafel 56, S. 600

Familie Apteronotidae (Amerikanische Messerfische)

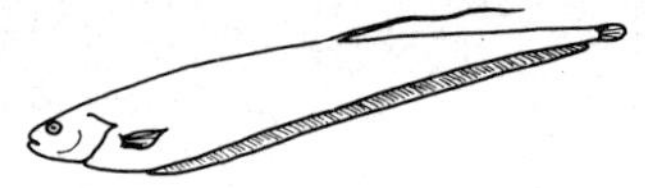

Sternarchella schotti

Seitlich zusammengedrückte Fische mit einer auf wenige Flossenstrahlen rückgebildeten Rückenflosse (die vorhandenen Flossenstrahlen können aber sehr lang ausgezogen sein). Nach Europa werden nur zwei Arten gelegentlich aus dem Amazonasstromgebiet importiert. Die kleinere Art – *Sternarchella schotti* – wird etwa 20 cm lang, die größere – *Apteronotus albifrons* – wird bis 50 cm lang. Beide Arten sind gut haltbar, aber gegen Frischwasser empfindlich.

Unterordnung Cyprinoidei (Karpfenähnliche)

Charakteristisch für alle Familien dieser Unterordnung: Sie besitzen keine bezahnten Kiefer. Dagegen stehen auf den Schlundknochen eine bis drei Zahnreihen, die sogenannten Schlundzähne. Arten dieser Unterordnung kommen in Europa, Asien, Afrika und Nordamerika vor. Sie fehlen in Südamerika, auf Madagaskar und in Australien. Ausgesprochene Süßwasserfische, deren weite Verbreitung die Formenmannigfaltigkeit der etwa 1500 Arten entspricht. Keine Fettflosse. Schwanzflosse meist eingeschnitten, mit gleich langen oberen und unteren Lappen. Viele Karpfenähnliche dienen als Speisefische. Tropische und subtropische Gattungen stellen viele beliebte Aquarienfische, darunter auch ausgesprochene Anfängerfische (z. B. *Tanichthys, Brachydanio*), die keine zu großen Ansprüche an Raum, Wasserzusammensetzung und Nahrung stellen.

Familie Cyprinidae (Karpfenfische)

Artenreichste Familie der Unterordnung Cyprinoidei. Vor allem in Südasien und im tropischen Teil Afrikas verbreitet. In den Mundwinkeln stehen oft ein bis zwei Barteln. Schwimmblase zweiteilig. Hierher gehören kleinlebende Arten, die nur bis 3 cm lang werden, aber auch Riesen wie z. B. die Indische Barbe *(Barbus tor)*. Die systematische Gliederung dieser Familie ist schwierig. Von den vielen Unterfamilien erwähnen wir nur die, die irgendwelche Beziehungen zur Aquaristik aufweisen.

Unterfamilie Abraminae (Brachsenkarpfen)

Meist Fische der gemäßigten Zone. Körper relativ hoch, Bauch flach und gekielt, Afterflosse lang. Von einheimischen europäischen Süßwasserfischen gehören hierher zum Beispiel der Blei *(Abramis brama)*, die Güster *(Abramis bjoerkna)*, die Maiblecke *(Alburnus alburnus)*, der Schneider *(Alburnoides bipunctatus)*, der Rapfen *(Aspius aspius)*, das Moderlieschen *(Leucaspius delineatus)*. Von den genannten Arten kommen allenfalls der bis etwa 15 cm lange Schneider und das etwa 10 cm lange Moderlieschen als Aquarienfische in Betracht. Nicht sonderlich beliebt als Aquarienfische sind auch die nachstehend erwähnten südasiatischen Vertreter dieser Familie.

Chela laubuca (Indischer Brachsen, Indische Glasbarbe)
Heimat: Indien, Ceylon, Burma, Sumatra. Schwarmfisch. Weibchen größer als die Männchen, bis 6 cm lang. Der Fisch bevorzugt die oberen Wasserschichten und fühlt sich in großflächigen Becken wohl. Wasserzusammensetzung für diese Art wie für die meisten Karpfenartigen ohne Bedeutung. Für die Zucht reicht mittelhartes Wasser. Temperatur etwa 24° C. Der Indische Brachsen ist ein Dämmerungslaicher, der erst in der Dunkelheit mit dem Ablaichen beginnt. Bei jedem Paarungsakt werden etwa 30–40 Eier ausgestoßen. Die Eier sind glasklar und sehr klein. Die Brut schlüpft bei 36° C nach 18–24 Stunden. Nach drei bis vier Tagen schwimmt die Brut frei und nimmt zunächst lebendes Staubfutter, aber auch fein zerriebenes Trockenfutter. Die Fische sind sehr fruchtbar. Erwachsene Tiere fressen alle tierische Nahrung, das heißt Wasserflöhe, *Cyclops, Tubifex*, Mückenlarven, *Drosophila,* aber auch gerne Trockenfutter.
In den letzten Jahren wurden zwei weitere Arten mit recht hohem Körper aus Thailand importiert: *Ch. mouhoti* und *Ch. caerulostigma*, der Blauschwarz-Kielbauch. Alle *Chela*-Arten sind sehr gute Springer; das Aquarium muß daher immer gut abgedeckt sein.

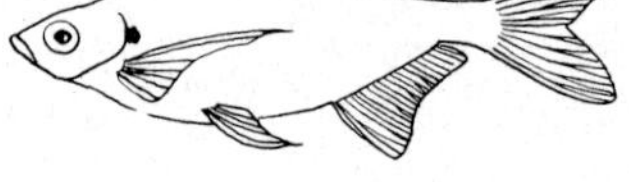

Chela laubuca

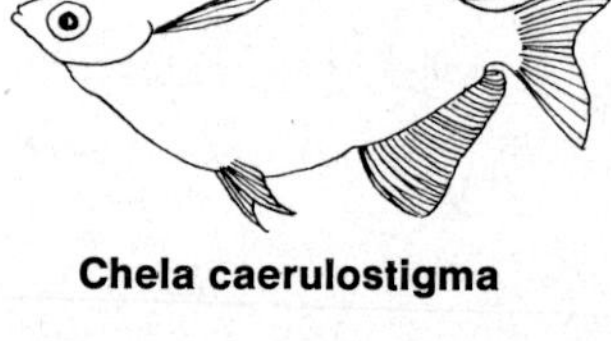

Chela caerulostigma

Gattung *Oxygaster*

Die *Oxygaster*-Arten sind der Gattung *Chela* nahe verwandt. Sie unterscheiden sich von *Chela* durch die Ausdehnung der Nackenschuppen nach vorne. Die Beschuppung bei *Oxygaster* greift in den Augenzwischenraum ein, bei *Chela* reicht sie nur bis zum Hinterrand der Augen. Im Aquarium wurde der Blaue Kielbauchbärbling *(Oxygaster atpar)* schon zur Fortpflanzung gebracht. Sein Ablaichverhalten ähnelt dem des Indischen Brachsen. *Oxygaster atpar* stammt aus fließenden Gewässern des südlichen Vorderindiens und Bengalens. Er wird etwa 6 cm lang.
Zwei weitere gelegentlich eingeführte Arten sind für das Zimmeraquarium zu groß: Das Indische Moderlieschen *(Oxygaster bacaila)* wird bis 18 cm lang und die Glasbarbe *(Oxygaster oxygastroides)* aus Thailand und den Großen Sundainseln erreicht eine Größe von 20 cm. Beide Arten wurden in Gefangenschaft noch nicht vermehrt.

Unterfamilie Cyprininae

Gattungs- und artenreiche Unterfamilie. Umfaßt Fische mit unterschiedlich gestrecktem Körper. Die Rückenflosse steht meist über den Bauchflossen, die Afterflosse ist gewöhnlich sehr kurz. Der dritte Strahl der Rückenflosse ist oft zu einem Stachel umgewandelt, der auf der Hinterkante häufig gezähnt ist. Schlundzähne ein- bis dreireihig.
Die meisten Arten dieser Unterfamilie bevorzugen im Aquarium die bodennahen Wasserschichten. Von der Wasserqualität sind sie nur wenig abhängig. Gelegentliche Frischwasserzugabe sagt den Fischen zu. Alle tropischen und subtropischen Arten sind wärmebedürftig, meist aber unempfindlich gegen kürzere Temperaturrückgänge bis auf 16° C. Fast alle Arten sind sehr gefräßige Allesfresser.
Zur Zucht und Aufzucht reicht weiches bis mittelhartes Wasser bei einem etwa neutralen pH-Wert. Für manche Arten muß allerdings die Karbonathärte möglichst niedrig sein (nicht über 2° dKH). Die Eier werden auf feinblättrige Wasserpflanzen abgelegt und von den Eltern nicht betreut. Alle Arten sind Laichräuber; die Elterntiere müssen daher sofort nach dem Ablaichen aus dem Zuchtbecken herausgefangen werden. Die Eier haften auf den Pflanzen oder fallen zu Boden. Die Brut schlüpft nach 24–36 Stunden, liegt ein bis zwei Tage am Bodengrund oder hängt an Pflanzen oder Glasscheiben. Die Larven besitzen Haftdrüsen auf dem Kopf. Die Jungfische fressen nach dem Freischwimmen auch relativ großes lebendes „Staubfutter", teilweise sogar Trockenfutter (Trockenfutter muß zuerst angefeuchtet werden, weil sich die Jungfische gerne am Boden aufhalten und nur selten zur Wasseroberfläche kommen).
Die artenreichste Gattung dieser Unterfamilie war die Gattung *Barbus*, die in den letzten Jahren vor allem nach der Anzahl der Barteln in vier selbständige Gattungen aufgeteilt worden ist: *Barbus, Barbodes, Capoeta, Puntius.*

Gattung *Barbus*

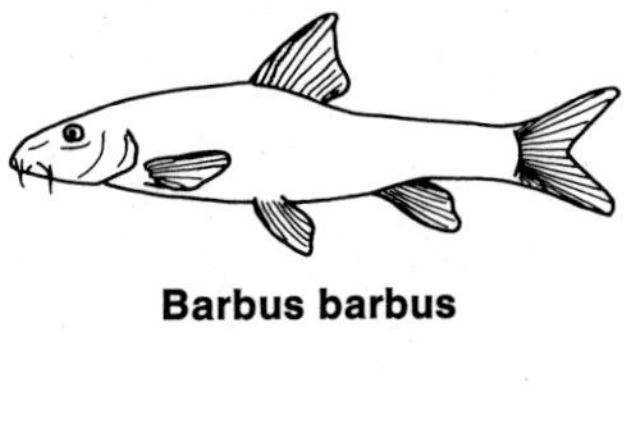

Barbus barbus

Am Oberkiefer stehen vier kräftige Barteln. Die Schuppen sind klein, in der Seitenlinie stehen 60–70 Schuppen, selten weniger. Der dritte Strahl der Rückenflosse ist stark verknöchert, nicht biegsam, mit etwa 20 spitzigen Zähnchen auf der Hinterseite. Etwa ein Dutzend Arten aus Süd- und Südosteuropa. Im Aquarium werden nur gelegentlich junge Exemplare der einheimischen Flußbarbe *(Barbus barbus)* gehalten. Erwachsene Tiere leben in Fließgewässern mit kiesigem oder sandigem Grund in Schwärmen. Zugfische. Die Flußbarbe bildet eine goldfarbene, xanthoristische Form, die durch ihre gelborange Farbe sehr auffällt.

Gattung *Barbodes*

Nahe mit der Gattung *Barbus* verwandt. Vier kräftige bis kleine Barteln am Oberkiefer, Schuppen mittelgroß bis groß, etwa 25–50 Schuppen in der Seitenlinie, selten etwas mehr. Dritter Strahl der Rückenflosse verknöchert, glatt, biegsam oder weich, mit oder ohne Zähnchen. Die Gattung ist auf den asiatischen und afrikanischen Raum beschränkt.

Barbodes binotatus
Heimat: Hinterindien, Thailand, Große Sundainseln. Wird bis 17 cm lang. Nachzuchttiere wesentlich kleiner. Der große, unauffällige, silbrige Fisch wird nur selten gehalten, obwohl er sehr produktiv ist. Die Brut schlüpft bei etwa 25° C erst nach 48 Stunden. Die Jungtiere sind relativ groß und leicht mit lebendem Staubfutter aufzuziehen.

Barbodes binotatus

Barbodes dorsimaculatus (Rückenfleckbarbe)
Heimat: Sumatra. Wird etwa 3,5 cm lang. Erinnert in der Körperform an *Rasbora.* Selten importiert, in Gefangenschaft noch nicht nachgezüchtet.

Barbodes dunckeri (Dunckers Barbe)
Heimat: Dunkelbäche des Malaiischen Archipels. Wird bis 30 cm lang. Erreicht in Gefangenschaft höchstens 12 cm, und wird bei einer Länge von 6–8 cm schon geschlechtsreif. Prächtig gefärbte Barbe mit blutroten Flossen. Sehr wärmebedürftig (24–28° C). Liebt öftere Zugabe von Frischwasser. Gedeiht in Altwasser nicht.

Barbodes everetti (Everetts Barbe)
Heimat: Indomalaiischer Archipel, z. B. Insel Kalimantan. Wird bis 13 cm lang. Friedlicher Schwarmfisch. Weibchen blasser, dicker und größer als die Männchen. Sehr schöne Barbe mit mohnroten Flossen. Zucht nicht einfach. Zuchtfische sind in kleinen Becken scheu und laichen nicht ab. Wärmeliebend (Laichtemperatur etwa 27° C). Laichen in feinblättrigen Pflanzen ab, am besten *Myriophyllum.*

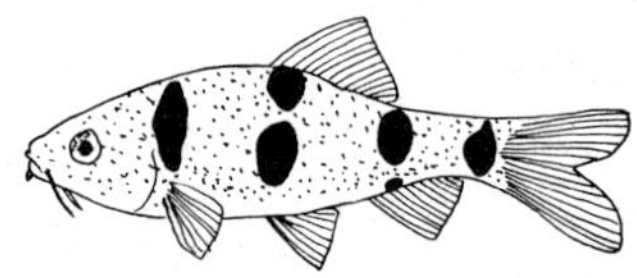

Barbodes everetti

Barbodes fasciatus (Glühkohlenbarbe)
Heimat: Südwest-Vorderindien und die Inseln Sumatra und Borneo. Kräftige Weibchen werden bis 10 cm lang. Körpergrundfarbe weinrot, mit unregelmäßigen schwarzen Flecken, die in der Form sehr veränderlich sind und oft den Eindruck krankhafter Pigmentablagerungen hervorrufen. Zucht nicht ganz einfach.

Barbodes lateristriga

Barbodes halei
Heimat: Malaiische Halbinsel. Wird bis 10 cm lang. Wärmebedürftiger Fisch (24–26° C), der eine Randbepflanzung mit einzeln gesetzten, robusten Pflanzen liebt und weichen Boden sowie ausreichend freien Schwimmraum schätzt. Geschlechtsunterschiede bisher nicht beschrieben.

Barbodes lateristriga (Schwanzbandbarbe)[1]
Heimat: Malaiische Halbinsel, Singapur, Große und Kleine Sundainseln. Lebhafte Schwarmbarbe. Wird bis 20 cm lang. Weibchen deutlich kräftiger als die Männchen. Rückenflosse der Männchen an der Basis tief rot. Schöne, friedliche, produktive, allerdings relativ große Barbe. Das Becken sollte mit robusten Pflanzen besetzt werden, da sich die Fische meist in Bodennähe aufhalten.

[1] Farbfoto auf Tafel 17, S. 225

Oben: Barbodes pentazona pentazona
Mitte: Barbodes pentazona hexazona
Unten: Barbodes pentazona kahajani

Barbodes pentazona pentazona (Fünfgürtelbarbe)
Heimat: Malaiische Halbinsel, Singapur, Kalimantan, Sumatra. Wird etwa 5 cm lang. Im Aquarium sehr unempfindlich und anspruchslos. Sehr schöner Fisch. Weibchen in der Laichzeit sehr dick. Eier werden an feinblättrige Pflanzen abgelegt. Die Eier sind groß, gelb bis orange gefärbt. Bei einem Ablaichen werden 300–400 Eier abgelegt. Die Brut schlüpft bei einer Wassertemperatur von 26° C nach 26–30 Stunden, schwimmt nach sechs Tagen frei und fängt lebendes Staubfutter. Die Aufzucht ist leicht, da die Jungfische zunächst schnell wachsen. Nach etwa zwei bis drei Monaten bleiben sie im Wachstum stehen. Erst nach 10–12 Monaten werden die Jungfische geschlechtsreif. Während dieser Zeit fressen sie soviel Futter, daß sich die Zucht praktisch nicht lohnt. Ein Beispiel: 600 Jungfische im Alter von drei bis vier Monaten verspeisen während einer Woche etwa 1 Liter Tubifexwürmer.

Barbodes pentazona hexazona (Sechsbindenbarbe)
Heimat: Sumatra. Größere Weibchen werden bis 5,5 cm lang. Die Unterart ist der Nominatform *(Barbodes pentazona pentazona)* auffallend ähnlich. Sie unterscheidet sich von ihr nur durch die kürzere dritte Querbinde, die nicht bis zu den Bauchflossen herunterreicht und durch das Fehlen des dunklen Fleckes un-

ter dem hinteren Teil der Rückenflossenbasis. Pflege und Zucht wie bei *Barbodes pentazona pentazona.*

Barbodes pentazona kahajani
Heimat: Kalimantan (Kahajan- und Kapuasfluß). Wird bis 6 cm lang. Diese Unterart hat nur vier schwarze Querbinden, von denen die dritte an der Rückenflosse beginnt und auf der Körperseite tropfen- oder knopfförmig endet. Die recht schöne sogenannte Zauberkreisgürtelbarbe, *Barbodes pentazona rhomboocellatus,* hat wie die Fünfgürtelbarbe einen schwarzen Fleck hinter der Rückenflosse, doch sind die Zentren der Binden hell.

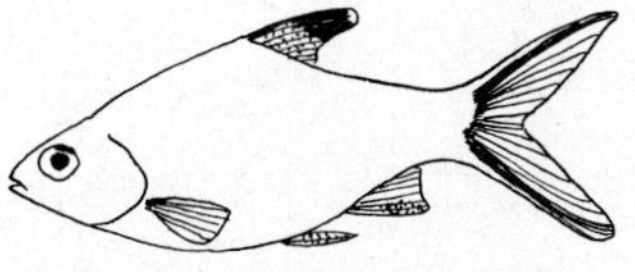

Barbodes schwanenfeldi

Barbodes schwanenfeldi (Brassenbarbe)[2]
Heimat: Sumatra, Kalimantan, Malakka, Thailand. Speisefisch, der bis 35 cm lang wird. Ausdauernd, braucht aber große Aquarien mit weichem Bodengrund. Prächtig gefärbt, doch zeigen nur Exemplare, die mindestens halberwachsen sind, die schöne Färbung. Wassertemperatur zwischen 20 und 25° C. Frißt *Tubifex,* Wasserflöhe, *Cyclops,* Mückenlarven, aber auch Trockenfutter, Kopfsalat und alle weicheren Wasserpflanzen. Wächst bei guter Fütterung sehr schnell. Ein sehr schönes Tier für öffentliche Ausstellungen und zoologische Gärten.

Barbodes somphongsi
Heimat: Überschwemmungsgebiete des Flusses Mekong in Thailand, oft in Reisfeldern. Wird bis 11 cm lang. Gegen Temperaturschwankungen unempfindlich und auch sonst sehr anpassungsfähig. Allesfresser.

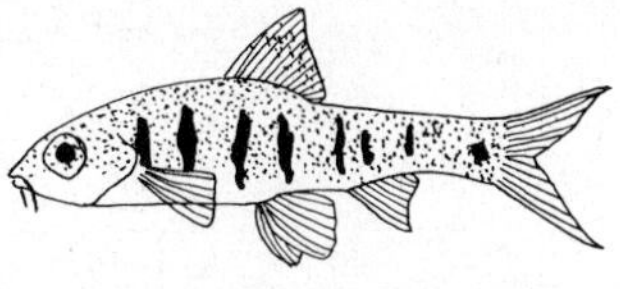

Barbodes bariloides

Barbodes bariloides[3]
Heimat: Südafrika, vor allem Sambia und Katanga. Weibchen größer als die Männchen, bis 6 cm lang. Sehr langgestreckter Fisch. Im Aquarium dauernd scheu. In Ruhe gelassene Tiere sind sehr lebendig und schwimmfreudig. Friedlicher Allesfresser, der die mittleren und unteren Wasserschichten bevorzugt. Zur Zucht reicht ein Vollglasbecken von etwa 10 Liter Inhalt. Zuchtwasser weich, höchstens 3° dGH. Im Zuchtbecken sollte ein Büschel feinblättriger Wasserpflanzen untergebracht werden. Zuchttemperatur zwischen 24 und 26° C, pH-Wert neutral. Aus einer Laichabgabe sind bis zu 250 Eier zu gewinnen. Die Brut schlüpft bei 25° nach 24 Stunden und schwimmt nach weiteren drei bis vier Tagen frei; sie frißt gerne *Cyclops*-Nauplien. Die Jungfische erreichen nach etwa drei Wochen 18–20 mm Länge, und auf den Körperseiten der Jungfische erscheinen dann schon die ersten zwei schmalen, schwarzen Querbinden. Die Geschlechter lassen sich mit Sicherheit ab etwa 4 Monaten unterscheiden. Die Männchen sind viel schlanker und später auch kleiner als die voll erwachsenen Weibchen.

Barbodes fasciolatus (Angolabarbe)
Heimat: Stehende oder langsam fließende Gewässer in Angola. Wird bis 7 cm lang. Nahe verwandt mit *Barbodes bariloides,* in der Färbung mit dieser Art nahezu identisch. Die Unterschiede zwischen beiden Arten betreffen die Schuppenzahl in der Seitenlinie (bei *B. bariloides* 28–30 Schuppen, bei *B. fasciolatus* nur 25 Schuppen). Während *B. bariloides* friedlich und harmlos ist, ist *B. fasciolatus* recht räuberisch und bissig. Ob die Angolabarbe je in der Gefangenschaft nachgezüchtet worden ist, ist unsicher. Die Haltungstemperatur liegt zwischen 22 und 25° C. Viele weitere *Barbodes*-Arten wurden aus verschiedenen afrikanischen Flußgewässern importiert, z. B. *B. callipterus, B. holotaenia*[4]*, B. trispilos, B. unitaeniatus, B. usambarae, B. werneri.* Sie werden alle 8–12 cm lang, sind einfach zu halten, wurden jedoch mit Ausnahme von *B. werneri* bis heute noch nicht nachgezüchtet.

Barbodes werneri (Blaubarbe)
Heimat: Ostafrika (von Ägypten und dem Sudan bis zum Gebiet des Victoria-Sees). Wird bis 10 cm lang. Sehr bewegliche Barbe, die niedrige Wintertemperaturen zwischen 12 und 15° C verträgt. Allesfresser, der im Aquarium gute Dienste leistet, weil er nicht nur Lebendfutter, sondern auch jedes Trockenfutter, Futterreste, Algen, Pflanzenteile und Planarien verzehrt. Haltung und Zucht sehr einfach.

[2] Farbfoto auf Tafel 17, S. 225
[3] Farbfoto auf Tafel 21, S. 261
[4] Farbfoto auf Tafel 17, S. 225

Gattung *Capoeta*

Am Oberkiefer nur zwei Barteln. Große Schuppen, in der Seitenlinie meist weniger als 30. Dritter Strahl der Rückenflosse geringfügig verknöchert oder weich. Ist der dritte Rückenflossenstrahl leicht verknöchert, so ist er nie gezähnt. Hauptverbreitungsgebiet Asien; einige Arten leben in Afrika; in Europa kommt keine Art vor.

Capoeta arulia (Dreibandbarbe)
Heimat: Südostasiatisches Vorderindien, Travancore und Cauvery. Wird bis 12 cm lang. Weibchen kräftiger als das Männchen, Männchen schlanker mit fadenförmig verlängerten, dunklen bis dunkelroten Rückenflossenstrahlen. Schöne, immer muntere Schwarmbarbe.
Haltung und Zucht sind einfach, obwohl die relativ großen Fische nicht sehr produktiv sind. Wie bei vielen Karpfenartigen zeigt sich in der Laichzeit ein Laichausschlag in Form kleiner, weißer Spitzen, bei dieser Art vor allem in der Nähe des Maules. Eine Reihe bekannter Lokalrassen unterscheiden sich voneinander in Form und Farben. Besonders die verlängerten Rückenflossenstrahlen der Männchen unterscheiden sich von Rasse zu Rasse sehr stark hinsichtlich Zahl und Länge. Im Laichsubstrat sind die Dreibandbarben nicht wählerisch. Sie laichen über feinblättrigen oder großblättrigen Wasserpflanzen, über Steinplatten, über Sandboden, ja sogar in freien Aquarienecken.

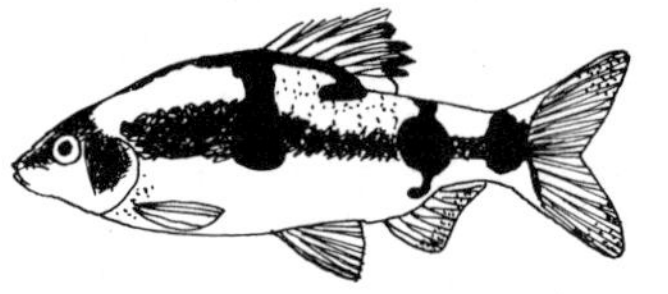

Capoeta arulia

Capoeta chola (Kiemenfleckbarbe)
Heimat: Ostindien und Burma. Wird bis 15 cm lang. Lebhafte Barbe. Aquarienexemplare bleiben meist viel kleiner. Optimale Wassertemperatur zwischen 21 und 24° C, die Überwinterungstemperatur kann auf 17–20° C sinken. Männchen kleiner als das Weibchen, zur Laichzeit mit schönen, rötlichen Flossen. Haltung und Zucht einfach.

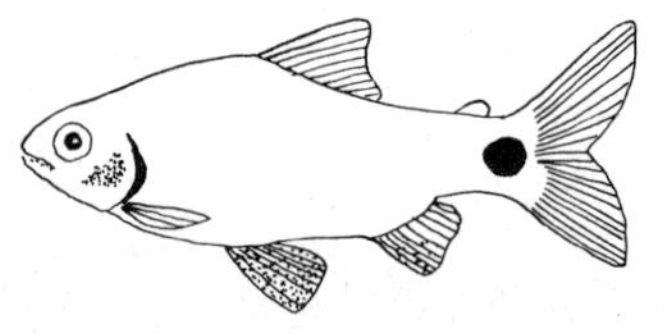

Capoeta chola

Capoeta oligolepis (Eilandbarbe)[1]
Heimat: Sumatra. Wird etwa 5 cm lang. Männchen größer als die Weibchen und vor allem während der Laichzeit schön rötlich bis ziegelrot, manchmal violettrot gefärbt. Flossenränder der Männchen schwarz. Optimale Wassertemperatur 21 bis 25° C. Hinsichtlich des Laichsubstrates nicht wählerisch, legt die Eier jedoch am liebsten in feinblättrige Wasserpflanzen ab. Während der Vorbereitungsphasen zum Ablaichen und bei den ersten Laichakten ist das Männchen sehr aktiv und sogar aggressiv. Später läßt seine Aggressivität nach und zum Schluß des Ablaichens ist das Männchen oft regelrecht müde und frißt die Eier auf. Man muß daher das Zuchtpaar rechtzeitig entfernen. Die Eier sind glasklar durchsichtig, klein und haften auf dem Laichsubstrat. Die Aufzucht der Jungtiere mit feinem lebendem Staubfutter ist problemlos.

Capoeta oligolepis

[1] Farbfoto auf Tafel 18, S. 226

Bild 2.30: Pärchen der Eilandbarbe (Capoeta oligolepis), links Weibchen, rechts Männchen. Aufnahme S. Frank

Bild 2.31: Paar der Brokatbarbe (Capoeta „schuberti"), oben Weibchen, unten Männchen. Aufnahme S. Frank

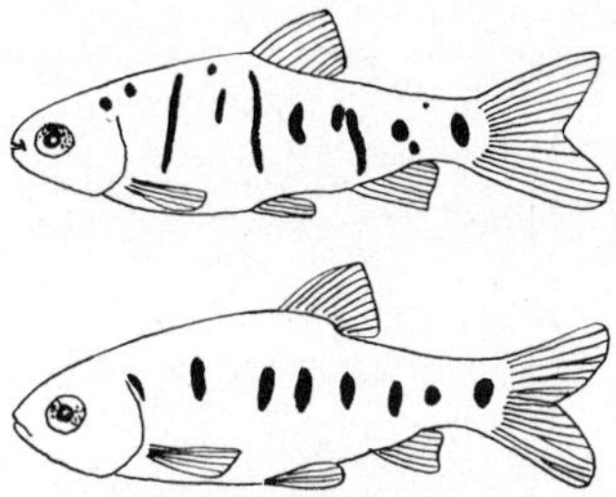

Capoeta semifasciolata oben ♂, unten ♀

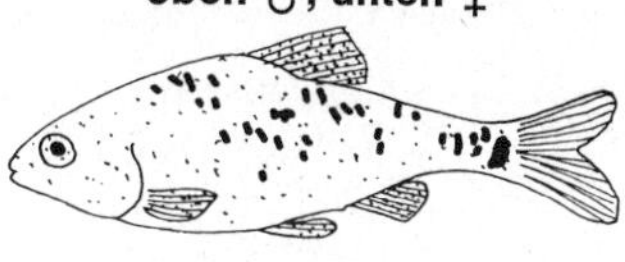

Capoeta„schuberti"

Capoeta tetrazona tetrazona

Capoeta semifasciolata (Messingbarbe)[2]
Heimat: Südöstliches China. Weibchen größer als die Männchen, werden bis 10 cm lang. Anspruchslose Barbe, die viel Schwimmraum liebt. Die Becken sollten möglichst groß sein. Verträgt relativ große Temperaturschwankungen zwischen 16–26° C und ist auch gegen Sauerstoffmangel ziemlich unempfindlich. Als Zuchtaquarium dient am besten ein größeres Becken, in dem die lebhaften Liebesspiele vollständig ablaufen können. Das Männchen lockt nach längeren Tänzen seine Partnerin ins Pflanzendickicht, in dem die Paarung recht stürmisch abläuft. Die gelblichen Eier sind relativ klein. Die Brut schlüpft bei etwa 24° C nach 24 Stunden. Die Aufzucht der Jungfische ist mit lebendem Staubfutter sehr einfach.

Capoeta „schuberti" (Brokatbarbe)
Dieser Fisch ist aus der freien Natur unbekannt. In Gestalt und Bau stimmt er mit der Ausgangsform *Capoeta semifasciolata* überein. Es handelt sich einwandfrei um eine xanthoristische Zuchtform der Messingbarbe. Es sind verschiedene Farbvarianten dieser Brokatbarbe bekannt, sogar eine albinotische Form mit roten Augen und andere Formen mit schwarzen Flossen sind schon aufgetaucht. Im Aquarium ist die Brokatbarbe nicht nur durch die goldene bis orangene Farbe ein sehr attraktiver Fisch, sondern auch, weil sie so lebhaft ist. Die genannte Zuchtform bleibt etwas kleiner als die Messingbarbe, die Weibchen, die etwas größer als die Männchen sind, werden höchstens 7 cm lang. In der Nahrung nicht wählerisch, praktisch ein Allesfresser. Relativ wärmebedürftig, die Wassertemperatur sollte nicht unter 20° C sinken.

Capoeta tetrarupaga
Heimat: Burma, Assam, Bengalen. Wird bis 12 cm lang. Langgestreckt, mit je einem schwarzem Fleck hinter dem Kiemendeckel und auf dem Schwanzstiel. Vermutlich in der Gefangenschaft noch nicht nachgezüchtet.

Capoeta tetrazona tetrazona (Viergürtelbarbe, Sumatrabarbe)[3]
Heimat: Sumatra und Kalimantan. Wird bis 7 cm lang. Ein lebhafter Schwarmfisch, der nicht zu hartes, stets gut gefiltertes, glasklares Wasser braucht. Darf mit langsam schwimmenden oder wenig beweglichen Fischen nicht vergesellschaftet werden (zupft oft an den Flossen dieser Mitbewohner). Wassertemperatur zwischen 20 und 26° C. Zum Ablaichen verwendet man am besten größere Aquarien, weil das Männchen das Weibchen jagt und verfolgt und es in zu kleinen Becken oft tötet. Günstig ist auch eine etwas niedrigere Wassertemperatur (21–22° C), bei der das Ablaichen nicht so wild abläuft. Zuchtwasser nicht härter als 3–5° dGH, möglichst wenig Karbonathärte. Aus einem Laichvorgang kann man 300–400 Eier erhalten. Die Eier sind gelblich, recht groß. Die Brut schlüpft bei 24° C nach 36 Stunden und schwimmt nach etwa 5 Tagen frei. Man füttert mit

[2] Farbfoto auf Tafel 18, S. 226
[3] Farbfotos auf den Tafeln 18. S. 226 und 21, S. 261

Bild 2.32 Capoeta tetrazona partipentazona (1), C. t. tetrazona (2), Barbodes pentazona hexazona (3), B. p. pentazona (4), B. p. rhombo-ocellatus (5), B. p. kahajani (6).

Tafel 9
Punktierter Kopfsteher Chilodus punctatus (oben links). – Zwergdistichodus Distichodus decemmaculatus (oben rechts). – Leporinus fasciatus (Mitte links). – Prachtkopfsteher Anostomus anostomus (Mitte rechts). – Leporinus striatus (unten links). Schizodon fasciatus (unten rechts).

lebendem Staubfutter, zur Not genügen „Mikro“-Würmer *(Anguillula rediviva)*. Das Hauptproblem bei der Zucht der Viergürtelbarbe ist es, ein fruchtbares und nicht zu bissiges Männchen zu finden.
Vor einigen Jahren tauchte die schöne albinotische Zuchtform der Viergürtelbarbe auf. Diese Form hat rote Augen. Sie ist etwas wärmebedürftiger, aber ruhiger als die Ausgangsform.

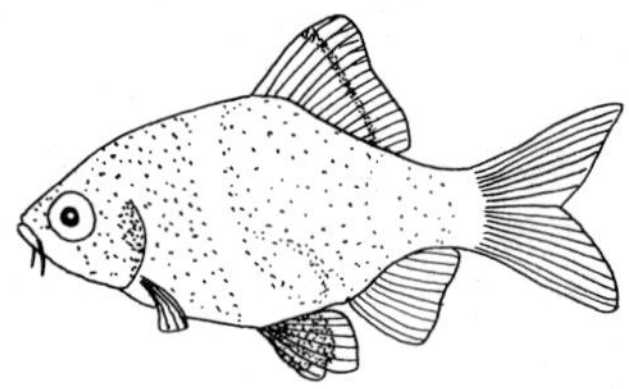

Capoeta tetrazona, Albino

Capoeta tetrazona partipentazona (Thai-Gürtelbarbe)
Heimat: Thailand. Bleibt etwas kleiner als die Nominatform *Capoeta tetrazona tetrazona*. Haltung und Zucht wie bei der vorigen Unterart. Während des Treibens und des Ablaichens sind die Männchen etwas blasser als die Weibchen. Zweckmäßig wird das ablaichende Paar mit *Tubifex* oder Enchyträen gefüttert. Thai-Gürtelbarben sind so produktiv, daß sie während eines Laichvorganges bis zu 1000 Eier ablegen können. Jungfische, oft aber auch erwachsene Tiere, sind recht empfindlich gegen Frischwasser wie gegen zu altes Wasser mit ansteigendem Nitritgehalt.

Capoeta titteya (Bitterlingsbarbe)[1]
Heimat: Schattige Bäche in Ceylon. Wird bis 5 cm lang. Männchen prächtig violettrot, Weibchen bräunlich mit deutlichem Längsband. Bitterlingsbarben fühlen sich in nicht zu stark beleuchteten, gut bepflanzten Becken mit viel Schlupfwinkeln und schattigen Plätzen wohl. Die Männchen bekämpfen sich oft stundenlang. Es sind viele Farbvarianten bekannt, auch aus der Natur. Zur Zucht eignen sich größere Aquarien mit nicht zu hartem, etwa 25–27° C warmem Wasser. Die Brut schlüpft nach etwa 24 Stunden. Aus einem Laichvorgang kann man 150 bis 250 Jungtiere erhalten. Aufzucht ähnlich wie bei der Eilandbarbe *(Capoeta oligolepis)*. Bitterlingsbarben bleiben das ganze Leben scheu.

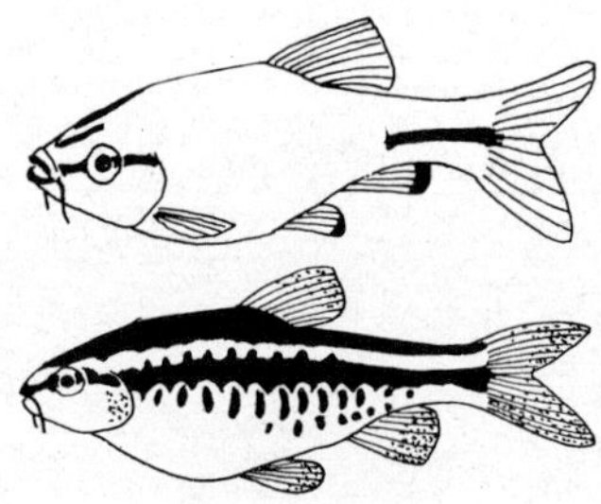

Capoeta titteya
oben ♂, unten ♀

Gattung *Puntius*

Keine Barteln, Schuppen groß, in der Seitenlinie selten über 30 Schuppen. Dritter Strahl der Rückenflosse nicht oder nur geringfügig verknöchert, nie gezähnt. Alle bekanntgewordenen Arten stammen aus dem südöstlichen Asien, nur eine Art kommt aus Afrika.

Puntius conchonius (Prachtbarbe)[2]
Heimat: Nördliches Vorderindien, Bengalen, Assam, wird bis 14 cm lang. In Gefangenschaft wird der Fisch kaum länger als 6 cm. Weibchen graugrün gefärbt, Männchen prächtig rosa bis rot, Spitzen von Rücken- und Bauchflossen tiefschwarz. Einer der anspruchslosen tropischen Fische, verträgt im Winter ein Absinken der Wassertemperatur bis auf 15° C. Kann vor allem auch Anfängern empfohlen werden. Laicht schon in kleinen Becken ab. Eier sehr klein, glasklar, werden in feinblättrige Pflanzen abgelegt. Die Brut schlüpft nach 36 Stunden bei einer Wassertemperatur von 24° C und schwimmt erst nach fünf bis sechs Tagen

Puntius conchonius

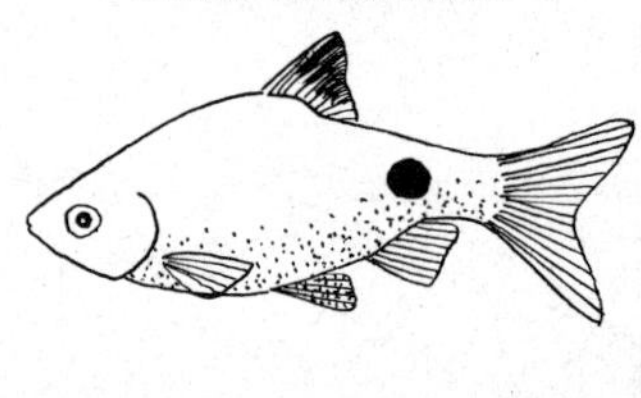

[1] Farbfoto auf Tafel 14, S. 190
[2] Farbfoto auf Tafel 21, S. 61
Laichserie der Schleierprachtbarbe (Mutation von Puntius conchonius) auf Tafel 19, S. 243

frei. Am besten füttert man zunächst mit feinem lebendem Staubfutter (Rädertierchen). In der Not nimmt die Brut auch zerriebene Tubifexwürmer an. Selbst mit Trockenfutter (das zuvor angefeuchtet werden muß) und mit zerriebenen Enchyträen kann man die Brut hochbringen.

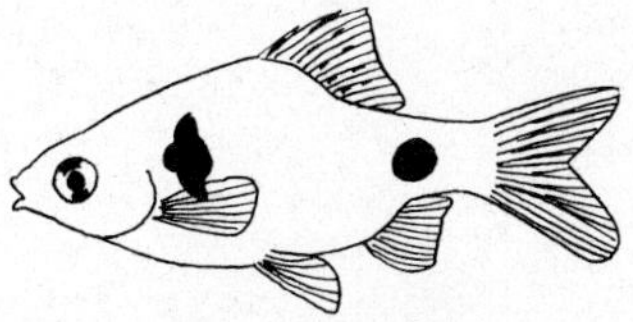

Puntius cumingi

Puntius cumingi (Cumingsbarbe)
Heimat: Bergwaldbäche in Ceylon. Wird bis 5 cm lang. Lebhafter und recht friedlicher Schwarmfisch.
Die Cumingsbarbe ist ein anspruchsloser, aber wärmebedürftiger Allesfresser (Temperatur zwischen 25 und 27° C). Zum Ablaichen reicht ein etwa 10 Liter fassendes Vollglasbecken mit abgekochtem Leitungswasser. Die Nichtkarbonathärte im Zuchtbecken darf bis 5° dNKH betragen, die Karbonathärte höchstens 1° dKH. Embryonen und Larven sind gegen Karbonate sehr empfindlich, vor allem in der Zeit des Freischwimmens, d. h. beim Füllen der Schwimmblase mit Gas. Ein Büschel Quellmoos eignet sich sehr gut als Laichsubstrat. Die Zuchttemperatur soll zwischen 25 und 27° C liegen. Bei guter Fütterung mit Lebendfutter wachsen die Jungtiere schnell heran. Erwachsene Fische eignen sich gut fürs Gesellschaftsbecken: Sie sind friedlich, lebhaft und hübsch gefärbt.

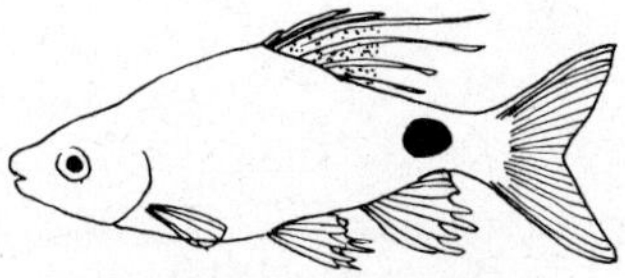

Puntius filamentosus

Puntius filamentosus (Schwarzfleckbarbe)
Heimat: Südwestindien. In der Natur werden die Fische bis 15 cm lang, in der Gefangenschaft bleiben sie gewöhnlich kleiner (etwa 10 cm). Die Männchen sind schlanker als die Weibchen; sie haben fadenförmig verlängerte Strahlen in der Rückenflosse. Die Zucht ist in größeren Becken nicht schwierig. Schwarzfleckbarben laichen oft auch im Schwarm, sogar in Schaubecken bei Ausstellungen, wobei sie sich nicht einmal von den Zuschauern stören lassen. Die Jungfische sind vollkommen anders gefärbt als die Eltern: Sie tragen zwei breite, tiefschwarze Querbinden auf den Körperseiten, die dritte, schmalere Querbinde durchzieht die Schwanzflossenbasis, die vierte Querbinde ist auf dem Scheitel schwach angedeutet. Die Flossen der Jungtiere sind orangerot bis ziegelrot. Bei halbwüchsigen Exemplaren ist die Schwanzflosse rötlich mit weißlichen Spitzen und einem Fleck in dem Schwanzflossenlappen. Diese bartelnlose Art wird von Aquarianern oft mit *Capoeta mahecola* verwechselt. Beide Arten sind praktisch gleich gefärbt, doch besitzt *C. mahecola* ein Paar Barteln im Maulwinkel. Die Schwarzfleckbarbe ist ausdauernd und sehr produktiv.

Tafel 10
Oben links: Poecilobrycon (Nannobrycon) unifasciatus ocellatus, der Einbinden-Ziersalmler, stammt aus dem mittleren und unteren Amazonas nebst Nebenflüssen.
Oben rechts: Der Zwergziersalmler (Nannostomus marginatus) ist in Surinam und Westguayana zu Hause.
Oben Mitte, links: Poecilobrycon harrisoni, der Goldbinden-Ziersalmler, ist in Westguayana zu Hause.
Oben Mitte, rechts: Poecilobrycon (Nannobrycon) eques, der Spitzmaulsalmler, ist ein ruhiger Schwarmfisch, der bis zu fünf Zentimeter lang wird. Die Tiere stammen aus dem mittleren Amazonasgebiet.
Untere Mitte, links: Der Aripiranga-Ziersalmler (Nannostomus beckfordi aripirangensis) stammt von der Insel Aripiranga im unteren Amazonas. Das Fischchen wird bis 6,5 Zentimeter lang.
Unten Mitte, rechts: Der Dreibinden-Ziersalmler (Nannostomus trifasciatus) ist in Westguayana, am mittleren Amazonas und im Rio Negro zu Hause; das Fischchen wird bis zu sechs Zentimeter lang.
Unten links: Der Nachtsalmler (Prochilodus theraponura) ist ein friedlicher Schwarmfisch, der bis 35 Zentimeter lang werden kann. Seine Heimat ist das Amazonasgebiet.
Unten rechts: Der Schrägstrich-Ziersalmler (Nannostomus espei) wird bis zu 3,5 Zentimeter lang und ist in Guayana zu Hause.
Aufnahmen: B. Kahl

Puntius gelius (Fleckenbarbe)
Heimat: Ruhige Gewässer in Bengalen und Zentralindien. Wird bis 4 cm lang. Ziemlich durchsichtig, unauffällig, genügsam, anspruchslos. Verträgt lange Überwinterung bei niedrigen Wassertemperaturen von 14–18° C. Zuchttemperatur 21–22° C. Embryonen schlüpfen nach etwa 24 Stunden. Sie sind nur schwierig aufzufinden, da sie glasklar durchsichtig sind. Auch freischwimmende Jungfische nützen jede Versteckmöglichkeit. Sie drücken sich mit Rücken oder Bauch dicht an Wasserpflanzenblätter und rutschen an ihnen entlang. Die Aufzucht ist nicht nur mit sehr feinem „Staubfutter" möglich, sondern auch mit angefeuchtetem, zerriebenem Trockenfutter.

Puntius lineatus (Linienbarbe)[1]

Bild 2.33: Pärchen der Linienbarbe (Puntius lineatus), oben Männchen, unten Weibchen. Aufnahme S. Frank

[1] Farbfoto auf Tafel 17, S. 225

Heimat: Malaiische Halbinsel. Wird in Natur bis 12 cm, in der Gefangenschaft kaum 6 cm lang. Ziemlich langgestreckt, gelblich bis braun-silbrig, mit 4–6 dunkelblauen bis blauschwarzen Längsstreifen. Weibchen kräftiger und blasser als die Männchen. In Aquarien relativ selten zu sehen, obwohl sehr produktiv und leicht zu züchten. Werden die Fische in zu weichem Wasser oder in Wasser mit zu hohem Nitritgehalt gehalten, so tritt oft Bauchwassersucht auf. Für das Gesellschaftsbecken gut geeigneter, friedlicher, schwimmlustiger Fisch.

Puntius nigrofasciatus (Purpurkopfbarbe)[1]
Heimat: Seichte, ruhig-fließende Gewässer in Südceylon. Wird bis 6 cm lang. Lebhaft, anspruchslos, leicht zu pflegen und zu züchten.
Die vordere Körperhälfte ist beim Männchen zur Laichzeit herrlich purpurrot gefärbt, die hintere ist einschließlich der Flossen dunkel bis samtschwarz, der Rücken schimmert grünlich. Es wird empfohlen, diese Barbe kalt zu überwintern; 14–16° C reichen aus. So vorbereitete Tiere sind im Frühjahr sehr laichwillig

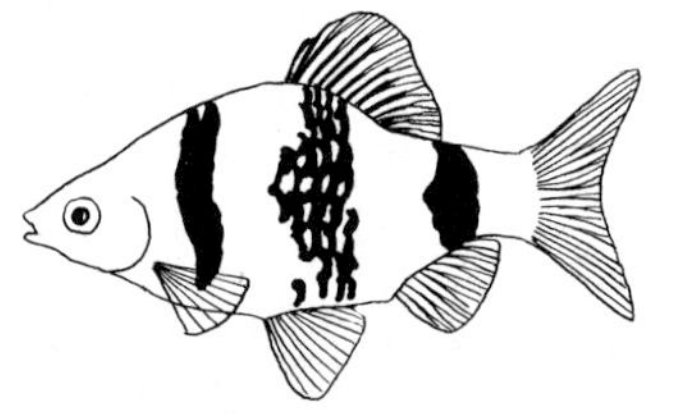

Puntius nigrofasciatus

Bild 2.34: Junges Männchen der Purpurkopfbarbe (Puntius nigrofasciatus). Aufnahme S. Frank

und züchten schon bei einer Wassertemperatur um 18–22° C. Sehr produktive Art. Werden die Tiere dauernd warmgehalten (20–28° C), wie es in der Literatur oft empfohlen wird, so zeigen sie nie ihre prächtige Ausfärbung und sind nur mit Schwierigkeiten zum Ablaichen zu bewegen. Die Purpurkopfbarbe laicht gerne in der Morgensonne auch in größeren, normalbepflanzten Aquarien mit sandigem Bodengrund. Keine Ansprüche an die Wasserqualität. Für Anfänger gut geeigneter Allesfresser.

Puntius phutunio (Zwergbarbe)
Heimat: Ostindien, Bengalen, Ceylon. Wird nur etwa 4 cm lang. Seit langem bekannt und gezüchtet, in Aquarien dennoch selten zu sehen. Friedlicher Fisch, wärmebedürftiger als die vorige Art (Haltungstemperatur 20–25° C). Zuchttemperatur 24–25° C, Jungfische schlüpfen nach 24–30 Stunden und schwimmen nach fünf Tagen frei. Die Zwergbarbe ist nicht sehr produktiv. 100 Jungfische gelten schon als Erfolg.

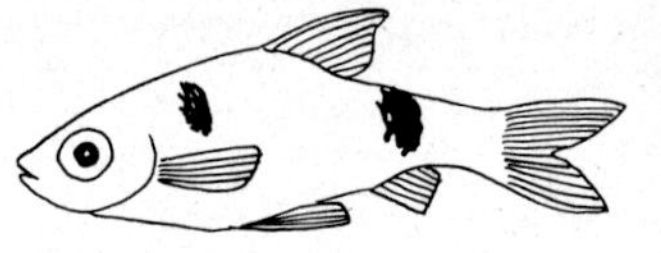

Puntius phutunio

Puntius roloffi (Roloffs Zwergbarbe)
Heimat: Südliches Thailand. Wird etwa 4 cm lang. Seitenlinie kurz, umfaßt nur 4 Schuppen. Die Paare bilden in der freien Natur wie auch im Aquarium Reviere. Das Ablaichen erfolgt ähnlich wie bei der Keilfleckbarbe: Das Paar dreht sich in Rückenlage unter einem Wasserpflanzenblatt und legt die Eier einzeln oder zu wenigen an die Blattunterseite. Die Anzahl der abgelegten Eier ist klein, nur 50–70 Stück, doch sind die Eier relativ groß. Die Jungtiere sind leicht aufzuziehen.

[1] Farbfoto auf Tafel 14, S. 190

Puntius ticto ticto
Heimat: Indien und Ceylon. Wird bis 10 cm lang. Häufig. Pflege und Zuchtansprüche wie bei *Puntius nigrofasciatus.*

Puntius ticto stoliczkai

Puntius ticto stoliczkai (Sonnenfleckbarbe)
Kleinere, etwa 6 cm lange Unterart aus dem Flußgebiet des unteren Irawadi in Burma. Friedliche und beliebte Barbe, die Temperaturen zwischen 18 und 25° C erträgt. Männchen prächtig gefärbt. Zuchttemperatur 24–26° C, Brut schlüpft nach 24–30 Stunden. Aufzucht mit lebendem „Staubfutter" einfach.
Weitere *Puntius*-Arten aus Südostasien wurden mehrfach importiert, sind aber wieder verschwunden oder jedenfalls nicht sehr verbreitet. Zu nennen sind die Goldflossenbarbe *(Puntius sachsi),* die Goldfleckbarbe *(Puntius terio),* die Streifenbarbe *(Puntius vittatus)* sowie *Puntius stigma.*
Aus Afrika (Ostafrika) ist bis heute nur eine *Puntius*-Art bekannt geworden: die Zwergsichelbarbe *(Puntius wöhlerti).* Sie wird nur 3 cm lang. Männchen mit langausgezogener, sichelförmiger Afterflosse. Wenig bekannte, nicht sehr verbreitete Art. Zuchttemperatur angeblich zwischen 25 und 26° C.

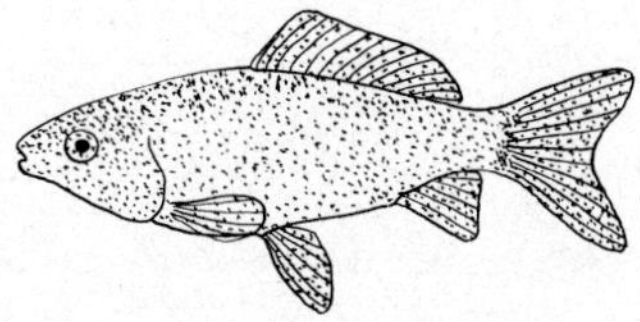
Carassius auratus auratus

Carassius auratus auratus (Goldfisch)
Der Goldfisch ist der erste Aquarienfisch, er wurde von den Portugiesen aus China über Java etwa im Jahre 1700 nach Europa eingeführt. Die Zucht gelingt in geräumigen, dicht bepflanzten Becken. Das Aquarium braucht selbst im Winter nicht geheizt zu werden. Sehr anspruchsloser Fisch. Allesfresser, der jedoch lange Zeit auch mit Trockenfutter zufrieden ist. Zuchttemperatur über 20° C. Die Eier werden ins Pflanzendickicht abgelegt, von größeren Exemplaren mehrere tausend Stück. Nach dem Ablaichen muß man die Elterntiere herausfangen. Rogner und Milchner werden in Züchtereien oft auch künstlich abgestreift. Die Brut ist sehr gefräßig. Die Farbe der Jungtiere ist zunächst dunkel, die gelbe oder rote Ausfärbung tritt erst einige Monate später auf, und zwar nicht bei allen Exemplaren. In China werden Goldfische und ihre Zuchtformen in hölzernen Kübeln, flachen irdenen Schalen oder in schattigen Gartenteichen gehalten und mit viel Mühe und Liebe gepflegt.
Aus China und Japan sind viele Farb- und Formspielarten bekannt geworden. Oft sind es sehr bizarre, sogar groteske Fischformen. Am bekanntesten sind Schleierschwänze, Teleskop-Schleierschwänze, Kometenschweife, Eierfische, Himmelsgucker, Löwenköpfe, sogenannte Shubukin usw. Alle diese Spielarten sind wärmebedürftiger, entsprechen sonst aber in Haltung und Zucht dem Goldfisch. Aus jeder Zucht kommen leider nur wenige Exemplare, die das Prädikat „erstklassig" verdienen. Man muß stets aus vielen Nachkommen auswählen und monate- bis jahrelang warten, bis die erwachsenen Tiere die Prachtfarbe und die richtige Körper- und Flossenform zeigen[2].

Barilius christyi (Goldmäulchen)
Heimat: Kongogebiet. Wird bis 13 cm lang. Körper langgestreckt, großes Maul. Friedlicher und eleganter Schwarmschwimmer. Nimmt die Nahrung gerne von der Wasseroberfläche (Anfluginsekten!). Das Wasser soll weich, schwach sauer, etwa 24–26° warm sein.

Barilius neglectus (Japanbarbe)
Heimat: Japan. Wird etwa 7 cm lang. Kann bei 15–18° C überwintert werden. Zuchttemperatur 22–24° C. Während des Ablaichens schwimmen die Partner schnell durch das ganze Becken; die Eier werden im Pflanzendickicht abgelegt. Sehr produktive Art.

Caecobarbus geertsi (Blindbarbe)
Gehört zu den Blindfischen, die in unterirdischen Gewässern leben. Heimat: Unterer Kongo. Wird bis 8 cm lang. Friedlicher, beweglicher Allesfresser. Über Geschlechtsunterschiede und Zucht ist leider nichts bekannt, obwohl die Tiere von Zeit zu Zeit in öffentlichen Ausstellungen großes Interesse wecken.

Eirmotus octozona (Achtbinden-Trugbarbe)
Heimat: Seen in Thailand. Wird bis 5 cm lang. Männchen viel schlanker als das Weibchen. Hält sich meist nahe des Bodengrundes auf. Selten importiert. Über die Zucht ist nichts bekannt. Erinnert an *Barbodes pentazona hexazona*, doch ist der Körper gelblich und glasig durchsichtig.

[2] Goldfisch-Zuchtformen sind auf Tafel 22, S. 262 abgebildet.

Labeo bicolor

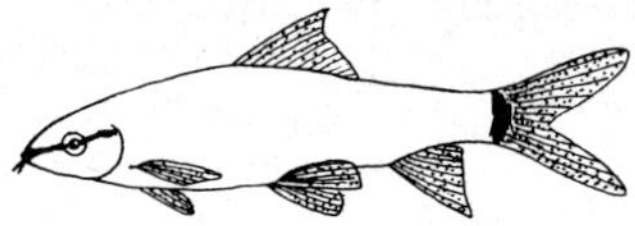

Labeo frenatus

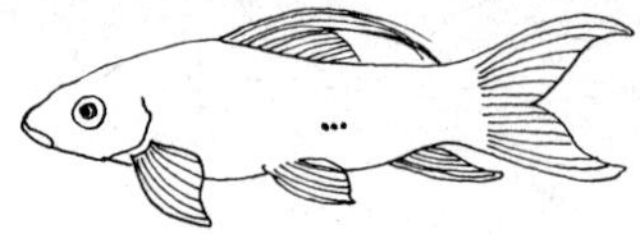

Labeo forskali

Labeo bicolor (Feuerschwanz-Fransenlipper)[1]
Heimat: Bäche in Thailand. Wird bis 20 cm lang. In nicht zu altem, weichem Wasser mit Zusatz von Torfextrakt und bei einer Temperatur von 24–28° C zeigen die Fische ihre schöne Farbe. Widerstandsfähiger Fisch, der viel Versteckmöglichkeiten, gute Bepflanzung und Gliederung des Aquariums mittels Blumentöpfen, Steinen, Kokosnußschalen, Baumwurzeln usw. liebt. Allesfresser, der mit Vorliebe Algenbeläge und andere Pflanzennahrung verzehrt. Stärkere Exemplare bilden Reviere und jagen dauernd ihre Artgenossen. Prächtig gefärbt, samtschwarz mit blutrot leuchtender Schwanzflosse. Eiablage in der Gefangenschaft mehrfach beobachtet, doch gelang es nie, die Brut aufzuziehen.
Viele andere *Labeo*-Arten werden seltener importiert. Zu erwähnen wäre der Grüne Fransenlipper *(L. frenatus)*[2], der Nilfransenlipper *(L. forskali)*, der Schwarzschecken-Fransenlipper *(L. variegatus)*, *Labeo weeksi* und *Labeo erythrurus*. Diese im allgemeinen 12–35 cm langen Fische stammen teils aus Afrika, teils aus Süd- und Südostasien. Das Maul mit den dicken Lippen ist ein Saugorgan, das mit scharfen, hornigen Leisten und Warzen bedeckt ist und zum Abraspeln des Algenbewuchses dient.

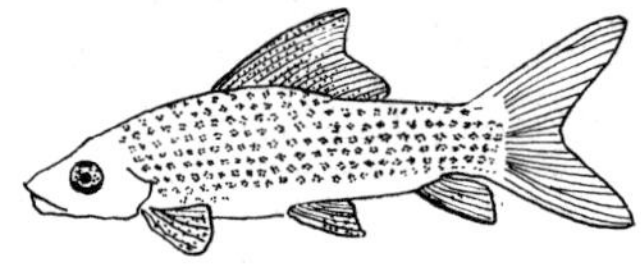

Labeo variegatus

Morulius chrysophekadion (Schwarzer Fransenlipper)[3]
Heimat: Thailand und Große Sundainseln. Wird bis 60 cm lang. Nahe verwandt mit den *Labeo*-Arten. Sehr widerstandsfähige Art, die sich für öffentliche Schaubecken gut eignet. Schwarze Fransenlipper sind dauernd hungrig. Sie raspeln die Algenbeläge von Pflanzenblättern, Holzstücken, Steinen und Aquarienscheiben den ganzen Tag über ab. Raschwüchsig. Lebhafte, im übrigen harmlose Fische, die Reviere bilden, aus denen sie die anderen Fische verjagen. Suchen gerne Verstecke auf. Allesfresser mit einer Vorliebe für Pflanzennahrung.
Viele weitere Gattungen und Arten aus der Unterfamilie Cyprininae werden ab und zu importiert, vermehren sich in der Gefangenschaft aber nicht. Zu erwähnen sind die Gattungen *Osteochilus* und *Rhinichthys*, die meist recht groß werden und ähnlich wie die *Labeo*-Arten interessante Schauobjekte öffentlicher Ausstellungen sind. Kleine, 3 bis 7 cm lange Vertreter der Gattungen *Sawbwa* und *Varicorhinus* sind sehr schön gefärbte Fische, die in härterem Wasser in dicht verkrauteten Becken gut gedeihen. Einige pflanzen sich in Gefangenschaft fort.

Morulius chrysophekadion

Unterfamilie Leuciscinae (Weißfische)

Fische von gestreckter Form mit kurzer Afterflossenbasis, die meist nur 8 bis 11 Flossenstrahlen enthält und hinter der Rückenflossenbasis beginnt. Mit Ausnahme der Gattung *Tinca* keine Barteln. Schlundzähne ein- bis zweireihig. Zu den Weißfischen gehören viele Gattungen unserer einheimischen europäischen Fische, aber auch asiatische Gattungen wie z. B. *Chondrostoma, Ctenopharyngodon, Leuciscus, Phoxinus, Scardinius, Tinca* usw. Diese Fische sind oft in Aquarienausstellungen für Sportangler zu sehen. Jüngere Exemplare eignen sich teilweise für ungeheizte Zimmeraquarien.
Die kleinen, 7–10 cm langen, nordamerikanischen *Chrosomus*- und *Notropis*-Arten bewohnen Fließgewässer. Zur Überwinterung reicht den meisten Vertretern eine Temperatur von 12–16° C. Das Wasser muß sauerstoffreich sein; großer Schwimmraum ist nützlich. Einige Arten, wie z. B. der Rötling *(Chrosomus erythrogaster)* wurden sogar in der Gefangenschaft nachgezüchtet. Die Fische laichen zwischen Pflanzen ab, bei einer Wassertemperatur von 20–24° C. Ablaichverhalten ähnlich den *Danio*-Arten.

Unterfamilie Rhodeinae (Bitterlinge)

In Eurasien verbreitete Unterfamilie. Lange Afterflosse mit 9 bis 12 geteilten Flossenstrahlen. Schlundzähne einreihig, Barteln klein oder fehlen. Sehr verbreitete und artenreiche Gattungen sind z. B. *Rhodeus* und *Acanthorhodeus*.

[1] Farbfoto auf Tafel 62, S. 670
[2] Farbfoto auf Tafel 62, S. 670
[3] Farbfoto auf Tafel 62, S. 670

Experimentell wurden diese Gattungen sogar mit *Rasbora*-Arten gekreuzt, wobei sich einige Bastarde ergeben haben, die fruchtbar waren.

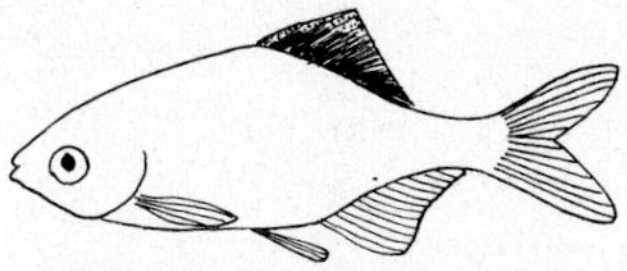

Rhodeus sericeus amarus

Rhodeus sericeus amarus (Bitterling)[4]
Heimat: Europa bis Skandinavien und Finnland, Einzugsgebiet des Schwarzen und Kaspischen Meeres. Weit verbreitet. Männchen größer als die Weibchen, 8–9 cm lang. Bevorzugt stehendes Wasser in den Unterläufen der Flüsse, Buchten mit weichem Schlammboden, tote Flußarme, Tümpel, in denen Raubfische fehlen. Die Weibchen haben während der Laichzeit eine 5–6 cm lange Legeröhre, mit der sie die Eier in eine Muschel der Gattung *Anodonta* oder *Unio* legen. Sie führen dabei die Legeröhre durch die Atemöffnung der Muschel in deren Mantelhöhle zwischen die Kiemenblättchen ein. Die Männchen sind auffallend bunt gefärbt. Übrigens erweisen sich die Bitterlinge den Muscheln, ihren Brutwirten, erkenntlich: Auf ihrer Haut halten sich die Larven von Süßwassermuscheln fest und ernähren sich von ihr, bis sie fähig sind, selbständig im Boden zu leben. Die Bitterlings-Männchen zeigen während der Laichzeit oft auf der Oberlippe und in der Nähe der Augen einen deutlichen, weißlichen Laichausschlag. Die Zucht ist auch im Aquarium möglich.

Unterfamilie Rasborinae (Bärblinge)

Diese Unterfamilie umfaßt kleinere, tropische und subtropische Fische, deren sehr kurze Afterflosse 6–7, höchstens 8 Flossenstrahlen besitzt, und deren kurze Rückenflossen hinter den Bauchflossen beginnen. Die Seitenlinie ist vollständig oder stark reduziert, Barteln sind vorhanden oder fehlen, die Schlundzähne sind ein- oder dreireihig. Hierher gehören nicht nur die schönen und beliebten *Rasbora*-Arten, sondern auch Vertreter vieler weiterer Gattungen.

Rasbora heteromorpha

Rasbora heteromorpha (Keilfleckbarbe)[5]
Heimat: Malaiische Halbinsel, Thailand, Ostsumatra. Wird bis 4,5 cm lang. Einer der beliebtesten Schwarmfische für Gesellschaftsbecken. Männchen schlanker als das Weibchen, untere Kante des Keilflecks bis zur Bauchmittellinie ausgezogen. Ein Vollglasbecken von etwa 10 Liter Inhalt reicht als Zuchtbecken. Zuchtwasser soll nicht zu hart sein, optimal sind eine Nichtkarbonathärte zwischen 3–5° dNKH und 0–1° dKH. Übersteigt die Gesamthärte nicht 6° dGH bei höchstens $1/2$–1° dKH, so ist die natürliche Sterblichkeit der Embryonen von der Eibesamung bis zum Freischwimmen geringer als 10 %. pH-Wert am besten neutral. Zusatz von Torfextrakt ist zu empfehlen. Die Wassertemperatur soll zwischen 26 und 28° C liegen.
Die Keilfleckbarbe laicht paarweise ab. Die beiden Tiere drehen sich dabei mit dem Bauch nach oben und kleben die Eier an die Unterseite größerer Wasserpflanzenblätter. Das Zuchtpaar ist nach dem Ablaichen zu entfernen. Die Brut schlüpft aus den großen Eiern nach 24–28 Stunden, schwimmt nach 5 Tagen

Bild 2.35: Pärchen der Keilfleckbarbe (Rasbora heteromorpha), oben Männchen, unten Weibchen. Aufnahme S. Frank

[4] Schwarzweißfoto auf S. 31
[5] Farbfoto auf Tafel 18, S. 226 – Laichserie der Keilfleckbarbe auf den Tafeln 15 und 16, S. 207 und 208

frei und frißt dann lebendes „Staubfutter" (Rädertierchen, *Cyclops*- oder *Artemia*-Nauplien). Die Brut ist sehr raschwüchsig. Die Fische laichen gerne an sonnigen Tagen ab. Aus einer Laichabgabe können 100–200 Jungfische gewonnen werden. Im Jahr 1967 beschrieb Meinken die Unterart *Rasbora heteromorpha espei,* die stark an *R. hengeli* erinnert.

Rasbora hengeli (Hengels Keilfleckbarbe)
Heimat: Sumatra. Wird etwa 3 cm lang. Nahe verwandt der *Rasbora heteromorpha.* Haltung und Zucht wie bei der Keilfleckbarbe; das Wasser soll möglichst weich und schwach sauer sein. Nicht so produktiv wie *Rasbora heteromorpha*; manche Paare sind nur mit Schwierigkeiten zum Ablaichen zu bewegen. In der Haltung widerstandsfähig. Der keilförmige Fleck tritt nicht so deutlich hervor wie bei der vorigen Art und ist schmaler.

Rasbora urophthalma (Schwanzfleckbärbling)
Heimat: Sumatra. Wird nur 2,5 cm lang. Haltung und Zucht wie bei *Rasbora heteromorpha.* Zum Ablaichen reicht ein kleines Zuchtbecken. Das Zuchtpaar klebt die Eier an die Unterseite von Wasserpflanzen, oft auch auf Algen oder feinblättrige Wasserpflanzen. „Dauerlaicher", der mehrere Tage nacheinander ablaicht. Laichtemperatur 26–28° C.

Rasbora trilineata (Glasbärbling)[1]
Heimat: Malaiische Halbinsel und Große Sundainseln. Wird bis 15 cm lang. Erreicht im Aquarium die Geschlechtsreife bei einer Länge von 6–7 cm. Männchen kleiner und schlanker als das Weibchen. Zum Ablaichen sind größere Becken erforderlich. Der Glasbärbling laicht in feinblättrige Wasserpflanzen ab. Zuchtpaare sind schwierig zum Ablaichen zu bringen.

Rasbora maculata (Zwergbärbling)[2]
Heimat: Gräben und Teiche im südlichen Teil der Malaiischen Halbinsel, auf Singapur und Sumatra. Wird nur 2,5 cm lang. Der Zwergbärbling laicht auch in feinblättrige Pflanzen oder in Torfmull auf dem Bodengrund ab. Aus einer Laichabgabe wurden bis zu 200 Jungfische gezogen. Die Brut schlüpft bei 25–27° C nach etwa 24 Stunden und schwimmt nach 4–5 Tagen frei. Sie ist zunächst mit sehr feinem „Staubfutter" zu füttern.
Obwohl die Gattung *Rasbora* sehr artenreich ist, sind viele ihrer Vertreter in Aquarien nur selten anzutreffen. Manche werden zu groß, andere sind zu unscheinbar und unauffällig. Zu den großen Arten, die 10–20 cm lang werden, gehören z. B.: *Rasbora argyrotaenia* (Silberbärbling), *R. caudimaculata* (Schwanzfleckbärbling), *R. cephalotaenia* (Zweibindenbärbling), *R. chrysotaenia* (Goldstreifenbärbling), *R. daniconius* (Schlankbärbling), *R. lateristriga* (Seitenstrichbärbling), *R. elegans*[3], *R. rasbora, R. sumatrana.*
Kleinere, 3–10 cm lange Arten, die öfter gehalten werden, teilweise sogar schon nachgezogen worden sind: *R. dorsiocellata* (Augenfleckenbärbling)[4],

[1] Farbfoto auf Tafel 18, S. 226
[2] Farbfoto auf Tafel 14, S. 190
[3] Farbfoto auf Tafel 17, S. 225
[4] Farbfoto auf Tafel 14, S. 190

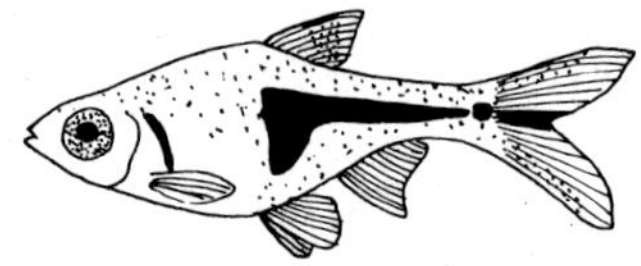
Rasbora hengeli

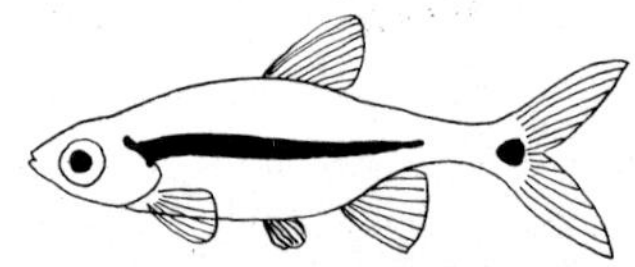
Rasbora urophthalma

Rasbora trilineata

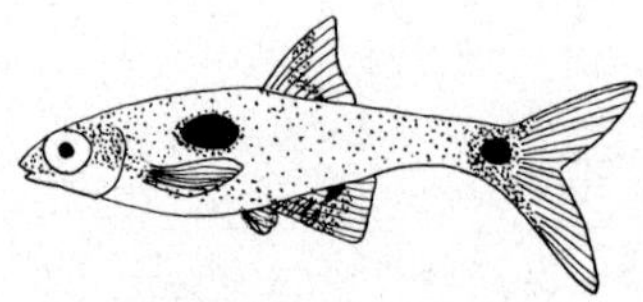
Rasbora maculata

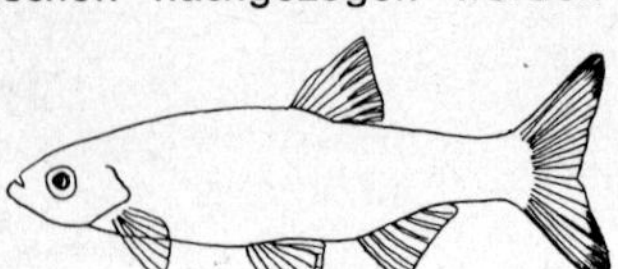
Rasbora argyrotaenia

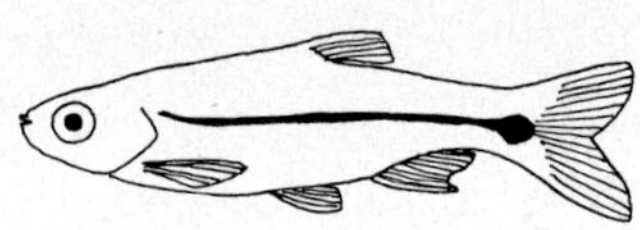
Rasbora daniconius

Rasbora einthoveni

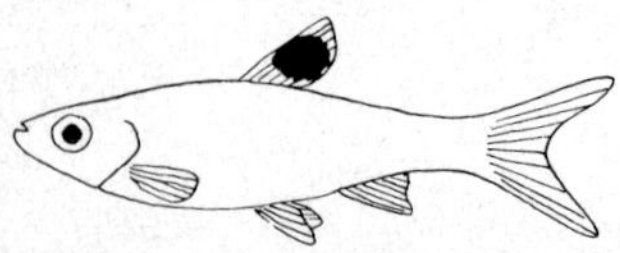
Rasbora dorsiocellata
Rasbora pauciperforata

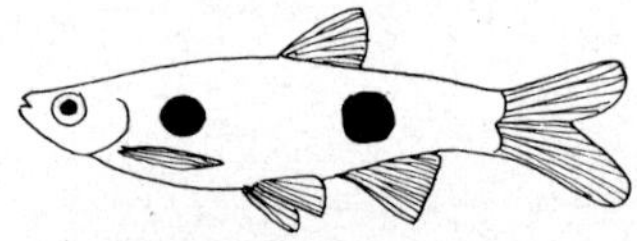
Rasbora kalochroma
Rasbora taeniata

Rasboria elegans
Rasbora vaterifloris

R. jacobsoni (Jacobsons Bärbling), *R. kalochroma* (Schönflossenbärbling)[5], *R. einthoveni* (Längsbandbärbling)[6], *R. meinkeni* (Meinkens Bärbling), *R. pauciperforata* (Rotstreifenbärbling)[7], *R. paucisquamis* (Großschuppenbärbling), *R. philippina* (Philippinenbärbling), *R. somphongsi* (Siamesischer Zwergbärbling), *R. taeniata* (Streifenbärbling), *R. vaterifloris* (Perlmutterbärbling)[8], *R. borapetensis*[9], *leptosoma, R. steineri, R. wijnbergi. Rasbora borapetensis* legt die Eier an Pflanzen ab; die Jungtiere schlüpfen bei 26° C nach 36 Stunden. *Rasbora pauciperforata* braucht weicheres Wasser (2–3° dGH bei einem pH-Wert von 6,2). Das Ablaichen erfolgt stürmisch über den Wasserpflanzen. Die Brut schlüpft bei 24–28° C nach 24–36 Stunden.

Gattung *Microrasbora*

Der Gattung *Rasbora* nahe verwandt. *Microrasbora rubescens* lebt in Seebekken des Shan-Gebietes. Sie wird nur 3 cm lang. Die Körperform ähnelt der von *Brachydanio rerio.* Grundfarbe des Körpers ist bei beiden Geschlechtern blausilbrig. Die treibenden Männchen sind prächtig rot gefärbt. Das Wasser soll recht hart sein; der Fisch läßt sich nicht an weiches Wasser umgewöhnen.

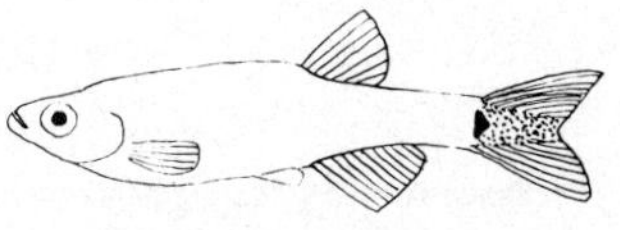

Tanichthys albonubes

Tanichthys albonubes (Kardinalfisch)[10]
Heimat: Gewässer der Weißen Wolkenberge bei Kanton und Umgebung von Hongkong. Einer der beliebtesten Anfängerfische. Wird bis 4 cm lang. Selbst in der freien Natur ist der Kardinalfisch in der Färbung sehr variabel. Eine Überwinterung ist bei einer Wassertemperatur bis zu 5° C möglich, sofern die Fische langsam an diese niedere Temperaturen gewöhnt werden. Die Ablaichtemperatur soll zwischen 20 und 22° C liegen. Allesfresser, der von der Wasserqualität praktisch unabhängig ist; allerdings ist häufiger Frischwasserzusatz günstig.
Kardinalfische sind echte Pflanzenlaicher, die ihre Eier in feinblättriges Pflanzengewirr ablegen. Manche Paare fressen die Laichkörner nicht auf; man kann sie bei den Jungtieren belassen. Die Brut schlüpft bei einer Wassertemperatur von 22–24° C nach 48–56 Stunden, hängt dann 3–4 Tage an Pflanzen und Scheiben und schwimmt danach frei. Sie hält sich nahe der Wasseroberfläche auf. Fütterung mit feinzerriebenem Trockenfutter, das die Jungfische gerne von der Wasseroberfläche nehmen. In den ersten Tagen ist feinstes lebendes „Staubfutter" günstig (nur kleinste Rädertierchen sind geeignet, *Cyclops*- und *Artemia*-Nauplien nimmt die Brut nicht an).
Aphyocypris pooni Herre ist ein Synonym für *Tanichthys albonubes.*

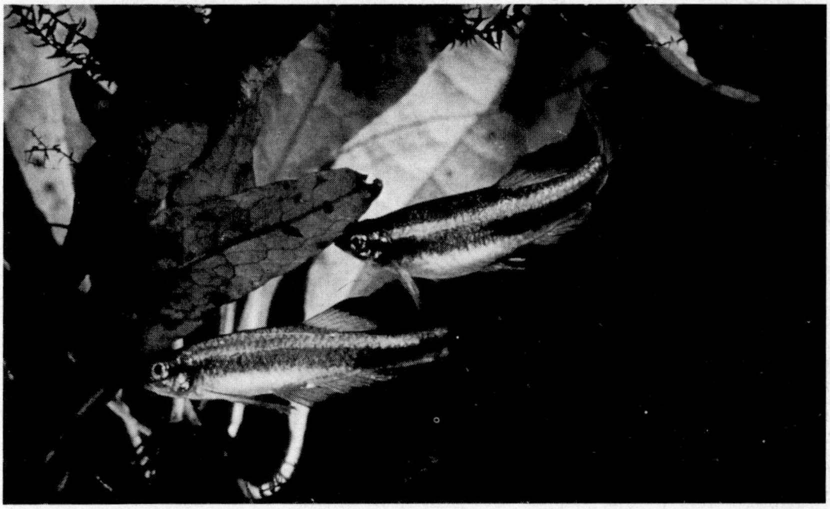

Bild 2.36: Schleierzuchtform des Kardinalfisches (Tanichthys albonubes, zwei Männchen). Aufnahme S. Frank

Hemigrammocypris lini (Venusfisch)
Heimat: Hongkong. Wird bis 3,5 cm lang. Über Haltung und Zucht ist nichts bekannt. Ob dieser Fisch überhaupt importiert und gehalten wurde, ist unsicher. *Aphyocypris pooni* Lin ist ein Synonym für diese Art.

[5] Schwarzweißfoto auf S. 65
[6] Farbfoto auf Tafel 14, S. 190
[7] Farbfoto auf Tafel 14, S. 190
[8] Farbfoto auf Tafel 14, S. 190
[9] Farbfoto auf Tafel 18, S. 226
[10] Farbfoto auf Tafel 13, S. 189 Laichserie der Schleierzuchtform auf den Tafeln 23 und 24, S. 279 und 280

Gattung *Brachydanio*

Kleine, 4–6 cm lange Fische, die in Indien, Burma, auf der Malaiischen Halbinsel und Sumatra in stehenden und fließenden Gewässern verbreitet sind. Körper gestreckt, seitlich stark abgeflacht. Die meisten Arten mit zwei Bartelpaaren. Rückenflosse mit 6–7 weichen Flossenstrahlen. Seitenlinie fehlt entweder oder ist stark reduziert. Alle Arten sind leicht zu halten und zu züchten. Echte Anfängerfische.

Brachydanio albolineatus (Schillerbärbling)[1]
Heimat: Fließende Gewässer in Hinterindien und Sumatra. Wird bis 5,5 cm lang. Männchen viel schlanker als die Weibchen. In einigen Populationen sind die Tiere unterschiedlich gefärbt; die Grundfarbe reicht von Grün, Goldglänzend bis Violett oder Blau. Zucht sehr einfach. Ein kleines Vollglasbecken mit frischem, ein paar Stunden angestandenem Leitungswasser genügt. Günstig ist ein niedriger Wasserstand von etwa 10 cm und eine Temperatur von 24–28° C. Schillerbärblinge laichen am liebsten unter der Wasseroberfläche oberhalb von Pflanzendickicht (z. B. Quellmoos, *Fontinalis* oder Tausendblatt, *Myriophyllum*); nur selten laichen die Fische am Boden ab. Die Brut schlüpft bei 26° C nach etwa 3 Tagen; dann hängt sie weitere 5–6 Tage an den Scheiben oder liegt am Boden und schwimmt erst dann frei. Das Ablaichen verläuft sehr stürmisch; zweckmäßig setzt man zu einem Weibchen zwei bis drei Männchen, damit das Weibchen auch alle reifen Eier ausstößt. Wenn das Weibchen nicht alle reifen Eier ablegt, kommt es oft zur Verstopfung der Geschlechtsöffnung; dieses Weibchen kann dann nicht mehr ablaichen. Freischwimmende Jungfische halten sich nahe der Wasseroberfläche auf. Man kann sie mit Rädertierchen, aber auch mit feingeriebenem Trockenfutter füttern. Die Jungfische wachsen schnell und unregelmäßig. Man muß größere und kleinere Exemplare rechtzeitig aussortieren.

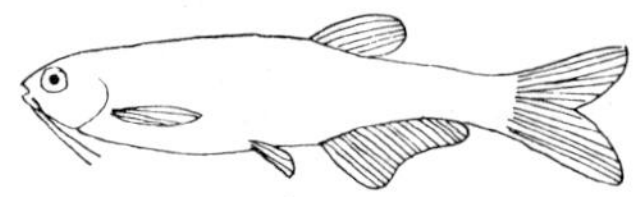

Brachydanio albolineatus

Brachydanio kerri[2]
Heimat: Inseln Koh Yao Yai und Koh Yao Noi in Thailand. Wird bis 4 cm lang. Männchen schlanker als die Weibchen, mit türkisblauen Körperseiten und gelblichen Flossen. Pflege und Zucht wie bei *Brachydanio albolineatus* (Schillerbärbling).

Brachydanio kerri

Brachydanio nigrofasciatus (Tüpfelbärbling)[3]
Heimat: Flüsse und Teiche in Burma. Wird höchstens 4 cm lang. Zum Ablaichen genügen kleinste Vollglasbecken. Wärmeliebende Art, die Temperatur soll zwischen 26 und 28° C liegen. Laicht in verschiedenen Schichten in feinblättrige Wasserpflanzenbüschel ab. Die Zuchtbecken können daher höher sein als bei *Brachydanio albolineatus.* Aus einer Laichabgabe sind nur wenige Eier zu gewinnen (von einem Weibchen etwa 60 Stück, wovon oft $^2/_3$ unbefruchtet sind). Es ist daher besser, diese Art im Schwarm ablaichen zu lassen. Am besten dunkelt man das Zuchtbecken gut ab, weil die Zuchtfische selbst während des Ablaichens die Eier fressen, die auf den glänzenden Glasboden herabfallen. Aufzucht der Jungfische wie bei *Brachydanio albolineatus.* Nicht sehr produktive Art. *Brachydanio analipunctatus* ist ein Synonym für *B. nigrofasciatus.*

Brachydanio rerio (Zebrabärbling)[4]
Heimat: Östlicher Teil Vorderindiens. Wird etwa 4,5 cm lang. Beliebter, immer munterer, anspruchsloser Fisch. Dunkelblauschwarz mit goldglänzenden Längsstreifen. Zuchttemperatur 24° C. Manche Weibchen sind gattentreu und laichen am besten immer nur mit dem gleichen Männchen ab. Verträgt winters einen Temperaturrückgang bis auf 16° C.

Brachydanio rerio

Brachydanio frankei (Leopardbärbling)[5]
Fundort unbekannt. Die Länge entspricht der des Zebrabärblings, weshalb dieser Fisch meist nur als Farbmutante von *Brachydanio rerio* betrachtet wird. Beide Arten kreuzen sich und ergeben fruchtbare Nachkommen. Interessant ist, daß diese „Mutation" nicht nur in der Farbe, sondern auch in vielen anatomisch-morphologischen Merkmalen von der Stammform abweicht, was bei Mutanten selten vorkommt. Überdies sind Mutanten meist weniger fruchtbar oder sogar unfruchtbar – ganz im Gegensatz zum Leopardbärbling, der außerordentlich fruchtbar ist und der so lange reinerbig war, bis ihn die Aquarianer mit dem Zebrabärbling zu kreuzen begannen. Der Leopardbärbling ist etwas wärmebe-

Brachydanio frankei

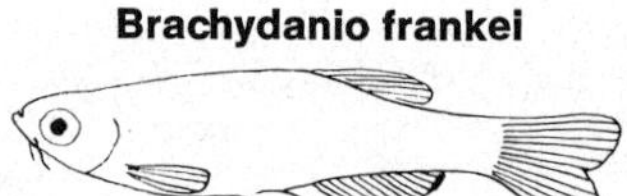

[1] Farbfoto auf Tafel 13, S. 189
[2] Farbfoto auf Tafel 13, S. 189
[3] Farbfoto auf Tafel 13, S. 189
[4] Farbfoto auf Tafel 13, S. 189
Laichserie auf den Tafeln 11 und 12, S. 155 und 156
[5] Farbfoto auf Tafel 13, S. 189

dürftiger als der Zebrabärbling. Er laicht in feinblättrige Wasserpflanzen meist nahe dem Boden ab. Aufzucht wie bei den anderen *Brachydanio*-Arten.

Gattung *Danio*

Die *Danio*-Arten sind größer als die Arten der Gattung *Brachydanio*. Sie werden 6–15 cm lang und haben mehr weiche Rückenflossenstrahlen (11–17). Seitenlinie vollständig[6].

Danio aequipinnatus (Malabar-Bärbling)[7]
Heimat: Klare, fließende Gewässer an der Westküste Vorderindiens bis Ceylon und Burma. Wird bis 15 cm lang. In der Gefangenschaft sind Exemplare von 6–7 cm Länge geschlechtsreif. Lebhafter Schwarmfisch, der sich meist nahe der Wasseroberfläche aufhält. Im Schwarm schwimmen die führenden Exemplare in der Mitte. Sie zeigen eine waagerechte Körperstellung und sind gut ausgefärbt. Schwächere Tiere halten sich an den Rändern des Schwarmes auf und schwimmen deutlich mit dem Kopf schräg nach oben. Fängt man die „Leitfische" heraus, so übernehmen andere Exemplare die Aufgabe der Schwarmführung. Haltung und Zucht ähnlich den Arten der Gattung *Brachydanio*, doch muß man mit Rücksicht auf die Größe auch entsprechend größere Aquarienmaße wählen.

[6] Die systematische Stellung der beiden Gattungen Danio und Brachydanio ist sehr unklar. Einige Autoren halten sie für selbständige Gattungen, andere anerkennen nur eine Gattung, und zwar Danio mit drei Untergattungen: Danio, Brachydanio und Allodanio. Allodanio stellt einen Übergang von Brachydanio zu Danio dar. Die Vertreter dieser Untergattung haben in der Rückenflosse sieben weiche Flossenstrahlen (identisch mit Brachydanio) und eine vollständige Seitenlinie (identisch mit Danio). Es gibt aber noch einige Arten, die in gar keine der genannten Untergattungen passen. So hat zum Beispiel Danio naganensis acht weiche Rückenflossenstrahlen und Danio (Brachydanio) shanensis sieben weiche Rückenflossenstrahlen, wobei Exemplare aus Burma eine unvollständige, Exemplare aus Thailand eine einwandfreie vollständige Seitenlinie besitzen. Dies nur als Hinweis, wie schwierig es oft ist, Merkmale taxonomisch richtig zu werten.

[7] Zum Verhalten siehe S. 560 f.

[8] Farbfoto auf Tafel 13, S. 189

Danio aequipinnatus

Bild 2.37: Männchen des Malabar-Bärblings (Danio aequipinnatus). Aufnahme S. Frank

Danio devario (Devario-Bärbling)[8]
Heimat: Indien (Orissa, Bengalen, Assam). Wird bis 10 cm lang. Weibchen farbloser und dicker als die schlankeren, kräftig gefärbten Männchen. Wie alle *Brachydanio*- und *Danio*-Arten Allesfresser, die mit Vorliebe von der Wasseroberfläche die Nahrung nehmen oder sie mindestens in den oberen Wasserschichten suchen.

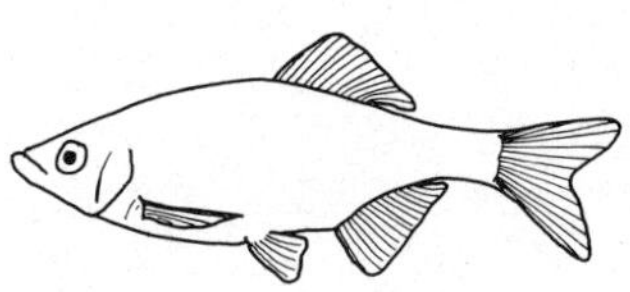

Danio devario

Danio regina

Danio regina (Königsbärbling)
Heimat: Thailand. Wird bis 13 cm lang. Wie alle vorher genannten Arten von der Wasserzusammensetzung unabhängig. Haltungstemperatur 20–24° C, Zuchttemperatur 24–28° C.

Zur Unterfamilie Rasborinae gehören noch viele weitere, artenreiche Gattungen. Im folgenden erwähnen wir nur die bekanntesten und wichtigsten Arten:

Esomus malayensis (Malaiische Flugbarbe)
Heimat: Südvietnam und Malaiische Halbinsel. Wird bis 8 cm lang. Die Fische „stehen" gerne im Schwarm an pflanzenfreien Stellen. Wärmebedürftig (Temperatur 23–25° C). Braucht zum guten Gedeihen Lebendfutter aller Art mit häufigem Wechsel der Nahrung. Zum Ablaichen reicht lange abgestandenes Frischwasser mit feinblättrigen Pflanzenbüscheln. Am liebsten laichen die Fische an sonnigen Tagen in einer Ecke des Beckens ab. Die Eier sinken zu Boden. Die Brut schlüpft bei 25° C schon nach 16–20 Stunden und schwimmt nach weiteren 2–3 Tagen frei. Aus einem Laichakt können bis 700 Jungfische gewonnen werden. Sie wachsen so schnell, daß sie nach 3–4 Monaten geschlechtsreif sind.

Esomus danrica (Flugbarbe)
Heimat: Indien, Ceylon, Thailand. Wird bis 15 cm lang. Diese Art wird auch ab und zu gehalten, gepflegt und gezüchtet.
Hin und wieder tauchen in unseren Aquarien die Streifenflugbarbe *E. lineatus* und vielleicht auch *Esomus goddardi* auf. Über die Pflege und Zucht dieser zwei kleineren, 6–8 cm langen Fische existieren keine sicheren Angaben, ebensowenig über den Seitenfleckbärbling *Luciosoma spilopleura.*

Unterfamilie Garrinae (Saugbarben)

Mittelgroße, 10–20 cm große Fische. Körperform meist torpedoförmig, schmerlenartig. Bei den Gattungen *Discolabeo* und *Garra* ist die Unterlippe in eine Saugscheibe umgewandelt. Die Kieferränder sind scharf, gut geeignet zum Abweiden von Algen. Die Tiere bewohnen meist fließende Gewässer und ernähren sich vorwiegend von Algen- und Pflanzennahrung. Verbreitungsgebiete liegen in Südostasien und den angrenzenden Inseln sowie in Afrika. Viele Arten sind im Aquarium bei Wassertemperaturen zwischen 22 und 26° C leicht haltbar. Am öftesten eingeführt werden *Crossochilus oblongus* (Südostasiatischer Längsband-Fransenlipper), *Epalzeorhynchus kallopterus* (Schönflossenbarbe), *Epalzeorhynchus siamensis, Garra taeniata* sowie die afrikanische *Garra congensis.* Über Fortpflanzung und Nachzucht in Gefangenschaft ist nichts bekannt.

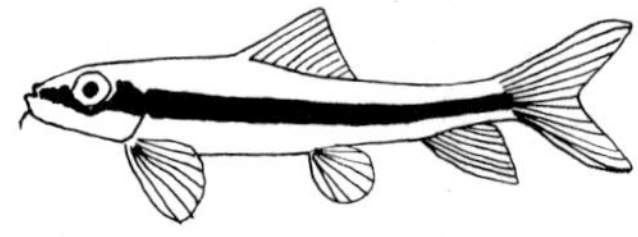
Epalzeorhynchus siamensis

Familie Homalopteridae (Flossensauger)

Der indische Ichthyologe Hora teilt diese Familie in zwei Unterfamilien: Homalopterinae und Gastromyzoninae, die sich vor allem durch die unterschiedliche Zahl der Bauchflossenstrahlen unterscheiden. Vertreter der Unterfamilie Homalopterinae haben 2–5 ungegliederte Bauchflossenstrahlen, die Vertreter der Unterfamilie Gastromyzoninae nur einen ungegliederten Bauchflossenstrahl.
Alle Vertreter dieser Familie bewohnen schnellfließende Gewässer Südostasiens einschließlich Indonesiens. Der Körper ist stark abgeflacht, Brustflossen und Bauchflossen sind vergrößert und bilden oft Haftorgane. Bei manchen Gattungen sind die Bauchflossen zu einer Flossenscheibe verwachsen. Die Tiere ernähren sich vor allem von Algenaufwuchs. Obwohl sie aus sauerstoffreichen Gebirgsbächen stammen, zeigen sie sich im Aquarium nicht sehr sauerstoffbedürftig. Über die Biologie einzelner Arten ist nur wenig bekannt. Ostermöller beobachtete, wie die Tiere mit Appetit Blaualgen fraßen und Grünalgen mieden. Vogt stellte fest, daß sie ihre Nahrung auch von der Wasseroberfläche nehmen. Importiert wurden vor allem *Homaloptera modesta, H. zollingeri, Gastromyzon borneensis, Pseudogastromyzon myersi.* Die meisten Arten werden wahrscheinlich nicht länger als 10 cm. Über die Fortpflanzung ist nichts bekannt.

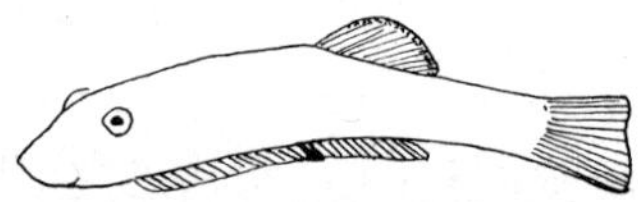
Gastromyzon borneensis

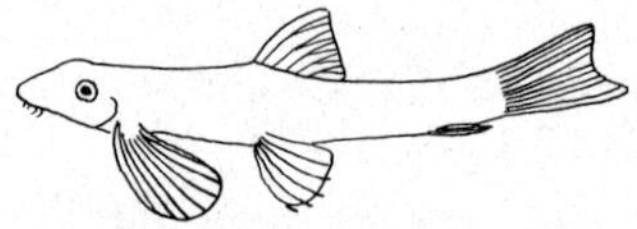
Pseudogastromyzon myersi

Familie Gyrinocheilidae (Algenfresser)

Diese südostasiatische Familie umfaßt nur eine Gattung mit drei Arten. Den Fischen fehlen die Schlundzähne. Jederseits des Kopfes sind zwei Kiemenöffnungen entwickelt. Das Tier kann auf dem Grund angesaugt verharren und dennoch gut atmen. Es saugt das Wasser im oberen Rande der Kiemendeckelspalte ein und stößt es am unteren Rande wieder aus.

Gyrinocheilus aymonieri[1]
Weit verbreiteter Fisch Thailands. Wird bis 30 cm lang. Im Aquarium einer der besten Algenvertilger, der die Blätter aller höheren Aquarienpflanzen erfolgreich reinigt. Je größer die Tiere sind, um so schöner sind sie ausgefärbt. Sie fressen jedoch nicht nur Algen, sondern auch Tubifexwürmer und Trockenfutter. Größere Exemplare können mit ihrem „Raspelmund" anderen Fischen Hautverletzungen beibringen. Diese Verletzungen können dann sekundär verpilzen oder durch andere Infektionen für die Fische lebensgefährlich werden.

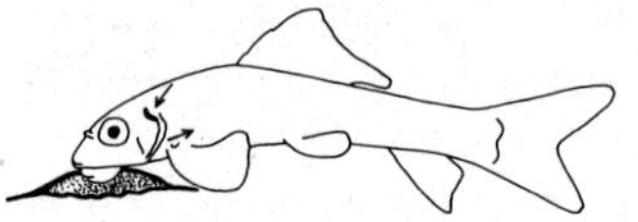
Gyrinocheilus aymonieri

Familie Cobitidae (Schmerlen, Dorngrundeln)

Die Vertreter dieser Familie sind von Spanien über ganz Eurasien bis zum Stillen Ozean weit verbreitet. Alle Schmerlen haben eine wurmförmige Körperform und sind an das Leben am Boden gebunden. Hierher gehören einheimische Fische

[1] Schwarzweißfoto auf S. 542

der Gattungen *Noemacheilus, Misgurnus* und *Cobitis,* aber auch viele exotische Gattungen, wie z. B. *Botia, Acanthophthalmus, Acanthopsis, Neacanthopsis, Acanthopsoides, Lepidocephalus* und *Cobitophis.*
Die meisten Schmerlen sind im Aquarium relativ scheu (mit Ausnahme der Gattung *Cobitis*); ihr Wohlbefinden hängt vor allem davon ab, ob man ihnen Versteckmöglichkeiten bietet. Einige Arten bilden Wohnreviere. Das Wasser soll mittelhart und gut durchlüftet sein. Die Fütterung ist einfach: Schmerlen fressen alles, was auf den Boden herabsinkt. Alle tropischen Arten verlangen Temperaturen zwischen 22 und 26° C. Einige *Acanthophthalmus*-Arten haben in Gefangenschaft schon abgelaicht, und selbst die Aufzucht der Jungfische ist in der UdSSR gelungen. Manche Arten schwimmen beim Ablaichen in einer Spirale zur Wasseroberfläche und stoßen dabei Eier und Samen aus.

Gattung *Acanthophthalmus*

Eine weitverbreitete Gattung auf der Malaiischen Halbinsel, in Thailand und auf den Inseln Sumatra, Java und Kalimantan. Die meisten Arten werden 5–10 cm lang und fühlen sich auf weichem, dunklem Grund wohl. Hautbeschädigungen und Verpilzungen heilen nur langsam und schwierig. Die üblichen Medikamente werden schlecht vertragen. Am häufigsten werden importiert: *A. kuhli*[2], *A. myersi, A. semicinctus, A. robiginosus* und *A. shelfordi.*

Acanthophthalmus myersi

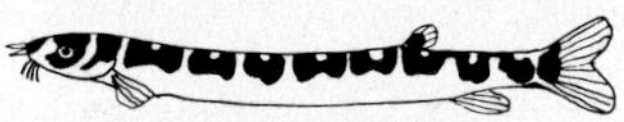
Acanthophthalmus semicinctus

Gattung *Acanthopsis*

Heimat: Südostasien und Große Sundainseln. Bis jetzt wurde aus dieser Gattung nur die Rüsselschmerle *Acanthopsis choirorhynchus* eingeführt. Sie wird bis 18 cm lang und trägt in Thailand viele Volksnamen wie z. B. Pla sai, Pla son sai (Sandfisch), Pla kluey, Pla rak kluey (Bananenfisch) usw. Die Rüsselschmerle gründelt gern und buddelt sich oft bis an die Augen in weichen, feinkörnigen, sandigen Bodengrund ein. Sie frißt alles, was auf den Boden herabsinkt. Unabhängig von der Wasserzusammensetzung. Wärmeliebend, 25–28° C.

Acanthopsis choirorhynchus

Gattung *Botia*

Botia-Arten sind sehr lebhafte Schwarmfische. Einige sind tagsüber, andere während der Nacht aktiv. Die einzelnen Arten sind sehr verschieden groß. Die kleinste ist die Zwergschmerle *Botia sidthimunki),* die größte dürfte die Prachtschmerle *(Botia macracantha)* sein, die bis 30 cm lang wird.
Die meisten Arten kümmern sich nicht viel um die Bepflanzung, doch brauchen sie in Bodennähe zahlreiche Verstecke und Höhlen aus Steinen, Wurzeln und Holzstücken. Alle Arten sind sehr wärmebedürftig: Erst zwischen 26 und 30° C reicht die Temperatur zum Wohlbefinden der Tiere aus. Laufend werden sehr viele Arten importiert, aber leider ist bis jetzt bei keiner die Nachzucht gelungen.

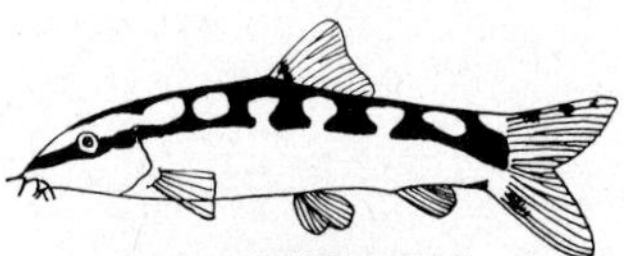
Botia sidthimunki

Botia macracantha

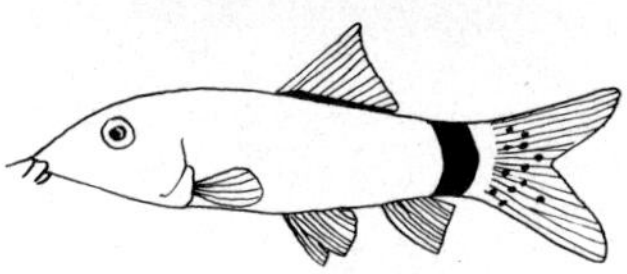
Botia horae

Botia hymenophysa

Botia lecontei

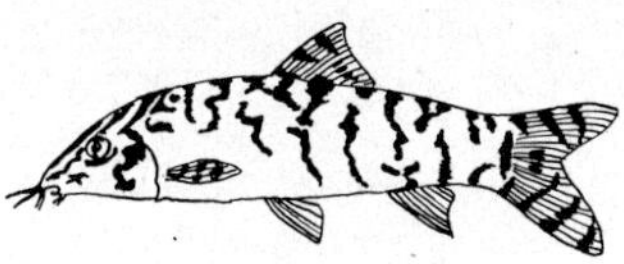
Botia lohachata

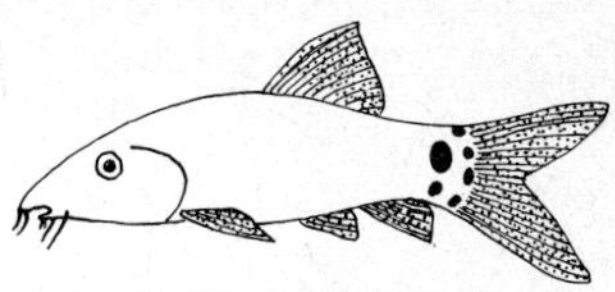
Botia pulchripinnis

Botia lucasbahi

Botia beauforti

Botia modesta
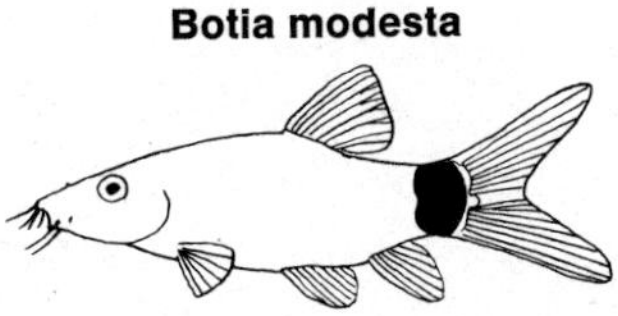

Botia striata

[2] Farbfoto auf Tafel 55, S. 599

Häufig angebotene Arten sind: *Botia macracantha, B. sidthimunki, B. horae, B. hymenophysa, B. lecontei, B. lohachata, B. lucasbahi, B. modesta, B. pulchripinnis, B. beauforti* und *B. striata*[1].

Unterordnung Siluroidei (Welsähnliche)

Körper schuppenlos oder mit Knochenplättchen bedeckt. Die meisten Welse leben in Süßgewässern. Fossile Arten sind schon aus dem unteren Tertiär bekannt. Die heute lebenden Arten werden in etwa 30 Familien aufgeteilt. Die Herkunft dieser Unterordnung ist unklar. Manche Merkmale verbinden sie mit der Unterordnung der Karpfenähnlichen (Cyprinoidei), aber auch mit der Unterordnung der Salmler (Characinoidei). Der Mund ist nicht vorstreckbar, die Kiefer tragen nur bei wenigen Arten Zähne. Bekannt sind fast 2000 Arten, die fast alle Bodenbewohner sind.

Familie Doradidae (Dornwelse)

Bei den meisten Arten findet sich an den Körperseiten je eine Längsreihe bedornter Knochenschilder, nur bei wenigen Arten sind die Schilder klein und in der Haut versteckt. Viele Arten atmen zusätzlich durch den Darm. Alle bei uns eingeführten Dornwelse sind echte Dämmerungsfische, die sich in dunklen Bekken mit weichem Bodengrund und viel Versteckmöglichkeiten wohlfühlen. Sie fressen nicht nur lebende Bodentiere wie Mückenlarven, *Tubifex* und Insektenlarven, sondern auch Trockenfutter, das zu Boden sinkt.

Amblydoras hancocki (Knurrender Dornwels)[2]
Heimat: Stromgebiet des Amazonas, Peru, Bolivien und Guayana. Wird bis 15 cm lang. Baut angeblich Nester aus Pflanzenblüten, in die die Eier abgelegt werden. Werden die Tiere mit dem Netz herausgefangen, so stoßen sie quäkende Laute aus. In Importen erscheinen zuweilen auch Vertreter der Gattungen *Platydoras, Astrodoras, Acanthodoras, Agamyxis, Trachycorystes* und vielleicht auch der Gattung *Lithodoras,* die einen einheitlichen Hautpanzer besitzt. Alle Arten sind unempfindlich gegen vorübergehende, kurzzeitige Abkühlung. Die optimale Temperatur liegt zwischen 20 und 26° C. Dornwelse graben sich gerne in den Bodengrund ein. Die eingeführten Arten sind zwischen 10 und 25 cm lang. Elterntiere von *A. hancocki* legen ihre Eier in Nester aus Wasserpflanzenblättern ab. Bei der Balz reitet das Männchen auf dem Weibchen. Im Aquarium wenig beweglicher Fisch.

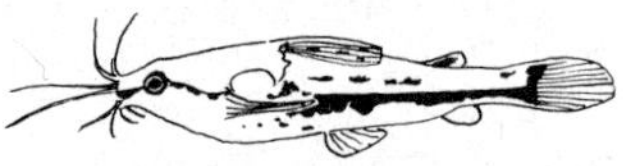

Amblydoras hancocki

Bild 2.38: Knurrender Dornwels (Amblydoras hancocki). Aufnahme S. Frank

[1] Farbfotos von Botia macracantha, B. horae, B. hymenophysa, B. lecontei und B. lohachata auf Tafel 62, S. 670; Schwarzweißfoto von B. modesta auf S. 48
[2] Farbfoto auf Tafel 59, S. 651

Familie Auchenipteridae (Falsche Dornwelse)

Falsche Dornwelse sind den Dornwelsen nahe verwandt. Auch sie sind in Südamerika weit verbreitet. Die Körperseiten sind nackt, Rücken- und Fettflosse sind kurz. Die bis jetzt eingeführten Arten der Gattung *Centromochlus* waren etwa 10 cm lang.

Familie Plotosidae (Korallenwelse)

Korallenwelse sind typische Meeresbewohner, die im Stillen und Indischen Ozean von Afrika bis Japan, von den Philippinen bis Nordaustralien leben. Einige Arten gehen auch ins Brack- und Süßwasser.

Plotosus lineatus

Plotosus lineatus
Die Art lebt vor allem in Korallenriffen. Die Tiere werden bis 80 cm lang. Während ihres ganzen Lebens zeigen sie eine eindrucksvolle Längsstreifung auf dem schuppenlosen Körper. Die lange zweite Rückenflosse, die Schwanzflosse und die Afterflosse sind zu einem einheitlichen Flossensaum verwachsen. Der Fisch wird von Schwimmern und Fischern wegen seiner Giftdrüsen gefürchtet, die neben dem Rückenflossenstachel und den beiden Brustflossenstacheln liegen. Das Fleisch gilt vielerorts nach entsprechender Zubereitung als Leckerbissen. Auf der Nahrungssuche schwimmen die Tiere ständig im Schwarm. In der Gefangenschaft lebt der Fisch in Becken mit zahlreichen Schlupfwinkeln. In enge Spalten legt er auch die Eier ab. Korallenwelse sind gut auf Brackwasser und sogar auf Süßwasser mit Zusatz von Seesalz umzugewöhnen. Die Wassertemperatur soll 22–26° C betragen. Im Aquarium ist eine Haltung jüngerer Tiere nur möglich, wenn man einen ganzen Schwarm hält. Einzelne Tiere sind scheu, unruhig und gehen bald ein.

Familie Siluridae (Echte Welse)

Echte Welse sind Süßwasserfische mit nackter Haut und langer Afterflosse. Sie sind in ganz Eurasien verbreitet. Der Kopf ist oft flach, das Maul breit. Die Rükkenflosse ist klein oder fehlt. Fettflosse fehlt. Kiefer und Pflugscharbein mit feinen Zähnen besetzt. Bei vielen Arten sind die Augen von Haut überzogen.
Hierher gehören die Süßwasserriesen Eurasiens wie der Wels *(Silurus glanis)*, der bis 5 m lang und 300 kg schwer wird; hierher gehören aber auch artenreiche Gattungen mit viel kleineren Vertretern. Als Aquarienfische haben sich bis jetzt Vertreter der Gattungen *Ompok, Silurichthys* und *Kryptopterus* eingeführt.

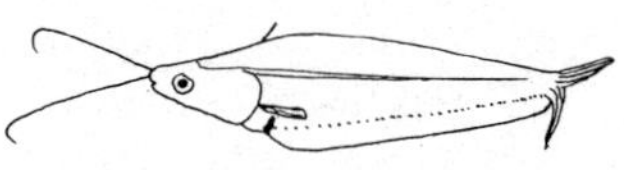

Kryptopterus bicirrhis

Kryptopterus bicirrhis (Indischer Glaswels)[3]
Heimat: Hinterindien und Große Sundainseln. Wird bis 10 cm lang. Rückenflosse bis auf einen Flossenstrahl reduziert. Unterer Schwanzflossenlappen stets etwas größer als der obere. Körper glasartig durchscheinend. Im Aquarium „stehen" die Tiere mit Vorliebe im Schwarm oder schwimmen langsam im Becken umher. Tagtiere, die sich bei Temperaturen von 20–25° C wohl fühlen.

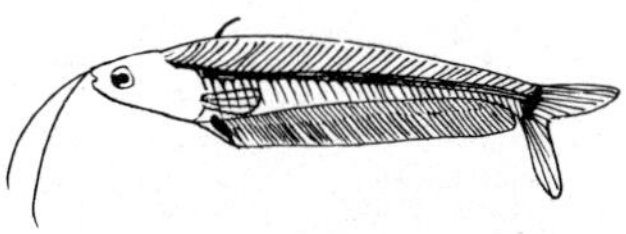

Kryptopterus macrocephalus

Kryptopterus macrocephalus (Ostindischer Glaswels)
Heimat: Sundainseln. Wird bis 11 cm lang. Körper seitlich stark zusammengedrückt. Afterflosse durch eine feine Membran mit der Schwanzflosse verbunden. Körper weniger durchscheinend als bei der vorigen Art, gelblich, grünlich oder grau gefärbt. Zeigt im auffallenden Licht einen blauen Schimmer. Die beiden hier besprochenen Glaswelse fressen Lebendfutter. Sie wurden in der Gefangenschaft noch nicht nachgezüchtet.

Familie Bagridae (Stachelwelse)

Pseudobagrus fulvidraco

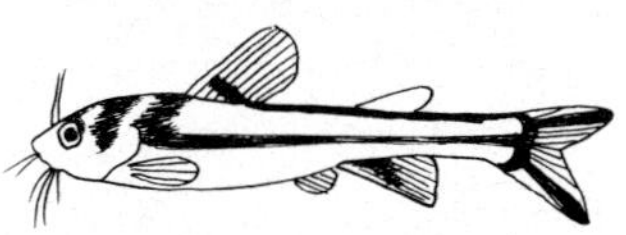

Stachelwelse sind in Afrika, im südlichen und östlichen Asien sowie auf dem Indonesischen Archipel weit verbreitet. Sie haben eine auffallend große Fettflosse und vier Bartelnpaare. Die Rückenflosse sowie die Brustflossen beginnen mit je einem starken, gezahnten Stachel. Die bis heute importierten Stachelwelse sind unterschiedlich groß, sie werden 15–50 cm lang. Bei vielen Arten sind die Männchen größer als die Weibchen und treiben Brutpflege.
Der Knurrstachelwels *(Pseudobagrus fulvidraco)* legt die Eier in eine Boden-

[3] Farbfoto auf Tafel 40, S. 424

grube ab, die er vorher aushebt. Aus dem Wasser herausgefangene Tiere geben knurrende Töne von sich.
Die Fütterung der recht gefräßigen Stachelwelse ist einfach: Sie nehmen Lebendfutter aller Art. Größere Exemplare sind oft räuberisch. Eingeführt wurden bis heute mehrere Arten der Gattungen *Leiocassis, Mystus, Auchenoglanis, Parauchenoglanis, Gephyroglanis, Chrysichthys, Bagrus* und *Pseudobagrus.*

Leiocassis brashnikowi (Kosatok-Wels)
Heimat: Amur, Ussuri, Sungari, Chankasee. Wird bis 22 cm lang, bleibt aber im Aquarium wesentlich kleiner (gewöhnlich unter 10 cm). Dieser Stachelwels zeigt ausgeprägtes Territorialverhalten; das Revier wird gegen Artgenossen verteidigt. Erzeugt Töne. Laicht am Boden zwischen Pflanzenwurzeln. Männchen treibt Brutpflege. Brut schlüpft nach drei Tagen und schwimmt nach sieben Tagen frei. Große Stachelwelse wie z. B. der afrikanische *Auchenoglanis occidentalis,* der Nilwels *(Bagrus docmac), Chrysichthys brevibarbis, Parauchenoglanis macrostoma* sind sehr interessante Schauobjekte für öffentliche Aquarienausstellungen und Zoologische Gärten.
Der afrikanische Stachelwels *Auchenoglanis occidentalis* ist ein starker Räuber, sowohl in der freien Natur wie auch im Aquarium. Er schnappt nach allem, was sich bewegt. Die Tiere müssen daher einzeln gehalten werden. Ihre Färbung variiert sehr stark – vom gleichförmigen Braun bis zum Violettbraun –, doch kommt auch eine dunkle Gitterung auf hellem Grund vor.

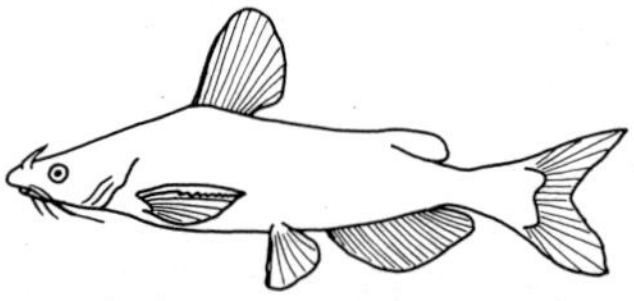

Leiocassis brashnikowi

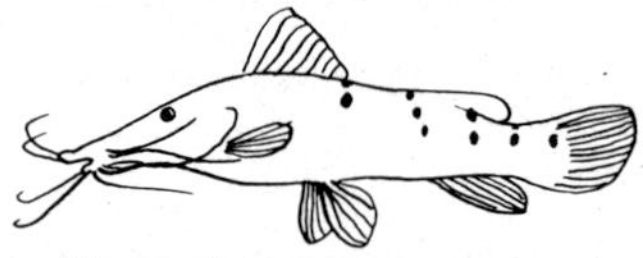

Parauchenoglanis macrostoma

Familie Ictaluridae (Katzenwelse)

Heimat: Nord- und Mittelamerika. Körperform kaulquappenähnlich mit breitem, großem Kopf, vier Bartelnpaaren und gut entwickelter Fettflosse. Vermutlich nahe verwandt mit den Stachelwelsen. Nach Europa wurden bis jetzt Arten der Gattungen *Ictalurus* und *Noturus* eingeführt. Im Aquarium fressen die Katzenwelse am liebsten Lebendfutter wie Nacktschnecken, Regenwürmer, Insektenlarven, große Wasserflöhe. Einzelne Exemplare nehmen auch Fleischstückchen und Haferflocken an.

Ictalurus nebulosus (Zwerg- oder Katzenwels)[1]
Heimat: Oststaaten der USA, Indiana, Florida. Wird bis 40 cm lang und 2 kg schwer. Wurde im vergangenen Jahrhundert nach Europa eingeführt und lebt heute vor allem im Stromgebiet der Donau und der Elbe. In den USA konnte Breder die Laichabgabe im Aquarium beobachten und fotografieren. In der Natur laicht der Katzenwels in seichte Gruben ab, die er selbst aushebt. Beide Eltern bewachen Eier und Jungtiere. Er nährt sich vor allem von Bodentieren wie *Tubifex*-Würmern und *Chironomus*-Larven („Rote Mückenlarven").

Ictalurus nebulosus

Familie Schilbeidae (Glaswelse)

Glaswelse der Familie Schilbeidae sind in Asien und Afrika weit verbreitet. Der gestreckte Körper ähnelt dem der Echten Welse (Siluridae), vor allem der Gattung *Kryptopterus.* Der Kopf ist vorne abgeflacht, das Maul ist breit. Rückenflosse und Brustflossen beginnen mit je einem kräftigen Stachel; die Afterflosse ist sehr lang. Sehr gattungs- und artenreiche Familie. Kleine Arten werden häufig importiert, z. B. der Kongo-Glaswels *(Eutropiellus debauwi*[2]; 8 cm lang), der Gefleckte Kongo-Glaswels *(Parailia longifilis*; 10 cm lang), der Afrikanische Glaswels *(Physailia pellucida*; 10 cm lang). Die Vertreter der Gattungen *Eutropius* und *Schilbe* werden 20–50 cm lang und sind daher für Zimmeraquarien zu groß. Sie sind sehr scheu und schwierig einzugewöhnen. Glaswelse schwimmen im freien Wasser meist in den mittleren Wasserschichten.

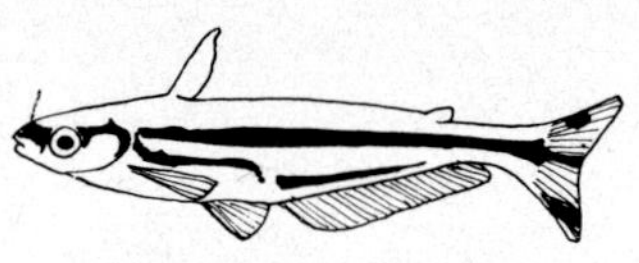

Eutropiellus debauwi

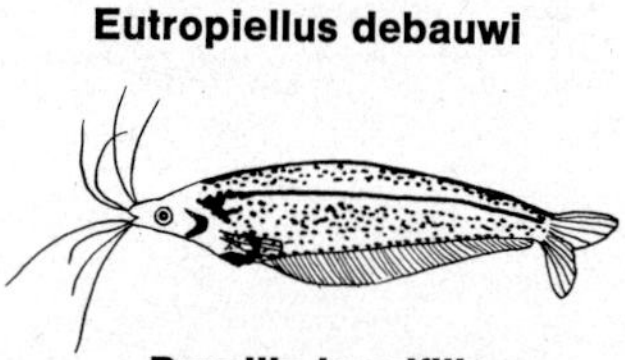

Parailia longifilis

Familie Pangasiidae (Haiwelse)

In Südostasien und Indonesien weitverbreitete Familie. Vier bis acht Barteln, lange Afterflosse, tief eingeschnittene Schwanzflosse. Aus der Gattung *Pangasius* sind mehr als 15 Arten bekannt, die sehr unterschiedlich lang werden. Zu den kleinsten, oft eingeführten Arten gehören *Pangasius sutchi* (bis 20 cm lang) und *P. pleurotaenia* (nie länger als 16 cm). Zur Gattung *Pangasius* gehören auch echte Riesen, z. B. *Pangasius sanitwongsei,* von dem noch zu Anfang dieses

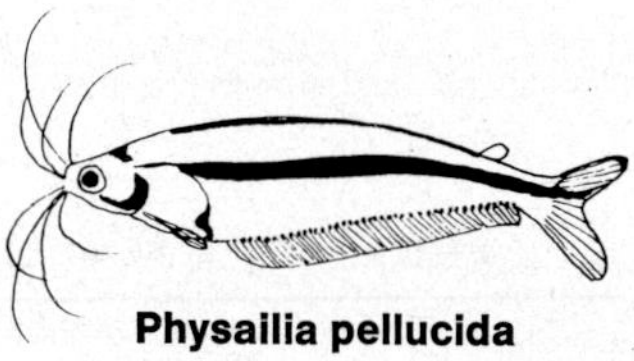

Physailia pellucida

[1] Verhalten siehe S. 538
[2] Farbfoto auf Tafel 40, S. 424

Jahrhunderts Exemplare von mehr als 3 m Länge gefangen wurden. In der Natur leben *Pangasius*-Arten meist in großen Flüssen und sind sehr räuberisch. Es scheint, daß sie mit zunehmendem Alter die Zähne verlieren und dann zu Pflanzennahrung übergehen.

Pangasius sutchi

Pangasius sutchi[3]
Wird bis 20 cm lang. In der Gefangenschaft bei guter Fütterung sehr raschwüchsig. Wassertemperatur 22–28° C. Das Wasser soll mittelhart sein. In zu weichem Wasser fühlt sich diese Art nicht wohl; die Tiere wachsen dann deutlich langsamer. Über Fortpflanzungsbiologie ist nichts bekannt. Die Tiere sind sehr gefräßig und erkennen Lebendfutter schon auf große Entfernungen. Scheinen gegen die „üblichen" Krankheiten der Aquarienfische recht widerstandsfähig und unempfindlich zu sein. Günstig ist öftere Frischwasserzugabe.

Familie Clariidae (Kiemensackwelse)

Hierher gehören aalförmige Welse mit breitem Kopf und quergestelltem, endständigem Maul. Vier Paare langer Barteln. Charakteristisch sind zusätzliche Luftatmungsorgane zur Atmung von atmosphärischem Sauerstoff. Sie werden häufig von zwei Blindsäcken gebildet, die von der Kiemenhöhle beiderseits der Wirbelsäule nach hinten laufen oder eine blumenkohlartige Form haben. Die zusätzliche Atmung von Luftsauerstoff ermöglicht es den Kiemensackwelsen, auch völlig verschlammte Tümpel mit sauerstoffarmem Wasser zu bewohnen. Nachts können sie auch über Land rutschen, um Futter zu suchen. Kiemensackwelse sind von Afrika über Madagaskar, Südostasien, das Malaiische Archipel bis zu den Philippinen weit verbreitet.
Gelegentlich findet man Vertreter dieser Familie auch im Aquarium. Vor allem Arten aus den Gattungen *Heteropneustes* und *Clarias* werden nicht selten gepflegt; hin und wieder werden auch Arten der Gattungen *Gymnallabes, Channallabes* und *Heterobranchus* eingeführt. Allein in Afrika leben z. B. mehr als 30 Arten der Gattung *Clarias,* von denen manche nur 15–20 cm lang werden, wogegen andere mehr als 1 m erreichen. *Clarias*-Arten sind übrigens oft xanthoristisch (gelblich oder golden gefärbt) und albinotisch (weiß, d. h. frei von jeglichem Farbstoff).
Die Kiemensackwelse sind ausgesprochene Raubfische, die in zu engen Becken recht unverträglich sind. Die gefräßigen Allesfresser nehmen Würmer, Fleischstückchen, Kartoffeln, Haferflocken.
Die Nachzucht im Aquarium gelang nur bei dem Kiemensackwels *Heteropneustes fossilis*[4], der aus Ceylon, Ostindien, Burma und Südvietnam stammt und bis 70 cm lang wird. Im Aquarium bleibt er allerdings wesentlich kleiner (30–35 cm). Die Tiere besitzen neben den Stacheln der Rückenflosse und der Brustflossen Giftdrüsen. Verletzungen durch diese Stacheln rufen vorübergehende oder bleibende Lähmungserscheinungen hervor. Die Fischer fürchten diese Welse. Fangen sie sie im Netz, so schneiden sie sie vorsichtig samt einem Stück des Netzes heraus. Die Art betreibt Brutpflege: Die Eltern hüten die Eier in einer Grube.

Familie Mochocidae (Fiederbartwelse)

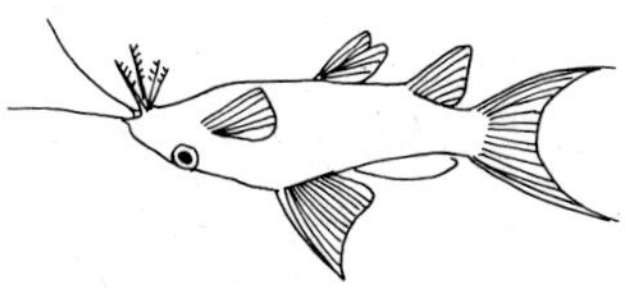

Synodontis nigriventris

Die Fiederbartwelse bewohnen afrikanische Gewässer mit Ausnahme der Region nördlich der Sahara. Kennzeichen: Fettflosse, gewölbter Rücken, drei Bartelnpaare. Ausgesprochene Nachttiere, die sich häufig zu großen Trupps vereinigen. Sie bewohnen fließende Gewässer, kommen aber auch in Lagunen vor. Im Aquarium suchen sie dunkle Stellen auf. Viele Arten ruhen tagsüber bauchoben an den Unterseiten großblättriger Wasserpflanzen. Dieser Ruhestellung bleiben sie oft treu und kehren immer wieder dahin zurück. Sitzt dort inzwischen schon ein anderes Tier, kommt es zu heftigen Kämpfen. Obwohl Fiederbartwelse meist harmlos sind, raspeln sie sich, wenn sie ihren Ruheplatz verteidigen, untereinander oft große Hautstücke ab.
Zur Pflege im Aquarium wurden vor allem viele *Synodontis*-Arten eingeführt, so der kleine, etwa 6 cm lang werdende Rückenschwimmende Kongowels *(Synodontis nigriventris)*[5], der dauernd mit dem dunkelgefärbten Bauch nach oben schwimmt. Auch andere *Synodontis*-Arten ruhen mit dem Bauch nach oben, entweder unter Pflanzenblättern oder direkt unter der Wasseroberfläche; sie lassen sich so sogar mit der Wasserströmung treiben. Dabei kann es sich allerdings auch um eine Nahrungsaufnahme von der Wasseroberfläche handeln.

[3] Farbfoto auf Tafel 59, S. 651
[4] Farbfoto auf Tafel 59, S. 651
[5] zum Verhalten siehe auch S. 545

Bild 2.39: Jungtier von Synodontis nigrita. Aufnahme S. Frank

Synodontis melanostictus

Gegen die Wasserzusammensetzung sind die Fiederbartwelse recht unempfindlich. Die Temperatur sollte zwischen 22 und 26° C liegen. Die meisten *Synodontis*-Arten suchen ihre Nahrung nachts am Boden. Sie fressen kleines Lebendfutter wie *Tubifex*, Rote Mückenlarven, Larven von Wasserinsekten; manche Arten nehmen auch Stückchen von Fischfleisch. *Synodontis nigrita* und *S. melanostictus* fressen auch gekochtes Ei. Man gibt eine Mischung von Eigelb und Eiweiß tropfenweise zu kochendem Wasser. Nach dem Abkühlen und Abseihen bietet man diese „Eiflocken" den Welsen an. Sie fressen sie mit Vorliebe und wachsen bei diesem Futter schnell heran. Ein Wels von etwa 15–20 cm Länge frißt täglich bis zu 1/4 eines Hühnereies auf.

Bis heute wurden etwa 15 *Synodontis*-Arten eingeführt[1]. Sie sind sehr verschieden groß (von etwa 6–45 cm). Über Geschlechtsunterschiede und Fortpflanzung ist so gut wie nichts bekannt.

Familie Pimelodidae (Antennenwelse)

Microglanis parahybae

Artenreiche Familie. Bewohnt die Gewässer von Südmexiko über ganz Mittelamerika und Südamerika mit Ausnahme des südlichen Teiles von Südamerika. Drei sehr lange Bartelnpaare, eine stark nach vorn versetzte Rückenflosse. Afterflosse kurz. Fettflosse kann verschieden geformt sein. Kiefer bezahnt. Meist kleinere Fische von 7 bis höchstens 60 cm Länge und verschiedener Körperform. Die meisten Arten leben gerne im Schatten, viele suchen sogar Höhlen auf oder graben Verstecke unter Steinen, Holzstücken, Wurzelwerk usw.

Am häufigsten werden Vertreter der Gattungen *Pimelodella* und *Pimelodus* eingeführt. Ab und zu erscheinen auch Vertreter der Gattungen *Pseudopimelodus, Rhamdia, Acentronichthys, Heptapterus, Sorubim* und *Microglanis.* Größere Vertreter sind oft sehr streitlustig; man pflegt sie am besten einzeln. Kleinere Arten wie *Microglanis poecilus* und *Microglanis parahybae* (7–14 cm lang) bauen unter Steinen Höhlen und bilden Wohnreviere, die sie gegen Artgenossen sehr heftig verteidigen. Die Tiere leben tags und nachts versteckt und schwimmen nur kurz zum Futterfang heraus, wenn sie das Futter im Wasser wittern.

Antennenwelse fressen Lebendfutter jeder Art, sofern es ihnen in der Größe entspricht. Nachzucht ist bis heute in keinem Fall gelungen.

Familie Aspredinidae (Bratpfannen- und Banjowelse)

Diese Familie enthält bizarre Welse, die in zwei Unterfamilien eingeteilt werden: Bunocephalinae (Bratpfannenwelse) und Aspredininae (Banjowelse). Sie sind im tropischen Südamerika weit verbreitet. Ihr Körper ist dorsoventral (in Rücken-Bauch-Richtung) abgeflacht. Die Bratpfannenwelse haben einen langen Schwanzstiel und eine kurze Afterflosse mit höchstens 12 Strahlen, die Banjowelse dagegen haben einen kurzen Schwanzstiel und eine lange Afterflosse mit 50 oder noch mehr Stacheln. Gattungen der Bratpfannenwelse: *Agmus, Amaralia, Bunocephalus, Hoplomyzon, Xyliphius.* Gattungen der Banjowelse: *Aspredinichthys, Aspredo, Chamaigenes.*

[1] Farbfotos von Synodontis angelicus und S. flavitaeniatus auf Tafel 60, S. 652; von S. notatus und S. multipunctatus auf Tafel 59, S. 651.

Tafel 11

Bild (oben): Das Zebrabärbling-Männchen (Brachydanio rerio) wirkt schlank von Gestalt. Das Weibchen ist sehr einfach durch seinen geschwollenen Bauch vom Männchen zu unterscheiden.
Wird die wilde Jagd für kurze Zeit unterbrochen, dann wird das Weibchen rasch umschwommen . . .

Bild (unten): . . . Nun gleicht das Paar einem kobaltblauen Kreisel.

Aufnahmen: H.-J. Richter

Tafel 12

Bild (oben): Ab und zu wird das Brachydanio-rerio-Weibchen vom Männchen in die Bauchgegend gestupst.

Bild (Mitte): Hat das Weibchen bei der wilden Jagd die „richtige“ Stellung eingenommen, dann versucht das Männchen seinen Hinterkörper über den Rücken des Weibchens zu schlingen.

Bild (unten): Die Paarung dauert nur einen Bruchteil einer Sekunde: Laich und Sperma werden gleichzeitig ausgestoßen. Auf unserem Bild sehen wir deutlich den Eiausstoß.

Aufnahmen: H.-J. Richter

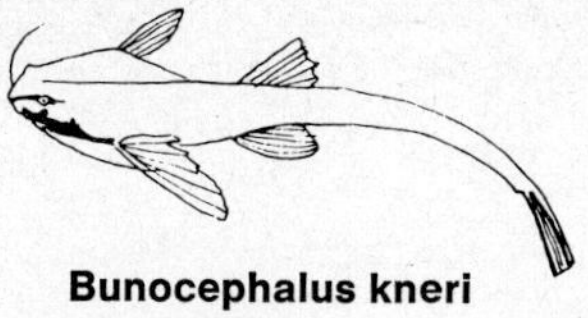

Bunocephalus kneri

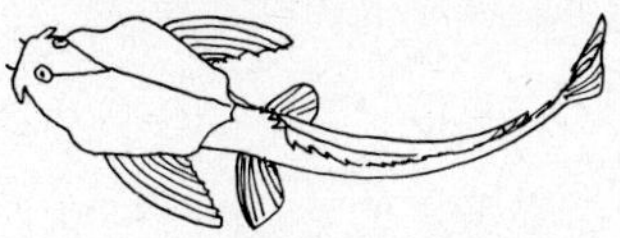

Bunocephalus coracoideus

Bunocephalus kneri
Bunocephalus coracoideus
Diese beiden sehr ähnlichen Arten sind die einzigen, die aus der Unterfamilie der Bratpfannenwelse bis heute eingeführt wurden. Beide stammen aus dem westlichen Amazonasstromgebiet und werden 12–15 cm lang. Dämmerungstiere, die sich kaum bewegen. Die Fortbewegung erfolgt nach Rössel nach dem Düsenprinzip mit Wasserdruck (das Wasser wird aus den Kiemenspalten ausgestoßen). Die Fische fressen alles, nur muß man das Futter direkt vor den Mund setzen. Zum Ablaichen graben sie vermutlich Gruben aus. Banjowelse wurden vermutlich noch nie eingeführt und im Aquarium gepflegt.

Familie Malapteruridae (Elektrische Welse)

Aus dieser afrikanischen Welsfamilie ist nur eine Gattung mit einer Art bekannt.

Malapterurus electricus

Malapterurus electricus (Zitterwels)
Heimat: Tropisches Afrika. Sechs Barteln. Rückenflosse fehlt, wird durch gut entwickelte, schwanzwärts verschobene Fettflosse ersetzt. Afterflosse kurz. Die Augen auffallend klein, die Kiemenspalten schmal. Die elektrischen Organe befinden sich im Bindegewebe unter der Haut, die in der Bauchregion am dicksten ist. Über die Biologie dieses Welses ist wenig bekannt. Die arabischen Fischer am Nil behaupten, daß er Eier und schlüpfende Jungfische im Maul hüte, doch ist dies nur eine Vermutung. Zitterwelse sind sehr unverträglich und gefräßig. Tagsüber verstecken sie sich. In der Gefangenschaft benötigen sie hohe Temperaturen von 22–30° C. Sie sollten möglichst einzeln gehalten werden. Bei guter Fütterung wachsen sie sehr schnell.

Familie Callichthyidae (Schwielenwelse)

Häufig in allen Süßgewässern des tropischen Südamerikas. Körper jederseits mit zwei parkettartig angeordneten Reihen von Knochenplatten bedeckt. Vertreter dieser Familie sind schon aus dem oberen Tertiär bekannt. Maul unterständig, klein, zwei bis vier Barteln, zweiteilige, von Knochen umgebene Schwimmblase. Gattungs- und artenreiche Familie, die kleinere Fische von verschiedener Körperform umfaßt.

Gattungen *Callichthys* und *Hoplosternum*

Nahe verwandte Gattungen mit walzenförmigem Körper. Schwanzflosse bei *Callichthys* abgerundet, bei *Hoplosternum* gerade oder wenig eingekerbt.

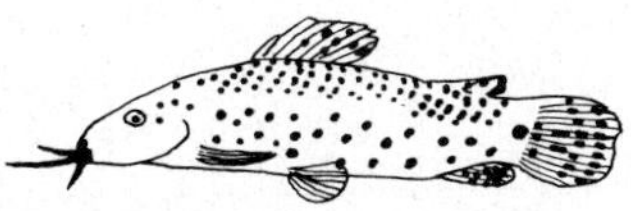

Hoplosternum thoracatum

Callichthys callichthys
Heimat: Östliches Brasilien, südwärts bis zum La Plata. Wird bis 18 cm lang. Erwachsene Tiere lieben viel Versteckmöglichkeiten; echte Dämmerungsfische. Männchen baut während der Laichzeit ein Schaumnest unter großen Schwimmblättern, z. B. der Seerose, in das die Eier abgelegt werden. Die Jungfische schlüpfen nach vier bis fünf Tagen. Man füttert sie nach dem Freischwimmen mit zerriebenen *Tubifex*-Würmern oder zerriebenen Enchyträen. Zu empfehlen ist Wasserwechsel. Aus einem Eigelege kann man bis zu 120 Jungfische gewinnen.
In Körpergröße, Laichverhalten und Pflegeansprüchen gleichen die beiden Arten *Hoplosternum thoracatum* und *H. litorale* der Art *Callichthys callichthys*. Allerdings sind diese beiden Arten viel fruchtbarer; die Eizahl kann bis 800 Stück oder mehr erreichen.

Gattungen *Cataphractops* und *Dianema*

Dianema longibarbis

Kopf und Bauch abgeflacht. Vermutlich wurde von diesen Gattungen bis heute nur die Art *Dianema longibarbis* eingeführt. Sie ist im Stromgebiet des Amazonas weit verbreitet und wird nur bis 9 cm lang. Nachtaktiv, oft in Schwärmen im freien Wasser. Während der Laichzeit werden Schaumnester gebaut.

Gattungen *Corydoras* und *Brochis* (Panzerwelse)

Die kleinsten und beliebtesten Vertreter der Familie Callichthyidae sind Panzerwelse der Gattungen *Corydoras* und *Brochis*. Der Körper dieser Welse ist kurz

und meist relativ hoch, seitlich mehr oder minder abgeflacht. Der Bauch ist praktisch geradlinig, der Rücken verschieden stark ausgebogen.
Panzerwelse leben in Gruppen in langsamfließenden bis stehenden Gewässern. Alle haben eine zusätzliche Darmatmung. Sie schlucken Luftblasen, der Enddarm dient als Luftatmungsorgan. Im Aquarium leisten sie gute Dienste, da sie den Mulm ständig durchkauen und alles Verdauliche verspeisen. Manche Arten vertragen sogar große Temperaturschwankungen zwischen 15 und 30° C. Das Wasser soll mittelhart sein, der pH-Wert um den Neutralpunkt liegen. Die Wassertiefe soll 20–35 cm betragen. Einige Arten pflanzen sich in der Gefangenschaft willig und leicht fort. Das Männchen klemmt bei der Paarung mit seinem Brustflossenstachel die Barteln des Weibchens an seinem Körper fest und drückt so das Weibchen gegen seine Bauchseite. Dabei stößt das Männchen die Spermien aus. Das Weibchen entläßt drei bis fünf Eier in die von den beiden Bauchflossen gebildete „Tasche". Das Weibchen schwimmt dann allein durch die Spermawolke, wandert kurz hin und her, sucht eine bestimmte Stelle auf, putzt sie und heftet die Eier an. Die Eier werden an Pflanzenblätter, Steine, Holzstücke oder an die Glasscheiben des Aquariums geklebt. Einige Arten legen nur wenige Eier ab, andere sind sehr fruchtbar und legen mehrere Hundert Eier ab. Bei den meisten Arten schlüpft die Brut bei einer Wassertemperatur von 20–23° C nach fünf bis acht Tagen. Nach dem Freischwimmen füttert man mit „Mikro"-Würmern, „Grindal"-Würmern, *Cyclops*- und *Artemia*-Nauplien. Nach einigen Tagen kann man gehackte *Tubifex* und Enchyträen geben.

Brochis coeruleus
Heimat: Oberer Amazonas. Wird bis 7 cm lang. Körper sehr hoch, seitlich stark zusammengedrückt, abgeflacht. Rückenflosse lang. Schnauze mit Knochenschildern bedeckt (Unterscheidungsmerkmal gegen *Corydoras*-Arten). Paarungsverhalten ähnlich dem der *Corydoras*-Arten.

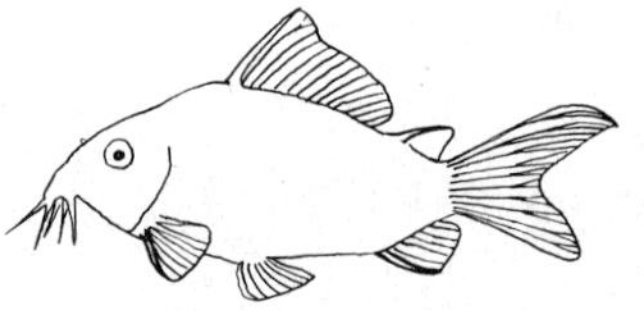

Brochis coeruleus

Corydoras paleatus (Punktierter Panzerwels)
Heimat: Südöstliches Brasilien, Stromgebiet des La Plata. Wird bis 7 cm lang. Friedlicher Schwarmfisch. Eine der unempfindlichsten Welsarten. Schätzt Bodengrund mit Detritusschicht und feinem Sand. Unempfindlich gegen Wasserzusammensetzung und Temperaturschwankung. Mittelhartes Wasser bei einer Temperatur von 18–26° C reicht aus. Zusatz von Frischwasser regt oft das Ablaichen an. Der Punktierte Panzerwels ist wie alle folgenden *Corydoras*-Arten ein Allesfresser, der das Futter vom Boden aufnimmt. Er frißt *Tubifex*, Mückenlarven, halbtote Wasserflöhe, Trockenfutter und verschiedenste Pflanzenreste. Die erste *Corydoras*-Art, die schon im Jahre 1878 von Carbonier in Paris in Gefangenschaft nachgezüchtet wurde.

Corydoras aeneus (Metall-Panzerwels)[1]
Heimat: Venezuela; von Trinidad südwärts bis zum La Plata. Wird bis 7 cm lang. Hat wie alle Panzerwelse eine zusätzliche Darmatmung und schwimmt daher oft an die Wasseroberfläche, um Luft zu holen. Männchen schlanker und meist kleiner als die robusten Weibchen. Zucht und Nachzucht problemlos.

Corydoras aeneus

[1] Schwarzweißfoto auf S. 14

Bild 2.40: Punktierter Panzerwels (Corydoras paleatus). Aufnahme S. Frank

Bild 2.41: Goldstreifen-Panzerwels (Corydoras schultzei). Aufnahme S. Frank

Corydoras schultzei

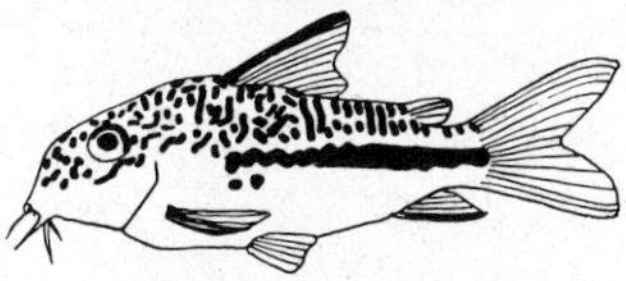

Corydoras bondi bondi

Corydoras rabauti

Corydoras schultzei (Goldstreifen-Panzerwels)
Heimat: Kleine Zuflüsse des Amazonas. Wird bis 6,5 cm lang. Mit dem Metall-Panzerwels sehr nahe verwandt, Körper aber meist langgestreckt und niedriger in der Rückenpartie. Haltung und Zucht dieser Art sind einfach.

Corydoras bondi bondi (Barima-Panzerwels)
Heimat: Venezuela, Guayana, Surinam. Wird 5–6 cm lang. Seit 1970 hat sich in europäischen Aquarien eine Unterart *(Corydoras bondi coppenamensis)* sehr stark verbreitet. Sie hat sich gut akklimatisiert und zeigt sich als recht fruchtbar (bis 200 Eier aus einem Ablaichen). In der Natur ist *C. b. coppenamensis* bis jetzt nur aus Surinam bekannt.

Corydoras rabauti (Rost-Panzerwels)
Heimat: Kleine Nebenflüsse des Amazonas. Oberhalb der Einmündung des Rio Negro. Wird bis 6 cm lang. Die Jungfische ändern zweimal ihr Jugendkleid, bis sie mit einer Länge von etwa 3 cm die endgültige, kraftvolle Ausfärbung der Eltern erreichen. Auch erwachsene Rost-Panzerwelse sind in Größe, Färbung und Körperform je nach der Herkunft sehr variabel. So können leicht die beiden Synonyme *C. myersi* und *C. zygatus* erklärt werden, die die größeren Formen derselben Art betreffen.
Als „Gesundheitspolizei" im Gesellschaftsbecken eignen sich sehr viele Panzerwelse. Einige der am häufigsten gehaltenen seien hier erwähnt. Die verschiedenen Arten werden sehr unterschiedlich groß.
Kleine, 2,5–3 cm lange Arten: *C. cochui* (Schachbrett-Panzerwels), *C. hastatus* (Sichelfleck-Panzerwels), *C. pygmaeus* (Zwerg-Panzerwels). Alle diese Arten schwimmen viel in mittleren Wasserschichten und sind schon mit kleinsten Aquarien zufrieden. Sie fühlen sich nur im Schwarm wohl.

Bild 2.42: Rost-Panzerwels (Corydoras rabauti), Männchen. Aufnahme S. Frank

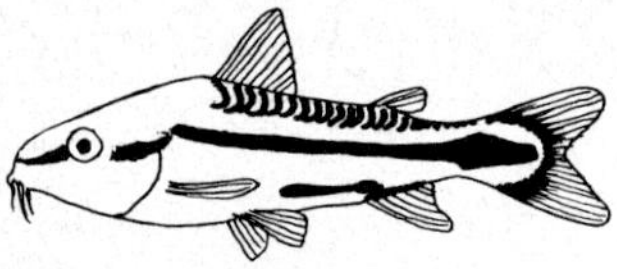

Corydoras hastatus

Corydoras nattereri

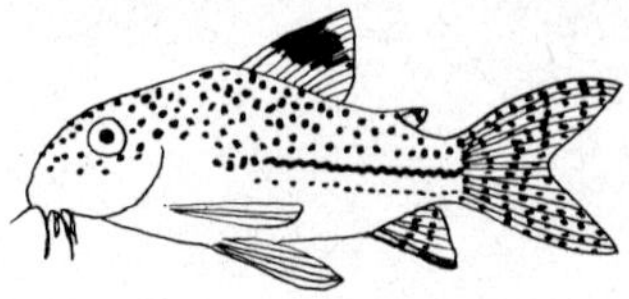

Corydoras punctatus

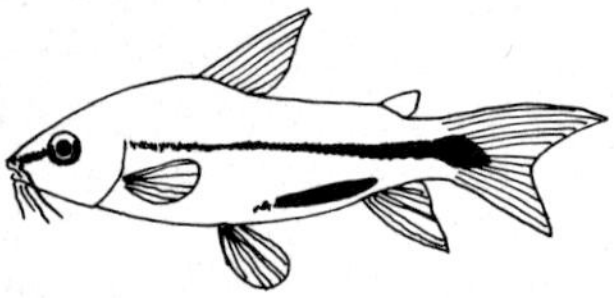

Corydoras pygmaeus

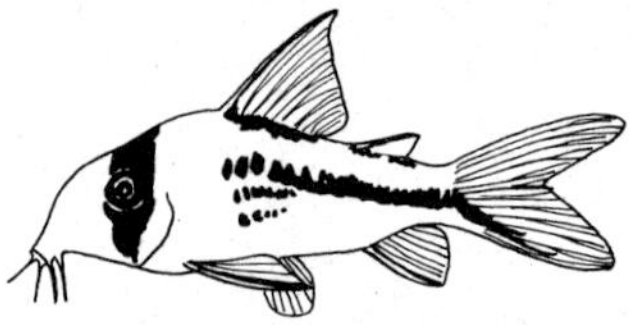

Corydoras axelrodi

Corydoras undulatus

Corydoras arcuatus

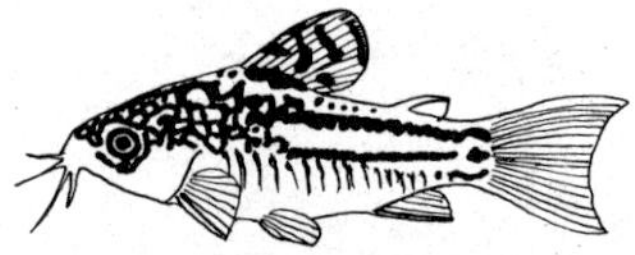

Corydoras elegans

Corydoras reticulatus

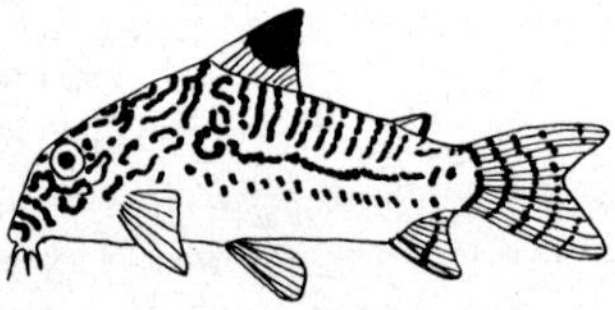

Corydoras julii

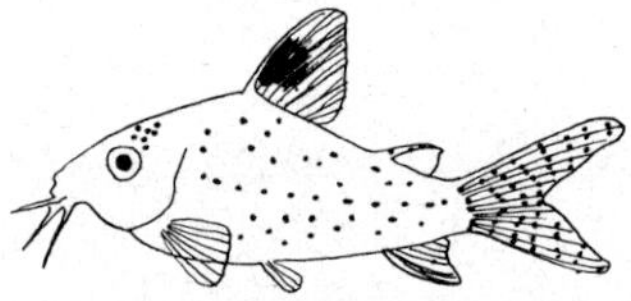

Corydoras grafi

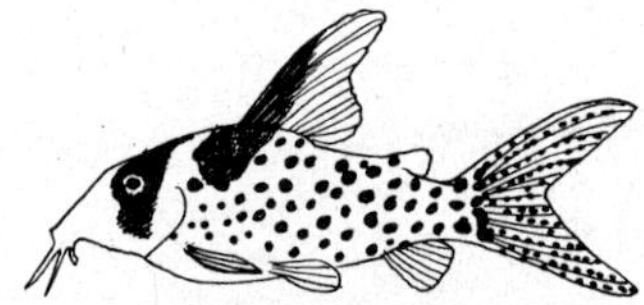

Corydoras wotroi

Corydoras melanistius

Corydoras metae

Corydoras barbatus

Mittelgroße, etwa 4 cm lange Arten: *C. polystictus* und *C. potaroensis*.
Größere, 5–6 cm lange Arten, mit zum Teil schöner Körperzeichnung: *C. arcuatus* (Stromlinien-Panzerwels), *C. julii* (Leopard-Panzerwels), *C. melanistius* (Schwarzbinden-Panzerwels), *C. nattereri* (Blauer Panzerwels), *C. axelrodi* (Axelrods Panzerwels), *C. elegans* (Schöner Panzerwels), *C. grafi* (Grafs Panzerwels), *C. metae* (Metae-Panzerwels), *C. punctatus* (Kopfbinden-Panzerwels), *C. undulatus* (Gewellter Panzerwels), *C. agassizi, C. bicolor, C. boesemani, C. caudimaculatus, C. eques, C. guapore, C. melini, C. treitlii, C. schwartzi.*
7–10 cm lang werden *C. rochai* (Schmerlen-Panzerwels), *C. sterbai* (Sterbas

Bild 2.43: Zwerg-Panzerwels (Corydoras pygmaeus), Männchen. Aufnahme S. Frank

Panzerwels), *C. haraldschultzi, C. macropterus, C. reticulatus, C. trilineatus, C. wotroi.*
Länger als 12 cm wird nur *C. barbatus*, der Schabracken-Panzerwels.
Mehrere *Corydoras*-Arten kreuzen untereinander, z. B. *C. aeneus* x *C. schultzei, C. eques* mit *C. aeneus* und *C. schultzei, C. bondi coppenamensis* x *C. schwartzi surinamensis*[1].

Familie Amphiliidae (Afrikanische Harnischwelse)

Kleinere Welse dieser Familie bewohnen klare, fließende Gewässer in Afrika, in denen sie unter schwimmenden Pflanzenpolstern leben. Ihre Körperform erinnert stark an südamerikanische Harnischwelse. Schwanzstiel lang und schlank. Kopf spitzig mit zwei bis drei Paaren kurzer Barteln. Bis jetzt wurde nur eine Art eingeführt: *Phractura ansorgei,* die im Einzugsgebiet des unteren Niger in fließenden Bächen lebt und bis 6 cm lang wird. Im Aquarium suchen diese Welse Verstecke im Pflanzenbewuchs. Nach Foersch laichen sie abends bei einer Temperatur von 22–23° C. Die Eier sind blaugrün, etwa 1 mm groß; das ganze Gelege umfaßt über 100 Eier. Die Brut schlüpft nach zwei bis drei Tagen und schwimmt nach weiteren fünf bis sechs Tagen frei. Die Aufzucht ist schwierig, weil die richtige Nahrung für die Jungtiere nicht bekannt ist.

Familie Loricariidae (Harnischwelse)

Die Harnischwelse bewohnen ausschließlich den nördlichen und südlichen Teil Südamerikas. Sie leben vor allem in kleinen, fließenden Wiesen- und Gebirgsgewässern. Körper typisch dick gepanzert. Alle Flossen außer der Schwanzflosse mit einem Stachel. Unterständiges Maul mit breiten Lippen (Saugmaul). Bodenfische, die sich zwischen Steinen und Wurzeln aufhalten. Im Auge ein Irislappen, ein zapfenförmiger Fortsatz der Iris, der von obenher in die schwarze Pupille hineinragt. Bei zu starkem Lichteinfall dehnt sich dieser Lappen aus und bedeckt die ganze Pupille, in der Dunkelheit dagegen zieht er sich zusammen. Er hat dieselbe Aufgabe wie die Irismuskeln aller anderen Wirbeltiere, die die Pupille je nach Lichteinfall verkleinern oder vergrößern.
Harnischwelse lassen sich im Aquarium gut in weichem bis mittelhartem Wasser bei einer Wassertemperatur von 21–25° C pflegen und sogar züchten. Bis heute wurden einige *Loricaria*-, *Otocinclus*- und *Ancistrus*-Arten zur Fortpflanzung gebracht. Das Ablaichverhalten ist bei diesen Arten sehr ähnlich. Alle sind Dämmerungstiere und Höhlenlaicher. Sie nehmen nicht nur Fleischfutter, wie Würmer und Wasserflohreste, sondern auch Pflanzenfutter wie Algen, Salatblätter, kurz überbrühten Spinat und alle Reste von Wasserpflanzen.
Die Harnischwelse sind eine sehr gattungs- und artenreiche Familie. Bis heute wurden vor allem *Loricaria-, Farlowella-, Otocinclus-, Plecostomus-, Ancistrus-* und *Stoneiella*-Arten eingeführt.

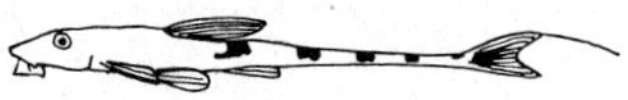

Loricaria filamentosa

Loricaria filamentosa
Heimat: Magdalenenstrom. Wird in der Natur 25 cm lang, erreicht jedoch diese Größe im Aquarium nie. Körperbau langgestreckt. Oberer Rand der Schwanzflosse stark fadenförmig verlängert. Das Männchen ist vom Weibchen leicht zu unterscheiden: Die Oberseite seiner Brustflossen ist mit dunklen Borsten bedeckt. Das Weibchen legt große, orangefarbene Eier in Verstecke, Höhlen, zwischen Steine oder (im Aquarium) auch in Kunststoffröhren ab. Das Männchen bleibt dicht bei den Eiern, es „sitzt" auf ihnen, pflegt und bewacht sie so lange, bis die Brut schlüpft. Freischwimmende Jungfische fressen am liebsten *Artemia*-Nauplien und „Mikro"-Würmer. Später (im Alter von drei bis vier Wochen) nehmen sie gehackte „Grindal"-Würmer, Enchyträen und *Tubifex.* Es ist richtig, gleichzeitig auch pflanzliche Beikost zu füttern. Junge Harnischwelse, die nur mit tierischer Nahrung gefüttert werden, magern oft plötzlich ab und gehen dann ein.
Loricaria filamentosa wird oft mit dem Zwerg-Harnischwels, *Loricaria parva*[2], und mit *Loricaria lanceolata* verwechselt. Diese beiden Arten unterscheiden sich von *Loricaria filamentosa* durch zwei fadenförmige Ausläufer der Schwanzflosse, von denen der eine am oberen, der andere am unteren Rande der Flosse sitzt. Selten importiert wird *L. microlepidogaster,* deren Schwanzflosse keine Ausläufer aufweist.

[1] Farbfotos von Corydoras arcuatus, C. julii, C. pygmaeus, und C. schwartzi auf Tafel 60, S. 652
[2] Farbfoto auf Tafel 60, S. 652

Nahe verwandt mit den *Loricaria*-Arten sind die *Farlowella*-Arten. Sie unterscheiden sich von *Loricaria* durch die noch schlankere Körperform und durch eine langausgezogene Schnauze, die bei den Männchen von feinen Borsten bedeckt ist. Aus dieser Gattung wurden bis jetzt wahrscheinlich nur *F. acus, F. gracilis* und *F. schreitmuelleri* eingeführt. Keine dieser Arten wurde in Gefangenschaft nachgezogen.

Otocinclus maculipinnis (Saugwels)
Heimat: Stromgebiet des La Plata. Wird nur 4 cm lang. Ähnelt stark der Gattung *Corydoras*, vor allem auch in den Hochzeitsspielen. Die kleinen Eier werden an Pflanzen und an Aquarienwände geklebt. Die Jungfische schlüpfen bei Temperaturen über 20° C nach zwei bis drei Tagen und schwimmen nach weiteren ein bis zwei Tagen frei. Sie beginnen dann Nahrung aufzunehmen, am liebsten Rädertierchen. Die ausgewachsenen Fische machen sich nützlich, da sie nicht nur Wasserpflanzen, sondern auch Glasscheiben des Aquariums vom Algenbewuchs säubern.
Die vielen *Otocinclus*-Arten, die bis heute eingeführt wurden, sind sich sehr ähnlich und werden von Aquarianern oft verwechselt. Außer der erwähnten Art finden wir im Aquarium *Otocinclus flexilis, O. maculicauda, O. affinis, O. nigricauda, O. vittatus.*

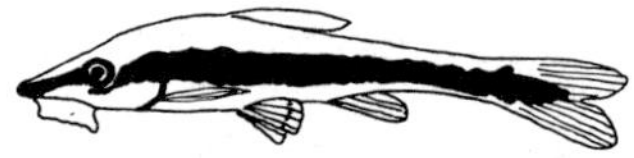

Otocinclus flexilis

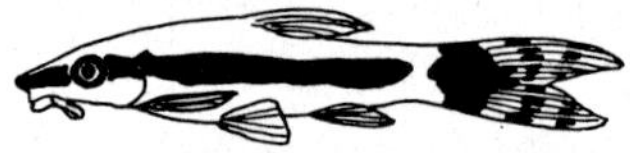

Otocinclus affinis

Ancistrus dolichopterus (Blauer Antennenwels)[1]
Heimat: Amazonas und Guayana. Wird etwa 13 cm lang. Bei den Männchen sind Schnauzen- und Stirntentakel kräftiger als bei den Weibchen; sie stehen lang ab, sind gegabelt oder verzweigt. Die Tiere laichen in Höhlen ab, die sie sich unter Steinen oder Holzstücken selbst bauen. Männchen betreibt intensiv Brutpflege. Keine besonderen Ansprüche an die Wasserzusammensetzung. Haltung relativ einfach.
Weitere eingeführte Arten: *A. multispinnis, A. cirrhosus* u. a.

Ancistrus multispinnis

Plecostomus commersoni
Heimat: Einzugsgebiet des La Plata und Rio Grande do Sul. Nachtaktiver, scheuer, großer Harnischwels. Wird bis 40 cm lang. Wie bei allen *Plecostomus*-Arten ist der Bauch nackt, ohne Knochenschilder. Eifriger Algenvertilger. Gegen andere Fische sehr friedlich. Nimmt das Futter vom Boden auf: *Tubifex*, Enchyträen, Trockenfutter, Kopfsalat, eingeweichte Haferflocken. *P. punctatus* wird nur etwa 30 cm lang und *P. rachowi* nur etwa 15 cm lang. Die Bestimmung ist bei vielen Harnischwelsen sehr schwierig. In letzter Zeit wurden sehr interessante und schöne Arten aus den Gattungen *Stoneiella, Lasiancistrus, Hemiancistrus, Panaque* und *Pterygoblichthys* eingeführt. Über Haltung und Zucht fehlen leider nähere Angaben.

Ordnung Anguilliformes (Aalartige)

Langgestreckter, schlangenförmiger Körper. Bis 260 Rückenwirbel. Schuppen sehr klein, nur rudimentär vorhanden oder ganz fehlend. Die Ordnung umfaßt etwa 25 Familien.

Familie Anguillidae (Aale)

Eine Gattung *(Anguilla)* mit mehreren Arten im Atlantischen, Indischen und Stillen Ozean. Aale fehlen an der südamerikanischen Küste des Stillen Ozeans. Auf der nördlichen Halbkugel lebt an europäischen Küsten *Anguilla anguilla.* Geschlechtsreife Weibchen ziehen flußabwärts, die kleineren Männchen schließen sich ihnen in der Nähe der Flußmündung an. Die Tiere laichen im Sargassomeer bei den Bermudas über den größten Tiefen von etwa 7000 m. Die erwachsenen Tiere sterben nach dem Laichen ab. Die kleinsten bekannten Larven sind 7–15 mm lang. Sie halten sich in Tiefen von 180–200 m auf, in denen die Wassertemperatur 20° C beträgt, wachsen zuerst rasch heran und erreichen im ersten Jahr schon eine Länge von 2,5 cm. Im Laufe von drei Jahren erreichen sie, nahe der Oberfläche dahinziehend, durch passive Wanderung (Golfstrom!) die europäische Küste. Die sogenannte Leptocephalus-Larve, die die Form eines Weidenblattes aufweist, verwandelt sich langsam in die Aalform.

[1] Farbfoto auf Tafel 59, S. 651

Aus den Exemplaren, die in den Flüssen aufsteigen, entwickeln sich Weibchen; die im Meer verbliebenen Tiere wandeln sich in Männchen um. Im Fluß lebt der Aal 9–12 Jahre. Er ist ein hochgeschätzter Speisefisch, der häufig auch in Teichen gehalten wird.
Kleinere Exemplare sind im Aquarium gut zu halten: Sie graben sich mit Vorliebe in feinen Sand ein. Die Wassertemperatur soll 18–20° C nicht übersteigen. Kleine Aale fressen Mückenlarven, Enchyträen, Regenwürmer; größere sind Räuber, die sich vor allem von Fischen ernähren. Das Aquarium muß gut abgedeckt sein, da größere Tiere die Deckscheibe aufheben und herausklettern können.

Ordnung Beloniformes (Hornhechtartige)

Die Angehörigen dieser Ordnung sind weltweit verbreitet. Körper sehr langgestreckt, Cycloidschuppen, Flossen stachellos, Seitenlinie in die untere Körperhälfte versetzt, Brustflossen hoch angesetzt. Skelett und Muskelgräten bei manchen Arten grün gefärbt. Fossile Arten schon aus dem Eozän bekannt. Gegenwärtig leben die meisten Arten in salzigen Küstengewässern des Stillen Ozeans. Die ursprünglich nur an den Küsten lebenden Formen wandelten sich später auch in Hochseefische um.

Familie Belonidae (Halbhechte)

In dieser Familie finden sich echte Meeresfische, wie z. B. der Hornhecht *(Belone belone)*, aber auch einige Arten, die in die Flüsse gehen oder sogar ständig im Süßwasser leben. Bis 77 Wirbel. Die drei unpaarigen Flossen sitzen ganz hinten auf dem sehr langgestreckten Körper.

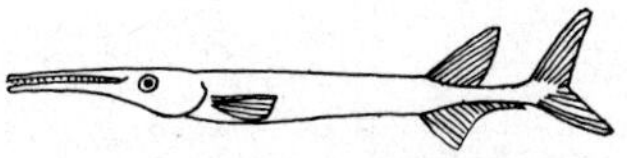

Xenentodon cancila

Xenentodon cancila
Heimat: Indien, Ceylon, Burma, Thailand, Malaiische Halbinsel. Wird bis 30 cm lang. Einzige Art der Familie, die sich im Aquarium relativ gut akklimatisiert hat. In der Gefangenschaft bleiben die Fische kleiner. Sie werden schon bei einer Länge von 15 cm geschlechtsreif. *X. cancila* ist ein Oberflächenfisch, der stundenlang unter der Wasseroberfläche ruht. Schwimmt nur ausnahmsweise zum Boden, wenn es Futter zu erjagen gilt. Die Eier werden an Pflanzen abgelegt. Die ausschlüpfende Brut frißt am liebsten gleich kleine Fischchen. Erwachsene Fische fressen fast nur Fische und Frösche.

Familie Hemirhamphidae (Halbschnabelhechte)

Weit verbreitete Meeresfische. Unterkiefer länger als der Oberkiefer. Körper langgestreckt. Rücken- und Afterflosse weit hinten angesetzt. Oberkiefer gegen den Schädel beweglich, Unterkiefer bleibt unbeweglich. Einige Arten leben im Süßwasser. Im Aquarium bisher nur Vertreter der Gattung *Dermogenys.*

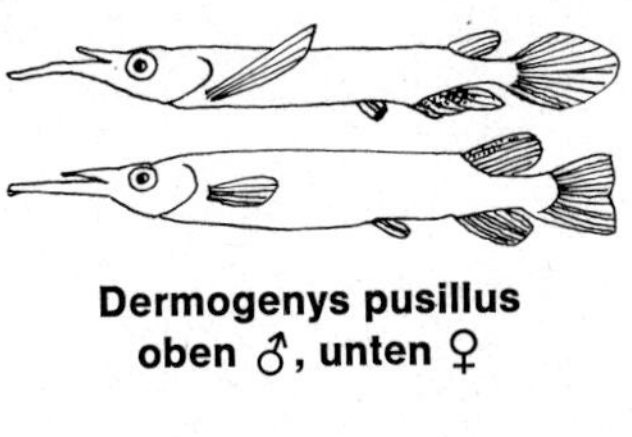

Dermogenys pusillus
oben ♂, unten ♀

Dermogenys sumatranus

Dermogenys pusillus (Hechtköpfiger Halbschnäbler)[2]
Heimat: Thailand, Malaiische Halbinsel, Große Sundainseln. Weibchen größer als das Männchen, wird bis 7 cm lang. Lebt in Brack- und Süßwasser. Erfolgreiche Haltung im Aquarium nur dann möglich, wenn der Fisch mit Landinsekten (Taufliegen, andere kleine Fluginsekten), kleinen Insektenlarven sowie zusätzlich mit Wasserflöhen und Hüpferlingen gefüttert wird. Die Zucht dieser lebendgebärenden Art ist nicht einfach, da die Weibchen verwerfen, wenn sie nicht richtig ernährt oder vielleicht auch falsch beleuchtet werden[3]. Die Jungfische sind verhältnismäßig groß, etwa 1 cm lang. Der Unterkiefer ist zuerst kurz und verlängert sich erst während der späteren Entwicklung. Zuweilen wird auch die kleinere Art *Dermogenys sumatranus* gehalten. Sie wird höchstens 6 cm lang. Die größere Art *Dermogenys pogonognathus* erreicht bis 9 cm Länge. Die beiden Arten werden selten vermehrt. Sie sind gleichfalls lebendgebärend.

Ordnung Gasterosteiformes (Stichlingsfische)

Kleine Fische mit mehreren freien, aufrichtbaren Stacheln vor der Rückenflosse. Bauchflossen mit mächtigem Stachel und 1–3 weichen Strahlen, Körper durch

[2] Schwarzweißfoto auf S. 541
[3] Oft sind der erste und zweite Wurf normal, dann folgen Fehlgeburten. Am besten gibt man alle vier Wochen Drosophila mit Vigantol.

Knochenplatte mehr oder minder stark gepanzert. Panzerung hängt vom Salzgehalt des Wassers ab, in dem die Population lebt.

Familie Gasterosteidae (Stichlinge)

Die Familie umfaßt 5 Gattungen, von denen 3 ausgesprochene Meeresbewohner sind. Die Gattungen *Gasterosteus* und *Pungitius* sind Süßwasserfische, obgleich sie die ersten beiden Lebensjahre im Meer- oder Brackwasser verbringen. Im allgemeinen leben die Stichlinge im Süß-, Brack- und Salzwasser der kalten und gemäßigten Zone der nördlichen Halbkugel. Sie sind vor allem in Nordamerika, aber auch in ganz Europa verbreitet. Viele Stichlinge bauen zur Laichzeit Nester.

Gasterosteus aculeatus (Dreistacheliger Stichling)
Heimat: Küsten Europas, vom Schwarzen Meer bis Nowaja Semlja, Stiller Ozean von der Beringstraße bis nach Korea, nordamerikanische Küste bis Kalifornien. Wird gewöhnlich bis 10 cm lang. Zahl der Stacheln in der Rückenflosse und Zahl der Knochenplättchen, die den Körper bedecken, veränderlich. Meeresformen sind ganz nackt. Dient in Finnland als Geflügelfutter. Männchen zur Fortpflanzungszeit sehr farbenprächtig. Sie bauen Nester aus Pflanzenteilen, in die

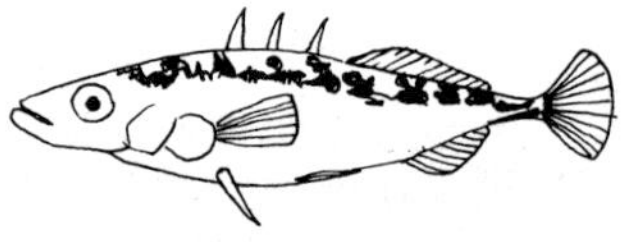

Gasterosteus aculeatus

Bild 2.44: Paar des Dreistacheligen Stichlings (Gasterosteus aculeatus), oben laichvolles Weibchen, unten Männchen. Aufnahme S. Frank

das Weibchen 60—100 Eier legt. Eier und Junge, die nach 10 bis 14 Tagen schlüpfen, werden vom Männchen betreut. Der Dreistachelige Stichling wird nicht nur häufig in Aquarien gehalten, er wurde auch vielerorts künstlich im Binnenland ausgesetzt, wo er seit Jahrhunderten lebt und sich ausschließlich im Süßwasser fortpflanzt. Im Aquarium soll der Fisch kalt gehalten werden. Selbst im Sommer sollte die Wassertemperatur 22° C nicht übersteigen. Frißt Lebendfutter aller Art, vor allem Planktonkrebse, aber auch Würmer und Mückenlarven. Ernährt sich in der freien Natur auch von Fischlaich und Fischbrut. Männchen verteidigen die Nachkommenschaft sehr energisch. Sie beißen sogar den Menschen in die Füße, der dem Nest oder dem Jungtierschwarm zu nahe kommt, und im Aquarium greifen sie wild die Hand an.

Pungitius pungitius (Neunstacheliger Stichling)
Verbreitungsgebiet ähnlich dem der vorhergegangenen Art. Wird höchstens 9 cm lang. Das vom Männchen zwischen Wasserpflanzen gebaute und aufgehängte Nest ist kunstvoll. Brackwasserformen sind oft nur schwer an Süßwasser zu gewöhnen. Sie müssen langsam und vorsichtig überführt werden.
Selten wird der Amerikanische Stichling *(Apeltes quadracus)* eingeführt. Er lebt von Labrador bis Virginia in Brack- und Meerwasser. Wird nur etwa 6 cm lang. Seeaquarianer pflegen hin und wieder den Seestichling *(Spinachia spinachia)*, der sich nicht an Süßwasser gewöhnen läßt.

Pungitius pungitius

Ordnung Syngnathiformes (Büschelkiemer)

Die Vertreter dieser Ordnung erinnern kaum an Fische. Sie sind weitentwickelte Formen, bei denen viele Knochenelemente zurückgebildet sind oder ganz fehlen. Hierher gehören Fischfamilien mit oft recht bizarren Vertretern, z. B. die Seepferdchen, Seenadeln, Blattfische, Trompetenfische, Flötenmäuler und Schnepfenfische. Meist stark gepanzerte Meeresbewohner.

Familie Syngnathidae (Seenadeln)

Microphis boaja

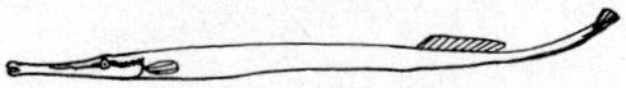

Microphis smithi

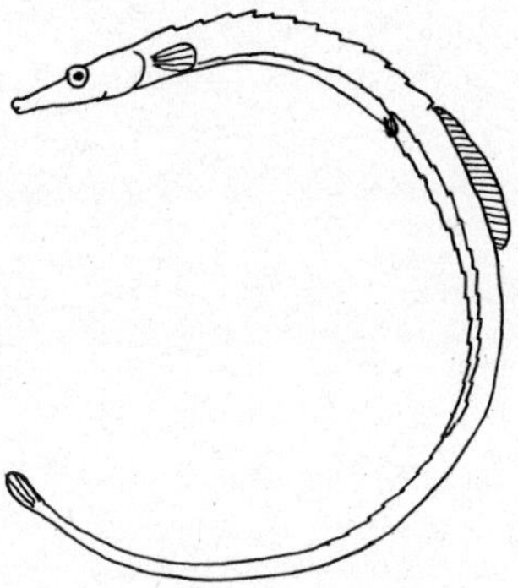

Syngnathus pulchellus

Charakteristische Körperform. Rückenflosse ohne Stacheln, kann jedoch auch ganz fehlen. Seitlich am Kopfe zwei Nasenöffnungen. Gattung *Syngnathus* schon aus dem unteren Eozän bekannt. Männchen mit Bruttasche am Bauch, in der sich Eier und Embryonen entwickeln. Bruttasche durch Hautfalten und Knochenschilder geschützt. Bei der Paarung überträgt das Weibchen mit einer langen Legeröhre die Eier in die Bruttasche oder auf die Bauchpartie des Männchens. Körper der Seenadel dünn, von sechseckigem Querschnitt. Bekannt sind über 50 Arten, die meisten aus dem Meer; nur wenige Arten sind echte Süßwasserfische. Das kleine Saugmaul der Seenadeln ist röhrenförmig verlängert und ermöglicht so das Ansaugen der Beutetiere, meist kleiner Planktonkrebse, Larven und Fischbrut. Aus Südostasien und den Sundainseln stammen die asiatischen Süßwassernadeln *Doryichthys deokhatoides, Syngnathus spicifer, Microphis boaja* und *Microphis brachyurus.* Sie leben in Bächen und Flüssen. Aus den küstennahen Bächen von Brasilien bis Mexiko stammt *Doryichthys lineatus,* die etwa 20 cm lang wird. Aus dem Unterlauf des Kongo und Niger werden ab und zu die Große Süßwassernadel *(Microphis smithi)* und die Kleine Süßwassernadel *(Syngnathus pulchellus)* importiert. Die südostasiatischen, mittel- und südamerikanischen sowie die afrikanischen Süßwassernadeln sind sehr wärmebedürftig. Die Temperatur soll zwischen 22 und 28° C liegen.
Relativ leicht zu halten und zu pflegen ist die Kleine Schlangennadel *(Nerophis ophidion),* deren Aquarium nicht geheizt zu werden braucht. Sie ist im Mittelmeer, im Schwarzen Meer und in den nordeuropäischen Meeren bis Skandinavien verbreitet. Sie wird bis 28 cm lang und braucht im Aquarium nur einen Seesalzzusatz von etwa zwei Teelöffeln auf 10 Liter Wasser.

Ordnung Cyprinodontiformes (Zahnkarpfen)

Kleine Fische mit vorstreckbaren Lippen. Eine systematisch komplizierte Fischgruppe, deren Ursprung nicht ganz klar ist. Verwandtschaftliche Beziehungen ergeben sich zu den Hechtartigen (Esociformes), den Heringsartigen (Clupeiformes), aber auch deutlich zu den Meeräschenartigen (Mugiliformes). Die Unterschiede betreffen vor allem den Bau des Gesichtsschädels, des Schulter- und Beckengürtels. Harte Flossenstrahlen fehlen, ebenso die Seitenlinien. Die Brustflossen sind hoch und senkrecht zur Längsachse angesetzt. Zahnkarpfen sind über die Tropen und Subtropen aller Erdteile mit Ausnahme Australiens verbreitet. Einige Arten wurden ausgesetzt, um Mückenlarven zu vertilgen. Fossile Arten sind seit dem Oligozän bekannt. Familien- und gattungsreiche Ordnung.

Familie Cyprinodontidae (Eierlegende Zahnkarpfen)

Eierlegende Zahnkarpfen stammen aus den Süßgewässern Südamerikas, Afrikas, Südeuropas und Südasiens. Viele Arten sind beliebte Aquarienfische, nicht zuletzt wegen ihrer leuchtenden Farben. Einige Arten können Trockenperioden im Ei überdauern, während derer die ausgewachsenen Fische eingehen. Bei größeren, oft hochrückigen Arten sind auch die Schuppen verhältnismäßig groß. Viele Arten sind Oberflächenbewohner mit abgeplattetem Kopf und Rücken.
Die große Familie umfaßt über 430 bekannte Arten. Sie legen Eier, die außerhalb des mütterlichen Körpers befruchtet werden. Die Paarung ist einfach und verläuft bei fast allen Arten ähnlich. Unterschiede betreffen vor allem die Wahl des Laichsubstrates. Manche Arten setzen die Eier an Pflanzen ab, andere betten sie in den Grund der Gewässer. Man unterscheidet daher „Haftlaicher" und „Bodenlaicher". Haft- und Bodenlaicher unterscheiden sich jedoch nicht nur durch die Wahl des Laichsubstrates, sondern auch in ihrer Lebensweise. Haftlaicher leben

in der Regel in Gewässern, die während der Trockenzeit nicht völlig austrocknen. Sie können ein oder mehrere Jahreszyklen als Fische überleben. Ihre Embryonalentwicklung ist dem Jahreszyklus nicht oder nur wenig angepaßt.
Im Gegensatz dazu leben die Bodenlaicher in Gewässern, die nur während der Regenzeit Wasser führen. Die Fische können also nur während der Regenzeit existieren und müssen die Trockenzeit als Embryonen in der Eihülle überdauern. Diesen Lebensbedingungen ist die Embryonalentwicklung angepaßt. Sie ist diskontinuierlich, wobei Entwicklungsphasen mit Ruhe- oder Hemmungsphasen (Diapausen) wechseln.
Die Arten, die ein oder mehrere Jahreszyklen als Fische überleben, nennt man „Nicht-Annuelle" (von lateinisch annus, das Jahr). Sie sind in der Regel Pflanzenlaicher. Die Arten, die einen Teil des Jahres nur im Embryonalstadium verbringen, nennt man „Annuelle". Meist sind sie Bodenlaicher. Einige Arten können sich den jeweiligen Lebensbedingungen anpassen und entweder Pflanzen- oder Bodenlaicher sein.
Die Eihüllen aller Eierlegenden Zahnkarpfen sind dick und hart. Bei den nichtannuellen Arten entwickeln sich die Eier in Wasser mit normalem Sauerstoffgehalt kontinuierlich und ohne jede Verzögerung. Der Embryo schlüpft je nach Temperatur und Fischart nach zwei bis vier Wochen. Die Eier der annuellen Zahnkarpfen dagegen können Tage, Wochen, Monate, sogar Jahre in ihrer Entwicklung stagnieren. Bei den typischen Bodenlaichern, die zugleich annuelle Arten sind, nahm man bisher an, daß ein oder mehrere Unterbrechungen der Entwicklung vor allem durch Schwankungen im Sauerstoffgehalt des Bodengrundes verursacht seien. Der Sauerstoffgehalt des Grundes ist nämlich zur Laichzeit viel niedriger als später; die Eier entwickeln sich vorerst gar nicht. Erst wenn der Grund teilweise oder völlig ausgetrocknet ist, kann der Luftsauerstoff in den rissigen Boden, in den Schlamm und daher auch zu den Eiern eindringen. Eier und Laichsubstrat bleiben jedoch ständig feucht. Die zweite Hemmungsphase tritt ein, wenn der Embryo bereits voll entwickelt ist, die Regenzeit jedoch noch nicht begonnen hat. Man nimmt daher an, daß die erste Entwicklungsunterbrechung durch den Sauerstoffmangel, die zweite dagegen durch Sauerstoffüberschuß hervorgerufen wird.
In jüngster Zeit wurde auch der Einfluß der Wasserhärte auf die Entwicklung der Eier untersucht. Damit rückt ein weiterer Faktor in den Vordergrund, der ähnlich wie die Schwankungen des Sauerstoffgehaltes die Embryonalentwicklung beeinflussen könnte. An den Stellen, an denen in der Natur die Eierlegenden Zahnkarpfen ablaichen, ist die Gesamtwasserhärte zur Regenzeit meist sehr niedrig (im allgemeinen 1–2° dGH). Nur bei einigen afrikanischen Arten erreicht sie einen Höchstwert von 10° dGH, die z. B. Radda, Busink, Nieuwenhuizen, Foersch, Roloff, Schrieken u. a. an verschiedenen Orten Afrikas nachgewiesen haben. Während des Austrocknens periodischer Tümpel verdunstet jedoch lediglich reines Wasser; die Salze konzentrieren sich in der verbleibenden, immer kleineren Wassermenge, und so erhöht sich die Wasserhärte. Sie nimmt natürlich nicht direkt proportional der Abnahme des Wassers zu, da viele Pflanzen, Zweige und Wurzeln von Bäumen und Sträuchern dem Wasser Salze entziehen oder – in abgestorbenem Zustand – als schwache Ionenaustauscher wirken. Dadurch nimmt vor allem die Karbonathärte des Wassers ab, und deshalb sind wohl die Eier der *Aphyosemion-*, *Roloffia-* und *Nothobranchius*-Arten gegen Veränderungen der Karbonathärte besonders empfindlich. Nach Scheel stehen sich die Gattungen *Roloffia, Aphyosemion, Fundulosoma* und *Nothobranchius* entwicklungsgeschichtlich durch Zahl und Form der Chromosomen sehr nahe. Nach neueren Untersuchungen entwickeln sich die Embryonen z. B. von *Roloffia roloffi* zwischen 10 und 20° dNKH (deutsche Nichtkarbonathärte) mit geringster Sterblichkeitsrate. Man kann daher annehmen, daß auch die Eier anderer Arten dieser Gattungen während ihrer Entwicklung ganz bestimmte und keinesfalls niedrige Ansprüche an die Nichtkarbonathärte (Sulfathärte) des Wassers stellen. Im übrigen dürften die Vertreter der Gattung *Nothobranchius* nicht in allen Fällen typische annuelle Arten sein. Nach Beobachtungen auf der Insel Mafia (Korthaus 1973) sind auch während der „Trockenzeit" täglich Regenfälle zu verzeichnen. Es herrscht also gar keine echte Trockenzeit, und die Tümpel trocknen nie völlig aus. Dort bleiben die Eier dieser Fische die ganze Zeit im Wasser und entwickeln sich dennoch. Vielleicht sind so manche Mißerfolge bei der Zucht dieser Fische zu erklären? In der Natur gießt ja auch niemand das Wasser von den Eiern ab und steckt die Eier in einen Kunststoffbeutel, wie man es oft mit den Eiern der *Nothobranchius*-Arten im Aquarium macht.

Im ganzen sind Eierlegende Zahnkarpfen im Aquarium relativ leicht zu halten und zu pflegen. Sie eignen sich nicht sonderlich gut für das Gesellschaftsbecken, aber viele Arten sind sehr widerstandsfähig. Fast alle Arten fühlen sich am wohlsten bei relativ niedriger Wassertemperatur (18–22° C). Viele Arten nehmen nicht nur Lebendfutter, sondern auch gutes Trockenfutter, und zwar als Dauerfutter. Bei allen Arten sind die Jungfische vom Freischwimmen an gut mit *Artemia*-Nauplien aufzuziehen. Empfindlich sind die Tiere nur gegen Fischtuberkulose und Befall mit *Oodinium.* Das Wasser soll weich bis mittelhart sein, mit Zusatz von Torfextrakt. Leider sind viele annuelle Arten recht kurzlebig, manche leben sogar nur wenige Monate, wenn sie zu warm gehalten werden.
Zu den Eierlegenden Zahnkarpfen gehören Arten der folgenden Unterfamilien: Rivulinae (Bachlinge), Fundulinae, Cyprinodontinae, Orestiatinae, Aphaniinae, Procatopodinae (Leuchtaugenfische), Pantonodontinae, Oryziantinae (Reiskärpflinge).

Unterfamilie Rivulinae (Bachlinge)

Die Rivulinae bewohnen tropische, subtropische, aber auch gemäßigte Zonen Amerikas, Afrikas und Asiens. Sie scheinen die primitivste Gruppe der Eierlegenden Zahnkarpfen zu sein. Die Unterfamilie umfaßt mehr als 150 Arten, die zu etwa 15 Gattungen gehören. Hauptverbreitungsgebiete liegen in Amerika und auf den Antillen. Sie leben im tropischen Regenurwald, in den Savannenbächen, in Teichen, Wasserlöchern, Sümpfen. Die Gattungen kann man in zwei Gruppen unterteilen: Zu den amerikanischen Rivulinae gehören die Gattungen *Rivulus, Trigonectes, Austrofundulus, Rachovia, Pterolebias, Cynolebias, Cynopoecilus* und *Simpsonichthys.* Zu den afrikanischen Rivulinae gehören die Gattungen *Aphyosemion, Roloffia, Nothobranchius, Fundulosoma, Epiplatys, Aphyoplatys, Pachypanchax.* Die Gattung *Aplocheilus* stammt aus Asien.

Amerikanische Rivulinae

Gattung *Rivulus*

Artenreiche Gattung, die von Yukatan, Florida und Kuba über ganz Mittel-, Nord- und Südamerika bis nach Südbrasilien verbreitet ist. Die Taxonomie dieser Gattung ist recht schwierig, da die Zahl der Arten groß ist, da Anpassungen an verschiedenste Lebensbedingungen in dem großen Verbreitungsgebiet vorkommen, da die artunterscheidenden Merkmale gering sind, die Variabilität innerhalb der Arten aber groß ist. Das wohl beste System wurde von Hoedeman vorgeschlagen. Er teilt ein nach Form und Zahl der Frontalschuppen, obwohl man auch hier verschiedene Übergangsformen findet, deren systematische Stellung unsicher ist. Viele der etwa 50 bekannten *Rivulus*-Arten wurden in die Aquaristik eingeführt. Wir erwähnen hier nur die bekanntesten.

Rivulus cylindraceus (Kuba-Bachling)

Bild 2.45: Kuba-Bachling (Rivulus cylindraceus), oben Männchen, unten Weibchen. Aufnahme S. Frank

Heimat: Gebirgsbäche Kubas und Floridas. Wird etwa 5,5 cm lang. Weibchen unterscheidet sich vom Männchen durch sehr scharfen dunklen Fleck im oberen Teil der Schwanzflossenwurzel. Relativ verträgliche Art, braucht stark bepflanzte, dicht abgedeckte Becken (sehr gute Springer!). Die Eier werden an Pflanzen abgelegt. Die Brut schlüpft nach 12–14 Tagen und schwimmt sofort frei. Die Aufzucht mit Lebendfutter ist sehr leicht. Optimale Wassertemperatur zwischen 21 und 26° C. Sehr produktiv und widerstandsfähig.

Rivulus harti (Riesenbachling)
Heimat: Ostkolumbien, Venezuela, einige westindische Inseln. Wird bis 10 cm lang. Pflege und Zucht wie bei *Rivulus cylindraceus*. Wird oft mit der nahe verwandten Art aus Westguayana und Surinam *R. holmiae* verwechselt. Beide Arten sind in der Färbung sehr variabel; der einzige deutliche Unterschied besteht in der Frontalbeschuppung.

Bild 2.46: Zwei Männchen (oben) und ein Weibchen (unten) von Rivulus holmiae. Aufnahme S. Frank

Rivulus santensis (Santos-Rivulus)
Bewohnt die Umgebung von Santos in Brasilien. Wird bis 7 cm lang. Männchen leuchtend grün bis gelbgrün, Weibchen braun mit blauen Tupfen. Wurde schon 1903 zum ersten Mal nach Europa importiert, ist jedoch nicht besonders beliebt und verbreitet. Zucht im Aquarium recht einfach.

Rivulus urophthalmus (Schwarzfleck-Bachling)
Heimat: Überschwemmungsgebiete des Amazonas in Brasilien und Peru. Wird bis 6 cm lang. Zucht und Pflege sehr einfach, entspricht der von *R. cylindraceus*.

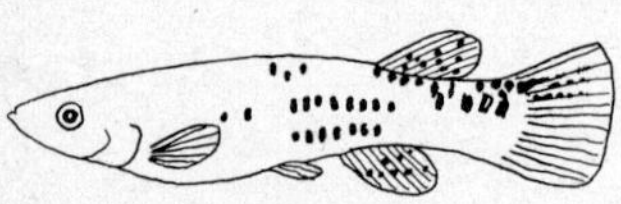

Rivulus milesi

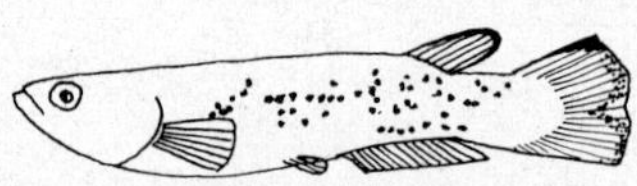

Rivulus langesi

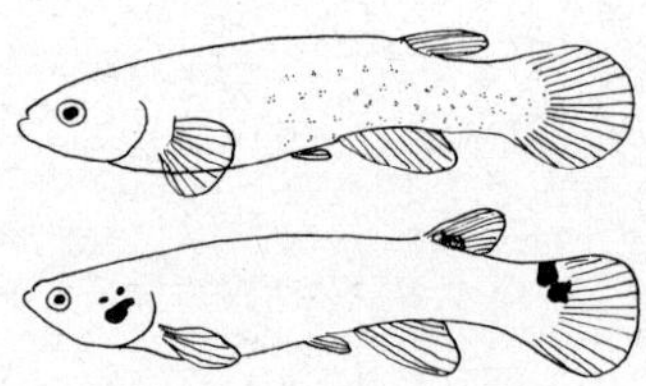

Rivulus urophthalmus oben ♂, unten ♀

Wurde schon 1905 nach Europa eingeführt und zunächst fälschlich als *Rivulus poeyi* bezeichnet.
Ab und zu sind in den Aquarien auch andere Rivulus-Arten anzutreffen, z. B.: *R. isthmensis* (Getüpfelter Bachling), *R. strigatus* (Gestreifter Bachling), *R. xanthozonus* (Gelber Bachling), *R. dorni* (Brauner Bachling), *R. milesi* (Goldschwanz-Rivulus), *R. langesi* (Orangeflossen-Bachling), *R. tenuis, R. limnocochae, R. ocellatus, R. peruanus, R. punctatus, R. roloffi, R. agilae.*

Gattung *Trigonectes*

Nahe verwandt mit der Gattung *Rivulus,* aber mit diskontinuierlicher Entwicklung. Die Art *T. striagabundus* wurde in jüngster Zeit mehrfach eingeführt, doch gelang es noch nicht, sie nachzuzüchten. Sie stammt aus Brasilien und wird bis 6 cm lang. Männchen sehr schön mit breitem, blaugrünem Schimmer am Körper und langausgezogenen Bauchflossen.

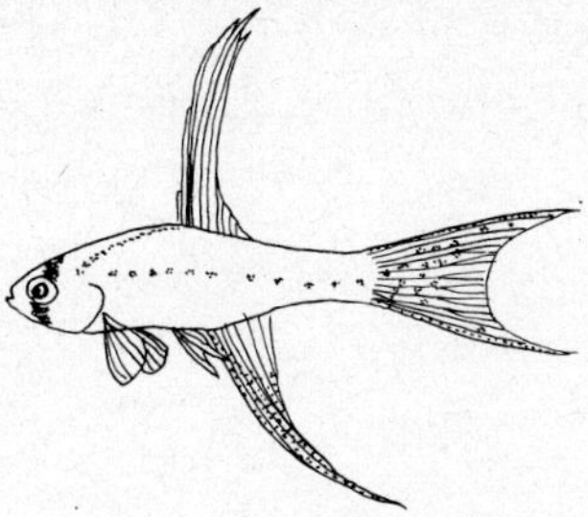

Austrofundulus dolichopterus

Gattung *Austrofundulus*

Heimat: Savannenbäche des östlichen Venezuelas und Kolumbiens. Die etwa fünf bekannten Vertreter dieser Gattung erinnern im Aussehen sehr stark an die afrikanischen *Nothobranchius*-Arten. Die bis jetzt eingeführten Arten *(A. dolichopterus, A. transilis* und *A. myersi)* sind 5–13 cm lange Bodenlaicher mit diskontinuierlicher Eientwicklung. *A. myersi* soll sehr angriffslustig und räuberisch sein. Über die Fortpflanzung ist wenig bekannt. Die Entwicklung der Eier soll sich um mehrere Monate verzögern.

Rachovia hummenlincki

Gattung *Rachovia*

Der vorigen Gattung nahe verwandt. Lebt im westlichen Teil Venezuelas und Kolumbiens. Alle bis jetzt bekannten Arten dieser Gattung sind Bodenlaicher mit diskontinuierlicher Eientwicklung. Eingeführt wurden bis heute nur *R. brevis* und *R. hummenlincki.*

Gattung *Pterolebias*

Heimat: Savannengewässer von Venezuela bis Bolivien. Relativ lange Körperform und kürzere Rückenflossenbasis. Rücken-, Schwanz- und Afterflosse der Männchen oft verlängert. Alle Arten typische Bodenlaicher mit diskontinuierlicher Eientwicklung. Als Laichsubstrat verwendet man dunklen, feinkörnigen Sand oder Torf mit reichlich Schwimmpflanzen im Ablaichbecken. Eingeführt wurden bis jetzt *P. longipinnis, P. peruensis, P. zonatus* und – vielleicht – *P. maculipinnis.*

Pterolebias peruensis ♂

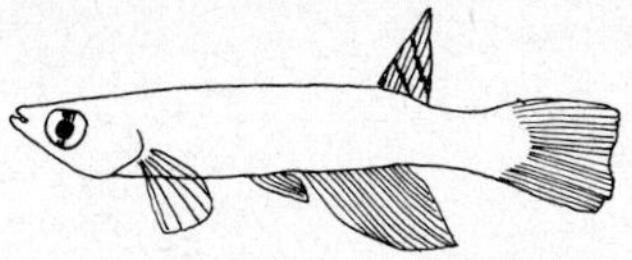

Pterolebias peruensis ♀

Pterolebias maculipinnis

Gattung *Cynolebias*

Gehört zu den annuellen Rivulinae Südamerikas, die von Nordargentinien bis zur Amazonasmündung verbreitet sind. Zahl der Rücken- und Afterflossenstrahlen beim Männchen größer als beim Weibchen. Die etwa 30 bekannten Arten sind alle Bodenlaicher. Häufig gehalten und gezüchtet werden: *C. bellotti* (Blauer Fächerfisch), *C. nigripinnis* (Schwarzflossiger Fächerfisch), *C. whitei* (Whites Fächerfisch). Hin und wieder trifft man auch den sehr widerstandsfähigen Schönen Fächerfisch *(C. wolterstorffi), C. schreitmuelleri* (Punktierter Fächerfisch), *C. adloffi* (Gebänderter Fächerfisch). Selten wird der Gestreckte Fächerfisch *(C. elongatus)* gepflegt, der recht unverträglich ist.

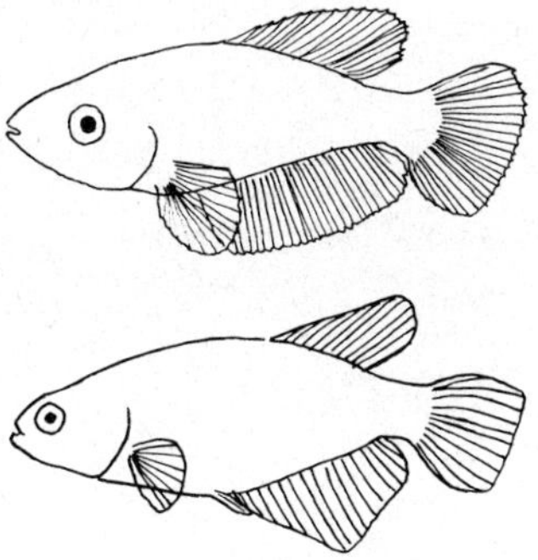

Cynolebias belotti oben ♂, unten ♀

Cynolebias nigripinnis

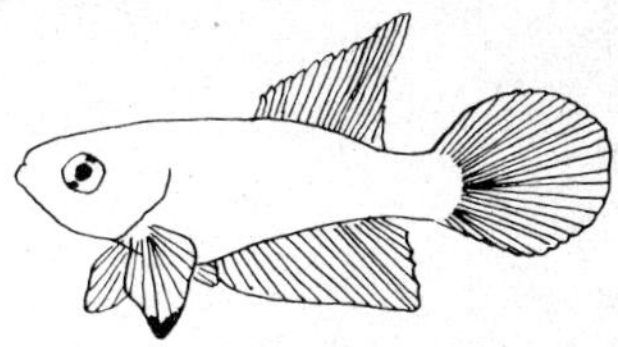

Cynolebias whitei

Gattung *Cynopoecilus*

Die Gattung ist von Norduruguay bis Rio de Janeiro verbreitet. Auf den hexagonalgefelderten Eihüllen finden sich palmenartige Fortsätze. Die Eier sind nicht klebrig. Bodenlaicher mit diskontinuierlicher Eientwicklung. Zahl der Rücken- und Afterflossenstrahlen beim Männchen und Weibchen gleich. *Cynopoecilus ladigesi* wird nur 4 cm lang und bewohnt periodische Gewässer. Zuchttiere laichen in Bodensubstrat, wobei die ausgestoßenen Eier nach jedem Laichakt durch kräftige Flossen- und Körperbewegungen in den Bodengrund hineingedrückt werden. Die größere Art *C. melanotaenia* (etwa 5 cm lang) hat auch größere Eier, die jedoch gleichfalls das oben erwähnte Muster aufweisen.

Cynopoecilus ladigesi ♂

Gattung *Simpsonichthys*

Diese nahe mit *Cynolebias* und *Cynopoecilus* verwandte Gattung enthält nur eine Art. Sie besitzt keine Bauchflossen. *S. boitonei* lebt in periodischen Gewässern, Sümpfen und Tümpeln, die oft vollkommen austrocknen. Annueller Bodenlaicher, der nur etwa 2,5 cm lang wird.

Afrikanische Rivulinae

Gattung *Aphyosemion*

Vertreter dieser Gattung sind in Afrika, östlich von Togo und dem Dahome-Trokkengebiet von Nigeria bis zum Kongo weit verbreitet. Alle Arten sind ursprünglich Urwaldbewohner, von denen einige in die Savannengewässer übergehen. Die meisten halten sich im Pflanzenbewuchs an flachen, ufernahen Stellen von Tümpeln auf. Sie leben nahe der Wasseroberfläche und nützen vor allem die Anfluginsekten als Nahrung. Die meisten Arten sind relativ klein (4–6 cm). Sie können wechselweise Pflanzen- und Bodenlaicher sein. Von den mehr als 50 beschriebenen *Aphyosemion*-Arten werden in Aquarien nur etwa 20 Arten gepflegt.

Bild 2.47: Männchen des Bunten Prachtkärpflings (Aphyosemion australe). Aufnahme S. Frank

Aphyosemion australe (Bunter Prachtkärpfling)
Heimat: Torfige, küstennahe Gewässer vom Kongo bis Gabun. Wird etwa 5,5 cm lang. Ruhiger, friedlicher Fisch, den man schon in kleinsten Becken züchten kann. Das Zuchtwasser soll weich sein. Die Eier werden an Wasserpflanzen *(Fontinalis, Myriophyllum, Riccia, Ceratopteris)* geklebt. Die Temperatur für die Zucht soll 22–24° C betragen. Die Brut schlüpft nach 12–20 Tagen und frißt jegliches lebendes Staubfutter (Rädertierchen, *Cyclops*- und *Artemia*-Nauplien). Die Jungfische wachsen sehr schnell. Das Aquarium muß gut abgedeckt sein, da alle *Aphyosemion*-Arten gute Springer sind.

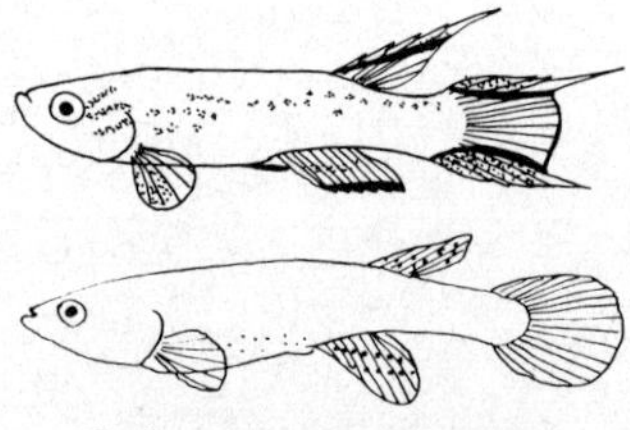

Aphyosemion australe oben ♂, unten ♀

Aphyosemion bivittatum (Gebänderter Prachtkärpfling)
Heimat: Urwälder und Savannen von Togo bis Äquatorial-Guinea. Wird bis 7 cm lang. In Körper- und Flossenform sowie in der Ausfärbung außerordentlich variabel. Die Grundfarbe kann braun, gelb, orange, grün oder blau sein. Daher werden Populationen dieser Fische von verschiedenen Orten als selbständige Arten beschrieben *(A. multicolor, A. loennbergi, A. pappenheimi, A. riggenbachi, A. splendopleure, A. unistrigatum)* sowie als Unterart *A. bivittatum holyi.* Die Chromosomenstudien und Kreuzungsexperimente von Scheel zeigen aber deutlich, daß es sich hier um keine echten, unterscheidbaren Arten handelt.

Aphyosemion bivittatum oben ♂, unten ♀

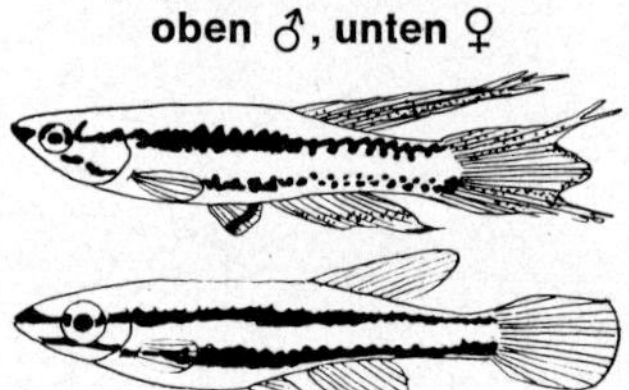

Aphyosemion multicolor

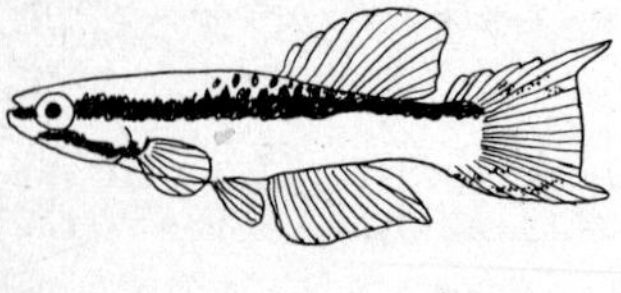

Aphyosemion loennbergi ♂

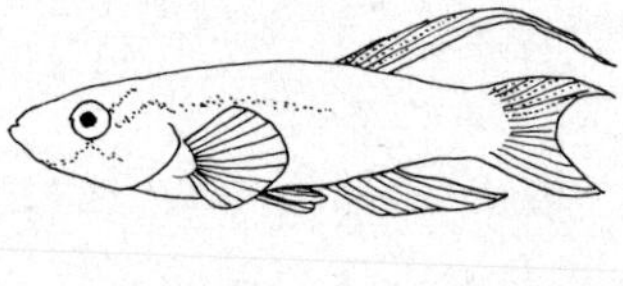

Bild 2.48: Paar des Gebänderten Prachtkärpflings (Aphyosemion bivittatum), oben Männchen, unten Weibchen. Aufnahme S. Frank

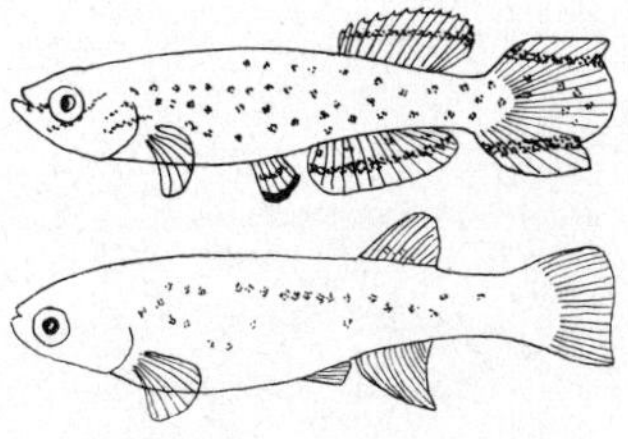

Aphyosemion gardneri
oben ♂, unten ♀

Aphyosemion gardneri (Nigeria-Prachtkärpfling)
Heimat: In Urwäldern und Savannen von Nigeria bis Westkamerun weit verbreitet. Wird bis 6 cm lang. Sehr veränderlich und in der Ausfärbung variabel. Wurde zuerst in der aquaristischen Literatur fälschlich als *A. calliurum calliurum* und *A. c. ahli,* später als *A. nigerianum* bezeichnet. Pflanzen-, aber auch Bodenlaicher; laicht willig in Sand oder in Torf. Jungfische schlüpfen nach 12–20 Tagen, wachsen schnell heran und sind nach zwei bis drei Monaten geschlechtsreif. Gut kreuzbar mit *A. australe.*

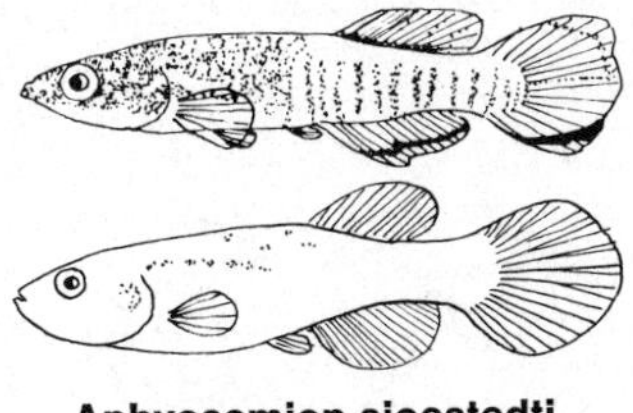

Aphyosemion sjoestedti
oben ♂, unten ♀

Aphyosemion sjoestedti (Blauer Prachtkärpfling)
Heimat: Wasserlöcher in Südnigeria und Westkamerun. Wird bis 12 cm lang. Unter Aquarianern fälschlich als *A. coeruleum* und *A. gulare coeruleum* bekannt. Männchen mit metallisch blauem bis violettem Schimmer auf den Körperseiten und mit dreilappiger Schwanzflosse. Ausgesprochen annuelle Art: Die kleinen, etwa 1,3–1,5 mm großen Eier werden in den Boden (meist in Sand) abgelegt und entwickeln sich diskontinuierlich. Man kann die Zucht sehr produktiv gestalten, wenn man das Zuchtpaar in einer runden Glasschale mit einer Sandschicht ablaichen läßt. Rührt man dann nach einigen Tagen mit einem Glasröhrchen den feinen Sand um, so schwimmen die Eier hoch und konzentrieren sich in der Mitte der Schale auf der Sandschicht. Mit einem Glasröhrchen kann man sie leicht aufsaugen und in eine kleine Schale mit Deckel überführen (sogenannte Petrischale, wie sie im Labor verwendet wird; Durchmesser etwa 10 cm). Die Wasserschicht in dieser Schale soll nur 1–1,5 cm hoch sein. Die Schale wird bei Zimmertemperatur dunkel gestellt, z. B. in einer Schublade oder im Schrank. Verpilzte, unbefruchtete Eier müssen zuerst täglich, später in größeren Zeitabständen

Bild 2.49: Männchen des Blauen Prachtkärpflings (Aphyosemion sjoestedti). Aufnahme S. Frank

Aphyosemion lujae

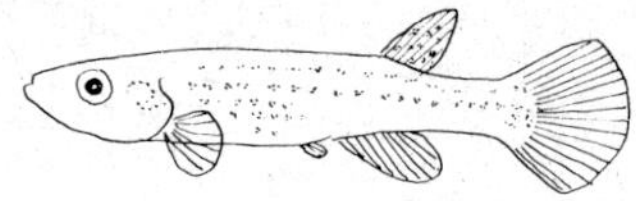

Aphyosemion cognatum ♀

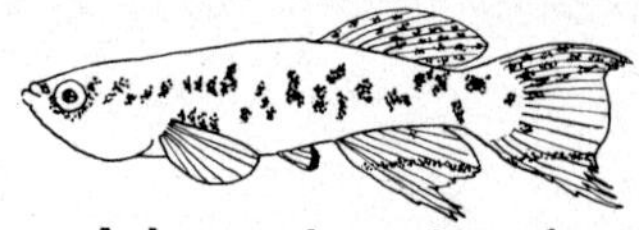

Aphyosemion gulare ♂

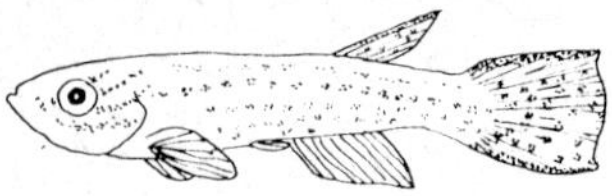

Aphyosemion cognatum ♂

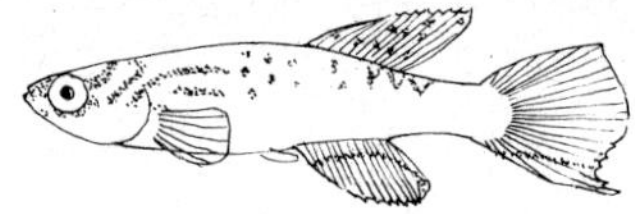

Aphyosemion filamentosum

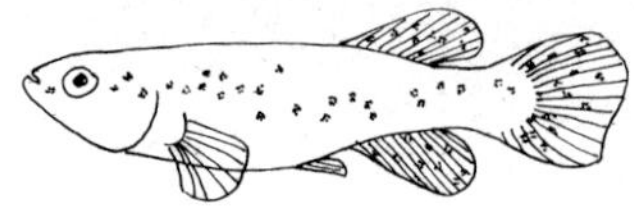

Aphyosemion gulare ♀

entfernt werden. Die Jungfische schlüpfen nach drei bis neun Wochen und schwimmen nach weiteren zwei bis fünf Tagen frei. Sie nehmen lebendes „Staubfutter". Gegen die Verpilzung der Eier kann man eine Spur Trypaflavin als Desinfektionsmittel zusetzen. Das Zuchtwasser soll frei von Karbonathärte sein und eine Nichtkarbonathärte von höchstens 5° aufweisen. Die Jungtiere wachsen unregelmäßig. Man muß sie rechtzeitig sortieren, da sonst die größeren ihre kleineren Geschwister auffressen.

Viele weitere *Aphyosemion*-Arten werden in Aquarien gehalten, viele werden auch gezüchtet. Wir nennen die schönsten Vertreter:

A. ahli (Ahls Prachtkärpfling), *A. lujae* (Kongo-Prachtkärpfling), *A. meinkeni* (Meinkens Prachtkärpfling), *A. cognatum* (Roter Prachtkärpfling), *A. walkeri* (Walkers Prachtkärpfling), *A. filamentosum* (Faden-Prachtkärpfling), *A. arnoldi* (Arnolds Prachtkärpfling) *A. gulare* (Gelber Prachtkärpfling) *A. calliurum, A. batesi, A. splendidum, A. bualanum, A. exiguum, A. cameronense, A. obscurum, A. striatum, A. santaisabelae, A. labarrei, A. louessense, A. melanopteron, A. christyi, A. elegans, A. cinnamomeum, A. scheeli, A. ndianum* und *A. mirabile*[1].

Bild 2.50: Männchen von Aphyosemion calliurum. Aufnahme S. Frank

Gattung *Roloffia*[2]

Der Gattung *Aphyosemion* nahe verwandt. Verbreitungsgebiet in Afrika, westlich von Togo und dem Dahome-Trockengebiet, d. h. von Südguinea bis zur Elfenbeinküste. Ostwärts ist bis Ghana nur eine *Roloffia*-Art bekannt *(R. petersi)*. Außer dem Verbreitungsgebiet unterscheiden sich die Gattungen *Aphyosemion* und *Roloffia* vor allem durch die Zahl der Chromosomen und einige wenige morphologische Merkmale wie z. B. die Schnauzen-Sinnesorgane.

Roloffia occidentalis (Goldfasan-Prachtkärpfling)[3]

Heimat: Urwälder und Savannen von Sierra Leone. Wird bis 9 cm lang. Jahrelang fälschlich als *Aphyosemion sjoestedti* bezeichnet. Scheel hält ihn nach dem Chromosomentyp für die ursprünglichste, d. h. primitivste Art der ganzen Gruppe.

Die Art ist ausgesprochen annuell, die Eier entwickeln sich diskontinuierlich über Monate hinweg. Die Eier werden in Sandboden abgelegt, die Brut schlüpft nach einer oder mehreren langen Diapausen erst nach drei bis sechs Monaten. Eine

Roloffia occidentalis occidentalis
oben ♂, unten ♀

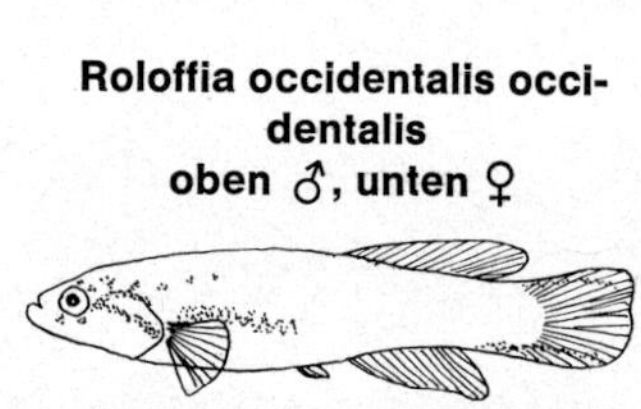

[1] Farbfotos verschiedener Aphyosemion-Arten sind auf den Tafeln 46, S. 478, 47, S. 495 und 48, S. 496 abgebildet.

[2] Nach der Entscheidung der Internationalen Zoologischen Nomenklatur-Kommission ist der Gattungsname Roloffia Clausen nur als ein Synonym des Namens Callopanchax Myers (Bull. Zool. Nomen. 30, 164—166, 1974) anzusehen. Durch diesen administrativen Eingriff der Kommission gehören also erneut alle Roloffia-Arten zur ursprünglichen, artenreichen und unübersichtlichen Gattung Aphyosemion.

[3] Laichserie auf den Tafeln 49 und 50, S. 513 und 514

kleinere, etwa 7,5 cm lange Unterart ist aus West-Sierra Leone bekannt: *R. occidentalis toddi.* Sie unterscheidet sich von der Nominatform hauptsächlich durch eine andere Ausfärbung.

Roloffia liberiensis
Heimat: Küstennahe Wasserlöcher in Westliberia. Wird bis 6 cm lang. Halbannuelle Art. Sehr leicht zu halten und zu züchten. Nicht alle Eier entwickeln sich kontinuierlich. Die einzelnen Laichakte können an Pflanzen, im Bodengrund und sogar an den Aquarienecken erfolgen. Die optimale Wassertemperatur liegt zwischen 24 und 26° C. Das Wasser soll relativ weich sein. Das Zuchtbecken ist gut abzudecken, da die Fische nicht nur springen, sondern – wörtlich! – aus dem Wasser „herauskriechen". Nach Scheel ist *R. calabarica* ein Synonym für diese Art.

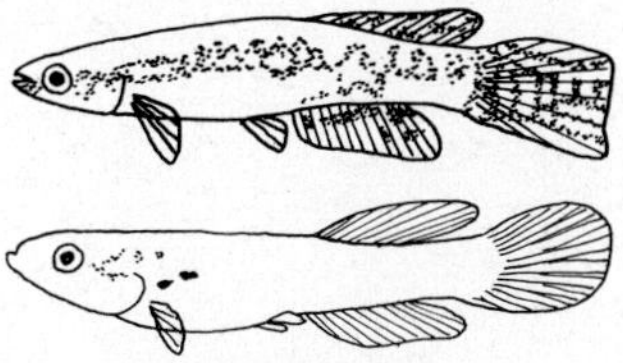

Roloffia geryi
oben ♂, unten ♀

Roloffia roloffi
Heimat: Urwälder des südlichen Sierra Leone. Wird bis 5 cm lang. Ausfärbung je nach Population sehr verschieden. In Aquarienzuchten zerfallen die Nachzuchten oft in verschiedene Zeichnungs- und Farbtypen, die häufig an andere Arten erinnern, z. B. an *R. bertholdi, R. geryi, R. chaytori, R. brueningi.* Es ist nach den heutigen Erfahrungen schwer zu sagen, ob es sich um Bastarde oder um eine äußerst variable Art handelt. Interessant ist, daß sich die Embryonen aller Farbformen am besten in härterem Wasser entwickeln. Die kleinste Sterblichkeitsrate (etwa 5 ‰) wurde bei 15° dNKH und bei 0° dKH festgestellt. Zusatz von Torf verlängert die Eientwicklung bei einer Temperatur von 26° C von 10–12 Tagen auf 18–22 Tage. Die Sterblichkeit der Embryonen nimmt dabei stark zu.
Der Fisch ist leicht zu halten und zu züchten. Die Eier entwickeln sich kontinuierlich. Insgesamt sind etwa 17 Arten bekannt. Die Arten *R. bertholdi, R. roloffi, R. chaytori, R. brueningi, R. calabarica, R. liberiensis* und *R. geryi*[4] unterscheiden

Bild 2.51: Zwei Männchen von Roloffia geryi. Aufnahme S. Frank

sich nur durch geringfügige morphologische Merkmale. Selbst die Chromosomenzahl ist bei allen gleich oder nur sehr wenig verschieden. Alle diese Arten sind für den Aquarianer recht schwierig zu unterscheiden.
Nahe verwandt sind die Arten *R. guinensis, R. monroviae*[5], *R. viridis* und *R. maeseni.* Relativ isoliert in der Gattung steht *R. petersi,* die in Urwäldern der Elfenbeinküste und Ghanas lebt. Ihre Eier entwickeln sich kontinuierlich; der Eihülle fehlt – im Gegensatz zu anderen *Roloffia*-Arten – die Felderung. Nach Scheel soll diese Art mit *Aphyosemion walkeri* nahe verwandt sein.

Gattung *Nothobranchius*

Etwa 20 bekannte Arten. Die meisten sind in Ostafrika verbreitet. Körperform relativ hoch. Schuppen auf dem Kopf und den Körperseiten mit Zähnchen bedeckt. Eier oval, nicht klebrig; Eihülle ohne Muster mit vielen Fortsätzen.
Haltung und Zucht der *Nothobranchius*-Arten ist ziemlich problematisch. Empfohlen wird mittelhartes Wasser und eine Temperatur zwischen 20 und 24° C. In weichem Wasser leiden die Fische oft an Fischtuberkulose, Bauchwassersucht

[4] Farbfoto von Roloffia geryi abuko auf Tafel 47, S. 495
[5] Farbfoto auf Tafel 47, S. 495

und *Oodinium*. Die Arten sind sehr fruchtbar und produktiv. Erwachsene Tiere sind Allesfresser. Die Eier entwickeln sich meist diskontinuierlich im Torf; die Brut schlüpft nach vier bis sechs Wochen. Die Jungfische wachsen überraschend schnell; sie sind nach drei bis vier Wochen bei guter Fütterung geschlechtsreif.
Eine genaue Bestimmung der in Gefangenschaft gehaltenen *Nothobranchius*-Arten ist sehr schwierig. Man kann nur drei charakteristische Artengruppen unterscheiden:

Nothobranchius-taeniopygus-Gruppe
Heimat: Weites Verbreitungsgebiet von Uganda über Kenia, Sambia, Rhodesien bis nach Mozambique. Männchen größer als die Weibchen, werden bis 5 cm lang. Schwanzflosse nie einheitlich rot, sondern stets entweder mit roten Punkten und Strichen oder mit Querbinden an der Basis bedeckt. Hinterer Schwanzflossensaum schwarz. An den natürlichen Standorten schwankt die Temperatur zwischen 10 und 40° C, die Wasserhärte zwischen 5 und 8° dGH, der pH-Wert beträgt 6,3–6,5. Von dieser Gruppe sind die Arten *Nothobranchius rachowi* und *N. brieni* in Aquarienzuchten nicht zu unterscheiden.

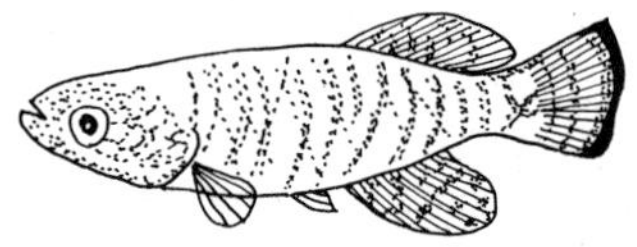

Nothobranchius rachowi

Bild 2.52: Paar von Nothobranchius taeniopygus, oben Männchen, unten Weibchen. Aufnahme S. Frank

Nothobranchius-palmquisti-Gruppe
Heimat: Küstentümpel in Tansanien und Südkenia. Wird bis 5 cm lang. Bodenlaicher. Haltung und Zucht ähnlich wie bei *N. taeniopygus*. Schwanzflosse einheitlich rot (im Gegensatz zu der nahen verwandten Art *N. guentheri*, bei der die Schwanzflosse an der hinteren Kante schwarz gesäumt ist). *N. palmquisti* und *N. guentheri* kreuzen sich; die Nachkommenschaft ist fruchtbar.

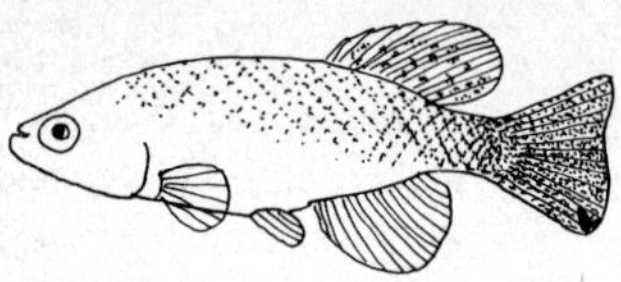

Nothobranchius palmquisti

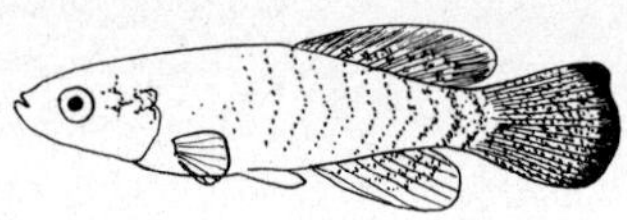

Nothobranchius guentheri

Nothobranchius melanospilus oben ♂, unten ♀

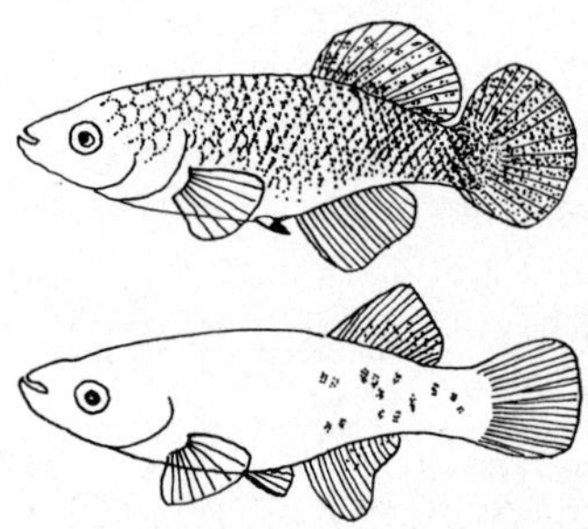

Nothobranchius-orthonotus-Gruppe
Heimat: Weit verbreitet im nördlichen Südafrika, Mozambique, Rhodesien, Sambia, Tansanien, Kenia, auf den Seychellen und Sansibar. Wird bis 7 cm lang. Schwanzflosse des Männchens rot, meist schwarz gesäumt. Rücken- und Afterflosse mit Mosaikmuster bedeckt. Robuste Art. Haltung und Zucht wie bei den vorigen Arten. Sehr ähnlich: *N. kuhntae* und *N. melanospilus*. Bei den Weibchen der letztgenannten Art sind die Körperseiten mit dunklen Punkten unregelmäßig bedeckt.

Nothobranchius korthausae[1]
Die neue, sehr schöne Art wurde erst im Jahre 1973 von Meinken beschrieben

[1] Farbfoto auf Tafel 47, S. 495

und zur Ehre der Entdeckerin – Edith Korthaus – benannt. Dieser Fisch stammt von der Insel Mafia (Ostafrika). Die Ausfärbung ist vollkommen abweichend von den bis jetzt bekannten *Nothobranchius*-Arten. Grundfarbe ist glänzend zimtbraun, die vordere Körperhälfte mit bläulichem Schimmer; auf dem Bauch und Schwanzstiel mit rötlichem Glanz. Alle Schuppen sind braunrot bis tomatenrot gerandet. Rücken- und Afterflosse mit verschieden deutlicher Fleckung, Schwanzflosse mit sechs bis acht teilweise unregelmäßigen Querbinden. Die größeren Männchen werden fast 5 cm lang. Nach Foersch erfolgen Balz und Paarung wie bei den anderen *Nothobranchius*-Arten.

Gattung *Fundulosoma*

Fundulosoma thierryi

Nahe verwandt mit der Gattung *Nothobranchius*, mit der sie in Biologie und Eityp übereinstimmt. Morphologisch und anatomisch ist die Gattung eine Übergangsform zwischen *Aphyosemion* und *Nothobranchius*. Aus Westafrika, Ghana und Volta ist eine einzige Art bekannt: *Fundulosoma thierryi*. Sie wird nur 3 cm lang. Bodenlaicher. Eier oval, im Gegensatz zu den *Nothobranchius*-Arten nur auf einem Pol mit Fortsätzen. Leicht zu halten und zu züchten. Diese Art wurde den Aquarianern zuerst unter dem Handelsnamen *Aphyosemion „ghana"*, später unter der falschen Bezeichnung *Aphyosemion walkeri* bekannt. Der echte *A. walkeri* ist eine selbständige Art, die viele Jahre fälschlich als *A. spurrelli* bezeichnet wurde.

Gattung *Aplocheilus*

Die *Aplocheilus*-Arten sind mit einer Ausnahme auf das Gebiet von Indien und Ceylon beschränkt. Nur eine Art kommt bis Thailand vor und eine auf dem Indomalaiischen Archipel. Die *Aplocheilus*-Arten bewohnen Waldgewässer. Die Weibchen aller Arten besitzen auf der Rückenflosse einen dunklen Fleck und Querbinden auf den Körperseiten. Die Fische dieser Gattung sind gegen Wasserhärte wenig empfindlich. Viele lassen sich in hartem, schwach alkalischem Wasser gut züchten. Die Gesamthärte darf bis 20° dGH betragen, wobei die Karbonathärte 7° dKH nicht übersteigen soll. Bei höherer Karbonathärte nimmt die Sterblichkeit der Embryonen schnell zu. Alle Arten sind Pflanzenlaicher und laichen mehrere Tage nacheinander, wobei täglich 10–20 Eier abgelegt werden. Je nach Wassertemperatur schlüpfen die Jungen nach 12–17 Tagen.

Aplocheilus lineatus (Streifenhechtling)

Bild 2.53: Streifenhechtling (Aplocheilus lineatus), Männchen.

Bild 2.54: Streifenhechtling (Aplocheilus lineatus), Weibchen. Aufnahmen S. Frank

Heimat: Vorderindien und Ceylon. Wird bis 12 cm lang. Kann nur mit großen Fischen vergesellschaftet werden, da ältere Exemplare oft recht angriffslustig sind. Sie können z. B. Weibchen von *Brachydanio rerio* leicht verschlucken. Haltung und Zucht sehr einfach. Eier werden an feinblättrige Pflanzen *(Myriophyllum)* abgelegt. Die Embryonen schlüpfen bei etwa 24° nach 14–17 Tagen. Bei Fütterung mit lebendem „Staubfutter" wachsen die Jungfische recht schnell. Jüngere Exemplare sind relativ friedlich.
Weitere *Aplocheilus*-Arten: *A. blockii* (Madrashechtling), *A. dayi* (Grüner Streifenhechtling), *A. panchax* (Gemeiner Hechtling), *A. werneri.* Die Nominatform *Aplocheilus panchax panchax* ist in Vorderindien, Hinterindien, auf Ceylon und

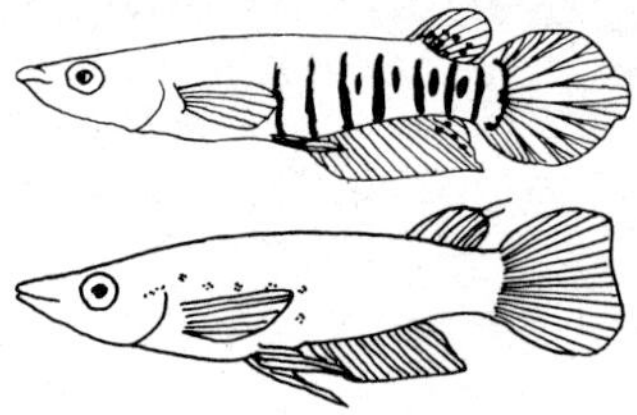

Aplocheilus lineatus oben ♂, unten ♀

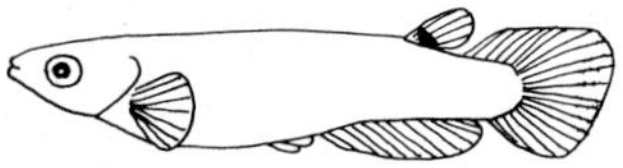

Aplocheilus blockii ♂

Aplocheilus dayi ♂

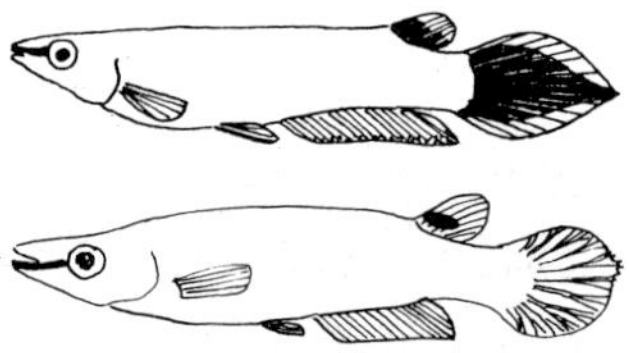

Aplocheilus panchax siamensis oben ♂, unten ♀

Aplocheilus panchax

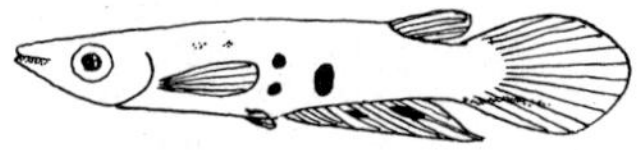

Aplocheilus dayi ♀

Indonesien verbreitet. Sie wird etwa 8 cm lang. In Thailand bildet sie die kleinere, etwa 6,5 cm lange Unterart *Aplocheilus panchax siamensis.*
Obwohl *Aplocheilus*-Arten gegen die Wasserzusammensetzung unempfindlich sind und sich leicht fortpflanzen, konnten sie sich in mitteleuropäischen Aquarien nie recht verbreiten.

Gattung *Epiplatys*

Diese Gattung ist auf den atlantischen Teil Afrikas beschränkt. Nahe verwandt mit *Aplocheilus.* Körperform hechtähnlich, Schnauze lang und zugespitzt, Rükkenflosse gegenüber dem hinteren Teil der Afterflosse angesetzt. Die meisten Arten bewohnen Bäche und verschiedene Wasseransammlungen des tropischen Regenurwaldes. Ältere Tiere sind ruhig und „stehen" oft stundenlang fast unbeweglich nahe der Wasseroberfläche. Die Eier werden nahe der Wasseroberfläche an Pflanzen, Wurzeln von Schwimmpflanzen, aber auch an Kunststoffäden abgelegt. Sie sind klein, glasklar und entwickeln sich kontinuierlich etwa 10 Tage. Praktisch keine Ansprüche an Wasserzusammensetzung. Aus dieser Gattung wurden mehr als 15 Arten eingeführt.

Epiplatys dageti dageti
Heimat: Sümpfe in Südwestghana und Südost-Elfenbeinküste. Wird bis 5 cm lang. Nominatform ohne orangeroten Fleck auf der Kehle.

Bild 2.55: Männchen von Aplocheilus panchax panchax. Aufnahme S. Frank

Bild 2.56: Paar von Epiplatys dageti monroviae, dem Querbandhechtling, oben Männchen, unten Weibchen. Aufnahme S. Frank

Epiplatys dageti monroviae

Epiplatys dageti monroviae (Querbandhechtling)
Heimat dieser Unterart: Südwestliberia und Elfenbeinküste. Wird etwa so groß wie die oben erwähnte Nominatform. Männchen mit deutlichem orangerotem bis rotem Kehlfleck. Seit dem Importjahr 1908 in der Aquaristik fälschlich als *Epiplatys chaperi* bezeichnet. Sehr unempfindlicher Fisch. Eier werden an Pflanzen abgelegt. Die Brut schlüpft bei 25° C nach 8—10 Tagen; nach dem Freischwimmen frißt sie kleines Lebendfutter aller Art. Wasserhärte des Zuchtwassers höchstens 10° dGH.

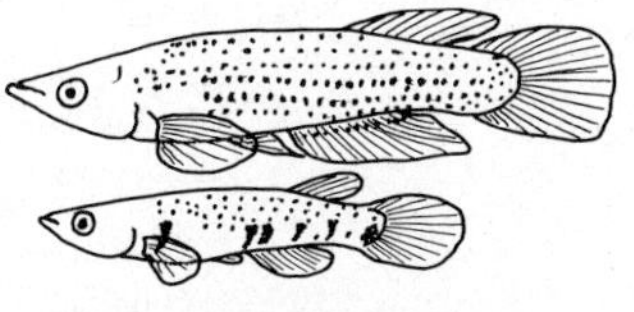

Epiplatys chaperi sheljuzhkoi ♂
Epiplatys chaperi sheljuzhkoi ♀

Epiplatys chaperi sheljuzhkoi
Eine Unterart der Nominatform *E. chaperi chaperi.* Heimat beider Formen: Südwestghana und Elfenbeinküste. Sie werden bis 7 cm lang. *E. ch. sheljuzhkoi* braucht zur Zucht sehr weiches Wasser, und auch der pH-Wert darf ziemlich tief sinken. Aus freier Natur sind Messungen bekannt, die einen pH-Wert bis 3,5 angeben. Ein so niedriger pH-Wert ist bei der Aquarienzucht nicht zu empfehlen: Zu saures Wasser wirkt früher oder später giftig. Haltung und Zucht wie bei *Epiplatys dageti monroviae.*

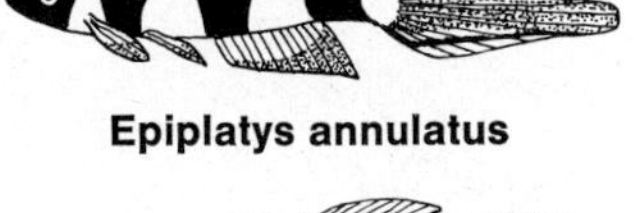

Epiplatys annulatus

Epiplatys annulatus (Ringelhechtling)
Heimat: Weit verbreitet von Guinea bis Nigeria in allen Wasseransammlungen des offenen Urwalds und der Savannen. Wird bis 4 cm lang. Sehr variable Art; fast jede Population hat eine andere Ausfärbung und verschiedene Flossenform. Pflege in kleinen Becken, in denen keine anderen Arten gehalten werden. Haltung einfach, Zucht aber schwierig. Geschlüpfte Jungfische sehr klein, können keine *Artemia*-Nauplien verschlucken und müssen mit kleinen Rädertierchen gefüttert werden. Reagiert sehr empfindlich auf die Wasserzusammensetzung. Im allgemeinen wird zur Zucht weiches Wasser empfohlen, die Resultate sind jedoch sehr unterschiedlich.
Weitere *Epiplatys*-Arten, die gelegentlich gehalten werden: *E. fasciolatus, E. grahami, E. longiventris, E. macrostigma, E. ornatus, E. multifasciatus, E. sangmeliensis, E. spilargyreius, E. bifasciatus, E. chevalieri, E. sexfasciatus*[1].

Epiplatys sexfasciatus

Gattung *Aphyoplatys*

Diese Gattung umfaßt nur eine Art aus dem zentralen Kongo. Sie erinnert stark an *Aphyosemion,* ist aber morphologisch-anatomisch deutlich mit *Aplocheilus* und *Epiplatys* verwandt. Es fehlen ihr die dunklen Querbinden an den Körperseiten, die für die beiden genannten Gattungen so charakteristisch sind.

Aphyoplatys duboisi
Wird nur 3 cm lang. Soll im Aquarium einzeln gehalten werden. Männchen sehr variabel gefärbt mit metallischem Schimmer an den Körperseiten. Unpaare Flossen tragen roten Saum, Schwanzflosse meistens eine lyraförmige rote Zeichnung. Haltung und Zucht sind einfach. Die Eier sind nur um 1 mm groß.

[1] Farbfotos verschiedener Epiplatys-Arten auf Tafel 47, S. 495 und Tafel 48, S. 496

Gattung *Pachypanchax*

Diese Gattung ist auf den Inseln des Indischen Ozeans verbreitet. Dem äußeren Aussehen nach stellt sie eine Übergangsform zwischen *Aplocheilus* und *Roloffia* dar. *Pachypanchax-Arten* sind robuste Fische, die nicht nur im Süßwasser, sondern auch im Brackwasser leben und sehr widerstandsfähig sind. Gegen die Wasserzusammensetzung sind sie unempfindlich; sie vertragen recht gut auch Carbonate und See- oder Kochsalzzusatz.

Pachypanchax playfairi (Tüpfelhechtling)
Heimat: Seychellen und Sansibar. Wird bis 10 cm lang. Sehr schöne Art, gilt aber als streitsüchtig und bissig. Dauerlaicher. Das Elternpaar frißt die Eier nicht immer auf; manchmal sieht man die Eltern nach einigen Wochen mit Jungtieren verschiedener Größe und verschiedenen Alters zusammen. Die Schuppen der Männchen stehen während der Laichzeit oft ab, wie man es sonst bei Fischen kennt, die an Bauchwassersucht erkrankt sind; diese Erscheinung ist in diesem Falle nicht krankhaft. Die Eier werden an Pflanzen abgelegt. Die Brut schlüpft bei 24–25° C nach 10–12 Tagen, manchmal auch später.

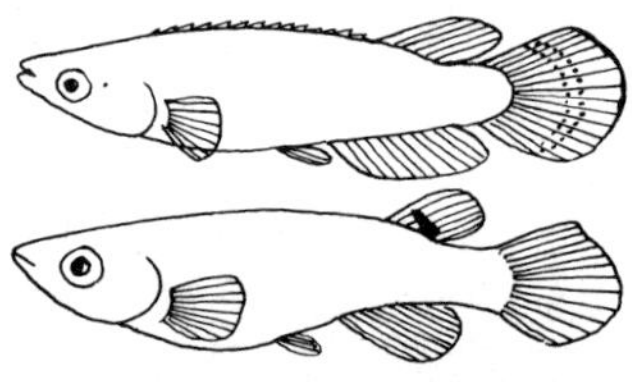

Pachypanchax playfairi oben ♂, unten ♀

Bild 2.57: Tüpfelhechtlinge (Pachypanchax playfairi), links Weibchen, rechts Männchen. Aufnahme S. Frank

Pachypanchax homalonotus
Heimat: Süß- und Brackwasser von Madagaskar. Wird bis 10 cm lang. Pflege und Zucht wie bei *Pachypanchax playfairi,* doch schlüpft die Brut etwas später (bei gleicher Wassertemperatur nach 12–16 Tagen). Beide *Pachypanchax*-Arten sind gute Springer, das Aquarium muß dicht abgedeckt werden.

Unterfamilie Fundulinae

Diese Unterfamilie umfaßt Vertreter aus der Neuen Welt. Sie enthält 8 Gattungen mit mehr als 25 Arten, die von Labrador bis nach Yukatan in Nordamerika und über Kalifornien bis nach Mexiko verbreitet sind. Einige Arten leben nur auf den Bermuda-Inseln und auf Kuba. Die Arten der Fundulinae leben an sehr unterschiedlichen Standorten und haben sich die verschiedensten Wassertemperaturen und unterschiedlichen Wasserzusammensetzungen angepaßt. Erstaunlich ist auch die Größe der einzelnen Arten, die von 4–20 cm schwankt. Den normalen Aquarianern sind Vertreter der Gattungen *Profundulus, Oxyzygonectes, Adinia, Lucania, Leptolucania, Empetrichthys* und *Crenichthys* kaum bekannt. Diese Gattungen werden nur von einigen Spezialisten gepflegt. Verbreiteter sind nur die *Fundulus*-Arten, z. B. *F. heteroclitus, F. catenatus, F. chrysotus, F. singularis, F. confluentus, F. diaphanus, F. grandis, F. majalis, F. notatus, F. notti.* Viele dieser Arten können kalt gehalten werden und pflanzen sich erfolgreich fort. Bei den meisten Arten schlüpft die Brut bei 22–24° C nach 8–14 Tagen. Viele benötigen Kochsalz- oder Seesalzzusatz oder mindestens recht hartes Wasser. Die Aufzucht mit lebendem „Staubfutter" ist problemlos.

Unterfamilie Cyprinodontinae

Die Vertreter dieser Unterfamilie sind an der Ostküste Nordamerikas von Boston bis nach Venezuela in Südamerika einschließlich der Bahamas, Kubas, Haitis, Jamaikas und Curaçaos weit verbreitet. Mehrere Arten dringen auch in die Wüstengebiete von Kalifornien, Nevada und Mexiko ein. Die meisten Arten umfaßt die Gattung *Cyprinodon.* Mehrere Arten wurden in die Aquaristik eingeführt, sind aber meist wieder verschwunden.

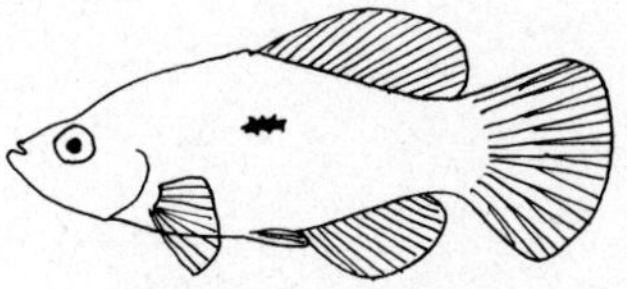

Jordanella floridae

Jordanella floridae (Florida-Kärpfling)
Heimat: Süßgewässer Floridas und Yukatans. Wird bis 6 cm lang. Der schöne Fisch wurde zu Anfang des 1. Weltkrieges nach Europa eingeführt und hat sich bis heute als beliebter Aquarienfisch gehalten. Er fühlt sich schon in sehr kleinen Becken von etwa 10 Liter Inhalt wohl, die aber dicht bepflanzt sein sollten. Die Männchen sind größer als die Weibchen und schön olivgrün bis blaugrün gefärbt. Allesfresser; benötigt nicht nur Fleischfutter, sondern auch weiche Pflanzennahrung. Zuchttemperatur etwa 24° C. Dauerlaicher. Die Fische laichen mehrere Tage nacheinander und legen dabei täglich 20–30 Eier ab. Die Brut schlüpft nach 5 bis 10 Tagen und braucht von Anfang an zusätzlich Pflanzenfutter.

Cubanichthys cubensis oben ♀, unten ♂

Cubanichthys cubensis (Kubakärpfling)
Heimat: Westkuba. Wird 8 cm lang, bleibt aber im Aquarium wesentlich kleiner. Oft schon mit 3 cm Länge geschlechtsreif. Recht wärmebedürftige Art (22 bis 25° C). Laichperiode dauert mehrere Wochen. Das Weibchen trägt die Eier zuerst an einem Faden in einer kleinen Traube neben der Afterflosse; später hängt es die Eier an Wasserpflanzen auf. Die Brut schlüpft nach 10–12 Tagen und muß mit feinem „Staubfutter", am besten Rädertierchen, gefüttert werden.

Cyprinodon variegatus (Edelstein-Kärpfling)
Heimat: Atlantische Küste von Boston südwärts bis Nordvenezuela, Inseln der Karibischen See. Wird bis 8 cm lang. Braucht zur Haltung und Zucht einen Seesalzzusatz. Pflanzen- aber auch Bodenlaicher. Brut schlüpft nach 8–10 Tagen. Gefräßige Art. Relativ leicht zu vermehren.

Unterfamilie Aphaniinae

Weit verbreitete Fischgruppe in den küstennahen Gewässern der Alten Welt von Marokko und Spanien bis Somalia und Indien. Die meisten Arten leben im Brackwasser oder sogar im Seewasser. Bei einigen Gattungen sind die Zähne dreispitzig, bei anderen einfach konisch.

Aphanius fasciatus (Zebrakärpfling)
Heimat: Küstennahe Süß- und Brackgewässer um das ganze Mittelmeer. Wird bis 6 cm lang. Im Süßwasser mit Kochsalzzusatz einfach zu halten und zu pflegen. Frißt mit Vorliebe Pflanzennahrung – Algen, gekochten Spinat, Kopfsalat. Legt die Eier an Wurzeln der Schwimmpflanze *Eichhornia,* wo sie nicht leicht zu bemerken sind. Die Brut schlüpft bei etwa 24° C nach 10–12 Tagen und muß mit lebendem „Staubfutter" gefüttert werden.
In der Natur vertragen einzelne *Aphanius*-Arten große Temperaturschwankungen, so z. B. *A. iberus* (Spanienkärpfling; 10–32° C), *A. dispar* (Perlmutt-Kärpfling; bis 32° C). Außer den erwähnten Arten wurden *A. sophia* (Perserkärpfling), *A. cypris, A. chanterei, A. anatolia, Valencia hispanica* (Valencia-Kärpfling) und *Kosswigichthys asquamatus* eingeführt.

Unterfamilie Procatopodinae (Leuchtaugenfische)

Gattungs- und artenreiche Unterfamilie aus dem tropischen und subtropischen Afrika. Nur wenige Arten leben südlich bis Südafrika und nördlich bis Ägypten. Die Tiere leben in Bächen und Flüssen und sind gute Schwimmer mit charakteristischen „zitternden" Bewegungen. In der Aquaristik werden die Leuchtaugenfische nicht hoch geschätzt. Man muß sie im Schwarm halten und für einen dauernden Wasserstrom durch eine starke Belüftung sorgen. Sie sind recht empfindlich gegen die Wasserzusammensetzung; weiches und saures Wasser vertragen sie nicht und Nitrite wirken auf sie sehr giftig. Auch der Sauerstoffgehalt des

Wassers muß recht hoch liegen. Zu empfehlen ist der Zusatz von Torfextrakt und Kochsalz. Schon bei geringsten Spuren von Nitrit werden die Fische scheu und schreckhaft. Aquarianer lassen nachts oft ein schwaches Licht brennen, damit sich die schreckhaften Tiere nicht verletzen. Die Männchen sind größer als die Weibchen.
Manche Arten laichen relativ leicht ab, doch stirbt der Embryo meist schon in der Eihülle, ohne daß wir die Ursachen dafür anzugeben wüßten. Erwachsene Fische vertragen Wasserwechsel und Umsetzen in andere Aquarien schlecht. Die Eier sind meist recht groß; sie werden an Pflanzen angeklebt und entwickeln sich kontinuierlich. Die Weibchen einiger Arten tragen die Eier in einer Traube nahe der Urogenitalpapille und legen sie später an Pflanzen ab. Die geschlüpfte Brut schwimmt sofort frei und hält sich im freien Wasser am liebsten im Wasserstrom der Durchlüftung auf. Selbst bei guter Fütterung wachsen die Jungfische im Aquarium nur langsam.

Aplocheilichthys macrophthalmus (Roter Leuchtaugenfisch)[1]
Heimat: Urwälder von Süd-Dahome bis zum Nigerdelta. Wird bis 4 cm lang. Schon des öfteren erfolgreich nachgezüchtet. Lebt gern im Schwarm. Eier klein, etwa 1 mm groß. Brut schlüpft nach 10–14 Tagen und nimmt feinstes lebendes „Staubfutter", d. h. vor allem Rädertierchen. Wenig produktive Art, die mehrere Tage nacheinander ablaicht.
Alle *A.*-Arten sind recht klein (zwischen 2,5 und 7 cm Länge). Bis jetzt wurden etwa 12 Arten eingeführt, die jedoch meist nicht nachgezüchtet wurden.

Aplocheilichthys macrophthalmus oben ♂, unten ♀

Procatopus gracilis[2]
Heimat: Waldgewässer in Nigeria. Schwimmfreudige Art, die öfter auch in Gefangenschaft schon nachgezüchtet wurde. Die großen Eier werden in Spalten abgelegt. Weitere 4 oder 5 *Procatopus*-Arten wurden mehrfach eingeführt, doch gelang es noch nicht, sie nachzuzüchten.
Zuweilen werden auch Vertreter der Gattungen *Plataplochilus, Hylopanchax* und *Lamprichthys* importiert. Bei ihnen ist über die Zucht nichts Sicheres bekannt.

Unterfamilie Oryziatinae (Reiskärpflinge)

Die Unterfamilie umfaßt nur eine Gattung mit etwa 20 Arten. Sie ist von Indien über Burma, Thailand bis China und über die Malaiische Halbinsel bis Indonesien und die Philippinen verbreitet. Die Arten der Gattung *Oryzias* sehen sehr ähnlich aus wie die der Gattung *Procatopus*. Der Körper ist hoch, seitlich stark abgeflacht, durchscheinend. Männchen und Weibchen sind gleich groß. Die Tiere leben in Brackwasser, Flüssen, Reisfeldern, Binnenseen. Die Eier hängen oft in Traubenform noch längere Zeit nach dem Ablaichen an der Urogenitalpapille des Weibchens; sie werden später an Pflanzen angeklebt, bei einigen Arten tragen aber die Weibchen die Eier bis zum Ausschlüpfen mit sich. Bei einigen *Oryzias*-Arten wird eine innere Besamung vermutet. Friedliche Aquarienfische, die Lebendfutter, teils auch Trockenfutter, fressen. Wassertemperatur für die meisten Arten zwischen 18 und 24° C. In Aquarien werden bis heute nur wenige Arten gepflegt, z. B. *Oryzias celebensis* (Celebeskärpfling), *O. latipes* (Japankärpfling), *O. melastigma, O. javanicus.*

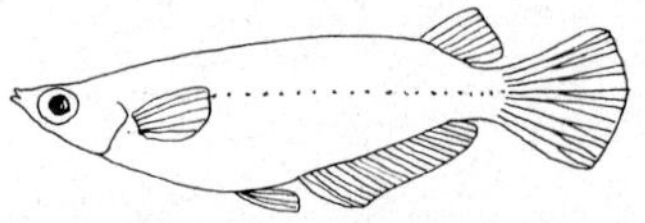

Oryzias javanicus

Familie Poeciliidae (Lebendgebärende Zahnkarpfen)

Kleine Fische aus Mittelamerika, den westindischen Inseln, den Südstaaten der USA, Nordargentinien. Natürlicher Lebensraum sehr verschieden. Charakteristisch ist der Geschlechtsdimorphismus. Die Afterflosse des Männchens ist zu einem Paarungsorgan, dem sogenannten Gonopodium, umgewandelt. Die größten Arten werden höchstens 20 cm lang, wobei die Männchen kleiner bleiben als die Weibchen. Die Weibchen gebären mehrere Male im Jahr. Die Wurfgröße ist bei den einzelnen Arten sehr verschieden. Einige werfen nur wenige Jungtiere, andere Hunderte. Die Jungfische sind bei der Geburt voll entwickelt und selbständig. Eine Besamung reicht bei den meisten Arten für mehrere Würfe aus.
Die meisten Arten benötigen bei der Aquarienpflege einen Zusatz von Pflanzennahrung. Die Weibchen sind oft kannibalisch. Man muß sie vor der Geburt isolieren und Laichroste einsetzen. Die Jungfische suchen sich nach der Geburt ihre Nahrung selbst. Sie fressen lebendes „Staubfutter" oder auch feingeriebenes

[1] Farbfoto auf Tafel 45, S. 477
Farbfotos weiterer Aplocheilichthys-Arten auf Tafel 45, S. 477 und Tafel 46, S. 478
[2] Farbfoto von Procatopus nototaenia auf Tafel 46, S. 478

[3] Farbfotos und Zuchtformen des Platys auf den Tafeln 43 und 44, S. 459 und 460
[4] Farbfotos der Wildform und einiger Zuchtformen auf den Tafeln 42, S. 442 und 43, S. 459

Trockenfutter. Sie wachsen recht schnell. Unternimmt man Vererbungsversuche oder will man „Hochzucht" treiben, so muß man die Geschlechter möglichst bald isolieren und getrennt voneinander halten. Die meisten Arten sind schon von Natur aus in der Färbung sehr variabel und neigen dazu, xanthoristische (gelbe bis goldene) oder sogar albinotische Formen zu bilden. In der Aquarienzucht wird diese Eigenschaft häufig genützt.

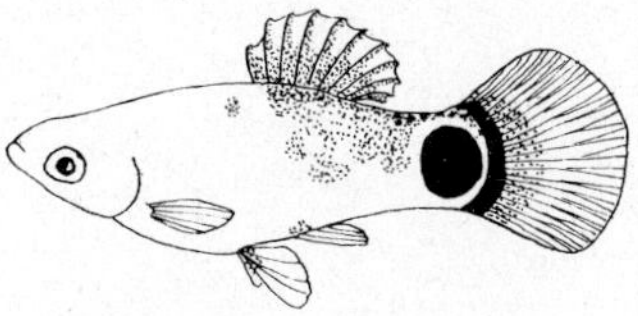

Xiphophorus maculatus

Xiphophorus maculatus (Spiegelkärpfling, „Platy")[3]
Heimat: Mexiko und Guatemala. Weibchen größer als die Männchen, werden bis 6 cm lang. Wildform braun-olivgrün mit blauem Schimmer und zwei runden, schwarzen Flecken auf dem Schwanzstiel nahe der Schwanzflossenbasis, sowie mit einem schwärzlichen Schulterfleck. Sehr variabler Fisch, erblich recht unstabil. Bei der Aquarienzucht wurden viele Farb- und Formmutationen entdeckt und als „erbreine" Zuchtformen stabilisiert. Besonders beliebt sind rote Formen mit weiß-gesäumten Bauch-, Schwanz- und Afterflossen. Durch weitere Zucht und Kreuzungen entstanden der sogenannte Goldplaty, der Wagtailplaty (mit schwarzen Flossen), der Simpsonplaty (mit hoher Rückenflosse). Einige dieser Zuchtformen wurden sogar als Varietäten bezeichnet, z. B. var. *rubra* (rot), *nigra* (schwarz), *sanguinea* (rot), *pulchra* (schwarz mit grünem Schimmer). In jüngerer Zeit sind rein gelbe und blaue Platys erschienen, so der Kalikoplaty, der Mond- und Kometenplaty. Haltung und Zucht sind sehr einfach. Platys sind gegen die Wasserzusammensetzung unempfindlich, lediglich der pH-Wert muß über dem Neutralpunkt im alkalischen Bereich liegen. Die Zuchtformen sind oft recht wärmebedürfitg. Allesfresser. Aus einem Wurf kann man mehr als 100 Jungfische erzielen. Die Aufzucht ist leicht auch mit Trockenfutter möglich. Die Weibchen sind nicht sehr kannibalisch. Erforderlich ist bei den erwachsenen Tieren wie bei den Jungfischen ein Zusatz von Pflanzennahrung. Alle Farb- und Formspielarten sind sehr beliebte Aquarienfische, die sich auch für Anfänger gut eignen. Haltungs- und Zuchttemperatur 20–26° C.

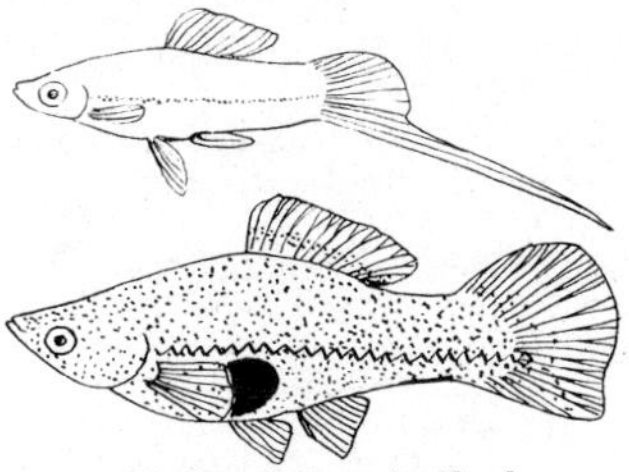

Xiphophorus helleri
oben ♂, unten ♀

Xiphophorus helleri (Schwertträger)[4]
Heimat: Südmexiko und Guatemala. Weibchen größer als die Männchen, werden bis 12 cm lang. Bei den Männchen sind die unteren Schwanzflossenstrahlen stark verlängert und bilden ein sogenanntes Schwert.
Die ursprüngliche Wildform ist graugrün mit einem rötlichen Längsband auf den Körperseiten. Wie bei *Xiphophorus maculatus* gibt es zahlreiche Farb- und Formmutationen, außer den bei *X. maculatus* schon genannten noch die sogenannte Lyratail-Form, die ein sehr langes Gonopodium, einen verlängerten ersten Rükkenflossenstrahl und auch ein zweites „Schwert" oben auf der Schwanzflosse hat. Das zu lange und zu weiche Gonopodium ist kopulationsunfähig; die Lyratail-Form muß daher künstlich besamt werden. Haltung und Zucht wie beim Spiegelkärpfling. Die Nachzuchttiere können durch zu wenig Raum und ungünstige

Bild 2.58: Schleierschwanz-Zuchtform des Schwertträgers (Xiphophorus helleri), auch Doppelschwertträger oder Leierschwanzxiphophorus genannt (Männchen). Aufnahme S. Frank

Nahrung negativ beeinflußt werden. Sie wachsen oft nicht richtig und bilden Zwergpopulationen. Diese Erscheinung ist meist nicht erblich bedingt, sondern ist auf eine zu große Konzentration von Stoffwechselendprodukten in zu kleinen Aquarien zurückzuführen. Aus einem Wurf erzielt man bis 250 Jungfische.
Nahe verwandt ist der Montezuma-Schwertträger (*Xiphophorus montezumae).* Er stammt aus Nordost-Mexiko und wird nur etwa 7 cm lang. Im Aquarium oft mit anderen *Xiphophorus*-Arten gekreuzt.
Die kleinste Art ist der Zwergschwertträger *(Xiphophorus pygmaeus)*, der nur 4 cm lang wird. Ihn trifft man in der Gefangenschaft selten, weil er recht empfindlich ist. Aus einem Wurf erhält man höchstens 30 Jungtiere.

Xiphophorus variatus (Veränderlicher Spiegelkärpfling)[1]
Heimat: Mexiko. Weibchen größer als die Männchen, bis 7 cm lang. Männchen wie bei *X. maculatus* ohne „Schwert" am unteren Rande der Schwanzflosse. Wie der Name sagt, ist die Art sehr veränderlich und kreuzt sich mit allen möglichen *Xiphophorus*-Mutanten. Die vielleicht schönsten Zuchtformen sind die sogenannten Papageienplatys[2] und Meri-gold-Platys.
Ichthyologen und Genetiker unterscheiden viele weitere *Xiphophorus*-Arten, Unterarten und Spielarten, die entweder noch nicht eingeführt wurden, oder die die Aquarianer nach äußeren Merkmalen praktisch nicht unterscheiden können. Sie bleiben hier unerwähnt.

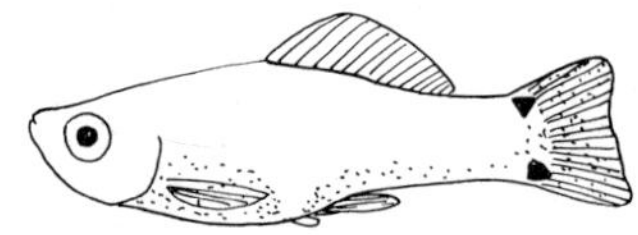

Xiphophorus variatus

Gattung *Poecilia*

Die Vertreter der früheren Gattungen *Lebistes, Limia* und *Mollienesia* wurden durch die Revision der Familie Poeciliidae von Rosen und Bailey 1963 in die Gattung *Poecilia* eingeordnet.

Poecilia reticulata (Guppy)[3]
Heimat: Venezuela, Barbados, Trinidad, Nordbrasilien, Guayana. Weibchen wird bis 6 cm, Männchen nur 3 cm lang. Der Guppy wurde schon 1908 zum ersten Mal nach Europa importiert. Sehr variabel in Farben und Formen, besonders die Männchen, daher ein dankbares Objekt für genetische Versuche.
Die Aquarianer haben vom Guppy viele Zuchtstämme aufgebaut, die auf Ausstellungen nach bestimmten, international gültigen Standardnormen beurteilt werden. Zu den variabelsten Merkmalen gehört die Form von Rücken- und Schwanzflosse, bei der man 11 Grundtypen unterscheidet. Die Tragzeit der Weibchen ist

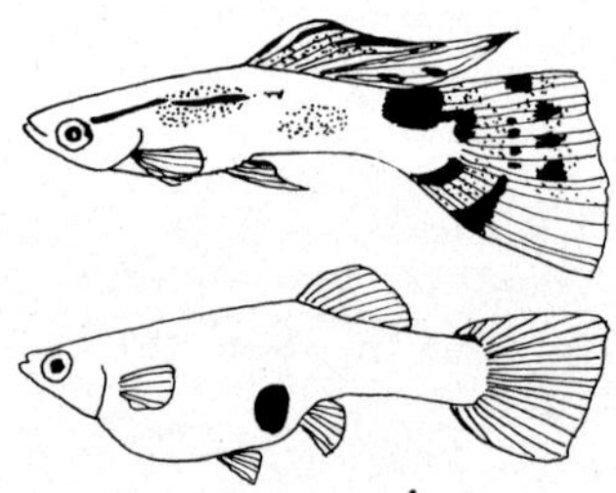

Poecilia reticulata oben ♂, unten ♀

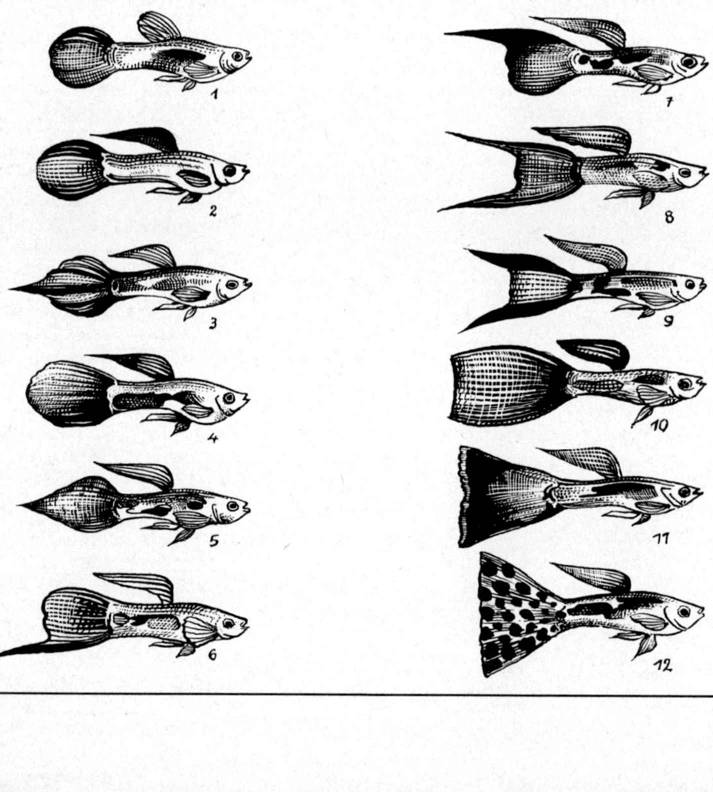

Bild 2.59: Guppytypen. 1 Rundschwanz, 2 Rundschwanz mit Rükkenfahne, 3 Nadelschwanz, 4 Spatenschwanz, 5 Spitzschwanz, 6 Untenschwert, 7 Obenschwert, 8 Doppelschwert, 9 Leierschwanz, 10 Schleierschwanz, 11 Fächerschwanz, 12 Triangelschwanz.

[1] Farbfoto auf Tafel 41, S. 491
[2] Farbfoto auf Tafel 44. S. 460
[3] Farbfoto der Schleierschwanzzuchtform auf Tafel 41, S. 441

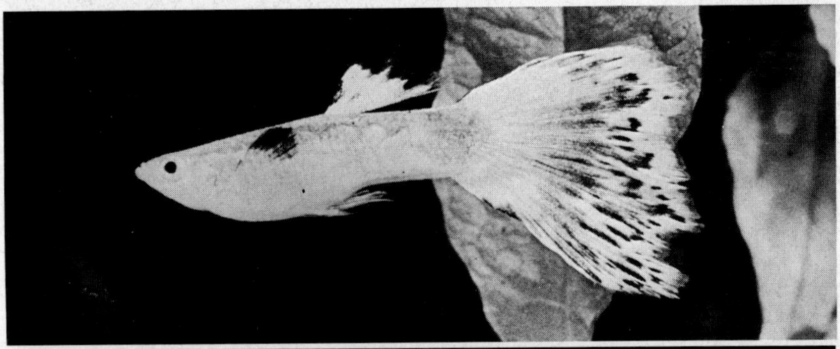

Bild 2.60: Hochzuchtguppy, Männchen.

Bild 2.61: Hochzuchtguppy, Weibchen.
Aufnahmen S. Frank

abhängig von der Wassertemperatur, die zwischen 22 und 25° C schwanken soll; im Durchschnitt beträgt sie etwa 30 Tage. Trächtige Weibchen erkennt man an dem schwarzen Fleck (Trächtigkeitsfleck) vor der Afterflosse. Eine Besamung reicht für zwei bis drei, oft für noch mehr Würfe aus. Männchen sind ausgesprochen polygam. Der Wurf dauert etwa zwei Stunden lang, abhängig von Wassertemperatur, Zusammensetzung des Wassers, aber auch von den anderen Fischen, in deren Gesellschaft sich die Mutter befindet. Ein Wurf kann 200 oder mehr Jungfische umfassen. Neuerdings ist es gelungen, auch prächtig gefärbte Weibchen mit vergrößerten Flossen (vor allem Schwanz- und Rückenflossen) herauszuzüchten.

Poecilia melanogaster (Dreifarbiger Jamaikakärpfling)
Heimat: Jamaika. Weibchen größer als die Männchen, werden bis 6 cm lang. Die Bezeichnung „melanogaster" („Schwarzbauch") bezieht sich auf den außerordentlich großen, dunklen Trächtigkeitsfleck, der auch nach der Geburt nicht ganz verschwindet. Der Fisch liebt Sonnenschein und Wärme. Ein Wurf kann bis zu 80 Jungfische umfassen. Tragzeit bei 23° C etwa 35–40 Tage.

Poecilia nigrofasciata (Schwarzband-Kärpfling)
Heimat: Haiti. Männchen werden bis 4,5 cm, Weibchen bis 6 cm lang. Empfindlich gegen Wasserwechsel. Ältere Exemplare gehen oft ein, wenn sie in ein anderes Becken umgesetzt werden. Zu empfehlen ist, aus dem Aquarium, aus dem die Fische umgesetzt werden sollen, erst einige Tage lang Wasser zu entnehmen und es dem alten Aquarium zuzusetzen. So können sich die Fische langsam an die neue Wasserzusammensetzung gewöhnen. Der Schwarzband-Kärpfling ist ein friedlicher, wärmeliebender Fisch, der alle üblichen Futtersorten annimmt. Die Weibchen verwerfen leicht. Ein Wurf erbringt meist nur wenige, höchstens 30 Jungtiere, die aber bei der Geburt schon 10–12 mm lang sind. Für ältere Männchen sind die Rückenwölbung und die orangefarbene untere Kante der Schwanzwurzel zwischen After- und Schwanzflosse charakteristisch. *A. melanogaster* und *A. nigrofasciata* kreuzen sich ziemlich leicht.

Poecilia velifera ♂

Poecilia velifera (Segelkärpfling)
Heimat: Flußmündungen auf Yukatan. Wird im Aquarium bis 12 cm, in der Natur bis 15 cm lang. Männchen mit erstaunlich stark entwickelter, großer Rücken-

flosse. In der Aquarienzucht ist es gelungen, eine Reihe von Farbvarietäten und Bastarden zu züchten, ähnlich wie beim Breitflossenkärpfling *(P. latipinna)* und beim Spitzmaulkärpfling *(P. sphenops).* Die bekanntesten Varietäten sind Black molly, Leierschwanz-Molly und Schleier-Molly.
Weniger beliebte *Poecilia*-Arten, die gelegentlich gehalten werden: *P. caucana* (Kaukakärpfling), *P. branneri* (Zitronenkärpfling), *P. caudofasciata* (Schwanzbindenkärpfling), *P. formosa* (Amazonenkärpfling), *P. heterandria* (Haiti-Kärpfling), *P. latipunctata* (Breitpunktkärpfling), *P. ornata* (Schmuckkärpfling), *P. parae* (Parakärpfling), *P. vittata* (Bänderkärpfling)[1], *P. vivipara* (Augenfleckkärpfling), *P. elegans, P. montana, P. nicholsi, P. petenensis, P. picta, P. versicolor.*

[1] Farbfoto auf Tafel 41, S. 441
[2] Farbfoto auf Tafel 44, S. 460

Gambusia affinis affinis (Koboldkärpfling)
Einer der bekanntesten Lebendgebärenden Zahnkarpfen. Vor der Zeit der chemischen Insektengifte spielte dieser Fisch bei der Bekämpfung der Malariamücke eine große Rolle. Er wurde daher aus den Südstaaten der USA in tropische und subtropische Länder der ganzen Erde eingeführt. Heute findet man ihn in Spanien, Italien, auf der Balkanhalbinsel, in Südrumänien, in der Ukraine, im Kaukasus, in Mittelasien. Oft lebt der Koboldkärpfling auch in Seewasser, z. B. südlich vom Mangalia im Schwarzen Meer. Im Süßwasser vertilgt er große Mengen von Mückenlarven. Das Weibchen wird bis 4,5 cm, das Männchen nur 2,5 cm lang. Der Fisch ist im Alter von einem Jahr geschlechtsreif. Aquarianer halten und züchten häufig die Unterart *G. affinis holbrooki,* bei der die Männchen schwarz gefleckt sind.
Beide Unterarten von *Gambusia affinis* verlangen reich mit Pflanzen bewachsene Becken, da die Weibchen oft ihre eigenen Jungen sofort nach der Geburt verfolgen und verzehren.
Weitere, in Aquarien seltener zu sehende *Gambusia*-Arten: *G. dominicensis* (Domingokärpfling), *G. nicaraguensis* (Nikaraguakärpfling), *G. puncticulata* (Blaue Gambusia), *G. rachowi* (Seidengrüner Kärpfling), *G. wrayi* (Jamaikakärpfling), *G. yucatana.*

Giradinus metallicus (Metallkärpfling)[2]
Heimat: Kuba. Weibchen bis 8 cm, Männchen höchstens 5 cm lang. Der Fisch ist nicht bunt und wird daher von Aquarianern nur selten gezüchtet. Gonopodium des Männchens sehr lang, am Ende mit zwei hornartig gekrümmten Anhängseln. Im Aquarium friedlich, anspruchslos, langlebig. Benötigt dringend pflanzliche Zusatzkost in Form von Algen, Salat, eingeweichten Haferflocken. Ein Wurf erbringt höchstens 60 Junge, die vor dem Weibchen geschützt werden müssen. Sehr geeignet zur Zucht sind verschiedene „Gebäraquarien", in denen die Jungfische nur durch einen engen Spalt in einen Nebenraum gelangen und vom Weibchen nicht verfolgt werden können.
Der dem Metallkärpfling sehr nahe verwandte Sichelkärpfling *(G. falcatus)* stellt sehr ähnliche Ansprüche an die Pflege.

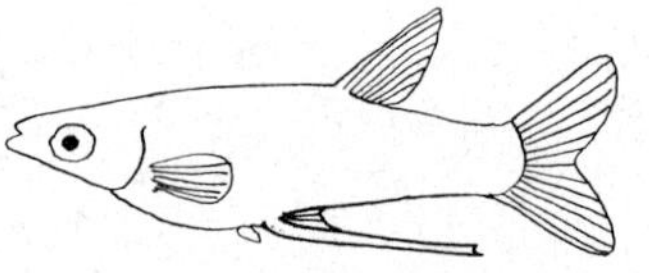

Girardinus metallicus

Bild 2.62: Pärchen des Metallkärpflings (Girardinus metallicus), oben Männchen, unten Weibchen. Aufnahme S. Frank

Heterandria formosa

Heterandria formosa (Zwergkärpfling)[3]
Einer der kleinsten Aquarienfische, zugleich eines der kleinsten Wirbeltiere der Erde. Männchen werden höchstens 2 cm, die Weibchen 3,5 cm lang. Heimat; Nordkarolina und Florida. Beliebter, unauffällig braun gefärbter Fisch. Wurde zuerst im Jahre 1912 nach Europa eingeführt. Anspruchslos. Verträgt vorübergehende Temperaturschwankungen bis zu 15° C. Weibchen verfolgt seine Nachkommenschaft nicht – eine Ausnahme unter den lebendgebärenden Arten. Der Wurf dauert mehrere Tage (meist 6–10); täglich werden nur zwei bis drei Jungfische geboren. Die Zeitspanne zwischen Besamung und Geburt beträgt bei guter Fütterung nicht mehr als vier bis fünf Wochen. Der Fisch nimmt mit kleinen Aquarien vorlieb und ist in der Kost nicht wählerisch.
Der Unechte Schwertträger *(H. bimaculata)* stammt aus Mexiko, Guatemala und Honduras. Diese Art ist größer, das Weibchen wird bis 9 cm lang. Aus einem Wurf kommen bis 160 etwa 16 mm lange Jungfische.

[3] Farbfoto auf Tafel 41, S. 441

Phallichthys amates amates (Guatemala-Kärpfling)
Heimat: Östlicher Teil von Guatemala. Weibchen größer als das Männchen, wird bis 5 cm lang. Eine größere Unterart, *P. amates pittieri*, stammt aus Costa Rica und Panama und wird bis 8 cm lang. Die Ansprüche beider Fische an Haltung und Zucht sind praktisch gleich. Beide eignen sich gut für das Gesellschaftsaquarium. Wärmebedürftig.

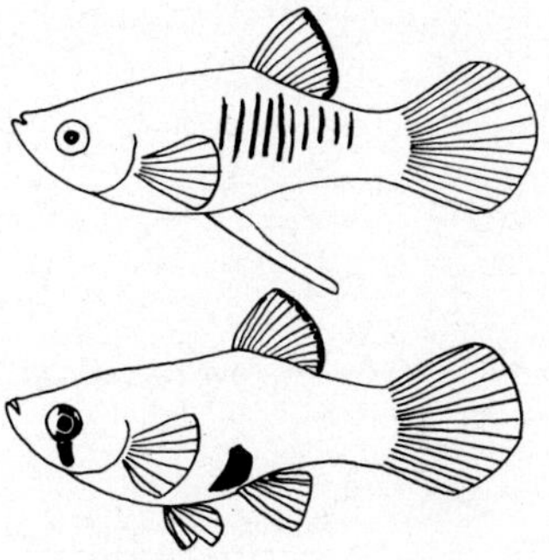

Phallichthys amates amates
oben ♂, unten ♀

Phalloceros caudomaculatus (Kaudi)
Heimat: Gewässer um Rio de Janeiro bis Uruguay und Paraguay. Weibchen etwa 6 cm, Männchen nur 2,5 cm lang. Beliebter, friedlicher, ruhiger Fisch. Verträgt sehr niedrige Temperaturen bis 12° C, kann daher auch in ungeheizten Zimmeraquarien gehalten werden.
Von dieser Art gibt es eine Reihe von Varietäten. Die bekannteste ist *P. caudomaculatus reticulatus,* der Scheckenkärpfling. Diese Varietät ist schwarz gefleckt und lebt vor allem in der Nähe von Rio de Janeiro. Sie ist sehr wärmeliebend und verträgt kein Absinken der Temperatur unter 20° C. Sie wird schon seit 1898 in Gefangenschaft gehalten und gezüchtet.

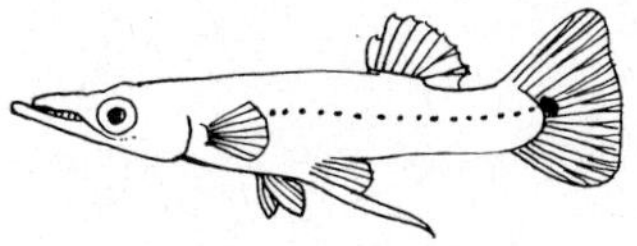

Belonesox belizanus

Belonesox belizanus (Hechtkärpfling)
Heimat: Östlicher Teil Mittelamerikas. Größte lebendgebärende Art der Familie Poeciliidae. Weibchen wird bis 20 cm, Männchen nur bis 10 cm lang. Raubfisch, der sich für das Gesellschaftsbecken nicht eignet. Hält sich vorwiegend an der Wasseroberfläche auf und beansprucht große Becken mit reichlichem Pflanzenbewuchs. Vor der Begattung nimmt das Männchen oft eine Imponierstellung ein, indem es das Gonopodium nach vorne richtet und den ganzen Körper eigenartig krümmt. Auch die Fütterung ist nicht ohne Probleme. Die erwachsenen Tiere bevorzugen größere Happen, vor allem Fische, Libellenlarven, Kaulquappen und Würmer. 10–20 cm lange Tiere können erwachsene Platy- oder Guppy-Weibchen verzehren.
Zuchttemperatur 25–30° C. Interessant sind die Änderungen der Ausfärbung: Die Tiere tragen tagsüber und während der Nacht jeweils ein anderes „Kleid". Nachts sind sie viel dunkler gefärbt als tagsüber.
Sehr beweglicher Oberkiefer, mit dessen Hilfe recht große Beute verschluckt werden kann. Bei guter Fütterung kann ein Wurf 100 Junge umfassen. Die Jungfische sind 2,5–3 cm lang und ernähren sich sofort von Wasserflöhen und Enchyträen. Häufig verfolgt das Weibchen die eben geborenen Jungen.
Die Familie Poeciliidae ist reich an Gattungen und Arten; sie bietet noch viele weitere Fische zur Aquarienzucht an. Manche sind aber unauffällig gefärbt oder an Brackwasser gewöhnt und eignen sich daher zur Haltung und Zucht im Zimmeraquarium nicht besonders gut. Häufiger eingeführt wurden Arten aus den Gattungen *Poeciliopsis, Cnesterodon, Brachyraphis, Phalloptychus, Alfaro, Priapella, Quintana.* Etwas bekannter bei Aquarianern sind einige Vertreter der beiden letztgenannten wärmebedürftigen Gattungen *Priapella* und *Quintana.*

Familie Anablepidae (Vieraugen)

Anableps anableps

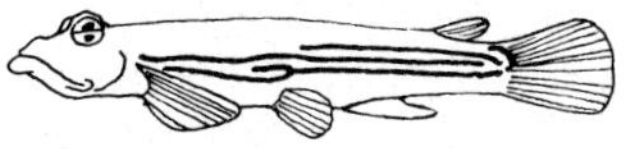

Lebendgebärende Fische, die von Südmexiko über Mittelamerika bis zum nördlichen Südamerika verbreitet sind. Körper langgestreckt, Afterflosse und Afteröffnung nicht nach vorne verschoben wie bei den meisten lebendgebärenden Zahnkarpfen; daher keine Leibeshöhlenverkürzung – die Tiere ähneln den Li-

nienkärpflingen (Jenynsiidae), von denen den Aquarianern die Art *Jenynsia lineata* bekannt ist. Vieraugen der Gattung *Anableps*[1] haben ein ähnlich gebautes Gonopodium wie die Linienkärpflinge: Ein Hautwulst schließt sich zusammen und bildet eine Röhre, so daß das Gonopodium schlauchförmig wird und nur nach einer Seite (links oder rechts) bewegt werden kann. Die Geschlechtsöffnung der Weibchen wird gleichfalls entweder von rechts oder links durch eine Schuppe bedeckt und durch sie blockiert. Bei der Paarung müssen sich also Männchen mit nach links beweglichem Gonopodium Weibchen mit rechts orientierter Geschlechtsöffnung aussuchen und umgekehrt. Die beiden Typen sind in den Populationen meist im Verhältnis 1:1 vertreten.
Das große Auge der Vieraugen ist durch eine dunkle Scheidewand horizontal geteilt. Der obere Augenteil ist größer, der untere kleiner. Beide Teile haben eine gemeinsame Linse. Diese Oberflächenfische können daher gleichzeitig beobachten, was sich über und unter dem Wasserspiegel abspielt.
Vieraugen ernähren sich meist von Anfluginsekten, die auf die Wasseroberfläche fallen. Die Fische können gut springen; die Becken müssen daher gut abgedeckt werden. Die Länge der einzelnen Exemplare schwankt zwischen 15 und 35 cm. Aus einem Wurf erhält man höchstens fünf Jungfische, die schon bei der Geburt bis 5 cm lang sind. Große, angriffslustige Fische, die für öffentliche Schaubecken interessant sind.

[1] Schwarzweißfoto von Anableps anableps auf S. 605.

Ordnung Mugiliformes (Meeräschenartige)

Diese Ordnung umfaßt Fische, die mit den Barschen nahe verwandt sein dürften. Im Gegensatz zu den Barschen sind jedoch die Bauchflossen direkt am Bauch angesetzt. Hierher gehören vorwiegend See-, Küsten- und Flußmündungsfische der Tropen und Subtropen; nur ein paar Arten leben im Süßwasser.

Familie Atherinidae (Ährenfische)

Kleinere Fische bis etwa 35 cm Länge. Einige Arten mit Ctenoid-, andere mit Cycloidschuppen. Die Gattungen dieser Familien leben hauptsächlich in tropischen Meeren, aber auch in der gemäßigten Zone, in Brackwasser, in Flußmündungen, auch im Süßwasser. Brustflossen vorne hoch angesetzt; zwei getrennte Rückenflossen. Eihüllen der meisten Arten mit fadenförmigen Ausläufern. Einige der oft prächtig gefärbten Süßwasserarten sind Aquarienfische.

Nematocentris maccullochi (Syn. *Melanotaenia maccullochi,* Zwergregenbogenfisch)
Beliebtester Aquarienfisch aus dieser Familie. Heimat: Nordaustralien (Umgebung von Cairns). Wird bis 7 cm lang. Friedlich, anspruchslos, kann sowohl mit Lebend- als auch mit Trockenfutter gefüttert werden. Die Becken sollen genügend Licht, zumindest Morgensonne erhalten. Die mit kurzen Fäden versehenen Eier legt das Weibchen auf Pflanzen ab. Die Jungen schlüpfen bei einer Temperatur von 25° C nach 7—10 Tagen. Sie sind dunkel gefärbt und hängen zunächst an Aquarienwänden und Pflanzen fest. Danach schwimmen sie frei und halten sich unter der Wasseroberfläche auf. In den ersten Tagen fressen sie lebendes

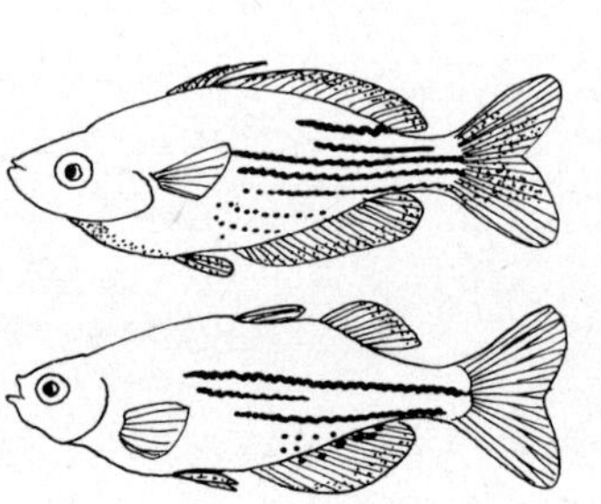

Nematocentris maccullochi oben ♂, unten ♀

Bild 2.63: Männchen des Zwergregenbogenfisches (Nematocentris maccullochi). Aufnahme S. Frank

„Staubfutter", später nehmen sie auch Trockenfutter an. Aus einem Ablaichen kann man bis 200 Jungtiere erhalten. Zucht nicht schwierig.
Seltener findet man in Aquarien eine größere, etwa 10 cm lange Art *N. fluviatilis* (Regenbogenfisch); in der aquaristischen Literatur unrichtig unter dem Namen *Melanotaenia nigrans* oder *Nematocentris nigrans* nachbestimmt und geführt. Alle *Nematocentris*-Arten lieben klares, sauerstoffreiches Wasser.

Bedotia geayi

Bedotia geayi (Rotgeschwänzter Ährenfisch)
Heimat: Madagaskar. Wird bis 15 cm lang, bleibt jedoch im Aquarium wesentlich kleiner (7–8 cm). Verlangt zur Zucht härteres, alkalisch reagierendes Wasser. Trotz seiner Größe ein friedliebender Fisch, der auch mit kleineren Becken vorliebnimmt. Männchen unterscheidet sich vom Weibchen durch die roten Enden der Schwanzflosse und die im allgemeinen „sattere" Ausfärbung. Schwanzflossenlappen des Weibchens durchsichtig oder milchig-weißlich. Das Männchen leitet die Paarung ein, indem es das Weibchen durch das Aquarium treibt und oft über ihm stehen bleibt (ähnlich wie sich auch Keilfleckbarben – *Rasbora heteromorpha* – zum Laichen vorbereiten). *B. geayi* laicht mehrere Tage nacheinander, wobei täglich nur wenige Eier abgelegt werden. Die Eier hängen an ziemlich langen Fäden an Pflanzen. Die Eltern fressen weder die Eier noch die Brut. Die Jungfische fressen gleich nach dem Freischwimmen gerne frischgeschlüpfte *Artemia*-Nauplien. Die Härte des Zuchtwassers soll höher als 10° dGH liegen.

Bild 2.64: Rotgeschwänzter Ährenfisch (Bedotia geayi), Männchen. Aufnahme S. Frank

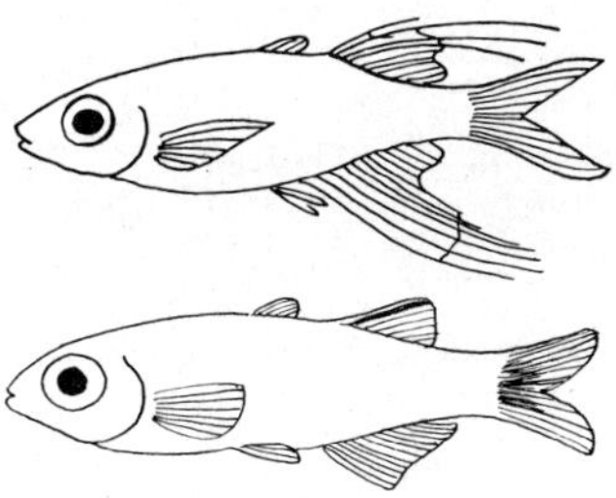

Telmatherina ladigesi
oben ♂, unten ♀

Telmatherina ladigesi (Celebes-Segelfisch)[2]
Heimat: Celebes und Hinterland von Makassar. Wird bis 7 cm lang. Sehr scheu und gegen Nitritgehalt empfindlich; Aquarium muß daher groß und gut mit Wasserpflanzen besetzt sein. Verlangt Lebendfutter, häufigen teilweisen Wasserwechsel sowie gute Filterung. Laich wird auf feinblättrige Wasserpflanzen abgelegt. Die Eier sind gelb. Elterntiere Laichräuber! Brut schlüpft nach 8–10 Tagen bei etwa 26° C. Jungtiere nach etwa 7 Monaten geschlechtsreif.

Pseudomugil signifer (Schmetterlings-Ährenfisch)[3]
Heimat: Nördliches und östliches Queensland in Australien. Wird etwa 4,5 cm lang. Schwarmfisch. Sehr lebhaftes Tier. Eier relativ groß. Brut schlüpft nach 14–18 Tagen bei etwa 26° C. Haltung und Zucht wie bei *Telmatherina ladigesi*.
Hin und wieder werden in Aquarien auch die große, etwa 50 cm lange *Austromenidia bonariensis* und die kleine, etwa 5 cm lange, aus Kuba stammende Art *Alepidomus evermanni* gehalten. Die letztgenannte Art wurde in Europa schon nachgezüchtet.

Ordnung Ophiocephaliformes (Schlangenkopfartige)

Körper walzenförmig. Schwimmblase geschlossen. Bauchflossen fehlen oder befinden sich hinter den Brustflossen. Kopf mit Schuppen bedeckt. Ein „Überkiemenorgan" dient zum Atmen von atmosphärischem Sauerstoff. Die Fische dieser Ordnung leben in stark erwärmten, schlammigen Gewässern. Sie vertragen Temperaturen bis zu 40° C. Bekannt sind etwa 40 Arten. Die Familie der

[2] Farbfoto auf Tafel 55, S. 599
[3] Laichserie auf den Tafeln 57, 58, S. 617 und 618

Schlangenköpfe (Ophiocephalidae) lebt in Afrika und Süd- und Südostasien. Kopf groß, Maul tief gespalten. Die vorderen Nasenöffnungen laufen röhrenförmig aus. Rücken- und Afterflosse sehr lang, nur von weichen Flossenstrahlen gestützt.
Die meisten Arten gehören zu der Gattung *Ophiocephalus*. Die Gattung *Channa* unterscheidet sich von *Ophiocephalus* durch das Fehlen der Bauchflossen. Von ihr ist nur eine kleine Art bekannt, und zwar die aus China stammende *Channa orientalis,* die höchstens 25 cm lang wird. *Ophiocephalus*-Arten dagegen sind recht groß, z. B. die indischen Arten *O. striatus* und *O. marulius*, die über einen Meter lang werden können und als Speisefische geschätzt werden.
Aus Afrika wurden bis jetzt eingeführt: Der Afrikanische Schlangenkopf *(Ophiocephalus africanus)* und *Ophiocephalus obscurus.* Beide Arten werden nur 30 bis 35 cm lang. Von den bislang eingeführten asiatischen Arten wird *O. orientalis* 30 cm lang, der aus Sumatra stammende *O. pleurophthalmus* wird etwa 40 cm lang und *O. striatus* aus Indien, Thailand und Südchina wird bis 1 m lang.
Im Aquarium kann man nur Schlangenköpfe kleinerer Art halten und züchten. Ein großer Nachteil dieser Fische für die Aquarienhaltung ist ihr schnelles Wachstum. Sie sind gute Springer. Größere Exemplare können leicht die Deckscheibe zerbrechen (daher besser Kunststoffabdeckung verwenden).

Ophiocephalus africanus

Ophiocephalus obscurus

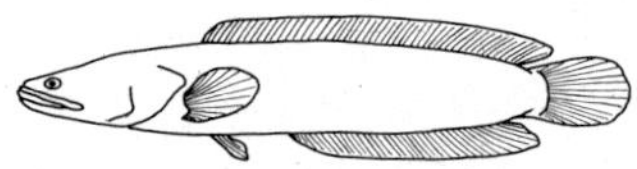

Ophiocephalus argus warpachowskii

Ophiocephalus argus warpachowskii (Amur-Schlangenkopf)
Heimat: Amurgebiet. Wird bis 85 cm lang und bis 7 kg schwer. Baut Nester aus Pflanzen, in die er bis zu 15 000 Eier ablegt. Die Eier steigen aufgrund ihres Ölgehaltes an die Oberfläche und entwickeln sich sehr schnell. Die Jungfische schlüpfen bei etwa 26° C schon nach zwei bis drei Tagen. Weitere 6–8 Tage schwimmen sie bauchoben an der Wasseroberfläche, bis der Dottersack aufgezehrt ist. Danach schwimmen sie normal frei. Männchen treibt Nestpflege.
Es wurde versucht, diesen Fisch im europäischen Teil der UdSSR einzubürgern, da er es auch in Gewässern aushält, in denen weder Schleie noch Karausche wegen Mangels an Sauerstoff leben können. Der Amur-Schlangenkopf verträgt gut eine kalte Überwinterung. Vom Frühjahr bis zum späten Herbst kann man ihn in Gartenteichen halten. Braucht als Nahrung lebende Fische; nur wenige Exemplare gewöhnen sich daran, Streifen aus Fischfleisch zu fressen.

Ordnung Perciformes (Barschartige)

Umfangreichste Ordnung der heute lebenden Knochenfische. Gewöhnlich zwei Rückenflossen (die miteinander verwachsen sein können), von denen die erste nur harte, dornige Flossenstrahlen aufweist. Bauchflossen unterhalb der Brustflossen in der Region der Kehle. Schuppen meist ctenoid. Sehr formenreiche Ordnung, die etwa 20 Unterordnungen umfaßt. Vertreter sind schon aus der Oberkreide bekannt. Vor allem Seefische, von denen einige große wirtschaftliche Bedeutung haben.

Unterordnung Percoidei (Barschfische)

Viele Familien sowohl im Süß- als auch im Salzwasser. Zum Teil sehr verbreitete und beliebte Aquarienfische mit interessantem Verhalten.

Familie Centropomidae (Glasbarsche)

Vertreter dieser Familie sind schon aus der Oberkreide bekannt. Die ganze Reihe der heute ausgestorbenen Formen ist gut zu verfolgen. Heute lebende Glasbarsche sind von Ostafrika bis zum Pazifischen Ozean verbreitet. Glasbarsche leben vor allem in See- und Brackwasser. Im Süßwasser nur sekundär einige wenige Arten.

Chanda ranga (Indischer Glasbarsch)
Heimat: Indien, Burma, Thailand. Wird 5–7 cm lang. Lebt sowohl in Süß- als auch in Brackwasser. Bleibt im Aquarium meist kleiner (etwa 4 cm). Laicht im Pflanzendickicht ab. Brut schlüpft bei 25° C schon nach 24 Stunden, hängt drei bis vier Tage an den Scheiben des Aquariums und löst sich dann ab. In den

Tafel 13
Oben links: Die Herkunft des Leopardbärblings (Brachydanio frankei) ist nicht ganz klar. Zuerst ist er aus Prager Aquarien bekannt geworden. Eventuell ist er nur eine Mutante von Brachydanio rerio, denn beide Arten kreuzen fruchtbar.
Oben rechts: Der Tüpfelbärbling (Brachydanio nigrofasciatus) kommt von Ostpakistan bis Oberburma vor. Der vier bis fünf Zentimeter lange Bärbling ist wie alle seine Vettern ein lebhaftes Schwarmfischchen.
Obere Mitte, links: Malabarbärblinge (Danio aequipinnatus) leben an der Westküste Vorderindiens und auf Ceylon, in klaren Fließgewässern. Sie werden ungefähr zwölf Zentimeter lang.
Obere Mitte, rechts: Die Ostküste von Indien ist die Heimat des sechs Zentimeter langen Zebrabärblings (Brachydanio rerio).
Untere Mitte, links: Indien und Hinterindien ist die Heimat des Devariobärblings (Danio devario), der bis zu zehn Zentimeter lang wird.
Untere Mitte, rechts: Brachydanio kerri stammt von den thailändischen Inseln Koh Yao Yai und Koh Yao Noi; das friedliche Schwarmfischchen wird etwa vier Zentimeter lang.
Unten links: Der Schillerbärbling (Brachydanio albolineatus) stammt aus den Bächen und Flüssen Hinterindiens, Malakkas und Sumatras.
Unten rechts: Der Kardinalfisch (Tanichthys albonubes) lebt in Flüssen und Bächen der Weißen Wolkenberge bei Kanton und Hongkong. Aufnahmen: B. Kahl

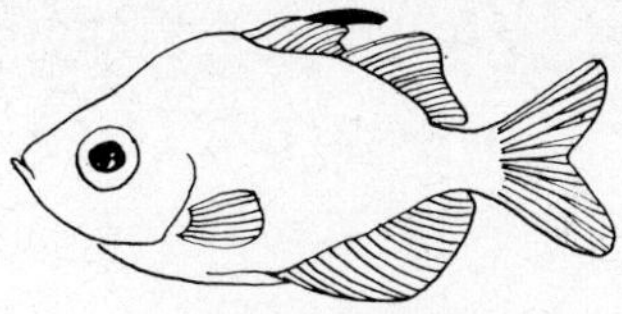

Chanda ranga

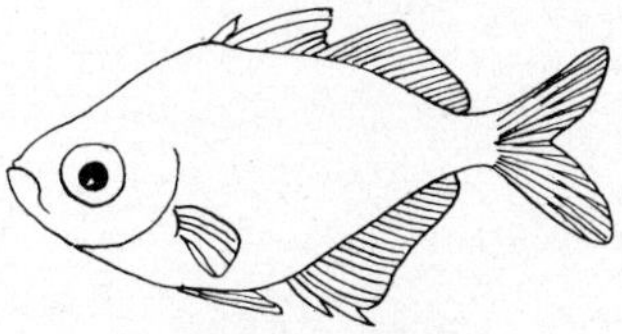

Chanda wolffi

Bild 2.65: Indischer Glasbarsch (Chanda ranga), Männchen. Aufnahme S. Frank

Tafel 14
Oben links: Die Zwergbärblinge (Rasbora maculata) leben auf der südlichen malaiischen Halbinsel, Singapur und Sumatra.
Oben rechts: Aus den Gebirgsgewässern Ceylons stammt der bis zu vier Zentimeter werdende Perlmuttbärbling (Rasbora vaterifloris).
Obere Mitte, links: Rasbora reticulata stammt aus den Gewässern Sumatras, das Fischchen wird bis zu sechs Zentimeter lang.
Obere Mitte, rechts: Bis zu neun Zentimeter lang werden die Längsbandbärblinge (Rasbora einthoveni). Sie leben in Malakka, Singapur, Thailand, außerdem finden wir sie auf einzelnen Inseln des Malaiischen Archipels.
Untere Mitte, links: Der Rotstreifenbärbling (Rasbora pauciperforata) wird bis zu sieben Zentimeter lang und kommt hauptsächlich auf der Insel Sumatra vor.
Untere Mitte, rechts: Die malaiische Halbinsel und Sumatra sind die Heimatgebiete des 6,5 Zentimeter lang werdenden Augenfleckbärblings (Rasbora dorsiocellata).
Unten links: Die Purpurkopfbarbe (Puntius nigrofasciatus) ist in langsamfließenden Bergwaldbächen des südlichen Ceylon zuhause. Die Purpurkopfbarbe wird bis zu fünf Zentimeter lang; das Bild zeigt oben ein Weibchen, unten ein Männchen.
Unten rechts: Schattige Bäche in Ceylon bewohnt die fünf Zentimeter lange Bitterlingsbarbe (Capoeta titteya). Sie ist ziemlich scheu und zurückhaltend und sucht versteckte Plätze auf.
Aufnahmen: B. Kahl

ersten Tagen schwimmt die Brut senkrecht mit dem Kopf nach oben, später schräg unter einem Winkel von 45–30°. Die Jungtiere jagen sogleich nach Nahrung. Die Brut ist in den Nahrungsansprüchen sehr wählerisch und gibt sich z. B. nicht mit den leicht zu erbeutenden, wenig beweglichen Rädertieren zufrieden. Finden sich keine passenden *Cyclops*-Nauplien, so geht die Brut bald ein. (Von welcher *Cyclops*-Art die Nauplien sein müssen, ist bis heute nicht bekannt, da die Nauplien außerordentlich schwierig zu bestimmen sind.) Sagt der Brut die Nahrung dagegen zu, so stellt sie sich binnen zwei bis drei Tagen waagerecht. Sie nimmt dann „Staubfutter" aller Art an.
Gelegentlich wurden einige weitere *Chanda*-Arten eingeführt, so die kleineren, 6–11 cm langen *Ch. agassizi, Ch. buruensis, Ch. nana, Ch. commersoni.* Dagegen wird *Ch. wolffi* fast 20 cm lang, bleibt aber im Aquarium kleiner (6–7 cm). Aus dem Brackwasser stammt *Gynochanda filamentosa,* die nur 5 cm lang wird. Im Aquarium pflanzt sich außer *Ch. ranga* nur *Ch. commersoni* fort. Diese Art ist recht produktiv und mit lebendem „Staubfutter" aller Art leicht aufzuziehen.

Familie Centrarchidae (Sonnenbarsche)

Süßwasserfische, von denen einige sekundär im Salzwasser leben. Nur eine Rückenflosse, deren vorderer, bedornter Teil niedriger ist als der hintere mit den Weichstrahlen. Viele Gattungen, von denen einige in Nordamerika von fischereiwirtschaftlicher Bedeutung sind. Alle Arten sind durch einen hohen Körper gekennzeichnet; sie sind bunt gefärbt und werden bis 25 cm lang.
Die Männchen höhlen während der Laichzeit auf Schotterboden schüsselförmige Laichgruben aus und übernehmen die Laich- und Brutpflege. Sonnenbarsche bewohnen meist klare Gewässer. Kleinere Arten leben in Schwärmen, größere sind unverträgliche, bissige und räuberische Einzelgänger. Die meisten Arten sind sauerstoffbedürftig, an niedrige Wassertemperaturen angepaßt und gegen saures Wasser empfindlich (sowie gegen alle möglichen, in der Aquaristik üblichen Medikamente). Vor allem größere Arten eignen sich gut zum Aussetzen in Gartenteiche. Laichperiode im Frühjahr, bei einigen Vertretern kommt eine zweite Laichperiode im späten Sommer vor.

Centrarchus macropterus

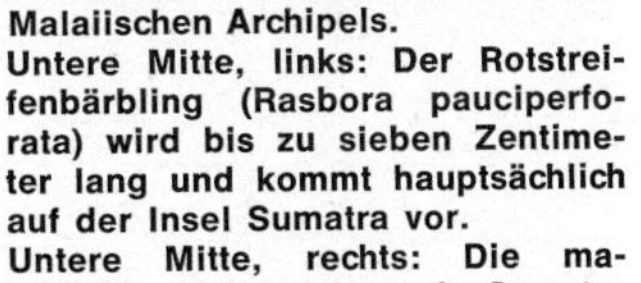

Centrarchus macropterus (Pfauenaugenbarsch)
Heimat: Oststaaten der USA von Illinois bis Florida. Wird bis 16 cm lang, im Aquarium höchstens bis 8 cm. Fische mit merkwürdigem Spieltrieb: Sie stoßen einander an, mit blitzschnellen Bewegungen der Afterflosse. Die Bewegungen können so schnell sein, daß man sie mit bloßem Auge nicht mehr wahrnehmen kann. Afterflosse des Männchens mit weißlichem Saum. Hinten auf der Basis der Rückenflosse befindet sich ein Augenfleck.

Elassoma evergladei (Zwerg- oder Schwarzbarsch)
Heimat: Nordkarolina bis Florida. Wird von manchen Autoren in eine selbständige Familie eingereiht (Elassomatidae). Zucht einfach. Aus einem Ablaichen erhält man höchstens 30–60 Eier. Brut schlüpft nach zwei bis drei Tagen und nimmt nach dem Freischwimmen lebendes „Staubfutter“ an. Eltern weder Laich- noch Bruträuber. Verträgt vorübergehend niedrige Wassertemperaturen von 8 bis 12° C. Jungfische kann man mit den Eltern zusammen halten und aufziehen. (Gelingt nicht immer; im Gegensatz zu anderen Arten keine Brutpflege.) Erwachsene Tiere werden nicht länger als 3,5 cm.

Elassoma evergladei

Enneacanthus obesus (Diamantbarsch)
Heimat: Oststaaten der USA. Wird bis 10 cm lang. Gut geeignet für Gartenteiche, muß aber zur Überwinterung ins Haus genommen werden. Die verwandte Art *E. gloriosus* wird bis 8 cm lang. Ältere Exemplare verlieren mit der Zeit ihre Querstreifen. Körper mit irisierenden Tüpfeln bedeckt. Beide Arten sind nicht sonderlich beliebt und werden nur selten nachgezüchtet.

Lepomis gibbosus (Gemeiner Sonnenbarsch)[1]
Heimat: Dakota bis zur mexikanischen Bucht. Wird bis 20 cm lang. Fischereiwirtschaftliche Bedeutung nur örtlich. Wurde Ende des vorigen Jahrhunderts nach Europa eingeführt und wird hier in Aquarien und Teichen gehalten, lebt aber auch in verschiedenen europäischen Gewässern frei, so in den Stromgebieten der Donau und Elbe. Kann bei Massenvermehrung für die Brut anderer Fische schädlich werden. Die verwandte Art *L. macrochirus* lebt östlich der Rocky Mountains von Südkanada bis zur mexikanischen Bucht. Diese Art wird wegen ihres schmackhaften Fleisches von Sportanglern viel gefangen. Zur Zeit weit verbreitet auf Kuba.
Weitere Arten aus der Gattung *Lepomis*: *L. auritus* (Großohriger Sonnenfisch), *L. cyanellus* (Grüner Sonnenbarsch), *L. megalotis* (Großohriger Sonnenbarsch). Diese Arten sind heute in der Aquaristik kaum mehr verbreitet; nur ältere Aquarianer werden sie noch kennen.

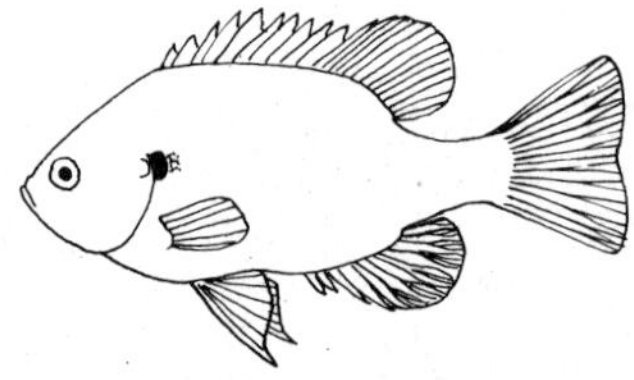

Lepomis gibbosus

[1] Schwarzweißfoto auf S. 41

Mesogonistius chaetodon (Scheibenbarsch)
Heimat: Stehende und langsam fließende Gewässer von New Jersey bis Maryland. Wird bis 10 cm lang, bleibt im Aquarium wesentlich kleiner (etwa 5 cm). Sehr anspruchslos, daher in Europa als Aquarienfisch beliebt. Verträgt im Winter ein Absinken der Temperatur bis zum Gefrierpunkt. Verlangt kristallklares Wasser und nimmt nur Lebendfutter an. Eier werden in Vertiefungen im Sandboden abgelegt und vom Männchen bewacht. Weibchen während der Laichzeit intensiver gefärbt, wobei besonders die orangefarbenen Bauchflossen auffallen. Kalt überwinterte Tiere laichen leichter ab als warm überwinterte; sie sind nicht von Außenparasiten befallen und praktisch nie abgemagert.

Mesogonistius chaetodon

Bild 2.66: Scheibenbarsch (Mesogonistius chaetodon). Aufnahme S. Frank

Micropterus salmoides (Forellenbarsch)
Heimat: Vom Osten der Rocky Mountains bis südlich nach Mexiko und Florida. Neuerdings auf Kuba ausgesetzt und dort sehr verbreitet. Bevorzugt Seen mit reinem Wasser und stark bewachsenen Ufern. Laicht im Frühjahr in einer Tiefe von 60–180 cm auf sandigem Boden, in dem das Männchen schüsselförmige Laichgruben aushebt. Jungfische bleiben unter der Obhut des Männchens in Schwärmen beisammen, bis sie etwa 2,5 cm lang geworden sind. Aus einem Ablaichen erzielt man durchschnittlich 4000 Jungtiere. Der Fisch erreicht in seiner Heimat ein Gewicht von 4–8 kg und eine Länge von 60 cm. In Europa wird er seit Ende des vorigen Jahrhunderts zusammen mit Karpfen in Teichen gehalten. Im Aquarium werden ab und zu kleinere Exemplare gepflegt oder größere auf Fischereiausstellungen gezeigt. Ähnlich verhält es sich mit dem nahe verwandten Schwarzbarsch *(M. dolomieu).* Dieser Fisch wurde im südlichen Mitteleuropa erfolgreich ausgesetzt und akklimatisiert.
In Freilandteichen wurde *Pomoxis nigromaculatus* nachgezüchtet. Weitere eingeführte Arten der Familie Centrarchidae: *Ambloplites rupestris* (Steinbarsch), *Chaenobryttus gulosus, Acantharchus pomotis.* Von diesen Arten konnte sich keine in der Aquaristik richtig einbürgern.

Familie Percidae (Echte Barsche)

Meist zwei getrennte, selten vereinigte Rückenflossen. Die erste Rückenflosse aus harten, die zweite aus weichen Flossenstrahlen. Afterflosse mit ein bis zwei Dornen. Einige Gattungen leben in Nordamerika, in Europa und in Nordasien in Binnengewässern der gemäßigten Zone. Kopf groß, Maul tief gespalten. Charakteristisch für Europa sind die Gattungen *Perca, Stizostedion, Zingel, Acerina.* Für Nordamerika sind charakteristisch *Stizostedion, Boleosoma, Etheostoma.* Diese Echten Barsche sind für die Aquaristik ohne Bedeutung. Allenfalls halten Aquarianer gelegentlich kleine Flußbarsche *(Perca fluviatilis)* oder die sehr widerstandsfähigen Kaulbarsche *(Gymnocephalus* [Syn. *Acerina*] *cernua).*

Familie Psettidae (syn. Monodactylidae) (Flossenblätter)

Die Angehörigen dieser Familie leben in warmen Gebieten im Meer und Brackwasser (Afrika, Südasien, Australien). Manche steigen flußaufwärts. Große Augen, seitlich stark zusammengedrückter, hoher Körper. Kopf und Mund relativ klein. Seitenlinie vollständig. Bauchflossen sehr klein.

Psettus argenteus (Silberflossenblatt)
Heimat: Indischer Ozean, afrikanische und australische Küste. Wird bis 23 cm lang. Erste Rücken- und Afterflossenstrahlen verlängert und mit Schuppen bedeckt. Im Aquarium rasch an Süßwasser zu gewöhnen. Die verwandte Art *Psettus sebae* wird bis 20 cm lang und ist in der Körperform noch höher gestaltet. Sie lebt in den tropischen Gewässern Westafrikas, hält sich aber mit Vorliebe in Flüssen auf. *P. sebae* hat, obwohl bizarr geformt, die Zuneigung der Aquarianer nicht gefunden, da die Färbung nicht besonders schön ist. Die meisten eingeführten Exemplare der beiden genannten Arten bleiben in Gefangenschaft recht scheu. Bei höherer Temperatur von 24–28° C fühlen sie sich wohl und sind dann recht gefräßig. Sie nehmen Lebendfutter aller Art: Wasserflöhe, Rote Mükkenlarven, *Tubifex,* Enchyträen usw. Für kürzere Zeit (bis 1 Jahr) kann man die Tiere gut in Süßwasser pflegen; sie fühlen sich aber in Brackwasser wohler und können sogar in Korallenfischbecken gehalten werden. Über Fortpflanzung in der Gefangenschaft ist nichts bekannt.

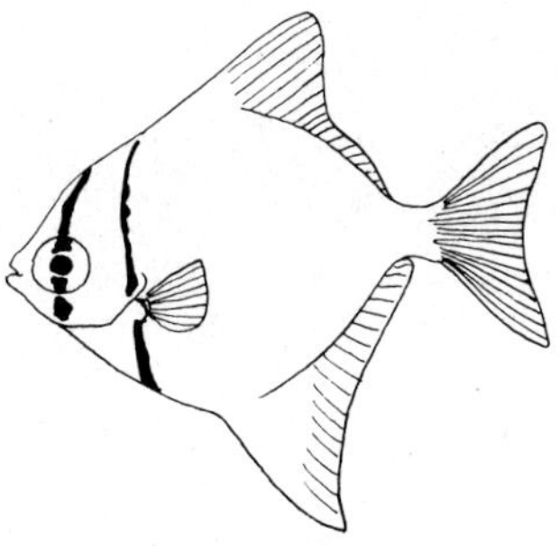

Psettus argenteus

Familie Toxotidae (Schützenfische)

Schützenfische leben in etwa fünf Arten an den Küsten Südasiens, des Indomalaiischen Archipels, der Philippinen und Australiens. Sie können Insekten, die außerhalb des Wassers auf Blättern, Zweigen und Steinen sitzen, mit einem gespuckten Wasserstrahl „abschießen" und auf die Wasseroberfläche herunterfallen lassen. Jungtiere tragen am Körper Leuchtflecke, die zum Kontakthalten der Fische im Schwarm in trübem Wasser dienen.

Toxotes jaculatrix (Schützenfisch)[1]
Wird bis 24 cm lang. Hält sich an der Wasseroberfläche auf und versteht es, bis auf eine Entfernung von 150 cm jedes Insekt, das sich dem Wasserspiegel nähert, mit Hilfe des gespuckten Wasserstrahles abzuschießen. Für diese Lebensweise ist der Rücken auffallend gerade gestreckt. Verlangt in der Gefangenschaft vor allem Insektennahrung. In der freien Natur lebt die Art vor allem im Brackwasser der Flußmündungen.
Toxotes chatareus wird größer (bis 27 cm). Diese Art unterscheidet sich von *T. jaculatrix* durch mehrere harte Strahlen am Anfang der Rückenflosse. (*T. jaculatrix* hat vier Stacheln, *T. chatareus* fünf Stacheln.) Ausfärbung beider Arten sehr variabel, daher zur Artunterscheidung ungeeignet. Jüngere Tiere sind besser einzugewöhnen, wenn man dem Aquarienwasser etwas Salz zusetzt. Sie sind sehr wärmebedürftig (26–28° C). In Gefangenschaft nehmen sie Ersatznahrung wie Fliegen, kleinere Heimchen und Schaben. Ältere Tiere sind oft untereinander unverträglich. Über Fortpflanzung in Gefangenschaft ist nichts bekannt.

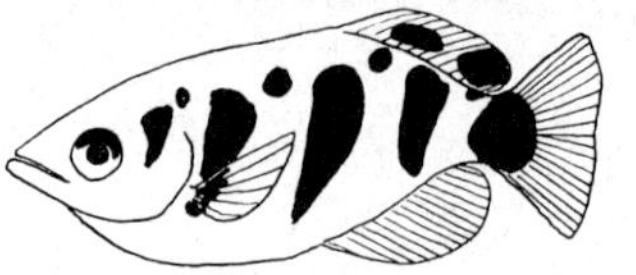
Toxotes jaculatrix

[1] zum Verhalten siehe auch S. 543

Bild 2.67: Schützenfisch Toxotes chatareus. Aufnahme S. Frank

Familie Scatophagidae (Argusfische)

Argusfische leben in der Nähe der Küste des Indischen und Stillen Ozeans, in Südasien und in der australischen Region. Körper diskusförmig. Der lateinische Gattungsname *Scatophagus* bedeutet, daß der Fisch mit Vorliebe Kot frißt. Tatsächlich halten sich Argusfische oft an den Einmündungen der Kanalisationen größerer Städte auf. Sie sind also nicht nur Allesfresser, sondern suchen mit Vorliebe verschiedene Abfälle und fressen alles, was verdaulich ist. Die Jungfische tragen ziemlich lange eine larvale Knochenpanzerung auf Kopf und Nacken. Eltern treiben Brutpflege; sie laichen an Steinen ab.

Scatophagus argus (Argusfisch)
Heimat: Tropische Teile des Indopazifiks. Wird bis 30 cm lang. Kann in Salzwasser, Brackwasser und Süßwasser leben. Gefräßiger Allesfresser. Im Aquarium mit Lebendfutter, Algen, Salat, gekochtem Spinat, eingeweichten Haferflocken zu füttern. Lebhafter Fisch, anderen Arten gegenüber friedlich. Maul klein. Schwimmweise („wackelndes Schwimmen") erinnert an Korallenfische. Durch die lebhafte Verdauung dieses Fisches bildet sich im Aquarium viel Schmutz, daher gute Filterung. Erwachsene Exemplare gedeihen in Salzwasser besser. Oft importiert und gehalten wird der Rote Argusfisch *(Scatophagus argus rubrifrons)*. Diese Unterart ist durch eine rote Stirn und einen roten Anfang des Rückens hinter dem Kopf gekennzeichnet. Junge Exemplare sind gefleckt und quergestreift, erwachsene vorwiegend grün bis bräunlich und einheitlich gefärbt. Haltungstemperatur zwischen 20 und 28° C.
Scatophagus tetracanthus und *Selenotoca multifasciata* werden selten importiert. Bis heute wurde keine Art in der Gefangenschaft fortgepflanzt.

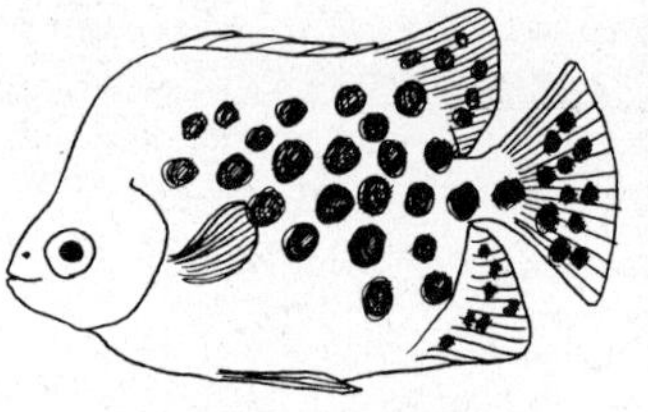
Scatophagus argus

Scatophagus rubrifrons
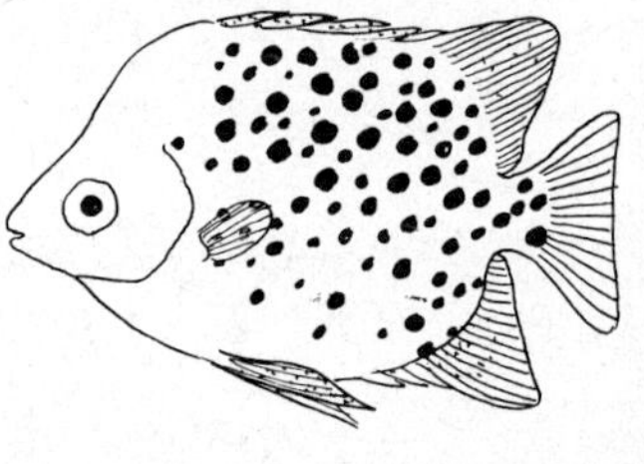

Familie Nandidae (Nanderbarsche)

Süßwasserfische aus den Tropen Asiens, Afrikas und Südamerikas. Bekannt sind etwa sechs Gattungen, die sich durch eine große Rückenflosse, den oft tief gespaltenen, weit vorstreckbaren Mund auszeichnen. Seitenlinie unvollständig. Alle Vertreter sind Raubfische. Sie sind sehr gefräßig und für das Gesellschaftsbekken nicht geeignet. In hellen, wenig bepflanzten Aquarien sind sie recht scheu. Die meisten Arten sind Höhlenlaicher, einige bauen sogar Schaumnester. Männchen betreiben meist Brutpflege. Die Jungen wachsen sehr unregelmäßig und sind daher auch untereinander leicht kannibalisch.

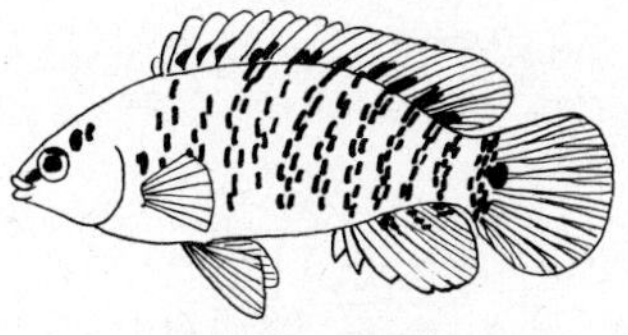

Badis badis

Badis badis (Blaubarsch)[2]
Heimat: Stehende Gewässer Indiens. Wird etwa 8 cm lang. Männchen im allgemeinen größer als das Weibchen. (Im Vergleich zu anderen Arten ist das Maul relativ klein.) Einzige Art, die sich für das Gesellschaftsbecken eignet. Friedlich. Temperatur 26–28° C. Sucht gerne Verstecke in Form von Steinhöhlen, Baumwurzeln oder dichtem Pflanzenbewuchs auf. Nimmt lebende Nahrung aller Art. Während der Laichzeit kann man auch die Imponierstellung des Männchens beobachten. Eier werden in Höhlen aus Steinen oder in Blumentöpfe abgelegt. Männchen übernimmt die Brutpflege. Ahl beschrieb 1936 eine braunrote, mit Streifen roter Tupfen versehene Form aus Burma, die er *Badis badis burmanicus* nannte.

Monocirrhus polyacanthus

Monocirrhus polyacanthus (Blattfisch)[3]
Heimat: Stromgebiet des Amazonas, Rio Negro, Westguayana. Wird nur 8 cm lang. Kann sein Maul außerordentlich weit vorstülpen. Sehr rauflustig und raubgierig. Ahmt gerne Blätter nach, die im Wasser treiben, ist jedoch ein schlechter Schwimmer. Laicht auf Steinplatten, auf großen Blättern, im Aquarium sogar an Glasscheiben. Eier groß, werden meist vom Männchen bewacht. Wenn die Jungtiere ein gewisses Alter erreicht haben, muß man sie je nach der Körpergröße aussortieren, da sonst die größeren ihre kleineren Geschwister auffressen.
Ab und zu wird auch der große, bis 20 cm lange Nander *(Nandus nandus)*[4] aus Indien, Burma und Thailand importiert, ebenso der kleinere, etwa 12 cm lange *Nandus nebulosus* und der etwa 20 cm lang werdende *Pristolepis fasciata*. Meinken beschrieb 1954 eine neue Art von der Elfenbeinküste Afrikas unter dem Namen *Afronandus sheljuzhkoi*, die nur bis 5 cm lang werden soll. Alle genannten Arten wurden in der Gefangenschaft noch nicht nachgezüchtet.

Gattungen *Polycentrus* und *Polycentropsis*

Die südamerikanischen und afrikanischen Vertreter dieser beiden Gattungen werden von manchen Ichthyologen in eine getrennte, selbständige Familie eingereiht: Polycentridae.

Polycentrus schomburgki (Südamerikanischer Vielstachler)[5]

Bild 2.66: Südamerikanischer Vielstachler (Polycentrus schomburgki), Jungtier. Aufnahme S. Frank

[2] Barlow, Liem und Wickler 1968 (Journ. Zool. London, 415–447) stellten die Familie Badidae auf. Sie soll von einem Proto-Anabantoidenstamm abzuleiten sein, bevor dieser die Fähigkeit zur Luftatmung erlangte.
[3] Farbfoto auf Tafel 64, S. 704
[4] Farbfoto auf Tafel 64, S. 704
[5] Farbfoto auf Tafel 63, S. 703

Heimat: Nordöstlicher Teil von Südamerika und Trinidad. Wird bis 10 cm lang. Farbenprächtig. Weibchen matt braun gefärbt, Männchen samtschwarz mit silbrig-blauen oder türkis-grünen Flecken und Tupfen. Die Tiere laichen meist an die Unterseite von breiten Wasserpflanzenblättern. Männchen zur Laichzeit viel bunter als das blassere Weibchen. Legeröhre des Männchens wie bei Cichliden konisch und spitz, beim Weibchen breit, kegelförmig, stumpf.

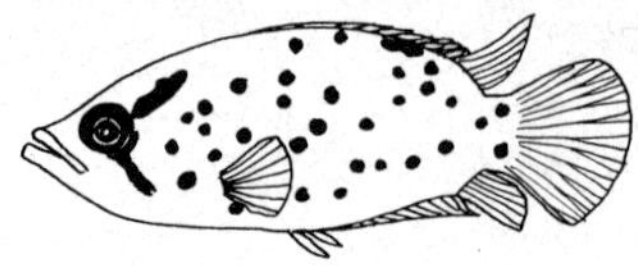

Polycentrus schomburgki

Polycentropsis abbreviata (Afrikanischer Vielstachler)
Heimat: Tropische Gebiete Westafrikas, Lagos, Niger, Ogowe. Wird bis 8 cm lang. Sehr ähnlich dem südamerikanischen Verwandten, in der Körperform jedoch kürzer, mit größerem Kopf und tiefgespaltenem Maul. Schnauze stark in die Länge gezogen, zugespitzt. Weiche Teile von Rücken- und Afterflosse kurz, Ausfärbung sehr veränderlich. Baut vor dem Laichen große Schaumnester, vor allem unter Schwimmblättern. Legt bis 100 Eier ab. Nach dem Ablaichen übernimmt das Männchen die Brutpflege. Die Brut ist sehr gefräßig, wächst in weichem Wasser schnell und fast ohne Verluste.

Familie Cichlidae (Buntbarsche)

Große Gruppe von Süßwasserfischen, die in Süd- und Mittelamerika sowie in Afrika leben. In Asien kommen nur zwei Arten vor, und zwar in Indien und auf Ceylon. Von anderen Barschartigen unterscheiden sich die Buntbarsche dadurch, daß sie auf jeder Kopfseite nur eine Nasenöffnung tragen, weil die Nasengrube keine Hautfalte aufweist, die Naseneingang und Nasenausgang trennen könnte. Körperform hoch, seitlich zusammengedrückt, selten langgestreckt (z. B. bei *Crenicara* und *Crenicichla*). Bei vielen Arten bildet sich vor allem bei älteren Männchen auf und hinter der Stirn ein Fettpolster. Seitenlinie meist zweiteilig mit zwei Zweigen. Oberer Zweig verläuft vom Kiemendeckel bis unter den weichstrahligen Teil der Rückenflosse, unterer Zweig verläuft am hinteren Körperseitenteil und beginnt unter dem Ende des oberen Seitenlinienzweiges. Buntbarsche bewohnen meist Ufergebiete langsam fließender oder stehender Gewässer. Einige Buntbarsche sind echte Pflanzenfresser oder Detritusfresser, andere ausgesprochene Planktonfresser oder sogar Raubfische. Sie zeichnen sich durch besondere Brut- und Nachwuchspflege aus. Im Aquarium werden sehr viele Arten gehalten. Bis heute sind mehr als 1000 Arten bekannt, die in knapp 100 Gattungen eingeordnet werden. Hier können nur die bekanntesten Vertreter vorgestellt werden.

Süd- und mittelamerikanische Buntbarsche

Cichlasoma octofasciatum (Schwarzgebänderter Buntbarsch)
Heimat: Amazonas und Rio Negro. Wird bis zu 18 cm lang. Grundfarbe rehbraun bis dunkelbraun oder schwarz. An den Körperseiten 7–8 unterschiedlich deutliche Querstreifen. Jede Schuppe mit einem glänzenden blauen Punkt; Rückenflosse rot gesäumt. Während der Laichzeit rauflustig und unverträglich. Aquarium ohne Bepflanzung, da das Zuchtpaar durch ständiges Wühlen im Sandboden alle Pflanzen vernichtet. Männchen im allgemeinen größer als das Weibchen, mit wulstiger Stirn. Aus einem Eigelege erzielt man 700–800 Junge. Sehr langlebige Art, kann bis fünf Jahre oder älter werden. Zuchttemperatur etwa 25° C. Beide Eltern betreiben Brutpflege. Jungfische leicht mit lebendem „Staubfutter" aufzuziehen. Wachsen gut. Geschlechtsreif im Alter von einem Jahr, bei einer Größe von 10–12 cm.

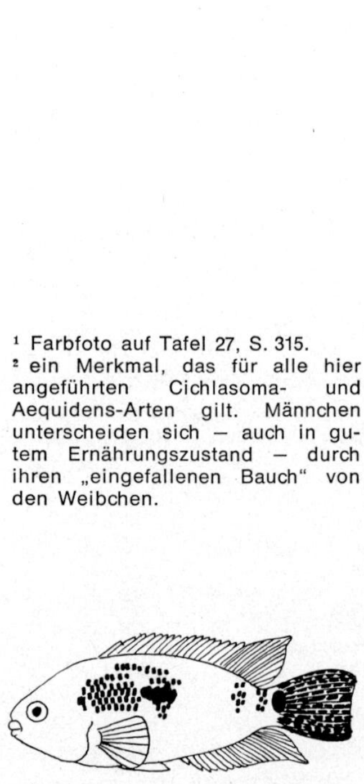

Cichlasoma octofasciatum

Cichlasoma meeki (Feuermaul-Buntbarsch)[1]
Heimat: Guatemala und Yukatan. Wird bis 15 cm lang. Körper hoch, Rücken stark gewölbt. Grundfarbe blaugrau mit violettem Glanz. Rücken dunkel, Bauch olivgelb bis orangefarben, Kehle und Unterkiefer sehr schön ziegelrot. Ältere Männchen mit verlängerter Rücken- und Afterflosse[2]. Tiere imponieren sehr wirkungsvoll, indem sie die Kiemendeckel stark anheben. Außerhalb der Laichzeit sind die Fische nicht ausgesprochen rauflustig, doch werden sie beim Laichen häufig außerordentlich bissig und aggressiv gegenüber kleineren Artgenossen. „Eingespielte" Paare laichen willig, am liebsten in einer Höhle, z. B. in einem umgestürzten Blumentopf. Das Paar prüft viele Stunden lang, ob die Behausung für die zahlreiche Nachkommenschaft auch geeignet ist. Eigelege wird von beiden Eltern beschützt. Männchen wechselt in der Brutpflege mit dem Weibchen ab. Die Eltern entfernen jeden Schmutz aus dem Eigelege, auch die

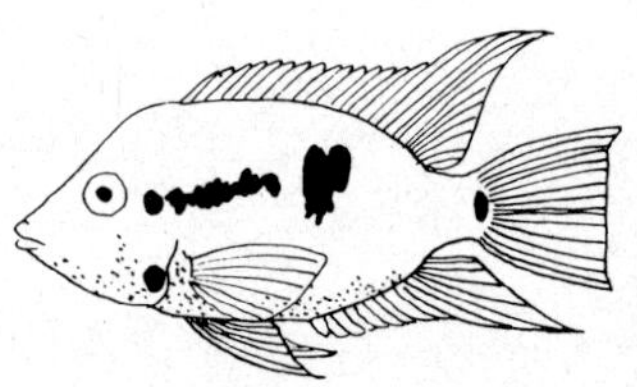

Cichlasoma meeki

[1] Farbfoto auf Tafel 27, S. 315.
[2] ein Merkmal, das für alle hier angeführten Cichlasoma- und Aequidens-Arten gilt. Männchen unterscheiden sich – auch in gutem Ernährungszustand – durch ihren „eingefallenen Bauch" von den Weibchen.

Bild 2.69: Feuermaul-Buntbarsch (Cichlasoma meeki), halberwachsenes Tier. Aufnahme S. Frank

weiß werdenden, unbefruchteten oder verpilzten Eier. Verpilzte Eier sind für die weitere Entwicklung der befruchteten Eier gefährlich, da der Pilz auch auf sie übergreifen kann und damit das ganze Gelege bedroht. Die Brut hält sich nach dem Freischwimmen noch einige Tage bei den Eltern in einem Schwarm auf. Die Eltern schützen sie vor jedem Angriff. Günstigste Zuchttemperatur bei 24 bis 26° C. Die Wassertemperatur für erwachsene Tiere soll nicht viel unter 20° C absinken.

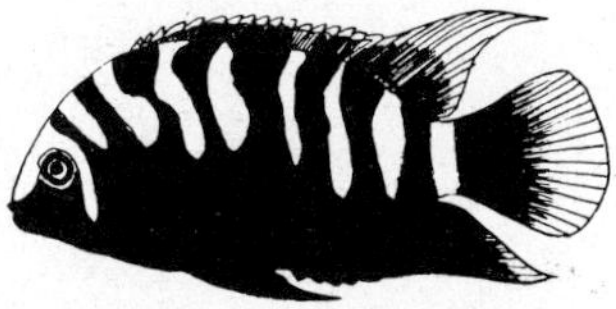

Cichlasoma nigrofasciatum

Cichlasoma nigrofasciatum (Grünflossen-Buntbarsch, Zebrabuntbarsch)[3]
Heimat: Mittelamerika von Guatemala bis Westpanama. Wird 8–10 cm lang. Rücken dunkelgrau bis bläulich, Körperseiten mausgrau, manchmal mit violettem Schimmer. 8 bis 9 Querstreifen, deren Intensität vom Wohlbefinden des Fisches abhängig ist. Flossen metallisch grün, Männchen mit langgezogener Rücken- und Afterflosse. Weibchen stets kleiner als das Männchen, mit bronzefarbenem hinteren Bauchteil. Auffällig bunte Art, leider aggressiv gegenüber Artgenossen und anderen Fischen. Im Aquarium ständig damit beschäftigt, den Bodengrund aufzugraben und umzuwühlen. Daher sollte das Aquarium nicht mit Pflanzen besetzt werden. Futter: neben Fleischnahrung grüner Kopfsalat, eingeweichte Haferflocken, Algen u. ä. In der Brutpflege ähnlich wie *Cichlasoma meeki*; schätzt jedoch noch mehr Steine und Blumentöpfe als Unterschlupf. Der Brutpflegeinstinkt, der die Eltern zwingt, die Nachkommenschaft gleich nach dem Schlüpfen in vorher vorbereiteten Sandgruben zwischen Steinen am Bodengrund zu

[3] Farbfoto auf Tafel 27, S. 315

Bild 2.70: Männchen des Grünflossen-Buntbarsches (Cichlasoma nigrofasciatum). Aufnahme S. Frank

verbergen, ist bei dieser Art besonders stark entwickelt. Die Eltern tragen die Jungen von einem Ort zum anderen, vor allem wenn sie beunruhigt werden oder annehmen, daß ihr bisheriges Versteck entdeckt ist. Die Brut wird mit großer Heimlichkeit umquartiert, wobei ein Elterntier versucht, die Aufmerksamkeit des Beobachters durch eine ganz andere, auffallende Tätigkeit (Ausheben einer Grube unter Steinen o. ä.) auf sich zu lenken; das andere Tier „schleicht" unterdes behutsam zwischen den Steinen umher und schafft die Brut weg. Die Jungen können längere Zeit bei den erwachsenen Fischen bleiben, oft bis zu einer Größe von 2–3 cm. Eine xanthoristische (gelbliche) Form von *C. nigrofasciatum* mit schwarzen Augen, die im Aquarium als Mutation auftrat, wurde nachgezüchtet und vermehrt. Diese Fische wirken in einem verdunkelten Becken durch ihre milchweiße Farbe besonders auffallend; sie sind dennoch nicht sonderlich beliebt.

Cichlasoma spilurum (Schwanzfleck-Buntbarsch)

Bild 2.71: Bastard-Männchen – F_1-Generation – von Cichlasoma nigrofasciatum und Cichlasoma spilurum.

Mit der vorher genannten Art nahe verwandt. Wird größer als *C. nigrofasciatum,* stammt gleichfalls aus Guatemala. Einige Autoren vermuten, daß er ein echter Höhlenbrüter ist und daher eine Ausnahme unter den *Cichlasoma*-Arten darstellt. Dies ist nicht ganz richtig, denn auch *C. nigrofasciatum,* der Grünflossen-Buntbarsch, laicht lieber in einer Höhle ab, wenn er Gelegenheit hat, zu wählen.

Cichlasoma spilurum

Jungfische schlüpfen bei 25–26° C nach etwa drei Tagen und werden vom Weibchen in Gruben überführt. Nach weiteren drei Tagen schwimmt die Brut frei und frißt lebendes „Staubfutter". Leicht mit dem Grünflossen-Buntbarsch *(C. nigrofasciatum)* zu kreuzen; alle Tochtergenerationen aus dieser Kreuzung sind fruchtbar. In der Färbung liegen die Bastarde zwischen den Ausgangsarten und sind daher leicht von diesen zu unterscheiden.
Bastarde zwischen *C. spilurum* und der xanthoristischen Form von *C. nigrofasciatum* sind sehr unverträglich und scheinen unfruchtbar zu sein, d. h. die Embryonen entwickeln sich zwar bis zum Freischwimmen praktisch normal, können dann aber ihre Schwimmblase nicht auffüllen. Sie leiden entweder an konstitutioneller Bauchwassersucht und sterben ab, oder sie bewegen sich noch einige Zeit ruckartig und gehen nach Stunden, spätestens Tagen, ein.

Cichlasoma festivum

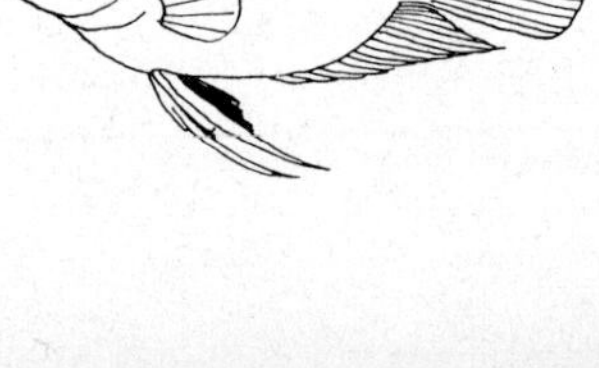

Cichlasoma festivum (Flaggenbuntbarsch)[1]
Heimat: Westliches Guayana und Amazonasstromgebiet. Kommt oft in Gesellschaft von Skalaren *(Pterophyllum)* vor. Wird etwa 15 cm lang. Geschlechtsunterschiede nur während der Laichzeit deutlich; sie zeigen sich in einer unterschiedlichen Form der Legeröhre. Nach Angaben der aquaristischen Literatur soll dieser Fisch ein scheuer und ruhiger Bewohner der Aquarien sein, der den Pflanzenbewuchs nicht angreift. Während der Laichzeit überzeugt er uns jedoch in-

[1] Zum Verhalten siehe auch die S. 567 f. und 573; Schwarzweißfotos auf den S. 43 und 573.

nerhalb weniger Stunden vom Gegenteil. Die erwachsenen Fische verursachen bei der Vorbereitung des Laichplatzes regelrechte Verwüstungen. Das Laichpaar transportiert sogar große und schwere Holzstücke und Steine. Nach einer hektischen Vorbereitung erfolgt dann das relativ ruhige Ablaichen auf einem Stein oder auf einem Blumentopf. Beide Eltern betreiben von Anfang an eine sorgfältige Brutpflege. Häufige Mißerfolge bei der Aufzucht der Brut sind wohl durch falsche Fütterung verursacht. Obwohl die Jungfische, wenn sie freischwimmen, schon verhältnismäßig groß sind, sollten sie doch eine Woche lang vorsichtig mit feinstem „Staubfutter", am besten nur mit Rädertierchen, gefüttert werden. Erhalten sie *Cyclops*-Nauplien, so sterben während der ersten zwei bis drei Tage bis zu 90 % der Brut ab. Die Brut und die erwachsenen Tiere sind sehr wärmebedürftig (25–28° C).

Cichlasoma severum (Augenfleck-Buntbarsch)[2]
Heimat: Nördlicher Teil des Amazonasstromgebiets und Guayana. Wird bis 20 cm lang. Körper hoch, fast oval, Seiten stark abgeflacht. Färbung sehr unterschiedlich, richtet sich nach Herkunft und umgebendem Milieu. Grundfarbe kupfergelb, braun, grünlich oder ganz dunkel. Jede Schuppe des Männchens mit rotbraunem Fleck. Weibchen gewöhnlich heller mit kürzeren Rücken- und Afterflossen. Obwohl sehr groß, ist dieser Fisch beliebt. Man findet ihn häufig in Aquarien. Außerhalb der Laichzeit ist er friedlich und richtet weder an den Pflanzen noch an der sonstigen Einrichtung des Aquariums großen Schaden an. Während der Laichzeit verfolgt er andere Fische und muß in ein Becken ohne Pflanzen um-

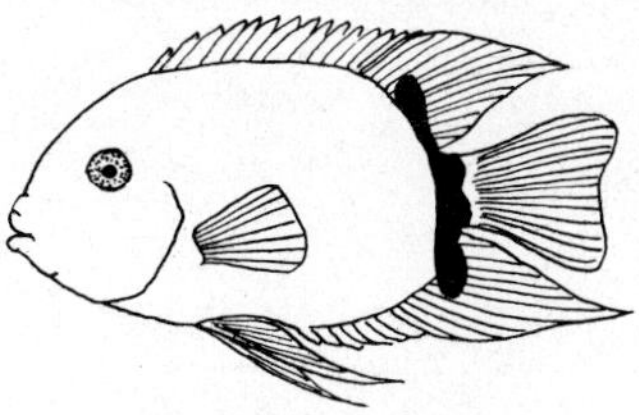

Cichlasoma severum

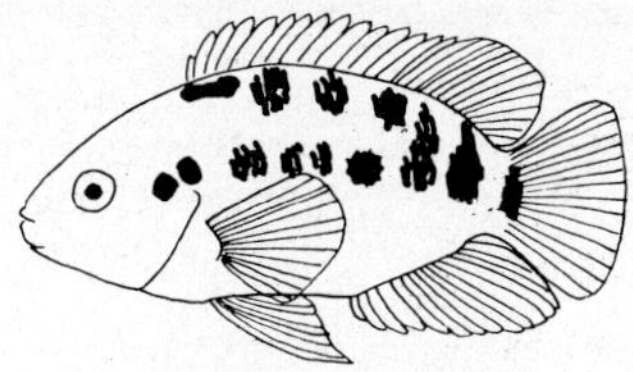

Cichlasoma facetum

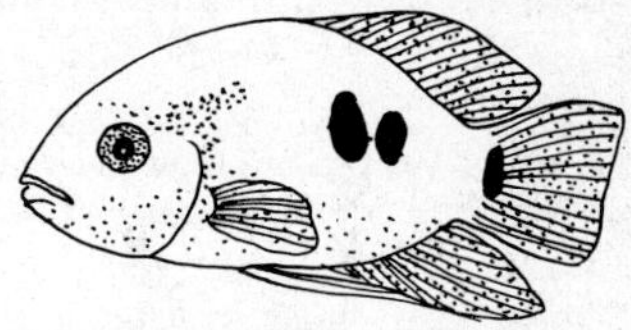

Cichlasoma hellabrunni

gesetzt werden. Haltung ähnlich wie bei der vorigen Art *(C. festivum)*. Ein Eigelege umfaßt oft mehr als 1000 Eier. Wärmeliebende Art; selbst im Winter darf die Temperatur nicht unter 22° C liegen.
Viele andere *Cichlasoma*-Arten werden gelegentlich importiert, und dann meist auch gezüchtet. Zu nennen sind: *C. facetum, C. hellabrunni, C. tetracanthum, C. spectabile, C. haitiensis, C. cutteri, C. salvini*[3], *C. maculicauda, C. friedrichsthali, C. arnoldi, C. aureum, C. fenestratum.* Bei einigen weiteren Arten, die man ab und zu in Aquarien antrifft, ist über die Zucht kaum etwas bekannt, so z. B. bei *C. coryphaenoides, C. crassa, C. urophthalma.*

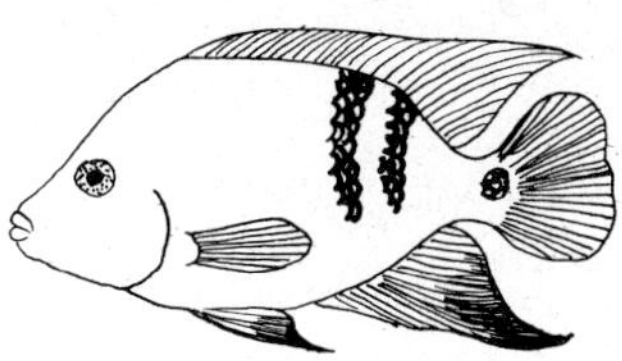

Herichthys cyanoguttatus

Herichthys cyanoguttatus (Perlmuttercichlide)[4]
Die am weitesten nach Norden vordringende Cichliden-Art: Nordmexiko, Südstaaten der USA, vor allem Rio Grande del Norte und seine Zuflüsse. Nahe verwandt mit der Gattung *Cichlasoma*, wird von manchen Ichthyologen als identisch mit dieser Gattung angesehen. Sehr beliebt bei den Aquarianern. Hochrückig. Wird in der Natur bis 30 cm lang, bleibt im Aquarium wesentlich kleiner (höchstens 15 cm). Der ganze Körper ist mit kleinen, glänzenden, blaugrünen Tupfen auf dunklem, graugrünem Grund bedeckt. Weibchen meist kleiner als das Männchen. Rauflustig, beschädigt durch ständiges Umwühlen des Aquarienbodens den Pflanzenwuchs. Sehr schöne Art, die jedoch gegen unsauberes Wasser mit angereicherten Abfallstoffen sehr empfindlich ist. Es ist daher empfehlenswert, öfter etwa 1/3 des Aquarienwassers auszuwechseln. Bei der Überwinterung reicht eine Wassertemperatur von 15° C. Sehr sorgfältiger Brutpfleger, doch fressen die Eltern bei Beunruhigung oft das Eigelege oder auch die schon geschlüpfte Brut auf. Aufzucht der Jungfische mit Lebendfutter einfach.

Aequidens pulcher

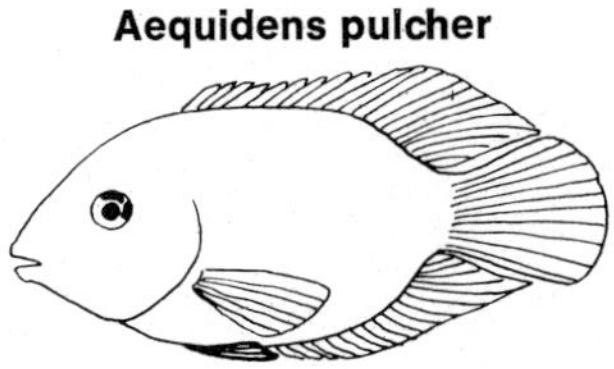

Aequidens pulcher (Blaupunktbarsch)[5]
Heimat: Panama und Kolumbien. Wird 15–20 cm lang. Körper hoch, mit fünf bis acht schwarzen Querstreifen. In der Mitte jeder Schuppe ein sattblauer oder grüner, glänzender Fleck. Schwanzflosse schwach bis intensiv weinrot gefärbt. Die Färbung wird während der Laichzeit viel intensiver. Braucht entsprechend seiner Größe viel Futter. Aquarienwasser muß daher gut und ständig gefiltert werden.

[2] Farbfoto auf Tafel 29, S. 333
[3] Farbfoto auf Tafel 27, S. 315
[4] Farbfoto auf Tafel 29, S. 333 und Tafel 30, S. 334
[5] Farbfoto auf Tafel 29, S. 333; Schwarzweißfotos der Eientwicklung auf S. 469

Häufiger teilweiser Wasserwechsel ist erforderlich. Laicht mehrfach im Jahr. Der Fisch wühlt weder den Bodengrund auf, noch beschädigt er die Pflanzen. Häufig sind, wie überhaupt bei den meisten großen Cichliden, Ehezwistigkeiten. Männchen und Weibchen halten sich oft mit den Lippen fest, verbeißen sich ineinander und schütteln sich gegenseitig. Die Versöhnung erfolgt aber oft bald wieder. Das Weibchen säubert den Laichstein so sorgfältig wie viele andere Cichliden. Die Eier werden auf dem Stein in Sternform (strahlenförmig aneinandergereiht) abgelegt. Sie sehen wie Perlenketten aus. Erst später, wenn die Zahl der Eier zunimmt, bedecken sie den Stein völlig. Das Weibchen befächelt das Gelege nicht nur mit den Brustflossen, sondern mit dem ganzen Körper, den es in eine Wellenbewegung versetzt.
Nach dem Freischwimmen umschwärmen die Jungfische ihre Eltern. Ist das Aquarium zu klein oder in einem Raum untergebracht, in dem die Elterntiere nicht genügend Ruhe haben, sollte man die Jungen schon nach einigen Tagen herausfangen, damit sie nicht von ihren Eltern verspeist werden. Erwachsene Fische legen sehr viele Eier ab, nicht selten kann man aus einem Gelege mehr als 1000 Jungfische gewinnen. Die Tiere sind mit einer Länge von 8–10 cm schon laichfähig. Sie werden bis 6 Jahre alt, manchmal sogar älter.

Aequidens maronii (Maroni-Buntbarsch)[1]
Heimat: Guayana. Wird bis 10 cm lang. Stirn stark gewölbt, Färbung sehr variabel. Geschlechter nicht deutlich voneinander zu unterscheiden, doch zeigt das Männchen manchmal längere After- und Rückenflossen als das Weibchen. Friedliebend. Außerhalb der Laichzeit auch für das Gesellschaftsbecken geeignet, zumal sich dieser Buntbarsch nicht am Pflanzenwuchs vergreift. Die Eier werden nicht nur auf Steine abgelegt, sondern mit Vorliebe auch auf Äste oder Holzstücke. Das Männchen kann ziemlich lange mit den Jungfischen zusammen gehalten werden, oft länger als ein halbes Jahr, da es sich stets mit Aufmerksamkeit um seine Nachkommenschaft bemüht. Bei jüngeren Zuchtpaaren kann es beim ersten oder zweiten Ablaichen vorkommen, daß sie die Jungen auffressen. Dennoch betreuen sie später ihren Nachwuchs mustergültig.

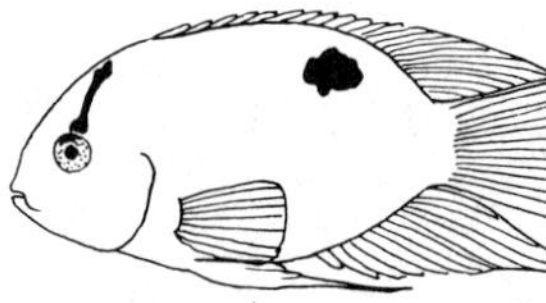

Aequidens maronii

Aequidens itanyi (Delphin-Buntbarsch)
Heimat: Tiefe und stille Plätze im Unterlauf der Itana in Guayana. Wird in der Natur etwa 14 cm lang. Bei Aquarianern durch das seltsame Verhalten sehr beliebt. Färbung zart pastellgrün bis zimtbraun. Kiemen mit hellblauem Fleck. Iris des Auges goldgrün. Intensität der Färbung wechselt rasch je nach Stimmung des Fisches. Beide Geschlechter fast gleich gefärbt. Ablaichen ähnlich wie bei *Aequidens maronii*. Weibchen putzt zuerst abwechselnd mit dem Männchen einen Stein. Das eigentliche Ablaichen und die Besamung durch das Männchen kann mehrere Stunden dauern. Weibchen mit auffallend breiter Legeröhre, die der Größe der Eier entspricht. Ein Gelege zählt mehr als 400 Eier. Eier weißlich. Weibchen befächelt das Gelege ständig mit den Brustflossen. Brut schlüpft bei 27° C nach 42–56 Stunden. Sie nimmt nach dem Freischwimmen lebendes „Staubfutter“ auf. Aufzucht problemlos.

Aequidens itanyi

Aequidens curviceps (Tüpfelbuntbarsch)
Heimat: Stromgebiet des Amazonas. Wird bis 8 cm lang. Friedlich; kann außerhalb der Laichzeit im Gesellschaftsbecken gehalten werden. Die ersten Eigelege werden von jungen Elternfischen gewöhnlich nach ein bis zwei Tagen verspeist. Das spätere Ablaichen verläuft jedoch normal; die Eltern behüten sowohl die Eier als auch die Brut sehr sorgfältig. Der Tüpfelbuntbarsch gehört zu den sogenannten lithophilen („steinliebenden“ Arten), die die Eier an Steine ablegen (lithophil sind praktisch alle jetzt erwähnten Cichliden-Arten). Die Steine werden vor der Eiablage von beiden Eltern sorgfältig gereinigt. Erst dann laichen die Tiere ab. Das Weibchen legt die Eier ab, ohne daß das Männchen dabei zu sein bräuchte. Unabhängig von der Eiablage besamt das Männchen die Eier in kurzen Zeitabständen. Die Legeröhre des Weibchens ist breit, die des Männchens konisch, am Ende zugespitzt. Die Zahl der Eier auf dem Stein nimmt allmählich zu, und das Männchen löst dann das Weibchen bei der Pflege ab. Während sich das Weibchen dem Gelege widmet, umkreist das Männchen den Laich in größerem Abstand und wehrt unerwünschte Gäste ab. Die Sorge um die Sicherheit des Platzes und die Pflege des Geleges übernehmen also Männchen und Weibchen abwechselnd, wobei sie sich in unregelmäßigen Zeitabständen ablösen.
Außer den hier genannten *Aequidens*-Arten wurden in der Gefangenschaft wei-

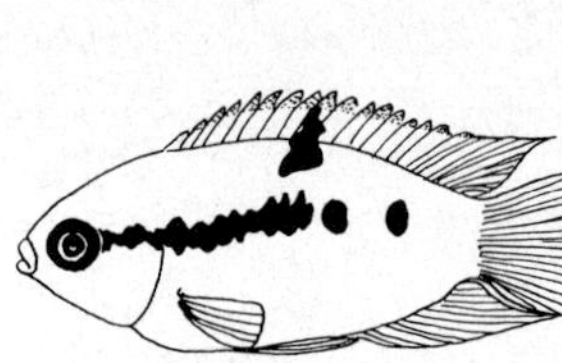

Aequidens curviceps

Aequidens portalegrensis

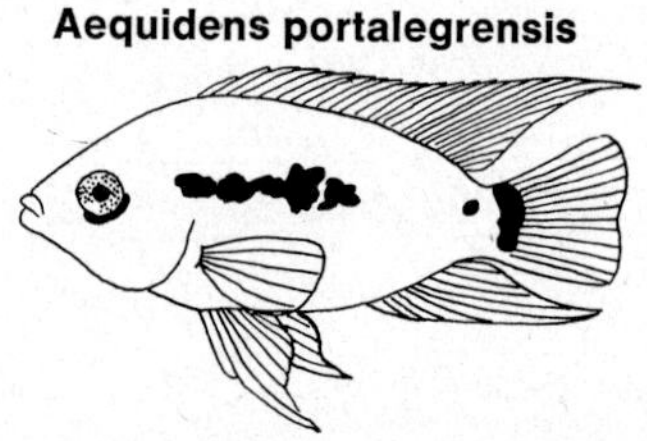

[1] Farbfoto auf Tafel 25, S. 297

tere drei Arten gepflegt und nachgezüchtet: *Aequidens thayeri* (Thayers Buntbarsch) wird nur etwa 12 cm lang. *Aequidens tetramerus* (Grünglanz-Buntbarsch) und *Aequidens portalegrensis* werden bis 25 cm lang.
Diese Arten wühlen nicht, auch ältere Exemplare sind relativ friedlich. Sie eignen sich nicht nur für das Zimmeraquarium, sondern vor allem auch für öffentliche Schaubecken.

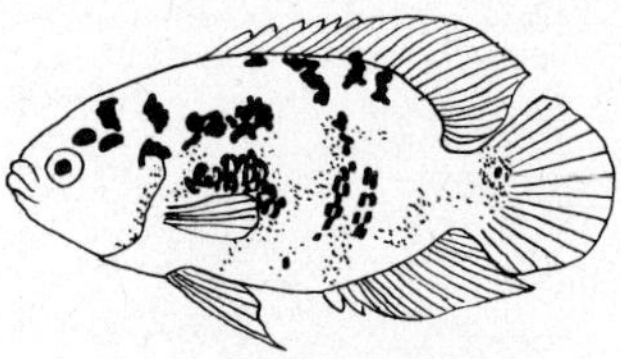

Astronotus ocellatus

Astronotus ocellatus (Pfauenaugen-Buntbarsch)[2]
Heimat: Amazonas, Parana, Rio Paraguay, Rio Negro. Wird bis 35 cm lang. Besonders während der Jugend ist dieser Fisch prächtig gefärbt und mit schokoladenbraunen, schwarz-gesäumten Tupfen geschmückt. Mit zunehmendem Wachstum wird die Färbung unauffällig graubraun. Entsprechend der Größe des Tieres muß das Zuchtbecken groß gewählt werden. Größere Tiere sind recht unverträglich. Sie verzehren täglich große Mengen von Lebendfutter (Mehlwürmer, Heimchen, eventuell Rindfleischstückchen). Aus einer Eiablage erhält man mehr als 1000 Junge, die während der ersten Tage an den Körperseiten der Eltern festhängen, wo sie nicht nur Schutz finden, sondern vielleicht auch (ähnlich wie bei Diskusfischen) ihre erste Nahrung. In den letzten Jahren tauchte eine rote Zuchtform auf, der sog. „Rote Oskar"[3].

Geophagus jurupari

Geophagus jurupari (Teufelsangel, Erdfresser)[4]
Heimat: Gewässer mit Sandboden im Stromgebiet des Amazonas bis nach Guayana. Wird bis 23 cm lang. Lebt in Schwärmen. Körper hoch, an den Seiten abgeflacht. Friedliebend, vergreift sich auch nicht an Wasserpflanzen, sofern diese halbwegs durch Steine o. a. geschützt sind (wühlt!). Kaut ständig Detritus und Bodengrund und nimmt alles Freßbare auf. Kann mit kleineren Wassertieren gefüttert werden (Wasserflöhe, *Tubifex*, Mückenlarven). Überwinterungstemperatur nicht unter 22° C. Sehr wärmeliebend; Zuchttemperatur 25 bis 28° C. Die Eier werden vom Zuchtpaar auf einen Stein abgelegt und einen Tag bewacht. Danach nehmen beide Elterntiere die Eier ins Maul, wo sie bis zum Ausschlüpfen verbleiben. Diese Art bildet einen Übergang zwischen den Cichliden, die ihre Brut in Gruben verbergen, und den Maulbrütern. Die Eltern nehmen gelegentlich auch noch die Jungen ins Maul, etwa während der ersten 14 Tage ihres Lebens.

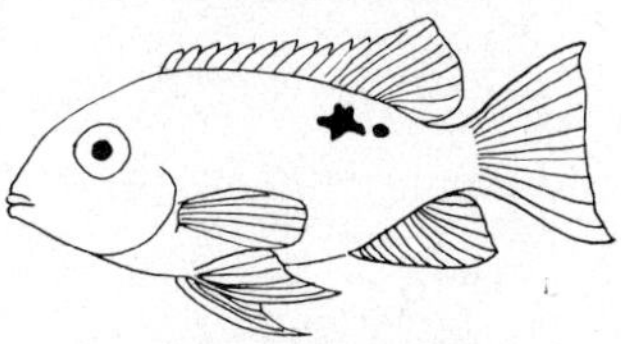

Geophagus cupido

Viele andere *Geophagus*-Arten sind unverträglich und wühlen stark im Bodengrund. Manche hüten ihre Jungen ähnlich wie *Cichlasoma*-Arten, andere sind Maulbrüter oder nehmen wenigstens bei Gefahr die Jungen ins Maul. *Geophagus*-Arten kommen überall in tropischen Gewässern Südamerikas bis zum La Plata vor. Sehr widerstandsfähig gegen ungünstige Temperaturen ist z. B. der dunkle Perlmutterbuntbarsch *(G. gymnogenys)* und *Geophagus australe,* die man gut bei 12–15° C überwintern kann. Der kleine, etwa 13 cm lange Schwanzstreifen-Buntbarsch *(G. cupido)* ist Maulbrüter. Weitere, gelegentlich eingeführte Arten, die 25–30 cm lang werden: *G. surinamensis* (Surinam-Perlfisch), *G. acuticeps, G. brasiliensis*. Diese drei Arten sind wärmebedürftig. Die Wassertemperatur sollte bei ihnen stets über 22° C liegen. Sie bilden Reviere und sind untereinander unverträglich und bissig, wenn ihnen nicht genügend Versteckmöglichkeiten unter Steinen, Holzstücken usw. zur Verfügung stehen.

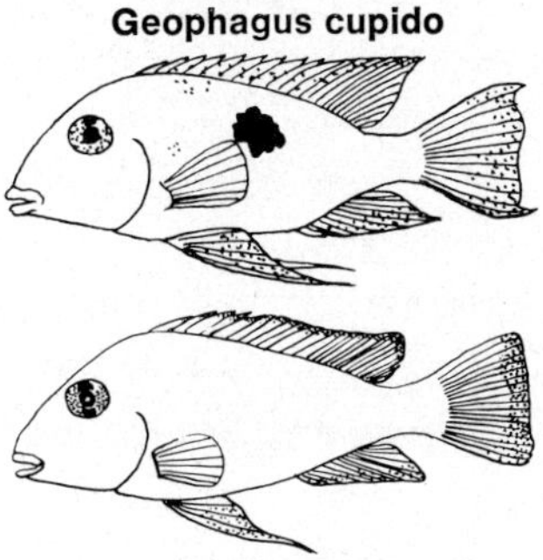

Geophagus surinamensis oben ♂, unten ♀

Nannacara anomala (Gestreifter Zwergbuntbarsch)[5]
Heimat: Westguayana. Männchen nur etwa 8 cm lang, Weibchen noch kleiner. Männchen mit grünen, metallglänzenden Körperseiten und je einem dreieckigen dunklen Fleck auf jeder Schuppe. Erwachsene Fische schätzen pflanzenbewachsene Aquarien mit vielen Unterschlupfmöglichkeiten unter Steinen, Wurzeln o. ä. Sie nehmen nur lebende Nahrung auf, vor allem Mückenlarven und *Tubifex*. Außerhalb der Laichzeit sind sie untereinander und gegen andere Arten verträglich. Die Eier werden auf vorher gut gesäuberte Plätze abgelegt (Steine, Blumentöpfe). Es empfiehlt sich, nach dem Ablaichen das Männchen herauszufangen, damit es im kleinen Aquarienraum das Weibchen nicht beunruhigt. Nur das Weibchen pflegt die Brut. Obwohl es kleiner ist als das Männchen, kann es das Männchen, das als störend empfunden wird, töten.
Brutpflegende Weibchen haben eine gitter- oder netzförmige Zeichnung auf der oberen Körperhälfte. Die Jungen schlüpfen nach zwei bis drei Tagen und werden vom Weibchen in Gruben untergebracht, die schon zuvor im Sand angelegt wurden. Erst nach weiteren fünf Tagen schwimmen die Jungen frei. Das Weibchen behält seine charakteristische Gitterkörperzeichnung auch dann noch bei,

Nannacara anomala

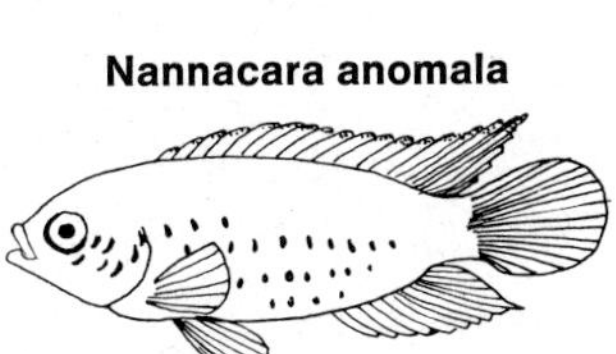

[2] Farbfotos auf den Tafeln 28, S. 316 und Tafel 29, S. 333. Zum Verhalten s. S. 540 und 555
[3] Farbfoto auf Tafel 29, S. 333
[4] Schwarzweißfoto auf S. 437
[5] Farbfoto auf Tafel 32, S. 352; zum Verhalten s. S. 532 f

wenn es freischwimmende Junge behütet und begleitet. Die Brut nimmt zu Anfang „Staubfutter" auf; sie sollte mehrfach am Tage mit kleineren Futtermengen gefüttert werden. Die Aufzucht erfordert nur in den ersten Tagen erhöhte Aufmerksamkeit; später sind die kleinen Fische bescheiden und anspruchslos, doch verlangen sie eine Wassertemperatur von 24–25° C.
Selten gehalten und gezüchtet wird der kleine, nur etwa 5 cm lange Gebänderte Zwergbuntbarsch *(N. taenia)*. Er stammt aus dem Amazonas.

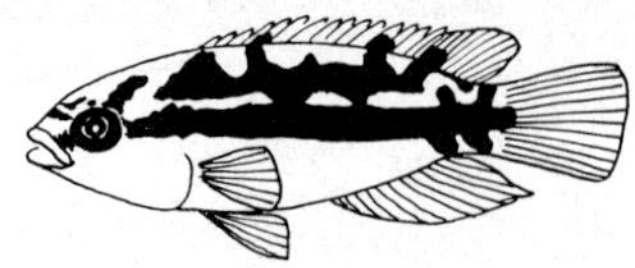

Nannacara anomala ♀

Pterophyllum scalare (Skalar oder Segelflosser)[1]
Heimat: Mittellauf des Amazonas und dessen Zuflüsse. Großes geographisches Verbreitungsgebiet, daher viele Form- und Farbvariationen, von denen der sogenannte *P. eimekei* am häufigsten eingeführt und nachgezüchtet wird. L. P. Schultz hat 1967 in seiner Revision der Gattung *Pterophyllum* nachgewiesen, daß es unberechtigt ist, *P. eimekei* als selbständige Art anzusehen. Alle heute im Aquarium gezüchteten Skalare gehören zur Art *P. scalare*. Die Tiere werden bis 26 cm hoch und bis 15 cm lang. Sie brauchen verhältnismäßig hohe Wassertemperaturen (22–24° C). Sollen bei Zucht und Aufzucht keine vermeidbaren Verluste an Eiern und Brut entstehen, so muß die Wassertemperatur sogar 27 bis 32° C betragen. Erwachsene Exemplare neigen bei Temperaturen unter 20° C zur Verpilzung der Augenhornhaut. Diese Erkrankung ist meist leicht heilbar, wenn man die Temperatur sofort bis auf 35° C steigert und das Wasser gut durchlüftet. Auf Medikamente reagieren Skalare oft sehr empfindlich. Die Fische ernähren sich von größeren Wasserflöhen, Mückenlarven, *Tubifex*-Würmern, aber auch von jungen Fischen. Das Futter soll abwechslungsreich sein. Im Laufe der Jahre wurde eine Reihe von Farbvariationen gezüchtet, von denen besonders der Schwarze Skalar sehr geschätzt wird. Allerdings bleibt nur ein gewisser Prozentsatz der Fische ganz schwarz, wogegen der Großteil der Nachkommenschaft zur ursprünglichen Färbung „zurückkehrt". Ähnliche Erscheinungen findet man auch beim Schwarzen Schleierskalar. Reinere und erblich stabilere Zuchtformen sind der Rauch-Schleierskalar und der normale Schleierskalar. In den letzten Jahren erschienen auch rote Skalare, und in den USA gelang es vor einiger Zeit, eine albinotische, goldglänzende Skalarmutation aufzuziehen.

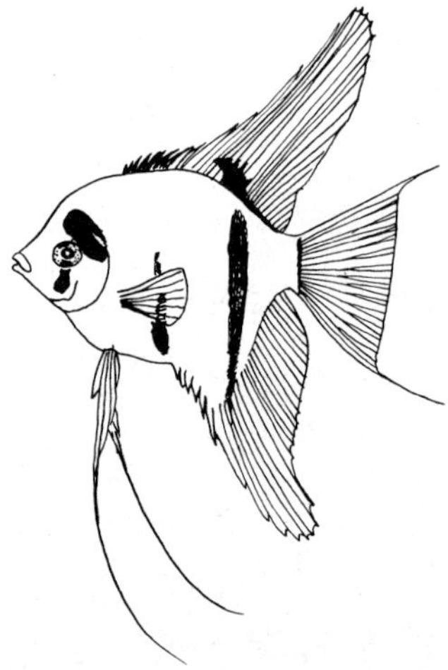

Pterophyllum scalare

Alle Skalare laichen auf breiten Blättern von Wasserpflanzen (Cryptocorynen, *Echinodorus*) oder auch auf Blättern von Zimmerpflanzen (z. B. *Aspidistra*), ja sogar auf Kunststoffplatten, die man nach dem Ablaichen leicht in besondere Aufzuchtbecken übertragen kann. In der Gefangenschaft sorgen Skalare meist nicht sehr gut für ihre Nachkommen. Fallen die ausgeschlüpften Jungen auf den Sandboden des Beckens, so gehen sie in Kürze ein. Ein Eigelege umfaßt bis 1000 Eier. Die Embryonen schlüpfen bei 27–30° C nach 24–36 Stunden. Hohe Temperatur, starke Durchlüftung und kristallklares Wasser sind Voraussetzung für die erfolgreiche Entwicklung von Eiern und Brut. Damit die Verpilzung der unbefruchteten Eier nicht auf die sich entwickelnden Eier übertragen wird, kann man eine schwache Acriflavinlösung anwenden, die in den meisten Fällen einer Weiterverbreitung des Pilzes vorbeugt. Die Embryonen zehren nach dem Schlüpfen einige Tage noch vom Dottersack. Erst dann schwimmt die Brut frei und sucht ihre Nahrung. Sie nimmt nur lebendes „Staubfutter" an. Die Jungfische wachsen bei reichlicher Fütterung und geeigneter Temperatur sehr schnell. Erwachsene Tiere, vor allem die Männchen besitzen auf der Stirn ein Fettpolster.
Ab und zu wird der Segelflosser *(Pterophyllum altum)*[2] eingeführt. Er besitzt sehr hohe Rücken- und Afterflossen und eine stark sattelförmig eingebuchtete Schnauze und Stirn. Die Art stammt aus dem Stromgebiet des Orinoco und bleibt etwas kleiner als *P. scalare*.

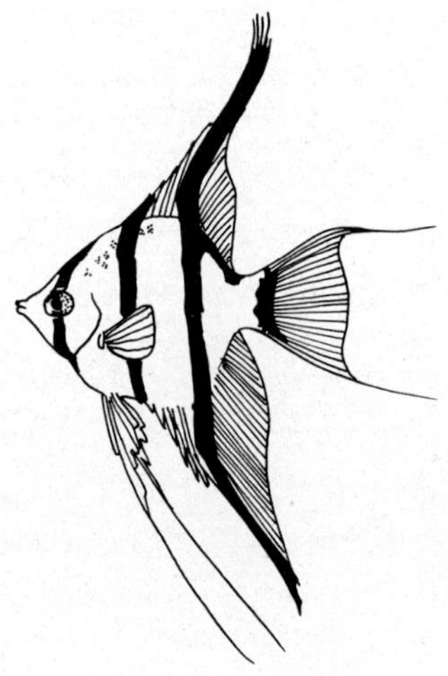

Pterophyllum altum

Gattung *Symphysodon* (Diskusfisch)

Symphysodon discus

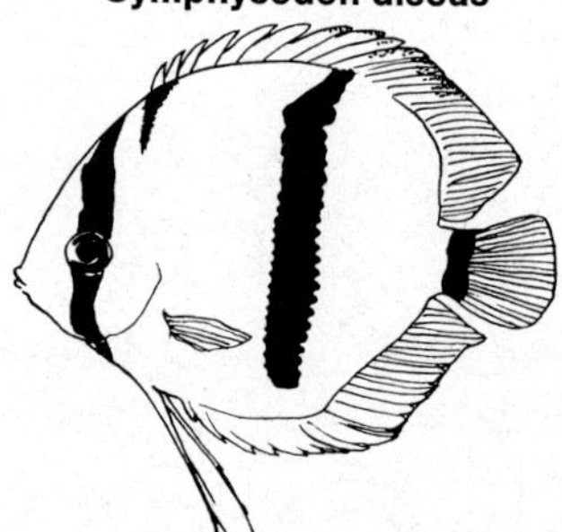

Die Gattung umfaßt in ihrem Verbreitungsgebiet zwei Arten:
Symphysodon discus (Roter, Echter oder Pompadour-Diskus)
Symphysodon aequifasciata aequifasciata (Grüner Diskus)
Zu dieser Nominalform gehören zwei Unterarten:
Symphysodon aequifasciata haraldi (Blauer Diskus)
Symphysodon aequifasciata axelrodi (Brauner Diskus)[3]
Im Aquarium wird die letzte Unterart, der Braune Diskus, am häufigsten gehalten und gezüchtet. Der Braune Diskus stammt aus den Gewässern Brasiliens. Er wird 12–15 cm lang. Weniger auffällig gefärbt als die oben genannten Verwandten. Haltung und Zucht recht schwierig, da Diskusfische während ihres gan-

Symphysodon aequifasciata aequifasciata

Symphysodon aequifasciata haraldi

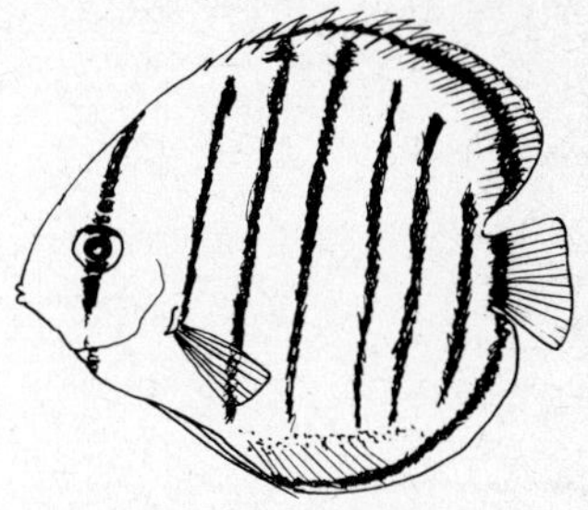

Symphysodon aequifasciata axelrodi

zen Lebens sowohl hinsichtlich der Zusammensetzung des Wassers als auch des Futters sehr anspruchsvoll sind. Außerdem sind sie gegen mehrere Krankheiten anfällig, die nur schwierig, teilweise sogar noch gar nicht zu heilen sind. Auch die Aufzucht der Jungtiere ist problematisch. Die Brut ernährt sich nach dem Freischwimmen einige Tage lang vom Hautsekret der Eltern und nimmt erst später lebendes „Staubfutter" auf. Sondern die Eltern das Hautsekret nicht rechtzeitig ab, so ist die Brut zum Tode verurteilt. Einige Erfolge mit künstlichem Ersatzfutter wurden vermeldet, doch ist auch hier die Fütterung so umständlich und kompliziert, daß es sich kaum lohnen dürfte.

In der Gefangenschaft ist es gelungen, Kreuzungen zwischen dem Braunen Diskus und dem Echten Diskus zu erzielen, die wahrscheinlich widerstandsfähiger sind als die Ausgangsformen, und die sich als fortpflanzungsfähig erwiesen haben. Der Echte Diskus stammt aus dem Rio Negro und seinen Zuflüssen. Er wird bis 20 cm lang. Wegen seiner Farbenpracht, vor allem wegen der kontrastierenden roten und blauen wellenförmigen Längsstreifen, nennt man ihn den „König der Aquarienfische".

In letzter Zeit wurden viele weitere Farbvariationen und Lokalrassen in der freien Natur entdeckt. „Schlager" wurden die auch schon nachgezogenen Farbmutationen, die unter Handelsnamen wie Royal-blue-Diskus, Kobalt-blue-Diskus usw. angeboten werden.

[1] Farbfoto auf Tafel 25, S. 297; zum Verhalten s. S. 525, 530, 542, 559
[2] Farbfoto auf Tafel 25, S. 297
[3] Farbfoto auf Tafel 25, S. 297 Eine Kreuzung aus den Farbschlägen „Royal Blue" und „Türkis" zeigt Tafel 26, S. 298.
[4] Schwarzweißfoto auf S. 574

Apistogramma agassizi (Zwergbuntbarsch)[4]

Heimat: Stromgebiet des Amazonas. Lebt sowohl im Hauptstrom als auch in den meisten Zuflüssen südlich bis Bolivien. Wird 7–8 cm lang, Männchen im allgemeinen größer als die Weibchen. Männchen mit charakteristisch verlängerter Rückenflosse; sehr schön gefärbt, Körper gelborange, zum Schwanz hin grünblau. Kiemendeckel mit glänzend blauen Streifen und wurmförmiger Zeichnung bedeckt. In der Schwanzflosse wechseln orangefarbene, blaugrüne und schwarze Streifen ab. Hohe Ansprüche an die Wasserzusammensetzung und an die Einrichtung des Aquariums. Der Fisch gedeiht am besten im weichen, kristallklaren Wasser und vielen Verstecken aus Steinen, Wurzeln, Ästen, Blumentöpfen, Kokosnußschalen. Nach dem Ablaichen übernimmt das Weibchen bei vielen *Apistogramma*-Arten die Brutpflege, das Männchen die Verteidigung des Reviers. Im Bereich seines Reviers kann das Männchen mit mehreren Weibchen ablaichen. Die Brut schlüpft nach zwei bis vier Tagen bei einer Wassertemperatur von 26–30° C; sie wird vom Weibchen in Sandgruben oder Felsen- und Steinspalten untergebracht. Die Jungfische schwimmen nach weiteren fünf bis sechs Tagen frei. Das Weibchen hält sich im Schwarm der Jungfische auf und bleibt mit ihnen durch Bewegungssignale ständig in Kontakt. Nach zwei bis vier Wochen leben die Jungen schon vollkommen selbständig und von ihrer Mutter unabhängig. Die frischgeschlüpfte Brut wird zunächst mit feinem „Staubfutter", am besten mit Rädertierchen, gefüttert, später mir *Cyclops*-Nauplien und kleinen *Cyclops*-Krebschen. Die Jungen wachsen recht schnell.

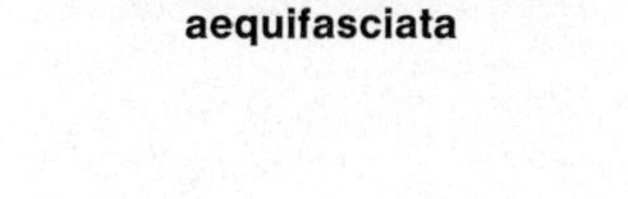

Apistogramma agassizi

Apistogramma reitzigi

Apistogramma reitzigi (Gelber Zwergbuntbarsch)

Heimat: Mittellauf des Paraguay. Wird bis 5 cm lang. Rücken graugrün, Seiten graugelb, Bauch leuchtend gelb. Bei guter Pflege erscheint an den Körperseiten ein bläulicher Schimmer. Kiemendeckel unter den Augen mit vielen grünglänzen-

den Tupfen und Streifen. Haltung ähnlich wie *A. agassizi.* Männchen imponieren untereinander, sind aber nicht rauflustig. Die Eier sind groß, oval und werden nur in geringer Zahl abgelegt (40–70 Stück). Ihre Farbe hängt von der Nahrung des Weibchens ab. Sie werden knallrot bei Ernährung mit *Cyclops* und weißlich durch bestimmte Sorten von Trockenfutter. Brutpflegetrieb so ausgeprägt, daß das Weibchen selbst einen Schwarm Wasserflöhe „hütet", wenn aus ihrem eigenen Gelege keine Jungen schlüpfen. Dieselbe Erscheinung konnte auch beim Gestreiften Zwergbuntbarsch *(Nannacara anomala)* beobachtet werden.
Die beiden genannten *Apistogramma*-Arten sind in europäischen Aquarien am häufigsten. Außer ihnen wurden viele weitere Arten importiert, die in Haltung, Zucht, Pflegeansprüchen und Verhalten den erwähnten Arten beinahe gleichen. Am bekanntesten sind: *A. borelli* (Borellis Zwergbuntbarsch), *A. corumbae* (Corumba-Zwergbuntbarsch), *A. kleei* (Querbinden-Zwergbuntbarsch), *A. ornatipinnis* (Schönflossiger Zwergbuntbarsch), *A. ortmanni* (Ortmanns Zwergbuntbarsch), *A. pertense* (Amazonas-Zwergbuntbarsch), *A. pleurotaenia* (Karierter Zwergbuntbarsch), *A. weisei, A. wickleri, A. taeniatum, A. sweglesi, A. trifasciatum haraldschultzi, A. trifasciatum trifasciatum.*

Apistogramma kleei ♀

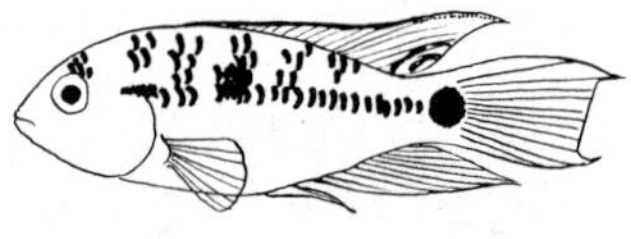

Apistogramma ornatipinnis ♂

Apistogramma ortmanni ♂

Apistogramma pleurotaenia ♂

Apistogramma wickleri ♂

Microgeophagus ramirezi (Schmetterlingsbuntbarsch)[1]
Vorkommen: Venezuela, Kolumbien, Bolivien. Wird bis 7 cm lang. Sehr beliebter, lebhafter Aquarienfisch. Im Vergleich mit den *Apistogramma*-Arten hat diese Art einen höheren, an den Seiten stark abgeflachten Körper. Übergangsform zur Gattung *Geophagus*, mit der Struktur und Bau der Eier übereinstimmen, wogegen andere Merkmale mit der Gattung *Apistogramma* identisch sind. Der Hauptunterschied betrifft die Seitenlinie: Bei *Apistogramma* verläuft der vordere, obere Zweig der Seitenlinie in der zweiten Schuppenreihe, bei *Microgeophagus* dagegen in der dritten Schuppenreihe unter der Rückenkante bis unter den Anfang der Rückenflosse. Grundfärbung schwach purpurrot, je nach Belichtung sehr veränderlich. Der ganze Körper ist mit glänzend grünen oder blauen Tupfen bedeckt. Oberer Teil der Irisstrahlen hellblau, vorderer Teil der Rückenflosse tief schwarz. Erste drei Rückenflossenstrahlen wie beim Männchen deutlich verlängert[2]. Pflege und Ablaichen ähnlich wie bei *Apistogramma.* Zur Eiablage wird ein Stein bevorzugt, doch sind auch Sandgruben keine Ausnahme. Beide Eltern übernehmen abwechselnd die Brutpflege. Aus einem Gelege sind 150–200 Junge zu erwarten. Der Fisch ist sehr schön gefärbt, jedoch kurzlebig, er wird selten älter als 2 Jahre. Anfällig gegen Krankheiten, besonders gegen die unheilbare Bauchwassersucht und gegen Fischtuberkulose. Neuerdings wurde häufig eine albinotische Zuchtform mit roten Augen gezüchtet, die jedoch bei weitem nicht so schön ist wie die ursprüngliche Wildform.
Viele weitere Vertreter der süd- und mittelamerikanischen Buntbarsche wurden

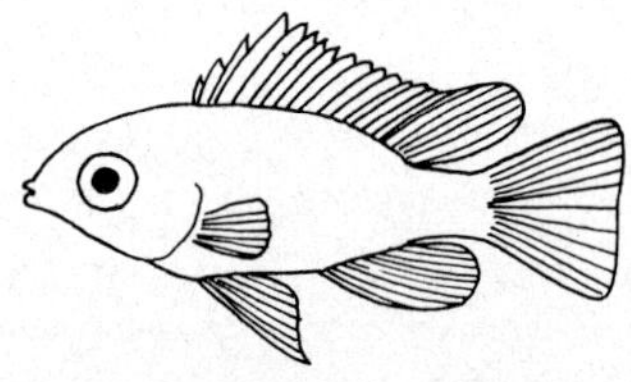

Microgeophagus ramirezi ♀
(Goldene Zuchtform)

Crenicara filamentosa
oben ♂, unten ♀

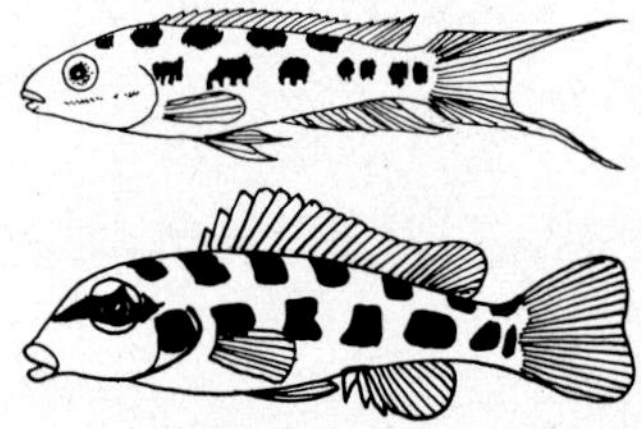

Crenicichla lepidota ♂

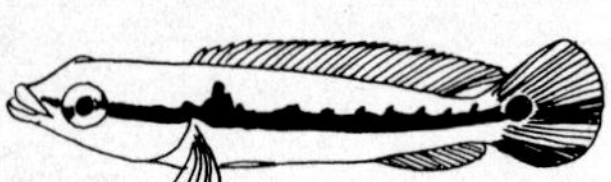

Crenicichla lepidota ♀

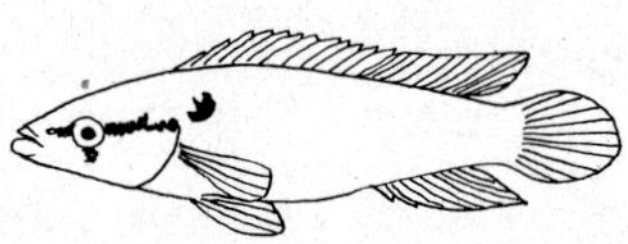

[1] Schwarzweißfoto auf S. 520
[2] Man unterscheidet die Geschlechter am einfachsten am rötlich gefärbten Bauch der Weibchen.

importiert, sind jedoch den Aquarianern nicht oder nur teilweise bekannt geworden. Es handelt sich vor allem um einige Arten folgender Gattungen: *Uaru, Crenicara, Cichla, Crenicichla, Chaetobranchopsis.* Von den seltener importierten Arten wurden erfolgreich nachgezüchtet: *Crenicara maculata* (Schachbrettcichlide)[3], *Crenicichla dorsocellata* (Fleckenkammbarsch), *Crenicichla lepidota* (Pfauenaugenkammbarsch), *Crenicichla saxatilis* (Felsenkammbarsch), *Uaru amphiacanthoides* (Keilfleckbuntbarsch)[4] und *Herotilapia multispinosa.*

Afrikanische Buntbarsche

Haplochromis burtoni (Blaumaul-Maulbrüter)[5]
Heimat: Tropische Gewässer von Ost- und Mittelafrika, Bahr el Djebel, Semliki, Albert-Nil, Albert-See, George-See, Eduard-See, Ruwenzori-Region, Gewässer vom Tschadsee bis zum Nil. Wird bis 12 cm lang. Bei den Hochzeitsspielen kommt es, besonders wenn die Eier des Weibchens noch nicht reif sind, zu Zwistigkeiten zwischen den Partnern. Es empfiehlt sich daher, im Aquarium genügend Verstecke vorzubereiten, am besten aus Steinen, die das Weibchen für einige Zeit aufsuchen kann. Wassertemperatur während der Laichzeit um 27° C.

Bild 2.72: Blaumaul-Maulbrüter (Haplochromis burtoni), Männchen. Aufnahme S. Frank

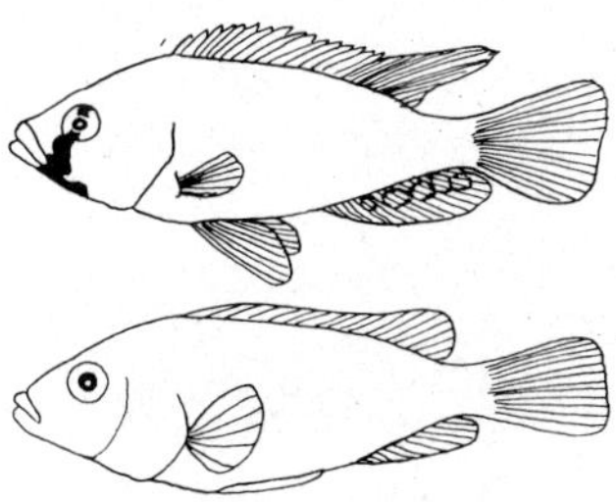

Haplochromis burtoni oben ♂, unten ♀

Gute Fütterung erforderlich, am besten mit *Tubifex,* Mückenlarven u. ä. Bevor das Weibchen die Eier ausstößt, legt sich das Männchen seitlich auf einen gesäuberten Stein, krümmt sich bogenförmig zusammen und stößt unter Beben des ganzen Körpers die Milch aus. Das Weibchen nähert sich mit dem Mund der Afterflosse des Männchens, die mit orangefarbenen, den Eiern auffallend ähnlichsehenden „Eiflecken" bedeckt ist (Eiattrappen). Es saugt das Sperma des Männchens auf. Darauf legt es die Eier in kleinen Häufchen auf einem flachen Stein ab und nimmt sie nachher in den Kehlsack auf. Häufig stößt das Männchen wiederholt Milch aus, und das Weibchen saugt auch wiederholt das Sperma auf. So wird eine gute Besamung aller Eier gewährleistet. Das ganze Ablaichen dauert etwa $1^{1}/_{2}$ Stunden. Bei 26–27° C entwickeln sich die Eier im Kehlsack des Weibchens 16–20 Tage lang. Danach schwimmt die Brut aus, sucht aber noch etwa eine Woche lang bei Gefahr und bei Nacht den Schutz im Maul der Mutter. Ebenso verhält sich der in Nordafrika verbreitete Blaulippenbuntbarsch *(Haplochromis desfontainesi).*

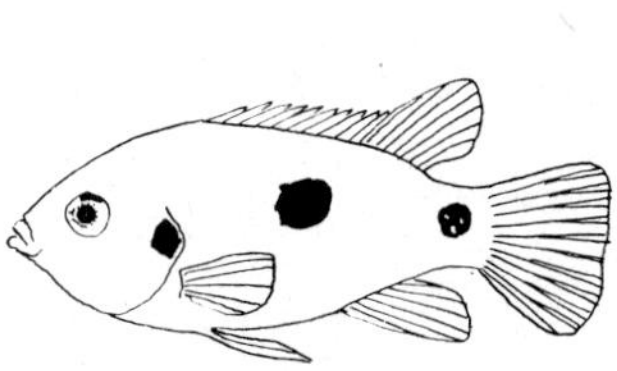

Haplochromis thomasi

Haplochromis thomasi[6] (Afrikanischer Schmetterlingsbuntbarsch)[7]
Heimat: Kenema-Distrikt in Sierra Leone. Männchen größer als die Weibchen, werden knapp 10 cm lang. Erinnern im Äußeren eher an *Microgeophagus ramirezi.* Fast unglaublicher Farbwechsel: Erwachsene Männchen erscheinen manchmal graugrün und zeigen je einen schillernden blauen Fleck auf jeder Schuppe. Dieser Schmuck wird ergänzt durch drei dunkle Flecke, von denen einer auf dem Kiemendeckel, der zweite in Körpermitte und der dritte an der Schwanzwurzel sitzt. Diese Flecke können sich fast augenblicklich in Querstreifen verwandeln, zu denen dann noch weitere Flecke hinzutreten. Insgesamt kann es zu 7 Querstreifen kommen, deren erster schräg über das Auge verläuft. Rückenflosse mit rotem, gold-schillerndem Saum, der auf den oberen Lappen der Schwanzflosse

[3] Farbfotos der selten angebotenen Gabelschwanz-Schachbrettcichliden (Crenicara filamentosa) auf Tafel 31, S. 351.
[4] Farbfoto auf Tafel 29, S. 333
[5] Farbfoto auf Tafel 34, S. 370. Zum Verhalten s. S. 515 f., 568 f., 576–579
[6] Einige Autoren führen Haplochromis thomasi noch als Pelmatochromis. Wahrscheinlich wird diese Art in Zukunft in eine neue, noch zu errichtende Gattung gestellt.
[7] Farbfoto auf Tafel 34, S. 370

Haplochromis polystigma ♂

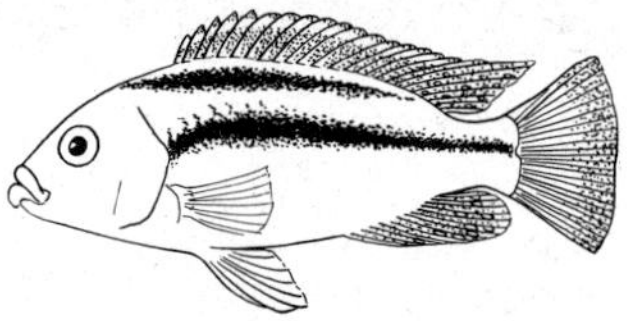

Haplochromis wingati ♂

übergeht. Männchen mit langgezogenen Rücken- und Afterflossen. Bauchflossen am Vorderrand blau bis schwarz gesäumt.
Eier schwach graugrün gefärbt; werden auf zuvor gesäuberte, flache Steine abgelegt. Zuchttemperatur 23–25° C. Ein Gelege erbringt über 500 Jungfische. Entwicklung der Brut kann durch höhere Temperatur beschleunigt werden (bei 28° C schlüpft die Brut nach 48 Stunden und schwimmt nach weiteren drei Tagen frei). Mit „Staubfutter" einfach aufzuziehen. Sehr anspruchslose Art.
Ab und zu werden noch andere *Haplochromis*-Arten importiert: *H. pectoralis* (Augenfleckbarsch), *H. kirkii, H. moorei, H. polystigma, H. wingati* sowie die nahe verwandte Art *Astatotilapia strigigena*[1].

Pseudocrenilabrus multicolor (Kleiner Maulbrüter)
Heimat: Östliches Afrika, im Norden bis zum unteren Nil. Wird bis 8 cm lang. Männchen größer als das Weibchen. Afterflosse des Männchens ohne orangefarbene Eiflecke. Körper goldfarben, grünlich oder bläulich. Friedlich; auch fürs Gesellschaftsbecken geeignet, wenn die übrigen Fischarten nicht zu klein sind.
Vor dem Ablaichen gräbt das Paar Gruben in den Sand, in die das Weibchen die Eier ablegt, die dann vom Männchen sofort besamt werden. Nach dem Ablaichen sammelt das Weibchen die Eier in seinem Kehlsack. In diesem Augenblick sollte das Männchen herausgefangen werden, damit das Weibchen nicht unnötig beunruhigt wird. Die Brut schlüpft im Maul des Weibchens nach 10 bis 20 Tagen (je nach Wassertemperatur). Erst wenn die Brut das Maul der Mutter verläßt, beginnt das Weibchen wieder mit der normalen Nahrungsaufnahme. Die Jungfische kehren noch mindestens eine Woche lang immer wieder ins Maul der Mutter zurück, besonders bei Gefahr und bei Nacht. Wassertemperatur bei erwachsenen Fischen nicht unter 20° C; Zuchttemperatur 25–26° C. Bei niedrigerer Temperatur dauert die Entwicklung im Kehlsack zu lange; die Weibchen magern dann stark ab oder sterben sogar.
Eine größere, bis 11 cm lange Art ist *Pseudocrenilabrus philander dispersus* aus Südwestafrika. Einige Populationen dieser Unterart sind sehr bunt gefärbt. Wird ab und zu gepflegt und gezüchtet.

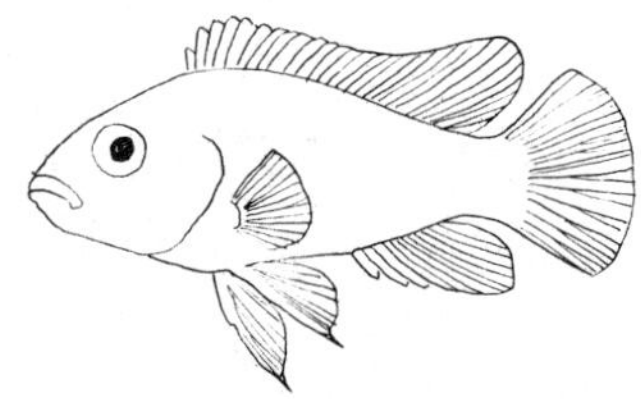

Pseudocrenilabrus multicolor

Hemichromis bimaculatus (Roter Buntbarsch)[2]
Heimat: Niger, Kongo, Nil. Wird bis 15 cm lang. Rücken oliv- bis graubraun, Kör-

Bild 2.73: Weibchen von Hemichromis bimaculatus (Roter Buntbarsch). Aufnahme S. Frank

[1] Weitere Haplochromis-Arten sind auf den Tafeln 33, S. 369, 37, S. 405 und 39, S. 423 abgebildet.
[2] Farbfoto auf Tafel 38, S. 406

Tafel 15

Bild (oben): Am rundlichen Bauch erkennen wir das laichreife Keilfleckbarben-Weibchen (Rasbora heteromorpha).

Bild (Mitte): Hier überschwimmt das Männchen das Weibchen. In der Fachsprache heißt es: Es reitet.

Bild (unten): Nach dem „Reiten“ versucht das Männchen an die Seite des Weibchens zu schwimmen.

Aufnahmen: H.-J. Richter

Tafel 16

Bild (oben): Das Männchen von Rasbora heteromorpha hat es fast geschafft, sich an die Seite der Partnerin zu pirschen.

Bild (Mitte): Jetzt umfaßt das Männchen mit der Schwanzflosse den Rükken des Weibchens.

Bild (unten): Unter heftigem Beben beider Leiber werden Eier und Sperma ausgestoßen.

Aufnahmen: H.-J. Richter

perseiten gelbgrün, Bauch gelblich. Während der Laichzeit einer der schönsten afrikanischen Cichliden. Männchen sattrot mit kleinen, grünglänzenden Punkten. Der Vorderkörper des Weibchens war früher oft gelb, der Hinterleib hellrot. Heute sind die Weibchen meist ganz hellrot bis strahlend rot. Die Tiere laichen auf Steinen ab. Sind die Steine zu reinigen, nimmt das Weibchen oft eine senkrechte Stellung ein, Kopf nach unten gerichtet. Dabei prüft es, wie fest der Stein im Substrat hält. Ältere Exemplare müssen einzeln oder paarweise gehalten werden, da sie recht unverträglich sind. Vorbildliche Brutpflege.

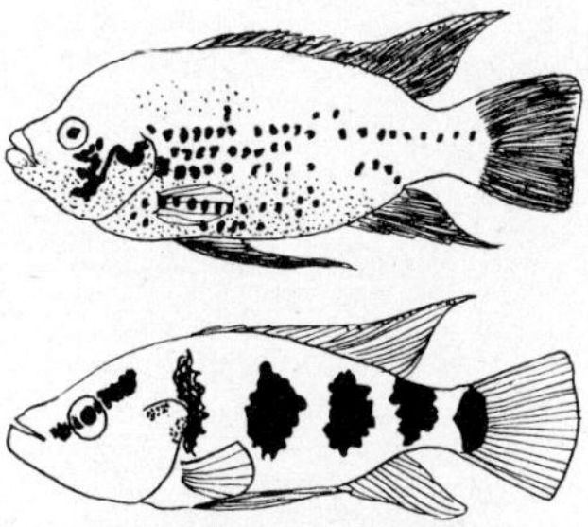

Hemichromis fasciatus oben ♂, unten ♀

Hemichromis fasciatus (Fünffleckenbarsch)
Heimat: Mittleres Westafrika. Wird bis 30 cm lang. Grundfärbung gelbgrün mit messingfarbenem Glanz und 5 großen, lackschwarzen, ovalen Flecken an den Körperseiten. Ältere Exemplare mit einem ziegelroten Punkt auf jeder Schuppe. Maul groß, tief gespalten. Pflege und Zucht ähnlich wie bei *H. bimaculatus*. Erwachsene Tiere wühlen gern im Bodengrund. Die Brut wird so lange behütet und begleitet, bis die Jungfische 2–3 cm lang geworden sind. Nur Lebendfutter, am liebsten größere Happen, Wasserinsekten und Würmer. Fehlt ein Männchen, so laichen zwei Weibchen ab und hüten gemeinsam die unbefruchteten Eier, bis diese verpilzt und verdorben sind. Sehr wärmebedürftig: Wassertemperatur zwischen 22 und 28° C.

Die bis jetzt bekannten *Pelmatochromis*-Arten wurden neu in vier Gattungen geteilt: *Pelmatochromis, Pelvicachromis, Chromidotilapia* und *Thysia.*

Thysia ansorgei (Fünffleckbuntbarsch)
Heimat: Alle Gewässer, sogar das Brackwasser von Nigeria, Ghana, Elfenbeinküste. Männchen größer als das Weibchen, wird bis 13 cm lang. Beste Zuchterfolge bei solchen Paaren, die sich aus einem Schwarm Jungtiere absondern, sich also selbst gefunden haben. Laichen am liebsten in Blumentöpfen, die auf der Seite liegen, in Kokosnußschalen oder von unten an eine Steinplatte. Beide Eltern treiben Brutpflege. Eier hirsekorngroß, hellbraun. Larven schlüpfen nach etwa drei Tagen und schwimmen nach sieben Tagen frei. Wärmebedürftige Art, die jedoch einen kurzen Temperaturabfall übersteht. Kann zeitweise auch mit Trockenfutter ernährt werden. Synonyme für diese Art sind die Namen *Pelmatochromis annectens* und *P. arnoldi.*

Pelvicachromis pulcher (Kamerun-Prachtbarsch)[1]
Heimat: Westafrika; Mündung des Niger. Männchen etwa 10 cm, Weibchen nur 7 cm lang. Zuchttemperatur 15–28° C. Erwachsene Tiere nehmen auch pflanzliche Zusatzkost. Beide Partner treiben Brutpflege. Eier rotbraun, werden im Aquarium am liebsten in Blumentöpfe abgelegt. Zur rationellen Zucht sollten die Eier in ein Vollglasbecken mit schwacher Durchlüftung übertragen werden. Die Brut schlüpft nach zwei bis drei Tagen und schwimmt nach weiteren 4–5 Tagen frei. Finden die erwachsenen Tiere nicht genügend natürliche Schlupfwinkel, so höhlen sie im Aquarium Vertiefungen unter Steinen oder zwischen Pflanzenwurzeln aus. Untereinander recht unverträglich; es ist zu empfehlen, die Einzelpaare getrennt zu halten. Zu der Art *Pelvicachromis pulcher* gehören zwei Farbvariationen als Synonyme: *P. kribensis* und *P. aureocephalus.*

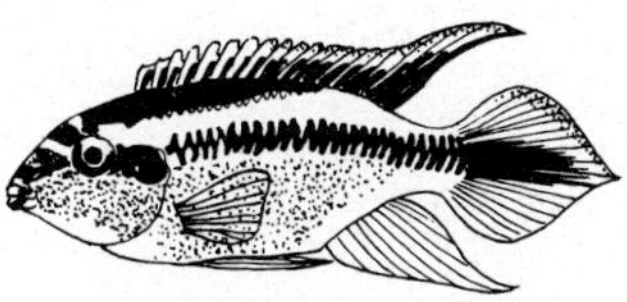

Pelvicachromis pulcher

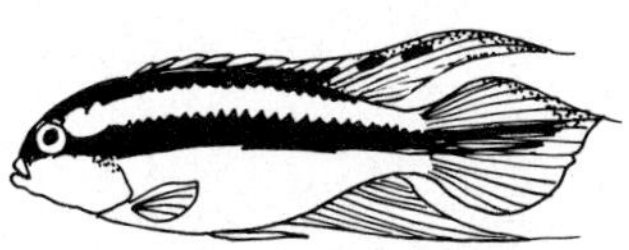

Pelvicachromis subocellatus ♂

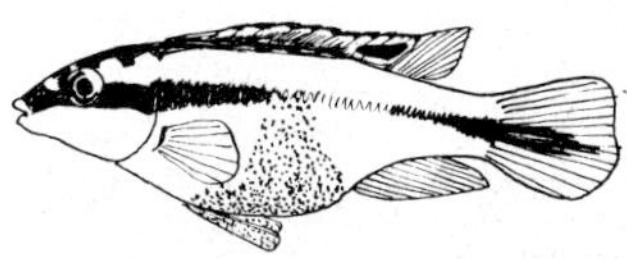

Pelvicachromis subocellatus ♀

Pelvicachromis taeniatus ♂

Von den anderen *Pelvicachromis*-Arten wurden nur die folgenden zwei beibehalten: *Pelvicachromis subocellatus* und *Pelvicachromis taeniatus* (Syn. *P. klugei*). Haltung und Zucht bei allen genannten Arten wie bei *Pelvicachromis pulcher.*

Gattungen *Tilapia* und *Sarotherodon*

Hierher gehören Buntbarsche, die an die verschiedensten Umweltbedingungen angepaßt sind. Manche Arten leben im Süßwasser, andere im Brackwasser. Die

[1] Farbfoto auf Tafel 39, S. 423

meisten ernähren sich vegetarisch. Körper verhältnismäßig kurz, hoch, Cycloid- und Ctenoidschuppen. Zähne in zwei oder mehreren Reihen angeordnet. Verbreitet in Afrika und Syrien. Viele Arten sind geschätzte Speisefische. Einige Arten wurden in Japan, Südostasien und auf Ceylon eingebürgert, wo sie große Verbreitung und wirtschaftliche Bedeutung gefunden haben.
Vom aquaristischen Standpunkt aus kann man die *Tilapia*- und *Sarotherodon*-Arten nach ihrem Laichverhalten in drei Gruppen einteilen:
1. Offenbrüter: Beide Eltern betreuen das Gelege und die Brut. Beispiele: *T. tholloni, T. brevimanus, T. mariae.*
2. Maulbrüter: Das Männchen sammelt die Eier im Kehlsack, wo sie sich entwickeln. Beispiele: *S. heudeloti, S. heudeloti macrocephalus, S. galilaeus.*
3. Maulbrüter: Das Weibchen sammelt die Eier in seinem Kehlsack portionsweise nach jedem Laichakt. Beispiele: S. mossambicus mortimeri, *S. niloticus.*

Tilapia brevimanus
Heimat: Die afrikanischen Flüsse Geba und Culufi. Wird etwa 15 cm lang. Gelbgrün mit graugrünen bis schwarzen Querstreifen. Ernährt sich meist von Wasserpflanzen. Laicht in Vertiefungen im Sand. Gräbt im Aquarium flache, schüsselförmige Vertiefungen. Eier charakteristisch tiefgrün gefärbt, werden in Bündeln am liebsten direkt auf den Glasboden des Beckens abgelegt. Beide Eltern treiben Brutpflege. Aufzucht der Jungfische sehr einfach.
Offenbrüter mit ähnlichem Laichverhalten sind: *T. tholloni* (Thollons Buntbarsch), *T. sparrmani* (Sparrman-Buntbarsch), *T. mariae*[1].

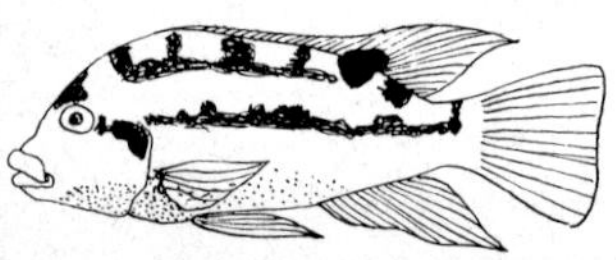

Tilapia tholloni ♂

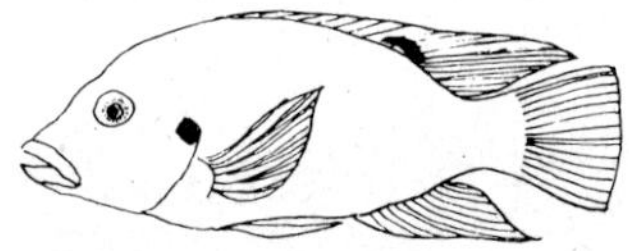

Tilapia tholloni ♀

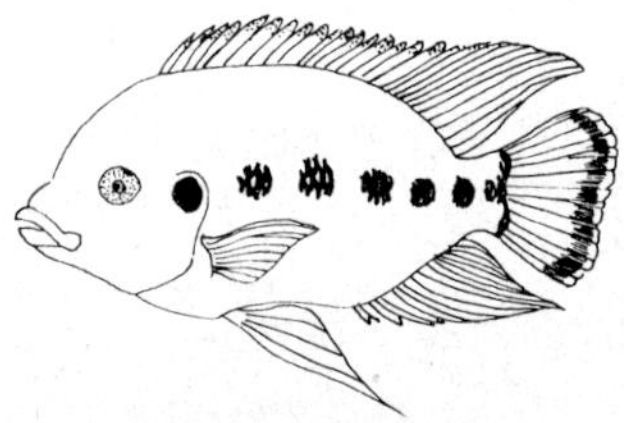

Tilapia mariae

Sarotherodon heudeloti heudeloti (Senegalbarsch)
Sarotherodon heudeloti macrocephalus (Großkopfbuntbarsch)
Heimat: Westafrika. Nominatform wird bis 30 cm lang, die Unterart *macrocephalus* nur etwa 17 cm lang. Auffällig gelbgrün gefärbt. Bauchflossen dunkelbraun bis violett angehaucht, Kehle oft schwarz, die breiten Lippen weißlich bis porzellanweiß. Erwachsene Tiere unverträglich und kampflustig. Das Männchen sammelt nach dem Ablaichen die Eier in seinen Kehlsack, in dem sie sich entwickeln. Nehmen als Nahrung nur kleine Happen auf, am liebsten Wasserflöhe, *Tubifex,* Rote Mückenlarven. Pflanzen werden nicht vernichtet, die Tiere fressen gelegentlich abgestorbene Pflanzenteile. Mit Vorliebe weiden sie Algen von den Aquarienwänden ab.
Weitere Arten mit maulbrütenden Männchen: *S. galilaeus* (Pracht-Maulbrüter), *S. guineensis* (Guineabarsch), *S. guinasanus* (Guinasana-Buntbarsch).

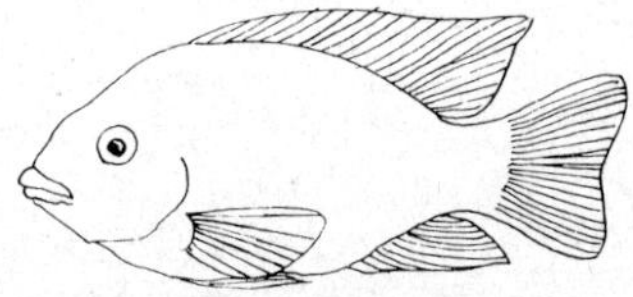

Sarotherodon heudeloti heudeloti ♂

Sarotherodon mossambicus mortimeri (Mossambik-Buntbarsch)[2]
Heimat: Süß- und Brackwasser Ostafrikas. Wird bis 36 cm lang, im Aquarium nur 12–14 cm. Männchen während der Laichzeit intensiv blau bis blauschwarz. Nimmt lebende Nahrung, verschmäht jedoch Trockenfutter und Pflanzenkost nicht. Eiablage in kleine trichterförmige, tiefe Gruben. Weibchen nimmt nach jedem Laichakt Eier in den Kehlsack auf. Eier entwickeln sich im Kehlsack bis zum Schlüpfen. Sie sind zuerst orangefarben durchsichtig, später erscheinen schwarze Punkte (die Augen der Jungen). Nach dem Schlüpfen verlassen die Jungen bald das Maul der Mutter, um selbst Nahrung zu suchen. Anfangs kehren sie nach kurzen, einigen Minuten dauernden Ausflügen in ihr Versteck zurück. Mit zunehmendem Wachstum bleiben sie immer länger außerhalb des mütterlichen Kehlsackes. Die Mutter hält sich in den ersten Tagen ständig inmitten ihrer Nachkommenschaft auf. Erst später dehnen die Jungfische ihre Ausflüge auf weitere Entfernungen aus, kehren aber bei der geringsten Gefahr sofort in den Kehlsack zurück, um dort Schutz zu suchen. Eine Zucht ergibt mehr als 300 Junge.
Weitere Arten mit maulbrütenden Weibchen: *S. niloticus* (Nilbarsch), *S. macrochir.*
Außer den hier genannten *Tilapia*-Arten wurden viele andere Vertreter dieser Gattung eingeführt, z. B. *T. lepidura* (Perlmutter-Buntbarsch), *S. leucostictus, T.*

Sarotherodon mossambicus mortimeri ♂

[1] Farbfoto auf Tafel 37, S. 405
[2] Farbfoto auf Tafel 38, S. 406

melanopleura, T. multifasciata. Bei diesen Arten ist über die Zucht in Gefangenschaft noch kaum etwas bekannt.

Chromidotilapia guentheri (Guenthers Prachtbarsch)
Heimat: Urwälder und Savannenbäche in Westafrika von der Goldküste bis Gabun. Wird bis 16 cm lang, Weibchen meist kleiner. Unverträgliche Art, die man nur paarweise halten kann. Sehr gefräßig, in der Nahrung nicht wählerisch. Männchen maulbrütend. Die Eier werden in Höhlen abgesetzt und vom Männchen aufgenommen. Die Brut schwimmt nach 12–14 Tagen aus dem Maul aus. Ein Gelege kann bis 150 Eier umfassen. Die freischwimmende Brut sucht bei Gefahr oft auch Schutz im Maul des Weibchens. Nach einigen Beobachtungen tragen beide Eltern die Eier abwechselnd im Maul.
Bis 25 cm lang wird die Art *Chromidotilapia kingsleyae*, die in Haltung, Zucht und Verhalten der hier beschriebenen Art erstaunlich ähnlich ist.

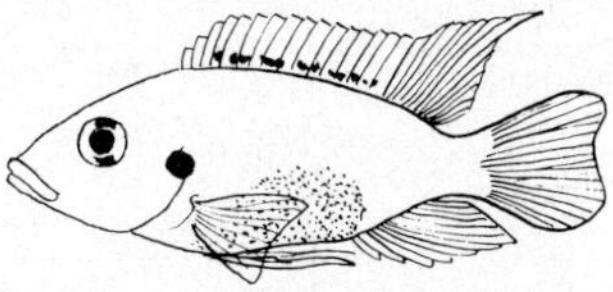

Chromidotilapia kingsleyae

Chromidotilapia guentheri ♂

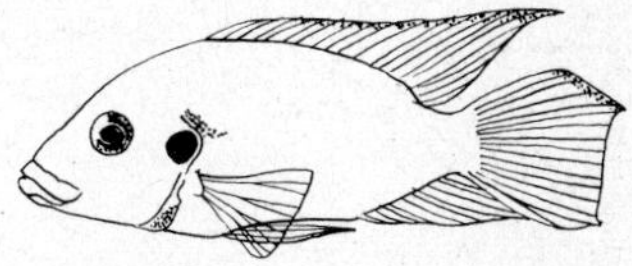

Chromidotilapia guentheri ♀

Gattung *Tropheus*

Die Vertreter der Gattung *Tropheus* leben endemisch in tiefen afrikanischen Binnenseen, vor allem dem Tanganjika- und Njassasee. (Dasselbe gilt für die nahe verwandten Gattungen *Pseudotropheus, Labeotropheus, Julidochromis, Labidochromis, Limnochromis.)* Sie sind meist an das Leben im Milieu der Felsenküste angepaßt. Sie ernähren sich viel vom Algenaufwuchs. Für die Aquarienhaltung und zur Zucht ist hartes Wasser mit neutraler bis schwach alkalischer Reaktion erforderlich. Man muß den Tieren im Aquarium viel Versteckmöglichkeiten bieten. Sind gegenüber anderen Arten fast harmlos, untereinander aber meist recht unverträglich.

Tropheus moorei (Brabantbuntbarsch)[3]
Heimat: Tanganjikasee. Wird 10–12 cm lang. Weibchen oft intensiver gefärbt als die Männchen. Bei der Laichvorbereitung putzen beide Partner Steine und bauen Gruben, obwohl das Weibchen beim Ablaichen die im freien Wasser ausgestoßenen Eier blitzschnell ins Maul nimmt, ehe sie zu Boden sinken. Eier etwa 7 mm groß; sie werden nur in kleiner Zahl (8–17 Stück) abgelegt. Weibchen maulbrütend. Jungfische schwimmen bei 24° C nach 42–46 Tagen aus dem Maul der Mutter heraus. Sie sind 12–16 mm lang und werden noch eine bis zwei Wochen vom Weibchen betreut.
Ein ähnliches Verhalten zeigt der kleinere, etwa 8–10 cm große *Tropheus duboisi.* Bei ihm ist die Zahl der Eier geringer (etwa 5–8 Stück). Das Weibchen nimmt auch während des Brütens Nahrung in kleinen Mengen auf. Jungfische tief schwarz mit weißen Punkten, die in Reihen den Kopf, den Körper und die Flossen überziehen. Später geht das Jugendkleid in das Querstreifenmuster über. Wachsen die Jungen gemeinsam heran, so sind sie ruhiger und oft sehr lange untereinander verträglich.

Pseudotropheus auratus (Türkis-Goldbarsch)[4]
Heimat: Felsiger Grund im Njassasee. Männchen größer als das Weibchen, wird bis 11 cm lang. Grundfarbe des Männchens braunschwarz bis blauschwarz, des Weibchens goldgelb. Die Fische fallen sowohl durch ihre Färbung als auch durch die Längsstreifenzeichnung sehr auf. Der Türkis-Goldbarsch nimmt im Aquarium außer Algen mit Vorliebe auch Wasserflöhe und *Tubifex* an. Weibchen maulbrütend. Die Jungfische verlassen das Maul der Mutter erst, wenn sie voll entwickelt und etwa 1 cm lang sind (nach 22–26 Tagen). Ihre Zahl ist gering (6–40 Stück). Erwachsene Tiere brauchen genügend große Aquarien mit vielen Versteckmöglichkeiten, da sie recht unverträglich sind. Nach Brühlmeier sinkt die Rauflust beim Vergesellschaften mehrerer Njassa-Cichlidenarten in einem Aquarium.

Pseudotropheus auratus ♂
Pseudotropheus auratus ♀

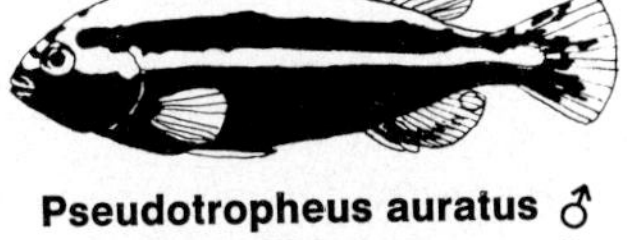

[3] Farbfotos auf den Tafeln 36, S. 388 und 39, S. 423
Zum Verhalten siehe auch Seite 560
[4] Farbfoto auf Tafel 38, S. 406

Bild 2.74: Türkis-Goldbarsch (Pseudotropheus auratus), Männchen.

Bild 2.75: Türkis-Goldbarsch (Pseudotropheus auratus), Weibchen. Aufnahmen S. Frank

Pseudotropheus zebra (Blauer Njassa-Buntbarsch)[1]
Heimat: Njassasee. Wird bis 15 cm lang. Hält sich mit Vorliebe zwischen Felsen auf. Paßt sich in der Gefangenschaft leicht an und frißt nicht nur Algen, sondern übliches Fischfutter aller Art. Sehr angriffslustig, selbst gegen kleinere Fische, verteidigt – wie in der Natur – ein weitgestrecktes Territorium. Man kann die Art daher nur in großen Becken halten und züchten. Das Weibchen ist maulbrütend.
Neu eingeführt wurde eine himmelblaue Abart aus der Natur, die von Aquarianern sehr geschätzt wird. Angeboten wird sie unter der Handelsbezeichnung „Bright Blue".

Pseudotropheus zebra ♂

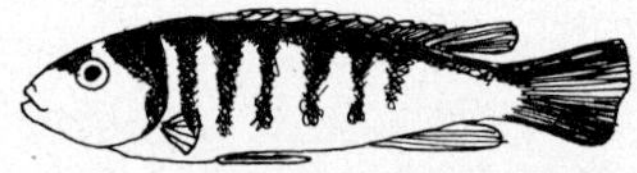

Pseudotropheus elongatus ♂

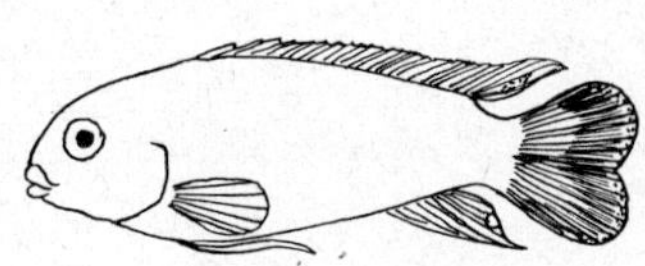

Pseudotropheus novemfasciatus ♂

Von der Gattung *Pseudotropheus* werden ab und zu *P. elongatus* (Schmalbarsch) und *P. novemfasciatus* gehalten. Die zuletzt genannte Art eignet sich gut für öffentliche Ausstellungen[2].

Labeotropheus fuelleborni (Schabemund-Buntbarsch)
Heimat: Njassasee. Wird bis 12 cm lang. Erwachsene Tiere mit unterständigem, quergestelltem Maul, das die ganze Kopfbreite einnimmt. Ernährt sich vorwiegend von Algen. Außer quergestreiften Weibchen kommen auch gefleckte Weibchen vor, ähnlich wie bei *L. trewavasae.* Maulbrütend. Ein Gelege umfaßt bis faßt bis 20 Eier.

Labeotropheus fuelleborni ♂

Labeotropheus trewavasae (Gestreckter Schabemund-Buntbarsch)[3]
Heimat: Njassasee. Wird bis 10 cm lang. Mehr als 50 % der Weibchen sind

[1] Farbfoto auf Tafel 34, S. 370
[2] Farbfotos weiterer Arten auf Tafel 37, S. 405, Tafel 38, S. 406, Tafel 39, S. 423
[3] Farbfoto auf Tafel 38, S. 406

[4] Farbfoto auf Tafel 34, S. 370
[5] Farbfoto auf Tafel 39, S. 423
[6] Farbfoto auf Tafel 34, S. 370
[7] Farbfoto auf Tafel 39, S. 423

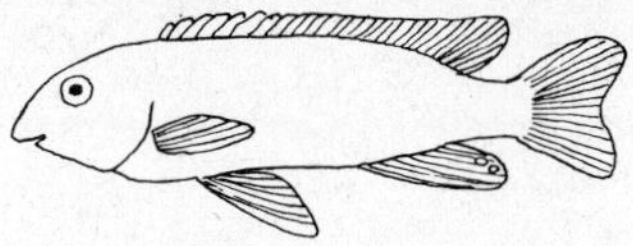

Labeotropheus trewavasae ♂

Labeotropheus trewavasae ♀

orangefarben mit dunklen bis schwarzen Flecken, die übrigen sind quergestreift. Männchen prächtig gefärbt, Rumpf, Schwanz und Kopf sind strahlend blau, die Rückenflosse rotbraun. Weibchen maulbrütend. Wasser mindestens 15° dGH bei neutralem pH-Wert. Bei einer Wassertemperatur von etwa 24° C verlassen die Jungen das Muttermaul nach 32 Tagen. Sie sind einheitlich schwarz gefärbt.

Julidochromis ornatus

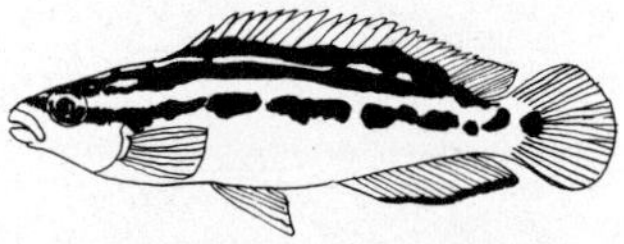

Julidochromis marlieri

Julidochromis ornatus (Tanganjika-Zwergbuntbarsch)[4]
Heimat: Felsenküste des Tanganjikasees. Männchen oft größer als die Weibchen, werden bis 8 cm lang. Relativ einfach in hartem, schwach alkalischem Wasser zu halten und zu züchten. Die Tiere laichen meist willig in verschiedenen Höhlen unter Steinplatten. Eier und Junge werden meist vom Weibchen betreut, wobei das Männchen das äußere Revier verteidigt. Zahl der Eier meist klein, selten mehr als 20 Stück.
Von der Gattung *Julidochromis* wurden viele weitere Arten importiert, z. B. *J. regani, J. transcriptus*[5], *J. marlieri*[6]. *J. marlieri* kreuzt sich mit *J. ornatus,* doch ist die Nachkommenschaft vermutlich unfruchtbar. In letzter Zeit wurden Exemplare eingeführt, die mit keiner der bis jetzt beschriebenen Arten übereinstimmen. Vielleicht handelt es sich um unterschiedlich gefärbte Populationen von *Julidochromis ornatus,* oder sogar um neue, noch nicht beschriebene Arten. Im Aquarium sind sie sehr laichwillig.

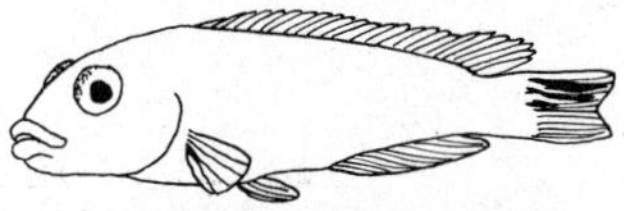

Nannochromis nudiceps

Nannochromis nudiceps
Heimat: Unterer Kongo. Männchen größer als das Weibchen, wird bis 8 cm lang. Zur Haltung und Zucht weiches, schwach saures Wasser und ziemlich hohe Temperaturen (24–28° C) erforderlich. Männchen untereinander sehr bissig. *N. nudiceps* ist ein typischer Höhlenbrüter. Eier gelb, oval. Eigelege umfaßt 80–120 Eier. Weibchen treibt Brutpflege. Jungfische schlüpfen nach etwa drei Tagen, schwimmen nach weiteren drei Tagen frei. Zuchterfolge sehr unterschiedlich, wahrscheinlich von einer ganzen Reihe noch ungeklärter Faktoren abhängig (Wassertemperaturen, Wasserzusammensetzung, Fütterung, Einrichtung des Beckens, usw.). Ähnliche Ansprüche an Haltung und Zucht stellen weitere zwei eingeführte Arten: *N. dimidiatus* und *N. brevis,* und teilweise auch *Melanochromis brevis.*

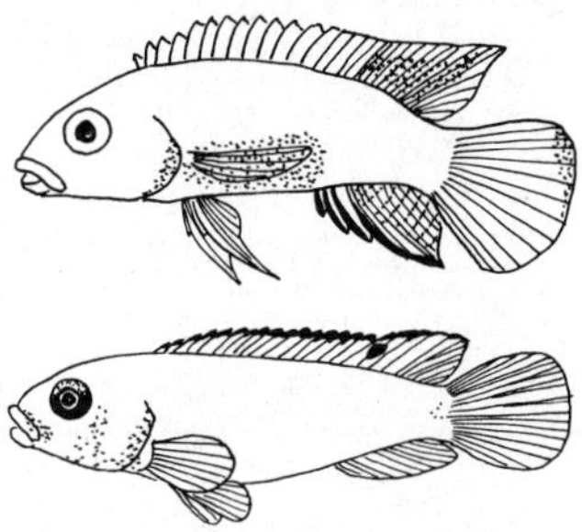

Nannochromis dimidiatus oben ♂, unten ♀

Lamprologus leloupi (Gold- oder Zitronenbarsch)[7]
Heimat: Tanganjikasee. Wird 8–10 cm lang. Grundfarbe zitronengelb bis

Bild 2.76: Männchen von Melanochromis brevis. Aufnahme S. Frank

orange, Flossen schillernd blau gesäumt. Die Art lebt in Felsenriffen. Das Aquarium soll daher steinigen Boden aufweisen. Außer pflanzlicher Kost werden Weiße Mückenlarven *(Chaoborus)*, kleine Schnecken u. ä. angenommen. Die Eier werden in Höhlen in Steinhaufen abgelegt, meist bis zu 150 Stück. Brutpflege treibt wahrscheinlich das Weibchen. Die Brut schlüpft nach drei Tagen und nimmt nach etwa 10 Tagen Nahrung auf. Sie bevorzugt *Artemia*-Nauplien. Die Jungtiere wachsen in der Gefangenschaft nur sehr langsam. Hinsichtlich der Sauberkeit des Wassers (Nitritgehalt!) ist die Art sehr empfindlich.
Eine verwandte Art aus dem Kongo – *L. congolensis* – bildet eine sehr interessante Sozialstruktur. Das Männchen verteidigt ein großes Revier, in dem sich sein Harem aufhält; jedes einzelne Weibchen bewacht einen kleinen Raum dieses Reviers. Die Weibchen treiben Brutpflege, das Männchen sorgt für den Schutz des ganzen großen Revierareals.
Mehrfach eingeführt wurde aus dem Tanganjikasee *L. compressiceps*, doch ist über seine Zucht im Aquarium nichts bekannt geworden.

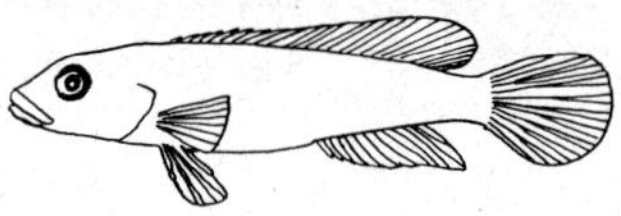
Lamprologus congolensis

Steatocranus casuarius (Löwenkopfcichlide)[1]
Heimat: Stromschnellen des unteren und mittleren Kongo. Männchen größer als das Weibchen, wird bis 9 cm lang. Männchen mit großem, helmförmigem Fettpolster auf Stirn und Nacken. Im Aquarium außerhalb der Laichzeit friedlich. Eier werden in eine Höhle abgelegt, z. B. in einen umgestülpten Blumentopf mit herausgeschlagenem Boden. Das Männchen treibt zuerst Brutpflege. Die Eltern bauen erst etwa drei Wochen nach dem Ablaichen vor dem Blumentopf eine Grube und bringen dann die Jungfische heraus. Die weitere Brutpflege betreiben beide Partner gemeinsam.
Von den zahlreichen afrikanischen Cichliden wurden in letzter Zeit mehrere Arten eingeführt, vor allem aus den Gattungen *Labidochromis, Limnochromis, Eretmodus* und *Teleogramma*. Sie haben sich meist noch nicht richtig in unseren Becken akklimatisiert; über die Fortpflanzung ist nur wenig bekannt[2].

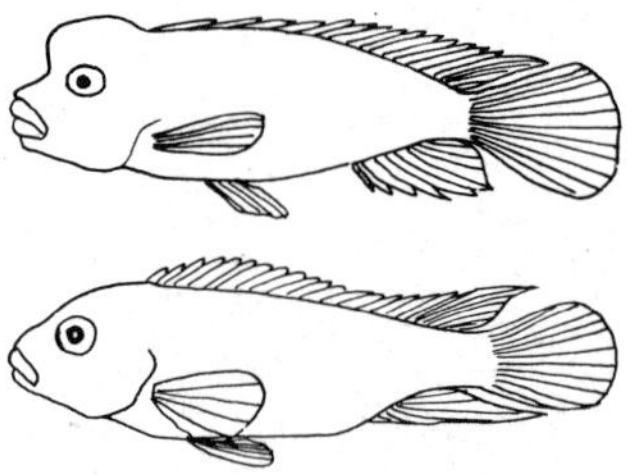
Steatocranus casuarius oben ♂, unten ♀

Südasiatische Buntbarsche

Etroplus maculatus (Punktierter Buntbarsch)[3]
Heimat: Süß- und Brackwasser in Vorderindien und Ceylon. Wird bis 8 cm lang. Sehr empfindlich gegen plötzliche Veränderungen des Wassers. Oft von Außenparasiten stark befallen, vor allem von *Ichthyophthirius*. Heilung schwierig, da der Fisch gegen Medikamente empfindlich ist. Widerstandsfähiger wird die Art, wenn man sie in Wasser mit etwas Seesalzzusatz hält (1–2 Teelöffel Seesalz auf 10 Liter Wasser). Temperatur bei erwachsenen Tieren nicht unter 25° C. Fortpflanzungsbiologie ähnlich wie bei allen auf Steinen ablaichenden Cichliden (z. B. wie bei der Gattung *Cichlasoma*). Beide Eltern treiben Brutpflege. Junge heften sich, ähnlich den Diskusfischen, einige Zeit an den Körperseiten der Eltern fest. Man kann sie jedoch auch getrennt von den Elterntieren aufziehen, wenn man sie mit „Staubfutter" ernährt.

Etroplus maculatus

Etroplus suratensis (Gestreifter Buntbarsch)[4]
Heimat: Brackwasser von Ceylon. Wird bis 40 cm lang. Grundfärbung graugrün bis blaugrau mit schönem Perlmutterglanz am ganzen Körper und 6–8 Querstreifen an den Seiten. Kann im Süßwasser nur kurze Zeit gehalten werden, andererseits aber schadet auch reines Seewasser, obwohl der Fisch darin bunter und ausdrucksvoller gefärbt ist. Sehr wärmeliebend; Wassertemperaturen nicht unter 23° C. Wurde in Europa schon seit 1905 gelegentlich gehalten, doch gelang es wahrscheinlich nicht überall, die Art auch fortzupflanzen.

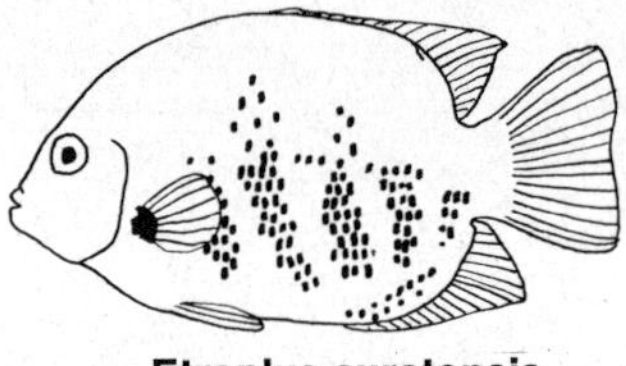
Etroplus suratensis

Unterordnung Anabantoidei (Kletterfischähnliche)

Diese Unterordnung zeigt starke Ähnlichkeiten mit den Barschen, unterscheidet sich von ihnen aber durch das sogenannte Labyrinth, einem über der Kiemenhöhle gelegenen zusätzlichen Atmungsorgan, mit dem diese Fische Luftsauerstoff aufnehmen können. In den Höhlen des Atemlabyrinths finden sich zahlreiche Lamellen, die von einer stark durchbluteten Schleimhaut bedeckt sind und die die Oberfläche vergrößern. In den Haargefäßen dieser Lamellen wird das Blut mit atmosphärischem Sauerstoff angereichert. Rücken- und Afterflossen mit Stacheln. Schuppen ctenoid.

[1] Farbfotos auf den Tafeln 35, S. 387 und 39, S. 423
[2] Aus Afrika werden seit einigen Jahren immer neue Cichliden importiert. Systematik und Namensgebung sind zur Zeit recht unklar. Hier wurden Arten beschrieben, die im Handel regelmäßig zu erhalten sind.
[3] Zum Verhalten s. S. 571 und 575 f
[4] Schwarzweißfoto auf S. 555; zum Verhalten s. S. 555, 571

Familie Anabantidae (Labyrinthfische)[5]

Einige Ichthyologen unterteilen diese Familie in mehrere Familien. Vertreter finden sich in Südasien und im tropischen Teil Afrikas. Die Fische stammen vermutlich von gemeinsamen Vorfahren der Unterordnung Barsche (Percoidei) ab. Sie mußten sich den veränderten Lebensbedingungen in sauerstoffarmen, häufig stark verschlammten, seichten und warmen Gewässern der Tropen anpassen. In solchen Gewässern reicht die Kiemenatmung nicht immer aus. Während der Laichzeit bauen einige Arten Schaumnester auf der Wasseroberfläche (oder auch tiefer im Wasser), in die sie die Eier ablegen. Manche Arten werden schon jahrzehntelang in Aquarien gehalten.

Asiatische Labyrinthfische

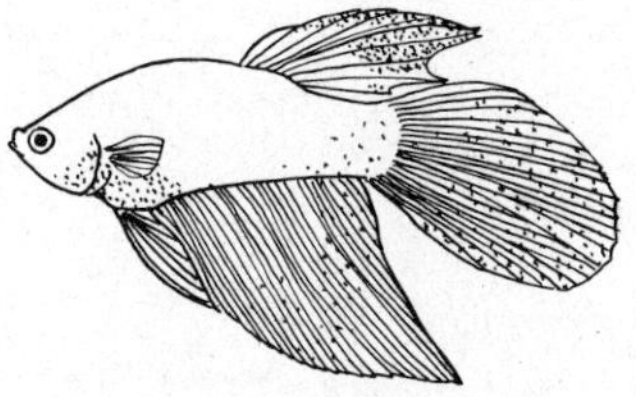

Betta splendens

Betta splendens (Kampffisch)[6]
Heimat: Hinterindien und Thailand. Wird bis 6 cm lang. Exemplare aus Siam und Vietnam meist grün, solche aus Singapur rot. Durch planmäßige Zucht erzielt man langflossige und verschiedenfarbige Formen. Männchen baut ein verhältnismäßig großes Schaumnest aus Luftblasen, das bis ein dm^2 groß sein kann.

Bild 2.77: Kampffisch (Betta splendens), Zuchtform, Männchen. Aufnahme S. Frank

Die Luftblasen werden mit einem Sekret der Mundschleimhaut verklebt. Die Tiere laichen unter diesem Nest oder wenigstens in seiner Nähe ab. Das Männchen bettet die Eier nach jedem Laichakt sofort in die Schaumblasen und hütet sie vor dem Weibchen. Das Weibchen hilft oftmals zuerst dem Männchen, sollte aber später (nach dem Ablaichen) besser aus dem Aquarium entfernt werden. Die Brut schlüpft bei einer Wassertemperatur von 27–30° C schon nach 24 bis 36 Stunden und wird vom Männchen bis zum Freischwimmen bewacht. In ihrer Heimat werden Kampffische zu Fischkämpfen verwendet, bei denen, ähnlich wie bei Hahnenkämpfen, Wetten abgeschlossen werden. Außer in ihrer ursprünglichen grünen und roten Farbe werden Kampffische heute in verschiedensten Farben gezüchtet, die zuweilen geradezu unwahrscheinlich leuchtend sind. Es gibt Tiere von hellem Grün, Blau, Rot, Gelb bis zu Sattgrün, Tiefblau, Dunkelrot, Violett und Samtschwarz; daneben wurde eine Hyalin-*Betta* mit durchsichtigen Flossen und eine Form mit weißen Flossen gezüchtet.
Außer dem Kampffisch *(Betta splendens)* werden einige weitere Arten der Gattung *Betta* gepflegt. Sie werden meist 8–12 cm lang. Dasselbe Verhalten wie bei *Betta splendens* zeigen z. B. *B. bellica* (Schlanker Kampffisch), *B. fasciata* (Streifenkampffisch), *B. smaragdina*. Beim Javanischen Kampffisch *(B. picta)*, beim Maulbrütenden Kampffisch *(B. pugnax)*, bei *Betta brederi*, *B. taeniata* und *B. anabatoides* erbrüten die Männchen die Eier im Maul. Die Brut schlüpft gewöhnlich nach 8–12 Tagen. Ganz ruhig, ja scheu, ist die schöne, nur etwa 5 cm kleine *B. imbellis*, die erst 1975 von W. Ladiges neu beschrieben worden ist[7]. Der Kiemendeckel ist bei *B. imbellis* grün, während er bei *B. splendens* rot ist.

[5] Nach Liem 1963 (The comparative osteology and phylogeny of the Anabantoidei Univ. of Ill. Press, Urbana) wird auch folgende Systematik anerkannt:
Familie Anabantidae
Gattungen: Anabas, Ctenopoma, Sandelia
Familie Osphronemidae
Osphronemus
Familie Belontiidae
Belontia, Betta, Ctenops, Trichopsis, Macropodus, Pseudosphromenus, Sphaerichthys, Colisa, Trichogaster
Familie Helostomatidae
Helostoma

[6] Farbfotos auf Tafel 52, S. 548 (rote und blaue Form); zum Verhalten s. S. 573.

[7] Farbfoto auf Tafel 54, S. 566

Macropodus opercularis (Paradiesfisch, Makropode)[1]
Heimat: Korea, China, Südvietnam, Taiwan. Männchen größer als das Weibchen, wird 9 cm lang. Haltungstemperatur 15–20° C. Zuchttemperatur 20–24° C. Für das Gesellschaftsbecken ist dieser Fisch nicht geeignet, da er sehr streitlustig ist. Erhöht man die Wassertemperatur, so laicht er willig ab. Hungrige Exemplare nützen Aquarianer zur Vertilgung von Planarien, die sich sonst schwer aus dem Becken entfernen lassen.
Makropoden befestigen ihr Nest gerne zwischen Schwimmpflanzen. Die mit Wasserhyazinthen *(Eichhornia crassipes)* bewachsenen Kanäle der Reisfelder sind für sie daher ein idealer Lebensraum. Der Makropode ist der älteste Aquarienfisch. Er wurde im Auftrag des französischen Konsuls Simon im Jahre 1869 aus Ningpo nach Frankreich eingeführt. Dem Pariser Carbonier gelang es zum ersten Mal, Jungtiere aufzuziehen. Schon 1876 kam der Fisch nach Deutschland, wo er sich rasch verbreitete. Myers und Kreyberg widerlegten die Auffassung, die Chinesen hätten die Makropoden in ihrer bekannten langflossigen Form künstlich gezüchtet.

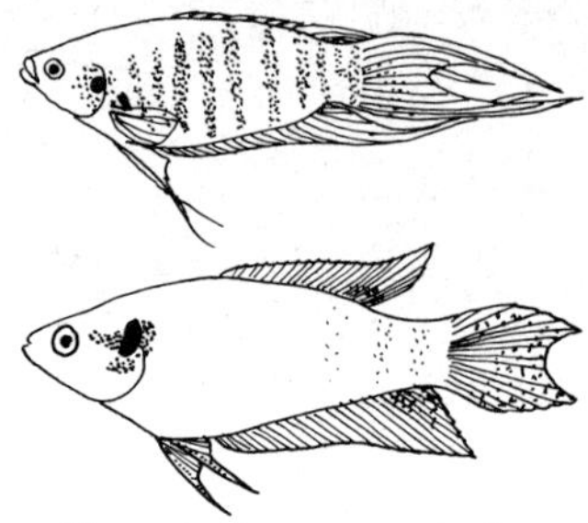

Macropodus opercularis oben ♂, unten ♀

Die Beobachtung der Fortpflanzungsbiologie des Makropoden bietet auch „alten Hasen" unter den Aquarianern immer wieder Neues und Interessantes. Es ist zu empfehlen, die erwachsenen Fische vor dem Ablaichen reichlich mit Lebendfutter zu füttern. Das Männchen baut das Schaumnest. Es braucht dazu manchmal mehrere Stunden bis Tage. Während des Nestbaues vertreibt das Männchen das Weibchen, lockt es jedoch später unter das Nest. Hat das Weibchen reife Eier, stellen sich die beiden Fische mit dem Körper gegeneinander, schwimmen aneinander vorbei und drehen sich dann schräg nach oben, bis sie Seite an Seite stehen. Nun umschlingt das Männchen mit seinem Körper das Weibchen. Die Fische drehen ihre Bäuche nach oben, stoßen Eier und Sperma aus und sinken gemeinsam zu Boden. Das Männchen erholt sich etwas rascher als das Weibchen. Es spuckt sie in das Schaumnest an der Wasseroberfläche. Die Laichakte wiederholen sich in verschiedenen Zeitabständen so lange, bis das Weibchen alle Eier abgelegt hat.
Aus dem ursprünglichen Makropoden wurde eine reinerbige albinotische Mutation mit typischen roten Augen gezüchtet. 1935 beschrieb E. Ahl den Schwarzen Makropoden *(Macropodus concolor)*. Diese Art zeichnet sich durch eine weniger auffallende, einheitlich dunkle Färbung aus. Sie ist aus Indochina aus der freien Natur bekannt. Im Aquarium pflanzt sie sich in gleicher Weise fort wie *Macropodus opercularis*.

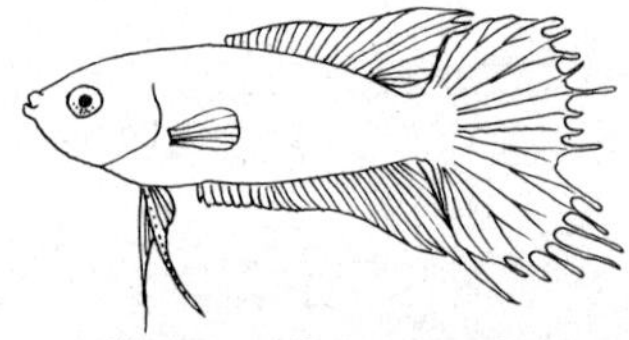

Macropodus concolor

Pseudosphromenus cupanus (Spitzschwanz-Makropode) und *Macropodus chinensis* (Rundschwanz-Makropode) sind schwimmlustige, allesfressende Fische, die meist friedlich und daher auch für das Gesellschaftsbecken geeignet sind. *Pseudosphromenus cupanus dayi* legt manchmal die Eier in ein in Höhlen gebautes Schaumnest ab oder aber in zusammengerollte Wasserpflanzenblätter.

Pseudosphromenus cupanus

Trichogaster leeri (Mosaikfadenfisch)[2]
Heimat: Malaiische Halbinsel, Thailand, Sumatra, Borneo. Wird bis 11 cm lang. Sehr friedlicher, scheuer, wärmeliebender Fisch. Während der Laichzeit baut das Männchen ein riesiges Schaumnest auf der Wasseroberfläche, unter das es das Weibchen lockt. Das Ablaichen erfolgt ähnlich wie bei Makropoden.

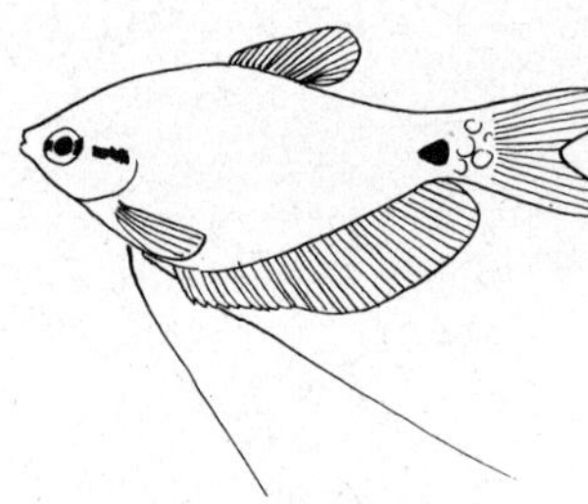

Trichogaster leeri

Trichogaster trichopterus trichopterus (Punktierter Fadenfisch)[3]
Heimat: Malaiische Halbinsel, Thailand, Südvietnam, Große Sundainseln. Wird bis 15 cm lang. Verträglich. Im auffallenden Licht blauglänzend. Schon mit 7 bis 8 cm geschlechtsreif. Weibchen wird vor dem Laichen vom Männchen verfolgt. Während der Laichzeit ändern die Fische ihre Färbung; der ganze Körper erscheint dann schwarzgrau marmoriert. Die Farbe ist um so satter, je stärker die Tiere erregt sind. Laichverhalten wie bei *Macropodus*. Nach dem Ablaichen sollte man das Weibchen herausfangen, damit es das Männchen, das allein die Brutpflege besorgt, nicht stört. Das Männchen fügt dem Nest von unten her eine weitere Schaumschicht an; es würde das Weibchen ohnedies nicht an das Nest heranlassen. Die Brut schlüpft nach etwa drei Tagen. Aus einem Gelege gehen bis 1000 Jungfische hervor, die man zuerst mit lebendem „Staubfutter", am besten mit Rädertierchen, füttert. Erst in der dritten bis vierten Woche entwickelt sich das Atemlabyrinth; die Jungfische kommen dann zur Wasseroberfläche, um Luft zu schöpfen. Die Luft oberhalb der Wasseroberfläche muß so warm wie das Wasser sein, da sich die Fische sonst „erkälten" und oft eingehen.

Trichogaster trichopterus trichopterus

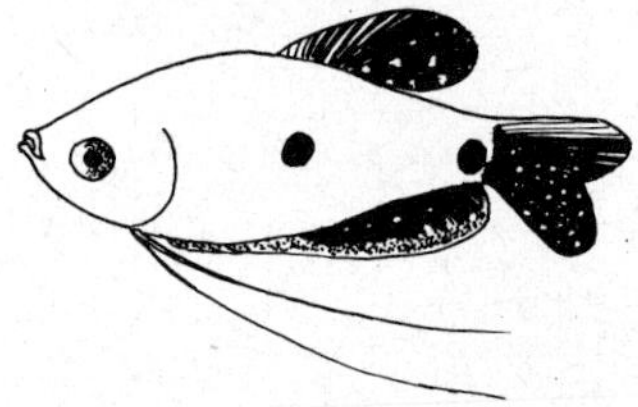

[1] Farbfoto auf Tafel 52, S. 548
[2] Farbfoto auf Tafel 51, S. 547. Zum Verhalten s. S. 519, 567 f.
[3] Zum Verhalten s. S. 543, 552

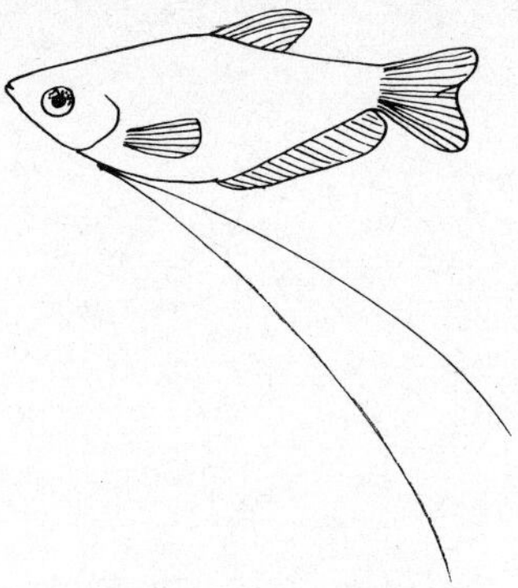

Trichogaster microlepis

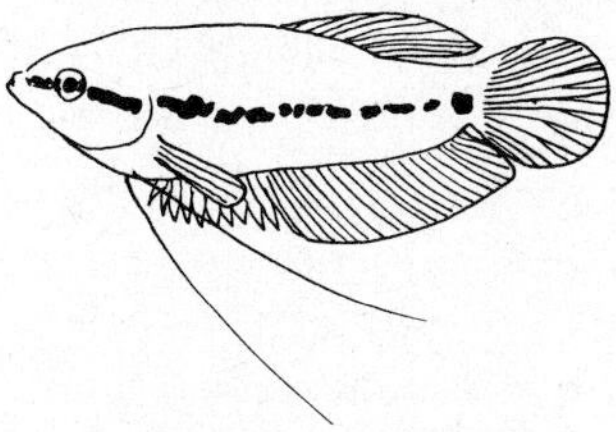

Trichogaster pectoralis

Trichogaster trichopterus sumatranus (Blauer Fadenfisch)[4]
Heimat dieser Unterart: Sumatra. Wird bis 30 cm lang, bleibt im Aquarium wesentlich kleiner (höchstens 15 cm). Haltung und Zucht wie bei der Stammform *Trichogaster trichopterus*, jedoch etwas wärmeliebender. Aus den USA kam 1960 eine Farbmutation nach Europa, die die Handelsbezeichnung *Trichogaster trichopterus* „cosby" trägt. Die Bezeichnung „cosby", häufig fälschlich auch „crosby", ist der Name des Züchters, der diese Farbmutation unter seinen Fischen entdeckte und als reinerbige Form weiterzüchtete. Die amerikanischen Aquarianer benützen allerdings eine viel passendere Bezeichnung, nämlich Opalin-Gurami.
In neuerer Zeit haben sich unter den Aquarianern die „goldenen" Fadenfische mit schwarzen Augen sehr verbreitet. Diese schöne Farbmutation[5] ist xanthoristisch (gelblich bis golden gefärbt) und sehr fruchtbar. Sehr fruchtbar sind auch die neuerdings erschienenen „silbrigen" Fadenfische.
Weniger beliebt in der Aquaristik ist der Mondscheinfadenfisch *(T. microlepis)*[6]. Er ist, wie auch der Schaufelfadenfisch *(T. pectoralis)*[7] weniger schön gefärbt, allerdings auch während der Laichzeit sehr ruhig. Die Männchen von *T. pectoralis* treiben sehr lange Brutpflege und fressen nicht einmal die kleinen Jungfische anderer Arten.

Colisa labiosa (Dicklippiger Fadenfisch)[8]

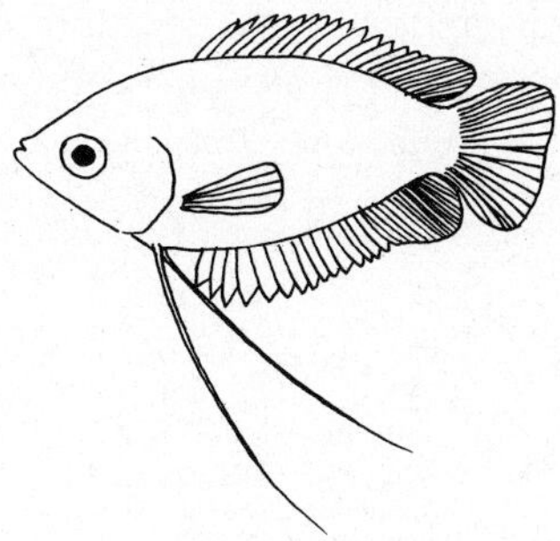

Colisa labiosa ♂

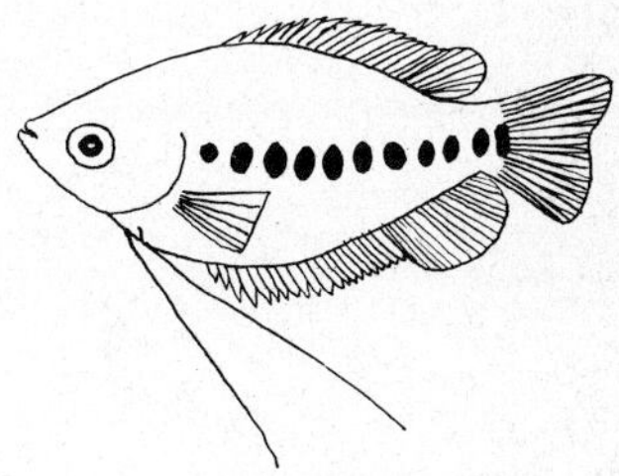

Colisa labiosa ♀

Heimat: Südburma. Männchen größer als das Weibchen, wird bis 8 cm lang. Eier werden in ein Schaumnest an der Wasseroberfläche abgelegt. Da die Eier große Öltropfen enthalten, sind sie leichter als Wasser und schwimmen hoch. Zucht und Aufzucht wie bei *trichopterus*. Zuchttemperatur zwischen 27 und 30° C.

Bild 2.78: Dicklippiger Fadenfisch (Colisa labiosa), Männchen. Aufnahme S. Frank

[4] Farbfoto auf Tafel 51, S. 547
[5] Farbfoto der Goldform auf Tafel 51, S. 547
[6] Farbfoto auf Tafel 51, S. 547
[7] Farbfoto auf Tafel 51, S. 547
[8] Nach Arnold und Ahl 1936, nach Pinter 1960 u. a. soll Colisa labiosa nur eine kleinere Rasse von Colisa fasciata sein.
Farbfoto von C. labiosa auf T. 52, S. 548

Colisa fasciata (Gestreifter Fadenfisch)
Nahe verwandt mit der vorigen Art. Heimat: Schlammgewässer von Indien bis Burma. Wird bis 12 cm lang. Haltungstemperatur 24–28° C, Zuchttemperatur 30° C. Erwachsene Tiere vertragen einen Temperaturrückgang bis 15° C. Allesfresser.

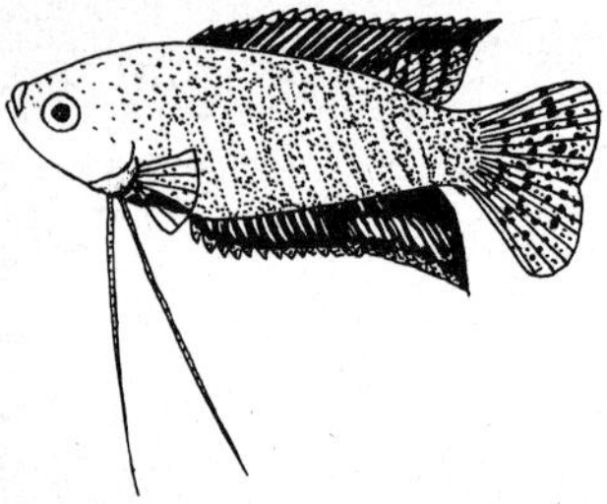

Colisa fasciata ♂

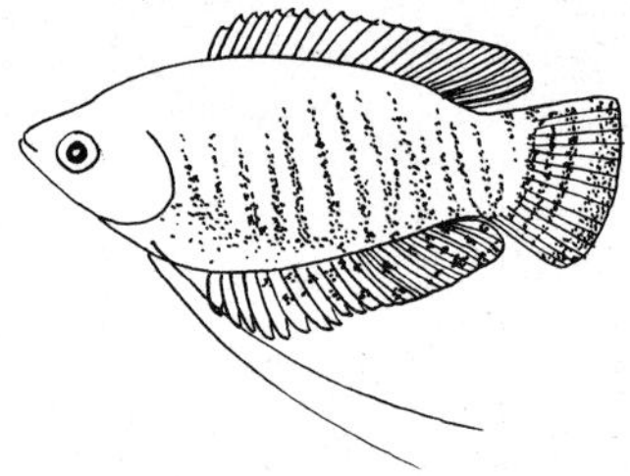

Colisa lalia ♀

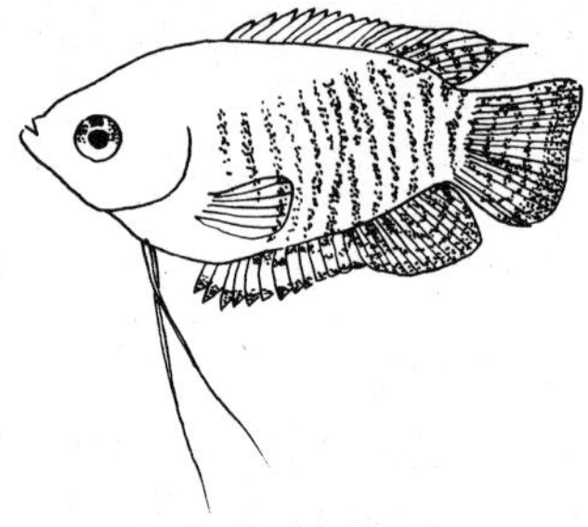

Colisa lalia ♂

Colisa lalia (Zwergfadenfisch)[1]
Heimat: Indien. Wird nur bis 5 cm lang. Körper sehr hoch. Im Aquarium verhältnismäßig scheu. Baut großes Schaumnest zwischen Blätter oder Pflanzenteile, die auf der Wasseroberfläche schwimmen. Zuchttemperatur 30° C. Männchen geben Schnarrgeräusche von sich, wenn sie bei der Revier- und Brutverteidigung im Sturzangriff auf Eindringlinge zustoßen.

Colisa chuna (Honigfadenfisch, Honiggurami)[2]
Heimat: Nordostindien, im Ganges und im Brahmaputra, in Oberassam bis zum Hughlifluß bei Kalkutta. Wird nur 4 bis 4,5 cm lang. Mehrere Farbformen. Haltung im Aquarium sehr einfach. Laicht bereits bei 24°. Ein Gelege ergibt nur 150 bis 250 Jungfische. Die Brut muß eine bis zwei Wochen lang mit Rädertierchen gefüttert werden, da die meisten Labyrinther Nauplien-Larven wegen ihrer Größe anfangs nicht fressen können. Jungfische und Weibchen tragen an den Körperseiten eine braune Längsbinde, wodurch sie von den Männchen im Prachtkleid deutlich zu unterscheiden sind.

[1] Farbfoto auf Tafel 52, S. 548. Die Paarung von Colisa lalia zeigt die Serie auf S. 522. Zum Verhalten siehe auch S. 510–512, 519–524 und 543.
[2] Farbfoto auf Tafel 52, S. 548; zum Verhalten s. S. 572
[3] Bauchwassersucht ist ein Symptom, das auf verschiedene Ursachen zurückgehen kann. S. S. 701.
[4] Farbfoto auf Tafel 52, S. 548

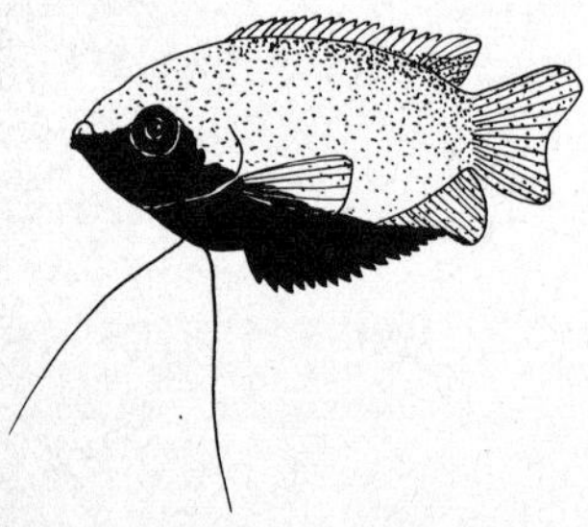

Colisa chuna ♂

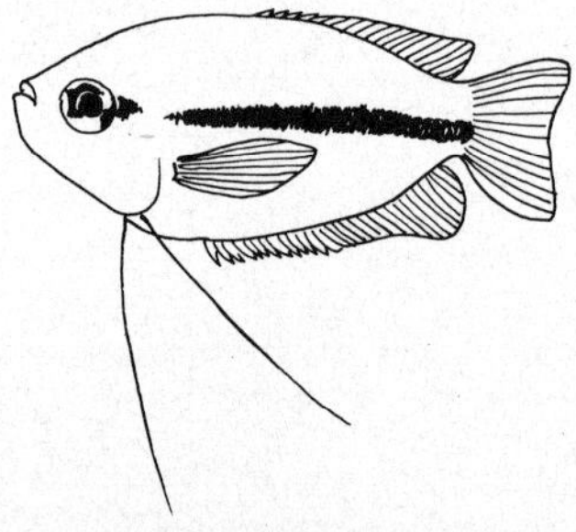

Colisa chuna ♀

Alle *Colisa*-Arten sind ziemlich empfindlich gegen *Oodinium* und Bauchwassersucht[3]. Die Tiere erkranken hauptsächlich bei der Winterfütterung mit *Tubifex* leicht an Bauchwassersucht und Tuberkulose. Eine Ausnahme macht *Collisa chuna,* die man praktisch das ganze Jahr mit gehackten *Tubifex* füttern kann. Dafür aber ist *Colisa chuna* recht empfindlich gegen eine Fütterung mit Wasserflöhen, deren harter Panzer ihnen offenbar Schwierigkeiten bereitet. Es kommt vor, daß die Fische an Wasserflöhen, die sie durch den schmalen Schlund nicht verschlukken können, regelrecht ersticken.

Trichopsis vittatus
oben ♂, unten ♀

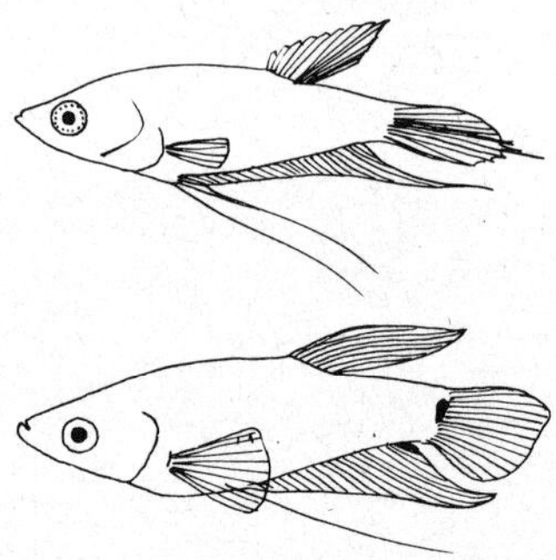

Trichopsis vittatus (Knurrender Guramai)[4]
Heimat: Thailand, Südvietnam, Malaiische Halbinsel, Große Sundainseln. Wird bis 6,5 cm lang. Die unpaaren Flossen sind groß und langgezogen. Laicht in der Gefangenschaft relativ schwer, wahrscheinlich nur im Frühjahr und in einem Aquarium, das sonnig aufgestellt ist und einen dichten Pflanzenwuchs aufweist. Laichtemperatur 28–30° C. Die Männchen geben knurrende Laute von sich, an

Bild 2.79: Männchen des Knurrenden Gurami (Trichopsis vittatus). Aufnahme S. Frank

deren Entstehen wahrscheinlich das Labyrinth beteiligt ist. Das Weibchen stößt ähnliche Laute aus.

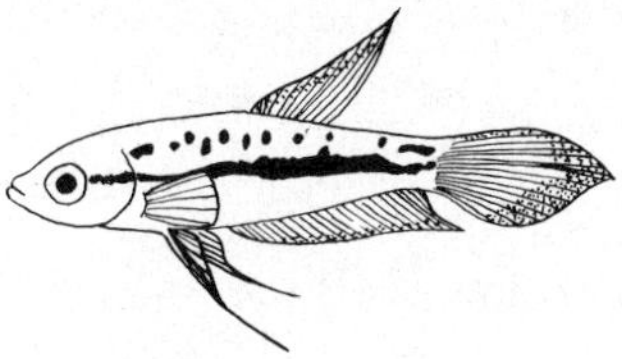

Trichopsis pumilus

Trichopsis pumilus (Zwerggurami)[5]
Heimat: Südvietnam, Thailand, Sumatra. Wird nur 3,5 cm lang. Der Fisch baut sein Schaumnest in Form kleiner Schaumkügelchen an die Unterseite eines Wasserpflanzenblattes oder in ein Gewirr feinblättriger Wasserpflanzen, aber auch in einen liegenden Blumentopf oder eine Kokosnußschale. Häufig werden die Eier auch ohne Nest einfach an die Unterseite größerer Pflanzenblätter in unmittelbarer Bodennähe abgelegt. Die Zahl der Eier ist oft klein, kann aber bis 250 Stück ansteigen. Die Jungfische schlüpfen nach etwa 36 Stunden bei einer Temperatur von 27–28° C. Viele Paare können mehrfach nacheinander in kurzen Zeitabständen (4–7 Tage) ablaichen. Auch bei dieser Art gibt das Männchen knurrende Laute von sich, vor allem während der Zeit, in der sich das Ablaichen vorbereitet. Die freischwimmenden Jungfische sind groß genug, um von Anfang an mit *Artemia*-Nauplien gefüttert zu werden.
Trichopsis schalleri ist dem Zwerggurami sehr ähnlich, was Färbung, Haltung,

Bild 2.80: Zwerggurami (Trichopsis pumilus), links Männchen, rechts Weibchen. Aufnahme S. Frank

[5] Farbfoto auf Tafel 52, S. 548; Laichserie auf den Tafeln 53, S. 565 und 54, S. 566. Zum Verhalten siehe S. 556, 569

Bild 2.81: Männchen von Trichopsis schalleri. Aufnahme S. Frank

Zucht und Laichverhalten betrifft. Er wird jedoch etwas größer (bis 4 cm). Dieser Fisch wurde erst 1962 von Ladiges aus Thailand beschrieben. Er ist mit *T. vittatus* zu kreuzen; die Bastarde sind voll fertil. Vielleicht sind es sogar nur Rassen. Die Ähnlichkeit mit *T. pumilus* ist dagegen nur oberflächlich.

Sphaerichthys osphromenoides (Schokoladengurami)[1]
Heimat: Sumatra und Malaiische Halbinsel. Wird bis 6 cm lang. Körper sehr hoch. Empfindliche, wärmebedürftige Art. Temperatur soll zwischen 26 und 30° C schwanken. Geschlechtsunterschiede sehr unsicher. Eier werden auf den Boden abgelegt und im Maul erbrütet. Die Zahl der Eier ist klein, die Jungtiere wachsen sehr langsam. Erwachsene Fische fressen am liebsten Rote Mückenlarven.

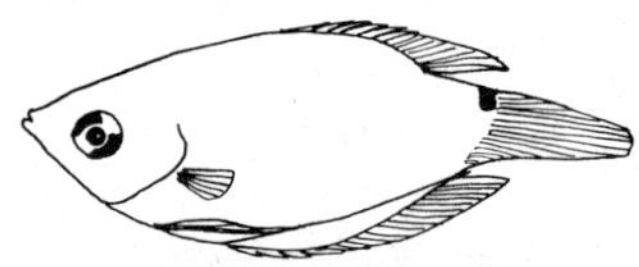

Sphaerichthys osphromenoides

Helostoma temmincki (Küssender Gurami)[2]
Heimat: Malaiische Halbinsel, Thailand, Große Sundainseln. Wird bis 30 cm lang (nicht im Aquarium!). Rücken dunkel olivgrün, Bauch fast weiß. Das Tier ist in den Farben nicht auffällig. Allesfresser, der unbedingt Zusatz von Pflanzennahrung braucht. Den Namen „Küssender Gurami" verdankt der Fisch einer Art von Rivalitätskämpfen, bei denen sich die Tiere gegenseitig mit dem breitlippigen Mund angreifen, was den Eindruck erweckt, als ob sie sich küßten. Über die Fortpflanzungsbiologie im Aquarium ist nichts Sicheres bekannt. In seiner Heimat ist der Küssende Gurami ein Speisefisch.

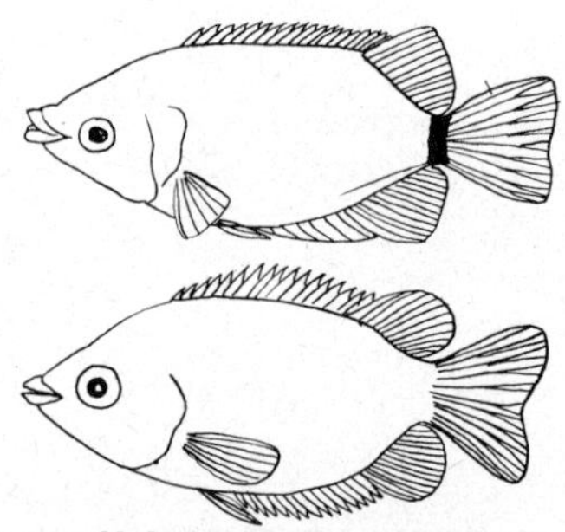

Helostoma temmincki oben ♂, unten ♀

Belontia signata (Ceylon-Makropode)[3]
Heimat: Ceylon. Wird bis 13 cm lang. Oft recht räuberisch. Geschlechtsunterschiede gering, betreffen die Länge von Rücken- und Afterflosse. Jungfische mit

[1] Farbfoto auf Tafel 52, S. 548
[2] Farbfoto auf Tafel 51, S. 547
[3] Farbfoto auf Tafel 52, S. 548. Zum Verhalten s. S. 579

Bild 2.82: Ceylon-Makropode (Belontia signata). Aufnahme S. Frank

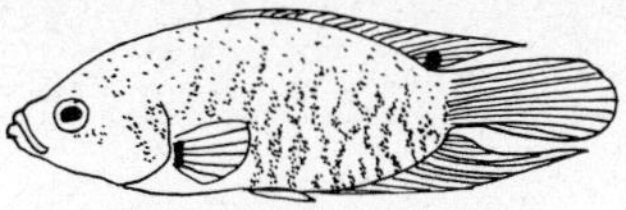

Belontia signata

Augenfleck am Ende der Rückenflosse; erwachsene Tiere ohne Augenfleck. Haltungstemperatur 24–28°, Zuchttemperatur 26–29° C. Eier groß (2–3 mm), werden unter schwimmenden Blättern in Häufchen in ein Schaumnest abgelegt. Das Schaumnest besteht meist nur aus einer großen Luftblase. Brut schlüpft nach 40–48 Stunden und schwimmt erst nach 6 Tagen frei. Jungtiere groß, fressen von Anfang an *Cyclops*- und *Artemia*-Nauplien.

Belontia hasselti (Wabenschwanz-Makropode)[4]
Heimat: Indomalaiischer Archipel. Wird etwa 12 cm lang. Rücken-, Schwanz- und Afterflossen des Männchens mit dunkler Zeichnung. Färbung sehr veränderlich. Tiere, die sich normal fühlen, zeigen am Ende der Rückenflosse einen Augenfleck. Imponierende Männchen, aber auch erschrockene Tiere beider Geschlechter sind auffallend dunkel marmoriert. In diesem Falle signalisiert ein und dieselbe Färbung ein vollkommen anderes Verhalten und hat verschiedene Bedeutung. Das Weibchen ist am dickeren Leibesumfang zu erkennen. Nach Benl und Terofal lassen sich die Geschlechtstiere nicht am Wabenmuster unterscheiden, doch eigene Beobachtungen zeigten, daß nur die Männchen ein Wabenmuster hatten. Die abgelegten Eier steigen infolge ihres Ölgehaltes an die

Bild 2.83: Männchen des Wabenschwanz-Makropoden (Belontia hasselti). Aufnahme S. Frank

Wasseroberfläche. Das Männchen baut erst nach dem Ende des Ablaichens ein lockeres Schaumnest. Brut schlüpft bei 27° C nach etwa 48 Stunden und schwimmt nach weiteren zwei bis drei Tagen frei. Aus einem Gelege erhält man 500–700 Jungfische. Die Jungtiere fressen schon nach einer Woche *Artemia*-Nauplien. Zur Zucht ist ein weiches Wasser von 2–5° dGH und eine Temperatur von 25–28° C zu empfehlen. Die Fische sind scheu, daher Becken gut bepflanzen.

Osphronemus gorami (Gurami)[5]
Heimat: Große Sundainseln. Wird bis 60 cm lang. Gilt in seiner Heimat als Speisefisch. Zur Haltung und Zucht im Aquarium sind nur junge Fische geeignet. Körper oval, an den Seiten zusammengedrückt. Nach Rachow sind geschlechtsreife Tiere ganz rot. Jungtiere sind hellrotbraun gefärbt und besitzen mehrere dunkle Querbinden. Bei älteren Exemplaren ist die Stirnpartie stark gewölbt und bildet einen Fetthöcker. Widerstandsfähig gegen niedere Temperaturen. Bei reicher Fütterung unter Zusatz von Pflanzennahrung und Haferflocken wachsen die Jungen rasch. Die Fische sind im zweiten Lebensjahr schon 20 bis 30 cm lang. Die Brut im Schaumnest wird vom Männchen betreut. Dankbare Objekte für große Schaubecken.

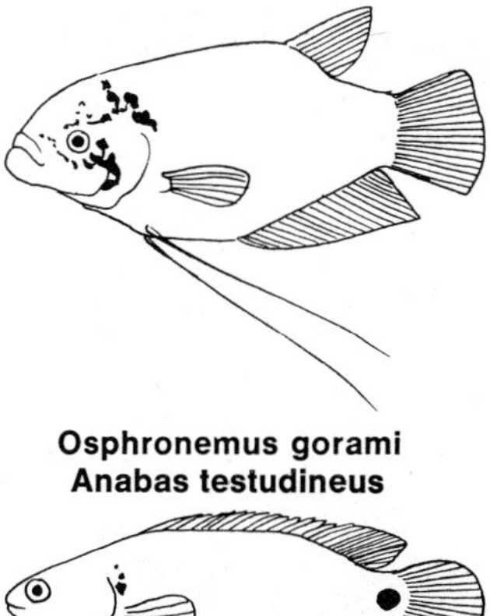

Osphronemus gorami
Anabas testudineus

Anabas testudineus (Kletterfisch)
Heimat: Indien, Ceylon, Malaiischer Archipel, Philippinen, Südchina. Wird bis 25 cm lang, bleibt in Gefangenschaft aber kleiner. Sehr interessanter Fisch, in unseren Becken leider ein seltener Gast. Allesfresser. Klettert oft auf dem Land mit Hilfe der Brustflossen und der Kiemendeckel. Hart gegen Temperatur-

[4] Zum Verhalten s. S. 554
[5] Farbfoto auf Tafel 51, S. 547

schwankungen zwischen 15 und 30° C. Zuchttemperatur 24–30° C. Eier steigen zur Wasseroberfläche; Eltern treiben keine Brutpflege. Für öffentliche Schaubecken gut geeignet.
Von anderen asiatischen Labyrinthfischen wurde mehrfach *Ctenops nobilis* eingeführt. Der etwa 10 cm lang werdende Fisch stammt aus Indien. Er wurde bis jetzt in Gefangenschaft noch nicht nachgezüchtet.

Afrikanische Labyrinthfische

Die afrikanischen Labyrinthfische gehören zur Gattung *Ctenopoma.* Rückenflosse länger als die Afterflosse, Mund verhältnismäßig groß, Kiemendeckel an den Rändern gezähnt. Atemlabyrinth nicht besonders gut entwickelt.

Ctenopoma argentoventer (Silbriger Buschfisch)
Heimat: Tropische Gewässer Westafrikas, vor allem Nigergebiet. Seitenlinie unterbrochen, Schuppen verhältnismäßig groß. Wird bis 15 cm lang. Streitsüchtig, daher nicht fürs Gesellschaftsbecken geeignet. Braucht kräftige Kost, verschmäht weder kleine Fische noch Pflanzennahrung. Wärmebedürftig. Laichtemperatur 28–30° C. Die Fische laichen verhältnismäßig tief unter der Wasseroberfläche. Die frei ins Wasser abgelegten Eier treiben infolge ihres Ölgehaltes an die Oberfläche.

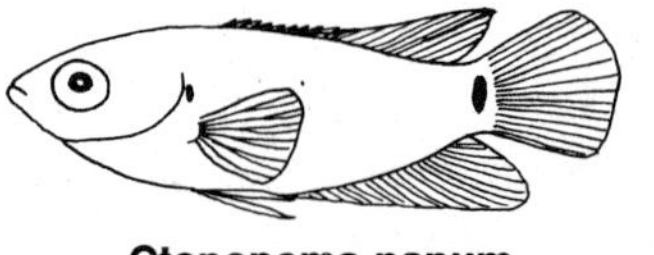

Ctenopoma nanum

Weitere *Ctenopoma*-Arten:
Einige andere Arten dieser Gattung, die eingeführt wurden, sind zwischen 7 und 15 cm lang und meist räuberisch. Wahrscheinlich leben nur der Zwergbuschfisch *(C. nanum)* und der Kongo-Buschfisch *(C. congicum)* friedlich. Die Männchen von *C. nanum* und *C. ansorgei* bauen Schaumnester an der Wasseroberfläche. Ein Schaumnest unterhalb von Pflanzenblättern baut der Kongo-Buschfisch *(C. congicum).* Beim Schwanzfleck-Buschfisch *(Ctenopoma kingsleyae)*[1] steigen beim Ablaichen die klaren, durchsichtigen Eier an die Wasseroberfläche und schwimmen dort zwischen Schwimmpflanzenblätter. Die Eltern treiben keine Brutpflege, sie sind vielmehr Laichräuber. Ein Gelege umfaßt etwa 2000 Eier.
Beim Pfauenaugen-Buschfisch *(C. oxyrhynchum)* tragen die Jungtiere ein Jugendkleid: Die hintere Körperhälfte ist schwarz.
Wenig bekannt ist über die Fortpflanzung folgender Arten: *C. fasciolatum* (Gebänderter Buschfisch), *C. multispinnis* (Vielstacheliger Buschfisch), *C. nigropannosum* (Zweifleck-Buschfisch).

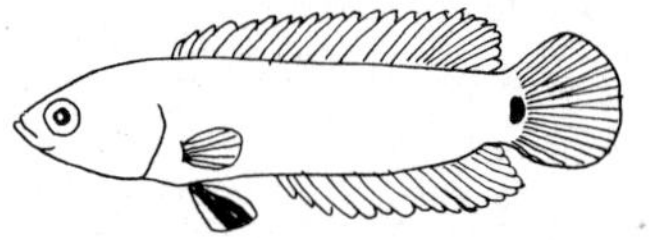

Ctenopoma ansorgei

Ctenopoma kingsleyae

[1] Farbfoto auf Tafel 51, S. 547

Bild 2.84: Gebänderter Buschfisch (Ctenopoma fasciolatum). Aufnahme S. Frank

Bild 2.85: Schwanzfleck-Buschfisch (Ctenopoma kingsleyae). Aufnahme S. Frank

Unterordnung Luciocephaloidei (Hechtkopfähnliche)

Früher häufig als Familie der Unterordnung Anabantoidei (Kletterfischähnliche) geführt. Labyrinth ist bei ihnen jedoch einfacher gebaut, es fehlen die inneren, vielfach gefalteten Lamellen. Auch die Schwimmblase fehlt. Der Mund ist weit ausstülpbar, die Bauchflossen schließen an die Schulterpartie an. Die Familie Luciocephalidae (Hechtköpfe) umfaßt nur eine Gattung mit nur einer einzigen Art, dem Hechtkopf *(Luciocephalus pulcher)*. Dieser Fisch lebt in Malaya, Sumatra und Borneo. Er wird 15–18 cm lang. Raubfisch, der sich nahe der Wasseroberfläche in stehenden oder fließenden Gewässern aufhält, wo er zwischen Pflanzenwuchs auf Beute lauert. Im Aquarium schwierig zu pflegen; Zucht bisher nicht gelungen. Die Auffassung, der Fisch sei lebendgebärend, wurde noch nicht bestätigt. Kann täglich 5–6 ausgewachsene Guppy-Weibchen verzehren. Keine näheren Angaben über Lebensweise in der Natur.

Unterordnung Gobioidei (Meergrundelähnliche)

Ein bis acht biegsame, harte Strahlen in der ersten Rückenflosse. Bauchflossen häufig miteinander verwachsen, bilden dann eine einzige Flosse. Bauchflossen unterhalb der Brustflossen angesetzt. Schwimmblase fehlt meist. Etwa 600 Arten. Hierher gehören kleine Meeresküstenfische, die hauptsächlich die Tropen bewohnen (mit der kleinsten Fischart der Erde: *Pandaka pygmaea*, bei der die Weibchen 11 mm, die Männchen 7,5 mm lang sind). Vertreter der Unterordnung Gobioidei können nach Ansicht der Autoren schon im Untertertiär nachgewiesen werden. Eine Anzahl von Arten hat sich dem Leben im Süßwasser angepaßt.

Familie Eleotridae (Schläfergrundeln)

Gattungsreiche Familie. Bauchflossen getrennt. Augenpupille opalisiert, wodurch das Auge blind erscheint. Zahlreiche Arten in den Brackwasserzonen tropischer Meere. Viele sind räuberisch und ernähren sich von kleinen Fischen und Bodenfauna. Manche Arten prächtig gefärbt und gut fürs Zimmeraquarium geeignet. Oft sehr gefräßig. Zur Pflege ist mittelhartes Wasser mit Salzzusatz und einer Temperatur von 18–26° C zu empfehlen. Erwachsene Tiere leben am Bodengrund, Jungfische halten sich zuerst im freien Wasser auf, oft in Schwärmen, und gehen erst später zum Bodenleben über. Bei vielen Arten treiben die Männchen Brutpflege, wobei sie das auf einen Stein abgelegte Gelege hüten. Die mit lebendem „Staubfutter“ gefütterte Brut wächst schnell heran.

Dormitator maculatus
Heimat: Ostküste Mexikos, Küsten der Südstaaten der USA bis zu den westindischen Inseln. Wird in der Natur 30–60 cm lang, ist in der Gefangenschaft mit etwa 10 cm Länge geschlechtsreif. Raubfisch, der auch im Aquarium kleinere Fische angreift. Eier klein, werden auf Steinen in Reihen abgelegt. Bauchpartie der Weibchen auffallend umfangreich. Jungfische schlüpfen bei einer Wassertemperatur von 25° C bereits nach 25–26 Stunden und wachsen rasch. Am besten im Brackwasser pflegen.

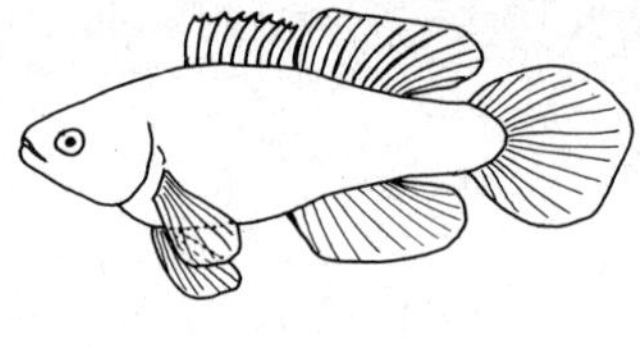

Dormitator maculatus

Mogurnda mogurnda (Tüpfelgrundel)
Heimat: Flüsse und Küsten von Mittel-, Nord- und Ostaustralien sowie Guinea. Wird 17 cm lang. Körper walzenförmig, langgestreckt, Färbung wechselt stark, in der Laichzeit intensiver. Weibchen größer als das Männchen. Allesfresser. Laichtemperatur 25–28° C. Am besten hält man mehrere Weibchen mit einem Männchen. Eier werden an einem Fädchen zu je 150–200 Stück auf einen Stein geklebt. Männchen treibt Brutpflege. Jungtiere sind mit Lebendfutter großzuziehen. In der Gefangenschaft leicht zu vermehren. Viele weitere Schläfergrundeln wurden importiert, haben jedoch keine nennenswerte Verbreitung erlangt. Es handelt sich vor allem um Arten aus folgenden Gattungen: *Perccottus, Eleotris, Hypseleotris, Oxyeleotris, Batanga, Carassiops, Ophiocara.* Die meisten Arten der erwähnten Gattungen wurden in der Gefangenschaft noch nicht nachgezüchtet.

Mogurnda mogurnda

[1] Farbfoto auf Tafel 55, S. 599
[2] Farbfoto auf Tafel 61, S. 669

Familie Gobiidae (Meergrundeln)

Bauchflossen teils selbständig, teils verwachsen. Sind die Bauchflossen verwachsen, so bilden sie ein Saugorgan, das es den Fischen ermöglicht, sich an festen Unterlagen festzuhalten. Afterflosse meist gegenüber der zweiten Rückenflosse. Fast alle Arten laichen auf Steinen am Dach einer Höhle. Eier haften sehr fest. Männchen treiben oft sehr intensiv Brutpflege. Je nach Herkunft der Fische muß im Aquarium die Dichte des Wassers durch Salzzusatz reguliert werden. Einige kleine Arten fressen nur Plankton, viele größere sind mit Mückenlarven, Würmern, Stücken von Muschel- und Schneckenfleisch zu ernähren. Manche fressen zusätzlich Algen. Größere Arten sind sehr gefräßig. Die meisten Arten leben an den Küsten (Meere), einzelne dringen ins Brackwasser der Flußmündungen ein und steigen manchmal bis ins Süßwasser auf.

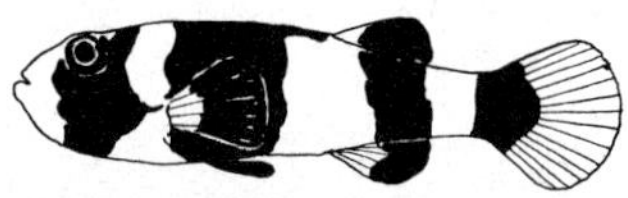

Brachygobius xanthozona

Brachygobius xanthozona (Goldringelgrundel)[1]
Heimat: Flüsse und ihre Mündungen auf Sumatra, Borneo und Java. Wird im Aquarium etwa 4,5 cm lang. Häufig verwechselt mit der sehr ähnlichen, aus Indien stammenden Art *B. nunus*[2] und mit der aus Nordkalimantan und den Philippinen stammenden Art *B. aggregatus.* In den Farben sehr variabel, vor allem ist auch die Form der abwechselnd braunen und hellgelb-orangenen Querbänder veränderlich. Grundfärbung dunkelbraun bis schwarz. Helle Bänderung geht häufig in unregelmäßige Flecken über. Tiere aus manchen Gebieten sind ganz schwarz. Für die Pflege im Aquarium wählt man am besten Brackwasser. Die Tiere sind in Süßwasser sehr krankheitsanfällig. Haltungstemperatur 24 bis 30° C. Weibchen legt etwa 100–150 Eier auf einen Stein oder in einem Blumentopf ab. Die Jungfische schlüpfen nach vier bis fünf Tagen, bei höherer Temperatur auch früher. Erwachsene Tiere leben in Bodennähe. Sie nehmen kleines Lebendfutter jeder Art an. Nicht für das Gesellschaftsbecken geeignet: Die Fische sind so ruhig und friedlich, daß sie von anderen dauernd gestört werden. Viele andere Arten von Meergrundeln können im Aquarium gepflegt werden, obwohl die Zucht nicht ganz einfach ist. Es handelt sich um Vertreter tropischer Gattungen, wie z. B. *Gobius, Stigmatogobius, Bathygobius, Gobiopterus, Evorthodus.* Aber auch Vertreter der einheimischen europäischen Mischfauna kommen in Frage, z. B. Arten der Gattungen *Pomatoschistus* und *Proterorhinus.* Das Laichverhalten dieser Fische ist oft sehr interessant, doch meist noch wenig bekannt.

Tafel 17
Oben links: Die malaiische Halbinsel, Singapur, Große und Kleine Sundainseln sind die Heimat der Schwanzbandbarbe (Barbodes lateristriga). Sie wird bis zu 18 Zentimeter lang, bleibt im Zimmeraquarium aber wesentlich kleiner.
Oben rechts: Die Linienbarbe (Puntius lineatus) ist auf der malaiischen Halbinsel zu Hause, der Fisch wird bis zu 12 Zentimeter lang.
Mitte links: Das Verbreitungsgebiet der afrikanischen Längsstrichbarbe (Barbodes holotaenia) reicht vom zentralen Kongogebiet bis zum nördlichen Kamerun. Der Fisch wird bis zu 12 Zentimeter lang.
Mitte rechts: Schmuckbärblinge (Rasbora elegans) leben in fließenden und stehenden Gewässern in Malaya, Borneo und Sumatra. Ein robuster Bärbling, der bis zu 13 Zentimeter lang wird.
Unten links: Barbodes schwanenfeldi stammt aus Sumatra, Malakka und Thailand. Sie wird bis zu 34 Zentimeter lang und ist daher besonders für Schauaquarien geeignet.
Unten rechts: Die Gelbschwanz-Haibarbe (Balantiocheilus melanopterus) stammt aus Südostasien. Der lebhafte Schwarmfisch ist nur für große Aquarien geeignet, da er bis zu 20 Zentimeter lang werden kann.
Aufnahmen: B. Kahl

Familie Periophthalmidae (Schlammspringer)

Fische dieser Familie kriechen mit Hilfe von Brust-, Bauch- und Schwanzflossen ans Ufer, auf dem sie sich springend rasch fortbewegen. Augen mit einem Oberlid versehen; sitzen ähnlich wie Froschaugen auf der Oberseite des Kopfes

Periophthalmus barbarus

und sind nach allen Seiten bewegbar. Oberkiefer ragt über den Unterkiefer hinaus. Brustflossen dienen mit ihren muskulösen Ansätzen der Fortbewegung auf dem Lande, da die Fische häufig das Wasser verlassen. Zwei Rückenflossen, von denen die vordere biegsame, weiche, aber unverzweigte Strahlen aufweist. Schwanzflosse mit breitem unterem Lappenrand. Durchweg kleinere Arten von 15–30 cm Länge. Die Fische leben in großer Zahl an sumpfigen Küsten im tropischen Teil des Indischen und des Atlantischen Ozeans, in Flußläufen nur in der Gezeitenzone. Für die Aquarienhaltung ist brackiges Seewasser oder Seewasser erforderlich.

Periophthalmus barbarus (Schlammspringer)
Geographisch ungemein weit verbreitet: vom Roten Meer und von Ostafrika, Madagaskar, Südostasien, den Kleinen und Großen Sundainseln bis nach Australien. Wird bis 15 cm lang. Erste Strahlen der Rückenflosse auffallend langgezogen. Tiere klettern auch an Mangrovewurzeln und Mangrovezweigen hoch. Können sich ziemlich lange außerhalb des Wassers aufhalten, da die Kiemendeckel die Kiemen gut abschließen und sie vor dem Austrocknen schützen. Der zusätzlichen Atmung dient die von Blutgefäßen durchzogene Haut.
Die Arten der Gattung *Periophthalmus* sind äußerst variabel in Form und Farben; dies verwundert nicht, wenn wir die riesige geographische Verbreitung und die unterschiedlichen ökologischen Lebensbedingungen bedenken. Schlammspringer ernähren sich von verschiedenstem Lebendfutter. Im Aquarium fressen sie am liebsten Insekten (Schaben und Fliegen) und Würmer. Sekundäre Geschlechtsunterschiede nicht genau bekannt. Zucht bisher nicht gelungen. Im Indomalaiischen Raum lebende Schlammspringer sind oft als *P. koelreuteri* bezeichnet. Dieser Name ist nur ein Synonym für *P. barbarus*. Den Aquarianern sind außerdem noch der Schlosser *(P. schlosseri)* sowie *P. chrysospilus* bekannt.

Familie Apocrypteidae

Nahe verwandt mit der Familie Periophthalmidae. Aus dieser Familie werden ab und zu die folgenden Arten im Aquarium gepflegt: *Scartelaos viridis, Parapocryptes serperaster, Boleophthalmus boddarti, Bolephthalmus pectinirostris.* Die Vertreter dieser Familie leben in Salz-, Brack-, aber auch in Süßwasser. Sie kriechen nie an Land, sondern halten sich bei Ebbe in Schlammrinnen in seichtem Wasser auf. *Boleophthalmus*-Arten sind meist Pflanzenfresser, die vor allem Algen und Diatomeen in riesigen Mengen verzehren.

Tafel 18
Oben links: Die Eilandbarbe (Capoeta oligolepis) stammt aus den Gewässern Sumatras, sie wird bis zu fünf Zentimeter lang. Oben Weibchen, unten Männchen.
Oben rechts: Der Glasbärbling (Rasbora trilineata) ist auf der malaiischen Halbinsel und den Großen Sundainseln verbreitet. Der Fisch wird bis zu 15 Zentimeter lang.
Mitte links: Die Keilfleckbarbe (Rasbora heteromorpha) ist auf der malaiischen Halbinsel, Thailand und Ostsumatra zu Hause. Das Fischchen wird bis zu 4,5 Zentimeter lang.
Mitte rechts: Der Rotschwanzbärbling (Rasbora borapetensis), ein friedlicher Schwarmfisch, wird bis zu fünf Zentimeter lang und stammt aus Thailand.
Unten links: Aus dem südöstlichen China stammt die Messingbarbe (Capoeta semifasciolata), die bis zu zehn Zentimeter lang werden kann.
Unten rechts: Eine albinotische Zuchtform der Viergürtelbarbe (Capoeta tetrazona); sie ist etwas wärmebedürftiger, aber ruhiger als die Ausgangsform.
Aufnahme: B. Kahl

Unterordnung Cottoidei (Panzerwangen)

Die primitivsten Vertreter dieser Unterordnung zeigen deutliche Beziehungen zur Unterordnung der Barschfische (Percoidei). Innerhalb der Unterordnung zeigt sich eine deutliche Entwicklungstendenz zum Leben in Bodennähe. Dies kommt zum Ausdruck in der Rückbildung der Schwimmblase und in einer größeren, knöchernen Kopfabdeckung. Bei einigen Arten sind die Stacheln am Kopf mit Giftdrüsen verbunden, deren Gift auch Menschen gefährlich werden kann. Wenig bewegliche Fische mit großem Kopf und breitem Mund. Brustflossen dienen meist nicht zur Fortbewegung, sondern zum Zufächeln frischen Wassers, wenn der Fisch viele Stunden lang unbeweglich am Grunde liegt. Wahrscheinlich bewohnten die Vertreter dieser Unterordnung ursprünglich nur die Meere der wärmeren Zonen, drangen dann aber auch in Süßwasser vor. Heute von der Arktis bis zur Antarktis verbreitet.

Familie Cottidae (Groppen)

Körper schuppenlos, spindelförmig; Kopf groß, oben stark abgeflacht. Körper manchmal mit Plättchen und Stacheln bedeckt. Brustflossen mit einem harten Flossenstrahl und 2–5 weichen Strahlen. Von den beiden Rückenflossen zeigt die zweite dieselbe Form wie die Afterflosse. Mehr als 200, größtenteils im Meer lebende Arten sind bekannt. Im Süßwasser leben nur wenig Arten. Hauptverbreitungsgebiet ist der Stille Ozean. In den Atlantik wanderten die Tiere – ähnlich wie in die Süßgewässer – erst sekundär ein, wahrscheinlich im Tertiär oder auch erst in den Zwischeneiszeiten.

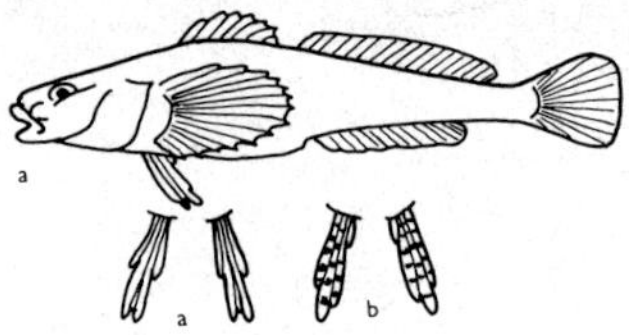

Cottus gobio (a)
Cottus poecilopus (b)

Cottus gobio (Groppe oder Kaulkopf)
Heimat: Ganz Europa mit Ausnahme der Pyrenäen, Italiens und des Kaukasus. Wird 10–15 cm lang. Verbreitungsgebiet reicht im Osten bis zum Ural. Hält sich zwischen oder unter Steinen im Oberlauf von Flüssen auf und ernährt sich von Bodenfauna und Krebsen der Gattung *Gammarus* (Bachflohkrebse). Fortpflanzungszeit Frühjahr. Orangefarbene Eier werden in Höhlen unter Steinen abgelegt. Männchen hütet die Eier. Wichtige Nahrung für Raubfische der oberen Flußregion, vor allem für Forellen. Im kalten Aquarium leicht zu halten. Braucht viel Versteckmöglichkeiten unter Steinen. Die Fische werden meist zahm und kommen zur Fütterung sprungartig zur Wasseroberfläche, wo sie die Nahrung vom Finger des Pflegers abnehmen.
Ebenso leicht zu halten ist ein naher Verwandter: *Cottus poecilopus*, die Sibirische Groppe. Sie unterscheidet sich durch die Färbung der Bauchflossen und die Form des Kopfes. Während bei *Cottus gobio* die Bauchflossen einheitlich weiß sind, erscheinen sie bei der Sibirischen Groppe weiß mit schwarzen Querstreifen. Zucht beider Arten im Aquarium möglich.

Ordnung Pleuronectiformes (Schollenartige)

Diese Ordnung steht den Barschen nahe. Erwachsene Tiere mit sekundär asymmetrischem Körperbau. Die Augen befinden sich nur auf der Oberseite. Die untere Körperseite ist nicht pigmentiert. Embryonen, Larven und Jungfische der Plattfische sind symmetrisch gebaut. Erst im Verlauf der weiteren Entwicklung wandert ein Auge von der einen Körperseite auf die andere hinüber, die dann zur (physiologischen) Oberseite des Körpers wird. Die Kiemenspalten verengen sich während der Entwicklung, die unpaaren Flossen verlängern sich, und bei manchen Arten bilden die miteinander verwachsenen Rücken-, Schwanz- und Afterflossen einen einheitlichen Saum um den ganzen Körper. Der erwachsene Plattfisch schwimmt also in Seitenlage. Schuppen entweder ctenoid oder cycloid. Schwimmblase fehlt.
Es sind mehr als 400 Arten bekannt. Die meisten leben im Meer, nur wenige dringen außerhalb der Laichzeit zur Nahrungssuche in die Flüsse ein. Bodenfische, die sich von der Bodenfauna ernähren, hauptsächlich von Schnecken. Jungfische fressen Plankton. Zwei Unterordnungen mit mehreren Familien.

Familie Soleidae (Seezungen)

Symmetrische Flossen. Eier mit kleinen Öltropfen. Beutetiere werden aus dem Versteck mit dem vorstreckbaren Mund ergriffen.
Im Aquarium wurde bis jetzt nur eine Art aus der Unterfamilie Achirinae gehalten:

Achirus fasciatus (Zwergflunder)[1]
Heimat: Ostküste der USA, Florida, Texas. Wird bis 15 cm lang. Lebt in See-, Brack- und Süßwasser. Fühlt sich im Aquarium in Brackwasser bei einer Temperatur von 20–24° C wohl. Frißt *Tubifex,* Rote Mückenlarven, faulende Pflanzenteile. Wühlt sich gern in feinsandigen Boden ein, aus dem dann nur noch die Augen herausschauen.

Ordnung Mastacembeliformes (Stachelaalartige)

Schwimmblase nicht mit dem Darm verbunden, es fehlt also der Schwimmblasengang (Ductus pneumaticus). Unpaare Flossen bilden einen zusammenhängenden Saum. Afterflosse vorn mit drei Dornen. Bauchflossen fehlen. Vordere Nasenöffnungen auf dem fleischigen Fortsatz des Mundes röhrenförmig verlängert.

Familie Mastacembelidae (Stachelaale)

Die Arten dieser Familie bewohnen Süß- und Brackwässer in Äquatorialafrika und Südasien. Es sind zwei Gattungen mit über 30 Arten bekannt.

[1] Farbfoto auf Tafel 55, S. 599

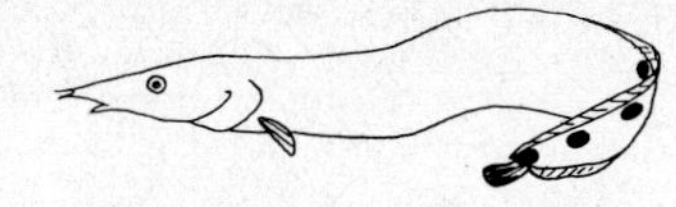

Macrognathus aculeatus

Macrognathus aculeatus (Augenfleck-Stachelaal)
Heimat: Indien bis zum Malaiischen Archipel, Molukken. Wird bis 35 cm lang. Lebt in Süß- und Brackwasser. Unpaare Flossen deutlich abgesetzt. Weibchen größer als die Männchen. Geschlechtsreife bei einer Länge von 12–15 cm. Mund und Kiemenspalten klein. Stachelaale halten sich tagsüber verborgen und kommen erst gegen Abend in der Dämmerung aus ihren Verstecken. Sie ernähren sich von Würmern und kleiner Bodenfauna.

Gattung *Mastacembelus*[2]

Mastacembelus argus

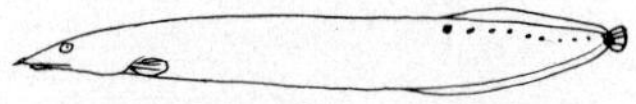

Mastacembelus armatus

Aus dieser Gattung werden mehrere Arten im Aquarium gepflegt: *M. argus, M. maculatus, M. loennbergi, M. armatus. Mastacembelus pancalus* wurde in Gefangenschaft mehrfach nachgezüchtet. Die Brut schlüpft nach etwa drei Tagen und hängt zuerst an den Pflanzen. Nach weiteren drei Tagen schwimmen die Jungfische frei und nehmen gerne *Artemia*-Nauplien an. Die Jungfische beginnen erst bei einer Länge von 3 cm sich im Boden zu verbergen.

Ordnung Tetraodontiformes (Haftkiefer)

Bei dem Vertreter dieser Ordnung sind die Kiemendeckelknochen in unterschiedlicher Weise rückgebildet. Knochen des Bauchflossengürtels fehlen, ebenso die Bauchflossen, die zuweilen in Form von Stacheln erhalten geblieben sind. Bei einigen Arten ist durch Ausstülpung des Darmes ein Sack gebildet, der mit Wasser gefüllt wird, wenn der Fisch den Körper aufblähen will. Kiemenspalten klein, Schuppen rauh oder zu Stacheln umgebildet. Körper manchmal mit Knochenplättchen bedeckt, die zu einem Panzer verwachsen. Eine oder zwei Rückenflossen, wobei die erste in der Regel Stacheln besitzt. Hierher gehören vor allem Arten, die im Meer leben. Nur wenige leben in den Flüssen warmer Gebiete.

[2] Farbfoto von Mastacembelus erythrotaenia auf Tafel 56, S. 600
[3] Schwarzweißfoto auf Seite 550

Familie Tetraodontidae (Kugelfische)

Haut nackt oder mit kleinen Knochenplättchen bedeckt, kein Panzer. Darm mit Aussackungen, die mit Wasser oder Luft gefüllt werden können, wodurch sich der Körperumfang so stark vergrößert, daß er Kugelform annehmen kann. Kiemenbögen auf 3 reduziert. Die Vertreter der Gattung *Tetraodon* leben in tropischen Meeren, aber auch in afrikanischen und indischen Flüssen. Bekannt sind mehr als 60 Arten, die Tiere fressen alles Lebende, einschließlich Algen, Korallen, Manteltiere und Schwämme. Einige Arten laichen in der Gezeitenzone der Küste.

Tetraodon fluviatilis (Grüner Kugelfisch)[3]
Heimat: See-, Brack- und Süßwasser im Süden Vorderindiens, auf Ceylon, in Burma, Thailand, auf der Malaiischen Halbinsel, auf den Sundainseln, auf den Philippinen. Wird bis 17 cm lang. Häufig importiert und in Aquarien gepflegt. Nimmt in der Gefangenschaft vor allem Wasserschnecken als Hauptnahrung. Männchen hütet die auf einem Stein abgelegten Eier und später auch die ausgeschlüpften Jungfische, die in Sandgruben versetzt werden. Jungfische sehr friedlich, Alttiere dagegen bissig. Färbung variiert stark; sie kann gefleckt sein oder am Rücken dunkel quergebändert. Bauch weiß, bei ausgewachsenen Exemplaren häufig grau, manchmal mit dunklen Tupfen versehen. Sekundäre Geschlechtsunterschiede nicht bekannt.

Tetraodon fluviatilis oben ♀, unten ♂

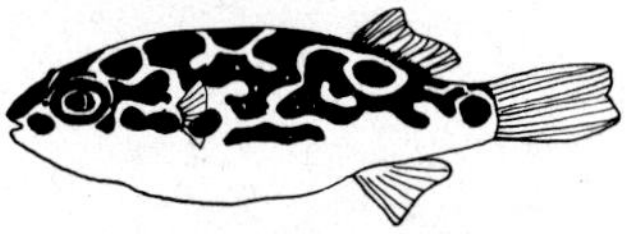

Tetraodon palembangensis

Tetraodon leiurus brevirostris

Tetraodon fahaka

Tetraodon mbu

Tetraodon miurus

Aus der Gattung *Tetraodon* wurden bis jetzt mehrere weitere Arten eingeführt: *T. cutcutia* (Gemeiner Kugelfisch), *T. fahaka* (Nilkugelfisch), *T. schoutedeni* (Kongokugelfisch), *T. palembangensis*[1], *T. erythrotaenia, T. leiurus brevirostris, T. pustulatus, T. mbu, T. miurus.*
Außer dem Grünen Kugelfisch laichten in der Gefangenschaft auch der Gemeine Kugelfisch *T. cutcutia* und *T. leiurus brevirostris* ab. Diese Arten setzen ihren Laich auf einen Stein ab. Dagegen erwies sich der Kongokugelfisch *(T. schoutedeni)* als Freilaicher, der die Eier nahe der Wasseroberfläche ausstößt. Der Kongokugelfisch ist übrigens sehr friedlich und freundet sich auch mit anderen Fischen leicht an.
In den letzten 20 Jahren wurden auch aus anderen Gattungen der Familie Tetraodontidae verschiedene Arten eingeführt: *Chelonodon patoca, Colomesus psittacus* (Papagei-Kugelfisch), *Sphaeroides oblongus* (Sattelbinden-Kugelfisch), *Chonerhinus naritus*. Außerdem der kleinste Kammkugelfisch *Carinotetraodon somphongsi*; er wird kaum 7 cm lang und ist ein echter Süßwasserbewohner, der sogar schon in der Gefangenschaft nachgezogen wurde.

[1] Farbfoto auf Tafel 56, S. 600

3

Gerhard Brünner

Aquarienpflanzen

Aquarienpflanzen

Betrachtet man die Illustration zu E. A. Roßmäßlers berühmtem Artikel „Der See im Glase", der 1856 in der „Gartenlaube" erschien, so muß man zu der Überzeugung gelangen, daß der Pflanze die entscheidende Bedeutung zur Ausschmückung dieses künstlichen „Sees" zukam. Doch bereits gut 10 Jahre vorher gelangte man zu der Einsicht, daß in einem Wasserbehälter mit Fischen der Gleichgewichtszustand zwischen Kohlendioxid und Sauerstoff nur durch die Anwesenheit von Unterwasserpflanzen aufrecht erhalten werden konnte[1]. Die Pflanzen waren in der Lage, das Wasser zu „reinigen", sie waren somit die entscheidende Voraussetzung für ein längeres Wohlergehen der tierischen Bewohner des Wasserbehälters. Wenngleich auch Rossmässlers Abbildung vor allem eine zierende Überwasserflora von sog. „Schlammwurzlern", die mehr der „Reinigung" der Zimmerluft dienten, betont, so war doch damals – ohne alle technischen Hilfsmittel, die uns heute zur Verfügung stehen – die assimilierende Unterwasserpflanze geradezu lebensnotwendig für das Aquarium. Diese Tatsache führte auch schon früh zu einem starken Interesse an der Wasserflora. So schreibt Mönkemeyer[2] 1897: „Über die ganze Erde, nur die arktischen Gebiete ausgenommen, finden wir gar wunderbare Pflanzenformen am Rande von Gewässern und unter dem Wasser lebend. Eine große Anzahl derselben haben wir unseren Zwecken dienstbar gemacht, wir haben sie ihrer Heimat entführt und suchen ihnen in ihrer neuen Heimat die Bedingungen zu geben, unter denen sie sonst in Freiheit und naturgemäß wachsen."

Bild 3.1 (links): Illustration aus „Die Gartenlaube" zu Roßmäßlers Artikel „Der See im Glase" mit Farnen, Pfeilkraut (Sagittaria sagittifolia) und anderen Pflanzen als Schmuck und zur „Luftreinigung".

Bild 3.2 (rechts): Ein sogenanntes „Callitriche-Aquarium" (bepflanzt mit Wasserstern) um die Jahrhundertwende. Aus Mönkemeyer, die Sumpf- und Wasserpflanzen, Berlin 1897.

Das damalige Wasserpflanzensortiment war, verglichen mit dem heutigen, relativ bescheiden und überwiegend auf einheimische Pflanzen und Arten der gemäßigten Zone beschränkt. Immerhin gab es zu Ende des vorigen Jahrhunderts Aquarienpflanzen aus wärmeren Gebieten, die sich auch heute noch allgemeiner Beliebtheit erfreuen. Sogar die berühmte Gitterpflanze *Aponogeton madagascariensis* war mehrfach importiert worden. Kulturanweisungen für diese Pflanze gab es schon 1863, doch war es dem Aquarianer „bei den hohen Preisen in den Katalogen" wohl kaum vergönnt, diese seltsame Pflanze zu pflegen. Wenigstens meint Mönkemeyer: „Fürs Zimmeraquarium dürfen wir dieses Juwel wohl nicht empfehlen." Eine Bemerkung, die heute nicht einer gewissen Aktualität entbehrt (S. 276).

Im übrigen forderte die damals zur Hauptsache betriebene „Kaltwasseraquaristik" ganz andere Wasserpflanzen, Arten, die wir heute schon teilweise zu den Seltenheiten rechnen. Die Umstellung auf die „Tropenfischzucht" brachte es mit sich, daß mehr Wasserpflanzen aus warmen Zonen importiert wurden, einerseits weil sie „exotischer" waren, vor allem aber, weil sie sich den hohen Wassertemperaturen des tropischen Aquariums wesentlich besser anpassen ließen. Dazu kam noch, daß man mehr und mehr vom sog. Paludarientyp des Aquariums abging, sich deshalb auch mehr der reinen Unterwasserflora widmete und versuchte, möglichst abwechslungsreich bepflanzte Behälter zu gestalten.

[1] Vergleiche hierzu Meulengracht-Madsen „Aquarienpflege – biologisch richtig", Kosmos-Verlag, Stuttgart 1975.
[2] Mönkemeyer, W., Die Sumpf und Wasserpflanzen, Berlin 1897.

Weitere Bereicherungen des Unterwasserpflanzensortiments aus tropischen Ländern folgten in den zwanziger und dreißiger Jahren. Doch war die Auswahl immer noch bescheiden. Im Vordergrund stand ganz der Import exotischer Fische. Fremdländische Wasserpflanzen gelangten „nur so nebenbei" nach Europa. Auch spielte die Aquarienpflanze selbst nicht die Rolle, die wir ihr heute als Dekorationselement zumessen.

In den letzten Jahrzehnten hat sich dies entscheidend geändert. Die „Jagd" auf tropische Aquarienpflanzen hat teilweise schon einen Charakter angenommen, dem der Naturfreund nur mit Unbehagen begegnet. Der Raubbau auf der Suche nach „Neuheiten" und Massenimporte haben einige Arten vermutlich schon dem Aussterben nahegebracht. Besonders in Südostasien ist eine regelrechte „Aquarienpflanzenindustrie" im Entstehen. Soweit es sich dabei um die Massennachzucht von Pflanzen handelt, ist dagegen nichts einzuwenden, bedrohlich wird die Sache nur, wenn es sich um massenweise Fundortimporte handelt. Wie dem auch sei, der Aquarianer verfügt heute über eine außerordentlich reiche Auswahl an Aquarienpflanzen. Sie erleichtert es ihm, die Pflanzen in jeder Weise individuell und zweckentsprechend auszuwählen, um damit seine Aquarien dekorativ und abwechslungsreich zu gestalten.

Welche Rolle kommt heute der Aquarienpflanze zu? Ist sie nur noch ein ausschließliches Dekorationselement, dessen „reinigende" Funktion heute voll von der Technik übernommen wird? Es wäre sicherlich verfehlt, zu behaupten, die untergetauchte Pflanze könne mit ihrer entgiftenden Leistung im Aquarium ein Gleichgewicht herstellen, das alle technischen Hilfsmittel überflüssig macht. Die Pflanze selbst ist, wie wir heute wissen, auf eine ständige und effektive Wasserumwälzung angewiesen[3], mithin also selbst von der Technik abhängig! Ihre „Entgiftungsleistung" dürfen wir nicht zu hoch veranschlagen. Es ist zwar richtig, daß eine gut wachsende Pflanze Nitrate verbraucht und das für die Fische in höheren Konzentrationen giftige Kohlendioxid aufnimmt. Ein gut besetztes Aquarium ist aber ein derartiger „Düngerproduzent", daß selbst der wüchsigste und dichteste Pflanzenbestand (von sehr wenigen Ausnahmen bei sehr schwach besetzten Aquarien abgesehen) nicht mit den Abfallstoffen fertig werden kann. So steuert das Aquarium zunehmend einer „Entgleisung" entgegen, bei der beide Partner – Fische und Pflanzen – ein gestörtes Verhältnis zu ihrer Umwelt haben und Schaden nehmen, wird nicht durch regelmäßigen Teilwasserwechsel der Gleichgewichtszustand wiederhergestellt.

Über den Dekorationswert der Pflanzen braucht man nicht viel Worte zu ver-

Bücher zum Thema: Brünner, G.: „Aquarienpflanzen". Reihe Das Vivarium, Kosmos-Verlag, 7. Aufl., Stuttgart 1976
Brünner, G.: „Pflanzen im Aquarium – richtig gepflegt". Reihe Das Vivarium, Kosmos-Verlag, 3. Aufl., Stuttgart 1975
De Wit, H. C. D.: „Aquarienpflanzen" Stuttgart 1971
Sanderse, A.: „Pflanzen als Aquarienschmuck. Die schönsten Aquarienpflanzen in 60 Farbfotos". Bunter Kosmos-Taschenführer, Kosmos-Verlag, 2. Aufl., Stuttgart 1975

[3] Beruht auf dem sogenannten „Stagnationseffekt", in dem sich an den Blattoberflächen mit Stoffwechselprodukten überladene Zonen bilden, deren Abbau in unbewegtem Wasser nur langsam erfolgt. Die Folgen sind verlangsamtes Wachstum und Stoffwechselhemmung.

Bild 3.3: Ausschnitt aus einer modern gestalteten „Aquarienlandschaft Südostasiens" mit Barclaya longifolia im Vordergrund als Solitärpflanze, dazu als Kontrastpflanzung Limnophila sessiliflora. Aufnahme G. Brünner

lieren. Der Gesamteindruck eines Süßwasseraquariums wird durch die Bepflanzung bestimmt. Ihre Formenmannigfaltigkeit und ihr warmes Grün vermitteln dem Betrachter erst die richtige „Aquarienatmosphäre", das Bild einer phantasievollen Unterwasserlandschaft, zwar nicht „biotopgerecht", aber schön. Die Pflanzen sind es, die erst jenen Hintergrund schaffen, der die Farbenpracht tropischer Fische voll zur Geltung kommen läßt. Bei der Gestaltung einer solchen „Aquarienlandschaft" sind dem Einfallsreichtum des Aquarianers keine Grenzen gesetzt. Man muß zwar auf einige spezielle Bedürfnisse mancher Arten Rücksicht nehmen, doch im allgemeinen erweisen sich unsere Aquarienpflanzen als viel anpassungsfähiger, als man ihnen nachsagt. Einen solchen „Unterwassergarten" freudig wachsen und gedeihen zu sehen, verleiht dem Menschen innere Befriedigung, die der Unausgeglichenheit unseres Alltags wohltuend entgegenwirkt. So gesehen sind auch gerade die Wasserpflanzen ein bedeutender Beitrag zum „Antistreßeffekt" des Aquariums.

Aquarienpflanzen – „Wasserpflanzen" besonderer Art

Unter Wasserpflanzen versteht man gemeinhin Pflanzen, die mit ihren vegetativen Teilen, also Stengeln und Blättern, ständig untergetaucht wachsen. Wir alle kennen solche Pflanzen aus unserer heimischen Wasserflora, etwa die Kanadische Wasserpest *Elodea canadensis*, eine im vorigen Jahrhundert eingeschleppte Pflanze, die bei uns in vielen Tümpeln und Weihern zu finden ist. Sie „verläßt" das Wasser nur mit ihren Blüten, die sie auf der Wasseroberfläche entfaltet. Sie ist ein „echter" Wasserbewohner und läßt sich unter keinen Umständen dazu „umerziehen", ihr natürliches Milieu auch nur teilweise zu verlassen. So herrscht bei Aquarienfreunden von solchen einheimischen Leitbildern her oft ganz allgemein die Auffassung, alle im Aquarium kultivierten Pflanzen müßten zwangsläufig in die Kategorie der „echten" Wasserpflanzen gehören. Das ist aber durchaus nicht so. Gewiß gibt es unter den vielen tropischen Aquarienpflanzen, die wir heute kultivieren, eine ganze Reihe, die auch an ihren natürlichen Standorten ein streng untergetauchtes Dasein führen, z. B. *Barclaya longifolia* in Südostasien[1]. Viele Arten aber leben ausgesprochen amphibisch, je nach Standortbedingungen einmal völlig submers (untergetaucht) wachsend, zum anderen als Überwasserpflanze in flachen Ufergewässern vorkommend. Ihre Anpassungsfähigkeit ist dabei erstaunlich groß. Gerade diese Anpassungsfähigkeit an die unterschiedlichsten Bedingungen ist es, die diese Pflanzen für Aquarienzwecke so geeignet und wertvoll macht.

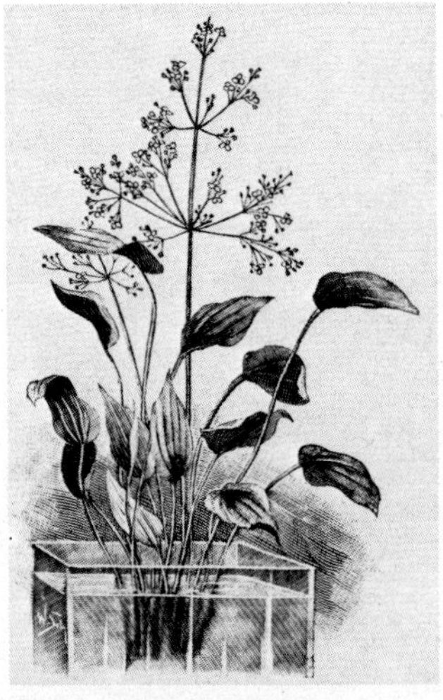

Bild 3.4: Der Froschlöffel (Alisma plantago-aquatica), im Zimmeraquarium bei hellem Tageslicht zur Blüte gebracht, war vor Jahrzehnten der Stolz eines jeden Aquarianers (aus Mönkemeyer: Die Sumpf- und Wasserpflanzen, Berlin 1897).

Bei einem anderen Typ von „Aquarienpflanzen" – wie beispielsweise einigen Cryptocorynen oder *Echinodorus*-Arten und verschiedenen Stengelpflanzen – nutzen wir diese Anpassungsfähigkeit noch weiter aus, man ist geneigt zu sagen recht „naturwidrig". Sie wachsen an ihren natürlichen Standorten meist aufgetaucht bzw. semimers. Im Aquarium dagegen zwingen wir sie zum ständigen Unterwasserwachstum. Es verwundert nicht, wenn einige Arten aus dieser permanenten Naturwidrigkeit auszubrechen versuchen, wie etwa einige *Echinodorus*-Arten, die mit der Zeit dazu neigen, ihre Blätter über den Wasserspiegel des Aquariums zu heben. Mochten unsere Urgroßväter mit ihren offenen Paludarien („Sumpfaquarien") auf dem Fensterbrett sich solcher Überwassertriebe mit Blütenbildung erfreuen, für unsere modernen, künstlich beleuchteten Einbauaquarien ist alles, was über den Wasserspiegel hinauswächst, verlorener Dekorationswert, es sei denn, wir kultivieren mit viel Liebe und sehr hohem Beleuchtungsaufwand Schwimmpflanzen[2]. So versucht man heute „echte" Sumpfpflanzen mit allerlei Tricks zu dauerhaften Unterwasserpflanzen zu machen. Das gelingt nicht immer mühelos. Stengelpflanzen wie etwa der Riesenwasserfreund *Hygrophila corymbosa* müssen häufiger eingekürzt werden, da sie besonders in kleineren Behältern – ihrem natürlichen Wuchsverhalten gehorchend – schnell an die Wasseroberfläche wachsen, um emerse Blütentriebe zu bilden. Bei anderen Arten kann man offenbar durch gezielte Lichtsteuerung (Kurztag) die Bereitschaft zur Bildung von Überwasserblättern und Blütenstielen unterdrücken, so daß die Pflanzen dann über längere Zeit gutes Unterwasserwachstum zeigen.
Aquarienpflanzen sind also kein ökologisch einheitlicher Pflanzentyp. Wir haben es hier mit einer Vielfalt unterschiedlicher Anpassungen zu tun, ein Faktor,

[1] Bader, H.: Barclaya longifolia Wallich, DATZ 1970, S. 88
Geisler, R.: Süßwasserfische und Wasserpflanzen in Thailand – ein Reisebericht. DATZ 1969, S. 15 und 45
Bader, H.: Pflanzensafari in Thailand, AQUARIEN-MAGAZIN 1972, S. 36
Horst, K.: Cryptocorynen an Ort und Stelle. AQUARIEN-MAGAZIN 1973, S. 208

[2] Vergleiche hierzu „Schwimmpflanzen" in Brünner, G. „Pflanzen im Aquarium – richtig gepflegt". Kosmos-Verlag, 3. Aufl., Stuttgart 1975, S. 63

[4] Siehe auch S. 273 ff.

der auch bei der Pflege zuweilen Berücksichtigung finden sollte. Einige Arten besitzen eine so spezifische „Vorprägung" ökologischer Art, daß wir darauf, wollen wir sie längere Zeit erfolgreich im Aquarium pflegen, hinreichend eingehen müssen[4].

Das Aquarium als Wasserpflanzenkulturmilieu

Ist schon die Aquarienpflanze zuweilen ein reines „Kulturgewächs", so kann man den Lebensraum der Wasserpflanze im Aquarium noch viel weniger als „natürlich" bezeichnen. So gut wie alle Lebensfaktoren, die das Wachstum einer Pflanze in freien Gewässern beeinflussen, sind im Aquarium verändert. Andererseits muß man sich wohl auch davor hüten, die Lebensbedingungen der Aquarienpflanzen in der freien Natur pauschal als etwas absolut Optimales anzusehen. Ihre Standorte in der freien Natur stellen keineswegs immer das absolut optimale Kulturmilieu dar. Hier bahnt sich langsam ein Umdenkprozeß an: Wir jagen nicht mehr blind der im übrigen auch völlig utopischen Naturkopie nach, sondern setzen an ihre Stelle nach und nach eine Art „gärtnerische Erfahrung". Der Aquarianer wird hier mehr ein „Kulturtechniker" sein müssen. In der Tat können wir viel von der Kulturtechnik der Handelsgärtner lernen. Sie fragen nämlich nicht allzuviel danach, unter welchen Bedingungen eine marktgängige Topfpflanze an ihrem natürlichen Standort vorkommt, sondern setzen alles daran, der Pflanze ein optimales, rationelles Kulturmilieu zu bieten. Dementsprechend sollten wir uns von der Vorstellung freimachen, daß allein die Nachahmung der Standortfaktoren bei Aquarien das absolute Wachstumsoptimum darstellt. Damit soll nicht gesagt werden, daß die Kenntnis der ökologischen Faktoren, unter denen eine Aquarienpflanze an ihren natürlichen Fundorten vorkommt, unbedeutend und für die Kultur im Aquarium unmaßgeblich sei. Allein die Kenntnis, ob Licht- oder Schattenpflanze (Messung der Lichtintensität an den Fundplätzen) liefert uns wertvolle Hinweise. Genauso können Angaben über Klimaablauf, Niederschläge, Wasserbewegung, Temperatur, CO_2, organische Säuren, pH, Eisengehalt, Spurenstoffe wichtige Fingerzeige für die Pflege im Aquarium geben. Auch wie die Pflanze wächst, ob semimers oder ständig submers, ist von Bedeutung für die Beurteilung der Kultur im Aquarium. Aber hier zeigt sich auch schon die Problematik. Wollten wir die Bedingungen der natürlichen Standorte einer semimersen Pflanze echt nachvollziehen, so wäre das für die Aquarienkultur ziemlich uninteressant. Daß es im Aquarium aber überhaupt ganz unmöglich ist, die natürlichen Bedingungen zu kopieren, zeigt das Verhältnis Pflanze : Wasservolumen oder Pflanze : Bodenmächtigkeit. Welch unnatürliche Verhältnisse herrschen in einem Aquarium. In unseren Becken haben wir die unterschiedlichsten Pflanzenpopulationen dicht gedrängt völlig unnatürlich in einer winzigen stehenden Wassermenge zusammengepfercht, noch dazu mit einem Fischbesatz, den man mit Recht als maßlose Überbevölkerung bezeichnet. Verhältnisse, die denen in der freien Natur nahekommen, müssen wir also als illusionären Wunschtraum begraben. Für eine erfolgreiche Kultur von Aquarienpflanzen gilt es, ein künstliches Wassermilieu zu schaffen, das für die meisten Pflanzen günstig ist. Unter Beachtung einiger Kardinalpunkte ist es möglich, auch im kleinen Aquarium ein wachstumsfreudiges Milieu herzustellen. Wir müssen versuchen, einen Zustand zu schaffen, der allen Partnern zusagt, mithin also auch den Aquarienfischen. Dabei kann es keine Universalformel geben. Manche Aquarienpflanzen sind ausgesprochene Individualisten. Sie lassen sich keineswegs in ein Faktorenschema bringen.

Um mit dem eigentlichen Lebenselement der Aquarienpflanzen – dem Wasser – zu beginnen, so zeigt uns das Kapitel „Wasserchemie und Ökologie der Fische" (S. 350), daß Wasser ein recht komplizierter Stoff ist. In Bild 3.5 sind die für eine Aquarienpflanze lebensnotwendigen Faktoren dargestellt. Das Wasser erfüllt für die untergetauchte Pflanze verschiedene Funktionen. Einmal dient es meist als tragendes Element und gibt der Pflanze Halt und Auftrieb. Wir können das leicht feststellen, wenn wir zarte Pflanzentriebe aus dem Wasser nehmen; sie fallen in sich zusammen. Selbstverständlich dient das Wasser auch der Wasserversorgung und dem Stofftransport. Es ist das vermittelnde Medium für die Nährstoffaufnahme der Pflanze. Andererseits kann das Wasser in seiner Beschaffenheit so verändert sein, daß es seine Rolle als Nährstoffvermittler für die

Bild 3.5: Lebensansprüche der Wasserpflanzen im Aquarium. Ist auch nur einer dieser Faktoren gestört, so kommt es zu einer Stagnation des Wachstums und schließlich zu völligem Rückgang der Pflanzen.

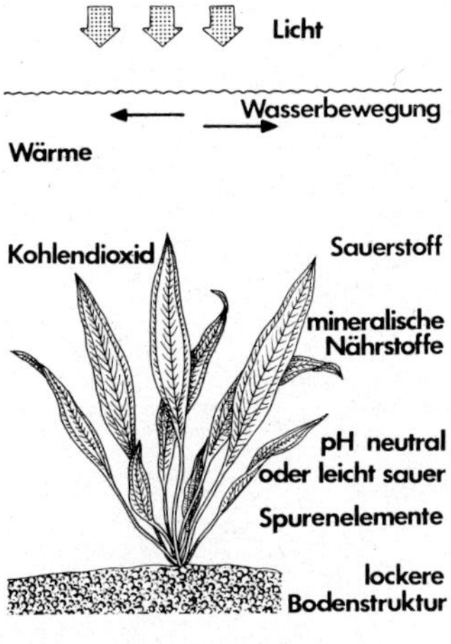

Pflanze verliert und zu einem geradezu „umweltfeindlichen" Störfaktor wird. Ist nur einer der obigen Faktoren gestört, so muß es zwangsläufig zu einer Wachstumsstockung kommen. Über das Wasser nimmt die Pflanze Nährstoffionen auf. Von den sogenannten Hauptnährstoffen (Bild 3.6) wie Stickstoff (N), Phosphor (P), Schwefel (S), Kalium (K), Calcium (Ca), Magnesium (Mg) sind manche schon im gewöhnlichen Leitungswasser in ausreichender Menge vorhanden[1]. Das gilt, falls es sich nicht um ein extrem weiches Wasser handelt, für Calcium, Schwefel, Magnesium und gegebenenfalls für Kalium (nicht immer). Die anderen Nährstoffe wie Stickstoff und Phosphor fallen bei den Abbauvorgängen in einem „eingefahrenen" Aquarium so reichlich an, daß sie die natürliche Balance – die zwischen den einzelnen Ionen bestehen muß – erheblich verändern[2]. Das kann zu Wachstumsstörungen und Pflanzenschäden führen, wird nicht ein Teil des Aquarienwassers regelmäßig durch Frischwasser ersetzt[3]. Lediglich das Eisen scheint ein Minimumfaktor zu sein. Es muß, evtl. zusammen mit minimalen Mengen von Spurenelementen[4], dem Wasser zugeführt werden (siehe unter Eisen, S. 239). Vor allem gilt es, die Löslichkeit dieser Stoffe zu erhalten. Inwieweit unsere örtlich unterschiedlichen, leider oft zunehmend umweltbelasteten Leitungswässer noch ein unbedingt optimales Lebenselement für Aquarienpflanzen sind, sei dahingestellt. Der in einigen Gebieten festgestellte relativ hohe Chloridgehalt kann sich ungünstig für viele Aquarienpflanzen auswirken. Die Frage, ob weiches oder härteres Leitungswasser bzw. – entsprechend den Fundorten vieler Cryptocorynen – extrem weiches Wasser für Aquarienpflanzen günstig sei, scheint nicht so wichtig zu sein. In erster Linie kommt es auf ein „gesundes", das heißt auf ein im „Kohlensäuregleichgewicht" stehendes Wasser an (s. S. 240). Ich habe Cryptocorynen aus extremen Weichwassergebieten bei 9° dGH mit ständig leichtem Wasserzu- und -ablauf kultiviert. Sie entwickelten dabei eine prächtige Kondition ohne jede Wasserdüngung und ohne alle weiteren technischen Hilfsmittel in bezug auf Wasserpflege. Man kann hieraus dreierlei folgern:

1. Den Pflanzen steht ständig das für die Assimilation notwendige Kohlendioxid optimal zur Verfügung.

2. Es bedarf nur minimaler Mengen Nährstoffionen, sie müssen aber ständig ergänzt werden und in aufnehmbarer Form sowie in ausgeglichenem Verhältnis zueinander vorliegen.

3. Das Ganze funktioniert nur bei einer fortwährenden, wenn auch geringen, Wasserbewegung, wobei eine leichte organische Belastung auch von Boden her (Tonerdengemisch mit Nährstoffionen in verfügbarer Form) vorhanden sein muß[5].

Auf das normale Aquarium übertragen bedeutet das: effektive Wasserumwälzung (Beschränkung starker Belüftung = CO_2-Verlust), häufiger regelmäßiger Frischwasserzusatz mit minimalster Aufdüngung, die lediglich für das ausgetauschte Wasservolumen berechnet wird (siehe auch Seite 239).

Der pH-Wert sollte im leicht sauren bis neutralen Bereich liegen, keinesfalls aber Werte über 7,5 überschreiten.

Viele Aquarianer sind der Ansicht, man müsse einer Aquarienpflanze einen „fetten" Boden geben, um sie zu kräftigem Wuchs zu bringen. Das ist zwar nicht ganz unrichtig, nur kommt es darauf an, was wir unter einer nährstoffreichen Bodenmischung verstehen. Andere Ansichten und Erfahrungen besagen, daß es genauso gut ein gewaschener Kiesboden tut, da die Unterwasserpflanze ihre Nährstoffe überwiegend oder ausschließlich (je nach Ansicht) über die Blattflächen bezieht. Auch das trifft teilweise zu. Es hat sich aber eindeutig bestätigt, daß Aquarienpflanzen auch über den Boden und ihre Wurzeln Nährstoffe aufnehmen, ja daß die Wurzeln in der Lage sind, bestimmte Nährstoffe aufzuschließen. Als reines „Kultursubstrat" hat sich gewaschener kalkfreier Kies oder Quarzkies in verschiedenen Körnungen (nicht zu fein) gut bewährt. Kies allein ist zwar zunächst ein recht steriles Substrat. Man darf aber nicht vergessen, daß der Boden schnell durch Senkstoffe angereichert und dadurch zum Lebensraum einer reichen Bakterienflora wird. Die Bodenbakterien sind es auch, die den Pflanzen bestimmte Nährstoffe zugänglich machen. Wichtig ist es deshalb, ein für die Wurzeln und Bakterien günstiges Bodenklima herzustellen und zu erhalten. Das bedeutet: keine Stagnation und Sauerstoffnot (siehe Bild 3.7) sowie gleichmäßige Wärme (evtl. auch durch Bodenheizkabel, Bodendurchfluter).

Wir haben schon betont, daß ein gut besetztes Aquarium sein eigener „Düngerproduzent" ist. Will man aber bei stark wachsenden Pflanzen *(Echinodorus)* oder Pflanzengruppen keine „Startschwierigkeiten" erleben, so kann man dem

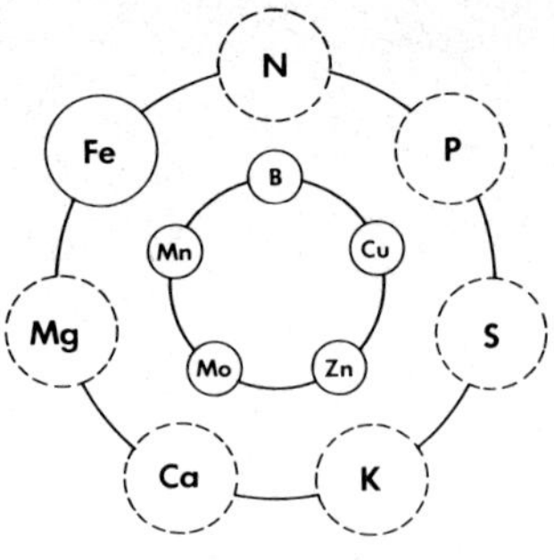

Bild 3.6: „Nährstoffkreis". Mit den für Aquarienpflanzen lebensnotwendigen Elementen (innerer Kreis: Spurenelemente, äußerer Kreis: Hauptnährstoffe. Die gestrichelt umkreisten Hauptnährstoffe sind ausreichend im Leitungswasser vorhanden bzw. fallen im Aquarium an und sollten nicht mit Düngern zugesetzt werden (zu Kalium s. S. 240).

[1] Auch Phosphate zählen zu den „überlastenden" Faktoren und begünstigen insbesondere das Algenwachstum.
[2] Siehe Klee „Standardionenkombination, Seite 404
[3] Frischwasser kann u. U. durch zu geringe organische Belastung zu „aggressiv" wirken. Empfohlen wird hier, dem Wasser entsprechende Handelspräparate beizugeben, die das Frischwasser aufbereiten, wobei Elektrolyte „gebunden" und damit ungefährlich werden. Dieser Effekt ist auch für die Pflanzen günstig, siehe Chelatoren, S. 239.
[4] Durch ständige Überdosierung von Spurenelementen (mit Pflanzendüngung) können u. U. gefährliche Giftstoffe entstehen. Deshalb dürfen Spurenelemente mit Düngepräparaten stets nur mit dem Wasserwechsel zugesetzt werden.
[5] Aquarienwasser darf nicht zu „sauber" sein, siehe „organische Belastung", S. 375 ff.

Bild 3.7: Bodendüngung durch mit Nährstoffen angereicherten Tonbrocken. Die oberste Schicht enthält mehrfach gewaschenen Kies.

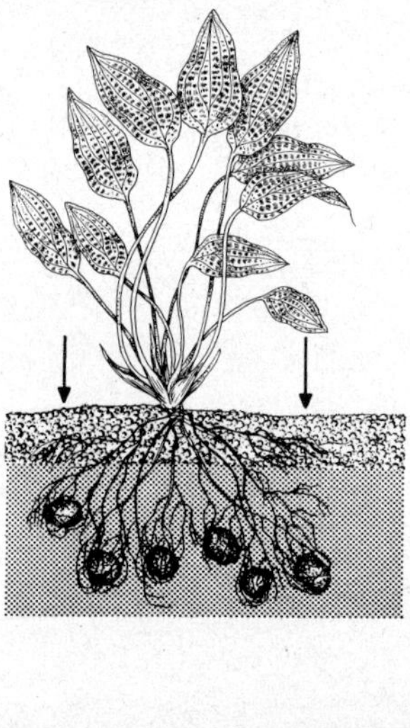
a
b
c

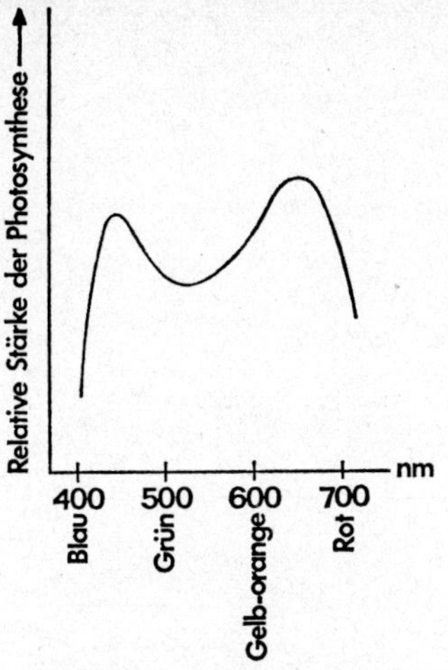

Bild 3.8: Aktionsspektrum der Photosynthese. Wichtig ist, daß die Aktionsmaxima auch im beleuchtenden Licht vorhanden sind (vergl. auch S. 308).

Bild 3.9: Spektralkurve einer Leuchtstofflampe vom Farbtyp 32. Sehr guter Rotanteil, angenehme Farbwiedergabe (oben). Spektralkurve eines „Pflanzenstrahlers" (Osram L-Fluora). Blau- und Rotanteil sind optimal, mittlere Spektralbereiche fehlen fast völlig, deshalb unnatürliche Farbwiedergabe, aber beste Leistung für den Pflanzenwuchs (unten). Gezeichnet nach Unterlagen von Philips und Osram.

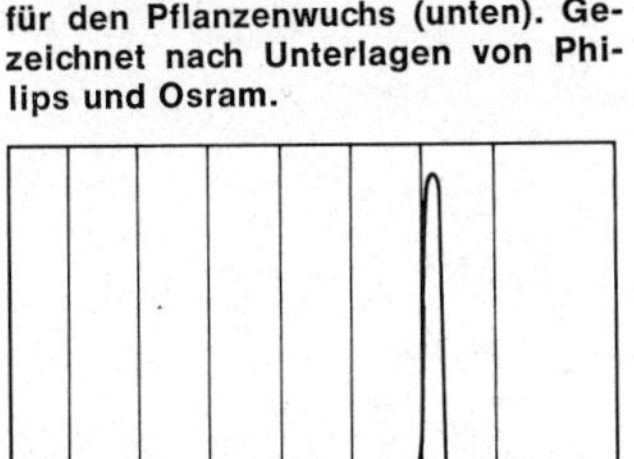

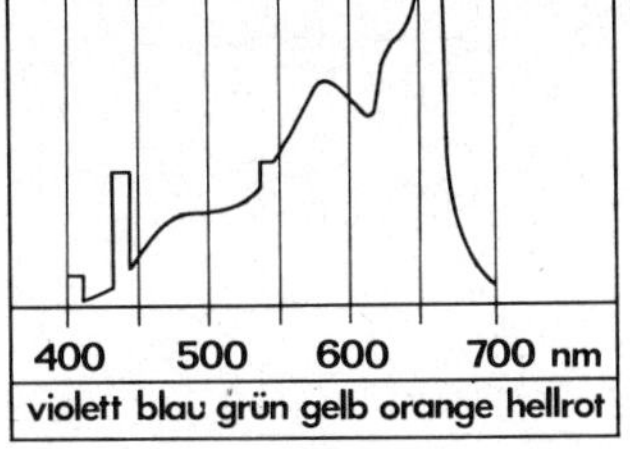

Quarzkies Aquarientonerde (mit Nährstoffen und Spurenelementen angereichert) sparsam in Brocken zusetzen. Wichtig ist dann eine etwa 2 cm starke Deckschicht aus gewaschenem Kies, damit es nicht zu Wassertrübungen kommt. Auch andere Bodenverbesserungsmittel des Handels kommen in Betracht.

Im Grunde ist ein heller Kiesboden so ungefähr das Ärgste, was man sich als Biotopfanatiker leisten kann. Der „wahren Natur" kommt man mit einer Bodenbedeckung aus dunklem Basaltsplit oder Torffasern schon bedeutend näher. Offensichtlich behagt auch manchen Cryptocorynen die helle Reflexion des Kiesbodens nicht sonderlich. Oft zeigen sie bei dunklem Bodenbelag besseres Wachstum, z. B. *Cryptocoryne blassii.*

Genauso umstritten wie das Problem des zweckmäßigen Bodens ist die Frage nach der richtigen Beleuchtung. Am zweckmäßigsten sind auf jeden Fall Leuchtstofflampen. Doch hinsichtlich der Lichtfarbe (Lampentyp) und der Lichtintensität gehen die Auffassungen weit auseinander. Oft hört man, es komme gar nicht so sehr auf die Lichtfarbe an. Das ist vielleicht insofern richtig, als man mit drei 40-Watt-Lampen „Tageslicht" möglicherweise den gleichen lichtphysiologischen Effekt auf die Pflanzen erreicht wie mit einem sog. Pflanzenstrahler (Gro-Lux, Osram L-Fluora). Andererseits muß man diese Frage aber auch so sehen: Wir wollen im Aquarium eine Beleuchtung, die ästhetisch ansprechend ist, gleichzeitig aber auch mit möglichst geringem Energieverbrauch eine für die Pflanzen optimale Strahlung schafft. Sehen wir uns das Aktionsspektrum der Photosynthese (Bild 3.8) der Pflanzen näher an und vergleichen damit die Spektralkurven verschiedener Leuchtstofflampentypen, dann sind wir freilich wieder beim unnatürlich blauroten Licht des Pflanzenstrahlers. Besser ist da schon der beliebte „Warmton"-Typ. Doch Warmton und Warmton ist nicht dasselbe. Worauf es ankommt ist, daß unsere Lampe im Spektralbereich 660 nm einen möglichst hohen Gipfel erreicht. Berücksichtigt man dies, fällt die Auswahl an Lampentypen nicht mehr schwer. So hat sich etwa der Farbtyp 32 von allen am meisten durchgesetzt, ein warmes Licht mit hohem Rotanteil. Auch die Farben 34 und 36 sind empfehlenswert. Bei geschlossenen Leuchtkästen mit hohen Innentemperaturen haben sich Osram-Amalgam-Lampen mit ihrer unter diesen Bedingungen besseren Lichtausbeute gut bewährt.

Wieviel Lampen? Das hängt in erster Linie von der Größe und Höhe des Beckens ab. Die Lampenlänge sollte etwa der Beckenlänge entsprechen bzw. es müssen Lampen in der ganzen Bodenlänge montiert werden. Zum anderen reicht natürlich für breitere Aquarien (z. B. 45 cm breit und 60 cm tief) eine Lampe allein keineswegs aus. Maßgebend ist die Lichtintensität, die am Boden vorhanden ist, denn sie soll noch den niedrigwüchsigen Pflanzen ausreichend Lichtenergie liefern. Für die oben zitierten Maße wären 3 Lampen je 40 Watt (Beckenlänge ca. 120 cm) mit den Lichtfarben 32, 34 oder 36 im allgemeinen ausreichend. Natürlich kann man bei drei Lampen eine Lampe auch durch einen Pflanzenstrahler ersetzen, zum Beispiel 2 Lampen Farbe 32 und eine Gro-Lux oder L-Fluora. Das fällt in der Gesamtlichtwirkung nicht auf, ergibt aber für die Pflanzen einen verbesserten Blauanteil.

Es ist müßig, darüber zu theoretisieren, welche spektralen Verluste das Licht im Aquarium bei zunehmender Wassertiefe erleidet. Wir können nichts daran ändern, und überzeugende Folgerungen lassen sich nur insoweit daraus ableiten, als man rotreichen Lampen den Vorzug gibt. Viele Aquarienfreunde messen und kontrollieren gern, beim Wasser ist das sogar unumgänglich. Warum nicht also auch die Beleuchtungsstärke messen? Da heißt es dann oft, diese Wasserpflanze benötigt zum Wachstum soundso viel Lux, also müssen wir diesen Wert unter Wasser auch an ihrem vorbestimmten Wuchsort kontrollieren können. Luxmeter sind dazu aber denkbar ungeeignet, da sie einen für die Pflanze ziemlich belanglosen Spektralbereich erfassen. Etwas besser sind schon Geräte wie das Tunze-Luxmeter. Wir können damit zwar kontrollieren, ob ein Mindestwert an Beleuchtungsintensität erreicht wird, doch einen großen praktischen Wert sehe ich darin nicht. Besser ist es, das Aquarium von vornherein optimal zu beleuchten, also nicht mit Lampen zu sparen. Lieber drei oder vier Lampen nebeneinander. Das ergibt für ausgesprochen lichthungrige Stengelpflanzen gerade die Intensität, die sie benötigen. Schattenpflanzen wie viele Cryptocorynen können wir bei der Gestaltung des Aquariums so plazieren, daß sie von höherwachsenden Pflanzen abgeschattet werden, oder wir legen ein paar Exemplare des Wasserhornfarns *(Ceratopteris cornuta,* Seite 248) auf die Wasseroberfläche zur Beschattung. Zudem kommt uns hier die Anpassungsfähigkeit der meisten Aquarienpflanzen entgegen. Sie ist gerade im Hinblick auf die Beleuchtung besonders groß.

Wachstumsstörungen und ihre Ursachen

Störungen des Wuchses können bei Aquarienpflanzen in ganz unterschiedlichen Schadbildern auftreten. Oft kündigen sie sich nur schleichend an. Das intensive Grün der Blätter verblaßt, bis es allmählich zu einer völligen Stagnation des Wachstums kommt. Wachstumsstörungen können aber auch urplötzlich, scheinbar ohne äußere Einwirkungen entstehen. Ein dramatisches Beispiel hierfür ist die sog. „Cryptocorynenkrankheit", die tatsächlich im Verlauf von zwei Tagen einen prächtigen Cryptocorynenbestand in einen Haufen matschiger Blätter verwandeln kann. Wir haben es hier wahrscheinlich mit einem Faktorenkomplex zu tun, der durch Störung eines Faktors „in Gang gesetzt" wird, etwa durch übermäßige Anreicherung von Nährstoffionen (Stickstoff), plötzliche Veränderungen der Lichtintensität usw.

Bei der Suche nach möglichen Schadursachen sollte man systematisch vorgehen[1]. Häufige Schadursachen sind CO_2-Mangel und zu geringe Lichtintensität. Wichtig ist es, die Nährstoffe in einer für die Pflanze verfügbaren Form zu erhalten. Das bewirken z. B. winzige Mengen von Aminosäuren, die beim Abbau von Eiweißstoffen entstehen[2]. Wird täglich mit Trockenfutter gefüttert, so entstehen solche Abbauprodukte automatisch, und das Wasser wird täglich aufs neue mit einer geringen wünschenswerten organischen Belastung versehen[3]. Über treibt man allerdings die Fütterung, dann kann man sehr schnell das genaue Gegenteil bewirken. Übermäßig mit organischen Stoffen belastetes Wasser schafft beispielsweise ideale Ausbreitungsmöglichkeiten für Blaualgen. Doch auch höhere Wasserpflanzen wie Cryptocorynen können unter solchen unkontrollierten Bedingungen nachhaltig geschädigt werden, ganz abgesehen von der Gefahrensituation für die Aquarienfische. Gegenmaßnahme: totaler Wasserwechsel und (bei Blaualgen) Zusatz von Acriflavin 100 mg auf 100 Liter Aquarienwasser[4].

Die beste Vorbeugung gegen alle Wachstumsstörungen ist ein wöchentlicher Teilwasserwechsel von gut $^1/_3$ des Beckenvolumens. Damit wird auch der primär durch die Fische verursachte übermäßige Nitratgehalt abgebaut und ein einigermaßen ausbalanciertes Nährstoffgefüge aufrechterhalten. Auch bestimmte Handelspräparate können hier hilfreich sein. Sie werden mit dem Frischwasser zugesetzt.

[1] Siehe Tabelle in Brünner, G.: Pflanzen im Aquarium – richtig gepflegt, S. 66–70.

[2] Man sollte ein Aquarium bei der Neueinrichtung nicht zu spärlich bepflanzen, damit die höheren Pflanzen schnell als „Nährstoffverbraucher" in Aktion treten und nicht allein den Algen das Feld überlassen.

[3] Auf die Tatsache solcher Komplexbildungen bei organischen Belastungen haben zuerst Fogg und Westlake (1955) sowie später Shapiro (1957, 1958, 1960, 1966) bei limnologischen Forschungen hingewiesen.

[4] Hückstedt, G.: Aquarienchemie. Reihe Das Vivarium, Kosmos-Verlag, 6. Aufl., Stuttgart 1976

Kleine Aquarienpflanzenbotanik in Stichworten

Adventivpflanzen: Bildung von Jungpflanzen an „unvorhergesehenen" Stellen wie etwa an älteren Blättern bei *Ceratopteris, Hygrophila* oder an ursprünglichen Blütentrieben *(Echinodorus).*

Adventivwurzeln: Bilden sich z. B. bei vielen Stengelpflanzen an Blattachseln und Knoten. Von dieser Fähigkeit der Wurzelregeneration wird bei der Stecklingsvermehrung (s. dort) im Aquarium Gebrauch gemacht.

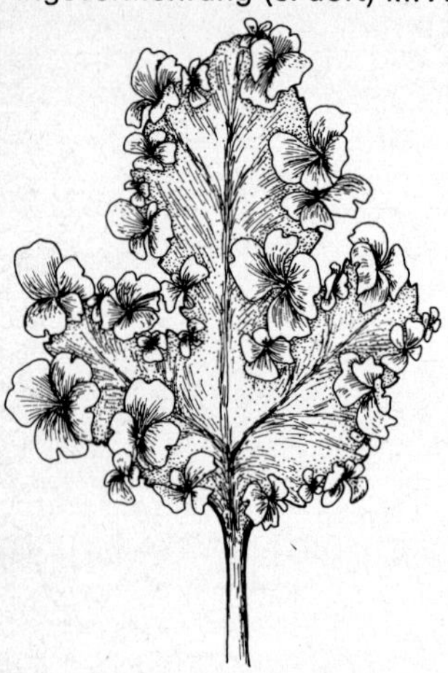

Bild 3.10 (links): Adventivpflanzenbildung an älteren Blättern von Ceratopteris cornuta, dem schwimmenden Wasserhornfarn (s. S. 248).

Bild 3.11 (rechts): Ein „Blütenstengel" mit Adventivpflanzen von Echinodorus osiris (s. S. 270).

Algen (siehe auch Wasserblüte): Können dem Aquarianer große Sorgen machen (Blaualgen!). Grünalgen *(Chlorophyceae)* sind relativ harmlos und können durch Torffilterung oder algenfressende Fische, Torfextrakte, häufigen Wasserwechsel in Grenzen gehalten werden. Am hartnäckigsten sind sog. „Bartalgen" *(Compsopogon)*[5]. Auch hier hat sich häufiger Wasserwechsel und Aufrechterhaltung eines CO_2-Gleichgewichtes als wirksam erwiesen. Algenvernichtungspräparate des Handels können hilfreich sein, jedoch nur in Verbindung mit den oben genannten Maßnahmen. Eine restlose Vernichtung von Grünalgen ist kaum möglich, da in solchen Fällen auch die höheren Pflanzen stark geschädigt würden[6].

Antagonismus: Ein Gegensatz mag zum Beispiel in den Lebensbedürfnissen der Fische und Aquarienpflanzen bestehen. Für die Fische ist CO_2 in höheren Konzentrationen gefährlich, für die Pflanzen aber ist ein bestimmter CO_2-Gehalt geradezu lebensnotwendig. Dieser scheinbare Antagonismus ist jedoch schon durch das Nebeneinander von Fischen und Pflanzen in der freien Natur widerlegt und ist auch im Aquarium bei vernünftiger Pflege nicht aktuell. Eine andere Frage ist, ob nicht einzelne Aquarienpflanzen in ihren Lebensansprüchen sich antagonistisch verhalten, etwa hinsichtlich der Kalkverträglichkeit. Gewiß konkurrieren viele Aquarienpflanzen im Aquarium wie in der freien Natur miteinander, so daß eine Art zuweilen die andere verdrängen kann, greift man nicht rechtzeitig ein. Das beruht meist darauf, daß für die besser wachsende Art die Lebensbedingungen im Aquarium günstiger sind als für die unterliegende Art[7]. Ein direkter Antagonismus, das heißt, Unverträglichkeit zwischen zwei verschiedenen Aquarienpflanzenarten, ist nicht sicher bewiesen (z. B. Ausscheidung von Hemmstoffen im Wurzelbereich).

Assimilation: Siehe Photosynthese.

Ausläufer: Findet man z. B. bei den meisten Cryptocorynen, es sind horizontal wachsende Rhizomsprosse mit Adventivwurzeln.

Atmung: Auch eine Aquarienpflanze „atmet", das heißt, sie benötigt zur Aufrechterhaltung ihrer Lebensbedürfnisse ständig Sauerstoff. Obschon die Pflanze während des Tages (Photosynthese) eine beträchtliche Sauerstoffmenge abgibt, zehrt sie während der Dunkelheit Sauerstoff und scheidet CO_2 aus.

Chelatoren: Verbindungen, die zur Bildung von Chelatkomplexen führen (bestimmte organische Säuren, Algenausscheidungen usw.). Sie verbinden sich mit Metallionen, z. B. Eisen, und halten sie dadurch in einer für die Pflanzen aufnehmbaren Form in Lösung (siehe auch EDTA)[8]. Verschiedene Präparate im Handel als Zusatz zum Aquarienwasser.

Düngung: Aquarienwasser kann unter Umständen an bestimmten Nährstoffen verarmen. So kann eine gelegentliche Aufdüngung notwendig werden, jedoch nur sehr sparsam und stets mit Wasserwechsel[9].

EDTA: Abkürzung für (engl.) **e**thylen**d**iamin**t**etra**a**ceticacid, ein künstlicher Chelator hoher Wirksamkeit. Als Aquariendüngerzusatz darf EDTA nur nach genauester Dosierungsvorschrift angewendet werden. Überdosierung kann Skelettschäden bei Fischen verursachen, da es u. a. Calciumionen bindet[10].

Eisen: Wichtiger Pflanzennährstoff. Eisenmangel bewirkt Chlorose (Vergilbung) der Blätter. Eisen soll im Aquarium als Chelatkomplex vorliegen, da es sonst leicht in eine für die Pflanze nicht mehr verfügbare Form übergeht. Auch als Bodenzusatz (Handelspräparate) von Vorteil, besonders bei ausgesprochenen „ferrophilen" (eisenliebenden) Pflanzen wie Cryptocorynen (Untersuchungen von Horst und Geisler ergaben hohe Eisengehalte in tropischen Gewässern und Gewässergründen)[11].

Heterophyllie: „Verschiedenblättrigkeit". Eine bei amphibischen Wasserpflanzen nicht selten anzutreffende Erscheinung, die darauf beruht, daß die ökologischen Bedingungen bei der untergetauchten Lebensweise völlig anders sind als beim Überwasserwuchs. Dadurch wird vielfach die morphologische Entwicklung des Blattes bestimmt. In der Regel sind submerse Blätter in viele feine Segmente zerteilt.

Huminsäuren: Organische Säuren, die z. B. bei der Torffilterung und entsprechenden Handelspräparaten dem Wasser eine leichte Gelbfärbung verleihen, wirken pH-stabilisierend, leichte Enthärtungswirkung bei nicht zu hartem Wasser (s. Torffilterung und S. 375)[12].

Internodien: Bei Stengelpflanzen der Teil des Stengels, der jeweils durch die Blätter, Blattpaare und Blattquirle begrenzt wird. Internodienstreckung ist ein wichtiger Indikator für die Lichtverhältnisse im Aquarium: lange, schwache Internodien = Lichtmangel.

[5] Krause, H.-J. Die Bartalge (Compsopogon coeruleus), Vorkommen und Bekämpfung. DATZ 1972, S. 375

[6] Ausscheidungen bei der Photosynthese von Grünalgen haben durch ihren organischen Belastungseffekt möglicherweise auch einen günstigen Einfluß auf das Wachstum höherer Wasserpflanzen.

[7] Warum sich einige Pflanzen offenbar auf Kosten anderer Pflanzen entwickeln, ist in den meisten Fällen ganz unklar. Sofern ein Konkurrenzdruck ausscheidet, sind Bodenveränderungen oder eine spezifische „Bodenmüdigkeit" nicht auszuschließen.

[8] Viele organische Verbindungen wie organische Säuren (z. B. Aminosäuren), Polypeptide, Humusstoffe (Torf) können sogenannte Chelatkomplexe mit Mangan, Zink, Kupfer und Eisen bilden. Sie stellen damit einerseits ein für die Pflanzen jederzeit aufnehmbares Reservoir dar, andererseits binden sie die direkten Giftwirkungen dieser Stoffe.
Organische Säuren scheinen darüber hinaus (außer CO_2) in extremen Weichwassergebieten auch noch den niedrigen pH-Wert mitzubedingen (Humussole).

[9] Wir dürfen nur speziell für Aquarienzwecke abgestimmte Düngepräparate verwenden. Keinesfalls flüssigen Blumendünger und ähnliches! (Veralgung, Nährstoffüberangebot an Stickstoff.) Über physiologisch richtig zusammengesetzte Düngepräparate vergl. Horst, K.: Ernährung der Aquarienpflanzen V, DATZ 1969, S. 55.

[10] EDTA wurde zuerst von K. Horst für Aquarienzwecke empfohlen: Besserer Pflanzenwuchs durch Eisendüngung. DATZ 1965, S. 248

[11] Bei vielen Untersuchungen der Lebensgebiete tropischer Aquarienpflanzen wurde immer wieder ein überraschend hoher Eisengehalt festgestellt. Spezielle Präparate, die man dem Bodengrund des Aquariums zusetzt, sollen dieser Tatsache Rechnung tragen.

[12] Vergleiche Chelatoren, S. 239

Bild 3.12: „Verschiedenblättrigkeit" = Heterophyllie bei Hygrophila difformis (Synnema triflorum).

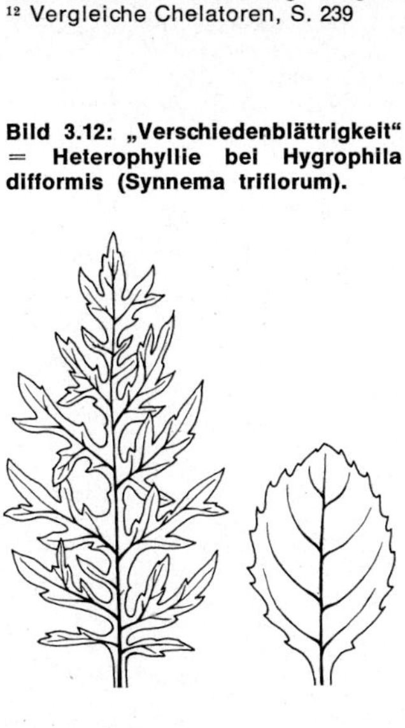

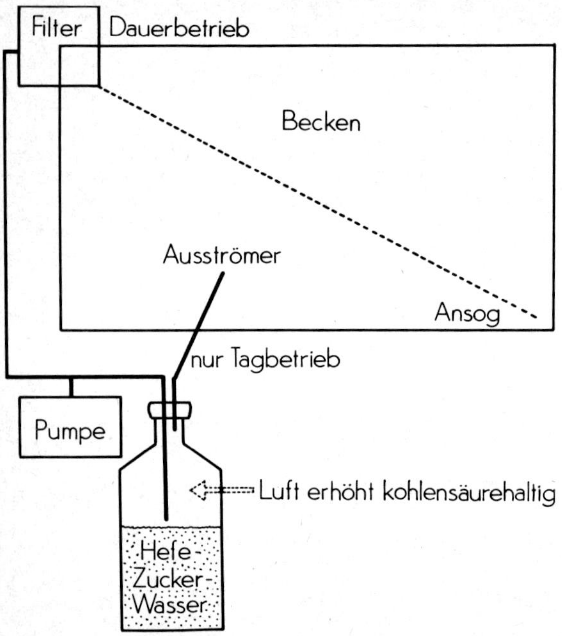

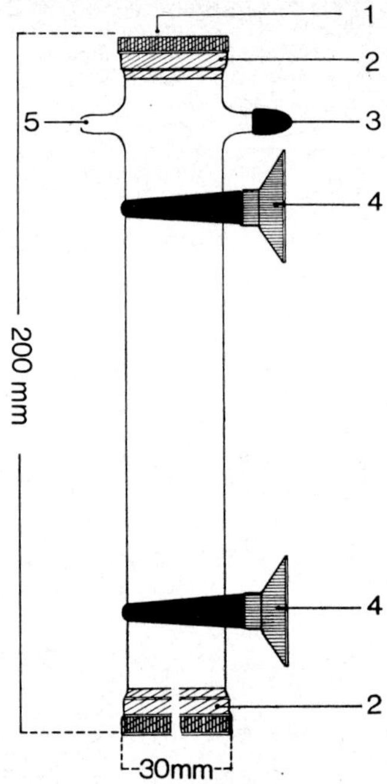

Bild 3.13 (links): Einfache Anordnung zur Einleitung von Gärungskohlensäure mit der Belüftung in das Aquarienwasser. Betrieb und Wartung sind ziemlich umständlich. Laufende Kontrollmessungen sind erforderlich. Nach Brünner, G.: Brauchen Wasserpflanzen Durchlüftung? DATZ 1967, S. 215

Bild 3.14 (rechts): Das Hilena-Diffusionsgerät für CO_2 leitet aus einem Standrohr über die Membran CO_2 in das Wasser ein. Das Standrohr wird bei Bedarf aus einer CO_2-Patrone nachgefüllt. Messungen sind meist nur am Anfang nötig, bis sich ein richtiges Maß eingependelt hat (siehe hierzu auch Brünner, G.: Üppigen Pflanzenwuchs durch Kohlensäuredüngung, AQUARIEN-MAGAZIN 1968, S. 520 sowie vor allem Horst, K.: Über die Ernährung der Aquarienpflanzen, DATZ 1968/69).

Kalium: Wichtiger Pflanzennährstoff. Im Leitungswasser örtlich unterschiedlich vorhanden, muß deshalb oft mit der Düngung zugeführt werden[1].

Kohlensäuredüngung:[2] Kohlendioxid ist ein wichtiger Pflanzennährstoff. Zur Photosynthese muß Kohlendioxid vorhanden sein, andernfalls erfolgt kein Wachstum, und die Pflanze stirbt ab. Wichtig deshalb regelmäßiger Wasserwechsel mit im CO_2-Gleichgewicht stehendem Wasser. Auch Bakterientätigkeit im Aquarium erzeugt CO_2. Von einer „Düngung" spricht man, wenn über die Belüftung oder nach zuverlässigeren modernen Verfahren dem Wasser CO_2 zugeführt wird, so daß ständig ein optimales CO_2-Gleichgewicht gehalten wird (s. S. 328 und 371)[3].

Kurztag: Lichtperiode unter 12 Stunden, etwa 11 Stunden Tag und 13 Stunden Dunkelheit. Bewirkt bei manchen Aquarienpflanzen die Bildung von Blütenanlagen, besonders bei tropischen Arten. Andererseits kann durch Kurztag bei Langtagspflanzen die vegetative Phase und damit die „Aquarieneignung" verlängert werden. Durch Kurztagsbeleuchtung wird das Wachstum verringert (siehe Lichtperiode). Erst in neuerer Zeit hat man erkannt, daß auch die Gestalt einiger Aquarienpflanzen von der Lichtperiode mitbestimmt wird. So gibt es bei einigen Arten Kurztags- und Langtagsformen, die sich gestaltlich unterscheiden. Unsere Kenntnisse hierüber sind noch unvollständig[4].

Langtag: Eine Lichtperiode, die 12 Stunden erheblich überschreitet. (Für Pflanzen der gemäßigten Zonen in den Sommermonaten natürlich). Auch Langtag löst bei vielen Arten die Bildung von Blütenanlagen aus.

Lichtperiode: Tägliche Beleuchtungsdauer. Für tropische Aquarienpflanzen ist die Tag-Nacht-Gleiche am natürlichsten. 12 Stunden Beleuchtung, 12 Stunden Dunkelheit. Es hat sich allerdings gezeigt, daß der vegetative Zuwachs bei Verlängerung der Lichtperiode (bis zu 16 Stunden täglich) bei vielen Pflanzen erheblich gesteigert werden kann. Die Lichtperiode kann Einfluß auf die Gestalt der Pflanzen haben (siehe Kurztag).

Nitrat: Pflanzennährstoff (NO_3). Sammelt sich in jedem gut mit Fischen besetzten Aquarium innerhalb kurzer Zeit in einseitig hohen Mengen an. Wird von vielen Fischen offensichtlich besser ertragen als von manchen empfindlichen Pflanzen. Besonders bei einigen Cryptocorynen sind Schäden infolge zu hoher Nitratbelastung beobachtet worden. Abhilfe: regelmäßiger Teilwasserwechsel.

Periodik: Für Aquarienpflanzen nicht nur von Bedeutung in bezug auf Tag- und Nachtlänge. Die meisten Pflanzen zeigen auch langfristige Perioden besseren oder schlechteren Wachstums, z. B. im Sommer und im Winter. Pflanzen aus Gebieten mit extremem Klimaablauf (Trockenzeit) wie etwa viele *Aponogeton*-Arten, haben auch im Aquarium eine ihren Herkunftsländern entsprechende Periodik[5].

Pflanzung: Das „Pflanzen" von Aquarienpflanzen ist einfach. Man muß nur darauf achten, daß die Wurzeln vor der Pflanzung bis auf die gesunden Teile zurück-

[1] Geißler, G.: Über den Kalium- und Natriumgehalt von Leitungswasser. DATZ 1970, S. 27. Mangel an Kalium führt zu nachweisbar schweren Wachstumsstörungen.

[2] Grundlagen der Kohlensäuredüngung, ihre technischen Hilfsmittel und Verfahren sowie Kontrollmöglichkeiten werden ausführlich auf den S. 328—331 behandelt.

[3] Horst, K.: Über die Ernährung der Aquarienpflanzen, DATZ 1968, S. 342, DATZ 1969, S. 22 und 55. Über die Verwertung von CO_2, HCO_3 und Bircarbonaten siehe Gessner, F.: Hydrobotanik, Band 2 (1959) sowie Schwoerbel, J.: Einführung in die Limnologie, Seite 88 (1971).

[4] Brünner, G.: "Blühwilligkeit und Tageslänge" in „Pflanzen im Aquarium — richtig gepflegt". Reihe Das Vivarium, Kosmos-Verlag, 3. Aufl., Stuttgart 1975

[5] Manganmangel hemmt bei Algen die Photosynthese (Schwoerbel) Brünner, G.: Periodik im Leben der Aquarienpflanzen, AQUARIEN-MAGAZIN 1972, Seite 75

geschnitten werden. In den Bodengrund wird ein geeignetes Loch gedrückt, die Pflanze mit dem Wurzelbüschel eingesetzt und der Kiesgrund wieder gut angedrückt. Der Wurzelhals muß noch aus dem Boden ragen. Häufigster Fehler ist zu tiefes Pflanzen. Alle frisch gesetzten Pflanzen brauchen einige Zeit, bis sie den Umpflanzschock (s. dort) überwunden haben und sich neues Wachstum zeigt. Anwachsschwierigkeiten können sich vor allem bei zu tief gesetzten Pflanzen ergeben.

Phantasienamen: Tauchen als „Handelsnamen" auf, so etwa *„Cryptofolio"* für *Lobelia cardinalis*, die Kardinalslobelie. Zu Verwechslungen und Irrtümern können sie Anlaß geben, wenn sie wissenschaftlichen Namen ähneln wie etwa *„Hygrophila robusta"* für eine Pflanze, die keineswegs mit der Gattung *Hygrophila* verwandt ist, sondern nur äußere Ähnlichkeiten zeigt.

Photosynthese: Unter der Einwirkung von Lichtenergie wird in der grünen Pflanze aus Wasser und Kohlendioxid organische Substanz (Glukose = Traubenzucker) aufgebaut, ein sehr komplizierter biochemischer Prozeß, den allein die grüne Pflanze vollbringen kann. Dabei wird Sauerstoff freigesetzt, eine für alles höhere Leben auf der Erde unumgängliche Voraussetzung.

Regenwasser: Früher *das* Wasser für Aquarianer, da es weich ist und gute Voraussetzungen für die Zucht von „Weichwasserfischen" erfüllt. Heute ist Regenwasser in einwandfreier Beschaffenheit nur noch in wenigen ländlichen Gegenden zu gewinnen und als unbedenklich zu betrachten. In Städten ist es durch SO_2-Abgase und andere giftige Verbindungen stark belastet und für Aquarienzwecke unbrauchbar.

Rhizom: Ein mehr oder minder runder bis länglicher, horizontal wachsender, verdickter Sproß, auch Wurzelstock genannt; bei vielen Aquarienpflanzen wie z. B. *Aponogeton* (Knolle) recht auffällig.

rH-Wert:[6] Maß für das Redoxpotential. Das Redoxpotential beeinflußt das Wachstum der Pflanze. Dabei zeigen verschiedene Aquarienpflanzen unterschiedliche rH-Optima. Nach Angaben von Horst gedeihen Cryptocorynen bei rH-Werten um 28 gut, an Fundorten fand Horst sogar Werte von 25,6. Dabei kommt dem mächtigen Bodengrund als entscheidendem Regulator eine wichtige Rolle zu (Seite 236)[7].

Rotfärbung: Rötliche Blätter kommen bei manchen Aquarienpflanzen vor und werden als besonders dekorativer Faktor geschätzt. Leider sind solche rötlichen Blattfärbungen im Aquarium nicht sehr beständig. Teils beruhen sie auf einer Lichtschutzfärbung der Pflanze bei besonders intensiver Sonnenbestrahlung mit z. T. nächtlicher Abkühlung. Unter den weniger günstigen Lichtverhältnissen des Aquariums verblassen solche umweltbedingten Färbungen schnell. Doch auch bei „genetisch festgelegten" Rotfärbungen wie beispielsweise beim Papageienblatt *Alternanthera* bewirkt die unnormal geringe Lichtintensität im Aquarium mit der Zeit eine „Vergrünung" der Blätter. Andererseits erweisen sich rötliche Färbungen der Blattunterseiten (einige *Ludwigia*-Arten, *Cryptocoryne*-Arten) als beständiges und charakteristisches Merkmal.

Ruhezeiten: Einige Aquarienpflanzen bedürfen einer Ruhezeit, vielfach deutet schon ein starkes knolliges Rhizom auf eine solche Periodik.

Salzgehalt: Zum Salzgehalt des Aquarienwassers siehe Seite 372. Für die Mehrzahl der Aquarienpflanzen ist ein absolut niedriger Salzgehalt offensichtlich nicht unbedingt wichtig, vielmehr müssen die Salze in einem bestimmten ausgewogenen Verhältnis zueinander stehen. Stark schädigend sind einseitig hohe Salzbelastungen etwa durch Chloride.

Samenvermehrung: Bei Aquarienpflanzen spielt die Vermehrung durch Samen nur in wenigen Fällen eine Rolle z. B. bei der Gattung *Aponogeton*. Sie setzt Blütenbildung und erfolgreiche Bestäubung voraus, Bedingungen, die bei den meisten Aquarienpflanzen im Aquarium nicht erfüllt werden können. Deshalb meist vegetative Vermehrung durch Ausläufer, Stecklinge usw.

Schlafbewegung: Besonders an den Triebspitzen einiger Stengelpflanzen zu beobachten *(Limnophila, Hygrophila)*. Eine genaue Erklärung für diese rhythmisch gesteuerten „Bewegungen" hat man noch nicht, das heißt, man kennt die auslösenden Faktoren nicht. Bewirkt wird die Schlafbewegung durch unterschiedliche Wuchsstoffverteilungen in den Blättern (Blattoberseite, Blattunterseite) und damit veränderte Wuchsrichtungen der Triebspitzenblätter.

Schnecken: Schäden durch Wasserschnecken, vor allem durch Schlammschnekken *(Lymnaea)*, teilweise auch durch Posthornschnecken *(Planorbidae)* können sich besonders als Fraßspuren an zartblättrigen Pflanzen (z. B. *Barclaya*) zeigen. Am besten hält man solche Schnecken aus dem Aquarium fern. Eingeschleppte

[6] Meßverfahren sowie Selbstbau eines Meßgerätes sind ausführlich in AQUARIEN-MAGAZIN 1972, Heft 3 und Heft 4 beschrieben (S. 90–94 und S. 168–172.

[7] Siehe hierzu Angaben von K. Horst in AQUARIEN-MAGAZIN Heft 6, 1971, S. 223 sowie Horst, K.: Cryptocorynen an Ort und Stelle, AQUARIEN-MAGAZIN 1973, S. 208

Schnecken können mit Schneckenvernichtungsmitteln des Handels bekämpft werden (Gebrauchsanweisungen genau beachten).

Schwefel: Pflanzennährstoff. Wird meist durch den Sulfatanteil des Wassers ausreichend gedeckt. Schwefelverbindungen können aber auch sehr schädlich für Pflanzen sein (Bildung von Schwefelwasserstoff in sauerstoffarmem Bodengrund). Abhilfe: Bodengrund erneuern, möglichst grobe Kiesstruktur.

Spatha: Hochblatt, keine Blüte, sondern wie etwa bei Cryptocorynen nur ein Blütenhüllblatt oder Blütenscheide, die in diesem Fall in ihrem unteren Teil die eigentlichen Blüten beherbergt (Seite 284).

Stecklinge: Fast alle Stengelpflanzen sind aus Stengelabschnitten regenerationsfähig, das heißt, sie können aus den Blattachseln Adventivwurzeln bilden, so daß jeder Sproß leicht zu bewurzeln ist und eine neue Pflanze ergibt.

Synonym: In der zoologischen und botanischen Nomenklatur ein ungültiger wissenschaftlicher Name. Es gibt zahlreiche Synonyme, die auch bei Aquarienpflanzen vorkommen und Verwirrung stiften können. So können bisher gültige Namen durch Umbenennung ungültig, d. h. zum Synonym werden. Das kann beispielsweise geschehen, wenn eine Pflanzengattung einer Revision unterzogen wird und dabei ihre spezifischen Merkmale nicht mehr als ausreichend zur Charakterisierung einer eigenen Gattung erachtet werden, so daß man sie in die nächstverwandte Gattung einreiht. So ist etwa die Gattung *Synnema* zu *Hygrophila* gestellt worden. Dadurch hat sich der Name einer sehr populären Aquarienpflanze *Synnema triflorum* (Nees) O. Ktze. geändert und ist zu einem (ungültigen) Synonym geworden. Der jetzt gültige Name lautet *Hygrophila difformis* (L. f.) Blume. Doch auch bei der Überprüfung lange gebräuchlicher Namen können sich Irrtümer herausstellen. Ein bekanntes Beispiel dafür ist die wissenschaftliche Beschreibung von *Cryptocoryne haerteliana* durch Jacobsen in der „Wochenschrift für Aquarien- und Terrarienkunde" im Jahre 1949. Damit hatte eine bislang unbekannte und offenbar wissenschaftlich noch nicht beschriebene Cryptocoryne einen gültigen wissenschaftlichen Namen erhalten. Erst viel später stellte sich dann heraus, daß es sich hier um eine ungültige Zweitbeschreibung handelte. Die besagte Cryptocoryne war nämlich schon 1893 von Hooker auf Veranlassung von N. E. Brown beschrieben worden. Nach der sogenannten Prioritätsregel hat aber die erste gültige Beschreibung allein Anspruch auf wissenschaftliche Anerkennung im Sinne der Nomenklaturregeln. Die Pflanze muß also richtig *Cryptocoryne affinis* N. E. Br. ex Hook. f. heißen. Auch innerhalb der Gattung *Echinodorus* konnten viele Irrtümer aufgeklärt werden, wodurch sich Namensänderungen und Synonyme ergaben.

Tagneutral: Aquarienpflanzen, bei denen die Lichtperiode nach unserem heutigen Wissen keine Rolle spielt, d. h. keinen Einfluß auf die Bildung von Blütenanlagen und Blüte hat, nennt man tagneutral, im Gegensatz zu den Langtags- bzw. Kurztagspflanzen. Hierzu gehört eine Vielzahl im Aquarium gepfleger Pflanzen, auch solche tropischer Herkunft, wie viele Beobachtungen zeigen. Auslösend für die Blütenbildung scheint hier lediglich die Einstellung von Optimalfaktoren zu sein: sehr hohe Lichtintensität, Absenkung des Wasserspiegels, Erhöhung der Temperatur usw.

Temperatur: Aquarienpflanzen werden allgemein nach „Kaltwasser"- und „Warmwasser"-Pflanzen eingeteilt, was der Praxis der Kaltwasser- und Warmwasseraquarien entspricht. Bei den Aquarienpflanzen gibt es jedoch viele Übergänge, Arten, die sowohl als Kaltwasser- wie Warmwasserpflanzen kultiviert werden können. Jede Pflanze hat ein Temperaturoptimum, bei dem sie am besten gedeiht. Das Minimum ist die Temperatur, die sie gerade noch toleriert, während beim Überschreiten des Temperaturmaximums der Hitzetod eintritt. Im allgemeinen können Warmwasserpflanzen tropischer Herkunft mit bestem Erfolg bei 23–28° C gehalten werden.

Ton: Ein wichtiger Bestandteil des Bodengrundes vor allem als Nährstoffdepot für die „Wurzelnahrung" der Pflanze. Mit Nährstoffen und Spurenelementen angereicherter Ton kann diese Stoffe auf „Abruf" durch die Pflanzenwurzeln abgeben.

Torffilterung: Wirkt bei Aquarienpflanzen günstig, weil bestimmte Huminsäuren die Löslichkeit der Nährstoffe verbessern, offenbar aber auch Hormone, die mit dem Torf abgegeben werden, das Wachstum günstig beeinflussen. Bei weicherem Wasser läßt sich eine merkliche pH-Senkung erzielen (unbedingt kontrollieren!)

Umpflanzschock: Eine mehr oder weniger ausgeprägte Wachstumsstockung nach dem Umpflanzen einer Aquarienpflanze, bedingt durch Standortwechsel, Störung

Tafel 19
Oben links: Die Schleierprachtbarbe ist eine Mutation von Puntius conchonius. Das Männchen auf unserem Bild ist in Paarungsstimmung.
Oben rechts: Das Weibchen wird vom Männchen „getrieben".
Mitte links: Das Männchen hat seine Partnerin gestellt; nun wird sie umschwommen.
Mitte rechts: Das Männchen stupst das Weibchen immer wieder in die Bauchgegend, um es laichwillig zu machen.
Unten links: Das laichwillige Weibchen schwimmt mit „ihm" in die Pflanzen . . .
Unten rechts: . . . Plötzlich schlägt das Männchen blitzschnell seine Schwanzflosse über den Rücken des Weibchens; unter sanftem Beben werden Eier und Sperma ausgestoßen.
Aufnahmen: H.-J. Richter

Tafel 20
Oben links: Die Odessa-Barbe, zwar schon in der UdSSR, DDR und Tschechoslowakei erfolgreich nachgezüchtet, trägt weder einen wissenschaftlichen Namen, noch wissen wir etwas über ihre Herkunft.
Sind die Odessa-Barben ausgewachsen, dann unterscheiden sich Männchen und Weibchen in ihrer Färbung recht beträchtlich: Beim Weibchen sehen wir ständig zwei große schwarze Flecken, sämtliche Flossen sind durchsichtig und leicht rauchfarben, die Rücken-, After- und Bauchflossen sind mit kleinen Tupfen übersät. Dagegen tragen die Männchen ein wahres Prachtkleid: Vom Auge weit in die Schwanzflosse hinein erstreckt sich ein breites, himbeerrotes Längsband; der Rücken glänzt metallisch golden bis grünlich, der Bauch ist stark aufgehellt und erscheint fast weißlich.
Die Balz beginnt: Zuerst treibt das Männchen das Weibchen unermüdlich im Aquarium hin und her.
Oben rechts: Nun ändert sich das Imponiergehabe: Das Männchen versucht sich seitlich an das Weibchen zu schmiegen.
Mitte links: Noch ist das Weibchen nicht laichbereit: Das Paar schwimmt dann häufig an der Scheibe auf und ab.
Mitte rechts: Nun versucht das Männchen, „Sie" zu locken: Es „steht" über dem Laichsubstrat und zittert mit dem Körper.
Unten links: Endlich folgt „Sie" ihrem Mann in das Pflanzendikkicht, um einen günstigen Laichplatz zu suchen.
Unten rechts: Das Paar kurz vor dem Ablaichen.
Aufnahmen: J. Elias

der Wurzelabsorption sowie des Wasserhaushaltes. Wird bei den meisten Stengelpflanzen sehr schnell überwunden, hält bei Cryptocorynen aber oft recht lange an. Es dauert oft Wochen bis Monate, bis sich bei diesen Pflanzen wieder gutes Wachstum einstellt.
Varietät: Die Variabilität vieler Aquarienpflanzen verleitet oft zur Aufstellung von sog. „Varietäten". Diese können dann aber bei genauer Prüfung nicht als bleibende Abweichung von der Nominatform angesehen werden, da sie meist ökologisch bedingt sind (Durchlaufen eines Entwicklungszyklus, veränderte Lichtperiode und Lichtintensität bedingen evtl. Abweichungen von der Nominatform). Um ein Vorliegen einer echten Varietät zu beweisen, müßten solche unterschiedlichen Individuen unter exakt gleichen Kulturbedingungen kultiviert werden. Erst wenn sie hierbei noch deutliche Abweichungen zeigen, kann es sich um Varietäten oder genetisch festgelegte geographische Rassen handeln.
Wasserblüte: Unter sehr günstigen Lichtverhältnissen bei Nährstoffüberschuß auftretende Massenentwicklung von Schwebealgen. Oft als harmlos angesehen, kann jedoch u. U. zu Schäden bei Fischen und Pflanzen führen. Gegenmaßnahmen: totaler Wasserwechesl, Filterung mit UV-Filter.
Wuchshormone, Vitamine: Ihre Wirkung ist bei Aquarienpflanzen noch wenig erforscht. Es hat aber den Anschein, als ob z. B. Vitamin B 1 (Thiamin) in geringen Gaben sich günstig auf das Wachstum der Pflanzen auswirke bzw. auch eine „Wachstumsmüdigkeit" beseitigen könne (in bestimmten Düngepräparaten enthalten).
Zink: Spurenelement, das nur in minimaler Konzentration vorhanden sein darf, andernfalls zeigt es außerordentlich giftige Wirkungen auf Aquarienfische und Wasserpflanzen.

Gattungen und Arten der Aquarienpflanzen

Um einen auch nur annähernden Überblick über die Vielzahl der in Aquarien kultivierten Wasserpflanzen zu vermitteln, sind hier die Gattungen und Arten entsprechend ihrer taxonomischen Zugehörigkeit aufgeführt.
Viele Arten können nur stichwortartig erwähnt und bewertet werden, damit vor allem den populären und verbreiteten Aquarienpflanzengattungen wie beispielsweise Cryptocorynen, *Echinodorus* und anderen genügend Raum bleibt.
Arten, die sich durch Wüchsigkeit und einfache Pflege auszeichnen, werden hervorgehoben, um dem Anfänger die Auswahl und Orientierung zu erleichtern.
Die Beschreibungen der Pflanzen beziehen sich, soweit nicht anders vermerkt, ausschließlich auf submerse Aquarienpflanzen. Dabei sei hier auch auf die Variabilität vieler Arten verwiesen, die von Standort, Lichtperiode und Temperatur abhängig ist. Bei weniger populären Aquarienpflanzen mußte aus Raumgründen auf eine Darstellung der vegetativen Merkmale verzichtet werden. Andererseits werden allgemeine und spezielle Kulturfragen wichtiger Gattungen ausführlicher behandelt, um den Bedürfnissen der täglichen Praxis des Aquarianers möglichst nahezukommen.
Eine Darstellung der Aquarienpflanzen, geordnet nach vegetativen Merkmalen mit Beschreibungen und Bestimmungstabellen einiger artenreicher Gattungen findet sich bei Brünner, „Aquarienpflanzen" (Reihe „Das Vivarium", Kosmos-Verlag).

Algen

Armleuchter-Algen (Characeae)

Weltweit verbreitet. Wie die *Nitella flexilis* können auch verschiedene Arten der Gattung *Chara* im Aquarium gehalten werden. Sie sind im allgemeinen recht anspruchslos, besitzen aber keinen besonderen dekorativen Wert.

Nitella flexilis (Biegsame Nitella)
Heimat: Europa, Asien, Amerika. Mit ihrem stengelähnlichen Haupttrieb und den quirlig stehenden Kurztrieben ähnelt diese Alge einer höheren Pflanze. Sie wird vor allem als Ablaichpflanze geschätzt. Im Zuchtaquarium hält sie sich am Boden

Nitella flexilis

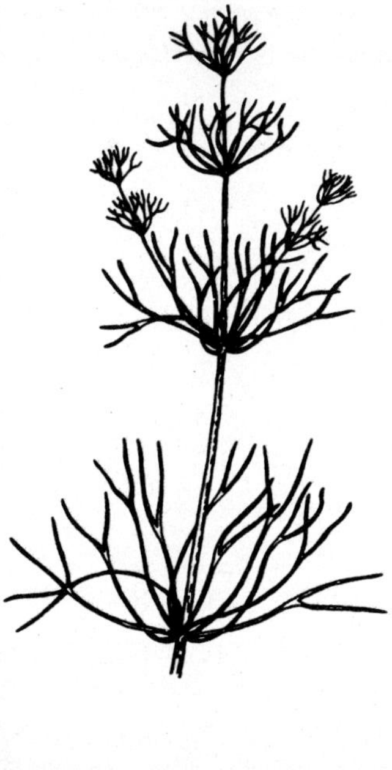

und braucht nicht beschwert zu werden. Will man die Pflanze für Dekorationszwecke verwenden, pflanzt man sie büschelweise und verankert genügend tief. Die Art kommt teilweise auch im Brackwasser vor und bleibt auch im Winter in guter Verfassung. Meist benötigt diese Alge einige Zeit zur Eingewöhnung, sie hält bei Temperaturen bis 25° C aus. Auf gute Beleuchtung achten! Heute als Aquarienpflanze weniger verbreitet.

Moospflanzen

Lebermoose (Hepaticae)

Sternlebermoosgewächse (Ricciaceae)

Riccia fluitans (Flutendes Teichlebermoos)[1]
Weltweit verbreitet. Die lebhaft hellgrünen, gabelig verzweigten Pflanzenkörper bilden miteinander verhakt ein dichtes Gewirr unter der Wasseroberfläche. Dieses zierliche Lebermoos ist eine dankbare, leicht zu kultivierende Schwimmpflanze, die sowohl in temperierten Aquarien als auch in Tropenbecken ausgezeichnet gedeiht. Eine leichte regelmäßige Anreicherung des Wassers mit Nährstoffen (Wasserwechsel) fördert das Wachstum ungemein. Wächst auch bei Kunstlicht sehr rasch. Als Laichsubstrat besonders für Schaumnestbauer bevorzugt. Empfehlenswerte Aquarienpflanze[2].

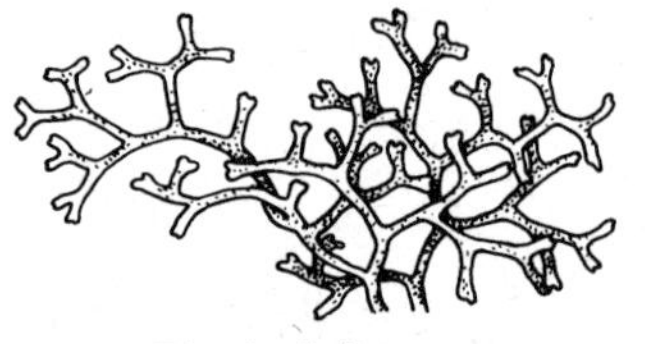

Riccia fluitans

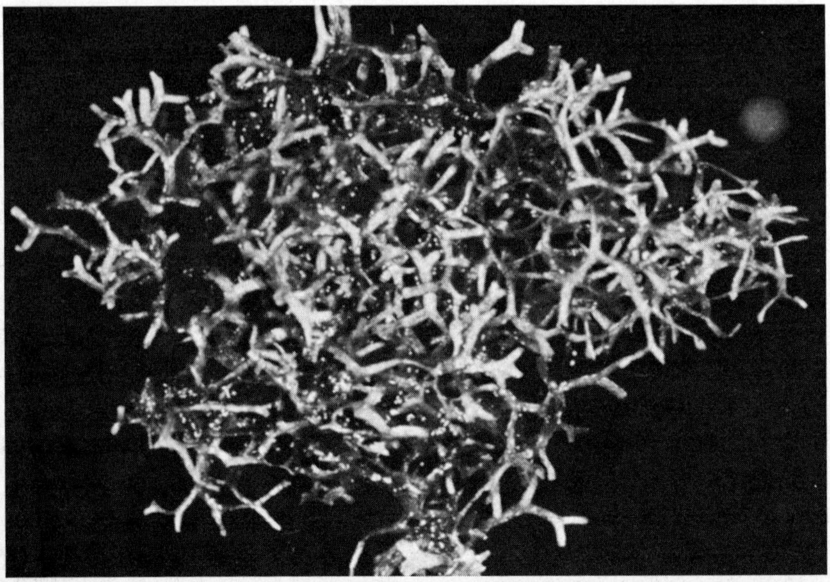

Bild 3.15: Flutendes Teichlebermoos (Riccia fluitans). Die dichten grünen Polster dieses schwimmenden Mooses decken die Wasseroberfläche ab, so daß der Lichteinfall etwas gedämpft ist. Jungfische haben in ihnen besonders gute Versteckmöglichkeiten. Aufnahme G. Brünner

Ricciocarpus natans
Zerstreut vorkommend, weltweit. Ein Lebermoos wie *Riccia*, teilweise amphibisch wachsend. Der Körper (Thallus) ist jedoch sehr kurz, länglich gedrungen verbreitert, meist zweilappig auslaufend, kann bis 20 mm lang werden, bleibt meist aber kleiner. Dieses Lebermoos ist als Aquarienpflanze zwar sehr dekorativ, doch in der Haltung nicht ganz einfach (Tageslicht!), auch verträgt es keine zu hohen Temperaturen. Vermehrung durch Sprossung relativ langsam. Als Aquarienpflanze wenig verbreitet.

Laubmoose (Musci)

Quellmoosgewächse (Fontinalaceae)

Fontinalis-Arten (Quellmoos)
Heimat: Nördlich gemäßigte Zonen. Von den Quellmoosarten wird meist das Gewöhnliche Quellmoos *Fontinalis antipyretica* als Aquarienpflanze kultiviert. Die

[1] Riccia ist in der Fischzucht wichtig, s. S. 449
[2] Brünner, G.: Lebermoose im Aquarium. DATZ 1965, Seite 306

Bild 3.16: Quellmoos (Fontinalis) Das ebenso dekorative wie robuste Quellmoos verträgt keine Temperaturen über 18° C. Es verträgt derbe Behandlung, sogar Ausspülen unter kaltem Wasser und wuchert unermüdlich. Besonders für Kaltwasseraquarien empfehlenswert.

stark gefalteten, olivgrünen bis dunkelgrünen Blätter sind länglich oval, spitz auslaufend. Sie sitzen dicht an dem etwas dreikantig erscheinenden Stengel. Quellmoos verfügt über keine echten Wurzeln, es haftet mit Rhizoiden (wurzelähnlichen, fädigen Gebilden) an Steinen oder Holz. Die Art variiert sehr. Als Aquarienpflanze kommt Quellmoos vor allem für Kaltwasser oder temperierte Aquarien in Frage. Bei geeignetem hellem Standort (keine Sonne) und Temperaturen nicht über 18° C bleibt es in guter Vegetation, sofern man das Wasser häufig wechselt und gut in Bewegung hält. *Fontinalis*-Arten sind offenbar nicht zur Bicarbonatassimilation befähigt. Ferner haben sich Pflanzen, die aus stehenden Gewässern stammen, im Aquarium als wesentlich haltbarer erwiesen als solche aus rasch fließenden Bächen. Bepflanzt wird möglichst büschelweise, die Büschel verankert man zwischen Steinen oder Holz. Auch als Ablaichpflanze ist Quellmoos geeignet, doch wegen seiner Wärmeempfindlichkeit nur bedingt verwendbar.

Stumpfdeckelmoose (Leptodictyaceae)

Leptodictyon riparium (Amblystegium riparium) (Stumpfdeckelmoos)
Heimat: Nördliche gemäßigte Zonen. Meist wird dieses außerordentlich zierliche, auch amphibisch wachsende Moos als „Federmoos" bezeichnet. An einem fadendünnen Stengel sitzen winzige, kaum 1 mm lange hellgrüne Blättchen. Die Gestalt dieses Mooses wird weitgehend durch Licht- und Temperaturverhältnisse geprägt. In kühlem Wasser, bei 10–15° C, ist es im Wuchs gedrungener. Exemplare, die an Warmwasserbedingungen gewöhnt sind, sind oft etwas spärlicher, aber dennoch eine Zierde besonderer Art. Meist verankert man das Moos an Steinen oder läßt es auch frei an der Wasseroberfläche treiben. Eine sehr anpassungsfähige kleine Moospflanze.

Schlafmoosgewächse (Hypnaceae)

Vesicularia dubyana

Vesicularia dubyana (Javamoos)
Heimat: Indonesien, Philippinen. Dieses Moos erinnert an Quellmoos, doch ist es mit seinen feinen, breit-ovalen, 1–2 mm langen, hellgrünen bis mittelgrünen Blättern wesentlich zarter. Es ist im Wuchs stark von Temperatur- und Lichtbedingungen abhängig. Javamoos besitzt eine nahezu universelle Verwendbarkeit mit einem Temperaturbereich von 15–30° C. Auch hinsichtlich der Beleuchtung zeigt es eine bemerkenswerte Anpassungsfähigkeit. An die Wasserbeschaffenheit stellt es keine speziellen Ansprüche, doch scheint Torffilterung optimalen Wuchs zu bewirken. Es ist mit seinen Rhizoiden auf Holz oder Steinen in Büscheln gut zu verankern und wächst leicht an. Auch freitreibend zu halten. Als Laichsubstrat geeignet. Empfehlenswertes, sehr anpassungsfähiges Wassermoos. Empfindlich gegenüber Trypaflavinanwendungen.

Sematophyllaceae

Glossadelphus zollingeri
Heimat: Java, Celebes. Gleicht dem Javamoos sehr, ist jedoch weniger verzweigt, wobei die einzelnen Stengel länger sind, also im ganzen etwas lockerer im Wuchs als Javamoos. Auch in der Blattfärbung etwas heller als das „echte" Javamoos. Beide Arten können verwechselt werden, sind aber mikroskopisch gut voneinander zu unterscheiden (siehe Literatur). Dieses Moos ist wärmebedürftiger, wächst aber auch höher als Javamoos (bis 40 cm)[3].

Farnpflanzen

Bärlappe (Lycopodiatae)

Brachsenkrautgewächse (Isoetaceae)

Isoetes-Arten (Brachsenkräuter)
Die Kultur von Brachsenkräutern im Aquarium ist heute sehr zurückgegangen. Das gilt sowohl für das früher häufiger kultivierte „Italienische Brachsenkraut"

[3] Benl, G.: Glossadelphus zollingeri (C. Müll.) Fleischer – ein zweites „Javamoos". DATZ 1969, S. 369
Benl, G.: Laubmoose im Aquarium. AQUARIEN-MAGAZIN 1971, S. 38

Isoetes malinverniana, das zwar aus Oberitalien importiert wurde, vermutlich aber ursprünglich in Ostasien beheimatet ist, wie auch für das einheimische Seebrachsenkraut *Isoetes lacustris*. Beide Arten sind am Grunde knollenförmig und besitzen grundständige, grasartige Blätter. Bei *Isoetes lacustris* wachsen die Blätter steif aufrecht, sind rund und bis zu 20 cm lang. Die Blätter von *Isoetes malinverniana* können bis 1 m lang werden; sie sind leicht dreikantig zur Basis gedreht. Diese Art wächst sehr rasch und hält sich bei Temperaturen zwischen 15–25° C gut. *Isoetes lacustris* benötigt niedrigere Temperaturen (Kaltwasseraquarium), sehr gute Beleuchtung, weiches Wasser und ist in der Kultur schwieriger. Für beide Arten ist leichte Tonbeimischung zum Sand angebracht. Mit dem Stachelsporigen Brachsenkraut *Isoetes setaceum* liegen keine guten Erfahrungen als Aquarienpflanze vor.

Farne

Hautfarne (Hymenophyllaceae)

Trichomanes javanicum (Borneofarn)
Heimat: Südasien, Indonesien, Malaiische Halbinsel. Mit seinen hellgrünen, durchscheinend gefiederten, rosettig wachsenden typischen Farnblättern besticht dieser Farn immer wieder durch seine dekorative Gestalt. Leider ist *Trichomanes,* der häufiger angeboten wird, für eine Dauerkultur im Aquarium nicht geeignet, wie viele Versuche unter verschiedensten Kulturbedingungen gezeigt haben. Als schöne Dekorationspflanze kann dieser Farn sich zwar monatelang in guter Verfassung halten, stirbt aber mit der Zeit doch ab[1].

Tüpfelfarngewächse (Polypodiaceae)

Microsorium pteropus (Javafarn)
Heimat: Tropisches Südostasien. Dieser Farn hat hirschzungenfarnähnliche Blätter und stellt damit einen „Wasserfarn" besonderen Typs dar. Er gedeiht im Aquarium am besten an Holz befestigt, kommt so auch am besten zur Wirkung und bildet unter günstigen Bedingungen (volles Kunstlicht) ein dichtes „Farnnest" mit zahlreichen hellgrünen bis mittelgrünen Blättern, wobei die Rhizoiden mit der Zeit fest auf dem Holz haften. Hinsichtlich der Wasserzusammensetzung ist dieser Farn anspruchslos, er sollte jedoch nicht in den Boden gepflanzt werden. Die Vermehrung erfolgt durch Tochterpflanzen an älteren Blättern. Braun gewordene, überalterte Blätter entfernt man. Regelmäßige Frischwassergaben bei Temperaturen zwischen 22–28° C fördern das Wachstum ungemein. Die Blätter können bis 30 cm lang werden, bleiben aber oft kleiner. Empfehlenswerte, nach Eingewöhnung gut wüchsige Pflanze für das Aquarium.

Microsorium pteropus

Lomariopsidaceae

Bolbitis heudelotii
Heimat: Westafrika. Ein noch relativ neuer, tropischer amphibischer Farn, der aber als Aquarienpflanze immer mehr an Bedeutung gewinnt. Es handelt sich um einen Farn mit kräftigem horizontalem Rhizom, wunderschön feingefiederten, olivgrün bis dunkelgrün gefärbten Blättern, die bis zu 40 cm lang werden können. Wichtig ist vor allem, daß man diesen Farn nicht einpflanzt. Es ist vielmehr nötig, das Rhizom an Moorkienholz oder Steinen vorsichtig zu befestigen. Die Beleuchtung kann leicht gedämpft sein, die Temperatur hält man bei 22–30° C. Mittelhartes Wasser scheint am günstigsten zu sein, vor allem ist aber ein reichlicher, regelmäßiger Wasserwechsel nötig, weil dieser Farn offenbar empfindlich gegen einseitige Überlastung des Wassers mit Stoffwechselprodukten ist. Empfehlenswert auch als Solitärpflanze[2].

Ceratopteridaceae (Parkeriaceae)

Ceratopteris „cornuta" (Schwimmender Hornfarn)[3]
Heimat: Tropisches Afrika. Ein Schwimmfarn, der sich seit Jahrzehnten als Aquarienpflanze bewährt hat und mit der folgenden Art eng verwandt ist. Die Schwimmblätter sind hellgrün, mehr oder weniger elliptisch mit tiefen Einschnit-

[1] Brünner, G.: Der Borneofarn, eine problematische Pflanze. DATZ 1967, S. 276
[2] Benl, G., Heine, H., Michel, P. F.: Ein Farn aus dem tropischen Afrika für den Vivarianer: Bolbitis heudelottii. DATZ 1970, S. 146
Tomey, W. A.: Ein graziler Wasserfarn aus Afrika. AQUARIEN-MAGAZIN 1972, S. 286
[3] Lloyd, R. M.: Systematic of the genus Ceratopteris Brogn. Brittonia 26 (2) (1974). Danach dürfte es sich bei dem in Aquarien gepflegten „Schwimmenden Hornfarn" um Ceratopteris pteridoides handeln.

Ceratopteris „cornuta"

ten. Als Aquarienpflanze im „Unterwasserbild" fällt der Farn vor allem durch seine langen Tauchwurzeln auf. Er ist wertvoll als Abschattung für Pflanzengruppen, die einer gedämpften Beleuchtung bedürfen (einige Cryptocorynen). In der Kultur wohl eine der haltbarsten Schwimmpflanzen, auch bei Kunstlicht ausgezeichnet wachsend. Oft ist das Wachstum so stark, daß man regelmäßig auslichten muß. Temperatur 20–30° C. Vermehrung überaus reichlich durch Adventivpflanzen an älteren Blättern.

Ceratopteris thalictroides (Wasserhornfarn, Sumatrafarn)
Heimat: Tropische Gebiete der Alten Welt. Besonders die feingliedrige Form dieses Wasserfarns, der sog. „Sumatrafarn", zählt zu den beliebtesten Aquarienpflanzen. In der Tat ist diese Pflanze eine der schönsten und bewährtesten Farnpflanzen für das Aquarium. Der Sumatrafarn kann unter günstigen Bedingungen (volles Licht, 22–30° C, mittelhartes Wasser, am besten leicht sauer = Torffilterung) recht beachtliche Ausmaße erlangen (50 cm und mehr) und wird

Ceratopteris thalictroides

Bild 3.17: Der Schwimmende Hornfarn Ceratopteris cornuta zählt nicht ohne Grund zu den bevorzugten Schwimmpflanzen des Aquarianers: Er ist einer der wenigen Schwimmpflanzen, die auch unter Kunstlicht sehr gut gedeihen. Aufnahme G. Brünner

deshalb gern als Solitärpflanze verwendet. An älteren Blättern bilden sich kleine Adventivpflanzen, die man unter guten Lichtverhältnissen wieder zu stattlichen Exemplaren heranziehen kann. Leichte Tonbeimischung zum Grobkies ist vorteilhaft. Bei der Pflanzung darauf achten, daß die Pflanzen nicht zu tief gesetzt werden (Wurzelansatz muß sichtbar sein). Die grobfiederige Form von *Ceratopteris* ist weitaus weniger verbreitet. Sie bleibt bedeutend kleiner (etwa 15 cm hoch).

Azolla caroliniana

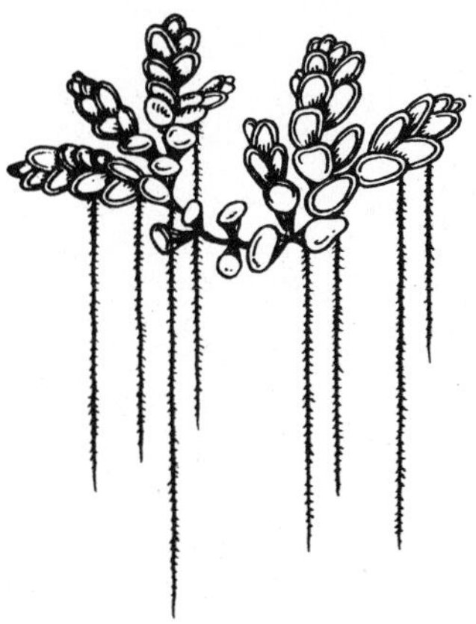

Büschelfarngewächse (Salviniaceae)

Azolla caroliniana (Karolina-Wasserfarn)
Heimat: Südliches Nordamerika, Mittel- und Südamerika, teilweise nach Europa eingeschleppt. Die Blätter dieses zierlichen, kaum 15 mm langen, verzweigten moosähnlichen Wasserschwimmfarns sind schuppenartig und liegen dachziegelartig übereinander. Die feinen Wurzeln sind fadenförmig und tauchen in das Wasser ein. Eine weitere Art, *Azolla filiculoides*, sieht ähnlich aus, ist aber wesentlich lockerer verzweigt und größer (bis 3 cm), doch können Kümmerformen beider Arten verwechselt werden. *Azolla* ist nur für sehr gute Lichtverhältnisse geeignet. Dann wächst die Pflanze sehr reichlich und kann u. U. schnell die ganze Wasserfläche bedecken. Während des Sommers gut in Freilandbecken haltbar, breitet sich aber auch hier unter zusagenden Verhältnissen schnell aus, ähnlich Wasserlinsen (Seite 290). Überwinterung (Kunstlicht) relativ kühl bei

Bild 3.18: Der Karolina-Wasserfarn (Azolla caroliniana) braucht sehr viel Oberlicht, die Wasserfläche kann in kurzer Zeit zugewuchert sein. Er ist etwas empfindlich gegen zu hartes Wasser und Schwitzwasser der Deckscheiben. Aufnahme G. Brünner

10–15° C. Während der Vegetationsperiode etwa 16–25° C. Als Aquarienpflanze in der Verbreitung zurückgegangen.

Salvinia auriculata (Brasilianischer Büschelfarn)
Heimat: Tropisches Amerika. Eine der für das Aquarium geeignetsten *Salvinia*-Arten, obschon auch sie hohe Anforderungen an die Lichtintensität stellt. Die rundlich eiförmigen, hellgrünen Schwimmblätter erreichen unter Aquarienbedingungen kaum ihre volle Größe (bis 15 mm), bleiben meist viel kleiner. Was man normalerweise für Wurzeln hält, sind die bis 5 cm tief eintauchenden Wasserblätter. *Salvinia* ist für Aquarien besser geeignet als *Azolla* und ist auch in der Vermehrung gut unter Kontrolle zu halten. Bei guter Beleuchtung ausdauernd. Gut als Abschattungspflanze geeignet. Regelmäßiger Wasserwechsel mit Aufdüngung (freitreibende Schwimmpflanze) ist wichtig.
Der heimische Schwimmfarn *Salvinia natans* ist im allgemeinen nur für Freilandbecken geeignet.

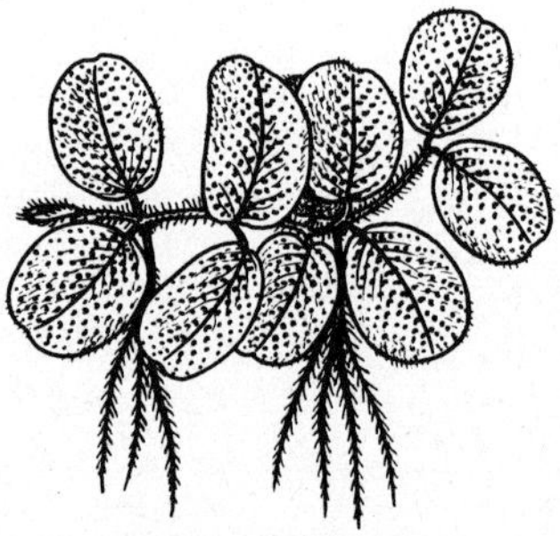

Salvinia auriculata

Kleefarngewächse (Marsileaceae)

Marsilea-Arten (Kleefarn)
Kleefarne, wegen ihrer kleeblattähnlichen Blätter so genannt, werden meist als kleine Gruppen im Vordergrund des Aquariums gepflanzt. Sie besitzen eine kriechend wachsende Sproßachse. Ihre Ausdauer im Aquarium ist unterschiedlich. Am besten geeignet sind Pflanzen tropischer Herkunft, wobei besonders *Marsilea crenata* aus Südostasien sich als recht haltbar und wüchsig erwiesen hat. Bei guten Lichtverhältnissen bildet diese Art schnell kleine „Rasen". Andere Arten, wie *Marsilea drummondii* oder *Marsilea hirsuta* werden größer, sind nicht so ausdauernd und neigen als Sumpfpflanzen in flacherem Wasser schnell zur Schwimm- und Luftblattbildung. Der heimische Kleefarn *Marsilea quadrifolia* kommt nur für Kaltwasserbecken in Frage, ist aber auch hier problematisch in der Unterwasserkultur.

Pilularia globulifera (Pillenfarn)
Heimat: Europa. Die fadenförmigen Blätter dieser Pflanze erinnern stark an die der Nadelsimse (5–20 cm lang), die Sproßachse wächst horizontal im Boden und trägt die typischen runden Sporenhüllen, die dem Farn seinen Namen gegeben haben.
Der Pillenfarn ist eine Pflanze für das Kaltwasseraquarium. Bei nicht zu grobem Bodengrund, leichter Tonbeimischung, weichem bis höchstens mittelhartem Wasser und guter Beleuchtung zeigt sich dieser Farn ausdauernd im Aquarium, benötigt aber in der Regel einige Zeit zur Eingewöhnung. Häufiger Wasserwechsel.

Regnellidium diphyllum
Heimat: Brasilien. Dieses Kleefarngewächs wird zuweilen vom Handel angeboten. Die Pflanze ähnelt etwas den *Marsilea*-Arten, ist aber daran kenntlich, daß sie gegenüber *Marsilea* nur zwei sehr gleichmäßige, relativ große, an der Basis verwachsene Blattspreiten hat. *Regnellidium* ist für eine ständige Unterwasserkultur nicht geeignet, gut dagegen als Pflanze für ein Aqua-Terrarium.

Samenpflanzen
Decksamer

Zweikeimblättrige Decksamer

Eidechsenschwanzgewächse (Saururaceae)

Saururus cernuus (Eidechsenschwanz)
Heimat: Östliches Nordamerika. Mit ihren herzförmigen bis ovalen, hellgrünen Blättern erinnert diese Pflanze an einen *Echinodorus*. Obwohl sie eine echte Sumpfpflanze der gemäßigten Zonen ist, paßt sie sich den Bedingungen des Tropenaquariums in jeder Weise an, wenn die Lichtverhältnisse nur ausreichend sind (keine Abschattung durch andere Pflanzen). Sowohl für Gruppen- wie Einzelpflanzungen. Vermehrung durch ausläuferartige Tochterpflanzen und Triebstecklinge. Höhe je nach Wuchsbedingungen 10–15 cm. Weiter Temperaturbereich, etwa 12–25° C. Leichte Tonbeimischung zum Bodengrund vorteilhaft. Empfehlenswerte, regelmäßig angebotene Aquarienpflanze. Einfach in der Kultur.
Im Gegensatz zu *Saururus cernuus* ist *Houttuynia cordata* aus Südostasien und Japan (ebenfalls zu den Saururaceen gehörend) nur als Sumpfpflanze kultivierbar und für Aquarien ungeeignet.

Barclayagewächse (Barclayaceae)

Barclaya longifolia[1]
Heimat: Burma, Thailand, Indochina. Diese den Seerosengewächsen nahe verwandte, aber ausschließlich submers wachsende Pflanze entwickelt bis 30 cm und längere, längliche, am Grunde herzförmige Blätter, die besonders durch ihre Färbung (unterseits rötlich) und Randwellung äußerst dekorativ sind, so daß diese Pflanze als eine der schönsten Aquarienpflanzen angesehen wird. Sie ist auch

[1] Brünner, G.: Barclaya longifolia. AQUARIEN-MAGAZIN 1963, S. 388
Barclaya longifolia, Mitteilungsblätter ZAG Wasserpflanzen 3/1971
Machlin, M.: Zur systematischen Stellung der Gattung Barclaya. Aquarien und Terrarien 1973, S. 99

Bild 3.19: Nur wenige Wasserpflanzen blühen im Aquarium. Unser Bild zeigt die Blüte von Barclaya longifolia.

eine der wenigen Wasserpflanzen, die unter Aquarienbedingungen kleine Blüten mit innen rötlich-violetten Kronblättern entwickelt und oft auch Samenansatz zeigt. Vermehrung erfolgt jedoch meist durch Rhizomsprosse, die leicht abgetrennt werden können. Eine recht wärmebedürftige Art (25–30° C), vor allem muß auch der Boden (Grobkies und Ton) gut durchwärmt sein. Volles Kunstlicht oder leicht gedämpftes Tageslicht und regelmäßiger Wasserwechsel sind zur üppigen Entwicklung nötig. Sowohl für Einzelpflanzungen als auch in gedrängter Gruppe, wobei die Einzelpflanzen meist etwas kleiner bleiben. Empfindlich gegen Schneckenfraß. Pflanzen gehen zeitweilig zurück, treiben aber meist nach einiger Zeit wieder aus. Eine weitere Art, *Barclaya motleyi* (Indonesien, Malaya) mit runden Blättern, hat bei weitem nicht die Popularität von *Barclaya longifolia* erlangt.

Barclaya longifolia

Seerosengewächse (Nymphaeaceae)

Brasenia schreberi (B. purpurea)
Kleine Pflanze, die in flachem Wasser mehr oder minder oval geformte Schwimmblätter bildet. Blüte purpurfarbig, etwa 1–2 cm groß. Pflanzen je nach Herkunft (z. T. weltweit verbreitet, tropische Formen) unterschiedlich wärmebedürftig (nordamerik. Herkünfte, temperiert halten). Benötigt intensives Tageslicht, nährstoffreichen Boden, flachen Wasserstand. Seltener angebotene Pflanze.

Cabomba-Arten (Haarnixen-Arten, teilweise auch als eigene Familie *Cabombaceae* angesehen)[1]
Heimat: Tropisches und subtropisches Amerika, z. T. östliches Nordamerika. *Cabomba*-Arten gehören seit mehr als 7 Jahrzehnten zu den beliebtesten und schönsten Stengelpflanzen des Aquariums. Zur Zeit werden mehr als 6 Arten einschließlich der Varietäten in Aquarien gepflegt. Die stattlichste und unvergleichlich schönste Art ist die im tropischen Amerika, besonders dem Amazonasgebiet, beheimatete *Cabomba aquatica.* Ihre außerordentlich feinzerteilten Wasserblätter sind leuchtend hellgrün und können bis 7 cm breit werden. Dazu benötigt die Pflanze neben einer intensiven Beleuchtung (freier Standort, voll belichtet), weiches Wasser (bis höchstens 8° dGH), dessen pH-Wert unter 7 liegen sollte (Torffilterung). Auch regelmäßiger Wasserwechsel ist notwendig. Temperatur bei dieser Art 22–28° C. – Verglichen mit *Cabomba aquatica* sind die

[1] van Bruggen, H. W. E.: Cabomba-soorten. het aquarium 1968, S. 153
Fasset, N. C.: A monograph of Cabomba, Castanea **18**, 1953

Bild 3.20: Haarnixen (Cabomba) zählen zu den dekorativsten feinblättrigen Aquarienpflanzen. Es gibt eine ganze Reihe von Arten, die sich im Aquarium gut bewährt haben. Sie sind ausnahmslos recht lichtbedürftig. Man darf deshalb nicht an Beleuchtungsaufwand (Leuchtstofflampen) sparen.

Cabomba caroliniana var. paucipartita

anderen Arten zwar nicht ganz so dekorativ und stattlich, doch sind sie auch nicht ganz so anspruchsvoll, was die Beleuchtung und Wasserzusammensetzung betrifft. Als relativ anspruchslos kann *Cabomba caroliniana*, die im östlichen Nordamerika vorkommt, gelten. Die Nominatform hat fein zerteilte Unterwasserblätter, während die der Varietät *paucipartita* weniger fein zerteilt sind und etwas breitere Segmente besitzen. Die letzte Varietät ist offenbar eine Kulturform aus Aquarien, die aus der freien Natur nicht bekannt ist. (Aufschlüsselung der Arten nach Blatt- und Blütenmerkmalen bei Brünner „Aquarienpflanzen", Kosmos-Verlag). *Cabomba*-Arten lassen sich leicht aus Stecklingen heranziehen. Gepflanzt wird stets in kleinen Gruppen. Als Bodengrund hat sich kalkfreier Kies mit leichter Tonbeimischung bewährt. Gute Wasserumwälzung und ein nicht zu geringer Beleuchtungsaufwand sind weitere Faktoren, um die Pflanze im Aquarium auch zu voller Schönheit zu bringen. Die „Rote Cabomba" *C. caroliniana* var. *pulcherrima*, die z. T. auch als eigene Art betrachtet wird, behält ihre rötlichen Fiederblätter nur unter intensiver Beleuchtung. Für kunstlichtbeleuchtete Aquarien bedeutet das einen möglichst geringen Lampenabstand bzw. bei höheren Aquarien mehr Leuchtstofflampen.

Nuphar-Arten (Teichrosen)
Heimat: Meist gemäßigte Zonen. Die bekannteste und populärste Teichrose des Aquariums ist unsere heimische Gelbe Teichrose *Nuphar luteum* bzw. die kleine Zwergteichrose *Nuphar pumilum*. Meist ist es jedoch die größere Art *N. luteum*, die mit ihren großen, mehr oder minder runden, salatblattähnlichen, leuchtend hellgrünen, bis zu 20 cm großen Blattspreiten eine wahrhafte Repräsentationspflanze für jedes große Aquarium ist. Dabei hat gerade diese Art noch den Vorteil, sich den Bedingungen des Warmwasseraquariums wesentlich besser anpassen zu können als die echte *Nuphar pumilum,* die mehr für temperierte Aquarien geeignet ist. Die gelbe Teichrose *Nuphar luteum* kann man dagegen gut bei Temperaturen um 25° C halten, ohne daß sie entartet. Wichtig ist jedoch ein unbeschädigter, nicht zu schwacher Wurzelstock, der nur sehr flach in eine gute Mischung aus nährstoffbereicherter Tonerde und Grobkies gepflanzt wird. Als Beleuchtung ist Kunstlicht insofern besser geeignet als Tageslicht, als man hier die Möglichkeit hat, Leuchtstofflampen mit möglichst rotreichem Spektrum zu wählen. Zum anderen kann man die Intensität des Lichtes ganz den Bedürfnissen der Pflanze anpassen, so daß sie möglichst nur Unterwasserblätter treibt. Auch die Lichtperiode (nicht wesentlich über 12 Stunden), kann eine Rolle spielen, um die Bildung von Schwimmblättern zu verhindern. Selbstverständlich muß eine so ausladende Pflanze in hinreichend hohen und großen Aquarien gepflegt werden.
Zwei weitere Arten, die Pfeilblättrige Teichrose *Nuphar sagittifolium* aus dem östlichen Nordamerika und eine *„Nuphar japonicum",* deren Artzugehörigkeit noch nicht geklärt ist, bleiben etwas kleiner, sind jedoch ebenfalls schöne und wüchsige Dekorationspflanzen. In ihrer Pflege unterscheiden sie sich nicht von *Nuphar luteum,* neigen aber kaum zur Schwimmblattbildung. Am besten kauft man aus Sämlingen angezogene Pflanzen oder kleine Exemplare mit gesundem Wurzelstock, die sich besser eingewöhnen lassen.

Nuphar sagittifolium

Nymphaea-Arten (Seerosen)
Heimat: Gemäßigte und tropische Zonen. Für die Aquarienkultur sind die äußerst lichtbedürftigen schwimmblattbildenden Seerosen recht anspruchsvolle Pfleglinge, bei denen es oft sehr schwierig wird, ihre Lebensansprüche zu erfüllen. Am ehesten gelingt das noch in einem flachen, nicht zu kleinen, vollsonnig aufgestellten Spezialaquarium. Doch hier erreichen die prächtigen tropischen Seerosen solche Ausmaße, daß es kaum möglich ist, ihre Raumbedürfnisse zu befriedigen. Am besten eignet sich hier eine tropische Zwergseerose, *Nymphaea colorata* aus Ostafrika, deren Schwimmblätter nur 5–8 cm lang werden und die sehr dekorative, hellblaue bis violette Blüten besitzt. Auch eine Züchtung, *Nymphaea daubenyana* hort., eine Kreuzung aus *Nymphaea coerulea* und *N. micrantha* hat die Eigenschaft, sich dem Behälter in ihren Ausmaßen bis zu einem gewissen Grad anzupassen. Ihre Blüte ähnelt der von *N. colorata*. Eigentümlich bei dieser Art sind die an älteren Blättern sich bildenden Adventivpflänzchen. Wichtig ist bei allen Seerosen ein nahrhafter Bodengrund (Blumenerde, Ton, Grobkies) und – das sei nochmals betont – volle Sonne (möglichst Südfenster). Pflanzung des Rhizoms wie bei *Nuphar.* Wurzelstöcke werden kühl bei 12° C überwintert und im Frühjahr neu gepflanzt.

Nymphaea daubenyana

Einheimische Seerosen sind für das Zimmeraquarium nicht geeignet. Für Gartenteiche und Freilandaquarien[1] gibt es ein ganzes Sortiment harter Arten. Beachten muß man hierbei vor allem, daß man eine der jeweiligen Wassertiefe entsprechende Züchtung bekommt[2].
Wie *Nuphar*-Arten werden auch *Nymphaea*-Arten für die rein submerse Aquarienhaltung angeboten. Hier ist es vor allem eine noch nicht näher bestimmte Art unter dem Namen *„Nymphaea lotus* var. *japonica"*, möglicherweise eine Züchtung[3]. Ihre dünnhäutigen rundlichen Blätter sind auffallend schön grünrötlich gefärbt und dunkel gestreift. Sie erreicht zwar nicht ganz die Ausmaße von *Nuphar luteum,* wird aber bei guten Kulturbedingungen (intensive Beleuchtung, Kunstlicht) recht ansehnlich, so daß man sie in mittelgroßen Becken gut als Solitärpflanze gebrauchen kann. Pflanzung und Pflege wie *Nuphar.*

[1] Zur Einrichtung von Freilandaquarien siehe auch S. 60
[2] Brünner, G.: Für romantische Aquarianer: Unsere Seerosen-Palette. AQUARIEN-MAGAZIN 1967, S. 278
[3] Bei der „Roten Tigerlotus" dürfte es sich um Nymphaea lotus handeln. Die Artzugehörigkeit der „Grünen Tigerlotus" ist noch ungesichert.

Bild 3.21: Tropische Seerosen (Nymphaea) werden in Aquarien meist als Unterwasserpflanzen wegen ihrer dekorativen Blätter kultiviert. Will man sie zur Blüte bringen, sind nur Zwergarten angezeigt. Volle Besonnung ist für eine solche Kultur unumgänglich.

Hornblattgewächse (Ceratophyllaceae)

Ceratophyllum-Arten (Hornblatt oder Hornkraut)
Weltweit verbreitet. Hornkräuter sind Wasserpflanzen mit gegabelten feingliedrigen, quirlig stehenden Blättern. Von den beiden in Aquarien kultivierten Arten, dem Gemeinen oder Rauhen Hornkraut *(Ceratophyllum demersum)* und dem Glatten Hornkraut *(Certophyllum submersum)* ist vor allem das letztere für die Aquarienkultur zu empfehlen, besonders wenn man die Pflanzen im Warmwasserbecken halten will. Hier zeigt *Ceratophyllum submersum* die bessere Anpassung und kann, gute Lichtverhältnisse vorausgesetzt, bei Temperaturen um 25° C noch gut kultiviert werden, wenngleich nicht immer ausdauernd (Herkünfte unterschiedlich). Als Pflanzungsart wird meist die vorsichtige Gruppierung der etwas brüchigen Pflanzen zu größeren Büschen bevorzugt, besonders auch als wintergrüne Bepflanzung für das Kaltwasseraquarium. Für die Warmwasserhaltung ist die freitreibende Kultur oft empfehlenswerter. Sie entspricht durchaus auch dem natürlichen Vorkommen von *Ceratophyllum*. Wüchsige Pflanzen, Kultur einfach.

Hahnenfußgewächse (Ranunculaceae)

Von den aquatilen heimischen Hahnenfußgewächsen sind nur wenige im Kaltwasseraquarium beständig und dekorativ, so der Spreizende Hahnenfuß *Ranunculus circinatus,* da diese Art immer submers bleibt. Die 2–4 cm langen, im Umriß runden, in fein zerteilte Blattsegmente geteilte Blätter sind relativ kräftig und steif auch außerhalb des Wassers (Artkennmerkmal). Pflanzung einfach. Gruppenweise werden Stecklinge gesetzt. Die Haltbarkeit im Aquarium ist vor allem eine Frage der Relation zwischen Beleuchtung und Temperatur: Je wärmer, desto heller müssen die Pflanzen gehalten werden (bis 18° C). Am besten ist Tageslicht. Bodengrund mit Tonzusatz. Häufiger Wasserwechsel (mittelhartes Wasser). Andere Hahnenfußarten wie *Ranunculus fluitans* oder *Ranunculus aquatilis* sind im Aquarium kaum über längere Zeit haltbar.

Dickblattgewächse (Crassulaceae)

Obschon keine echte Wasserpflanze, sondern eine Sumpfpflanze, eignet sich das Australische Nadelkraut *Crassula helmsii (= Tillaea recurva)* mit feinen nadelartigen, submers kaum dickfleischigen, 5–10 mm langen, lineal-lanzettlichen Blättern für temperierte und Warmwasseraquarien. Auch hier gilt: je heller der Standort, desto gedrungener und schöner der Wuchs und desto besser die Haltbarkeit. Die Pflanze gedeiht in einem weiten Temperaturbereich (12–25° C). Sie ist aber heute durch Neuimporte in ihrer Verbreitung als Aquarienpflanze zurückgegangen.

Schmetterlingsblütler (Fabaceae)

Schmetterlingsblütler haben als Aquarienpflanzen keine größere Bedeutung erlangt. Wenn auch die Wassermimose *Neptunia oleracea*[4] (verbreitet in den Tropen der Alten und Neuen Welt) in der Aquarienpflanzenliteratur bisweilen angeführt wird, so ist die Kultur dieser amphibischen, strauchartigen, liegend auf der Wasseroberfläche wachsenden Pflanze mit ihren feinen, mimosenähnlichen, sensitiven Fiederblättern und zierlichen Blütenköpfchen doch nicht ganz einfach. Intensives Tageslicht und warmfeuchte gespannte Luft (22–28° C) über dem Wasser sind unumgänglich für schönes Wachstum. Überwinterung gut eingewurzelter Pflanzen, hell, nur feucht, bei 15° C. Nur für den Aquarienfreund geeignet, der über sehr helle und geräumige Behälter verfügt.

[4] Brünner, G.: Neptunia oleracea, eine interessante Schwimmpflanze. DATZ 1952, S. 67

Sonnentaugewächse (Droseraceae)

Von den Sonnentaugewächsen ist für Aquarienzwecke lediglich die Wasserfalle *Aldrovanda vesiculosa* geeignet. Sie kommt zerstreut in Europa, Asien und Australien als freitreibende Pflanze vor. Die Blattquirle besitzen sensible Blattspreiten mit Randsaum (Insektenfallen für Infusorien und kleine Krebstiere). Kultur ziemlich schwierig (intensives Licht, geeignete Mikrofauna im Wasser, zieht im Winter ein).

Wassersterngewächse (Callitrichaceae)

Callitriche-Arten sind Pflanzen für das Kaltwasserbecken. Sie kommen aus den nördlichen gemäßigten Zonen. Am besten eignet sich der Herbstwasserstern *Callitriche hermaphroditica* für das Aquarium. Er kommt in Seen und Teichen bei uns vor, ist leicht durch Stecklinge zu vermehren und bildet schöne, hellgrünblättrige, auch wintergrüne Pflanzengruppen. Temperatur nicht über 15° C. Leichte Tonbeimischung vorteilhaft. Intensiv beleuchten.

Tännelgewächse (Elatinaceae)

Die im westlichen Mittelmeergebiet beheimatete *Elatine macropoda* wurde früher als Bodenbedecker (rasenbildend) geschätzt. Die Pflanze besitzt kleine, verkehrteiförmige, längliche Blätter, etwa 15 mm lang und 3 mm breit. Sie wächst kriechend am Boden. *Elatine* ist in der Aquarienkultur zurückgegangen, da sie einerseits auf die Dauer in geheizten Aquarien unbeständig ist und andererseits eine sehr hohe Lichtintensität zu gedrungenem Wuchs benötigt, die am Boden nur bei sehr geringem Lampenabstand erreichbar ist.

Nachtkerzengewächse (Onagraceae)

Jussieua sedioides[1], eine im nördlichen Südamerika und in Mittelamerika vorkommende, am Grunde verankerte, rosettige Schwimmpflanze, die an eine Wassernuß *(Trapa)* erinnert. Wie die meisten Schwimmpflanzen im Aquarium nur bei intensiver Beleuchtung haltbar (Lampenabstand 80 mm, Pflanzenstrahler). *Jussieua* steht botanisch der folgenden Gattung sehr nahe (z. T. auch mit ihr vereinigt).

Ludwigia-Arten[2]
Heimat: Europa, Nord- und Mittelamerika (hier nicht genannte Arten auch in anderen Weltteilen). Von den Ludwigien gehört vor allem *L. repens*, die im südlichen Nordamerika, in Mittelamerika und auf den Karibischen Inseln lebt, zu den besten Arten für das Aquarium. Nach Mühlberg müssen wir verschiedene Formen unterscheiden, die vor allem in Blattform, Größe und Färbung (schmalblättrig, rundblättrig rötlich, rundblättrig grünlich) variieren. Gepflanzt wird in kleinen Gruppen, Stecklinge bewurzeln sich außerordentlich schnell. Der Wuchs ist bei guten Lichtverhältnissen ziemlich rasch und kräftig, vor allem, wenn man dem Bodenkies ein wenig Ton beimischt. Am schönsten ist zweifellos die rötliche Form, doch benötigt sie auch die beste Beleuchtung und freien Standort, während die anderen Formen sich als anpassungsfähiger erweisen. Das gilt auch für die häufig angebotene Kreuzung *Ludwigia repens* x *L. palustris*, die unter dem Namen *„Ludwigia mulertii"* geführt wird. Sie ist ein Bastard (Mühlberg).
Die aus dem östlichen Nordamerika stammende Schmalblättrige Ludwigie *Ludwigia arcuata* besitzt im Gegensatz zu den vorigen Arten lineare, mehr spitz auslaufende Blätter, die bis zu 35 mm lang werden können, im Aquarium aber meist kleiner bleiben. Eine sehr dekorative Art, die in der Kultur besonders gute Beleuchtung verlangt und höhere Ansprüche stellt als die vorgenannten Arten.

Ludwigia repens

Weiderichgewächse (Lythraceae)

Ammania senegalensis aus dem tropischen Afrika ist seit Jahren ein nicht gerade häufiger, doch fester Bestandteil unserer Aquarienflora. Sie hat hellgrüne, mehr oder minder lanzettliche, etwa 3 cm lange und bis 1 cm breite Blätter. Eigentlich ist sie eine Sumpfpflanze, die aber, wie so viele Sumpfpflanzen tropischer Gebiete, sich auch gut submers hält. Temperatur 22–24° C, Tonerdezusatz, häufiger Wasserwechsel. Pflanzung als Stecklinge in kleinen Gruppen; freier, vollbelichteter Standort nötig.

Peplis diandra (Didiplis diandra) (Amerikanische Bachburgel)
Heimat: Nordamerika. Die Bachburgel zählt zu den zierlichsten Stengelpflanzen. Die mittelgrünen Blätter sind etwa 15 mm lang und kaum 1,5 mm breit, bei guten Kulturbedingungen (kurzer Lampenabstand, kleine Behälter) sitzen sie sehr dicht gedrängt, was der Pflanze ein kompaktes, aber dennoch zartes, dekoratives Aussehen verleiht. Als Pflanze der gemäßigten Zonen bedarf sie in Warmwasseraquarien einer gewissen Eingewöhnung, ist dann aber gut haltbar. Vermehrung aus Stecklingen. In kleinen Gruppen pflanzen.

Rotala macranda[3]
Heimat: Indien. Diese Pflanze ist eine der schönsten Neuimporte der letzten Jahre. Ihre elliptischen Blätter sind wunderschön weinrot-purpurn gefärbt. Im Wuchs erinnert diese Pflanze an eine Ludwigie, ist aber etwas „krauser" und bildet aus wenigen Stecklingen oft ansehnliche, bis 40 cm hohe, verzweigte, büschelige Bestände. Sie ist recht wüchsig. Die einzige Schwierigkeit bei der Aquarienkultur besteht darin, daß sie unter den weniger günstigen Lichtverhältnissen des Aquariums ihre beim Kauf meist intensive Rotfärbung verliert[4], sie „vergrünt", wie wir es von vielen anderen rotgefärbten Aquarienpflanzen kennen. Hier hilft nur intensive Beleuchtung mit Pflanzenstrahlern. Als Bodengrund ist Grobkies mit einem Zusatz von Aquarientonerde vorteilhaft. Diese Art ist recht wärmebedürftig und sollte bei Temperaturen um 25° C gehalten werden. Mittelhartes Wasser hat sich gut bewährt (häufiger Wasserwechsel).

Rotala rotundifolia[5]
Heimat: Südasien. Eine der kleinsten und zartesten Stengelpflanzen des Aquariums, mit kaum 16 mm langen länglich-elliptischen Blättern, die an dünnen

[1] Hoehne, F. C.: Plantas aquaticas. Sao Paulo 148, 1955
Brünner, G.: Eine interessante Schwimmpflanze aus Brasilien. Tetra Informationen (TI) 1972, 19, S. 18
[2] Mühlberg, H.: Bastard-Ludwigie (Ludwigia repens × palustris). Aquarien und Terrarien 1971, S. 131
Mühlberg, H.: Wer unterscheidet Ludwigien. I, II, Aquarien und Terrarien 1972, S. 299, S. 334
[3] Benl, G.: Rotala macranda. DATZ 1972, S. 198
Brünner, G.: Rotala macranda, AQUARIEN-MAGAZIN 1973, S. 105
[4] Vergleiche auch auf S. 241 „Rotfärbung"
[5] Brünner, G.: Rotala rotundifolia. AQUARIEN-MAGAZIN 1970, S. 105
[6] Brünner, G.: Ein „rotes" Tausendblatt. DATZ 1968, S. 376

Stengeln sitzen. In der oberen Sproßregion zeigen die Pflanzen oft eine Rotfärbung, sonst sind sie lebhaft hellgrün gefärbt. Eine schöne, anspruchslose, leicht kultivierbare Pflanze. Vermehrung aus Stecklingen. Die Überwasserform erinnert an unser heimisches Pfennigkraut, doch haben sowohl *Rotala macranda* wie *R. rotundifolia* im Aquarium kaum die Neigung, über den Wasserspiegel hinauszuwachsen. Vermutlich befinden sich noch weitere amphibische *Rotala*-Arten im Handel, deren Identität jedoch noch unsicher ist.

Bild 3.22 (links): Rotala macranda ist noch eine relativ neue Aquarienpflanze. Am Aussehen erinnert sie etwas an Ludwigia. Um die dekorative Rotfärbung der Blätter im Aquarium zu erhalten, ist der Einsatz von sogenannten Pflanzenstrahlern zu empfehlen.

Bild 3.23 (rechts): Rotala rotundifolia, eine zierliche Stengelpflanze aus Südasien. Sie läßt sich überall dort gut pflanzen, wo ausreichend Oberlicht vorhanden ist. Auch für sehr kleine Behälter geeignet.
Aufnahmen G. Brünner

Wassernußgewächse (Trapaceae)

Die heimische Wassernuß *Trapa natans*, die an langen Stielen ihre charakteristischen Blattrosetten an der Wasseroberfläche bildet, zählt bei uns zu den selten gewordenen Pflanzen. Sie ist – als einjährige Pflanze – für Aquarienkultur kaum geeignet, besser hingegen für Freilandbehälter. Aber auch hier erfordert ihre Kultur Aufmerksamkeit. Am leichtesten wachsen die im Frühjahr angekeimten Nüsse.

Seebeerengewächse (Haloragaceae)

Myriophyllum aquaticum

Myriophyllum-Arten (Tausendblatt)
Heimat: Gemäßigte und tropische Zonen. Im Aquarium wird eine ganze Reihe von Tausendblatt-Arten kultiviert. Aber nur relativ wenige Arten dauern im Aquarium wirklich gut aus. Teils liegt das daran, daß viele besonders dekorative Arten aus gemäßigten Breiten stammen und sich den Bedingungen des Tropenaquariums auf die Dauer nicht anpassen können, teils sind auch wenige tropische Arten in Kultur, die aber wiederum nicht an die Schönheit der Arten aus den gemäßigten Breiten heranreichen.
Myriophyllum aquaticum (M. brasiliense) aus Brasilien ist bei guter Beleuchtung und Temperaturen von 22–28° C gut haltbar, jedoch im ganzen ziemlich lockerwüchsig. Die Pflanze wächst bei gutem Tageslicht im flachen Wasser leicht über den Wasserspiegel hinaus, ist hier gedrungenwüchsig, mit eigenartig smaragdgrüner Färbung. Auch für Freilandbehälter während der Sommermonate.
Weniger bekannt ist ein seit einigen Jahren als „*Myriophyllum rubra*"[6] im Handel befindliches Tausendblatt, das seine leicht rötliche Färbung auch im Aqua-

rium beibehält. Wahrscheinlich *Myriophyllum mattogrossensis*. Haltung bei 22–26° C.
Einheimische Tausendblattarten, wie das Quirl-Tausendblatt *Myriophyllum verticillatum*, oder das kalkliebende *Myriophyllum spicatum* – das Ähren-Tausendblatt – sind nur für Kaltwasserbecken geeignet. Doch auch hier sind nordamerikanische Arten besser geeignet, besonders während der lichtarmen Jahreszeit, in der sie, bei entsprechender Gewöhnung, kaum zurückgehen. Zudem sind die aus Nordamerika stammenden Arten seit Jahrzehnten auch für temperierte und, mit gewissen Einschränkungen, auch für Tropenaquarien geeignet. Sie zählen zu den schönsten feinfiedrigen Stengelpflanzen. Hier ist vor allem das Tannenwedelähnliche Tausendblatt, *Myriophyllum hippuroides,* mit bis zu 5 cm langen (meist kleinerbleibenden), quirlig stehenden, in feine Segmente geteilten Blättern zu nennen. Aber auch *Myriophyllum heterophyllum* oder *Myriophyllum scabratum* haben sich seit Jahrzehnten bewährt. Je kühler und heller sie gehalten werden, desto ausdauernder und schöner werden sie. Sandgrund ist im allgemeinen ausreichend. Vermehrung durch Stecklinge. Mittelhartes Wasser. Belüftung, die Mulm aufwirbelt, sowie gründelnde Fische sind bei Tausendblatt-Arten unerwünscht, da sich die Schmutzteilchen in den feinen Blattsegmenten leicht festsetzen und so den Pflanzen ein unansehnliches Aussehen verleihen.
Das Kammblatt, *Proserpinaca palustris,* wird häufig mit Tausendblättern verwechselt, die Blätter stehen bei dieser Art jedoch niemals in echten Quirlen. Die aus Nordamerika stammende Sumpfpflanze hat als Aquarienpflanze keine große Bedeutung erlangt. Am besten für ungeheizte Aquarien, stellt keine speziellen Anforderungen.

Bild 3.24: Brasilianisches Tausendblatt (Myriophyllum aquaticum), eine Tausendblattart, die auch in Warmwasseraquarien beständig ist. Unter guten Beleuchtungsbedingungen (Tageslicht) wächst dieses Tausendblatt in flachem Wasser auch leicht über die Wasseroberfläche. Aufnahme G. Brünner

Tannenwedelgewächse (Hippuridaceae)

Der heimische Tannenwedel *Hippuris vulgaris* erinnert im Aussehen etwas an Tausendblätter, ist aber eine echte Sumpfpflanze. Submerse Formen sind im Aquarium zwar gezogen worden, doch ist die Kultur nicht einfach, und die Pflanzen sind in dieser Form kaum ausdauernd. Ausgezeichnete Pflanze für Freilandaquarien (flaches Wasser, nährstoffreicher Boden).

Doldengewächse (Apiaceae)

Doldengewächse sind meist recht typisch aussehende Pflanzen. So ist es für den Nichtbotaniker oft verwunderlich, unseren kleinen heimischen Wassernabel *Hydrocotyle vulgaris* in dieser Familie zu finden. Im Aquarium wird *Hydrocotyle vulgaris* besonders als Vordergrundpflanze geschätzt. Doch da es sich beim Wassernabel um eine echte Sumpfpflanze handelt, bereitet die Eingewöhnung und Ausdauer im Warmwasseraquarium oft Schwierigkeiten. Vielfach wird Torfbeimischung zum Boden empfohlen, entscheidend sind aber vor allem starke Lichtquellen und Temperaturen nicht über 24° C. So kann die dekorative Pflanze zur Belebung des Aquarienvordergrundes beitragen.
Der Brasilianische Wassernabel *Hydrocotyle leucocephala*[1] *(„Hydrocotyle aquatica")* aus dem tropischen Südamerika unterscheidet sich von *Hydrocotyle vulgaris* schon deutlich durch die Blattform (eingeschnittener Stielansatz), vor allem aber durch seine nicht kriechende, sondern mehr aufstrebende Wuchsweise. Die Pflanze hat somit einen ganz anderen Wuchscharakter, ist aber auch für Vordergrundbepflanzung empfehlenswert. Meist nimmt man einzelne Zweigstücke und pflanzt sie locker an heller Stelle im Vordergrund des Aquariums ein. 22–28° C. Empfehlenswerte, einfach zu kultivierende, wüchsige Pflanze.

Kreuzblütler (Brassicaceae)

Aus der großen Familie der Kreuzblütler wird *Cardamine lyrata*[2] aus Ostasien seit vielen Jahrzehnten als Kaltwasseraquariumpflanze geschätzt. Die Wassertemperatur soll 15–20° C nicht übersteigen. *Cardamine lyrata* ist für ungeheizte Becken mit ihren lebhaft-hellgrünen, runden, submersen Blattspreiten besonders im Winter eine haltbare Pflanze. Stecklinge bewurzeln sich außerordentlich schnell.

[1] Brünner, G.: Der brasilianische Wassernabel Hydrocotyle leucocephala – in jedem Wasser zu Hause. AQUARIEN-MAGAZIN 1969, S. 270

[2] Paffrath, K.: Probleme mit dem Japanischen Schaumkraut, Cardamine lyrata. DATZ 1970, S. 275

Schlüsselblumengewächse (Primulaceae)

Die heimische Wasserprimel oder Wasserfeder *Hottonia palustris*, die amphibisch in Sümpfen lebt, wird gelegentlich als untergetauchte Form in ungeheizten, hellstehenden Aquarien gehalten. Eine andere, tropische Art, die der Wasserform von *Hottonia palustris* ähnelt, aber viel kleiner ist, eignet sich auch für das Tropenaquarium. Sie ist noch nicht genauer bestimmt.
Das Pfennigkraut *Lysimachia nummularia* ist bei uns an feuchten Stellen, Gräben und Bachrändern sehr verbreitet. Es zeigt im Aquarium oft eine gute Anpassung und läßt sich in ungeheizten Behältern als untergetauchte Form gut halten.
Die Amerikanische Bunge *Samolus parviflorus* mit rosettig wachsenden Blättern aus dem gemäßigten Amerika ist im Aquarium wesentlich wüchsiger als unsere heimische Bunge *Samolus valeriandi*. Trotzdem stellt auch *Samolus parviflorus*, die häufiger im Handel angeboten wird, recht hohe Anforderungen an die Kulturbedingungen, d. h. möglichst intensive Beleuchtung, häufiger Wasserwechsel. Vor allem sollte diese Pflanze nicht bei zu hohen Wärmegraden (über 20° C) gehalten werden. Die letzte Forderung schränkt die Verwendungsmöglichkeiten der Art wesentlich ein. Für Vordergrundbepflanzung.

Fuchsschwanzgewächse (Amaranthaceae)

Es handelt sich bei den hier vertretenen Aquarienpflanzen um die Gattung *Alternanthera*, innerhalb der jedoch keine echten Wasserpflanzen vorkommen. Trotzdem sind zwei aus Südamerika stammende Arten, nämlich *Alternanthera reinickii*[3], das Kleine Papageienblatt (auch als *„Telanthera osiris"* bekannt) und das Große Papageienblatt, das als *„Telanthera lilacina"* oder *Alternanthera „lilacina"* (nicht näher bestimmt) im Handel ist, sehr brauchbar und dekorativ. Stengelpflanzen mit lanzettlichen, gegenständigen Blättern, die vor allem durch ihre rötliche Blattfärbung ins Auge fallen. Leider ist bei diesen Pflanzen, wie bei vielen anderen „farbigen" Arten, die schöne violette Färbung bei der Aquarienhaltung unbeständig. Die Färbung läßt sich nur bei intensiver Beleuchtung über längere Zeit erhalten. Sonst sind diese Pflanzen recht anspruchslos, zwar etwas langsamer im Wuchs als viele andere vergleichbare Stengelpflanzen, aber dennoch haltbar und gut durch Stecklinge zu vermehren. Für diese echten Sumpfpflanzen ist häufiger Wasserwechsel unumgänglich, da sie auf freies Kohlendioxid angewiesen sind (Bicarbonatassimilation ungenügend). Auch Torffilterung zur Stabilisierung des pH-Wertes hat sich als sehr vorteilhaft erwiesen. Schöne haltbare Aquarienpflanzen, die jedoch erst nach längerer Zeit einen ansehnlichen Bestand bilden. Aus der gleichen Familie werden zeitweilig auch andere buntblättrige Pflanzen angeboten. Ihre Eignung als Aquarienpflanze ist indessen gering zu bewerten. Wir können sie nur zur vorübergehenden Dekoration im Aquarium verwenden.

[3] Brünner, G.: Alternanthera reinickii, das Kleine Papageienblatt. DATZ 1967, S. 240

Bild 3.25: Papageienblätter (Alternanthera) sind eigentlich keine echten Wasserpflanzen. Sie gedeihen aber dennoch gut im Aquarium, wenn Sie ihnen reichlich Licht bieten. Das ist schon deshalb vorteilhaft, da dann die schöne rötliche Blattfärbung länger erhalten bleibt. Unser Bild zeigt Alternanthera reinickii, das Kleine Papageienblatt. Aufnahme G. Brünner

Enziangewächse (Gentianaceae)

Enziangewächse spielen als Aquarienpflanzen nur eine untergeordnete Rolle. Am verbreitetsten in Aquarien ist wohl die aus dem südöstlichen Amerika stammende Bananenpflanze oder Unterwasserbanane *Nymphoides aquatica*, so genannt wegen ihrer an Bananen erinnernden Rhizomteile. Im Aquarium wird die Pflanze entweder frei treibend gehalten, oder (besser) mit den Wurzelspitzen eingepflanzt, so daß die „Bananen" in jedem Fall sichtbar bleiben (möglichst flache Behälter). Die rundlichen, hellgrünen Unterwasserblätter sind 3–8 cm lang, erinnern etwas an kleine Teichrosenblätter. Nur unter sehr guten Lichtverhältnissen (Tageslicht) bildet die Pflanze Schwimmblätter und blüht. Meist erweist sie sich bei starker Kunstlichtbeleuchtung (Kies-Tonboden und Torffilterung) als relativ ausdauernd, geht aber mit der Zeit oft doch mehr und mehr zurück.
Die heimische Seekanne *Nymphoides peltata* ist derart lichtbedürftig, daß sie nur für Freilandaquarien in Frage kommt. Die aus dem tropischen Amerika stammende *Nymphoides humboldtiana* ist ebenso wie die Seekanne eine Schwimmpflanze, mit etwas breiten, dunkelgrünen Schwimmblättern. Sie blüht reichlich, mit kleinen, weißen, feingefransten, in der Mitte gelben Blüten, benötigt aber einen vollsonnigen Platz (im Winter Zusatzlicht) und Temperaturen zwischen 22–28° C, um gut zu gedeihen. Wassertiefe nicht über 10 cm, also nur für Spezialaquarien. Sehr ähnliche Kulturansprüche hat auch *Nymphoides indica.*

Nymphoides aquatica

Bacopa monnieri

Rachenblütler (Scrophulariaceae)

Bacopa-Arten (Fettblatt)
Heimat: Nordamerika, subtropische und tropische Gebiete. *Bacopa*-Arten werden seit vielen Jahrzehnten in Aquarien gehalten. Dabei handelt es sich meist um zwei Arten: die aus dem südlichen Nordamerika stammende *Bacopa amplexicaulis (B. caroliniana)* mit relativ großen, ovalen, bis 20 mm langen Blättern, und die kleinere *Bacopa monnieri* mit weiter Verbreitung in tropischen und subtropischen Gebieten. Beide Arten sind im Aquarium heute vielfach durch andere, besser wüchsige und nicht so leicht zum Überwasserwuchs neigende Stengelpflanzen verdrängt, doch gerade für kleinere, nicht zu flache, gut beleuchtende Behälter sind *Bacopa*-Arten geeignet, wenn auch nicht sonderlich schnellwüchsig. Man pflanzt sie als Stecklinge in kleinen Gruppen. Wenn sie dünnstengelig werden und schmächtige, kleine Blätter entwickeln, sind die Lichtverhältnisse unzureichend. Leicht zu pflegende Aquarienpflanzen. Im allgemeinen wird *Bacopa amplexicaulis* der Vorzug gegeben.

Glossostigma elatinoides
Heimat: Neuseeland, Südostaustralien und Tasmanien. Die Pflanze ähnelt, wie der Artname schon andeutet, *Elatine macropoda*. Sie ist als Aquarienpflanze neu. Nach den bisherigen Erfahrungen ist sie ein guter Bodenbedecker für Aquarien, sofern sie volles Licht bekommt und sich keine bodenwühlenden Fische im Aquarium befinden. Ein Kulturversuch mit dieser Art lohnt sich in jedem Fall.

Hydrotriche hottoniiflora[1]
Heimat: Madagaskar. Eine submerse Pflanze mit dünnen, gegenständigen, in Scheinquirlen stehenden Blättern, die erst vor einigen Jahren nach Europa kam. Die Kulturerfahrungen sind unterschiedlich. Wichtig scheinen vor allem gutes Licht, häufiger Wasserwechsel sowie Torffilterung zu sein. Unter solchen Bedingungen zeigt *Hydrotriche* ein freudiges Wachstum. Sie ist leicht aus Stengelstecklingen zu vermehren. Die Blattquirle (Scheinquirle) können einen Durchmesser bis 10 cm erreichen, bleiben im Aquarium aber wesentlich kleiner, meist etwa 3–5 cm. Bei Tageslicht kann man auch mit Blütenbildung rechnen. Temperatur 22–26° C.

Limnophila-Arten (Sumpffreund)[2]
Heimat: Südasien. Bei *Limnophila* haben wir es mit einer echten Wasserpflanzengattung zu tun, von denen sich einige Arten schon seit Jahrzehnten im Aquarium bestens bewährt haben. Auf den ersten Blick ähneln sie *Cabomba,* doch stehen bei *Limnophila* die Blätter stets in echten, runden, deutlichen Quirlen. In ihren Lebensansprüchen sind die Sumpffreund-Arten, verglichen mit *Cabomba,*

Tafel 21
Oben links: Die Indische Flußbarbe Puntius apogon) ist in Hinterindien und auf dem Malaiischen Archipel weit verbreitet. (Das Bild zeigt ein Jungtier).
Oben rechts: Die Viergürtel- oder Sumatrabarbe (Capoeta tetrazona) stammt aus Sumatra, Borneo und Thailand.
Mitte links: Der Punktstreifensilberling (Rasborichthys altior) wurde zum ersten Mal in einem Wasserlauf in der Nähe von Singapur gefangen.
Mitte rechts: Barbodes barilioides ist in Afrika zu Hause.
Unten links: Vor einigen Jahren wurde auf dem Markt von Odessa eine besonders hübsch gefärbte Barbe angeboten, deren Heimat unbekannt blieb; man taufte sie deshalb Odessa-Barbe.
Unten rechts: Die Prachtbarbe (Puntius conchonius) ist im nördlichen Teil Vorderindiens und Bengalens zu Hause.
Aufnahmen: B. Kahl

[1] Bogner, J., Heine, H.: Hydrotriche hottoniiflora, eine bemerkenswerte Aquarienpflanze aus Madagaskar. DATZ 1968, S. 371
[2] Philcox, D.: A taxonomic revision of the genus Limnophila. R. Br. (Scrophulariaceae). Kew Bulletin Vol. 24, 1

Tafel 22
Oben links: Ein roter Schleierschwanz in Hochzuchtqualität.
Oben rechts: Eine Farbkreuzung des Schleierschwanzes.
Mitte links: Ein seltener japanischer Löwenkopf-Goldfisch.
Mitte rechts: Eine seltene Zuchtform: der Kometen-Goldfisch.
Unten links: Ein kleines Drachenauge.
Unten rechts: Eine Rarität unter den Hochzuchtstämmen ist der Kaliko-Fransenschwanz.
Aufnahmen: B. Kahl

nicht ganz so anspruchsvoll, doch sollte man auch bei diesen Pflanzen nicht mit der Beleuchtung sparen. Als Bodenzugabe hat sich Aquarientonerde bewährt. Beim Wasser kommt es in erster Linie auf einen regelmäßigen Teilwasserwechesl an. Außerdem leistet Torffilterung hier ausgezeichnete Dienste, besonders bei mittelhartem Wasser. Vermehren lassen sich alle Arten einfach durch Stecklinge, die in jeder Größe geschnitten werden können. Zu hohe Pflanzen kürzt man am besten an der Basis ein und steckt sie neu. *Limnophila aquatica* hat außerdem die Eigenschaft, an ausläuferähnlichen Stengelsprossen neue Triebe zu bilden. Als Dekorationspflanzen sind alle Arten von hohem Wert und passen gut zu dunkelblättrigen Cryptocorynen[1].

Am häufigsten im Handel ist *Limnophila sessiliflora* mit etwa 3 cm Quirldurchmesser. Die Art kommt in Indien, Indonesien und dem südlichen Japan vor. Die aus Ceylon und Indien stammende Riesenlimnophila *Limnophila aquatica* kann u. U. Quirldurchmesser bis 12 cm erreichen, sie muß deshalb genügend Entfaltungsraum haben und kann auch als Einzeltrieb an entsprechender Stelle im Vordergrund gepflanzt werden (siehe auch Bild 3.38). *Limnophila indica (L. gratioloides),* der Indische Sumpffreund, ist in tropischen Gebieten der Alten Welt verbreitet. Diese Art wächst etwas kräftiger als *Limnophila sessiliflora* und riecht beim Zerreiben der Blätter aromatisch. Nach mehreren Beobachtungen enthalten die Pflanzen offenbar fischgiftige Inhaltsstoffe, die jedoch nur bei Beschädigung frei werden. Deshalb sollte man diese Art vorsichtshalber bei Triebstecklingen oder Einkürzen kurzfristig wässern und erst dann im Aquarium neu pflanzen (besonders bei kleineren Aquarien).

Limnophila indica

Bild 3.26: Limnophila sessiliflora ist eine schon seit Jahrzehnten bewährte Aquarienpflanze, die man am besten in dichtem Bestand pflanzt. Das einzige, was sie zu gutem Gedeihen zu brauchen scheint, ist viel Licht. Dünnstengelige, schmächtige Pflanzen sind stets ein Zeichen für unzureichende Lichtverhältnisse.

Lindernia sp. = „Hygrophila robusta“. Unter diesem Handelsnamen wird eine schöne Wasserpflanze mit schmal-lanzettlichen, in 5–6zähligen Quirlen stehenden Blättern verkauft, die wahrscheinlich in die Gattung *Lindernia* gehört[2]. Stecklingsvermehrung einfach. Gruppenpflanzung, leicht zu kultivieren. Wächst auch über den Wasserspiegel hinaus und blüht (nur bei Tageslicht). Schöne, empfehlenswerte Neuheit. Herkunft: Südamerika.

Micranthemum-Arten

Heimat: Nord- und Mittelamerika. Sehr zierliche, kleine Pflänzchen, eigentlich Sumpfpflanzen, die sich aber bei einer Temperatur von 15–22° C und möglichst geringem Lampenabstand gut halten lassen. Schöne Arten sind *Micranthemum micranthemoides* mit mehr elliptischen oder *Micranthemum orbiculatum (M. umbrosum)* mit fast rundlichen Blättchen. Für kleine Behälter.

Unser heimischer Bachehrenpreis *Veronica beccabunga,* der in Gräben, Quellen und an Ufern meist amphibisch wächst, ist eine gute, anspruchslose Pflanze für das ungeheizte Aquarium. Gute Beleuchtung ist wichtig, damit die Pflanzen gedrungen im Wuchs bleiben (wintergrün).

[1] Schöpfel, H.: Limnophila sp., Aquarien und Terrarien 1969, S. 232
Brünner, G.: Ein neuer Wasserpflanzenriese. Limnophila aquatica entpuppt sich als dankbarer Pflegling. AQUARIEN-MAGAZIN 1970, S. 488

[2] Brünner, G.: „Wasseragaven“ und ein „Wasserfreund“, der keiner ist. AQUARIEN-MAGAZIN 1969, S. 117

Wegerichgewächse (Plantaginaceae)

Hier wäre der heimische See-Strandling *Litorella uniflora* zu nennen, eine rosettige Pflanze mit binsenähnlichen Blättern, bis 15 cm lang, meist viel kleiner. Liebt Sandboden und kann an hellen Standorten im Kaltwasseraquarium gehalten werden. Vermehrung durch Ausläufer, ausdauernd, wintergrün.

Bärenklaugewächse (Acanthaceae)

Hygrophila-Arten (Wasserfreund)
Heimat: Tropische Gebiete. Als älteste und verbreitetste Wasserfreund-Arten kann man den Indischen Wasserfreund *Hygrophila polysperma* ansehen. Eine Aquarienpflanze, die so bekannt ist, daß sie kaum einer besonderen Empfehlung bedarf. Der Indische Wasserfreund ist für Aquarien jeder Größe geeignet, wüchsig und in jeder Beziehung anpassungsfähig. Allerdings wird man bei kräftiger Beleuchtung und regelmäßiger Frischwasserzufuhr auch die schönsten, gedrungensten und großblättrigsten Exemplare erzielen.
Hygrophila angustifolia, der Weidenblättrige oder Schmalblättrige Wasserfreund, weit im tropischen Südasien verbreitet, wird wesentlich größer und erreicht mit seinen schmalen Blättern bis zu 12 cm Länge (bleibt aber meist kleiner). Sollte nur in größeren Aquarien gepflanzt werden. Benötigt gute Beleuchtung.

Bild 3.27 (links): Der Indische Wasserfreund Hygrophila polysperma zählt zu den beliebtesten Aquarienpflanzen und fehlt in kaum einem Tropenaquarium. Das beruht vor allem auf seiner guten Haltbarkeit und ausgezeichneten Wüchsigkeit. Eine geradezu unentbehrliche Aquarienpflanze.

Bild 3.28 (rechts): Ebenfalls zu den Bärenklaugewächsen (Acanthaceae) gehört Hygrophila difformis, meist besser bekannt unter ihrem Synonym Synnema triflorum. Diese Pflanze läßt sich wohl in jedem Aquarium mit bester Wirkung pflanzen.
Aufnahmen G. Brünner

Hygrophila difformis (Synnema triflorum)[1], der Wasserwedel oder die Wasserwistarie zeigt gegenüber den vorgenannten Arten ein völlig anderes Wuchsbild. Diese Pflanze hat seit ihrer Einführung (1954) so viele Freunde unter den Aquarienliebhabern gefunden, daß sie zu den populärsten und am weitesten verbreiteten Aquarienpflanzen gehört. Sie lebt in Indien, Burma, Thailand und auf der Malaiischen Halbinsel. Die Blattgestalt kann recht variabel sein. Alle *Hygrophila*-Arten sind außerordentlich gut wüchsig, das gilt ganz besonders für *Hygrophila polysperma* und *Hygrophila difformis*. Sie sind leicht aus Stecklingen zu vermehren, anspruchslos, doch für regelmäßige Frischwasserzufuhr sollte Sorge getragen werden. Temperaturen 20–30° C (optimal 22–28° C). Bei *Hygrophila difformis* können durch Temperaturschwankungen Wuchsstörungen eintreten. Einkürzen und Neustecken ist bei allen Arten in regelmäßigen Zeitabständen nötig.

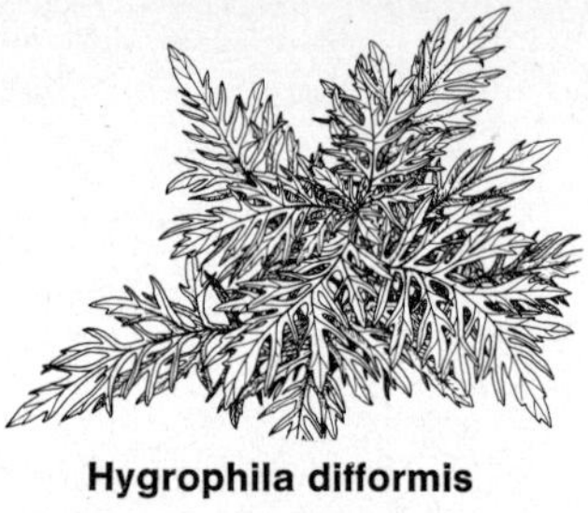

Hygrophila difformis

Blätter von Hygrophila difformis

Hygrophila corymbosa (Nomaphila stricta) (Riesenwasserfreund)
Heimat: Südostasien. Auch diese Stengelpflanze ist sehr wüchsig, doch wesentlich größer als der Indische Wasserfreund. Die breitlanzettlichen Blätter sind bis 12 cm lang und 3,5 cm breit. Die Pflanze kommt deshalb vor allem als Gruppenpflanze für nicht zu kleine Aquarien in Frage. Wirft *H. corymbosa* die unteren Blätter ab, so ist das meist ein Zeichen für gestörte Wasserverhältnisse. Häufiger

[1] Hygrophila difformis (Lf.). Blume, DATZ 1972, S. 199

Bild 3.29: Der Riesenwasserfreund Hygrophila corymbosa ist wie der Indische Wasserfreund eine sehr verbreitete Aquarienpflanze, doch stellt er etwas höhere Anforderungen an die Kulturbedingungen. Vor allem sollte das Aquarium möglich geräumig sein, damit eine Gruppenpflanzung auch richtig zur Geltung kommt.

Wasserwechsel ist beim Riesenwasserfreund besonders wichtig. Außerdem benötigt die Pflanze ungehinderten Lichteinfall.

Wasserschlauchgewächse (Utriculariaceae)

Für das Aquarium kommt vor allem der Zwergwasserschlauch aus tropischen Gebieten der Alten Welt in Frage. *Utricularia gibba* subsp. *exoleta*[2]. Die Pflanze hat hellgrüne fädige Sprosse und fängt mit ihren winzigen Fangblasen nur Infusorien, kann also der Fischbrut nicht gefährlich werden. Mit der Zeit verwachsen die dünnen Sprosse zu dichten, verfilzten Polstern, die an der Wasseroberfläche treiben. Der Zwergwasserschlauch kann auch als Laichsubstrat verwendet werden. Haltbar bei 15—30° C. Schnellwüchsig. Häufiger Wasserwechsel, gute Beleuchtung (Kunstlicht).

Der heimische Wasserschlauch *Utricularia vulgaris* ist zwar für ungeheizte Aquarien während der Sommermonate gut geeignet, doch sollte er keinesfalls im Zuchtaquarium verwendet werden, da die großen Fangblasen Jungfischen zum Verhängnis werden können.

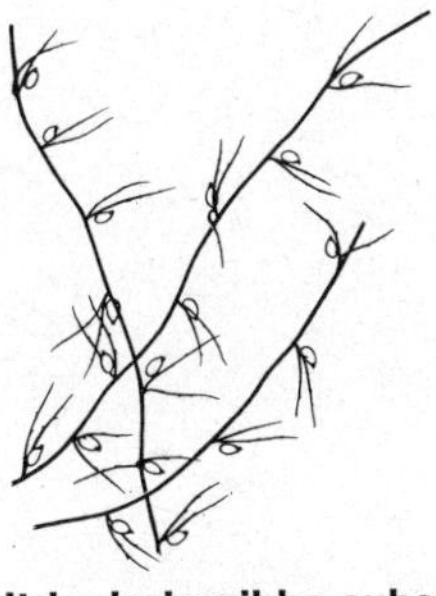

Utricularia gibba subsp. exoleta

Lobeliengewächse (Lobeliaceae)

Lobelia cardinalis (Kardinalslobelie)
Heimat: Nordamerika. Eine Sumpfpflanze, auch unter dem Namen *„Cryptofolio"* bekannt, gleicht auf den ersten Blick dem Riesenwasserfreund; ihre breiten, verkehrt-eiförmigen bis ovalen Blätter bleiben aber kleiner[3]. Sie wird vom Handel regelmäßig angeboten, da sie sehr leicht anzuziehen und wüchsig ist. Mit ihren hellgrünen Blättern eignet sie sich gut zu Kontrastpflanzungen mit dunkelgrünen Cryptocorynen und anderen Pflanzengruppen. Sie verträgt die hohen Temperaturen (bis 26° C) des Tropenaquariums gut. Stecklinge bewurzeln sich schnell. Ihr einziger Nachteil ist, daß sie in flachen Behältern schnell über den Wasserspiegel hinaus wächst und häufiger eingekürzt werden muß. Die Zugehörigkeit der unter diesem Namen im Handel befindlichen Pflanzen ist z. T. ungesichert.

Lobelia dortmanna. Die heimische Wasserlobelie ist für Kaltwasseraquarien geeignet. Sie bleibt wintergrün. Benötigt möglichst helles Tageslicht.

Lobelia cardinalis

Einkeimblättrige Decksamer

Schwanenblumengewächse (Butomaceae)

Hydrocleys nymphoides

Hydrocleys nymphoides (Limnocharis humboldtii)
Seerosenähnlicher Wasserschlüssel
Heimat: Weite Teile des warmen Amerikas. Schon seit der Jahrhundertwende für Aquarienbepflanzung gebräuchlich. Die Pflanze wurzelt im flachen Wasser und treibt Schwimmblätter. Sie besitzt dekorative gelbe Blüten. Bei den heute fast ausschließlich kunstlichtbeleuchteten Aquarien ist die Pflege dieser Pflanze, wie so mancher anderer Schwimmpflanze, zurückgegangen. Zur Blütenbildung ist gutes Tageslicht nötig (während des Winters möglichst Kunstlichtzusatzbeleuchtung). Temperatur 22—28° C, im Winter 15°. Flache Becken bis 20 cm,

[2] Taylor, P.: Notes on Utricularia. Mitteilungen der Botan. Staatssammlung München, Band IV, S. 95—276, 1961
[3] Paffrath, K.: Die Kardinalslobelie, eine Gartenpflanze im Aquarium. DATZ 1970, Seite 320

Bild 3.30: Seerosenähnlicher Wasserschlüssel (Hydrocleys nymphoides) aus den wärmeren Gebieten Amerikas. Diese Pflanze verlangt Tageslicht und möglichst Sonne zur Entfaltung ihrer dekorativen gelben Blüten.

reichliche Beigabe von Aquarientonerde an den Pflanzstellen. Unter günstigen Bedingungen bildet der Wasserschlüssel zahlreiche Ausläuferpflanzen.

Froschlöffelgewächse (Alismataceae)

Der Froschlöffel *Alisma plantago-aquatica* ist in Aquarien höchstens als Sumpfpflanze haltbar. Von anderen Arten sind vor allem der Hahnenfußähnliche Igelschlauch *Baldellia ranunculoides (Alisma ranunculoides, Echinodorus ranunculoides)* sowie das Froschkraut *(Luronium,* Seite 270) zu nennen. Der Igelschlauch zählt zu den wenigen heimischen Pflanzen, die sowohl im ungeheizten wie auch temperierten Aquarium (bis 22° C) gehalten werden können. Empfehlenswert ist Tonerdebeimischung. Die Pflanze bleibt auch über Winter in guter Verfassung. Sie wächst rosettig, entweder mit sehr schmaler, bis 12 cm langer und 3 mm breiter Spreite und reichlicher Ausläuferbildung (ssp. *repens*), oder wird etwas größer mit breiten Blättern (ssp. *ranunculoides*).

Bild 3.31: Fundorte verschiedener Echinodorus-Arten. 1 Echinodorus amazonicus, 2 E. andrieuxii var. longistylis, 3 E. latifolius, 4 E. nymphaeifolius, 5 E. bleheri, 6 E. cordifolius, 7 E. berteroi, 8 E. tenellus (Varietäten). Geographische Angaben nach Fasset: Echinodorus in the American Tropics, und Sculthorpe: The Biology of Aquatic Vascular Plants. Die Angaben beziehen sich auf einzelne gesicherte Fundorte.

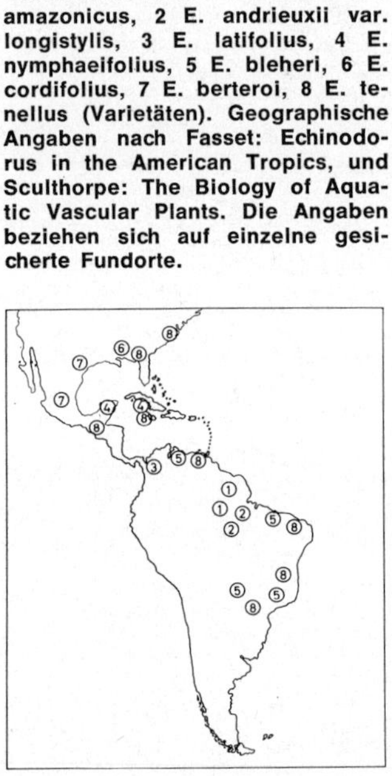

Echinodorus-Arten

Neben den Cryptocorynen stellen die *Echinodorus*-Arten eine wichtige und große Gruppe von Aquarienpflanzen dar. Schon vor Jahrzehnten war die „Amazonasschwertpflanze" oder kurz „Amazonas" ein Begriff für den Aquarianer. Sie wurde irrtümlich als *„Echinodorus tenellus"*, später als *„Echinodorus brevipedicellatus"* oder *„Echinodorus paniculatus"* bezeichnet. Andere Arten erlangten früher kaum größere Popularität.

Wenngleich die „Amazonas" auch heute noch wohl den weitaus größten Anteil an kultivierten *Echinodorus*-Arten stellt, so hat sich das Bild doch wesentlich geändert. Neue Arten wurden importiert und finden immer mehr Verbreitung. Die Größe und Stattlichkeit vieler Arten macht sie zu ausgesprochenen Solitärpflanzen. Mit ihnen können bei der Aquarienbepflanzung Schwerpunkte und Blickfänge gesetzt werden, ob als Einzelpflanze in kleinen Behältern oder als kleine Gruppe in großen Aquarien. Neuimporte haben uns andererseits auch *Echinodorus*-Arten beschert, die vom herkömmlichen „Typus" der Gattung abweichen[1].

Sie werden mittelgroß oder bleiben auch recht klein, einige sind ausgesprochene „Rasenbildner", also ideale Vordergrundpflanzen. So steht uns heute bei der Gattung *Echinodorus* eine breite Artenauswahl zur Verfügung. Sie bietet uns außerordentlich viele Gestaltungsmöglichkeiten bei der Bepflanzung des Aquariums. Was die Cryptocorynen für ein Südostasienbecken sind, stellen „biotopmäßig" gesehen *Echinodorus*-Arten für ein Mittel- oder Südamerika-Landschaftsaquarium dar, das wird schon mit der Populärbezeichnung „Amazonas" angedeutet, obschon streng genommen im Amazonas selbst keine „Amazonas-Schwertpflanze" gefunden wird.

Die in Tropenaquarien kultivierten *Echinodorus*-Arten sind so gut wie ausschließlich in Südamerika, Mittelamerika und den Südstaaten der USA beheimatet (s. Karte). Sie lassen entsprechend ihrer Familienzugehörigkeit manche Ähnlichkeit zu unserem heimischen Froschlöffel erkennen, das gilt aber nicht nur hinsichtlich gestaltlicher Merkmale. Mehr noch als Cryptocorynen sind viele *Echinodorus*-Arten (nicht alle) an ihren natürlichen Standorten mehr Sumpfpflanzen als echte Wasserpflanzen. Viele bevorzugen Standorte wie unser heimischer Froschlöffel, allerdings verleihen die gewaltigen tropischen Niederschlagsmengen mit zeitweilig hohen Überschwemmungen diesen *Echinodorus*-Arten eine weitaus größere Anpassungsfähigkeit an submerse Bedingungen. Gerade dieser Umstand bedingt ihre gute Eignung als Aquarienpflanzen, wo wir sie ja bei einem ständigen „Hochwasserstand" halten, der ihnen nicht ermöglicht, emerse Blätter zu bilden. Die weniger günstigen Lichtverhältnisse des Aquariums tragen zudem dazu bei, aus den *Echinodorus*-Arten geeignete Dauerbewohner unserer Aquarien zu machen. Trotzdem lassen sich nicht alle Arten zu dauerndem Unterwasserwuchs zwingen. Besonders in flachen Becken neigen einige Arten gern dazu, Schwimm- oder Überwasserblätter zu bilden. Man kann solchen Neigungen durch „Hungern" lassen oder Lichtminderung entgegenwirken. Besser sind Leuchtstofflampen mit möglichst geringem Blauanteil im Farbspektrum. Vor allem scheint hier aber auch die Lichtperiode, d. h. die tägliche Beleuchtungsdauer, entscheidend zu sein. Unter Kurztagsbedingungen wird bei einigen Arten die Neigung zur Ausbildung von Überwasserblättern offenbar weitgehend verhindert. Inwieweit hier noch Temperaturfaktoren und andere Bedingungen eine Rolle spielen, läßt sich zur Zeit noch nicht mit Sicherheit sagen.

Hinsichtlich der Beleuchtung sind alle *Echinodorus*-Arten anspruchsvoller als Cryptocorynen. Sie verlangen volles Licht, ohne Abschattung. Da sie rasch wachsen, ist auch ihr Nährstoffbedarf entsprechend hoch. Das gilt besonders hinsichtlich der Bodendüngung. Ihr kräftig entwickeltes Wurzelsystem läßt schon einen relativ hohen Verbrauch vermuten. Nachdüngung mit in den Wurzelbereich gedrückten, nährstoffangereicherten Tonbrocken wirkt sich vorteilhaft aus, besonders, wenn die Blätter beginnen, ihr sattes Grün zu verlieren. Obwohl die meisten Arten aus Weichwasserflüssen stammen, lehrt die Aquarienpraxis, daß die Wasserhärte gut 8–10° dGH und mehr betragen kann. In sehr weichem Wasser ist der Wuchs oft ausgesprochen spärlich. Das beruht wahrscheinlich auf einem zu geringen CO_2-Gehalt und instabilem pH-Wert.

Die Vermehrung erfolgt bei kleinen Arten, z. B. *Echinodorus tenellus*, durch Ausläuferbildung, die bei dieser Art sehr schnell zu dichten Beständen führt. Die größeren Arten wie *Echinodorus bleheri (= paniculatus)* bilden nach guter Eingewöhnung lange „Blütenstände", die aber unter den ungünstigen Lichtverhältnissen des Aquariums keine normalen Blüten ausbilden. An ihrer Stelle entstehen sog. Adventivpflanzen, kleine Jungpflanzen, die nach genügender Erstarkung (Bildung von Wurzeln) vom Blütenstengel getrennt werden und unter günstigen Lichtbedingungen schnell wieder zu kräftigen Pflanzen heranwachsen. Man kann auch den Blütenstengel unter Wasser biegen und mit Steinen am Grunde verankern. Das fördert die Wurzelbildung der Adventivpflanzen (siehe auch Artenbeschreibung).

Ähnlich wie bei Cryptocorynen herrscht bei *Echinodorus*-Arten eine beträchtliche Unsicherheit in der Bestimmung und Benennung der Arten. K. Rataj aus der CSSR hat sich dieser Frage angenommen[2] und durch umfangreiche Studien viele Fehlbenennungen aufklären können, so daß wir heute über eine relativ gesicherte Artenliste verfügen, doch wird es wahrscheinlich noch geraume Zeit dauern, bis die nun zu Synonymen gewordenen, z. T. seit Jahrzehnten gebräuchlichen Namen aus dem Sprachgebrauch der Aquarianer verschwunden sind.

[1] Fasset, N. C.: Echinodorus in the American Tropics. Rhodora, Vol. 57, 1955
Rataj. K.: New species of the genus Echinodorus from South Brazil (E. horemani, E. osiris, E. opacus, E. portoalegrensis). Folia geobot. phytotax. 5, S. 213–216, Praha 1970
Rataj, K.: Three new species of the genus Echinodorus imported for decoration of aquaria (Echinodorus amazonicus, E. bleheri, E. parviflorus), Preslia 42, S. 264–266, Praha 1970
Schöpfel, H.: Echinodorus-Artenliste. Aquarien und Terrarien 1969, S. 233

[2] Rataj, K.: Revision of the genus Echinodorus Rich. Praha 1975

Kleine Arten für Vorder- und Mittelgrund

Echinodorus latifolius (Echinodorus magdalenensis)
Heimat: Kolumbien und angrenzende Gebiete. Blätter lanzettlich hellgrün, bis 15 cm lang und 1,5 cm breit, meist kürzer bleibend, mit deutlichem Mittelnerv. Eine raschwüchsige Art mit starker Ausläuferbildung. Anpassungsfähig, 20 bis 26° C. Diese Art wird heute meist als „Mittlere Amazonas-Schwertpflanze" bezeichnet.

Echinodorus latifolius

Echinodorus angustifolius
Heimat: Tropisches Südamerika. Sehr schmale lanzettliche Blätter, Spreite lang, in den Stiel verschmälert, bis 40 cm lang, doch meist kleiner bleibend. Gestalt veränderlich (von der Lichtperiode abhängig). Bildet Ausläufer.

Echinodorus quadricostatus var. *xinguensis*
Heimat: Nordwestliches Südamerika. Diese Art wird als „Kleine Amazonas-Schwertpflanze" bezeichnet und war bislang als *Echinodorus intermedius* bekannt. Eine amphibische Pflanze, die *E. latifolius* ähnelt, aber beträchtlich kleiner bleibt. Die Blattform wird wesentlich von der Lichtperiode beeinflußt. Bei Kurztagsbedingungen ist das Blatt deutlich gestielt, mit ziemlich breiter lanzettlicher Spreite, unter Langtagsbeleuchtung verschmälert sich die Spreite mehr oder weniger in den Stiel. Kultur und Verwendung wie *E. latifolius.*

Echinodorus portoalegrensis[1]
Heimat: Brasilien: Blätter schmal bis breit elliptisch, etwa 10 cm lang, bis 3 cm breit, lang gestielt (12 cm), Blattunterseite stark gerippt, dunkelgrün. Wächst breit ausladend. Als kleinere Gruppe im Vordergrund geeignet.

Echinodorus tenellus
Heimat: Nord-, Mittel-, Südamerika. Obschon diese zwergwüchsige Art mit einer typischen Amazonas-Schwertpflanze kaum vergleichbar ist, wird sie meist als „Zwergamazonas" bezeichnet. Im Aquarium wird nur die tropische Varietät (var. *tenellus*) kultiviert, die submers lineale, bis höchstens 8 cm lange, grasartige, zugespitzte, hellgrüne Blätter besitzt und sehr stark ausläuferbildend ist. Unter günstigen Bedingungen bildet sie schnell dichte Rasen im Vordergrund. Benötigt ungehinderten Lichteinfall. Empfehlenswerte Art.

Mittelgroße Arten als Gruppenpflanzung in größeren Aquarien

Echinodorus amazonicus (Echinodorus brevipedicellatus)
(Schmalblättrige Amazonas-Schwertpflanze)
Heimat: Brasilien. Eine Art, die zu den ältesten in Tropenaquarien kultivierten *Echinodorus*-Arten gehört, meist „Amazonas" genannt (siehe aber auch *E. bleheri* (Seite 269). Die hell- bis mittelgrünen, lanzettähnlichen Blätter werden bis 30 cm lang und 3 cm breit. Stiel 10–15 cm lang. Eine bewährte, häufig kultivierte, schöne Art. Bei Gruppenpflanzung bleiben die Pflanzen meist etwas kleiner. Auch solitär verwendbar.

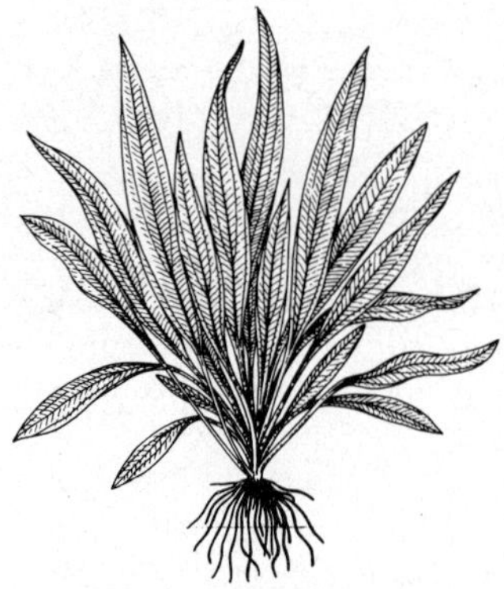

Echinodorus amazonicus

Echinodorus parviflorus („E. peruensis")
(„Schwarze" Amazonas-Schwertpflanze)
Heimat: Tropisches Südamerika. Bleibt kleiner als *Echinodorus amazonicus*, die lanzettlichen Blätter sind 15–20 cm lang, bis 5 cm breit und besitzen eine bräunlich dunkle Zeichnung. Blattstiel 6–8 cm lang. Gestalt veränderlich (Lichtperiode). Schöne, dekorative Art, besonders für Gruppenpflanzung im Mittel- und Hintergrund.

Echinodorus subalatus
Heimat: Südamerika. Die hellgrünen Blätter werden bis 25 cm lang, sind lanzettlich geformt, mit einer langen, in den Stiel verlaufenden Spreite (Langtag). Als Gruppenpflanze für größere Behälter. Benötigt volles Licht.
Hierher gehört auch noch *Echinodorus andrieuxii* var. *longistylis,* mit länglich-elliptischen, 25 cm langen, bis zu 10 cm breiten Blättern, wahrscheinlich ein Hybrid zwischen *E. subalatus* × *E. andrieuxii* (Rataj). Die als *„Echinodorus longistylis"* kultivierte Art ist als *Echinodorus argentinensis* beschrieben.

[1] Schulze, J.: Neue Echinodorus-Arten aus Südbrasilien. DATZ 1968 S. 279 und 341
[2] Rataj, K.: Echinodorus berteroi. AQUARIEN-MAGAZIN 1973, S. 138

Bild 3.32: Echinodorus berteroi, die Zellophanpflanze, ist eine sehr wandelbare Echinodorus-Art, das heißt, sie durchläuft bei der Aquarienkultur einen ganzen Entwicklungszyklus. Die Jungform ist schmalblättrig, bei der alten Pflanze werden die Blätter herzförmig. Unser Bild zeigt etwa ein Mittelstadium mit länglich-lanzettlichen, etwas gewellten, dünnhäutigen Blättern. Aufnahme G. Brünner

Große Arten, vorwiegend als Solitärpflanzen

(Siehe auch *Echinodorus amazonicus* Seite 268)

Echinodorus berteroi[2] *(E. rostratus)* (Zellophanpflanze)

Heimat: Südliches Nordamerika, Mittelamerika, Karibische Inseln. Sehr veränderlich, erste Jugendblätter lineal bis 25 cm lang, später breiter und an der Spitze abgerundet, mit weitgewelltem Rand, ältere Blätter groß, herzförmig. Das besondere Kennzeichen dieser Art sind die olivgrünen durchscheinenden Blätter, besonders in älterem Stadium. Wird unter günstigen Bedingungen (freier Standort) recht groß.

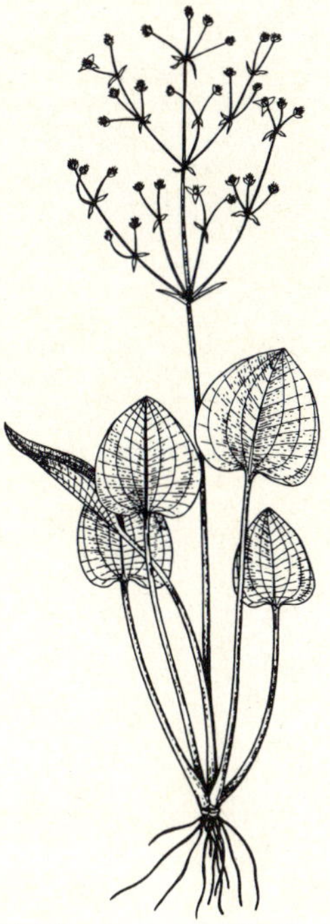

Echinodorus cordifolius

Echinodorus bleheri (E. paniculatus)
(Große oder Breitblättrige Amazonas-Schwertpflanze)
Heimat: Tropisches Südamerika. Sehr üppig wachsende Schwertpflanze (nahrhafter Boden) mit breitlanzettlichen, bis 40 cm langen und 8 cm breiten, leuchtend hellgrünen Blättern. Blattstiel bis 25 cm. Benötigt zur vollen Entfaltung viel Raum. Wie *E. amazonicus* eine der beliebtesten und verbreitetsten Schwertpflanzen. Für große Behälter als Solitärpflanze.

Echinodorus cordifolius (E. radicans) (Herzblättrige Amazonaspflanze)
Heimat: Südliches Nordamerika, Mexiko, Karibische Inseln. Recht große und ausladende dekorative Solitärpflanze. Blätter breit bis länglich eiförmig, bis 20 cm lang und 15 cm breit, Basis herzförmig eingeschnitten, an langen, kräftigen Stielen, bis 20 cm. Nur für Solitärpflanzung in mittelgroßen bis großen Aquarien. Verlangt volles Licht. Ähnlich ist auch *Echinodorus scaber* aus dem tropischen Südamerika (Venezuela, Brasilien).

Echinodorus grandiflorus
Heimat: Mittel- und Südamerika bis Argentinien. Variable, sehr groß werdende Art, bis 1,5 m! Meist herzförmige Blätter, nur für emerse Kultur geeignet.

Bild 3.33: Herzblättrige Amazonaspflanze, Echinodorus cordifolius, als Solitärpflanze im vorderen Mittelgrund des Aquariums, umgeben von dunkelgrünen Cryptocorynen. Wichtig ist, daß die Pflanze volles Oberlicht bekommt. Aufnahme G. Brünner

Echinodorus horizontalis
Heimat: Amazonasgebiet. Ähnelt *E. cordifolius*, bleibt aber kleiner, und die Blattspreiten sind sehr deutlich vom Stiel horizontal abgewinkelt (= horizontalis). Als Solitärpflanze für kleinere Behälter.

Echinodorus macrophyllus
Heimat: Tropisches Amerika. Hellgrüne Blätter, mehr oder minder eiförmig, bis zu 40 cm lang und 25 cm breit, am Grunde leicht herzförmig bis gerundet. Nur für sehr große Behälter als Solitärpflanze. Volles Licht nötig.

Echinodorus maior (E. martii, „E. leopoldina")[1]
(Gewelltblättrige Amazonas-Schwertpflanze)
Heimat: Brasilien. Lanzettliche, am Rande mehr oder minder stark faltig gewellte, bis 40 cm lange und 8 cm breite, hell- bis tiefgrüne Blätter. Spitze abgestumpft, Blattspreite am Grunde verschmälert. Sehr schöne und beliebte Solitärpflanze.

Echinodorus osiris („E. rubra") (Rötliche Amazonas-Schwertpflanze)
Heimat: Südbrasilien. Blätter länglich lanzettlich, bis 35 cm lang, 6 cm breit, im Oberteil meist breiter, zur Basis lang verschmälert, Spitze stumpf auslaufend. Wächst meist breit ausladend, doch auch als Gruppenpflanzung geeignet. Junge Blätter zeigen unter guten Lichtverhältnissen eine besonders dekorative rötliche Färbung, die sich aber mit dem Alter der Blätter verliert. Empfehlenswerte, wüchsige Art, ebenso wie *Echinodorus horemanii* mit rein grüner Blattfärbung.

Bild 3.34: Die rötliche Amazonas-Schwertpflanze Echinodorus osiris (E. „rubra") gehört zu den großen Echinodorus-Arten, kann aber auch in Gruppen gepflanzt werden, wenn das Aquarium genügend Raum bietet. Volles Licht und Tonbeimengungen zum Boden sind wichtig. Dann sind auch die jungen Blätter besonders schön rötlich gefärbt. An älteren Blättern verliert sich leider diese schöne Tönung. Aufnahme G. Brünner

Echinodorus paniculatus[2]
Heimat: Mittel- und Südamerika, weit verbreitet. Wird sehr groß und wächst leicht aus dem Aquarium heraus. Blätter mehr oder minder breit lanzettlich. Typisch ist der im Querschnitt dreieckige Blattstiel. Weniger empfehlenswert.

Echinodorus palaefolius[3] var. *latifolius (E. frankoiana)*
Heimat: Brasilien. Blattspreiten oval-lanzettlich, wird sehr groß (1 m), wächst leicht aus dem Aquarium heraus.

Luronium natans (Schwimmendes Froschkraut)
Heimat: Europa. Unterwasserblätter linealisch, rasch vergänglich, Schwimmblätter länglich oval. Heimische Pflanze. Nur bedingt zeitweilig für Kaltwasserbecken, im Sommer besser Freilandbecken.

Sagittaria-Arten (Pfeilkraut)
Verbreitete und brauchbare Aquarienpflanzen mit meist langen, grundständigen, rosettigen, bandförmigen Blättern. Vermehrung durch Ausläufer. Sie ähneln *Vallisneria*-Arten, sind aber durch verschiedene Merkmale von diesen unterscheid-

[1] Schöpfel, H.: Echinodorus maior, Aquarien und Terrarien 1970, S. 274
[2] Echinodorus paniculatus, Mitteilungsblätter ZAG Wasserpflanzen, 4/72
[3] Rataj, K.: Echinodorus palaefolius (Nees et Mart.) Macbr. Preslia 1/71, Zit. in Tetra-Information 20/ 1972, S. 28

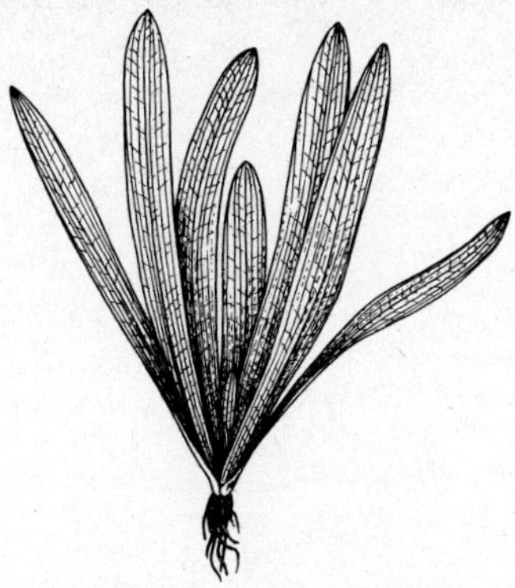

Sagittaria platyphylla

bar (siehe Brünner, „Aquarienpflanzen", Kosmos-Verlag). Von den kultivierten Arten konnten hier nur einige ausführlicher behandelt werden.

Sagittaria platyphylla (Breitblättriges Pfeilkraut)
Heimat: Südöstliches Nordamerika. Artenzugehörigkeit nicht gesichert, z. T. auch als *Sagittaria latifolia* bezeichnet. Leicht an den bis 25 mm breiten, aber nur kurzen, bis 30 cm langen Spreiten zu erkennen. Für Temperaturen bis 25° C. Unser heimisches Pfeilkraut *Sagittaria sagittifolia* bildet zwar auch bandförmige Unterwasserblätter, die aber so wenig beständig sind, daß diese Pflanze als Aquarienpflanze ohne Bedeutung ist.

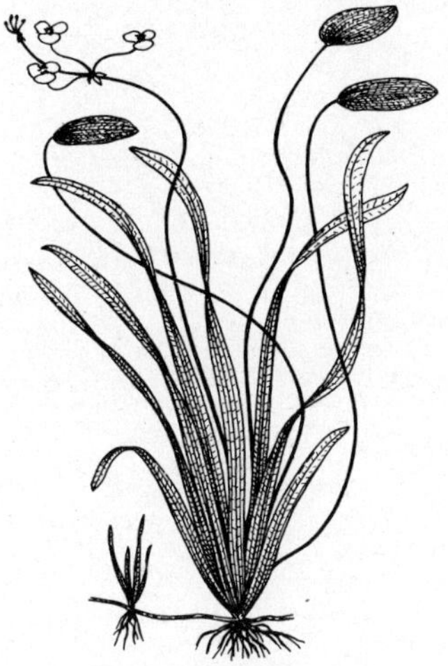

Sagittaria subulata f. natans

Sagittaria subulata (Schwimmendes Pfeilkraut)[4]
Heimat: Nordamerika. Die Art kommt in verschiedenen Formen vor. Forma *pusilla*: Zwergform mit kaum 10 cm langen, etwa 3 mm breiten Blättern. Schöne Vordergrundpflanze. Forma *natans:* Diese Form wird wesentlich größer, Blätter bis 40 cm lang und 8 mm breit. Forma *gracillima (S. filiformis):* Die Pflanze zeichnet sich dadurch aus, daß die bis zu 50 cm langen, fadendünnen, 1—3 mm breiten Blätter sehr allmählich in eine haarfeine Spitze auslaufen. Temperatur nicht über 22 ° C. Lichtbedarf größer. Ein Formenkomplex mit starker Variabilität. Über Aufgliederung und Nomenklatur bestehen unterschiedliche Auffassungen.
Sagittaria subulata zeichnet sich durch Wüchsigkeit (bes. f. *natans* u. f. *pusilla*) und gute Anpassung aus. Empfehlenswerteste Art.
Daneben werden noch gehalten: *Sagittaria eatoni, Sagittaria isoetiformis* und *Sagittaria teres* (gleichfalls alle aus Nordamerika)[5].

Froschbißgewächse (Hydrocharitaceae)

Eine echte „Wasserpflanzenfamilie", zu der so beliebte Arten wie Vallisnerien, Wasserpest, *Lagarosiphon* und andere gehören.

Blyxa-Arten
Heimat: Tropisches Südostasien. Es sind verschiedene, noch nicht näher bestimmte Arten dieser Gattung im Handel, die alle durch ihre grasartigen, durchscheinenden, außerhalb des Wassers stark glänzenden Blätter gekennzeichnet sind. Sehr dekorative Aquarienpflanzen, besonders für Vorder- und Mittelgrund, die aber hinsichtlich der Haltung noch allerlei Probleme bieten. Das Wichtigste ist gute Beleuchtung und weiches Wasser (bis 6° dGH), kurzer Lampenabstand oder Tageslicht. Häufiger Wasserwechsel erforderlich. Eine Gattung, die bei der Pflege viel Aufmerksamkeit erfordert. Vermehrung: Teilung und Stecklinge.

Elodea canadensis (Kanadische Wasserpest)
Heimat: Nordamerika. Eine bei uns seit über einem Jahrhundert aus Nordamerika eingeschleppte, bekannte Wasserpflanze, die härteres Wasser bevorzugt. Für Kaltwasseraquarien. Sehr gute Beleuchtung. Wintergrün. Etwas größer noch wird die Chilenische Wasserpest *Elodea callitrichoides*, ebenfalls gut geeignet für ungeheizte Aquarien.

Elodea densa

Elodea densa (Egeria densa) (Argentinische Wasserpest)
Heimat: Argentinien. Diese *Elodea* zählt zu den bekanntesten und härtesten Aquarienpflanzen, die sowohl für das temperierte und (nicht immer ganz beständig) auch für das Tropenaquarium geeignet sind. Blätter in vierzähligen Quirlen, bis zu 2,5 cm lang. Im Warmwasseraquarium bei ungenügender Beleuchtung entartet *Elodea densa* leicht (kleinblättrig, dünnstengelig). Ihre gestaltliche Einordnung in eine Aquarienlandschaft ist wegen ihres Wuchses oft nicht ganz einfach. Am schönsten wirken große Bestände im Hintergrund. Vermehrung: Stecklinge.
An kleineren Elodea-Arten, meist unter dem Handelsnamen *„Elodea minor"* angeboten, kommt vielfach *Elodea nuttallii* in den Handel. Auch *Elodea najas* aus Brasilien wird zeitweilig angeboten. Für alle Arten gilt, daß sie zwar sehr wüchsig sind, aber auch gleichzeitig viel Licht benötigen.

Hydrilla verticillata (Quirlblättrige Grundnessel)
Heimat: Europa, Afrika und Asien. Die Pflanze ähnelt der Wasserpest, hat aber

[4] Paffrath, K.: Die Hundertjährige. Immer noch gefragt: Das Pfeilkraut. AQUARIEN-MAGAZIN 1968, S. 278
[5] Ebenso wie Sagittaria platyphylla werden letztere Arten nunmehr als Varietäten von Sagittaria graminea aufgefaßt

dunkler grüne und deutlich sichtbar gezähnte Blätter. *Hydrilla* ist vor allem für gemäßigt warme, nach Eingewöhnung aber oft auch für Tropenaquarien brauchbar.

[1] Brünner, G. Lagarosiphon madagascariensis, eine neue Aquarienpflanze aus Madagaskar. DATZ 1970, S. 372

Hydrocharis morsus-ranae
Der heimische Gemeine Froschbiß ist eine kleine Schwimmpflanze in stehenden Gewässern, sie treibt Ausläufer. Für Aquarienzwecke wenig geeignet, besser im Freilandbecken.

Lagarosiphon muscoides var. *major* („*Elodea crispa*" oder Krause Wasserpest)
Heimat: Südafrika. Die an Argentinische Wasserpest erinnernde Pflanze (bei *Lagarosiphon* stehen die Blätter aber in jedem Fall nur quirlig genähert, nie in echten Quirlen) hat stark umgebogene Blätter. Für das temperierte Aquarium geeignet. Dekorationswert nicht besonders groß.
Sehr schöne Pflanzengruppen bildet dagegen ein Bestand von *Lagarosiphon madagascariensis*[1] aus Madagaskar. Sie ist bedeutend zarter und erinnert etwas an *Elodea callitrichoides.* Diese Neueinführung besitzt beste Eignung für das Tropenaquarium. Auch frei treibend zu halten, sehr wüchsig. In Kultur befinden sich offenbar nur weibliche Exemplare.
Limnobium laevigatum (Hydromystria stoloniferum)
(Südamerikanischer Froschbiß)

Bild 3.35: Limnobium laevigatum, eine kleine Schwimmpflanze aus dem tropischen Südamerika, ist seit vielen Jahrzehnten als Aquarienpflanze verbreitet. Aufnahme G. Brünner

Heimat: Tropisches Amerika. Mit 1–2 cm langen Schwimmblättern eine Schwimmpflanze, deren Kultur im Aquarium bei intensiver Beleuchtung (auch Kunstlicht) gut möglich ist. Bildet reichlich Ausläufer, 22–28° C.

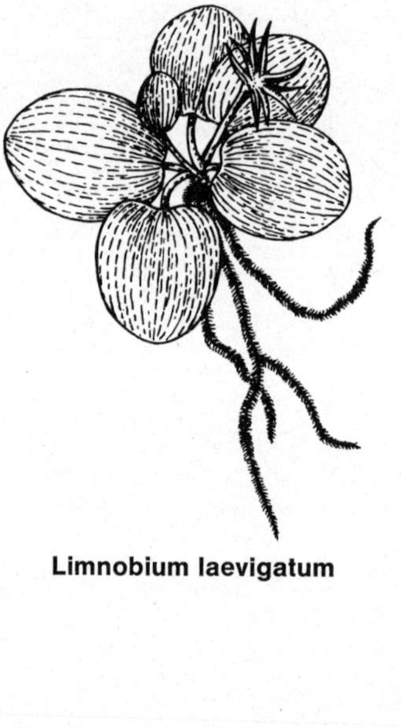

Limnobium laevigatum

Limnobium spongia
Heimat: Nordamerika. Blätter langgestielt, herzförmig, etwa 3 cm lang. Für ungeheizte Aquarien geeignet.

Ottelia alismoides
Heimat: Tropisches Asien. Eine seit vielen Jahrzehnten kultivierte Warmwasserpflanze mit großen, runden bis herzförmigen Blättern (12 cm und länger). Für Aquarienzwecke kauft man im Frühjahr angezogene Sämlingspflanzen. Schwierig zu überwintern. Verlangt viel Licht. *Ottelia ulvaefolia* aus dem tropischen Afrika hat etwa die Wuchsform eines *Aponogeton ulvaceus,* doch mit schmaleren, mehr zugespitzten Blättern. Meist weinrötliche Blattfärbung. Sehr gut beleuchten. Häufig Wasser wechseln.

Stratiotes aloides
Die einheimische Wasseraloe ist für Aquarienzwecke nur als zeitweilige (doch oft sehr wirkungsvolle) Dekoration zu verwenden, da sie nicht ausdauernd ist. Gute Freilandpflanze. Hier kann sie allerdings unter günstigen Umständen so stark wachsen, daß sie andere Pflanzen überwuchert.

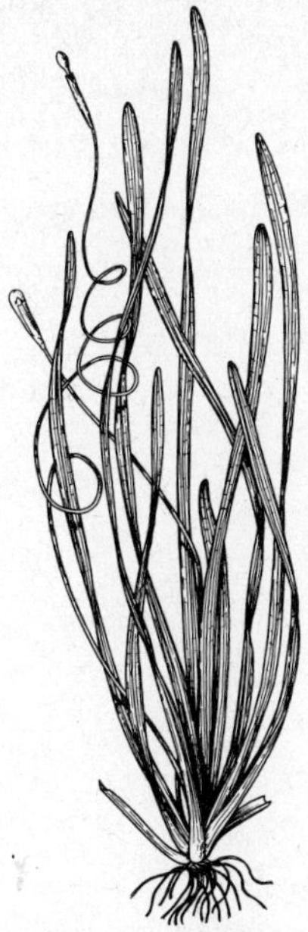

Vallisneria spiralis

Vallisneria spiralis (Sumpfschraube)
Heimat: Tropen, Subtropen, Südeuropa. Vallisnerien stehen bei Aquarienfreunden in hohem Ansehen. Sie zählen zu den härtesten Aquarienpflanzen. Vor allem gilt dies für die Sumpfschraube *Vallisneria spiralis*. Ihre bandförmigen Blätter werden bis zu 60 cm lang und sind 3–8 mm breit. Die Art ist anspruchslos und sehr anpassungsfähig, kann sowohl in temperierten wie Tropenaquarien gleich gut gehalten werden. Kein zu weiches Wasser verwenden. Es gibt männliche und weibliche Pflanzen, von denen die letzteren in der Aquarienkultur offenbar überwiegen.

Vallisneria asiatica
Heimat: Ostasien, gemäßigte Zonen bis Indochina. Von dieser Art ist die Varietät *biwaensis* offensichtlich mit der Schraubenvallisnerie *Vallisneria spiralis* var. *tortifolia* identisch. Die Blätter sind kürzer als bei *V. spiralis* und vor allem mehr oder weniger stark gedreht. In verschiedenen Kulturformen im Handel.

Ob alles, was als Riesenvallisnerie *Vallisneria gigantea* angeboten wird, tatsächlich zu dieser Art gehört, ist zweifelhaft. In vielen Fällen handelt es sich um kräftige Pflanzen von *Vallisneria spiralis*. Die aus Neu-Guinea und von den Philippinen stammende *Vallisneria gigantea* wird in jedem Fall sehr groß, sie besitzt 1–2 m lange, 3 cm breite Blätter und hat damit wohl für die meisten Aquarien zu große Ausmaße. Die sich dann dicht an der Wasseroberfläche umbiegenden und aufliegenden Blätter sind wenig dekorativ und schmälern überdies anderen Pflanzen das Licht.

Wasserährengewächse (Aponogetonaceae)

Aponogeton (Wasserähren)
Aponogeton-Arten sind über weite Gebiete der warmen Zonen der Alten Welt verbreitet (s. Karte). Als fremdländische Wasserpflanzen haben sie schon recht früh Eingang in die Wasserpflanzengärtnerei gefunden. Dies gilt besonders für *Aponogeton distachyos*, eine Art, die schon 1810 in „Curtis Botanical Magazine" Erwähnung findet und von der berichtet wird, daß sie schon 1788 vom Kap der Guten Hoffnung in die königlichen Botanischen Gärten zu Kew eingeführt wurde und dort in den Gewächshäusern fast während des ganzen Jahres blühte.
Auch die berühmte Gitterpflanze *Aponogeton madagascariensis* (= *fenestralis*) war schon zu Ende des vorigen Jahrhunderts eine vielbestaunte Rarität Botanischer Gärten (siehe Seite 232). Besonders von H. Baum im Botanischen Garten Rostock wurden Exemplare von einer Pracht kultiviert (Möllers, Deutsche Gärtner-Zeitung 23. Jahrg. Nr. 20, 1908), die wir heute nur bewundern können, gibt es doch nur sehr wenige Spezialisten, die diese Pflanze erfolgreich und ausdauernd

Bild 3.36: Verbreitung (dunkle Gebiete) der Gattung Aponogeton.

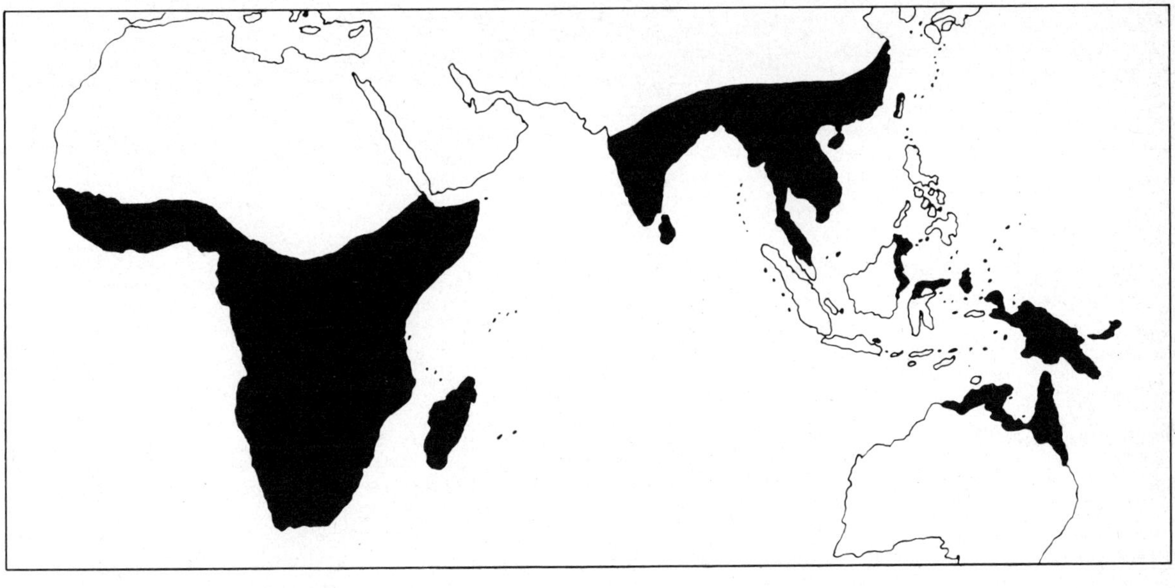

zu pflegen vermögen. Erstaunlich ist, daß sich in den Kulturanweisungen der damaligen Zeit schon Hinweise auf die Periodik, d. h. Ruhezeit der Pflanze finden, eine wichtige Kulturmaßnahme bei *Aponogeton*-Arten.
Dieses gewissermaßen einprogrammierte Wuchsverhalten zeichnet so gut wie alle *Aponogeton*-Arten aus. Auf eine ausgesprochene Periode stürmischen Wachstums, an die sich als Höhepunkt die Blüten- und Fruchtbildung anschließt, folgt meist ein natürliches Zurückgehen der Pflanze, das wir mit einer Temperatursenkung (Herausnahme der Pflanze und Feuchthaltung des Wurzelstockes) nachahmen. So können wir die Vitalität vieler *Aponogeton*-Arten erhalten. Ständig unter optimalen Temperaturbedingungen kultivierte *Aponogeton*-Pflanzen folgen meist dennoch ihrer Ruheperiodik. Beläßt man sie im Aquarium, büßen sie mit der Zeit merklich an Lebenskraft ein oder gehen schon nach kurzer Zeit zugrunde.
Über das „Freileben" der Wasserähren-Arten liegen nur spärliche Beobachtungen vor, besonders was ihren Vegetationsablauf im ganzen Jahreszyklus betrifft. Hier können nur Klimadiagramme der betreffenden Lokalitäten unsere Vermutungen bestärken, daß hier vielfach sehr niederschlagsarme Jahreszeiten oder Dürreperioden mit entsprechenden Klimaschwankungen vorkommen, denen die Pflanzen mit einer weitgehenden Anpassung folgen.
Alle *Aponogeton*-Arten besitzen einen mehr oder minder knolligen Wurzelstock, auf dessen Beschaffenheit (keine Faulstellen) man beim Kauf achten sollte. Gepflanzt wird am besten in Kulturgefäßen, da man dann die Pflanzen während der Ruheperiode ohne größere Störungen aus dem Aquarium nehmen kann. Als Bodenmischung eignet sich Grobkies mit reichlicher Beimischung von Aquarientonerde oder auch Nährsubstrat. Das Wachstum der Wasserähren erfolgt, wie angedeutet, recht zügig. Blatt folgt auf Blatt, und schon bald zeigt sich ein Stengel mit einer Blütenähre. Bestäubt man die Pflanzen (reife Ähren mit stäubendem Blütenstaub in einem Futterring mehrfach unter Wasser ziehen, vielfach ist auch kreuzweise Bestäubung zwischen zwei verschiedenen artgleichen Pflanzen mittels feinem Haarpinsel nötig), so kann man allgemein mit Samenansatz rechnen. Über die Aufzucht vom Sämlingen siehe Brünner, „Pflanzen im Aquarium – richtig gepflegt" (Reihe „Das Vivarium", Kosmos-Verlag).
Nur wenige Arten bilden Adventivpflanzen aus (siehe Artenbeschreibungen). Durch kreuzweise Bestäubung einander nahestehender Arten ist eine Reihe von Bastarden entstanden, wodurch z. T. die klare Definition der Arten erschwert wird.
Warum Wasserähren trotz ihrer „Launen" und unsteten Kulturfreudigkeit einen so hohen Beliebtheitsgrad gefunden haben, ist leicht zu sagen: Sie sind in ihrer Wuchsform und Blattstruktur so unvergleichlich schön, daß sie jeden Betrachter faszinieren. Es lohnt sich durchaus, auf ihre individuellen Neigungen einzugehen, um auch über längere Zeit immer wieder Freude an diesen eigenartigen Gewächsen zu haben.
Hier scheint es auch angebracht zu sein, den Aquarienfreund darauf aufmerksam zu machen, daß er durch sorgfältige Kultur einem überhöhten und verantwortungslosen Import (drohende Ausrottung in den Heimatländern!) vorbeugt, indem er durch verringerte Nachfrage (= gute Kulturerfolge) den Import rückläufig beeinflußt (s. auch *A. madagascariensis*).
In Hinsicht auf eine kritische Überarbeitung der Gattung, ökologische Hinweise und Nomenklatur verdanken wir dem niederländischen *Aponogeton*-Spezialisten H. E. W. van Bruggen außerordentlich viel. Recht anschauliche Beobachtungen über die Biotope einiger *Aponogeton*-Arten auf Madagaskar lieferte H. Bogner (München)[1].

Aponogeton bernierianus[2]
Heimat: Madagaskar. Blätter sehr variabel, meist recht groß, bis über 1 m lang und 10 cm breit, stark gekraust und genoppt, dunkelgrün. Selten importiert, schwierig zu kultivieren.

Aponogeton boivianus
Heimat: Madagaskar. Länglich-lanzettliche, bis 50 cm lange Blätter, Spitze keilförmig verschmälert, breite Mittelrippe, Spreite stark genoppt, z. T. auch gekraust. Ränder weitläufig unregelmäßig gewellt. Wächst im Aquarium unterschiedlich, oft sehr groß und üppig. Geht bei Nichteinhaltung der Ruhezeit zugrunde. Wurzelstock abgeflacht, gefurcht, z. T. bis 5 cm groß. Blütenstand 2-(3-) ährig.

[1] Krause, K., Engler, A.: Das Pflanzenreich, Aponogetonaceae. Leipzig 1906
van Bruggen, H. W. E.: Revision of the genus Aponogeton. The Species of Madagascar, Blumea **16,** 1968
van Bruggen, H. W. E.: Revision of the genus Aponogeton. The Species of Asia and Malesia. Blumea **18,** 1970
van Bruggen, H. W. E.: Revision of the genus Aponogeton. The Species of Australia, Blumea **17,** 1969
van Bruggen, H. W. E.: Revision of the genus Aponogeton. The Species of Africa, Bull. Jard. Bot. Nat. Belg. **43,** 1973
Bogner, J.: Standorte einiger Aponogeton-Arten in Madagaskar. DATZ 1968, S. 242
Bogner, J.: Een studiereis naar Madagascar. het aquarium 1970, S. 194

[2] Brünner, G.: Eine Pflanze segelt unter falscher Flagge – es gibt keinen Aponogeton bernierianus in unseren Aquarien. AQUARIEN-MAGAZIN 1970, S. 26

[3] van Bruggen, H. W. E.: Aponogeton crispus. het aquarium 1971, S. 129

[4] van Bruggen, H. W. E.: Aponogeton distachyon, DATZ 1972, S. 370

[5] Paffrath, K.: Königin der Wasserflora, Aponogeton madagascariensis. AQUARIEN-MAGAZIN 1970, S. 196
Klee, O.: Noch eine Fensterpflanze. Aponogeton henkelianus. AQUARIEN-MAGAZIN 1968, S. 461
Brünner, G.: Ein Nervengerippe – dennoch ein lebendes Blatt. Aponogeton madagascariensis. AQUARIEN-MAGAZIN 1968, S. 460
Aponogeton madagascariensis. Mitteilungsblätter ZAG Wasserpflanzen 4/71 (Nomenklaturfragen).
Baum, H.: Über Gitterpflanzen aus Madagaskar. Möllers Deutsche Gärtnerzeitung 23. Jahrg., Nr. 20, 1908 (eine der ältesten und besten unter den zahlreichen Veröffentlichungen für die Gitterpflanze)

Aponogeton crispus x Aponogeton undulatus

Aponogeton „crispus" (Krause Wasserähre)[3]
Hemat: Ceylon. Sehr variabel in der Blattform, von herzförmigen bis fast linealischen submersen Blättern, Schwimmblätter selten. Als Aquarienpflanze wahrscheinlich noch gar nicht importiert. Was bisher als *„A. crispus"* bezeichnet und importiert wurde, gehört möglicherweise in den Formenkreis von *Aponogeton echinatus* (siehe dort). Steht dieser Art sehr nahe.

Aponogeton distachyos (Zweireihige Wasserähre)[4]
Heimat: Südafrika. Eine nur Schwimmblätter bildende Art (länglich-elliptisch, beiderseits leicht abgestumpft, 8–15 cm lang, bis 3 cm breit). Blütenähre langgestielt, zweischenklig mit auffallenden, weißen, süß duftenden Blüten. Kulturformen bekannt. Nur für sehr hell stehende flache Behälter (Tageslicht) oder Freilandaquarien (siehe auch Seite 60).

Aponogeton echinatus
Heimat: Indien. Ähnelt *A. crispus* im ganzen. Submerse Blätter bis 25 cm lang und 4 cm breit, vergänglich, variiert sehr (auch kürzere breitere Blätter), bildet auch Schwimmblätter, so daß die Vermutung besteht, daß auch bisher zu *Aponogeton natans* gezählte Exemplare zu dieser Art gehören (het aquarium 42, S. 10, 1971). Ob die als *„A. crispus"* im Handel befindliche, gut haltbare Pflanze eine schmalblättrige Form von *A. echinatus* ist, konnte bislang nicht hinlänglich geklärt werden. Zum Formenkreis von *A. echinatus* gehören wahrscheinlich auch die Pflanzen, die bisher als *„A. natans"* im Handel sind. Der echte *A. natans* ist kenntlich an der deutlich herzförmig eingeschnittenen Blattbasis (van Bruggen, het aquarium, De Aponogetonaceae van Azie 42/1 [1971]).

Aponogeton elongatus (Langblättrige Wasserähre)
Heimat: Austalien. Sehr variable Art. So sind beispielsweise bei der forma *latifolius* die Blätter länglich-lanzettlich, bis 20 cm lang und 4 cm breit, zur Basis keilförmig verschmälert, zur Spitze abgestumpft.
Andere Formen wie f. *elongatus* und f. *longifolius* haben längere Blätter mit gewelltem Rand. Blütenstand einährig, gelblich. Empfehlenswerte, haltbare Art.

Aponogeton madagascariensis (= A. fenestralis, A. henkelianus) (Gitterpflanze)[5]
Heimat: Madagaskar. Variable Pflanze, in verschiedenen Formen verbreitet. Typisch ist das ausgesparte Blattgewebe an älteren Blättern, so daß nur ein Blattnervengeripped übrig bleibt. Im Aquarium sind vor allem zwei Formen verbreitet (sie sich auch in der Kultur unterschiedlich verhalten), eine mit schmaleren, etwas zugespitzten Blättern. Die andere Form hat breitere, zur Spitze abgerundete, teilweise leicht eingeschnittene Blätter, bis 35 cm lang und 8 cm breit, im Aquarium aber meist kleiner bleibend. Wurzelstock länglich bis rund, oft sehr kräftig. Blütenähre 2-(3-)ährig, gelblich-weiß, oft wohlriechend. Eine in der Kultur schwierige Art. Hält sich am besten in ständig leicht fließendem Wasser. Im Aquarium sollte das Wasser möglichst häufig gewechselt werden. So empfiehlt Baum schon 1908, mindestens täglich einen Eimer voll zu wechseln

Aponogeton madagascariensis

Bild 3.37: Die Gitterpflanze Aponogeton madagascariensis ist ebenso berühmt und begehrt, wie sie in der Kultur problematisch ist. Wer mit ihr auf die Dauer Erfolg haben will, muß vieles berücksichtigen (siehe Text) und der Pflanze am besten ein Spezialaquarium einrichten. Aufnahme G. Brünner

(Regenwasser). Die Pflanzen halten sich bei leicht gedämpftem Tageslicht oder vollem Kunstlicht am besten. Nur für Spezialaquarien, bei denen häufiger Wasserwechsel möglich ist. Auch mittelhartes Wasser bis 10° dH wird noch gut vertragen. Da diese Art wegen der ständigen Massenimporte von der Ausrottung bedroht ist, sollte sich der Aquarianer als Naturfreund wohl überlegen, ob er in der Lage ist, eine so wertvolle, schwierige Pflanze zu pflegen.

Aponogeton natans (Schwimmende Wasserähre)[1]
Heimat: Indien, Ceylon. Wurzelstock bis zwei Zentimeter stark. Blütenstand einährig, geruchlos, submerse Primärblätter lanzettlich, veränderlich, bis 6,5 cm lang und 1,5 cm breit. Schwimmblätter bis 11,5 cm lang und 3 cm breit. Basis herzförmig eingeschnitten. Spitze abgestumpft. Möglicherweise bisher noch gar nicht als Aquarienpflanze kultiviert. Die bislang unter diesem Namen bekannten Pflanzen gehören offenbar zum Formenkreis *Aponogeton echinatus* (siehe dort) (het aquarium 42, S. 9, 1971).

Aponogeton rigidifolius
Heimat: Ceylon. Kriechendes Rhizom, länglich, 6 mm stark, Blätter schmal-lanzettlich, 25–50 cm lang, dunkelgrün, lederartig. Blütenstand einährig, weiß, bis 15 cm lang. Haltbare Aquarienpflanze.

Aponogeton ulvaceus (Ulvablättrige Wasserähre)
Heimat: Madagaskar. Sehr große, dekorative Art. Blätter meist langgestreckt, oval bis lanzettlich, bis 50 cm und länger werdend, etwa 9 cm breit. Spitze abgerundet, leuchtend hellgrüner Rand, sehr stark weitläufig gewellt. Blütenstand zweiährig. Rhizom rundlich, 2 cm stark, borstenartig. Gut haltbar bei Beachtung der Ruhezeiten.

Aponogeton undulatus (Gewelltblättrige Wasserähre)[2]
Heimat: Indien, Burma, Bangla Desh, Malaiische Halbinsel. Blätter kräftig grün, etwas derb, ziemlich langgestreckt lanzettlich, zur Spitze und Basis etwa gleichmäßig verschmälert, Rand weit gewellt. Typisch sind die innerhalb der Blattspreite auftretenden transparenten, glasigen Zonen. Eine variable Art, in deren Formenkreis auch die bisher unter dem Namen *Aponogeton stachyosporus* geführte Art zu rechnen ist. Blütenstand einährig, meist bilden sich jedoch keine Blüten, sondern an den Blütenachsen werden Jungpflänzchen ausgebildet („lebendgebärend"). Wurzelstock rundlich bis länglich. Gut wüchsige, haltbare, problemlose Art.
Außer diesen „echten" Arten gibt es noch eine Reihe von Bastarden, die zum Teil sehr dekorativ und haltbar sind. Welche Arten als Elternpaare dieser Bastar-

[1] van Bruggen, H. W. E.: Aponogeton natans. het aquarium 1971, S. 9
Paffrath, K.: Die schwimmende Wasserähre, Aponogeton natans. AQUARIEN-MAGAZIN 1972, S. 314

[2] Paffrath, K.: Aponogeton undulatus – eine lebendgebärende Wasserpflanze. DATZ 1967, S. 274
Brünner, G. Die Gewelltblättrige Wasserähre. AQUARIEN-MAGAZIN 1971, S. 404

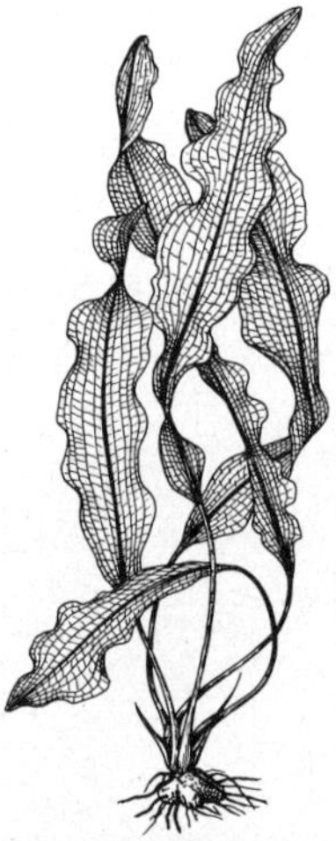

Aponogeton ulvaceus

Bild 3.38: Die Ulvablättrige Wasserähre (Aponogeton ulvaceus) zählt zu den schönsten und stattlichsten Aponogeton-Arten und ist als Solitärpflanze unübertroffen. Man sollte ihr jedoch von Zeit zu Zeit eine Ruheperiode gewähren. Rechts im Vordergrund eine Riesen-Limnophila (Limnophila aquatica S. 263). Aufnahme G. Brünner

Bild 3.39 (links): Zweiähriger Blütenstand von Aponogeton ulvaceus aus Madagaskar.

Bild 3.40 (rechts): Die Gewelltblättrige Wasserähre Aponogeton undulatus gehört zu den ausgesprochen „Pflegeleichten" Wasserähren. Aufnahmen G. Brünner

dierungen in Frage kommen, ist nicht ohne weiteres zu klären. Bisher nahm man an, daß es sich meist um *„Aponogeton crispus"* als einen der Partner gehandelt hat. Nachdem dessen Artzugehörigkeit sich als problematisch herausgestellt hat, sind hier keine sicheren Aussagen zu treffen. In vielen Fällen kann man *Aponogeton echinatus* als einen Elternteil vermuten. Auch *A. ulvaceus* ist vielfach an Kreuzungen beteiligt. Die Pflanzen ähneln im Habitus meist einem schmal- bis breitblättrigen *„Aponogeton crispus"*. Bastarde meist gut haltbar.

Manche Fehlschläge bei der Kultur von *Aponogeton* beruhen darauf, daß die Importknollen zu ungünstigen Zeitpunkten gesammelt wurden. Eine tabellarische Übersicht häufig gepflegter Arten findet sich in Brünner: Aquarienpflanzen, Kosmos-Verlag.

Laichkrautgewächse (Potamogetonaceae)

Potamogeton gayii

Potamogeton malaianus

Von den heimischen Laichkräutern sind nur wenige für Aquarienzwecke geeignet. Sie sind außerordentlich lichtbedürftig und deshalb nur in sehr hellstehenden Kaltwasserbecken haltbar, werden aber auch hier mit der Zeit kleinblättrig und können ganz zurückgehen. Versuche empfehlen sich mit dem Durchwachsenen Laichkraut *Potamogeton perfoliatus* und dem Krausen Laichkraut *Potamogeton crispus*. Mittelhartes Wasser, Tonbeimischung. Häufiger Wasserwechsel sehr wichtig.

An tropischen Laichkräutern für das Warmwasseraquarium ist vor allem *Potamogeton gayii* aus Südamerika (Uruguay) mit linealen, 2–7 cm langen, blaßgrünen bis bräunlich rötlichen durchscheinenden Blättern zu nennen. Stecklinge bewurzeln sich leicht. Für Gruppenpflanzung.

Das Malaiische Laichkraut *Potamogeton malaianus* aus Südostasien (Artzugehörigkeit unsicher) hat linealisch-lanzettliche, lange, durchscheinende Blätter. Wie für die heimischen Arten gilt auch für die tropischen Laichkräuter: Sehr gutes Licht ist nötig. Sonst sind die Vertreter aus wärmeren Zonen jedoch haltbarer als einheimische Arten.

Ruppia maritima, unsere Strand-Salde, ist ein Kosmopolit. Für die Aquarianer von Interesse, die versuchen, Pflanzen im Brackwasser (Kochsalzzugabe) zu ziehen, da diese Art aufgrund ihres natürlichen Vorkommens salzverträglich ist. Verlangt Tageslicht.

Das gleiche gilt auch für den heimischen Meerstrand-Dreizack *Triglochin maritimum* mit rosettigen, schmal-linealen Blättern. Möglichst Tageslicht. Tonerdezusatz für *Ruppia* wie für *Triglochin* empfehlenswert.

Teichfadengewächse (Zannichelliaceae)

Auch hier gilt das für *Ruppia* und *Triglochin maritimum* Gesagte: *Zannichellia palustris,* unser heimischer Sumpfdreizack mit variablen fadenförmigen, submersen Blättern verträgt (je nach Herkunft) auch brackiges Wasser. Tageslicht. Versuch empfehlenswert.

Nixkräuter (Najadaceae)[1]

Es sind vor allem die tropischen Nixkräuter, die sehr beliebte Aquarienpflanzen geworden sind. Dabei handelt es sich um zarte, hellgrüne, schmalblättrige, etwas an Wasserpest erinnernde Pflänzchen, die allerdings oft den Nachteil haben, etwas brüchig zu sein, was die Pflanzung erschwert und viele Aquarianer dazu veranlaßt, die Pflanzen einfach frei treibend büschelweise zu halten. Bei dieser, ihrer natürlichen Lebensweise wohl am besten angepaßten Haltungsart, sind sie äußerst wüchsig, dekorativ und leicht zu pflegen. Die Artbestimmung ist schwierig und oft nur dem Spezialisten möglich.
An asiatischen Arten ist vor allem *Najas indica*, beheimatet im tropischen Asien, mit fein gezähnten, 2–3 cm langen und 1 mm breiten, hellgrünen Blättern zu nennen. Als „*Najas microdon*" des Handels wird meist eine Art angeboten, die zu *Najas guadelupensis* gehört. Die Blätter stehen wie bei *Najas indica* in dreizähligen Scheinquirlen, sind aber bedeutend kürzer und feiner gezähnt. Die Art kommt aus den warmen Gebieten Amerikas. Außerdem sind offensichtlich noch andere *Najas*-Arten im Handel. Sie sind den vorigen recht ähnlich und noch nicht näher bestimmt worden. Die Vermehrung geschieht fast „von selbst", jedes abgebrochene Sproßstück wächst weiter. Als „wurzellose" Pflanze ist das Nixkraut auf den Nährstoffgehalt des Wassers angewiesen. Das bedeutet aber nicht, daß man reichlich Aquariendünger zuführen muß, sondern man gibt nur minimale Mengen zusammen mit dem Wasserwechsel. Empfehlenswerte, leicht zu pflegende Aquarienpflanzen.

Najas guadelupensis

Narzissengewächse (Amaryllidaceae)

Aus der Familie dieser Zwiebelgewächse ist die Gattung *Crinum*, auch Hakenlilien genannt, für den Aquarianer von Interesse. Ob die meist als *Crinum natans* bezeichnete, aus Westafrika importierte Art tatsächlich „echt" ist, bedarf noch der Klärung. Wenigstens gedeiht diese Pflanze im Aquarium auf nahrhaftem Bodengrund (Tonerde) und bei nicht zu hohem Wasserstand recht gut. Blätter schmal, rosettig, sehr kräftig, dunkelgrün, Rand gewellt. Zwiebeln 7–8 cm, langhalsig[2].
Die aus dem tropischen Amerika stammende *Crinum purpurascens* besitzt eine etwas kleinere Zwiebel, mit 30 cm langen und 2 cm breiten, gewellten derben Blättern (bandförmig). Blüte purpurfarben. Als weitere Art ist neu beschrieben *Crinum thaianum* aus Thailand. Sie besitzt sehr lange (2–3 m), bandförmige Blätter. Blüte weiß.
Alle Arten benötigen eine Temperatur von 25–28° C und optimale Beleuchtung. Ob sie eine ständig submerse Kultur vertragen, ist zumindest bei einigen zweifelhaft. Über Ruhezeiten liegen noch keine Erfahrungen vor, doch wären entsprechende Maßnahmen anzuraten.

[1] Heine, H.: Bemerkungen über die derzeit als Aquarienpflanzen gepflegten Najas-Arten. DATZ 1969, S. 212

[2] Tomey, W. A.: Die weiße Hakenlilie. AQUARIEN-MAGAZIN 1972, S. 213

Mooskrautgewächse (Mayacaceae)

Mayaca vandellii, das zierliche Südamerikanische Mooskraut mit haarfeinen, bis zu 20 mm langen Blättern, wächst kriechend und ist eigentlich keine echte Wasserpflanze, paßt sich aber gut den Bedingungen des Tropenaquariums an. Gutes Licht. 20–28° C. Seltener in Kultur.

Pontederiengewächse (Pontederiaceae)

Aus dieser viele interessante Wasserpflanzen beherbergenden Familie sind zweifellos die Wasserhyazinthen die interessantesten Gewächse, und hier ist es *Eichhornia crassipes*, die ursprünglich im tropischen Amerika, heute aber über viele subtropische und tropische Gewässer verbreitet ist. Kennzeichnend sind vor allem die dick aufgeblasenen schwammigen Blattstiele. Blütenripse 10–15 cm hoch, mit 8–15 Einzelblüten, hellblau. Temperatur 20–30° C. Im Aquarium mit Kunstlichtbeleuchtung in der Regel nur zeitweilig haltbar, vor allem durch die tief eintauchenden feinen Haarwurzeln auffallend. Gute Freilandpflanze für sonnige Lagen, flaches Wasser. Überwinterung kühl, 12° C, hell.

Eichhornia crassipes

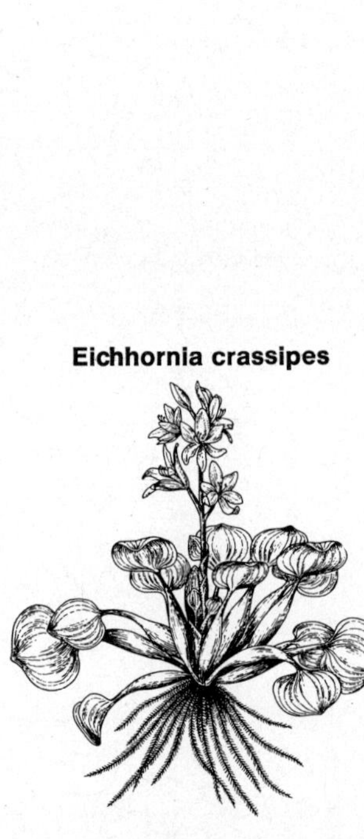

Eichhornia azurea (Dünnstielige Wasserhyazinthe)
Heimat: Tropisches Amerika. Diese Art wächst kriechend an langen Trieben über

Bild (oben): Durch die verlängerten Flossen – sie wirken wie geblähte Segel – unterscheiden sich die Schleier-Kardinalfische von der Nominatform. Der Kanadier Edward Sollory aus Toronto züchtete diese Schleierform heran und machte sie unter dem Namen „Meteor-Minnow" bekannt.

Unser Bild zeigt ein stattliches Schleierkardinalfisch-Männchen, das fünf Zentimeter mißt.

Bild (Mitte): Ein laichreifes Weibchen, das vom Männchen getrieben wird.

Bild (unten): Immer wieder wird das Weibchen vom Männchen umschwommen und zum Laichsubstrat getrieben.

Aufnahmen: H.-J. Richter

Tafel 24
Fortsetzung der Laichserie vom Schleier-Kardinalfisch.
Oben links: Bald gibt das anfangs noch „spröde“ Weibchen dem immer häufiger balzenden Männchen nach und sucht nach einer geeigneten Laichstelle.
Oben rechts: Hat das Weibchen sich für eine Laichstelle entschlossen, schwimmt das Männchen an seiner Seite und umschlingt mit dem Hinterkörper die Rückenflosse des Weibchens.
Unten links: Unter leichtem Zittern krümmt sich das Männchen S-förmig und . . .
Unten rechts: . . . indem sich das Paar trennt, sehen wir die besamten Eier, hier noch in einem Ballen, der sich langsam auflöst, zu Boden sinken.
Aufnahmen: H.-J. Richter

der Wasseroberfläche. Ihre Blüten ähneln der vorigen Art, sind aber azurblau. Eine submerse Aquarienform besitzt zweizeilige, wechselständige lineale, 4 bis 20 cm lange submerse Blätter. Sehr dekorativ, doch gehört zur Kultur etwas Erfahrung. Überwassertriebe längere Zeit eintauchen lassen, bis submerse Triebe entstehen, 22–28° C. Viel Licht.

Eichhornia natans
Heimat: Tropisches Afrika. Die Art ist mehrfach importiert worden, doch derart lichtbedürftig, daß sie schwer zu halten ist.

Eichhornia paniculata
Heimat: Tropisches Südamerika. Diese Eichhornie wird im Aquarium zu hoch, nur für Sumpfkultur.

Heteranthera zosteraefolia (Seegrasblättriges Trugkölbchen)
Heimat: Brasilien. Sehr dekorative Aquarienpflanze. Die hellgrünen, schmallinealen Blätter sind besonders an den Sproßspitzen dicht gedrängt. Ebenso wie *Eichhornia crassipes* eine „klassische“ Warmwasserpflanze, seit Jahrzehnten beliebt und immer wieder gern kultiviert.

Bild 3.41 (rechts): Das Seegrasblättrige Trugkölbchen (Heteranthera zosteraefolia) aus dem tropischen Südamerika ist eine seit vielen Jahrzehnten bewährte und anpassungsfähige Aquarienpflanze. Aufnahme G. Brünner

Heteranthera dubia (Heteranthera graminea) (Grasblättriges Trugkölbchen)
Heimat: Nordamerika. Diese *Heteranthera*-Art hat weitständige, grasähnliche Blätter, wirkt im ganzen lockerer. Auch für temperierte Aquarien geeignet. 15–25° C. Nicht zu weiches Wasser.

Heteranthera dubia

Heteranthera reniformis
Heimat: Subtropen und tropisches Amerika. Eine reine Sumpfpflanze mit nierenförmigen Blättern. Sie wird häufig mit der ebenfalls in Kultur befindlichen sehr ähnlichen Stielblütigen Heteranthera *Heteranthera peduncularis* verwechselt[1]. Beide Arten für Aqua-Terrarien.

Pontederia cordata (Herzblättrige Pontederie)
Heimat: Wärmeres Amerika. Wie auch andere Arten dieser Gattung eignet sich *Pontederia* nicht für Aquarien. Es sind aber gute Paludarienpflanzen, teilweise auch für Freilandteiche, nicht winterhart.

Reussia rotundifolia[2]
Heimat: Tropisches Amerika. Seit einigen Jahren ist dieses Pontederiengewächs, aus dem tropischen Amerika stammend, in Kultur. In der Wuchsart erinnert die Pflanze an *Eichhornia azurea,* sie wächst kriechend über die Wasseroberfläche oder im flachen Wasser. Die Blüten sind, wie die ganze Pflanze, viel kleiner, so daß sie gut für Vivarien geeignet ist. Voraussetzung ist aber möglichst Tageslicht. *Reussia* ist eine der blühwilligsten Pontederiaceen. Kulturversuch empfehlenswert.
Leider wird diese schöne Art vom Handel nur unregelmäßig angeboten.

[1] Brünner, G.: Die Stielblütige Heteranthera, neu oder bislang übersehen? DATZ 1967, S. 149
[2] Brünner, G.: Reussia rotundifolia. Aquarien und Terrarien 1967, S. 298

Orchideengewächse (Orchidaceae)

Als einzige Gattung der Orchidaceae wird die Gattung *Spiranthes*[1] im Aquarium gehalten. Die Angaben über die kultivierten Arten sind unterschiedlich. In den meisten Fällen soll es sich um die nordamerikanische *Spiranthes cernua* handeln. Die Pflanzen wachsen mit dicht rosettigen, länglich lanzettlichen (8 cm) Blättern; sie blühen mit langgestieltem, weißblumigem Blütenstand. Haltung möglichst nicht über 22° C, Tageslicht. Über längere Zeit gehen die meisten „Wasserorchideen" in Aquarien zurück.

Riedgrasgewächse (Cyperaceae)

Als Sumpfpflanze für Aquarienzwecke sei hier nur das Cypergras *Cyperus alternifolius* aus Madagaskar, sowie das aus Australien kommende viel zartere *Cyperus gracilis* genannt. Beide sind gut haltbare und anspruchslose Pflanzen für Aqua-Terrarien, auch in flachem Wasser gut wachsend und bei intensivem Kunstlicht noch gedeihend. Eine schöne zierliche Pflanze aus dieser Familie ist die heimische, aber auch weltweit verbreitete Nadelsimse *Eleocharis acicularis.* Sie hat nadeldünne, bis 10 cm lange (selten längere) Blätter und wächst kriechend. Bildet schnell einen dichten Bestand. Die Nadelsimse vermag sich auch den Bedingungen des Tropenaquariums gut anzupassen (Tonerdebeimischung), nicht zu grober Kies, besser Grobsand als Bodengrund. *Eleocharis vivipara (= Eleocharis prolifera)* kommt aus dem südöstlichen Nordamerika. Die Pflanze kann bis 70 cm hoch werden und trägt an den Sproßspitzen quirlig stehende Stengel (deshalb auch als Regenschirmpflanze bezeichnet), bis 22° C gut haltbar. Beide Arten sind wüchsig und einfach in der Pflege.

Eleocharis acicularis

Süßgräser (Poaceae)

Aus der großen Familie der Süßgräser sind Arten als Aquarienpflanzen kaum von Bedeutung. Die einzige Ausnahme ist *Hygroryza aristata*[2], ein in Südostasien weit verbreitetes Schwimmgras, bei dem die Blattscheiden blasenförmig aufgetrieben sind, so daß es schwimmend auf der Wasseroberfläche wächst. Schwimmblätter langgestreckt oval, dunkelgrün mit bräunlicher Zeichnung. Benötigt Tageslicht, bei Kunstlicht nicht sehr lange ausdauernd, 22–28° C. Häufiger Wasserwechsel vorteilhaft.
Der Reis, *Oryza sativa,* in früheren Jahrzehnten, als Pflanzen noch bei Tageslicht in offenen Aquarien kultiviert wurden, bei Aquarienfreunden sehr populär, ist heute wohl nur noch für sonnige Freilandbecken bei flachem Wasserstand zu empfehlen. Kultur einjährig, zeitig im Frühjahr aussäen und Pflanzen im Mai in flaches Wasser auspflanzen. Nährstoffreicher Boden.

Arongewächse (Araceae)

Eine Familie mit sehr vielen wichtigen Aquarienpflanzen, wobei vor allem die Gattung der Wasserkelche *(Cryptocoryne)* zu nennen ist.

Acorus gramineus (Graskalmus)
Heimat: Ostasien. Von dieser Pflanze wird vor allem die Zwergform var. *pusillus* häufig als Aquarienpflanze angeboten. Sie ist zwar mit ihren grasartigen Blättern und kompaktem Wuchs als Vordergrundpflanze sehr dekorativ (auch eine weißgestreifte Form ist im Handel), doch sind die Pflanzen, besonders im Warmwasseraquarium, auf die Dauer nicht beständig, so daß sie immer wieder ausgewechselt werden müssen. Als Sumpfpflanze haltbarer.

Aglaonema-Arten
Heimat: Tropisches Asien. Die Pflanzen ähneln kräftigen Speerblättern bzw. Cryptocorynen. Man findet sie zeitweilig auch als Aquarienpflanzen in Kultur. Hier muß aber die Betonung deutlich auf zeitweilig liegen, denn ausdauernde Aquarienpflanzen sind diese Sumpfblumen nicht. Besser und ausdauernder für Paludarien, ebenso wie die folgende Gattung.

Anubias-Arten (Speerblatt)
Heimat: Tropisches Afrika. Eine ganze Reihe von Arten wird zur Aquarienkultur

[1] Paffrath, K.: Die Unterwasserorchidee. DATZ 1965, S. 16
van Bruggen, H. W. E.: Spiranthes cernua, de waterorchidee. het aquarium 1970, S. 7
[2] Brünner, G.: Ein ungewöhnliches Schwimmgras. Hygroryza aristata braucht beste Beleuchtung. AQUARIEN-MAGAZIN 1972, S. 98.

[3] Sadilek, V.: Vernachlässigte Aquarienpflanzen. Aquarien und Terrarien 1971, S. 96

angeboten. Am populärsten ist *Anubias lanceolata,* weniger verbreitet *Anubias congensis,* beide recht groß werdend, mit derben, lanzettlichen Blättern. Eine Zwergform, *Anubias nana,* bleibt dagegen klein, ist aber seltener in Kultur. Für alle Arten gilt, daß sie sich den Unterwasserbedingungen des Tropenaquariums auf die Dauer nicht so gut anzupassen vermögen, wie wir es etwa von Cryptocorynen gewohnt sind[3].
Die Beleuchtung soll möglichst hell sein, Tonerdebeimischungen zum Bodengrund und ein häufiger Wasserwechsel sind weitere Maßnahmen, die zu einer Verlängerung der Aquarienkulturperiode beitragen können.

Cryptocoryne-Arten, Wasserkelche
Blättert man in alten Büchern über Aquarien und Aquarienpflanzen, so wird man Cryptocorynen oder „Wasserkelche" vergeblich suchen. Sie sind relativ „junge" Aquarienpflanzen. Tatsächlich erlangten sie erst nach der Etablierung der „Warmwasseraquaristik" Bedeutung. Ihren Aufstieg erlebten sie in den dreißiger Jahren. Obschon das Sortiment damals – verglichen mit dem heutigen Angebot – ziemlich bescheiden war, wurden sie schnell, dank ihrer guten Aquarieneigenschaften, zu populären Wasserpflanzen. Heute sind Cryptocorynen *die* Pflanzen des tropischen Süßwasseraquariums.

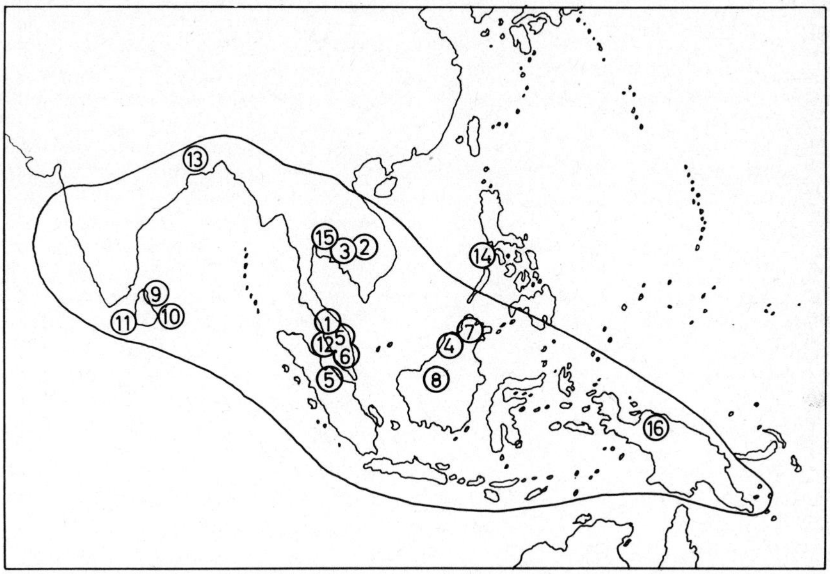

Bild 3.42: Fundorte und Verbreitung einiger Arten der Gattung Cryptocoryne 1 C. affinis, 2 C. balansae, 3 C. blassii, 4 C. bullosa, 5 C. griffithii, 6 C. longicauda, 7 C. lingua, 8 C. tortilis, 9 C. lutea, 10 C. nevillii, 11 C. beckettii, 12 C. purpurea, 13 C. spiralis, 14 C. usteriana, 15 C. wendtii, 16 C. versteegii. Das umrandete Gebiet zeigt das Verbreitungsgebiet von Cryptocoryne ciliata.

Warum diese Pflanzengattung sich so großer Beliebtheit erfreut, wurde schon mit „guten Aquarieneigenschaften" angedeutet. Welche Anforderungen stellt ein Aquarianer an eine Aquarienpflanze? Natürlich muß sie dekorativ aussehen, d. h. sich wirkungsvoll in die Aquarienlandschaft einfügen lassen. Sie muß auch ausdauernd und wüchsig, speziell unter Aquarienbedingungen sein. Diese Eigenschaften erfüllen die meisten Cryptocorynen in hohem Maße. Sucht man eine Erklärung hierfür, so geben uns die Biotope vieler *Cryptocoryne*-Arten manchen Hinweis. Meist werden die Pflanzen in und an Gewässerrändern im tiefen Baumschatten vorgefunden, eine Erklärung dafür, daß sie sich – gemessen an „natürlichem" Licht – Beleuchtungsverhältnissen unserer künstlich beleuchteten Aquarien hervorragend anzupassen vermögen. Es kommt wohl oft auch noch etwas anderes hinzu. Sieht man sich die Klimadiagramme verschiedener *Cryptocoryne*-Biotope an, die u. a. über Temperatur und Niederschläge im Jahresablauf Auskunft geben, so kann man bisweilen eine hohe Konstanz dieser klimatischen Faktoren entdecken. Zwar gilt das nicht für alle Cryptocorynen-Biotope, erklärt aber doch, daß viele Arten sich der Gleichförmigkeit der Aquarienbedingungen so gut anpassen, obschon ein Aquarium in anderer Hinsicht selbstverständlich absolut nicht einem natürlichen Standort gleichkommt (Seite 235).
Beheimatet ist die Gattung *Cryptocoryne* im indomalaiischen Raum (Karte). Betrachtet man die Angaben über die ökologischen Bedingungen der Fundorte einzelner Arten, so ergibt sich teilweise ein etwas heterogenes Bild. Wohl die meisten Arten werden mehr oder minder submers wachsend gefunden, andere semi-

mers, einige wenigstens zeitweilig völlig emers an sumpfigen Stellen. Leider sind genaue Fundortanalysen immer noch recht spärlich. Eine Sonderstellung nimmt *Cryptocoryne ciliata* ein, die meist semimers oder fast emers an Flußufern – bis in die Gezeitenzonen großer Flußmündungen vordringend – gefunden wird, und zwar im Gegensatz zu den meisten Arten der Gattung oft auch an vollbelichteten Standorten.

Das Wasser an den Fundorten vieler *Cryptocoryne*-Arten ist meist extrem weich und mineralarm. Dabei wird der niedrige pH-Wert nicht allein durch CO_2, sondern offenbar auch durch organische Säuren bestimmt. Große Bedeutung scheint der mächtigen Bodenschicht (hoher Eisengehalt, Wirkung auf niedrigen rH-Wert) zuzukommen. Teilweise gegensätzliche Fundortanalysen gibt es z. B. von *Cryptocoryne balansae,* die auch in mittelhartem Wasser angetroffen wird.

Es ist wichtig – wie auch K. Horst meint –, daß Wasseranalysen möglichst am Fundort selbst gemacht werden.

In Aquarien werden schätzungsweise 40 *Cryptocoryne*-Arten kultiviert. Die Unterscheidung der Arten und ihre Benennung (Nomenklatur) stößt oft auf große Schwierigkeiten, da wir es bei in Aquarien kultivierten Pflanzen stets mit „Kulturexemplaren" zu tun haben, die aufgrund ihrer veränderten Aquarienlebensbedingungen im Aussehen von den „Wildpflanzen" – die zuweilen nur als Herbarmaterial zur Bestimmung zur Verfügung stehen – oft weitgehend abweichen[1]. Große Verdienste hat sich hier der niederländische Botaniker de Wit erworben. Ihm gelang es, in das fast völlig unübersichtliche Durcheinander der *Cryptocoryne*-Arten Ordnung zu bringen und viele Irrtümer aufzuklären. Als absolut sicheres Unterscheidungsmerkmal können bei Cryptocorynen meist nur der Blütenstand und die feineren Blütenmerkmale herangezogen werden. Wann aber blüht schon einmal eine Cryptocoryne im Aquarium? Darum gilt es meist, die Pflanzen zu semimerser Kultur umzuerziehen und die Blütenbildung abzuwarten. Der Blütenstand hat den für Araceen typischen Blütenkessel mit männlichen und weiblichen Geschlechtsorganen sowie eine mehr oder minder lange Blütenscheidenröhre, die oben meist eine auffällige Scheidenspreite trägt. Form, Färbung und Struktur dieser Organteile ermöglichen eine genaue Artbestimmung. Da man solches Material selten zu Gesicht bekommt und die „aquaristische Wandelbarkeit" einiger Arten recht erstaunlich ist, verwundert es kaum, daß Cryptocorynen immer noch verwechselt werden. Selbst der erfahrene Fachmann kann eine Art oft nicht nach vegetativen Merkmalen sicher bestimmen.

Zur Kultur der Cryptocorynen im Aquarium ist zu sagen, daß sie nicht zu den „Schnellwachsern" gehören. Viele Arten benötigen geraume Zeit, bis es zu Wachstum und Ausläuferbildung kommt. Als oberster Grundsatz für jede Cryptocorynenpflege gilt, die Pflanzen nicht zu stören, d. h. jedes wiederholte Umpflanzen schwächt die Cryptocorynen erheblich. Unregelmäßigkeiten in der Dauer und der Intensität der Beleuchtung vertragen viele Arten nicht. Insofern kann man richtig von ihren natürlichen Standorten auf die Gleichförmigkeit des Aquariums schließen. Das gilt aber nicht hinsichtlich des Wassers. Eine so kleine Raumeinheit wie ein Aquarium bedarf hier des ständigen Nachschubs und Ausgleichs. Einmal, um einer Anreicherung von Stoffwechselprodukten vorzubeugen, gegen die gerade Cryptocorynen empfindlich sind, andererseits auch, damit den Cryptocorynen stets CO_2-ausgeglichenes Wasser zur Verfügung steht. Von der früheren Forderung, alle Cryptocorynen entsprechend ihren Standorten nur in Weichwasser oder Regenwasser zu ziehen, ist man heute weitgehend abgerückt. Gewiß käme dies den Bedingungen der meisten natürlichen Standorte nahe, doch es läßt sich mit unseren Mitteln schon kaum die Konstanz des niedrigen pH-Wertes nachvollziehen, ganz abgesehen vom rH-Wert usw. Dagegen sind nährstoffaufgeschlossene, eisenhaltige Bodenzusätze empfehlenswert. Sonst gilt folgendes: ein nicht zu heller Standort im Aquarium (siehe Artenangabe), regelmäßiger Teilwasserwechsel (Wasser bis ca. 10° dH), intensive Torffilterung bei effektiver Wasserumwälzung, pH-Kontrolle, Bodenwärme und Temperaturkonstanz (um 25° C). Schließlich sei darauf hingewiesen (siehe Artenbeschreibung), daß nicht alle Cryptocorynen gleich gute, ideale Aquarienpflanzen sind. Neben ausgesprochen wuchsfreudigen und leicht kultivierbaren Arten, wie etwa *Cryptocoryne wendtii, C. nevillii* u. a., gibt es Arten, die sich oft als heikel und problematisch erweisen bzw. außerordentlich langsam wachsen. Der Anfänger sollte in jedem Fall „sichere" Arten bevorzugen, damit nicht noch mehr zur Ausrottung der Cryptocorynen an ihren Fundorten beigetragen wird. Hinsichtlich der Wuchsgröße gibt es ausgesprochene Vordergrund-Arten *(Cryptocoryne nevillii)* bis zu Arten, die größte Becken benötigen *(Cryptocoryne usteriana).* Bei der Vermeh-

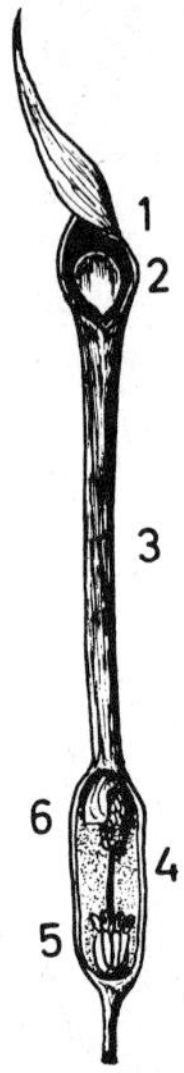

Bild 3.43: Blüte einer Cryptocoryne. 1 Blütenscheidenspreite, 2 Schlundeingang, 3 Röhre, 4 Blütenkessel, 5 weibliche Blütenanlagen, 6 männliche Blütenanlagen.

Bild 3.44: Der geöffnete Blütenkessel einer Cryptocoryne (C. ciliata), der am Ende der Blütenröhre liegt, (s. Bild 3.43). An der Basis sieht man die weiblichen Blütenanlagen, die sich später zu einer Frucht entwickeln, darüber an einem langen dünnen Stiel die männlichen Blüten mit klebrigem Blütenstaub, der an den winzigen Bestäubungs-Insekten haftenbleibt. Aufnahme G. Brünner

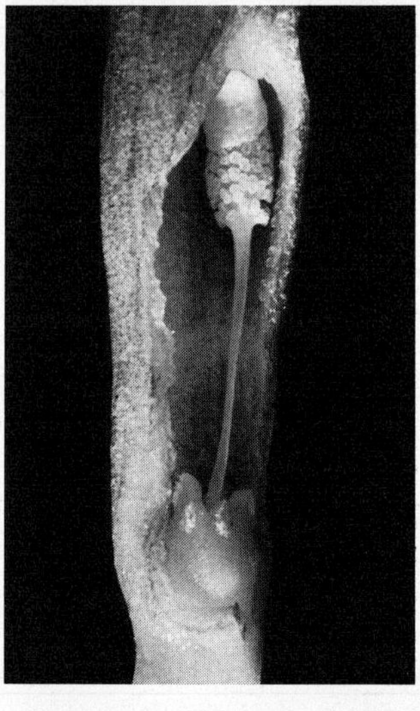

rung der Cryptocorynen sind wir ausschließlich auf die vegetative Vermehrung angewiesen[3]. Viele Arten bilden an ihrem Aquarienstandort innerhalb angemessener Zeit durch Ausläuferbildung einen dichten Bestand. Selbstverständlich kann man Ausläufer nach Erstarkung von der Mutterpflanze trennen und zu weiterer Ausbreitung des Bestandes oder für andere Aquarien verwenden. Generative Vermehrung, also Blüte, Frucht und Samenbildung ist bei Cryptocorynen im Aquarium infolge des komplizierten Bestäubungsvorganges (der in der freien Natur durch bestimmte Insekten erfolgt) höchst selten.
Obschon mit Hilfe der Blütenmerkmale gute Bestimmungsschlüssel und Einteilungsmerkmale für die heute kultivierten Cryptocorynen gegeben sind, sind solche Aufteilungen für den Aquarianer meist zu kompliziert.
Tabellarische Übersichten nach Blattformen, Blattfärbung und Blütenmerkmalen der am häufigsten kultivierten Cryptocorynen finden sich in Brünner, „Aquarienpflanzen", Kosmos-Verlag (Reihe „Das Vivarium").
In Abänderung eines zuerst von Heinz Schöpfel vorgeschlagenen Verfahrens möchte ich hier die Vielzahl der heute kultivierten Cryptocorynen nach drei einfachen, für jeden Aquarianer sofort erkennbaren Blatt-Typen einteilen:
1. Typ *„cordata"*, annähernd elliptische bis herzförmige Blätter, höchstens 2,5-mal so lang wie breit;
2. Typ *„beckettii"*, mit länglichen Blättern bis etwa 7mal so lang wie breit;
3. Typ *„balansae"*, Blätter schmal lanzettlich bis linealisch, 7fach und länger als breit (siehe Bild 3.45).
Bei der Einteilung nach Blattformen ist bemerkenswert, daß die *Cordata*-Gruppe unter den bislang beschriebenen Arten zahlenmäßig am stärksten ist, während im Aquarium die meisten kultivierten Cryptocorynen zum *Beckettii*-Typ gehören. Der sehr schmalblättrige *Balansae*-Typ ist – als für Cryptocoryne „untypisch" – verständlicherweise nur gering vertreten. Hier ist noch allgemein darauf hinzuweisen, daß Blattform und Färbung bei allen Cryptocorynen in gewissem Maße variabel sind. Aus Raumgründen können hier nur die wenigen bekannteren Arten kurze Erwähnung finden.

[1] de Wit, H. C. D.: A key to the species of Cryptocoryne Fisch. ex Wydl. Belmontiana 1970, S. 257–280
de Wit, H. C. D.: Aquarienpflanzen. Stuttgart 1971 (mit ausführlichen Beschreibungen und Bestimmungstabellen)
Schöpfel, H.: Neue Erkenntnisse über die Verbreitung der Gattung Cryptocoryne. Aquarien und Terrarien 1967, S. 14
Horst, K.: Cryptocorynen an Ort und Stelle: AQUARIEN-MAGAZIN 1973, S. 208
Schulze, J.: Cryptocorynen aus Sarawak. DATZ 1971, S. 230, 267, 303 und 336
[2] Sadilek, V.: Cryptocoryne lingua. DATZ 1967, S. 181
[3] In jüngster Zeit ist es gelungen, Cryptocorynen in „Vitro-Kultur" (Gewebezucht auf künstlichem Nährboden) erfolgreich zu vermehren. Staritsky, G.: Die Vitro-Kultur der Cryptocorynen. Aqua Planta 1977 (1) S. 3.
Staritsky, G.: Cryptos in vitrocultuur, het Aquarium 1978, S. 181

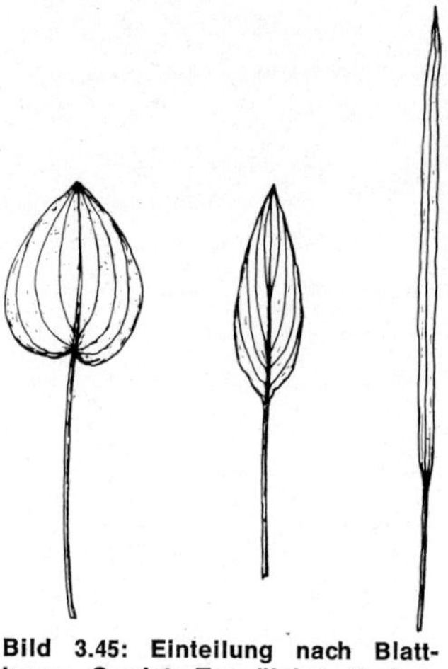

Bild 3.45: Einteilung nach Blatttypen. Cordata-Typ (links), Beckettii-Typ (Mitte), Balansae-Typ (rechts)

Cordata-Gruppe

Cryptocoryne blassii
Heimat: Thailand. Blätter eirund, Basis herzförmig, bis 8 cm lang, etwas fleischig, oberseits rötlich dunkelgrün, unterseits tief purpurn, etwas beulig. Kräftige Blattstiele bis 7,5 cm. Eine ausgesprochen schöne und wüchsige, empfehlenswerte Cryptocoryne.
K. Horst hat einige Standorte in Thailand näher untersucht. Die Pflanzen wuchsen in recht stark beschatteten Gewässern mit extrem weichem Wasser, bei einem pH-Wert von 5,65. Daraus ist zu erklären, daß wir viele Cryptocorynen bei gedämpftem Licht halten sollten. Bei zu starker Beleuchtung (auch Kunstlicht) bleiben bei einigen Arten die Blätter klein und legen sich an den Boden.

Cryptocoryne cordata
Heimat: Borneo, Malaiische Halbinsel. Blatt eiförmig rund, bis 8 cm lang, leicht herzförmig, Blattende ziemlich spitz, oberseits dunkelblaugrün, unterseits leicht rötlich. Blattstiel dünn, bis 30 cm. Ähnlich ist auch *Cryptocoryne grabowskii* (Malaiische Halbinsel, Borneo). Sie wird aber etwas größer, mit samtgrüner Blattoberfläche. Schöne wüchsige Cryptocorynen für nicht zu kleine Becken.

Cryptocoryne griffithii
Heimat: Malaiische Halbinsel, Thailand, Indonesien (Sumatra). Blätter eiförmig rund, 5–7 cm lang, Basis breit herzförmig eingeschnitten, zur Spitze etwas stumpflich. Mehr bräunlich gefärbt, Unterseite purpurn, z. T. auch mit *Cryptocoryne purpurea* und *C. cordata* und *C. grabowskii* verwechselt, vegetative Merkmale dieser Art sind bei Aquarienpflanzen vielfach unspezifisch. Kultur schwieriger als *C. cordata.*

Cryptocoryne lingua[2]
Heimat: Borneo. Blätter 5 cm lang und 2,5 cm breit, breit lanzettlich mit kurzem, dickem Stiel, hellgrün. Wiederholt importiert, gedeiht aber offensichtlich besser bei emerser Kultur. Gedämpftes Licht.

Cryptocoryne longicauda
Heimat: Malaiische Halbinsel, Borneo. Blatt eiförmig, 5–10 cm lang und 3–7 cm breit, Basis herzförmig, hellgrün, Blattrand feingezähnt. Stiel steif, bis 20 cm lang, Spreite z. T. beulig. Empfehlenswerte Art. Gedämpftes Licht.

Cryptocoryne minima
Heimat: Malaiische Halbinsel. Zwergart mit 2–4 cm langen und bis 2 cm breiten, mehr oder weniger eirunden, unebenen Blättern. Oberseits stumpf grün, unterseits meist rötlich. Als Aquarienpflanze weniger verbreitet.

Cryptocoryne purpurea
Heimat: Malaiische Halbinsel. Blätter an 10–15 cm langen Stielen, eirund, bis 10 cm lang (meist kleiner) und 3–4 cm breit, Spitze leicht abgestumpft, Basis mehr oder minder herzförmig. Oberseits blaßgrün, unterseits mit purpurner Fleckung und Zeichnung. Sehr dekorative, anspruchslose, empfehlenswerte Art.

Cryptocoryne thwaitesii
Heimat: Ceylon. Blatt länglich oval, bis 7,5 cm lang (oft kleiner), etwas fleischig. Färbung olivgrün, unterseits rötlich, dekorative Fleckung oberseits. Rand stumpf gezähnt. Dekorativ, aber langsam wachsend, oft problematisch in der Kultur.

Cryptocoryne tortilis
Heimat: Borneo. Blatt mehr oder minder eirund, bis 15 cm lang und 10 cm breit. Basis leicht herzförmig, Blattspitze stumpflich, Spreite z. T. beulig vertieft. Färbung beiderseits hellgrün. Empfehlenswerte, anpassungsfähige Art, benötigt gedämpftes Licht (Schwimmpflanzendecke). Bei zu starker Beleuchtung kleinblättrig.

Cryptocoryne versteegii
Heimat: Irian Bharat (West-Neu-Guinea). Blätter fast dreieckig erscheinend, bis 6 cm lang und 3 cm breit, Basis mehr oder minder gerundet. Blattspitze stumpf, kräftig grün gefärbt. Wächst langsam, besser emers zu kultivieren. Ähnelt *C. lingua*. Außer diesen Arten zählen zum Cordata-Blattyp noch eine Reihe von Arten, von denen ein Großteil aus Borneo kommt, wie *Cryptocoryne caudata* (Borneo), *Cryptocoryne diderici* (Malaiische Halbinsel), *Cryptocoryne elliptica* (Malaiische Halbinsel), *Cryptocoryne ferruginea* (Borneo), *Cryptocoryne fusca* (Borneo), *Cryptocoryne gomezii* (Assam), *Cryptocoryne pallidinervia* (Borneo), *Cryptocoryne pontederiifolia*[1] (Sumatra, Borneo), *Cryptocoryne scurrilis* (Sumatra), *Cryptocoryne siamensis* (Thailand), *Cryptocoryne striolata* (Borneo), *Cryptocoryne venemae* (Borneo), *Cryptocoryne zewaldae* (wahrsch. Malaiische Halbinsel), *Cryptocoryne zonata* (Borneo). Viele sind problematisch in der Aquarienkultur.

Beckettii-Gruppe

Cryptocoryne affinis (C. haerteliana)
Heimat: Malaiische Halbinsel. Blätter lanzettlich, bis 15 cm lang, Basis breit, oberseits dunkelblaugrünlich, unterseits weinrot bis blaßgrün. Empfehlenswerte, seit Jahrzehnten bewährte Cryptocoryne, die zu den wüchsigsten Arten gehört (reichliche Ausläuferbildung). Verträgt oft keine plötzlichen Veränderungen des Umweltmilieus (Blattfäule).

Cryptocoryne beckettii
Heimat: Ceylon. Blätter mehr oder minder länglich-lanzettlich, bis 15 cm lang (oft kürzer), oberseits rötlich-olivgrün gefärbt, unterseits meist rötlich purpurn. Ebenso wie die vorige eine empfehlenswerte, seit Jahrzehnten bewährte, wüchsige Art.

Cryptocoryne bullosa
Heimat: Borneo. Kleine Art mit stark genoppten Blättern, dunkelgrün gefärbt. Spreite mehr oder minder lanzettlich, bis zu 10 cm lang, meist kleiner, Basis leicht herzförmig. Sehr dekorative, relativ neue Art.

Cryptocoryne ciliata
Heimat: Weit verbreitet in Südostasien (siehe Karte). Variable Art mit mehreren Lokalrassen, Blätter schmal bis breit lanzettlich, Basis keilförmig bis gerundet.

[1] Sadilek, V.: Cryptocoryne pontederiifolia. DATZ 1971, S. 24

[2] Brünner, G.: Eine lebendgebärende Aquarienpflanze – Cryptocoryne ciliata bringt fertige Sämlinge zur Welt. AQUARIEN-MAGAZIN 1971, S. 55

[3] Nach Untersuchungen von N. Jacobsen besteht kein Zweifel daran, daß es sich bei C. nevillii unserer Aquarien um C. willisii handelt Jacobsen, N.: Notes on Cryptocoryne of Sri Lanka (Ceylon). Botaniska Notiser 1976, 129, S. 179

Cryptocoryne purpurea

Cryptocoryne affinis

Cryptocoryne ciliata

Spreite kann über 50 cm lang und 9 cm breit werden. Sehr kräftige Blattstiele. Robuste Pflanze, Färbung grasgrün. Nur für große Aquarien (Bild 3.46). Benötigt im Gegensatz zu den meisten anderen Cryptocorynen möglichst intensive Beleuchtung. Wächst in kleineren Becken leicht über den Wasserspiegel hinaus. An älteren Pflanzen bilden sich Sproßpflänzchen[2].

Cryptocoryne lucens
Heimat: Ceylon (?). Ähnelt im ganzen *Cryptocoryne nevillii* und steht dieser auch sehr nahe, wird aber größer, Blätter 6–12 cm lang. Nur aus Aquarienkulturen bekannt. Pflege wie *Cryptocoryne nevillii* (siehe dort). Wurde früher als Cryptocoryne nevillii geführt, erst de Wit gelang es, konstante Artmerkmale aufzudecken.

Cryptocoryne lutea
Heimat: Ceylon. Blätter länglich-elliptisch, bis 12 cm lang, Basis verschmälert bis leicht gerundet, beiderseits grasgrün gefärbt, lang gestielt (bis 15 cm). Variabel.

Bild 3.46 (links): Cryptocoryne ciliata ist etwas „Besonderes" unter den Cryptocorynen. Das betrifft nicht nur ihre Umweltanpassungen und ihre weite Verbreitung (siehe Karte auf Seite 283), sie ist mit ihren sehr kräftigen, hellgrünen Blättern auch ein ganz besonderer Cryptocorynen-Typ, so recht eine Solitärpflanze, doch ebenso für die Gruppenpflanzung in mittelgroßen und großen Aquarien geeignet. An die Wasserzusammensetzung stellt sie keine besonderen Ansprüche.

Bild 3.47 (rechts): Eine Blütenscheidenspreite mit gewimpertem Rand findet man nur bei Cryptocoryne ciliata. Das Äußere ist purpurn gefärbt, der Schlundeingang (gelblich mit dunklen Punkten) führt in die lange Röhre. Aufnahmen: G. Brünner

Cryptocoryne „nevillii"[3]
Heimat: Ceylon. Blätter länglich, sehr schmal-eiförmig, bis 7 cm lang, Basis meist keilförmig, Spitze leicht stumpflich, kräftiger Stiel, hellgrün. Eine ideale kleine Vordergrund-Cryptocoryne, die sich rasch vermehrt und schnell einen dichten Bestand bildet. Anspruchslos, aber etwas lichtbedürftiger als viele andere Arten. Sehr ähnlich ist auch *Cryptocoryne parva* (wird auch mit *C. nevillii* verwechselt), bleibt im ganzen aber kleiner als *C. nevillii,* Blattspreiten etwas schmaler.

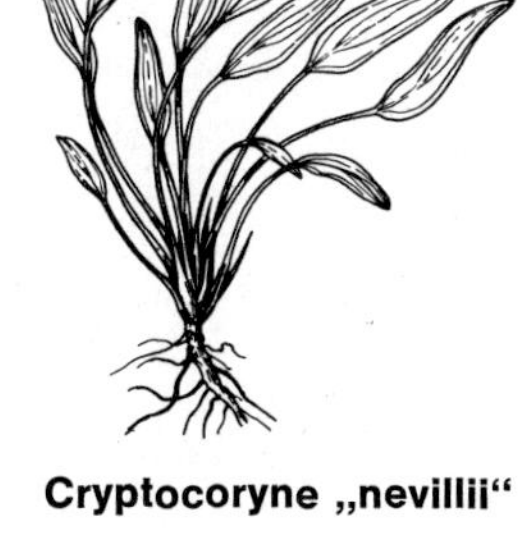

Cryptocoryne „nevillii"

Cryptocoryne nurii
Heimat: Malaiische Halbinsel. Blätter länglich-lanzettlich, zur Spitze lang zugespitzt, Basis gerundet bis leicht herzförmig, bis 12 cm lang (im Aquarium oft kleiner), Rand etwas gewellt. Kräftig grün, teils bräunlich grün, unterseits hellgrün.

Cryptocoryne petchii
Heimat: Ceylon. Blätter länglich-eiförmig, 8–12 cm lang, Basis gerundet, zur Spitze allmählich zugespitzt. Blattfärbung oberseits bronzeartig bräunlich bis olivgrün, unterseits leicht rötlich. Sehr dekorative Art.

Bild 3.48: Cryptocoryne wendtii ist eine der schönsten, wüchsigsten und haltbarsten Cryptocorynen. Sie kommt vor allem für Gruppenpflanzungen infrage und bildet schon innerhalb kurzer Zeit dichte Bestände. Die Pflanze ist – ganz nach ihren äußeren Lebensbedingungen – recht variabel in Blattform und Färbung (vgl. auch S. 35). Aufnahme G. Brünner

Cryptocoryne wendtii

Cryptocoryne wendtii
Heimat: Thailand. Sehr populäre, in Aquarien weit verbreitete und anspruchslose, wüchsige Art mit länglichen, bis 12 cm langen, an der Basis breit gerundeten oder herzförmigen Blättern. Färbung meist olivgrün, unterseits hellgrün. Variabel, je nach Kulturbedingungen. Blattstiel bis 15 cm, Rand fein gewellt.

Cryptocoryne undulata[1]
Heimat: Ceylon. Blätter schmal lanzettlich, bis zu 15 cm lang, meist kleiner, Spitze lang ausgezogen, Färbung wechselnd, hellgrün bis rötlich olivgrün. Charakteristisch sind schräg verlaufende dunkle Quernerven. Lang gestielt, Bewährte und wüchsige Art.
Aus dieser Gruppe seien noch genannt: *Cryptocoryne auriculata* (Borneo, Philippinen), *Cryptocoryne cognata* (Indien), *Cryptocoryne gracilis* (submers) (Malaiische Halbinsel), *Cryptocoryne huegelii* (Indien), *Cryptocoryne legroi* (Ceylon [?]), *Cryptocoryne walkeri* (Ceylon)[2].

Balansae-Gruppe

Cryptocoryne balansae
Heimat: Thailand, Indochina. Blätter lineal, 30 cm lang und höchstens 2 cm breit, meist schmaler, beiderseits lebhaft hellgrün, Spreite stark genoppt und beulig, Rand gewellt. Im ganzen mehr an *Aponogeton* erinnernd. Gut wüchsige Pflanze, gedeiht recht gut in mittelhartem Wasser (10° dH), was durch Fundortanalysen bestätigt wurde, nicht zu knapp beleuchten. Empfehlenswerte Art.

Cryptocoryne balansae

Cryptocoryne retrospiralis
Heimat: Südostasiatisches Festland. Variiert stark. Blätter meist lineal-lanzettlich, 30 cm lang und bis 15 mm breit. Spitze allmählich zugespitzt, beiderseits hellgrün gefärbt.

Cryptocoryne spiralis
Heimat: Indien. Ähnlich *Cryptocoryne retrospiralis*, doch kleiner, mit länglich-lanzettlichen Blättern, die zur Basis und Spitze etwa gleichmäßig verschmälert sind. Blattfärbung hellgrün. Wächst recht langsam.

Bild 3.49: Cryptocoryne balansae wirkt mit ihren schmalen gekrausten Blättern schon eher wie ein Aponogeton. Sie ist eine schöne, wüchsige, etwas lichtbedürftige Art. Ausläufer bilden sich in der Regel erst nach längerer Eingewöhnung. Aufnahme G. Brünner

Bild 3.50: Cryptocoryne usteriana stammt von den Philippinen und ist in jeder Beziehung ungewöhnlich. Besonders gut wirkt sie als Einzelpflanze in großen Aquarien. Nur hier kann sie sich auch in ihrer ganzen Blattlänge voll entfalten. Von Cryptocoryne balansae unterscheidet sie sich nicht nur durch ihre Größe, auch die Blätter sind breiter und weniger gekraust. Aufnahme G. Brünner

Cryptocoryne usteriana
Heimat: Philippinen. Blätter können sehr lang werden (über 50 cm, bis zu 5 cm breit). Die stark beulig genoppte Struktur ähnelt *C. balansae.* Diese Art ist aber größer und breitblättriger und gleichmäßiger genoppt. Nur für große Aquarien geeignet. Wertvolle Schmuckpflanze. (Wahrscheinlich identisch mit *Cryptocoryne aponogetifolia.*)
Zu dieser Gruppe gehört noch *Cryptocoryne albida* (Burma), die submerse Form von *Cryptocoryne consobrina* (Indien) sowie *Cryptocoryne cruddasiana* (Burma).

Lagenandra thwaitesii

Lagenandra-Arten
Heimat: Südasien. Eine mit den Cryptocorynen eng verwandte Gattung, deren Arten sich aber bei weitem nicht so gut mit dem untergetauchten Wuchs im Aquarium anpassen. Sie sind in der freien Natur meist halbemers oder auch vollemers anzutreffen. Dennoch können einige von ihnen im Aquarium gehalten werden. Das gilt vor allem für die aus Ceylon stammende *Lagenandra lancifolia* sowie die im Wuchs sehr ähnliche *Lagenandra thwaitesii.* Beide mit mehr oder weniger lanzettlichen Blättern, 10–15 cm lang, an kräftigen Stielen, dunkelgrün. *Lagenandra thwaitesii* unterscheidet sich von *L. lancifolia* dadurch, daß sie eine silbrig-weiße Blattrandzeichnung besitzt.
Aus Indien wird *Lagenandra ovata* importiert[3]. Sie wird sehr groß, ihre mittel- bis dunkelgrünen Blätter sind länglich lanzettlich und können fast 1 m Länge erreichen, bleiben in der Kultur aber kleiner. Die Art wird mit *Cryptocoryne ciliata* verwechselt. Sie ist aber von dieser durch die bei *Lagenandra ovata* auf dem Blattstiel endenden Blattränder leicht zu unterscheiden. Weitere Arten sind *Lagenandra meeboldii* (Ceylon), *Lagenandra koenigii* (Ceylon)[4].
Alle *Lagenandra*-Arten eignen sich gut für ein Aqua-Terrarium, wo sie halbemers bei leicht gedämpftem Licht (Tageslicht) gut wachsen. Bei untergetauchter Haltung ist der Wuchs langsam, ohne daß indes die Pflanzen eingehen. *Lagenandra ovata* wächst in flacheren Aquarien schnell über den Wasserspiegel hinaus. Alle Arten benötigen zu kräftigem Wuchs Tonerdezusatz (halbemers kultiviert). Temperatur um 25 °C. Über Giftwirkungen der genannten Arten ist nichts Näheres bekannt. Dagegen enthält der Wurzelstock von *Lagenandra toxicaria* ein tödliches Gift. Größte Vorsicht ist bei dieser Art geboten.

Orontium aquaticum (Goldkolben)
Heimat: Nordamerika. Eine in etwa 30–50 cm Wassertiefe (z. T. auch halbemers) wachsende Schwimmpflanze, Rhizom im Grunde verwurzelt, rosettige, langgestielte länglich-elliptische samtgrüne Schwimmblätter. Besonders dekorativ sind die über das Wasser ragenden goldgelben Blütenkolben. Aquarienkultur schwierig (helles Tageslicht, bis 20° C). Gut für Freilandbehälter geeignet.

Pistia stratiotes (Muschelblume)
Heute nahezu über alle tropischen Gebiete verbreitet. Mit ihren auf der Wasseroberfläche schwimmenden Blattrosetten, die aus keilförmigen, eigenartig blaß-

[1] Bislang irrtümlich als C. willisii bezeichnet. Vergl. Jacobsen, N.: Zytologie und Taxonomie der Cryptocorynen Sri Lankas. Aqua Planta 1977 (4), S. 3
[2] Sadilek, V.: Cryptocoryne auriculata. DATZ 1972, S. 56
Sadilek, V.: Cryptocoryne legroi. DATZ 1972, S. 56
Paffrath, K.: Cryptocoryne walkeri. DATZ 1972, S. 345
[3] Brünner, G.: Lagenandra ovata als Vivarienpflanze. DATZ 1963, S. 239
[4] Weitere Arten in: de Wit, H. C. D.: Revisie van het genus Lagenandra. Mededelningen Landbouurhoogeschool Wageningen 1978, 78–13.

grünen Blättern mit feiner samtartiger, wasserabweisender Behaarung gebildet werden, ist die Muschelblume eine der reizvollsten und schönsten Schwimmpflanzen. Leider erfordert ihre Kultur im kunstlichtbeleuchteten Zimmeraquarium einen sehr hohen Beleuchtungsaufwand (keine Deckscheibe = Lichtverlust!), das heißt vom Fachmann installierte, vorschriftsmäßig spritzwassergeschützte Leuchtstofflampen (gilt für alle Schwimmpflanzen, die ohne Deckscheibe gehalten werden (siehe: Brünnner, „Aquarienpflanzen – richtig gepflegt"). Nahezu mühelos gedeiht die Muschelblume in warmen, sonnig stehenden Behältern oder während des Sommers im Freiland an sonnigen, geschützten Stellen. Zur Überwinterung am besten in Töpfe mit Torfmoos einwachsen lassen und direkt unter der Leuchtstofflampe ins Aquarium einhängen.

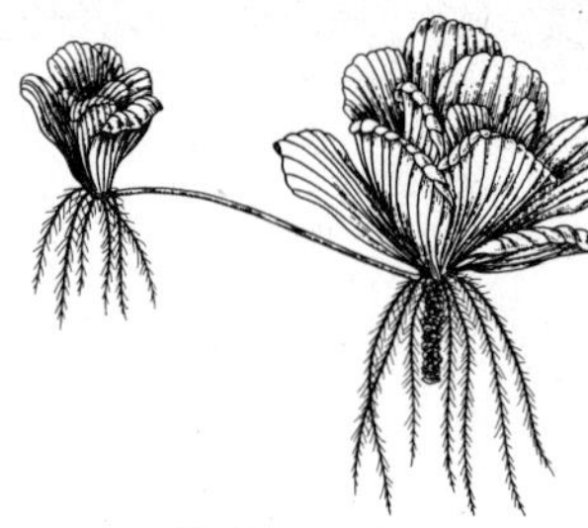

Pistia stratiotes

Schismatoglossis sp. aus Südostasien und andere Araceen werden zeitweilig als Aquarienpflanzen angeboten. Sie sind aber echte Landpflanzen bzw. Sumpfpflanzen und auf die Dauer im Aquarium untergetaucht nicht haltbar oder gar nicht zum Wachstum zu bringen. Im Grunde gilt das auch für die heute häufiger in Aquarien anzutreffende Blattfahne *Spathiphyllum wallisii* aus Südamerika mit kräftigen, glänzend dunkelgrünen, lanzettlichen Blättern, die etwa 20–30 cm hoch werden. Ihre ganze „Aquarieneignung" besteht darin, daß sie auch bei Unterwasserhaltung zunächst noch einige Blätter entwickelt, dann aber doch

Bild 3.51: Die Muschelblume Pistia stratiotes ist heute fast über alle tropischen Gebiete verbreitet. Von den Aquarianern wird sie vor allem wegen ihrer unwahrscheinlich schönen samtartigen Blätter als Schwimmpflanze geschätzt. Eine erfolgreiche Kultur setzt indes optimale Lichtverhältnisse voraus. Aufnahme G. Brünner

mehr und mehr zurückgeht. Gewöhnt man die Pflanze rechtzeitig wieder an emerse Verhältnisse, so kann sie sich wieder erholen und neue Blätter treiben. Dauerhaft gut wachsend auf feuchtem Untergrund im Aqua-Terrarium. Hinsichtlich der Beleuchtung anpassungsfähig, jedoch sollte man bei Unterwasserkultur möglichst intensiv beleuchten. Tonerdebeimischung notwendig[1].

Wasserlinsengewächse (Lemnaceae)

Heimische Wasserlinsen werden häufig unfreiwillig mit Lebendfutter in das Aquarium eingeschleppt. Speziell gilt das für die Kleine Wasserlinse *Lemna minor,* oft auch als „Entengrütze" bezeichnet. Hat man diese kleinen, glänzend grünen, rundlichen, 2–3 mm großen Wasserlinsen mit eintauchenden Wurzeln erst einmal im Aquarium, so vermehren sie sich im nährstoffreichen, beheizten, gut beleuchteten Tropenaquarium derart reichlich, daß sie schnell zur Plage werden[2]. Das Abfischen ist oft erfolglos, sofern man einige Exemplare übersieht, die dann innerhalb kürzester Zeit wieder von neuem die Wasseroberfläche überwuchern. Keinesfalls sollte man die Kleine Wasserlinse als Beschattung verwenden. Dazu gibt es besser „kontrollierbare" Schwimmpflanzen (wie etwa *Ceratopteris cornuta* Seite 248).

Die heimische *Spirodela polyrhiza* wird 3–10 mm groß, ihre Unterseite ist rötlich gefärbt. Auch diese Art sollte im Aquarium besser nicht gehalten werden.

Selten ist bei uns die kleinste aller Blütenpflanzen geworden, die Wurzellose Wasserlinse *Wolffia arrhiza.* Ihre kleinen, mittelgrünen Blattglieder messen nur etwa 1 mm und sind beiderseitig etwas nach außen gewölbt. Die Kultur im Aquarium ist schwierig. Wo diese Pflanze vom Handel noch angeboten wird, sollte man sie lieber im Freilandaquarium halten. Sie blüht allerdings nur bei hohen Temperaturen.

[1] Brünner, G. Die Pflanze mit der Roßnatur. Spathiphyllum. AQUARIEN-MAGAZIN 1968, S. 118.
[2] Brünner, G.: Wasserlinsen, lästiges „Unkraut" im Aquarium. DATZ 1966, S. 146

4

Hanns-Jürgen Krause

Aquarientechnik

Einführung

Jedes Aquarium ist ein kleiner, künstlicher Ausschnitt aus einem großen, natürlichen Lebensraum, denn die Lebensbedingungen im Aquarium weichen doch ganz erheblich von denen in der freien Natur ab. Vielfach fehlen wichtige Umweltfaktoren, die für die Existenz mancher Lebewesen von entscheidender Bedeutung sind, wie z. B. Wasserbewegung, Licht, Quellzufluß, jahreszeitlicher Klimaeinfluß und vieles andere mehr. Hinzukommt, daß im Aquarium die Populationsdichte fast immer viel höher ist als im natürlichen Lebensraum. Durch die veränderten Lebensbedingungen entsteht eine Reihe biologischer Probleme, die teilweise mit technischen Hilfsmitteln lösbar sind. Trotzdem beweisen die bei vielen Fischen auftretenden Zuchtprobleme, daß die technische Nachbildung des natürlichen Lebensraums bei allen Bemühungen nur sehr unvollkommen gelingt.

Mit Hilfe der Aquarientechnik kann die Fischzucht und Pflanzenhaltung im beengten Lebensraum Aquarium sehr erleichtert werden. Dabei stellt sich aber immer wieder heraus, daß der technische bzw. finanzielle Aufwand nicht allein über den Erfolg entscheidet. Auch in der Aquaristik gilt der Spruch „Das Auge des Herrn macht das Vieh fett". Sorgfältige Beobachtung der Entwicklung von Tieren und Pflanzen im Aquarium und möglichst umfassende Kenntnisse der biologischen Zusammenhänge sind die Voraussetzung für den richtigen Einsatz der Aquarientechnik. Wir beginnen deshalb mit allgemeinen technischen Erläuterungen. Die Auswahl der Geräte kann an Mustern jeder Aquarianer für sich allein treffen, da wohl jeder ein anderes Ziel oder einen anderen Zweck verfolgt und kaum eine Aquarienanlage der anderen gleicht.

Die Praxis zeigt, daß ständige Veränderung der Technik dem Leben im Aquarium sehr abträglich ist, denn Tiere und Pflanzen müssen sich ständig den veränderten Lebensbedingungen neu anpassen. Optimales Gedeihen ist nur in einem annähernd gleichbleibenden Lebensraum möglich. Der technische Aufwand sollte stets in Grenzen gehalten werden, da die Technik für das Aquarium da ist, und nicht das Aquarium für die Technik. Bei erfahrenen Aquarianern wird die Technik stets nach dem Grundsatz „Soviel wie nötig, aber so wenig wie möglich" eingesetzt.

Das Aquarium

Das Aquarium ist der wichtigste Teil einer Aquarienanlage. Daher müssen wir es besonders sorgfältig auswählen, denn die unangenehmen Eigenschaften schlechter Aquarien machen sich meist erst nach längerer Betriebszeit bemerkbar. So kann mit einem mangelhaften Aquarium besonders einem Anfänger die Freude an der Aquaristik gründlich verdorben werden. Und weil aus Kostengründen später kaum noch eine Korrektur möglich ist, ärgert sich der Aquarianer täglich aufs neue. An jede Aquarienanlage werden andere Anforderungen gestellt, es gibt daher kein Ideal-Aquarium, sondern jeder Aquarianer muß seine Wahl selber treffen. Die folgenden Hinweise sollen die Wahl des richtigen Aquariums erleichtern und nach Möglichkeit späteren Enttäuschungen vorbeugen.

Die Größe

Die Größe des Aquariums richtet sich in erster Linie nach dem Verwendungszweck. Der Fischzüchter wird eine Vielzahl kleiner Aquarien wohlgeordnet in einem Gestell unterbringen und seine Tiere getrennt nach Art, Alter und eventuell auch nach Geschlechtern aufziehen. Da er stets unter Raummangel leidet und seine Fische sich ständig vermehren, kann er sich den Luxus großer Aquarien kaum leisten.

Andere Aquarianer dagegen betrachten ein Aquarium als Zierde des Wohnzimmers und möchten einen möglichst natürlichen Ausschnitt aus dem Gewässerleben im Heim studieren. Hier kann das Aquarium kaum groß genug sein. Große Aquarien bereiten erfahrungsgemäß nicht mehr Arbeit als kleine Aquarien, der

Bücher zur Technik in und um das Aquarium:

Kübler, R.: „Licht im Aquarium". Reihe Das Vivarium, Kosmos-Verlag, 3. Aufl., Stuttgart 1973

Kübler, R.: „Aquariengeräte – selbstgebaut. Futterautomaten, Beleuchtung, Temperaturregelung, Bodenheizung." Reihe Das Vivarium, Kosmos-Verlag, 2. Aufl., Stuttgart 1974

Stein, K. H.: „Basteln für Aquarienfreunde". Reihe Das Vivarium, Kosmos-Verlag, 4. Aufl., Stuttgart 1975

Wachtel, H.: „Aquarienhygiene". Reihe Das Vivarium, Kosmos-Verlag, 5. Aufl., Stuttgart 1975

Aufwand ist eher geringer. Die Gründe hierfür liegen in der besseren Stabilität größerer Wassermassen gegenüber chemischen und biologischen Veränderungen, und in einem gleichmäßigen Wasserklima können Fische und Pflanzen wesentlich besser gedeihen. In kleinen Aquarien ist es erfahrungsgemäß schwierig, ein biologisch günstiges Milieu zu schaffen. Die meisten Menschen kostet es zu Anfang viel Überwindung, ein mehrere Hundert Liter fassendes Becken ins Zimmer zu stellen, aber ich habe noch nie Klagen über ein zu großes Aquarium gehört. Eher wird später der Wunsch nach einem noch größeren Becken laut.
Die Größe eines Schauaquariums soll also möglichst die räumlichen Gegebenheiten voll ausschöpfen. Zu beachten ist, daß die Tiefe des Beckens (von vorn nach hinten) hinreichend groß ist, denn erstens lassen sich tiefe Aquarien wirkungsvoller dekorieren, und zweitens verliert ein Aquarium nach Einfüllen des Wassers wegen der eigentümlichen Lichtbrechung wesentlich an optischer Tiefe. Die Höhe eines Aquariums sollte 65 cm Armlänge nicht überschreiten. Andernfalls läßt sich der Boden nicht mehr mit der Hand erreichen, und das Ein- oder Umsetzen von Wasserpflanzen wird außerordentlich erschwert.

Das Material

Glas hat sich seit langem im Aquarienbau bewährt. Es ist genügend kratzfest und läßt sich leicht von anhaftenden Algen reinigen. Seine Bruchempfindlichkeit ist bei der Wahl entsprechend dicker Wandstärken unbedeutend. Glas verhält sich chemisch nicht völlig neutral, sondern gibt laufend Kieselsäure und alkalische Bestandteile an das Wasser ab. Die Löslichkeit steigt mit dem pH-Wert. Die gelösten Mengen sind jedoch so gering, daß sie meist nicht stören. Nur bei der Kultur von Schwimmpflanzen müssen wir darauf achten, daß das Schwitzwasser von den Abdeckscheiben nicht ständig auf die Schwimmpflanzen herabtropft, denn dieses Wasser ist mit den Lösungsprodukten des Abdeckglases angereichert und läßt die Blätter vergilben. Im übrigen hat Glas seine aquaristische Tauglichkeit längst bewiesen. Erfreulicherweise sind zudem seit einiger Zeit Klebstoffe im Handel, die nicht im Laufe der Zeit verspröden. Dadurch läßt sich Glas problemlos verkleben und verkitten.
Drahtglas darf im Aquarienbau nicht verwendet werden, und zwar auch nicht als Bodenscheibe. Sobald Wasser an die Schmalseite des Drahtglases gerät, beginnt die Drahteinlage zu rosten. Dabei quillt sie auf und bringt das Glas zum Bersten.
Bei Glasaquarien unterscheidet man zwei grundsätzlich verschiedene Bauprinzipien: Gestellaquarien und rahmenlose Aquarien.
Gestellaquarien besitzen als tragendes Gerüst einen aus Winkeleisen zusammengeschweißten Rahmen, der dem Aquarium Stabilität verleiht. Die Glasscheiben sind von innen eingesetzt und werden durch den Wasserdruck nach außen gegen den festen Rahmen gedrückt. Die Ecken und Kanten des Aquariums sind

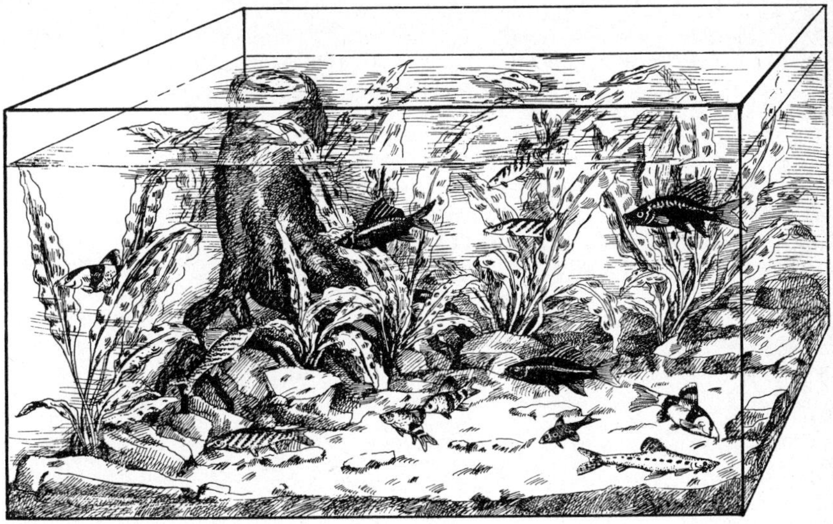

Bild 4.1: Rahmenloses Aquarium, mit Silikonkautschuk geklebt. Bevor ein solches Becken eingerichtet wird, müssen wir es gründlich wässern.

auf der Innenseite mit einer Dichtungsmasse vergossen, damit das Wasser nicht mit dem Metall in Berührung kommen kann.
Die Scheiben dürfen nicht – wie früher üblich – mit Kitt eingesetzt sein, weil dieser mit der Zeit versprödet. Verkittete Aquarien pflegen bereits nach geringfügigen Veränderungen des Standortes undicht zu werden, weil der inzwischen erhärtete Kitt dem geänderten Spannungszustand des Rahmens nicht mehr folgen kann und Risse bekommt. Dauerhafte Lecksicherheit kann nur durch die Verwendung von Silikonkautschuk erzielt werden.
Rahmenlose Glasaquarien sehen auf den ersten Blick zwar etwas zerbrechlich aus, sind es aber nicht. Ihre Stabilität verdanken sie der Verklebung mit elastischen Silikonkautschuk-Klebern. Diese Kleber werden unter anderem im Baugewerbe verwendet. Sie besitzen eine hervorragende Elastizität und Zugfestigkeit und verleihen dem Aquarium eine ausgezeichnete Festigkeit. Aquarien von mehr als 60 cm Länge sollen oben in der Mitte eine Querspange erhalten, damit sich die Front- bzw. Rückseite durch den Wasserdruck nicht zu sehr auswölben kann. Die Klebenähte bleiben auch nach dem Abbinden stets gummiartig elastisch. Daher müssen wir beim Algenabschaben aufpassen, daß wir die Klebenähte nicht versehentlich mit der Rasierklinge verletzen. Im übrigen sind rahmenlose Glasaquarien problemlos und dürfen als die zur Zeit beste Lösung im Aquarienbau bezeichnet werden. Der Selbstbau solcher Aquarien ist nicht schwierig, er wird am Schluß dieses Kapitels beschrieben[1]. Manche Hersteller versehen ihre Aquarien mit einem schmalen Rahmen aus Aluminium. Diese Bauart unterscheidet sich jedoch grundsätzilch von den klassischen Gestellaquarien mit eingekitteten Scheiben, denn die tragende Festigkeit wird auch hier wie bei den rahmenlosen Aquarien durch die Kautschukverklebung erreicht. Der Aluminiumrahmen dient praktisch nur als Zierleiste und verdeckt die etwas schwierig zu reinigenden Ecken.
Acrylglas (z. B. Plexiglas der Firma Röhm) ist wesentlich schlagfester und elastischer als Glas und kann nach Erwärmen auf etwa 110° C beliebig gebogen werden. Da es sich leicht kleben läßt, war es bis vor kurzem das einzige Material zur Herstellung rahmenloser Aquarien. Leider besitzt das Acrylglas eine Reihe von schwerwiegenden Nachteilen. Besonders unangenehm ist seine weiche Oberfläche. Diese Aquarien müssen daher sehr vorsichtig gereinigt werden, denn sonst entstehen leicht Schrammen, die man mühsam wieder auspolieren muß[2]. Schlechte Qualitäten neigen mit der Zeit zum Vergilben. Besonders nachteilig ist die Wasseraufnahme des Acrylglases und die damit verbundene Quellung. Da Aquarienwände nur einseitig mit Wasser in Berührung kommen, quellen Acrylglasscheiben nur auf der Innenseite. Dadurch verziehen sie sich, und es entstehen beträchtliche Spannungen[3]. Als Deckscheibe kann man Acrylglas nicht verwenden, da es sich hoffnungslos verzieht und nach innen wölbt. Seitdem auch aus normalem Tafelglas rahmenlose Becken hergestellt werden können, hat das Acrylglas im Aquarienbau seine Bedeutung verloren und wird nur noch beim Bau technischer Geräte vorteilhaft eingesetzt.
Polystyrol und andere Kunststoffe werden für kleine Ablaich- oder Zuchtbecken bis zu etwa 10 Liter Größe verwendet, die man in einem einzigen Arbeitsgang fertig spritzt. Polystyrol ist ähnlich kratzempfindlich wie Acrylglas. Kleinaquarien aus diesem Material haben die bruchempfindlichen Vollglasbecken abgelöst und werden vorwiegend in Zuchtanlagen eingesetzt.
Asbestzement (Handelsnamen Eternit, Fulgurit usw.) ist ein preiswertes Material aus der Baustoffindustrie, das unter sehr hohem Druck aus Asbestfasern und Zement gepreßt wird. Es ist in hellgrauen Platten im Handel und läßt sich mit einem Spezialklebstoff zu wasserdichten Behältern verkleben. Die Frontseite versieht man mit einer Glasscheibe. Allerdings ist das Äußere solcher Asbestzement-Becken wenig ansprechend. Deshalb verkleidet man Aquarien aus diesem Material mit Holz oder Klebefolie. Damit der Asbestzement keine Härtebildner an das Wasser abgeben kann, müssen wir solche Aquarien innen mit einem Schutzanstrich (z. B. Epple-Plast LP) versehen. Wegen der aufwendigen zusätzlichen Nebenarbeiten, wie Verkleidung und Schutzanstrich erscheint der Preisvorteil des Asbestzementes im Aquarienbau fragwürdig[4].

Die Aufstellung

Bei Zuchtanlagen müssen viele kleinere Aquarien möglichst raumsparend untergebracht werden. Hierbei hilft ein Regal, das wir, der jeweiligen Raum- und Bek-

[1] s. S. 296

[2] Zur Reinigung des Acrylglases benutzen wir am besten ein Geschirrspülmittel. Keinesfalls Spiritus verwenden!!! Durch den Alkohol entstehen Haarrisse, die später zum Bruch führen können. Auch viele Glasreiniger enhalten Alkohol!

[3] Obwohl Acrylglas rund 7mal fester ist als normales Glas, sollten wir deshalb die Wandstärke mindestens gleich oder doppelt so dick wie bei einem normalen Glasaquarium wählen. Dadurch vermeiden wir quellungsbedingte Deformationen des Acrylglases und zusätzliche starke Spannungen auf die Klebenähte.
Die Klebenähte streichen wir zusätzlich innen mit Silikonkautschuk-Kleber aus, weil die Acrylglaskleber (z. B. Acryfix 90) bei häuslicher Verarbeitung nicht immer ausreichend wasserfest aushärten. Erst nach besonderer Wärmebehandlung erreicht die Klebenaht die gleiche Festigkeit wie das Acrylglas selbst.

[4] Über die Verwendung von Kunststoffen und Kunstharzen informieren auch sehr gut die Druckschriften der einzelnen Lieferfirmen.

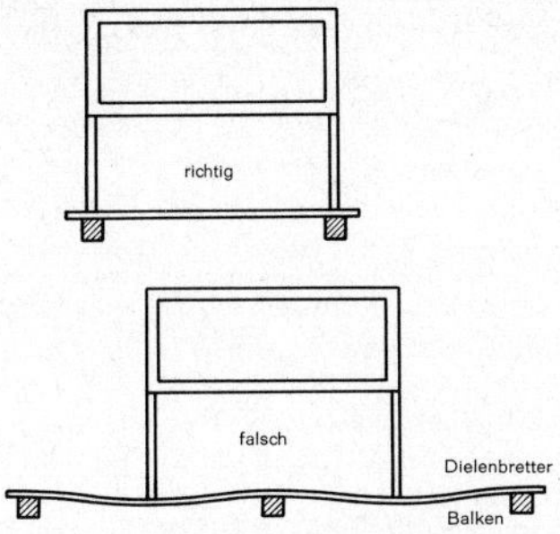

Bild 4.2: Wenn ein Aquarium auf einem Dielenfußboden aufgestellt wird, muß unbedingt die Lage der Balken beachtet werden. Bei der Aufstellung eines sehr schweren Aquariums sollte man den Architekten fragen.

kengröße entsprechend, am besten selbst anfertigen. Als Material eignet sich Holz oder Leichtmetall. Der Eisenwarenhandel bietet einige Regal-Bausysteme an, bei denen die Einzelteile nach Bedarf zugeschnitten und mit Hilfe von Steckverbindungen zu einem Regal mit individuellen Abmessungen zusammengefügt werden können.
Schauaquarien[3], die als größere Einzelbecken in Wohnräumen aufgestellt werden, benötigen einen stabilen, tischähnlichen Unterbau, auf dem man sie in bequemer Betrachtungshöhe abstellt. Bei rahmenlosen Glasaquarien ist unbedingt eine Zwischenlage aus Filz oder Styropor[4] erforderlich, damit eine punktförmige Belastung des Aquarienbodens durch irgendwelche Unebenheiten oder Fremdkörper mit Sicherheit vermieden wird. Vielfach stellt man Aquarien nicht offen auf dem Unterbau ab, sondern setzt sie in eine größere Truhe hinein, die an der Vorderseite einen Ausschnitt etwa in der Größe der Frontscheibe besitzt. Dies hat den Vorteil, daß die zum Aquarium gehörende Technik wie Beleuchtung, Pumpe, Außenfilter usw. unauffällig untergebracht werden kann.

Bild 4.3: Größere Aquarien können auch sehr wirkungsvoll in die Raumgestaltung einbezogen werden. Hier ein Aquarium als Trennwand.

Bei der Wahl des Aufstellungsortes im Wohnzimmer müssen wir das beträchtliche Gewicht wassergefüllter Aquarien genügend berücksichtigen. Der Fußboden muß fest und unnachgiebig sein. Bei Dielenfußböden sollten die Füße des Unterbaus möglichst auf dem tragenden Balken stehen, weil die Dielenbretter häufig stark nachgeben (Bild 4.2). Die Balken befinden sich dort, wo die Dielen genagelt sind. Vor der Aufstellung sehr großer Aquarien sollten wir stets einen Architekten befragen, da die Tragfähigkeit der Fußböden in Wohnräumen in der Regel nicht sonderlich hoch ist.
Aquarien sollten weder unmittelbar am Fenster noch diesem gegenüber aufgestellt werden. Am Fenster kann im Sommer die Beleuchtungsstärke so hoch werden, daß der Algenwuchs überhand nimmt. Außerdem sehen Aquarien stets eindrucksvoller aus, wenn sie nicht von hinten, sondern von vorn beleuchtet werden, denn die Pflanzen wenden sich stets dem Licht zu und würden sich am Fensterplatz vom Betrachter abwenden. Aquarien lassen sich heute ausreichend und bequem künstlich beleuchten, so daß das Tageslicht nicht mehr unbedingt erforderlich ist.
Ein Platz gegenüber dem Fenster ist ebenfalls ungünstig, da sich dann das helle Fenster in der Frontscheibe des Aquariums spiegelt. Am Abend haben wir denselben Ärger mit den Beleuchtungskörpern des Wohnraumes; diese Reflexe lassen sich aber durch entsprechende Wahl der Lampenleistungen vielfach in Grenzen halten. Es ist mitunter gar nicht so einfach, einen einigermaßen reflexarmen Platz für ein Aquarium zu finden. Erfolgversprechend sind Zimmerecken neben den Fenstern und Plätze gegenüber großen, dunklen Möbelstücken. Sehr eindrucksvoll wirkt ein größeres Schauaquarium, z. B. als Raumteiler. Sitzecken können dadurch besonders reizvoll werden. Wie das aussehen kann, zeigt Bild 4.3.

[3] Weitere Vorschläge auf S. 25–27
[4] Styropor in Plattenform erhält man im Baumaterialhandel oder in Tapetengeschäften.

Bei der Wahl des Aufstellungsortes sollten wir auch berücksichtigen, daß jedes Aquarium wegen seines beträchtlichen Wasserinhaltes auch ein Risiko in sich birgt. Obwohl Glas ein recht stabiler Baustoff ist, ging schon manches wohlgefüllte Aquarium zu Bruch, weil die Hausfrau beim Wohnungsputz mit dem Schrubberstiel versehentlich hineinstieß. Ebenso können spielende Kinder für unangenehme Überraschungen sorgen. Das Aquarium sollte daher möglichst nicht an hervorstehenden Ecken oder ähnlich gefährdeten Plätzen aufgestellt werden.
Aber auch ohne äußere Gewalteinwirkungen können umfangreiche Überschwemmungen entstehen, wenn sich z. B. ein Schlauch des Außenfilters an einer besonders ungünstigen Stelle löst, und die Pumpe das Wasser in das Wohnzimmer fließen läßt, bis das Becken nahezu leer gepumpt ist. — Es kommt auch vor, daß Holzmöbel zum Setzen neigen und unter der Last des Aquariums ungleichmäßig nachgeben. Die Folge sind Spannungen im Aquarium, die unter Umständen zum Springen der Glasscheiben führen. Mit Vorliebe treten solche Pannen nachts auf oder wenn man gerade außer Haus ist.
Der Schaden ist jedesmal beträchtlich. Nicht so sehr der Fische wegen, sondern weil sich das auslaufende Wasser mit Leichtigkeit durch den Fußboden hindurch in den darunterliegenden Wohnungen verteilt. Jede Hausfrau, die beim Scheuern schon einmal einen gefüllten Wassereimer umstieß, weiß, daß bereits ein Eimer Wasser eine überraschend große und kaum zu bändigende Menge Wasser enthält. Ein 100-Liter-Aquarium aber faßt rund die zehnfache Menge!
Aquarienbruch passiert nicht nur den Amateuren. Vor einigen Jahren zerbarst im Zoo einer deutschen Großstadt urplötzlich die Frontscheibe eines 3000 Liter fassenden Aquariums. Mit großer Kraft schoß das Wasser zusammen mit Scheibenbruchstücken in den Zuschauerraum und richtete dort erhebliche Zerstörungen an. Glücklicherweise ereignete sich dieser Zwischenfall in den Nachtstunden, daher kam kein Besucher zu Schaden.
Wir wollen nun keinesfalls Schwarzmalerei betreiben! Ein echter Aquarianer ließe sich auch dadurch nicht von seinem schönen Hobby abbringen. Aber wir sollten uns unbedingt durch den Abschluß einer Haftpflichtversicherung gegen die Folgen eines Aquarienbruches so weit wie möglich absichern. Die Kosten sind nur gering. Jedes Mitglied eines dem VDA angeschlossenen Aquarienvereines ist bereits auf Grund seiner Mitgliedschaft haftpflichtversichert. Die meisten Aquarienliebhaber gehören jedoch keinem Verein an; für sie empfiehlt sich der Abschluß einer Privat-Haftpflichtversicherung. Man frage aber vorher bei der Versicherung ausdrücklich an, ob sich der Schutz auch auf Schäden durch auslaufendes Aquarienwasser erstreckt, denn manche Versicherungen decken nur Leitungswasserschäden, und versicherungsrechtlich ist Aquarienwasser kein Leitungswasser! — Um Irrtümern vorzubeugen sei noch erwähnt, daß eine Haftpflichtversicherung natürlich nicht für das beschädigte Becken oder die verlorengegangenen Fische aufkommt, sondern sie deckt lediglich Schäden, für die wir von dritter Seite haftbar gemacht werden.

Tafel 25
Oben links: Der Regenbogencichlide (Herotilapia multispinosa) stammt aus Mittelamerika. Von der Gattung Herotilapia gibt es nur diese einzige Art.
Oben rechts: Der Maronibuntbarsch (Aequidens maronii) stammt aus Guayana und Venezuela, er wird bis zu 13 Zentimeter lang. Der Maronibuntbarsch ist äußerst friedfertig und läßt auch den Pflanzengarten in Ruhe. Er lebt gerne zurückgezogen in „Pflanzenstauden“ und kann es nicht leiden, wenn er von Ort zu Ort versetzt wird.
Mitte links: Der Segelflosser (Pterophyllum scalare) lebt in ruhigen Buchten des Amazonasstroms und seiner Nebenflüsse. Mit der hohen Rücken- und Afterflosse ist der Skalar wesentlich höher als lang; der Eleganz seiner Gestalt entspricht die ruhige, majestätische Art seiner Bewegungen. Vom Skalar kennen wir einige Zuchtformen, im Hintergrund des Bildes der Marmorskalar.
Mitte rechts: Der Hohe Segelflosser (Pterophyllum altum) stammt aus dem Orinocogebiet, er hat eine besonders lange Rücken- und Afterflosse. Die Art braucht schwach saures Wasser und sollte nur mit friedlichen Fischen zusammen gehalten werden, die sich langsam bewegen.
Unten links: Der Braune Diskusfisch (Symphysodon aequifasciata axelrodi) lebt im mittleren Bereich des Amazonas, des Rio Negro und in einigen Nebenflüssen. Da Diskusfische nicht einfach zu halten sind, fordern sie immer wieder die Pflegekunst des Liebhabers heraus. In ihrer Heimat leben sie in einem sehr weichen Wasser von weniger als 1° dGH und einem pH-Wert von sieben bis sechs, die Temperaturen betragen dort zwischen 27 und 30° C.
Unten rechts: Vom Diskusfisch gibt es — wie beim Skalar — einige Zuchtformen, unser Bild zeigt eine halbschwarze Variante.
Aufnahmen: B. Kahl

Selbstbau rahmenloser Glasaquarien

Rahmenlose Glasaquarien können wir mit etwas technischem Geschick völlig risikolos selbst kleben. Der Selbstbau ist nicht nur billiger, sondern wir können auch leicht Aquarien mit beliebigen Abmessungen herstellen und damit die räumlichen Gegebenheiten optimal nutzen.
Als Kleber verwenden wir einen Kunstkautschuk auf Silikonbasis, der als elastische Dichtungsmasse unter anderem im Baugewerbe verwendet wird. Er geht mit Glas eine derart feste Verbindung ein, daß selbst beim gewaltsamen Auseinanderreißen der Klebestellen immer ein dünnes Kautschukhäutchen am Glas haften bleibt. Die Klebestellen vertragen jedoch bei sauberer Verarbeitung eine derart hohe Belastung, wie sie unter aquaristischen Bedingungen nicht einmal annähernd erreicht wird. Silikonkautschuk-Kleber[1] binden unter dem Einfluß der Luftfeuchtigkeit innerhalb von 24 bis 48 Stunden ab und sind dann nach kurzem Wässern geruchlos und physiologisch einwandfrei. Sie bleiben stets elastisch und vertragen Temperaturen von -60 bis $+200°$ C. Der Kleber wird in praktisch gleicher Qualität von verschiedenen Herstellern z. B. unter folgenden Handelsnamen angeboten: Elch-Siegel (G. Drengwitz), FD-Plast (Compakta), Nibosil (Niederlücke), Palesit (Lechler) usw. Silikonkautschuk erhalten wir im Handel

[1] Im Baustoffhandel oder Zoogeschäft erhältlich

Tafel 26
Bild: Besonders hübsche Diskusfische ergab die Kreuzung aus den Farbschlägen „Royal Blue" mit „Türkis".
Aufnahme: B. Kahl, Aquarium Wilhelma, Stuttgart

sowohl in kleinen Tuben als auch in größeren Kartuschen, die allerdings zur Verarbeitung eine Spritzpistole erfordern. Der Kleber wird in Schwarz, diversen Grautönen, in Weiß und Transparent angeboten. Wenn der Inhalt einer Tube oder Kartusche nicht restlos verbraucht wird, drückt man zweckmäßig etwas Kleber aus der Spritzöffnung heraus, damit sich ein Verschlußpropfen bilden kann. Bei Wiederverwendung – möglichst innerhalb zwei bis drei Wochen – wird der Pfropfen herausgezogen.

Höhe des Aquariums cm	Länge des Aquariums cm								
	50	60	70	80	90	100	120	150	200
30	6	6	6	6	6	8	8	10	10
40	6	6	6	8	8	8	10	10	12
50	6	8	8	8	10	10	10	12	15
60	8	8	10	10	10	10	12	12	15
70	8	10	10	10	12	12	15	15	18

Tabelle 4.1: Allgemein übliche Glasstärken bei rahmenlosen Aquarien. Beispiel: Beim Kleben eines Aquariums von 80 cm Länge und 50 cm Höhe sollte eine Glasstärke von 8 mm verwendet werden.
Für das Acrylglas (z. B. Plexiglas) siehe Fußnote 3 auf S. 294

Die Glasscheiben für unser Aquarium sollten wir vom Glaser zuschneiden lassen. Bei den Abmessungen müssen wir natürlich die Glasstärke und die Stärke der Klebefugen, die etwa 1/4 der Glasstärke betragen soll, berücksichtigen. Über die erforderlichen Glasstärken gibt Tab. 4.1 Auskunft. Für die meist kurzen Seitenscheiben brauchen wir eigentlich eine geringere Wandstärke als für die Front- und Rückenscheibe. Trotzdem sollten wir auch hier wegen der Klebefugen die gleiche Wandstärke wie für die großen Scheiben wählen. Bild 4.4 hilft bei der Berechnung der Scheibengrößen und zeigt, wie die Scheiben zusammengesetzt werden.

Wir wollen z. B. ein Becken mit den Maßen 100 x 50 x 50 cm anfertigen. Die erforderliche Materialstärke beträgt nach Tab. 4.1 10 mm. Die Bodenscheibe besitzt die Nennmaße des Aquariums, nämlich 100 x 50 cm. Front- und Rückenscheibe sind ebenfalls 100 cm lang, jedoch nur 48,75 cm hoch, weil wir die Höhe der Bodenscheibe (1 cm) und die Klebefuge (0,25 cm) abziehen müssen. Die Seitenscheiben sind aus dem gleichen Grund nur 48,75 cm hoch und haben eine Breite von nur 47,5 cm, denn vom Nennmaß 50 cm müssen wir die Wandstärken der

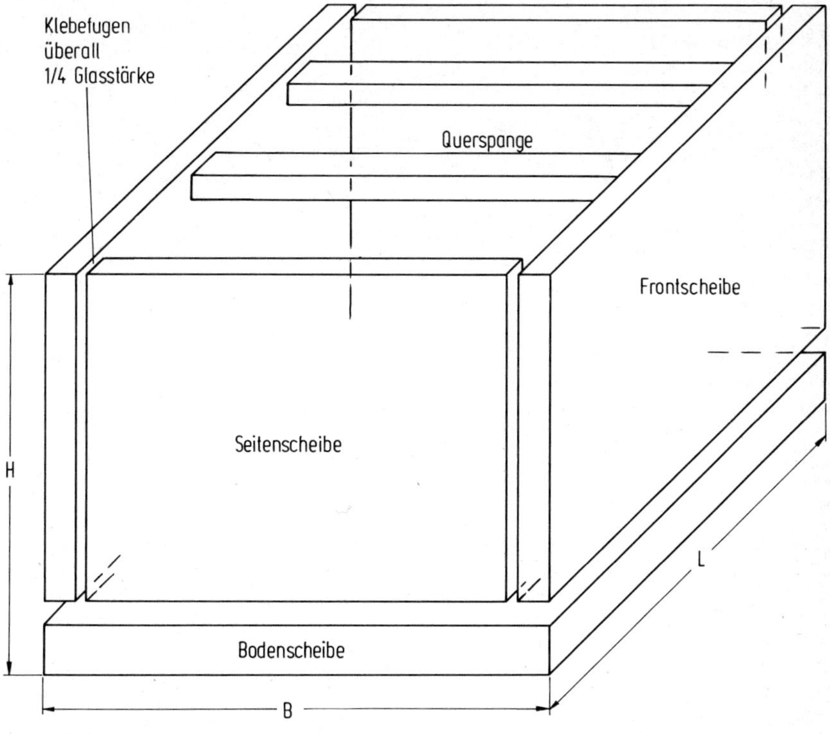

Bild 4.4: So wird ein rahmenloses Aquarium zusammengesetzt. Die Glasdicken sind zur Verdeutlichung übertrieben dargestellt. Die Klebefugen sollen etwa die Hälfte der Glasstärke dick sein. Wenn L, B, H die Nennmaße des Aquariums sind und d die Dicke der Glasscheiben, so ergeben sich folgende Abmessungen:
Bodenscheibe L × B
Front- und Rückscheibe L × (H-1,5 d)
Seitenscheiben (B-3 d) × (H-1,5 d)
Länge der Querspangen B-3 d

Front- und Rückenscheibe (je 1 cm) und die zwei Klebefugen (je 0,25 cm) abziehen.
Die Kanten der zugeschnittenen Glasscheiben brauchen nicht geschliffen zu werden. In den meisten Fällen genügt es, die Kanten mit Schleifpapier oder besser mit einem Abziehstein (wie beim Messerschleifen) zu brechen.
Aquarien mit einer Länge von mehr als 60 cm erhalten in der Mitte eine Querspange. Zur Auflage der Abdeckscheibe werden an den Schmalseiten Glasstreifen eingeklebt. Die Länge der Glasstreifen und der Querstange entspricht der Breite der Seitenstreifen.
Die Glasscheiben müssen sehr sorgfältig vorbehandelt werden, um Fehlschläge zu vermeiden. Jede Klebefläche muß absolut sauber und fettfrei sein. Alle Kanten reiben wir daher mit einem in Aceton getränkten Wattebausch ab. Ein Aufrauhen der Klebestellen ist nicht erforderlich. Beim Kleben muß unbedingt eine Klebefuge eingehalten werden, damit die Glasscheiben bei wechselnder Belastung nicht aufeinanderreiben können. Das Einhalten der Klebefugen können wir uns wesentlich erleichtern, wenn wir auf die eine der zu klebenden Flächen etwa alle 20 cm mit Silikonkautschuk ganz kleine Häufchen tupfen. Diese Tupfen benötigen etwa 12 Stunden zum Aushärten und ergeben dann Distanzfüßchen, die später beim Verkleben der Scheiben eine gleichmäßige Fugenbreite garantieren. Nötigenfalls können wir die Höhe der Distanzfüßchen vor dem eigentlichen Kleben durch Abschneiden mit einer Rasierklinge korrigieren. Der neuaufgetragene Kleber verbindet sich wasserdicht mit den aus dem gleichen Material hergestellten Distanzfüßchen.
Beim Kleben des Aquariums tragen wir zuerst auf eine Längsseite der Bodenscheibe eine dicke Kleberraupe auf und stellen hierauf sogleich die Rückscheibe. Dann kleben wir die Seitenscheiben ein, wobei je eine Kleberraupe auf der Schmalseite des Bodens und der Rückscheibe erforderlich ist. Schließlich wird die Frontscheibe eingeklebt. Bevor alle Scheiben vollständig eingesetzt und mit Klebeband provisorisch fixiert sind, muß ein Helfer die Scheiben festhalten. Das Aquarium lassen wir nun zwei Tage ruhig stehen, bis der Silikonkautschuk vollständig abgebunden hat. Klebereste, die aus den Klebefugen herausgedrückt worden sind, entfernen wir erst nach dem Abbinden des Klebers mit der Rasierklinge, andernfalls verschmieren wir leicht die Scheiben.
Nach dem vollständigen Abbinden sollten wir besonders bei größeren Becken die Klebekanten auf der Innenseite mit Silikonkautschuk-Kleber ausstreichen. Diese Ecknähte glätten wir unmittelbar nach dem Auftragen mit dem nassen Finger. Die Ecknaht wird besonders sauber, wenn wir zuvor neben die beabsichtigte Ecknaht zwei Streifen Tesafilm kleben, die wir unmittelbar nach dem Glätten der Naht wieder abziehen. Die Auflagestreifen für die Abdeckscheiben und die eventuelle Querstange werden erst jetzt eingeklebt und durch untergestellte Stützen während des Abbindens vor dem Herabrutschen bewahrt. Nach dem Kleben müssen wir das Aquarium einige Tage wässern. Das Wasser sollten wir dabei mehrmals wechseln, ehe wir das Aquarium endgültig in Betrieb nehmen.

Die Inneneinrichtung

Unser Aquarium soll vor allem uns gefallen. Wir richten es also nicht nach irgendwelchen starren Regeln ein. Der persönliche Geschmack kann bei der Dekoration eines Aquariums voll zur Entfaltung kommen; unserer Phantasie sind bei der Einrichtung kaum Grenzen gesetzt. Die folgenden Hinweise sollen nur Anregungen geben und einige Einrichtungsmöglichkeiten aufzeigen, ohne Anspruch auf Vollständigkeit zu erheben. Die Auswahl oder Anwendung bleibt dem Aquarianer überlassen; nur die unter dem Stichwort „Material" erwähnten Punkte müssen unbedingt berücksichtigt werden.

Das Material

Die aquaristische Tauglichkeit eines Materials hängt in erster Linie von seiner chemischen Neutralität ab. Das heißt, es darf weder irgendwelche Stoffe an das Wasser abgeben, noch diesem welche entziehen. Hinter dieser Forderung, die nicht immer leicht zu erfüllen ist, müssen alle anderen, wie z. B. leichte Verarbeitung oder niedriger Preis unbedingt zurückstehen.

Metalle dürfen wir im Aquarium grundsätzlich nicht verwenden. Alle Metalle werden auch im Süßwasser mehr oder weniger stark angegriffen, ihre im Wasser gelösten Salze können giftig wirken. Zwar ist ein gewisser Gehalt auch an metallischen Spurenelementen im Wasser für das Wohlbefinden von Tier und Pflanze durchaus erwünscht, jedoch gelangen durch die Fütterung und den regelmäßigen Wasserwechsel genügend Spurenelemente ins Aquarium. Vor allem aber sind bei der Verwendung von Metallteilen die in Lösung gehenden Metallmengen ganz entschieden zu groß, denn sie können mehrere Milligramm pro Liter erreichen. Je nach ihrer Konzentration im Wasser, der Existenz weiterer Stoffe, dem Sauerstoffgehalt oder anderen kaum erfaßbaren Zufälligkeiten, kann ihre Giftwirkung sehr unterschiedlich sein. Auch die Verwendung von rostfreiem Stahl, wie z. B. V 2 A ist im Aquarium äußerst bedenklich, wenn dieser auch bei weitem nicht die Giftigkeit von Nickel oder gar Kupfer und Zink erreicht. Wenn jedoch im Aquarium aus irgendwelchen Gründen die Verwendung von Metall nicht zu umgehen ist, so müssen diese unbedingt zuverlässig von jedem Kontakt mit dem umgebenden Wasser geschützt werden, z. B. durch Einbetten in Kunstharz.

Kunststoffe sollten vor ihrem Einsatz kritisch geprüft werden. Viele Kunststoffe sind von Hause aus hart und unelastisch. Ihnen werden organische Substanzen als Weichmacher zugesetzt, die vorzugsweise durch ihr Löse- bzw. Quellvermögen den Kunststoffen die gewünschte Biegsamkeit und Elastizität verleihen. Im Wasser geben solche Kunststoffe häufig ihre beigemengten Weichmacher ab und werden im Laufe der Zeit zunehmend härter. Weichmacher sind physiologisch sehr bedenklich und führen im Aquarium mitunter zu Vergiftungserscheinungen. Aquaristisch geeignete Kunststoffe müssen absolut geruchsfrei sein. Jeglicher Geruch beweist, daß der betreffende Kunststoff laufend irgendwelche verdächtigen Substanzen abgibt[1]. Da die Abgabefreudigkeit mit der Temperatur ganz erheblich zunimmt, sollte der fragliche Kunststoff vor der Geruchsprobe im Wasserbad erhitzt werden. Völlig bedenkenlos können Acrylglas, Hart-PVC und Silikon verwendet werden. Sie enthalten keine Weichmacher und haben sich seit langem als physiologisch einwandfrei erwiesen.

Kunstharze haben sich für Isolationen oder Klebungen im Aquarium ausgezeichnet bewährt. Von den vielen Kunstharzarten eignen sich die Epoxidharze für aquaristische Zwecke besonders. Sie werden vor Gebrauch aus zwei oder drei Komponenten zusammengerührt und lassen sich dann leicht als Isolierschicht auf irgendwelchen Flächen verstreichen oder zum Kleben von Dekorationsstükken verwenden. Sie härten in wenigen Stunden zu einer festen Masse aus und sind dann nach kurzem Wässern physiologisch einwandfrei. Ein vielerorts aquaristisch erprobtes Epoxidharz ist der Kunststoff-Ausgleichsmörtel Icosit 102[2]. Wenn er ohne den mitgelieferten Pulverzusatz angerührt wird, erhält man eine glasklare, streichfähige Masse, die hervorragend zum Isolieren bedenklicher Dekorationsstücke geeignet ist. Nach dem Aushärten ist der Überzug unter Wasser völlig unsichtbar und glanzfrei.

Gesteine, als Kies oder als größere Stücke, können meist unbedenklich verwendet werden. Gut geeignet sind Gesteine wie Granit, Gneis, Basalt und Quarz. Vorsicht ist geboten bei Gesteinen, die Calcium-Ionen abgeben, wie z. B. Dolomit, Tuffstein oder Kalkstein. Wir dürfen diese Gesteine nicht verwenden, wenn im Aquarium Wasser mit geringer Härte benötigt wird, andernsfalls würde die Wasserhärte ständig zunehmen. Das gleiche gilt auch für Beton.

Bestehen Zweifel an der aquaristischen Eignung irgendwelcher Gesteine, so tropfen wir etwas verdünnte Salzsäure auf. Bei kalkhaltigem Material schäumt die Säure auf. Zur weiteren Prüfung wird eine Materialprobe gründlich gesäubert und in einem Erlenmeyerkolben[3] mit etwas destilliertem Wasser geschüttelt. Nach kurzem Umschütteln wird die elektrische Leitfähigkeit[4] des Wassers im Erlenmeyerkolben gemessen. Anschließend kochen wir auf der Herdplatte mindestens 15 Minuten lang. Nach dem Abkühlen der Probe darf eine erneute Messung keine Zunahme der Leitfähigkeit zeigen, anderenfalls hat das Untersuchungsmaterial irgendwelche Stoffe abgegeben und ist aquaristisch nicht verwendbar.

Der Boden

Vor dem Einfüllen des Bodenmaterials sollten wir überlegen, ob unter dem Bodengrund der Einbau der im Kapitel „Heizung" beschriebenen Wasserkammer aus Acrylglas angebracht ist. In schlecht geheizten Räumen lassen sich mit diesem Verfahren größere Temperaturdifferenzen zwischen dem Boden und dem

[1] Die Geruchsprüfung erscheint zwar primitiv, aber unsere Nase ist erstaunlich leistungsfähig und kann noch spurenhafte Konzentrationen wahrnehmen. Zum Beispiel:
1,8 ppm Essigsäure
0,4 ppm Äther
0,3 ppm Chlor
0,0045 ppm Phenol
0,002 ppm Methylamin
0,004 ppm Buttersäure
(ppm = parts per million, Englische Bezeichnung für „Teile auf eine Million" in der Chemie)
1 ppm entspricht einer Verdünnung von 1 : 1 000 000

[2] Hersteller: Lechler Bautenschutzchemie, Stuttgart

[3] Erlenmeyerkolben sind im Chemielabor gebräuchliche Glaskolben mit kegelförmigem Bauch. Sie werden aus Jenaer Glas hergestellt und können gefahrlos erhitzt werden.

[4] Die Leitfähigkeitsmessung ist ein sehr elegantes Verfahren zur Bestimmung des Elektrolytgehaltes des Wassers. Siehe auch S. 389

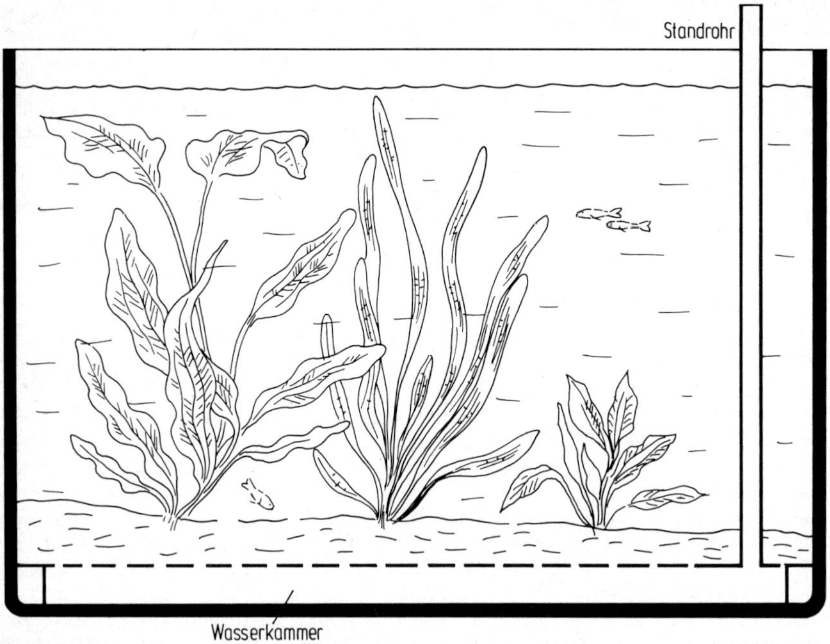

Bild 4.5: Wird der eigentliche Bodengrund vom Boden des Aquariums durch eine siebartige Zwischenlage getrennt, so läßt sich leicht auch im Bodengrund ein Wasserwechsel vornehmen.

freien Wasser vermeiden. Nützlich kann auch der Einbau einer siebartigen Unterlage sein, mit der zwischen dem Boden des Aquariums und der eigentlichen Bodenschicht eine schmale Wasserkammer geschaffen wird (Bild 4.5). Dann können wir auf einfache Weise auch im Bodengrund einen Wasserwechsel durchführen.

Als Material für den Bodengrund hat sich Kies mit einer mittleren Körnung von etwa 3 mm bewährt, wie er auch auf Baustellen verwendet wird[1]. Vor seiner Verwendung müssen wir ihn gründlich waschen. Am besten waschen wir unter fließendem Wasser in einem großen Sieb. Notfalls tut es auch ein Eimer, in dem wir einen Wasserschlauch bis auf den Boden hineinstecken. Das Waschwasser läuft dann von unten durch den Kies nach oben über den Rand des Eimers ab. Gleichzeitig wühlen wir den Kies kräftig mit der Hand durch. Nach Möglichkeit waschen wir im Freien, denn die herausgespülten Mengen an Schmutz und Sand sind beträchtlich und verstopfen leicht den häuslichen Abfluß.

Wer erfolgreich Wasserpflanzen kultivieren will, muß dem Boden Nährstoffe zugeben. Wiederholte Versuche zeigen eindeutig, daß der Ertrag von Pflanzen, die in nährstoffreicherem Boden gehalten werden, den der Kontrollpflanzen in reinem Kiesboden um ein Mehrfaches übertrifft[2]. Ein kräftiger Boden kann z. B. durch Beimengen von Lehmklümpchen hergestellt werden. Eine feine Verteilung des Lehmes ist nicht erwünscht, weil sonst der Boden verschlämmt und die Wasserzirkulation im Boden zu stark behindert wird. Gut bewährt hat sich auch eine etwa fingerstarke Schicht aus Einheitserde. Dies ist eine Mischung aus Ton und Torf, die als fäulnisfeste Blumentopferde weite Verbreitung gefunden hat. Um ein Aufschwemmen der Einheitserde zu verhindern, decken wir sie mit einer Schicht aus sauberem Kies ab.

Vielfach wird empfohlen, anspruchsvolle Wasserpflanzen in eine Schale mit nährstoffreichem Boden zu pflanzen, und diese dann in den Kiesboden des Aquariums einzusetzen. Bei diesem Verfahren braucht nicht der ganze Boden aus einer kräftigen Mischung zu bestehen, die Pflanzen können bei Bedarf leicht umgesetzt werden. Leider stellt sich jedoch immer wieder heraus, daß sich die frei ausgepflanzten Exemplare wesentlich besser entwickeln als die eingetopften. Die Ursachen hierfür sind noch nicht befriedigend geklärt.

Ein dunkler Bodengrund verstärkt den Kontrast zu den meist hellen Tieren und Pflanzen. Die Farbwirkung bunter Fische können wir daher durch Verwendung von schwarzem Basaltsplitt als Bodengrund beträchtlich steigern. Leider wird dieser Effekt durch Ansiedlung von Algen leicht wieder zerstört.

[1] Erhältlich im Baustoffhandel
[2] siehe auch AQUARIEN-MAGAZIN 1974, Heft 6, S. 260–263

Die Rückwand

Selten lassen sich Schauaquarien freistehend aufstellen und von allen Seiten betrachten wir auf Bild 4.3. Meist stehen sie unmittelbar an einer Wand und sind nur von einer Seite zugänglich. Hier empfiehlt sich die Verkleidung der Rückwand, um einen möglichst harmonisch wirkenden Hintergrund zu erhalten. Der Phantasie sind hier keine Grenzen gesetzt, wir sollten allerdings die natürlichen Dekorationsmittel wie Gesteine, Rindenmaterial, Bambus usw. bevorzugen.
Grundsätzlich gibt es zwei verschiedene Wege zur Gestaltung der Rückwand. Zum einen kann die Rückwand-Dekoration von außen an der Rückscheibe befestigt werden. Sie ist dann durch die Scheiben des Aquariums gut sichtbar, aber räumlich getrennt. Solche Dekorationen können nicht veralgen und beanspruchen im Aquarium keinen Raum. Außerdem dürfen auch wasserchemisch bedenkliche Stoffe verwendet werden. Zum anderen läßt sich die Rückwand-Dekoration direkt im Becken unterbringen. Solche Rückwände wirken dann meist plastischer, weil ihre Vorsprünge von lebenden Pflanzen umrankt und von den Fischen umschwommen werden können. Außerdem ermöglichen sie den Einbau von sehr dekorativ wirkenden Terrassen, in die wir kleinwüchsige Pflanzen einsetzen können.
Außenrückwände erfordern weniger Arbeit und Sorgfalt. Als sehr einfache und doch überraschend wirksame Lösung kann die Rückscheibe mit schwarzem Samt hinterlegt werden. Der dunkle Hintergrund erhöht den Lichtkontrast, und Pflanzen wie Tiere treten wesentlich leuchtender und farbiger hervor. Diese Lösung ist besonders für Pflanzenbecken zu empfehlen. Aufwendiger ist eine geklebte Rückwand-Dekoration. Hierzu bestreichen wir eine Sperrholzplatte von der Größe der Beckenrückwand einseitig mit einem beliebigen Kleber. Auf den feuchten Kleber können wir nun nach Geschmack flache Steine, Kiesel, Lavasplitt, Muschelschalen, leere Schneckengehäuse usw. auflegen. Sehr dekorativ wirken auch Rindenstücke und absonderlich geformte Wurzeln. Nach dem Trocknen wird die Platte aufrecht hinter das Aquarium gestellt und eventuell durch Abdeckleisten gegen seitlichen Lichteinfall geschützt.
Innenrückwände lassen sich prinzipiell ähnlich der eben beschriebenen geklebten Rückwand anfertigen. Das Material muß jedoch wasserfest sein, und es darf die Wasserqualität nicht beeinträchtigen. Zweckmäßig kleben wir die Dekorationsstücke nicht unmittelbar auf die Rückscheibe des Aquariums, sondern auf eine Trägerplatte aus Hart-PVC oder Plexiglas. Als Kleber sind Epoxid-Kunstharze wie Icosit 102 oder Silikonkautschuk[3] geeignet. Das Dekorationsmaterial muß vor dem Aufkleben gut gewässert werden. Organisches Material, also Rohrstengel oder Baumwurzeln, zersetzt sich im Laufe der Zeit; es läßt sich jedoch durch einen Schutzanstrich mit farblosem Kunstharz wasserfest isolieren[4]. Vor dem Einbau der geklebten Rückwand müssen wir sie gründlich wässern.
Die Rückwände von kleinen Aquarien lassen sich recht wirkungsvoll mit Platten aus gepreßtem Fasertorf verkleiden. In den Boden gesteckte Rohr- oder Bambusstengel lockern das Bild auf und verhindern ein Umfallen der Torfplatten. Die Torfplatten sollten vor dem Einbau unbedingt einige Tage wässern, sonst schwimmen sie wegen ihrer zahlreichen Lufteinschlüsse leicht auf. Außerdem färben sie dann das Aquarienwasser nicht mehr so stark an.

Die Dekoration im Aquarium

Viele Fische lieben Höhlen zum Verstecken oder zum Ablaichen. Außerdem sieht ein Aquarium reizvoller aus, wenn es nicht nur Pflanzen, Kies und Fische enthält, sondern auch bizarr geformte Steine, Wurzeln oder felsartige Aufbauten. Steinmaterial aus Granit, Basalt, Schiefer oder Quarz kann ohne Vorbehandlung verwendet werden. Alle anderen Gesteine sollen grundsätzlich mit farblosem Epoxid-Kunstharz überzogen werden. Das gilt auch für das beliebte Moorkienholz, denn es gibt nachweislich laufend organische Stoffe an das Wasser ab.
Lose Steinaufbauten sollten wir vermeiden. Besser ist das Zusammenkleben mit Silikonkautschuk, der den problemlosen Bau vielfältiger Höhlen und Terrassen gestattet. Silikonkautschuk-Kleber brauchen etwa einen Tag zum Abbinden. Anschließend müssen wir den fertig geklebten Aufbau noch einige Tage wässern, ehe wir ihn in das Aquarium stellen können.
Mit einer geschickt aufgebauten Dekoration läßt sich ein Teil der Aquarientech-

[3] Im Baustoffhandel oder Zoogeschäft erhältlich
[4] z. B. mit Kunststoffausgleichsmörtel Icosit 102. Wird er ohne den mitgelieferten Pulverzusatz verwendet, erhält man eine glasklare streichfähige Masse, die nach dem Aushärten unter Wasser unsichtbar und glanzfrei ist.

nik unauffällig verstecken. Ein hohler Steinaufbau kann z. B. einen leistungsfähigen Innenfilter unsichtbar aufnehmen. Auch der Thermostat kann von einem angelehnten Wurzel- oder Rindenstück verdeckt werden; allerdings müssen wir darauf achten, daß der Thermostat stets ausreichend vom Wasser umströmt wird. Auch Ausströmer oder gar Unterwasserleuchten lassen sich mit einiger Phantasie bei geschickter Dekoration praktisch unsichtbar im Aquarium anbringen. Terrassen im Bodengrund wirken sehr reizvoll, weil sich damit die Bepflanzung dekorativ in Gruppen fassen läßt. Damit die Terrassenstufen nicht abrutschen können, stützen wir sie durch eine zusammengeklebte Steinreihe oder durch harzisolierte Wurzelstücke ab. Das ist besonders wichtig, wenn wir wühlende Tiere wie z. B. Panzerwelse oder Turmdeckelschnecken halten.

Die Wassertechnik

Die Aquaristik ist zwangsläufig mit Wasserpanscherei verbunden. Mit etwas Technik können wir den Umgang mit größeren Wassermengen wesentlich vereinfachen und auch sicherer machen. Das gilt nicht nur für große Zuchtanlagen und Freilandbecken, sondern besonders für Aquarien in Wohnräumen. Wohnzimmereinrichtungen und Hausfrieden leiden, wenn das Wasser beim Füllen oder Entleeren der Aquarien nicht restlos seinen vorgeschriebenen Weg nimmt. Mini-Aquarien bis höchstens 15 l Inhalt lassen sich zwar notfalls auch gefüllt transportieren, in der Regel aber müssen Aquarien direkt am Aufstellungsort mit Wasser versorgt werden.

Das Wasser[1]

Grundsätzlich können wir Leitungswasser nicht unmittelbar aquaristisch verwenden, sondern es bedarf in der Regel einer Vorbehandlung. Auch wenn es nicht in seiner chemischen Zusammensetzung, z. B. durch Ionenaustauscher, verändert werden soll, so müssen doch vor Gebrauch die Temperatur und vor allem sein Gashaushalt korrigiert werden. In der Wasserleitung steht das Wasser unter einem Druck von mehreren Atmosphären und enthält daher gelöste Gase, die nach der Druckentlastung im offenen Behälter allmählich freigesetzt werden. Der Vorgang ähnelt dem Sprudeln von Selterswasser nach dem Öffnen der Flasche. Füllen wir frisches Leitungswasser ins Aquarium, so setzen sich die frei werdenden Lufteinschlüsse als unzählige Gasbläschen überall ab, unter anderem auch an den Atmungsorganen von Schnecken und Fischen. Das führt zu schweren Atmungsstörungen und in krassen Fällen sogar zum Tod der Tiere.

Frisches Leitungswasser sollte daher vor Gebrauch in möglichst flachen Behältern mindestens einen Tag lang unter häufigem Umrühren abstehen, damit sein Luftüberschuß entweichen kann. Das Wasser ist verwendungsfähig, wenn sich an der Gefäßwand keine neuen Luftbläschen mehr absetzen. Diesen Vorgang können wir wesentlich durch Verregnen des Wassers beschleunigen. Hierzu sprühen wir das Wasser mittels einer Brause in die Badewanne. Die Brause wird dabei so aufgestellt, daß das Wasser fein verteilt einen möglichst großen Weg durch die Luft zurücklegt, ehe es von der Badewanne aufgefangen wird. Durch entsprechendes Mischen mit heißem Wasser kann im gleichen Arbeitsgang ungefähr die benötigte Temperatur eingestellt werden[2]. Derart bereitetes Wasser ist sofort verwendungsfähig und braucht nicht abzustehen.

Wenn es beim Verregnen des Wasses mit der Brause intensiv nach Hallenbad riecht, dann enthält das Wasser Chlor und sollte nicht verwendet werden. In dringenden Fällen können wir es z. B. durch Filtern über Aktivkohle entchloren. Besser ist es, wenn wir den Wasserwechsel um einige Tage verschieben, denn in der Bundesrepublik Deutschland ist die ständige Chlorung des Trinkwassers nicht an allen Orten üblich. Nur bei der Reinigung von Wasserbehältern wird mitunter Chlor zur Desinfektion verwendet, das dann vorübergehend auch im Trinkwasser nachweisbar ist[3].

Wasser, das über Nacht in der Wasserleitung gestanden hat, sollten wir grundsätzlich nicht verwenden. Wir lassen es gründlich ablaufen, denn sofern sich im Rohrinneren keine Schutzschicht gebildet hat, lösen sich stets Spuren des Rohr-

[1] Über das Wasser als Lebensraum der Fische, seine physikalischen chemischen und biologischen Eigenschaften informiert das Kapitel „Aquarienchemie und Ökologie der Fische" auf den Seiten 350–410.

[2] Boiler dürfen nicht verwendet werden, wenn sie frisch entkalkt worden sind. In diesem Fall liegt das Kupfer für mindestens 3 Monate blank.

[3] Freies Chlor können wir mit ortho-Tolidin (Merck, Artikel-Nr. 8309) nachweisen. Dazu füllen wir etwa 50 ml der Wasserprobe in ein Becherglas und versetzen mit 0,5 ml ortho-Tolidin. Wenn nach 5 Minuten Stehenlassen ein Gelbstich erkennbar ist, enthält das Wasser freies Chlor. Zum besseren Erkennen der Farbänderung legen wir unter das Becherglas ein Blatt weißes Papier und stellen evtl. ein zweites Becherglas mit gleicher Wassermenge, jedoch ohne Reagenzzusatz daneben. Die Erfassungsgrenze liegt bei 0,02 mg Chlor pro Liter. Das ortho-Tolidin wird übrigens auch zum Nachweis von Ozon verwendet (siehe auch S. 328).

metalles im Wasser. Bei längerem Stehen kann die Konzentration durchaus gefährliche Werte erreichen, wobei die Pflanzen vielfach wesentlich empfindlicher reagieren als Fische. Grundsätzlich geben alle Metalle mehr oder minder viele Ionen an das Wasser ab. Daher betrifft diese Vorsichtsmaßnahme nicht nur die vielerorts behördlich verbotenen Bleirohre, sondern ebenso auch Leitungen aus Kupfer, Eisen usw.

Füllen eines Aquariums

Für kleinere Anlagen und Einzelbecken hat sich das folgende Verfahren gut bewährt (Bild 4.6). Mit einem Eimer wird das einzufüllende Wasser zum Aquarium getragen und dort auf einem erhöhten Platz abgestellt. Mit einem Schlauch können wir nun das Wasser nach dem Saugheberprinzip allmählich in das Becken umfüllen. Aus dem Schlauchende strömt das Wasser so langsam und gleichmäßig aus, daß die Dekoration kaum in Unordnung gerät. Gießen wir dagegen das Wasser direkt aus dem Eimer ins Becken, so sind heftige Strömungen unvermeidbar. Trotz der eventuellen Abdeckung mit Papier wird leicht der Boden aufgewirbelt, und die Pflanzen werden herausgespült.

Bild 4.6: Kleinere Aquarien lassen sich leicht mittels Eimer und Schlauch nach dem Saugheberprinzip füllen, ohne daß die Dekoration zerstört wird. Der Eimer muß dabei erhöht stehen, z. B. auf einem quer über das Aquarium gelegten Brett.

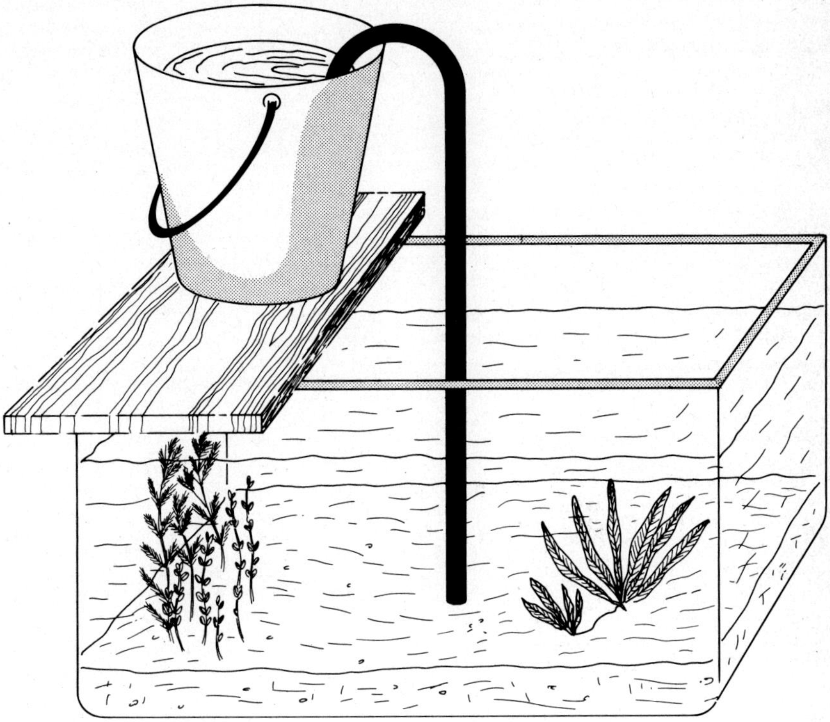

Bei großen Anlagen ist das Eimerverfahren zu langwierig. Das Wasser wird zweckmäßig mittels Pumpe und Schlauch direkt aus dem zum Abstehen benutzten Gefäß (Badewanne o. ä.) in die Aquarien gepumpt. Der Schlauch sollte durchsichtig sein, damit das Ansaugen leicht kontrolliert werden kann. Die preiswerte Kaufhausqualität reicht vollauf.

Ein lose über den Beckenrand gelegtes Schlauchende pflegt leicht herauszurutschen. Statt in das Aquarium läuft das Wasser dann auf den Boden. Das läßt sich zuverlässig vermeiden, wenn wir in das Schlauchende ein Überlaufrohr[4] stecken. Das Überlaufrohr wird einfach am Beckenrand eingehakt. Falls der innenseitige Schenkel zu kurz ist, können wir ihn durch ein Schlauchstück verlängern (Bild 4.7). Überlaufrohre kann man nur bei relativ dünnen Schläuchen verwenden. Für dickere Schläuche eignen sich Krümmer, wie sie zum Laugenablauf bei Waschmaschinen verwendet werden.

Pumpen werden vom Zoohandel mit verschiedener Leistung angeboten. Dabei handelt es sich durchweg um „nicht selbst ansaugende“ Kreiselpumpen

[4] Ein Überlaufrohr ist ein U-förmig gebogenes Rohr, das nach dem Saugheberprinzip die Wasserverbindung zwischen Aquarium und Außenfilter herstellt. Es ist im Zoohandel einzeln als Zubehör erhältlich.

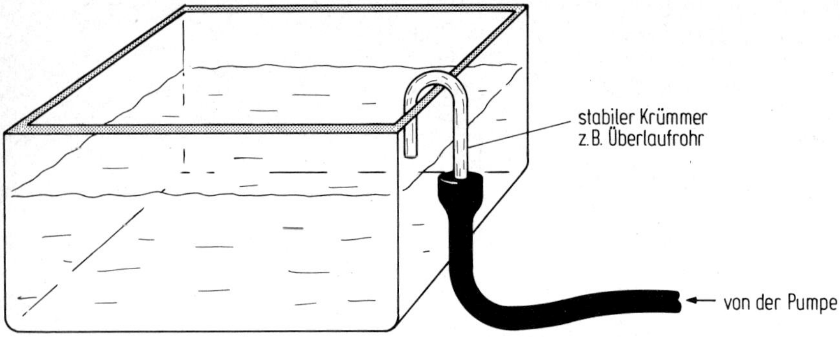

(Bild 4.8). Sie können durch kurzes Ansaugen geflutet werden. Diese Pumpen können dann aber beliebig ein- und ausgeschaltet werden, wenn stets Wasser im Pumpengehäuse verbleibt. Die Leistungsfähigkeit einer Pumpe wird hauptsächlich durch zwei Angaben gekennzeichnet: die maximale Förderhöhe und die maximale Fördermenge (Bild 4.9). Wird die maximale Förderhöhe in Anspruch genommen, wird kein Wasser mehr gefördert; und die maximale Fördermenge erreicht die Pumpe nur, wenn der Wasserauslauf auf gleicher Höhe wie der Wasserspiegel des speisenden Gefäßes liegt. Man lasse sich daher durch Prospektdaten mit großer Literleistung nicht täuschen und berücksichtige stets, daß die Literleistung mit zunehmender Förderhöhe stark absinkt.

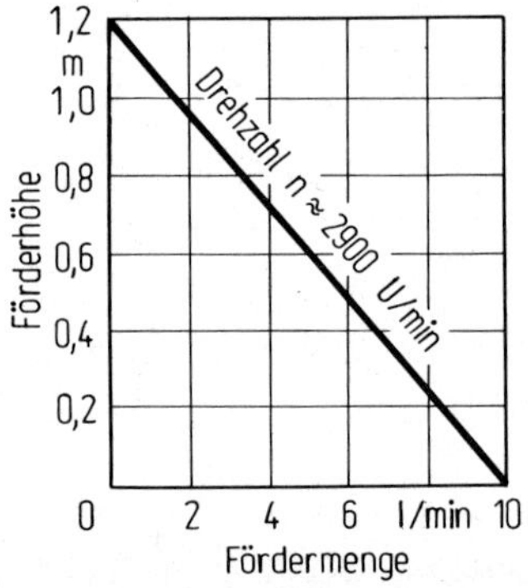

Bild 4.7 (oben links): Das Abrutschen des Schlauchendes wird zuverlässig durch ein hineingestecktes Plastik-Überlaufrohr verhindert.

Bild 4.8 (oben rechts): Kreiselpumpe zum Überpumpen größerer Wassermengen. Werkfoto Eheim

Bild 4.9: Leistungsdiagramm einer Kreiselpumpe. Die maximale Fördermenge von 10 l/m wird nur geliefert, wenn Ansaugstelle und Ausfluß auf gleicher Höhe liegen. Wird jedoch ein Höhenunterschied von 60 cm überwunden, so fördert diese Pumpe nur noch etwa 5 Liter pro Minute.

Entleeren eines Aquariums

Zum bequemen und spritzerfreien Entleeren wird ebenfalls ein Schlauch benötigt. Bei kleinen Aquarien lassen wir das Wasser mittels eines kurzen Schlauchstückes in einen daruntergestellten Eimer einlaufen. Das Verfahren ähnelt dem in Bild 4.6 dargestellten, jedoch muß nun der Eimer tiefer als das Aquarium stehen. Bei größeren Aquarien sollte der Schlauch bis zum Ausguß reichen. In der Regel liegt der Ausguß wesentlich tiefer als die Aquarien, daher ist meist keine Pumpenhilfe erforderlich. Das Abrutschen des Schlauches vom Beckenrand läßt sich auch hier durch ein Überlaufrohr (ähnlich wie in Bild 4.7) sicher verhindern.
Wenn in größeren Zuchtanlagen ein häufiger Wasserwechsel nötig ist, kann der Einbau von Ablaßventilen in die Boden- oder Seitenwände der Aquarien nützlich sein. Der wasserdichte Einbau ist besonders bei Verwendung der gummiartigen Dichtungsmassen aus Silikonkautschuk problemlos. Wir dürfen jedoch keinesfalls die üblichen Metallarmaturen verwenden, denn sie können sehr leicht zu Schwermetallvergiftungen bei den Fischen führen[1]. Geeignete Plastikausführungen sind im Zoohandel oder in Geschäften für chemischen Laborbedarf erhältlich.
Um zu vermeiden, daß man versehentlich Jungfische oder ähnliches absaugt, muß die Schlauchöffnung im Aquarium mit einem Sieb gesichert werden. Sehr gut geeignet sind hierfür Filterkörbe für Überlaufrohre von Außenfiltern. Notfalls tut es auch ein Stück von einem Damenstrumpf, der über das Schlauchende gestülpt und mit einem Gummiband befestigt wird.
Soll das Aquarium nur halb entleert werden, so läßt man das Schlauchende nur bis zur halben Tiefe in das Aquarium eintauchen. Auf diese Weise vermeiden wir, daß beim teilweisen Wasserwechsel den im Becken verbleibenden Fischen das Wasser versehentlich restlos entzogen wird.

Die Beleuchtung

Nur in seltenen Fällen steht das Aquarium direkt am Fenster. Licht wird aber besonders von den Wasserpflanzen zum guten Gedeihen benötigt. Hinzu kommt, daß der Aquarianer in der Regel erst am Abend seinem Hobby nachgehen kann. Deshalb müssen Aquarien praktisch immer künstlich beleuchtet werden. Die künstliche Beleuchtung soll das meist fehlende, natürliche Tageslicht ersetzen.

[1] siehe auch im Abschnitt „Das Material" auf S. 300 f.

[2] Die Beleuchtungsstärke wird in Lux gemessen und ist ein Maß für die Helligkeit auf einer beleuchteten Fläche. Im Unterschied zur Beleuchtungsstärke wird die Menge des auf die Fläche auftreffenden Lichtes als Lichtstrom bezeichnet und in Lumen gemessen. Physikalisch gilt folgende Beziehung: Ein Lichtstrom von 1 Lumen ruft auf einer 1 m^2 großen Fläche die Beleuchtungsstärke 1 Lux hervor (s. Bild 4.10).
Die Beleuchtungsstärke können wir recht einfach mit einem Luxmeter messen (s. S. 312). Luxmeter sind ähnlich aufgebaut wie photoelektrische Belichtungsmesser. Dagegen ist die Bestimmung des Lichtstromes einer Lampe mit einfachen Mitteln nicht möglich. Hier muß man sich auf die Angaben der Hersteller in den Lampenlisten verlassen. Als Richtwert gilt:
Eine 20-Watt-Leuchtstofflampe hat

einen Lichtstrom von ungefähr 1000 Lumen. Je nach Lichtfarbe sind kleine Abweichungen nach oben oder unten möglich.
Die Berechnung der durch eine Lampe mit bekanntem Lichtstrom erzielbaren Beleuchtungsstärke ist schwierig, weil der meist unbekannte Wirkungsgrad des Reflektors einen entscheidenden Einfluß ausübt.

[3] Das Meteorologische Institut der Freien Universität Berlin stellte mir freundlicherweise umfangreiche Daten seiner täglichen Sonnenbeobachtung über 10 Jahre (1962 bis 1971) zur Verfügung. Hieraus konnte ich eine durchschnittliche Beleuchtungsstärke von 10 600 Lux, bezogen auf eine zwölfstündige Tageslänge, errechnen.

Da Tiere und Pflanzen an das Tageslicht angepaßt sind, sollten wir die natürlichen Lichtverhältnisse – also Stärke, Dauer und spektrale Zusammensetzung – möglichst genau kennen. Nur dann lassen sich grobe Fehler bei der künstlichen Beleuchtung vermeiden.
Die Beleuchtungsstärke[2] innerhalb der natürlichen Gewässer ist wesentlich geringer als im freien Luftraum. Während auf der Wasseroberfläche je nach Bewölkung des Himmels um die Mittagszeit Beleuchtungsstärken zwischen 15 000 und 100 000 Lux herrschen, ist die Lichtfülle unter Wasser erheblich geringer. Daran sind mehrere Faktoren schuld. Die Sonne scheint unter einem mehr oder weniger geneigten Winkel auf die Wasseroberfläche. Je flacher die Strahlung auftrifft, desto geringer ist zwangsläufig die Beleuchtungsstärke auf der horizontalen Oberfläche. Die Abnahme erfolgt mit dem Sinus des Erhebungswinkels, d. h. wenn die Sonne 30° über dem Horizont steht, erhält die Wasseroberfläche bestenfalls nur noch 50 % der Beleuchtungsstärke. Von diesem Teil der Beleuchtungsstärke geht wiederum ein Teil durch Reflexion beim Eintritt des Lichtes in das Wasser verloren. Je flacher die Wasseroberfläche beleuchtet wird, desto größer ist der reflektierte Anteil des Lichtes, und um so weniger Licht dringt in das Wasser ein. Bei senkrechtem Lichteinfall beträgt der Reflexionsverlust nur 2–3 %, er steigt jedoch auf 33 %, wenn der Erhebungswinkel der Lichtquelle über dem Horizont nur 10° beträgt.

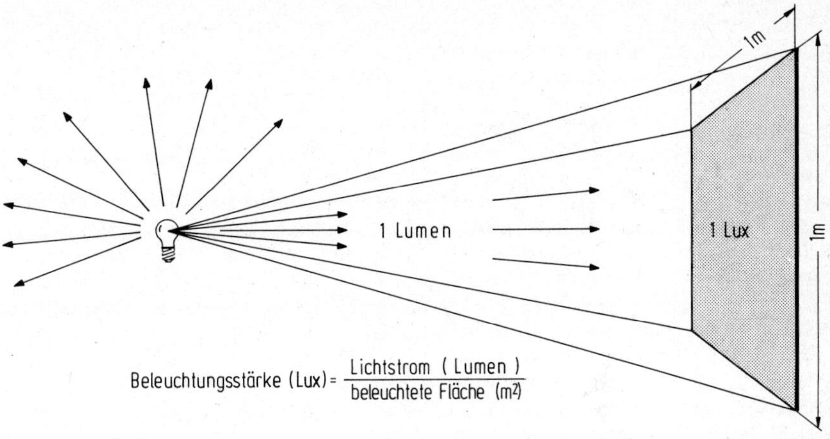

Bild 4.10: Gelangt von einer Lichtquelle ein Lichtstrom von 1 Lumen auf eine Fläche von 1 m², so entsteht dort die Beleuchtungsstärke 1 Lux.

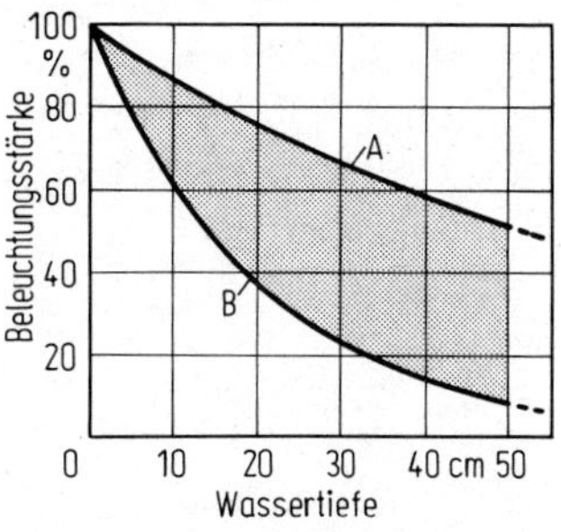

Bild 4.11: Im Wasser nimmt die Beleuchtungsstärke mit zunehmender Tiefe ab. Die Absorption hängt wesentlich von der Klarheit des Wassers ab.
Kurve A entspricht sehr klaren, sauberen Seen sowie Aquarien mit frischem Leitungswasser.
Kurve B entspricht kaum verunreinigten reichbelebten Seen mit einer Sichttiefe von etwa 70 cm sowie „älterem" Aquarienwasser.
In Seen und großen Gefäßen erfolgt der Lichtabfall streng quadratisch, wie z. B. auf den Kurven A und B. In kleineren Glasgefäßen können aber Abweichungen davon auftreten, weil das Licht infolge Totalreflexion an den Seitenwänden kaum nach außen dringt und daher der Boden wesentlich besser als erwartet ausgeleuchtet werden kann. Wegen der vielen möglichen Ausführungsformen von Aquarien sind keine genauen Angaben möglich.

Noch bedeutsamer als die durch flache Einstrahlung und Reflexion verursachte Abnahme des Lichtes sind die durch Absorption im Wasser verursachten Verluste. In einem Binnensee mit völlig klarem Wasser ist bereits in 50 cm Wassertiefe die Beleuchtungsstärke auf die Hälfte des unmittelbar unter der Wasseroberfläche herrschenden Wertes abgesunken (Bild 4.11). Bereits geringfügig erscheinende Wassertrübungen haben ein erstaunliches Lichtschluckvermögen. In Seen mit einem halben Meter Sichttiefe ist schon in 15 cm Wassertiefe die Hälfte der Beleuchtungsstärke durch Absorption verlorengegangen.
Im Aquarium sollte ungefähr die gleiche Beleuchtungsstärke herrschen, wie sie im Durchschnitt unter natürlichen Bedingungen anzutreffen ist. Bei der Ermittlung der mittleren Beleuchtungsstärke helfen uns folgende Überlegungen:
Kräftiger, nahezu senkrecht einfallender Sonnenschein ruft auf der Wasseroberfläche eine Beleuchtungsstärke von etwa 100 000 Lux hervor. Allerdings scheint die Sonne nur selten mit voller Kraft, und bedingt durch ihre tages- und jahreszeitliche Wanderung trifft ihr Licht unter einem mehr oder weniger flachen Winkel auf die Wasseroberfläche auf. Vor allem aber schlucken Wolken je nach Witterung einen beträchtlichen Teil des Sonnenlichtes. Daher beträgt in unseren Breiten – unter dem Einfluß von Wetter, Jahres- und Tageszeit – die durchschnittliche Beleuchtungsstärke während des Tages nur etwa 10 000 Lux[3]. Für die Tropen können wir wegen des steileren Einfalls des Sonnenlichtes schätzungsweise einen Durchschnittswert von 17 000 Lux annehmen. Nehmen wir nun an, daß die zur Aquarienhaltung geeigneten Fische und Pflanzen überwiegend in einer Wassertiefe zwischen 0,5 und 1,5 Metern leben und daß die in belebten Wässern übliche Wassertrübung (siehe Bild 4.11) nicht übermäßig groß ist, so kommen wir zu dem Schluß, daß unsere Aquarienbewohner tropischer Herkunft an durchschnittliche Tagesbeleuchtungsstärken von 300–5000 Lux gewöhnt sind. Befin-

den sich die Gewässer im Laubschatten dichter Wälder, werden diese Werte natürlich wesentlich unterschritten.
Beleuchtungsstärken von mehreren Tausend Lux lassen sich im Aquarium nicht immer leicht verwirklichen. Manchem mag auch eine derartige Lichtfülle übertrieben vorkommen. Die Praxis zeigt jedoch immer wieder, daß einige Wasserpflanzen, und zwar besonders die rötlich- oder braungefärbten Arten, erst bei Beleuchtungsstärken von 2000 Lux und darüber befriedigendes Wachstum zeigen.
Die Beleuchtungsdauer wird zweckmäßigerweise genauso lang wie die natürliche Lichtperiode gewählt. Für Bewohner der Tropen sollte also das Kunstlicht täglich etwa 12 Stunden lang eingeschaltet sein. Abweichungen hiervon beeinflussen im wesentlichen nur die Aquarienpflanzen. Wird die 12stündige Beleuchtungsdauer ständig unterschritten, dann nehmen dies die Aquarienpflanzen übel, weil die Zeit für den photosynthetischen Energiegewinn zu kurz wird. Eine zu kurze Lichtperiode kann durch eine besonders hohe Beleuchtungsstärke keinesfalls ausgeglichen werden!
Wird die Beleuchtungsdauer über das übliche Tagesmaß hinaus verlängert, danken es die Aquarienpflanzen vielfach mit etwas verbessertem Wachstum. Allerdings sollten wir hier Übertreibungen vermeiden, denn die Pflanzen benötigen zu ihrem Wohlbefinden unbedingt auch eine tägliche Dunkelzeit. Als Maximum dürften 16 Stunden Beleuchtungsdauer angesehen werden[1].
Das Spektrum des Tageslichtes verändert sich unter Wasser wesentlich, denn die Spektralfarben werden unterschiedlich absorbiert. Grundsätzlich wird in sauberem Wasser Grünblau am wenigsten, Rot dagegen überaus stark verschluckt. Daher ist das Licht im Wasser meist grünblau gefärbt. Darüber hinaus können durch die Eigenfärbungen der verschiedenen Gewässer weitere, ganz erhebliche Farbverschiebungen auftreten. Es gibt also kein einheitliches Unterwasserspektrum, sondern in jedem Gewässer kann die Farbzusammensetzung des Lichtes anders sein. Auch die Wassertiefe spielt eine wesentliche Rolle. Weder Pflanze noch Tier sind generell an ein bestimmtes Spektrum angepaßt, weil je nach Standort ein anderes Lichtklima herrscht.
Bei der künstlichen Beleuchtung können wir also die Lichtfarben nach dem persönlichen Geschmack auswählen. Allerdings müssen wir den Bedarf der Aquarienpflanzen an roten und blauen Spektralanteilen berücksichtigen. Wie Bild 4.12 zeigt, verwertet die Pflanze nicht das gesamte Spektrum gleichmäßig, sondern sie bevorzugt die roten und blauen Spektralanteile an den Grenzen des sichtbaren Lichtes. Besonders der rote Anteil ist für die Assimilation und für die Bildung des Chlorophylls von großer Bedeutung. Da aber rotes Licht vom Wasser besonders leicht verschluckt wird, schadet eine Betonung des Rotanteiles nicht, sondern ist eher nützlich.
Das Licht braucht keinerlei UV-Anteile enthalten. Alle Wasserbewohner sind an ein UV-freies Licht angepaßt, denn die UV-Strahlung der Sonne wird bereits nach wenigen Zentimetern Eindringtiefe vollständig vom Wasser verschluckt. Wir brauchen daher keine nachteilige Beeinflussung des Lichtspektrums z. B.

[1] Viele tropische Pflanzen kommen nur dann zum Blühen, wenn ein fast gleichmäßiger Beleuchtungsrhythmus von 12 Stunden Licht und 12 Stunden Dunkelheit im Laufe des Tages eingehalten wird. Bei tropischen Pflanzen fördert längere Beleuchtungsdauer (über die 12-Stunden-Grenze) zwar das vegetative Wachstum, bei zu großen Abweichungen davon wird aber die Blütenbildung gestört.

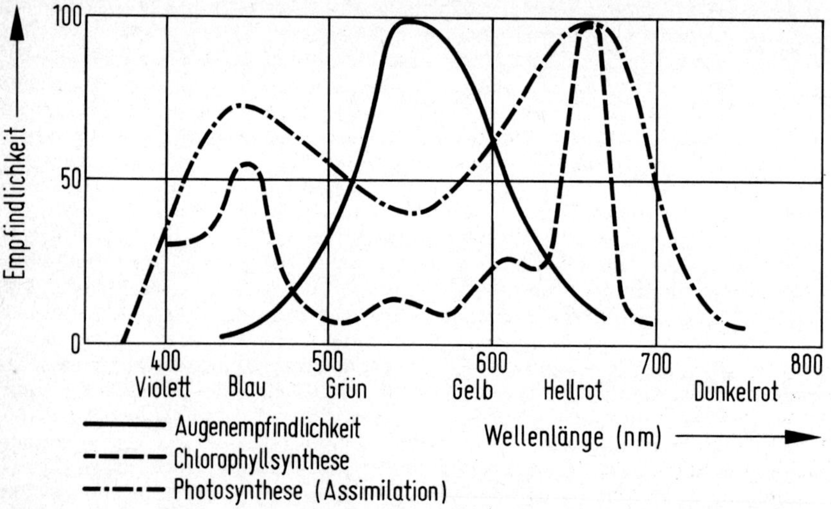

Bild 4.12: Die Pflanze nutzt vorwiegend die blauen und roten Spektralanteile des Lichtes aus. Grünes Licht wird größtenteils von den Blättern reflektiert, daher erscheinen uns die Blätter grün.

durch die Verwendung gläserner Deckscheiben befürchten. Ebenso ist es völlig überflüssig, ein Aquarium mit einer Höhensonne zu bestrahlen, um etwa rachitischen oder ähnlichen Erkrankungen vorzubeugen.

Die Geräte

Als Grundausstattung für kleine und mittlere Anlagen genügt eine der speziellen Aquarienleuchten, wie sie für die gängigsten Beckengrößen passend angeboten werden. Weiteres Zubehör ist nicht unbedingt erforderlich; lediglich eine Schaltuhr, die die Beleuchtung selbsttätig ein- und ausschaltet, ist auch bei Kleinanlagen eine nützliche, weil bequeme Ergänzung. Versierte Bastler können ihre Anlage im Eigenbau zusätzlich mit allerlei Raffinessen ausstatten, jedoch genügen für den Normalbedarf die käuflichen Leuchten und Schalteinrichtungen vollauf[2].

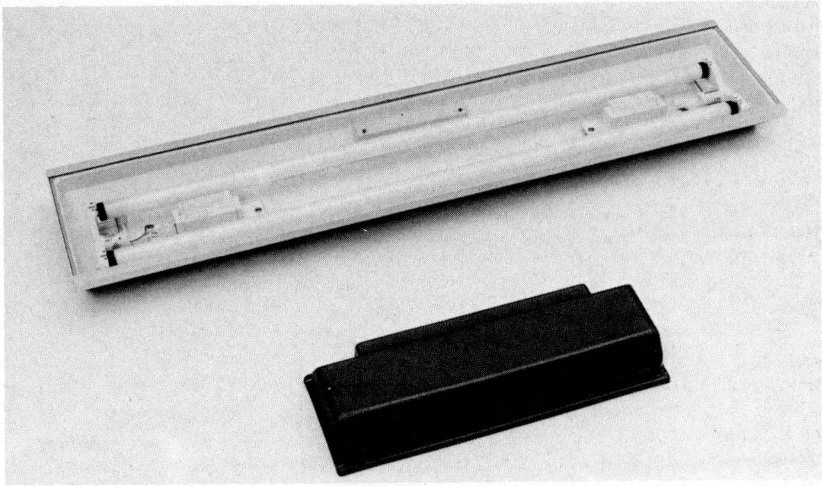

Bild 4.13: Aquarienleuchten müssen unbedingt gegen Wasserdampf oder gegen Wasserspritzer geschützt sein. Unser Bild zeigt die wasserdichte Sicherheitsleuchte der Firma Potthoff, Solingen. Werkfoto Potthoff

Die Aquarienleuchten werden überwiegend in Form rinnenähnlicher Lampenkästen hergestellt (Bild 4.13). Sie überdecken in der Regel das Aquarium in seiner gesamten Breite und enthalten eine oder mehrere Leuchtstofflampen samt Zubehör. Glühlampen werden wegen ihrer geringen Lebensdauer, ihres schlechten Wirkungsgrades und der dadurch hervorgerufenen starken Wärmeentwicklung praktisch nicht mehr verwendet, es sei denn, die kleinen Abmessungen eines Mini-Aquariums lassen den Einbau einer Leuchtstofflampe nicht zu[3].

Die elektrische Installation der Aquarienleuchte muß feuchtigkeitssicher untergebracht sein. Wasserdampf oder gar Wasserspritzer (man denke an lebhafte Fische und Ausströmer) dürfen keinesfalls die stromführenden Teile erreichen können. Anderenfalls wird der Benutzer ernstlich gefährdet und die Leuchte durch Korrosion von Reflektor, Vorschaltgerät, Fassung usw. vorzeitig zerstört. Wenn die Leuchte nicht durch eine schützende Glasscheibe einwandfrei vom Wasserraum des Aquariums getrennt ist, muß die Beleuchtungsanlage unbedingt in sogenannter Feuchtrauminstallation ausgeführt sein. Um die damit verbundenen hohen Kosten zu vermeiden, werden daher die Aquarienleuchten meist zum Aufsetzen auf die Deckscheibe des Aquariums gebaut.

Wenn die Aquarienleuchte ein Metallgehäuse besitzt, muß sie auf jeden Fall schutzgeerdet sein, das heißt, sie muß ein dreipoliges Netzkabel und einen Schukostecker besitzen. Das sind Netzstecker, die den vollen Querschnitt einer Steckdose ausfüllen und am Rande zwei sich gegenüberstehende schmale Blechstreifen besitzen, die den Anschluß der Schutzerde übernehmen. Häufig sind solche Leuchten auch als „schutzgeerdet" gekennzeichnet. Natürlich ist nur dann der Schutz gewährleistet, wenn zum Anschluß der Leuchte auch eine Schukosteckdose benutzt wird!

Die Aquarienleuchten sollten einen möglichst großen Teil des Aquariums überdecken, um eine gute Lichtverteilung zu erzielen. Haben wir die Auswahl zwischen Leuchten mit unterschiedlicher Lampenanzahl, dann sollten wir unbedingt

[2] Alle Beleuchtungsprobleme behandelt Rolf Kübler in dem Band „Licht im Aquarium", Reihe Das Vivarium, Kosmos-Verlag, 4. Aufl., Stuttgart 1976.

[3] Die kleinste Leuchtstofflampe mit 4 Watt hat eine Länge von nur 13,6 cm.

die größere Ausführung bevorzugen, denn die meisten Aquarien bekommen eher zu wenig Licht als zu viel, und schlimmstenfalls brauchen wir nicht alle Lampen einschalten.
Der Wirkungsgrad der Aquarienleuchten hängt wesentlich von der Form und Oberfläche des Reflektors ab. Leider kann aus räumlichen Gründen der Reflektor nur selten optisch ideal geformt werden, aber seine Oberfläche sollte möglichst glänzend spiegeln. Blinde Reflektoren lassen sich durch Auskleiden mit glänzender Aluminium-Backfolie (Haushaltsartikel) wesentlich verbessern.
Mit Unterwasserleuchten (Bild 4.14) läßt sich auch bei äußerst beschränktem Platz Licht ins Aquarium bringen. Sie werden durch Saughalter an der Wand befestigt. Bei reflektorlosen Ausführungen gelingt es aber nicht immer, eine Blendung des Betrachters zu vermeiden. Eigentlich sind Unterwasserleuchten sehr unbiologisch, denn Fische und Pflanzen sind an einen nahezu senkrechten Lichteinfall gewöhnt. In Lampennähe schwimmende Fische werden vielfach durch den horizontalen Lichteinfall irritiert und stellen sich dann mehr oder weniger schräg zur Senkrechten. In Sonderfällen und zur Effektbeleuchtung sind Unterwasserleuchten jedoch eine nützliche Hilfe.
Die Leuchtstofflampe hat sich vor allem dank ihrer Wirtschaftlichkeit als Lichtquelle in den Aquarienleuchten durchgesetzt. Sie liefert ein blend- und schattenarmes Licht und hat eine Lebensdauer von über 5000 Stunden. Ihr einziger, schwerererwiegender Nachteil besteht darin, daß sie nicht wie eine Glühlampe mit einem einfachen Reglerwiderstand allmählich erhellt und gelöscht werden kann, sondern stets abrupt ein- und ausschaltet. Die Praxis zeigt aber, daß im Aquarium nur selten ernste Schreckunfälle durch plötzliches Lichteinschalten passieren.
Die Leuchtstofflampen werden in verschiedenen Lichtfarben angeboten, das heißt, je nach Typ der Lampe werden nicht alle Farben des Spektrums mit gleicher Intensität abgestrahlt, sondern einige Farben werden bevorzugt. Gibt eine Lampe alle Spektralfarben nahzu gleichmäßig ab oder betont sogar die blauen Anteile, wie z. B. die Osram-Type Nr. 25, dann wirkt ihr Licht kalt. Andere Lampentypen liefern dagegen überwiegend gelbe und rote Spektralanteile, wie z. B. die Osram-Typen 36 und 39; ihr Licht wirkt warm.
Eine besondere Farbzusammensetzung haben die Gro-Lux- bzw. Fluora-Leuchtstofflampen. Ihr Spektrum ist speziell auf den Lichtbedarf der Pflanzen abgestimmt, denn es entspricht weitgehend der spektralen Photosynthesekurve grüner Blätter und enthält fast ausschließlich blaue und vor allem rote Farbanteile. Weil die gelb-grünen Anteile fehlen, wirkt das Licht derartiger „pflanzenaktiver" Lampen etwas fremdartig. Durch entsprechende Wahl oder auch durch Kombination verschiedener Leuchtstofflampen-Typen läßt sich aber die spektrale Zusammensetzung der Aquarienbeleuchtung nahezu beliebig einstellen. Die genaue spektrale Strahlungsdichte-Verteilung der verschiedenen Leuchtstofflampen können wir bei Bedarf den Prospekten der Hersteller entnehmen.
Die Praxis zeigt, daß zwar extreme Farbmischungen wie z. B. der ausschließliche Gebrauch der Fluora-Lampen anfangs außerordentlich exotisch anziehend wirken, daß sie mit der Zeit jedoch in ihrer Wirkung umschlagen und einen unbefriedigenden Eindruck hervorrufen. Besonders die pflanzenaktiven Lampen sollten daher nur in Verbindung mit anderen Lampentypen verwendet werden. Bewährt hat sich z. B. die Lichtfarbe 36 „Natura" (Osram), die bei ausgesprochen guter Farbwiedergabe über genügend Blau- und insbesondere Rotanteile für kräftigen Pflanzenwuchs verfügt. Die Lichtfarbe 39 „Interna" (Osram) erinnert an Glühlampenlicht. Wegen des relativ ausgeglichenen Spektrums erhält man eine sehr angenehm warme Farbwiedergabe. Diese Leuchtstoffröhre ist pflanzenfreundlich, trotz ihrer etwas mageren Blauanteile. Ähnlich verhält sich die Lichtfarbe 34 „Weiß de Luxe" (Philips). Benutzen wir mehrere Leuchtstofflampen mit hohem Rotanteil, so empfiehlt es sich, den mangelnden Blauanteil durch eine zusätzliche Lampe mit tageslichtähnlichem Spektrum, also z. B. der Lichtfarbe 15 (Osram), auszugleichen.
Bei der Auswahl der Leuchtstofflampen-Typen soll Tab. 4.2 helfen. Der Experimentierfreudigkeit und dem eigenen Geschmack sind natürlich kaum Grenzen gesetzt, jedoch sollten wir dem Bedarf der Aquarienpflanzen an roten und blauen Spektralanteilen Rechnung tragen.
Leuchtstofflampen in üblicher Ausführung liefern ihren maximalen Lichtstrom bei etwa +18° C. Bei höheren Umgebungstemperaturen fällt ihr Lichtstrom erheblich ab (Bild 4.15). In geschlossenen Lampenkästen treten aber sehr leicht Temperaturen von 60–70° C auf, und die Lichtleistung der normalen Leuchtstoff-

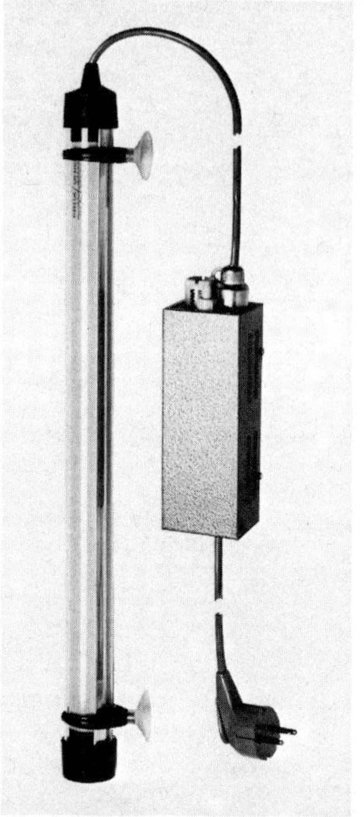

Bild 4.14: SCHEGO-Unterwasserleuchte für eine Leuchtstofflampe. Das Vorschaltgerät, der Starter und der Einschalter sind außerhalb des wasserdichten Schutzrohres in einem Kästchen untergebracht. Für kleine Becken sind auch Unterwasserleuchten für Glühlampen im Handel, die wegen ihrer Wärmeentwicklung zugleich als Behelfsheizer dienen können. Werkfoto Schemel & Goetz KG, Offenbach

Bild 4.15: Der Lichtstrom einer normalen Leuchtstofflampe hängt wesentlich von der Umgebungstemperatur ab. Für den Einsatz bei höheren Temperaturen sind Speziallampen in beschränkter Auswahl erhältlich (gezeichnet nach Angaben der Firma Osram).

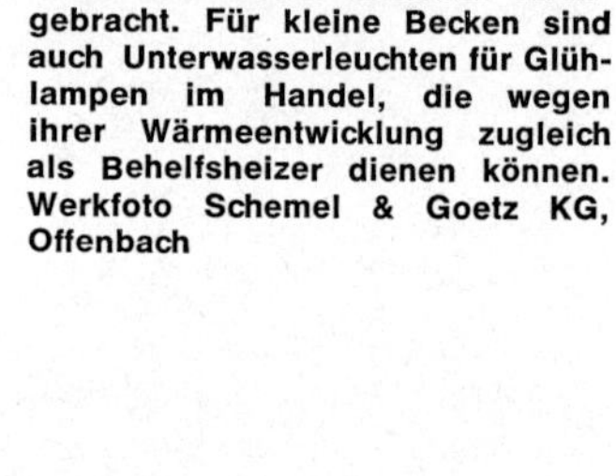

lampen sinkt auf rund 70 %. Um unnötige Lichtverluste zu vermeiden, müssen wir daher für eine ausreichende Belüftung des Lampengehäuses sorgen. Zwar gibt es Leuchtstofflampen mit einem wesentlich breiteren optimalen Temperaturbereich (z. B. Osram-Amalgam-In), jedoch ist das Typenangebot sowohl in Leistung als auch in Lichtfarbe äußerst beschränkt. Daher kommt der Einsatz dieser Speziallampen nur selten in Frage.

Tabelle 4.2: Einige bewährte Kombinationen von Leuchtstofflampen mit gleicher Leistung, aber verschiedener Lichtfarbe. Natürlich sind je nach Geschmack auch noch andere Kombinationen denkbar, doch sollte stets an den Bedarf der Wasserpflanzen an blauen und roten Spektralanteilen gedacht werden.

Anzahl der Leuchtstofflampen in der Leuchte	erprobte Kombination der Lichtfarben
1	32, 34, 36, 39
2	36 + 36, 36 + 39, 25 + 77, 15 + 32
3	15 + 32 + 32, 15 + 39 + 39, 36 + 36 + 39, 32 + 32 + 77, 29 + 29 + 77, 25 + 32 + 77

Nr.	Bezeichnung	Hersteller
15	Tageslicht	Osram
25	Universal-Weiß	Osram
29	Warmton	Philips
32	Warmton de Luxe	Philips/Osram
34	Weiß de Luxe	Philips
36	Natura	Osram
39	Interna	Osram
77	Fluora	Osram

Bild 4.16: Mit einer Schaltuhr kann der Beleuchtungsrhythmus selbsttätig gesteuert werden. Einige Modelle, wie z. B. das hier abgebildete, können auch bei Schmuckaquarien offen aufgestellt werden, und brauchen nicht — wie so vieles Zubehör — schamhaft versteckt werden. Die Schaltzeiten werden bei dieser Uhr durch Umlegen kleiner Kipphebel am Umfang des Zifferblattes eingestellt. Werkfoto Hugo Möller KG, Schwenningen

Eine Schaltuhr ist ein überaus nützliches Zubehör, mit dem wir die Beleuchtungsanlage weitgehend automatisieren können. Eine Schaltuhr garantiert auch bei längerer Abwesenheit die regelmäßige, ausreichende Beleuchtung der Aquarien. Insbesondere Pflanzenliebhaber können auf dieses Hilfsmittel kaum verzichten, denn unter gleichmäßigen Lichtbedingungen entwickeln sich die Aquarienpflanzen am besten.

Prinzipiell besteht eine Schaltuhr aus einer 24 Stunden anzeigenden Uhr, deren Werk durch einen selbstanlaufenden Synchronmotor vom Wechselstromnetz angetrieben wird. Der Schaltteil der Uhren ist je nach Fabrikat unterschiedlich aufgebaut. Bei dem hier abgebildeten Modell (Bild 4.16) werden die Schaltzeitpunkte durch Umlegen kleiner Kipphebel am Rande des Zifferblattes eingestellt. Geschaltet wird, wenn der 24-Stunden-Zeiger ein umgelegtes Kipphebelchen erreicht hat. Die meisten Schaltuhren können zwar täglich mehrmals ein- und ausschalten; meist genügen jedoch vollauf auch Ausführungen, die die Beleuchtung nur einmal täglich für ungefähr 12 Stunden Dauer einschalten können. Besonders praktisch sind Schaltuhren in Kombination mit Futterautomaten (Bild 4.65, S. 344). Sie sind kaum teurer als einfache Schaltuhren und können ein Aquarium für längere Zeit vollständig ohne fremde Hilfe versorgen.

Aus Sicherheitsgründen muß — wie bereits erwähnt — die Beleuchtungsanlage schutzgeerdet sein, d. h. das metallene Lampengehäuse muß leitend mit der Schutzerde verbunden sein. Wir dürfen die Schutzerdung natürlich nicht durch das Einfügen einer Schaltuhr ohne Schutzerde zwischen Aquarienleuchte und Steckdose unterbrechen. Beim Kauf müssen wir daher darauf achten, daß die Schaltuhr mit einem dreiadrigen Kabel sowie mit Schukostecker und Schukokupplung ausgerüstet ist. Das gilt auch dann, wenn die Schaltuhr selber nicht erdungsbedürftig sein sollte, weil sie z. B. ein Gehäuse aus Isoliermaterial besitzt.

Ein Luxmeter erlaubt die exakte Messung der Beleuchtungsstärke im Aquarium. Es besteht aus einer wasserdichten Meßzelle und einem handlichen Anzeigeinstrument (Bild 4.17). Die Meßzelle kann unter Wasser im Aquarium an jede beliebige Stelle geführt werden, um die Beleuchtungsstärke direkt am Objekt zu messen, also z. B. auf dem Blatt einer Unterwasserpflanze. Die Folgen irgendwelcher Veränderungen an der Beleuchtung wie z. B. Lampen- oder Reflektorwechsel können wir mit so einem Gerät leicht kontrollieren. Ebenso lassen sich die dem Lichtbedürfnis der verschiedenen Pflanzen entsprechenden Standorte im Aquarium viel leichter lokalisieren, denn die Beleuchtungsstärken schwanken im Aquarium je nach Standort überraschend stark. Kontraste von 5:1 (auf dem Boden gemessen) sind keine Seltenheit und nicht sofort mit bloßem Auge sichtbar.

Das abgebildete Luxmeter[1] ist das bisher einzige Modell auf dem aquaristischen Markt. Es ist speziell für hydrobotanische Anwendungen entwickelt worden, und der Anschluß der absolut wasserdichten Meßzelle ist so konstruiert, daß die lichtempfindliche Seite der Meßzelle auch bei ungeschickter Handhabung stets nach oben zur Lichtquelle hinzeigt. Außerdem wurde ein Meßzellentyp ausgewählt, dessen spektrale Empfindlichkeit dem besonderen Bedarf der Wasserpflanzen an roten Spektralanteilen Rechnung trägt. Als Zubehör sind aufsteckbare Rot- bzw. Blaufilter erhältlich, mit deren Hilfe die farbliche Zusammensetzung beliebiger Lichtquellen untersucht werden kann.

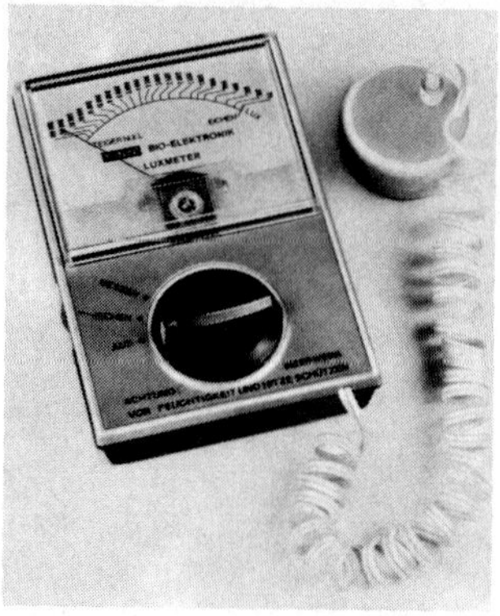

Bild 4.17: Mit einem Luxmeter können die Beleuchtungsverhältnisse innerhalb eines Aquariums exakt gemessen werden. Bei diesem Gerät ist die spektrale Empfindlichkeit der Meßzelle so ausgelegt, daß der hohe Bedarf der Wasserpflanzen an roten Spektralanteilen des Lichtes berücksichtigt wird. Für die farbmäßige Beurteilung von Lichtquellen sind als Zubehör passende Farbfilter erhältlich. Aufnahme: Werkfoto Tunze-Bio-Elektronik

Für die Praxis

Wenn wir ein Aquarium mit einer Leuchte ausstatten wollen, möchten wir gerne von vornherein wissen, ob deren Lichtleistung für das betreffende Aquarium ausreicht. Es ist so gut wie ausgeschlossen, daß eine Aquarienleuchte zuviel Licht liefert, denn zu stark beleuchtete Aquarien gibt es eigentlich nicht, und notfalls läßt sich ein Teil der Lampen herausnehmen. Es passiert viel häufiger, daß die Leuchten zu schwach dimensioniert sind, und daß besonders die Aquarienpflanzen unter Lichtmangel leiden. Zuverlässige Formeln, nach denen z. B. ein 100-Liter-Becken X Watt Lampenleistung benötigt, existieren leider nicht, denn z. B. die Lampenanordnung innerhalb der Leuchte und vor allem die Form und Oberflächenqualität des Reflektors üben einen entscheidenden Einfluß auf die Lichtausbeute aus und sind rechnerisch nur schwer zu berücksichtigen[2]. Dies erschwert die Auswahl der geeigneten Leuchte außerordentlich.

Einfache Faustformeln zur Ermittlung der erforderlichen Lampenleistung sind äußerst unzuverlässig, denn sie lassen viele wichtige Faktoren außer acht, wie z. B. Leuchtenwirkungsgrad, Lichtfarbe, Wassertrübung usw. Die mit diesen Faustformeln gewonnenen Ergebnisse können deshalb beträchtlich von den Tatsachen abweichen. Notfalls kann man sich bei allem Vorbehalt mit folgendem, ganz grobem Anhalt behelfen: Um in 30 cm Wassertiefe eine Beleuchtungsstärke von 1000 Lux hervorzurufen, werden 100 Watt (Leuchtstoff-)Lampenleistung pro 1 m^2 Grundfläche des Aquariums benötigt. Es gilt also ganz roh: Grundfläche in $m^2 \times 100$ = Lampenleistung in Watt.

Die Qualität einer Aquarienleuchte können wir nur mit Hilfe eines Luxmeters im praktischen Versuch am Aquarium einwandfrei beurteilen. Das Aquarium muß dabei wegen der an den Seitenwänden auftretenden Totalreflexion unbedingt mit Wasser gefüllt sein. In den Hauptlebenszonen des Aquariums sollten Beleuchtungsstärken von einigen Tausend Lux meßbar sein (siehe auch Seite 307 f.). Haben wir die Auswahl zwischen mehreren Leuchten, so sollten wir unbedingt die Ausführung mit der größeren Lichtaustrittsöffnung und der größeren Lampenzahl bevorzugen. Das gilt auch dann, wenn darunter die Größe der Futteröffnungen usw. leiden sollte. Den besten Wirkungsgrad haben die Leuchten, deren Reflektoren das Aquarium nicht nur in der Länge, sondern auch in der Breite vollständig überdecken. Allerdings erschweren sie z. B. beim Füttern den Zugang zum Aquarium und sind vielfach unhandlich zu bedienen. Auch für den Selbstbau[3] gilt: Lieber zwei Lampen zuviel vorsehen – sie lassen sich schlimmstenfalls ausschalten – als eine zu wenig. Natürlich sollte die Länge der Leuchtstofflampen innerhalb der Aquarienleuchte möglichst der Beckenlänge entsprechen, d. h. es sollten Lampen mit möglichst hoher Einzelleistung installiert sein. Kleine Lampen haben einen schlechteren elektrischen Wirkungsgrad und erschweren die gleichmäßige Ausleuchtung des Beckens.

Der elektrische Anschluß von Leuchtstofflampen ist wesentlich komplizierter als der von Glühlampen. Leuchtstofflampen benötigen zum Betrieb einen Starter und ein Vorschaltgerät, die je nach der Lampengröße bzw. -leistung unterschiedlich dimensioniert sind. Obwohl der Selbstanschluß nicht kompliziert ist, kann

[1] Ein ausführlicher Testbericht über das Luxmeter ist im AQUARIEN-MAGAZIN, Heft 2, 1973 erschienen.

[2] Unterschiede von 3:1 sind keine Seltenheit. Ein objektiver Vergleich wäre nur möglich, wenn die Hersteller den Gerätelichtstrom ihrer Leuchten (in Lumen) angeben würden. Das ist diejenige Lichtleistung, die effektiv von der Leuchte abgegeben wird. Der Gerätelichtstrom ist bedeutend kleiner als die Summe der aus den Datenblättern entnehmbaren Lichtströme der einzelnen Lampen. Es gibt Leuchten, aus deren Austrittsöffnung nur noch ein Viertel des rechnerischen Lichtstromes herauskommt, weil der Rest durch schlechte Reflektoren verschluckt wird, oder die Lampe so viel Übertemperatur durch schlechte Lüftung bekommt, daß sie den Nenn-Lichtstrom überhaupt nicht liefern kann.

[3] Für den Selbstbau von Beleuchtungsanlagen und Leuchten finden sich nützliche Hinweise in Kübler, R.: „Licht im Aquarium", Reihe Das Viviarium, Kosmos-Verlag, 4. Aufl., Stuttgart 1976

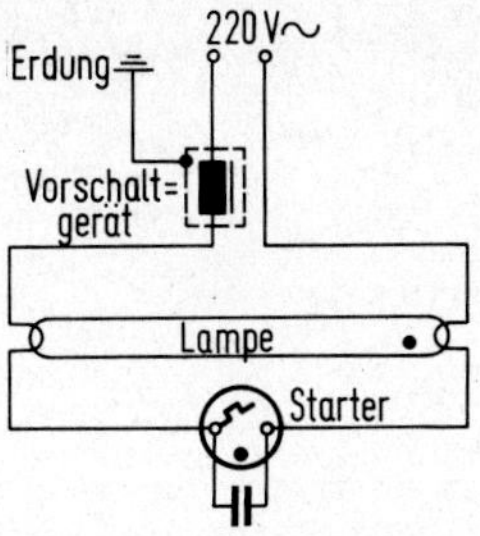

Bild 4.18: Leuchtstofflampe in Einzelschaltung.

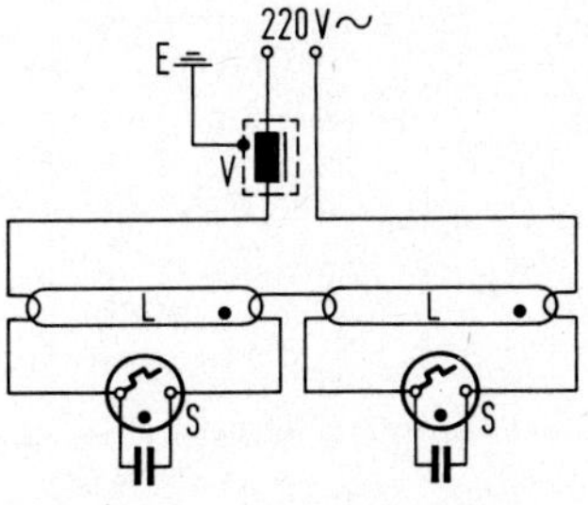

Bild 4.19: Reihenschaltung von zwei Leuchtstofflampen gleicher Leistung.

er wegen der möglichen ernsten Unfallgefahr nur fachlich versierten Bastlern empfohlen werden. Die grundsätzliche Schaltung einer Leuchtstofflampe zeigt Bild 4.18. Zwei Lampen gleicher Größe von je 8, 15 oder 20 Watt lassen sich miteinander kombinieren (Bild 4.19). Entprechend der nun verdoppelten Leistung wird hier ein Vorschaltgerät einer 16-, 30- bzw. 40-Watt-Lampe verwendet. Durch diese Schaltung können wir Geld und vor allem Platz sparen. Allerdings sind hier die beiden Lampen nicht mehr einzeln, sondern nur noch gemeinsam ein- bzw. auszuschalten. Wenn in der Leuchte kein Platz mehr für das Vorschaltgerät vorhanden ist, läßt es sich ohne Nachteil auch an anderer Stelle unterbringen. Besonders günstig ist z. B. ein Platz unterhalb des Außenfilters, denn mit der Verlustwärme des Vorschaltgerätes kann die Aquarienheizung unterstützt werden.

Die Anordnung der Lampen über dem Aquarium beeinflußt wesentlich den optischen Eindruck. Viele Aquarienleuchten sind so schmal, daß sie entweder nur den vorderen oder den hinteren Teil des Aquariums überdecken (Bild 4.20). Je nach Lage der Leuchte ist der Beleuchtungseffekt sehr unterschiedlich. Weil jede Anordnung ihre Vor- und Nachteile hat, lassen sich allgemeingültige Regeln nicht aufstellen. Wird mehr von vorn beleuchtet (links), so leuchten die Farben der Fische besonders gut vor dem dunklen Hintergrund, und insbesondere die Stengelpflanzen, wie z. B. *Elodea, Cabomba, Bacopa* usw. neigen ihre Triebspitzen dem Betrachter zu. Dieser hübsche Anblick ist aber leider nicht von langer Dauer, denn die Frontscheibe setzt sich schnell mit Algen zu und muß häufig gereinigt werden. Weitere Nachteile dieser Beleuchtungsart liegen darin, daß eventuelle Kratzer in der Frontscheibe sehr störend sichtbar werden,

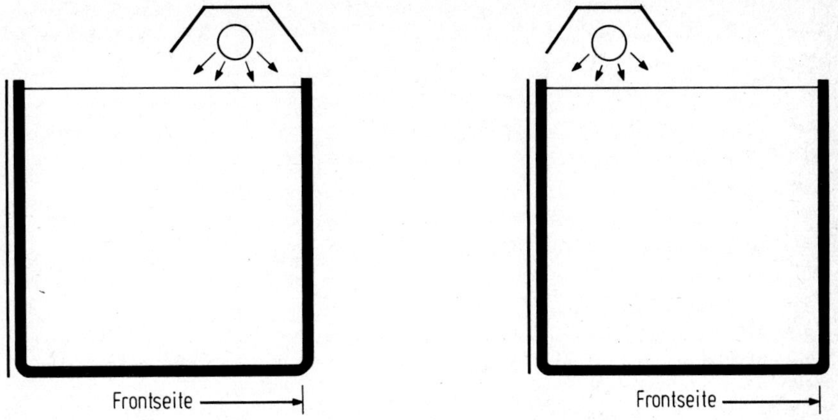

Bild 4.20: Erfolgt die Beleuchtung überwiegend von vorn, kontrastieren die farbigen Fische besonders gut vor dem dunkleren Hintergrund (links). – Wird überwiegend der Hintergrund beleuchtet (rechts), wirkt das Aquarium besonders plastisch und gewinnt optisch an Tiefe.

und daß bereits geringfügige Wasserverschmutzungen genügen, um das Wasser trübe erscheinen zu lassen. Stellen wir dagegen die Leuchte auf den hinteren Teil des Aquariums (rechts), so gewinnt das Becken optisch an Tiefe, und seine gesamte Dekoration wird plastischer. Auf der Rückscheibe siedelt sich leicht ein Algenrasen an, der einen dekorativen, natürlichen Hintergrund bildet. Nachteilig ist aber, daß die Fische farblos als Silhouetten erscheinen, sobald sie im vorderen, unbeleuchteten Teil des Aquariums schwimmen. Bei der Wahl des Beleuchtungsortes kommt es also ganz darauf an, ob wir besonders die farbigen Fische oder das dekorierte bzw. bepflanzte Aquarium zur Geltung bringen wollen. Dementsprechend müssen wir mehr von vorn oder von hinten beleuchten.

Aquarienleuchten werden – wenn sie nicht in teurer Feuchtraum-Installation ausgeführt sind – stets auf die Deckscheibe aufgesetzt. Dadurch vermeiden wir vorzeitige Korrosion durch Wasserdampf und Spritzer. Im Laufe der Zeit hinterlassen die Wasserspritzer auf der Deckscheibe einen hellgrauen, lichtschluckenden Kalkbelag. Er läßt sich mit den üblichen Haushaltsreinigungsmitteln nicht entfernen. Zum Reinigen benützen wir einen Wattebausch und Essig. Der Kalk löst sich unter Aufschäumen auf und läßt sich leicht fortwischen. Die Glasscheibe müssen wir anschließend gut abspülen, damit keine Essigsäure an die Metallteile des Aquariums oder ins Wasser gelangt.

Durch das abrupte Ein- und Ausschalten von Leuchtstofflampen können manche Fische derart erschreckt werden, daß sie aufgeregt durch das Aquarium schießen und sich dabei verletzen. Abhilfe läßt sich leicht durch die zusätzliche Montage einer (Soffitten-)Glühlampe schaffen, die über einen vorgeschalteten Verdunklungsregler allmählich erhellt oder gelöscht werden kann. Als Verdunklungsregler eignen sich besonders die im Elektrohandel erhältlichen „Dimmer", da sie zumeist gleich mit den erforderlichen Anschlußteilen wie Stecker und Kupplung ausgerüstet sind. Beim abendlichen Abschalten der Aquarienbeleuchtung schalten wir zuerst die Leuchtstofflampen aus und löschen dann allmählich die zusätzliche Glühlampe mit Hilfe des Dimmers. Am nächsten Morgen schalten wir in umgekehrter Reihenfolge wieder ein. Tagsüber braucht die Glühlampe nicht in Betrieb zu sein, es genügt, wenn sie nur während des Lichtwechsels hilfsweise benutzt wird[1].

Versierte Elektro-Bastler (aber nur diese!) können mit einer Schaltung nach Bild 4.21 auch die Helligkeit von Leuchtstofflampen regeln. Die Heizfäden der Lampen müssen mit einem Transformator aus zwei getrennten Wicklungen gesondert beheizt werden, damit auch bei reduziertem Lampenstrom die Elektroden noch genügend emissionsfähig sind. Der Lampenstrom kann durch den in Reihe mit dem Vorschaltgerät geschalteten Dimmer verringert und damit die Helligkeit der Leuchtstofflampe verändert werden. Bei gut vorgeheizten Elektroden zündet die Lampe praktisch flackerfrei bereits mit geringer Helligkeit.

Tafel 27
Oben: Der Grünflossen- oder Zebrabuntbarsch (Cichlasoma nigrofasciatum) ist in Mittelamerika zu Hause. Der Zebrabuntbarsch gehört zu den Cichliden, die einfach zu halten sind, außerdem sind sie aufopfernde Brutpfleger.
Mitte: Salvins Buntbarsch (Cichlasoma salvini) wird bis zu 15 Zentimeter lang und stammt aus dem südlichen Mexiko, Guatemala und Honduras. Dieser Cichlide gehört, wenn man ihn in seiner Prachtfärbung während der Balz oder beim Führen der Jungen sieht, zu den schönsten seiner Familie.
Unten: Der Feuermaulbuntbarsch (Cichlasoma meeki) gehört zu den beliebtesten Aquarienfischen. Er stammt aus Guatemala und der mexikanischen Halbinsel Yucatan und wird bis zu 13 Zentimeter lang. Die „Meekis" sind meist aufopfernde Eltern.
Aufnahmen: B. Kahl

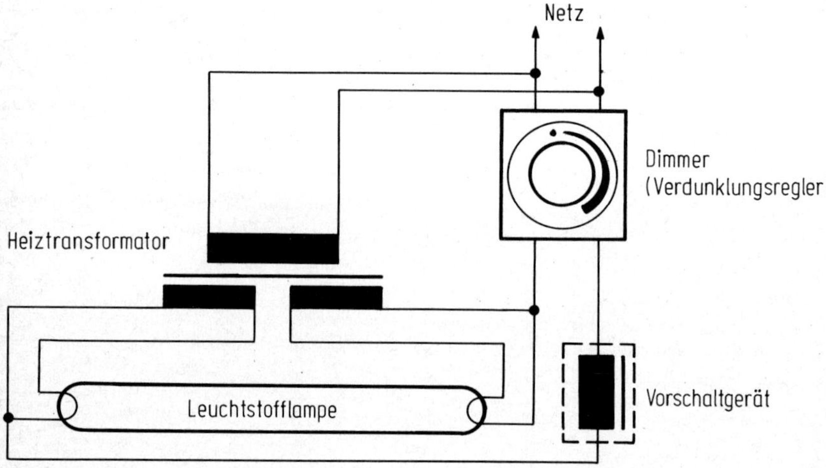

Bild 4.21: Schaltung zur Helligkeitsregelung einer Leuchtstofflampe. Es wird das übliche für die Lampe passende Vorschaltgerät verwendet. Der Heiztransformator muß dem Lampentyp angepaßt sein und kann über den Elektrohandel bezogen werden. Der sonst übliche Starter entfällt. Bei Zündschwierigkeiten hilft vielfach ein dünnes Metallgeflecht, das über die Leuchtstofflampe gestreift wird und leitend mit dem Erdkontakt des Schukosteckers verbunden wird.

Haben wir die Leuchtstofflampen zur vollen Helligkeit aufgeregelt, so sollte der Heiztransformator abgeschaltet werden, denn die Elektroden werden bei normaler Leistung durch den Lampenstrom genügend aufgeheizt. Leider wird die Lebensdauer der Leuchtstofflampen bei dieser Betriebsart wesentlich verkürzt, und es lassen sich auch nicht alle Exemplare zum völlig flackerfreien Arbeiten bringen.

Bei größeren Zuchtanlagen ist vielfach keine dekorative Verkleidung der Beleuchtungsanlage erforderlich. Hier können die Leuchtstofflampen freitragend ohne besondere Gehäuse installiert werden. Da bei dieser Anbringung der Reflektor fehlt, müssen Leuchtstofflampen mit Reflexschicht verwendet werden. Das sind Lampen, bei denen das Licht nicht nach allen Seiten abgestrahlt wird, sondern vorzugsweise nur in einem Sektor von 135°. Sie haben quasi ihren Reflektor bereits eingebaut. Sein Wirkungsgrad ist allerdings schlechter als der von gut reflektierenden Leuchten. Leuchtstofflampen mit Reflexschicht können eine Menge Installationsarbeit ersparen, sind aber teurer als die Normalausführungen und nicht in allen Lichtfarben erhältlich. Die verwendeten Lampenfassungen müssen so beschaffen sein, daß die Lampe in der richtigen Lage, also mit der Reflexschicht nach oben, betrieben werden kann.

An der Beleuchtung eines Aquariums sollten wir nicht ständig experimentieren, d. h. die einmal sorgfältig ausgewählte Lichtstärke oder -farbe sollte ebenso wie der Standort der Leuchte beibehalten werden. Insbesondere die Wasserpflanzen sind dankbar für ein gleichmäßiges Lichtklima, denn nach der Beleuchtungsstärke am Standort bilden sie speziell angepaßte Sonnen- bzw. Schattenblätter aus. Bei veränderten Lichtverhältnissen erreichen diese Blätter nicht mehr ihre optimale Assimilationsleistung, die Pflanze muß sich unter besonderem Energieaufwand auf die neuen Verhältnisse umstellen. Das hemmt natürlich ihre zügige Entwicklung.

[1] Eine Beleuchtungsautomatik zum Selberbauen beschreibt R. Kübler in seinem Buch „Aquariengeräte – selbstgebaut". Reihe Das Vivarium, Kosmos-Verlag, 2. Aufl., Stuttgart 1974

Tafel 28
Oben: Der bullige Pfauenaugenbuntbarsch (Astronotus ocellatus) wurde schon im Jahre 1929 von der Berliner Importfirma Scholze & Pötzschke erstmals, im Jahre 1935 vom Aquarium Hamburg aufs neue eingeführt. In Deutschland wurde er im Jahre 1934 zum ersten Mal gezüchtet.
Unten: Wenn die Pfauenaugenbuntbarschkinder „flügge" geworden sind, das heißt freischwimmen, unternehmen sie unter scharfer Bewachung der Eltern ihren ersten Ausflug durchs Becken.
Aufnahmen: E. A. Baumbach

Die Heizung

Die überwiegende Mehrzahl der Aquarianer pflegt tropische oder subtropische Pflanzen und Tiere. Der Grund hierfür ist in der besonderen Farbenpracht der tropischen Fische gegenüber den meisten einheimischen Arten zu suchen. Aber auch der lockende Reiz des Exotischen an sich spielt eine Rolle. Zum Teil aber benötigen diese Pfleglinge zum Gedeihen leider eine höhere Temperatur, als üblicherweise unsere Wohnungen aufweisen.

Für einzelne Aquarien und auch Aquariengruppen haben sich heute die elektrischen Heizer wegen ihrer problemlosen Bedienung und Zuverlässigkeit durchgesetzt. Inzwischen gibt es viele Ausführungen auf dem Markt. Trotzdem empfiehlt es sich für den Pfleger von sehr kostbaren und schwer beschaffbaren Tieren, sicherheitshalber eine stromunabhängige Notheizung bereitzuhalten, damit er bei einem länger anhaltenden Stromausfall, z. B. bei Kabelschäden durch Bauarbeiten, mindestens ein Aquarium provisorisch heizen kann. Ein Beispiel dafür folgt am Schluß des Kapitels.

Im Idealfall wird man nicht die einzelnen Aquarien heizen, sondern den gesamten Aufstellungsraum auf die benötigte Temperatur bringen. In Sonderfällen kann bei einzelnen Becken elektrisch nachgeholfen werden. Durch diese Lösung wird man eine Anzahl lästiger Probleme los: Der Wasserverlust durch Verdunstung ist gering, es setzt sich kein Schwitzwasser an empfindlichen Anlageteilen ab, und die Korrosion bleibt minimal. Schwimmpflanzen und emers-blühende Unterwasserpflanzen lassen sich um vieles leichter halten und vermehren.

Leider ist diese optimale Lösung des Heizproblems selten zu verwirklichen. Denn nur wenige Aquarianer haben das große Glück, ihrem Hobby einen vollständigen Raum opfern zu können und diesen aquaristisch herzurichten. Da aber heute in den Wohnungen die Temperaturen vielfach 22 bis 24° C erreichen, kommt man trotzdem recht häufig ohne zusätzliche Heizung aus. Auch läßt sich ein Aquarium von vornherein durch die Verwendung entsprechend anspruchsarmer Pflanzen und Fische heizerlos einrichten, wobei wir dann allerdings auf manchen begehrten Pflegling verzichten müssen.

Wenn jedoch Arten mit höherem Wärmeanspruch gehalten werden oder die Zimmertemperaturen nicht so günstig liegen, so muß natürlich jedes Becken einzeln beheizt werden. Die damit verbundenen Nachteile, wie erhöhter Wasserverlust durch Verdunstung und Korrosion, müssen wir dann eben in Kauf nehmen.

Mitunter wird gefordert, daß die Wassertemperatur im Aquarium einem Tag-Nacht-Rhythmus unterworfen werden sollte. Das ist falsch. Aus der Tatsache, daß die Lufttemperatur erheblichen Tagesschwankungen unterliegt, kann nicht das gleiche für die Temperatur des Wassers geschlossen werden. Wasser besitzt ein außerordentlich hohes Wärmespeichervermögen. Bei ruhigen Gewässern rufen Tagesgänge der Lufttemperatur von 10° C in 10 cm Wassertiefe nur noch 2° C Temperaturgang hervor und sind in 30 cm Wassertiefe überhaupt nicht mehr nachzuweisen. Erst wenn sich z. B. durch Wetteränderungen die Lufttemperaturen längerfristig geändert haben, beginnen die Wassertemperaturen schleppend zu folgen.

Von der Wärmeträgheit des Wassers können wir uns leicht selbst überzeugen, indem wir die Heizung des Aquariums abschalten. Ein 120-Liter-Becken benötigt dann etwa 15 Stunden, um die Temperaturdifferenz zwischen Wasser- und Raumtemperatur von anfangs 100 % auf 10 % absinken zu lassen. Hat unser Aquarium z. B. zu Versuchsbeginn 30° C Wassertemperatur, während im Zimmer nur 20° C herrschen, dann vergehen 15 Stunden, bis sich das Wasser auf 21° C abgekühlt hat. Dieser Zeitaufwand ist unabhängig von den Ausgangstemperaturen und wird im wesentlichen nur von der Wassermenge und der Kontaktfläche zum Luftraum bestimmt. Es leuchtet ein, daß die natürlichen Gewässer mit ihren im Vergleich zum Aquarium riesigen Wassermengen wesentlich thermostabiler sind.

Sinnvoll mag dagegen eine jahreszeitliche Steuerung der Temperatur sein. Einige Pflanzen, z. B. *Aponogeton*-Arten, benötigen jährlich eine Ruheperiode bei leicht gesenkter Temperatur. Viele Aquarienpflanzen sind aber ausdauernd und brauchen eine solche Temperaturänderung ebensowenig wie die meisten Fische und lassen sich jahrelang bei gleichbleibender Temperatur sehr gut pflegen und vermehren.

Die Geräte

Das Thermometer benötigen wir zur Kontrolle der Heizung, es muß daher unbedingt zuverlässig sein. Es kommen nur Thermometer mit Flüssigkeitssäule in Frage. Die runden Bimetall-Typen sind wenig geeignet, besonders wenn sie von außen an das Aquarium geklebt werden. Sie messen dann mehr die Temperatur des Aufstellungsraumes als die Wassertemperatur im Aquarium.
Die Anzeige verschiedener Thermometer kann erheblichen Toleranzen unterliegen. Differenzen von mehreren ° C sind keine Seltenheit. Es empfiehlt sich, nur Markenfabrikate zu kaufen. Am besten suchen wir uns ein Thermometer heraus, dessen angezeigte Temperatur mit möglichst vielen Exemplaren aus der Schachtel übereinstimmt. Man achte auch auf die Skalenausführung. Es gibt Aquarienthermometer, deren Skala herunterreicht bis minus 10° C! Ein Wert, der im Aquarium nur selten erreicht wird. Solche Späße gehen leider auf Kosten der Ablesegenauigkeit.
Verschiedene Ausführungen von Aquarienthermometern zeigt Bild 4.22. Die Schwimmthermometer sind am Fuß mit Bleikugeln beschwert, damit sie aufrecht unter der Wasseroberfläche schwimmen. Will man sie ablesen, dann sind sie meist in die hinterste Ecke abgetrieben oder drehen dem Benutzer die Kehrseite zu. Beides kann man durch einen Plastiksauger verhindern, mit dem die Thermometer an der Glasscheibe befestigt werden.
Standorttreuer sind die Steckthermometer, sofern man keine stark aufwühlenden Fische hält. Je nach Stecktiefe läßt sich wahlweise die Temperatur im Wasser oder im Boden kontrollieren.
Als Heizer verwenden viele Aquarianer den Stabheizer. In der üblichen Bauform besteht er aus einer Heizspirale, die auf einen Keramikkörper als Träger aufgewickelt ist. Dieses Heizelement wird in einem mit Sand gefüllten Glasrohr wasserdicht eingeschlossen.
Die Verteilung der erzeugten Wärme erfolgt im Aquarium am besten, wenn der Stabheizer möglichst tief und vor allem waagrecht angebracht wird (Bild 4.23). Wir können ihn mit Plastiksaugern an der Rückwand oder einer Seitenscheibe befestigen. Leider ist es nicht möglich, Stabheizer unsichtbar in den Boden einzugraben, denn die erzeugte Wärme kann im Boden nicht schnell genug weitergegeben werden. Wegen Überhitzung brennt dann der Heizer durch, oder seine Glashülle platzt. Das gleiche passiert übrigens auch, wenn wir den Stabheizer außerhalb des Wassers einschalten. Bei Verwendung eines Stabheizers bleibt stets der Bodengrund eines Aquariums kühler als das freie Wasser. Mitunter reagieren Pflanzen oder auf dem Boden lebende Fische darauf nachteilig. Das können wir vermeiden, indem wir den Heizkörper nicht im Wasser, sondern im Boden unterbringen. Hierfür gibt es Heizkabel mit verschiedenen Heizleistungen. Den Aufbau eines für den Gebrauch im Aquarium geeigneten Heizkabels zeigt Bild 4.25. Wegen seiner ausgezeichneten Biegsamkeit läßt sich dieses Heizkabel mit einiger Vorsicht auch bei bereits fertig eingerichteten Aquarien in den Boden eingraben. Wir verlegen es am besten mäanderförmig (Bild 4.26), um die Wärme möglichst gleichmäßig zu verteilen. Die Bodenheizung hat außerdem den Vorteil, daß der Wasseraustausch zwischen Bodengrund und freiem Wasser erheblich gefördert wird. Zum einen wird das Wasser mit Pflanzennährstoffen angereichert, zum anderen verhindert das nachströmende frische Wasser ein Stokken des Bodens[1].

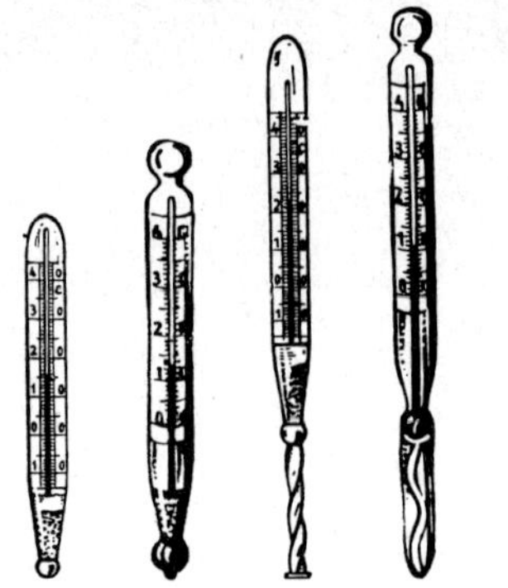

Bild 4.22: Verschiedene Aquarienthermometer. Die beiden Thermometer links sind Schwimmthermometer, die beiden rechten Thermometer werden in den Boden gesteckt.

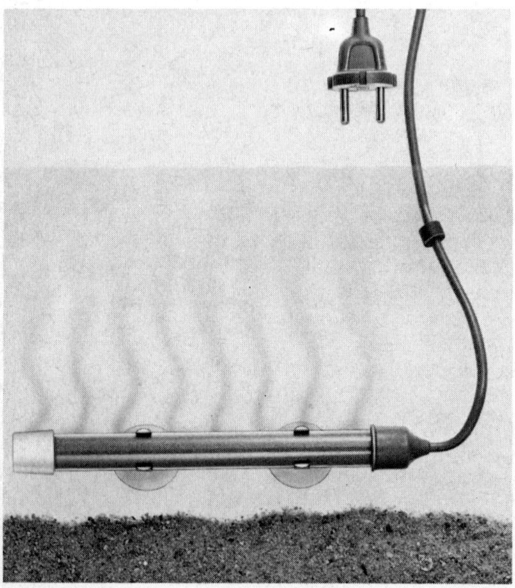

Bild 4.23 (links): Ein waagrecht montierter Heizer gibt seine Wärme gleichmäßig ab.

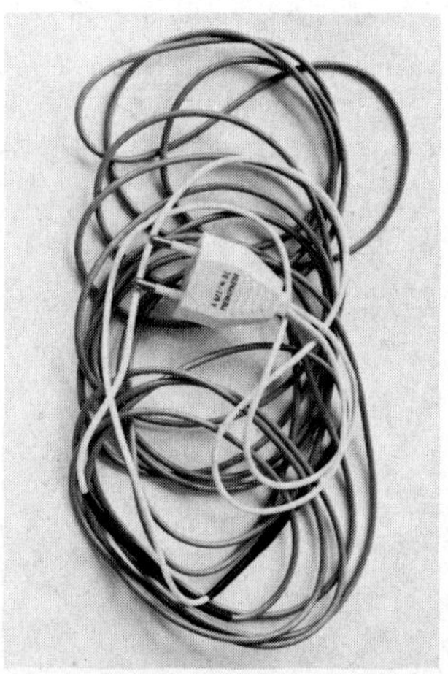

Bild 4.24: Mit Heizkabeln können wir den Bodengrund erwärmen. Werkfoto Hilena

Bild 4.25: Schnitt durch ein Heizkabel. Der wasserdichte PVC-Mantel schützt das Kabel zuverlässig vor mechanischer Beschädigung. Die Elastizität ist erstaunlich groß, daher läßt sich das Heizkabel leicht im Boden verlegen.

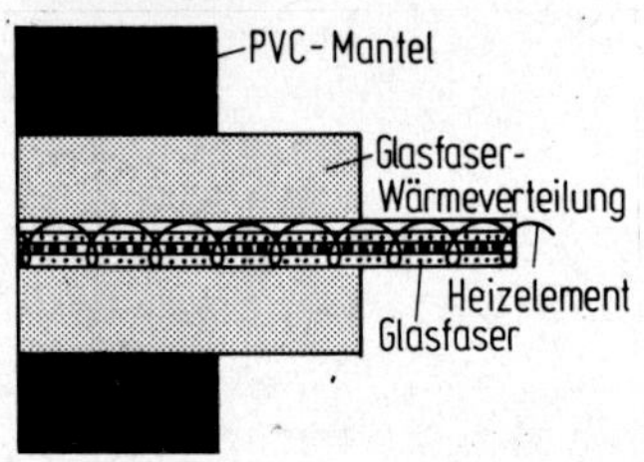

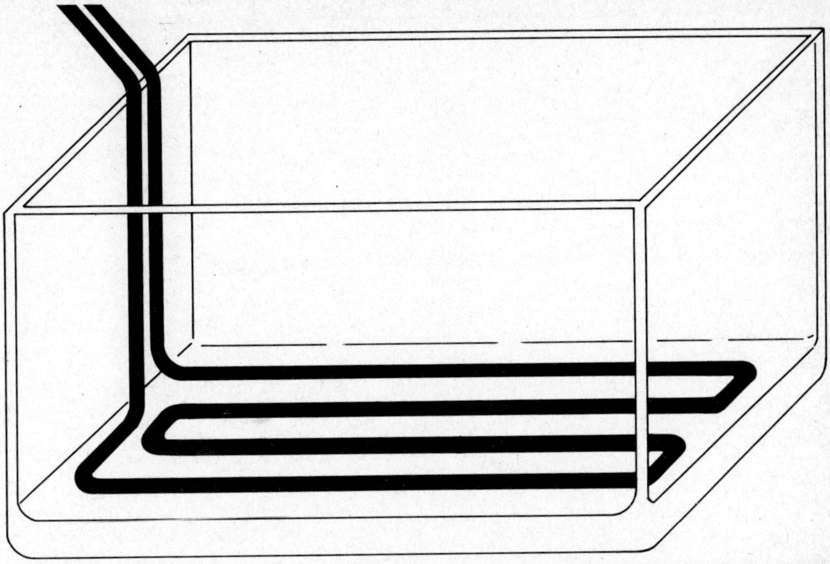

Bild 4.26: Heizkabel werden am besten mäanderförmig in den Boden eingegraben.

[1] Hierzu sollte man nur Heizkabel verwenden, die das VDE-Zeichen tragen.

Ein Thermostat macht die Heizung weitgehend überwachungsfrei. Erreicht die Wassertemperatur einen vorher eingestellten Wert, so wird der Heizer automatisch abgeschaltet. Bei sinkender Temperatur wird er wieder in Betrieb gesetzt. Auch bei wechselnder Raumtemperatur bleibt so die Wassertemperatur praktisch konstant.

Früher benutzte man ausschließlich Quecksilberthermometer, die über einen verstellbaren Kontakt unter Zuhilfenahme eines Leistungsrelais den Heizer steuerten (Bild 4.27). Diese äußerst präzisen und außerordentlich zuverlässigen Thermostate werden auch heute noch im Handel angeboten. Sie sind etwas bruchempfindlich, jedoch lassen sie sich in einem Schutzrohr aus Acrylglas sicher unterbringen. Leider haben die Kontaktthermometer einen Nachteil: Zusammen mit dem unbedingt erforderlichen Relais sind sie etwa fünfmal so teuer wie ein Bimetall-Thermostat. Wer es sich leisten kann, sollte aber trotzdem zu einem solchen Präzisionsgerät greifen, insbesondere dann, wenn man eine ausgedehnte Aquarienanlage steuern will.

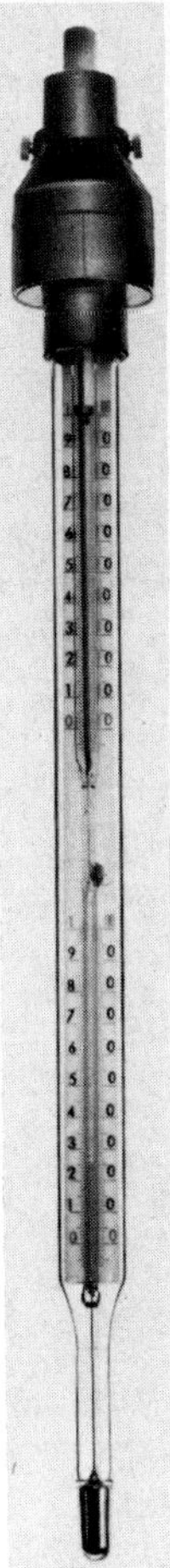

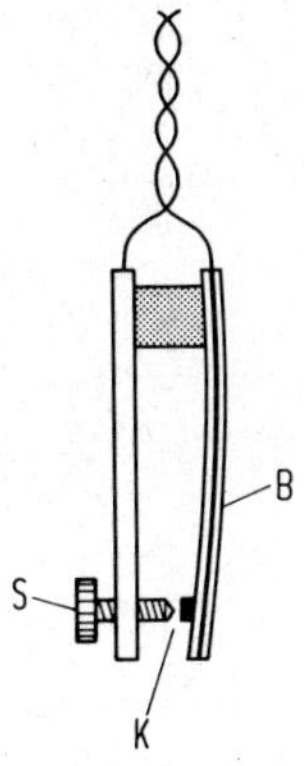

Bild 4.27 (links): Ein Kontaktthermometer steuert die Temperatur sehr genau und zuverlässig. Die Heizung wird nicht direkt, sondern über ein Kontaktschutzrelais geschaltet. Werkfoto Juchheim KG, Solingen

Bild 4.28 (rechts): Arbeitsprinzip eines Bimetall-Thermostaten: Je nach vorhandener Temperatur krümmt sich der Bimetallstreifen B verschieden stark und bedient dadurch den Kontakt K. Mit der Stellschraube S kann der Kontakt so eingestellt werden, daß das Schalten bei der gewünschten Temperatur erfolgt.

Ein Bimetall-Thermostat nützt die unterschiedliche Wärmeausdehnung zweier verschiedener Metalle aus, um einen Kontakt zu bedienen, der dann direkt, also ohne Relais, den Heizer steuert (Bild 4.28). Mit einer Stellschraube können wir die Vorspannung der Bimetallfeder und damit den Schaltpunkt des Thermostaten verändern. Eine eingebaute Glimmlampe läßt den Schaltzustand erkennen. Die Zuverlässigkeit dieser Thermostate hat in den letzten Jahren wesentlich zugenommen, und dank niedriger Preise sind sie auch weit verbreitet. Allerdings ist ihre Schaltgenauigkeit nicht übermäßig groß; ein gutes Thermometer ist daher zur Kontrolle unbedingt erforderlich.

Bimetall-Thermostaten haben eine gefährliche Eigenschaft: Werden sie defekt, so pflegen sie den Heizer nicht etwa abzuschalten, sondern lassen ihn im Dauerlauf eingeschaltet. Die Ursache liegt darin, daß die Schaltkontakte wegen der beim Öffnen nicht vollständig vermeidbaren Funkenbildung miteinander verklebt sind und die Federkraft des Bimetalls nicht ausreicht, um die Kontakte wieder auseinanderzureißen. Folglich steigt die Wassertemperatur je nach Heizerleistung weit über den ursprünglich eingestellten Wert an. Boshafte Bimetall-Thermostaten zeigen diesen Fehler nur in unregelmäßigen Zeitabständen und benehmen sich in der übrigen Zeit normal. Eine Reparatur ist nur durch den Fachmann möglich.

Einen Bimetall-Thermostaten zeigt Bild 4.29. Bei verstellbaren Reglern erweist sich die wasserdichte Herausführung der Verstellschraube als sehr kritischer Punkt. Einige Ausführungen sind lediglich spritzwasserdicht und dürfen nicht unter Wasser benutzt werden. Bei anderen sitzt die Stellschraube unter einem dichtenden Plastikhut, der einerseits das Gerät fest abdichten soll, aber andererseits weich genug sein muß, um ein Verstellen der Schraube zu ermöglichen. Mit der Zeit vergißt der Plastikhut gerne die eine oder andere Aufgabe, meistens wird er undicht.

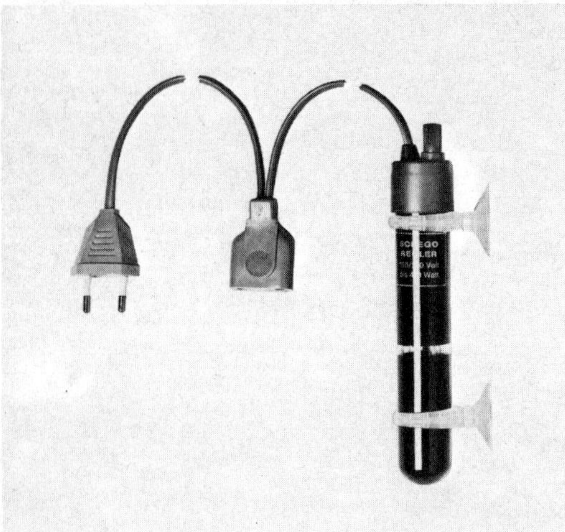

Eletronische Thermostaten sind eine sehr elegante, jedoch zur Zeit leider noch ziemlich teure Lösung (Bild 4.30). Zweifellos gehört ihnen aber die Zukunft. Prinzipiell nutzen sie die Temperaturempfindlichkeit eines kleinen Halbleiters aus, der als streichholzgroße Sonde in das Aquarium taucht. Über ein dünnes Kabel ist die Sonde mit dem abseits stehenden Schaltkasten verbunden, an dem die gewünschte Temperatur eingestellt wird. Dank moderner Halbleitertechnik wird die Temperatur auf Bruchteile eines Grades Celsius genau eingehalten! Eine wesentliche neue Eigenschaft einiger elektronischer Thermostaten besteht darin, daß sie den angeschlossenen Heizer nicht bei Bedarf ein- oder ausschalten, wie die bisher üblichen Thermostaten, sondern sie reduzieren die Heizerleistung auf das jeweils erforderliche Maß. Wenn die Wassertemperatur nur geringfügig unter den eingestellten Wert abgesunken ist, wird der Heizer auch nur mit einem Bruchteil seiner Nennleistung eingeschaltet. Erst wenn die Temperaturdifferenz 1° C oder mehr beträgt, wird der Heizer mit seiner vollen Leistung eingeschaltet. Das Geheimnis heißt Phasenanschnitt-Steuerung bzw. Halbwellensteuerung. Bei diesem Verfahren wird völlig verschleißfrei auf elektronischem Wege eine Vielzahl von Schaltungen pro Sekunde durchgeführt. Hieraus ergibt sich eine schnelle und genaue Ausregelung von Temperaturschwankungen.

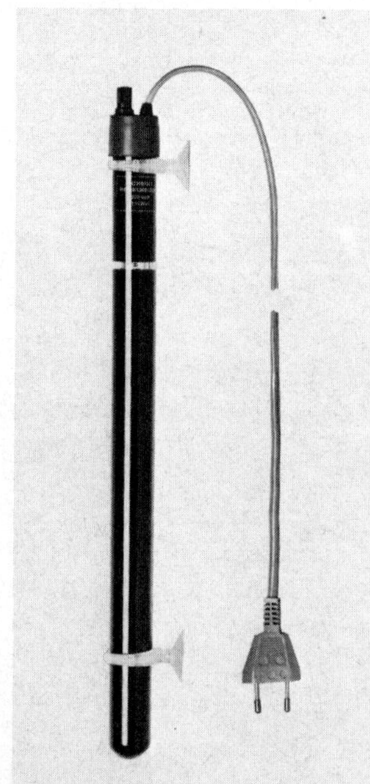

Die Reglerheizer sind eine untrennbare Kombination von Heizer und Bimetall-Thermostat. Sind beide Teile in einem gemeinsamen Rohr untergebracht, wie auf Bild 4.31, so muß der Reglerheizer senkrecht in Betrieb genommen werden. In dieser Stellung ist jedoch die Wärmeabgabe ungünstig. Außerdem wird der Bimetallfühler nicht nur von der Wassertemperatur, sondern auch unmittelbar vom Heizer beeinflußt. Besser ist eine Ausführung nach Bild 4.32, bei der der Heizer getrennt vom Regler waagrecht montiert werden kann. Alle Reglerheizer haben einen gemeinsamen Nachteil: Wenn ein Teil defekt wird, ist der andere ebenfalls nicht einsatzfähig.

Ganz allgemein gilt für Heizer, Thermostat und Reglerheizer, daß sie aus Sicherheitsgründen eine Schutzerde besitzen sollten. Das ist ein in den Glaskörpern befindlicher blanker Draht, der mit dem Schutzkontakt des Netzsteckers verbunden ist. Man erkennt solche Geräte daran, daß sie ein dreipoliges Kabel besitzen und mit einem Schukostecker ausgerüstet sind. Natürlich muß bei einem schutzgeerdeten Heizer auch der dazwischen geschaltete Thermostat schutzgeerdet sein, sonst ist die Schutzerde im Heizer wirkungslos. Geräte mit Schutzerde tragen sichtbar den Zusatz „schutzgeerdet". Der Aufdruck „nach VDE" oder „schutzisoliert" bietet allein keine Gewähr!

Wird durch ein Mißgeschick ein schutzgeerdeter Heizer undicht, so brennt wegen des Eindringens des Wassers sofort die Sicherung am Stromzähler durch, und die gesamte Anlage wird stromlos. Weil in der Woh-

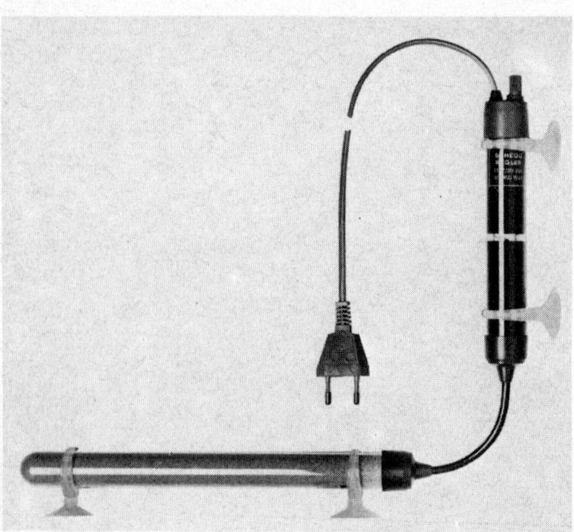

Bild 4.29 (oben links): Temperaturregler mit Kupplung. Werkfoto Schemel + Goetz KG, Offenbach.

Bild 4.30 (oben rechts): Elektronische Thermostaten schalten mit sehr großer Genauigkeit und sind außerordentlich zuverlässig. Bei diesem Modell taucht lediglich ein kleiner Fühler (unten links) in das Becken ein. Die Solltemperatur wird auf einer übersichtlichen Skala an dem abseitsstehenden Schaltkästchen eingestellt. Werkfoto Hilena

Bild 4.31 (Mitte): Der Regelheizer vereint Heizelement und Bimetall-Thermostaten. Werkfoto Schemel + Goetz, KG, Offenbach

Bild 4.32: Kombination aus Regler und Heizer. Werkfoto Schemel + Goetz, KG, Offenbach

nung dann auch kein Licht mehr brennt, merkt man die Panne recht schnell. Nach Ziehen des Netzsteckers wird die Sicherung wieder erneuert und der defekte Heizer kann gefahrlos ausgewechselt werden.
Wird dagegen ein Heizer ohne Schutzerde undicht, so merkt man unmittelbar recht wenig. Vielleicht fällt einem aufmerksamen Beobachter ein leises Zischen auf. Das wird von vielen feinen Gasbläschen hervorgerufen, die durch Elektrolyse des Wassers erzeugt werden und aus der Bruchstelle des Heizers aufsteigen. Der Anblick ähnelt dem aus einem Ausströmer aufsteigenden Luftstrom. Dies ist ein sehr ernstes Warnzeichen, denn die gesamte Anlage steht unter Spannung! Man glaube nicht, daß etwa die Fische durch ein abnormes Verhalten darauf aufmerksam machen müßten. Sie tun es in der Regel nicht, weil sie nicht gleichzeitig in elektrischer Verbindung mit der Erde stehen. Wer jetzt irgendwelche Metallteile des Aquariums oder der Beleuchtungseinrichtung berührt oder gar mit der Hand ins Wasser taucht, schwebt in akuter Lebensgefahr! In solchen Fällen muß als erstes sofort der Netzstecker gezogen werden.[1]

Tabelle 4.3: Ungefähr benötigte Heizleistungen in Watt bei zugfrei aufgestellten Aquarien (nach Krause). Die Angaben gelten bei ständig eingeschalteter Heizung, also ohne Benutzung eines Thermostaten. Für die Praxis wird der den obigen Rechenwerten am nächsten liegende Heizertyp gewählt.

Beckengröße in Liter	Aufheizung des Aquarienwassers gegenüber der Raumtemperatur um									
	1°	2°	3°	4°	5°	6°	7°	8°	10°	12° C
10	1	3	4	5	7	8	10	11	14	17
20	2	4	6	9	11	13	15	17	22	26
40	3	7	10	14	17	20	24	28	35	42
60	4	9	13	18	22	27	31	36	45	54
80	5	11	16	22	27	33	38	43	54	65
100	6	13	19	25	31	38	44	50	63	76
120	7	14	21	28	36	43	50	57	70	85
150	8	15	25	33	41	50	57	66	83	98
200	10	20	30	40	50	60	70	80	100	120
250	12	23	35	46	58	70	80	93	115	140
400	16	32	48	63	80	95	110	130	160	190
600	20	40	62	83	104	124	145	166	200	250
800	25	50	76	100	126	151	176	200	250	300
1000	30	60	88	117	146	175	205	235	290	350

Rechenbeispiel: Ein 100-Liter-Becken benötigt zur Erwärmung um 8° C ungefähr 50 Watt Heizleistung an einem zugfreien Aufstellungsort.

Für die Praxis

Zur Heizung von Aquarien kommen also grundsätzlich drei Systeme in Betracht: Reglerheizer, Heizer mit separatem Thermostaten und ungeregelte Heizungen. Welche der drei Möglichkeiten am zweckmäßigsten ist, hängt vom Einzelfall ab.
Für ein kleines Einzelbecken, das häufig kritischen Blicken standhalten muß, weil es z. B. im Blumenfenster steht, wäre ein einteiliger Reglerheizer vorteilhaft. Wegen seines kompakten Aufbaus wird die immer etwas störend wirkende Technik zumindest optisch auf ein Minimum gebracht. Praktisch ist auch ein Reglerheizer für den, der sein Aquarium grundsätzlich ohne Heizung betreibt und nur als schnell einsetzbare Reserve für Notfälle eine elektrische Heizung in der Schublade haben möchte.
Nach Möglichkeit aber sollten wir Heizer mit getrenntem Thermostat bevorzugen. In großen Aquarien lassen sich beide recht unauffällig unterbringen. Das gilt besonders für in Schränken eingebaute Aquarien, weil hier auch die etwas aufwendigere Verkabelung der einzelnen Teile verdeckt wird. Am unauffälligsten ist natürlich eine im Boden vergrabene Kabelheizung.
Die getrennte Anordnung von Heizer und Thermostat hat eine Reihe von Vorteilen. Der Heizer kann tief unten über dem Boden befestigt werden, wodurch das Wasser gleichmäßig erwärmt wird. Die größere Entfernung zwischen Heizer und Thermostat verhindert eine direkte Aufheizung des Reglers und damit ein häufiges Schalten. Dies kommt der Lebensdauer des Thermostaten zugute. Geht einer der beiden Teile entzwei, so braucht nur der defekte ersetzt werden, während der andere verbleiben kann. Ersetzen wir das Aquarium durch ein größeres,

[1] Die Temperaturregelung mit einem selbstinstallierten Kontaktthermometer sowie den Bau einer unsichtbaren Bodenheizung beschreibt Rolf Kübler in seinem Buch „Aquariengeräte – selbstgebaut“. Reihe Das Vivarium, Kosmos-Verlag, 2. Aufl., Stuttgart 1974

so brauchen wir nur einen stärkeren Heizer zu kaufen und können den recht teuren Thermostat weiterverwenden.
In gut temperierten Wohnungen kommt man sehr gut ohne Thermostat aus. Der Heizer bleibt ständig eingeschaltet, und die Wassertemperatur liegt stets um den gleichen Betrag über der Raumtemperatur. Schwankt diese, so folgt die Wassertemperatur mit einer der Größe des Beckens entsprechenden Verzögerung. Kurzfristige Änderungen der Raumtemperatur wirken sich nicht aus.
Sind nur geringe Heizleistungen erforderlich, so sollten wir uns überlegen, ob nicht bereits die Heizwirkung des unter dem Aquarium oder Filtertopf angebrachten Vorschaltgerätes der Leuchtstofflampen ausreicht. Als Anhalt gilt: Ein Vorschaltgerät einer 20-Watt-Lampe erzeugt für etwa 6 Watt Wärme, größere entsprechend mehr.
Die elektrische Leistung eines Aquarienheizers muß der Beckengröße und der gewünschten Temperaturzunahme gegenüber der Raumtemperatur entsprechend angepaßt werden. Grundsätzlich verhalten sich große Becken heiztechnisch günstiger als kleinere. Bei ihnen ist das Verhältnis von Rauminhalt zur wärmeabstrahlenden Oberfläche wesentlich günstiger, denn bei Verdopplung des Inhaltes wächst die Oberfläche nur um den Faktor 1,6 (gleiche Seitenverhältnisse der Aquarien vorausgesetzt)[1].
Auskunft über die im Aquarium erforderliche Heizleistung gibt Tabelle 4.3. Die Tabelle gilt für auf einer wärmeisolierenden Unterlage, z. B. auf einem Holztisch, zugfrei aufgestellte Aquarien bei ständig eingeschalteter Heizung.
Im Heizleistungsbedarf besteht kein nennenswerter Unterschied zwischen Glas- oder Acrylglasbecken. Zwar ist die Wärmeleitfähigkeit beider Materialien unterschiedlich, doch die Hauptlast der Wärmeisolation trägt die Übergangszone Glas (bzw. Acrylglas) – umgebende Luft. Deshalb brauchen wir für nicht zugfrei aufgestellte Aquarien etwas stärkere Heizer.
Bei der Verwendung von Thermostaten kann und soll die Heizerleistung größer dimensioniert werden, als in Tabelle 4.3 angegeben. Ein Überschreiten der gewünschten Temperatur wird durch den sodann abschaltenden Thermostaten verhindert. Wir dürfen uns aber nicht zu überreichlicher Heizerdimensionierung hinreißen lassen. Es kommt durchaus vor, daß Thermostate streiken und den Heizer ständig eingeschaltet lassen. Wir überlegen uns daher, welche Temperatur im Aquarium höchstens verkraftet werden kann, und überschreiten nicht die dafür angegebenen Heizleistungen.
Auch aus einem anderen Grunde soll die Heizleistung nicht übermäßig groß gewählt werden: Heizer mit großer Leistung haben einen großen Stromfluß. Daher ist beim Bimetall-Thermostat die Funkenbildung am öffnenden Kontakt stärker und somit dessen Verschleiß höher. Besonders im Pflanzenboden eingegrabene Heizkabel dürfen wir nicht wesentlich überdimensionieren. Die Wärmeabgabe einer Bodenheizung erfolgt nämlich relativ träge, und ehe der weitab untergebrachte Thermostat reagiert, können bereits lokale Überhitzungen an den Pflanzenwurzeln aufgetreten sein.
Beim Wasserwechsel, auch wenn er nur teilweise erfolgt, sollten wir stets die Heizung abschalten. Sinkt der Wasserspiegel unter den Thermostat, so schaltet er prompt den Heizer ein, denn zumeist ist die Luft kälter als das Wasser. Ragt dazu gleichzeitig der Stabheizer aus dem Wasser, so platzt er unweigerlich wegen Überhitzung.
Heizen wir mehrere Aquarien gleichzeitig in einem Raum, so werden wir nicht jedes mit einem eigenen Thermostaten ausrüsten. Es genügt, wenn nur ein Bekken einen Thermostat erhält, an den auch die Heizer der übrigen Becken angeschlossen werden. Haben die Becken unterschiedliche Größe, so gleicht man dies durch unterschiedliche Heizerleistungen aus. Bei der Auswahl der Heizer hilft Tabelle 4.3: Suche die Heizerleistung entsprechend der Größe des Mutterbeckens auf, dann wandere senkrecht ab- oder aufwärts, entsprechend der fraglichen Beckengröße. Mit der dort aufgefundenen Heizergröße bestücken wir das Tochterbecken[2].
Ein Beispiel: Das Mutterbecken mit dem Thermostat faßt 200 Liter und hat einen 100-Watt-Heizer. Ein Tochterbecken sei nur 60 l groß. Es müßte dann mit einem 45-Watt-Heizer bestückt werden. Da es diese Größe nicht gibt, wählen wir als nächstliegenden Wert einen 50-Watt-Heizer. Die in dieser Spalte angegebene Übertemperatur von 10° C hat in diesem Falle keine Gültigkeit. Nur das Verhältnis der Heizerleistungen ist hier wichtig. In allen Becken wird diejenige Temperatur gehalten, wie sie der Einstellung des Thermostaten im Mutterbekken entspricht.

Bild 4.33: Die Heizung muß nicht im Becken installiert sein. Unser Bild zeigt einen modernen Motorfilter, der zugleich Heizung und Thermostaten enthält. Werkfoto Eheim

[1] Die exakte Beziehung lautet
$N = k \cdot \Delta t \cdot V^{2/3}$
dabei bedeuten
N = Heizerleistung in Watt
V = Beckenvolumen in Litern
t = gewünschte Temperaturerhöhung
k = 0,2924 (bei durchschnittlichen Aquarienanlagen)

[2] Die Leistung aller Heizer, die von einem Thermostaten geschaltet werden, darf die Schaltleistung des Thermostaten nicht übersteigen. Bei Bimetall-Reglern kann man sich im Notfall mit einem zwischengeschalteten Relais helfen; elektronische Regler werden dagegen durch den Induktionsstoß beim Schalten des Relais gestört.

[3] Paffrath, K.: Bodengrundheizung im Aquarium. DATZ 10/1964

[4] Das auf S. 294 erwähnte Quellen des Acrylglases stört hier nicht; es ist beidseits mit Wasser in Berührung und verzieht sich daher nicht.

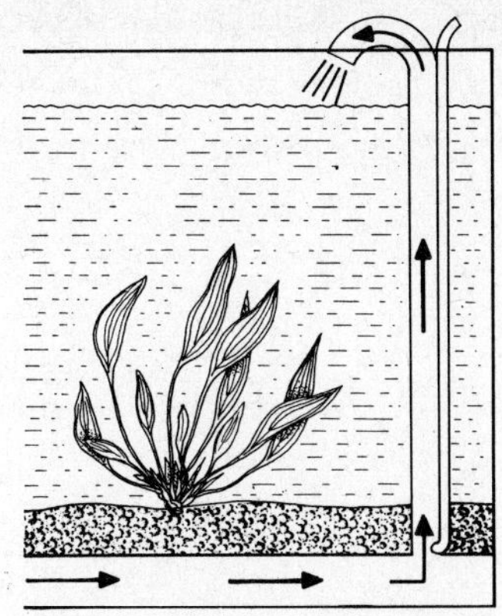

Bild 4.34: Durch eine Wasserkammer und eine Pumpe läßt sich der Pflanzboden auf die allgemeine Aquarientemperatur erwärmen.

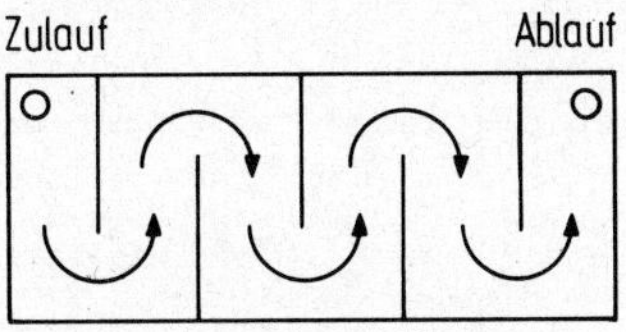

Bild 4.35: Quer zur Strömungsrichtung eingeklebte Streifen bewirken eine gleichmäßige Erwärmung der gesamten Bodenfläche.

Bild 4.36: Notheizung mit Wasserbad und Gaskocher.

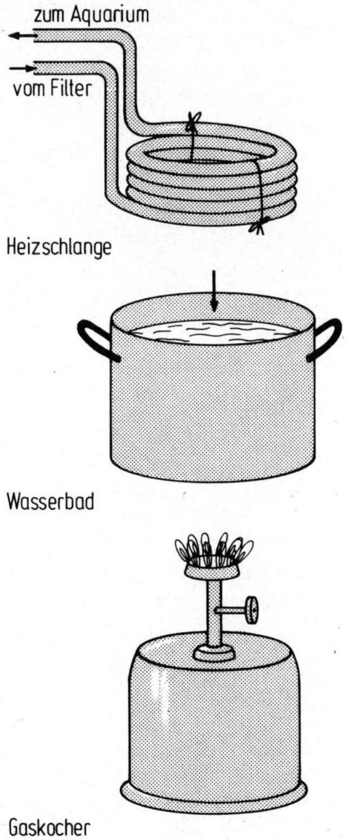

Aquarienheizer, deren Heizleistung auf verschiedene Werte umgeschaltet werden kann, werden nicht mehr hergestellt. Sie sind eigentlich auch durch die Anwendung von Thermostaten überflüssig geworden. Wenn aber aus irgendwelchen Gründen eine kontinuierlich einstellbare, thermostatfreie Heizung oder ein Heizer mit ausgefallener Heizleistung benötigt wird, so kann man einem stärkeren Heizer einen veränderbaren Regelwiderstand vorschalten und dessen Leistung reduzieren. Hierfür sind besonders die als „Dimmer" bezeichnenden Verdunklungsregler aus der Beleuchtungsindustrie geeignet. Sie fordern keine zusätzliche Bastelarbeit, weil sie bereits mit den erforderlichen Anschlußteilen wie Stecker und Kupplung ausgerüstet sind und reduzieren verlustlos die Heizerleistung, ohne selbst Wärme zu entwickeln.

Wenn wir Stabheizer einsetzen, so bleibt der Pflanzboden stets kälter als das freie Wasser. Viele Pflanzen nehmen es sehr übel, wenn die Temperaturdifferenz 1–2° übersteigt. Wer es nicht vorzieht, eine Bodenheizung einzubauen, kann den Pflanzboden durch geschickte Führung des temperierten Aquarienwassers mit aufheizen[3]. Hierzu bauen wir in das Aquarium einen doppelten Boden nach Bild 4.34 aus Glas oder besser Acrylglas[4] ein. Zwei Standrohre verbinden die dadurch gebildete Wasserkammer mit dem freien Wasserraum. Während aus dem einen Standrohr mit Hilfe einer Pumpe Wasser herausgesaugt wird, fließt durch das andere warmes Wasser in die Wasserkammer hinein und erwärmt von unten den Pflanzenboden. Um eine möglichst gleichmäßige Anwärmung des Bodens zu erzielen, kleben wir nach Bild 4.35 einige Acrylglasstreifen auf den Zwischenboden. Diese Streifen dienen zugleich als Abstandhalter zum eigentlichen Aquarienboden.

Wie bereits erwähnt, sollten Aquarianer, die besonders wertvolle Fische pflegen, für den Notfall eine stromunabhängige Heizung in Reserve haben. Sehr gut geeignet für diesen Zweck sind Camping-Gaskocher. Ein direktes Heizen des Aquariums durch Unterstellen des Gaskochers unter das Becken ist zumeist nicht möglich und auch wegen der heutigen üblichen Glasböden zu riskant. Besser ist ein indirektes Verfahren nach Bild 4.36. Dazu rollen wir einen Plastikschlauch genügender Länge auf und binden ihn mit Bindfaden zusammen. Die Schlauchenden verbinden wir mit dem Filterauslauf und dem Beckeneinlauf, so daß der Wasserkreislauf des Aquariums durch die Schlauchspirale fließen muß. Die Schlauchspirale legen wir in einen wassergefüllten Kochtopf und erhitzen ihn mit dem Gaskocher. Den Wasserkreislauf hält gegebenenfalls eine batteriebetriebene Pumpe aufrecht (z. B. Scheibenwascherpumpe vom Auto).

Die Durchlüftung

Die Durchlüftung wurde schon in den frühen Anfängen der Aquaristik als äußerst wirksames Hilfsmittel bei der Haltung von Aquarienfischen erkannt. Es gelingt mit ihr, auch in stark überbesetzten Becken einen ausreichenden Sauerstoffgehalt im Wasser zu garantieren.

Die Funktion der Durchlüftung dürfen wir nicht einfach als Sauerstoffanreicherung verstehen, die den Sauerstoffgehalt des Wassers um so stärker ansteigen läßt, je länger und kräftiger die Anlage in Betrieb ist. Vielmehr wird der Gasgehalt des Wassers mit dem der Atmosphäre ins Gleichgewicht gebracht. Es wird nicht nur z. B. Sauerstoff in das Wasser hineingebracht, sondern gleichzeitig auch wieder herausgespült. Wandert mehr hinein als heraus, so hatte das Wasser zuvor ein Defizit, und sein Sauerstoffgehalt steigt infolgedessen an. Auch der umgekehrte Fall kommt durchaus vor. Wenn aber die herausgespülte Gasmenge exakt der hineintransportierten entspricht, wenn sich also trotz intensiver Belüftung der Gasgehalt des Wassers nicht mehr verändert, dann steht das Wasser im Gasgleichgewicht mit der Atmosphäre. Genau das ist das Ziel der Durchlüftung, und zwar gilt das nicht nur für den Sauerstoff, sondern auch für alle übrigen in der Luft gleichzeitig vorhandenen Gase.

Die Lösungsfähigkeit des Wassers ist für jedes Gas anders und vom Druck, der Temperatur und vom Salzgehalt abhängig. Wird sauberes Süßwasser in einem offenen Behälter bei Raumtemperatur intensiv belüftet, so stellen sich folgende Werte ein: Stickstoff (N_2) 13,5 mg/l
Sauerstoff (O_2) 8,5 mg/l
Kohlensäure (CO_2) 0,48 mg/l

Für das Aquarium sind nur die letzten beiden Gase wichtig, denn der reaktionsträge Stickstoff nimmt in Gasform praktisch nicht am biologischen Geschehen teil.
Bei anderen Temperaturen stellt sich jeweils ein anderes Gleichgewicht ein, wie Bild 4.37 z. B. für den Sauerstoff zeigt. Kaltes Wasser kann mehr Sauerstoff aufnehmen, daher sind Kaltwassertiere in der Regel an einen merklich höheren Sauerstoffgehalt gewöhnt als tropische Fische. Werden einheimische Fische bei zu hohen Temperaturen gehalten, so gehen sie nicht so sehr wegen der Wärme, sondern hauptsächlich wegen Sauerstoffmangel zugrunde, zumal ihr Sauerstoffbedarf mit der Temperatur stark ansteigt und dadurch das Defizit noch verstärkt wird.
Das Gleichgewicht für die Kohlensäure liegt im belüfteten Aquarium mit 0,48 mg/l außerordentlich niedrig. In Wässern mit einer Karbonathärte über 2,5° dkH ist daher das Bicarbonat-Kohlensäure-Gleichgewicht gestört. Wenn wir zur Förderung des Pflanzenwuchses dem Wasser künstlich Kohlensäure zuführen, so dürfen wir natürlich keinesfalls gleichzeitig durchlüften. Die Durchlüftung würde sofort die mühsam eingebrachte Kohlensäure herausspülen, bis das Gasgleichgewicht wieder erreicht ist.
In einem gut bepflanzten und ausreichend beleuchteten Aquarium kommt man gut ohne Durchlüftung aus, vorausgesetzt, das Becken ist mäßig mit Fischen besetzt. Die von den Fischen abgegebene Kohlensäure wird von den Wasserpflanzen bei deren Assimilation aufgenommen, während den Fischen zugleich Sauerstoff für die Atmung zur Verfügung gestellt wird.
Für ganz rohe Überschlagsrechnungen können wir annehmen, daß eine Fischmenge von 70 g ungefähr 100 mg Sauerstoff pro Tag verbraucht. Etwa die gleiche Menge Sauerstoff wird von einer gesunden Wasserpflanze mit einer Oberfläche von 1 dm² während eines Tages mit 12stündiger Belichtungszeit produziert. Natürlich sind diese Angaben nur ein äußerst grober Anhalt, denn außer den Fischen sind im Aquarium noch zahlreiche andere Sauerstoffkonsumenten vorhanden, und nicht in jedem Aquarium kann der Pflanzenwuchs als gesund und leistungsfähig angesehen werden.
Für denjenigen Aquarianer allerdings, der ständig überbesetzte Becken hat, geht diese Rechnung ohnehin nicht auf. Für ihn ist eine gut funktionierende Durchlüfteranlage das wichtigste technische Hilfsmittel überhaupt.

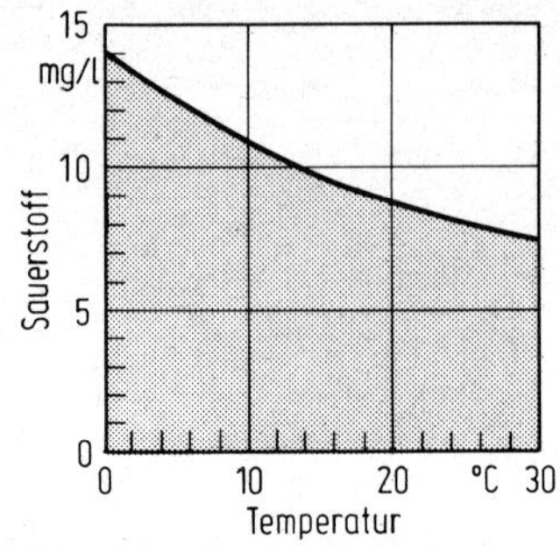

Bild 4.37: Mit steigender Temperatur nimmt die Lösbarkeit des Sauerstoffes im Wasser ab (nach Höll).

Die Geräte

Eine einfache Durchlüfteranlage besteht aus einer Luftpumpe, an die über einen längeren Luftschlauch ein Ausströmer angeschlossen ist. Diese Grundausrüstung können wir je nach Bedarf durch verschiedene Geräte ergänzen und damit an die jeweilige Anlage anpassen.
Als Ausströmer verwendet man überwiegend solche aus Kunststein (Bild 4.38). Daneben werden auch Ausführungen aus Filz und Holz angeboten. Der Ausströmer soll die austretende Luft in viele kleine Bläschen verteilen, damit eine möglichst große Kontaktfläche zwischen dem Wasser und der Luft entsteht. Je feiner die Perlung, desto schneller stellt sich bei gleichem Luftverbrauch das zuvor beschriebene Gasgleichgewicht ein. Das rührt daher, daß eine große Luftblase durch Aufteilung in viele kleine Bläschen eine wesentlich größere Oberfläche erkält. Allerdings benötigen feinperlende Ausströmer erheblich mehr Luftdruck[1]. Ein durchschnittlicher Kunststein-Ausströmer braucht zum Betrieb in z. B. 30 cm Wassertiefe einen Druck von 80 cm WS[2]. Das sind also 50 cm WS mehr als zur Überwindung der Wassertiefe eigentlich erforderlich sind. Bei einem besonders feinperlenden Holzausströmer[3] kann der Mehrbedarf sogar 300 cm WS erreichen. Filzausströmer haben den Vorteil, daß sich die Luftperlengröße und damit der Druckbedarf in gewissen Grenzen einstellen lassen. Betreiben wir mehrere Ausströmer gleichzeitig, so sollten wir Ausführungen mit gleichem Druckbedarf verwenden. Es gibt sonst unnötige Schwierigkeiten beim Einregulieren. Der Luftverbrauch von Ausströmern beträgt bei normalem Betrieb ungefähr 40–60 l Luft pro Stunde.
Die Luftpumpe stellte die benötigte Druckluft zur Verfügung. Für den normalen Aquarianer kommen nur die Membranpumpen in Betracht (Bild 4.40). Sie arbeiten nach dem Schwingankerprinzip, d. h. die Membran der Pumpenkammer wird durch einen federnden Anker angetrieben, der vor einer Magnetspule hin- und herschwingt. Membranpumpen sind wartungsfrei und praktisch

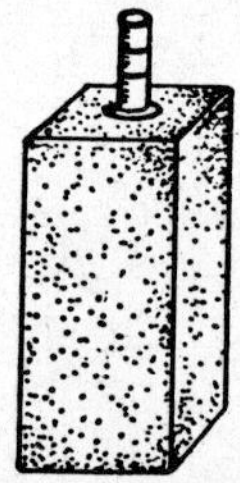

Bild 4.38: Kieselgur-Ausströmer.

Bild 4.39: Lindenholz-Ausströmer (rechts aufgeschnitten). Werkfoto Wiegandt, Krefeld

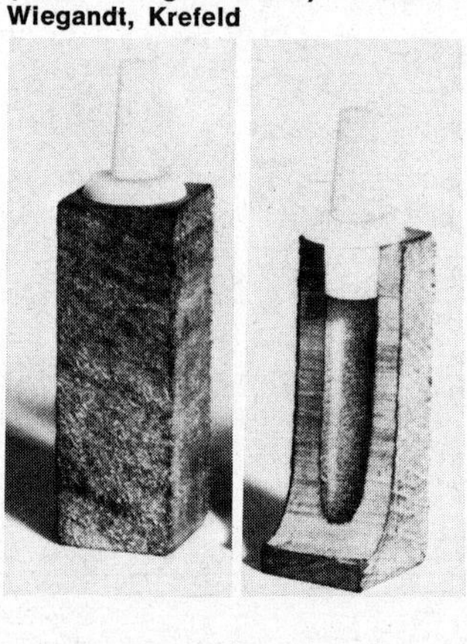

[1] Dieser Effekt hat physikalische Ursachen, die sich auch durch große Versprechungen mancher Prospekte nicht überlisten lassen.
[2] WS = Wassersäule. In der Technik übliches Druckmaß. Zum Beispiel: eine 100 cm hohe Wassersäule erzeugt auf ihrer Unterlage einen Druck von 100 cm WS. Ein Druck von 1000 cm WS entspricht einer Atmosphäre.
[3] s. S. 330, Selbstbau eines Lindenholzausströmers.
[4] Falls einmal Ölspuren in das Aquarium gelangt sind, hilft mitunter das Filtern über häufig gewechselter Aktivkohle.
[5] Blei löst sich leicht in kohlensäurehaltigen Wässern bei Anwesenheit von Sauerstoff. Schon sehr geringe Bleimengen können zu einer Bleivergiftung führen.

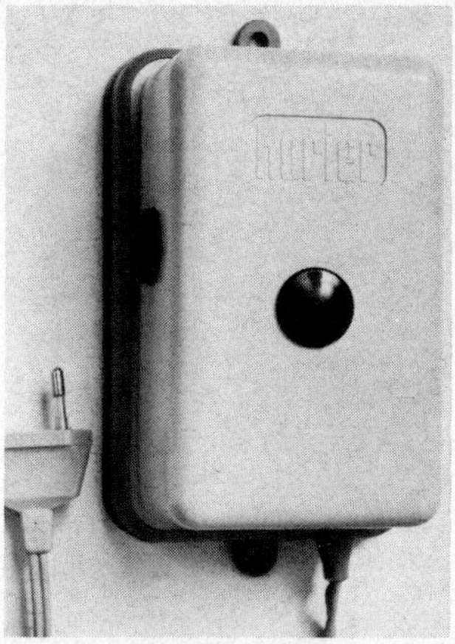

Bild 4.40: Membranpumpe. Werkfoto Kolfertz

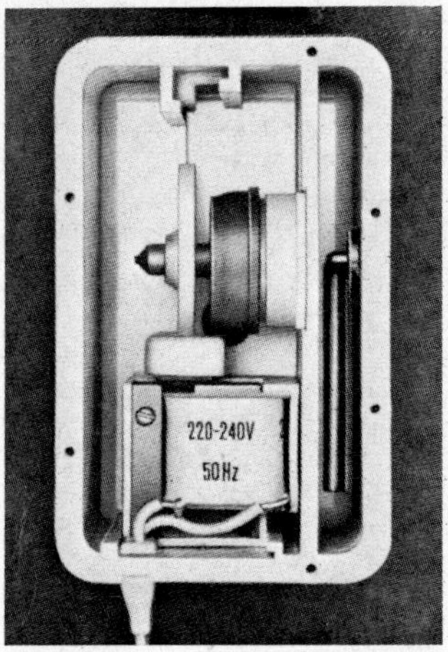

Bild 4.41: Blick in das Innere einer Membranpumpe. In der Mitte ist die Pumpenkammer mit Gummimembran zu erkennen, darunter die Magnetspule. Die rechte, langgestreckte Kammer dient zur Beruhigung der stoßweise erzeugten Druckluft.

Bild 4.42: Mit wachsendem Leitungsdruck sinkt die geförderte Luftmenge. Der Grad des Leistungsabfalls hängt von der Ausführung der Pumpe ab und kann nicht allgemein verbindlich angegeben werden. Die obige Kurve gilt für die WISA 300. Beim Vergleich verschiedener Pumpen muß daher auf gleichen Gegendruck geachtet werden.

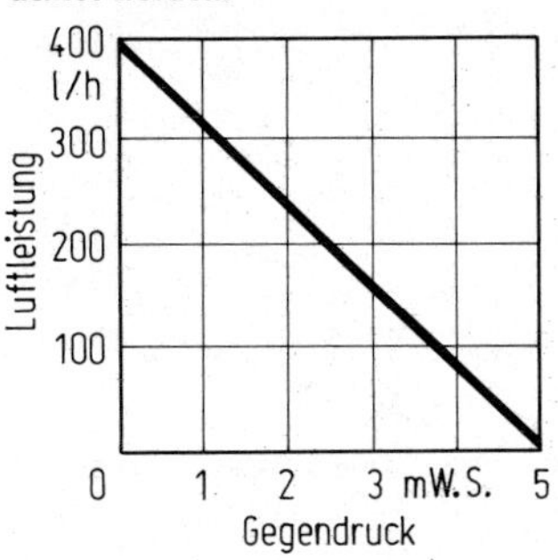

unverwüstlich. Das nahezu einzige Verschleißteil ist die Membran, von der wir ein Exemplar in Reserve halten sollten.

Leider können Membranpumpen recht laut sein, und besonders im ruhigen Wohnzimmer kann ihr ständiges Brummen sehr lästig werden. Man unterschätze beim Kauf diesen Punkt nicht, denn Pumpen pflegen im Dauerbetrieb zu laufen. Das Geräusch geht nicht nur von der Pumpe selbst, sondern auch von der angeschlossenen Leitung aus, weil die Druckluft stoßweise abgegeben wird. Bild 4.41 zeigt eine Pumpenausführung, bei der die pulsierende Druckluft in einer Dämpfungskammer beruhigt wird, ehe sie das Pumpengehäuse verläßt.

Die Leistung der Luftpumpen wird nicht von allen Herstellern einheitlich angegeben. Angaben über die Leerlaufleistung, d. h. also bei offenem Luftstutzen, sind nutzlos, weil sie nicht der Praxis entsprechen. Sobald die Pumpe nach dem Anschluß irgendwelcher Verbraucher Druck erzeugen muß, sinkt ihre Leistung erheblich. Ein Beispiel für die Abnahme der Förderleistung bei steigendem Leitungsdruck zeigt Bild 4.42. Zweckmäßig werden daher die Pumpenleistungen von einigen Herstellern bei einem Gegendruck von 1 m Wassersäule angegeben. Das ist ein praxisnaher Wert, der zuverlässige Vergleiche ermöglicht. Mißtrauen ist beim Kauf stets dann angebracht, wenn der Hersteller nicht angibt, bei welchem Gegendruck die propagierte Leistung erreicht wird. Es kann uns sehr leicht passieren, daß von der hohen Literleistung auf dem Papier nachher im praktischen Einsatz kaum etwas übrigbleibt und daß wir statt der vorgesehenen 5 Ausströmer nur gerade eben einen einzigen betreiben können.

Die meisten Membranpumpen haben seitlich eine Schraube oder einen Schieber zur Drosselung der Leistung. Damit können wir die Pumpenleistung dem Luftbedarf des Ausströmers leicht anpassen und die Geräuschentwicklung in Grenzen halten. Bei einfachen Pumpen wird hierzu eine schmarotzende Bohrung der Pumpenkammer mehr oder weniger geöffnet. Technisch elegantere Ausführungen haben einen regelbaren magnetischen Nebenschluß an der Magnetspule.

Für Großanlagen sind Kompressoren erhältlich mit Leistungen von mehreren Tausend Litern Luft pro Stunde. Je nach Größe können sie einen Druck bis zu einigen 10 m Wassersäule erzeugen. Man achte beim Kauf unbedingt darauf, daß sie ölfreie Luft liefern, denn Öl ist nur schwer wieder aus dem Aquarium zu entfernen[4].

Wenn in der Nähe ein Ozongerät betrieben wird, muß die Luftpumpe „ozonfest" sein. Ihre Membran und ihre Ventilplättchen dürfen dann nicht aus Gummi bestehen, denn dieser wird durch Ozon schnell zerstört.

Etwas Zubehör brauchen wir für den Aufbau einer Durchlüfteranlage. An erster Stelle ist der flexible Luftschlauch zur Fortleitung der Druckluft zu nennen. Er wird in verschiedenen Querschnitten und sowohl durchsichtig als auch grün eingefärbt angeboten. Wenn kein Ozon verwendet wird, ist für die Verbindungen zwischen Pumpe und Aquarium der übliche PVC-Schlauch wegen seiner guten Reiß- und Knickfestigkeit wesentlich besser geeignet als Silikonschlauch. Die Luftleitung im Inneren des Aquariums aber wird am besten mit starren Röhrchen aus Plastik verlegt, damit die Luftleitung nach dem Eingraben in den Boden nicht bei jeder Gelegenheit wieder aufschwimmt. Müssen wir die starre Leitung um die Ecke führen, fügen wir an dieser Stelle ein Stückchen Schlauch ein. Bleirohre dürfen wegen der Vergiftungsgefahr im Aquarium nicht verwendet werden[5]. Das gleiche gilt für Kupferrohr.

Den Luftdurchsatz können wir auf einfache Weise durch Zusammenquetschen des Luftschlauches mit einer Schlauchklemme (Bild 4.43) regulieren. Allerdings müssen wir häufig nachregulieren, weil der PVC-Schlauch ermüdet und an Elastizität verliert. Wesentlich zuverlässiger sind Lufthähne, von denen besonders die Metallausführungen ermüdungsfrei und fein regulierbar sind. Viele Lufthähne haben eine durchgehende Querbohrung, durch die die Druckluft zu anderen Verbrauchern weitergeführt werden kann. Dadurch sparen wir uns besondere T- oder X-Stücke und können übersichtlich installieren. Größere Anlagen rüsten wir am besten mit einer entsprechend vielzahligen Lufthahnbatterie aus.

Für die Praxis

Luftpumpen sollten wir stets über dem Wasserspiegel des Aquariums aufstellen. Sonst könnte beim Ausfall der Pumpe oder beim Abrutschen des Schlauches vom Pumpenanschluß das Wasser so schnell durch den Ausströmer in die drucklosen Luftleitungen eindringen, daß es nach Art eines Saughebers selbständig aus dem Aquarium herausläuft. Muß die Luftpumpe tiefer untergebracht werden, so sollte der Luftschlauch, unmittelbar bevor er in das Becken führt, in einem wenigstens 10 cm hohen Bogen über die Höhe des Wasserspiegels geführt werden, damit ein unbeabsichtigter Saughebereffekt mit Sicherheit vermieden wird. Im Interesse der Aquarienbewohner darf von der Luftpumpe nur saubere Luft angesaugt werden. In Räumen, in denen viel geraucht wird, wie z. B. in Gaststätten, können durch die Durchlüfteranlage leicht gefährliche Mengen an Tabakrauch in das Aquarienwasser eingespült werden. Wer einmal eine orientalische Wasserpfeife im Betrieb gesehen hat, weiß, wie schnell die Teerstoffe vom Wasser aufgenommen werden. Zur Abhilfe wird die Luftpumpe am besten in einem anderen Raum mit einwandfreier Luft aufgestellt und über einen entsprechend langen Luftschlauch mit der Anlage am Aquarium verbunden[1].

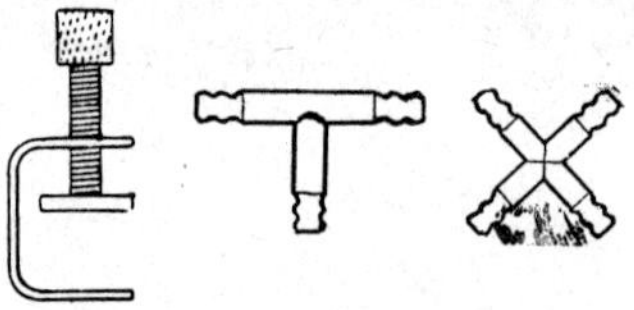

Bild 4.43: Wichtige Hilfsmittel zur Installation einer Durchlüfteranlage: Schlauchklemme (links), T-Stück (Mitte), X-Stück (rechts).

Betreibt man mehrere Verbraucher gleichzeitig mit einer Luftpumpe, so ist das Einregeln der Lufthähne besonders bei kleinen Anlagen eine Geduldsprobe. Öffnet man z. B. den Lufthahn für den einen Ausströmer etwas weiter, so sinkt der Druck in der Hauptleitung wesentlich ab, und die übrigen Ausströmer hören auf zu sprudeln. Das gleiche passiert auch, wenn sich ein Ausströmer langsam zusetzt oder seine Eintauchtiefe geändert wird. Sauberes Einregulieren kostet viel Zeit und Mühe.

Wenn der Geduldsfaden zu reißen droht, stelle man die Luftpumpe auf volle Leistung und schließe alle Hähne an den Verbrauchern, um den höchstmöglichen Druck in der Hauptleitung zu erzeugen. Dann werden nacheinander die Lufthähne – beginnend beim größten Verbraucher – dem Bedarf entsprechend geöffnet. Durch diesen Einstellweg erreichen wir, daß die Lufthähne nur relativ wenig geöffnet werden und deshalb einen hohen Strömungswiderstand darstellen, durch den die Verbraucher voneinander weitgehend entkoppelt werden. Änderungen an einem Verbraucher wirken sich dann nur noch wenig auf die übrigen aus; wir müssen allerdings in Kauf nehmen, daß die Pumpe laut arbeitet.

Es kann vorkommen, daß die Durchlüfteranlage wegen irgendwelcher technischer Pannen, z. B. durch Stromausfall, für längere Zeit nicht betriebsfähig ist. Kurze Ausfälle führen zwar nur in besonders ungünstigen Fällen zur Katastrophe. Wenn aber in einem dichtbesetzten Becken nach mehreren Stunden die Fische japsend an der Wasseroberfläche hängen, ist ein bedrohlicher Sauerstoffmangel eingetreten, und sofortigens Handeln ist geboten. In solchen Notfällen hilft zuverlässig ein Fläschchen mit Wasserstoffperoxid. Wasserstoffperoxid zerfällt in Sauerstoff und Wasser nach folgender Gleichung:

$$H_2O_2 \rightarrow H_2O + {}^1/_2O_2$$

Nach der Zugabe ins Aquarium wird mit dem beim Zerfall freigesetzten Sauerstoff sofort das Defizit behoben, und innerhalb weniger Minuten ist die Atmung der Fische wieder normal. Per 5 l Aquarienwasser geben wir 1,0 cm^3 3%iges Wasserstoffperoxid zu[2]. Wenn nach einiger Zeit das Wasserstoffperoxid im Wasser verbraucht ist, können wir unbedenklich nachdosieren, weil durch die Zugabe keine Anhäufung unerwünschter Stoffe im Aquarium erfolgt. Allerdings müssen wir vor jeder Nachdosierung unbedingt prüfen, ob inzwischen auch wirklich alles Wasserstoffperoxid verbraucht worden ist, denn sonst könnte es leicht zu einer gefährlichen Überdosierung kommen. Der Nachweis von Wasserstoffperoxid ist denkbar einfach mit Hilfe einer im Zoohandel erhältlichen Titan-Reagenzlösung[3].

Das Ozon

Ozon ist eine Sonderform des Sauerstoffs. Während sich normalerweise zwei Sauerstoffatome zu einem Molekül zusammenfinden, sind es beim Ozon drei Sauerstoffatome. Seine chemische Formel lautet daher O_3. Ozon zählt zu den stärksten bekannten Oxidationsmitteln, denn es oxidiert fast alle Metalle und viele andere Verbindungen zu ihrer höchsten Oxidationsstufe. Viele organische Farbstoffe werden durch Ozon gebleicht, und Bakterien werden vernichtet. Der stechende Geruch des Ozons ist in der Luft noch in einer Verdünnung von 1:500 000 wahrnehmbar. Ozon ist nicht beständig, sondern zerfällt bereits bei Raumtemperatur in die gewöhnliche, energieärmere Form des Sauerstoffs. Ozon

[1] Auch aus Räumen, in denen sogenannte „Fliegenstreifen“ hängen, sollte keine Luft angesaugt werden.

[2] Zum Abfüllen und gleichzeitig zum Abmessen kleiner Flüssigkeitsmengen eignen sich hervorragend Arztspritzen aus Plastik. Sie sind in Apotheken oder Geschäften für Sanitätsbedarf erhältlich.

[3] Im Zoohandel gibt es auch „Sauerstoff-Tabletten“, zum Beispiel die „Oxyletten“ der Firma Brustmann.

kann für den Fischzüchter eine wertvolle Hilfe sein, denn wegen seiner extremen bakteriziden Wirkung läßt sich eine übermäßige Bakterienentwicklung im Aquarium wirksam bekämpfen. Zugleich bewirkt es auf elektrochemischem Wege durch Anhebung des Redoxpotentiales einen stark beschleunigten Abbau organischer Stoffwechselprodukte, ohne daß störende Zwischenverbindungen wie z. B. Nitrit in nennenswerter Menge auftreten. Diese Zusammenhänge sind ausführlich von Hückstedt[4] dargestellt worden.
Ozon ist besonders angenehm anzuwenden, da keine Chemikalien in das Aquarium eingeschleppt werden, denn aus dem zerfallenden Ozon entsteht der ohnehin schon vorhandene Sauerstoff. Es kann daher notfalls pausenlos ozonisiert werden. Natürlich darf im Aquarium kein Überschuß an Ozon auftreten, weil durch dessen extreme Oxidationswirkung Schäden auftreten können.

Die Geräte

Eine Ozonanlage besteht prinzipiell aus einer Reihenschaltung von Luftpumpe, Ozonisator und Ausströmer, d. h. die von der Pumpe gelieferte Luft wird durch den Ozonisator geleitet, dort teilweise ozonisiert und sodann dem Ausströmer zugeführt. Luftpumpe und Ausströmer sind im Kapiel „Durchlüftung" ausführlich beschrieben. Wir müssen aber beachten, daß nur „ozonfeste" Luftpumpen verwendet werden; bei anderen Ausführungen werden die Membranen nach kurzer Zeit mürbe und rissig. Das gleiche gilt auch für die Luftschläuche.

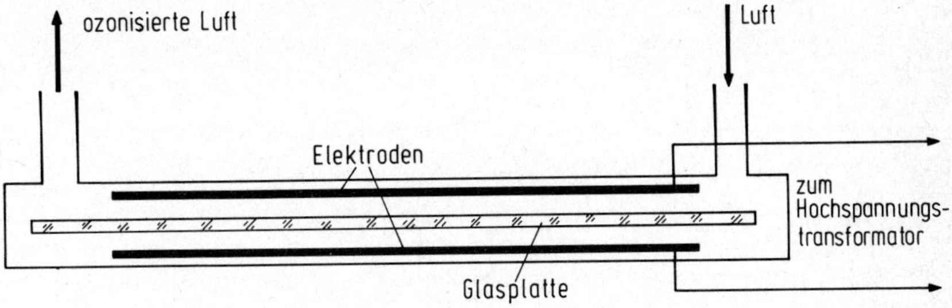

Bild 4.44: Prinzipieller Aufbau einer Ozonkammer. Im Entladungsraum sind zwei Elektroden voneinander durch eine Glasplatte isoliert. Wird eine genügend hohe Spannung angelegt, so tritt eine sogenannte stille Entladung ein. Vorbeistreichende Luft wird dadurch ozonisiert.

Ein Ozonisator besteht aus einem Hochspannungstransformator und einem Entladungsraum (Bild 4.44). Der Entladungsraum enthält zwei Elektroden, die durch einen Glasisolator derart voneinander getrennt sind, daß beim Anlegen der Hochspannung kein Überschlag stattfindet, sondern eine sogenannte stille Entladung[5]. Wird Luft durch den Entladungsraum geleitet, so wird ein Teil des Luftsauerstoffes in Ozon umgewandelt.
Ozonisatoren können je nach Baugröße Ozonmengen von 10–1000 mg Ozon pro Stunde liefern. Ihre Leistung ist etwas vom Luftdurchsatz abhängig (Bild 4.45). Wird ein gewisser Mindestdurchsatz überschritten, so bleibt die Ozonleistung des Ozonisators praktisch konstant, d. h. es wird zwar mehr Luft geliefert, sie enthält aber prozentual weniger Ozon. Einen wesentlichen Einfluß auf die Ozonausbeute hat die Luftfeuchte. Je feuchter die Luft ist, desto weniger Ozon wird erzeugt. Bei einigen Ausführungen läßt sich nützlicherweise die Ozonleistung etwa im Verhältnis 10:1 herunterregeln. Eine Ausführungsform zeigt Bild 4.46.
Vorteilhaft ist, wenn das Gerät und insbesondere die Entladungskammer leicht zerlegbar sind. Sollte nämlich einmal versehentlich durch den Luftschlauch Wasser eingedrungen sein, so läßt sich nach Reinigung und Trocknung der Entladungskammer der Ozonisator wieder sofort in Betrieb nehmen. Andernfalls müssen wir das Gerät zur Reparatur an das Herstellerwerk einsenden.
Ein Lufttrockner kann die Ozonausbeute wesentlich erhöhen. Er besteht aus einem mit Kieselgel[6] gefüll-

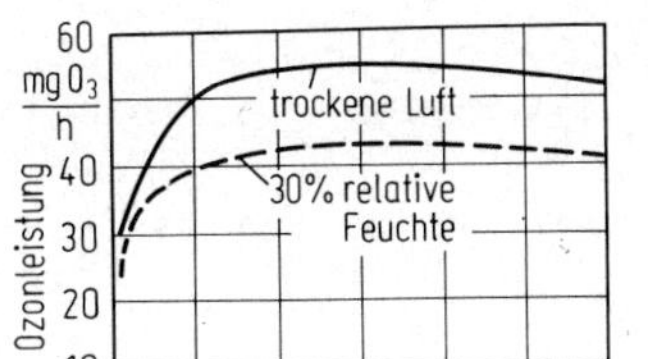

Bild 4.45: Die Ozonleistung ist abhängig vom Luftdurchsatz und von der Luftfeuchte. Die dargestellten Leistungskurven gelten für einen Ozonisator Baugröße II der Firma Sander.

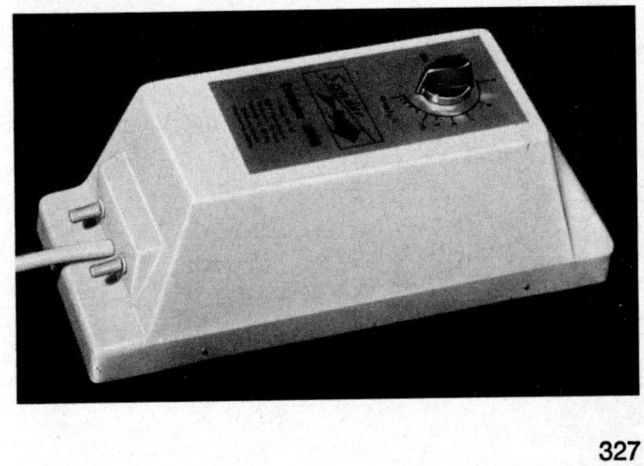

Bild 4.46: Ozongerät mit regelbarer Leistung von maximal 15 mg O_3/l. Werkfoto Sander

[4] Hückstedt, G.: „Aquarienchemie". Reihe Das Vivarium, Kosmos-Verlag, 6. Aufl., Stuttgart 1976
[5] „Stille Entladungen" verlaufen nicht völlig geräuschlos, sondern erzeugen im Gegensatz zum Knallen der Funkenüberschläge nur ein leises, knisterndes Zischen oder Prasseln.
[6] Kieselgel (Silicagel) ist eine synthetisch hergestellte Kieselsäure in Form harter Körner mit glasartigem Aussehen.

ten durchsichtigen Rohr. Der Lufttrockner wird in die Luftleitung zwischen Luftpumpe und Ozonisator eingeschaltet und entzieht der durchströmenden Luft die Feuchtigkeit. Natürlich kann der Lufttrockner nur eine begrenzte Menge Feuchtigkeit aufnehmen und binden. Seine Gebrauchsfähigkeit läßt sich aber leicht überwachen, denn das Kieselgel ist mit einem Feuchtigkeitsindikator (Kobalt-[II]-chlorid) getränkt, der sich mit zunehmender Erschöpfung des Lufttrockners von Blau nach Rosa umfärbt.

Ist der Lufttrockner erschöpft, öffnet man ihn, schüttet das Kieselgel auf einen flachen Teller und stellt den Teller in den Backofen oder auf die Herdplatte. Bei etwa 150° C gibt das Kieselgel die zuvor aufgenommene Feuchtigkeit wieder vollständig ab, d. h. es wird regeneriert. Der Regenerationsprozeß ist beendet, wenn die Farbe von Rosa wieder nach Blau umgeschlagen ist. Nach kurzer Abkühlpause wird das Kieselgel wieder sofort in das Rohr eingefüllt, ehe es Luftfeuchtigkeit aufnehmen kann. Damit ist der Lufttrockner wieder einsatzfähig.

Für die Praxis

Die im Aquarium benötige Ozonmenge hängt vom Verschmutzungsgrad des Wassers ab und ist daher von Fall zu Fall verschieden. Ein Zuviel muß auf jeden Fall vermieden werden, denn durch überschüssiges Ozon können schwere Schäden an Fischen (an den Flossen beginnende Schwärzung) und Pflanzen (Entfärbung) auftreten. Eine zuverlässige, ganz exakte Kontrolle der Ozonisierung ist nur über die etwas aufwendige Messung des Redoxpotentials[1] möglich. Im Laufe der Ozonisierung steigt üblicherweise das Redoxpotential langsam an auf 300–350 mV[2] (bei pH 7). Ein plötzlicher, steiler Anstieg des Redoxpotentiales darüber hinaus auf sehr hohe Werte zeigt die Anwesenheit von freiem Ozon an[3]. Verfügen wir über keinerlei Kontrollmöglichkeit, so sollten wir bei direkter Ozonisierung des Aquariums vorsichtig dosieren. Wenn es im Zimmer nach Ozon riecht, ist die Ozonisierung auf jeden Fall übertrieben. In der Nähe des Ausströmers, direkt über dem Aquarium, ist ein leichter Ozongeruch zulässig. Er rührt vom nicht gänzlich im Wasser verbrauchten Ozon her. Erfahrungsgemäß sind bei einer Ozonleistung von 10 mg O_3 pro Stunde in einem 100-Liter-Becken auch bei Dauerbetrieb keine Schwierigkeiten zu erwarten.

Die Ozonleistung kann wesentlich höher angesetzt werden, wenn nicht direkt im Aquarium, sondern in einem separaten Behälter ozonisiert wird. Durch die entsprechenden Pumpen läuft das Wasser ständig um, ähnlich wie bei einem Außenfilter. Bevor das Wasser in das Becken zurückläuft, muß es ein Aktivkohlefilter passieren. Etwa überschüssiges Ozon reagiert prompt mit der Aktivkohle, wobei Sauerstoff und Kohlensäure in völlig uninteressanten Mengen frei werden. Auf diese Weise wird ein Übertritt des Ozons in das Aquarium verhindert.

Die Ozonisierung ist um so wirksamer, je feinerperlig der benutzte Ausströmer ist, da die Kontaktfläche zwischen der ozonisierten Luft und dem Wasser größer ist. Wir können aber nur Kieselgur-Ausströmer benutzen, weil Holz- oder Filzausströmer zu schnell vom Ozon zerstört werden. Auf die Notwendigkeit ozonfester Ausführungen von Luftpumpe und Schlauch wurde bereits hingewiesen. Die ozonfesten Silikon-Luftschläuche haben leider den Nachteil, daß sie leicht einknicken, wenn sie eng um eine Ecke herumgeführt werden sollen. Wir können mit ihnen also nicht so sorglos umgehen wie mit den üblichen PVC-Schläuchen, zumal sie auch sehr leicht einreißen. Übliche PVC-Schläuche sind jedoch nicht verwendbar, weil sie durch die Ozoneinwirkung schnell hart und brüchig werden[4].

Die Kohlensäure-Düngung

Alle Pflanzen benötigen zu ihrer Entwicklung neben anderen Nährstoffen auch Kohlenstoff. Am liebsten nehmen sie ihn gasförmig als Kohlensäure (CO_2)[5] auf. Das gilt auch für unsere Aquarienpflanzen. Zwar können einige von ihnen bei Kohlensäuremangel auch Hydrogenkarbonat (HCO_3) assimilieren. Dadurch wird eine Senkung der Karbonathärte hervorgerufen (biogene Entkalkung). Aber das ist nur ein Notbehelf der Pflanze, der auf die Dauer zur Verkalkung der Blätter führt und daher vermieden werden sollte.

[1] Dieses Meßverfahren ist ausführlich im AQUARIEN-MAGAZIN H. 3, 1972 beschrieben worden.

[2] Potential zwischen Platin und gesättigtem Kalomel.

[3] Den Ozonbedarf eines Aquariums können wir überschlägig folgenderweise ermitteln. In einem Becherglas behandeln wir einen viertel Liter Aquarienwasser mit Ozon. Von Zeit zu Zeit entnehmen wir eine kleine Wasserprobe von 5–10 ml, versetzen sie mit einigen Tropfen ortho-Tolidinlösung nach Elms-Hauser (Merck-Artikel Nr. 8309). Färbt sich die Probe gelb, so ist überschüssiges Ozon vorhanden. Aus der Zeit, die bis zum Auftreten des überschüssigen Ozons in der Probe benötigt wurde und der Beckengröße, können wir ganz grob den Bedarf des Aquariums berechnen. Z. B.: Wenn nach 6 Minuten in ¼ l Aquarienwasser Ozon nachzuweisen ist, so darf im 100 l-Becken ungefähr 400 mal solang, also 2 400 Minuten oder 40 Stunden ozonisiert werden, ehe überschüssiges Ozon zu erwarten ist.

[4] Ozon ist hochgiftig und schon in relativ geringen Mengen für den Menschen gefährlich. Sobald der typische stechende Geruch nach Ozon auftritt, muß die Anlage abgeschaltet und überprüft werden.

[5] Genaugenommen muß es heißen: Kohlesäureanhydrid, denn erst durch Wasseraufnahme entsteht die eigentliche Kohlensäure (H_2CO_3).

In unseren Aquarien leiden die Unterwasserpflanzen viel öfter an Kohlensäuremangel, als allgemein angenommen wird. Die Vorstellung, daß durch die Atmung der Fische stets genügend Kohlensäure zur Verfügung gestellt wird, ist zwar bequem, trifft aber leider nur selten zu. Meist herrscht ein Defizit, denn die Kohlensäure diffundiert[6] sehr leicht aus dem Wasser heraus. Wird das Wasser in einem Aquarium mittels Durchlüfter oder Wasserpumpe kräftig umgewälzt, kann innerhalb von 24 Stunden die Kohlensäure beinahe restlos ausgetrieben sein. Auch stehendes Wasser versucht ständig, seinen Gashaushalt mit dem der Atmosphäre ins Gleichgewicht zu setzen, das bei ungefähr 0,5 mg CO_2/l erreicht ist. Unter solchen Umständen bleibt für die Assimilation der unter Wasser lebenden Pflanzen – ihr Kohlensäurebedarf liegt bei täglich etwa 1,5 mg CO_2/cm^2 Blattfläche – kaum noch etwas übrig. Wer Wert auf einen gesunden Wuchs seiner Aquarienpflanzen legt, kommt in der Regel um eine Düngung des Wassers mit gasförmiger Kohlensäure nicht herum[7]. Zur Kohlensäure-Düngung gibt es verschiedene Möglichkeiten:

[6] Diffundieren = ausbreiten, sich zerstreuen.
[7] Siehe auch S. 240
[8] Bei großen Aquarien mit mehr als 150 Liter Inhalt tut ein 5-l-Reservekanister gute Dienste; besser noch ist ein durchscheinender Plastikkanister, weil sich darin der Gärungsvorgang gut verfolgen läßt.
[9] Der Gummistopfen sollte keinesfalls durch einen festen Verschluß ersetzt werden. Er dient nämlich gleichzeitig als Sicherheitsventil: steigt der Druck zu sehr, dann fliegt er einfach heraus.

Die Geräte

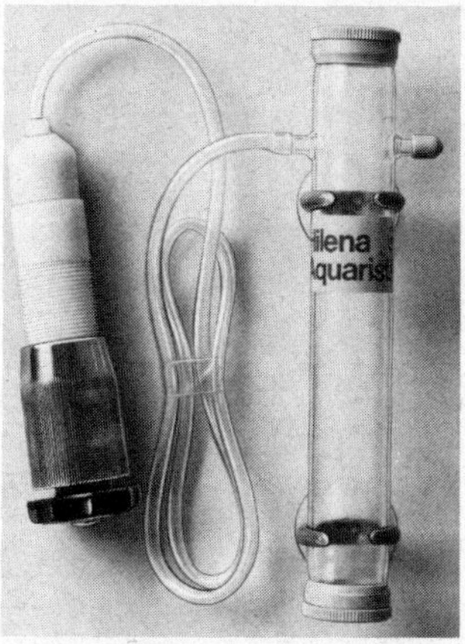

Bild 4.47: Mit einem Kohlensäure-Diffusionsgerät kann kleineren Aquarien genügend Kohlensäure zugefügt werden. Es besteht aus einem Schraubventil (links), in dem vor Gebrauch eine Kohlensäurepatrone untergebracht wird, und dem Diffusionsrohr (rechts). Das Diffusionsrohr hat oben eine gasdurchlässige Membrane, durch die die Kohlensäure in das Wasser diffundieren kann. Werkfoto Hilena

Ein Kohlensäure-Diffusionsgerät kann kleineren Aquarien auf bequeme Weise genügend Kohlensäure zuführen (Bild 4.47). Als Kohlensäurequelle dienen kleine Kohlensäurepatronen, die in Haushaltswarengeschäften überall erhältlich sind. Zum Gebrauch wird eine Patrone in das Schraubventil eingesetzt und das Diffusionsrohr möglichst tief im Aquarium mittels Plastiksaugern an der Wand befestigt. Durch vorsichtiges Öffnen des Schraubventiles wird das Diffusionsrohr nun mit Kohlensäure gefüllt. Das Diffusionsrohr ist an seiner oberen Seite mit einer gasdurchlässigen Membran angeschlossen, durch die die Kohlensäure allmählich in das Wasser diffundieren kann. Verbrauchte Kohlensäure läßt sich durch das Öffnen des Schraubventils wieder ersetzen.

Im Laufe der Zeit allerdings gerät die Diffusion ins Stocken, weil sich im Diffusionsrohr schlechter wasserlösliche Gase – hauptsächlich Stickstoff und Sauerstoff – angesammelt haben. Diese entstammen größtenteils dem in das Rohr nachströmenden Wasser. Zur Abhilfe wird das Diffusionsrohr unter Wasser vollständig entlüftet und wiederum neu mit Kohlensäure gefüllt.

Nachteilig ist, daß dieses Diffusionsgerät täglich mindestens einmal bedient werden muß. Bei längerer Abwesenheit, z. B. im Urlaub, ist mit diesem Gerät eine ununterbrochene Kohlensäuredüngung nicht möglich.

Durch Gärung läßt sich für längere Zeit einigermaßen kontinuierlich Kohlensäure erzeugen. Hefe vermag nämlich nach folgender Gleichung Zucker in Alkohol umzusetzen:

$$C_6H_{12}O_6 \rightarrow 2\,C_2H_5OH + 2\,CO_2$$

Zucker → Äthylalkohol + Kohlensäure

Die hierbei freiwerdenden Mengen an Kohlensäure sind beachtlich. Aus 1 kg Zucker werden rund 0,5 kg Kohlensäure – das sind 250 l – freigesetzt. Weil der Gärungsvorgang sich über einen längeren Zeitraum erstreckt, kann nach diesem Verfahren ein Aquarium ziemlich wartungsarm mit Kohlensäure versorgt werden.

Bild 4.48: Bei der Vergärung von Zucker entsteht ausreichend Kohlensäure, um für einige Zeit einen Ausströmer betreiben zu können.

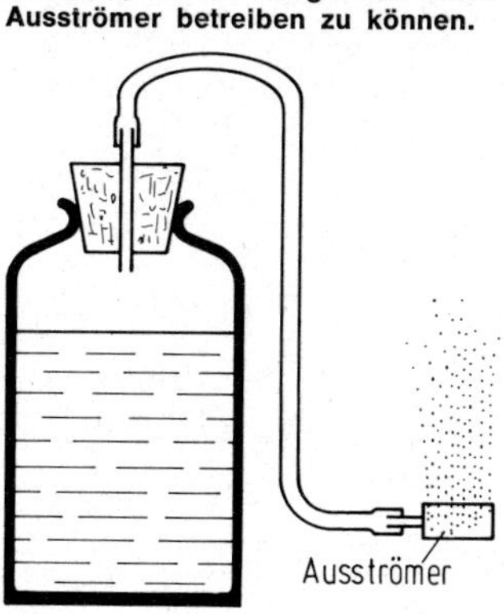

Hierzu geben wir in eine mindestens 1 l große Flasche[8] eine Portion Zucker und etwas Hefe und füllen schließlich mit lauwarmem Wasser fast vollständig auf. Mit einem durchbohrten Gummistopfen[9], an dem über einen Plastikschlauch ein Ausströmer angeschlossen ist, wird die Flasche gasdicht verschlossen (Bild 4.48). Nach wenigen Stunden setzt die Gärung ein, die für Wochen Kohlensäure mit genügendem Druck liefert, um auch fein perlende Holzausströmer betreiben zu können. Es reicht völlig aus, wenn der Ausströmer nur ganz schwach perlt; eine intensive, wallende Gasblasenentwicklung ist gar nicht erwünscht, da sich die Kohlensäure nicht so schnell im Wasser lösen kann und sonst zum größten Teil nutzlos das Wasser verläßt. Aus dem gleichen Grunde soll der Holzausströmer möglichst tief im Aquarium angebracht sein, denn je länger die Gasblase im Wasser verbleibt, desto vollständiger kann sie sich lösen.

Die Intensität der Gärung und damit die stündlich gelieferte Kohlensäuremenge sind von der Zuckerkonzentration ziemlich unabhängig. Zweckmäßig benutzen wir eine 10–25%ige Zuckerlösung, d. h. 100–250 g Zucker auf 1 l fertige Lösung. Werden 30 % wesentlich überschritten, findet keine Gärung mehr statt.

Wesentlich besser können wir den Gärungsprozeß über den Hefezusatz steuern. Zweckmäßig verwenden wir übrigens nicht die frische Bäckerhefe, sondern die

Dauer-Backhefe in kleinen Tütchen, denn diese ist leicht dosierbar und mindest ein Jahr lagerfähig. Etwa 1 g Dauer-Backhefe[1] pro 1 l Zuckerlösung stellt bei 23° C Raumtemperatur einen brauchbaren Anhalt dar. Je nach Kohlensäurebedarf und Temperatur können wir den Hefezusatz von etwa 0,1–5 g pro Liter variieren[2]. Setzen wir zuviel Hefe zu, verläuft die Gärung sehr stürmisch und ist nach wenigen Tagen beendet. Ist dagegen die Menge zu gering, müssen wir eventuell später nachdosieren, weil die Hefe mit der Zeit abstirbt. Anfangs muß man daher immer ein wenig probieren, weil die Gärung – wie alle biologischen Vorgänge – schwer kontrollierbaren Einflüssen unterliegt.

Eine Kohlensäure-Gasflasche mit Reduzierventil ist zweifellos die technisch beste Lösung zur Kohlensäuredüngung. Sie ist zwar durch die unbedingt nötige Anschaffung des Reduzierventils nicht gerade billig, aber dafür ist sie praktisch wartungsfrei und garantiert für Monate eine gleichmäßige CO_2-Versorgung. Besonders in Großanlagen ist die Anschaffung einer Kohlensäuregasflasche der wirtschaftlichste und sicherste Weg.

Die Beschaffung der Gasflasche ist einfach, denn Brauereien liefern für den Bierausschank Kohlensäure preiswert in Leihflaschen. Daher genügt meist eine freundliche Bitte an die nächste Gaststätte, die dann eine weitere Leihflasche bestellt. Das teure Reduzierventil, das den Flaschendruck von etwa 50 atü auf handliche Werte reduziert, ist leider nicht Bestandteil der Leihflasche, sondern muß z. B. im Armaturenhandel gekauft werden.

Wenn wir mehrere Ausströmer gleichzeitig an eine Flasche anschließen, sollte der Druck am Reduzierventil nicht unter 1000 mm WS eingestellt sein. Die weitere Reduktion des Druckes erfolgt zweckmäßig nach entsprechender Aufteilung der Leitung durch T-Stücke für jeden Ausströmer einzeln mit Hilfe der aus der Drucklüftertechnik bekannten Schraubhähne. Auf diese Weise werden die Ausströmer voneinander entkoppelt, und ihre Sprudelstärke hängt kaum noch von der Eintauchtiefe ab.

Wenn auch die Kohlensäureflasche die technisch eleganteste Lösung ist, so bringt sie für den Aquarianer doch ein anderes, schwieriges Problem: Wo versteckt man die riesige Gasflasche im Wohnzimmer? Als Ausströmer kommen – wie bereits mehrfach angedeutet – nur Holzausströmer in Frage, denn der Wirkungsgrad der Kohlensäuredüngung steht und fällt mit der Feinperligkeit des Ausströmers. Zwar steigt der Druckbedarf eines Ausströmers mit seiner Feinperligkeit stark an, aber sowohl das Gärungskohlensäureverfahren als auch die Kohlensäure-Gasflasche liefern genügend Druck, um spielend auch allerfeinste Ausströmer betreiben zu können.

Ausströmer, die besonders fein perlen, können wir uns leicht selbst anfertigen. Hierzu müssen wir einen dünnen Lindenzweig sauber entrinden. Die Dicke des Zweiges wählen wir so, daß er nach der Entrindung stramm in einen Luftschlauch hineingesteckt werden kann. Mit einer Rasierklinge schneiden wir den Zweig dann so ab, daß er 0,5–1 cm aus dem Luftschlauch herausschaut. Das Ganze befestigen wir mit einem Plastiksauger aufrecht im Aquarium (Bild 4.49). Wenn nach einiger Gebrauchszeit die Perlung unbefriedigend geworden ist, können wir den Ausströmer wieder vollständig regenerieren, indem wir mit einer Rasierklinge oben ein dünnes Holzscheibchen abschneiden. Oftmals genügt auch schon ein Abreiben der Oberfläche mit dem Daumen, um wieder sehr feine Luftperlen gleichmäßig aufsteigen zu lassen. Nach einigen Monaten Gebrauchszeit pflegen alle Holzausströmer so stark gequollen zu sein, daß fast keine Luft bzw. Kohlensäure mehr hindurchgeht. Der Druck in der Leitung steigt dann auf mehrere Meter Wassersäule an. Auch hier hilft sofort das Abschneiden eines dünnen Holzscheibchens von der Spitze des Lindenzweig-Ausströmers, und er sprudelt wie neu.

Für die Praxis

Die Zuführung der Kohlensäure über Ausströmer ist praktisch wartungsfrei, dafür aber mit Verlusten verbunden, denn viele Gasbläschen gehen während ihres Aufstiegs zur Wasseroberfläche nicht vollständig in Lösung. Wir verwenden daher möglichst feinperlende Ausströmer; dadurch wird nicht nur die Kontaktfläche zwischen der Kohlensäure und dem Wasser vergrößert, sondern auch die Verweilzeit der Gasbläschen im Wasser ganz erheblich verlängert. Prinzipiell lassen sich die Verluste verringern, wenn die aufsteigende Kohlensäure unmittelbar vor dem Verlassen in einer Glocke[3] aufgefangen wird. Sie könnte dann allmählich

[1] 1 g Dauer-Backhefe entspricht etwa 3,5 g frischer Bäckerhefe.

[2] Die Bereitstellung geringer Hefemengen ist schwierig, wenn man nicht über eine Analysenwaage oder eine sehr genaue Briefwaage verfügt. Wir können uns aber wie folgt behelfen: Den gesamten, durch Aufdruck bekannten Inhalt des Tütchens schütten wir auf ein Blatt Papier und verteilen ihn zu einem flachen, gleichmäßigen Häufchen. Mit einem Messer halbieren wir das Häufchen und schütten eine Hälfte auf ein weiteres Blatt Papier. Das setzen wir so lange fort, bis wir durch fortgesetztes Teilen die gewünschte kleine Menge erhalten haben.

[3] Eine solche Glocke können wir aus einem niedrigen Plastikbecher und einem Sauger leicht selbst anfertigen.

Bild 4.49: Allerfeinste Perlung ermöglicht dieser selbstgebaute Holzausströmer.

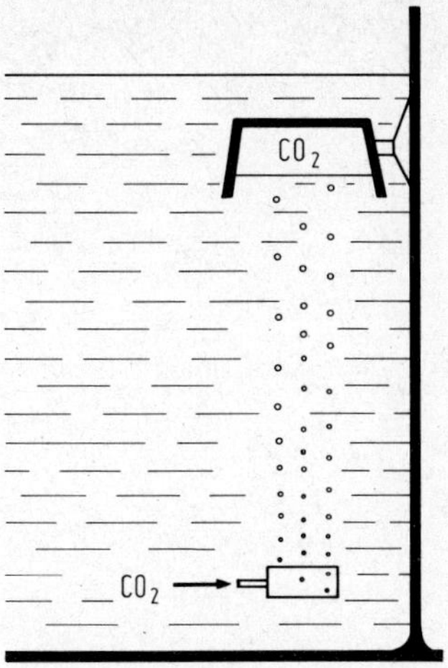

Bild 4.50: Durch eine Glocke kann die aufsteigende Kohlensäure aufgefangen und am vorzeitigen Entweichen gehindert werden. Aus der Glocke diffundiert dann die Kohlensäure allmählich nach unten in das Wasser.

nach unten in das Wasser diffundieren (Bild 4.50). Allerdings stockt dieses Diffusionsverfahren bald, weil sich in der Glocke schlechter wasserlösliche Gase, wie Stickstoff und Sauerstoff, ansammeln, die für die Kohlensäure kaum noch Raum lassen. Ähnlich wie bei dem zuvor beschriebenen Diffusionsgerät müssen wir daher auch die Glocke regelmäßig entlüften.

Der Kohlensäuregehalt des Wassers muß besonders bei der erstmaligen Kohlensäuredüngung regelmäßig kontrolliert werden, bis man sich ein Gefühl für die richtige Dosierung erworben hat. Wird das Diffusionsgerät benutzt (Bild 4.47), so ist eine Überdosierung auch bei kleineren Becken praktisch ausgeschlossen. Auch bei der Verwendung von Ausströmern sind Fischvergiftungen durch Kohlensäure kaum zu befürchten. Die Verträglichkeitsgrenze liegt wesentlich höher, als allgemein vermutet wird. Wiederholte Versuche an Guppys, Neonsalmlern, Keilfleckbärblingen, Skalaren und vielen anderen Arten zeigten, daß Konzentrationen von 80 mg CO_2 pro Liter und mehr ohne Anzeichen von Unwohlsein vertragen werden. Voraussetzung dabei ist aber, daß gleichzeitig der Sauerstoffgehalt ausreichend hoch ist.

In der Praxis hat sich eine Kohlensäurekonzentration von 10–25 mg/l bewährt. Die Kontrolle kann überschlägig auf dem Umweg der pH-Messung erfolgen[4]. Kohlensäure senkt den pH-Wert. Der Grad der Absenkung ist jedoch von der Karbonathärte des Wassers abhängig und daher je nach Beschaffenheit des Aquarienwassers unterschiedlich. Deshalb läßt sich leider nicht aus dem gemessenen pH-Wert unmittelbar auf den Kohlensäuregehalt schließen, denn die Wasserzusammensetzung schwankt örtlich in weiten Grenzen.

Der Grenzwert, unter den der pH-Wert unter keinen Umständen fallen sollte, damit die Kohlensäurekonzentration nicht toxische Werte erreicht, läßt sich leicht für jedes Wasser individuell ermitteln. Zu diesem Zweck wird ein Reagenzglas halbvoll mit Aquarienwasser gefüllt und die entsprechende Tropfenzahl eines flüssigen pH-Indikators hinzugeben. Mit einem Trinkhalm wird nun so lange Atemluft in das Wasser hineingeblasen, bis sich die Farbe der Probe nicht mehr verändert. Die Probe enthält jetzt etwa 60 mg Kohlensäure pro Liter und zeigt die dazugehörige Farbe des pH-Indikators (Grenzwert).

Aus dem im Aquarium gemessenen pH-Wert läßt sich der aktuelle Kohlensäuregehalt abschätzen, wobei allerdings berücksichtigt werden muß, daß die pH-Skala logarithmisch geteilt ist. Daher entspricht einer Änderung des pH-Wertes um 1 Einheit eine Änderung des Säuregehaltes um den Faktor 10. Falls also das Aquarium einen um eine Einheit höheren pH-Wert aufweist, als die mit Atemluft behandelte Probe, so enthält dieses etwa 6 mg CO_2/l. Das gilt natürlich nur für den Fall, daß als Säurebestandteil lediglich die Kohlensäure existiert. Wurde das Aquarienwasser mit Mineralsäuren behandelt oder über Torf gefiltert (Huminsäuren!), so geht diese Rechnung nicht auf.

Für die Praxis gilt: Die Kohlensäuredüngung soll so eingestellt werden, daß der pH-Wert um etwa eine halbe Einheit über demjenigen in der mit Atemluft behandelten Probe liegt. Dies entspricht rund 20 mg CO_2/l.

Unfälle sind bei der Kohlensäuredüngung äußerst selten zu beobachten. Vorsicht ist nur bei luftatmenden Fischen geboten. Es kann vorkommen, daß sich auf der Wasseroberfläche eine CO_2-Schicht absetzt, und die Labyrinthfische nicht mehr die darüberliegende Luftschicht erreichen können. Zur Abhilfe genügt es meist, wenn wir den Wasserstand im Aquarium soweit wie möglich erhöhen, damit die Kohlensäureschicht über den Beckenrand abfließen kann. Notfalls können wir durch seitliches Anblasen der Wasseroberfläche mit einem Durchlüfter nachhelfen.

Filter

Das Wasser im Aquarium unterliegt einem unvermeidlichen Alterungsprozeß. Im Laufe der Zeit reichert es sich mit vielen organischen Stoffen an, die bei der Zersetzung von Futterresten und auch als Stoffwechselprodukte von Tier und Pflanze ständig freigesetzt werden. Überscheitet die Konzentration dieser organischen Stoffe im Wasser eine bestimmte Grenze, so wird die biologische Entwicklung im Aquarium wesentlich behindert. Bei weiterem Konzentrationsanstieg können Vergiftungserscheinungen auftreten. Zwar besitzt das Wasser eine gewisse Selbstreinigungskraft, das heißt, es kann sich bei mäßiger Verunreinigung weitgehend selbst regenerieren, doch wird diese nützliche Fähigkeit in unseren Aquarien wegen der relativ hohen Besetzungsdichte bei weitem überfordert.

[4] Zur Messung des pH-Wertes s. S. 361

Durch den Einsatz von Filtern wird daher versucht, den Alterungsprozeß des Wassers zu verzögern und somit den Aquarienbewohnern für längere Zeit einen zuträglichen Lebensraum zu schaffen.
Neben dieser äußerst wichtigen biochemischen Aufgabe soll ein Filter das Wasser frei von lose herumtreibenden Blättern, Fusseln und trübenden Schwebstoffen halten, also für die optische Klarheit des Wassers sorgen. Vielfach wird angenommen, daß dieses Problem auf rein mechanischem Wege lösbar sei, denn nach dem Vorbild eines Kaffeesiebes brauche man das Wasser nur durch einen genügend feinporigen Filter laufen zu lassen, der alle Trübstoffe zurückhält. Diese Vorstellung trifft aber nur für relativ große Schwebeteilchen zu, wie z. B. Blattstückchen oder tote Futtertiere. Da alle Schwebstoffe trübend wirken, deren Abmessungen größer als die Wellenlänge des Lichtes sind, dürfte die Porenweite eines solchen Filters höchstens $^1/_{2000}$ mm betragen! Derartiges Filtermaterial verlangt wegen seines sehr hohen Filtrationswiderstandes den Einsatz von Druckpumpen und wäre unter aquaristischen Bedingungen in sehr kurzer Zeit hoffnungslos verstopft. – Alle Aquarienfilter haben eine wesentlich größere mechanische Porenweite – bei Kiesfiltern kann sie sogar einige Millimeter erreichen. Anderenfalls wären auch die heute üblichen Durchlaufleistungen von mehreren Hundert Litern pro Stunde nicht möglich. Trotz ihrer relativ großen Porenweite können solche Filter unter bestimmten Bedingungen auch sehr feine Trübungen zurückhalten und Wasser mit glasklarer Transparenz schaffen. Dies geschieht nicht auf mechanischem, sondern auf elektrochemischem Wege. Wenn die Aquarienfilter – wie vielerseits angenommen – wirklich nur eine mechanische Reinigung vollziehen würden, wären sie wegen völlig ungenügender Wirkung längst außer Gebrauch.
Die organische Verschmutzung des Aquarienwassers besteht zum größten Teil aus Eiweißabbauprodukten der verschiedensten Art. Kohlenhydrate spielen nur eine untergeordnete Rolle. Durch Mineralisation werden die organischen Stoffe zu anorganischen Verbindungen abgebaut. Allerdings reichert sich das Wasser dabei zwangsläufig mit Mineralisationsprodukten an, die jedoch physiologisch bei weitem unschädlicher sind als die ursprünglichen organischen Ausgangsstoffe, und deshalb in wesentlich größeren Konzentrationen vertragen werden. Bei der Mineralisation, d. h. der Zerlegung der chemisch kompliziert aufgebauten organischen Stoffe in einfache, relativ ungiftige Bruchstücke werden – stark vereinfacht betrachtet – folgende Stufen durchlaufen: Die Eiweißstoffe werden in verschiedene Polypeptide, die Polypeptide dann in Aminosäuren aufgespalten. Nach der weiteren Zerlegung entstehen Ammoniak bzw. Ammonium sowie Kohlendioxid und Wasser. Schließlich wird das Ammoniak über Nitrit zu Nitrat oxidiert. Da alle organischen Verbindungen hauptsächlich aus Kohlenstoff, Wasserstoff, Stickstoff, Schwefel und Phosphor aufgebaut sind, entstehen bei vollständiger Mineralisation stets die gleichen Endprodukte, nämlich Kohlensäure, Wasser, Nitrate, Sulfate und Phosphate.
Der Filtermechanismus – stark vereinfacht betrachtet – basiert hauptsächlich auf zwei verschiedenen Vorgängen. Der eine besteht darin, daß die Eiweißkolloide[1] an der Oberfläche des Filtermaterials in ihren elektrochemischen Eigenschaften verändert werden. Dadurch verlieren sie ihre Lösungsfähigkeit und lagern sich auf der Oberfläche des Filtermaterials an. Die nachfolgenden Eiweißkolloide reagieren sehr leicht durch Kontaktaustausch von Haftionen mit dem bereits denaturierten[2] Eiweiß in gleicher Weise und lagern sich als zweite Schicht darüber ab. Das ursprüngliche Trägermaterial, also z. B. der Filterkies, wird auf diese Weise in eine nach und nach wachsende Schicht denaturierten Eiweißes eingehüllt, das durch Oxidation weiter zerlegt wird. Der „Klebe-Effekt" des bereits denaturierten Eiweißes ist ganz erheblich größer als der des rohen Filtermaterials. Daher ist die Filterwirkung neuer Filter unbefriedigt. Erst wenn sie nach einigen Tagen Betrieb „eingefahren" sind, erfassen sie auch feinere Trübungsstoffe.
Der zweite Vorgang beruht auf der Tätigkeit verschiedener Bakterien, die ihre Lebenskraft aus der beim Oxidationsprozeß freiwerdenden Energie beziehen. Diese Bakterien nehmen die bereits teilweise abgebauten Eiweiße, also z. B. Aminosäuren, als Nahrung auf und geben nach vollzogener Oxidation energieärmere Stoffwechselprodukte ab, die wiederum anderen Bakterien als Nahrung dienen. Jeder Mineralisationsschritt wird von einer eigens hierauf spezialisierten Bakterienart übernommen[3].
Dieser bakterielle Filtermechanismus kann natürlich erst dann in Gang kommen, wenn sich ein genügend leistungsstarker Bakterienrasen angesiedelt hat, in dem alle benötigten Arten vertreten sein müssen. Meist geschieht dies ohne beson-

Tafel 29
Oben links: Der Blaupunktbuntbarsch (Aequidens pulcher) – früher unter dem Namen A. latifrons bekannt – lebt in stehenden Gewässern Kolumbiens und Panamas zwischen Pflanzen und Steinen. Die Revierbildner lieben Verstecke, jedoch sollte ausreichender Schwimmraum geboten werden. Die Zucht von Aequidens pulcher ist nicht schwierig, außerdem sind sie friedfertige Cichliden und lassen sich auch in Gesellschaftsbecken bei 22 bis 26° C halten.
Oben rechts: Geophagus balzani, ein Maulbrüter, stammt aus dem Flußgebiet des Rio Parana in Paraguay. Die Tiere werden bis zu 15 cm lang, sind aber friedfertig und sollten bei Temperaturen um 24° C gepflegt werden.
Obere Mitte, links: Der Pfauenaugenbuntbarsch (Astronotus ocellatus) stammt aus Südamerika und gehört zu den Bullen unter den Cichliden: 30 cm Länge – vorausgesetzt, daß die Tiere in großen Becken gepflegt werden – sind keine Seltenheit.
Obere Mitte, rechts: Der Schwarzgebänderte Buntbarsch (Cichlasoma octofasciatum) lebt im zentralen Stromgebiet des Amazonas und im Rio Negro. Da er bis zu 20 cm lang werden kann, gehört er zu den Großcichliden.
Untere Mitte, links: Der Augenfleckbuntbarsch (Cichlasoma severum) stammt aus dem nördlichen Amazonasgebiet und aus Guayana; auch er gehört zu den „Bullen", denn in Großaquarien wird er bis zu 20 cm lang. Das Bild zeigt ein Männchen.
Untere Mitte, rechts: Der Keilfleckbuntbarsch (Uaru amphiacanthoides) – ein Goliath, der bis zu 25 cm lang wird – stammt aus dem Amazonasgebiet und aus Guayana. Diese selten importierte Art ist friedlich, frißt Lebendfutter, Trockenfutter und Pflanzenkost.
Unten links: Zu den attraktiven Großcichliden – er kann bis zu 30 cm lang werden – gehört der „Rote Oskar", eine Variante des Pfauenaugenbuntbarsches (Astronotus ocellatus).
Unten rechts: Den Perlmuttbuntbarsch (Herichthys cyanoguttatus) – einen hochrückigen Cichliden – findet man im Flußsystem des Rio Grande del Norte und in Texas. Der „Goliath" wird bis zu 30 cm lang und ist ein ausgezeichneter Brutpfleger.
Aufnahmen: B. Kahl

[1] Kolloide sind Stoffe, die sich in feinster, mikroskopisch nicht mehr erkennbarer Verteilung in einer Flüssigkeit befinden. Ihre Teilchengröße liegt zwischen 10^{-5} und 10^{-7} cm.
[2] Denaturiert: Nicht mehr im natürlichen, ursprünglichen Zustand.
[3] Siehe auch S. 376–380 „Der Kreislauf des Stickstoffs".

Tafel 30

Bild: Herichthys cyanoguttatus, zu deutsch Perlmuttbuntbarsch, ist im Cichliden-Aquarium eine überaus elegante und dekorative Gestalt. Sein Artname „cyanoguttatus“ besagt, daß er blau getüpfelt ist, und das stimmt auch: Über seinen grauen Körper ziehen sich blaugrün irisierende Punkte, Flekken und Pünktchen, auch die Flossen sind damit bedeckt. Auf beiden Wangen trägt der Perlmuttbuntbarsch Striche in gleicher Farbe. Einige dunkle Flecken auf der Leibesmitte zieren ihn im Jugendkleid, davon bleibt später meist nur ein schwarzer Fleck, kurz vor dem Augenansatz der Schwanzflosse, übrig. In seiner Heimat Mexiko und Texas wird dieser Fisch 30 Zentimeter lang. Auch im Aquarium kann er die stattliche Länge von 20 Zentimeter erreichen, wenn das Wasser fleißig gewechselt und noch fleißiger gefiltert wird.

Perlmuttbuntbarsche wühlen gern mit der Schnauze durch die Sandschicht des Aquariums und suchen sich dort versteckten Tubifex heraus. Sie sind, schon als Jungfische, immer sehr aufgedreht, drahtig und temperamentvoll wie ein Foxterrier und kappeln sich mit Wonne mit anderen Fischen herum, ohne sie ernsthaft zu verletzen. Unduldsam wird der cyanoguttatus erst zur Laichzeit, aber da setzen wir die Zuchtpaare der großen Cichliden ohnehin allein in ein Bekken. Bis zu 500 Junge können die Perlmuttbuntbarsche bei einer Paarung bekommen; die Jungen schlüpfen nach etwa fünf Tagen aus dem Ei, werden von den Eltern in Sandgruben gebracht und später aufmerksam durch die Futtergründe geführt.

Aufnahme: K. Paysan

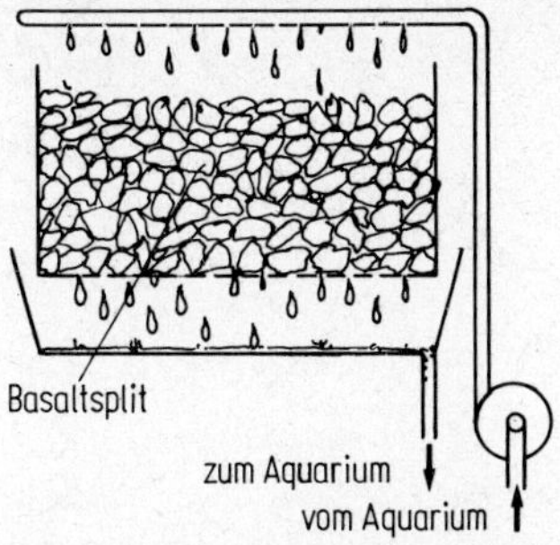

Bild 4.51: Arbeitsprinzip eines Rieselfilters: Eine kräftige Kreiselpumpe fördert das Aquarienwasser zum Düsenrohr empor. Von dort rieselt das Wasser in feinen Tropfen über das Filtersubstrat (Basaltsplit) und tropft langsam durch den mit luftigen Hohlräumen durchsetzten Filter. Wegen des reichlichen Luftangebotes können die Filterbakterien eine hervorragende Klärarbeit leisten. Das gefilterte Wasser tropft aus dem auf einem Sieb ruhenden Filtersubstrat heraus in eine Auffangwanne und wird wieder dem Aquarium zugeleitet.

deres Zutun nach einiger Betriebszeit von selbst. In frisch eingerichteten Aquarien können manchmal aber Schwierigkeiten auftreten, weil die eine oder andere Bakteriengruppe fehlt. Dieses Problem wird im Abschnitt „Für die Praxis" wieder aufgegriffen. Grundsätzlich laufen im Filter sowohl der elektrochemische als auch der bakterielle Mechanismus ab. Die Tätigkeit der Bakterien nimmt jedoch einige Zeit in Anspruch. Daher wird die bakterielle Mineralisationstätigkeit nur in den sogenannten Langsamfiltern mit einem Wasserdurchsatz von höchstens 1 m/h völlig bis zum Ende durchgeführt. Die Mineralisation erfolgt bei diesem Filtertyp übrigens nicht – wie bisher vielfach angenommen – an der Oberfläche in einer dünnen Filterhaut, sondern sie vollzieht sich allmählich im gesamten Längsschnitt des Filters, wobei die ersten 20–30 cm Filterschicht die Hauptlast tragen.

Die Aquarienfilter zählen dagegen ausnahmslos zum Schnellfiltertyp, dessen Wasserdurchsatz mehrere Meter pro Stunde beträgt. Wegen der kurzen Verweilzeit des Wassers kann die bakterielle Mineralisation nicht vollständig bis zum Ende durchgeführt werden. Das den Filter verlassende Wasser kann daher mehr oder weniger unvollständig zerlegte Bruchstücke von organischen Stoffen enthalten, deren Schlußmineralisation dann im Aquarium von dort angesiedelten Mineralisierern vollzogen wird.

Zur Mineralisation der organischen Verbindungen werden, wie bereits angedeutet, beträchtliche Mengen Sauerstoff benötigt. Um 1 g Eiweiß vollständig zu zerlegen, wird – wie einfache Rechnungen zeigen – rund die doppelte Menge, nämlich 2 g Sauerstoff verbraucht. Im Filterablauf ist daher stets weniger Sauerstoff vorhanden als im Zulauf. Die Sauerstoffzehrung darf nicht als fehlerhafte Eigenschaft eines Filters betrachtet werden, sondern gehört unbedingt zu seiner ordnungsgemäßen Funktion. Ein Filter, der keinen Sauerstoff verbraucht, mineralisiert auch nicht! Das bedeutet wiederum, daß dem Filter in genügender Menge Sauerstoff zugeführt werden muß, wenn er seine Aufgabe als Mineralisationsstätte erfüllen soll. Geschieht dies nicht, so wird der unbedingt benötigte Sauerstoff den sauerstoffhaltigen anorganischen Verbindungen entrissen, und das im zulaufenden Wasser enthaltene Nitrat (NO_3^-) bzw. Sulfat (SO_4^{--}) wird im Extremfall zu Ammoniak (NH_3) bzw. Schwefelwasserstoff (H_2S) reduziert. Der Sauerstoffhaushalt eines Filters ist erst dann einwandfrei, wenn das den Filter verlassende Wasser noch Sauerstoff von mehreren mg/l enthält!

Bei Filteranlagen einfacher Bauart wird in diesem Punkt viel gesündigt. Besonders ungünstig verhalten sich vielfach die älteren Außenfilter mit luftbetriebener Wasserpumpe. Zwar wird das zurücklaufende Wasser durch die Pumpentätigkeit belüftet, aber im Filterinneren herrscht, besonders in den unteren Zonen, fast immer ein akuter Sauerstoffmangel, der zwangsläufig zur Bildung unerwünschter Reduktionszonen führt. Das Gefährliche daran ist, daß neben der Entstehung von Ammoniak und Schwefelwasserstoff auch eine Reihe anderer ziemlich giftiger Zwischenverbindungen des Eiweißabbaues freigesetzt werden, die mit dem rücklaufenden Wasser in das Aquarium gespült werden. Moderne Filter mit Kreiselpumpe haben dagegen einen wesentlich günstigeren Sauerstoffhaushalt, denn durch den stärkeren Wasserdurchsatz wird mehr Sauerstoff herantransportiert. Sauerstoffverarmung ist nur bei Überlastung des Filters zu befürchten.

Eine ideale Sauerstoffversorgung wäre in einem Rieselfilter gegeben, das nach dem in der Abwassertechnik gebräuchlichen Tropfkörperverfahren arbeitet. Hier wird das Wasser durch Düsen über einer lockeren Kiesschicht weiträumig verregnet und rieselt tropfenweise von Kiesel zu Kiesel durch den Filter nach unten. Zusätzlich wird von unten in den Filter Luft hineingeblasen, so daß sich im Filterkörper der aufsteigende Luftstrom und das herabrieselnde Wasser ständig begegnen. Auf der Oberfläche der Kiesel bildet sich schnell ein überaus leistungsfähiger Bakterienrasen aus, in dem alle anfallenden organischen Verunreinigungen zügig mineralisiert werden. Leider hat dieser, von seiner Wirkung her gesehen, ideale Filtertyp leider den großen Nachteil, daß er nicht käuflich erhältlich ist; man muß ihn selbst bauen[1]. Er benötigt zwar mehr Platz als ein üblicher Schnellfilter, weil das Wasser nur langsam hindurchsickern kann. Seine biologische Abbauleistung ist aber außerordentlich hoch, sie wird von keinem der im Wasser untergetaucht arbeitenden Filter erreicht.

Für die aquaristische Praxis braucht uns der recht komplizierte Mineralisationsvorgang, dessen Ablauf hier nur in ganz groben Zügen geschildert werden konnte, nicht in allen Einzelheiten zu interessieren. Unbedingt wichtig sind die folgenden Punkte:

[1] Eine Bauanleitung für ein Rieselfilter finden Sie bei Wachtel, H.: „Aquarienhygiene". Reihe Das Vivarium, Kosmos-Verlag, 5. Aufl., Stuttgart 1975

1. Ein gut funktionierender Filter entzieht dem Aquarienwasser die überwiegend organischen Stoffwechselprodukte seiner Bewohner und wandelt sie zum Teil mit Bakterienhilfe um in die anorganische Form, die physiologisch weitaus unbedenklicher ist (Mineralisation). Das Wasser wird dadurch zunehmend mit anorganischen Stoffen angereichert und muß deshalb nach einiger Zeit erneuert werden. Selbst der beste Filter macht den regelmäßigen Wasserwechsel nicht überflüssig!
2. Die Zerlegung der Eiweißstoffe bis zum Nitrat ist im wesentlichen ein Oxidationsvorgang. Dabei wird Sauerstoff verbraucht und Kohlensäure freigesetzt. Das den Filter verlassende Wasser ist daher sauerstoffärmer als der Zulauf. Dieses Defizit muß wieder ausgeglichen werden.

Das Filtermaterial spielt besonders beim eingefahrenen Schnellfilter eine weniger wichtige Rolle. Wie bereits erläutert, dient es lediglich als Trägermaterial für die filteraktiven, denaturierten Eiweißkolloide bzw. für den Bakterienrasen und nimmt am Mineralisationsvorgang nicht teil. Daher können wir nahezu jedes beliebige Material verwenden, sofern es sich neutral verhält, also wasserunlöslich ist und keine störenden Stoffe abgibt. Besonders gut geeignet ist Kies von 3–5 mm Körnung, wie er auch als Bodengrund verwendet wird. Schaumstoff und Perlonwatte tun es auch. Die Perlonwatte setzt sich aber leicht zu, und wir müssen sie vielfach bereits wieder auswaschen, bevor der Filter überhaupt eingefahren ist. Man bevorzuge die grobe, feste Qualität, weil sie im Wasser nicht so stark zusammensackt.

Aktivkohle und Torf nehmen eine Sonderstellung ein, weil sie das Wasser direkt chemisch verändern, und zwar ohne eine Einfahrzeit zu benötigen. Die Aktivkohle kann größere organische Moleküle adsorptiv binden. Dies können sowohl Eiweißkolloide als auch Farb- und Geruchsstoffe sein. Erschöpfte Aktivkohle können wir nicht auswaschen, wir müssen sie durch frische ersetzen. Leider kommt es häufiger vor, daß die Aktivkohle je nach Fabrikat und Lieferung sehr unangenehme Eigenschaften hat. Neben kräftiger pH-Wert-Verschiebung infolge ausgeprägter Säurebindung sind auch Fälle von Nitratreduktion bekannt geworden, die zu einem gefährlichen Anstieg des Ammoniakgehaltes führten. Es wird auch von Schwermetallvergiftungen berichtet, weil eine im „Zink-Chlorid-Prozeß" hergestellte und nur ungenügend ausgewaschene Aktivkohle große Mengen Zink an das Wasser abgab. Wir können also unangenehme Überraschungen erleben, wenn wir Aktivkohle verwenden. Da auch ihre Adsorptionsfähigkeit, also ihre Filterkraft, je nach Lieferung schwankt, sollten wir dieses leider äußerst unzuverlässige Filtermaterial nur in Notfällen nehmen oder auf bewährte Markenware zurückgreifen.

Torf ist ein hervorragendes Mittel zum Ansäuern des Wassers. Er arbeitet im Prinzip als Ionenaustauscher und gibt seine als biologisch wertvoll bekannten Huminsäuren ab gegen die Aufnahme von Bicarbonaten. Das bedeutet, daß mit der Senkung des pH-Wertes durch die Torffilterung gleichzeitig die Karbonathärte gesenkt werden kann. Aquaristisch geeignet ist nur der aus Hochmooren gewonnene Torf, denn nur dieser wirkt ausreichend ansäuernd. Da der Torf in sehr wechselnder Qualität geliefert wird, müssen wir ihn vor dem Einsatz auf seine Eignung untersuchen. Den Grad der Wasseranfärbung können wir aber nicht als Maßstab benutzen, denn die charakteristische Braunfärbung des Wassers wird überwiegend durch die Fulvosäuren des Torfes hervorgerufen, und die eigentlich interessanten Huminsäuren sind relativ farblos. Wir prüfen am besten so: Eine kleine Torfprobe weichen wir in destilliertem Wasser ein und bestimmen nach etwa 24 Stunden den pH-Wert[1]. Er muß deutlich unter pH 5 liegen. Dann belüften wir die Probe mindestens 15 Minuten lang kräftig mit einem Ausströmer. Dabei darf sich der pH-Wert nicht verändern, Steigt er wesentlich an, so wird die Säurewirkung dieser Torfprobe hauptsächlich durch flüchtige Säuren hervorgerufen, die nach sehr kurzer Zeit aus dem Wasser herausdiffundieren. Solcher Torf ist für aquaristische Zwecke ungeeignet. Sicherheitshalber sollten wir anschließend noch eine Prüfung mit Neßlers Reagenz[2] auf Ammoniak durchführen, um sicher zu sein, daß der Torf keine Düngemittel enthält.

Die Geräte

Eine Filteranlage besteht aus mindestens zwei Elementen: Dem Filter mit dem Filtermaterial und einer Wasserpumpe, die das Wasser durch den Filter pumpt. Je nach Bedarf kommen noch verschiedene Rohre oder Schläuche für die Was-

[1] Zur Messung des pH-Wertes s. S. 362

[2] Neßlers Reagenz kann jede Apotheke kurzfristig beschaffen. Die Anschaffung lohnt, weil es auch zur Überwachung der Wasserqualität im Aquarium benutzt wird. Siehe auch S. 377

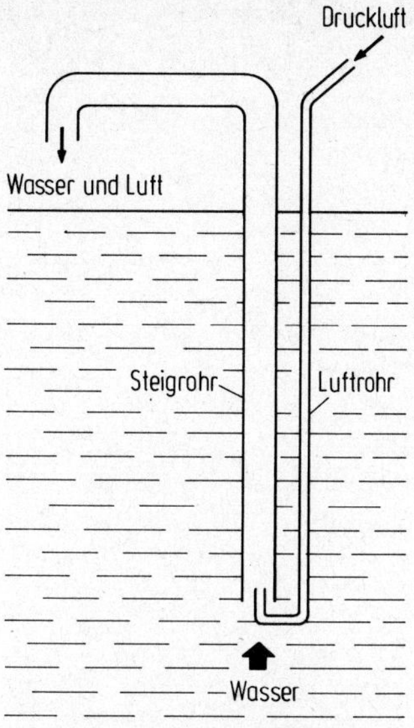

Bild 4.52: Die Mammutpumpe ist besonders einfach aufgebaut und billig. Ihre Leistung ist begrenzt.

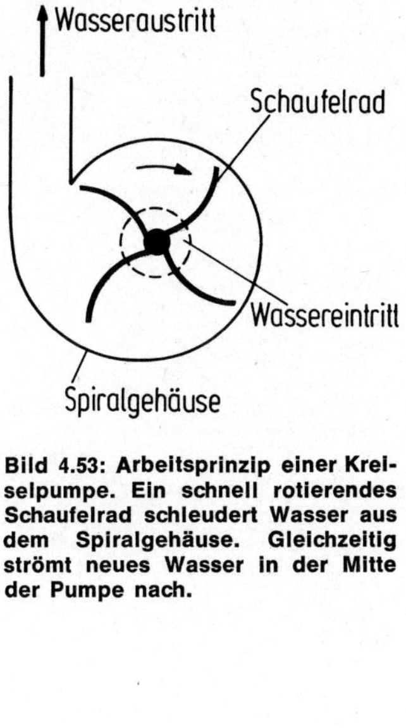

Bild 4.53: Arbeitsprinzip einer Kreiselpumpe. Ein schnell rotierendes Schaufelrad schleudert Wasser aus dem Spiralgehäuse. Gleichzeitig strömt neues Wasser in der Mitte der Pumpe nach.

serführung hinzu. Da ein Filter grundsätzlich sowohl im Aquarium selbst als auch außerhalb untergebracht werden kann, der Filtertopf offen oder druckdicht verschlossen ausgeführt wird, die Wasserförderung von elektrischen oder druckluftbetriebenen Pumpen übernommen werden kann, werden verwirrend viele verschiedene Ausführungen von Filteranlagen angeboten. Die Frage nach dem optimalen Filter kann man eigentlich nicht beantworten, denn je nach Beckengröße, äußeren Umständen, bereits vorhandenen Geräten, Komfortansprüchen und nicht zuletzt dem Geldbeutel, ist die eine oder andere Ausführung im Einzelfall vorteilhafter. Es ist daher wohl sinnvoller, die in ihrer Funktion voneinander unabhängigen wichtigsten Einzelheiten einer Filteranlage getrennt zu betrachten und ihre Vor- und Nachteile zu erläutern. Wenn wir die Eigenschaften der verschiedenen Konstruktionseinzelheiten kennen, können wir leicht die Eignung der gesamten Filteranlage beurteilen.

Als Wasserpumpe verwendete man früher ausschließlich die sogenannte Mammutpumpe (Bild 4.52). Sie ist überaus einfach aufgebaut und daher sehr billig. Das Arbeitsprinzip ist leicht durchschaubar: Die aus dem Luftrohr als Blasen austretende Druckluft steigt im Steigrohr empor und reißt das Wasser mit nach oben. Die zum Antrieb erforderliche Druckluft wird der Durchlüfteranlage entnommen. Der Luftverbrauch ist beachtlich, denn auch eine gut funktionierende Mammutpumpe braucht, um 1 l Wasser zu fördern, etwa 1 l Luft, meist sogar mehr. Die Druckluftmenge muß mit Hilfe einer Schlauchklemme optimal eingestellt werden, denn sonst sinkt die Leistung der Pumpe beträchtlich ab. Die Förderhöhe einer Mammutpumpe ist gering und beträgt höchstens 4–5 cm. Nachteilig ist auch ihre laute, mit blubbernden Geräuschen verbundene Arbeitsweise. Die Mammutpumpe erscheint daher für kleine Anlagen mit geringem Wasserdurchsatz geeignet, sofern ausreichend Druckluft zur Verfügung steht und die laute Arbeitsweise nicht stört.

Kreiselpumpen sind ganz erheblich leistungsfähiger als Mammutpumpen und arbeiten nahezu geräuschlos. Ihr Arbeitsprinzip zeigt Bild 4.53. Ein mehrflügeliges Schaufelrad wird von einem Elektromotor in schnelle Rotation versetzt (etwa 3000 U/min). Das in dem sich spiralig erweiternden Gehäuse vorhandene Wasser gerät dadurch in eine ständig wachsende Kreisbewegung und wird schließlich aus dem Spiralgehäuse herausgeschleudert. Gleichzeitig strömt neues Wasser aus einer Rohröffnung nahe der Schaufelradmitte nach. Je nach Größe der Kreiselpumpe können Pumpleistungen von 150–5000 l/h erzielt werden und größere Höhenunterschiede der Wasserspiegel lassen sich problemlos überwinden[3]. Kreiselpumpen sind nicht selbstansaugend, d. h. sie können bei leerem Spiralgehäuse kein Wasser ansaugen, sondern müssen erst geflutet werden. Daher werden sie in der Regel untergetaucht betrieben und sind dann stets sofort einsatzfähig. Die Lager des Schaufelrades werden von dem durchgepumpten Wasser geschmiert. Wir dürfen Kreiselpumpen daher nicht trocken betreiben, sonst werden die Lager zerstört.

Die Verbindung des Schaufelrades mit dem Elektromotor muß natürlich wasserdicht sein. Ausführungen mit Dichtungsringen sollten wir nicht verwenden, da sie mit der Zeit doch Wasser durchlassen. Zweckmäßig werden Pumpe und Motor entweder mit einer sehr langen Welle verbunden, damit der Motor weit oberhalb des Wasserspiegels montiert werden kann, oder es wird eine Magnetkupplung benutzt. Diese besteht aus einem Magnetenpaar, dessen einer Teil mit der Motorwelle rotiert, während der andere auf dem Schaufelrad befestigt ist. Durch die Drehbewegung des motorseitigen Magneten wird der andere Magnet zusammen mit dem Schaufelrad mitgezogen, ohne daß zwischen beiden eine mechanische Verbindung besteht. Der Motorraum kann somit durch eine Plastiktrennwand hermetisch vom Pumpengehäuse getrennt werden, ohne Verwendung von Stopfbuchsen oder Dichtungen. Das ist die eleganteste Lösung und ermöglicht einen kompakten Zusammenbau von Motor und Pumpe.

Eine Kreiselpumpe ist also dort vorteilhaft einzusetzen, wo größere Wassermengen gepumpt werden müssen oder größere Höhendifferenzen zu überwinden sind. Sie arbeitet zuverlässig und geräuscharm und ist unabhängig von der Durchlüfteranlage. Allerdings müssen wir ihre unbestreitbaren Vorteile teuer bezahlen.

Beim Innenfilter ist das Filtergehäuse innerhalb des Aquariums untergebracht, es führen keinerlei Wasserleitungen aus dem Aquarium heraus. Dadurch ist es bei Innenfiltern weitgehend ausgeschlossen, daß durch irgendwelche Pannen, wie z. B. verstopfte Rohre oder von den Anschlüssen rutschende Wasserschläuche, das Aquarium leer- und dafür das Wohnzimmer vollläuft. Bei luftbetriebenen

Innenfiltern müssen wir natürlich den Luftschlauch sicherheitshalber in einem größeren Bogen über die Wasseroberfläche führen.
Die Größe des Filterbehälters im Aquarium ist aus verständlichen Gründen sehr beschränkt. Daher reicht die Filterleistung der Innenfilter nur bei wirklich schwach besetzten kleineren Becken aus. Einige Zeitlang wurde versucht, durch den Einbau einer Wasserkammer unter dem Pflanzenboden den gesamten Aquarienboden als Filter heranzuziehen. Zwar schuf man hierdurch einen großflächigen und sehr leistungsfähigen Filter, jedoch war er sehr schwierig zu reinigen und die Wasserpflanzen vertrugen die starke Durchströmung des Wurzelraumes nicht.
Einen Innenfilter einfachster Bauart zeigt Bild 4.54. Seine Filterwirkung ist trotz des einfachen Aufbaus bemerkenswert gut. Als Filtermaterial dient eine leicht auswaschbare Schaumstoffpatrone, die auf die Saugseite einer Mammutpumpe gesteckt wird. Die Pumpe erreicht eine beachtliche Förderleistung, wenn das Auslaufrohr unterhalb der Wasseroberfläche mündet. Aufwendigere Innenfilter besitzen einen mit Kohle, Torf oder Watte füllbaren Filtertopf. Teilweise sind sie sogar mit einer Kreiselpumpe ausgerüstet und können in jeder beliebigen Lage arbeiten. Der überwiegende Teil der im Handel angebotenen Innenfilter besitzt leider nur einen derart winzigen Filtertopf, daß eine ausreichende Filterwirkung kaum erwartet werden kann.
Brauchbare Innenfilter können wir uns nach Bild 4.55 leicht selbst herstellen. Der Ausströmerstein unter dem Trichter fungiert als Pumpe, die das Wasser durch die Kies- oder Wattefüllung des Plastiktopfes saugt. Den ganzen Aufbau stellen wir in eine Ecke des Aquariums. Es ist zwar noch einfacher, den Trichter samt Ausströmer statt im Plastiktopf gleich im Aquarienboden zu vergraben, jedoch sei von dieser Lösung dringend abgeraten, weil sich der Kies zur Reinigung nur schlecht herausnehmen läßt.
Ein Außenfilter kann wesentlich mehr Filtermaterial aufnehmen. Für normal oder

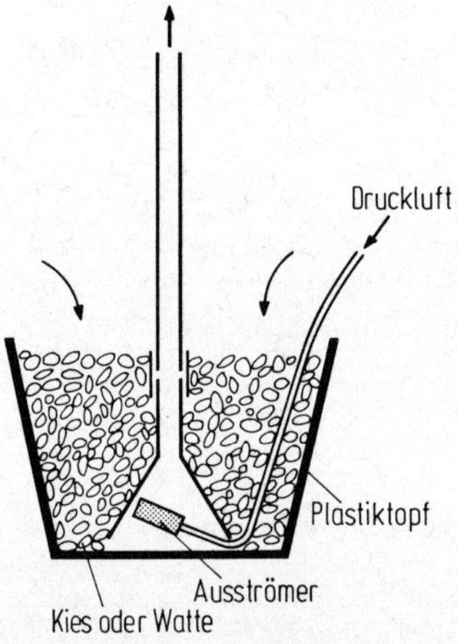

Bild 4.54 (oben): Dieser Innenfilter ist in seinem Aufwand kaum zu unterbieten. Seine Filterleistung ist durchaus befriedigend. Werkfoto Tetra

Bild 4.55: Selbst hergestellter Innenfilter.

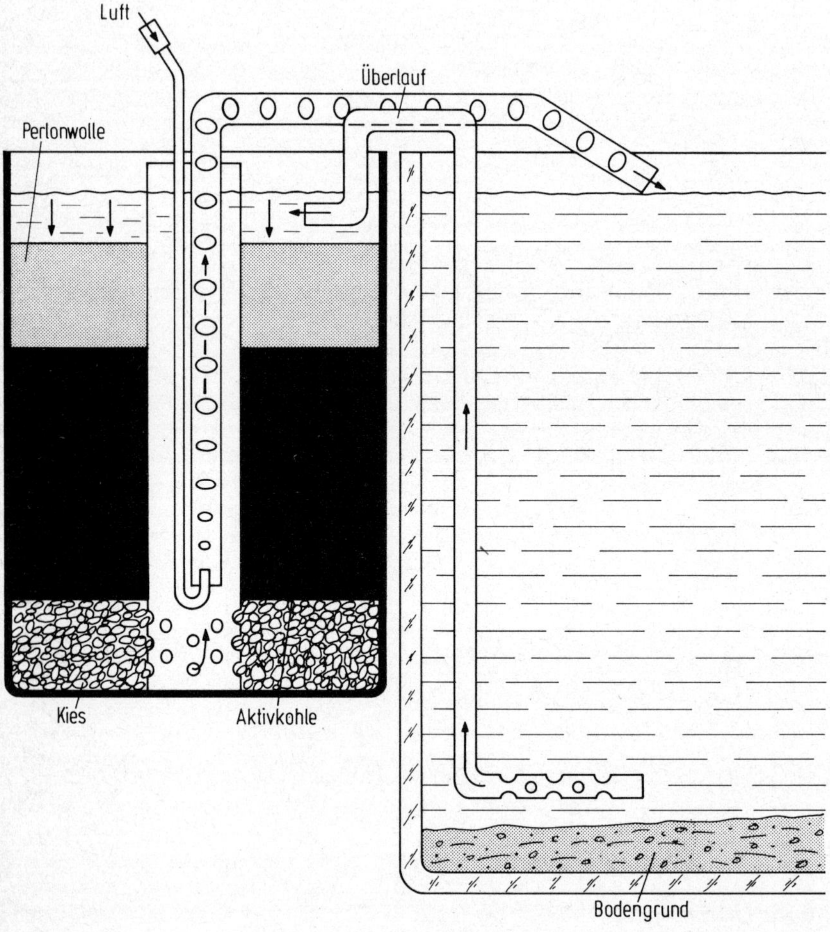

Bild 4.56: Ein Außenfilter kann je nach Größe sowohl Mini-Aquarien als auch Großanlagen versorgen. Die zum Selbstbau erforderlichen Einzelteile sind im Zoohandel erhältlich. Wegen seiner offenen Bauweise muß er in unmittelbarer Nähe und in gleicher Höhe wie das zu versorgende Aquarium aufgestellt werden.

Bild 4.57: Moderne Außenfilter sind mit einer Kreiselpumpe und anderen technischen Raffinessen ausgerüstet. In dieser Zeichnung läßt sich der Weg des Wassers durch die mit verschiedenen Filtermaterialien gefüllten Kammern gut verfolgen. Gezeichnet nach einer Vorlage der Firma Eheim.

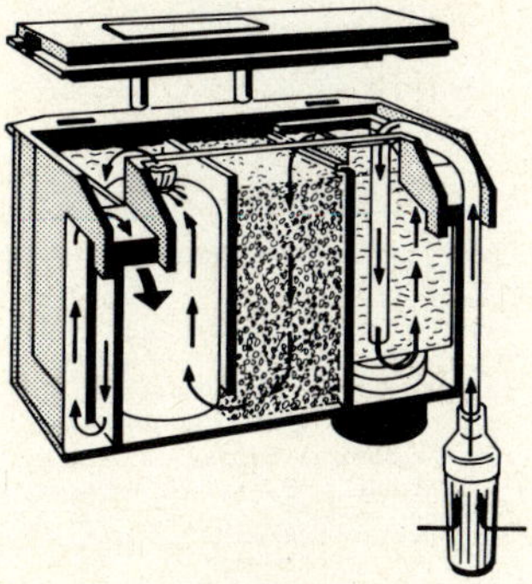

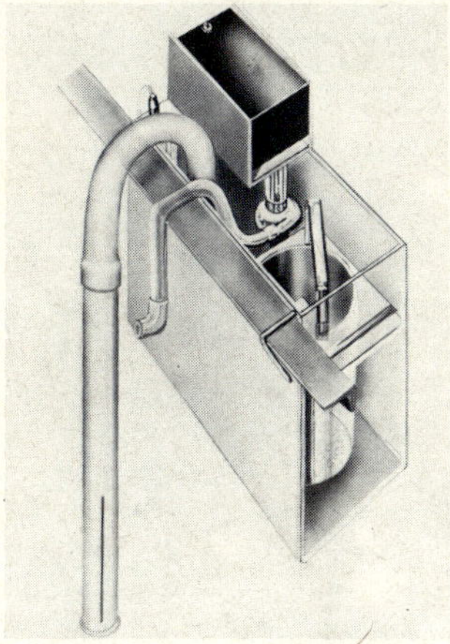

Bild 4.58: Bei diesem offenen Außenfilter wird das zurücklaufende Wasser durch den Druck der Kreiselpumpe weiträumig im Aquarium verteilt. Eine zusätzliche Wasserumwälzung ist nicht erforderlich. Der Filtereinsatz ist bewußt klein gehalten und kann mit einem Handgriff bequem erneuert werden. Hierdurch kann für Becken bis 1000 Liter Inhalt durch regelmäßigen Filterwechsel eine tatsächliche Aquarienhygiene erreicht werden. Werkfoto Tunze

dicht mit Fischen besetzte Aquarien ist er daher die einzig mögliche Lösung. Man unterscheidet zwischen offenen und geschlossenen Filtersystemen. Der klassische Außenfilter nach Bild 4.56, der außen am Rand des Aquariums aufgehängt wird, zählt zu den offenen Filtersystemen. Bei ihnen wird der Wasserspiegel durch ein Überlaufrohr auf gleicher Höhe wie im Aquarium gehalten. Eine Pumpe fördert das gefilterte Wasser aus dem Filter zurück in das Aquarium. Solche Filtertypen sind sehr verbreitet, weil sie nahezu beliebig groß gewählt werden können und sehr leicht zu pflegen sind. Schwierigkeiten macht gelegentlich das Überlaufrohr, denn es darf keine Luftblasen enthalten. Seine Inbetriebnahme erfordert deshalb viel Geschick und Fingerfertigkeit. Die Enden des Überlaufrohres müssen ständig untergetaucht bleiben, anderenfalls zieht es sofort eine Luftblase und arbeitet nicht mehr. Die Wasserpumpe muß deshalb stets vom Filter ins Aquarium fördern und nicht etwa in umgekehrter Richtung; sonst würde beim Ausfall des Überlaufrohres unweigerlich der Filter überlaufen.

Eine moderne Ausführung des offenen Außenfilters zeigt Bild 4.57. Eine eingebaute Kreiselpumpe sorgt für einen geräuscharmen und intensiven Wasserdurchsatz. Besondere Vorkehrungen verhindern auch unter ungünstigen Umständen ein Trockenlaufen der Pumpe oder ein Überlaufen dieses in drei Kammern aufgeteilten Filters. Durch einen Deckel ist der Filter gegen Staubeinfall geschützt. Eine Besonderheit ist das Überlaufrohr. Bei Inbetriebnahme braucht es nicht wie sonst üblich mit viel Akrobatik entlüftet werden. Mit Hilfe eines eingebauten Plättchenventils gelingt es spielend, das Überlaufrohr durch einige schnelle Tauchbewegungen betriebsfertig zu entlüften. In einer vierten Kammer können wir eine thermostatisch gesteuerte Heizung unterbringen, die das zurücklaufende Wasser aufheizt. Damit ist die gesamte Technik den Blicken im Aquarium entzogen und in einem handlichen Kästchen außerhalb untergebracht[1]. Allerdings hat dieser Filter nach Bild 4.57 noch einen Mangel, wie er für die meisten offenen Außenfilter geradezu typisch ist. Das zurücklaufende Wasser verläßt nahezu drucklos den Filter und verteilt sich in der Nähe der Auslaufstelle. Das hat zur Folge, daß das eben gefilterte Wasser bald wieder in den Ansaugbereich des Filters gerät, während das Wasser vom entfernten Beckenende seltener in den Filterkreislauf einbezogen wird. Es empfiehlt sich daher, gleichzeitig für eine kräftige Wasserumwälzung zu sorgen, z. B. mit Hilfe eines Ausströmers.

Diesen Nachteil vermeidet eine Filterausführung nach Bild 4.58, bei der die Kreiselpumpe das Wasser aus dem Außenfilter zurückpumpt und mit kräftigem Strahl weiträumig im Aquarium verteilt. Dadurch entstehen im Aquarium keine stagnierenden Zonen, und dem Filter strömt niemals Wasser zu, das ihn erst vor kurzem verlassen hat. Dieser Filtertyp läßt sich besonders einfach reinigen, weil die Filtermasse in einem offenen Plastiktopf untergebracht ist, der sich leicht aus dem Filter herausheben läßt. Beim Wechseln der Filtermasse braucht dieser Außenfilter also nicht zerlegt werden, sondern kann am Aquarium verbleiben.

Kann der Außenfilter nicht in unmittelbare Nähe des Aquariums oder nicht in der gleichen Höhe angebracht werden, so müssen wir ein geschlossenes Filtersystem verwenden. Es besteht aus einem völlig wasserdicht verschlossenen Filtertopf mit einer eingebauten Pumpe (Bild 4.59). Der Filter kann an beliebiger Stelle untergebracht werden, also auch unter dem Aquarium. Mit je einem Zu- und Ablaufschlauch wird die Verbindung hergestellt. Für den Wasserkreislauf sorgt am besten eine Kreiselpumpe. Verwenden wir Mammutpumpen, so ist die Platzauswahl beschränkt, weil dann der Filter genau unter dem Aquarium aufgestellt werden muß.

Schlauchverbindungen zwischen Filter und Aquarium sind nicht risikolos: Rutscht ein Schlauch von einem Anschlußstutzen ab, so läuft das Wasser ungehindert aus dem Aquarium heraus. Wir müssen daher peinlichst genau auf feste Verbindungen und dichte Filterdeckel achten. PVC-Schläuche verlieren mit der Zeit an Elastizität und lösen sich dann überraschend leicht vom Stutzen. Wer sichergehen möchte, klemme die Schläuche mit Schlauchschellen fest oder benutze dickwandige (!) Silikonschläuche, deren Elastizität nicht nachläßt.

Die Reinigung eines geschlossenen Filters ist ziemlich umständlich. Am besten wird er samt Schläuchen vom Aquarium entfernt und mit hochgehaltenen Schlauchenden zum Waschbecken transportiert. Dort läßt man das Wasser soweit wie möglich auslaufen und öffnet vorsichtig die Filterkammer. Nach Auswechseln des Filtermaterials wird der Filter wieder sorgfältig dicht verschlossen und das Ende des Zulaufschlauches wieder in das Aquarium getaucht. Durch kurzes Ansaugen am Ablaufschlauch beginnt sich der Filter dann allmählich von unten her mit Wasser zu füllen, während die Luft nach oben aus dem Filter verdrängt

[1] Der auf S. 322 abgebildete Filter enthält Heizung und Thermostaten.

wird. Die Luft soll möglichst vollständig aus dem Filter entfernt werden, bevor die Kreiselpumpe eingeschaltet wird. Anderenfalls entstehen für längere Zeit häßlich mahlende Geräusche, die vom Zerschlagen der Luftblasen durch das Schaufelrad der Kreiselpumpe herrühren.
Der Filterauslauf beeinflußt den Sauerstoffhaushalt des Aquariums ganz wesentlich. Wie bereits erwähnt, wird im Filter Sauerstoff verbraucht, und das aus dem Filter in das Becken zurückfließende Wasser ist relativ sauerstoffarm und mit Kohlensäure beladen. Durch intensiven Kontakt mit der Luft können das Sauerstoffdefizit und der Kohlensäureüberschuß des Wassers jedoch weitgehend ausgeglichen werden. Bei Filtern mit Mammutpumpen ist zwar durch die Funktion der Pumpe bereits etwas Luftkontakt vorhanden, trotzdem ist eine zusätzliche Belüftung zu empfehlen. Filter mit Kreiselpumpen erfordern dagegen besondere Maßnahmen am Filterauslauf, um das Wasser intensiv mit der Luft in Berührung zu bringen.
Ein einfaches Verfahren, das allerdings nur in Verbindung mit einer Kreiselpumpe funktioniert, benutzt ein T-Stück an der höchsten Stelle des Einlaufbogens nach Bild 4.60. Das schnell vorbeiströmende Wasser reißt beachtliche Luftmengen mit. Dadurch entsteht am Auslauf ein feines Wasser-Luft-Gemisch. Wenn wir auf das T-Stück einen Luftschlauch aufstecken, können wir die Frischluft auch von weither zuführen. Bei schlechten Luftverhältnissen, z. B. in Gaststätten, ist das sehr vorteilhaft. Einen guten Luftkontakt des Wassers garantiert ein Düsensystem nach Bild 4.61. Das Düsenrohr können wir uns leicht selbst anfertigen, indem wir in ein Plastikrohr mit einer heißen Stecknadel eine größere Anzahl Löcher bohren. Das freie Ende des Plastikrohres wird mit einem Stopfen dicht verschlossen.
Es sind auch andere Belüftungsverfahren denkbar; wichtig ist lediglich, daß das Wasser möglichst intensiv mit der Luft in Berührung kommt, um den Sauerstoffmangel und den Kohlensäureüberschuß des zurückfließenden Wassers auszugleichen. Ein gut funktionierender Filterauslauf kann eine Durchlüfteranlage mit Ausströmer überflüssig machen, wenn gleichzeitig durch große Pumpenleistung für eine kräftige Wasserumwälzung im Aquarium gesorgt wird.
Die Saugöffnung vieler Außenfilter – damit meine ich das Rohr bzw. das Schlauchende, mit dem das zu filternde Wasser dem Aquarium entnommen wird – gibt vielfach Anlaß zu Betriebsstörungen. Sie muß unbedingt mit einem Sieb verschlossen werden, damit nicht etwa Jungfische oder Schnecken in die Filteranlage gelangen können. Die Schutzsiebe sind meist viel zu klein gehalten, denn ihre Oberfläche ist selten wesentlich größer als der Rohrquerschnitt. Ein lose herumtreibendes Blatt vermag spielend die gesamte Filteranlage außer Betrieb zu setzen, wenn es sich vor die Saugöffnung legt. Besonders die kleinen Saugöffnungen üben auf vagabundierende Blätter und Fadenalgen eine magische Anziehungskraft aus, weil bei ihnen die Strömungsgeschwindigkeit des Wassers sehr hoch ist. Richtig konstruierte Saugöffnungen haben nicht nur eine große Siebfläche, sondern auch einen großen Querschnitt, damit die Strömungsgeschwindigkeit des Wassers möglichst niedrig gehalten wird. Eine gute Saugöffnung zeigt Bild 4.62. Dieser Filterkorb am Überlaufrohr des Außenfilters ist ausreichend groß, er wird sich kaum zusetzen können. Weniger gut konstruierte Saugöffnungen können wir wesentlich verbessern, indem wir eine etwa fingerlange Schaumstoff-Patrone darüberschieben. Diese schneiden wir am besten aus einem grobporigen Schwamm, wie er z. B. zur Reinigung von Teppichen empfohlen wird, heraus und versehen ihn an der Schmalseite mit einem Einstich zum Hineinschieben des Rohrendes.

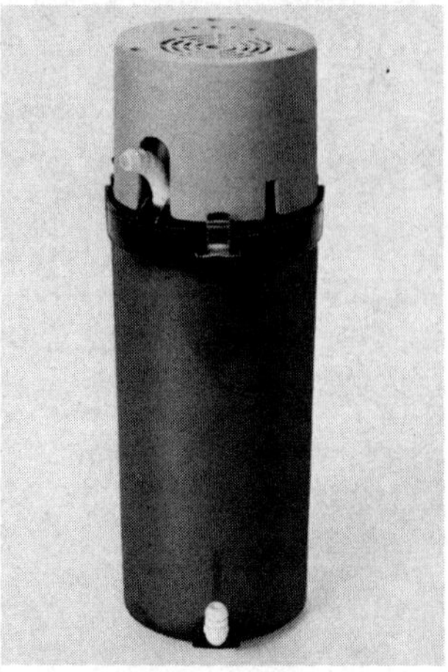

Bild 4.59: Ein geschlossener Außenfilter kann in jeder beliebigen Lage und in größerer Entfernung vom Aquarium betrieben werden. Er wird über zwei Schläuche mit dem Aquarium verbunden. Das abgebildete Modell enthält 1 Liter Filtermaterial. Für große Anlagen sind geschlossene Filter mit einem Filtervolumen bis zu 18 l erhältlich. Werkfoto Eheim.

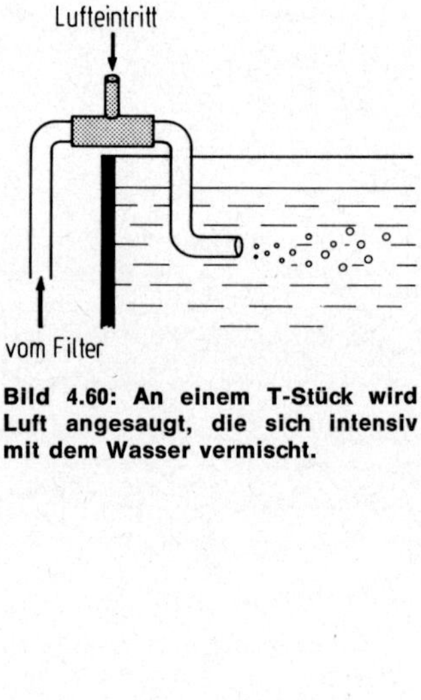

Bild 4.60: An einem T-Stück wird Luft angesaugt, die sich intensiv mit dem Wasser vermischt.

Für die Praxis

Die Größe des Filters müssen wir entsprechend der Menge des anfallenden Schmutzes wählen, sie ist also der Aquariengröße und der Besetzungsdichte anzupassen. Pro 100 l Wasser soll das Filtervolumen als unterste Grenze mindestens 1 l betragen, besser ist ein Mehrfaches hiervon. Wählen wir den Filter zu klein, so verstopft er schnell. Außerdem zehrt die dicke Schmutzschicht auf dem Filter wesentlich am Sauerstoffgehalt des Wassers, das wegen des hohen Filterwiderstandes nur langsam durchsickern kann. Zwar könnten wir diesen Mangel durch besonders häufige Reinigung des Filters umgehen, doch sei daran erinnert, daß ein Filter erst nach einer mehrtägigen Einfahrzeit auch feine Trübungen erfaßt. Es ist daher grundfalsch, einen Filter z. B. alle drei Tage gründlich zu reini-

Bild 4.61: Das zurückströmende Wasser wird fein verteilt und großflächig mit der Luft in Berührung gebracht.

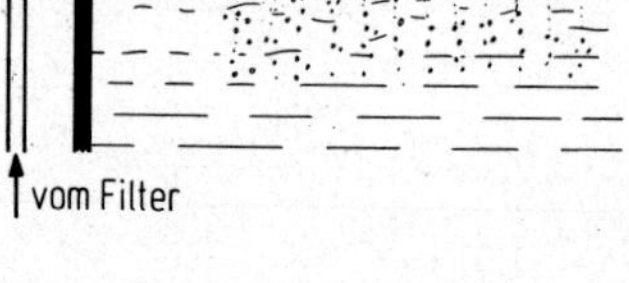

gen, weil er so niemals zu seiner vollen Leistungsfähigkeit gelangen kann. Sollte so häufige Filterreinigung nötig sein, so ist der Filter ganz entschieden zu klein dimensioniert!

Gute Filterkonstruktionen lassen sich leicht und einfach reinigen. Hierauf sollten wir beim Kauf unbedingt achten, denn nur zu gerne wird eine eigentlich fällige Filterreinigung aus reiner Bequemlichkeit verschoben. Die Standzeit offener Außenfilter (Bild 4.56) läßt sich wesentlich verlängern, wenn wir die erste Filterschicht mit einer 5—10 mm dünnen Schaumstofflage bedecken. Diese fängt den groben Schmutz vor dem Eintritt in den Filter ab und kann leicht zwischendurch herausgenommen und ausgewaschen werden. Die Kammern der Filter sollten keine scharfen Ecken haben, denn das Filtermaterial läßt sich nur schwer bis in alle Winkel dicht hineindrücken. Gerne verbleibt in den Ecken ein Kanal, durch den das Wasser ungefiltert hindurchschlüpfen kann. Runde Filterkammern, wie sie z. B. die Filter auf den Bildern 4.58 und 4.59 besitzen, haben diesen Fehler nicht.

Bei der Filterreinigung müssen wir sich erschöpfendes Material wie Torf oder Aktivkohle fortwerfen. Dagegen wird Kies oder Perlonwolle durch Auswaschen wieder voll einsatzfähig, weil es lediglich als Trägermaterial dient. Wir sollten aber nicht übertrieben gründlich reinigen. Einfaches Ausspülen unter fließendem Wasser genügt. Die elektrochemisch-aktive Filteroberfläche und der Bakterien-

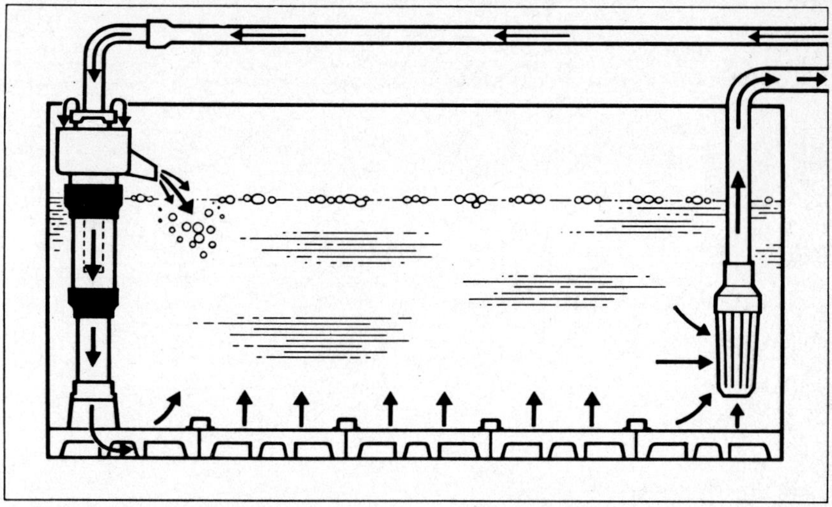

Bild 4.62: Bei dieser Anlage wird ein Teil des vom Filter zurückfließenden Wassers durch den Boden gedrückt. Hierdurch wird wirksam einem Schlechtwerden des Bodengrundes vorgebeugt. Die Bodenströmung darf aber nur sehr schwach sein, sonst nehmen es unsere Pflanzen übel. Nach einer Vorlage der Fa. Eheim.

rasen auf der Kiesoberfläche werden sonst unnötig stark zerstört, und der Filter benötigt eine längere Einfahrzeit, bis er wieder vollwertig arbeitet.

Filter müssen unbedingt kontinuierlich betrieben werden, d. h. sie dürfen nicht z. B. über Nacht abgeschaltet werden. Steht ein Filter still, so wird ihm kein Sauerstoff mehr zugeführt. Nach mehreren Stunden ist der vorhandene Sauerstoff aufgezehrt. Die im Filter festgehaltenen Eiweiße beginnen dann zu verfaulen, und es bilden sich ziemlich giftige Verbindungen. Wird der Filter wieder eingeschaltet, fließen diese Giftstoffe ins Aquarium. Sollte z. B. infolge einer Panne ein Filter für längere Zeit stillstehen und ohne Reinigung wieder in Betrieb genommen werden, so lassen wir am besten das durch den Filter strömende Wasser so lange in einen Eimer laufen, bis der Ablauf völlig geruchfrei ist. Erst dann darf der Filter wieder Wasser ins Aquarium liefern.

Bei frisch eingerichteten Aquarienanlagen kommt es nicht selten vor, daß die Mineralisation nicht reibungslos klappt, weil sich die erforderlichen Bakterien nicht einfinden. Das ist besonders bei den Nitrifikationsbakterien häufig beobachtet worden. Da aber Eiweiß neben Kohlenstoff hauptsächlich Stickstoff enthält, ist eine zügige Stickstoffverarbeitung besonders wichtig, und ein Ausfall der Nitrifikationsbakterien kann zu ernsten Komplikationen führen. Bei neuen Aquarienanlagen sollten wir daher unbedingt den Ammoniak- und den Nitritgehalt des Wassers wachsam kontrollieren[1]. Bei intakter Nitrifikation sind beide kaum oder überhaupt nicht nachweisbar. Ein Anstieg über 0,2 mg Ammoniak pro Liter (pH-Wert abhängiges Ammonium-Ammoniak-Verhältnis beachten!) oder mehr als 1 mg Nitrit pro Liter sind Zeichen akuter Gefahr. Als Sofortmaßnahme müssen wir dann einen größeren Teil des Wassers wechseln. Um die feh-

[1] Der Ammoniaknachweis erfolgt mit Neßlers Reagenz, das jede Apotheke gerne beschafft (siehe auch S. 377). Zur Bestimmung des Nitritgehalts werden im Zoohandel Reagenzien angeboten.

lenden Nitrifizierer heranzuschaffen, gießen wir einige Liter Wasser aus einem alt eingerichteten Aquarium hinzu. Falls dies nicht möglich ist, schütteln wir etwas Gartenerde in einem größeren Topf mit Wasser kräftig aus und geben nach Absetzenlassen das klar überstehende Wasser ins Aquarium.
Vielfach wird angenommen, daß die Funktion eines Filters auch von einer genügend dichten Bepflanzung übernommen werden kann. Das ist ein Irrtum. Alle Pflanzen nehmen im wesentlichen nur Mineralsalze als Nährstoffe auf, also die bei der Aufspaltung der Eiweiße im Filter entstehenden Endprodukte. Schmutzpartikel oder Eiweißkolloide können sie weder aufnehmen noch verarbeiten. Ein guter Pflanzenwuchs kann daher niemals als Ersatz, sondern höchstens als Ergänzung zu einem Filter betrachtet werden.

Die Ultraviolett (UV)-Bestrahlung

Das ultraviolette Licht der UV-Strahler dient keineswegs zur Bestrahlung von Fischen oder Pflanzen etwa im Sinne einer Höhensonne, sondern ist ein Hilfsmittel für die Wasserpflege. Diese UV-Strahlung ist sehr kurzwellig; ihre Wellenlänge beträgt 254 nm[1]. Zwar bezeichnen wir jede Strahlung unterhalb des sichtbaren Bereiches von 380 bis 780 nm als UV-Strahlung, jedoch hängen die physiologischen Wirkungen ganz entscheidend von der Wellenlänge der UV-Strahlung ab. Die Heimhöhensonne z. B. strahlt relativ langwelliges UV aus, sie hat daher ganz andere Auswirkungen.
Die besondere Wirkung der hier zur Wasserpflege benutzten kurzwelligen UV-Bestrahlung besteht darin, daß Eiweiße zum Koagulieren[2] veranlaßt werden und dadurch leichter in Filteranlagen adsorbiert werden. Außerdem können wir mit Hilfe eines UV-Strahlers das Wasser sehr wirkungsvoll entkeimen, denn Bakterien, Viren, Sporen, Hefen, Algen usw. werden durch kurzwelliges UV abgetötet. Ein UV-Strahler ist daher besonders bei Quarantänebecken für Neueingänge oder krankheitsverdächtige Fische nützlich, denn durch die ständige Entkeimung des umlaufenden Wassers wird eine erneute Selbstinfektion wirksam unterbunden. Durch Massenvermehrung von Schwebealgen hervorgerufene Wassertrübungen (Wasserblüte) lassen sich ebenfalls wirksam bekämpfen.

[1] nm = Nanometer, Kurzbezeichnung für 10^{-9}m, 1nm = 1 Millionstel Millimeter.
[2] Koagulieren = Ausflocken. Das zuvor gelöste Eiweiß wird unlöslich und ballt sich zu flockenartigen Gebilden zusammen.

Die Geräte

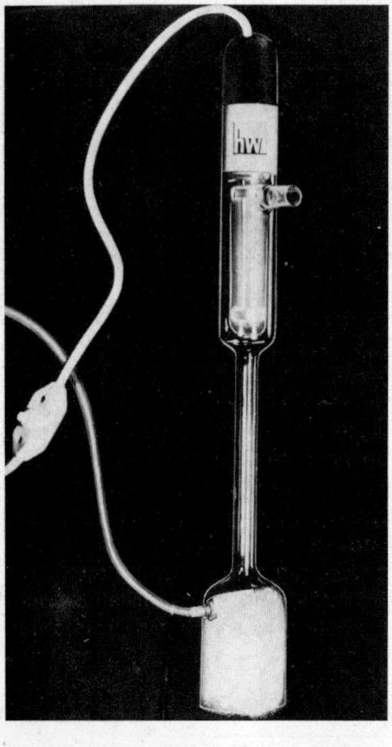

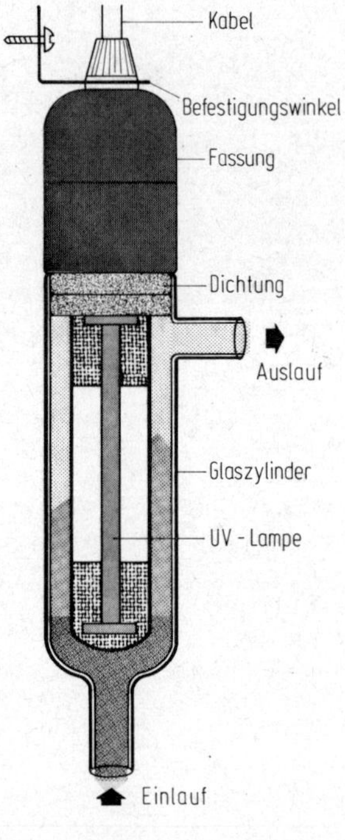

Bild 4.63 (links): UV-Strahler kombiniert mit Wattefilter und luftbetriebener Wasserpumpe. Werkfoto Wiegandt, Krefeld.

Bild 4.64 (rechts): Aufbau eines UV-Strahlers. Nach einer Vorlage der Firma Hilena.

Die UV-Strahlung wird mit Hilfe von speziellen Quecksilber-Niederdruck-Entladungslampen erzeugt. Ihr Aufbau ähnelt sehr den bekannten Leuchtstofflampen, jedoch fehlt ihnen die Leuchtstoffschicht, und ihr Glas ist für UV-Strahlen durchlässig.
Die in der Aquaristik gebräuchlichen UV-Strahler bestehen aus einer UV-Lampe, die in einem Glaszylinder mit größerem Durchmesser untergebracht ist. Durch den zwischen Glaszylinder und Lampe vorhandenen Hohlraum wird das zu behandelnde Wasser hindurchgepumpt. Bild 4.64 zeigt den Aufbau eines UV-Strahlers für kleine und mittlere Aquarien mit einer Leistungsaufnahme von 6 Watt. Für Großanlagen sind leistungsstärkere Geräte bis zu 30 Watt erhältlich.
Fast alle UV-Strahler werden außerhalb des Aquariums betrieben und benötigen für den Wasserkreislauf zusätzlich noch eine Wasserpumpe. Die Ausführung nach Bild 4.63 jedoch taucht nach Art eines Innenfilters in das Aquarium ein und enthält eine luftbetriebene Wasserpumpe sowie ein vorgeschaltetes Wattefilter. Weil bei diesem UV-Strahler keine zusätzlichen Schlauchleitungen für den Wasserkreislauf benötigt werden, ist seine Installation besonders einfach.

Für die Praxis

Der UV-Strahler darf erst dann eingeschaltet werden, wenn er vollständig mit Wasser gefüllt ist. Anderenfalls fehlt der schützende, UV-absorbierende Wassermantel, und der Benutzer wird durch die außerordentlich konzentrierte UV-Strahlung gefährdet. Besonders die Augen reagieren sehr empfindlich, und es genügen wenige Sekunden Direktbestrahlung mit der ungeschützten Lampe, um eine Bindehautentzündung hervorzurufen. Der wassergefüllte UV-Strahler ist dagegen auch eingeschaltet völlig ungefährlich.
Die Lebensdauer eines UV-Strahlers ist, wie bei Leuchtstofflampen üblich, recht lang und beträgt einige Tausend Stunden. Die Leistung läßt im Laufe der Betriebszeit praktisch nicht nach. Die Lampe wird erst dann ausgewechselt, wenn sie wie eine verbrauchte Leuchtstofflampe flackert und nicht mehr richtig zündet.
Nur in seltenen Fällen muß das Wasser ständig mit UV-Strahlung behandelt werden. Falls nötig, kann es jedoch unbedenklich geschehen, ohne daß Schäden etwa durch Überdosierung zu befürchten sind; denn die Strahlung ist im Wasser nur in unmittelbarer Lampennähe wirksam, und das aus dem Gerät abfließende Wasser ist völlig „strahlungsfrei". Zwar wird nebenbei noch etwas Ozon produziert, jedoch ist dessen Menge vernachlässigbar gering und keinesfalls mit der Ozonerzeugung eines Ozonisators zu vergleichen. Wir können das Wasser daher ohne weitere Nachbehandlung direkt in das Aquarium leiten.
Vorsicht ist geboten, wenn das Wasser viel Nitrat enthält. Es kann passieren, daß durch die UV-Behandlung ein Teil des an sich harmlosen Nitrates zum äußerst giftigen Nitrit reduziert wird. Sollten also nach einiger Behandlungszeit die Fische unruhig werden und zeitweise taumelnd durch das Becken schießen, liegt wahrscheinlich eine Nitritvergiftung vor. Diese Gefahr besteht besonders bei frisch eingerichteten Aquarien, weil die Ansiedlung leistungsfähiger Mengen an Nitrifikationsbakterien[3] mitunter einige Zeit erfordert. Am besten untersuchen wir das Wasser mit Hilfe von im Zoohandel erhältlichen Reagenzien auf Nitrit. Sollte der Nitritgehalt 1 mg/l wesentlich übersteigen, so müssen wir die Fische sofort in ein einwandfreies Wasser umsetzen.
Alle Keime, seien sie tierischer oder pflanzlicher Natur, können nur dann abgetötet werden, wenn sie direkt von der UV-Strahlung erfaßt werden. Sind sie dagegen in Schmutzpartikel eingehüllt, so passieren sie anstandslos den UV-Strahler. Am besten montieren wir daher den UV-Strahler zwischen Filterablauf und Aquarium in den Wasserkreislauf.

[3] Nitrifikationsbakterien oxidieren Ammoniak zu Nitrit und Nitrit zu Nitrat. Die Selbstreinigungsfähigkeit des Wassers beruht ganz wesentlich auf der Tätigkeit dieser Nitrifizierer.

Die Futtertechnik

Die tägliche Fütterung gehört zu den wichtigsten Arbeiten des Aquarianers, denn die sorgfältige Fütterung bildet die wesentliche Grundlage vieler Zuchterfolge.
Die Grundlagen der Fischernährung und die zweckmäßige Auswahl der Futter-

mittel werden an anderer Stelle behandelt. Hier besprechen wir deshalb nur die technischen Grundlagen der Fütterung.

Trockenfutter

Bild 4.65: Schaltuhren in Kombination mit Futterautomaten sind besonders praktisch. An einer leicht auswechselbaren Steuerscheibe können Beleuchtungs- und Futterzeit eingestellt werden. Werkfoto Vitakraft

Viele Zierfische können wir überwiegend mit Trockenfutter ernähren. Darunter verstehen wir sowohl getrocknetes Lebendfutter als auch Flockenfutter. Trokkenfutter ist nahezu unbegrenzt haltbar und wegen seiner problemlosen Lagerung sehr beliebt. Außerdem ist es das einzige Futtermittel, das wir z. B. während unseres Urlaubs über längere Zeit mit einem Futterautomaten zuverlässig verfüttern können.

Ein Futterautomat besteht prinzipiell aus einem Uhrwerk, das mit einer Dosiervorrichtung regelmäßig kleine Portionen Flockenfutter freigibt. Da die Futterautomaten zum Betrieb stets über dem Aquarium aufgestellt werden müssen, kann es vorkommen, daß das Futter durch den aufsteigenden Wasserdampf verklumpt. Deshalb enthalten einige Futterautomaten besondere Heizvorrichtungen für die Futterkammer oder heizen diese mit der Verlustwärme des netzbetriebenen Uhrwerkes etwas auf. Besonders nützlich sind solche Geräte, die zugleich als Schaltuhr fungieren und die Aquarienbeleuchtung täglich automatisch ein bzw. ausschalten (Bild 4.65).

Der Selbstbau eines einfachen Futterautomaten, der nach dem bekannten Prinzip des Zuckerstreuers arbeitet, ist nicht sehr schwierig (Bild 4.66). Der Vorratsbehälter besteht aus einer runden, möglichst durchsichtigen Plastikdose von etwa 6 cm Durchmesser, wie sie z. B. zum Verpacken von Farbbändern für die Schreibmaschine verwendet wird. Die eine Dosenseite wird in der Mitte durchbohrt und erhält eine Schraube mit Mut-

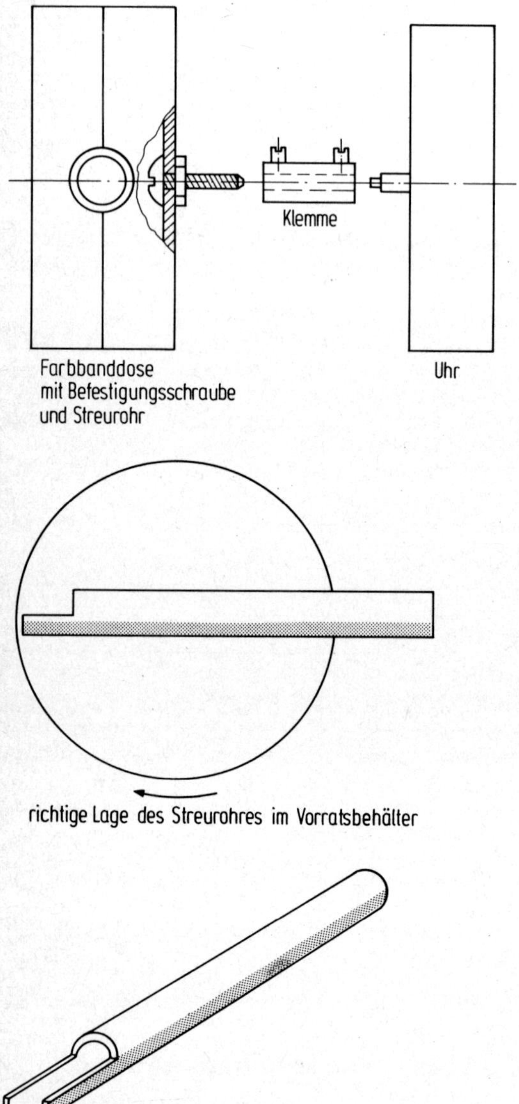

Bild 4.66: Zum Selbstbau eines einfachen Futterautomaten benötigen wir eine Plastikdose, ein Plastikrohr, eine Uhr und etwas Kleinmaterial.

ter als Drehachse. Anschließend wird die Dose mit Alleskleber zugeklebt und dann am Umfang mit einer weiteren Bohrung zur Aufnahme des Streurohres versehen. Das Streurohr sollte etwa 1 bis 1,5 cm dick sein und muß stramm in die Bohrung passen. Geeignetes Plastikrohr haben die meisten Zoohandlungen als Meterware vorrätig. Ein Ende des Streurohres wird mit einer Rasierklinge schaufelartig angeschnitten, damit es bei jeder Umdrehung des Vorratsbehälters eine Portion Futter erfaßt und auswerfen kann. Durch Drehen des Streurohres kann man bei Bedarf die Futtermenge auch reduzieren. Zum Einfüllen des Flockenfutters wird das Streurohr aus der Plastikdose herausgezogen und an seiner Stelle ein Trichter aufgesetzt. Schließlich wird der komplette Vorratsbehälter mit Hilfe einer passenden Lüsterklemme (aus dem Elektrogeschäft) auf der Stundenachse einer beliebigen Uhr festgeklemmt. Die Uhr stellt den Vorratsbehälter zweimal täglich auf den Kopf, und die Fische werden somit morgens und abends zuverlässig gefüttert[1].

Lebendfutter

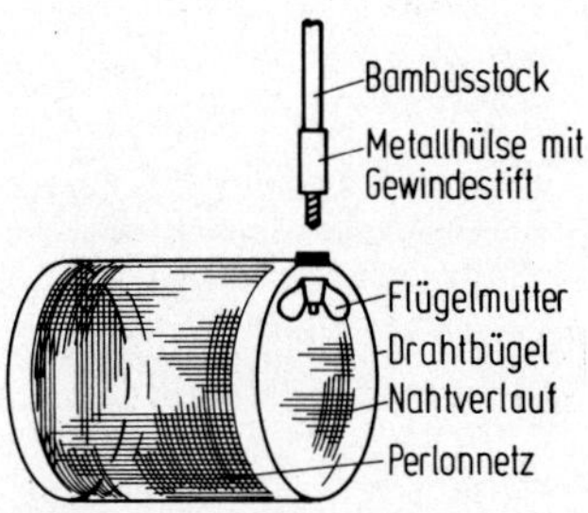

Bild 4.67: Fangnetze müssen einen flachen Boden haben, damit die Futtertiere nicht zerdrückt werden. Die Tiefe des Netzes soll etwa das 1,5-fache des Durchmessers betragen. Zum leichteren Transport kann das Netz vom Bambusstock abgeschraubt werden.

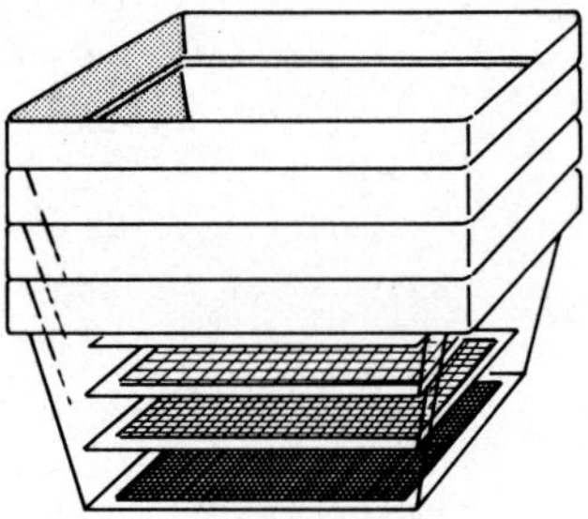

Bild 4.68: Ein Satz Siebe mit verschiedener Maschenweite erleichtert das Sortieren des Lebendfutters.

Viele Fische nehmen nur lebendes Futter an. Das müssen wir entweder beim Händler kaufen, selbst züchten oder aus einem Tümpel mit dem Netz selber fangen. Das Tümpelfutter besteht überwiegend aus verschiedenen Arten von Mückenlarven und Kleinkrebsen, die je nach Jahreszeit und Witterungsverhältnissen in wechselnder Menge im freien Wasser vorkommen. An kühlen und windigen Tagen halten sich diese Tiere in größerer Tiefe auf. Auch die Tageszeit müssen wir beim Fang berücksichtigen, denn die Wasserflöhe z. B. schweben tagsüber in mittleren Wassertiefen und steigen am Abend bis dicht unter die Wasseroberfläche empor. Der Fangerfolg kann also stark wechseln, und falls das Netz leer bleibt, lohnt es sich häufig, den gleichen Tümpel zu einer anderen Tages- oder Jahreszeit noch einmal aufzusuchen. In Fischgewässern sollten wir kein Futter fangen, denn zum einen ist die Futtermenge ohnehin nur gering, zum anderen besteht die Gefahr, daß wir Fischparasiten ins Aquarium einschleppen.

Das Fangnetz darf nicht zu feinmaschig sein, da bei zu hohem Filtrationswiderstand die Wassermassen vor dem Netz hergeschoben werden und nur wenige Futtertiere hineingelangen. Zum Fang ausgewachsener Kleinkrebse sollte die lichte Maschenweite 0,35 mm nicht unterschreiten. Nur wenn wir auch sehr kleine Futtertiere benötigen, darf die Maschenweite etwa 0,1–0,2 mm betragen. Als Netzmaterial verwenden wir vorteilhaft Gardinentüll aus Perlon oder Müllergaze. Der Boden des Fangnetzes muß flach sein (Bild 4.67). In spitz zulaufenden Netzen werden die Futtertiere leicht beschädigt. Das Netz (mit einem Durchmesser von etwa 20–30 cm) wird zweckmäßig mit einer leicht lösbaren Schraubverbindung nach Bild 4.67 an einem kräftigen Bambusstock von etwa 2–2,5 m Länge befestigt. Im Wasser bewegen wir das Fangnetz unter mäßigem Druck in Form einer liegenden Acht hin und her und ziehen es ebenfalls unter ständigem Druck heraus.

Zum Transport geben wir das Lebendfutter in möglichst große, verschließbare Plastikeimer oder Kanister, die mit dem Wasser des Fangortes gefüllt werden. Der früher empfohlene halbfeuchte Transport auf feinen Sieben ist problematisch und erfordert viel Fingerspitzengefühl, denn die Futtertiere erhalten nur dann ausreichend Sauerstoff, wenn sie in sehr dünner Schicht auf dem Sieb aufgebracht werden, wobei die Austrocknungsgefahr aber besonders hoch ist. Im Zeitalter der Motorisierung aber ist der Transport von 10 oder 20 Litern Wasser kein Problem mehr, und die Futtertiere können so lange wie irgend möglich in ihrem gewohnten Milieu verbleiben.

Bei längeren Transportzeiten müssen wir die Wassermenge im Vergleich zur Menge des gefangenen Lebendfutters reichlicher bemessen. Anderenfalls leiden besonders Wasserflöhe schnell unter Sauerstoffmangel. In extremen Fällen benutze man einen batteriebetriebenen Durchlüfter.

Ein Siebsatz hilft beim Sortieren des Fanggutes. Besonders geeignet sind solche Ausführungen, bei denen die Siebe mit verschiedenen Maschenweiten übereinandergestapelt werden können (Bild 4.68). Das gesamte Fanggut wird auf das oberste Sieb mit der größten Maschenweite gebracht und mit reichlich Wasser durch den Siebsatz gespült. Nach ihrer Größe sortiert bleiben die Futtertiere in den verschiedenen Sieben hängen und können dann an die entsprechenden Fische verfüttert werden.

[1] Den Selbstbau komplizierterer Futterautomaten (für Tabletten, Trockenfutter sowie eine Automatik für die Fütterung über Wochen und Monate) beschreibt Rolf Kübler in „Aquariengeräte – selbstgebaut“ Reihe Das Vivarium, Kosmos-Verlag, 2. Aufl., Stuttgart 1974

Futterkonservierung

In den Sommermonaten steht uns oft so viel Lebendfutter zur Verfügung, daß wir den Fangüberschuß für die winterliche Mangelzeit konservieren sollten. Einfaches Trocknen des Fanggutes an der Luft führt zum Schrumpfen der Futtertiere, und ihre Nährstoffqualität sinkt beträchtlich. Die zur Zeit besten Konservierungsverfahren für unsere Zwecke sind das Tiefgefrieren und die Gefriertrocknung.

Beim Tiefgefrieren[1] brauchen wir eine Tiefkühltruhe oder ein Tiefkühlfach, in dem eine Kälte von mindestens $-20°$ C erzeugt werden kann. Die Eisfächer üblicher Kühlschränke genügen meist nicht, denn sie erreichen nur wenige Kältegrade. Dadurch ist kein schockartiges Einfrieren möglich, wie es zum Erreichen einer möglichst hohen Nährstoffqualität unbedingt erforderlich ist.

Das zu konservierende lebendfrische Fanggut lassen wir auf einem Sieb oder Fließpapier gut abtropfen. Dann breiten wir es in einer mit einer dünnen Plastikfolie glatt ausgelegten Schale gleichmäßig in etwa 0,3 cm Dicke aus. Das Ganze stellen wir in die Tiefkühltruhe. Nach vollendetem Tiefgefrieren können wir das Fanggut als feste Tafel aus der Schale herausheben und vollständig in eine Plastikfolie oder -tüte verpacken. Damit steht die Schale zum Tiefgefrieren weiteren Lebendfutters wieder zur Verfügung.

Das tiefgefrorene Futter ist bei $-20°$ C etwa ein Jahr lagerfähig. Zur Fütterung brechen wir von einer Tafel ein entsprechend großes Stück ab und werfen es in das Aquarium. Im warmen Aquarienwasser taut es sehr schnell auf. Den Rest der Futtertafel legen wir zur weiteren Lagerung wieder in die Tiefkühltruhe zurück.

Bei der Gefriertrocknung wird dem tiefgefrorenen Fanggut das Wasser entzogen, damit man es anschließend bei normaler Raumtemperatur lagern kann. Bei diesem Trocknungsvorgang behalten die Futtertiere sowohl ihren vollen Nährwert als auch ihre Form, d. h. sie schrumpfen nicht ein. In der Futtermittelindustrie wird das tiefgefrorene Futter schnell getrocknet, indem man es einem Hochvakuum aussetzt. Darin geht das in Eisform vorhandene Wasser sehr schnell in den gasförmigen Zustand über. Die flüssige Phase wird dabei völlig übersprungen, d. h. es findet eine Sublimation statt. Zwar steht dem Aquarianer kein Hochvakuum zur Verfügung, er kann aber trotzdem selbst gefriertrocknen. Allerdings braucht man dazu einige Wochen Zeit, denn die Sublimationsgeschwindigkeit ist bei normalem Luftdruck äußerst gering.

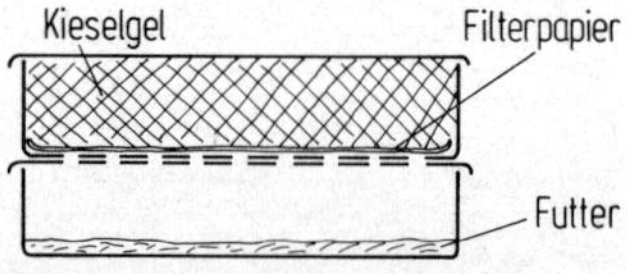

Bild 4.69: Vorrichtung zum Gefriertrocknen von Lebendfutter. Aus dem tiefgefrorenen Futter sublimiert das Eis heraus, das heißt das Eis wandelt sich unmittelbar in (kalten) Wasserdampf um und überspringt dabei die wäßrige Phase. Die aufsteigende Feuchtigkeit dringt durch die Bohrungen und das poröse Filtermaterial in die obere Kammer und wird dort vom Kieselgel aufgenommen.

Zum Gefriertrocknen brauchen wir eine Vorrichtung nach Bild 4.69, die wir uns aus zwei gleichartigen, übereinandergestellten Plastikschachteln leicht selbst herstellen können. Den Deckel der unteren Schachtel verkleben wir fest mit dem Boden der oberen. Dann erhalten beide gemeinsam möglichst viele Löcher von etwa 5 mm Durchmesser. Auf den durchlöcherten Boden der oberen Schale legen wir ein passend geschnittenes Stück von einem Kaffeefilterpapier. In die obere Schale füllen wir als Trocknungsmittel Kieselgel, während die untere Schale eine Portion lebendfrische Futtertiere enthält. Die gesamte Vorrichtung kommt nun in die Tiefkühltruhe und verbleibt dort einige Wochen, bis das Kieselgel sämtliche vom Futter aufsteigende Feuchtigkeit aufgenommen hat und das Futter staubtrocken geworden ist. Dann können wir es wie jedes andere Trockenfutter bei Raumtemperatur weiter aufbewahren.

Kieselgel ist eine synthetisch hergestellte hochporöse Kieselsäure in Form glasartiger Körner, die man für wenig Geld aus der Drogerie oder Apotheke erhält. Zweckmäßig wählt man das mit einem Indikator eingefärbte Kieselgel, damit man den Erschöpfungsgrad jederzeit leicht erkennen kann. Der Umgang mit Kieselgel ist völlig gefahrlos. Es schadet auch nichts, wenn einige Körnchen versehentlich ins Futter fallen, denn abgesehen von seiner porösen Struktur ist das Kieselgel mit dem Quarz chemisch sehr verwandt. Kieselgel kann natürlich nur eine begrenzte Menge Feuchtigkeit aufnehmen und muß dann regeneriert werden. Die Regeneration ist im Kapitel „Ozon" genau beschrieben[2]. Kieselgel kann etwa 20 % seines Schüttvolumens an Wasser aufnehmen. Deshalb dürfen wir die untere Schale der Vorrichtung auf Bild 4.69 nur zu $^1/_5$ mit Futter füllen, damit wir die Gefriertrocknung ohne zwischenzeitliche Regenerierung des Kieselgels zu Ende führen können.

[1] siehe auch S. 422
[2] auf Seite 328

Nützliches Zubehör

Es gibt eine Reihe von technischen Hilfsmitteln, die uns die aquaristische Praxis wesentlich erleichtern können. Zum Teil sind sie billig im Vergleich zu ihrem Nutzen, manchmal sind sie sogar in jedem Haushalt vorhanden und brauchen nicht erst beschafft zu werden. Das Angebot des Fachhandels ist sehr vielfältig. Aber nur schwer läßt sich die Spreu vom Weizen trennen, weil nicht alle Mängel sogleich ins Auge fallen. Vielen Artikeln liegt zwar eine ausgezeichnete Idee zugrunde, jedoch mangelt es häufig an der soliden Ausarbeitung, und in der Praxis bleibt der Erfolg aus. Da ständig Neues auf den Markt kommt, kann die folgende Aufzählung nicht vollständig sein, sie beschränkt sich auf das derzeit bekannte und erprobte nützliche Zubehör.

Reinigungsgeräte

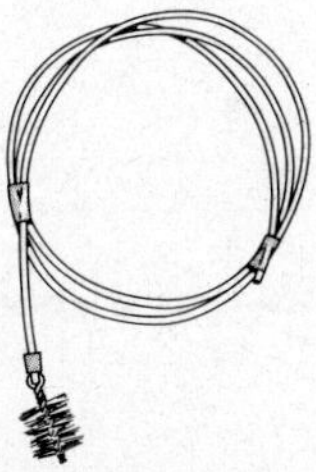

Bild 4.70: Bürste zum Reinigen gekrümmter Rohrleitungen.

Ein Scheibenreiniger ist eine unbedingt notwendige Anschaffung, denn in jedem Aquarium setzen sich an den Scheiben mehr oder weniger schnell Algen fest, die wir von Zeit zu Zeit entfernen müssen. Bewährt haben sich Scheibenreiniger, die an einem Holzstiel eine auswechselbare Rasierklinge tragen. Scheibenreiniger mit Kunststoffklinge oder Filz gehen zwar schonend mit Acrylglasbecken um, jedoch lassen sich die z. T. sehr fest haftenden Algen damit nicht entfernen. Ähnlich verhält es sich mit den sogenannten Algenmagneten. Sie bestehen aus einem Magneten-Paar, dessen eine Hälfte außen am Becken mit der Hand geführt wird. Die andere Hälfte folgt automatisch den Bewegungen auf der Innenseite der Verglasung und schabt damit den Algenbelag ab. Mit der Zeit entwickelt sich aber auf jeder Aquarienscheibe ein sehr festsitzender Algenrasen, der schließlich doch mit der Rasierklinge entfernt werden muß.

Ein Holzstäbchen eignet sich ganz hervorragend zum Entfernen von Fadenalgen, die sich gerne wie Watte zwischen den Pflanzenbüscheln ansiedeln. Passende Holzstäbchen bekommt man in Samenhandlungen und Gärtnereien zum Hochbinden junger rankender Pflänzchen. Wir stecken die Holzstäbchen mitten in die Kolonie der Fadenalgen und drehen sie langsam zwischen den Fingern. Die Fadenalgen wickeln sich dadurch auf dem Stäbchen auf, und wir können sie ohne jeden Schaden für die übrigen Wasserpflanzen aus den Pflanzenbüschen herausziehen.

Bild 4.71: Mit einem Bodenreiniger läßt sich leicht der Mulm aus dem Aquarium absaugen. Werkfoto Tetra

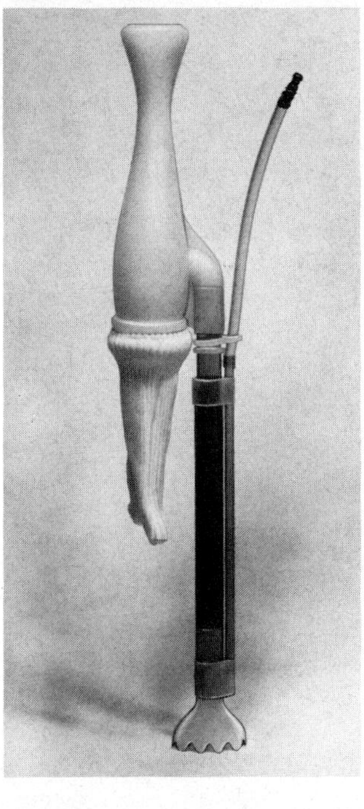

Mit Reinigungsbürsten können wir aus Rohrleitungen und Schläuchen den häßlichen Algenbelag entfernen. Besonders bei gekrümmten Überlaufrohren ist man auf flexible Bürsten angewiesen (Bild 4.70).

Ein Bodenreiniger funktioniert im Prinzip wie ein Staubsauger (Bild 4.71). Er wird Strich für Strich über den vermulmten Aquarienboden geführt und nimmt mit seinem Saugfuß mulmhaltiges Wasser auf und leitet es durch das Steigrohr in den Schmutzbeutel hinein. Dort wird der Schmutz zurückgehalten, und das Wasser läuft durch den Beutel wieder ins Aquarium zurück. Der Saugfuß kann je nach Aquarientiefe teleskopartig ausgezogen werden. Die Wasserpumpe des abgebildeten Modells benötigt zum Antrieb eine Durchlüfterpumpe. Die komfortableren Bodenreiniger fördern das Wasser mittels einer eingebauten Kreiselpumpe, sie arbeiten daher wesentlich gleichmäßiger und mit einer höheren Leistung.

Natürlich können wir den Boden im Aquarium auch nach althergebrachter Weise mit Schlauch und Eimer nach dem Saugheberprinzip absaugen. Dabei wird jedoch sehr viel Wasser verbraucht, und nach beendeter Bodenreinigung ist der Wasserstand im Aquarium beträchtlich gesunken. So verfahren wir am besten nur, wenn wir gleichzeitig das Wasser wechseln wollen.

Fanggeräte

Fangnetze (Bild 4.73) zum Herausfangen von Fischen aus dem Aquarium gibt es in sehr unterschiedlicher Qualität. Ihre Öffnung muß rechteckig sein, damit man auch in die Ecken des Beckens hineinkommt, denn die Fische nutzen überaus schnell die Mängel runder oder dreieckiger Netzöffnungen aus. Sobald Fische beim Herannahen des Netzes einen Wassergegendruck verspüren, ergreifen sie die Flucht. Vorteilhaft sind daher Netze aus dünnem, festem Perlongewebe mit

großer Maschenweite. Der Bügel des Netzes sollte rostfrei und glatt sein, um Verletzungsmöglichkeiten bei der unter Umständen hektisch verlaufenden Jagd auszuschließen. Sehr geeignet wegen seiner Stabilität ist plastiküberzogener Draht. Die Netzöffnung sollte nicht kleiner als handflächengroß gewählt werden. Zwar erreicht man schwierige Verstecke besser mit einem kleinen Netz, jedoch sind die Fluchtchancen bei kleinem Einfangquerschnitt zu groß. Die sorgfältige Auswahl eines Fangnetzes macht sich durch kurze Fangzeit bezahlt; dadurch schonen wir die Dekoration und die Bepflanzung unseres Beckens.

Eine Fangglocke (Bild 4.72) verwenden wir zum Einfangen empfindlicher Fische, die durch den Fang mit dem Netz verletzt werden könnten. Sie besteht aus Glas oder einem glasklaren Kunststoff und hat die Form einer Tabakpfeife. Den zu fangenden Fisch treibt man mit einem Kescher in die für ihn kaum sichtbare Fangglocke und hebt ihn zusammen mit dem Wasser in der Glocke aus dem Aquarium heraus. Der darübergelegte Kescher verhindert das Herausspringen. Diese Fangmethode ist besonders zum Umsetzen von empfindlichen Jungfischen geeignet[1].

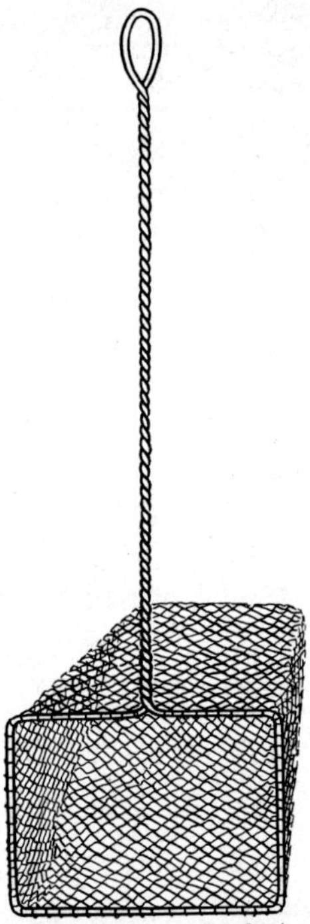

Bild 4.72 (links): Fangglocke zum Einfangen empfindlicher Fische.

Bild 4.73: Fangnetz zum Herausfangen von Fischen.

Geräte für die Pflanzenpflege

Eine Schere hilft beim Entfernen unansehnlich gewordener Pflanzenteile, sonst ziehen wir beim Abreißen eines Blattes die gesamte Pflanze mit aus dem Boden. Kleine rostfreie Scheren sind für uns am besten geeignet.

Ein Messer braucht man zum Herausnehmen großer, kräftiger Pflanzen. Da die Wurzeln älterer Pflanzen weitverzweigt quer durch das Aquarium verlaufen und mit den Wurzeln anderer Pflanzen stark verfilzt sind, würden wir beim Herausziehen die übrigen Pflanzen lockern und gleichzeitig sehr viel Schmutz aufwirbeln. Schneiden wir aber zuvor den Boden kreisförmig um die Pflanze herum tief ein, so läßt sie sich nahezu problemlos herausnehmen.

Eine Pinzette ist beim Einpflanzen kleinwüchsiger Pflanzen einfach unerläßlich. Setzen wir z. B. eine *Elatine hydropiper* (Wuchshöhe etwa 1,5 cm) mit der Hand ein, so sitzt sie entweder zu tief und erstickt, oder sie treibt an die Wasseroberfläche. Auch wenn wir Stengelpflanzen in dichten Gruppen setzen wollen, ist eine Pinzette nützlich, denn sehr leicht rutschen die eben eingesetzten Stengel beim Einpflanzen des nächsten Exemplares wieder heraus. Die Pinzette sollte vernickelt sein, und ihr Maul muß stark verrundet sein, damit wir die Pflanzen nicht verletzen.

[1] Siehe auch S. 658

5

Otto Klee

Aquarienchemie und Ökologie der Fische

Einleitung

Auch die größten Aquarien sind armselige Tümpel, verglichen mit den natürlichen Gewässern unserer Seen, Teiche oder Bäche, in denen sich zahlreiche Fische munter zwischen rankenden Wasserpflanzen tummeln. Kein Wunder, daß die Lebensbedingungen im viel kleineren Aquarium weit größeren Schwankungen unterworfen sind als in der Natur. In beiden Fällen aber ist das Wasser Lebensraum und Nahrungsquelle zugleich und kann so in alle Stoffwechselprozesse der hier lebenden Organismen eingreifen.
Die meisten Aquarianer sind wenig vertraut mit der Aquarienchemie – der Chemie des Wassers. Vielen bleibt es daher versagt, auch interessante Problemfische, die ganz bestimmte Lebensbedingungen beanspruchen, zu halten oder gar zu züchten. Eine recht bedauerliche Tatsache, wenn man bedenkt, daß die Grundregeln der Aquarienchemie gar nicht so schwer zu verstehen sind, wie vielfach angenommen wird. Wer sie aber beherrscht, wird staunen, was er mit seinem Aquarium alles anfangen kann.
Wir befassen uns zunächst mit den physikalischen, chemischen und biologischen Eigenschaften des Wassers und werden dann feststellen, daß nicht immer Wasser gleich Wasser ist, auch wenn es noch so klar und rein erscheint.

Physikalische, chemische und biologische Eigenschaften des Wassers

In der Physik wird das Wasser als Grundlage für verschiedene Maßeinheiten benutzt. Ein ml (ccm) Wasser füllt einen Würfel von 1 cm Kantenlänge und wiegt (bei 4° C) 1 g. Die Raum- oder Volumeneinheit von 1 ml Wasser entspricht somit der Gewichtseinheit von 1 g. Für die Temperaturmessung bedient man sich eines Thermometers, dessen Skala nach dem Gefrierpunkt (0° C) und dem Siedepunkt (100° C) des Wassers festgelegt wird.
Das Wasser hat eine hohe spezifische Wärme[1] (und stellt daher ein gutes Wärmereservoir dar), und eine hohe Verdampfungswärme[2]. Es besitzt aber auch eine sehr große Oberflächenspannung, die nur durch kapillaraktive Stoffe (z. B. Pril) aufgehoben wird und eine sehr hohe Dielektrizitätskonstante[3]. Reines (destilliertes) Wasser[4] leitet den elektrischen Strom fast gar nicht, weil es kaum dissoziiert[5] (im Gegensatz zum „normalen" Wasser, in dem mehr oder weniger viele Salze gelöst und dissoziiert sein können). Reines Wasser bewirkt eine Störung der osmotischen Verhältnisse sowie es mit lebenden Zellen zusammentrifft: Die Ionenkonzentrationen verschieben sich, wasserlösliche Substanzen werden durch freie Diffusion, Membrandiffusion und elektrische Vorgänge im Zellgefüge anders verteilt. Die *Diffusion* ist ein wichtiger Vorgang beim Stofftransport innerhalb der Organismenzellen. Wir wissen, Gase und gelöste Stoffe sind aufgrund ihrer Bewegungsenergie stets bestrebt, sich in einem gegebenen Raum gleichmäßig zu verteilen. Jedes Konzentrationsgefälle verursacht daher einen Stoffaustausch oder Stofftransport in der nächsten Umgebung so lange, bis ein Konzentrationsausgleich eingetreten ist (freie Diffusion). Erfolgt der Stoffaustausch durch eine Membran, so sprechen wir von Membrandiffusion. Hier allerdings spielen dann die elektrische Ladung und der Porendurchmesser der Membran eine wesentliche Rolle (im allgemeinen diffundieren einwertige Ionen leichter als mehrwertige durch die Membran). Dem Stoffaustausch sind damit schon gewisse Grenzen gesetzt.
Auch die *Osmose* beruht auf einem Diffusionsvorgang, doch vollzieht sich der Konzentrationsausgleich hier durch eine sogenannte halbdurchlässige (semipermeable)[6] Membran, deren Poren nur Moleküle ganz bestimmter Größe wie z. B. die des Wassers hindurchtreten lassen. Im Gegensatz zur eigentlichen Diffusion findet bei der Osmose daher in erster Linie eine Wasserverschiebung statt (vgl. Seite 392).
Die *Zähigkeit (Viskosität)* ist eine weitere wichtige Eigenschaft des Wassers. Darunter versteht man den Widerstand, den das Wasser einem Körper entgegensetzt, der in ihm bewegt wird. Dieser sogenannte Reibungswiderstand ist um so größer, je größer der Querschnitt des bewegten Körpers und dessen Verschie-

Tafel 31
Oben: Für Crenicara filamentosa, den Gabelschwanz-Schachbrettcichliden – die Männchen werden 8–9 cm lang, die Weibchen sind etwa 2 cm kleiner –, wird als Fundort im allgemeinen der Amazonas angegeben. Das Tier soll als „Beifang des Roten Neonfisches" gelegentlich ins Netz gehen, und deshalb ist anzunehmen, daß es aus dem Gebiet des Rio Negro stammt. Der Gabelschwanz-Schachbrett-Cichlide ist zwar recht einfach zu pflegen, seine Zucht ist jedoch ein echtes Problem. Es ist also kein Wunder, daß Crenicara filamentosa so selten angeboten wird.
Mitte: Die lang ausgezogenen Schwanzflossenstrahlen und die auffällige Zeichnung – zwei Reihen schwarzer Karos durchziehen den ganzen Körper – hat den Zwergen den deutschen Namen „Gabelschwanz-Schachbrett-Cichlide" eingetragen. Unser Bild zeigt ein erwachsenes Männchen.
Unten: Ob ein Crenicara filamentosa-Weibchen schon einmal Mutter war, erkennen wir an den Brustflossen, die dann kräftig rot gefärbt sind, während sie bei „jungfräulichen" Tieren weiß und durchsichtig sind. Bei der Brutpflege erscheint das Bauchflossenpaar kirschrot. Unser Bild zeigt ein Weibchen, das sein Gelege hütet und befächelt.
Aufnahmen: H.-J. Richter

[1] Spezifische Wärme = die Wärmemenge, die man braucht, um 1 g Wasser um 1° C zu erwärmen.
[2] Verdampfungswärme = die Wärmemenge, die nötig ist, um bei gleichbleibendem Druck das Wasser vom flüssigen in den gasförmigen Zustand überzuführen.
[3] Die Elektrizitätskonstante. Eine Maßzahl, die angibt, wie stark die Kapazität eines Kondensators erhöht wird, wenn sich statt Luft ein „Dielektrikum" zwischen den Platten befindet.
[4] Reines (destilliertes) Wasser enthält so gut wie keine gelösten Stoffe.
[5] Dissoziation. Zerfall von Molekülen in elektrisch geladene Teilchen, sogenannte Ionen. Durch sie kann das Wasser elektrischen Strom leiten.
[6] Semipermeable = halbdurchlässig. Semipermeable Membranen gestatten zwar Wassermolekülen den Durchtritt, nicht aber größeren Molekülen.

Tafel 32

Bild (oben): Die Gestreiften Zwergbuntbarsche (Nannacara anomala) stammen aus dem tropischen Südamerika, genauer aus Britisch Guayana. Dort wächst das Männchen bis zu einer Länge von acht Zentimeter heran – es wird doppelt so groß wie das Weibchen.
Eine feste oder länger dauernde Paarbildung wie bei anderen Buntbarschen gibt es bei Nannacara anomala nicht; ein Männchen kann mit beliebig vielen Weibchen ablaichen. Alte Männchen haben daher oft einen regelrechten Harem. Auf das ständige Werben der Männchen reagieren die Weibchen erst, wenn sie laichreif sind. Dann verlieren sie ihre dunkle Körperzeichnung, streifen sich ein schmutzigbraunes Gewand über und folgen den balzenden Männchen. Beide suchen nun eine geeignete Laichstelle: Sie beginnen mal hier, mal da Steine zu putzen, und ganz allmählich konzentrieren sich die Putzbewegungen immer mehr auf eine bestimmte Stelle. Erst wenn die zukünftige „Kinderwiege" peinlich sauber ist, beginnt das Paar mit dem Ablaichen.

Aufnahme: J. Eliáš

Bild (Mitte): Für jeden gut sichtbar: das Schachbrettmuster des Weibchens signalisiert, daß es Alleinherrscher im Revier ist – wehe dem Eindringling!

Aufnahme: J. Eliáš

Bild (unten): Ob das wohl gut ausgeht: Zwei Nannacara-anomala-Männchen in einem Becken. Beide Männchen werden in Kürze Stellung beziehen, und dann beginnt der Kampf um den besten Revierplatz.

Aufnahme: R. Zukal

bungsgeschwindigkeit ist. Er hängt aber auch ab von der Temperatur und Beschaffenheit der betreffenden Flüssigkeit, hier vom Wasser. Da unser Süßwasser nur einen sehr geringen Salzgehalt aufweist, interessiert uns vor allem die Abhängigkeit von der Temperatur: Mit steigender Temperatur nimmt die Zähigkeit des Wassers ab. Bei 25° C ist sie nur noch halb so groß wie bei 0° C. Eine im Wasser schwebende Planktonalge wird daher unter sonst gleichbleibenden Bedingungen bei 25° C einem geringeren Reibungswiderstand ausgesetzt sein und infolgedessen schneller (doppelt so schnell) absinken als bei 0° C. Im Vergleich zur Luft ist die innere Reibung im Wasser rund 100mal stärker. Alle Wasserorganismen haben daher weit größere Widerstände zu überwinden als Lufttiere. Die zierlichen Sprünge eines Cyclops, einer Fliegenlarve, auch die blitzartigen Wendungen eines Salmlers erfordern gewaltige Muskelkräfte. Neben der Zähigkeit hat das Wasser noch eine hohe Dichte[1] und beide zusammen hemmen die Geschwindigkeit der absinkenden Mikroorganismen erheblich. Da aber das spezifische Gewicht[2] des Protoplasmas dieser Lebewesen höher ist als das des Wassers, sinken auch sie im Wasser ab. Nur solche Lebewesen, die sich als Schweber oder Schwimmer frei darin fortbewegen, können Höhenverluste aus eigener Kraft überwinden.

Die *Oberflächenspannung* des Wassers kann unter Umständen lebenswichtig sein. Sie entsteht an der Berührungsfläche Wasser/Luft und bildet hier einen Lebensraum für besonders angepaßte Organismen. Entscheidend ist, ob sich die Organe von Pflanzen und Tieren benetzen lassen oder nicht. Junge Blätter der Laichkräuter sind zum Beispiel unbenetzbar, ebenso die Schalen des Wasserflohes. Ihm aber kann dadurch die Berührung des Wasserspiegels zum Verhängnis werden. Durch die Oberflächenspannung wird das Krebschen an der Wasseroberfläche festgehalten und kann nicht mehr in sein gewohntes Milieu zurücktauchen. Die ökologische Bedeutung der Oberflächenspannung zeigt sich auch darin, daß unbenetzbare Organe viel weniger vom Aufwuchs besiedelt und in ihrem Stoffwechsel und ihren Bewegungen gehemmt werden als benetzbare.

Schließlich ist das Wasser, der Urstoff der belebten Natur, ein hervorragendes Lösungsmittel. Als solches ermöglicht es chemische Reaktionen, die nicht nur für den Aufbau und die Erhaltung des lebenden Organismus unentbehrlich sind, sondern auch einen gleichbleibenden Gewebezustand aufrechterhalten, der vielen Lebewesen eine bestimmte Form und Festigkeit verleiht. Da alle flüssigen Bestandteile eines Organismus einen hohen Wassergehalt aufweisen, kann das Wasser auch als Transportmittel im Organismus betrachtet werden: Es führt Baustoffe an die Stellen des Verbrauchs und befördert gleichzeitig Abfallstoffe von dort zu den Ausscheidungsorganen. Das Wasser greift also ganz entscheidend in das Stoffwechselgeschehen der Organismen ein. Ohne Wasser gibt es kein Leben[3].

Hauptfaktoren der Fischökologie

Strahlung und Lichtklima

Die auf den Wasserspiegel treffenden Sonnenstrahlen rufen im Wasser eine ganze Reihe ursächlich miteinander verbundener Erscheinungen hervor, die für das Leben in den Gewässern und für den Gesamtbereich der Aquaristik äußerst wichtig sind und das Lichtklima in diesem Milieu bestimmen.

Schon geringe Wasserschichten vermögen die Intensität und Qualität des eindringenden Lichtes wesentlich zu verändern. Ein Teil der einfallenden Strahlen wird an der Oberfläche reflektiert, vom Rest geht ein Teil durch Streuung verloren, ein anderer wird vom Wasser absorbiert und in Wärme umgewandelt.

Lichtqualität

Die Lichtqualität hängt ab von der Durchlässigkeit des Wassers für die einzelnen Wellenbereiche des Spektrums. Kurzwellige Strahlen (der sichtbare violette, blaue und grüne Anteil des Lichts) durchdringen reines Wasser zu einem hohen Prozentsatz und recht gleichmäßig. Vom Gelb (Wellenlänge 570 nm) an nimmt

[1] Dichte. Das Verhältnis der Masse eines Körpers zu seinem Rauminhalt, z. B. g/ml.
[2] Spezifisches Gewicht. Das Gewicht eines Milliliters in Pond.
[3] Bewährte Bücher aus dem Kosmos-Verlag zu diesem Thema sind: Hückstedt, G.: Aquarienchemie. Reihe Das Vivarium, 6. Aufl., Stuttgart 1976
Wachtel, H.: Aquarienhygiene. Reihe Das Vivarium, 5. Aufl., Stuttgart 1975
Vom Verfasser dieses Kapitels, Professor Dr. Otto Klee ist im Kosmos-Verlag erschienen: „Kleines Praktikum der Wasser- und Abwasseruntersuchung. Einfache biologische und chemische Verfahren.“ 3. Aufl., Stuttgart 1976

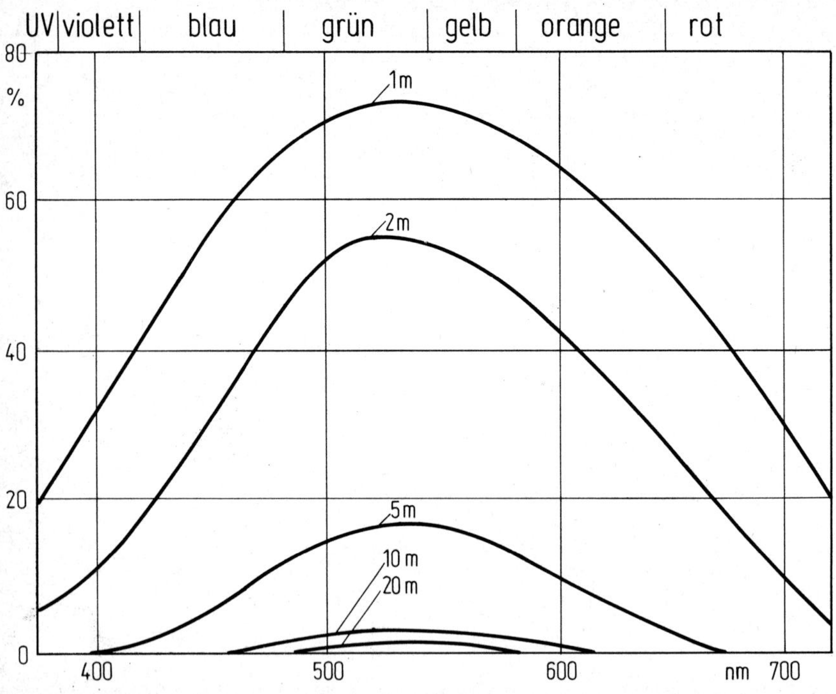

Bild 5.1: Intensität und spektrale Zusammensetzung des Lichtes in verschiedenen Tiefen des Lunzer Untersees (Sichttiefe 8–12 m) in % der auf die Oberfläche auffallenden Strahlung. Nach Sauberer.

die Durchlässigkeit für den übrigen Spektralbereich rasch ab. Orange und Rot werden stark absorbiert, und von der unsichtbaren langwelligen Infrarotstrahlung (Wärmestrahlung) kommt schon in 1 m Tiefe auch bei klarstem Wasser nichts mehr durch (Bild 5.1).

Farbe des Wassers

Die Farbe des Wassers umfaßt eine reiche Skala vom tiefen Blau des Mittelmeeres oder eines oberitalienischen Sees über das Smaragdgrün vieler Alpenwässer bis hin zum dunklen Braun eines Moortümpels. Sie wird durch verschiedene Ursachen hervorgerufen: Die wichtigste, aber keineswegs alleinbestimmende, ist

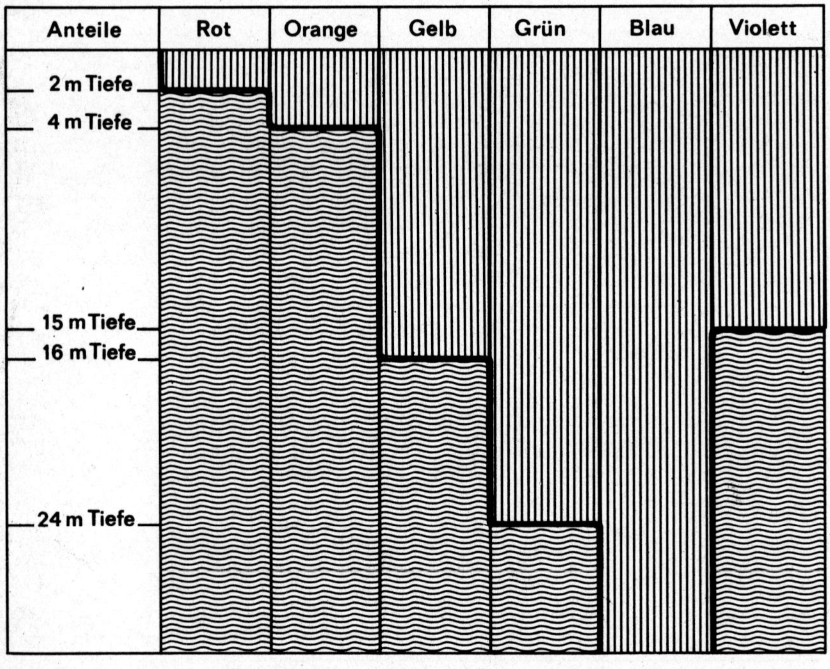

Bild 5.2: So filtert Seewasser die verschiedenen Bestandteile des Lichtes. Zeichnung nach einer Druckschrift der Firma Hilena.

wohl die selektive Lichtdurchlässigkeit des jeweiligen Wassers (Bild 5.2). Die Färbung wird außerdem noch beeinflußt durch die im Wasser enthaltenen Schwebestoffe belebter und unbelebter Natur, ferner in geringem Grad durch die Qualität des einstrahlenden Lichtes, also die farbige Umgebung (z. B. grüne Wälder, kahles Gestein) und des sich darüber wölbenden Himmels und schließlich – bei seichteren Gewässern – durch die Farbe des Untergrundes.
Mit Fotozellen und Filtern hat man schon mehrfach das Lichtklima im Meer und Süßwasser untersucht (Bild 5.3).
In Bild 5.4 sehen wir die spektrale Durchlässigkeit des Meerwassers, wobei die beiden oberen Kurven sich auf klarstes, küstenfernes Wasser, die beiden unteren auf verunreinigtes künstennahes Wasser beziehen. Die großen Unterschiede, die wir erkennen, sind qualitativer und quantitativer Art. Das klare Ozeanwasser zeigt ein breites Durchlässigkeitsmaximum zwischen 400 und 500 nm, also im Blaugrün; das küstennahe Wasser dagegen hat seine größte Durchlässigkeit bei etwa 560 nm, also im grünen Bereich des Spektrums. Wir erkennen, daß die Gesamtdurchlässigkeit für Licht im Küstenbereich sehr viel geringer ist als im klaren Ozeanwasser.

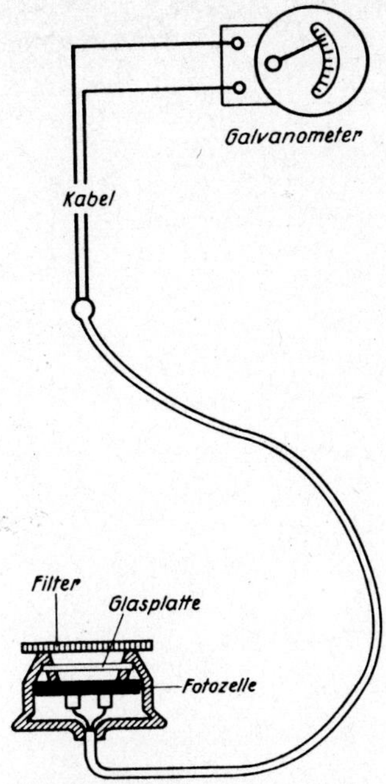

Bild 5.3: Einfaches Gerät (Sperrschicht-Photoelement) zur Lichtmessung unter Wasser (nach Eckel und Ruttner aus Ruttner).

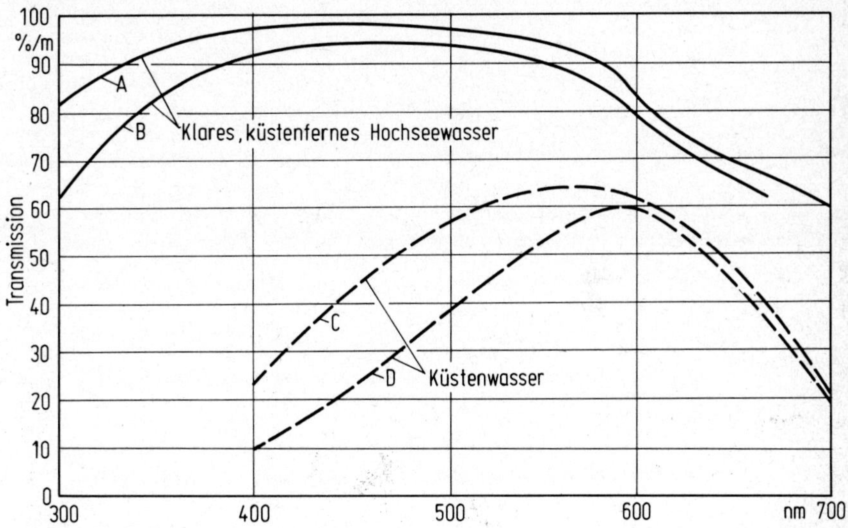

**Bild 5.4: Normale Transmissionskurven bei höchstem Sonnenstand, A, B: klares, küstenfernes Hochseewasser.
C, D: Küstenwasser.
Nach Jerlow**

Wasserhumus

Die unterschiedliche Lichtdurchlässigkeit ist in erster Linie auf den „Gelbstoff" zurückzuführen, der sein Absorptionsmaximum im kurzwelligen Bereich des Spektrums hat und daher die Grünfärbung des Meerwassers verursacht. Der Gelbstoff findet sich nahe der Küste in höherer Konzentration und wird in der Umgebung von Flußmündungen besonders angereichert. Er stammt nämlich zum großen Teil von Humusstoffen, die vom Land ins Meer hinausgeschwemmt werden. Von den Huminsäuren, die das Moorwasser braun färben, unterscheidet er sich nur durch die Lösungsart. Für die Meeresvegetation ist das Fehlen des Gelbstoffes wichtig, denn in Küstennähe verschlechtert er für die Pflanzen das Lichtklima erheblich.
Da die spektrale Lichtabsorption im küstennahen Meerwasser deutlich vom Land beeinflußt wird, kann man sich leicht vorstellen, daß in den Binnengewässern der Einfluß des Landes noch sehr viel stärker ist.
Anorganische Substanzen sind für das Lichtklima im Wasser belanglos. In Binnengewässern liegt ihre Konzentration meist unter 1 %, so daß hier die Absorption praktisch nicht höher als in reinem Wasser ist. Dagegen wird die Lichtabsorption in erster Linie von den gelösten organischen Substanzen beeinflußt. In natürlichen Gewässern sind dies vor allem die gelösten Humusstoffe. Am deutlichsten zeigt sich das im Moorwasser. Überall, wo sich organische Substanz anreichert, von den Bakterien aber nur unvollständig abgebaut wird, bilden sich lösliche Humussubstanzen von großer ökologischer Bedeutung. Sie entstehen vorwiegend aus dem Abbau von Lignin („Holzstoff"), das bei der Verholzung von Pflanzenteilen entsteht und nur von wenigen Organismen (einigen Bakterien und vorwiegend höheren Pilzen) abgebaut werden kann. Bei der natürlichen Zerset-

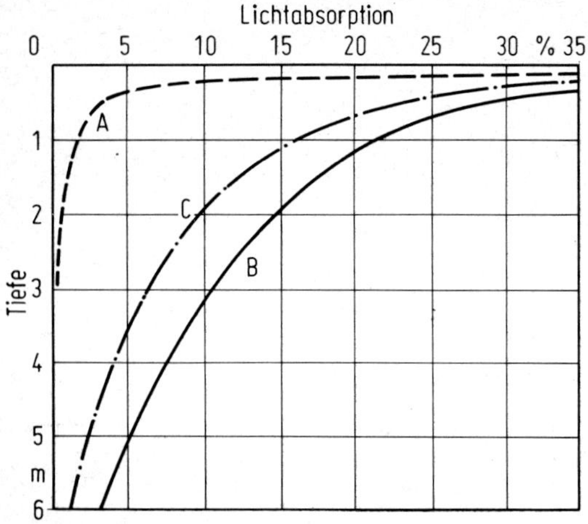

Bild 5.5: Lichtabsorption in Seen mit verschiedenem Humusgehalt (nach Lönnerblad).

zung pflanzlichen Materials reichert sich daher Lignin an. Stehen bei den teils physikalisch-chemischen, teils biologischen Vorgängen der natürlichen Humusbildung ausreichende Mengen von Tonsubstanzen zur Verfügung, so bilden sich sehr stabile Ton-Humus-Komplexe, die ausflocken („Mulm").

Fehlen die Tonsubstanzen, so bleibt ein höherer Anteil der organischen Masse in kolloiddisperser oder molekulardisperser Form in Lösung und führt zu einer Braunfärbung des Wassers.

Da wir die chemischen Eigenschaften des „Wasserhumus" bis jetzt nur lückenhaft kennen, berechnen wir den Humusgehalt des Wassers nach der Menge an Kaliumpermanganat (vgl. Seite 366), die für die Oxidation einer bestimmten Menge Humussubstanz verbraucht wird.

In Bild 5.5 ist die Lichtabsorption in drei Seen mit verschiedenen Humusgehalt bei zunehmender Wassertiefe dargestellt. Die stärkste Absorption zeigt sich bei A (polyhumoser See; Kaliumpermanganatverbrauch [= KPV]: 155 mg/L). Von der auf die Wasseroberfläche treffenden Lichtintensität werden in einem halben Meter Tiefe nur noch sehr wenige Prozente (weniger als 5 %) gemessen. Die Seen B (KPV: 45 mg/L) und C (KPV: 20–25 mg/L) enthalten weniger Humusstoffe, und dementsprechend dringt das Licht auch weiter in die Tiefe.

Lichtintensität und Assimilationsleistung

Unsere Pflanzen nehmen im Licht Kohlendioxid (CO_2) auf und geben Sauerstoff (O_2) ab. Dieser Vorgang wird als Assimilation bezeichnet. Bei Dunkelheit dagegen nehmen sie Sauerstoff auf und geben Kohlendioxid ab. Hier spricht man von Atmung. Da jede Pflanze auch während der Assimilation geringfügig weiteratmet, verbraucht sie einen Teil des freigewordenen Sauerstoffs sofort wieder für den Atmungsvorgang.

In gewissen Grenzen steigt die Assimilationsleistung mit der Lichtintensität. Verringern wir die Lichtintensität, so erreichen wir schließlich den Punkt, an dem die Assimilationsleistung so schwach ist, daß sie den Sauerstoffbedarf der Atmung gerade deckt. Diese Lichtstärke nennen wir den „Kompensationspunkt". Er spielt bei ökologischen Betrachtungen der Assimilation seit langem eine große Rolle.

Die Moorwässer mit ihrem hohen Humusgehalt bieten das Beispiel eines extrem schlechten Lichtklimas. Eine kritische Analyse zeigt, daß mit steigender Humusmenge die Gesamtdurchlässigkeit des Wassers abnimmt; das Durchlässigkeitsmaximum verschiebt sich zum Rot hin, weil eben die löslichen Humusstoffe ihr Absorptionsmaximum im kurzwelligen Bereich des Spektrums haben.

Trübungsstoffe

Als Trübungsstoffe werden die Teilchen bezeichnet, die nicht gelöst, sondern im Wasser als Schwebestoffe verteilt sind. Sie können anorganischer Natur sein wie die milchigen Trübungen unserer Alpenflüsse oder organischer Natur wie die massenhaft auftretenden Planktonformen. Beide Arten können auch in ein und demselben Gewässer räumlich und zeitlich in verschiedenster Weise gemischt auftreten.

Im Gegensatz zu den gelösten Humusstoffen bewirken diese Trübungsstoffe eine gleichmäßige Absorption und Streuung des Unterwasserlichts, weniger eine Veränderung seiner spektralen Zusammensetzung. Die größten Verschiebungen der Lichtdurchlässigkeit ergeben sich durch das Plankton.

Lichtklimate in tropischen und mitteleuropäischen Gewässern

Deutliche Unterschiede bestehen zwischen der Wasservegetation der Tropen und der gemäßigter Breiten. Von den Schwimmblattgewächsen finden wir in den Tropen vielfach *Eichhornia*-Arten sowie *Azolla* und *Nymphoides* statt unserer Seerosen. Auch die Unterwasserflora zeigt natürlich spezifisch tropische Formen. Insgesamt aber sind die Unterschiede zwischen der Wasserflora beider Regionen doch geringer als bei der Landflora.
Hier interessiert uns nur, daß auch die Tiefenverbreitung der Unterwasserpflanzen in den Tropen durchaus den Verhältnissen unserer mitteleuropäischen Gewässer entspricht. Nach van Steenis (1932) wurden auf den Sunda-Inseln folgende Maximaltiefen (in m) für die einzelnen Arten beobachtet:

Fadenkraut	=	*Blyxa oryzetorium*	1,5
Rauhes Hornblatt	=	*Ceratophyllum demersum*	7–8
Grundnessel	=	*Hydrilla verticillata*	7–8
Ehrenblütiges Tausendblatt	=	*Myriophyllum spicatum*	2–5
Nixkraut	=	*Najas falciculata*	5
Laichkrautgewächse	=	*Potamogeton maackianus*	1,5–2,5
	=	*Potamogeton malayanus*	2–5
	=	*Potamogeton pectinatus*	7
	=	*Potamogeton polygonifolius*	1,5–2
Wasserschlauch	=	*Utricularia* sp.	2

Dieses Ergebnis überrascht nicht, denn in den Tropen hat das Lichtklima durchaus keine intensivere Strahlung als in den gemäßigten Breiten. Die größeren Strahlungswerte, die man wegen des höheren Sonnenstandes erwarten könnte, werden nämlich durch den höheren Gehalt an atmosphärischen Trübungen wie Staub und Wasserdampf wieder ausgeglichen.

Lichtverhältnisse im Aquarium

Die Intensität der Belichtung unserer Aquarien ist bei alleinigem Kunstlicht normalerweise wesentlich geringer als die der Gewässer in der Natur. Während in freier Natur an einem Lichtstandort 50 000–100 000 Lux[1] und an einem Schattenstandort[2] 10 000 Lux auf der Wasseroberfläche gemessen werden, erhalten unsere Aquarien maximal nur 4 000 Lux, wobei Belichtungsstärken von 2 000 Lux die Norm sind.
Trotzdem herrschen meist ausgewogene Verhältnisse im Aquarienwasser und die Pflanzen wachsen gut. Das findet seine Erklärung in der Tatsache, daß „jede Pflanze die Belichtungsstärke am besten ausnützt, bei der sie herangewachsen ist (Gessner).“ Sonnenpflanzen nützen hohe Lichtintensitäten gut aus und versagen bei niederen. Schattenpflanzen – wie die meisten Aquarienpflanzen – können andererseits mit hohen Lichtstärken nichts anfangen, sind jedoch bei niederen Lichtintensitäten den Sonnenpflanzen überlegen. Eine einmal für den Pflanzenwuchs als günstig ermittelte und festgelegte Belichtungsintensität sollte man daher im Aquarium niemals wesentlich verändern.

Beziehung zwischen starker Belichtung und weichem Wasser

Weiches Wasser ist sehr vorteilhaft für viele tropische Aquarienfische. Für die Wasserpflanzen aber ist es häufig nicht geeignet; vor allem, wenn wir das Aquarium auch noch stark belichten, um die Stoffwechselprozesse der Pflanzen zu aktivieren. Dann nämlich wird aus dem ohnehin schon kohlensäurearmen Wasser unter Umständen eine Lauge. Wir stehen also immer in einer Zwickmühle. Wollen wir ein gutes Gedeihen der Fische, dann machen wir das Wasser weich und kohlensäurearm; wollen wir ein gutes Pflanzenwachstum, dann müssen wir für Kohlensäure und gute Belichtung sorgen. Da hilft nur ein Kompromiß: Weichwasserbecken nicht zu stark belichten und immer einige Pflanzen einsetzen, die sich ihr Kohlendioxid aus der Luft holen (Luftwurzeln von *Philodendron* und *Monstera*[3] ins Wasser).
Man darf jedoch nicht von einem Extrem ins andere fallen und die Becken zu dunkel stellen; denn dann kommt das Pflanzenwachstum nicht oder nur schlecht

[1] Lux (Lx). Maß für die Helligkeit einer beleuchteten Fläche; gibt die Beleuchtungsstärke der Lichtquelle an.
[2] Vergleiche auch S. 307
[3] Dazu schreibt G. Brünner im Aquarienmagazin 1968, S. 174: Die Luftwurzeln von Monstera und Philodendron können ohne weiteres in das Aquarienwasser geleitet werden. Sie bilden schon nach kurzer Zeit einen dichten Schopf feiner, heller Saugwurzeln, die der Ernährung der Pflanze dienen und dem Aquarienwasser auf diese Weise Nährstoffe, unter anderem auch Stickstoffverbindungen, entnehmen. Wenn diese Art biologischer Entgiftung des Aquarienwassers auch häufig überschätzt wird, so hat die Nährstoffaufnahme der Wurzeln, besonders in Behältern mit relativ hohen Nitratwerten, zweifellos einen günstigen Effekt auf die Gesunderhaltung des Wassers. Es ist deshalb nur vorteilhaft, einige Luftwurzeln durch eine schmale Öffnung an der Deckscheibe in das Aquarium zu leiten. Oft finden die Wurzeln den Weg von selbst! Besonders bei kleinen Aquarien würde ich nicht dazu raten, alle Luftwurzeln in das Becken zu leiten. Hier könnte der Nährstoffentzug nämlich so effektiv werden, daß die Ernährung der übrigen Aquarienpflanzen in Frage gestellt wird. Noch ein anderer Grund läßt das Austopfen der Pflanze nicht ratsam erscheinen: Über dem Erdboden im Topf kann der Monstera oder dem Philodendron gelegentlich eine Düngung verabreicht werden. Sie kann nämlich in ihrer Gesamtheit kaum vom Nährstoffgehalt des Aquarienwassers allein gedeckt werden.
Vereinzelt ist über giftartige Wirkungen an Aquarienfischen nach Verletzungen von Monstera- oder Philodendron-Wurzeln berichtet worden. Ob tatsächlich giftige Inhaltsstoffe auftreten und in das Aquarienwasser übergehen, ist noch nicht näher untersucht worden. Auf jeden Fall erscheint es ratsam, zu lange Wurzeln im Aquarium nicht zu beschneiden, sondern besser total zu entfernen und durch neu eingeleitete Luftwurzeln zu ersetzen.

in Gang, und was nützt es, wenn die Fische Kohlendioxid erzeugen, das die Pflanzen mangels ausreichenden Lichtes nicht aufnehmen können?

Die »richtige« Belichtung

Die richtige Belichtung ist also von ganz entscheidender Bedeutung für die Lebensvorgänge im Aquarium. Aber was heißt „richtige" Belichtung? Der Zyniker würde sagen: „Wenn die Fische nicht an der Laugenkrankheit eingehen und die Algen nicht überhand nehmen, stimmt die Belichtung." Da ist schon etwas Wahres dran, denn die Laugenkrankheit kommt nur bei zu starker Belichtung eines mit zu wenig Fischen und zu viel Pflanzen bestückten Weichwasserbeckens vor, und rapide Algenvermehrung kann ebenso ein Symptom zu starker Belichtung sein.
Heikel wird das Lichtproblem, wenn die Pflanzen plötzlich aus ungeklärten Gründen ihr Wachstum einstellen oder gar absterben. Dann bleibt nichts anderes übrig, als schleunigst für Ersatz zu sorgen. Denn sonst kommt das ganze sogenannte biologische Gleichgewicht ins Schwanken.
Bei der Auswahl der Pflanzen sollte man daher auch an die Belichtung denken. Wir wählen keine Arten, die ihr Wachstum periodisch einstellen. Fischbestand, Bepflanzung und Licht müssen immer genau aufeinander abgestimmt sein. Die Regelung der Belichtung gelingt besser, wenn wir die Becken in die dunkelsten Ecken des Raumes stellen und nur mit künstlicher Belichtung arbeiten (Bild 5.6)[1]

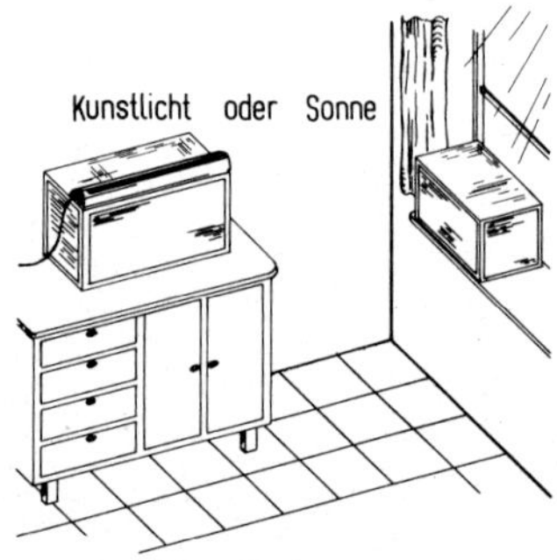

Bild 5.6: Moderne Aquarien mit künstlicher Beleuchtung sind unabhängig von einem „Fensterplatz".

Wassertemperatur

Strahlungsabsorption

Bisher haben wir uns nur mit dem Anteil der Strahlung beschäftigt, der, an Intensität ständig abnehmend und in seiner Qualität verändert, in die Tiefe der Gewässer dringt. Von ebenso großer Bedeutung für das Leben sind jedoch die Auswirkungen der im Wasser absorbierten Strahlung. Bedingt die erstere das Lichtklima einer bestimmten Tiefe und schafft die Voraussetzungen für die Assimilation des Kohlenstoffes durch die grüne Pflanze, so liefert die Absorption im Wasser die Wärme, den wichtigsten Regulator der Lebensvorgänge.

Spezifische Wärme

Die spezifische Wärme oder Wärmekapazität des Wassers (1,0)[2] ist eine von äußeren Umständen wenig abhängige Größe, und wir können uns diesbezüglich kurz fassen. Es genügt, darauf hinzuweisen, daß das Wasser in bezug auf die Wärmekapazität nur von wenigen Stoffen übertroffen wird, z. B. vom verflüssigten Wasserstoffgas (3,4) bzw. Ammoniakgas (1,23). Die spezifische Wärme der übrigen Stoffe auf der Erde – wie z. B. der meisten Gesteine – beträgt nur ungefähr 0,2.

Temperaturänderungen

Die Sonderstellung, die dem Wasser zukommt, bedingt seine hervorragende Eignung als Lebensraum. In den Gewässern herrscht ein viel gleichmäßigeres Klima als auf dem Lande. Temperaturänderungen treten nur sehr allmählich auf, und die Extreme im Wechsel von Tag und Nacht, im Wandel der Jahreszeiten, sind verhältnismäßig gering. Der Wärmeausgleich der Gewässer wird in erster Linie durch die Ausstrahlung bedingt, ferner durch die Verdunstung sowie durch die Ableitung an die Luft und den Untergrund. In bewegtem Wasser geht der Wärmeausgleich schneller vor sich.

Wassertemperatur und Sauerstoffgehalt

Je höher die Temperatur, um so geringer ist der Sauerstoffgehalt im Wasser. Aus diesem Grund besteht in Warmwasseraquarien mit vielen Sauerstoffverbrauchern (viele Fische, extrem hoher Pflanzenbesatz, faulende Futter- und Pflanzenreste) bei hohen Temperaturen immer die Gefahr von Sauerstoffmangel. Aber noch eine andere Gefahr entsteht, wenn dauernd Temperaturen um 30° C herrschen: Das Wasser verdunstet schneller. Dadurch wird der Gehalt an Mineralstoffen immer konzentrierter. Hier darf keinesfalls das verdunstete Was-

[1] Die künstliche Beleuchtung, ihre richtige Dimensionierung und Handhabung werden ausführlich auf den S. 306–314 beschrieben.
[2] genauer: 1,0 cal/g · ° C

[3] Heizung, Temperaturregelung und Temperaturmessung werden auf den S. 317–323 beschrieben.

ser einfach durch Leitungswasser ersetzt werden. Dadurch würden nur unerwünschte Mineralstoffe dem Aquarienwasser zugeführt werden. Das Wasser würde sozusagen aufgesalzen.
Was ist zu tun? Man ersetzt einmal das, was verdunstet ist, durch destilliertes Wasser, und zudem vermeidet man in Zukunft eine übergroße Verdunstung durch entsprechende Abdeckung der Becken (Abdeckscheibe). In besonderen Fällen ist es auch möglich, das zuzusetzende Wasser (bezüglich Härte, Leitfähigkeit und pH) so vorzubereiten, daß alle durch den Zusatz bedingten Reaktionen in der gewünschten Richtung ablaufen. Als Zusatz wird man jedoch fast immer nur weiches Wasser verwenden können.
Beim Nachfüllen muß auch die Temperatur des Wassers beachtet werden; mehr als 3° C Differenz sollten nicht auftreten. Die richtige Temperatur kann man aber nur mit einem gut geeichten Thermometer einstellen. Gute Thermometer und Temperaturregler sind etwas teuer, rechtfertigen aber die meist einmalige Anschaffung[3].

Strömung

Wasserbewegungen stellen für Fische einen wichtigen ökologischen Umweltfaktor dar; sie wirken sich besonders in den Fließgewässern des Gebirges sowie in der Brandungszone großer Süßwasserseen und des Meeres aus.

Strömungsgeschwindigkeit

In Fließgewässern wechselt die Strömungsgeschwindigkeit mit dem Gefälle, der Wasserführung und den Untergrundverhältnissen nicht nur von Bach zu Bach, sondern auch innerhalb eines Baches oder Flusses auf kleinstem Raum erheblich. Am Grunde der Fließgewässer ist die Strömung geringer als an der Oberfläche. In Wasserfällen wird eine Höchstgeschwindigkeit von rund 6 m/sec erreicht; im allgemeinen aber übersteigt die Strömungsgeschwindigkeit selbst in reißenden Gebirgsbächen selten den Wert von 3 m/sec. Da bei Strömungsgeschwindigkeiten von über 0,5 m/sec alle mineralischen Partikel mit einem Durchmesser unter 5 mm vom Wasser abtransportiert werden, ist der Boden schnellfließender Gewässer steinig oder grob kiesig; Weichböden fehlen.

Anpassungserscheinungen

Da ein Wasserstrom von 3 m/sec einen Druck von fast 500 mg/mm^2 ausübt, hat die Strömung auch ökologischen Charakter: Sie wirkt regulierend auf die Verteilung der Organismen. In der Biozönose nimmt besonders die Fauna des Gebirgsbaches eine ausgeprägte Sonderstellung ein. Die in diesem Milieu lebenden Tiere weisen im Körperbau und im Verhalten Besonderheiten auf, mit denen sie an diese hydromechanisch beherrschte Umwelt angepaßt sind.
Bewohner des freien Wassers sind in der Gebirgsfauna selten. Nur verhältnismäßig großen und kräftigen Fischen ist es möglich, sich durch Schwimmbewegungen dauernd in der Strömung zu halten. Bekannt sind die Leistungen, die manche lachsartigen Fische während ihrer Laichwanderungen stromaufwärts im Überwinden von starkströmendem Wasser und von Stromschnellen vollbringen. Die am weitesten in schnellfließendes Gewässer vordringenden Fische (z. B. Bachforelle, Elritze, Bartgrundel, Groppe) zeichnen sich im Vergleich zu vielen Bewohnern der stehenden oder langsam fließenden Gewässer durch einen rundlichen Querschnitt ihres stromlinienförmigen Körpers aus.
Tiere, die sich auf unbewachsenen Gesteinen ansiedeln, behaupten sich in der Strömung durch mehr oder weniger festes Anheften an der Unterlage mit saugnapfartigen Bildungen. In tropischen Gebirgsbächen und Flüssen sind Fische und Amphibienlarven mit entsprechenden Haftorganen ausgestattet. Bei den Fischen (Welse und Cypriniden) sind Maul, Unterlippe, Bauchseite oder Flossen, bei den Anuren (Frösche und Kröten) Bauchfläche mit Einbeziehung der Unterlippe oder der vergrößerte Mund zu wirksamen Saugorganen umgestaltet.

pH-Wert

Der pH-Wert gibt den Säuregrad einer wäßrigen Lösung an. Gemessen wird die Wasserstoffionen-Konzentration – genauer, die Wasserstoffionen-Aktivität – einer Lösung.
Wasserstoffionen entstehen durch Dissoziation der Wassermoleküle (H_2O) in positiv geladene Wasserstoffionen (H^+) und negativ geladene Hydroxidionen (OH^-). Jedes nicht destillierte Wasser ist so zu einem geringen Teil dissoziiert und kann dadurch den elektrischen Strom leiten. Messungen der Leitfähigkeit haben dies bestätigt. In einer Formel läßt sich die Dissoziation so ausdrücken:

$$H_2O \leftrightharpoons H^+ + OH^-$$

Die nach beiden Seiten ausgerichteten Pfeile deuten an, daß der Vorgang auch in umgekehrter Richtung verlaufen kann, daß sich also H^+- und OH^--Ionen wieder zu neutralen Wassermolekülen vereinigen können. Das Produkt aus H^+- und OH^--Ionen besitzt einen konstanten Wert, nämlich 10^{-14} mol/l[1]. Da im neutral reagierenden Wasser stets gleichgroße Mengen von H^+- und OH^--Ionen dissoziiert sind, entfallen auf jede Ionenart 10^{-7} mol/l. In 1 l neutralen Wassers sind somit 10^{-7} g Wasserstoff-Ionen enthalten.
Da ein Ausdruck wie 10^{-7} wenig anschaulich ist, verwendet man in der Praxis für die Wasserstoffionen-Konzentration nur den negativen Logarithmus dieser Potenz und nennt ihn den pH-Wert. Dadurch ließ sich eine leicht übersehbare pH-Skala (Bild 5.7) aufstellen.

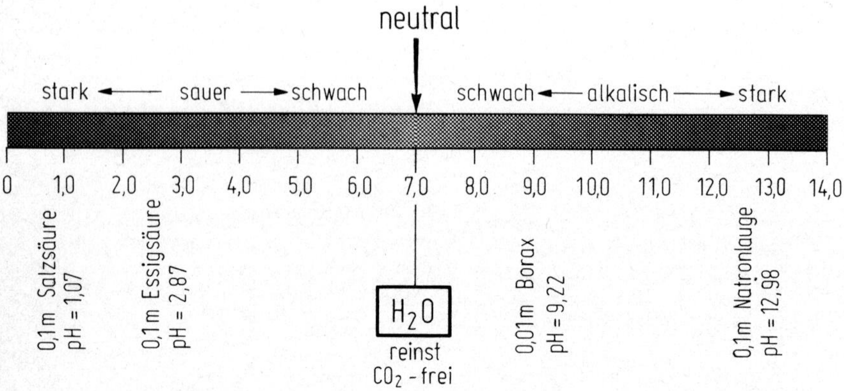

Bild 5.7: Durch die Einführung des Begriffes „pH" wurde die Aufstellung einer leicht übersehbaren, die Säuregrade anzeigenden Skala ermöglicht.

So ergibt sich für neutrales Wasser ($[H^+]$ = Wasserstoffionen-Konzentration):
$[H^+] = 10^{-7}$ oder pH = 7
Für angesäuertes Wasser:
$[H^+] > 10^{-7}$ oder pH < 7 (pH 0–7)
Für basisches Wasser:
$[H^+] < 10^{-7}$ oder pH > 7 (pH 7–14)

Der pH-Wert ist also ein Maß für die Reaktionsstufe des Wassers. Meerwasser, das mit der Atmosphäre in Berührung steht, hat im allgemeinen einen wenig schwankenden pH von 8,1–8,3. Die Binnengewässer bieten ihren Bewohnern auch in dieser Hinsicht stärker wechselnde Verhältnisse; die pH-Werte können hier im Bereich von 3,1–10,5 liegen, meist allerdings zwischen 6,5 und 8,5. In pflanzenreichen Kleingewässern kann sich der pH-Wert durch die CO_2-Assimilation der Pflanzen (Hydrogencarbonatabbau) zeitweise auf etwa 11 erhöhen. Extrem niedrige Werte werden in humusreichen Gewässern erreicht, und zwar als Folge der schwachen Pufferung des elektrolytarmen[2] Wassers, des hohen Gehaltes an Humuskolloiden und Kohlendioxid sowie der Fähigkeit des Torfes, aus gelösten Salzen die Base zu absorbieren und die Säure frei zu machen. Normales Leitungswasser hat einen pH-Wert um 7. Liegt er über 8, so handelt es sich zumeist um aufbereitetes Wasser. In Moorgebieten liegt der pH-Wert des Wassers zwischen 5 und 6. Auch weiches Wasser mit viel freier Kohlensäure kann sauer reagieren, ebenso kohlensäurereiches Mineralwasser (z. B. Säuerlinge).

Die ökologische Bedeutung des pH-Wertes

Die ökologische Bedeutung der Wasserstoffionen-Konzentration wird unterschiedlich beurteilt. Ausgehend von Beobachtungen, die zeigten, daß lebens-

[1] Mol = Molekulargewicht in Gramm.
[2] Elektrolyte sind Substanzen, die den elektrischen Strom durch Wanderung von Ionen leiten, zum Beispiel in Wasser gelöste Salze oder wäßrige Lösungen gewisser flüchtiger Verbindungen wie etwa Chlorwasserstoff.

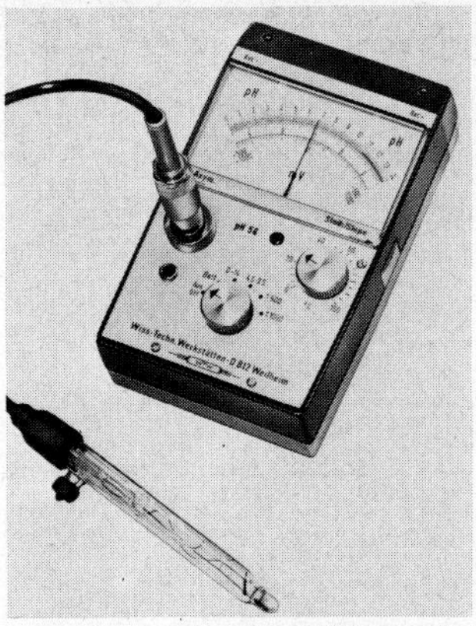

Bild 5.8: Moderne pH-Meter sind mit einem Temperaturregler ausgerüstet. Die elektrometrische Messung des pH-Wertes ist zwar sehr viel exakter als die kolorimetrische Messung oder die Schätzung mit Indikatorstäbchen, für die Belange des Aquarianers aber meist zu aufwendig. Werkfoto Wiss. Techn. Werkstätten Weilheim

wichtige Prozesse im Organismus in enger Beziehung zum pH der Innenmedien stehen, und daß die Befruchtungs- und Entwicklungsfähigkeit der Eier mariner Wirbelloser (Seeigel, Seesterne) von der Reaktion des Wassers abhängen, glaubte man anfangs, im pH-Wert des Außenmediums einen Faktor von überragender ökologischer Bedeutung gefunden zu haben. In der Folgezeit urteilte man jedoch vorsichtiger und schätzte die direkte ökologische Wirksamkeit des pH vielfach geringer ein. Trotzdem bleibt die Tatsache bestehen, daß die Verteilung zahlreicher Organismen im Freiland enge Beziehungen zur aktuellen Reaktion des Wassers aufweist. Die Frage, inwieweit das Verteilungsbild der Fische stoffwechselphysiologisch durch die aktuelle Reaktion des Außenmediums reguliert wird, ist schwer zu beantworten. In Binnengewässern tritt ein niedriger pH-Wert stets in Verbindung mit einer Reihe anderer Faktoren auf, so daß die Bedeutung der aktuellen Reaktion für sich aus den biozönotischen[3] Tatsachen nicht analysiert werden kann. Auch im Versuch ist die Wirkung der Wasserstoffionen von der der begleitenden Anionen außerordentlich schwer zu trennen. Vielfach hat man in dem geringen Elektrolyt- (besonders dem Calcium-)Gehalt des Moorwassers oder in unspezifischen Giftwirkungen der „Humussäuren" die eigentlich wirkenden Faktoren gesehen. Auch auf den im humosen Wasser durch Reduktionsvorgänge oft stark herabgesetzten Sauerstoffgehalt und den durch Zersetzungsvorgänge erhöhten Kohlendioxidgehalt wird häufig hingewiesen. Wie weit die Wasserstoffionen allein oder ursächlich beteiligt sind, und wieweit die im Verteilungsbild ausgeprägten Beziehungen nur Hinweise auf den pH-Wert geben, läßt sich für die Fische und ihre Futtertiere noch nicht entscheiden. Für manche Wasserpflanzen ist nachgewiesen, daß sie nicht durch das Vorhandensein der Calciumionen, sondern durch die alkalische Reaktion des Wassers von der Besiedlung kalkhaltiger Gewässer abgehalten werden. Ihre Toleranz gegen höhere pH-Werte hängt wesentlich von der Gesamtelektrolyt-Konzentration ab; man vermutet, daß der pH-Wert die Permeabilität[4] des Plasmas beeinflußt.

Messung des pH-Wertes

Elektrometrische Messung

Für eine exakte Messung des pH-Wertes kommen nur elektrische Meßgeräte mit Glaselektroden in Frage. Die Glaselektrode ist ein dünnwandiges Kölbchen aus einer leicht hydrolisierenden Glassorte, das meist mit Pufferlösung gefüllt wird. Außen- und Innenwände tauschen bei verschiedenem pH der sie umgebenden Lösungen Alkali-Ionen des Glases gegen H^+-Ionen der Lösung aus. Dadurch ergibt sich eine Potentialdifferenz, deren Höhe vorwiegend durch die H^+-Ionenkonzentration, den pH, bestimmt wird. Da man Einzelpotentiale nicht messen kann, benötigt man neben der Meßelektrode eine Bezugselektrode mit bekanntem pH-unabhängigem Potential. Meß- und Bezugselektrode bilden eine Meßkette. Aus der Potentialdifferenz zwischen beiden Elektroden kann dann mit einem Meßgerät die H^+-Ionenkonzentration, also der pH-Wert, ermittelt werden. Die Glaselektrode ist heute die am meisten verwendete Elektrode. Um sie möglichst lange funktionsfähig zu erhalten, ist eine schonende Behandlung erforderlich. Wenn sie nicht benutzt wird, ist sie stets in destilliertem Wasser aufzubewahren. Glaselektroden kommen nicht immer in eingequollenem Zustand zum Versand. Deshalb müssen sie vor dem ersten Gebrauch ausreichend gewässert werden. Auch ihre Potentialfunktion ist zu überprüfen. Hierzu verwendet man drei Pufferlösungen (pH 4, 7,0, 9,2). Im allgemeinen pflegen in diesem Bereich die handelsüblichen Glaselektroden bis auf geringfügige Abweichungen den gestellten Anforderungen zu genügen. In diesem Zusammenhang sei darauf hingewiesen, daß die modernen pH-Meßgeräte (z. B. Firma WTW, Weilheim) einen Temperaturregler besitzen. Nach der Temperatureinstellung der Meßlösung wird dadurch die exakte Ablesung des vorliegenden pH-Wertes ermöglicht (Bild 5.8). Die elektrometrische pH-Messung kommt für Aquarianer wegen des hohen Preises für Instrument und Glaselektrode allerdings nur gelegentlich in Betracht. Für ihn kommen vor allem die nachfolgend beschriebenen Möglichkeiten der pH-Messung in Frage.

[3] Biozönose = Lebensgemeinschaft

[4] Permeabilität: Durchlässigkeit einer Membrane

Bild 5.9: Mit diesem Gerät kann man den pH-Wert sowie das Gleichgewicht der reduzierenden und oxidierenden Stoffe (Redoxpotential) messen. Werkfoto Tunze Bio-Elektronik

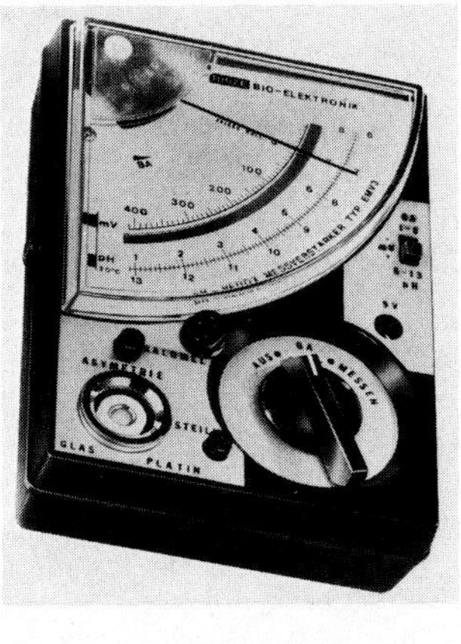

Kolorimetrische Messung

Hellige-Komparator

Man erhält ziemlich genaue pH-Werte in Intervallen von 0,2 pH-Einheiten. Schätzungen von Zwischenwerten mit 0,1 sind erlaubt. Für pH-Werte um den Neutralpunkt verwendet man Bromthymolblau als Farbindikator, von dem 0,5 ml zu 10 ml Wasser in eine besondere Küvette von 13 mm Durchmesser gegeben werden. Für die schwach alkalischen Werte ist der Phenolrot-Indikator geeignet. Der Vergleich wird mit den lichtbeständigen Farbscheiben im Hellige-Neo-Komparator vorgenommen (Bild 5.10). Trübungen und Eigenfärbungen des Wassers werden mit Hilfe der Kompensationsküvette kompensiert.
Bei sehr salzarmen, weichen Wässern erhält man einen Indikatorfehler, der 0,1–0,3 pH-Stufen zu niedrig anzeigt. Eine Kompensation des Fehlers ist durch Verwendung des Neßler-Rohransatzes möglich.
Bei salzreichen Wässern kann man störende Einflüsse des hohen Salzgehaltes durch Verdünnen ausschalten.
Bei allen kolorimetrischen Indikatormethoden beträgt der Temperaturfehler oberhalb und unterhalb 15–25° C etwa 0,1 pH.

Bild 5.10: Mit dem Hellige-Neokomparator lassen sich viele für die aquaristische Wasserkunde wichtige chemische Bestimmungen mit hinreichender Genauigkeit durchführen:
pH-Wert: alle infrage kommenden Meßbereiche.

Ammoniak:	**0,05 – 0,5 mg/l**
	0,125– 2,0 mg/l
Nitrit:	**0,005– 0,1 mg/l**
	0,2 – 1,8 mg/l
Nitrat:	**2 –20,0 mg/l**
Kupfer:	**0,125– 4,0 mg/l**
Ozon:	**0 – 0,5 mg/l**
Chlor:	**0 – 1,0 mg/l**

Werkfoto Hellige

Farbindikatoren

Zur groben Abschätzung des pH-Wertes dienen Farbindikatoren[1], die entweder als Flüssigkeit oder in Form von imprägnierten Papierstreifen oder Kunststoffstäbchen (z. B. Hilena, Tetra, Merck) zu verwenden sind[2].

Das Redox-Potential

Neben dem pH-Wert spielt in der Wasserchemie das Redox-Potential eine wichtige Rolle. Wenn in einer Lösung zwei Stoffe vorhanden sind, die durch Oxidation und Reduktion ineinander übergehen können, so spricht man von einem Redoxmilieu. In seinem Bereich können stark und schwach oxidierende und ebensolche reduzierende Stoffe vorhanden sein. Durch die Messung des Redoxpotentials kann dies charakterisiert werden.

Sauerstoff

Löslichkeit des Sauerstoffs im Wasser

Infolge der unterschiedlichen Löslichkeit der einzelnen Gase im Wasser ist der Anteil des Sauerstoffs an der Gesamtmenge der im Wasser gelösten Gase wesentlich höher als es seinem Partialdruck in der Luft entspräche. Er beträgt etwa 35 % im Süßwasser; im Meerwasser ist die Löslichkeit geringer. Da die Absorption mit sinkender Temperatur steigt, ist kaltes Wasser sauerstoffreicher als warmes. Der größte Teil des Sauerstoffs kommt aus der Luft. Er wird an der Wasseroberfläche absorbiert. Dazu kommt der von den Pflanzen gebildete Assimilations-Sauerstoff.

Ökologische Wirkung des Sauerstoffgehaltes

Die ökologische Wirkung des Sauerstoffgehaltes ist schwer zu isolieren, da sich in natürlichen Gewässern die Sauerstoffverhältnisse gewöhnlich parallel zu einer Reihe anderer Faktoren ändern. Doch kann als gesichert gelten, daß die Verteilung zahlreicher Wassertiere auf die verschiedenen aquatischen Lebensstätten und Schichten vom Sauerstoffgehalt des Wassers reguliert wird.

Sauerstoffübersättigung

Die Übersättigung des Wassers mit Sauerstoff ist im Gegensatz zum Sauerstoffschwund eine räumlich und zeitlich stärker begrenzte Erscheinung. Sie kann durch plötzlichen Temperaturanstieg und vor allem durch die CO_2-Assimilation der Wasserpflanzen zustande kommen und ist daher meist auf die oberflächlichen Wasserschichten beschränkt. In Forellenteichen führt Sauerstoffüber-

[1] **Universalindikator Merck**
Mit dem Universalindikator flüssig „Merck" sind pH-Bestimmungen von pH 4–10 mit einer Meßgenauigkeit von 0,5 pH möglich.
Ausführung: Etwa 8 ml des zu untersuchenden Wassers werden in einer weißen Porzellanschale mit 2 Tropfen Universalindikator versetzt. Auf der dem Indikator beigegebenen Farbskala sind halbe pH-Einheiten im pH-Bereich 4–10 ablesbar. Zwischenwerte können geschätzt werden.
Merck-Universal-Indikatorstäbchen
Die Indikatorstäbchen für die pH-Messung sind 5 mm breite und 75 mm lange Kunststoffstreifen, die mit Spezialreagenzien imprägniert sind. Sie „bluten nicht", das heißt, sie geben während der Messung keine Farbstoffe ab. Ein langer Aufenthalt in der Probelösung erlaubt auch das Messen von pH-Werten in schwach gepufferten Lösungen mit großer Genauigkeit. Die Stäbchen werden für 4 Meßbereiche hergestellt. Universalindikatorstäbchen für den pH-Bereich 0–14. Für genauere Messungen eignen sich die Acilit-Indikatorstäbchen (pH 0–6), Neutralit-Indikatorstäbchen (pH 5–10) und Alkalit-Indikatorstäbchen (pH 7,5–14). Verpackung in raumsparender sauberer Kunststoffbox.

[2] Die Nennung bestimmter Markenprodukte bedeutet keine spezielle Empfehlung. Ähnliche Geräte und Hilfsmittel anderer Firmen können ebensogut geeignet sein.

[3] Bestimmung des gelösten Sauerstoffs nach L. W. Winkler: Siehe nächste Seite.

sättigung zur sogenannten Gasblasenkrankheit der Forelle, durch die zahlreiche Jungfische getötet werden können.

Sauerstoffgehalt – Sauerstoffverbrauch

Der Sauerstoffgehalt eines Oberflächengewässers hängt von drei Faktoren ab: dem ursprünglichen Sauerstoffgehalt des Wassers, dem Sauerstoffverbrauch durch die Verschmutzung und der Sauerstoffaufnahme durch Wiederbelüftung. Grundwasser enthält meist keinen freien Sauerstoff. Kommt Grundwasser mit Luft in Berührung, so nimmt es Sauerstoff auf, bis ein Zustand erreicht ist, bei dem weder Sauerstoff aufgenommen noch abgegeben wird. Diesen Zustand bezeichnet man als Sättigungswert. Er ist von der Temperatur abhängig (Tabelle 5.1).

Temperatur °C	Sauerstoffsättigung in mg/l
0	14,16
2	13,40
4	12,70
6	12,06
8	11,47
10	10,92
12	10,43
14	9,98
16	9,56
18	9,18
20	8,84
22	8,53
24	8,25
26	7,99
28	7,75
30	7,53
32	7,32
34	7,13
36	6,94
38	6,76
40	6,59

Tabelle 5.1: Sauerstoffsättigung von Wasser in Abhängigkeit von der Temperatur.

Durch die Assimilationstätigkeit der Wasserpflanzen kann ein Sättigungswert bis zum Vierfachen überschritten werden. Bei der Oxidation organischer Substanz durch Bakterien wird Sauerstoff verbraucht. Ist der Bedarf an Sauerstoff größer als die Aufnahme aus der Luft oder die Produktion der Wasserpflanzen, so tritt ein Defizit an Sauerstoff ein. Das prozentuale Verhältnis von Sauerstoffgehalt zu Sauerstoffsättigung wird als Sauerstoffsättigungs-Index bezeichnet. Die Bestimmung des Sauerstoffgehaltes sofort nach Probeentnahme ermöglicht – unter Berücksichtigung der Temperatur – die Ermittlung von Sauerstoffdefizit- und Sauerstoffsättigungs-Index[3].

Bild 5.11: Gerät zur membranpolarometrischen Sauerstoffmessung des Wassers. Werkfoto Wiss. Techn. Werkstätten Weilheim

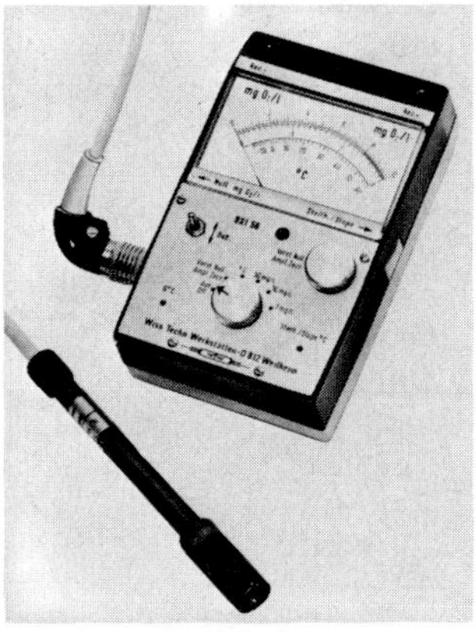

Sauerstoffmessung im Aquarium

Die Messung des Sauerstoffs interessiert heute bei allen hydrochemisch und hydrobiologisch orientierten Aufgabenstellungen. So bei der Überwachung der Wassergüte im Trinkwasser, Abwasser, Flußwasser, Meereswasser, in Talsperren und Seen. Aus diesem Grunde sind neuerdings membranpolarometrische Sauerstoffmeßgeräte entwickelt worden, die auch für die aquaristische Praxis gut zu verwenden sind, da sie eine sehr präzise und schnelle Messung des Sauerstoffgehaltes zulassen (Bild 5.11). Natürlich sind die Geräte nicht billig, aber für größere Anlagen eine lohnende Anschaffung.

Allgemeines zum Meßprinzip: Polarisiert man unter geeigneten Bedingungen ein Elektrodensystem – Gold als Kathode und Silber als Anode –, so fließt bei Vorhandensein von Sauerstoff nach Clark ein elektrischer Strom, dessen Stärke direkt proportional dem O_2-Partialdruck ist. Da aber das Volumen eines Gasanteils und sein Partialdruck gleichfalls einander proportional sind, kann man bei entsprechender apparativer Ausrüstung die Sauerstoffanteile in Flüssigkeiten oder Gasen direkt und fortlaufend bestimmen und unmittelbar quantitativ ablesen. Die WTW-Meßtechnik verwendet hierzu ein Elektrodensystem, das – eingebettet in vorwiegend aus KCl-Gel bestehender Elektrolytpaste – durch eine sauerstoffdurchlässige Membrane vom Meßgut mechanisch getrennt ist. Polarisiert man nunmehr die Goldkathode mit –850 mV Gleichspannung gegenüber der Silberanode, so tritt der beabsichtigte Reduktions-Effekt an der Kathode ein, während an der Anode Nebenreaktionen erfolgen. Die Bruttoformel des Meßvorganges kann man sich wie nachstehend vorstellen:

An der Kathode:

$Au + O_2 + 2H_2O + 4e^- \rightarrow Au + 4OH^-$

An der Anode:

$2\,Ag + 2Cl^- \rightarrow 2AgCl + 2e^-$

$2\,Ag + 2OH^- \rightarrow Ag_2O + H_2O + 2e^-$

Da die Reaktion mit einer geringen, noch meßbaren O_2-Zehrung am Kathodenteil der Membranoberfläche abläuft, benötigt das System eine minimale Anströmungsgeschwindigkeit des Meßgutes von 30 cm/sec bzw. analoge Wasserbewegung (Turbulenz). Höhere Geschwindigkeiten beeinflussen das Meßergebnis nicht. Ein ausgewogenes Verhältnis zwischen Chemismus und mechanischem Aufbau des Elektrodensystems bestimmen die Funktionssicherheit und auch die praktische Handhabung der Elektrode.

Eichung, Temperaturkompensation und Temperaturmessung

Das Eichen des Systems erfolgt üblicherweise einerseits in 3%iger Natriumsulfitlösung (als „Null-Normale") zur Nullpunktkontrolle der Elektrode und andererseits in luftgesättigtem Wasser bzw. direkt in atmosphärischer Luft zum Festlegen eines oberen Eichpunktes. Anzeige und Ablesung der O_2-Werte in mg O_2/l Flüssigkeit setzen innerhalb der Elektrodenkonstruktion das Wirksamwerden eines geeigneten Thermistors voraus. Mißt man ohne Temperaturkompensation, so stellt das Meßergebnis lediglich einen dem Partialdruck zugeordneten O_2-Wert dar, der dann unmittelbar in mg O_2/l ausgedrückt werden kann, wenn die Eichtemperatur genau der Meßtemperatur entspricht. In der Labor- und Feldpraxis wäre ein solches nichttemperaturkompensiertes Messen recht unbequem, in der Verfahrenstechnik ausgeschlossen. Die Elektroden sind deshalb mit einem Thermistor ausgerüstet, der die Abweichungen der O_2-Werte bei beliebigen Temperaturen des Meßgutes im Kompensationsbereich gegenüber den O_2-Werten bei Eichtemperatur korrigiert. Der Thermistor hat also die Aufgabe, das temperaturabhängige Diffusionsvermögen der Elektroden-Membrane und des Elektrolyt-Gels (Füllung des Elektrodenkopfes) auf richtige O_2-Wertanzeige zu korrigieren. Aufbau und Charakteristik der Elektroden einerseits und die Art der elektronischen Schaltung andererseits gestatten es, für den gesamten Vorgang der Temperaturkompensation lediglich einen einzigen Thermistor zu verwenden. Es gelten dann jene Größen an Meßgenauigkeit, wie sie unter den technischen Daten der jeweiligen Geräte ausgegeben sind.

Bestimmung des gelösten Sauerstoffs nach L. W. Winkler

Benötigt werden: 10 Sauerstoffflaschen von etwa 100 ml Inhalt mit abgeschrägtem Glasstopfen

2 Pipetten 1 ml, Einteilung in 0,1 ml

4 Meßkolben à 1 Liter

Mangan(II)-Chlorid-Lösung: 800 g Manganchlorid ($MnCl_2 \cdot 4\,H_2O$ p. a.) werden in 1 Liter destilliertem Wasser gelöst.

Kaliumjodidhaltige Natronlauge: 360 g Natriumhydroxid (NaOH) nitritfrei, 200 g Kaliumjodid (KJ) und 5 g Natriumazid (NaN_3) werden mit destilliertem Wasser zu 1000 ml gelöst (Vorsicht! Schutzbrille tragen!).

Phosphorsäure: ortho-Phosphorsäure min. 85 % (Dichte = d 1,71) p. a.

Natriumthiosulfatlösung 0,01 N: 100 ml 0,1 N Natriumthiosulfatlösung (angesetzt aus Titrisolampulle) mit ausgekochtem, abgekühltem destilliertem Wasser im Meßkolben auf 1000 ml auffüllen. Die Lösung durch Asbest filtrieren.

Zinkjodidstärkelösung Reag. DAB 6

Ausführung: Die Probennahmenflaschen vorsichtig bis zum Überlaufen mit dem zu untersuchenden Wasser füllen. Mittels Pipetten oder Tropfflaschen 0,5 ml Mangan(II)-Chlorid und 0,5 ml Kaliumjodidhaltige Natronlauge zufügen. Die Flasche unter Vermeidung von Luftblasen verschließen und kräftig umschütteln. Den Niederschlag nach dem Absetzen mit 2 ml Phosphorsäure (d = 1,71) lösen und bei verschlossener Flasche 10 Minuten lang im Dunkeln stehen lassen. Das freigewordene Jod mit 0,01 N Natriumthiosulfatlösung titrieren. Gegen Ende der Titration zur hellgelb gefärbten Lösung 1 ml Zinkjodidstärkelösung hinzufügen und bis zur Farblosigkeit titrieren.

1 ml verbrauchte 0,01 N Natriumthiosulfatlösung entspricht 80 mg Sauerstoff. Die Berechnung erfolgt nach der Formel:

$$\frac{a \cdot 80}{b - 1} = G.$$

a Verbrauch an Natriumthiosulfat in ml

b Flascheninhalt in ml

G Gehalt an Sauerstoff (O_2) in mg/l

Kohlendioxid

Bedeutung für die Photosynthese

Von den übrigen im Wasser gelösten Gasen spielt das Kohlendioxid (CO_2) durch seine Bedeutung für die Photosynthese der Pflanzen, seine verschiedenen Bindungsmöglichkeiten an die Erdalkalien und die daraus resultierenden Beziehungen zum pH-Wert des Wassers im Stoffkreislauf der aquatischen Lebensgemeinschaften eine große Rolle.

Über die direkte ökologische Wirkung des im Wasser gelösten Kohlendioxids auf die Fische ist im Vergleich zum Sauerstoff wenig bekannt, da eine höhere CO_2-Konzentration im Wasser gewöhnlich mit einer drastischer wirkenden niedrigen Sauerstoffkonzentration verbunden ist. Vielleicht dient das Kohlendioxid aus diesem Grund manchen Fischen als leicht wahrnehmbarer Indikator für die Sauerstoffverhältnisse ihres Lebensraumes[1].

Freie und gebundene Kohlensäure kommen in jedem natürlichen Wasser vor, wenn auch oft in geringen Mengen. Die freie Kohlensäure ist zu 99,3 % als Kohlendioxid (CO_2) gelöst und nur zu 0,7 % als hydratisierte Kohlensäure (H_2CO_3). Sie beeinflußt den pH-Wert des Wassers vor allem dann, wenn sie im Überschuß vorhanden ist; das heißt, wenn das Wasser nicht im Kalk-Kohlensäure-Gleichgewicht ist. Bei weichem und sehr weichem Wasser ist das oft der Fall.

Sauerstoff, Kohlendioxid und pH-Wert

Da die chemischen und biologischen Prozesse im Wasser sehr verwickelt ablaufen, zerlegen wir sie zum besseren Verständnis in einzelne, besser überschaubare Teilabschnitte.

Die Beziehung zwischen Sauerstoff, Kohlensäure und Kalk verläuft natürlicherweise in einem durch den Tag-Nacht-Wechsel bedingten Rhythmus. Dabei treten beträchtliche Schwankungen auf, die sich im pH-Wert, dem Kalkgehalt, der Alkalität und dem Sauerstoffgehalt bemerkbar machen.

In einem See unserer gemäßigten Zone kann man frühmorgens bei guter Beleuchtung und Bepflanzung pH-Werte von 7–7,5 feststellen. Gegen Mittag ändern sie sich und erreichen am Nachmittag Höchstwerte von 9 und mehr. Nachts sinken sie wieder ab und finden so den Anschluß an die Morgenwerte.

Der Sauerstoffgehalt nimmt wie der pH-Wert tagsüber zu und nachts wieder ab. Der Kalkgehalt und das Säurebindungsvermögen laufen im umgekehrten Sinn.

Die Fische gedeihen nur, wenn der pH-Wert des Gewässers innerhalb bestimmter Grenzen liegt. Die obere Grenze wird in vielen stehenden Oberflächengewässern fast regelmäßig im April/Mai und dann wieder im September erreicht (pH-Werte bis zu 9,8). Zu diesen Zeiten entwickeln sich die Algen im ganzen See massenhaft. Die stark assimilierenden Pflanzen können hier ihren CO_2-Bedarf nicht allein aus dem gelösten freien CO_2 des Wassers decken; sie müssen auch auf Hydrogencarbonat zurückgreifen, das sie nicht nur in $CaCO_3$, sondern auch noch in CaO überführen, wobei der größte Teil des Carbonats ausgefällt wird (biogene Entkalkung). Folge: Der pH-Wert erhöht sich bis an die Grenzen des Erträglichen und wird den Fischen gefährlich. Man kann dann zu diesen Zeiten sogar tote Fische beobachten. Der tödliche pH-Wert beträgt für Barsche und Kaulbarsche 9,2; für Plötzen 10,4; für Hechte 10,7; für Karpfen und Schleien 10,8. Diese Werte gelten für einsömmerige Fische bei mittleren Wassertemperaturen (12–18° C). Für größere Fische kann man den tödlichen pH-Wert um rund 0,2 höher ansetzen.

Als Lebensraum für Fische und deren Futtertiere sind solche Wässer denkbar ungeeignet und werden deshalb fischereilich als „schlecht" bezeichnet. In der Teichwirtschaft pflegt man daher das Wasser mit Kalk zu „düngen". Damit hat man in der Fischzucht die besten Erfahrungen gemacht. Der Kalk dient dann zugleich auch der Pufferung von überschüssiger Kohlensäure.

In unseren Breiten ist eine normale Produktion von Futtertieren und damit auch von Fischen lediglich in solchen Gewässern zu erwarten, deren pH-Wert nur wenig über 7 liegt:

Gute Teiche pH 7,5–8,5

Flüsse und Bäche pH 7,0–8,0

Aquarien, besonders wenn zeitweise besonnt pH 7,0–10,0.

In Tropengewässern ist frühmorgens eine saure Reaktion festzustellen, die sich zum Abend hin gewöhnlich nach der neutralen oder leicht basischen Seite verschiebt. Da die Fäulnisvorgänge dort durch höhere Wassertemperaturen beschleunigt werden, bildet sich ein relativ hoher Kohlensäureüberschuß, der sich nachts und morgens zunächst hält. Dazu wird das Wasser, besonders zur Regenzeit, bei starken Regengüssen verdünnt und dadurch kalkarm und weich. Ausnahmen: Moor- und Sumpfgewässer des Kongo, Klar- und Schwarzwässer des Amazonasgebiets. Hier treten pH-Werte von 4,5–6,5 auf. Derart niedrige pH-Werte wirken bakterienhemmend. Fische aus diesen Gebieten lassen sich nur dann gut halten und vermehren, wenn das Wasser mit Torf angesäuert wird. Aquarianer können sich durch Torffilter künstlich ein saures und zugleich bakterienarmes Wasser schaffen.

In engem Zusammenhang mit dem pH-Wert steht die Alkalität des Wassers. Bei geringer Alkalität (0,1–0,5) werden nur wenig Futtertiere erzeugt: Das Wasser

[1] **Bestimmung der freien Kohlensäure**
Benötigt werden:
1 Glasstopfenflasche 150 cm^3
1 Schnellbetriebsbürette 25 ml
n/50 Natronlauge
0,3%ige alkoholische Phenolphthaleinlösung
Durchführung: 100 ml Wasser in eine 150 ml Glasstopfenflasche gießen, 2 Tropfen 0,3%ige alkoholische Phenolphthaleinlösung zufügen und langsam aus einer Bürette n/50 Natronlauge zutropfen lassen. Die Glasflasche mit dem Stopfen verschließen und vorsichtig drehen, damit sich Lauge und Wasser vermischen. Dann so lange Natronlauge zusetzen, bis eine nicht mehr verblassende, schwache Rosafärbung des Wassers auftritt. Den Laugenverbrauch an der Bürette ablesen. Einem Milliliter verbrauchter Lauge entsprechen 8,8 mg/l freie zugehörige und freie überschüssige Kohlensäure.
Zur schnellen und einfachen Feststellung der freien Kohlensäure kann man Aquamerck „Freie Kohlensäure" verwenden.

ist wenig fruchtbar. (Höherer Gehalt an Calcium und anderen Mineralstoffen → größere Produktion an pflanzlicher Urnahrung → mehr Futtertiere.) Der Grund dafür liegt wohl darin, daß in diesem wenig gepufferten Wasser durch Assimilation und Atmung der pH-Wert stark schwankt und das CO_2 leicht ein Minimum erreicht. Der durch die Alkalität angezeigte Gehalt an $Ca(HCO_3)_2$ ist im Freiland die wichtigste CO_2-Quelle für die Wasserpflanzen. Mit steigender Alkalität nehmen die pH-Schwankungen des Wassers ab und der Kohlendioxid-Vorrat zu. Damit steigt die Fruchtbarkeit. Eine Alkalität von 2–5 deutet an, daß der pH-Wert nur geringfügig schwankt und ein optimaler CO_2-Gehalt vorliegt. Damit sind die Voraussetzungen für ein sehr fruchtbares Wasser gegeben.

Beurteilung der organischen Verschmutzung von Aquarienwasser

Im Aquarienwasser gibt es vielerlei Abfallstoffe, die sich entweder auflösen oder als feste Teilchen zu Boden sinken und dann von der Mikroflora und -fauna zersetzt werden. Das sind zunächst Fischexkremente und Futterreste, später aber auch die an der Zersetzung organischer Stoffe beteiligten Mikroorganismen, die bald absterben und eine weitere Verunreinigung bewirken.

Diese Abfallstoffe werden, soweit sie Kohlenstoff enthalten, anaerob durch Reduktions-(Fäulnis-)Vorgänge unter Methanbildung, meist aber aerob durch Oxidationsvorgänge (= kalte, nasse Verbrennung) unter Sauerstoffaufnahme abgebaut.

Der Charakter eines Wassers hängt nun in erster Linie von dem Gleichgewicht zwischen Oxidation und Reduktion ab, und wie beim menschlichen Körper kann man auch beim Wasser von einer Stoffwechselbilanz sprechen. Diese kann man nach unseren physiologischen Erkenntnissen beim menschlichen und tierischen Körper mit Hilfe der Atmung untersuchen, da die kohlenstoffhaltigen, organischen Stoffe in Form von Kohlensäure meist restlos ausgeschieden werden. In einem Aquarienwasser findet aber nicht immer eine solche vollkommene Umwandlung der organischen, kohlenstoffhaltigen Stoffe statt.

Meist steht im Aquarienwasser nur der Sauerstoff zur Verfügung, der durch Grünpflanzen und Kleinalgen unter Einwirkung des Lichtes erzeugt wird (dabei kann es zu Sauerstoffübersättigung kommen), und der Sauerstoff, der aus der Luft an der Oberfläche des Wassers in das Wasser hineindiffundiert. Nur unter Mitwirkung von kleinen Lebewesen (Bakterien, Protozoen) kann derartiger Sauerstoff zur weitgehenden Oxidation benutzt werden. Ein restloser Abbau wird meist nicht erreicht, da sich ein von den jeweiligen Verhältnissen abhängiger Gleichgewichtszustand zwischen dem Rest an organischer Substanz und dem biologischen Leben einstellt, bei dem die biochemischen Oxidationsvorgänge nur noch sehr langsam erfolgen.

Ein Aquarienwasser, das reichlich organische Stoffe abzubauen hat, weist oft ein Sauerstoffdefizit auf. Die Sauerstoffzehrung und den biochemischen Sauerstoffbedarf nimmt man als Maßstab für die Menge der noch abzubauenden organischen Stoffe. Im Kohlensäuregehalt dagegen hat man ein Maß für den Umfang der bereits abgebauten organischen Substanzen. Schwierig ist die Bestimmung der noch abzubauenden kohlenstoffhaltigen Substanzen. Am einfachsten wäre die Ermittlung des organischen Kohlenstoffs. Die Kohlenstoffbestimmung ist jedoch umständlich und erfordert gewisse analytische Fertigkeit. Man nimmt daher mehr indirekte Methoden wie die Ermittlung des Kaliumpermanganat-Verbrauches zu Hilfe. Diese Methode mißt eigentlich nur den Sauerstoff, der bei Kochtemperatur für die Zersetzung bestimmter organischer Substanzen notwendig ist.

Man geht davon aus, daß die meisten organischen Stoffe durch Kaliumpermanganat ($KMnO_4$) mehr oder weniger oxidiert werden. Als Meßgröße benutzt man daher jeweils die Menge des verbrauchten Kaliumpermanganats und bestimmt sie maßanalytisch. Bei dieser Bestimmungsmethode ist es wichtig, mit gleichen Konzentrationen der Meßlösungen, gleicher Säurekonzentration, gleichen Reaktionszeiten und bei gleichen Temperaturen zu arbeiten, um vergleichbare Ergebnisse zu erzielen[1].

Nach solchen Untersuchungen hat Grundwasser nur einen sehr geringen Kaliumpermanganatverbrauch. Er liegt unter 12 mg $KMnO_4$/l, meist nur bei 3–6 mg/l.

[1] **Bestimmung des Kaliumpermanganatverbrauchs**
Benötigt werden:
3 Erlenmeyerkolben mit Kühlbirnen (300 ml)
2 Meßkolben 1 Liter
2 Pipetten 10 ml
2 Schnellbetriebsbüretten 25 ml Inhalt, eine davon braun.
Kaliumpermanganatlösung 0,1 N: Mit Titrisolampulle ansetzen. Die in brauner Flasche im Dunkeln aufbewahrte Lösung ist einige Zeit haltbar.
Kaliumpermanganatlösung 0,01 N: Wird durch Verdünnung von 0,1 N Kaliumpermanganatlösung hergestellt. Der Titer der erhaltenen Lösung ist nur kurze Zeit konstant.
Oxalsäurelösung 0,1 N: ist mit Titrisolampulle anzusetzen. Die Lösung ist bis zu einem halben Jahr haltbar.
Oxalsäurelösung 0,01 N: Die durch Verdünnung von 0,1 N gewonnene 0,01 N Oxalsäurelösung ist nur 2–3 Wochen haltbar.
Schwefelsäure (etwa 25%ig): 25 g Schwefelsäure, 95–97 % p. a. werden in 75 ml destilliertes Wasser vorsichtig eingegossen (nie umgekehrt!).
Siedesteinchen aus Bims
Ausführung: 100 ml der Wasserprobe in einem Erlenmeyerkolben von 300 ml Inhalt mit Kühlbirne nach Zusatz von 5 ml Schwefelsäure (etwa 25%ig) und 1–2 g ausgeglühten Bimssteinchen auf der elektrischen Kochplatte zum Sieden bringen. Die siedende Lösung rasch mit 15 ml 0,01 N Kaliumpermanganatlösung versetzen, weiter bis zum Sieden erhitzen und noch genau zehn Minuten lang bei gleichmäßigem schwachen Sieden halten. Nach raschem Zufügen von 15 ml 0,01 N Oxalsäurelösung noch kurz weiterkochen lassen, bis sich die Lösung entfärbt hat. Die entfärbte Lösung mit 0,01 N Kaliumpermanganatlösung bis zur eben auftretenden, kurze Zeit bestehenbleibenden Rosafärbung titrieren.
Werden weniger als 0,3 ml 0,01 N Kaliumpermanganatlösung verbraucht, so ist die Bestimmung mit einer größeren, bei mehr als 10 ml mit einer kleineren Probemenge zu wiederholen, die dann jeweils mit vorbereitetem Verdünnungswasser auf 100 ml aufzufüllen ist. Der Titer der 0,1 N Kaliumpermanganatlösung (gegen 0,01 N Oxalsäurelösung einstellen) ist bei der Berechnung zu berücksichtigen.
1 ml 0,01 N Kaliumpermanganatlösung = 0,316 mg $KMnO_4$.
Die Angabe des Verbrauchs erfolgt in Milligramm $KMnO_4$/l

Oberflächenwasser enthält bedeutend mehr organische Stoffe: Dementsprechend werden 10–30 mg $KMnO_4$/l verbraucht. In Moorgegenden enthalten Grundwässer und Oberflächenwässer stets sehr viel organische Stoffe, sogenannte Huminstoffe; diese sind zwar gesundheitlich unbedenklich, verleihen dem Wasser jedoch einen schlechten Geschmack und eine Gelbfärbung. Der Verbrauch an Kaliumpermanganat kann hier 80–350 mg $KMnO_4$/l betragen.
Wenn ein Aquarienwasser durch Abfallstoffe verunreinigt ist, so ist dies fast immer durch einen höheren Kaliumpermanganatverbrauch zu erkennen, der weit über 100 mg/l ansteigen kann.
Da die Huminstoffe kohlenhydratartiger Natur sind, werden sie bei der Permanganatoxidation nur teilweise erfaßt. Die Wässer des Urgesteins und Kalkgesteins enthalten ganz geringe Mengen von organischen Stoffen und haben daher niedrige Permanganatzahlen (1–5 mg/l).

Die im Wasser gelösten Salze

Die ökologisch wirksamste Schranke, die die Hydrosphäre ihren Bewohnern bietet, beruht auf dem unterschiedlichen Gehalt an gelösten anorganischen Salzen im Meerwasser. Die einschneidende Wirkung dieses Faktors spiegelt sich in der Zusammensetzung der Tier- und Pflanzenwelt des Meer- und Süßwassers deutlich wider: Weniger als 1 % der gesamten Artenzahl haben das Meer und die Binnengewässer gemeinsam. Das Wasser des freien Meeres hat einen durchschnittlichen Salzgehalt von etwa 35 ‰. Abgeschlossene Nebenmeere können, da ihr Wasseraustausch mit dem Ozean eingeschränkt ist, stärkere Abweichungen aufweisen. Außer den Gasen sind etwa 40 chemische Elemente im Meerwasser gelöst, von denen aber viele nur in Spuren vorliegen. Natriumchlorid überwiegt mit etwa 28 g/l alle übrigen Salze. In größeren Mengen sind ferner vorhanden: Magnesiumchlorid, Magnesiumsulfat und Calciumcarbonat. Der größte Teil der Salze liegt in Ionenform vor.

Kohlenstoff – Kohlensäure – Carbonate

Für den Aufbau der organischen Substanz ist Kohlenstoff der wichtigste Grundstoff. Aus Kohlendioxid (CO_2), Wasser (H_2O) und Lichtenergie assimiliert die Pflanze Glukose (Traubenzucker, $C_6H_{12}O_6$) und Sauerstoff (O_2):
$6\,CO_2 + 6\,H_2O + 674\ \text{kcal} = C_6H_{12}O_6 + 6\,O_2$
Diese Assimilation ist wesentlicher Bestandteil des Stoffwechsels der Pflanzen.

Kohlenstoffversorgung der Pflanzen

Die Pflanzen können aus einfachen anorganischen Grundstoffen (Kohlendioxid und Wasser) Zucker bilden, wobei gleichzeitig kosmische Energie aufgefangen und in chemische Energie überführt wird. Dabei sind Kohlensäure und Sauerstoff die beiden großen Gegenspieler des Stoffwechsels im Wasser. Guter Pflanzenwuchs im Aquarium ist nur möglich bei reichem Angebot von Kohlenstoff. Auch bei den Landpflanzen ist das in der Luft vorhandene Kohlendioxid (durchschnittlich 0,03 Vol. %, das sind 0,5–0,6 mg CO_2 pro Liter Luft) häufig der begrenzende Faktor für ihre photosynthetische Leistung. Man nutzt diese Erkenntnis dadurch, daß z. B. bei Gewächshauskulturen von

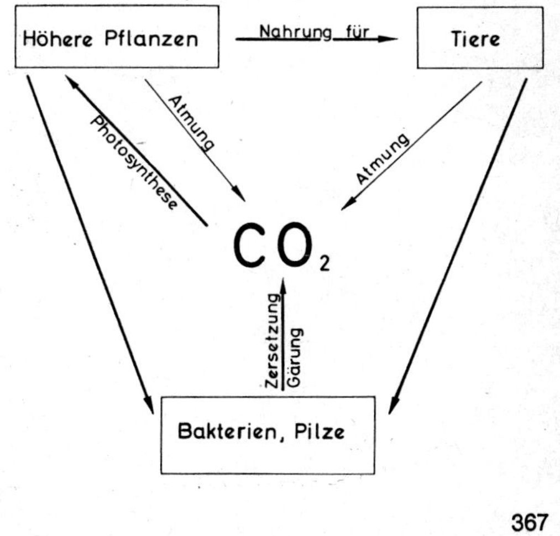

Bild 5.12: Schema des Kohlenstoffkreislaufs.

Gurken oder Tomaten versucht wird, den Ertrag durch Begasung mit Kohlensäure (0,1 % CO_2) um ein Vielfaches (meist auf das Dreifache) zu steigern.
Taucht man Blätter von Landpflanzen unter Wasser, so ist ihre Assimilationsleistung infolge der gehemmten CO_2-Zufuhr sehr stark herabgesetzt. Darin liegt der Grund, weshalb nur wenige Landpflanzen ein dauerndes Untergetauchtsein vertragen.
Wesentlich komplizierter als die Kohlenstoffversorgung der Landpflanzen ist die der Wasserpflanzen. Bei den submersen Arten kennen wir im Hinblick auf die Kohlenstoffaufnahme 3 verschiedene Pflanzentypen:

- nur das freie gelöste Kohlendioxid (CO_2) wird aufgenommen
  Beispiel: das Wassermoos *Fontinalis antipyretica,*
- sowohl das freie gelöste Kohlendioxid (CO_2) als auch das HCO_3^--Ion werden aufgenommen,
  Beispiel: die Kanadische Wasserpest *Elodea canadensis,*
- der Kohlenstoffbedarf wird vorwiegend durch Aufnahme von HCO_3^--Ionen gedeckt,
  Beispiel: die Grünalge *Scenedesmus quadricauda.*

Tafel 33
Oben: Lamprologus callipterus stammt aus dem Tanganjikasee und lebt dort endemisch, er gehört zu den Cichliden der Fels- und Geröllzone.
Mitte: Der intensiv azurblau gefärbte Haplochromis jacksoni gehört zu den selten importierten Afrikacichliden.
Unten: Die Prinzessin von Burundi (Lamprologus brichardi) – früher unter dem Namen Lamprologus savoryi elongatus bekannt – stammt aus dem Tanganjikasee und gehört zu den dort endemisch lebenden Arten. Der ansprechende Cichlide wird ungefähr acht Zentimeter lang. Lamprologus brichardi gehört zu den Höhlenbrütern.
Aufnahmen: B. Kahl

Die Hydrogencarbonat-Assimilation

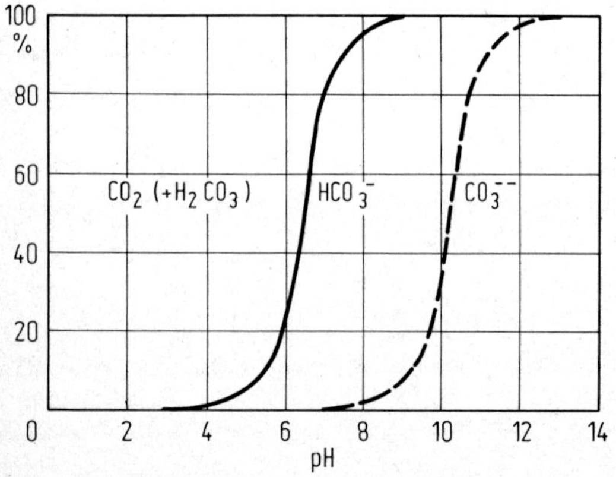

Bild 5.13: CO_2-System bei 0° C in Beziehung zum pH-Wert (nach Faurholt).

Auch Wasserpflanzen können direkt nur Kohlendioxid assimilieren, aber als Kohlenstoffquelle kommen außer dem gelösten CO_2 auch das HCO_3^--Ion, Bicarbonate und Carbonate in Frage. Man weiß, daß das CO_2 in bestimmten Anteilen zu Kohlensäure H_2CO_3 hydratisiert ist und als solche in H^+ und HCO_3^- dissoziiert. Das Verhältnis der einzelnen Verbindungen zueinander steht in Abhängigkeit zum pH-Wert; im stark sauren Bereich (bei etwa pH 4) ist nur CO_2 vorhanden, bei pH-Werten zwischen 7–10 liegt fast nur HCO_3^- vor und im stark basischen Bereich bei etwa pH 11) finden wir vorwiegend CO_3 (Bild 5.13). Wegen der immer vorhandenen Carbonate macht die Kohlensäureversorgung bei den Unterwasserpflanzen keine Schwierigkeiten. Nur im stehenden Wasser – wie z. B. im Aquarium – kann die Kohlensäurezufuhr bei starker Assimilation stocken, da die Diffusionsgeschwindigkeit dieses Gases im Wasser 8640mal langsamer ist als in der Luft.

Biogene Entkalkung und pH-Wert

Die meisten untergetauchten Wasserpflanzen nehmen durch ihre ganze Blattoberfläche sowohl gelöstes CO_2 als auch Calciumhydrogencarbonat $Ca(HCO_3)_2$ auf. Diese Aufnahme erfolgt bei einigen Gattungen ausschließlich auf der Blattunterseite. Bei der Assimilation werden dabei nach Aufnahme von CO_2 freie OH^--Ionen aus der Blattoberseite ausgeschieden, die dort sofort wieder mit Calciumionen zu $Ca(OH)_2$ reagieren. Kommt dieses Calciumhydroxid mit dem Bicarbonat des Wassers in Berührung, so erfolgt die Reaktion $Ca(OH)_2 + Ca(HCO_3)_2 = 2\ CaCO_3 + 2\ H_2O$, wobei sich das unlösliche $CaCO_3$ als weiße Kalkkruste auf der Blattoberseite abscheidet (biogene Entkalkung). Bei der dabei auftretenden pH-Erhöhung hören die Pflanzen auf zu assimilieren. Sie kümmern dahin, weil ein Stoffaustausch nicht mehr möglich ist.

Die zugehörige Kohlensäure

Darunter versteht man die Menge an Kohlensäure, die erforderlich ist, um das Ca $(HCO_3)_2$ gerade noch in Lösung zu halten. Den Überschuß nennt man „freie Kohlensäure". Sie dient den Wasserpflanzen als Kohlenstofflieferant. Im Aquarium ist die zugehörige Kohlensäure eine um so problematischere Größe, je

Tafel 34
Oben links: Der Afrikanische Schmetterlingsbuntbarsch (Haplochromis thomasi) stammt aus Westafrika und wird ungefähr bis zu neun Zentimeter lang. Da er friedlich gegenüber gleich großen Mitbewohnern und außerdem nicht „pflanzenfeindlich" eingestellt ist, eignet er sich gut für das Gesellschaftsbecken.
Oben rechts: Der Blaumaulbuntbarsch, Haplochromis burtoni, ist in Ost- und Zentralafrika verbreitet; wir finden ihn selbst in den afrikanischen Rift-Seen, also dort, wo viele Arten endemisch leben. Kein Wunder, daß eine derart weitverbreitete Art sich in zahlreiche – allerdings noch nicht genauer beschriebene – Rassen aufspaltet.
Mitte links: Ein Pseudotropheus zebra-Weibchen der gescheckten Morphe aus dem Malawi-See. Unter Polymorphismus im engeren Sinne versteht man, daß am gleichen Ort regelmäßig Individuen der selben Art auftreten, die sich, obwohl sie der gleichen Generation und Entwicklungsstufe angehören, in ihrem Aussehen deutlich unterscheiden und zwischen denen es keine gleitenden Übergänge gibt. Diese Varianten einer Art, die sich sowohl in der Farbe als auch in den Maßen und Proportionen von morphologischen und anatomischen Merkmalen unterscheiden können, werden als Morphen bezeichnet.
Mitte rechts: Ein besonderer Fall ist der Blaue Zebra-Maulbrüter (Pseudotropheus zebra) aus dem Malawi-See: Er tritt in so verschiedenen Farbvariationen auf, daß man es nicht für möglich halten würde, hier ein und dieselbe Art vor sich zu haben; unser Bild zeigt ein Pseudotropheus zebra-Männchen in der Normalform, die wir an der hellblauen Rückenflosse erkennen.
Unten links: Zu den schönsten Zwergcichliden zählt zweifellos Julidochromis ornatus aus dem Tanganjikasee. Julidochromis ornatus ist ein typischer Bewohner der Felsküste, der im Algenteppich nach Nahrung sucht.
Unten rechts: Julidochromis marlieri stammt aus dem Tanganjikasee und wird fast 15 Zentimeter lang. Ältere Männchen haben ähnlich wie die Buckelkopfcichliden einen Fetthelm auf dem Kopf.
Aufnahmen: B. Kahl

höher der Grad der Karbonathärte (°dKH) des verwendeten Wassers ist. Bei geringer Karbonathärte (weiches Wasser) genügt eine entsprechend kleine Menge zugehöriger Kohlensäure, um das $Ca(HCO_3)_2$ in Lösung zu halten und die Pflanzen leiden keinen Mangel an Kohlenstoff. Je höher aber die Karbonathärte, desto größer wird auch der Bedarf an zugehöriger Kohlensäure. Bei 9° dKH ist er sehr hoch, und alle darüber liegenden Werte lassen die Kohlenstoffversorgung für die Pflanzen sehr schnell zum Problem anwachsen, weil das zur Assimilation benötigte CO_2 nur unter Energieaufwand dem $Ca(HCO_3)_2$ entnommen werden kann. CO_2-Mangel ist die häufigste Ursache eines schlechten Pflanzenwuchses in hartem Leitungswasser.

Kohlenstoffdüngung

In jedem natürlichen Wasser kommt freie und gebundene Kohlensäure wenigstens in Mengen von einigen Milligramm vor. Der Gehalt an freier Kohlensäure beträgt im Grundwasser 10 bis 20 mg/l CO_2, es kommen jedoch auch Wässer mit 30 bis 90 mg/l vor. Besonders hoch ist der Gehalt an freier Kohlensäure bei Mineralwässern, die oftmals 1000 mg CO_2/l und noch mehr enthalten. Das trifft besonders für die sogenannten „Säuerlinge" zu. Viel weniger freie Kohlensäure als Grund- und Mineralwässer haben die Oberflächenwässer, deren Gehalt meist nur wenige Milligramm, höchstens jedoch im Winter 10 mg/l beträgt. Der Grund hierfür ist darin zu suchen, daß das Oberflächenplankton im Sommer meist die gesamte Kohlensäure verbraucht. Im Wasser ist die freie Kohlensäure hauptsächlich als CO_2 gelöst und nur mit einem geringen Anteil als gebundene Kohlensäure (H_2CO_3) in H^+-Ionen und HCO_3^--Ionen aufgespalten. Die gebundene Kohlensäure bedingt die Karbonathärte des Wassers. Die Bindung besteht gewöhnlich als Hydrogencarbonat an Calcium und Magnesium. In tropischen und subtropischen Gewässern findet sich auch Calcium-, Magnesium- und manchmal auch Natriumcarbonat, letzteres besonders in den Soda-Seen. In wassertechnischer Beziehung spielt der Gehalt des Wassers an freier Kohlensäure eine bedeutende Rolle. Die freie Kohlensäure hat nämlich die Eigenschaft, metallische Rohrleitungen sowie Beton anzugreifen. Dabei wirkt nur der Teil der freien Kohlensäure aggressiv, der nicht als zugehörige Kohlensäure anzusehen ist. Diese Überschußkohlensäure ist nur bei sehr hartem Wasser in der Größenordnung von 1 bis 3 mg/l zu verkraften. Kleine Mengen Überschußkohlensäure wirken bei weichen Wässern viel aggressiver als bei hartem, da weiche Wässer unter 2° dKH keine zugehörige Kohlensäure benötigen. Bei ihnen ist also die gesamte freie Kohlensäure aggressiv.
Fast jedes Aquarienwasser ist an Kohlenstoff verarmt und die Pflanzen, die in ihm wachsen, bedürfen der Kohlenstoffdüngung.

Wasserwechsel

Das Wasser jeder zentralen Trinkwasserversorgung muß im Kalk-Kohlensäure-Gleichgewicht sein, d. h. es muß sich in einem solchen Zustand befinden, daß einerseits keine Kalkabscheidung auftritt, andererseits aber auch keine Korrosion zu befürchten ist. Jeder Aquarianer weiß, daß nach jedem Wasserwechsel im Aquarium ein verstärktes Wachstum der Pflanzen einsetzt. Der Grund hierfür ist in der CO_2-Düngung zu erblicken. Um ein solch gutes Pflanzenwachstum aber ständig aufrechterhalten zu können, bedarf es eines häufigen Wasserwechsels, d. h. ein Viertel bzw. die Hälfte des Aquariumwassers ist wöchentlich durch frisches Leitungswasser zu ersetzen.

Mineralwasser

Durch Zugabe von Mineralwasser kann gleichfalls eine Kohlensäure-Anreicherung im Aquariumwasser erfolgen. Die Wirkung ist aber nur von kurzer Dauer und die Kohlensäuredüngung muß laufend wiederholt werden. Als ungünstiger Nebeneffekt erfolgt dabei eine Aufsalzung des Aquarienwassers.[1]

Kohlensäurebombe

Die zweckmäßigste CO_2-Düngung des Aquarienwassers erfolgt mittels Kohlensäurebombe durch sorgfältige und ausgewogene Einspeisung über das normale Belüftungssystem.[2]

[1] Bei diesem Verfahren ist jedoch, um Vergiftungen zu vermeiden, auf äußerst vorsichtige Dosierung zu achten.
Das Kohlensäure-Diffusionsgerät der Firma Hilena reichert das Aquarienwasser fortlaufend mit geringen Mengen CO_2 an. Es ist preiswert, einfach zu bedienen und hat sich in der Praxis bewährt. Siehe auch S. 329.
[2] Die CO_2-Düngung, ihre Technik und ihre zweckmäßige Überwachung werden ausführlich auf den S. 328–331 beschrieben.

Gesamthärte, Alkalität, Karbonathärte

Aus Verbindungen des Calciums und des Magnesiums mit Kohlensäure setzt sich die Karbonathärte des Wassers zusammen. Andere Calcium- und Magnesiumverbindungen, z. B. Gips (= Calciumsulfat), werden in ihrer Gesamtheit als Nichtkarbonathärte oder Sulfathärte bezeichnet. Beide zusammen, also Karbonathärte und Nichtkarbonathärte, bilden die Gesamthärte[1]. Sie wird dadurch definiert, daß 1 Grad deutscher Härte (= ° dGH) einem Gehalt von 10 mg Calciumoxid pro Liter entspricht.

Die Karbonathärte[2] (= KH in ° dGH) bezeichnet man als vorübergehende oder temporäre Härte, weil die an Kohlensäure gebundenen Anteile des Calciums und Magnesiums nach längerem Kochen des Wassers als unlösliche Carbonate ausfallen.

Die Nichtkarbonathärte[3] (= NKH in ° dGH) dagegen wird permanente oder bleibende, auch Mineralsäure-Härte genannt, weil die an Mineralsäuren (H_2SO_4, HCl, HNO_3, H_3PO_4) gebundenen Anteile von Calcium und Magnesium in Lösung bleiben und auch durch Kochen nicht ausgefällt werden. Sie stellen den restlichen Teil der Gesamthärte dar.

Entsprechend ihrem Salzgehalt lassen sich die Wässer nach verschiedenen Härtegraden klassifizieren. Wasser aus Kalk, Gips- und Dolomitgebieten (mittlerer Muschelkalk, Keuper, Zechstein- und Juraformationen) ist hart. Dagegen ist Wasser aus den Gebieten des Urgesteins (Granit, Basalt, vulkanische Gesteine) weich bis sehr weich (vgl. Tabelle auf Seite 396). Einfache Methoden zur Bestimmung der Wasserhärte: Eine Reihe von Firmen wie Hilena, Tetra und Merck hat neuerdings für die Bedürfnisse des Aquarianers recht gut geeignete Testbestecke, meist in Form von Meßröhrchen und Indikatorlösungen zur Bestimmung der Gesamthärte (GH) und der Karbonathärte (KH) von Wasser entwickelt. Mit einer Genauigkeit von nahezu 0,1° dGH sind diese einfach zu handhabenden Tests sehr zweckdienlich und bereiten wenig Schwierigkeiten.

Ionenaustauscher

Um die Härte eines verfügbaren Wassers auf ein für die Fische erforderliches Maß zu bringen, bedient man sich künstlicher (oder auch natürlicher) Ionenaustauscher.

Ionenaustauscher sind Kunstharze mit eingebauten funktionellen Gruppen, die im Leitungswasser enthaltene Ionen gegen Eigenionen austauschen können. Ionenaustauscher sind unlösliche, hochgradig vernetzte, organische Polyelektrolyte mit starker chemischer und mechanischer Widerstandskraft.

Man unterscheidet zwischen Kationen- und Anionenaustauschern. Kationen- und Anionenaustauscher enthärten das Wasser und entziehen ihm auch die anderen gelösten ionisierten Fremdstoffe.

Kationenaustauscher binden Fremdkationen wie Calcium, Magnesium, Kalium, Natrium, Schwermetallionen, Ammoniumionen usw.

Anionenaustauscher binden Chlorionen, Nitrationen, Nitritionen, Sulfationen usw.

Vollentsalzung

Gewöhnliches Leitungswasser ist chemisch niemals rein. Es enthält gelöste Salze in Form von Ionen (positiv geladenen Kationen und negativ geladenen Anionen).

Durch die Vollentsalzung werden alle Ionen dem Wasser entzogen und man erhält reines, völlig salzfreies Wasser. Dabei durchfließt das Rohwasser vielfach erst einen Behälter mit Kationenharz und anschließend einen Behälter mit Anionenharz.

Die Aufnahmefähigkeit eines Ionenaustauschers ist beschränkt. Ist sie erschöpft, so steigt die Leitfähigkeit des entsalzten Wassers an. Die Reinheit des ausfließenden Wassers muß daher dauernd geprüft werden, am besten durch Messung der elektrischen Leitfähigkeit. Ist das Harz erschöpft, muß es regeneriert (reaktiviert) werden. Gewöhnlich verwendet man zur Regenerierung des Kationenaustauschers Salzsäure, zu der des Anionenaustauschers Natronlauge.

Handelsübliche Geräte zum Ionenaustausch waren früher sehr teuer. Viele Aquarianer haben daher Ionenaustauschgeräte selbst gebaut. Heute sind im Fachhandel Geräte speziell für die Bedürfnisse des Aquarianers erhältlich, die so preis-

[1] **Bestimmung der Gesamthärte**
Benötigt werden:
1 Meßzylinder 100 ml
1 Becherglas 250 ml
1 Pipette 10 ml
Schnellbetriebsbürette 25 ml
Titriplex-Indikator-Puffertabletten „Merck"
Titriplex Lösung A (mittelharte und harte Wässer)
Titriplex Lösung B (weiche Wässer)
Ammoniaklösung min. 25 % p. a.
Ausführung: In 100 ml der Wasserprobe wird eine Indikator-Puffertablette gelöst. Nach Zugabe von 1–2 ml Ammoniaklösung wird mit Titriplex A oder B titriert, bis die rote Farbe über einen grauen Farbton in Grün umschlägt. Die verbrauchte Anzahl ml Titriplex B gibt direkt die Anzahl deutscher Härtegrade (°dGH) an, bei Verwendung von Titriplex A muß die verbrauchte Anzahl ml mit 5,6 multipliziert werden.

[2] **Bestimmung der Alkalität und der Karbonathärte**
Benötigt werden:
1 Meßzylinder 100 ml
1 Becherglas 250 ml
1 Pipette 10 ml (unterteilt in 0,1 ml)
Methylorangelösung 1‰ (DIN 8106). Indikator
Titrisolampulle zur Herstellung von 1 l 0,1 N Salzsäure
Ausführung: 100 ml des zu prüfenden Wassers mit 0,1 ml Methylorangelösung versetzen und mit 0,1 N Salzsäure bis zum deutlichen Farbumschlag nach bräunlich-gelb titrieren. Die verbrauchte Anzahl 1 ml 0,1 N Salzsäure ergibt direkt die Alkalität des Wassers. Multipliziert man sie mit dem Faktor 2,8, so ergibt sich die Anzahl der Karbonathärtegrade (°d KH).

[3] **Bestimmung der Nichtkarbonathärte**
Die Nichtkarbonathärte wird rechnerisch ermittelt. Gesamthärte – Karbonathärte = Nichtkarbonathärte (NKH).
Bei manchen Gewässern, die Natriumhydrogencarbonat enthalten („Sodaseen" in Afrika), entsteht bei dieser Rechnung ein Fehler, der zu scheinbar negativen Nichtkarbonathärten führen kann.
Die Beurteilung der Wasserhärte nach deutschen Härtegraden können wir aus Tabelle 5.5 S. 395 ersehen.

Bild 5.14: Strukturprinzip eines Kationenaustauschers.

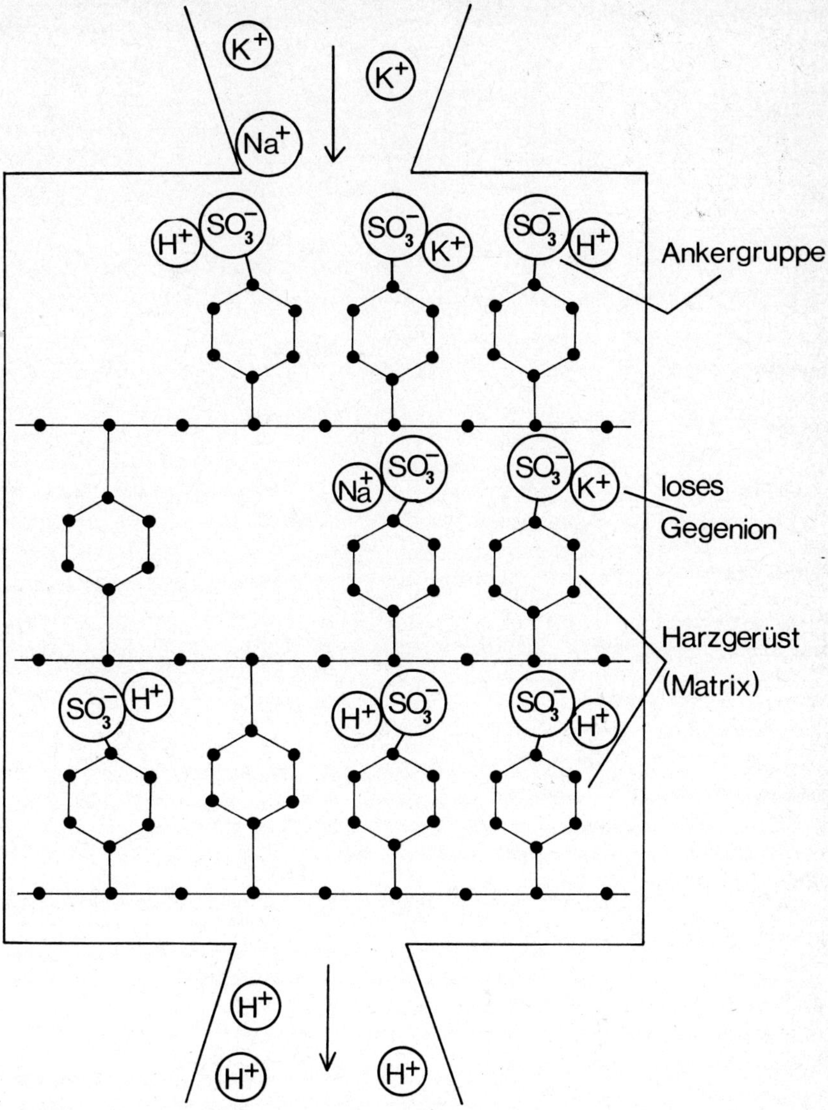

wert sind, daß sich der Eigenbau erübrigt. Die für Industrie und Laboratorien hergestellten Ionenaustauscher mit Leitfähigkeitsmesser sind für den Aquarianer meist zu aufwendig.

Wichtig ist, die Gebrauchsanweisung des Herstellers genau zu beachten, vor allem beim Regenerieren der erschöpften Harze.

Um Schäden bei frisch regenerierten oder erschöpften oder unsachgemäß behandelten Austauschharzen zu vermeiden, sollte jedes durch Ionenaustausch vollentsalzte Wasser zwei einfachen Proben unterworfen werden:

1. Messung des pH-Wertes. Er soll schwach sauer sein (pH 4—6). Auch vollentsalztes Wasser enthält noch Kohlensäure, die für den niedrigen pH-Wert sorgt. Höhere pH-Werte deuten auf eine Erschöpfung des Kationenaustauschers hin oder auf ungenügendes Spülen des Anionenaustauschers nach dem Regenerieren. Niedrigere pH-Werte zeigen, daß der Anionenaustauscher erschöpft ist.

2. Prüfung auf Chlorid. Einige Milliliter des vollentsalzten Wassers werden im Reagenzglas mit einigen Tropfen 5%iger Silbernitratlösung versetzt. Ergibt sich eine Trübung, so enthält das Wasser Chlorionen. Entweder ist der Anionenaustauscher erschöpft, oder es liegt ein grober Fehler in der Anlage vor.

Das zu entsalzende Leitungswasser wird stets zuerst durch den Kationenaustauscher, dann erst durch den Anionenaustauscher geleitet (Ausnahme: Misch-

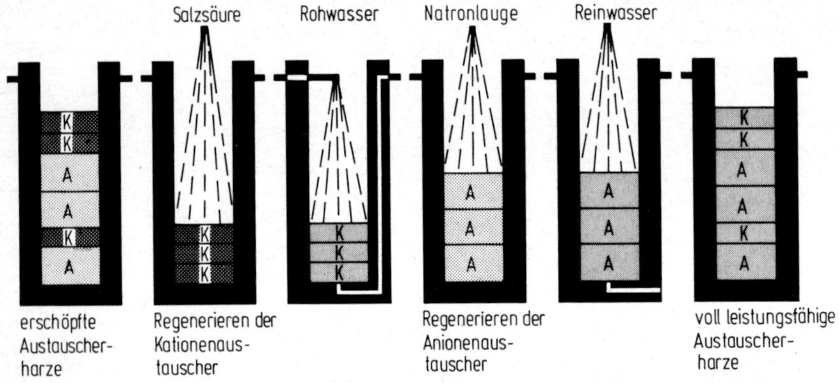

Bild 5.15: Regenerieren der Austauschharze.

bettaustauscher, bei denen beide Harze durcheinandergemischt sind). In der Aquaristik verwendet man (abgesehen vom sogenannten Neutralaustausch) Kationenaustauscher in der H-Form, Anionenaustauscher in der OH-Form. Das bedeutet: Der Kationenaustauscher nimmt aus dem Wasser Kationen auf (z. B. Ca^{++}, Na^{+}, Mg^{++}) und gibt dafür Wasserstoffionen (H^{+}) ab. Der Anionenaustauscher nimmt Anionen auf (z. B. Cl^{-}, SO_4^{--}) und gibt dafür Hydroxidionen (OH^{-}) ab.
Beispiel: Im Rohwasser sei Kochsalz (NaCl) enthalten. Der Kationenaustauscher entfernt das Natriumion ($Na+$) und gibt dafür ein Wasserstoffion (H^{+}) ab. Es entsteht HCl (Salzsäure). Der Anionenaustauscher entfernt das Chlorion (Cl^{-}) und gibt dafür ein Hydroxidion (OH^{-}) ab. Es entsteht Wasser (H_2O).
Durch Vollentsalzung mit Ionenaustauschern erhält man also reines Wasser (das chemisch reiner ist als das handelsübliche destillierte Wasser!).
Selbstverständlich kann dieses reine Wasser nicht ohne weiteres aquaristisch verwendet werden. Wir müssen es durch Zusatz von Rohwasser auf den gewünschten Härtegrad bringen.
Erschöpfte Kationenaustauscher werden nach Vorschrift der Hersteller mit Salzsäure, erschöpfte Anionenaustauscher mit Natronlauge regeneriert. Die Austauscherharze können beliebig oft regeneriert werden. Sie dürfen aber niemals austrocknen; die Harzmassen müssen daher stets von Wasser bedeckt sein oder jedenfalls feucht gehalten werden.
Hückstedt empfiehlt zur Vollentsalzung für aquaristische Zwecke die Kombination von einem stark sauren Kationenaustauscher mit einem schwach- bis mittelbasischen Anionenaustauscher.
Für den Aquarianer, der empfindliche Fische pflegt und züchtet, lohnt es sich in jedem Fall, mit Ionenaustauschern zu arbeiten: Aus vollentsalztem Wasser läßt sich durch Zusatz von unbehandeltem Rohwasser jede gewünschte Wasserqualität herstellen.
Wir kennen jedoch noch andere Verfahren, z. B. die Entkarbonisierung, die wir nachfolgend beschreiben.

Entkarbonisierung (Entfernung der Karbonathärte), Teilentsalzung

Mit der Methode der Entkarbonisierung entfernen wir aus dem Wasser nur die Karbonathärtebildner. Die Sulfathärte bleibt bestehen. Bei der Entkarbonisierung mit einem Kationenaustauscher werden die Kationen (Ca^{++}) aus dem Wasser herausgenommen und gegen Wasserstoffionen (H^{+}-Ionen) ausgetauscht. Die Anionen bleiben im Wasser und bilden die entsprechenden Säuren (SO_4^{--} bildet Schwefelsäure, Cl^{-} Salzsäure usw.). Da der Filterablauf Säuren enthält, muß der pH-Wert des Ablaufs kontrolliert und durch Zusatz von unbehandeltem Rohwasser angehoben werden. Überschüssige Kohlensäure ist leicht durch kräftiges Belüften auszutreiben. Da Säure Metall angreift, müssen die Filtergefäße aus säurefestem Material hergestellt sein. Hier hat sich säurefester Kunststoff am besten bewährt. Kationenaustauscher werden mit 5%iger Salzsäure regeneriert. Wann das Harz erschöpft ist und wieder regeneriert werden muß, ist bei Austauscherharzen, die mit einem Indikator eingefärbt sind, leicht zu erkennen. Die Teilentsalzung ist bei Wässern mit niedriger Nichtkarbonathärte und mittlerer bis hoher Karbonathärte für aquaristische Zwecke die rationellste und einfachste Methode der Wasseraufbereitung.

Neutralaustausch

Bei der technischen Wasserenthärtung werden im sogenannten Neutralaustausch die Calcium- und Magnesiumionen gegen Natriumionen ausgetauscht. Damit ist in technischer Hinsicht das Wasser „weich“ geworden, denn das neuentstandene Natriumhydrogencarbonat entwickelt im Gegensatz zum Calciumhydrogencarbonat keinen „Kesselstein“.
Nun könnte der Aquarianer auch zu der Auffassung gelangen, dieses Wasser sei auch für seine Zwecke „weich“, da es keine Kalkränder über dem Wasserspiegel im Aquarium bewirke. Die Härtebildner werden jedoch bei diesem Verfahren gegen Natriumionen ausgetauscht, der Gesamtsalzgehalt bleibt also gleich. Neutralaustauscher werden stets mit einer Kochsalzlösung regeneriert.

Sind solche Austauscher für die Aquaristik brauchbar?

Praktische Erfahrungen lehren, daß die Wasserenthärtung im Neutralaustausch immer dann Zuchterfolge ermöglicht, wenn das Ausgangswasser weich bis mittelhart ist (bis etwa 12° dGH). Für hartes und sehr hartes Wasser ist das Verfahren weniger geeignet, weil auch die in großer Konzentration zurückbleibenden Natriumsalze je nach der Fischart auf den Laich mehr oder minder schädlich einwirken können.
In einigen norddeutschen und in den meisten skandinavischen gewerblichen Züchtereien wird ein Ausgangswasser mit einer natürlichen Härte von 6 bis 12° dGH im Neutralaustausch enthärtet; durch Mischung mit dem Ausgangswasser wird es auf 3° dGH eingestellt. In diesem Wasser werden selbst Problemfische wie Neon, Rote Neon, Keilfleckbarben, Dreibandsalmler und *Aphyosemion*-Arten gezüchtet.

Ionenaustausch durch Torffilterung

Schließlich muß noch darauf hingewiesen werden, daß auch Torf eine Ionenaustauschwirkung besitzt. Durch Torffilterung ist es möglich, eine geringfügige Entkarbonisierung zu erreichen. Die Fähigkeit von Torf, die Karbonathärte zu mindern, ist eng an die biologisch wirksame Ansäuerung des Wassers gekoppelt. Zugleich ist die Austauscherwirkung an die feste Torfsubstanz gebunden. Eine ähnliche Wirkung ist durch sogenannte Torfextrakte nicht zu erreichen. In der Praxis wird man davon ausgehen können, daß Wasser mit mittlerer Karbonathärte (bis 8° dGH) durch Filterung über frischen Torf (1 l Torf auf 100 l Wasser) gut zu enthärten ist (bis auf etwa 2° dGH). Dies nur als Beispiel. Durch geschicktes Manipulieren und exaktes Kontrollieren wird der Aquarianer in kürzester Zeit wissen, wieviel Torf er für die Aufbereitung seines Wassers braucht. Bei härterem Wasser ist es unumgänglich, vor der Torffilterung eine Behandlung mit Kunstharzionenaustauschern vorzunehmen.

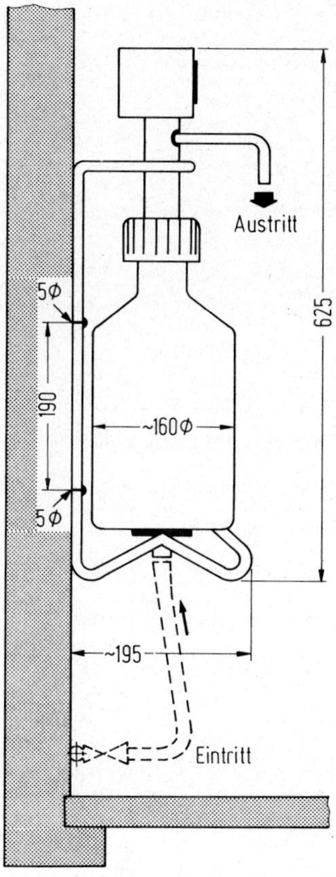

Bild 5.16: Einbauschema für einen Ionenaustauscher.

Abbau organischer Substanz im Aquarium

Wir können ein Aquarium noch so peinlich sauberhalten – Abfallstoffe werden sich dennoch im Wasser ansammeln. Die Fische scheiden Harn und Kot aus, Futterreste bleiben liegen, Pflanzenblätter sterben ab. Viele dieser Stoffe lösen sich nicht im Wasser, und wir können sie durch Filtern oder Absaugen einfach entfernen. Andere aber lösen sich im Wasser auf, und gegen sie hilft auch ein feinporiger Filter nichts. Hier müssen die Bakterien eingreifen.

Fäulnis und Verwesung

Sterben im Aquarium Pflanzen oder Fische, und werden sie nicht entfernt oder bleiben Futterreste liegen, so zerlegen Bakterien diese organischen Stoffe in einfache chemische Verbindungen. Diesen Vorgang nennt man Mineralisation, denn als Endprodukte bleiben nur Mineralsalze, Kohlensäure und Wasser übrig. Da hier Abfallprodukte beseitigt werden, spricht man auch von „Selbstreinigung“.

Beim Abbau toter tierischer und pflanzlicher Substanzen ist es entscheidend, ob Sauerstoff zur Verfügung steht oder nicht. In Gegenwart von Sauerstoff wirken die sogenannten aeroben, das heißt luftbedürftigen Bakterien, fehlt er dagegen (etwa weil er durch die Abbauvorgänge der sauerstoffbedürftigen Bakterien verbraucht wurde), so setzen die anaeroben (sauerstoffmeidenden) Bakterien mit ihrer Arbeit ein. Den Unterschied zwischen dem Abbau mit und ohne Sauerstoff können wir sehr leicht am Geruch feststellen: Beim anaeroben Abbau (Fäulnis) entstehen stinkende Stoffe wie Indol, Skatol, Phenol, Schwefelwasserstoff, flüchtige Fettsäuren. All diese zum Teil giftigen Endprodukte der Fäulnis sind im Aquarium höchst unerwünscht, da sie den Fischen schaden. Unter Sauerstoffeinwirkung hingegen tritt eine langsame Zersetzung (= Verwesung) ein, die wir auf jeden Fall fördern sollten. Hier spielen dann Belüftung und Wasserumwälzung eine große Rolle. Bei diesen Zersetzungsvorgängen werden zunächst Eiweiße und Fette durch aerobe Bakterien in einfachere organische Verbindungen zerlegt und dann zu anorganischen, für die Fische unschädlichen Stoffen (Wasser, Kohlensäure, Nitrit, Nitrat, Sulfat und Phosphat) abgebaut.

Der Kreislauf des Stickstoffs

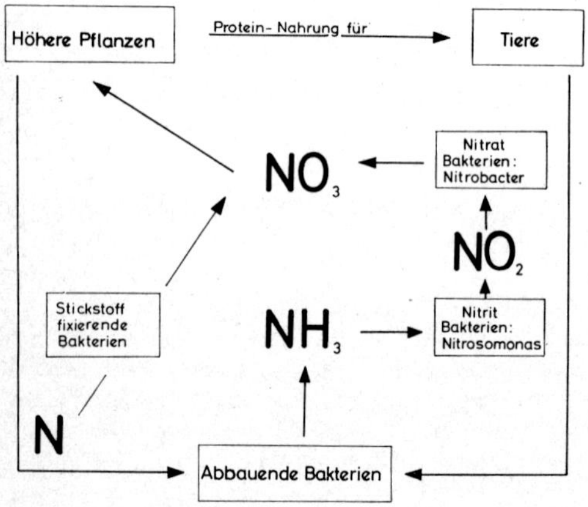

Bild 5.17: Schema des Stickstoffkreislaufes.

Der Stickstoff-Kreislauf ist nicht leicht überschaubar, weil das Kreislaufsystem in sich geschlossen ist und doch eine Lücke aufweist: An der Grenzfläche Wasser/Luft findet nämlich ein Stickstoffaustausch statt. In unserem Schema (Bild 5.17) gehen wir vom Körpereiweiß der Organismen (Bakterien, Pilze, höhere Pflanzen, Tiere) aus. Nach dem Tod der Organismen wird das Eiweiß über Peptide zu Aminosäuren abgebaut. Als Endprodukt dieses Zerfalls entsteht mit Hilfe von Bakterien das Ammoniak (NH_3). Der gleiche Fall tritt ein, wenn Stoffwechselprodukte der Tiere, die auch Harnstoff und Harnsäure enthalten, ins Wasser gelangen.

Nitrifikation – Denitrifikation

Das Ammoniak[1] kann direkt von den Pflanzen verwertet und damit dem Wasser entzogen oder aber durch Bakterien über Nitrit (NO_2) zu Nitrat (NO_3) oxidiert werden. Diesen Vorgang bezeichnet man als „Nitrifikation". Unter bestimmten Bedingungen kann er auch rückläufig vor sich gehen, was dann „Denitrifikation" genannt wird. Dabei kann der Stickstoff aus Ammoniak wie auch aus höheren Stickstoffverbindungen, zum Beispiel Aminosäuren, freiwerden, und es entsteht elementarer (freier) Stickstoff (N_2). Die Bakterien, die den Stickstoff in molekularem Zustand freisetzen, werden als denitrifizierende Bakterien bezeichnet. Sie benutzen den Nitratstickstoff wahrscheinlich zur Atmung. Der Stickstoff entweicht über die Grenzfläche Wasser/Luft und geht damit dem aquatischen Stickstoffkreislauf verloren. Eine andere Möglichkeit besteht darin, daß der freie Stickstoff von speziellen Bakterien gebunden und auf diese Weise im Kreislauf festgehalten wird. Die Umwandlung von Ammonium in Nitrit und Nitrat spielt bei der Pflanzendüngung eine wesentliche Rolle, denn Ammonium und Nitrat sind zwei der wichtigsten Pflanzennährstoffe.
An der Zersetzung organischer Substanzen beteiligen sich zahlreiche Bakterienarten, an der Oxidation des Ammoniums und Nitrits nur sehr wenige: *Nitrosomonas* an der Oxidation von Ammonium zu Nitrit und *Nitrobacter* an der Oxidation von Nitrit zu Nitrat. Diese Bakterien leben ähnlich der grünen Pflanze autotroph, jedoch ohne Sonnenlicht. Ihre Energie zur Aufnahme von Kohlenstoff gewinnen sie aus den Oxidationsvorgängen.

[1] Genauer: Das Ammoniumion NH_4^+. Vergleiche auch Seite 377

Den Abbau organischer Substanzen leiten aerobe Bakterien ein. Treten sie in großen Mengen auf, wird sehr viel Sauerstoff verbraucht, es kommt zur sogenannten Sauerstoffzehrung. In einem sauerstoffarmen Milieu aber sind die aeroben Bakterien nicht mehr lebensfähig. An ihre Stelle treten daher die anaeroben Bakterien, und sie beenden die Nitrifikation. So löst eine Gruppe die andere ab, und zum Schluß kann sich ganz allmählich wieder Sauerstoff anreichern, bis das Gleichgewicht wieder hergestellt ist.

Ammonium

Harnstoff wird von einem Bakterienferment durch Hydrolyse in Ammoniumcarbonat umgewandelt. Ammoniumionen sind in vielen Oberflächenwässern, in einigen Grundwässern sowie in allen häuslichen Abwässern enthalten.

Einfache Bestimmung von Ammonium: Mit „Aquamerck-Ammoniak" ist eine direkte Ammoniakbestimmung auf schnellem und einfachem Wege möglich. Die kolorimetrische Bestimmung erfolgt durch Farbvergleich. Hierzu wird das Reaktionsgefäß bis zur Marke mit dem zu prüfenden Wasser gefüllt, dann tropft man zwei Reagenzlösungen zu, schüttelt um und vergleicht die entstandene Färbung mit den Farbstandards des Reaktionsgefäßes. In Süßwasser kann der NH_3-Gehalt auch mit dem Hellige-Komparator[2] bestimmt werden[3].

Ammonium – Ammoniak

Seit langer Zeit ist bekannt, daß Ammoniumverbindungen unter bestimmten Verhältnissen auf Fische giftig wirken, doch gingen die Meinungen über die tödlichen Mengen auseinander. Durch die Untersuchungen der Schweizer Hydrobiologen Wuhrmann, Zehender und Woker sind wir über das Wesen der Ammoniumvergiftungen im Wasser unterrichtet worden. In wäßriger Lösung spalten die Ammoniumsalze in folgender Weise auf:

NH_4^+	$+ OH^-$	$NH_3 \cdot H_2O$
Ammoniumion	Hydroxidion	Ammoniak[4]

Beide Seiten dieser Gleichung stehen in einem Gleichgewicht. Steigt nun der pH-Wert nach der alkalischen Seite, so verschiebt sich das Gleichgewicht nach rechts, das heißt, der Ammoniakgehalt nimmt zu. Je mehr wir uns dem Neutralpunkt (pH 7) nähern, um so geringer ist der Anteil an Ammoniak ($NH_3 \cdot H_2O$) und um so größer die Menge des Ammoniums (NH_4^+). Das ungeladene Ammoniak (NH_3) ist viel giftiger als das Ammoniumion (NH_4^+). Mit steigendem pH-Wert nimmt also die Giftigkeit zu. Bei pH 7 z. B. besteht der Ammoniumkomplex zu fast 100 % aus dem weniger giftigen NH_4^+; bei pH 9,3 dagegen zu je 50 % aus NH_4^+ und NH_3 (Bild 5.18). Natürlich spielt auch die Temperatur eine wichtige Rolle für den Grad der Dissoziation.

Wie verhalten sich nun die Fische bei Zufuhr von Ammoniak? Im Bereich von pH 7 löst Ammoniak bei Fischen zunächst keine Fluchtreaktion aus. Das liegt an einer leichten Erhöhung des pH-Wertes, die mit dem Auftreten von Ammoniak gekoppelt ist und den Tieren einen optimalen Bereich vortäuscht. Auch Kupfersalze verschieben durch Bildung basischer Carbonate den pH-Wert in den alkalischen Bereich und üben dadurch eine stärker anziehende als abstoßende Wirkung auf Fische aus. Im übrigen aber kann Ammoniak für Fische besonders giftig werden. Schon 0,3 mg/l können für größere Fische, bereits 0,2 mg/l für die Fischbrut gefährlich sein. 0,6 mg/l sind für kleine Fische tödlich. Ammoniak ist nur im alkalischen Milieu gefährlich. Bis zu pH 6,9 wird es in ungefährliches Ammonium umgewandelt. Bei höherem pH steigt der Ammoniakgehalt sofort an (vgl. Bild 5.18). Im Aquarium kann das z. B. durch zu starken Kohlendioxidverbrauch (Assimilation!) oder durch Kalkzufuhr bedingt sein. Es ist also unerläßlich, bei jeder Ammoniumbestimmung

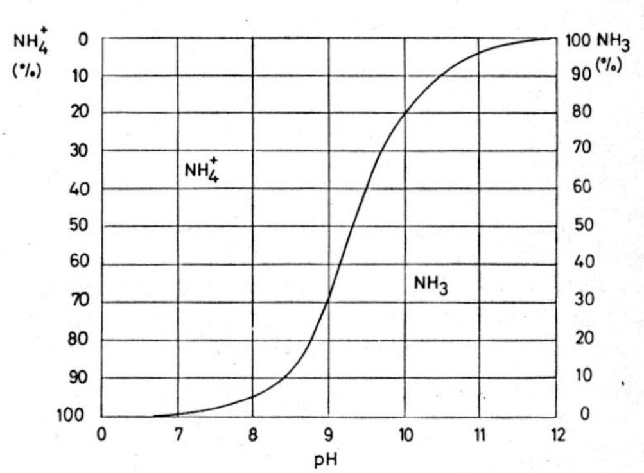

Bild 5.18: pH-Abhängigkeit des Gleichgewichtes Ammonium – Ammoniak.

[2] Siehe auch S. 362

[3] **Qualitative Bestimmung von Ammonium**
Benötigt werden:
1 Erlenmeyerkolben 300 ml
Seignettesalz-Lösung: 50 g Kaliumnatriumtartrat p. a. in 100 ml Wasser lösen. Die Lösung mit 5 ml Neßlers Reagenz auf Ammoniumsalze versetzen und nach Klärung zur Aufbewahrung in eine braune Flasche füllen.
Neßlers Reagenz auf Ammonium-Salze.
Ausführung: 100 ml Wasser mit 2 ml Seignettesalzlösung und 4 ml Neßlers Reagenz versetzen. Bei Anwesenheit von Ammoniumsalzen tritt je nach Gehalt eine Gelb- bis Gelbbraunfärbung auf, oder es bildet sich gar ein gelbbrauner Niederschlag. Grenzkonzentration etwa 0,02 mg NH_4/l. Eine quantitative Bestimmung erfolgt mit Hilfe eines Photometers und einer Eichkurve.

[4] Funktioniert nicht in Seewasser.

gleichzeitig den pH-Wert zu messen. Auch sollte man bei jedem teilweisen Wasserwechsel das Frischwasser auf Ammonium und pH-Wert untersuchen, um unangenehmen Überraschungen vorzubeugen; denn das Gesamtwasser könnte alkalisch werden, was zur Freisetzung von giftigem Ammoniak führen kann.
Reines Wasser enthält für gewöhnlich keine nachweisbaren Ammoniumverbindungen. Im verunreinigten Wasser dagegen lassen sich oft 0,1–3,0 mg/l Ammonium feststellen. Ammoniumverbindungen im Leitungswasser sind bedenklich.
Bei akuter Ammoniakvergiftung kann der pH-Wert mit verdünnter Schwefel- oder Salzsäure um eine Einheit von z. B. 7,5 auf 6,5 gesenkt werden. Dabei gibt man die Säure unter kontinuierlicher pH-Messung tropfenweise ins Wasser und macht nach Absinken um 0,5 Einheiten 15 Minuten Pause. Auch in Meerwasserbecken geht man so vor. Hier wird bis pH 7,5 gesenkt. Erst nach Stunden kann dann der pH wieder gehoben werden. Im Meerwasserbecken vermeidet man Ammoniakvergiftungen durch vorbeugende Gaben eines Erdaufgusses und regelmäßiger Entfernung der Kolloide durch N-DX oder ähnliche Filtermassen.
Im Süßwasserbecken verhindert man die Ammoniakbildung dadurch, daß man das Milieu stets leicht sauer hält (sofern man keine Fische hat, die nur alkalisches Wasser lieben, aber das sind die wenigsten).
Aus den bisherigen Darlegungen geht hervor, daß die Mengenangabe der jeweils vorhandenen Ammoniumverbindungen allein nicht genügt, sondern daß auch pH-Wert und Temperatur zu berücksichtigen sind. Denn von ihnen hängt die Höhe des giftigen NH_3-Anteils ab. Die Giftigkeit des NH_3 steigt mit abnehmendem Sauerstoffgehalt sprunghaft an. Untersuchungen mit konstantem Ammoniakgehalt und wechselndem Sauerstoffgehalt haben es gezeigt. In diesem Fall summieren sich dann die beiden Faktoren in ihrer Giftwirkung: Ammoniak und verminderter Sauerstoff.
Niemals sollte man nur einen Faktor, etwa pH-Wert oder Härtegrad allein berücksichtigen, sondern stets das Zusammenspiel vieler Komponenten beachten. Die Wirkung der chemischen und physikalischen Faktoren auf den einzelnen Organismus im Wasser ist also außerordentlich komplex. Ändert sich ein Faktor wie Temperatur, Sauerstoff- oder Salzgehalt, so sucht sich jedes Lebewesen vom Bakterium bis zum Fisch auf die neuen Verhältnisse einzustellen. Aber nicht alle Wasserbewohner stellen sich gleich gut und schnell um. Man kennt Organismen mit einem großen (euryök) und einem kleinen (stenök) ökologischen Toleranzbereich. Die Beziehungen der Organismen zu ihrer natürlichen Umwelt, dem Wasser, zu studieren, ist eine lohnende Aufgabe für den Aquarianer.

Nitrit[1]

Der bakterielle Stickstoffabbau spielt in den Flüssen, Bächen, Seen und natürlich im Aquarium eine besondere Rolle. Das vorhandene Ammoniak wird durch *Nitrosomonas*-Bakterien zu Nitrit oxidiert. Nitrit wirkt auf empfindliche Organismen, vor allem Fische, schon in Mengen von 0,1 bis 0,2 mg/l giftig, da es sich mit dem Blutfarbstoff verbindet und ihn als Sauerstoffüberträger unwirksam macht.
Einfache Bestimmungen von Nitrit: Mit dem *„Merckoquant"-Nitrit-Test* läßt sich auf einfache Weise noch 1 mg NO_2^-/l nachweisen. Die Bestimmung ist halbquantitativ und wird mit Teststäbchen durchgeführt. Deutliche Abstufungen treten auf zwischen 0, 1, 5, 10, 25 und 50 mg NO_2^-/l. Im aquaristischen Bereich ist die Nachweisgenauigkeit unabhängig vom pH-Wert der zu prüfenden Lösung.
Ausführung: Stäbchen entnehmen und Dose sofort wieder verschließen. Testzone kurz in die zu prüfende Lösung so eintauchen, daß sie voll benetzt wird. Bei Anwesenheit von Nitrit: Nach 15 Sekunden rotviolettverfärbte Testzone. Vergleich mit der Farbskala.
Lagerung: Nicht angebrochene Packungen des „Merckoquant"-Nitrit-Tests sollen im Kühlschrank gelagert werden. Angebrochene Packungen dagegen sind möglichst trocken und kühl, jedoch außerhalb des Kühlschrankes aufzubewahren, damit beim häufigen Öffnen der abgekühlten Packung möglichst wenig Luftfeuchtigkeit in die Dose eindringt. Andernfalls würde die Kapazität des im Stopfen enthaltenen Trockenmittels überbeansprucht werden.
Merck-Teststreifen: Eine sehr einfache Nitritbestimmung. Man taucht die Streifen ins Wasser und vergleicht mit einer aufgedruckten Farbskala. Die Anzeigegenauigkeit ist allerdings gering. Man kann nur prüfen, ob alles in Ordnung ist.

[1] **Qualitative Bestimmung von Nitrit**
Benötigt werden:
2 Erlenmeyerkolben 300 ml
1 Glasfilter mit Ständer
Filtrierpapier
Indikatorpapier (Bereich pH 0,5–13,0)
1 Meßzylinder 100 ml
1 Meßzylinder 500 ml
1 Meßkolben 1 l
Indollösung: 0,2 g reines, farbloses Indol in 250 ml Äthylalkohol lösen. Nach 8 Tagen ist die im Dunkeln aufzubewahrende Lösung gebrauchsfertig.
Schwefelsäure (spez. Gewicht 1,27): 25 ml Schwefelsäure 95–97%ig (spez. Gewicht etwa 1,84) p. a. in 75 ml destilliertes Wasser vorsichtig eingießen.
Aluminiumsulfatlösung: 120 g Aluminiumsulfat krist. rein DAB 6 in 1 l destilliertem Wasser lösen.
Soda-Natronlauge: 100 g Natriumcarbonat-10-hydrat krist. p. a. und 50 g Natriumhydroxid-Plätzchen reinst p. a. in 300 ml destilliertem Wasser lösen.
Ausführung: Kolloidale organische Substanzen, Aminosäuren, freies Chlor und Schwermetalle werden entfernt, indem man je 100 ml Wasser mit 5 ml Aluminiumsulfat-Lösung und so viel Soda-Natronlauge versetzt, bis der pH-Wert 8 erreicht ist. Dann 100 ml des so vorbehandelten Wassers mit 1,5 ml Indol-Lösung und 2,5 ml Schwefelsäure (1,27) versetzen. Bei Anwesenheit von Nitrit tritt nach 5–10 Minuten eine Rotviolett- bis Rotfärbung ein. Grenzkonzentration 0,02 mg NO_2/l.
Eine quantitative Bestimmung kann mit Hilfe eines Photometers bei einer Wellenlänge von 530 nm erfolgen.

[2] Die Technik der Ozonisierung wird ausführlich auf den S. 326–328 behandelt.
[3] Kommt auch für Süßwasser infrage.

Der *Tetra-Nitrittest* ist im Süß- und Meerwasser anwendbar. Nach Angaben des Herstellers sind selbst Nitritgehalte von weniger als 0,1 mg/l nachweisbar. Gerade in der Seewasseraquaristik ist eine regelmäßige Überprüfung besonders wichtig, um rechtzeitig entsprechende Gegenmaßnahmen (Wasserwechsel, Säuberung des Filters) ergreifen zu können. Für genauere Bestimmungen sind jedoch die Abstufungen im unteren Bereich (0,1 und 0,5 mg) nicht ausreichend. Auch ist eine exakte Zuordnung der Farbreaktion mittels der beigefügten Farbskala leider nicht möglich.
Tetra-Colorimeter: Das Tetra-Colorimeter arbeitet chemisch wie der Tetra-Nitrittest, die Ablesegenauigkeit ist aber sehr viel höher. Um den Nitritwert in mg/l zu erhalten, muß der abgelesene Wert mit dem Faktor 4,4 multipliziert werden.
Hilena-Quicktest NO_2*:* Dieser Nitrittest entspricht in der Genauigkeit etwa dem von Tetra, nur muß hier eine Flüssigkeit zugefügt werden (Tetra Zwei). Die Farbtöne sind etwas schwerer zu unterscheiden.
Im allgemeinen wird die Nitritkonzentration im Süßwasser wöchentlich, im Meerwasser ein- bis zweimal pro Woche ermittelt. Während des Ozonisierens muß dreimal täglich gemessen werden.

Zu hoher Nitritgehalt! Was tun?

Hier ist die einfachste Methode die Ozonisierung[2]. Sie darf aber nicht bei Filterung über Torf durchgeführt werden, weil Ozon die wertvollen Huminstoffe zerstört. Weitere Möglichkeiten bestehen für Meerwasser darin, die natürliche Umwandlung von Nitrit in Nitrat durch einen Erdaufguß mit entsprechenden Bakterien zu beschleunigen[3] oder die Kolloide, die ja an abbaufähigen Eiweißstoffen reich sind, durch bestimmte Kunstharzfilter zu entfernen. Im Süßwasser kann man nur das Wasser wechseln und dann vorbeugend die Fische zweckmäßig füttern, damit sich nicht zu viel Futterreste absetzen, und das Filter häufig reinigen. Die Kontrollen des Nitritgehaltes sind sehr wichtig!

Die biologische Müllverbrennung

Die organischen Abfallstoffe im Aquarium sind chemische Verbindungen des Kohlenstoffs mit anderen Elementen und meist sehr kompliziert gebaut. Besonders wichtig sind Eiweiß und Harnstoff. Die eiweißhaltigen Stoffe werden von Bakterien sehr rasch angegriffen – offenbar „verspeisen" viele Bakterienarten Eiweiß besonders gern (und um ein „Verspeisen" fast im wörtlichen Sinne handelt es sich beim bakteriellen Abbau, denn die Bakterien leben von Abfallstoffen). Die aeroben Bakterien brauchen dazu Sauerstoff, mit dessen Hilfe sie die abzubauenden Stoffe verbinden und sie „oxidieren". Die dabei freiwerdende Energie verwenden sie zur Aufrechterhaltung ihres Stoffwechsels. Mit anderen Worten: Die Bakterien verbrennen die Abfallstoffe, ähnlich wie wir in unserem Körper Zucker „verbrennen". Diese „biologische Müllverbrennung" ist im Aquarium deshalb so wichtig und erwünscht, weil schädliche Abfallstoffe abgebaut werden, die Endprodukte aber ungiftig sind.
Wenn aber der im Wasser gelöste Sauerstoff verbraucht ist, müssen die aeroben Bakterien ihre Tätigkeit einstellen. Dann treten die anaeroben Fäulnisbakterien an ihre Stelle und vergiften das Wasser. Ein klein wenig haben wir es also selbst in der Hand, ob unser Aquarium biologisch in Ordnung ist. Sorgen wir durch Belüftung für reichlich Sauerstoff und beseitigen wir alle sichtbaren fäulnisfähigen Substanzen (Leichen und Mulm), dann wird immer so viel Sauerstoff vorhanden sein, daß die aeroben Bakterien ihre segensreiche Tätigkeit ausüben können.
Freilich gibt es auch in sehr gut eingerichteten, wohlbetreuten Aquarien Zonen, in denen die Abbauvorgänge anaerob ohne Sauerstoff ablaufen: Im Bodengrund haben wir es fast immer mit Fäulnisvorgängen zu tun. Jeder Aquarianer hat schon beobachtet, wie aus dem Bodengrund kleine Gasblasen aufsteigen, wenn er z. B. den Boden lockert oder eine Pflanze ausreißt – Fäulnisgase, die zum Teil sehr giftig sind. Auch schwarze Flecken im Bodengrund – oft durch die Scheibe zu sehen – zeigen anaerobe Abbauvorgänge an. Moderne Filter mit Bodendurchflutung helfen diesem Übelstand ab.
Bakterien sind bewundernswerte Chemiker: Es gibt kaum einen organischen Stoff, den nicht irgendeine Bakterienart angreifen könnte. Natürlich entstehen auch bei der bakteriellen Abbautätigkeit wieder besondere Abbaustoffe, die dann ihrerseits von anderen Bakterienarten zerlegt werden. Es mag am Rande interessieren, daß es Bakterien gibt, die sogar Erdöl abbauen, daß manche Bak-

terienarten die überaus giftige Blausäure zerstören, und wieder andere sogar anorganische Substanzen oxidieren wie die schon bekannten Arten, die Nitrit in Nitrat umwandeln, als höchst erwünschte Helfer des Aquarianers, der das giftige Nitrit fürchtet, das relativ harmlose Nitrat aber in Kauf nimmt. Auch der umgekehrte Fall kommt vor: Fehlt freier Sauerstoff, so greifen besondere Bakterien das Nitrat an, entziehen ihm den Sauerstoff (für ihre Lebensvorgänge) und reduzieren so das Nitrat zu Nitrit.

Nitrat[1]

Das durch die oxidierenden *Nitrosomonas*-Bakterien gebildete Nitrit wird nun durch Arten aus der Gattung *Nitrobacter* zu Nitrat oxidiert. Früher fiel ein gelegentlich besonders hoher Nitratgehalt des Pforzheimer Leitungswassers (bis 65 mg/l NO_3) auf. Hervorgerufen wurde er durch die Nitrifikation des Laubabfalls auf dem lockeren Waldboden des Einzugsgebietes. Ein hoher Nitratgehalt im Wasser kann auch zurückzuführen sein auf die geologische Beschaffenheit des Untergrundes oder, bei gleichzeitig hohem Chloridgehalt, auf mineralisierte Verunreinigungen im Boden. Einen besonders hohen, geologisch bedingten Nitratgehalt haben die Städte Ingelheim (Niederingelheim) 105,4; Bingen 93,0; Hochheim a. M. 65,5 und Krefeld 51,7 mg/l NO_3. Für gewöhnlich enthält das Leitungswasser 2–12 mg/l NO_3.

Maßnahmen bei zu hohem Nitratgehalt: Nitrat ist zwar harmloser als Ammoniak und Nitrit, kann aber in größeren Mengen den Fischen ebenfalls sehr gefährlich werden. Im Meerwasserbecken ist das Nitratproblem durch einen Eiweißabschäumer zu lösen. Sonst empfiehlt sich wie immer regelmäßiger Wasserwechsel, Filterreinigung, Vermeidung einer Überfütterung.

Warum sind Bakterien so „tüchtig"?

Warum sind es gerade die Bakterien, die den wesentlichsten Beitrag zum Abbau organischer Substanz mit Hilfe von Sauerstoff leisten? Die Antwort: weil sie so klein sind.

Die Stoffwechselintensität eines Lebewesens hängt wesentlich von seiner Oberfläche ab: Je größer die Oberfläche, desto intensiver der Stoffwechsel, die Aufnahme von Nahrungssubstanzen und die Abgabe von Abfallprodukten; je kleiner ein Organismus (Bild 5.19), um so größer ist die Gesamtoberfläche vieler Einzelindividuen im Verhältnis zu ihrer Gesamtmasse. Die Bakterien sind zwar mikroskopisch kleine Lebewesen, durch ihr massenhaftes Auftreten aber bilden sie insgesamt eine sehr große, biologisch aktive Oberfläche. Diese Oberflächenvergrößerung läßt sich an einem Modell gut veranschaulichen: Ein Würfel von 10 cm Kantenlänge hat einen Inhalt von 1 dm^3 (= 1 l = 1000 ml) und eine Oberfläche von 600 cm^2. Zerlegen wir diesen Würfel in 1000 kleine Würfel von je 1 cm Kan-

[1] **Qualitative Bestimmung von Nitrat**
Benötigt werden:
5 Reagenzgläser
Schwefelsäure (spez. Gewicht etwa 1,84) 95–97 % p. a.
Brucin (Vorsicht! Giftig!)
Ausführung: etwa 2 ml Wasser in einem Reagenzglas vorsichtig mit 5 ml Schwefelsäure (etwa spez. Gewicht 1,84) mischen. Nach dem Abkühlen 50 mg Brucin zusetzen. Dann umschütteln. Bei Anwesenheit von Nitrat tritt Rotfärbung ein.
Quantitative Bestimmung von Nitrat
Benötigt werden:
2 Erlenmeyerkolben 300 ml
1 Pipette 1 ml, Skaleneinteilung in 0,1 ml
1 Spatel
Zinkstaub, chemisch rein
Konzentrierte Salzsäure (Vorsicht!)
Neßlers Reagenz auf Ammoniumsalze
Ausführung: In 100 ml Wasser geben wir eine Spatelspitze Zinkstaub und dann noch 0,5 ml konz. Salzsäure mit der Pipette dazu. Unter Umrühren ist das Nitrat nach etwa 15 Minuten zu Ammoniak reduziert. Durch Zusatz von Neßlers Reagenz tritt nun in der Wasserprobe eine je nach Ammoniakmenge stärkere oder schwächere Gelb- bis Braunfärbung ein.
Zur quantitativen Messung des Gehaltes kann man neben einem Photometer auch noch den sehr bequemen Hellige-Komparator mit der Farbscheibe Ammoniak verwenden. Die gemessene Ammoniakzahl mal 3,64 ergibt dann den Nitratgehalt in mg/l NO_3. Der Hellige-Komparator mit der Farbscheibe Ammoniak (Bestell.-Nr. 3110/7) ist zu beziehen von der Fa. F. Hellige & Co GmbH, Freiburg i. Br.

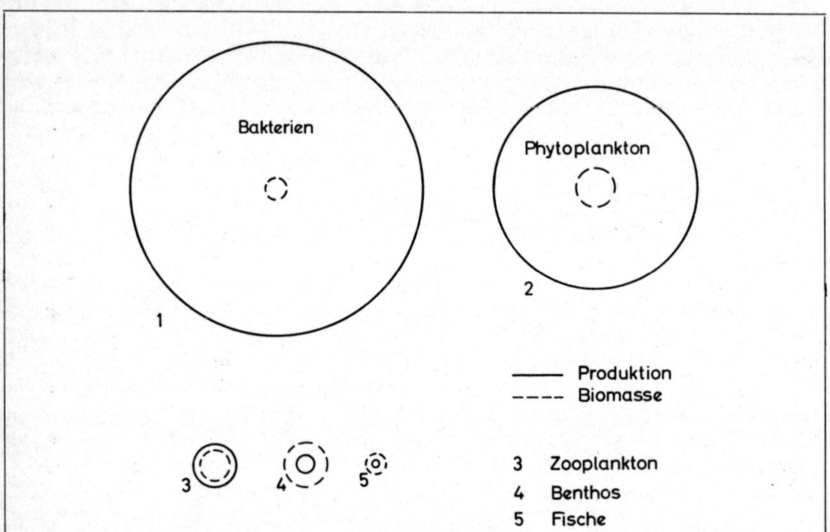

Bild 5.19: Dieses Schema veranschaulicht die Stoffwechselintensität von Organismen im Verhältnis zu ihrer Masse. Wir sehen: Am stoffwechselintensivsten sind Bakterien, es folgen die pflanzlichen Einzeller (Phytoplankton), die im Wasser schwebenden tierischen Organismen (Zooplankton), die Tier- und Pflanzenwelt des Meeresbodens (Benthos) und schließlich die Fische. Das Beispiel entstammt einer Untersuchung an der Barentssee (Senkewitsch 1936); es gilt auch prinzipiell für jedes Gewässer, auch für das Aquarium.

tenlänge, so haben alle Würfelchen zusammen eine Gesamtoberfläche von 6000 cm^2, also das 10fache des großen Würfels! In mm^3 aufgeteilt wird die Gesamtoberfläche noch größer (6×10^6 mm^2 = 6 m^2). Die Bakterien aber sind noch sehr viel kleiner: sie werden in μm (= $^1/_{1000}$ mm) gemessen. So können wir uns etwa vorstellen, welche Gesamtoberfläche eine Bakterienkolonie in einem Liter Wasser besitzt, und warum sie so ungeheuer stoffwechselintensiv sein kann.

In Abwässern finden wir pro ml Wasser eine Million Bakterien, in reinem Quellwasser immerhin noch 10 Bakterien je ml. Selbst in den Tiefen des Meeres sind Bakterien erstaunlich zahlreich. Schlammproben aus dem 10 000 Meter tiefen Philippinengraben erbrachten bis 100 Millionen Bakterien pro ml!

Diese unerhörten Mengen kommen dadurch zustande, daß Bakterien sich sehr rasch vermehren können. Unter günstigen Bedingungen kann eine Bakterienzelle sich in einer halben Stunde teilen. Wir haben in einer halben Stunde zwei Zellen, in einer Stunde vier, in eineinhalb Stunden acht Zellen usw.; das führt, wenn man die Rechnung fortsetzt, nach ganz kurzer Zeit zu unvorstellbar hohen Zahlen. Es wundert uns daher nicht, daß organische Abfallsubstanzen oder Leichen im Wasser schon nach kurzer Zeit stark von Bakterien besiedelt sind, wobei die verschiedenen Bakterienarten in regelrechtem Teamwork arbeiten: Die Abfallprodukte der einen Art werden von der anderen als Nahrung verwendet usw.

Auch andere Kleinstlebewesen spielen eine Rolle

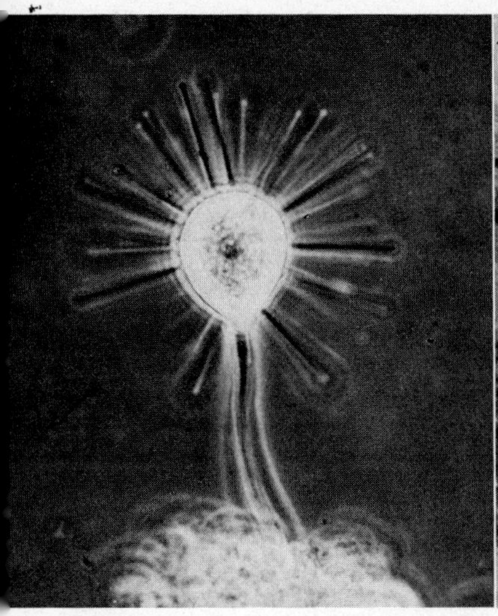

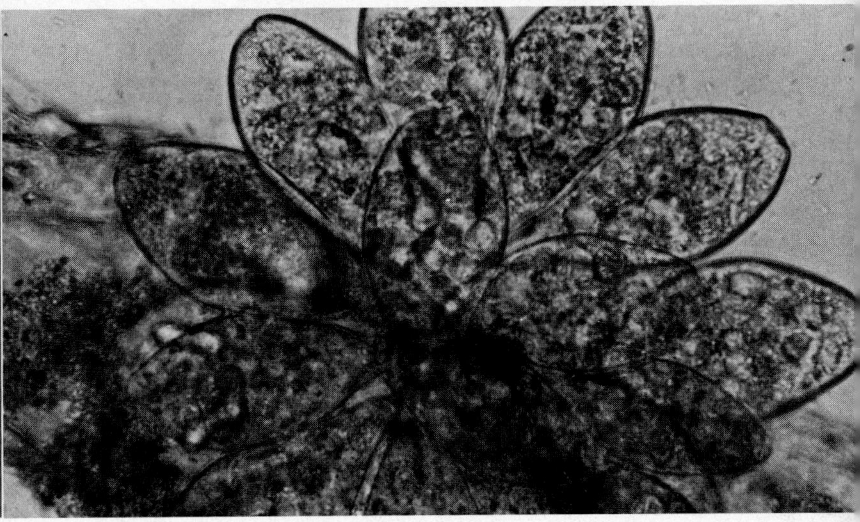

Bild 5.20 (links): Dieser hübsche Einzeller frißt Wimpertierchen. (Sauginfusor Podophrya fixa in einer Schlammflocke). Vergr. 630-fach.

Bild 5.21: (rechts): Bakterienfressende Wimpertierchen (Opercularia coarctata) in einer Schlammflocke. Aufnahmen O. Klee

Bakterien sind die wesentliche Futterquelle für zahlreiche andere mikroskopisch kleine Lebewesen. Das bekannte Pantoffeltierchen – Nahrung für die Fischbrut – lebt ausschließlich von Bakterien. Etwas größere Tiere wiederum ernähren sich von diesen Bakterienfressern, während sie selbst wieder anderen Tieren als Futter dienen. So ergibt sich hier im Mikrobereich eine Ernährungskette von verschiedenen Arten von Lebewesen. Kein Wunder, daß mit den Bakterien zusammen stets auch andere Organismen auftreten, die direkt oder indirekt von Bakterien leben. Diese Organismen – die kleinsten sind die Geißeltierchen (Flagellaten) und treten als erste auf – haben sicherlich auch ihren Anteil an der Selbstreinigung des Aquarienwassers. Zwar fällt den Bakterien ganz ohne Zweifel die Hauptaufgabe zu, aber die anderen Einzeller (Protozoen), die sogenannten Folgeorganismen, beschleunigen die Selbstreinigung. Vermutlich lagern sie die kolloidgelösten Teilchen zusammen, es entstehen Schlammflöckchen, die ihrerseits als „Fänger" für gelöste und kolloidale Stoffe wirken. Dabei sollen Wimpertierchen (zu denen das bekannte Pantoffeltierchen gehört) die Schlammteilchen regenerieren, ihre Anziehungskraft für gelösten Schmutz wieder herstellen (Bild 5.21). Die Klarheit des Wassers – und welcher Aquarianer schätzt nicht das berühmte „kristallklare" Wasser – scheint an die Gegenwart dieser Einzeller gebunden zu sein. Wenn wir unser Aquarienwasser ausreichend belüften, unterstützen wir die Tätigkeit der Bakterien und dadurch die Bildung von Schlammflocken.

Was sind Kolloide?

Wenn wir Kochsalz oder Zucker in Wasser auflösen, so entsteht eine klare Lösung; von den Salz- und Zuckerteilchen sehen wir nichts mehr: Es handelt sich um „echte" Lösungen. Verrühren wir aber statt Zucker oder Salz einen Teelöffel Gartenerde in einem Glas Wasser, so erhalten wir eine trübe Brühe, in der wir bei genauem Hinsehen viele kleine Teilchen erkennen können. Nach einiger Zeit setzen sich diese Teilchen am Boden als Schlamm ab. Sie haben sich nicht im Wasser gelöst. Über dem Schlamm steht dann eine zwar klare, oft nur wenig gelb- oder braungefärbte Flüssigkeit, die aber gegen das Licht gehalten, einen milchig-opalisierenden Eindruck macht. Offenbar sind in dieser Flüssigkeit auch Stoffe gelöst, aber nicht so klar und durchsichtig wie „echt" gelöstes Salz oder Zucker. Die hier gelösten Teilchen sind sehr viel größer als die kleinsten Teilchen einer Zucker- oder Salzlösung; aber klein genug, um in der Schwebe zu bleiben. Wir können daher nicht von einer echten Lösung sprechen. Man sagt, die Teilchen seien „halbgelöst" oder kolloidial gelöst. Stoffe, die kolloidiale Lösungen bilden, nennt man Kolloide (d. h. leimartige Stoffe, denn auch Knochenleim ist ein typisches Kolloid).
Sehr viele organische Abfallstoffe, vor allem Eiweiße, liegen als Kolloide vor. Auch Hühnereiweiß ist ein Kolloid, das wir durch Kochen „ausflocken", also in einen unlöslichen Zustand überführen können. Ebenso lassen sich die Kolloide im Aquarium durch geeignete Maßnahmen ausflocken und unlöslich machen oder auseinanderreißen und in echte Lösungen überführen. Beide Aufgaben übernehmen für uns wiederum die Bakterien. Die Flockung aber kann im Aquarium sehr vorteilhaft eingesetzt werden, weil Abfallstoffe so in feste Form gebracht und damit leicht gefiltert werden können.

Entstehung und Erhaltung der Schlammflocken

Nach der Kontakttheorie ballen sich die Bakterien zusammen, weil sie dadurch Zellmembran einsparen.
Nach der Brückentheorie werden zwei Bakterienzellen durch zellfremde Teilchen brückenartig miteinander verbunden.
Aber auch Zoogloeen (Bild 5.22) bilden Flocken. Ihre Zellen vermehren sich in einer gemeinsamen Schleimhülle und führen so zu einer Anreicherung vieler Zellen. Diese Zoogloeen sind daher stets artreine Kolonien mit Tausenden von Einzelindividuen und können Millimeter-Größe erreichen.
In Wirklichkeit verläuft die Ausflockung wesentlich komplizierter, weil die Oberfläche der Bakterien strukturell und chemisch sehr verschieden ist. Trotzdem bleibt uns die Tatsache, daß wir durch Filterung mit Kunststoffwatte Abfallstoffe in Form von Flocken und Schlamm aus dem Aquarium entfernen können. Reichliche Sauerstoffversorgung begünstigt die Flockenbildung.

Bild 5.22 (links): Eine sogenannte Zoogloeenflocke bei 500facher Vergrößerung. Tausende und Hunderttausende winziger Organismen haben sich mit einer gemeinsamen Schleimhülle zu einer Flocke zusammengelagert.

Bild 5.23 (rechts): Schlammflocke mit fadenförmiger Struktur. Diese Flocke besteht aus dem Fadenbakterium Cladothrix dichotoma (= Sphaerotilus natans). Aufnahmen O. Klee

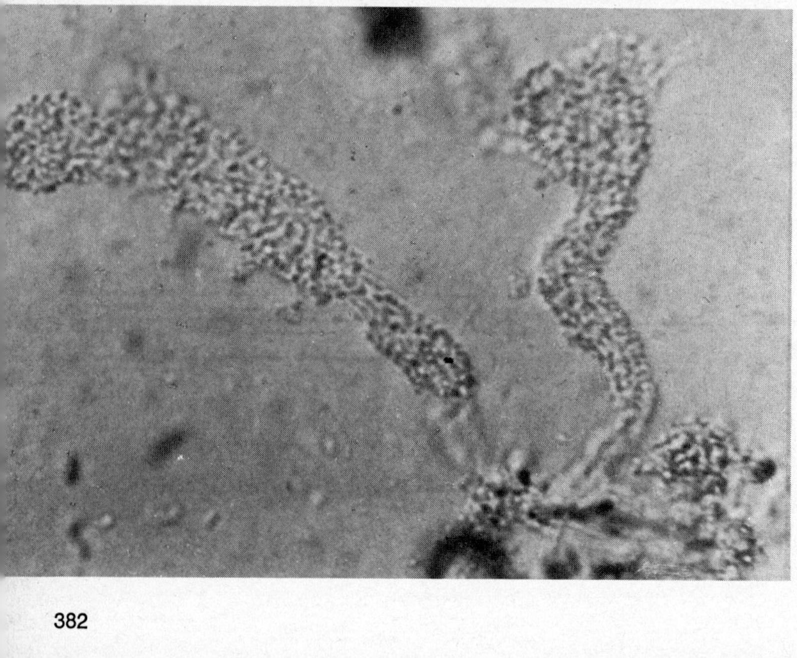

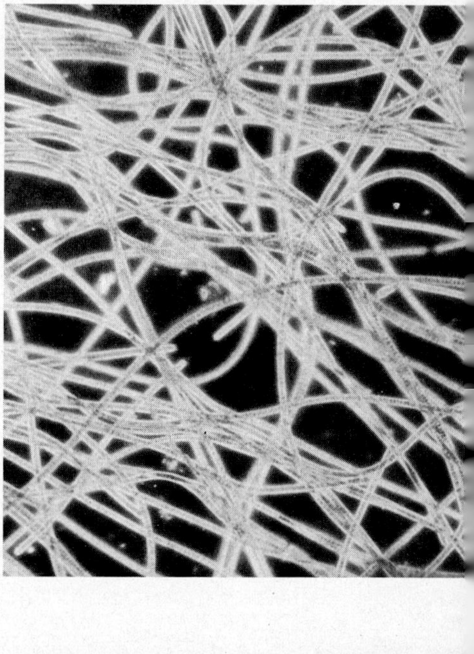

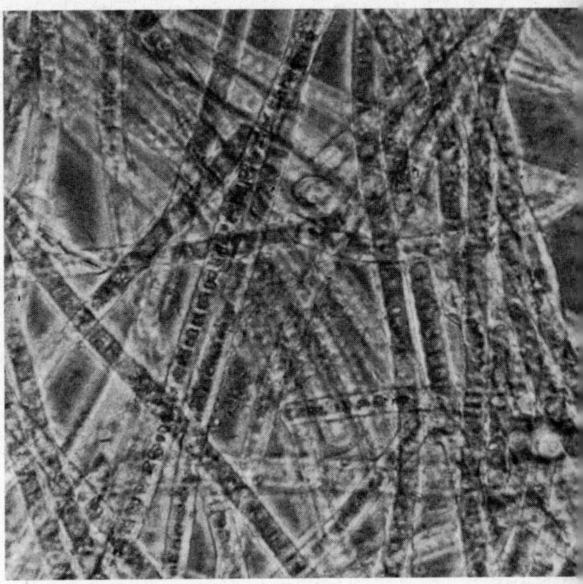

Bild 5.24: Schlammflocke mit fadenförmiger Struktur. Diese Flocke besteht aus Blaualgen der Art Oscillatoria limosa. Blaualgen der Gattung Oscillatoria bilden übrigens oft die dem Aquarianer so verhaßten blaugrünen Überzüge auf Aquarienscheiben. Sie sind meist ein Zeichen für stark verschmutztes Wasser. Aufnahme O. Klee

Vielleicht interessiert unsere Leser noch ein praktischer Hinweis. Wir haben gesehen, wie Bakterien im Aquarium arbeiten, wie es zur Bildung von Schlammflocken kommt, die der Filter abfängt. Wie aber reinigt man die Filterwatte bei großen Aquarien, bei denen eine Handvoll Watte – die man unter dem Wasserhahn wieder auswaschen kann – nicht genügt? Ich habe dafür einen Trick: Alle 8 Tage nehme ich die Kunststoff-Filterwatte aus meinen Filtern heraus und stecke sie aufgelockert in einen Perlon-Damenstrumpf, der an beiden Enden verknotet wird. Strumpf samt Inhalt wandern in die Waschmaschine. Bei verkürztem Waschgang, Erwärmung nicht über 60° C, vielem und häufigem Schleudern kann die Watte am Ende völlig gereinigt der Maschine entnommen und wieder verwendet werden.

Mancher Aquarianer wird sich etwas traurig fragen: „Soll ich auch noch Bakteriologe werden?"

Keine Sorge. Gerade die ausgesprochenen Praktiker haben schon immer durch gute Belüftung und richtigen Besatz ihrer Aquarien den „Bakterien von der Müllabfuhr" gute Arbeitsleistungen geschaffen. Erfahrung kann viel Theorie ersetzen. Andererseits hat mehr Wissen noch keinem geschadet, und unseren Fischen und Pflanzen kann es nur nützen, wenn ihr Pfleger weiß: Auch Bakterien gehören zum „Aquarienzubehör".

Laborversuche und Freilandexperimente haben es bewiesen: Abgestorbene, kleine Tiere (sogenanntes Zooplankton) haben schon nach vier Stunden $1/3$, nach 24 Stunden rund die Hälfte und nach 10 Tagen rund $3/4$ ihrer Gesamtsubstanz verloren – aufgezehrt von den Bakterien. Dabei spielt es keine Rolle, ob Sauerstoff vorhanden ist oder nicht (Bild 5.25).

Die Zersetzung verschiedener Organismen verläuft unterschiedlich rasch. So

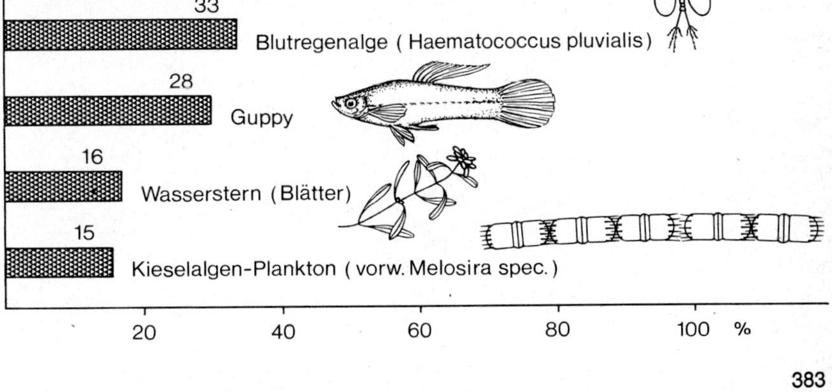

Bild 5.25: Die graphische Darstellung zeigt den gesamten Substanzverlust (in Prozent) verschiedener Organismen 24 Stunden nach dem Tode (nach A. R. Krause). Wir sehen: Der Bachröhrenwurm Tubifex zerfällt am schnellsten, Kieselalgenplankton am langsamsten.

verlieren tote Tubifex 68 % ihrer Substanz innerhalb von 24 Stunden, Kieselalgen dagegen nur 15 %.

Der Kreislauf des Schwefels

Bei der Eiweißfäulnis werden unter Einwirkung von Fäulnisbakterien neben Ammoniak auch kleine Mengen von Schwefelwasserstoff (H_2S) frei. Im aeroben Milieu ist der Schwefelwasserstoff nicht beständig und wird entweder chemisch oder durch einige Bakterien und Pilze oxidiert. Die mikrobielle Oxidation verläuft über mehrere Zwischenprodukte bis zum Sulfat, das die stabile Endstufe der Mineralisierung von organischen Schwefelverbindungen darstellt und den grünen Pflanzen als wichtigste Quelle für das lebenswichtige Element Schwefel dient. Zur Oxidation von Schwefelwasserstoff und anderen Schwefelverbindungen, wie Thiosulfat und Sulfit, sind hauptsächlich einige chemo-autotrophe Bakterien befähigt. Sie benötigen die dabei gewonnene Energie zur Reduktion von Kohlendioxid. Hierzu gehören vor allem die Angehörigen der Gattung *Thiobacillus* und auch die fädigen Schwefelbakterien der Gattungen *Beggiatoa* und *Thiothrix*. Letztere können auf der Oberfläche von schwefelwasserstoffhaltigen Sedimenten einen weißen, spinnwebartigen Überzug bilden. Schwefelwasserstoff wird aber nicht nur bei der Eiweißfäulnis in allen Oberflächengewässern und in Aquarienböden gebildet, sondern auch durch anaerobe Bakterienarten bei der Reduktion von Sulfat.

Desulfurikation

Bei der bakteriellen Sulfatreduktion entweicht H_2S in die Luft, geht also dem Substrat verloren. Man nennt daher diesen Prozeß Desulfurikation (de = ab, weg). Es handelt sich hier um eine Parallele zur Denitrifikation (siehe dort). Obwohl nur wenige Bakterienarten zur Desulfurikation befähigt sind, spielt dieser Vorgang in der Natur eine große Rolle. Im Schlamm der Gewässer und dementsprechend auch in der Bodenschicht der Aquarien sind die Voraussetzungen für eine kräftige Sulfatreduktion besonders günstig; denn hier herrschen vielfach anaerobe Verhältnisse.
Der Kreislauf des Schwefels wird – wie der des Stickstoffs – stark vom Sauerstoffgehalt beeinflußt. Während unter aeroben Bedingungen die Mineralisierung der organischen Schwefelverbindungen zu Sulfat erfolgt, kann es im anaeroben Milieu zu H_2S-Bildung und Schwefelverlust kommen (Bild 5.26).

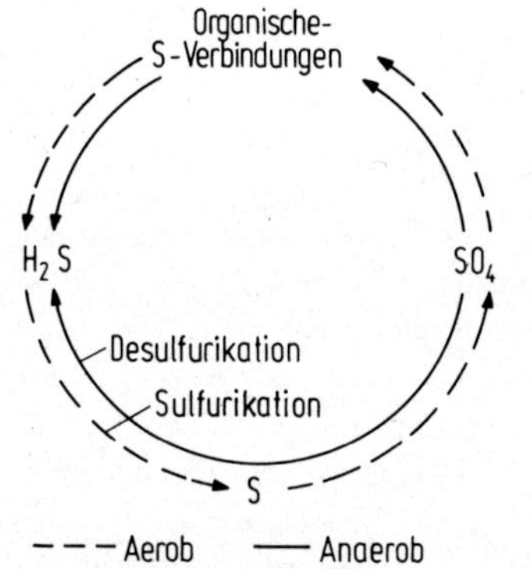

Bild 5.26: Der Kreislauf des Schwefels (nach Rheinheimer).

Schwefelwasserstoff im Aquarienwasser

Schwefelwasserstoff ist für nahezu alle Fische höchst gefährlich und führt zu violetten Kiemenverfärbungen. Außerdem ist Schwefelwasserstoff auch ein starkes Pflanzengift. Bei guter Durchlüftung bleibt aber das Aquarienwasser selbst meist frei von Schwefelwasserstoff; im Bodengrund allerdings kann er sich anreichern. Ein solcher Boden ist bei Anwesenheit von Eisen und Zink grauschwarz oder, falls Metallionen fehlen, gelblich gefärbt. Das sind typische Schwefelreaktionen, die anzeigen, daß der Schwefelwasserstoff zu Schwefel oxidiert wurde. Folgerung für die Praxis: Bei zu hohem Gehalt an Schwefelwasserstoff und auch anderen Fäulnisstoffen muß ozonisiert werden. Ist das nicht möglich, so sollte wenigstens der Aquarienboden gut durchlüftet werden. Dabei muß das Wasser den Boden von unten nach oben durchströmen. Eine Filterung über Torf beugt der Entwicklung von Fäulnisstoffen vor.
Bestimmung von Schwefelwasserstoff und Sulfiden: Meistens erkennt man den Schwefelwasserstoff schon am Geruch; zum chemischen Nachweis füllt man einen 100-ml-Kolben ¾voll mit dem zu prüfenden Wasser und klemmt mit dem Stopfen einen angefeuchteten Bleiacetat-Papierstreifen ein. Bei Anwesenheit von H_2S wird das Bleiacetat-Papier gelb bis braun verfärbt. Wenn man das Wasser ansäuert, kann man daneben auch gebundenen Schwefelwasserstoff (Sulfide) feststellen.

Sulfat

Normale Wässer enthalten nur wenige bis 50 mg/l Sulfat (SO_4^{--}), meistens 10 bis 30 mg/l, solche aus Salzgebieten oft mehrere hundert mg/l. In manchen Gegenden kommen Wässer mit mehr oder weniger hohem Gipsgehalt (bis zu einigen hundert mg/l $CaSO_4$) vor. Wässer aus Braunkohlengebieten haben oft hohen Sulfatgehalt, gelegentlich auch etwas freie Schwefelsäure.

Halbquantitative Bestimmung von Sulfat: Im Reagenzglas werden 10 ml Untersuchungswasser mit genau 0,5 ml Salzsäure und nach dem Umschütteln mit 2 ml einer 2 %igen Bariumchloridlösung versetzt. Zeigt sich nach dem Umschütteln eine Trübung, so sind Sulfate in dem Wasser vorhanden. Bei gewöhnlicher Temperatur:

Sofortige starke Trübung, nach wenigen Augenblicken undurchsichtige Trübung und Niederschlag. Nach ein bis zwei Minuten setzt sich der Bariumsulfatniederschlag ab, so daß die oberste Flüssigkeit durchsichtig wird. (1000 mg SO_4/l)

Fast augenblickliche Trübung, die allmählich stärker, nach etwa einer halben Minute undurchsichtig wird. (500 mg SO_4/l)

Sehr bald Trübung, die in zwei bis drei Minuten undurchsichtig wird. Ein Niederschlag setzt sich erst nach einigen Minuten teilweise ab. Beim Erhitzen wolkige, undurchsichtige Trübung. (200 mg SO_4/l)

Einen Augenblick zunächst klar bleibend, dann allmählich stärker werdende Trübung. Beim Bewegen des Reagenzglases zeigt sich die wolkige Trübung, besonders wenn man gegen einen dunklen Hintergrund betrachtet. Beim Erhitzen etwas stärkere Trübung, wolkig, aber durchsichtig bleibend. Nach einigen Minuten ist etwas Niederschlag am Boden abgesetzt. (100 mg SO_4/l)

Erst nach einigen Augenblicken schwache Trübung, nach drei Minuten deutliche Trübung. Beim Erhitzen deutliche Trübung etwas verstärkt, gegen dunklen Hintergrund schwach wolkig. Kein Absetzen von Niederschlag. (50 mg SO_4/l)

Eine Minute unverändert. Nach einigen Minuten schwache Trübung, die beim Erhitzen deutlicher wird. (30 mg SO_4/l)

Nach einigem Stehen ganz schwache Opaleszenz, die nach dem Kochen deutlicher wird. Kein Absetzen. (20 mg SO_4/l)

Klar bleibend, auch beim Kochen kaum erkennbare Trübung. (10 mg SO_4/l)

Der Kreislauf des Phosphors

Phosphor, ein Bestandteil aller Organismen, gehört zu den lebenswichtigen Elementen. Ähnlich den anorganischen Stickstoffverbindungen stellt auch er in vielen Gewässern einen Minimumfaktor für das pflanzliche Leben dar. In der Regel nehmen die Pflanzen den Phosphor auf in Form von Pyrophosphat ($P_2O_7^{----}$), das sie in organische Phosphorverbindungen überführen. Aus diesen Verbindungen wird dann vor allem durch die Tätigkeit der Mikroorganismen Phosphat freigesetzt und dem Kreislauf der Stoffe wieder zugeführt (eine Reihe von Bakterien ist sogar befähigt, Phosphorsäure [H_3PO_4] zu speichern). Der Kreislauf des Phosphors ist damit viel leichter zu überblicken als der von Stickstoff und Schwefel. Phosphormangel kann den Abbau organischer Substanzen durch Bakterien und Pilze begrenzen.

In reinem Grundwasser finden sich meist keine nachweisbaren Mengen von Phosphat, in Oberflächenwässern etwa 0,05 mg/l, in Moorwässern manchmal bis zu 1 mg PO_4/l. In verschmutztem Wasser finden sich 0,2 bis 1,5 mg PO_4/l.

Die Bestimmung von Phosphor im Aquarienwasser erübrigt sich wegen der umständlichen Durchführung und der geringen Aussagekraft für die Beurteilung der Wasserqualität.

Chlor

Chlor ist ein Gas, das man dem Trinkwasser zur Desinfektion zusetzt. Es reizt die Nasenschleimhaut und die Augen, in Hallenschwimmbädern mehr als in Freibädern.

Für Fische ist Chlor ein typisches Haut- und Schleimhautgift. Es greift zuerst die Kiemenlamellen an.

Unser Leitungswasser enthält nach Geißler bis zu 0,25 mg/l Chlor (die Werte

können beträchtlich schwanken). Bereits 0,2 mg/l Chlor reichen aus, um viele Fischarten innerhalb von drei Wochen zu töten. Gefährdet sind vor allem Kaltwasserfische, weil sich Chlorgas im kalten Wasser tagelang zu halten vermag. Im Warmwasserbecken entweicht es zum Teil in die Luft, zum Teil bildet es Salzsäure, die durch die Carbonate neutralisiert wird.
Vor Verwendung von gechlortem Leitungswasser muß deshalb das Chlorgas durch Erhitzen, starkes Belüften, Umrühren oder Filtern des Wassers über Kohle entfernt werden. Entchloren kann man auch, wenn 1 g Natriumthiosulfat in 10 l Wasser gelöst werden. Dieses Verfahren ist aber für Zuchtbecken ungeeignet, da der Salzgehalt zu stark ansteigen würde (Leitfähigkeitsmessung!)[1].

Chlorid[2]

Auch der Chloridgehalt des Wassers hängt von dem Gestein ab, aus dem es austritt. Nur wenig Chloride enthalten die Gewässer aus Buntsandstein, Granit und Gneis. Höhere Werte von etwa 100 mg/l lassen sich in norddeutschen Gewässern nahe der Küstengebiete, in der Umgebung von Salzlagerstätten und in Gewässern aus der Zechsteinformation nachweisen. So stammen 80 % des Chloridgehaltes, den die Weser bei Bremen führt, aus der Werra, der große Salzmengen aus den hessischen und vor allem aus den thüringischen Kaligebieten zugeführt werden. Der Chloridgehalt der Weser ist mit 470 mg/l Chlorid bei Niedrigwasser so hoch, daß das Wasser nur noch sehr bedingt als Trink- und Brauchwasser zu verwenden ist. Der Frischwassergehalt an Chlorid ist daher bereits sehr unterschiedlich.
Aber die meisten unserer Oberflächengewässer enthalten mehr oder weniger viel Kochsalz aus Abwässern. Dieses stammt vorwiegend aus dem menschlichen Harn, mit dem 10 bis 16 g Kochsalz (das entspricht 6 bis 10 g Chlor) pro Kopf und Tag abgeschieden werden. Da der Chloridgehalt eines Wassers durch Kläranlagen und natürliche Reinigungsprozesse kaum verändert wird, kann man aus der Chloridzunahme eines Oberflächengewässers gewisse Schlüsse hinsichtlich der Belastung ziehen. Übersteigt der Chloridgehalt 250 mg/l, so treten Schäden an Wasserpflanzen auf. Die Pflanzen verlieren ihr Chlorophyll, werden gelb und sterben schließlich ab.

Eisen im Aquarienwasser

Eisen ist überall auf der Erde zugegen und dementsprechend in allen Gewässern enthalten, wenn auch – wie im Meer – oft nur in sehr geringer Konzentration. Es gehört zu den lebensnotwendigen Elementen und wird als Bestandteil wichtiger Enzyme auch von allen Mikroorganismen benötigt.
Eisenbakterien sind in Süßwasser weit verbreitet. Besonders zahlreich sind sie oft in Brunnen und Quellen, wo man ihre Ansammlung nicht selten schon mit bloßem Auge an der braunen Verfärbung erkennen kann. Massenvorkommen finden sich mitunter auch in Moorböden, Sümpfen und Teichen. In reinen Gewässern mit hohem Sauerstoffgehalt und schwach alkalischer Reaktion wird das Eisen größtenteils in Form von Eisenoxidhydrat oder Eisenphosphat ausgefällt. Aus diesem Grunde findet man in Quellbächen häufig braune Eisenablagerungen. Während die Eisenausfällungen in sauren Gewässern stets auf die Tätigkeit von Eisenbakterien zurückzuführen sind, ist das in neutralen und alkalischen Gewässern nur teilweise der Fall.
Eisen gehört zu den Spurenelementen und findet sich in manchen Gewässern in recht hoher Konzentration. Erwärmt man ein solches Wasser im Aquarium, so fallen die Eisenverbindungen als Eisen-III-Hydroxid (braune Niederschläge) unter anderem an den Kiemen der Fische aus und können dadurch deren Atmung so beeinträchtigen, daß empfindliche Arten wie die Diskusfische mitunter eingehen.
Der quantitative Nachweis von Eisen ist insofern ebenfalls wichtig, weil er darüber Aufschluß gibt, ob eine Eisendüngung der Aquarienpflanzen erforderlich ist oder ob die „Chlorose" (Bleichsucht) auf anderen Ursachen beruht, und somit auch durch die Eisendüngung nicht behoben werden kann.
Bestimmung von Eisen: Mit *Aquamerck-Eisen* steht eine einfache Methode zum Eisennachweis zu Verfügung. Der Nachweisbereich umfaßt nach Angabe des Herstellers den Bereich von 0,1–50,0 mg/l und schließt zwei- und dreiwertiges Eisen (Fe^{++}, Fe^{+++}) ein.

Tafel 35
Der Buckelkopfcichlide (Steatocranus casuarius) ein bodengebundener Buntbarsch, stammt aus dem unteren und mittleren Kongo; dort lebt er hauptsächlich im Bereich der Stromschnellen. Wie bei vielen Fischarten, die als Boden- und Höhlenfische in schnellfließenden Gewässern leben, fehlt eine ausgeprägte Schwimmblase. Der Buckelkopf ruht meist auf seinen stark abgewinkelten Bauchflossen und der Afterflosse.
Erwachsen messen die Buckelköpfe etwa 10 Zentimeter, teils bleiben sie etwas kleiner; wir können sie also noch zu den „Zwergen" rechnen. Das auffälligste Merkmal der Art ist jedoch der „Helm", dem die Tiere sowohl ihren deutschen als auch ihren wissenschaftlichen (Art)namen verdanken. Die wissenschaftliche Bezeichnung „casuarius" bezieht sich auf den mit einem hohen Hornhelm gezierten Laufvogel Kasuar. Bei unserem Fisch besteht der Höcker, der die gesamte Kopfoberseite einnimmt, aus einem Fettwulst. Die Schnauze ist relativ kurz, und das Maul mit dem unterständigen Kiefer ist leicht aufwärts gerichtet.
Aufnahme B. Kahl

[1] Ein Verfahren zur intensiven Belüftung von gechlortem Leitungswasser ist auf S. 304 beschrieben.
[2] **Bestimmung des Chloridgehalts**
Benötigt werden:
2 Erlenmeyerkolben 300 ml
1 Schnellbetriebsbürette
1 Meßkolben 1 l
Kaliumchromatlösung 1 ∗ 19 Reag. DAB 6
Silbernitratlösung 1/35,5 N: 282 ml 0,1 N Silbernitratlösung (Titrisolampulle) werden im Meßkolben mit destilliertem Wasser zu 1 l aufgefüllt.
Ausführung: 100 ml der Wasserprobe in einem Erlenmeyerkolben von 300 ml Inhalt, der auf weißer Unterlage steht, nach Zusatz von 1 ml Kaliumchromatlösung mit 1/35,5 N Silbernitratlösung bis zum Farbumschlag von Gelb nach Gelbbraun titrieren. Werden mehr als 35 ml 1/35,5 N Silbernitratlösung verbraucht, so wird die Titration mit einer kleineren Menge Wasser, die mit destilliertem Wasser auf 100 ml zu ergänzen ist, wiederholt. Bei Anwendung von 100 ml Wasser entspricht 1 ml 1/35,5 N Silbernitratlösung 10 mg Cl/l.

Tafel 36

Bild (oben): Die räumliche Absonderung einzelner Teilbestände einer Spezies von den übrigen Artgenossen ist einer der Gründe für die Entstehung neuer Rassen und Arten. Bedingt durch Mutationen, das heißt spontane Änderungen im Erbgefüge, unterliegen alle Erbanlagen einem permanenten Veränderungsprozeß. So bald bei einer Art die Fortpflanzungsgemeinschaft und damit die ständige Vermischung des Erbgutes aufgehoben ist, werden die betreffenden Populationen infolge der in den Erbanlagen auftretenden Unterschiede einander immer unähnlicher. Derartige Änderungen im Erbgut sind vor allem dann besonders auffällig, wenn sie das Farbkleid betreffen. Für das Studium des Zusammenhangs zwischen geographischer Isolation und der Neuentstehung von Rassen bildet Tropheus moorii ein besonders geeignetes Untersuchungsobjekt.
Im Farbkleid des Regenbogen-Moorii sind beinahe alle Farben vertreten.

Bild (Mitte): Die Rotfärbung des Rotschwarzen Moorii hängt stark vom Erregungsniveau des Fisches ab.

Bild (unten): Nur in der Schreckfärbung sieht der Grün-rote Moorii kräftig grün aus.

Aufnahmen: W. Staeck

Elektrische Leitfähigkeit, Gesamtsalzgehalt und osmotischer Druck

Allmählich haben wir uns daran gewöhnt, in der Aquaristik nicht nur wissenschaftliche Namen von Pflanzen und Tieren auswendig zu lernen, sondern auch mit chemischen Begriffen wie pH-Wert, Karbonathärte und Nichtkarbonathärte umzugehen. Ganz fortschrittlich eingestellte Aquarianer schlagen sich auch mit dem Redoxpotential herum, und manchem Außenstehenden mag es scheinen, als sei das Wasser wichtiger als das, was darin schwimmt. Zu den mystischen Zahlen und Werten, mit denen Chemie-Aquarianer ihr Zuchtwasser beschreiben, gesellt sich in den letzten Jahren ein neuer Begriff: Mikrosiemens, ein Maß für die elektrische Leitfähigkeit.
Ist es wirklich nötig, daß wir außer dem Säuregrad (pH-Wert) und der Härte (° dGH) auch noch die Leitfähigkeit (μS) messen? Immerhin sind Leitfähigkeitsmesser, die aquaristisch brauchbar sind, nicht ganz billig: Runde DM 200,– müssen wir dafür anlegen.
Um dies vorwegzunehmen: Praxis und Erfahrung können in der Aquaristik viele Meßgeräte ersetzen, und niemand sollte sich die Freude an der Aquaristik dadurch verderben lassen, daß er keine Lust zur Chemie und Physik hat. Die Leitfähigkeitsmessung kann uns aber recht zuverlässige Hinweise geben, ob ein Wasser für unseren Zweck brauchbar ist, mehr noch: Sie zeigt uns sehr deutlich, wie sehr das Wasser im Aquarium sich im Laufe von Tagen und Wochen verändern und verschlechtern kann.

Worauf beruht die Leitfähigkeitsmessung?

Ganz reines Wasser, wie es praktisch nirgends vorkommt, leitet den elektrischen Strom so gut wie gar nicht. Nur wenn das Wasser elektrisch geladene Teilchen (Ionen) enthält, kann elektrischer Strom fließen, und zwar um so mehr, je mehr geladene Teilchen im Wasser enthalten sind. Wir machen uns das an einem Modell klar: Kochsalz ist eine Verbindung der beiden chemischen Elemente Natrium und Chlor. Lösen wir Kochsalz in Wasser auf, so trennen sich Natrium und Chlor voneinander (sie dissoziieren), doch liegen dann nicht einzelne Natriumatome und Chloratome vor, sondern Ionen[1]. Die Natriumionen sind positiv geladen, die Chlorionen negativ. Gießen wir nun die Kochsalzlösung mit den positiv geladenen Natriumionen und den negativ geladenen Chlorionen in eine Schale und hängen am einen Ende der Schale den positiven, am anderen den negativen Pol einer Stromquelle (z. B. Taschenlampenbatterie) in die Lösung, so fließt ein Strom (Bild 5.27). Er kommt dadurch zustande, daß die positiv geladenen Natriumionen zum negativen Pol wandern, die negativ geladenen Chlorionen aber zum positiven Pol. Die Natriumionen nehmen am negativen Pol ein Elektron auf, die Chlorionen geben am positiven Pol ein Elektron ab: Es fließt ein Strom.
Je mehr Natrium- und Chlorionen unsere Lösung enthält, desto besser wird sie auch den elektrischen Strom leiten. Dies gilt nicht nur für die Natrium- und Chlorionen des Kochsalzes, sondern für alle Salze: In Lösung dissoziieren sie in positive und negative Ionen und können so als Träger des elektrischen Stromes dienen. Alle natürlichen Gewässer, auch unsere Aquarienwässer, sind im Grund verdünnte Salzlösungen und können den elektrischen Strom leiten. Die Leitfähigkeit hängt ab von der Art und Menge der gelösten Salze. Das Leitvermögen ist daher ein guter Maßstab für die Menge der gelösten Salze: Je größer die Salzmenge, desto besser leitet das Wasser den Strom.
Doch die Leitfähigkeit hängt nicht nur ab von der Menge des dissoziierten Salzes – und damit von der Anzahl der Ionen –, sondern auch von der Wassertemperatur (eine Temperaturerhöhung um 1° C erhöht den Meßwert um etwa 2 %) (Tabelle 5.2).

[1] Ionen sind elektrisch positiv oder negativ geladene Atome oder Atomgruppen. Wird ein Strom durch eine Flüssigkeit, die Ionen enthält, geleitet, so wandern die positiv geladenen Ionen (Kationen) zum negativen Pol (der Kathode), die negativ geladenen (Anionen) zur Anode, dem positiven Pol. Negativ geladene Ionen sind zum Beispiel Sulfationen (Säurerest der Schwefelsäure), Nitrationen (Säurerest der Salpetersäure) und Ionen der Nichtmetalle wie Chlor, Brom, Jod, Fluor. Positiv geladene Ionen sind Wasserstoff- und Metallionen.

Bild 5.27: Hängen wir die zwei Pole einer Stromquelle in Wasser, so wird ein Strom fließen, wenn im Wasser elektrisch geladene Teilchen gelöst sind. Die Leitfähigkeit ist dabei um so größer, je mehr solcher Teilchen vorhanden sind. In weichem, salzarmen Wasser (oben) wird die Leitfähigkeit geringer als in hartem salzreichem Wasser (unten).

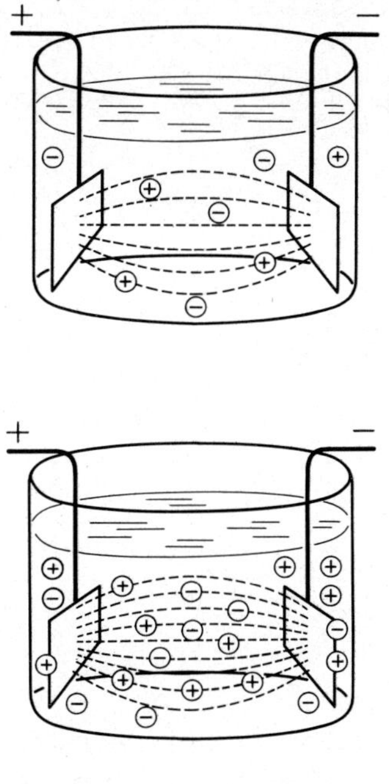

Temperatur °C bei der Messung	Korrekturfaktor für einheitliche Temperatur, meist 20° C
5	1,492
6	1,444
7	1,400
8	1,359
9	1,319
10	1,282
11	1,247
12	1,213
13	1,182
14	1,151
15	1,132
16	1,095
17	1,071
18	1,046
19	1,023
20	1,000
21	0,979
22	0,958
23	0,937
24	0,919
25	0,901
26	0,840
27	0,810
28	0,790
29	0,770
30	0,750

Tabelle 5.2: Die Leitfähigkeit hängt von der Temperatur ab. Sie wird meist auf 20° C umgerechnet. Die Tabelle gibt den Korrekturfaktor für Temperaturen von 5—30° C an.

Was ist ein „Siemens"?

Die Leitfähigkeitsmessung bestimmt den Widerstand, den der elektrische Strom in einem Leiter überwinden muß. Die Einheit für den elektrischen Widerstand ist – Elektrobastler wissen das – ein Ohm. Für unsere Untersuchungen ist es aber zweckmäßiger, den Kehrwert des Widerstandes als Maß der Leitfähigkeit zu verwenden. In Deutschland benützen wir dazu die Maßeinheit „Siemens[1]". Ein Siemens entspricht $\frac{1}{1\,\text{Ohm}}$. Bei der Messung von sehr weichem Wasser ist die Einheit „Siemens" häufig viel zu groß; man hat daher den Meßwert „Mikrosiemens" geschaffen. 1 Mikrosiemens = 0,000001 Siemens = 10^{-6} Siemens.

Wieviel Mikrosiemens hat „chemisch reines" Wasser?

Ein ideal-reines Wasser, das chemisch nur aus H_2O besteht, hätte so gut wie keine Leitfähigkeit[2]. Dazu ein Vergleich: Ein Zylinder mit reinstem Wasser von nur 1 mm Länge setzt dem elektrischen Strom einen größeren Widerstand entgegen als ein Kupferdraht gleichen Querschnittes, der 1000mal am Äquator um die Erde herumgewickelt ist.

So reines Wasser gibt es aber praktisch nicht. Gewöhnliches, destilliertes Wasser enthält noch sehr viele Verunreinigungen und hat dementsprechend eine relativ hohe Leitfähigkeit. Für empfindlichere chemische Untersuchungen verwendet man daher doppeltdestilliertes Wasser, braucht man es noch reiner, destilliert man es in einer Apparatur aus Platin. So hochreines Wasser kann man aber nicht aufbewahren: Schon nach kurzer Berührung mit der Luft nimmt es so viel Kohlendioxid auf, daß es damit gesättigt ist; außerdem löst es von der Wand der Glasgefäße Kieselsäure, Kalium- und Natriumionen heraus. Die Tabelle 5.3 zeigt uns, wieviel Mikrosiemens sogenanntes „reines" Wasser hat.

[1] Für Aquarianer, die englische Literatur lesen: In den angelsächsischen Ländern wird für den reziproken Widerstand (bei uns als „Siemens" bezeichnet) das Wort Ohm von hinten gelesen, das heißt mho.

[2] Bei 25° C: $3{,}82 \cdot 10^{-8}$ Siemens $\cdot$ cm^{-1}.

Tabelle 5.3: Leitfähigkeit von destilliertem Wasser, doppeltdestilliertem Wasser und über Austauscherharze vollentsalztem Wasser.

Wasserart	Leitfähigkeit in Mikrosiemens
Destilliertes Wasser DAB 6 CO_2haltig	20 – 10
Destilliertes Wasser DAB 6 frisch destilliert	10 – 5
Doppeldestillat aus Glasgeräten	5 – 2
Wasservollentsalzung durch Austauscherharze	5 – 0,5

Wie messen wir die Leitfähigkeit?

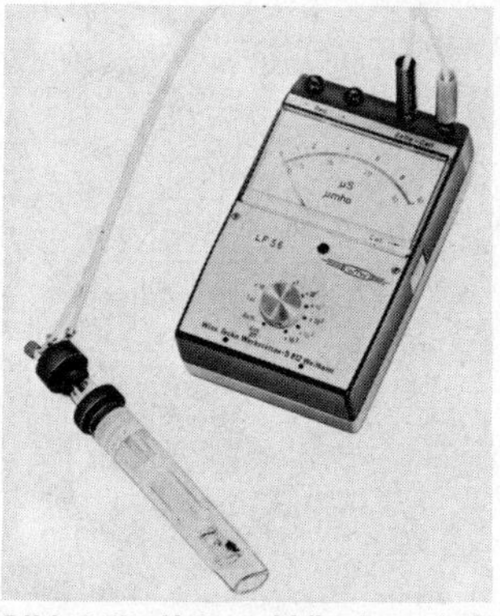

Bild 5.28: Netzunabhängiges Leitfähigkeitsmeßgerät mit Tauchzelle LTA 100 (mit justierbarer Zellkonstante) Werkfoto Techn. Wiss. Werkstätten Weilheim

Alle Geräte, mit denen man die Leitfähigkeit messen kann (Bild 5.28), messen den elektrischen Widerstand. Ein sehr geschickter, elektrotechnisch erfahrener Bastler könnte sich sein Leitfähigkeitsgerät selber bauen. Ich möchte aber aufgrund vieler eigener Mißerfolge davon abraten: Der Bau von Präzisionsmeßgeräten übersteigt fast immer die Möglichkeiten des durchschnittlichen Bastlers. Käufliche Geräte sind leider nicht ganz billig: Unter DM 200,– kommt man kaum weg, nach oben sind – wie üblich in solchen Fällen – keine Grenzen gesetzt.

Wasserhärte, Gesamtsalzgehalt und Leitfähigkeit

Aquarianer interessieren sich vor allem für die Härte des Wassers, die in Grad deutscher Gesamthärte (° dGH) angegeben wird. Verbindungen von Calcium und Magnesium mit Kohlensäure verursachen die „Karbonathärte", die für die Aquaristik besonders wichtig ist. Andere Calcium- und Magnesiumverbindungen wie etwa Gips ($CaSO_4$) bilden die Nichtkarbonathärte oder Sulfathärte (Sulfate = Salze der Schwefelsäure). Da außer diesen Härtebildnern auch andere elektrisch geladene Teilchen im Wasser vorhanden sind, können wir nicht ohne weiteres aus der Leitfähigkeit auf die Härte schließen. Im allgemeinen aber gilt: Je härter das Wasser, desto höher die Leitfähigkeit. So hat ein Wasser mit einem Grad Karbonathärte (° dKH) eine Leitfähigkeit von 30 Mikrosiemens, wenn keine anderen Ionen vorhanden sind.
Die Leitfähigkeit zeigt den Gesamtsalzgehalt an, sie sagt gar nichts darüber aus, in welchem Verhältnis einzelne Salze vorhanden sind.
In der Praxis dient die Messung der Leitfähigkeit meist der Reinheitskontrolle des Wassers. Unser Bild 5.29 gibt dazu ein Beispiel: Ein Versuchsaquarium mit einem Inhalt von 300 l wurde mit 25 Fischen und 6 Amazonas-Schwertpflanzen besetzt. Das Wasser war anfänglich weich (138 Mikrosiemens); nach nur drei Monaten

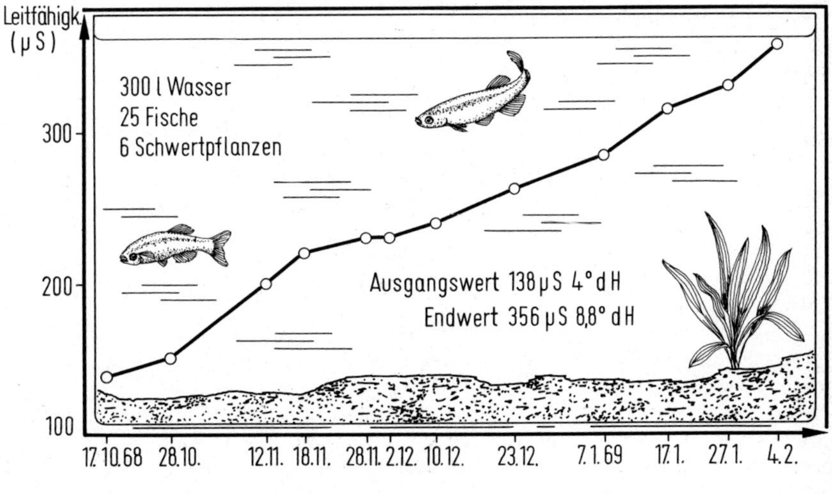

Bild 5.29: So stieg in einem Versuchsaquarium von 300 l die Leitfähigkeit (in Mikrosiemens gemessen) im Verlauf von nur 3 Monaten an. Das Aquarium war „normal" mit Fischen und Wasserpflanzen besetzt. Die Kurve beweist: Das Aquarienwasser verändert sich ungünstig und muß nach und nach ersetzt werden.

war die Gesamthärte von 4,0 auf 8,8° dGH angestiegen, die Leitfähigkeit auf 356 Mikrosiemens! (Gefüttert wurde täglich mit Trockenfutter, einmal wöchentlich mit Tubifex.) Wir sehen: Die regelmäßige Messung der Leitfähigkeit kann uns Hinweise auf die Qualität des Wassers geben, sie kann uns sehr drastisch vor Augen führen: „Höchste Zeit zum Wasserwechsel."

Ein Abstecher in die Biologie: Was ist Osmose?

Um zu verstehen, wie die gesamte Salzkonzentration eines Wassers auf die in ihm lebenden Organismen einwirkt, müssen wir uns noch mit dem Begriff „Osmose" näher befassen. Stellen wir (praktisch oder auch in Gedanken) einen kleinen Modellversuch an: Drei gleich große, rohe Hühnereier legen wir in verdünnte Salzsäure, bis die Kalkschalen restlos aufgelöst sind. Die Eier sind dann weich und leicht verletzlich, aber sie laufen, wenn wir vorsichtig mit ihnen umgehen, nicht aus, denn das unter der Schale befindliche zarte Häutchen bleibt erhalten und umschließt Eiweiß und Dotter. Nun legen wir die drei Eier in verschiedene Lösungen: Das erste kommt in reines Wasser, das zweite in eine 1%ige und das dritte in eine gesättigte Kochsalzlösung. Ergebnis: Das Ei im reinen Wasser vergrößert sich sehr stark, das in der 1%igen Kochsalzlösung bleibt ungefähr gleich groß, und das dritte in der konzentrierten Kochsalzlösung verkleinert sein Volumen und schrumpelt zusammen. Die Erklärung ist einfach: Das Häutchen, das das Ei umschließt, ist, wie man sagt, „halbdurchlässig" – es gestattet zwar den Wassermolekülen ungehinderten Durchtritt in beiden Richtungen, nicht aber größeren Molekülen. Im Inneren des Eies hat das Hühnerei meist eine bestimmte Salzkonzentration, die etwa einer 1%igen Kochsalzlösung entspricht. Da bei dem in reinem Wasser liegenden Ei die Wassermoleküle zwar durch das Häutchen hindurchtreten, die Salzmoleküle aber nicht herauskommen können, wird das Eiweiß allmählich verdünnt, das Eivolumen vergrößert sich. Vereinfacht können wir sagen: Die Salzlösung im Inneren des Eies zieht Wasser an. Anders bei dem Ei in 1%iger Kochsalzlösung: Hier liegt innen wie außen die gleiche Salzkonzentration vor; das Ei wird daher weder Wasser aufnehmen noch abgeben. In der gesättigten Lösung schließlich gibt das Ei Wasser ab und schrumpft dadurch, daß die Konzentration der Außenlösung erheblich höher ist als die Salzkonzentration im Inneren des Eies (Bild 5.30).

Unser Versuch kommt der biologischen Wirklichkeit sehr nahe, denn Osmose spielt eine entscheidende Rolle im Leben der Zellen, und das Hühnerei können wir als eine einzige, riesige tierische Zelle auffassen. Ob das Ei in unserem Versuch Wasser aufnimmt oder abgibt, hängt allein von der Salzkonzentration der Außenlösung ab. Ebenso „halbdurchlässig" wie das Häutchen des Hühnereies sind die äußersten Plasmazonen tierischer und pflanzlicher Zellen. Wären sie ganz durchlässig, so würde sich der Zellsaft bald ins Freie ergießen, wären sie undurchlässig, so könnte kein Ersatz des Wassers stattfinden. Das Innere des Hühnereies übt auf das Eihäutchen einen gewissen Druck aus, der um so größer ist, je mehr gelöste Teilchen im Hühnerei herumschwimmen und je weniger sich in der Außenlösung befinden. Dieser „osmotische Druck" spielt im Leben aller Zellen eine große Rolle, und vielleicht liefert er den Schlüssel zu der Tatsache, daß manche Fischarten nur in weichem Wasser zu züchten sind: Weiches Wasser enthält im allgemeinen weniger osmotisch wirksame Teilchen als hartes. Und damit wären wir wieder bei unserer Leitfähigkeitsmessung: Da die Leitfähigkeit ein Maß für den gesamten Salzgehalt eines Wassers ist, ist sie auch ein gutes Maß für die „osmotische Wertigkeit". Je höher die Leitfähigkeit, um so höher der Grundsalzgehalt und um so höher der osmotische Wert.

Bild 5.30: Ein Hühnerei eignet sich sehr gut zur Demonstration der Osmose.

Warum gibt es im Meer keine Frösche?

Frösche und andere Amphibien können nicht „trinken"; sie nehmen das lebensnotwendige Wasser mit der ganzen Haut auf. Würden wir einen Frosch in Meerwasser setzen, so ginge es ihm wie dem Hühnerei in der konzentrierten Kochsalzlösung: Da die Salzkonzentration seines Blutes und seiner Gewebe einer 0,6%igen Kochsalzlösung entspricht, Meerwasser aber einer etwa 4%igen, würde das arme Tier mehr als $1/5$ seines Gewichtes durch Wasserabgabe über die Haut an das umgebende Salzwasser verlieren.

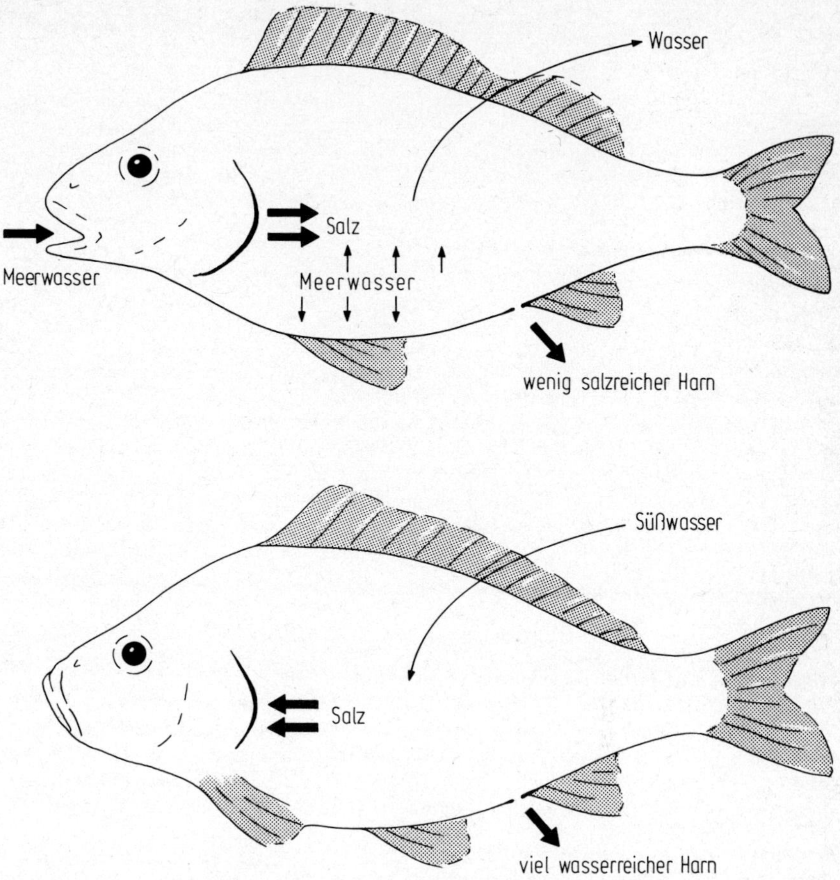

Bild 5.31: Der Meeresfisch (oben) lebt in einem Milieu, das salzreicher ist als sein Körper; er verliert daher Wasser an die Umgebung und ersetzt diesen Verlust durch Trinken. Das überschüssige Salz muß er über die Kiemen ausscheiden, da – ähnlich wie beim Menschen – der Harn nicht genügend konzentriert werden kann. Der Körper des Süßwasserfisches (unten) ist, verglichen mit seiner Umgebung, salzreich; daher strömt Wasser durch die Haut in den Körper ein, und der Fisch muß entsprechend viel wasserreichen Harn ausscheiden. Um seinen Salzbedarf zu decken, muß er mit den stark durchbluteten Kiemen direkt Salz aus dem Wasser aufnehmen. Eine starke Schleimschicht auf der Haut sorgt dafür, daß nicht zu viel Wasser in den Körper eindringt.

Bringen wir – im umgekehrten Versuch – einen Seestern in Süßwasser, so stirbt er fast augenblicklich: Da seine Körperflüssigkeit den gleichen osmotischen Wert wie Meerwasser hat, kann er im Meer ungeschoren leben; bringen wir ihn aber in das salzarme Süßwasser, nimmt er ungewollt so viel Wasser auf (Konzentrationsausgleich), daß er sterben muß.
Wir sehen: Bei allen Wassertieren spielt das Verhältnis von osmotischem Wert der Körperflüssigkeit zu dem des umgebenden Wassers eine große Rolle. Wir unterscheiden drei große Gruppen:
– Wirbellose Meerestiere. Der osmotische Wert ihrer Körperflüssigkeit entspricht dem des umgebenden Meerwassers. Auch in der Zusammensetzung der Salze entsprechen sich bei diesen Tieren Körperflüssigkeit und Seewasser.
– Knorpelfische (Haie und Rochen). Der osmotische Wert von Blut- und Körpersäften entspricht zwar dem des umgebenden Wassers; aber es sind nicht die gleichen Salze, die hier den gleichen osmotischen Wert bedingen.
– Alle Süßwassertiere und sämtliche Knochenfische, auch die im Meer lebenden. Der osmotische Wert ihrer Körperflüssigkeit stimmt nicht mit dem des umgebenden Wassers überein. Süßwasserfische haben einen osmotischen Wert, der einer 0,9%igen Kochsalzlösung entspricht und damit sehr viel höher liegt als der des umgebenden Süßwassers. Wir fragen uns: Warum platzen Süßwasserfische nicht? Tatsächlich nehmen sie durch Osmose dauernd Wasser auf. Doch jeder Wasserüberschuß wird bei ihnen wieder ausgeschieden, vor allem durch die Nieren, die bei Süßwasserfischen kolossal viel zu leisten haben.
Auch die Meeresfische haben eine Körperflüssigkeit, die einer 0,9%igen Kochsalzlösung entspricht. Der osmotische Wert des Meerwassers aber liegt höher, also müßten sie eigentlich austrocknen. Tatsächlich leben Meeresfische in der dauernden Gefahr, verdursten zu müssen. Sie trinken daher große Mengen Meerwasser, wobei sie natürlich auch wieder Salze aufnehmen. Doch über die Kiemen scheiden sie einen großen Teil des Salzes wieder aus. Dazu kommen bei den Meeresfischen besondere salzabsondernde Zellen in den Kiemen und in anderen Teilen des Körpers (Bild 5.31).

Wir sehen: Die sogenannte Osmoseregulation, das Konstanthalten des osmotischen Wertes der Körperflüssigkeit, spielt gerade bei Fischen eine außerordentlich große Rolle. Es leuchtet ein, daß bei erwachsenen Fischen die Organe zur Regulierung der Osmose besser ausgebildet und entwickelt sind als bei jungen Fischen oder gar Embryonen; Fischeier können sich gegen starke Veränderungen des osmotischen Wertes des umgebenden Wassers nur sehr wenig wehren, genauer, sie können kaum regulierend eingreifen. Daher werden Fischeier besonders stark geschädigt, wenn man sie von hartem in weiches Wasser umsetzt oder umgekehrt: Die Embryonen schrumpfen oder platzen. Eine Leitfähigkeitsmessung kann solche Katastrophen verhindern.

Tropenwasser aus der Leitung?

Der Gehalt eines Wassers an Mineralsalzen hängt weitgehend vom geologischen Untergrund ab, den das Wasser durchströmt. Als Niederschlag kommt das Wasser auf die Erdoberfläche und wird zum Teil unmittelbar durch Verdunstung, mittelbar auch über die Pflanzen, an die Atmosphäre zurückgegeben. Ein anderer Teil fließt oberflächlich ab, der Rest dringt in den Boden und ins Gestein und bildet hier das Grundwasser (das in unterirdischen Hohlräumen ruht oder weiterfließt). Wieviel Wasser oberflächlich abläuft oder im Boden verschwindet, hängt von der Niederschlagsmenge, vom Klima, vom Relief der Erdoberfläche, von der Pflanzendecke und nicht zuletzt auch von der Durchlässigkeit des Untergrundes ab.

Die Härte des Wassers

In Deutschland ergibt die Vielfalt der geologischen Schichtenfolge einen mannigfachen Wechsel von wasserführenden und wasserundurchlässigen Gesteinsschichten. Die durchlässigen Schichten enthalten Klüfte und Hohlräume, in denen das Grundwasser weiterfließt (poröse und klüftige Kalke, Sandsteine, aber auch Kiese und Sande in den Talauen). Über den undurchlässigen Schichten (tonige Gesteine) sammelt sich das Grundwasser.
Auf diesem Wege nimmt das Wasser aus der Umgebung lösliche Salze auf. Aus kalkarmen Gesteinen (Grundgestein, Buntsandstein) treten dann Quellen zutage mit weichem Wasser, das sich durch einen niedrigen Härtegrad auszeichnet, wie es sich der Aquarianer wünscht. Kalkschichten dagegen liefern hartes Wasser mit hohem Kalkgehalt; allerdings kann auch aus kalkigem Untergrund ein weniger hartes Wasser kommen, wenn es zuvor in großen Hohlräumen das Kalkgestein rasch durchflossen hat (Karstwasser).
Die Härte eines Leitungswassers wird im wesentlichen von drei Faktoren bestimmt:
- Vom Gestein der wasserführenden Schicht.
- Vom Gestein der nach oben und unten anschließenden Schichten.
- Vom Fremdwasser, das aus anderen Schichten zufließt.

In Deutschland wird Wasser bis zu 35 (seltener mehr) deutschen Härtegraden noch als Trinkwasser verwendet.
Die in der Natur vorkommenden Wässer enthalten neben gelösten Gasen (O_2, N_2, CO_2) vor allem Salze und andere Verbindungen, die aus Böden und Gesteinen herausgelöst werden und zum Teil auch aus Abwasserzuläufen stammen. Am wichtigsten sind die Salze des Natriums, Calciums und Magnesiums in Form ihrer Chloride, Sulfate und Hydrogencarbonate. Und diese im Wasser gelösten Stoffe bedingen die Härte des Wassers (siehe Seite 372). Die Ionen von Magnesium, Calcium, Strontium und Barium werden als Erdalkali-Ionen verstanden. Die Härte wird in Calciumhärte (Ca-H), Magnesiumhärte (Mg-H), ferner in Strontiumhärte (Sr-H) und Bariumhärte (Ba-H) unterteilt. Unter Gesamthärte wird die Summe der Einzelhärten verstanden. Als Teil der Gesamthärte ist auch der Begriff der Karbonathärte (KH) gebräuchlich, die dem Anteil der Erdalkali-Ionen entspricht, der den im Wasser vorhandenen Hydrogencarbonat- und Carbonationen äquivalent ist. Die einzelnen Karbonathärten unterscheidet man als Kalkkarbonathärte (Kalk-KH) und Magnesiakarbonathärte (Mangesia-KH). Die Nichtkarbonathärte (NKH) beruht nicht auf an Kohlensäure, sondern an Hydroxid, Chlorid, Sulfat, Nitrat, Phosphat, Silicat, Humat gebundenem Calcium und Magnesium[1].
Da die Härte nach Landschaften und Jahreszeiten erheblich schwankt, hat man

[1] Bei der Messung der Karbonathärte werden alle Carbonate erfaßt, also auch z. B. die nichthärtebildenden Natriumhydrogencarbonate.

zur Kennzeichnung des Wassers sogenannte Härtegrade eingeführt. Die Maßeinheit für im Wasser vorhandene Ionen ist das Milligrammäquivalent je Liter (mval/l).
Das Milligrammäquivalent (mval) errechnet sich aus dem Atomgewicht (in mg), dividiert durch die Wertigkeit einer Verbindung ($1\ \text{mval} = \frac{\text{Atomgewicht}}{\text{Wertigkeit}}$). Die Maßeinheit für die Härte eines Wassers ist der deutsche Grad (° d, früher ° dGH). 1° dGH/l entspricht 10,0 mg CaO, 7,19 mg MgO, 18,48 mg SrO, 27,35 mg BaO oder 0,357 mval Erdalkali-Ionen. In der nachfolgenden Tabelle 5.4 sind die deutschen Härtegrade im Vergleich mit den entsprechenden ausländischen Maßeinheiten aufgeführt.

Tabelle 5.4: Deutsche Härtegrade im Vergleich mit den entsprechenden ausländischen Maßeinheiten.

	Erdalkali-Ionen mval/l	Dtsch. Grad °d	Engl. Grad. °e	Französ. Grad °f	Amerikan. Grad* °US
1 mval/Erdalkali-Ionen	1,00	2,80	3,51	5,00	50,0
1 Dtsch. Grad	0,357	1,00	1,25	1,78	17,8
1 Engl. Grad	0,285	0,798	1,00	1,43	14,3
1 Französ. Grad	0,200	0,560	0,702	1,00	10,0
1 Amerikan. Grad*	0,020	0,056	0,070	0,10	1,0

* Angaben in ppm unter der Voraussetzung, daß 1 l Wasser eine Masse von 1 kg enthält.

Die Beurteilung der Wasserhärte nach deutschen Härtegraden können wir aus Tabelle 5.5 ersehen

Tabelle 5.5: Beurteilung der Wasserhärte nach deutschen Härtegraden.

0– 4° dGH	= sehr weich	(Kaiserslautern 1,0; Freiburg i. Br. 2,8)
4– 8° dGH	= weich	(Offenbach 5,5; Dortmund 6,0)
8–12° dGH	= mittelhart	(Bochum 9,0; Darmstadt 11,0)
12–18° dGH	= ziemlich hart	(Bamberg 14,0; München 16,0)
18–30° dGH	= hart	(Köln 22,0; Tübingen 27,0)
über 30° dGH	= sehr hart	(Osnabrück 32,0; Würzburg 57,0)

Im allgemeinen besteht die Gesamthärte zu 70–85 % aus Ca- und zu 30–15 % aus Mg-Härte. Sehr weich sind Regenwasser und infolgedessen in niederschlagreichen Gegenden auch Talsperren- und Quellwasser in regenreichen Zeiten; ferner das Wasser aus Gesteinen von geringer Löslichkeit. So findet man z. B. in Gegenden mit einem Gesteinsuntergrund aus Granit, Gneis, Porphyr oder Sandstein (Schwarzwald) Wässer mit 1–2° dGH. Umgekehrt ist das Wasser in niederschlagsarmen Gebieten oder Leitungswasser nach längerer Trockenheit fast regelmäßig härter. In Kalk- und Gipsgebieten löst das durchsickernde Wasser viele Mineralsubstanzen (Kalk, Gips) auf, so daß z. B. im Bereich des Muschelkalks und Juras die Härte regelmäßig auf etwa 20° dGH ansteigen kann; einzelne Quellen im gipsreichen mittleren Muschelkalk Württembergs oder im Gipskeuper können sogar 100 (Schwäbisch Hall 98) oder mehr (Dietingen bei Rottweil 162) ° dGH erreichen. Auch in verschiedenen Jahreszeiten schwanken die Härtegrade (im gleichen Gebiet) unter Umständen erheblich. In den USA verfügen 80 %, in Österreich nur 10 % der Haushalte über Wasser mit Härtegraden unterhalb von 10° dGH.
Einen Überblick über die durchschnittlichen Härtegrade in einer Reihe deutscher und europäischer Städte gibt Tabelle 5.6 wieder, deren Werte allerdings in Einzelfällen nicht mehr dem heutigen Stand entsprechen dürften, zumal im Rahmen überregionaler Wasserversorgungsverbundsysteme die kommunalen Wassernetze häufig mit Wasser wechselnder Provenienzen gespeist werden.

1–7° Härte		8–12° Härte		13–17° Härte		18–22° Härte		23° und mehr Härte	
Arnsberg/	5,9	Beuel/Rh.	12,3	Aachen	17,7	Bückeburg	21,6	Backnang	43,0
Westf.		Bochum	9,6	Aschaffenburg	13,2	Düsseldorf	19,0	Braunschweig	29,0
Bielefeld	7,5	Coburg	9,6	Augsburg	15,3	Gütersloh	20,2	Eßlingen	29,3
Dortmund	7,5	Crailsheim	13,8	Baden-Baden	16,3	Karlsruhe	21,3	Eschwege	71,1
Essen	7,8	Darmstadt	12,3	Berlin	16,7	Kissingen	20,4	Frankfurt/Main	24,6
Freiburg	3,6	Detmold	12,9	Bonn	16,3	Krefeld	21,5	Hanau	27,9
Goslar	3,4	Erlangen	10,0	Duisburg	17,9	Pforzheim	18,6	Hannover	26,4
Hagen	6,7	Flensburg	9,3	Geislingen	16,9	Schwäbisch-	22,5	Heidelberg	24,9
Hildesheim	3,1	Hamm	10,9	Gelsenkirchen	13,4	Hall		Heilbronn	35,4
Kaiserslautern	4,6	Konstanz	9,2	Gießen	14,1			Koblenz	24,1
Marburg	7,4	Ludwigshafen	12,0	Hamburg	16,0	Mailand	21,3	Köln	28,0
Meschede	5,3	M.-Gladbach	13,7	Kassel	17,9	Brüssel	18,5	Mannheim	25,2
Oberwesel/Rh.	1,9	Mühlheim/	10,6	Lübeck	16,3	Kopenhagen	20,0	Mainz	33,6
Passau	2,8	Ruhr		München	16,8			Münster i. W.	25,8
Remscheid	3,1	Oldenburg	11,7	Nürnberg	13,6			Osnabrück	30,3
				Regensburg	15,9			Stuttgart	30,8
Innsbruck	7,8	Wien	9,8	Ulm	13,4			Tübingen	40,0
Göteborg	2,5	Grenoble	9,5	Wiesbaden	17,7			Würzburg	37,0
Helsinki	6,3	Antwerpen	9,0						
Stockholm	6,0			Graz	14,7			Palermo	27,0
				Paris	16,0			Florenz	39,0
				Lüttich	17,0				

Tabelle 5.6: Durchschnittliche Härtegrade in einer Reihe deutscher und europäischer Städte.

Süßwasser ist im Vergleich zu Meerwasser im allgemeinen sehr arm an Elektrolyten. Für die meisten Alpenseen liegt der Gesamtgehalt an gelösten Stoffen zwischen 100 und 200 mg/l. In den Seen der norddeutschen Tiefebene beträgt er 200–400 mg/l. In salzarmen skandinavischen Seen kann der Abdampfrückstand weniger als 50 mg/l sein. In der Gesamtmenge und im Verhältnis der Ionen bestehen zwischen den einzelnen Binnengewässern erhebliche Unterschiede, die wiederum im wesentlichen von der geologischen Beschaffenheit des Untergrundes und des Einzugsgebietes abhängen. Die prozentuale Zusammensetzung der gelösten festen Stoffe in Meer- und Flußwasser zeigt Tabelle 5.7:

Ion	Meerwasser	Flußwasser (Mittelwert)
CO_3^{--}	0,41 HCO_3^{-})	35,15
SO_4^{--}	7,68	12,14
Cl^{-}	55,04	5,68
NO_3^{-}	–	0,90
Ca^{++}	1,15	20,39
Mg^{++}	3,69	3,41
Na^{+}	30,62	5,79
K^{+}	1,10	2,12
$(Fe, Al)_2O_3$	–	2,75
SiO_2	–	11,67
Sr^{++}, H_3BO_3, Br^{-}	0,31	–
Summe:	100,00	100,00

Tabelle 5.7: Prozentuale Zusammensetzung der gelösten festen Stoffe im Meerwasser und im Flußwasser.

Auch bei Oberflächengewässern wird der physikalisch-chemische Charakter des Wassers durch die geologische Struktur des Einzugsgebietes geprägt. So wird der größte Teil der Amazonasebene und damit der Fluß selbst mit seinen Nebenflüssen durch die weiten Tertiärgebiete bestimmt.

Klimatische Einflüsse

Das Klima beeinflußt die Flüsse der feuchten Tropen und Monsungebiete, die ihr Wasser fast nur durch Regen erhalten. Der jahreszeitlich bedingte Wechsel

von Regen- und Trockenzeiten verursacht dort erhebliche Schwankungen im Wasserstand der Flüsse. Während der Regenzeiten treten die Flüsse zeitweise über die Ufer, in Trockenzeiten dagegen sinkt ihr Wasserspiegel auf ein Minimum, zum Teil so stark, daß das Flußbett trocken liegt. Die Differenz zwischen Hoch- und Niedrigwasserstand beträgt beim Amazonas 15 m, beim Nil 20 m. Nur beim Kongo treten weniger ausgeprägte Wasserstandsschwankungen auf (meist nur 4 m). Vermutlich deshalb, weil er von beiden Seiten des Äquators zahlreiche große Zuflüsse bekommt, deren Einzugsgebiete nicht gleichzeitig Zentralregen erhalten. Am Kongo gibt es zwei Hochwasserzeiten, und seine Wassermenge schwankt zwischen 50000 und 120000 m^3/s. Bei grober Betrachtung können die Gewässer des Amazonasgebietes in drei Typen aufgeteilt werden: Die Weißwasser-, die Klarwasser- und die Schwarzwasserflüsse. Diese Dreiteilung beruht auf der Färbung des Wassers, die eng mit den chemischen Eigenschaften verbunden ist und in vielfacher Hinsicht sogar auf diese zurückgeführt wird.
Für die drei Wassertypen Amazoniens werden von Sioli und Braun folgende Durchschnittswerte der Analysen angegeben:

Wassertypen	Weißwasserstrom Amazonas	Klarwasserstrom Rio Tapajoz	Schwarzwasserstrom Rio Negro
Wasserfarbe	lehmgelb, trüb	gelbgrün bis olivgrün, klar	hell- bis dunkelbraun, klar
Reaktion, pH-Wert	6,5–6,9	4,6–6,6	3,8–4,3
Karbonathärte °dKH	0,2–0,4	0–0,3	0–0,1
Gesamthärte °dGH	0,6–1,2	0,3–08	bis 0,1
freie Kohlensäure mg/l CO_2	3,9–7,2	0,8–3,5 und höher	reichlich
organische Säuren	fehlend	meist in geringer Menge nachweisbar	in erheblicher Menge vorhanden
Chlorid Cl mg/l	0–0,3	0,1–0,5	0–Spuren
Ammonium NH_4 mg/l	Spur	Spur–0,1	Spuren
Nitrat NO_3 mg/l	0–0,2	0–2	unter 0,1
Leitfähigkeit bei 28° C	30–70	15–30	8–15

Tabelle 5.8: Analysendurchschnittswerte von Weißwasser, Klarwasser und Schwarzwasser (Sioli und Braun).

Schon 1956 unterschied Sioli diese drei Flußtypen, die sich neben der Farbe auch in der Klarheit des Wassers unterscheiden. Die Weißflüsse (= aqua blanca) zeichnen sich durch lehmgelbes, getrübtes Wasser aus (Rio Solimoes, Rio Madeira, Amazonas). In diesen Flüssen wird ständig verwittertes Material aus den Hochgebirgen zu Tal befördert und bei geringem Gefälle (20–38 mm/km) und verminderter Strömung abgelagert. Das Schwemmaterial (= Varzea) in den Weißwasserflüssen (100–200 mg suspendierte anorganische Partikel), verleiht den Strömen die weiße Farbe und ist die Ursache von Sandbänken, Inseln, Barrieren und damit Stromschnellen, wobei wiederum die Varzea-Seen gebildet werden. Die feinen Schwebstoffe werden als verwittertes Bodenmaterial in Bäche und Flüsse aus den Vor-Anden oder Anden durch Regen eingespült, gelangen nach meheren Tausend Kilometern in den Atlantik und färben sogar noch das Mündungsgebiet weißlich. Die chemische Analyse eines Amazonas-Weißwassers ergibt folgende Ionenzusammensetzung:

	mg/l	mval	mval-%
K^+	0,90	0,023	4,25
Na^+	2,60	0,113	20,81
Ca^{++}	7,76	0,387	71,61
Mg^{++}	0,12	0,010	1,85
Summe Kationen	11,38	0,533	98,52
CO_3^{--}	–	–	–
HCO_3^-	23,18	0,380	67,60
Cl^-	2,80	0,079	14,06
SO_4^{--}	4,94	0,103	18,34
Summe Anionen	30,92	0,562	100,00

Tabelle 5.9: Chemische Analyse eines Amazonas-Weißwassers.

Aber nicht alle Flüsse im Amazonasgebiet sind Weißwasserflüsse. Enthält das Wasser nur geringe Mengen suspendierter Partikel, spricht man von Klarwasser. Man findet es bei den Flüssen, die von den alten, abgetragenen Granit- und Gneis-Mittelgebirgen Zentralbrasiliens kommen. Sie bringen nur wenig suspendierte Verwitterungsprodukte mit, die bereits in der Sedimentationszone des Oberlaufs solcher Flüsse abgelagert werden und schließlich nur klares Wasser dem Hauptstrom zuführen. Klarwasserflüsse kommen auch aus den Granit- und Gneisgebieten Guayanas und aus dem amazonischen Tertiärgebiet. Wie die Tabelle 5.10 zeigt, entspricht auch hier das relative Ionenverhältnis (mval-%) im wesentlichen der Standardionenkombination. Bei der Standardionenkombination herrschen Ca^{++}- und HCO_3^--Ionen vor. Die chemische Analyse eines Klarwassers (hier: Rio Tapajoz) ergab nach Gessner (1959) folgende Ionenzusammensetzung:

Tabelle 5.12: Temperatur, Leitfähigkeit, pH-Wert und typische Fischfauna amerikanischer Gewässer, aus denen Aquarienfische stammen. ▶

Tabelle 5.10: Ionenzusammensetzungen eines Klarwassers (Rio Tapajoz). Nach Gessner

	mg/l	mval	mval-%
K^+	0,50	0,013	7,97
Na^+	1,26	0,055	33,74
Ca^{++}	1,48	0,074	45,40
Mg^{++}	0,12	0,010	6,14
Summe Kationen	8,36	0,152	93,25
CO_3^{--}	–	–	–
HCO_3^-	7,32	0,120	68,97
Cl^-	1,60	0,045	25,86
SO_4^{--}	0,41	0,009	5,17
Summe Anionen	9,33	0,174	100,00

Die Schwarzwasserflüsse haben einen anderen Ursprung. Sie kommen nicht aus dem Gebirge, sondern aus Geländedepressionen, die meist eine dichte Pflanzendecke tragen. Der charakteristische Baum ist dort die *Mauritia*-Palme. Während der Trockenzeit häuft sich viel Pflanzenmaterial in den Flußniederungen an, und so bilden sich in der darauffolgenden Regenzeit bei Überschwemmungen große Mengen wasserlöslicher Humusstoffe, die dem Wasser die braunschwarze Farbe verleihen. Da größere Mengen von Alkalien und Erdalkalien fehlen, bindet das Wasser keine Huminsäuren; und so entsteht das saure, huminsäurereiche, dunkelbraune Schwarzwasser, das nur ganz bestimmten Pflanzen- und Tierarten Lebensmöglichkeiten bietet. Ein Fluß mit typischem Schwarzwassercharakter ist der „Schwarze Fluß", der Rio Negro. Die chemische Analyse von Rio-Negro-Wasser ergibt folgende Ionenzusammensetzung:

Tabelle 5.11: Ionenzusammensetzung eines Schwarzwassers (Rio Negro).

	mg/l	mval	mval-%
K^+	0,35	0,094	6,48
Na^+	0,75	0,033	25,74
Ca^{++}	1,88	0,094	67,62
Mg^{++}	–	–	–
Summe Kationen	298	0,131	99,84
CO_3^{--}	–	–	–
HCO_3^-	–	–	–
Cl^-	1,20	0,034	25,39
SO_4^{--}	4,81	0,100	74,61
Summe Anionen	6,01	0,134	100,00

Die speziellen Verhältnisse in den Gewässern des Amazonasgebietes können nur richtig verstanden werden, wenn man die erdgeschichtliche Entwicklung kennt und gebührend berücksichtigt. Während des Paläozoikums war das Amazonasgebiet eine weite, nach Westen (also zum Pazifik hin) offene Meeresbucht. Sie war begrenzt im Norden durch die von archaischen Gesteinen gebildete Insel des heutigen Guayanas und im Süden durch Gneis- und Granitmassen Zentralbrasiliens. Im Tertiär erfolgte die Auffaltung der Anden, die den Flüssen den Weg zum Pazifik versperrte. Die das Land entwässernden Flüsse bildeten einen großen Binnensee, der Sedimente von einigen hundert Metern Mächtigkeit hatte.

Tabelle 5.13: Temperatur, Leitfähigkeit, pH-Wert und typische Fischfauna afrikanischer Gewässer, aus denen Aquarienfische stammen. ▶

	Temperatur in °C	Leitfähigkeit Mikro-siemens bei 20° C	pH	Fischart	Autor
Oberer Igarapé Préto Oberer Solimoes, Bach unter Galeriewald	–	29	5,8–6,1	*Paracheirodon innesi*	*Geisler* 1967
Oberlauf Igarapé Préto Beschatteter Bach	–	5	5,3–5,9	*Copella vilmae* und andere Pyrrhulinidae	*Geisler* 1967
Guiana-Essequibo	–	22	–	*Nannostomus*	berechnet n. *Scheel* *Geisler* 1961
Guiana-Demarara	–	50	–	*Poecilobrycon, Copeina*	*Geisler* 1961 berechnet n. *Scheel*
Amazonas-Santarem	–	33	–	*Cichliden*	*Sioli/Scheel* 1959
Rio Tepajoz	–	16–32	–	*Symphysodon*	*Sioli/Scheel* 1959
Rio Negro	27	5–12	4–6	*Cheirodon axelrodi*	*Gessner* 1964 und *Klinge* und *Ohle* 1964
Rio Araguaya	29,9	43	–	*Exodon*	*Geisler* 1961
Rio de Janeiro Laguna da Barra	21	630	5,3	*Geophagus brasiliensis* und *Oxylabrax*	*de Oliveira* 1959 berechnet durch *Klee*

	Temperatur in °C	Leitfähigkeit Mikro-siemens bei 20° C	pH	Fischart	Autor
Portugiesisch Ostafrika Beira	18	280	–	*Nothobranchius*	*Geisler* 1959
Östliche Gebiete der Kongo-Republik	–	20–60	–	*Aplocheilichthys*	*Marlier/Scheel*
Nigeria, Binnenland	–	20–30	–	*Aphyosemion* *Epiplatys*	*Clausen/Scheel*
Jemoyi-Westnigeria	18	35	–	*Aphyosemion* *Panchax*	*Geisler* 1959
Oase Gafsa	26	4300	7,6	*Haplochromis desfontainesi*	*Klee* 1969
Weißer Nil b. Karthoum	–	63	–	*Synodontis nigrita* *Synodontis batensoda* *Synodontis clarias* *Synodontis membranaceus*	*Hurst* 1957 und *Elster* und *Vollweider* 1961 berechnet durch *Klee*
Nil bei Assuan	–	97	–	*Marcusenius isidori* *Heterotis niloticus* *Petrocephalus bovei* *Heterobranchus longifilis*	*Hurst* 1957 berechnet durch *Klee*
Nil bei Kairo	–	82	–	*Barbus bynni* *Clarias anguillaris* *Clarias lazera*	*Hurst* 1957 berechnet durch *Klee*
Nil-Delta (Brackwasser)	–	3300	–	*Tilapia galilaea* *Tilapia zilli*	*Hurst* 1957 berechnet durch *Klee*

	Temperatur in °C	Leitfähigkeit Mikro-siemens bei 20° C	pH	Fischart	Autor
Musi bei Palembang	27,5	27	–	*Botia macracantha*	*Geisler* 1961 berechnet n. *Scheel*
Java bei Buitenzorg	27	24–64	–	*Barbodes, Rasbora*	*Geisler* 1961 berechnet n. *Scheel*
SW-Ceylon, Bach bei Kottawa	25,7	27	6,5	*Rasbora vateriflorís* *Rasbora daniconius* *Puntius nigrofaciatus* *Puntius filamentosus* *Aplocheilus lineatus* *Aplocheilus blockii* *Belontia signata* *Malpulutta kretseri*	*Geisler* 1967
W-Ceylon, Teiche bei Miriswatta	29,4	85	6,6	*Ophiocephalus striatus*	*Geisler* 1967
W-Ceylon, Bäche bei Ambagaha Kanatte	26,5	17,8	6,5	*Rasbora daniconius* *Capoeta titteya* *Capoeta bimaculata* *Malpulutta kretseri*	*Geisler* 1967
Ceylon, 33 km südöstlich Colombo, Bachzufluß zum Kalu Ganga „Schwarzer Fluß"	–	22,2	6,3	*Capoeta titteya* *Puntius cumingi* *Capoeta dorsalis*	*Geisler* 1967
Osttürkei, Van Gölü = Van-See Soda-See	22	22 950	9,6	*Chalcalburnus tarichi*	*Klee* 1969
Südmalaya, Schwarz-wasser, S. Gembol, Johore	26,0	7	5,9	*Rasbora einthoveni*	*Johnson* 1967 berechnet durch *Klee*

Tabelle 5.14: Temperatur, Leitfähigkeit, pH-Wert und typische Fischfauna asiatischer Gewässer, aus denen Aquarienfische stammen.

Im Pleistozän erfolgte der Durchbruch nach Osten und ein Abfließen des Beckeninhaltes. Zurück blieb eine trockenfallende Ebene (= ehemaliger Seeboden = terra-firme), in die die Flüsse aus den Anden und den übrigen Gebirgen ihre Erosionstäler (gelegentlich 100 bis 150 m tief) eingruben. Nach Sioli wird die Talsohle in Amazonien von einem typischen überschwemmbaren Wald (= Igapo) erfüllt, der die meiste Zeit des Jahres im Wasser steht und bis an die Ufer des Flußbettes reicht. Im Gegensatz zum Varzea-Wald an den Ufern der Weißwasserflüsse ist der Igapo aber kein Galeriewald, hinter dem sich das Gelände zu Campos oder Seen absenkt, sondern er füllt auf ebenem oder zum Talrande hin leicht ansteigendem Boden die ganze Talbreite aus. Wenn hier dennoch Seen vorhanden sind, wie z. B. in großer Zahl im Tal des mäanderreichen Rio Cururu, so handelt es sich um abgeschnittene, frühere Flußbiegungen, deren Zugänge durch aufgeschütteten Sand verstopft sind.
Das Wasser in den Flüssen der Tropen und Monsungebiete hat also sehr verschiedene Eigenschaften, und die in ihm lebenden Fische haben sich diesen extremen Verhältnissen so angepaßt, daß ihnen die Umstellung in ein Aquarium mit andersartigem Wasser schwerfällt. Die Tabellen 5.12, 5.13, 5.14 stellen Temperatur, Leitfähigkeit und pH-Wert verschiedener amerikanischer, afrikanischer und asiatischer Gewässer einander gegenüber. Wir sehen, daß die Leitfähigkeit dieser Gewässer zwar sehr unterschiedlich ist, meist aber recht niedrig liegt.

Wo finden wir „Tropenwasser" in unseren Breiten?

Das Ideal des Aquarianers ist ein Wasser, das salzarm und weich wie Tropenwasser ist, und das er dennoch einfach aus der Leitung zapfen kann. Nicht von

ungefähr haben viele Aquarienpraktiker „ihre" Quelle, aus der sie ihr Zuchtwasser beziehen und zu der sie oft 100 km weit fahren.
Für den Aquarianer ist es daher wichtig, entsprechende vergleichbare Verhältnisse in Flüssen und Seen unserer engeren Heimat zu suchen. Aufgrund geologischer Tatbestände habe ich nun im Bereich des Schwarzwaldes, besonders dort, wo das Grundgebirge angeschnitten ist, nach Wässern gesucht, die tropenähnliche Verhältnisse aufweisen. Von besonderem Interesse waren solche Gewässer, die in ihrer Ionenzusammensetzung Weißwasser und Schwarzwasser führen. Bei meiner Nachforschung stieß ich zunächst auf die großen Schwarzwaldseen Titisee, Schluchsee und Windgfällweiher. Zweifellos ändert sich die Wasserzusammensetzung im Verlauf eines Jahres. Aus der nachstehenden Analyse wird jedoch klar, wie es sich mit der relativen Ionenzusammensetzung verhält. Die am 10. April 1969 gezogenen Proben wiesen folgende Anionen- und Kationenmengen auf:

Titisee:	mg/l	mval	mval-%
K^+	0,86	0,022	4,5
Na^+	3,22	0,140	28,5
Ca^{++}	5,21	0,260	52,8
Mg^{++}	0,85	0,070	14,2
Summe Kationen	10,14	0,492	100,0
CO_3^{--}	–	–	–
HCO_3^-	12,2	0,200	40,6
Cl^-	6,4	0,180	36,6
SO_4^{--}	5,4	0,112	22,8
Summe Anionen	24,0	0,492	100,0
Windgfällweiher	mg/l	mval	mval-%
K^+	0,33	0,008	4,9
Na^+	1,27	0,055	33,7
Ca^{++}	2,00	0,100	61,4
Mg^{++}	–	–	–
Summe Kationen	3,60	0,163	100,0
CO_3^{--}	–	–	–
HCO_3^-	6,10	0,100	61,4
Cl^-	1,77	0,050	30,6
SO_4^{--}	0,62	0,013	8,0
	8,49	0,163	100,0
Schluchsee	mg/l	mval	mval-%
K^+	0,78	0,020	3,5
Na^+	2,95	0,128	22,5
Ca^{++}	6,81	0,341	59,9
Mg^{++}	0,97	0,080	14,1
Summe Kationen	11,51	0,569	100,0
CO_3^{--}	–	–	–
HCO_3^-	18,30	0,300	52,7
Cl^-	5,30	0,149	26,2
SO_4^{--}	5,76	0,120	21,1
Summe Anionen	29,36	0,569	100,0

Tabelle 5.15: Analysenwerte von Titisee, Windgfällweiher und Schluchsee.

Diese Werte zeigen das Verhältnis der Ionen zueinander, wie es im Ionenfelddiagramm in Bild 5.34 besonders deutlich wird. Dabei sind auch die entsprechenden pH-Werte für die Leitfähigkeit, die Werte für das Redoxpotential und die Farbe des Wassers interessant:

	Titisee	Windgfällweiher	Schluchsee
pH-Wert	6,3	5,7	6,6
Leitfähigkeit (Mikrosiemens b. 20° C)	50	22	54
Redoxpotential (Millivolt bei 20° C)	275	250	265
Farbe des Wassers (mg Pt/l)	20	25	18
Permanganatverbrauch (mg/l $KMnO_4$)	15,5	21,2	14,2
$f = \frac{\text{Farbe}}{KMnO_4}$	1,29	1,18	1,27

Zweifellos handelt es sich bei den angeführten Seen um Wässer, die den Verhältnissen in den Tropen sehr nahe kommen und daher für aquaristische Zwecke gut geeignet sind. Da jedoch manche Seen, wie etwa der Schluchsee, in manchen Jahreszeiten als Rückhaltebecken Verwendung finden, in die auch härteres Wasser gepumpt wird, haben die Werte nur relative Bedeutung.

Neben den genannten Seen war es für mich aber besonders interessant, im Wildsee und in der oberen Murg Wässer zu finden, deren pH-Wert und Leitfähigkeit einerseits dem Rio Negro, andererseits dem Weißwasser des Amazonas entsprechen. Ähnlich wie beim Rio Negro ist das Wasser des Wildsees durch gelöste Humusstoffe tiefbraun gefärbt. Das kommt durch den extremen Mangel an Elektrolyten und durch die Tatsache, daß hier wie dort das Wasser mit pflanzlichem Material in Berührung kommt, das aus Mangel an Elektrolyten nicht vollständig abgebaut werden kann. Das Wasser der oberen Murg entspringt dem Grundgebirge und ist daher extrem weich. Aus diesem Grunde ist es dem Weißwasser des Amazonas ähnlich.

Wir können also durchaus auch in Deutschland Orte finden, in denen – wenigstens was Härte und Leitfähigkeit betrifft – „Tropenwasser" aus der Leitung fließt. Eine Zusammenstellung solcher Orte in Süddeutschland gibt die Tabelle 5.17.

Das Ionenfelddiagramm

Zur Darstellung der im Wasser gelösten Salze bedient man sich des Ionenfelddiagramms, einem von Maucha (1932) vorgeschlagenen Verfahren. Man geht aus von den chemischen Eigenschaften eines Wassers, die in der Hauptsache durch die vier Anionen HCO_3^-, CO_3^{--}, SO_4^{--}, Cl^- und durch die vier Kationen K^+, Na^+, Ca^{++}, Mg^{++} charakterisiert werden. Bei einem ausgewogenen Kationen/Anionen-Verhältnis entspricht den Kationen eine äquivalente Menge Anionen und umgekehrt. Jede Ionenart ist daher mit einem ganz bestimmten Anteil im Wasser vertreten.

Da die ökologischen Bedingungen im Wasser aber mehr oder weniger starken Schwankungen unterworfen sind (Niederschläge, Verdunstung), vergleicht man besser die relativen (prozentualen) Konzentrationswerte miteinander statt der absoluten: Man drückt die errechneten Milliäquivalente in Prozenten aus (Summe aller Kationen und Anionen je 100 %).

Zur bildlichen Darstellung konstruiert man ein 16eckiges Polygon von genau 200 mm^2 Flächeninhalt und teilt es durch eine Senkrechte in zwei gleichgroße Hälften: die linke für Anionen, die rechte für Kationen. In dieser Figur kommt jeder Ionenart ein Doppelsektor als Ionenfeld zu, in dem die prozentualen Äquivalentanteile der Ionen flächenmäßig aufgetragen werden.

Bei gleicher Konzentration der 8 Ionen-Arten (je 25 % für die Anionen und je 25 % für die Kationen) würde sich ein regelmäßiges 16-Eck mit einem Radius von 8,082 mm ergeben[1] (Bild 5.32). Dieser Idealfall kommt in der Natur nicht vor. Die relativen Ionenkonzentrationen weisen vielmehr ganz erhebliche Unterschiede auf. Ihre Ionenfelder werden daher größer oder kleiner als die idealen Teilflächen (für 25 %) im Polygon sein.

Gemeinde/Kreis	Gesamthärte
0–4° dH = sehr weich	
Kaiserslautern/Kl.	1,0
Freiburg/Br./Freiburg	2,8
Alpirsbach/Freudenstadt	3,1
Altburg/Calw	0,6
Bernbach/Calw	2,6
Birkenfeld/Calw	2,8
Calmbach/Calw	2,3
Conweiler/Calw	2,2
Cresbach/Freudenstadt	4,0
Engelsbrand/Calw	2,6
Erzgrube/Freudenstadt	2,5
Ettmansweiler/Calw	3,4
Freudenstadt/FDS	2,5
Göttelfingen/FDS	1,7
Grüntal/Freudenstadt	1,9
Grunbach/Calw	3,4
Hardt/Rottweil	3,4
Herrenalb/Calw	2,8
Hochdorf/Freudenstadt	3,3
Höfen/Enz/Calw	3,4
Huzenbach/Freudenstadt	3,6
Klosterreichenbach/FDS	1,7
Oberkollbach/Calw	2,2
Reinerzau/Freudenstadt	3,0
Röt/Freudenstadt	3,0
Schmieh/Calw	3,9
Schömberg/Freudenstadt	2,0
Schömberg/Calw	1,7
Schwarzenberg/FDS	2,5
Waldrennach/Calw	1,4
Wildbad/Calw	2,5
Wittlensweiler/FDS	2,5
Wörnersberg/FDS	2,6
4–8° dH = weich	
Offenbach/Main	5,5
Aach/Freudenstadt	6,1
Baiersbronn/FDS	5,3
Berneck/Calw	5,7
Besenfeld/FDS	6,6
Breitenberg/Calw	6,7
Durrweiler/FDS	6,6
Edelweiler/FDS	6,4
Grömbach/FDS	4,5
Herzogsweiler/FDS	4,5
Hirsau/Calw	5,6
Lauterbach/Rottweil	4,2
Liebelsberg/Calw	4,2
Bad Liebenzell/Calw	4,6
Peterzell/Rottweil	6,7
Rötenberg/Rottweil	7,1
Rot a. d. Rot/Biberach	7,8
Bad Teinach/Calw	7,7
Untermusbach/FDS	4,4
Unterreichenbach/Calw	5,7
Vierundzwanzighöfe/FDS	6,1

◀ **Tabelle 5.16: Vergleich der physikalischen Wasserwerte bei Titisee, Windgfällweiher und Schluchsee.**

◀ **Tabelle 5.17: „Tropenwasser" aus der Wasserleitung. Eine Zusammenstellung von Orten in Süddeutschland mit sehr weichem und weichem Wasser.**

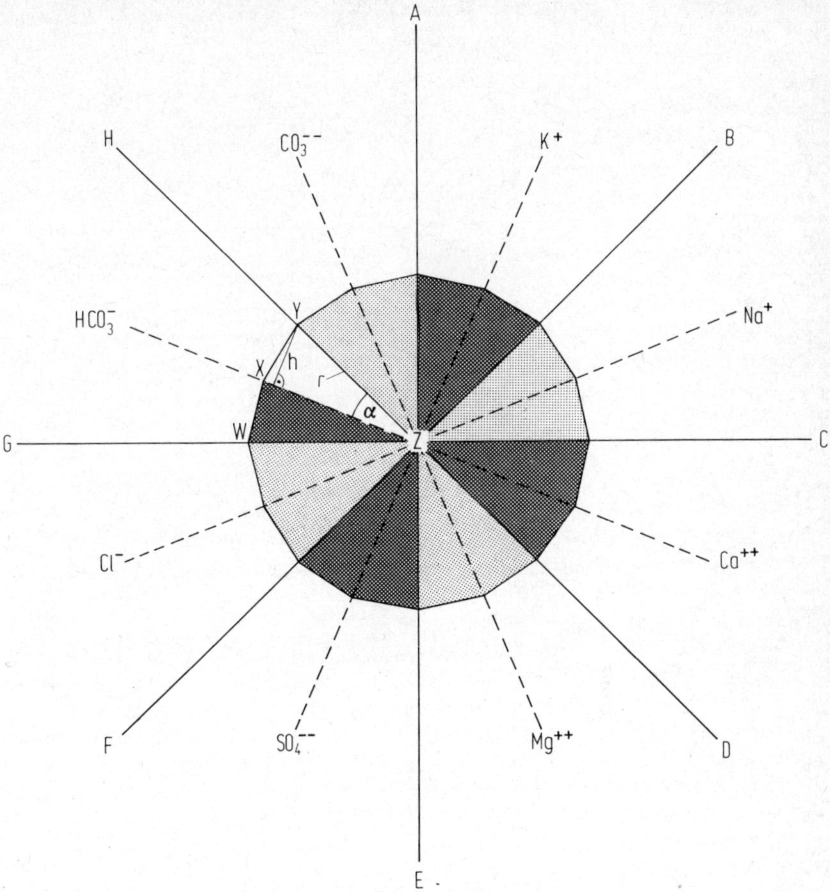

Bild 5.32: Schema zur Erstellung eines Ionenfelddiagrammes (nach Maucha). S. auch Fußnote 1.

[1] Der Radius r ergibt sich aus dem Bestimmungsdreieck XYZ des 16-Ecks, dessen Fläche mit 200 mm² gegeben ist. In dem Bestimmungsdreieck beträgt der Zentriwinkel $\alpha = \frac{360}{16} = 22{,}5°$, jede Radialseite r und die Höhe darauf $h = r \cdot \sin\alpha$. Daraus folgt:

Dreiecksfläche:

$F_\triangle = \frac{1}{2} \cdot r \cdot r \cdot \sin\alpha$

Polygonfläche:

$F_{16\triangle} = \frac{16}{2} \cdot r \cdot r \cdot \sin\alpha$

$= 8 \cdot r^2 \cdot \sin\alpha = 200\ mm^2$

$r^2 = \frac{200}{8 \cdot \sin\alpha} = \frac{25}{\sin\alpha}$

$r = \frac{5}{\sqrt{\sin 22{,}5}} = 8{,}0825\ mm$

Das Ionenfeld, das den Prozentanteil der betreffenden Ionen flächenmäßig darstellen soll, besteht aus einem achsensymmetrischen Viereck WXYZ, zusammengesetzt aus 2 Bestimmungsdreiecken mit einer Gesamtfläche von

$F_\square = 2 \cdot \frac{1}{2} \cdot r \cdot r \cdot \sin\alpha.$

Je nach dem Prozentanteil der betreffenden Ionen ändert sich das eine r (gestrichelte Achse des Vierecks); wir nennen es a. Bei einem Prozentanteil einer Ionenart von 74,5 % gilt für die entsprechende Ionenfläche:

$F_{Ion} = 2 \cdot \frac{1}{2} \cdot a \cdot r \cdot \sin\alpha = 74{,}5$

$a = \frac{74{,}5}{r \cdot \sin\alpha}$ (siehe Text).

Ein Ionenfeld wird bestimmt durch die Länge a, die wir auf dem gestrichelten Halbierungsradius des Doppelsektors eintragen. Nehmen wir an, ein Ion sei mit 74,5 Äquivalentprozenten im Wasser vertreten, dann läßt sich die Länge a nach folgender Gleichung berechnen:

$$a = \frac{74{,}5}{8{,}082 \cdot \sin 22{,}5} = \frac{74{,}5}{8{,}082 \cdot 0{,}3826} = 24{,}1\ mm$$

Allgemein:

$$a = \frac{x}{3{,}0928\ mm}$$

Nach Bild 5.32 wird nun der Endpunkt von a, in diesem Fall HCO_3^-, mit den beiden benachbarten Eckpunkten (G und H) des Polygons verbunden. Alle drei Punkte umschließen zusammen mit dem Zentralpunkt des Polygons das gesuchte Ionenfeld, das nun den prozentualen Äquivalentanteil einer Ionenart im Wasser darstellt und die Form eines achsensymmetrischen Vierecks hat. Die Summe aller so konstruierten Flächen muß für die Anionenseite (linke Polygonhälfte) wie für die Kationenseite (rechte Polygonhälfte) je 100 mm² ausmachen. In gleicher Weise werden die übrigen Diagramme konstruiert. Sie ermöglichen einen raschen Vergleich der prozentualen Ionenäquivalente innerhalb ein und desselben Gewässers und lassen andererseits auf einen Blick die unterschiedliche Ionenkonzentration verschiedener Gewässer erkennen (Bild 5.33).

Süßwasser

Im Süßwasser besteht unter den relativen Ionenanteilen fast überall die Beziehung: Ca 〉 Mg 〉 Na 〉 K und HCO_3 〉 SO_4 〉 Cl 〉 CO_3. Daraus ergibt sich eine überraschende Feststellung: Im Süßwasser tritt eine Ionenkombination auf, die, wie im Meer, eine strenge Gesetzmäßigkeit aufweist. Unabhängig vom Gesamtsalzgehalt herrschen auch hier Calcium- und Hydrogencarbonationen vor.

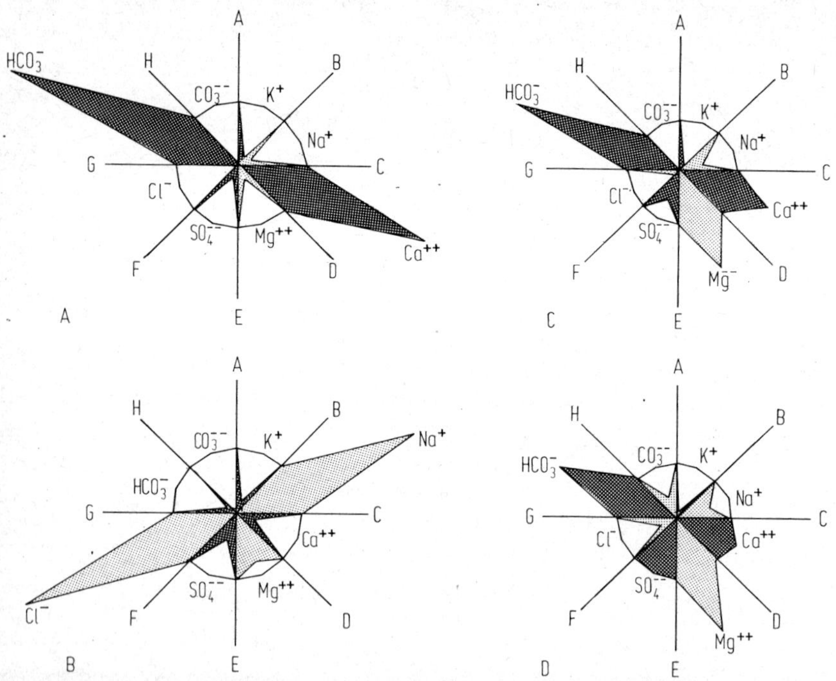

Bild 5.33: Ionenfelddiagramme (nach Maucha) A Luzerner-See, B Adria, C Plattensee, D Velencer See.

Zwischen den Ionen von Wasser, Boden und Sedimenten findet ein Austausch statt, der zu einem recht konstanten Ionenverhältnis, einer sogenannten Standardionenkombination, führt (Bild 5.34). Aufgrund dieser Kenntnisse kann man, allein durch die Bestimmung der elektrischen Leitfähigkeit, den Anteil einzelner Ionenarten im Wasser ziemlich genau abschätzen.

Gilt nun diese Standardionenkombination auch für den Lebensraum unserer Aquarienfische?

Betrachten wir zunächst das Amazonasgebiet. Wie aus den Bildern leicht zu ersehen ist, entspricht in den Weißwässern wie in den Klarwässern das relative Ionenverhältnis (mval-%) im großen und ganzen der Standardionenkombination mit vorherrschenden Calcium- und Hydrogencarbonationen. Nur der Schwarzwasserfluß Rio Negro macht eine Ausnahme: Hydrogencarbonationen sind hier kaum nachweisbar und die Anionen sind in der Hauptsache durch Sulfat- und Chloridionen vertreten.

Die Gewässer Südmalayas haben im allgemeinen eine große Ähnlichkeit mit denen des Amazonasbeckens. Zwei Gewässerarten können scharf getrennt werden:

– Die zum großen Teil weichen, kalkarmen, sauren, schwach gepufferten Gewässer des offenen Landes und

– die ungewöhnlichen Schwarzwässer des Gelam-Waldes *(Melaleuca leucadendron)*, in denen sich hoher Salzgehalt vereint mit erheblichem Überschuß an Anionen, niedrigem pH, geringer Alkalität, hohem Sulfat- und Magnesiumgehalt. In diesen Gewässern kommen bei sonst sehr verarmter Fischfauna nur *Anabas testudineus* und *Rasbora einthoveni* in reichlichem Maße vor.

Vergleichen wir die Diagramme der Süßwasserseen mit jenen des Meeres, so

Tafel 37
Bildfolge von links nach rechts, von oben nach unten: Haplochromis sphaerodon (Malawi-See). – Haplochromis moorii (Malawi-See). – Hemitilapia oxyrhynchus (Malawi-See). – Pseudotropheus johannii (Malawi-See). – Vielfleckmaulbrüter Haplochromis polystigma (Malawi-See). – Schläfer Haplochromis livingstonii (Malawi-See). – Marienbuntbarsch Tilapia mariae (Westafrika). – Großaugenmaulbrüter Pseudotropheus macrophthalmus (Malawi-See). Aufnahmen B. Kahl

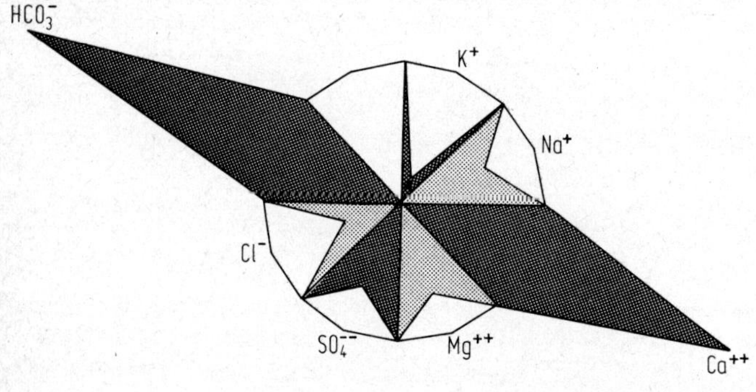

Bild 5.34: Süßwasserseen der ganzen Welt (Mittelwerte). Standardionenkombinationen.

Tafel 38
Bildfolge von links nach rechts, von oben nach unten:
Männchen von Sarotherodon mossambicus mortimeri (Ostafrika). – Türkisbuntbarsch Pseudotropheus auratus (Malawi-See). – Roter Cichlide Hemichromis bimaculatus (nördliches und tropisches Afrika). – Schmalbarsch Pseudotropheus elongatus (Malawi-See). – Zweibandcichlide Telmatochromis bifrenatus (Tanganjikasee). – Pseudocrenilabrus multicolor (Afrika). – Schabemundmaulbrüter Labeotropheus trewavasae (Malawi-See). Linkes Bild Weibchen, rechtes Bild Männchen.
Aufnahmen B. Kahl

Legende zu Bild 5.35 siehe nächste Seite.

erkennen wir, daß in Binnengewässern andere Ionen vorherrschen, und daß wir dort auch eine ungleich größere Ionenmannigfaltigkeit antreffen. Während sämtliche Meere ein Ionenfelddiagramm ergeben, das der Figur im Bild 5.35 A genau entspricht, zeigen schon die wenigen im Bild 5.35 dargestellten Beispiele, wie sehr sich Binnengewässer in ihrem Chemismus vom Meer unterscheiden können, und zwar auch dann, wenn wir von der absoluten Höhe des Gesamtsalzgehaltes völlig absehen.

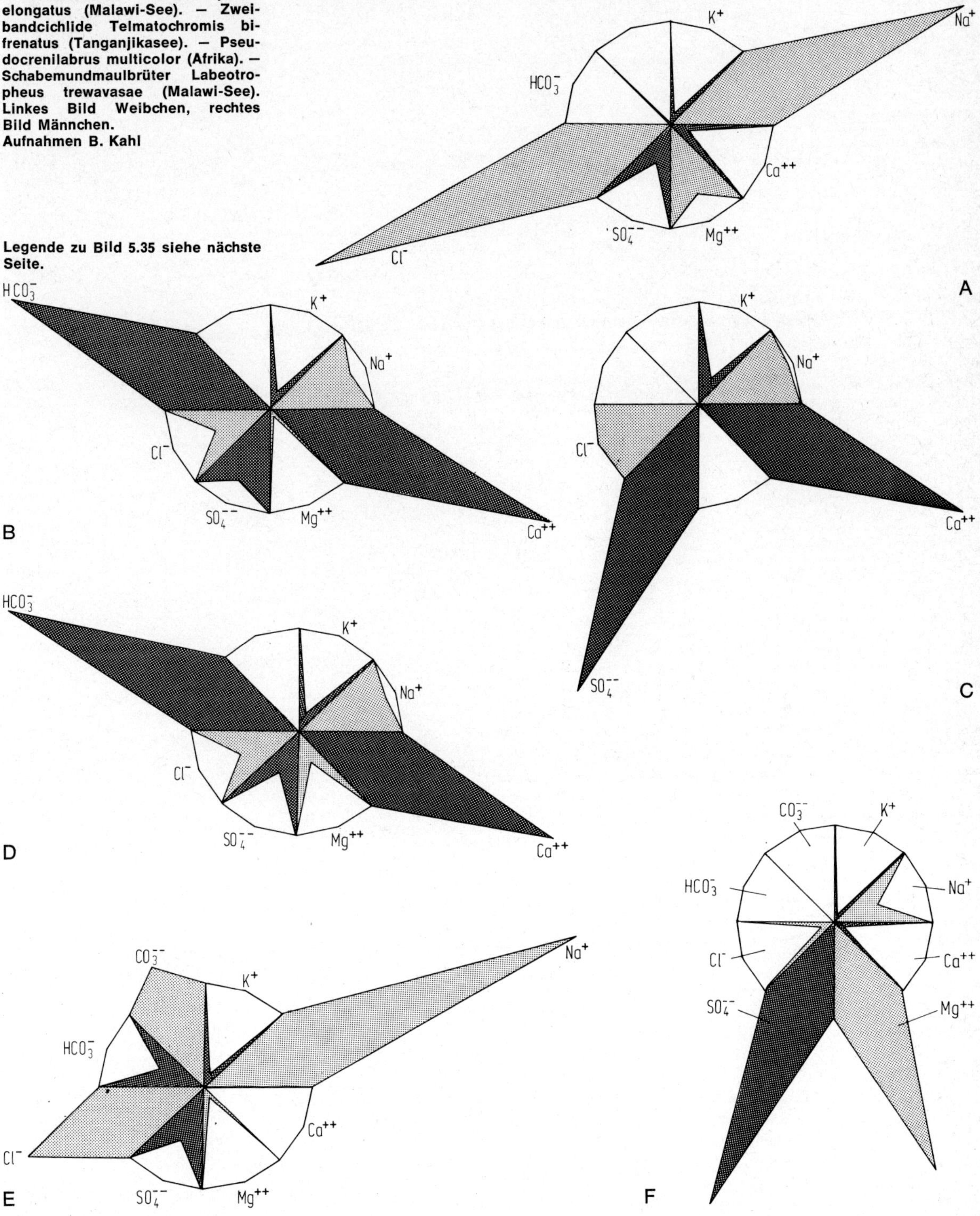

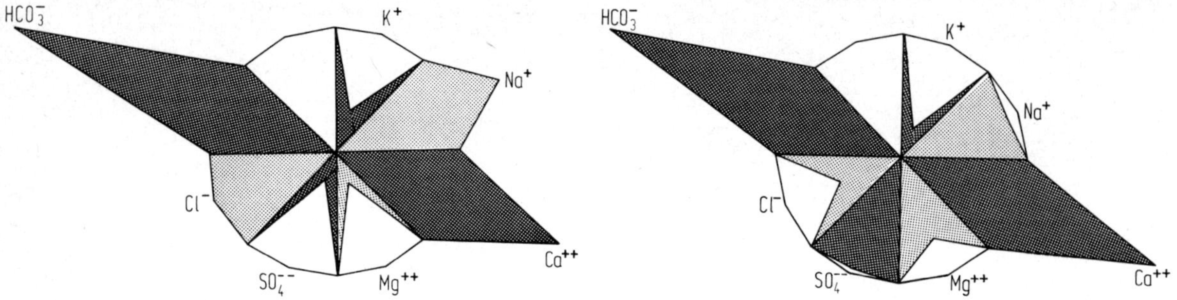

Bild 5.36: A Ionenfelddiagramm eines Klarwassers (Rio Tapajoz). B Ionenfelddiagramm des Lobé im südlichen Kamerun (Leitfähigkeit: 22 Mikrosiemens, Temperatur: 26° C, pH: 5,5, Farbe: braun, klar).

Meerwasser

Durch folgende Eigenschaften unterscheidet sich das Meerwasser von den Binnengewässern:

- Der Gesamtsalzgehalt ist sehr hoch.
- Er schwankt in den einzelnen Meeren nur geringfügig (etwa zwischen 32 und 38 ‰.
- Der Anteil der einzelnen Komponenten am Gesamtsalzgehalt ist nahezu konstant.

In folgender Zusammenstellung sind die Hauptbestandteile des Meerwassers in Salzform wiedergegeben:

Tabelle 5.18: Hauptbestandteile des Meerwassers bei 20° C/l.

NaCl (Kochsalz)	28,014 g
$MgCl_2$ (Magnesiumchlorid)	3,812 g
$MgSO_4$ (Magnesiumsulfat)	1,752 g
$CaSO_4$ (Calciumsulfat)	1,283 g
K_2SO_4 (Kaliumsulfat)	0,8163 g
$CaCO_3$ (Calciumcarbonat)	0,12206 g
KBr (Kaliumbromid)	0,10126 g
$SrSO_4$ (Strontiumsulfat)	0,02824 g
H_3BO_3 (Borsäure)	0,02768 g

Wie diese Aufstellung erkennen läßt, besteht das Meersalz zwar zum überwiegenden Teil aus NaCl, doch kommen daneben verschiedene andere Salze vor, welche physiologisch nicht von geringerer Bedeutung sind. Es ist ja allgemein bekannt, daß sämtliche Meeresorganismen binnen kurzem zugrunde gehen würden, wollte man sie in einem „künstlichen Meerwasser" halten, das nur NaCl enthielte.
Abweichungen von der Konstanz der Zusammensetzung des Meeressalzes (vgl. hierzu auch das Ionenfelddiagramm) und den Verhältniszahlen, vor allem hinsichtlich des Calcium- und Hydrogencarbonatgehaltes, ergeben sich nur in Küstengebieten an jenen Stellen, wo Flüsse in das Meer münden.

Vergleich von Meerwasser und Süßwasser

Im Vergleich zum Meerwasser ist das Süßwasser im allgemeinen sehr arm an Elektrolyten. Der Gesamtgehalt an gelösten festen Stoffen liegt für die meisten Alpenseen in der Größenordnung von 100–200 mg/l; in den Seen der norddeutschen Tiefebene beträgt er normalerweise 200–400 mg/l. In besonders salzarmen Seen (z. B. in Skandinavien) kann der Abdampfrückstand weniger als 50 mg/l betragen. Zwischen den einzelnen Binnengewässern bestehen in der Gesamtmenge und im Verhältnis der Ionen erhebliche Unterschiede, die im wesentlichen von der geologischen Beschaffenheit des Untergrundes und des Einzugsgebietes abhängen. Der Cl-Ionengehalt der Binnengewässer (in europäischen Seen meist 10–20 mg/l) spielt im Gegensatz zum Meer nur ausnahmsweise eine dominierende ökologische Rolle.
Das physiologische Gleichgewicht der Ionen in Verbindung mit der hohen Gesamtkonzentration, die im allgemeinen etwa der Konzentration des Innenmediums der marinen Wirbellosen entspricht, macht das Meerwasser im Vergleich zum Süßwasser und zur Luft zu einem bevorzugten und wahrscheinlich auch dem

Bild 5.35 (S. 407): A Ionenfelddiagramm von Meerwasser. B Ionenfelddiagramm von Amazonas-Weißwasser. C Ionenfelddiagramm von Schwarzwasser (Rio Negro). D Ionenfelddiagramm des Kienke im südlichen Kamerun (Leitfähigkeit: 19 Mikrosiemens, Temperatur: 25° C, pH: 6,5, Farbe: braungelb, klar). E Ionenfelddiagramm des Van-Gölü-Sodasees. F ungewöhnliches Schwarzwasser des Gelam (Melaleuca leucadendron-Waldes) in Malakka: hoher Salzgehalt, erheblicher Anionen-Überschuß, niedriger pH-Wert, geringe Alkalität, hoher Sulfat- und Magnesiumgehalt; Fischfauna: Rasbora einthoveni, Anabas testudineus, im übrigen verarmte Fauna.

ursprünglichen Lebensmedium. Die Körperflüssigkeiten der Organismen stellen ionenreiche wäßrige Lösungen dar, die von dem Außenmedium durch annähernd semipermeable Membranen abgeschlossen sind. Medien, die von den ursprünglichen Verhältnissen im Meer abweichen (Brackwasser und Süßwasser), setzen daher entsprechende osmo- und ionenregulatorische Fähigkeiten bei ihren Bewohnern voraus.

Brackwasser

Sämtliche Gewässer, deren Salzkonzentration zwischen der des reinen Meerwassers und des reinen Süßwassers liegt, werden als Brackwasser bezeichnet.
Die Entstehung des Brackwassers aus Meerwasser durch Zufuhr von Süßwasser kann sich naturgemäß nur im Küstenbereich vollziehen. Jedoch ist es dabei nicht notwendig, daß Meerwasser und Süßwasser in ständig offener Verbindung stehen.
Die Süßwasserfische treten in der Mehrzahl im marinen Brackwasserbereich bis etwa 5 ‰ Gesamtsalzgehalt auf. Im mesohalinen Bereich kommen allerdings nur noch wenige Süßwasserarten vor, wie z. B. der Flußbarsch *Perca fluviatilis* (15 ‰ S) oder auch der Zander *Stizostedion lucioperca.* Auch in versalzenen Fließgewässern wie z. B. der Werra (bis 10 ‰ S) trägt die Fischfauna durchaus Süßwassercharakter. Als kritisch für die Lebensfähigkeit erwies sich hier ein Salzgehalt von 12 ‰, der insbesondere von Arten wie *Rutilus rutilus, Abramis brama, Alburnus alburnus, Chondrostoma nasus, Scardinius erythrophthalmus* und *Barbus barbus* nicht mehr vertragen wird. Nicht geschädigt wurden z. B. *Perca fluviatilis* und *Stizostedion lucioperca.* Süßwasserfische aus dem finnischen Meerbusen bzw. der Pojo-Bucht bei der Zoologischen Station Tvärminne (bis 6 ‰ S) sind *Abramis brama* (Brachsen), *Leuciscus idus* (Orfe), *Esox lucius* (Hecht), *Perca fluviatilis* (Barsch), *Coregonus albula, Rutilus rutilus, Scardinius erythrophthalmus* (Rotfeder), *Leuciscus grislagine, Alburnus alburnus, Vimba vimba, Cottus gobio, Lota lota.* Auch in den Haffen der Ostseeküste spielen die Süßwasserfische wie Rotauge, Brachsen, Schrätzer, Hecht, Barsch und Zander für die Fischerei eine große Rolle. Über die Verbreitung von Süßwasserfischen im Kaspischen Meer liegen Angaben über folgende Arten vor: Im Küstenbereich leben bei Salzgehalten zwischen 6 und 12 ‰ die Arten *Pelecus cultratus, Cyprinus carpio* und *Stizostedion lucioperca.*
Extreme Lebensräume sind auch der Natron- und der Manyarasee, desgl. der Magadisee im Ostafrikanischen Graben. Im Magadisee lebt *Tilapia grahami* in heißen vulkanischen Sodaquellen bei einer Temperatur von 41–42° C, einem pH von etwa 10,5 und einem spezifischen Gewicht des Wassers von 1,016 bis 1,03.
Unter etwa gleichartigen Bedingungen wie *Tilapia grahami* leben ca. 30 Meilen südlich vom Magadisee im Natronsee Buntbarsche der Art *Tilapia alcalica* und im Manyarasee Buntbarsche der Art *Tilapia amphimelas.*
Auch bei Fischarten mit sehr hoher Toleranz, die alle Salinitätsgrade zu ertragen vermögen, liegt der Schwerpunkt der Verbreitung häufig entweder im limnischen oder im marinen Bereich. Der Stichling *Gasterosteus aculeatus* kommt in den nördlichen europäischen Meeren, im Schwarzen Meer und in den Binnengewässern Europas vor, südlich der Alpen und Pyrenäen beschränkt er sich aber auf das Süßwasser. Manche Fischarten verbringen bestimmte Stufen ihrer Entwicklung nacheinander im Süß- und Salzwassr. Der Lachs *Salmo salar* wandert zum Laichen aus dem Meer in die Flüsse; die Jungfische kehren nach 2–3jährigem Süßwasseraufenthalt wieder zum Meer zurück. Umgekehrt zieht der Aal aus den Binnengewässern zum Laichen in das Meer; die Jungaale entwickeln sich hier und finden in mehrjähriger Wanderung zu den Küsten zurück, um wieder in den Flüssen aufzusteigen. Beim Übergang vom salzigen in das süße Wasser und umgekehrt wird in der Regel ein Aufenthalt im brackigen Wasser der Flußmündungen eingeschoben, wohl zur Gewöhnung an die neuen Verhältnisse. Neben solchen Arten, deren Toleranz nahezu den gesamten auf dem Festland und im Meer vorkommenden Salinitätsbereich umspannt, gibt es zahlreiche Arten, die weniger tolerant sind, aber auch in Medien mit unterschiedlichem Salzgehalt zu existieren vermögen. Zu diesen Fischen gehören marine Arten, die in Nord- und Ostsee bei Salzanteilen zwischen 5 und 35 ‰ leben, z. B. die Sprotte *Clupea sprattus.*
Ein besonders extremes Biotop ist das Küstenrandgebiet im südlichen Texas. Hier leben in Pfützen, Teichen, Gezeitentümpeln und Buchten zwischen dem Rio Grande und dem Sabine River neun Cyprinodontidenarten: *Cyprinodon varie-*

gatus, Fundulus grandis, Poecilia latipinna, Fundulus similis, Adinia multifasciata, Gambusia affinis, Lucania parva, Fundulus pulverus und *Fundulus jenkinsi.* In manchen Kleingewässern dieser Küstenlandschaft ist der Salzgehalt besonders hoch. Er beträgt in Einzelfällen mehr als 80 ‰. Bei einer Gelegenheit wurde *Cyprinodon variegatus* sogar noch in einem Tümpel mit einem Salzgehalt von 142,4 ‰ gefangen. Nur *Gambusia affinis* und *Fundulus jenkinsi* können bei Salzgehalten von über 30 ‰ nicht mehr existieren.

Welches Wasser für welche Fische?

Die meisten Aquarienfische benötigen ein klares, sauberes, bakterien- und protozoenarmes Wasser. Ein solches Wasser enthält wenige organische Abbauprodukte; man nennt es „oligosaprob". Das bedeutet wörtlich: „Mit wenig Fäulnisstoffen belastet." Solche Wässer sind zugleich auch „oligotroph", das heißt arm an Nährstoffen. Oligosaprobe und oligotrophe Gewässer finden wir zwar in der freien Natur, nur ganz selten aber im Aquarium. In der Mehrzahl aller Fälle befinden sich unsere Aquarien im „eutrophen", das heißt nährstoffreichen und „mesosaproben", das heißt mit mittlerem Gehalt an Fäulnisstoffen, Zustand. Ein solches leicht verschmutztes Aquarienwasser ist günstig für viele Zahnkarpfen, Welse, Labyrinther und Goldfische, nicht aber für die Mehrzahl der Aquarienfische aus West- und Zentralafrika und aus dem Norden Südamerikas.
Die Kärpflinge der Gattung *Aphyosemion* leben zumeist in sehr weichen, mineralstoffarmen Gewässern West- und Zentralafrikas. Im Amazonasgebiet unterscheidet man Klarwasser, Weißwasser und Schwarzwasser. Das erstere entstammt dem Urgestein, das letztere der Amazonasebene, und das Weißwasser mit seiner trüb-gelben Farbe kommt aus den Anden. Alle drei Wassertypen sind außerordentlich weich, arm an Stickstoffverbindungen und sauer. Ihre Leitfähigkeit ist, da sie mineralstoffarm sind, gering. Die meisten Aquarienfische aus dem Amazonasgebiet leben im Klarwasser.
In Südostasien finden wir die unterschiedlichsten Wasserarten. In der Heimat der Keilfleckbarbe ist das Wasser außerordentlich weich (0,6° dGH) und schwach sauer (pH 6). Die Heimatgewässer des Schokoladenguramis auf Sumatra sind ähnlich zusammengesetzt, sie sind allerdings infolge gelöster Humusstoffe tief braun gefärbt. Aber keineswegs für alle ostasiatischen Fische ist weiches Wasser notwendig!
Das Wasser Mittelamerikas, dem die Lebendgebärenden Zahnkarpfen entstammen, ist hart, mineralreich, neutral bis schwach alkalisch.
Andere Fundorte beliebter Aquarienfische, z. B. in Ostafrika (dorther stammen die *Nothobranchius*-Arten) weisen ein schwach alkalisches, mineralstoffreiches Wasser mit einer Karbonathärte von 6,1 auf (Geißler), wogegen eine Wasserprobe aus dem Tanganjikasee, der Heimat bekannter Cichliden, einen pH-Wert von 7,5 bei einer Gesamthärte von 5,1 zeigte. Als Zeichen hohen Elektrolytgehaltes wies dieses Wasser eine Leitfähigkeit von 728 Mikrosiemens auf.

Wasserwechsel – wann und wie?

Die meisten Aquarianer verwenden zum Füllen ihrer Aquarien Leitungswasser ohne besondere Aufbereitung. Das Leitungswasser entspricht allerdings in seiner Zusammensetzung fast nie dem Wasser aus der Heimat der meisten tropischen Fische und Pflanzen. In manchen Fällen ist es daher angezeigt, das aus der Leitung kommende „Frischwasser" für aquaristische Zwecke aufzubereiten. Wie kann das geschehen? Die zuständigen Wasserwerke sind fast immer bereit, eine genaue Wasseranalyse des von ihnen gelieferten Wassers auf Anfrage zur Verfügung zu stellen. Eine solche Analyse beantwortet die Frage, in welcher Weise das zugeführte Leitungswasser schädliche Stoffe in das Aquarium einbringen kann.
Im allgemeinen wird man zunächst auf eine möglichst gleichbleibende Zusammensetzung des Wassers beim Wasserwechsel achten. Die Zugabe von Wasser anderen Härtegrades oder anderer Mineralzusammensetzung sollte nur langsam

Ort	Fischart	Temperatur °C	pH	°dGH	Leitfähigkeit Mikrosiemens	Farbe
Magefe-River 11 km nördlich Mambanda östlich von Kumba	*Epiplatys sexfasciatus* *Aphyosemion celiae* *Procatopus similis* *Barbodes camptacanthus*	24–26	6,0	1	33	gelb
Grasland in Kamerun bei Bamenda	*Aphyosemion bualanum*	18–22	7,0	4	84	klar
Kumba-River	*Epiplatys sexfasciatus*	25,5	6,2	2	20–59	gelb
Fernando Poo Sumpfgebiet	*Aphyosemion santaisabellae*		6,2	1,25		
Fernando Poo	*Epiplatys sexfasciatus*		7,6	6–10		
Westkamerun bei Mbio	*Aphyosemion mirabile*		6–6,5	1	28	gelb
Sierra, Leone, Bach zwischen Blama und Baoma	*Aphyosemion sjoestedti*	24	4,5	0,58	29	
Nigeria Yemojifluß bei Ijebu-Ode	*Epiplatys sp.*	26	5,9	1,1	150	
Kongo, kleine Zuflüsse zum Stanleypool	*Aplocheilichthys myersi*	26–28	6,5	2,0	84	
Einzugsgebiet des Kienké und Lobé	*Aphyosemion loennbergi* *Aphyosemion cameronense* *Aphyosemion bivittatum* *Aphyosemion gardneri* *Epiplatys sexfasciatus* *Thysia ansorgei* *Pelvicachromis taeniatus* *Neolebias ansorgei* *Ctenopoma nanum*	25–26	5,5–6,5	0,2	21	braun gelb
Lagos, Küstenlagune	*Aplocheilichthys spilauchen*		5,8		4900 Brackwasser!	
Tanganjika-See	*Lamprologus compressiceps* *Lamprologus lemarii* *Lamprologus furcifer* *Lamprologus elongatus* *Tropheus moorei* *Julidochromis marlieri* *Limnotilapia dardennei* *Eretmodus cyanosticus* *Lobochilotes labiatus* *Limnochromis otostigma*	28	7,5–8,5	5,1–15	728	farblos klar

Tabelle 5.19: Zusammenstellung der Heimatgewässer verschiedener afrikanischer Aquarienfische.

und schrittweise erfolgen. Besonders vorsichtig müssen die Aquarianer dabei vorgehen, die in ihren Becken weiches, schwach saures Wasser verwenden. Das im sauren Wasser ungiftige Ammonium kann nämlich, wenn der pH-Wert in den alkalischen Bereich umschlägt, in das giftige Ammoniak umgewandelt werden.

Es entsteht dabei um so mehr Ammoniak, je alkalischer das Aquarienwasser wird. In diesem Fall muß man daher darauf achten, daß das Wasser sauer bleibt. Wichtig ist es auch, das frische Leitungswasser nicht allzu schnell dem bereits vorhandenen Aquarienwasser beizumengen, da die im Leitungswasser gelösten Gase nach der Druckentlastung aus dem Wasser entweichen. Dies kann in Extremfällen bei den Fischen zu Gasembolien führen.
Wann jeweils ein Wasserwechsel vorzunehmen ist, hängt von der Konzentration der schädlichen Stoffe im Wasser ab. Die Konzentrationszunahme an mineralischen Stoffen, die vorwiegend durch die Fütterung zugeführt werden, läßt sich zum Beispiel leicht durch die Messung der Leitfähigkeit nachprüfen. Auch der Kaliumpermanganatverbrauch und der Chloridgehalt geben gute Anhaltspunkte für die Beurteilung der Belastung des Wassers mit organischen Stoffen und anorganischen Salzen.
Eine allgemein verbindliche Empfehlung, wann in welcher Menge ein Wasserwechsel vorzunehmen ist, kann nicht gegeben werden. Im Einzelfall wird immer zu prüfen sein, mit wie vielen Fischen ein Becken besetzt ist, wie gefüttert wird und welcher Pflanzenbesatz sich im Aquarium befindet.
Noch ein Wort zum Chlor im Wasser: Das von den Wasserwerken dem Leitungswasser oft zugesetzte Chlor wird in seiner Gefährlichkeit vom Aquarianer meist überschätzt. Allein durch Stehenlassen des Wassers, durch kräftigte Belüftung (Entnahme aus der Leitung durch die Brause)[1] kann man den Chlorgehalt wirksam herabsetzen. Im Leitungswasser finden sich nach der Chlorung meist 0,1 bis 0,2 mg/l Chlor (maximal bis 0,6 mg/l). Die Zugabe von Mitteln, die Chlor entfernen (z. B. in Tablettenform erhältlich) wirkt zwar gut, erhöht aber den Mineralgehalt des Wassers.

[1] Siehe auch S. 304

6

Helmut Pinter

Futterkunde

Pinter

Futter für Aquarienfische

Bei der Fütterung der Aquarienfische ist es wichtig, daß sich der Aquarienfreund darüber im klaren ist, daß Fisch nicht gleich Fisch ist. Genau wie bei anderen Wirbeltieren, z. B. den Säugetieren oder Vögeln, gibt es unter den Fischen „Raubtiere", „Allesfresser" und Arten, die überwiegend oder ausschließlich von pflanzlichen Stoffen leben. Der Wunschtraum, alle Fischarten mit einem Universalfutter ernähren zu können, ist genauso abwegig, wie wenn man dies bei der Ernährung von Säugetieren oder Vögeln versuchen wollte. Will man auf die Dauer seine Pfleglinge in guter Verfassung erhalten und sie womöglich sogar zur Fortpflanzung bringen, reichen käufliche Trockenfutterpräparate in den meisten Fällen nicht aus.

Im Prinzip gelten bei der Ernährung von Fischen dieselben Regeln wie bei aller tierischen und menschlichen Ernährung. Ein richtig zusammengesetztes Futter muß also eine ausreichende Menge an Kalorien in Form der Grundnahrungsstoffe Eiweiß, Kohlenhydrate und Fett[1] enthalten. Darüber hinaus muß im Futter noch eine weitere Anzahl von anderen Stoffen, wie Vitamine, Mineralstoffe und Spurenelemente vorhanden sein, wenn die Fische bei guter Gesundheit bleiben sollen. Nun bestehen kaum irgendwelche Futtermittel aus Grundnahrungsstoffen in reiner Form, gleichzeitig mit den Nahrungsstoffen nehmen die Fische andere Substanzen, sogenannte Ballaststoffe, auf. Diese Ballaststoffe, wie z. B. das Chitin der Insektenpanzer oder gewisse Pflanzenfasern, sind zwar mehr oder weniger unverdaulich, können aber mechanisch eine große Rolle beim Verdauungsvorgang spielen. Mangel an geeigneten Ballaststoffen kann bei manchen Arten zu schweren Verdauungsstörungen führen, selbst dann, wenn das Futter in anderer Hinsicht die richtige Zusammensetzung hat.

Bevor wir uns den verschiedenen Futtermitteln und deren Beschaffung zuwenden, wollen wir einmal die Grundnahrungsstoffe auf ihre Bedeutung für die Ernährung der Fische etwas näher betrachten.

Eiweißstoffe, auch Proteine genannt, spielen bei der Ernährung von Fischen eine große Rolle. Eiweißstoffe sind aus stickstoffhaltigen Aminosäuren aufgebaut, die absolut notwendig für die Ernährung sind. Die lebensnotwendigen (essentiellen) Aminosäuren können nicht aus anderen Substanzen des Stoffwechsels aufgebaut werden. Eiweißstoffe nehmen bei der Ernährung also insoweit eine Sonderstellung ein, als ihr Aufbau aus Grundstoffen im Organismus nicht möglich ist. Dem Organismus müssen Eiweiße ständig neu zugeführt werden. Je nach Herkunft können Eiweiße für die Ernährung von äußerst unterschiedlichem Wert sein, da ihr Gehalt an Aminosäuren und deren mengenmäßiges Verhältnis zueinander sehr verschieden sind. In welchem Maße Eiweißstoffe bei der Verdauung ausgenutzt werden, hängt also von der Zusammensetzung ihrer Aminosäuren ab, die wiederum dem Bedarf des zu fütternden Tieres entsprechen muß. Bei Fischen lehrt die Erfahrung, daß Eiweißstoffe aus anderen Fischen am besten aufgenommen werden. Andere an Eiweiß reiche Futtermittel mit für den Fischorganismus günstiger Aminosäurenzusammensetzung sind Fleisch von Krebstieren, Muschelfleisch, Insekten und Insektenlarven. Fleisch von Warmblütern hat für die Fischnahrung einen weniger günstigen Eiweißaufbau.

Kohlenhydrate, das heißt Zucker von unterschiedlichem Aufbau (Stärke, Glykogen und Cellulose), sind Stoffe, die sich selten in höherer Konzentration in der natürlichen Nahrung der Fische finden. Bei Fütterung mit Ersatzfutter besteht oft die Gefahr, daß im verabreichten Futter allzu große Mengen Kohlenhydrate enthalten sind. So sind z. B. in sehr vielen Trockenfutterpräparaten eiweißreiche Stoffe tierischer Herkunft an ein stärkereiches Bindemittel gebunden. Für die Ernährung nicht benötigte Kohlenhydrate werden vom Körper nicht ausgeschieden, sondern nach Umwandlung in Fett als Reservedepot im Körper gespeichert. Dieser Vorgang, auf dem ja alle Tiermast beruht, ist für Aquarienfische oft verhängnisvoll. Enthält Fischfutter zu große Mengen an Kohlenhydraten, so können sich im Organismus so große Fettmengen sammeln, daß die Gesundheit der Fische ernstlich gefährdet ist. Durch Überbelastung der Leber (Fettleber) kann sogar der Tod die Folge von Fettüberlastung sein. Aber auch andere Formen von Fettablagerungen setzen die Verfassung der Fische herab und beeinflussen ihr Fortpflanzungsvermögen nachteilig. Fett hat die unangenehme Eigenschaft, sich in erster Hand in den Geschlechtsorganen der Fische abzulagern. Die Fähigkeit, Kohlenhydrate zu verwerten, ist bei Fischen je nach Art recht unterschiedlich.

[1] Nahrungsstoffe sind alle chemischen Verbindungen, die der Organismus braucht, um die körpereigenen Stoffe herzustellen.

1. Eiweiß = Protein (vom griech. protos = das Ursprüngliche abgeleitet) gehört zu den unbedingt lebensnotwendigen Bausteinen der Zellen. Verschiedene Eiweißstoffe sind unterschiedlich verdaulich. Tiere mit einfachem Verdauungssystem (dazu sind fast alle Fische zu rechnen) können Eiweiße pflanzlicher Herkunft überhaupt nicht oder nur äußerst unvollständig verdauen. Pflanzliches Eiweiß ist in den Zellen von Cellulose eingeschlossen, die nur mit Hilfe von Bakterien zerlegt werden kann. Für die Ernährung der Fische spielen also in erster Linie tierische Eiweiße eine Rolle.

2. Fette (Neutralfette) sind ausschließlich aus Kohlenstoff, Wasserstoff und Sauerstoff aufgebaut. Im Organismus werden während der Verdauung die Fette durch Fermente (Lipasen) aufgespalten.

3. Kohlenhydrate, das heißt Stärke, Zucker und Cellulose werden durch Verdauungsenzyme in einfache Zuckerarten (Glukose, Dextrose) verwandelt, die direkt über die Darmzellen vom Blut aufgenommen werden. Glukose wird in der Leber zu Glykogen umgewandelt. Glykogen dient als Energiereserve und wird im Bedarfsfall wieder in Glukose umgewandelt. Kohlenhydratüberschuß wird häufig in Fett umgewandelt und im Körper gelagert.

Außer den Grundnahrungsstoffen benötigt der Organismus Wasser, Mineralstoffe und Vitamine. Mineralstoffe teilt man in Mengenelemente und Spurenelemente ein. Mengenelemente sind Calcium, Phosphor, Kalium, Natrium, Chlor, Magnesium und Schwefel. Bei einem guten Futter soll der Anteil an Mengenelementen, umgerechnet auf Trockensubstanz, 2–3 % des Gesamtfutters betragen.

Spurenelemente sind, wie schon der Name sagt, nur als Spuren im Futter enthalten. Der Organismus benötigt alle Spurenelemente. Das Fehlen eines Spurenelementes kann Mangelerscheinungen zur Folge haben. Normalerweise sind aber alle notwendigen Spurenelemente in den Futtermitteln in ausreichenden Mengen vorhanden. Zu den Spurenelementen rechnet man Fluor, Eisen, Kupfer, Mangan, Zink, Kobalt, Molybdän, Jod und Selen.

Bei den Aquarienfischen neigen vor allen anderen Arten besonders Labyrinthfische dazu, größere Mengen von im Futter verabreichten Kohlenhydraten in Fett umzuwandeln und dies im Körper abzulagern. Erwachsene Labyrinthfische, die mit kohlenhydratreichem Futter ernährt werden, verfetten in wenigen Monaten hoffnungslos.

Wie schon erwähnt, enthält die natürliche Nahrung von Fischen nur selten größere Mengen der Kohlenhydrate Zucker und Stärke. Zwei weitere Kohlenhydrate, Glykogen und Cellulose, sind, je nach Ernährungsart der betreffenden Fische, häufig in größeren Mengen in der natürlichen Nahrung enthalten. Glykogen kommt nur im Tierreich vor; man kann es als tierische Stärke bezeichnen (Leberstärke). Im Tierkörper spielt Glykogen die Rolle eines „Brennstoffes" und ist in fast allen Körperzellen vorhanden, besonders in den Muskeln und in noch höherem Grade in der Leber. Alle Fische, die ganz oder teilweise von tierischem Futter leben, nehmen also Glykogen auf. Cellulose dagegen, eine der häufigsten organischen Substanzen, kann nur unter speziellen Bedingungen verdaut werden. Cellulose ist ein Bestandteil pflanzlicher Zellgewebe; ihr Anteil an pflanzlicher Gesamtsubstanz kann zwischen 95 % (z. B. bei Holz) bis nur wenige Prozent (z. B. bei Algen) betragen. Nur mit Hilfe gewisser Bakterienenzyme kann Cellulose aufgeschlossen werden. Pflanzenfressende Säugetiere, die große Mengen Cellulose aufnehmen (Grasfresser), schalten die Bakterienenzyme weitgehend in die Verdauung ein (z. B. Wiederkäuer), sie können daher auch Futtermittel mit hohem Anteil an Cellulose verwerten. Ob bei Fischen ähnliche Prozesse vorkommen, ist noch nicht erforscht, doch ist anzunehmen, daß Arten, die ausschließlich oder überwiegend von pflanzlichen Stoffen leben, Bakterienenzyme in die Verdauung einbeziehen. Ganz abgesehen davon hat Cellulose bei allen Fischen, die irgendwelche Pflanzennahrung aufnehmen, eine gewisse Bedeutung als Ballaststoff[2].

Fette können in sehr verschiedenem Grad bei der Ernährung von Fischen eine Rolle spielen. Der Anteil von Fetten am Gesamtfutter darf nicht zu hoch sein, doch können in dieser Hinsicht zwischen verschiedenen Fischarten bedeutende Unterschiede bestehen. Ein Zuviel an Fett wird, ähnlich wie bei den schon erwähnten Kohlenhydraten, als Fettreserve im Körper abgelagert. Übersteigt diese Fettreserve einen gewissen Prozentsatz der Gesamtkörpersubstanz, schadet sie der Gesundheit und kann sogar zum Tode führen. Genauere Untersuchungen der Fettverwertung bei Aquarienfischen liegen nicht vor. Von Nutzfischen aber weiß man, daß der Fettanteil des Futters 6 % nicht übersteigen darf, wenn man Lachsfische damit füttert. Karpfen dagegen können mit Futter ernährt werden, das zwischen 20 und 25 % Fett enthält, ohne daß es zur Bildung einer Fettleber kommt.

Vitamine sind lebensnotwendige Wirkstoffe, die laufend in kleinsten Mengen aufgenommen werden müssen. Ihre Aufgabe im Organismus ist, die normalen Stoffwechselvorgänge sicherzustellen und aufrechtzuerhalten. Mangel oder Fortfall eines betimmten Vitamins verursacht eine spezifisch abgrenzbare Mangelkrankheit (Avitaminose[3]), so z. B. Mangel an Vitamin D Rachitis. Ob sich der Vitaminbedarf der Fische in allen Einzelheiten mit dem Vitaminbedarf von warmblütigen Tieren deckt, ist nicht genau bekannt. Sicher ist jedoch, daß Fische die Vitamine A, B, C, D, E und T benötigen. Fische, die mit natürlichen Futtermitteln ernährt werden, erkranken erfahrungsgemäß fast nie an Avitaminosen. Dagegen kennt man zahlreiche Fälle derartiger Erkrankungen bei Fischen, die mit Ersatzfutter ernährt wurden, sowohl bei der Aufzucht von Nutzfischen wie auch bei Aquarienfischen. Viele Vitamine sind äußerst empfindlich gegen längere oder unsachgemäße Lagerung. Trockenfutterpräparate, die direkt nach der Herstellung alle notwendigen Vitamine enthalten, können nach einiger Zeit praktisch frei von Vitaminen sein. Vitamin A und Vitamin C werden bei Kontakt mit Sauerstoff schnell zerstört. Besonders bei Flockenfutter, bei dem große Futterflächen mit dem Sauerstoff der Luft in Berührung kommen, muß man daran denken und die Futterbehälter sorgfältig verschließen. Vitamin D 3, das normal in der Fischhaut unter der Einwirkung ultravioletter Strahlen gebildet wird, ist im Futterpräparat gegen dieselben Strahlen empfindlich und wird von ihnen zerstört. Vitamin B ist in manchen seiner Bestandteile empfindlich gegen zu warme Lagerung. Trokkenfutterpräparate sollten daher stets kühl und dunkel aufbewahrt werden.

[2] Bei Hypophthalmichthys molitrix, einem großen Speisefisch aus dem Amur, ist bakterielle Aufbereitung von pflanzlichem Eiweiß im Organismus nachgewiesen.

[3] Avitaminosen: Mangelkrankheiten, die durch Mangel an Vitaminen entstehen. Geringgradige Formen von Avitaminosen werden auch als Hypovitaminosen bezeichnet. Bei Fischen sind bisher nur wenige Formen von Avitaminosen nachgewiesen. Neben Rachitis, verursacht durch Mangel an Vitamin D (durch Störungen des Mineralstoffwechsels Skelettmißbildungen), wurden Schäden der Oberhaut (Epidermis), verursacht durch Mangel an Vitamin A, nachgewiesen. Avitaminosen können auch häufig Anlaß zu Erkrankungen anderer Art sein. Gemeinsam für alle Avitaminosen gilt, daß sie eine Resistenzminderung gegenüber Infektionen zur Folge haben. Schlechter Allgemeinzustand, herabgesetzte Widerstandskraft gegen Parasiten- und Bakterienangriffe, Futterverweigerung usw. können eine Avitaminose als Ursache haben.
In frischen Futtermitteln sind normalerweise alle notwendigen Vitamine vorhanden, wenn wir Einseitigkeit bei der Auswahl der Futtermittel vermeiden.
Gefahr für das Auftreten von Avitaminosen besteht teils allgemein während der Wintermonate, teils im Zusammenhang mit besonderer Beanspruchung während der Fortpflanzung.

Einige Ratschläge zur Fütterungstechnik

Bei der begrenzten Wassermenge eines Aquariums ist die Gefahr groß, daß zu viele organische Substanzen bei der Fütterung ins Wasser gelangen. Dies sollte man immer beachten, besonders wenn man Trockenfutter oder stark eiweißhaltige tote Futterstoffe (z. B. Fischfleisch) verfüttert. Man sollte sich auch nicht dem Irrtum hingeben, man könne durch ständige Filterung eine Anreicherung von organischen Stoffen verhindern. Schmutz bleibt Schmutz, auch wenn er sich im Filter befindet. Daher soll totes Futter nie in größeren Mengen verabreicht werden, als die Fische auffressen, bevor es zu Boden sinkt. Zwei, höchstens drei Fütterungen am Tage reichen vollständig, und bei voll ausgewachsenen Fischen kommt man häufig mit einer Fütterung am Tag aus. Man sollte immer daran denken, daß Fische als wechselwarme Tiere keine Energie benötigen, um ihre Körpertemperatur aufrechtzuerhalten. Warmblütige Tiere verbrauchen einen großen Teil der als Futter aufgenommenen Energie dazu, ihre Körpertemperatur stabil zu halten. Da bei wechselwarmen Tieren die Körpertemperatur vom umgebenden Medium abhängig ist, wird für den Temperaturhaushalt keine Energie benötigt. Erwachsene Fische können längere Zeit ohne Nahrung sein, ohne irgendwelchen Schaden zu nehmen. Man kann also ein mit ausgewachsenen Fischen besetztes Aquarium ohne weiteres acht bis zehn Tage lang sich selber überlassen. Befinden sich Jungfische im Aquarium, ist die Sache anders. Heranwachsende Fische können durch längere Hungerperioden nachteilig in ihrer Entwicklung beeinflußt werden. Wenn man aber von Zucht- bzw. Aufzuchtaquarien absieht, so gilt als erste Grundregel bei der Fütterung: Lieber zu sparsam als zu reichlich.

Überfütterung[1], besonders Überfütterung mit stark eiweißhaltigen Futterstoffen, führt zu einer allgemeinen Vergiftung des Wassers. Als direkt sichtbares Zeichen tritt Sauerstoffmangel auf, und die Aquarieninsassen schnappen an der Oberfläche nach Luft. Dieser Sauerstoffmangel, der lediglich ein Teil der allgemeinen Vergiftung ist, wird durch die stark gesteigerte Vermehrung von Bakterien und anderer Mikroorganismen bedingt, die praktisch fast allen Sauerstoff im Wasser verbrauchen können[2]. Hierbei ist daran zu denken, daß sich im Filter besonders große Mengen von Bakterien und anderen Mikroorganismen anhäufen können, die das durchlaufende Wasser effektiv von fast allem Sauerstoff befreien. Auch bei der Verfütterung lebender Futtertiere kann es zu einer Vergiftung des Wassers durch Überfütterung kommen, und zwar besonders im Winter, wenn in freien Gewässern gefangene Futtertiere im warmen Wasser des Aquariums schnell absterben. Je kleiner ein Aquarium ist, um so größer ist die Gefahr, daß ein Zuviel an Futter schadet. Erfahrungsgemäß ist in Aquarien mit mehr als 200 Liter Inhalt und normalem Fischbesatz die Gefahr einer Überfütterung nicht sonderlich groß.

Natürliche Futtermittel[3]

In freien Gewässern steht den Fischen eine große Auswahl verschiedenster Futtertiere zur Verfügung, wie Infusorien, Rotatorien, Kleinkrebse, verschiedene Würmer, Larven von Wasser- und Landinsekten, die ihre Entwicklung im Wasser durchlaufen, kleine Fische usw. In manchen Gebieten ist auch der Anteil des sogenannten „Anfluges" an der Ernährung wildlebender Fische sehr groß. Unter „Anflug" versteht man Landinsekten, die entweder auf die Wasseroberfläche fallen oder springend von den Fischen dicht über der Wasseroberfläche erbeutet werden. Es ist verkehrt, wenn man davon ausgeht, daß in tropischen Gewässern die Futtertiere in etwa demselben Verhältnis zueinander vorkommen wie in den gemäßigten Zonen. Die bisher vorliegenden Untersuchungen deuten darauf hin, daß der Anteil der Kleinkrebse in den Gewässern Zentraleuropas ungewöhnlich hoch ist. In tropischen Gewässern wachsen unter der intensiven Lichteinwirkung der Tropensonne stellenweise große Mengen von als Fischnahrung geeigneten Algen, die in unseren heimatlichen Gewässern fehlen. Magenuntersuchungen wild lebender Fische deuten überhaupt darauf hin, daß viele Arten in der Natur mehr pflanzliche Stoffe zu sich nehmen, als wir ihnen im Aquarium bieten können. Wollen wir unsere exotischen Pfleglinge richtig füttern,

[1] Überfütterung. Wird mit mehr Futter gefüttert, als die Fische zu fressen vermögen, werden alle normalen Gleichgewichtsfunktionen im geschlossenen Kreislauf des Aquariums gestört. Rein optisch kann man durch intensive Filterung die Folgen der Überfütterung unsichtbar machen, womit aber weder Fischen noch Pflanzen gedient ist. Anhäufungen von Futterresten, besonders solchen, die reich an Eiweiß sind, fördern die Vermehrung von Bakterien und anderen einzelligen Organismen.

[2] Die Mikroorganismen verbrauchen große Mengen Sauerstoff, der Sauerstoffgehalt des Wassers sinkt unter das für Fische notwendige Minimum. Auch kräftige Durchlüftung kann diesen Vorgang im besten Falle mildern, aber nicht verhindern. Bei kräftiger Filterung kommt es zu ungeheuren Konzentrationen von Mikroorganismen im Filter. Bei Wasserdurchfluß wird fast aller im Wasser gelöster Sauerstoff durch Oxidation verbraucht. Das aus dem Filter augenscheinlich klar in das Aquarium zurückfließende Wasser ist häufig praktisch frei von Sauerstoff. Die Folgen einer Überfütterung können also nicht durch technische Hilfsmittel beseitigt werden.

[3] Angaben zur Futterbeschaffung und Futterzuchten gibt auch Jocher, W.: Futter für Vivarientiere. Reihe Das Vivarium, Kosmos-Verlag, 3. Aufl., Stuttgart 1975

[4] Mit lebenden Futtertieren können bisweilen auch Schädlinge und Parasiten eingeschleppt werden. Parasitengefahr liegt nur dort vor, wo Fischfutter in mit Fischen besetzten Gewässern gefangen wird. Aus fischfreien Gewässern kann man keine Fischparasiten einschleppen, wohl aber Schädlinge. Besonders auf alle Wasserkäfer und alle größeren Insektenlarven ist zu achten. Wir sollten aber alle Wasserkäfer und Insektenlarven wieder in die Gewässer zurücksetzen, aus dem wir sie gefangen haben und nicht etwa töten. Die oft recht schädlichen Karpfenläuse (Argulus, S. 677 f.) kommen nur in Gewässern vor, in denen auch Fische leben.

[5] Jungfernzeugung (griech. Parthenogenese von parthenos = Jungfrau, und genesis = Geburt, Entstehung) kommt bei Niederen Tieren relativ häufig vor. Unter Jungfernzeugung versteht man, daß eine Eizelle ohne vorherige Befruchtung entwicklungsfähig ist. Bei Tieren ist Jungfernzeugung bei Insekten, Kleinkrebsen und Saugwürmern bekannt. Auch im Pflanzenreich kommt Jungfernzeugung vor.

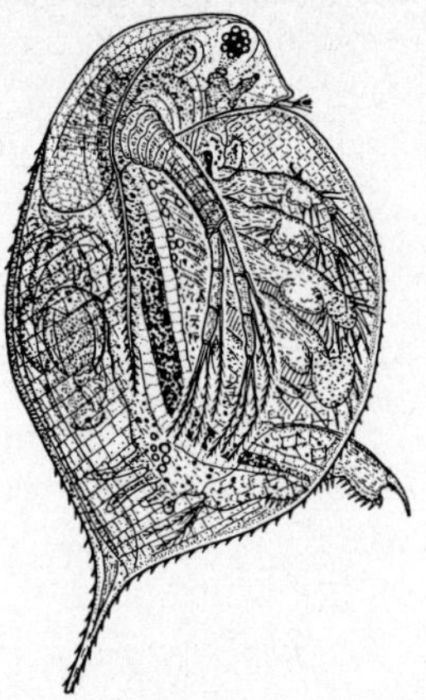

Wasserfloh Daphnia magna

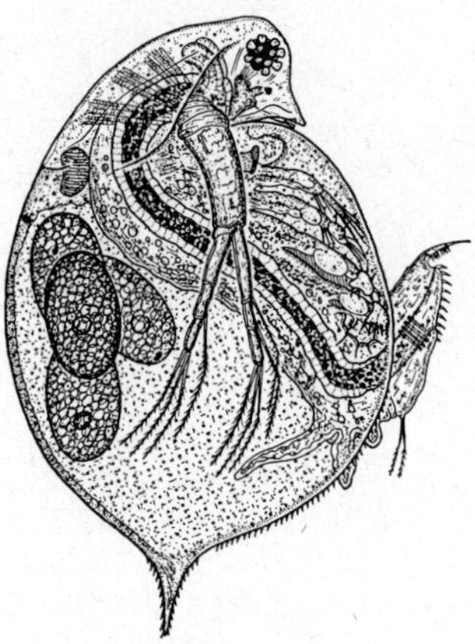

Wasserfloh Daphnia pulex

Hüpferling Cyclops

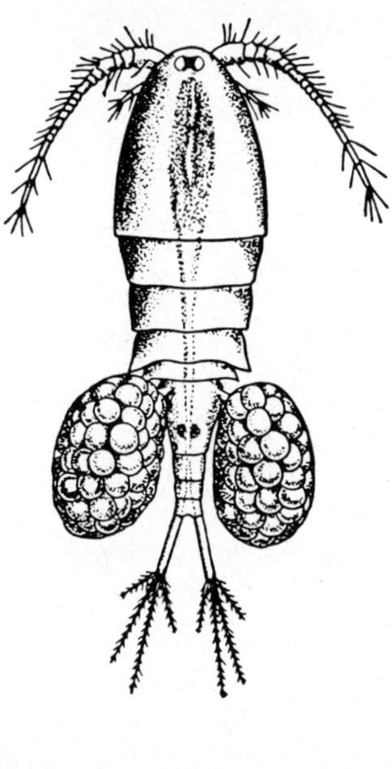

so sind wir allem bisherigen Wissen zum Trotz immer noch auf Vermutungen angewiesen. Nur in ganz wenigen Fällen wissen wir Genaueres über die Nahrung einer bestimmten Art in ihren natürlichen Heimatgewässern. Im folgenden sollen nun die zur Verfügung stehenden lebenden Futtertiere beschrieben werden[4].

Wasserflöhe (Daphnien) haben von allen Kleinkrebsen die größte Bedeutung als Fischfutter. Von den zahlreichen Arten der Gattung *Daphnia* kommen die Arten *D. magna, D. pulex* und *D. cucullata* allgemein in Europa vor. Daphnien gehören zu den Blattfußkrebsen; sie vermehren sich in der Regel durch Jungfernzeugung[5] (Parthenogenese). Die weichschaligen Sommereier entwickeln sich ohne Befruchtung. Solange die Bedingungen günstig sind (ausreichend hohe Wassertemperatur, reichlich Futteralgen), produzieren die Eierstöcke der Daphnien-Weibchen lediglich zartschalige Eier, aus denen ausschließlich Weibchen schlüpfen, die sich wiederum „jungfräulich" vermehren. Diese Form der Vermehrung geht sehr schnell und führt unter optimalen Bedingungen zu einer ungeheuren Anhäufung von Daphnien in stehenden und sehr langsam fließenden Gewässern. Bei sinkender Wassertemperatur entstehen neben ungeschlechtlich gezeugten Weibchen auch ungeschlechtlich gezeugte Männchen. Gleichzeitig entwickeln sich in den Eierstöcken der Weibchen hartschalige Dauereier (Wintereier). Die Dauereier sind erst nach erfolgter Befruchtung durch die Männchen entwicklungsfähig. Eingeschlossen in eine lufthaltige äußere Hülle (Ephippium) verbleiben die Dauereier bei der nächsten Häutung des Weibchens in dem leeren Panzer. Erst im kommenden Frühjahr schlüpfen aus den Dauereiern erneut weibliche Wasserflöhe.

Wasserflöhe bewegen sich durch rudernde Bewegungen ihrer zweiästigen Fühler fort. Dabei schwimmen sie, falls im Wasser irgendeine noch so schwache Strömung vorhanden ist, stets gegen die Strömung. An ihren kurzen Beinen, die ständig in Bewegung sind, befinden sich die Kiemen. Die Beinbewegungen haben außerdem die Aufgabe, dem Wasserfloh ständig neue Nahrung in Form von Einzellern und mikroskopischen Algen zuzuführen. Durch ein sinnreiches Filtersystem wird das Futter dem Organismus zugeführt. Das große Filtervermögen der Wasserflöhe kann der Aquarienfreund z. B. ausnutzen, wenn es gilt, ein Aquarium von Schwebealgen zu reinigen. Innerhalb von zehn bis fünfzehn Stunden filtrieren in großen Mengen eingesetzte Wasserflöhe alle Schwebealgen aus dem Aquarienwasser, das dann wieder vollständig klar ist. Wasserflöhe sind als Fischfuttter besonders wertvoll, weil sie zum großen Teil von mikroskopischen Algen leben. Fressen Fische Wasserflöhe, so nehmen sie neben der eiweißreichen Körpersubstanz dieser Futtertiere gleichzeitig eine Menge pflanzlicher Bestandteile auf, die sich im Verdauungsapparat der Wasserflöhe befindet. Darüber hinaus stellen die Chitinpanzer der Wasserflöhe einen ausgezeichneten Ballaststoff dar, der die Verdauung mechanisch unterstützt. Es hat sich gezeigt, daß Fische, die monatelang ausschließlich mit Wasserflöhen gefüttert werden, praktisch nie an irgendwelchen Mangelerscheinungen leiden.

Man fängt Wasserflöhe mit nicht zu feinmaschigen Netzen. Als Transportbehälter sind am besten flache Kannen geeignet, die im Verhältnis zur Wassermenge eine große Oberfläche haben. Die Transportzeit vom Fangplatz sollte man so kurz wie möglich halten, und die Transportbehälter darf man nicht zu stark mit Wasserflöhen besetzen. Während der warmen Jahreszeit kann man dem Transportwasser Eisstücke zugeben. Durch die Abkühlung des Transportwassers hebt man die Sauerstoffaufnahme des Wassers und senkt gleichzeitig den Stoffwechsel der Wasserflöhe; man kann sie so länger transportieren. Abhängig vom Gewässertyp, aus dem die Wasserflöhe kommen, kann ihre Haltbarkeit während des Transportes recht verschieden sein. Als Fingerzeig kann ihre Pigmentierung dienen: Wasserflöhe mit wenig Pigment, also heller Körperfarbe, sind fast immer sehr transportempfindlich. Dunklere Wasserflöhe, besonders solche von roter Körperfarbe, halten sich dagegen fast immer gut.

Wasserflöhe mit kräftigen Schalen können auch trocken, auf sogenannten Transportrahmen, transportiert werden. Welcher Transportweise man im einzelnen Fall den Vorzug gibt, muß man ausprobieren. In großen, dunkel und kühl aufgestellten Behältern kann man Wasserflöhe einige Tage lebend aufbewahren. Wichtig dabei ist lediglich, daß wirklich nur lebende Wasserflöhe in den Vorratsbehälter kommen (evtl. Durchlüften!).

Hüpferlinge (Cyclops) sind kleine (1–3 mm lange) Ruderfußkrebse und in zahlreichen Arten über große Gebiete der Erde verbreitet. Manche Arten können leicht gefangen und als Fischfutter verwendet werden. Hüpferlinge haben einen ganz gepanzerten Kopf und einen gegliederten Hinterleib. Ein kleines Auge auf der „Stirn" gab der Gattung ihren Namen. Zwei Paar Fühler, von denen die beiden ersten als Schwimmruder ausgebildet sind und ein zweiteiliger bürstenförmiger Schwanz sind andere Kennzeichen. *Cyclops* machen während ihrer Entwicklung mehrere Entwicklungsstadien (Naupliusstadien) durch, und *Cyclops*-Nauplien haben eine große Bedeutung als Staubfutter für Fischbrut. Hüpferlinge leben von winzigen tierischen und pflanzlichen Organismen. Manche Arten sind ausgesprochene Räuber, die sogar kleine Jungfische angreifen. Als Fischfutter haben *Cyclops* keine so große Bedeutung wie die Wasserflöhe, doch sind sie für die Ernährung kleinerer Fischarten ein ausgezeichnetes Futter. Besonders der Umstand, daß *Cyclops* oft zu Jahreszeiten gefangen werden können, in denen es keine Wasserflöhe gibt, macht sie besonders wertvoll. Die meisten *Cyclops*-Arten sind nämlich am häufigsten während der Wintermonate anzutreffen, und man kann sie in Seen auch im Winter unter dem Eis fangen. Die günstigste Fangzeit für *Cyclops* sind die Monate von Oktober bis März, gewisse Arten können jedoch auch während der Sommermonate gefangen werden. Während man Wasserflöhe fast immer in kleineren Wasseransammlungen wie Teichen findet, ziehen *Cyclops* größere Gewässer vor.

Eine andere Gattung der Hüpferlinge ist *Diaptomus*. Im Aussehen unterscheidet sich *Diaptomus* von *Cyclops* durch die besonders langen Fühler, mit denen er sich im Wasser zügig fortbewegt. *Diaptomus*-Arten hüpfen also nicht. Genau wie Wasserflöhe filtrieren *Diaptomus* ihre aus Einzellern und mikroskopischen Algen bestehende Nahrung aus dem Wasser. Ihr Wert als Fischfutter ist begrenzt, und manche Fische fressen sie überhaupt nicht. Ihre Nauplien dagegen sind als Jungfischfutter sehr wertvoll.

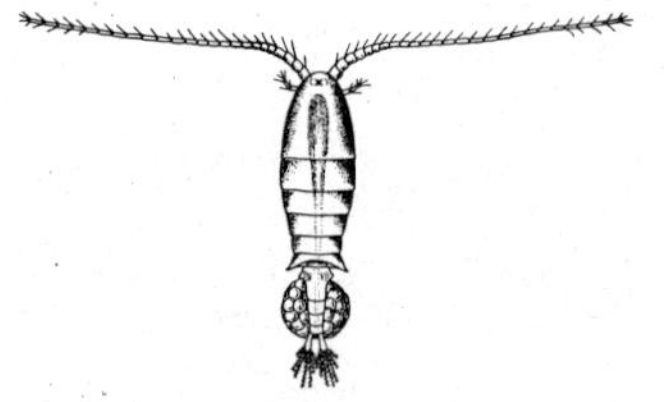

Hüpferling Diaptomus

Mysiskrebse (Mysis, Neomysis und *Praunus)* gehören zu den höheren Krebsarten und sind den Garnelen nahe verwandt. Ihr Vorkommen ist auf See- und Brackwasser begrenzt, sie stehen daher Aquarienfreunden lediglich in den Küstengebieten zur Verfügung. Ihre Größe beträgt 1–4 cm, und für etwas größere Fische sind sie ein ausgezeichnetes, leider bisher wenig beachtetes Fischfutter. *Mysis* eignet sich auch sehr gut zur Herstellung von Gefrierfutter (siehe dort).

Eine wichtige Gruppe lebender Futtertiere für Aquarienfische sind neben den Kleinkrebsen die Insekten und deren Larven.

Schwarze Mückenlarven sind die Larven der Stechmücken, von denen es auch in Europa eine ganze Anzahl Arten gibt. Meist handelt es sich um die Gemeine Stechmücke *(Culex pipiens)*, doch kommt stellenweise auch in Zentral- und Nordeuropa die Malariamücke *(Anopheles)* vor. Die Larve der *Anopheles*-Mücke ist der Larve der Stechmücke ähnlich, kann aber durch die (durch das fehlende Atmungsrohr bedingte) Körperhaltung an der Wasseroberfläche leicht unterschieden werden. Obwohl Malariamücken in vielen Teilen Europas vorkommen, kommt eine Übertragung von Malaria bei uns kaum vor.

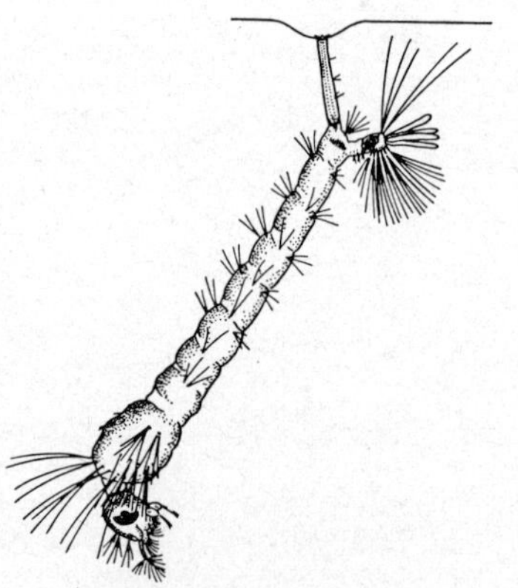

Schwarze Mückenlarve

Als Fischfutter in subtropischen und tropischen Gewässern haben Schwarze Mückenlarven eine große Bedeutung, und für gewisse Arten stellen sie das wichtigste Futter dar. Besonders Zahnkarpfen, größere Salmler und Cichliden schätzen die Schwarzen Mückenlarven sehr. In malariaverseuchten Gebieten sind schon des öfteren Zahnkarpfenarten mit Erfolg zur Bekämpfung von Malariamücken ausgesetzt worden, so z. B. in Italien, Spanien und auf den Philippinen. Die Larven entwickeln sich entweder aus Eiern, die während des Frühlings und Sommers gelegt werden, oder zeitig im Frühjahr aus Wintereiern, die im vorhergegangenen Herbst gelegt worden waren.

Schwarze Mückenlarve – Puppe

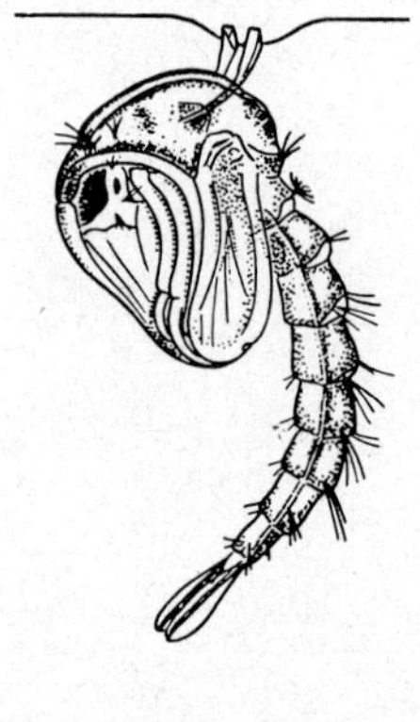

Schwarze Mückenlarven können in kleinsten Wasseransammlungen vorkommen, z. B. in Wasserlöchern oder Regentonnen. Besonders in Gräben und Wasserpfützen in Laubwäldern trifft man sie fast immer an. Die Größe der Schwarzen Mückenlarven schwankt von wenigen Millimetern nach dem Schlüpfen bis cirka 1,2 cm direkt vor dem Verpuppen. Da sie Luft atmen, müssen sie bald wieder zur Oberfläche aufsteigen, auch wenn sie, durch Erschütterungen erschreckt, schnell tieferes Wasser aufsuchen, wenn man an die Wasseransammlungen herantritt. Am achten Hinterleibssegment der Larven befindet sich ein schräg nach hinten und oben gerichtetes Rohr, mit dessen Hilfe sie Luft von der Oberfläche aufnehmen. In normaler Ruhelage steht die Larve schräg im Wasser, Kopf nach unten, und das Atemrohr reicht zur Oberfläche. Bei den *Anopheles*-Larven fehlt das Atemrohr, sie stehen in Ruhelage waagrecht an der Oberfläche.

Man fängt Schwarze Mückenlarven mit Netzen, wie man sie zum Fang von Wasserflöhen verwendet. Da Schwarze Mückenlarven Luft atmen, kann man sie län-

[1] Wer sein Futter aus dem Tümpel holt, benutzt zum Bestimmen der gefangenen Tiere (Futtertiere und auch Schädlinge) am besten den Kosmos-Naturführer, Engelhardt, W.: Was lebt im Tümpel, Bach und Weiher? Eine Einführung in die Lehre vom Leben der Binnengewässer. Kosmos-Verlag, 7. Aufl., Stuttgart 1977.

[2] Das Sammeln von Ameisenpuppen ist in Deutschland verboten!

Weiße Mückenlarve

Rote Mückenlarve

Frucht- oder Essigfliege Drosophila melanogaster oben ♀, unten ♂

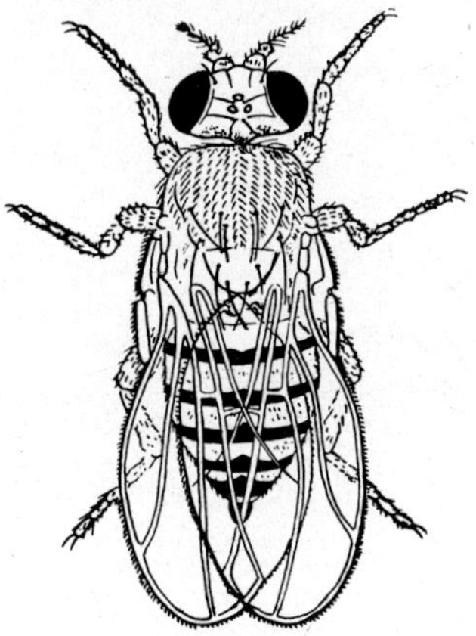

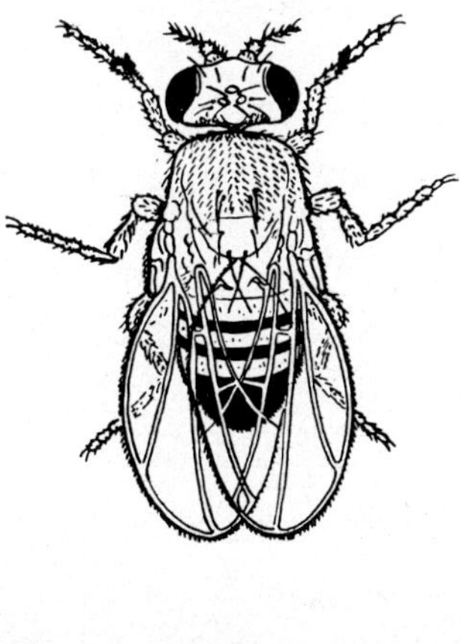

gere Zeit aufbewahren. (An einem kühlen Platz außerhalb des Hauses, da es äußerst unangenehm ist, plötzlich eine größere Menge von Stechmücken in der Wohnung zu haben. Das kann leicht passieren, wenn sich zwischen den Larven eine größere Anzahl von Puppen befindet.)

Hat man einen Garten oder sonst eine Möglichkeit, eine Regentonne aufzustellen, kann man seinen Bedarf an Schwarzen Mückenlarven während der warmen Jahreszeit selbst züchten. Dem Wasser setzt man entweder halbzersetztes Laub oder ein wenig Hühnermist zu. An solchen Tonnen sammeln sich massenhaft Mückenweibchen und legen ihre Eier im Wasser ab.

Weiße Mückenlarven sind die Larven der Büschelmücke *(Corethra).* Wie die Schwarze Mückenlarve, so ist auch die Weiße Mückenlarve, je nach dem Stand der Entwicklung, zwischen wenigen Millimetern bis gut einen Zentimeter lang. Sie ist glasartig durchsichtig, mitunter etwas bernsteinfarben. Weiße Mückenlarven lieben klares, nicht zu stark verunreinigtes Wasser. Auch in dem sauren und nahrungsarmen Wasser von Mooren und Hochmooren sind sie zu finden. An Haltbarkeit übertrifft sie alle anderen Futtertiere (Würmer ausgenommen). In kühl aufgestellten Behältern lebt sie monatelang. Im Kühlschrank kann man Weiße Mückenlarven selbst ohne Wasser bis zu 20 Tagen aufbewahren, wenn man sie in einem abgedeckten Behälter ca. 1 cm hoch aufschichtet. An Nährwert werden Weiße Mückenlarven von kaum einem anderen Futter übertroffen. Die Ursache des hohen Nährwertes aller Larven liegt in den Eiweißreserven, die sie für die energieverzehrende Umwandlung zum fertigen Insekt speichern. Die Weißen Mückenlarven bilden beim Verpuppen eine gelblichbraune Puppe, die meist dicht an der Oberfläche aufrecht im Wasser schwebt. Auch diese Puppen können an die Fische verfüttert werden. Die aus den Puppen schlüpfenden Mücken sind harmlose Büschelmücken, die nicht stechen.

Rote Mückenlarven sind die Larven der Zuckmücken *(Chironomus).* Voll entwikkelt sind sie etwas größer, bis 15 mm lang, als die vorher beschriebenen Larven. Ihr Körper, der in zwölf deutlich abgegrenzte Segmente unterteilt ist, ist von blutroter Farbe. Rote Mückenlarven leben häufig in großen Mengen im Bodenschlamm sowohl in stehenden als auch fließenden Gewässern. Die Larven bewegen sich mit Hilfe von zwei Paaren kurzer Füße und bauen im Schlamm Röhren als Aufenthaltsort. Als regulierender Faktor für das biologische Gleichgewicht der Gewässer spielen sie oft eine große Rolle.

Auch der aufmerksame Beobachter sieht von den Roten Mückenlarven oft nichts, wenn er an Ufern von Gewässern steht, deren Bodenschlamm riesige Mengen von Roten Mückenlarven enthält. Ihr Fang geschieht daher mehr „nach Gefühl", indem man die oberste Schlammschicht vorsichtig mit einem „Kratzkescher" abhebt und sodann in einem feinen Sieb auswäscht. Als Fischfutter haben Rote Mückenlarven, wenigstens theoretisch, einen hohen Wert. Neben großen Mengen an Eiweiß enthalten sie viel roten Blutfarbstoff, dem sie ihre rote Färbung verdanken. Daß der praktische Wert Roter Mückenlarven als Futter nicht immer mit dem theoretischen Wert übereinstimmt, liegt daran, daß zusammen mit den Larven nicht erwünschte oder gar schädliche Stoffe in das Aquarium gelangen können. Wie wenige andere Niedere Tiere haben sich die Roten Mückenlarven stark auch an hochgradig verunreinigte Gewässer angepaßt. Zusammen mit den Larven gelangt auch der Inhalt ihres Verdauungskanals in das Aquarium, und dieser kann so ziemlich alle Verunreinigungsstoffe enthalten, die in dem betreffenden Gewässer vorhanden sind. Besonders wenn man diese Larven nicht selber fängt, also das Gewässer, aus dem sie stammen, nicht kennt, sollte man vorsichtig sein und die Larven zwei bis drei Tage wässern, ehe man sie verfüttert[1].

Ameisenpuppen wurden früher häufig in getrocknetem Zustand als Fischfutter angeboten, sind aber getrocknet als Futter wertlos. Dagegen sind frische Ameisenpuppen (fälschlich meist als Ameiseneier bezeichnet) für gewisse Fische ein äußerst hochwertiges Futter. Lediglich leicht angetrocknet schwimmen sie an der Wasseroberfläche und werden von manchen Oberflächenfischen, z. B. *Pantodon*, gierig gefressen. Ganz frische Ameisenpuppen sinken im Wasser unter und können gute Dienste leisten, wenn es gilt, große Fische wie z. B. Cichliden schnell zur Laichreife zu bringen. Ameisenpuppen kann man auch tiefgefrieren[2].

Taufliegen, auch Frucht- oder Essigfliegen genannt *(Drosophila melanogaster),* kann man leicht selber züchten. Als Kulturgefäße verwendet man weithalsige Flaschen mit einem Nährsubstrat aus zerquetschter Frucht, z. B. Bananen oder Birnen. Dem Nahrungssubstrat setzt man ein wenig Konservierungsmittel wie Salizylsäure oder Nipagin zu. Etwa 2 cm hoch füllt man das Nährsubstrat auf den Boden des Kulturglases. Sodann wird das Kulturglas mit einigen Taufliegen aus einer bereits betriebenen Kultur „geimpft". Während der Sommermonate kann man das Glas einfach ein paar Tage auf den Balkon oder in den Garten stellen, wo die buchstäblich überall vorkommenden Taufliegen bald Eier in das Kultursubstrat legen. In die Mitte des Kulturglases stellt man eine Rolle Löschpapier, an dem die geschlüpften Fliegen emporklettern können. Sodann verschließt man den Hals des Kulturglases mit einem losen Wattebausch. Taufliegen sind für die Fütterung kleinerer Oberflächenfische von hohem Wert. Verwendet man für die Kultur stummelflüglige Kulturformen, macht auch die Verfütterung kaum praktische Schwierigkeiten. Stummelflüglige Taufliegen kann man über den Spezialhandel beziehen.

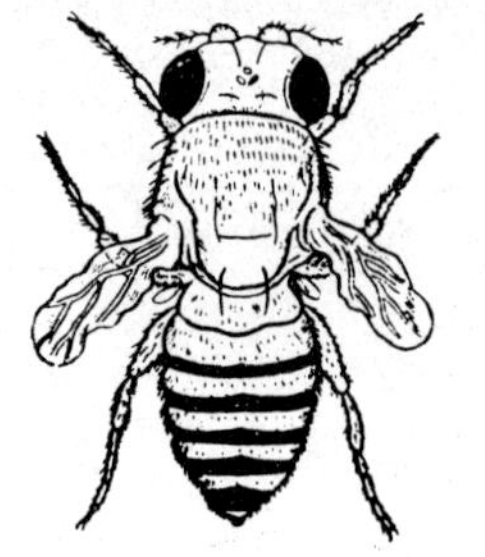

Stummflügelige Frucht- oder Essigfliege Drosophila melanogaster

Die wohl beste Kulturmethode zur Zucht von *Drosophila* hat Meier-Böke angegeben. Er verwendet als Nährsubstrat kaltwasserlöslichen „Instantgrieß", der mit etwas Wasser und zerdrücktem Obst zu einem Brei angerührt wird (bewährt hat sich auch „Frucht-Grießbrei", der ebenfalls nur mit Wasser, aber ohne weiteren Obstzusatz, angerührt wird). Dem Brei setzt man ca. $^1/_3$ nassen, gut ausgedrückten Torf zu und verrührt etwas Hefe in der Masse (ein etwa erbsengroßes Stück Bäckerhefe auf ca. 100 ml Substrat). Den Nährbrei füllt man 2–3 cm hoch in ein Marmeladenglas, impft mit einigen Dutzend Fliegen und verschließt das Glas mittels eines Gummiringes mit einem Tuch. Nach 2–3 Wochen kann man Hunderte von Fliegen „ernten". Mit diesem Verfahren gewinnt man am einfachsten die größten Mengen an Fliegen; entscheidend ist dabei der Torfzusatz, der das Substrat auflockert.

Blattläuse können für denselben Zweck wie Taufliegen verwendet werden. Findet man stark von Blattläusen befallene Pflanzen, so kann man Blätter bzw. Zweige davon abschneiden. Taucht man diese Pflanzenteile unter Wasser, lösen sich die Blattläuse bald und treiben an der Oberfläche, wo sie von den Fischen gern gefressen werden.

Tubifex ist die gängige Bezeichnung für verschiedene Arten der Familie Tubificidae. Am häufigsten kommen diese Würmer in langsam fließendem und stark verunreinigtem Wasser vor. Im Schlamm baut jeder einzelne Wurm eine Röhre, in die er sich blitzschnell bei der geringsten Störung zurückzieht. Normalerweise bewegt sich das Körperende des Wurmes pendelnd im Wasser, während das Vorderteil in der Schlammröhre steckt. Die Bewegungen des Hinterteiles dienen der Herbeiführung von Frischwasser, also indirekt der Atmung. Der Fang kleinerer Mengen *Tubifex* erfolgt mit Schlammsieben, in denen nach Abschlämmen die reinen Würmer zurückbleiben. Größere Mengen fängt man, indem man große Mengen der oberen Schlammschicht mit einem Kratzkescher abhebt und in hohe schmale Behälter, z. B. Fässer, füllt. Der eingefüllte Schlamm wird sodann mit einer 2–3 cm dicken Schicht feinen Sandes abgedeckt. Durch den schnell eintretenden Sauerstoffmangel werden die Würmer bald nach oben getrieben, wo man sie rein entnehmen kann.

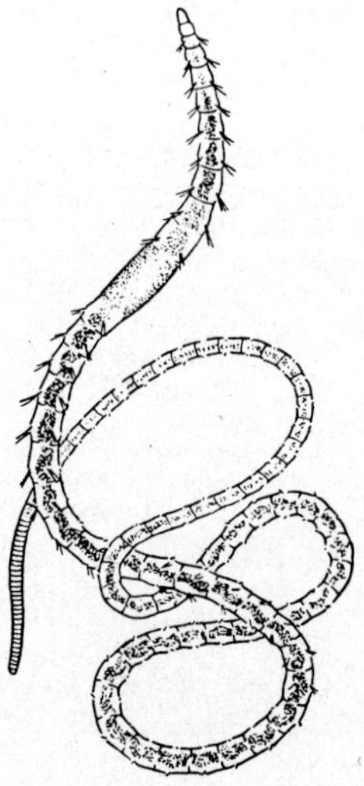

Tubifex

Die zwischen 3 und 5 cm langen *Tubifex*-Würmer sind fast immer im Handel zu haben, ihr Wert als Futtertiere ist aber je nach Herkunft recht unterschiedlich. Leider kommt der überwiegende Teil der gehandelten *Tubifex* aus äußerst stark verunreinigten Gewässern, und die Probleme, die bereits bei den Roten Mückenlarven erwähnt wurden, gelten auch hier. *Tubifex* sollte immer erst nach wenigstens eintägigem Wässern verfüttert werden.

In fließendem Wasser kann man *Tubifex*, je nach Wassertemperatur, fünf bis zehn Tage lang lebend aufbewahren. Bei der Verfütterung ist es wichtig, daß die Würmer durch lange Wässerung ihren ganzen Darminhalt entleert haben, denn der Darminhalt kann giftig sein. Um ein Eindringen der Würmer in den Bodengrund zu verhindern, verwendet man bei Fischen, die vom Boden kein Futter aufnehmen, ein *Tubifex*-Futtersieb, das an der Oberfläche schwimmt.

Enchyträen gehören zu den Borstenwürmern; es sind mehrere Hundert Arten be-

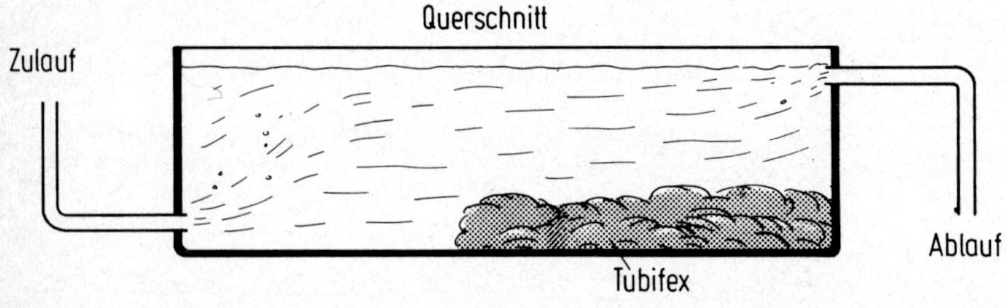

Bild 6.1: In fließendem Wasser kann man Tubifex 5–10 Tage lang lebend aufbewahren.

kannt. In der Natur leben Enchyträen von verfaulenden Pflanzenresten. Man trifft sie vereinzelt auch in Blumentöpfen beim Umpflanzen von Topfpflanzen an. Als Fischfutter sind Enchyträen nur dann gut geeignet, wenn rasch wachsende Fische gefüttert werden sollen. Enchyträen enthalten neben großen Mengen Eiweiß auch viel Fett, sind also ein äußerst nahrhaftes Futter, in vielen Fällen zu nahrhaft. Sie sind in der Regel lediglich zur Abwechslung zu füttern.
Man kann Enchyträen leicht in Kulturen züchten. Als Kulturbehälter verwendet man Holzkisten von cirka 30 cm Länge, 20 cm Breite und 10 cm Höhe. Die Kisten füllt man mit einer nicht gerbsäurehaltigen Lauberde, z. B. von vermulmendem Buchenlaub. Ausgezeichnet als Kulturunterlage eignet sich auch das Innere hohler Pappeln oder Weiden. Man besetzt so eine Zuchtkiste mit einem Zuchtansatz von ca. 10 g reinen Enchyträen. Gefüttert wird mit gekochten Haferflocken und geriebenen Mohrrüben oder Äpfeln. Das Futter legt man in kleinen Portionen auf die Kulturerde; direkt auf das Futter kommt eine Glasscheibe, die etwas kleiner ist als die Erdoberfläche. Sodann wird die Kultur mit einer weiteren Glasscheibe, die auf dem Kistenrand aufliegt, abgedeckt. Die Temperatur in Wohnräumen ist für eine rationelle Zucht der Enchyträen zu hoch, sie vermehren sich am besten bei Temperaturen zwischen 8–15° C. Zuchtkisten werden am zweckmäßigsten in ungeheizten Kellerräumen aufgestellt.

Bild 6.2: Enchyträen-Zuchtkiste. Die Holzkiste sollte etwa 30 cm lang, 20 cm breit und 10 cm hoch sein. Als Füllung eignet sich z. B. Blumenerde (ungedüngt!).

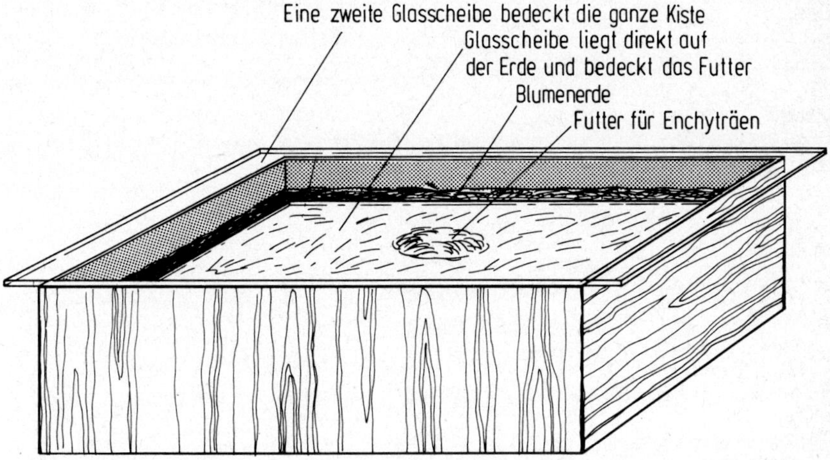

Man verfüttert immer nur kleine Futtermengen an die Enchyträen und entfernt bei der Fütterung alle Futterreste. Die Erde soll feucht, aber nicht naß gehalten werden. Eine richtig behandelte Zuchtkiste enthält nach 5–7 Wochen so viele Enchyträen, daß mit der Futterentnahme begonnen werden kann. Es sollten stets mehrere Enchyträenkisten vorhanden sein, wenn man ständigen Zugang zu diesem Futter wünscht. Die Kisten werden abwechselnd zur Futterentnahme herangezogen. In reich besetzten Kisten sammeln sich die Enchyträen rein um das Futter herum, wo man sie leicht und sauber entnehmen kann. Bei den in Kulturen gezüchteten Enchyträen handelt es sich meist um *Enchytraeus albidus*, doch bisweilen werden auch andere Arten unter in Kulturen gezüchteten Enchyträen nachgewiesen.
Die *Zwergenchyträe (Enchytraeus buchholzi),* auch Grindalwürmchen genannt, ist eine sehr kleine Enchyträe tropischer Herkunft. Ihrer Herkunft entsprechend kann man diese Würmchen auch bei Zimmertemperatur gut vermehren. Als Kultursubstrat verwendet man entweder feingehacktes Weißmoos oder nicht säuernden Torf. Die Zuchtkisten brauchen nicht mehr als 10 x 10 x 5 cm groß zu sein. Fütterung und übrige Behandlung der Zuchtkisten wie bei gewöhnlichen Enchyträen. Beste Temperatur für die Vermehrung 20–25° C.
Laubregenwürmer (Lumbricus rubellus) sind ein gutes Futter für größere Fische. Im Freien kann man Laubregenwürmer oft in größeren Mengen in halbvermulmtem Laub sammeln. Hat man einen ungeheizten Kellerraum, kann man Laubregenwürmer ähnlich wie Enchyträen züchten. Zur Zucht verwendet man größere Holzkisten, die man 15–20 cm hoch mit halbvermulmtem Laub bzw. Lauberde füllt. Gefüttert wird mit geriebenen Mohrrüben. An kleinere Fische kann man Laubregenwürmer zerschnitten verfüttern[1].
Lebende Fische können als Futter für die Ernährung gewisser Futterspezialisten

[1] Regenwürmer gehören zu den Wenigborstern (Oligochaeten). Typisch für die Regenwürmer ist der kegelförmige Kopflappen, der die Funktion einer Oberlippe hat. Der Kopflappen kann weit vorgestülpt werden und dient sowohl als „Schaufel" als auch als „Saugapparat". Der Körper ist auf der Oberseite stets dunkler als auf der Unterseite. Die Unterseite ist ein wenig abgeflacht. An jedem der gleichmäßigen Glieder befinden sich, für das bloße Auge kaum erkennbar, 4 Paare Chitinborsten. Vom Kopf an gerechnet sind die Glieder 29–37 etwas kräftiger, bisweilen auch anders gefärbt. Diese Glieder werden als Gürtel bezeichnet. Regenwürmer spielen im Haushalt der Natur eine große Rolle; in 1 ha gesunden Ackerbodens kommen zwischen 90 000–140 000 Regenwürmer vor.
Neben dem Laubwurm (Lumbricus rubellus) kann auch noch der Echte Regenwurm (Lumbricus terrestris) an entsprechend größere Fische verfüttert werden. Andere Regenwürmer können für Fische giftige Substanzen enthalten und sollten nie verfüttert werden. Besonders gilt das für den Dungregenwurm (Eisenia foetida), den man oft in der Nähe von Misthaufen oder in stark mit Stallmist gedüngter Gartenerde antrifft.
Dieser Wurm ist gelbbraun oder grau gefärbt.

(z. B. Blattfischen) unentbehrlich sein. Derart ausgesprochene Raubfische kann man natürlich mit jedem Fisch entsprechender Größe füttern. Aus praktischen Gründen verwendet man hauptsächlich für solche Zwecke gewisse Lebendgebärende Zahnkarpfen wie z. B. Guppys. Wichtig bei der Verfütterung von lebenden Fischen ist, daß nie kranke Fische verfüttert werden dürfen. An große Raubfische können auch kleine Karpfenfische wie Plötzen, Moderlieschen, Elritzen und ähnliche verfüttert werden[1].

Tiefgefrorenes Futter

Lebende Futtertiere verschiedenster Art treten jahreszeitlich bedingt bisweilen in großen Mengen auf, während sie zu anderen Jahreszeiten oft kaum zu beschaffen sind. Die Tiefkühlkonservierung gibt uns jedoch die Möglichkeit, den zeitweiligen Überfluß gewisser Futtertiere auszunutzen. Hat man zu Hause eine Tiefkühlbox oder -truhe, lassen sich die meisten Futtertiere tiefgefrieren. Tiefgefrorenes Futter hat denselben Nährwert wie frisches Futter, vorausgesetzt, daß das Einfrieren richtig erfolgt und daß das einzufrierende Futter wirklich frisch ist.

Es ist anzuraten, die Futtertiere in Portionen, jeweils verpackt in kleine Plastikbeutel, einzufrieren. Sehr gut zur Gefrierkonservierung geeignet sind Wasserflöhe, Cyclops und *Mysis*-Krebse. Auch Mückenlarven und *Tubifex* kann man tiefgefroren verwahren[2].

Eine besondere Methode der Gefrierkonservierung ist die Gefriertrocknung. Beim Gefriertrocknen erfolgt das Austrocknen des Futters bei Tiefkühltemperatur (– 26 bis – 28° C), und auf diese Weise bleiben fast alle Nährstoffe, Vitamine usw. erhalten. Nach erfolgter Gefriertrocknung kann das Futter bei Zimmertemperatur fast unbegrenzt aufbewahrt werden. Gefriertrocknung im größeren Ausmaß kann nur in dafür konstruierten Tiefkühlanlagen geschehen, also normalerweise nicht zu Hause praktiziert werden. Heute sind jedoch gefriergetrocknete Futtertiere, hauptsächlich *Tubifex* und ausgewachsene *Artemia*, im Fachhandel erhältlich[3].

Futtermittel aus dem Haushalt

Auch unter den normalerweise für die menschliche Ernährung vorgesehenen Lebensmitteln gibt es einige, die sich als Fischfutter eignen. In erster Linie gilt das für Fisch in jeder Form. Fisch sowohl roh als auch gekocht enthält im wesentlichen alle die Stoffe, die Fische zur Ernährung benötigen. Dasselbe gilt für das Fleisch von Schalentieren wie Muscheln, Krabben und Garnelen. In kleineren Aquarien ist es anzuraten, Fisch- und Schalentierfleisch lediglich gekocht zu verfüttern, da dieses Futter in rohem Zustand leicht zu Bakterienanhäufungen führt. Große Fische kann man jedoch mit rohem Fisch in genau mundgerechten Stücken füttern. Frischer Rogen von z. B. Heringen oder Dorschen ist ein ausgezeichnetes Futter, das von fast allen Aquarienfischen gierig gefressen wird. Fleisch von Säugetieren sollte man auch gekocht möglichst nicht verfüttern, da es vom Verdauungsapparat der meisten Fische nur schlecht verarbeitet wird. Säugetierfleisch ist also für die meisten Fische schwerverdaulich und führt oft zu Verdauungsstörungen. Dagegen kann Rind- oder Schweineleber, gekocht und gemahlen, unbedenklich verfüttert werden[4]. Bei all diesen tierischen Futterstoffen ist es von größter Wichtigkeit, die verfütterte Menge dem Verbrauch genau anzupassen, also nie mehr zu verfüttern, als von den Fischen unmittelbar gefressen wird. Den Mangel an pflanzlichem Futter (der natürliche Algenwuchs im Aquarium reicht ja meist nicht aus) kann man mit tiefgefrorenem Spinat ausgleichen. Nach dem Auftauen hat Spinat genau die richtige halbzersetzte Verfassung, die von den Fischen geschätzt wird[5].

Auch verschiedene andere Gemüsepflanzen, die tiefgefroren erhältlich sind, können verfüttert werden. Was von bestimmten Fischen angenommen wird, muß man ausprobieren.

Tafel 39
Oben links: Der Purpur-Prachtbarsch (Pelvicachromis pulcher) – auch unter dem Namen Pelmatochromis kribensis bekannt – stammt aus dem Süden Nigerias.
Oben rechts: Der Pfauenmaulbrüter (Haplochromis vernustus) lebt im Malawi-See endemisch.
Obere Mitte, links: Der Schneckenbarsch (Pseudotropheus livingstonii) wird ungefähr 15 Zentimeter lang und stammt aus dem Malawi-See.
Obere Mitte, rechts: Der Schwarzweiße Schlankcichlide (Julidochromis transcriptus) stammt aus dem Tanganjikasee.
Untere Mitte, links: Der Brabantbuntbarsch (Tropheus moorei) lebt im Tanganjikasee endemisch.
Untere Mitte rechts: Oben: Lamprologus leloupi, der Tanganjika-Goldcichlide, gehört zu den farbenprächtigsten, aber auch zu den seltenen Arten des Tanganjikasees.
Unten: Zu den Ostafrikanischen Maulbrütern gehört auch Haplochromis linni.
Unten links: Der Buckelkopfcichlide (Steatocranus casuarius) lebt im mittleren und unteren Kongo.
Unten rechts: Der Sauglippenbuntbarsch (Haplochromis euchilus) lebt im Malawi-See endemisch.
Aufnahmen: B. Kahl

[1] Futterfische stets einzeln in das Aquarium setzen. Bei der Arterkennung spielen gewisse Duftstoffe eine Rolle. Manche Raubfische nehmen Futterfische nicht mehr an, wenn sie einige Tage in dem Aquarium überlebt haben, in dem sich die Raubfische befinden. Die Futterfische haben den „typischen Artduft" angenommen. Dies ist zum Beispiel bei Piranhas der Fall.

[2] Tiefgefrorenes Futter vor der Verwendung auftauen. Einmal aufgetautes Futter darf nicht erneut eingefroren werden. Im Kühlschrank ist tiefgefrorenes Futter 3–4 Tage haltbar.

[3] Tiefgefrorenes Futter kann man sich auch selbst herstellen. Siehe auch S. 346, „Futterkonservierung".

[4] Verfüttern von Fischfleisch: Möglichst Fischfilet verwenden, das nach dem Kochen von selbst in mundgerechte Stückchen zerfällt. Leber wird nach dem Kochen durch einen Fleischwolf gedreht. Alle gekochten Futtermittel können tiefgefroren aufbewahrt werden.

[5] Außer tiefgefrorenem Spinat kann man, besonders für Fischbrut, auch Salatblätter verwenden. Die Salatblätter legt man einzeln in mit Wasser gefüllte Gläser und stellt sie in die Sonne. Auf den sich zersetzenden Blattresten wachsen äußerst schnell große Mengen Grünalgen. Die Grünalgen sind zusammen mit den Resten des Salatblattes ein gutes Zusatzfutter für kleinere Fische, die Algenkost benötigen. Vorsicht! Keinen mit Pflanzenschutzmitteln behandelten Salat verwenden!

Tafel 40
Oben: Eutropiellus debauwi, ein äußerst lebhafter Schwarmfisch, stammt aus dem Kongogebiet; er wird bis zu acht Zentimeter lang. Die Afrikanischen Glaswelse sind ständig in Bewegung, sie ziehen ruhelos durch alle Ecken des Aquariums; die Tiere stehen etwas schräg mit hängender Schwanzflosse im Wasser, sie wedeln dabei ununterbrochen mit dem Schwanzstiel.
Bild (unten): Der Indische Glaswels (Kryptopterus bicirrhis) wird ungefähr 10 Zentimeter lang und stammt aus den Flüssen Thailands, Borneos und Sumatras. Die Indischen Glaswelse lieben Schatten und bilden dichte Schwärme, in denen sie untereinander ständig ihre Position wechseln, während der ganze Schwarm meist auf der Stelle bleibt. Diese tagaktiven und sehr lebhaften Welse brauchen ein geräumiges und bepflanztes Becken. Einzeltiere kümmern leicht, man pflegt sie daher besser in einem kleinen Schwarm. Da sie aus den tropischen Gebieten stammen, sollte die Temperatur zwischen 20 und 25° C liegen; Mückenlarven, Tubifex, Enchyträen, Wasserflöhe, Hüpferlinge und Trockenfutter werden gern genommen.
Aufnahmen: B. Kahl

Trockenfutterpräparate

Im Fachhandel findet heute der Aquarienfreund ein fast unüberschaubares Angebot an verschiedensten Trockenfuttern vor. Die Reichhaltigkeit dieses Angebots kann leicht zu der Annahme verleiten, man könne fast alle Fische ausschließlich mit diesen Präparaten ernähren. Der Umstand, daß die meisten dieser Futtermittel gierig gefressen werden, ist jedoch keine Garantie dafür, daß ein Zuviel den Fischen auf die Dauer nicht doch schadet. Die Hersteller dieser Futtermittel haben große Anstrengungen unternommen, ihre Produkte zu verbessern. Aber ein für alle Fische passendes Universalfutter ist und bleibt eine Utopie. Alle Fische mit demselben Futter ernähren zu wollen, ist genauso unmöglich, wie wenn ein großer Zoo seinen ganzen Tierbestand an Säugetieren mit einem einzigen „Universalfutter" ernähren wollte. Der größte Mangel aber, der bis heute allen im Handel geführten Fischfutter-Präparaten anhaftet, könnte von den Herstellern leicht beseitigt werden. Bei allen für Nutztiere vorgesehenen Futtermitteln, von den Produkten für die menschliche Ernährung ganz zu schweigen, wird auf der Verpackung stets eine genaue Analyse des Inhaltes angegeben. Man weiß also exakt, wieviel Eiweiß, Fett, Kohlenhydrate usw. ein Futter enthält. Bei Fischfutter haben sich die Hersteller bis heute nicht zu einer einwandfreien Inhaltsdeklaration durchgerungen. Bei Trockenfutter weiß also der Aquarienfreund nie, womit er eigentlich füttert.

Einige Beispiele für die Problematik der einseitigen Trockenfütterung sollen dies beleuchten. Fast alle Flocken-[1] und Granulatfutter[2] werden aus Fisch-, Muschel- und Schalentierfleisch mit Zusätzen pflanzlicher Stoffe hergestellt. Diese Grundstoffe werden bei der Herstellung an stärkehaltige Stoffe gebunden. Bei Flockenfutter trocknet man die Grundemulsion auf rotierenden Metallwalzen und erhält so die feinflockige Form des fertigen Futters. Nun ist aber der Organismus vieler Fische keineswegs in der Lage, die relativ großen Stärkemengen nutzbringend zu verarbeiten. Beispielsweise lagern Labyrinthfische die Stärke nach Umwandlung als Fett im Körper ab. Die Verfettung der Organe ist dem allgemeinen Gesundheitszustand der Fische abträglich. Da die Verfettung, neben der Leber in erster Linie die Fortpflanzungsorgane befällt, werden die betroffenen Fische häufig untauglich für die Zucht. Auch bei Salmlern kann man bei einseitiger langfristiger Trockenfütterung ähnliche Verfettungszustände feststellen. Die Gefahr einer Verfettung ist erfahrungsgemäß bei heranwachsenden Fischen geringer als bei ausgewachsenen Exemplaren.

Eine wenigstens teilweise Lösung des Trockenfutter-Problems wäre die Herstellung von Spezialfutter, das in seiner Zusammensetzung genau den Erfordernissen einer bestimmten Fischgruppe angepaßt ist. Es ist durchaus möglich, daß bei der explosiven Produktentwicklung auf diesem Gebiet derartige Spezialfutter hergestellt werden; bis dahin aber sollte der Aquarienfreund bei Trockenfutter folgendes beachten: Trockenfutter lediglich zur Abwechslung füttern. Nie zu große Mengen geben, auch wenn die Fische gierig fressen. Alle Trockenfutter quellen nach dem Fressen mehr als alle übrigen Futterstoffe. Im Zweifelsfalle lieber zuwenig als zuviel füttern. Fütterung mit Trockenfutter setzt ein gewisses „Fingerspitzengefühl" voraus, das sich besonders der Anfänger erst einmal aneignen muß. Man glaube nicht, daß man seinen Pfleglingen dadurch Abwechslung bietet, daß man wechselweise Trockenfutter verschiedener Fabrikate verfüttert. Solange der Verbraucher nicht weiß, was die betreffenden Futtermittel enthalten, käme ein solches Verfahren einer Lotterie gleich. Beim Lesen von Verpackungsaufdruck und Prospekten sollte man genau zwischen „Reklame" und „sachlicher Wareninformation" unterscheiden. Mit mehr sachlicher Wareninformation und weniger Reklame wäre nämlich, bei Trockenfutter wie bei vielen anderen Aquarienprodukten, sowohl dem Verbraucher als auch dem Hersteller auf die Dauer gedient[3].

[1] Flockenfutter besteht aus papierdünnen Flocken, die sich zwischen den Fingern meist zu Staub verreiben lassen. Oft sind im fertigen Präparat Flocken verschiedener Zusammensetzung gemischt. Auch Flockenfutter aus überwiegend pflanzlichen Produkten ist erhältlich.

[2] Granulatfutter (vom lat. granula = kleines Korn) wird im Prinzip aus denselben Ausgangsprodukten hergestellt wie Flockenfutter, hat aber die Form kleiner, unregelmäßiger Körner.
Die meisten Flocken- und Granulatfutter sind etwas leichter als Wasser und schwimmen zunächst an der Oberfläche, sinken aber dann schnell unter.

[3] Trockenfutter älterer Art wird heute kaum noch im Handel geführt. Es bestand hauptsächlich aus getrockneten Wasserflöhen, Garnelenschrot und getrocknetem Salat sowie Zusätzen von Fisch- und Fleischmehl. Der Futterwert dieser Mischungen war gering, ihre Verdaulichkeit schlecht. An Goldfische verfütterte man auch häufig getrocknete Ameisenpuppen.

7

Helmut Pinter

Züchten von Aquarienfischen

Mit Eiern und Spermien beginnt es

Gut gehaltene Aquarienfische pflanzen sich in den meisten Fällen fort, wenn man ihnen die richtigen Bedingungen bietet. Die Vermehrung der meisten Aquarienfische ist nicht so schwierig, wie oft angenommen wird. Auch der Aquarienfreund, für den die Aquarienhaltung lediglich ein Hobby ist, kann sich diesem äußerst interessanten Gebiet der Aquaristik zuwenden. Gelungene Nachzucht, selbst in bescheidenstem Umfang, ist der beste Beweis, daß die Fische richtig gepflegt worden sind. Nur Fische, die sich wohl fühlen, vermehren sich.

Einige Fischarten kann jeder Aquarienfreund vermehren, und bei einiger Vorsorge ist die Vermehrung mancher Arten selbst im sogenannten Gesellschaftsaquarium möglich. Planmäßige Vermehrung, also Zucht von Fischen, stellt höhere Anforderungen sowohl an die technische Ausrüstung (Zuchtaquarien usw.) als auch an den „Züchter". Bevor wir uns aber den Einzelheiten der Fischvermehrung zuwenden, wollen wir einmal untersuchen, wie ein neues Individuum entsteht.

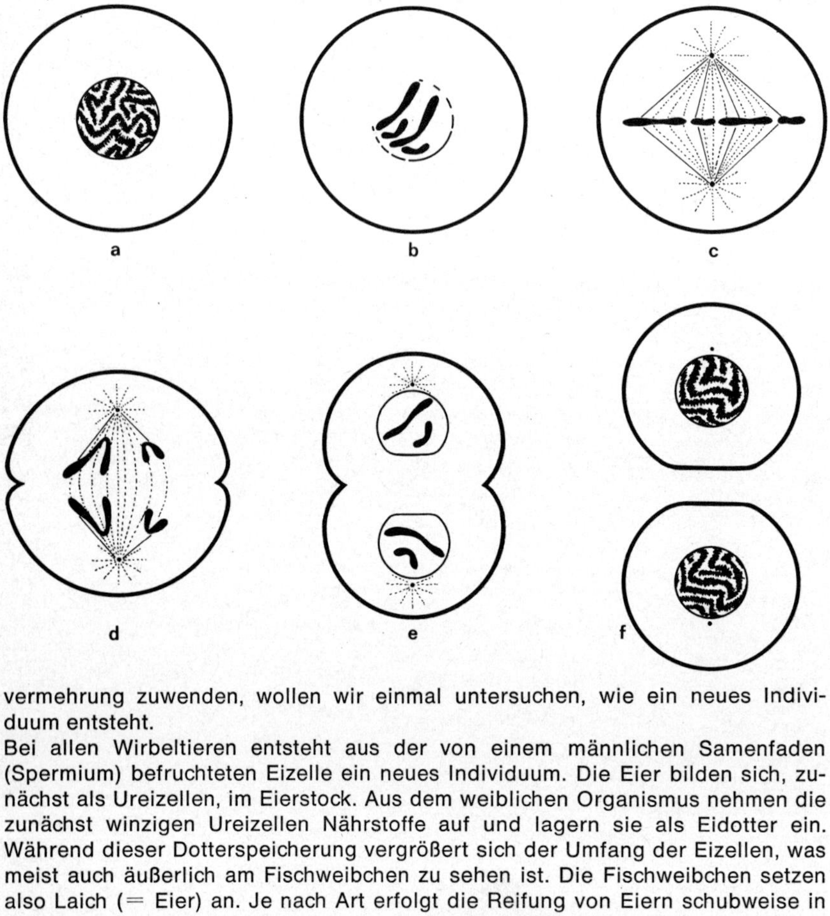

Bild 7.1: Bei der sogenannten Reduktionsteilung, bei der die Keimzellen (Ei- und Samenzellen) entstehen, werden die Partner eines Chromosomenpaares auf verschiedene Zellen verteilt. Während bei der normalen Zellteilung die Tochterchromosomen zu den Polen der sich teilenden Zelle wandern, sind es bei der Reduktionsteilung die ungeteilten Partner eines jeden Paares. Resultat: Jede der entstehenden Zellen enthält nur einen Chromosomensatz, in unserem Bildbeispiel also ein langes und ein kurzes Chromosom.

Bild 7.2: Die Befruchtung. Die bewegliche Samenzelle dringt in die unbewegliche Eizelle ein. Jede der beiden Keimzellen enthält einen vollständigen Chromosomensatz. In unserer schematischen Zeichnung sind nur zwei Chromosomen aus dem gesamten Satz eingezeichnet. Im Plasma der Eizelle entläßt die Samenzelle ihre Chromosomen; die Kernmembran des Eikerns hat sich mittlerweile aufgelöst, die beiden Chromosomensätze (einer aus der Eizelle, einer aus der Samenzelle) vereinigen sich zu einem neuen Kern, in dem nun wieder jedes Chromosom seinen Partner hat, der also zwei Chromosomensätze enthält.

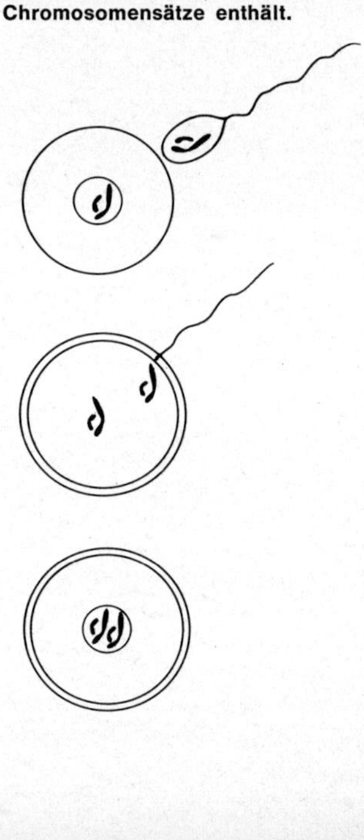

Bei allen Wirbeltieren entsteht aus der von einem männlichen Samenfaden (Spermium) befruchteten Eizelle ein neues Individuum. Die Eier bilden sich, zunächst als Ureizellen, im Eierstock. Aus dem weiblichen Organismus nehmen die zunächst winzigen Ureizellen Nährstoffe auf und lagern sie als Eidotter ein. Während dieser Dotterspeicherung vergrößert sich der Umfang der Eizellen, was meist auch äußerlich am Fischweibchen zu sehen ist. Die Fischweibchen setzen also Laich (= Eier) an. Je nach Art erfolgt die Reifung von Eiern schubweise in kürzeren oder längeren Zwischenräumen. Lediglich bei ganz wenigen primitiven Fischen (von denen aber keine als Aquarienfische gehalten werden) reifen alle Eizellen gleichzeitig und werden während einer einzigen Laichperiode ausgestoßen. Die Periode zwischen den Eireifungen kann sich über einen Zeitraum von wenigen Tagen (z. B. bei einigen Salmlern) bis zu mehreren Monaten (bei gewissen Cichliden) erstrecken. Bei der planmäßigen Zucht ist die Kenntnis der Dauer dieser Periode äußerst wichtig. In der Züchtersprache bezeichnet man den Zwischenraum zwischen den Eireifungen auch als „Laichrhythmus", da die Eier abgesetzt werden, sowie sie reif sind. Abgesetzt aber werden die Eier nur dann, wenn die äußeren Voraussetzungen für die Laichabgabe günstig sind. Können aufgrund äußerer Umstände (z. B. ungeeignete Temperatur, Störungen usw.) die Eier nicht rechtzeitig abgesetzt werden, sinkt ihre Befruchtungstauglichkeit schnell.

Gegen äußere Schäden wird das Ei durch eine Hülle geschützt, die sich um das Ei im Verlaufe des Eireifungsprozesses bildet. Diese Eihülle besteht aus einer häufig sehr dicken, inneren Hülle (Corticalmembran) und einer äußeren Schleimschicht, deren Stärke je nach Art großen Unterschieden unterliegt und die oft von klebriger Beschaffenheit ist. In der Eihülle befindet sich eine feine Öffnung (Mikropyle), die dem Samenfaden das Eindringen in das Ei ermöglicht.

Fischeier können je nach Art sehr unterschiedlich sein, sowohl nach Anzahl als auch nach der Größe. Bei einigen Haien haben die Eier einen Durchmesser von über 20 cm, und diese Haieier sind die größten bekannten Eier von Wirbeltieren überhaupt. Auf der anderen Seite gibt es eine große Anzahl von Fischen, auch größerer Arten, deren Eier nur Bruchteile eines Millimeters groß sind. Bei manchen maulbrütenden Cichliden (*Tropheus*-Arten) bilden sich je Eischub lediglich 6–12 Eier. Bei manchen Salmlern, z. B. *Gymnocorymbus ternetzi,* werden per Eischub ca. 3000 Eier gebildet. Im Vergleich mit anderen Fischen sind jedoch 3000 Eier keineswegs eine sonderlich hohe Zahl. Bei großen Karpfenweibchen

Bild 7.3: Beim Trauermantelsalmler (Gymnocorymbus ternetzi) werden pro Eischub etwa 3000 Eier gebildet. Aufnahme B. Kahl.

können sich je Eischub über 100 000 Eier bilden, und bei Dorschen sogar etwa eine Million[1]. Die Eier von Fischarten mit niedriger Eiproduktion werden fast immer in irgendeiner Weise, wie z. B. Brutpflege, Gebären lebender Jungfische usw., besonders geschützt. So legen Stichlingsweibchen zwar per Eischub jeweils nur 90–250 Eier, aber diese werden vom Stichlingsmännchen aufopfernd bewacht und gepflegt. Auch das Gebären lebender, fertig entwickelter Jungfische[2] kommt im Endeffekt einer Brutpflege gleich. Die relativ geringe Anzahl der Eier bei lebendgebärenden Fischen wird bis zum vollentwickelten Embryo effektiv durch den mütterlichen Körper geschützt. Arten mit hoher Eiproduktion dagegen können bei der Eiablage verschwenderisch umgehen und ihre Eier frei im Wasser absetzen. Bei diesen Arten kommt lediglich ein kleiner Anteil der abgegebenen Eier zur Entwicklung, dieser Anteil ist jedoch groß genug, um die Erhaltung der betreffenden Art zu sichern.

Auf ähnliche Weise wie die Eizellen entwickeln sich auch die Samenzellen. Von der Ursamenzelle im Hoden an machen die Samenzellen mehrere Entwicklungsphasen durch, bis sie befruchtungstaugliche Samenfäden werden. Da aber die Samenfäden lediglich die väterliche Erbmasse in die Eizelle einschleusen, im übrigen aber nahrungsphysiologisch kaum auf die Embryonalentwicklung einwirken, entfallen gewisse Phasen, die der weiblichen Eibildung entsprechen. Die Samenfäden sind unbeweglich, solange sie sich im väterlichen Organismus befinden. Erst bei Kontakt mit Wasser werden Energiereserven frei, die ihnen eine, zeitlich kurz begrenzte, Bewegung ermöglichen.

[1] Normale Anzahl der je Eischub bei einigen Aquarienfischen abgegebenen Eier:

Hemigrammus ocellifer	600–1000
Nannostomus beckfordi	60– 150
Capoeta tetrazona	150– 900
Rasbora heteromorpha	100– 200
Macropodus opercularis	300– 600
Trichogaster trichopterus	500–2000
Pterophyllum scalare	300– 500

Die Produktivität einer Art hängt jedoch nicht nur von der Anzahl der Eier pro Eischub ab, da die Anzahl der Eischübe je nach Fortpflanzungsperiode sehr unterschiedlich ist. Je nach Art können während einer Fortpflanzungsperiode 1–10 Eischübe gebildet werden.

[2] Die wissenschaftlichen Bezeichnungen sind: Lebendgebärend = vivipar, Eilebendgebärend = ovovivipar, Eierlegend = ovipar. Die Bezeichnungen werden auch in der wissenschaftlichen Literatur häufig unterschiedlich verwendet. Strenggenommen sind fast alle im Aquarium gehaltenen lebendgebärende Fische nicht vivipar, sondern ovovivipar. Bei Schwertträgern oder Guppys z. B. wird ein schlupffertiges Ei geboren. Auch die Drachenflosser, die befruchtete Eier ablegen, sind ovovivipar. Echt vivipare Fische dagegen sind die Linienkärpflinge (Jenynsia) und die Vieraugenfische (Anableps).

Die Befruchtung, das heißt die Verschmelzung von Ei- und Samenzelle, kann in ihren äußeren Bedingungen recht unterschiedlich verlaufen. Bei Fischen unterscheidet man zwischen Arten mit äußerer und innerer Befruchtung. Bei Fischen mit äußerer Befruchtung werden während der Paarung sowohl Eier wie auch Samenfäden frei ins Wasser ausgestoßen. Dabei ist es wichtig, daß die Ausstoßung der Geschlechtsprodukte gleichzeitig und auf möglichst engem Raum erfolgt. Eine ganze Anzahl zunächst äußerst eigentümlich anmutender Paarungsrituale findet so ihre Erklärung. Diese Paarungsrituale, wie z. B. das Umklammern bei Labyrinthfischen und manchen Karpfenfischen, das Anklammern der Männchen mit Hilfe von Widerhaken an der Afterflosse bei gewissen Salmlern usw., dienen alle dem gleichen Zweck. Durch diese Vorkehrungen werden die Genitalöffnungen beider Geschlechter bei der Paarung in die günstigste Position gebracht, um das Ausstoßen der Geschlechtsprodukte auf engstem Raum zu sichern. Bei der Zusammenführung von Ei- und Samenzellen spielen außerdem geschlechts-spezifische Wirkstoffe[1] eine große Rolle. Bei Fischen mit innerer Befruchtung erfolgt die Verschmelzung von Ei- und Samenzelle im Körper des Weibchens. Innere Befruchtung kommt aber keineswegs nur bei Fischen vor, die lebendgebärend sind, auch gewisse eierlegende Fische haben innere Befruchtung. „Innere Befruchtung“ braucht also nicht zu bedeuten, daß die Fische lebende und fertig entwickelte Jungfische zur Welt bringen. Dagegen setzt Gebären von Jungfischen innere Befruchtung voraus. Die Männchen der Arten mit innerer Befruchtung müssen gewisse anatomische Eigenschaften haben, die eine Überführung der Samenzellen in die Genitalöffnung der Weibchen ermöglichen. Bei den als Aquarienfischen weit verbreiteten Lebendgebärenden Zahnkarpfen (Poeciliidae), erfolgt die Überführung der Samenzellen mit Hilfe der zu einem Kopulationsorgan umgebildeten Afterflosse des Männchens. Das Begattungsorgan (Gonopodium)[2] wird aus dem dritten bis fünften Strahl der Afterflosse des Männchens gebildet. Das Gonopodium ist jedoch keine Röhre, sondern eine entweder seitlich oder oben offene Rinne. Wie bereits erwähnt, werden die Samenfäden beweglich, wenn sie mit dem Wasser in Kontakt kommen. Da das Gonopodium lediglich eine Rinne ist, würde ein Wasserkontakt der Samenfäden unvermeidlich sein. Zur Erläuterung der Vorgänge bei der inneren Befruchtung ist es daher angebracht, den Begriff „Spermienpaket“ näher zu erläutern. Spermienpakete (Spermatophoren) bestehen aus einer Kittsubstanz, in die die Samenfäden eingebettet sind. Derartige Spermienpakete findet man bei den meisten Fischen mit innerer Befruchtung. Wo bei einzelnen Arten ausnahmsweise freie Spermien überführt werden, sind die Kopulationsorgane so ausgebildet, daß eine Spermienüberführung ohne Wasserkontakt möglich ist. Bei Lebendgebärenden Zahnkarpfen werden bei der Befruchtung also nicht freie Spermien, sondern Spermienpakete vom Männchen auf das Weibchen überführt. Die in den Eileiter gelangten Spermienpakete entlassen nach Auflösung ihrer Kittsubstanz die Spermien, die sich sodann frei im Eileiter befinden. Im Eileiter können die Spermien, je nach Art, 8–15 Monate lebensfähig bleiben. Zu den Eiern, die bei den Weibchen dieser Arten in der Regel mit vier Wochen Zwischenraum zur Reife gelangen, rücken die Spermien entweder in der gleichen Reihenfolge vor, in der sie in den Eileiter gelangten (z. B. bei *Xiphophorus*), oder es kommen frisch in den Eileiter gelangte Spermien vorzugsweise zur Befruchtung (z. B. bei Guppys). Die Ursachen dieser Unterschiede, deren Kenntnis bei der Auswahlzucht mit diesen Fischen äußerst wichtig ist, sind nicht bekannt.

Bei den Lebendgebärenden Zahnkarpfen erfolgt die Versorgung des Embryos in den meisten Fällen ausschließlich durch die in einem großen Dottersack gelagerten Nahrungsreserven; bei der Geburt wird, streng genommen, ein schlupffertiges Ei geboren. Daß die Eihülle fast immer schon während der Austreibungsphase springt, hat keinerlei Bedeutung. Vereinzelt kann man doch beobachten, daß einzelne Eier erst aufspringen, wenn sie den mütterlichen Körper bereits verlassen haben. Im Prinzip unterscheidet sich also die Embryonalentwicklung im Ei bei den allermeisten lebendgebärenden Arten nicht von der Embryonalentwicklung freilaichender Fische. Bei einzelnen Arten kommen von dieser Regel Ausnahmen vor, so z. B. bei dem ebenfalls zu den Poeciliiden gehörenden Zwergkärpfling *(Heterandria formosa)*. Bei diesem Fisch werden die Embryonen während ihrer Entwicklung teilweise durch den mütterlichen Organismus versorgt. Bei einem anderen lebendgebärenden Kärpfling, *Jenynsia lineata* (der aber nicht zu den Poeciliiden gehört), findet man sogar eine fast ausschließliche Versorgung der Embryonen über ein plazentaähnliches (Plazenta = Mutterkuchen) Gebilde, mit dem die Embryonen durch einen Strang in Verbindung

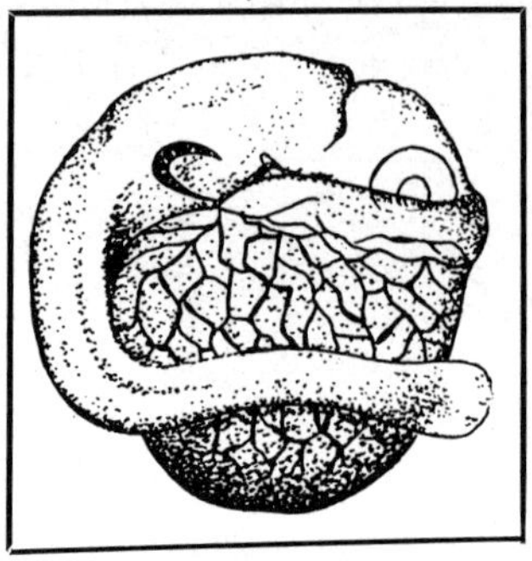

Bild 7.4 (oben): Junger Zahnkarpfen mit großem Dottersack und kleinem Herzbeutel. Dieser Embryotyp ist am weitesten verbreitet. Eine besondere Ernährung durch die Mutter findet nicht statt.

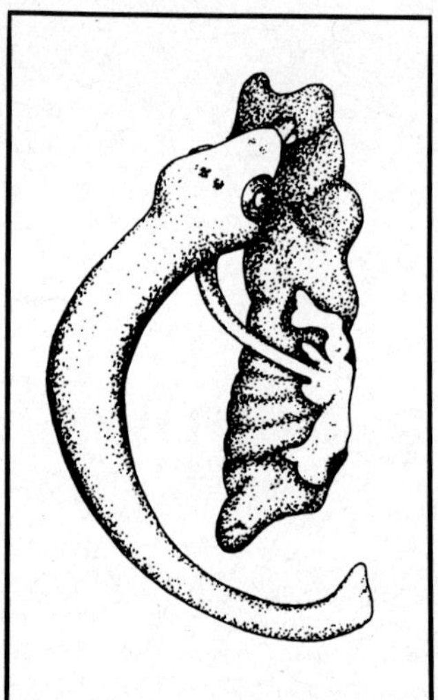

[1] Geschlechtsspezifische Stoffe (Gamone) dienen der Steuerung der Samenzelle bei der Befruchtung.

[2] Der Bau der Gonopodien ist je nach Unterfamilie verschieden. Bei der systematischen Aufgliederung spielt daher die Unterscheidung der Gonopodien eine große Rolle. Praktisch verhindert die unterschiedliche Form des männlichen Fortpflanzungsorganes wahrscheinlich Kreuzungen zwischen manchen verwandten Arten.

Bild 7.5 (unten): Die Abbildung stellt einen Embryo mit kleinem Dottersack und großem Herzbeutel dar. Die bänderartigen Anhänge dienen zur Aufnahme von Nährstoffen aus der Follikelflüssigkeit. Die Embryonen der Halbschnäbler (Dermogenys) ähneln stark dem abgebildeten Embryo von Characodon lateralis.

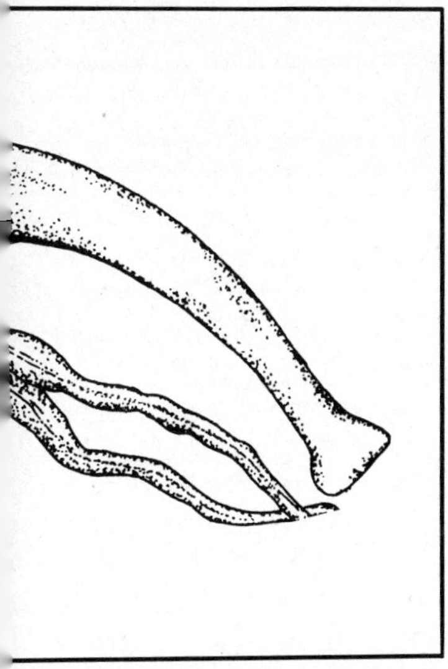

Bild 7.6 (links): Embryo von Jenynsia lineata mit Pseudoplacenta. Der „Mutterkuchen" ist mit dem Embryo durch eine „Nabelschnur" verbunden, die in der Kiemenregion endet.
Bilder 7.4, 7.5 und 7.6 gezeichnet von M. Andersson nach Vorlagen von Turner und Kosswig.

stehen. Dieser Strang, der einer Nabelschnur gleichkommt, endet nicht am Bauch (Nabel), sondern in der Kiemenregion der Embryonen. Bei der Geburt ist bei den Jungfischen von *Jenynsia* daher ein Kiemendeckel nicht vollständig ausgebildet und wächst erst später nach.

Der Umstand, daß die Spermien lange Zeit im Eileiter befruchtungstauglich bleiben, spielt bei der Zucht Lebendgebärender Zahnkarpfen eine große Rolle. Einmal befruchtete Weibchen können also mehrere Würfe (8–11) gebären, ohne erneut mit einem Männchen in Kontakt zu kommen. Auch noch nicht geschlechtsreife Jungweibchen können schon „vorsorglich" befruchtet werden. Außer bei den Poeciliiden findet man ähnliche Vorgänge in bezug auf Befruchtung und Embryonalentwicklung bei der Gattung *Dermogenys* (Halbschnäbler). Interessant in diesem Zusammenhang ist, daß *Dermogenys* systematisch nicht näher mit den Poeciliiden verwandt ist und auch geographisch in einem ganz anderen Teil der Erde zu Hause ist.

Auch bei eierlegenden Fischen mit innerer Befruchtung erfolgt die Überführung der Spermien, so weit bekannt, in Form von Spermienpaketen. Unter den Aquarienfischen findet man diese Befruchtungsform in der Unterfamilie der Glandulocaudinae, populär auch als Drachenflosser oder Drüsensalmler bezeichnet. Bei den Drachenflossern erfolgt die Überführung der Spermienpakete mit Hilfe der fächerartig vergrößerten Afterflosse der Männchen. Die Strahlen der Afterflosse sind bei den Männchen dieser Arten mit einem sinnreichen System von Wider-

Bild 7.7: Der Zwergkärpfling (Heterandria formosa) ist ein lebendgebärender Zahnkarpfen mit einer Besonderheit: Die Embryonen werden während ihrer Entwicklung teilweise durch den mütterlichen Organismus versorgt. Aufnahme R. Zukal.

haken versehen, die das Weibchen bei der Paarung in der richtigen Lage halten. Andere Auswüchse am Körper der Drachenflossermännchen, wie z. B. mit Knoten versehene Kiemendeckelfortsätze bei *Stevardia riisei,* Schwanzlappenverdickungen bei *Glandulocauda inaequalis* usw., dienen ebenfalls der Aufgabe, das Weibchen in eine für die Paarung günstige Position zu lavieren. Wenigstens bei *Stevardia riisei* ist Vorratsbefruchtung einwandfrei nachgewiesen, und es ist anzunehmen, daß auch die übrigen Arten dieser Unterfamilie auf Vorrat befruchten können. Drachenflosser legen also Eier, die bei der Ablage bereits befruchtet sind.

Der Befruchtungsvorgang an sich ist immer gleich, unabhängig davon, ob es sich um äußere oder innere Befruchtung handelt. Bei der Befruchtung dringt die Samenzelle in die Eizelle ein, wobei von der Samenzelle lediglich der Kopf und das Zwischenstück des Samenfadens in das Ei gelangen. Befruchtung bedeutet also Verschmelzung zweier geschlechtlich differenzierter Fortpflanzungszellen (Gameten). Die aus der Verschmelzung zweier Gameten entstehende Zelle vor Beginn der Furchung wird als Zygote bezeichnet. Bei der Vereinigung erhält die Zygote von der Eizelle Cytoplasma als Energiereserve für die Bildung des neuen Individuums. Nach erfolgter Vereinigung von Ei- und Samenzelle verschließt eine Befruchtungsmembran die in der Eihülle befindliche Öffnung und verhindert so jede weitere Befruchtung. Eine Eizelle wird also immer nur von einer Samenzelle befruchtet. Jede Ei- und Samenzelle enthält eine bestimmte, je nach

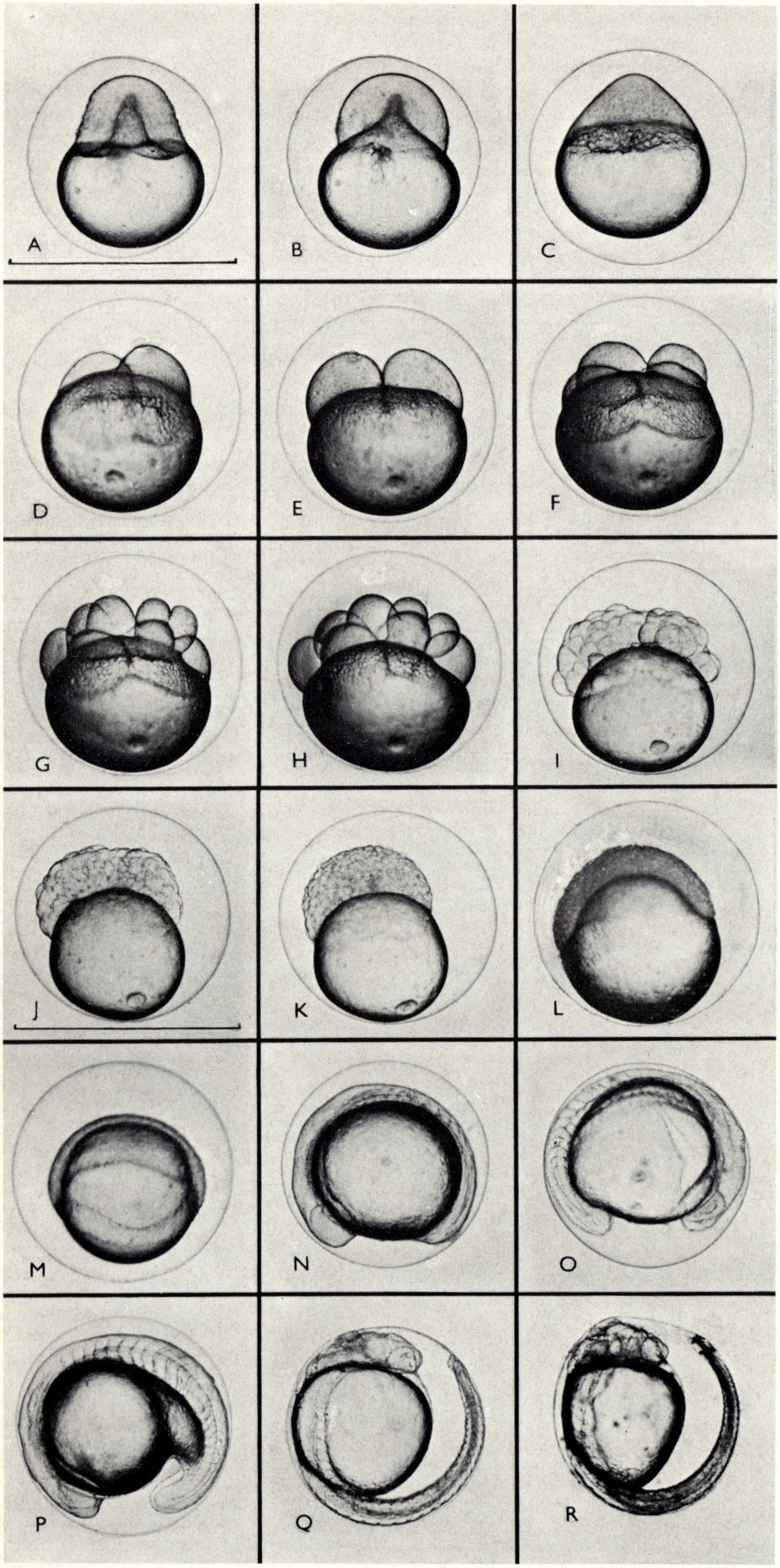

Bild 7.8: Entwicklung der Eier, Embryonen und Larven des Roten Neons Cheirodon (Lamprocheirodon) axelrodi bei einer Wassertemperatur von 27° C.

A, B: Unbefruchtete Eier, A etwa eine Stunde nach der Eiablage, B etwa vier Stunden nach dem Ablaichen (es wird bald trüb und zerfällt, eventuell sekundär verpilzt). Strich unter dem A = 1 mm.

C: Das Ei etwa 10 Minuten nach der Besamung. Die befruchtete Zelle oben begründet die werdende Keimscheibe.

D, E: Keimscheibe aus zwei Blastomeren. Das sind Furchungszellen, die bei der Furchung aus der Eizelle hervorgehen (Tochterzellen) Alter etwa 30 Minuten.

F: Die beiden Blastomeren haben sich im Alter von 45 Minuten wieder geteilt. Wir sehen hier vier Tochterzellen.

G, H: Im Alter von etwa 60 Minuten teilen sich die vier Blastomeren erneut, jetzt sind es 8 Tochterzellen.

I, J, K: Bei der weiteren Teilung der Zellen der Keimscheibe entsteht das sogenannte Morula-Stadium (I Alter 90 Minuten, J Alter 120 Minuten, K Alter 180 Minuten). Strich unter dem Bild J = 1 mm.

L: Anfang der sogenannten Gastrulation (Diskogastrula). Die Schicht der somatischen Zellen (Körperzellen) beginnt den Nährdotter, den späteren Dottersack, zu umwachsen. Alter 3 Stunden 30 Minuten.

M: Der Embryo formt sich. Sein Kopf liegt rechts im Bild. Alter 4 Stunden, 30 Minuten.

N: Embryo mit sichtbarer Augenblase im Kopfteil links: im Rükkenteil sichtbare Segmentation (Somiten, Ursegmente). Alter 8 Stunden, 30 Minuten.

O: Weiterentwicklung. Der Schwanzteil des Embryos (auf dem Bilde links) beginnt sich vom Dottersack abzutrennen. Alter 9 Stunden, 30 Minuten.

P: Der Schwanzteil wächst weiter, der Dottersack teilt sich in zwei Teile. Alter 11 Stunden.

Q: Der 14 Stunden alte Embryo sieht schon recht organisiert aus.

R: Der 17 Stunden alte Embryo ist praktisch schlüpfreif.

S: Der frisch geschlüpfte Eleuterembryo (18 Stunden alt) hat auf dem Kopfscheitel eine große Haftdrüse, die das Klebesekret absondert, mit dessen Hilfe er sich am Substrat festheftet. Gesamtlänge 2,7 mm.

T: Der 82 Stunden alte Eleuterembryo hat schwarzpigmentierte Augen, der Dottersack ist inzwischen sehr klein geworden. Gesamtlänge 3,9 mm.

U: Im Alter von 105 Stunden überstand die Protopterygiolarve ihr kritisches Entwicklungsstadium, die Füllung der Schwimmblasen. Jetzt geht die Larve von der endogenen Ernährung (vom Dottersack) auf die sogenannte exogene Nahrung, das heißt aktiven Futterfang, über. Gesamtlänge 4,2 mm. Die letzten beiden Bilder zeigen die Rückenseite der Larve.

Frühentwicklung der Fische

Das ganze Leben eines Fisches – von der Befruchtung des Fischeies bis zum Tod des Organismus – kann man in fünf Perioden einteilen: die embryonale, larvale (Larvenperiode), juvenale (Jugendperiode), adulte (Erwachsenenperiode), und senective (Altersperiode). Die embryonale und die larvale Periode bilden zusammen die sogenannte „Frühentwicklung". Jede Periode besteht aus mehreren Phasen, jede Phase wieder aus mehreren Etappen und jede Etappe zuletzt aus mehreren einzelnen Stadien.

Die Aquarianer, vor allem aber die Aquarienfischzüchter interessiert hauptsächlich die Frühentwicklung (das heißt, die embryonale und die larvale Periode), bei der die größten Verluste eintreten.

Die embryonale Periode besteht aus der:

1. ovularen Phase (Frühentwicklung des befruchteten Eies: Morula, Diskoblastula, Diskogastrula und Neurula-Bildung);
2. embryonale Phase (Embryo in der Eihülle) und
3. eleuterembryonalen Phase (freier Embryo nach dem Schlupf, aber noch mit Dottersack).

Die larvale Periode teilen die Ichthyologen auf in die:

1. protopterygiolarvale Phase (von Beginn des Freischwimmens, das heißt nach dem Verzehren des Dottersacks und der Füllung der Schwimmblase. Der Fischkörper ist von einem Flossensaum ohne Knochenstrahlen umgeben.) und
2. pterygiolarvale Phase (Differenzierung des Flossensaumes in unpaare Flossen mit Knochenflossenstrahlen).

Die embryonale Periode, die mit der Eibefruchtung beginnt, ist durch die ausschließlich endogene Ernährung, vom Dotter aus dem Dottersack, charakterisiert. Die larvale Periode beginnt mit dem Übergang zur exogenen Nahrung (das Tier frißt selbständig) und dauert bis zum Ende der Verknöcherung (Ossifikation) des Achsenhauptskeletts und bis zur kompletten Resorption des embryonalen Flossensaums. Viele spezifisch larvale Organe an Stelle der bis jetzt unentwickelten endgültigen Organe kennzeichnen die larvale Fischlebensperiode.

Die genaue Kenntnis der Perioden, Phasen, Etappen usw. in der Entwicklung der einzelnen Fischarten ist nicht Selbstzweck. Ohne genaue Kenntnisse der Morphologie der sich „gesund" entwickelnden Fischeier, Embryonen, Larven usw. lassen sich die schädlichen Einflüsse der künstlichen Umgebung „Aquarium" schwerer erkennen und bekämpfen.

Aufnahmen von Bild 7.8 und Text S. Frank

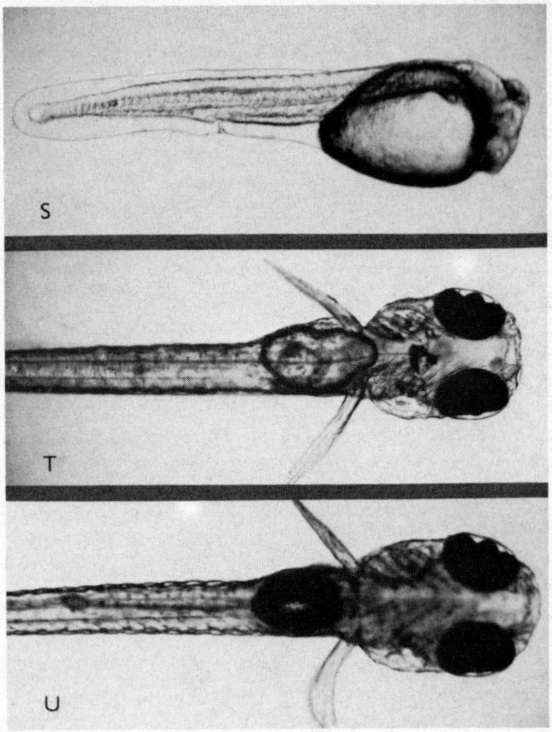

Art konstante Anzahl Chromosomen. Als Chromosomen bezeichnet man die in jedem Zellkern vorhandenen Kernschleifen, die Träger der Erbeigenschaften sind. Die Embryonalentwicklung beginnt nach der Verschmelzung von Ei- und Samenzelle zunächst mit einer Zellvermehrung durch Zellteilung. Da die beiden Keimzellen je einen Kern mit der gleichen Anzahl Chromosomen enthalten, würde bei der Befruchtung eine Verdoppelung der Chromosomenanzahl erfolgen (was theoretisch bei jeder weiteren Generation zu einer weiteren Verdoppelung führen würde). Daher muß bei allen sich geschlechtlich fortpflanzenden Lebewesen zu einem bestimmten Zeitpunkt eine Verminderung (Reduktion) der Chromosomen erfolgen. Diese Reduktionsteilung erfolgt bei Fischen, wie auch bei anderen Wirbeltieren, bereits während der Reifung der Keimzellen, das heißt also, schon vor der Befruchtung.

Im Laufe der Eientwicklung erfolgt parallel mit der Zellteilung eine Verlagerung der Nährstoffe in bestimmte Zellen, die zur Anlage gewisser Organe vorgesehen sind. Von den Organen bilden sich zunächst Darm, Rückenmark und Gehirn. Ihnen folgen die Anlagen für Gleichgewichtsorgan, Augen und Nase. Die mittlere Körperpartie teilt sich in mikroskopisch deutlich erkennbare Abschnitte, aus denen sich die Muskulatur bildet. Bildung der Kiemenspalten, Streckung des Körpers über die Keimscheibe hinaus und Bildung der paarigen Flossen sind die darauf folgenden Stadien der Embryonalentwicklung. Die als Energiequelle für diese Vorgänge dienende Dotterkugel wird gleichzeitig kleiner. Als letzte Organe brechen kurz vor dem Schlüpfen Mund und After durch. Die unpaaren Flossen bilden einen zusammenhängenden Saum (embryonaler Flossensaum), die Bildung der einzelnen unpaaren Flossen erfolgt erst nach dem Schlüpfen. Der Rest der Dottersubstanz wird kurz vor dem Schlüpfen als Dottersack ganz oder teilweise in den Körper eingezogen. Nachdem der Embryo die Eihülle gesprengt hat, dient der Inhalt des Dottersackes dem Jungfisch als Nahrungsreserve. Der Zeitraum, für den der Inhalt des Dottersackes als Nahrung für den Jungfisch ausreicht, kann je nach Art recht verschieden sein und von einem bis zwei Tagen bis mehrere Wochen (bei einzelnen Arten sogar Monate) betragen. Erst wenn der Inhalt des Dottersackes verbraucht ist, beginnt der Jungfisch zu fressen.

Freilaicher, Haftlaicher, Bodenlaicher, Brutpflegeformen[1]

Bei nicht brutpflegenden Fischen, und das ist die überwiegende Mehrheit aller Fischarten, werden die Eier von den Elterntieren ihrer Entwicklung überlassen. Wenn auch die Elterntiere die Eier nicht direkt schützen, so erfolgt ihre Ablage doch meist so, daß die Eier indirekten Schutz finden. Arten, die ihre Eier frei im Wasser bzw. zwischen Wasserpflanzen ausstoßen (Freilaicher), suchen beim Ab-

[1] Siehe auch S. 570–579

laichen häufig Pflanzenbestände im seichten Wasser auf. Bei einheimischen Fischen kann man dies gut bei Hechten oder Karauschen beobachten. Beim Laichen gehen diese Arten in so seichtes Wasser, daß es ihnen oft nicht mehr möglich ist, in normaler Lage zu schwimmen; sie müssen daher beim Schwimmen Seitenlage einnehmen. Durch die Eiabgabe im seichten Wasser wird die Entwicklung von Laich und Jungfischen in verschiedener Weise begünstigt. Teils erwärmt sich seichtes Wasser schneller als tieferes, wodurch die Entwicklung der Embryonen beschleunigt wird. Dadurch wird die Zeitspanne, in der das Ei unbeweglich jedem Feind ausgesetzt ist, verkürzt. Größere Fische, die arge Laichräuber sein können, suchen kaum seichtes Wasser auf. Schließlich findet der Jungfisch im seichten und warmen Wasser an den Ufern eine reichliche Kleinlebewelt vor, die ihm als Nahrung dient. Bei der Aquarien-Fischzucht wäre es jedoch verkehrt, anzunehmen, daß niedriger Wasserstand im Zuchtaquarium irgendwie begünstigend auf die Laichwilligkeit der Zuchttiere oder auf die Entwicklungsmöglichkeiten abgegebener Eier einwirkt. Normale Zuchtaquarien sind kaum so tief, daß die Unterschiede des Wasserstandes eine Rolle spielen, andere Faktoren werden durch Heizung und Durchlüftung ausgeschaltet.

Bild 7.9: Der Schmuckbärbling (Rasbora elegans) ist ein typischer Freilaicher. Freilaicher sind Fischarten, die ihre Eier frei im Wasser bzw. zwischen Wasserpflanzen ausstoßen. Aufnahme B. Kahl

Bei Freilaichern ist das Haftvermögen der Eier in der Regel nicht sonderlich groß. Selbst wenn die Eier in dichten Pflanzenbeständen abgesetzt werden, bleibt nur ein Teil davon an den Pflanzen haften, während die übrigen zu Boden sinken. Von dieser Regel gibt es jedoch viele Ausnahmen, so haben beispielsweise viele Karpfenfische Eier mit großem Haftvermögen. Typische Freilaicher unter den Aquarienfischen sind fast alle zu den Karpfenfischen gehörenden Arten wie Barben, *Rasbora*- und *Danio*-Arten, Goldfische usw., weiter der überwiegende Teil der Salmlerarten sowie Angehörige verschiedener kleinerer Familien wie Gasteropelecidae, Anostomidae, Hemiodontidae usw.[1]

Haftlaicher unterscheiden sich von Freilaichern dadurch, daß sie ihre Eier systematisch an Wasserpflanzen absetzen[2]. Bei der Laichabgabe suchen die Fische genau die Stelle aus, an der das Ei (bzw. die Eier) bei jeder einzelnen Paarung abgesetzt wird. Bei vielen Arten der Haftlaicher wird je Paarung lediglich ein einziges Ei abgesetzt. Je nach Art erfolgt die Ablage der Eier entweder dicht unter der Oberfläche, im Gewirr der Oberflächenvegetation oder dicht über dem Boden im Wurzelgewirr größerer Pflanzen oder anderer Bodenvegetation. Ausnahmen von dieser Regel sind die Panzerwelse der Gattung *Corydoras*, die ihre Eier ziemlich wahllos anheften. Die Grenze zwischen Freilaichern und Haftlaichern

[1] Helostoma temmincki, der Küssende Gurami, ist einer der wenigen im Aquarium gehaltenen Labyrinthfische, der Freilaicher ist. Seine Eier haben ein enormes Haftvermögen. Die Laichabgabe erfolgt in den unteren Wasserschichten. Die Eier, die leichter als Wasser sind, steigen nach oben und bleiben haften, wenn sie einen Gegenstand, z. B. eine Pflanze berühren. Oft können die Zuchttiere nicht abgefangen werden, da sonst zu viele Eier am Netz haftenbleiben.

[2] Aphyosemion-Arten lassen sich exakt in Haftlaicher und Bodenlaicher aufteilen. Die Aufteilung der häufigsten Arten kann der folgenden Zusammenstellung entnommen werden.

Haftlaicher
Aphyosemion australe
A. bivittatum
A. calliurum
A. cognatum
A. loennbergi
A. multicolor
A. schoutedeni

Bodenlaicher
Aphyosemion arnoldi
A. beauforti
A. coeruleum
A. filamentosum
A. gardneri
A. gulare

Zu beachten: Die bodenlaichenden Aphyosemion-Arten sind keine Saisonfische.
Corydoras-Arten reinigen vor Absetzen der Eier häufig die Eiablagestelle. Das Weibchen reinigt dabei die Unterlage mit dem Maul. Oryzias-Arten sind zu den Haftlaichern zu rechnen. Die Weibchen tragen nach erfolgter Laichabgabe die Eier traubenartig zusammengebündelt mit sich herum. Jedes einzelne Ei ist jedoch mit einem Haftfaden versehen und wird später vom Weibchen an Pflanzen angeheftet.

Bücher zum Thema: Ostermöller, W.: Fische Züchten – nach Rezept. Ratschläge eines Praktikers. Reihe Das Vivarium. Kosmos-Verlag, 3. Aufl., Stuttgart 1975
Wickler, W.: Das Züchten von Aquarienfischen. Eine Einführung in ihre Fortpflanzungsbiologie. Reihe Das Vivarium. Kosmos-Verlag, 7. Aufl., Stuttgart 1976
Pinter, H.: Handbuch der Aquarienfischzucht. 3. Aufl., Stuttgart o. J.

ist nicht immer scharf. Einige zu den Karpfenfischen gehörende Arten, die Keilfleckbarben *(Rasbora heteromorpha)* und ihre nächsten Verwandten, setzen ihre Eier an der Unterseite breitblättriger Wasserpflanzen ab. Von den Eiern der echten Haftlaicher unterscheiden sich die Eier der Keilfleckbarben durch ihr wesentlich geringeres Haftvermögen. Auch wenn die Fische die Ablegestelle für die Eier sorgfältig wählen, bleibt nur ein Teil der Eier dort haften, wo sie abgelegt werden. Bei den echten Haftlaichern dagegen sitzt das Ei dort fest, wo es abgelegt wird. Die äußere Eihülle der Eier von Haftlaichern hat eine große Klebekraft, oder die Eier sind, wie z. B. bei den Regenbogenfischen *(Nematocentris)*, mit besonderen Haftfäden versehen. Neben den schon erwähnten Panzerwelsen und Regenbogenfischen findet man Haftlaicher bei den als Aquarienfische gehaltenen Arten hauptsächlich unter den Eierlegenden Zahnkarpfen (Cyprinodontiden).

Bodenlaicher buddeln entweder ihre Eier im Bodenschlamm ein, oder sie überdekken den Laich nach der Abgabe mit Sand und Grus. Unter den Aquarienfischen findet man Bodenlaicher fast ausschließlich unter den Eierlegenden Zahnkarpfen, und man kann in dieser Familie die Grenze zwischen Haftlaichern und Bodenlaichern fast genau ziehen. Gemeinsam für alle Bodenlaicher gilt, daß die Entwicklungszeit der Eier relativ lang ist, von einigen Wochen bis zu mehreren Monaten (gegenüber wenigen Tagen bei Freilaichern und 6–20 Tagen bei Haftlaichern).

Die Eier mancher Bodenlaicher überleben im Bodenschlamm eingebettet Trokkenperioden. Manche Gewässer in Afrika und Südamerika trocknen während der regelmäßig eintretenden Trockenzeiten vollständig aus. Trotzdem beherbergen diese Gewässer eine Anzahl von Cyprinodontiden-Arten. Zu Beginn der Trockenzeit gehen alle Fische zugrunde, und nur die Eier im Bodengrund der Gewässer überleben. Wenn sich zu Beginn der Regenzeit die Gewässer wieder füllen, kommen die Eier zum Schlüpfen. Diese Arten leben also nur während einer „Saison" (Jahreszeit) und werden, unabhängig von ihrer Gattungszugehörigkeit, als Saisonfische (Jahreszeitfische) bezeichnet. Kennzeichnend für die Eier der Saisonfische ist, daß ihre Entwicklungsdauer großen Schwankungen unterworfen sein kann. Bei ungünstigen Bedingungen, das heißt Mangel an Wasser, kann der fertig entwickelte Jungfisch längere Zeit „ruhend" in der Eihülle liegen. Die Zucht dieser Fische im Aquarium erfordert gewisse Vorkehrungen, z. B. Anwendung bestimmter Laichsubstrate. Zwar entwickeln sich die Eier der meisten Saisonfische auch, wenn sie im Wasser liegen bleiben, ja die Entwicklungsdauer kann sich dabei sogar verkürzen. Im Wasser verbleibende Eier von Saisonfischen ergeben jedoch oft schlechtere Resultate, als wenn die Eier eine Trockenperiode durchmachen.

Die Ablage der Eier ist bei brutpflegenden Arten genau den Erfordernissen der betreffenden Brutpflege angepaßt. So kann die Eiablage unter den denkbar einfachsten Voraussetzungen erfolgen, wie z. B. bei Hundsfischen (Umbridae) oder beim Floridakärpfling *(Jordanella floridae)*, die ihre Eier einfach in Algenpolstern absetzen, wo sie vom Weibchen (Hundsfische) oder vom Männchen (Floridakärpfling) bewacht werden. Bei in der Brutpflege hochspezialisierten Arten dagegen kann die Eiablage ganz bestimmte Voraussetzungen erfordern, z. B. beim Bitterling *(Rhodeus sericeus amarus)*, wo die Eiablage lediglich bei Anwesenheit von Malermuscheln *(Unio pictorum)* oder Teichmuscheln *(Anodonta cygnea)* möglich ist, in welche Bitterlingsweibchen ihre Eier legen. Die Männchen unserer einheimischen Stichlinge, von denen verwandte Arten auch in Nordamerika vorkom-

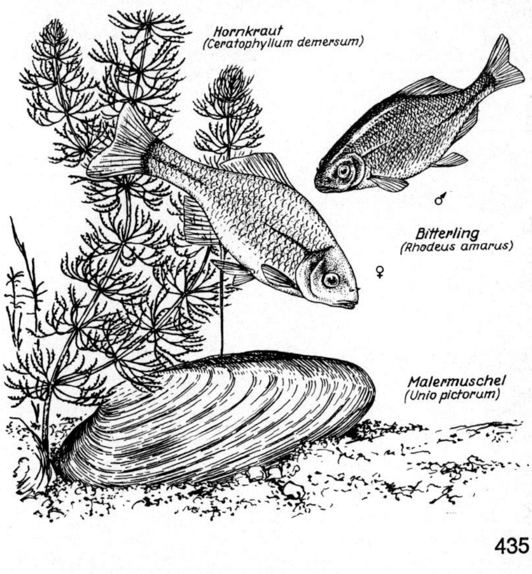

Bild 7.10: Bitterlingsweibchen (Rhodeus sericeus amarus) legen ihre Eier in Malermuscheln (Unio pictorum).

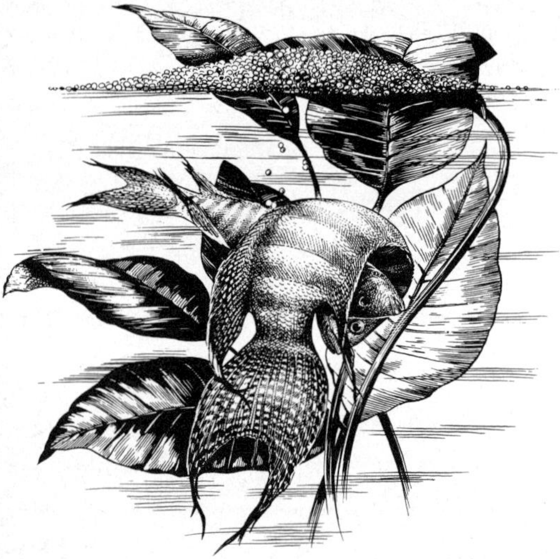

Bild 7.11: Viele Labyrinthfisch-Arten bauen Schaumnester. Das sind Ansammlungen feiner Luftblasen, die das Männchen ausspuckt, und die von einem klebrigen Sekret zusammengehalten werden.

men, bauen Pflanzennester, die der Aufnahme der Eier dienen. Eine besondere Art des Nestbaues sind die sogenannten Schaumnester, die von den Männchen vieler Labyrinthfischarten und einiger Welse (*Callichthys* und *Hoplosternum*) gebaut werden. Die Schaumnester bestehen aus feinen Luftblasen, die vom Männchen mit dem Maul gebildet und von einem klebrigen Sekret zusammengehalten werden. SchaumnestbauendeWelse schließlich laichen an Pflanzenteilen, die nach erfolgter Laichabgabe vom Männchen in das Schaumnest eingebaut werden. Die Männchen der Sonnenbarsche (Centrarchidae) bauen im Bodensand Laichgruben, in die die Eier abgelegt und sodann vom Männchen bewacht werden. Laichgruben bauen auch viele maulbrütende Buntbarsche (Cichliden). Bei diesen Fischen dient die Laichgrube nur unmittelbar der Eiabgabe. Die befruchteten Eier werden direkt nach der Befruchtung vom Weibchen (bei einigen Arten auch von beiden Geschlechtern) ins Maul genommen. Andere maulbrütende Buntbarsche ziehen flache Steine als Laichunterlage vor *(Tropheus-*Arten*).* Maulbrüter gibt es aber nicht nur unter den Buntbarschen, auch unter Labyrinthfischen und Welsen kommen Maulbrüter vor. Andere Buntbarsche, die sogenannten Substratbrüter, legen die Eier eines Eischubes in Form eines geschlossenen Geleges auf einem Stein, in einer Grotte oder auf einem Pflanzenblatt ab. Substratbrütende Buntbarsche laichen im Aquarium bei Mangel an geeigneten Laichsubstraten nicht selten an den Scheiben. In ähnlicher Weise wie bei den substratbrütenden Buntbarschen erfolgt die

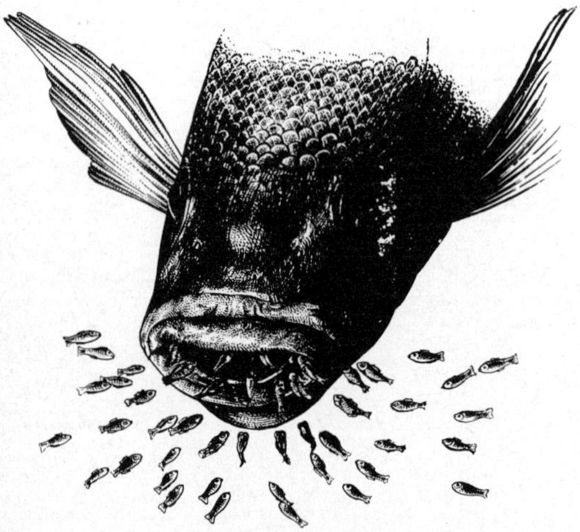

Bild 7.12: Bei maulbrütenden Buntbarschen entwickeln sich die befruchteten Eier im Maul, und die Jungfische schlüpfen auch dort. Bis zu einer bestimmten Größe werden die Jungfische bei Gefahr im Maul aufgenommen.

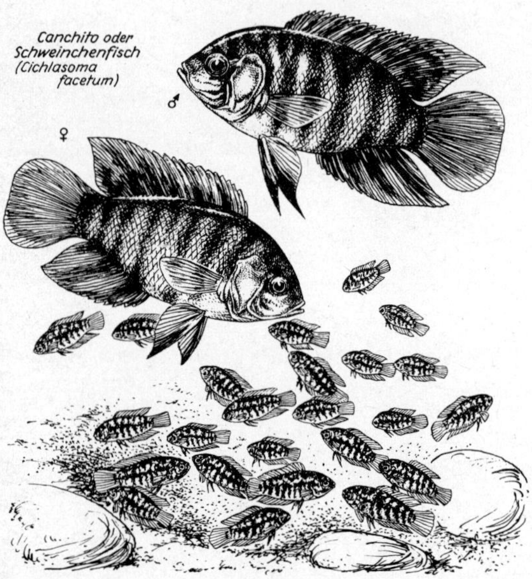

Bild 7.13: Andere Buntbarsche sind Substratbrüter. Sie legen die Eier in einem geschlossenen Gelege auf einem Stein, in einer Höhle oder auf einem Pflanzenblatt ab.

Bild 7.14: Die Teufelsangel (Geophagus jurupari) ist ein „Teilmaulbrüter". Diese Fische laichen wie die Substratbrüter ab, nehmen die Eier aber vor dem Schlüpfen ins Maul. Aufnahme B. Kahl.

Bild 7.15: Paarung der Spritzsalmler (Copella arnoldi). Der Spritzsalmler legt seine Eier außerhalb des Wassers an überhängenden Pflanzen und Blättern ab. Das Männchen bespritzt die Eier bis zum Schlüpfen der Jungen mit Wasser.

Eiabgabe auch bei den Nanderbarschen und einigen brutpflegenden Salmlern (*Pyrrhulina* und *Crenuchus*). In bezug auf die Versorgung der Eier nehmen die „Teilmaulbrüter" zwischen Substratbrütern und Maulbrütern eine Zwischenstellung ein. Bei diesen Fischen *(Geophagus jurupari* und *G. surinamensis)* erfolgt die Eiabgabe wie bei den Substratbrütern, doch werden die Eier vor dem Schlüpfen ins Maul genommen.

Wohl die eigentümlichste Form der Eiablage unter den brutpflegenden Fischen findet man beim Spritzsalmler *(Copella arnoldi),* der seine Eier außerhalb des Wassers an überhängenden Pflanzenblättern und ähnlichem absetzt[1]. In kurzen Zwischenräumen spritzt das Männchen mit der Schwanzflosse Wasser auf die Eier, bis schließlich die schlüpfenden Jungfische ins Wasser gespült werden.

Bei brutpflegenden Fischen unterscheidet man Vaterfamilien (Brutpflege durch das Männchen), Mutterfamilien (Brutpflege durch das Weibchen) und Elternfamilien (Brutpflege durch beide Eltern).

Untersucht man nun diese Brutpflegeformen genauer, so ergeben sich deutliche Unterschiede zwischen Vaterfamilie einerseits und Mutter- und Elternfamilie andererseits. Die Brutpflege durch das Männchen ist in der Regel kurz, und nur selten pflegt der brutpflegende Vater seine Nachkommen über das Stadium des Freischwimmens hinaus. Neben der Bewachung des Nestes, Laichplatzes usw. besteht die Brutpflege lediglich darin, daß der Vater die Eier durch Fächeln mit den Flossen ständig mit neuem Wasser versorgt. Bei der Laichabgabe ist das Männchen häufig polygam und laicht mit mehreren Weibchen ab[2]. Allgemein bekannt ist das polygame Verhalten der Stichlingsmännchen, doch kommt ähnliches Verhalten bei Labyrinthfischen, manchen Sonnenbarschen und brutpflegenden Salmlern *(Pyrrhulina)* vor. Bei Mutter- und Elternfamilien werden die Jungfische noch eine längere Periode nach dem Freischwimmen von den Elterntieren (oder Mutter) zusammengehalten und bewacht. Bei der Versorgung vor dem Schlüpfen spielt neben dem Frischwasserzufächeln die Sauberhaltung der Eier eine große Rolle. Fremdkörper werden entfernt, unbefruchtete Eier sorgfältig aus dem Ge-

[1] Bei der Zucht des Spritzsalmlers (Copella arnoldi) verwendet man als Laichunterlage mattierte Deckscheiben. Die Scheiben werden mit der mattierten (rauhen) Seite nach unten aufgelegt. Abstand zwischen Deckscheibe und Wasserspiegel 4–6 cm.

[2] Polygamie = Mehrehe (griech. polys = viele, gamos = Ehe). Genaugenommen könnte man z. B. bei Stichlingen von Polygynie sprechen, d. h., ein Mann hat mehrere Frauen. Ob die Männchen der Vaterfamilie-bildenden Arten mit mehreren Weibchen ablaichen, hängt natürlich neben dem Zugang an Weibchen und der Konkurrenz durch andere Männchen auch vom Platz ab.
Nur wenn genügend Raum vorhanden ist, kann die Laichabgabe mit mehreren Weibchen ohne Reibungen verlaufen. Die in Frage kommenden Aquarienfische (z. B. Colisa-Arten) sind in der Regel so produktiv, daß es kein Vorteil ist, mehrere Weibchen mit einem Männchen zur Zucht anzusetzen.

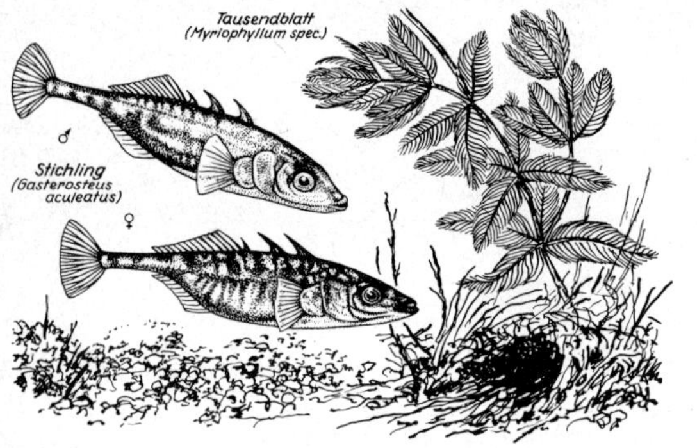

Bild 7.16: Stichlinge am Nest. Das Stichlingsmännchen ist polygam, es laicht oft mit mehreren Weibchen ab.

lege herausgelesen usw. An der Bildung einer Mutter- oder Elternfamilie ist lediglich ein Paar beteiligt (Familienbildungen zu dritt, wie z. B. bei *Pterophyllum* beschrieben, stellen abnormale Ausnahmefälle dar). Der Unterschied zwischen Mutterfamilie und Elternfamilie besteht darin, daß bei der Mutterfamilie das Männchen sich nach der Laichabgabe nicht mehr um die Eier kümmert und oft vom Weibchen verjagt wird. Nicht immer läßt sich die Grenze zwischen Mutterfamilie und Elternfamilie exakt feststellen. Bei manchen Arten kommen beide Formen der Familienbildung nebeneinander vor, z. B. bei manchen *Apistogramma*-Arten. Entwicklungsgeschichtlich läßt sich dieses vielleicht so erklären, daß sich die Elternfamilie aus der Mutterfamilie entwickelt hat und daß diese Entwicklung bei manchen Arten noch nicht abgeschlossen ist. Aquarienbeobachtungen können aber bei der Beurteilung der Familienform leicht zu falschen Schlüssen verleiten. Bei Arten im Grenzgebiet zwischen Mutterfamilie und Elternfamilie kann das Vorhandensein oder Nichtvorhandensein eines Feindfaktors entscheidend die Form der Familienbildung beeinflussen. Vorhandensein eines Feindfaktors begünstigt die Bildung von Elternfamilien z. B. bei *Apistogramma agassizi* und *A. borelli.* Schließlich sei noch erwähnt, daß die Bildung einer Elternfamilie häufig mit „lebenslanger" Paarbildung der Partner verbunden ist. Bei Arten mit lebenslanger Paarbildung kommen bisweilen gleichgeschlechtliche Paarbildungen vor[1]. Diese zwischen zwei Weibchen geschlossenen Paarbildungen können den Züchter vor ein Rätsel stellen, wenn die abgegebenen Eier nie zum Schlüpfen kommen. Da sich bei den betreffenden Arten die Geschlechter an äußeren Merkmalen kaum unterscheiden lassen, muß der Züchter also die Laichabgabe beobachten können, um dem Rätsel auf die Spur zu kommen. Bildung gleichgeschlechtlicher Paare kommt manchmal auch bei ausreichendem Vorhandensein beider Geschlechter vor, ist also nicht immer dadurch bedingt, daß sich nur Weibchen oder nur Männchen im Aquarium befinden.
Auch bei Maulbrütern gilt das über Vaterfamilien einerseits und Mutter- und Elternfamilien andererseits Gesagte. Maulbrütende Väter, wie z. B. die Väter der maulbrütenden Kampffische *(Betta brederi, B. pugnax, B. picta, B. taeniata)* tragen die Eier lediglich bis zum Freischwimmen der Jungfische im Maul[2]. Um die einmal aus dem Maul entlassenen Jungfische kümmern sie sich nicht mehr. Dagegen gewähren maulbrütende Weibchen, z. B. der *Sarotherodon* und *Haplochromis*-Arten, ihren Jungen noch längere Zeit Schutz im Maule, wenn Gefahr droht. Beschränkt man sich auf die maulbrütenden Buntbarsche, so ergeben sich bei einigen Arten dieselben Schwierigkeiten, exakt Mutterfamilie gegen Elternfamilie abzugrenzen. Zwar sind bei der überwiegenden Zahl der maulbrütenden Buntbarsche die Weibchen Maulbrüter. Bei zwei Arten, *Sarotherodon galilaeus* und *Chromidotilapia guentheri,* sind regelmäßig beide Elterntiere Maulbrüter. Doch kommt es vereinzelt vor, daß bei Arten, deren Weibchen normalerweise alleinige Maulbrüter sind, ausnahmsweise auch das Männchen die Brut im Maul hütet, z. B. bei *Sarotherodon mossambicus mortimeri*[3].

Unter welchen Bedingungen kann man Fische vermehren?

Unter welchen Bedingungen kann nun eine Vermehrung von Aquarienfischen überhaupt erfolgen? Fischzucht in größerem Umfange ist eine Frage der räumlichen und zeitlichen Möglichkeiten. Fischvermehrung in einfacher Form dagegen ist fast in jedem Aquarium möglich. Auch im Gesellschaftsaquarium kann man Fische vermehren, wenn man den Besatz an Fischen in bezug auf die Artauswahl richtig zusammenstellt. Die Anzahl der Arten, die so vermehrt werden

[1] Gleichgeschlechtliche (homosexuelle) Paarbildungen zwischen zwei Buntbarschweibchen sind verhältnismäßig häufig in den Gattungen Cichlasoma, Aequidens und Hemichromis. Die Ursache liegt wahrscheinlich darin, daß sich Aggressions- und Paarungsverhalten in der Einleitungsphase ähneln. Einmal etablierte Verbindungen werden in der Regel auch dann fortgesetzt, wenn männliche Exemplare der gleichen Art ins Aquarium gebracht werden. Weibchen, die längere Zeit in einer gleichgeschlechtlichen Verbindung gelebt haben, lassen sich oft nicht mehr mit Männchen verpaaren.
[2] Maulbrütende Kampffische werden nur selten importiert. Bisher ist die Maulbrutpflege der folgenden Arten nachgewiesen: Betta brederi, Betta pugnax, Betta picta, Betta taeniata.
[3] Sphaerichthys osphromenoides, der zu den Labyrinthfischen gehörende Schokoladengurami, kann mitunter als Teilmaulbrüter auftreten. Die Laichabgabe erfolgt in der Regel in einem äußerst fragmentarischen Schaumnest, und die Eier werden häufig im Verlauf der weiteren Brutpflege für gewisse Zeit ins Maul genommen.

können, ist natürlich begrenzt. Will man im Gesellschaftsaquarium eine Vermehrung der gehaltenen Arten erreichen, muß neben der Artzusammenstellung auch die ganze Aquarieneinrichtung, insbesondere die Bepflanzung, den Erfordernissen der Zucht angepaßt sein. Da sich Jungfische während der ersten Lebenswochen oft dicht unter der Oberfläche aufhalten, ist es wichtig, daß die Oberfläche eine dichte Vegetation aufweist[4]. Im dichten Gewirr der Schwimmpflanzen an der Oberfläche werden Jungfische von den größeren Aquarienbewohnern kaum entdeckt. Nicht alle Jungfische schwimmen während der ersten Zeit nach dem Schlüpfen direkt unter der Oberfläche, manche halten sich vorzugsweise am Boden auf. Sollen diese Jungfische eine Möglichkeit haben, heranzuwachsen, muß das Aquarium wenigstens stellenweise dichte Bodenbepflanzung aufweisen[5]. Eine weitere Bedingung für die normale Entwicklung der Jungfische ist, daß man sie mit entsprechendem Futter versorgt, sowie man feststellt, daß sich Jungfische im Aquarium befinden. Es ist jedoch nicht damit zu rechnen, auf diese Weise zahlenmäßig größere Erfolge zu erzielen. Die allermeisten Fische sind Kannibalen und stellen sowohl Eiern als auch Jungfischen nach. Bei schwachem Besatz, dichter und zweckmäßiger Bepflanzung sowie angepaßter Fütterung kann sich doch ein Teil der Jungfische den Verfolgungen entziehen und heranwachsen. In der Regel sind es die stärksten, schnellsten und gesündesten Jungfische, die überleben. Zucht im Gesellschaftsaquarium ergibt zahlenmäßig meist nur bescheidene Resultate, aber kräftige, gesunde Jungfische.

Bei welchen Arten ist nun eine solche Zucht im Gesellschaftsaquarium überhaupt möglich? Die meisten Lebendgebärenden Zahnkarpfen kann man dort vermehren. Nur darf man dann nicht neben den Lebendgebärenden Zahnkarpfen viele größere Fische, wie z. B. größere Salmlerarten oder Buntbarsche, im gleichen Aquarium halten[6]. Die Jungfische Lebendgebärender Zahnkarpfen sind in der ersten Zeit nach der Geburt Verfolgern gegenüber ziemlich hilflos. Einige Stunden später aber sind sie schon äußerst beweglich und in der Lage, Verstecke im Gewirr der Oberflächenvegetation aufzusuchen. Von den Haftlaichern unter den Eierlegenden Zahnkarpfen kann man gewisse Arten ebenfalls im Gesellschaftsaquarium vermehren[7]. Auch die Zucht freilaichender Arten ist dort möglich, genannt seien hier *Nannostomus beckfordi* und *Capoeta titteya.* Exakt anzugeben, welche Art sich möglicherweise im Gesellschaftsaquarium vermehren läßt, ist natürlich nicht möglich. Die Bedingungen im einzelnen Aquarium können ja äußerst unterschiedlich sein. Ganz allgemein kann aber gesagt werden: Je größer ein Aquarium ist, und je geringer sein Besatz mit ausgewachsenen Fischen, um so größer ist die Möglichkeit, von den im Aquarium vorhandenen Arten auch Nachzucht zu erhalten. Ist dagegen der Fischbesatz dicht, das heißt je drei bis vier Liter Wasser ein ausgewachsener Fisch, sind die Erfolgsaussichten praktisch gleich Null. Es ist zwar nicht so, daß derartig dicht gehaltene Fische sich nicht vermehren könnten, doch hätten eventuell abgesetzte Jungfische oder abgelegte Eier keine Überlebensmöglichkeit.

Größer werden die Möglichkeiten, das Gesellschaftsaquarium bei der Fisch-

Bild 7.17: Die meisten Fischarten lassen sich in Gesellschaftsaquarien nicht nachzüchten. Eine Ausnahme ist der Aripiranga-Ziersalmler (Nannostomus beckfordi aripirangensis.) Aufnahme B. Kahl

4 Oberflächenvegetation ist wichtig zum Schutz der Jungfische. Geeignete Pflanzen sind in erster Linie Schwimmpflanzen. Da sie gegen Kondenswasserbildung empfindlich sind, ist die Deckscheibe etwas schräg zu stellen, so daß keine Wassertropfen die Pflanzen treffen. Verhältnismäßig unempfindlich gegen Tropfwasser sind Lebermoos (Riccia fluitans) und Hornfarn (Ceratopteris cornuta). Kann Tropfwasserbildung absolut ausgeschlossen werden, dann ist in großen Aquarien auch die Muschelblume (Pistia stratiotes) mit ihrem feinen, im Wasser treibenden Wurzelwerk ein ausgezeichneter Schutz für Jungfische.

5 Bodenvegetation zum Schutz für Jungfische, die sich während der ersten Lebenswochen hauptsächlich am Boden aufhalten, kann aus verschiedenen feinblättrigen Pflanzen bestehen. Besonders gut geeignet sind der Sumatrafarn (Ceratopteris thalictroides). Najas-Arten, dichte Bestände kleinbleibender Cryptocoryne-Arten, Elatine macropoda und Zwergschwertpflanzen (Echinodorus tenellus). Sehr dichte Bodenvegetation an bestimmten Stellen des Aquarienbodens erreicht man, wenn man Stengelpflanzen wie Hygrophila difformis, Limnophila usw. in horizontaler Lage mit kleinen Steinen am Boden beschwert. Aus jedem Blattknoten wächst bald ein neuer Trieb nach oben, wodurch ein äußerst dichtes Pflanzengewirr entsteht. Ein weiterer guter Schutz für kleinste Jungfische am Boden sind auch an manchen Stellen des Aquarienbodens ausgelegte Lager von 1½–3 cm großen Kieseln.

6 Lebendgebärende Zahnkarpfen, die sich kaum im Gesellschaftsaquarium vermehren lassen, sind alle Gambusia-Arten, die recht räuberisch sind. Der zur selben Familie gehörende Belonesox belizanus ist ein ausgesprochener Raubfisch.

7 Eierlegende Zahnkarpfen. Zur Zucht auch im Gesellschaftsbecken geeignet sind alle Epiplatys-Arten, Aplocheilus blockii, Aplocheilus dayi, Rivulus cylindraceus, Rivulus strigatus und bei geeigneten Wasserverhältnissen auch die Aphyosemion-Arten A. bivittatum und A. cognatum.

vermehrung auszunutzen, wenn man neben dem Gesellschaftsaquarium einige kleinere Aquarien aufstellen kann. Schon ein paar Vollgläser oder Plastikaquarien mit je 10–15 Liter Inhalt eröffnen manche Möglichkeiten. Man kann Weibchen Lebendgebärender Zahnkarpfen kurz vor der Geburt in solche kleine Aquarien setzen und die Mutter unmittelbar nach dem Werfen entfernen. Oder man sammelt die Eier von Haftlaichern, die im Gesellschaftsaquarium abgesetzt werden, ab und überführt sie in ein solches separates Aufzuchtaquarium. Beobachtet man seine Fische sorgfältig, so lassen sich beispielsweise fast alle Haftlaicher unter den Eierlegenden Zahnkarpfen sogar recht rationell auf diese Weise vermehren. Diese Fische nehmen zur Eiablage gerne Büschel synthetischer Laichfasern an. Man hängt nun derartige Büschel in das Gesellschaftsaquarium ein. Sowie sich darin genügend Eier gesammelt haben, überführt man das Bündel in das Aufzuchtaquarium und hängt in das Gesellschaftsaquarium ein neues Bündel Laichfasern. Aufzuchtaquarien für Eierlegende Zahnkarpfen brauchen nicht groß zu sein, und für viele Arten kommt man schon mit Gläsern von ca. fünf Litern Inhalt aus. Man darf aber nicht den Fehler machen, über längere Zeit gesammelte Eier im selben Glase zur Entwicklung zu bringen. Die nach und nach schlüpfenden Jungfische sind von recht unterschiedlicher Größe, und im begrenzten Raum eines kleinen Aufzuchtbehälters werden die kleineren Jungfische bald von ihren größeren Geschwistern gefressen. Fische, die sich ebenfalls sehr gut zur Vermehrung auf diese Weise eignen, sind die Panzerwelse der Gattung *Corydoras.* Die Zucht der meisten *Corydoras*-Arten wird nicht gerade als leicht angesehen. Es hat bei diesen Fischen auch meist keinen Zweck, die Zuchttiere, wie sonst bei rationeller Fischzucht üblich, in ein besonderes Zuchtaquarium zu überführen. Laichreife bzw. Laichwilligkeit läßt sich bei diesen Arten äußerst schwer beurteilen. Hält man aber eine Anzahl Panzerwelse unter zusagenden Bedingungen im Gesellschaftsaquarium, so laichen die Fische früher oder später und meist vollständig unerwartet. Da die Eier zum überwiegenden Teil an den Aquarienscheiben abgesetzt werden, macht es keine Schwierigkeiten, sie dort abzuheben. Das Abheben der Eier erfolgt mit einer Rasierklinge, die man schräg von unten entlang der Scheibe gegen die Eier führt. Nimmt man eine Rasierklinge mit nicht polierten Flächen (Industrieklinge), so bleiben fast alle Eier an der Klinge haften. Im Aufzuchtaquarium spült man durch heftiges Bewegen der Klinge unter Wasser die Eier ab. An Pflanzen festsitzende Eier nimmt man aus dem Aquarium, indem man die betreffenden Blätter abschneidet[1].

Es ist natürlich auch möglich, Gelege brutpflegender Arten aus dem Gesellschaftsaquarium zu „retten“. Sinn hat dies aber nur dann, wenn Arten, die normalerweise schwer zu vermehren sind, unerwartet im Gesellschaftsaquarium laichen sollten. In den meisten Fällen sind diese Arten so produktiv, daß man zur Aufzucht der Jungfische in jedem Falle ein größeres Aquarium benötigt. Man kann also besser das betreffende Paar direkt in einem besonderen Aquarium zum Ablaichen bringen. Hinzu kommt, daß bei künstlicher Aufzucht die Brutpflege der Eltern fortfällt und damit das wirklich Interessante an der Zucht nicht beobachtet werden kann. Sollte man, trotz dieser Einwände, einmal ein Gelege brutpflegender Arten retten wollen, so kann man das Schaumnest von Labyrinthfischen samt den darin befindlichen Eiern vorsichtig mit einem Teller abschöpfen und in einen anderen Behälter überführen. Gelege von Buntbarschen überführt man, indem man den Stein oder das Blatt, an dem sich das Gelege befindet, entfernt und in ein sauberes Aquarium bringt[2]. In großen Gesellschaftsaquarien kommt es auch vor, daß Buntbarsche ablaichen und das Gelege aufopfernd

Tafel 41
Oben links: Schleierschwanzguppy (Poecilia reticulata). — Oben rechts: Breitflossenkärpfling (Poecilia latipinna, xanthoristische Form). — Mitte links: Triangel-Guppys. — Mitte rechts: Kubakärpfling (Poecilia vittata). — Unten links: Papageien-Platy (Xiphophorus variatus). — Unten rechts: Zwergkärpfling (Heterandria formosa).
Aufnahmen B. Kahl

[1] Eiverpilzungen kommen häufig bei abgesammelten Eiern vor, besonders, wenn sie in kleinen Wassermengen aufbewahrt werden. Diesen Verpilzungen kann man leicht vorbeugen, wenn man dem Wasser, in dem die Eier aufbewahrt werden, Acriflavin in einer Konzentration von 1 : 600 000 zusetzt.
[2] Bei künstlicher Aufzucht von Buntbarschen ist das Gelege in dieselbe Lage zu bringen, die es vorher hatte.

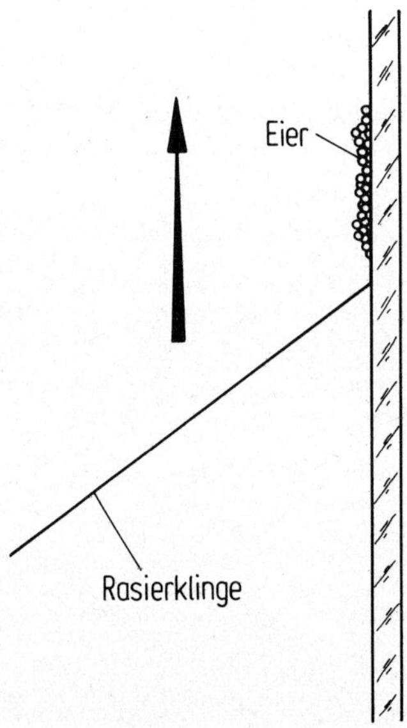

Bild 7.18: Werden Fischeier an der Aquarienscheibe abgesetzt, können wir sie leicht mit einer Rasierklinge abheben.

Bild 7.19: Der Kardinalfisch (Tanichthys albonubes) stellt weder Laich noch Jungfischen nach. Deshalb können wir ihn sehr gut in einem sogenannten „Daueransatz“ züchten.
Aufnahme B. Kahl

Tafel 42
Oben: Wagtail-Helleri (Xiphophorus helleri). – Mitte: Berliner Kreuzung (Rasse von X. helleri). – Unten: Hamburger Kreuzung (Rasse von X. helleri).
Aufnahmen B. Kahl

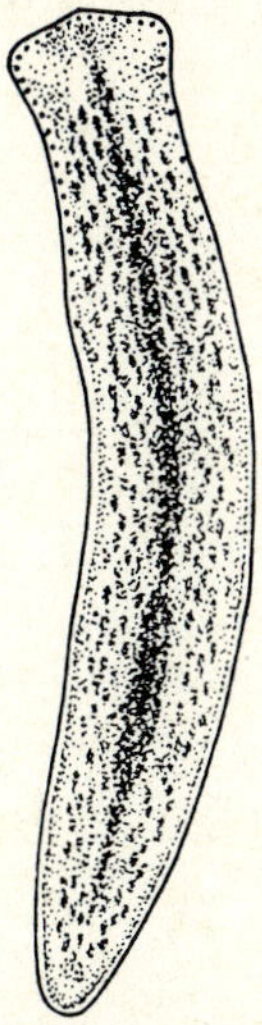

Bild 7.20: Planarien sind Laichräuber und können auch Jungfische angreifen. Diese Art (Polycelis nigra) wird bis zu 12 mm lang.

pflegen (Feindfaktor ist vorhanden). Die ausschwimmenden Jungfische werden aber von den anderen Aquarieninsassen gefressen, wenn die Elterntiere den Jungfischschwarm nicht mehr zusammenhalten können. Man kann aus einem solchen Schwarm einen Teil der Jungfische retten, indem man mit einem dünnen Schlauch einen Teil der Jungfische absaugt, wenn sie am Abend von den Eltern in einer Grube gesammelt werden.

Eine besondere Form der Fischzucht ist die Zucht in sogenannten Daueransätzen. Ein Daueransatz besteht darin, daß man ein Aquarium genau den Erfordernissen einer bestimmten Art, die nur wenig oder überhaupt nicht laichräuberisch ist, anpaßt. Leider läßt sich diese Form der Zucht nur bei wenigen Arten mit größerem Erfolg anwenden. Wichtig bei der Einrichtung von Daueransätzen ist, daß man die Aquarien nicht zu klein wählt, etwa 50 Liter Inhalt sollte ein Aquarium für einen Daueransatz wenigstens haben. Die Bepflanzung soll möglichst dicht sein und den Jungfischen sowohl an der Oberfläche wie auch am Boden Schutz gewähren. Lediglich bei einer Art wie dem Kardinalfisch *(Tanichthys albonubes)*, der weder Laich noch Jungfischen irgendwie nachstellt, ist dies nicht so wichtig. Schließlich muß man noch darauf achten, daß man mit den Pflanzen und später auch mit dem Futter keine Planarien und möglichst auch keine Schnecken einschleppt[1]. Heranwachsende Jungfische werden von Zeit zu Zeit abgefangen. Mit regelmäßigen Zwischenräumen von zehn bis vierzehn Tagen wird etwa ein Drittel des Wassers abgezogen und durch temperiertes Frischwasser ersetzt. Gut gepflegte Daueransätze kann man ohne weiteres etwa ein Jahr lang ununterbrochen in Gang halten. Nach dieser Zeitspanne ist eine Generalreinigung vorzunehmen und das Aquarium vollständig neu einzurichten. Selbstverständlich kann man Fischarten, die sich im Daueransatz vermehren lassen, auch in separaten Ansätzen züchten.

Die am häufigsten angewendete und rationellste Form der Aquarienfischzucht ist das Vermehren der Fische in besonderen Zuchtaquarien (Laichaquarien). Als Zuchtaquarien sind alle Aquarien geeignet, die sich schnell und effektiv reinigen lassen. Sauberkeit ist bei vielen Arten das A und O der Zucht. Am besten geeignet sind natürlich Aquarien, die vollständig aus Glas bestehen, also Vollgläser und mit Silikonkautschuk geklebte Aquarien. Verwendet man Gestellaquarien, so sollen dieselben mit einer eingekitteten Bodenscheibe versehen sein. Für mehr zufälligen Gebrauch kann man auch Plastikaquarien als Zuchtaquarien benutzen. Da aber Plastik ein verhältnismäßig weiches Material ist und leicht Kratzer bekommt, sind Plastikaquarien für langdauernden Gebrauch nicht zu empfehlen. Auch in kleinen Kratzern sammeln sich Schmutzpartikel, die kaum zu entfernen sind. Die Aufstellung von besonderen Zuchtaquarien kann mitunter ein räumliches Problem sein. Mit etwas Phantasie läßt sich aber meist eine Lösung finden. Stellt man z. B. ein größeres Aquarium auf einem schrankartigen Untersatz auf, so kann man im Untersatz leicht einige Zuchtaquarien unterbringen. Benötigt man eine größere Anzahl Zuchtaquarien, so stellt man sie am besten auf Gestellen auf, die man für diesen Zweck baut oder bauen läßt. Auf so einem Gestell kann man Zuchtaquarien in zwei oder drei Etagen übereinander aufstellen. Alle notwendigen Anschlüsse für Beleuchtung, Heizung und Durchlüftung werden fest am Gestell montiert. Die Aufstellung eines solchen Zuchtgestells ist, wie überhaupt jede Aquarienaufstellung, vom Tageslicht unabhängig, und man kann die Zuchtaquarien sogar im Keller aufstellen, wenn man keine andere Möglichkeit hat.

Vor jedem Zuchtansatz wird das Zuchtaquarium gründlich gereinigt. Auch Heizkörper und unter Wasser befindliche Luftleitungen sind sorgfältig abzuwaschen, Ausströmersteine auszukochen. Das Zuchtaquarium wird sodann mit Frischwasser gefüllt und bleibt zunächst unter Durchlüftung ein bis zwei Tage stehen. Pflanzen oder andere Laichsubstrate bringt man erst unmittelbar vor dem Zuchtansatz in das Aquarium ein[2]. Von den Laichpflanzen sind alle beschädigten Teile zu entfernen. Sowie die Laichpflanzen eingesetzt sind, können die Zuchttiere eingebracht werden. Normalerweise wird zur Zucht nur ein einzelnes Zuchtpaar in das Aquarium gesetzt. Bei manchen Freilaichern ist aber der Ansatz mehrerer Tiere, also eines kleinen Schwarmes[3], erfolgversprechender. Dies gilt bei Arten, die in der Natur in größeren Gesellschaften zur Fortpflanzung schreiten (Schwarmlaicher). Auch bei manchen Buntbarsch-Arten ist es anzuraten, mehrere Tiere in das Zuchtaquarium zu setzen, das allerdings in diesem Falle nicht zu klein sein darf. Das Vorhandensein eines „Feindfaktors" stimuliert die Brutpflege, die also zuverlässiger ausgeübt wird. Erst wenn die Jungfische zu schwimmen beginnen, werden die überzähligen Fische entfernt, und nur das

[1] Planarien können mit lebendem Futter eingeschleppt werden. Sicherste Bekämpfung erfolgt mit Ammoniumnitrat. Wieviel Ammoniumnitrat zuzusetzen ist, muß ausprobiert werden, die Konzentration ist von der chemischen Beschaffenheit des Wassers abhängig. Bei härterem Wasser benötigt man größere Mengen Ammoniumnitrat als bei weichem Wasser. Fische vorher entfernen.

[2] Desinfektion von Wasserpflanzen: (besonders wichtig bei Daueransätzen). Ein gehäufter Teelöffel Alaun wird in einem Liter Wasser aufgelöst. Die für das Zuchtaquarium bestimmten Pflanzen kommen 5 Minuten lang in dieses Bad. Danach gründlich unter fließendem Wasser ausspülen. Eier von Wasserschnecken werden bei kürzeren Bädern nur teilweise vernichtet. Längere Bäder werden von den meisten Pflanzen nicht vertragen.

[3] Schwarmansatz kann bei der Zucht ausgesprochener Schwarmfische mit Vorteil angewandt werden, wenn genügend große Aquarien zur Verfügung stehen. Bei Freilaichern setzt man die Tiere so an, daß männliche Tiere etwas zahlreicher sind, z. B. drei Männchen – zwei Weibchen, vier Männchen – drei Weibchen usw. Beachte: Eierlegende Zahnkarpfen dürfen bei Schwarmansatz nicht mit mehr Männchen als Weibchen angesetzt werden, da sonst die Weibchen zu stark getrieben werden.

Elternpaar bleibt bei den Jungfischen im Aquarium. Auf diese Weise kann man aber nur dann verfahren, wenn man Zeit hat, die Fische zu überwachen, sonst kann es leicht zu Tragödien kommen.
Die Eier von stark laichräuberischen Freilaichern schützt man entweder durch eine Lage von 1–2 cm großen Kieseln auf dem Boden der Zuchtaquarien, oder durch Netze mit 4 mm Maschenweite aus rostfreiem Stahl oder Plastik. Sowohl bei diesen Netzen wie bei allen anderen Metallgegenständen im Zuchtaquarium gilt (und das sollte eigentlich für Aquarien überhaupt gelten), daß außer rostfreiem Stahl (V2A- oder Nirostastahl) alle Metalle tabu sind[1]. Bei allen Arten, die gegen Verunreinigungen des Wassers durch Mikroorganismen empfindlich sind, müssen die Laichpflanzen äußerst sorgfältig abgewaschen werden. Man verwendet bei solchen Arten auch keinen Bodenbelag und verankert die Pflanzen lediglich mit Glasstäben. Bei allen nicht brutpflegenden Arten werden die Zuchttiere nach der Laichabgabe aus dem Aquarium entfernt.
Am besten verwendet man zum Einsetzen und zum Herausfangen der Zuchttiere ein besonderes Netz, das nur für diesen Zweck verwendet wird. Will man besonders vorsichtig sein, was bei Arten mit gegen Mikroorganismen empfindlichen Eiern angebracht ist, läßt man beim Einsetzen der Zuchttiere die Fische aus dem Netz ins Zuchtaquarium gleiten, ohne das Netz ins Wasser zu tauchen. Nach Anwendung wird das Netz ausgespült und an einem staubfreien Platz aufbewahrt.

Temperatur und Beleuchtung

Wichtige Faktoren, oft ausschlaggebend für das Gelingen der Zucht, sind die Temperatur- und Beleuchtungsverhältnisse im Zuchtaquarium. Die Temperaturgrenzen, innerhalb derer die Entwicklung der Eier einer bestimmten Art möglich ist, sind zwar meist größer, als häufig angenommen wird, es gibt aber in jedem Falle eine untere und eine obere Temperaturgrenze, die nicht unter- oder überschritten werden darf. Mit Hilfe exakter Schlupfversuche bei verschiedenen Temperaturen läßt sich bei den meisten Arten ein Temperaturoptimum ermitteln, bei dem die Embryonalentwicklung am schnellsten verläuft[2]. Da aber neben der Wassertemperatur auch andere Faktoren, wie z. B. der Sauerstoffgehalt des Wassers, die Entwicklung der Eier beeinflussen, lassen sich derartige Versuche nur unter Laboratoriumsbedingungen durchführen. Für den Liebhaberzüchter genügt es, zu wissen, daß es ein solches Temperaturoptimum gibt und daß Abweichungen von diesem Optimum nach oben wie nach unten die Entwicklung der Eier verzögern. Es ist also nicht so, daß bei tropischen Fischen die Entwicklung der Eier um so schneller verläuft, je höher die Temperatur ist. Noch stärker verzögern größere Temperaturschwankungen die Entwicklung. In manchen Fällen können die Unterschiede so groß sein, daß sich die Zeitspanne vom Ablegen der Eier bis zum Freischwimmen der Jungfische verdoppeln kann. Auch das prozentuale Schlupfresultat der abgelegten Eier sinkt oft, wenn Temperaturabweichungen oder größere Temperaturschwankungen während der Entwicklungszeit vorgekommen sind.
In freien Gewässern sind die Wassertemperaturen wesentlich stabiler als die Lufttemperaturen der jeweiligen Gebiete. Selbst extreme Unterschiede zwischen Tag- und Nachttemperatur in tropischen Savannengebieten haben nur dann einen nennenswerten Einfluß auf die Wassertemperatur der dortigen Gewässer, wenn diese sehr seicht sind. Im Bereich der tropischen Regenwald-Region, wo schon die Lufttemperatur nur ganz minimale Unterschiede (2–3°) im Laufe des Jahres aufweist, sind Temperaturschwankungen im Wasser unbedeutend. Dagegen kommen in tropischen Regionen mit periodischen Regen- und Trockenzeiten größere Temperaturschwankungen im Laufe des Jahres vor, die sich auch in der Wassertemperatur der dortigen Gewässer bemerkbar machen. Dabei ist zu beachten, daß die Laichzeit der dort beheimateten Fische in die Regenzeit, also die Periode niedrigerer Wassertemperatur, fällt.
Bei der Einschätzung der wahrscheinlich richtigen Zuchttemperatur einer bestimmten Art darf man sich auch nicht dazu verleiten lassen, lediglich die geographische Breite ihrer Herkunft zu berücksichtigen. Auch Gewässer, die dicht unter dem Äquator liegen, können verhältnismäßig kühle Temperaturen aufweisen, wenn sie 2000–3000 Meter über dem Meeresspiegel liegen oder starken Zulauf von Wasser aus höher gelegenen Regionen erhalten. Die Einhaltung genauerer Temperaturen bei der Zucht ist selten wichtig bei Arten, die ein sehr

[1] Metallvergiftungen durch Verwendung von Bronzedrahtgeweben in Futtersieben sind nicht zu befürchten. Die mit dem Wasser in Berührung kommende Metallfläche ist so klein, und der Kontakt zwischen Metall und Wasser so kurz, daß eine Vergiftung kaum eintreten kann.

[2] Beispiele für das Temperaturoptimum bei der Entwicklung der Eier einiger Aquarienfische.
Bei Copella arnoldi liegt die schnellste Entwicklungszeit bei 26° C, die Embryonen schlüpfen nach exakt 24 Stunden. Bei 24° C schlüpfen die Embryonen nach 30 Stunden. Bei 22° C dauert es 45 Stunden, und viele Eier kommen überhaupt nicht mehr zum Schlüpfen. Erhöht man die Temperatur über 26° C, treten ebenfalls Verzögerungen auf, die fast exakt denen niedrigerer Temperaturen entsprechen. Bei Phenacogrammus interruptus (Kongosalmler) liegt die günstigste Entwicklungstemperatur für die Eier bei 25° C. Entwicklungsdauer 140 Stunden. Eine Abweichung von je 1° C sowohl nach oben als auch nach unten verzögert die Entwicklungszeit um 12 Stunden. Doch werden nach unten Temperaturen bis 20° C vertragen, nach oben Temperaturen von 30° C nicht mehr. Die Angaben für den Kongosalmler wurden unter Laboratoriumsbedingungen bei Sauerstoffsättigung im Wasser ermittelt. Möglicherweise kann auch der Chemismus des Wassers die Entwicklungszeiten beeinflussen.

[3] Bei Diskusfischen (Symphysodon) wurden häufig Temperaturen von 30° C und darüber angeraten. Es hat sich gezeigt, daß diese Fische bei derartig hohen Temperaturen weniger anfällig gegenüber gewissen Infektionen sind. Wirklich gesunde Diskusfische benötigen aber keineswegs so hohe Temperaturen; bei Haltung und Zucht kann die Temperatur zwischen 25–30° C gehalten werden.

großes Verbreitungsgebiet haben. Eine Fischart, die z. B. in großen Teilen Südamerikas vorkommt, muß sich ja unter recht unterschiedlichen Temperaturen fortpflanzen können. Dagegen ist die „richtige Zuchttemperatur“ fast immer von großer Bedeutung bei Arten, die lediglich in begrenzten Gebieten zu Hause sind.

Bei der Zucht bisher nur selten nachgezüchteter tropischer Arten geht man von einem Temperaturmittel von 25° C aus. Selbstverständlich berücksichtigt man alle vorliegenden ökologischen Angaben über die betreffende Art. Bei aufmerksamer Beobachtung der Tiere merkt man bald, ob die gewählte Temperatur zusagt, oder ob man erhöhen bzw. senken soll.

Bei den häufiger nachgezüchteten Arten hat sich eine Erfahrungspraxis entwickelt. Man weiß also, bei welcher Temperatur bzw. in welchem Temperaturenbereich eine bestimmte Art sich am besten vermehren läßt. Diese Temperaturen können die Zuchttabellen (S. 483 ff.) entnommen werden. Mitunter können die bei der praktischen Fischzucht ermittelten Temperaturen ökologischen Fakten über die betreffende Art zuwiderlaufen. Man kann im Aquarium mitunter Arten bei anderen Temperaturen züchten, als ihren natürlichen Lebensbedingungen entsprechen würde. Dies gilt für viele Eierlegende Zahnkarpfen, insbesondere für die „Saisonfische“. Es hat sich bei diesen Arten gezeigt, daß man den schnellen Lebensrhythmus durch Haltung bei niedrigeren Temperaturen „bremsen“ kann, ohne daß die Fische Schaden nehmen. Hält man diese Fische bei Temperaturen, die ihren heimatlichen Verhältnissen entsprechen, so werden sie nur 7–9 Monate alt. Bei Haltung im Aquarium senkt man also die Temperatur auf 20–22° C und erreicht dadurch fast eine Verdoppelung der Lebensdauer. Das wirklich Interessante in diesem Zusammenhang ist, daß die Tiere hierdurch keinerlei Schaden nehmen und auch die Entwicklung der Eier nicht nachteilig beeinflußt wird. Höhere Temperaturen als 28° C benötigt man bei der Zucht von Aquarienfischen praktisch nie. Höhere Temperaturen werden zuweilen bei der Zucht von Diskusfischen empfohlen und können angebracht sein, allerdings aus Gründen, die nichts mit der Zucht an und für sich zu tun haben[3].

Zur Temperaturmessung sei noch folgendes gesagt: Die gebräuchlichen Schwimmthermometer sind oft recht ungenau. Abweichungen bis 3 und 4° C sind bei diesen billigen Massenartikeln nicht selten. Für die Zucht ist es daher

Bild 7.21: Fische, die in dämmrigen Gewässern leben, zeichnen sich oft durch leuchtende Farben aus, wie diese Karfunkelsalmler (Hemigrammus pulcher). Aufnahme B. Kahl

ratsam, sich wenigstens ein geeichtes Thermometer zu beschaffen und damit eventuelle Abweichungen zu kontrollieren[1].
In der Fachliteratur angegebene Zuchttemperaturen sind immer nur „Richtwerte". Oft ist die Zucht auch bei höheren oder niedrigeren Temperaturen möglich.
Neben der Temperatur kann außerdem die richtige Beleuchtung des Zuchtaquariums wichtig sein. Viele tropische Fische sind sogenannte „Dämmerungslaicher", und diesem Umstand müssen die Lichtverhältnisse im Zuchtaquarium angepaßt werden. Das Wort „Dämmerungslaicher" kann jedoch leicht falsch verstanden werden. Es ist nämlich keineswegs so, daß diese Fische in der Natur während der Dämmerung laichen würden. Vielmehr sind die Lichtverhältnisse unter dem Wasserspiegel ihrer Heimatgewässer so, daß dort auch während des Tages Dämmerungslicht herrscht. In kleineren Gewässern der Regenwaldregion beschattet die Ufervegetation den Wasserspiegel, in größeren bedecken häufig Schwimmpflanzen die Oberfläche, so daß unter Wasser auch am Tage „Dämmerungslicht" herrscht. Fische, die in derartigen Gewässern zu Hause sind, zeichnen sich oft durch leuchtende Farben (z. B. Neonfische, Glühlichtsalmler) oder leuchtende Körperflecke (z. B. Schlußlichtsalmler, Karfunkelsalmler) aus. Leuchtende Farben oder leuchtende Flecke spielen im Dämmerlicht sicher als Erkennungsmerkmal eine gewisse Rolle. Ausgesprochene Dämmerungslaicher schreiten oft nicht zur Laichabgabe, wenn die Beleuchtung des Zuchtaquariums zu kräftig ist. In vereinzelten Fällen (z. B. bei Neonfischen) sind sogar abgegebene Eier während ihrer ersten Entwicklungsphasen lichtempfindlich. Bei der Zucht solcher Fische ist es daher angebracht, die Beleuchtung bis zum Freischwimmen der Jungfische abzuschirmen. Nun kann man einwenden: warum nur bis zum Freischwimmen? In der Natur herrscht ja ständig Dämmerungslicht. Bei der immer äußerst begrenzten Wassermenge eines Zuchtaquariums sollte man nie ohne Not auf lebende Pflanzen verzichten. Wasserpflanzen sind im Zuchtaquarium durchaus nicht nur „Laichsubstrat", sie haben noch andere wichtige Aufgaben. Besonders die häufig bei der Zucht verwendeten feinfiedrigen Arten haben auf die Sauberhaltung des Wassers oft eine erstaunlich gute Wirkung, und man sollte auf diese biologische Rolle der Wasserpflanzen nicht verzichten. Die Praxis hat übrigens gezeigt, daß einmal geschlüpfte Jungfische durch kräftigere Beleuchtung keinen Schaden mehr nehmen[2].
Die meisten Fischarten schreiten auch bei „normaler Beleuchtung" des Zuchtaquariums zur Fortpflanzung, und es gibt auch richtige „Sonnenkinder", die vorzugsweise bei direktem Sonnenlicht ablaichen. Für den aufmerksamen Pfleger ist es in der Regel nicht schwer, herauszufinden, welche Lichtintensität eine bestimmte Art bei der Fortpflanzung bevorzugt. Es sei hier noch erwähnt, daß bei einigen Arten das Laichgeschäft während der Nacht erfolgt. Die Angehörigen der Gattungen *Chela* und *Oxygaster* (Kielbauchbärblinge) laichen bei vollständiger Dunkelheit. Diese Arten beginnen häufig schon am Nachmittag zu treiben, die Eiablage aber erfolgt erst während der Nacht.

Chemie des Zuchtwassers

Im Kapitel „Aquarienchemie und Ökologie der Fische" ist alles Wissenswerte über die Wasserchemie gesagt[3]. Hier seien lediglich einige Dinge erwähnt, die direkt für die Fischzucht von Bedeutung sind.
Wasserverhältnisse, die für die Zucht aller tropischen Aquarienfische geeignet sind, sind nirgendwo vorhanden. Oft muß man etwas nachhelfen, um das Wasser für die Zucht einer bestimmten Art geeignet zu machen. Der Umstand, daß eine Anzahl Arten aus Südamerika und Südostasien an die extrem mineralarmen (weichen) Gewässer ihrer Heimat angepaßt sind und zur Zucht ähnlich mineralarmes Wasser fordern, hat zu der nur äußerst bedingt richtigen Auffassung geführt, daß zur Fischzucht weiches Wasser gut, hartes Wasser dagegen schlecht geeignet sei. Eine solche Auffassung ist jedoch irreführend: Erstens ist die Anzahl der Arten, für deren Zucht wirklich extrem weiches Wasser notwendig ist, viel geringer, als meist angenommen wird; zweitens gibt es eine große Anzahl von Aquarienfischen, denen ein längerer Aufenthalt in extrem weichem Wasser gar nicht zusagt; drittens ist ein extrem weiches Wasser äußerst empfindlich im Hinblick auf das Gleichgewicht seiner Wasserchemie. Es kann z. B. in sehr weichem Wasser aus geringfügigen Anlässen zu äußerst schnellen Verschiebungen des pH-Wertes kommen, eventuell mit tödlichem Ausgang für die Fische[4].

[1] Temperaturmessung. In Aquarien mit über 50 cm Wasserstand können auch bei Durchlüftung bedeutende Temperaturunterschiede in verschiedenen Wasserschichten vorkommen, besonders wenn die Zimmertemperatur erheblich unter der Temperatur des Aquarienwassers liegt. Da durch die Aquarienheizung erwärmtes Wasser nach oben steigt, ist die Temperatur am Boden des Aquariums geringer als in den oberen Wasserschichten (besonders zu beachten bei Messung mit Schwimmthermometer). Temperaturunterschiede bis zu 3° C sind ohne Bedeutung, größere können durch kräftige Durchlüftung (eventuell zwei Ausströmer) ausgeschaltet werden. Zur Auswahl eines geeigneten Thermometers siehe auch S. 318.

[2] Die Abschirmung der Beleuchtung bei Aquarien, die ausschließlich künstlich beleuchtet werden, also kein Tageslicht erhalten, erfolgt am einfachsten durch farbige (dunkelbraune oder dunkelgrüne) Deckscheiben.

[3] s. S. 350–413.

[4] „Weichwasserfische" findet man sowohl in Südamerika, in Südostasien und stellenweise auch in Afrika. Besonders gewisse südamerikanische Gewässer zeichnen sich durch extreme Mineralarmut aus. Einige Zuflüsse des Amazonasstromes sind so mineralarm, daß man sie mit destilliertem Wasser gleichsetzen könnte. Bei der Zucht kann man ähnlich „weiches" Wasser nicht verwenden, da es in der winzigen Wassermenge eines Aquariums in seinem Chemismus allzu empfindlich wäre. Bei der Zucht von ausgesprochenen Weichwasserfischen gilt es, die oberen Grenzwerte zu finden, bei denen die Zucht noch möglich ist. Fische, zu deren Zucht weiches Wasser notwendig ist, findet man vorzugsweise in den Salmlergattungen Hyphessobrycon, Hemigrammus, Cheirodon, Phenacogrammus, bei den Karpfenfischen in der Gattung Rasbora und vielen Eierlegenden Zahnkarpfen (Aphyosemion, Nothobranchius, Pterolebias). Auch die Diskusfische und einige Apistogramma-Arten sind ausgesprochene Weichwasserfische.

Die praktische Nutzanwendung: Auch bei der Zucht ausgesprochener „Weichwasserfische" verwende man nicht weicheres Wasser als notwendig. Kommt man mit einem Wasser aus, das eine Gesamthärte von 6° dGH aufweist, so besteht kein Anlaß, die Härte auf beispielsweise 3° dGH zu senken. Die Gefahr, daß es zu schnellen pH-Wert-Verschiebungen kommt, ist in einem Wasser mit einer Härte von 3° dGH unendlich viel größer, als wenn die Wasserhärte 6° dGH beträgt. Lediglich bei den in der Hilfsspalte genannten Arten ist es anzuraten, bei der Zucht Wasser mit einer Gesamthärte von ca. 3° dGH zu verwenden. Unter die Grenze von 3° dGH braucht man bei der Zucht keiner Art zu gehen, und bei den meisten „Problemfischen" kommt man gut mit einem Wasser von 6–7° dGH aus. Es hat sich auch gezeigt, daß gewisse Arten sich durch generationenlange Nachzucht im Aquarium allmählich an härteres Wasser anpassen lassen (z. B. Neonfische, Glühlichtsalmler). Der überwiegende Teil aller Aquarienfische läßt sich auch noch in Wasser mit einer Härte bis zu 20° dGH vermehren. Es ist jedoch, besonders bei höheren Härtewerten, unmöglich zu sagen: „Bei dieser Härte ist die Zucht einer bestimmten Art möglich, bei jener Härte

Bild 7.22: Der Rote Neon (Cheirodon axelrodi) braucht weiches Wasser, wenn er züchten soll. Aufnahme B. Kahl

aber nicht mehr." Die Gesamthärte setzt sich ja aus einer Anzahl verschiedener Komponenten zusammen, und deren mengenmäßiges Verhältnis zueinander kann eine große Rolle spielen. So kann z. B. ein Wasser mit 15° dGH vollständig ungeeignet sein, wenn der Anteil der permanenten Härte (Nichtkarbonathärte) ungewöhnlich groß ist[5].

Welche Möglichkeiten stehen nun dem züchtenden Aquarienfreund zur Verfügung, wenn das vorhandene Leitungswasser zur Zucht gewisser Arten zu hart ist? Vom nördlichen Skandinavien abgesehen findet man in Europa ausgeprägt weiche Gewässer nur lokal vor. Daher ist es meist nicht möglich, natürliches Quellwasser mit entsprechend niedriger Härte zu beschaffen. Auch das früher häufig verwendete Regenwasser ist heute meist ungeeignet, da der fallende Regen Luftverunreinigungen aufnimmt. Lediglich in ländlichen Gegenden kann man Regenwasser, das erst mehrere Stunden nach Einsetzen des Regenfalles aufgefangen wird, verwenden[6]. Vor seiner Verwendung ist solches Regenwasser ein paar Tage über eine gute Aktivkohle zu filtern. Am einfachsten ist es, vor allem bei größerem Bedarf, hartes Leitungswasser durch Enthärtungsfilter zu enthärten. Dabei kann folgende Faustregel gelten: „Wasser bis zu einer Gesamthärte von 10–13° dGH kann durch Neutralaustausch enthärtet werden." Beim Neu-

[5] Härtemessung, Messung des totalen Salzgehaltes. Aus praktischen Gründen mißt man bei der Fischzucht die Härte des Wassers, also seinen Gehalt an Calcium und Magnesium. Mit einer Härtemessung erfaßt man also nicht alle im Wasser gelösten Salze (Mineralien). Messung des totalen Salzgehaltes ist möglich, indem man die Leitfähigkeit des Wassers mißt. Nicht Wasser, sondern im Wasser gelöste Salze leiten elektrischen Strom. Elektrisches Leitvermögen des Wassers wird in Mikrosiemens angegeben. Die für Leitwertmessung notwendige Ausrüstung ist für den Liebhaberbedarf recht teuer; man kommt in der Praxis gut mit der Härtemessung aus.

[6] Regenwasser testet man zweckmäßig auf Gehalt an gefährlichen Verunreinigungen (von denen sich manche auch durch Aktivkohle nicht abfiltern lassen) durch Einsetzen empfindlicher lebender Organismen. Gute Testobjekte sind Wasserflöhe (Daphnien). Wasser, in dem Daphnien einige Tage am Leben bleiben, ist unbedenklich.

tralaustausch werden Calcium und Magnesium gegen Natrium ausgetauscht, der Gesamtgehalt an Salzen ändert sich also beim Neutralaustausch nicht. Die Ursachen, warum Natriumsalze die Entwicklung der Eier von Problemfischen bis zu einer gewissen Grenze nicht ungünstig beeinflussen, was nicht für Calcium- und Magnesiumsalze in gleicher Konzentration gilt, sind nicht in allen Einzelheiten geklärt. In der Praxis hat sich aber Enthärtung durch Neutralaustausch bei nicht allzu hartem Ausgangswasser als anwendbar erwiesen. Es sei aber darauf hingewiesen, daß diese Auffassung – die meiner eigenen praktischen Erfahrung entspricht – nicht von allen Autoren geteilt wird. Bei sehr hartem Ausgangswasser steigt der Gehalt an Natriumsalzen über die für Zuchtzwecke tragbare Grenze und dann ist es zweckmäßig, zur Vollentsalzung zu greifen. Es gibt heutzutage einfache und verhältnismäßig billige Vollentsalzungs-Filter, die man direkt an den Wasserhahn anschließen kann. Das aus dem Filter abfließende Wasser ist vollständig entsalzt und kann praktisch destilliertem Wasser gleichgesetzt werden. Zur Zucht sollte man nie vollständig entsalztes Wasser verwenden. Beim Einfüllen in das Zuchtaquarium wird also das vollentsalzte Wasser mit Leitungswasser gemischt, so daß es die gewünschte Härte erhält. Mischt man z. B. 3 Teile total entsalztes Wasser (dGH = 0) mit einem Teil Leitungswasser mit einer Härte von 20° dGH, so hat die Mischung eine Härte von 5° dGH[1].

Bei ausgesprochenen Weichwasserfischen ist es richtig, auch die Zuchttiere in weichem Wasser zu halten, besonders wenn das örtliche Leitungswasser sehr hart ist. In solchen Fällen verwendet man enthärtetes Wasser nicht nur für das Zuchtaquarium, sondern auch für das Hälteraquarium der Zuchttiere.

Neben Fischen, die extrem mineralarmem Wasser angepaßt sind, gibt es auch Arten, die Wasser mit einem hohen Mineralgehalt schätzen[2]. Wenn hier von Mineralgehalt und nicht von Härte gesprochen wird, so hat das einen besonderen Grund. Es hat sich gezeigt, daß es für die meisten dieser „Hartwasserfische" gleichgültig ist, aus welchen Salzen sich der totale Mineralgehalt des Wassers zusammensetzt. Physiologisch haben z. B. bei Lebendgebärenden Zahnkarpfen Calcium (also ein Härtebildner) und Natrium (kein Härtebildner) denselben Effekt auf die Fische. Oder einfacher ausgedrückt: Es ist für diese Fische gleichgültig, ob sie in einem harten Wasser gehalten werden oder in einem weichen, dem man 5 % Seewasser zusetzt (bzw. die entsprechende Menge Kochsalz). Bei zu niedrigem Mineralgehalt des Wassers werden „Hartwasserfische" anfällig gegen Pilzinfektionen.

Ein Faktor, der bei der Fischzucht in seiner Bedeutung nicht überschätzt werden sollte, ist der pH-Wert des Wassers. In der Fachliteratur sind eine Unmenge von pH-Wert-Angaben zu finden, besonders in Zuchtberichten. So kann leicht der Eindruck entstehen, die Einhaltung des richtigen pH-Wertes sei gewissermaßen das A und O bei der Aquarienfischzucht. Es ist hier zu bedenken, daß die betreffenden Angaben mehr oder weniger zweifelhaft sind. Eine genaue Messung des pH-Wertes in den für die Aquaristik entscheidenden Bereichen um den Neutralpunkt (pH 7) läßt sich nur mit einem elektrischen Meßgerät genau ausführen. Messungen mit flüssigem Indikator setzen viel Übung und ein sicheres Farberkennungsvermögen des Auges voraus. Indikatorpapiere sind im Meßbereich pH 6–8 vollständig wertlos. Sie zeigen fast immer saurere Werte an, als tatsächlich vorliegen.

Wie groß ist nun eigentlich die Bedeutung des pH-Wertes für das Gelingen der Zucht bei der einen oder der anderen Art? Versuche unter exakt kontrollierbaren Bedingungen deuten darauf hin, daß saure Werte bei keiner Fischart notwendig sind. Die Eier entwickeln sich genausogut, wenn der pH-Wert bei etwa pH 7 liegt, und auch schwach alkalische Werte bis pH 8 haben keinen nachteiligen Einfluß. Trotzdem kann es bei der Zucht mitunter von Vorteil sein, z. B. durch Torffilterung angesäuertes Wasser zu verwenden. Eine geringfügige Verschiebung des pH-Wertes in den sauren Bereich wirkt nämlich stark hemmend auf die Entwicklung laichzerstörender Pilze und Einzeller. Man erhält einen ähnlichen Effekt wie bei Zusatz bakterizider bzw. fungizider Stoffe, die häufig bei der künstlichen Aufzucht verwendet werden.

Leitungswasser, das direkt der Leitung entnommen wird, hat an allen Orten mit zentraler Wasserversorgung alkalische pH-Werte. Saures Wasser würde nämlich schnell alle Metall-Leitungen im Wasserleitungssystem angreifen, und deshalb setzt man im Wasserwerk, falls notwendig, dem Wasser Stoffe zu, die einen pH-Wert von 7,5 bis 8,5 sichern.

Der Aquarienfreund sollte sich darüber klar werden, daß der pH-Wert im Aquarium ein äußerst unsicherer Faktor ist. Vor allem in bepflanzten Aquarien sind

[1] Neutralaustausch = Austausch der Härtebildner Calcium und Magnesium gegen Natrium. In einer Kunstharz-Filtermasse werden Calciumcarbonat gegen Natriumcarbonat, Calciumsulfat gegen Natriumsulfat usw. ausgetauscht. Dabei bleibt der totale Salzgehalt des Wassers unverändert. Die Filtermasse wird bei Erschöpfung durch Kochsalzlösung regeneriert. Teilentsalzung oder Entkarbonisierung. Entfernt aus dem Wasser die Karbonathärte. Der Karbonathärteanteil wird an ein Filtermaterial gebunden, die dabei entstehende Kohlensäure muß anschließend durch starke Durchlüftung ausgetrieben werden. Teilentsalzung setzt genaue Meßtechnik voraus. Vollentsalzung durch Filter mit mehreren Filtersubstanzen ergibt vollständig salzfreies Wasser, das destilliertem Wasser gleichgesetzt werden kann. Fertige Filter zum direkten Anschluß an den Wasserhahn sind exakt entsprechend Gebrauchsanleitung anzuwenden. Dabei ist zu beachten: Die Filtermassen (meist in austauschbarer Patrone) müssen von Zeit zu Zeit regeneriert werden. Wieviel Liter Wasser man je Regeneration entsalzen kann, hängt von der Härte des Ausgangswassers ab. Vollentsalztes Wasser nie ohne Vermischung mit dem Ausgangswasser zur Füllung von Zuchtaquarien verwenden!

[2] Hartwasserfische sind entweder Fische, die in der Natur in sehr hartem Wasser vorkommen (z. B. Celebes-Segelfisch, Telmatherina ladigesi) oder Fische, die ihren Lebensraum ganz oder teilweise in brackigem Wasser haben (z. B. Lebendgebärende Zahnkarpfen). Oft spielt es bei der Aquarienhaltung dieser Fische keine Rolle, ob der totale Salzgehalt des Wassers aus Härtebildnern, d. h. Calcium- und Magnesiumverbindungen besteht, oder ob das Wasser die entsprechende Menge Natriumverbindungen enthält. Man kann also fehlende Härte durch Kochsalz- oder Seewasserzusätze ersetzen, oder umgekehrt Brackwasserfische in hartem Wasser halten. Ausnahmen: Aphyosemion-Arten vertragen gut Kochsalz- oder Seewasserzusätze, sind aber gegenüber höheren Härtewerten empfindlich.

[3] Torffilterung setzt bei Verwendung säuernder Torfe den pH-Wert des Wassers herab. Beachte: Die meisten Torfe säuern nicht, auch die im Fachhandel geführten „Torffasern" sind meist wertlos, dagegen sind Hochmoortorfe oft sauer. Prüfung auf Eignung: Eine Handvoll Torf weicht man in einem Liter destilliertem Wasser ein und läßt 24 Stunden stehen. Anschließend wird der pH-Wert gemessen, dieser soll bei Eignung unter 5,5 liegen. Die ohne Zweifel positive Einwirkung torfgefilterten

beträchtliche Schwankungen des pH-Wertes eher die Regel als eine Ausnahme. Man kann also nicht sagen: „In meinem Aquarium hat das Wasser einen pH-Wert von 7,5." Auch wenn man den pH-Wert richtig mißt, kann er sich schon ein paar Stunden später geändert haben. Selbst in Zuchtaquarien mit äußerst spärlichem Pflanzenbesatz kann man Schwankungen des pH-Wertes nicht vollständig ausschalten, und je weicher das Wasser ist, um so stärker neigt es zu plötzlichen Veränderungen des pH-Wertes. Besonders bei sauren pH-Werten ist es für die Fische auch nicht gleichgültig, durch welche Stoffe ein saurer pH-Wert zustande kommt. In einem über säuernden Torf gefiltertem Wasser mit einem pH-Wert von 5,5 können sich Fische durchaus wohlfühlen[3]. Würde man nun denselben pH-Wert in einem anderen Aquarium durch Zusatz einer anorganischen Säure erreichen und dieselben Fische in dieses Aquarium überführen, so würden sie wahrscheinlich eingehen.

pH-Wert und Wasserhärte sind nur bedingt von einander abhängig. Hartes Wasser weist zwar meist auch alkalische pH-Werte auf, doch kann auch hartes Wasser sauer sein. Umgekehrt ist zwar weiches Wasser meist etwas sauer, aber es kann auch alkalische pH-Werte aufweisen.

Für die Aquarienfischzucht kann zusammenfassend gesagt werden, daß dem pH-Wert keine größere Bedeutung zukommt, so lange er sich zwischen den Werten pH 6 bis pH 8 bewegt. In vereinzelten Fällen kann saures Wasser auf Grund seiner pilz- und bakterienhemmenden Eigenschaften von Vorteil sein[4].

Leitungswasser erhält im Wasserwerk einen Zusatz von Chlorpräparaten, um die Übertragung gewisser Krankheitskeime durch das Wasser zu verhindern. Ein hoher Chlorgehalt in frisch aus der Leitung entnommenem Wasser kann unter Umständen für die Fische gefährlich sein. Chlor zersetzt sich aber schnell, besonders wenn das Wasser durchlüftet wird. Nach eintägigem Stehen ist auch stark gechlortes Leitungswasser unbedenklich zu verwenden.

Auch in das Zuchtaquarium gehören Pflanzen

Für die Ablage des Laiches müssen den Fischen im Zuchtaquarium geeignete Laichsubstrate zur Verfügung stehen. Den allermeisten Süßwasserfischen dienen Wasserpflanzen als Laichsubstrat. Zwischen den Pflanzen setzen fast alle Freilaicher ihre Eier ab, Haftlaicher „kleben" ihre Eier an Pflanzen, und einige große Buntbarsche wählen als Laichunterlage größere Wasserpflanzenblätter. Im Zuchtaquarium spielen die Pflanzen jedoch nicht nur als Laichsubstrat eine Rolle, den Pflanzen kommt auch eine gewisse biologische Bedeutung zu. Erfahrungsgemäß verunreinigt sich das Wasser in Zuchtaquarien, die mit zahlreicher Jungbrut bevölkert sind, weitaus weniger, wenn das Aquarium mit Pflanzen besetzt ist. Auch bei der Verwendung toter Laichsubstrate, wie z. B. synthetischer Laichfasern, ist es richtig, zusätzlich lebende Pflanzen in das Zuchtaquarium zu bringen, sobald die Jungfische frei schwimmen.

Sollen freilaichende Fische nachgezogen werden, deren Eier hochgradig empfindlich gegen eizerstörende Mikroorganismen sind, erhalten die Zuchtaquarien keinen Bodenbelag. Die als Laichsubstrat dienenden Pflanzen werden nur durch Glasstäbe beschwert. Unter solchen Bedingungen ist es wichtig, Pflanzen zu wählen, deren Wurzeln lediglich der Verankerung und nicht der Nahrungsaufnahme dienen. Besonders unter den feinfiedrigen Wasserpflanzen[5] gibt es eine ganze Anzahl Arten, die sich hierzu eignen.

Einige Fische legen ihre Eier nur an ganz bestimmte Substrate. Bei ihnen kann die Laichabgabe unterbleiben, wenn Laichsubstrate in der richtigen Form fehlen. Dies gilt z. B. für manche *Rasbora*-Arten (Keilfleckbarben und deren nächste Verwandte), die ihre Eier an der Unterseite breitblättriger Pflanzen absetzen. Als Laichpflanzen kann man für diese Fische gut unempfindliche Arten der Gattung *Cryptocoryne*[6] verwenden. Von diesen Pflanzen entfernt man alle überflüssigen Wurzeln, bevor man sie in das Zuchtaquarium bringt. Auch sie werden lediglich mit einem Glasstab beschwert.

Zuchtaquarien für an Pflanzen laichende Buntbarsche, z. B. Segelflosser und Flaggenbuntbarsche, bepflanzt man mit kräftigen *Cryptocoryne*- und *Echinodorus*-Arten. Auch die brutpflegenden *Pyrrhulina*-Arten benötigen ähnliche Pflanzen für die Laichabgabe. Da es sich aber um wesentlich kleinere Arten handelt, wählt man auch kleinere Arten von Blattpflanzen. Die schaumnestbauenden Labyrinthfische schätzen dichten Pflanzenwuchs; und in ihren Zuchtaquarien sollten auch Schwimmpflanzen nicht fehlen. Besonders gut ist Lebermoos *(Riccia*

Wassers bei der Zucht mancher Problemfische kann neben der pH-Wert-Senkung möglicherweise noch andere Ursachen haben. In Torf können verhältnismäßig große Mengen Östrogen (weibliches Geschlechtshormon) enthalten sein. Hormone können direkt über die Schleimhäute aufgenommen werden. Es ist also theoretisch denkbar, daß die Laichwilligkeit mancher Fische in torfgefiltertem Wasser nicht durch niedere pH-Werte, sondern durch Hormone bedingt ist.

[4] Bakterizide (bakterientötende) und fungizide (pilztötende) Stoffe. Bei der Fischzucht haben sich folgende Mittel bewährt:
Acriflavin (3,6-Diamino-10-methylacridiniumchlorid). Für diese Fische ist die höchste zulässige Konzentration 1:100000. Für Fischeier 1:400000 bis 1:600000.
Rivanol (2-Äthoxy-6,9-diamino-acridinlaktat). Für Fische ist die höchste zulässige Konzentration 1:400000. Als pilzhemmendes Mittel für Fischeier auch noch in Konzentrationen von 1:1000000 voll wirksam.
Methylenblau ist ein in Wasser leicht löslicher basischer Farbstoff. Es hat sich besonders bei künstlicher Aufzucht von Buntbarschen gut bewährt.
Die oben genannten Stoffe kann man in Apotheken kaufen. Auch die meisten im Aquarienhandel geführten „Patentmedizinen" usw. enthalten diese Stoffe, doch leider ohne jede Mengen- und Konzentrationsangabe. Daher erwirbt man die erforderlichen Chemikalien am besten als reine Substanzen in der Apotheke.

[5] Feinfiedrige Wasserpflanzen, die sich gut als Laichsubstrat eignen: Für kalte Aquarien Quellmoos (Fontinalis antipyretica), Nitella (Nitella flexilis). Wasserpest (Elodea), Myriophyllum-Arten europäischer oder nordamerikanischer Herkunft.
Für warme Aquarien Javamoos (Vesicularia dubyana), Cabomba-Arten, Myriophyllum-Arten tropischer und subtropischer Herkunft, Limnophila-Arten, Sumatrafarn (Ceratopteris thalictroides), Najas-Arten, Zwergwasserschlauch (Utricularia exoleta).
Die hier aufgeführten Arten sind natürlich nur einige der am besten bewährten Laichpflanzen, neben ihnen können viele andere Wasserpflanzen ähnlicher Struktur verwendet werden.

[6] Kleine Cryptocoryne-Arten, die sich gut als Laichpflanzen für Keilfleckbarben, für Nannobrycon eques und Pyrrhulina-Arten eignen, sind z. B. Cryptocoryne beckettii und Cryptocoryne affinis. Besonders die letztere ist äußerst unempfindlich. Man kann natürlich als Laichpflanzen für diese Fische auch andere breitblättrige Pflanzen verwenden wie z. B. große Sagittaria-Arten, kleine Schwertpflanzen, ja sogar genügend große Blätter von Alternanthera oder Ludwigia werden zur Laichabgabe angenommen.

fluitans) geeignet, das von manchen Labyrinthfischen mit in das Schaumnest eingebaut wird[1].

Einige Freilaicher (z. B. Kongosalmler, große *Barbodes*-Arten u. a.) lieben verhältnismäßig harte Laichsubstrate, und es kann mitunter schwer sein, geeignete Wasserpflanzen für diesen Zweck zu finden. Man kann bei der Zucht dieser Fische an Stelle von Laichpflanzen Widertonmoos *(Polytrichum commune)* verwenden. In feuchten Wäldern kommt dieses Moos allgemein vor, nur auf besonders kalkreichen Böden ist es kaum zu finden. Von diesem Moos schneidet man lediglich die obersten 10—12 cm der Stengel ab, das heißt den grünen Teil. Da der untere Teil der Stengel schwerer als Wasser ist, benötigt man keine Beschwerung. Nach dem Freischwimmen der Jungfische wird das Moos entfernt und durch Wasserpflanzen ersetzt.

[1] Ein Labyrinthfisch, der beim Nestbau Pflanzen verwendet, ist neben dem Zwergfadenfisch (Colisa lalia) der Mondscheinfadenfisch (Trichogaster microlepis). Der Mondscheinfadenfisch baut sein Nest überwiegend aus Pflanzenteilen, die durch sehr feinen Schaum zusammengehalten werden.

Bild 7.23: Segelflosser laichen an Pflanzen ab. Wir bepflanzen deswegen ihr Becken mit kräftigen Cryptocoryne- und Echinodorus-Arten. Aufnahme B. Kahl

Synthetische Laichfasern aus Gründen der Sauberkeit zu verwenden, ist eine übertriebene Vorsicht. Bei der Zucht mancher Haftlaicher wie z. B. bei *Aphyosemion*-Arten können derartige Fasern zweckmäßig sein. Von synthetischen Laichfasern kann man die Eier viel leichter absuchen als von Wasserpflanzen. Synthetische Laichfasern bestehen aus grün gefärbten Nylon- oder Perlonfasern. Bodenlaicher wie z. B. die bodenlaichenden *Aphyosemion*-Arten und die Jahreszeitfische erhalten bei der Zucht gut gewässerten Torf als Laichsubstrat. Bei manchen *Aphyosemion*-Arten ist es jedoch zweckmäßig, die Eier täglich abzusuchen, und das ist, wenn man Torf als Laichsubstrat verwendet, kaum möglich. Man kann bei diesen Arten versuchen, synthetische Laichfasern flächenartig am Boden auszubreiten und mit Glasstäben zu beschweren. Sollten die Fische dieses Laich-

Bild 7.24: Der Kap Lopez (Aphyosemion australe) braucht zur Zucht weiches Wasser. Er klebt seine Eier an Wasserpflanzen (Fontinalis, Riccia, Myriophyllum). Aufnahme B. Kahl

[2] Über die wissenschaftlichen Grundlagen planmäßiger Zucht von Aquarienfischen berichtet Professor Dr. J. H. Schröder in „Vererbungslehre für Aquarianer". Reihe Das Vivarium, Kosmos-Verlag, Stuttgart 1974.

substrat nicht annehmen, verwendet man feinen Sand. Beim Absuchen der Eier rührt man mit einem dünnen Glasrohr vorsichtig die oberste Bodenschicht um und saugt aufwirbelnde Eier mit dem Glasrohr auf.
Bei der Zucht von Buntbarschen, die an Pflanzenteilen laichenden Arten ausgenommen, dienen meist Steine als Laichsubstrat. Hierbei ist zu beachten, daß gewisse Arten ihre Eier meist auf die Oberfläche flacher Steine absetzen (z. B. *Aequidens*-Arten), während andere überhängende Steine bzw. Grotten vorziehen (z. B. *Apistogramma*-Arten, *Pelvicachromis*-Arten u. a.). Bei Grottenlaichern stellt man mehrere Steine so zusammen, daß sie eine Grotte bilden. Man kann für diese Fische auch Blumentöpfe an Stelle von Grotten verwenden. Grottenlaicher gibt es aber nicht nur unter den Buntbarschen. Auch Nanderbarsche, manche Grundeln (z. B. *Brachygobius xanthozona*) und einige Welse (*Loricaria*-Arten, *Ancistrus*-Arten sind Grottenlaicher. Der Begriff „Grotte" ist in diesem Zusammenhang nicht zu begrenzt aufzufassen, es muß nicht unbedingt eine Steingrotte sein. Hohle Baumwurzeln, die lange im Wasser gelegen haben, halbe Kokosnußschalen, ja sogar Glasröhren mit hinreichend großem Durchmesser, die man teilweise in den Bodengrund eingräbt, können dieselben Dienste leisten. Bei Grubenlaichern wie den Sonnenbarschen, Forellensalmlern, maulbrütenden Buntbarschen usw. ist es natürlich notwendig, eine genügend hohe Bodenschicht nicht allzu feinen Sandes einzubringen, so daß diese Fische wirklich eine Laichgrube bauen können.

Zuchtwahl und Vererbung[2]

Will man Fische züchten, so zieht man die Zuchttiere am besten selber auf. Man kauft also halbwüchsige Jungfische. Erwachsene Tiere für Zuchtzwecke zu er-

Bild 7.25: Viele Fische – wie z. B. den Blutsalmler (Hyphessobrycon callistus) sollte man nur bis zu einem Alter von eineinhalb Jahren zur Zucht verwenden. Aufnahme B. Kahl

werben, ist weniger gut. Nur mit viel Übung, und selbst dann durchaus nicht immer, läßt sich das Alter erwachsener Fische beurteilen. Bei sehr vielen Arten ergeben gerade junge Paare, direkt nach Eintritt der Laichreife, die allerbesten Zuchtresultate. Wie bei allen anderen Tieren sinkt auch bei Fischen mit zunehmendem Alter die Fertilität. Obwohl die Anzahl der Eier bei älteren Weibchen oft größer ist als bei jüngeren derselben Art, ist die Anzahl der schlüpfenden Jungfische bei älteren Tieren meist geringer. Die Begriffe „älter" und „jünger" muß man natürlich im Zusammenhang mit dem Alter sehen, das die betreffende Art erreichen kann. So ist z. B. ein Saisonfisch mit einem Jahr „uralt", während ein Segelflosser gerade laichreif geworden ist. Aber nicht nur die Größe der betreffenden Arten spielt hier eine Rolle. Es gibt sehr kleine Arten, die ein erstaunlich hohes Alter erreichen können und die man durch mehrere Jahre hindurch zur Zucht verwenden kann. Die *Nannostomus*-Arten sind hierfür ein Beispiel. Dagegen sollte man bei allen kleineren Salmlerarten, wie z. B. den Angehörigen der Gattungen *Hyphessobrycon, Hemigrammus, Paracheirodon, Pristella* usw. lediglich junge Tiere bis zu einem Alter von 1½ Jahren zur Zucht verwenden. Größere Salmlerarten und die meisten Karpfenfische ergeben auch noch in einem Alter von drei bis vier Jahren gute Zuchtresultate. Größere Buntbarscharten und manche Welse können über viele Jahre gute Resultate geben. Aber selbst bei diesen verhältnismäßig langlebigen Fischen ist es am besten, bei der Zucht mit Jungtieren zu beginnen. Es kann z. B. bei großen Cichliden schwer sein, ältere Tiere erneut zu verpaaren.

Genau wie bei anderen Lebewesen werden auch bei Fischen manche Eigenschaften von den Eltern auf die Nachkommenschaft vererbt. Bei der Zucht muß man diese „erblichen Eigenschaften" im Auge behalten[1]. Züchtet man Farb- oder Formenrassen, so ist das besonders wichtig. Trotz Aquariennachzucht über viele Generationen hinweg sind aber die meisten unserer Aquarienfische in ihrem Erscheinungsbild Wildformen. Von wenigen Ausnahmefällen abgesehen, die direkt das „Zuchtziel" der Herauszüchtung einer neuen Zuchtform verfolgen, besteht kein Anlaß, die Wildtierform verändern zu wollen. Man kann in diesem Zusammenhang sogar die Frage stellen, ob es nicht richtig wäre, bei der Nachzucht von Wildformen Tendenzen zu einer Domestikation planmäßig entgegenzuarbeiten, wie man es bei der Vermehrung mancher Zootiere tut[2].

Bei Wildformen kann man sich damit begnügen, die Elterntiere nach einigen allgemeingültigen Regeln auszuwählen, die die Erhaltung erwünschter Eigenschaften sichern. Bei Zuchtformen ist bei der Auswahl der Elterntiere eine gewisse Kenntnis grundlegender Erbregeln oft notwendig, wenn eine Verschlechterung des Zuchtstammes vermieden werden soll. Dies gilt natürlich in noch weit größerem Umfang, wenn es gilt, neue Zuchtformen herauszubilden.

Bei Fischen, die in ihrem äußeren Erscheinungsbild Wildformen sind, reicht es bei der Zuchtauswahl, gesunde Tiere mit allen für die Art typischen Artmerkmalen zu verwenden. Tiere, die irgendwelche Defekte, auch noch so unbedeutender Natur, aufweisen, sollte man von der Zucht ausschließen. Körperliche Mißbildungen können zwar durch äußere Schäden bedingt sein (und sind dann selbstverständlich auch nicht erblich), aber es besteht, wenn man die Ursache nicht kennt, immer die Gefahr, daß es sich um erblich bedingte Mißbildungen handelt[3]. So sind z. B. Farbdefekte wie unvollständige Zeichnung, fehlende Flekken usw. fast immer erblich. Diese Dinge kann man bei der Auswahl leicht beachten, schwerer, ja oft unmöglich ist die Beurteilung von Erbanlagen, die nicht sichtbar sind. Sowohl rezessive (verdeckte) Erbanlagen als auch erbliche Eigenschaften, die äußerlich nie feststellbar sind, wie z. B. Schnellwüchsigkeit, Widerstandskraft gegen Infektionen, Fruchtbarkeit usw., lassen sich erst beurteilen, wenn man die Tiere über Generationen hinweg vermehrt. Oft benötigt man für eine sichere Beurteilung Vergleiche mehrerer Nachzuchten von verschiedenen Elterntieren, die unter gleichen Bedingungen zustandegekommen sind. Für solche Versuche hat der durchschnittliche Aquarienfreund natürlich keine Möglichkeit. Die Auswahl der Zuchttiere kommt bei der Zucht im kleinen Umfang daher oft einer Lotterie gleich. Treten jedoch unter der ersten Nachzucht unerwünschte Eigenschaften auf, so verwendet man ein anderes Zuchtpaar. Züchtet man nun eine bestimmte Art über Jahre hinweg, so taucht die Frage auf: Soll man nach jeder Generation einen neuen Elternteil erwerben oder kann man Zuchttiere aus einer Brut auswählen (die ja Geschwister sind)? Hinzu kommt ja noch, daß auch die ersten Eltern wahrscheinlich Geschwister waren, wenn man sie von derselben Quelle erworben hat. Wir sind hiermit beim oft diskutierten und meist mißverstandenen Inzuchtproblem angelangt[4]. Streng genommen wäre es, wenigstens

[1] Erbanlagen sind Anlagen oder Eigenschaften, die von den Elterntieren auf ihre Nachkommen vererbt werden. Oft ist es äußerst schwer, eine exakte Grenze zwischen positiven und negativen erblichen Anlagen zu ziehen. Bei der Zucht von Farb- und Formenrassen werden z. B. häufig „pathologische" Anlagen als „Rassemerkmale" herausgezüchtet, wie z. B. verlängerte oder verdoppelte Flossen.

[2] Domestikation ist die langsame Umwandlung einer gefangen gehaltenen Tierart zum Haustier. Haustiere stammen also von Wildtieren ab, und ihre Entwicklung zum Haustier war ein langer Prozeß. In manchen Fällen ist die ursprüngliche Wildtierform inzwischen ausgestorben bzw. ausgerottet worden (z. B. beim Hausrind). In der Regel ist es verkehrt, unsere Aquarienfische als domestizierte Formen anzusehen, auch wenn sie schon lange im Aquarium vermehrt werden. Ausnahmen kommen aber vor, und sowohl der Goldfisch wie auch seine Abarten sind echte domestizierte Formen der asiatischen Silberkarausche.
Der Domestikationsprozeß kann langsam oder schneller ablaufen, kann bei gewissen Tierarten aber auch vollständig unterbleiben (Beispiel Elefanten, seit Jahrtausenden gezähmt gehalten, doch nicht domestiziert). Zuchtauswahl mit dem Ziel, eine Domestikation zu vermeiden, wird in Zoologischen Gärten bei der Vermehrung seltener (oft in der Natur ausgerotteter) Tiere betrieben. Zur besseren Kontrolle werden für einige sehr seltene Tierarten internationale Zuchtbücher geführt.

[3] Defekte, wie Flossenverkrüppelungen, sind meist durch Angriffe von Einzellern während des Embryonalstadiums verursacht. Rückgratverkrümmungen können Folgen von Mangelerscheinungen sein. Im Zweifelsfalle ist es jedoch immer richtig, mißgebildete Tiere von der Zucht auszuschließen.

[4] Inzucht = Verpaarung von bis zum 6. Grad miteinander verwandten Tieren. Bei Verpaarung von Verwandten des 1. und 2. Grades (Elterntiere × deren Nachkommen, Geschwister untereinander, Großeltern × Enkel) wird bisweilen die Bezeichnung Inzestzucht gebraucht.

theoretisch richtig, nach jeder Generation blutfremde Tiere zu erwerben und mit der eigenen Nachzucht zu verpaaren. Praktisch sieht die Frage ganz anders aus. Eine ganze Anzahl unserer Aquarienfische stammt von ganz wenigen importierten Elterntieren ab, und die bei uns vorhandenen Fische sind also häufig äußerst nahe miteinander verwandt. Ja, es gibt Arten, wo alle in unseren Aquarien schwimmenden Fische von einem einzigen importierten Paar stammen. Es liegt in der Natur der Inzucht (bzw. Inzestzucht), daß sich ihre Auswirkungen kaum im voraus beurteilen lassen. Sogenannte Zuchtschäden kommen nicht, darüber sollte man sich klar sein, zustande, weil die Elterntiere miteinander verwandt sind, sondern weil unerwünschte erbliche Eigenschaften von beiden Eltern auf die Nachkommenschaft vererbt werden. Im ungünstigsten Falle können derartige unerwünschte Eigenschaften bei der Nachzucht „reinerbig" auftreten. Tritt dies ein, kann man nach einigen Generationen in eine „züchterische Sackgasse" geraten; und die weitere Zucht mit blutsverwandten Tieren ist dann unmöglich. Es ist aber keineswegs die Regel, daß es bei Inzucht zu Zuchtschäden kommt. Richtig ist, daß die Inzucht sehr oft eine Art von „Sündenbock" ist, der alle möglichen Schäden anderer Natur, wie z. B. Hälterungsschäden, zu Unrecht angelastet werden[5]. Auf der anderen Seite lassen sich nicht selten durch Inzucht, gekoppelt mit exakter Auswahl, wirklich Spitzentiere erzielen. Genauso wie unerwünschte bzw. direkt nachteilige Eigenschaften bei Inzucht reinerbig werden können, können auch erwünschte Eigenschaften reinerbig auftreten. Bei der Haltung seltener Zootiere, wo bei den wenigen vorhandenen Tieren Vermehrung durch Inzucht oft die einzige Vermehrungsmöglichkeit ist, hat man festgestellt, daß man im günstigsten Falle Inzucht durch viele Generationen hinweg betreiben kann, ohne daß Zuchtschäden auftreten. Inzucht läßt sich beim Heranzüchten von neuen Zuchtrassen kaum umgehen, und sie spielt auch bei der Hochleistungszucht von Haustierrassen eine große Rolle. Es wäre also verkehrt, jede Inzucht in Bausch und Bogen zu verdammen, sie ist oft notwendig und braucht durchaus nicht zwangsläufig zu Zuchtschäden zu führen. Bei der Behandlung der Mendelschen Regeln werden wir noch auf die Faktoren, die das eigentliche Risiko der Inzucht sind, zurückkommen[6]. In der züchterischen Praxis der Aquarienfischzucht hat sich gezeigt, daß Inzucht über zwei oder drei Generationen hinweg fast immer unbedenklich ist. Über einen längeren Zeitraum sollte man ohne Not keine Inzucht betreiben, es sei denn, man verfolgt ein bestimmtes Zuchtziel, das man mit Hilfe der Inzucht erreichen will. Beim Erwerb fremder Tiere zur „Blutauffrischung" mache man sich aber keine allzu großen Illusionen. Sehr oft sind auch die neuerworbenen Tiere mit den vorhandenen nahe verwandt. Bei den fast immer unklaren Herkunftsverhältnissen erworbener Tiere ist eine sachkundige Beurteilung des äußeren Erscheinungsbildes fast immer wertvoller als alle theoretischen „genetischen Spekulationen".

Bei der Zucht von Farbrassen und anderen Zuchtformen ist es angebracht, die Vererbungsregeln genauer zu kennen. Ohne diese Kenntnis kommt man bei diesen Fischen auf die Dauer kaum zu befriedigenden Resultaten. Im folgenden wollen wir uns deshalb etwas näher mit diesen Mendelschen Regeln beschäftigen. Um die Terminologie der Mendelschen Regeln richtig zu verstehen, muß man sich darüber klar sein, daß Rasse im Mendelschen Sinne „Zuchtrasse" ist[7]. Der Mendelsche Rassebegriff ist also nicht gleich dem Rassebegriff, der bisweilen in der Zoologischen Systematik an Stelle von Unterart oder Subspecies angewandt wird. Nach Mendel ist eine „Reine Rasse" eine Gruppe von Lebewesen, die in ihren durch Erbfaktoren bedingten äußeren Merkmalen gleich sind. Von unseren Aquarienfischen wären Rassen in diesem Sinne alle rein durchgezüchteten Zuchtformen, wie z. B. rote Schwertträger, Schleierkampffische, schwarze Skalare, Simpson-Schwertträger usw.

1. Mendelsche Regel

Bei Kreuzung zweier verschiedener reiner Rassen sind die Nachkommen der ersten Generation unter sich gleich (uniform).

Die 1. Mendelsche Regel wird auch als Uniformitätsregel bezeichnet.

Da bei der Vermehrung männliche und weibliche Keimzellen erblich gleichwertig sind, ist es gleichgültig, welcher Rasse Vater bzw. Mutter angehören. Die Nachkommen der ersten Generation werden F_1-Generation genannt (= 1. Filialgeneration) und sind also mischerbig (= heterozygot). Die Angehörigen dieser F_1-Generation werden als Bastarde bezeichnet. Genau wie schon beim Rassebegriff

[5] Hälterungsschäden sind Schäden, verursacht durch unsachgemäße Haltung. Häufig werden Hälterungsschäden als Degeneration aufgefaßt, mit der sie nichts gemein haben. Oft verursachen Fehler in der Hälterung Schäden bleibender Natur. Durch Hälterungsschäden bedingte Defekte werden nicht auf die Nachzucht vererbt (soweit durch unsachgemäße Hälterung geschädigte Tiere überhaupt noch fortpflanzungsfähig sind).

[6] Mendelsche Regeln = Regeln des Erblichkeitsganges bestimmter Eigenschaften. Wurden erstmalig durch den Brünner Augustinermönch Johann Gregor Mendel entdeckt und beschrieben (1822–1884). Mendels Arbeiten blieben unbeachtet, bis dieselben Regeln um die Jahrhundertwende von anderen Forschern (Correns, de Vries und Tschermak) erneut entdeckt wurden. Diese Regeln werden seitdem als Mendelsche Regeln bezeichnet.

[7] Rasse ist ein Begriff, der von der zoologischen Systematik und von der Genetik (Erblichkeitslehre) häufig unterschiedlich interpretiert wird. Man muß sich hier vergegenwärtigen, daß das auf Carl von Linné zurückgehende zoologische System im Grunde davon ausging, die Klassen, Ordnungen, Familien, Arten usw. als absolut fest abgegrenzte Einheit zu betrachten. Wo die Bezeichnung „Rasse" in der zoologischen Systematik gebraucht wird, ist die Abgrenzung mit der einer Unterart identisch (geographische oder natürliche Rasse). Wir wissen heute, daß die Einheiten des zoologischen Systems durchaus nicht feststehend sind und daß sich Unterarten meist nicht genetisch gegeneinander abgrenzen lassen. Zuchtrassen dagegen lassen sich fast immer genetisch abgrenzen und sind also Rassen im Sinne der Erblichkeitsregeln.

sollte man den Begriff „Bastard" ausschließlich in diesem Zusammenhang anwenden. Bastarde nehmen in ihrem Aussehen entweder eine mehr oder weniger markante Mittelstellung zwischen den beiden Elterntieren ein (= intermediäre Vererbung), können aber in der F_1-Generation auch ein bestimmtes Merkmal eines Elterntieres unverändert zeigen. Ein solches äußerlich zu erkennendes Merkmal wird als dominant, das gegenteilige, unterdrückte, als rezessiv bezeichnet. Bei Verpaarung von einem Albino mit einem wildfarbenen Tier wird die Wildfarbe dominant vererbt[1]. Die Anlage für Wildfärbung ist also gegenüber der Anlage für Albinismus dominant, die Anlage für Albinismus rezessiv.
Bei Aquarienfischen sind Farbeigenschaften von Zuchtformen in der F_1-Generation meist entweder dominant oder rezessiv und werden nur selten intermediär vererbt. Man kann also in der Regel nicht durch eine einfache Kreuzung zweier Farbenrassen die zwischen beiden Farbkomponenten liegende Zwischenfarbe erzielen. Überhaupt kann man bei Rassekreuzungen nur praktisch erproben, in welchem Ausmaß intermediäre Vererbung vorkommt bzw. welcher Faktor dominant und welcher Faktor rezessiv vererbt wird[2]. Berechnen kann man diese Dinge nicht.
Die 1. Mendelsche Regel stuft also dominante und rezessive Erbfaktoren als gleichwertig ein. Da sowohl vom Vater wie auch von der Mutter (durch Ei- und Samenzelle) je eine Anlage für jedes Merkmal an jeden Nachkommen weitergegeben wird, sind für jedes Merkmal zwei Erbanlagen zuständig. Ein Merkmalpaar entspricht einem Genpaar und wird als Allel bezeichnet. Die ein dominantes Merkmal bestimmende Anlage (Gen) wird mit einem großen Buchstaben bezeichnet, die ein rezessives Merkmal bestimmende Anlage (Gen) mit einem kleinen Buchstaben[3]. Allele sind also entweder gleiche (AA) oder unterschiedliche (Aa) Formen eines Gens. In übereinstimmenden Chromosomen (homologen Chromosomen)[4] nehmen sie denselben Platz ein. Sind die Allele gleich (AA), sind die betreffenden Tiere reinerbig (= homozygot), sind die Allele ungleich (Aa), sind die betreffenden Tiere ungleicherbig (= heterozygot[5]).

2. Mendelsche Regel

Kreuzt man Bastarde der F_1-Generation untereinander, so spaltet sich die zweite Generation in einem bestimmten Verhältnis auf (25 % – 50 % – 25 %). Die Nachkommen der F_2-Generation sind also nicht mehr gleich.
Die 2. Mendelsche Regel wird auch als Spaltungsregel bezeichnet. Die Spaltungsregel gilt nur, wenn sich die Eltern der F_1-Generation nur in einem Merkmal unterscheiden.
Kreuzt man in erster Generation (P-Generation) eine wildfarbene (reinrassig wildfarbene) *Capoeta tetrazona* mit einer goldfarbenen (reinrassig xanthoristischen), so sind die Nachkommen der F_1-Genertion einheitlich wildfarben. Die Anlage der Wildfarbe ist also dominant. Die Goldfärbung wird verdrängt, ist also rezessiv. Kreuzen wir nun diese Bastarde untereinander, so erhalten wir

Bild 7.26: Goldfarbene (xanthoristische) Sumatrabarbe (Capoeta tetrazona). Aufnahme M. Chvojka

[1] Farbabweichungen:
1. Albinismus wird durch Mangel an dunklem Hautpigment (Feder- bzw. Haarpigment) verursacht. Das Fehlen dunklen Pigmentes hat Hell- bzw. Weißfärbung zur Folge. Man unterscheidet zwischen „Teilalbinos", die nur stellenweise am Körper hell bzw. weiß sind, und Totalalbinos, die am ganzen Körper hell bzw. weiß sind. Da beim Totalalbino auch im Auge Farbpigment fehlt, sind seine Augen rot, und das Sehvermögen ist häufig herabgesetzt.
2. Xanthorismus besteht aus einer Gelbfärbung (nicht Rotfärbung) der Haut und entspricht der Isabellfärbung bei Säugetieren und Vögeln. Xanthorismus erscheint im Gegensatz zum Albinismus und Melanismus die Lebenstauglichkeit seiner Träger nicht nachteilig zu beeinflussen. Bei Aquarienfischen häufig, z. B. gelbe Drachenflosser, gelbe Pristella, gelbe Capoeta tetrazona usw.
3. Melanismus ist der Gegensatz von Albinismus. Durch eine übermäßige Anhäufung des dunklen Farbstoffes Melanin in den Hautzellen (Federn bzw. Haarzellen) entsteht eine teilweise oder vollständige Schwarzfärbung (bei Albinismus fehlt Melanin vollständig). Genau wie Albinismus setzt auch Melanismus die Lebenstauglichkeit seines Trägers herab. Anlage für Melanismus wird häufig schon der F_1-Generation dominant vererbt. Z. B. bei X. helleri und Pt. scalare.

[2] Intermediäre Vererbung kommt ziemlich regelmäßig bei der Verpaarung von Schleierkampffischen (Betta splendens) vor. Man kann bei einer Verpaarung von Elterntieren mit reinen Farben, wie z. B. Blau und Rot eine rotblaue Zwischenfärbung erreichen, bzw. rote Tiere mit blauen Flossenstrahlen und umgekehrt.

[3] „Gene" sind in den Chromosomen enthaltene Erbfaktoren.

[4] Chromosomen sind die in jedem Zellkern vorhandenen Kernschleifen. Ihre Anzahl ist je nach Art spezifisch. Die Chromosomen sind Träger erblicher Eigenschaften.

[5] Allele sind einander entsprechende und austauschbare Gene in gleichartigen Chromosomen.

Bild 7.27: Spiegelkärpflinge oder Platys (Xiphophorus maculatus) sind sehr variable Fische. Bei der Aquarienfischzucht wurden viele Farb- und Formmutationen entdeckt und als „erbreine" Zuchtformen stabilisiert. Aufnahme R. Zukal

25 % reinrassig wildfarbene Tiere, 50 % Mischlinge, die zwar wildfarbig sind, aber gleichzeitig rezessiv Träger der die Goldfärbung bedingenden Erbanlage, und 25 % reinrassig goldfarbene Tiere.

Kreuzt man Tiere der 50 % Mischlinge untereinander, so spalten sie in der F_3-Generation erneut im selben Verhältnis auf. Dieses Beispiel zeigt zwei Dinge deutlich. Erstens: Die F_1-Generation besteht eindeutig aus Bastarden, die beide Erbanlagen in sich tragen; zweitens: Es kann bei der praktischen Zuchtarbeit sehr schwierig sein, diese Erkenntnisse zu verwerten. Von der F_2-Generation an kann man nun beispielsweise golfarbige *Capoeta tetrazona* rein weiterzüchten, denn 25 % der F_2-Generation sind reinerbig goldfarbene Tiere. Theoretisch gibt es in derselben Generation auch 25 % reinerbig wildfarbene Tiere, mit denen man reinerbig weiterzüchten könnte, aber eben nur theoretisch. Praktisch lassen sich diese 25 % reinerbig wildfarbigen Tiere ja nicht von den 50 % ungleicherbigen Tieren unterscheiden, da sie alle wildfarben sind.

Trotz dieser und ähnlicher Schwierigkeiten hat diese Methode bei der sogenannten Linienzucht (bei Aquarienfischen häufig bei Guppys angewandt) große Bedeutung. Da bei ständiger Kreuzung der Bastardnachkommen in den kommenden Generationen der Anteil reinerbiger Tiere ständig zunimmt (die Ungleicherbigen spalten in jeder Generation 50 % Reinerbige ab, die Reinerbigen jedoch nie Ungleicherbige), lassen sich vollständig reinerbige Stämme erreichen.

3. Mendelsche Regel

Individuen, die sich durch mehrere Merkmale unterscheiden, vererben die einzelnen Anlagen unabhängig voneinander, wenn man sie miteinander kreuzt. Unter den Nachkommen der folgenden Generation treten Neukombinationen (neue Kombinationen der Gene) in jeweils bestimmter Häufigkeit auf[6].

Die 3. Mendelsche Regel wird als Unabhängigkeitsregel bezeichnet. Unabhängig von den übrigen Allelen wird jedes Merkmalspaar entsprechend der 2. Mendelschen Regel vererbt. Im Erblichkeitsgang ist jede denkbare Kombination möglich[7]. Trotz der augenscheinlichen Vielfalt von Möglichkeiten kann Zucht entsprechend dieser Regel zur Erreichung reinerbiger Farbenzuchtrassen bei Aquarienfischen eine große Rolle spielen. Bei der Fischzucht im Aquarium besteht, gegenüber der Tierzucht im allgemeinen, der große Vorteil der schnellen Generationsfolgen. Gilt es z. B. Zuchtrassen von roten Schwertträgern, roten Platys, Hochzuchtguppys usw. in leuchtenden Farben reinerbig herauszuzüchten, so ist Zucht entsprechend der 3. Mendelschen Regel oft die einzige Möglichkeit. Der Zuchtvorgang soll hier an Hand von Platys *(Xiphophorus maculatus)* erläutert werden. Zuchtziel ist die Erreichung eines reinerbigen, tief-leuchtend-roten Platystammes (Korallenplaty)[8]. Ausgangsmaterial ist ein Paar (P-Generation), bestehend aus einem gewöhnlichen roten Platy (blaßrot) und einem gelben Platy (nicht Albino). Trotz seiner blaßroten Farbe ist der blaßrote Platy nicht nur Träger der

[6] Die Regel von der freien Kombination der Erbanlagen gilt nur, wenn die betreffenden Anlagen auf verschiedenen Chromosomen liegen. Liegen sie auf einem Chromosom, tritt Anlagenkoppelung auf.

[7] Eine Zucht entsprechend der Unabhängigkeitsregel hat nur dann Sinn, wenn es gilt, ein oder höchstens zwei bestimmte Merkmalspaare reinerbig herauszuzüchten. Die Kombinationsmöglichkeiten der einzelnen Merkmale steigen im Quadrat. Das heißt, während bei zwei Merkmalspaaren 16 (4^2) Kombinationen möglich sind, sind bei drei Merkmalspaaren schon 4^3, also 64 Kombinationen möglich. Bei 10 Merkmalspaaren bekommt man 1 048 576 Kombinationsmöglichkeiten. Dieses Beispiel möge genügen, um die Unmöglichkeit der Reinzucht mehrerer Merkmale entsprechend der Unabhängigkeitsregel zu begründen.

[8] Intensive Farben bei Zuchtrassen (nicht Farbabweichungen) kommen in der Regel dadurch zustande, daß man durch geeignete Kreuzungen Tiere erhält, denen die erbliche Anlage für die der Art natürliche Wildfärbung fehlt. Durch das Fehlen des Wildfarben-Faktors kommt die andere Farbe (z. B. das Rot beim Korallenplaty) verstärkt zur Geltung. Korallenplatys sind also rote Platys, die keine Erbanlage für Wildfärbungen haben. Kann man durch geeignete Zuchtauswahl diese Erbeigenschaft reinerbig bei allen Tieren erreichen, so erhält man einen „farbreinen Stamm". Farbreine Zuchtstämme müssen streng gesondert gehalten werden, denn schon ein einziges Platy-Männchen anderer Färbung, das mit den Weibchen zusammenkommt, kann die Farbeigenschaften der gesamten Nachzucht dieser Weibchen verändern. In diesem Zusammenhang sei darauf hingewiesen, daß es bei Lebendgebärenden Zahnkarpfen allem Anschein nach zu einer Konkurrenz der Spermien bei der Befruchtung kommen kann, wenn die Weibchen von mehreren Männchen begattet werden. Bei dieser Konkurrenz scheinen Spermien von Männchen mit Wildfarben-Anlagen über andere Spermien zu dominieren.

Erbanlagen für rot (R), sondern auch Träger der Erbanlagen für wildfarben (W). Beim gelben Platy sind Anlagen für rot und wildfarben nicht vorhanden, und bei der Verpaarung ergibt sich die Kombination WWRR x wwrr. Die Nachkommen der ersten Generation (F_1-Generation) erhalten alle die Erbanlagen WwRr. Bei fortgesetzter Zucht mit den Tieren der F_1-Generation treten nun neue Kombinationen der Farbanlagen auf, darunter auch Tiere von leuchtend-roter Färbung. Bedingt ist diese leuchtend-rote Färbung durch Fehlen des Wildfarben-Faktors, also bei Tieren mit der Farbanlagenkombination RRww und Rrww. Wie man aus diesen Kombinationen ersieht, sind also die erzielten Tiere mit leuchtend-roter Färbung nur zu einem Teil reinerbig (RRww). Genaugenommen ist von den leuchtend-roten Tieren lediglich ein Drittel reinerbig (RRww), während zwei Drittel mischerbig (Rrww) sind. Da man die reinerbigen jedoch nicht von den mischerbigen Tieren unterscheiden kann, ist die weitere Reinzucht der Farbanlage nicht einfach. Man muß also teils eine große Anzahl der leuchtend-roten Tiere verpaaren und außerdem gewisses Züchterglück haben, um eine Verpaarung von zwei reinerbig roten zu erreichen. Nur wenn dies gelingt, tritt bei allen Nachkommen die leuchtend-rote Färbung reinerbig auf.

Mit der Erreichung des Zuchtzieles – in diesem Falle Korallenplaty – sind lediglich die genetischen Probleme der Farben-Reinzucht gelöst. In der Praxis tauchen meist noch andere Probleme auf, die mit der „Pigmentverteilung" zu tun haben, besonders bei schwarzen und roten Zuchtformen. Bei farblich reinerbigen Tieren kann es leicht zu einer Überlastung an Pigment in den Hautzellen bestimmter Körperteile kommen. Derartige Pigmentüberbelastung führt zu Farbgeschwülsten. Am bekanntesten sind die sogenannten Melanome, deren Ursache eine Anhäufung von Melanin in den Farbstoffzellen ist[1]. Melanome treten besonders häufig bei schwarzen Schwertträgern auf, kommen aber zuweilen auch bei schwarzen Platys und schwarzen Mollienisien vor. Ähnliche Farbgeschwülste, verursacht durch eine Anhäufung von rotem Pigment, sind zwar seltener, werden aber zuweilen bei rein roten Schwertträgern und Platys gefunden. Von diesen Farbgeschwülsten werden so gut wie immer nur reinerbige Tiere betroffen. Bei richtiger Zuchtauswahl läßt sich die Tendenz zu Farbgeschwulstbildungen jedoch weitgehend ausschalten. Tiere, die zu Farbknotenbildung neigen, sind prinzipiell von jeder weiteren Zucht auszuschließen. Dies gilt auch bei augenscheinlich unbedeutenden Knoten, und man betrachte besonders die Flossen aufmerksam. Die Flossen sind besonders gefährdet, und man verwendet zur Zucht nur solche Tiere, die durchscheinende Flossen haben, bei denen also die Körperfarbe nicht in die Flossen reicht. Beachtet man dies bei der Auswahl der Zuchttiere, so sind Farbgeschwülste selbst bei den am meisten gefährdeten Zuchtrassen kein Problem. Hier wurde dieses Beispiel lediglich erwähnt, weil es zeigt, daß es bei der Farbreinzucht neuer Zuchtrassen oft nicht genügt, nur das Problem der „Farbreinzucht" zu lösen.

[1] Melanome sind ihrem Charakter Krebsgeschwulsten ähnlich (und auch schon in Zusammenhang mit der Krebsforschung Objekte näherer Studien gewesen). Fast immer führen Melanombildungen zum Tode des betreffenden Tieres. In ganz vereinzelten Fällen können aber von Melanomen betroffene Flossenteile sich zersetzen und abfallen. Das fehlende Flossengewebe wird nach einiger Zeit durch fast farbloses Gewebe regeneriert.

Rückkreuzungskontrolle

Zur Prüfung der Reinerbigkeit verwendeter Zuchttiere kann man sich der zwar zeitraubenden, aber sicheren Rückkreuzungskontrolle bedienen. Kreuzt man in P-Generation ein reinerbiges Elterntier von *Capoeta tetrazona* mit einem Kreuzungstier (F_1-Generation) *Capoeta tetrazona* wildfarben x *Capoeta tetrazona* xanthoristisch, so erhält man 50 % reinerbige und 50 % mischerbige Nachkommen. Da aber in diesem Falle die Anlage für Wildfärbung dominant ist, muß man mit beiden Elterntieren zurückkreuzen, denn rezessive Anlagen lassen sich ja nicht erkennen. Auch hier zeigt es sich, daß Dinge, die nach dem Erblichkeitsschema wunderbar einfach und logisch aussehen, bei der Zuchtarbeit unendlich viel schwerer zu bewältigen sind. Sehr erschwerend, besonders bei Kreuzungen von wildfarbenen Tieren mit Farbrassen, ist der Umstand, daß die Farbverteilung mit den Mendelschen Regeln nicht übereinstimmt. Diese „Fehlverteilung" der Farbanteile ist jedoch nur scheinbar und damit zu erklären, daß dominant farbreine Tiere von Zuchtrassen nicht im selben Grade lebenstauglich sind wie ihre wildfarbenen Geschwister. Von den farbreinerbigen Tieren erreichen in der Regel also weniger Individuen das fortpflanzungsfähige Alter. Besonders bei melanistischen (schwarzen) Zuchtrassen kann der Ausfall durch vorzeitiges Absterben der Jungtiere so groß sein, daß sich der Züchter besonderer Kunstgriffe bedienen muß (z. B. gesonderte Aufzucht der schwarzen Tiere unter besonders günstigen Bedingungen), um zu halbwegs befriedigenden Resultaten zu kommen[2].

In diesem Zusammenhang ist es angebracht, die Begriffe „Defektfaktoren" und „Letalfaktoren" zu erklären. Defekt- und Letalfaktoren sind erbliche Faktoren, die den Mendelschen Regeln unterworfen sind. Defektfaktoren (Defektgene) setzen, falls sie reinerbig auftreten, die Lebens- und Fortpflanzungsfähigkeit ihres Trägers stark herab. Erbliche Mißbildungen, von Generation zu Generation sinkende Fertilität, erhöhte Anfälligkeit gegenüber Infektionen usw. sind entweder durch reinerbig vorhandene Defektfaktoren bedingt bzw. es sind reinerbige Defektfaktoren die indirekte Ursache krankhafter Erscheinungen. Sind die Auswirkungen krankhafter Erbfaktoren so stark, daß sie ohne Ausnahme auf irgendeiner Stufe der Entwicklung vor dem Erreichen der Geschlechtsreife zum Tode führen, so spricht man von Letalfaktoren[3]. Wie alle übrigen Erbfaktoren sind auch die Letalfaktoren entweder rezessiv oder dominant. Während sich nun die dominanten Letalfaktoren zwangsläufig von selber ausmerzen, führen rezessive Letalfaktoren nur dann zum Tode, wenn sie reinerbig auftreten. Es ist im einzelnen natürlich nicht bekannt, wie viele derartiger Letalfaktoren bzw. durch Letalfaktoren verursachte Krankheiten – Mißbildungen usw. – es bei den verschiedenen Arten gibt. Auch die exakte Grenzziehung zwischen Defektfaktor und Letalfaktor ist nicht immer möglich. Sicher ist, daß bei allen Wirbeltieren für reinerbig nicht lebensfähige Individuen (Absterben des Embryos im Ei, Totgeburten, Ableben vor Erreichung der Geschlechtsreife usw.) Defekt- und Letalfaktoren verantwortlich sind. Wenn auch, wie schon gesagt, über die Häufigkeit von Defekt- und Letalfaktoren im einzelnen wenig bekannt ist, so ist es doch sicher und auch logisch, daß dieselben bei Zuchtrassen häufiger auftreten als bei Wildtieren. Diese Faktoren sind in der züchterischen Praxis auf längere Sicht das größte und am schwersten zu meisternde Problem der Rassenreinzucht. Auch die eventuellen Gefahren der dabei oft notwendigen Inzucht liegen hier. Bei Fehlen rezessiver Defekt- oder Letalgene ist Inzucht nicht nachteilig.

Vererbung von Geschlecht und geschlechtsgebundene Vererbung

Alle homologen Chromosomen, mit Ausnahme der Geschlechtschromosomen, stimmen überein. Die Geschlechtschromosomen werden als X- und Y-Chromosomen bezeichnet. In der Regel verteilen sich innerhalb einer Art die Geschlechter gleich, wenn man eine genügend große Anzahl untersucht, so daß Zufälligkeiten ausgeschlossen werden. Das Verhältnis 50:50 läßt sich an Hand von 20 oder 30 Tieren kaum ermitteln, stimmt aber fast immer, wenn man 500 oder gar 1000 Tiere vergleicht. Das Verhältnis zwischen den Geschlechtern ist also dasselbe wie bei der Rückkreuzung zwischen rein- und mischerbigen Tieren[4]. Das unpaare Chromosom wird als Y-Chromosom bezeichnet. Für das weibliche Geschlecht ergibt sich die Chromosomenkombination XX, für das männliche Geschlecht die Chromosomenkombination XY. Diese Regel gilt bei Säugetieren und vielen Fischen; bei Fischen kommt jedoch eine Anzahl Ausnahmen vor. So haben, um nur ein Beispiel zu nennen, Schwertträger *(Xiphophorus helleri)* keine Geschlechtschromosomen, bei ihnen sind die geschlechtsbestimmenden Gene anderen Chromosomen zugeordnet.

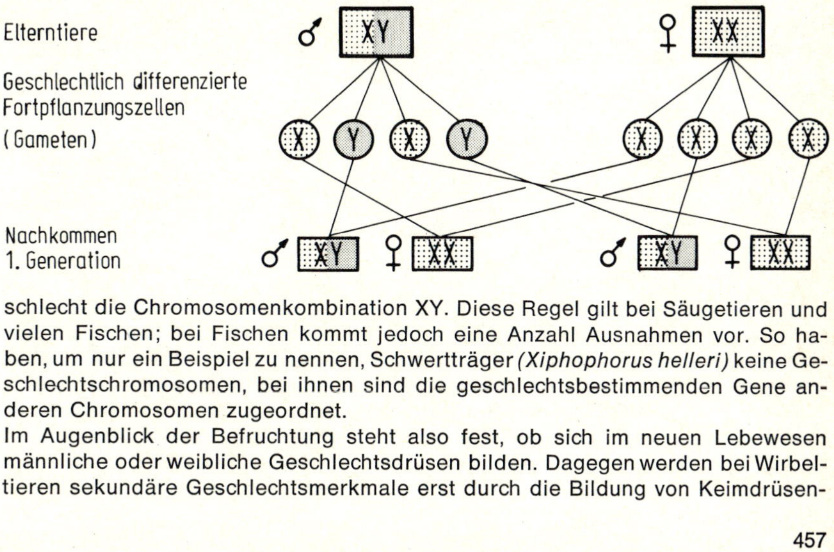

Bild 7.28: Das Geschlechtsverhältnis 1:1 entspricht der Rückkreuzung zwischen einem reinerbigen und einem mischerbigen Individuum. XY = mischerbig, XX = reinerbig.

Im Augenblick der Befruchtung steht also fest, ob sich im neuen Lebewesen männliche oder weibliche Geschlechtsdrüsen bilden. Dagegen werden bei Wirbeltieren sekundäre Geschlechtsmerkmale erst durch die Bildung von Keimdrüsen-

[2] Absonderungen. Bei der Zucht mancher Farbrassen bedienen sich die Züchter, um zu halbwegs befriedigenden Resultaten zu kommen, der frühzeitigen Absonderung eines Teiles der Nachzucht. Besonders bei der Zucht von Farbschlägen, die sich in der Regel nicht durch Verpaarung zweier schwarzer Elterntiere vermehren lassen (schwarze Schwertträger, schwarze Skalare), ist dies die Regel. Schwarze Skalare züchtet man z. B. meist durch Verpaarung eines wildfarbenen Tieres mit einem schwarzen, oder durch Verpaarung eines schwarzen Tieres mit einem Rauchskalar (halbschwarz). Je nach dem, welche Kombination zur Zucht verwendet wurde, können zwischen 25–30 % der Nachzucht schwarz sein. Die schwarzen Jungfische müssen bald von ihren normal gefärbten Geschwistern getrennt werden. Unterläßt man dies, so fressen die besser wachsenden normalgefärbten Tiere den schwarzen das Futter buchstäblich vor der Nase weg, so daß schließlich fast keine schwarzen Tiere mehr übrigbleiben. Schwarze Schwertträger sind zwar genauso lebenstauglich wie ihre andersfarbigen Geschwister, untereinander fortpflanzungstauglich sind sie aber meist nicht. Am einfachsten werden sie durch Verpaarung von schwarzen Männchen mit wildfarbenen oder roten Weibchen gezüchtet.
Bei Verpaarung von schwarzen Schwertträgern mit Albino-Schwertträgern kommt es bei allen Nachzuchttieren zu einer Überlastung mit schwarzem Pigment, da der Albino-Elternteil keine Pigmentanlage vererbt). Die Farbüberlastung ist für alle Nachzuchttiere tödlich, meist werden die Jungfische schon tot geboren.

[3] Letalfaktoren, werden bisweilen auch als Absterbeanlagen bezeichnet. Letalfaktoren können entweder durch Keimschaden den Tod der Frucht schon vor der Geburt (Schlüpfen) verursachen, oder zwangsläufig vor Erreichung der Fortpflanzungsfähigkeit zum Tode führen. Viele Letalfaktoren sind geschlechtsgebunden.

[4] Das Geschlechtsverhältnis 1:1 entspricht der Rückkreuzung zwischen einem reinerbigen und einem mischerbigen Individuum entsprechend den Mendelschen Regeln. Dabei ist das Geschlecht XX als reinerbig, das Geschlecht XY als mischerbig aufzufassen. Das einzelne (unpaare) Chromosom wird immer als Y-Chromosom bezeichnet. Vergleiche dazu Bild 7.28.

hormonen im Laufe der weiteren Entwicklung ausgebildet. Wie wir schon früher gesehen haben, sind die einzelnen Chromosomen nicht nur Träger einer einzelnen Erbanlage, und auch die Geschlechtschromosomen können Träger von Erbanlagen sein, die mit dem Geschlecht nichts zu tun haben. Da die betreffenden Erbanlagen aber gewissermaßen an das Geschlechtschromosom gekoppelt sind, wird der betreffende Erbfaktor immer nur an das entsprechende Geschlecht weiter vererbt. Man spricht in solchen Fällen von geschlechtsgebundener Vererbung (genauer: geschlechtschromosomengebundener Vererbung). Von Fischen ist z. B. geschlechtsgebundene Vererbung von Farbanlagen gut bekannt (die in ähnlicher Weise auch bei Haushuhnrassen vorkommt). Ein solcher geschlechtsgebundener Farbfaktor ist die Schwarzfleckigkeit bei *Xiphophorus maculatus* (Platy), die an das weibliche Geschlecht gebunden ist. Verpaart man die fleckigen Weibchen mit anderen Farbrassen von *Xiphophorus maculatus,* so erhält man zwar eine große Anzahl fleckiger Weibchen, aber keine Männchen mit gleichem Muster. Rein praktisch besteht die Möglichkeit, diese Geschlechtsbindung des Farbmusters zu durchbrechen. Die Gattung *Xiphophorus* hat nämlich eine äußerst ungewöhnliche und komplizierte Gruppierung der Geschlechtschromosomen (soweit diese vorhanden sind). Da die einzelnen Arten dieser Gattung miteinander gekreuzt fruchtbare Nachzuchten ergeben, kann es zu einer ganzen Anzahl äußerst eigen-

Bild 7.29: Paar des Schwertträgers (Xiphophorus helleri). Bei den Männchen sind die unteren Schwanzflossenstrahlen stark verlängert und bilden ein sogenanntes Schwert. Aufnahme B. Kahl

tümlicher Kombinationen der Erbeigenschaften kommen. Kreuzt man die erwähnten fleckigen Weibchen von *Xiphophorus maculatus* mit Männchen von *Xiphophorus helleri*, so treten in der betreffenden Nachzucht auch fleckige Männchen auf. Durch entsprechende Verdrängungszucht[1] kann man in wenigen Generationen einen Zuchtstamm erhalten, der in seinem äußeren Erscheinungsbild nicht von reinerbigen *Xiphophorus maculatus* zu unterscheiden ist. Welche Vorgänge bei der erwähnten Artkreuzung die Aufhebung der Geschlechtsgebundenheit bewirken, ob z. B. die fehlenden Geschlechtschromosomen von *X. helleri* eine Rolle spielen, ist noch nicht klargelegt. Man stößt bei der Aufdeckung von Erbvorgängen immer wieder auf die Tatsache, daß man gewisse Vorgänge erfahrungsmäßig kennt, daß es aber große, ja oft unüberwindbare Schwierigkeiten bereitet, den betreffenden Erbgang einwandfrei klarzulegen.

Mutationen

Mutationen sind sprunghafte Veränderungen der Erbfaktoren, die meist ohne erkennbare Ursache auftreten. Die häufigste Form von Mutationen kommt durch Veränderungen der Gene (Genmutation) zustande. Andere Ursachen sind die Veränderung des haploiden Chromosomensatzes, das heißt, es kommt zu einer Vermehrung (seltener Verminderung) der Chromosomenanzahl (Genommutation). Genommutation ist häufig bei Pflanzen, kommt bei Tieren jedoch nur

Tafel 43
Oben links: Die wilde Stammform des Schwertträgers (Xiphophorus helleri) kann je nach Verbreitung schlank oder gedrungen sein.
Oben rechts: Oben: Der Guentheri-Typ ist eine gedrungene, wild vorkommende Schwertträgerrasse. Unten: Eine weitere Wildform ist der Gelbe Schwertträger (Xiphophorus clemenciae).
Obere Mitte, links: Xiphophorus helleri, eine Wildform mit gedrungenem Körperbau.
Obere Mitte, rechts: Korallenrote Schwertträgerzüchtung.
Untere Mitte, links: Unter dem Namen „Korallenplaty“ (Xiphophorus maculatus) wird diese Züchtung geführt.
Untere Mitte, rechts: Männchen einer schwarzen Leierschwanz-Mollienesia.
Unten links: Den Wagtail-Helleri (Stammform: Xiphophorus helleri) gibt es in vielen Farbvariationen.
Unten rechts: Der Simpson-Helleri mit großer Rückenflosse.
Aufnahmen: B. Kahl

[1] Verdrängungszucht. Bei zahlenmäßig unzureichendem Ausgangsmaterial kann durch Verdrängungszucht weitgehend Reinzucht bestimmter erblicher Eigenschaften erreicht werden. Dazu werden Männchen von Tieren mit den erwünschten Eigenschaften mit Weibchen verwandter Rassen (eventuell auch Arten) gekreuzt. Von den Nachzuchttieren der ersten Generation werden lediglich die Weibchen für die weitere Zucht verwendet und erneut mit Männchen verpaart, die die erwünschten Erbeigenschaften aufweisen (notfalls mit ihrem Vater). Während nun theoretisch die erste Generation 50 % der gewünschten Eigenschaften aufweist, sind es in der zweiten Generation schon 75 %, in der dritten Generation 87,5 % usw. Das zur Basisvergrößerung notwendige Material wird in seinen erblichen Eigenschaften wieder aus dem Zuchtstamm verdrängt (daher der Name Verdrängungszucht). Verdrängungszucht ist bei Zuchtrassen von Aquarienfischen besonders dann anwendbar, wenn man Fische der Ursprungsform in Zuchtstämme einkreuzt, um einer extremen Empfindlichkeit entgegenzuwirken. Oder wenn es gilt, durch Einkreuzung bestimmter Erbeigenschaften (die ja oft durch Artkreuzungen zustande kommen) den Zuchtstamm in bezug auf seine Körperform zu festigen.

Tafel 44
Oben links: Mond-Platy (Xiphophorus maculatus), auch „Gelber Platy" genannt.
Oben rechts: Roter Wagtail-Platy.
Mitte links: Weibchen des blutroten Simpson-Platy.
Mitte rechts: Eine Rasse von Xiphophorus variatus ist der Papageien-Platy.
Unten links: Der Metallkärpfling (Girardinus metallicus) stammt aus Kuba. Die Männchen werden bis zu vier Zentimeter lang, die Weibchen etwa sechs Zentimeter. Diese zähe kleine Art sieht man selten in den Becken der Liebhaber.
Unten rechts: Ein Papageien-Platy, bei dem die Schwarzfärbung vorherrscht.
Aufnahmen: B. Kahl

ganz selten vor. Chromosomenmutationen schließlich kommen zustande, wenn z. B. Chromosomen zerbrechen.
Mutationen können bei allen Arten auftreten. Doch scheinen Mutationen bei entwicklungsgeschichtlich jungen Arten häufiger vorzukommen als bei entwicklungsgeschichtlich älteren Arten. Die häufig geäußerte Auffassung, daß Mutationen bei in Gefangenschaft gehaltenen Tieren häufiger seien als bei Tieren in natürlichem Lebensmilieu, hält einer Prüfung nicht stand[1]. Richtig ist, daß Mutanten in der freien Natur nur ganz ausnahmsweise überleben und zu geschlechtsreifen Tieren heranwachsen. Fast immer stellt die veränderte Erbeigenschaft eine Behinderung bzw. einen Nachteil beim Kampf ums Dasein dar. Fische mit verlängerten Flossen, wie z. B. Schleierskalare, würden in der Natur schnell ausgemerzt. Ihr Schwimmvermögen ist gegenüber normal befloßten Tieren wesentlich schlechter, und daher fallen sie bald größeren Fischen zum Opfer. Für Farbmutationen gilt Entsprechendes. Abweichend gefärbte Tiere fallen auf, besonders wenn die abweichende Farbe der natürlichen Schutzfärbung zuwiderläuft. In Gefangenschaft aber überleben die meisten Mutanten, und man kommt so zu dem fälschlichen Eindruck einer höheren Mutationsrate bei in Gefangenschaft gehaltenen Tieren.
Experimentell kann man durch verschiedene Einflüsse jedoch die Mutationshäufigkeit erhöhen, z. B. durch radioaktive Strahlen, durch plötzliche Temperaturveränderungen (Kälteschock) und durch gewisse Chemikalien (z. B. Colchicin)[2].
Beim Herauszüchten neuer Zuchtrassen haben Mutationen eine überragende Bedeutung. Alle Zuchtrassen der Aquarienfische sind durch Reinzucht von Mutanten zustandegekommen.

Zusammenfassung

Selbst für den erwerbsmäßigen Züchter ist es meist unmöglich, das Zuchtziel streng entsprechend der Vererbungsregeln verwirklichen zu wollen. Nur in ganz wenigen Fällen sind die Voraussetzungen so günstig, daß sich die theoretisch denkbaren Kombinationsmöglichkeiten in die Praxis umsetzen lassen. Fast immer muß der Züchter sich damit begnügen, die Auswahl der Zuchttiere nach erkennbaren Eigenschaften zu treffen. Im Verlaufe der über mehrere Generationen erfolgenden Vermehrung kann jedoch bei notwendigen Korrekturen die Kenntnis erblich möglicher Kombinationsmöglichkeiten von großem Nutzen sein. Für den züchtenden Aquarienfreund haben die Vererbungsregeln nur dann eine größere Bedeutung, wenn er sich mit der Hochzucht von Zuchtrassen (z. B. Prachtguppys) beschäftigt oder wenn er womöglich eine ganz neue Zuchtrasse herauszüchten möchte.
Fische haben sich als günstige Versuchstiere der Erbforschung erwiesen. Insbesondere Lebendgebärende Zahnkarpfen werden häufig verwendet. Gegenüber anderen Wirbeltieren bieten Fische als Versuchstiere viele Vorteile, vor allem wegen der schnellen Generationsfolgen und der großen Anzahl der von einem Elternpaar abstammenden Nachkommen.

Kreuzungszucht

Wie in den vorhergegangenen Abschnitten mehrfach erwähnt, kann man Tiere von Zuchtrassen derselben Art ohne Einschränkungen miteinander verpaaren. Die Nachzucht ist, von ganz wenigen Ausnahmen abgesehen (gewisse melanistische Formen), lebensfähig und fruchtbar. Dies gilt sowohl bei der Verpaarung der Nachzucht untereinander wie auch bei der Verpaarung mit anderen Zuchtrassen derselben Art. Keine Einschränkungen in der Vermehrungsfähigkeit zeigen auch Nachzuchten, die durch Verpaarung zweier Unterarten derselben Art zustandegekommen sind[3].
Außer Kreuzungen von Zuchtrassen und Kreuzungen zwischen Unterarten derselben Art sind bei Aquarienfischen manche Kreuzungen zwischen nahe verwandten Arten möglich. Strenggenommen soll der Unterschied zwischen Rassekreuzungen bzw. Kreuzung von Unterarten und echten Artkreuzungen darin bestehen, daß die Nachkommen von echten Artkreuzungen steril sind. Wir kennen aber unter den Aquarienfischen einige Beispiele, bei denen die Nachzuchten aus der Kreuzung von Elterntieren nahe verwandter Arten fortpflanzungsfähig sind. Oft ist allerdings die Fruchtbarkeit herabgesetzt. Dieser Widerspruch ist so zu

[1] Mutationsfrequenz. Grad der Häufigkeit, mit der Mutationen bei bestimmten Arten vorkommen. Im allgemeinen ist die Mutationsfrequenz bei entwicklungsgeschichtlich jungen Arten größer als bei entwicklungsgeschichtlich älteren. Da bei wildlebenden Tieren Mutanten meist frühzeitig ausgeschaltet werden, sind genauere Untersuchungen der Mutationsfrequenz äußerst problematisch.

[2] Experimentell hervorgerufene Mutationen wurden bei Amphibien durch einen kurzfristigen Kälteschock kurz zuvor befruchteter Eier erzielt. Das Resultat sind Tiere mit vielfachem Chromosomensatz, die sich durch Riesenwuchs auszeichnen. Ähnliche Effekte wurden durch Behandlung eben befruchteter Eier oder Behandlung von Spermien und Pollen mit Colchicin (einem Alkaloid aus Colchicum autumnale, der Herbstzeitlosen) mit anschließender Kunstbefruchtung erreicht, z. B. bei Molchen, Kröten, Fischen (Nannostomus beckfordi).
Die Folgen der Behandlung mit Colchicin sind in der Regel Individuen mit vierfachen (tetraploiden) Chromosomensätzen, doch kommen vereinzelt auch dreifache (triploide) Chromosomensätze vor. Als Folge von tetraploiden Chromosomensätzen tritt Riesenwuchs (bis zum Doppelten der natürlichen Größe) auf. Triploide Chromosomensätze haben Zwergwuchs zur Folge. Diese künstlich erzeugten Mutationen erwiesen sich als äußerst empfindlich und starben häufig vor Erreichen der Geschlechtsreife ab. Dies gilt nur für Tiere, bei Kulturpflanzen haben etliche Kulturformen vermehrte Chromosomensätze (z. B. Getreide, Rüben usw.). Auch durch radioaktive Einwirkung auf die Geschlechtszellen können Mutationen künstlich hervorgerufen werden.

[3] Kreuzungen zwischen Unterarten (Subspecies) derselben Art. Sind bei Aquarienfischen recht häufig: Mitunter sind Formen entstanden, die einer Kombination mehrerer Unterarten entsprechen, z. B. bei Pterophyllum und Poecilia (Mollienesia).

Bild 7.30: Die Prachtbarbe (Puntius conchonius) kann zur Zucht vor allem auch Anfängern empfohlen werden. In Gefangenschaft wird der Fisch kaum länger als 6 cm. Aufnahme B. Kahl

erklären, daß der Artbegriff nicht eindeutig ist und die systematische Einteilung nicht immer dem genetischen Verwandtschaftsverhältnis der Arten zueinander entspricht[1]. Soweit bisher bekannt, sind es hauptsächlich Arten der Lebendgebärenden Zahnkarpfen *(Xiphophorus* und *Poecilia),* bei denen regelmäßig fertile Nachzuchttiere bei Kreuzungen auftreten. Zur Kreuzungszucht verwendete Weibchen müssen bei diesen Arten isoliert aufgezogen werden, um sicher zu gehen, daß die Weibchen nicht schon anderweitig befruchtet sind (Vorratsbefruchtung). Weiterhin muß man das Größenverhältnis der Geschlechter beachten. Bei diesen Arten sind die Männchen oft erheblich kleiner als die Weibchen. Bei der Paarung werden die Weibchen vom Männchen nur dann angebalzt, wenn sie größer als die Männchen sind. Dies ist besonders wichtig bei Kreuzungsversuchen zwischen Schwertträgern und Platys. Bei der Verpaarung von Schwertträgermännchen mit Platyweibchen verwendet man typische frühentwickelte Schwertträgermännchen. Echte Kreuzungen zwischen Arten sind auch bei anderen Arten möglich. Gut bekannt sind Kreuzungen bei Karpfenfischen innerhalb der Gattungen *Puntius* und *Brachydanio (Puntius conchonius x P. nigrofasciatus, P. conchonius x P. ticto stoliczkai, Brachydanio rerio x B. nigrofaciatus).* Kreuzungen der obengenannten Kombinationen sind durch normale Verpaarung möglich. Bei künstlicher Befruchtung, die ja verhaltensmäßige Sperren bei der Paarung ausschaltet[2], sind noch weitere *Puntius*-Arten untereinander kreuzbar. Alle *Puntius*-Kreuzungen

[1] Die systematische Einteilung der Arten wird nach anatomischen Merkmalen vorgenommen. Spätere genetische Kreuzungskontrollen ergeben mitunter eine Differenz zwischen zoologisch-systematischer und genetischer Artabgrenzung.

[2] Künstliche Befruchtung wird bei der Nutzfischzucht häufig angewandt, besonders bei Lachsfischen (Forellen, Lachsen usw.). Bei Lachsfischen können Eier (Rogen) und Spermien (Milch) bei laichreifen Tieren ohne Schwierigkeit abgestreift, ohne Wasser vermischt und anschließend zur Entwicklung gebracht werden. Bei den meisten anderen Fischen setzt das Abstreifen der Geschlechtsprodukte hormonell gesteuerte Reizungszustände voraus, die dem Vorspiel einer natürlichen Laichabgabe entsprechen. Für genetische Experimente sind viele Kreuzungen von Aquarienfischen durch künstliche Befruchtung möglich. Künstliche Befruchtung durchbricht eventuelle verhaltensmäßige Sperren (bei stark voneinander abweichendem Paarungsverhalten), hat aber selbstverständlich keinerlei Einfluß auf genetische Sperren wie ungleiche Chromosomenzahl usw.

Bild 7.31: Die Purpurkopfbarbe (Puntius nigrofasciatus) stammt aus Südceylon. Sie ist lebhaft und anspruchslos, leicht zu pflegen und zu züchten. Aufnahme B. Kahl

ergeben sterile Nachzucht. Dagegen sind Kreuzungstiere von *Brachydanio rerio* x *B. nigrofasciatus* mit Sicherheit fruchtbar, wenn sie mit den Ausgangsarten zurückgekreuzt werden. Bei Labyrinthfischen sind Kreuzungen innerhalb der Gattung *Colisa* bekannt geworden. Bei Buntbarschen kennt man Kreuzungen zwischen *Cichlasoma nigrofasciatum* und *C. meeki* sowie zwischen manchen Arten der Gattung *Aequidens*. Die Nachzucht dieser Kreuzungen ist steril. Die oft beschriebenen Kreuzungen zwischen Diskusfischen mit fertiler Nachzucht sind mit an Sicherheit grenzender Wahrscheinlichkeit keine echten Artkreuzungen. Es handelt sich hier um Unterarten bzw. Lokalformen einer Art. Am leichtesten gelingen Artkreuzungen, wenn man Zuchttiere verwendet, die isoliert aufgezogen wurden. Da die eventuelle Nachzucht fast immer steril ist, kann derartige Kreuzungszucht als ein harmloses Vergnügen angesehen werden[3]. Eventuell läßt das Resultat sogar Rückschlüsse von hohem Wert über das Verwandtschaftsverhältnis mancher Arten zu. Die mitunter geäußerten Befürchtungen, durch Kreuzungszucht entstehe aller möglicher „Mischmasch", sind unbegründet, solange es sich wirklich um Artkreuzungen handelt. Mit Zuchtrassen und auch mit manchen Unterarten dagegen sollte man äußerst vorsichtig sein und Kreuzungen nur dann vornehmen, wenn man ein bestimmtes Ziel verfolgt.

Zuchttiere, Fütterung, Geschlechtsunterschiede

Hat man die zur Zucht beabsichtigten Fische beschafft bzw. ausgewählt, so gilt es, diese Fische in laichreife Verfassung zu bringen. Unter Laichreife versteht man, daß die Weibchen reife Eizellen, die Männchen Samenzellen gebildet haben. Während nun bei einer großen Anzahl von Arten Fische entsprechenden Alters, die richtig gehalten und ernährt wurden, immer laichreif sind (z. B. die meisten Salmler und Karpfenfische, Eierlegende Zahnkarpfen), werden bei anderen Arten reife Ei- und Samenzellen nur mit längeren Zwischenräumen gebildet (z. B. Welse, Grundeln, viele Buntbarsche, alle Kaltwasserfische). In der Natur aber laichen nicht nur die Fische der kalten und gemäßigten Zonen während einer bestimmten Jahreszeit (die durchaus nicht unbedingt mit der warmen Jahreszeit zusammenfällt), auch viele tropische Arten halten in der Natur bestimmte Laichzeiten ein. Sehr oft laichen Fische aus Zonen mit regelmäßigen Regenzeiten zu Beginn der Regenzeit. Im Aquarium dagegen laichen Arten, die schon lange im Aquarium nachgezüchtet werden, fast zu jeder Jahreszeit ab, wenn man ihnen zusagende Bedingungen gibt. Importfische[4] und auch deren erste Nachzuchtgenerationen halten dagegen häufig ihre natürlichen Laichzeiten ein. Selbst bei manchen Arten, die schon viele Generationen im Aquarium nachgezüchtet worden sind, ist es zu bestimmten Jahreszeiten oft leichter, Nachzuchten zu erhalten. Dies gilt z. B. für eine ganze Anzahl südamerikanischer Salmler (*Hyphessobrycon, Cheirodon, Paracheirodon, Hemigrammus* usw.), die man am sichersten während der Spätherbst- und Wintermonate nachzüchtet.

Fische aus den gemäßigten Zonen (z. B. die nordamerikanischen Sonnenbarsche) muß man während ihrer natürlichen Laichperioden vermehren. Bei diesen Fischen ist die Bildung reifer Ei- und Samenzellen von einem gewissen Temperaturrhythmus abhängig. Sonnenbarsche laichen nur, wenn man sie kühl überwintert. Es ist dabei aber nicht unbedingt notwendig, die Wintertemperatur entsprechend den Temperaturverhältnissen ihrer Heimatgewässer zu senken[5]. Oft genügt schon eine Temperatursenkung von 5–8° C gegenüber der normalen Hälterungstemperatur während der Wintermonate. Läßt man dann im Frühling die Temperatur wieder auf ca. 20° C ansteigen, so laichen die Fische zuverlässig, wenn man sie gleichzeitig reichlich mit lebenden Futtertieren versorgt. Ähnlich verfährt man auch bei der Zucht von Goldfischen und deren Abarten (Schleierschwänzen, Teleskopfischen usw.). Überhaupt spielt die richtige Fütterung für die Erreichung der Laichreife eine große Rolle, und es ist durchaus nicht gleichgültig, womit man füttert. Für die kleineren Arten der Freilaicher (Salmler und Karpfenfische) sind *Cyclops* das beste Futter, um die Fische in laichreifen Zustand zu bringen. Die größeren Freilaicher unter den Salmlern und Karpfenfischen füttert man am besten mit Insektenlarven, z. B. Schwarzen und Weißen Mückenlarven, die einen sehr günstigen Einfluß auf die Bildung der Geschlechts-

[3] Sterilität bzw. Fertilität von Kreuzungstieren läßt sich nicht in jedem Falle exakt bestimmen. Bei manchen Kreuzungstieren kann begrenzte Fertilität vorliegen, d. h. die Kreuzungstiere sind untereinander nicht fortpflanzungsfähig, können sich aber bei Rückkreuzung mit einer der Ausgangsarten als fertil erweisen.

[4] Importfische waren ursprünglich in freien Gewässern eingefangene Fische. Da aber die Zucht von Aquarienfischen heute in manchen tropischen Gebieten (Südostasien, Hawaii, Florida) gewerbsmäßig in Freianlagen betrieben wird, sind importierte Fische meist keine Wildfänge mehr. Solange es sich um Arten handelt, die auch in freien Gewässern derselben Gebiete vorkommen, dürfte der Lebensrhythmus der „Teichfische" mit ihren wildlebenden Verwandten weitgehend übereinstimmen. Da aber in diesen Freiland-Zuchtbetrieben häufig tropische Arten anderer Ursprungsgebiete gezüchtet werden, z. B. südamerikanische Fische in Singapur und auf Hawaii, südostasiatische Fische in Florida usw. sagt der Begriff „Importfisch" wenig über den Status der betreffenden Fische aus.

[5] Überwinterung von Sonnenbarschen für Zuchtzwecke ist in zentralgeheizten Wohnräumen kaum möglich, es sei denn, man baut in das Überwinterungsaquarium eine Kühlschlinge ein (wie bei der Kühlung kalter Seewasseraquarien). Hat man Gelegenheit, ein Überwinterungsaquarium in einem ungeheizten Kellerraum aufzustellen, dann reicht die Temperaturdifferenz meist aus. Auch bei Goldfisch-Arten ist kühle Überwinterung der Zuchttiere zu empfehlen.

produkte haben[1]. Bei brutpflegenden Arten scheint die Art des Futters nicht dieselbe Rolle zu spielen, diese Fische werden so gut wie immer laichreif, wenn man sie mit entsprechend großen Mengen lebender Futtertiere versorgt.
Wie erkennt man nun, daß die Fische laichreif sind? Bei den Weibchen läßt sich der Zustand der Laichreife fast immer am Körperumfang erkennen, und sobald dies der Fall ist, kann man auch für die unter gleichen Bedingungen gehaltenen Männchen voraussetzen, daß sie laichreif sind. Sehr oft zeigt sich gleichzeitig eine intensivere Färbung, besonders bei den Männchen. Sehr wichtig bei der Beurteilung der Laichwilligkeit ist das Verhalten der Geschlechter zueinander, wie z. B. Balzversuche der Männchen. Bei Freilaichern ist es nun wichtig, daß die Fische zur Zucht angesetzt werden, sobald sie laichreif sind. Weibchen mit besonders starkem Laichansatz, also besonders dicke Weibchen, sind häufig nicht mehr zuchttauglich. Die bei den meisten Freilaichern mit kurzen Zwischenperioden gebildeten Eier müssen rechtzeitig ausgestoßen werden. Geschieht dies nicht, so ist ein großer Teil der Eier nicht mehr befruchtungstauglich (überreif). Es kommt aber bei diesen Fischen gar nicht selten zu einer sogenannten Laichverhärtung[2], das heißt, die Eier klumpen sich zu einer zusammenhängenden Masse zusammen, die nicht mehr ausgestoßen werden kann. Werden die Fische im Hälteraquarium unter guten Bedingungen, das heißt schwachem Besatz und regelmäßigem teilweisem Wasserwechsel, gehalten, ist die Gefahr von Laichverhärtung kaum vorhanden. Unter solchen Bedingungen laichen die Fische auch im Hälteraquarium, sobald sie laichreif sind. Laichverhärtung tritt also vorwiegend ein, wenn Fische durch an und für sich richtige Fütterung in laichreifen Zustand kommen, die Eier aber aufgrund ungeeigneter Bedingungen nicht absetzen.
Der Zwischenraum, in dem die Eier der einzelnen Eischübe gebildet werden (Laichzyklus), ist in der Regel viel kürzer, als meist angenommen wird; er beträgt bei manchen Arten nur wenige Tage. Will man laufend gute Resultate erhalten, so muß man dasselbe Zuchtpaar entsprechend dem Laichzyklus der betreffenden Art in regelmäßigen Zwischenräumen erneut zum Laichen ansetzen. Geschieht dies nicht, sinkt die Zahl der abgegebenen und befruchteten Eier schnell.
Die Laichzyklen der häufigsten Freilaicher können der folgenden Aufstellung entnommen werden.

[1] Kleine Fluginsekten wie Taufliegen (Drosophila) haben als Futter bei manchen kleineren Arten oft erstaunlich guten Einfluß auf die Bildung von Geschlechtsprodukten.

[2] Laichverhärtung bei Salmlern kann mitunter, wenn man sie rechtzeitig erkennt, behoben werden. Da die Zusammenballung der Eier zunächst nicht kompakt ist und hauptsächlich aus einem „Pfropfen" direkt oberhalb der Genitalöffnung besteht, können die Eier häufig abgestreift werden. Zu diesem Zweck nimmt man den Fisch ins Netz und massiert die Bauchseite in Richtung auf die Genitalöffnung. Gelingt es, den „Pfropfen" herauszumassieren, so lassen sich die übrigen Eier ohne Schwierigkeiten abstreifen. Es hat aber keinen Zweck, diese Methode bei Weibchen zu versuchen, die schon längere Zeit an Laichverhärtung leiden. Von Laichverhärtung befallene Weibchen sind also nicht mehr fortpflanzungsfähig, können aber lange in diesem Zustand leben.

Laichzyklus 6—8 Tage

Bild 7.32: Der Schwarze Flaggensalmler (Hyphessobrycon herbertaxelrodi) züchtet am besten in nicht zu hartem, leicht saurem Wasser, pH-Wert etwa 6. Sein Laichzyklus beträgt 6—8 Tage. Aufnahme B. Kahl.

Hyphessobrycon heterorhabdus, H. pulchripinnis, H. herbertaxelrodi, H. bifasciatus, Nannostomus beckfordi, N. marginatus, N. bifasciatus, N. espei, Hemigrammus erythrozonus, H. hyanuary.

Laichzyklus 8—11 Tage

Cheirodon axelrodi, Hyphessobrycon callistus, H. flammeus, Hemigrammus pulcher, Hemigrammus nanus, H. ocellifer, H. unilineatus, Moenkhausia sanctaefilomenae, Prionobrama filigera, Pristella riddlei, Gymnocorymbus ternetzi.

Laichzyklus 12—15 Tage

Hyphessobrycon rosaceus, H. erythrostigma, Megalamphodus megalopterus, M. sweglesi, Nematobrycon palmeri, Moenkhausia pitteri, Nannaethiops unitae-

Bild 7.33: Der Blaupunktbuntbarsch (Aequidens pulcher) laicht mehrmals im Jahr. Das Weibchen legt die Eier auf einem Stein in Sternform ab, dabei sehen sie wie Perlenketten aus. Erst wenn die Zahl der Eier zunimmt, bedecken sie den Stein völlig. Nicht selten erhält man aus einem Gelege mehr als 1000 Jungfische. Aufnahme B. Kahl.

niatus, Aphyocharax rubripinnis, Rasbora heteromorpha, Capoeta tetrazona, Puntius nigrofasciatus, Brachydanio rerio, B. albolineatus, B. nigrofasciatus.

Natürlich ist diese Aufstellung nicht vollständig. In erster Linie sind Arten genannt, bei denen die Einhaltung des Laichzyklus bei der Zucht von großer Bedeutung ist. Ganz allgemein kann hier gelten, daß die Einhaltung der richtigen Zwischenräume zwischen den Zuchtansätzen bei Salmlern fast immer von größerer Bedeutung ist als bei Karpfenfischen.

Zu beachten ist ferner, daß nicht alle freilaichenden Fische derartige Laichzyklen haben. Solche Ausnahmen sind z. B. die sogenannten Kongosalmler *(Petersius, Phenacogrammus, Alestes)* und die den Salmlern nahe verwandten Citariniden *(Neolebias*-Arten*)*. Bei diesen Fischen erstreckt sich eine Laichabgabe über mehrere Tage. Pro Tag wird also eine gewisse Anzahl Eier, meist in den Morgenstunden, abgesetzt. Dann machen die Fische „Pause" und laichen erst am nächsten Tage weiter. Bei diesen Arten können die Zwischenräume zwischen den Laichzyklen sehr groß sein. Große Zwischenräume zwischen den Laichabgaben kommen auch bei den zu den Salmlern gehörigen *Thayeria*-Arten vor.

Auch bei fast allen Eierlegenden Zahnkarpfen werden die Eier über eine längere Zeitperiode (10—25 Tage) laufend abgesetzt. Zu Beginn der Laichperiode kann die täglich abgegebene Anzahl der Eier recht hoch sein, um dann gegen das Ende der Laichperiode immer mehr abzusinken[3]. Bei lebendgebärenden Fischen sieht man den Weibchen die Trächtigkeit leicht an. Bei den meisten Poeciliiden erkennt man die reifen Eier als dunklen Fleck durch die Bauchhülle der Weibchen. Etwas irreführend bezeichnet man diesen Fleck als Trächtigkeitsfleck. Trächtigkeit kann man nämlich genaugenommen an diesem Fleck nicht erkennen. Auch bei nicht befruchteten Weibchen zeigt sich im entsprechenden Alter derselbe Fleck. Bei *Xiphophorus variatus* schließlich haben auch die geschlechtsreifen Männchen einen gleichartigen Fleck in der hinteren Bauchpartie.

Bei brutpflegenden Fischen spielt die Beurteilung der Laichreife keine große Rolle. Man kann bei diesen Fischen sehr wohl das Zuchtpaar direkt im Zuchtaquarium durch geeignete Fütterung zur Laichreife bringen.

[3] Trennung der Geschlechter vor der Zuchtperiode ist bei vielen Eierlegenden Zahnkarpfen anzuraten. Man trennt Männchen und Weibchen für einen Zeitraum von 8—12 Tagen vor dem Zuchtansatz. Auf diese Weise erreichen wir während der ersten Paarungstage eine besonders hohe Eizahl.

Neben der Beurteilung der Laichreife kann die Unterscheidung der Geschlechter mitunter Schwierigkeiten bereiten. Bei vielen Arten sind zwar Geschlechtsunterschiede bei ausgewachsenen Tieren deutlich sichtbar, wie z. B. Prachtfärbung oder ausgezogene Rücken- und Afterflossen bei den Männchen. Derartige Geschlechtsunterschiede sind bei der Beschreibung der jeweiligen Arten angegeben. Schwieriger gestaltet sich die Unterscheidung bei Arten, die in beiden Geschlechtern dasselbe Aussehen und dieselbe Färbung zeigen. Dies ist z. B. bei manchen Buntbarschen (Gattungen *Aequidens, Pterophyllum* und manchen *Geophagus*-Arten) der Fall. Auch bei den Glasbarschen, manchen Sonnenbarschen und vielen Karpfenfischen können die Geschlechter sich zum Verwechseln ähneln. Buntbarsche erkennt man zuverlässig kurz vor der Laichabgabe am Aussehen der Genitalpapillen, und dieses absolut sichere Merkmal kann man durch einen kleinen „Kunstgriff", auch außerhalb der Laichperiode, sichtbar machen und so die Geschlechter bestimmen[1].

Sehr schwierig ist die Geschlechtsunterscheidung bei manchen Sonnenbarschen. Lediglich der Gemeine Sonnenbarsch und die Diamantbarsche haben während der Fortpflanzungsperiode deutlich zu unterscheidende Zeichnung und Färbung. Zuverlässig sind Sonnenbarsche nur am Balzverhalten zu unterscheiden. Beim Scheibenbarsch färbt sich das Männchen bei der Laichabgabe lehmgelb um. Diese Umfärbung erfolgt doch so spät, daß sie praktisch wertlos ist. Auch bei Goldfischen und deren Abarten lassen sich die Geschlechter erst während der Laichperiode unterscheiden. Während dieser Zeit bilden sich auf den Kiemendeckeln der Männchen sogenannte Triebwarzen[2]. Außerhalb der Laichperiode kann die Form der Analpartie gewisse Rückschlüsse auf das Geschlecht geben, die aber nicht absolut zuverlässig sind.

Sieht man von allen Arten ab, bei denen gewisse Geschlechts-Erkennungszeichen entweder ständig oder während der Laichperioden vorhanden sind, so bleibt eine ganze Reihe Arten, deren Geschlechter sich ausschließlich an Unterschieden der Körperform erkennen lassen. So sind z. B. bei vielen Karpfenfischen, fast allen Welsen, bei Grundeln wie auch bei einigen Salmlern äußerlich sichtbare Unterschiede in bezug auf Färbung und Flossenform nicht vorhanden. Die Männchen unterscheiden sich von den Weibchen lediglich durch eine etwas schlankere Körperform und mitunter auch durch eine etwas geringere Größe. Diese Unterschiede können recht markant sein, wie z. B. bei Glühlichtsalmlern, aber auch so geringfügig, daß es große Übung erfordert, sie zu erkennen. Oft sind die Unterschiede der Körperform leichter zu sehen, wenn man den Fisch nicht von der Seite, sondern von oben betrachtet. Besonders bei Karpfenfischen lassen sich so die Geschlechter meist gut unterscheiden. Hierbei ist allerdings zu beachten, daß man nur Fische etwa gleichen Alters vergleichen darf. Fische wachsen normalerweise fast ihr ganzes Leben. Ältere Tiere wachsen nur noch ganz unbedeutend, und dann meist in die Breite. Vergleicht man also Fische unterschiedlichen Alters, so kann man leicht ältere Männchen mit jüngeren Weibchen verwechseln.

Bei Salmlern, die keine äußerlich sichtbaren Unterschiede aufweisen, kann man bei vielen Arten die Geschlechter an einer spezifischen Eigenheit der Männchen sicher unterscheiden. Bei der Paarung klammern sich bei den meisten Salmlern die Männchen mit kleinen Widerhaken, die sich an den Afterflossenstrahlen der Männchen befinden, an den Weibchen fest. Zwar kann man diese winzigen Widerhäkchen mit dem bloßen Auge nicht erkennen, aber wenn man die Fische im Netz fängt, bleiben die Männchen meist damit am Netzgewebe hängen. Fängt man also im Zweifelsfalle einen solchen Fisch mehrere Male mit einem Netz und er bleibt nicht hängen, so ist er mit größter Wahrscheinlichkeit ein Weibchen. Fische, die hängen bleiben, sind „sichere" Männchen. Diese Methode ist nicht bei allen Arten, die Widerhaken haben, gleich sicher anwendbar, da diese Häkchen recht unterschiedlich sind. Gerade aber bei den an anderen Merkmalen äußerst schwer zu unterscheidenden Arten der Gattungen *Aphyocharax, Prionobrama* und *Astyanax* sind kräftige Widerhaken vorhanden, so daß diese Methode bei diesen Arten gut anwendbar ist.

Hat man die Fische zum Laichen angesetzt, so ergibt sich ganz zwangsläufig die Frage: Wie sehe ich nun, ob meine Fische abgelaicht haben? Hat man genügend Zeit, ein zur Zucht abgesetztes Paar laufend zu beobachten, läßt sich das Laichgeschäft zwar kaum übersehen, schwieriger wird die Sache jedoch, wenn man das abgesetzte Paar sich selber überlassen muß. Nur ganz selten beginnen Fische mit dem Laichgeschäft unmittelbar nach dem Einsetzen in das Zuchtaquarium. Lediglich wenn es gelingt, ein bestimmtes Paar in das Zuchtaquarium zu setzen, das

[1] Bei Buntbarschen ist die Genitalpapille beim Männchen spitz, beim Weibchen abgerundet. Normalerweise sieht man die Genitalpapillen erst kurz vor und während der Laichabgabe. Füttert man aber Buntbarsche sehr kräftig mit entsprechendem Futter, z. B. Mückenlarven, so wird die Genitalpapille herausgedrückt, und das Geschlecht läßt sich auch außerhalb der Laichperiode sicher erkennen.

[2] Triebwarzen. Kleine weiße Knötchen, die während der Laichzeit auf den Kiemendeckeln von Goldfischen sichtbar werden. Triebwarzen treten nie bei Weibchen auf.

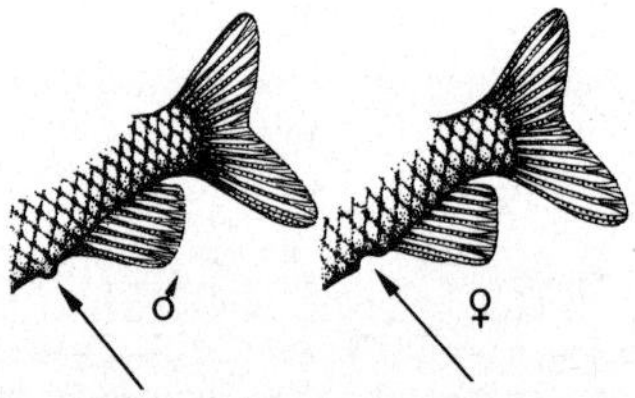

Bild 7.34: Analpartie bei Goldfischen. Bei Schleierschwänzen sind diese Unterschiede durch die Zusammenpressung der hinteren Körperhälfte oft nicht zu erkennen.

Bild 7.35: Typische Unterschiede des Körperbaues am Beispiel des Glühlichtsalmlers (Hemigrammus erythrozonus).

schon im Hälteraquarium mit den Liebesspielen begonnen hat, kann die Laichabgabe fast unmittelbar erfolgen. Bei manchen Arten, bei denen erfahrungsgemäß willkürlich zusammengesetzte Paare nur schwer zum Ablaichen zu bringen sind, ist ein solches Verfahren anzuraten. Man kann z. B. *Nannostomus*-Arten, die beginnen, im Gesellschaftsaquarium Eier abzulegen, direkt in das Zuchtaquarium umsetzen. Fast immer laichen sie schon nach wenigen Minuten weiter, als ob nichts geschehen sei. Bei Keilfleckbarben, die häufig betreffend der Partnerwahl schwierig sind (Rechts- und Linksumschlinger)[3], ist es anzuraten, nur solche Paare zu verwenden, deren Partner sich schon im Hälteraquarium gefunden haben. Der „Normalfall" ist aber, daß man irgendein Paar aus dem Hälteraquarium herausfängt, in das Zuchtaquarium setzt und der Dinge harrt, die da kommen sollen. Von den Freilaichern kann man bei Salmlern und nahe mit Salmlern verwandten Arten meist schon am Tage danach mit der Laichabgabe rechnen. Spätestens am zweiten oder dritten Tage sollte bei diesen Fischen das Fortpflanzungsgeschäft erfolgt sein. Haben die Fische am vierten Tage nicht gelaicht, so bringt man sie in das Hälterungsaquarium zurück. Bei Karpfenfischen kann man abgesetzte Paare ruhig bis zu einer Woche im Zuchtaquarium belassen, mit begründeter Hoffnung, daß es noch zu einer Laichabgabe kommt. Besonders die größeren Karpfenfische „drücken" gerne einige Tage im Zuchtaquarium, bevor sie sich zurechtfinden. Gefüttert werden Freilaicher im Zuchtaquarium, um jede Form einer Wasserverschmutzung möglichst zu vermeiden, grundsätzlich nicht. Mitunter kann das Erkennen abgegebener Eier recht schwierig sein. Selbst bei Ansätzen auf Glasböden ohne Bodenbelag sind die Eier mancher Arten nur schwer zu erkennen. Glasklare und verhältnismäßig kleine Eier haben z. B. *Paracheirodon innesi, Cheirodon axelrodi, Hyphessobrycon heterorhabdus, Hemigrammus nanus* und *Hemigrammus pulcher,* um nur einige zu nennen. Um die Eier dieser Fische besser sehen zu können, kann man den Aquarienboden (bzw. die Bodenscheibe vor dem Einkitten) auf der dem Wasser abgekehrten Seite mit einer dunklen Farbe streichen. Auf einer dunklen Unterlage sieht man klare Eier besser. Indessen sind Arten mit glasklaren Eiern relativ selten, und bei den meisten Salmlern und fast allen Karpfenfischen sind die Eier entweder bernsteinfarben oder rötlich getönt. Bei Karpfenfischen suche man die Pflanzen, am besten schräg von unten nach oben blickend, systematisch nach Eiern ab. Ein Teil der Eier bleibt bei Karpfenfischen fast immer an den Pflanzen hängen. Auch die sehr kleinen und glasklaren Eier von Glasbarschen *(Chanda)* kann man so am besten sehen. Im Innern des Eies läßt sich häufig ein dunklerer Kern erkennen. Eier, die schon beim Ausstoßen trübe sind (gilt nur für Freilaicher), sind nicht mehr entwicklungsfähig. Zunächst klare Eier, die nach ein paar Stunden trüb und schließlich weiß werden, sind entweder nicht befruchtet oder wurden nach erfolgter Befruchtung von eizerstörenden Urtierchen angegrif-

Bild 7.36: Glasbarsche (Chanda ranga) laichen im Pflanzendickicht ab. Die Brut schlüpft bei 25° C schon nach 24 Stunden. Aufnahme B. Kahl

[3] Seitenspezialisierung. Wenn ein bestimmtes Männchen bei der Paarung ständig versucht, das Weibchen von einer bestimmten Seite, d. h. entweder von rechts oder von links zu umschlingen, spricht man von Seitenspezialisierung. Seitenspezialisierte Weibchen entziehen sich Paarungsversuchen von Männchen, die von der „verkehrten" Seite zu umschlingen versuchen. Diese Form der Seitenspezialisierung gilt immer nur für bestimmte Individuen, also nicht generell für eine bestimmte Art. Bei Aquarienfischen ist Seitenspezialisierung verhältnismäßig häufig, bei Keilfleckbarben (Rasbora heteromorpha und deren nächsten Verwandten) sowie bei Forellensalmlern (Copeina guttata). Anatomisch bedingte Seitenspezialisierung ist lediglich vom Linienkärpfling (Jenynsia lineata) bekannt. Bei dieser Art sind die Geschlechtsorgane nach rechts bzw. links verschoben. Beim Weibchen verursachen besondere Sperrschuppen eine Verlagerung der Genitalöffnung von der Bauchmitte zur rechten bzw. linken Bauchseite; beim Männchen ist das Gonopodium entweder nur nach rechts oder nur nach links schwenkbar. Man kann also nur ein linksseitiges Weibchen mit einem rechtsseitigen Männchen verpaaren. Unter den Wurfgeschwistern befinden sich sowohl rechts- als auch linksseitige Weibchen und Männchen. Eine Erklärung für diese Eigenheit bei Linienkärpflingen liegt bis heute nicht vor.

Bild 7.37: Der Punktierte Kopfsteher (Chilodus punctatus) legt seine etwa 2 mm großen Eier im Dickicht feinblättriger Wasserpflanzen ab. In weichem, schwachsaurem Wasser schlüpft die Brut nach 3–4 Tagen. Aufnahme B. Kahl

fen[1]. Man muß, vor allem bei besonders produktiven Freilaichern, damit rechnen, daß ein gewisser Prozentsatz der Eier nicht zur Entwicklung kommt; Gelege, die sich zu fast 100 % entwickeln, sind äußerst seltene Ausnahmen. Trübe und weiß werdende Eier werden schnell von Pilzen angegriffen, und der entstehende Pilzrasen kann mitunter leicht auf die gesunden Eier übergreifen. Im schlimmsten Falle kann man diese Pilzbildungen durch pilztötende Stoffe bekämpfen[2].
Die Eier von Haftlaichern lassen sich fast immer gut erkennen, wenn sie nicht, wie zuweilen bei manchen Eierlegenden Zahnkarpfen, im dichtesten Pflanzengewirr versteckt sind. Bei den Haftlaichern haben die Eier meist sowohl härtere wie auch farblich kräftiger getönte Eihüllen. Oft sind die Eier auch größer als die der Freilaicher. Es sei in diesem Zusammenhang jedoch erwähnt, daß fast alle Fischeier kurz nach dem Ausstoßen mehr oder weniger anschwellen, also größer werden. Oft ist diese Vergrößerung unbedeutend, aber bei gewissen Arten wie z. B. Kongosalmlern und in noch höherem Grade bei Kopfstehern *(Chilodus punctatus)* können die Eier innerhalb von ein bis zwei Stunden ihre Größe verdoppeln. Das Anschwellen der Laichkörner kurz nach dem Ablaichen ist durchaus nicht immer gleichmäßig und scheint mit dem Chemismus des Wassers in Zusammenhang zu stehen.
Bei brutpflegenden Fischen ist es fast immer einfach, festzustellen, ob die Fische gelaicht haben. Auch wenn man die Eier nicht sieht, so sieht man doch am Benehmen der Zuchttiere, ob eine Laichabgabe erfolgt ist, wenn man ihr Brutpflegeverhalten auch nur einigermaßen kennt. Daher ist es wichtig, bei diesen Fischen die Grundphasen des Brutpflegeverhaltens zu kennen, denn die Eier werden ja nicht selten in Verstecken, wie z. B. Höhlen, abgelegt. Ein Spiegel sowie eine Taschenlampe können mitunter gute Hilfe leisten, wenn es gilt, sich einen Einblick in ein Versteck zu schaffen. Bei schaumnestbauenden Labyrinthfischen sieht man die Eier häufig nach einiger Zeit zwischen den Schaumblasen des Nestes. Labyrinthfischmännchen bauen auch nach erfolgter Laichabgabe ständig am Nest weiter, indem sie ständig neue Schaumblasen darunter bauen. Die Eier kommen so zum Schluß in die oberste Schicht des Nestes zu liegen, wo man sie oft an der von den Schaumblasen abweichenden Tönung leicht erkennt[3]. Unter den brutpflegenden Arten gibt es viele, deren Eier nicht klar, sondern undurchsichtig gefärbt sind. Sehr markant ist dies z. B. beim Kampffisch *(Betta splendens),* dessen Eier weiß sind. Sieht man Kampffische zum ersten Male laichen, so erhält man leicht den Eindruck, die abgegebenen Eier seien bereits verpilzt. Auch bei Buntbarschen, Nanderbarschen und brutpflegenden Welsen sind die Eier meist gefärbt, von bernsteinfarben über gelbliche und rötliche Tönungen bis zu Grau und Schwarz kommen alle Zwischenfarben vor. Man kann aber nicht sagen, die Färbung der Eier sei arttypisch. Sehr oft kann die Färbung der Eier innerhalb einer Art recht unterschiedlich sein und direkt von der Art des Futters abhängen[4]. So sind z. B. die Eier von *Apistogramma agassizi* rötlich, wenn die Eltern reichlich mit tiefroten Wasserflöhen gefüttert wurden; füttert man dasselbe Paar einige Zeit fast ausschließlich mit Enchyträen, so sind die Eier hellgrau bis weiß. Eier

[1] Eischädigende Urtierchen, meist Infusorien (Ciliaten), können Fischeier und in manchen Fällen auch bereits geschlüpfte Jungfische angreifen und schädigen bzw. abtöten. Es handelt sich um Wimpertierchen, die durch zerfallende Eiweißrückstände (unbefruchtete Eier, abgestorbene Spermien) im Zuchtaquarien schnell besonders zusagende Bedingungen vorfinden und sich rasant vermehren können. Nach Reichenbach-Klinke sind in erster Linie die Arten Urostyla grandis, Coleps uncinatus und Stylonychia mytilus für Fischlaich und Jungfische gefährlich. Auch Pilze können unter für sie günstigen Bedingungen als Laichzerstörer in Frage kommen. Bekämpfung in beiden Fällen am besten durch Acriflavin, Konzentration 1 : 400 000

[2] s. S. 449

[3] Kampffischeier (von Betta splendens) unterscheiden sich von den Eiern vieler anderer schaumnestbauender Labyrinthfische dadurch, daß sie schwerer als Wasser sind. Die Eier werden nach erfolgter Paarung vom Männchen mit dem Maul aufgesammelt, ins Nest gespuckt und zwischen den Schaumblasen verankert.

[4] Der Zusammenhang zwischen Färbung und Futter ist nicht auf die Farbe der Eier beschränkt. Auch die Färbung bzw. die Farbintensität von Fischen kann durch bestimmte Futterstoffe (Farbträger) in gewissen Fällen beeinflußt werden.

von *Etroplus maculatus* sind bei normaler und abwechselnder Fütterung bernsteinfarben bis hellgrau. Füttert man aber längere Zeit Schwarze Mückenlarven, so legen die Fische Eier von dunkelgrauer bis fast schwarzer Farbe. Ähnliche durch die Fütterung bedingte Farbänderungen kommen auch bei Nanderbarschen und manchen Welsen *(Loricaria)* vor.
Bei Maulbrütern macht es nur selten Schwierigkeiten, die erfolgte Laichabgabe festzustellen. Auch wenn man das eigentliche Laichgeschäft nicht beobachten konnte, fallen Weibchen (bzw. Männchen), die Eier im Maule tragen, durch ihre aufgewölbte Kehlpartie auf. Eiertragende Maulbrüter suchen häufig zwischen den Pflanzen, dicht unter der Oberfläche, vor Störungen Schutz. Bei manchen Arten kann man auch die Eier, und später die Embryonen, durch die straff gespannte Haut der Kehlpartie sehen. Bei großen Arten gelingt es sogar mitunter, durch das geöffnete Maul einen Blick auf Eier oder Embryonen zu werfen. Nur bei Arten mit sehr versteckter Lebensweise, z. B. *Chromidotilapia guentheri* und manchen Njassabuntbarschen, kann es schwer sein, eine erfolgte Laichabgabe festzustellen. Nur ihr Benehmen läßt da Rückschlüsse zu.
Aus befruchteten Eiern schlüpfen nach einiger Zeit die Embryonen bzw. die Jungfische. Ein Schlüpfen fertig entwickelter Jungfische direkt aus der Eihülle kommt bei den im Aquarium gezüchteten Arten strenggenommen nur bei Eierlegenden Zahnkarpfen vor. Bei Eierlegenden Zahnkarpfen wird die Entwicklung abgeschlossen, bevor der Jungfisch die Eihülle sprengt. Beim jungen Eierlegenden Zahnkarpfen ist beim Schlüpfen jede einzelne Flosse fertig ausgebildet, der Rest des Dottersackes vollständig in den Bauch eingezogen, und der geschlüpfte Jungfisch ist voll schwimmfähig und geht sofort auf Nahrungssuche. Bei den übrigen Arten schlüpfen also noch nicht schwimmfähige Embryonen. Als Zeitpunkt des Schlüpfens betrachtet man den Durchbruch des Schwanzes durch die Eihülle. Durch die Schwanzbewegungen wird das bis dahin unbewegliche Ei beweglich. In der Regel geht diese erste Entwicklungsphase sehr schnell. Bei Labyrinthfischen und Glasbarschen dauert es im günstigsten Falle 15–20 Stunden, bei den meisten Salmlern 24–36 Stunden, bei Karpfenfischen 30–60 Stunden, bei Welsen und Buntbarschen 3–6 Tage. Längere Zeiten kommen zwar bei manchen

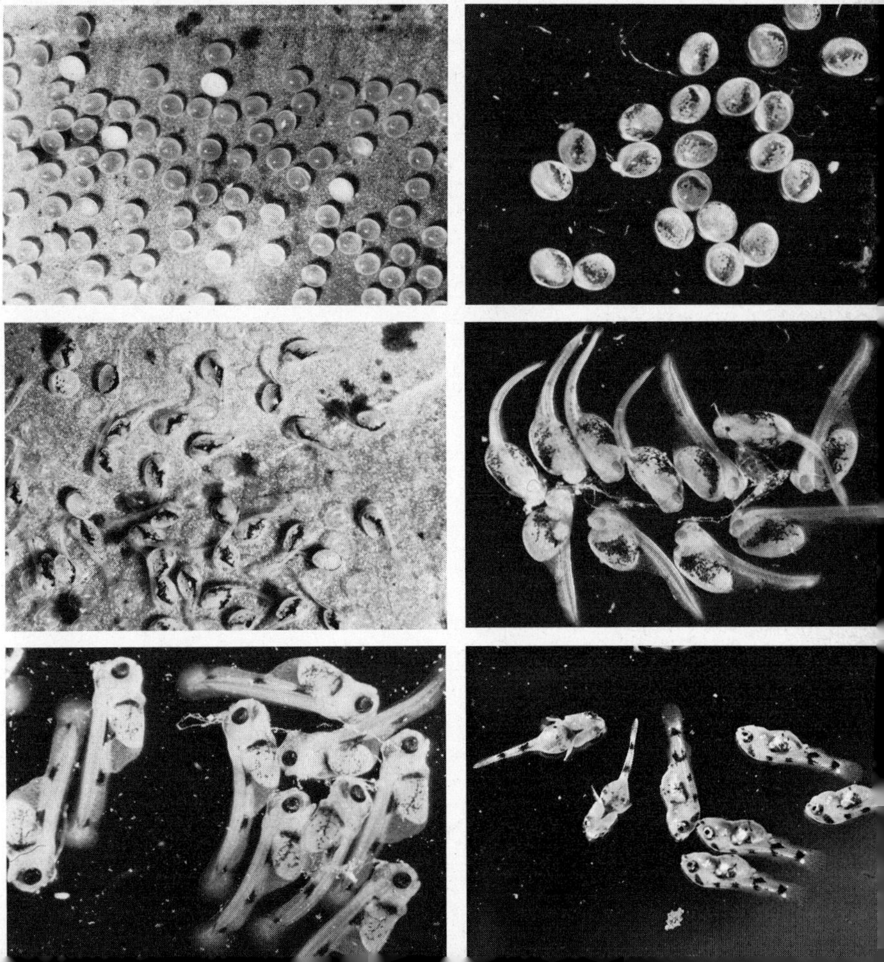

Bild 7.38: Eientwicklung vom Blaupunktpuntbarsch (Aequidens pulcher). Oben links: Eier. – Oben rechts: Nach 24 Stunden, die Embryonen werden sichtbar. – Mitte links: Nach 80 Stunden, die Larven schlüpfen aus den Eihüllen. – Mitte rechts: 100 Stunden alte Larven. – Unten links: Ältere Larven. – Unten rechts: Die Jungfische schwimmen frei.
Aufnahmen W. A. Tomey

Arten vor, sind aber nicht häufig. Nach erfolgtem Schlüpfen schrauben sich die Embryonen durch kreisende Schwanzbewegungen zum Wasserspiegel empor. Bis zum Freischwimmen, das bei den meisten Aquarienfischen nach 4–10 Tagen nach dem Ablaichen erfolgt, hängen die Embryonen freilaichender Fische zwischen den Pflanzen. Im Aquarium hängen die Embryonen häufig auch an den Scheiben, wo man sie besonders gut beobachten kann. Brutpflegende Arten halten ihre Embryonen an einer bestimmten Stelle zusammen. So verbleiben sie bei schaumnestbauenden Labyrinthfischen bis zum Freischwimmen im Nest. Buntbarsche und Nanderbarsche lösen geschlüpfte Embryonen von der Unterlage los und sammeln sie an einer bestimmten Stelle. Bei den meisten Buntbarschen werden die Embryonen in Gruben gesammelt, Segelflosser und Flaggenbuntbarsche (die ja an Blättern laichen) hängen ihre Embryonen säuberlich gesammelt mit einem Schleimfaden, der sich am Hinterkopf der Embryonen befindet, an großen Blättern auf. Maulbrüter entlassen stets fertig entwickelte und freischwimmende Jungfische aus dem Maul. Bei den Arten der Gattungen *Tropheus, Pseudotropheus* und *Labeotropheus* kommt es vor, daß die Jungfische mit der Nahrungsaufnahme schon im Maul der Mutter beginnen. Die Weibchen dieser Arten können geeignete kleine Futtertiere mit dem Maul aufnehmen und so den Jungfischen im Maule eine Nahrungsaufnahme ermöglichen, wenn Störungen ein Entlassen der Jungfische aus dem Maule nicht ratsam erscheinen lassen[1].
Bei der praktischen Zuchtarbeit ist es nicht so wichtig, exakt zu wissen, wie lange es dauert, bis bei einer bestimmten Art die Jungfische frei schwimmen, zumal die Zeitspanne auch bei derselben Art unterschiedlich sein kann. Wichtig dagegen ist zu wissen, daß einmal frei schwimmende Jungfische gefüttert werden müssen. Bei Arten, deren Jungfische sich dicht am Boden aufhalten, kann es mitunter schwer sein, genau zu sehen, ob ein Jungfisch frei schwimmt oder noch auf dem Boden liegt. Jungfische, die glasklar durchsichtig sind (z. B. Neonfische), sieht man am besten, wenn man das Aquarium abdunkelt und dann plötzlich mit einer Taschenlampe hineinleuchtet. Beim plötzlichen Aufleuchten lassen sich frei schwimmende Jungfische gut erkennen.
Ob man kleinste Fischembryonen, Jungfische bzw. die Futtertiere für die Jungfische erkennen kann oder nicht, ist natürlich eine Frage der Sehschärfe. Während diese Dinge einem geübten Auge mit guter Sehschärfe keine Probleme bereiten, sind sie für Personen mit schlechterem Sehvermögen ohne Hilfsmittel nicht zu bewältigen. Ein solches Hilfsmittel ist eine gute Lupe oder noch besser eine Lupenbrille. Ist man Besitzer einer Systemkamera mit herausschraubbaren Objektiven, so kann man ein solches Objektiv als Lupe benutzen. Als „Vergrößerungsglas" ist ein Fotoobjektiv den meisten Lupen überlegen.

Futter für Jungfische

Freischwimmende Jungfische benötigen geeignetes Futter. Was nun „geeignetes" Futter ist, hängt von der Art des Jungfisches ab, man kann durchaus nicht alle Arten mit demselben Futter füttern. Die erste Forderung, die man an ein Jungbrutfutter stellen muß: Es muß der Größe des Jungfisches, richtiger der Größe seiner Maulspalte, entsprechen. Die totale Größe eines Jungfisches braucht nicht notwendig mit der Größe seiner Maulspalte zusammenhängen. Es gibt sehr kleine Jungfische, die sich durch extrem große Maulspalten auszeichnen und umgekehrt verhältnismäßig große Jungfische, die ein sehr kleines Maul haben[2].
Wenn es gilt, die maximal anwendbare Größe von Futtertieren für die Ernährung einer bestimmten Fischbrut festzustellen, kann man sich der folgenden Faustregel bedienen: Die Größe des Auges scheint bei den Jungfischen der meisten Arten etwa der Größe ihrer Maulspalte zu entsprechen. Man kann also sagen, daß Jungfische Futtertiere von einer Größe, die dem Durchmesser ihres Auges entspricht oder die kleiner sind, fressen können. Damit ist natürlich nicht gesagt, daß jeder Jungfisch angebotenes Futter entsprechender Größe frißt. Genau wie die Eltern, so sind auch ihre Nachkommen „Allesfresser", „Vegetarier", „Raubfische", „Futterspezialisten" usw. Das gereichte Futter muß also nicht nur in der Größe passend für die entsprechende Fischbrut sein, sondern auch in seiner Art. Damit stellt sich die Frage, welches Futter für welche Fischbrut? Meist gibt die Ernährungsweise der Eltern Hinweise, wie die Ernährung ihrer Jungbrut am besten erfolgt. Sind die Elterntiere Allesfresser, so fressen auch ihre

[1] Nahrungsaufnahme junger Maulbrüter im Maul der Mutter ist bei verschiedenen Tropheus-, Labeotropheus- und Pseudotropheus-Arten beobachtet worden. Sie ist jedoch bei keiner dieser Arten die Regel, sondern eine – verhältnismäßig häufige – Ausnahme. Es scheint, daß „starker Druck" durch verhältnismäßig starken Fischbesatz im Aquarium dieses Verhalten begünstigt.

[2] Eine große Maulspalte bei Jungfischen ist z. B. typisch für die Angehörigen der Familie Hemiodontidae, also Nannostomus- und Nannobrycon-Arten. Das ist bemerkenswert, denn als erwachsene Tiere zeichnen sich gerade die Vertreter der Hemiodontidae durch besonders kleine Mäuler aus, und die ganze Familie wird bisweilen direkt mit den Namen „Kleinmäuler" bezeichnet. Relativ große Jungfische mit enger Maulspalte findet man bei den meisten Labyrinthfischen und bei einigen Karpfenfischen (z. B. Esomus).

Nachkommen fast jedes Futter, wenn es nur die geeignete Größe hat. Jungfische von Elterntieren, die hauptsächlich von pflanzlichen Stoffen leben, fressen auch als Jungbrut entsprechend feine Algen, zerriebene Pflanzenflocken usw. Junge Raubfische nehmen während ihrer ersten Entwicklungsphasen grundsätzlich nur lebendes Futter an. Dies gilt auch für die Arten, die im Laufe ihrer weiteren Entwicklung und als erwachsene Tiere totes Futter annehmen (z. B. Buntbarsche). Bei vereinzelten Raubfischen kann schon die Jungbrut hochgradig auf bestimmte Futtertierchen spezialisiert sein und die Annahme anderen Futters verweigern[3].
Aber nicht nur Größe und Art des gereichten Futters sind von Bedeutung. Das verabreichte Futter muß auch in den Wasserschichten, in denen sich die Jungbrut aufhält, anzutreffen sein. Es hat also, um ein extremes Beispiel zu wählen, keinen Zweck, Jungfische, die sich ausschließlich unter der Oberfläche aufhalten, mit „Mikro"-Würmchen zu füttern. Diese Jungfische würden verhungern, auch wenn die Würmchen die richtige Größe hätten. „Mikros" sinken sehr schnell zu Boden, wo sie von den Jungfischen nicht mehr aufgenommen werden[4]. Bei Futtertieren, die sich zwar hauptsächlich dicht über dem Boden aufhalten, aber nicht am Boden liegen, kann mitunter kräftige Durchlüftung helfen, die die Futtertiere herumwirbelt.

Bei Buntbarschen, die ohne Elterntiere aufgezogen werden, kann es vorkommen, daß die in dichtem Schwarm schwimmenden Jungfische während der ersten Tage in großen Behältern das Futter nicht finden. Viele Futtertiere, z. B. *Artemia*-Nauplien und manche *Cyclops*-Nauplien, sammeln sich in dichtem Schwarm an einer bestimmten Stelle des Aquariums, während der übrige Wasserraum praktisch frei von Futtertieren ist. Während nun brutpflegende Elterntiere in ähnlichen Fällen den Jungfischschwarm an die Futterwolke heranführen, können Jungfische ohne Elterntiere so desorientiert sein, daß sie erfolglos an anderen Stellen nach Futter suchen. Dichte Ansammlungen von Futtertieren sind fast immer durch einseitigen Lichteinfall verursacht, und gleichmäßige Beleuchtung wirkt einer Ansammlung der Futtertiere auf kleinstem Raum entgegen. In nicht allzu großen Zuchtaquarien kann man aber den Umstand, daß sich Nauplien in dichtem Schwarm an der hellsten Stelle des Aquariums sammeln, in gewissen Fällen auch sinnvoll ausnützen, wenn es gilt, ausgesprochene Futterspezialisten wie junge Glasbarsche *(Chanda)* oder junge Goldringelgrundeln *(Brachygobius)* zu füttern. Oft ist die Beschaffung der notwendigen Mengen feinster Nauplien für die Aufzucht dieser Futterspezialisten schwer, zumal diese Jungfische ihr Futter nicht jagen, sondern buchstäblich darauf warten, daß ihnen ein Futtertierchen „stoßgerecht" vor das Maul schwimmt. Bei sparsamem Futterzugang kann man sich damit helfen, daß man die dem Licht zugekehrte Seite mit einem Stück kräf-

[3] Hochgradige Futterspezialisten sind schon als Jungfische die Glasbarsche (Centropomidae) wie z. B. Chanda ranga. Junge Glasbarsche fressen ausschließlich entsprechend kleine Diaptomus- und Cyclops-Nauplien. Sie verhungern, auch wenn sie in dichten Schwärmen anderer Futtertiere stehen, die die geeignete Größe hätten (z. B. Rädertierchen und Pantoffeltierchen). Am sichersten gelingt die Aufzucht mit Diaptomus-Nauplien, die man durch ein Futtersieb aus Bronzegaze Nr. 180 siebt.

[4] Die Verfütterung von „Mikros" an Jungfische, die sich in den oberen Wasserschichten aufhalten, ist mit Hilfe von in Holzrahmen befestigten Schaumgummi- oder Schaumplastikstücken möglich. Durch dieses Material gelangen die Fadenwürmchen langsam ins Wasser. Die Holzrahmen, in die das Schaummaterial gespannt ist, läßt man auf der Oberfläche des Zuchtaquariums schwimmen.
Schon etwas größere Oberflächenfische kann man auch mit Futtertierchen wie Cyclops, Bosminen usw. füttern, die man kurze Zeit in kräftig durchlüftetes Wasser gibt. Dabei gelangt fast immer etwas Luft unter die Schalen der Futtertierchen, wodurch diese an der Oberfläche treiben.

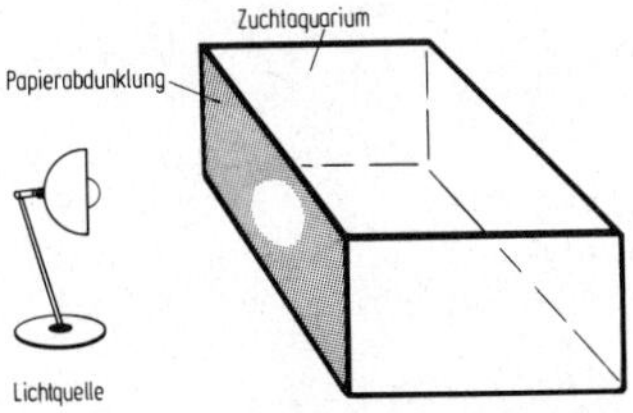

Bild 7.39: Klebt man das Zuchtaquarium ab und beleuchtet dann eine ausgesparte Stelle von etwa 6 cm Durchmesser, so sammeln sich die Futtertiere an dieser Stelle an. Die Jungfische folgen ihnen kurze Zeit nach und „stehen" dann im Futter.

Bild 7.40: Goldringelgrundeln (Brachygobius xanthozona) züchten am besten, wenn wir dem Wasser 5 % Seewasser zusetzen. Die Jungfische schlüpfen nach etwa 48 Stunden, sie schwimmen frei im Wasser dicht unter der Oberfläche. Aufnahme B. Kahl

tigen Papiers beklebt, in das man ein Loch von ca. 10 cm Durchmesser schneidet. Bei künstlicher Beleuchtung bringt man auf der entsprechenden Seite eine Lichtquelle an. An dem hellen Platz sammeln sich bald die Futtertiere, und nach einiger Zeit folgt ihnen die Jungbrut nach. Nur knapp vorhandenes Futter läßt sich so maximal ausnutzen.
Schon kurze Zeit nach der ersten Fütterung kann man bei den meisten Jungfischen feststellen, ob sie das verabreichte Futter tatsächlich fressen. Bei Jungbrut, die sich unter der Oberfläche oder auch in anderen Wasserschichten frei bewegt, sieht man an den gefüllten Bäuchen bald, ob das Futter angenommen wird. Bei ausgesprochenen Bodenfischen, wie z. B. Welsen, kann es etwas schwieriger sein. Mit Hilfe einer Lupe kann man jedoch die Futteraufnahme meist auch direkt sehen. Hat man sich überzeugt, daß die Jungfische das verabreichte Futter fressen, so lasse man sich nicht dazu verleiten, allzu große Futtermengen auf einmal zu geben. Übriggebliebenes Futter bzw. abgestorbene Futtertierchen zersetzen sich schnell und bilden einen ausgezeichneten Nährboden für Bakterien und Infusorien. Bakterien und Infusorien können Jungfische zwar mitunter direkt angreifen, doch hat dieses nur selten größere Bedeutung. Den größten Schaden verursachen Bakterien und Infusorien durch ihren großen Sauerstoffverbrauch. Besonders in kleinen Zuchtaquarien kann durch Anhäufungen von Bakterien und Infusorien der Sauerstoffgehalt des Wassers derart absinken, daß die Jungfische an Sauerstoffmangel und einem Überschuß an Kohlendioxid zugrunde gehen. Es ist besser, häufiger und dafür kleinere Mengen zu füttern. Wie groß die Futtermenge sein darf, die man auf einmal verabreichen kann, hängt natürlich von der Größe des Zuchtaquariums, der Anzahl der Jungfische usw. ab, doch auch die Art des Futters spielt eine große Rolle. Füttert man natürliches Süßwasserplankton[1], wie z. B. *Cyclops*- und *Diaptomus*-Nauplien, Bosminen usw., so kann man ruhig den ganzen Tagesbedarf auf einmal füttern. Bei Futtertierchen, die im Süßwasser nur kürzere Zeit lebensfähig sind (*Artemia*-Nauplien) oder die überhaupt im Wasser schnell absterben, füttert man drei- oder viermal täglich. Auch tote Futterstoffe, die sich ja meist schnell zersetzen, füttert man in kleinen Mengen in kürzeren Zeitabständen. Aquarien mit Jungbrut sollten täglich wenigstens 12 Stunden beleuchtet sein. Es hat aber nicht viel Zweck, die Beleuchtungszeit wesentlich über 12 Stunden auszudehnen in der Hoffnung, daß die Jungfische schneller wachsen, wenn ihnen mehr „helle Stunden" zur Nahrungsaufnahme zur Verfügung stehen[2].
Grundvoraussetzungen der Jungfischfütterung:

1. Das Futter muß größenmäßig der Maulspalte des Jungfisches entsprechen. Die Größe des Jungfisch-Auges kann als „Richtmarke" gelten.
2. Das verabreichte Futter muß von den Jungfischen tatsächlich gefressen werden. Nicht jeder Jungfisch frißt Futter entsprechender Größe.
3. Bei der Verfütterung lebender Futtertierchen ist es Voraussetzung, daß sich die Futtertierchen in denselben Wasserschichten bewegen wie die Jungfische. Manchmal kann Durchlüftung helfen, die Futtertierchen herumzuwirbeln.
4. Nach der Fütterung ist zu kontrollieren, ob das verabreichte Futter wirklich gefressen wird.
5. Keine größeren Futtermengen geben, als die Jungfische aufnehmen können. Futterreste und abgestorbene Futtertierchen verschlechtern die Wasserverhältnisse.

Welche Futterstoffe und welche Futtertierchen kommen nun als Jungfischfutter überhaupt in Frage? Bei den toten Futterstoffen, die aber bei der Jungbrutfütterung nur in geringem Ausmaß anwendbar sind, handelt es sich hauptsächlich um dieselben Futterstoffe, die auch bei der Fütterung größerer bzw. ausgewachsener Fische Verwendung finden. Der Unterschied besteht darin, daß man sie für die Jungbrut fein zerkleinern muß. In erster Linie verwendet man die üblichen Trockenfutterpräparate in fein zerriebenem Zustand. Andere tote Stoffe, die man bei der Fütterung gewisser Fischbruten verwenden kann, sind Hafermehl und Eipulver[3]. Auch fein im Wasser zerriebener, hart gekochter Eidotter kann in einzelnen Fällen verwendet werden (z. B. bei der Goldfischzucht). Gemeinsam für alle toten Futterstoffe gilt, daß sie meist nicht nur in der verabreichten Form als Futter Bedeutung haben. Bei der Fütterung mit diesen Stoffen kommt es im Zuchtaquarium häufig zur Massenvermehrung von Infusorien. Diese Vermehrung wird durch die zersetzenden Futterreste verursacht. Die Infusorien können, wenigstens zu einem Teil, von den Jungfischen gefressen werden. Wie wir später noch sehen werden, ist eine unkontrollierte Infusorienfütterung immer bedenklich, und die Ernährung mit toten Futterstoffen kann daher nur für unempfindliche Fisch-

[1] Süßwasserplankton ist ein Sammelname für alle frei im Süßwasser schwebenden Lebewesen. Zum Plankton rechnet man hauptsächlich Einzeller, Kleinkrebse, Schwebealgen usw.

[2] Beleuchtungszeit von Aquarien mit heranwachsenden Jungfischen. Versuche mit verschieden langen Beleuchtungszeiten haben gezeigt, daß die Jungfische im Aquarium mit Beleuchtungszeiten, die 12 Stunden am Tag wesentlich überschreiten, nur ganz unbedeutend schneller wachsen. In den weitaus meisten Fällen ließ sich ein Unterschied im Zuwachstempo überhaupt nicht feststellen. Es scheint also, daß die regelmäßige tägliche Ruheperiode während der Dunkelheit für das Zuwachstempo ebenso Bedeutung hat wie die Fütterung. Doch gilt dies nur für Fische aus tropischen und subtropischen Gewässern. Bei einheimischen Fischen bzw. Fischen aus ähnlichen Klimazonen liegt eine Anpassung an die verlängerte „Tageslichtzeit" während der Sommermonate vor. Ähnliche Beobachtungen hat man auch bei vielen Pflanzen machen können.

[3] Hafermehl und Eipulver können bei manchen Karpfenfischen als Futter für die ersten Lebenstage in Frage kommen. Neben Goldfischen kann man dieses Futter auch zur Fütterung von Jungfischen bei Danio- und Brachydanio-Arten, Tanichthys albonubes, Esomus-Arten und den weniger empfindlichen Rasbora-Arten verwenden. Zur Not kann man auch die Jungfische einiger Labyrinthfisch-Arten (Makropoden, Kampffische, Colisa-Arten) einige Tage damit füttern. Äußerst wichtig bei Verwendung dieser Futterstoffe ist, daß sie in genau dosierten Mengen gegeben werden, bei eventuellem Überschuß vermehren sich Bakterien und Infusorien zu stark.

brut angeraten werden. Es gibt aber Möglichkeiten, auch empfindlichere Jungfische, die an und für sich gerne tote Futterstoffe fressen, ohne die Gefahr einer unkontrollierten Infusorienbildung aufzuziehen. Man kann in das Zuchtaquarium eine Apfelschnecke *(Ampullaria)* setzen, sobald die Jungfische frei schwimmen. Sie frißt anfallende Futterreste umgehend auf[4]. Die Zahl der Arten, die mit toten Futterstoffen aufgezogen werden können, ist nicht sonderlich groß, und daher spielen lebende Futtertiere bei der Jungfischernährung die weitaus größte Rolle.

Jungfischfutter aus dem Freiland

Bei rationeller Aufzucht großer Fischbruten sind im Freiland gefangene Futtertierchen von großer Bedeutung, besonders bei der gewerblichen Aquarienfischzucht. Im Freiland gefangenes Jungfischfutter wird meist als „Staubfutter" oder „Tümpelfutter" bezeichnet. Dagegen ist die Bezeichnung „Tümpelinfusorien" irreführend, denn um Infusorien handelt es sich bei diesen Futtertierchen nicht. Echte Infusorien lassen sich mit den üblichen Netzstoffen kaum erbeuten. Die Zusammensetzung des Fangs kann, je nach Fangplatz und Jahreszeit, recht unterschiedlich sein. Während der warmen Jahreszeit überwiegen unter den erbeuteten Futtertierchen meist Bosmiden und Rädertierchen (Rotatorien)[5], während der kühleren Jahreszeit die Nauplien verschiedener *Cyclops*- und *Diaptomus*-Arten[6]. Nauplien mancher *Cyclops*- und *Diaptomus*-Arten können, besonders in größeren Gewässern, auch während der warmen Jahreszeit gefangen werden. Fast immer findet man im Fang aus einem bestimmten Tümpel, Teich oder See verschiedene Futtertierchen, auch wenn eine Form den überwiegenden Teil des Fanges ausmacht. Von wenigen Ausnahmen abgesehen, spielt es für die Fischbrut auch keine größere Rolle, aus welchen Futtertierchen sich der Fang zusammensetzt. Rädertierchen kann man während der späten Frühlings- und zeitigen Sommermonate in manchen Tümpeln fast rein erbeuten. Bosminen[7] fängt man genau wie die Rädertierchen nur während der wärmeren Jahreszeit. Als Futtertierchen sind sie nicht immer verwendbar, denn sie werden ihrer harten Schale wegen nicht von allen Jungfischen gefressen.

Der Fang von „Staubfutter" erfolgt mit Netzen aus Seidengaze bzw. Nylongewebe. Gegenüber Nylongewebe hat Seidengaze den Vorteil, daß man sie genormt erhalten kann. Diese genormte Seidengaze wird als „Müllergaze" bezeichnet und mit exakter Größe der Maschenweiten bzw. Fadenabstände hergestellt. Müllergaze Nr. 13 ist als Standardstoff für den Fang von Jungfischfutter am besten geeignet. Für etwas gröberes Futter kommt man auch mit Müllergaze Nr. 11 aus. Lediglich zum Fang feinster Nauplien benötigt man ein Netz aus Müllergaze Nr. 15. Ein feineres Netz als unbedingt notwendig sollte man nie verwenden, denn die gefangene Futtermenge vermindert sich bedeutend. Je feiner der Netzstoff, um so geringer ist die durchströmende Wassermenge und um so kleiner der Fang. In zu feinen Netzen verstopfen größere Futtertierchen häufig auch die Maschen, wodurch der Wasserdurchstrom noch geringer wird. Futternetze kann man entweder mit feinsten Nadeln und Nylongarn nähen oder mit einem guten Stoffkleber kleben.

Beim Fang bewegt man das Netz zweckmäßig in Form einer 8 im Wasser, wobei man in tieferem Wasser das Netz bogenförmig von unten nach oben zieht. Nach einiger Zeit kommen so auch Futtertierchen, die hauptsächlich in tieferen Wasserschichten stehen, in den Aktionsbereich des Netzes. Die erbeuteten Futtertierchen läßt man im Netz nicht vollständig abtropfen, sondern gießt den ganzen Bodensatz schon vorher in das Transportgefäß. Staubfutter ist meist recht transportempfindlich, besonders während der warmen Jahreszeit. Transportgefäße daher nicht überbesetzen!

Das erbeutete Futter besteht nur ganz selten ausschließlich aus „staubfeinem Jungfischfutter". Im Fang befinden sich fast immer auch größere Futtertiere, die man vor dem Verfüttern absieben muß. Im Fachhandel gibt es zu diesem Zweck Futtersiebe aus Plastik, die bei kleinerem Bedarf ausreichen. Bei großem Bedarf, und auch wenn Futter von exakter Größe abzusieben ist, ist es besser, Futtersiebe aus Bronze zu verwenden. Gaze aus Bronze wird genau wie „Müllergaze" genormt mit exakter Maschenweite hergestellt. Mit Sieben aus den Bronzegazen Nr. 80, Nr. 110 und Nr. 150 kann man fast allen Forderungen gerecht werden. Lediglich zum Absieben allerfeinster Nauplien benötigt man ein Sieb mit Bronzegaze Nr. 160[8]. Beim Verfüttern von Staubfutter an allerkleinste Fischbrut ist die richtige tägliche Futtermenge von Bedeutung. Führt

[4] Apfelschnecken (Ampullaria) werden zuweilen in Aquarien gehalten. Diese Schnecken sind Lungenatmer und atmen durch ein Atemrohr, das sie gleich einem „Schnorchel" von Zeit zu Zeit über die Oberfläche strecken. Die Eier setzen diese Schnecken in Form von Kokons außerhalb des Wassers ab, im Aquarium oft im Lichtreflektor. Als Aquarienbewohner findet man meist Ampullaria australis.

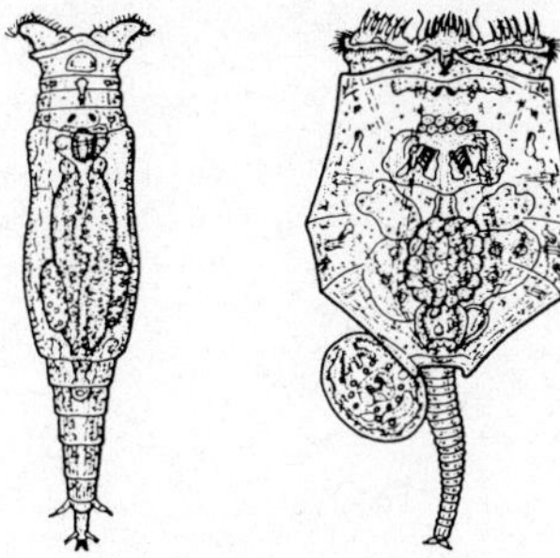

Rädertiere

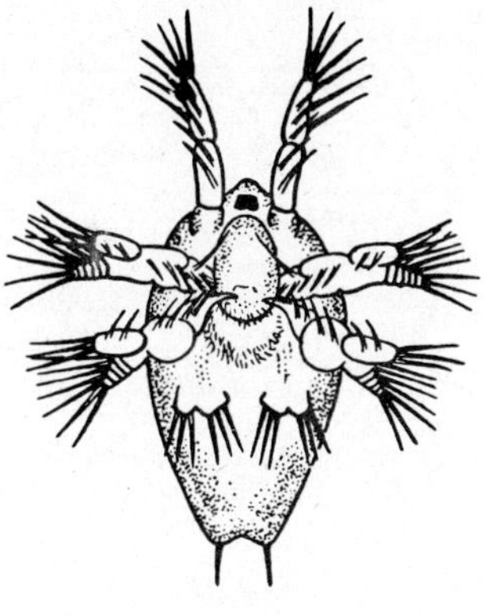

Nauplius

[5] Rotatorien (Rädertierchen) sind keine Infusorien, sondern kleine vielzellige Organismen. Die Zahl ihrer Zellen ist bei ausgewachsenen Individuen je nach Art konstant. Sie leben je nach Art im Wasser, in Moosrasen oder in feuchtem Boden. Insgesamt kennt man rund 1500 Arten.

[6] Nauplien sind die Entwicklungsstadien (Jugendformen) von Krebstieren.

[7] Bosminen sind nahe mit den Daphnien (Wasserflöhen) verwandt, aber wesentlich kleiner (0,2–0,3 mm). Ihre Vermehrung entspricht der der Daphnien.

[8] „Staubfutter" verfüttert man an größere Fischbruten am zweckmäßigsten durch Verwendung schwimmender Futtersiebe aus Bronzegaze, die in einen Rahmen aus Teakholz gespannt wird.

man den Temperaturausgleich[1] richtig aus, was besonders während der kalten Jahreszeit wichtig ist, so sterben die Futtertierchen im Aquarium zwar kaum ab, aber ein Zuviel kann trotzdem gefährlich sein. Häufig besteht ja ein großer Teil des gefangenen Futters aus Nauplien, das heißt Entwicklungsstadien größerer Planktonkrebse. Manche Nauplien entwickeln sich erstaunlich, wenn sie in wärmeres Wasser gelangen. Nach einer Überfütterung mit Nauplien kann sich schon 30–40 Stunden später eine große Menge fertig entwickelter *Cyclops*-Krebse im Aquarium befinden. Gewisse *Cyclops* sind im erwachsenen Stadium arge Räuber, die die Fischbrut direkt angreifen und töten können. Nicht alle *Cyclops*-Arten sind derartige Raubtiere, da aber die Unterscheidung der einzelnen Arten für die Aquarienfreunde kaum möglich ist, ist Vorsicht immer geboten.

Jungfischfutter aus Kulturen

Die Fütterung der Jungfische mit natürlichem Staubfutter erfordert also einen nicht geringen Arbeitsaufwand, besonders wenn man das erforderliche Futter täglich fangen muß. Für den durchschnittlichen Aquarienfreund, der womöglich in einer Großstadt wohnt, kommt diese Fütterungsmethode deshalb heute kaum noch in Frage. Wenn es jedoch gilt, große Fischbruten schnell heranzuziehen, so ist natürliches Staubfutter noch immer unübertroffen. Gegenüber Futter aus Futterkulturen zeichnet sich im Freiland gefangenes Futter durch eine größere Vielseitigkeit aus, was ein schnelleres Zuwachstempo zur Folge hat. Wenigstens theoretisch besteht bei im Freiland gefangenem Futter die Gefahr, daß Krankheitserreger oder Parasiten mit dem Futter eingeschleppt werden. Die Praxis hat aber gezeigt, daß diese Gefahr nicht sonderlich groß ist, und kann man das Futter in fischfreien Gewässern fangen, so ist das Risiko ganz gering.
Die Schwierigkeiten bei der Beschaffung natürlichen Staubfutters haben dazu geführt, daß Aquarienfreunde und Liebhaberzüchter immer mehr auf Jungfischfutter übergegangen sind, das man zu Hause in Kulturen züchten kann. Man erspart sich so den täglichen Futterfang und hat gleichzeitig vollständige Sicherheit gegen eingeschleppte Krankheitserreger und Parasiten. Wenn auch das Zuwachstempo bei mit „Kulturfutter" gefütterten Jungfischen fast immer etwas langsamer ist, kann man die in Frage kommenden Futtertierchen, in richtiger Reihenfolge angewendet, für die Aufzucht der allermeisten Aquarienfische verwenden. Es soll hier jedoch nicht verschwiegen werden, daß die Aufzucht einzelner Futterspezialisten nur mit natürlichem „Staubfutter" möglich ist[2]. Kulturfutter für Fischbrut kann man wie folgt einteilen:

1. Infusorien
2. Mikronematoden („Mikros")
3. *Artemia*-Nauplien

Infusorien[3] wurden in früheren Jahren viel als Jungfischfutter verwendet. Da man aber die Infusorien in unkontrollierten Kulturen heranzog, waren die Aufzuchterfolge oft kläglich. Es ist ja nicht so, daß alle Infusorien geeigneter Größe von Jungfischen gefressen werden. Viele Infusorien sind als Fischfutter total ungeeignet, manche sind direkt schädlich, und schließlich nehmen die Jungfische mancher Arten überhaupt keine Infusorien als Futter an. In diesen Kulturen, meist Heuaufgüssen oder Bananenschalenkulturen, wuchsen unterschiedlichste Infusionen heran. Hatte man Glück, so waren darunter auch solche, die von den Jungfischen gefressen wurden, hatte man Pech, waren die Infusorien ungeeignet, und die Fischbrut verhungerte. Daher ist bei jeder Infusorienfütterung die Kontrolle der verfütterten Infusorien wichtig[4]. Heute kann man gewisse Infusorien rein in Kulturen züchten. Das Prinzip der Infusorien-Reinkultur beruht auf besonderen biologischen Eigenheiten der betreffenden Infusorien, und deshalb müssen die Kulturvorschriften genau eingehalten werden.

Pantoffeltierchen

Pantoffeltierchen *(Paramecium)*[5] sind ein leicht zu züchtendes und vielseitig anwendbares Jungfischfutter. Manche Pantoffeltierchen sind verhältnismäßig groß, was sie besonders wertvoll macht, und es ist einfach, sie in Kulturen zu vermehren, ohne gleichzeitig eine Menge anderer, unerwünschter Infusorien heranzuziehen. Das Prinzip ihrer Reinkultur beruht auf ihrer Eigenschaft, auch noch in äußerst sauerstoffarmem Wasser leben zu können. Auch wenn eine neu ange-

[1] Temperaturausgleich ist bei der Verfütterung natürlichen „Staubfutters" notwendig, wenn sich Außentemperatur und Wassertemperatur im Aquarium bedeutend unterscheiden. Bei plötzlichem Temperaturanstieg sterben sonst die Futtertierchen schnell ab. Am besten hängt man ein Glas mit ausgesiebten Futtertierchen vor dem Verfüttern ins Aquarium ein, bis sich die Temperatur angeglichen hat. Bei größerem Futterbedarf läßt man die Temperatur im Hälterungsbehälter der Futtertierchen langsam ansteigen, bis sie etwa der Aquarientemperatur entspricht. Besonders wichtig ist Temperaturausgleich während der Wintermonate bei „unter Eis" gefangenem Staubfutter.

[2] Futterspezialisten, deren Aufzucht nur mit bestimmten Futtertierchen möglich ist, findet man neben den schon erwähnten Glasbarschen unter den Gobiiden, z. B. die Goldringelgrundel (Brachygobius xanthozona).

[3] Infusorien, auch Wimpertierchen oder Ciliaten genannt, sind einzellige Organismen, die sich mit Hilfe von Wimpern (Cilien) fortbewegen. Die Wimpern können gleichmäßig über den ganzen Körper verteilt sein oder sich auf bestimmte Körperteile beschränken. Ein und dasselbe Infusor kann unter verschiedenen Bedingungen verschieden aussehen. Obwohl diese Tierchen einzellig sind, sind sie erstaunlich hoch entwickelt. Sie vermehren sich durch Zellteilung. Die größten Infusorien sind mit dem unbewaffneten menschlichen Auge zu erkennen, ihre genaue Beobachtung ist aber nur mit dem Mikroskop möglich.

[4] Eine Infusorienkontrolle läßt sich mit Sicherheit nur mit Hilfe eines Mikroskops durchführen. Ein einfaches Mikroskop mit 50–80facher Vergrößerung reicht hierfür aus.

[5] Pantoffeltierchen (Paramecium). Infusorien, die etwa die Körperform einer Schuhsohle haben (daher der Name). Nur wenige Arten. Kosmopolit; kann bis 0,3 mm lang werden.

[6] Die Pantoffeltierchen-Reinigung erfolgt am einfachsten in langhalsigen Flaschen. Gut geeignet sind z. B. langhalsige Weinflaschen oder Kochflaschen mit langem Hals. Zur Reinigung wird die Flasche mit Flüssigkeit aus einer Pantoffeltier-Kultur gefüllt, bis diese Kulturflüssigkeit etwa 2 cm hoch im Flaschenhals steht. Auf die Oberfläche der Kulturflüssigkeit kommt ein Wattebausch. Zwischen Bausch und Wasseroberfläche dürfen keine Luftblasen entstehen. Den Hals oberhalb des Wattepfropfens füllt man mit abgestandenem Frischwasser. Durch ihren eigenen Sauerstoffverbrauch sinkt der Sauerstoffgehalt im Kulturwasser schnell unter die für Pantoffeltierchen erträgliche Grenze. Sobald diese Sauerstoffverarmung erreicht ist, wandern die Pantoffeltierchen durch den Wattepfropfen in das Frischwasser, wo man sie mit einer Pipette entnehmen kann.

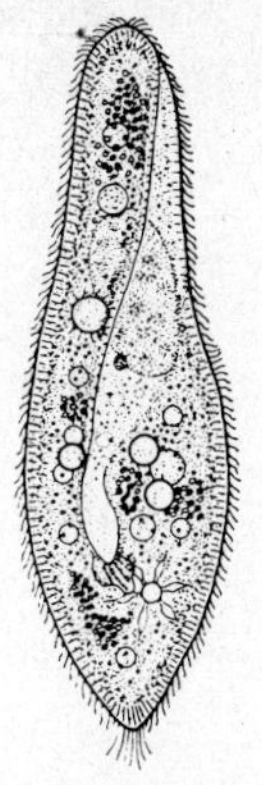

Paramecium (Pantoffeltierchen)

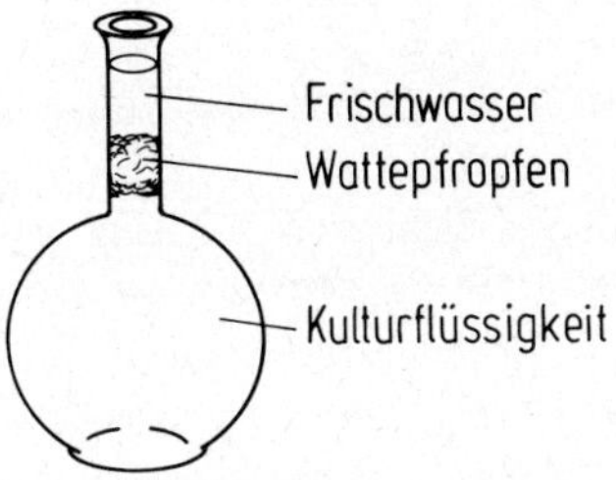

Bild 7.41: So können wir Pantoffeltierchen reinigen.

setzte Pantoffeltierchen-Kultur zu Anfang meist auch andere Infusorien enthält, so sterben diese ab, wenn der Sauerstoffgehalt im Kulturwasser eine gewisse Grenze unterschreitet; nur die Pantoffeltierchen bleiben dann übrig. Als Kulturbehälter verwendet man Gläser mit wenigstens 2 Liter Inhalt. Das Kulturglas sollte möglichst schmal und hoch sein, also im Verhältnis zum Inhalt eine kleine Oberfläche haben. Das Kulturglas füllt man mit Wasser aus einem stehenden Gewässer, in dem sich fast immer wenigstens einige Pantoffeltierchen befinden. Will man ganz sicher gehen, so kann man gleichzeitig ein klein wenig Bodenschlamm mit in das Glas geben. Hat man Gelegenheit, aus einer in Betrieb gehaltenen Kultur Pantoffeltierchen zum „Impfen" entnehmen zu können, so kann man zum Kulturansatz auch abgestandenes Leitungswasser verwenden. Für alle Infusorienkulturen gilt, daß Leitungswasser erst nach 24stündigem Stehen verwendet werden darf. Gegen das Chlor in frisch der Leitung entnommenem Wasser sind fast alle Infusorien äußerst empfindlich. Als „Nährstoff" für die Kultur verwendet man Kohlrüben *(Brassica napus)* in Form kleiner Würfel. Für ein 2-Liter-Glas nimmt man einen etwa 2 x 2 x 2 cm großen Würfel. Es spielt keine Rolle, ob man die Kohlrüben frisch verwendet oder die Würfel trocknet. Getrocknete Würfel kann man, luftig aufgehoben, jahrelang verwahren. Zum Trocknen ist es besser, kleinere Würfelchen zu verwenden. Die Pantoffeltierchen leben nicht direkt von den Kohlrüben, sondern von Fäulnisbakterien, die sich bei der Zersetzung der Kohlrüben bilden. Bei einer Wassertemperatur von 20–22° C bilden sich schnell große Mengen von Fäulnisbakterien und in ihrem Gefolge große Mengen Pantoffeltierchen. Meist kann man schon nach vier bis fünf Tagen die ersten Pantoffeltierchen der Kultur entnehmen; sie stehen als deutlich sichtbare Wolke in der obersten Schicht des Kulturwassers. Füttert man Fischbrut mit Wasser aus der obersten Schicht einer Pantoffeltierchen-Kultur, so kommen neben den Pantoffeltierchen auch Schmutzstoffe wie Reste der Kohlrübe, Fäulnisbakterien usw. in das Zuchtaquarium. Bei unempfindlichen Jungfischen, z. B. bei Labyrinthfischen, spielt das keine größere Rolle. Bei heikleren Jungfischen, z. B. bei Salmlern, ist es anzuraten, die Pantoffeltierchen vor dem Verfüttern zu reinigen[6].

Läßt die Ergiebigkeit der Kultur nach, gießt man den Inhalt bis auf einen kleinen Rückstand fort und füllt das Glas wieder randvoll mit abgestandenem Leitungswasser auf. Sodann legt man einen neuen Kohlrübenwürfel in das Wasser und kann nach einigen Tagen erneut Pantoffeltierchen entnehmen. Für eine lückenlose Versorgung mit Pantoffeltierchen benötigt man also wenigsten 2 Kulturgläser. Leider sind diese Kulturen nicht vollständig geruchlos, so daß ihre Unterbringung in Wohnräumen etwas problematisch sein kann. Während der warmen Jahreszeit kann man sie jedoch ruhig auf den Balkon stellen, doch soll das Glas nicht direkt vom Sonnenlicht getroffen werden. Notfalls also abschatten.

Augentierchen

Grüne Augentierchen *(Euglena)*[7] sind weitere Infusorien, die man gut in Kulturen vermehren kann. Als Jungfischfutter sind sie nicht so vielseitig anwendbar wie Pantoffeltierchen, und sie kommen aufgrund ihrer geringen Größe nur für kleinste Fischbrut in Betracht. Die Kulturen sind nicht so ergiebig wie Pantoffeltierchen-Kulturen. Da aber Augentierchen ihre Nahrung direkt aus dem Wasser entnehmen, sind Augentierchen-Kulturen vollständig geruchlos. Zur Kultur verwendet man Gläser von beliebiger Form und Größe, die man mit einer Stammlösung von schwacher Bouillon füllt. Zur Herstellung dieser Lösung verwendet man 1 g guten Fleischextrakt je Liter Wasser. Sobald die Lösung abgekühlt ist, kann die Kultur geimpft werden. Manchmal ist es schwierig, Augentierchen für die erste Impfung zu erhalten. Kann man keine Augentierchen aus bereits vorhandenen Kulturen entnehmen, so achte man auf Wasseransammlungen, die, obwohl im Schatten liegend, grünes Wasser enthalten. Während in besonnten Gewässern die grüne Färbung während der warmen Jahreszeit fast immer reichliches Vorhandensein von Schwebealgen als Ursache hat, wird Grünfärbung schattiger Gewässer meist durch grüne Augentierchen verursacht.

Einmal betriebene Kulturen kann man jahrelang in Gang halten. Entnommene Flüssigkeit wird regelmäßig durch abgestandenes Frischwasser ersetzt, und von Zeit zu Zeit füttert man etwas Bouillon nach. Augentierchen-Kulturen müssen hell stehen, denn diese Infusorien funktionieren in mancher Hnsicht wie Pflanzen, sind also direkt vom Licht abhängig. Benötigt man kein Jungfischfutter mehr, kann man die Kulturen dunkel stellen und erneut in Betrieb nehmen, wenn

Euglena (Augentierchen)

[7] Euglena ist eine Gattung der Geißeltierchen (Flagellaten). Bei uns ist am häufigsten Euglena viridis. Bei ausreichender Vergrößerung (30fach) erkennt man diesen Einzeller an seiner spindelförmigen Gestalt und der grünen Farbe. Euglena nimmt in vielen Funktionen eine Zwischenstellung zwischen Tier und Pflanze ein. Enthält Chlorophyll und kann sich daher wie eine Pflanze ernähren.

man Futter braucht. Zu diesem Zweck braucht man die Kultur nur hell zu stellen und etwas mit Bouillon anzufüttern[1].

Infusorienzuchtansätze

Fertige Infusorienzuchtansätze kann man unter verschiedenen Warenbezeichnungen im Fachhandel kaufen. Diese Präparate bestehen aus Infusoriendauerformen und einem Nährsubstrat. Sowohl trockene Präparate (Granulat) als auch flüssige Präparate (meist in Tuben) sind im Handel. Die Hersteller empfehlen meist, die Präparate direkt dem Wasser des Zuchtaquariums zuzusetzen, also das ganze Zuchtaquarium in eine Infusorienkultur zu verwandeln. Bei empfindlicheren Jungfischen ist dies jedoch nicht gut, und man weiß nie genau, welche Infusorien die Überhand behalten. Infusorien gibt es, wenigstens in wenigen Exemplaren, wohl in jedem Aquarium, und fertige Infusorienzuchtansätze enthalten neben Dauerformen bestimmter Infusorien auch Nährstoffe für ihre Vermehrung. Bei bereits vorhandenen Infusorien können diese Nährstoffe eventuell eine Massenvermehrung unerwünschter Infusorien zur Folge haben. Es dürfte also besser sein, auch mit fertigen Infusorienzuchtansätzen in besonderen Kulturgläsern zu züchten und die Infusorien erst nach Kontrolle zu verfüttern.

[1] Fütterung mit grünen Augentierchen kommt neben Labyrinthfischen (Colisa-Arten) besonders für allerkleinste Karpfenfische wie Rasbora maculata und Rasbora urophthalma in Betracht.
Zum Bestimmen von Einzellern: **Streble, H. und D. Krauter, Das** Leben im Wassertropfen. Kosmos-Naturführer, 3. Aufl. 1976

[2] Nematoden (Fadenwürmer) spielen mit mehr als 5000 Arten im Haushalt der Natur eine große Rolle, z. B. beim Stickstoffumbau im Boden. Die als Jungfischfutter unter den Namen „Mikro" bekannten Nematoden findet man im Freien bisweilen in Rückständen von Fallobst u. ä.

[3] s. S. 471

Mikronematoden

Mikronematoden oder Älchen *(Anguillula rediviva)*[2]. Dieses winzige Fadenwürmchen läßt sich sehr leicht in Kulturen vermehren und wird von vielen Jungfischen gerne gefressen. Besonders bei der Fütterung von Fischen, die ihre Nahrung vom Boden aufnehmen, wie z. B. Welsen, manchen Karpfenfischen und Buntbarschen, ist dieses Futter während der ersten Lebenswochen der Jungfische gut anwendbar. Die Kultur erfolgt am besten in flachen Schalen, Fotoschalen sind hierfür ausgezeichnet. Den Boden der Schale bedeckt man mit einer dünnen (etwa 1/2 cm hohen) Schicht Haferflocken und setzt soviel Milch zu, daß die Haferflocken aufquellen. Sodann legt man in die Mitte der Kulturschale etwa die Menge von 1–2 g aus einer betriebenen Kultur, oder den Zuchtansatz, den man im Fachhandel erworben hat. Die Schale wird dann mit einer Glasscheibe abgedeckt und warm aufgestellt. Mikronematoden vermehren sich am besten bei Temperaturen zwischen 25 und 30° C. Auch bei normaler Zimmertemperatur kann man Mikros züchten, nur vermehren sie sich dann etwas langsamer. Bei zusagender Temperatur geht die Vermehrung so rasch vor sich, daß schon nach drei bis vier Tagen das erste Futter entnommen werden kann. Die reifen Nematoden kriechen als weißer Belag an den Innenseiten der Schale hoch. Die Entnahme der Nematoden aus der Kultur geschieht am einfachsten mit einem Streifen dünnen Zelluloids, mit dem man die Schalenseiten abschabt. Notfalls kann man zu diesem Zweck auch eine Rasierklinge oder einen trockenen Aquarellpinsel nehmen. Bei der Futterentnahme läßt es sich bei aller Vorsicht kaum vermeiden, daß gleichzeitig mit dem Futter auch Rückstände der stark bakterienhaltigen Kultursubstanz in das Zuchtaquarium kommen. Für die Ernährung besonders empfindlicher Jungfische sind „Mikros" daher nicht zu empfehlen. Da die Mikronematoden im Aquarium schnell zu Boden sinken, ist es bisweilen schwer, sie bei der Fütterung mancher Jungfische zu verwenden, die zwar an und für sich dieses Futter gut annehmen, aber tiefere Wasserschichten nicht aufsuchen. Es gibt mehrere Methoden, die Nematoden langsam nach und nach in das Wasser zu bringen, so daß den Fischen mehr Zeit zum Fressen bleibt[3].
Läßt die Ergiebigkeit der Kultur nach, so entnimmt man einen kleinen Teil des Nährbodens, spült die Schale aus und setzt die Kultur erneut an. Den vorher herausgenommenen Teil des Nährbodens verwendet man als Zuchtansatz. Um lückenlos Material entnehmen zu können, benötigt man wenigstens zwei Kulturen. Leider sind auch Mikrokulturen nicht geruchlos, ein Übelstand, der sich auch bei sorgfältiger Abdeckung nicht ganz ausschließen läßt.

Mikronematode

[4] Artemia gehört zusammen mit dem einheimischen Kiemenfuß (Branchipus schaefferi) zu den ältesten Formen der Blattfüßer. Artemia wird an verschiedensten Punkten der Erde gefunden, wo Wasser mit hoher Salzkonzentration vorhanden ist (z. B. Salinen), kommt aber normalerweise nicht im Meere vor. Ausnahmen sind Anlagen zur Gewinnung von Seesalz an der kalifornischen Küste und in Portugal, sowie in manchen Lagunen. Artemia lebt von Infusorien, organischen Bestandteilen des Bodenschlammes und einzelligen Algen. Erwachsen erinnert ihr Aussehen an eine Garnele. Erwachsene Tiere sind zwischen 8 und 11 mm lang.

Artemia-Nauplien

Die Nauplien des Kleinkrebses *Artemia salina*[4] sind unter allen in Kulturen zu züchtenden Futtertieren bei der Aufzucht von Jungfischen das wertvollste und fast universell anwendbare Futter. Die großen Vorteile der *Artemia*-Kultur: Man kann eine Kultur jederzeit ansetzen und hat spätestens nach 36 Stunden Futter

Tafel 45:

3ild (oben): Der Rote Leuchtaugenfisch Aplocheilichthys macrophthalmus) ist von zwerghaftem Wuchs. Er wird nur vier Zentimeter lang. Die Roten Leuchtaugenfische leben in ihrer Heimat – dem küstennahen Hinterland von Lagos, Britisch-Nigeria – in kleinen Bächen und stehen dort im Schwarm.

3ild (Mitte): Besonders auffällig grün euchten die Seiten der Roten Leuchtaugenfische, der Glanz schillert selbst m halbdunklen Zimmer auf, auch wenn ler Körper des Tieres schon nicht nehr sichtbar ist. Die Fische leuchten lann wie kleine Glühwürmchen.

3ild (unten): Aplocheilichthys johnstoni vird bis zu fünf Zentimeter lang. Seine leimat ist Südafrika. Das schlanke, icht besonders auffällige Fischchen äßt sich leicht pflegen und züchten; die ungen wachsen relativ schnell heran.

ufnahmen: B. Kahl

Bild 7.42: Salinenkrebschen (Artemia salina), erwachsenes Tier. Aufnahme M. Blana-Müller

Bild 7.43: Nauplius von Artemia salina. Aufnahme M. Blana-Müller

zur Verfügung. Die Kulturen sind denkbar einfach zu handhaben und vollständig geruchlos. Einige Dinge muß man jedoch über *Artemia salina* wissen, wenn bei der Fütterung nicht unliebsame Überraschungen eintreten sollen. Je nach Herkunft der Eier können nämlich die ersten Nauplienstadien von recht unterschiedlicher Größe sein. Aus erworbenen Eiern können also, je nach deren Herkunft, Nauplien von recht unterschiedlicher Größe schlüpfen. Aus besten *Artemia*-Eiern von der kalifornischen Küste schlüpfen kleinste Nauplien, die man als Erstlingsfutter für fast alle Fische verwenden kann. Nauplien aus Eiern anderer Herkunft sind häufig bedeutend größer und lassen sich bei der Ernährung kleinster Jungfische nicht verwenden. Da der Vertrieb dieser Eier in Europa durch wenige Großhandelsfirmen erfolgt, die Ware also oft nicht in Originalpackungen verkauft wird, läßt sich die Herkunft der Eier meist nicht feststellen. Neben Eiern von der kalifornischen Küste sind auch Eier von Küsten Portugals und den Küsten des Roten Meeres im Handel. Sie ergeben größere Erstlingsnauplien als die Eier von der kalifornischen Küste. Die allergrößten Nauplien schlüpfen aus *Artemia*-Eiern, die in den großen Salz-Binnenseen der USA gesammelt werden. Diese Eier kann man jedoch durch einen einfachen Lupenvergleich durch ihren größeren Durchmesser von anderen *Artemia*-Eiern unterscheiden. Bedeutung hat die unterschiedliche Größe der Nauplien natürlich nur dann, wenn es gilt, besonders kleine Jungfische mit *Artemia*-Nauplien zu füttern. Als Futter sind größere Nauplien selbstverständlich vom selben Wert, wenn der Jungfisch sie nur bewältigen kann. Sicherste Auskunft über die Größe der geschlüpften Nauplien ergibt ein mikroskopischer Vergleich[1], bei dem man Nauplien aus Eiern verschiedenster Einkaufsquellen vergleicht. Es sei noch erwähnt, daß *Artemia*-Eier in bezug auf Verpackung und Lagerung eine äußerst empfindliche Ware sind. Während z. B. *Artemia*-Eier, die man in verschlossenen amerikanischen Originalverpackungen von der kalifornischen Küste erhält, auch nach einer Lagerungszeit von fünf Jahren (in ungeöffneter Verpackung), noch ausgezeichnete Schlupfergebnisse haben, sind in Europa verpackte Eier nach einem Jahr meist unbrauchbar. Luftzutritt, Einfluß der Luftfeuchtigkeit und eventuell statische elektrische Aufladung der Verpackung (bei Plastikverpackungen) wirken nachteilig auf das Schlupfergebnis ein. Bisher sind auch Kleinverpackungen mit *Artemia*-Eiern nicht mit Datum versehen, und man kann somit Eier erwerben, die vielleicht schon mehrere Jahre in kleinen Verpackungen liegen und vollständig unbrauchbar sind. Besonders lagerungsempfindlich sind auch die sogenannten Schnellansätze, die aus einem Preßling aus Salz und *Artemia*-Eiern bestehen.

[1] Zur Kontrolle der Größe vergleichen wir mit dem Mikroskop frischgeschlüpfte Artemia-Nauplien bei schwacher Vergrößerung (30- bis 60fach).

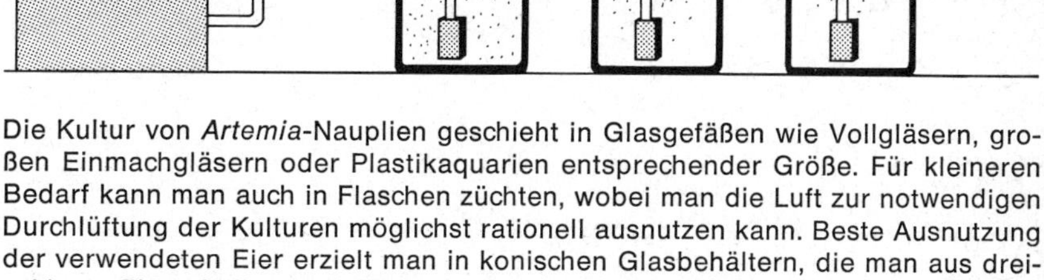

Bild 7.44: Mit einer Batterie von Flaschen, die an eine gemeinsame Luftpumpe angeschlossen sind, können wir Artemia-Nauplien verschiedenen Alters gleichzeitig ziehen.

Tafel 46
Oben links: Procatopus nototaenia; das Fischchen wird bis zu fünf Zentimeter lang.
Oben rechts: Aplocheilichthys pumilus stammt aus den ostafrikanischen Seen.
Mitte: Ein Schwarm von Aplocheilichthys nimbaensis; das obere Tier ist ein Weibchen von Procatopus.
Unten links: Aphyosemion flavipinnis wird in der älteren Aquarienliteratur noch als Aplocheilichthys geführt; 1929 als Panchax beschrieben. Aufnahmen: K. Huwald
Unten rechts: Nackenfleck-Kärpfling (Aplocheilichthys spilauchen). Aufnahme: H. Hansen, Aquarium Berlin

Die Kultur von *Artemia*-Nauplien geschieht in Glasgefäßen wie Vollgläsern, großen Einmachgläsern oder Plastikaquarien entsprechender Größe. Für kleineren Bedarf kann man auch in Flaschen züchten, wobei man die Luft zur notwendigen Durchlüftung der Kulturen möglichst rationell ausnutzen kann. Beste Ausnutzung der verwendeten Eier erzielt man in konischen Glasbehältern, die man aus dreieckigen Glasscheiben mit Silikonkautschuk zusammenklebt. Die Kulturbehälter füllt man mit Salzwasser, das je Liter 15–20 g Kochsalz enthält. Besser als Kochsalz ist Salz geeignet, wie es für die Herstellung von synthetischem Meerwasser verwendet wird. Bei größerem und ständigem Verbrauch macht sich der höhere Preis dieses Salzes bezahlt. Alle *Artemia*-Kulturen werden kräftig durchlüftet, denn ohne Durchlüftung gibt es keine zufriedenstellenden Schlupfresultate. Zur Futterentnahme wird zunächst der Durchlüftungsausströmer entfernt, so daß herumwirbelnde, noch nicht geschlüpfte Eier, Eierschalen usw. entweder zu Boden sinken oder zur Oberfläche auftreiben. Nach etwa fünf Minuten kann man die Nauplien entnehmen. Zu diesem Zweck läßt man das ganze Wasser der Kultur,

bis auf den Bodensatz, durch einen dünnen Schlauch ablaufen. Unter das abfließende Wasser, das man in einem Eimer oder ähnlichen Gefäß auffängt, hält man entweder ein Netz aus feinster Gaze oder ein Artemiasieb, wie es im Fachhandel zu haben ist. Geschieht die Futterentnahme auf diese Weise, so kann man *Artemia*-Nauplien verfüttern, ohne gleichzeitig Salzwasser in das Zuchtaquarium zu bekommen. Das abgefüllte Salzwasser wird nach der Futterentnahme in das Kulturgefäß zurückgegossen, der Luftausströmer wird wieder eingesetzt und dann setzt man frische *Artemia*-Eier zu. Bei einer Temperatur von 25° C kann man nach 24 Stunden erneut Futter entnehmen. Bei niedrigen Temperaturen dauert es länger, bis die Nauplien schlüpfen, bei 20° C ca. 30 Stunden.
Im Süßwasser hängt die Lebensdauer der Nauplien sehr von der Wasserhärte ab. In sehr weichem Wasser leben die Nauplien nur drei bis vier Stunden, während sie in härterem Wasser bis zu acht Stunden lebensfähig sind. Im Zuchtaquarium halten sich die Nauplien entweder dicht über dem Boden auf, oder sie streben bei einseitiger Beleuchtung dem Licht zu und sammeln sich an der hellsten Stelle des Aquariums im dichten Schwarm. Gleichmäßige Beleuchtung und kräftige Durchlüftung helfen, die Nauplien gleichmäßig im Aufzuchtaquarium zu verteilen.
Sowie man merkt, daß das Schlupfresultat nachläßt, erneuert man das Salzwasser der Kultur. Normalerweise muß man eine *Artemia*-Kultur nach 8–10 Tagen erneut ansetzen, das heißt, das Gefäß reinigen und mit frischem Salzwasser füllen.
Futtertierchen, die man in Kulturen züchtet, kommen natürlich nur für die ersten Lebenswochen der Jungfische in Frage. Sowie die Jungfische heranwachsen, muß man auf andere Futterstoffe übergehen. Von den lebenden Futtertieren kommen besonders *Cyclops* und kleine Wasserflöhe (die man absiebt) sowie Zwergenchyträen in Frage. Mit zunehmender Größe geht man langsam auf die Futtersorten über, mit denen auch die erwachsenen Fische gefüttert werden.

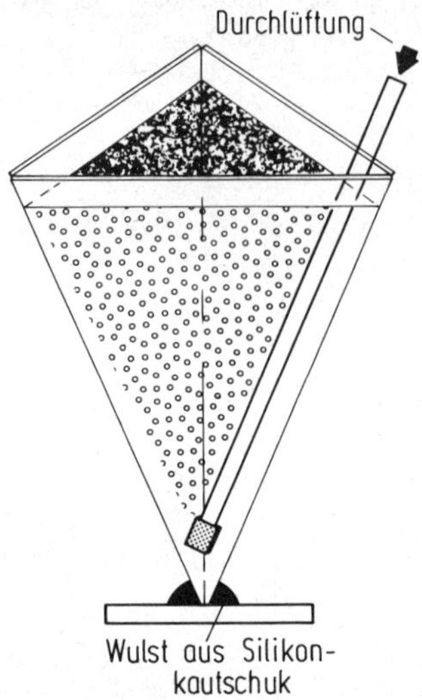

Bild 7.45: Beste Ausnutzung der Artemia-Eier erzielt man in konischen Glasbehältern, die man aus dreieckigen Glasscheiben zusammenklebt. Die Eierschalen sinken nach unten, die Nauplien können leicht entnommen werden.

Sonstige Entwicklungsbedingungen für Jungfische

Ob sich die heranwachsenden Jungfische gut entwickeln und zügig wachsen, ist nicht ausschließlich eine Frage der Fütterung. Andere Faktoren, die Einfluß auf das Zuwachstempo haben, sind Temperatur, Wasserverhältnisse und der Raum, der den Jungfischen zur Verfügung steht.
Innerhalb der für eine bestimmte Art gegebenen Grenzen begünstigen meist höhere Temperaturen das Zuwachstempo, niedrigere verlangsamen es. Oft kann man mit Vorteil die Temperatur nach dem Freischwimmen der Jungfische um 1–2° C anheben. Die Laichtemperatur wird ja mitunter absichtlich niedrig gehalten, um die Entwicklung von schädlichen Einzellern während der Embryonalentwicklung der Jungfische nicht unnötig zu begünstigen. Bei besonders sauerstoffbedürftigen Jungfischen (z. B. Sonnenbarschen) sollte man aber auch während der Aufzucht keine höheren Temperaturen anwenden als notwendig. Das Vermögen des Wassers, Sauerstoff aufzunehmen, ist ja von der Wassertemperatur abhängig. Niedrige Wassertemperaturen allein sind aber keine Garantie für einen zufriedenstellenden Sauerstoffgehalt. Im Aufzuchtaquarium kommen, besonders bei dichtem Besatz, andere Faktoren hinzu, die den Sauerstoffgehalt des Wassers erheblich senken können.
Jedes Zuchtaquarium ist, schon bei leidlich gutem Schlupfresultat, bald ein „überbevölkertes Aquarium". Durch Kot, Urin und Futterreste kommt es schnell zu einer Anhäufung von Stoffwechselprodukten. Die Zersetzung dieser Stoffe senkt nicht nur den Sauerstoffgehalt (meist verbunden mit Überschuß an Kohlendioxid), sondern hat außerdem eine Ansammlung verschiedener chemischer Verbindungen zur Folge. Unter den Stoffen, die sich im Aquarienwasser anreichern, ist Ammoniak für Fische schon in äußerst geringen Mengen tödlich. Selbstverständlich kann es in jedem übervölkerten Aquarium zu einer Ammoniakvergiftung kommen, da aber diese Vergiftung in Aquarien mit heranwachsenden Jungfischen besonders leicht auftreten kann, sei hier besonders darauf hingewiesen. Was Ammoniakvergiftungen so tückisch macht, ist der Umstand, daß ihre Symptome täuschend den Symptomen von Sauerstoffmangel gleichen. Führt

[1] Ammoniakprobe. Eine einfache Ammoniakprobe kann man mit Neßlers Reagenz vornehmen. Neßlers Reagenz wird als Neßler A und Neßler B gekauft. Getrennt sind diese Lösungen unbegrenzt haltbar. Vor Verwendung werden die Lösungen im Verhältnis 1 : 1 gemischt. Die gemischte Lösung hält sich ca. 3 Monate. In die Wasserprobe von 10 ml gibt man 5–8 Tropfen Neßlers Reagenz. Bei Vorhandensein von Ammoniak verfärbt sich die Probe braungelb, bleibt das Wasser klar, ist kein Ammoniak vorhanden. Mit dieser Probe läßt sich also lediglich feststellen, ob Ammoniak vorhanden ist oder nicht. Die genaue Bestimmung der Ammoniakkonzentration setzt komplizierte Meßverfahren voraus.

man nun einen teilweisen Wasserwechsel durch, in der Annahme, es handle sich um Sauerstoffmangel, während in Wirklichkeit eine Ammoniakvergiftung vorliegt, kann es zur Katastrophe kommen. Neben freiem Ammoniak können im Wasser große Mengen Ammoniumsalze vorhanden sein (was bei Vorhandensein freien Ammoniaks ziemlich sicher ist). Diese an sich harmlosen Ammoniumsalze sind durch Säuren gebunden, verwandeln sich aber in giftiges Ammoniak, sowie sich der pH-Wert des Wassers zur alkalischen Seite verschiebt. Besonders in saurem Wasser können große Mengen Ammoniumsalze vorhanden sein, ohne daß dies für die Fische von nachteiligem Einfluß ist. Setzt man nun bei einem teilweisen Wasserwechsel größere Mengen Frischwasser mit einem höheren pH-Wert zu, verwandeln sich die Ammoniumsalze in giftiges Ammoniak. Aus diesem Grunde sollte man bei akuten Vergiftungserscheinungen, die auf Ammoniakvergiftungen bzw. Sauerstoffmangel schließen lassen, vor jeder Gegenmaßnahme zunächst die Ursache feststellen. Messung des pH-Wertes kann gewisse Hinweise geben, besser aber ist es, eine Ammoniakprobe vorzunehmen[1]. Bei akuten Vergiftungserscheinungen durch Ammoniak ist also Wasserwechsel nicht angebracht. Es werden in diesem Fall „Maßnahmen bei anomaler Atmung" nach Hückstedt empfohlen[2]. Natürlich ist es besser, das Aquarium von vornherein nicht so verschmutzen zu lassen, daß für die Fische gefährliche Konzentrationen schädlicher Stoffe auftreten können. Die beste Gegenmaßnahme: ein regelmäßig durchgeführter teilweiser Wasserwechsel. Wie oft und in welchem Umfang man diesen Wasserwechsel vornimmt, hängt von der Größe des Aquariums, der Anzahl der Jungfische und der Fütterung ab. Es ist jedoch keineswegs gefährlich, um einen Extremfall zu wählen, täglich $^2/_3$ des Wassers im Aufzuchtaquarium zu wechseln. In der Regel kommt man mit einem Wechsel von etwa der Hälfte des Aquarieninhaltes alle vier bis sieben Tage aus. Die Gefahr, daß die Jungfische durch Frischwasser Schaden nehmen, ist minimal, wenn abgestandenes und temperiertes Wasser verwendet wird. An den meisten Orten kann man sogar temperiertes Leitungswasser direkt verwenden. Es lassen sich in dieser Hinsicht keine allgemeingültigen Regeln aufstellen, man muß die Möglichkeiten praktisch ausprobieren. Dabei darf man nicht in den Fehler verfallen, zu weitgehend zwischen Jungfischen unterschiedlicher Arten zu verallgemeinern.

Bei Vorhandensein von Futterresten, besonders von Trockenfutter, kann es beim Wasserwechsel zu einer Bildung von großen Mengen Infusorien kommen. Durch Infusorien verursachte Wassertrübungen verschwinden meist schnell. Sollte es aber zu nachteiligen Einwirkungen auf die Jungfische kommen (Sauerstoffmangel), ist es am besten, die Infusorien chemisch auszuschalten[3].

Es ist in der Praxis weitaus schwerer, ja oft unmöglich, durch Filterung stabile Wasserverhältnisse zu sichern. Viel zuverlässiger ist ein regelmäßiger Wasserwechsel. Filterung kann zwar oft angebracht sein, aber manche Stoffwechselrückstände lassen sich mit den üblichen Aquarienfiltern nun einmal nicht abfiltrieren. Nichts täuscht hier mehr als die „optische Klarheit" des Wassers. Die Klarheit des Wassers sagt überhaupt nichts über seinen eventuellen Gehalt an schädlichen Substanzen aus. Leider wird wohl auf kaum einem Gebiet der modernen Aquaristik so viel mit irreführenden Begriffen herumgeworfen wie bei der Filterung, vor allen Dingen in Reklame und Prospekten. Da werden Begriffe wie biologische Filter, biologische Entgiftung usw. genannt. Nun, biologische Filter in Standardausführung für Aquariengebrauch gibt es nicht. Theoretisch könnte man natürlich für ein bestimmtes Aquarium einen biologischen Filter bauen, wenn man dazu den notwendigen Platz zur Verfügung hätte. In den üblichen Aquarienfiltern kann es im besten Falle zu gewissen Nebeneffekten kommen, so daß man mit viel gutem Willen vielleicht von „teilbiologischen Filtern" sprechen könnte. Verwerflich, und im überbesetzten Aquarium direkt gefährlich, sind alle Bodenfilter, die die Abfallprodukte in den Bodengrund einsaugen. Auch die sogenannten Ausströmerfilter sind unbrauchbar. Bodenfilter und Ausströmerfilter bilden schon bald, nachdem sie in Betrieb genommen sind, beachtliche Ansammlungen von Abfallprodukten, durch die das Wasser hindurchgepumpt wird. Dabei wird das Wasser äußerst effektiv von Sauerstoff „befreit". Manche Aquarienfreunde wären verwundert, wenn sie einmal den Sauerstoffgehalt des Wassers messen würden, das vom Filter in das Aquarium zurückfließt[4]. Diese Filter gehören überhaupt nicht in irgendein Aquarium und am allerwenigsten in ein Aquarium mit heranwachsenden Jungfischen[5].

Gut sind dagegen Filter, die sich schnell und gut reinigen lassen. Verwendet man gewöhnliche Außenfilter, legt man auf die oberste Filterschicht ein genau zugeschnittenes Stück Schaumgummi oder Schaumplastik, das täglich ausge-

[2] Maßnahmen bei anomaler Atmung (nach Hückstedt). Da sich die Symptome von Sauerstoffmangel kaum von den Symptomen einer Ammoniakvergiftung oder einer Kohlensäurevergiftung unterscheiden lassen, geht man folgendermaßen vor: Man schließt zunächst Sauerstoffmangel durch Zugabe von 1 ml 15%iger Wasserstoffperoxidlösung auf 20 l Aquarienwasser (= 1 Tropfen pro Liter Wasser) aus. Tritt schlagartige Verbesserung ein, lag Sauerstoffmangel vor. Tritt keine oder lediglich nur eine geringfügige Besserung ein, liegt Ammoniakvergiftung oder Kohlensäurevergiftung vor. Bei Ammoniakvergiftung genügt es, den pH-Wert um eine Einheit zu senken. Zu diesem Zweck verwendet man 5%ige Schwefelsäure. Nur tropfenweise zusetzen und zwischendurch pH-Wert messen.
Bei Kohlensäurevergiftung ist es am zweckmäßigsten, den pH-Wert auf pH 8 anzuheben (z. B. durch teilweisen Wasserwechsel). Bei pH 8 ist Kohlensäureüberschuß praktisch ausgeschlossen. Der pH-Wert darf nur erhöht werden, wenn der Ammoniaknachweis negativ war!

[3] Infusorienbildungen in Aufzuchtaquarien können durch einen Zusatz von Acriflavin-Stammlösung ausgeschaltet werden. Es wird soviel Stammlösung zugesetzt, daß das Aquarienwasser eine Acriflavin-Konzentration von 1 : 600 000 aufweist. Diese Konzentration wird auch von allerkleinsten Jungfischen ohne Schädigung vertragen, empfindliche Pflanzen können dagegen geschädigt werden.
Bei größeren Jungfischen ist die Ausschaltung von Mikroorganismen auch mit Hilfe von Durchlüftern mit ozonhaltiger Luft möglich. Je 10 l Aquarienwasser wird 40 Minuten lang mit ozonhaltiger Luft durchlüftet.

[4] Die exakte Sauerstoffbestimmung ist recht kompliziert. Ohne ausreichende chemische Vorkenntnisse erhält man kaum brauchbare Resultate.

[5] „Oxidation" bedeutet ursprünglich die chemische Vereinigung von Elementen oder Verbindungen mit Sauerstoff. Eine derartige Oxidation kann im Filter erfolgen, wenn der im Wasser enthaltene Sauerstoff mit den im Filterschlamm enthaltenen organischen Verbindungen in Kontakt kommt. Diese Verbindungen werden nämlich von Bakterien unter Sauerstoffverbrauch abgebaut. Je langsamer die Durchlaufgeschwindigkeit des Wassers durch den Filter ist, um so größer ist die Sauerstoffzehrung. Ein „Vorfilter" in Form einer schnell zu säubernden Schaumstoff- oder Schaumgummiplatte setzt den Verschmutzungsgrad des Filtermaterials und damit den Sauerstoffverbrauch weitgehend herab.

waschen wird. Wechselt man außerdem alle acht bis zehn Tage die Filtersubstanz bzw. wäscht sie aus, so kann ein solch einfaches Außenfilter eine gute Hilfe sein. Das gleiche gilt für Pumpenfilter, bei denen man außerdem beachten sollte, daß das vom Filter ins Aquarium zurückfließende Wasser möglichst breit verteilt auf die Oberfläche auftrifft. So wird teils Sauerstoff dem Wasser zugeführt, teils Kohlensäure ausgeblasen. Bei Pumpenfiltern sind die Gefahren der Sauerstoffverarmung geringer. Besonders bei Filtern mit großer Stundenleistung, in Litern gerechnet, strömt das Wasser so schnell durch die Filtersubstanz, daß die Kontaktzeit zwischen Wasser und dem in der Filtersubstanz gesammelten Schlamm so kurz ist, daß Sauerstoffverarmung kaum eintreten kann.
Bei in Aufzuchtaquarien angewandten Filtern verwendet man als Filtersubstanz entweder Perlonwatte oder ein Gemisch aus Sand und Kies[1]. Man kann jedoch sowohl Perlonwatte wie Sand-Kies-Gemisch auch schichtenweise einlegen. Gute Aktivkohle ist bei stark verschmutzenden Aufzuchtaquarien ein ausgezeichnetes Filtermittel, nur ist es äußerst schwierig, im Fachhandel gute Aktivkohle zu erhalten. Die meiste Filterkohle, die als Aktivkohle im Aquarienhandel geführt wird, verdient nämlich diesen Namen nicht. Sehr oft gibt ein Kunde, der Aktivkohle kauft, gutes Geld für praktisch wertlose Ware aus. Will man eine erstklassige Filterkohle kaufen, so wende man sich an eine Handlung für Laborbedarf und kaufe Knochenkohle für Wasserfiltrierung. Man beachte, es muß Kohle für Wasserfiltrierung sein. Spezielle Filterkohlen für beispielsweise Gasfiltrierung sehen genauso aus, geben aber, als Aquarienfilter verwendet, an das Wasser schädliche Stoffe ab.
Außer den Wasserverhältnissen spielt für das Zuwachstempo auch der „Raumfaktor“ eine Rolle. Über die Bedeutung dieses Faktors herrschen selbst unter erfahrenen Züchtern geteilte Auffassungen. Oft hört man, ein möglichst großer Wasserraum beschleunige in jedem Falle das Zuwachstempo; dies dürfte nur bedingt richtig sein. Bei allen Fischarten mit großem Bewegungsbedürfnis spielt unzweifelhaft der zur Verfügung stehende Raum eine große Rolle. Bei diesen Fischarten setzt eine zügige Entwicklung ausreichende Bewegungsmöglichkeiten voraus. An den großen Schauaquarien zoologischer Gärten kann man z. B. manche Arten bekannter Aquarienfische in Größen sehen, die sie im Liebhaberaquarium auch unter idealen Bedingungen nie erreichen (z. B. Karpfenfische wie *Puntius*- und *Rasbora*-Arten). Hier haben wir also Arten, bei denen der Raumfaktor eine große Rolle spielt. Es wäre aber verkehrt, dies für alle Fische zu verallgemeinern. Sehr oft spielen daneben andere Bedingungen eine Rolle. So sind in sehr großen Behältern, die womöglich mit einer äußerst effektiven Zentralfilterung ausgerüstet sind, die Wasserverhältnisse weitaus stabiler, das Gasgleichgewicht ist besser, der Verschmutzungsgrad ist geringer als in kleineren und meist auch dichter besetzten Behältern. Versuche mit Buntbarschen, also Fischen, die sich nicht durch ein besonders großes Bewegungsbedürfnis auszeichnen, haben gezeigt, daß die Jungfische in kleineren Behältern genauso wüchsig sind wie in größeren. Voraussetzung ist allerdings, daß durch laufenden Wasserwechsel und sinnvoll eingesetzte Filtrierung das Wasser des kleineren Behälters in bestem Zustand gehalten wird. Raubfische, die sich durch eine ruhige Lebensweise auszeichnen, also ihre Beutetiere nicht verfolgen, sondern auf sie lauern, sind im Zuwachs vom Raumfaktor unabhängig. Das gilt für unseren einheimischen Hecht genauso wie für Schlangenkopffische. Bei guter Ernährung wachsen diese Fische auch in kleinen Behältern schnell zu „Riesenexemplaren“ heran. Dasselbe können wir unter unseren Aquarienfischen z. B. bei Blattfischen und den größeren Arten der Eierlegenden Zahnkarpfen beobachten.
Möglichst große Aquarien sind bei der Aufzucht natürlich immer von Vorteil. Hat man die Möglichkeit, Jungfische aus dem Zuchtaquarium in einen größeren Behälter zu überführen, so sollte man es tun: Eine größere Wassermenge sichert bessere Wasserverhältnisse.
Beim Umsetzen der Jungfische ist schließlich noch zu beachten, daß Temperatur und Wasserverhältnisse möglichst einander angeglichen werden, bevor man die Jungfische aus dem Zuchtaquarium in andere Behälter überführt.

[1] Filtermaterial wird bei regelmäßiger Anwendung am besten in grobmaschigen Perlonbeuteln in den Filter eingebracht. Auf diese Weise kann man das Filtermaterial am schnellsten wechseln und reinigen.

Zuchttabellen

Tabelle über die Zuchtbedingungen für Salmler und nahe mit Salmlern verwandten Arten

Art	Zuchtaquarium Mindestgröße	Temperaturbereich	Wasserverhältnisse	Geschlechtsunterschiede	Erstes Futter für Jungfische	Besondere Hinweise
Aphyocharax rubripinnis	25 l	22–24° C	dGH bis 20	♂ kräftiger gefärbt, mit gut ausgebildeten Widerhäkchen in der Afterflosse	nat. Staubfutter *Artemia*-Nauplien	Am besten Schwarmansatz, mehr ♂ als ♀, Laichschutz notwendig. Starke Laichräuber.
Petersius caudalis	60 l	22–25° C	dGH bis 5 pH leicht sauer (6,5)	♂ hat ausgezogene Schwanzflosse, ♀ kräftiger	nat. Staubfutter *Artemia*-Nauplien	Laichen bei jedem Ansatz mehrere Tage hintereinander. Am besten Ansatz mehrerer Paare gleichzeitig im selben Aquarium.
Alestes longipinnis	80 l	22–25° C	dGH bis 5 pH leicht sauer (6,5)	♂ hat lang ausgezogene Rückenflosse	nat. Staubfutter *Artemia*-Nauplien	Am besten Schwarmansatz mehrerer Paare in möglichst großem Aquarium. Zucht schwer.
Chilodus punctatus	80 l	24–26° C	dGH bis 10	Geschlechter lassen sich nur an Körperform unterscheiden, ♂ schlanker	nat. Staubfutter *Artemia*-Nauplien	Reichliche Ernährung vor Zuchtansatz notwendig, auch mit Algen, sonst kein Laichansatz. Zucht bisher nur selten gelungen.
Copella nattereri	20 l	24–26° C	dGH bis 12	Rücken- und Bauchflossen beim ♂ ausgezogen, ♀ etwas kleiner	Pantoffeltierchen Augentierchen, fein. *Cyclops*-Nauplien	Zuchtansatz auf dunklem Untergrund (Torf). Breitblättrige Pflanzen zur Laichabgabe. ♂ brutpflegend.
Copeina guttata	100 l	24–26° C	dGH bis 15	♂ größer, mit roten Flecken an den Körperseiten	Pantoffeltierchen nat. Staubfutter *Artemia*-Nauplien	♂ brutpflegend und äußerst produktiv. Baut Laichgrube in Bodensand, nimmt auch Tonschalen als Laichunterlage an.

Art	Zuchtaquarium Mindestgröße	Temperaturbereich	Wasserverhältnisse	Geschlechtsunterschiede	Erstes Futter für Jungfische	Besondere Hinweise
Copella arnoldi	15 l	24–26° C	dGH bis 15	♂ hat lang ausgezogene Rücken- und Afterflosse	Pantoffeltierchen Augentierchen, fein. *Cyclops*-Nauplien	Laichen außerhalb des Wassers, für Laichabgabe Blatt über der Oberfläche oder angerauhte Deckscheibe. ♂ brutpflegend.
Stevardia riisei	20 l	24–26° C	dGH bis 25	♂ hat größere Rücken- und Afterflosse sowie Kiemendeckelfortsatz	nat. Staubfutter *Artemia*-Nauplien Mikronematoden	Hat innere Befruchtung. Befruchtete Weibchen alleine absetzen. Eiablage an Unterseite von Wasserpflanzenblättern.
Ctenobrycon spilurus	100 l	22–26° C	dGH bis 25	♂ kleiner und schlanker	nat. Staubfutter *Artemia*-Nauplien Mikronematoden	Zucht einfach. Laichakt sehr stürmisch. Laichräuber. Laichschutz (Belag des Bodens mit Kieseln) anzuraten.
Poptella orbicularis	100 l	22–26° C	dGH bis 15	♂ mit schwarzem Saum an Vorderkante der Afterflosse, ♀ größer	nat. Staubfutter *Artemia*-Nauplien	Zucht schwer. Benötigen vor Laichansatz kräftige Nahrung, möglichst Mückenlarven. Dämmerungslaicher.
Glandulocauda inaequalis	40 l	18–20° C	dGH bis 20	In der Schwanzflosse des ♂ gehen die Lappen übereinander, ♀ kleiner	nat. Staubfutter *Artemia*-Nauplien	Sauerstoffbedürftig, empfindlich gegen zu hohe Temperaturen, besonders Jungfische. Hat innere Befruchtung. ♀ alleine ansetzen.
Gymnocorymbus ternetzi	60 l	25–28° C	dGH bis 20	♂ wesentlich kleiner als ♀	Pantoffeltierchen nat. Staubfutter *Artemia*-Nauplien	Sehr produktiv und leicht zu züchten. Zuchtansatz am besten ohne Bodenbelag. Dämmerungslaicher.
Hemigrammus nanus (Zuchtform *Hasemania marginata*)	25 l	23–26° C	dGH bis 12	♂ kleiner, zur Laichzeit kupferrot	Pantoffeltierchen feinste *Cyclops*- und *Diaptomus*-Nauplien	Dämmerungslaicher. Für starke Vermehrung Schwarmansatz gleicher Anteil ♂ und ♀.
Hemigrammus caudovittatus	80 l	23–25° C	dGH bis 25	♂ kleiner und schlanker als ♀ sowie kräftiger gefärbt	nat. Staubfutter *Artemia*-Nauplien Mikronematoden	Harte Art und äußerst produktiv. Bisweilen Laichräuber. Laichschutz durch Kiesel als Bodenbelag.
Hemigrammus erythrozonus	25 l	21–23° C	dGH bis 10	♂ kleiner und wesentlich schlanker als ♀	Pantoffeltierchen nat. Staubfutter *Artemia*-Nauplien	Leicht zu züchten. Eier sind aber empfindlich gegen Mikroorganismen. Peinliche Sauberkeit beim Ansatz notwendig. Dämmerungslaicher.

Hemigrammus hyanuary	25 l	23–25° C	dGH bis 10	♂ kleiner, mit flacherem Bauch als ♀	Pantoffeltierchen Augentierchen, fein. *Cyclops*-Nauplien	Zucht mit einzelnen Paaren schwierig. Laicht am sichersten im Schwarm, mehr ♂ als ♀. Ansatz ohne Bodenbelag.
Hemigrammus nanus	15 l	23–25° C	dGH bis etwa 3 pH leicht sauer Torffilterung	♂ etwas schlanker und mit gelblicher oder rötlicher Grundfärbung	Pantoffeltierchen Augentierchen, fein. *Cyclops*-Nauplien	Zucht schwierig. Sowohl Eier wie Jungfische sehr empfindlich gegen Mikroorganismen. Größte Sauberkeit. Dämmerungslaicher.
Hemigrammus ocellifer fulsus.	25 l	23–25° C	dGH bis 20	♂ schlanker und kleiner als ♀	Pantoffeltierchen *Artemia*-Nauplien nat. Staubfutter	Leicht zu züchten und ziemlich produktiv. Zuchtansatz ohne Bodenbelag. Dämmerungslaicher.
Hemigrammus pulcher	50 l	25–27° C	dGH bis 5	♂ schlanker und etwas kräftiger in der Färbung als das ♀	Pantoffeltierchen Augentierchen, fein. *Cyclops*-Nauplien	Zucht schwer, da die Jungfische hochempfindlich gegen Wassertrübungen sind. Peinlichst sauberer Ansatz ohne Bodenbelag.
Hemigrammus rhodostomus	40 l	23–25° C	dGH etwa 3	Unterscheidung schwer, ♂ etwas schlanker als ♀	Pantoffeltierchen nat. Staubfutter	Zucht schwer und bisher nur selten gelungen. Eier und Jungfische empfindlich gegen Mikroorganismen. Dämmerungslaicher.
Hyphessobrycon callistus von dieser Art gibt es mehrere Formen	25 l	23–26° C	dGH bis 6	♂ schlanker und meist etwas größer als ♀	Pantoffeltierchen *Artemia*-Nauplien nat. Staubfutter	Zucht bei Beachtung notwendiger Sauberkeit (kein Bodenbelag) leicht. Dämmerungslaicher.
Hyphessobrycon flammeus	15 l	23–25° C	dGH bis 20	♂ schlanker und mit schwarzgesäumter Afterflosse	Pantoffeltierchen nat. Staubfutter	Zucht sehr leicht. Kann für mehr produktive Vermehrung auch im Schwarm, bei gleicher Verteilung von ♂ und ♀ angesetzt werden.
Hyphessobrycon herbertaxelrodi	25 l	24–26° C	dGH bis 8	♂ kleiner und mit flacherem Bauch	nat. Staubfutter Augentierchen Pantoffeltierchen	Etwas schreckhaft, laichen oft erst mehrere Tage nach Einsetzen in das Zuchtaquarium. Dämmerungslaicher.
Hyphessobrycon heterorhabdus	25 l	23–25° C	dGH etwa 3	♂ bedeutend schlanker und kleiner als ♀	nat. Staubfutter Augentierchen Pantoffeltierchen	Zucht nicht schwer. Eier und Jungfische sind aber hochempfindlich gegen Wassertrübungen. Peinlichst sauberer Ansatz.
Hyphessobrycon pulchripinnis	25 l	23–25° C	dGH bis 8	♂ etwas schlanker und mitunter auch etwas größer als ♀	nat. Staubfutter *Artemia*-Nauplien Pantoffeltierchen	Zucht nicht leicht, Ansatz ohne Bodenbelag. Sauberkeit bei Ansatz und Fütterung beachten.

Art	Zuchtaquarium Mindestgröße	Temperaturbereich	Wasserverhältnisse	Geschlechtsunterschiede	Erstes Futter für Jungfische	Besondere Hinweise
Hyphessobrycon ornatus	40 l	23–26° C	dGH bis 12	♂ schlanker und mit fahnenartig ausgezogener Rückenflosse	nat. Staubfutter *Artemia*-Nauplien Pantoffeltierchen	Bei genau beachteter Sauberkeit ist die Zucht nicht schwer. Ziemlich produktiv. Dämmerungslaicher.
Hyphessobrycon erythrostigma	80 l	23–26° C	dGH bis 12	♂ kräftiger in den Farben und mit verlängerter Rückenflosse	nat. Staubfutter *Artemia*-Nauplien	Zucht schwierig, bisher nur selten gelungen. Zuchttiere müssen kräftig mit Mückenlarven oder frischen Ameisenpuppen gefüttert werden, um Laich anzusetzen.
Hyphessobrycon scholzei	40 l	22–25° C	dGH bis 20	♂ kleiner und schlanker als ♀	nat. Staubfutter *Artemia*-Nauplien	Hart und anspruchslos. Äußerst produktiv. Schätzt härteres Laichsubstrat (z. B. Widertonmoos).
Cheirodon axelrodi	25 l	24–25° C	dGH ca. 3 pH leicht sauer	♂ kleiner und schlanker als ♀	Pantoffeltierchen feinste *Cyclops*- und *Diaptomus*-Nauplien	Peinlichste Sauberkeit beim Ansatz. Dämmerungslaicher. Kann auch im Schwarmansatz mit mehr ♂ als ♀ vermehrt werden.
Boehlkea fredcochui	15 l	24–26° C	dGH bis 10	♂ etwas größer als ♀ und mit vergrößerter Afterflosse	Pantoffeltierchen Augentierchen, fein. *Cyclops*-Nauplien	Hat innere Befruchtung, mit ♂ zusammengehaltene ♀ können, bei Haltung unter besten Bedingungen, alleine abgesetzt werden.
Moenkhausia oligolepis	100 l	24–26° C	dGH bis 15	♂ kleiner und schlanker als ♀	nat. Staubfutter *Artemia*-Nauplien	Sehr produktiv, doch oft arge Laichräuber. Bodenbelag mit Kieseln oder Laichrost.
Moenkhausia pittieri	60 l	24–26° C	dGH bis 15	♂ meist größer und mit stark verlängerter Rückenflosse	nat. Staubfutter *Artemia*-Nauplien	Laichen stürmisch, meist während der zeitigen Morgenstunden, in den oberen Wasserschichten.
Moenkhausia sanctaefilomenae	25 l	25–28° C	dGH bis 10	♂ kleiner und schlanker als ♀	Pantoffeltierchen nat. Staubfutter *Artemia*-Nauplien	Einzelne Paare bei der Zucht unsicher. Laichen besser im Schwarmansatz (mehr ♂ als ♀) in größerem Aquarium.
Nannaethiops unitaeniatus	60 l	24–28° C	dGH bis 15	♂ wesentlich kleiner als ♀. Die Bauchpartie beim ♂ flach, beim ♀ gewölbt	Pantoffeltierchen nat. Staubfutter	Laichen oft erst mehrere Tage nach dem Ansatz. Schätzen härtere Laichpflanzen. Sehr produktiv.
Nematobrycon palmeri	30 l	25–27° C	dGH bis 12?	Rücken- und Afterflosse beim ♂ größer und mit verlängerten Strahlen	Pantoffeltierchen nat. Staubfutter *Artemia*-Nauplien	Am besten Ansatz von 1 ♂ und 2 ♀, oder 2♂ und 3 ♀. Männchen oft sehr „ruppig". Zucht auch im Schwarm möglich (gr. Aquarium).

Poecilobrycon (Nannobrycon) eques	15 l	24–26° C	dGH bis 6	♂ schlanker mit rotem Fleck in der Afterflosse	Pantoffeltierchen nat. Staubfutter *Artemia*-Nauplien	Laichen an der Unterseite von Wasserpflanzenblättern (z. B. Cryptocorynen), Ansatz peinlichst sauber, ohne Bodenbelag.
Nannostomus beckfordi und *Nannostomus beckfordi aripirangensis*	15 l	23–25° C	dGH bis 12 pH-Wert schwach alkalisch	♂ etwas größer und mehr intensiv gefärbt als ♀	nat. Staubfutter *Artemia*-Nauplien	Zucht leicht. ♀ setzen am besten Laich an, wenn viel mit feinem lebenden Futter gefüttert wird. Selten Laichräuber.
Nannostomus marginatus	5 l	23–25° C	dGH bis 6	♂ etwas kräftiger gefärbt, beim ♀ ist die Bauchlinie mehr gewölbt	Pantoffeltierchen nat. Staubfutter *Artemia*-Nauplien	Oft arge Laichräuber. Laichschutz durch Laichrost. Peinlichste Sauberkeit beim Ansatz. Nicht sonderlich produktiv.
Neolebias-Arten	40–80 l (je nach Art)	24–28° C	dGH bis 15	♂ etwas schlanker als ♀	Pantoffeltierchen Augentierchen, fein. *Cyclops*-Nauplien	Zuchtaquarium dicht mit feinfiedrigen Pflanzen besetzen. Laichen mehrere Tage hintereinander. Jungfische empfindlich.
Paracheirodon innesi	15 l	21–22° C	dGH bis 5 pH-Wert schwach sauer	♂ schlanker als ♀	nat. Staubfutter *Artemia*-Nauplien	Peinlichst sauberer Ansatz. Dämmerungslaicher. Eier und Jungfische empfindlich gegenüber Mikroorganismen.
Phenacogrammus interruptus	80 l	23–25° C	dGH bis 4 pH-Wert schwach sauer	♂ größer und mit verlängerten Strahlen in Rücken-, Schwanz- und Afterflosse	*Artemia*-Nauplien nat. Staubfutter	Laichen mehrere Tage hintereinander. Dämmerungslaicher. Bei Laichräubereien Kiesel als Bodenbelag verwenden. Hartes Laichsubstrat.
Prionobrama filigera	25 l	23–25° C	dGH bis 15	♂ etwas schlanker als ♀. ♂ haben gut ausgebildete Widerhäkchen in der Afterflosse	Pantoffeltierchen feinste *Cyclops*-Nauplien	Leicht zu züchten, besonders im Schwarmansatz, mehr ♂ als ♀. Jungfische doch sehr klein und empfindlich.
Pristella riddlei	25 l	22–26° C	dGH bis 15	♂ schlanker als ♀	Pantoffeltierchen nat. Staubfutter *Artemia*-Nauplien	Leicht züchtbar und produktiv. Laichen häufig erst mehrere Tage nach Ansatz.
Pyrrhulina-Arten	25 l	24–28° C	dGH bis 12	♂ meist etwas größer als ♀. Die ♂ haben vergrößerte Oberlappen der Schwanzflosse	Pantoffeltierchen Rädertierchen feinste *Cyclops*- und *Diaptomus*-Nauplien	Die ♂ sind brutpflegend. Eier werden auf der Oberseite von Wasserpflanzenblättern abgesetzt. ♀ nach Laichabgabe und ♂ nach Freischwimmen der Jungen entfernen.

Art	Zuchtaquarium Mindestgröße	Temperaturbereich	Wasserverhältnisse	Geschlechtsunterschiede	Erstes Futter für Jungfische	Besondere Hinweise
Thayeria-Arten	100 l	25–27° C	dGH bis 8	Bei nicht laichreifen Tieren schwer. Laichreife ♀ doch runder als ♂	Pantoffeltierchen Rädertierchen feinste *Cyclops*- und *Diaptomus*-Nauplien	Ansatz ohne Bodenbelag. Feinfiedrige Laichpflanzen. Dämmerungslaicher. Jungfische empfindlich, unter richtigen Voraussetzungen doch sehr produktiv.

Tabelle über die Zuchtbedingungen für Karpfenfische

Art	Zuchtaquarium Mindestgröße	Temperaturbereich	Wasserverhältnisse	Geschlechtsunterschiede	Erstes Futter für Jungfische	Besondere Hinweise
Balantiocheilus melanopterus	Zucht nur in großem Aquarium möglich (150 l m.)	23–25° C	dGH bis 10 pH leicht sauer (6,5)	♂ schlanker und in den Flossen kräftiger gefärbt	nat. Staubfutter *Artemia*-Nauplien Mikro	Wird schon mit ca. 15 cm Länge geschlechtsreif. Und nur mit solchen halbwüchsigen Tieren ist Zucht im Zimmeraquarium möglich
Carassius auratus Goldfisch und alle Goldfischzuchtformen wie Schleierschwänze, Teleskopfische usw.	Laichen schon in Aquarien mit 40–50 l Inhalt. Rationelle Zucht nur in sehr großen Aquarien mögl. (200 l u. m.)	18–22° C	keine besonderen Ansprüche an die Wasserverhältnisse	Während der Laichperiode haben die Männchen weiße Knötchen (Triebwarzen) auf den Kiemendeckeln	nat. Staubfutter Hafermehl, Eipulver	Zuchttiere müssen kühl überwintert werden (8–12° C). Zuchtaquarien sind dicht zu bepflanzen. Arge Laichräuber.
Danio-Arten *Danio aequipinnatus* *Danio devario*	Von 30 l an aufwärts. Auf Grund hoher Produktivität sind doch möglichst große Zuchtaquarien anzuraten	23–25° C	keine besonderen Ansprüche	♂ schlanker und intensiver gefärbt	nat. Staubfutter fein zerriebenes Trockenfutter	Dichte Bodenbepflanzung oder Bodenbelag mit Kieseln anzuraten, da arge Laichräuber. In sehr großen Zuchtaquarien am besten Schwarmansatz mit mehr ♂ als ♀
Brachydanio-Arten *Brachydanio rerio* *Brachydanio nigrofasciatus* *Brachydanio albolineatus*	Für einzelne Paare Zuchtaquarium mit 15 l ausreichend. Bei Schwarmansätzen entspr. größ.	23–25° C	keine besonderen Ansprüche	♂ schlanker, ♀ mit mehr gewölbter Bauchlinie	nat. Staubfutter Pantoffeltierchen notfalls zerriebenes Trockenfutter	Laichen meist in den zeitigen Morgenstunden. Laichschutz (Kieselbelag) auf dem Aquarienboden. Vorteilhaft im Schwarmansatz mit mehr ♂ als ♀ zu vermehren.

Esomus-Arten *Esomus danrica* *Esomus goddardi* *Esomus lineatus* *Esomus malayensis*	50 l, es sind möglichst lange Zuchtaquarien zu verwenden	25–28° C	dGH bis 15	♂ schlanker und meist etwas kleiner als ♀	Jungfische müssen an der Oberfläche gefüttert werden. Gut geeignet sind Pantoffeltierchen	Laichen fast immer zeitig am Morgen beim ersten Lichteinfall. Zuchtaquarien gut abdecken, da sie während des Laichens oft springen. Sofort nach Laichabgabe entfernen, da arge Laichräuber.
Oxygaster-Arten *Chela*-Arten	50 l	24–27° C	dGH bis 6	♂ schlanker als ♀	nat. Staubfutter Pantoffeltierchen Hafermehl	Zuchtaquarium zur Hälfte dicht bepflanzen, andere Hälfte freier Wasserraum. Laichen bei völliger Dunkelheit.
Puntius conchonius *Puntius cumingi* *Capoeta semifasciolata* *Puntius nigrofasciatus*	Zucht ist schon in Zuchtaquarien mit 25 l Inhalt möglich. Doch sind auf Grund der Produktivität größere Aquarien anzuraten	24–26° C	dGH bis 15 *P. conchonius* und *C. semifasciolata* lassen sich auch in noch härterem Wasser gut vermehren	♂ schlanker, ♀ haben mehr gewölbte Bauchlinie ♂ von *P. conchonius* haben schwarze Spitze in Dorsale. ♂ von *P. nigrofasciatus* hat schwarze Flossen, zur Laichzeit Hinterkörper schwarz, Kopf purpurrot	nat. Staubfutter Pantoffeltierchen *Artemia*-Nauplien	Zuchtaquarien dicht bepflanzen. Bodenbepflanzung oder Bodenbelag mit Kieseln. Nach erfolgter Laichabgabe Zuchtpaar entfernen.
Puntius gelius *Capoeta oligolepis* *Capoeta titteya*	20 l	24–27° C	dGH bis 15	♂ schlanker als ♀. Bei *C. oligolepis* ♂ bläulich, bei *C. titteya* ♂ rötlich	nat. Staubfutter Pantoffeltierchen *Artemia*-Nauplien	Zuchtaquarien dicht mit feinfiedrigen Pflanzen bepflanzen. Kieselbelag als Laichschutz. Laichen meist in den zeitigen Morgenstunden.
Capoeta tetrazona	20 l	24–27° C	dGH bis 20, doch sind Zuchterfolge in härterem Wasser unsicher (d. h. über 12 dH)	♂ schlanker und etwas mehr rötlich getönt. Flossenkanten und Schnauzenspitze rot beim ♂	nat. Staubfutter *Artemia*-Nauplien Mikronematoden	Zuchtaquarium mit Bodenbelag aus Kieseln und dichter Bepflanzung.
Barbodes pentazona hexazona	20 l	24–27° C	4° dGH und leicht sauer (Torffilterung)	♂ schlanker und etwas kräftiger in Färbung	nat. Staubfutter *Artemia*-Nauplien	Zuchtaquarium mit gut gewässertem Torf als Bodengrund.
Puntius lineatus *Capoeta arulia*	60 l	24–27° C	dGH bis 10	♂ schlanker und bei *C. arulia* mit verlängerten Strahlen in der Rückenflosse	nat. Staubfutter *Artemia*-Nauplien	Zuchtaquarium mit Bodenbelag aus Kieseln, dichte Bepflanzung. Laichen meist in den zeitigen Morgenstunden.

Art	Zuchtaquarium Mindestgröße	Temperaturbereich	Wasserverhältnisse	Geschlechtsunterschiede	Erstes Futter für Jungfische	Besondere Hinweise
Rasbora heteromorpha *Rasbora hengeli*	20 l	24–27° C	dGH bis 6 gerne etwas sauer (pH ca. 6,5) (Torffilterung)	♂ schlanker. Keilfleck reicht beim ♂ bis zur Bauchkante	nat. Staubfutter *Artemia*-Nauplien	Zuchtansatz ohne Bodenbelag. Breitblättrige Laichpflanzen (z. B. Cryptocorynen). *Rasbora hengeli* kann auch im Schwarmansatz gezüchtet werden.
Rasbora maculata *Rasbora urophthalma*	10 l	25–28° C	dGH bis 5 Torffilterung anzuraten	♂ kleiner und schlanker	feinste Nauplien Rädertierchen Augentierchen	Laichschutz (feiner Laichrost) angebracht. Dämmerungslaicher. Feinblättrige Laichpflanzen (z. B. *Ceratopteris*).
Rasbora trilineata *Rasbora borapetensis*	40 l	23–25° C	dGH bis 15	♂ schlanker als ♀	nat. Staubfutter *Artemia*-Nauplien	Zuchtaquarium mit Bodenbelag aus Kieseln und mit dichter Bepflanzung.
Rasbora pauciperforata *Rasbora daniconius*	40 l	23–25° C	dGH nicht über 8	♂ schlanker und kräftiger in den Farben als ♀	nat. Staubfutter *Artemia*-Nauplien Pantoffeltierchen	Laichen am sichersten im Schwarmansatz, z. B. 2 ♀ 3 ♂ oder 3 ♀ und 4 ♂. Beim Schwarmansatz ist Laichschutz (Laichroste) notwendig.
Rasbora vaterifloris	20 l	25–27° C	dGH nicht über 6 leicht sauer (Torffilterung)	♂ schlanker und mit orangefarbigen Flossen	nat. Staubfutter *Artemia*-Nauplien	Dämmerungslaicher. Zuchtansatz ohne Bodenbelag, Laichroste. Laicht zwischen feinfiedrigen Pflanzen.
Tanichthys albonubes	15 l für Daueransatz und Schwarmansatz größere Aquarien	20–22° C	schätzt weiches Wasser nicht. Zucht am besten in Wasser mit mehr als 10° dGH	♂ schlanker mit kräftig gelb gefärbten Flossenkanten	nat. Staubfutter Pantoffeltierchen fein zerriebenes Trockenfutter Hafermehl	Am besten im Daueransatz in großen Aquarien zu vermehren. Bei zu hohen Temperaturen sind die Jungfische sehr anfällig für Infektionen (Pilzbefall, *Costia*).

Tabelle über die Zuchtbedingungen für Eierlegende Zahnkarpfen

Art	Zuchtaquarium Mindestgröße	Temperaturbereich	Wasserverhältnisse	Geschlechtsunterschiede	Erstes Futter für Jungfische	Besondere Hinweise
Aphanius-Arten	15 l	23–25° C	dGH bis 25 5 % Seewassersatz (gilt nicht für *A. iberus*)	♂ kräftiger gefärbt und mit vergrößerter Rücken- und Afterflosse	nat. Staubfutter *Artemia*-Nauplien	Kühl bei 12–15° überwinterte Zuchttiere geben beste Resultate. Laichabgabe erstreckt sich über mehrere Tage. Schlupfzeit 11–15 Tage.
Aphyosemion australe	15 l	19–23° C	dGH bis 10 pH-Wert etwas sauer, Torffilterung	Beim ♂ Schwanz- und Rückenflosse spitz ausgezogen	nat. Staubfutter *Artemia*-Nauplien	Dauerlaicher, laicht 4–5 Wochen. Züchtet am besten in Gruppen mit mehr ♀ als ♂. Eier werden an Pflanzen abgesetzt. Schlupfzeit 12–18 Tage.
Aphyosemion bivittatum	15 l	20–24° C	dGH bis 8 pH-Wert etwas sauer	Beim ♂ Rücken-, After- und Schwanzflosse vergrößert und spitz ausgezogen	nat. Staubfutter *Artemia*-Nauplien	Dauerlaicher, Laichperiode 2–3 Wochen. Zuchtansatz mit 2 ♀ und 1 ♂. Laicht in Pflanzen dicht am Boden. Schlupfzeit 12–20 Tage.
Aphyosemion gardneri	15 l	20–24° C	dGH bis 12	Rücken-, After- und Schwanzflosse beim ♂ spitz ausgezogen	nat. Staubfutter *Artemia*-Nauplien	Laichperiode kurz, 8–12 Tage. Zuchtansatz mit 2 ♀ und 1 ♂. Laichen zwischen Pflanzen. Schlupfzeit 12–20 Tage.
Roloffia liberiensis	20 l	20–22° C	dGH bis 6 pH-Wert etwas sauer	Schwanzflosse beim ♂ mit verlängerten Spitzen	nat. Staubfutter *Artemia*-Nauplien	Dauerlaicher, Laichperiode bis zu 4 Wochen. Laichen in Bodennähe zwischen Pflanzen, doch kann auch Bodenlaichen vorkommen. Schlupfzeit bis 35 Tage.
Aphyosemion arnoldi	15 l	20–22° C	dGH bis 6	Schwanz- und Rückenflosse beim ♂ ausgezogen	nat. Staubfutter *Artemia*-Nauplien Pantoffeltierchen	Zuchtansatz 2 ♀, 1 ♂. Laichen in Torffasern am Boden. Schlupfzeit 30–45 Tage. Jungfische sofort nach Schlüpfen anfüttern.
Aphyosemion filamentosum	15 l	20–24° C	dGH bis 8 pH-Wert etwas sauer	♂ hat spitz ausgezogene Schwanzflosse und zackigen Rand an der Afterflosse	nat. Staubfutter *Artemia*-Nauplien Pantoffeltierchen	Zuchtansatz mit 2 ♀ und 1 ♂. Laichen am Boden. Laichsubstrat Torffasern oder am Boden verankerte Pflanzen. Schlupfzeit 20–40 Tage.

Art	Zuchtaquarium Mindestgröße	Temperaturbereich	Wasserverhältnisse	Geschlechtsunterschiede	Erstes Futter für Jungfische	Besondere Hinweise
Aplocheilichthys-Arten	10 l für die kleineren Arten, sonst 30 l	23–25° C	dGH bis 15 10 % Seewasserzusatz	♂ kräftiger gefärbt, meist mit Tüpfelzeichnung in den Flossen	nat. Staubfutter Rädertierchen Pantoffeltierchen	Laichperiode etwa 14 Tage. Laichen dicht an der Oberfläche in Pflanzengewirr. Schlupfzeit 11–15 Tage.
Aplocheilus lineatus	25 l	24–28° C	dGH bis 15	Afterflosse beim ♂ gelblich	nat. Staubfutter *Artemia*-Nauplien	Laichen in der Nähe der Oberfläche. Eier groß, können leicht abgelesen werden. Schlupfzeit 12 bis 18 Tage.
Aplocheilus panchax	15 l	24–28° C	dGH bis 15	♂ mit gefärbter Schwanzflosse, beim ♀ Schwanzflosse farblos	nat. Staubfutter *Artemia*-Nauplien	Laichen ähnlich wie *Aplocheilus lineatus*. Eier können im Zuchtaquarium verbleiben. Schlupfzeit 12–18 Tage.
Cynolebias-Arten	15 l	18–22° C	dGH bis 5	♂ meist größer, mit dunklerer Körperfärbung und Fleckenbezeichnung	feinste *Cyclops*-Nauplien Pantoffeltierchen	Zuchtansatz 1 ♂, 2 ♀, Torfboden. Nach 14 Tagen Fische umsetzen, Torf abtrocknen u. in Plastikbeutel 6 Monate lagern. Sodann mit Wasser übergießen. Sofort anfüttern.
Epiplatys annulatus	10 l	22–24° C	dGH bis 8 pH-Wert gerne etwas sauer	♂ mit rot und blau gezeichneter Schwanzflosse	feinste *Cyclops*-Nauplien Pantoffeltierchen	Eier werden in feinfiedrigen Pflanzen abgesetzt. Pflanzen mit 5 Tagen Abstand austauschen. Schlupfzeit 12–15 Tage.
Epiplatys dageti monroviae	15 l	23–25° C	dGH bis 20	♂ mit rotem Kehlfleck und unten ausgezogener Schwanzflosse	nat. Staubfutter *Artemia*-Nauplien	Laichen in Pflanzen oder künstlichem Laichsubstrat. Eier absammeln oder mit Substrat entnehmen. Schlupfzeit 12–15 Tage.
Nothobranchius guentheri	15 l	18–22° C	dGH bis 5 pH-Wert leicht sauer	♂ farbig und schwarzem hinteren Saum in der Schwanzflosse	feinste *Cyclops*-Nauplien Rädertierchen	Zuchtaquarium mit Bodenbelag aus gewässertem Torf. Bodenbelag nach 3 Wochen entfernen und abgetrocknet kühl (16–18° C) aufbewahren. Nach 10 Wochen mit Wasser übergießen.
Nothobranchius rachowi	15 l	18–22° C	dGH bis 5 pH-Wert leicht sauer	♂ farbig und Zeichnung in Schwanz-, Rücken- und Afterflosse	feinste *Cyclops*-Nauplien Rädertierchen	Zuchtaquarium wie bei *N. guentheri*. Eier benötigen lange Trokkenperiode, bei 18° C 7 Monate. Jungfische nach Geschlechtern trennen, sobald diese erkennbar. Sonst Zwergwuchs der ♀.

Pachypanchax playfairi	25 l	25–28° C	dGH bis 25	♂ kräftiger in den Farben	nat. Staubfutter *Artemia*-Nauplien	Zuchtansatz mit 2 ♀ und 1 ♂. Zucht am einfachsten mit künstlichem Laichsubstrat. Schlupfzeit 12–16 Tage.
Rivulus cylindraceus	20 l	25–28° C	dGH bis 15	♂ kräftiger in den Farben. ♀ hat schwarzen Fleck in Schwanzwurzel	nat. Staubfutter *Artemia*-Nauplien	Zuchtansatz mit 2 ♀ und 1 ♂. Laichen am besten in Laichsubstrat, das am Boden verankert wird. Schlupfzeit 12–18 Tage.
Rivulus milesi	20 l	25–28° C	dGH bis 15	♂ mit gelbrotem Saum in der Schwanzflosse	nat. Staubfutter *Artemia*-Nauplien	Zuchtansatz mit 2 ♀ und 1 ♂, oder Gruppe mit mehr ♀ als ♂. Laichen in Bodennähe. Schlupfzeit 10–15 Tage.
Roloffia occidentalis	30 l	20–23° C	dGH bis 6	♂ mit roten und blauen Streifen in Rücken-, After- und Schwanzflosse	*Artemia*-Nauplien Mikro, nat. Staubfutter (nicht zu fein)	Männchen treiben sehr stürmisch. Zuchtansatz 2 ♀ und 1 ♂. Laichen in gewässertem Torf am Boden. Eier benötigen keine Trokkenperiode. Schlupfzeit 80–110 Tage.
Pterolebias longipinnis	20 l	22–24° C	dGH bis 6	♂ mit fächerartig vergrößerter Schwanzflosse	feinste *Cyclops*-Nauplien, Rädertierchen, Pantoffeltierchen	Bodenlaicher, gewässerter Torf als Bodenbelag. 2 ♀ und 1 ♂. 14 Tage nach Ansatz Wasser abgießen. Torf bei 20° C 70 Tage dunkel lagern, sodann mit Wasser übergießen.
Oryzias javanicus	20 l	23–25° C	dGH bis 12	♂ mit größerer Rücken- und Afterflosse	Pantoffeltierchen Rädertierchen feine Algen	Laichen in den Morgenstunden. Eier werden vom ♀ einige Stunden lang als Bündel herumgetragen und dann an Pflanzen abgesetzt. Schlupfzeit 12–16 Tage.
Lucania goodei	15 l	20–26° C	dGH bis 15	Beim ♂ ist der untere Teil der Rückenflosse rot	nat. Staubfutter *Artemia*-Nauplien	Laichen ca. während 14 Tagen je Tag 12–20 Eier. Zuchttiere können bis zum Schlüpfen der Jungfische im Zuchtaquarium bleiben.
Jordanella floridae	25 l	22–25° C	dGH bis 15	♂ wesentlich kräftiger gefärbt als ♀	nat. Staubfutter *Artemia*-Nauplien Algen	♂ ist brutpflegend. Eier werden in Algenpolstern am Boden abgesetzt. Schlupfzeit 7–9 Tage. Weibchen nach Laichabgabe entfernen.

Tabelle über die Zuchtbedingungen für Labyrinthfische

Art	Zuchtaquarium Mindestgröße	Temperaturbereich	Wasserverhältnisse	Geschlechtsunterschiede	Erstes Futter für Jungfische	Besondere Hinweise
Betta splendens	Züchtet in kleinsten Behältern. Für gutes Aufzuchtresultat doch mindestens 35 l	25–30° C	sowohl in weichem als auch in hartem Wasser gut zu züchten	♂ mit größeren Flossen und stärker gefärbt als ♀	Pantoffeltierchen feinstes nat. Staubfutter	♂ gegenüber nicht vollständig laichreifen ♀ „ruppig". Jungfische schlüpfen nach 24–28 Stunden. Zuchtaquarium während des ersten Monats gut durchlüften. Ab etwa halbwüchsigem Alter ♂ einzeln aufziehen.
Betta taeniata (gilt auch für andere maulbrütende *Betta*-Arten)	25 l	25–30° C	dGH bis 20	♂ hat größere Rücken- und Afterflosse als ♀	Pantoffeltierchen feinstes nat. Staubfutter	Paarung erfolgt in Bodennähe. Die Eier werden nach erfolgter Befruchtung zunächst vom Weibchen mit dem Maule aufgenommen und dann dem Männchen „zugespuckt". Verlassen nach 8 bis 9 Tagen das Männchen.
Ctenopoma-Arten	je nach Art zwischen 50–150 l	24–28° C	dGH bis 20	♂ mit ausgezogener Rücken- und Afterflosse	nat. Staubfutter Pantoffeltierchen größere Arten auch *Artemia*-Nauplien	Laichen meist frei an der Oberfläche ohne Schaumnest. ♂ bewacht die frei treibenden Eier. Jungfische schlüpfen nach ca. 30 Stunden.
Colisa chuna	25 l	25–30° C	dGH bis 20	Beim ♂ ist die Rückenflosse ausgezogen, die Afterflosse dunkelblau	feinstes nat. Staubfutter Pantoffeltierchen Augentierchen	Jungfische schlüpfen nach 24 Stunden, benötigen jedoch vor dem vierten Tag keine Nahrung.

Tafel 47
Oben links: Nothobranchius korthausae
Oben rechts: Epiplatys lamotti
Obere Mitte, links: Aphysosemion mirabile traudena
Obere Mitte, rechts: Aphyosemion striatum striatum
Untere Mitte, links: Roloffia geryi abuko
Untere Mitte rechts: Roloffia monroviae
Unten links: Epiplatys schreiberi
Unten rechts: Epiplatys dorsalis
Aufnahmen: B. Kahl

Tafel 48
Oben links: Epiplatys chaperi spillmanni
Oben rechts: Aphyosemion lujae
Obere Mitte: links: Epiplatys fasciolatus
Obere Mitte, rechts: Aphyosemion marmoratum
Untere Mitte, links: Roloffia occidentalis toddi
Untere Mitte, rechts: Epiplatys olbrechtsi
Unten links: Aphyosemion puerzli
Unten rechts: Epiplatys spilargyreius
Aufnahmen: B. Kahl

Art	Zuchtaquarium Mindestgröße	Temperaturbereich	Wasserverhältnisse	Geschlechtsunterschiede	Erstes Futter für Jungfische	Besondere Hinweise
Colisa fasciata *Colisa labiosa*	Züchten auch in sehr kleinen Aquarien. Für gutes Aufzuchtresultat doch mind. 50–60 l notwendig	24–28° C	sowohl in weichem als auch in hartem Wasser gut zu züchten	♂ kräftiger gefärbt (*C. fasciata* rot in Rücken- und Afterflosse, die *labiosa* dunkelbraun)	feinstes nat. Staubfutter Pantoffeltierchen	Jungfische schlüpfen nach ca. 24 Stunden, nach drei weiteren Tagen erste Fütterung. Zuchtaquarium während des ersten Monats gut durchlüften.
Colisa lalia	wie bei *C. fasciata* angegeben	26–30° C	sowohl in weichem als auch in hartem Wasser gut zu züchten	♂ mit ausgezogener Rückenflosse und viel stärker gefärbt als ♀	feinstes nat. Staubfutter Pantoffeltierchen Augentierchen	Baut Schwimmpflanzen in das Schaumnest ein. Jungfische schlüpfen nach 20 Stunden. Beginn der Fütterung drei Tage danach. Wachsen in kleinen Aquarien ungleichmäßig, benötigen auch Algenkost.
Helostoma temmincki	mind. 150 l Für wirklich gute Aufzuchtergebnisse sind jedoch größere Aquarien erforderlich	24–26° C	dGH bis 15	Geschlechter nur an der Körperform zu unterscheiden, ♀ etwas breiter vom Rücken aus gesehen	Pantoffeltierchen Hafermehl zerriebenes Trockenfutter	Nicht brutpflegend. Freilaicher. Die stark klebenden Eier sind leichter als Wasser. Jungfische schlüpfen nach ca. 50 Stunden und benötigen am fünften Tage Futter. Sehr produktiv.
Macropodus opercularis	Züchtet in kleinsten Behältern. Für Aufzucht großer Bruten doch mindestens 50 l erforderlich	23–26° C	sowohl in weichem als auch in hartem Wasser gut zu züchten	♂ mit ausgezogener Rücken- und Afterflosse	feinstes nat. Staubfutter Pantoffeltierchen Hafermehl	Schaumnest wird meist in Oberflächenvegetation verankert. Jungfische schlüpfen nach ca. 20 Stunden. Fressen am vierten Tag.

Art	Zuchtaquarium Mindestgröße	Temperaturbereich	Wasserverhältnisse	Geschlechtsunterschiede	Erstes Futter für Jungfische	Besondere Hinweise
Sphaerichthys osphromenoides	40 l	26–30° C	dGH nicht über 5 pH-Wert leicht sauer (Torffilterung)	♀ haben ein „verwaschenes" Längsband zwischen den Querbinden	Pantoffeltierchen Augentierchen feinste *Cyclops*-Nauplien	Nur gut mit kleinen Insekten gefütterte Tiere werden laichreif. Brutpflege kann mit Schaumnestbau eingeleitet werden, aus dem das ♀ die Eier ins Maul nimmt, oder Eiaufnahme erfolgt direkt (bei Paarungen am Boden). Jungfische schwimmen frei am 5. Tage
Trichogaster leeri	80 l	25–28° C	sowohl in weichem als auch in hartem Wasser gut zu züchten	♂ mit größerer Rücken- und Afterflosse als ♀ und mit blutroter Unterseite	feinstes nat. Staubfutter Pantoffeltierchen	Oberflächenvegetation erwünscht. Sterilität der ♂ häufig (Hermaphrodismus). Bei Mißerfolg ♂ austauschen. Schlüpfen nach 24 Stunden, fressen am 4. Tag.
Trichogaster trichopterus (gilt auch für dessen Varianten wie „*sumatranus*" und Zuchtformen)	80 l	25–28° C	sowohl in weichem als auch in hartem Wasser gut zu züchten	♂ mit ausgezogener Rückenflosse	feinstes nat. Staubfutter Pantoffeltierchen Hafermehl	Jungfische schlüpfen nach 20–24 Stunden, fressen am vierten Tag. In kleineren Zuchtaquarien sehr ungleiches Wachstum, die am schnellsten wachsenden Jungfische laufend abfangen, fressen sonst kleinere.
Trichopsis vittatus	40 l	25–28° C	dGH bis 15	♂ mit ausgezogener Rückenflosse und größerer Afterflosse als ♀	*Artemia*-Nauplien nat. Staubfutter Pantoffeltierchen	Werden häufig erst im zweiten Lebensjahr geschlechtsreif. Jungfische schlüpfen nach ca. 30 Stunden, fressen am 4. Tag. Nicht sonderlich produktiv, Jungfische verhältnismäßig unempfindlich.

Tabelle über die Zuchtbedingungen für Lebendgebärende Zahnkarpfen

Art	Zuchtaquarium Mindestgröße	Temperaturbereich	Wasserverhältnisse	Geschlechtsunterschiede	Erstes Futter für Jungfische	Besondere Hinweise
Belonesox belizanus	80 l	25–28° C	dGH zwischen 6–20 pH-Wert leicht alkalisch	♂ kleiner als ♀ ♀ Gonopodium	Daphnien neugeborene Guppys	Kräftige Fütterung der Weibchen während der Trächtigkeitsperiode. Vor Geburt in Ablaichkästen von mind. 30 × 20 × 20 cm setzen, sonst werden die Jungfische gefressen. Wurfabstand 35–50 Tage.

Gambusia-Arten	25 l	18–22° C	dGH zwischen 6–25 pH-Wert neutral bis schwach alkalisch	♂ Gonopodium	kleine *Cyclops* *Artemia*-Nauplien	Gambusen sind „Kannibalen". Zur Zucht Ablaichkästen verwenden. Nie Jungfische verschiedener Größe aus verschiedenen Aquarien zusammensetzen. Wurfabstand 26 Tage.
Girardinus-Arten *Phallichthys*-Arten	25 l	22–25° C	dGH zwischen 6–25 pH-Wert neutral bis schwach alkalisch	♂ kleiner und Gonopodium	kleine *Cyclops* *Artemia*-Nauplien Algen Trockenfutter	In genügend großen Aquarien können Jungfische bei den Elterntieren verbleiben. Sonst trächtige Weibchen in besondere Aquarien setzen. Wurfabstand 26–32 Tage.
Heterandria formosa	10 l	18–25° C	dGH zwischen 4–15 pH-Wert neutral	♂ kleiner und Gonopodium	nat. Staubfutter *Artemia*-Nauplien Algen Trockenfutter	Jungfische können bei den Eltern verbleiben. ♀ wirft etwa 10 Tage pro Tag 1–3 Jungfische. Wurfabstand 20–30 Tage.
Poecilia (Limia)-Arten	60 l	22–28° C	dGH zwischen 5–25 bei weichem Wasser 5 % Seewasserzusatz	♂ Gonopodium	kleine *Cyclops* *Artemia*-Nauplien Trockenfutter Algen	In Zuchtaquarien mit guter Oberflächenvegetation können Jungfische bei den Eltern verbleiben. Keine Ablaichkästen verwenden, da sonst häufig Fehlgeburten. Wurfabstand 32–36 Tage.
Poecilia (Mollienesia) velifera *Poecilia (Mollienesia) latipinna* *Poecilia (Mollienesia) sphenops*	150 l 150 l 60 l	25–30° C	in hartem (über 15° dGH) Wasser halten. Sonst 10 % Seewasserzusatz	♂ Gonopodium bei *P. latipinna* und *P. velifera* mit vergrößerter Rückenflosse	Algen kleine *Cyclops* *Artemia*-Nauplien Trockenfutter	Züchtet mit gutem Resultat nur in sehr großen Aquarien mit reichlichem Algenwuchs. Jungfische können bei den Eltern verbleiben. Wurfabstand 30–40 Tage.
Poecilia reticulata	25 l	25–28° C	Wasserhärte zwischen 6–25° dGH, pH-Wert schwach alkalisch	♂ bunt gefärbt Gonopodium ♀ farblos	nat. Staubfutter *Artemia*-Nauplien Algen Trockenfutter	Äußerst leicht zu vermehren, doch erfordert die Zucht guter Guppys viel Sorgfalt. Wurfabstand 26–30 Tage.
Priapella intermedia	100 l	24–26° C	Wasserhärte 5–15° dGH, pH-Wert neutral	♂ Gonopodium	nat. Staubfutter *Artemia*-Nauplien Algen	Benötigt große Aquarien mit klarem und sauerstoffreichem Wasser. In Aquarien mit dichter Oberflächenvegetation können Jungfische bei den Eltern verbleiben. Wurfabstand stark schwankend 32–45 Tage.
Xiphophorus maculatus *Xiphophorus variatus*	25 l	24–28° C	Wasserhärte 6–25° dGH, bei weicherem Wasser 5 % Seewasserzusatz	♂ kleiner als ♀ und Gonopodium	kleine *Cyclops* *Artemia*-Nauplien Trockenfutter Algen	In dicht bepflanzten Aquarien können Jungfische bei den Eltern verbleiben. Zu rationeller Zucht große Ablaichkästen verwenden. Wurfabstand 30–35 Tage.

Art	Zuchtaquarium Mindestgröße	Temperaturbereich	Wasserverhältnisse	Geschlechtsunterschiede	Erstes Futter für Jungfische	Besondere Hinweise
Xiphophorus helleri	80 l	22–28° C	Wasserhärte 6–25° dGH, bei weicherem Wasser 5 % Seewasserzusatz	♂ mit schwertartig verlängerten unteren Strahlen der Schwanzflosse, Gonopodium	kleine *Cyclops* *Artemia*-Nauplien Trockenfutter Algen	Trächtige Weibchen einzeln in kleine dichtbepflanzte Aquarien setzen und nach Geburt herausfangen oder Ablaichkästen benutzen. Wurfabstand 30–40 Tage bastardisiert mit *X. maculatus* und *X. variatus.*

Tabelle über Zuchtbedingungen für Buntbarsche

Art	Zuchtaquarium Mindestgröße	Temperaturbereich	Wasserverhältnisse	Geschlechtsunterschiede	Erstes Futter für Jungfische	Besondere Hinweise
Aequidens curviceps	30 l	25–28° C	dGH bis 15	unbedeutend, ♂ sind in der Regel etwas größer mit spitz ausgezogener Rückenflosse	nat. Staubfutter *Artemia*-Nauplien	Einzeln gehalten sind *A. curviceps* unzuverlässige Brutpfleger. Am besten mehrere Paare ansetzen und kurz vor dem Freischwimmen der Jungfische übrige Paare entfernen.
Aequidens maronii *Aequidens pulcher* *Aequidens portalegrensis*	60 l	23–26° C	dGH bis 25	Geschlechter in Farbe und Zeichnung gleich, ♂ haben spitz ausgezogene Rückenflosse	nat. Staubfutter *Artemia*-Nauplien Mikro	Zuverlässige Brutpfleger. Jungfische werden bis zum Freischwimmen mehrmals „umgebettet". Schlüpfen nach 5–8 Tagen. Nachdem die Jungen frei schwimmen, füttern.
Apistogramma agassizi	25 l	25–28° C	dGH bis 12	♂ fast doppelt so groß wie ♀, mit rotstreifiger oder gelbstreifiger Schwanzflosse, ausgezogene Rückenflosse	nat. Staubfutter *Artemia*-Nauplien Mikro	Als einzelne Paare gehalten, pflegen die Weibchen alleine. Männchen sind in diesem Falle nach Eiabgabe zu entfernen. In Gesellschaft gehalten kommt Elternfamilie vor. Höhle ins Aquarium geben!
Apistogramma reitzigi	25 l	25–28° C	dGH bis 12	♂ etwas größer, klarer in den Farben und mit ausgezogener Rückenflosse	nat. Staubfutter *Artemia*-Nauplien	Weibchen ist alleiniger Brutpfleger (Mutterfamilie). Männchen nach Eiabgabe entfernen. Schlüpfen nach 5 Tagen, schwimmen frei nach 9.–10. Tag. Höhle als liegender Blumentopf oder Kokosnußschale.

Microgeophagus ramirezi	40 l	25–28° C	dGH bis 6 pH-Wert neutral oder leicht sauer	♂ größer mit verlängertem 3. Rückenflossenstrahl, ♀ meist stärker in der Färbung, Bauch rötlich	*Cyclops*-Nauplien Rädertierchen *Artemia*-Nauplien	Laichen meist auf Steinen, doch kommt auch Laichabgabe in Gruben und auf Blättern vor. Intensive Brutpfleger (Elternfamilie). Jungfische empfindlich und sauerstoffbedürftig.
Astronotus ocellatus	300 l	26–30° C	dGH bis 15	Geschlechtsbestimmung sehr unsicher, ♂ meist breiter in der Schädelpartie	gesiebte Wasserflöhe, *Cyclops*	Werden meist erst im dritten Lebensjahr geschlechtsreif. Zuchttiere sehr kräftig füttern (lebende Fische), sonst kaum Laichansatz.
Cichlasoma octofasciatum *Cichlasoma meeki* *Cichlasoma nigrofasciatum*	60 l	23–26° C	dGH bis 25	♂ größer, mit spitz ausgezogener Rücken- und Schwanzflosse	feine *Cyclops* *Artemia*-Nauplien Mikro	♂ oft „ruppig" gegenüber nicht laichreifen ♀. Laichen meist an schräg stehenden Steinen, zuverlässige Brutpfleger. Schlüpfen nach 6–8 Tagen. Schwimmen 4 Tage später frei.
Cichlasoma festivum	100 l	26–30° C	dGH bis 15	Bei jungen Paaren schwer, ältere ♂♂ haben stark gewölbte Stirnpartie	nat. Staubfutter *Artemia*-Nauplien	Laichen auf breiten Blättern. Jungfische schlüpfen 6 Tage nach Eiablage und werden von den Elterntieren am Blatt „aufgehängt". Schwimmen frei 4 Tage später.
Cichlasoma severum	200 l	26–30° C	dGH bis 15	♂ mit zugespitzter Rückenflosse und roten Flecken auf den Kiemendeckeln	gesiebte *Cyclops* und Daphnien *Artemia*-Nauplien Mikro	Zuchtpaare aus einer größeren Anzahl Jungfische sich selber finden lassen. Zucht mit willkürlich gewählten Paaren äußerst unsicher. Entwicklung wie bei *C. festivum*.
Etroplus maculatus *Etroplus suratensis*	60 l 200 l	25–28° C	Wasserhärte nicht unter 15° dGH. Bei weicherem Wasser 5 % Seewasserzusatz	♂ kräftiger in den Farben	nat. Staubfutter *Artemia*-Nauplien	Auch einzelne Paare sind zuverlässige Brutpfleger. Jungfische schlüpfen 7–8 Tage später. Brutpflege intensiv und über eine lange Periode (bis zu 2 Monate).
Pseudocrenilabrus multicolor	20 l	23–28° C	züchtet gut sowohl in hartem als auch in weichem Wasser	♂ kräftiger gefärbt mit roter Afterflossenspitze	*Artemia*-Nauplien gesiebte *Cyclops*	Laichabgabe in Grube. Eier werden vom Weibchen ins Maul genommen. Nach Laichabgabe ♂ entfernen. Jungfische schwimmen nach 11–15 Tagen. Sofort nach Ausschwimmen füttern.
Hemichromis bimaculatus	60 l	23–28° C	züchtet gut in sowohl weichem wie hartem Wasser	Außerhalb der Laichzeit schwer. Während der Laichperiode ♀ intensiver rot als ♂	*Artemia*-Nauplien gesiebte *Cyclops* Mikro	Laichen meist auf flachen Steinen. Intensive Brutpfleger. Jungfische schlüpfen nach 4–7 Tagen und schwimmen 4 Tage danach frei.

Art	Zuchtaquarium Mindestgröße	Temperaturbereich	Wasserverhältnisse	Geschlechtsunterschiede	Erstes Futter für Jungfische	Besondere Hinweis
Julidochromis-Arten	50 l	25–30° C	zieht eindeutig härteres Wasser (über 15° dGH) vor. In weichem Wasser anfällig	unbedeutend, ♂ während der Paarungszeit etwas farbintensiver und häufig größer	*Artemia*-Nauplien nat. Staubfutter Mikro	Laichen in Grotten. Nach Laichabgabe verläßt das ♀ die Grotte nicht. Die Jungfische verbleiben die ersten Tage nach dem Freischwimmen in der Grotte, in die das ♂ Futter spuckt.
Nannacara anomala	25 l	24–26° C	dGH bis 20	♂ wesentlich größer als ♀, mit blaugrünem Saum in der Rückenflosse	*Artemia*-Nauplien nat. Staubfutter Mikro	Weibchen alleiniger Brutpfleger. ♂ nach Laichabgabe entfernen, da sich ♀ sonst am ♂ vergreift. Jungfische schwimmen 8 Tage nach Eiabgabe frei.
Labeotropheus-Arten	60 l	25–30° C	in hartem Wasser (über 15° dGH) zu züchten	♂♂ haben „Eiflecke" in der Afterflosse. Mehrere Farbvarianten bei den ♀♀	*Artemia*-Nauplien gesiebte *Cyclops* Algen	Maulbrüter. Legen je Laichabgabe nur wenige Eier. Zeitigungsdauer lang, bis 30 Tage. Jungfische groß und schnellwüchsig. Elterntiere und Jungfische benötigen Algen.
Pelvicachromis pulcher	40 l	24–28° C	dGH bis 15	♂ größer, ♀ mit blutroter Bauchpartie	*Artemia*-Nauplien gesiebte *Cyclops* Mikro	Laichen in Höhlen, Blumentöpfen und ähnlichem. Erste Phase der Brutpflege vom ♀ alleine, ♂ wird nicht in die Höhle gelassen. Jungfische schwimmen frei 12–16 Tage nach Laichabgabe.
Haplochromis thomasi	40 l	24–28° C	dGH bis 15	Geschlechtsunterscheidung schwer und nur an Körperform ersichtlich	*Artemia*-Nauplien nat. Staubfutter Mikro	Intensive Brutpfleger. Laichabgabe meist auf Steinen. Jungfische schwimmen frei 9–12 Tage nach Laichabgabe.
Pseudotropheus-Arten	60 l	25–30° C	züchtet am besten in härterem Wasser, dGH über 15	♂ mit Eiflecken in der Afterflosse	*Artemia*-Nauplien gesiebte *Cyclops* und Daphnien	Maulbrüter. Legen pro Laichabgabe 20–40 Eier. Zeitigungsdauer 20–30 Tage. Einmal entlassene Jungfische werden nicht mehr ins Maul genommen. Raschwüchsig.
Pterophyllum scalare	100 l	25–28° C	bis 15° dGH	♂ meist mehr „gestreckt" zwischen Rücken- und Afterflosse und bei älteren Tieren mit gewölbter Stirn	*Artemia*-Nauplien nat. Staubfutter	Hohe Zuchtaquarien verwenden. Laicht auf Blättern. Einzeln gehaltene Paare äußerst unzuverlässige Brutpfleger. Jungfische schlüpfen 5–6 Tage nach Laichabgabe, schwimmen 4 Tage später frei. Meist künstlich vermehrt.

Symphysodon-Arten	150 l	26–30° C	Wasserhärte nicht über 5° dGH pH-Wert leicht sauer (Torffilterung)	♀ oft kräftiger in den Farben. ♂ während der Laichperiode mit schwefelgelbem Kopf	leben zunächst von einem elterlichen Hautsekret, später *Artemia*-Nauplien und nat. Staubfutter	Laichen an schrägstehenden Steinen oder auf breiten Blättern. Jungfische schlüpfen nach 70 Stunden. Schwimmen frei 4–5 Tage später. Äußerst empfindlich in bezug auf den Wasserchemismus, Sauerstoffgehalt usw.
Sarotherodon mossambicus mortimeri	100 l bei sehr großen Paaren größer	23–26° C	züchtet gleich gut in hartem wie in weichem Wasser	♂ während der Laichzeit blauschwarz, Dorsale und Caudale mit rotem Saum	gesiebte *Cyclops* und Daphnien *Artemia*-Nauplien	Maulbrüter. Weibchen trägt die Eier zwischen 9 und 15 Tagen im Maul. Jungfische raschwüchsig. Sehr produktiv.
Tropheus duboisi	50 l	26–30° C	züchtet am besten in härterem Wasser (über 15 dGH)	♂ hat während der Laichzeit auf der Körperseite ein rötliches Querband	*Artemia*-Nauplien nat. Staubfutter	Maulbrüter. Legt je Laichabgabe nur 5–12 Eier. Zeitigungsdauer 40–45 Tage. Laichtragende Weibchen fressen auch mit Eiern im Maul. Jungfische suchen nicht mehr das Maul des ♀ auf, wenn sie es einmal verlassen haben.

Arten, die nicht in vorherigen Tabellen erfaßt sind

Art	Zuchtaquarium Mindestgröße	Temperaturbereich	Wasserverhältnisse	Geschlechtsunterschiede	Erstes Futter für Jungfische	Besondere Hinweise
Badis badis	25 l	24–28° C	sowohl in weichem als auch in hartem Wasser gut züchtbar	♂ größer, zur Laichzeit dunkelblau bis schwarz. Bauchlinie auch bei gut ernährten ♂ eingefallen	nat. Staubfutter	Zuchtaquarium mit Versteckplätzen (Höhlen, Blumentöpfe). ♂ alleiniger Brutpfleger, ♀ nach Laichabgabe entfernen. Jungfische schlüpfen 3 Tage nach Eiabgabe und werden vom ♂ noch einige Tage bewacht.
Bedotia geayi	50 l	21–24° C	bis 10 ° dGH	beim ♂ vordere Rückenflosse spitz und Rotzeichnung in der Schwanzflosse	Pantoffeltierchen *Artemia*-Nauplien	Vermehrt sich gut im Daueransatz. Jungfische können bei den Eltern gelassen werden. Eier hängen an Fäden zwischen den Pflanzen. Bei rationeller Zucht, Zuchtpaare alle 6–8 Tage in neues Aquarium setzen.

Art	Zuchtaquarium Mindestgröße	Temperaturbereich	Wasserverhältnisse	Geschlechtsunterschiede	Erstes Futter für Jungfische	Besondere Hinweise
Brachygobius xanthozona	25 l	26–30° C	5 % Seewasserzusatz	♂ schlanker ♀ runder	feinste *Cyclops*- und *Diaptomus*-Nauplien	♂ Brutpfleger. Laich wird in Höhlen abgesetzt. Eizahl pro Gelege 200–300. Jungfische schlüpfen mit Abständen. Erste schon nach 48 Stunden, andere später, sie schwimmen frei im Wasser dicht unter der Oberfläche.
Chanda ranga	20 l	24–28° C	läßt sich sowohl in weichem als auch hartem Wasser gut züchten.	♂ mit blauen Rändern, runde Rücken- und Afterflosse. Zur Laichzeit rötlich getönt	Aufzucht nur mit feinsten *Diaptomus*- und *Cyclops*-Nauplien möglich, *Diaptomus*-Nauplien sind vorzuziehen	Zuchtaquarium mit dichter Oberflächenvegetation. Laicht zwischen Pflanzen dicht unter der Oberfläche. Jungfische schlüpfen nach 18–24 Stunden. Schwimmen frei 2–4 Tage nach dem Ablaichen. Schnellwüchsig, doch sehr sauerstoffbedürftig.
Corydoras aeneus	40 l	25–28° C	bis 15 ° dGH	♂ schlanker und mit spitzerer Rückenflosse	*Artemia*-Nauplien Mikro	Laichen nach auffallenden Liebesspielen, wobei das ♀ vom ♂ mit Brustflossen und Barteln festgehalten wird. Eier werden an Scheiben und Pflanzen abgesetzt. Jungfische schlüpfen nach 6 Tagen, fressen am 8. Tage.
Corydoras paleatus	40 l	22–25° C	sowohl in weichem als in hartem Wasser gut züchtbar	♂ schlanker und mit spitzerer Rückenflosse	*Artemia*-Nauplien Mikro	Laichgeschäft und Schlupfzeiten wie bei *C. aeneus* angegeben. *C. paleatus* laicht mehrere Male hintereinander mit kurzen Zeitabständen.
Dermogenys pusillus	60 l	23–28° C	5 % Seewasserzusatz	beim ♂ ist die Afterflosse Befruchtungsorgan und ähnlich einem Gonopodium geformt	gesiebte *Cyclops* und Daphnien *Artemia*-Nauplien	Lebendgebärend. Flache Zuchtaquarien mit Oberflächenvegetation. Wurfabstand 30 Tage, je Geburt bis 50 Jungfische. Jungfische und Zuchttiere benötigen auch Algenkost.
Elassoma evergladei	20 l	18–22° C	bis 25 ° dGH	♂ dunkelgrau bis schwarz mit glänzenden Punkten	nat. Staubfutter *Artemia*-Nauplien	Laichen über längere Perioden alle 8–10 Tage. Jungfische können in großen Aquarien mit den Eltern zusammenbleiben. Vergreifen sich kaum an Eiern und Jungen. Schwimmen frei am 6. Tage. Kühl überwintern.

Loricaria-Arten	40 l	23–25° C	bis 15 ° dGH	Barteln beim ♂ gerundet, beim ♀ spitz und länger	Mikro *Artemia*-Nauplien	Laichen in Versteckplätzen (Höhlen) ♂ Brutpfleger. Jungfische schlüpfen 9 Tage nach Eiabgabe, schwimmen 2 Tage später.
Nematocentris maccullochi	40 l	23–25° C	züchtet am besten in härterem Wasser (über 15° dGH). Bei weichem Wasser 5 % Seewasserzusatz	♂ kräftiger in den Farben. Vordere Rückenflosse beim ♂ spitz, beim ♀ abgerundet	nat. Staubfutter *Artemia*-Nauplien zerriebenes Trockenfutter	Dauerlaicher. Eine Laichperiode umfaßt 5–8 Tage. Eier hängen einzeln an einem Faden zwischen den Pflanzen. Jungfische schwimmen frei nach 8–11 Tagen. Kann gut im Daueransatz gezogen werden.
Mesogonistius chaetodon	60 l	18–22° C	sowohl in weichem als auch in hartem Wasser gut zu züchten	Geschlechtsunterscheidung äußerst schwer. Kurz vor Laichabgabe verfärbt sich das ♂ lehmgelb	nat. Staubfutter *Artemia*-Nauplien	Brutpfleger, ♂ bewacht Gelege, das in einer Grube abgesetzt wird. ♂ fächelt vorher Grube aus. Beteiligung des ♀ an Brutpflege kommt vor. Jungfische schwimmen 11 Tage nach Eiabgabe. Sauerstoffbedürftig. Kühl überwintern (8–14° C).
Polycentrus schomburgki	50 l	25–28° C	sowohl in weichem als auch in hartem Wasser gut zu züchten	♂ größer und während der Laichzeit fast schwarz mit glänzenden Schuppen	nat. Staubfutter *Artemia*-Nauplien	♂ Brutpfleger. Eier werden in Höhlen oder ähnlichen Versteckplätzen abgesetzt. Gelege wird vom ♂ bewacht. Jungfische schlüpfen nach 50 Stunden, schwimmen frei am 6. Tage.
Telmatherina ladigesi	25 l	22–24° C	dGH über 15	♂ größer mit ausgezogenen Rücken- und Afterflossenstrahlen	feinste *Cyclops*- und *Diaptomus*-Nauplien Pantoffeltierchen	Äußerst sauerstoffbedürftig. Peinlichste Sauberkeit bei Zucht wichtig. Dauerlaicher, legen täglich 30–50 Eier. Zuchtpaar täglich in ein neues Aquarium überführen. Jungfische schwimmen nach 9–11 Tagen frei.

Jörg Vierke

8 Das Verhalten der Fische

Einleitung

Verhaltensforschung und Aquarienkunde

Aquarien stehen nicht nur in den Wohnzimmern der Aquarianer, sondern u. a. auch in sehr vielen biologischen Instituten. Unter den Biologen sind es neben den Ichthyologen[1] auch viele Verhaltensforscher, die sich intensiv mit der Haltung und Beobachtung der Fische beschäftigen.

Die vergleichende Verhaltensforschung – auch Ethologie[2] genannt – ist eine Naturwissenschaft, die sich mit den verschiedenen Verhaltensweisen der Tiere und ihren Grundlagen beschäftigt. Für diese Beobachtungen eignen sich Fische aus verschiedenen Gründen besonders gut. Die Grundlagenforschung, die von den Ethologen betrieben wird, kann für den Menschen eines Tages ebenso wichtig werden, wie andere Bereiche der Biologie es heute schon im Bereich der Medizin sind[3]. Viele Grundzüge des menschlichen Verhaltens beruhen auf Grundlagen, die ebenfalls den Tieren eigen sind[4]. Beobachtungen an Tieren können daher bei kundiger Anwendung auch Aufschlüsse über unsere Verhaltensweisen geben.

Säugetiere, Vögel, Reptilien, Insekten und viele andere Tiere sind in der Freiheit meist mehr oder weniger leicht zu beobachten, jedenfalls dann, wenn man sich ernsthaft bemüht. Bei Fischen ist das viel schwieriger, denn das, was sich im Wasser abspielt, ist aus der Luft nur relativ schwer zu verfolgen. Ich kenne keine ausführlichen Berichte über das Verhalten der *Apistogramma*- oder der *Colisa*-Arten in der freien Natur. Hierzu müßte man tauchen, und das lohnt sich wegen der trüben Wasserverhältnisse in den Flüssen und Seen nur selten. Die ersten erfolgreichen Versuche in dieser Hinsicht wurden erst kürzlich unternommen. Im Meer sind die Sichtverhältnisse dagegen viel günstiger. Dort wird daher viel getaucht, von Laien und von Wissenschaftlern. So kommt es, daß wir über das Leben der Meeresfische im Freien viel besser informiert sind als über die Süßwasserarten. Unser Wissen über das Verhalten der Süßwasserfische beruht fast ausschließlich auf Gefangenschaftsbeobachtungen. Das ist nicht ganz problemlos[5], dennoch werden die in diesem Verhaltenskapitel benutzten Beispiele wenn irgend möglich aus dem Bereich der Süßwasserfische genommen. Aber sie dürften auch dem Seewasseraquarianer etwas geben, denn die Grundlagen des Verhaltens sind bei Süß- und Salzwasserfischen selbstverständlich identisch.

Obwohl die meisten Fische im Freien nur unter Schwierigkeiten zu beobachten sind, sind sie für den Verhaltensforscher günstige Objekte. Das liegt vor allem an ihrer meist verhältnismäßig geringen Größe. Zierfische nehmen in der Gefangenschaft wesentlich weniger Raum in Anspruch als Säugetiere oder Vögel. Man kann sie daher leichter als die meisten anderen Wirbeltiere unter nahezu natürlichen Bedingungen halten. Es liegt auf der Hand, daß der Fuchs- oder Möwenspezialist in verschiedener Hinsicht einen größeren Aufwand treiben muß als jemand, der das Verhalten von bestimmten Fischen untersuchen will. Auch die Fähigkeit vieler Fische, ihr Farbkleid jeweils nach ihrer Stimmung zu wechseln, macht sie für den Verhaltensforscher besonders interessant.

Die Aquarienkunde hat der Verhaltensforschung viel gegeben. Ohne die Aquarienliebhaber, die zumeist ohne große biologische Vorkenntnisse ihre Freizeit der Fischhaltung und -beobachtung verschrieben haben, wüßte die Wissenschaft wesentlich weniger über die Biologie der Fische. Sie haben ihre Beobachtungen in ihren Liebhaberzeitschriften veröffentlicht und so der Allgemeinheit zugänglich gemacht. Viele dieser Aufsätze haben den Wissenschaftlern wertvolle Hinweise gegeben und ihnen z. B. gezeigt, welche Arten eine genauere Untersuchung wert sind.

Andererseits hat aber auch die Verhaltensforschung den ernsthaften Aquarianern viel zu bieten. Schließlich will man doch seine Pfleglinge verstehen, will die Verhaltensweisen seiner Fische deuten können. Es ist daher zu begrüßen, daß in neuerer Zeit immer wieder allgemeinverständliche Aufsätze von Verhaltensforschern in den Liebhaberzeitschriften zu finden sind. So manches aus dem Bereich der Verhaltensforschung ist inzwischen schon zum festen Wissensbestand der Aquarianer geworden, z. B. die Bedeutung der Eiflecken bei einigen Maul-

[1] Ichthyologie: Lehre von den Fischen

[2] Ethologie: von éthos (griech.) = Gewohnheit, Sitte. Der frühere Begriff „Tierpsychologie" ist heute nicht mehr gebräuchlich.

[3] Der Grund dafür: Wir Menschen sind der vorläufige Endpunkt einer Entwicklung, die mit der „Urzeugung" begann und dann im Laufe von vielen Millionen Jahren über die Zwischenstufen Fische, Amphibien und Reptilien zu den Säugetieren führte. Biologisch gesehen ist Homo sapiens ein Säugetier. Nur wegen dieser tiefgreifenden Verwandtschaft geben Tierversuche in der Medizin Hinweis darauf, wie der Mensch auf gewisse Medikamente reagieren könnte.

[4] Ausführliches über die „Ethologie des Menschen" in dem Lehrbuch von Eibl-Eibesfeldt (1969) Grundriß der vergleichenden Verhaltensforschung, Piper.

[5] Beobachtungen an gefangenen Tieren können nicht ohne Vorbehalt auf die freilebenden Artgenossen übertragen werden. Näheres dazu auf den Seiten 524 ff. und 532 ff.

[6] Heiligenberg (1964), Z. Tierpsych., 1–52), brauchte über 50 Druckseiten, um das Verhalten einer Zwergbuntbarschart darzustellen, und das in sehr gestraffter Form. Über das Verhalten von Colisa lalia und C. fasciata (er schrieb noch labiosa) konnte Forselius (1957, Zool. Bidr. Uppsala, 93–597) eine über 500seitige Abhandlung veröffentlichen. Und damit war das Thema noch lange nicht erschöpft.

[7] Der Abschnitt „Vergleichende Ethologie der Fische", S. 534 ff., beschäftigt sich vorwiegend mit diesen Fragen.

brütern. Ohne Zweifel macht das Wissen um diese Dinge die Aquaristik interessanter. Abgesehen davon können die Erkenntnisse der Verhaltensforscher vielfach in der Praxis der Zierfischhaltung und -zucht angewandt werden.
„Die Liebhaber der hohen Kunst der Tierhaltung setzen bekanntlich oft ihren ganzen Ehrgeiz darein, möglichst schwer zu haltenden Organismen so gute Lebensbedingungen zu bieten, daß sie wachsen und gedeihen, sie suchen geradezu nach sogenannten ‚Problemtieren'. Dieser Ehrgeiz fehlt dem beruflichen Verhaltensforscher: Je leichter und billiger ein Tier zu halten ist, desto brauchbarer ist es im allgemeinen und ceteris paribus als Forschungsobjekt." Dieses Zitat aus dem ersten Heft des Aquarien-Magazins stammt aus berufener Feder. Es kommt von Prof. Konrad Lorenz, dem Begründer der modernen Verhaltensforschung. Zwar muß ein erfolgreicher Verhaltensforscher auch ein guter Tierpfleger sein, er darf vor Problemtieren nicht gleich kapitulieren. Aber meist ist die Untersuchung des Verhaltensinventars eines einfach zu haltenden Tieres genauso ergiebig wie die eines Problemtieres, und ein Wissenschaftler würde unökonomisch arbeiten, wenn er sich ohne zwingenden Grund Hindernisse bei der Lösung einer Aufgabe in den Weg legen würde. Das erklärt, weshalb die Mehrzahl der von Verhaltensforschern untersuchten Süßwasserfische in der Haltung sehr einfach sind: Guppys und Schwertträger, Makropoden, Kampffische und leicht zu pflegende Buntbarscharten. Das sind also Fische, von denen der Normalaquarianer glaubt, alles zu wissen. Die Verhaltensforscher beweisen immer wieder, wieviel Interessantes und bislang Unbekanntes in diesen „Allerweltsfischen" drinsteckt[6].

Grundbegriffe und Fragestellungen der Ethologie

Die Ethologie ist die Lehre vom Verhalten der Tiere. Wir beobachten das Verhalten im wesentlichen als Bewegungen und Stellungen der Lebewesen. Bestimmte Einzelelemente aus dem Grundverhalten eines Tieres oder einer Art, die sich mehr oder weniger regelmäßig wiederholen, nennen wir Verhaltensweisen: Fressen, Schlafen, Fortpflanzen. Der Ethologe muß zunächst einmal an der von ihm bearbeiteten Tierart diese Verhaltensweisen beobachten und konservieren: im Foto, besser noch im Film, mit dem Tonband oder einfach mit dem Notizblock. Speziell bei diesem Sammeln von Material können die Aquarianer der Ethologie helfen. In dieser Hinsicht ist auch schon sehr viel getan worden. So stammen z. B. fast alle Erstbeschreibungen über das Ablaichverhalten neueingeführter Zierfische aus den Federn ernsthafter Aquarianer. Auf schnelle, oft voreilige Deutungen kommt es dabei jedoch nicht an. Wichtig dagegen ist eine ganz exakte Beschreibung. Gegen diesen Grundsatz wird unter Aquarianern oft verstoßen.
Die Verarbeitung dieser Aufzeichnungen kann nach verschiedenen Gesichtspunkten erfolgen. Nehmen wir eine bestimmte Verhaltensweise als Beispiel. Ein Guppy-Männchen hat sich quer vor ein Weibchen gestellt, seinen Körper dabei s-förmig gekrümmt und die Flossen weit gespreizt. Man kann nun nach den Ursachen dieses Verhaltens fragen, also danach, warum gerade zu einem bestimmten Zeitpunkt ein bestimmtes Verhalten auftritt. Mit dieser Frage beschäftigen wir uns auf S. 518. Zu unserem oben dargestellten Beispiel lautet die Antwort stark vereinfacht: Das Guppy-Männchen hat ein Weibchen gesehen. Da es unter dem Einfluß von Geschlechtshormonen steht, werden bestimmte Muskeln durch Nervenimpulse, die vom Gehirn ausgehen, zur Kontraktion gebracht. Zu untersuchen wären in diesem Fall also die Sinnesorgane, die Hormone, das Nervensystem, die Muskulatur und das Zusammenspiel aller dieser Teile.
Natürlich muß man sich auch die Frage nach dem biologischen Sinn einer Verhaltensweise stellen. Hierauf wäre – wieder stark vereinfacht – zu antworten, daß die eingangs beschriebene Verhaltensweise ein Bestandteil des Balzverhaltens ist und somit dem Sich-Finden der Fische und schließlich der Paarung dient. Wie alle Verhaltensweisen steht auch sie letztlich im Dienst der Arterhaltung[7].
Schließlich dürfen wir nicht vergessen, daß die Biologie auch einen historischen Aspekt hat. Alle Lebewesen haben sich im Laufe von Jahrmillionen aus anderen, meist einfacheren Organismen entwickelt. Dieser Vorgang – Evolution genannt – beschränkt sich natürlich nicht nur auf das Erscheinungsbild der Tiere, sondern

auch auf ihre Verhaltensweisen. Die Frage nach der Entstehung verschiedener Verhaltensweisen ist eine der interessantesten und schwierigsten der Ethologie. Die Ethologie ist demnach ein Zweig der Biologie, der mit den anderen biologischen Disziplinen besonders eng verknüpft ist. Ein Verhaltensforscher muß sich auch in den Nachbardisziplinen wie Systematik, Ökologie, Phylogenetik, Sinnesphysiologie, Anatomie usw. auskennen. Nur dann kann er seine Aufgaben erfüllen.
Zum Schluß noch eine Bemerkung, die mir wichtig erscheint. Es können auf den folgenden Seiten keine absoluten, ewigen Wahrheiten verkündet werden. Alle Erkenntnisse der Verhaltensforschung beruhen letztlich auf Indizienbeweisen und sind somit mehr oder weniger gut begründete Hypothesen und Theorien. Das beeinträchtigt aber keineswegs die Glaubwürdigkeit dieser Forschungen, denn in dieser Hinsicht unterscheidet sich die Verhaltensforschung in keiner Weise von den anderen Naturwissenschaften.

Allgemeine Ethologie

Überblick über das Verhaltensinventar eines Aquarienfisches – Colisa lalia

Im ersten Hauptteil des Verhaltenskapitels sollen die Grundlagen des Verhaltens der Aquarienfische am Beispiel einiger weniger Arten und ihrer Verhaltensweisen behandelt werden. Dazu wurden Fische ausgewählt, die sehr häufig im Aquarium gehalten werden und daher den meisten Liebhabern gut bekannt sind. Zuvor soll hier in sehr gestraffter Form Allgemeines zum Leben und Verhalten der Art gezeigt werden, die im folgenden immer wieder erwähnt wird: *Colisa lalia,* der Zwergfadenfisch.
Die Zwergfadenfische werden nur 5–6 cm lang. Sie gehören zu unseren häufigsten und beliebtesten Aquarienfischen, da sie friedlich und sehr schön gefärbt sind und zudem ein interessantes Verhalten zeigen. Ihre Heimat ist der Einzugsbereich des Ganges und der Unterlauf des Indus. Mit dem Eintritt der sommerlichen Monsunregen verlassen die Tiere beim Ansteigen des Wasserspiegels und Überfluten der Marschen, Tümpel und Reisfelder das tiefere Wasser der Flüsse, in denen sie die Trockenzeit überstehen. Im Flachwasser, das sich bald erwärmt, werden die Männchen territorial. Sie legen ein herrliches Prachtkleid an. Während die Männchen ihre Reviere verteidigen, streifen die Weibchen auf der Suche nach Nahrung und Paarungspartnern umher. Das Männchen baut im Zentrum seines Reviers ein schwimmendes Nest aus Pflanzenteilen und kleinen, von erhärtetem Maulsekret umgebenen Luftbläschen. Während des Nestbaues ist das Tier außerordentlich aggressiv und verjagt heftig alle Fische, die in das Revier eindringen, auch seine Weibchen. Dieses Verhalten ändert sich nach einiger Zeit. Wenn das Schaumnest fertig ist, versucht das Männchen, ein Weibchen unter das Nest zu locken. Ist dieses willig, folgt es dem Partner, der es unter dem Nest schon erwartet. Dort laichen die Fische ab, wobei das Männchen seine Partnerin umschlingt. Nach der Paarung löst der *Colisa lalia*-Mann seine Umklammerung, und das Weibchen zieht sich aus der Nähe des Nestes zurück. Da die Eier spezifisch leichter als Wasser sind, steigen sie zum Nest hoch. Eier, die noch im Wasser treiben, werden vom Männchen ins Maul genommen und zum Nest gebracht. Zu einem vollständigen Laichzyklus gehören zahlreiche Paarungsakte, wobei mehrere Hundert Eier abgelegt werden. Wenn der Laichvorrat des Weibchens erschöpft ist, wird es vom Männchen verjagt. Um die Pflege des Laichs und der nach etwa einem Tag schlüpfenden Larven kümmert sich ausschließlich der Vater. Wenn die Jungfische nach einiger Zeit freischwimmen und das Männchen sie nicht mehr im Nest zusammenhalten kann, verliert es das Interesse an ihnen

und schwimmt davon. Im Aquarium kann es sein ehemaliges Revier mit den Jungen nicht so einfach verlassen. Es erkennt die Jungen bald nicht mehr, sieht sie als Beute an und verzehrt sie.
Interessant und erwähnenswert ist ferner ein Beutefangverhalten bei *Colisa lalia*. Die Fische stellen sich direkt an den Wasserspiegel und versuchen, mit blitzschnell hintereinander aus dem Maul herausgedrückten Wassertropfen Beuteobjekte aus dem Luftraum ins Wasser zu schwemmen. Sie erreichen dabei immerhin Spuckhöhen, die ihrer eigenen Körperlänge entsprechen.
Damit ist das Verhaltensinventar dieser Art noch lange nicht erschöpft. Es gibt bei *Colisa lalia* weitere Formen des Ernährungsverhaltens: gewöhnliches Futterschnappen, Futterschöpfen, Springen nach Beute und anderes; ferner die Formen des Ruheverhaltens, Flucht- und Tarnverhaltens und viele weitere Verhaltensweisen.

Der Instinktbegriff

Erbkoordination und Taxis

Das Verhaltensinventar einer Fischart ist meist außerordentlich groß. Jede Art hat für die meisten natürlichen Situationen angeborenermaßen ein bestimmtes Verhaltensmuster bereit. Dabei antwortet jede Fischart auf eine etwas andere Weise, also arttypisch. Fragt man nun, woher der Fisch denn „weiß", wie er in einer bestimmten Situation zu reagieren hat, erhält man auch von biologisch völlig unvorbelasteten Leuten meist sofort die richtige Antwort: instinktiv. Viel schwieriger ist es jedoch, eine Antwort auf die Frage zu bekommen, was denn eigentlich ein Instinkt ist. Man kann den Instinkt vielleicht unvollkommen mit „angeborenem Wissen" oder „angeborenem Können" umschreiben. Doch ist mit dieser Umschreibung noch nicht viel ausgesagt. Die Frage nach dem Wesen des Instinkts ist eine der wichtigsten, zugleich aber auch eine der schwierigsten Fragen der Verhaltensforschung.

Bild 8.1: Ein Zwergfadenfisch-Männchen baut sich sein erstes Schaumnest genauso gut und so schnell wie die folgenden. Hier steht ein Colisa lalia-Männchen unter seinem Nest. Aufnahme J. Vierke.

Ein Instinkt ist uns eigentlich nur indirekt zugänglich, nämlich durch seine Wirkungen. Beobachten wir daher das Zwergfadenfisch-Männchen noch einmal beim Nestbau. Als Neststandort sucht das Tier an der Wasseroberfläche meist einen Platz zwischen Schwimmpflanzen aus oder eine andere Stelle, die dem werdenden Nest eine Stütze bietet. Das „Bereitsein" zum Nestbau setzt auch körperliche Veränderungen voraus. Der Fadenfisch ist plötzlich in der Lage, Luftblasen herzustellen, die nicht sofort wieder platzen. Sie bleiben stundenlang bestehen. Es ist die Wirkung einer speichelartigen Substanz, die im Maulinneren von sog. Becherzellen produziert wird und mit der die in das Maul eingesogenen Luftblasen umhüllt werden. Zunächst wird aber nur wenig Schaum produziert. Der Fisch geht erst einmal auf die Suche nach pflanzlichem Baumaterial. Das ganze Aquarium wird mehr oder weniger systematisch nach Algenresten, abgestorbenen Pflanzenteilen und anderen Stoffen abgesucht. Hat der *Colisa-lalia*-Mann etwas gefunden, greift er kräftig mit dem Maul zu, reißt eventuell auch heftig an seinem Fund, um ihn vom Substrat zu lösen, und trägt ihn forsch und zielstrebig schwimmend zum Nest bzw. zu dem Ort, an dem das Nest entstehen soll. Hier sieht man ihn oft noch eine Zeit unschlüssig kreisen, bis er sich endlich für den richtigen Platz entschieden hat. Dann wird das Pflanzenteil kräftig in Richtung Wasserspiegel gespuckt, und der Fisch dreht sich um und begibt sich auf die Suche nach weiterem Baumaterial. Später stellt sich der Fisch so an die Wasserfläche, daß er mit dem Maul genau an der Wasser-Luft-Grenze ist. Durch schnelle Pumpbewegungen mit den Kiemendeckeln saugt er durch das Maul sowohl Wasser als auch Luft an und vermischt beides in der Mundhöhle mit dem Speichelsekret. Anschließend schwimmt er unter das Nest und entläßt aus seinem Maul einen ganzen Schwall von Schaum, der nach oben steigt und die Pflanzenteile unterlagert. Nun wird im Wechsel gearbeitet. Eine Zeitlang wird Schaum produziert, dann wird pflanzliches Baumaterial ins Nest gebracht, dann wieder Schaum usw. So wird das Nest immer kompakter. Der Fisch ist ganz bei der Arbeit. Er erscheint uns furchtbar eifrig und läßt sich durch nichts bei der Arbeit stören. Vor allem Artgenossen – ob Männchen oder Weibchen – sind außerordentlich unerwünscht. Sie werden sofort heftig angegriffen und in die Flucht gejagt. Der unvoreingenommene und biologisch ungeschulte Beobachter würde den Baueifer des Fischchens etwa folgendermaßen kommentieren: „Der

Fisch arbeitet zielstrebig an seinem Nest, damit er darin später seine Eier unterbringen und dort seine Jungen zusammenhalten kann." Genaugenommen ist das eine falsche Aussage, denn sie setzt voraus, daß der Fisch weiß, wozu er das Nest baut. Aber er weiß, wenn er mit dem Nestbau beginnt, sicher noch nicht einmal, was da überhaupt entstehen soll.

Wenn wir nämlich genau beobachten, stellen wir seltsame Dinge fest. Oft zerrt der Fisch kräftig an einem Pflanzenteil irgendwo am Boden. Er kann es aber nicht losbekommen, und es rutscht ihm aus dem Maul. Was tut der Fisch jetzt? Versucht er es an dieser oder an einer anderen Stelle gleich noch einmal? Nein, er schwimmt, als hätte er bei seiner Arbeit Erfolg gehabt, eifrig mit leerem Maul unter das Nest, sucht sorgfältig den „richtigen" Platz aus und spuckt das „Nichts" kräftig in das Nest. Genauso seltsam verhält er sich, wenn er unterwegs sein Baumaterial verliert. Er beachtet das nicht. Er nimmt auch nicht zur Kenntnis, wenn seine Pflanze nach dem Ausspucken nicht im Nest bleibt, sondern sofort wieder zu Boden sinkt. Auch wenn er es ganz sicher bemerken müßte, wendet er sich vom Nest ab und beginnt neues Baumaterial zu suchen. Jemandem, der mit Einsicht handelt, würde das nicht passieren. Er würde gewiß kontrollieren, ob das Nistmaterial auch wirklich im Nest bleibt, und es andernfalls sofort wieder auffangen und dann gründlicher unterbringen.

Beim Einsammeln des Nistmaterials, dem anschließenden Transport zum Nest und dem Ausspucken handelt es sich um formstarres Verhalten, um Instinktbewegungen. Ein besserer Ausdruck hierfür wäre Erbkoordination. Dieses Wort besagt schon, daß es sich dabei um ein Verhalten handelt, dessen Ablauf nicht erlernt wird, sondern das angeboren ist. Dieses Verhalten beruht genauso auf Informationen in der Erbsubstanz wie die Ausbildung der Körperform, der Farbe und anderer arttypischer Merkmale. Eine Erbkoordination[1] ist völlig starr, und wenn sie durch den hierfür notwendigen Reiz einmal ausgelöst ist, läuft sie zu Ende. Dabei ist es völlig egal, ob es in dem speziellen Fall sinnvoll ist oder nicht.

Daß dieses Verhalten angeboren und nicht erlernt ist, kann man überprüfen, wenn man das Nestbauverhalten eines jungen, aber voll ausgereiften Männchens, das zum ersten Mal ein Nest baut, mit dem Nestbauverhalten eines „erfahrenen" Tieres vergleicht. Der unerfahrene Fisch baut das erste Nest seines Lebens genauso schnell und perfekt wie das andere Tier. Es handelt sich hierbei also tatsächlich um „angeborenes Können".

Es ist für Erbkoordinationen typisch, daß sie nur zu bestimmten Zeiten und in bestimmten Situationen auftreten. Außerdem sind sie in den meisten Fällen auch räumlich orientiert. Am logischsten und selbstverständlichsten erscheint uns das beim Futterspucken: Hat der Fisch vor dem Spucken an der Wasseroberfläche nicht die richtige Körperstellung eingenommen, dann kann er seine Beute auch nicht erreichen. Neben dem Spucken ist natürlich auch das Zielen Voraussetzung zum Treffen. Entsprechendes gilt für die Mehrzahl der Erbkoordinationen. Um anderen Fischen zu imponieren, spreizen die Männchen weit ihre unpaaren Flossen. Dabei wird ihr Körperumriß vergrößert, bei manchen Arten fast verdoppelt. Damit vergrößert sich auch die Farbreize aussendende Fläche. Voraussetzung dazu ist aber eine Orientierung zum Reizempfänger hin: Die meisten Fischmännchen stellen sich beim Imponieren quer vor ihr Weibchen, so daß sie von der Seite gesehen werden. So ist die Reizwirkung am größten. – Eine derartige Reaktion mit orientierender Wirkung wird Taxis genannt. Die meisten Erbkoordinationen sind mit einer Taxis verbunden.

Wenn wir einen Fisch beim normalen Schwimmen im Aquarium beobachten, denken wir kaum daran, daß auch diese Verhaltensweise auf Erbkoordination und Taxis beruht. Die Art und Weise, wie sich der Fisch bewegt, ist angeboren; es handelt sich um eine Erbkoordination. Die Lage, die er dabei im Wasser hat, ist durch eine Taxis festgelegt. Das fällt uns eigentlich erst in Ausnahmesituationen auf, wenn ein Aquarium z. B. von der Seite beleuchtet wird. Das kann man beobachten, wenn die auf- oder untergehende Sonne durch die Frontscheibe ins Becken scheint oder auch im Experiment. Dann schwimmen die meisten Fische, z. B. Tetras, Barben, Buntbarsche in schräger Körperlage. Die Fische schwimmen so, daß ihr Rücken möglichst in die Richtung des einfallenden Lichtes zeigt. Allerdings wird bei dieser Lichtrückenreaktion immer ein Kompromiß mit der üblichen Schwimmlage eingegangen (Bild 8.2a), und wenn das Licht im Experiment direkt von unten kommt, schwimmt der Fisch meistens sogar normal. Die Orientierung im Raum erfolgt in diesem Fall also nicht nur optisch. Die

[1] Gegenteil: Erwerbskoordination. Das sind Verhaltensweisen, die durch Erfahrung einen stereotypen Ablauf erhalten haben (z. B. Dressur).

Bild 8.2: Lichtrückenreaktion.
a. Normaleinstellung eines bei horizontalem Lichteinfall L schwimmenden Fisches (z. B. Tetra, Barbe, Segelflosser). Der Winkel wird größer, wenn
1. die Lichtstärke zunimmt,
2. Futter geboten wird (je begehrter das Futter und je hungriger der Fisch ist, desto stärker die Reaktion).
b. Wenn beide Utricula (Schweresinnesorgane) ausgeschaltet sind, richtet der Fisch seine Körperhaltung nur noch nach der Einfallsrichtung des Lichtes. Nach v. Holst

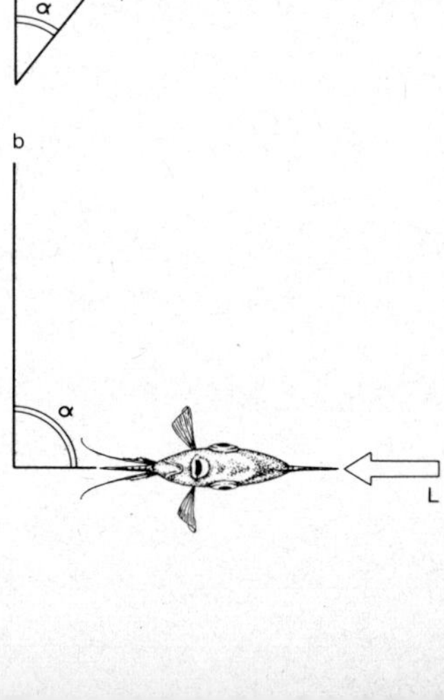

Bild (oben): Der alteingesessene „Goldfasan“ segelte 45 Jahre unter dem falschen Namen Aphyosemion sjoestedti. H. Stenhold Claussen taufte ihn dann auf Roloffia occidentalis um. Unser Bild zeigt einen männlichen „Goldfasan“.

Bild (Mitte): Hat man ein Paar in ein Zuchtbecken umgesetzt, dann beginnt das Männchen sofort um das Weibchen zu werben: Ruckartig umschwimmt es seine Partnerin.

Bild (unten): Weicht das noch nicht laichwillige Weibchen in höhere Wasserschichten aus, dann wird es vom Männchen überschwommen und zu Boden gedrückt.

Aufnahmen: H.-J. Richter

Tafel 50

Bild (oben): Ist das Weibchen laichbereit, dann rückt das Männchen an seine Seite und schiebt seine Partnerin an eine zum Ablaichen geeignete Stelle.

Bild (Mitte): Nun schlägt das Männchen seine Rückenflosse über den Rükken des Weibchens und drückt sie fest auf den Boden. Für kurze Zeit verharren die Fische in dieser Stellung, dann werden unter Zittern beider Leiber Ei und Sperma abgesetzt.

Bild (unten): Nach der Laichabgabe trennt sich dar Paar; mit kräftigen Schwanzschlägen wird der Laich in den weichen Bodengrund befördert.

Aufnahmen: H.-J. Richter

Statolithenorgane im Ohr erfüllen als Gleichgewichtsorgane ebenfalls diese wichtige Aufgabe. Die Wirkung des einfallenden Seitenlichtes hängt nicht nur von dem Grad des Schrägeinfalls ab, sondern auch von der Lichtstärke. Je höher die Lux-Zahl, desto wirksamer reagiert der Fisch darauf. Interessanterweise werden die Schweresinnesorgane unter bestimmten Umständen fast völlig wirkungslos. Werden hungrigen Skalaren bei Seitenlicht Futterreize angeboten, so ändert sich die Schräglage, die sich als Resultante zwischen Erdschwere und Seitenlicht eingestellt hat. Je begehrter das Futter ist, desto schräger schwimmt der Fisch. Er ist dann gewissermaßen „ganz Auge".
Werden einem Fisch die Gleichgewichtsorgane durch eine Operation entfernt, verläßt er sich notgedrungen nur noch auf seine Augen. Dann schwimmt er immer exakt so, daß sein Rücken genau in die Richtung des einfallenden Lichtes zeigt, selbst wenn er im Experiment direkt von unten angestrahlt wird.

Schlüsselreize

Eine Verhaltensweise erfolgt selten ohne einen Anlaß. Meist wird sie durch irgendeinen Reiz ausgelöst. Ganz bestimmte Reize können bestimmte, ihnen zugeordnete Erbkoordinationen auslösen. Nehmen wir als Beispiel noch einmal das Fadenfisch-Männchen. Auf dem Höhepunkt der Balz steht das Tier in Prachtfärbung mit weit gespreizten Flossen starr unter dem Schaumnest und wartet auf das Weibchen. Dem Weibchen wird dabei natürlich die Breitseite gezeigt.

Bild 8.3: Ein maulbrütendes Haplochromis burtoni-Weibchen mit weit ausgebuchtetem Mundboden. Aufnahme J. Vierke

Wenn alles programmgemäß abläuft, schwimmt das Weibchen dem Fadenfischmann direkt in die Seite und schmiegt sich ihm in der Flanke an. Diese Berührung wirkt als Signal. Daraufhin krümmt sich das Männchen um seine Partnerin und umschließt sie mit seinem Körper. Wenn wie hier durch einen Reiz eine Instinkthandlung ausgelöst wird, spricht man von einem Schlüsselreiz.
Im eben beschriebenen Fall war es ein Berührungsreiz[1], auf den das Männchen reagierte. Die meisten Schlüsselreize bei Fischen wirken aber über weitere Entfernungen. Es sind daher akustische, optische und chemische Reize. Davon sind die optischen Schlüsselreize am besten untersucht. Auch die eben beschriebene starre Balzhaltung des Männchens unter dem Nest ist ein Schlüsselreiz. In diesem Fall ist der Schlüsselreiz auf das Weibchen bezogen und löst in ihm die Bereitschaft aus, unter das Nest zum Partner zu schwimmen.
Interessant ist es auch, die Schlüsselreize zu untersuchen, die junge Blaumaul-Maulbrüter *(Haplochromis burtoni)* zum Einschwimmen in das mütterliche Maul veranlassen. Man kann die Frage nach der Art der Schlüsselreize sehr schön mit Attrappenversuchen klären. Dazu werden die Jungen, kurz bevor sie das Maul der Mutter das erste Mal verlassen hätten, mit einem Kunstgriff aus dem Maul herausgeholt. Diesen Fischen, die einen Artgenossen noch nie von außen gesehen haben, wird nun eine rohe Plastilin-Attrappe vorgehalten, die an einem Ende eine dunkle Vertiefung als Maulersatz und zwei seitliche Flecke trägt, die die Augen markieren sollen. Vor dieser Attrappe fliehen die Jungen, wenn sie auf sie zubewegt wird. Wenn sie sich dagegen langsam von den Jungen entfernt, wobei das „Maul" jedoch in die Richtung der Jungen zeigt, folgen die Kleinen spontan. Sie zielen auch deutlich auf das Pseudomaul, schwimmen aber nicht

[1] Bei diesem Schlüsselreiz ist es leicht nachzuweisen, daß es sich wirklich um einen Berührungsreiz handelt. Wenn wir ein laichwilliges Männchen mit einem Kescher aus dem Aquarium herausfangen und es dann mit dem Finger oder einem Glasstäbchen an seiner Flanke berühren, reagiert es genauso wie im Wasser: es krümmt sich zusammen.

Bild 8.4: Eine Haplochromis burtoni-Mutter zeigt zumeist eine ausgeprägte Kopfzeichnung, die offenbar dazu dient, den Jungen das Finden des mütterlichen Maules zu erleichtern. Aufnahme J. Vierke

hinein. Wir sehen, Schlüsselreiz ist in diesem Fall nicht nur eine optische Anordnung (dunkles Maul mit den dunklen Augenflecken). Das hätten auch alle Feinde, und wäre dieser Schlüsselreiz allein schon wirksam, dann hätten schon längst alle *Haplochromis*-Jungen Selbstmord begangen. Zu diesem optischen Schlüsselreiz kommt noch ein weiterer optischer Reiz hinzu: ein langsames Sich-Entfernen der Maul- und Augenflecken, in der Natur bewirkt durch langsames Rückwärtsschwimmen der Mutter. So würde ein Freßfeind ganz sicher nicht reagieren. So handelt nur ein jungeführendes *Haplochromis*-Weibchen, das Gefahr registriert hat. Zu diesen optischen Schlüsselreizen kommt noch ein weiterer hinzu. Die Reize reichen zwar zum Sichsammeln der Jungen vor dem mütterlichen Maul, nicht aber zum aktiven Hineinschwimmen. Hierzu gehört als Schlüsselreiz ein Wasserstrom, der wie bei der atmenden Mutter durch das Maul eingesogen wird. Auch das ist mit einer Attrappe leicht nachzuahmen. Wir können die gleiche Kopfattrappe wie vorher nehmen, nur soll das Maul vom Ende eines Saugschlauches dargestellt werden. Saugen wir nun Wasser an, wird sich zeigen, daß die Jungfischchen sich willig in das Maul einsaugen lassen. Auch wenn unsere Attrappe „ausatmet", bemühen sich die Jungen nach Kräften, gegen den Wasserstrom ins Maul zu gelangen. Das Experiment zeigt also, daß in diesem Fall nicht nur ein einziger Schlüsselreiz das Sammelverhalten der jungen Maulbrüter auslöst, sondern daß es mindestens drei sind. Diese Schlüsselreize haben aber nicht nur eine auslösende, sondern auch eine richtende Wirkung. Das gilt bei unserem Beispiel sowohl für die optischen Reize als auch für den Strömungsreiz.

Schlüsselreize haben also die Eigenschaft, in einem Tier die dazu passenden Erbkoordinationen mit den dazu gehörenden Taxiskomponenten auszulösen. Dabei fällt auf, daß die Schlüsselreize immer sehr einfach sind: ein Farbreiz, ein Berührungsreiz an einer bestimmten Stelle des Körpers, eine Wasserströmung. Die jungen Maulbrüter kennen ihre Mutter angeborenermaßen nicht, sondern nur drei Reizqualitäten von ihr, auf die sie entsprechend reagieren. Schlüsselreize sind immer so einfach wie möglich, aber auch so ausführlich wie nötig. Denn Verwechslungen dürfen in der Natur nicht vorkommen. Sie treten fast nur unter Aquarienverhältnissen auf, wenn z. B. mit Attrappen experimentiert wird.

Manchmal genügt schon ein einziger Schlüsselreiz für das Auslösen einer Reaktion; durch einen weiteren, andersartigen Schlüsselreiz kann die Reaktion dann aber oft heftiger werden. In solchen Fällen verstärken sich die einzelnen Schlüsselreize also in ihrer Wirkung. Dieses sog. Reiz-Summen-Phänomen[1] wurde zuerst von A. Seitz am Beispiel des Kampfverhaltens des Buntbarsches *Astatotilapia strigigena* beschrieben. Die Beobachtung sei hier kurz wiedergegeben.

Wenn sich zwei Männchen in ihrem blauen Prachtkleid begegnen, beginnen sie sofort mit dem Imponieren. Sie stellen sich breitseits und zeigen mit gespreizten Flossen ihre Farben. Gibt keiner der Gegner auf, eskaliert der Kampf. Sie spreizen ihre Kehlhaut und teilen Schwanzschläge aus. Schließlich versuchen die Gegner, sich mit offenem Maul in die Seiten zu stoßen. Da der Gerammte meist rechtzeitig ausweicht und seinerseits zum Gegenangriff übergeht, führt das zu einem wirbelnden Umeinanderschwimmen.

Beim Kämpfen senden die Tiere Schlüsselreize verschiedener Intensität aus,

[1] Natürlich muß es sich hierbei nicht um Summen im exakt mathematischen Sinne handeln. Der Ausdruck Reizsummation oder Reiz-Addition soll lediglich bedeuten, daß manchmal mehrere Schlüsselreize in kombinierter Anwendung wirksamer als einzelne sind.

die auf den Gegner wirken: Blaufärbung, Schwanzschlag, Rammstoß. In Attrappenversuchen stellte Seitz fest, daß ein schwanzschlagender künstlicher Fisch ohne Blaufärbung dieselbe Wirkung erzielt wie ein anderer Kunstfisch mit Blaufärbung und einfachem Flossenspreizen. Wenn alle diese Merkmale kombiniert werden, summiert sich die Wirkung der Attrappe. Eine derartige Reizsummation konnte inzwischen bei vielen anderen Tieren und auch in anderen Verhaltensbereichen festgestellt werden.

Der Auslösemechanismus

Die Attrappenversuche haben gezeigt, daß oft nur wenige Einzelreize zum Auslösen einer Erbkoordination nötig sind. Das bedeutet natürlich nicht, daß die Fische nicht auch gleichzeitig noch weitere Sinnesinformationen aufnehmen. Selbstverständlich erkennen die jungen Maulbrüter, die in das Maul der Mutter einschwimmen, nicht nur die dunkle Maulöffnung, die Augenflecken, das langsame Rückwärtsschwimmen der Mutter und den Atemstrom. Sie erkennen ganz sicher auch die wedelnden Brustflossen der Mutter, die auf- und zuklappenden Kiemendeckel, ihre Schuppen und Flossenstrahlen. Nur ist das alles ohne Belang für die Reaktion der Kleinen. Es muß im Gehirn der Jungen eine Stelle sein, die nur auf die Schlüsselreize anspricht und wie ein Filter alle anderen einkommenden Informationen unberücksichtigt läßt. Dieser Mechanismus muß auf einen Schlüsselreiz sofort mit einer Nachricht an bestimmte Nerven reagieren, die nun ihrerseits entsprechende Muskeln aktivieren, die die zugehörende Verhaltensweise (hier: in das Maul schwimmen) in Gang setzen.
Dieser Auslösemechanismus im Gehirn ist auch mit einem Türschloß zu vergleichen, das nur mit dem dazugehörenden Schlüssel (dem Schlüsselreiz, daher der Name!) zu öffnen ist. Damit wird dann gewissermaßen eine Tür geöffnet, die den Ablauf für eine ganz bestimmte Erbkoordination freigibt, die vorher gesperrt war. Diese Verbindung Schlüsselreiz — Schloß — Reaktion ist durch Nervenbahnen festgelegt. In allen Fällen, die wir bisher kennengelernt haben, handelt es sich dabei um eine erbliche Festlegung. Tinbergen, einer der Väter der Verhaltensforschung, prägte für ein derartiges Schloß den Namen „Angeborener Auslösender Mechanismus“, kurz AAM.

Innerer Zustand und auslösende Reize

Wenn wir zu einem einzelnen Zwergfadenfisch-Männchen ein laichwilliges Weibchen ins Aquarium setzen, kann die direkte Reaktion des Männchens ganz verschieden ausfallen. Seine Reaktion auf die Schlüsselreize, die das Weibchen aussendet, kann aggressiv oder werbend oder ängstlich oder auch völlig indifferent sein. Und dieses alles bei offenbar völlig gleichen äußeren Reizen.
Das Beispiel soll uns zeigen, daß das Auslösen von Instinkthandlungen auch von einem inneren Zustand des Tieres abhängig ist. Dieser Zustand hängt weitgehend von physiologischen Faktoren ab, z. B. der Höhe des Blutzuckerspiegels oder der Menge der im Blut kreisenden Sexualhormone. Andererseits werden die physiologischen Faktoren aber auch von den Außenreizen beeinflußt. Die Faktoren, die eine erhöhte spezifische Handlungsbereitschaft bedingen, nennen wir stimmende oder motivierende Faktoren. Es gibt sowohl innere (z. B. Sexualhormone) als auch äußere (z. B. Schlüsselreize). Die Bereitschaft, eine Instinkthandlung auszuführen, nennen wir Stimmung oder Drang. Sie ist abhängig von der Art der stimmenden Faktoren. Somit ist also für das Ausführen einer Instinkthandlung (Erbkoordination) das Vorhandensein eines ihr zugeordneten Dranges Voraussetzung.
Diese Zusammenhänge sind am leichtesten an einem Beispiel aus dem menschlichen Bereich zu erklären. Auch für uns Menschen gelten in weitem Maße die hier für die Fische gefundenen Regeln. Sind wir doch auch nicht frei von unseren Instinkten[2]. Die Instinkthandlung sei Essen; ein hierzu gehörender Schlüsselreiz wäre dann z. B. der Bratenduft. Den hierzu gehörenden Drang kennt jeder von uns. Wir nennen ihn Appetit oder, wenn die spezifische Handlungsbereitschaft fast übermächtig wird, Hunger. Etwas Entsprechendes gibt es bei Fischen und den anderen Tieren natürlich auch. Aus unserer eigenen Erfahrung wissen wir, daß die Höhe eines Dranges davon abhängig ist, wann die dazu gehörende

[2] Glücklicherweise nicht. Unsere „niederen“ Instinkte sind keineswegs das „Böse“ in uns. Wer sich dafür näher interessiert, sollte unbedingt das schon klassisch zu nennende Buch von Konrad Lorenz lesen: Das sogenannte Böse.

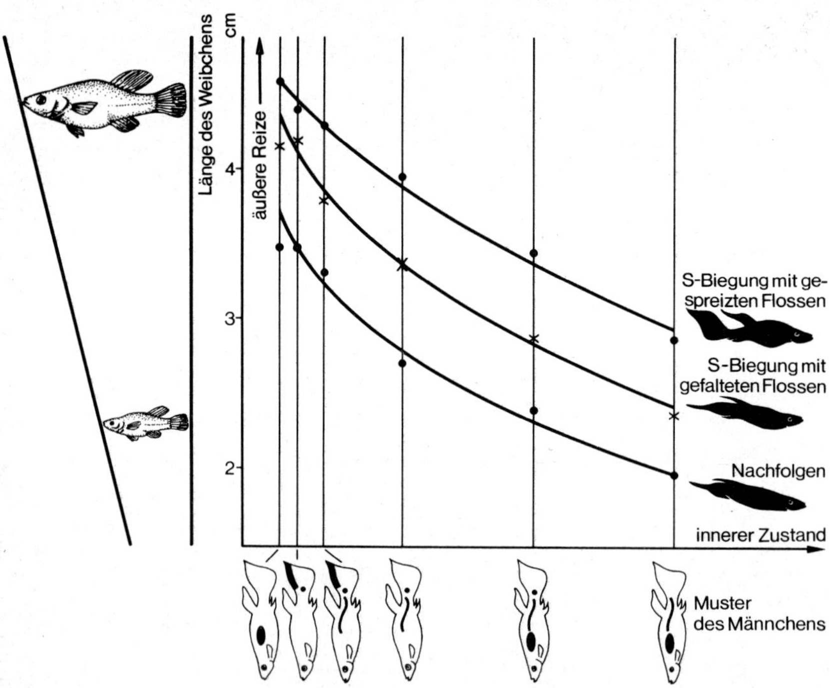

Bild 8.5: Das Zusammenwirken von inneren und äußeren Faktoren dargestellt am Balzverhalten des Guppy-Männchens. Die Stärke des Außenreizes ist durch die Größe des Weibchens festgelegt, der innere Zustand des Männchens wird durch das Melanophorenmuster angezeigt. Die Kurven geben die Kombination an, bei denen das gleiche Verhalten ausgelöst wird. Nach G. P. Baerends.

Instinkthandlung zuletzt ausgeführt wurde. Mit anderen Worten, wenn wir seit Tagen nichts mehr gegessen haben, ist der Hunger so übermächtig, daß wir zu fast jeder Schandtat bereit sind, nur um diesen Drang zu stillen. Haben wir die letzte Mahlzeit dagegen gerade eben beendet, können normale Schlüsselreize uns nicht mehr zum Weiteressen verleiten. Es scheint, als ob der Drang (in diesem Fall Hunger) durch die Endhandlung, das Essen, verbraucht wird und sich erst langsam wieder aufstauen kann. Besonders wirksame Schlüsselreize, z. B. Leckereien, können uns aber nach fast völlig gestilltem Drang noch zum Weiteressen veranlassen.

Die Abhängigkeit der Stärke einer Instinkthandlung von der Größe des Schlüsselreizes und der Höhe des Dranges haben G. P. Baerends und Mitarbeiter beim Balzverhalten des Guppys untersucht (Bild 8.5). Schlüsselreiz ist das Weibchen. Je größer es ist, desto größer sind auch die sexuellen Reize, die es aussendet. Das Männchen kann um das Weibchen in drei verschiedenen Intensitätsgraden werben. Es kann ihm einfach nachfolgen, es kann sich ihm mit gefalteten Flossen S-förmig gekrümmt in den Weg stellen, und es kann dabei auch noch die Flossen weit abspreizen. Die Reaktion des Männchens hängt von zwei Faktoren ab: der Stärke der auslösenden Reize (Länge des Weibchens) und der Stärke seiner sexuellen Bereitschaft, also seines spezifischen Dranges. Die Höhe ihres Dranges ist an den unterschiedlichen Farbmustern der Männchen abzulesen. Bild 8.5 zeigt nun, daß auch bei geringer sexueller Bereitschaft ein besonders großes Weibchen volles Balzverhalten auslöst. Ein 3,5 cm langes Weibchen löst dann jedoch nur noch die schwächste Stufe des Werbeverhaltens aus, das Nachfolgen. Von einem stark sexuell motivierten Männchen hingegen kann dasselbe Weibchen auch in der stärkstmöglichen Weise umworben werden, nämlich mit S-Biegung und weit gespreizten Flossen.

Durch ein Modell (Bild 8.6) können die Verhältnisse zwischen Schlüsselreiz, AAM, Instinkthandlung (Erbkoordination) und spezifischer Handlungsbereitschaft (Drang) verdeutlicht werden. Das von Lorenz entworfene „Hydraulische Instinkt-Modell" besteht aus einem Wasserbehälter *(W)*, dem über den Hahn *(H)* langsam Wasser zufließt. Der Wasserausfluß wird durch ein Konusventil *(V)* mit einer Feder *(F)* verhindert. Mit Hilfe eines Gewichts *(G)* kann der Federwiderstand überwunden werden; das Wasser fließt bei *A* aus. Der Wasserstrahl ist um so kräftiger, je höher der Wasserdruck ist, je mehr Wasser also im Wasserbehälter angestaut wurde. Das ist bei konstantem Wasserzulauf über *H* vom Zeitpunkt des letzten Wasserabflusses aus *A* abhängig. – Dieses Instinktmodell ist sicher recht leicht zu verstehen: Die Höhe des Wasserstandes im Behälter *(W)* entspricht der

Bild 8.6: Das „Hydraulische Instinktmodell" veranschaulicht das Zusammenwirken von inneren und äußeren Kräften, die am Auslösen einer Instinktbewegung beteiligt sind (ausführliche Erklärung im Text).

a. Bei hoher Handlungsbereitschaft (hoher Wasserstand im Tank) genügt ein geringer auslösender Schlüsselreiz (kleines Gewicht), um über den AAM (Ventilmechanismus) eine intensive Instinktbewegung auszulösen (das Wasser kräftig ausfließen zu lassen, siehe Skala). Bei einer Leerlaufbewegung wird der Wasserausfluß auch ohne Schlüsselreiz (Gewicht) nur durch die Stärke der Handlungsbereitschaft (Wasserdruck im Tank) ermöglicht.

b. Bei niedriger Handlungsbereitschaft (niedriger Wasserstand im Tank) kann auch ein starker Schlüsselreiz (großes Gewicht) nur eine geringe Reaktion bewirken.

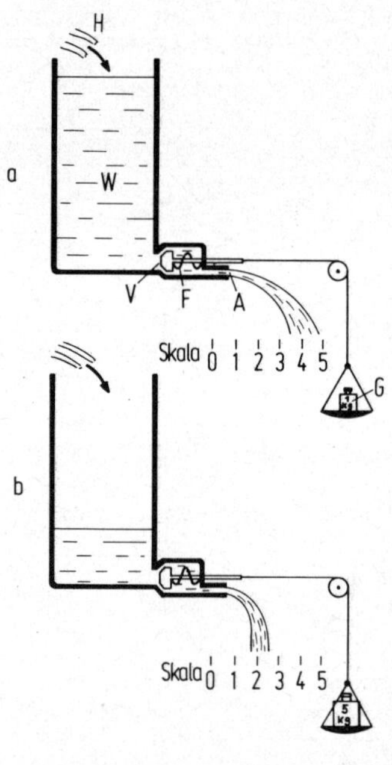

Höhe des Dranges in einem Instinktzentrum. Es ist die aktionspezifische Energie. Das Ventil *(V)* entspricht dem AAM, die Feder *(F)* einer zentralen Hemmung des AAM, die nur durch einen Schlüsselreiz (hier das Gewicht) überwunden werden kann. Die Instinkthandlung ist durch den freien Wasserstrahl symbolisiert, deren Intensität an der Skala abgelesen werden kann.

Einen wichtigen Zusammenhang kann das Lorenzsche Instinktmodell[1] bei aller Einprägsamkeit nicht darstellen. Ein Drang beeinflußt nämlich meistens nicht nur die Stärke einer Instinktreaktion bei ihrem Auslösen. Er setzt oft auch schon durch sein bloßes Vorhandensein Aktivitäten in Gang, die die Wahrscheinlichkeit für das Zusammentreffen mit den auslösenden Reizen erhöhen. Das Tier sucht also unter dem Eindruck seines Dranges nach einer Situation, die es von dem Drang befreit. Diese Suche erfolgt jedoch nicht zielstrebig auf die Endhandlung hin. Meist kennt das Tier sie gar nicht. Sie ist nur zielstrebig auf eine Drangverminderung gerichtet. Der Effekt ist natürlich derselbe. Man spricht hierbei von einem Such- oder Appetenzverhalten[2]. Ein Beispiel hierzu soll am Anfang des Abschnittes „Reaktionsketten" gegeben werden.

[1] Natürlich ist es problematisch, Vorgänge aus dem Verhaltensbereich mit physikalischen Modellen zu vergleichen. Hierdurch sollen lediglich prinzipielle Beziehungen veranschaulicht werden, die zwischen Innen- und Außenfaktoren bestehen. Solche Modelle basieren auf dem Prinzip der einfachsten Erklärung und sind nicht nur im Bereich der Biologie, sondern auch im physikalischen und chemischen Bereich üblich und notwendig.

[2] Nicht jedem Drang ist ein dazugehörendes Appetenzverhalten zuzuordnen. Ein mit einem Appetenzverhalten gekoppelter Drang wird oft auch als Trieb bezeichnet. Wir wollen diesen Begriff hier aber nicht weiter benutzen.

Leerlaufhandlungen

Bild 8.7: Ein alleinstehendes Colisa fasciata-Männchen hatte längere Zeit ein großes Schaumnest in einer Ecke des Aquariums. Nach einigen Tagen begann der Junggeselle große Mengen Sand in das schnell zerfallende Nest zu spukken — zweifellos eine Leerlaufhandlung aus dem Brutpflegebereich. Das Bild zeigt den Fisch beim Sandspucken unter dem bereits völlig zerfallenen Nest. Aufnahme J. Vierke

Das Hydraulische Modell zeigt uns, daß bei hohem Wasserstand im Behälter schon ein leichtes Gewicht genügt, um den Wasserausfluß zu bewirken. Bei sehr hohem Wasserstand reicht vielleicht sogar allein der Druck des Wassers aus, den Widerstand des Ventils zu überwinden. Auf Instinkte übertragen bedeutet das, daß unter Umständen bei sehr hohem Drang eine Erbkoordination auch ohne den dazugehörenden Schlüsselreiz ausgelöst werden kann. Solche sog. Leerlaufhandlungen kann man bei Fischen in der Tat beobachten. Sie werden nur selten richtig gedeutet, da kein Schlüsselreiz vorhanden ist, der uns Hinweise auf die Motivation des Tieres geben könnte. Welchen Charakter der spezifische Drang hat, der in diesen Fällen offenbar übermächtig ist, kann nur durch genaue Beobachtung geklärt werden, vor allem durch den Vergleich der Leerlaufhandlung mit der Instinkthandlung, von der sie abgeleitet werden muß.

Lange Zeit kam niemand auf den Gedanken, das folgende Verhalten dem Brutpflegebereich zuzuordnen, denn die Aussender der eigentlichen Schlüsselreize, die Brut, fehlten. Es ist seit Jahrzehnten bekannt, daß Mosaikfadenfische *(Trichogaster leeri)* unter ihrem Nest oftmals Sandhaufen anlegen. Diesen sog. Sandhügelbau kann man auch bei *Colisa lalia* und *C. fasciata* beobachten[3]. Die Tiere füllen das Maul mit Sand, schwimmen damit unter ihr Schaumnest und versuchen, den Sand in das Nest zu spucken. Da er zu schwer ist, bleibt er natürlich nicht in den Schaumblasen, sondern rieselt sofort wieder zu Boden. Immer mehr Sand wird zum Nest getragen, so daß sich nach einigen Stunden ein mehrere Zentimeter hoher Sandhügel unter dem Nest bilden kann. Woran erkennt man, daß dieses seltsame und oft fehlgedeutete Verhalten eine Leerlaufhandlung aus dem Brutpflegebereich ist? Zunächst einmal muß man die Brutpflegehandlung kennen, von der dieses Verhalten abzuleiten ist. Die genannten *Colisa*-Arten sammeln noch nicht voll schwimmfähige Larven mit sehr vorsichtigen Schnappbewegungen wieder ein, wenn sie vorzeitig das Nest verlassen haben, und tragen sie unter das Nest, um sie hier auszuspucken. Gleich darauf entlassen sie eine Vielzahl feiner Schaumbläschen durch die Kiemenöffnungen. Während die Bläschen zum Nest hochsteigen, werden sie durch schnelle Bewegungen der Brustflossen verwedelt. Dieses Verhalten sieht man nur selten beim eigentlichen Nestbau, fast regelmäßig aber, wenn gerade Eier oder Junge eingetragen wurden. Die Tatsache, daß dieses Verhalten auch beim Sandeintragen gezeigt wird, ist ein Hinweis dafür, daß wir letzteres vom Brutpflegeverhalten ableiten müssen. Ein weiterer Hinweis dazu: Genauso vorsichtig und zart wie die Jungfische eingesammelt werden, wird auch der Sand beim Sandhügelbau ins Maul genommen. Das ist ein gewaltiger Unterschied zum robusten Zupacken, das man beim Einsammeln von Nistmaterial beobachten kann! Man beobachtet diese Leerlaufhandlung natürlich nur bei Fischen, die auf Grund irgendeines Zwischenfalls nicht zur echten Brutpflege kommen konnten. Bei Fischen also, die schon längere Zeit ihr Nest fertiggestellt haben, die aber nicht bzw. noch nicht zum Ablaichen gekommen sind, da ihnen ein Weibchen fehlt, oder es zu spröde war oder bei Fischen, deren Eier unbefruchtet geblieben sind. In ihnen staut sich der Brutpflegedrang übermächtig an und fließt schließlich auch bei Fehlen der Schlüsselreize als Leerlaufhandlung ab.

[3] Näheres dazu bei Vierke (1973), AQUARIEN-MAGAZIN **7.**, 388–392

Bild 8.8: Dieses Microgeophagus ramirezi-Weibchen hatte vor 4 Tagen abgelaicht, seine Brut aber verloren. Jetzt sammelt es Luftblasen am Ausströmerstein des Durchlüfters und trägt sie zu seiner Laichgrube – ein Verhalten, das mit dem „Adoptieren" der Microgeophagus-Weibchen von Tubifex und Wasserflöhen zu vergleichen ist. Aufnahme J. Vierke

Man beobachtet auch, daß ein Tier bei sehr starkem Drang schon auf Reize anspricht, die den eigentlichen Schlüsselreizen nur noch entfernt ähneln. Dann kann man strenggenommen aber nicht mehr von einer Leerlaufhandlung sprechen. Wenn ein *Apistogramma*-(Zwergbuntbarsch-)Weibchen in Brutpflegestimmung ist, ihm seine Jungen aber aus irgendeinem Grunde verlorengegangen sind, adoptiert es alles, was nur entfernt ähnliche Schlüsselreize wie die Jungen aussendet. Das kann ein Schwarm Wasserflöhe sein oder auch ein Haufen *Tubifex* (Bachröhrenwürmer). Wenn sich die Würmer im Sandgrund halb eingegraben haben und dann mit ihrem Körper Wedelbewegungen machen, erinnern sie tatsächlich stark an die Klebelarven der Buntbarsche. Ich beobachtete vor einiger Zeit ein Schmetterlings-Buntbarsch-Männchen, das über mehrere Wochen hin die *Tubifex* am Futterplatz mit äußerster Entschiedenheit verteidigt hat. Ich hatte dieses Tier kurz zuvor aus einem Zuchtaquarium herausgefangen, um dem Weibchen allein die Aufzucht der Jungen zu überlassen. Nun aber hatte es die *Tubifex* adoptiert. Es handelte sich in diesem Fall also wieder um eine Brutpflegereaktion, nicht etwa um Futterneid.

Reaktionsketten

Es geschieht oft, daß die Befriedigung eines Dranges durch die Ausführung der zugehörigen Instinkthandlung gleich wieder einen weiteren Drang freisetzt. Nehmen wir zur Erläuterung wieder das Nestbauverhalten eines *Colisa-lalia*-Männchens. Angenommen, es hat bereits ein Revier besetzt. Nun wird das Männchen unruhig und beginnt ziellos in seinem Revier herumzuschwimmen. Es zeigt Appetenzverhalten. Schließlich findet es am Boden Pflanzenstengel. Sie wirken als Schlüsselreiz, und jetzt kann der Drang befriedigt werden. Das Männchen nimmt sein Nistmaterial ins Maul. Durch diese veränderte Situation ist ein neuer Drang aktiviert worden, nennen wir ihn den Transport-Drang. Ausgelöst wird er durch den Schlüsselreiz „Nistmaterial im Maul". Der Fisch gibt diesem Drang nach und trägt die Pflanzenteile zum Nest bzw. zu der Stelle, an der das Nest entstehen soll. Wenn er diesen Ort erreicht hat, ist auch dieser Drang befriedigt, und der Drang, Pflanzenteile an der Wasseroberfläche abzulagern, wird aktiviert. So läuft das Verhalten gewissermaßen als eine Reaktionskette weiter, die aus vielen Erbkoordinationen zusammengesetzt ist. Jede Instinkthandlung liefert dabei den Schlüsselreiz für die folgende.

Beim Paarungsverhalten der Zwergfadenfische finden wir wieder so eine Reaktionskette. Diesmal handelt es sich aber um eine Doppelkette, deren Glieder jeweils abwechselnd vom Männchen und vom Weibchen gebildet werden. Das Männchen liefert dem Weibchen durch sein Verhalten einen Schlüsselreiz[1]. Das löst beim Weibchen eine darauf abgestimmte Erbkoordination aus. Dieses Verhalten ist wiederum ein Schlüsselreiz für das Männchen, dessen Reaktion wieder dem Weibchen einen weiteren, anderen Schlüsselreiz liefert usw. Unser Bild 8.9 zeigt diese Doppelkette. Die dicken Pfeile geben die zeitliche Aufeinanderfolge an, in der die beiden Partner ihre Verhaltensweisen zeigen. Die dün-

[1] Farb-, Form- und Verhaltensmerkmale, die von einem Tier zu einem anderen als Schlüsselreiz gesendet werden, werden auch „Auslöser" genannt. Dann funktioniert ein Tier als Sender, das andere als Empfänger, wie das wechselseitig am Beispiel des Paarungsverhaltens der Zwergfadenfische deutlich wird. Die Formulierung „Auslöser" ist etwas unglücklich, denn alle Schlüsselreize, auch die, die laut Definition nicht Auslöser genannt werden dürfen, lösen eine Erbkoordination aus. So wirken z. B. die Pflanzenteile, die bei einem nestbaugestimmten Colisa lalia-Männchen das Pflanzeneinsammeln auslösen, zwar als Schlüsselreize, sind aber keine Auslöser.

nen Pfeile geben an, wie sich Männchen und Weibchen gegenseitig durch ihr Verhalten beeinflussen. Sie zeigen also, welcher Schlüsselreiz des Partners eine bestimmte Instinkthandlung auslöst.

Es würde zu weit führen, auf die verschiedenen Erbkoordinationen beim Paarungsverhalten der Zwergfadenfische einzugehen und zu erläutern, wie sie im einzelnen als Schlüsselreiz wirken[2]. Wir können aus Bild 8.9 jedoch noch ein paar Dinge herauslesen. Der geregelte Ablauf einer solchen Reaktionskette ist davon abhängig, daß der Partner genau richtig auf die Schlüsselreize reagiert. Das ist immer nur dann möglich, wenn beide Fische zur gleichen Art gehören. Dann sind die Erbkoordinationen aufeinander abgestimmt. Das ist einer der Gründe dafür, daß sich nur Individuen einer Art miteinander paaren können. Ausnahmen gibt es nur bei nahe verwandten Arten, deren Reaktionsketten recht ähnlich sind. Zwar stimmen dann auch einige Schlüsselreize nicht genau. Aber bekanntlich sind bei besonders hohem Drang auch Leerlaufhandlungen möglich, Instinkthandlungen also, die auch ohne Schlüsselreiz ablaufen können. Unter Umständen können dann von einem Partner, dessen Fortpflanzungsdrang über alle

[2] Wer sich dafür näher interessiert, muß sich schon mit der Originalliteratur befassen: Forselius (1957), Zool. Bidr. Uppsala, 93–597 (in engl. Sprache). Die hier in der Randspalte angegebenen Fachzeitschriften können in den öffentlichen Bibliotheken eingesehen werden. Sollten sie dort nicht vorhanden sein, können sie über die Fernleihe angefordert werden.

Paarungsakt Colisa lalia / Ethogramm nach Forselius (etwas verändert)

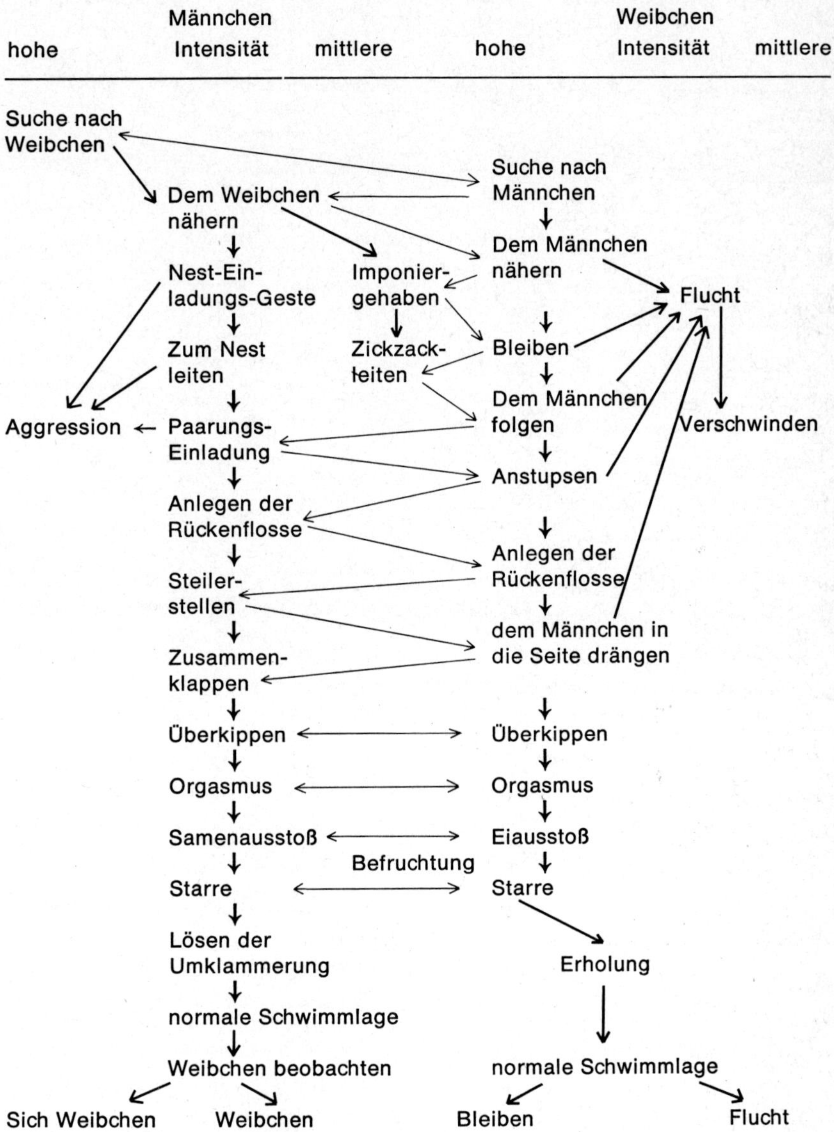

Bild 8.9: Paarungsakt bei Colisa lalia. Ethogramm nach Forselius (etwas verändert).

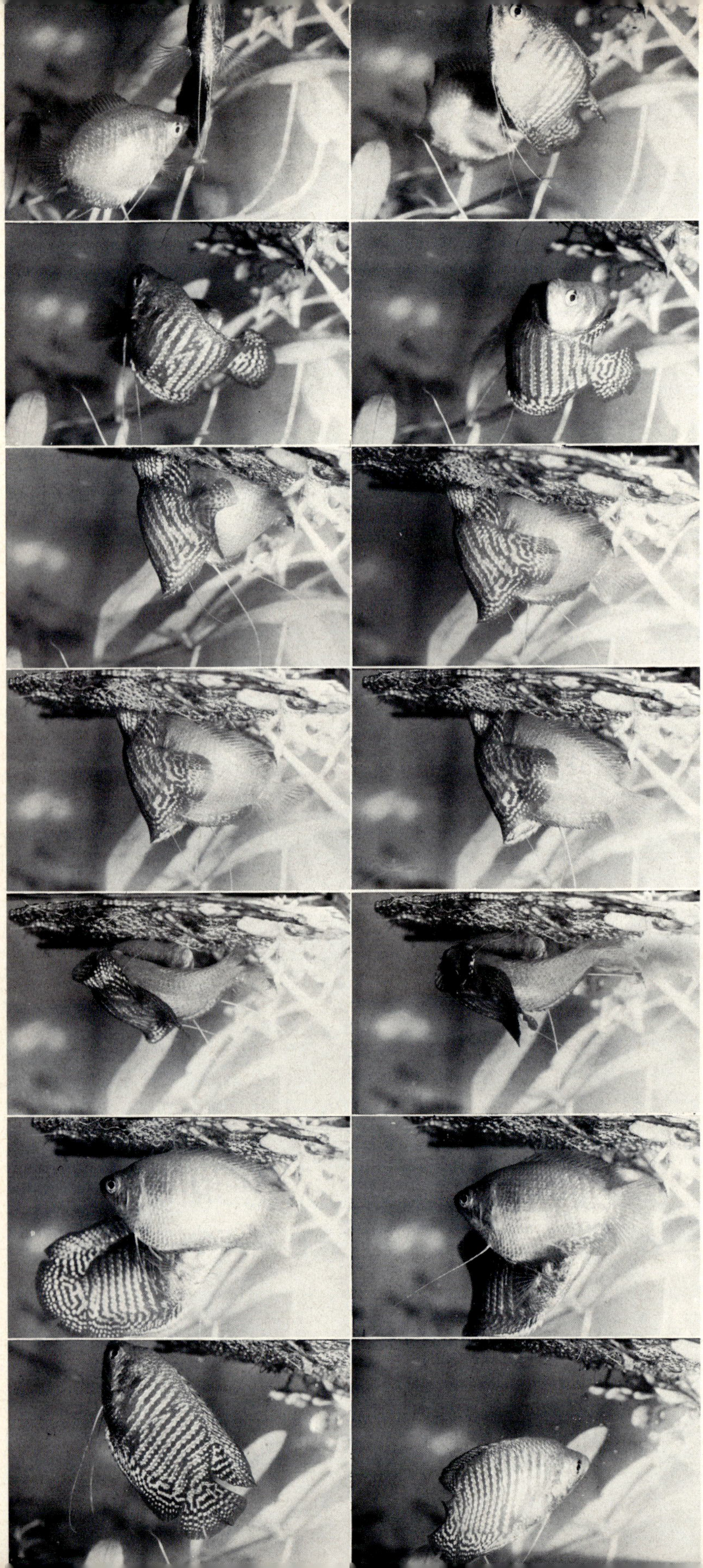

Bild 8.10: Colisa lalia (Zwergfadenfisch)-Paarung (vergleiche hierzu das Ethogramm S. 521): Diese mit Motorkamera aufgenommene Bildfolge stammt von einem einzigen Laichakt (Gesamtdauer etwa 20 Sekunden). Die Bilder beginnen oben links mit a, dann rechts daneben (b) usw. bis unten rechts (n).

a. Das Weibchen (links) hat das quer zu ihm in Paarungseinladungs-Geste stehende Männchen angeschwommen und stupst es an.

b. Darauf legt das Männchen die Flossen an und biegt sich leicht vom Weibchen weg.

c. Das Weibchen hat seinerseits die Flossen angelegt und drängt sich in die Seite des Partners.

d. Dieser biegt sich um das Weibchen herum („Zusammenklappen“) und . . .

e.–h. . . . hält es mehrere Sekunden lang umklammert. So vereint verharrt das Paar ruhig unter dem Schaumnest.

i. Nun dreht das Männchen, ohne in seiner Umklammerung nachzulassen, das Weibchen auf die Seite (wie auf dem Bild), in anderen Fällen sogar auf den Rücken: „Überkippen“.

j. In dieser Phase klopft das Männchen mit seitlichen Kopfbewegungen gegen den Leib der Partnerin und stimuliert sie so offenbar zur Laichabgabe. Der Eiausstoß erfolgt in diesem Moment.

k. Sofort darauf löst das Männchen die Umklammerung; das Paar schnellt auseinander. Zum Erholen hat das Weibchen nur wenig Zeit . . .

l. . . . es schwimmt von alleine davon oder es erhält dazu, wie hier, einen kleinen Stoß von seinem Partner.

m. Die leichten Eier treiben von selbst nach oben unter das Schaumnest. Eventuell von den Fischen verwirbelter Laich wird nun vom Männchen zusammengesucht und ins Nest getragen.

n. Auf dem letzten Bild sind als helle Flecken einige der noch nach oben treibenden Eier zu erkennen. Zugleich dazwischen sieht man als kleine Punkte feinste Schaumbläschen, die der Vater nach dem Ablaichen abgibt (vergleiche dazu auch Seite 519 unten). Aufnahme J. Vierke

Maßen stark angestaut ist, mehrere der normalerweise nötigen Zwischenstufen übersprungen werden. Dann kann es geschehen, daß ein Fadenfisch-Weibchen sein Männchen regelrecht vergewaltigt, indem es sich ihm derart in die Seite drängt, daß die Zusammenklapp-Reaktion ausgelöst wird, worauf die Reaktionskette dann weiterläuft[1]. Das kommt aber sicher nur unter Aquarienverhältnissen vor, denn in der freien Natur kann sich der Drang in dem Weibchen wohl kaum so anstauen. Er wird durch die Schlüsselreize des richtigen, also des zur gleichen Art gehörenden Partners zur rechten Zeit befriedigt.
Bild 8.9 zeigt noch etwas Interessantes. Ein reibungsloses Zusammenspiel der Partner ist nur dann gewährleistet, wenn auch die Intensität der Dränge einigermaßen paßt. Bei zu hoher Intensität seiner Dränge kann das Verhalten des Männchens in Aggression umschlagen, das Weibchen entzieht sich bei geringerer Intensität durch die Flucht.

Der hierarchische Aufbau des Verhaltens

Im vorherigen Abschnitt wurde gezeigt, daß Dränge und die ihnen zugeordneten Instinkthandlungen in geordneter Folge auftreten können. Die Ordnung im Verhalten beschränkt sich aber nicht nur auf eine zeitliche Aufeinanderfolge von bestimmten Verhaltensweisen, sondern bezieht sich auch auf ein zeitliches Nebeneinander. Manche Verhaltensweisen treten zu bestimmten Zeiten gehäuft auf. Sie sind positiv korreliert, wie beispielsweise bei einem nestbaugestimmten *Colisa-lalia*-Männchen das Pflanzeneinsammeln und das Schaumproduzieren. Logischerweise ist eine Gleichzeitigkeit beider Erbkoordinationen ausgeschlossen. Aber ein Tier, das den Drang hat, Pflanzen einzusammeln, hat mit Sicherheit wenige Augenblicke später den Drang, die Pflanzen zum Nest zu tragen, sie zu verbauen und Schaum herzustellen. Der Grund für diese positive Verknüpfung liegt darin, daß die Erbkoordinationen „Pflanzeneinsammeln", „Schaumproduzieren" wie auch „Pflanzen-zum-Nest-Tragen" und „Pflanzenverbauen" einem übergeordneten Instinkt, dem Nestbauinstinkt, unterstellt sind (Bild 8.11). Diese Erbkoordinationen können erst zustandekommen, wenn sie eine Erregung vom übergeordneten Zentrum erhalten. Das ist, wie die Abbildung zeigt, nur möglich, wenn die Sperre „Block 4" beseitigt wird. Das geschieht bei Vorhandensein eines Schlüsselreizes über einen AAM[2].

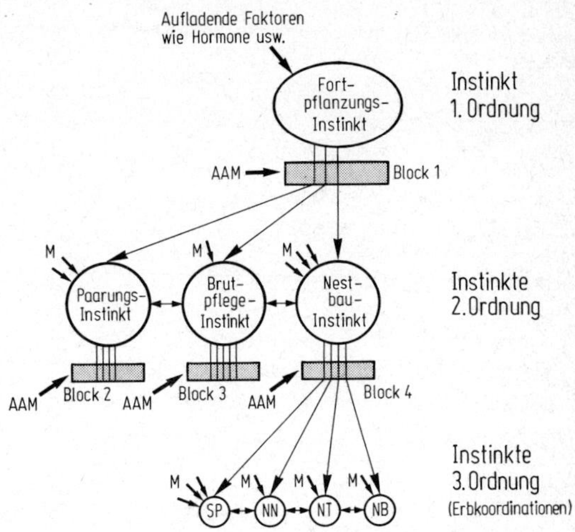

Bild 8.11: Schema der Zentren-Hierarchie am Beispiel des Fortpflanzungsverhaltens des Zwergfadenfisch-Männchens (Colisa lalia). (Unter Verwendung des Instinktschemas von Tinbergen).
Wenn ein Instinktzentrum höherer Ordnung erregt ist, kann die durch einen Block gestaute Energie erst zu den Instinkten niederer Ordnung abfließen, wenn der Block durch äußere Reize über einen AAM beseitigt wird. Instinktzentren gleicher Ordnung können nicht gleichzeitig aktiviert werden, da sie sich gegenseitig hemmen (Doppelpfeile); dabei dominiert das Zentrum, das durch zusätzliche motivierende Faktoren (M) am stärksten erregt ist.
SP – Instinkt, Schaum zu produzieren;
NN – Instinkt, Nistmaterial aufzunehmen;
NT – Instinkt, Nistmaterial zum Nest zu tragen;
NB – Instinkt, Nistmaterial zu verbauen.

Wie jeder weiß, ist auch der Nestbauinstinkt nur zeitweilig aktiviert. Auch dieses Instinktzentrum ist noch von einem übergeordneten Zentrum abhängig, dem Fortpflanzungsinstinkt. Erst wenn Block 1 geöffnet wird, können der Nestbauinstinkt und die anderen Instinkte II. Ordnung frei werden, natürlich auch wieder nicht gleichzeitig. Das Vorhandensein des einen hemmt das gleichzeitige Auftreten des anderen[3]. Dabei wird eine gewisse Reihenfolge eingehalten: Von den Instinkten II. Ordnung wird zuerst der Nestbauinstinkt, dann der Paarungs- und dann der Brutpflegeeinstinkt aktiviert.
Das Schema zum Fortpflanzungsverhalten des Zwergfadenfisch-Männchens ist noch unvollständig und sicher in Einzelheiten zu verbessern. Wie wir wissen, kennzeichnen noch weitere Verhaltensweisen ein fortpflanzungswilliges *Colisa-lalia*-Männchen als die des Nestbaues, der Paarung und der Brutpflege. Es wird zunächst einmal territorial und ist meist auch besonders aggressiv. Durch Block 1 wird also vermutlich gleichzeitig mit den drei schon im Schema eingetragenen Instinktzentren auch noch ein untergeordnetes Kampf-Zentrum und ein Territorial-Zentrum freigegeben. Bekanntlich kämpfen *C.-lalia*-Männchen aber nicht

[1] Vierke (1971), AQUARIEN-MAGAZIN, 399–403
[2] Vergleiche das Hydraulische Instinktmodell, S. 518.
[3] Das soll in der Abbildung durch die Doppelpfeile angedeutet werden, die zwischen den Instinktzentren gleicher Ordnung eingezeichnet sind.

ausschließlich zur Fortpflanzungszeit. Das Kampfzentrum kann daher sicher auch noch über einen anderen, nicht zum Fortpflanzungszentrum gehörenden Block freigegeben werden.
Den Gedanken einer „Instinkthierarchie", wie er hier von *C. lalia* am Beispiel des Fortpflanzungsverhaltens gezeigt wurde, hatte erstmals N. Tinbergen entwickelt, und zwar beim Fortpflanzungsverhalten des Stichling-Männchens[1]. Dem hier gezeigten Ordnungsschema im Verhalten dürfte auch eine entsprechende funktionelle Ordnung im Zentralnervensystem der Tiere entsprechen. Eine Instinktdefinition soll neben diesem physiologischen Mechanismus auch noch den arterhaltenden Sinn der Erbkoordination berücksichtigen. Entsprechend nennt Tinbergen den Instinkt „einen hierarchisch organisierten, nervösen Mechanismus, der auf bestimmte vorwarnende, auslösende und richtende Impulse, sowohl innere wie äußere, anspricht und sie mit wohlkoordinierten, lebens- und arterhaltenden Bewegungen beantwortet".

Ererbte und erlernte Verhaltensweisen

Bislang war von Erbkoordinationen die Rede. Schon in der Bezeichnung wird ausgedrückt, daß es sich dabei um ererbte und weitervererbbare Verhaltensweisen handelt. Nicht alle Verhaltensweisen werden jedoch vererbt, viele können auch erlernt werden.

Verhalten und Vererbung

Wie Erbkoordinationen weitergegeben werden, kann am ehesten durch Kreuzungsexperimente zwischen nahe verwandten Arten erforscht werden. Franck[2] untersuchte hierzu Schwertträger-Bastarde und verglich ihr Verhalten mit dem ihrer Eltern-Arten *Xiphophorus helleri* und *X. montezumae.* Es gibt vor allem bei der Balz dieser Arten charakteristische Unterschiede. Die *X.-helleri*-Männchen schwimmen mit gespreizten Flossen blitzschnell seitlich vor das Weibchen, stoppen und nähern sich dann rückwärtsschwimmend mit gefalteten Flossen dem Weibchen, worauf erneut blitzschnell eine Vorwärtsbewegung folgt, darauf wieder die Rückwärtsphase usw. Diese Wiegebalz ist auch für *X. montezumae* typisch, jedoch spreizen *montezumae*-Männchen auch noch während der Rückwärtsphase ihre Flossen, sie biegen dabei ihr Schwert ab und zeigen noch weitere typische Unterschiede zu *X. helleri.*
Die genaue Analyse der Balz der Bastarde zeigte relativ komplizierte Erbgänge. Bereits einfachste Verhaltensmerkmale im Bereich der Wiegebalz wie beispielsweise das Schwertabbiegen der *montezumae*-Männchen sind polygen[3] bedingt. Das bedeutet, daß ein einzelner Mutationsschritt nicht sofort eine vollständige Verhaltensänderung bewirken kann. Diese Stabilität ist wohl die Voraussetzung dafür, daß die betreffenden Verhaltensweisen streng arttypisch sind.
Wenn man Arten miteinander kreuzt, die sich in bestimmten Verhaltensmerkmalen nicht qualitativ, sondern nur quantitativ unterscheiden, kann man manchmal Seltsames beobachten. Die *Colisa*-Arten können mit einer Salve schnell hintereinander abgespuckter Wassertropfen Futterobjekte im Luftraum anspucken und ins Wasser schwemmen. Die Aufeinanderfolge der einzelnen Tropfen einer Salve ist von der Art und dem Alter der Tiere abhängig. Die Spuckfrequenz liegt zwischen 3 und 20 Spucktropfen pro Sekunde. Junge Tiere erreichen die höchste Spuckfrequenz und lassen mit zunehmendem Alter erst schnell, dann langsam nach. So ergeben sich die arttypischen Kurven in Bild 8.12 für *C. lalia* und *C. fasciata.* Von den aus diesen Arten hervorgegangenen Bastarden müßte man erwarten, daß sie in ihrer Spuckfrequenz entweder einer der Elternarten ähneln oder irgendwo dazwischenliegen. Das ist jedoch nicht der Fall; ihre Spuckfrequenz ist höher als die der Ausgangsarten. Bild 8.12 läßt auch erkennen, daß das Spucken bei ihnen früher als bei den Elternarten beobachtet und untersucht werden konnte. Die Bastarde konnten zudem sehr viel höher spucken; auch war im Versuch ihr Spuckverhalten viel leichter auszulösen. Insgesamt war hier also in jeder Hinsicht eine Intensivierung des Spuckverhaltens der Bastarde gegenüber den Ausgangsarten festzustellen. Diese Erscheinung, der sog. Heterosis-Effekt, der sich nicht nur auf Verhaltensmerkmale zu beziehen braucht, spielt in der Nutztier- und Pflanzenzüchtung eine bedeutsame Rolle.

[1] Natürlich muß ein derartiges Schema bei allen prinzipiellen Übereinstimmungen im Einzelnen von Art zu Art verändert werden, entsprechend den unterschiedlichen Instinkten der einzelnen Arten.
[2] Franck, Z. Tierpsych. 1970, 1–34.
[3] Das heißt, daß ein Merkmal durch mehrere Gene gemeinsam bedingt ist.

Bild 8.12: Abhängigkeit der mittleren Spuckfrequenz (ES/sec) von Alter und Art der Fische.

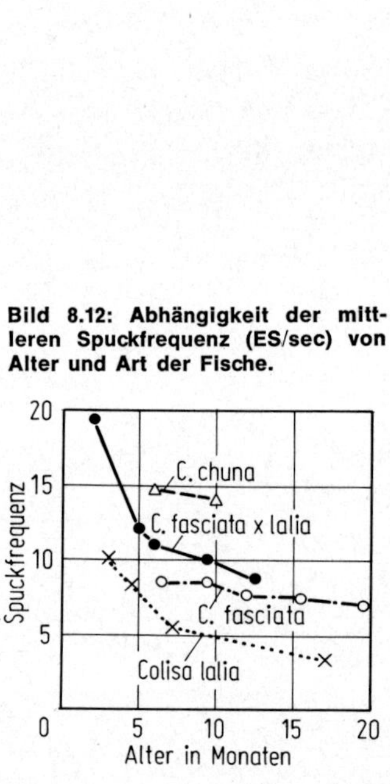

Bild 8.13: Pterophyllum scalare, Normentafel zur Jugendentwicklung des Verhaltens. Beginn und Ende der Linien markieren den ersten und letzten Beobachtungstermin. Nach Bergmann, gekürzt.

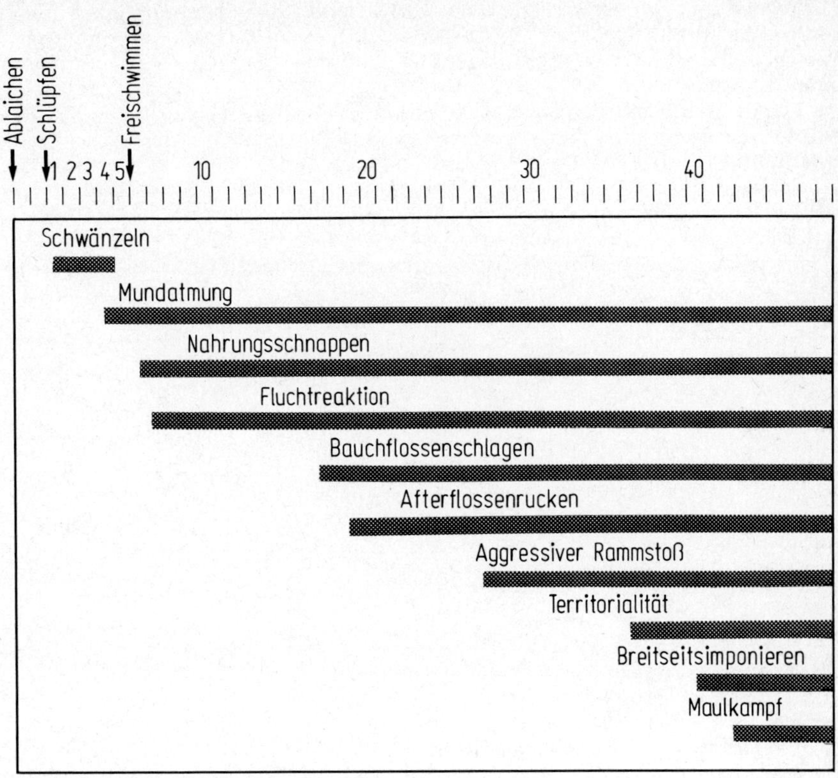

Reifen von Verhaltensweisen

Wenn bei einem Tier eine neue Verhaltensweise auftritt, hat das nicht zu bedeuten, daß sie erworben sein muß[4]. Schließlich muß bei jedem Tier jede Verhaltensweise ein erstes Mal auftreten. Der Zeitpunkt des erstmöglichen Auftretens einer Erbkoordination hängt meist vom Alter bzw. der Reife des betreffenden Tieres ab. Bergmann[5] hat das Reifen von Verhaltensweisen beim Segelflosser *(Pterophyllum scalare)* untersucht. Die in Bild 8.13 wiedergegebenen Verhaltensweisen können nur einen Teil seiner Befunde zeigen. Man erkennt, daß Erbkoordinationen wie das Schwänzeln überhaupt nur in einer bestimmten Jugendphase gezeigt werden. Mit dem Freischwimmen sind gleichzeitig mehrere Verhaltensweisen herangereift. Sie sind mit der neuen Lebensweise notwendigerweise verknüpft, wie Mundatmung, Nahrungsschnappen und Flüchten. Zwei Wochen später ist ein weiterer Schub zu beobachten: die zum Komfortverhalten[6] zählenden Verhaltensweisen wie das Zucken der Flossen. Als letzter Schub sind dem Kampfverhalten zuzuordnende Erbkoordinationen auf der Normentafel wiedergegeben. Damit ist die Entwicklung der Verhaltensweisen beim Segelflosser aber noch nicht beendet. Einige Anteile des Imponierens scheinen erst beim über 100 Tage alten Jungfisch gereift zu sein, und das Sexualverhalten tritt normalerweise nicht vor dem 7. Monat auf.

Lernen und Dressur

Erbkoordinationen werden durch bestimmte, ihnen zugeordnete Schlüsselreize ausgelöst. Das wurde u. a. am Beispiel von Buntbarschmännchen der Gattung *Astatotilapia* gezeigt, bei denen Seitz das Kampfverhalten durch Vorzeigen bestimmter Attrappen auslösen konnte. Seitz versuchte dann, bei denselben Tieren auch Balzverhalten durch Attrappen zu erzeugen. Jedoch reagierten die Fische im Gegensatz zu den teilweise plumpen kampfauslösenden Attrappen nicht im geringsten auf die bis in alle Einzelheiten nachgemachten Weibchenattrappen. Sie hatten bereits gelernt, wie ein echtes Weibchen aussieht[7]. – Es gelang Seitz dann, Männchen völlig isoliert aufzuziehen. Diese Kaspar-Hauser-Tiere[8] balzten

[4] Auch durch die sog. Stimmungsübertragung kann ein Lerneffekt vorgetäuscht werden. Siehe Schwarmverhalten.

[5] Bergmann (1969), Z. Tierpsych. **29**, 343–388.

[6] Zum Komfortverhalten gehören Putzbewegungen, Sichschütteln, Sichreiben usw.

[7] Im Schwarm großgewordene Tiere lernen das Weibchenbild nach dem Aussehen der Schwarmgenossen (die männlichen Schwarmmitglieder haben dann keine Prachtfärbung und sehen auch wie Weibchen aus). Dagegen ist jedes im Schwarm aufgewachsene Tier im Hinblick auf ein Männchen in Prachtfärbung zunächst erfahrungslos!

[8] Kaspar Hauser war ein Findelkind, das in einem finsteren Verlies völlig ohne menschlichen Kontakt aufgewachsen sein soll, der Legende nach ein Sohn Napoleons oder des Großherzogs Karl von Baden.

überraschenderweise auch die einfachste Attrappe an, eine runde Wachskugel. Man kann daraus schließen, daß bei Buntbarschen der Gattung *Astatotilapia* der das Balzverhalten kontrollierende AAM (angeborener Auslösemechanismus) sehr einfach ist, dann aber unter dem Einfluß von Erfahrungen verändert und vervollkommnet wird. Bei einem so entstandenen Auslösemechanismus kann man allerdings nicht mehr von einem AAM sprechen, sondern von einem EAAM (durch Erfahrung ergänzter AAM) oder gar von einem EAM (erworbener Auslösemechanismus).

Man beobachtet im Aquarium bei verschiedenen Gelegenheiten, daß Fische lernen können. Man kann folgenden Versuch machen: Über längere Zeit werden Fadenfische oder Buntbarsche nur mit Wasserflöhen gefüttert. Dann geben wir den Tieren ein Lebendfuttergemisch von Wasserflöhen und Larven der Büschelmücke („Weiße Mückenlarven") ins Wasser. Wenn die Fische Weiße Mückenlarven noch nicht kennen, werden sie zunächst nur nach den Wasserflöhen schnappen. Wenn sie jedoch durch Zufall oder Hast eine der wegen ihrer Durchsichtigkeit nicht so auffälligen Mückenlarven geschnappt haben, werden sie nach kurzer Zeit diese „Glasstäbchen" bevorzugen. Sie suchen dann meist sorgfältig die offenbar besser schmeckenden Mückenlarven aus den Wasserflöhen heraus. Sie haben also gelernt, Mückenlarven von Wasserflöhen zu unterscheiden. Das ist zwar kein besonders eindrucksvoller Lernvorgang, aber er ist gar nicht so selbstverständlich, wie es auf den ersten Blick erscheinen mag. Nicht alle Tiere können allein durch Erfahrung mit Hilfe ihres Gesichtssinnes gut schmeckendes von weniger gut schmeckendem Futter unterscheiden, oft nicht einmal Freßbares von Ungenießbarem.

Aquarienfische lernen auch, sich den Ort zu merken, an dem es Futter gibt. Wenn man seinen Fischen jedesmal oder fast jedesmal, wenn man vor das Aquarium tritt, kleine Futtermengen reicht, wird man sehen, daß die Fische sich bald aufgeregt wartend an der Futterstelle versammeln, sobald man sich dem Aquarium nähert. Die Tiere haben eine Assoziation gebildet, sie haben das Auftauchen des Menschen mit der direkt darauffolgenden Futtergabe gedanklich verknüpft. Hierbei handelt es sich bereits um das, was man Dressur zu nennen pflegt: Ein Originalreiz (Futter)[1] wird assoziiert mit einem Signalreiz (Auftauchen eines Menschen). Ein dressiertes Tier reagiert in Erwartung des Originalreizes schon auf den Signalreiz. Wir können mit dem Originalreiz, dem Futter, auch einen anderen Signalreiz verbinden, beispielsweise einen Pfiff oder einen Glockenton. Auf diese Art machte von Frisch seine berühmt gewordenen Dressurversuche an Elritzen und Zwergwelsen. Er zeigte damit erstmals, daß Fische überhaupt hören können, und daß sie auch ein gewisses Unterscheidungsvermögen für verschieden hohe Töne haben. Letzteres kann man nachweisen, indem man einen Fisch zunächst auf die beschriebene Weise auf einen Pfeifenton von bestimmter Tonhöhe dressiert. Wenn die Dressur abgeschlossen ist, erscheint der Fisch, sobald der Signalreiz, der Ton, gegeben wird. Nun kann man dem Fisch den gerade besprochenen „Futterton" mit der dazugehörenden Futtergabe geben und abwechselnd[2] dazu einen „Warnton", der etwas höher oder tiefer ist. Wenn der Warnton ertönt, wird der Fisch zunächst auch wieder erscheinen und Futter erwarten. Jetzt wird er mit einem kleinen Schlag mit einem Glasstab oder mit einem kleinen Elektroschock gestraft. Bald begreift der Fisch den Unterschied zwischen dem Futter- und dem Warnton. Bei Ertönen des ersten erscheint er sofort, um sich Futter abzuholen, im zweiten Fall ergreift er die Flucht. Auf diese Weise kann man ermitteln, welches Intervall die Fische noch sicher unterscheiden können. Es ist gewöhnlich eine Oktave.

Dressuren, ähnlich der hier beschriebenen, kommen in der Natur auch vor. Fische lernen, stärkere Artgenossen oder auch andere stärkere Fische zu respektieren; es kann sich auf Grund ihrer Kampferfolge oder Niederlagen eine Rangordnung bilden. Fische erkennen sich offenbar am „Gesicht". Sicher lernen sie – wenn sie dazu noch Gelegenheit haben – auch ihre Raubfeinde kennen und weitgehend meiden. Genauso lernen sie auch Futtertiere zu meiden, mit denen sie schlechte Erfahrungen gemacht haben. Ein Hecht, der sich beim Fressen von Stichlingen mehrfach an ihren Stacheln verletzt hat, merkt sich das bald sehr genau und meidet Stichlinge künftig. In diesem Fall wäre die Verletzung der Originalreiz, der Stichling der Signalreiz und die Assoziation „ungenießbar". Voraussetzung ist dabei natürlich, daß der Hecht den Stichling vor dem Zuschnappen erkennt, daß der Signalreiz also möglichst typisch ist. Einige besonders gefährliche Fische sehen daher besonders auffallend aus; sie haben eine typische Warnfarbe und manchmal sogar ein besonderes Warnverhalten[3].

[1] Statt Originalreiz wird oft auch von einem unbedingten Reiz gesprochen, der eine unbedingte Reaktion auslöst. Statt Signalreiz spricht man dann vom bedingten Reiz, entsprechend von einer bedingten Reaktion.

[2] Abwechselnd deshalb, weil der erste Signalreiz mit seiner Assoziation nicht vergessen werden darf.

[3] Beispiele dazu siehe S. 550. Auch Fische können manche Dinge in bestimmten Altersstufen offenbar leichter lernen als in anderen. Solche sog. sensiblen Phasen sind von anderen Tieren und auch vom Menschen bekannt. Als Erwachsene gefangene südamerikanische Cichliden fressen fast nie Trockenfutter, ihre Nachzucht dagegen ohne weiteres. Auch hier gilt: Was Hänschen nicht lernt, lernt Hans nimmermehr!

Gedächtnisübertragung

Bekanntlich ist Lernen nur mit Hilfe des Gedächtnisses möglich. Irgendwo im Gehirn muß das Erlernte gespeichert werden und auf Abruf bereitstehen. Bei der Suche nach den Stoffen, die die Erinnerung ausmachen, bedient man sich auch der eben beschriebenen Fischdressurmethoden. Die Versuche und ihre Ergebnisse[4] klingen geradezu phantastisch:

Versuchstiere waren Goldfische. Durch vorherige Versuche war bekannt, daß Goldfische – wenn man ihnen die Wahl läßt – die Farbe Rot der Farbe Grün vorziehen. Nun wurden die Fische auf Grün dressiert, indem man ihnen das Futter nur bei grünem Licht gab. Die derart dressierten Tiere wurden dann abgetötet und ihre Gehirnmassen in kompliziertem Verfahren innig gemischt, gereinigt und gefriergetrocknet. Dieser Extrakt wurde dann undressierten Goldfischen in die Bauchhöhle gespritzt. Das Ergebnis: Einen Tag später wählten diese Tiere entgegen ihrer eigentlichen Vorliebe fast ausschließlich Grün, wenn sie zwischen Rot und Grün wählen konnten. Diese Bevorzugung hielt eine Woche an, dann begannen sie auch wieder häufiger Rot zu wählen. Um auszuschließen, daß die Ergebnisse durch die Versuchsverfahren selbst, nämlich durch das Einspritzen von Gehirnextrakt in die Bauchhöhle, verfälscht wurden, wurden natürlich Kontrollversuche mit undressierten „Spendern" und Empfängern gemacht. Diese Empfänger blieben erwartungsgemäß bei ihrer Rotvorliebe.

Das Ergebnis dieser Versuche: Man kann auf die beschriebene Weise Erlerntes von dressierten Goldfischen auf undressierte übertragen[5]. Ähnliche Versuche sind an verschiedenen Stellen der Erde von vielen Wissenschaftlern unternommen worden, und Gedächtnisstoffe konnten dabei bei einer Vielzahl von Tieren übertragen werden[6], sogar von Tieren der einen Art auf Tiere einer anderen Art.

Verhalten und Stammesgeschichte

Mutation und Selektion

Die Nachkommen eines Kardinalfischpaares sind Kardinalfische, die eines Segelflosserpaares sind wieder Segelflosser. Wenn man bei der Aufzucht keine groben Fehler macht, sich also keine Hungerformen oder gar Krüppel bilden, gleichen die herangewachsenen Jungen wieder vollständig ihren Eltern[7]. Unter Umständen findet man aber unter den Jungfischen Exemplare, die sich in einem Merkmal stark von den Eltern unterscheiden. Sie besitzen vielleicht verlängerte Flossen oder haben die Fähigkeit verloren, Farbstoffe zu bilden. Diese Mutanten[8] werden von den Züchtern oft mit ganz besonderer Liebe und Sorgfalt großgezogen; meist nur wegen ihres Seltenheitswertes, denn sie sind nur in Ausnahmefällen schöner als die Ausgangsformen. Da eine einmal aufgetretene Mutation weitervererbt wird, bleiben diese Formen erhalten, wenn man mit ihnen weiterzüchtet. Diese bewußte Auslese durch die Züchter und Käufer führt dazu, daß bei manchen Aquarienfischen, wie z. B. den Segelflossern, die ursprünglichen Formen immer seltener und von den Zuchtformen verdrängt werden.

Auch im Freien treten unter den Nachkommen der Fische immer wieder Mutanten auf. Sie haben meist aber nur geringe Aussichten, alt zu werden: Ein Fisch mit Schleierflossen wird eine besonders leichte Beute für seine Verfolger, ebenso ein Fisch ohne Farbstoffe, ein Albino also. Der erstere kann weniger gut fliehen, und der Albino fällt besonders stark auf. Das ist in der Freiheit gefährlich. Die Mutanten werden also kaum geschlechtsreif werden, und selbst dann ist ihre Aussicht, ihr neuerworbenes Merkmal weiterzuvererben, nur gering. Aus verschiedenen Gründen können sie sich nicht gegen den Nebenbuhler durchsetzen, oder sie finden keinen willigen Geschlechtspartner. Die Natur ist im Gegensatz zum „mutationsfreundlichen" Züchter fast immer „mutationsfeindlich"[9]. Ihre Auslese ist viel strenger. In seltenen Fällen jedoch kann eine Mutation auch im Freien vorteilhaft sein: Stellen wir uns einen Fisch vor, der hauptsächlich vom Fang kleinerer Fische lebt, also einen Raubfisch. Angenommen, er ist kein so gewandter Schwimmer, daß er seine Beute als Hetzjäger verfolgen kann. Dann lauert er ihr also auf. Bei diesen Tieren sind alle diejenigen Exemplare im Vorteil, die eine der Umgebung besonders gut angepaßte Färbung haben. Wenn zufällig eine

4 Zippel und Domagk (1969), Experimentia **25**, 938–940

5 Angeborene Eigenschaften lassen sich dagegen nicht übertragen! Sicher wird damit der scherzhafte Ausspruch einiger Studenten verständlich, die da empfehlen: Essen Sie Ihren Professor!

6 Man hat inzwischen auch den Stoff ermittelt, der die Gedächtnisübertragung ermöglicht. Es sind Peptide, kurze Ketten aus Aminosäuren, deren jeweilige Aufeinanderfolge den Gedächtnisinhalt bestimmt.

7 Das ist absichtlich etwas vereinfacht. Bekanntlich können bei mischerbigen Eltern oder verschiedenerbigen Partnern auch neue Erbkombinationen unter den Nachkommen auftreten, die Betonung liegt dabei aber auf neue „Kombinationen"! Neue Erbmerkmale entstehen nur durch Mutationen.

8 Mutanten: Lebewesen, die sich durch eine Mutation von ihren Artgenossen unterscheiden. Mutation: spontan aufgetretene Veränderung im Erbgut. Eine Mutation wird also weitervererbt. Mutationen können zwar durch bestimmte Mittel ausgelöst werden, in ihren Wirkungen sind sie jedoch immer unvorhersehbar. Sie sind ungerichtet.

9 Da eine Fischart den Umweltverhältnissen normalerweise recht gut angepaßt ist, kann eine zufällige Mutation nur in großen Ausnahmefällen eine Verbesserung bringen. Man könnte das mit einem Goethe-Gedicht vergleichen. Wie groß ist da die Chance, durch einen zufälligen Schreib- oder Druckfehler das Gedicht zu verbessern? Auch Mutationen beruhen auf Schreibfehlern bei der Übermittlung der Erbinformation.

Mutante entsteht, deren Tarnfärbung besser ist als die der Artgenossen, hat sie größere Aussichten, Beute zu machen, wird schneller groß als die Konkurrenten und kann schneller und mehr Nachkommen erzeugen. Da Mutationen erblich sind, werden diese Positivmutanten nach einiger Zeit die ursprünglichen Typen verdrängt haben.
Das Zusammenspiel von Mutation und Auslese schafft also nicht nur beim Züchter, sondern auch im Freien neue Formen. In den sehr langen Zeiträumen, die die Natur im Gegensatz zum Züchter zur Verfügung hat, entstanden sogar neue Arten, Gattungen, Familien, ja die ganze Vielfalt der lebenden Natur. Die eben beschriebene Auslese, die Selektion, sorgt dafür, daß alle Lebewesen gut an die Umwelt angepaßt sind. Das gilt selbstverständlich nicht nur für den Körperbau und die Färbung, sondern auch für das Verhalten der Tiere. Natürlich bewähren sich diese drei Dinge nicht einzeln in ihrer Umwelt, sondern nur gemeinsam. Daher können sie auch nicht isoliert betrachtet werden. Zur oben geschilderten Tarnfärbung gehört auch das entsprechende Verhalten. Wären die getarnten Fische beim Beutefang zu ungeduldig und unruhig, würde ihnen die Färbung nicht viel nützen. Die Mutante jedoch, die stocksteif verharrend lauern kann, setzt sich in kurzer Zeit gegen die Artgenossen durch.

Homologien und Konvergenzen

Der Taxonom versucht, die Tiere und Pflanzen auf Grund ihrer natürlichen Verwandtschaft zu ordnen, also ein sog. natürliches System aufzustellen. Dazu müßte er eigentlich ihren Stammbaum kennen. Aber das wäre exakt nur möglich, wenn man weit in die Vergangenheit schauen könnte und sehen könnte, wie die Urahnen aussahen, aus denen sich die heutigen Lebewesen entwickelt haben[1]. Daher versucht der Taxonom, seine Untersuchungsobjekte nach dem Grad ihrer Ähnlichkeit zusammenzustellen nach dem Grundsatz: Was sich in gewissen Merkmalen ähnlich sieht, ist miteinander verwandt. Der gemeinsame Vorfahre dieser Arten hatte diese Merkmale auch schon und hat sie an die Nachkommen vererbt. Solche Ähnlichkeiten nennt man Homologien. Oft werden Homologien aber auch nur vorgetäuscht. Diese Ähnlichkeiten, die nicht auf einer gemeinsamen Herkunft beruhen, werden Konvergenzen oder Analogien genannt.
In der Ichthyologie werden die Fische aus verschiedenen Gründen noch fast ausschließlich nach anatomischen und morphologischen Merkmalen bestimmt und systematisch eingeordnet[2]. Das führt jedoch keineswegs immer zu genügend sicheren Erkenntnissen. Die Ergebnisse ethologischer Untersuchungen werden gewiß in Zukunft dazu beitragen, die Systematik der Fische den tatsächlichen Verwandtschaftsbeziehungen noch besser anzugleichen. Die Ethologie hat bei der Systematik mitzureden, denn Instinkte haben sich im Laufe der Stammesgeschichte genauso entwickelt wie Merkmale des Körperbaues.

[1] Teilweise geht das sogar. Fossilien, also Überreste schon ausgestorbener Pflanzen- und Tierarten, geben uns einen Eindruck von der Lebewelt längst vergangener Zeiten. Für die Aufstellung eines einigermaßen perfekten Stammbaumes reichen sie aber nicht aus, wenn sie auch Anhaltspunkte geben können.
[2] Im Gegensatz zu anderen biologischen Bereichen, wie z. B. der Ornithologie (Vogelkunde).

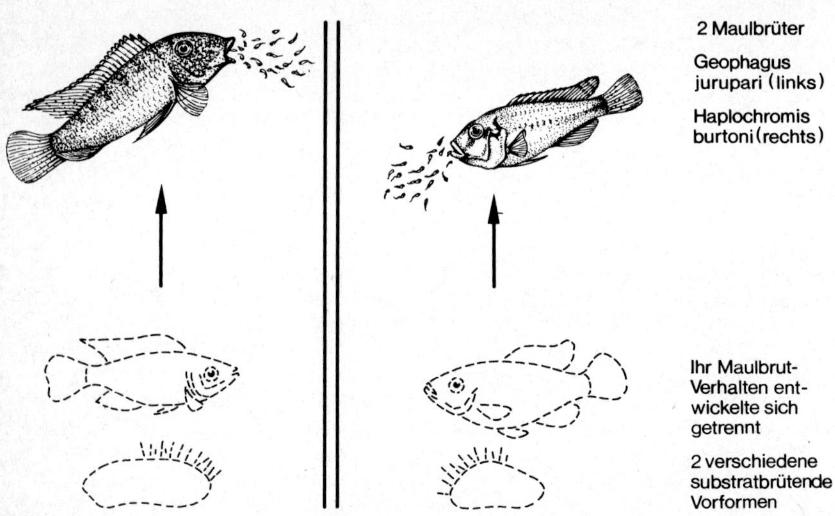

Bild 8.14: Konvergenzen. (Die nicht maulbrütenden Vorformen wurden nur gestrichelt eingezeichnet, da wir nicht wissen, wie sie ausgesehen haben.)

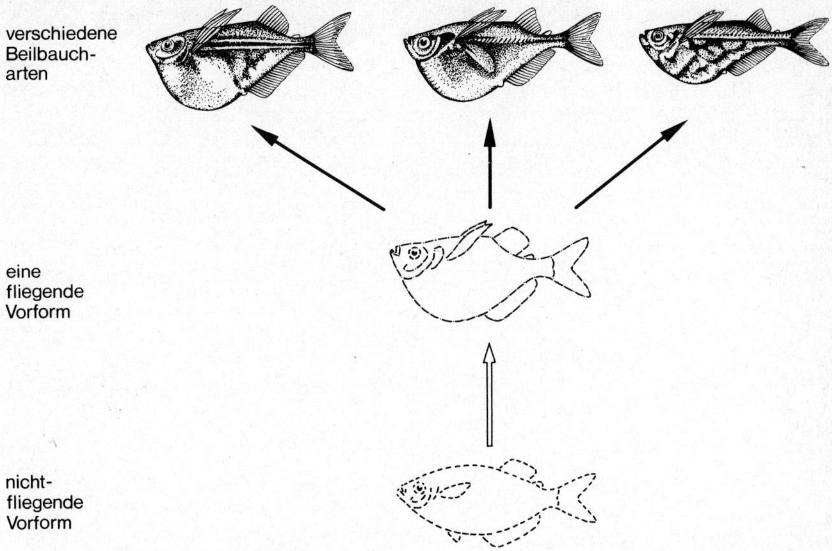

Bild 8.15: Homologie. Das Flugvermögen aller Beilbaucharten (nicht nur der drei hier eingezeichneten) entwickelte sich nur einmal (Doppelpfeil). (Die fliegende Vorform muß schon den Körperbau ihrer jetzt lebenden Nachkommen gehabt haben. Wie die nichtfliegende Vorform aussah, ist unbekannt).

Konvergenzen sind also Ähnlichkeiten, die der Taxonom nicht mit Homologien verwechseln darf. Der äußere Körperbau von Walen und Fischen stimmt verblüffend überein. Doch diese Übereinstimmung ist nur durch die Erfordernisse der gemeinsamen Umwelt entstanden. Die Auslese hat daher gewissermaßen gleichsinnig gewirkt. Das gilt auch für die „Blitzstarter" unter den Fischen. Sie haben eine besonders schnittige Körperform und besitzen weit am Körper nach hinten verlegte After- und Rückenflossen. Sie können auf Grund ihres Körperbaues keine langen Strecken schwimmen. Dagegen eignet sich die Anordnung ihrer Flossen hervorragend zum blitzschnellen Vorstoßen. Hierdurch sind sie natürlich auch auf bestimmte Verhaltensweisen festgelegt. Sie müssen auf Beute warten und sie im raschen Vorpreschen erwischen. Fische aus den verschiedensten Familien haben sich auf dieses Beutefangverhalten spezialisiert und – parallel dazu – die entsprechende Körperform angenommen.

Als Beispiel für eine Homologie, also einer Ähnlichkeit auf Grund gemeinsamer Herkunft, seien die Arten der Beilbauchfische genannt. Ihre typische Körperform ist – das wird durch viele weitere Merkmale bestätigt – nur einmal entstanden. Das geschah vor zigtausend Jahren bei der gemeinsamen Ahnenform, aus der sich alle jetzt lebenden Beilbauch-Arten entwickelt haben. Dasselbe dürfen wir auch vom dazugehörenden Verhalten, dem Fliegen dieser Fische annehmen, denn die Herausbildung dieser Körperform ist nur im Zusammenhang mit dem Flugverhalten der Beilbäuche zu verstehen[3]. Andernfalls hätte die Auslese nicht die entsprechende Ausbildung des Knochenbaues und der Muskulatur gefördert. Das letztgenannte Beispiel läßt noch nicht die Notwendigkeit erkennen, weshalb man neben körperlichen Merkmalen auch Verhaltensmerkmale zur Verwandtschaftsanalyse benutzen sollte. Bei den Beilbauchfischen gehen ja körperliche Merkmale mit Verhaltensmerkmalen Hand in Hand, sie sind untrennbar miteinander verbunden. Es kann aber auch anders sein. Einem schaumnestbauenden Fisch[4] kann man dieses Verhalten nicht ohne weiteres ansehen. Wenn wir innerhalb der Belontiidae (einer Familie der Labyrinthfische) die Arten genau beim Schaumnestbau beobachten, fällt uns auf, daß die Fische sich zweier verschiedener Methoden zum Schaumerzeugen bedienen. Einige, wie die Kampffische *(Betta)* und die Knurrenden Guramis *(Trichopsis)*, nehmen dazu mit einem einmaligen Schnappen Luft in ihr Maul, so wie es auch geschieht, wenn sie Luft für ihr Labyrinthorgan aufnehmen. Dazu wird die Blase im Maul mit Schleimsekret umhüllt und ins Nest gegeben. Andere, wie die Fadenfische, stehen am Wasserspiegel, als würden sie Futter schöpfen[5], und produzieren auf diese Weise eine Vielzahl sehr kleiner Schaumblasen. Nun wäre es gewagt, allein auf diesen Unterschieden fußend zu behaupten, die „Schaumschöpfer" seien untereinander näher verwandt als mit den „Blasennehmern". Es gibt aber noch weitere Eigenarten im Verhalten, die entweder nur bei der einen Gruppe oder nur bei der anderen auftreten. So gibt es eindeutige Gemeinsamkeiten im Paarungs- und Brutpflegeverhalten der *Betta*- und *Trichopsis*-Arten im deutlichen Unterschied

[3] Die beilförmige Körperform dieser Fische hängt direkt mit ihrem Flugvermögen zusammen. Sie ist ausschließlich durch die überaus starke Flugmuskulatur und dem damit zusammenhängenden Knochenbau bedingt. Siehe auch S. 549

[4] Zu den Schaumnestbauern gehören neben Welsen wie Callichthys, Dianema und Hoplosternum viele Labyrinthfische u. a. Unsere Kenntnisse aus der Morphologie verbieten uns, an eine enge Verwandtschaft zwischen all diesen Schaumnestbauern zu glauben. Das Beispiel soll zeigen, daß ein einzelnes, zudem noch sehr flüchtig beachtetes Merkmal, nicht ausreichen kann. Das gilt für Morphologen und Ethologen gleichermaßen für die Beurteilung der Verwandtschaftsverhältnisse. In diesem Fall hat sich der Schaumnestbau-Instinkt und damit das entsprechende Verhalten mehrfach, unabhängig voneinander gebildet. Das Schaumnestbauen der verschiedenen Welse ist untereinander und auch zu den Labyrinthfischen konvergent.

[5] Dieses Ernährungsverhalten ist auf S. 542 beschrieben. Beim Schaumschöpfen der Fadenfische gibt es von Art zu Art verschiedene Varianten.

zu den Fadenfischen[1]. Auf Grund von Verhaltensmerkmalen hat man auch den Spitzschwanzmakropoden als *Pseudosphromenus cupanus* aus der Gattung *Macropodus* herausgenommen, da er – wie auch osteologische Merkmale zeigen – den Gattungen *Parosphromenus, Betta* und *Trichopsis* mindestens nicht ferner steht als der Gattung *Macropodus*. Es kann aber auch vorkommen, daß die Befunde der Morphologie und die der Ethologie einander widersprechen. In solchen Fällen sollte man sich vorzugsweise nach den Befunden der Verhaltensforschung richten, schreibt Mayr, ein angesehener Taxonom: „Wenn die aus morphologischen Merkmalen und die aus dem Verhalten gezogenen Schlüsse einander widersprechen, neigt der Taxonom mehr und mehr dazu, den Verhaltensmerkmalen das größere Gewicht beizumessen[2]."

Domestikation und Verhalten

Segelflosser *(Pterophyllum scalare)* sind im Aquarium relativ leicht zur Zucht zu bringen. Wer aber von seinem Paar, das gerade abgelaicht hat, erwartet, daß es auch die Jungen großzieht, wird in den meisten Fällen bitter enttäuscht. Am nächsten Morgen, manchmal auch erst nach 3–4 Tagen, wenn die Jungen aus den Eiern schlüpfen, fressen die Eltern ihre Brut. Das liegt nur in seltenen Fällen an den Verhältnissen in unserem Aquarium, sondern tatsächlich an den Fischen. Sie haben eine Instinktlücke. In der Natur kann sich ein derartiger Stamm nicht bilden. Es ist logisch, daß Tiere die Eigenschaft „Nachkommen fressen" nicht auf ihre Nachkommen vererben können. Wie kommt es nun zu diesen Stämmen im Aquarium?

Die Segelflosser werden als besonders attraktive und vielgefragte Fische in Unmengen in Großzüchtereien herangezogen. Die bequemste und ergiebigste Methode besteht in der künstlichen Aufzucht: Kurz nach dem Ablaichen werden den Eltern die Eier weggenommen, zum Schlupf gebracht und die Jungen ohne die Eltern aufgezogen. Auf diese Weise kann ein eierfressendes Segelflosserpaar sehr viele Nachkommen erhalten, denn mit dem Laichfressen würden die Tiere meist erst Stunden nach dem Ablaichen beginnen. Wenn man sie ließe! Fatalerweise sind gerade diese Laichfresser diejenigen Tiere, die besonders häufig und willig ablaichen und daher die besten und am häufigsten benutzten Zuchttiere. Wie kommt es dazu? Die Fische sind meist deswegen zur Brutpflege unfähig, weil sie sich bald nach dem Ablaichen mit ihrem Partner zerstreiten. Damit hängt aber auch zusammen, daß sie recht wahllos und ohne lange zu zögern mit einem beliebigen Partner ablaichen. Daher also so praktische Zuchttiere! Solche Stämme treten verständlicherweise vor allem unter den Cichliden auf, die in Mengen künstlich großgezogen werden, auch z. B. unter den Schmetterlingsbuntbarschen[3].

Tierarten, die wie der Segelflosser über viele Generationen hinweg ohne wesentliche Blutauffrischung von Wildfängen unter der Obhut des Menschen stehen, werden vom Menschen durch bewußte (Schleierzüchtungen!) oder unbewußte (Eierfresser!) Selektion in ihrem Erbgut verändert. Diese Tiere sind domestiziert, es sind Haustiere. Der Grad der Domestikation hängt nicht nur davon ab, wie lange die Tiere schon in Aquarien gehalten werden, sondern auch noch von weiteren Faktoren. So zeigen sich schon bei manchen erst seit wenigen Jahren eingeführten Fischen, wie Honiggurami und Schmetterlingsbuntbarschen, Domestikationserscheinungen.

Kürzlich untersuchte Ward[4] das Verhalten von insgesamt 200 Paradiesfischen *(Macropodus opercularis)*, wobei der Wildfänge aus Taiwan mit amerikanischen Aquarienmakropoden verglich. Im Paarungsverhalten fand Ward keine qualitativen, aber deutliche quantitative Unterschiede zwischen Wildform und Aquarienform. Die Aquarientiere produzierten bei jeder Paarung sehr viel mehr Eier als die Wildfänge, und die Anzahl der Scheinpaarungen war größer. Die Brutpflege der Aquarienmakropoden war deutlich intensiver als die der Wildform. Sie nahmen die Eier zwar etwas weniger ins Maul, die daraus schlüpfenden Larven dagegen viel häufiger. Auch bauten sie viel stärker am Nest weiter. Die Nester der Aquarienstämme waren daher viel größer. Auch in der Dauer der Brutpflege übertrafen die domestizierten Fische die wilden. Während die Wildfänge bereits nach 5–6 Tagen ihre Brutpflege beendet hatten, pflegten die anderen noch durchschnittlich einen Tag länger. Auch beim Kampfverhalten zeigten sich deutliche Unterschiede. Die Wildstämme waren bedeutend aggressiver als die Aquarientiere, und sie verteidigten ihre Reviere sehr viel ausgiebiger.

[1] Näheres dazu bei Vierke (1972), AQUARIEN-MAGAZIN **6**, 346–351. Ausführliche Arbeit zum Verhalten und zur Abstammung der Labyrinthfische: Vierke (1975): Beiträge zur Ethologie und Phylogenie der Familie Belontiidae, Z. Tierpsych., **38**, 163–199.

[2] (Zitiert nach Wickler). Es ist in der Praxis oft schwer, Homologien und Konvergenzen auseinanderzuhalten, sowohl in der Morphologie als auch in der Ethologie. Aber es gibt dafür einige Regeln. Näheres dazu bei Wickler (1961), Fortschr. Zool. **13**, 303–365

[3] Auf S. 533 wird gezeigt, daß auch andere Umstände auf das Brutpflegeverhalten einwirken können, z. B. das Vorhandensein von Feindfaktoren.

[4] Ward, R. W. (1967), Copeia **4**, 809–813

Bild 8.16: Ein Paradiesfisch-Paar (Macropodus opercularis) während der Paarung. Aufnahme J. Vierke

Bild 8.17: Die Kampffisch-Männchen sind für ihre Kampffreudigkeit bekannt. Durch Auslese haben die Siamesen diese Eigenschaft noch gesteigert. Das Bild zeigt kämpfende Schleierkampffische (Betta splendens). Aufnahme J. Vierke

Die geschilderten, statistisch gut abgesicherten Ergebnisse zeigen bei domestizierten Makropoden im Gegensatz zu den Segelflossern einen gesteigerten Brutpflegeinstinkt. Es wundert nicht, denn die Paradiesfische werden nicht wie Skalare künstlich aufgezogen, sie sind ohnehin gute Brutpfleger. Zudem fallen für Makropoden die beim Segelflosser geschilderten Gründe für das Eierfressen weg: die Streitigkeiten unter den Partnern. Makropodenmännchen betreiben die Brutpflege allein, jedenfalls in der Regel. Hier hat die Auslese zu sich besonders willig vermehrenden Haustieren geführt, etwas, was man bei den Skalaren unter den üblichen Bedingungen der Kunstaufzucht auch sagen kann. Eine gesteigerte Fruchtbarkeit ist bei allen Haustieren zu beobachten, nicht nur bei „Hausfischen". Gut züchtende Tiere werden vom Züchter immer wieder zur Weiterzucht benutzt; sie können ihre Eigenschaft an besonders viele Nachkommen weitergeben.

Auch für die verminderte Aggressivität der domestizierten Makropoden gibt es eine Erklärung. Unter Aquarienverhältnissen hat die Aggression nicht mehr den positiven Sinn wie im Freiwasser[5]. Im Aquarium haben die Makropodenstämme, die miteinander einigermaßen friedlich auskommen können, die größten Aussichten, eine reiche Nachkommenschaft zu erzielen.

Die Domestikation kann aber gerade im Hinblick auf das Aggressionsverhalten auch zu anderen Ergebnissen führen. Die Siamesen haben bei *Betta splendens*, dem Kampffisch, und *Dermogenys pusillus*, dem Halbschnabelhecht, seit gut 100 Jahren systematisch auf Kampffreudigkeit ausgelesen[6]. Sie züchteten nur mit besonders kampflustigen Tieren weiter und erhielten durch diese Selektion besonders hochgezüchtete Kämpfer. Während wilde *Betta*-Männchen kaum länger als 15–20 Minuten kämpfen, sollen die Kampfformen 3 Stunden, in Ausnahmefällen sogar bis zu 24 Stunden kämpfen. Auch bei wilden *Dermogenys* ist

[5] Siehe Kampfursachen, S. 561

[6] Mit diesen Fischen wurden und werden in Thailand Kampfspiele abgehalten. Wen wundert es, daß dabei Wetten auf den Sieger abgeschlossen werden, genau wie bei unseren Pferderennen.

der Kampf meist nach spätestens einer Viertelstunde entschieden. Dagegen kämpfen die Kampfrassen oft stundenlang bis zur völligen Erschöpfung.

Aquarienbedingtes Verhalten

Die räumliche Enge

Wenn Fische schwer zu halten sind oder wenn es Schwierigkeiten bei ihrer Vermehrung gibt, liegt es daran, daß sich die Verhältnisse in unseren Aquarien von denen in der Natur unterscheiden[1]. An erster Stelle ist dabei die räumliche Enge unserer Aquarien zu nennen. Sie ist im Zusammenhang mit der Überbevölkerung in den meisten Gesellschaftsaquarien und einer falschen Zusammenstellung der Arten Schuld daran, daß viele Fische nicht ihr volles Verhaltensrepertoire zeigen können. Beispielsweise können viele in dem Gedränge keine Reviere bilden und daher nicht ablaichen. Einige Fische gehen nach einiger Zeit an dieser Streßsituation zugrunde, viele können eine starke Überbesetzung der Becken meist relativ lange ertragen, wie die Becken der Zoohändler zeigen. Solange die Wasserverhältnisse in Ordnung sind und keine Krankheiten ausbrechen, ist tatsächlich eine besonders starke Überbevölkerung meist besser als nur eine starke. Denn dann kann selbst der robusteste Fisch kaum noch auf den Gedanken kommen, ein Revier zu gründen und andere Fische zu scheuchen. Und sollte er es dennoch tun, dann scheucht er nicht immer nur dieselben; die Prügel verteilen sich dann besser, und der einzelne hat dann nicht so zu leiden! Man kann also auch so Fische halten.
Auch wenn wir Fische artweise oder paarweise in Zuchtaquarien halten, kann die räumliche Enge des Aquariums zu abnormen Situationen führen. So ist beispielsweise *Nannacara anomala* in relativ kleinen Becken zur Zucht zu bringen. Nach dem Ablaichen jagt das Weibchen den eben noch Geliebten jedoch oftmals im ganzen Aquarium herum und ruht nicht eher, als bis es ihn umgebracht hat[2]. Man schloß daraus fälschlich, wie sich später herausstellte, daß diese Tiere Mutterfamilien bilden und daß die Männchen beim Brutgeschäft nichts zu suchen hätten. Wer die Art jedoch in größeren Aquarien züchtet, kann beobachten, daß die Mutter zwar die unmittelbare Umgebung der Brut bewacht, der Vater dagegen den weiteren Umkreis. Im kleinen Zuchtaquarium ist eben nur Platz für das Weibchenrevier, in dem der Vater nichts zu suchen hat. So können Aquarien-

[1] Ausnahme: die Fische sind keine „Naturfische" mehr, sondern bereits domestiziert. Was dann geschehen kann, siehe vorhergehenden Abschnitt!

[2] Entsprechendes gilt für fast alle Zwergcichliden. Siehe auch S. 573.

Bild 8.18: Ein Paar des Glänzenden Zwergbuntbarsches (Nannacara anomala). In kleinen Aquarien können die brutpflegenden Weibchen ihre viel größeren Männchen umbringen. Aufnahme M. Chvojka.

beobachtungen zu falschen Schlüssen über das normale Verhalten der Tiere führen. Normalerweise würde das *Nannacara*-Weibchen sein Männchen niemals umbringen, genausowenig, wie das Männchen darauf bestehen würde, im Innenrevier zu bleiben. Es wurde umgebracht, weil es sich nicht zurückziehen konnte. Ähnlich geht es vielen Fischen, die bei Kämpfen mit Artgenossen umgebracht werden. In der Freiheit können sie fliehen, im Aquarium ist diese Möglichkeit verbaut. Sie müssen immer wieder dem Rivalen begegnen. Auch wenn der sie nicht totbeißt, bringt sie allein die fortwährende Streßsituation um. Sie verweigern das Futter und erholen sich oft nicht mehr, auch wenn man sie dann in ein anderes Aquarium umsetzt.
Die fortpflanzungsgestimmten Männchen der Fadenfische, Kampffische und Makropoden jagen die Weibchen vor dem Ablaichen meist gewaltig und töten sie dabei nicht selten[3]. Auch das ist unnatürlich und tritt nur in zu kleinen Becken auf. In großen Aquarien müssen die Männchen wie in der Natur so lange warten, bis die Weibchen laichbereit sind, die um sie werbenden Männchen erhören und ihnen zum Nest folgen. In den kleinen Zuchtbecken kann sich das noch nicht laichbereite bzw. -willige Weibchen dagegen nicht aus dem unmittelbaren Interessenbereich des Männchens, dem Revier, zurückziehen und muß sich quälen[4] lassen.
Bei vielen Cichliden führt die fortwährende Anwesenheit des Weibchens unter Aquarienverhältnissen zu besonders schnell aufeinanderfolgenden Bruten. Das braucht im Freien nicht zu sein. Besonders die meisten Maulbrüter-Weibchen dürften in der Natur längere Erholungspausen zwischen den einzelnen Bruten einlegen. Dort leben die Weibchen vieler Arten die meiste Zeit getrennt von den Männchen. Bei der Aquarienhaltung werden sie dagegen oft schnell „verbraucht“. Das gilt besonders für die *Haplochromis*-Arten[5].
Auch das Laichfressen der meisten Salmler, Bärblinge und vieler anderer nicht brutpflegender Arten, wie es im Aquarium meist die Regel ist, ist sicher nicht natürlich[6]. Es ist unvorstellbar, daß es zum natürlichen Verhalten einer Art gehören könnte, die Mehrzahl ihrer Eier aufzufressen. Diese Fische dürften im Aquarium sicher nur durch das Angebot der Eier zum Laichfressen animiert werden nach dem Motto „Gelegenheit macht Diebe“. Im Freien wären sie nach dem Ablaichen gewiß nicht in denselben 50 Litern Wasser oder weniger geblieben, in denen sie abgelaicht hatten. Sie wären weitergeschwommen, vielfach auch zwischen den einzelnen Laichakten, und hätten dann an einem völlig anderen Ort mit der Nahrungssuche begonnen, denn Ablaichen ist anstrengend und macht hungrig.

Weitere Faktoren

Es wurde schon erwähnt, daß eine falsche Zusammenstellung der Arten oftmals zu Schwierigkeiten führt. Unter Umständen kann auch Unterbevölkerung oder ein fehlender Feind im Aquarium von Nachteil sein. Die im Kapitel „Domestikation“ erwähnte Uneinigkeit brutpflegender Segelflosser, die vielfach zum Eierfressen führt, ist teilweise sicher nicht nur durch eine Instinktlücke, sondern auch durch regelrechte Langeweile der Elterntiere bedingt[7]. Das zu verteidigende Revier ist sehr klein und kann in kürzester Zeit durchstreift werden, und Feinde tauchen vielfach nicht auf, weil der Züchter die anderen Fische in bester Absicht aus dem Aquarium entfernt hatte. Erfahrene Züchter geben dagegen oft einen „Feind vom Dienst“ mit in das Becken oder stellen ein Aquarium mit „Feinden“ direkt neben das der Elterntiere, so daß sie ihre Gegner immer vor Augen haben. Die Beschäftigung mit den „Feinden“ hat oft einen guten Einfluß auf den Zusammenhalt der Partner.
Unnatürlich ist auch das Fehlen einer auch noch so kurzen Dämmerung im Aquarium. Viele Fische suchen gern bestimmte Schlafplätze wie Höhlen oder Unterstände für die Nacht auf. Durch die plötzliche Finsternis wird das erschwert. Einige Cichliden bringen ihre Jungen mit Einsetzen der Dämmerung in eine Grube oder heften sie, wie in den ersten Tagen nach dem Freischwimmen die Segelflosser, an ein Blatt. Manche von ihnen haben gewissermaßen eine innere Uhr. Sie wissen von sich aus, wann es Zeit ist, die Jungen ins Bett zu bringen. In anderen Fällen wird das aber versäumt. Nicht eingesammelte Junge sind vor Freßfeinden besonders gefährdet, manchmal vielleicht auch vor den Eltern, die sie am frühen Morgen an unerwarteter Stelle vorfinden und für Beute halten.
Manche unserer Aquarienfische stehen nachts dicht unter der Wasseroberfläche.

[3] Viele glauben daher, daß Kampffische ihren Namen zu Recht tragen, wenn sie die Tiere in engen Behältern ablaichen lassen. Dieses Jagen der Weibchen ist jedoch kein Kämpfen, und außerdem sind die meisten Fadenfische rabiater als die Kampffische. Ihren Namen haben sie nach den Rivalitätskämpfen der Männchen untereinander.
[4] Wer quält da? Das Männchen, dem seine Instinkte befehlen, sein Revier von jedermann freizuhalten, oder der unwissende Aquarianer, der glaubt, das Männchen „prügle aus lauter Liebe“ oder „das Weibchen muß Prügel beziehen, damit es ablaichbereit wird“?
[5] Über die Sozialstruktur bei Haplochromis burtoni im Freiland s. S. 568
[6] Das Wort „natürlich“ wird in den hier benutzten Zusammenhängen gebraucht im Sinne vom statistischen Normalfall in der Natur. „Natürlich“ unter Aquarienverhältnissen ist das beschriebene Verhalten sehr wohl. Auch im Freien kann stärkeres Laichfressen ab und zu vorkommen, geringeres sicher häufiger; es ist aber gewiß nicht der Normalfall.
[7] Nicht immer sind die Eltern schuld, wenn morgens der Laich brutpflegender Fische verschwunden ist. Oft werden einige Beckenbewohner früher munter als die normalerweise sorgsam hütenden Eltern und vergreifen sich am Kaviar.

Ist das ein natürliches Verhalten? Vielleicht ist es nur durch Atemnot bedingt, die in mit Fischen dichtbesetzten und dichtbepflanzten Aquarien durch die nachts ebenfalls Sauerstoff verbrauchenden und Kohlendioxid abgebenden Pflanzen verursacht wird.
Auch die oft mangelnde Wasserzirkulation, manche Wasserfaktoren und das Fehlen von jahreszeitlichen Temperaturschwankungen dürften das natürliche Verhalten unserer Aquarienfische beeinflussen und eventuell verfälschen. Aber auch hierbei reagiert natürlich jede Art anders und verschieden intensiv auf die einzelnen Faktoren.
Auch wenn sich die Fische unter Aquarienbedingungen nicht immer so verhalten wie in Freiheit, geben sie uns doch die Möglichkeit, Rückschlüsse auf ihr natürliches Verhalten zu ziehen. Das machen sich die Verhaltensforscher zunutze, und auch der Liebhaberaquarianer kann sich an der Erforschung der Verhaltensweisen seiner Pfleglinge beteiligen[1]. Voraussetzung ist dazu aber, die Tiere im Aquarium unter optimalen Bedingungen zu halten und zu wissen, daß auch Fehldeutungen möglich sind, die durch die Gefangenschaftshaltung bedingt sind[2].

Vergleichende Ethologie der Fische

In der „Allgemeinen Ethologie" beschäftigten wir uns an ausgesuchten Beispielen mit den Grundlagen des Verhaltens und seiner Interpretation. Hier sollen nun die Leistungen der Verhaltensweisen betrachtet werden. Auch das soll wieder an möglichst typischen Beispielen geschehen.
Wie schon mehrfach betont, ist alles Verhalten darauf ausgerichtet, das Leben des Individuums oder der Art zu erhalten. Dazu müssen die Tiere sich mit Umweltfaktoren aus der unbelebten Natur wie Temperatur, Wasserströmung u. dgl., ferner mit Pflanzen, mit Tieren anderer Arten und mit Artgenossen auseinandersetzen.

Beziehungen zur außerartlichen Umwelt

Allgemeine Bewegungsformen

Verhalten, Körperbau und Umwelt sind aufs feinste aufeinander abgestimmt. Schon am Spiritus-Exemplar kann der Fachmann meist einiges über die Lebensweise und damit auch über das Verhalten eines Fisches erkennen. Er sieht, ob es sich um ein räuberisches Tier oder um einen Kleintierfresser handelt, ob es ein typisches Boden- oder Oberflächentier ist, ob es ein Tier des freien Wassers oder dichtbewachsener Zonen ist und manches andere. Langsam schwimmende Fische pflanzen- oder versteckreicher Zonen sind bei oft starker seitlicher Abflachung des Körpers meist viel höher gebaut als die schnellen Schwimmer des freien Wassers[3]. Ausdauernde Schwimmer besitzen gewöhnlich eingeschnittene Schwanzflossen. Fische, die sich meist ruhig verhalten, die aber bei Bedarf aus dem Stand heraus sofort große Geschwindigkeiten erzielen können, haben dagegen meist eine runde oder eckige Schwanzflosse[4].
Die Schwanzflosse besorgt beim typischen Fisch durch Seitwärtsschlag des muskulösen Schwanzes den Vortrieb, die übrigen Flossen dienen der Stabilisierung des Körpers. In Abhängigkeit vom Verhalten und der Umwelt kann die Aufgabe der Schwanzflosse aber auch von anderen Flossen übernommen werden. Messerfische können z. B. durch schlängelnde Bewegung der fast die ganze Bauchseite einnehmenden Afterflossen nicht nur vorwärts, sondern auch vorzüglich rückwärts schwimmen. Das können auch die Drückerfische, die durch Seitwärtsschlagen der zweiten Rückenflosse und der Afterflosse durchs Wasser rudern. Die Beispiele für absonderliche Bewegungsformen könnten beliebig vermehrt wer-

[1] Tinbergen, einer der angesehensten Verhaltensforscher, gibt in seinem lesenswerten Buch „Tiere untereinander", Berlin und Hamburg 1967, einige Ratschläge für Laien, die sich intensiver mit Verhaltensforschung beschäftigen wollen. Er schreibt dabei u. a. „Weitere Mitarbeit von Nichtzoologen ist nicht nur möglich, sondern auch höchst erwünscht" und wenig später „Gewiß gibt Studium Wissen und Denkdisziplin, aber es kann die Unbefangenheit des Anschauens ersticken. Der Liebhaber geht unvoreingenommen an die Dinge heran, und das kann äußerst nützlich sein." – Hier soll auch erwähnt werden, daß sich die Aquarien-Zeitschriften jederzeit über interessante Verhaltensbeobachtungen an Fischen freuen und sie – ob Kurzberichte oder größere Aufsätze – gern veröffentlichen.

[2] Weiteres über aquarienbedingtes Verhalten auf S. 509 ff.

[3] Jeweils ein Beispiel: der Diskusfisch, als Fisch der von Ästen und Baumwurzeln durchsetzten Uferzonen und als Gegenstück der Kardinalfisch. Doch auch hier gilt wieder: Keine Regel ohne Ausnahme!

[4] Auch zu diesen beiden Lebensformtypen Beispiele: Zu den ausdauernden Schwimmern zählen die meisten Bärblinge und Salmler, zu der zweiten Gruppe Zahnkärpflinge, Schwarzbarsch u. a.

den. *Mastacembelus armatus* schwimmt als schlängelndes Band. Die Rückenflosse geht bei diesen Stachelaalen kontinuierlich in die Schwanzflosse und weiter in die lange Afterflosse über und vergrößert so als Saum die Ruderfläche. Hundsfische *(Umbra krameri)* paddeln mit ihren Brust- und Bauchflossen, wobei sie von Wellenbewegungen der Rückenflosse unterstützt werden, die Gastromyzonidae kriechen mit Hilfe ihrer paarigen Flossen am Boden, und Bratpfannenwelse *(Bunocephalus)* bewegen sich vielfach sogar nach dem Düsenprinzip voran. Dazu stoßen sie bei geschlossenem Maul das Wasser aus dem Mund- und Kiemenraum unter Druck aus den Kiemenspalten heraus. Kugelfische benutzen vorwiegend die propellerartig bewegten Brustflossen zur Fortbewegung. Die letztgenannte Fortbewegungsart wird zeitweilig auch von Fischen benutzt, die sich mit völlig starrem Körper voranbewegen wollen oder müssen. Wir beobachten sie oft bei Raubfischen, die sich unauffällig an eine Beute heranschleichen wollen, oder bei ablaichenden Cichliden.

Wie andere Tiere auch haben Fische das Bedürfnis, ihre Bewegungsorgane zu benutzen. Dieser Bewegungsdrang äußert sich beispielsweise in dem fortwährenden Sich-Jagen der Zebrabärblinge und anderer schnellschwimmender Schwarmfische. Ihr Jagen hat nichts mit Streitereien zu tun, sondern eher mit Spielen. Das erkennt man schon daran, daß auch kleinere und zweifellos schwächere Tiere Verfolger sein können und daran, daß sie sich gegenseitig zum Jagenlassen auffordern. Ein vom Schwarm getrennter Zebrabärbling wird sich einem anderen Fischschwarm anschließen oder, wenn das nicht möglich ist, andere – ruhigere – Fische durch Spielaufforderungen und spielerisches Hetzen belästigen. Isoliert gehalten verfettet ein solcherart zur Untätigkeit verurteiltes Tier. – Bei einigen Meeresfischarten[5] kann der Bewegungsdrang sogar so weit gehen, daß sie wieder und wieder über ein Holzstückchen springen, das an der Wasseroberfläche treibt.

Verhaltensweisen des Nahrungserwerbs

Allgemeines

Viele Fische verbringen den größten Teil ihres Lebens mit der Nahrungssuche. Die Methoden des Nahrungserwerbs und die Nahrungsbedürfnisse sind sehr verschieden, und der Aquarianer, der ausgefallene Fische erwerben will, tut gut daran, sich vorher über die Nahrungsansprüche der Tiere zu informieren. Nicht immer kann man es den Fischen auf den ersten Blick ansehen, welches Futter sie bevorzugen. So gleichen die Scheibensalmler den berüchtigten Piranhas ganz verblüffend[6]. Erst das Gebiß verrät die Nahrungsangewohnheiten dieser Tiere: Scheibensalmler haben breite, pflasterförmige Zähne, die vorzüglich zum Zerreiben von Blättern geeignet sind, Piranhas dagegen kräftige, spitze Zähne, mit denen sie Fleischstückchen aus einem größeren Körper herausreißen können.

Die Nahrungsbedürfnisse vieler Fische ändern sich im Laufe ihres Lebens einoder mehrmals. Die Nahrung der Fischlarven unterscheidet sich oft nicht nur in der Größe, sondern auch qualitativ stark von der Hauptnahrung dieser Tiere im Alter. Ein besonders drastisches Beispiel für eine Umstellung im Hinblick auf die Art der Nahrung und ihren Erwerb bietet das Flußneunauge *(Lampetra fluviatilis)*. Die ersten vier Jahre lebt das Tier als blinde Larve, genannt Querder, versteckt in einer selbstgebauten Schlammröhre, die es nur selten verläßt. Die Nahrung besteht aus Plankton, also den im Wasser schwebenden Kleinstlebewesen. Sie werden mit dem Atemwasser eingesogen und durch die Kiemen herausgefiltert. Im vierten Lebensjahr ändern die Flußneunaugen grundlegend Gestalt[7] und Verhalten. Sie verlassen die Flüsse und Bäche, wandern ins Meer und überfallen dort Finten, Heringe und andere Fische. Sie saugen sich an ihren Opfern fest, zerraspeln mit ihren spitzen Zähnen die Haut ihrer Beutetiere und saugen dann Blut und Muskelbrei.

Für fast alle Fische sind drei Nahrungsgruppen zu unterscheiden: die Hauptnahrung, die Gelegenheitsnahrung und die Notnahrung. Analog dazu kann man auch in der Art der Nahrungsaneignung mehrere Typen unterscheiden. Alle Fische haben eine bevorzugte Art des Nahrungserwerbs, meist aber auch eine oder zwei seltener gebrauchte und evtl. auch nur ausnahmsweise angewandte Methoden[8].

[5] Lüling (1972), Tl 20, 3

[6] Diese Übereinstimmung ist sogar so groß, daß es sich hierbei vielleicht nicht um einen Zufall handelt. Siehe hierzu S. 546

[7] U. a. ändern sich Beflossung, Sinnesorgane und vor allem die Mundwerkzeuge: es entsteht ein mit vielen spitzen Zähnchen ausgerüstetes Saugmaul.

[8] Beispielsweise ernährt sich der Segelflosser (Pterophyllum scalare) normalerweise als Kleintierjäger von allen möglichen Wassertieren. Gelegentlich sieht man ihn auch beim Wasserschöpfen (hierzu S. 542) und beim Abweiden größerer Algen, und in sehr seltenen Fällen versucht er besonders begehrte Beute im Sprung zu ergreifen.

Oft beobachtet man eine Spezialisierung auf bestimmte Ernährungsformen und Nahrungsarten. Daß dies vorteilhaft sein kann, ist leicht im Aquarium zu beobachten. Bei verschiedenen Nahrungsansprüchen liegt der Fall klar: Ein Piranha wird einem Scheibensalmler sicher nicht sein Salatblatt wegfressen! Aber auch Tiere, die den gleichen Geschmack haben, müssen nicht miteinander konkurrieren. Angenommen, wir geben Rote Mückenlarven in ein Becken, in dem wir Schmetterlingsfische, Zwergbuntbarsche und Panzerwelse halten. Wir werden dann sehen, daß sich die Fische bei der Futteraufnahme so gut wie gar nicht streiten: Der Schmetterlingsfisch nimmt nur die Mückenlarven, die am Wasserspiegel hängengeblieben sind, die Zwergbuntbarsche bevorzugen die Tiere, die im Wasser zu Boden sinken, und die Panzerwelse fressen die Mückenlarven, die sich in den Boden eingegraben haben. Lediglich um die zu Boden gesunkenen Mückenlarven, die sich noch nicht eingraben konnten, würde es bei diesem Beispiel zu einer Konkurrenz zwischen den Welsen und den Buntbarschen kommen.

Das geschilderte Aquarienbeispiel ist natürlich nicht direkt auf die Verhältnisse in der Natur zu übertragen. Die genannten Tiere sind ja zum Teil geographisch voneinander getrennt. Eine sehr interessante Untersuchung von Sjölander und Burchard[1] gibt ein Beispiel dafür, wie auch nahe verwandte Fische im Freien durch Spezialisierung auf jeweils verschiedene Nahrungsarten und unterschiedliche Formen der Nahrungsbeschaffung nebeneinander existieren können. Untersuchungsgebiet war ein Stück des Ethiop River, in unmittelbarer Nähe des Niger-Deltas, Untersuchungsgegenstand die Lebensweise der dort vorkommenden Buntbarsche. Das Wasser war klar[2] und schnellfließend. Der Boden bestand aus Quarzsand und war nur inselartig bewachsen, vorwiegend wohl in den flacheren Uferzonen. Dort war die Strömung auch viel geringer. Das Ernährungsverhalten folgender Cichliden konnte beobachtet werden: *Tilapia mariae, Tilapia zillii,*

[1] Sjölander (1972), AT, 42–45, 68–88, 116–118

[2] Eine Ausnahme bei Flüssen, die Voraussetzung für die hier wiedergegebenen Beobachtungen war. Unterwassersichtweite z. T. über 20 m. Weitere Wasserwerte: Temperatur 24,8–25,2° C, Leitfähigkeit 20 Mikrosiemens, Fließgeschwindigkeit 1 m/sec.

Bild 8.19: Scheibensalmler (Metynnis hypsauchen) sind vom Körperbau her leicht mit Piranhas zu verwechseln. Sie sind aber Vegetarier. Aufnahme B. Kahl

Tabelle 8.1: Die Tabelle (nach Angaben von Burchard und Sjölander) zeigt, welche unterschiedlichen Ansprüche die im Ethiop River lebenden Cichliden haben. Die Fische nutzen verschiedene ökologische Nischen.

Art	Biotop	Häufigkeit	Ernährung
Tilapia mariae	im schnellen Flußwasser, meist über rel. offenen Sandflächen	sehr häufig	Algen und andere Wasserpflanzen
Tilapia zillii	wie T. mariae	selten	wie T. mariae
Hemichromis fasciatus	vorwiegend? im Freiwasser	selten	Raubfisch, jagt Junge der Tilapia-Arten
Pelvicachromis pulcher	im Pflanzenwuchs (Ruhigwasser)	sehr häufig	wühlt im Bodenmaterial unter den Pflanzen nach Kleintieren
Chromidotilapia guentheri	im dichten Pflanzenwuchs (Ruhigwasser)	weniger häufig	wie P. pulcher, wühlt aber viel tiefer
Hemichromis bimaculatus	vorwiegend im dichten Pflanzenwuchs (Ruhigwasser)	weniger häufig	Kleintiere im Freiwasser u. an der Bodenoberfläche, kein Wühler

Pelvicachromis pulcher (früher *Pelmatochromis kribensis*), *Chromidotilapia guentheri (*früher *Pelmatochromis guentheri), Hemichromis bimaculatus* und *Hemichromis fasciatus.* Ich habe versucht, die Beobachtungen in tabellarischer Form zusammenzustellen (Tab. 8.1). Dabei wird folgendes deutlich: Die beiden *Tilapia*-Arten konkurrieren mit den anderen Buntbarschen aus zwei Gründen nicht. Sie haben andere Nahrungsansprüche (Pflanzennahrung) und kommen in anderen Bereichen des Flusses vor. Offenbar sind hier jedoch die beiden *Tilapia*-Arten Konkurrenten. Von ihnen ist *Tilapia mariae* zweifellos die an die dortigen Verhältnisse besser angepaßte Art, das zeigt ihre zahlenmäßige Überlegenheit. *Hemichromis fasciatus* ernährt sich im untersuchten Gebiet als reiner Raubfisch von den Jungen der *Tilapia*-Arten. Natürlich muß er dann viel seltener sein als die Tilapien. Logischerweise sind Räuber immer seltener als ihre Beutefische. Ein gewisses Gleichgewicht zwischen Verfolger und Verfolgten pendelt sich irgendwann immer ein: Sjölander berichtet, daß die jungen *H. fasciatus* sich in der ersten Zeit nach dem Freischwimmen vorwiegend von Kleintieren ernähren, die sie im Algenaufwuchs auf den Pflanzenblättern finden. Diese Nahrung reichte für die 300–500 Jungfische aus. Nach Auflösung des Jungfischschwarms brauchen die herangewachsenen Tiere aber auch größere Nahrung. „Wir fanden in manchen Gebieten in fast jeder Pflanze mit 2–3 m Abstand einen kleinen *H. fasciatus,* der nur sein Versteck verließ, wenn sich eine Möglichkeit ergab, eine kleine *Tilapia* o. dgl. zu fangen. Bei diesen blitzartigen Vorstößen gab es fast immer einen wilden Kampf unter den angelockten *H.-fasciatus*-Jungen, so daß oft das Futtertier entkam. Oft sahen diese selbständigen kleinen Fische geradezu jammervoll aus. Sie hatten zerrissene Flossen und Schuppenschäden und die scharfe Bauchlinie schlecht ernährter Fische, sie wirkten wie Todeskandidaten." Drei Wochen später waren offenbar 96 % der Kleinen verhungert.

Auch die im Ruhigwasser zwischen den Pflanzen lebenden Cichliden nutzten unterschiedliche Nahrungsquellen. Die Tabelle zeigt das deutlich. Erst durch diese mannigfaltigen Formen der Nutzung des Nahrungsangebots wird in der Natur ein relativ großer Tierbestand möglich. Man sagt, die Tiere nutzen verschiedene ökologische Nischen.

Im gerade geschilderten Beispiel wurden typische Friedfische und typische Raubfische vorgestellt[3]. Diese Begriffe sind aber problematischer, als es zunächst den Anschein hat. Eigentlich dürfte man nur die wenigen Arten zu den Friedfischen zählen, die sich wie *Tilapia mariae* vorwiegend[4] von Pflanzenkost ernähren, denn es besteht kein prinzipieller Unterschied zwischen einem guppyfressenden Schlangenkopffisch, den man allgemein zu den Raubfischen zählt, und einem guppyfressenden Mosaikfadenfisch, der gemeinhin als typischer Fried-

[3] Ob sich Fische im Aquarium friedlich oder ruppig verhalten (z. B. weil sie ein Revier verteidigen), hat mit diesem Begriff nichts zu tun. Bei den Begriffen Friedfisch und Raubfisch geht es nur um die Ernährungsweise!

[4] Etwas tierische Beikost nehmen wohl alle Fische.

fisch angesehen wird. Der Unterschied besteht lediglich darin, daß der eine ausgewachsene Guppys herunterschlingen kann, der andere dagegen nur ganz junge. Wenn sich die Gelegenheit ergibt, fressen so ziemlich alle Fische die Brut anderer Fischarten, meist sogar die der eigenen Art. Die Grenze zwischen Fried- und Raubfisch ist völlig fließend.

Nahrungssuche und Nahrungsauswahl

Sehr viele Fische orientieren sich bei der Nahrungssuche vorwiegend optisch. Durch Erfahrungsverwertung lernen sie auf dem Wege der Selbstdressur für ihre Ernährung brauchbare von unbrauchbaren Stoffen zu unterscheiden. Viele optisch orientierte Fische lernen es jedoch nie, bereits tote Nahrung zu akzeptieren, die man seinen Aquarienfischen ja leichter besorgen kann als lebende. Diese „Nur-Lebendfutter-Fresser" sind auf den Schlüsselreiz „Bewegung" angewiesen[1].
Bei der Nahrungssuche der Fische ist natürlich die Qualität ihrer Sinnesorgane von Bedeutung. Wir können aber keineswegs aus der Art der Nahrungssuche ohne weiteres auf die Leistungsfähigkeit der Sinne schließen. Jeder Aquarianer kann folgende Beobachtung machen: Wir werfen eine kleine Kugel *Tubifex* in ein Becken mit Panzerwelsen. Nach einiger Zeit werden die vorher still am Boden liegenden Welse unruhig. Sie durchwühlen suchend den Boden. Offenbar sind von der Nahrung ausgehende Duftstoffe zu ihnen gelangt. Bei ihrer Suche nach der Nahrung schwimmen die Tiere oft nur in Zentimeterabstand an der leuchtend roten Tubifexkugel vorbei. Sie erkennen sie nicht. Erst wenn sie die Kugel durch Zufall mit ihren Tastbarteln berührt haben, beginnen sie mit der Mahlzeit. Hieraus aber den Schluß zu ziehen, Panzerwelse könnten schlecht sehen, wäre falsch. Die Fische reagieren oft schon auf die feinsten Bewegungen des Beobachters vor dem Aquarium. Beim Feinderkennen spielt das Auge eine große Rolle, beim Beutefinden ist ein chemisch wirkender Schlüsselreiz nötig. Vielleicht wirken dabei auch noch Tastreize mit.
So eine einseitige Orientierung kann zu erstaunlichen Fehlleistungen führen. Zwergwelse *(Ictalurus nebulosus)*[2] orientieren sich bei der Futtersuche ähnlich wie die Panzerwelse, nur ertasten sie ihr Futter nicht vorwiegend im Bodengrund, sondern mit ihren langen Barteln an der Bodenoberfläche. Wenn man einen Trupp Zwergwelse mit Fleischstückchen füttert, kann es geschehen, daß ein Tier wiederholt kräftig an einer bestimmten Stelle in den Sandboden beißt. An dieser Stelle hatte längere Zeit ein Stück Fleisch gelegen. Kurze Zeit bevor das Tier diesen Ort erreicht hatte, ist ihm das Fleisch von einem Artgenossen weggeschnappt worden. Die an den Steinchen haftenden Geschmackstoffe hatten den Fisch getäuscht. So etwas kann Augentieren nicht passieren.
Geschmacksorgane befinden sich nicht nur in der Mundhöhle, an den Lippen und an den Barteln der Fische. Bei den Knurrhähnen befinden sie sich an den Enden der vordersten Brustflossenstrahlen. Auf diesen fingerartig beweglichen Gebilden können die Fische auf dem Boden geschickt wie Krebse krabbeln. Wenn Knurrhähne mit diesen Gliedern auf etwas Genießbares treten, sollen sie sofort darauf aufmerksam werden. Auch die fadenartig verlängerten Bauchflossenstrahlen der Fadenfische sind mit Geschmacksorganen besetzt. Allerdings dürften sie wohl nicht dem Nahrungsfinden dienen, sondern eher dem Erkennen von Artgenossen. Trotz jahrelanger intensiver Beobachtung dieser Tiere habe ich nicht gesehen, daß Fadenfische jemals Nahrung mit Hilfe ihrer Fäden gefunden hätten.
Neben den Fischen, die ihre Beute durch den Gesichts-, Geruchs- und Geschmackssinn finden, stellen einige auch andere Sinne in den Dienst der Nahrungssuche. Ich hörte von einem Professor, der die Wirkungsweise des Seitenlinienorgans vorführen wollte. Er zeigte seinen Studenten ein Aquarium mit einem alten blinden Hecht und steckte ein Glasstäbchen an die Seite ins Wasser, die dem Fisch abgewandt war. Die Demonstration verlief eindrucksvoller als erwartet. Bevor der Professor reagieren konnte, hatte der Hecht sich blitzschnell umgedreht und den Glasstab zerbissen. Dieser Fisch hätte sich gewiß auch im Freien noch Beute verschaffen können. Mit Hilfe ihres Seitenlinienorgans finden auch die Blinden Höhlensalmler *(Anoptichthys jordani)* ihre Nahrung. Einige Fische, wie z. B. der zu den Mormyridae gehörende Elefanten-Rüsselfisch *(Gnathonemus petersi)* benutzen dazu ihr elektrisches Organ. Sie können die durch verschiedenartige Eingriffe in ihr elektrisches Feld gegebenen Situationen erken-

[1] Der Nachweis des optischen Erkennens ist leicht: Fische, die Fliegen oder andere Insekten schnappen wollen, die sich an der Außenseite des Aquariums oder im Zimmer bewegen, können die Beuteobjekte nur durch ihren Gesichtssinn entdeckt haben.
[2] Paepke (1970), AT, 186–189

nen und in den Dienst der Nahrungssuche stellen[3]. Meist wirken bei den Fischen jedoch verschiedene Sinne beim Nahrungserwerb zusammen, wenn dabei normalerweise auch einer oder zwei die Hauptbedeutung haben. Am Beispiel eines daraufhin gut untersuchten Fisches, dem Piranha, sollen das Zusammenspiel und die unterschiedliche Bedeutung der einzelnen Sinne beschrieben werden.
Das Beuteverhalten von frisch gefangenen Piranhas der einzeln lebenden Arten *Serrasalmus rhombeus, S. striolatus, S. hollandi* und des Schwarmfisches *S. nattereri* wurde erst kürzlich von H. Markl beschrieben[4]. Der das Beuteverhalten der Piranhas auslösende Schlüsselreiz ist ein nicht zu kleines Objekt, das sich bewegt. Es darf aber auch nicht wesentlich größer sein als die Piranhas selbst[5]. Durch Blutgeruch oder -geschmack und Geräusche, vor allem auch durch lokalisierte Oberflächenwellen, werden Piranhas angelockt und ihre Angriffsschwelle gesenkt. Ein Angriff wird aber erst ausgelöst, wenn die Beute optisch erfaßt ist.

Bild 8.20: Erst kürzlich sind die Schlüsselreize untersucht worden, die das Beuteverhalten der Piranhas auslösen. Entscheidend ist vor allem die Körperform des Beuteobjektes. Das Foto zeigt einen der berüchtigsten Piranhas: Serrasalmus nattereri. Aufnahme J. Vierke

Erstaunlich ist nun, daß diese Raubfische — die z. T. ja auch noch in Schwärmen leben — sich im Blutrausch nicht gegenseitig zerfleischen. Mit Attrappenversuchen ließ sich jedoch zeigen, daß als Schlüsselreiz nur Objekte wirken, die keine eiförmige Gestalt haben. Ovale Attrappen, deren Höhenverhältnis wie bei den Piranhas zwischen 1,5 und 2,5 liegt, werden nicht angegriffen. Artgenossen bleiben also wegen ihrer Körperform verschont[6]. Diese Beobachtung stimmt nicht mit den gruseligen Schilderungen überein, die da berichten, daß Piranha-Schwärme badende Tiere oder Menschen überfielen und sie in kurzer Zeit skelettierten. Diese Berichte sind sicher nicht frei erfunden. Markl berichtet von *S. nattereri*, daß der Vorstoß nur eines der Schwarmgenossen die übrigen Gefährten mitreißt, auch wenn sie selbst die Beute noch nicht wahrgenommen haben. Wenn dann die Angriffsschwelle der Tiere noch durch Blut gesenkt wird, das aus einer Wunde des Opfers ins Wasser fließt, und nur ein einziges Tier vorstößt — aus übermäßigem Hunger oder dank früherer Erfahrung mit größeren Beutetieren —, dann kann es leicht zu einem massierten Schwarmangriff kommen.
Die eigentliche Nahrungsauswahl ist einerseits von der Nahrungssuche und andererseits auch von ihrer Aufnahme nicht immer streng zu trennen. Die Teufelsangel *(Geophagus jurupari)* ist hierfür ein Beispiel. Dieser Cichlide kaut den Sand bis zu einer Tiefe von 5 cm durch, wobei alles, was nicht schmeckt, wieder aus den Kiemenöffnungen herausgeschleudert wird. Bei dieser Nahrungssuche steckt der Fisch seinen spitzen Kopf oft bis zu den Augen in den Sand, und alles, was an Genießbarem ins Maul kommt, wird geschluckt. Zweifellos ist es hier der Geschmackssinn, der diesem Buntbarsch die Nahrungsauswahl ermöglicht[7].

[3] Stärker elektrische Fische benutzen ihr elektrisches Organ auch auf andere Weise zum Nahrungserwerb, s. S. 541
[4] Markl (1972), Z. Tierpsych. 190—216
[5] Ausnahme: die Gemeinschaftsangriffe von S. nattereri, die im folgenden beschrieben werden.
[6] Unter beengten Aquarienverhältnissen kann es jedoch zu tödlich endenden Kämpfen kommen. Zum innerartlichen Kommentkampf der Piranhas s. S. 562 f.
[7] Jeder Aquarianer weiß, daß Fische bei der Fütterung ihnen nicht genehme Nahrung wieder ausspucken. Bekannt ist auch, daß Fische schnell lernen, was schmeckt und was nicht (s. S. 526).

Nahrungsaufnahme

Wie schon betont, gibt es eigentlich keinen grundlegenden Unterschied zwischen Fried- und Raubfischen. Der typische Fisch jagt oder sammelt Beutetiere, wobei der Unterschied lediglich darin liegt, ob die Beute, verglichen mit der Größe des Räubers, groß oder klein ist. Dem Beobachter erscheint das Fressen relativ kleiner Beutetiere wenig dramatisch: Ein erspähtes Nahrungsteilchen, z. B. ein Wasserfloh, wird erst fixiert und löst dann das Aufschnappen, Kauen und Schlucken aus. Der typische Raubfisch – ich will ruhig bei diesem Begriff bleiben – hat es vor allem mit dem Erbeuten der ja relativ großen und daher meist auch relativ schnellen Beute schwerer[1].
Viele, meist gut getarnte Raubfische warten, bis sich ein nichtsahnendes Opfer so weit genähert hat, daß sie es überrumpeln können[2]. – Auch der Hecht lauert seiner Beute auf. Zwischen Pflanzen versteckt und durch Farbe und Farbmuster getarnt, fixiert er sie mit den Augen und richtet dann langsam, fast unmerklich seine Körperachse in die Richtung des Opfers. Wenn das Beutetier sich dem Räuber genügend genähert hat, schießt der Hecht voran. Er packt sein Opfer meist irgendwo in der Körpermitte mit seinen kräftigen zahnbewehrten Kiefern und bringt es dann durch Schleuderbewegungen in eine geeignete Schluckposition[3].
Verfehlt der Hecht seinen Beutefisch, dann verfolgt er das flüchtende Tier nicht. Sein Körperbau ist auf eine Verfolgungsjagd nicht angelegt, sondern ganz auf die blitzartige Überrumpelung der Beute. Er ist schlank, stromlinienförmig, und die Rücken- und Afterflossen sind am Körper weit nach hinten verlagert. So bilden sie für den Blitzstart gemeinsam mit der kräftigen Schwanzflosse ein wirksames Antriebssystem.
Das kräftige, mit Zähnen gespickte Hechtmaul ist hervorragend zum Festhalten der Beute geeignet[4]. Aber wie fast alle Fische müssen auch die Hechte ihre Beutetiere unzerkleinert hinunterschlucken. Abgesehen von einigen Parasiten dürfte der Piranha der einzige Süßwasserfisch sein, der seinem Opfer mit seinen kräftigen, rasiermesserscharfen Zähnen Fleisch aus dem Körper reißen kann.
Man kann im Aquarium oft beobachten, daß Fische ihre Beutetiere auch auf andere Weise zerkleinern können. Wenn zwei oder mehr Fische um eine Beute streiten und sie in verschiedene Richtungen zu ziehen versuchen, wird sie nicht selten zerrissen. Das geschieht aber meist ohne System, sondern lediglich aus Futterneid. Beim Pfauenaugenbuntbarsch könnte es vielleicht anders sein. Dieser bullige Cichlide scheint sich in seiner Heimat viel von Fröschen zu ernähren, die auf Schwimmpflanzen sitzen und die er mit großer Geschicklichkeit fängt. Schönberg[5] beschreibt, wie ein sehr großer, nicht portionsgerechter Frosch von vier Pfauenaugenbuntbarschen eingekreist wurde. „Sie schwammen von vier Richtungen im Zeitlupentempo an ihn heran, um aus einer Entfernung von etwa 10 cm gleichzeitig zuzustoßen. In wenigen Minuten wurde der Frosch regelrecht auseinandergerissen."
Die meisten der kleineren, aber auch viele große Raubfische haben nur relativ kleine, spitze Zähne, die lediglich zum Festhalten der Beute dienen. Dafür können sie aber durch Erweiterung der Mundhöhle eine mehr oder weniger große Sogwirkung erzielen. Man kann bei wasserflohfressenden Segelflossern leicht sehen, daß die Krebschen regelrecht eingeschlürft werden. Bei Blattfischen, Nanderbarschen, Buschfischen, Schlangenkopffischen und vielen anderen ist die Sogwirkung ihrer weit größeren Mäuler noch wesentlich stärker. Mit einem Zuschnappen verschwinden im Maul der Schlangenkopffische Beutefische, die fast halb so lang sind wie der Räuber selbst.
Eine besondere Art der Überrumpelung soll noch erwähnt werden. Manche Räuber gehen auf Jagd, wenn die Mehrzahl der Fische schläft und daher wehrlos ist. Zu ihnen gehören die Zwergwelse, die nachts die Bodenoberfläche mit ihren langen, mit Geschmacksorganen besetzten Barteln abtasten. Bei dieser Suche werden sicher viele schlafende Fische überrascht und verschwinden im riesigen Maul der Zwergwelse[6].

Besondere Spezialanpassungen

Unter den Fischen gibt es eine Vielzahl von Spezialisten, die ihre Nahrung auf besonders ausgefallene Weise erwerben[7]. Einige Nahrungsspezialisten wurden schon genannt, so z. B. die Welsarten, die ihre Nahrung mit Hilfe ihrer Tastfäden finden. Auf besonders bemerkenswerte Weise fängt sich der aus Indien

[1] Nur wenige Fische verfolgen flüchtende Beutetiere über größere Entfernungen. Eine Hetzjagd kann leicht damit enden, daß der Jäger so stark auffällt, daß er im Magen eines noch größeren Jägers landet. Hetzen und In-die-Enge-treiben kommt am ehesten noch bei Fischen vor, die im Schwarm jagen, wie Flußbarsche, die einen Schwarm Beutetiere einkreisen und sich dann ihre Opfer herausfangen.

[2] Ein Meister der Tarnung ist der Blattfisch (Monocirrhus polyacanthus), der ein im Wasser treibendes, abgestorbenes Blatt nicht nur durch Form und Farbe vortäuscht, sondern auch durch seine Schwimmweise. So gelingt es ihm, sich unbemerkt seinen Opfern zu nähern (weiteres zu dieser Methode s. S. 546).

[3] Hechte schlucken Beutetiere fast immer mit dem Kopf voran. Das ist vor allem bei Fischen mit sehr harten Flossenstrahlen vorteilhaft, denn dadurch wird die Verletzungsgefahr verringert. Das gleiche Verhalten zeigt auch Xenentodon cancila, nicht jedoch Belonesox belizanus, der die Fische so verschlingt, wie er sie gerade gepackt hat, meist mit dem Schwanz voran.

[4] Es gibt Fische, deren Zahnbewaffnung noch viel erschreckender ist. Die südamerikanischen Wolfs-Salmler (Raphiodon vulpinus) haben im Unterkiefer kräftige, säbelförmige Zähne, die so lang sind, daß sie beim Schließen des großen Mauls in Perforationen der Oberkieferseiten und des Maul-daches hineingeschoben werden müssen. Aber auch bei diesen Fischen dient die Zahnbewehrung nicht zum Zerkleinern der Beute (Lüling, 1969, Aquaterra, 12–21).

[5] Schönberg (1972), AT, 266–268

[6] Dieser interessante und intelligente Fisch ist aber nicht wählerisch. Er ist eigentlich ein Allesfresser, und man kann ihn im Aquarium – zumindest zeitweilig – auch mit Brotbrocken füttern.

[7] Nur wenige Fische sind allerdings so weit spezialisiert, daß sie völlig auf einen ganz bestimmten Nahrungstyp oder Beuteerwerb angewiesen sind. Eine derartige „Überspezialisierung" kann in Notzeiten zum Verhängnis werden. Das Aussterben vieler Tiere im Laufe der Stammesgeschichte läßt sich durch Überspezialisierung erklären.

[8] Auch unter den Meeresfischen gibt es einige dieser sog. „Angler".

[9] Auch Lethrinops, ein Malawisee-Cichlide, siebt seine Nahrung durch eine besondere Kiemenreuse aus. Gelegentlich beobachtet man ein entsprechendes Verhalten auch bei Cichlasoma festivum – und anderen Cichliden. Wenn der Fisch halb in den Bodengrund eingegrabene Rote Mückenlarven aufnimmt, schnappt er meist auch größere Mengen Sand mit auf, die er durch die Kiemenöffnungen abgibt, während er das Futter verzehrt.

stammende Großmaulwels *(Chaca chaca)* seine Nahrung. Das Tier ist ganz vorzüglich getarnt. Es gleicht einem Stückchen Holz oder Rinde und verharrt entsprechend unbeweglich, selbst bei Berührung gibt es seine Tarnhaltung nicht auf. Zum Nahrungsfang bewegt der Wels zunächst lediglich die beiden kurzen Barteln, von denen je einer an den Seiten des riesigen Maules steht und dabei an kleine Würmer erinnert. Das lockt Fische in die Nähe des getarnten Räubers, und sowie sie an den Barteln zupfen, werden sie geschnappt[8].

Ähnlich wie der schon erwähnte Sandfresser *Geophagus* sieben auch Süßwasserflundern und Rüsselschmerlen ihre Nahrung aus; der Steinbeißer *(Cobitis taenia)* hat sogar seinen Namen nach diesem Verhalten. Auch andere Fische bedienen sich dieser Methode[9].

Es war schon erwähnt, daß das elektrische Organ von *Gnatonemus petersi* dem Nahrungsfinden dient. Auch der bis zu 2 m lang werdende Elektrische Aal *(Electrophorus electricus)* benutzt ein schwachschlagendes elektrisches Organ (das sog. Sachssche Organ mit 20 V) zum Orten der Beute. Daneben besitzt er aber auch noch zwei stark schlagende Hauptorgane (Huntersches Organ bis 600 V), die die Beute lähmen. Dann kann der träge und fast blinde Fisch seine Nahrung mühelos ergreifen.

Auch die Blitzstarter unter den Raubfischen könnten hier noch einmal als Ernährungsspezialisten aufgezählt werden. Einige Fische erbeuten mit Vorliebe Insekten, die auf den Wasserspiegel gefallen sind. Auch hierbei kommt es – zum Großteil auch wegen der Konkurrenten – oft auf einen Blitzstart an, daher unterscheidet sich ihr Körperbau nicht von denen der typischen Raubfische[10]. Diese Oberflächenräuber darf man, wenn man einer gängigen Definition folgen will, nicht zu den eigentlichen Raubfischen zählen, da deren Nahrung vorwiegend aus Wirbeltieren bestehen soll. Trotzdem, in Körperbau und Verhalten sind sie typische Räuber. Einige von ihnen, die Halbschnabelhechte, sind auf die Aufnahme von Oberflächennahrung durch eine auffallende Umgestaltung ihres Kieferapparates besonders eingerichtet. Der feststehende Unterkiefer ist bei *Dermogenys*, der bekanntesten Gattung dieser Familie, wesentlich länger als der bewegliche Oberkiefer. Beim Fang wird der Unterkiefer unter die Beute geschoben und der zuvor geöffnete Oberkiefer wie eine Falle heruntergeklappt.

Auf andere Weise haben sich einige Ziersalmler der Aufnahme von Anflugnahrung angepaßt, wie z. B. *Poecilobrycon eques*. Sie haben nur ein kleines Maul, und offenbar lesen sie damit in der Freiheit kleine, aufs Wasser gefallene Insekten ab. Dazu müssen sie eine Schräglage – Kopf nach oben – einnehmen. In Anpassung an diese Nahrungsquelle behalten sie diese Schwimmlage auch beim ruhigen Schwimmen bei. – Genau Entsprechendes, jedoch mit anderem Vorzeichen, gilt für den Kopfsteher, *Chilodus punctatus*. Er sammelt seine Nahrung mit Vorliebe am Boden auf und ist an diese Art des Nahrungssuchens durch seine typische Schwimmhaltung angepaßt.

Wie alle Tiere sind auch die Fische von der Pflanze als Nahrungsgrundlage abhängig. Die meisten sind das allerdings nur indirekt[11] oder nehmen Pflanzen nur als Zusatznahrung. Während viele Fische auf vegetarische Beikost angewiesen sind (viele Zahnkärpflinge und Cichliden), ernähren sich nur wenige fast ausschließlich von Pflanzen oder pflanzlichen Produkten wie die Scheibensalmler, die wir im Aquarium mit Bananen-, Birnen- und Tomatenstückchen und mit Salatblättern füttern können. Es wird berichtet, daß sie in ihrer Heimat regelmäßig größere Wanderungen unternehmen, um bestimmte, aufs Wasser gefal-

[10] Dieses System hat sich bewährt. Das zeigen die zahlreichen Konvergenzen (Stoßräubertyp).

[11] Indem sie beispielsweise Pflanzenfresser fressen (z. B. Kleinkrebse).

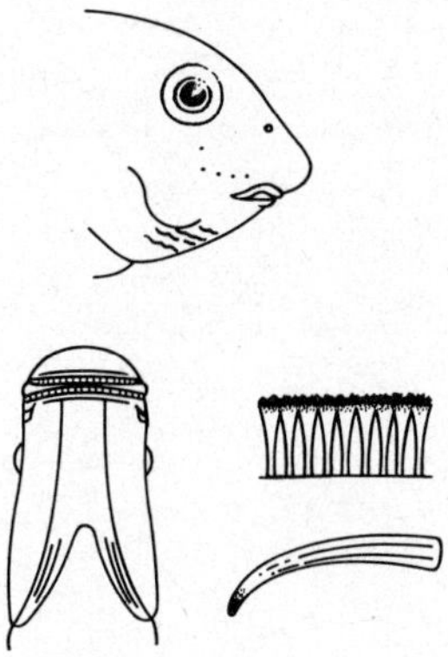

1

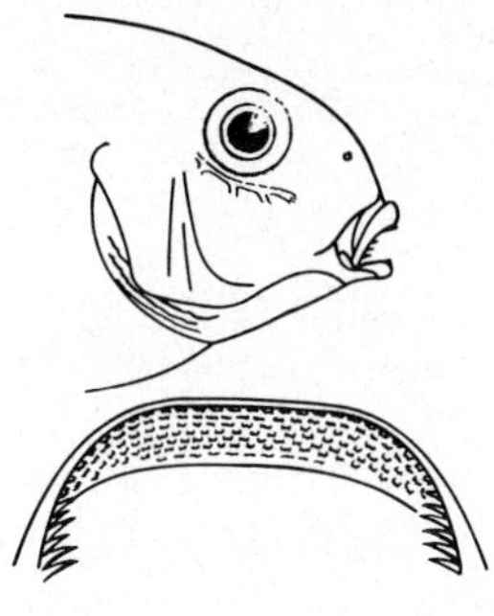

2

Bild 8.21: 1. Der Malawisee-Cichlide Labeotropheus schabt mit meißelähnlichen Zähnen Algen von der Oberfläche der Steine ab. Die Porträtskizze (oben) und die Ansicht von unten (links) zeigen das unterständige Maul und die Zähne an den Kieferrändern. Die meißelähnlichen Zähne (rechts unten) stehen Schneide auf Schneide (rechts oben).
2. Wie mit einer Feile raspelt Pseudotropheus tropheops den Algenbelag ab. Unten: Die raspelartig angeordneten Zahnreihen.

Bild 8.22: Die Halbschnäbler (hier Dermogenys pusillus) haben zur Aufnahme von Oberflächennahrung besonders gestaltete Kiefer. Aufnahme B. Kahl

lene Früchte zu erlangen, die für ihre Ernährung wichtig sein sollen. Auch manche Tilapien ernähren sich in der Natur fast nur von Pflanzenstoffen. Sie schlukken zusätzlich Sand und kleine Steinchen, die die Nahrung im Magen zerreiben helfen.

Zu den Pflanzenfressern gehören natürlich auch die Fische, die sich auf das Abweiden von Algen spezialisiert haben. Das kann auf verschiedene Art geschehen, wie Bild 8.21 am Beispiel zweier Buntbarschgebisse zeigt. Während *Pseudotropheus tropheops* den Algenbelag mit feilenähnlichen Zähnchen abraspelt, schabt *Labeotropheus* die Algen mit meißelähnlichen Zähnen von der Oberfläche der Steine ab. Zu den Algenfressern gehören ferner die bekannten Saugschmerlen *(Gyrinocheilus)*, die Siamesische Rüsselbarbe *(Epalzeorhynchus siamensis)*, *Gastromyzon borneensis*, einige südamerikanische Saugwelse u. a. Die *Gyrinocheilus*-Arten sind an das Abweiden der Algenrasen besonders gut angepaßt. Wie auch bei den Saugwelsen ist ihr Maul zu einer Saugscheibe umgebildet, so daß die Fische sich in der Natur in schnellfließenden Gewässern behaupten und zugleich ihrer Nahrungssuche nachgehen können. Unterstützt wird das bei den Saugschmerlen vor allem durch eine besondere Einrichtung des Atemapparates, die ermöglicht, daß das Atemwasser während des Algenabweidens nicht durch die Maulöffnung strömen muß. Ausschließlich von Algen ernährt sich aber keiner der hier angeführten Fische. Alle nehmen gelegentlich auch animalisches Futter an, ganz abgesehen davon, daß die in den Algenrasen lebenden Kleinsttiere sicher auch nicht verschmäht werden.

Bild 8.23: Die Saugschmerlen (Gyrinocheilus aymonieri) können sich dank einer besonderen Einrichtung des Atemapparates mit dem Maul ansaugen und dennoch gleichzeitig atmen. Aufnahme J. Vierke

Bild 8.24 (rechts oben): Binokulares Anzielen: Wenn der Schützenfisch sein Ziel mit beiden Augen gleichzeitig ausmacht, kann er ein Ziel seitlich nicht verfehlen.

Bild 8.25 (rechts unten): Zielvorgang beim Schützenfisch, von der Seite gesehen: Während der Wasserstrahl ausgespritzt wird, stellt sich der Fisch steiler. Da sich der Winkel zwischen Körperlängsachse und Richtung des Spuckstrahls nicht ändert, bestreicht der Spuckstrahl das Ziel.

Wohl jeder Aquarienliebhaber kennt die sog. Fettschicht, die sich an der Wasseroberfläche mancher Aquarien bildet. Sie tritt besonders bei fehlender Wasserbewegung und nicht abgedeckten Aquarien auf und erklärt sich durch eine Ansammlung von unzähligen Kleinstlebewesen. Manche Fische fressen diese Schicht und bedienen sich dabei einer ganz besonderen Methode, dem Schöpfen. Sie stellen sich an die Wasser-Luft-Grenze und schlürfen den Oberflächenfilm oder alles, was sonst an der Wasseroberfläche schwimmt, zusammen mit Wasser und Luft durch Pumpbewegungen ihrer Kiemendeckel ein. Dieses Schöpfen kann man besonders leicht sehen, wenn man den Fischen so feines, an der Oberfläche schwimmendes Trockenfutter verabreicht, daß ein gesondertes Zuschnappen für sie uneffektiv wird. Bekannt ist diese Art der Futteraufnahme von Poeciliiden, Fadenfischen und einigen Buntbarschen wie *Pterophyllum scalare* und *Tilapia natalensis*. Sogar Panzerwelse schlürfen manchmal auf diese Weise, rücklings an der Wasseroberfläche schwimmend, ihr Trockenfutter ein. Sie werden auf das Futter aber nicht durch optische Reize aufmerksam, sondern – wie bei ihnen üblich – durch Geschmacksreize. Panzerwelse – eigentlich die typischsten Bodentiere, die man sich vorstellen kann – müssen regelmäßig zum Wasserspiegel kommen, um ihren Darm mit Luft zu füllen[1]. Bei dieser Gelegenheit können sie ganz durch Zufall auf die Nahrungsteilchen aufmerksam werden und sich erstaunlicherweise auch auf ihre Aufnahme einstellen.

Die meisten Fische sind Augentiere. Es wundert daher nicht, daß sie auch versuchen, Beute zu erlangen, die sie außerhalb des Wassers sehen. Nur wenige können jedoch an Land gehen und dort gar noch Futter suchen (Beispiel *Periophthalmus*). Häufig versuchen Fische dagegen, ihre Überwasserbeute im Sprung zu erreichen. Besonders einige Insektenfresser sollen dabei auch ganz geschickt

[1] Eine Zusatzatmung, die in ihrer südamerikanischen Heimat während der Trockenzeit in den sauerstoffarmen, mit Fischen überfüllten Resttümpeln vielen Artgenossen das Leben rettet.

[2] Zahme (!) Flaggenbuntbarsche springen nach ihrer Lieblingsnahrung wie dressierte Delphine. Bis in etwa 10 cm Höhe nehmen sie das Futter ab. Selbst die nun wirklich nicht stromlinienförmigen Segelflosser versuchen, im Beutesprung ihre Nahrung zu erreichen!

[3] Binokulares Anvisieren. Einseitig erblindete Schützenfische schießen regelmäßig am Ziel vorbei.

[4] Bisher bekannt von Trichogaster trichopterus, T. pectoralis, Colisa chuna, C. lalia, C. fasciata (fälschlich meist als „labiosa“ bezeichnet) und den Bastarden Colisa fasciata × lalia. Vierke (1973), Bonn. Zool. Beitr., 61–104

[5] Der Abstand der einzelnen Spucktropfen einer Salve (Spuckakt) ist abhängig von Art und Alter der Fische. Siehe dazu S. 524 ff.

[6] Um das zu verdeutlichen, ein Beispiel aus der Technik: Wer im Winter ein Auto starten will, muß bei kaltem Motor meist mehrmals den Anlasser betätigen. War der Wagen aber noch kurz vorher in Betrieb, dann ist der Motor noch warm, und er springt sofort an.

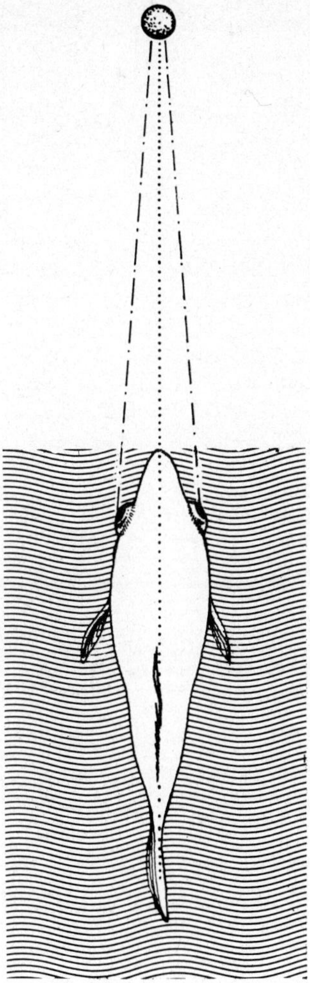

sein, z. B. Halbschnabelhechte und Schmetterlingsfische. Springen nach Futter kann man im Aquarium vor allem dann sehen, wenn Trockenfutterteilchen oder besser noch besonders begehrtes Lebendfutter an der Aquarienscheibe einige Millimeter über dem Wasserspiegel hängengeblieben sind. Wenn sie in ihrem Bemühen Erfolg haben, lernen zahme Fische bald zentimeterhoch aus dem Wasser zu springen, wenn man ihnen Futter anbietet[2]. Dabei lernen sie oft bald, nicht nach Ungenießbarem zu springen.

Schützenfische (*Toxotes*-Arten) gelangen auf andere Weise an Überwasserbeute. Zwar können auch sie niedrig sitzende Beutetiere im Sprung packen, aber berühmt sind sie durch ihr Spuckverhalten geworden. Sie können mit einem gezielten Wasserstrahl nach ihren Opfern schießen, sie auf diese Weise ins Wasser schleudern und erbeuten. Erwachsene *Toxotes jaculatrix* sollen ihre Beute, meist Insekten, noch in 1,50 m Entfernung treffen. Zum Anzielen braucht der Fisch jedoch seine Zeit, daher können Insekten während des Fluges nicht erbeutet werden. Das Wasser wird durch Zusammenpressen der Schlundmuskulatur aus dem Maul herausgepreßt. Natürlich müssen die Kiemendeckel dann bereits fest geschlossen sein, sonst würde das Wasser auch aus den Kiemen herausgedrückt werden. Im Oberkieferdach befindet sich eine zur Maulspitze führende Rinne, die durch Anlegen der fleischigen Zunge zu einer Spuckröhre wird. Da die Richtung dieser Rinne mit der Körperlängsachse übereinstimmt, braucht der Fisch nur noch die Stellung einzunehmen, in der er seine Beute mit beiden Augen gleich gut sieht[3]. Dann kann er rechts oder links nicht mehr an seiner Beute vorbeischießen. Beim Einschätzen der Höhe seines Zieles hat der Fisch es schwerer, da er aus einem dichten Medium (Wasser) in ein dünneres (Luft) schaut. Er müßte eigentlich die Wirkung der Lichtbrechung einkalkulieren. Dieses Problem überspielt *Toxotes* ganz einfach dadurch, daß er gewissermaßen zugleich zu hoch und zu niedrig schießt. Während er den Strahl ausspritzt, wippt er kurz mit dem ganzen Körper und verreißt daher seinen Spritzstrahl in der Vertikalen.

Auch die meisten Fadenfischarten, doch nicht alle (Gattungen *Colisa* und *Trichogaster* der Familie Belontiidae), spucken nach Beuteobjekten im Luftraum[4]. Ihr Spuckmechanismus unterscheidet sich stark von dem der Schützenfische. Sie spucken keinen geschlossenen Strahl, sondern gleich eine Salve von bis zu 14 Einzeltropfen, die im Abstand von $^1/_{20}$ bis $^1/_4$ Sekunde[5] abgefeuert werden. Die Fische nehmen dabei das Wasser für jeden Einzeltropfen jeweils nach jedem Einzelspucker neu auf. Die Kiemendeckel arbeiten dabei wie Pumpen. Sie werden erst weit abgespreizt und Sekundenbruchteile später zusammengepreßt. Durch das Abspreizen der Kiemendeckel wird Wasser durch die Kiemenöffnungen in die Mundhöhle gesogen, durch ihr Zusammenpressen wird es aus der dann geöffneten Maulöffnung wieder herausgepreßt. Auch wenn die Fadenfische gleich ganze Salven abfeuern, bleibt die Effektivität ihres Spuckens geringer als bei *Toxotes*, da die Fische nur selten größere Spuckhöhen erreichen, als ihre Gesamtlänge ausmacht. Der Zielvorgang ist dem der Schützenfische sehr ähnlich. Auch die Fadenfische zielen binokular an und umgehen die Wirkung der Lichtbrechung durch Streuung in der Vertikalen.

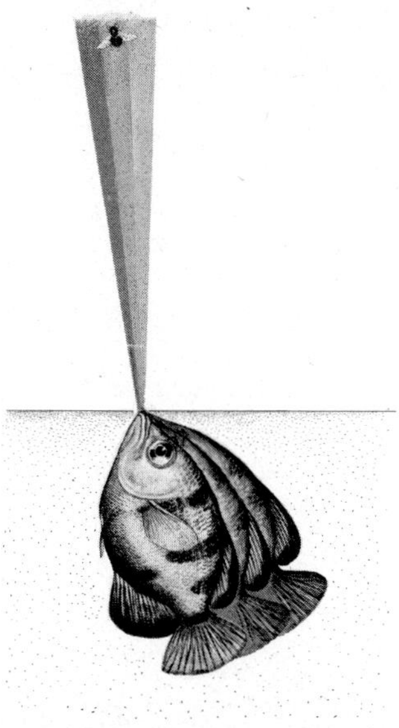

Wer Schützenfische und Fadenfische besitzt, wird nur selten auf Anhieb ihr Beutespuckverhalten beobachten können. Das Spucken läßt sich grundsätzlich desto leichter auslösen, je häufiger die Fische vorher schon gespuckt haben. Das bedeutet, daß das Erstauslösen des Spuckverhaltens am schwierigsten ist. Es ist nur bei Hunger und optimalem Auslöser möglich. Nach einigen Wiederholungen ist es aber bald sehr leicht auszulösen. Das bedeutet für die Fische, daß sie unter Aquarienverhältnissen manchmal nie oder erst in relativ hohem Alter zu „Beutespuckern" werden, weil sich dort die Gelegenheit zum Erstauslösen u. U. nur sehr selten ergibt. Man spricht in diesen und ähnlichen Fällen von der Notwendigkeit, eine gewisse Anfangsreibung[6] zu überwinden. Dieses Phänomen entspricht also nicht der in der Ethologie üblichen Regel, nach der sich die spezifische Handlungsbereitschaft in Abhängigkeit von der Zeit der letzten Auslösung des Verhaltens erhöht.

Sicher bietet das Auftreten der Anfangsreibung den freilebenden Fischen Selektionsvorteile. Es ist denkbar, daß hierdurch gewährleistet ist, daß die Fische nur bei zu geringem Unterwasser-Beuteangebot und bei reichlichem Überwasser-Beuteangebot ihr Beutespuck-Verhalten aktivieren. Eine derartige Einschränkung des Spuckverhaltens in der Natur wäre ein Selektionsvorteil, wenn intensives Beutespucken für die Fische gefährlich werden kann. Hierdurch könnten vielleicht Überwasserfeinde (z. B. Reiher und andere Vögel) schon von weitem auf die Fische aufmerksam werden.

Von den übrigen Ernährungsspezialisten seien hier nur noch die Schneckenfresser erwähnt. Einige Fische verstehen es, die Schnecken aus ihren Gehäusen herauszuziehen[1]. Besonders sollen noch die in vieler Hinsicht interessanten Kugelfische genannt werden, die durch ihr eigenartiges, papageienschnabelähnliches Gebiß zum Knacken auch harter Schneckenschalen ausgerüstet sind. Auf einige weitere Ernährungsspezialisten wird im Abschnitt „Symbiosen und Parasitismus" hingewiesen.

Schutzverhalten

Allgemeines über Schutzanpassungen

Schutzanpassungen sind Anpassungen bei Tieren, die ihre Träger vor ungünstigen Einwirkungen durch andere Organismen schützen, vor allem vor Freßfeinden. Diese Schutzanpassungen können sich auf eine besondere Körperform, Färbung oder Zeichnung beziehen, aber auch auf bestimmte Verhaltensweisen. Im Normalfall wirken diese Faktoren alle mehr oder weniger zusammen, so daß sie nur im Zusammenhang betrachtet werden können[2].

Ein Fisch mit recht vielseitigen Schutzanpassungen ist die nur etwa 7 cm groß werdende Zwergsüßwasserflunder *(Trinectes maculatus)*[3], die gelegentlich aus den küstennahen Gewässern im Osten der USA zu uns kommt. Ihr Körper ist seitlich stark abgeplattet. Der Verlauf der Seitenlinie, die Anordnung der Flossen, aber auch die Jugendentwicklung lassen erkennen, daß ihre linke Seite zur Unterseite wurde, die ehemals rechte Seite zur Oberseite. Auch die Augen sind auf die jetzige Oberseite gewandert, ebenso die Narinen. Zum Schutz vor Feinden liegen die kleinen Plattfische flach im Sand eingewühlt. Nur die knopfartig vorstehenden Augen schauen aus dem Bodengrund heraus und beobachten die Umwelt. Auch wenn sie mal tagsüber nicht eingewühlt ist, erkennt man die *Trinectes* nur dann gut, wenn sie sich gerade über den Bodengrund bewegt. Ihre Oberseite kann sich nämlich vorzüglich in relativ kurzer Zeit in Farbe und Farbmuster dem jeweiligen Bodengrund anpassen. Bei vermeintlicher Gefahr bleibt sie zunächst im Vertrauen auf ihre Tarntracht still liegen. Im Notfall zeigt sie aber, daß sie sich ihren Feinden schwimmend recht gewandt entziehen kann. Das Tier ist also durch Körperbau und Verhalten auf verschiedene Weisen gut vor seinen Feinden geschützt. Dennoch geben diese Schutzanpassungen der Zwergflunder natürlich keinen absoluten Schutz. Sie stellen wie die Schutzanpassungen aller Tiere lediglich eine relative Verbesserung der Selbstbehauptung ihrer Träger dar.

Tarnung

Viele Fische suchen zum Ruhen bestimmte Orte auf, an denen sie sich geborgen fühlen. Gern werden dazu Steinhöhlen oder Unterstände unter Wurzeln angenommen, oft werden die Höhlen erweitert oder selbst geschaffen[4]. Wenn große Gefahr droht und die Tiere sich nicht durch die Flucht entziehen können, versuchen jedoch alle Fische, sich mit mehr oder weniger großem Erfolg[5] zu verstecken. Wenn man ins Aquarium hineingreift, suchen selbst typische Oberflächenfische wie Hechtlinge oder Schützenfische irgendwo in Bodennähe Zuflucht unter großen Blättern oder Wurzeln. Andere Tiere, vor allem die, die tagsüber ohnehin oft eingegraben sind, ziehen sich bei Gefahr in den Bodengrund zurück. Das gilt besonders für Grundfische – viele Dorngrundeln, Plattfische, Dornwelse, manche Harnischwelse u. a. Einige Fische suchen sogar Zuflucht im Körper anderer Tiere, so *Fierasfer,* der bevorzugt im Inneren von Seegurken lebt, und junge Maulbrüter, die im Maul ihrer Mutter Schutz suchen.

Es ist sicherer, grundsätzlich nicht aufzufallen, als nur bei plötzlicher Bedrohung kurzfristig ein Versteck aufzusuchen. Daher sind unauffällige Körperfarben für ein Tier – jedenfalls im Hinblick auf die Schutzanpassungen – vorteilhaft. Bunte Fische sind viel stärker gefährdet als unauffällige. Bei der Untersuchung des Mageninhalts eines Kormorans fand man eine große Anzahl der prächtig gefärbten *Haplochromis*-Männchen verschiedener Arten, aber nicht eines der tarnfarbigen Weibchen.

Wenn wir unsere z. T. bunten und sehr auffallenden Fische im Aquarium sehen, bedenken wir nicht, daß viele von ihnen gegen ihre Hauptfeinde, meist Vögel,

[1] z. B. Zebrabuntbarsche

[2] Beim Schwarmverhalten der Fische sowie bei allen Brutfürsorge- und Brutpflegehandlungen handelt es sich ebenfalls zum überwiegenden Teil um typisches Schutzverhalten. Siehe hierzu die entsprechenden Abschnitte.

[3] Ostermöller (1970), AQUARIEN-MAGAZIN **4**, 391

[4] Der Spatelwels (Sorubim lima) stellt sich dagegen in der Ruhe mit dem Kopf nach unten an senkrecht stehende Gegenstände, an die er sich mit seinem abgeplatteten Körper anschmiegt. Auch das dürfte in der Natur eine vorzügliche Tarnung sein.

[5] Fische wie beispielsweise Zebrabärblinge, die vom ganzen Körperbau her viel mehr auf Flucht als aufs Verstecken angelegt sind, fangen wir leicht in einem Aquarium mit seinen geringen Flucht-, aber meist relativ vielen Versteckmöglichkeiten. Schwerer wird der Fang meist bei typischen Tarntieren, die erst in höchster Not davonjagen, z. B. bei Saugschmerlen.

Bild 8.26: Der Rückenschwimmende Kongowels (Synodontis nigriventris) ist ausnahmsweise an der Bauchseite dunkel und am Rücken heller gefärbt. Aufnahme B. Kahl

gut getarnt sind. Diese Verfolger betrachten die Fische aus einer ganz anderen Perspektive als wir, nämlich von oben. Aus dieser Sicht erscheinen auch sehr viele unserer buntesten Fische getarnt. Das weiß derjenige, der – von oben ins Aquarium hineinblickend – Fische aus dem Becken herausfangen will. Meist verrenkt man schließlich doch lieber den Kopf bei der Fangerei, um die Fische von ihrer ungetarnten Seite zu sehen!

Viele Fische sind aber auch gegen Unterwasserjäger mehr oder weniger gut getarnt. Eine auffallende Erscheinung ist die sog. Gegenschattierung. Fast alle Fische sind oberseits dunkler als an der Unterseite. Dadurch wird die Licht-Schatten-Verteilung des von oben einfallenden Lichtes vorteilhaft ausgeglichen und das Tier damit visuell gewissermaßen entkörperlicht. Daß diese Erklärung stimmt, zeigt *Synodontis nigriventris*[6], eine Welsart, die ausnahmsweise an der Bauchseite dunkel und am Rücken heller gefärbt ist. Diese Farbverteilung wird verständlich, wenn man weiß, daß dieser Fisch normalerweise auf dem Rücken, also mit dem dunklen Bauch nach oben zeigend, schwimmt.

Eine Tarnfarbe muß natürlich möglichst genau der normalen Umgebung des Tieres angepaßt sein. Fische schlammiger Gewässer wie die Mormyriden sind einfarbig braun, Fische in vielgestaltiger Umgebung haben dagegen oft Muster, die ihren Körperumriß auflösen (Somatolyse). In relativ pflanzenreichen Gebieten tragen die Fische oftmals vertikale Streifenmuster, wie sie im typischsten Fall beim Segelflosser, aber auch bei vielen anderen Cichliden und bei Cyprinodontiden, Stichlingen, Schützenfischen und vielen anderen vorkommen. Vielfach ist diese Zeichnung auch mehrfach unterbrochen, und der Körper erscheint durch zusätzliche, ebenfalls unterbrochene Längsstreifen noch weiterhin zerschnitten. Auch Fleckenmuster und waagerechte Streifen tragen vielfach dazu bei, den Körper eines Fisches mit seiner Umgebung visuell verschmelzen zu lassen[7]. Viele Zeichnungen dienen auch dazu, das durch seinen Bau notwendigerweise recht auffallend geformte und daher verräterische Fischauge zu tarnen. Dazu dienen die durch das Auge führenden schwarzen Querstreifen bei *Pterophyllum* und *Psettus,* die Bartstreifen der *Apistogramma*-Arten, die Längsstreifen der Mosaikfadenfische und viele weitere Augenstreifen.

[6] nigriventris heißt: mit schwarzem Bauch. Deutscher Name: Rückenschwimmender Kongowels.

[7] Daß Muster und Farben natürlich vielfach als Auslöser wirken und daß diese Funktion dem Tarnprinzip nicht selten entgegensteht, wurde bereits gesagt.

Bild 8.27: Ein Haplochromis burtoni-Weibchen in Tarntracht: Quer- und Längsstreifen. Diese Färbung wird nachts getragen oder von Tieren, die sich unwohl fühlen. Aufnahme J. Vierke

Viele Fische, beispielsweise manche Buntbarsche (s. Bild 8.27), zeigen ihr Tarnmuster nur zeitweilig, vor allem, wenn sie erschreckt, im Kampf unterlegen oder krank sind. Das Tarnkleid, das bei diesen Fischen meist dunkler ist als die Normaltracht, wird oft auch nachts getragen. Fische, die ein Tarnkleid anlegen können, zeigen dann auch das dazu notwendige Verhalten: absolutes Stillhalten[1]. Meist liegen sie dann bewegungslos seitlich an einen Gegenstand gepreßt auf dem Bodengrund.

Einige Fische können sich durch Ausbreiten der Farbstoffe in bestimmten Zellen der Fischhaut dunkel bzw. durch deren Zusammenballung wieder hell färben. Setzt man eine dunkel gefärbte Elritze *(Phoxinus phoxinus)* in einer Glasschale auf hellen Grund, hellt sie sich zusehends auf, und nach einigen Minuten hat sie sich der veränderten Umgebung angeglichen. Stellen wir dann die Schale auf einen schwarzen Untergrund, färbt sich der Körper des Fisches in kurzer Zeit tiefdunkel (Bild 8.28). Natürlich können die Fische ihr Wissen über die Farbe des jeweiligen Untergrundes nur über ihren Gesichtssinn bekommen. Man kann das dadurch beweisen, daß man einer Elritze die Augen mit einer undurchsichtigen Ruß-Vaseline-Mischung vorübergehend verklebt. Dann erhält das Tier nur noch die Information „dunkel", also bleibt sie schwarz, auch über hellem Untergrund[2]. Auch erblindete Aquarienfische färben sich aus diesem Grund oft dunkel. Der eben geschilderte Versuch erklärt ebenfalls das Zustandekommen der dunklen Nachtfärbung vieler Fische.

Tafel 51 (von 3–12)
3 Gurami (Osphronemus gorami), Heimat: Große Sundainseln. – 4 Im Vordergrund Pfauenaugen-Buschfisch (Ctenopoma oxyrhynchum), im Hintergrund Schwanzfleck-Buschfisch (Ctenopoma kingsleyae); Heimat Afrika (Senegambien, Kongo). – 5 Mondscheinfadenfisch (Trichogaster microlepis); Heimat: Kambodscha und Thailand. – 6 Goldfadenfisch (Trichogaster trichopterus „Gold"); vermutlich Zuchtform von Trichogaster trichopterus trichopterus. – 7 Schaufelfadenfisch (Trichogaster pectoralis); Heimat: Südostasien (Südvietnam, Thailand, Malaiische Halbinsel). – 8 Leopardbuschfisch (Ctenopoma acutirostre); Heimat: Afrika (mittlerer und unterer Kongo). – 9 Küssender Gurami (Helostoma temmincki); Heimat: Große Sundainseln, Thailand, malaiische Halbinsel. – 10 Blauer Fadenfisch (Trichogaster trichopterus sumatranus); Heimat: Sumatra. – 11 Mosaikfadenfisch (Trichogaster leeri); Heimat: Südostasien (malaiische Halbinsel, Thailand, Sumatra, Borneo). – 12 Cosby-Fadenfisch (Trichogaster trichopterus „cosby"); vermutlich Zuchtform von Trichogaster trichopterus sumatranus.
Aufnahmen B. Kahl

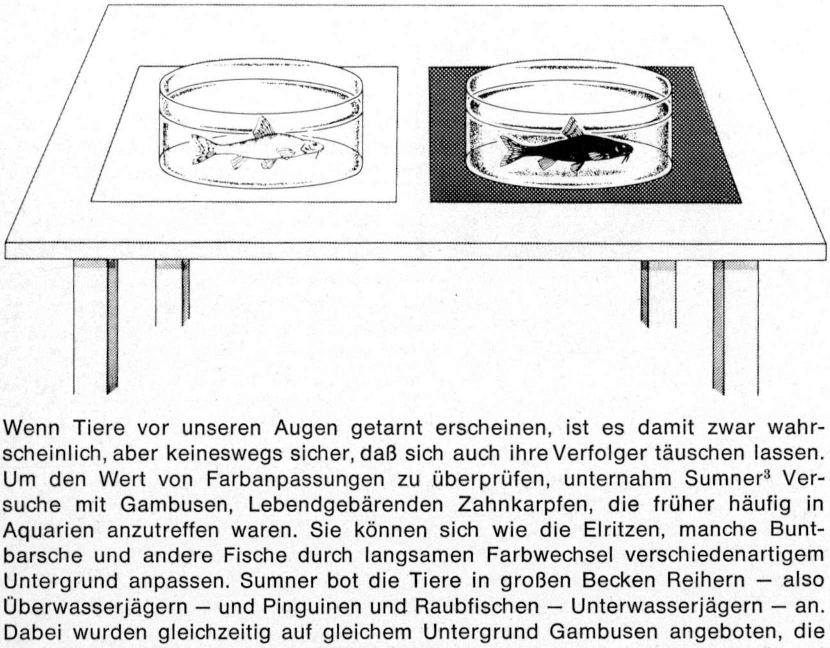

Bild 8.28: Anpassung der Elritze an dunklen oder hellen Untergrund. Nach v. Frisch, verändert.

Wenn Tiere vor unseren Augen getarnt erscheinen, ist es damit zwar wahrscheinlich, aber keineswegs sicher, daß sich auch ihre Verfolger täuschen lassen. Um den Wert von Farbanpassungen zu überprüfen, unternahm Sumner[3] Versuche mit Gambusen, Lebendgebärenden Zahnkarpfen, die früher häufig in Aquarien anzutreffen waren. Sie können sich wie die Elritzen, manche Buntbarsche und andere Fische durch langsamen Farbwechsel verschiedenartigem Untergrund anpassen. Sumner bot die Tiere in großen Becken Reihern – also Überwasserjägern – und Pinguinen und Raubfischen – Unterwasserjägern – an. Dabei wurden gleichzeitig auf gleichem Untergrund Gambusen angeboten, die sich farblich schon angepaßt hatten, und solche, die dazu noch nicht genügend Zeit gehabt hatten. Der Versuch gelang überzeugend. Alle Jäger fingen farblich gut getarnte Fische in viel geringerer Zahl als solche, die sich deutlich vom Untergrund abhoben.

Einige Fische ahmen in Körperform, Farbe und Verhalten ein abgestorbenes Blatt nach. Zu diesen „Schauspielern" gehören einige Busch- und Messerfische, der Wabenschwanzgurami[4] und als Meister dieses Verhaltens der Blattfisch *(Monocirrhus polyacanthus)*, ein Nanderbarsch, der gewöhnlich schräg mit dem Kopf nach unten still zwischen Pflanzen steht und auf seine Beute lauert. Man nennt das Verhalten von Tieren, die einen Gegenstand nachahmen, der für ihre Beute oder ihre Feinde uninteressant ist, Mimese. Dazu gehört auch das Tarnverhalten des schon erwähnten Großmaulwelses *(Chaca chaca)* sowie einiger anderer Welsarten, die ein Holzstück täuschend nachahmen, und das einiger Meeresfische, die einen veralgten Stein oder ein treibendes Tangbündel imitieren, wie z. B. der Fetzenfisch *(Phyllopteryx eques)*.

Manche Tiere ahmen auch lebende Vorbilder nach. Als Beispiel dazu kann der auf S. 552 erwähnte Putzernachahmer, der Säbelzahnschleimfisch, gelten. Man spricht in solchen Fällen von Mimikry. Knipper[5] hat ein eigenartiges Verhalten

[1] Akinese
[2] v. Frisch, K. (1960): Du und das Leben, Berlin
[3] Sumner (1935) Amer. Natural., 245–266
[4] Belontia hasselti, siehe auch S. 554
[5] Knipper (1955), Umschau, 398–400

3

4

5

6

7

8

9

10

11

12

13

14

15

16

17

18

19

20

21

22

Tafel 52 (13–22)
13 Zwerggurami (Trichopsis pumilus); Heimat: Südostasien (Vietnam, Thailand, Sumatra). — 14 Knurrender Gurami (Trichopsis vittatus); Heimat: Südostasien (Vietnam, Thailand, Malaiische Halbinsel, Große Sundainsel). — 15 Zwergfadenfisch (Colisa lalia); Heimat: Indien. — 16 Ceylon-Makropode (Belontia signata); Heimat: Ceylon. — 17 Kampffisch (Betta splendens); blaue Schleierform. Heimat der Wildform: Südostasien — 18 Honiggurami (Colisa chuna); Heimat: Indien, Assam. — 19 Schokoladengurami (Sphaerichthys osphromenoides); Heimat: Südostasien (malayische Halbinsel, Sumatra). — 20 Dicklippiger Fadenfisch (Colisa labiosa); Heimat: Südburma, oben Männchen, unten Weibchen. — 21 Paradiesfisch (Macropodus opercularis); Heimat: Südostasien (China bis Vietnam sowie Taiwan). — 22 Kampffisch (Betta splendens); rote Schleierform. Heimat der Wildform: Südostasien. Aufnahmen B. Kahl

von *Plotosus anguillaris* beschrieben, einem nur zeitweilig im Süßwasser lebenden Korallenwels. Die Jungfische leben in großen Schwärmen und stellen sich bei Beunruhigung radiär mit den Köpfen nach außen zusammen. Dann gleichen sie auffallend einem im selben Gebiet häufig vorkommenden Seeigel. Vielleicht handelt es sich hierbei um eine Art von „kollektiver Mimikry".
Ich glaube, daß es auch unter echten Süßwasserfischen ein Beispiel für Mimikry gibt, wenn auch dafür Beweise noch ausstehen. Auf S. 539 war vom Beuteschema der Piranhas die Rede: Die gefräßigen Räuber fallen besonders Fische an, die etwa ihre Größe haben, mit einer Ausnahme: Ihresgleichen verschonen sie. Sie erkennen sich, wie Attrappenversuche von Markl eindeutig ergeben haben, am Körperumriß. Offenbar gelingt es einigen Fischen, die Piranhas zu täuschen. Die Scheibensalmler und die *Colossoma*-Arten, die sich auf völlig andere Weise ernähren, gleichen den Piranhas verblüffend[1]. Ich glaube, daß sie dadurch, daß sie die Räuber imitieren, Schutz vor ihnen genießen.
Die drei Mimikry-Beispiele zeigen, daß für diese Art der Tarnung drei Teilnehmer erforderlich sind: das Vorbild, ein Nachahmer und der Empfänger, der durch den Nachahmer getäuscht werden soll. Beim Säbelzahnschleimfisch ist der Putzer das Vorbild, der Säbelzahnschleimfisch der Nachahmer und der irregeführte Fisch der Empfänger. Bei den Korallenwelsen ist der Seeigel Vorbild, die Welse sind Nachahmer, und der Raubfeind ist Empfänger des Falschsignals. Im letzten Beispiel sind Vorbild und Empfänger, die Piranhas, identisch; Nachahmer sind ihre friedlichen Verwandten.

Flüchten

Jeder Fisch hält gegenüber mutmaßlichen Feinden einen gewissen Sicherheitsabstand ein. Wird dieser unterschritten, sucht er sein Heil in schnellstem Davonschwimmen. Diese Flucht endet vielfach beim nächsten Versteck. Die Fluchtdistanz[2] hängt vor allem von der Art des Verfolgten ab, aber auch von seinen individuellen Erfahrungen und der besonderen Situation. Arten, die sehr gut geschützt sind, wie beispielsweise die giftigen Rotfeuerfische, neigen nur wenig zum Flüchten. Das zeigen auch die Verhältnisse bei unseren einheimischen Stichlingsarten. Der Dreistachlige Stichling ist mit seinen kräftigen Stacheln viel besser geschützt als der Neunstachelige; er ist daher auch weniger scheu als der letztere[3]. Auch der Grad der Tarnung ist von großem Einfluß auf die Fluchtdistanz. Taucher beobachten, daß bunte Fische viel früher vor ihnen flüchten und sich verstecken als getarnte[4]. Einige gut getarnte Welse lassen sich sogar in die Hand nehmen, ohne ihre Tarnung aufzugeben.
Viele Friedfische können sich auf chemischem Wege gegenseitig vor einer Gefahr warnen. Die sog. Schreckstoffe sind in der Haut der Fische gelagert und werden bei einer Verletzung frei. Sie veranlassen alle Artangehörigen zu panischer Flucht. Zum Auslösen der Schreckreaktion bei einem Elritzenschwarm genügt es, das Hautstück einer Elritze von nur 0,002 mg Gewicht in ein 14-Liter-Wasserbecken zu geben. Diese ursprünglich durch v. Frisch bei Elritzen entdeckten Schreckstoffe haben sich inzwischen auch bei anderen Cypriniden, bei Characiden, Poeciliiden, Gründlingen und anderen Fischen nachweisen lassen.
Auf der Flucht vor Unterwasserfeinden versuchen viele Fische, sich durch weite Luftsprünge zu retten. Die kleinen Beilbauchfische (Gasteropelecidae) aus Südamerika haben es dabei sogar zu einem echten Schwirrflug gebracht. Sie schlagen dabei kräftig und in so schneller Folge mit ihren langen Brustflossen, daß dabei ein schwirrendes oder summendes Geräusch entstehen soll. Die sehr starke Flugmuskulatur macht bis zu $^1/_4$ des Gesamtgewichts der Fische aus. Sie setzt an einem riesigen Schultergürtel an, der funktionell mit dem Brustbein der Vögel zu vergleichen ist. Dem Schultergürtel ist die seltsame, bootsförmige Körperform der Fische zuzuschreiben, die sicher keine weitere Bedeutung für die Fische beim Wiedereintauchen ins Wasser hat, wie manchmal angenommen wird. Bei ihrem Flug erheben sich die Beilbäuche mehrere Zentimeter hoch aus dem Wasser und fliegen meterweit. Die Flugrichtung muß schon vor dem eigentlichen Start im Wasser bestimmt werden, denn sie wird durch die Anlaufstrecke bestimmt. Während des Fluges kann der Fisch sie offenbar nicht mehr korrigieren. — Ebenfalls zu den Flugfischen gehören die in Nordwestamazonien häufigen Salmler *Triportheus angulatus* und *T. elongatus*. Auch sie können mit Hilfe ihrer langen Brustflossen fliegen, jedoch sind genauere Einzelheiten zum Fluchtfliegen dieser Arten noch nicht bekannt[5].

[1] Ihre Verwandtschaft — man zählt sie alle zur Familie Serrasalmidae — ist dafür keine ausreichende Erklärung. Fische einer Familie unterscheiden sich in der Körperform oft ganz gewaltig. Beispiele: Familie Characidae: Hyphessobrycon, Leptagoniates, Stethaprion; oder Familie Cichlidae: Pterophyllum, Uaru, Apistogramma.
[2] Fluchtdistanz: die Entfernung, bei der ein sich nähernder Feind die Fluchtreaktion auslöst.
[3] Hoogland, Morris, Tinbergen (1957), Behaviour, 205–235; siehe hierzu auch S. 550 (Waffen).
[4] Eibl-Eibesfeldt (1969), Grundriß der Vergleichenden Verhaltensforschung, München.
[5] Lüling (1972), Tl 6, 3

Waffen

Hochelektrische Fische haben in ihren elektrischen Organen sicherlich eine ganz besonders wirksame Verteidigungswaffe. Die meisten anderen Fische greifen aber – wenn überhaupt – nur im äußersten Notfall auf Waffen zurück.

Gegen einigermaßen gleichwertige Feinde, also nicht gegen Freßfeinde, versuchen sich die meisten Fische notfalls mit Hilfe ihres Gebisses zu wehren. Daß das selbst bei kleinen Friedfischen recht wirksam sein kann, zeigen brutpflegende Zwergfadenfisch-Männchen, die meist auch große Buntbarsche aus ihren Revieren vertreiben können. Selbst der Finger eines Menschen wird angegriffen, wenn man ihn in der Nähe des Nestes eintaucht. Der Uneingeweihte erschrickt in solchen Fällen meist sehr, denn das mutige kleine Fischchen beißt überraschend herzhaft zu.

Die am häufigsten benutzten Verteidigungswaffen sind Stacheln. Besonders die Bodenfische sind häufig mit ihnen ausgerüstet, beispielsweise Stachelaale, Dorngrundeln, Echte Welse, Harnischwelse, Dornwelse. Die Stacheln sind meist umgebildete Hartstrahlen der Flossen, seltener umgebildete Schuppen. Oft befinden sie sich auch auf den Kiemendeckeln und an anderen Stellen in der Kopfregion. Die z. T. mit Widerhaken versehenen Stacheln lassen sich nicht selten anlegen bzw. abspreizen, manchmal sogar feststellen. Stacheln haben den Sinn, den Verfolgern den Geschmack an den Verfolgten zu verderben. Die feststellbaren Unteraugendornen der Schmerlen werden den Angreifern manchmal sogar zum Verhängnis. Größere Fische und Vögel sollen nicht selten verendet sein, weil sich in ihrer Speiseröhre eine Schmerle mit ihren abgespreizten Dornen verspießt hatte.

Die Wirkung von Verteidigungsstacheln auf die Feinde wurde am Beispiel der Stichlinge und ihrer Hauptfeinde, den Hechten *(Esox)* und Barschen *(Perca)*, nachgewiesen[1]. Es ließ sich zeigen, daß die mit schwächeren Stacheln versehenen Neunstacheligen Stichlinge *(Pungitius pungitius)* und künstlich entstachelte Dreistachelige Stichlinge *(Gasterosteus aculeatus)* viel lieber von Raubfischen gefressen werden als unversehrte *Gasterosteus.* Die Verfolger lernten sehr schnell, Stichlinge zu meiden, wenn sie sich an den Stacheln verletzt hatten. – Besonders wirksam sind Stacheln, wenn sie wie beim Korallenwels mit einer Giftdrüse verbunden sind; jedoch kommt das relativ selten vor.

[1] Hoogland, Morris, Tinbergen (1957), Behaviour, 205–236

Die Kugelfische (Tetraodontidae) verstehen es auf vielfältige Weise, ihren Feinden zu begegnen. Die Flucht verspricht bei diesen etwas plump wirkenden Tieren kaum Erfolg. Sie können sich bei Gefahr in kurzer Zeit durch Luft- oder Wasserschlucken zu einer Kugel „aufblasen". Das wird durch eine besondere Konstruktion des sehr dehnungsfähigen Magens ermöglicht. Bei einigen Arten wird durch das Aufblasen eine Vielzahl kleiner Körperstacheln abgespreizt. Hierdurch und durch die Tatsache, daß das aufgeblähte Tier dem Verfolger u. U. als nicht mehr schlingfähig erscheint, hat der Fisch einen gewissen Schutz. Auch das ruckweise Wiederausstoßen des Wassers könnte einen Angreifer erschrecken. Sollte der Räuber aber den Kugelfisch dennoch fressen, dürfte es ihm schlecht bekommen: Kugelfische sind durch das in ihren Keimdrüsen produzierte Tetrogonin außerordentlich giftig.

Am Beispiel der Stichlinge wurde gezeigt, daß Räuber durch schlechte Erfahrungen lernen können, Beutetiere zu meiden, die ihnen gefährlich werden können. Sie können dies aber nur lernen, wenn sie die Tiere auch wiedererkennen. Man-

Bild 8.29: Kugelfische wie dieser Tetraodon fluviatilis verstehen es auf vielfältige Weise, ihren Feinden zu begegnen. Aufnahme B. Kahl

Bild 8.30: Die grellen Farbmuster der Dornaugen sind sicher als Warnfarben zu deuten. Aufnahme B. Kahl

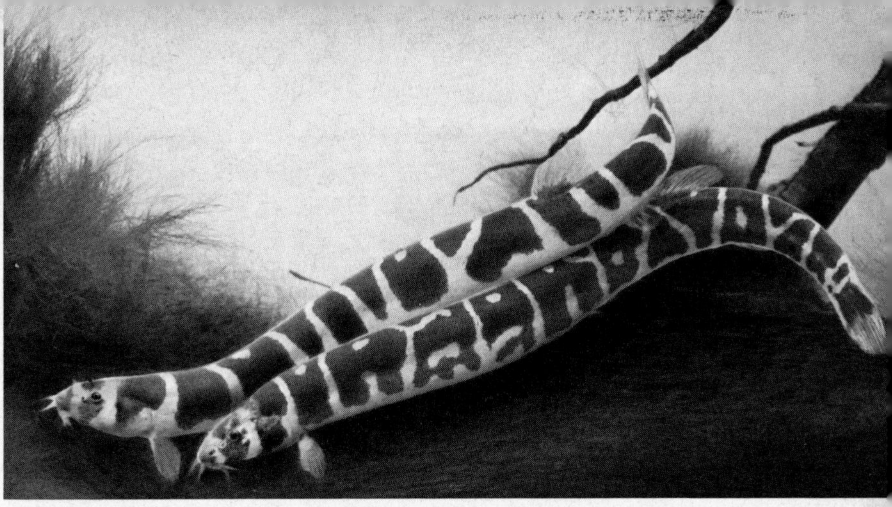

che Tiere machen ihnen das durch besonders grelle Farben bzw. Farbmuster leicht, wie die hochgiftigen Rotfeuerfische und Korallenwelse. Vielleicht hat auch die auffallende orange-schwarze Ringelung einiger Schmerlen wie *Botia macracantha* und *Acanthophthalmus*-Arten diese Bedeutung und auch die leuchtenden Farben vieler Kugelfische. Man spricht in solchen Fällen von Warnfarben. Das seltsame und auffallende Aufblasen der Kugelfische sowie das Wasserausstoßen können ebenfalls als eine derartige Assoziation[2] wirken. Man müßte es dann Warnverhalten nennen. Warnfarben und Warnverhalten sind natürlich nur wirksam, wenn es sich dabei nicht um eine leere Drohung handelt.
Zum Schluß sei noch eine „Waffe“ erwähnt, die vielleicht gar nicht so selten ist und doch recht wirksam: eine widerlich schmeckende Schleimschicht oder überhaupt ein im wahrsten Sinne des Wortes schlechter Geschmack. Wenn wir im Aquarium manche Raubfische mit kleinen Schleien zu füttern versuchen, spucken sie ihr Futter wieder aus.

Symbiosen und Parasitismus

Symbionten

Die Beziehungen zwischen verschiedenen Tierarten brauchen sich nicht nur auf das Räuber-Beute-Verhältnis zu beschränken. Einige Tiere wohnen friedlich als Untermieter in anderen Tieren, ohne ihnen besonders zu schaden oder zu nützen[3]. Wieder andere Tiere leisten sich sogar gegenseitig gute Dienste, natürlich nicht aus reiner Nächstenliebe. Ein kurzzeitiges oder längeres Zusammenleben verschiedener Arten, das beiden Nutzen bringt, nennt man Symbiose[4], die daran beteiligten Partner Symbionten.
Besonders unter den Meeresfischen gibt es schöne Beispiele für Symbiosen. Bekannt sind die Putzerfische, die sich darauf spezialisiert haben, andere Fische von kleineren Parasiten zu befreien. Putzer und Wirt haben beide Vorteile von dieser Gemeinschaft. Der Putzer findet Nahrung, der Wirt wird seine Quälgeister los. Das Verhältnis zwischen Putzer und Wirt ist oftmals hervorragend eingespielt. *Labroides dimidiatus* fordert seine Wirte durch eine bestimmte Schwimmweise, den sog. Putzertanz, zum Verweilen auf. Dann verfallen die Fische, die sich putzen lassen wollen, oft in eine regelrechte Starre. Häufig kann sie der Putzer sogar durch Anstoßen mit dem Maul dazu bringen, die Kiemendeckel abzuspreizen oder das Maul zu öffnen. Ungefährdet kann er dann in die Mäuler selbst räuberischer Fische schlüpfen und dort die Parasiten seines Wirtes verzehren.
Bis vor kurzem waren Putzsymbiosen nur von marinen Arten bekannt, und in fast allen Fällen gehörten Putzer und Kunde verschiedenen Arten an. Unterwasserbeobachtungen in heimischen Gewässern konnten aber kürzlich zeigen, daß viele unserer Süßwasserfische ihresgleichen putzen[5], und zwar Bitterlinge, Rotfedern, Rotaugen, Flußbarsche und Brachsen. Aber auch Süßwasserfische verschiedener Arten putzen sich gegenseitig: Rotfedern putzen Schleien, Rotaugen und Lauben; Bitterlinge putzen Lauben. Auch bei ihnen wird eine Verständigung zwischen Wirt und Putzer erreicht. Durch Kopfabwärtsstellung und mit durchgebogenem Kreuz fordern Lauben Bitterlinge zum Putzen auf.

[2] Siehe Lernen und Dressur, S. 525
[3] Solche Tiere werden Kommensalen genannt. Als Beispiel der Mittelmeerfisch Fierasfer: Er lebt im Darm und in den Wasserlungen von Seegurken. Weiteres Beispiel: Bitterlinge sind als Jungtiere Kommensalen von Muscheln.
[4] Symbiose (griechisch): Zusammenleben. syn = gemeinsam, zusammen; bios = Leben
[5] Abel (1971), Oecologia (Berl.), 133—151

Putzsymbiosen kommen im Süßwasseraquarium sicher nur selten vor. Daher ist darüber bisher auch nur ausnahmsweise berichtet worden. Solche Beobachtungen verdienen aber Aufmerksamkeit, und Berichte darüber in Liebhaberzeitschriften, evtl. sogar mit Bilddokumenten, wären sehr wünschenswert. Wickler[1] berichtet über Panzerwelse *(Corydoras paleatus),* die Fadenfische *(Trichogaster trichopterus* und *T. leeri)* abweideten. Andere Fische, die die Welse zum Putzen anzuschwimmen versuchten (Schwertträger und einige Salmler), wichen aus. Die *Trichogaster*-Arten forderten zwar nicht zum Putzen auf, verfielen aber während des Putzens in eine regelrechte Starre und sanken nach vorn ab, so daß ihr Kopf schräg nach unten zeigte.
Besonders interessant ist, daß *Trichogaster trichopterus* nicht nur Putzerkunde zu sein braucht, sondern sich auch selbst als eifriger Putzer betätigen kann. Frey[2] berichtet von mehreren *Trichogaster-„cosby"*-Weibchen, die regelmäßig einen Schützenfisch putzten. Die Initiative zum Putzen konnte von beiden Seiten ausgehen. Wenn der Schützenfisch sich putzen lassen wollte, zeigte er es zunächst durch unruhiges Umherschwimmen und weitgehender Dunkelfärbung des Körpers an. Dann suchte er einen Fadenfisch auf und stellte sich vor ihm schräg „auf den Schwanz", wobei er den Kopf etwas durchdrückte und die Flossen weit gespreizt hielt. Ein so aufgefordertes *Trichogaster*-Weibchen kam der

Bild 8.31: Auch bei Süßwasserfischen kommen Putzsymbiosen vor. Die im Bild gezeigte Panzerwels-Art (Corydoras paleatus) soll gelegentlich Fadenfische putzen. Aufnahme B. Kahl

Aufforderung zum Putzen immer nach. Das Putzverhältnis konnte von beiden Seiten beendet werden.
Es wurde auch schon von Guppys berichtet, die Karauschen putzten[3]. Dem Bericht zufolge „ließ sich die Karausche das in aller Gemütsruhe gefallen, verhielt im Schwimmen und legte sich sogar etwas auf die Seite. Demnach muß die Epidermis von *Carassius carassius* ein Sekret absondern, das den Guppys schmeckt und dessen Entfernung dem Tier Wohlbehagen bereitet." Es scheint in der Tat viel für die Annahme zu sprechen, daß es sich beim Putzen dieses und auch der vorher genannten Fälle bei Süßwasserfischen eher um das Abweiden von Hautsekreten als um den Verzehr von tierischen Parasiten handelt. Ein Vergleich dieser Putzsymbiosen mit der Jungenernährung der Diskus- und anderer Fische durch Hautabsonderung[4] drängt sich geradezu auf. Interessant ist auch, daß sich im Aquarium Arten zu Putzgemeinschaften zusammenschließen können, die in Freiheit niemals miteinander Kontakt hätten. Hier kann man also beobachten, wie komplizierte Formen des sozialen Zusammenlebens entstehen können.

Parasiten

Parasiten ernähren sich von anderen Lebewesen, wobei sie diese zwar schädigen, sie aber nicht unmittelbar töten[5]. In diesem Abschnitt geht es natürlich nicht um Parasiten der Fische, sondern um Fische, die parasitisch leben.
Ein typischer Parasit ist der Säbelzahnschleimfisch *(Aspidontus taeniatus)*, der dem schon erwähnten Putzerfisch *Labroides dimidiatus* zum Verwechseln ähn-

[1] Wickler (1956), Z. Tierpsych., 46–49
[2] Frey (1968), TI 1, 1
[3] Lübeck (1970), AT, 312
[4] s. S. 575 f.
[5] Für Spitzfindige: Nach dieser Definition könnte man Tiere, die Teile von Pflanzen fressen, auch als Parasiten bezeichnen. So weit geht man natürlich nicht. Tatsächlich sind auch hier feste Abgrenzungen nicht möglich.

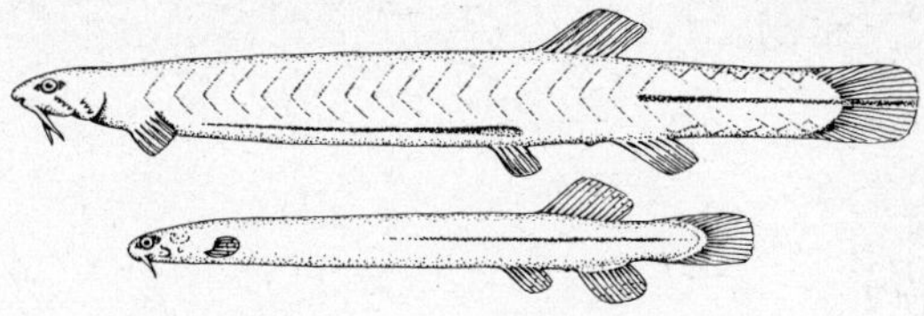

Bild 8.32: Urinophilus diabolicus (oben) und Vandellia sanguinae (unten). Nach Lüling.

lich sieht. Nicht nur die Fische, die sich putzen lassen wollen, lassen sich täuschen, oft auch Aquarianer, die sich einen Putzerfisch kaufen wollen. Selbst in der Schwimmweise ahmt der Parasit den mit ihm überhaupt nicht verwandten Putzer nach. Wenn er sich auf diese Weise einem Fisch nähern konnte, beißt er ihm Stücke aus der Haut. Natürlich muß der Parasit immer seltener bleiben als der echte Putzer, sonst lernen die betrogenen Wirte bald beide zu meiden, und der Putzer und sein Nachahmer sind beide „arbeitslos".

Die meisten parasitisch lebenden Fische sind nicht auf ihre schmarotzende[6] Lebensweise angewiesen, sie sind gewissermaßen Gelegenheitsparasiten. Das trifft z. B. für den im Njassa-See beheimateten Cichliden *Haplochromis compressiceps* zu, einem Raubfisch mit kräftigen Kiefern, deutlich sichtbaren Fangzähnen und einer großen Mundspalte. Dieses Tier ernährt sich gelegentlich gern von den Augen anderer Fische. Es zielt deren Augen sorgfältig an, stößt blitzschnell zu und kehrt sofort wieder zu seinem Ausgangspunkt zurück. Das Opfer bleibt mit einer leeren, blutigen Augenhöhle zurück[7].

Auch der ebenfalls im Njassa-See lebende Buntbarsch *Genyochromis mento* ist ein Parasit. Er schabt anderen Fischen die Schuppen ab und frißt sie. Opfer ist vor allem ein träger, karpfenartiger Fisch mit besonders großen Schuppen[8]. Weitere Schuppenfresser unter den Cichliden stammen aus den Gattungen *Perrisodus* und *Plecodus*. Auch der schöne Zweitupfensalmler *(Exodon paradoxus)* ernährt sich von den Schuppen anderer Fische. Der sehr gewandte Aquarienfisch, der bis zu 15 cm groß werden kann, fällt durch sein relativ großes, stark mit Zähnen besetztes Maul auf. Er benutzt seine Zähne oft zum Abschuppen anderer Fische, wie Reihenuntersuchungen des Mageninhalts dieser Salmler ergaben. Sicher ernährt sich der Zweitupfensalmler aber nur in Notzeiten auf diese Weise. Normalerweise nimmt er größeres Lebendfutter, aber auch Pflanzenkost zu sich.

Zum Teil typische Parasiten gehören in die Familie der südamerikanischen Schmerlenwelse (Trichomycteridae), von denen einige sogar manchmal im Handel angeboten werden. *Stegophilus insidiosus* lebt z. B. in der Kiemenhöhle großer Panzerwelse und ernährt sich dort von den Kiemenblättchen und von Blut. Verschiedene *Vandellia*-Arten gelangen, vermutlich angelockt von Urinspuren, in die Harn- und Geschlechtsorgane amphibisch lebender Säuger und, wenn auch selten, badender Menschen. Sie sind dort nur sehr schwer zu entfernen, da die Tiere ihre mit Dornfortsätzen versehenen Kiemendeckel abspreizen und sich so festhaken. Einer dieser Kleinwelse heißt *Urinophilus diabolicus* (s. Bild 8.32), also „teuflischer Urinfreund". Doch vielleicht ist gerade diese Art zu Unrecht verrufen, denn sie ernährt sich zumindest zeitweilig auf andere Weise: Man fand sie halbeingefressen in der Bauchhöhle von großen Welsen[9].

Ruheverhalten

Allgemeines zum Schlaf der Fische

Im Aquarium beobachtet man, daß die meisten Fische, auch sehr bewegungsfreudige wie die Zebrabärblinge oder Regenbogenfische, zeitweilig am Ort verharren. Offenbar müssen auch unsere Fische ab und zu ruhen. Es ist nicht leicht, bei Fischen zwischen Ruhe und Schlaf zu unterscheiden. Besonders zu bestimmten Tageszeiten, meist nachts, verfallen viele Fische in eine tiefe Ruhepause. Diese könnte man Schlaf[10] nennen. Sie ist oft gekennzeichnet durch Farbwechsel[11] und bestimmte Ruhelagen. Bei sehr vielen Arten ist dann die Reaktionsfähigkeit stark herabgesetzt. Manche Fische brauchen, wenn sie aus tiefstem Schlaf geweckt werden, mehrere Minuten, um richtig wach zu werden. Auch die Kiemendeckelbewegungen werden während des Schlafens verlangsamt. Ihre Anzahl sinkt nachts beim Goldfisch von 175 auf 40 pro Minute und bei *Epalzeorhynchus kallopterus*, der Schönflossenbarbe, von 19 auf 10.

Gewisse lethargische Ruhezustände, wie die Winterruhe des Karpfens oder der Trockenschlaf von *Protopterus* und *Lepidosiren* sollen hier nur kurz angespro-

[6] Schmarotzer = Parasit
[7] Wickler (1967), Natur und Museum.
[8] Fryer (1968), AQUARIUM-MAGAZIN, 182–185
[9] Lüling (1973): Südamerikanische Fische und ihr Lebensraum. Wuppertal.
[10] Das Augenschließen hat mit Schlaf nichts zu tun. Fischaugen haben bekanntlich weder Augenlider noch Nickhäute (Ausnahme: einige Haie). Arten, die gelegentlich das Wasser verlassen (Periophthalmus), und Bodenwühler (Schmerlen) besitzen allerdings sog. „Schutzbrillen".
[11] Wer nachts plötzlich seine Aquarienbeleuchtung anschaltet, wird viele seiner Pfleglinge kaum noch wiedererkennen: Bei vielen Fischen verstärkt sich im Dunkeln die Schwarzfärbung (Beispiel Schützenfisch, viele Buntbarsche) und verringern sich die leuchtenden Farben (Neonfische).

Bild 8.33: Der Wabenschwanzgurami (Belontia hasselti) aus Indonesien ist ein seltener Gast in unseren Aquarien. Aufnahme J. Vierke

chen werden. Die letztgenannten Lungenfische können sich zu Beginn der Trokkenzeit bis zu einem halben Meter tief in den schlammigen Grund ihrer austrocknenden Wohngewässer eingraben und dort in einer schleimtapezierten Kapsel monatelang bis zum Beginn der Regenzeit verharren.

Offenbar sind auch bei einigen unserer Aquarienfische längerdauernde Perioden mit erhöhtem Schlafbedürfnis zu beobachten. In einem meiner Aquarien lebten mehrere Jahre drei Wabenschwanzguramis *(Belontia hasselti)*, Importtiere aus Südostasien, die zeitweilig ein sehr merkwürdiges Ruheverhalten zeigten. Sie legten sich auch tagsüber flach mit einer Körperseite auf den Boden, so daß die braungemusterten Tiere mit einem vertrockneten Blatt zu verwechseln waren, dem sie auch in der Körperform ähnelten[1]. Sie lagen meist zwischen Wasserpflanzen flach am Boden, oft auch an Steine gelehnt oder auf Wasserpflanzenblättern oder Wurzeln in höheren Wasserschichten (s. Bild 8.34). In dieser Lage blieben sie bis zu 15 Minuten, schwammen dann zügig an die Wasseroberfläche, um Luft zu schöpfen[2], und suchten dann sofort wieder den alten oder einen anderen Ruheplatz auf[3]. Die Fische behielten das Verhalten mehrerer Wochen bei. Danach benahmen sie sich ohne erkennbaren äußeren Anlaß wieder „normal", um einige Monate später wiederum in eine derartige „Schlafphase" zu verfallen. Vielleicht erklärt sich diese Beobachtung durch einen periodischen Wechsel von Wassertemperatur, Wasserstand oder Nahrungsangebot in ihrer Heimat. Wenn sich Fische an einen gewissen Rhythmus gewöhnt haben, können sie ihn auch unter den relativ gleichbleibenden Aquarienverhältnissen nicht so bald ablegen. Man weiß, daß manche erst kürzlich eingeführten Arten nur zu bestimmten Jahreszeiten erfolgreich zur Zucht zu bringen sind.

Die allermeisten Fische sind Tagtiere[4]. Wenn wir einmal vergessen, abends die Aquarienleuchte auszuschalten und das erst zu später Stunde nachholen wollen, können wir manchmal sehen, daß sich einige Fische trotz der gleichgebliebenen

[1] Es handelt sich dabei gewiß um eine Schutzanpassung, eine Mimese, s. S. 546.

[2] Belontia hasselti gehört zu den Labyrinthfischen und ist daher auf diese Zusatzatmung angewiesen.

[3] Dies Verhalten, das keineswegs mit irgendwelchen Symptomen gekoppelt war, die eine Krankheit der Tiere vermuten ließen, trat bei allen drei Fischen auf. Es handelt sich um ein typisches Ruheverhalten, das durch stark verminderte Reaktionsfähigkeit gekennzeichnet war. Einmal sah ich eine Saugschmerle einen der Belontia abgrasen, ohne daß er auch nur mit einer Flossenbewegung darauf reagiert hätte. Natürlich ruhten die Fische nicht unentwegt. Sie waren täglich auch längere Zeit mit Futtersuchen u. dgl. beschäftigt.

[4] Nur relativ wenige Arten (z. B. Aale, einige Plattfische, Forellen, Welse) sind überwiegend nachtaktiv. Sie verbergen sich tagsüber meist in Höhlen oder in anderen Verstecken. Bei ihnen handelt es sich oft um Bodenfische.

[5] Der Gabelbart (Osteoglossum bicirrhosum) dürfte ebenfalls zu den Nichtschläfern gehören. Er ist bei Tag und Nacht ständig in Bewegung.

Bild 8.34: Der unscheinbar bräunlich-ockerfarbene Belontia hasselti ruht hin und wieder seitlich an einen Stein gelehnt oder flach am Boden. Dann gleicht er in Form und Farbe einem abgestorbenen Blatt. Aufnahme J. Vierke

[6] Hierbei handelt es sich allerdings nur um eine recht grobe Regel mit etlichen Ausnahmen.
[7] Grambow (1970), Das Aquarium, 268–269
[8] Ähnlich verhält sich auch der Zander.
[9] Entsprechendes scheint für Karauschen, Brachsen, Döbel und Güster zuzutreffen. Verständlich wird ihr Verhalten durch die größeren Gefahren, die auf diese vielverfolgten Friedfische lauern.
[10] So nach F. Weber (1961, Z. Tierpsych. 517–533) die Gattungen Leporinus, Prochilodus, Roeboides, Metynnis, Poptella, Ctenobrycon, Mylesinus und Exodon. Frei im Wasser stehend übernachten auch Pterophyllum, Serrasalmus, Toxotes und Rasbora. Die meisten Karpfenfische ruhen dagegen mit dem Bauch auf dem Boden.
[11] Das gilt nach Weber für die Gattung Cichlasoma, Haplochromis, Geophagus, Aequidens, Acara, Tropheus, Crenicichla, Steatocranus u. a.
[12] Vertreter der Gattung Pelmatochromis, Tilapia, Hemichromis, Distichodus und Luciolates.
[13] Weber (1961), Z. Tierpsych., 517–533
[14] Dieses Verhalten wird von vielen nicht immer richtig als Gähnen erkannt. Es handelt sich dabei zweifellos um echtes Gähnen, wie es bei allen Wirbeltieren anzutreffen ist. Es wird als Reflex erklärt, der durch Sauerstoffmangel oder Blutleere im Atemzentrum des Gehirns ausgelöst wird, und tritt – auch bei Tieren – besonders bei Müdigkeit auf.

Helligkeit bereits zur Ruhe begeben haben. Es hat den Anschein, als würden sie ihre Zeit kennen, sie haben eine „innere Uhr".
Nicht alle tagsüber munter herumschwimmenden Fische brauchen jedoch nachts zu schlafen. Jedenfalls sollen Fadenfische ihren Nestbau selbst in der Dunkelheit fortsetzen, und auch die zu den Sägesalmlern gehörenden *Colossoma*-Arten sollen im Gegensatz zu ihren nächsten Verwandten, den Piranhas, nicht schlafen[5].

Ruhelagen

Bisherige Beobachtungen scheinen dafür zu sprechen, daß das Schlafbedürfnis und die Schlaftiefe relativ wehrhafter und räuberischer Süßwasserfische größer ist als das der Friedfische[6]. Unterwasserbeobachtungen zum Schlafverhalten einheimischer Fische[7] zeigen das am Beispiel des räuberischen Flußbarsches *(Perca fluviatilis)*[8], der sehr tiefer schläft als beispielsweise Plötzen und Rotfedern. Schon kurz nach Sonnenuntergang begeben sich die Flußbarsche in die flachen Uferzonen. Sie liegen dort mit den paarigen Bauchflossen und der Schwanzflosse in einer Art Dreipunktstellung dem Boden auf und können so gut das Gleichgewicht halten. Dagegen waren Plötzen und Rotfedern noch zwei Stunden nach Sonnenuntergang munter. Ihr Schlaf ist wesentlich flacher, und bei einer Störung sind sie sofort wach und fluchtbereit[9].
Auch die meisten Salmler vermeiden es, auf dem Bodengrund liegend zu schlafen. Sie stehen nachts ruhig im Wasser, suchen aber bei plötzlichem Licht schattige Orte auf[10].
Sehr viele Buntbarsche schlafen nachts auf dem Boden, bevorzugt auf sandigem oder kiesigem Untergrund[11]. *Julidochromis* schläft dagegen gern in einer Steinhöhle. Die Pfauenaugenbuntbarsche *(Astronotus ocellatus)* schlafen wiederum oft in seitlicher Schräglage aneinandergelehnt am Boden. Andere Cichliden[12] dagegen stehen nachts im freien Wasser, lassen sich jedoch bei plötzlicher Belichtung wie betäubt schnell zu Boden sinken. Beim Wiederausschalten des Lichtes bleiben sie dort längere Zeit, bevor sie sich wieder ins freie Wasser begeben. Ähnliches beobachtet man bei einigen Poeciliiden und Salmlern.
Während die meisten Fische fast bewegungslos, meist nur mit den Bauchflossen wedelnd, mehr oder weniger waagerecht im Wasser schweben oder mit den Flossen aufgestützt am Boden hocken, sind bei manchen Fischen geradezu abenteuerlich anmutende Schlafstellungen zu beobachten. Nur einiges soll genannt werden: *Sternarchella*, ein zur Familie Apteronotidae gehörender Messerfisch, kann im Aquarium in fast jeder Lage schlafen. Der Unerfahrene glaubt anfangs, daß das sich regelrecht flegelnde Tier im Sterben liege. Schlammpeitzger *(Misgurnus)* und Steinbeißer *(Cobitis)* sollen manchmal halbmondförmig gekrümmt mit Kopf und Schwanz nach oben zeigend am Wasserspiegel hängen, Wabenschwanzguramis liegen, wie vorhin schon erwähnt, mit einer Körperseite dem Boden auf, und Zwergwelse sowie der elektrische Wels sollen sogar auf dem Rücken liegend ruhen.
Manche Schwarmfische ruhen nachts dicht gedrängt beieinander. Erstaunlich erscheint aber die folgende Beobachtung über Flösselhechte *(Polypterus)*. Die tagsüber lebhaften und Abstand haltenden Tiere ruhten nachts in engem Körperkontakt am Boden. Nur ein einzelner *Polypterus* verhielt sich anders. Wie E. Weber[13] schreibt, lag er „hoch auf einem Felsenvorsprung, war munterer als die unter ihm ruhenden Artgenossen und beschützte sie wie ein ‚Wächterfisch'". Ein ähnliches Verhalten berichtet Weber, der über das Schlafverhalten der Fische umfangreiche Beobachtungen in verschiedenen Schauaquarien gemacht hat, auch von Labriden.

Gähnen

Gähnen kann man bei fast allen Fischen gelegentlich beobachten[14]. Bild 8.35 zeigt einen gähnenden *Etroplus suratensis.* Man erkennt nicht nur das weitgeöffnete Maul, sondern auch – im Gegensatz zu dem ruhig

Bild 8.35: Auch Fische gähnen hin und wieder, wie hier ein Etroplus suratensis. Aufnahme J. Vierke

neben dem gähnenden Tier stehenden Artgenossen – die weit abgespreizten Flossen. Genau wie Menschen sich beim Gähnen oftmals recken und räkeln, streckt sich bei dieser Gelegenheit oft auch der Fischleib. Nicht selten werden dann die Kiemendeckel weit abgespreizt, und die Augen treten etwas aus den Höhlen. Dabei wird viel Wasser in die Mund- und Kiemenhöhle eingesogen. Mit dem Ausstoßen des Wassers entspannt sich die Haltung des Tieres wieder.

Beziehungen zu Artgenossen

Schwarmverhalten

Aggregationen

Die einfachsten Verbandsformen bei Fischen sind Aggregationen. Darunter versteht man Verbände, die entstehen, wenn die Tiere durch einen gemeinsamen Außenreiz zusammengeführt werden, also nicht durch eine gegenseitige Anziehung, wie sie für Schwärme kennzeichnend ist. Wenn sich nicht im Schwarm lebende Fische bei der Fütterung am Futterplatz versammeln, handelt es sich um eine Aggregation.
Jungtiere von *Trichopsis pumilus* versammeln sich mit Vorliebe unter den Blättern von Wasserpflanzen, so daß sie gegen Sicht von oben her gedeckt sind. Ist nur eine geeignete Pflanze im Aufzuchtbecken, z. B. eine Ludwigie, stehen oft alle Jungfische bei der Pflanze, jeder unter einem Blatt. Auch das ist eine Aggregation, da sie sich normalerweise zerstreuen. – Ähnlich verhalten sich auch junge *Ctenopoma oxyrhynchum*[1]. Sie sollen sich sogar gleich zu Hunderten hinter einem schattenbildenden Gegenstand verstecken. Wenn sie sich in einem völlig leeren Becken befinden, bilden sie regelrechte freischwimmende Fischtrauben. Sie entstehen dadurch, daß ein deckungssuchendes Jungtier jeweils unter ein anderes schwimmt, um in dessen Schatten zu sein.
Genaugenommen haben Aggregationen nur wenig mit Beziehungen zu den Artgenossen zu tun. Die durch einen gemeinsamen Außenreiz zusammengeführten Tiere leben mehr nebeneinander als miteinander.

[1] Richter (1971), AT, 184–186
[2] Schöne (1972), AT, 266–268

Anonyme Verbände

Die meisten typischen Fischschwärme sind anonyme Verbände. Ihre Mitglieder kennen sich nicht individuell; sie sind allen Neuankömmlingen gegenüber offen. Das geht so weit, daß zwei aufeinandertreffende Schwärme der gleichen Art meist zu einem gemeinsamen Schwarm verschmelzen. Für die Größe eines anonymen Verbandes gibt es keine obere Grenze. Typisch für anonyme Verbände ist die gegenseitige Anziehung der Schwarmmitglieder, man spricht von einer Sozialattraktion:
Wenn wir neuerworbene Schwarmfische, beispielsweise Neonsalmler *(Paracheirodon innesi)*, in ein Aquarium setzen, werden sich die verschreckten Tiere in der ihnen fremden Umgebung zumeist einzeln hinter Pflanzen, Steinen und unter Wurzeln verstecken. Nach und nach wagen sich aber die ersten aus ihren Schlupfwinkeln hervor und schwimmen ins freie Wasser. Wenn sich zwei Einzeltiere sehen, schwimmen sie aufeinander zu und bleiben beisammen. Nach und nach schließen sich dann die restlichen Neons an, und es entsteht das schöne Bild eines dicht aufgeschlossenen Neonschwarmes. Die Tiere üben aufeinander also eine gegenseitige Anziehung aus. Ein isolierter Salmler würde endlos suchen, um einen Artgenossen zu finden. Wenn sich ein Salmler einem Schwarmgenossen jedoch zu sehr nähert, dann droht oder flüchtet er. Auch Schwarmfische haben um sich herum ein gewisses Hoheitsgebiet. Es ist niemandem gestattet, diesen Individualabstand zu verletzen.
Nach einigen Tagen läßt der Zusammenhalt des Neonschwarmes nach. Wenn wir jedoch im Aquarium hantieren und dadurch die Fische beunruhigen oder wenn wir gar einen großen Fisch, z. B. einen ausgewachsenen Skalar, hinzusetzen, dann sehen wir, wie der Schwarm sich wieder ganz eng zusammenschließt. Eine Gefahr verstärkt also den Zusammenhalt eines Schwarmes. Das dürfte wohl für alle Schwarmfische gelten. Pfauenaugenbuntbarsche[2] sollen sich bei Gefahr so-

Bild 8.36: Schwarmfische müssen im Schwarm gehalten werden! Das Bild zeigt einen besonders schönen Schwarm Kongosalmler. Aufnahme J. Vierke

gar so eng zusammenschließen, daß sie miteinander Hautkontakt halten. Langsam schwimmen sie dann davon und geben dem Beobachter die Illusion, nur einen sehr großen Fisch zu sehen. Vielleicht gelingt diese Täuschung auch gegenüber einem Freßfeind[3]. Bei einem direkten Angriff schießen die Tiere allerdings blitzschnell nach allen Seiten auseinander und suchen Deckung.

Nicht nur die akute Gefahr fördert den Zusammenschluß im Schwarm, vielfach auch schon das Gefühl der Unsicherheit. Fische freier Wasserzonen zeigen ein gegenseitiges Anlehnungsbedürfnis und bilden Schwärme. Fische, die in Pflanzendickichten leben, können ihr Anlehnungsbedürfnis an den Pflanzen befriedigen. Eine Beobachtung an jungen Zwergwelsen in einem nordamerikanischen Süßwassersee zeigt das sehr schön[4]. Im Kraut bewegten sich die Fische weit zerstreut voran. „Kamen sie an eine freie Stelle, schlossen sie sich in Trupps oder zum größeren Schwarm zusammen. Sie überquerten eine solche freie Stelle nie allein, immer im schnellen Schwimmen und stets ohne Halt ... Sobald die Tiere wieder im Kraut waren, zerstreute sich der Schwarm."

Offenbar kommt dem Schwarm eine gewisse Schutzfunktion zu. Wie sie bei den Pfauenaugenbuntbarschen durch Vortäuschung eines größeren Tieres wirken könnte, wurde bereits beschrieben. In den meisten Fällen dürften aber zwei

[3] Armbrust (1971) berichtete ein ähnliches Schutz- bzw. Täuschungsverhalten von jungen Schlangenkopffischen. AT, 226–229
[4] Wahlert (1967), AQUARIEN-MAGAZIN, 438–440

Bild 8.37: Zumeist erkennen sich Schwarmfische an visuellen Merkmalen. Die „Vereinsabzeichen" der Sternfleckensalmler (Pristella riddlei, Bild) sind die schwarzmarkierten Rückenflossen. Aufnahme B. Kahl

andere Faktoren von Bedeutung sein: Zunächst einmal dürfte ein Schwarm eher auf das Nahen von Räubern aufmerksam werden als ein Einzelgänger, denn viele Augen sehen mehr als zwei. Der Schwarm hat dann oft die Gelegenheit, im Pflanzengewirr oder im Korallenriff Zuflucht zu suchen. Außerdem wird ein Raubfisch durch zu viele Beutefische auf zu engem Raum verwirrt. Er muß sein Beutetier vor dem Zustoßen genau fixieren, also anzielen. Gerade dieses „Konzentrieren" auf ein Einzeltier wird ihm in einem großen Schwarm von Beutefischen aber erschwert, da immer wieder andere Fische störend und ablenkend im Blickfeld auftauchen. Eibl-Eibesfeld[1] hat sich auf einer längeren Tauchexpedition eingehend mit diesen Fragen beschäftigt: „Nur ausnahmsweise sah ich einen Raubfisch einen Fisch aus dem Schwarm herausfangen, während ein Abgesprengter leichte Beute ist, gleich, ob er den Feind sah oder nicht. Kaum je wird ein Raubfisch blindlings erfolgreich in einen Schwarm stoßen[2]."

Da sich die Mitglieder anonymer Verbände nicht untereinander kennen, müssen die verschiedenen Arten der Schwarmfische bestimmte Auslöser haben, also gewissermaßen Vereinsabzeichen tragen, damit sie zusammenhalten können und sich nicht mit jedem beliebigen aus anderen Arten zusammengesetzten Schwarm[3] vermischen. Hierbei handelt es sich in erster Linie um visuelle Signale, die besonders unsere Salmler schön zeigen. Beispielsweise ist das Folgesignal beim Sternflecksalmler *(Pristella riddlei)* die schwarze Markierung in der Rückenflosse. Wenn man einem isolierten Artangehörigen die Möglichkeit gibt, sich intakten Tieren anzuschließen oder einem Schwarm Sternflecksalmlern mit amputierten Rückenflossen, wird er immer die ersteren vorziehen. Aber auch der Artgeruch ist bei manchen Schwarmfischen wesentlich an der Schwarmbildung beteiligt, bei Elritzen wohl sogar vorwiegend[4]. Versuche an geblendeten Rotfedern zeigten, daß sie dann zwar kein typisches Schwarmverhalten mehr zeigen, daß sie aber immer noch in einem Bezirk zusammenbleiben, in dem sie noch den Geruch ihrer Artgenossen wahrnehmen können. Diese Reaktion entspricht offenbar dem Verhalten der Rotfedern bei Nacht. Der Zusammenhalt durch den Artgeruch verhindert nachts eine zu große Zerstreuung der Tiere, so daß sie sich am nächsten Morgen ohne allzu große Mühe wieder zum Schwarm sammeln können.

Fisch-Schwärme bestehen vielfach aus Individuen von annähernd gleicher Größe. In einem Elritzenschwarm werden neuankommende Elritzen nur dann aufgenommen, wenn sie nicht mehr als 1,2 cm von der durchschnittlichen Länge der Schwarmmitglieder abweichen[5].

In einem anonymen Verband gibt es keine Anführer. Alle Schwarmmitglieder sind sozial völlig gleichrangig. Daher gibt es dort normalerweise auch keine Kämpfe. In einem typischen Schwarm zeigen alle Mitglieder zur gleichen Zeit dasselbe Verhalten (Wandern, Nahrungsuchen, Ruhen usw.), als ob ein bestimmtes Verhalten ansteckend wäre[6]. Durch diese „soziale Imitation" bestimmt die Mehrheit die Tätigkeit aller Schwarmmitglieder. Lorenz[7] berichtet das vom Aufbruch eines stationären Schwarmes in gerichtete Bewegung: „Einige oder auch viele Individuen, die sich anschicken, in bestimmter Richtung davonzuschwimmen, merken bald, daß andere zurückbleiben, und machen sofort kehrt, um sich zum Rest der Schar zurückzuwenden. Dieses Sich-Richten nach anderen, diese Rücksichtnahme auf anders Gestimmte, hängt von der Funktion der am höchsten integrierten Hirnteile dieser Fische ab. Wenn man einem solchen Tier aber diese Teile des Vorderhirns zerstört – was seine Lebensfähigkeit, seinen Appetit usw. in keiner Weise herabsetzt –, so kümmert es sich nicht mehr darum, ob seine Genossen mitschwimmen oder nicht, und schwimmt stur und scheinbar ‚entschlossen' seine eigene Bahn. Wahrhaft erschütternd aber ist die Reaktion der Schwarmmitglieder auf dieses grundsätzlich asoziale Verhalten: Weit davon entfernt, sich nicht um den Außenseiter zu kümmern, schwimmen sie ihm sofort getreu auf allen seinen Wegen nach. Der großhirnlose Fisch ist eben durch seinen Defekt zum Anführer geworden!"

Entscheidend also für die Nachfolgereaktion ist das rasche, zielstrebige Fortschwimmen eines Initiators. Für den Fall der Gefahr ist diese Reaktion im allgemeinen sinnvoll. Die schnelle Flucht des ersten, der den Feind entdeckt hat, führt automatisch zur Gesamtflucht des Schwarmes.

Wenn oben geschrieben wurde, alle Schwarmmitglieder im anonymen Verband seien sozial gleichwertig, so ist das der Regelfall. Ausnahmen kommen aber vor. Vielfach wird die Meinung vertreten, eine Rangordnung sei im anonymen Verband unmöglich, denn die Vorrangstellung eines Tieres könne nur sichergestellt werden, wenn es auch als Individuum jederzeit wiedererkannt werden

[1] Eibl-Eibesfeldt (1962), Z. Tierpsych., 165–182

[2] Ein Schwarm kann nicht nur als Schutzverband, sondern auch als Jagdverband dienen. Solche Jagdgesellschaften werden z. B. von unserem Flußbarsch berichtet. Im Schwarm jagende Raubfische können ganze Schwärme von Beutefischen einkreisen und dann einzelne Fische vom Schwarm abspalten, die dann eine leichte Beute der Räuber werden.

[3] Derart zusammengesetzte Schwärme kommen zwar auch vor, sind aber nicht die Regel.

[4] Durch Dressur gelang es, eine Elritze zur geruchlichen Unterscheidung von 14 verschiedenen Fischarten zu bringen.

[5] Berwein, n. Remane (1960), Das soziale Leben der Tiere, Hamburg

[6] Auch beim Menschen kennen wir solche Stimmungsübertragung. Beispiel: Vielfach applaudieren am Schluß einer Theatervorstellung bestellte oder bewußt handelnde „Claqueure", die dann als „Initialzündung" wirken und das Publikum mitreißen.

[7] Lorenz (1953), Forum Heft 1

könne. Diese Auffassung stimmt aber nicht; es gibt auch anonyme Rangordnungen[8]. Man kann sie bei den wenige Wochen alten Jungfischschwärmen des Segelflossers *(Pterophyllum scalare)* beobachten. Die Jungen kennen einander nicht, entweder weil individuelle Merkmale erst später ausgebildet werden oder weil ihre Lern- und Erinnerungsfähigkeit noch unvollkommen ist, vielleicht auch beides. Dennoch sind die Jungskalare aggressiv, am angriffslustigsten sind die größten unter den Geschwistern.

Bild 8.38: Pterophyllum scalare, 45. Tag. Nahrungsschnappen (durchgezogene Linie), passive Rammstöße (gepunktete Linie) und aktive Rammstöße (gestrichelte Linie) eines Fisches vor und nach Entfernung des Tyrannen A. Wfl.: Zweimalige Fütterung mit Wasserflöhen. Nach Bergmann

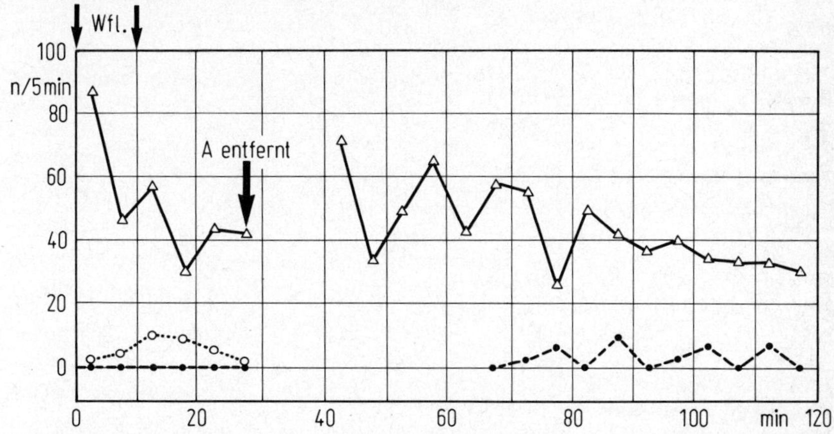

Bergmann hat die Angriffsbereitschaft der Jungskalare in Abhängigkeit von anderen Faktoren experimentell untersucht. Er protokollierte u. a. das Verhalten des zweitgrößten Fisches (B) in einer aus 8 Fischen bestehenden Gruppe. Er gab Wasserflöhe in das Becken und zählte die Häufigkeit des Nahrungsschnappens bei B, die Anzahl der von ihm erlittenen Rammstöße und die Zahl der von ihm ausgeführten (Bild 8.38). Nach Ablauf der ersten halben Stunde hatte das Tier zwar einen sichtbar vollen Bauch, seine Freßaktivität zeigte aber einen relativ unruhigen Verlauf, da er vom größten Tier viele Rammstöße einstecken mußte.

[8] Bergmann (1969), Z. Tierpsych., 343–388

[9] Durch gezielte Futtergaben können daher Skalarjunge des niedersten Ranges vorübergehend zu Ranghöchsten werden.

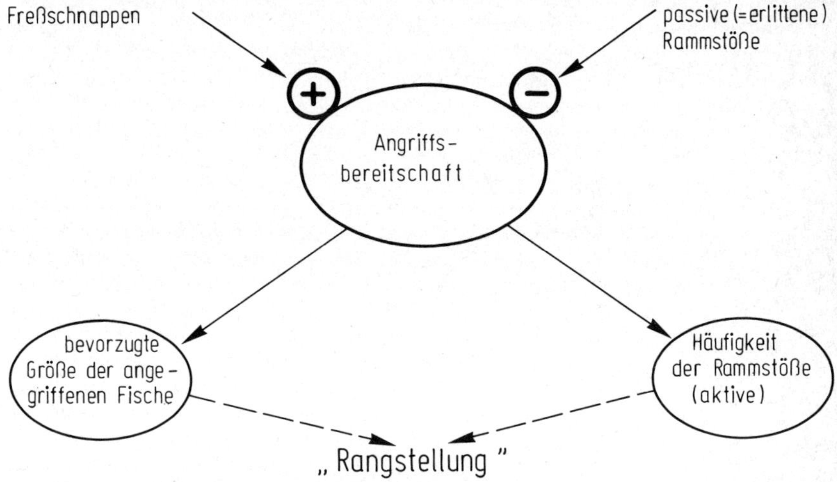

Bild 8.39: Pterophyllum scalare, Jungfische. Schematische Darstellung der äußeren Einflüsse auf die Angriffsbereitschaft und ihrer Auswirkung auf die Rangordnung des einzelnen Fisches. Neben den äußeren Einflüssen ist die Größe der Angriffsbereitschaft auch von inneren Faktoren abhängig, die letztlich angeboren sind.

B selbst war nicht aggressiv. Danach wurde der Aggressor entfernt und nach einer Viertelstunde das Verhalten von B weiterbeobachtet. Es zeigte sich, daß er sich jetzt seinerseits zum Tyrannen über seine Mitgeschwister aufgeschwungen hatte und daß auch sein Appetit noch einmal zugenommen hatte. Die vorherigen Angriffe des größeren Tieres hatten seine damaligen Aggressionen anscheinend gedämpft. Offenbar sind also erlittene Rammstöße negativ mit der Angriffsbereitschaft gekoppelt, Freßschnappen positiv[9]. Die Angriffsbereitschaft hängt aber nicht nur von äußeren, hemmenden oder begünstigenden Faktoren ab, sondern sie ist auch noch von einigen angeborenen Faktoren abhängig. Die Rangstellung eines Fisches innerhalb der Gruppe hängt aber nur indirekt von seiner Angriffsbereitschaft ab, direkt dagegen von der Größe der von ihm bevorzugt angegriffenen Fische und der Häufigkeit seiner Angriffe (Bild 8.39). Je geringer die Angriffsbereitschaft eines Segelflossers ist, desto kleiner sind normalerweise die von ihm Gerammten. Auf diese Art kann es also auch ohne individuelles Sichkennen der Artgenossen Despoten und Aschenbrödel[1] geben, also eine anonyme Rangordnung. Sie ist aber relativ instabil und kann wohl nur als Übergangsstadium zur klassischen Rangordnung betrachtet werden.

Individualisierte Verbände

Neben den anonymen Verbänden gibt es auch Fischgesellschaften, deren Mitglieder sich alle gegenseitig kennen, die individualisierten Verbände. Sie können naturgemäß nicht so groß werden wie anonyme, denn jedes persönliche Erkennen eines Artgenossen setzt einen Lernvorgang und ein Gedächtnis voraus. Meistens sind diese Verbände mit einer typischen Rangordnung verbunden, einer Hierarchie, die letztlich ausgekämpft wurde. Jedes Tier merkt sich, wer ihm über- oder unterlegen ist, und richtet sein Verhalten danach. Ist eine Rangordnung erst einmal festgelegt, braucht sie in der Regel nur noch selten bestätigt zu werden.

Das stärkste Tier in der Hierarchie ist das Alpha-Tier[2], das als Despot alle anderen beherrscht. Das zweitstärkste Tier, das Beta-Tier, ist allein dem Despoten unterlegen, das dritte ist allen überlegen außer den beiden ersten usw. Das schwächste Tier, das Omega-Tier, muß schließlich als Aschenbrödel alle anderen fürchten und zeigt seine fortwährende Unterwürfigkeit vielfach schon durch eine Dauerdemutfärbung. Ein Neuling nimmt zunächst meist den untersten Platz in der Rangordnung ein und muß sich langsam hochkämpfen[3].

Tropheus moorei, der Brabantbuntbarsch[4], mag als Beispiel für eine Gruppenbildung mit „klassischer Rangordnung" gelten. Die Tiere kennen sich alle untereinander und natürlich auch ihren sozialen Rang. Zwar treten unter den Gruppenmitgliedern immer wieder mal Konflikte auf, aber ein von einem Ranghöheren drohend angeschwommener oder gar angegriffener *Tropheus moorei* stellt sich nicht zum Kampf. Er reagiert mit Rütteln: Er stellt sich quer, biegt den Schwanz etwas vom Gegner weg und zittert heftig. Diese Geste hemmt sofort den Angriff eines Gruppengenossen, besonders dessen Zubeißen. Dieses Signal[5] scheint den Angreifer nicht nur lediglich zu bremsen, sondern ihn regelrecht umzustimmen. Offenbar hat das Rütteln eine die Gemeinschaft stabilisierende Funktion. Man kann den sozialen Rang eines Brabantbuntbarsches sehr gut an der Häufigkeit erkennen, die er rütteln muß: Je niedriger sein Rang, desto häufiger muß das Tier rütteln. Offenbar ist der Umstimmungseffekt um so wirkungsvoller, je intensiver der Angegriffene rüttelt. Jedenfalls wird die Intensität des Rüttelns größer, je schneller der Angreifer naht, je geringer der räumliche und je größer der soziale Abstand ist, der zwischen den Tieren besteht.

Wie die Brabantbuntbarsche suchen auch viele andere Fische einen als überlegen bekannten Angreifer, meist einen Artgenossen, durch eine „Demutshaltung" zu beschwichtigen. Ein von einem deutlich ranghöheren Skalar angegriffener Artgenosse wendet sich ihm vielfach in Kopfobenstellung zu und zeigt ihm die Kehle. Dadurch wird der Angriff vielfach gestoppt[6]. Ein genau konvergentes Verhalten zeigen *Trichogaster*-Arten.

Auch im Rangordnungskampf unterlegene Guppy-Weibchen zeigen ihrer Rivalin gegenüber ein Demutsverhalten. Sie suchen sogar deutlich die Gelegenheit, der Siegerin die Unbestrittenheit ihrer Stellung zu beweisen: Kassing[7] beschreibt das Verhalten eines Weibchens, das sich nach verlorenem Kampf zunächst ins Versteck zurückgezogen hatte. „Nach kurzer Zeit kam die Verliererin wieder aus ihrem Versteck hervor und plazierte sich vor die andere, aber in einer Stellung, als sei sie schwer krank: nämlich schräg nach oben im Wasser hängend, zugleich etwas um die Längsachse gedreht, mit geklemmten Flossen, den Schwanz verkrampft nach außen gebogen, nur die Brustflossen fächelten ein wenig. So trieb sie langsam, fast aufdringlich im Halbkreis vor der Siegerin her. Die stupste sie bisweilen, erregt, doch sichtlich gehemmt."

Eine besonders interessante Form der Rangordnung beobachtet man bei kleinen Gruppen des Malabarbärblings *(Danio aequipinnatus)*[8]. Allerdings wird man sie wohl nur im ruhig stehenden Artaquarium sehen, denn bei der leisesten Störung reagiert die Gruppe auf die vermeintliche Gefahr, indem sie sich zu einem Schwarm aus lauter gleichberechtigten Fischen zusammenschließt. Die Rangordnung wird durch ein regelrechtes, oft stundenlang dauerndes Wettschwimmen ermittelt, durch einen Ermüdungskampf, der bis zur völligen Erschöpfung der Fische führen kann. Nach dem Kampf der beiden Ranghöchsten kann nicht sel-

[1] Siehe „Klassische Rangordnung", folgender Abschnitt!

[2] Bei Aequidens-Arten bilden Männchen und Weibchen getrennte Rangordnungen. – Bei Lepomis cyanellus wird die Alpha-Stellung gewöhnlich von einem Männchen eingenommen.

[3] Diese sog. „Klassische Rangordnung" wurde im Aquarium an vielen Fischen beobachtet: Buntbarsche, Salmler, Bärblinge, Zahnkarpfen u. a. Evtl. ist dieses Verhalten bei vielen Arten aber nur aquarienbedingt (s. S. 569 f., Territorialverhalten Girella). In fast jedem nicht zu stark überbesetzten Gesellschaftsaquarium bildet sich unter den oft zusammengewürfelten Tieren der verschiedensten Arten meist bald eine Rangordnung.

[4] Wickler (1970), AQUARIEN-MAGAZIN, 283–289

[5] Rütteln wird bezeichnenderweise auch bei der Balz benutzt.

[6] Dieses Verhalten wird meist von Weibchen gezeigt; manchmal aber auch von unterlegenen Männchen, die nicht flüchten können. Die Überlegenheit, die Sieggewohnheit eines Segelflossers kann auch der menschliche Beobachter an den nur bei diesen Tieren deutlich ausgebildeten schwarzen Hinteraugenflecken erkennen.

[7] Kassing (1973), AQUARIEN-MAGAZIN, 102–104. Die Demutstellung kann man auch sehen, wenn Guppies in ihrer Angst vor einem Netz keinen Ausweg wissen.

[8] Haas (1956), Z. Tierpsych., 31–45

[9] Man kann die Ranghöhe beim Malabarbärbling auch noch daran ablesen, wie steil ein Fisch seine Körperachse nach oben richtet, wenn ihm ein anderer begegnet. Je steiler ein Fisch steht, desto tiefer ist sein Rang. Während der Despot sich horizontal hält, steht das Aschenbrödel am allersteilsten.

ten der Rangdritte deren totale Ermattung ausnutzen und für Stunden, Tage und manchmal sogar auf Dauer zum Despoten aufrücken.
Der höchstrangige Fisch – bei den Malabarbärblingen fast immer ein Männchen – verschafft sich ein Revier, das unabhängig von der Größe des Aquariums einen Durchmesser von etwa 40 cm und eine Höhe von 25 cm hat. Zwischen dem zweitstärksten Tier und den übrigen Bärblingen wird der Rest des Aquariums ausgekämpft. Im günstigsten Fall, wenn das Aquarium groß genug ist, ist dieses Revier annähernd so groß wie das des Despoten. Die rangniederen Fische erhalten dann nur noch kleinere Reviere oder gar überhaupt keine. Das jeweils höherrangige Tier darf ungehindert das Revier eines niederrangigen durchschwimmen, nicht aber umgekehrt. Die Rangordnung ist beim Malabarbärbling also raumgegliedert, so daß man von einer „territorialen Hierarchie" sprechen kann[9].

Fortpflanzungsverhalten

Kampf

Fische kämpfen auch außerhalb der Fortpflanzungszeit miteinander. Dann sind ihre Kämpfe aber selten so intensiv. Aus diesem Grund soll das Kampfverhalten unter dem Obertitel Fortpflanzungsverhalten besprochen werden[10].
Im Abschnitt „Verhalten und Stammesgeschichte" wurde über die Auslese in der Natur gesprochen. Es handelte sich dabei um das, was Darwin „struggle for life", also „Kampf ums Dasein"[11] nannte. Er meinte damit jedoch nicht eigentliche Kämpfe, sondern eher einen Wettbewerb um die besten Überlebenschancen. Ein wirklicher Kampf kann nur unter einigermaßen gleichwertigen Gegnern stattfinden, nicht zwischen Beute und Freßfeind. Kämpfe, bei denen es auf beiden Seiten um Sieg oder Tod geht, kommen in der Natur unter Fischen nicht vor, jedenfalls ist das mehr als unwahrscheinlich. Im Aquarium dagegen beobachten wir so etwas nicht selten. Wer dann nicht eingreift, vielleicht in der Meinung „die Natur ist nun mal grausam", täuscht sich. Die Natur ist nicht grausam, jedoch derjenige, der diese unnatürlichen Verhältnisse bestehen läßt! Die Fische werden zu diesen „Alles-oder-nichts-Kämpfen" gezwungen, weil sie um ein und dasselbe Revier kämpfen müssen, das sie – weil es ohnehin schon klein ist – nicht aufteilen können, und das sie auch nicht verlassen können. Diese intraterritorialen Kämpfe führen besonders bei Cichliden bald zu gefährlichen Verletzungen. Wenn sie den Gegner im „Endkampf" rammen, strecken sie ihre bezahnten Kiefer vor. Während des Rammens drehen sie sich dann etwas um ihre Längsachse und reißen dabei mit ihren Zähnen schwere, kreisförmige Wunden, die oft sehr schnell zum Tode führen.
In der Natur enden Kämpfe dagegen mit dem Abzug bzw. der Flucht des Verlierers. Trotzdem bringen auch diese oft völlig unblutigen Kämpfe Gefahr. Im Kampf kann die Umgebung nicht mehr sorgfältig genug beobachtet werden, und die Kämpfer laufen Gefahr, von einem Freßfeind erbeutet zu werden. Da die Natur keineswegs so verschwenderisch ist, wie immer wieder behauptet wird, schränkt sie die Kämpfe auf das absolute Mindestmaß ein[12].
Gekämpft wird nur um das Allernötigste: um Wohngebiete, Fortpflanzungsreviere, Weibchen und bei brutpflegenden Fischen um die Jungen. Um Nahrung wird meist nur selten gekämpft, und wenn, dann nur mit geringer Intensität. Die Kampfpartner sind also vorwiegend Artgenossen, meist sogar Geschlechtsgenossen. Nur beim Verteidigen der Nachkommenschaft und eines Revieres[13] wird auch mit artfremden Fischen gekämpft.
Ein Fisch ist auch keinesfalls jederzeit bereit, für die gerade genannten Dinge zu kämpfen. Es sind vorwiegend Außenfaktoren, die die Kampfbereitschaft eines Fisches bestimmen. Stichlings-Männchen werden im Frühjahr, wenn die Tage länger werden, aggressiv, sondern sich vom Schwarm ab und bilden Territorien. Die Tageslänge bewirkt über die Augen, das Gehirn und die Hypophyse das Gonadenwachstum. Diese produzieren dann Geschlechtshormone, die die Kampfbereitschaft des Fisches bestimmen. Der Stichlings-Mann greift jedoch nur diejenigen Fische an, die auch die entsprechenden Schlüsselreize haben: Auslöser ist „roter Bauch", ein Merkmal, das alle fortpflanzungswilligen Stichlingsmännchen, also alle ernstzunehmenden Rivalen tragen. Neben dem Aussehen des Gegners ist auch der Besitz oder Nichtbesitz eines Territoriums von Bedeu-

[10] Auch zwischen dem Kampf- und dem Territorialverhalten bestehen enge Beziehungen.
[11] Dieser Ausdruck wurde und wird oft mißverstanden, z. T. auch bewußt mißbraucht. Vernichtungskämpfe unter den Mitgliedern einer Art, wie sie unter Menschen auftreten, kommen im Tierreich meines Wissens nur noch unter Ratten vor. Tiere sind also viel „humaner" als wir!
[12] Aquarienbeobachtungen verführen uns zu der Anschauung, daß Kämpfe eine besonders große Rolle im Leben der Fische spielen müßten. Freilanduntersuchungen wie die von Albrecht (1967), AQUARIEN-MAGAZIN **1**, 374–379 zeigten jedoch, daß dort z. B. bei Tilapien selbst bei der Revierbesetzung und -verteidigung fast nie gekämpft wird: Die Tiere sehen sich an und wenden sich gemeinsam „wie angewidert" ab. Aquarienkämpfe sind meist nur durch Platzmangel begründet.
[13] Im Freien dürften Kämpfe um Reviere mit Artfremden (worunter nicht ein einfaches Verjagen eines mehr oder weniger irrtümlich eingedrungenen Fisches zu verstehen ist) nur sehr selten vorkommen. In Aquarien, in denen die verfügbaren Plätze knapper sind als in der Natur, ist es dagegen häufiger. S. S. 568

Bild 8.40: Bei 5 verschiedenen Temperaturen wurden einem Kampffisch-Männchen (Betta splendens) drei verschiedene kampfauslösende Attrappen (auf Pappe gemalte Kampffische) dargeboten. Attrappe 1 war am wirkungslosesten, Attrappe drei besonders wirkungsvoll. Ergebnis des Versuchs: Je höher die Wassertemperatur, desto intensiver die Reaktion auf die Attrappen. Nach Hess

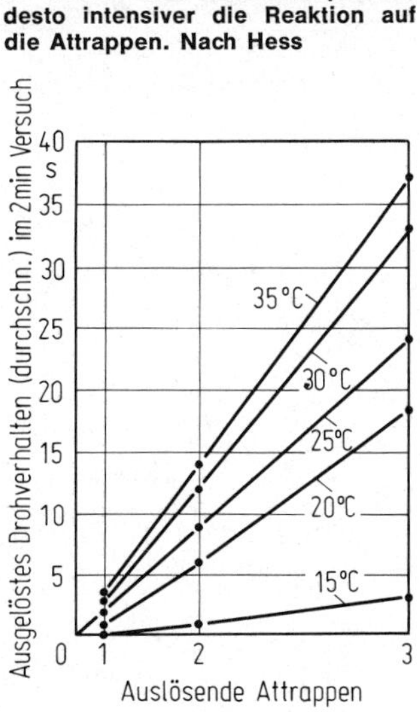

tung, ja überhaupt eine gewisse Ortskenntnis: Bei *Hemichromis bimaculatus*[1] ließ sich zeigen, daß grundsätzlich diejenigen Fische im Vorteil waren, die sich an einem einigermaßen bekannten Ort befanden. Mit dem Bekanntschaftsgrad stieg auch der Heimvorteil des Fisches. Natürlich beeinflussen auch physikalische Faktoren wie z. B. die Wassertemperaturen die Kampfeslust der Tiere. Bild 8.40 zeigt das am Beispiel eines Kampffisches[2], dem drei verschieden wirkende kampfauslösende Attrappen bei verschiedenen Temperaturen vorgezeigt wurden. Besonders wichtig sind jedoch die anderen Instinkte, unter deren Herrschaft das betreffende Tier gerade steht. Die Fluchtbereitschaft unterdrückt bei Cichliden, wie wohl bei allen anderen Tieren auch, sofort die Kampfbereitschaft und auch die Balzbereitschaft. Dagegen steigt die Kampfbereitschaft bei einem männlichen Cichliden, der gerade in Balzstimmung ist. Bei den Weibchen ist es jedoch umgekehrt: Bei ihnen wird die sexuelle Bereitschaft durch die Kampfstimmung unterdrückt[3].

Kämpfe beginnen fast immer mit Drohbewegungen[4]. Meist erkennt der Schwächere schon dann seine Unterlegenheit und zieht sich zurück. Erst wenn er standhält und seinerseits droht, eskaliert der Kampf. Die Kampfintensität steigert sich über mehrere Stufen, und immer hat der Schwächere die Gelegenheit aufzugeben; jedenfalls im Freiland. Bei vielen Fischen beobachtet man überhaupt nur Imponierkämpfe. Sie spreizen dabei oftmals ihre Flossen bis – im wahrsten Sinne des Wortes – zum Zerreißen. Manchmal dauert das so lange, bis die Kraftreserven des einen schon dabei erlahmen und die Kämpfe allein durch Ermüdung des Schwächeren entschieden werden. Wir nennen solche Kämpfe Turniere oder Kommentkämpfe.

Die Kommentkämpfe werden auf ihrer niedrigsten Stufe, dem Imponieren, manchmal von deutlich hörbaren Tönen begleitet. Man hört sie besonders deutlich bei Skalaren und bei den Knurrenden Guramis *(Trichopsis)*[5].

Der biologische Sinn der Kommentkämpfe liegt darin, herauszufinden, wer der Stärkere ist, ohne dabei den schwächeren Artgenossen mehr als unbedingt nötig zu schädigen. Besonders deutlich wird das bei Piranha-Kämpfen. Piranhas könnten ihren Gegner mit ihrem fürchterlichen Gebiß in Sekundenschnelle umbringen. Doch ihre Zähne benutzen sie nur zum Beutemachen[6], nicht gegen Artgenossen. Ein Piranha-Kampf[7] beginnt damit, daß der Herausforderer sich quer vor einen Artgenossen stellt (Bild 8.40*a*), es ergibt sich also eine T-Stellung der Fische. Wenn der Herausgeforderte sich stellt, nimmt er sofort eine Parallelstellung zum Gegner ein, in Schwanz-an-Schwanz- oder Kopf-an-Schwanz-Stellung *(b)*. Daraufhin schaufeln die Tiere mit mächtigen Stößen ihrer Schwanzflossen Wasserwellen gegen die Flanken des Gegners oder seinen Kopf *(c)*. In diesen Körperregionen sitzen die Strömungssinnesorgane, die vielleicht schmerzhaft erregt werden, vermutlich aber dem Fisch nur einen Eindruck von der Stärke des Gegners geben. Während der Schwanzschläge nehmen die Tiere zunehmend eine Kopfuntenstellung ein, maximal bis zu 45°. Meist wird der Kampf spätestens auf dieser Stufe entschieden. Der Schwächere gibt seine Kopfuntenstellung – gewiß eine Drohgebärde – auf und flieht an die Wasseroberfläche, wo er bewegungslos in Schrägstellung verharrt[8]. Dann bleibt er von seinem Gegner verschont *(f)*. In der Schwanzschlagphase ist der zukünftige Sieger schon fast immer deutlich an seiner steileren Kopfuntenstellung zu erkennen. Wenn der Kampf auf dieser Stufe noch nicht abbricht, schwenkt einer urplötzlich nach innen und stößt gegen die Körperseite des Gegners *(d)*. Der Angegriffene versucht auszuweichen und seinerseits zuzustoßen *(e)*. Diese turbulente und unübersichtliche Phase kann man „Karussell" nennen. Sie endet mit der Flucht des Unterlegenen an die Wasserfläche oder mit nochmaliger Parallelstellung. Auch in diesem letzten Kampfstadium werden keine Bisse ausgeführt! Die Gegner öffnen ihr Maul beim Rammen nicht weiter als in der Ruhe, und es ist sogar wahrscheinlich, daß sie sich im Regelfall überhaupt nicht berühren!

Der Kommentkampf der Piranhas besteht also aus vier Phasen: 1. Breitseitsdrohen, 2. Parallelstellung mit Schwanzschlägen, 3. Karussell mit Rammen, 4. Aufgeben. – Diese Phasen kommen bei den typischen Cichlidenkämpfen auch vor. Allerdings ist bei den Cichliden oft noch eine weitere Drohphase zu beobachten sowie eine Maulkampfphase. Ihre Kämpfe beginnen oft mit dem Frontaldrohen: Die Gegner stehen sich Kopf an Kopf gegenüber und versuchen sich „groß zu machen". Sie spreizen vielfach die Kiemendeckel ab, senken den Mundboden, spreizen dabei manchmal auch die Kiemenhäute und öffnen das Maul. Auffallende Farben[9] unterstreichen oft dieses Drohverhalten.

[1] De Boer und Heuts (1973), Behaviour, 299–321

[2] Hess (1952), Z. Tierpsych., 379–382. Bitte nicht auf den Gedanken verfallen, man sollte aggressivere Fische bei besonders niedrigen Temperaturen halten. Es geht; aber sie zeigen vielfach keine Farben, sind langsam, langweilig und anfällig gegen Krankheiten.

[3] Oehlert (1958), Z. Tierpsych, 141 bis 174. Dasselbe gilt auch für C. lalia und evtl. für alle Anabantiden.

[4] Imponieren. Wenn sich die Geschlechter nicht äußerlich unterscheiden, ist das Imponieren meist auch die erste Stufe der Balz; es kommt dann ganz darauf an, wie der Partner antwortet: wie ein gleichgeschlechtlicher Konkurrent mit Gegenimponieren oder wie ein paarungsbereiter Partner mit Demutstellung (siehe Balz).

[5] Die drei bei uns angebotenen Trichopsis-Arten knurren beim Imponieren im Stand. Die Colisa-Arten dagegen geben Töne von sich, wenn sie in vollster Fahrt einen Rammstoß ausführen. In beiden Fällen dienen die Töne wohl der Einschüchterung des Gegners.

[6] . . . und – aber das kommt selten vor – zur Verteidigung gegen übermächtige Feinde. Schon mancher Aquarianer, der beim Umsetzen im Netz unvorsichtig war, hat mit Piranhazähnen Erfahrungen gemacht.

[7] nach Markl (1972), Z. Tierpsych. **30**, 190–216

[8] Diese Stellung ist vermutlich nur unter Aquarienbedingungen zu beobachten. Im Freiwasser würde das Tier flüchten. Der Unterlegene gerät in dieser Stellung bald in Atemnot. Er muß die Demutstellung aufgeben; damit wird ein neuer Kampf und das abermalige Unterliegen des Schwächeren unvermeidbar. Das Ende ist abzusehen!

[9] Cichlasoma meeki zeigt beim Frontaldrohen leuchtendrote Kiemenhäute und trägt auf seinen dann abgespreizten Kiemendekkeln augenähnliche Flecken, die den Gegner „ansehen". Sarotherodon mossambicus mortimeri hat blaue Lippen und weiße Zähne.

Bild 8.41: Mit zum Zerreißen straff gespannten Rücken-, Bauch- und Afterflossen schwimmen zwei imponierende Kardinalfische (Tanichthys albonubes) nebeneinander. Aufnahme J. Vierke

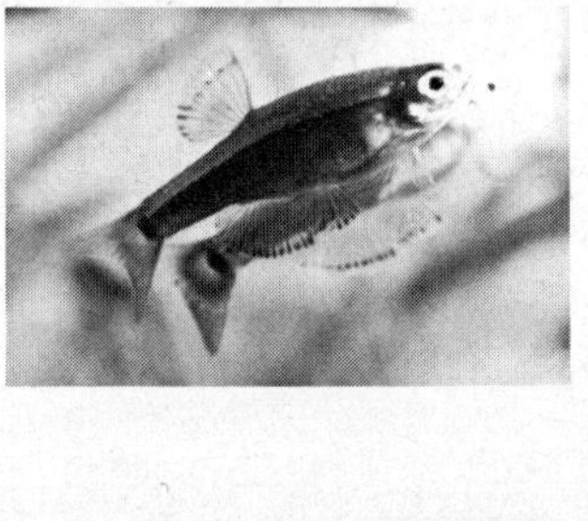

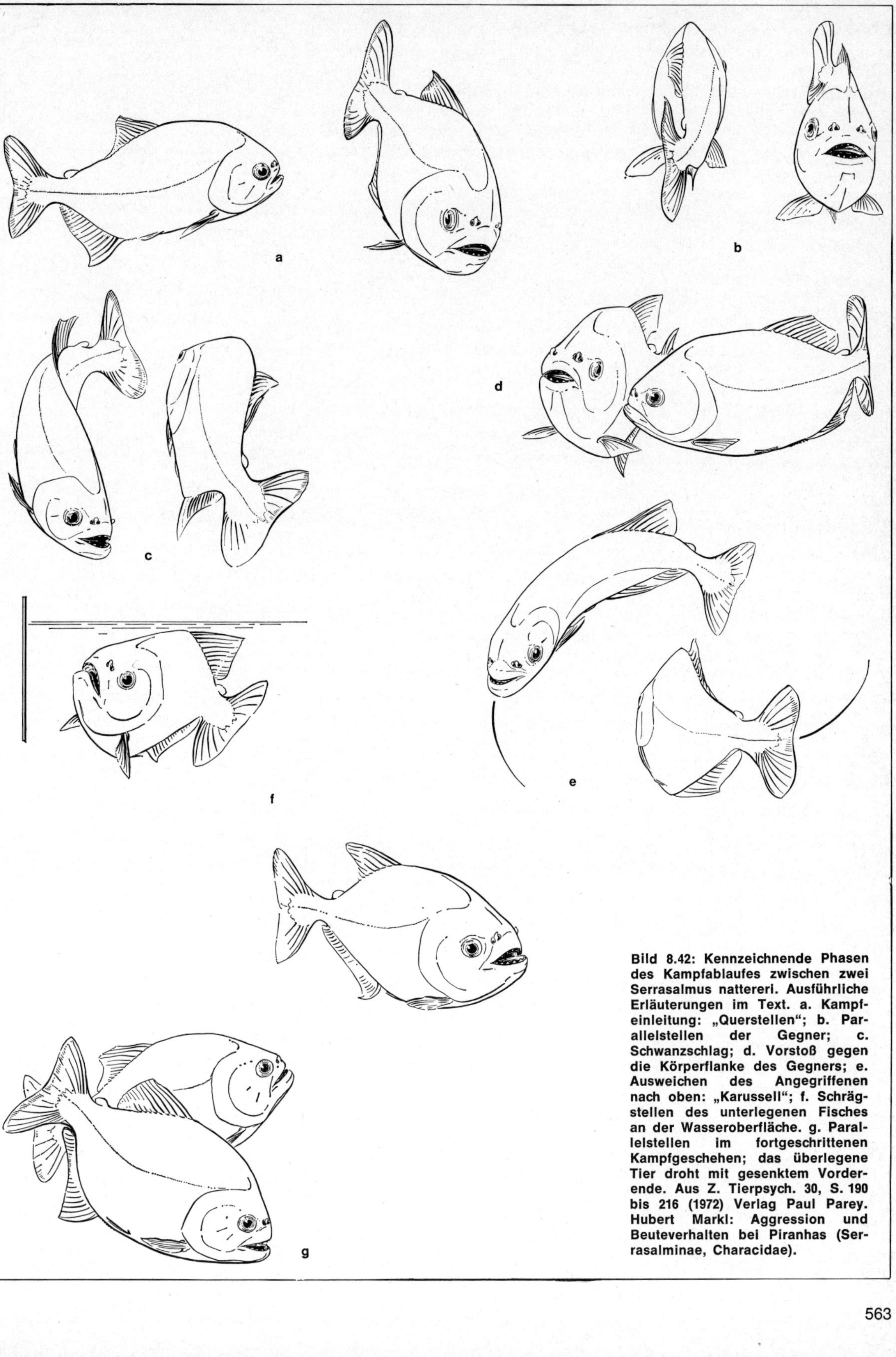

Bild 8.42: Kennzeichnende Phasen des Kampfablaufes zwischen zwei Serrasalmus nattereri. Ausführliche Erläuterungen im Text. a. Kampfeinleitung: „Querstellen"; b. Parallelstellen der Gegner; c. Schwanzschlag; d. Vorstoß gegen die Körperflanke des Gegners; e. Ausweichen des Angegriffenen nach oben: „Karussell"; f. Schrägstellen des unterlegenen Fisches an der Wasseroberfläche. g. Parallelstellen im fortgeschrittenen Kampfgeschehen; das überlegene Tier droht mit gesenktem Vorderende. Aus Z. Tierpsych. 30, S. 190 bis 216 (1972) Verlag Paul Parey. Hubert Markl: Aggression und Beuteverhalten bei Piranhas (Serrasalminae, Characidae).

Im Gegensatz zu den Piranhas können sich die Cichliden ohne Gefahr einer wesentlichen Verletzung eine Maulkampfphase leisten. Sie kommt in sehr verschiedenen Formen vor. *Hemichromis* und *Haplochromis* zeigen die einfachste Form: Maulklatschen. Sie rammen einander mit geöffnetem Maul (Bild 8.43) und fassen nur selten zu; dann auch nur kurz. Andere Buntbarsche fassen sich an den Kiefern, wobei einige Arten wie *Aequidens portalegrensis* und *Cichlasoma octofasciatum* daraufhin mit aller Kraft rückwärts schwimmen (Maulzerren), andere dagegen wie *Tropheus duboisi* und *Tilapia mariae* schieben, also aus voller Kraft vorwärts schwimmen[1].

Tafel 53
Oben: Ein laichreifes Zwerggurami-Weibchen (Trichopsis pumilus) kurz vor der Balz. – Mitte links: Nach einer Umkreisung schwimmen die Tiere ineinander. – Mitte rechts: In den leicht gekrümmten Körper des Männchens schwimmt das Weibchen fast senkrecht hinein. – Unten links: Ein kaum wahrnehmbares Zittern des Männchens zeigt an, daß das Sperma ausgestoßen wird. Zum gleichen Zeitpunkt drückte das Weibchen sein Eipaket aus der Genitalpapille; die Eier sinken dann durch die Spermawolke und werden so befruchtet. – Unten rechts: Nun dreht sich das Männchen blitzschnell und schnappt das Eipaket mit dem Maul. Aufnahmen: H. J. Richter

Bild 8.43: Haplochromis burtoni-Männchen beim Maulklatschen, der einfachsten Form des Maulkampfes. Aufnahme J. Vierke

Wer die Kampfesweisen der Fische vergleichend betrachtet, kommt zu folgender, eigentlich überraschenden Feststellung: Die Mehrzahl hat, bei allen Unterschieden im Detail, einen weitgehend übereinstimmenden Kampfkomment:

Phase 1: Drohen durch Vergrößern des Körperumrisses. Drohen in T-Stellung und/oder Frontaldrohen.

Phase 2: Breitseitsdrohen, meist verbunden mit dem Austeilen von Schwanzschlägen.

Phase 3: Karussellschwimmen, meist entwickelt aus dem Breitseitsdrohen. Die Tiere schwimmen in engen Kreisen Kopf an Schwanz und versuchen den Gegner zu rammen oder zu beißen.

Bild 8.44: Die Fadenfisch-Weibchen (Colisa fasciata) teilen sich gegenseitig Schwanzschläge aus. Aufnahme J. Vierke

Phase 4: Maulkampf:

a) Maulklatschen, schnelles Aufeinanderstoßen der geöffneten Mäuler, einige Arten schieben dabei auch mit geöffneten Mäulern.

b) Maulpacken, die Gegner fassen sich gegenseitig an den Kiefern und schieben oder ziehen. Kaubewegungen sind dabei häufig. Die Fische behindern sich gegenseitig beim Atmen.

c) Maulbeißen, die Gegner schwimmen bedächtig mit geöffneten Mäulern aufeinander zu und verbeißen sich nur kurzzeitig ineinander, ohne zu schieben oder zu ziehen.

[1] Alle afrikanischen Cichliden sollen schieben, alle amerikanischen ziehen. Das wird aber fraglich durch die Versuche von Heuts (1971), AQUARIEN-MAGAZIN **5**, 124–127. Er beschreibt u. a. einen zwischenartlichen Maulkampf zwischen einem Afrikaner (Hemichromis bimaculatus) und einem Südamerikaner (Cichlasoma meeki). Der Kampf hätte nicht, wie Heuts beschreibt, 5 Minuten dauern können, wenn einer schiebt, der andere aber zieht! Es ist aber möglich, daß die Tiere sich bei diesem Versuch lediglich verbissen hatten.

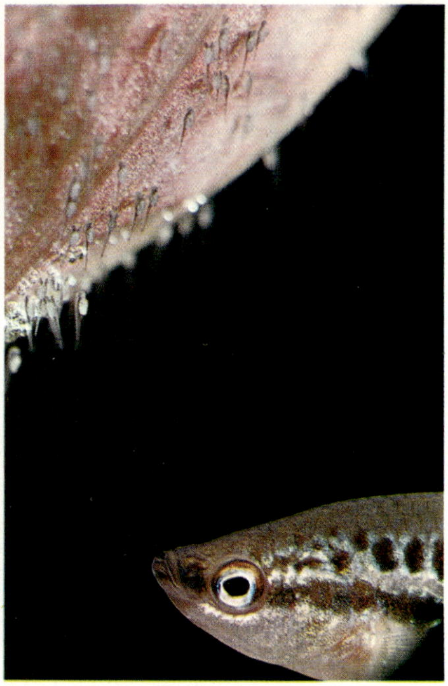

Tafel 54

Bild (oben links): Die Eipakete werden vom Männchen ins Schaumnest gebettet, das häufig unter einem Pflanzenblatt angelegt wird.

Bild (oben rechts): Die Jungen sind gerade geschlüpft.

Aufnahmen: H.-J. Richter

Bild (unten): Wenn wir zwei Männchen von Betta imbellis in ein Becken setzen, imponieren sie sich gegenseitig mit gespreizten Flossen an. Es kommt jedoch nicht zu so scharfen Auseinandersetzungen, wie wir sie von Betta splendens gewöhnt sind. Betta imbellis wird bis zu fünf Zentimeter lang.

Aufnahme: E. Roloff

[1] Die Cichlidenkämpfe wurden von so vielen Wissenschaftlern untersucht, daß nur einige Namen genannt werden können: Albrecht, Apfelbach, Baerends, Oehlert, Seitz, Wickler u. v. a.
[2] Miller (1964), Kramer u. a.
[3] Forselius (1957), Zool. Bidr. Uppsala **32**, 93–597; Laudien (1964), Z. wissenschaftl. Zool. **172**, 134–178, Kühme u. v. a.
[4] Wickler (1955), Z. Tierpsych. **12**, 220–228
[5] Kassing (1973), AQUARIEN-MAGAZIN **7**, 102–104 u. a.
[6] Franke (1963), AT **10**, 111–119

Phase 5: Flucht des Unterlegenen, meist verbunden mit Demutsstellung und Demutsfärbung.

Diese Kampfformen wurden von so unterschiedlichen Fischen beschrieben wie Piranhas, Cichliden[1], Sonnenbarschen[2], Labyrinthfischen[3], Keilfleckbarben[4], Guppys[5], Kopfstehern[6] und vielen anderen. Nicht alle diese Fische zeigen jede der 5 genannten Phasen, aber doch die Mehrzahl. Auch brauchen die Phasen nicht immer in genau der genannten Reihenfolge aufzutreten. Das gilt besonders für die Phasen 3 und 4.

Bei Cichliden wurden beim Maulkampf nur Maulklatschen und Maulpacken beschrieben. Das Maulbeißen findet sich besonders bei Belontiiden, die offenbar durch schnelle Raspelbewegungen ihrer Kiefer den Gegner einschüchtern, z. T. aber vielleicht auch verletzen. Dennoch bleiben sie immer „fair". Maulkämpfende *Betta, Colisa* und *Trichogaster* greifen niemals ihren Gegner an, wenn er zum Luftholen an die Wasserfläche muß. Meist nutzen sie die Gelegenheit und schnappen ebenfalls Luft. Das ist ein Verhalten, das typisch für einen Kommentkampf ist.

Bild 8.45: Hin und wieder beobachtet man unter Aquarienbedingungen auch sehr ungleiche Kämpfer wie die hier abgebildeten „Maulhelden": ein Flaggenbuntbarsch (Cichlasoma festivum) kämpft mit einem Mosaikfadenfisch (Trichogaster leeri). Aufnahme J. Vierke

Zweifellos handelt es sich bei den trotz aller Unterschiede recht ähnlichen Kampfkomments nicht um Homologien, sondern um Konvergenzen[7]. Sie haben sich also mehrmals in den verschiedensten Fischfamilien herausgebildet. Das gilt sicher auch für die verschiedenen Formen der Maulkämpfe innerhalb der Familie der Buntbarsche. Vermutlich hat sich dieses Kampfverhalten, wie übrigens auch die Maulbrutpflege, mehrfach unabhängig bei den Cichliden gebildet.

Natürlich muß es Gründe für das Auftreten dieser Konvergenzen geben; allein durch Zufall sind sie nicht zu erklären. Aber wer nachdenkt, wird feststellen, daß andere Kampfesweisen als die beschriebenen unter Fischen kaum möglich sind[8]. Was können sie mehr, als ihre Flossen und Kiemendeckel spreizen, um groß zu erscheinen, mit Schlägen ihrer Schwanzflossen ihre Stärke zu demonstrieren und schließlich sich mit den Zähnen oder mit geschlossenem Maul sich in die Seite oder die Flossen rammen? Wer diese Bisse parieren will, kann nur zweierlei: Ausweichen und versuchen, seinerseits zu beißen, also Karussellschwimmen, oder die Bisse mit seinem Maul abfangen, also Maulkämpfe. Die Entwicklung mußte fast zwangsläufig zu diesen Kampfesweisen in den verschiedenen Fischfamilien führen.

Da die meisten Fische nach einem ähnlichen Komment kämpfen, können sie die Drohgesten der Gegner durchaus verstehen, wohl nicht angeborenermaßen, aber sie lernen es unter Aquarienverhältnissen sehr schnell. Da man zum Parieren der Bisse eines gleichwertigen Gegners am besten das Maul benutzt, können wir Maulkämpfe relativ häufig sogar zwischen völlig verschiedenen Gegnern beobachten, und zwar nicht nur zwischen den Cichliden der verschiedenen Gattungen[9], sondern häufig auch zwischen Cichliden und Anabantiden. Dabei bleibt es oft keineswegs nur beim Androhen, oft beißen sie sehr kräftig zu. Dem abgebildeten *Trichogaster-leeri*-Weibchen fehlte nach einem zwei Tage dauernden Kampf mit

[7] Unterschied: Homologie – Ähnlichkeit auf Grund gleicher Verwandtschaft, Konvergenz oder Analogie – Ähnlichkeit auf Grund gleicher Lebensweise. Näheres s. S. 528 f.
[8] was nicht ausschließt, daß – seltener – noch andere Kampfformen auftreten, wie beispielsweise das Wettschwimmen bei Malabarbärblingen (Ermüdungskampf).
[9] Heuts (1971), AQUARIEN-MAGAZIN **5**, 124–127. Er beschrieb u. a. Maulkämpfe von Cichlasoma mit Aequidens, Hemichromis und Pelmatochromis.

einem *Cichlasoma-festivum*-Männchen der größte Teil der Oberlippe. Trotzdem zog sich der Kampf noch über einen weiteren Tag hinweg, natürlich immer wieder für längere Zeit unterbrochen und neu begonnen. Die Tiere standen sich nach Fadenfisch-Komment gegenüber und schwammen langsam aufeinander zu, bissen sich kurz und ließen sofort wieder los. Trotz seiner größeren Stärke konnte der *C. festivum* bei dieser Kampfesweise nicht gewinnen, da er – angeborenerweise – auf Maulzerren eingerichtet war und der *T. leeri* sich dazu – wieder angeborenerweise – nicht stellen wollte und konnte. In der Freiheit kommen solche Kämpfe zwischen Angehörigen verschiedener Arten, Gattungen oder gar Familien, daran ist kein Zweifel, nur außerordentlich selten vor; viel seltener als Kämpfe zwischen den Angehörigen der gleichen Art. Auch im Aquarium stehen sie nicht immer auf der Tagesordnung.

Territorien

Man kann sich beim Sozialverhalten der Fische eigentlich kaum einen größeren Gegensatz vorstellen als den zwischen Revier- und Schwarmfischen. Jedoch sind die Unterschiede nicht so groß, wie es am Anfang scheinen mag. Auch unter Schwarmfischen gibt es fast immer einen gewissen Abstoßungseffekt: Die Tiere halten einen mehr oder weniger großen Individualabstand ein. Wenn sich dieser Abstoßungseffekt verstärkt und noch eine Ortsbindung dazukommt, werden aus Schwarmfischen Revierinhaber, d. h. sie werden territorial. Tatsächlich sind das zeitweilig eine große Zahl unserer typischen Schwarmfische, wie andererseits auch unsere Revierfische sich zeitweilig zu Schwärmen zusammenfinden.
Ein Territorium ist also erstens durch die Bindung an ein bestimmtes Gebiet gekennzeichnet und zweitens durch die Feindschaft des Revierinhabers gegenüber anderen Tieren, gewöhnlich gegen gleichgeschlechtliche Artgenossen. Haben wir beispielsweise ein Aquarium mit zwei etwa gleichstarken Schmetterlings-Buntbarsch-Männchen *(Microgeophagus ramirezi)*, dann werden sie das Aquarium unter sich aufteilen. Dabei werden die Revierzentren infolge des Abstoßungseffektes meist möglichst weit auseinanderliegen. Diese Zentren werden besonders heftig verteidigt. Je weiter sich die Fische von ihnen entfernen, desto unsicherer werden sie[1]. Wenn sich zwei Fische an der Grenze ihrer Territorien gegenüberstehen, zeigt sich, daß sich bei beiden die Angriffslust und die Tendenz zur Flucht die Waage halten. Oft sieht man die Schmetterlingsbuntbarsche an der Grenze regelrecht hin- und herpendeln, wobei sie frontaldrohend jeweils vor- und zurückschwimmen und dabei gleichen Abstand halten. Dieses Verhalten offenbart den Konflikt der Tiere; es ist ein wechselseitiges Überwiegen von Angriffs- und Fluchttendenz. Zu wirklichen kleinen Grenzkämpfen kommt es nur selten: Wenn den einen die Aggression übermannt, jagt er auf den anderen zu. Der stürzt sich seinerseits auf den Eindringling, dessen Ansturm er Maul an Maul abblockt. Ernsthaftes Maulpacken dürfte es bei diesen Grenzstreitigkeiten kaum geben. Meistens begnügen sich die Kontrahenten mit Androhen: Sie spreizen die Flossen und nehmen eine Kopfunten-Stellung ein. Wenn dann noch ein weiterer Revieranwärter hinzukommt, kann er sich oftmals auch noch ein Revier erkämpfen. Das gelingt meist auf der Reviergrenze der beiden anderen Fische, da dort ihre Aggression am geringsten ist. Das ist natürlich nur auf Kosten der anderen Territorien möglich. Allerdings kann ein Revier nicht beliebig verkleinert werden[2], da Kampf- und Fluchtbereitschaft der Fische nicht geradlinig vom Revierzentrum zur Reviergrenze ab- bzw. zunehmen (Bild 8.46). Irgendwann ist die absolute Mindestgrenze erreicht. Dann kann kein neuer Revierbesitzer mehr hinzugelassen werden. Er bleibt ohne Territorium, und vielfach verlassen auch die alten Besitzer ihre Reviere.
Wir können bei den meisten Revierfischen entsprechende Beobachtungen wie beim Schmetterlings-Buntbarsch machen. Natürlich gibt es dabei auch große artspezifische Unterschiede, wie z. B. in der Größe des Reviers, in der Dauer seines Besitzes und in der Beteiligung des Weibchens. Reviere können die verschiedensten Funktionen erfüllen. Es gibt Wohn-, Schlaf- und Fortpflanzungsreviere, und bei letzteren kann man wiederum Balz-, Paarungs- und Brutreviere unterscheiden.
Bei den eben beschriebenen Revieren des Schmetterlings-Buntbarsches handelt es sich um kombinierte Balz-, Paarungs- und Brutreviere, sicherlich dem häufigsten Reviertyp. Bei Maulbrütern wie z. B. *Haplochromis burtoni* sind die Verhältnisse komplizierter. Zwar besetzen und verteidigen die Männchen ihre Territorien auch auf die bei *M. ramirezi* beschriebene Weise. Jedoch handelt es sich

[1] Zur Ortsgebundenheit des Kampfmutes machte Tinbergen ein schönes Experiment bei Stichlingen. Zwei Männchen mit aneinandergrenzenden Revieren wurden gefangen und in je ein Reagenzglas gebracht. In Revier A griff a, der Revierbesitzer, das Männchen b an, das zu fliehen versuchte; in Revier B griff b an, während a zu fliehen suchte.

[2] Im Freiland kann meist die Optimalgröße erreicht werden. Das ist unter Aquarienverhältnissen kaum nachzuvollziehen: Das Revier von Haplochromis burtoni hat einen Durchmesser von 1 bis 1,5 m, das Revier von Pelvicachromis pulcher ist immerhin noch ¼ m² groß. Allgemein gilt für eine bestimmte Art: Je gegliederter der zur Verfügung stehende Raum durch Pflanzen, Steine, Wurzeln und dergl. ist, desto mehr Reviere kann er aufnehmen; eine Regel, die für den Aquarianer wichtig ist.

Bild 8.46: Schematische Darstellung der Abhängigkeit der Kampf- und Fluchtbereitschaft bei Revierbesitzern vom jeweiligen Aufenthaltsort. An der Reviergrenze halten sich Kampf- und Fluchtbereitschaft die Waage.

dabei nur um Balz- und Paarungsreviere, und im Gegensatz zum Schmetterlings-Buntbarsch sind die Weibchen in diesen Revieren nur „Gäste". Sie verlassen sofort nach dem Ablaichen mit den Eiern im Maul die Reviere. In der Natur suchen sie pflanzenreiche, geschützte Zonen auf, in denen sie das Schlüpfen der Jungen und ihre Weiterentwicklung abwarten. Wenn die Jungen ihren Dottersack aufgezehrt haben und auf Nahrungssuche gehen müssen, werden sie an einem sicheren Platz ins Freie gelassen. Dieser Ort ist von nun an das Zentrum des Weibchenreviers, also ein Brutrevier.

Für beide bei *Haplochromis burtoni* beschriebene Reviertypen ist es günstig, wenn sie gut voneinander getrennt sind. Die Väter haben nämlich keine Hemmungen, ihre Brut zu fressen. Untersuchungen von Kirchshofer[3] an Maulbrütern in nordafrikanischen Oasentümpeln zeigen, daß die Männchenreviere nur auf wenige Stellen beschränkt sind. Sie errichten Kolonien, ohne daß man sagen könnte, warum nun gerade an dieser Stelle und nicht an einer anderen. Der größte Teil des zur Verfügung stehenden Raumes bleibt männchenfrei. Sicher ist für die Koloniebildung der soziale Trieb verantwortlich, der die Tiere außerhalb der Paarungszeit im Schwarm zusammenhält und auch während der Fortpflanzungsperiode noch wirksam ist. Auf diese Weise also können die Weibchen und die Jungen sich ungestört in dem männchenfreien Gebiet aufhalten.

Im Aquarium halten die *Haplochromis*-Männchen oft monatelang dieselben Reviere. In der Freiheit können die Verhältnisse dagegen anders sein. Im Hochsommer balzen und verpaaren sich die von Kirchshofer untersuchten Maulbrüter fast nur in den Vormittagsstunden. Gegen 11 bis 12 Uhr müssen sie dann ihre Reviere aufgeben[4]. Dann versammeln sie sich in Riesenschwärmen in den Wasserpflanzenwäldern oder an den tiefsten Stellen der Teiche. „In dieser erzwungenen Mittagspause stehen die sonst territorialen, einander feindlichen Männchen friedlich beisammen. Sie haben ihr Prachtkleid verloren und zeigen das Zeichnungsmuster der dunklen Längs- und Querstreifen, das immer in unangenehmen Situationen auftritt. In völliger Untätigkeit stehen sie meist in gleicher Richtung ruhig Kopf an Kopf nebeneinander[5]." Erst gegen Abend kehren sie wieder zu ihren Revieren zurück. Die Fische werden nicht durch die Wassertemperatur, die mittags auf über 33° C ansteigen kann, sondern durch Atemnot gezwungen, die Reviere aufzugeben. Die Temperaturen sind in den Pflanzenwäldern, in denen die Fische Zuflucht suchen, nicht niedriger als an den unbewachsenen Stellen, dagegen ist dort durch die Assimilation der Pflanzen der Sauerstoffgehalt höher, der Kohlendioxidgehalt niedriger.

Auch bei einigen anderen Fischen gibt es getrennte Männchen- und Weibchenreviere. Bei vielen Zwergbuntbarschen beansprucht das Weibchen den Raum direkt um die Jungen als Innenrevier, das Männchen ein im Idealfall kreisförmig darumliegendes Außenrevier. Oft beinhaltet das Männchenrevier sogar mehrere Weibchenreviere[6]. Den umgekehrten Fall kann man zeitweilig bei *Betta splendens, Macropodus opercularis* und *Trichopsis pumilus*[7] beobachten, wo Männchen und Weibchen vor dem Ablaichen meist auch ein getrenntes Revier besitzen. Meist wird das Weibchen nach dem Ablaichen endgültig aus der Nähe des Nestes vertrieben, aber manchmal verteidigen diese Labyrinther dann gemeinsam das Revier, oder das Männchen übernimmt das Innen-, das Weibchen das Außenrevier.

In der eingangs benutzten Revierdefinition wurde von einer Bindung an ein bestimmtes Gebiet gesprochen. Diese Definition ist allerdings nur mit einer Einschränkung zu gebrauchen, denn es gibt auch nichtstationäre Territorien. Sie sind bedingt durch ein Wandern des Revierzentrums. Das Revierzentrum der Bitterlinge, heftig umkämpft und verteidigt gegen Artgenossen, ist eine Muschel. Mit ihrer Ortsbewegung verlagert sich das Revier der Tiere. Ein weiteres Beispiel ist das Schwimmnest der Fadenfische. Auch wenn es abgetrieben wird, bleibt es weiterhin Revierzentrum[8].

Einige Salmler sind nur ganz kurzfristig territorial[9]. Sie verteidigen eine Balzstelle nur stundenweise. Dieses Verhalten könnte aber vielleicht schon aquarienbedingt sein. Das gilt auch für das Verhalten mancher sonst als Schwarmfische bekannten Cypriniden, Toxotiden u. a., die im Aquarium plötzlich territorial oder zu Einzelgängern werden und dann keine Artgenossen mehr neben sich dulden. Vermutlich versuchen sie nur, auch unter Gefangenschaftsbedingungen eine bestimmte Individualdistanz zu erhalten, die im Schwarm im Freiland beachtet wird. Dafür sprechen Beobachtungen[10] an jungen *Girella punctata*, die normalerweise keine besondere Sozialstruktur zeigen. Werden diese Fische jedoch während der Ebbe in kleineren Wasseransammlungen isoliert, zeigen sie Rangord-

[3] Kirchshofer (1953), Z. Tierspych., 297–318. Die Autorin beschreibt hier das Verhalten von H. desfontainesii.

[4] Dasselbe gilt auch für viele Tilapien. Andere Fische verlassen ihre Reviere, wenn die Temperatur unter einen bestimmten Wert sinkt, und schließen sich dann zu Schwärmen zusammen.

[5] Nach Kirchshofer. Hier werden auch die Beziehungen zwischen Prachtkleid und Revierbesitz deutlich, die für die meisten Arten zutreffen. Mit dem Prachtkleid zeigt der Revierbesitzer eventuellen Konkurrenten seinen Besitz und seine Verteidigungsbereitschaft an.

[6] Das gilt auch für die Kongobuntbarsche (Lamprologus congolensis). Die Männchen besetzen ein größeres Revier mit mehreren Schlupfwinkeln, in das sie nacheinander mehrere Weibchen lokken. Diese schaffen sich darin Unterreviere. Die alteingesessenen Weibchen greifen zunächst jedes neuankommende an, und da das Männchen für seine Neuerwerbung einsteht, muß es auch Prügel einstecken. Dadurch wird der Größe seines Harems eine natürliche Grenze gesetzt (Wickler, 1965, Die Naturwiss., 219).

[7] Ein vom Männchen nicht geduldetes M. opercularis-Weibchen kann in Ausnahmefällen selbst ein Schaumnest bauen, sich einen Teil der Eier bzw. Larven aus dem Männchennest stehlen, sie ins eigene Nest bringen und dort pflegen (Paepke, 1969, AT, 420–421). Bei T. pumilus können die Paarungen sogar vorwiegend im Weibchenrevier auftreten. Das Männchen trägt die Eier dann zum Nest im Zentrum seines Reviers (Vierke, 1971, Aquaterra, 49–54).

[8] Manchmal (häufig?) stellt auch ein Jungcichlidenschwarm das Zentrum eines Wanderreviers dar. Evtl. Feinde dürfen sich nur auf eine bestimmte Distanz dem Schwarm nähern, dann werden sie von den Eltern angegriffen. Allerdings ist das Aufgeben des ursprünglichen stationären Reviers mit dem Freischwimmen der Brut im Aquarium aus räumlichen Gründen oft nur schwer zu erkennen.

[9] Paracheirodon innesi, Hyphessobrycon flammeus, H. bifasciatus, Gymnocorymbus ternetzi, Hemigrammus nanus und andere.

[10] Mori (1956), Jap. J. Ecol., 145–150

nung und Revierbildung. Beides verschwindet, wenn die nächste Flut die Fische wieder befreit.
Allen beschriebenen Reviertypen ist gemeinsam, daß sich ein Tier einen gewissen Raum als Privatbesitz erwirbt und ihn gegen alle Konkurrenten aufs äußerste verteidigt. Vielfach wird er auch gemeinsam mit Ehepartnern und/oder Kindern genutzt und manchmal auch noch vom Ehepartner mit verteidigt. Schwächere Tiere können sich vielfach keine oder nur kleine Territorien sichern; aber auch Besitzer von Miniterritorien sind „Herr im eigenen Haus". Die Revierbesitzer sind also sozial gleichwertig. Man spricht in solchen Fällen von einer Territorialgemeinschaft. Seltener wird man dagegen die territoriale Hierarchie beobachten, wie sie bei Malabarbärblingen vorkommt. Sie ist durch eine Rangordnung gekennzeichnet und dadurch, daß nur der Despot Privatbesitz hat.
Das Territorialverhalten hat in der Natur den Sinn, dem Individuum und – bei Brutrevieren – der Nachkommenschaft Sicherheit zu gewähren und die Nahrungsversorgung zu gewährleisten. Außerdem wird damit vielfach für eine gleichmäßige Verteilung der Art über den ihr zur Verfügung stehenden Lebensraum gesorgt[1]. Vor allem dürfte das Territorialverhalten aber im Dienste der Selektion stehen. Das stärkste und bestangepaßte Tier kann sich im Normalfall das günstigste Territorium sichern und hat damit die größten Fortpflanzungschancen. Schwächliche oder gar kranke Tiere haben dagegen nur sehr viel geringere Aussichten, ihr Erbgut weiterzugeben.

Paarung

Das Paarungsverhalten stand zusammen mit dem Brutpflegeverhalten schon immer im Mittelpunkt des verhaltenskundlich interessierten Aquarianers und des berufsmäßigen Verhaltensforschers. Das ist kein Wunder, denn gerade hierbei gibt es außerordentlich mannigfaltige und interessante Verhaltensweisen. Daher gibt es zu diesem Thema eine außerordentlich große Anzahl von Beobachtungsberichten und Untersuchungen, auf die hier im einzelnen unmöglich eingegangen werden kann. Da in der „Allgemeinen Ethologie" schon mehrmals und zum Teil sehr ausführlich das Paarungs- und Balzverhalten einiger Fische[2] behandelt wurde, werde ich diesen Beispielen nur noch wenige hinzufügen und versuchen, das Wesentliche, also den biologischen Sinn aller dieser Verhaltensweisen, darzulegen.
Unter einer Paarung versteht man die Vereinigung zweier Tiere verschiedenen Geschlechts, wobei der Sinn dieser Vereinigung die Befruchtung der Eier ist, was aber zeitlich nicht notwendigerweise mit der Paarung gekoppelt sein muß[3]. Bei den meisten Fischen werden bei der Paarung jedoch die ausgestoßenen Eier sofort vom Männchen besamt, und jedes Ei wird wenig später durch jeweils ein Spermium befruchtet und damit entwicklungsfähig. Die Spermien leben im Wasser in der Regel nur 40–50 Sekunden. Damit sie in dieser kurzen Zeit, angelockt von Befruchtungsstoffen, zu dem Fisch-Ei finden, müssen die räumlichen Entfernungen zwischen Ei und Samen so gering wie möglich sein. Um dies zu erreichen, werden bei Fischen zwei Wege beschritten. Manchmal klebt das Weibchen die Eier an eine Unterlage, und das Männchen besamt sie sofort darauf, indem es direkt über sie hinwegstreichend seine Spermien abgibt. Dieses Verhalten beobachtet man vor allem bei Cichliden, aber z. B. auch bei Messerfischen. Hier findet also gewissermaßen eine Paarung auf Distanz statt; eine Berührung der Geschlechtspartner ist nicht nötig. Die meisten Arten sorgen jedoch auf eine andere Weise für einen engen Kontakt zwischen dem Laich und den Spermien. Sie laichen so im Freiwasser[4] ab, daß ihre Geschlechtsöffnungen zum Zeitpunkt des Ei- und Samenausstoßes direkt nebeneinanderliegen. Die meisten Salmler schmiegen sich bei der Paarung seitlich aneinander und führen dann eine schnelle Drehung[5] um die eigene Körperachse aus, bei der dann die Geschlechtsprodukte ausgestoßen werden. Der enge Körperkontakt der Fische während der Drehung wird vielfach dadurch erleichtert, daß die Männchen an den Enden der vorderen Afterflossenstrahlen kleine Widerhäkchen besitzen, mit denen sie sich bei der Paarung an der Afterflosse der Weibchen festhaken. Viele Männchen legen auch die After- oder Rückenflossen um das Weibchen oder umschlingen es mit dem Schwanzstiel. Besonders enge Umschlingungen bei der Paarung finden bei den Labyrinthfischen (Bilder 8.9, 8.47) und dem Blaubarsch *(Badis badis)* statt.
Vor der eigentlichen Paarung finden fast immer typische und vielfach recht lange dauernde Paarungsvorspiele statt: Die Fische balzen. Meistens ist dabei vor allem das Männchen aktiv, das oft mit besonders kräftigen Farben, gespreizten

[1] Auch hier kann man wieder nicht verallgemeinern. Die Verhältnisse bei H. burtoni zeigen, daß das nicht der Fall sein muß!
[2] Balz und Paarung vom Zwergfadenfisch S. 520 ff.; Balz des Guppies S. 518; Balz zweier Schwertträgerarten S. 524
[3] Das gilt beispielsweise für den Zwergdrachenflosser. Das Weibchen erhält bei der Paarung (s. S. 571) Spermatophoren (verschlossene Samenpakete), die über lange Zeit im Eileiter des Tieres bleiben können. Der Fisch kann dann auch nach monatelanger Abwesenheit eines Männchens befruchtete Eier ablegen.
[4] Der Begriff ist weit zu fassen. Vielfach sind sie dabei auch im Pflanzendickicht oder am Boden.
[5] Die Drehbewegung kann um eine gedachte senkrechte (z. B. Hyphessobrycon flammeus) oder waagrechte Achse (z. B. Hemigrammus erythrozonus) geführt werden, sie kann vollständig oder auch nur teilweise sein.
[6] Man kann hier von „innerartlicher Mimikry" sprechen; hier wird ein Artgenosse durch eine natürliche Attrappe getäuscht.
[7] Es soll sogar vorkommen, daß die Attrappe vom Weibchen abgebissen wird.
[8] wie sie am Beispiel von Colisa lalia, S. 520 f., gezeigt wurde (doppelte Reaktionskette)
[9] Auch der umgekehrte Fall kommt vor. Maulkämpfe werden vielfach mit „Küssen" verwechselt.
[10] Das Verhalten der Etroplus-Arten nach Oehlert (1958), Z. Tierpsych. **15**, 141–174.
[11] Wenn das Männchen trotzdem angreift, flieht das Weibchen nicht. Es hat aber keine typische Demutbewegung. Daher kommt es vor, daß es umgebracht wird.

Bild 8.47: Bei der Paarung befinden sich viele Fische in engstem Partnerkontakt. Dadurch wird die Befruchtung der Eier begünstigt. Im Bild ein umschlungenes Colisa lalia-Paar unter dem Nest. Aufnahme J. Vierke

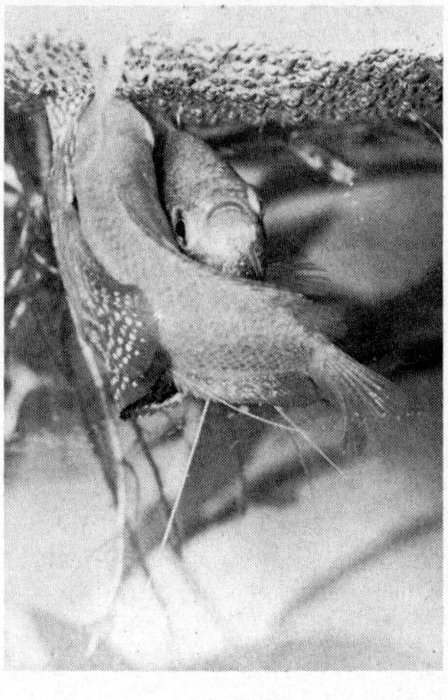

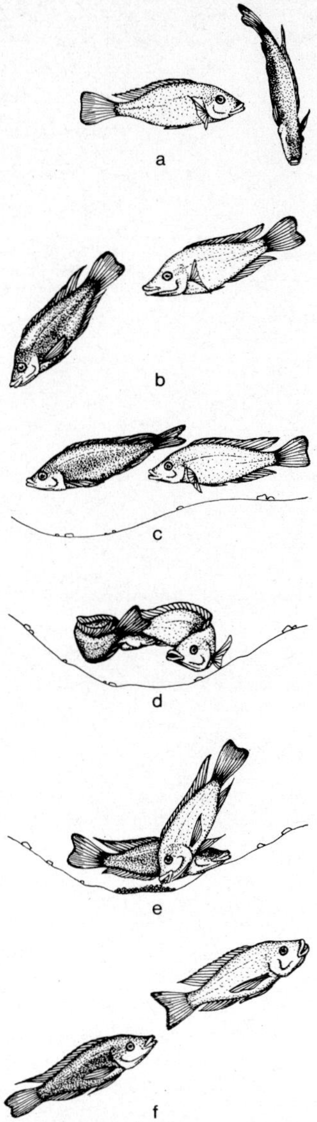

Bild 8.48 Sarotherodon mossambicus natalensis (Natalbuntbarsche), Fortpflanzung.
a. Das Männchen (dunkler Fisch) fordert ein Weibchen zum Folgen auf.
b. Es führt das Weibchen zur Nestgrube.
c. Schwanzwedeln am Rand der Nestgrube.
d. Kreisschwimmen, die letzte Phase der Balz.
e. Ablaichen, Befruchten, Eieraufschnappen.
f. Verjagen des laichtragenden Weibchens.
Nach Baerends und Baerends van Roon, verändert.

Flossen und einer auffallenden Schwimmweise um das Weibchen wirbt. Diese Verhaltensweisen wirken als Auslöser auf ein paarungsbereites Weibchen. Je enger der körperliche Kontakt während der Paarung sein muß, und je länger er dauern muß, desto intensiver wird im allgemeinen geworben. Normalerweise bedeutet ja eine enge Berührung für einen Fisch Gefahr, und tatsächlich sind die Fische während der Paarung vor Raubfeinden besonders gefährdet, jedenfalls in Freiheit. Einige Männchen müssen ihre Weibchen regelrecht überlisten. Das Zwergdrachenflosser-Männchen *(Stevardia riisei)* lockt sein Weibchen mit einer Hüpferlingsattrappe[6]. Das sind löffelförmige Verlängerungen seiner Kiemendekkel, die normalerweise kaum wahrnehmbar sind, da sie angelegt getragen werden. Während der Balz wird der zu dem Weibchen zeigende Kiemendeckelfortsatz abgespreizt und zitternd bewegt. Zudem nimmt seine Endverdickung jetzt eine tiefschwarze Färbung an. Während das Weibchen versucht, diese Attrappe zu schnappen[7], nutzt das Männchen die Gelegenheit, es zu begatten.

Die Geschlechtsprodukte müssen nicht nur räumlich, sondern auch zeitlich in möglichst kurzem Abstand abgegeben werden. Der Zeitpunkt der Paarung ist durch äußere Faktoren, wie Jahreszeit, Tageszeit, Wassertemperatur, Ernährung u. dgl. nur grob festgelegt. Zweifellos liegt der Sinn der vielfach komplizierten, abwechselnd von Männchen und Weibchen gezeigten Verhaltensweisen bei der Balz[8] zum großen Teil in der Synchronisation, der zeitlichen Feinabstimmung der Partner. Es ist bekannt, daß bei vielen Buntbarschen die Ovulation, der letzte Schritt der Eireifung, erst während der Balz beginnt.

Die ersten Stadien der Balz werden vom Laien vielfach mit Kampfhandlungen verwechselt[9]. Das ist nicht verwunderlich, denn oft beginnt das Balzen tatsächlich mit aggressiven Handlungen, und oft müssen sich auch noch während der Balz die Partner beschwichtigen. Das ist verständlich, denn gerade zur Fortpflanzungszeit sind viele Fische territorial und gesteigert aggressiv. Wenn in das Revier eines *Etroplus-suratensis*-Männchens[10] ein Weibchen einschwimmt, wird es wie alle anderen Eindringlinge heftig angegriffen. Wenn das Weibchen laichbereit ist, hält es aber dem Angriff stand, wendet dem Männchen die Breitseite zu und legt die unpaaren Flossen an. Manchmal schwimmt es auch ruckartig um das Männchen herum. Auf diese Demutsstellung hin antwortet das Männchen mit Balzverhalten, und beide beginnen gemeinsam mit Nestbaubewegungen. Sie befreien einen Platz von Pflanzen, graben sich dort eine Grube, indem sie gewissermaßen im Kopfstand schnell mit dem Kopf hin- und herschlagen, daß der Sand beiseitefliegt, und putzen eine senkrechte Fläche zur Eiablage. – Wenn dagegen ein *Etroplus-maculatus*-Weibchen in das Revier eines Artgenossen einschwimmt, wird es normalerweise[11] nicht angegriffen. Dann „beginnt er meist sofort einen zur Eiablage geeigneten Platz zu putzen, und sie hilft ihm dabei. Damit sind sie verpaart.“ Das so unterschiedliche Verhalten der beiden sehr nahe verwandten Arten findet seine Erklärung darin, daß sich das Weibchen im ersten Fall äußerlich nicht von einem Männchen unterscheidet (Bild 8.35) und sich also durch sein Verhalten erst einmal zu erkennen geben muß, während sich im zweiten Fall die Geschlechter zur Reifezeit deutlich unterscheiden. Ein entsprechendes Verhalten können wir bei fast allen Cichliden beobachten: Wenn ein ins Revier einschwimmender Artgenosse nicht sofort als Weibchen zu erkennen ist, wird er „sicherheitshalber“ zunächst als Männchen angesehen. Dieser Fall trifft vor allem bei den Buntbarschen zu, die Elternfamilien bilden.

Bei Vater- und Mutterfamilien entsprechen den verschiedenen Aufgaben der Partner bei der Brutpflege auch verschiedene Kleider bei der Balz. Fast immer ist das Männchen dann farbenprächtiger als das Weibchen. Vor allem bei Vaterfamilien bauen die Männchen vielfach Nester oder Gruben, die das Revierzentrum darstellen. Die bunten Männchen erwarten ihre Weibchen vielfach an der Reviergrenze oder schwimmen ihnen zunächst entgegen, rütteln dort manchmal vor ihnen, als wollten sie sie einladen[12] und suchen sie dann in teilweise außerordentlich auffallender Schwimmweise zum Nest zu führen. Bei diesem sog. „Führungsschwimmen“ schwimmt das *Colisa-chuna*-Männchen senkrecht mit dem Kopf nach oben zeigend und bleibt dann in dieser Stellung unter dem Nest stehen; Stichlings-Männchen machen einen Zickzacktanz. Andere Männchen schwimmen mit ganz übertriebenen starken Schwanzschlägen, als könnten sie vor „lauter Kraft nicht laufen“.

Zusammenfassend ist zu sagen, daß alle Balzhandlungen Schlüsselreize aussenden, auf die der Geschlechtspartner antwortet. Da die Schlüsselreize nur bei artgleichen Partnern die passenden Reaktionen auslösen, schließen die Balz-

[12] Z. B. die Haplochromis-Arten. Über das Rütteln in einem anderen Zusammenhang s. S. 560

handlungen Verpaarungen mit artfremden weitgehend aus. Balzhandlungen können also folgende Aufgaben haben:

1. Anlocken des Partners
2. Erkennen des Partners
3. Synchronisation der Partner
4. Verhinderung der Paarung mit einem artfremden Partner

Brutpflege[1]

Familienformen: Die Mehrzahl der Fische betreibt Brutpflege[2]; jedoch nur wenige Arten kümmern sich nach dem Ablaichen um die Eier oder gar um die daraus sich entwickelnden Jungtiere. Dennoch gibt es eine derart große Vielzahl interessanter Verhaltensweisen aus dem Brutpflegebereich, daß hier wiederum mit nur wenigen Beispielen Allgemeines gezeigt werden soll.

Gewöhnlich unterscheidet man bei brutpflegenden Fischen drei Familienformen: die Vaterfamilie, die Mutter- und die Elternfamilie, je nachdem, welche Elternteile die Pflege und Betreuung von Laich und Jungen übernehmen. Zweifellos am häufigsten ist davon die Vaterfamilie, die man bei vielen Labyrinthfischen, Welsen, Stichlingen, Sonnenbarschen und vielen anderen beobachtet. Die Aufzählung ließe sich endlos fortsetzen. Im typischen Fall bauen die Männchen ein Nest und versuchen, ein Weibchen zur Eiablage herbeizulocken. Anschließend wird es wieder vertrieben. Der Ablaichplatz ist vielfach nur ein gesäubertes Blatt oder eine Grube im Sand, manchmal jedoch auch ein Bodennest aus Pflanzenteilen oder ein schwimmendes Schaumnest.

Über den biologischen Sinn der Schaumnester, vor allem bei den Labyrinthfischen, ist viel gerätselt worden. Die Nester erfüllen sicherlich mehrfache, zudem von Art zu Art verschiedene Aufgaben. Zunächst haben sie eine Bedeutung für den Zusammenhalt des Laichs, vielleicht auch für eine Trennung jedes einzelnen Eies vom anderen[3]. Vermutlich haben die Schaumnester aber auch eine keimhemmende Funktion, die Schäden des Laiches durch Pilze und Bakterien verhindert. Das Schaumnest dient ferner für die Fische, deren Eier schwerer als Wasser sind, als „Schwimmgürtel". Besonders wichtig ist aber ohne Zweifel die Mittelpunktfunktion des Schaumnestes im Revier. Es ermöglicht dem verteidigenden und laich- oder larveneinsammelnden Männchen, seine Bemühungen auf diesen einen Ort zu konzentrieren, eine Nestfunktion, die nicht nur für Schaumnestbauer, sondern auch für andere Nestbauer von Bedeutung ist.

Bei manchen Fischen kann das Schaumnest jedoch schon wieder so groß werden, daß es die letztgenannte Funktion nicht mehr erfüllen kann. Das nur ca. 5 cm große Honigfadenfisch-Männchen *(Colisa chuna)* baut ein nur aus Schaumblasen bestehendes Schwimmnest, unter dem es mit seinem Weibchen ablaicht. Die zum Nest hochsteigenden Eier sind glasklar durchsichtig und verteilen sich unter dem Nest, das einen Durchmesser von 20 cm haben kann. Zum Schutz vor Laichräubern trägt das Männchen die Eier zu einem kompakten Laichhaufen im Zentrum des Nestes zusammen. Viele *C. chuna* erleichtern sich das Auffinden der kaum erkennbaren Eier durch Wasserspucken. Dazu spucken sie mehrfach eine Salve blitzschnell aufeinanderfolgender Wassertropfen in die Luft[4]. Das in das Schaumnest zurückfallende Spuckwasser reißt die unter der dünnen Schaumschicht schwimmenden Eier 1–3 cm in die Tiefe (Bild 8.49). Sofort nach dem Spucken jagt das Männchen zu den nach unten treibenden Eiern, die durch ihre Bewegung jetzt wesentlich leichter aufzufinden sind als vorher.

Die Brutpflege in den Vaterfamilien bleibt meist auf die Pflege und Verteidigung des Laichs und der eben geschlüpften Jungen beschränkt. Einen sehr wirkungsvollen Schutz des Geleges vor Feinden bewirkt das Laich- und Brutpflegeverhalten der Spritzsalmler *(Copella arnoldi)*, die ihre Eier außerhalb des Wassers an überhängenden Blättern oder Zweigen, im Aquarium auch an der Deckscheibe ankleben. Zur Eiablage springen sie paarweise, eng aneinandergeschmiegt, aus dem Wasser, verharren einen Augenblick am Laichplatz und fallen dann ins Wasser zurück. Nach dem Ablaichen hält das Männchen die Eier feucht, indem es mit kräftigen Schwanzschlägen Wasser an das Gelege spritzt.

Zu den wenigen Fischen, bei denen man von einer echten Mutterfamilie sprechen könnte, gehören die Hundsfische *(Umbra)* und die Mehrzahl der maulbrütenden Cichliden. Die vielfach als typische Mutterfamilien zitierten *Apistogramma*- und *Nannacara*-Arten zeigen dieses Verhalten wahrscheinlich nur unter Aquarienbedingungen[5]. Kuenzer, der sich wohl am intensivsten mit diesen Arten beschäftigt haben dürfte, beschreibt, daß das *Nannacara*-Männchen nach dem

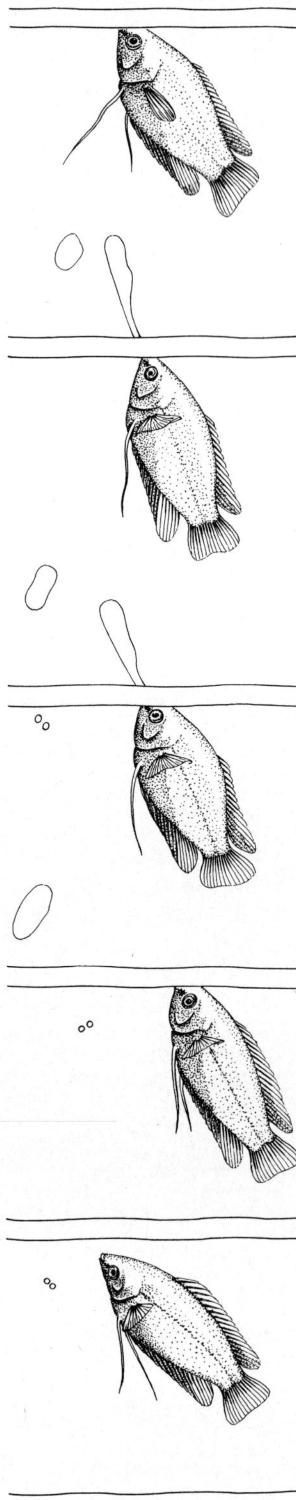

a b c d e f

Bild 8.49 (links): Brutpflegendes Colisa chuna-Männchen. Umrißgetreue Nachzeichnung nach Filmeinzelbildern. Zeitlicher Abstand von Bild zu Bild 0,22 sec. Das Männchen trägt die Eier zu einem kompakten Haufen zusammen. Um die schwer erkennbaren Eier zu finden, spucken viele C. chuna-Männchen Wasser in die Luft. Das zurückfallende Wasser reißt die in der Schaumschicht schwimmenden Eier in tieferes Wasser (c—e), wo sie sofort vom Männchen aufgenommen werden (f). Nach Vierke

Freischwimmen der Jungen ein Brutpflegekleid anlegt und dem Weibchen vielfach die Jungen stiehlt. Dann kommt es um den Besitz der Brut meist zum Kampf zwischen den Eltern, bei dem das Männchen regelmäßig siegt. „Vielleicht ist es sogar allgemein üblich, daß die Jungfische später vom Vater übernommen werden[6].“ In diesem Fall müßte man also von einer Elternfamilie sprechen, in der eine klare Rollenverteilung herrscht: Die Mutter versorgt die Eier und die Larven, während das Männchen im Außenbezirk wacht und ihr Feinde vom Leibe hält; die Pflege der freischwimmenden Jungen wird dann von beiden Eltern oder nur vom Männchen übernommen.

Ähnlich wie bei den eben genannten Zwergbuntbarschen dürfte es bei vielen Labyrinthfischen sein, nur gewissermaßen mit umgekehrten Vorzeichen. Ihnen werden pauschal Vaterfamilien nachgesagt; jedoch dürfte auch das zum großen Teil auf Beobachtungen in zu kleinen Aquarien zurückzuführen sein und darauf, daß viele Fischliebhaber sich oft blind nach den Zuchtrezepten richten und das Weibchen sofort nach dem Ablaichen herausfangen. Wer beim Kampffisch *(Betta splendens)* statt dessen jedoch mal das Männchen wegnimmt, kann vielfach sehen, daß das Weibchen die Brutpflege vollkommen übernimmt: Schaumnestbau, Feindabwehr, Eier-Umbetten und später das Junge-Einsammeln durch Vibieren mit den Brustflossen[7]. Über das Übernehmen der Brutpflege durch das Weibchen oder über eine gemeinsame Brutpflege nach dem Ablaichen gibt es außer bei Kampffischen auch bei *Macropodus opercularis, Pseudosphromenus cupanus* und *Trichopsis vittatus* zahlreiche Berichte, nicht dagegen bei den Fadenfischen. Zweifellos ist die Verteilung der Rollen im Brutpflegeverhalten der Labyrinthfische nicht so eindeutig, wie vielfach angenommen wird[8].

Bild 8.50: Viele Buntbarsche kleben ihre Eier auf eine feste Unterlage und versorgen sie dort bis zum Schlüpfen der Jungen (Ausnahme Maulbrüter). Unser Foto zeigt ein Flaggenbuntbarsch-Weibchen (Cichlasoma festivum) mit seinem Gelege. Aufnahme J. Vierke

Typische Elternfamilien findet man unter den Cichliden. Die Bildung dauerhafter Paare im Lauf der Stammesgeschichte ist bei Fischen offenbar nicht leicht gewesen. Das Problem liegt darin, daß die Partner zur Brutverteidigung aggressionsgeladen gegen jeden Fremden sein müssen, sich untereinander aber gewissermaßen als gleichberechtigte und gleichwertige Partner ansehen müssen. Letzteres wird schon dadurch ausgedrückt, daß Aussehen und Färbung der Eltern in der typischen Elternfamilie fast oder völlig identisch sind. Es erleichtert das Nachfolgen der Jungen bei der Ablösung der führenden Partner, wenn sie sich nicht jeweils von einem auf ein anderes Elternkleid umstellen müssen. Völlig gleichmäßig sind die Rollen aber auch in den typischen Elternfamilien nicht verteilt. „Bis zum Ablaichen dominiert immer das Männchen mehr oder weniger im Paare, gleich, wenn die Eier abgelaicht werden, werden die Rollen umgekehrt.“

Die Ei- und Larvenpflege der Cichliden bezieht sich neben der Verteidigung vor Feinden[9] auf das Säubern der Brut, meist durch Ablutschen und den Verzehr

[1] siehe auch S. 433

[2] Brutfürsorge Ablaichen an Plätzen, die für das Fortkommen der Brut günstig sind. Über Brutfürsorge s. Pinter S. 433 ff.

[3] Letzteres dürfte aber für einige Arten wie die Trichopsis-Arten, Macropodus cupanus und Colisa chuna (siehe nächsten Absatz) nicht gelten, da die Männchen dieser Arten den Laich extra zu Klumpen zusammentragen. Allerdings werden die Laichhaufen fortwährend umgepackt, so daß ein genügender Gasaustausch trotzdem ermöglicht wird.

[4] Bei anderer Gelegenheit benutzt C. chuna das Wasserspucken wie auch die anderen Fadenfische zum Beuteerwerb. Vierke (1973), Bonn. Zool. Beitr., 62—104

[5] Siehe hierzu „Aquarienbedingtes Verhalten“, S. 532 ff. und „Territorialverhalten“, S. 568 f.

[6] Auch das ist nur hypothetisch, da es ebenfalls nur auf Aquarienbeobachtungen beruht. Ohne Zweifel kommt es aber der Wahrheit näher als die Legende von der „typischen Mutterfamilie“.

[7] Vierke (1972), AQUARIEN-MAGAZIN, 346—351. Näheres über diese Form des Junge-Einsammelns s. S. 577

[8] Sicher wäre es übertrieben, bei den genannten Anabantiden generell von Elternfamilien zu sprechen. Hier gibt es aber Übergänge von der Vater- zur Elternfamilie, die uns Hinweise geben können, wie diese Familientypen bei Fischen entstehen können.

[9] Geophagus jurupari versteht sogar sein Gelege zu tarnen, indem er es mit einer feinen Sandschicht bedeckt.

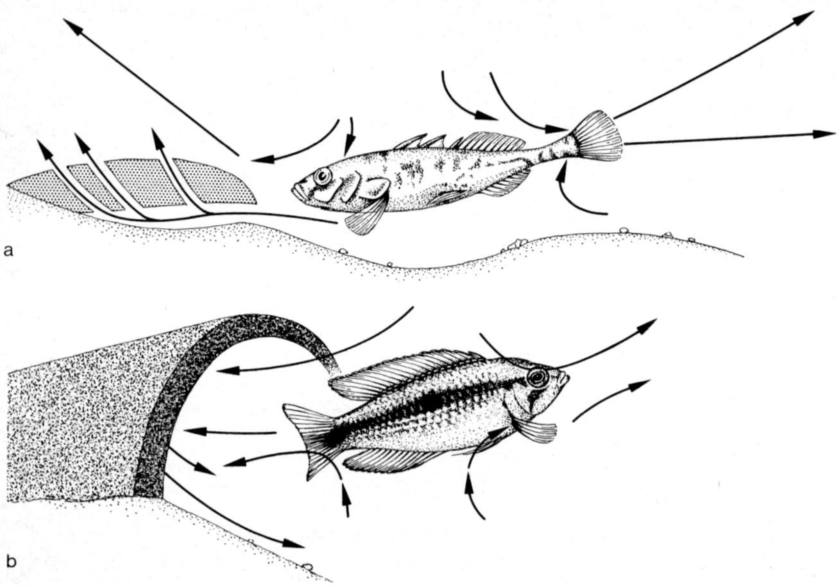

Bild 8.51: Belüften der Eier. Oben: Stichlingsmännchen am Nest (nach Kristensen aus Tinbergen). Unten: Zwergbuntbarsch (Apistogramma agassizi)-Weibchen am Höhleneingang (nach Vierke). Die Pfeile zeigen die Richtung der Wasserströmung, die man durch Kaliumpermanganatkörnchen ermitteln kann. Schwanz- und Brustflossen der Fische müssen gleichzeitig gleich stark in entgegengesetzter Richtung arbeiten (Schwanzflossen Vortrieb, Brustflossen Rücktrieb), damit der Fisch auf der Stelle bleibt. Der Stichling benutzt die Brustflossen, der Zwergbuntbarsch die Schwanzflosse zum Wassereinfächeln.

verpilzter Laichkörner und auf das Zufächeln von Frischwasser. Das kann mit den Brustflossen geschehen wie bei den südamerikanischen Großcichliden oder vorwiegend mit kräftigen Schlägen der Schwanzflosse wie bei *Apistogramma agassizi* (Bild 8.52). Die Eier werden oft abgelutscht, besonders häufig kurz vor dem Schlüpfen der Jungen, wodurch die Eikapseln schließlich zerbrochen werden. Den Embryonen wird beim Schlüpfen also vielfach „Geburtshilfe" geleistet. Nach dem Schlupf werden die Larven in Gruben untergebracht oder mit ihren Klebfäden an ein Blatt oder eine Höhlendecke gehängt und oft mehrmals umgebettet. Erst wenn ihr Dottersack aufgebraucht ist, beginnen die Jungfische freizuschwimmen und nach Nahrung zu suchen. In der ersten Zeit scheinen dabei die Eltern dem Schwarm der Jungen zu folgen, aber schon bald übernehmen dann die Eltern die Führung.

Im allgemeinen beschränkt sich die weitere Brutpflege der Buntbarscheltern auf das Zusammenhalten des Schwarms und auf die Verteidigung vor Feinden. Auffallend schwimmende oder hinter dem Schwarm zurückgebliebene Jungfische werden von den Alttieren ins Maul genommen, „gewaschen" und wieder in den Schwarm gespuckt. Bei der Futtersuche helfen die Eltern normalerweise nicht. Bei *Aequidens, Geophagus* und einigen anderen Cichliden sieht man manchmal, daß die Eltern den Jungen Nahrung „vorkauen" und sie dann in den Schwarm

Bild 8.52: Mit kräftigen Schlägen der Schwanzflosse treibt das Apistogramma agassizi-Weibchen sauerstoffreiches Frischwasser in die Höhle, unter deren Dach man die Eier kleben sieht. Aufnahme J. Vierke

Bild 8.53: Ein Blaupunktbuntbarsch (Aequidens pulcher) führt einen Schwarm Jungfische. Aufnahme J. Vierke

[1] „Beabsichtigt" hieße, Einsicht in die Folgen des Handelns zu haben; aber das ist auch für einen aus Instinkt Handelnden nicht gegeben.

spucken oder die „Wolke" aus den Kiemen entlassen. Die Jungen fressen die zerkleinerten Nahrungsbrocken. Kritische Beobachter argumentieren gegen diese Fütterungsbeobachtungen, daß satte Tiere ihr Futter ebenfalls nach einigen „gelangweilten" Kaubewegungen wieder ausspucken, und es könne sich bei diesen Beobachtungen um genau dasselbe handeln. Ob es sich dabei nun um ein „beabsichtigtes[1]" Jungefüttern handelt oder nicht, es bleibt sich eigentlich gleich: Die Brut profitiert von diesem Verhalten der Altfische.
Einige Buntbarsche ernähren ihre Jungen jedoch noch auf besondere Weise: Junge *Etroplus maculatus* beginnen im Alter von 9 Tagen, sich an ihren Eltern zu scheuern. Daraufhin werden die Schleimdrüsen in der Haut der Eltern zu erhöhter Produktion angeregt. Dieser Schleim wird von den Jungen gefressen. Man konnte

Bild 8.54: Wie bei vielen Buntbarschen führen auch bei den Segelflossern beide Eltern ihre Jungen. Aufnahme J. Vierke

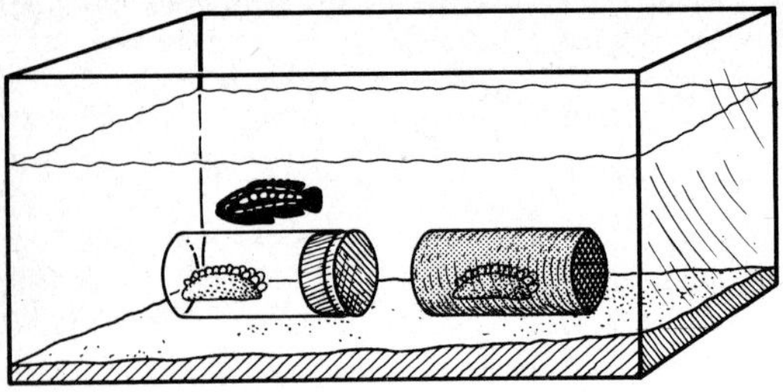

Bild 8.55: Auch im fest verschlossenen, aber durchsichtigen Glasgefäß (links) entdeckt das Weibchen seine Eier sofort; dagegen zeigt es an einem undurchsichtigen Eigefäß, das mit durchlässiger Gaze verschlossen ist (rechts), keinerlei Reaktion.

das nachweisen, indem man erst die Alttiere in Kohlepulver gewälzt und dann wieder zu den Jungen gesetzt hatte. Bald begannen die zunächst durch die geschwärzten Eltern erschreckten Jungtiere sich wieder zu scheuern und zu fressen. Bei anschließenden Magenuntersuchungen der Kleinen konnte Kohle nachgewiesen werden! Ohne die Schleimkost kümmern die Jungen, und viele von ihnen sterben. Regelmäßig kommt diese Schleimernährung auch bei *Symphysodon discus* vor[1].

Signalsysteme von Eltern und Kindern. Mit dem Problem, wie sich Eltern und Kinder erkennen, hat sich Kuenzer bei Zwergbuntbarschen[2] sehr ausführlich beschäftigt. Mit zwei Versuchen (Bild 8.55, 8.56) kann man leicht zeigen, daß die *Nannacara*-Weibchen sowohl die Eier als auch die freischwimmenden Jungen rein optisch erkennen. Durch einen weiteren Versuch läßt sich sehr schön zeigen, daß die Mutter trotz allem nicht beurteilen kann, auf welchem Entwicklungsstand die Brut ist und wie sie gepflegt werden muß. Man kann ein geschlossenes Glasgefäß mit freischwimmenden Jungen zu einem Weibchen stellen, das gerade abgelaicht hat. Dann verläßt das Weibchen sein Gelege und versucht, den Jungen zuzufächeln. Offenbar ist der Reiz, den sie aussenden, größer als der der Eier. Wenn dann aber die Jungtiere zu ihrer Mutter gelassen werden, fängt sie das Weibchen ein und spuckt sie zum Gelege. Auf diese ihrem Alter nicht entsprechende Behandlung reagieren die Kleinen mit Flucht. Aber im Normalfall passen die mütterlichen Pflegehandlungen zum jeweiligen Entwicklungsstand der Brut. Daraus muß man schließen, daß das Weibchen einem endogen ablaufenden Brutpflegezyklus unterworfen ist.

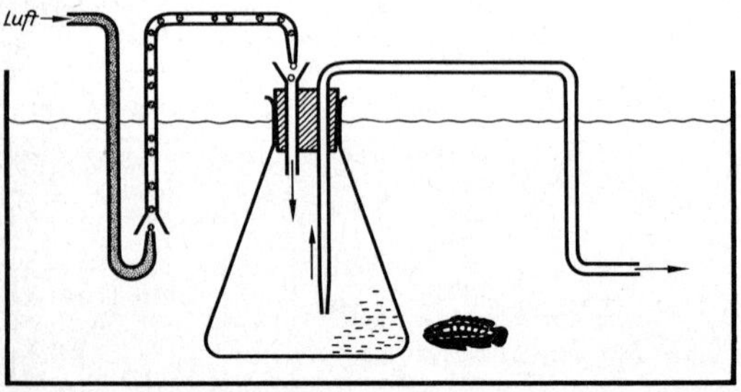

Bild 8.56: Setzt man die Jungfische in einen Glaszylinder, durch den man Aquarienwasser strömen läßt, so werden der Mutter die optischen und chemischen Merkmale (Gesichts- und Geruchssinn!) ihrer Kinder an verschiedenen Orten geboten. Sie scheint ihre Kinder aber mit dem Auge, nicht mit der Nase zu erkennen, denn sie bleibt immer so dicht wie möglich am Glasgefäß und kümmert sich nicht um das ausströmende Brutwasser.

Auch die Klebelarven senden optische Reize zu ihren Eltern. Bekanntlich schlagen sie in der ersten Zeit nach ihrem Schlüpfen fortwährend mit ihren kleinen Schwänzen, und man schrieb diesem Verhalten allgemein eine Atemfunktion zu. Dagegen spricht aber, daß das Schwänzeln mit zunehmendem Alter der Larven abnimmt. Kuenzer schreibt dem Schwänzeln im wesentlichen eine Mitteilungsfunktion zu und schließt das u. a. auch daraus, daß die Weibchen nach Verfrachtungsversuchen ihre Klebelarven und Jungfische bedeutend schneller auffinden als die Eier.

Auch am Verhalten erkennen die Eltern ihre Jungen. Wenn man einem brutpflegenden Skalarpaar einen Teil der Jungen nimmt, diese für mehrere Tage isoliert aufzieht und dann wieder zu ihren weiterhin brutpflegenden Eltern setzt, haben sie manchmal Angst vor ihnen und flüchten. Allein auf dieses Signal hin werden sie von den Eltern als Beute verfolgt. Einmal sah ich, wie der Vater nach einer heftigen Jagd durch das ganze Aquarium sein in die Enge getriebenes Kind einschlürfte, zweifellos im Vorsatz, es zu fressen. Kaum war es aber in seinem Maul, spuckte der Vater es wieder aus, als hätte er Gift gefressen. Noch nie habe ich einen Fisch derart schnell wieder etwas ausspucken sehen. Zweifellos hatte er sein Kind am Geschmack erkannt.

Noch eine weitere Zufallsbeobachtung als Beispiel dafür, daß Cichliden-Eltern ihre Jungen am Geschmack erkennen: Ein Maulbrüter-Weibchen *(Haplochromis burtoni)*, dessen Junge gerade an diesem Tag zum erstenmal freigelassen worden waren, bekam Weiße Mückenlarven als Futter. Die Mutter hatte aber noch einige Junge im Maul. Sie nahm trotzdem die Beute auf und versuchte zu kauen, wobei einige Junge unversehrt aus den Kiemenspalten freigelassen wurden. Schließlich gab sie ihr Vorhaben[3] wohl auf und spuckte 3 Mückenlarven und 5 Junge aus, wenig später 3 weitere Junge. Daraufhin fraß sie gierig Mückenlarven, ihr Lieb-

[1] Diese Ernährungsform soll ferner bei Tilapia mariae vorkommen, in selteneren Fällen auch bei Pterophyllum scalare, Cichlasoma severum, Cichlasoma biocellatum u. a.

[2] Kuenzer (1968), Z. Tierpsychol., 257—314 und AQUARIEN-MAGAZIN (1967), 105—107; 280—283; (1968)

[3] Sie versuchte, Futter zu sich zu nehmen, obwohl sie noch Junge im Maul hatte. Maulbrüterweibchen tun das nur in Ausnahmefällen. Wenn sie aber nur wenige Junge im Maul haben, können sie wohl Futter und Brut im Maul unterscheiden und sortieren.

lingsfutter. Auffallend war jedoch, daß 3 von ihnen verschont wurden. Sie wurden zwar wie alle anderen aufgeschnappt, aber wenig später wieder lebend ausgespuckt. Das wiederholte sich bis zu dreißigmal hintereinander innerhalb von 2 Minuten. Einen ganzen Tag blieben die Tiere verschont, offenbar deshalb, weil sie im Maul der Mutter durch den engen Kontakt mit den Jungen den Geschmack der Jungfische angenommen hatten.

Zusammenfassend kann gesagt werden: Alle Cichliden haben, zumindest als Erwachsene, die Hemmung, arteigene Junge zu fressen. Sie erkennen Eier, Larven und Junge an optischen Reizen. Die Artzugehörigkeit der Brut wird dagegen an Geschmacksreizen erkannt. Manchmal führen Buntbarsche neben eigenen auch artfremde Junge[4]. Oft schließen sich diese Jungen aber den Pflegeeltern[5] nicht so dicht an, wie die Eltern es wünschen. Die Eltern versuchen sie dann aufzuschnappen, um sie ins Schwarmzentrum zu befördern. Wenn sie die Jungen jedoch im Maul haben, erkennen sie sie als Fremde und fressen sie vielfach. Wenn sie die Kleinen trotzdem weiterpflegen – und das kommt vor – bedeutet das nicht, daß sie sie nicht als fremd erkannt hätten.

Die jungen Buntbarsche haben von ihren Eltern angeborenermaßen nur eine vage Vorstellung. Man kann einem Jungfischschwarm, den man künstlich aufgezogen hat und der daher seine Eltern nie gesehen hat[6], verschiedene Plastikattrappen anbieten und beobachten, welchen er folgt und welchen nicht. Dabei war festzustellen, daß Form und Größe der Attrappen unwichtig sind, daß die Jungen aber die Farben eindeutig bevorzugen, die ihre Eltern während der Brutpflege tragen. Die Jungen des Roten Cichliden *(Hemichromis bimaculatus)* ziehen rotgefärbte Attrappen allen anderen vor, die Jungen des Gelben Zwergbuntbarsches *(Apistogramma reitzigi)* dagegen gelb. Bei *Apistogramma borelli*, deren Weibchen zur Brutzeit gelbschwarz gefärbt sind, kann man die Jungfische nur durch Attrappen anlocken, die Gelb und Schwarz enthalten. Zur Farbe muß aber auch eine besondere Bewegungsform kommen. Die Jungen folgen am willigsten den Attrappen, die zwar langsam, aber ruckartig bewegt werden. Unbeweglichen oder sich schnell bewegenden Attrappen wird nicht gefolgt. Tatsächlich bewegen sich die echten Buntbarscheltern beim Jungeführen auf ähnliche Weise: Sie schwimmen ruckartig oder langsam, wobei sie dann ab und zu mit den Flossen zucken[7].

Über eine andere und recht eigenartige Methode, die Jungen anzulocken, verfügen die Kampffische. Ihre Jungen folgen den Eltern bzw. dem Vater nicht wie die Buntbarschjungen; sie bilden auch keine Schwärme. Wenn ein Altfisch versucht, sie aufzunehmen und zum Nest zurückzubringen, entkommen sie ihm meist. Dann stellt sich der Fisch direkt unter den Wasserspiegel und läßt seine gespreizten Brustflossen minutenlang sehr schnell vibrieren. Die dadurch entstehenden Schwingungen sind als kleine, stehende Wellen an der Wasserober-

[4] Das kommt auch in der Natur vor. Sjölander (1972, AT 42–45) berichtet von Tilapia mariae-Eltern, die im Freiwasser sehr oft neben eigenen Jungen auch adoptierte Tilapia zillii führen.

[5] Weil die Jungen angeborenerweise auf Schlüsselreize reagieren, die perfekt nur die eigenen Eltern haben (s. S. 577). Die „Nachweise", daß Cichliden ihre Jungen nicht von denen anderer Arten unterscheiden können, sollen nach Wickler (1967, Z. Tierpsych., 457 bis 470) auf Irrtümern beruhen.

[6] Kaspar-Hauser-Tiere (s. S. 525 f.). Die Isolation ist notwendig, weil ihr AAM sich unter dem Einfluß von Erfahrungen zu einem EAAM oder EAM wandelt: Die Jungen lernen mit einiger Zeit das vollständige Bild ihrer Eltern kennen.

[7] Im Einzelnen gibt es auch hier Unterschiede bei den Cichliden. Freischwimmende junge Etroplus maculatus erkennen ihre Eltern nur, wenn diese mit ihren dunklen Bauchflossen klappen („rufen"), Farbe oder sonstige Bewegungen der Eltern sind dagegen gleichgültig. Cole u. Ward (1970), Z. Tierpsych. 156 ff.

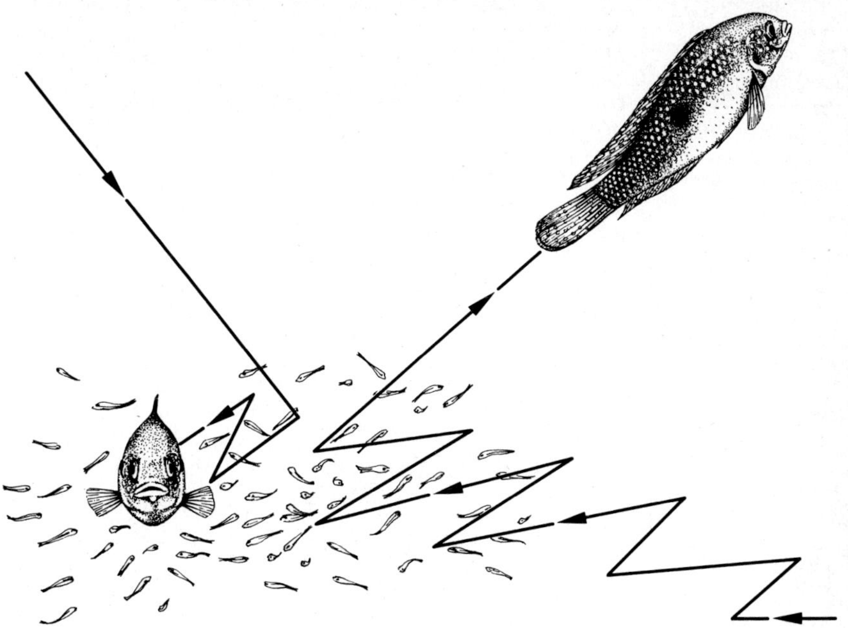

Bild 8.57: Hemichromis bimaculatus (Roter Cichlide beim Jungeführen). Die Mutter (links) hat gerade den Vater (rechts) abgelöst, der eilig davonschwimmt. Die Pfeile geben die Schwimmweise der Eltern wieder: beim Jungeführen langsam aber ruckweise, beim Wegschwimmen schnell und geradlinig. Nach Baerends u. Baerends van Roon.

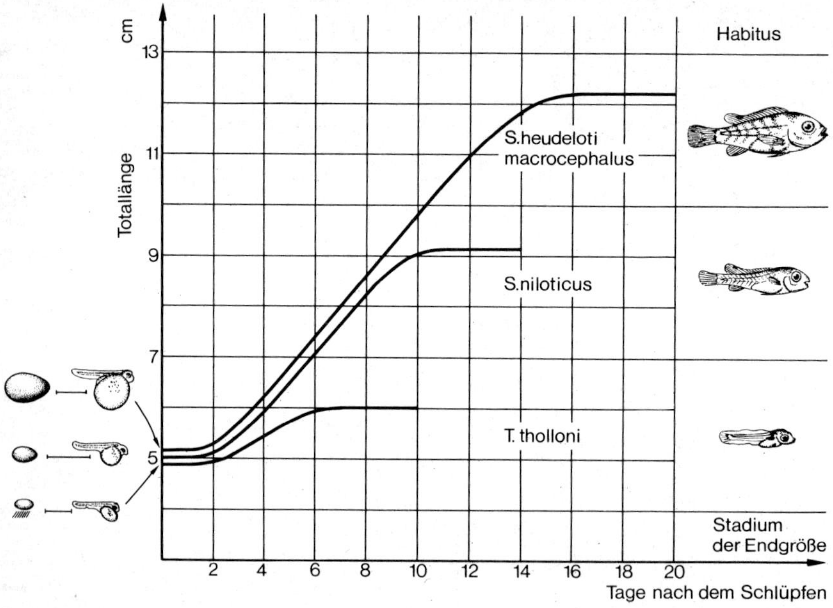

Bild 8.58: Schematische Darstellung der Zusammenhänge zwischen Eigröße, Entwicklungsdauer und Endgröße*, sowie der Art der Jungenpflege bei den Gattungen Sarotherodon und Tilapia. Sarotherodon heudeloti macrocephalus, Maulbrüter im männlichen Geschlecht. Nach der Freigabe (ca. 16. Tag) schwimmen die Jungen als wohlgeordneter Schwarm davon (keine Familienbildung). S. niloticus, Maulbrüter im weiblichen Geschlecht. Mutter führt und bewacht Junge auch nach dem ersten Freilassen (ca. 10. Tag, Mutterfamilie). T. tholloni, Substratbrüter, Vater und Mutter hüten die Jungen noch lange Zeit nach ihrem Freischwimmen (ca. 6. Tag, Elternfamilie). Nach Dambach.

* Endgröße: Totallänge, wenn nach Resorption des Dotters ein Wachstumsstillstand eintritt, wenn nicht Nahrung von außen aufgenommen wird. Entspricht etwa der Größe beim Freischwimmen.

fläche zu erkennen. Die Jungen kommen daraufhin von allen Seiten aus Entfernungen bis zu 40 cm zum Aussender dieser Schwingungen und warten direkt vor dem Maul des Fisches. Während er dieses Signal aussendet, kann er 25 und mehr Larven mit kurzen Wendungen des Vorderkörpers aufschnappen, ohne seinen Standort zu verlassen. Dann schwimmt er unter das Schaumnest und gibt seine Jungen dort wieder frei[1].

Maulbrüten. Je intensiver die Brutpflege ist, desto weniger Eier braucht ein Fisch zu haben, denn die Chancen für das Großwerden der Jungen steigt mit der Intensität der elterlichen Fürsorge. Im allgemeinen legen daher die Freilaicher mehr Eier ab als die Substratlaicher[2] und unter ihnen wiederum die Substratbrüter mehr als die Versteckbrüter.

Es bestehen eindeutige Beziehungen zwischen der notwendigen Eigröße, der Eizahl, ihrer Entwicklungsdauer sowie ihrer Gefährdung. Offenbrüter sind zwar viel weniger gefährdet als nicht brutpflegende Fische, aber die Gefahr für die Brut ist noch recht groß. Die Offenbrüter müssen daher recht viele tarnfarbige Eier legen[3]. Mit der großen Eizahl hängt aber auch zusammen, daß sie nur relativ klein sein können und damit auch die Larven, die aus ihnen schlüpfen. Andererseits ist ein Fisch natürlich um so sicherer vor Freßfeinden, je größer er ist. Aus diesem Grunde sind große, dotterreiche Eier vorteilhafter als kleine, da die aus ihnen schlüpfenden, relativ großen Larven einen besseren Start haben als kleinere. Der Nachteil ist nur, daß so große Eier auch besonders stark auffallen, und daß es bei den dotterreichen Eiern außerdem relativ lange dauert, bis die Larven frei schwimmen können (Bild 8.58). Wir finden relativ große Eier daher vorwiegend bei Fischen, die ihre Eier an sehr sicheren Orten aufbewahren, z. B. bei Fischen, die die Eier in Höhlen und Spalten ablegen, und bei Maulbrütern.

Am sichersten sind die Eier und Larven am oder im Körper der Altfische aufgehoben. In dieser Hinsicht haben es die lebendgebärenden Fische am weitesten gebracht, aber diese Art der Brutpflege hat, abgesehen von der Notwendigkeit komplizierter Balzspiele, wegen der inneren Befruchtung mit der Ethologie nicht mehr viel zu tun. Viele Fische tragen die befruchteten Eier und die Larven in der Maulhöhle mit sich herum. An der Maulbrutpflege beteiligen sich manchmal nur die Männchen (maulbrütende *Betta*-Arten, *Chromidotilapia guentheri*), manchmal nur die Weibchen *(Haplochromis, Labeotropheus)* und in einigen Fällen auch beide Eltern *(Apogon semilineatus, Geophagus jurupari)*[4].

Bei manchen Maulbrütern, wie z. B. bei *Haplochromis burtoni*, haben es die Weibchen in der Nistgrube des Männchens so eilig, ihre Eier nach dem Ablegen ins Maul zu bekommen, daß die Männchen den Laich zunächst gar nicht besamen können. Dennoch werden die Eier natürlich befruchtet, denn das Weibchen versucht außer den Eiern auch einige Flecken in der Afterflosse des Männchens aufzuschnappen, die den Eiern in Größe, Form und Farbe täuschend ähn-

[1] Dieses Verhalten beobachtet man meist nur die ersten fünf Tage nach dem Freischwimmen der Jungen, ausnahmsweise aber bis zum 10. Tag und länger.

[2] Die Begriffe Freilaicher, Substratlaicher, Substratbrüter werden immer wieder verwechselt. Freilaicher laichen im freien Wasser ab. Der Gegensatz dazu ist der Substratlaicher, der auf einem Substrat (Sand, Stein, Pflanze) ablaicht. Dazu gehören alle Cichliden (evtl. mit Ausnahme von Tropheus). Unter den Substratlaichern gibt es Offenbrüter (wie fast alle amerikanischen Großcichliden, die ihr Gelege auf einen Stein oder ein Blatt kleben) und Versteckbrüter. Bei den Versteckbrütern sind wiederum Höhlenbrüter (z. B. Pelvicachromis, Teleogramma) und Maulbrüter (z. B. Haplochromis, Geophagus) zu unterscheiden.

[3] Beispiel für mittlere Eizahl pro Gelege bei Tilapien (nach Dambach, vgl. hierzu auch Bild 8.58). Tilapia tholloni (Substratbrüter) ca. 1400 Eier; Sarotherodon niloticus (Maulbrüter) ca. 300 Eier.

[4] Oppenheimer (1970), Anim. Behav., 493–503 zählt 136 Arten aus 9 Familien zu den Maulbrütern. Diese Aufzählung ist aber zweifellos noch nicht vollständig.

lich sehen[5]. Bei dem Versuch, diese Eiattrappen aufzunehmen, kommt das in diesem Moment abgegebene Sperma in das Maul des Weibchens, so daß dort die Befruchtung der Eier vollzogen wird. Die Mutter verläßt nach Abgabe ihres Laichvorrats die Nestgrube und fastet nun bis zum Freischwimmen der Jungen, da ihr Maul völlig mit Eiern gefüllt ist und ihr das Fressen daher unmöglich wird.

Die *Haplochromis*-Larven schlüpfen nach etwa 5 Tagen. Der ständige Wasserstrom, der beim Atmen durch die Mundhöhle der Mutter geht, sorgt ununterbrochen für sauerstoffreiches Wasser. Da alle Eier und später die geschlüpften Larven zeitweilig direkt an das frische Wasser kommen müssen, werden sie von Zeit zu Zeit mit heftig kauenden Bewegungen der Mutter umgeschichtet.

Nach gut 2 Wochen beginnen die nun sehr beweglich gewordenen Jungen der Mutter lästig zu werden. Sie begibt sich an einen geschützten Platz, legt ihr Mutterkleid an (Bild 8.4), sichert nach allen Seiten und entläßt die Jungen, die bald schon futtersuchend umherschwimmen. Oft versuchen die Kleinen schon wenig später ohne sichtbaren Anlaß wieder in das Maul ihrer Mutter zu gelangen. Ganz wesentlich für ihre Orientierung ist dabei die schwarze Kopfzeichnung der Mutter und vor allem ihre dunkle Kehle[6]. Allerdings nimmt die Mutter die Jungen meist nur unwillig wieder zurück; manche Weibchen bewachen die Jungen wohl, nehmen sie aber überhaupt nicht mehr ins Maul[7]. Die jungen Maulbrüter bilden zunächst noch keinen Schwarm und folgen ihrer Mutter nicht. Sie bleiben in der Nähe des Ortes, an dem sie freigelassen wurden, dem jetzigen Revierzentrum der Mutter. Bei Gefahr sammeln sie sich an dieser Stelle und werden dort von ihrer Mutter aufgenommen.

[5] Diese erstmals von Wickler als Eiattrappen gedeuteten Flecken sind wieder ein Beispiel von innerartlicher Mimikry. Manche Sarotherodon-Männchen haben statt der Eiflecken Genitalanhänge, die die gleiche Funktion haben. Bei den bis 30 cm langen S. karamo-Männchen hängen zwei bis 15 cm lange Genitalpapillen herab.

[6] Genaueres zu den hierbei wichtigen Schlüsselreizen S. 515

[7] Normalerweise nimmt das H. burtoni-Weibchen die Jungen nur höchstens eine Woche ins Maul. In meinem Aquarium hatte ich jedoch ein Weibchen, das seine Brut noch nach einem Monat ins Maul nahm. Die Jungen hatten damals eine Gesamtlänge von 16 mm.

[8] Lützel (1970), AT, 169. Die Beunruhigung bestand in diesem Fall im Auslichten der Pflanzenbestände für eine Dauer von etwa 10 Minuten.

Bild 8.59: Die Afterflosse dieses Haplochromis burtoni-Männchens zeigt schön einige Flecken, die den Eiern dieser Art in Form, Farbe und Größe gleichen. Diese Eiflecken erfüllen eine Doppelfunktion: Bei der Balz werden sie den Weibchen vorgehalten und locken sie so in die Laichgrube; beim Ablaichen sorgen sie – wie im Text näher beschrieben – dafür, daß die Eier befruchtet werden. Aufnahme J. Vierke

Das Maulbrutverhalten ist im Laufe der Stammesgeschichte zweifellos mehrfach unabhängig entstanden, auch unter den Cichliden (siehe Bild 8.14, S. 528). Abzuleiten ist die Maulbrutpflege vermutlich von dem bei allen Buntbarschen zu beobachtenden Verhalten, die Larven ins Maul zu nehmen und an andere Orte zu verfrachten, z. B. in eine neue Laichgrube. Bei Gefahr kann die natürliche Auslese unter bestimmten Umständen Tiere bevorzugen, die bereit sind, ihre Brut ins Maul zu nehmen. Tatsächlich kann eine derartige Reaktion in seltenen Fällen bei Nichtmaulbrütern beobachtet werden. Von einem solchen Fall berichtet Lützel[8] bei *Apistogramma pleurotaenia*. Die Mutter reagierte auf eine Störung mit dem Aufnehmen ihrer etwa 12 Stunden alten Larven. Etwa zwei Stunden soll sie ihre Brut mit sich herumgetragen haben[9].

Auch brutpflegende Ceylon-Makropoden *(Belontia signata)* können sich bei Beunruhigung ihr an der Wasseroberfläche schwimmendes Gelege schnappen und sich damit in Deckung zurückziehen. Wenn die Gefahr einige Minuten später vorüber zu sein scheint, bringen sie ihren Eihaufen wieder zurück. Es ist klar, daß dieses Verhalten die Überlebenschancen der Art verbessert.

[9] Gelegentlich unterteilt man die drei Grundformen noch:
Elternfamilie (im weiteren Sinne)
a. Elternfamilie im engeren Sinne: Beide Eltern übernehmen gleichermaßen jede Funktion (z. B. Pterophyllum)
b. Vater-Mutter-Familie: beide Eltern übernehmen alle Funktionen, jedoch leichte Spezialisierung (z. B. Aequidens pulcher).
Vaterfamilie i. w. S.
c. Vaterfamilie i. e. S.: Nur Vater kümmert sich um Brut (z. B. Colisa).
d. Weib-Vaterfamilie: Vater alleiniger Brutpfleger, Mutter verbleibt aber in der Nähe (z. B. Macropodus).
Mutterfamilie i. w. S.
e. Mutterfamilie i. e. S.: Nur Mutter kümmert sich um Brut (z. B. Haplochromis).
f. Mann-Mutterfamilie: Mutter alleiniger Brutpfleger, Vater bleibt in der Nähe (viele Apistogramma).

9

Erich Schwartz

Bau und Leistung des Fischkörpers

Einleitung

„Die typische Fischgestalt ist spindelförmig, seitlich etwas zusammengedrückt, mit allmählichem Übergang der drei Körperregionen: Kopf, Rumpf und Schwanz. Eine bewegliche, verschmälerte Halsregion fehlt." So werden die im Wasser lebenden, mit Flossen ausgerüsteten und von Schuppen bedeckten Vertreter der wechselwarmen Wirbeltiere[1], die Fische, dem Leser in Fachlehrbüchern vorgestellt. Unter den Aquarienfischen entsprechen ihrer Körperform nach zweifellos die Bärblinge dieser idealen Spindelform am meisten. Fische dieses Grundtyps bewohnen in der Regel das freie Wasser und sind ausgezeichnete Schwimmer. Sie leben zugleich auch in größeren Schwärmen zusammen.
Bewohner der Uferzonen eines Gewässers, wo Pflanzenwuchs, Höhlungen und teilweise dichtes Wurzelwerk vorherrschen, wo Geröll- mit Schlammzonen je nach Wasserströmung abwechseln, zeigen charakteristische Änderungen in ihrer Körperform. Derartige Anpassungen an das Biotop[2] formen die Gestalt, die Flossen und Sinnesorgane, sie beeinflussen die Ernährungsweisen und das Fortpflanzungsverhalten. In diesen beengten Lebensräumen treffen wir Arten an, die seitlich besonders stark abgeflacht sind und daher scheibenförmig aussehen. Tiere, die sich in Bodennähe fortbewegen und auch auf Beute lauern, zeigen vielfach eine Abflachung der Bauch- und Rückenseite, so daß ihr Körper wurmartig rund erscheint. Solche rundlichen Formen trifft man auch bei Bewohnern besonders schnellfließender Gewässer an, die oft zusätzlich noch Saugmäuler oder sonstwie geformte Saugnäpfe besitzen. In Höhlen oder Löchern hausende Bodengrundfische besitzen durchweg einen schlangenförmigen Körperbau. Ganz besonders groteske Formen schließlich treten bei den Tiefseefischen auf: gestielte Augen, zahnbewehrte Riesenmäuler und Leuchtorgane. Derartige Abweichungen von der idealen spindelförmigen Körperform treten nun bei den verschiedensten systematischen Gruppen unabhängig voneinander auf. Aufgrund dieser Vielfalt möglicher Körperformen, die auf die jeweiligen Lebensbedingungen bezogen, vorzüglich angepaßt erscheinen, kann nicht von einer typischen Körperform der Fische schlechthin gesprochen werden. Es sei denn, man geht allein von den hydrodynamischen[3] Verhältnissen während der Fortbewegung aus und erachtet diejenige Körperform eines Fisches als ideal, die mit geringstem Energieaufwand am schnellsten fortbewegt werden kann, und diese ist zweifellos spindelförmig.

[1] Wechselwarme Tiere: Tiere, deren Körpertemperatur weitgehend abhängig von der Umgebungstemperatur ist.
[2] Biotop: durch bestimmte Pflanzen- und Tiergesellschaften gekennzeichneter Lebensraum.
[3] Hydrodynamisch: sich nach der Strömungslehre verhalten.

Bewegung

Flossen

Als Fortbewegungsorgane der Fische fungieren Flossen. Diese bestehen aus einem dünnen Hautsaum, der durch einfache, harte Stacheln, die sog. Hartstrahlen, oder durch einfache bzw. sich aufteilende, gegliederte weiche Strahlen, die sog. Weichstrahlen, gestützt und ausgespannt wird. Im allgemeinen sind die Flossen so aufgebaut, daß vorn ungeteilte, hinten geteilte Weichstrahlen oder vorn Hartstrahlen und hinten geteilte Weichstrahlen zu liegen kommen. Bei der wissenschaftlichen Beschreibung gibt man die jeweilige Anzahl der Flossenstrahlen in Zahlen an; die Hartstrahlen mit römischen, die Weichstrahlen mit arabischen Ziffern, wobei der große Anfangsbuchstabe der betreffenden Flosse den Ziffern vorangestellt wird. So bedeutet D IV/10–12, daß an der Rückenflosse (D = Dorsale) 4 Hartstrahlen und 10–12 geteilte Weichstrahlen vorhanden sind. Die Schreibweise D 2/10 besagt, daß 2 ungeteilte und 10 geteilte Weichstrahlen vorhanden sind.
Abänderungen des Grundtyps der Beflossung – 2 Brustflossen, 2 Bauchflossen, 1 Rückenflosse, 1 Afterflosse und 1 Schwanzflosse – treten in vielen Varianten auf. Neben einer durchgängigen Vergrößerung oder Verkleinerung einzelner Flossen kommen häufig segel-, zipfel- oder fadenförmige Verlängerungen von Teilen einzelner Flossen vor, und darüber hinaus treten zuweilen Verschmelzungen der unpaaren Flossen zu einem Flossensaum auf, den viele Autoren als die

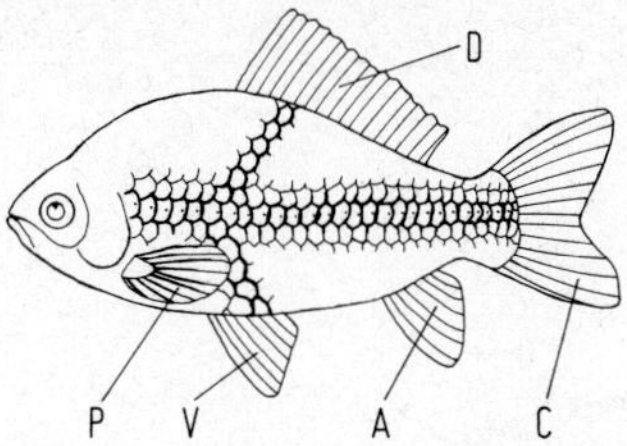

Bild 9.1: Typische Fischgestalt mit für die Bestimmung wichtigen Schuppenreihen. P Pectoral- (Brust-), V Ventral- (Bauch-), A Anal- (After-), D Dorsal- (Rücken-), C Cercal (Caudal-) (Schwanz-)flosse.

ursprüngliche Form der Beflossung ansehen, oder aber es können einzelne Flossen ganz fehlen. Bei manchen Arten sind Flossen auch als Fortpflanzungsorgan umgestaltet, wie z. B. bei den Lebendgebärenden Zahnkarpfen. Zu der bereits bestehenden Vielfalt der Körperform tritt nun noch die große Variabilität der Flossenformen. Die Kombination beider spiegelt die ungeheuer große Mannigfaltigkeit der Fischgestalt wider. Wir kennen ca. 30 000 verschiedene Fischarten, das sind mehr als alle Amphibien, Reptilien, Vögel und Säugetiere zusammen.

Die Flossen oder präziser: die Flossenstrahlen oder Radialia sind gelenkig mit knöchernen Skelettelementen verbunden. Bei den unpaaren Flossen sind dies die Flossenstrahlträger, die segmental angeordnet zwischen den dorsalen und ventralen Fortsätzen der Wirbel in die Rumpfmuskulatur eingebettet sind. Auf diese Weise haben die Dorsal- und Analflossen keine direkte Verbindung zur Wirbelsäule. Untereinander haben die Flossenstrahlen in ihrem basalen Bereich durch Bindegewebestränge eine feste Verbindung, die direkt über der gelenkigen Verankerung eine verstärkte Flossenbasis bilden und das Gelenk verfestigen.

Brust- und Bauchflossen entsprechen den paarigen Extremitäten der anderen Wirbeltiere, also Armen und Beinen. An Stelle der Flossenstrahlträger treten hier die sogenannten Extremitätengürtel, bei den Brustflossen eine Serie von drei Knochen, der Schultergürtel, und bei den Bauchflossen ein einzelnes verknöchertes Element, der Beckengürtel der Knochenfische. Der Schultergürtel stellt einen knöchernen Halbbogen dar, der mit Bändern am Schädel befestigt ist. Im Gegensatz zu den Landwirbeltieren fehlt bei den Fischen das Brustbein und die direkte Verankerung des Schultergürtels an der Wirbelsäule. Der Beckengürtel ist in der Rumpfmuskulatur verankert. Diese Tatsache läßt sich wohl nur funktionell begründen, denn die paarigen Flossen haben noch nicht die Stützfunktion der Extremitäten der Landwirbeltiere, die bei den Fischen durch das Wasser bereits gegeben ist, übernommen.

Skelett

Unter dem Begriff Achsialskelett der Fische versteht man die knöcherne Wirbelsäule sowie den mit ihr unbeweglich verbundenen Kopf. Die einzelnen Wirbel sind vorn und hinten trichterförmig eingesenkt. Die sich bei ihrer Aneinanderreihung somit ergebenden Hohlräume zwischen den Wirbelkörpern sind durch die elastische Rückensaite ausgefüllt, die bei den Vorläufern der Wirbeltiere aufgrund ihrer stabförmigen Ausbildung und hohen Elastizität noch als alleiniges Stützelement des jeweiligen Organismus dient. Reste dieser Rückensaite oder Chorda dorsalis finden sich auch noch beim Menschen wieder in Form der Zwischenwirbelscheiben, besser bekannt unter dem Begriff Bandscheiben. Mit dem eigentlichen Wirbelkörper der Fische sind nun mehrere knöcherne Bögen und Fortsätze fest verwachsen. Die dorsalen[4] Bögen schließen das Rückenmark ein, und die ventralen der Schwanzregion bilden einen Kanal für Blutgefäße. Diese Bögen werden daher auch entsprechend Neural- bzw. Hämalbögen genannt. Über der Leibeshöhle fehlen die Hämalbögen. An ihrer Stelle verlaufen zwei getrennte Fortsätze so, daß sie die Leibeshöhle seitlich umfassen und als Rippen bezeichnet werden. Außer den eben schon erwähnten Wirbelfortsätzen gibt es noch eine Reihe anderer, auf die aber hier im Text nicht näher eingegangen werden soll.

Als außerordentlich kompliziert gebaut erweist sich der Knochenbau des Schädels. Von seiner Entstehung her, aber auch von seiner Funktion ausgehend unterscheidet man einen Hirnschädel oder sogenanntes Neurocranium[5] von dem Kiefer- bzw. Kiemenschädel oder Visceralcranium. Das Neurocranium umschließt Gehirn und Sinnesorgane und gliedert sich in eine nasale[6], orbitale[7] und occipitale[8] Region. Es stellt eine mehr oder weniger geschlossene knöcherne Kapsel dar, die mit der Wirbelsäule fest verwachsen ist, also nicht gelenkig verankert ist wie beispielsweise beim Menschen. Mit diesem Neurocranium beweglich verbunden sind Kiefer- und Kiemenschädel. Dieses Visceralcranium besteht aus locker miteinander verbundenen Knochen und Knorpelspangen. Bei den Knochenfischen wird der Oberkiefer vom Maxillare[9] und Praemaxillare[10] gebildet, wobei meist das letztere die Funktion des Oberkiefers übernimmt. Im Unterkiefer finden wir das Dentale („Zahnbein"). Auf diese Maulregion folgen die fünf Kiemenbögen. Sie trennen die einzelnen Kiemen und dienen als Ansatz für die V-förmig aufgebauten Kiemenblätter. Der fünfte Kiemenbogen trägt keine Kiemenblätter mehr. Er ist dafür bei manchen Fischen mit Zähnen, den Schlund-

[4] in der Morphologie (Gestaltlehre) werden folgende Lagebezeichnungen häufig gebraucht: dorsal = rückseitig, ventral = bauchseitig, lateral = seitlich, cranial = kopfseitig, caudal = schwanzseitig, median = in der Mittellinie verlaufend, proximal = der Körpermitte genähert, distal = von der Körpermitte entfernt.

[5] Neurocranium: besteht primär aus 4 Regionen: Nasenkapsel (Regio nasale) Augengrubenregion (Regio orbitalis) Ohrregion (Regio otica) Hinterhauptsregion (Regio occipitalis).

[6] nasale: Region um das Nasenbein

[7] orbitale: Region um die Augenhöhlen

[8] occipitale: Region um das Hinterhauptsbein

[9] Maxillare: einer der Oberkieferknochen der Wirbeltiere, der außer den Schneidezähnen alle oberen Zähne trägt.

[10] Praemaxillare: Deckknochen, der den vorderen Teil des Oberkiefers der meisten Wirbeltiere bildet; er trägt Zähne.

zähnen, besetzt. Darüber hinaus können Ober- und Unterkiefer, aber auch der Mundhöhlenboden sowie das Mundhöhlendach, mit Zähnen besetzt sein. Diese Bezahnung ist auch ein gutes Merkmal zur Bestimmung von Fischen.

Muskulatur

Die zur Fortbewegung dienende Seitenrumpfmuskulatur erstreckt sich vom Hinterhauptbein des Schädels bis zur Wurzel der Schwanzflosse. Sie besteht aus einem dorsalen und ventralen Teil, die durch ein horizontales Bindegewebsseptum[1] voneinander getrennt werden. Ganz dem Aufbau des Achsialskeletts aus einzelnen Wirbeln entsprechend ist jeder Teil der Rumpfmuskulatur in Muskelsegmente gegliedert. Die einzelnen, hintereinander liegenden Segmente untergliedern sich weiter in tütenartig ineinandersteckende schmale Muskelpartien. Insgesamt formen diese Segmente ein recht kompliziertes Gebilde, das der Fischrumpfmuskulatur ihr typisches Aussehen, etwa die Form eines verkanteten W, gibt.

Es kann in diesem Rahmen keine ausführliche Abhandlung über die Anatomie der Fischmuskulatur gebracht werden. Wenn wir ganz grob vereinfachen, besitzen die Kiefer- und die Extremitätenmuskulatur jeweils zwei Paar antagonistisch[2] arbeitende Muskeln. Nämlich einen Muskel, der den Kiefer oder die Extremität zum Körper hin-, und einen, der sie wegführt (normalerweise mit adductor bzw. abductor bezeichnet). Die Arbeitsweise des zweiten Paares ist besonders bei den Flossen gut zu erkennen. Es sind dies der Musculus protractor und der M. retractor, die die Flosse aufrichten und ausbreiten oder den Kiefer vorziehen bzw. zusammenlegen oder zurückziehen. Bei einer Verkürzung des einen Muskels wird der andere automatisch gedehnt und umgekehrt. Die Anregung zu einer Muskelkontraktion geschieht durch Nervenfasern, die sog. Motoneurone. Dadurch, daß dem Zentralnervensystem über Dehnungsrezeptoren[3] in der Muskulatur selbst und in den Sehnen stets der augenblickliche Zustand über besonders schnell leitende Nervenbahnen mitgeteilt wird und dementsprechend die Motoneurone[4] den jeweiligen Muskel zu stärkerer oder schwächerer Kontraktion veranlassen, entsteht eine der jeweiligen Situation angepaßte Bewegung oder andere Reaktion. Da dieser Einstellungsvorgang sehr rasch abläuft, erfolgt eine Bewegung beispielsweise nicht ruckartig und abgehackt, sondern mit gleitendem Übergang von einem Zustand in den nächsten.

Wir fragen uns daher: Wie verkürzt sich ein Muskel und wie bewerkstelligt er diese feinabgestuften Bewegungen? Die funktionelle Einheit des Muskels ist die Muskelfaser. Ihre Größe ist abhängig von der des betreffenden Muskels. Manche Muskeln bestehen aus vielen kleinen und kurzen Fasern, andere aus dicken oder dünnen Fasern, die sich über die ganze Länge des Muskels erstrecken. Die einzelne Faser und die Faserbündel sowie der gesamte Muskel sind von Bindegewebshüllen umgeben, die an den Enden des Muskels in Sehnen übergehen.

Die einzelne Muskelfaser wird nach außen von einer Membran, dem Sarkolemm, abgegrenzt. Die Faser besteht aus Zytoplasma[5] und Myofibrillen[6], die in großer Zahl parallel zur Faserlängsachse im Innern regelmäßig angeordnet sind. Sie wiederum bestehen aus Eiweißfäden, den Myofilamenten. Diese werden auch als die kontraktilen („zusammenziehbaren") Elemente eines Muskels bezeichnet. Im Lichtmikroskop können diese einzelnen Filamente wegen ihrer Kleinheit nicht mehr aufgelöst werden, aber ihre parallele Anordnung verleiht ihnen ein gebändertes Aussehen: Abwechselnd erkennt man helle und dunkle Banden. Diese Erscheinung hat der Skelettmuskulatur auch die Bezeichnung quergestreifte Muskulatur eingebracht. Sie wird der glatten Muskulatur der Gefäße und des Verdauungstraktes gegenübergestellt, die diese Querbänderung nicht aufweist.

Im Elektronenmikroskop zeigen sich nun zwei verschiedene Filamenttypen von relativ konstantem Durchmesser und konstanter Länge. Die dicken Filamente oder Myosinfäden erstrecken sich über die dunkle oder A-Zone, die dünnen oder Aktinfäden über die helle oder I-Zone, die noch durch eine dunkle Linie halbiert wird, durch die Z-Scheibe. Der Abschnitt zwischen zwei Z-Scheiben wird als Sarkomer bezeichnet. Im Ruhezustand eines Muskels entspricht ein Sarkomer einer Strecke von 2,3 µm[7]. Und um gleich noch eine Zahl hinzuzufügen: Eine Myofibrille von nur 1 µm Durchmesser enthält rund 5000 Filamente, in einer Muskelfaser von 50–100 µm Durchmesser sind also Millionen von solchen Eiweißfäden.

[1] Bindegewebsseptum: Bindegewebige Scheidewand

[2] antagonistisch: gegensätzlich wirkend (z. B. antagonistisch wirkende Muskeln „Beuger" und "Strekker")

[3] Rezeptor: Sinnesorgan, das im Zusammenwirken mit dem Nervensystem Vorgänge in- und außerhalb des Körpers registriert, d. h. Reize aufnimmt.

[4] Motoneurone: Nervenzellen, deren lange Fortsätze (Neuriten) zu Muskeln ziehen und deren Erregung Bewegung erzeugt.

[5] Zytoplasma: Zellsubstanz (unter Ausschluß von Zellkern und Plastiden), schleimig und zähflüssig und fast immer in Wasser unlöslich. Bildet den Hauptbestandteil der Zelle.

[6] Myofibrillen: Zusammenziehbare Eiweißstränge des Muskelgewebes

[7] 1 µm (Mikrometer) = $\frac{1}{1000}$ mm

Bild 9.2: Muskulatur. Ein Muskel (a) besteht aus vielen Muskelfasern (b), die sich wiederum aus zahlreichen Muskelfibrillen (c) zusammensetzen. Diese untergliedern sich weiter in Actin- (A) und Myosinfilamente (M), die durch ihre regelmäßige Anordnung (d) die Skelettmuskulatur quergestreift erscheinen lassen. Bei der Kontraktion schieben sich die Actin- und Myosinfilamente teleskopartig ineinander (e), so daß sich die einzelnen Sarkomere (Z–Z) und damit auch der gesamte Muskel verkürzen. In (f) ist die tütenartige Verschachtelung der Rumpfmuskulatur eines Fisches dargestellt.

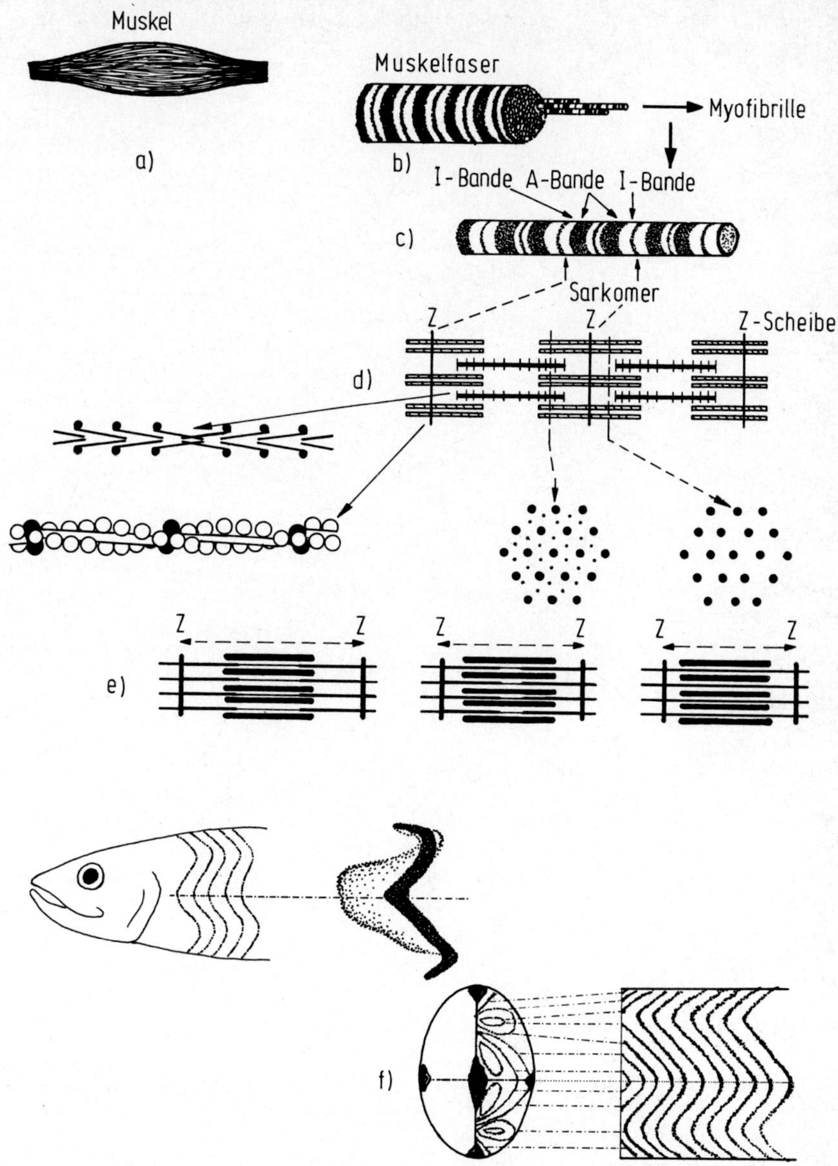

Bei der Kontraktion einer Muskelfaser verkürzen sich nun die Sarkomere dadurch, daß die dünnen Eiweißfäden an den dicken vorbeigleiten. Sie schieben sich ineinander wie ein Stab in seine Hülle, ohne daß sie sich dabei selbst verkürzen würden. Die Faser bzw. der Muskel werden dabei dicker und verkürzen sich gleichzeitig. Dieses Aneinandervorbeigleiten stellt man sich heute so vor, daß die seitlich aus den dicken Myosinfilamenten herausragenden Ärmchen mit den Köpfchen der dünnen Actinfilamente Brücken oder chemische Querverbindungen bilden können. Während der Kontraktion werden nun offenbar diese Querverbindungen in rascher Folge gebildet und wieder aufgebrochen. Die reaktiven Gruppen (Köpfchen und Ärmchen) der Moleküle sind nun also räumlich so angeordnet, daß sich die beiden Filamente dabei notwendigerweise aufeinanderzubewegen müssen, was einmal eine Verkürzung der Länge bedeutet, zum anderen aber auch bei den Millionen Filamenten eine schnell sich entwickelnde beträchtliche Spannung. Für dieses Ineinandergleiten der Filamente ist jedoch eine ständige Energiezufuhr notwendig, was hier in Form energiereicher Phosphate geschieht. Fehlen diese Phosphate, so kann keine Kontraktion erfolgen.

Eine derartige Verkürzung erfaßt nun aber in der Regel nicht alle Sarkomere einer Muskelfaser gleichzeitig, sondern sie breitet sich in dem Maße aus, wie die Erregung, die einen solchen Vorgang erst auslöst, sich auf der Muskeloberfläche ausbreitet: nämlich in Form einer Kontraktionswelle mit ca. 4–6 m/sec Ausbreitungsgeschwindigkeit. Der Anstoß zu einer solchen Kontraktion erfolgt normalerweise durch Nervenerregung, durch einen Nervenimpuls, der an einer bestimmten Stelle, der motorischen Endplatte[1], auf die Membran, der betreffenden Muskelfaser übertragen wird. Dieser Impuls breitet sich auf dem Sarkolemm aus und dringt auch in dessen fingerförmige Einstülpungen in Höhe der Z-Scheibe ein. Dort nutzt er die bestehenden Kontakte zu den sich im Zellinneren befindenden Längskanälchen und setzt Calcium-Ionen frei, die dann über ein kompliziertes Fermentsystem die Filamente in diesem Bereich gleichzeitig zur Kontraktion veranlassen. Treten mehrere Impulse nacheinander auf, so wird jeweils eine Kontraktionswelle pro Impuls ausgelöst, so daß also auch mehrere Kontraktionswellen, die immer länger andauern als die Impulswelle, auf einer Muskelfaser entlanglaufen können. Ihre Wirkung addiert sich, und infolgedessen verkürzt sich die Faser stärker. Auf diese Weise kann eine fein abgestufte Verkürzung und damit entsprechender Kraftaufwand erreicht werden. Dies ist auch möglich, indem jeweils abwechselnd verschiedene Muskelfasern in einem Muskel aktiviert werden. Die Erholungszeit der einzelnen Fasern ist auf diese Weise verlängert, so daß eine allzu rasche Ermüdung vermieden wird. Beide Möglichkeiten sowie ihre Kombination sind zur Ausführung kontrollierter Muskelbewegung verwirklicht.

[1] Motorische Endplatte: Übertragungsort der Erregung von einer motorischen Nervenfaser auf die Muskelfaser. Das Nervenende ist kolbenartig verdickt, die Muskelfasermembran stark aufgefaltet. Die erregte Nervenfaser gibt eine chemische Substanz ab, die die Muskelfaser erregt.

[2] Frequenz: Anzahl von Schwingungen in einer Sekunde.

Fortbewegung

Nach der kurzen Schilderung des Baues der Fischflosse und der mehr grundsätzlichen Erläuterung einer Muskelkontraktion stellt sich nun die Frage, „wie schwimmt ein Fisch?“, d. h. „wie entsteht bei den Schwimmbewegungen der Fische ein Vortrieb?“. Dazu sind unsere Aussagen recht dürftig im Vergleich zum Kenntnisstand der Strömungstechnik und ihrer Anwendung im Flugzeug- oder Schiffsbau. Die „Antriebe“ verschiedener Fische sind sehr unterschiedlich. Bei allen Vorwärtsbewegungen führen zumindest die Flossen Schwingungen aus, die man als vom Kopf nach hinten laufende Wellen sieht. Besonders ausgeprägt ist dies bei den Messerfischen, bei denen solche Wellen ständig den ventralen Flossensaum durchlaufen. Der grüne Messerfisch *Eigenmannia virescens* und der Nilhecht *Gymnarchus niloticus* z. B. bewegen sich damit allein, ohne unterstützende Körperbewegungen, wie das beim stark elektrischen Zitteraal noch der Fall ist. Beim Stillstand arbeitet das Flossenband so, daß Wellen in der vorderen Hälfte nach hinten und in der hinteren Hälfte nach vorn laufen. Beim raschen Vorschnellen wird die hintere Hälfte auf die Laufrichtung der vorderen umgestellt und die Frequenz[2] stark erhöht. Beim Rückwärtsschwimmen treten

Bild 9.3: Bei den Messerfischen führen die Flossen Schwingungen aus, die man im bauchseitigen Flossensaum als vom Kopf aus nach hinten laufende Wellen sieht. Unser Bild zeigt den Grünen Messerfisch (Eigenmannia virescens). Aufnahme B. Kahl

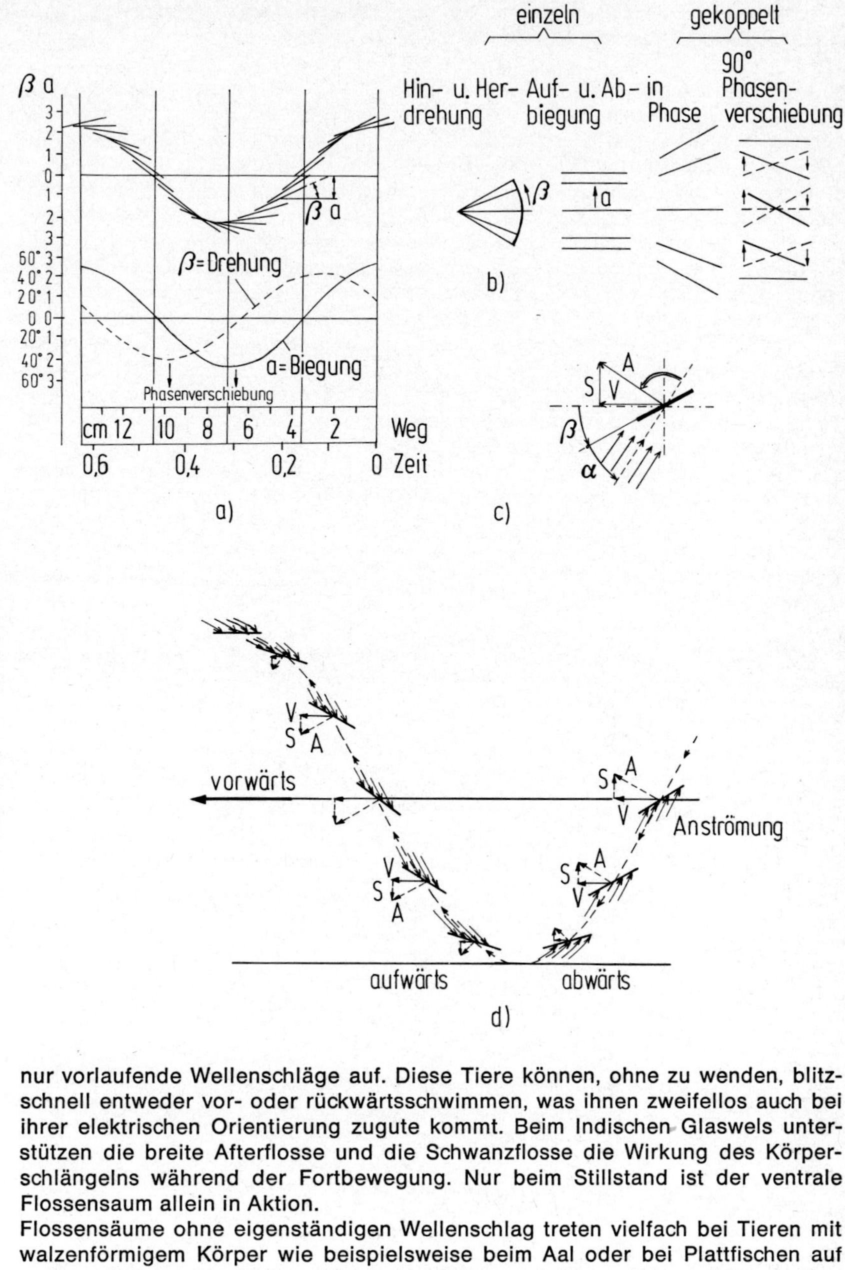

Bild 9.4: (a) Schwingung der Schwanzflosse beim Vorwärtsschwimmen. a Biegung der Flossenmitte von der Nullage, β der dabei gleichzeitig auftretende Anstellwinkel oder Flossenverwindung. Darunter sind die Werte für a und β getrennt aufgetragen. Zwischen beiden besteht eine Phasenverschiebung von 72° (Forelle). (b) Drehung und Biegung sowie deren Kopplung in Phase und mit 90° Phasenverschiebung beim Schwanzflossenschlag. In (c) sind die beim Flossenschlag auftretenden Kräfte dargestellt. Anstellwinkel und β Drehwinkel der Flosse, A = Auftrieb, S = Schlagkomponente und V der daraus resultierende Vortrieb. In (d) sind die beim Schwanzflossenschlag auftretenden Vortriebskräfte dargestellt.

nur vorlaufende Wellenschläge auf. Diese Tiere können, ohne zu wenden, blitzschnell entweder vor- oder rückwärtsschwimmen, was ihnen zweifellos auch bei ihrer elektrischen Orientierung zugute kommt. Beim Indischen Glaswels unterstützen die breite Afterflosse und die Schwanzflosse die Wirkung des Körperschlängelns während der Fortbewegung. Nur beim Stillstand ist der ventrale Flossensaum allein in Aktion.

Flossensäume ohne eigenständigen Wellenschlag treten vielfach bei Tieren mit walzenförmigem Körper wie beispielsweise beim Aal oder bei Plattfischen auf und ermöglichen durch die Flächenvergrößerung größere Seitenkräfte mit Vortriebskomponenten bei den horizontalen bzw. vertikalen Wellenbewegungen des ganzen Körpers.

Die zweifellos am weitesten verbreitete „Antriebsart" sind Körperschwingungen mit einer Schwanzflosse am Heck. Letztere wird deshalb auch vielfach nur als Antriebsflosse bezeichnet. Sie setzt an dem seitlich abgeflachten stielförmigen Schwanz an, der, von wenigen Ausnahmen abgesehen, 40–50 % der Rumpffläche hoch ist. Die Schwanzflosse verbreitet sich wieder auf die 1–1,3fache Rumpfhöhe. Ihr Öffnungswinkel beträgt 20–30°, bei scheibenförmigen Körperformen weitet sich der Fächer auf etwa 60°. Damit werden insgesamt günstige Anströmverhältnisse an den Schwanzflossen geschaffen. Der Schwanzflossenschlag ist in jeder seiner Bewegungsphasen, also über die ganze Periode, aktiv, d. h. es findet keine passive Rückführung in die Ausgangslage statt. Anhand von Filmaufnahmen während der Fortbewegung unterscheidet man im wesentlichen zwei Vorgänge:

1. die Flossenauslenkung aus der Null- oder Ausgangslage. Man registriert hierfür die zurückgelegte Wegstrecke eines zuvor festgelegten mittleren Flossenpunktes. Und
2. die jeweilige Stellung oder Neigung der Flosse. Hierbei wird die Änderung des Winkels der Flosse zur Körperlängsachse bestimmt.

Als Ergebnis stellt sich nun heraus, daß im Bereich der größten Flossenauslenkung sich die Neigung der Flosse bei der Schlagumkehr, also vom Hin- zum Rückschlag, sehr rasch ändert. Stellt man beide Meßwerte in einem Diagramm in Abhängigkeit von der Zeit dar, so ergibt sich, daß die Hin- und Herdrehung der Flosse (also die Neigung) den gemessenen Wegstrecken der Auslenkung zeitlich vorauseilt, und zwar um einen konstanten Betrag. Die Umstellung der Flossenneigung von „hin nach her“ erfolgt also stets, bevor die größte Auslenkamplitude[1] der Flosse erreicht wird. Beide sinusförmigen Abläufe sind also phasengekoppelt, aber zeitlich gegeneinander verschoben. Dadurch weicht der Anstellwinkel der Flosse nur geringfügig vom Bahnverlauf ab, so daß über den genannten Bewegungsablauf die Auftriebskräfte eine wesentliche Vortriebskomponente haben. Der schmale, dünne und sehr biegsame Schwanzstiel ermöglicht in jeder Schlagphase die richtige Stellung der Flosse, durch die dann letzten Endes der Vortrieb gewonnen wird. Auf welche Weise die Flossenstellung gesteuert wird, ist bislang noch nicht hinreichend bekannt. Aus den morphologischen Befunden und der Flossenstellung ergibt sich weiter, daß die Flosse selbst vom Wasser gut angeströmt wird und daß, da Rumpf und Flosse etwa gleiche Höhe haben, die durch den Strömungswiderstand des Rumpfes verzögerte Strömung durch die Flosse voll erfaßt werden kann. Beides bedeutet strömungstechnisch einen Vorteil und garantiert einen höchst wirkungsvollen, energiesparenden Antriebsmechanismus. Es sollte vielleicht hierzu noch angemerkt werden, daß sich bei höherer Schwimmgeschwindigkeit die Flossenstellung und ihre Auslenkamplitude nicht verändern, sondern nur die Schlagfrequenz[2] der Schwanzflosse.

Bei den meisten Fischen liefert also die Schwanzflosse den entscheidenden Antrieb, die restlichen Flossen dienen zur Steuerung oder führen auch Ortsänderungen kleinen Ausmaßes durch. Genau umgekehrt sind die Verhältnisse bei einer Reihe von Korallenfischen, aber auch beim Süßwasserkugelfisch *Tetraodon*. Diese Fische steuern mit der Schwanzflosse, die dabei breit ausgefaltet oder auch zusammengeklappt getragen wird. Lediglich bei Versuchen, solche Tiere zu fangen, benutzen sie auch die Schwanzflosse zur Fortbewegung. Unter normalen Umständen benutzen diese Fische lediglich die Brustflossen sowie die Rücken- und die Afterflosse zur Vorwärtsbewegung. Alle diese Flossen sind beim Schwimmen gleichzeitig tätig, wobei sie wellenförmige Bewegungen ausführen. Rücken- und Afterflosse bewegen sich nach der Seite, die Brustflossen auf- und abwärts.

Angaben über die Schwimmgeschwindigkeit von Fischen variieren sehr stark. Sie ist von vielen Faktoren abhängig. Messungen an Barschen unter natürlichen Bedingungen und unbeeinflußt durch die Registrierung ergaben eine Geschwindigkeit von etwa 0,7 m/sec, wenn sich die Tiere im Schwarm bewegen; Einzeltiere schwimmen mit etwa 1,1 m/sec schneller, und auf der Flucht bewegen sie sich mit etwa 1,2 m/sec. Das ist ungefähr 1,6mal so schnell wie im Schwarm und bedeutet gleichzeitig eine vierfache Leistungssteigerung. In Laborversuchen wurde die Schwimmweise verschiedener Fische, insbesondere der Karpfen- und Forellenartigen, mit dem „Fisch-Rad“ untersucht. Hierbei befindet sich das Versuchstier in einem durchsichtigen Rohr, das an einen Ringkanal angeschlossen ist und in dem die Strömungsgeschwindigkeit des Wassers so eingestellt werden kann, daß der gegen diese Strömung anschwimmende Fisch an Ort und Stelle bleibt und gut beobachtet werden kann. Die Wasserströmungsgeschwindigkeit entspricht dann der Schwimmgeschwindigkeit. Dabei stellte sich heraus, daß die nur relativ kurze Zeit andauernde maximale Schwimmgeschwindigkeit eines Fisches abhängig ist von seiner Körperlänge. Drückt man aber die Schwimmgeschwindigkeit nicht in absoluten Zahlen, also m/sec, sondern in Körperlängen/sec aus, so ergibt sich nun für alle Fische eine lineare Abhängigkeit von der Schlagfrequenz der Schwanzflosse. Je höher diese ist, desto schneller schwimmt der Fisch. Beim Häsling *(Leuciscus leuciscus)* ergaben beispielsweise 5 Schläge/sec etwa die 2,5fache Körperlänge/sec, bei 10 Schlägen/sec bereits das 5,5- bis 6fache. Ganz allgemein gilt für die kurzzeitige maximale Fortbewegungsgeschwindigkeit, daß Fische pro Schwanzflossenschlag etwa $^3/_4$ ihrer Körperlänge zurücklegen.

[1] Amplitude: Maximale Auslenkung einer Schwingung nach jeder Richtung
[2] Schlagfrequenz: Anzahl der Schläge pro Sekunde.

[3] Farbfoto auf S. 599

Die jeweils erreichbare maximale Schlagfrequenz ist einmal artspezifisch und zudem abhängig von der Körperlänge. Sie nimmt zu bis zu einer optimalen Körperlänge und fällt bei weiterem Längenwachstum wieder etwas ab. Das heißt nun also, daß die Schwimmgeschwindigkeit ab einer bestimmten Körpergröße nicht mehr wesentlich zunimmt. Diese optimale Länge beträgt bei der Forelle etwa 5 cm und bei Goldfisch und Häsling 8 cm. Goldfische von 18 cm Körperlänge erreichen maximal acht Schwanzflossenschläge pro Sekunde, was einer Geschwindigkeit von 108 cm/sec entspricht. Forellen als bekannt schnelle Schwimmer liegen mit 17 Schlägen pro Sekunde bei 25 cm Länge mit 380 cm/sec maximaler Schwimmgeschwindigkeit um fast das 3,5fache höher. Für Dauerschwimmleistungen jedoch muß aus Laborversuchen geschlossen werden, daß die Schlagfrequenz der Schwanzflosse nur etwa die Hälfte des Maximalwertes beträgt, also $f_{Dauer} = 0{,}5\, f_{max}$.

Mit einer Änderung der Schlagfrequenz ändert sich die Amplitude des Schwanzflossenschlags (wiederum bezogen auf die jeweilige Körperlänge) aber praktisch nicht. Sie beträgt etwa $^1/_5$ der Körperlänge. Diese Werte streuen jedoch besonders stark bei kleinen Fischen und gelten auch nicht beim Vorschnellen eines Fisches aus dem Stand, wo eine wesentlich größere Amplitude erreicht wird.

Zum Schluß des Kapitels Bewegung erscheint noch eine Anmerkung angebracht über fliegende Fische, soweit es Süßwasserformen sind. Eine ganze Reihe von Fischarten hat stark entwickelte Brustflossen, die in ihrer überdimensionalen Größe wie Flügel erscheinen. Es kommt daher nicht von ungefähr, daß diesen Arten auch Flugvermögen nachgesagt wird. In der Regel ist mit der Vergrößerung derartiger Flossen auch eine Verstärkung und Erweiterung der Flossenmuskulatur und des Schultergürtels verbunden. So besteht beispielsweise bei *Pantodon buchholzi,* dem afrikanischen Schmetterlingsfisch[3], der vordere Rumpfabschnitt praktisch nur aus Brustflossenmuskulatur. Seine Brustflossen sind so angesetzt, daß sie nur auf und ab bewegt werden können, und weiterhin sind sie an ihrer ganzen Innenseite mit dem Rumpf verwachsen, so daß sie wie ausgespannte Segel erscheinen. Die starke Vorwölbung der Kehl- und Brustregion der Beilbauchfische geht ebenfalls auf die mächtige Brustflossenmuskulatur und den überdimensional entwickelten Schultergürtel zurück, die etwa $^1/_4$ des Gesamtgewichts ausmachen. Während bei *Pantodon* und der Flugbarbe *Esomus malayensis* die Brustflossen im unteren Drittel des Rumpfes ansetzen, liegen sie bei den Beilbauchfischen in $^2/_3$ Rumpfhöhe.

Die Möglichkeit der Fische, sich damit fortzubewegen, ist dadurch gegeben, daß einmal die Flossen als unbewegte Auftriebsfläche beim Gleiten oder Aufsteigen des Körpers im Wasser, direkt über Wasser und bei Sprüngen in der Luft fungieren, oder aber zum anderen, daß die Flossen als echte Vor- und Auftriebsfläche in der Luft eingesetzt werden.

Die Mehrzahl der fälschlicherweise als fliegende Fische bezeichneten Süßwasserarten gehören zu der erstgenannten Gruppe. Sie sollten daher besser als gleitende oder flatternde Fische bezeichnet werden. Für die schon zuvor genannte Flugbarbe und den afrikanischen Schmetterlingsfisch liegen bislang lediglich fundierte Beobachtungen über Luftsprünge vor, die durch einen sich anschließenden

Bild 9.5: Die Brustflossen der Beilbauchfische (hier der Marmorierte Beilbauch, Carnegiella strigata) schlagen auch im „Flug“ und verursachen dabei ein leicht surrendes Geräusch. Aufnahme B. Kahl.

Gleitflug allerdings Distanzen bis über 2 m überbrücken können. Dabei können auch flatternde Bewegungen der „Flügel" beobachtet werden, die aber bei näherem Zusehen auch passive Schwingungen darstellen können, ähnlich wie eine Fahne im Wind. Für *Pantodon* zumindest kann wegen der relativ hohen Zukkungsfrequenz der Brustflossenmuskulatur ein kurzzeitiger aktiver Flügelschlag nicht ausgeschlossen werden.
Die bisher einzigen Fische überhaupt, von denen ein solcher Flügelschlag über Wasser sicher bekannt ist, sind die Beilbauchfische. Ihre Brustflossenschläge verursachen beim Flug ein leicht surrendes Geräusch. Befinden sie sich einmal über Wasser, so können sie ihre Richtung nicht mehr ändern, wie das beispielsweise Insekten und Vögel tun können. Sie schwirren einfach in der einmal eingenommenen Richtung weiter, bis sie am Ende ihrer Flugbahn teilweise auch mit der Breitseite wieder im Wasser eintauchen. Der Flug läßt sich etwa so beschreiben: Der dicht unter der Oberfläche schwimmende Fisch taucht zunächst, durch ein paar rasche Schwanzflossenschläge angetrieben, mit dem Oberteil seines Körpers aus dem Wasser auf. Dann erfolgen zusätzlich rasche Flügelschläge, die den halb eingetauchten Fisch über das Wasser dahinschießen lassen. Erst bei höherer Geschwindigkeit heben die Beilbauchfische auch tatsächlich vom Wasser ab. Zuweilen wird auch auf der Flucht die Wasseroberfläche schon mit genügend hoher Geschwindigkeit durchbrochen, so daß sich die Flugphase direkt anschließt. Die so zurückgelegten Distanzen betragen etwa 3 m (bei einer Körpergröße von weniger als 10 cm). Weitaus größere Strecken (bis zu 50 m) können die etwa 30–45 cm großen zwei- und vierflügeligen Fische der Familie Exocoetidae des Pazifiks und Atlantiks mit ihrem Gleitflug zurücklegen. Sie erreichen dabei eine mittlere Fluggeschwindigkeit von etwa 55 km/Std.

Haut

Schuppen

Die Haut der Fische besteht aus drei deutlich getrennten Schichten: einer drüsenreichen Oberhaut oder Epidermis, den darunterliegenden Schuppen und Farbstoffzellen, die in der Unterhaut (Corium) eingeschlossen sind, und der Unterhaut selbst.
Die Schuppen sind verknöcherte Plättchen, die von der Unterhaut gebildet werden und in sogenannten Schuppentaschen stecken. Sie überlagern sich dachziegelartig von vorn nach hinten und verfestigen somit die Körperoberfläche zusätzlich. Man unterscheidet nun mehrere Schuppentypen: Bei Vertretern altertümlicher Familien wie Stör, Kaimanfisch und Flösselhecht findet man sehr harte rhombische Schuppenformen, die Schmelz- oder Ganoidschuppen. Sie bestehen aus drei Schichten: einer oberen Schmelzschicht, in der Mitte Cosmin[1] und unten die knochenähnliche Isopedinschicht[2]. In der Regel bedecken sie den ganzen Körper und bilden, da sie zudem untereinander verbunden sind, eine Art Kettenhemd um den Fischkörper.
Die am weitesten verbreitete Form ist die Plättchenform, die keinen Schmelzbelag hat. Dieser Schuppentyp baut sich aus vielen mehr oder weniger starken konzentrischen Ringen auf, die am Schuppenende dichter stehen als am freien Rande. Diese Ringe sind durch vom Zentrum aus verlaufende radiale Rinnen unterbrochen. Dieses Ringmuster erinnert etwas an die Jahresringe der Bäume, und aus den Ringabständen lassen sich auch Wachstumsperioden ermitteln, womit ebenfalls Rückschlüsse auf das Alter der Fische möglich sind. Sind derartige Schuppen an ihrem freien Ende rundlich, so sprechen wir von Rund- oder Cycloidschuppen. Sind sie dagegen eher gerade, gesägt und mit kleinen Zähnen besetzt, dann ist es eine Kamm- oder Ctenoidschuppe. So eindeutig sich diese Formen auf den ersten Blick unterscheiden mögen, es gibt zwischen ihnen doch vielerlei Übergänge. Bei den karpfenartigen Fischen, den Salmlern und Barben finden wir in der Regel Rundschuppen, bei den barschartigen Fischen Kammschuppen vor. Zuweilen bleiben die Schuppen so klein, daß sie überhaupt nicht in Erscheinung treten und den Fisch schuppenlos erscheinen lassen (Aal). Welse nehmen insofern eine Sonderstellung ein, als bei ihnen keine typischen Schuppen vorhanden sind. Bei einzelnen Arten trifft man dafür größere Knochenplatten in der Unterhaut an.

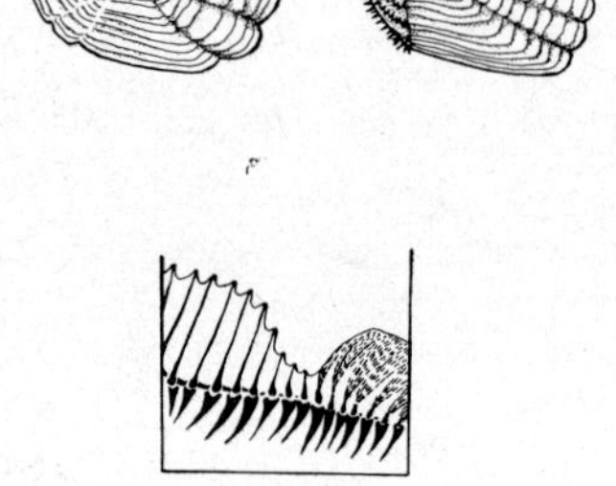

Bild 9.6: Oben links eine Rund- oder Cycloidschuppe, rechts eine Kamm- oder Ctenoidschuppe. Unten: Harte (links) und weiche (rechts) Rückenflossenstrahlen mit Pterygiophoren (Knochen) in der Körpermuskulatur.

[1] Cosminschicht: Knochenartige Schicht, die von verästelten Kanälchen durchzogen ist. Diese laufen z. T. unter der oberen Schmelzschicht in Endbäumchen aus.
[2] Isopedinschicht: knochenähnliche Schicht, die aus sich kreuzenden Kalkfibrillen besteht.

Färbung

Vielfach erregen Fische unsere Aufmerksamkeit weniger durch ihre Gestalt als durch intensive Färbung. Gerade auch unter Fischen werden gewisse Verhaltensweisen sehr stark durch Farben beeinflußt: Auffallende Färbungen locken den Partner an, furchterregende Farbmuster schrecken Feinde ab. Oft jedoch dient die Färbung dazu, sich der Umgebung anzupassen und sich „unsichtbar" zu machen. Derartige Farbmuster sind gebunden an chemische Substanzen, die Pigmente[3], die in bestimmte Zellen der Haut eingelagert sind. In der Fachsprache werden diese Zellen Chromatophoren genannt. Manche Farbeffekte jedoch sind physikalischer Natur und beruhen ausschließlich auf Lichtbrechung, -beugung und Interferenzerscheinungen, also Verhältnissen, wie wir sie bei einer Seifenblase wiederfinden oder Erscheinungen, die wir auch an einer mit Benzin verunreinigten Wasserpfütze auf der Straße beobachten können. Neben ihrer Aufgabe als Anlock-, Warn- oder Tarnfärbung dienen Pigmente auch dem Sauerstofftransport im Blut, sie sind wesentlich beteiligt am Sehvorgang in der Augennetzhaut, sie stellen weiterhin Vorstufen für lebenswichtige Stoffe dar und werden schließlich auch als Abfallprodukte gespeichert.

Eine Reihe tierischer Pigmente gehört chemisch zur Klasse der Karotinoide[4]. Das häufigste davon ist das β-Karotin, eine Vorstufe des Vitamins A, und das orangerote Astaxanthin. Ein weiteres Pigment, das Melanin, variiert seine Farbe je nach chemischem Zustand von gelb, orange und rot bis zu braun und schwarz und stellt eine hochpolymere Verbindung dar, die sich von der Aminosäure Tyrosin ableitet. Je nach ihrer Farbe unterteilt man nun die pigmenthaltigen Zellen in: Melanophoren (schwarzbraun), Erythrophoren (rot), Xantophoren (gelb), Leukophoren (weiß), Iridophoren und Guanophoren (schillernd oder reflektierend). Die einzelne Chromatophore enthält jeweils nur eine einzige Art von Pigment. Der Grundton der Körperfärbung der Fische setzt sich aus Tausenden solcher Farbpunkte zusammen. Er ist in seiner Tönung jeweils durch den prozentualen Anteil der betreffenden Chromatophoren bestimmt. Zusätzliche Farbmuster entstehen durch eine regional unterschiedliche Häufung von Chromatophoren, besonders intensive Farben dadurch, daß dunkle Melanophoren das Streulicht der noch darüberliegenden Pigmentzellen absorbieren und so deren Farbstoff voll zur Geltung bringen. Die irisierenden Farben der Salmler zum Beispiel beruhen darauf, daß unter den Chromatophoren eine zweite Schicht von Guanophoren[5] mit ihren eingelagerten Guaninplättchen oder -kristallen liegt, die das Licht voll reflektieren und dabei aber je nach Lichteinfallswinkel auch bestimmte Wellenlängen des weißen Lichtes auslöschen und somit Farbnuancen je nach Stellung des Fisches zum Licht hervorrufen. Der starke Silberglanz mancher Fische oder auch nur der Bauchseite wird ebenfalls durch Guanophoren hervorgerufen, die ihrer dichten Packung wegen hier als Spiegel wirken.

Färbung und Zeichnung eines Fisches ändern sich bekanntlich vielfach während der Entwicklung und sind auch vom Lebenszyklus abhängig. Farbänderungen in der Fortpflanzungszeit und Brutpflege haben für Artgenossen Signalwert und stellen Schlüsselreize dar. Solche Änderungen sind vielfach auch am Tage und in der Nacht zu beobachten. Schließlich treten Farbänderungen im Sozialleben der Fische auch in Sekunden oder Bruchteilen davon auf. Ein beredtes Zeugnis dafür ist unter vielen anderen Fischen *Microgeophagus ramirezi*. Diese rasche Farbänderung wird im Gegensatz zur langsamen Umfärbung als physiologischer Farbwechsel bezeichnet. Dabei spielt sich folgendes ab: Innerhalb einer stets stark verästelten Chromatophore liegt der Farbstoff in feinen Körnchen oder Granula vor. Diese können einmal in der Zellmitte konzentriert oder aber über die ganze Zelle gleichmäßig verteilt sein. Im ersten Fall erscheint die Zelle hell bzw. farblos, im zweiten dunkel bzw. farbig. Um einen Vergleich anzubringen: es ist, als ob man von oben auf viele nicht geöffnete Regenschirme schaut, die im zweiten Fall geöffnet die ganze Fläche verdunkeln. Bei diesem Vorgang des Dunklerwerdens oder Aufhellens der Haut verändert sich die Form der Pigmentzelle selbst nicht, es verlagern sich lediglich die Pigmentgranula innerhalb der Zelle. Auf welche Weise diese Pigmentverschiebung stattfindet, ist noch nicht vollständig geklärt. Man nimmt heute an, daß die negativ geladenen Pigmentgranula in dem elektrischen Feld, das in den Chromatophoren besteht, wandern. Im Normalzustand — ausgebreitetes Pigment, ist ihr Zentrum negativer als die Peripherie der Zelle, bei zusammengeballtem Pigment ist das Zentrum positiver als die Peripherie. Über die Ursachen dieser elektrischen Umpolung gibt es bislang noch keine eindeutigen Aussagen. Sicherlich aber haben die den Farbwech-

[3] Pigment: Farbstoff. Es ist in Form feinster Körnchen dem Plasma bestimmter Zellen (Pigmentzellen) eingelagert. Am häufigsten findet man solche Pigmentzellen (Chromatophoren) in der Haut unter der Epidermis. Durch vom Nervensystem geregelte Bewegungen (Zusammenballen, Verteilen) ihres farbstoffhaltigen Cytoplasmas können in kurzer Zeit mannigfache Veränderungen in der Hautfärbung auftreten.

[4] Karotinoide: fettlösliche, gelbrote Farbstoffe.

[5] Guanophoren: Zellen, die Guanin in Form feiner Körnchen oder kleiner Täfelchen enthalten.

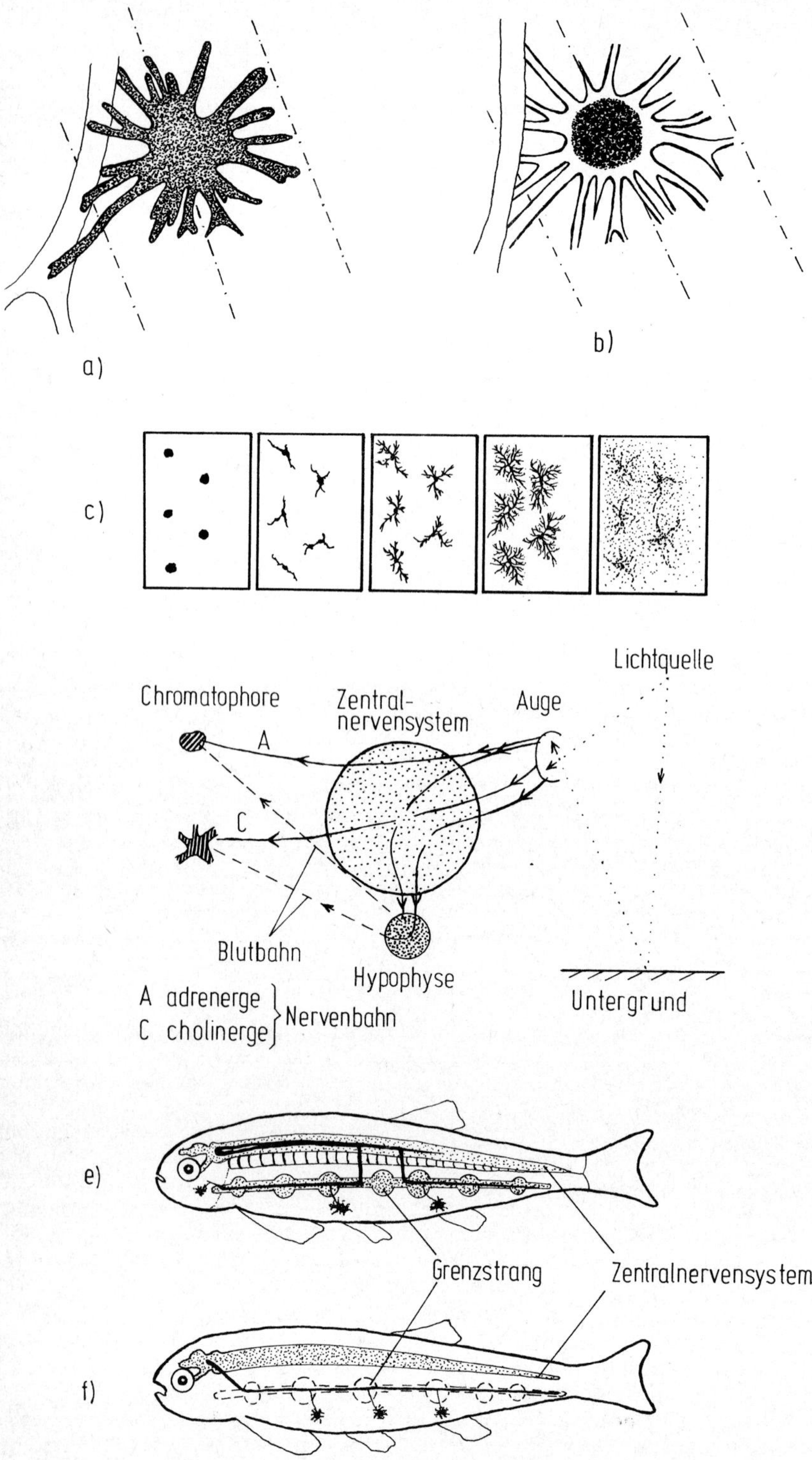

Bild 9.7: Chromatophore mit expandierten (a) und zusammengeballten (b) Pigmentgranula. Darunter verschiedene Stadien der Pigmentausbreitung (c). In (d) wird die Steuerung des Farbwechsels schematisch dargestellt. Direkt ins Auge einfallendes Licht kann über das Nervensystem oder zusätzlich aktivierter Hypophyse zur Pigmentausbreitung in den Chromatophoren führen. Beleuchtung des Untergrunds kann zur Zusammenballung des Pigments und damit Aufhellung des Fisches führen. In (e) ist der zu den Chromatophoren führende Teil des Sympathicus, in (f) der des Parasympathicus dargestellt.

sel steuernden Faktoren darauf einen Einfluß. Bei den Fischen kommen hierfür sowohl das Nervensystem als auch verschiedene Hormone in Frage.
Sicher nachgewiesen ist, daß Melanophoren fast immer vom vegetativen Nervensystem[1] (Sympathicus und Parasympathicus) aus innerviert werden, Erythrophoren sehr oft nicht, und bei Xanthophoren hat man bisher noch keine Nervenfaser gefunden. Reizung des Sympathicus bewirkt eine Aufhellung der Fisch-

[1] Vegetatives Nervensystem: die Gesamtheit der dem Einfluß des Willens und des Bewußtseins entzogenen Nerven- und Ganglienzellen. Das vegetative Nervensystem innerviert dem Stoffwechsel dienende Organe (Drüsen, glatte Muskulatur, Herzmuskel). Zu ihm gehören die Antagonisten Sympathicus und Parasympathicus.

haut durch Zusammenballung des Melanins. Parasympathicus- oder Vagusreizung hat den gegenteiligen Effekt. Nach einer Durchtrennung des Sympathicusstranges in Höhe der Rückenflosse verdunkelt sich der caudal davon liegende Körperteil schlagartig und bleibt danach auch dann dunkel, wenn der übrige Körper sich stark aufhellt, wie das z. B. der Fall ist, wenn sich der Fisch über hellem Untergrund aufhält. Wesentlichen Einfluß auf den Dispersionsgrad[2] des Pigments nehmen also durch Lichtperzeption[3] die Augen, die steuernde Impulse an die Chromatophorennerven veranlassen. Sie bewirken eine differenzierte Anpassung an die Umgebung, wobei einfallende Lichtmenge und Helligkeit des Untergrundes berücksichtigt werden. Dadurch können sich auch Körperoberseite und Unterseite in ihrer Farbgebung verschieden verhalten. Für alle Fische kann zutreffend festgestellt werden, daß das Nervensystem für die rasche Änderung des Pigmentierungsmusters verantwortlich ist und dabei in erster Linie den Zustand der Melanophoren reguliert. Langsame Änderungen erfolgen in der Regel durch Hormone, wie z. B. die Hochzeitsfärbung vieler Fische. Dabei werden nun

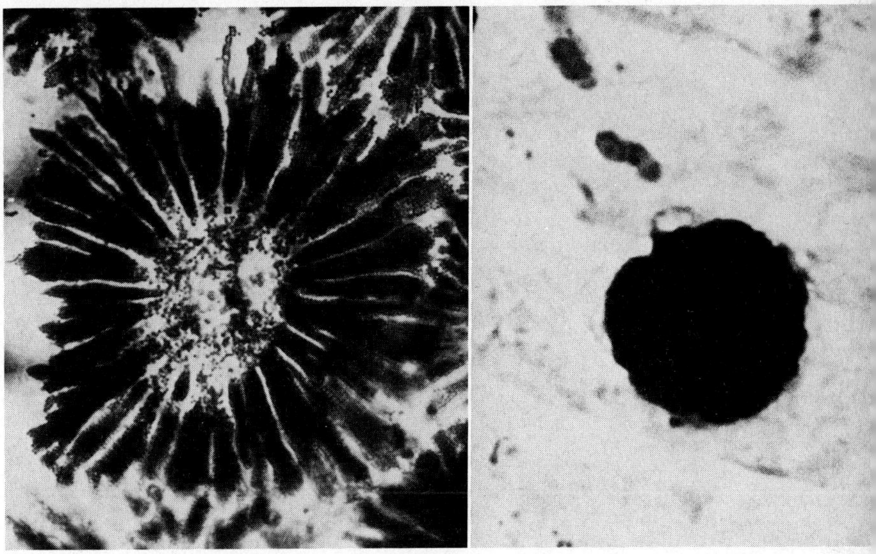

Bild 9.8: Lichtmikroskopische Aufnahmen einer Melanophore mit ausgebreitetem (links) und zusammengeballtem (rechts) Pigment. Aufnahme Dr. M. Schliwa

auch die übrigen Chromatophoren ebenfalls direkt beeinflußt. Wirksame Hormondrüsen sind

1. die Nebenniere mit ihren Hormonen Adrenalin und Noradrenalin und die Epiphyse[4] mit dem Melatonin, die alle eine Pigmentzusammenballung und damit Aufhellung verursachen;
2. Teile der Hypophyse[5] mit melanophorenstimulierendem Hormon oder Intermedin und dem adrenocorticotropen Hormon, die eine Pigmentdispersion und somit Verdunkelung bzw. intensivere Färbung bewirken. In der Wirkung entspricht also die erste Gruppe dem Sympathicus, die zweite dem Vagus. Darüber hinaus haben die Keimdrüsenhormone und das Schilddrüsenhormon noch einen gewissen Einfluß auf Chromatophoren. Von den eben geschilderten Verhältnissen gibt es auch einzelne Abweichungen. So hat bei Makropoden die Hypophyse überhaupt keinen Einfluß auf den Melanophorenzustand.

[2] Dispersionsgrad: hier Grad der Verteilung der Pigmentkörner in den Chromatophoren.
[3] Perzeption = Wahrnehmung
[4] Epiphyse: Zirbeldrüse der Wirbeltiere. Gegenspieler der Hypophyse. Produziert Melatonin.
[5] Hypophyse: Hirnanhangsdrüse. Oberster Regler des gesamten Hormonsystems.

Schreckstoff

Neben den in der Haut aller Fische zahlreichen einzelligen Schleimdrüsen gibt es bei den Ostariophysen noch einen weiteren auffallenden Zelltyp. Es sind durchweg große rundliche Zellen, die über den ganzen Körper gleichmäßig verteilt sind. Die Bedeutung dieser Zellen wurde durch Zufall entdeckt: Als man nämlich eine operierte Elritze wieder in ihren Schwarm zurücksetzte, schwammen alle Tiere verschreckt davon und mieden im Freiland tagelang diesen Platz. Diese Schreckreaktion äußert sich bei den verschiedensten Arten der Ostariophysen ganz unterschiedlich. Elritzen versuchen zu fliehen oder gehen zu Boden oder versuchen, sich zu verstecken. Schleien graben sich mit dem Kopf voraus in

den Bodenschlamm. Manche Grundfische, wie Gründling oder Bartgrundel, erstarren blitzartig und verharren so mehrere Minuten bewegungslos an Ort und Stelle. Beilbauchfische lösen sich von der Wasseroberfläche und bilden in mittleren Wasserschichten einen dichten Knäuel von Fischleibern. Durch eine Reihe von Versuchsserien konnte man den Inhalt der oben genannten rundlichen Zellen für die Auslösung der Schreckreaktion verantwortlich machen und nannte sie dann auch entsprechend Schreckstoffzellen. Ihr Inhalt gelangt nur bei einer Verletzung der Haut ins Wasser, er kann vom Fisch selbst nicht ausgeschieden werden. Wie geringfügig diese Verletzung sein muß, zeigt, daß man mit einem wäßrigen Extrakt von nur $^1/_{100}$ mm^2 Haut Elritzen in einem 14 l großen Aquarium erschrecken kann. Neuerdings scheint man auf der Spur dieses Schreckstoffes zu sein. Er gehört vermutlich in die Gruppe der Pterine[1], die ja auch in Chromatophoren vorkommen.
Wahrgenommen wird dieser Schreckstoff allein mit der Nase. Wird sie verstopft, so erfolgt keinerlei Reaktion auf den Schreckstoff. Die Schreckreaktion ist angeboren, tritt aber bei Jungtieren erst auf, nachdem diese Schwärme bilden. Zu diesem Zeitpunkt haben sich auch bereits Schreckstoffzellen in der Haut gebildet. Dies ist bei den Zebrabärblingen etwa am 28. Tag, bei anderen Arten erst am 50. Tag der Fall. Der Schreckstoff wirkt nicht nur bei den Artgenossen, sondern auch etwas abgeschwächt bei den nächstverwandten Arten, so daß damit auch Verwandtschaftsgrade von Fischfamilien aufgezeigt werden können.
Die biologische Bedeutung dieses Schreckstoffes besteht wohl darin, da er vorwiegend bei geselligen Friedfischen auftritt, daß bei Schwarmmitgliedern sofort drastische Verhaltensänderungen ausgelöst werden, die sie vor weiteren Gefahren schützen, wenn z. B. ein Artgenosse das Opfer eines Räubers geworden ist. Auch Jungfischschwärme genießen einen gewissen Schutz vor erwachsenen Artgenossen, denn diese würden bei erfolgreichen Raubzügen jedesmal durch den arteigenen Schreckstoff geschockt werden.

[1] Pterine: Gruppe purinähnlicher Farbstoffe, die u. a. in den Schmetterlingsflügeln vorkommen.
[2] Osmose: Aufnahme oder Abgabe von Wasser durch eine halbdurchlässige Scheidewand.

Sinnesorgane

Sinnesorgane stellen die Verbindung eines Organismus zu seiner Umwelt her. Veränderungen dieser Umwelt werden wahrgenommen und können Reaktionen auslösen. Diese Reaktionen eines Organismus lassen sich mit physikalisch-chemischen Methoden messen. Ob Fische diese Umweltänderungen oder Reize empfinden, ob sie Licht sehen oder Töne hören wie wir, ob sie dabei Empfindungen haben, wissen wir nicht. Worüber wir Aussagen machen können, sind eben die Reaktionen auf Licht, Töne, Wärme usw., Aussagen über physikalisch-chemische Zustandsänderungen in den Sinnesorganen, im Nervensystem und in den Erfolgsorganen (Muskel, Drüsen usw.), worunter auch das Arbeitsgebiet der Tierpsychologie, also das Verhalten, zu zählen ist.
Auf Anhieb erkennbare Sinnesorgane bei Fischen sind die Augen und die Nasen auf dem Kopf und vielfach auch die Seitenlinienorgane, die auf dem gesamten Körper verstreut liegen. Nur mit einigem technischen Aufwand zu finden sind Geschmacksorgane vorwiegend in der Mundregion und das Labyrinth, das Drehsinn, Schweresinn und Gehörsinn vereint. Aufgrund ähnlicher Funktion oder ähnlichem Bau der Sinneszellen und -organe faßt man zweckmäßigerweise Geruchs- und Geschmacksorgane als chemischen Sinn, Seitenlinienorgane und Labyrinthorgane als mechanische Sinne und entsprechend die Augen als optischen Sinn zusammen. Weiterhin gibt es bei den elektrischen Fischen noch abgewandelte Seitenlinienorgane, die Elektrorezeptoren, sowie den Temperatursinn. Aufgrund von Versuchsergebnissen werden in den Kiemenhöhlen Sinnesorgane gefordert, die den Sauerstoffgehalt des Atemwassers messen sollen. Darüber hinaus gibt es eine zweite große Gruppe von Rezeptoren, die Zustandsänderungen im Körperinnern registrieren und deshalb auch Enterorezeptoren genannt werden. Zu ihnen gehören Muskelspindeln bzw. Dehnungsrezeptoren verschiedenster Art, Sauerstoff- und Kohlendioxidrezeptoren der Blutbahn, sowie Osmorezeptoren[2], um nur einige zu nennen. Bevor wir nun die Leistungen einiger dieser Sinnesorgane beschreiben, erscheint es angebracht, einige Anmerkungen über die Gemeinsamkeiten der Reaktionsabläufe und Arbeitsweisen zu machen. Diese Gemeinsamkeiten gelten nicht nur für die Sinneszellen im Auge und Ohr der Fische, sondern auch für die übrigen Wirbeltiere, also auch für uns selbst.

[3] Cornea: Hornhaut des Auges
[4] Mitochondrien: faden- oder kugelförmige Gebilde in Tier- und Pflanzenzelle, die der Atmung und dem Stoffwechsel dienen.
[5] Synapsen: Umschaltstellen zwischen Nervenfortsätzen, an denen nervöse Reize von einer Nervenfaser auf die andere oder auf ein Erfolgsorgan weitergeleitet werden.
[6] Rezeptive Region: Reizaufnahmestelle.

Sinneszelle, allgemein

Ein Sinnesorgan besteht in der Regel aus vielen einzelnen Sinneszellen und einem sogenannten reizleitenden Apparat, beim Auge z. B. Cornea[3], Iris und Linse. Aufgrund elektronenmikroskopischer Analysen können wir generell an einer einzelnen, nicht ganz 0,1 mm großen Sinneszelle vier verschiedene Abschnitte unterscheiden. Zuerst folgt vom äußeren Ende her ein spezialisierter Bereich, der den Reiz aufnimmt. Dann folgt eine an Mitochondrien[4] und anderen Zellorganellen reiche Zone. Da Mitochondrien in erster Linie an der Atmung einer Zelle beteiligt sind, deutet diese Zone auf eine starke Stoffwechselaktivität hin. Daran schließt sich der Zellkernbereich an, und den basalen Teil der Zelle bildet die synaptische Region[5], die bereits der Informationsübertragung auf die nachfolgenden Nervenzellen dient. Diese doch etwas überraschende Übereinstimmung im Aufbau einer Sinneszelle läßt auch einander ähnliche Funktionsabläufe erwarten. Verschieden sind jedoch jeweils die rezeptiven Regionen[6]. Bei den Sinneszellen der Seiten- und Labyrinthorgane ist eine unterschiedlich große Zahl von haarähnlichen Fortsätzen vorhanden. Auch bei den chemischen Sinnesorganen trifft man sie in regelrechten Büscheln, sogenannten Mikrovilli, an. Bei den Lichtrezeptoren im Auge ist statt dessen eine große Zahl von Scheibchen übereinandergestapelt, die alle den lichtempfindlichen Sehpurpur enthalten. Am Beispiel eines für Fische typischen Sinnesorgans, dem Seitenlinienorgan, soll nun die Arbeitsweise einer einzelnen Sinneszelle veranschaulicht werden:

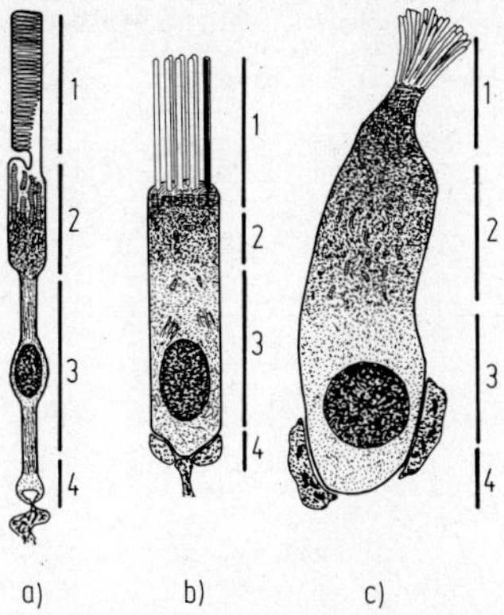

Bild 9.9: Drei verschiedene Sinneszellen. (a) Stäbchen aus dem Auge, (b) Haarsinneszelle aus den Bogengängen und (c) eine Geschmacksinneszelle. Die 4 Längsstriche stellen einander funktionell vergleichbare Abschnitte dar: 1 spezialisierte reizaufnehmende Zone, 2 mitochondrienreiche Zone, 3 Zellkernregion, 4 basale Synapsenregion.

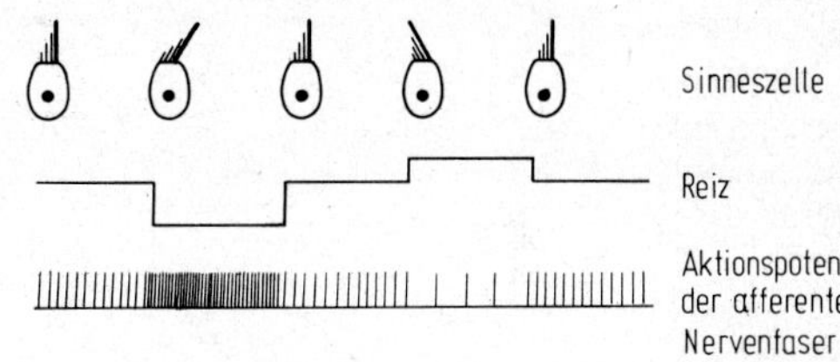

Bild 9.10: Abbiegung der Haarfortsätze einer Haarsinneszelle nach rechts steigert, Abbiegung nach links vermindert die spontane Entladungsfrequenz des abführenden Nerven.

Im Ruhezustand sendet eine solche Sinneszelle des Seitenorgans einen ständigen Erregungsstrom über die Nervenbahnen zum Gehirn. Die Erregung besteht dabei aus kurzen, ca. 1 msec dauernden, stets gleich großen Impulsen. In unserem Beispiel laufen etwa 30 Impulse/sec an einer Nervenfaser entlang. Diese ständige unregelmäßige Entladung im Ruhezustand wird als Spontanentladung bezeichnet. Wirkt nun ein Reiz auf die Sinneszellen ein, in diesem Fall eine Flüssigkeits- oder Wasserbewegung direkt über der Sinneszelle, in die die mit einer gallertigen Masse bedeckten haarähnlichen Zellfortsätze hineinragen, so wird die Folge der Impulse auf der Nervenfaser entweder erhöht oder erniedrigt, je nach Strömungsrichtung und Strömungsgeschwindigkeit. Je größer letztere ist, um so höher ist auch die Impulsfrequenz. Damit liefert also eine einzelne Sinneszelle eine komplexe Information, die von der Reizstärke und -richtung abhängig ist. Erst durch Zusammenarbeit mehrerer Sinneszellen ist es einem Fisch möglich, zu unterscheiden, ob sich die Reizstärke oder die -richtung geändert hat. Hierfür steht ihm jeweils ein Mehrfaches an Sinneszellen zur Verfügung als unbedingt notwendig. Im einzelnen spielt sich dabei etwa folgendes ab: Eine genaue Betrachtung der Haarfortsätze einer solchen Sinneszelle zeigt, daß diese untereinander verschieden sind. Es steht jeweils ein besonders langer Fortsatz am Rand der Zelle, das Kinocilium. Im Querschnitt zeigt es denselben Aufbau wie die Bewegungsorganellen der Einzeller, z. B. die Wimpern des Pantoffeltierchens, nämlich in der Mitte zwei Achsialfilamente und kreisförmig darum neun Doppelfilamente. Die übrigen, bis zu maximal 70, Haarfortsätze sind von einheitlicher, bindegewebsähnlicher Struktur und wesentlich kürzer: die Stereocilien. Wird nun das Kinocilium über den Zellrand hinweg abgebogen, so antwortet die Sinneszelle mit einer zunehmenden Erregung, wird es zur Zellmitte hin ausgelenkt, so erhalten wir eine Erregungsminderung. Eine seitliche Auslenkung wird überhaupt nicht registriert. Damit besitzt die einzelne Zelle eine Richtungsempfindlichkeit. Sie stimmt überein mit der asymmetrischen Lage des Kinociliums. Da in den Sinneszellen selbst nicht die für die Nervenfaser beschriebenen typischen Impulse entstehen können, kann hier ein zweites elektrisches Phänomen beobachtet werden. Die normalerweise im Zellinnern herrschende Negativität von −70 mV gegenüber der Zellaußenseite wird beim Abbiegen des Kinociliums über den Zellrand erhöht, in der anderen Richtung vermindert. Wir haben also beim Potential der Sinneszelle eine reizabhängige Amplitudenzu- bzw. -abnahme zu verzeichnen, im Gegensatz zu den an der Nervenfaser entlang wandernden Impulsen, bei denen nur die Anzahl verändert wird. Das Potential der

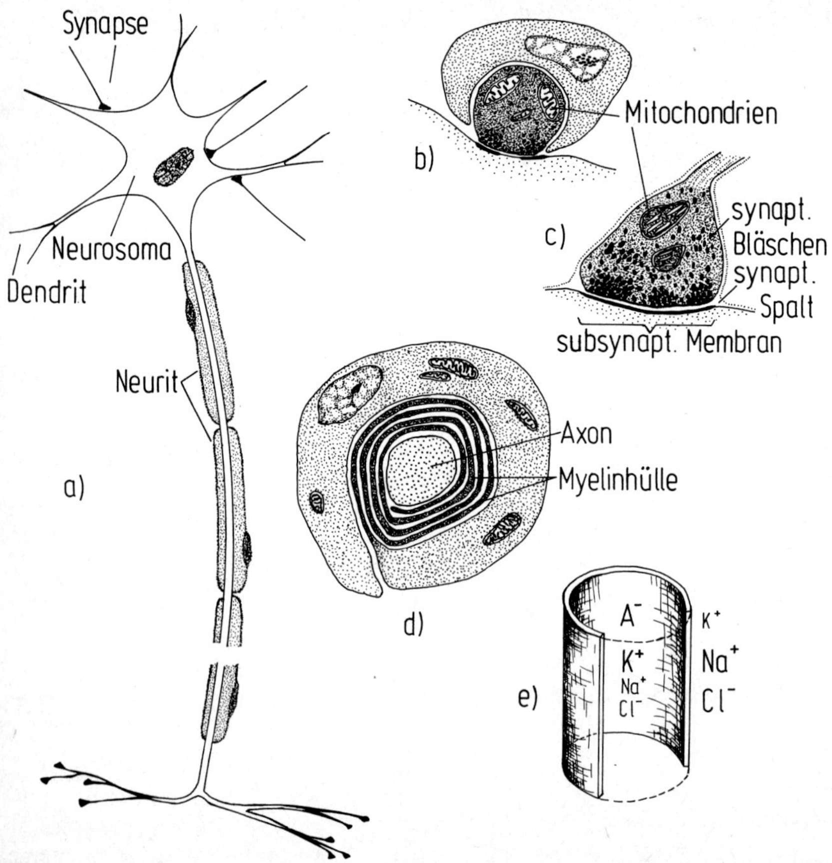

Bild 9.11: (a) Eine schematisierte Nervenzelle mit Dendriten, Neurosoma, markhaltigem Neurit mit Ranvierschen Schnürringen sowie Synapsen. (b) Synapse quer und längs (c) zeigt Mitochondrien und zahlreiche Bläschen im präsynaptischen Endkölbchen. Diese enthalten die Transmittersubstanzen, die portionsweise in den synaptischen Spalt entleert werden. An der gegenüberliegenden subsynaptischen Membran treten daraufhin Permeabilitätsänderungen auf, die zu Potentialänderungen (postsynaptische Potentiale) führen. (d) Querschnitt durch den Neuriten mit Axon und Myelinhülle. (e) Verteilung der Ionen am Axon.

Sinneszelle (Rezeptorpotential) wird nun nicht direkt weitergeleitet, sondern setzt im basalen Teil der Zelle an bestimmten Stellen, den Synapsen, chemische Substanzen frei, die wiederum auf die Nervenfasernmembran de- oder ggf. hyperpolarisierend (erregend oder hemmend) einwirken und dort, wenn ein bestimmter Wert (Schwellenwert ca. –55 mV) überschritten wird, Impulse auslösen. Die bekanntesten von ihnen sind Acetylcholin und Noradrenalin. Zwischen der Höhe des Rezeptorpotentials und der Impulsfrequenz gibt es eine direkte Proportionalität. Je stärker die Sinneszelle depolarisiert wird, desto höher ist die Impulsfrequenz in der zum Gehirn ziehenden Nervenfaser, die wegen ihrer Lei-

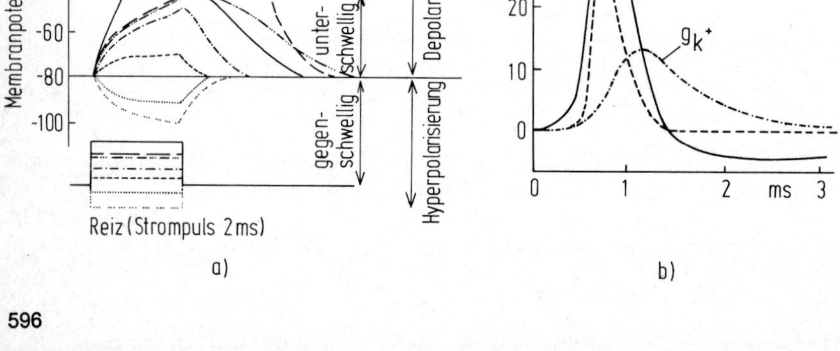

Bild 9.12: Antwort einer Nervenfaser auf elektrische Reizung. (a) Schwache negative Reize lösen nur eine geringe Spannungsänderung an der Membran aus, die nicht fortgeleitet wird. Erst wenn ein bestimmter Wert, die Feuerschwelle, überschritten wird, entsteht ein Aktionspotential, das stets die gleiche Höhe und Form hat und sich auch rasch ausbreitet. Stark überschwellige Reize benötigen weniger Zeit, um ein solches Aktionspotential entstehen zu lassen, da die Feuerschwelle früher erreicht wird. Positive elektrische Reize verstärken das Ruhemembranpotential und verursachen eine Hyperpolarisation. (b) Permeabilitätsänderungen der Nervenmembran für Na^{+} und K^{+} während der Dauer eines Aktionspotentials.

tungsrichtung auch als „afferent" („hinführend") bezeichnet wird. Die Impulsmuster mechanoafferenter Fasern werden dann im Gehirn verrechnet und in die entsprechende Reaktion umgesetzt. Neben solchen afferenten Fasern gibt es auch efferente, die vom Gehirn zu den Sinneszellen ziehen und diese für Reize unempfindlicher machen können, indem sie die Entstehung der Impulse in den afferenten Fasern hemmen.
Was ist nun die Ursache, die zur Entstehung solcher Impulse führt? Die generell bei Sinnes- und Nervenzellen beobachtete Negativität des Zellinnern von

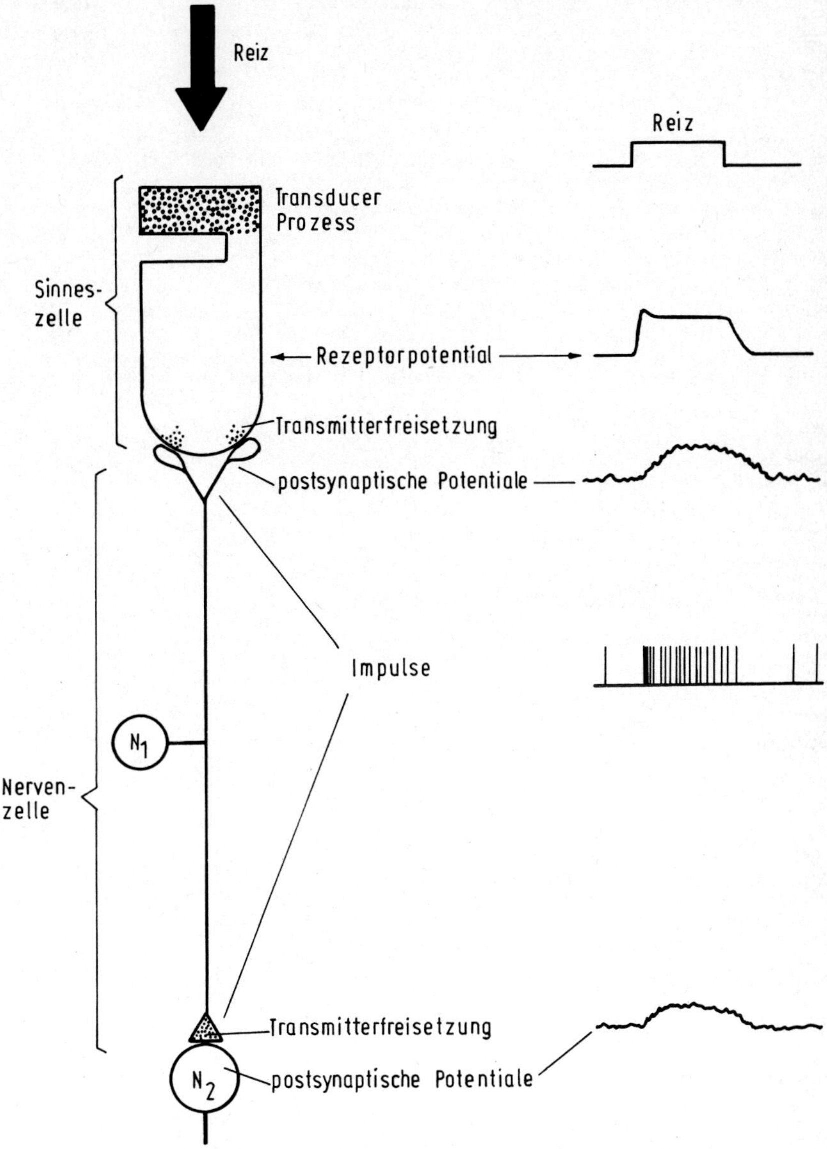

Bild 9.13: Schema der Informationsübertragung Reiz → Sinneszelle → Nervenzelle. Der Reiz löst in der Sinneszelle ein negatives Potential, das Rezeptorpotential aus, das an den Synapsen ein postsynaptisches Potential an der Nervenfasermembran auslöst. Dieses wiederum löst eine Folge von Aktionspotentialen aus, die sich bis zur nächsten Nervenzelle (N_2) ausbreiten. Im weiteren Verlauf wechseln sich synaptische Potentiale mit Aktionspotentialen ab.

— 70 mV gegenüber dem Außenmedium wird verursacht durch die ungleiche Verteilung von Ionen[1] an der Zellmembran. Im Zellinnern haben wir viel K^+, wenig Na^+ und Cl^- und viel negativ geladenes Protein, außen dagegen sehr viel Na^+ und Cl^- und wenig K^+. Die Zellmembran verhindert nun den normalerweise sonst rasch erfolgenden Konzentrationsausgleich der einzelnen Ionenarten, indem sie im Ruhezustand Na^+ praktisch nicht hindurchwandern läßt und andererseits wird das K^+ von dem $Protein^-$ festgehalten. So ergibt sich aus diesem Ungleichgewicht einzelner Ionenarten eine Potentialdifferenz zwischen innen und außen, die dem stets vorhandenen Ausgleichsbestreben der Ionen entgegenwirkt. Diese Potentialdifferenz, auch Ruhe- oder einfach Membranpotential bezeichnet, beträgt etwa — 70 mV.

[1] Ionen: elektrisch geladene Teilchen.
K^+: Kaliumion
Na^+: Natriumion
Cl^-: Chlorion

Wenn nun ein erregender Reiz auf eine Sinneszelle trifft, so wird diese Negativität erhöht, d. h. in unserem Falle, es werden mehr Überträgersubstanzmengen freigesetzt, die im nachfolgenden Nerven zu mehr Entladungen führen. Ist der Reiz negativ, so wird die normale Freisetzungsrate reduziert, und damit entstehen auch weniger Impulse. Wie dies in den Sinneszellen im einzelnen erfolgt, ist noch nicht geklärt. In den nachgeschalteten Nervenfasern weiß man jedoch, daß diese Überträgersubstanzen die Membran an der Synapse[1] örtlich und für kurze Zeit auch für Na^+ passierbar machen und daß kurzfristig Na^+ nach innen strömt und etwas später K^+ nach außen. Dadurch erfolgt eine Umpolung der Nervenfaser; sie wird für einen Moment innen + gegenüber außen. Dann erfolgt innerhalb 1 msec die Wiederherstellung des alten Zustandes. Hat einmal eine derartige Umpolung stattgefunden, die gleichbedeutend mit dem Nervenimpuls oder Aktionspotential ist, so wandert dieser Impuls, ohne daß sich seine Höhe verändert, auf der Nervenfaser entlang bis zur nächsten Kontaktstelle oder Synapse und setzt dort erneut Überträgersubstanz frei. In diesen Kontaktstellen werden die ankommenden Impulse mit solchen, die in den benachbarten Synapsen ankommen, räumlich und zeitlich so verrechnet, daß in der nachgeschalteten Nervenzelle die Impulsfrequenz zwar in gesetzmäßiger Beziehung zu den ankommenden steht, aber nicht notwendigerweise größer sein muß. Bezogen auf die Sinneszelle der Seitenorgane heißt das nun, daß ein kleiner Wasserstrom zunächst ein Abbiegen der Haarfortsätze verursacht. Dies bewirkt eine Änderung des Rezeptorpotentials und vermehrtes Freisetzen der Überträgersubstanzmenge. Danach erfolgt eine lokale Depolarisation der Nervenzelle, die, wenn sie stark genug ist (überschwellig), zur Bildung und Fortleitung der Nervenimpulse führt. Diese setzen wiederum Überträgersubstanz frei usw. Wir haben also einen ständigen Wechsel von amplitudenveränderlichem lokalem Potential an den Synapsen und amplitudenkonstanten fortgeleiteten Impulsen entlang der Nervenfaser. Das Entladungsmuster einer afferenten Nervenfaser ist sehr stark geprägt vom Verhalten des Rezeptors während der Reizeinwirkung. Es gibt Sinneszellen, die nur auf eine Änderung der Reizstärke, nicht aber auf die Reizstärke selbst antworten (phasische Rezeptoren), und es gibt solche, die nur die Reizstärke registrieren (tonische Rezeptoren). Die Antwort des ersten Typs ist proportional zur Geschwindigkeit der Reizänderung, der zweite zeigt die Abhängigkeit von der Amplitude des Reizes. Der dritte Rezeptortyp, der phasisch-tonische, weist die Eigenschaften der beiden anderen zusammen auf und ist gleichzeitig am häufigsten anzutreffen. Zu ihm gehören auch die Seitenorganrezeptoren, die damit die Strömungsgeschwindigkeit des Wassers und ihre Änderungen, sowie Anfang und Ende des Reizes gleichzeitig registrieren können.

Chemische Sinne

Auch bei den Fischen unterscheiden wir zwischen Geruchs- und Geschmackssinn, wenngleich zwischen beiden keine scharfe Trennlinie gezogen werden kann. Der eine wird durch die Sinneszellen des Riechepithels der Nase, der Geschmackssinn durch Sinnesknospen in der Mundregion und übrigen Körperoberfläche ermittelt. Die Riechnerven ziehen direkt zum Riechhirn, das bei Fischen ein beträchtlicher Teil des Großhirns ist. Die verschiedenen Geschmacksnerven treten in das Nachhirn ein.

Geruchssinn

Das Geruchsorgan ist grubenförmig und bei allen Fischen paarig angelegt. Normalerweise hat die Nasengrube zwei Öffnungen, die nur durch eine Hautbrücke voneinander getrennt sind. Der Wassereinstrom erfolgt durch die vordere Öffnung, umspült die auf den Riechfalten sitzenden Sinneszellen und verläßt die Nase durch die hintere Öffnung. Bei den meisten Fischen bildet sich eine längsverlaufende Riechfalte aus und daneben auf beiden Seiten je eine Reihe kürzerer Querwülste. Ihre Zahl schwankt zwischen 2 und 200 je nach Art, und entsprechend variiert auch die Anzahl der Riechzellen. Danach kann man Fische in Gruppen je nach Riechflächengröße untergliedern in Arten, bei denen die Nase völlig bedeutungslos ist, bei denen sie mit dem Auge etwa gleichberechtigt ist und bei denen sie sogar das dominierende Sinnesorgan ist. Letzteres ist vor allem bei geschichtlich älteren Fischen der Fall, wie z. B. Flösselaal und -hecht.

Tafel 55
Oben links: Die Dornaugen, wurmförmige Schmerlen aus Asien, sind attraktive Tiere: Der auffällige Kontrast – die gelbe Grundfarbe und die dunklen Streifen – sowie ihre schlangenartigen Bewegungen entzücken auf den ersten Blick. Dornauge ist aber nicht gleich Dornauge, die Arten sind schwer zu unterscheiden. Die Streifen bei Acanthophthalmus kuhli (unser Bild) reichen bis nahe zu den Bauchseiten. Die Querbinden sind häufig durch einen schmalen hellen Streifen unterteilt.
Oben rechts: Celebes-Segelfische (Telmatherina ladigesi) sind lebhafte und eifrige Schwimmer. Am besten wählen wir für sie ein langgestrecktes Becken, nicht zu dicht bepflanzt, damit sie sich richtig austummeln können. Die Männchen von Telmatherina ladigesi werden etwa sieben Zentimeter lang, die Weibchen bleiben meist etwas kleiner. Bei Temperaturen von 25 bis 26° fühlen sich die Fische richtig wohl.
Mitte links: Die Goldringelgrundeln (Brachygobius xanthozona) sind über weite Teile Südostasiens verstreut: Wir finden sie in Indien, Birma, Malakka, Thailand sowie auf den Inseln Java und Borneo. Dort leben sie in großer Zahl im Süß- oder Brackwasser. Die Temperatur ihrer Fanggewässer liegt im Durchschnitt bei 28° C. Wer sich entschlossen hat, Goldringelgrundeln zu pflegen, sollte nicht knauserig sein und sich gleich ein ganzes Dutzend Tiere anschaffen. Einmal haben wir damit die Gewißheit, daß sich unter dieser Schar Männchen und Weibchen befinden, andererseits ist es recht reizvoll, die kleinen Burschen bei der Revierverteidigung zu beobachten.
Mitte rechts: Die Zwergflunder (Achirus fasciatus) lebt an der Ostküste der USA, in Florida und Texas. Wir finden sie im See-, Brack- und Süßwasser. Das Tier wird bis zu 15 Zentimeter lang. Der Bodengrund sollte aus feinem Sand bestehen, in den sich die Tiere gerne einwühlen. Die Zwergflunder gedeiht am besten in leicht brackigem Wasser, bei einer Temperatur zwischen 20 und 25° C.
Unten links: Der Schmetterlingsfisch (Pantodon buchholzi) stammt aus dem tropischen Westafrika, er lebt in verkrauteten stehenden Gewässern oder in ruhigen Flußarmen. Der Oberflächenfisch jagt nur nach zappelnder Anflugnahrung.
Unten rechts: Der Großmaulwels (Chaca chaca) stammt aus Südostasien. Die trägen Nachttiere sind gut getarnt und von Treibholz kaum zu unterscheiden.
Aufnahmen B. Kahl

[1] Synapse: s. S. 595

Tafel 56
Oben links: Der Flösselaal (Calamoichthys calabaricus) stammt aus Südwestafrika und kann bis zu 90 Zentimeter lang werden.
Oben rechts: Moors Nilhecht (Gnathonemus moori) ist ein lebhafter und revierbildender Fisch. Moors Nilhecht stammt aus Kamerun und ist auch im Kongogebiet zu finden.
Mitte links: Aus dem östlichen Afrika stammt der Afrikanische Messerfisch (Xenomystus nigri), der bis zu 30 Zentimeter lang werden kann.
Mitte rechts: Der Maigrüne Kugelfisch (Tetraodon palembangensis) stammt aus Südostasien und wird bis zu 20 Zentimeter lang.
Unten links: Der Rotstreifen-Stachelaal (Mastacembelus erythrotaenia) stammt aus Südostasien und wird bis zu einen Meter lang. Die Fische leben sehr zurückgezogen und sind nur nachts aktiv.
Bild (unten rechts): Der Grüne Messerfisch (Eigenmannia virescens) ist ein scheuer Fisch, der mittlere und untere Wasserschichten bevorzugt und tagsüber versteckt lebt. Erst nachts wird er aktiv und geht auf Raub aus. Der Grüne Messerfisch wird bis zu 45 Zentimeter lang. Er stammt aus Südamerika, wo er weit verbreitet ist. Besondere Merkmale: peitschenförmig verlängerter Schwanzstiel, Schwanz- und Rückenflosse fehlen.
Aufnahmen B. Kahl

Der zum Riechen unerläßliche Wasserstrom durch die Nase kann auf verschiedene Weise erzeugt werden. Einmal durch Vorwärtsschwimmen des Fisches (Elritze), oder dadurch, daß durch die Atmungsbewegungen die Nasengruben rhythmisch verkleinert und vergrößert werden (Zahnkärpflinge) oder indirekt über spezielle Nasensäcke beim Barsch und schließlich durch Cilienschlag von Flimmerzellen des Riechepithels (Aal, Flösselhecht). Abweichungen von der bilateralen Bauweise[1] zeigen Flösselaal und -hecht, die eine radiärsymmetrische Riechkapsel mit etwa 5—10facher Riechepithelfläche der normalen Fische aufweisen. In dieser Riechkapsel lenkt ein Faltensystem den Wasserein- und -ausstrom durch die einzige Kapselöffnung. Die Wasserströmung wird mit Flimmerzellen aufrechterhalten. Hinsichtlich der Riechleistung gibt es innerhalb der Knochenfische große Unterschiede. Hierzu liegen sowohl elektrophysiologische Untersuchungen an afferenten Riechnerven[2] wie auch Dressurexperimente vor. Als besonders gut gilt die Riechschärfe des Aals, der eine Verdünnung von Phenylalkohol mit nur 10^3 Molekülen pro cm^3 Flüssigkeit immer noch riechen kann. Der afrikanische Krallenfrosch braucht mindestens 10^{13} Moleküle/cm^3. Der Seidenspinner, als eines mit am besten riechende Insekt, riecht seinen arteigenen Sexuallockstoff Bombykol, der zum Auffinden des Geschlechtspartners abgegeben wird, noch in einer Verdünnung von 10^2 Molekülen/cm^3. Tubifexsaft kann beim Aal auf $1:10^{17}$, bei der Elritze dagegen nur auf $1:10^7$ verdünnt werden. Flösselaal mit $1:10^{11}$ und Flösselhecht mit $1:10^{14}$ liegen in ihrer Riechempfindlichkeit dazwischen.

Bild 9.14: Männchen des Zwergfadenfisches (Colisa lalia) zeigen auch dann ihr Prachtkleid, wenn sie die Weibchen nur riechen können, aber nicht sehen. Aufnahme B. Kahl

Im Leben der Fische spielt der Geruchssinn eine bedeutende und vielseitige Rolle:

1. Er dient zum Auffinden von Nahrung, wie durch viele Experimente gezeigt werden konnte.
2. Isolierte Jungfische von Buntbarschen bevorzugen Wasser, in dem zuvor ein Schwarm von Artgenossen gelebt hat, gegenüber jedem anderen Wasser. Da der charakteristische Geruch von Artgenossen gerochen werden kann, trägt der Geruchssinn mit zur Schwarmbildung und seiner Aufrechterhaltung bei, denn Artgeruch wirkt demnach bei vielen Fischen anlockend.
3. Bei *Colisa lalia* zeigen Männchen auch dann ihr Prachtkleid, wenn sie weibliche Artgenossen zwar riechen können, aber nicht sehen. Das Sehen allein genügt nicht.
4. Auch bei der Brutpflege hat der von *Hemichromis-bimaculatus*-Larven ausgehende Duft einen entscheidenden Einfluß auf das Brutpflege-Verhalten des Weibchens und hält dieses etwa 3 Wochen lang bei den Jungtieren.
5. Auf den Zusammenhang zwischen Geruchssinn und Schreckreaktion der Ostariophysen wurde bereits hingewiesen.
6. Und schließlich soll noch eine sehr bedeutsame Leistung des Geruchssinns erwähnt werden, das Wiederauffinden des Laichplatzes im Freiland. Am bekanntesten hierfür ist zweifellos das Verhalten der Lachse, die nach mehreren Jahren

[1] bilaterale Bauweise: links-rechts symmetrische Bauweise.
[2] afferente Nerven: zuführende Nerven, Gegensatz efferente Nerven: abführende Nerven.

Aufenthalt im Meer fernab von der Küste zu ihrem Geburtsort zurückkehren, um dort abzulaichen.
Aber auch viele andere Fische ziehen in großen Seen immer zu einem bestimmten Ablaichort. Hierüber ist eine Vielzahl von Einzelergebnissen bekannt, die alle bestätigen, daß nach oft kilometerweiten Versetzungen in Seen und Flüssen ein erstaunlich hoher Prozentsatz der ausgesetzten Fische an ihren alten Laichplätzen wiedergefunden wurde. In Kontrollversuchen wurde Lachsen, die man oberhalb einer Flußgabelung gefangen hatte, die Nase verstopft, dann wurden sie flußabwärts verfrachtet und freigelassen. Während normale Tiere wieder in den Flußarm schwammen, in dem sie gefangen wurden, verteilten sich die geruchslosen Tiere in beiden Armen gleichmäßig. Sie konnten also ohne Geruchssinn ihr Heimatgewässer nicht erkennen. Das EEG[1] von flußaufwärts wandernden Lachsen zeigt im Riechhirn dann die größte Aktivität, wenn Wasserproben vom Laichplatz angeboten wurden. Daraus wurde der Schluß gezogen, daß Lachse zumindest den Duft des Heimatgewässers in früher Jugend erlernen, also geprägt werden, und daß sie sich weiter auf ihrer Wanderung ins Meer die Aufeinanderfolge der verschiedenen Duftgemische eines Flußsystems einprägen. Die heimkehrenden Fische würden die ursprünglich eingeprägte Duftfolge dann in umgekehrter Reihenfolge aus dem Gedächtnis abrufen. Dieser Vorgang erscheint heute durchaus wahrscheinlich, bewiesen ist er jedoch noch nicht. Lachsströme kann man teilweise bis zu 300 km weit aufs Meer hinaus identifizieren. Trotzdem ist es noch ein Rätsel, wie die Lachse teilweise von der chinesischen Küste wieder in ihren Heimatfluß in Kanada oder Alaska zurückfinden. Hier müssen weitere Orientierungshilfen und -leistungen anderer Sinnesorgane hinzukommen, wie die Möglichkeit, sich nach dem Sonnenstand, dem Sternenhimmel oder dem Erdmagnetfeld usw. zu orientieren.

[1] EEG: Elektroencephalogramm: Aufzeichnung des Verlaufs der Aktionsströme des Gehirns.

Geschmackssinn

Geschmacksknospen in der Haut eines Fisches können bereits mit einer guten Lupe als helle Pünktchen erkannt werden. Die Organe der Mundhöhle unterscheiden sich von denen auf Lippen, Barteln, Flossen und Flossenfäden sowie der übrigen Körperoberfläche nicht. Ihre Häufigkeit in diesen Körperregionen weicht jedoch stark voneinander ab. Der Geschmackssinn dient vor allem dem Nahrungserwerb und auch der geschmacklichen Überprüfung der Nahrung. Die Geschmacksorgane der Fische sprechen teilweise auf die gleichen Stoffe an wie die Geruchsorgane, z. B. auf Aminosäuren wie Cystein oder auf Salze wie Kochsalz. Demnach können also bestimmte Stoffe zugleich geschmeckt und gerochen werden. Trotz dieser Überschneidung beider Sinne darf aus Beobachtungen geschlossen werden, daß ihre psychologischen Auswirkungen auf den Fisch jedoch verschieden sind. Darüber hinaus erscheint auch der Geruchssinn der weitaus empfindlichere von beiden zu sein, so daß damit eine weitere Unterscheidungsmöglichkeit gegeben ist.
Generell können Fische ebenso wie wir süß, sauer, salzig und bitter geschmack-

Bild 9.15: Der blinde Mexikanische Höhlensalmler (Anoptichthys jordani) hat einen hervorragenden Geschmackssinn. Seine Empfindlichkeit für sauer und salzig ist 200- bis 4000mal größer als die der Elritze. Aufnahme B. Kahl

lich unterscheiden. Die Mindestzahl von Molekülen in 1 cm^3 Lösung beträgt bei der Elritze für Traubenzucker $3 \cdot 10^{16}$, für Essigsäure $3 \cdot 10^{15}$, für Kochsalz $3 \cdot 10^{16}$ und für Chinin $2{,}5 \cdot 10^{13}$. Im Vergleich zum Menschen bedeutet dies, daß die Elritze z. B. süß viel besser schmecken kann als der Mensch, bei bitteren Stoffen sind die Werte einander schon ähnlicher. Der blinde mexikanische Höhlenfisch jedoch übertrifft die Elritze noch bei weitem. Seine Empfindlichkeit für bitter ist rund 300, und bei süß, sauer und salzig sogar 2000–4000mal größer. Die unterschiedliche Empfindlichkeit hängt nicht ab von der Anzahl der Geschmacksknospen, sondern nur von der Leistung der spindelförmigen Geschmackssinneszelle.
Elektrophysiologische Ableitungen der Impulse einzelner afferenter Geschmacksnervenfasern ergaben, daß einzelne Fasern nur bei ganz bestimmten Geschmacksstoffen antworteten, andere Fasern wiederum auch auf mehrere Substanzen. Demnach gibt es innerhalb einer Geschmacksknospe zumindest einzelne spezialisierte Sinneszellen, die nur noch entweder süß oder salzig usw. wahrnehmen. Andere Stoffe stellen für sie keinen Reiz dar: Sie gehen keine Reaktion mit der rezeptiven Region der Sinneszelle (den „Mikrovilli") ein und können daher auch keine Depolarisation der Sinneszelle auslösen. Weiterhin unterscheiden sich die spezialisierten afferenten Nervenfasern noch in ihrem Impulsmuster, so daß man beim Karpfen schon bis zu sieben verschiedene Antworttypen unterschieden hat. Ob deshalb schon generell von verschiedenen Geschmackssinneszelltypen in einer Geschmacksknospe gesprochen werden kann, ist noch nicht klar, denn bei Fischen versorgt ähnlich wie bei den Säugetieren manchmal eine Nervenfaser auch mehrere Sinneszellen gleichzeitig. Irgendwelche Untersuchungen mit Mikroelektroden an einzelnen Zellen, um anhand des Rezeptorpotentialverlaufs die Spezifität zu prüfen, sind meines Wissens bislang bei Fischen nicht durchgeführt worden. Bei Säugern entsprechen die Entladungsmuster der für Kochsalz spezifischen Zellen dem phasisch-tonischen Antworttyp, für Rohrzukker empfindliche Fasern zeigen dagegen rhythmische Entladungen.
Schließlich sei noch erwähnt, daß es Hinweise gibt, daß der Geschmackssinn außer beim Nahrungserwerb auch noch im Sozialverhalten bei Labyrinthfischen, hier in erster Linie in den Bauchflossenfäden, und offensichtlich auch beim Territorialverhalten von tropischen Welsen eine Rolle spielt.

Temperatursinn

Temperatureinflüsse sind allgegenwärtig. Sie beeinflussen chemische Reaktionen und physikalische Prozesse in vieler Hinsicht und variieren somit den Stoffwechsel, die Temperaturakklimatisation und sogar Sinnesaktivitäten, ohne daß diese Temperaturrezeptoren wären. Als solche müßte man Rezeptoren verstehen, die auf Temperaturänderungen ansprechen und Verhaltensweisen einleiten oder kontrollieren, die relevant zur Temperatur der Umgebung sind.
In Dressurexperimenten ist es vielfach gelungen, die Empfindlichkeit von Knochenfischen auf Temperaturänderungen zu prüfen und ist dabei auf so geringe Temperaturunterschiede wie 0,05° C bei Goldfischen, Zwergwelsen u. a. gekommen. Fische können den Temperaturanstieg vom Abstieg unterscheiden, empfinden also sicherlich auch kalt und warm. Eine derartige Temperaturempfindlichkeit ist an der ganzen Körperoberfläche, auch an den Flossen, festgestellt worden. Eine Behandlung mit Schleimhautnarkotika wie Cocain z. B. macht die Tiere vorübergehend temperaturunempfindlich. Demnach muß die Perzeption[2] durch die Haut erfolgen. Die Suche nach spezifischen Temperaturrezeptoren blieb jedoch bis heute mit den verschiedensten Methoden erfolglos. Daher werden Seitenlinienorgane immer wieder als solche bezeichnet. Man kann zwar bei höherer Umgebungstemperatur auch eine erhöhte Impulsfrequenz in deren Nervenfasern feststellen, jedoch sind Fische nach Ausschaltung dieser Organe noch genauso empfindlich auf Temperaturänderungen wie zuvor.
Was man weiter auf der Suche nach den Temperaturrezeptoren gefunden hat, ist, daß die segmental in die Haut ziehenden Nerven, die Spinalnerven, die auf Berührungsreize der Haut antworten, in ihrer Antwort auch von der Umgebungstemperatur beeinflußt werden können. Bei stets gleichbleibendem mechanischem Reiz erhält man bei Tieren, die vier Wochen lang zuvor bei 15° gehalten wurden, bei Umgebungstemperaturen bis zu 22° C zunehmend höhere Impulsfrequenzen, bei weiter steigender Temperatur sinkt die Entladungsrate wieder. Bei 5° C Akklimatisationstemperatur liegt die maximale Impulsfrequenz bei 18° C und bei 25° C Akklimatisationstemperatur steigt die Impulsfrequenz bei 30° C

[2] Perzeption: Reizaufnahme durch Sinneszellen.

immer noch an. Nach einer Rückenmarksdurchtrennung fällt eine Temperaturwahrnehmung auf der Rumpfoberfläche aus. Es stellt sich hier nun gleich die Frage: Kann das Zentralnervensystem diese Antworten analysieren, handelt es sich dabei um Berührungs- oder Temperaturreize? Geht die erhöhte Antwort der Tastsinnesorgane auf einen stärkeren mechanischen Reiz zurück oder auf eine Temperaturerniedrigung. Da diese Nervenfasern „kälteempfindlich" reagieren, antworten sie auf Temperaturerniedrigung mit vermehrter Nervenentladung, bei Temperatursteigerung mit verminderter Aktivität.

Die Idee, daß eine Reizmodalität[1] über einen bimodalen Rezeptor[2] analysiert werden könnte, ist relativ neu und widerspricht eigentlich der bisherigen Lehrmeinung von der Spezifität eines Sinnesorgans, gleichwohl sie für einzelne Sinneszellen eines Organs ein ambivalentes Verhalten bislang zuläßt. Obwohl über die Möglichkeiten einer Analyse derartiger Sinnesorganinformationen durch das Zentralnervensystem noch nichts bekannt ist, scheint es gegenwärtig doch der einzige greifbare Anhaltspunkt über die Temperaturrezeptoren zu sein. Die Verknüpfung taktiler Rezeptoren und Temperaturwahrnehmung wird insofern etwas einleuchtender, wenn man bedenkt, daß im Wasser die Wärmestrahlung keine Rolle spielt, sondern daß Fische erwärmt oder abgekühlt werden durch Konvektion oder direkten Kontakt. Beides stellt notwendigerweise auch einen mechanischen Reiz dar. Es erscheint daher angebracht, statt nur von einem Berührungs- oder Tastrezeptor der Fische besser gleich von einem Tast-Temperaturrezeptor zu sprechen.

[1] Reizmodalität: Art und Weise eines Reizes.

[2] bimodaler Rezeptor: Reizaufnahmestelle, die in doppelter Weise arbeitet (z. B. hell-dunkel, warm-kalt).

Das Auge

Der Bau des Fischauges entspricht weitgehend dem der anderen Wirbeltiere. Es ist beiderseits vorn und hinten etwas abgeflacht und somit nur annähernd kugelförmig. Über sechs Augenmuskeln, die gleichzeitig für seine Beweglichkeit sorgen, ist das Auge in der Augenhöhle verankert. In seiner Grundkonzeption entspricht es einem Fotoapparat mit Gummilinse, der durch seine geringe Lichtdurchtrittsöffnung seine Umgebung bildhaft abbildet.

Die äußere Hülle des Auges besteht aus starkem Bindegewebe, der Sklera, die sich auf der lichteinfallenden Seite in die Hornhaut oder Cornea fortsetzt. Da die Cornea sich optisch ähnlich wie das umgebende Wasser verhält, also praktisch keine Brechkraft besitzt, wird das einfallende Licht hier kaum gebrochen. Bei Fischen spielt also die Cornea eine weitaus geringere Rolle für das Scharfsehen als bei uns. Nimmt man den Fisch aber aus dem Wasser, so ist er stark kurzsichtig, so etwa, als ob man einem normalsichtigen Menschen eine starke Brille aufsetzen würde. Das mag wohl auch mit dazu beigetragen haben, daß bei den fliegenden Schwalbenfischen die Cornea in Form einer dreiseitigen Pyramide gebaut ist. Die nach unten weisende Seite ist völlig flach, die beiden anderen sind nach außen gewölbt. Damit vermeidet dieser Fisch während seines Fluges über Wasser die Kurzsichtigkeit nach unten und kann seinen Eintauchort frühzeitig auswählen.

Die hinter der Cornea liegende Linse ist kugelig und ragt deutlich durch die Pupille hervor. Die Pupille oder Iris ist bei den Knochenfischen von ganz wenigen Ausnahmen abgesehen (Aal) unbeweglich. Die übrigen Wirbeltiere haben eine bewegliche Iris. Die Pupillengröße hängt bei ihnen von der Lichtstärke und auch vom Erregungszustand des Individuums ab. Sie stellt sich jeweils reflexartig ein. Die Linse der Säugetiere liegt hinter der Iris und ist von elliptischer Form. Ihre Krümmung ändert sich je nachdem, ob weit entfernte oder nahe gelegene Gegenstände betrachtet werden. In Ruhestellung ist sie abgeflacht, also auf die Ferne eingestellt, und bildet damit auch nur entfernt liegende Objekte scharf auf dem Augenhintergrund, der Netzhaut, ab.

Fische können im Gegensatz dazu die kugelige Form ihrer Linse nicht verändern. Dafür aber können sie die gesamte Linse etwas nach vorn und hinten (kopf- und schwanzwärts) verschieben und auf diese Weise den Abstand Linse – Netzhaut verändern, um auch in den cranialen und temporalen Netzhautbereichen scharfe Bilder ihrer Umgebung zu erhalten. Diese Linsenverschiebung geschieht mit Hilfe eines Muskels. Da sich die übrigen Teile des Auges neutral verhalten, geht die gesamte Brechkraft des Fischauges allein auf die Linse zurück. Da sie sich aus mehreren Schichten aufbaut, erklärt sich auch die außergewöhnlich hohe Brechkraft in ihrer Mitte, die nach außen hin zum Linsenrand ständig abnimmt. Warum dabei keine Lichtstreuung und Aufspaltung des Lichts in seine spektralen

Bild 9.16: Schematischer Querschnitt durch das Fischauge (a). In (b) sind ein Stäbchen und ein Zapfen abgebildet und in (c) die sich anschließende nervöse Verschaltung in der Netzhaut. Bipolaren und Ganglienzellen sind weiß, Horizontalzellen und die amakrinen Zellen, die die Querverbindung zwischen den einzelnen Lichtrezeptoren herstellen, sind punktiert gezeichnet.

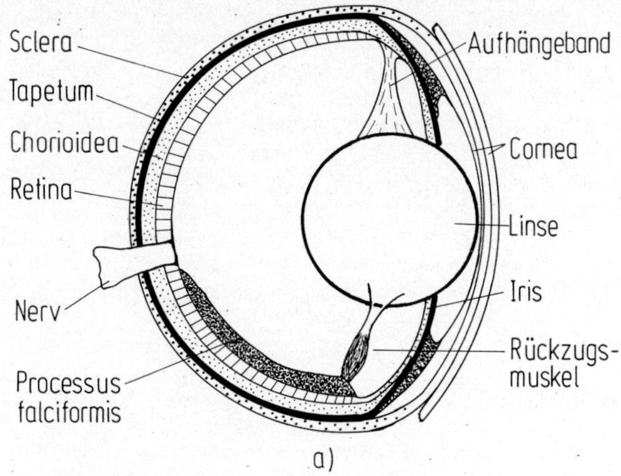

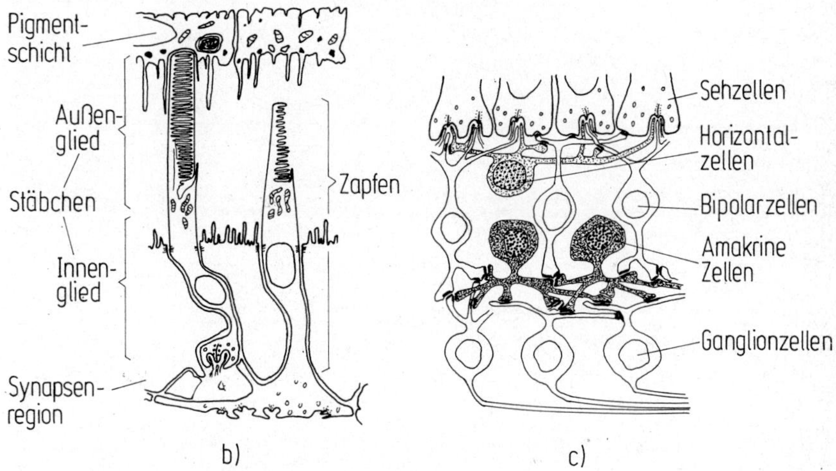

Teile eintritt, sind gegenwärtig unbeantwortete Fragen. Bei manchen Arten finden sich auch in der Linse und Cornea Pigmente, die ultraviolettes und violettes Licht wegfiltern. In Ruhestellung scheint das Forellenauge nach neueren Untersuchungen seitlich dargebotene Gegenstände ab 10 cm Entfernung vom Auge bis zum Fernpunkt scharf abzubilden. Versuche mit anderen Fischen bestätigten dieses Ergebnis. Verallgemeinert heißt das, daß Fische in Ruhestellung im mittleren Bereich ihres Gesichtsfeldes normalsichtig sind, entgegen der bisherigen Lehrmeinung. Im nach vorn gerichteten Blickfeld ist das Auge kurzsichtig, weil der Abstand Linse – temporale Netzhautregion durch die Abflachung des Augapfels größer ist als in der Augenmitte. Hier gilt also die Nahakkommodation[3] in Ruhe noch.

[3] Akkommodation: Anpassungsfähigkeit des Auges an unterschiedliche Entfernungen.

Bild 9.17: Das Vierauge (Anableps anableps) schwimmt so an der Wasseroberfläche, daß die obere Hälfte des Auges aus dem Wasser ragt. Seine Pupille ist durch lappenförmige Irisauswüchse in eine obere und in eine untere Hälfte geteilt. Dadurch werden Objekte über Wasser auf der unteren Hälfte der Netzhaut, diejenigen im Wasser auf der oberen Netzhauthälfte abgebildet. Aufnahme W. A. Tomey

Die Tatsache, daß die Cornea der Fische optisch praktisch wirkungslos ist, wird bei den Fischen zum Teil dadurch wieder ausgeglichen, daß die Linse zu 1/3 bis 1/2 durch die Pupille ragt. Auf diese Weise wird das sonst sehr kleine Blickfeld des Auges beträchtlich vergrößert und ist nicht nur auf ein seitliches Sehen begrenzt. Durch die zusätzlich große Beweglichkeit der Augen kann damit auch vor dem Fisch ein binokulares[1] Gesichtsfeld entstehen. Dies ist bei einem Fisch besonders bedeutsam, dem Schützenfisch. Bekanntlich jagt dieser Fisch auf Blättern und dergleichen über Wasser sitzende Insekten, indem er einen Wasserstrahl hochschleudert. Eingeleitet wird dieser Vorgang dadurch, daß das Insekt auf dem Blatt mit den Augen fixiert wird, der Körper nimmt dabei eine schräge Stellung zur Wasseroberfläche ein. Erst dann wird mit Hilfe der Zunge ein Wasserstrahl aus dem Mund gepreßt. Die Beute muß stets mit beiden Augen fixiert werden können, denn mit nur einem Auge schießt der Schützenfisch ständig daneben.

In diesem Zusammenhang verdienen auch weitere Abwandlungen der Cornea und Linse erwähnt zu werden. Der Vieraugenfisch *Anablebs* schwimmt so an der Wasseroberfläche, daß die obere Hälfte des Auges aus dem Wasser ragt. Die Pupille dieses Fisches ist durch lappenförmige Irisauswüchse zweigeteilt in eine obere und in eine untere Hälfte. Dadurch werden Objekte über Wasser auf der unteren Hälfte der Netzhaut, diejenigen im Wasser auf der oberen Netzhauthälfte abgebildet. Die Linse bezieht mit ihrer birnenförmigen Gestalt gleich die unterschiedliche Brechkraft der Cornea im Wasser und in der Luft mit ein. Damit steht nämlich für das Sehen im Wasser – wie zu erwarten – ein stärker gekrümmter Linsenteil zur Verfügung als für das Sehen in der Luft. Der Fisch taucht übrigens regelmäßig unter, damit die Cornea stets feucht und damit durchsichtig bleibt.

Nach der funktionellen Darstellung des dioptrischen Apparates[2] der Fische nun zur Netzhaut des Fischauges zurück. Auf die Sklera folgt die Aderhaut. Sie besteht aus einem reich verzweigten Gefäßsystem mit dazwischenliegenden Pigmentzellen. Die Aderhaut kann auch in das Augeninnere vordringen und wird dann als Processus falciformis bezeichnet; dieser ist stark pigmentiert. Die Aderhaut dient sowohl der Zufuhr von Nährstoffen und dem Abtransport von Stoffwechselendprodukten des Auges als auch der Sauerstoffversorgung der Netzhaut, der Retina. Die folgende Pigmentepithelschicht tritt in engen Kontakt mit den eigentlichen lichtempfindlichen Strukturen, den Photorezeptoren, indem sich die Pigmentzellausläufer tief in die Rezeptorenschicht hineinschieben. Das Pigmentepithel absorbiert einmal auftretendes Streulicht und zum anderen erfolgt ein reger Stoffaustausch zwischen ihm und den Rezeptoren.

Bei den Süßwasserfischen gibt es zwei verschiedene Rezeptoren, die Stäbchen und die Zäpfchen. Die ersten dienen dem Hell-Dunkel-Sehen, die zweiten dem Farbensehen. Diese Rezeptoren sind nicht gleichmäßig über das ganze Auge verteilt, sondern es gibt Bereiche, wo die Zapfen etwas dichter stehen. Bei den meisten Fischen ist dies in der temporalen Netzhautregion der Fall. Eine Fovea, eine Stelle schärfsten Sehens, gibt es bei Süßwasserfischen nur selten. Sie zeichnet sich praktisch aus durch besonders dichtstehende Rezeptoren. Während bei Fischen sehr häufig Doppel- und Zwillingszapfen auftreten, finden wir in der Fovea nur einfache Zapfen. In histologischen Flachschnitten zeigen diese Zapfen und Stäbchen übrigens eine sehr regelmäßige Anordnung. Das Auftreten einer Fovea bedeutet gleichzeitig, daß diese Fische die Fähigkeit besitzen, Objekte zu fixieren, d. h. sie genau in der Fovea abzubilden. Die Zahl der Rezeptoren variiert sehr stark, sie kann bei über 105 000/mm^2 liegen, aber auch weniger als 30 000 betragen. Das Verhältnis von Stäbchen zu Zäpfchen variiert ebenfalls. Bei Dämmerungsfischen haben wir überwiegend Stäbchen, bei tagaktiven Tieren ist die Anzahl der Zäpfchen erhöht.

Die Rezeptoren gliedern sich in drei Abschnitte: in das vom Licht abgewandte und dem Pigmentepithel zugewandte Außenglied, das den Sehpurpur enthält. Dann folgt das Innenglied mit Zellkern, der in histologischen Präparaten die äußere Körnerschicht darstellt, und die Überleitungszone auf die nachgeschalteten Nervenzellen. Sie bilden im wesentlichen zwei Schichten. Die erste besteht weitgehend aus bipolaren Nervenzellen[3], die mit einem oder mehreren Rezeptoren in Verbindung treten können, und die ihre Information auf die Ganglienzellen, der zweiten Schicht, übertragen. Diese können wiederum mit nur einer Bipolaren oder aber bereits mit sehr vielen verschaltet sein. Die Fasern der Ganglienzellen sammeln sich im Augeninnern und ziehen in der Regel gemeinsam als Nervus opticus durch die Netzhaut zum Gehirn. Die Durchtrittsstelle

[1] binokulares Sehen: Sehen mit beiden Augen zugleich.

[2] dioptrischer Apparat: Teil des Auges, der Lichtstrahlen so bricht, daß sie auf die Lichtsinneszellen gelangen.

[3] bipolare Nervenzellen: Nervenzellen mit zwei Fortsätzen.

[4] Adaption: Anpassung der Sinnesorgane auf einen dauernden Außenreiz. Veränderung der Reizschwelle.
[5] Spektrophotometrie: Untersuchung von Spektren auf ihre Intensitätsverteilung.

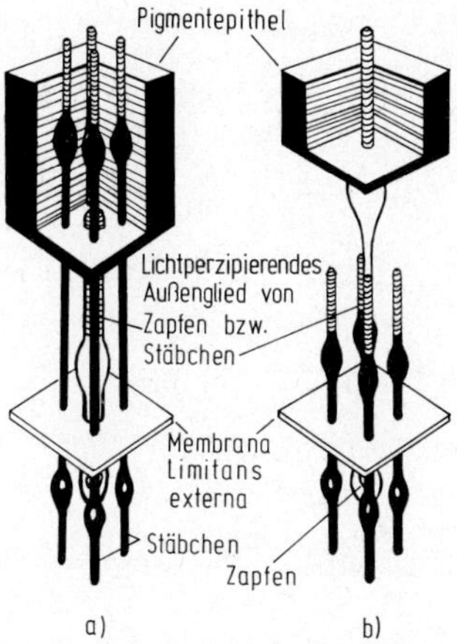

Bild 9.18: Stellung der Sehzellen in der Netzhaut nach Hell- (a) und Dunkeladaption (b). Bei Helladaption wandert das Pigment des Pigmentepithels P nach vorn und gleichzeitig die Stäbchen nach hinten, während bei Dunkeladaption sich beide voneinander wegbewegen. Die Stäbchen sind verantwortlich für das Dunkel-, die Zapfen für das Hellsehen.

wird als Blinder Fleck bezeichnet, da hier keine Rezeptoren vorhanden sind. Neben dieser Längsverbindung bieten die Horizontalzellen und Amakrinen noch die Möglichkeit einer vielfältigen Querverbindung, so daß die in der Retina liegenden nervösen Schaltungen äußerst kompliziert gestaltet sind. Generell darf wohl gesagt werden, daß die Güte eines Auges und damit die Bildqualität, die es liefert, um so besser ist, je weniger Rezeptoren auf eine Ganglienzelle geschaltet sind. Denn erst der Informationsgehalt der Ganglienzellen kann vom Sehzentrum im Gehirn getrennt ausgewertet und als getrennte Bildpunkte empfunden werden. Alles in allem ist die Netzhaut der Süßwasserfische maximal 165 μm, in der Regel um 100 μm dick. Trotz dieser Kleinheit kennen wir eine Fülle von Einzelfakten. Die großen Zusammenhänge stehen noch zur Klärung an.

Hinreichend bekannt ist die Retinomotorik bei Fischen. Im dunkeladaptierten[4] Auge ist das Pigment aus den Ausläufern der Pigmentepithelzellen abgewandert, von den Rezeptoren weg. Bei Lichteinwirkung wandert das Pigment wieder vor und verdeckt teilweise die Rezeptoren. Diese können sich durch ihren kontraktilen Abschnitt ebenfalls verschieben. Die Stäbchen verhalten sich gerade umgekehrt wie die Pigmentgranula. Sie verkürzen sich im dunkeladaptierten Auge und wandern damit aus dem zurückweichenden Pigment heraus in die Brennebene der Linse. Damit sind sie voll funktionstüchtig. Bei zunehmender Helligkeit wandern Stäbchen und Pigment wieder aufeinander zu. Fische sind in dunkeladaptiertem Zustand nicht farbentüchtig. Die farbentüchtigen Zäpfchen dagegen verhalten sich gerade umgekehrt wie die Stäbchen, nämlich so, daß sie niemals vom Pigment abgedeckt sind. Dieses Verhalten wird als retinomotorisch bezeichnet und läuft bei manchen Fischen auch ohne Lichteinfluß tagesrhythmisch ab. Dieser ganze Vorgang stellt einigermaßen einen Ersatz für die bewegliche Pupille dar, die sonst den Lichteinfall ins Auge reguliert. Vielleicht ist deshalb dieser Vorgang bei den Fischen besonders stark ausgeprägt.

In dem äußeren Segment der Photorezeptoren befinden sich geldrollenartig übereinandergeschichtete Scheibchen, die aus dem lichtempfindlichen Sehpurpur aufgebaut sind. Dieser Farbstoff besteht aus 2 Komponenten: einem Eiweiß Opsin und dem Retinin, einem Vitamin-A-Aldehyd. Im Dunkeln oder in der Ausgangsform liegt dieses Retinin in der 11-cis-Form, die räumlich gesehen einen Knick aufweist, an das Opsin gebunden vor. Bei Belichtung streckt sich dieses Retinin in die längliche 11-trans-Form und löst damit ihre chemische Bindung an das Opsin. Diese Isomerie stellt die Grundlage für die Erregung der Stäbchen bzw. Zäpfchen dar. Der Sehpurpur entfärbt sich bei dieser Reaktion. Bei langer Belichtung geht er stufenweise in andere chemische Formen über und wechselt seine Farbe von Dunkelpurpurn über Rot und Gelb bis zu Weiß. Er bleicht also aus. In der Dunkelheit regeneriert sich der Sehpurpur wieder mit Hilfe von energiereichen Phosphaten. Ein Teil des belichteten Sehpurpurs wird aber ständig ersetzt. Bei Vitamin-A-Mangel treten daher auch Sehstörungen auf.

Chemisch gesehen gibt es nun verschiedene Abänderungen in dem Vitamin-A-Anteil und ebenso verschiedene Opsine. Je nach der chemischen Konfiguration unterscheidet man daher Rhodopsin und Porphyropsin. Bei den Süßwasserfischen tritt der Sehpurpur vorwiegend in Form des Porphyropsins auf. Es gibt jedoch viele Arten, die beide haben und auch solche, die das eine oder andere synthetisieren. Beide unterscheiden sich in ihrer Lichtabsorption nicht wesentlich, das Maximum liegt zwischen 500 und 520 nm (grün). Grünes Licht wird also am besten von den Stäbchen perzipiert und macht somit auch das Auge empfindlicher als für andere Wellenlängen, sprich Farben.

Die Pigmente der Zäpfchen konnten vor etwa 10 Jahren erstmals direkt untersucht werden. Als Versuchstier für die Mikrospektrophotometrie[5] wurde der Goldfisch wegen seiner relativ großen Zäpfchen gewählt. Danach gibt es 3 verschiedene Pigmente in den Zäpfchen, jeweils nur 1 Pigment pro Zäpfchen, so daß diese in 3 Typen untergliedert wurden. Ihre Absorptionsmaxima liegen bei 635 nm (rot), 530 nm (grün) und 355 nm (blau). Ihre Verteilung in der Netzhaut ist unregelmäßig, und auch ihre Gesamtzahlen sind jeweils verschieden. Ihr Zahlenverhältnis untereinander entspricht etwa 2 rot : 4 grün : 1 blau. Bei paarigen Doppelzapfen treten stets die Kombinationen rot-grün und blau-grün, niemals aber rot-blau auf. Mit diesen 3 Farben ist die Möglichkeit gegeben, im Experiment auf einem Kreisel andere Farben und auch Weiß herzustellen. Ebenso ist das Auge in der Lage, Farben damit wahrzunehmen. Bei Goldfischen ist dies auch in vielen Dressurexperimenten und auch durch elektrophysiologische Messungen im Auge bestätigt worden. Übrigens besteht der Farbfernsehschirm auch aus einer Vielzahl kleiner roter, grüner und blauer Farbpunkte.

Elektrophysiologische Abteilungen des Rezeptorpotentials von Zapfen bei einer Reizung mit verschiedenfarbigen Lichtblitzen ergaben ebenfalls drei verschiedene Antwortmuster, wobei die jeweilige maximale Antwort genau dem Absorptionsmaximum des betreffenden Rezeptors entsprach. Die weitere Informationsverarbeitung nach diesem ersten Schritt ist noch nicht vollständig geklärt, was bei der verwirrenden Vielfalt möglicher Verbindungen in der Nervenzellschicht der Retina auch nicht verwunderlich ist. Der wahrscheinlich nächste Schritt in der Aufarbeitung der Zapfenpotentiale ist der, daß wir aus dem Bereich der bipolaren und amakrinen Nervenzellen einmal auf rotes Licht eine Depolarisation und aus der gleichen Zelle nun für grünes Licht eine Hyperpolarisation abgreifen. Ebenso gegensätzlich verhalten sich andere Zellen, die auf gelbes Licht depolarisieren und auf blaues hyperpolarisieren. Ihre Antworten können auch vertauscht sein. Die Kombination rot-grün würde gut zum rot-grün des Farbstoffes der doppelten Zwillingzapfen passen. Auch hier gibt es keine Rot-Blau-Kombination.
Wir haben also im 1. Schritt drei Farbpigmente und drei Antwortmuster der Zapfen. Dies entspricht der alten Dreikomponententheorie von Helmholtz, die schon im letzten Jahrhundert aufgestellt wurde und drei verschiedene Farbrezeptoren forderte. Der hier dargestellte 2. Verarbeitungsschritt mit einer farbabhängigen gegensätzlichen Antwort muß nun wohl so vor sich gehen, daß zwei Zapfen auf der Nervenzellebene zusammengeschaltet werden und daß der eine die Antwort des anderen hemmen kann. Rein mathematisch würde dies die gegensätzliche Antwort (Depolarisation und Hyperpolarisation) in diesem 2. Verarbeitungsschritt erklären, indem man die Antwort des einen Zapfen von der des anderen abzieht. Dies wiederum entspräche der Heringschen Gegenfarbentheorie, die auch schon wesentlich früher aus psychophysischen Experimenten am Menschen (ebenso wie Helmholtz) fordert, daß das Farbensehen durch gegenläufige Prozesse rot-grün, gelb-blau und hell-dunkel möglich wird. Damit ist ein erster Schritt getan, den Mechanismus des Farbensehens aufzuklären. Über die weitere Verarbeitung gibt es eine Fülle von Einzelkenntnissen, die sich aber vorwiegend auf die Säugetiere beziehen. Darüber hinaus sind Modelle entwickelt worden, die insbesondere zu deuten versuchen, wie die subjektiven Farbempfindungen zustande kommen und warum der Mensch mit ebenfalls drei Zapfentypen – vier sogenannte reine Farben, blau, grün, gelb und rot empfinden kann. Wir sind also noch ein gutes Stück davon entfernt, eine allgemeine Theorie zum Farbensehen aufzustellen. Von den Ganglienzellen[1], als der letzten nervösen Schaltstation im Auge, kennen wir eine Vielzahl von Antwortmustern. Hier entstehen in der Retina auch zum erstenmal echte Nervenimpulse, die sich dann über den Opticusnerv fortpflanzen. Ganglienzellen antworten nur, wenn ein Lichtpunkt auf einen bestimmten Bereich der Retina fällt. Dieser Retinabereich wird als rezeptives Feld der Ganglienzelle bezeichnet. Seine Größe ist sehr verschieden. Normalerweise sind diese Felder im Randbereich der Retina groß und verkleinern sich sehr stark im Bereich der optischen Achse. In der Fovea kann er gerade einem einzigen Zapfen entsprechen. Dies wirkt sich auf das Bildauflösungsvermögen des Auges aus. Kleine rezeptive Felder oder ein günstiges Verhältnis zwischen Ganglienzellenzahl und zugehöriger Rezeptorenzahl bedeuten ein hohes Auflösungsvermögen. Dafür aber besitzen große rezeptive Felder die Möglichkeit, noch schwächstes Licht auswerten zu können. Dies wird bei nachtaktiven Fischen noch verstärkt, indem hier ein Tapetum lucidum[2] ausgebildet wird. Dies bedeutet, daß in der Pigmentschicht hinter den Rezeptoren noch zusätzlich Partikel oder Kristalle von stark reflektierendem Guanin eingelagert sind. Einfallendes schwaches Licht wird dort reflektiert und trifft vielleicht so einen weiteren Rezeptor, womit die Lichtausbeute erhöht wird. Derartige Augen leuchten regelrecht in schwachem Licht auf. Mormyriden z. B. besitzen solch ein Tapetum.
Die auf das rezeptive Feld bezogenen Antworten der Ganglienzellen unterscheidet sich weiter, indem manche von ihnen nur beim Einschalten, andere nur auf das Ausschalten von Licht antworten. Daneben gibt es welche, die auf beides antworten, und bei einer 4. Gruppe hängt das Antwortmuster ganz entschieden davon ab, ob die rezeptiven Felder ringsherum auch belichtet werden und ob diese Beleuchtung gleich stark ist. Dementsprechend bekommen wir eine verstärkte, abgeschwächte oder gar keine Antwort. Diese gegenseitige Beeinflussung durch Hemmung dient zur Kontrastverstärkung im Auge. Und schließlich unterscheiden sich die Antwortmuster auch noch in Abhängigkeit von der Lichtintensität und von der Wellenlänge (Farbe) des Lichtreizes.

[1] Ganglienzelle: Nervenzelle.
[2] Tapetum lucidum (Leuchtschicht): Schicht im Auge, die das eingedrungene Licht reflektiert.

Akustikolaterales System

Unter diesem Begriff werden die Seitenlinie und die Labyrinthorgane zusammengefaßt. Sie nehmen Wasserströmungen und Schallwellen ebenso wahr wie die momentane Lage und Drehung des eigenen Körpers. Durch ihre Spontanentladung sind sie verantwortlich für die Aufrechterhaltung des Muskeltonus, d. h. einer gewissen Mindestanspannung der Muskeln auch im Ruhezustand. Die Gemeinsamkeiten der Sinneszellen sind schon im Kapitel Sinnesorgane hervorgehoben worden. Hier werden nun getrennt die Seitenlinie (Ferntastsinnesorgan), Bogengänge (Drehsinnesorgane) sowie Utriculus (Schwere- oder Gleichgewichtssinnesorgan) und Sacculus und Lagena (Gehörorgan) und mit ihnen zusammenhängende funktionelle Aspekte der Schwimmblase besprochen.

Seitenlinie (Ferntastsinn)

Diese Sinnesorgane sind auf dem Kopf, Rumpf und teilweise auch auf der Schwanzflosse in Reihen angeordnet. Sie sind entweder in Kanälen eingeschlossen, die jeweils zwischen zwei aufeinanderfolgenden Organen eine Öffnung nach außen haben (am Rumpf deutlich sichtbar als Seitenlinienschuppenreihe), oder sie stehen auch ungeschützt auf der Hautoberfläche und ragen mit ihrer gallert-

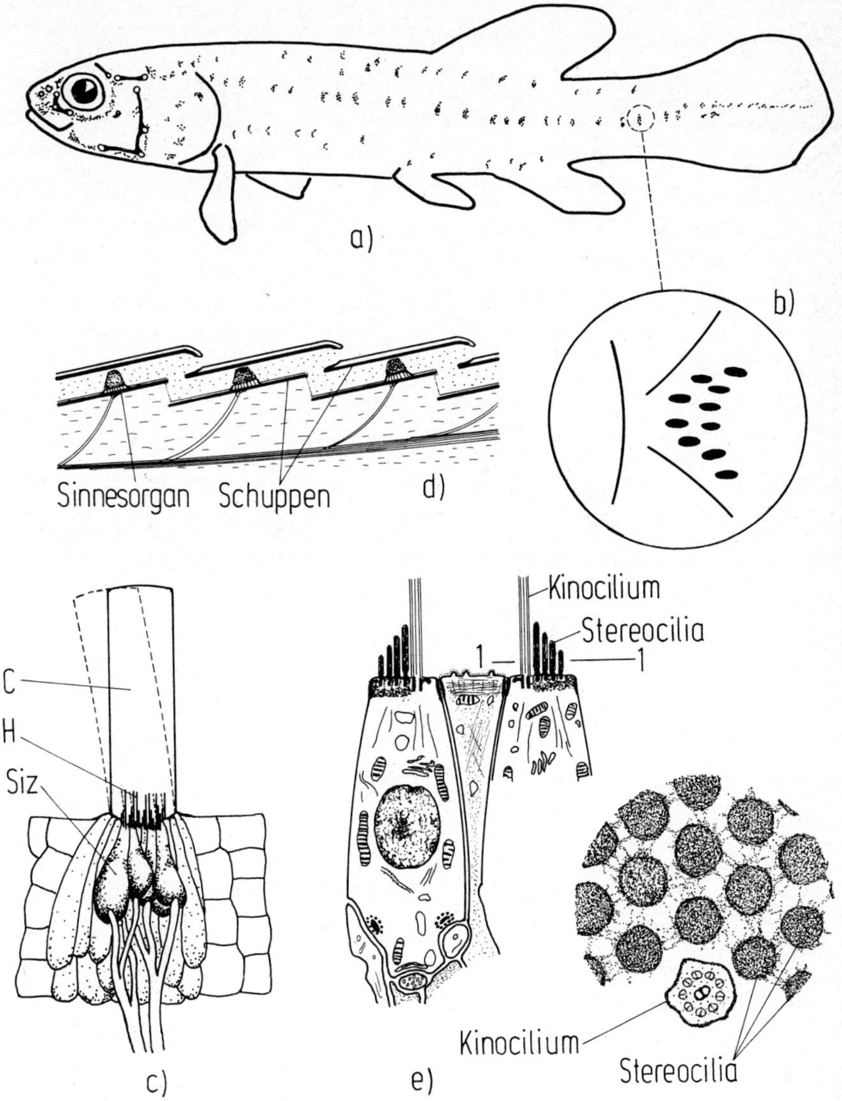

Bild 9.19: Seitenliniensystem. Der hier abgebildete Hundsfisch besitzt am Rumpf nur frei in der Haut stehende Sinnesorgane (a, b, c). Am Kopf besitzt er auch Kanalorgane. (d) Schematisierter Ausschnitt eines Kanalsystems. In dem die Schuppen durchbrechenden Kanal liegt jeweils zwischen 2 Poren ein Sinnesorgan. Die birnenförmigen Sinneszellen Siz tragen Haarfortsätze H, die von einer gallertartigen Hülle, der Cupula C, umschlossen sind. Im Elektronenmikroskop differenzieren sich die Haarfortsätze in ein langes asymmetrisch entspringendes Kinocilium und in viele Stereocilia (e). Ein Querschnitt 1—1 durch diese Fortsätze zeigt einheitlich strukturierte Stereocilia. Das Kinocilium besitzt dagegen 2 Axial- und 9 peripherliegende Doppelfilamente.

artigen Masse, der Cupula, ins Wasser hinein. In der Aufsicht sind diese bis etwa 1,5 mm großen Organe oval und meistens längsseits hintereinander angeordnet. Betrachtet man die Anordnung der Sinneszellen in einem einzelnen Organ, so liegen die asymmetrischen Kinozilien[1] der Sinneszellen immer in der Längsrichtung der Organe und damit auch der Organreihe. Daraus folgt nun aber, daß diese Organe nur diejenigen Reize voll wahrnehmen, die parallel dazu einwirken. Je stärker die Reizrichtung von der Reihenrichtung abweicht, um so schwächer wird der Reiz aufgenommen. Da nun die Seitenlinienreihen und -organe sowohl längs als auch quer zur Fischlängsachse an der Körperoberfläche stehen, ergibt sich allein durch die Anordnung schon die Möglichkeit, jeden Reiz mit den richtungsempfindlichen Organen auszuwerten: Intensität, Richtung, Körperstelle, an der er auftrifft. Durch zentralnervöse Zusammenschaltung der Rezeptorenantworten kann eine entsprechende Reaktion erfolgen.

[1] Kinozilium: bewegliche kleine Geißel, Wimper.

Bild 9.20: Hier sieht man bei einer Rotfeder (*Scardinius erythrophthalmus*, oben) und beim Flußbarsch (*Perca fluviatilis*, unten) deutlich die Seitenlinien. Aufnahme B. Kahl

Ein einzelnes Organ wird nun gereizt, indem sich die Flüssigkeit um die Cupula herum bewegt und diese Bewegung überträgt. Damit wird die Cupula aus ihrer Ruhestellung ausgelenkt und folglich werden auch die Haarfortsätze abgebogen. Diese wiederum lösen in der bereits besprochenen Art Rezeptorpotentiale und schließlich Nervenimpulsfrequenzänderungen aus. Innerhalb eines Seitenlinienorgans zeigen die Kinozilien etwa der Hälfte der Sinneszellen in die eine Richtung, die der anderen Hälfte in die andere. Dadurch verursacht ein Reiz stets gleichzeitig zweierlei Antworten: In den einen Nervenfasern steigt die Impulsfrequenz, weil ihre zugehörigen Sinneszellen depolarisiert werden, in anderen Fasern fällt sie wegen des hyperpolarisierenden Effektes. Auf diese Weise läßt sich schon mit einem einzigen Organ grob die Reizrichtung ermitteln. Bei Organen, die in einen Kanal eingebettet sind, werden Wasserbewegungen durch die Kanalporen auf Kanalflüssigkeit übertragen, die ihrerseits auf die Cupula einwirken.

Wie kaum einem anderen Sinnesorgan sind den Seitenlinienorganen zahllose Funktionen und die Wahrnehmung der verschiedensten Reizmodalitäten zugeordnet oder besser zugemutet worden. Heute steht durch zahlreiche Untersuchungen fest, daß die Seitenlinienorgane drei verschiedene Reize wahrnehmen:

1. schwache lokale Wasserströmungen mit einer Strömungsgeschwindigkeit von 0,2 mm/sec an aufwärts.
2. einen lokalen Aufstau von Wasserpartikeln, wie er entsteht, wenn sich ein Tier auf ein Hindernis zubewegt,
3. Wellen an der Wasseroberfläche.

Lokal soll hier so verstanden werden, daß der Durchmesser einer Wasserströmung wesentlich kleiner ist als die Länge des Fisches. Die Fähigkeit, Hindernisse anhand des erhöhten Wasserwiderstandes zu erkennen und ihnen auszuweichen, ohne daß diese auch nur einmal berührt werden, brachte den Seitenorganen den Namen Ferntastsinnesorgan ein.

Darüber hinaus gibt es zahlreiche einzelne Beobachtungen, daß Fische bestimmte Verhaltensweisen ihrer Artgenossen über das Seitenliniensystem perzipieren[2] können, worauf auch das Auf-Lücke-Schwimmen bei Thunfischen hinweist. Umstritten bis zum heutigen Tag ist die Frage, ob Seitenlinienorgane an der Wahrnehmung von niederfrequenten Schallereignissen beteiligt sind. Hierfür gibt es bisher in Verhaltensexperimenten keinen Beweis, jedoch zeigen die Ergebnisse elektrophysiologischer Untersuchungen an einzelnen Rezeptoren, daß die Voraussetzungen hierfür gegeben sind. Nicht wenige Forscher bezeichnen Seitenlinienorgane daher auch als Vibrationsrezeptoren. Eine Beteiligung an der Fortbewegung des Fisches in Form einer propriozeptiven[3] Kontrolle ist nach neueren Untersuchungen zwar prinzipiell möglich, ist aber wahrscheinlich durch efferente Nervenaktivität während einer aktiven Bewegung des Tieres völlig unterdrückt. Schließlich bleibt noch die Feststellung, daß die Antworten von Seitenlinienorganen durch Temperaturänderungen oder den Ionengehalt des Wassers beeinflußt werden. Deshalb aber von einem Temperatur- oder Chemorezeptor zu sprechen, erscheint nicht gerechtfertigt.

Die Möglichkeit, daß Fische mit Hilfe ihres Seitenliniensystems Futter auffinden, läßt sich bei Oberflächenfischen, wie einigen Zahnkärpflingen oder dem afrikanischen Schmetterlingsfisch, besonders schön demonstrieren. Diese Fische schwimmen blitzschnell zielgerichtet auf eine an der Wasseroberfläche zappelnde Fruchtfliege zu und erbeuten sie sicher. Dies geschieht mit und ohne Augen gleich gut. Als alleiniger Reiz hierfür kommen die durch die zappelnde Fliege ausgelösten Oberflächenwellen des Wassers in Frage. Selbst Wellen aus 1 m Entfernung lösen noch eine gerichtete Reaktion aus. Ein einmaliges kurzes Eintauchen einer Nadel ins Wasser wird auch in Entfernungen bis zu 3–4 Körperlängen noch sicher auf $\pm$ 1 cm lokalisiert. Der Fisch schnellt dabei vorwärts und stoppt genau an der Eintauchstelle ab. Den Hinweis, wie weit eine echte Reizquelle weg ist, erhält der Fisch aus dem Krümmungsgrad der kreisförmigen Wellen durch Seitenorgane, die sich oben auf seinem Kopf befinden. Diese Fähigkeit, seine Beute an der Wasseroberfläche mit den Seitenorganen aufzuspüren, hat insofern für den Fisch große Bedeutung, als er bevorzugt von Anflugnahrung lebt, diese auf der Wasseroberfläche aber wegen der Brechungsverhältnisse nicht sehen kann.

Bogengangsystem (Drehsinn)

Der Bogengangapparat des Labyrinths besteht im wesentlichen aus drei halbkreisförmigen Bindegewebsröhren, die senkrecht aufeinander stehen und untereinander verbunden sind. Ihre Anordnung entspricht den drei Ebenen des Raumes. Jeweils am seitlichen Ende eines solchen Halbkreises liegt eine kugelförmige Ausweitung, die Ampulle. Hier befindet sich auf einem kleinen Wulst ein Sinnesorgan, das sich vom Seitenorgan nur dadurch unterscheidet, daß alle Sinneszellen mit ihrem Kinozilium gleich ausgerichtet sind. Die Bogengänge sowie das übrige Labyrinth sind mit einer Flüssigkeit, der Endolymphe, ausgefüllt. Dreht sich nun ein Tier rasch um seine Hochachse z. B., so bleibt aufgrund ihrer Trägheit die Endolymphe im horizontalen Bogengang hinter der Kopfbewegung zurück, was auch als entgegengesetzte Strömung der Endolymphe aufgefaßt werden kann. Dadurch wird die Cupula in der Ampulle entgegen der Kopfdrehung ausgelenkt, und die darunterliegenden Sinneszellen antworten entsprechend mit einer Impulsfrequenzänderung ihrer spontanen Entladungsrate. Die beiden senkrechten Bogengänge werden praktisch nicht beeinflußt. Man kann diesen Vorgang auch mit einer Wasserschale veranschaulichen, die man mitten auf einen Drehhocker stellt. Bei einer gleichmäßigen Drehung bleibt zunächst das Wasser stehen und geht erst nach einiger Zeit mit der Drehbewegung voll mit. In dieser Phase werden auch die Rezeptoren in den Bogengängen nicht

[2] Perzeption: Reizaufnahme durch Sinneszellen oder durch Sinnesorgane.

[3] Propriozeptoren: Sinnesorgane, die die Lage und Bewegung registrieren.

mehr gereizt. Wird die Kopfbewegung gestoppt, so läuft die Flüssigkeit noch etwas weiter, und wieder werden die Sinnesorgane gereizt. Ihre Antwort ist diesmal der ersten aber entgegengesetzt. Durch Zusammenarbeit der drei Bogengänge, kann jede Drehbewegung, egal in welcher Ebene, registriert werden. Genauer gesagt, es wird jeweils nur die Drehbeschleunigung oder -verminderung registriert, nicht aber die länger anhaltende konstante Drehbewegung.

Die Funktionen dieser Sinnesorgane, die auch als Vestibularapparat[1] bezeichnet werden, können mit einfachen raschen, passiven Kopf- oder Körperdrehungen selbst getestet werden. Dabei treten genau definierbare Drehreflexbewegungen auf. Bei Fischen äußern sich diese in Flossenverwindungen und Augenrollen.

Schweresinn

Im Unterschied zu den bislang besprochenen Organen des Akustiko-lateralis-Systems liegt beim Utriculus[2] über dem Sinneszellpolster ein an Bändern aufgehängter Stein aus Kalk, der Statolith[3]. Er wächst genauso mit dem Fisch wie die Schuppen. Auch aus seinen Zuwachsraten läßt sich das Alter der Fische bestimmen. Aufgrund seines Gewichts drückt der Stein ständig auf die Haarfortsätze der Sinneszellen. Neigt sich der Fisch zur Seite, so verschiebt sich auch der Stein. Bei Seitenlage des Fisches liegt er praktisch neben den Sinneszellen. Daß bei einer Schräglage des Fisches aber das Gewicht des Statolithen nur mittelbar auf die Sinneszellen einwirkt, konnte auf elegante Weise nachgewiesen werden: Ausgangspunkt war dabei die Tatsache, daß bei seitlichem Lichteinfall viele Fische wie z. B. Skalare, schwarze Tetra, Guppy und viele andere schräg mit dem Rücken dem Licht zugewandt im Aquarium stehen. Dieses Verhalten wurde als Lichtrückenreflex beschrieben. Je stärker das seitlich einfallende Licht ist, desto mehr neigt sich der Fisch und richtet sich wieder in dem Maße auf, wie man experimentell die Erdschwere vergrößert, z. B. in einer Zentrifuge. Hält man nun den Lichteinfallswinkel in das Fischauge konstant, einerlei welche Raumlage das Tier einnimmt, und verändert die Erdschwere (also das Gewicht des Statolithen), so korrigiert der Fisch seine Schräglage stets so, daß die an seinen Sinneszellen senkrecht zur Erdschwere oder Druck- bzw. Zugrichtung des Statolithen wirkende Kraft, die Scherkraft, stets gleich groß bleibt. Damit war sichergestellt, daß die Scherkraft den eigentlichen Reiz für die Sinneszellen des Schweresinnesorgans darstellt. Unter Scherkraft wird einfach die Parallelverschiebung des Statolithen über dem Sinneszellpolster verstanden, die die Auslenkung der Sinneszellfortsätze bewirkt. Das gesamte Schweresinnesorgan jedoch kann ohne das Gewicht des Statolithen und der Erdschwere nicht funktionieren, denn erst diese bewirken die Parallelverschiebung zwischen Statolith und Sinneszellpolster. Messungen der Rezeptorpotentiale und Nervenimpulse bestätigten die Abhängigkeit von der Schwerkraft. Damit darf auch angenommen werden, daß die Rezeptoren ein getreues Abbild der Raumlage des Fisches liefern. Zur Aufrechterhaltung der Normallage sind beide Gleichgewichtsorgane notwendig. Fällt eines aus, so dreht sich der Fisch ständig im Kreis oder schwimmt schraubenförmig durchs Wasser. Offensichtlich fehlt hier die Gegensteuerung des anderen Organs. Bei intakten Tieren lassen sich Abweichungen von der Normallage bequem an der Augenstellung ablesen. Sie werden stets so gedreht, daß sie horizontal bleiben. Bei einer erzwungenen Schräglage nehmen die Augen eine gegensinnige Stellung ein, die durch eine zentralnervöse Koppelung zwischen Augenstellung und Gleichgewichtsorgan bedingt ist. Darüber hinaus zeigen auch die Flossenstellungen einen derartigen Zusammenhang an.

Nicht alle Fische, die schräg durchs Aquarium schwimmen, tun dies unter dem Einfluß seitlichen Lichteinfalls oder gar defektem Schweresinnesorgan, sondern bei ihnen entspricht dies der Normalhaltung. Sie schwimmen kopfüber oder kopfunter oder korrigieren ständig durch auffallende Flossenschläge. Die natürliche Schrägstellung erklärt sich aus der Lage des Gleichgewichtsorgans. Während bei horizontal stehenden Fischen auch das Sinneszellpolster etwa horizontal steht, sind bei den schräg stehenden Tieren die Sinnespolster ebenfalls geneigt, und zwar bei den kopfunterschwimmenden nach hinten, bei den kopfüberschwimmenden nach vorn geneigt. Diese Fische schwimmen nun normalerweise so, daß das Sinneszellpolster des Gleichgewichtsorgans möglichst horizontal zu liegen kommt, das dem „gewöhnlichen" Fisch entspricht. Bei den rückenschwimmenden Welsen, die ja bekanntlich im Jugendstadium noch normal schwimmen, scheint es morphologische Abweichungen im Gleichgewichtsorgan zu geben, auf die ihre Schwimmweise zurückzuführen sind.

Bild 9.21 (Oben): Lage und Größe des linken Labyrinths bei der Elritze.
Mitte: Ein schematisiertes Labyrinth der Elritze, bestehend aus den drei senkrecht aufeinanderstehenden Bogengängen mit ihren Sinneszellen (schwache Tüpfelung) in den ampullenartigen Verdickungen und dem Utriculus und dem etwas abgesetzten Sacculus und der Lagena. Die drei zuletzt genannten Bläschen haben Gehörsteine, sogenannte Otolithen, die ihrem Aussehen entsprechend als Lapillus, Sagitta und Asteriscus bezeichnet wurden. Nur Sacculus und Lagena bilden zusammen das Hörorgan.
Links unten: Die Verbindung Schwimmblase – Labyrinth bei einem Ostariophysen von oben her freipräpariert. Die Weberschen Knöchelchen (schwarz) setzen an der Schwimmblasenwand unterhalb der Wirbelsäule (punktiert), von der hier vier Wirbel abgebildet sind, an und ziehen schräg nach vorn oben. Sie setzen sich in den hinten zweigeteilten Längskanal fort, der durch zwei Öffnungen in die Schädelkapsel eindringt und dort auf den beide Sacculi miteinander verbindenden Querkanal trifft.
Rechts unten: Die Körperhaltung vieler Fische wird bestimmt durch den Einfallswinkel und die Intensität des Lichtes einerseits und der Schwerkraft andererseits. Bei gleichbleibenden Lichtbedingungen L stellt sich ein Fisch stets so ein, daß die am Gleichgewichtsorgan auftretenden Scherungskräfte S (Parallele Verschiebung des Statolithen über dem Sinnesepithel) konstant bleiben, wenn die Erdschwere F experimentell vergrößert wird.

[1] Vestibulum: Vorhof des knöchernen Ohrlabyrinths.
[2] Utriculus: Gehörschlauch im inneren Ohr, der das Gleichgewichtsorgan beherbergt.
[3] Statolithen: Körner aus Calciumcarbonat im Innenohr der Wirbeltiere. Mehrere solcher Körner sind, in Gallertmasse eingebettet, an Haaren befestigt, die durch Nerven mit dem Gehirn in Verbindung stehen. Der Zug der Schwerkraft auf die Körner und damit erfolgende Abbiegung der Sinneshaare vermitteln dem Tier seine Lage zur Schwerkraftrichtung.

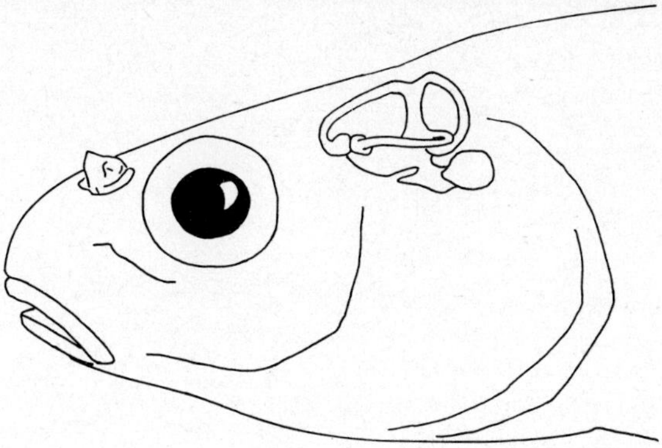

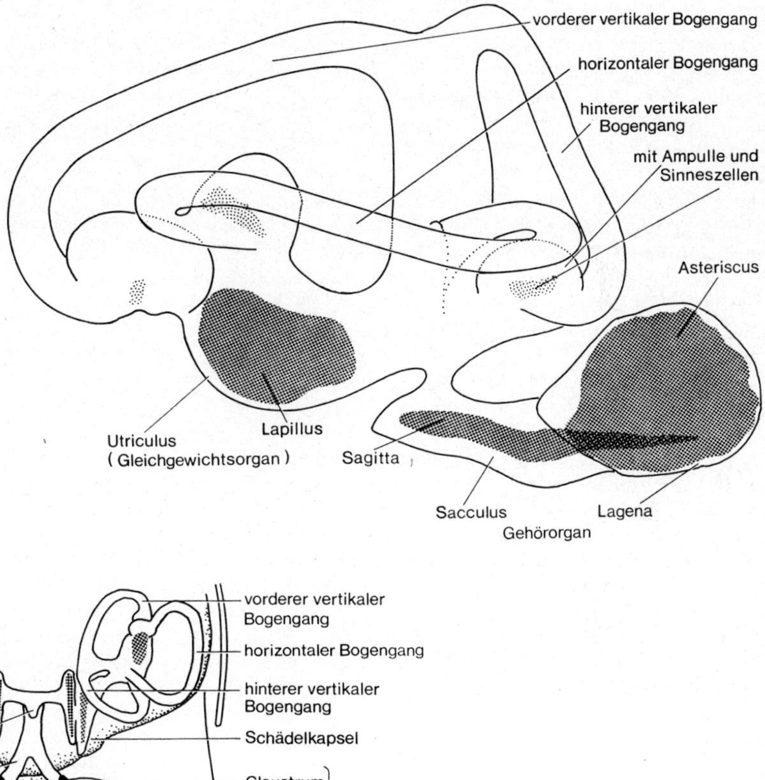
vorderer vertikaler Bogengang
horizontaler Bogengang
hinterer vertikaler Bogengang
mit Ampulle und Sinneszellen
Asteriscus
Utriculus (Gleichgewichtsorgan)
Lapillus
Sagitta
Sacculus
Lagena
Gehörorgan

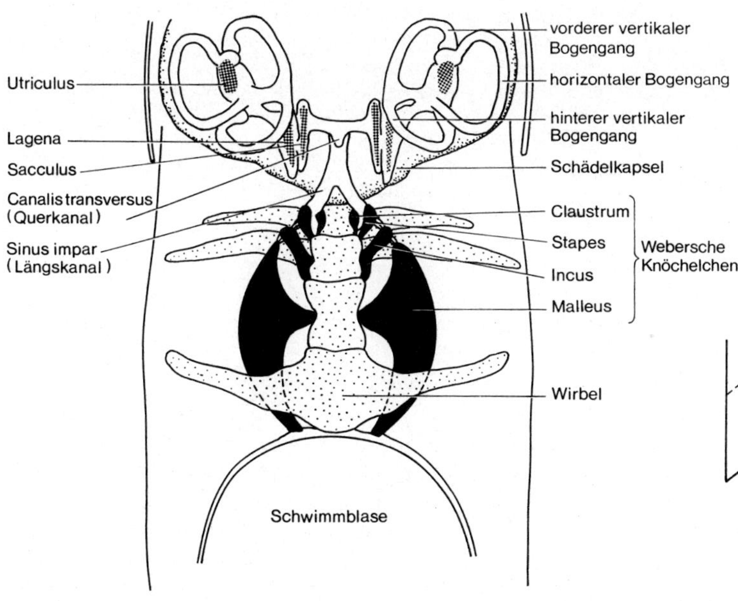
Utriculus
Lagena
Sacculus
Canalis transversus (Querkanal)
Sinus impar (Längskanal)
vorderer vertikaler Bogengang
horizontaler Bogengang
hinterer vertikaler Bogengang
Schädelkapsel
Claustrum
Stapes
Incus
Malleus
Webersche Knöchelchen
Wirbel
Schwimmblase

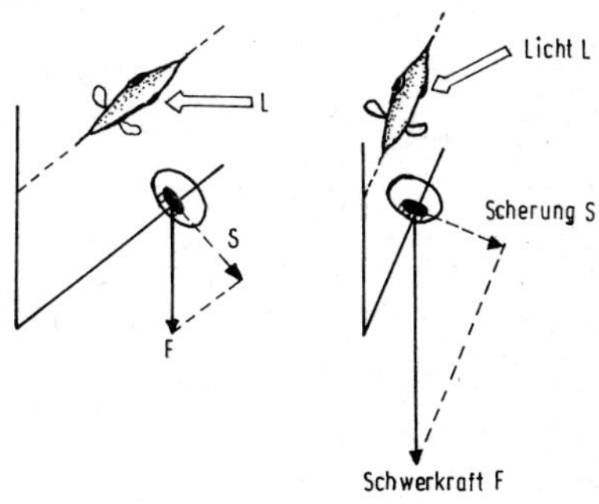
L
S
F
Licht L
Scherung S
Schwerkraft F

Gehörorgan

Das Ohr der Fische besteht aus zwei Bläschen auf jeder Körperseite, die zwar mit den übrigen Labyrinthorganen noch verbunden sind, aber bei vielen Fischen schon deutlich davon abgesetzt sind. Bei den Karpfenartigen sind die beiden Gehörbläschen unterschiedlich groß und insgesamt in Richtung Kiemenhöhle verlagert. Bei den barschartigen Fischen sind sie in viel stärkerem Maße in die Utriculus-Blase und das Bogengangsystem mit breiter offener Verbindung einbezogen, und schließlich nehmen bei den Zahnkärpflingen die Gehörbläschen gar den Raum zwischen den Bogengängen ein. Bei allen jedoch befindet sich das Sinnesepithel an den mittleren senkrechten Wänden, und davor hängt, von Bändern festgehalten, jeweils ein Gehörstein. Bei den karpfenartigen Fischen ist der Gehörstein im ersten Bläschen (Sacculus) pfeilförmig, bei den übrigen Fischen mehr abgerundet. Im 2. Bläschen (Lagena) befindet sich der diskusförmige sog. Asteriscus. Er ist beispielsweise bei den Zahnkärpflingen schwach ausgebildet. Diese Gehörsteine wachsen ebenso wie der Lapillus des Gleichgewichtsorgans.

Ein Mittelohr gibt es bei Fischen ebensowenig wie ein äußeres Ohr. Der Schall muß also durch den knöchernen Schädel zum Ohr gelangen oder von der Schwimmblase, die sich unter Schalleinwirkung im Rhythmus der Schallschwingungen verkleinert und vergrößert wie eine normale Luftblase im Wasser, aufgenommen und auf das Ohr übertragen werden. Bei den Ostariophysen unter den Fischen besteht nun tatsächlich eine solche direkte Verbindung zwischen Schwimmblase und Ohr. Diese wird in erster Linie von den 4 hintereinandergeschalteten Weberschen Knöchelchen[1] gebildet. Untereinander sind sie über Sehnen und Bänder verbunden. Gelenkig verankert sind sie an den bei diesen Fischen stets untereinander fest verwachsenen ersten Wirbeln nach der Schädelkapsel. Diese Wirbel weichen darüber hinaus auch noch sonst von dem typischen Bauplan ab. Der größte dieser Knöchelchen ist mit der vorderen Schwimmblasenwand verwachsen. Verlagerungen der Schwimmblasenwand übertragen sich durch diese Knöchelchen kopfwärts auf den sich anschließenden Längskanal, der mit extrazellulärer Flüssigkeit gefüllt ist und in die Schädelkapsel hineinführt. An ihn schließt sich als letztes Glied in der Reihe der Canalis transversus oder Querkanal an, der mit Endolymphe[2] gefüllt ist und die auf beiden Körperseiten liegenden Gehörorgane miteinander verbindet. Veränderungen in der Schwimmblase werden über die paarigen Knöchelchen und den unpaaren Längskanal auf beiden Ohren stets gleichzeitg übertragen. Diese direkte Verbindung Schwimmblase–Ohr steht damit einmal im Dienste des Hörens und dient zum anderen auch der Anzeige des hydrostatischen Druckes, der auf den Fischkörper einwirkt. Durch eine Reihe äußerst schwieriger operativer Eingriffe in das Labyrinth, wobei einzelne Teile davon entfernt wurden, steht heute außer Zweifel, daß nur die beiden Bläschen Sacculus und Lagena als Sitz des Gehörsinns in Frage kommen.

Da äußeres Ohr und Mittelohr fehlen und das Innenohr anders gebaut ist als das der Säugetiere, wurde den Fischen lange Zeit jede Hörfähigkeit abgesprochen. Erst 1923 war es gelungen, bei einem dressierten Zwergwels eindeutig Hörvermögen nachzuweisen. In der Zeit bis zum Zweiten Weltkrieg wurde nun systematisch eine größere Zahl von Fischen auf ihr Hörvermögen untersucht. Dabei galt es vor allem festzustellen, ob sie hören können und in welchem Frequenzbereich. Als Versuchstiere boten sich zunächst die immer verfügbaren einheimischen Fische an, wie Elritze, Schleie, Aal und Bartgrundel oder auch Goldfische. Bald wurden die uns allen so bekannten Labyrinthfische wie zum Beispiel *Trichogaster leeri, Betta splendens* oder Salmler wie *Hyphessobrycon flammeus, Hemigrammus caudovittatus* und andere herangezogen. Bis heute sind insgesamt bei etwa 55 Fischarten zuverlässige Angaben über das Hörvermögen bekannt. Bei all diesen Versuchen wurden die Signale mit Flöten, verschiedenen Pfeifen oder auch mit Lautsprechern in der Nähe der Aquarien erzeugt. Erst in den letzten 5–10 Jahren wurden die Versuche in akustischen Kammern mit großem technischen Aufwand und hoher Präzision durchgeführt. Schon beim ersten Vergleich der Ergebnisse stellte sich heraus, daß das Gehör bei den einzelnen Arten doch recht erhebliche Unterschiede aufweist. Die höchsten Töne mit 13 000 Hz[3] nimmt der Zwergwels *Ictalurus nebulosus* wahr (zum Vergleich: der Mensch ca. 18 000 Hz), nach neuesten Erkenntnissen soll er jedoch nur Töne bis zu 8000 Hz hören können. Ihm folgen unsere einheimische Elritze und andere karpfenartige Fische, sowie die oben erwähnten Salmler mit 6000 bis 7000 Hz; aber auch die

[1] Webersche Knöchelchen: Gehörknöchelchen, die die Schwimmblase beim Fisch mit dem Gehörorgan verbinden. Verschluß (Claustrum) – Hammer (Malleus) – Amboß (Incus) – Steigbügel (Stapes). s. Abb. S. 613.

[2] Endolymphe: Innenlymphe.

[3] Hz: Hertz, Einheit der Schwingung: 1 Hz = 1 Schwingung pro Sekunde.

Fadenfische können Töne von 5000 Hz gerade eben noch hören. Dann folgt die große Masse der Fische mit einer oberen Hörgrenze von 1500 bis 2000 Hz mit unserem Guppy und anderen Zahnkärpflingen an der Spitze. Der gewaltige Unterschied im Hörbereich einzelner Fischarten warf sogleich die Frage auf: Wie gut hören denn Fische? Eine wirklich befriedigende Antwort darauf konnte erst in den letzten 10 Jahren nach Entwicklung von geeigneten Unterwasserlautsprechern und geeichten Mikrophonen gegeben werden. Dessenungeachtet wurden jedoch in der Vorkriegszeit Kurven und Vergleichswerte ermittelt, die einer heutigen Nachprüfung größtenteils standhalten. Da Eichgeräte unter Wasser fehlten, verglich man kurzerhand die Ergebnisse mit dem Hörvermögen des Menschen unter gleichen Bedingungen. Dazu mußte dann eine Versuchsperson den Kopf ins Aquarium stecken oder ganz untertauchen und durch ein Zeichen zu erkennen geben, wenn sie die verschiedenen lauten Töne noch hören konnte, und dieser Wert wurde dann mit den Dressurergebnissen des Fisches verglichen. Dabei ergaben sich nun zwei Gruppen von Fischen, nämlich solche, die ausgesprochen schwerhörig sind, und solche, die in ihrem Hörbereich etwa ebensogut hören wie wir.

Bild 9.22: Der Rautenflecksalmler (Hemigrammus caudovittatus) hört Töne bis 6000 oder 7000 Hz. Aufnahme B. Kahl

Zur ersten Gruppe gehören nun alle Arten, deren obere Hörgrenze bei 2000 Hz liegt, also zum Beispiel die Buntbarsche oder Zahnkärpflinge. Zu den scharfhörigen Fischen gehören vor allem die Vertreter der Ostariophysen. In der Regel besitzen diese auch einen großen Hörbereich, wie oben bereits durch Beispiele angegeben. Sie sind in der Lage, einen Ton von 625 Hz zum Beispiel bei einer Stärke von 13 Phon[4] noch zu hören, wobei 20 Phon etwa dem menschlichen Flüstern und 40 Phon der normalen Unterhaltungssprache entsprechen. Die schwerhörigen Arten brauchen hier bereits eine Lautstärke von etwa 50 bis 55 Phon, um diesen Ton gerade noch zu hören. Bestimmt man derartige Werte bei verschiedenen Frequenzen, so ergibt sich, daß die Ostariophysen bei etwa 1000 Hz für Töne am empfindlichsten sind, während dieser Bereich bei den übrigen Fischen, den Nicht-Ostariophysen, soweit bekannt, in der Gegend von 500 bis 700 Hz liegt. Und gerade aus diesem Frequenzbereich von ungefähr 400 bis 700 Hz setzt sich wiederum der größte Teil der Fischlaute zusammen. Somit entsprechen sich also bei den meisten Arten die größte Empfindlichkeit des Ohres und der Bereich des zugleich intensivsten Lautanteils. Damit ist gewährleistet, daß die Laute der Artgenossen auch gut gehört werden können. Der Mensch reagiert, um einen Vergleich anzuführen, auf Töne zwischen 1000 und 2000 Hz am empfindlichsten, und seine Sprache enthält normalerweise Frequenzen zwischen 400 und 2000 Hz. Also auch hier treffen die beiden Maxima wieder aufeinander.

[4] Phon: Maß der Lautstärke.

Wie kommt nun diese Verschiedenheit des Hörens bei Fischen zustande? Obwohl das Gehörorgan der Fische von Familie zu Familie erhebliche morphologische Unterschiede aufweist, liegt dies nachweislich nicht am Organ selbst, sondern an dessen Hilfseinrichtungen. Bei den gut hörenden Fischen ist die gasgefüllte Schwimmblase durch die vier gelenkig miteinander verbundenen Weberschen Knöchelchen direkt mit dem Ohr verbunden. Diese übertragen alle Schwingungen der Schwimmblasenwand auf das Ohr in ganz ähnlicher Weise, wie bei uns Hammer, Amboß und Steigbügel des Mittelohres die Schwingungen des Trommelfells auf das Innenohr übertragen. Versuche, bei denen eines der Knöchelchen operativ entfernt worden war, erbrachten auf sehr eindrückliche Weise den Beweis, daß nun aus einem gut hörenden Fisch plötzlich ein schwerhöriger geworden war. Es ist also diese direkte Verbindung von Ohr und Schwimmblase, die die Hörschärfe wesentlich verbessert, und die Schwimmblase dient dabei als schallaufnehmendes Organ. Doch auch unter den Nicht-Ostariophysen gibt es Familien, die in ihrem Hörvermögen den Ostariophysen nicht nachstehen, wie zum Beispiel die Labyrinthfische, die Mormyriden und die Heringsfische. Bei ihnen ist die Natur ganz andere Wege gegangen. Bei den Labyrinthfischen schließen sich bekanntlich an die Kiemenhöhle reichverzweigte Anhänge an, die mit Luft gefüllt sind und als akzessorisches Atmungsorgan[1] dienen. Diese Anhänge reichen nun bis in die unmittelbare Nähe des Ohres und stehen durch eine Öffnung des Schädelknochens mit dem Sacculus, nur durch eine dünne Membran getrennt, in Verbindung. Wird nun bei diesen gut hörenden Fischen in einem Experiment das akzessorische Atmungsorgan mit Wasser statt Luft gefüllt, so vermindert sich die Empfindlichkeit für Töne sofort drastisch. Damit ist nachgewiesen, daß bei diesen Fischen der Schall vorwiegend durch das akzessorische Atmungsorgan auf das Ohr übertragen wird.

In den beiden anderen Fällen geht die Entwicklung von der Schwimmblase aus. Bei den Heringsfischen (Clupeiden) ziehen vom vorderen Ende der Schwimmblase zwei dünne Schläuche zum Labyrinth, die sich dann dort erweitern und zwei Bläschen bilden, die, von einer besonderen Hülle umgeben, direkt neben dem Utriculus und zwischen den Bogengängen liegen. Diese hier entwickelte Verlängerung der Schwimmblase direkt zum Ohr entspricht funktionell den Weberschen Knöchelchen der Ostariophysen. Hier nimmt also der Schall den Weg von der Schwimmblase über den nach vorn führenden Kanal und dessen Erweiterung zum Ohr.

Bei den Mormyriden schließlich, den schwach elektrischen Fischen, ist dieser Verbindungsstrang zwischen Ohrbläschen und Schwimmblase verlorengegangen, so daß wir hier bei ihnen jeweils nur eine Gasblase unmittelbar neben dem Ohr vorfinden, die direkt an den Sacculus angrenzt. Der Schall wird auch hier wiederum über diese Gasblasen, die generell unter Wasser in besonderem Maße zu Schwingungen angeregt werden, direkt auf den Sacculus übertragen. Die Mormyriden können damit ebensogut hören wie die Ostariophysen.

Nach den bisher erwähnten Gemeinsamkeiten zwischen Fischen und Säugern muß nun noch auf einen wesentlichen Unterschied im Hörvermögen eingegangen werden, nämlich auf das Richtungshören. Wir sind unter normalen Umständen immer in der Lage, die Richtung, aus der ein Geräusch kommt, ziemlich genau anzugeben. Diese Selbstverständlichkeit geht den Fischen völlig ab. Soweit hierzu bisher Untersuchungen im Freiland und im Labor mit mehreren Unterwasserlautsprechern durchgeführt wurden, können Fische überhaupt nicht hören, aus welcher Richtung ein Ton kommt. Sie bemerken zwar, daß er da ist und ob er laut oder leise ist. Im Versuch selbst äußert sich das lediglich so, daß der einzelne Fisch oder ein ganzer Schwarm nach Beginn des Dressurtones aufgeregt an Ort und Stelle nach Futter sucht, weil sie ja dabei zuvor stets gefüttert wurden. Sie schwimmen aber niemals zu der nur wenige Meter entfernten Schallquelle hin. Bei der Durchführung solcher Versuche muß man darauf achten, daß die Reihenfolge der Inbetriebnahme der drei oder vier Lautsprecher dem Zufall überbleibt, weil sich die Tiere sonst an diese Reihenfolge und an den Ort gewöhnen. Dieses Ergebnis beruht auf verschiedenen Gründen.

Theoretisch könnte die Schallrichtung ermittelt werden

1. aufgrund der Zeitdifferenz, d. h. der Zeit, die verstreicht, bis der Schall von einem Ohr zum anderen gelangt,
2. aus der Schallintensitätsdifferenz an beiden Ohren,
3. aus der Phasenbezeichnung des Schalls an beiden Ohren, das ist die Reihenfolge von Verdichtungen und Verdünnungen und ihre gesetzmäßige Änderung in Abhängigkeit von der Schallrichtung.

Tafel 57
Oben: Wer den Schmetterlings-Ährenfisch (Pseudomugil signifer) pflegen möchte, benötigt keine großen Aquarien, ein Zehn- bis Zwanzig-Literbecken reicht völlig aus. Laichreife Tiere müssen wir reichlich mit Cyclops und Enchyträen füttern. Sie werden sich bald, wenn wir häufig das Wasser gewechselt haben, verpaaren.
Mitte links: Ohne Unterbrechung wird das Weibchen gejagt . . .
Mitte rechts: . . . bleibt es einmal stehen, balzt das Männchen mit gespreizten Flossen, wobei die ganze Schönheit des Tieres erst richtig zur Geltung kommt.
Unten: Befindet sich das Weibchen dicht an den Pflanzen, sucht das Männchen an die Seite der Partnerin zu kommen. Aufnahmen H.-J. Richter.

[1] akzessorisches Atmungsorgan: zusätzliches Atmungsorgan.

Tafel 58

Bild (oben links): Steuert das Pseudomugil signifer-Weibchen eine bestimmte Stelle an den Pflanzen an, wird es noch einmal kräftig umbalzt.

Bild (oben rechts): Endlich hat das Weibchen einen Laichplatz gefunden . . .

Bild (unten): . . . das Männchen schwimmt nun an die Seite des Weibchens, und beide laichen miteinander ab.

Aufnahmen: H.-J. Richter

Zu 1: Das menschliche Ohr vermag noch eine Zeitdifferenz von 3 msec aufzulösen. Da sich im Wasser die Schallwellen etwa 3mal so schnell wie in der Luft, nämlich mit 1450 m/sec, ausbreiten und da beide Fischohren, wenn man den Querkanal der Ostariophysen einmal außer acht läßt, zudem sehr nahe beieinanderliegen, müßte also das zeitliche Auflösungsvermögen der Fische mindestens 4,5mal so groß sein wie das menschliche, was bis heute völlig unvorstellbar ist.

Zu 2: Bei vielen Tieren spielen Intensitätsunterschiede des Schalls an beiden Ohren eine bedeutende Rolle, z. B. bei Fledermäusen für das Erkennen der Richtung der in der Dunkelheit vor ihnen fliegenden Insekten. Fische dagegen bieten dafür weniger günstige Voraussetzungen, weil ihr Körper voll für Schall durchlässig ist und Intensitätsunterschiede wegen der geringen räumlichen Trennung beider Ohren folglich vernachlässigbar klein werden. In diese Überlegungen zu Zeit- und Intensitätsdifferenz als Grundlage für mögliches Richtungshören muß noch die Schwimmblase mit einbezogen werden. Diese wird im Schallfeld, im Gegensatz zum übrigen Körper, in starkem Maße wegen ihrer Kompressibilität[1] in Schwingungen versetzt. Sie wirkt für einen großen Frequenzbereich als Verstärker und sekundäre Schallwelle und überträgt die Schwingungen auf die symmetrisch zu ihr liegenden Ohren bei den Nicht-Ostariophysen mittels des dazwischenliegenden Gewebes oder über den unpaaren Längskanal bei den Ostariophysen. Dadurch wird die Einfallsrichtung des Schalls, soweit es Zeit- oder Intensitätsdifferenz betrifft, vollkommen bedeutungslos.

Zu 3: Für die Möglichkeit der Phasenunterscheidung und damit einer gewissen groben Richtungsfeststellung sprechen neuerdings einige Konditionierungsexperimente und neurophysiologische Untersuchungen am Goldfisch. Danach kann ein Tier feststellen, ob ein zweites Tier in einiger Entfernung vor, hinter oder seitlich von ihm einen kräftigen Schwanzflossenschlag ausführt. Der Fisch ist dabei in der Lage, die Aufeinanderfolge von Verdichtungs- und Verdünnungszonen oder Schwingungsknoten und -bäuche zu lernen, denn die Schallwellen eines Flossenschlages vor ihm beginnen stets mit einem Schwingungsbauch, die hinter ihm erzeugten aber mit einem Schwingungsknoten. Fische müßten demnach hören können, wo ungefähr ein anderer schwimmt und ob er sich fortbewegt oder näher kommt. Ob allerdings dieses Phasenunterscheidungsvermögen zum Richtungshören herangezogen wird, muß trotz der bislang vorliegenden Ergebnisse erst noch weiter überprüft werden.

[1] Kompressibilität: Verdichtbarkeit, Zusammendrückbarkeit.

Die bisherigen Ausführungen gelten in vollem Umfang für höherfrequenten Schall. Die Verhältnisse komplizieren sich beträchtlich bei im Wasser erzeugten Schallwellen unter 200 Hz. Dabei hat sich nämlich aus Hörschwellenkurven ergeben, daß für deren Wahrnehmung neben dem Ohr weitere Sinnesorgane in Betracht gezogen werden müssen. Diskutiert werden gegenwärtig Haut- und Seitenlinienrezeptoren. Dazu ist auch anzumerken, daß Unterwasserschallquellen neben den normalen Schallwellen auch noch andere Wasserbewegungen in ihrer Nähe erzeugen, die lange Zeit unerkannt blieben und die wir am besten mit dem Begriff Nahfeld umschreiben. Sie verhalten sich physikalisch anders als die Schallwellen und müssen im niederfrequenten Bereich stärker berücksichtigt werden. Sie gehen, wenn die Frequenz der Schallquelle entsprechend erniedrigt wird, in eine lokale Wasserströmung über, deren Richtung sich ständig ändert. Elektrophysiologische Untersuchungen des Rezeptorpotentials der Seitenlinienorgane haben eindeutig ergeben, daß diese Nahfeldströmungen perzipiert werden. Auch in früheren Dressurversuchen gab es Beobachtungen über positive Reaktionen auf einen Lautsprecher zu, wenn das Versuchstier bei dessen Betätigung nur 15–20 cm entfernt war. Dies gelang auch noch ohne intaktes Ohr und Seitenlinie, also vermutlich über irgendwelche andere Sinnesorgane der Haut, Tastsinn beispielsweise. Nun erscheint nach den bisherigen Ausführungen eine gerichtete Reaktion auf eine Reizquelle mittels der Seitenlinienorgane oder Tastsinnesorgane nicht überraschend, sondern würde geradezu erwartet werden können. Von Hören im herkömmlichen Sinne allerdings kann man dann nicht mehr sprechen. Wegen seiner komplexen Natur und einer technisch bislang kaum erreichten eindeutig definierbaren Reizsituation ist gerade dieser Bereich niederfrequenter akustischer Reize immer noch voller Fragen, gleichwohl er im Leben der Fische aus den verschiedensten Gründen besonders bedeutungsvoll ist.

Die Sinneszellen des Ohres entsprechen denen der Seitenlinie und des Utriculus. Sie sind so angeordnet, daß die Kinozilien zur Mittellinie des Sinnesepithels zeigen, also insgesamt zwei Felder mit entgegengesetzter Polung bilden. Auch sie sprechen nur auf die am Sinnesepithel wirksamen Scherungskräfte an. Anstoß dazu scheint die Schwimmblase zu sein und nicht die Schalldruckwelle direkt. Damit ähneln diese Verhältnisse denen der Säugetiere, bei denen die Sinneszellen im Innenohr auch nicht auf Druckwellen direkt ansprechen, sondern erst auf die durch Trommelfell und Mittelohr verursachten Volumenverschiebungen in der Schnecke des Innenohrs. Bei Fischen nimmt offensichtlich die Schwimmblase die Schalldruckwelle auf. Sie fungiert als echter Schalldruckempfänger und erzeugt aber ihrerseits durch die Schwimmblasenwandschwingungen ein Nahfeld in ihrer Umgebung, das von den Sinneszellen des Ohres perzipiert werden kann.

Akustische Kommunikation

Wenn Fische zwar gut hören, aber möglicherweise die Schallrichtung nicht bestimmen können, scheidet von vornherein die Möglichkeit, sich damit zu orientieren, aus. Es sei denn, die akustischen Signale besäßen einen intensiven niederfrequenten Anteil, so daß neben dem Ohr auch die eben schon besprochenen Rezeptoren der Haut und der Seitenlinie in Betracht gezogen werden könnten, die über die kurzen Distanzen des Nahfeldes durchaus gerichtete Reaktionen zuließen. Dagegen bleiben die Möglichkeiten der örtlichen Kommunikation unbeeinträchtigt. Dazu müssen nun aber auch akustische Signale vom Fisch selbst erzeugt werden können, und das Wasser bietet gute Voraussetzungen für die Schallsignalübertragung. Wir wissen heute von sehr viel mehr Arten, als man noch vor ein paar Jahren vermutete, daß sie irgendwelche Lautäußerungen von sich geben, aber auch, daß eine große Zahl besonders gut hörender Fische dies nicht kann. Wozu dient ein so gut entwickeltes Hörvermögen? Ist es in der Entwicklung der Fische einfach der Fähigkeit, Laute zu produzieren, vorausgeeilt? Können sie damit nur die Schwimmgeräusche anderer Fische hören und auf diese Weise einen Fischschwarm auch in Dunkelheit besser zusammenhalten? Fragen, auf die es augenblicklich keine definitive Antwort gibt.
Die Mehrzahl lauterzeugender Fische lebt im Meer. Lautäußerungen von Süßwasserfischen sind z. B. bei den knurrenden Guramis, bei einer Reihe von Welsen und vom Süßwassertrommler bekannt. Ebenso wie ihr reichhaltiges Repertoire von Lautäußerungen, die vom drohenden Knurren über ein Pfeifen bis zum werbenden Trommeln reichen und die man größtenteils sogar mit bloßem Ohr hören

Bild 9.23: Viele Fischlaute können wir nicht hören. Der Knurrende Zwerggurami (Trichopsis pumilus) stößt dagegen Laute aus, die auch für uns hörbar sind. Aufnahme B. Kahl

[1] Stridulation: Lauterzeugung durch Gegeneinanderreiben bestimmter Körperoberflächen (z. B. Schrillleiste bei Heuschrecken an der Innenseite der Hinterschenkel), u. a. bei Insektenmännchen zur Anlockung des Weibchens.
[2] Zellatmung: chemischer Prozeß im Innern der Zelle, d. h. Verbrauch von freiem Sauerstoff und Bildung von CO_2 und H_2O unter Freisetzung von Energie.
[3] Diffusion: Ausgleich von Konzentrationsunterschieden.
[4] Konzentrationsgradient: Konzentrationsgefälle.

kann, ist auch eine erstaunlich große Mannigfaltigkeit der lauterzeugenden Mechanismen vorhanden. Die wichtigsten Elemente hierzu sind Flossen, Kiefer- und Schlundzähne, Knochenelemente des Skeletts oder die Schwimmblase. Auch die Lautapparate, die die Schwimmblase als Resonator einschließen, sind nicht einheitlich gebaut.
Beim Süßwassertrommler beispielsweise besteht der Lautapparat aus zwei kräftigen Muskelbändern, die sich auf der Innenseite der Körpermuskulatur befinden. Sie sind über eine Sehne miteinander verbunden, die über die große und ungegliederte Schwimmblase hinwegzieht und ihr nur lose aufliegt. Bei Kontraktionen der Muskeln schlägt sie auf die Schwimmblase auf, wodurch Schallimpulse entstehen. Ein einzelner Laut kann aus bis zu 80 solcher Impulse bei einer maximalen Impulsfolge von 28/sec zusammengesetzt sein und ca. 5 Sekunden andauern. Das Maximum der Intensität eines solchen Lautes liegt bei 250 Hz. Die gesamte Frequenzverteilung charakterisiert ihn als geräuschhaft. Die Männchen produzieren während der Fortpflanzungsperiode in den Sommermonaten vorwiegend derartige Trommellaute und locken damit laichbereite Weibchen an. Andere Fischlaute klingen wie Bootspfiffe und sind klanghaft aufgebaut. Im Gegensatz zu diesen Schwimmblasenmechanismen werden bei den Stridulationsmechanismen[1] nur geräuschhafte Laute erzeugt, wie z. B. bei den südamerikanischen Welsen der Familie Doradidae und den afrikanischen Mochocidae. Die Laute entstehen hierbei durch Brustflossenbewegungen, indem ein dorsaler Knochenfortsatz des Brustflossenstrahls in einer Gelenkrinne geführt wird. Dadurch wird ein knarrendes Geräusch erzeugt. Die Hauptintensität der Laute liegt zwischen 2 und 4 kHz.
Bei einzelnen Arten kennt man inzwischen mehrere Laute, die sich in Zusammenhang bringen lassen mit bestimmten Verhaltensweisen. Daher unterscheidet man heute auch zwischen Anlocklauten, Drohlauten, Kampflauten und Abwehr- bzw. Ergebenheitslauten. Diese Laute unterscheiden sich einmal durch ihre Dauer, Impulserfolge und Wiederholrate und werden jeweils verstärkt durch Farbänderungen oder Flossenspreizen usw., so daß die Artgenossen auf vielfache Weise gleichbedeutende Informationen erhalten. Bemerkenswert erscheint noch, daß das Intensitätsmaximum des Lautes bei den einzelnen Arten weitgehend mit dem Bereich besten Hörens übereinstimmt, also in einem Bereich, in dem diese Tiere besonders empfindlich sind. Zum anderen kann bei dieser Art der Kommunikation eine Beteiligung der Haut und Seitenlinienrezeptoren wegen der geringen Distanz und auch relativ niederfrequenten Hauptintensitäten der Laute nicht ausgeschlossen werden.

Atmung

Lebende Zellen verbrauchen ständig Sauerstoff, um die Nährstoffe „verbrennen" zu können. Als Endprodukt derartiger oxidativer Prozesse fällt Kohlendioxid, CO_2, an. Damit nun die Zellen ihren Stoffwechsel und damit auch ihre Lebensfähigkeit aufrechterhalten können, muß ständig Sauerstoff an die Zellen heran- und Kohlendioxid weggeschafft werden. Dieser Transportvorgang wird als äußere Atmung, und die Sauerstoff verbrauchenden Prozesse in der Zelle werden als Zellatmung[2] bezeichnet. Wir wollen uns hier in erster Linie auf die äußere Atmung beschränken. Solange eine Zelle oder ein Zellverband klein ist, geschieht die Sauerstoffaufnahme und die Kohlendioxidabgabe rein passiv, nämlich durch Diffusion[3]. Hierbei dringt entsprechend den bestehenden Konzentrationsgradienten[4] zwischen Zellinnerem und Außenmedium Sauerstoff durch die Zelloberfläche ein, und das Kohlendioxid strebt nach außen, da im Zellinnern ständig neues Kohlendioxid entsteht. Dieser Vorgang des Stoffaustausches geht um so schneller vonstatten, je größer die Konzentrationsunterschiede auf beiden Seiten sind und je größer die (Zellober-)Fläche ist, durch die diese Gase diffundieren können. Er ist aber auch abhängig von der Dicke der Zellmembran. Je dünner die Membran ist, um so weniger Widerstand erfahren die Gase auf ihrer Diffusionsstrecke. Demnach ist die Menge diffundierten Gases direkt proportional dem bestehenden Konzentrationsunterschied und der zur Verfügung stehenden Fläche, aber umgekehrt proportional zur Wandstärke bzw. Diffusionsstrecke. Eine große Zahl besonders kleiner Tiere vermag nun seinen Sauerstoffbedarf allein durch die Diffusion durch die Körperoberfläche hindurch zu decken. Andere haben zusätzliche Einrichtungen geschaffen, um den Gasaustausch zu vermehren: Bei ihnen zirkuliert die Körperflüssigkeit, in die vielfach auch ein Sauerstoff bindender Farbstoff eingelagert ist. Dadurch wird an der Körperoberfläche ein möglichst großer Gradient und damit ein optimaler Gasaustausch erreicht. Schließlich wird dieser nochmals gesteigert durch die Ausbildung besonders dünn ausgelegter Bezirke auf der Körperoberfläche. Derartige Voraussetzungen bestehen bei den meisten Atemorganen, die sich auf den Gasaustausch spezialisiert haben. Bei den Fischen nun stellen die Kiemen ein derartiges Atemorgan dar. Daneben gibt es auch eine Reihe weiterer Atemorgane, die man als akzessorische Organe bezeichnet, da sie die Kiemen in ihrer Funktion zwar unterstützen, aber nicht voll ersetzen können.

Fische leben und atmen im Wasser. Hierbei herrschen etwas andere Bedingungen als an der Luft, und diese sollen hier kurz angedeutet werden. Der Sauerstoffgehalt der Luft beträgt 20,9 Vol. %, der des luftgesättigten Wassers aber nur 0,5 Vol. %, obwohl in beiden Medien der gleiche Partialdruck[1] herrscht. Der Partialdruck, den ein Gas in einem Gasgemisch, und dieses trifft für das Medium Luft wie für Wasser zu, ausübt, ist proportional seinem Volumenanteil an dem Gesamtvolumen des Gasgemisches. Als Maßeinheit hierfür wird mm Hg[2] oder Torr[3] angegeben. Das heißt nun, daß in Wasser selbstverständlich weit weniger Gas enthalten ist als in Luft, so daß der Sauerstoff bereits in geringen Mengen den gleichen Partialdruck ausübt wie eine große Menge in der Luft. Durch diesen geringeren Anteil sind natürlich die Bedingungen für die Ventilation der Atemorgane eines Fisches und eines Luft atmenden Tieres sehr verschieden. Um 1 cm^3 Sauerstoff an die respiratorische[4] Oberfläche heranzubringen, müssen nur 5 cm^3 Luft (6,5 mg), aber bereits 200 g Wasser bewegt werden. Damit Fische ihren Sauerstoffbedarf decken können, müssen sie also vergleichsweise die Atemventilation verstärken. Da aber Wasser auch rund 800mal dichter ist als Luft, muß dafür auch wesentlich mehr Energie aufgebracht werden. Unter Ruhebedingungen werden immerhin schon 30 % des aufgenommenen Sauerstoffs allein für die Aufrechterhaltung der Kiemenatmung verbraucht. Bei Aktivitäten steigert sich dieser Anteil noch. Damit wird sehr schnell der Punkt erreicht, wo der Leistungsfähigkeit der Kiemenatmung der Fische Grenzen gesetzt sind, nämlich dort, wo die Kiemenatmungstätigkeiten den gesamten aufgenommenen Sauerstoff bereits wieder selbst verbrauchen. Dieser Zustand wird heute vielfach in unseren verseuchten Gewässern erreicht. In diese Überlegungen mit einbezogen werden muß auch, daß sich die Atemgase im Wasser unterschiedlich gut lösen. Bei 20° C löst sich das Kohlendioxid etwa 28mal besser als Sauerstoff. Das bedeutet, daß bei gleichen Gasvolumina von Sauerstoff und Kohlendioxid im Wasser der Partialdruck des Kohlendioxid den des Sauerstoffs um das 28fache übersteigt. Woraus folgt, daß beim Austausch gleicher Volumina von Sauerstoff und Kohlendioxid in den Kiemen der Partialdruck für Sauerstoff um 28 mm Hg fällt, während der für Kohlendioxid nur um 1 mm Hg ansteigt. Da der Partialdruckunterschied jedoch der „Motor" für den Gasaustausch durch Diffusion ist, bedeutet dies, daß die Sauerstoffaufnahme verringert wird. Auch hier können Fische dies nur verhindern, indem sie ihre Atemorgane stärker ventilieren.

Knochenfische besitzen vier Kiemenbögen auf jeder Seite in der Rachenhöhle. Sie besitzen in ihrem Inneren je drei Knorpel oder Knochenspangen, die miteinander gelenkig verbunden sind. Diese Spangen setzen oben an den Gaumenknochen an und sind unten durch Querstücke miteinander verbunden, die gleichzeitig das Skelett für die Zunge darstellen. Die Kiemenbögen tragen nach vorn die Reusenfortsätze und nach hinten die in Doppelreihen stehenden Kiemenblätter. Die Reusenfortsätze stehen im Dienste des Nahrungserwerbs und üben eine Schutzfunktion für das Kiemengewebe aus, am Gasaustausch sind sie nicht beteiligt. Die Kiemenblätter sind dreieckig und spitz zulaufend oder säbelförmig und stehen in den beiden Reihen auf Lücke gegenüber. Die weichen Kiemenblätter enthalten in ihrem Innern einen an beiden Enden verdickten Knorpelstrahl, der dem ganzen Blatt eine gewisse Steifheit gibt. Der Knorpelstrahl sitzt auf dem Kiemenbogenknochen auf, und die sich schräg gegenüberliegenden Knorpelstrahlen einer Doppelreihe sind an der Basis durch kleine gekreuzte Kiemenblattmuskeln verbunden. Dadurch können die Kiemenblätter etwas gespreizt oder zusammengeklappt werden. Seitlich aufgereiht an den Blättern liegen nun in großer Zahl (ca. 150/cm) die senkrecht abstehenden Kiemenblättchen oder sekundären Lamellen, die ein außergewöhnlich dünnes einschichtiges Epithel von 1–3 μm Dicke besitzen. In diese Blättchen fließt das Blut teilweise in Lakunen[5] oder ebenfalls in sehr dünnwandigen Kapillaren[6]. Hier findet nun in erster Linie

[1] Partialdruck: Druck in einem Gasgemisch, den ein Bestandteil des Gemisches für sich allein hätte, wenn er das ganze Volumen des Gemisches einnehmen würde. Zum Gasgleichgewicht des Wassers vergleiche auch S. 323.
[2] Hg: Quecksilber.
[3] Torr: Maßeinheit des Luftdruckes.
[4] respiratorisch: mit der Atmung verbunden.
[5] Lakunen: Hohlräume in oder zwischen tierischen Geweben.
[6] Kapillaren: kleinste Blutgefäße, Haargefäße.

Bild 9.24: Schematische Darstellung von drei Kiemenbögen mit den in Doppelreihen sitzenden Kiemenblättern sowie der Strömungsrichtung des Atemwassers (a). Auf den Kiemenblättern sitzen jeweils auf Lücke die Kiemenblättchen oder sekundären Lamellen, in denen sich der eigentliche Gasaustausch vollzieht (b, c). (d) gibt einen räumlichen Eindruck dieser Anordnung wieder, wobei die Blutgefäße punktiert sind. Beachte, daß die Strömungsrichtung des Atemwassers (weiße Pfeile) der des Blutes (schwarze Pfeile) entgegengesetzt ist.

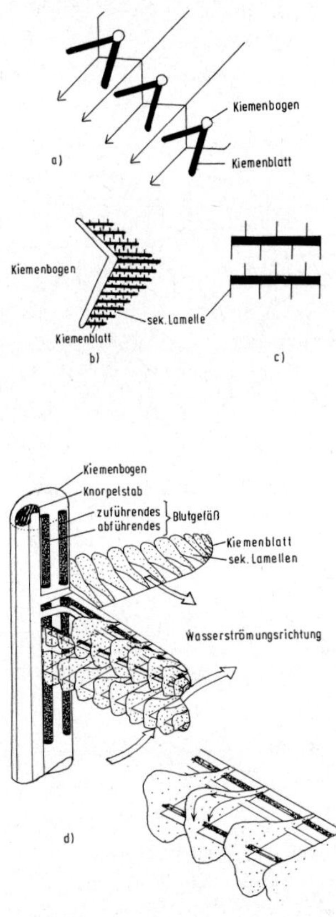

der Gasaustausch statt. Durch die Kiemenblattstellung wird dafür gesorgt, daß diese Blättchen stets voll in dem Atmungswasserstrom stehen. Die respiratorische Oberfläche, die sie bilden, erreicht mit 1–4 cm^2/g Körpergewicht eine beachtliche Fläche, wobei auch Spitzenwerte bis zu 8 cm^2 vorkommen.

Die Blutversorgung erfolgt so, daß ein vom Herzen kommendes Gefäß in jeden Kiemenbogen venöses Blut führt. In jedes Kiemenblatt zweigt davon ein Gefäß ab, die Kiemenblattarterie, die an der hinteren Kante des Blattes nach oben zieht und Kapillaren in die Kiemenblättchen abgibt. In den Blättchen strömt das Blut körperwärts und sammelt sich wieder in der absteigenden, vorne liegenden Kiemenblattvene, die in die Kiemenbogenvene führt und das nun mit Sauerstoff angereicherte Blut in den Kopf und Körper weiterleitet. Nicht alles vom Herzen kommende Blut muß durch die Kiemenblättchen fließen. Es gibt zahlreiche Beobachtungen, daß es hier „Umgehungsgefäße" gibt, die das Blut den Kiemenbereich rasch und auf kürzestem Wege passieren lassen. Dies scheint vor allem dann der Fall zu sein, wenn die Lebensbedingungen extrem schlecht sind. Es tritt jedoch auch vermehrt bei luftatmenden Fischen auf, die in sumpfigen, normalerweise extrem sauerstoffarmen Gewässern beheimatet sind. Damit wird verhindert, daß der durch das akzessorische Atmungsorgan aufgenommene Sauerstoff über die Kiemen wieder ans Wasser verloren wird.

Aus der oben geschilderten Blutversorgung geht hervor, daß die Strömungsrichtung des Atemwassers und die des Blutes im Kiemenblättchenbereich einander entgegengesetzt sind. Dadurch kann dem Atemwasser viel mehr Sauerstoff entzogen und an das Hämoglobin[7], den roten Blutfarbstoff, gebunden werden. Auf diese Weise gehen etwas mehr als 80 % des gelösten Sauerstoffs ins Blut über, ohne diesen Gegenstrom wären es bestenfalls 50 %. Die höhere Ausbeute wird dadurch erreicht, daß das in die Kiemenblättchen einströmende, sauerstoffarme Blut zunächst einem Wasser gegenüberliegt, das zwar zuvor schon einen beträchtlichen Teil seines Sauerstoffgehalts ans Blut verloren hat, am Kiemenblättchenende aber immer noch einen höheren Sauerstoffpartialdruck aufweist als das eben ankommende Blut und dadurch weiter zur Sauerstoffabgabe veranlaßt wird. Das nun schon etwas mit Sauerstoff angereicherte Blut sieht sich auf seinem weiteren Weg durch die Kiemenblättchen immer einem Wasser gegenüber, das einen ständig zunehmend höheren O_2-Gehalt hat, bis es schließlich am vorderen Ende frisches Wasser vorfindet. So besteht die ganze Zeit ein großer Partialdruckgradient, und es wird eine rasche, ständig zunehmende Sauerstoffaufnahme gewährleistet. Dies wird auch noch dadurch begünstigt, daß das Verhältnis Ventilation zu Durchblutung des Atemorgans bei Fischen etwa 17:1 gegenüber beim Menschen 4:5 ist. Es strömen also 17 ml Wasser durch die Kiemen, bis 1 ml Blut passiert. Dadurch wird genügend Zeit zur Verfügung gestellt, den Sauerstoff in ausreichendem Maße ins Blut aufzunehmen und dessen Sauerstoffkapazität auch voll auszunützen. Würden beide Medien, Blut und Atemwasser, in gleicher Richtung strömen, so würde anfangs auf Grund des überhöhten Partialdruckgradienten verstärkt Sauerstoff ins Blut übertreten. Auf dem weiteren Weg jedoch würde dies rasch abnehmen, da sich der Gradient vermindert, so daß am Ende bestenfalls eine 50%ige Ausbeute des Sauerstoffangebots erreicht werden könnte. In gleicher Weise wie die Sauerstoffaufnahme aus dem Atemwasser wird durch dieses Gegenströmungsprinzip die Kohlendioxidabgabe begünstigt, so daß fast alles Kohlendioxid ans Wasser abgegeben werden kann. Dies ist insofern bedeutsam, als Fische nur eine geringe Pufferkapazität[8] im Blut besitzen. Durch die weitgehend vollständige Kohlendioxidabgabe wird somit eine Übersäuerung des Blutes vermieden. Im Hinblick auf die Atemwasserstromregulation scheint das Kohlendioxid auch keine große Bedeutung zu haben, denn kurzzeitige Schwankungen des Kohlendioxidgehalts beeinflussen die Atmung nur geringfügig. Fische regulieren ihre Atmung in erster Linie nach dem Sauerstoffbedarf. Bei Säugern ist dies gerade umgekehrt. Sie regulieren ihre Atmung in erster Linie so, daß der Kohlendioxidspiegel im Blut gleich bleibt. Dabei ist auf Grund des reichen Sauerstoffangebots der Luft eine ausreichende Sauerstoffversorgung stets gewährleistet.

Trotz rhythmischer Wasseraufnahme durch das Maul und Abgabe durch den Kiemendeckelschlitz wird an den Kiemen selbst eine kontinuierliche Wasserströmung aufrechterhalten. Dies wird durch ein System von zwei hintereinander geschalteten Pumpen erreicht, wobei die eine vor und die andere hinter den Kiemen gelegen ist. Durch manometrische[9] Untersuchungen hat sich zudem ergeben, daß der Strömungswiderstand der Kiemen sich im Atemrhythmus ändert und somit zur Aufrechterhaltung dieser kontinuierlichen Strömung beiträgt. Als Pumpe

[7] Hämoglobin: Erklärung s. S. 630.
[8] Puffergemische: Stoffgemische, die Säuren oder Laugen ohne wesentliche Änderung ihrer eigenen Reaktionen zu neutralisieren vermögen. Kapazität: Fassungskraft.
[9] Manometer: Druckmesser für Gase und Flüssigkeiten.

fungieren sowohl die Mund- als auch die Rachenhöhle. Die Trennwand zwischen beiden stellen die Kiemen dar. Beobachtungen an einem großen, ruhig atmenden Tier ergaben stets, daß bei geöffnetem Mund der Kiemendeckel eng an den Körper angepreßt wird und sich danach langsam abspreizt, um kurz nach dem Schließen des Mundes sich ebenfalls rasch wieder an den Körper zu legen. Der Vergleich mit einem Zweitakter drängt sich dabei auf. Während der Ausatmung schließt sich der Mund, und etwas später verengt sich auch der Kiemendeckelschlitz. Da sich dabei der gesamte Mundraum verkleinert, strömt Wasser durch den Kiemenspalt aus. Der Mundraum kann sich verkleinern, indem der Mundboden gehoben, der Zungenapparat nach oben geschoben, der Mundraum verschmälert und schließlich auch die Kiemendeckel nach innen gezogen werden. Bei der Einatmung vergrößert sich der Mundraum wieder, und da die Operkel[1] durch ihre als Ventil fungierenden weichen Ränder geschlossen bleiben, strömt Wasser durch das Maul ein. Hierbei wird der Mundhöhlenboden gesenkt und der Zungenapparat nach hinten geschoben. Die Aktivität der dabei beteiligten Muskeln wird zeitlich durch das Nervensystem koordiniert, so daß diese Bewegungen nahtlos ineinander übergehen. Das Zentrum hierfür liegt im Nachhirn. Die während dieser Bewegungsfolgen eines Atemzyklus auftretenden Druckänderungen sind bei den einzelnen Fischarten jedoch etwas verschieden. Beim Forellentyp entsteht beim Mundverschluß in der Mundhöhle ein Druck, der sich langsam erhöht und bereits wieder abnimmt, bevor sich das Maul wieder öffnet. Der bei Mundverschluß in der Rachenhöhle herrschende Unterdruck verringert sich ständig und übersteigt zum Zeitpunkt der langsamen Mundöffnung sogar den der Mundhöhle, so daß ein kurzzeitiges Druckgefälle entgegen dem Atemwasserstrom besteht. Beim Karpfentyp verlaufen die Druckänderungen in beiden Bereichen parallel. Die in der Mundhöhle gemessenen Werte übersteigen jedoch stets die der Rachenhöhle, so daß trotz der während eines Atemzyklus auftretenden Druckschwankungen stets ein Druckgefälle nach hinten, also dem Wasserstrom gleichgerichtet besteht. Die gemessenen Druckschwankungen variieren je nach Versuchsbedingungen und vor allem auch in Abhängigkeit von der Größe des Fisches. Sie liegen in der Regel im Bereich von etwa – 1,5 cm Wassersäule bis zu + 6 cm. Bezogen auf die Kiemen arbeitet die Mundhöhle als Druckpumpe, die Rachenhöhle als Saugpumpe.

Luftatmung

Bei den Fischen offenbart sich an zahlreichen Beispielen die Entwicklung zusätzlicher oder akzessorischer Atmungsorgane von den ersten Anfängen bis zur voll entwickelten Lunge oder einem lungenartigen Organ. Ein akzessorisches Atmungsorgan muß drei Voraussetzungen erfüllen: Das dünnwandige Organ muß stark kapillarisiert und der O_2-Gehalt im zuführenden Gefäß kleiner sein als im abführenden. Das Organ muß regelmäßig ventiliert werden, und schließlich sollte die ausgeatmete Luft weniger O_2 und mehr CO_2 enthalten als die eingeatmete. Als derartige Organe können bei Fischen Mund- und Kiemenhöhle, die Kiemen selbst und deren Anhänge, Branchialpapillen[2], spezielle Labyrinthorgane, Schwimmblase, Lungen und endlich auch Magen, Darm und Haut fungieren. Die Oberfläche dieser Organe ist nur von einer flachen Zellschicht bedeckt, die den Gasaustausch zwischen der Luft und dem Blut kaum behindert. In der Regel ist die respiratorische Oberfläche durch Papillen-, Septen- und Divertikelbildung[3] stark vergrößert. Bei der respiratorisch tätigen Schwimmblase findet man alle Übergänge: von einer stark durchbluteten, relativ glatten Wand bei den Umbridae über eine divertikelreiche, bis in die Wirbelkörper eindringende Auffaltung der dorsalen Schwimmblasenwand bei *Pantodon* bis zu einer schwammartigen, den Lungen der Säuger vergleichbaren Struktur bei *Gymnarchus* und *Phractolaemus.* Ähnlich sieht es bei den eigentlichen Lungen der Fische aus. Während bei den Polypteridae die Wandung der Lunge noch verhältnismäßig einfach ist, haben die Dipnoer eine Struktur entwickelt, die von zahlreichen Falten und Kammern *(Neoceratodus)* bis zur waben- oder schwammartigen Struktur *(Protopterus)* reicht. Diese Oberflächenvergrößerungen ermöglichen einen intensiven Gasaustausch und damit stärkere Ausnutzung des O_2-Angebots. Allerdings sind die meisten Angaben darüber hinaus unvollständig, und bei nur wenigen Fischen wurden vollständige Angaben gemacht.

[1] Operkel: Bedeckung der Kiemenspalten von Fischen und Amphibien.
[2] Branchialpapillen: Kiemenfortsätze.
[3] Divertikel: blind endigende, röhrenförmige oder sackartige Ausstülpungen eines Körperhohlraumes.
Papillen: verschiedenartig geformte Fortsätze oder Vorsprünge.
Septen: Trennwände, Abteilungen.

Die Fähigkeit zur Luftatmung ist keineswegs ein Vorzug bestimmter systematischer Gruppen. Sie ist weit verbreitet und zum Teil eng verknüpft mit den Lebensgewohnheiten der Fische (Biotope, in denen die Kiemenatmung allein nicht ausreicht!). So findet man die große Zahl luftatmender Fische vorwiegend in tropischen Gewässern, die sich durch ihre O_2-Armut und ihren CO_2-Reichtum auszeichnen oder während Trockenzeiten beinahe austrocknen.

In der Regel wird die Luft durch das Maul aufgenommen und entweder wiederum durch das Maul, die Kiemenspalte oder den After abgegeben. Flösselhechte können die Luft auch zusätzlich durch das Spritzloch aufnehmen. Normalerweise verlassen die Fische nach der Lufteinatmung die Wasseroberfläche und geben erst nach mehreren Minuten Luftblasen ab, um dann nach einer gewissen Zeit erneut zur Luftatmung aufzusteigen. Bei lungen- und manchen schwimmblasenatmenden Fischen vollzieht sich der Gasaustausch schon während des Aufenthalts an der Wasseroberfläche. Beim afrikanischen Schmetterlingsfisch vollzieht sich die Aus- und Einatmung innerhalb von 0,2 sec. Nach ca. 2,5 min erfolgt bei ihm dann der nächste Atemzug. Bei den Lungenfischen können auf eine Ausatmung mehrere rasch erfolgende Inspirationen[4] erfolgen, aber auch auf eine Inspiration mehrere Exspirationen[5]. Pro Atemzug werden beispielsweise beim afrikanischen Lungenfisch 80 % des Lungenvolumens erneuert, das sind bei einem 70 g schweren Tier 2 ml Luft. Röntgenologische Filmaufnahmen ergaben, daß durch Senken des Mundbodens Luft in die Buccalhöhle[6] gelangt, die cranial durch Andrücken der Zunge an das Munddach geschlossen wird, so daß vorn keine Luft entweichen kann. Anschließend wird durch Zungenbeinverschiebung Luft in die Schwimmblase, Lunge oder andere akzessorische Atmungsorgane gepreßt. Die Ausatmung erfolgt vielfach durch Kontraktion oder Elastizität des Atmungsorgans selbst, oft auch durch die benachbarte Muskulatur.

Die O_2-Resorption in den Atmungsorganen erfolgt rasch. Beim elektrischen Aal und südamerikanischen Lungenfisch ist bereits 2 bzw. 3,5 min nach dem Einatmen die Hälfte des Sauerstoffes aufgenommen. Bei anderen Arten werden diese 50 % erst nach 10–12 min erreicht.

Aus der großen Zahl luftatmender Fische gibt es nur eine relativ kleine Gruppe, die auch in O_2-gesättigtem Wasser obligatorisch[7] Luft atmet (z. B. viele Labyrinthfische). Sie sind vor allem auf die tropischen Süßwasserbiotope beschränkt. Vielfach sind bei diesen Tieren die Kiemen mehr oder weniger stark reduziert, so daß die Kiemenatmung gar nicht ausreichen kann, den O_2-Bedarf zu decken. Ihre Luftatmungsfrequenz ist in der Regel trotz großer Gewichtsunterschiede und der verschiedensten Atmungsorgane bei vergleichbaren Ruhebedingungen doch relativ einheitlich mit 2–4 min Abstand zwischen zwei Atemzügen.

Die meisten luftatmenden Fische gehen jedoch erst zu regelmäßiger Luftatmung über, wenn der O_2-Gehalt des Wassers absinkt. Auch während einer Aktivitäts-

[4] Inspiration: Einatmung.
[5] Exspiration: Ausatmung.
[6] buccal: zur Wange gehörig.
[7] obligatorisch: verbindend, verpflichtend.

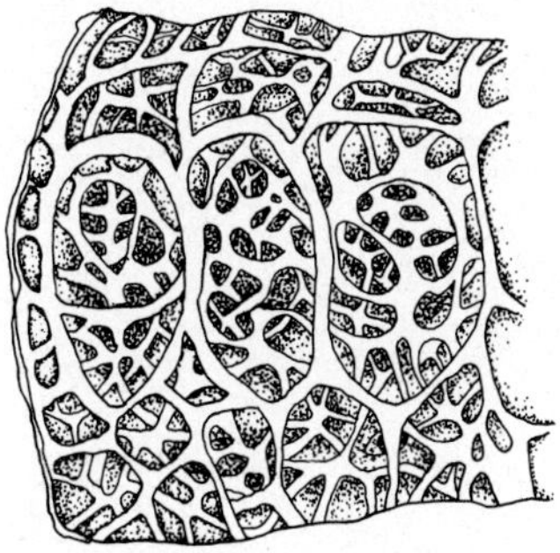

Bild 9.25: Ausschnitt aus der Lungenwand des Afrikanischen Lungenfisches mit seiner starken Oberflächenvergrößerung.

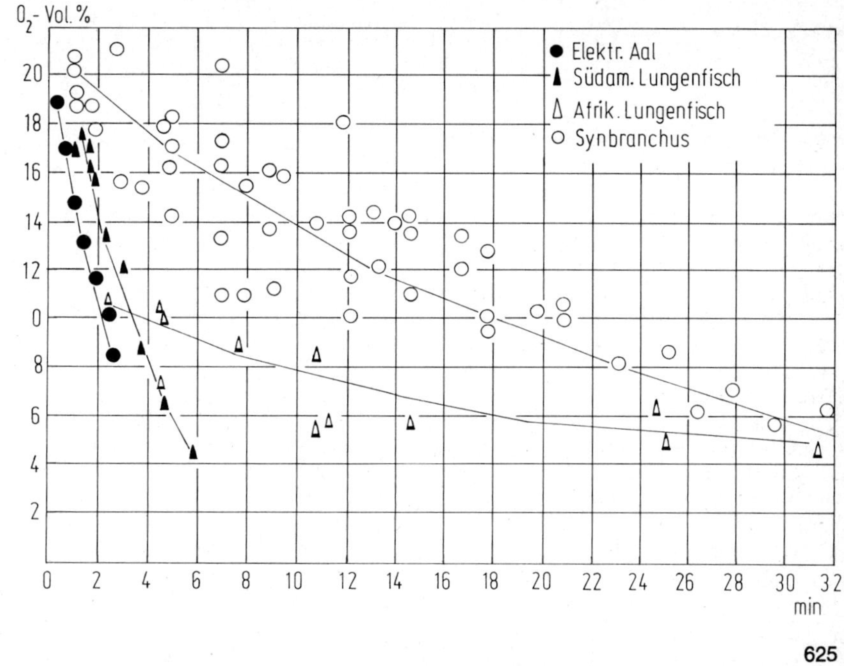

Bild 9.26: Dieses Diagramm gibt die Abnahme des Sauerstoffgehaltes im Luftatmungsorgan unmittelbar nach einem Atemzug beginnend wieder für den Elektrischen Aal ●, Südamerikanischen Lungenfisch ▲, Afrikanischen Lungenfisch △ und für Synbranchus ○.

phase und nach der Fütterung nimmt die Luftatmung stark zu, teilweise schon um das 3- bis 4fache bei relativ geringer Aktivität. Die Luftatmung erlaubt solchen Tieren einen wesentlich höheren stoffwechsel-physiologischen Spielraum und damit auch längere Aktivitätsphasen.
Auf O_2-armes Wasser reagieren luftatmende Fische sehr verschieden: Sie kompensieren teilweise durch Steigerung der Kiemenatmung (Frequenz und/oder Amplitude) und/oder durch Auf- bzw. Zunahme der Luftatmung. Andere wiederum bleiben davon völlig unbeeinflußt und reagieren nur auf abnehmenden O_2-Gehalt der Atemluft. Beispielsweise steigern der afrikanische Schmetterlingsfisch und der südamerikanische Lungenfisch in stark sauerstoffarmem Wasser ihre Luftatmung um maximal 40 % des Ruhewerts. Der australische Lungenfisch versucht zunächst durch Erhöhung der Ventilation der Kiemen um das 2- bis 4fache die O_2-Armut im Wasser zu kompensieren. Reicht dies noch nicht aus, erhöht er auch die Kiemenatmungsfrequenz und geht schließlich dann erst zur regelmäßigen Luftatmung über. Der im Brackwasser lebende *Gillichthys mirabilis* stellt seine Kiemenatmung bei einem O_2-Gehalt geringer als 1,1 mg O_2/l ganz ein. Auch *Symbranchus* vermag seinen O_2-Bedarf voll durch Luftatmung zu decken. Aber gleichzeitig wird das Blut mit CO_2 stark angereichert, was einer Ansäuerung gleichkommt. Dieses CO_2 kann bei diesen Fischen nur über Kiemen und Haut abgegeben werden, nicht aber über die akzessorischen Luftatmungsorgane in ausreichendem Maße. Daher muß von Zeit zu Zeit die Kiemenatmung in Gang gesetzt werden, um das CO_2 abgeben zu können.
In viel stärkerem Maße als durch O_2-armes Wasser beeinflußt O_2-arme Luft direkt über dem Wasser die Luftatmung. Hier erfolgt in allen Fällen eine sofortige Steigerung der Atemfrequenz bis auf den 4fachen Ruhewert. Derartige Verhältnisse treten zuweilen an völlig windstillen Tagen über tropischen Sümpfen auf, ebenso häufig trifft man eine starke Anreicherung von CO_2 im Wasser an. Hierauf wird von vielen Fischen mit einer Verminderung der Kiemenatmung geantwortet, um nicht noch mehr CO_2 über die Kiemen ins Blut aufzunehmen. Diese Mannigfaltigkeit verdeutlicht gleichzeitig auch verschiedene Stufen der Weiterentwicklung einfacher akzessorischer Atmungsorgane bis zum vollfunktionstüchtigen Organ. Dies zeigt sich recht anschaulich bei den Lungenfischen. Der australische Vertreter lebt ständig im Wasser und atmet Luft nur bei Aktivitätssteigerungen. Die afrikanischen Lungenfische können in einen Schleimkokon eingeschlossen in Lethargie[1] bereits längere Trockenzeiten überstehen. Die südamerikanische Art ist am weitesten fortgeschritten. Sie können, zumindest was ihre Atmung anbetrifft, längere Zeit auch außerhalb des Wassers aktiv sein und Überlandwanderungen durchführen. Entsprechend sind auch die Kiemen stufenweise rückgebildet und die Lungen stärker entwickelt. Dies trifft auch auf andere Organe zu. Der funktionelle Wert zweier gleichzeitig vorhandener Atmungsorgane ist eng verbunden mit ihrer Blutversorgung. Zunächst sollen jedoch der Blutkreislauf und die Blutfunktionen bei Knochenfischen grundsätzlich erörtert werden.

Herz und Kreislauf

Kennzeichnend für den Blutkreislauf der Fische ist, daß das Blut vom Herzen durch die Kiemen in den Körper gepumpt wird und von dort dann wieder zum Herzen zurückfließt. Das Herz ist daher auch nicht wie bei den höheren Vertebraten zweikammerig angelegt, sondern arbeitet als einfache Pumpe. Ein dem Lungenkreislauf der Landwirbeltiere vergleichbarer Abschnitt fehlt ihnen. Somit sind die Kiemen als Atmungsorgan, das Herz und der übrige Körper in Serie geschaltet.
Das Herz umfaßt vier Abschnitte, die unmittelbar hintereinander liegen. Das venöse Blut gelangt, von der Lebervene kommend, über den Ductus Cuvieri[2] in den Sinus venosus[3]. Von dort fließt es in den Vorhof, dann in den Ventrikel und schließlich in den Bulbus arteriosus[4]. Das Blut enthält wenig O_2 und wird erst bei der Kiemenpassage mit Sauerstoff versorgt. Das im Prinzip aus einem großen Hohlmuskel bestehende Herz wird mit O_2 durch ein von der dorsalen Arterie abzweigendes Gefäß versorgt. Das Herz der Knochenfische wird umgeben von einer dünnen Hülle, dem Herzbeutel oder Perikard, der innen von einem Flüssigkeitsfilm ausgekleidet ist, wodurch die Reibung zwischen Perikard und Herz-

[1] Lethargie: Trägheit.
[2] Ductus Cuvieri: Hauptvene der Fische, die Blut von den Cardinalvenen (unter der dorsalen Leibeswand) von zwei Seiten (unter dem Darm) im Sinus venosus zusammenführt.
[3] Sinus venosus: Venensinus des Herzens, sammelt venöses Blut; ein der Vorkammer des Herzens vorgelagerter, sackförmiger Gefäßabschnitt der Körperhohlvene.
[4] Bulbus arteriosus: zwiebelförmige Verdickung der Aorta an ihrer Austrittsstelle aus dem Herzen.

[5] myogen: muskelbildend, von Muskeln ausgehend.
[6] Refraktärzeit: Zeit, in der gereizte Zellen bzw. Organe für einen neuen Reiz unempfindlich (absolute Refraktärzeit) oder schwer oder schwächer (relative Refraktärzeit) erregbar sind.

muskel stark herabgesetzt wird. Das Herz selbst ist bei Fischen relativ kleiner als bei Landwirbeltieren. Es beträgt etwa 0,15–2,5 % des Körpergewichts, beim Frosch sind es 4 % und bei den Säugern etwa 4,6 %. Die normale Herzleistung liegt im Mittel zwischen 15–30 ml/kg/min. Extremwerte hierfür liegen bei 5 bzw. 100 ml. Der Umlauf des Blutes beträgt nahezu 2 min, was vergleichsweise eine lange Zeit darstellt. Das Blutvolumen und die extrazelluläre Flüssigkeit außerhalb der Blutbahn sind bei Fischen wesentlich geringer als bei Säugern. Sie betragen nur etwa 3 %, fast 4,5 % weniger als bei Säugetieren. Im Körper selbst ist das Blut nicht gleichmäßig verteilt, einzelne Organe sind stärker durchblutet als andere. Die weiße Muskulatur, die etwa 66 % des Körpergewichts ausmacht, enthält nur 16 % Blut. Die rote Muskulatur (1 %) enthält dagegen 6 %, das Herz selbst (0,2 %) 2 % und die Kiemen (3,9 %) 7,6 %, um nur einige Beispiele anzuführen.

Auch bei den Knochenfischen ist der Herzschlag myogenen[5] Ursprungs, d. h. das Herz schlägt auch dann unverändert rhythmisch weiter, wenn es ganz isoliert wird oder die zum Herzen führenden Nerven abgeschnitten werden. Es ist also autorhythmisch tätig und erzeugt ohne äußeren Anstoß rhythmische Erregungswellen, die sich über den ganzen Herzmuskel ausbreiten und die einzelnen Abschnitte zur Kontraktion veranlassen. Die Stellen, an denen die Erregungswellen spontan entstehen, werden Automatiezentren genannt, und als solche wurden bei Fischen experimentell gefunden: der Sinus venosus oder nur ein kleiner Teil davon an der Grenze Sinus–Vorhof und als 2. Ort die Übergangszone zwischen Vorhof und Ventrikel. Ermittelt wurden diese Zentren, indem man das freigelegte Herz schrittweise abschnürt, um die Erregungsausbreitung zu stoppen, oder indem lokal erwärmt oder abgekühlt wird. Trifft man ein derartiges Zentrum, so schlägt der betreffende Abschnitt unabhängig von den vorgeschalteten, oder der Herzschlag wird beschleunigt bzw. verlangsamt. Normalerweise bestimmt das Zentrum mit der höchsten Frequenz den Herzrhythmus. Dieser Schrittmacher unterdrückt die anderen langsameren Automatiezentren, indem die von ihnen ausgehende Erregung auf momentan nicht erregbares Muskelgewebe trifft, da entweder das vom Schrittmacher ausgelöste Potential noch andauert, und das sind beim Fischherzmuskel etwa 400 msec, oder noch in die sich unmittelbar anschließende Erholungsphase oder Refraktärzeit[6] fällt. Die restliche verbleibende Zeit bis zur nächsten Erregungswelle des Schrittmachers ist zu kurz, um selbst eine Erregungswelle auslösen zu können.

In den Zentren selbst, die plasmareiche Muskelfasern darstellen, kann wie bei allen anderen erregbaren Zellen ein negatives Ruhemembranpotential gemessen werden, das jedoch im Gegensatz zu nicht autorhythmisch tätigen Zellen keinen konstanten Wert einnimmt, sondern nach einem Impuls sich ständig verkleinert, bis erneut ein Impuls ausgelöst wird, der sich auf das umliegende Gewebe ausbreitet. Mit dem sich ändernden Ruhepotential einher geht eine abnehmende K^+-

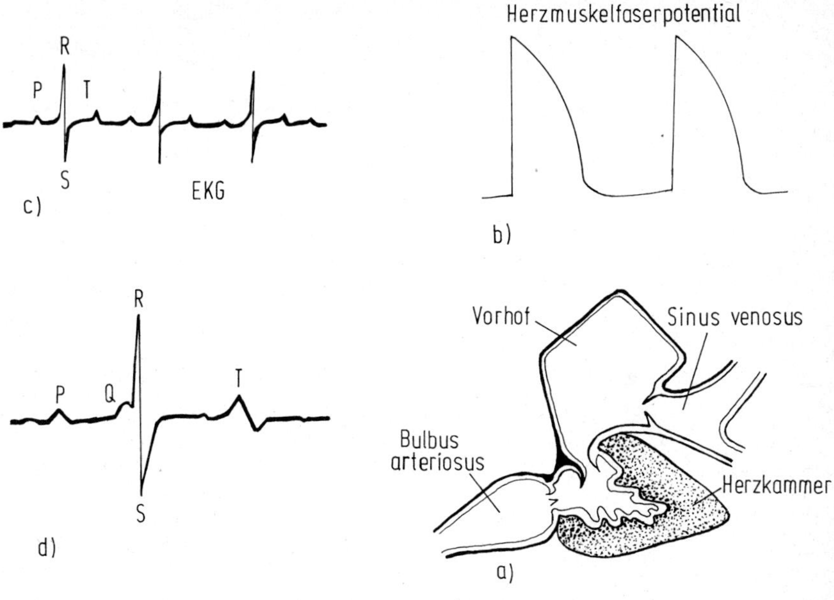

Bild 9.27: Schema eines Knochenfischherzens mit Sinus venosus, Vorhof, Herzkammer und Bulbus arteriosus (a). Die bei einer Herzkontraktion auftretenden elektrischen Ströme einzelner Herzmuskelfasern (b) addieren sich zum EKG (c, d), das bereits nahezu dem typischen Verlauf des menschlichen EKG entspricht.

Durchlässigkeit und eine dauernd bestehende charakteristisch hohe Na^+-Durchlässigkeit. Beides wird verantwortlich gemacht für die spontane Entstehung der Erregung in diesen Zentren.
Entsprechend der sich ausbreitenden Schrittmachererregung über das ganze Herz kontrahieren sich die einzelnen Abschnitte nacheinander. Diese Kontraktionswelle läßt sich mit einfachen Mitteln aufzeichnen als Mechanogramm. Ihr voraus eilt die Erregungswelle, die in ihrer Gesamtheit als Elektrokardiogramm EKG[1] ebenfalls ohne großen technischen Aufwand registriert werden kann. Das EKG setzt sich aus mehreren Wellen zusammen, die wie beim Menschen mit V, P, Q, R, S und T bezeichnet werden. Jede dieser Wellen läßt sich einem bestimmten Bereich des Herzens zuordnen. Eine kleine V-Welle stammt von der Sinuserregung. Die P-Welle resultiert aus den Erregungsverhältnissen des Vorhofs, die von Q, R, S spiegelt die Erregungsausbreitung im Ventrikel wider, während die S–T-Strecke der Zeit der vollen Erregung des Ventrikels entspricht. Die T-Welle wiederum stellt ein Maß für den Erregungsrückgang des Ventrikels dar. Im EKG ist also der gesamte Erregungsverlauf im Herzen wiedergegeben. Aus den einzelnen Wellen lassen sich Rückschlüsse auf die Funktionstüchtigkeit des Herzmuskels ziehen und auch stoffwechselphysiologische Vorgänge ablesen.

[1] EKG: Elektrokardiogramm, graphische Darstellung der Aktionsströme des Herzens.
[2] Systole: Phase der Herzarbeit, in der sich der Herzmuskel kontrahiert und das Blut in das arterielle System preßt.
Diastole: Erschlaffungsphase. Das Herz füllt sich in dieser Phase aus den Zubringerorganen erneut mit Blut.

Zur Mechanik des Fischherzens

Der Füllungsgrad des Herzens hängt sehr stark ab vom venösen Blutdruck. Der Sinus selbst beteiligt sich kaum an der Blutbewegung, er dient vielmehr dem Vorhof als Blutreservoir. Wenn sich die Vorhofmuskulatur entspannt, schiebt sich die Grenze Sinus–Vorhof sinuswärts, so daß nun ein Teil des Blutes automatisch im Vorhof liegt. Der Rest wird angesaugt durch die Volumenvergrößerung auf Kosten des Sinus. Kontrahiert sich nun der Vorhof, so steigt in ihm zunächst der Druck, wodurch sich die Ventile oder Klappen zwischen Sinus und Vorhof fest schließen. Übersteigt der Vorhofdruck den des Ventrikels, so werden dessen Klappen geöffnet, und das Blut gelangt in den Ventrikel, indem ebenfalls die Ventilebene über die Blutsäule hochgezogen wird. Der Vorhof verkleinert sich dabei, der Ventrikel vergrößert sich. In beiden Fällen gelangt das Blut in den nächsten Abschnitt in erster Linie dadurch, daß die Ventilebenen verschoben werden. Gelangt die Erregungswelle nun auf den Ventrikel, so wird durch dessen Kontraktion das Blut in den Bulbus getrieben, der sich zunächst stark erweitert. Ein Zurückströmen des Blutes wird durch die Herzklappen verhindert. Bei der Kontraktion des Ventrikels, auch Systole[2] genannt, entsteht ein starker Druckanstieg, den man als Puls bezeichnet und der sich im gesamten Gefäßsystem verfolgen läßt. Durch die Erweiterung des Bulbus wird viel von der ausgetriebenen Blutmenge zunächst aufgenommen und dann nach und nach bis zum nächsten Herzschlag wieder in die abführenden Gefäße durch seine elastischen Wände gedrückt. Dadurch sinkt der Blutdruck zwischen den einzelnen Herzschlägen nicht völlig ab, und zum anderen wird ein ziemlich gleichmäßiges Strömen des Blutes in den Gefäßen erreicht. Bei der Kontraktionsfolge der einzelnen Herzabschnitte verschieben sich also einmal die Ventilebenen, wodurch Energie gespart wird, und erst der Ventrikel arbeitet gegen den Gefäßwiderstand an. Deshalb entfaltet er auch die größte Kraft, was auch schon aus seiner stark verdickten muskulösen Wand abzuleiten ist.
Das typische Gefäßsystem der Fische ist also als einfacher Kreislauf geschaltet. Die Ausbildung von gleichzeitig zwei verschiedenen Atmungsorganen modifiziert teilweise schon diesen Kreislauf. Die Lungenfische nehmen hinsichtlich der Entwicklung des Blutkreislaufs vom einfachen der Fische zum doppelten der Vögel und Säugetiere eine echte Zwischenstellung ein. Denn bei ihnen zeigt sich auf verschiedenen Entwicklungsstufen der Anfang einer Ausbildung des Lungenkreislaufs. Vom Australischen bis Südamerikanischen Lungenfisch fortschreitend vermischt sich das aus der Lunge und aus dem Körper zum Herzen zurückströmende Blut immer weniger. Durch ein verwirrendes System von Falten wird das Blut aus der Lunge durch das Herz geleitet, ohne daß es sich wesentlich mit dem Körperblut vermischt und in die vorderen Branchialarterien geführt. Bei Verwendung von Kontrastmittel läßt sich dieser Weg des Blutes durch das Herz mit Röntgenaufnahmen in überzeugender Weise darstellen. Da nun aber bei den Lungenfischen zusätzlich die Reduktion der Kiemen an den vorderen Kiemenbögen besonders weit fortgeschritten ist, wird durch diese Blutführung vermie-

den, daß das oxygenierte[3] Blut aus der Lunge das 2. Atmungsorgan zusätzlich durchströmen muß und dabei evtl. Sauerstoff an das umgebende Wasser verliert. Damit gewinnt nicht nur die Lunge als sauerstoffaufnehmendes Organ an Bedeutung, sondern mit der Reduktion der Kiemen wird mehr und mehr CO_2 durch die Haut ausgeschieden. Ob bei den anderen luftatmenden Fischen auch gewisse strömungstechnische Vorkehrungen getroffen sind, um im Herzen eine Durchmischung des Blutes von den akzessorischen Organen und vom Körper zu verhindern, ist gegenwärtig noch unbekannt.

Die Regulation der Herztätigkeit kann auf zwei Wegen erfolgen, nämlich nervös und humoral[4]. Sämtliche bislang untersuchten Fischherzen werden durch den Vagus[5] innerviert. Neuerdings wurden auch Sympathicusfasern festgestellt. Die nervöse Steuerung erfolgt also über das vegetative Nervensystem. Eine Stimulation des Vagus bewirkt eine Verlangsamung des Herzschlages, bei starker Reizung kommt es vorübergehend sogar zum Herzstillstand. Eine Sympathicusreizung hat den gegenteiligen Effekt: Beschleunigung des Herzrhythmus. Dies geschieht normalerweise in der Weise, daß der Einfluß des Vagus dabei verringert wird, was zu einer Frequenzsteigerung des Herzschlags führt. Das vegetative Nervensystem dient offensichtlich auch dazu, daß sich Sinneseindrücke u. a. auch auf die Herzfrequenz auswirken können. Eine Verlangsamung des Herzschlags wurde beobachtet bei Blitzlicht, mechanischer Vibration, Änderung des Salzgehalts im Wasser, atmosphärischen Druckänderungen, O_2-Angebot, Herausnehmen des Fisches aus dem Wasser und Berührung. Also eine Reihe von Faktoren, die sich auch beim Menschen auswirken. Das Ausmaß der Reaktion variiert von Fisch zu Fisch etwas, ist aber auch artlich verschieden. Die Antwort jedenfalls wird vom Vagus vermittelt, der auch bei vielen Fischen Atem- und Herzfrequenz synchronisiert. Danach erfolgt Öffnen des Maules und die Entspannungszeit des Herzens gleichzeitig. Beim Schwimmen tritt vielfach eine Verminderung der Atemfrequenz ein, die Herztätigkeit erfährt dagegen eine Steigerung.

Es gibt eine ganze Reihe humoraler Stoffe, die den Herzrhythmus und die Kontraktilität des Herzens beeinflussen. Die bekanntesten hiervon sind Acetylcholin und Noradrenalin bzw. Adrenalin. Das erstere bewirkt eine Herzrhythmusverlangsamung und verursacht in den Kiemengefäßen durch deren Verengung einen erhöhten Strömungswiderstand. Es sind also die gleichen Wirkungen wie bei Vagusreizung. Dies ist nicht überraschend, wenn man berücksichtigt, daß dieses Acetylcholin die Überträgersubstanz des Vagus ist. Für Adrenalin sind die Angaben einander etwas widersprechend. Gesichert erscheint, daß es auch bei Fischen steigernd auf den Blutdruck in den Arterien wirkt. Aber ansonsten scheint die Reaktion auch von der jeweils angewandten Konzentration abzuhängen. Wenn es direkt auf das Herz einwirken kann, steigert Adrenalin die Herzfrequenz und weitet auch die Kiemengefäße.

Die Variabilität der Herzfrequenz wird heute vielfach als Indikator[6] in Konditionierungsexperimenten benutzt, um an Hand der kurzfristigen Herzfrequenzänderung festzustellen, ob ein Tier einen Reiz erkannt hat oder nicht. Dazu wird meist das EKG mit Hilfe zweier in die Nähe des Herzens geschobener dünner Drähtchen abgeleitet und aufgezeichnet. Vielfach aber wird bei Fischen auch hierzu die Atemfrequenz herangezogen. Die Genauigkeit einer derartigen Methode ist besser und zuverlässiger als das Anlernen einer bestimmten Verhaltensweise. Angewandt wird sie in der Verhaltensphysiologie in Verbindung mit Sinneseindrücken, aber auch in der Verhaltensforschung bei Untersuchungen des Aggressionsverhaltens.

Respiratorische Eigenschaften des Blutes

Atmungsorgane mit ihren respiratorischen Oberflächen können nur dann sinnvoll ausgenutzt werden, wenn das Sauerstoffangebot auch vom Körper voll ausgenutzt wird. Auf der Innenseite der Atmungsorgane muß also der hineindiffundierte O_2 wegtransportiert werden, damit der Diffusionsstrom im Atemorgan bestehen bleibt. Diese Transportfunktion übernimmt der Kreislauf, und Träger des O_2 ist das Blut. Dem Blut kommt neben dem Transport von den Atemgasen O_2 und CO_2 auch der Transport von Nährstoffen und Abbauprodukten, Wirkstoffen wie Vitamine, Hormone und Fermente[7], Abwehrstoffen und auch eine Wärme-

[3] oxygeniert: mit Sauerstoff beladen.
[4] humoral: die Körperflüssigkeiten betreffend.
[5] Vagusnerv: Nerv des 4. und 5. Kiemenbogens, innerviert u. a. Herz, Lunge, Magen, Leber und Niere.
[6] Indikator: Anzeiger, z. B. in der Chemie Stoff, der durch Farbwechsel das Ende einer chemischen Reaktion anzeigt.
[7] Fermente: organische Wirkstoffe, die im Stoffwechsel von Pflanzen und Tieren die zur Erhaltung des Lebens notwendigen chemischen Reaktionen zum Ablauf bringen. Sie können Reaktionen auslösen oder als Reaktionsbeschleuniger dienen. Dabei gehen Fermente aus der Reaktion unverändert wieder hervor.

ausgleichsfunktion zwischen den verschiedenen Körperregionen zu. Darüber hinaus besitzt das Blut sogenannte Eigenfunktionen wie die Blutgerinnung, Pufferung und auch Abwehrfunktion von Fremdstoffen.

Die respiratorische Funktion des Blutes wird maßgeblich bestimmt vom Blutfarbstoff und dessen Eigenschaften. Bei Fischen ist dieser Farbstoff, das Hämoglobin, in die roten Blutkörperchen eingelagert. Diese sind kernhaltig, von ovaler Gestalt und mit 15 µm etwa doppelt so groß wie die des Menschen. Ihre Anzahl schwankt je nach Art zwischen 1 und 2 Millionen/mm^3. Der Mensch zum Vergleich besitzt 5–6 Millionen/mm^3. Der Hämoglobinanteil am Gesamtblut liegt bei Fischen mit 2,5–3,8 % sehr viel tiefer als beim Menschen mit 11–15 %. Das Hämoglobin baut sich auf aus vier Molekülen, wovon jeweils zwei identisch sind. Jedes Molekül besteht aus einem Eiweißanteil, dem Globin, und einem Hämmolekül, einer Ringstruktur mit einem zweiwertigen Eisenatom im Zentrum. An dieses Eisenatom lagert sich nun der Sauerstoff an. Durch diese Anlagerung von Sauerstoffmolekülen an ein Hämoglobinmolekül kann das Blut sehr viel mehr O_2 aufnehmen, als sich ohne diesen Farbstoff im Blut lösen würde.

Diese O_2-Anlagerung wird nun von vielen Faktoren beeinflußt. Zunächst einmal ist sie abhängig von der O_2-Spannung der Umgebung. Schon bei relativ niedriger O_2-Spannung lagert sich an das Fischhämoglobin viel Sauerstoff an. Diese Anlagerung erreicht ab einer bestimmten O_2-Spannung einen Sättigungswert. Insgesamt betrachtet ergibt sich eine S-förmige Abhängigkeit. Der Sättigungswert wird auch als O_2-Kapazität bezeichnet, und dessen Angaben werden stets einheitlich auf 100 ml Blut bezogen. Also wieviel ml O_2 sind in 100 ml Blut maximal enthalten? Beim Karpfen sind dies 12,5, beim Zwergwels 13 und bei der Forelle 14 Vol. %. Bei den Säugetieren liegen die Werte durchweg höher. Fuchs 21, Pferd 16, Mensch 20 usw. Nahe an die Säugerwerte kommen einige luftatmende tropische Fische, wie der elektrische Aal mit knapp 19 Vol. %. Die Lungenfische haben eine geringe Sauerstoffkapazität mit 5–7,5 Vol. %. Dafür aber zeigt das Blut der Lungenfische eine deutlich größere Affinität zu O_2 als das anderer Fische, d. h. schon bei einer geringeren O_2-Spannung im Wasser ist deren Blut stärker mit O_2 angereichert. Damit gleichen sie in etwa ihre geringere Kapazität wieder aus.

Weitere Faktoren, die diese O_2-Anlagerung an das Hämoglobin beeinflussen, sind der pH-Wert[1], das CO_2 und die Temperatur, Fischblut zeigt eine charakteristische Verminderung der O_2-Kapazität, wenn viel CO_2 im Blut oder Atemwasser vorhanden ist (Root-Effekt). Bei den luftatmenden Fischen ist dieser Root-Effekt nur schwach ausgeprägt, und bei den Lungenfischen ebenso wie bei den Landwirbeltieren ist er nicht vorhanden. Dementsprechend können Fische in CO_2-reichen Gewässern trotz reichlichen Sauerstoffangebots ihr Blut nicht mehr voll mit O_2 beladen und leiden unter Atemnot. Aber nicht nur die O_2-Kapazität wird vermindert, sondern auch gleichzeitig die Affinität des Hämoglobins zum O_2. Der Körper selbst nutzt dieses Verhalten andererseits auch für sich aus. Im Gewebe nämlich, wo in den Zellen O_2 zur Atmung gebraucht wird und das dabei entstehende CO_2 abgeführt werden soll. Wenn hier O_2-beladenes Blut in den Kapillaren CO_2 aus den Zellen durch Diffusion aufnimmt, so reduziert sich die O_2-Affinität des Hämoglobins, und das O_2 wird vermehrt abgegeben. Das ins Blut aufgenommene CO_2 muß möglichst schnell chemisch gebunden werden, daß es mit Wasser gar nicht erst die schwache Säure Kohlensäure bilden kann. Dies geschieht in Form von Bicarbonat, wodurch pH-Änderungen im Blut vermieden werden. Dieses Bindungsvermögen von CO_2 ist aber normalerweise bei Fischen gering entwickelt. Dies mag teilweise an den relativ niedrigen Hämoglobinmengen im Fischblut liegen, teilweise aber sicherlich auch daran, daß das CO_2 über die Kiemen fast vollständig ans umgebende Wasser abgegeben werden kann, da es sich ja in wäßrigem Medium bekanntlich sehr leicht löst. Bei den von Zeit zu Zeit an Land gehenden Fischen ist dieser Einfluß des CO_2 vergleichsweise gering. Dafür aber ist bei diesen Fischen das CO_2-Bindungsvermögen größer, damit das auftretende CO_2 abgefangen werden kann und das Blut nicht übersäuert wird. Damit ist auch ihre Pufferkapazität im Blut erhöht. Denn während der Luftatmung kann das CO_2 nicht mit der gleichen Leichtigkeit abgegeben werden wie im Wasser. Ein Problem, mit dem alle Landwirbeltiere fertig werden müssen. Bei ihnen sind daher auch das CO_2-Bindungsvermögen und die Pufferkapazität des Blutes relativ groß.

Im einzelnen diffundiert also O_2 aus dem Wasser ins Blut durch die respiratorische Oberfläche aufgrund der höheren O_2-Spannung im Wasser. Gleichzeitig

[1] pH-Wert: Wasserstoffionenkonzentration.
[2] atm: Druckmaß; Atmosphäre.

nimmt das CO_2 den umgekehrten Weg. Seine Abgabe wird beschleunigt durch Fermente, die aus dem Bicarbonat das CO_2 wieder freisetzen. Da zudem das oxygenierte Hämoglobin eine stärkere Säure als die Kohlensäure ist, wird durch die O_2-Anlagerung die CO_2-Abgabe beschleunigt. Im Gewebe ist eine geringere O_2-Spannung als im Blut, also wird O_2 abgegeben, und das im Gewebe entstehende CO_2 wird aufgenommen. Dies wird zunächst gelöst, dann teilweise gebunden in Bicarbonat und an Hämoglobin, das seinen Sauerstoff abgegeben hat. Durch die CO_2-Aufnahme wird hier die O_2-Abgabe gefördert. Also findet im Gewebe genau der gegenläufige Prozeß des Gasaustausches wie an der respiratorischen Oberfläche des Atmungsorgans statt. Für den Gasaustausch im Atmungsorgan stehen nur etwa 5–6 sec zur Verfügung. In dieser Zeit fließt das Blut durch die Kiemen.

Schwimmblase

Die Schwimmblase der Fische wirkt als hydrostatisches Organ, indem sie die Teile des Fischkörpers, die schwerer sind als Wasser, durch ihre Gasfüllung entlastet. Dadurch wird das spezifische Gewicht des ganzen Fisches dem des Wassers angeglichen, so daß er im Wasser schweben kann. Die Aufgabe der Schwimmblase besteht nun darin, diese Gasblase im Körperinneren aufrechtzuerhalten und das Gasvolumen dem hydrostatischen Druck entsprechend zu verändern. Diese Fähigkeit wird nun auch noch dadurch besonders interessant, daß in der Schwimmblase nicht dieselbe prozentuale Gaszusammensetzung herrscht wie im Blut der Fische oder dem umgebenden Wasser. Dort haben wir einen Partialdruck des Sauerstoffs von ungefähr 0,2 atm und für Stickstoff etwa 0,8 atm. In der Schwimmblase liegen die beiden Werte bei 100 bzw. 20 atm. Demnach muß also die Schwimmblase mit ihren Einrichtungen die Gase um das 500- bis 30fache konzentrieren können.
Die Schwimmblase ist jeweils nur mit einem ganz bestimmten hydrostatischen Druck, sprich Wassertiefe, im Gleichgewicht. Fische leben jedoch in unterschiedlichen Wassertiefen. Entsprechend verschieden ist auch der dort herrschende hydrostatische Druck von nur 0,5 atm², aber auch 1100 atm bei Tiefseefischen. Generell kann man davon ausgehen, daß 10 m Wassertiefe ungefähr einen hydrostatischen Druck von 1 atm ausüben, was auch 760 mm Hg-Säule bei 0° C entspricht. Die meisten unserer gebräuchlichen Aquarienfische kommen aus flachen Gewässern. Trotzdem reagieren sie empfindlich auf Druckänderungen. In Versuchen mit einer größeren Zahl solcher Fische hat sich gezeigt, daß Druckänderungen von nur 5–10 cm Wassersäule noch sicher wahrgenommen werden. Damit wird auch verständlich, daß Fische auf natürliche atmosphärische Druckänderungen ansprechen, was vielfach auch von erfahrenen Anglern ausgenützt wird. Während des Ab- oder Aufsteigens im Gewässer würde, damit der Fisch sich stets im Schwebezustand befindet, die Schwimmblase in 10 m Wassertiefe um die Hälfte, in 30 m bereits auf ein Viertel des Ausgangsvolumens zusammengedrückt sein bzw. sich verdoppelt und vervierfacht haben. Um diesen drastischen Veränderungen aus dem Wege zu gehen, wird beim Absteigen tatsächlich Gas in die Schwimmblase sekretiert, und beim Aufsteigen wird Gas durch Reabsorption entnommen. Auf diese Weise wird das Schwimmblasenvolumen unabhängig von dem hydrostatischen Druck konstant gehalten.
Der Vorteil, diesen Schwebezustand ständig aufrechtzuerhalten, besteht in der Einsparung von Energie, denn sonst müßten die Tiere sich dauernd vorwärts bewegen, um ein Absinken zu vermeiden. Da Fische ohne Schwimmblase, wie viele Bodenfische, etwa 5 % schwerer sind als die ihrem Körpervolumen entsprechende Wassermenge, müßten sie ständig ungefähr 60 % ihrer Bewegungsenergie dafür aufwenden, daß sie bei einer Schwimmgeschwindigkeit von 1 Körperlänge/sec nicht absinken. Bei 3 Längen/sec sind es immerhin noch 20 %. Dagegen ist der Energiebedarf für die Gasabgabe und -aufnahme der Schwimmblase vergleichsweise mit etwa 7,5 % gering einzuschätzen.
Auf welche Weise findet nun die Gassekretion und -absorption statt? Vom funktionellen Standpunkt ist die Anatomie der Schwimmblase überraschend einheitlich. Sie entwickelt sich aus einer Ausstülpung des Vorderdarms, und bei manchen Fischen, den Physostomen, bleibt zeitlebens diese Verbindung bestehen in Form des Ductus pneumaticus. Bei den übrigen Fischen, den Physoclisten, geht diese Verbindung nach der Embryonalentwicklung verloren. Die Form der

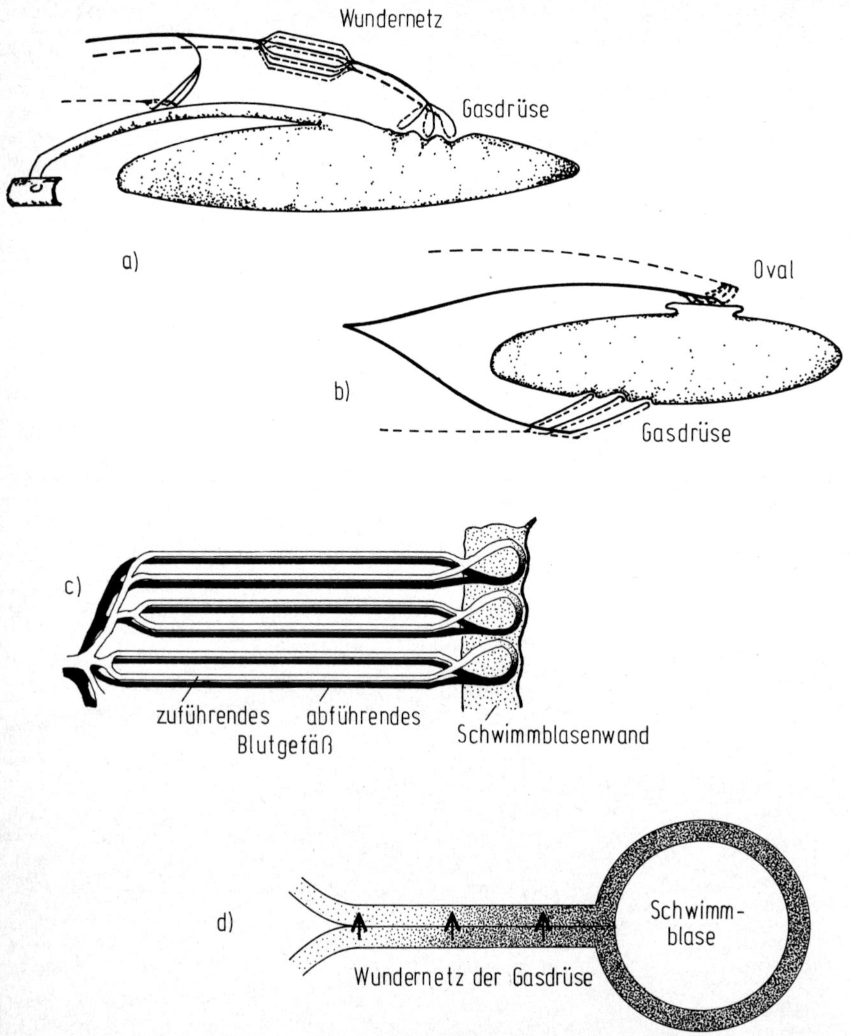

Bild 9.28: Blutgefäßsystem der Schwimmblase eines Physostomen (a) und Physoclisten (b). Im zuführenden Gefäßsystem der Gasdrüse liegt ein Wundernetz (c), das die Erzeugung hoher Gasdrucke in der Schwimmblase ermöglicht. (d) Gasdiffusionsrichtung und -konzentration im Wundernetz.

Schwimmblase variiert sehr stark. Neben solchen mit vielen Divertikeln gibt es zwei- und einkammerige, ovale und langgestreckte Formen. Bei allen findet man ein Diaphragma[1] entweder vertikal oder horizontal gestellt, das in der Mitte eine Öffnung aufweist. Dadurch gliedert sich die Schwimmblase in einen größeren vorderen Teil und einen kleineren hinteren Teil, denen Sekretion bzw. Reabsorption von Gasen zugeschrieben wird. Die Wand des vorderen Teils besteht aus einer äußeren, silbrigglänzenden Schicht von Bindegewebe, einer mittleren reich vaskularisierten (durchbluteten) Zone, und innen folgt eine Epithelschicht, die hier aus kubischen Zellen besteht, die alle Merkmale von sekretierenden Zellen besitzen. Das Epithel des hinteren Teils oder Ovals ist dagegen stark abgeflacht. Die Blutversorgung der Schwimmblase weist einige Besonderheiten auf. Sie erfolgt bei den Physostomen so, daß ein Teil des zuführenden arteriellen Blutes in den resorbierenden Wandbereich des Ovals strömt. Der andere Teil bildet noch vor dem sezernierenden Wandabschnitt = Gasdrüse ein sogenanntes Wundernetz aus und fließt von dort in die Gasdrüsenkapillaren und wieder zurück ins Wundernetz. Die abführenden Gefäße beider Bereiche verlaufen getrennt. Das erste führt direkt in den Sinus des Herzens, das zweite vom Wundernetz zieht erst in die Leber. Bei den Physoclisten erfolgt auch die Blutzufuhr in getrennten Gefäßen.

Das Wundernetz, durch das das Blut auf seinem Hin- und Rückweg zur Gasdrüse fließt, besteht aus einer großen Zahl vollkommen parallel verlaufender Kapillaren. Beim Aal sind es 88 000 mit venösem, also zurückfließendem Blut und 116 000 arterielle. Damit man sich eine bessere Vorstellung davon machen kann, seien folgende errechneten Werte hinzugefügt: Die Kapillaren hintereinander gereiht

[1] Diaphragma: muskulöse Trennwand im Tierkörper.

ergäben eine Strecke von 816 m und eine kapillare Oberfläche von insgesamt 211 m^2. Das Gesamte ist verpackt in nur 0,064 cm^3, wobei schon wieder $^2/_3$ dieses Raumes von Blut ausgefüllt sind. Dies entspricht gerade einem Würfel mit einer Kantenlänge von 4 mm. Die Strömungsrichtung in den nur 1,5 μm voneinander entfernten arteriellen und venösen Kapillaren ist einander entgegengesetzt. In den venösen Kapillaren strömt das Blut von der Schwimmblase weg, in den arteriellen darauf zu. Diese Verhältnisse werden mit dem Begriff Gegenstromprinzip umschrieben. Sie schaffen erst die Voraussetzung für eine Gassekretion in der Schwimmblase und machen auch deren hohe Gaskonzentration erst verständlich.

Gaskonzentration und Sekretion

Das in das Wundernetz oder Rete strömende arterielle Blut hat einen pO_2 von 0,2 atm, das Gas der Schwimmblase einen pO_2 von 100 atm. Um die Vorgänge der Gassekretion besser zu verstehen, gliedern wir sie in einzelne Schritte auf. Zunächst also würde Sauerstoff aus der Schwimmblase ins Blut der sich an das Rete anschließenden Gasdrüse so lange diffundieren, bis das Konzentrationsgefälle ausgeglichen und das Blut ebenfalls einen pO_2 von ungefähr 100 atm angenommen hat. Dieses Blut gelangt nun als venöses in das Rete und gibt O_2 an das arterielle ab und erhöht dabei in dem Maße dessen pO_2, wie sein eigener abnimmt. Durch die gegensätzliche Strömungsrichtung gelangt venöses Blut an immer frisches arterielles. Dadurch vermag es so lange O_2 abzugeben, bis es schließlich den normalen Wert von 0,2 erreicht. Das arterielle Blut erreicht also somit auf seinem Weg durch die Kapillaren des Wundernetzes immer höhere pO_2-Werte, bis es schließlich auf seinem Weg durch die Kapillaren zur Gasdrüse mindestens schon den Wert der Schwimmblase erreicht hat. Dieser Gegenstrom im Wundernetz vermag also den pO_2-Wert stark zu erhöhen und damit auch den O_2-Gehalt, und andererseits stellt er gleichzeitig eine Schranke dafür dar, daß sich diese hohe Konzentration auf den übrigen Blutkreislauf nicht ausbreiten kann. Dieser Vorgang wird nun für die Gassekretion voll ausgenutzt. Dazu erfolgt als nächster Schritt eine weitere Steigerung der Gaskonzentration über das bisher beschriebene Gleichgewicht hinaus. Dies wird einmal in Gang gesetzt dadurch, daß im Rete aus dem venösen Blut neben dem O_2 auch CO_2 und H^+ (also Säuren) in das arterielle Blut hinüberdiffundieren. Dadurch wird die Löslichkeit der Gase und auch die O_2-Kapazität (Root-Effekt) negativ beeinflußt, so daß also der pO_2 dort noch weiter erhöht wird. In der Gasdrüse wird dann noch zusätzlich Milchsäure ins Blut abgegeben. Diese massive Ansäuerung treibt den pO_2 noch einmal nach oben, so daß schließlich ein starkes Gefälle zwischen Gasdrüse und Schwimmblase entsteht und den O_2 rasch in die Schwimmblase diffundieren läßt. Das ins Wundernetz zurückströmende Blut hat zwar noch einen hohen pO_2, aber einen geringen O_2-Gehalt. Dies gilt übrigens für alle schlecht löslichen Gase. Darüber hinaus ist dieses venöse Blut wesentlich stärker sauer als beim Verlassen des Retes in Richtung Gasdrüse. Aus diesem venösen Blut diffundieren also weiter O_2, Milchsäure und CO_2 ins arterielle Blut, weil hier immer noch die höheren Konzentrationen bestehen. Durch diese Abdiffusion erhöht sich der pH-Wert des zurückströmenden Blutes wieder. Folglich wird auch seine O_2-Kapazität wieder größer, aber ihre Wiederherstellung hat eine Halbwertszeit von 10–20 sec, während ihre Senkung im arteriellen Blut nur 50 msec dauert und somit also mindestens 200mal langsamer erfolgt. Insofern macht sich dies hier kaum bemerkbar, da das Blut das Rete zu diesem Zeitpunkt längst verlassen hat. Diese enorme Konzentrationsleistung und die Sekretion, die eigentlich nur noch eine Diffusion ist, wird durch dieses Gegenstromprinzip und durch Ansäuerung in der Gasdrüse erreicht. Dies trifft auch im vollem Umfang für die Erhöhung der Stickstoffkonzentration zu. Die Löslichkeit des Stickstoffs wird durch die Salzbildung der abgegebenen Säuren stark verringert; er wird daher ebenfalls in die Schwimmblase abgegeben.

Gasabgabe der Schwimmblase

Die Entfernung von Gas aus der Schwimmblase geschieht auf verschiedene Weise. Rasche Druckminderungen veranlassen die Physostomen zur Abgabe

von Gasblasen über den Ductus pneumaticus, die aus der Kiemenspalte oder dem Maul austreten. Darüber hinaus besitzen diese Fische wie die Physoclisten die Möglichkeit, Gas durch Reabsorption in die Blutbahn abzugeben. Dies geschieht durch Diffusion entsprechend dem Konzentrationsgefälle im hinteren Teil der Schwimmblase. Die Gasabgabe wird reguliert teilweise durch die Durchblutung des Ovals, teilweise aber auch durch Öffnung und Schließung des Diaphragmas, wodurch unterschiedlich große Absorptionsflächen freigelegt werden.
Das Schwimmblasenvolumen wird also ständig beeinflußt durch die Gasabsorption und -sekretion. Beide Prozesse scheinen auf komplexe Weise reflexartig kontrolliert zu werden. Zum einen scheint die Dehnung der Schwimmblasenwand Einfluß auf die Gassekretion zu nehmen in der Weise, daß die Blutzufuhr gedrosselt wird. Reizung des Vagus kann Öffnung des Ovals bewirken und damit Gasabgabe. Es erscheint weiter, daß Katechinamine dieselbe Wirkung hervorrufen, ihr Fehlen jedoch die Gassekretion stimuliert. Schließlich wird der Gasspuckreflex der Ostariophysen bei Druckminderung eindeutig über die schon früher erwähnten Weberschen Knöchelchen und das Ohr der Fische gesteuert. Bei ihrer operativen Ausschaltung ist die Empfindlichkeit für hydrostatische Druckänderungen stark vermindert. So muß also auch hier eine nervöse Regelung zur Auslösung dieses Gasspuckreflexes über das Ohr als Sinnesorgan angenommen werden.

Ernährung

Die Nahrung liefert das Rohmaterial für den Stoffwechsel und sorgt damit für die Aufrechterhaltung des Lebens. Ein Teil der Nahrungsstoffe wird für den Aufbau von Körpergewebe und der andere für die Energieproduktion verwendet. Sie werden dementsprechend untergliedert in energieliefernde und wachstumsfördernde Stoffe (Kohlenhydrate, Fette und Eiweiß) einerseits und in nichtenergieliefernde (Mineralien, Vitamine, Wasser und Sauerstoff) andererseits. Letztere spielen nur eine unterstützende Rolle für die Energielieferanten, und viele von ihnen werden nur in ganz geringen Mengen benötigt. Sie sind jedoch für das Leben unentbehrlich. Ernährungsprobleme treten nicht nur in der Zierfischhaltung auf, sondern sind in viel stärkerem Maße von entscheidender Bedeutung bei der kommerziell betriebenen Fischzucht und -haltung. Hierbei kommt es vor allem auf die Futterqualität an. Der Nährwert eines Futters steigt mit der Ausgewogenheit der oben angeführten Bestandteile und vor allem auch in der Auswahl leicht verdaulicher und vollverwertbarer Stoffe. Daß dabei natürlich artliche Unterschiede auftreten, kann nicht überraschen. Zugleich heißt das aber auch, daß es für den Fisch schlechthin nicht ein Idealrezept für künstliches Futter geben kann.
Der Eiweißbedarf kann von allen Fischen sowohl aus pflanzlichem wie auch tierischem Eiweiß gedeckt werden. Der Bedarf ist abhängig von der Jahreszeit und auch vom Lebenszyklus. Schnell wachsende Tiere benötigen mehr Eiweiß als langsam wachsende. Ebenso steigt der Bedarf vor der Fortpflanzungsperiode. Eine Reihe dieser Eiweißbaustoffe, die Aminosäuren, kann der Körper selbst aus den einzelnen Elementen C, H, O, N synthetisieren. Eine Reihe von ihnen muß aber mit der Nahrung aufgenommen werden, die sogenannten essentiellen Aminosäuren (bei Forellen 10). In gleicher Weise muß übrigens auch eine Reihe Fettsäuren im Futter enthalten sein. Eine fettfreie Diät führt unter anderem auch zu einer starken Reduzierung der Pigmentierung. Sowohl Fette als auch Kohlenhydrate dienen in erster Linie als Energielieferanten, während Eiweiße nur in Ausnahmefällen dazu dienen, da ihr normalerweise etwa 16%iger Anteil an Stickstoff nicht zur Energiegewinnung genutzt werden kann. Im Gegenteil, er muß unter Energieverbrauch rasch aus dem Körper entfernt werden. Das natürliche Forellenfutter beispielsweise besteht weitgehend aus wirbellosen Tieren, deren Eiweißgehalt bei 11,5 % liegt. Aufgrund eingehender Versuche wird heute in den Forellenzuchtanstalten Futter verabreicht, das etwa 18 % Eiweiße, 12 % Kohlenhydrate und ca. 15 % Fette enthält.
Mineralien nehmen Fische sowohl aus dem Wasser als auch mit dem Futter auf. Dies trifft für Calcium, Phosphor, Kobalt, Strontium, Schwefel, Chlor, Jod und viele andere zu. Ebenso wie der Mensch sind Fische auf eine ständige Zufuhr von Vitaminen angewiesen, obwohl in Einzelfällen ein außerordentlich großes

Bild 9.29: Lage der inneren Organe eines Fisches bei halbseitig geöffneter Leibeshöhle. Unterhalb der Wirbelsäule mit abgeschnittenen Rippen liegen Schwimmblase, Hoden, Darm und Leber. Von der Niere ist nur der kraniale Teil zu sehen. Vor dem Septum transversum liegt das Herz, unmittelbar hinter den Kiemen. Vom Gehirn ist der zum Riechhirn zählende Bulbus und Tractus olfactorius, sowie das Großhirn und das stark entwickelte Mittel- und Kleinhirn gut zu erkennen.

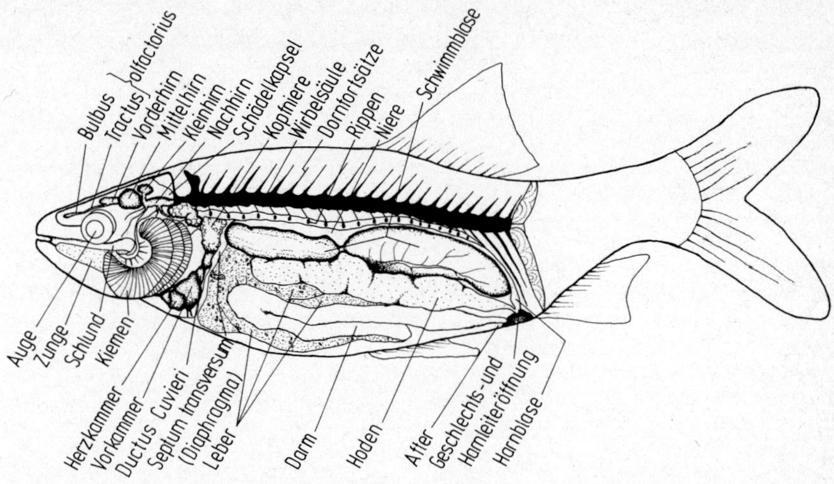

Speicherungsvermögen nachgewiesen worden ist, z. B. Vitamin D in der Dorschleber. Für die Forelle sind bislang 23 verschiedene Vitamine nachgewiesen. Sämtliche dieser Stoffe stellen auch für den Menschen Vitamine dar. Ihr Fehlen oder die Aufnahme in zu geringen Mengen erzeugt auch bei Fischen jeweils typische Krankheitssymptome, die Avitaminosen[1]. Wasser wird bei den Süßwasserfischen vorwiegend auf osmotischem Wege über die Kiemen aufgenommen. Auch die Haut ist hierbei in geringerem Maße beteiligt. Im Gegensatz zu Salzwasserfischen trinken Süßwasserfische jedoch nicht. Über den im Zuge der Energieproduktion notwendigen Sauerstoffbedarf sei auf das Kapitel Atmung verwiesen.

Die Energiebilanz bei Fischen sieht etwa folgendermaßen aus: etwa 14—35 % der als Nahrung aufgenommenen Kalorien werden in körpereigenen Stoffen gespeichert. Der Rest von 65—86 % deckt den momentanen Energiebedarf. Davon werden wiederum etwas weniger als 40 % in Arbeit umgesetzt, der Rest dient als Wärme z. B. zur Temperaturreglung. Diese in Arbeit umgesetzten 40 % der aufgenommenen Kalorien stellen einen relativ hohen Wirkungsgrad dar. Das Pferd und der Mensch liegen bei 25 %. Und um einen weiteren Vergleich hinzuzufügen: Unsere hochgezüchteten Benzinmotoren normaler Autos arbeiten mit nur 14—18 % Energieausbeute.

Fische werden vielfach auch nach ihrer Nahrung klassifiziert in Alles-, Pflanzen- und Fleischfresser. Die meisten Fische nehmen tierische Nahrung zu sich und werden danach weiter charakterisiert als Plankton- und Gewürmfresser sowie als die eigentlichen Raubfische. Nur relativ wenige nehmen auch pflanzliche Nahrung zu sich. Eine solche Einteilung kann nicht voll aufrechterhalten werden, da es viele Beobachtungen gibt, daß Fische alles fressen, was sie nur erreichen können. Neben den echt spezialisierten Räubern wie Hecht und Lachs wechseln viele Fische bei reichlichem Nahrungsangebot ständig ihre Diät. Damit können sie auch ökologischen Faktoren besser gerecht werden. So gibt es eine Reihe von Fischen, die im Sommer vom Plankton, im Winter jedoch von anderen Fischen leben. Diese zum Teil jahreszeitlich bedingten Änderungen der Ernährungsgewohnheiten wirken sich auch auf die Organisation des Verdauungstraktes aus. Dieser weist daher mehr allgemeingültige Merkmale auf und zeichnet sich weniger durch spezielle Baumerkmale aus.

Seiner Lage entsprechend wird der Verdauungstrakt in vier Abschnitte gegliedert: Kopfdarm, Vorder-, Mittel- und Enddarm.

Kopfdarm

Der Kopfdarm umfaßt alle Organe im Bereich des Viszeralkraniums, also von der Mundöffnung bis zum Hinterrand des Kiemenapparates. Der Mund liegt als Querspalte am Vorderende des Kopfes und ist bei Raubfischen groß, bei Plankton- und Gewürmfressern dagegen klein. Je nach seiner Lage unterscheidet man eine oberständige oder unterständige Mundöffnung. Erstere trifft man durchweg bei den von Anflugnahrung lebenden Oberflächenfischen, letztere vorwiegend bei Bodenfischen an. Die Mundöffnung muß bei Fischen allein das Ergreifen und

[1] Avitaminose: Vitaminmangelkrankheit.

Festhalten der Nahrung besorgen, da hier nicht wie bei sehr vielen anderen Tieren Extremitäten in den Dienst des Nahrungserwerbs gestellt sind. Neben der Ausbildung eines Saugmauls und Kiemenreusen bei manchen Arten ist, von ganz wenigen Ausnahmen abgesehen, die Mundhöhle reichlich bezahnt. Zähne können praktisch alle Knochen des Kiemenschädels tragen. Im Oberkieferbereich sitzen vielfach zwei parallele Zahnreihen. Der Unterkiefer trägt normalerweise eine Zahnreihe, und zusätzlich stehen Zähne auf dem Pflugscharbein, dem Zungenbein, den Kiemenbögen und auf den Schlundknochen. Der Bau eines Einzelzahns ähnelt den Hautzähnen der Knorpelfische. Im Innern der Zähne befindet sich ein Hohlraum, die Pulpahöhle, der mit Bindegewebe, Blutgefäßen und Nerven ausgefüllt ist. Diese Gewebe dienen der Ernährung und Erhaltung des Zahns. Um diesen Hohlraum herum liegt der wichtigste Baustoff des Zahns, das Dentin oder Zahnbein, eine knochenähnliche harte Substanz. Die Schmelzschicht legt sich als eine kleine Kappe über dieses Dentin. Nach Abnutzung der Zähne werden sie meist erneuert. Die Bezahnung und die Form der Zähne stehen in Zusammenhang mit der Ernährungsweise. Je nach Größe und Form unterscheidet man Feilenzähne (kurze, zierliche und in großer Zahl), Bürstenzähne (lang und dünn), Borstenzähne (lang und dabei recht stark), Kartätschenzähne (stark, spitz und zurückgebogen) sowie Mosaik- und Pflasterzähne. Die überwiegende Mehrzahl dieser Zahntypen dient zum Festhalten der Beute und nur ganz wenige auch dem Zerkleinern. Kaubewegungen sind bisher nur bei wenigen Fischen, wie den Lungenfischen, beobachtet worden, in der Regel verschlingen Fische ihre Beute ganz.
Am Boden der Mundhöhle liegt eine kleine, selbst nicht bewegliche Zunge. Da sie fest am beweglichen Zungenbein verankert ist, kann sie sich trotzdem am Transport der Nahrung in den Schlund beteiligen. Der Zunge gegenüber am Mundhöhlendach liegt ein falten- und drüsenreiches Polster, das Gaumenorgan, das beim Schluckakt der Zunge als Widerlager dient und die Mundhöhle nach vorn schließt. Dabei wird gleichzeitig Wasser durch die Kiemen gepreßt und die Nahrung grob entwässert. Auf der Zunge und in der Mundhöhle befinden sich neben vielen Schleimdrüsenzellen auch zahlreiche Geschmacksknospen, die an der Nahrungsauswahl mitbeteiligt sind.
Bei den Planktonfressern vor allem bilden die Fortsätze auf den Kiemenbögen ein feines Sieb, als Reuse bezeichnet, das den Kiemenspalten vorgelagert ist und die Planktonorganismen aus dem Wasser siebt. Bei Cypriniden treten an dessen Stelle Hautwülste, die Schlammpartikel am Durchtritt durch die Kiemenblätter hindern und dort irgendwelche Verstopfungen vermeiden. Die Zahl und Anordnung der Reusenfortsätze wird u. a. auch als Bestimmungsmerkmal herangezogen.

Vorderdarm

Der Vorderdarm umfaßt eine kurze Speiseröhre und den Magen, falls vorhanden, und endet am Magenpförtner bzw. definitionsgemäß bei den magenlosen Fischen an der Einmündungsstelle des Gallenganges. Da zudem der Übergang zwischen Speiseröhre und Magen fließend ist, werden beide als Vorderdarm im engeren Sinne zusammengefaßt. Am Eingang der stark dehnungsfähigen Speiseröhre liegt ein Ringmuskel, der diese stets verschlossen hält. Ausgekleidet wird die Speiseröhre von einem mehrschichtigen Plattenepithel, das vorwiegend aus Schleimzellen besteht, deren Sekret die Wand schlüpfrig macht. Bei den physostomen Fischen mündet hier auch der Verbindungskanal zur Schwimmblase. In der Magenwand ist die Ring- und Längsmuskelschicht viel stärker entwickelt als in der Speiseröhre und im nachfolgenden Mitteldarmabschnitt. Seine Kontraktion verursacht Formänderungen, die die aufgenommene Nahrung nach und nach zerdrücken und zerkleinern. Bei Planktonfressern geschieht diese Zerkleinerung schon teilweise mit den Schlundzähnen. Die Form des Magens bei Knochenfischen ist entweder eine geradlinige Röhre, wie bei den Hechtartigen, oder ähnelt einem liegenden U, der weitaus häufigsten Form, oder erinnert durch die Ausbildung eines Blindsackes an ein liegendes Y. Die Magenschleimhaut besitzt neben den einzelligen Schleimdrüsen auch noch andere Drüsenzellen, die Verdauungsfermente und auch Magensäure produzieren. Diese Fermente werden in inaktiven Vorstufen gebildet und erst im Magenlumen unter dem Einfluß der Magensäure aktiviert. Erst dann kann die Nahrung enzymatisch gespalten und abgebaut werden. Die Magenschleimhaut wiederum verhindert die Selbstverdauung das Magens durch seine eigenen Enzyme.

Mitteldarm

Der Mitteldarm schließt sich an den Pförtner an und geht vielfach ohne festlegbare Grenze in den Enddarm über. Gewöhnlich findet man an seinem Anfang die sogenannten Pförtneranhänge vor. Das sind drüsige Blindschläuche, deren Zahl außerordentlich variiert, nämlich von 1 bis über 1000. Bei den magenlosen Fischen fehlen diese Anhänge. In den Mitteldarm münden die Bauchspeicheldrüse und die Gallengänge der Leber. Er ist stets der längste Abschnitt und ist oft in komplizierten, jedoch erstaunlich konstanten Schlingen gelegt. Die Darmlänge variiert von Art zu Art. Sie ist auch bei erwachsenen Tieren relativ größer als bei jungen, so hat z. B. ein 1,1 cm langer Bitterling einen 1,7 cm langen Darm, ein 6,7 cm großes Tier bereits einen 14,5 cm langen. Also eine Veränderung des Verhältnisses Darmlänge : Körperlänge von 1,5 auf 2,2. Auf die Darmlänge hat nun auch noch das Futterangebot einen Einfluß: Karpfen, die 3 Monate mit Daphnien ernährt wurden, hatten eine Verhältniszahl von 2,3, solche, die mit Kartoffeln und Hafer ernährt wurden, erreichten 2,75. Neben diesen Faktoren besitzen die eigentlichen Raubfische grundsätzlich einen kurzen Darm, nämlich ca. $^1/_3$–$^3/_4$ Körperlänge, die Pflanzenfresser dagegen die 2- bis 11fache Körperlänge. Da jedoch die meisten Fische sich ändernde Diäten aufnehmen und zudem einige ausgesprochene Fleischfresser ausnahmsweise einen langen Darm besitzen, verwischen sich diese großen Unterschiede etwas. Vielfach wird auch ein anderer Weg zur besseren Aufschließung und Ausnutzung der Nahrung beschritten als die Verlängerung des Darms, nämlich durch eine Oberflächenvergrößerung des Darmes durch Faltenbildung. Dies kann verwirklicht sein durch eine einfache Längsfalte entlang des Mitteldarms oder aber auch durch viele kleinere Längsmaschen, die im hinteren Abschnitt ebenso fehlen können wie im vorderen. In der Regel sind sie jedoch über den ganzen Mitteldarm verteilt und können wegen ihres zickzackförmigen Verlaufs insgesamt die unterschiedlichsten Muster bilden. Auf diese Weise kann der Nahrungsbrei stärker mit Fermenten durchsetzt und durch die größere Oberfläche können auch mehr Nährstoffe resorbiert werden.

Enddarm

Der Enddarmdurchmesser ist erheblich größer als der des Mitteldarms. Bei manchen Arten ist zwischen beiden eine Einschnürung oder Septum vorhanden. Der Enddarm weist normalerweise zahlreiche Längsfalten auf, und als Besonderheit haben Forellen ein Annulospiralseptum, welches vermutlich auch an der Kotbildung beteiligt ist. Der Enddarm mündet bei den Knochenfischen direkt nach außen. Er wird abgeschlossen durch eine verstärkte Ringmuskelschicht, die oft noch unterstützt wird durch eine Ringfalte der Schleimhaut, dem After. Die Ausführgänge der Nieren und Gonaden liegen unmittelbar dahinter.

Verdauung

Nach einer gewissen Durchfeuchtung mit Schleimdrüsensekret der Mundhöhle, der Speiseröhre und auch des Magens setzt bei Fischen in der Regel eine mechanische Zerkleinerung der Nahrung erst im Magen ein. Sie wird wesentlich unterstützt und ermöglicht durch den ebenfalls im Magen beginnenden chemischen Abbau der Nahrungsstoffe. Wie bei den Säugetieren findet auch im Fischmagen eine Ansäuerung der Nahrung statt. Der pH-Wert des Magensaftes der Knochenfische liegt in der Nähe von 2,4. Der Magensaft braucht aber längere Zeit, um die aufgenommene Nahrung voll zu durchdringen. Dieser niedere pH-Wert wird durch die aus besonderen Drüsen eines bestimmten Magenabschnittes sezernierte Salzsäure verursacht. Die Sekretion erfolgt aber jeweils erst dann, wenn Nahrung in den Magen aufgenommen wird. Die Salzsäure des Magens tötet einerseits die aufgenommene Nahrung vollends rasch ab, und zum anderen führt sie gleichzeitig eine Entkeimung durch. Unter der Einwirkung der Magensäure weichen hartschaliges Futter und Gewebe, Kalk löst sich aus den Knochen der Beutetiere, so daß der Mageninhalt durch die Magenbewegungen schließlich in einem ersten Schritt zerkleinert werden kann. Zudem wird durch den 3. Drüsenzelltyp des Magens ein eiweißspaltendes Enzym in einer inaktiven Form in das Mageninnere abgegeben. Unter der Einwirkung von Salzsäure

wird dieses Enzym[1] aktiviert und baut also zusätzlich Eiweiß in größere Bruchstücke ab. Seinen höchsten Wirkungsgrad erreicht dieses Enzym bei einem pH von 2,3–2,4, also genau dem des Fischmagens. Im basischen Bereich liegt es nur in inaktiver Form vor. So wird es auch verständlich, daß ein größeres Beutestück in einem Hechtmagen erst nach 3–5 Tagen verdaut ist, weil sowohl Magensäure als auch die Enzyme nur schrittweise von der Magenwand aus vordringen können. Die Magenwand schützt sich übrigens vor einer Selbstverdauung, indem sie ständig mit Schleim überzogen ist und dieser nach innen zu selbst gebundene Säurereste trägt, so daß davon die Magensäure und Enzyme abgestoßen werden.
Der saure Speisebrei gelangt schubweise über den Magenpförtner in den Mitteldarm und seine Anhänge. Er stellt einen Reiz dar für die Bauchspeicheldrüse, die Galle und auch die Darmwand, ihrerseits mit der Sekretion von Bicarbonaten und Enzymen zu beginnen. Mit Hilfe der Bicarbonate wird der saure Speisebrei mindestens neutralisiert. Teilweise trifft man hier einen pH von 8–9,2 an. Die Bauchspeicheldrüse ist bei Fischen kein kompaktes Organ, sondern liegt weit verstreut in der Leibeshöhle, oft entlang des ganzen Mitteldarmabschnittes. Die Leber ist reich gelappt, und ihre Form zeigt große artliche Unterschiede. Ihre Farbe wechselt je nach Fettgehalt von karminrot bis gelblich. Die Leber produziert die für den Fettabbau unerläßlichen Gallensäuren, die aus den Abbauprodukten des roten Blutfarbstoffes synthetisiert werden. Die Gallensäuren werden in der Gallenblase gesammelt und gelangen von dort in den Mitteldarm.

Die schon im Magen vorverdauten Eiweiße werden nun durch eine Reihe weiterer Enzyme aus der Darmwand, den Pförtneranhängen, und aus der Bauchspeicheldrüse weiter abgebaut bis zu ihren Bausteinen, den Aminosäuren. Die einzelnen Aminosäuren oder kurze Ketten von ihnen können durch die Darmwand hindurchtreten und gelangen über die Blutbahn, die Pfortader, in erster Linie in die Leber, wo sie zu transportfähigen Bruchstücken zusammengesetzt werden und von dort, oder gleich direkt, an die Orte, wo sie wieder zu spezifischem körpereigenem Eiweiß synthetisiert werden. Derartige Eiweißsynthesen laufen in allen Zellen des Körpers ständig ab, und viele Prozesse wie z. B. die Gedächtnisbildung sind unmittelbar mit ihr verknüpft.

Der Kohlenhydratabbau erfolgt ebenfalls im Mitteldarmabschnitt. Die hierfür notwendigen Enzyme werden in den Pförtneranhängen, Bauchspeicheldrüsen und der Mitteldarmschleimhaut gebildet. Bei diesen Enzymen sind größere artliche Unterschiede in ihrem prozentualen Anteil und ihrer Zusammenstellung vorhanden. So scheint bei vielen Fischen Malzzucker besser als Rohrzucker und dieser wiederum besser als Milchzucker abgebaut werden zu können. Die dabei entstehenden Einfachzucker gelangen ebenfalls über die Pfortader in die Leber, wo sie zu Glykogen synthetisiert werden. Im Gegensatz zu den Säugetieren steigt bei Fischen nach einer Kohlenhydratmahlzeit der Blutzuckerspiegel stark an. Sie verhalten sich damit wie die Diabetiker. Verabreicht man gleichzeitig das Hormon Insulin, das ebenfalls in der Bauchspeicheldrüse gebildet wird, so senkt sich auch bei Fischen der Blutzuckerspiegel wieder rasch auf den normalen Wert.

Das mit der Nahrung aufgenommene Fett wird zunächst im Mitteldarm durch die Gallensäure emulgiert, d. h. die Fettropfen werden in unzählige kleine Fetttropfen zerlegt. Durch diese starke Oberflächenvergrößerung können die Enzyme der Fettverdauung aus den Pförtneranhängen und der Darmschleimhaut das halbflüssige Fett aufspalten in Glyzerin und Fettsäuren. Diese werden vor allem in den Pförtneranhängen resorbiert und teilweise in der Leber bzw. dem Fettgewebe wieder zu körpereigenen Fetten zusammengebaut und gespeichert oder aber im Zellstoffwechsel verbrannt zur Energiegewinnung.

[1] Enzym = Ferment: s. S. 629

Exkretion und Osmoregulation

Die mit der Nahrung aufgenommenen, für den Körper aber nicht verwertbaren Stoffe sowie die durch den Stoffwechsel anfallenden Endprodukte müssen wieder ausgeschieden werden. Diese Stoffausscheidung erfolgt bei den Fischen nicht nur über den Darm und die Niere, sondern zu einem großen Teil auch über die Kiemen.

a) Die unverdaulichen Anteile der Nahrung, die für die Darmaktivität unerläßlichen Füllstoffe, werden ebenso über den Enddarm abgegeben, wie eine Reihe von Stoffwechselendprodukten, z. B. die Abbauprodukte des roten Blutfarbstof-

fes, teilweise über den Umweg der Gallensäuren, die den Kot in typischer Weise anfärben.
b) Das bei der Zellatmung anfallende Kohlendioxid wird über die Blutbahn in die Kiemen geschafft, wo das im Wasser besonders leicht lösliche Gas entsprechend seinem Konzentrationsgefälle zum Wasser hin nach außen diffundiert. Durch sein Ausscheiden aus dem Blut wird die Aufnahme des Sauerstoffs aus dem Wasser ins Blut begünstigt.
c) Der als Stoffwechselendprodukt anfallende Stickstoff bereitet dem tierischen Organismus die größten Probleme von allen Exkretionsprodukten. Der nicht weiter verwertbare Stickstoff, der in bestimmten Verbindungen sogar für den Organismus stark giftig wirkt, entsteht durch den Abbau von Aminosäuren, den Bausteinen des Eiweißes, und von Nukleinsäuren aus den Zellkernen. Dieser Stickstoff wird von einzelnen Exkretionsorganen unterschiedlich gehandhabt. Bei den im Wasser lebenden Tieren wird er vorwiegend in Form des Ammoniums ausgeschieden, aber auch zu Harnstoff synthetisiert und in dieser weniger giftigen Form über Niere und Darm abgegeben. Die allein über die Kiemen ausgeschiedene Menge von Stickstoff in Form von Ammoniak (NH_3) übertrifft die NH_3-Ausscheidung der Nieren um das 6–10fache. Auch in der Harnstoffabgabe liegen die Kiemen vorn. Dies ist wohl nur durch die leichte Wasserlöslichkeit von Ammonium und Harnstoff möglich, denn die weniger löslichen Produkte Kreatin, Kreatinin und Harnsäure werden ausschließlich durch die Niere ausgeschieden.
Bei im Wasser lebenden Tieren wird der Stickstoff fast vollständig in Form des Ammoniaks NH_3 abgegeben. Trotz seiner Giftigkeit bietet NH_3 unter diesen Bedingungen viele Vorteile gegenüber anderen stickstoffhaltigen Exkretionsprodukten.
1. Es ist keine zusätzliche Energie notwendig, um es aus dem Eiweiß abzuspalten, ja, bei manchen Desaminierungen (Glutaminsäure) entsteht sogar noch Wärme.
2. NH_3 ist ein sehr kleines Molekül und sowohl wasser- als auch fettlöslich. Dadurch kann es leicht durch die Zellmembran hindurchdiffundieren, ohne daß dazu Wasser in Form einer Hydrathülle mit abgegeben werden muß.
3. Es liegt normalerweise nur 1 % des Ammoniak in Form von NH_3, 99 % liegen in Form des Ammoniumions $NH^+{}_4$ vor. Damit ist die Giftigkeit stark herabgesetzt. $NH^+{}_4$ bildet mit NH_3 eine Gleichgewichtsreaktion, so daß dieses jederzeit in ausreichendem Maße nachgeliefert werden kann.
4. Schließlich kommt noch ein weiterer Vorzug hinzu: Wenn ein Ammoniumion über die Kiemen nach außen diffundiert, kann an dessen Stelle ein Natriumion aus dem Wasser in die Kiemen aufgenommen werden. Durch diesen Austausch gewinnt der Organismus das für ihn im Süßwasser stets benötigte Salz, um seinen osmotischen Wert konstant halten zu können.
Dort, wo Wasser Mangelware ist, wenn z. B. Fische sich an Land aufhalten oder in Trockenzeiten sich in Schleimkokons einschließen, wie es die afrikanischen und südamerikanischen Lungenfische tun, wird gänzlich auf die Produktion von NH_3 als Exkretionsprodukt verzichtet und das NH_3 zu Harnstoff synthetisiert, der weit weniger giftig ist. Diese Synthese erfordert jedoch einen beträchtlichen Energieaufwand und erfolgt in der Leber. Der afrikanische Lungenfisch scheidet dann etwa 50 % seines gesamten Stickstoffs in Form des Harnstoffs aus. Der Schlammspringer *Periophthalmus* richtet sich bei seiner Stickstoffabgabe ganz nach dem gerade vorhandenen Süßwasseranteil in seinem Biotop. Bei 80 % Süßwasser scheidet er fast ausschließlich Ammoniak ab, während er bei nur 50 % seine Harnstoffproduktion beträchtlich steigert und dann fast soviel Harnstoff wie Ammoniak ausscheidet. Bei einer weiteren Verknappung des Süßwasserangebots gehen nicht nur Fische von der Produktion des Ammoniaks ab. Sie gehen allgemein über zunächst zur Harnstoffsynthese und schließlich bei den Vögeln und Reptilien zur Harnsäuresynthese, wenn im Biotop überhaupt Wassermangel herrscht.
d) Der Wasser- und Salzhaushalt der Fische wird gemeinsam durch die Kiemen und die Niere reguliert. Im Gegensatz zu den Meeresfischen trinken Süßwasserfische nicht. Sie nehmen jedoch stets etwas Wasser mit der Nahrung in den Magen-Darm-Trakt auf. Außerdem dringt ständig eine beträchtliche Menge Wasser über die Kiemen in das hier durchströmende Blut ein, da dort eine höhere Salzkonzentration herrscht als im Atemwasser. Das Blut saugt das Wasser osmotisch an. Ebenso diffundiert durch die Körperoberfläche Wasser in das Körperinnere. Durch diesen ständigen passiven Einwärtsstrom des Wassers er-

leiden Süßwasserfische niemals Durst. Im Gegenteil, sie müssen dafür sorgen, daß das eindiffundierte Wasser rasch wieder ausgeschieden wird, weil sonst die Gewebe stark aufquellen würden. Die Ausscheidung erfolgt in erster Linie durch die Niere, die damit fast ausschließlich im Dienste der Wasserregulation steht. Von wenigen Ausnahmen abgesehen, geschieht dies durch eine Filtration des Blutes durch die in den Nieren in großer Zahl vorhandenen Nierenkörperchen. Darüber hinaus werden aber wichtige Mineralien und Salze sowie andere Stoffe durch die Niere zurückgehalten und nicht mit dem bei Süßwasserfischen stark verdünnten Urin ausgeschieden.

Die Nieren der Süßwasserfische sind paarig angelegt und bilden zwei langgestreckte Organe, die sich direkt unter der Wirbelsäule und teilweise über der Schwimmblase entlang erstrecken. Sie haben eine unverkennbare dunkelblaurote Färbung. Von ihrer äußeren Form her können die Nieren zu einem einzigen Organ verschmolzen sein, wie das bei den Lachsartigen der Fall ist, oder ebensogut nur in ihrem mittleren und hinteren Teil diese Verschmelzung aufweisen, wodurch sich die als Kopf- und Rumpfniere bezeichneten Abschnitte noch deutlicher voneinander abheben. Diese Form trifft für die Cypriniden zu. Schließlich kann dieser Zusammenschluß nur auf den hinteren Abschnitt beider Nieren begrenzt sein, wie wir es von den Zahnkärpflingen und Stichlingen her kennen. Die beiden Harnleiter verlaufen normalerweise immer gemeinsam. Bei einer Reihe von Fischen schwellen diese blasenförmig an und bilden so die Harnblase. Die Blutversorgung der Niere erfolgt über segmentale Nierengefäße, die von der großen Körperarterie abzweigen. Das die Niere durchströmte Blut sammelt sich wieder in den Kardinalvenen[1] und fließt dann zurück zum Herzen.

Die Niere baut sich aus vielen Nierenkörperchen auf. Ihre Zahl ist meines Wissens bei Fischen noch unbekannt, beim Menschen sind es zum Vergleich etwa 2 Millionen. Die Nierenkörperchen beginnen mit einer hohlkugelförmigen doppelwandigen Kapsel, als Bowmansche Kapsel bezeichnet. In diese Einstülpung der Kapsel führt ein Blutgefäß, das sich im Innern in Kapillaren aufteilt. Das abführende Gefäß ist enger als das zuführende. Dadurch entsteht in diesem Kapillarengeflecht oder Glomerulum ein erhöhter Blutdruck, und durch diesen wird Flüssigkeit aus dem Blut durch die Gefäßwand in die Bowmansche Kapsel gepreßt. Die roten Blutkörperchen und die Bluteiweiße bleiben zurück, da sie die Gefäßwand nicht passieren können. Die abgepreßte Flüssigkeit wird durch die sich an die Kapsel anschließende Hals- und Bürstensaumzellregion durch bewimperte Zellen fortbewegt. Diese Abschnitte werden vom gleichen Blutgefäß umsponnen wie die Kapsel. Aus dem Kanallumen wird dadurch bereits wieder eine Reihe gelöster und zuvor abgepreßter Stoffe aktiv in das Blut zurücktransportiert. Solche Stoffe sind z. B. Glukose und Kochsalz. Da die Kanalwand selbst für Wasser nicht durchlässig ist, kann dieses auch nicht wieder ins Blut zurückströmen. Die insgesamt gemessene Filtratmenge auf 1 Stunde und 1 kg Körpergewicht umgerechnet betrug bei *Fundulus zebrinus* 25 ml, beim Goldfisch 14–20 ml und beim Aal 5 ml. Die entsprechenden Urinmengen betrugen 8,3 ml, 10–13 ml und 3,5 ml. Diese hier angegebenen Filtrat- (= Primärharn-) und Urinmengen sind linear abhängig von der Menge des aufgenommenen Wassers. Auf dem Weg durch die verschiedenen Abschnitte des Nierenkanälchens verliert das Filtrat einige Stoffe durch Rückresorption – hierher gehören Ca^{++}, Na^{+}, Cl^{-} und auch Glukose, die fast vollständig im Körper verbleiben. Durch Diffusion und durch Sekretion der Kanalwandzellen kommen andererseits Stoffe wie Kreatin und Harnstoff hinzu. Vielfach findet auch hier wie schon in der Kieme ein Austausch von Stoffen statt. Dadurch werden rund 99,9 % des NaCl aus dem Filtrat und Urin ohne großen Energieaufwand herausgenommen, ehe dieser die Nieren verläßt. Durch die im einzelnen recht komplizierten Vorgänge vermag der Organismus die Zusammensetzung seiner Körperflüssigkeit in einem weiten Bereich genau zu regulieren. Während bei den Säugetieren zu den hier angeführten Leistungen die Niere unter enormem Arbeitsaufwand den Harn noch konzentrieren muß, um einen allzu großen Wasserverlust zu vermeiden, muß bei den Süßwasserfischen eben dieses Wasser vorrangig aus dem Körper geschafft werden.

Mit ein paar Sätzen soll schließlich noch ein Problem aufgezeigt werden, das entsteht, wenn Fische vom Salz- in das Süßwasser oder umgekehrt wandern. Die bekanntesten Beispiele hierfür sind wohl die Lachse und Aale. Lachse gelangen bekanntlich im Meer zur Geschlechtsreife und steigen dann in Flüssen auf, um dort abzulaichen. Geschlechtsreife Aale wandern aus unseren Flüssen ab, um im Sargassomeer schließlich abzulaichen. Die Tiere können diesen Wechsel nur voll-

[1] Kardinalvenen: wichtige Längsgefäße, die an jeder Seite der dorsalen Aorten unter der Körperwand verlaufen und die Hauptmasse des Blutes aus Vorder- und Hinterkörper durch den Ductus Cuvieri zum Herzen zurückführen.

[2] Permeabilität: Durchlässigkeit von Scheidewänden.
[3] Thymus: Innersekretorisches Organ, bedeutsam für das Wachstum.
[4] Suprarenalorgan: Entspricht dem Nebennierenmark der Säuger.
[5] Interrenalorgan: Entspricht der Nebennierenrinde der Säuger.

ziehen, wenn durch hormonelle Steuerung physiologische Anpassungen vollzogen sind, die sie in ihrem neuen Medium überleben lassen. Durch den Wechsel des Mediums treten drastische Permeabilitätsänderungen[2] in den Membranen ein, besonders in den Kiemen. Im Süßwasser besitzen die Fische eine höhere Salzkonzentration in ihrem Körper als das Medium. Als Folge diffundiert ständig Wasser in den Körper. Salze streben nach außen. Im Meerwasser ist es gerade umgekehrt. Dem Körper wird ständig Wasser entzogen. Bei einem plötzlichen Wechsel von einem ins andere Medium erhöht bzw. erniedrigt sich die Salzkonzentration des Blutes, und als Folge schrumpft bzw. quillt der Fisch, ehe über die Nieren oder andere Organe ein Ausgleich geschaffen werden kann. Beim Übergang zum Salzwasser erlangen die Kiemen noch eine weitere wichtige Funktion. Hier differenzieren sich sogenannte salzausscheidende Drüsenzellen aus, die vorrangig einwertige Ionen und hierbei wiederum Kochsalz (NaCl) ausscheiden. Sie bestimmen damit wesentlich den Salzgehalt des Blutes. Junge, flußabwärts wandernde Lachse können erst dann ins Meerwasser vordringen, wenn sich bei ihnen diese Salzdrüsenzellen in den Kiemen voll entwickelt haben. Weiterhin muß dafür gesorgt werden, daß die Wasserausscheidung der Niere sich drastisch reduziert. Die Tiere müssen dazu übergehen, Salzwasser zu trinken, aus dem dann nach Ausscheidung der zweiwertigen Ionen durch den Darm und Aufnahme der einwertigen ins Blut und Abgabe durch die Kiemen praktisch Süßwasser gewonnen wird, das zu 70—80 % im Körper verbleibt. Stündlich werden auf diese Weise etwa 0,2—0,5 % des Körpergewichts aufgenommen. Der entsprechende Vorgang der Anpassung ist bei der Rückkehr ins Süßwasser notwendig. Lachse halten sich zu diesem Zweck auch rund 3 Wochen lang in den Brackwasserzonen der Flußmündungen auf.
Wie die hormonelle Steuerung dieser osmoregulatorischen Anpassung erfolgt, ist trotz intensiver Forschung auf diesem Gebiet immer noch weitgehend unbekannt.

Hormone

Ein Organismus wie der der Fische besteht aus vielen Zellen und Organen, deren Aktivität miteinander korreliert werden muß. Eine solche Koordination erfolgt sowohl durch das Nervensystem als auch durch Hormone. Unter hormonaler Steuerung versteht man die Beeinflussung peripheren Gewebes durch spezifisch wirkende Stoffe, die von bestimmten, dazu spezialisierten Drüsen gebildet und in die Blutbahn abgegeben werden. Man bezeichnet diesen Vorgang auch als innere Sekretion im Gegensatz zur exokrinen der Verdauungsorgane, die stets größere Ausführgänge haben. Die Stoffe, die von den innersekretorischen Drüsen gebildet werden, sind die Hormone. In ihrer Organisation und Wirkung sind sie im wesentlichen bei allen Wirbeltieren einander gleich. Nach der Lage im Körper bzw. der entwicklungsgeschichtlichen Herkunft können einzelne endokrine Organe zu Gruppen zusammengefaßt werden. Hypophyse, Sacculus vasculosus und Epiphyse sind eng mit dem Gehirn verbunden und leiten sich teilweise von Hirngewebe ab. Schilddrüse, Nebenschilddrüse, Ultimobranchiale Körper, Thymus[3] und Pseudobranchie liegen in der Nachbarschaft der Kiemenspalten. Suprarenal[4]- und Interrenalorgan[5], die der Nebenniere der Säuger entsprechen, sind bei Fischen keine kompakten Organe, sondern liegen weit verstreut entlang des Rückenmarks, was besonders für das Suprarenalorgan zutrifft (bei Knochenfischen liegen sie in der sog. Kopfniere, einem lymphatischen Organ, das kopfwärts von der Niere liegt). Die Stanniusschen Körperchen liegen im Bereich des hinteren Nierenabschnitts, die Langerhansschen Inseln im Bauchspeicheldrüsengewebe. Weiterhin produziert der Magen-Darm-Trakt eine Reihe von Hormonen, ebenso die Keimdrüsen. Schließlich soll noch die Neurophysis, ein neurosekretorisches Gewebe an der Ventralseite des Rückenmarks im Schwanzflossenbereich erwähnt werden.
Unter den Hormondrüsen herrscht ein hierarchisches Prinzip. Diese Hierarchie kann mehrere Stufen umfassen. Ein Beispiel: Von bestimmten Zentren des Zwischenhirns wird ein Neurosekret gebildet, das über Nervenbahnen in die Hypophyse gelangt und dort die Ausschüttung eines bestimmten Hormons bewirkt. Dieses Hormon wirkt speziell auf die Nebennieren ein und veranlaßt diese nun ihrerseits, eines ihrer Hormone auszuschütten, das dann auf das Gewebe direkt

einwirkt. Dieses zuletzt genannte Hormon bewirkt gleichzeitig aber auch eine Verminderung der übergeordneten Hormondrüsenaktivität. Durch diese hemmende Rückwirkung auf die vorgeschalteten Organe entsteht ein geschlossener Kreislauf, der sich jeweils selbst einreguliert.

Im Rahmen dieser Abhandlung kann naturgemäß nicht auf alle Stoffe eingegangen werden, die die vielen eben genannten Hormondrüsen der Fische produzieren. Es wird jedoch auf die große Ähnlichkeit in der Wirkung dieser Stoffe bei allen Wirbeltieren hingewiesen, auch wenn dabei in der chemischen Struktur die jeweiligen Hormone recht verschieden sein können. Viele Prozesse bei den Fischen sind damit in gleicher Weise gesteuert wie beim Menschen. Hormone sind bereits in außerordentlich geringen Konzentrationen wirksam. Dabei sind Mengen von nur wenigen µg pro 100 g Körpergewicht und Tag die Regel und nicht die Ausnahme. Ihrer chemischen Natur nach kann man die Hormone in drei Gruppen einteilen:

1. Steroidhormone. Zu dieser Gruppe gehören die gesamten Keimdrüsenhormone und auch die des Interrenalorgans.

2. Von Aminosäuren abgeleitete Hormone. Das sind das Schilddrüsenhormon Thyroxin, das stoffwechselsteigernd wirkt und die Metamorphose induziert, das Melatonin der Epiphyse, das die Färbung eines Fisches aufhellt, sowie auch das Adrenalin aus dem Suprarenalorgan, das den Blutzuckerspiegel anhebt.

3. Peptid- und Proteohormone, also Hormone, die Eiweißcharakter haben. Sie machen den Hauptanteil der Hormone aus. Hierher gehören die ganzen Hypophysenhormone, die die anderen Hormondrüsen steuern, sowie das Glucagon und das Insulin aus der Bauchspeicheldrüse, welche den Blutzuckerspiegel anheben bzw. senken, und gleichfalls noch das Nebenschilddrüsenhormon, das auf den Ca^{++}-Stoffwechsel einen starken Einfluß ausübt.

Die Hypophysenhormone stammen aus dem Vorder-, Mittel- und Hinterlappen der Hypophyse, wobei der Zahl der Hormone nach der Vorderlappen eindeutig dominiert. Hier konnten Zellen identifiziert werden, die jeweils nur ein ganz bestimmtes Hormon produzieren und auch selektiv an die Blutbahn abgeben können. Das Wachstumshormon ist eines von ihnen. Fische, denen die Hypophyse wegoperiert wurde, wachsen nicht mehr. Das Wachstum setzt erst wieder ein, wenn eben dieses Wachstumshormon injiziert wird. Dieses Hormon steigert vor allem die Eiweißsynthese im Körper. Ein gewisses Wachstum, wenn auch stets mit Organ- oder Zelldifferenzierung verbunden, wird durch das Thyroxin der Schilddrüse veranlaßt, dessen Ausschüttung in die Blutbahn durch ein weiteres Hormon des Hypophysenvorderlappens geregelt wird. Normalerweise wirken beide zusammen. Das Wachstumshormon verstärkt die Wirkung des Thyroxins, indem es die chemischen Reaktionen des Zellstoffwechsels weiter beschleunigt. Es sieht ganz so aus, als ob die Ausschüttung des schilddrüsenstimulierenden Hormons der Hypophyse von einem Zentrum im Hypothalamus des Gehirns aus gesteuert wird. Als äußere Reize kommen dabei die Umgebungstemperatur und der Tagesrhythmus in Frage.

Das Prolactin aus der Hypophyse der Fische war lange Zeit umstritten. Heute scheint gesichert zu sein, daß Prolactingaben bei Fischen und hier besonders bei Cichliden zu einer ständigen Schleimproduktion der Haut und Kiemen führt. Es regt zugleich die weitere Ausdifferenzierung von Schleimzellen an. Auch die Schleimproduktion der Diskusfische (der Schleim dient den Jungtieren in der ersten Zeit als Nahrung) kann durch Prolactingaben verstärkt werden. Bei anderen Arten wiederum kann mit diesem Hormon Brutpflegeverhalten ausgelöst werden, z. B. das Fächeln über einem Gelege, auch wenn gar kein Gelege vorhanden ist. In diesem Zusammenhang werden weitere Auswirkungen auf das Sexualverhalten der Fische diskutiert. Weiterhin als gesichert gelten kann, daß Prolactin an der Osmoregulation beteiligt ist. Euryhaline[1] Fische (die schwankenden Salzgehalt des Wassers ertragen können) sterben nach Entfernung der Hypophyse im Süßwasser, können jedoch im Salzwasser unbeschadet überleben. Dies gelingt im Süßwasser nur bei zusätzlichen Prolactingaben. Die Versuchsergebnisse sprechen dafür, daß es sich hier um eine Steuerung des Salzhaushalts handelt und weniger um die Wasserausscheidung. Bei Prolactinmangel verlieren die Fische zuviel NaCl über die Kiemen ans umgebende Wasser, so daß sich die Körperflüssigkeit immer stärker verdünnt. In die Osmoregulation greift auch noch ein weiteres Vorderlappenhormon der Hypophyse ein, das adrenocorticotrope Hormon (ACTH). Es wirkt sowohl auf das Supra- und Interrenalorgan als auch auf das Gewebe direkt. Die in den der Nebenniere vergleichbaren Organen produzierten Hormone sind Cortisol, Cortison, Corticosteron und Aldo-

[1] euryhyalin: gegen Schwankungen des Salzgehaltes im Boden und im Wasser unempfindlich.

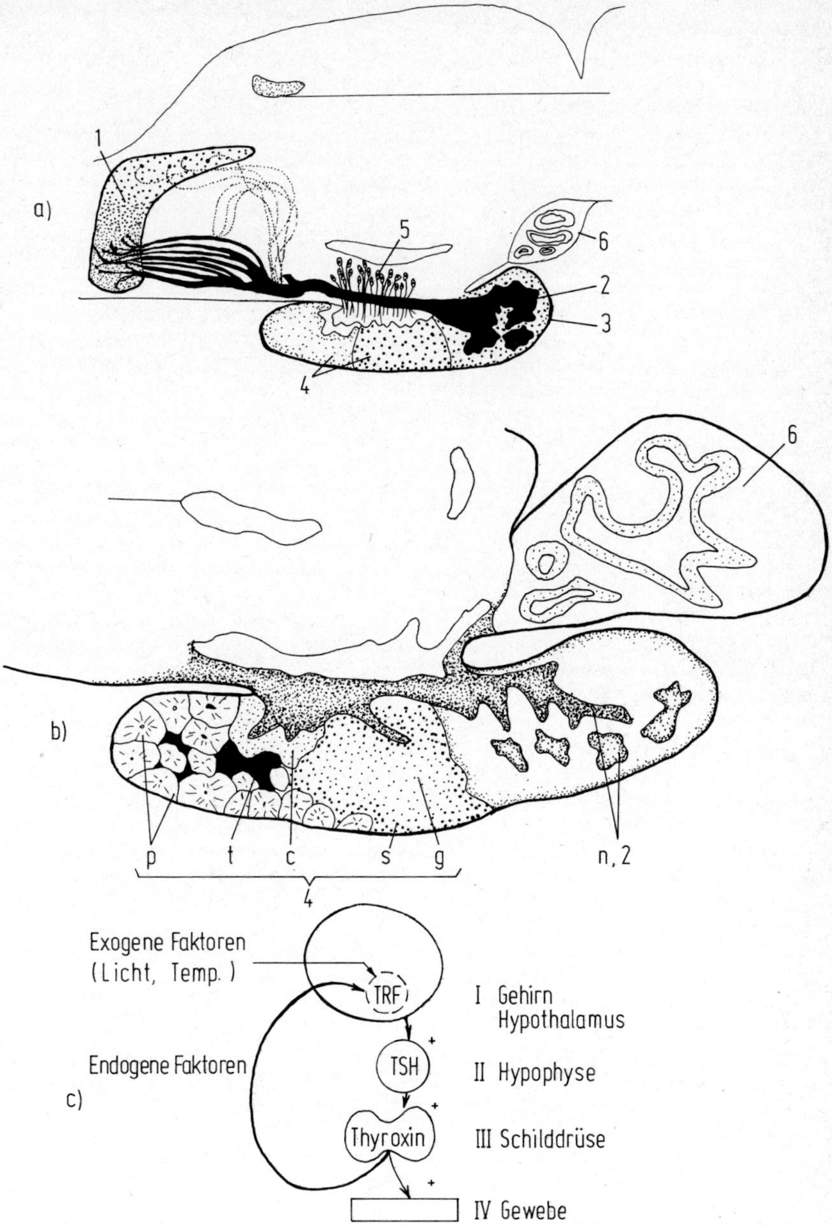

Bild 9.30: (a) Verbindung zwischen Hypothalamus und Hypophyse beim Aal. Nervenfaserbündel ziehen vom Nucleus praeopticus 1 des Hypothalamus in die Neurohypophyse 2, die vom Hypophysenzwischenlappen 3 umgeben wird. Nach vorn schließt sich der Hypophysenvorderlappen 4 an, über dem noch der Nucleus lateralis tuberis 5 liegt. An den Hypothalamus schließt sich der Saccus vasculosus 6 an. (b) Hypophyse. Follikel mit Prolaktinzellen p, TSH-Zellen t, ACTH-Zellen c, Wachstumshormonzellen s, gonadotrope Hormonzellen g, Neurohormonzellen n. (c) Schema der hormonellen Regelung am Beispiel der Schilddrüse. Der Hypothalamus stimuliert die Ausschüttung von schilddrüsenstimulierendem Hormon (TSH) in der Hypophyse. Das TSH regt die Thyroxinproduktion der Schilddrüse an, das im übrigen Körpergewebe stoffwechselsteigernd wirkt, gleichzeitig aber hemmt es die stimulierende Wirkung des Hypothalamus auf die Hypophyse.

steron. Sie spielen bei allen Wirbeltieren im Salz- und Wasserhaushalt eine bedeutende Rolle. Wegen ihrer Lage sind die Nebennieren der Fische experimentell nur schwer zugänglich, so daß erst relativ wenige Befunde vorliegen. Je nach Fischart variieren die Versuchsergebnisse. Es zeichnet sich jedoch ab, daß diese Hormone selektiv die Konzentration einzelner Ionenarten beeinflussen können. Nach Entfernung der Nebennieren trat im Süßwasser beim Aal eine 10%ige Vermehrung des Körperwassers pro Tag auf und damit verbunden eine Verdünnung des Blutes sowie eine Verringerung der Konzentration von Na^{+}, Mg^{++} und Cl^{-}. Im Seewasser sind die Überlebenschancen solcher Tiere noch geringer. Die Niere des Aals ist also auf eine normale Tätigkeit der Nebennieren angewiesen, um voll funktionstüchtig zu sein, denn ohne deren steuernden Einfluß reduziert sich die Harnmenge bei gleichbleibender Salzkonzentration auf die Hälfte. Darüber hinaus stimuliert Cortisol die Gluconeogenesis, d. h. den Umbau von Eiweiß und Fett in Traubenzucker. Dies ist bei den laichreifen Lachsen besonders stark der Fall. Sie verlieren auf ihrer Flußaufwärtswanderung rund 60 % ihres Körpergewichts. Die Nebennierenhormone sind in dieser Zeit in etwa 6fach hö-

herer Konzentration im Blut als normal. Ganz allgemein bauen Cortisol und ACTH Eiweiß ab und verhindern somit ein Wachstum.
Bei allen höheren Wirbeltieren produziert der Hypophysenvorderlappen mindestens zwei verschiedene gonadotrope („keimdrüsenbeeinflussende") Hormone, das follikelstimulierende[1] und das luteinisierende Hormon[2]. Beide regulieren die Keimdrüsentätigkeit. Extrakte des Hypophysenvorderlappens der Fische lösen bei anderen Testtieren auch Reaktionen aus, die mit den Reaktionen der beiden genannten Hormone übereinstimmen. Bei Fischen fällt die Reaktion je nach Art verschieden aus, meist jedoch in Richtung Luteinisierungshormon. Bisherige biochemische Untersuchungen ergaben zudem, daß bei Fischen mindestens ein gonadotropes Hormon vorhanden ist, das nicht mit denen der Säugetiere identisch ist, jedoch die gleichen Reaktionen auslösen kann. Heute darf als gesichert angenommen werden, daß der Hypophysenvorderlappen auch für die Reifung der Gonaden erforderlich ist. Fällt er aus, so wird sowohl die Eireifung als auch die Samenbildung unterdrückt. Bis heute jedoch bestehen Zweifel, ob auch die Vervielfachung der Spermatogonien[3], das Auslösen der Reduktionsteilung, die Samenreifung und die Ovulation ebenfalls von dem gonadotropen Hormon abhängen. Nach einer Wegnahme der Hypophyse treten Veränderungen im Ovar ebenso auf wie beim Fortgang der Samenreifung. Falls die Samenreifung jedoch bereits weit genug fortgeschritten ist, läuft sie auch ohne gonadotropes Hormon ab. Das endokrine Gewebe der Keimdrüsen dagegen bedarf der ständigen Stimulierung durch die Hypophyse, denn nach Entfernung der Hypophyse degenerieren das interstitielle[4] Gewebe und die Sertolizellen[5] im Hoden, die ansonsten die eigentlichen Keimdrüsenhormone produzieren. Die am weitesten verbreiteten Keimdrüsenhormone sind das Testosteron der Interstitialzellen des Hodens, 17β-Östradiol des Eifollikels sowie Progesteron des Gelbkörpers. Diese Hormone prägen die sekundären Geschlechtsmerkmale der Fische (verschiedenartige Färbung der Geschlechter, Unterschiede in der Beflossung, Umformung bestimmter Flossen zu einen Gonopodium). Bei frühzeitiger Entfernung der Keimdrüsen entwickeln sich diese Merkmale nicht. Der Einfluß der Keimdrüsenhormone auf das Verhalten der Fische ist außerordentlich vielfältig. So steigen Schwertträger-Weibchen in der Rangfolge nach oben, wenn sie mit männlichem Keimdrüsenhormon behandelt werden. Nach erfolgter Geschlechtsumkehr, nachdem das Gonopodium und der Schwertfortsatz sich voll entwickelt hatten, zeigten diese Tiere eindeutig männliche Verhaltensweisen und versuchten sogar zu kopulieren. Zusätzliche Gabe von weiblichem Keimdrüsenhormon bei Weibchen ergab keine Rangordnungsverschiebung. Nach operativer Entfernung der Hoden nahm zwar die Häufigkeit und Dauer der Kopulationen ab, antagonistisches Verhalten, das beiden Geschlechtern eigen ist, blieb jedoch voll erhalten. Diese Befunde wurden auch bei Stichlingen voll bestätigt, wo nach einer Kastration Territorialverhalten und Aggressivität unverändert bestehen bleiben. Bei Cichliden-Männchen konnte bis zu 200 Tage nach der Kastration noch ein völlig normales Fortpflanzungsverhalten beobachtet werden. Bei kastrierten Tieren kann durch Keimdrüsenhormon das Brutpflegeverhalten induziert werden, so daß Fische untergeschobene fremde Gelege betreuen. Auch der Blaue Gurami zeigt dann normales Fortpflanzungsverhalten, zeigt jedoch Störungen beim Bau des Schaumnestes. Letzteres trifft auch für den Makropoden zu, der erst dann sein Schaumnest vervollständigen kann, wenn neben Methyltestosteron auch Prolactin injiziert wird. Neben der Steuerung der Keimdrüsenaktivität übt das gonadotrope Hormon auch einen ständigen Einfluß auf das Verhalten aus, und zwar vielfach auf die dem Ablaichen vorausgehende Periode. Nach Entfernung der Hypophyse sinkt die sexuelle Antwortbereitschaft des Guppy-Weibchens rapide. Gonadotropes Hormon prägt auch das Sexualverhalten des Guppy-Männchens. Beim Stichling wird das aggressive Verhalten durch das gonadotrope Hormon gesteuert und auch bei anderen Fischarten kann durch zusätzliche Hormongabe die Eiablage induziert werden.
Der Hypophysenmittellappen ist stark zerklüftet. In ihn dringt in starkem Maße der Hinterlappen ein. Die Hormone des Mittellappens steuern den Farbwechsel. Die Melanophoren und Erythrophoren in der Haut dispergieren[6] ihr Pigment unter dem Einfluß des melanophorenstimulierenden Hormons, so daß sich das betreffende Tier verdunkelt. Das ebenfalls bei vielen Tieren im Mittellappen entstehende 2. Farbwechselhormon bewirkt das Gegenteil. Es bringt das Pigment in den Chromatophoren zur Zusammenballung und läßt den Fisch somit heller werden. Fische nützen diese Möglichkeit der Farbänderung und passen sich dem jeweiligen Untergrund an. Ist dieser hell, so erscheint die Färbung ebenfalls hell,

[1] follikelstimulierendes Hormon: setzt Follikelreifung in Gang; regt Wachstum von Sekundär- und Tertiärfollikeln an; erforderlich für die Bildung von Spermatozoen im Hoden.
[2] luteinisierendes Hormon: Zwischenzellstimulierendes Hormon, bewirkt Reifung des Gelbkörpers im Ovar der Säuger.
[3] Spermatogonien: Ursamenzellen, die sich mitotisch vermehren.
[4] interstitielles Gewebe: zum Bindegewebe gehörig; Gewebe, das Zwischenräume zwischen Organen und Geweben ausfüllt.
[5] Sertolizellen: Basalzellen; aus umgewandelten Hodenepithelzellen hervorgehende Stützzellen.
[6] dispergieren: zerstreuen, fein verteilen.

und über dunklem Untergrund verdunkeln sie sich. Diese Anpassung vollzieht sich innerhalb weniger Minuten. Die Farbe wird über das Auge perzipiert, und dann erfolgt die Umschaltung aus dem Sehzentrum des Mittelhirns zum Zwischenhirn und von dort auf den Hypophysenmittellappen. Erst nach dessen Hormonausschüttung erfolgt dann eine Reaktion der Chromatophoren. Es ist also stets eine Kombination von nervösen und hormonalen Faktoren gegeben. Darüber hinaus sind die Melanophoren stets auch noch durch das vegetative Nervensystem innerviert und können daher auch auf nervösem Wege direkt gesteuert werden. Andere Chromatophoren sind in der Regel nicht innerviert. Es gibt also bei Fischen eine mehrfache Kontrolle des Pigmentierungsmusters. Bei einzelnen Fischarten können durchaus auch Abweichungen dieser eben skizzierten Vielfachkontrolle bestehen. Das in der Epiphyse oder Zirbeldrüse gefundene Hormon Melatonin bewirkt ebenfalls eine Zusammenballung der Pigmentgranula in den Chromatophoren. Sie wird direkt vom Licht gesteuert, das durch die Schädeldecke dringt und nicht über das Auge. Die Epiphyse ist wegen dieser Lichtempfindlichkeit auch mitverantwortlich bei rhythmisch ablaufenden Prozessen, einerlei ob Tages- oder Jahresperiodik.
Der Hypophysenhinterlappen oder Neurohypophyse besteht aus zahlreichen Nervenfasern, deren Ursprung im Hypothalamus, einem Teil des Zwischenhirns, liegt. Viele seiner Nervenfasern ziehen auch in den Mittel- und Vorderlappen. Die Neurohypophyse stellt aber eine funktionelle Einheit mit bestimmten Hypothalamuszentren dar. In diesen Nervenzellen werden Substanzen produziert, die dann als kleine Klümpchen in den Nervenfasern transportiert und an deren Ende gespeichert werden. Diese „Neurosekrete" sind identifiziert worden als Oxytocin und Vasotocin, die in verschiedenen chemischen Formen als Hormone der Neurohypophyse auftreten. Die in der Neurohypophyse gespeicherten Sekrete verschwinden weitgehend, wenn Fische in Wasser umgesetzt werden, dessen Salzgehalt größer ist als der ihres bisherigen Wohngewässers. Diese Neurohormone könnten also auch osmoregulatorische Funktionen haben. Beim Goldfisch verursacht eine Injektion dieser Stoffe Diuresis (Harnausscheidung). Da aber im Urin die Na-Konzentration sich dabei nicht verändert, tritt neben einer vermehrten Wasserausscheidung auch ein beträchtlicher Salzverlust auf. Beides ist auf eine Erhöhung der Filtrationsrate in den Nierenkapseln zurückzuführen, die vielleicht durch eine Erhöhung des Blutdruckes und eine vermehrte Nierendurchblutung bedingt ist. Diese Antwort auf die Hormongabe ist noch umstritten, da dazu relativ hohe Hormondosen notwendig sind. Zudem sind solche Versuche oft auch mit Streß verbunden, und allein dadurch können auch Hormonabgaben durch die Neurohypophyse erwirkt werden. Hierbei spielt übrigens auch das ACTH des Vorderlappens eine beträchtliche Rolle. Streß führt bei manchen Tieren schließlich auch zu einem Versagen der Nieren und damit zum Tod. Darüber hinaus scheint die Neurohypophyse auch an der Steuerung der Fortpflanzung beteiligt zu sein. Sie zeigt jahreszeitliche Veränderungen, die korreliert sind mit der Fortpflanzung. Die Neurosekretion im praeoptischen Kern des Hypothalamus nimmt bis zum Ablaichen der Fische ständig zu. Injektionen des Neurohormons Oxytocin führt bei Fischen bereits nach 10 Minuten zum Ablaichen. In beiden Geschlechtern werden zudem Laichbewegungsreflexe ausgelöst, die jedoch nicht mehr mit dem Geschlechtspartner koordiniert sein müssen, sondern völlig unabhängig voneinander ablaufen können.

Fortpflanzung

Die Fortpflanzung geschieht bei vielen Fischen saisonabhängig, bei anderen verläuft sie zumindest zyklisch. Jahreszeitliche Temperaturschwankungen und Tageslängen bestimmen in den gemäßigten Zonen den Zeitpunkt. In tropischen Süßwasserbiotopen ist es vielfach die Regenzeit. Durch diese Anpassung des Fortpflanzungsrhythmus findet die Brut für ihr Fortkommen günstige Bedingungen vor. Auch dort, wo darauf keine Rücksicht genommen zu werden braucht, läuft die Fortpflanzung periodisch ab, z. B. beim Guppy im 28-Tage-Rhythmus.
Diese Keimdrüsenperiodik ändert sowohl den Stoffwechsel als auch das Verhalten. Fettspeicherungs- oder Hungerperioden sind für viele Arten charakteristisch. Die Beziehung zur Umwelt wird über das Hormonsystem hergestellt. Umweltänderungen werden über Sinnesorgane oder Zentren im Gehirn direkt wahrge-

nommen und die Hypophysenaktivität entsprechend reguliert. Dementsprechend richtet sich auch die Keimdrüsenhormonproduktion, die wiederum die Geschlechtszellenproduktion koordiniert, das Sexualverhalten, die Befruchtung und das Brutpflegeverhalten steuert. Dabei treten ebenfalls periodische Reaktionsabläufe zutage. Das bestimmt bei manchen Fischen wiederum den Zeitpunkt der Eiablage und des Sexualverhaltens. Bei *Oryzias*, einem Zahnkärpfling, findet die Ovulation, d. h. die Freisetzung des Eies aus dem Follikel, zwischen 1 und 5 Uhr früh statt, die Eiablage erfolgt zwischen 4 und 7 Uhr.

Die Keimdrüsen der Fische entwickeln sich wie bei den übrigen Wirbeltieren in enger Nachbarschaft zur Niere und haben zumindest bei der Mehrzahl der Knochenfische einen eigenen Ausführgang. Bei den restlichen sind Niere und Keimdrüse funktionell gekoppelt und besitzen einen gemeinsamen Ausführgang. Die Größe der Keimdrüsen wird durch den jahreszeitlichen Reifezyklus bedingt. Sie können aus kleinen unscheinbaren Gebilden zu der die ganze Leibeshöhle beherrschenden Masse kurz vor der Eiablage heranwachsen. Die Keimdrüsen stecken in einer eigenen Bindegewebshülle und sind an einem dorsalen Band aufgehängt, über das auch die Blutversorgung erfolgt. Die Keimdrüsen sind normalerweise weiß-gelblich gefärbt, erscheinen manchmal aber auch durch eingelagerte Chromatophoren bräunlich. Der Hoden wird von Kanälchen oder Tubuli durchzogen, in und um die herum das spermatogene Gewebe angeordnet ist, das die Spermien erzeugt. Aus den am Hodenrand verbliebenen Urkeimzellen entwickeln sich durch Zellvermehrung und Wachstum die Spermatogonien oder Samenmutterzellen, die sich dann wiederum in den Tubuli stark vermehren und durch eine Reduktion ihres doppelten in einen einfachen Chromosomensatz in Spermien umwandeln. Während dieser Vorgänge schieben sich die einzelnen Entwicklungsstadien immer weiter vorwärts in Richtung der größeren Samenkanälchen, und bei manchen Fischen ist zudem eine Samenblase vorhanden, die die reifen Spermien aufnimmt. Alle Spermatogonien eines Hodentubulusabschnitts entwickeln sich gleichzeitig, und die Entwicklungsschritte laufen synchron ab. Bei den meisten Fischen bildet das zwischen den Tubuli gelegene Gewebe die männlichen Keimdrüsenhormone. Das Gewebe wird als Leydigsche Zellen[1] oder interstitielles Gewebe bezeichnet. Bei einigen Arten findet diese Hormonproduktion auch in den Wänden der Tubuli statt. Innerhalb der Tubuli gibt es noch eine zweite Sorte von Zellen, denen eine Stütz- und Ernährungsfunktion während der Samenbildung zugeschrieben wird.

Ganz ähnlich wie im Hoden läuft auch im Eierstock die Eientwicklung ab. Hier bilden sich den Spermatogonien vergleichbar viele Oogonien oder Ureizellen. Sie teilen sich in einem der Spermiogenese parallelen Vorgang in Oocyten, um die sich dann die Follikel („Bläschen") bilden, in denen dann die Eier vollends heranreifen. Im Laufe dieses Prozesses sondert ein Teil der Follikelzellen den Eidotter ab. Neben dieser Dotter -und Eihüllenbildung übt das Follikelepithel zudem endokrine Funktionen aus. Es bildet weibliche Keimdrüsenhormone, die Östrogene. Nach der Sekretionsphase des Dotters verändern sich die Drüsenzellen des Eifollikels und produzieren nun auch noch das Gelbkörperhormon Progesteron. Dabei wird gegenwärtig diskutiert, ob dieses Hormon schon vor oder erst nach dem Verlassen des Eis im Follikelgewebe synthetisiert wird. Die aus dem Ovar entlassenen Eier wandern im Laichakt über den Eileiter oder Ovidukt nach außen. Der Eileiter selbst besteht aus verschiedenen drüsenreichen Abschnitten, deren Sekrete die Eier klebrig machen oder mit Haftfäden versehen. Diese Sekretion wiederum wird durch die Keimdrüsenhormone gesteuert.

Fische geben ihre Geschlechtsprodukte, Eier und Spermien, in der Regel ins Wasser ab. Da die Eihülle im Wasser nachhärtet, muß die Befruchtung des Eies rasch nach der Ablage gewährleistet sein. Dies geschieht dadurch, daß Eier und Spermien auf möglichst kleinem Raum gleichzeitig oder doch gleich nacheinander abgegeben werden. Die hierzu entwickelten Verhaltensweisen sind außerordentlich vielgestaltig und demonstrieren alle nur denkbaren Varianten sexueller Fortpflanzung. Bei den einen Arten leitet eine ganze Skala ausgeprägter Verhaltensweisen die Eiablage ein, bei anderen geschieht dies ohne jede erkennbare Vorbereitung. Die einen betreiben intensive Brutpflege, und die anderen fressen alle ihre eigenen Eier und Jungen, sofern erreichbar, auf. Und bei wieder anderen Fischen findet eine innere Befruchtung statt, die zur Ovoviviparie[2] und teilweise sogar zur echten Viviparie[3] führt (Zahnkärpflinge und Barschartige). Als Kopulationsorgane dienen dazu etwas vergrößerte Urogenitalpapillen und auch umgewandelte Analflossen, die Gonopodien der Poeciliidae. Dabei gibt es

[1] Leydigsche Zellen: Zellen, die zwischen den Samenkanälchen im interstitiellen Bindegewebe liegen. Sie haben innersekretorische Funktion.

[2] Ovoviviparie: bei ovoviviparen Tieren ist im abgelegten Ei ein schon mehr oder minder weit entwickelter Embryo enthalten.

[3] Viviparie: lebende Junge gebären.

offensichtlich genetisch bedingte Rassen, die nur von einer Seite aus, links oder rechts, kopulieren können. Auch die vielgepriesene Geschlechtsumkehr beim Schwertträger löst sich bei genauerem Zusehen dahingehend auf, daß es normal sich entwickelnde Männchen und solche gibt, die sich erst sehr viel später entwickeln. Diese verkappten Männchen haben bis dahin das Aussehen der Weibchen, können sich aber vor ihrer Ausdifferenzierung zum geschlechtsreifen Männchen nicht fortpflanzen.
Die Entwicklung des Eies findet bei diesen Knochenfischen stets im Eierstock statt. Jedoch scheint nur bei 2 Arten der Poeciliidae eine echte Viviparie nachgewiesen zu sein, da hier die sich entwickelnden Embryonen sowohl in ihrer Sauerstoffversorgung als auch in der für ihr Wachstum notwendigen Eiweißzufuhr voll vom mütterlichen Organismus abhängen. Also dieselbe Situation wie bei den Säugetieren. Bei vielen lebendgebärenden Fischen ernähren sich die Embryonen vom Eidotter. Lediglich der Sauerstoffbedarf wird durch Diffusion aus dem mütterlichen Angebot gedeckt. Die Geburt erfolgt unmittelbar, nachdem die Embryonen die Eihülle gesprengt haben. Bei anderen platzt die Eihülle erst während des Geburtsaktes, wie beim Guppy. Bei den Goodeidae und Jenynsiidae unter den Zahnkärpflingen gibt es eine Art zusätzliche Placentabildung, d. h. hier Anhänge der Embryonen, die dem Stoffaustausch zwischen Eierstock und Embryo dienen. Bei *Heterandria formosa* erfolgt die Entwicklung des Embryos sogar innerhalb des Follikels. Hier bildet der Embryo eine reich durchblutete und stark vergrößerte Herzbeutelaussackung, der dem Embryo zum Stoffaustausch und damit der Ernährung mit dem Follikelgewebe zur Verfügung steht.

Elektrische Organe

Bereits 1773 wurde der schmerzhafte Schlag des Zitterrochens als elektrisches Phänomen beschrieben und die Entladungen des Zitterrochens wurden in Ägypten seit jeher zur Behandlung des Rheumas eingesetzt. Welche Funktionen erfüllen nun solche elektrischen Entladungen im biologischen Bereich? Gibt es elektrische Sinnesorgane wie beispielsweise akustische oder optische? Es ist bekannt, daß viele Zellen elektrisch geladen sind, und bei den Nervenzellen hat diese elektrische Ladung bekanntlich auch eine funktionelle Bedeutung. Derartige Vorgänge sind jedem Lebewesen eigen und zeigen, da sie in der Größenordnung von 60 bis 100 mV liegen, keinerlei erkennbaren Einfluß auf die Umwelt. Nur bei den Fischen sind in der Tat spezifische Organe entwickelt worden, die ausschließlich zur Erzeugung von Elektrizität dienen. Zu diesen elektrischen Fischen gehören Süß- und Salzwasservertreter, afrikanische wie südamerikanische Fische und sowohl Knorpel- als auch Knochenfische. Die gängigste Unterscheidung erfolgt daher aufgrund ihres Spannungswertes des elektrischen Ausschlags in stark und schwach elektrische Fische. Die stark elektrischen Fische entladen sich nur gelegentlich, während die schwach elektrischen ständig kurze Impulse aussenden. Zu den stark elektrischen Fischen gehören die gewöhnlichen Rochen, der Zitterrochen, der Sterngucker und der in den afrikanischen Süßwassergewässern lebende Zitterwels. Zu den schwach elektrischen gehören die mehr als 200 Arten umfassenden Mormyriden und die etwa 30 Arten der Gymnotiden sowie der Nilhecht *Gymnarchus*. Eine Mittelstellung nimmt der Zitteraal ein. Er besitzt zweierlei elektrische Organe, mit seinem Haupt- und dem Hunterschen Organ erzeugt er die starken Schläge und mit dem Sachsschen Organ einen schwachen Schlag. Mißt man die Spannung außerhalb des Wassers, so liegen die Werte bei elektrischen Fischen zwischen 4 und 600 V. Die Spitzenwerte wurden sowohl beim Zitteraal als auch Zitterwels gemessen. Die schwach elektrischen Fische können in Einzelfällen auch bis zu 25 V erreichen. Diese Spannungswerte sind im Wasser wegen seines geringeren elektrischen Widerstands wesentlich niederer, so daß die schwach elektrischen Fische nur einige 100 mV und der Zitterwels noch 200–300 V erreichen.
Das elektrische Organ liegt bei den Mormyriden im Schwanzstiel, bei den Gymnotiden erstreckt es sich als feiner Strang am Rumpf entlang. Der Zitteraal besitzt neben seinem großen Kopf eine ausgesprochen kleine Leibeshöhle. Der übrige Körper vom Anfang des Afterflossensaumes an besteht praktisch nur aus den elektrischen Organen. Beim Zitterwels liegt das Organ mantelförmig um den Körper herum direkt unter der Haut. Das elektrische Organ dieses Fisches ist

aus einer Serie von elektrischen Zellen aufgebaut. Sie sind geladenen Batterien vergleichbar. Sie können durch einen Nervenimpuls zur plötzlichen Entladung gebracht werden. Dabei spielen sich die gleichen Vorgänge ab wie in einer Nervenzelle: Das Innere dieser Zellen ist aufgrund der Ionenverteilung und deren Konzentrationsunterschiede zunächst negativ gegenüber dem Außenmedium geladen. Bei der impulsartigen Entladung wird die Membran kurzfristig umpolarisiert, um anschließend wieder in den Ruhezustand überzugehen. Die dabei gemessenen Spannungen betragen ca. 100 mV. Da hier die einzelnen Zellen nun in Serie hintereinandergeschaltet sind und sich auch synchron entladen, summieren sich also die Beträge der einzelnen Zellen. Die gesamte Spannung einer Entladung ist also von der Anzahl der in Serie geschalteten elektrischen Zellen abhängig. Die Stärke des Stromes dagegen hängt von der Anzahl der parallel geschalteten, also übereinander liegenden Elemente oder Reihen von Zellen ab. Dasselbe Schaltungsprinzip nutzen wir auch bei der Erzeugung von Elektrizität mit Hilfe von Batterien aus. Die im Salzwasser lebenden, stark elektrischen Fische erzeugen vergleichsweise hohe Stromstärken bei geringen Entladungsspannungen, bei den Süßwasserformen ist es gerade umgekehrt.
Wichtig und für alle Fische zutreffend ist, daß die Entladung aus einer Serie von Einzelimpulsen besteht und daß die Einzelimpulse sehr kurz sind. Sie dauern bestenfalls bis zu 1–2 msec. Die Form der Impulse ist artverschieden. Die einen erzeugen einphasige, andere zweiphasige Impulse. Während die stark elektrischen Fische keine spontane Entladung abgeben, sondern nur eine Salve von Impulsen abfeuern, wenn sie berührt werden, senden die schwach elektrischen spontan regel- oder unregelmäßig elektrische Impulse aus. Die unregelmäßige Entladung (7–28 Imp./sec) der Mormyriden kann durch Umweltreize beeinflußt werden. Sie können dabei ihre Entladungsfolge kurzfristig bis zu 240 Imp./sec steigern. Die von vornherein hochfrequenten Vertreter (160–1200 Hz) entladen sich mit einer erstaunlichen Konstanz regelmäßig, so daß man mit einem Kofferradio, in dessen Tonaufnehmereingang zwei ins Aquariumwasser hängende, am Ende blanke Drähte stecken, einen konstanten Ton hört. Die Entladungen verschiedener Arten lassen sich schon an der Tonhöhe erkennen. Die unregelmäßigen Entladungen erzeugen Knackgeräusche.
Wozu dient nun das elektrische Feld, das der Fisch im Wasser mit jeder Entladung erzeugt? Beobachtungen am Zitterrochen und Zitterwels beweisen, daß diese stark elektrischen Fische ihre Entladungen zum Beutefang benutzen. Optisch oder anderweitig erkannte Beute wird in unmittelbarer Nähe des Fisches durch elektrische Schläge immobilisiert, und diese Entladungen halten vielfach so lange an, bis die Beute ganz verschlungen ist. Welchen Selbstschutz diese Fische vor ihren eigenen elektrischen Schlägen haben, ist bislang noch unklar. Daß stark elektrische Fische ihre elektrische Entladung neben dem Beutefang auch zum Erkennen und zur Lokalisation der Beute oder von anderen Gegenständen benutzen, kann mit Sicherheit ausgeschlossen werden. Gerade das letztere dagegen trifft für die schwach elektrischen Fische zu. Sie können Gegenstände elektrisch erkennen und auch lokalisieren. Durch Gegenstände in wenigen Zentimetern Entfernung vom Fisch wird das elektrische Feld des Entladungsimpulses verzerrt, und diese Verzerrung ihres selbst erzeugten elektrischen Feldes können diese Fische wiederum wahrnehmen durch echte elektrische Sinnesorgane, die in der Haut über den ganzen Körper verstreut liegen. Ihre Anzahl überschreitet bei manchen Arten 40 000. Diese Organe liegen in verschiedenen Formen vor, die auch unterschiedliche Eigenschaften und Empfindlichkeiten haben. So beantworten die sogenannten Knollenorgane jedesmal den elektrischen Impuls des eigenen elektrischen Organs mit einer Folge von Entladungen im abführenden Nerv. Dieses Nervenimpulsmuster verändert sich nun in charakteristischer Weise, wenn ein Nichtleiter (Plastikplatte) oder ein Leiter (Silberplatte) in wenigen Zentimeter Entfernung vom Sinnesorgan in Wasser gebracht wird. Durch diese Gegenstände wird das eigene elektrische Feld verändert, und aus der Folge der Nervenentladungen ergibt sich der naheliegende Schluß, daß sowohl eine Verdichtung als auch eine Verdünnung von Feldlinien den Reiz für die Knollenorgane darstellen. Nicht nur elektrophysiologische, sondern auch verhaltensphysiologische Untersuchungen bestätigen, daß leitende und nichtleitende Gegenstände sonst gleichen Aussehens voneinander unterschieden werden können. Dieses Unterscheidungsvermögen ist dabei so groß, daß festgestellt werden kann, ob ein poröser Tonzylinder nur Aquarienwasser oder einen Zusatz von 20 % destilliertem Wasser enthält. Diese schwach elektrischen Fische können somit ihren elektrischen Sinn zur Orientierung be-

nutzen, was in den häufig trüben tropischen Gewässern besonders günstig erscheint. Sie sind damit in der Lage, Gegenstände und Objekte, die sich in ihrer Leitfähigkeit vom Wasser unterscheiden, festzustellen und sich entsprechend zu verhalten. Es versteht sich weiterhin von selbst, daß diese empfindlichen Elektrorezeptoren nicht durch die Entladung des eigenen Organs, sondern auch durch die elektrische Entladung eines Artgenossen gereizt werden können. Aber auch artfremde elektrische Entladungen haben eine Wirkung. Treffen zwei Artgenossen aufeinander, so kann die Erhöhung der Entladungsfrequenz des einen Fisches zur Unterdrückung der Entladung des anderen über mehrere Sekunden lang führen. Zuweilen antwortet auch der zweite Fisch mit vermehrten Entladungen. Beim Elefantenrüsselfisch, *Gnathonemus petersi,* führt dies dann vielfach auch zu Kampfhandlungen, wobei sich die Kontrahenten gegenseitig kräftige Rammstöße versetzen. Während eine Ortung verschieden gut leitender Gegenstände bestenfalls bis zu 10 cm Entfernung möglich scheint, erfolgt die Beantwortung schwacher elektrischer Fremdimpulse auch über größere Entfernungen

Bild 9.31: Nilhechte sind untereinander unverträglich und stören sich auch ständig durch die gegenseitige elektrische Revierabgrenzung. Unser Bild zeigt den Elefantenrüsselfisch (Gnathonemus petersi). Aufnahme B. Kahl

hinweg. Hierbei werden artfremde Signale anderer Mormyriden ebenso wirksam wie künstliche Reize. Bei den letzteren spiegelt sich die Beantwortung nicht nur in der angelegten Reizspannung wider, sondern zeichnet sich auch eine Abhängigkeit von der Reizfrequenz ab. Im Schwellenbereich von 0,05–0,2 mV/cm treten die größten Intervalle zwischen den ersten elektrischen Impulsen auf, und bei Reizfrequenzen zwischen 30 und 130 Hz treten Entladungspausen bis zu 12,5 sec auf. Bei geringeren Reizfrequenzen verringert sich diese Entladungspause auf eine halbe Sekunde und noch weniger. Die Unterbrechung der Entladung kann als Tarnmanöver des Fisches verstanden werden: Er macht sich vorübergehend elektrisch unsichtbar. Dies kann der Fall sein, wenn ein Fisch ins Territorium des anderen eindringt, oder ein Fisch gerät in Gefahr und sendet mit maximaler Frequenz, woraufhin der andere sofort seine Entladungen einstellt. Dies könnte als eine Art Warnsignal verstanden werden. Demnach könnten die elektrischen Entladungen auch zur Kommunikation zwischen den Artgenossen oder sogar innerhalb der ganzen Familie der Mormyriden dienen und würde wohl auch rechtfertigen, neben den fünf klassischen Sinnen der schwach elektrischen Fische die elektrischen Sinnesorgane als sechsten Sinn zu bezeichnen.

Tafel 60 (S. 652)
Oben links: Der Harnischwels Loricaria parva stammt aus Südamerika und bevorzugt hauptsächlich pflanzliche Kost. Das Tier wird bis zu 12 Zentimeter lang.
Oben rechts: Die Aufnahme zeigt zwei Fiederbartwels-Arten: Synodontis angelicus, den Perlhuhnwels (oben), und Synodontis flavitaeniatus (unten). Beide Arten stammen aus dem tropischen Westafrika.
Obere Mitte, links: Der Schwarzbinden-Panzerwels (Corydoras melanistius). Merkmale: Dunkle Kopfbinde, Schädel vom Rumpf durch keine helle Zone deutlich abgesetzt, mit rundem Rückenfleck, der sich fast über die ganze Rückenflosse erstreckt. Der Körper ist mit vielen kleinen Pünktchen übersät. Dieser Panzerwels ist im nördlichen Südamerika zu Hause.
Obere Mitte, rechts: Corydoras schwartzi hat größere Flecken auf dem Körper, die linienartig auftreten können. Das Männchen trägt eine schöne, spitz auslaufende Rückenflosse, die angelegt fast bis zum Schwanzstiel reicht.
Untere Mitte, links: Der Zwergpanzerwels (Corydoras pygmaeus) Merkmale: Kurzschnäuzig, durchgehende Längsbinde. Die Weibchen sind besonders dick, die Männchen dagegen bleiben kleiner und schlanker.
Untere Mitte, rechts: Corydoras wolfi ist ein lebhafter Bodenfisch, der gerne im Schwarm lebt. Der Boden des Beckens sollte mit weichem Sand bedeckt sein, denn die Tiere wühlen gerne. Auch dieser Corydoras stammt aus Südamerika.
Unten links: Der Leopard-Panzerwels (Corydoras julii). Merkmale: Ganzer Körper mit fast gleichgroßen Flecken bedeckt. In der Körpermitte laufen die Punkte zu einem oder mehreren Längsstreifen zusammen. Die Männchen sind schlanker als die Weibchen.
Unten rechts: Der Stromlinienpanzerwels (Corydoras arcuatus). Merkmale: Auf leicht gelblichem Grund mit violettem Hauch zieht sich von der Maulspitze bis zur Unterkante des Schwanzstiels auf beiden Seiten eine dunkle Binde hin. Die Geschlechter sind nicht einfach zu unterscheiden. Das Männchen ist nur etwas schlanker als das Weibchen und trägt einen etwas längeren Brustflossenstachel.
Aufnahme: B. Kahl

Tafel 59
Oben links: Amblydoras hancocki ist in Südamerika weit verbreitet: Wir finden diesen Wels im Amazonastiefland, in Peru, Bolivien und Guayana; das Tier wird bis zu 15 Zentimeter lang.
Oben rechts: Der Schwielenwels Dianema urostriata stammt aus dem tropischen Südamerika. Seine markanten Merkmale sind ein Paar kürzere Oberkiefer-Barteln, ein Paar längere Unterkieferbarteln und die Unterlippe mit vier Paar zapfenartigen Barteln.
Obere Mitte links: Der Indische Goldstreifenwels (Mystus vittatus) lebt tagsüber sehr versteckt, des Nachts aber wird er aktiv und geht auf Beutesuche. Die Tiere werden bis zu 21 Zentimeter lang. Sie stammen aus Südostasien.
Obere Mitte rechts: Der Fiederbartwels (Synodontis multipunctatus) stammt aus dem tropischen Afrika und ist wie viele Welse ein ausgesprochenes Nachttier. Tagsüber verbirgt er sich im überhängenden Wurzelwerk.
Untere Mitte, links: Synodontis notatus stammt aus dem unteren Kongo und wird bis zu 22 Zentimeter lang.
Untere Mitte, rechts: Der Blaue Antennenwels (Ancistrus dolichopterus) lebt im Amazonenstrom, er wird bis zu 13 Zentimeter lang.
Unten links: Der Kiemensackwels Heteropneustes fossilis stammt aus Südostasien und wird bis zu 70 Zentimeter lang. Für das Zimmeraquarium eignen sich durchwegs nur jüngere Tiere, die Erwachsenen sind schöne Schaustücke öffentlicher Aquarien.
Unten rechts: Der Siamesische Haiwels (Pangasius sutchi) bewegt sich meist in den mittleren und unteren Wasserschichten, dort schwimmt er unruhig umher. Der Haiwels wächst rasch heran und kann bis zu einem Meter lang werden. Seine Heimat ist Südostasien.
Aufnahmen: B. Kahl

10

Gottfried Schubert

Krankheiten der Fische

Einleitung

Es gibt kein Leben ohne Krankheit und Tod! Auch im Aquarium nicht! Damit müssen wir uns abfinden. Jeder Fisch erreicht einmal die Altersgrenze, an der die Kräfte versagen und das Tier stirbt. Wann das eintritt, hängt von der Fischart ab. Viele Eierlegende Zahnkarpfen leben in der Natur kürzer als ein Jahr. Auch der Rote Neon überlebt in der Natur die erste Laichzeit, wenn er etwa ein Jahr alt ist, nur selten. In Gefangenschaft erreichen diese Fische zwar ein höheres Alter, sind aber trotzdem kurzlebig. Größere Cichliden dürften eine Lebenserwartung von 10–15 Jahren haben. Unser einheimischer Karpfen soll es auf ein Menschenalter bringen können. Gleichgültig wann der Tod eintritt, bleibt er aber für Mensch und Tier unabweisbares Schicksal.

Vorzeitiger Tod durch Krankheit und Unfall ist dagegen vermeidbar. Krankheitsbekämpfung spielt daher eine wichtige Rolle in der Aquaristik. Es gibt gute Bücher über Fischkrankheiten; die meisten beschäftigen sich aber vorzugsweise mit den Erkrankungen der Nutzfische. Zierfische werden nur am Rand mitbehandelt. Hier werden dagegen bewußt nur solche Krankheiten besprochen, die sich im Zierfischaquarium mit einiger Regelmäßigkeit finden. Das bedeutet eine gewisse Einschränkung. Wer, wie z. B. Schauaquarien, auch Forellen, Karpfen und Kabeljau pflegt, wird gelegentlich andere Bücher zu Rate ziehen müssen.

Das Kapitel wurde nicht für den Fachwissenschaftler geschrieben. Manches Interessante, aber für die Praxis Unwichtige, konnte daher nicht erwähnt werden. Da selbst beim ernsthaftesten Aquarianer nur ein beschränktes Instrumentarium vorausgesetzt werden kann, mußte auf die Diagnostik von manchen Krankheiten (viele bakterielle Erkrankungen, die meisten Virosen) verzichtet werden. Trotzdem dürften manchem Leser die Anforderungen, die an Geräte und Hilfsmittel gestellt werden, zu hoch erscheinen. Für eine in sehr vielen Fällen ausreichende Erkennung sind daher in den Tabellen einfache Merkmale herangezogen und entsprechende Behandlungsvorschläge gemacht worden. Das mit diesem Vorgehen verbundene Risiko von Fehldiagnosen und Fehlbehandlungen erscheint tragbar.

Mit den immer weiter zunehmenden Importen von Wildfängen und Nachzuchten aus Freilandanlagen gelangen auch neue, bisher unbekannte Krankheiten in unsere Becken. *Camallanus* ist z. B. erstmalig 1967 in Aquarien bekannt geworden. Der Diskusparasit noch später! Mit solchen „Entdeckungen" werden wir auch in Zukunft zu rechnen haben. Um auch solche Erkrankungen erkennen zu können, die bei Drucklegung des Buches entweder unbekannt waren oder noch nicht in Aquarien auftraten, sollte man regelmäßig eine oder mehrere Fachzeitschriften lesen.

Wie können Fische erkranken

Wir wollen hier unter Krankheiten alle Erscheinungen verstehen, die das Wohlbefinden beeinflussen und im Extremfall den Tod der Fische herbeiführen können.

Eine sachgemäße Pflege, davon handelt das ganze Buch, setzen wir voraus. Faktoren, wie versagende Heizung, Verhungern usw. werden wir nicht berücksichtigen. Trotz dieser Einschränkung bleibt eine große Zahl von Möglichkeiten übrig. Wir wollen daher zuerst einen Überblick gewinnen.

Ohne Wasser ist kein Leben möglich. Fische leben im Wasser. Wenn ihr Gewässer nicht gerade austrocknet, haben sie also nie Wassermangel. Vor mehr als 350 Millionen Jahren im Devon entstanden aus den Fischen die ersten landlebenden Wirbeltiere. Sie mußten einen Schutz gegen die auf dem Lande drohende Austrocknung entwickeln, sonst hätten sie den neuen Lebensraum nicht erobern können. Die Landwirbeltiere bildeten auf der Haut eine Hornschicht. Damit entstand eine bis zu einem gewissen Grad wasserundurchlässige Schicht, die nicht nur gegen Austrocknung, sondern auch gegen eine etwaige ungünstige Zusammensetzung des Außenmediums Luft schützte. Wir stehen mit der Luft hauptsächlich nur noch über unsere Lungen in Verbindung, der Fisch mit dem Wasser dagegen über seine gesamte Körperoberfläche. Fische sind daher viel empfindlicher gegen Änderungen der Zusammensetzung des Wassers (pH, Härte, andere Salze usw.) als Landtiere gegen Luftverunreinigungen. Als Krankheitsursache kommt also erstens ein ungeeignetes Wasser in Frage. Beginnt ein Fischsterben oder zeigen unsere Pfleglinge Unbehagen, sollte man zuallererst an das Wasser denken, pH, Temperatur, Ammoniak, Nitrit! Besonders das letztere ist nicht so selten Ursache für Fischverluste[1]. Aber auch Gifte (Kupfer oder Zink aus Wasserleitungen, Insektensprays usw.) können ins Wasser gelangt sein. Manchmal hilft Nachdenken. Bessert sich der Zustand der Tiere nach einem Wasserwechsel, wissen wir, daß die Ursachen zumindest zum Teil am Wasser liegen. Das Wasser zum Wechseln sollte man in diesem Falle nicht aus der Hausleitung nehmen, sondern am besten von einem Freund, dessen Fische tadellos stehen.

Landwirbeltiere nehmen den Sauerstoff über die Lungen aus der Luft auf (Amphibien zu einem Teil auch durch die Haut). Fische sind auf den im Wasser gelösten Sauerstoff angewiesen. Aufgenommen wird er durch Kiemen und Haut. Die Hautatmung spielt eine große Rolle. Bei niederen Temperaturen wird oft mehr Sauerstoff durch die Haut als durch die Kiemen aufgenommen. Schäden an Haut und Kiemen sind daher besonders gefährlich. Solche Schäden können durch ungeeignete Wasserbedingungen (vor allem pH) auftreten oder durch Parasiten bedingt sein. Parasiten, Lebewesen, die im oder auf dem Körper der Fische schmarotzen, sind häufige Krankheitsursache. Ihnen gilt der Hauptteil dieses Kapitels; in der Praxis sind aber Wasserschäden fast ebenso häufig.

Schließlich kommen vor allem bei älteren oder überzüchteten Tieren Geschwülste (gutartige oder bösartige Gewebswucherungen), Stoffwechselstörungen und dergleichen vor. Hier ist eine Diagnose meist schwer, für den Liebhaber häufig unmöglich.

Wie empfindlich sind nun die Fische gegen Krankheiten? Glücklicherweise können die meisten Fische viel vertragen, sonst wäre die gesamte Aquaristik unmöglich. Wir müssen aber dreierlei bedenken:

1. Fisch ist nicht Fisch. Die Widerstandsfähigkeit gegen Veränderungen des Wassers ist z. B. äußerst unterschiedlich. Meereswasser zeigt in seiner Zusammensetzung fast keine Unterschiede, ob ich es bei den Falklandinseln, Grönland, Hawaii oder am Roten Meer analysiere. Nur die Temperatur und in geringem Maße die Konzentration unterscheiden sich. Seit vielen Millionen Jahren leben Meeresfische daher im immer gleichen Milieu. Es bestand keinerlei Veranlassung für sie, sich an schwankende Wasserzusammensetzungen zu gewöhnen. Fische dagegen, die z. B. in Gebieten mit hartem Wasser und ausgesprochenen Regen- und Trockenzeiten leben, mußten sich an wechselnde Wassereigenschaften anpassen. In der Trockenzeit verdunstet viel des von Kalkgebirgen kommenden Wassers, es wird sehr hart. In der Regenzeit wird es dagegen (Regen ist ja destilliertes Wasser) weicher.

Andere Süßwassergebiete (z. B. Teile des Amazonasgebietes) zeigen nur sehr geringe Schwankungen in der Wasserzusammensetzung, entsprechend müssen wir bei Fischen aus diesen Gebieten mit hohen Ansprüchen an die Zusammensetzung des Wassers rechnen.

2. Fische können sich an ungeeignetes Wasser, ja an Giftsubstanzen wie Nitrit, gewöhnen, wenn die Veränderungen nur langsam genug vor sich gehen. Ein typisches Beispiel sind manche Aquarien, in denen der Stickstoffabbau nicht recht klappt. Nitrit reichert sich an und erreicht schließlich Werte, bei denen eigentlich kein Fisch mehr leben dürfte. Die Beckeninsassen schwimmen aber munter einher. Die Nitritkonzentration stieg so allmählich, so daß die Fische Zeit hatten, sich anzupassen. Setzt man nun in so ein Becken einen zugekauften Fisch, stirbt er oft innerhalb von Stunden. Für ihn ist dieses Wasser tödlich; er hatte ja keine Zeit, sich daran zu gewöhnen.

3. Selten liegt nur eine Ursache vor. Öfters wird von Aquarianern z. B. über Flossenfäule bei ihren Fischen geklagt. Die Flossen zerfasern, fallen schließlich ab. Die Ursache ist eine bakterielle Infektion der Haut. Mit entsprechenden Mitteln läßt sich eine Heilung herbeiführen. Soweit erscheint der Fall klar. Prüft man nun, welche Bakterien in den infizierten Flossen vorhanden sind, findet man recht verschiedene Arten, immer aber solche, die in fast jedem Wasser vorhanden sind. Die Wasserbedingungen im Becken waren ungünstig, die Haut der Fische wurde geschädigt und verlor ihre natürliche Abwehrkraft gegen die Bakterien. Gewiß, die Flossen wurden von den Bakterien zerstört, primäre Ursache war aber irgendwie ungeeignetes Wasser. Kommen Krankheiten immer wieder vor, sollte man daher zu überlegen beginnen, was man falsch macht.

[1] Stickstoffabbau s. S. 376 ff., Filtertechnik s. S. 331 ff.

Krankheiten im Aquarium und in der Natur

Krankheiten, die in der Natur nur selten töten, können im Aquarium zu verheerenden Seuchen werden. Warum?
Wir können im Aquarium nie die Verhältnisse der freien Wildbahn bieten. Irgendwie sind die Bedingungen immer schlechter. Damit wird die Abwehrkraft der Tiere geringer, an und für sich harmlose Krankheiten werden gefährlich.
Alle, aber wirklich alle Wildfänge, sind mit Parasiten behaftet. Da die Arten in der Natur noch nicht ausgestorben sind, müssen sie also mit diesen Parasiten leben können. Natürlich ist der eine Fisch stärker parasitiert als der andere; danach richten sich dann die Überlebenschancen im Aquarium. Stärker mit Schmarotzern behaftete Tiere, die unter den Bedingungen der Natur durchaus hätten weiterleben können, schaffen es im Aquarium nicht. Nur von wenigen Parasiten befallene Exemplare können dagegen im Aquarium leben und züchten.
Der Hauptgrund, warum Krankheiten im Aquarium oft viele Todesfälle verursachen, liegt darin, daß auch das größte Aquarium zu klein ist. Sagen einem Fisch in der Natur die Wasserbedingungen nicht zu, kann er ausweichen, in größere Tiefe, in eine andere Ecke des Sees usw. Irgendwo wird die Wasserqualität schon besser sein.
Wahrhaft katastrophal kann die Kleinheit des zur Verfügung stehenden Wasserraums bei Parasitenbefall werden. Man muß bedenken, daß ein revierbildender Fisch in der Natur vielleicht auch nicht weiter schwimmt, als er es in einem großen Aquarium kann; durch Strömung bekommt er aber immer frisches Wasser; es steht ihm also doch eine viel größere Wassermenge zur Verfügung[1].
Ein einzelner *Ichthyophthirius*[2] schadet einem Fisch sicher nicht. Ist der Parasit reif, bildet er etwa 1000 neue Infektionsstadien (Schwärmer). In der Natur werden davon die allermeisten abgetrieben, im Durchschnitt gelingt es einem, einen neuen Wirt zu finden. Wäre dem nicht so, würden die Parasiten überhandnehmen und die Fische töten. Im kleinen Raum des Aquariums können dagegen viel mehr Schwärmer einen Wirt finden. Sollten 990 in den Filter geraten (so viel sind es sicher nicht), erreichen doch 10 einen Fisch. Nach dem nächsten Zyklus sind es dann 100, 1000 usw. Nur eine erfolgreiche Behandlung kann diesen Siegeslauf des Parasiten aufhalten.

[1] In der Nutzfischhaltung und -Zucht „System Ahrensburg“ werden Karpfen in Becken gehalten, in denen das Verhältnis Fisch zu Wasser nur 1 : 3 beträgt. Es wird aber ein dauernder Durchfluß von Wasser geschaffen, so daß pro Fisch tatsächlich eine viel größere Menge Wasser vorhanden ist. Die Abwuchserfolge sind ausgezeichnet.

[2] Vergleiche Seite 692 f.

Vorbeugen ist besser als heilen

Eine sorgfältige Pflege unter möglichst optimalen Bedingungen hilft viele Krankheiten vermeiden.
Parasiten sollten überhaupt nicht erst in unsere Aquarien gelangen. Jeden Fisch schaue man sich sorgfältig an, bevor man ihn kauft. Natürlich kann man nicht alle Krankheiten, vor allem nicht im Anfangsstadium, im Geschäft erkennen. Manches Unglück läßt sich aber schon durch Aufmerksamkeit beim Kauf vermeiden. Nicht nur den Fisch, auch das Geschäft betrachte man sich genau. Dabei darf man sich nicht durch blitzendes Chrom und kristallklares Wasser täuschen lassen. Sauberkeit muß sein, aber sie allein reicht nicht. Schwimmen viele hohlbäuchige Fische herum? Benutzt der Verkäufer das gleiche Netz für verschiedene Becken? Bei heiklen Fischen prüft man, ob sie Futter annehmen! Auch ein Gespräch gibt Auskunft, ob der Händler nur Kaufmann ist oder auch etwas vom Fach versteht. Häufig braucht man selbst nicht zu reden. Es genügt, wenn man still zuhört, wie andere Kunden beraten oder nicht beraten werden.
Daheim sollte man die Fische um Himmels willen nicht zu den schon vorhandenen setzen. Drei Wochen gehören sie in Quarantäne, bis man sieht, ob nicht doch eine Krankheit „herauskommt“. Viele Liebhaber meinen allerdings, mit solcher Quarantänehaltung gäbe es mehr Verluste, als wenn man die Tiere sofort in das endgültige Becken stecke. Das kann stimmen, aber dann ist das Quarantänebecken falsch. Wer meint, ein Quarantänebecken brauche nur ein Glaskasten mit Heizung, Filter und Ausströmer zu sein, wird allerdings keine guten Erfolge haben. Der Neuankömmling ist besonders empfindlich, scheu und ängstlich. Das Wasser im Quarantänebecken muß daher besonders sorgfältig eingefahren sein. Das Aquarium muß Versteckmöglichkeiten bieten und vor allem groß sein.

Im Quarantänebecken sollte dem Fisch viel, viel Wasser zur Verfügung stehen. Mit anderen Worten, das Aquarium für Neuankömmlinge sollte mindestens genauso gut eingerichtet und gepflegt sein wie das Schaubecken im Wohnzimmer, eher besser!

Eine schwierige Frage ist, ob man Neuzugänge prophylaktisch behandeln soll. Im großen und ganzen: Nein. Die Tiere sind durch Transport usw. sowieso geschwächt, daß man ihnen die Strapaze einer vielleicht unnützen Kur nicht zumuten sollte. Bei dem geringsten Anzeichen einer Krankheit sollte dagegen sofort behandelt werden, bevor ernsthafterer Schaden eintritt. Fische, die erfahrungsgemäß immer mit Kiemenwürmern ankommen, wie Wildfänge von Chaetodonten, Kugelfischen, Diskus u. a. südamerikanischen Cichliden, empfiehlt es sich dagegen, nach 2–3 Tagen Einschwimmzeit auf jeden Fall zu behandeln.

Damit Krankheiten nicht von Becken zu Becken übertragen werden, sollte man für jedes Aquarium seinen eigenen Satz Zusatzgeräte wie Netz, Scheibenreiniger usw. haben. Müssen solche Geräte desinfiziert werden, kocht man sie am besten aus. (Vorsicht! Nicht jedes Plastik verträgt das!)

Zur Desinfektion von Aquarien gibt es verschiedene Möglichkeiten. Muß ein ganzes Becken samt Inhalt desinfiziert werden, ist es am einfachsten, Kaliumpermanganat ins Becken zu geben, bis das Wasser schwarz-violett aussieht, und es zwei Tage stehen zu lassen. Der Beckengrund ist in Abständen gut aufzurühren, damit die Desinfektionslösung überall hinkommt. Der Vorteil dieser Methode liegt darin, daß man beim Ausspülen erkennt, ob genügend durchgespült wurde. Färbt sich das Wasser auch keine Spur mehr rosa, ist das Kaliumpermanganat genügend entfernt. Der Nachteil liegt in den unschönen, braunen, aber unschädlichen Niederschlägen von Braunstein, die Kaliumpermanganat zurückläßt. Sie sind recht mühsam wegzuputzen. Wer diese Mühe scheut, muß vorher mehr arbeiten. Der Bodengrund wird ausgeräumt und im Backofen für 2–3 Stunden auf über 150° C erhitzt. Das Becken wird mit einer gesättigten Kochsalzlösung gefüllt (ca. 350 g pro Liter) und mehrere Tage stehen gelassen. Man kann ersatzweise auch das Aquarium überall (!) mit einem Brei aus Kochsalz und Wasser ausreiben. Dann läßt man etwas eintrocknen, gibt erneut Wasser hinzu und wiederholt das Ausreiben. So verfährt man 5- bis 7mal und spült dann sehr gründlich nach.

Natürlich kann man auch handelsübliche Desinfektionsmittel verwenden. Da sie aber meist farblos sind, ist schwer abzuschätzen, wann man genügend ausgespült hat. Sollte dagegen ein Rest Kochsalz zurückbleiben, schadet das nicht viel.

Die notwendigen Geräte

Um Krankheiten erkennen und behandeln zu können, sind einige Geräte und Instrumente notwendig. Beginnen wir mit dem teuersten.

Mikroskop: Ein Mikroskop ist für genauere Untersuchungen nicht zu umgehen. Es braucht kein Forschungsgerät um Tausende von Mark zu sein. Ein sogenanntes Schülermikroskop reicht. Selbst ein ganz billiges Instrument, wie sie von Kaufhäusern und vom Versandhandel angeboten werden, ist besser als nichts. Wird es allerdings gar zu billig, wirft man leicht sein Geld zum Fenster hinaus. Entweder man verliert den Spaß, weil sich nichts Rechtes erkennen läßt, dann steht das Ding in der Ecke, oder man will mehr sehen und kauft schließlich doch ein teureres Gerät. In beiden Fällen ist das Geld sinnlos ausgegeben[3].

Kurze Ratschläge zum Kauf: Die Objektive und Okulare sollten Normgröße haben, damit man später ausbauen kann. Die schwachen Vergrößerungen sind wichtiger als die starken. Starke Vergrößerungen sollten durch das Objektiv erreicht werden, nicht durch das Okular. Okulare mit einer Vergrößerung von mehr als 12,5mal sind für uns Unfug.

Lupe: Wer nicht mit ganzem Herzen bei der Aquaristik ist (noch nicht!!), kommt auch mit guten Lupen aus. Die Tabelle auf S. 664 ist so angelegt, daß die meisten häufigeren Krankheiten sich auch mit einer starken Lupe so weit bestimmen lassen, daß eine sinnvolle Bekämpfung möglich ist. Bekommt man mit der Zeit Interesse und ärgert sich über die Bemerkungen „nur mikroskopisch", kann man immer noch auf ein Mikroskop sparen.

Wir brauchen zwei Lupen, eine schwächere, etwa dreifach vergrößernd, und eine starke, die etwa zehn- bis zwölffach vergrößert. Die schwache erlaubt uns ein

[3] Eine Einführung in die nötige mikroskopische Technik bietet das Buch von Georg Stehli „Mikroskopie für Jedermann". Eine methodische erste Einführung in die Mikroskopie mit praktischen Übungen. Kosmos-Verlag, 22. Aufl., Stuttgart 1974

genaueres Sehen bei größerem Abstand (ca. 8 cm), also z. B. in der Fangglocke. Die stärkere Lupe mit einem Arbeitsabstand von etwa 2 cm ist nur am toten oder betäubten Tier verwendbar. Doppeleinschlaglupen, die verschiedene Vergrößerungen gestatten, z. B drei-, sechs- und neunfache, je nachdem, ob die erste, die zweite oder beide Linsen zusammen benutzt werden, sind oft recht praktisch, doch haben sie einen Nachteil: Die übersehbare Fläche bei der schwachen Linse ist kleiner als bei einer nur für diese Vergrößerung vorgesehenen Lupe.

Präparierbecken: Zur genauen Untersuchung müssen wir Fische sezieren. Auf dem Tisch rutschen uns die Tiere, besonders wenn sie klein sind, leicht weg. Mit einem Präparierbecken arbeitet es sich besser. Wir können es uns leicht selbst anfertigen. Wir nehmen eine flache Schale, die mindestens $1^1/_2$mal so lang und doppelt so breit wie unser größter Fisch und 5–7 cm hoch ist und gießen sie 1,5–2 cm dick mit Wachs aus. Für die Schale ist Zinkblech am geeignetsten, doch ist jedes Material verwendbar, das sich bis über den Schmelzpunkt des Wachses erwärmen läßt[1]. Für die Füllung dient Paraffin (alte Kerzenreste usw.), das mit 5–10 % Ceresin oder Bienenwachs gemischt wird, um es etwas weicher zu machen. In diesem Becken wird der Fisch mit Stecknadeln festgesteckt, damit wir mit freien Händen und, wenn nötig, unter Wasser sezieren können. Ist das Paraffin mit der Zeit zu sehr zerstochen, schmelzen wir es wieder glatt.

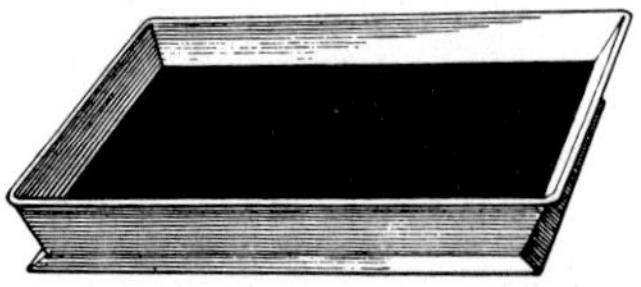

Bild 10.1: Ein Sezierbecken ist im einfachsten Fall eine flache Schale, die 1,5–2 cm hoch mit Wachs ausgegossen ist.

Fangglocke: Für Untersuchungen sollte man kranke Fische nicht mit dem Netz herausfangen. Hautbeläge, die für uns sehr wichtig sind, werden von einem im Netz zappelnden Fisch leicht abgerieben. Die leider etwas aus der Mode gekommenen Fangglocken sind viel praktischer. Wir brauchen eine größere, in die wir die Tiere im Aquarium mit dem Netz, ohne sie zu jagen, hineintreiben. Eine zweite kleinere dient zum genaueren Betrachten des Patienten. In ihrem Rohr lassen sich kleinere Fische auch gut mit der Lupe betrachten; sie können sich darin nicht umdrehen.

Pipetten mit Gummihütchen: Sie dienen uns bei der Untersuchung, um Material aus der Kiemenhöhle des lebenden Fisches zu entnehmen. Die Pipette sollte kurz, aber vorne fein sein. Die Öffnung muß aber gut rund geschmolzen sein, damit wir die Kiemen nicht verletzen.

Scheren: Eine größere kräftige Schere ist zum Öffnen der Fische bestimmt. Sie sollte ein spitzes und ein stumpfes Blatt haben. Die Größe der Schere richtet sich nach der Größe der Fische. Für einen *Astronotus* ist ein anderes Kaliber notwendig als für einen Guppy. Eine zweite kleinere Schere mit zwei spitzen Blättern brauchen wir für die inneren Organe. Manchmal sollte man eine ganz feine Schere haben. Vielleicht findet sich im Haushalt so etwas wie eine Stickschere[2].

Pinzetten: Notwendig sind eine größere stumpfe und ein bis zwei spitze. Alle Pinzetten sollen an den Spitzen Querrillen haben, sonst läßt sich die glitschige Fischhaut nicht festhalten.

Skalpell: Ein spitzes Skalpell mit Metallgriff ist manchmal nützlich, notwendig ist es nicht!

Präpariernadeln: Präpariernadeln sind Nadeln (spitze, stumpfe, lanzettförmige), die in einem Griff gefaßt sind. Wir verwenden sie wegen ihrer Feinheit dann, wenn unsere anderen Instrumente zu grob sind. Wer sie kaufen will, wähle Halter mit auswechselbaren Nadeln. Ebenso gut sind spitze und stumpfgefeilte Stecknadeln, die wir selbst in passende Holzstäbchen schäften.

Da unsere Metallgeräte zwangsläufig naß werden, lohnt sich der höhere Preis für rostfreien Stahl.

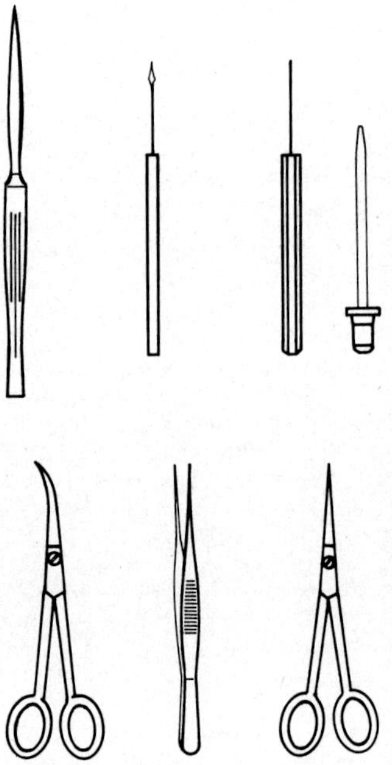

Bild 10.2: Präpariergeräte. Oben von links nach rechts: Skalpell, Lanzettnadel, spitze Nadel, Pipette. – Unten von links nach rechts: gebogene Schere, Pinzette, gerade Schere.

Meßpipetten: Zum Abmessen kleiner Mengen von Medikamentenlösungen benutzen wir Meßpipetten. Wir kommen mit einer 2-ml-Pipette, unterteilt in Hundertstel Milliliter, und mit einer 10-ml-Pipette, unterteilt in Zehntel Milliliter, aus (1 ml = 1 cm^3 = 1 ccm). Die Lösung wird mit dem Mund angesaugt (Vorsicht, nichts in den Mund bekommen!)[3], dann wird die obere Öffnung der Pipette mit dem Finger verschlossen. Durch vorsichtiges Lockern des Fingers lassen wir die Flüssigkeit tropfenweise auslaufen und lesen die ausgelaufene Menge an der Einteilung der Pipette ab. Die Pipetten sind so geeicht, daß bei vollständiger Entleerung die Menge stimmt, wenn nichts mehr ausläuft, in der Spitze aber noch einige Tropfen sitzen. Nicht ausblasen! Nach jeder Benutzung müssen die Pipetten gut ausgewaschen werden.

Meßzylinder: Größere Flüssigkeitsmengen messen wir mit Meßzylindern, graduierten Standrohren aus Glas oder Kunststoff. Ein Meßzylinder zu 100 ml genügt. Für noch größere Mengen benutzen wir die in der Küche gebräuchlichen Meßbecher.

Die Untersuchung von Fischen

Wer wartet, bis der Fisch gestorben ist, wird oft keine Diagnose stellen können. Man sollte zwar erwarten, daß am gestorbenen Fisch die Krankheitsursache besonders klar und deutlich ausgeprägt sein sollte, das stimmt aber nur, wenn wir den Fisch unmittelbar (10 Minuten nach dem Tod ist nicht mehr unmittelbar) aus dem Aquarium nehmen. Viele Hautparasiten verlassen einen toten Fisch sehr schnell. Von manchen ist nach 20 Minuten keiner mehr da. Dazu kommt, daß ein sich bewegender Parasit auch dem ungeübten Mikroskopiker sofort auffällt. Ein toter, unbeweglicher ist selbst für den Fachmann häufig nicht mehr zu identifizieren.

Kranke Fische sterben manchmal gerade dann, wenn wir ins Bett gegangen sind. Die am Morgen aufgefundene Leiche ist unbrauchbar. Fische zersetzen sich, besonders im warmen Wasser, unheimlich rasch. Daher kommt es bei Genuß von nicht ganz frischem Eßfisch so leicht zu Fischvergiftungen. Wir wollen uns als Regel merken: Solange die Kiemen eines Fisches noch rot sind, besteht gute Hoffnung auf eine vernünftige Diagnose. Man sollte aber immer versuchen zu untersuchen, solange der Fisch noch lebt. Ist anzunehmen, daß ein Fisch in Kürze sterben wird, wir haben aber gerade gar keine Zeit, empfiehlt es sich, den Fisch zu töten und feucht, aber nicht mit Wasser, in eine Plastiktüte zu stecken. So hält sich der Fisch im Eisschrank bei 4° C (also nicht im Eisfach) bis höchstens 24 Stunden.

Zur Untersuchung gehen wir nach der Tabelle S. 664 vor. Wenn wir es nicht schon auswendig wissen, lesen wir die Vorbemerkungen zur Tabelle. Sie sind wichtig! Beginnen wir mit Überlegen nach Punkt 0.0 der Tabelle. Dann geht es weiter bis Punkt 4. Dazu brauchen wir den Fisch gar nicht herauszunehmen. Nur gut beobachten müssen wir. Wer seine Fische nicht genau kennt, wird nie ein guter Aquarianer. Wie soll er wissen, ob der Fisch schneller atmet als normal, wenn er das noch nie beobachtet hat? Man kann zwar nach Punkt 1–4 noch keine Krankheit mit Sicherheit diagnostizieren, aber doch schon für eine Reihe von Krankheiten Behandlungshinweise bekommen.

Um einen Hautabstrich, Punkt 5, machen zu können, muß der Fisch kurz aus dem Wasser herausgenommen werden. Wir prüfen bei der Gelegenheit gleich den Augenreflex des Fisches. Ein gesunder Fisch stellt, soweit es ihm möglich ist, seine Augen stets in die Waagerechte. Halten wir ihn schräg, so schielt er mit dem tiefer liegenden Auge nach oben, mit dem anderen nach unten. Fehlt dieser Reflex, müssen wir besonders auf Blut- und Gehirnparasiten achten (Bild 10.3).

Nun fertigen wir einen Hautabstrich an. Größere Fische erschweren die Handhabung durch ihre Abwehrbewegung. Um einen *Astronotus* zu halten, braucht man einen Helfer. Aber auch kleinere Tiere können mit spitzen Rückenflossenstacheln dem Untersucher schmerzhafte Wunden beibringen. Es ist daher praktischer, die Tiere zu betäuben. Man bringt sie dazu in die Lösung eines Betäubungsmittels[4] und setzt sie, sobald ein Ruhigstellen nicht mehr notwendig ist, in sauberes Aquarienwasser zurück. Das Wasser darf auf keinen Fall kälter sein als die Betäubungslösung, besser verwendet man 1–2° C (aber nicht mehr) wärmeres Wasser. Erst wenn der Fisch wieder 15–30 Minuten normal geschwommen ist, kommt er ins Aquarium zurück. Er könnte dort sonst leicht von Raufbolden belästigt werden, ohne sich wehren zu können.

Giftige Fische (Rotfeuerfisch, Steinfisch, Petermännchen usw.) sollte der Laie auch nicht im betäubten oder toten Zustand untersuchen[5].

Von dem betäubten oder gut festgehaltenen Tier kratzen wir etwas Hautschleim ab, indem wir mit einem stumpfen Gegenstand über die Haut mit dem Strich der Schuppen fahren. Wir können dazu die stumpfe Seite des Skalpells oder die Kante eines Objektträgers benutzen. Zu sehr aufdrücken dürfen wir nicht. Wir bringen den abgekratzten Hautschleim auf einen Objektträger und verrühren ihn mit einem kleinen (!) Tropfen Wasser. Dann legen wir vorsichtig ein Deckglas auf, ohne daß Luftblasen unter dem Glas entstehen, und legen das Präparat zur Seite.

Wir entnehmen nun Schleim von den Kiemen. Dazu sollte der Fisch unbedingt betäubt sein, denn eine Abwehrbewegung im falschen Moment kann zu tödlichen Kiemenblutungen führen. Ohne Betäubung ist diese Untersuchung daher riskant.

[1] Plastikschalen sind daher bedingt geeignet. Bei sehr vorsichtigem Füllen mit heißem Wachs kann man sie aber verwenden. Fertige Sezierbecken liefert z. B. Kosmos-Service, 7000 Stuttgart 1, Postfach 640

[2] Wer häufig mit sehr kleinen Fischen arbeiten muß, sollte sich eine Iridektomieschere kaufen, wie sie die Augenärzte bei Operationen benutzen. Diese Scheren sind für Neons, Guppys usw. ideal, aber leider sehr teuer. Man bekommt sie in Geschäften für Ärzte- und Krankenhausbedarf.

[3] Müssen giftige Lösungen angesaugt werden, verwendet man dazu einen sogenannten Peleusball. Man bekommt ihn in Laborfachgeschäften. Der Verkäufer erklärt uns gern die Handhabung. Auch das „Stopfen“ der Pipette verhütet die Gefahr, angesaugte Flüssigkeiten in den Mund zu bekommen, weitgehend. In das obere Ende der Pipette wird, nicht zu fest, etwas Watte gestopft.

[4] s. S. 711

[5] In einem Fall verletzte sich ein Aquarianer an der Rückenflosse eines toten Rotfeuerfisches. Es traten die typischen Lähmungserscheinungen auf, obwohl der Fisch bereits drei Wochen in Alkohol gelegen hatte.

Bild 10.3: Prüfung des Augenreflexes. Ein gesunder Fisch stellt die Augen stets in die Waagrechte. Halten wir ihn schräg, so schielt er mit dem tieferliegenden Auge nach oben, mit dem anderen nach unten.

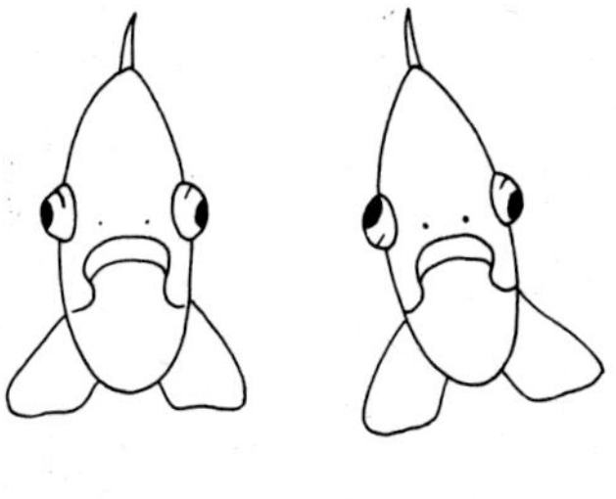

Wir ziehen in unsere Pipette wenig Wasser auf, spritzen es unter den Kiemendeckel und saugen es sofort wieder auf. Das Wasser geben wir auf einen Objektträger. Den Vorgang wiederholen wir auf jeder Seite des Fisches 2–3mal. Dann kommt der Fisch in das „Wiederaufwachwasser". Wir legen nun auf die Objektträger Deckgläser und untersuchen mit dem Mikroskop oder der starken Lupe unsere Präparate von Haut und Kiemen. Wir finden immer Zellen des Wirtes. Schuppen oder ganze Kiemenstücke dürfen nicht vorhanden sein, sonst sind wir zu grob vorgegangen. Parasiten fallen uns sofort auf, da sie sich bewegen. Nur Wurmeier und *Oodinium* sind unbeweglich, aber sie verraten sich durch ihre gelbe bis bräunliche Farbe. Waren auf den Kiemen Parasiten in größerer Anzahl, so findet man auf die beschriebene Weise immer einige Exemplare, ohne den Fisch töten zu müssen. Nur bei ganz schwachem Parasitenbefall kann es vorkommen, daß wir nichts finden. Ein so schwacher Befall ist aber in der Regel bedeutungslos.

Ohne den Fisch zu töten, können wir noch den Kot untersuchen. Dazu ist aber unbedingt ein Mikroskop notwendig. Man muß für eine solche Untersuchung Geduld haben und frisch abgesetzten Kot sofort (!) mit einer Pipette aus dem Wasser holen und auf einen Objektträger bringen.

Wir sind so bis Punkt 7 der Tabelle gekommen. Haben wir keine Diagnose stellen können, müssen wir uns entscheiden, ob wir das Tier zur weiteren Untersuchung töten sollen, um bei einer Sektion die Art der Erkrankung doch noch feststellen zu können. Handelt es sich um ein einzelnes erkranktes, dazu vielleicht noch wertvolles Tier, wird man natürlich versuchen, das zu vermeiden. Man hofft, richtig zu raten und danach zu behandeln. Das dürfte aber der Ausnahmefall sein; meist erkranken viele oder alle Tiere eines Beckens. In so einem Fall lohnt es sich, ein Tier zu opfern, um die anderen mit größerer Aussicht auf Erfolg behandeln zu können.

Wie tötet man einen Fisch? Das Wichtigste dabei ist, daß wir uns über eines klar sind: Es kommt nicht darauf an, unsere eigenen Nerven zu schonen, sondern das Tier so rasch und schmerzlos zu töten wie möglich. Ein Schnitt mit einer kräftigen Schere (tief schneiden) direkt hinter dem Kopf durch Wirbelsäule und Rükkenmark trennt sofort das im Gehirn gelegene Schmerzzentrum vom Körper. Fische zeigen noch recht lange Muskelreflexe; wir können aber sicher sein, daß trotz anhaltender Flossenbewegungen das Tier nichts mehr fühlt. Zur Sicherheit kann man noch mit einer Nadel von der Schnittstelle nach vorn durch den Rückenmarkskanal ins Gehirn stechen. Damit ist auch jede vom Kopf her kommende Empfindung sicher ausgeschaltet.

Unmöglich ist diese Methode des Tötens, wenn wir auch das Blut untersuchen wollen. Bei dem Schnitt durch die Wirbelsäule trennen wir stets das unmittelbar darunterliegende Hauptblutgefäß durch. Das austretende Blut können wir aber nicht verwerten, da es zwangsläufig mit Hautzellen vermengt ist. In diesem Fall bringen wir den Fisch in eine starke Lösung eines Betäubungsmittels[1] und warten, bis er einschläft. Wem ein Schnitt durch die Wirbelsäule zu blutig ist, kann natürlich auch eine überstarke Betäubung zum Töten anwenden, wenn keine Blutuntersuchung beabsichtigt ist. Blutuntersuchungen sind nicht sinnvoll bei Fischen unter 4 cm; man bekommt aus ihnen nicht genügend Blut. Immer sollte man das Blut bei Kaltwasserfischen und ostafrikanischen Cichliden prüfen. Bei anderen Zierfischen sind Blutparasiten selten, so daß man auf eine Blutuntersuchung verzichten kann, wenn nicht die bisherigen Untersuchungen laut Tabelle auf Blutparasiten schließen lassen.

Zur Blutgewinnung nimmt man den tiefbetäubten Fisch aus dem Wasser und trocknet die Schwanzpartie ab. Mit der Schere schneidet man den Schwanzteil etwas oberhalb des Ansatzes der Schwanzflosse ab. Aus dem Hauptgefäß tritt dann Blut aus. Wir fangen einen Tropfen auf einem Objektträger auf und verdünnen ihn mit physiologischer Kochsalzlösung[2], legen ein Deckglas auf und mikroskopieren. Man muß rasch arbeiten, da Fischblut sehr schnell gerinnt. Eine genauere Diagnose auf Blutparasiten ist mit einem gefärbten Blutausstrich möglich[3].

Weniger gute, aber durchaus brauchbare Blutpräparate erhält man, wenn man nach Eröffnung der Leibeshöhle (s. unten) das Herz herausnimmt, durchschneidet und die Schnittfläche auf einen Tropfen physiologische Kochsalzlösung auftupft.

Ein neuer Hautabstrich, bei dem wir am toten Fisch jetzt stärker kratzen können, wird nach 5.0–5.8 durchgesehen. Handelt es sich um einen gestorbenen (nicht getöteten) Fisch, der vielleicht sogar eine Zeit im Kühlschrank lag, untersuchen

[1] s. S. 711

[2] s. S. 712

[3] Färbung von Blutausstrichen. Benötigte Utensilien:
Fettfreie Objektträger mit geschliffenem Rand (reinigen mit 95%igem Alkohol, polieren mit fusselfreiem Leinenläppchen)
Methylalkohol
Giemsa-Stammlösung
Destilliertes Wasser
Gefäß, in das sich Objektträger einstellen lassen (Färbeküvetten, es tut aber auch jedes andere passende Glas).
Giemsa-Gebrauchslösung: Man fügt zu destilliertem Wasser pro Milliliter einen Tropfen Giemsa-Stammlösung. Die Menge der benötigten Lösung richtet sich nach der Größe des Färbegefäßes. Die Gebrauchslösung muß jedesmal frisch zubereitet und sofort verwendet werden.
Technik: Der fettfreie Objektträger wird auf eine feste Unterlage gelegt. An das rechte Ende gibt man einen Tropfen Blut (evtl. mit physiologischer Kochsalzlösung 1:1 vermischt). Man setzt einen zweiten Objektträger (er muß eine geschliffene Kante haben) schräg (45°) am Blutstropfen auf, so daß er nach rechts zeigt. Wenn der Objektträger den Blutstropfen berührt, verteilt sich dieser entlang der Kante. Man fährt mit dem Objektträger von rechts gleichmäßig und nicht zu schnell nach links, so daß das Blut gleichmäßig auf dem ersten Objektträger verteilt wird.
Färbung: Man läßt die Ausstriche lufttrocknen und stellt sie dann 3–5 Minuten in Methylalkohol, spült kurz mit destilliertem Wasser, und färbt mit der Giemsa-Gebrauchslösung ca. 30 Minuten. Danach spült man mit frisch abgekochtem und wieder erkaltetem destilliertem Wasser ab und läßt das Präparat lufttrocken werden.
Die Ausstriche müssen mit der Ölimmersion ausgewertet werden. Bei der Benutzung von Trockenobjektiven muß ein Deckglas mit einem Tropfen Einbettungsmedium aufgelegt werden. Trockenobjektive lassen zwar die Parasiten erkennen, es ist aber kaum möglich, Cryptobia von Trypanosoma zu unterscheiden.

Bild 10.4: So fertigt man einen Blutausstrich an.

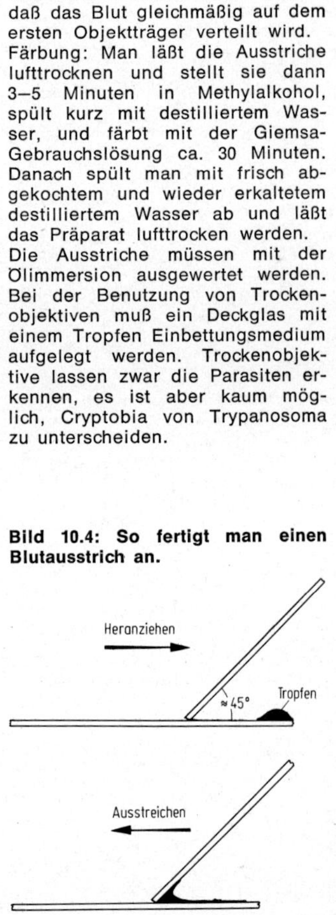

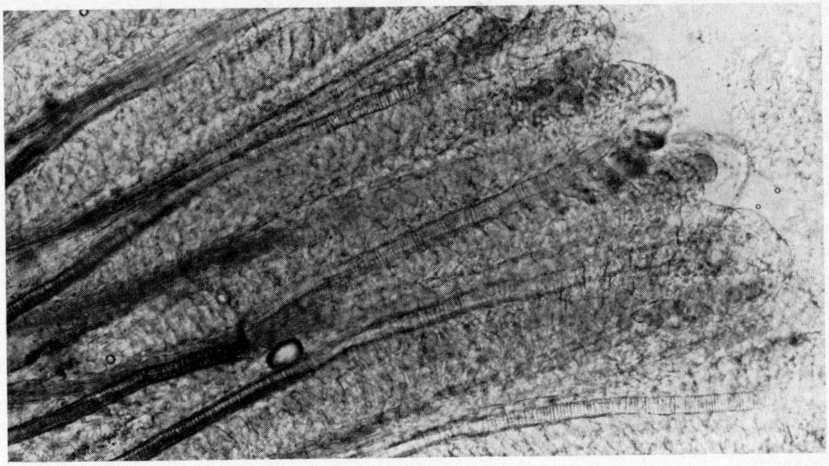

Bild 10.5: Kiemen eines gesunden Fisches. Aufnahme G. Schubert

wir mit besonderer Sorgfalt die Stelle unter dem Ansatz der Brustflosse. Dort halten sich Parasiten am längsten. Wir schneiden auch eine Brust- oder Bauchflosse ab, bringen sie ausgebreitet in einem Tropfen Wasser unter ein Deckglas und untersuchen das Präparat wie einen Hautabstrich.

Nun trennen wir den Kiemendeckel ab und schneiden ein Stück Kieme heraus. Bei kleineren Tieren können wir einen ganzen Kiemenbogen abtrennen, bei größeren nur einige Kiemenplättchen. Müssen wir Knötchen zerdrücken, dürfen es auch bei Kleinfischen nur Plättchen sein, da sich der Knorpel am Bogen nicht quetschen läßt. Wir prüfen alle Punkte von 5.0–6.1 und 9.0–9.3 sorgfältig.

Für die weitere Untersuchung steckt man, zumindest als Anfänger, den Fisch am besten mit Stecknadeln im Präparierbecken fest. Wir stechen mit der Schere kurz vor dem After ein und schneiden in der Mitte des Bauches bis zur Kiemenregion nach vorn (Schnitt 1, Bild 10.6). Vom After aus führen wir einen zweiten Schnitt (Schnitt 2) entlang der Oberwand der Leibeshöhle. Dieser Rand verläuft bei Fischen verschiedener Form unterschiedlich. Man muß sich mit der Schere vorfühlen. Mit etwas Übung findet man aber den richtigen Weg bald. Wir schneiden so flach wie möglich, damit die inneren Organe nicht verletzt werden. Die seitliche Körperwand heben wir mit der Pinzette am After vorsichtig ab. Etwa anhängende Organe lösen wir mit dem Griff des Skalpells oder der geschlossenen Schere ab. Zuletzt verbinden wir nach Bild 10.6 die Schnitte 1 und 2. Wir betrachten die vor uns liegende Leibeshöhle und machen uns an Hand von Bild 10.7 die Lage der einzelnen Organe klar. Bei sehr fetten Fischen kann Fettgewebe alles überdecken. Nun lösen wir die einzelnen Organe voneinander. Dem Anfänger gelingt das leichter, wenn er das Präparierbecken dazu mit Wasser füllt, so daß die Organe flottieren. Dabei besteht allerdings die Gefahr, daß Parasiten verschleppt werden. Die Milz ist auf Bild 10.7 nicht eingezeichnet, da sie unter den Darmschlingen verborgen liegt. Wir finden sie, wenn wir den Darm anheben, als rundlichen, tiefroten Körper. Wir gehen nun die Punkte 10.0–10.5 durch.

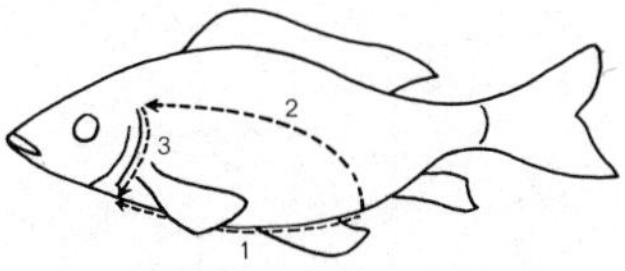

Bild 10.6: Schnittführung bei der Sektion eines Fisches (siehe Text).

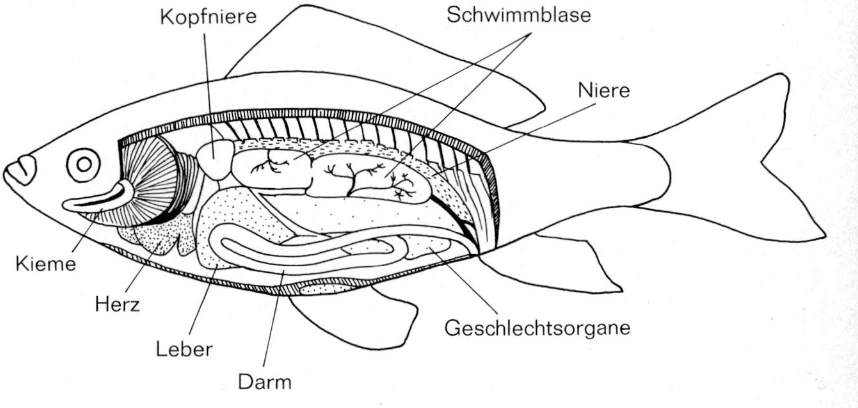

Bild 10.7: Schema der inneren Organe eines Fisches.

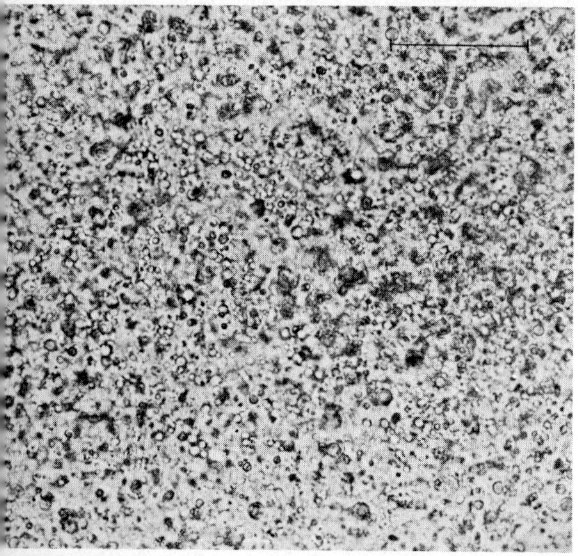

Bild 10.8: Leber eines gesunden Fisches. Der Maßstrich entspricht 0,05 mm. Quetschpräparat. Aufnahme G. Schubert

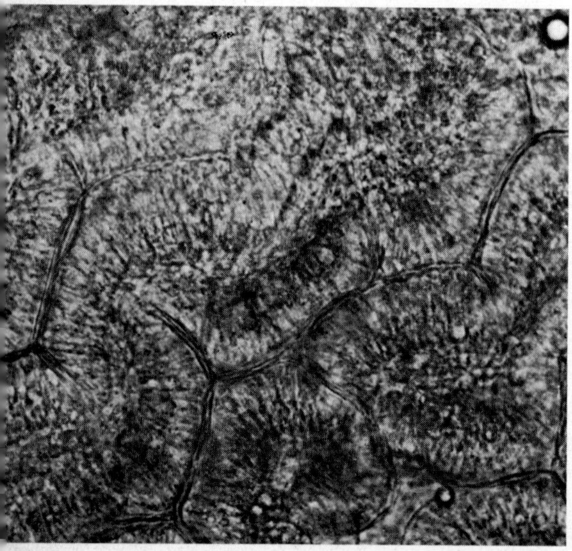

Bild 10.9: Niere eines gesunden Fisches, Quetschpräparat. Aufnahme G. Schubert

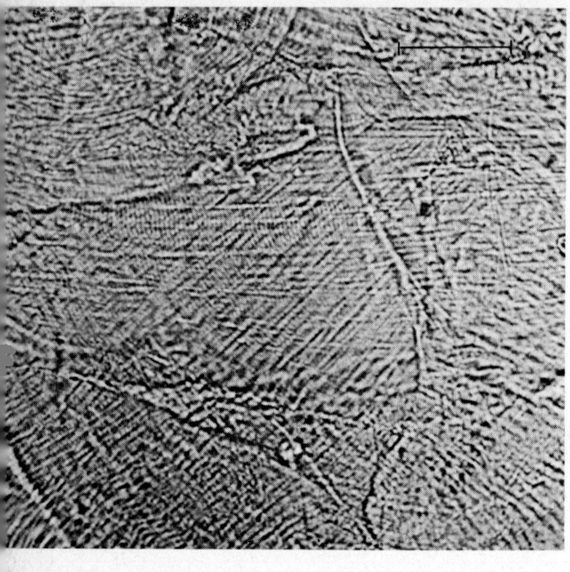

Bild 10.10: Muskel eines gesunden Fisches. Quetschpräparat, Maßstrich 0,05 mm. Aufnahme G. Schubert

Danach fertigen wir Quetschpräparate der einzelnen Organe an. Wir schneiden dazu kleine (doppelte Stecknadelkopfgröße) Stücke mit der Schere ab und bringen sie in einen Tropfen Wasser zwischen Objektträger und Deckglas. Dann drücken wir vorsichtig auf das Deckglas, bis eine durchscheinende Schicht entstanden ist. Nun wird mit Lupe und Mikroskop nach Punkt 11.0 bis 11.7 geprüft.

Im Leberquetschpräparat finden sich häufig gelbe Körner, die aus Hämosiderinen bestehen. Es handelt sich dabei um Blutabbauprodukte. In geringer Anzahl finden sich diese Hämosiderine in fast jeder Leber; reichliches Vorkommen deutet jedoch auf Störungen hin.

Die Niere liegt über der Schwimmblase, durch eine Membran von der eigentlichen Leibeshöhle getrennt. Sie ist bei vielen Zierfischen sehr klein und oft nicht leicht zu finden. Das Quetschpräparat der Niere darf nicht zu stark gepreßt werden. Die einzelnen Nierenkanälchen (vgl. Bild 10.9) sollten noch erkennbar sein.

Vorsicht ist bei der Präparation reifer, männlicher Tiere (Milchner) geboten. Allzu leicht verletzt man bei der Präparation den Hoden und findet dann überall lebhaft bewegliche Spermatozoen, die der Ungeübte dann häufig für parasitische Flagellaten hält. Am besten schaut man sich einmal ein Hodenquetschpräparat an, damit man weiß, wie die Spermatozoen aussehen. Besteht Verdacht auf Fischtuberkulose, können wir ein Quetschpräparat nach Ziehl-Neelsen[1] färben.

Der Darm wird bei größeren Tieren der Länge nach aufgeschnitten. Darminhalt und Darmwand werden getrennt nach 12.0–12.7 untersucht. Bei kleineren Fi-

[1] s. S. 699

schen läßt sich der ganze Darm unaufgeschnitten zwischen zwei Objektträgern so stark pressen, daß man hindurchsehen kann. Mit einem Objektträger als Deckglas sind nur schwächere Vergrößerungen am Mikroskop möglich, auch ist das Bild deutlich schlechter. Es reicht jedoch aus, um das Nötige zu erkennen.
Bei sehr kleinen Fischen (z. B. Guppy-Männchen) kann man alle inneren Organe, außer Niere und Schwimmblase, auf einmal herausnehmen und zwischen zwei Objektträger pressen.
Muskelquetschpräparate fertigt man aus mehreren verschiedenen Körperregionen an und untersucht sie nach 13.0–13.1. Die Muskelfasern sind durchscheinend; meist läßt sich die Querstreifung erkennen. Parasiten fallen auf, da sie dunkler sind.
Vom Auge (14.0–14.2) lassen sich keine Quetschpräparate anfertigen. Man prüft zunächst mit der Lupe, ob in der Linse eine stärkere Trübung vorhanden ist, dann halbiert man das Auge quer, am besten mit einem Skalpell, und entnimmt eine Probe des den Augenhohlraum ausfüllenden Glaskörpers. Zuletzt fertigt man ein Quetschpräparat des hinter dem Auge liegenden Gewebes an, das aus Nerv, Blutgefäßen, Fett und Bindegewebe besteht.
Als letztes öffnen wir die Schädelkapsel (Bild 10.11). Wir schneiden mit der Schere links und rechts der Nasenöffnung nach hinten und verbinden die Schnitte durch einen Querschnitt. Heben wir das so abgetrennte Stück hoch, liegt darunter das Gehirn frei. Die Präparation erfordert etwas Übung. Meist schneidet man anfangs nicht tief genug. Das Gehirn ist schwach rosa gefärbt. Haben wir durch die Voruntersuchung keinen Hinweis (Augenreflex; anomale Bewegungsweise), daß eine Gehirnschädigung vorliegt, können wir auf diese Untersuchung verzichten.

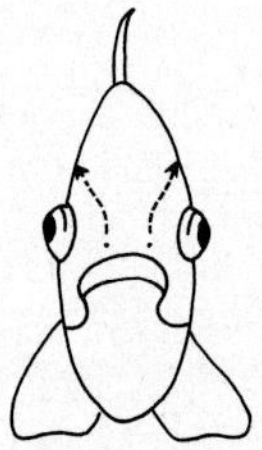

Bild 10.11: Schnittführung zur Eröffnung der Schädelkapsel.

Vorbemerkungen zur Bestimmungstabelle

In Spalte I ist jeweils aufgeführt, was untersucht werden soll. Die einzelnen Untersuchungsschritte sind durchnumeriert von 0–15. Unter II sind dann die einzelnen Symptome aufgeführt, die unter der in Spalte I genannten Nummer unternumeriert sind, also 1.0, 1.1 . . . und 2.0, 2.1 . . . usw. Die Spalte III nennt eine oder mehrere mögliche Diagnosen und verweist auf die Seite, auf der die Krankheitsursache genauer beschrieben ist. Liest man dort nach, wird man fast immer entscheiden, welche Krankheit vorliegt.
Die Tabelle ist so angelegt, daß möglichst viele Krankheiten am lebenden Tier erkannt werden können. Weiterhin wurde versucht, einen Weg zu finden, der auch ohne Mikroskop Krankheiten bestimmbar macht. Diesem Verfahren sind aber doch recht enge Grenzen gesetzt. Nun muß man häufig die Krankheitsursache gar nicht genau kennen, um doch eine sinnvolle Behandlung vornehmen zu können. Ist man mit dieser Behelfsbestimmung so weit gekommen, finden sich in Spalte IV ein oder mehrere Buchstaben. Am Ende der Tabelle finden sich unter diesen Buchstaben Behandlungsvorschläge. Sind Buchstaben durch ein „oder" getrennt, hat man die Wahl zwischen mehreren Behandlungsmöglichkeiten. Stehen mehrere Buchstaben nur durch ein Komma getrennt hintereinander, wendet man die Kuren nacheinander an, bis ein Erfolg eintritt.
Es sei aber ausdrücklich betont, daß dieser Weg eine Notlösung darstellt. Erfolgversprechender wird es immer sein, die Diagnose genau zu stellen, und nach den bei den einzelnen Krankheitsursachen genannten Behandlungsvorschlägen zu verfahren.

Untersuchungstabelle

I	II	III	IV
0 Auftreten der Krankheits-erscheinungen	0.0 Es treten rasch aufeinanderfolgende Todesfälle auf, innerhalb kurzer Zeit sterben viele Tiere. Einzelne Arten können widerstandsfähiger sein. Tiere einer Art und Altersgruppe sind jedoch alle betroffen.	Chemisch oder physikalisch ungeeignetes Wasser. In Frage kommen unter anderen: pH s. S. 705, Kohlendioxid s. S. 705, Ammoniak s. S. 706, Nitrit s. S. 706, Sauerstoffgehalt s. S. 702. Kupfer s. S. 706, Zink s. S. 706, andere Metalle s. S. 706, Phenole s. S. 706, Futterschäden s. S. 706, sonstige Vergiftungen s. S. 706.	
1 Verhalten	1.0 Die Fische schwimmen mit schießenden Bewegungen durchs Becken, stoßen an Hindernisse (Scheiben) und versuchen, aus dem Becken zu springen.	zu hoher pH: Laugenkrankheit s. S. 705, zu niedriger pH: Säurekrankheit s. S. 705, Vergiftungen, besonders durch Unkrautvertilgungsmittel und Kontaktinsektizide, s. Vergiftungen S. 705.	
	1.1 Die Tiere schnappen nach Luft, sie hängen im Extremfall an der Oberfläche, die Atmungsbewegungen der Kiemendeckel sind heftig, manchmal unregelmäßig.	Sauerstoffmangel s. S. 702, Ammoniakvergiftung s. S. 706, Nitritvergiftungen s. S. 706, Kiemenparasiten, daher Kiemen (6 und 9) besonders sorgfältig prüfen.	
	1.2 Die Atmung ist beschleunigt, die Kiemendeckel werden rascher als normal bewegt, das sonstige Verhalten ist normal.	Sauerstoffmangel s. S. 702, zu hoher Nitritgehalt s. S. 706, Kiemenparasiten oder sonstige Kiemenschädigung, daher Kiemen (6 und 9) besonders sorgfältig untersuchen.	
	1.3 Die Fische stehen nach anfänglicher Unruhe ruhig, meist versteckt oder unter der Oberfläche, sie sterben häufig in Prachtfärbung.	Kohlendioxidvergiftung s. S. 705, aber auch bei anderen Vergiftungen s. S. 705.	
	1.4 Die Fische zeigen eine anomale Schwimmhaltung, sie schwimmen ruckweise, manchmal dabei schräg im Wasser stehend. Der Augenreflex kann fehlen oder schwach sein.	Blut (8) auf *Cryptobia* s. S. 687 untersuchen, Gehirn (15) und Schwimmblase (10) besonders genau prüfen.	

	1.5 Wie 1.4, aber der Körper ist weißlich von innen verfärbt, besonders bei *Paracheirodon innesi*, seltener bei anderen Salmlern; das anomale Schwimmen (ruckweise, schräg aufrecht) tritt besonders nach dem Füttern auf.	„Falsche Neon-Krankheit" s. S. 701, Muskel (13) mikroskopisch prüfen.	
	1.6 Die Tiere sind sehr träge, sie weichen dem Netz kaum aus, bevorzugt tritt dieses Bild bei Goldfischen und anderen Kaltwasser-Karpfenverwandten, aber auch bei afrikanischen Cichliden auf.	Blut (8) auf *Cryptobia* s. S. 687 prüfen. Als Anzeichen des nahen Todes bei vielen Krankheiten.	
	1.7 Die Fische sind unruhig, sie scheuern sich an Steinen und am Bodengrund, die Flossen werden geklemmt.	Hauttrüber; Einzeller, Monogenea, Bakterien oder Pilze. Hautabstrich (5) prüfen.	vgl. aber 5.6
	1.8 Der abgesetzte Kot ist weiß statt dunkel und hängt sehr lange am Fisch.	*Capillaria* s. S. 680, *Spironucleus* s. S. 688, möglichst Kotausstrich untersuchen.	
2 Gestalt	2.0 Wirbelsäulenverkrümmungen	Enddarm (10) auf *Camallanus* s. S. 681 prüfen. Innere Organe (11) auf Sporentierchen-infektionen, Fischtuberkulose und *Ichthyosporidium* s. S. 697 prüfen. Bei Jungfischen kann ein Entwicklungs- oder Erbschaden vorliegen, dann sollte man die Tiere ausmerzen.	
	2.1 Aufblähung des Leibes	Innere Organe (11) auf *Ichthyosporidium* s. S. 697 und Fischtuberkulose s. S. 697 prüfen. Besonders 11.7 beachten. Bauchwassersucht s. S. 701.	
	2.2 Unter dem Maul tritt eine Hervorwölbung auf, es kann dadurch zu einer Maulsperre kommen.	Schilddrüsenwucherung (s. S. 702), Geschwülste (s. S. 702).	
	2.3 Glotzaugen	Sehr unspezifisches Merkmal; es sollten geprüft werden: innere Organe (11) und Augenhintergrund (14) auf *Ichthyosporidium* (s. S. 697), Sparganose (s. S. 683), Metacercarien (s. S. 685), verschiedene Bakterienerkrankungen.	Bei Süßwasserfischen A, C Bei Brackwasserfischen B, C Bei Seewasserfischen D, C
	2.4 Steht der Fisch ganz ruhig, treten aus seinem After rötliche Würmer, vor allem bei Weibchen von Lebendgebärenden.	*Camallanus* (s. S. 681).	E

I	II	III	IV
3 Färbung	3.0 Die Tiere zeigen eine dauernde blasse Färbung.	Verschiedene Krankheiten, meist aber falsche Haltung (Becken zu hell, keine Versteckplätze, ungeeignete Zusammensetzung der Fischarten, Wasser zu weich oder zu hart).	
	3.1 Die Tiere sind dunkel bis schwarz über den ganzen Körper.	Innere Organe (11) auf *Ichthyosporidium* (s. S. 697) und Fischtuberkulose (s. S. 699) prüfen. Darm und *Spironucleus* s. S. 688 (12.9) prüfen. Melanosarcom (s. S. 702).	
	3.2 Die Tiere sind nur im hinteren Teil dunkel gefärbt.	Nervenschädigung durch Unfall, Parasiten oder Entwicklungsfehler. Die Tiere können trotzdem alt werden und züchten.	OO
	3.3 Die Fische zeigen weißliche Stellen unter der Haut.	„Echte Neon-Krankheit" *(Pleistophora* s. S. 691), Muskel (11) mikroskopisch prüfen. „Falsche Neon-Krankheit" (s. S. 701) Infektionen mit Sporentierchen (s. S. 691) außer Pleistophora.	OO C
	3.4 An der Schnauze tritt eine weiße Stelle auf, besonders bei Lebendgebärenden, außer Guppy.	*Columnaris*-Krankheit (s. S. 700), befallene Stelle mikroskopisch prüfen (5.8).	C
4 Körperoberfläche	4.0 Aus dem Körper ragen traubenförmige Eiersäcke heraus.	*Lernaea* und Verwandte s. S. 678.	E oder F
	4.1 Die Schuppen liegen nicht an, sondern stehen ab. „Schuppensträube".	*Columnaris*-Krankheit (s. S. 700). Befallene Stellen mikroskopisch prüfen (5.8), andere bakterielle Infektionen (s. S. 701), Futterschäden, Hautabstrich nach (5) prüfen.	C
	4.2 Auf der Haut finden sich, mit bloßem Auge erkennbare Krebse, besonders an der Rückenpartie.	*Argulus* und Verwandte s. S. 677. Parasitische Asseln s. S. 677.	E oder F
	4.3 Es treten feinere bis gröbere Hautbeläge auf, die manchmal als leichte Opaleszenz nur bei Lichteinfall unter bestimmtem Lichteinfallswinkel zu sehen sind.	Verschiedene Hauttrüber, Hautabstrich (5) prüfen.	G, E, C vgl. aber 5.6
	4.4 Auf Flossen und Körper sind weiße bis 1 mm große grießkornartige Fleckchen.	*Ichthyophthirius* im Süßwasser s. S. 692. *Cryptocaryon* im Seewasser s. S. 694, Hautabstrich (5) prüfen.	G K oder L

4.5 An einzelnen Stellen oder über größeren Flächen finden sich weiße, wattebauschähnliche Hautbeläge.	Saprolegniaceae s. S. 697, Hautabstrich (5) prüfen.	C
4.6 Ähnlich 4.5, die einzelnen Fäden sind aber sehr fein, nur an einzelnen Stellen; häufig treten die Fäden unter einzelnen Schuppen hervor.	Mikroskopisch Hautabstrich auf *Columnaris* s. S. 700 prüfen (5.8), *Spironucleus* (s. S. 688).	B bei Cichliden C, H
4.7 Die Haut erscheint wie verätzt, entzündet oder verschleimt.	pH zu hoch: Laugenkrankheit (s. S. 705), pH zu tief: Säurekrankheit (s. S. 705). Besonders bei langflossigen Fischen im Hautabstrich auf *Costia* prüfen (s. S. 686). Bakterielle Infektionen (s. S. 701).	G, C
4.8 Auf Flossen und Körperoberfläche finden sich bis zu 2 mm große Erhebungen, die sich fest anfühlen und nicht abwischen lassen.	*Lymphocystis* s. S. 701. Sporozoenknötchen s. S. 691. Weiterprüfen nach 5.9.	
4.9 Unter der Haut sind kleine Bläschen, große Fische knistern beim Herausnehmen.	Gasblasenkrankheit s. S. 705.	
4.10 Auf der Haut sind Stichstellen, die erst entzündet, rötlich sind, später aber weißgrau werden.	*Argulus* s. S. 677.	
4.11 Am Körper finden sich kreisförmig entzündete Stellen.	Fischegel s. S. 679.	
4.12 Die Flossen sind aufgefasert, sie können abfallen; Flossenfäule.	Mikroskopisch auf *Columnaris* (5.8) prüfen, s. S. 700, bakterielle Flossenfäule s. S. 700, „Falsche Neon-Krankheit" s. S. 701, Fischtuberkulose s. S. 699, *Ichthyosporidium* s. S. 697.	C
4.13 Es finden sich Hautverletzungen von uneinheitlichem Bild.	Verletzungen durch Unfall oder Bisse s. S. 706.	I
4.14 In Hauttaschen sitzt ein 1 cm oder mehr langes Tier mit vielen Beinpaaren und 2 Augen.	Parasitische Asseln s. S. 677.	E oder F
4.15 Vorzugsweise am Kopf treten Löcher auf, die Haut ist an diesen Stellen verschwunden, das darunter liegende Gewebe sieht weiß aus.	Lochkrankheit, Nachlesen bei *Spironucleus* s. S. 688.	I, H

Tafel 61
„Zierfischzwerge“ sind für viele Aquarianer, die in ihrer Wohnung sehr beengt sind und nur kleine Becken stellen können, die idealen Pfleglinge. Darum sollte man die kleinen, ruhigen, aber koboldhaften Wasserhornissen (Brachygobius nunus) beachten, die ungefähr vier Zentimeter messen und so zu den Mini-Aquarienfischen zählen. Nicht nur die ansprechenden, kontrastierenden Farben und der zwerghafte Wuchs, sondern die problemlose Haltung machen den Brachygobius nunus zu einem idealen „Jedermannfischchen“. Die Wasserhornissen – auch Goldringelgrundeln genannt – sind über weite Teile Südostasiens verstreut: Wir finden sie in Indien, Birma, Malakka, Thailand sowie auf den Inseln Java und Borneo. Dort leben sie – in großer Zahl – im Süß- oder Brackwasser. Goldringelgrundeln treffen wir sogar in „nicht stubenreinen“ Gewässern an, den sogenannten Wasserkanälen ohne jegliche Süßwasserflora, die zu Flutzeiten Meerwasser führen. Die Temperatur der Fanggewässer liegt im Durchschnitt bei 28° C.
Aufnahme: H.-J. Richter

I	II	III
5	5.0 Hautabstrich mit der Lupe: winzige bis gut erkennbare längliche Würmer. Erkennt man keine Würmer, können sie nur zu klein sein.	Monogenea s. S. 685.
	Mikroskopisch: ziemlich breite Würmer, häufig an Wirtszellen mit einem am Hinterende befindlichen Hakenapparat festsitzend. Manchmal frei oder am Tier gelbliche bis braune Eier.	Monogenea s. S. 685.
	5.1 mit der Lupe: nichts erkennbar. mikroskopisch: sehr kleine, bohnenförmige Geißeltierchen, sehr rasch beweglich, manchmal auf Wirtszellen festsitzend.	*Costia* s. S. 686.
	5.2 mit der Lupe: kleine, langsam bewegliche Punkte. mikroskopisch: kreisförmige Wimpertierchen, die einen zierlichen Hakenapparat in der Mitte haben, von oben erscheinen die Parasiten mehr oder weniger kreisrund, von der Seite mützenförmig.	*Trichodina* s. S. 695.
	5.3 mit der Lupe: kleine, rasch bewegliche Punkte.	*Chilodonella* s. S. 695.
	mikroskopisch: stumpf ovale bis herzförmige Wimpertierchen, lebhaft beweglich.	*Tetrahymena* s. S. 696.
	5.4 mit der Lupe: nicht erkennbar. mikroskopisch: kleine, an Wirtszellen festsitzende Wimpertierchen, nur der Wimperkranz ist beweglich.	*Glossatella* s. S. 697.
	5.5 mit der Lupe: gegen das Licht gehalten dunkle, im Auflicht weiße, gut erkennbare Parasiten. Einzeln liegende stets kreisrund, sich berührende abgeplattet. Wenig beweglich, die Einzelparasiten sind, wenigstens die größten, mit bloßem Auge erkennbar. mikroskopisch: große, dunkel erscheinende Wimpertierchen, die in ständiger kreisrunder Bewegung sind, sich berührende Tiere sind oft abgeplattet.	im Süßwasser: *Ichthyophthirius* s. S. 692. im Seewasser: *Cryptocaryon* s. S. 694.
	a. bei günstiger Lage hufeisenförmiger Kern sichtbar, nur im Süßwasser! Zwischen den größeren, runden Tieren kleinere birnenförmige Schwärmer.	*Ichthyophthirius* s. S. 692.
	b. kein Kern sichtbar, nur im Seewasser!	*Cryptocaryon* s. S. 694.

I	II	III
	5.6	
	mit der Lupe: kleine unbewegliche Pünktchen, die Fische erscheinen manchmal wie sandig, im Seewasser häufiger, aber auch im Süßwasser (diese Form ist in den Behandlungsvorschlägen von 1.7 nicht erfaßt).	*Oodinium* s. S. 689.
	mikroskopisch: verkehrt urnenförmige Einzeller, gelblich bis bräunlich, Kern heller, aber meist undeutlich. Im Seewasser rundlicher, im Süßwasser länglicher.	*Oodinium* s. S. 689.
	5.7	
	mit der Lupe: verfilzte Fäden, die im Durchlicht hell, im Auflicht weiß erscheinen.	*Saprolegniacea* s. S. 697.
	mikroskopisch: gröbere bis feinere helle, verfilzte Fäden, einzelne haben terminale Anschwellungen.	*Saprolegniacea* s. S. 697.
	5.8	
	mit der Lupe: ohne Lupe bei im Wasser schwimmendem Fisch wie feinste Fäden, mit der Lupe aber keine deutlichen Fäden erkennbar.	*Flexibacter* s. S. 700.
	mikroskopisch: sehr dünne, lange, biegsame Stäbchen. Sie verlassen innerhalb weniger Minuten das abgeschabte Gewebe und setzen sich am Deckglas fest. Kommen auch vor, ohne daß 4.6 gegeben ist.	*Flexibacter* s. S. 700.
	5.9	
	Liegen die Merkmale von 4.8 vor, muß ein ganzes Flossenstück abgeschnitten und zwischen zwei Objektträgern untersucht werden (beim lebenden Fisch Schnittwunden mit Rivanol [s. S. 714] desinfizieren).	
	mit der Lupe: Die Erhebungen sind gegen das Licht gehalten durchscheinend gelblich, zerquetscht man sie, trübt sich die Umgebung nicht.	*Lymphocystis* s. S. 701.
	Die Erhebungen erscheinen im Durchlicht dunkel. Zerquetscht man sie, wird die Umgebung trüb.	Sporozoenknötchen s. S. 691.
	mikroskopisch: die Gebilde sind durchscheinend klar, bei stärkerer Abblendung ist im Innern ein Bläschen erkennbar. Zerquetscht bleibt die Umgebung fast klar.	*Lymphocystis* s. S. 701.
	Die Gebilde sind dunkler als die Umgebung. Zerquetscht wird eine große Anzahl von winzigen runden bis ovalen Sporen frei. Manchmal tragen die Sporen Schwanzanhänge.	Sporozoenknötchen s. S. 691.
	Alle Punkte von 5.0–5.9 erneut durchgehen	

Tafel 62
Oben links: Der Feuerschwanz (Labeo bicolor) stammt aus den Fließgewässern Thailands, ausgewachsen wird er bis zu 15 Zentimeter lang.
Oben rechts: Die Schmerlen der Gattung Botia stammen aus Südostasien. Sie sind ausgeprägte Bodenfische. Viele sind scheu, manche zänkisch, alle verstecken sich gern und brauchen dazu Unterschlupfmöglichkeit. Botia lecontei (unser Bild) ist ein friedlicher Schwarmfisch, der sich aber tagsüber versteckt und erst zur Dämmerung lebhaft wird.
Obere Mitte, links: Botia horae mit fahler gelblich grüner Grundfärbung. Besonderes Merkmal: Von der Schnauze über den Rückenfirst läuft ein tiefschwarzer, gleichmäßiger Streifen (Aalstrich), der an der Schwanzwurzel als breiter Querstreifen nach unten abbiegt.
Obere Mitte, rechts: Tigerschmerle (Botia hymenophysa) mit grünlich-gelber Grundfarbe und leicht gelben Flossen. Rükkenflosse mit blauen Flecken. Als Jungfisch kann sie mit der Schwarzpunktschmerle verwechselt werden. Besonderes Merkmal: 13–15 dunkle Querbänder, die spitz zulaufen.
Untere Mitte, links: Der Grüne Fransenlipper (Labeo frenatus) stammt aus Thailand und wird bis zu sieben Zentimeter lang. Die Grünen Fransenlipper bilden Reviere, dazu benötigen sie Verstecke, die man am besten so anlegt, daß sich die Fische untereinander nicht dauernd sehen.
Untere Mitte, rechts: Die Prachtschmerle (Botia macracantha) lebt in den Bächen und Flüssen Sumatras und Borneos. Prachtschmerlen gründeln gerne, schwimmen aber auch im Schwarm, wenn sie im Aquarium zu mehreren gehalten werden. Sie sind nachts und während der Dämmerung aktiv.
Unten links: Die Schwarze Haibarbe (Morulius chrysophekadion) stammt aus Südostasien und wird bis zu 60 Zentimeter lang. Die Tiere sind sehr lebhaft und bilden Reviere.
Unten rechts: Die Netzschmerle (Botia lohachata) hat eine dezente, aber sehr schöne silbergraue Grundfarbe mit gelblichem Glanz. Der Rücken trägt schwarze Ringflecken, die an den Körperseiten in Querstreifen übergehen. Zwischen den Querbändern beobachten wir länglich-runde schwarze Ringe, die ihr eine netzartige Zeichnung verleihen.
Aufnahmen: B. Kahl

I	II	III	IV
6 Kiemen (Untersuchung des vom lebenden Tier mit der Pipette abgenommenen Materials)	6.0 nur mikroskopisch: kleine, mützenförmige Eier	*Sanguinicola* s. S. 684.	
	6.1 nur mikroskopisch: gelblich bis braune Eier mit oder ohne lange Haftfäden	Monogenea s. S. 685.	
7 Kotausstrich (nur mikroskopisch sinnvoll)	7.0 nur mikroskopisch: sehr rasch bewegliche, kleine Geißeltierchen, wenn vorhanden, meist zu Tausenden	*Spironucleus* s. S. 688.	
	7.1 nur mikroskopisch: längliche Wurmeier, die an beiden Seiten wie mit einem Pfropfen verschlossen sind	*Capillaria* s. S. 680.	
	7.2 nur mikroskopisch: andere Wurmeier	verschiedene Digenea s. S. 683. Nematoden s. S. 680. Cestoden s. S. 682.	
	7.3 nur mikroskopisch: kleine, dünne, farblose Wurmlarven, an beiden Enden spitz.	Larven lebendgebärender Darmnematoden, meist *Camallanus* s. S. 681, gelegentlich andere Nematoden s. S. 680.	
	7.4 nur mikroskopisch: lange, ovale Einzeller, mit einem spitzen und zu einem Stachel ausgezogenen Ende	Diskusparasit s. S. 688.	
8 Blut (nur mikroskopisch sinnvoll)	8.0 nur mikroskopisch: Geißeltierchen von etwa der Länge eines Blutkörperchens. a. lebend länglich, in gefärbtem Zustand nur eine Geißel erkennbar b. lebend ziehharmonika-ähnlich, in gefärbtem Zustand zwei Geißeln erkennbar	 Trypanosomen s. S. 687. *Cryptobia* s. S. 687.	
	8.1 nur mikroskopisch: mützenförmige Eier	*Sanguinicola* s. S. 684.	
9 Kiemen vom getöteten Tier	Alle Punkte von 5.0–6.1 erneut durchgehen		
	9.0 mit der Lupe: kleine bis größere Knötchen, beim Zerquetschen trübt sich die Umgebung mikroskopisch: Knötchen, die beim Zerdrücken eine große Anzahl runder bis länglicher, sehr kleiner Sporen freigeben Knötchen enthalten schwach bewegliche Wurmlarve. Nach 10.1 prüfen.	Sporozoenknötchen s. S. 691 Sporozoenknötchen s. S. 691	

	9.1 mit Lupe und Mikroskop: längliche Tiere mit Klammerhaken, mit denen sie sich an den Kiemen festhalten, nur auf Fischen ab 6 cm Länge	Ergasiliden s. S. 678.
	9.2 mit Lupe und Mikroskop: bräunliche Beläge	Säurekrankheit s. S. 705. zu hoher Eisengehalt
	9.3 nur mikroskopisch: in den Kiemen liegen oft reihenartig hintereinander angeordnet Körner, die das Licht stärker als das Kiemengewebe brechen	Anzeichen für Stoffwechselkrankheit, Nierenschädigung oder Haltung in ungeeignetem Wasser, regelmäßig bei starkem Befall mit *Spironucleus* s. S. 688.
	9.4 In der Kiemenhöhle sitzt ein 1 cm langes, manchmal größeres Tier mit vielen Beinen und deutlichen Augen	parasitische Asseln s. S. 677.
10 Leibeshöhle	10.0 Die Leibeshöhle ist stark mit Flüssigkeit (Ascites) gefüllt. Es kann beim Einstechen mit der Schere spritzen.	Bauchwassersucht s. S. 701. Stoffwechselschädigung, besonders auf die Niere achten!
	10.1 Zysten mit Wurmlarven im Inneren. Einzelheiten sind je nach Größe nur mikroskopisch oder auch mit der Lupe erkennbar.	
	a. Die Larve hat einen einziehbaren Rüssel, der mit Hakenkränzen versehen ist.	Acanthocephalen s. S. 679.
	b. Die Larven besitzen einen flachen Hakenkranz und/oder Saugnäpfe oder sind ohne beides, dann sind die Larven von unregelmäßiger Gestalt. In der Zyste befinden sich häufig stark lichtbrechende Körner.	Cestoden s. S. 682.
	c. Die Larven haben am Vorderende einen Saugnapf und einen weiteren weiter hinten. An der herauspräparierten Larve läßt sich meist ein Y-förmiger Darm erkennen.	Digenea s. S. 683.
	d. Die Larve ist wurmähnlich geformt, sehr schlank und an beiden Enden spitz zulaufend. Die Larven sind häufig spiralig eingerollt.	Nematoden s. S. 680.
	10.2 Die Organe sind stark miteinander verwachsen, manchmal entzündet	Bauchwassersucht s. S. 701. bakterielle Infektionen s. S. 698.
	10.3 Es befindet sich sehr viel Fett in der Leibeshöhle	bei manchen Fischen normal, meist Überfütterung oder ungeeignetes Futter.

I	II	III	IV
	10.4 Leber ist teilweise grün	Gallenrückstau bei verschiedenen Krankheiten. Bei gestorbenen und nicht sofort untersuchten Tieren häufig normal.	
	10.5 Die Leber ist gelblich oder schwarzrot statt weinrot	bei vielen Krankheiten	
11 Quetschpräparate der inneren Organe	11.0 nur mikroskopisch: kleine, sehr rasch bewegliche Geißeltierchen in der Gallenblase	*Hexamita* s. S. 687.	
	11.1 nur mikroskopisch: kleine, sehr rasch bewegliche Geißeltierchen im Darm, in der Leber und/oder der Niere, nur vereinzelt	*Spironucleus* s. S. 688.	
	11.2 kleine Knötchen, die keine Wurmlarve enthalten, meist nicht in großer Anzahl. Mit der Lupe: im Durchlicht dunkel, zerquetscht trübt sich die Umgebung.	Sporozoenknötchen s. S. 691.	
	mikroskopisch: dunkel, zerquetscht werden viele runde oder längliche sehr kleine Sporen frei	Sporozoenknötchen s. S. 691.	
	11.3 Zysten meist sehr ungleicher Größe, die keine Wurmlarve enthalten, meist in großer Anzahl. Mit der Lupe nicht von 11.2 unterscheidbar.		
	mikroskopisch: Die Zysten enthalten keine Sporen, sie sind von der Farbe des umgebenden Gewebes oder gelb bis braunschwarz und enthalten oft dunkle bis schwarze Pigmentkörner	*Ichthyosporidium* s. S. 697. Fischtuberkulose s. S. 699.	
	11.4 nur mikroskopisch: Die Leber enthält sehr viele Fettkügelchen	bei manchen Fischen normal. Häufiger handelt es sich um zu reichliche oder zu einseitige Fütterung oder Vitaminmangel.	
	11.5 nur mikroskopisch: besonders in Leber und Niere kleine, mützenförmige Eier	*Sanguinicola* s. S. 684.	
	11.6 nur mikroskopisch: die Nierenkanälchen sind mit stark lichtbrechenden Körnern verstopft, häufig zusammen mit 9.3	Nierenschaden durch starken *Spironucleus*-Befall (s. S. 688) oder Haltung in zu hartem Wasser, manchmal auch bei ungeeigneter Fütterung.	

	11.7 nur mikroskopisch: Die Nierenkanälchen sind mit einer gelblichen, amorphen bis leicht körnigen Masse gefüllt, meist zusammen mit 2.1	Nierenschädigung, meist bakterielle Infektion s. S. 698.	
12 Darm und Darmausstrich	12.0 In der Darmwand sitzen sackartig Würmer fest. Mit der Lupe bei größeren Arten, bei kleineren nur mit dem Mikroskop ist ein mit Haken besetzter Rüssel zu erkennen.	Acanthocephalen s. S. 679.	E
	12.1 Im Darm finden sich mit der Lupe erkennbare, haardünne, weiße Würmer, meist ziemlich lang.	Nematoden	E
	mikroskopisch: a. im Kot und im Wurm lassen sich Eier erkennen, die an beiden Enden wie mit einem Stopfen versehen aussehen.	*Capillaria* s. S. 680.	
	b. Würmer ohne solche Eier	andere Nematoden s. S. 680.	
	12.2 Im Enddarm finden sich rote, mit bloßem Auge erkennbare Würmer. mit der Lupe: am Vorderende ist eine braune Kapsel erkennbar.	*Camallanus* s. S. 681.	
	mikroskopisch: ebenso, in den weiblichen Tieren sind sehr viele Larven ohne Kopfkapsel zu erkennen.	*Camallanus* s. S. 681.	
	12.3 nur mikroskopisch: sehr kleine, farblose Würmer, die sehr dünn sind. Unter dem Deckglas rollen sich die meisten spiralig zusammen.	Larven von Nematoden s. S. 680. Suchen, ob auch erwachsene Würmer vorhanden sind.	
	12.4 Flache, mit bloßem Auge sichtbare Würmer; mit der Lupe läßt sich eine kopfartige Verdickung feststellen, die aber nicht in der Farbe abweicht.	*Caryophyllaeus* s. S. 682.	
	12.5 Würmer, die mit bloßem Auge erkennbar sind, mit der Lupe lassen sich Saugnäpfe oder Sauggruben erkennen.	Cestoden s. S. 682.	
	12.6 Blattartige, flache Würmer, mit bloßem Auge sichtbar; mit der Lupe, bei sehr kleinen Formen nur mikroskopisch, läßt sich ein vorderer und ein weiter hinten gelegener Saugnapf erkennen.	Digenea s. S. 683.	
	12.7 nur mikroskopisch: kugel- bis urnenförmige, gelb bis bräunliche Einzeller, unbeweglich.	*Oodinium* s. S. 689.	

I	II	III	IV
	12.8 Über die ganze Länge des Darmes oder doch große Teile davon, sind keine Darmzotten mehr erkennbar. Die Wand ist papierdünn, der Darm leer von Futterresten.	Erscheinung bei Tieren, die lange freiwillig oder unfreiwillig gehungert haben; besonders bei Korallenfischen, aber auch Diskus u. a. Solche Tiere wären auf keinen Fall zu retten gewesen.	
	12.9 Im Darm finden sich kleine, schnell bewegliche Flagellaten in sehr großer Anzahl.	*Spironucleus symphysodonis* s. S. 688.	
	12.10 Zysten in der Darmwand nach 10.1; 11.2 und 11.3 prüfen.		
13 Muskelquetsch-präparat	Punkte 10.1 und 11.3 prüfen		
	13.0 mit der Lupe: Knötchen, beim Zerquetschen trübt sich die Umgebung. mikroskopisch: Knötchen, die beim Zerquetschen viele länglich-ovale Sporen freigeben a. bei *Paracheirodon innesi* und vielleicht auch anderen Salmlern, nicht bei *Cheirodon axelrodi* b. bei anderen Fischen	 *Pleistophora hyphessobryconis* s. S. 691. andere Sporentierchen s. S. 691.	
	13.1 mit der Lupe und mikroskopisch: die Muskelfasern sind auch ziemlich tief unter der Haut mit schwarzen Farbstoffzellen durchsetzt. Nur bei schwarzen Formen von Lebendgebärenden Zahnkarpfen häufig.	Melanosarcom s. S. 702.	
14 Auge, Quetsch-präparat des Augenhinter-grundes	Zysten nach 10.1; 11.2 und 11.3 prüfen		
	14.0 Gasblasen im Auge	bakterielle Infektion s. S. 698.	C
	14.1 Trübung des Glaskörpers im Auge	bakterielle Infektion s. S. 698. auch altersbedingt	C

bakterielle Infektion s. S. 698.
ungeeignetes Wasser s. S. 702.

bei Süßwasserfischen
A, C
bei Brackwasserfischen
B, C
bei Seewasserfischen
D, C

14.2
Trübung der Linse

15
Gehirnquetsch-
präparat
nach 11.2 und 11.3 prüfen

Die Krankheiten

Durch Parasiten hervorgerufene Krankheiten

Malacostraca (Höhere Krebse)

Zu den höheren Krebsen gehören z. B. Hummer, Languste, Flußkrebs, aber auch die Asseln, die dem Tümpler als Wasserassel bekannt sind. Einige Vertreter der Asseln (Isopoda) sind Fischparasiten.

Parasitische Isopoda (Asseln)

Krankheitsursache: Parasitische Asseln verschiedener Gattungen leben auf der Haut, in Hauttaschen oder der Kiemenhöhle (selten auch in der Mundhöhle) von See- und Brackwasserfischen. Bei Aquariensüßwasserfischen ist bisher ein Befall nur bei Cichliden bekannt geworden. Eine Ausbreitung der Parasiten im Aquarium ist theoretisch möglich, wurde aber noch nicht beobachtet.

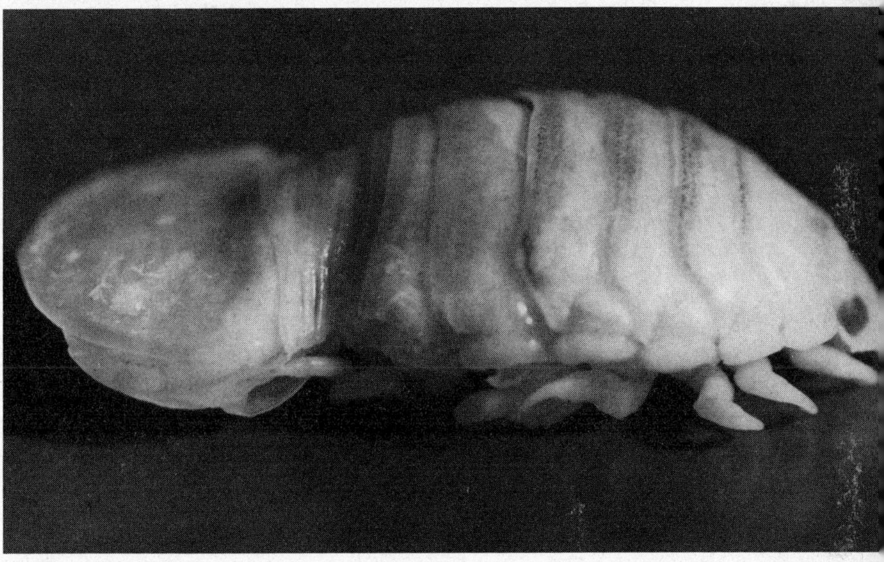

Bild 10.12: Parasitische Assel. Ein Befall von Aquarien-Süßwasserfischen ist bisher nur bei Cichliden bekannt geworden. Aufnahme G. Schubert.

Diagnose: Die in Hauttaschen lebenden Formen fallen bei genauer Betrachtung auch am lebenden Fisch auf. Die die Kiemenhöhle bewohnenden Arten erkennt man meist erst bei der Sektion. Werden Fische mit Trichlorfon (z. B. gegen Monogenea) behandelt, sterben die Asseln ab und fallen aus der Kiemenhöhle heraus. Die Tiere sind an ihrer Form und den deutlichen Augen leicht zu erkennen.
Verwechslungsmöglichkeit: *Argulus* besitzt eine zweigeteilte Schwanzflosse und am Kopf Saugnäpfe, die Augen sind viel kleiner.
Therapie und Vorbeugungsmaßnahmen: Lindan-Kurzbäder[1] oder Behandlung mit trichlorfonhaltigen[2] Präparaten töten die Asseln ab. Vor der Einschleppung von hautbewohnenden Arten kann man sich durch genaues Betrachten der Tiere vor dem Kauf schützen.

[1] s. S. 713
[2] s. S. 714

Entomostraca (Niedere Krebse)

Zu den niederen Krebsen gehören z. B. die als Futtertiere verwendeten *Cyclops, Daphnia, Artemia*. Einige sind aber auch Krankheitserreger.

Karpfenläuse (Argulus und Verwandte)

Krankheitsursache: Bei einheimischen Fischen, vor allem Karpfen, finden sich *Argulus*-Arten. Die Krebse halten sich mit Klammerhaken und Saugnäpfen am Fisch fest. Larven und erwachsene Tiere besitzen einen Giftstachel, mit dem sie die Fischhaut durchbohren. Die Fische werden dadurch sehr unruhig, fressen schlecht und wachsen nur langsam. Durch die Stiche können wahrscheinlich andere Krankheiten übertragen werden. *Argulus* hält sich nur im kalten bis mäßig warmen Wasser. Mit Importen werden gelegentlich aber auch tropische Arten (besonders Gattung *Dolops*) eingeschleppt, die auch im Warmwasser leben und sich fortpflanzen können.

Diagnose: Die Krebse sind alle so groß (*Argulus foliaceus* erwachsen bis 8 mm), daß sie mit bloßem Auge erkannt werden können; nur für die allerkleinsten Larvenstadien braucht man eine Lupe. Die Krebse sitzen auf den Fischen vor allem auf der Rückenseite, können aber auch kürzere Strecken frei schwimmen. Alle Arten ähneln der abgebildeten Form. Die Stiche entzünden sich, die Fischhaut zeigt an diesen Stellen stecknadelkopfgroße rote Stellen, einzelne Schuppen können sich lösen. Später nimmt die Verfärbung durch Absterben der Haut eine weißlich-graue Farbe an. Manchmal treten um den Stich Hautverdickungen auf.

Verwechslungsmöglichkeiten: Für den Laien sehr ähnlich, aber wesentlich größer, sind die in Aquarien seltenen parasitischen Asseln[1]. Sie besitzen keine Saugnäpfe und viel größere Augen.

Therapie und Vorbeugungsmaßnahmen: Lindan-Kurzbäder[2] und Dauer- oder Kurzbäder mit trichlorfonhaltigen[3] Präparaten helfen sicher. Um Karpfenläuse nicht einzuschleppen, müssen wir zugekaufte Fische in der Quarantäne sorgfältig beobachten. Mit dem Futter ins Aquarium kommende Karpfenläuse halten sich meist nicht.

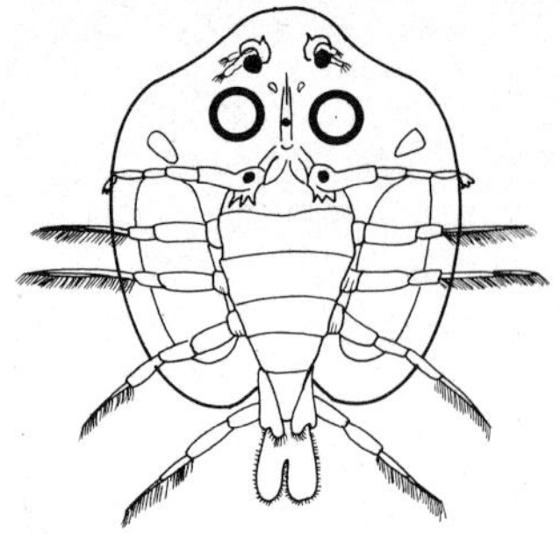

Bild 10.13: Schematische Zeichnung einer Karpfenlaus (Argulus).

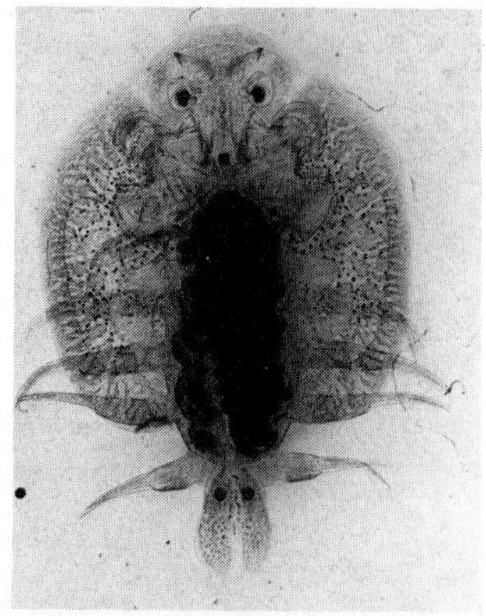

Bild 10.14: (Mitte): Gefärbtes Totalpräparat der Karpfenlaus Argulus. Aufnahme G. Schubert

Kiemenkrebse (Ergasilidae u. a. Familien)

Krankheitsursache: Die ersten Larven (Nauplien) der Kiemenkrebse sind von denen von dem als Fischfutter geschätzten *Cyclops* nicht zu unterscheiden (Kiemenkrebse gehören, wie auch *Cyclops*, zu den Copepoden). Die Larven der Kiemenkrebse setzen sich jedoch auf Fischkiemen fest und bilden die zweiten Antennen zu kräftigen Klammerhaken aus. Diese Haken klemmen leicht die Kiemengefäße ab. Die erwachsenen Krebse werden je nach Art 0,5–2 mm groß, sie verlassen den Fisch nicht mehr. Selten sitzen diese Parasiten auch auf der Haut.

Diagnose: Die Kiemenkrebse sind an ihren Klammerhaken leicht zu erkennen. An kleineren Fischen (etwa unter 8 cm) kommen sie nicht vor, da sie auf den kleinen Kiemen keinen Halt finden.

Verwechslungsmöglichkeit: keine.

Therapie und Vorbeugungsmaßnahmen: Lindan-Kurzbad[2] und Dauer- oder Kurzbäder mit trichlorfonhaltigen[3] Präparaten helfen sicher. Einheimische Arten, die mit Futter eingeschleppt werden könnten, halten sich meist nicht in Aquarien, tropische Arten werden gefährlich. Bei Befall ist der Filter sorgfältig mitzubehandeln. Die Larven arbeiten sich aktiv durch Filtermaterial hindurch.

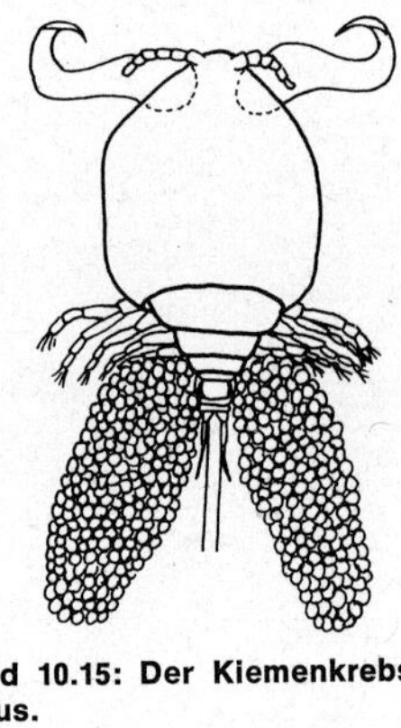

Bild 10.15: Der Kiemenkrebs Ergasilus.

Lernaea und verwandte Formen

Krankheitsursache: *Lernaea* und verwandte Formen gehören wie *Cyclops* und die Kiemenkrebse zu den Copepoden. Die ersten Larven aller dieser Formen sind nicht zu unterscheiden. Die weiblichen Larven der *Lernaea*-Verwandten bohren sich unter die Haut von Fischen ein. Dort, gut geschützt, verliert der Vorderteil seine Krebsgestalt und wird wurmartig. Die frei schwimmenden Männchen suchen die Weibchen zur Begattung auf. Von erwachsenen weiblichen Tieren hän-

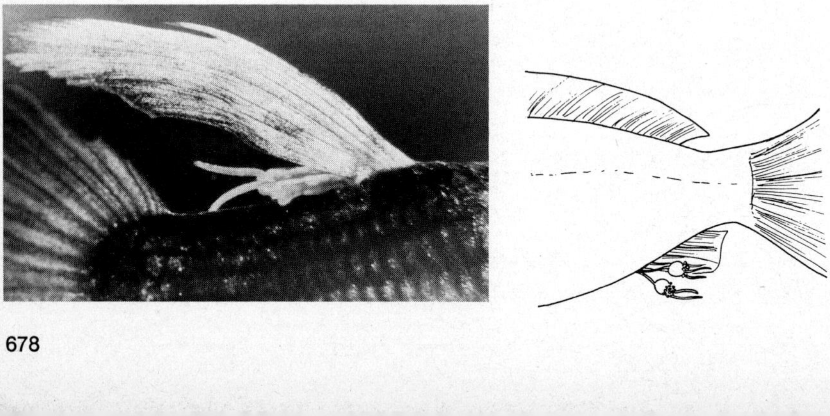

Bild 10.16: Auf dem Fischkörper herausragende Eiersäcke des Parasiten Lernaea. Aufnahme G. Schubert.

[1] s. S. 677
[2] s. S. 713
[3] s. S. 714
[4] s. S. 712

gen die beiden Eiersäcke, wie wir sie vom *Cyclops* kennen, ins Wasser nach außen. Die Schmarotzer sitzen ziemlich tief im Wirt.
Diagnose: Größere Formen sind leicht an den Eiersäcken zu erkennen, bei kleineren braucht man manchmal eine Lupe. Die Haut um die Befallstellen kann entzündlich gerötet sein. Die Krankheit kommt häufiger bei Seefischen vor, ist jedoch auch bei Süßwasserzierfischen, die in Teichen gezüchtet werden, nicht selten. Bild 10.16 zeigt z. B. einen befallenen Guppy.
Verwechslungsmöglichkeit: keine.
Therapie und Vorbeugungsmaßnahmen: Die Krebse dürfen auf keinen Fall abgerissen werden. Lindan-Kurzbäder[2] und Dauer- oder Kurzbäder mit trichlorfonhaltigen[3] Präparaten helfen. Es dauert aber zwei bis vier Wochen, bis der Fischkörper den toten Parasiten abstößt. Neuzugänge sind genau zu prüfen, ob sie infiziert sind. Filter, die an mit *Lernaea* befallenen Aquarien laufen, müssen sehr gut desinfiziert werden. Die Larven arbeiten sich aktiv durch das Filtermaterial hindurch.

Hirudinea (Egel)

Egel sind keine Parasiten im strengen Sinne des Wortes. Sie suchen den Wirt nur zum Blutsaugen auf. Bekannt ist der auch am Menschen saugende medizinische Blutegel.

Fischegel

Krankheitsursache: Fischegel saugen Blut aus Fischen; sie können dabei andere Krankheiten übertragen. Sie besitzen am Vorder- und Hinterende je einen Saugnapf und bewegen sich spannerartig vorwärts. Die einheimischen Arten halten im Warmwasser meist nicht lange aus. Tropische Arten werden meist als Eikokon mit Pflanzen eingeschleppt und können sich im Aquarium vermehren. Dieser Fall ist aber relativ selten. Nicht alle im Aquarium gefundenen Egel sind Blutsauger, es gibt auch harmlose Arten.
Diagnose: Fischegel, auch kleinere Arten, fallen sofort auf, wenn man sie sieht. Manche Vertreter leben aber sehr versteckt und suchen den Fisch nur nachts auf. Dann fallen aber am Fisch die kreisrunden Saugstellen auf.
Verwechslungsmöglichkeit: Der Egel selbst ist unverwechselbar. Kreisrunde Bißstellen können aber auch durch Fischbisse *(Gyrinocheilus)* und ähnliches vorkommen.
Therapie und Vorbeugungsmaßnahmen: Am Fisch festsitzende Egel lassen sich vom Fisch ablesen, notfalls veranlaßt sie ein Kochsalzkurzbad[4] loszulassen. Egel, die im Aquarium verborgen leben, sind nur durch Ausräumen, Desinfizieren und Neueinrichten vernichtbar. Um ein Einschleppen von Eikokons zu vermeiden, kaufe man nur Pflanzen, die in Aquarien längere Zeit vorkultiviert wurden, oder pflege sie selbst eine Zeitlang ohne Fische.

Acanthocephali (Kratzer)

Kratzer sind eine eigene Gruppe von Würmern, die durch einen mit Haken besetzten Rüssel ausgezeichnet sind.
Krankheitsursache: Kratzer haben einen Wirtswechsel. Die aus dem Ei schlüpfende Larve befällt Kleinkrebse und Insektenlarven (häufig befallen ist der Bachflohkrebs, *Gammarus*). Frißt ein Fisch ein solches Futtertier, wird er selbst infiziert. Dabei kann der Kratzer im Darm des Fisches auswachsen und reif werden. Bei anderen Arten durchbricht die Larve die Darmwand des Fisches und kapselt sich irgendwo ein. In diesem Falle ist der Fisch nur Transportwirt, in dem der Parasit wartet, bis ein größeres Tier (Fisch, Vogel, Krokodil etc.) den Fisch frißt, und erst in diesem dritten Wirt wird der Kratzer reif. Wir müssen also nach reifen Kratzern im Darm, nach Larven in der Leibeshöhle oder anderen Organen (incl. Darmwand) suchen. Kratzer sind im Aquarium selten. Frei lebende Fische sind aber nicht selten befallen, so daß man bei Wildfängen mit Infektionen rechnen muß. Nachzuchten von Singapur und Hongkong, die in Freilandteichen gezogen wurden, können aber auch mit Kratzern infiziert sein. Einzelne Acanthocephalen schädigen einen kräftigen Wirt wenig, größere Zahlen sind bedenklich. Der Hakenrüssel, mit dem sich der Wurm in der Darmwand verankert, setzt Wunden, die als Einfallpforte für bakterielle Infektionen dienen

Blid 10.17: Hakenrüssel des Kratzers (Acanthocephalus).

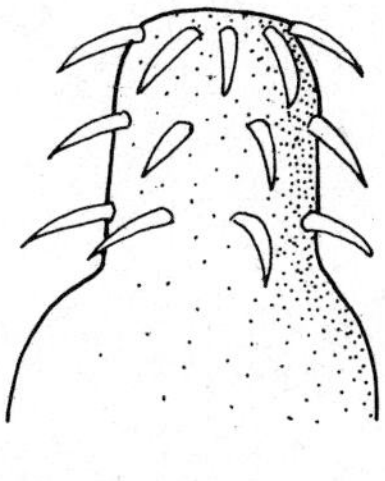

können. Kratzerlarven sind nur bedrohlich, wenn sie in sehr großer Anzahl vorhanden sind.
Diagnose: Im Darm lebende, also reife Kratzer, sind an ihrem Hakenrüssel leicht erkennbar. Er ist am vom Darmschleim gereinigten Wurm mit einer guten Lupe zu sehen. Eingekapselte Larven besitzen auch diesen Rüssel; hier ist er aber meist nur mit dem Mikroskop erkennbar.
Verwechslungsmöglichkeit: Beim erwachsenen Wurm keine, bei der Larve mit anderen Würmerlarven oder Knötchen anderer Herkunft. Man sieht aber bei vorsichtigem Pressen den Rüssel fast stets klar.
Therapie und Vorbeugungsmaßnahmen: Eine Therapie gegen Darmformen oder Larven ist nicht bekannt. *Gammarus* sollte nur aus sicher fischfreien Gewässern verfüttert werden. Im anderen Fall ist eine Infektionsgefahr gegeben, die aber nicht allzu groß ist, da unsere mitteleuropäischen Kratzer in den meisten Zierfischen nicht angehen.

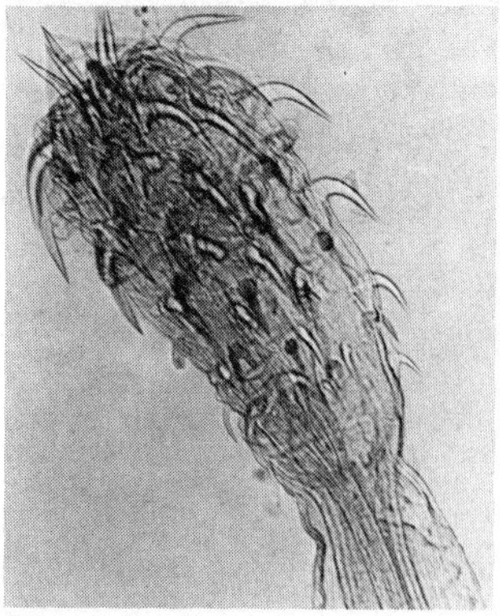

Bild 10.18: Hakenrüssel des Kratzers im mikroskopischen Bild. Aufnahme G. Schubert

Nematodes (Fadenwürmer)

Fadenwürmer sind stets drehrund und lang im Verhältnis zum Durchmesser. Am Vorderende befindet sich der Mund, während der After etwas vor dem Hinterende liegt.
Nematoden sind sehr häufige Parasiten frei lebender Fische; bei Wildfängen müssen wir immer mit einem Befall rechnen. Manche Fadenwürmer, aber nicht alle, machen während ihrer Entwicklung einen Wirtswechsel durch, der z. B. wie folgt vor sich gehen kann: Die aus dem Ei schlüpfende Larve wird von einem *Cyclops* gefressen; sie durchbricht dort den Darm und kapselt sich in der Leibeshöhle ab. Frißt ein Fisch das Krebschen, wird die Larve frei. Sie kann in diesem Fisch zum erwachsenen Wurm heranreifen oder sich wieder abkapseln und erst in einem Tier, das den Fisch frißt, zur Geschlechtsreife kommen. Wir werden also in Fischen mit erwachsenen Würmern und Wurmlarven rechnen müssen.

Wurmlarven

Sie sind in Wildfängen häufig. Welche Art vorliegt, läßt sich in der Regel nicht feststellen. Im Aquarium ist eine Ausbreitung nicht möglich, da die Wirtskette unterbrochen ist. Da man einen Befall erst am toten Tier feststellen kann, ist eine Bekämpfung nicht möglich. Abgekapselte Larven stellen für den Fisch keine Gefahr mehr dar. Wird allerdings ein stärker mit Wurmlarven behaftetes Tier gegen erwachsene Würmer behandelt, können die Wurmlarven mit absterben. Ist die Abkapselung noch nicht sehr stark, kann es durch die toten Wurmlarven, die vom Wirt abgebaut werden, zu einer unter Umständen tödlichen Fremdeiweißvergiftung kommen. Es sei noch bemerkt, daß hierher z. B. die häufigen in Heringen gefundenen Wurmlarven (Gattungen *Anisakis* und *Eustema*) gehören.

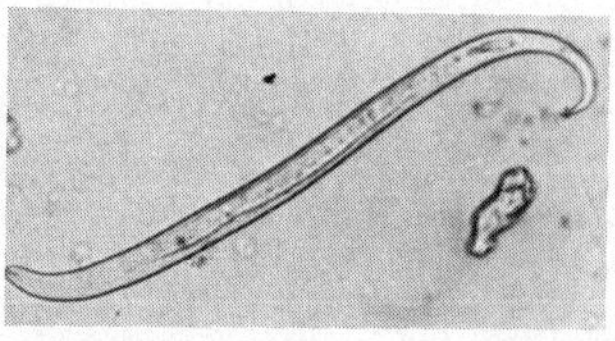

Bild 10.19: Larve des Fräskopfwurmes Camallanus. Aufnahme G. Schubert.

Geschlechtsreife Würmer

In Aquarien sind bis jetzt nur zwei Nematoden bekannt geworden, die sich in den Becken ausbreiten können, da sie wahrscheinlich ohne Zwischenwirt auskommen, *Capillaria* und *Camallanus* (s. u.). Außerdem seien noch einige Formen erwähnt, die sich gelegentlich in Wildfängen finden. Die Gattung *Contracaecum* und verwandte Gattungen finden sich im Darm von Raubfischen. Die Würmer unterscheiden sich von der weiter unten behandelten *Capillaria* durch die Form der Eier.
Angehörige der Gattung *Philometra* finden sich je nach Art in der Leibeshöhle, aufgerollt an der Innenseite des Kiemendeckels und in den Blutgefäßen. Sie fallen sofort durch ihre tiefrote Farbe auf, besitzen aber keine braune Kapsel am Mund (vgl. *Camallanus*). Eine Bekämpfung ist nicht bekannt.
Störe haben häufig buckelartige Erhebungen unter der Haut. Öffnet man eine solche Stelle, kann man einen langen, haardünnen Wurm der Gattung *Cystoopsis* herauspräparieren. Er gehört zur Verwandtschaft von *Capillaria* und hat ganz ähnliche Eier. Über Heilungsversuche ist bisher nichts bekannt geworden.

Bild 10.20: Geschlechtsreifer Fräskopfwurm (Camallanus). Aufnahme G. Schubert.

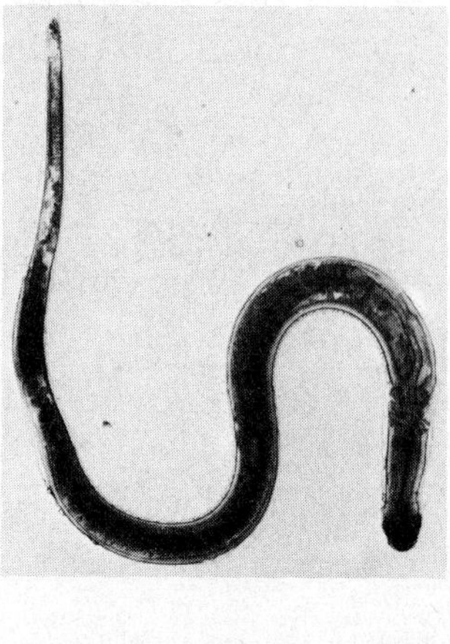

Capillaria (Haarwurm)

Krankheitsursache: Capillarien sind haardünne Würmer; die Weibchen werden über 1 cm lang, die Männchen bleiben kleiner. Man findet sie im Darm vor allem

Bild 10.21: Ei des Haarwurms Capillaria. Charakteristisch sind die „Sektkorken" an den beiden Enden.

von Cichliden und Welsen. Es können aber so ziemlich alle Arten infiziert werden. Skalar, Diskus und *Uaru* sind ziemlich regelmäßig befallen. Eine geringe Anzahl von Haarwürmern wird meist reaktionslos vertragen. Bei stärkerem Befall fressen die Tiere schlecht und magern ab. Salmler und Barben gehen bei stärkerem Befall regelmäßig ein. Die Würmer verbeißen sich in der Darmwand und setzen Wunden, durch die im Darm lebende Parasiten (z. B. *Spironucleus*) in die Leibeshöhle vordringen können.

Diagnose: Im frisch abgesetzten Kot und Darminhalt finden sich die charakteristischen, länglichen, auf beiden Seiten wie mit einem Sektstopfen verschlossenen Eier. Sie sind nur mit dem Mikroskop zu erkennen. Bei der Sektion lassen sich im Darm die Würmer mit der Lupe erkennen, unter dem Mikroskop erkennt man im Weibchen die Eier.

Verwechslungsmöglichkeit: Der erwachsene Wurm könnte mit Darmformen der *Contracaecum*-Verwandtschaft (s. o.) verwechselt werden, die aber andere Eier haben.

Therapie und Vorbeugungsmaßnahmen: Rote Mückenlarven speichern das Wurmmittel Concurat®[1], so daß, wenn die Mückenlarven gefressen werden, genügend hohe Dosen des Medikaments in den Darm kommen. Mit trichlorfonhaltigen[2] Präparaten ist eine Behandlung möglich, wenn die Konzentration des Trichlorfon im Wasser auf 1,5 mg/l gebracht wird. Diese Dosis wird aber nicht von allen Fischen vertragen. Es ist daher notwendig, zunächst an einem Tier auszuprobieren, ob die Kur im jeweils vorliegenden Falle möglich ist.

Befall mit *Capillaria* sollte in den Aquarien möglichst mit der Zeit ausgerottet werden. Dazu zieht man am besten, soweit das möglich ist, die Jungtiere befallener Eltern künstlich auf.

[1] s. S. 711
[2] s. S. 714

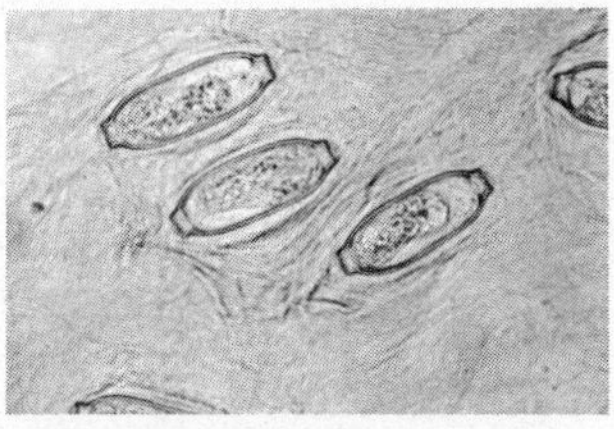

Bild 10.22: So sehen Capillaria-Eier unter dem Mikroskop aus. Aufnahme G. Schubert

Camallanus (Fräskopfwurm)

Krankheitsursache: Der Fräskopfwurm *(Camallanus cotti)* lebt im Enddarm der Fische. Bei manchen Fischarten (bes. Guppyweibchen) sieht man bei ganz ruhig stehenden Tieren die lebhaft rot gefärbten Würmer aus dem After hervorhängen; sie ziehen sich aber sofort ins Innere des Darms zurück, sobald sich der Fisch bewegt. Mit einer fräskopfartigen Kopfbewaffnung verankern sich die Würmer im Darm. *Camallanus* ist lebendgebärend; jedes Weibchen enthält Tausende von Junglarven. Die Entwicklung geht wahrscheinlich, zumindest im Aquarium, nicht über einen Zwischenwirt. Die Krankheit kann sich also im Becken ausbreiten. Die Krankheit ist von Züchtereien in Asien (Singapur) ausgegangen; inzwischen ist sie weltweit verbreitet. Tiere, die mehrere Fräskopfwürmer enthalten, magern ab und sterben. Häufig treten Rückgratverkrümmungen auf. Befallen werden vor allem Lebendgebärende Zahnkarpfen, jedoch kann *Camallanus* wohl alle Süßwasserfische befallen.

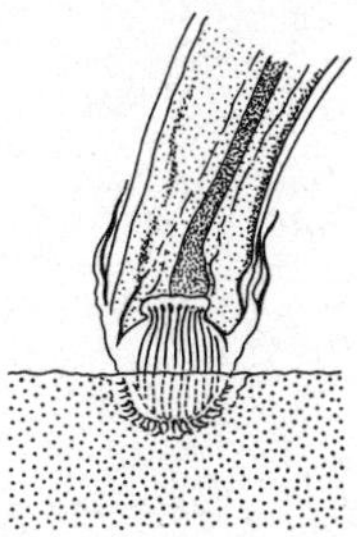

Bild 10.23: Vorderteil eines Camallanus, an der Darmwand festgebissen.

Diagnose: Manchmal sind die Würmer beim im Aquarium schwimmenden Fisch zu erkennen. Im frisch abgesetzten Kot sind häufig die neugeborenen Larven mikroskopisch nachweisbar. Fehlen diese, kann aber trotzdem eine Infektion vorliegen! Bei der Sektion sind die Würmer im Enddarm als rote, bis 10 mm lange (die Männchen bis 3,5 mm) Fäden erkennbar. Mit der Lupe läßt sich am Kopf der braune „Fräskopf" erkennen. – Verwechslungsmöglichkeiten: *Philometra* ist ebenfalls ein roter Nematode, der aber keinen „Fräskopf" besitzt und nicht im Darm lebt.

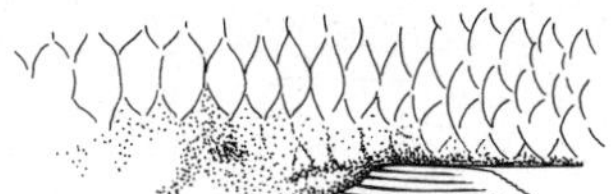

Bild 10.24: Bauchpartie eines Guppy-Weibchens mit aus dem After hervorhängenden Camallanus.

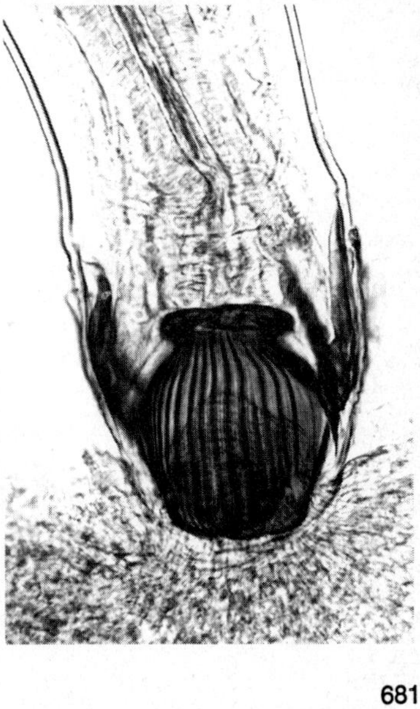

Bild 10.25 (links): Hier hängen zwei Camallanus-Individuen aus dem After heraus.

Bild 10.26: Mikroaufnahme des Vorderteils eines Camallanus. Aufnahme G. Schubert

Therapie und Vorbeugungsmaßnahmen: Eine Behandlung mit trichlorfonhaltigen[1] Präparaten entfernt die Parasiten zuverlässig. Da sich die Krankheit im Aquarium langsam aber sicher ausbreitet, ist das ganze Becken zu behandeln, wenn bei einem Tier Befall festgestellt wird.

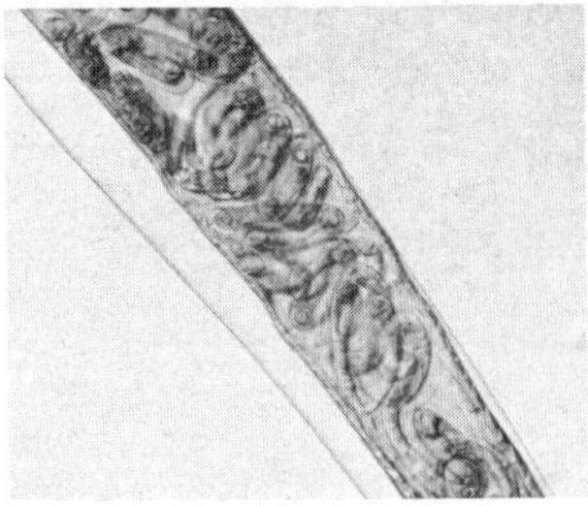

Bild 10.27: Junglarven von Camallanus im Körper des Weibchens. Aufnahme G. Schubert

Cestodes (Bandwürmer)

Bandwürmer besitzen einen mit Sauggruben oder Saugnäpfen und manchmal zusätzlich mit einem kronenartigen Hakenkranz versehenen Kopf, an den sich eine längere oder kürzere Reihe von Einzelgliedern (Proglottiden) anschließt[2].

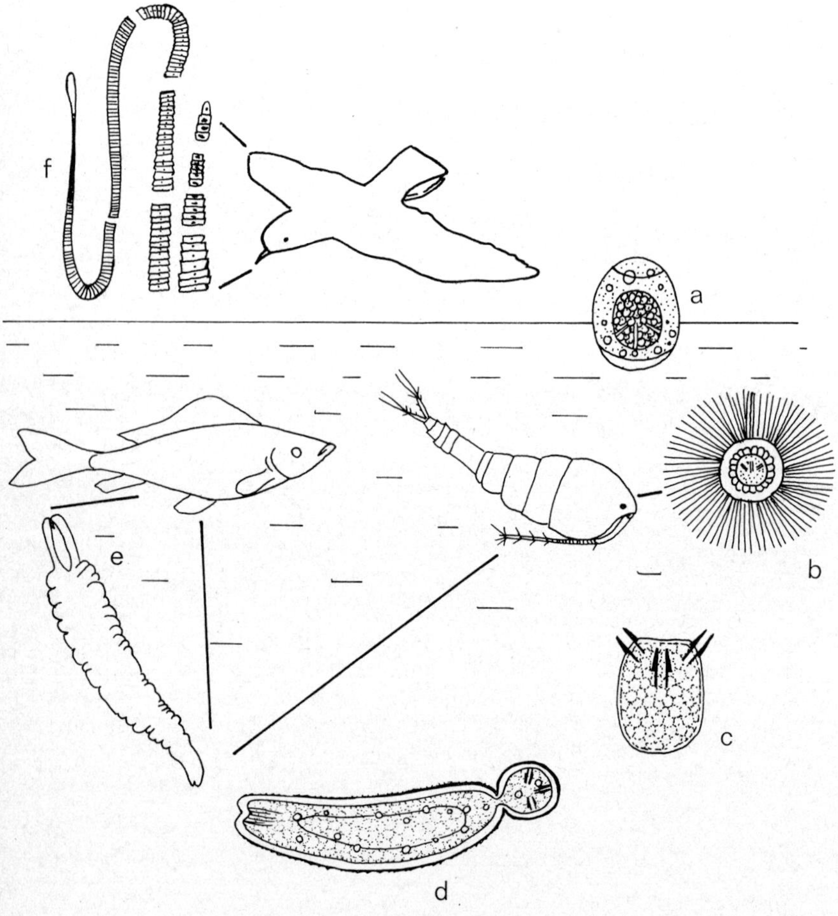

Bild 10.28: Bandwurm-Entwicklungszyklus (Diphyllobothrium-Art).: a. Ei, b. Coracidium, c. Oncosphaera im Hüpferling (1. Zwischenwirt), d. Procercoid im Hüpferling (1. Zwischenwirt), e. Plerocercoid mit Sauggruben im Fisch (2. Zwischenwirt), f. Erwachsener Bandwurm in fischfressendem Vogel (Endwirt).

In Fischen lebende Bandwürmer haben meist einen ziemlich komplizierten Wirtswechsel. Aus dem Ei schlüpft eine bewimperte Larve (Coracidium), die von einem Hüpferling *(Cyclops, Diaptomus)* gefressen wird. Die äußere Hülle des Coracidiums wird verdaut, und eine zweite Larve (Ooncosphaera) wird frei. Sie durchbricht die Darmwand und wandelt sich in eine dritte Form, den Procercoid, um. Frißt ein Fisch den infizierten Krebs, wird der Procercoid frei und wandert durch die Darmwand in den Fischkörper und wird zum Plerocercoid oder Sparganum. Wird der Fisch von einem passenden Endwirt (Vogel, Krokodil etc.) gefressen, so wird in dessen Darm aus dem Plerocercoid der geschlechtsreife Bandwurm. Es gibt aber auch Bandwürmer, die bereits im Fischdarm zum erwachsenen Wurm werden. Andere, sehr primitive Bandwürmer, kommen ganz ohne Zwischenwirt aus.

Bandwürmer, die im Fisch geschlechtsreif werden

Krankheitsursache: *Caryophyllaeus* findet sich bei Kaltwasserfischen. Er ist 0,8–1,4 cm lang und an seinem unbewaffneten, verbreiterten Kopfende leicht er-

[1] s. S. 714
[2] Siehe aber Caryophyllaeus (unten)

kennbar. Er ist ausnahmsweise nicht in Proglottiden gegliedert. Andere Bandwürmer mit Kopfbewaffnung sind bei Wildfängen gelegentlich vorhanden.
Der Befall mit geschlechtsreifen Bandwürmern ist aber bei Aquarienfischen sehr selten.
Diagnose: Die Würmer sind durch ihre Kopfbildung und die Gliederung in Proglottiden leicht zu erkennen. Sie sind undurchsichtig, erscheinen daher im Durchlicht schwarz.
Verwechslungsmöglichkeit: keine.
Therapie und Vorbeugungsmaßnahmen: Bisher für Aquarien nicht bekannt.

Bandwürmer, deren Larven in Fischen leben

Krankheitsursache: Infektionen mit Bandwurmlarven (Sparganose) sind bei im Aquarium gezüchteten Fischen nicht möglich, da die Fortpflanzungskette (Fischfresser) unterbrochen ist. Dies gilt aber nicht unbedingt für in Freilandteichen (vor allem Hongkong, Singapur) gezogene Fische. Wildfänge sind in der Regel von Bandwurmlarven befallen. Die Larven können sich in den Organen, auch hinter dem Auge, ansiedeln.

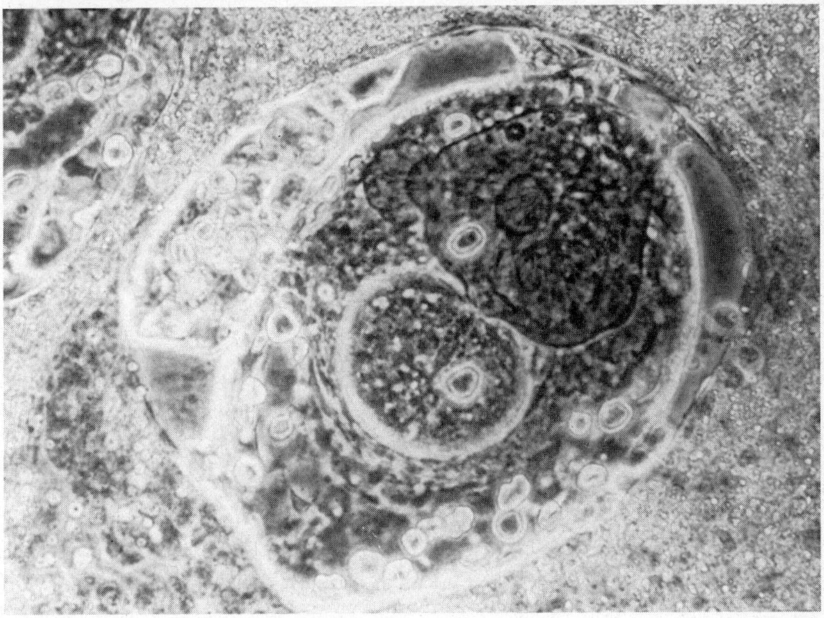

Bild 10.29: Eingekapselte Bandwurmlarve. Die Larve ist in einer Hülle eingeschlossen, die stark lichtbrechenden Kristalle im Körper sind deutlich zu erkennen. Aufnahme G. Schubert.

Diagnose: Die Larven sind von einer Hülle eingeschlossen. Häufig bewegen sie sich etwas, besonders wenn wir den Objektträger ganz leicht erwärmen[3]. Charakteristisch sind stark lichtbrechende Kristalle im Körper. Nicht allzu kleine Cysten kann man mit zwei Nadeln vorsichtig auseinanderzupfen; die dann frei liegende Larve läßt sich besser erkennen.
Verwechslungsmöglichkeit: Nicht frei präparierte Individuen können Larven von Digenea[4] ähnlich sein, die jedoch einen Y-förmigen Darm erkennen lassen.
Therapie und Vorbeugungsmaßnahmen: Keine. Eine Bekämpfung wäre auch nicht wünschenswert. Der Befall kann sich im Aquarium nicht ausbreiten, da der Endwirt fehlt.

[3] Dazu preßt man den Objektträger für eine bis zwei Minuten auf die Handfläche.
[4] Siehe unten

Digenea, Trematoden (Saugwürmer)

Digenea oder Trematoden sind eine Klasse von Plattwürmern, zu denen als bekannteste Vertreter die Leberegel von Schaf und Rind gehören. Sie besitzen einen noch komplizierteren Entwicklungszyklus als die Bandwürmer. Aus dem Ei schlüpft eine bewimperte Larve (Miracidium), die in eine Schnecke (seltener in eine Muschel) eindringt. Dort durchbricht sie den Darm ihres ersten Wirtes und wird zur Sporozyste. In der Sporozyste bilden sich viele Redien, die die Sporozyste verlassen. In jeder Redie entsteht eine größere Zahl von Cercarien. Diese verlassen die Schnecke und dringen in einen Fisch ein. Dort kann die Larve zum

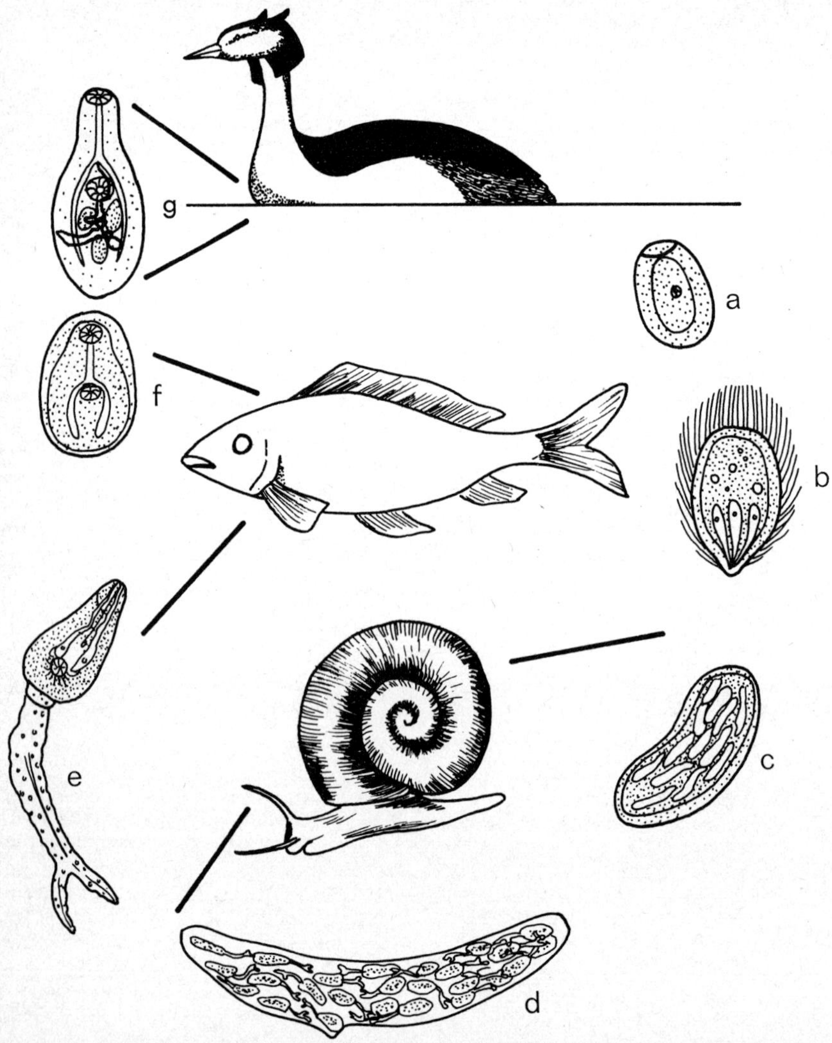

Bild 10.30: Saugwurm mit Generationswechsel. Entwicklungszyklus: a. Ei, b. Miracidium, c. Sporocyste in Schnecke (Zwischenwirt), d. Redie in Schnecke (Zwischenwirt), e. Cercarie dringt in Fisch ein, f. Metacercarie in Fisch (Transportwirt), g. erwachsener Saugwurm in fischfressendem Vogel (Endwirt).

erwachsenen Saugwurm werden. Arten, die im Fisch geschlechtsreif werden, sind aber relativ selten. Viel häufiger findet man Cercarien, die sich im Fisch mit einer Kapsel umgeben (Metacercarie) und dort auf ihren fischfressenden Endwirt warten, der ein größerer Fisch, ein Krokodil, am häufigsten aber ein Vogel sein kann.

Digenea, die im Fisch geschlechtsreif werden

Sanguinicola (Blutwurm)

Krankheitsursache: Die erwachsenen Blutwürmer leben in den Blutgefäßen von Fischen. Die abgelegten Eier gelangen mit dem Blutstrom zu den Kiemen; dort bohrt sich das Miracidium aus dem Ei und verläßt den Fisch. Eine Schädigung des Fisches tritt weniger durch die Würmer selbst auf, als durch die in großer Anzahl abgelegten Eier. Sie verstopfen die feinen Blutgefäße. Ganze Organteile, besonders die Kiemen, können dann infolge der fehlenden Blutversorgung absterben. Die Krankheit ist in Aquarien sehr selten und kann nur mit Wildfängen oder Freilandschnecken eingeschleppt werden.
Diagnose: In Zupf- und Quetschpräparaten aller Organe kann man die sehr charakteristischen, mützenförmigen Eier finden. Die Würmer selbst bekommt man kaum zu Gesicht.
Verwechslungsmöglichkeit: keine.
Therapie und Vorbeugungsmaßnahmen: Eine medikamentöse Behandlung ist nicht möglich. Tritt die Krankheit auf, sind alle Schnecken zu vernichten.

Bild 10.31: Ei des Blutwurms Sanguinicola.

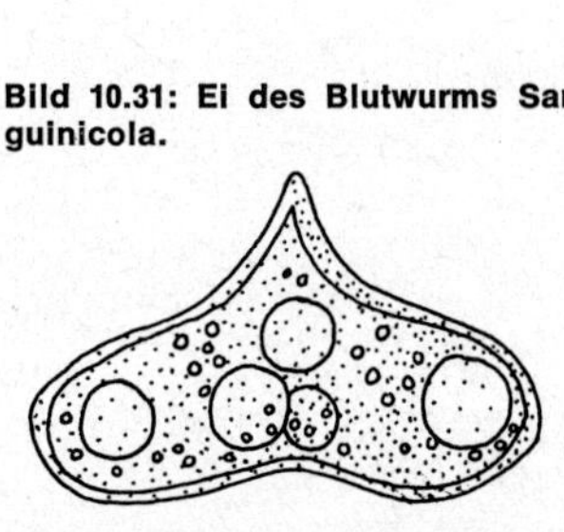

Verschiedene Saugwürmer

Krankheitsursache: Im Darm, aber auch in der Leber, finden sich bei Wildfängen sehr selten geschlechtsreife Saugwürmer. Inwieweit sie die Fische schädigen, ist ungeklärt.
Diagnose: Man erkennt Saugwürmer an ihrer charakteristischen Saugnapfanordnung, mindestens einer am Vorderende und einer etwa in 1/3 der Körperlänge.
Verwechslungsmöglichkeit: Metacercarien sehen dem erwachsenen Tier ähnlich. Sie sind aber eingekapselt. Meist ist ihr Y-förmiger Darm gut zu erkennen, während der der erwachsenen Tiere von den Geschlechtsorganen verdeckt wird.
Therapie und Vorbeugungsmaßnahmen: Siehe unter *Sanguinicola.*

Saugwürmer, die als Larven (Metacercarien) im Fisch leben

Krankheitsursache: Metacercarien sind in Wildfängen häufig. Kleine schwarze oder rötliche Knötchen in der Haut enthalten oft Saugwurmlarven. Aber auch alle anderen Organe können befallen sein. Relativ häufig findet sich die in Bild 10.32 gezeigte Larve. Ihr Ort ist sehr wechselnd. Je nach befallenem Organ können sehr unterschiedliche Symptome auftreten. Auch im Auge wurden schon Metacercarien beobachtet.
Diagnose: Verdächtige Hautknoten schneidet man heraus und zerzupft sie vorsichtig. Die Zysten größerer Arten in den inneren Organen fallen schon dem bloßen Auge auf, kleinere Arten erkennt man in Quetschpräparaten mit Lupe oder Mikroskop.
Verwechslungsmöglichkeit: Cestodenlarven besitzen keinen Y-förmigen Darm und haben meist charakteristische Kristalle in der Zyste.
Therapie und Vorbeugungsmaßnahmen: Keine medikamentöse Behandlung[1]. Die Krankheit kann sich im Aquarium nicht ausbreiten, da der Endwirt fehlt.

[1] Vergleiche das über Nematoden-Larven S. 680 Gesagte.

Monogenea (Kiemen- und Hautwürmer)

Die Monogenea ähneln den Digenea, haben aber keinen so komplizierten Entwicklungszyklus. Es gibt lebendgebärende und eierlegende Arten. Die geborene oder aus dem Ei schlüpfende Larve setzt sich an einem neuen Fisch fest und wird zum erwachsenen Wurm. Manche Kiemenwürmer sind sehr wirtsspezifisch, d. h. sie befallen nur eng miteinander verwandte Fische, so daß andere Arten im gleichen Becken verschont bleiben. Unter Kiemenwürmern verstehen wir Arten, die sich bevorzugt auf den Kiemen ansiedeln und seltener die Haut befallen. Bei Hautwürmern ist es umgekehrt. Monogenea sind außerordentlich häufige, leider oft unerkannt bleibende Parasiten. Alle Fische, mit Ausnahme sehr kleiner Arten, können befallen werden. Besonders häufig sind befallen: Im Süßwasser Diskus, Skalar, *Uaru* von den Cichliden, *Arapaima* und *Osteoglossum*, alle Kugelfische, Goldfische und andere Karpfenartige. Im Seewasser alle Chaetodonten, manche Pomacanthiden.
Krankheitsursache: Haut- und Kiemenwürmer sitzen mit dem Hinterende fest, an dem sich ein komplizierter Hakenapparat befindet, der häufig noch von Saugnäpfen unterstützt wird. Die Tiere bewegen sich lebhaft, um ihre Verankerung herumschwingend. Manche Arten besitzen zwei bis viele (häufig vier) Augen, die als dunkle Flecke erkennbar sind. Größe und Form sind je nach Art

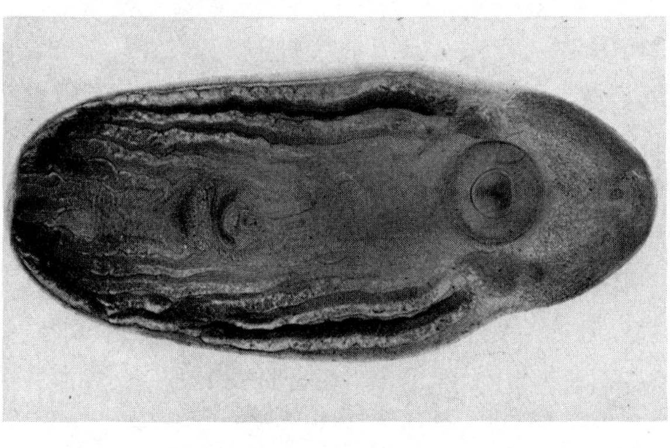

Bild 10.32 (links): Metacercarie von Clinostomum aus einem Fadenfisch.

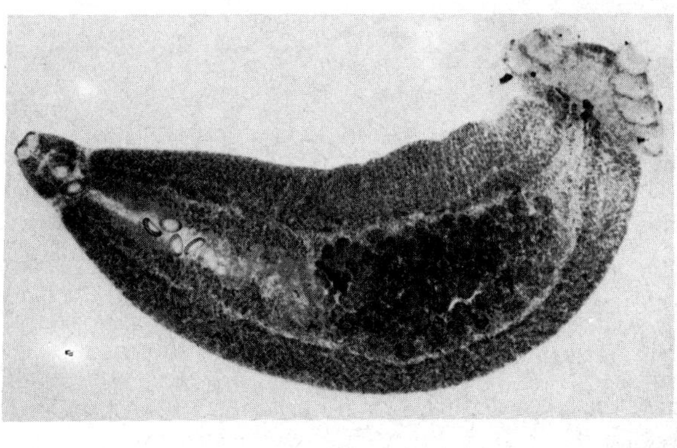

Bild 10.33 (rechts): Der Saugwurm Discocotyle lebt auf den Kiemen von Fischen. Auffällig sind die Saugklappen am Hinterende. Aufnahmen G. Schubert

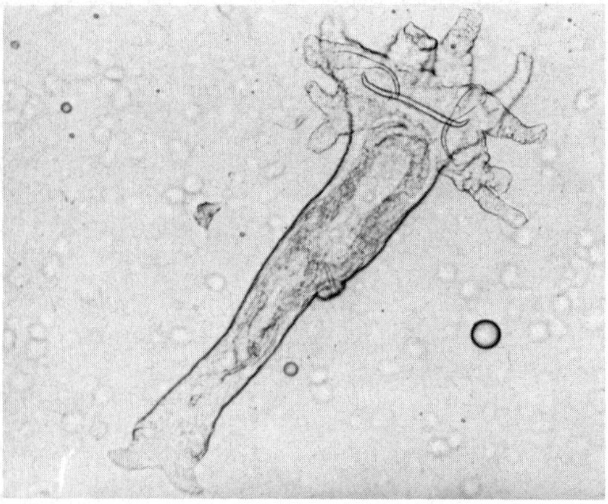

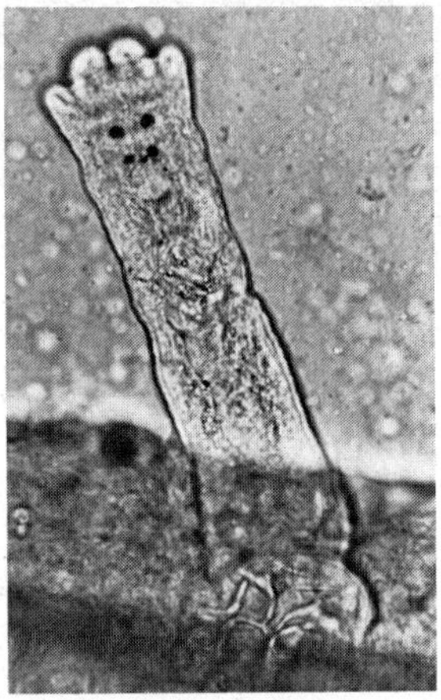

Bild 10.34 (links): Kiemenwurm Cyclocotyle aus einem Antennenwels (Ancistrus).

Bild 10.35 (rechts): Kiemenwurm Dactylogyrus.
Aufnahmen G. Schubert

außerordentlich verschieden. Mit ihrem Hakenapparat setzen die Würmer Wunden, die dann häufig von Bakterien infiziert werden. Einige wenige Haut- oder Kiemenwürmer vermögen einem sonst gesunden Fisch allerdings kaum zu schaden.
Durch noch unbekannte Abwehrmaßnahmen vermögen gesunde Fische die Zahl dieser Parasiten gering zu halten. Bei jeder leichten Schädigung des Fisches kann es aber zu einer tödlichen Massenvermehrung kommen.
Diagnose: Monogenea fallen im Hautabstrich oder Kiemenpräparat durch Gestalt und Beweglichkeit sofort auf. Wichtig ist es festzustellen, ob es sich um lebendgebärende oder eierlegende Arten handelt. Den im Mutterleib liegenden Embryo erkennt man gut an seinem bereits ausgebildeten Hakenapparat. Die Eier vieler Haut- und Kiemenwürmer sind mit langen Haftfäden ausgestattet. Unter dem Deckglas sieht man häufig nur die Ansatzstelle der Fäden, da sie selbst leicht abbrechen.
Verwechslungsmöglichkeiten: keine.
Therapie und Vorbeugungsmaßnahmen: Das wirksamste Bekämpfungsmittel sind trichlorfonhaltige[1] Präparate. Allerdings gibt es einige Arten, die dagegen unempfindlich sind. In solchen Fällen greift man zum Kurzbad mit höherer Konzentration. Alle früher empfohlenen Methoden, wie Kochsalz- oder Formalinbäder, sind sehr unsicher und nicht zu empfehlen. Zu bedenken ist, daß Trichlorfon nicht gegen die Eier wirkt. Während bei lebendgebärenden Arten eine einmalige Behandlung ausreicht, muß bei eierlegenden Arten die Behandlung wiederholt werden, wenn die Larven geschlüpft sind. Leider ist die Zeitigungsdauer der Eier je nach Art und Temperatur sehr unterschiedlich und für die meisten auch unbekannt. Als Faustregel seien drei Kuren im Abstand von sechs Tagen empfohlen. Wird ein auch nur schwacher Befall festgestellt, ist auf jeden Fall zu behandeln, da sich die Parasiten bei auch nur leichter Schwächung ihrer Wirte rasch ins Ungeheure vermehren können. Bei den oben genannten besonders gefährdeten Arten ist jeder Neuankömmling zu behandeln. Die Verluste an Kugelfischen und Chaetodonten gehen zu über 90 % auf Kiemenwürmer zurück.

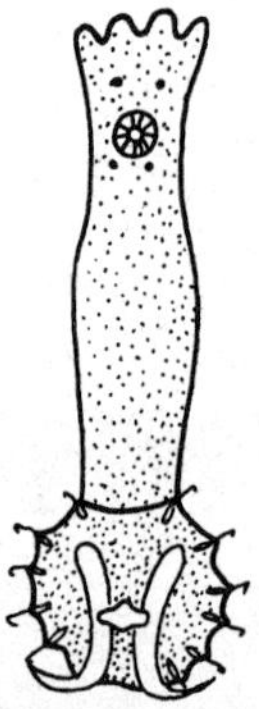

Bild 10.36: Haut- oder Kiemenwurm Dactylogyrus.

Bild 10.37: Eier von Kiemenwürmern, bei einem ist der Haftfaden abgebrochen.

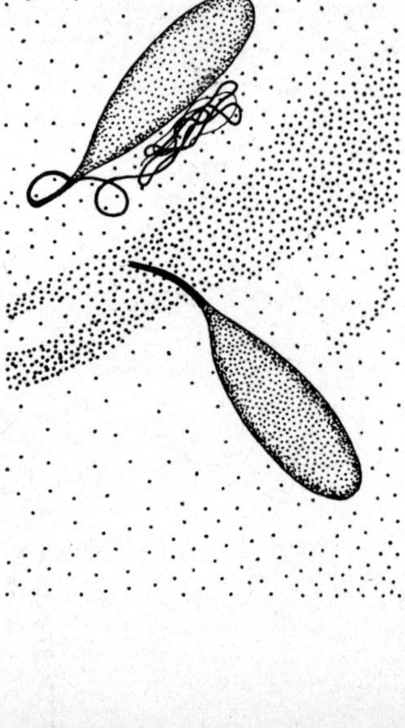

Protozoa (Einzeller)

Lebewesen, die nur aus einer Zelle mit Zellkern bestehen; sie vermehren sich durch einfache Zellteilung. Bei manchen Formen kommen aber auch Sexualprozesse vor.

Flagellata (Geißeltierchen)

Einzeller mit einer oder mehreren Flagellen (Geißeln) als Fortbewegungsorganen.

Costia necatrix (Kleiner Bohnenförmiger Hauttrüber)
Krankheitsursache: *Costia* ist ein recht kleines (10—15 µm) langes Geißeltierchen. Solange er am Wirt festsitzt, zeigt dieser Hauttrüber eine spitz-birnenförmige Gestalt. Freischwimmend dagegen ist der Umriß bohnenförmig. *Costia*

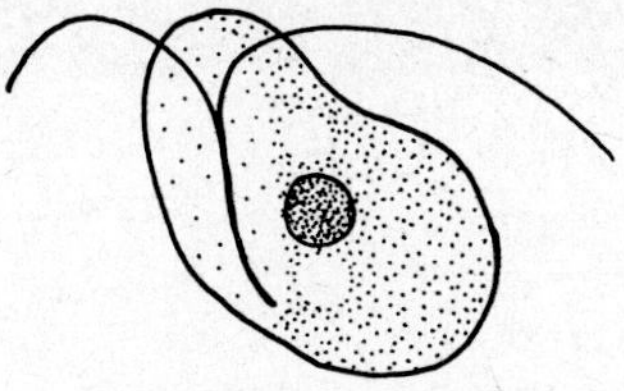

Bild 10.38: Kleiner Bohnenförmiger Hauttrüber (Costia necatrix).

besitzt 2 Geißeln; häufig finden sich jedoch auch viergeißelige Exemplare, da bei der Zellteilung die Zahl der Geißeln zuerst verdoppelt wird, die Zellteilung erfolgt erst einige Zeit später. Mit dem an Haut und Kiemen festgehefteten spitzen Ende saugt *Costia* winzige Teile der Wirtszellen auf. Bei erwachsenen Wildfischen findet sich häufig ein schwacher *Costia*-Befall, ohne daß merkbare Schädigungen auftreten. Im Aquarium ist *Costia* gefährlicher, da in dem engeren Lebensraum leicht ein Massenbefall auftritt. Besonders gefährdet sind langflossige Schleierformen und Brut. *Costia*-Befall ist eine sehr häufige Ursache für Mißerfolge bei der Aufzucht. Killifisch-Nachzuchten sind am häufigsten befallen.

Diagnose: Bei stärkerem *Costia*-Befall tritt eine feine, schleierartige Hauttrübung auf, die nur bei günstigem Lichteinfall erkennbar ist. Der Kleine Bohnenförmige Hauttrüber kommt häufig auch mit anderen Hauttrübern vergesellschaftet vor; dann treten natürlich gröbere Hautbeläge auf. Schleierformen zeigen gelegentlich entzündete Flossen. Alle Fische neigen bei *Costia*-Infektionen zu schaukelnden Bewegungen und zum Scheuern an festen Gegenständen. Im mikroskopischen Bild von Hautabstrichen und Kiemenuntersuchungen sind bei schwächerer Vergrößerung nur schnell einherhuschende kleine Lebewesen zu erkennen. Form und Geißeln sind auch bei stärkerer Vergrößerung nur durch geduldige, längere Beobachtungen auszumachen. *Costia* verläßt tote Fische innerhalb 20 Minuten. Der Nachweis gelingt daher nur am lebenden oder frisch getöteten Fisch.

Verwechslungsmöglichkeit: *Costia* ist durch seine geringe Größe und rasche Beweglichkeit sicher von anderen Einzellern unterscheidbar. Andererseits ist es deutlich größer als die in jedem Hautabstrich vorkommenden Bakterien.

Therapie und Vorbeugungsmaßnahmen: Bei einem *Costia*-Befall führt, so die Fischart es verträgt, eine Temperaturerhöhung auf 30–32° C meist zum Erfolg. Malachitgrün[2]-Dauerbäder über mindestens 7 Tage wirken sicher. *Costia* kann lange Zeit als schwacher Befall unerkannt vorhanden sein. Eine Einschleppung ist kaum zu verhindern. Aquarien ohne Fische sind nach einem Tag frei von *Costia.*

Cryptobia (Schlafkrankheit der Fische)

Krankheitsursache: *Cryptobia* lebt in verschiedenen Arten im Blut von Fischen. Der Flagellat ist langgestreckt und etwas größer als ein rotes Blutkörperchen. Er besitzt zwei Geißeln; eine bildet eine undulierende Membran[3] und ist nur ein kurzes Stück, die andere über ihre ganze Länge frei. Die Krankheit wird durch Blutegel und vielleicht auch durch andere blutsaugende Parasiten übertragen. Von Aquarienfischen sind bisher Krankheitsfälle bei Goldfischen und ziemlich häufig bei ostafrikanischen Cichliden bekannt geworden. Todesfälle von Malawi- und Tanganyikabuntbarschen im ersten halben Jahr nach dem Fang gehen zu einem großen Teil auf diese sich unter Gefangenschaftsbedingungen stark vermehrenden Parasiten zurück.

Diagnose: Stärker befallene Fische werden träge, die Flucht vor dem Netz wird langsamer. Im Endstadium kann man die Fische mit der Hand greifen. Wird eine *Cryptobia*-Infektion vermutet, muß das Blut untersucht werden. Manchmal findet man die Parasiten auch in den Blutgefäßen von Organquetschpräparaten. Sie fallen durch ihre Eigenbewegung auf. Im Leben sind sie oft ziehharmonikaförmig zusammengefaltet.

Verwechslungsmöglichkeit: Im Blut mancher Fische leben Angehörige der Gattung *Trypanosoma*. Bisher ist kein Fall bekannt geworden, bei dem Trypanosomen krankheitserregend bei Fischen gewesen wären. Trypanosomen besitzen nur eine Geißel, die eine undulierende Membran bildet. Sicher unterscheiden lassen sich *Cryptobia* und *Trypanosoma* nur im gefärbten Blutausstrich[4].

Hexamita

Krankheitsursache: Die Gattung *Hexamita* (früher *Octomitus*) besitzt sechs vordere und zwei hintere Geißeln. Sie findet sich in der Gallenblase, gelegentlich auch in der Leber, seltener im Darm. Im Aquarium sind *Hexamita*-Infektionen sehr selten (vgl. aber *Spironucleus*).

Diagnose: Findet sich bei der Sektion eines Fisches eine entzündete Gallenblase oder eine durch Gallenrückstau grün verfärbte Leber, so ist die Gallenblasenflüssigkeit auf schnell bewegliche Flagellaten zu prüfen.

Verwechslungsmöglichkeit: Die Gattungen *Spironucleus* und *Hexamita* sind ohne aufwendige Färbung nicht zu unterscheiden (manche Autoren trennen daher die beiden nicht). Für unsere Zwecke können wir annehmen, daß es sich immer

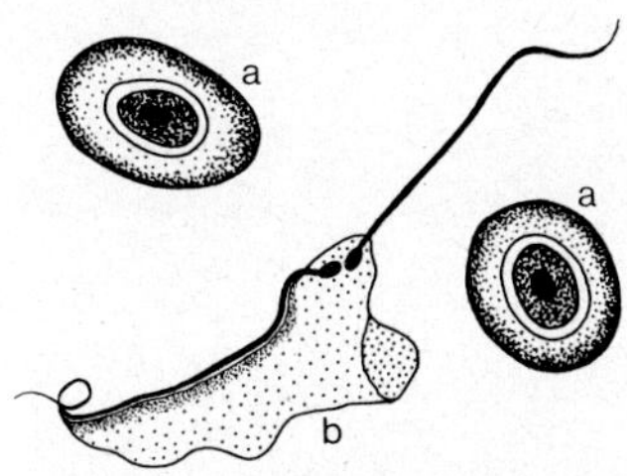

Bild 10.39: Erreger der Schlafkrankheit der Fische (Cryptobia). a. Blutkörperchen, b. Cryptobia.

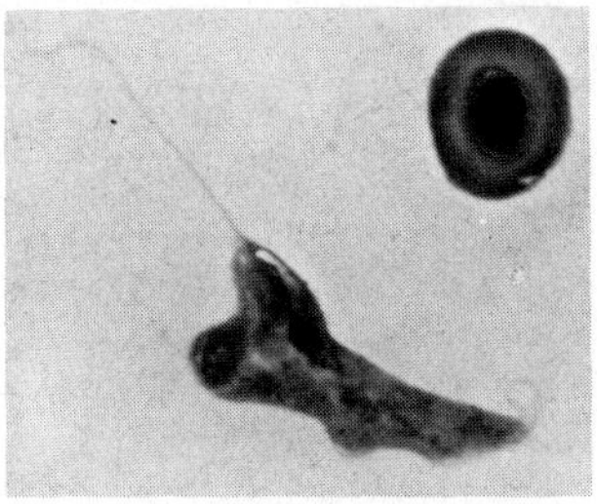

Bild 10.40: Cryptobia im mikroskopischen Präparat. Rechts oben ein Blutkörperchen. Aufnahme G. Schubert

Bild 10.41: Der Flagellat Hexamita.

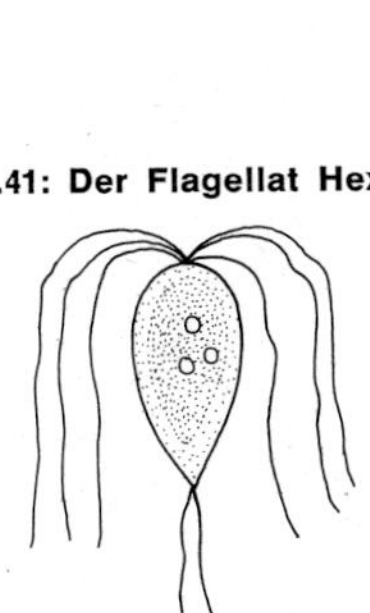

[1] Als Dauerbad s. S. 714
[2] s. S. 713
[3] Eine undulierende Membran entsteht, wenn eine Geißel innerhalb der Zelle, aber an ihrem Rand entlang läuft. Die Zellmembran wird dann von der Geißel nach außen gedrückt, so daß die Geißel nur durch die dünne Zellhaut mit dem Körper verbunden bleibt.
[4] Zur Herstellung eines gefärbten Blutausstrichs s. S. 660

um *Hexamita* handelt, wenn die Gallenblase mit befallen ist. Infektionen, die im Darm und evtl. anderen Organen vorkommen, aber nicht in der Gallenblase, sind durch *Spironucleus* verursacht.
Therapie und Vorbeugungsmaßnahmen: *Hexamita* läßt sich mit metronidazolhaltigen[1] Präparaten bekämpfen. Eine Vorbeugung ist nicht möglich.

Spironucleus symphysodonis
Krankheitsursache: Im Darm von Diskus, Skalar und manchen anderen Cichliden finden sich bei Wildfängen regelmäßig Flagellaten, die wie *Hexamita* aussehen, aber von Spezialisten als eigene Gattung *Spironucleus* eingestuft werden. Selten kommt der Parasit auch bei anderen Fischen als Cichliden vor. Solange *Spironucleus* nur im Darm vorhanden ist, scheint der Schaden, der dem Wirt zugefügt wird, gering zu sein. *Spironucleus* vermag aber den Darm zu verlassen und in andere Organe einzudringen. Besonders leicht ist das immer dann möglich, wenn durch zusätzliche Infektionen mit *Capillaria*[2] oder *Camallanus*[3] Wunden im Darm gesetzt werden. Aber auch ohne daß Verletzungen vorhanden sind, kann *Spironucleus* die Darmschleimhaut durchwandern. In Leber und Niere findet man daher häufig auch *Spironucleus*, aber nur in geringer Anzahl, während er im Darm oft zu Millionen vorhanden ist. Ein Befall der Niere endet in den meisten Fällen tödlich. Die Niere kann dann nicht mehr richtig arbeiten. Im Nierenquetschpräparat erkennt man dann Kristalle, die die Nierenkanälchen verstopfen. Bei ungenügender Nierenfunktion können Fische zumindest teilweise Stoffe, die sonst über den Harn ausgeschieden würden, über die Kiemen ausscheiden. Bei starker Nierenschädigung reicht aber diese Notmaßnahme nicht aus; im Kiemenpräparat sieht man dann unter dem Mikroskop auch Kristalle. Im Endeffekt arbeiten auch die Kiemen ungenügend, der Fisch geht ein. Findet man daher im Kiemen- und Nierenpräparat das oben geschilderte Bild, liegt meist eine *Spironucleus*-Infektion vor; doch kann die Nierenschädigung natürlich auch andere Gründe, z. B. Bakterienbefall der Niere, haben.
Der Skalar beherbergt *Spironucleus* häufig, ohne Schädigungen zu zeigen; nur bei sehr massivem Befall kann es zum Tod kommen. Diskus und *Uaru* sind dagegen recht empfindlich. Die afrikanischen Cichliden sterben bei *Spironucleus*-Infektionen meist sehr schnell, wenn nicht sofort behandelt wird.
Von manchen Fachleuten wird die sogenannte Lochkrankheit auch auf *Spironucleus* zurückgeführt. Unter Lochkrankheit versteht man das bei vielen Cichliden häufige Auftreten von Löchern in der Kopfregion, zuerst meist an den Öffnungen des Seitenliniensystems. Die Löcher sind mit einer weißen Masse erfüllt, die den Eindruck eines kleinen Würmchens erwecken kann. Zweifellos gibt es Fälle, bei denen die Lochkrankheit aber auch auf bisher unbekannte Ursachen zurückgeht. Man behandelt dann versuchsweise wie unten beschrieben.

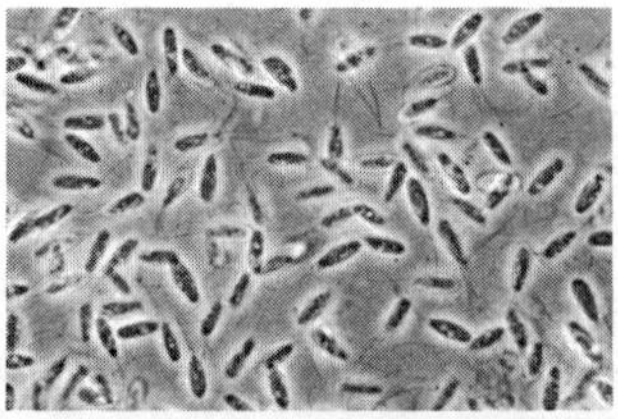

Bild 10.42: Der Flagellat Spironucleus symphysodonis. Phasenkontrast. Aufnahme G. Schubert.

Diagnose: Befallene Fische zeigen oft einen weißen, fädigen Kot, der lange am Fisch hängenbleibt. Fischt man frisch abgesetzten Kot aus dem Aquarium, kann man bei stärkerem Befall mikroskopisch *Spironucleus* massenhaft nachweisen. Bei der Sektion finden sich die Parasiten im Darminhalt und gegebenenfalls vereinzelt in den Organquetschpräparaten von Leber und Niere. Man achtet auf Nieren- und Kiemenschädigungen (vgl. Krankheitsursache).
Verwechslungsmöglichkeiten: Weißer, fädiger, lange am Fisch hängenbleibender Kot kommt auch bei *Capillaria*-Befall[4] vor. Im Darm leben manchmal auch andere Flagellaten, die jedoch nie in solchen Mengen wie *Spironucleus* vorkommen.
Therapie und Vorbeugungsmöglichkeiten: Gegen *Spironucleus*-Befall werden spezielle Mittel im Handel angeboten, zu bevorzugen sind Präparate auf Metronidazolbasis[1]. Besonders bei Diskus und *Uaru* empfiehlt es sich, Neuzugänge grundsätzlich zu behandeln. Die Mehrzahl der Nachzuchten aus Ostasien und alle Wildfänge sind infiziert. Verschwinden die Symptome einer Lochkrankheit nicht durch eine Behandlung gegen *Spironucleus*, so kann versuchsweise mit Nitrofuran-Präparaten[4] behandelt werden. Häufig ist auch eine lokale Behandlung mit Rivanol[5] erfolgreich.

Diskusparasit
Krankheitsursache: Im Darm von Diskus findet sich manchmal ein Flagellat (*Protopalina* spec.), der mit sehr vielen kurzen Geißeln besetzt ist, so daß er wie ein Ciliat (Wimpertierchen) aussieht. Eine exakte wissenschaftliche Benennung wird zur Zeit der Drucklegung dieses Buches gerade erst bearbeitet. Er

[1] s. S. 713
[2] s. S. 680
[3] s. S. 681
[4] s. S. 713
[5] s. S. 714

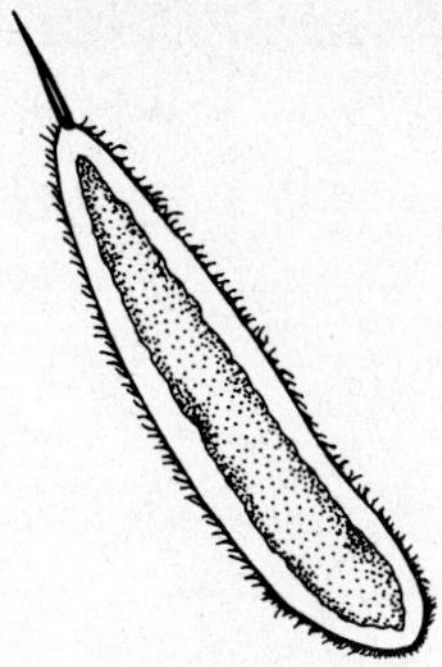

Bild 10.43: Diskusparasit Protopalina mit Stachel.

gehört zur Familie Opalinidae. Das Tier ist langgestreckt, das eine Ende stumpf, das andere läuft in ein stachelähnliches Gebilde aus. Ob und wie stark dieser Flagellat Fische zu schädigen vermag, ist noch ungeklärt. Das Tier zwängt sich mit dem stumpfen Ende zuerst auch in engste Darmfalten, greift aber, soweit wir bis jetzt wissen, die Schleimhaut selbst nicht an. Demnach wäre eine geringe Pathogenität zu vermuten. Dem widerspricht, daß in letzter Zeit Diskus aus Ostasienzuchten eingeführt wurden, die sehr stark befallen waren und zu 90 % eingingen, obwohl andere Infektionen schwach oder nicht vorhanden waren. Die Ansteckungsgefahr von Fisch zu Fisch scheint gering zu sein. Ob außer dem Diskus noch andere Fische befallen werden können, ist ungeklärt.
Diagnose: Der Diskusparasit ist mikroskopisch in frisch abgesetztem Kot und im Darm getöteter Tiere leicht nachweisbar. Äußerliche Symptome wurden bisher nicht beobachtet.
Verwechslungsmöglichkeit: keine.
Therapie und Vorbeugungsmaßnahmen: Es sind keine Therapieversuche bekannt geworden. Vielleicht helfen Metronidazol-Präparate[1].

Oodinium (Samtkrankheit)[6]
Krankheitsursache: Die Gattung *Oodinium* ist in unseren Aquarien mit *O. pillularis* und *O. limneticum* (in den USA) im Süßwasser und *O. ocellatum* im Seewasser vertreten. Die Parasiten sitzen verkehrt urnenförmig mit dem schmale-

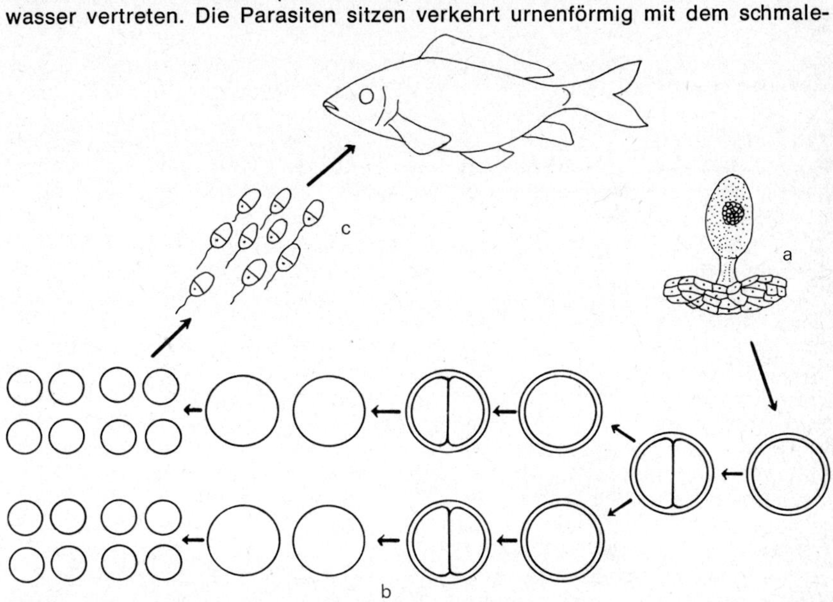

Bild 10.44: Oodinium-Entwicklungszyklus. a. Parasit auf Fischhaut; b. Encystierung und wiederholte Teilung des vom Wirt abgefallenen Parasiten; c. begeißelte Schwärmer befallen den Fisch.

ren Ende auf Kiemen und Haut ihrer Wirte fest. Die Süßwasserarten sind etwas länglicher, *O. ocellatum* ist fast kugelig. *Oodinium* ist im parasitären Stadium unbeweglich, besitzt also keine Geißeln. Reife Formen fallen vom Fisch ab und kapseln sich am Boden ein. Durch mehrfache Teilungen entsteht eine große Anzahl von begeißelten Schwärmern, die zwei Geißeln und einen Augenfleck besitzen. Diese Schwärmer suchen einen neuen Wirt auf. Alle in der Kiemenhöhle parasitierenden Schmarotzer werden gelegentlich vom Fisch verschluckt, da ja zwischen Kiemenhöhle und Mund eine offene Verbindung besteht. Im Gegensatz zu anderen Kiemenschmarotzern wird *Oodinium* aber im Magen-Darmkanal nicht verdaut; es kann vielmehr sogar auch im Darm auf der Schleimhaut schmarotzen.
Oodinium-Infektionen treten besonders im Seewasser oft plötzlich und überraschend auf, ohne daß irgendeine Möglichkeit der Einschleppung bestand. Das Auftreten von *Oodinium* in solchen Fällen kann drei Gründe haben. Sonst gesunde und kräftige Fische sind häufig Träger von einigen wenigen Oodinien, ohne daß die Infektion auffällt. Wirt und Parasit haben ein Gleichgewicht gefunden, das beiden ein Miteinanderleben gestattet. Dieses Gleichgewicht kann jedoch durch eine an sich geringe Schwächung des Wirtes gestört werden. Dann nimmt *Oodinium* überhand. In den meisten größeren Seewasseraquarien herrscht ein solches Gleichgewicht. Eine Verschlechterung der Wasserbedingungen kann dann die Krankheit zum Ausbruch bringen. Auch wenn man einen von

[6] Die Gattung wird z. Z. neu bearbeitet. Der Name Oodinium wird sicher geändert werden.

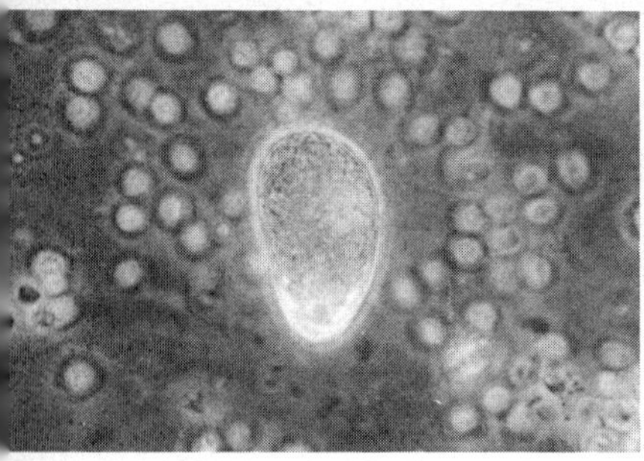

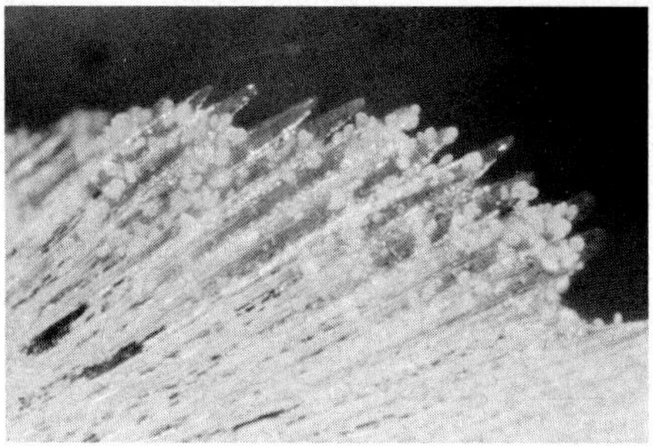

Bild 10.45 (links): Oodinium pillularis unter dem Mikroskop.

Bild 10.46 (rechts): Oodinium pillularis auf der Flosse von Aphyosemion gardneri. Aufnahmen G. Schubert

Oodinium freien neuen Fisch zusetzt, kann der Ärger losgehen. Der neue ist durch das Umsetzen so geschwächt, daß er die latent im Becken vorhandene Infektion bekommt. Er produziert große Mengen von Schwärmern, die nun auch die bisherigen Insassen heftiger erkranken lassen. Eine andere Ursache für plötzliche Ausbrüche der Krankheit liegt in der langen Zeit, mindestens 6 Monate, die *Oodinium*-Kapseln am Boden ruhen können. Schließlich vermag eine Infektion, die nur im Darm vorliegt, lange unerkannt zu bleiben. Sie ist dort auch vor jeder Behandlung sicher. Ausgeschiedene Parasiten können dann aber wieder eine Infektion der Oberfläche verursachen.

Das Erscheinungsbild der Oodiniasis hat sich in den letzten Jahren gewandelt. Während früher vorwiegend der gut erkennbare Hautbefall vorkam, überwiegt z. Z. der Kiemenbefall. Die Oberfläche der Tiere ist dabei vollständig frei von Oodinien, die Kiemen aber stark infiziert. Da mikroskopisch sichtbare Symptome fehlen, wird die Krankheit häufig nicht erkannt.

Diagnose: Bei Hautbefall zeigen die Fische einen hellen, manchmal auch dunklen, gelegentlich goldig glänzenden Hautbelag. Schon eine Lupe läßt die einzelnen Parasiten als winzige Punkte erkennen. Erste Verdachtsmomente liefert eine ständige Unruhe der Fische, verbunden mit Scheuerbewegungen. Reiner Kiemenbefall äußert sich in beschleunigter Atmung. Der Nachweis muß dann mikroskopisch geführt werden. Im Durchlicht erscheint *Oodinium* unter dem Mikroskop von Hellgelb, Goldgelb bis Braun. Der Zellkern ist nur undeutlich als hellere Zone erkennbar.

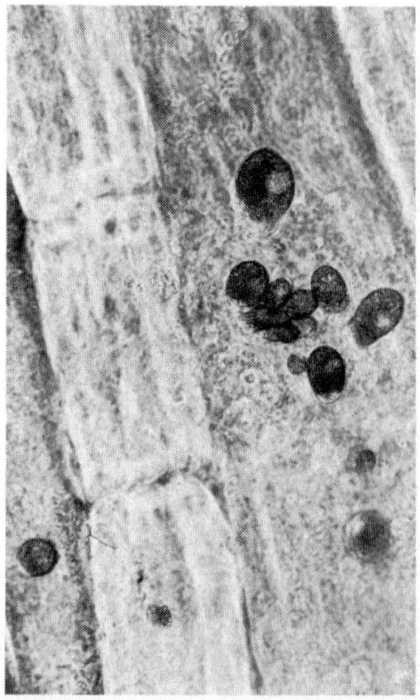

Bild 10.47: Oodinium auf einer Fischflosse. Als helle Zone ist der Zellkern undeutlich zu erkennen. Aufnahme G. Schubert.

Verwechslungsmöglichkeiten: Mikroskopisch ist keine Fehldiagnose möglich. Die makroskopischen Symptome treten dagegen auch bei anderen Haut- und Kiemenparasiten auf. Da sich die Behandlung von *Oodinium* grundsätzlich von anderen einzelligen Hauttrübern unterscheidet, ist eine mikroskopische Klärung des Falles anzustreben.

Therapie und Vorbeugungsmaßnahmen: Im Seewasser ist eine Behandlung mit Kupfersulfat[1] die sicherste Methode. Kupferionen fallen aber im Seewasser mit der Zeit unlöslich aus und werden damit unwirksam. Die Kupferkonzentration geht um so rascher zurück, je frischer das Wasser angesetzt ist. Es wird daher geraten nachzudosieren. In der Mehrzahl der Fälle ist diese Methode gut. Bei sehr frischem, kaum eingefahrenen Seewasser sinkt die Kupferkonzentration jedoch weit schneller, als sie nachdosiert wird. In altem Seewasser kann aber bei der beschriebenen Art der Nachdosierung der Kupfergehalt auch zu hoch werden; dann treten Fischverluste durch Kupfervergiftung auf. Einwandfrei beherrscht man *Oodinium*-Infektionen, wenn man den Kupfergehalt laufend bestimmt und ihn, berechnet als blaues Kupfersulfat, zwischen 0,8 mg/l und 1,5 mg/l hält. Statt Kupfer kann auch Zinksulfat[2] verwendet werden. Die Zinkkonzentration im Seewasser ist aber umständlicher zu bestimmen. Empfohlen können weiterhin Chinindauerbäder[3] werden, die zuverlässig gegen Hautinfektionen wirken, aber manchmal die auf den Kiemen sitzenden Parasiten nicht abtöten. Auch Chloromycetin[4] ist schon mit Erfolg verwendet worden.

Schwieriger ist eine *Oodinium*-Bekämpfung im Süßwasser. Kupfer und Zink sind zwar möglich, jedoch liegt hier die Tödlichkeitsgrenze für Parasiten und manche Fischarten sehr eng beieinander. Chinin- oder Chloromycetinbehandlung sind daher vorzuziehen. Malachitgründauerbäder[5] wirken zwar nicht gegen die auf dem Fisch parasitierenden Oodinien, wohl aber gegen die Schwärmer. Auf dieser Basis wirkende Präparate sind auch für Seewasser im Handel.

Gegen den Ausbruch von *Oodinium* in einem gut eingelaufenen Seewasserbecken kann man sich bis zu einem gewissen Grad durch sorgfältige Quarantäne[6] schützen.

[1] s. S. 712
[2] s. S. 715
[3] s. S. 711
[4] s. S. 710 unter Antibiotika
[5] s. S. 713
[6] s. S. 656

Sporozoa (Sporentierchen)

Die Sporozoa sind einzellige Parasiten, die bis auf einige Ausnahmen Sporen als Dauer- und Infektionsstadien besitzen. Bei Fischen sind eine große Anzahl von Sporentierchen-Arten als Parasiten bekannt. Wildfänge und Nachzuchten aus Ostasien sind häufig befallen. Im Aquarium ausbreiten kann sich aber nach bisherigen Erfahrungen nur eine Art, *Pleistophora hyphessobryconis.* Wir behandeln daher nur diesen Parasiten gesondert und alle anderen zu den Microsporidia und Myxosporidia gehörenden Arten zusammen. Die im Zierfischaquarium bislang nicht gefundenen Eimerien werden nicht besprochen.

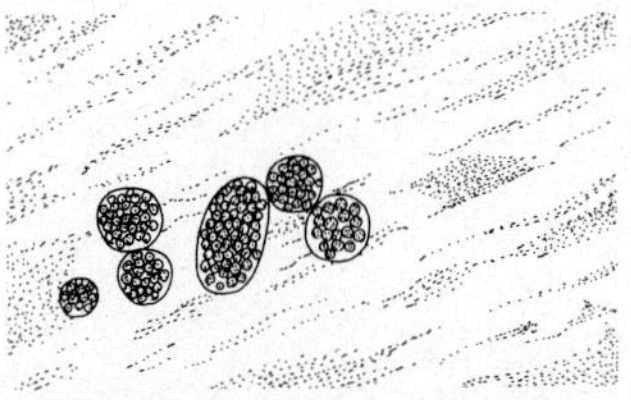

Bild 10.48: Der Erreger der Echten Neon-Krankheit Pleistophora hyphessobryconis. Pansporoblasten (Zysten) im Muskel-Zupfpräparat.

Pleistophora hyphessobryconis (Echte Neon-Krankheit)
Krankheitsursache: Der Erreger der Echten Neon-Krankheit gehört zu den Microsporidia. In der Muskulatur der befallenen Fische bilden sich ca. 30 µm große Zysten (Pansporoblasten), die oft zu mehreren zusammenliegen. In diesen Pansporoblasten wächst eine große Anzahl von sehr kleinen Sporen (5 µm) heran. Reife Pansporoblasten entlassen die Sporen, die durch die Haut der Fische ins Wasser gelangen. Nimmt ein Fisch eine solche Spore auf, entläßt sie im Darm einen beweglichen Amöboidkeim, der die Darmwand durchdringt und den Muskel aufsucht. Dort entstehen neue Pansporoblasten. Der befallene Muskel wird zerstört und teilweise aufgelöst.
Befallen wird hauptsächlich der Neontetra *(Paracheirodon innesi).* Vielleicht können auch einige andere Salmler infiziert werden. Selbst von *Brachydanio rerio* wurde schon ein Befall beschrieben. Normalerweise erkranken aber nur *Paracheirodon innesi.* Ich möchte daher vermuten, daß es sich bei den von anderen Arten beschriebenen Fällen nicht um *Pleistophora hyphessobryconis,* sondern um eine andere Art handelte, wie sie gelegentlich bei allen Fischarten auftreten können. Nicht befallen wird der Rote Neon.
Diagnose: Der zerstörte Muskel wird weißlich verfärbt, das grüne und rote Band des Neons werden unterbrochen. Stark befallene Tiere magern stark ab und sterben. Bringt man infizierte Muskeln ins Quetschpräparat unter das Mikroskop, erkennt man die im Durchlicht dunkler als der Muskel erscheinenden kugeligen Pansporoblasten.
Verwechslungsmöglichkeit: Neben der „Echten Neon-Krankheit" gibt es die bakteriell bedingte „Falsche Neon-Krankheit". Es tritt ebenfalls eine weißliche Verfärbung der Muskeln auf, die aber nicht so stark ist. Die farbigen Bänder werden in ihrer Leuchtkraft geschwächt, aber nicht vollständig unterbrochen. Im mikroskopischen Quetschpräparat sind keine Pansporoblasten erkennbar.
Auch bei Fischtuberkulose und *Ichthyosporidium*-Infektionen kann es zu einem äußerlich der Echten Neon-Krankheit ähnelndem Bild kommen. In diesem Fall finden sich im Muskel auch runde Zysten. Um eine Entscheidung herbeizuführen, zerquetschen wir eine Zyste. Bei der Echten Neon-Krankheit müssen viele kleine, gleichgroße, eiförmige Sporen frei werden. Im Inneren der Spore lassen sich nur meist keine Einzelheiten mehr erkennen. Die Sporen sind stark lichtbrechend.
Therapie und Vorbeugungsmaßnahmen: Eine medikamentöse Behandlung ist nicht bekannt. Alle Behauptungen, mit bestimmten Heilmitteln Erfolge erzielen zu können, gingen bisher immer auf eine Verwechslung mit der „Falschen Neon-Krankheit" zurück. Erkrankte Bestände lassen sich aber zu einem großen Teil retten, indem man eine Neuinfektion verhindert. Man hält dann die Fische in einem Becken ohne jede Inneneinrichtung über einem mindestens mehrere Zentimeter über dem Aquariumboden gespannten Netz. Ausgeschiedene Sporen

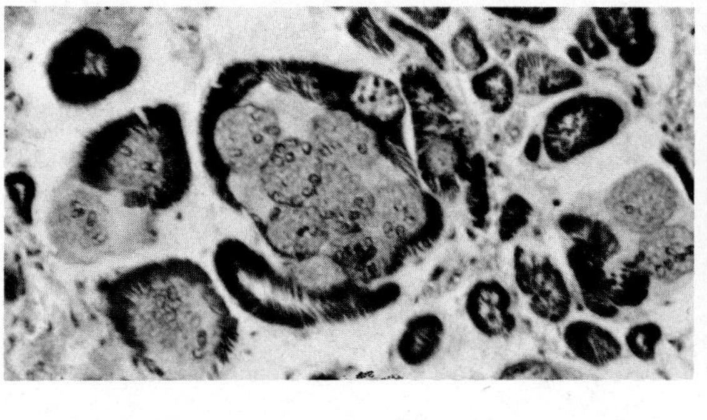

Bild 10.49 (links): Pleistophora hyphessobryconis im histologischen Schnitt. Gefärbtes Präparat. Die kugeligen Körper sind die Pansporoblasten (s. auch Bild 10.48).

Bild 10.50 (rechts): Bei Pleistophora-Befall wird das rote Band des Neons unterbrochen.
Aufnahmen G. Schubert

fallen durch die Maschen und können von den Fischen nicht aufgenommen werden. Unter dem Netz saugt man das Wasser mit einer kräftigen Kreiselpumpe ab und drückt es durch einen dicht mit Perlonwatte gestopften Filter, in dem die Sporen hängenbleiben. Die Watte muß sehr fest gepackt sein.

Andere Sporozoa (Knötchenbildende Sporentierchen)
Krankheitsursache: Wildfänge und Freilandnachzuchten beherbergen eine große Anzahl von Micro- und Myxosporidia. Sie alle bilden kleine Knoten, in denen die Sporen liegen. Die Knötchen können, je nach Art des Sporentierchens, in den verschiedensten Organen liegen. Obwohl man schon sehr viele verschiedene Sporentierchen bei Aquarienfischen gefunden hat, war bis jetzt keine Art dabei, die eine wirkliche Gefahr bedeutet. Einzelne Fische können aber sehr wohl solchen Infektionen zum Opfer fallen. Entweder breitete sich die Infektion überhaupt nicht aus, oder sie verschwand nach kurzer Zeit von selbst. Es ist aber durchaus möglich, daß in Zukunft Arten eingeschleppt werden, die eine Bedrohung der Aquaristik darstellen könnten. Vorsicht ist also angebracht.

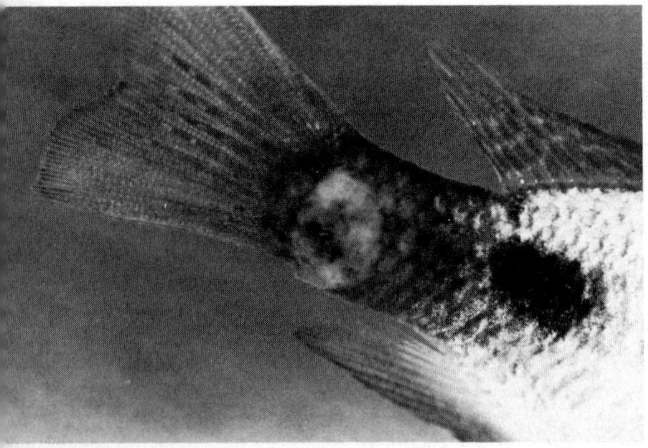

Bild 10.51: Myxosporidien an der Schwanzwurzel eines Aquarienfisches.

Diagnose: Finden sich im Körper eines Fisches Knötchen, so prüft man durch Zerquetschen, ob sie Sporen enthalten. Die Sporen sind in einem Knoten von gleicher Größe. Ihre Form ist meist oval, manche Arten besitzen Schwanzanhänge. Alle Sporen sind stark lichtbrechend. Bei Microsporidien ist meist keine weitere Innenstruktur erkennbar. Bei Sporen von Myxosporidien sind 1–4, meist 2 Bläschen im Inneren sichtbar (Polkapseln). Mit Glück kann man in den Polkapseln einen spiralig aufgerollten Polfaden erkennen.
Verwechslungsmöglichkeit: Sind Sporen vorhanden, handelt es sich um eine Sporozoeninfektion[1].
Therapie und Vorbeugungsmaßnahmen: Eine medikamentöse Behandlung von Micro- und Myxosporidien ist unbekannt. Sollte sich eine Sporozoeninfektion in Aquarien ausbreiten, sollte eine Bekämpfung mit einem Bodennetz versucht werden[2].

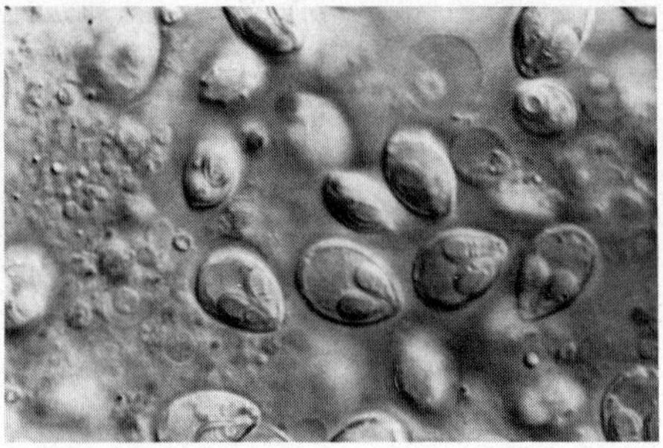

Bild 10.52 (links): Knötchenbildende Myxosporidien auf der Flosse eines Cichliden.

Bild 10.53 (rechts): Myxosporidiensporen. Man erkennt die zwei Polkapseln und kann einen spiralig aufgerollten Polfaden erahnen. Aufnahmen G. Schubert.

Ciliata (Wimpertierchen)

Wimpertierchen sind Einzeller, die sich durch Wimpern fortbewegen (Cilien), die ihre Oberfläche ganz oder teilweise bedecken. Sie besitzen zwei Kerne, einen großen, leicht erkennbaren Makronucleus und einen kleinen, meist nur schwer auffindbaren Mikronucleus. Bekannt ist das Pantoffeltierchen *(Paramecium)* als Jungfischfutter. Ciliaten zeigen zwei Fortpflanzungsarten. Neben der asexuellen einfachen Querteilung tritt noch eine komplizierte sexuelle Fortpflanzung, die Konjugation, auf.

Ichthyophthirius multifiliis (Weißpünktchen- oder Grießkornkrankheit)
Krankheitsursache: *Ichthyophthirius* ist ein großes, auch dem bloßen Auge auf-

[1] Allenfalls können Pilzinfektionen ähnliche Bilder ergeben.
[2] Siehe auch S. 691

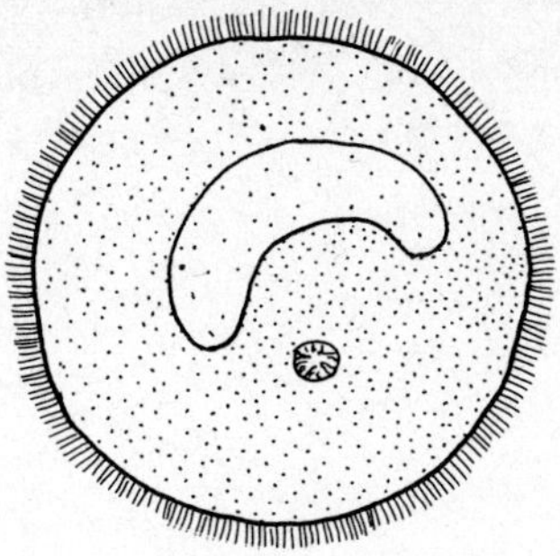

Bild 10.54: Ichthyophthirius multifiliis mit Hufeisenkern.

fallendes Wimpertierchen. Die Größe (bis 1 mm) schwankt mit der Größe der befallenen Fische und den äußeren Umständen. Die Gestalt ist kugelig, die Bewimperung gleichmäßig über die Oberfläche verteilt. Der große, hufeisenförmige Makronucleus ist gewöhnlich gut zu erkennen. Charakteristisch ist die dauernde drehende Bewegung. Der ausgereifte Parasit fällt vom Wirt ab und bildet eine Kapsel, die sich an Pflanzen oder Steinen festheftet. Kapseln, die sich aus irgendeinem Grund nicht festheften können (z. B. durch stark bewegtes Wasser), entwickeln sich meist nicht weiter. In der Kapsel beginnt der Parasit sich zu teilen, bis schließlich 250–1000 kleine, birnenförmige, etwa 30 µm große bewimperte Schwärmer entstanden sind. Die Kapsel platzt, und die Schwärmer schwimmen davon, um sich wieder an einem Fisch festzuheften. Das kann überall auf der Körperoberfläche geschehen, doch werden Schwanzflosse, Rückenflosse und Kiemen bevorzugt. Der Schwärmer bohrt sich in die Haut ein und kann in ihr weiterwandern. Der Fisch schiebt neues Hautgewebe über den Parasiten; dadurch liegt *Ichthyophthirius* in der Haut, nicht auf der Haut. So geschützt, wächst der Schwärmer zum erwachsenen Tier heran. Wird ein Parasit vor der endgültigen Reife vom Wirt abgestreift oder verliert sonstwie seinen Fisch, kann er sich ohne Abkapselung in eine geringere Anzahl von Schwärmern teilen.

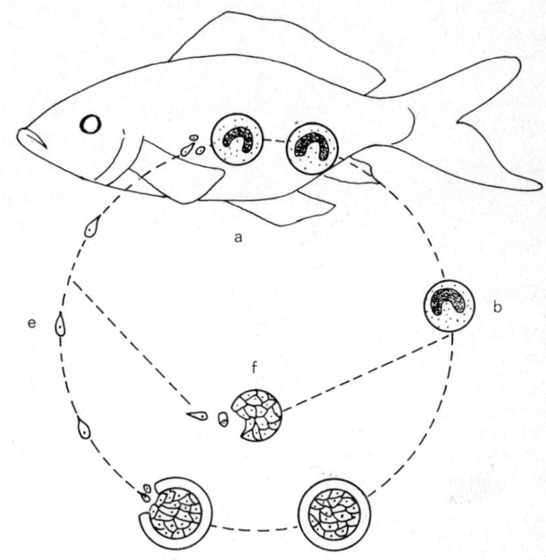

Bild 10.55 (rechts): Ichthyophthirius multifiliis. Entwicklungszyklus. a. Fisch mit Parasiten; b. abgefallener Parasit; c. am Boden abgekapselter Parasit, der Schwärmer bildet; d. schlüpfende Schwärmer; e. freie Schwärmer befallen den Fisch; f. unreif abgestreifter Parasit bildet Schwärmer ohne Abkapselung.

Immer wieder wird die Frage aufgeworfen, ob nicht außer den beschriebenen Formen noch Dauerstadien vorhanden seien, die lange Zeit, chemisch unangreifbar, in Ruhe verharren können, bis dann plötzlich wieder Schwärmer frei werden. So möchte man das plötzliche Auftreten von *Ichthyophthirius*-Befall erklären, wenn keine Einschleppung möglich erscheint. Nachgewiesen sind solche Dauerstadien nicht. Wahrscheinlicher ist es, daß in solchen Fällen einzelne Schmarotzer unbemerkt an Fischen paratisiert haben. Bei Schwächung der Fische durch irgendwelche Umstände tritt dann plötzlich eine Massenvermehrung ein.

Für die Bekämpfung ist es wichtig, über die Dauer der einzelnen Entwicklungsschritte zu wissen. Vom Festsetzen der Schwärmer bis zum Abfallen der reifen Parasiten vergehen bei 10° C 4 Wochen und mehr, bei 27° C dauert es nur 4 bis 5 Tage. Der Parasit kapselt sich etwa innerhalb einer Stunde nach dem Abfallen ab. Die Schwärmer schlüpfen bei 27° C in etwa 18–20 Stunden, bei höherer Temperatur kann die Entwicklungsdauer auf 8–9 Stunden zurückgehen. $^1/_2$ Stunde nach dem Schlüpfen sind die Schwärmer infektionstüchtig. Sie können bis zu 48 Stunden ohne Wirt leben, nach 55 Stunden sind alle tot. Allerdings wurden in letzter Zeit Beobachtungen gemacht, daß die Schwärmer unter bestimmten Bedingungen einen Geschlechtsprozeß (Konjugation) durchmachen können. Die Produkte einer solchen Konjugation sollen wesentlich länger infektionstüchtig bleiben.

Diagnose: Reife Ichthyophthirien bilden große, mit dem bloßen Auge gut erkennbare, weiße Punkte auf dem Fisch. Bei starkem Befall, zu dem man es nie kommen lassen sollte, wirkt der Fisch wie mit Puderzucker bestäubt. In seltenen Fällen siedelt sich *Ichthyophthirius* nur auf den Kiemen an. Befallene Fische zeigen die üblichen Reaktionen auf Hauttrüber: Flossenklemmen, Scheuerbewegungen, Schaukeln.

Unter dem Mikroskop ist *Ichthyophthirius* durch die dauernde kreisende Bewegung, die Größe und den hufeisenförmigen Kern leicht zu erkennen. Die Form ist im mikroskopischen Bild normalerweise kreisrund. Haben sich jedoch mehrere Parasiten in einem Hohlraum unter der Haut versammelt, können sie sich gegenseitig zu beliebigen Formen abplatten.

Bild 10.56: Ichthyophthirius-Befall (helle, grieskornartige Pünktchen auf der Schwanzflosse) bei einem Schleierschwanz. Aufnahme G. Schubert

Bild 10.57: Ichthyophthirius auf einer Fischflosse, stärker vergrößert. Aufnahme G. Schubert.

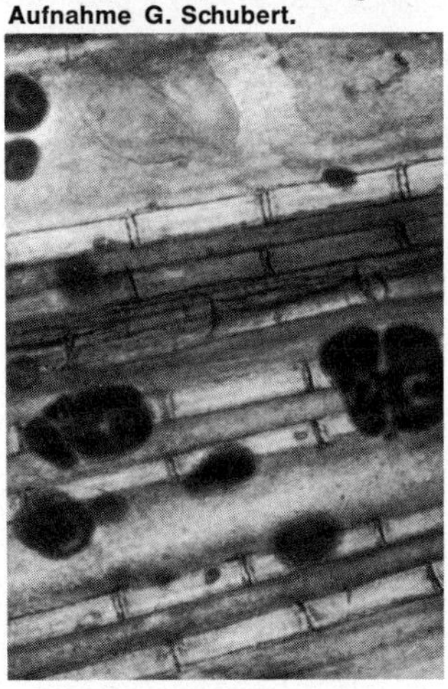

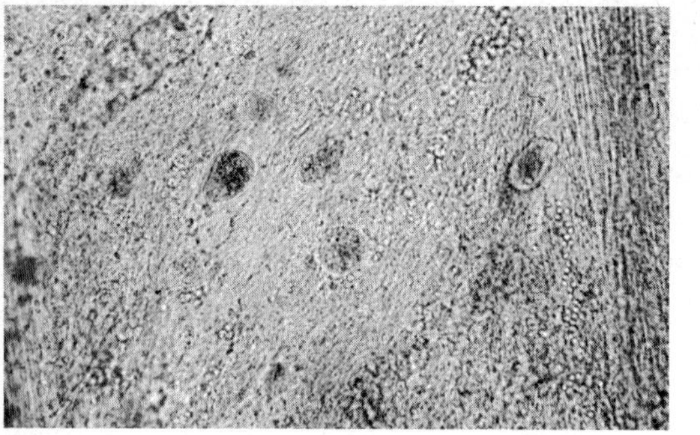

Bild 10.58: Schwärmer von Ichthyophthirius multifiliis. Sie erscheinen hell, fast durchsichtig. Aufnahme G. Schubert

Die birnenförmigen Schwärmer sind sehr viel kleiner. Findet man bei einer Routineuntersuchung nur Schwärmer, so hat man eine gerade beginnende Infektion vor sich. Das Einbohren unter die Haut läßt sich an Flossenstücken sehr schön beobachten.
Verwechslungsmöglichkeit: Makroskopisch können Sporozoenknötchen ein *Ichthyophthirius*-ähnliches Bild hervorrufen. Ein Blick durchs Mikroskop läßt den Unterschied aber sofort erkennen. Schwärmer besitzen in der Form eine gewisse Ähnlichkeit mit *Tetrahymena pyriforme*. Letztere erscheint aber im Durchlicht unter dem Mikroskop ziemlich dunkel, während *Ichthyophthirius*-Schwärmer sehr hell, fast durchsichtig, sind.
Therapie und Vorbeugungsmaßnahmen:
1. Umsetzmethode. Die Fische werden alle 12 Stunden in ein parasitenfreies Becken umgesetzt. Die innerhalb der Verweildauer in einem Becken abgefallenen Ichthyophthirien können bei Temperaturen unter 20° C noch keine Schwärmer gebildet haben, so wird eine Neuinfektion unmöglich, und der Fisch wird nach und nach parasitenfrei. Die infizierten Becken bleiben 72 Stunden leer stehen. In dieser Zeit sind alle Schwärmer geschlüpft und abgestorben, so daß das Becken nicht mehr infektiös ist und erneut verwendet werden kann. Man benötigt also vier Becken, von denen jeweils drei leerstehen und eines besetzt ist. Selbstverständlich kann man mit weniger Aquarien auskommen, wenn man die Becken zwischendurch desinfiziert.
2. Chemische Bekämpfung. Hierbei muß berücksichtigt werden, daß die meisten Medikamente nur gegen Schwärmer, nicht aber gegen die in der Haut sitzenden Parasiten wirksam sind. Deshalb sind sehr lange Badezeiten nötig, bis sich auch der letzte Parasit abgelöst hat. Um das zu beschleunigen, wird empfohlen, die Temperaturen tagsüber auf 33° C zu steigern, nachts dann aber auf 21° C abfallen zu lassen (sofern die Fischart das verträgt). Die Badedauer sollte dann 4–5 Tage, bei 25° C aber 7 Tage betragen. Als Heilmittel seien Acriflavin[1] und Malachitgrün[2] empfohlen. Im Fachhandel sind seit einigen Jahren Mittel erhältlich, die teilweise gegen die in der Haut sitzenden Parasiten wirksam sind, jedoch gibt es immer wieder Infektionen (besondere Rassen von *Ichthyophthirius?*), bei denen auch solche Mittel gegen Formen unter der Haut wirkungslos bleiben.
3. Physikalische Bekämpfung: Werden die Fische in unbepflanzten Aquarien ohne Bodengrund gehalten, in denen durch Ausströmer und Umlaufpumpe eine starke Strömung erzeugt wird, können sich die abgefallenen Parasiten nicht weiterentwickeln, und die Infektion erlischt nach einiger Zeit. Es ist darauf zu achten, daß keine Ecken mit unbewegtem Wasser vorhanden sind. Das Verfahren ist nur für größere Fische anwendbar; kleinere können der notwendigen starken Strömung nicht standhalten.
Die Gefahr, *Ichthyophthirius* einzuschleppen, ist mit jedem Neukauf gegeben. Trotz genauester Beobachtung kann ein Fisch mit Schwärmern infiziert sein. Dagegen hilft nur Quarantäne-Haltung.

Cryptocaryon irritans (Seewasser-Ichthyophthirius)
Krankheitsursache: Im Seewasser tritt ein dem nur im Süßwasser vorkommenden *Ichthyophthirius* recht ähnlicher Parasit auf, *Cryptocaryon irritans*. Er erreicht eine Größe von über 1 mm. Über den Lebenszyklus von *Cryptocaryon* ist bis jetzt kaum etwas bekannt. Er parasitiert wie sein Süßwasservetter unter der obersten Hautschicht. Der Schmarotzer ist nicht so häufig wie *Ichthyophthirius*, aber durchaus nicht selten. *Platax*-Arten und Chaetodonten erwiesen sich als besonders empfindlich. Befallen werden können aber wohl alle Seewasserfische. Hat sich bei Entdeckung der Krankheit bereits ein stärkerer Kiemenbefall entwickelt, ist die Lage hoffnungslos.
Diagnose: Befallene Fische sind sehr unruhig, scheuern sich und klemmen die Flossen. Bei gelegentlich vorkommendem reinem Kiemenbefall fällt nur eine er-

[1] s. S. 710
[2] s. S. 713

schwerte Atmung auf. Auf der Haut fällt *Cryptocaryon* meist durch deutliche weiße Punkte auf. Sie erreichen aber nie die Dichte, wie sie bei starkem *Ichthyophthirius*-Befall auftreten können. Die Fische sterben vorher. In manchen Fällen verfärbt sich die Haut über den Parasiten milchig trüb; dann sind keine abgegrenzten Punkte mehr erkennbar. *Cryptocaryon* ist zarter als *Ichthyophthirius*. Bei der Herstellung eines Hautabstriches wird der Parasit daher häufig zerrissen. Man findet dann nur noch Fetzen mit schlagenden Wimpern. Sieht man solche Bruchstücke, kann man mit hoher Wahrscheinlichkeit eine *Cryptocaryon*-Infektion annehmen, da unter aquaristischen Bedingungen sonst kein schmarotzender Ciliat auf Haut und Kiemen vorkommt.
Gelingt es, einen unverletzten *Cryptocaryon* auf den Objektträger zu bekommen – mit ganzen Kiemenstücken ist das beim toten Tier leicht möglich –, sieht er unter dem Mikroskop im Durchlicht dunkel und kreisrund aus. Er dreht sich langsam. Ein Kern ist nicht zu erkennen; am Rand erkennt man die Wimpern.
Verwechslungsmöglichkeit: Nach dem mikroskopischen Bild keine. Die makroskopischen Symptome am Fisch sind unsicher. Weiße Punkte können auch Sporozoenknötchen sein. Flächige Weißfärbung kann bakteriell bedingt sein. Erschwerte Atmung kann eine Vielfalt von Ursachen haben (Kiemenwürmer, *Oodinium*, Schädigung der Kiemen durch Nierenversagen usw.).
Therapie und Vorbeugungsmaßnahmen: Chinindauerbäder[3] helfen manchmal, es kommen aber auch Versager vor. Kupferbäder[4] sind sicherer. In beiden Fällen muß aber lange behandelt werden, zumindest noch 5 Tage, nachdem alle Symptome verschwunden sind. Daher ist bei beiden Behandlungen eine Konzentrationskontrolle notwendig. Das Einschleppen von *Cryptocaryon* ist nur durch längere Quarantäne von Neuzugängen zu vermeiden.

[3] s. S. 711
[4] s. S. 712
[5] Siehe auch S. 656

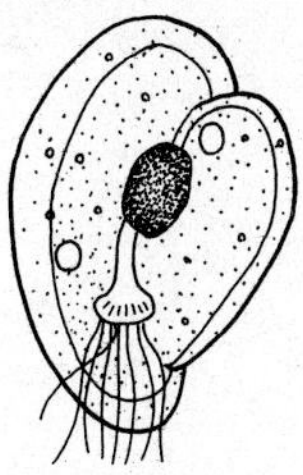

Bild 10.59: Großer Herzförmiger Hauttrüber (Chilodonella).

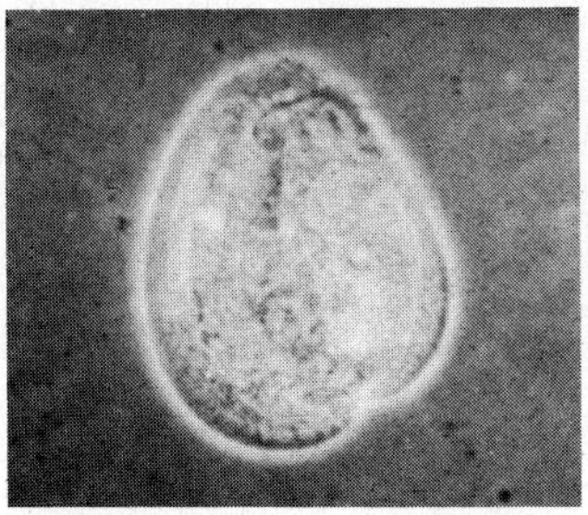

Bild 10.60: Der Große Herzförmige Hauttrüber Chilodonella im Phasenkontrast. Aufnahme G. Schubert

Chilodonella (Großer, Herzförmiger Hauttrüber)
Krankheitsursache: Verschiedene Angehörige der Gattung *Chilodonella (Chilodonella cyprini, Chilodonella hexasticha* u. a.*)* leben als Parasiten auf der Haut und den Kiemen von Fischen. Die Bewimperung auf der Rückenseite der Schmarotzer ist gleichmäßig, auf der Bauchfläche stehen nur 8–15 Reihen von Cilien. Je nach Art ist das Hinterende mehr oder weniger deutlich eingekerbt. So kommt eine annähernd herzförmige Gestalt zustande, die aber nur sichtbar ist, wenn das Wimpertierchen günstig liegt. Die Länge des Parasiten schwankt zwischen 40 und 60 μm. Die Fortpflanzung ist eine einfache Querteilung; Geschlechtsvorgänge wurden bisher nicht beobachtet. *Chilodonella* vermag nur kurze Strecken frei zu schwimmen. Dadurch kann sie nur von Fisch zu Fisch übergehen, wenn diese nahe beieinanderstehen. Enge Haltung begünstigt daher die Ausbreitung der Krankheit. Befallen werden können die meisten Zierfische. Starker Befall endet immer tödlich.
Diagnose: Infizierte Tiere scheuern sich, klemmen die Flossen und zeigen einen weiß-bläulichen Hautbelag. Bei starkem Befall sitzen die Parasiten besonders zwischen Kopf- und Rückenflosse so eng zusammen, daß ein pflastersteinähnlicher Eindruck entsteht. Später löst sich die Haut in Fetzen ab. Bei Kiemenbefall atmen die Tiere schwer und hängen luftschnappend an der Oberfläche. Mikroskopisch ist der Parasit leicht zu erkennen, aber praktisch nur am frisch getöteten oder soeben verendeten Tier nachweisbar, da *Chilodonella* u. U. den Wirt innerhalb 15 Minuten verläßt.
Verwechslungsmöglichkeit: Makroskopisch verursachen andere Hauttrüber und Kiemenparasiten die gleichen Symptome. Mikroskopisch achte man bei etwas stärker abgeblendetem Mikroskop auf die in wenigen Reihen angeordneten Wimperreihen der Unterseite, die *Chilodonella* besitzt, aber nicht *Tetrahymena*.
Therapie und Vorbeugungsmaßnahmen: Malachitgrün[2] als Dauerbald für 1 Tag (bei 28° C reichen 10 Stunden) wirkt zuverlässig. Bei 28° C leerstehende Becken sind nach 3–5 Tagen parasitenfrei. Eine Einschleppung einheimischer Arten mit dem Futter führt im geheizten Aquarium meist nicht zu dauernden Infektionen. Wärmeliebende Arten können aber mit Fischen eingeschleppt werden; eine richtig durchgeführte Quarantäne[5] hilft, das Risiko zu verringern.

Trichodina (Mittlerer, Kreisförmiger Hauttrüber)
Krankheitsursache: Die Gattung *Trichodina* nimmt unter den Hauttrübern eine Sonderstellung ein. Sie kann als Parasit auf Haut und Kiemen von Fischen leben, muß es aber nicht. *Trichodina* kann sich auch frei im Wasser ernähren. Die meisten Arten tun dies allerdings selten; immerhin kann *Trichodina* auch aus fischlosen Futtertümpeln eingeschleppt werden. Durch Stehenlassen ohne Fische muß demnach ein Aquarium nicht frei von *Trichodina* werden.

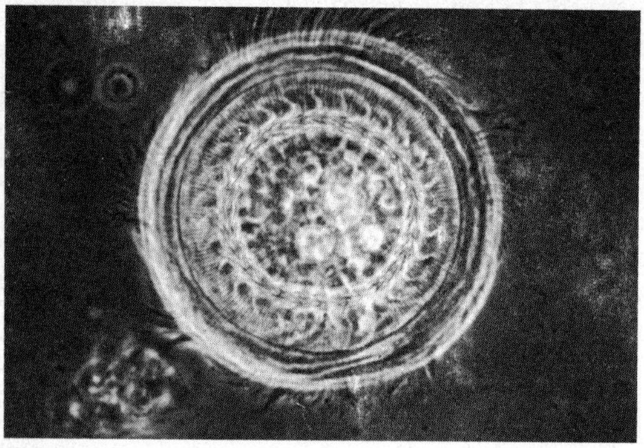

Unter dem Mikroskop erscheint *Trichodina* meist kreisrund. Außen liegt ein Kranz von Wimpern, innen ein filigranartiger Ring von Haken und Spangen um die zentral gelegene Mundöffnung herum. Dieses Bild gibt den Eindruck, als ob *Trichodina* die Gestalt einer flachen Scheibe habe. Sieht man jedoch ein Tier einmal von der Seite, erkennt man, daß *Trichodina* einem Priesterhut ähnelt. Eine flache Randscheibe umgibt den halbkugelig gewölbten Mittelteil.

Bild 10.61: Der Mittlere, Kreisförmige Hauttrüber Trichodina. Die Farbenkontrastaufnahme zeigt deutlich den Wimperkranz. Aufnahme G. Schubert.

Trichodina ist im Leben in ständiger kreisender Bewegung und raspelt mit den Haken des äußeren Rings Teilchen des Wirtsgewebes ab. Der Körper des Parasiten paßt sich dabei durch Formänderung seiner Unterlage an. *Trichodina* kommt in einigen wenigen Exemplaren auf fast jedem Wildfisch vor, ohne größeren Schaden zu verursachen. Bei starkem Befall, wie es unter Aquarienbedingungen leicht vorkommen kann, treten aber Todesfälle, besonders durch Zerstörung der Kiemen, auf. *Trichodina* pflanzt sich durch Teilung fort und sucht freischwimmend neue Wirte auf. Es ist eine sehr große Anzahl von verschiedenen Arten bekannt, einige auch aus dem Seewasser.

Diagnose: Weißlich-bläuliche Hautbeläge, Scheuerbewegung und bei Kiemenbefall erschwerte Atmung, im Extremfall Luftschnappen deuten allgemein auf Hauttrüber und Kiemenparasiten hin. Mikroskopisch ist *Trichodina* im Hautabstrich und Kiemenpräparat leicht an ihrer charakteristischen Gestalt zu erkennen.

Verwechslungsmöglichkeit: Die makroskopischen Merkmale sind unspezifisch und gelten für alle Hauttrüber. Mikroskopisch ist *Trichodina* unverwechselbar.

Therapie und Vorbeugungsmaßnahmen: Chinin-[1] oder Acriflavinbäder[2] über 1–2 Tage helfen gut. Malachitgrün[3] wirkt langsamer, so daß 3–4 Tage notwendig sind.

Trichodina kann infolge ihrer fakultativ planktonischen Lebensweise leicht mit Futter etc. eingeschleppt werden, ohne daß man dies verhindern kann.

[1] s. S. 711
[2] s. S. 710
[3] s. S. 713

Tetrahymena (Birnenförmiger Hautparasit)

Krankheitsursache: *Tetrahymena* ist im allgemeinen kein Parasit, sondern lebt in stark verschmutztem Wasser frei. In Aquarien finden sich immer einige wenige Tiere. An toten Fischen sammelt sich *Tetrahymena* sofort an und vermehrt sich ungeheuer rasch. Unter Aquarienbedingungen werden aber nicht selten auch geschwächte Fische angegriffen, die dann durch den zusätzlichen Befall eingehen können. *Tetrahymena* ist birnen- bis kürbisförmig gestaltet. Die Größe schwankt von 25–90 µm. Wenn *Tetrahymena* vorhanden ist, findet sie sich stets in großer Zahl. *Tetrahymena*-Befall zeigt eine starke Schwächung der Fische an; meist sind solche Tiere nicht zu retten.

Diagnose: Mit *Tetrahymena* behaftete Fische zeigen fast stets zerfranste Flossen, weißlichen, ziemlich dicken Hautbelag und machen einen sehr schwachen Eindruck. Mikroskopisch erkennt man die ziemlich lebhaft beweglichen Schmarotzer leicht, da sie stets in großer Zahl vorhanden sind. Die spitzovalen Tiere erscheinen im Durchlicht dunkel.

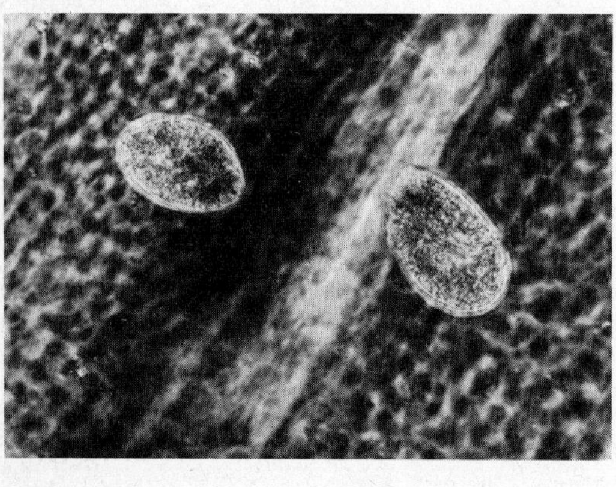

Verwechslungsmöglichkeit: Schwärmer von *Ichthyophthirus* haben eine ähnliche Form. Sie sind aber kleiner, nur die kleinsten

Bild 10.62: Der Birnenförmige Hautparasit Tetrahymena pyriforme auf einer Fischflosse. Aufnahme G. Schubert.

Tetrahymena entsprechen ihnen etwa in der Größe. *Ichthyophthirius*-Schwärmer sind außerdem stets ziemlich durchsichtig.
Therapie und Vorbeugungsmaßnahmen: Malachitgrünbäder[3] töten *Tetrahymena* ab. Von anderen Mitteln ist abzuraten, da sie die stark geschwächten Fische zu sehr angreifen. Für mit *Tetrahymena* befallene Fische kommt aber oft jede Hilfe zu spät. Gesunde bzw. bei Krankheiten rechtzeitig behandelte Fische werden nicht befallen.

Glossatella, Epistylis u. ä. (Gestielter Hauttrüber)
Krankheitsursache: *Glossatella* ist ein mit einem sich verjüngenden Stiel festsitzendes Wimpertierchen, das nur am oberen Rand einen Wimpernkranz trägt. Es findet sich selten auf der Haut von Fischen. Wahrscheinlich schadet es wenig.
Diagnose: Kommt *Glossatella* allein vor, treten meist keine mit dem bloßen Auge sichtbaren Symptome auf. Ist es mit anderen Hauttrübern vergesellschaftet, finden sich natürlich deren Anzeichen. Unter dem Mikroskop übersieht man *Glossatella* leicht, da sie bei Beunruhigung ihren Wimpernkranz einklappt und dann schwer sichtbar ist. Nur bei längerer Beobachtung fällt der Parasit durch die Strudelbewegung des Wimpernkranzes auf.
Verwechslungsmöglichkeit: keine.
Therapie und Vorbeugungsmaßnahmen: Malachitgründauerbäder[3] sind wirkungsvoll.

Pilze

Pilze sind Pflanzen, die kein Blattgrün besitzen. Sie ernähren sich von toter oder lebender organischer Substanz. Pilze wachsen mit einem feinen Fadengeflecht (Mycel) in ihrem Substrat.

Saprolegniacea (Wasserschimmel)
Krankheitsursache: In fast jedem Aquarium befinden sich die Sporen von Schimmelpilzen aus den Gattungen *Saprolegnia* und *Achlya*. Auf organischem Substrat keimen die Sporen und entwickeln rasch ein Mycel, das verklumpte Futterreste, tote Fische usw. in kurzer Zeit als weißer, watteartiger Belag überzieht. Lebende Substanz, also z. B. Fische, werden nur angegriffen, wenn sie durch andere Schäden geschwächt sind. Ein gesunder, kräftiger Fisch kann nicht verpilzen. Im Gefolge von schwereren Wunden, bakterieller Flossenfäule (die wiederum selbst ein Schwächezeichen ist)[4], ungeeigneten Wasserbedingungen usw. treten aber häufig Verpilzungen auf.
Diagnose: Makroskopisch sind die watteartigen Beläge leicht zu erkennen. Im Hautabstrich sieht man mikroskopisch ein Gewirr von Fäden. Am Ende sind manche Fäden keulenartig verdickt oder sehen flaschenartig aus mit einem kleinen blumenartigen Köpfchen. *Saprolegnia* fällt außerhalb des Wassers vollständig zu einer glitschigen Masse zusammen, *Achlya* bleibt filzig. Es können gelegentlich aber auch andere Gattungen auftreten.
Verwechslungsmöglichkeit: Wasserschimmel liegt nur vor, wenn die Fadenstruktur bereits mit einer 10fachen Lupe sichtbar wird. Sind nur sehr feine Fäden, meist nur an sehr kleinen Flächen, vorhanden, kann es sich um *Flexibacter*[5] handeln.
Therapie und Vorbeugungsmaßnahmen: Spezielle fungizide Mittel (z. B. Griseofulvin)[6] sind zwar anwendbar, der Erfolg ist aber unsicher und die Behandlung teuer. Kochsalz-Kurzbäder sind oft wirksam[7]. Bei nicht zu großen, befallenen Flächen kann mit Desinfektionsmitteln (Rivanol)[8] gepinselt werden. Meist ist die Verpilzung mit einer bakteriellen Haut- und Flossenfäule gekoppelt. Bekämpft man diese[9], so verschwindet in der Regel auch die Verpilzung, obwohl die Medikamente nicht stark fungizid sind. Immer müssen wir versuchen zu erkennen, warum die Fische so geschädigt sind, daß der Pilz Fuß fassen konnte und die Ursache dann abstellen.

Ichthyosporidium hoferi (syn. *Ichthyophonus hoferi)*
Krankheitsursache: *Ichthyosporidium hoferi* ist ein Pilz, der wahrscheinlich primär in Meeresfischen parasitiert und von dorther ins Süßwasser verschleppt wurde. Vieles über seine Entwicklung und Lebensweise, aber auch über die vorkommenden Krankheitssymptome, ist recht unsicher. Viele ältere Autoren haben sicher echte *Ichthyosporidium*-Infektionen und Fischtuberkulose nicht unterscheiden können, so daß manchmal unklar ist, worauf sich eine Krankheitsbeschreibung bezieht. Befallen werden können wohl alle Fische des Süß- und See-

[4] s. S. 700
[5] s. S. 700
[6] s. S. 711
[7] s. S. 712
[8] s. S. 714
[9] s. S. 701

wassers. Da im Fisch auch ziemlich alle Organe befallen werden können, schwankt das Krankheitsbild außerordentlich stark.

Diagnose: Nach äußerlichen Merkmalen läßt sich keine Diagnose stellen. Häufig magern die Fische ab, sie können aber auch einen aufgetriebenen Leib haben. Glotzaugenbildung kommt vor, wenn das Nervengewebe hinter dem Auge befallen ist. Die sogenannte „Lochkrankheit", bei der Löcher in der Haut entstehen, kann von *Ichthyosporidium* herrühren, aber auch durch *Spironucleus*, bakterielle Hautkrankheiten, Sporozoen und vielleicht auch durch Vitaminmangel bedingt sein. Die Fische gehen langsam ein, immer wieder ein Toter! Kein Massensterben! Mikroskopisch findet man in den befallenen Organen kreisrunde Zysten. Der sicherste Fundort ist die Leber, dann folgen Milz und Niere, aber alle Organe können befallen sein. Die Zysten sind oft von dunklem Pigment umgeben. Etwas ältere Zysten sind meist von mehreren Lagen konzentrischer, schwach sichtbarer Ringe umgeben, die aus Bindegewebe bestehen. So versucht sich der Fisch, durch Abgrenzung vor dem Parasiten zu schützen. Häufiger bei Meeresfischen, selten bei Süßwasserfischen, findet man keimende Zysten, aus denen ein schlauchartiges Gebilde hervorbricht. Läßt man, vor Austrocknung geschützt, ein Quetschpräparat liegen, so keimen manchmal die Zysten auch bei Süßwasserfischen nach Tagen oder Wochen aus. Mit Lactophenol-Anilinblau[1] färbt sich die Zyste nach 1–2 Stunden intensiver blau als das umgebende Gewebe.

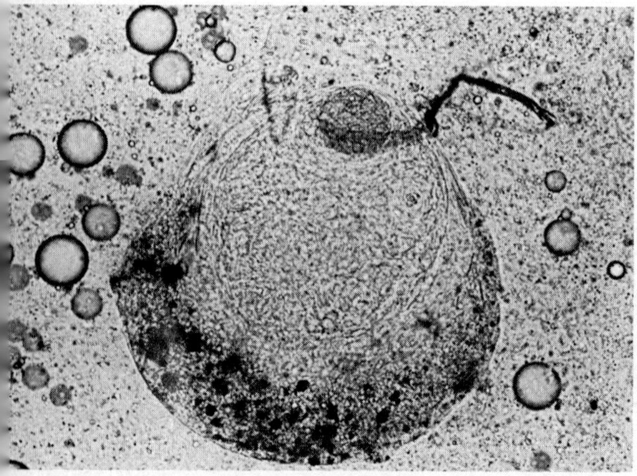

Bild 10.63: Zyste mit Ichthyosporidium, umgeben von dunklem Pigment. Aufnahme G. Schubert

Verwechslungsmöglichkeit: Zysten können auch Wurmlarven[2] oder Sporozoen[3] enthalten. Diese Möglichkeiten können aber durch genaue Beobachtung und Zerquetschen ausgeschlossen werden. Schwieriger ist die Abgrenzung gegen Mycobakterien-Knötchen[4]. Diese haben aber meist keine Hülle von Bindegewebe, sondern von einzelnen Zellen (Makrophagen u. a.). Mit Lactophenol-Anilinblau sind sie nicht anfärbbar. Trotzdem bleibt die Unterscheidung unsicher. Zysten bilden sich gelegentlich auch um Bakterienherde anderer Herkunft.

Therapie und Vorbeugungsmaßnahmen: Eine wirksame Therapie ist nicht bekannt. Alle bisher empfohlenen Mittel können zwar eine Ansteckung verhindern, wenn man im Versuch das Medikament gibt und gleichzeitig infiziert, sind aber bei bereits bestehender Infektion wirkungslos. Optimal gehaltene Fische erkranken weniger. Mit besten Haltungsbedingungen kann man der Krankheit daher entgegenwirken. Riskant ist immer das Verfüttern von kleineren Fischen an große, wenn man nicht sicher ist, daß die Futterfische frei von *Ichthyosporidium* sind. Gerade Zuchten von Futterguppies sind häufig erkrankt. Tote Fische sind sofort zu entfernen, ehe Beckengenossen daran herumknabbern können.

Andere Pilzinfektionen

Es sind verschiedene Pilze bekannt geworden, die in inneren Organen (Niere, Bindegewebe, Muskel) oder auf der Haut und den Kiemen leben können. Im Aquarium kommen solche Infektionen recht selten vor. Mit den dem Liebhaber zur Verfügung stehenden Mitteln sind sie nicht diagnostizierbar.

Bakterien

Bakterien sind einzellige Lebewesen, die keinen echten Zellkern besitzen. Eine große Anzahl von bakteriellen Krankheiten kommt auch bei Fischen vor. Eine Diagnose ist aber nur in Ausnahmefällen möglich. Bakterien kann man nicht nach ihrer Größe und Form im Mikroskop unterscheiden. Die notwendigen Methoden liegen außerhalb der Möglichkeiten des Liebhabers.

[1] Lactophenol-Anilinblau nach Funder:
Phenol 20 g
Milchsäure 20 g
Glyzerin 40 g
Wasser 20 g
Anilinblau 0,05 g

[2] s. S. 680

[3] s. S. 691

[4] Siehe auch Bild 10.64

[5] Mycobakterien besitzen eine äußerliche Hülle aus wachsartiger Substanz, die weitgehend undurchlässig ist. Dadurch dringen Farbstoffe nicht ein. Bei der Färbung nach Ziehl-Neelsen nützt man diese Eigenschaft aus. Heißes Karbolfuchsin dringt durch die Schutzschicht und färbt die Bakterien, aber natürlich auch alles andere. Nach Erkalten entfärbt man mit Alkohol, der Salzsäure enthält. Die kalte Flüssigkeit dringt nicht in die Bakterien ein. Nur diese behalten daher ihre Farbe. Eine nachfolgende Färbung mit Methylenblau färbt den Untergrund blau, und die roten Stäbchen heben sich gut ab.

Durchführung der Färbung

Benötigt werden:
Objektträger
Färbevorrichtung (zwei Glasstäbe

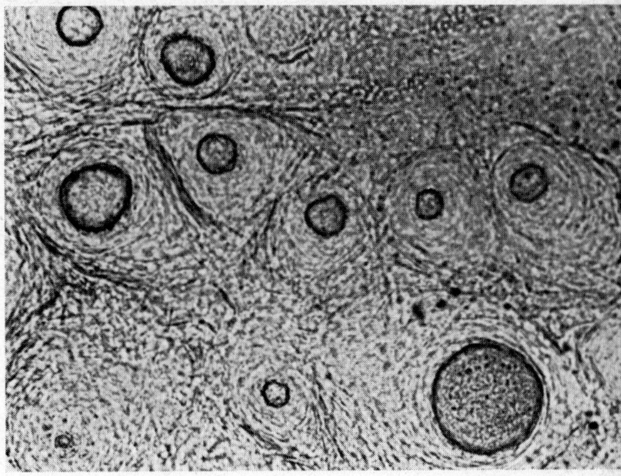

Bild 10.64: Tb-Knötchen. Quetschpräparat. Aufnahme G. Schubert.

Mycobacterium (Fischtuberkulose)

Krankheitsursache: Verschiedene Arten der Gattung *Mycobacterium* sind die Ursache der Tuberkulose des Menschen. Auch bei Fischen kommen Mycobakterien vor, die ein der Warmblüter-Tuberkulose sehr ähnliches Krankheitsbild verursachen. Im typischen Fall entstehen in den befallenen Organen kleine Knötchen, die mit Bakterien gefüllt sind. Es gibt aber auch schnellwachsende, atypische Stämme, die zu keiner richtigen Knötchenbildung führen. Mycobakteriosen sind in Aquarien außerordentlich häufig. Die Erreger sind in jedem Aquarienwasser vorhanden. Schlechte Bedingungen, vor allem zu enge Haltung und zu reichliche Fütterung, machen die Fische anfällig. Befallen werden können alle Fischarten (Süß- und Seewasser) und alle Organe. Es existieren verschiedene Arten oder Unterarten (die Systematik ist unklar) von fischpathogenen Mycobakterien. Zumindest *Mycobacterium marinum fortuitum* kann auch für den Menschen gefährlich werden. Bei anderen Arten ist es teilweise noch ungeklärt, ob sie den Menschen befallen können; teilweise weiß man, daß keine Gefahr besteht. Nach den bisherigen Erfahrungen kommen Infektionen beim Menschen hauptsächlich dann vor, wenn mit nicht vollständig geschlossenen Wunden im Aquarium hantiert wird. Die Gefahr ist sicher nicht allzu groß, sollte jedoch auch nicht unterschätzt werden. Die Unsitte, Schläuche mit dem Mund anzusaugen, sollte man auf jeden Fall unterlassen, auch wenn Infektionen über den Mund nicht bekannt geworden sind.

Diagnose: Je nach dem befallenen Organ sind die äußeren Merkmale der Fischtuberkulose sehr unterschiedlich. Häufig magern die Tiere ab, es entsteht der sogenannte Messerrücken, aber auch Auftreibung des Leibes kommt vor. Glotzaugen treten auf, wenn sich Tuberkel hinter dem Auge bilden. Mikroskopisch treten im typischen Fall Knötchen auf, die von einer dichten Masse erfüllt sind. Häufig sind die Knoten von dunklem Pigment umgeben. Dicht um die Tuberkel herum liegen meist unregelmäßig angeordnete, im Quetschpräparat nicht immer leicht zu erkennende größere Zellen (Makrophagen). Die Mycobakterien lassen sich mit einer relativ einfachen Färbung nachweisen, die auch dem Liebhaber gelingt. Danach erscheinen die Bakterien rot auf blauem Hintergrund[5].

Verwechslungsmöglichkeit: Nach makroskopischen Symptomen ist keine Diagnose möglich. Die Knötchen können auch anderer Herkunft sein; besonders leicht sind sie mit Zysten von *Ichthyosporidium*[6] zu verwechseln. Die Färbung ist ein ziemlich sicherer Beweis, wenn sie positiv ist. *Nocardia*-Infektionen, die ein ähnliches Bild geben würden, sind bei Fischen nicht häufig. Eine negativ verlaufene Färbung spricht zwar gegen das Vorliegen von Mycobakteriose, ist aber kein Beweis.

Therapie und Vorbeugungsmaßnahmen: Ein Heilmittel gegen Mycobakteriose ist nicht bekannt. Versuche mit Medikamenten, die in der Humanmedizin als Tuberkulostatika verwendet werden, verlie-

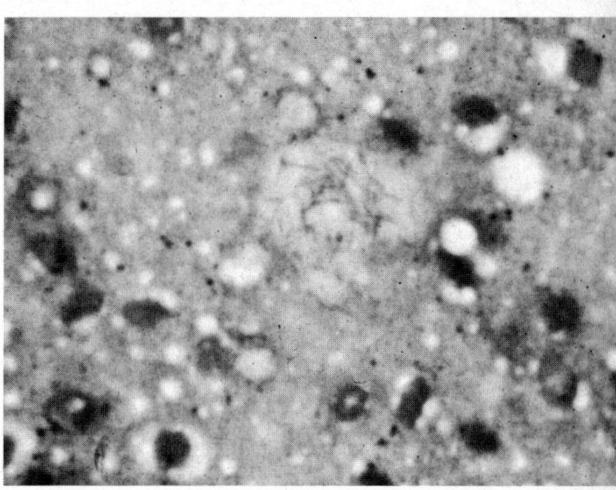

Bild 10.65: Gefärbte Mycobakterien. Etwa in der Mitte der Aufnahme kann man stäbchenartige Gebilde – die Mycobakterien – erkennen. Im Farbbild sind sie scharf rot gefärbt. Aufnahme G. Schubert.

werden so über eine Unterlage gelegt, daß der Objektträger darauf hohl liegt und von unten mit einer Flamme – Bunsenbrenner – erhitzt werden kann).
Karbol-Fuchsin nach Ziehl-Neelsen.
Löfflers Methylenblau
Salzsäure-Alkohol (zu 100 ml 70-prozentigem Alkohol gibt man 3 ml konzentrierte Salzsäure)
Destilliertes Wasser
Technik: Von den zu untersuchenden Organen wird eine verdächtige Stelle (Knötchen) mit der Pinzette auf die Größe eines Zehnpfennigstückes verteilt, oder man zerquetscht eine kleine Menge Material zwischen zwei Objektträgern und zieht diese gegenläufig auseinander. Man erhält so zwei Präparate mit einem Arbeitsgang. Man sollte mindestens drei Präparate anfertigen.
Zum Fixieren werden die lufttrokkenen Ausstriche langsam durch die Flamme gezogen.
Färbung: Die fixierten Ausstriche gleichmäßig mit Karbol-Fuchsin-Lösung bedecken und mit der Flamme zwei bis dreimal von unten bis zur Dampfentwicklung erhitzen; die Flüssigkeit darf nicht kochen! Danach läßt man zwei Minuten erkalten. Abspülen mit destilliertem Wasser. Danach Entfärben mit Salzsäure-Alkohol, das erste Präparat eine halbe Minute, das zweite Präparat eine Minute, das dritte Präparat drei Minuten. Abspülen mit destilliertem Wasser. Danach gibt man Methylenblau eine Minute auf die Präparate und spült wieder mit destilliertem Wasser ab.
Die Präparate läßt man an einem staubgeschützten Ort trocknen. Besitzt man am Mikroskop eine Ölimmersion, so werden die Präparate ohne Deckglas untersucht. Zum Erkennen der Stäbchen reicht aber eine starkes Trockenobjektiv (40:1) aus. Doch man muß dann einen Tropfen Einschlußmittel (Eukitt, DePeX o. ä.) aufbringen und ein Deckglas auflegen.

[6] Siehe auch S. 697

fen unsicher. Die menschliche Tuberkulose ist eine typische Zivilisationskrankheit, die sich unter unnatürlichen und schlechten Lebensbedingungen entwickelt. Ganz ähnlich erkranken nur nicht optimal gehaltene Fische an Mycobakterien. Findet man häufiger Mycobakterien, sollte man sich überlegen, was man falsch macht. Der häufigste Grund ist zu enge Haltung.

Flexibacter (Chondrococcus) columnaris (Columnaris-Krankheit)

Krankheitsursache: *Fexibacter columnaris* ist ein sehr dünnes, biegsames Stäbchen, das in Aquarien recht häufig Todesfälle verursacht. Meist wird der Grund nicht erkannt, obwohl wir hier eine bakteriell bedingte Krankheit vorliegen haben, die sich mit dem Mikroskop mit hoher Wahrscheinlichkeit diagnostizieren läßt. *Flexibacter columnaris* befällt zunächst wohl die inneren Organe, doch ist über die dort verursachten Schäden kaum etwas bekannt. Sterben die Tiere, bevor sich die Krankheit weiter entwickeln kann, bleibt sie meist unentdeckt. Leben die Fische länger, finden sich recht typische Hautschäden und weniger spezifische Kiemenschäden. Diese äußeren Merkmale treten erfahrungsgemäß bevorzugt beim Umsetzen in neues Wasser auf. *Columnaris* ist daher eine typische und gefürchtete Händlerkrankheit. Wahrscheinlich sind viele Fische innerlich infiziert. Durch die Belastung von Transport und abruptem Wasserwechsel kommt es dann zum Durchbruch nach außen, häufig mit tödlichem Ausgang.

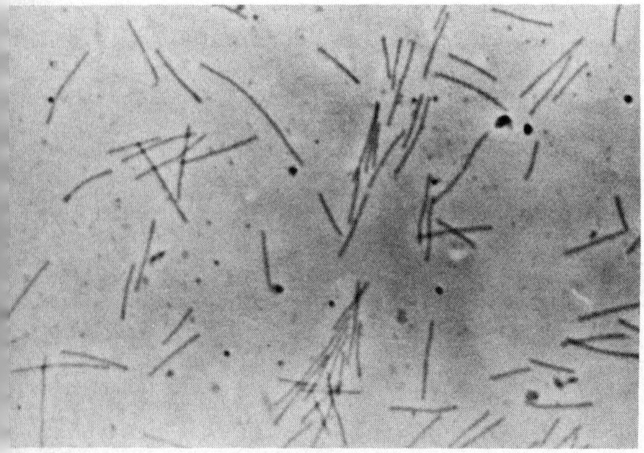

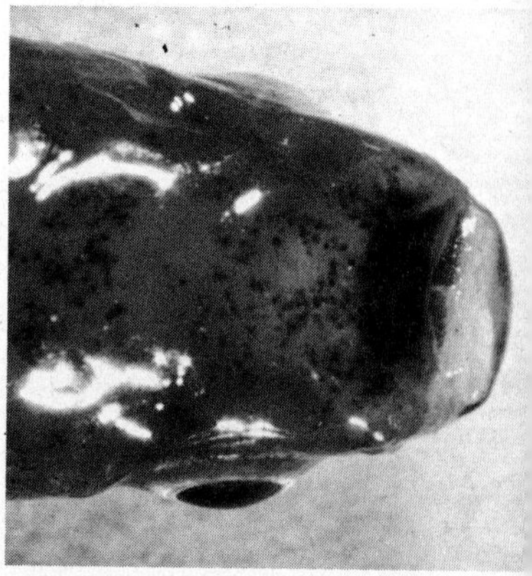

Bild 10.66 (links): Flexibacter columnaris, ein dünnes biegsames Bakterium, ist der Erreger der Columnaris-Krankheit.

Bild 10.67 (rechts): Am typischsten tritt die Columnaris-Krankheit bei Xiphophorus-Arten als sogenannte „weiße Schnauze der Lebendgebärenden“ auf.
Aufnahmen G. Schubert

Diagnose: Im fortgeschrittenen Stadium finden sich auf der Haut an sehr engumgrenzten Stellen feine, weißliche, watteartige Beläge. Am typischsten tritt der Befall bei *Xiphophorus*-Arten, als sogenannte „weiße Schnauze der Lebendgebärenden“ auf. Auch Haut- und Flossenschäden, die keinen mit dem bloßen Auge erkennbaren weißlichen Belag zeigen, können von *Flexibacter columnaris* herrühren. Schabt man von einer solchen Stelle etwas Gewebe ab und bringt es unter das Mikroskop, so kann man nach einiger Zeit die Bakterien auswandern sehen. Sie setzen sich mit einem Ende oben am Deckglas, nie unten am Objektträger, fest. Das freie Ende schwingt langsam hin und her. „Nach oben wandern“ und „Festsetzen mit einem Ende“ sind recht sichere Merkmale. Bei unerklärlichen Todesfällen prüfe man, ob sich in der gleichen Weise *Flexibacter* aus inneren Organen nachweisen läßt.

Verwechslungsmöglichkeit: Äußerlich kann ein Pilzbefall mit Wasserschimmel sehr ähnlich aussehen. Die „Wattefäden“ sind jedoch bei dem Pilzbefall viel gröber und die befallenen Flächen größer. Zur genauen Unterscheidung ist jedoch die mikroskopische Untersuchung notwendig.

Therapie und Vorbeugungsmaßnahmen: Antibiotika (Chloramphenicol) wirken nur unzuverlässig und sind nicht zu empfehlen. Dauerbäder mit Sulfonamiden[1] sind besser geeignet. Vorzüglich wirken neue Präparate auf Nitrofuranbasis[2]. Es ist aber zu bedenken, daß Tiere mit stark auftretenden Merkmalen häufig nicht mehr zu retten sind. Vorbeugungsmaßnahmen sind nicht möglich. Schwarmweise umgesetzte *Xiphophorus* können prophylaktisch behandelt werden.

Bakterielle Haut- und Flossenfäule

Krankheitsursache: Die in Aquarien nicht selten zu beobachtende Haut- und Flossenfäule ist zu allermeist eine Schwächekrankheit. In den befallenen Hautstellen, besonders an den Flossenrändern, können dann sehr verschiedene Bakterien nachgewiesen werden, zumeist Arten, die in jedem Wasser vorkommen, gegen die sich der Fisch also normalerweise wehrt; nur im geschwächten Zustand erkrankt er.

Diagnose: Milchige, manchmal entzündete Hautstellen und ausfasernde, zerfranste Flossen sind das typische Bild der Haut- und Flossenfäule. Eine genauere Diagnose ist uns nicht möglich.

[1] s. S. 714
[2] s. S. 713

[3] Siehe vorige Seite
[4] s. S. 691
[5] s. S. 699
[6] s. S. 697

Verwechslungsmöglichkeit: Bei der Columnaris-Krankheit[3] tritt oft das gleiche Bild auf. Auch die „Falsche Neon-Krankheit"[4], Mycobakteriosen[5] und *Ichthyosporidium*[6] können ähnliche Erscheinungen verursachen. Auch zu hoher oder zu niedriger pH kann Haut- und Flossenschäden verursachen.
Therapie und Vorbeugungsmaßnahmen: Gegen manche Formen helfen Antibiotika. Sicherer sind Sulfonamid-Dauerbäder[1] oder Präparate auf Nitrofuranbasis[2]. Genügend Raum und dem Fisch zusagendes Wasser sind die beste Garantie gegen das Auftreten der Krankheit.

Bauchwassersucht
Unter dem Begriff Bauchwassersucht versteht man eine starke Auftreibung des Leibes. Das ist aber ein Symptom, keine Krankheit. Die Ursache ist nicht einheitlich. Die sogenannte infektiöse Bauchwassersucht des Karpfens wird von einem Virus hervorgerufen. Gleichzeitig tritt meist eine bakterielle Sekundärinfektion auf. Ob diese Erkrankung auch bei Karpfenverwandten (z. B. Barben) im Aquarium auftreten kann, ist unklar. Erkranken Einzeltiere, empfiehlt es sich, sie zu vernichten. Wird die Krankheit deutlich ansteckend, sind Präparate auf Nitrofuranbasis[2] am ehesten erfolgversprechend.

Innere bakterielle Krankheiten
Innere Bakterieninfektionen sind für uns nicht diagnostizierbar. Hierher gehört auch die „Falsche Neon-Krankheit", vgl. S. 691. Behandlungen mit Antibiotika, Sulfonamiden und Nitrofuranen können versucht werden.

Bild 10.68: Lymphocystis-Infektion an der Schwanzflosse eines Scatophagus. Aufnahme G. Schubert

Viren

Viren sind nur in lebenden Zellen zur Vermehrung befähigt. Sie sind im Lichtmikroskop nicht sichtbar. Für Nutzfische ist eine Reihe von virusbedingten Krankheiten bekannt. Sehr wahrscheinlich gibt es auch im Aquarium Viruskrankheiten, bis auf eine Ausnahme weiß man jedoch darüber wenig.

Lymphocystis
Krankheitsursache: Das *Lymphocystis*-Virus verursacht ein Riesenwachstum der Zellen, in die es eindringt. Das Virus ist bei Seewasserfischen häufig zu finden. In der Mehrzahl der Fälle bleibt es aber da harmlos; relativ selten kommt es zu Massenansteckungen. Meist sind einige befallene Zellen vorhanden, die wieder verschwinden und an anderer Stelle neu erscheinen, ohne daß die Gesamtzahl zunimmt. Bei Brackwasserfischen, besonders wenn sie zu süß gehalten werden, kommt es dagegen leicht zu sehr schnell verlaufenden Seuchen mit Massenverlusten. Im Süßwasser ist *Lymphocystis* seltener, dafür aber in der Regel tödlich. Die befallenen Zellen können innerhalb von 2–3 Tagen fast den ganzen Fisch bedecken.
Häufiger befallene Arten im Süßwasser sind Makropoden (u. a. Labyrinther), aber alle Arten können befallen werden.
Diagnose: Die befallenen Zellen werden bis zu 2 mm groß. Sie sehen aus wie anhaftender Laich. Das kugelige Gebilde fühlt sich straff an und läßt sich nicht ohne Gewalt abstreifen. Unter dem Mikroskop erkennt man die gelbliche, kugelige Zelle; auch der Zellkern ist vergrößert.
Verwechslungsmöglichkeit: Einzeller sind unter dem Mikroskop an ihrer Beweglichkeit zu erkennen. Das unbewegliche *Oodinium* ist nie ganz kugelrund und dunkelgelb bis braunschwarz, nie hellgelb und klar. Sporozoenknötchen geben beim Zerquetschen Sporen frei.
Therapie und Vorbeugungsmaßnahmen: Sitzen die befallenen Zellen am Rand der Flossen, kann

Bild 10.69 (links): Von Lymphocystis befallene Zellen – stärker vergrößert.

Bild 10.70 (rechts): Bei einer sehr stark vergrößerten Zelle ist der Zellkern zu erkennen. Aufnahmen G. Schubert

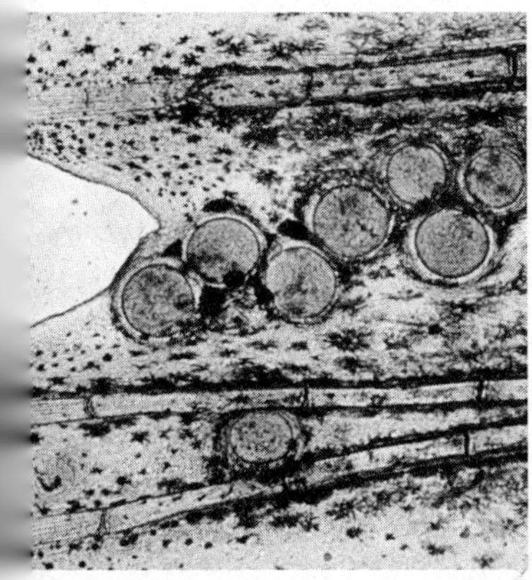

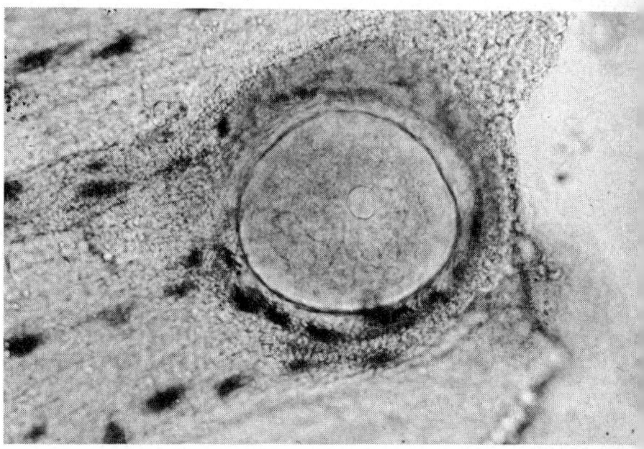

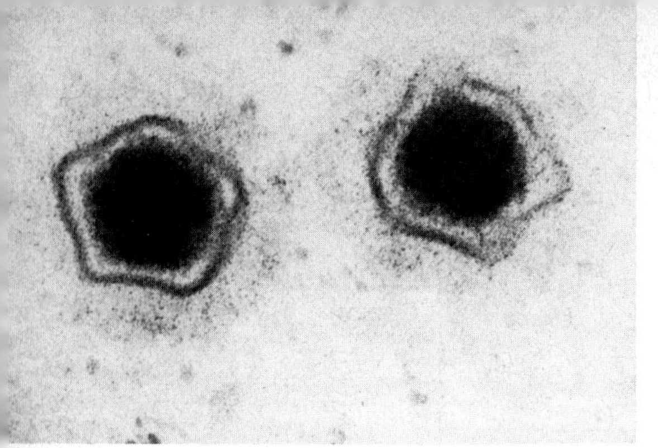

Bild 10.71: Lymphocystis-Viren im Elektronenmikroskop. Aufnahme G. Schubert

man das Flossenstück abschneiden. Dabei dürfen die mit *Lymphocystis* befallenen Zellen nicht verletzt werden, damit kein Virus frei wird. Die Schnittstelle ist gut mit Rivanol[1] zu desinfizieren. Ist eine operative Behandlung nicht möglich, kann versucht werden, die befallenen Stellen mit einer unter Wasser haftenden Schutzsalbe[2] zu bestreichen. Die freiwerdenden Viren bleiben dann in der Schutzschicht stecken und können nicht neue Zellen infizieren. Das Verfahren ist aber unsicher und hat nur als letzter Versuch bei wertvollen Einzeltieren Sinn. Brackwasserfische erkranken besonders leicht, wenn sie zu süß gehalten werden. Bei leichtem Befall kann eine starke Anhebung des Salzgehaltes helfen.

Tafel 63
Oben: Stehen die Südamerikanischen Vielstachler (Polycentrus schomburgki) gut im Futter, werden wir bemerken, daß die Weibchen um die Bauchgegend nach und nach immer fülliger werden, das heißt, sie werden bald Laich ansetzen. Das sonst so träge Männchen ändert jetzt sein Verhalten und wird immer temperamentvoller. Es wählt ein Blatt, an dessen Unterseite später abgelaicht wird. Immer wieder betupft er mit dem Maul die Unterseite des Blattes, aber es wird nicht nach Cichlidenart gereinigt. Ist das Weibchen laichbereit – dies geschieht meist zur Abendstunde –, sucht es immer häufiger das Blatt auf, unter dem sich das Männchen schon eingefunden hat.
Unten links: Das Brautkleid des Polycentrus schomburgki-Weibchens wird immer heller. Ist der Laichvorrat des Weibchens erschöpft, wird es verjagt. Nun übernimmt das Männchen die Brutpflege – dabei zeigt es wieder die „Normal"-Uniform.
Unten rechts: Die Jungen sind geschlüpft und hängen am Blatt. Noch werden sie vom Männchen behütet.
Aufnahmen: H.-J. Richter

Nicht durch Lebewesen bedingte Krankheiten

Geschwülste

Krankheitsursache: Gutartige und bösartige (Krebs-)Geschwülste treten auch bei Fischen auf. Einzelne Organe oder Teile wachsen zu abnormer Größe heran. Dabei ist der Begriff Organ sehr weit gefaßt. Bekannt sind die Melanosarcome bei auf schwarze Färbung gezüchteten *Xiphophorus*-Arten. Schwarze Farbstoffzellen durchwuchern die Muskeln. Es gibt Stämme, die regelmäßig jung an diesem Krebs sterben. Ist diese vererbte Krankheit so stark, daß die Tiere als Embryo oder Jungtier eingehen, stirbt der Fischstamm natürlich aus. Tritt der Tod erst nach dem ersten Wurf auf, kann man die Art fortzüchten. Genetiker können heute Tiere züchten, von denen sie genau sagen können, diese Tiere werden 4 Monate alt, andere vielleicht 5 oder 7.
Es gibt nur eine (nicht bösartige) Geschwulst bei Aquarienfischen, die heilbar sein kann: eine Schilddrüsenwucherung. Sie wird als Kehlkopfgeschwulst sichtbar. Unter dem Maul der Fische tritt eine Erhebung hervor. Manchmal kann der Fisch sein Maul nicht mehr schließen. Man behandelt mit einem Dauerbad, manchmal sind Wochen nötig, von Jodjodkalium[3]. Allerdings können Schilddrüsenwucherungen verschiedene Ursachen haben; nicht alle sprechen auf die Behandlung an.

Sauerstoffmangel

Der Sauerstoffbedarf der Fische ist je nach Art sehr unterschiedlich. Die meisten der üblichen Süßwasserfische kommen mit sehr wenig Sauerstoff aus; Korallenfische benötigen in der Regel höhere Konzentrationen. Bei Aquarien mit Belüftung kann praktisch kein Sauerstoffmangel auftreten. Aber auch in unbelüfteten Becken ist genügend Sauerstoff vorhanden, wenn die Oberfläche leicht bewegt ist; Voraussetzung ist allerdings, daß die Luft über der Oberfläche genügend Sauerstoff enthält. Bei Einbauaquarien oder Becken mit Deckscheibe ist das häufig nicht der Fall.
Sekundärer Sauerstoffmangel tritt auf, wenn zwar das Wasser genügend Sauerstoff enthält, der Fisch ihn aber nicht aufnehmen kann. Der Grund können Kiemen- oder Blutparasiten, Kiemenschädigungen durch innere Krankheiten[4] oder Vergiftungen (z. B. Nitrit, falscher pH usw.) sein.

Bild 10.72: Schilddrüsengeschwulst beim Zimtkärpfling Aphyosemion cinnamomeum

[1] s. S. 714
[2] s. S. 715 unter Volon A-Haftsalbe
[3] siehe S. 712
[4] z. B. Spironucleus, s. S. 688

Tafel 64
Oben: Der Indische Vielstachler, auch Nander genannt (Nandus nandus), lebt in stillen Süß-, zum Teil auch in Brackwässern von Indien bis Thailand. Dieser Nanderbarsch ist für aquaristische Dimensionen ein ziemlich gewichtiger Bulle und wie fast alle seine Verwandten ein räuberischer, verfressener Geselle.
Unten: Der Blattfisch (Monocirrhus polyacanthus) wird bis zu neun Zentimeter lang; der Räuber zeigt uns ein Paradebeispiel von Mimese, das heißt der Angleichung durch Form und Farbe an belebte und unbelebte Gegenstände. In unserem Falle tarnt sich der Blattfisch, indem er, kopfabwärts im Wasser stehend oder leicht dahinschwebend, in Gestalt und Färbung von einem im Wasser treibenden Blatt kaum zu unterscheiden ist. Sogar der Blattstiel fehlt nicht – hier als kleines Läppchen an der Unterlippe.
Aufnahmen: H. Hansen, Aquarium Berlin

Säurekrankheit

Zu saures Wasser kann tödliche Schäden verursachen. Ansäuern des Wassers darf nur (auch bei Torffilterung) unter ständiger pH-Kontrolle erfolgen. Ein pH unter 5,5 im Süßwasser ist zu vermeiden, auch wenn manche Fischarten bis pH 4 aushalten. Bei Seewasserbecken ist die Grenze bei pH 7,8 anzusetzen. Bei zu saurem Wasser schießen die Fische ruckartig durch das Becken. Infolge sekundärem Sauerstoffmangel[1] schnappen sie nach Luft. Der Tod kann langsam oder schnell eintreten, je nachdem, ob der pH rasch oder langsam sinkt. Eine schnelle Änderung von pH 8 auf 5,5 kann tödlich sein, ein langsames Absinken auf 4 kann dagegen vertragen werden. Die Fische sterben in normaler Haltung oft in Prachtfärbung. Zu saures, aber nicht tödliches Wasser bedingt eine Verschleimung der Haut, die milchig wird und sich später entzündlich rötet. Diese Erscheinung tritt am ganzen Körper, besonders den Flossen, auf. Durch Parasiten verursachte ähnliche Symptome sind auf einzelne Stellen beschränkt. Auf den Kiemen von in zu saurem Wasser gehaltenen Fischen findet sich häufig ein bräunlicher Belag.

Der pH kann durch vorsichtige Zugabe von Natriumbicarbonat-Lösung angehoben werden (im Seewasser einer Lösung von Natriumbicarbonat und Natriumcarbonat im Verhältnis 6:1). Eine Dosierung läßt sich nicht angeben, da bei weichem Wasser sehr wenig, bei härterem mehr notwendig ist. Der pH muß laufend gemessen werden, die Veränderung darf nicht zu schnell vor sich gehen.

Laugenkrankheit

Die Laugenkrankheit ist das Gegenteil der Säurekrankheit, der pH ist zu hoch. Als Grenzwert, der für keine Fischart überschritten werden sollte, ist pH 9 anzusehen (Ausnahmen gibt es, Stichlinge können mehrere Tage pH 11 ertragen). Die häufigste Ursache für zu hohen pH ist der Kohlendioxidverbrauch von Pflanzen bei starker Belichtung. Fische versuchen in zu basischem Wasser zu springen, sie stoßen an die Wände, Haut und Kiemen werden verätzt. Die Haut trübt sich. Bei raschem pH-Anstieg werden die Kiemen blaß, bei langsamem Wechsel fehlt dieses Symptom. Ein Ansäuern des Wassers ist nicht anzuraten, allenfalls sind Kohlensäurediffusoren sinnvoll. Ein teilweiser Wasserwechsel ist jedem chemischen Vorgehen vorzuziehen. Zutropfen von Säure ist gefährlich.

Gasblasen-Krankheit

Eine Flüssigkeit (Blut, Körperflüssigkeit, Wasser) löst unter hohem Druck mehr Gas als unter niedrigerem, bei niedrigerer Temperatur mehr als bei höherer. Bei einer bestimmten Temperatur und einem bestimmten Druck wird eine bestimmte Menge Gas gelöst. Ist für die gegebenen Bedingungen zuviel Gas in einer Flüssigkeit gelöst, haben wir den Zustand einer Übersättigung, der bei der kleinsten Störung ausgeglichen wird, indem Gasbläschen abgeschieden werden. Z. B. gibt Wasser aus der Leitung (hoher Druck), in ein Glas gefüllt, Bläschen ab[2]. Im Aquarium kann bei starker Bepflanzung (Algenwuchs!) und intensiver Sonneneinstrahlung leicht eine Übersättigung an Sauerstoff auftreten, die sich dann auch in der Gewebsflüssigkeit und im Blut der Fische einstellt. Bei Störungen und beim Wegfall der Sonneneinstrahlung sinkt die Übersättigung im Wasser rascher als im Tierkörper, im Tier treten dann feine Gasbläschen auf.

Unter der Haut finden sich feine Bläschen. Größere Fische knistern beim Herausnehmen. Abhilfe kann man durch Umsetzen in normales Wasser schaffen. Wasserbewegung an der Oberfläche verhindert das Auftreten der Gasblasenkrankheit.

Vergiftungen

Gifte im Wasser können so vielfältiger Natur sein, daß hier nur einige Beispiele erwähnt werden können.

1. Kohlendioxidvergiftung kommt im Aquarium praktisch nicht vor, es sei denn, man kippt Sprudel ins Aquarium oder die Kohlensäuredüngung wird unsinnig gehandhabt. Im belüfteten Becken sind normalerweise 0,6 mg/l Kohlendioxid enthalten. Mit Düngegeräten können es bis 6 mg/l werden. Die Gefahr beginnt bei 80 mg/l, tödlich sind 100 mg/l.

[1] s. S. 702, unten
[2] Zur Entgasung des Leitungswassers s. S. 304

2. Ammoniakvergiftungen[1] sind selten und nur in Wasser von höherem pH (etwa ab 8) möglich. Schuld können ungeeignete Düngemittel sein, die veraltete Bekämpfung von Hydren und Scheibenwürmern mit Ammoniumnitrat oder falsche Filterung.
3. Nitritvergiftungen[2] sind häufig, der Grund liegt bei falscher Filterung. Der Nitritgehalt ist in neueingerichteten Becken und nachdem der Filter gereinigt wurde, häufig zu messen. Mehr als 1 mg/l Nitrit ist zu beanstanden, zwischen 5 und 15 mg/l sterben Fische.
4. Nitratvergiftungen[3] kommen selten vor. Nur wenn das Wasser sehr selten gewechselt wird, können schädliche Werte erreicht werden. Zu beanstanden sind Werte über 80 mg/l (gelegentlich werden aber 800 mg/l ausgehalten).
5. Metallsalze im Wasser können giftig sein. Eisen ist, von Extremfällen abgesehen, harmlos. Zink (neu verlegte Wasserleitungen aus verzinktem Eisen) und Kupfer (Kupferrohre, destilliertes Wasser aus Kupferkesseln oder Kupferkühlschlangen) sind sehr gefährlich.
6. Gechlortes Wasser muß durchlüftet abstehen, bevor es benutzt wird. Entchlorungsmittel helfen zwar, abstehen lassen ist billiger und besser[4].
7. Kunststoffe, Kitte, Anstriche usw. sind manchmal nicht geeignet. Der Vermerk „Für Verpackung von Nahrungsmitteln zugelassen" besagt nichts über die aquaristische Verwendbarkeit. Manche Kunststoffe geben phenolische Verbindungen ab, die sehr giftig sein können. Die Preßspanplatten, aus denen Holzaquarien gefertigt werden, sind mit Phenolharzen getränkt. Wird der normalerweise aufgebrachte Kunstharzanstrich verletzt, können phenolische Verbindungen ins Wasser gelangen. Aber auch bei unvollständigem Eiweißabbau entstehen in geringen Mengen phenolische Verbindungen.
8. Futterschäden. Auf feucht gelagertem Trockenfutter können Schimmelpilze wachsen und dabei hochgiftiges Aflatoxin bilden. Trockenfutter sollte man daher nicht über dem Aquarium aufheben. Lebendfutter sollte aus sauberen Gewässern stammen. Rote Mückenlarven aus Abflüssen von Kläranlagen können giftig sein. Die Roten Mückenlarven speichern manche Stoffe stark, auch Gifte.
9. Insektizide, die zur Vernichtung von Fliegen, Mücken usw. im Zimmer angewandt werden, sind zumeist sehr stark fischgiftig. Das gleiche gilt von Pestiziden zur Bekämpfung von Unkraut. Solche Stoffe dürfen nicht ins Aquarium gelangen. Fliegen aus Wohnungen sollten nicht verfüttert werden, da sie häufig bereits mit Insektiziden in Berührung kamen.

Mechanische Verletzungen

Verletzungen durch Unfälle oder Bisse von Beckengenossen verheilen bei gesunden Fischen sehr rasch. Aquarienwasser enthält aber im Vergleich zu sauberem Naturwasser immer eine sehr hohe Zahl von Bakterien. Die Gefahr, daß fakultativ pathogene Keime solche Wunden befallen, ist daher groß, Man desinfiziert deshalb vorbeugend mit Rivanol[5], oder hält die Tiere im Acriflavin-Dauerbad[6].

[1] Nachweis von Ammoniak auf S. 377
[2] Nachweis von Nitrit auf S. 378
[3] Nachweis auf S. 380
[4] Zur Leitungswasserbehandlung s. S. 304
[5] s. S. 714
[6] s. S. 710

Die Medikamente

Medikamente gegen Krankheiten von Aquarienfischen werden im Fachhandel in großer Zahl angeboten. Gute, weniger gute und miserable. Eine Besprechung dieser Mittel wäre in kürzester Zeit veraltet, da das Angebot rasch wechselt. Hier muß der kritische Aquarianer selbst das Brauchbare vom Rest unterscheiden. Das ist allerdings schwer. Alle Mittel versprechen, unbedingt zu helfen. Leider geben nur wenige Hersteller die Zusammensetzung ihrer Präparate an und wenn, häufig mehr verschleiert (ungültige chemische Bezeichnungen, lateinische Umschreibungen) als korrekt. Vom Standpunkt des Produzenten mag das aus Konkurrenzgründen verständlich sein. Für den Aquarianer ist es unerfreulich. Ein paar Ratschläge können vielleicht helfen, die Spreu vom Weizen zu trennen. Achten Sie darauf, ob der Hersteller wenigstens die Namen der Krankheiten orthographisch richtig schreibt. Wer in der Werbung mit „jahrelanger Forschung" protzt und dann mehrere Schreibfehler macht (ein oder zwei Druckfehler sind natürlich einmal möglich), kann keinen Anspruch erheben, ernstgenommen zu werden.

Verdächtig sind auch Mittel, die versprechen, so ziemlich gegen jede Krankheit zu helfen. Man braucht gar nicht mehr zu wissen, was los ist, das Mittel XY hilft immer. Schön wäre es ja! Aber was würden Sie von einem Arzt halten, der, ohne Sie zu untersuchen, für Diphtherie, Spulwürmer und Malaria das gleiche Mittel verschreibt? Natürlich kann man verschiedene Wirkstoffe kombinieren und so einen breiteren Anwendungsbereich ermöglichen. Das hat aber seine sehr engen Grenzen, da bei vielen Medikamenten die Fischgiftigkeit stark ansteigt, wenn sie miteinander gemischt werden. Bei Kombinationspräparaten sollte immer genau angegeben sein, gegen welche Krankheiten sie eingesetzt werden können. Auch wenn wir solche Breitbandmittel benutzen, müssen wir sicher sein, daß eine damit beeinflußbare Erkrankung vorliegt. Jede unnütze Behandlung ist nicht nur nutzlos, sondern schadet. Ein Medikament, das Parasiten abtöten soll, muß giftig sein. Da aber verschiedene Lebewesen verschieden auf manche Substanzen reagieren, ist ein gutes Heilmittel bereits in einer Konzentration für den Parasiten tödlich, in der es den Fisch noch nicht schwer schädigt. Medikamente, die den Fisch überhaupt nicht belasten, gibt es nicht. Ausgenommen sind solche Mittel, die nicht eigentlich heilen, sondern nur die Abwehrkraft des Fisches steigern, so daß er allein besser mit der Krankheit fertig wird.

Ein weiteres Kriterium für die Güte eines Mittels ist die Form, in der es angeboten wird. Zum Beispiel enthalten viele der gegen *Ichthyophthirius* und andere einzellige Hauttrüber angebotenen Mittel Malachitgrün, teilweise mit Zusätzen, die die Wirkung steigern sollen. Für den Hersteller ist es nun am einfachsten, Malachitgrün samt Zusätzen in Wasser aufzulösen, in Fläschchen zu füllen und zu verkaufen. Leider ist aber Malachitgrün in Lösung nicht unbegrenzt haltbar. Es ist licht- und wärmeempfindlich. Die Flaschen sind daher undurchsichtig. Trotzdem kann es passieren, daß wir beim Fachhändler zu lange, zu hell oder zu warm gelagerte Packungen bekommen. Eine Heilwirkung ist dann nicht mehr möglich.

Medikamente in Tablettenform sind in der Regel über weit längere Zeit haltbar. Die Herstellung von Tabletten erfordert aber teure Maschinen und einen erfahrenen Galeniker. Tabletten sind flüssigen Heilmitteln bei gleicher Zusammensetzung der Wirkstoffe meist vorzuziehen. Allerdings gibt es Medikamente, die flüssig angeboten werden müssen, da sie ohne Lösungsvermittler nicht in Wasser löslich sind.

Wichtig ist für jeden Aquarianer, sich durch eine gute Fachzeitschrift die Erfahrungen anderer zunutze zu machen und sich über Neuheiten informieren zu lassen.

Die hier besprochenen Heilmittel und -methoden sind in zwei Gruppen geteilt. Die erste Gruppe „Heilmittel bei ungenauer Diagnose“ enthält eine Beschreibung der in der Bestimmungstabelle bei IV gegebenen Behandlungsvorschriften.

Der zweite Teil bringt eine Beschreibung mehr oder weniger spezifischer Heilmittel. Markennamen werden nur als Beispiel angegeben. Sonst ist allein die sog. Internationale Freibezeichnung aufgeführt, teilweise unter Hinzufügung des chemischen Namens. Sofern der Heilmittelhersteller die Zusammensetzung des Mittels angibt, kann man das Medikament danach auswählen. Für manche Heilmittel werden wir den Apotheker zu Rate ziehen müssen. Auch bei der Beschaffung kann er uns behilflich sein. Man muß sich allerdings klarmachen, daß solche Auskünfte für den Apotheker kaum alltäglich sind. Er muß in seinen Büchern und Listen nachschlagen. Dazu hat er während der Stoßzeiten keine Zeit. Wählen wir aber eine ruhige Stunde, um ihn um Rat zu fragen, wird er uns sicher weiterhelfen.

Aufgenommen in diese Liste wurde nur eine relativ kleine Anzahl bewährter Medikamente. Auf die Angabe von veralteten Medikamenten wurde verzichtet. Mit allen angegebenen Methoden besitze ich selbst Erfahrung. Mancher Leser wird das eine oder andere Mittel vermissen, das heißt nicht, daß es schlecht ist, wohl aber, daß es entbehrlich ist.

Zubereitung und Anwendung der Medikamente

Teilweise sind von den Heilmitteln nur sehr geringe Mengen notwendig. Oft sind es Bruchteile eines Grammes. Da der Aquarianer kaum eine auf Zehntel Milligramm (1 g = 1000 mg) genaue Analysenwaage zur Verfügung haben wird, müssen wir einen Ausweg suchen. Wir können uns die benötigten Mengen in der Apotheke auswiegen lassen. Häufig ist es jedoch billiger, sich durch Verdünnen zu helfen.

Wie wir dabei vorgehen, sei an einem Beispiel erklärt. Malachitgrün wird in Konzentrationen von 0,01–0,1 mg/l verwendet. Wir nehmen die Dosis von 0,02 mg/l. Auf einer Briefwaage lassen sich 2 g mit genügender Genauigkeit auswiegen. Besser noch geht es mit einer kleinen Hornschalenwaage, wie man sie für wenig Geld in einem Laborgeschäft kaufen kann. Die 2 g lösen wir in 1 Liter Wasser (= 1000 ml). In jedem Milliliter (= Kubikzentimeter) haben wir dann 2 mg (= 0,002 g). Wir verdünnen weiter, 100 ml der Lösung füllen wir in einem Meßzylinder auf 1 Liter auf. Das ist eine Verdünnung 1:10; in einem Milliliter der neuen Lösung sind dann 0,2 mg, also genug für 10 l Aquarienwasser.

Bei diesem Verfahren verschwenden wir natürlich Substanz. 2 g würden ja für 200 000 l Wasser reichen. Ob es billiger ist, jeweils eine große Menge eines Medikaments wegzuschütten, oder die Kosten für das Auswiegen zu bezahlen, muß man im Einzelfall entscheiden.

Wir unterscheiden verschiedene Anwendungsformen von Heilmitteln.

Bei einem Dauerbad schwimmen die Fische längere Zeit im Heilbad, mehrere Stunden bis mehrere Tage. Diese Form ist die einfachste, da man das Medikament direkt ins Aquarium geben kann. Bei manchen Heilmitteln kommt es allerdings zu Pflanzenschädigungen. Der Filter ist bei Zusatz von Medikamenten grundsätzlich abzuhängen, sonst wird das Heilmittel ausgefiltert. Ausnahme: Metallsalze wie Kupfer- oder Zinksulfat. Gefiltert darf während eines Dauerbades nur über frische Perlonwatte werden. Wer Schaumstoffilter verwendet, muß sie vor Beginn längere Zeit in 80° C heißem Wasser auswaschen, sofern der Schaumstoff das verträgt. Man kann den üblichen Filter während eines Dauerbades an einem Eimer Wasser o. ä. laufen lassen. Ohne Wasserdurchlauf darf ein eingefahrener Filter nie für mehr als eine Stunde stehen. Im Filter tritt dann Sauerstoffmangel auf, und Zersetzungsvorgänge ohne Sauerstoff beginnen. Dabei entstehen dann unerwünschte, teilweise giftige Abbauprodukte, die bei Wiederinbetriebnahme mit einem Schlag ins Aquarium gespült werden. Läuft ein eingefahrener Filter während einer Heilbehandlung weiter am Aquarium, kann nicht nur das Medikament herausgefiltert werden, es können auch die Filterbakterien abgetötet werden. Die Nitrifizierung der Eiweißabbauprodukte[1] ist dann gestört. Im Wasser kommt es zu Ammoniak- oder Nitritanhäufungen, die im Extremfall zum Tod der Fische führen können. Muß der Filter desinfiziert werden, weil anzunehmen ist, daß sich auch in ihm Krankheitserreger festgesetzt haben, so muß bei dem neubestückten Filter befürchtet werden, daß die Nitrifizierung in der ersten Zeit ungenügend ist. Regelmäßige Nitritmessungen sind daher anzuraten. Nach Beendigung des Dauerbades führt man am besten einen Teilwasserwechsel durch und entfernt die verbleibenden Reste des Medikaments durch Filterung über frische Aktiv-Kohle. Dabei dürfen nur erstklassige Aktivkohle-Sorten verwendet werden. Die teilweise angebotenen „billigen" Sorten (sogenannte Küchenkohle) nehmen die Medikamente nicht auf. Die zur Heilmittelausfilterung benutzte Kohle ist nach 24 Stunden gegen frische (oder anderes Filtermaterial) auszuwechseln. Auf mit Medikamenten belasteter Kohle siedeln sich häufig keine Bakterien an; der Filter wird nie richtig arbeiten.

Kurzbäder sind Heilbäder von ca. 10 Minuten bis 1 Stunde. Sie werden in besonderen Gefäßen durchgeführt. Die Fische müssen also aus dem Aquarium herausgefangen werden. Kurzbäder wendet man an, wenn so hohe Konzentrationen des Medikaments verwendet werden müssen, daß sie der Fisch als Dauerbad nicht aushalten würde. Da einzelne Arten empfindlicher reagieren als andere, muß man die Fische während der ganzen Zeit beobachten. Bei länger dauernder Seitenlage muß man die Patienten eventuell vorzeitig herausnehmen. Die Badetemperatur soll möglichst gleich der Aquarientemperatur sein. Nach dem Bad sollten sich die Fische einige Zeit in 1–2° C wärmerem, gut durchlüfteten Aquarienwasser (nicht Frischwasser) erholen können.

Tauchbäder dauern Sekunden oder wenige Minuten. Die Fische bleiben dazu im Netz. Tauchbäder kommen aber bei der Zierfischpflege kaum vor.

Ist eine Infektion nur auf einzelne Stellen der Fischoberfläche beschränkt, führt man Pinselungen durch. Der Fisch wird aus dem Wasser genommen, und die befallenen Stellen werden mit einem Wattebausch abgetupft, der mit dem Heilmittel vollgesogen ist. Der Fisch ist dabei so zu halten, daß keine Flüssigkeit in die Kiemenhöhlen gelangen kann. Der Vorteil solcher Pinselungen ist, daß örtlich sehr hohe, sonst fischtödliche Konzentrationen benutzt werden können.

[1] Über den Kreislauf des Stickstoffs im Aquarium siehe auch S. 376 ff.

Kurzbäder werden selbstverständlich immer in gesonderten Behältern (kleineren Aquarien, Eimern o. ä.) durchgeführt. Bei Dauerbädern steht man vor der Frage, ob sie im Aquarium, in dem die Fische gehalten werden, oder in einem separaten Gefäß stattfinden sollen. Für das Heimatbecken der Tiere spricht eine ganze Reihe von Gründen. Die Fische, sowieso geschwächt, werden nicht durch Herausfangen und neue Bedingungen zusätzlich belastet. Im Aquarium, aber nicht am Fisch lebende Stadien des Erregers werden mit bekämpft (Eier und Sporen mancher Parasiten sind allerdings gegen die verwendeten Mittel unempfindlich). Tiere, die zwar gesund erscheinen, aber sich vielleicht doch schon im Anfangsstadium der Krankheit befinden, werden mit erfaßt.
Für eine Kur in einem gesonderten Becken lassen sich aber auch gewichtige Argumente anführen. Der Pflanzenwuchs wird geschont. Fische, die gar nicht erkrankt sind, werden nicht unnütz belastet. Der wichtigste und schwerwiegendste Einwand gegen eine Kur im „Normalaquarium" ist aber, daß jedes Medikament den biologischen Haushalt des Aquariums, vor allem den bakteriellen Stickstoffabbau, durcheinander bringt. Ein Aquarium verhält sich nach einer Kur oft heikler als ein neu eingerichtetes Becken.
Welche Form der Behandlung zu wählen ist, muß der Aquarianer im Einzelfall entscheiden. Wird die Kur im Aquarium durchgeführt, so müssen danach die wichtigsten Wasserwerte (vor allem pH und Nitrit) über längere Zeit sorgfältig kontrolliert werden, bis man sich sicher ist, daß wieder einigermaßen stabile Zustände erreicht sind.

Behandlungsvorschläge bei ungenauer Diagnose

A.
Bei unspezifischen Krankheitssymptomen im Süßwasser hilft oft ein Zusatz von Kochsalz[2]. Die oft empfohlene Dauerzugabe von Kochsalz zum Aquarienwasser dient dem gleichen Zweck. Gut gehaltene Fische bedürfen aber einer solchen Dauerbehandlung nicht.

B.
Brackwasserfische leben in der Natur meist in Wasser mit ständig wechselndem Salzgehalt. Im Aquarium sollte, da ein ständiger Wechsel nicht möglich ist, der Salzgehalt hoch liegen. Bei zu tiefer oder reiner Süßwasserhaltung treten oft unspezifische Krankheitserscheinungen auf. Häufig hilft dann eine Salzzugabe, man geht je nach Art bis zu einer Dichte[3] von 1,012 (24° C).

C.
Bei Verdacht auf bakterielle Erkrankungen behandelt man mit Nitrofuran-Präparaten[4] oder Sulfonamiden[5]. Antibiotika[6] sind bei unsicherer Diagnose weniger zu empfehlen, da man gar keinen Anhaltspunkt hat, ob die (uns ja nicht bekannten) Bakterien gegen ein bestimmtes Antibiotikum empfindlich sind.
Die Medikamente werden durch Teilwasserwechsel ($^1/_3$–$^1/_2$) und Filterung über Aktivkohle entfernt.

D.
Seewasserfische mit unspezifischen Symptomen zeigen häufig eine Besserung im Befinden, wenn man die Dichte herabsetzt. Werte von 1,020 (24° C) sind für längere Zeit ohne weiteres möglich. Noch geringere Dichten können als Kur für einige Tage angewandt werden. Wirbellose vertragen Dichteänderungen schlechter.

E.
Es wird eine Behandlung mit Trichlorfon-haltigen[7] Präparaten vorgeschlagen, im Normalfall als Dauerbad, wenn dieses versagt als Kurzbad.
Richtet sich der Verdacht gegen Kiemen- oder Hautwürmer, ist die Behandlung dreimal im Abstand von je 6 Tagen zu wiederholen. Das Medikament wird durch Teilwasserwechsel ($^1/_3$–$^1/_2$) und 24stündige Filterung über Aktivkohle entfernt.

F.
Gegen alle zu den Gliederfüßlern (Arthropoden) gehörenden Parasiten hilft eine Behandlung mit Lindan[8]. Die Empfindlichkeit gegen Lindan ist von Fischart zu Fischart unterschiedlich. Man muß im eigenen Versuch entscheiden, ob eine solche Kur angebracht ist oder nicht.

[2] Kochsalzdauerbad s. S. 712
[3] Die Dichte des Wassers mißt man mit einem Aräometer. Erhältlich im Laborfachhandel.
[4] s. S. 713
[5] s. S. 714
[6] s. S. 710
[7] s. S. 714
[8] s. S. 713

G.
Es besteht der Verdacht auf einzellige Hauttrüber. Man behandelt mit Malachitgrün[1] oder einem Malachitgrün-haltigen Handelspräparat. Da unklar ist, welcher Hauttrüber vorliegt, dehnt man die Behandlung sicherheitshalber auf 9–12 Tage aus. Im Verhalten der Fische sollte sich aber spätestens am dritten Tag eine Besserung zeigen. Ist das nicht der Fall, filtert man nach einem Teilwasserwechsel ($^1/_3$–$^1/_2$) 24 Stunden über frische Aktivkohle und führt dann die evtl. alternativ angeführten Kuren durch.

H.
Gegen im Fisch parasitierende Flagellaten haben sich Metronidazol-haltige Präparate[2] bewährt. Diese Medikamente sind sehr wirksam, da sie den Fisch aber nicht unerheblich belasten, sollten sie nicht ohne Grund, nur „zur Vorsicht" angewandt werden.

I.
Verletzte Körperstellen oder Parasitenbefall an eng umschriebenen Stellen lassen sich außerhalb des Wassers durch Betupfen mit Rivanol[3] gut behandeln.

K.
Gegen Hautparasiten im Seewasser helfen Kuren mit Kupfersulfat[4]. Man sollte aber Kupferkuren nicht wahllos bei jedem „Unwohlsein" anwenden.

L.
Gegen Hautparasiten im See- und Süßwasser kann Chinin[5] eingesetzt werden. Chinin belastet die Fische, und vor allem die biologischen Vorgänge im Wasser stärker als Malachitgrün. Der Einsatz von Chinin sollte daher auf Fälle beschränkt werden, bei denen Malachitgrün wirkungslos ist.

Acriflavin (Trypaflavin)

3,6-Diamino-10-methylacridiniumchlorid.
Acriflavin ist ein Acridinfarbstoff, der gegen einzellige Hautparasiten wirkt. Erhältlich ist es in Apotheken.
Anwendung: 0,1 g bis 1 g pro 100 Liter Aquarienwasser. Das Wasser färbt sich intensiv gelbgrün. Badedauer je nach Parasit 2–7 Tage.
Wirkung auf Pflanzen: Besonders in den höheren Konzentrationen können Pflanzen stark geschädigt werden.

Antibiotika

Antibiotika sind ursprünglich aus Lebewesen (vor allem Pilzen) isolierte Stoffe, die in verschiedener Weise in den Stoffwechsel von Bakterien eingreifen und ihren Wuchs hemmen. Manche Antibiotika können heute auch synthetisiert werden.
Kein Antibiotikum wirkt gegen alle Bakterien, jedes greift nur eine mehr oder weniger große Gruppe an. Da wir meist nicht wissen, welches Bakterium vorliegt, ist die Anwendung ungewiß. Immerhin wirken Chloramphenicol und Oxytetracycline gegen die bei Aquarienfischen am häufigsten Krankheiten verursachenden Bakterien. Durch die Anwendung von Antibiotika werden leicht gegen das entsprechende Antibiotikum resistente Bakterien herausgezüchtet. Infolge der kritiklosen Massenanwendung von Antibiotika durch Aquarianer in aller Welt existieren heute viele pathogene Bakterienstämme in unseren Aquarien, die mit Antibiotika nur schlecht oder gar nicht zu bekämpfen sind.
Bis zu einem gewissen Grad können manche Antibiotika auch gegen manche Einzeller wirksam sein. Da uns aber zu deren Bekämpfung andere, sicherer wirkende Mittel zur Verfügung stehen, sind Antibiotika in diesen Fällen nicht notwendig. Antibiotika sind bequem in der Anwendung, trotzdem sollten Sulfonamide und Nitrofurane in der Aquaristik bevorzugt werden.
Anwendung: Entsprechende Präparate sind in Apotheken erhältlich (rezeptpflichtig). Chloramphenicol (d-Threo-1-p-nitro-phenyl-2-dichlor-acetylaminopropanol-1,3) wird als Dauerbad in einer Konzentration von 50–80 mg pro Liter gegeben. Die Badedauer beträgt 8 Stunden. Tetracycline gibt man in einer Konzentration von 250 mg pro Liter. Badedauer 12–30 Stunden. Tetracycline haben eine relativ gute Wirkung gegen Einzeller.

[1] s. S. 713
[2] s. S. 713
[3] s. S. 714
[4] s. S. 712
[5] siehe nächste Seite

Eine Behandlung mit Antibiotika im Aquarium ist möglich, sollte aber vermieden werden, da so behandelte Becken lange brauchen, bis sich wieder eine normale Bakterienflora im Boden bildet. Es kommt dann leicht zu ungenügender Nitrifizierung.
Wirkung auf Pflanzen: Zu vernachlässigen, solange die Bodenbakterien nicht vollständig vernichtet werden.

Betäubungsmittel

Um Fische zu betäuben, ist das gebräuchlichste Mittel MS-222 (Sandoz), das allerdings nicht leicht zu beschaffen ist (Feinchemikalienhandel, chem. Bezeichnung m-Aminobenzoesäureäthylester · methansulfonat). Um einen Fisch ruhig zu stellen, benutzt man 0,05–0,1 g/l. Die Tiere sollten nicht länger als 15 Minuten in der Lösung bleiben. Mit schwächeren Lösungen tritt der Erfolg später ein, man kann dann die Behandlung aber länger ausdehnen. Von dem Mittel Propoxate der Janssen-Chemie benötigt man 0,2–0,4 mg/l. Zur Tötung von Fischen verwendet man doppelt bis dreifach starke Lösungen.

Chinin

Chinin ist als Chininsulfat oder Chininhydrochlorid in der Apotheke erhältlich. Welche der beiden Formen man verwendet, ist gleichgültig. Das Hydrochlorid ist etwas besser löslich. Chinin ist rezeptpflichtig.
Anwendung: Man gibt 1–1,5 g Chinin auf 100 l Aquarienwasser. Chinin verschwindet mit der Zeit aus dem Wasser und muß dann nachdosiert werden.
Eine ungefähre Bestimmung des Chinins ist auf folgende Art möglich. Man löst 1 g Phosphormolybdänsäure in 100 ml Wasser. Fügt man von dieser Lösung ein paar Tropfen zu frisch mit Chinin versetztem Aquarienwasser in einem Tablettenröhrchen oder ähnlichem, so tritt eine weißliche Opaleszenz auf. Ist bei einer späteren Kontrolle die Opaleszenz verschwunden oder deutlich schwächer, dosiert man $^1/_3$–$^2/_3$ der Anfangsdosis nach.
Wirbellose vertragen Chinin schlecht, Algen überleben meist.

Concurat®

2,3,5,6-Tetrahydro-6phenyl-imidazo(2,1-b)thiazol-hydrochlorid.
Concurat ist ein Wurmpräparat der Veterinärmedizin. In der Aquaristik kann es in hartnäckigen Fällen von Darmnematoden angewandt werden.
Anwendung: Man gibt lebende Rote Mückenlarven in eine Concuratlösung, die 300 mg/l enthält. Wenn die ersten Mückenlarven absterben, verfüttert man die noch lebenden. Es gelingt so, die Fische sozusagen „Tabletten schlucken" zu lassen. Andere Futtertiere speichern Concurat nicht, so daß nur Rote Mückenlarven geeignet sind. Auch mit Concurat behandelte und dann tiefgefrorene Mükkenlarven sind wirksam.

Formalin-Kurzbad

Formaldehyd (CH_2O) ist ein sehr wirksames Zellgift. Fische vertragen eine Badedauer von 20–45 Minuten, während dieser Zeit werden manche wirbellosen Parasiten bereits abgetötet. Formalinbäder sollten nur als allerletzte Möglichkeit angewandt werden, da die Kiemen leicht zu sehr geschädigt werden.
Anwendung: 2 ml der in Apotheken oder Drogerien käuflichen 38–40%igen Lösung werden zu 10 Liter Wasser gegeben.
Vorsicht! Formaldehyd riecht stark und gerbt die Haut. Augen, Mund und Nase dürfen nicht mit Formalin in Berührung kommen.

Griseofulvin

7-chlor-4,6-dimethoxycumaran-3-on-2-spiro-1'-(2'-methoxy-6'-methyl-cyclohex-2'en-4'on).
Griseofulvin ist ein fungizides (Pilze abtötendes) Mittel, das in der Humanmedizin heute wenig verwendet wird, da es die Leber schädigt. Tabletten, die Griseofulvin enthalten, sind unter Handelsnamen in der Apotheke erhältlich.
Anwendung: 10 mg pro Liter Aquarienwasser. Die Tabletten sind schlecht löslich. Badedauer mehrere Tage.

Wirkung auf Pflanzen: Pflanzenwachstum stockt, die Pflanzen gehen aber nicht ein.

Jodjodkalium

Mit einem Zusatz von Jodjodkaliumlösung soll bei Schilddrüsenwucherungen vermehrt Jod angeboten werden. Jod benötigt die Schilddrüse zur Produktion ihres Hormons Thyroxin. Da nicht alle Schilddrüsenwucherungen auf Jodmangel zurückgehen, ist nicht immer mit einem Erfolg zu rechnen.
Herstellung (selbst oder Apotheke): 1 g Jod und 100 g Kaliumjodid (KJ) werden in einem Liter Wasser gelöst.
Anwendung: Pro Liter Aquarienwasser werden 0,5 ml der Jodjodkaliumlösung zugesetzt. Eine Nachdosierung ist nicht erforderlich. Solange mit Jodjodkalium behandelt wird, darf keine UV-Lampe betrieben werden.
Wirkung auf Pflanzen: keine.

Kochsalzlösung, physiologische

Man löst 8,5 g Kochsalz in einem Liter destilliertem Wasser.

Kochsalz-Kurzbad

Kochsalz (Natriumchlorid, NaCl) wird in höheren Konzentrationen von vielen wirbellosen Parasiten schlechter als vom Fisch vertragen. Je nach Art vertragen die Fische 15 (z. B. Diskus) bis 40 (z. B. Goldfisch) Minuten Badedauer.
Anwendung: 20 g Kochsalz pro Liter Badeflüssigkeit lösen.

Kochsalz-Dauerbad

Kochsalz (Natriumchlorid, NaCl) verursacht in schwachen Konzentrationen eine vermehrte Schleimabsonderung durch die Oberhaut der Fische. Dadurch werden Hautparasiten von den Zellen der Haut abgedrängt. Der abgegebene Schleim hat in vielen Fällen eine antibakterielle Wirkung.
Anwendung: 0,05–0,3 g Kochsalz pro Liter werden dem Aquarienwasser zugesetzt. Für ausgesprochene Weichwasser-Fische wählt man die geringere Konzentration, für Hartwasserfische die höhere. Weichwasserfische sollten nicht unbegrenzt in diesem Dauerbad gehalten werden.
Wirkung auf Pflanzen: 0,05 g pro Liter wird von allen Pflanzen vertragen, nur *Cabomba* wächst schlechter. 0,3 g pro Liter überstehen längere Zeit nur die Pflanzen, die auch in der Natur salzhaltiges Wasser lieben.

Kupfersulfat

Kupfersulfat ($CuSO_4 \cdot 5\,H_2O$) ist in Form blauer Kristalle in Drogerien und Apotheken erhältlich. Es ist auch in geringen Dosen äußerst giftig für Wirbellose und Algen. Fische ertragen etwas mehr, trotzdem muß sehr genau dosiert werden. Im Süßwasser sind Behandlungen mit Kupfersulfat riskant.
Anwendung: I. 3 g Kupfersulfat werden in 1 Liter destilliertem Wasser gelöst und 0,5 ml dieser Lösung pro Liter Aquarienwasser zugegeben. Bei gut eingefahrenem alten Seewasser dosiert man die Hälfte der angegebenen Dosis am 4. und 7. Tag nach. Bei frischem Wasser gibt man die halbe Dosis am 3., 5. und 7. Tag. In sehr neuem Seewasser sollte man nicht mit Kupfersulfat arbeiten.
II. Man löst 4 g Kupfersulfat und 0,25 g kristallisierte Zitronensäure in 1 Liter destilliertem Wasser auf. Durch die Zugabe von Zitronensäure verschwindet das Kupfersulfat nicht so rasch aus dem Seewasser, dafür ist es aber auch weniger wirksam; daher muß man höher dosieren (4 statt 3 g). Man fügt wieder 0,5 ml pro Liter Aquarienwasser zu. Man dosiert bei altem, gut eingefahrenem Seewasser am 2. und 4. und 6. Tag die Hälfte der Dosis nach. Bei frischem Seewasser fügt man $^2/_3$ der Anfangsdosis an diesen zu.
In allen Fällen ist zu beobachten, ob die Fische unruhig werden, in diesem Fall ist sofort ein Teilwasserwechsel durchzuführen. Bessert sich das Verhalten der Tiere nicht spätestens am 3. Tag, muß stärker nachdosiert werden. Badedauer bei *Oodinium* 5 Tage, bei *Cryptocaryon* noch 5 Tage, nachdem keine Symptome mehr vorhanden sind.

Nebenwirkungen: Die meisten Wirbellosen und Algen sterben bei Kupferbehandlung[1] ab. Vorsicht, stärker veralgte Becken können dabei umkippen.

Lindan

γ-Hexachlorcyclohexan.
Lindan ist ein äußerst wirksames Insektizid, das gegen alle Gliederfüßer, also auch Krebse wirkt. Lindan ist als reine Substanz auf Bestellung in der Apotheke erhältlich. Die Substanz ist jedoch sehr giftig, so daß vielleicht der Apotheker Bedenken haben wird, sie abzugeben. Beim Arbeiten mit Lindan sollte man sehr sorgfältig vorgehen.
Auch Fische sind gegen Lindan empfindlich, man muß sie während des Bades sehr genau beobachten.
Anwendung: Lindan ist fast unlöslich. Man gibt eine winzige Menge (eine Messerspitze ist noch zuviel) auf einen Eimer Wasser. Die unabwägbare Menge, die sich löst, reicht aus. Man bringt die Fische in den Eimer und beobachtet sie genau. Treten Lähmungserscheinungen auf, so müssen die Tiere sofort herausgenommen werden. Wenn möglich, beläßt man die Tiere bis zu 10 Minuten im Wasser, aber auch 3 reichen meist aus.
Nach dem Herausnehmen spült man die Fische gut mit viel Aquarienwasser ab und setzt sie in ein gesondertes Aquarium mit eingefahrenem Wasser zur Erholung.

Malachitgrün

p-Dimethylaminofuchsondimethylammonium-Salz.
Malachitgrün ist in Form von Oxalat oder als Zinkchlordoppelsalz (meist als Chlorid bezeichnet) erhältlich. Das Oxalat bildet tiefgrüne Blättchen, das Chlorid gelbgrüne prismatische Kristalle. Das Oxalat ist fischgiftiger, aber auch wirksamer. Es sind daher die niedrigsten Konzentrationen einzuhalten. Das Chlorid wird in den höheren Konzentrationen verwendet.
Malachitgrün ist der Hauptbestandteil der meisten im Fachhandel gegen *Ichthyophthirius* und andere Hauttrüber angebotenen Heilmittel. Diese enthalten häufig noch Zusätze, die die Wirkung verstärken sollen.
Anwendung: Man löst 1 g Malachitgrün in 1 Liter Wasser und gibt pro 100 l Aquarienwasser 1–10 ml der Lösung zu. Bei Oxalat sollte man 5 ml nicht überschreiten. Am 3. und 5. Tag gibt man die Hälfte der anfangs gegebenen Menge nach. Bei längerer Behandlung *(Costia)* dann jeden 3. Tag.
Vorsicht beim Arbeiten mit Malachitgrün. Es hat eine ungeheure Färbekraft und gibt schwer entfernbare Flecken.
Wirkung auf Pflanzen: Nur bei sehr langer Anwendung und besonders empfindlichen Pflanzen.

Metronidazol

1ß-(Hydroxyäthyl)-2-methyl-5-nitroimidazol.
Metronidazol wird in der Humanmedizin gegen in den Geschlechtswegen parasitierende Flagellaten verwendet. Präparate mit Metronidazol sind unter verschiedenen Namen in der Apotheke erhältlich. Für aquaristische Zwecke sind nur die Tabletten zum Einnehmen verwendbar. Stäbchen zum Einführen enthalten fischschädliche Begleitstoffe.
Anwendung: 4 mg/l. Meist enthalten die Tabletten 250 mg, reichen also für 62,5 l. Man zerstößt die Tabletten am besten vorher, damit sie sich schnell lösen. Badedauer: 3–4 Tage.
Wirkung auf Pflanzen: Empfindliche Pflanzen können unter Umständen für ca. 1 Woche das Wachstum einstellen, gehen aber nicht ein.

Nitrofurane

Nitrofurane sind in der Humanmedizin häufig angewandte bakterizide Medikamente. Einer Anwendung in der Aquaristik steht die Unlöslichkeit im Wasser entgegen. Von verschiedener Seite wurden Versuche gemacht, Nitrofurane trotz dieser Schwierigkeit in der Fischmedizin einzusetzen. Wir machten sehr gute Er-

[1] Der Kupfergehalt des Seewassers läßt sich mit bei größeren Anlagen noch vertretbarem Aufwand chemisch relativ einfach bestimmen. Man benutzt dazu den Hellige-Komparator mit der Meßscheibe „Kupfer in kleinen Mengen". Die dem Gerät beigegebene Gebrauchsanweisung unterrichtet über alles Notwendige, auch über die notwendigen Chemikalien.
Geht man bei der Bestimmung von 50 ml Aquarienwasser aus, so entsprechen die Meßzahlen des Gerätes (linke Spalte) einem Gehalt von x mg Kupfersulfat im Liter (rechts).

Meßzahl	Kupfersulfat mg/l
1,25	0,1
2,5	0,2
3,75	0,3
5	0,4
10	0,8
15	1,2
20	1,6
30	2,4
40	3,1

Man mißt in regelmäßigen Abständen und dosiert jeweils soviel Kupfersulfatlösung nach, daß die Konzentration nicht unter 0,8 mg/l (Meßwert 10) sinkt und nicht über 1,6 mg/l (Meßwert 20) ansteigt.

fahrung mit Nifurpirinol (6-hydroxymethyl-2-(2-(5-nitro-2-furyl)vinyl)pyridin), das als Furanace® im Handel ist. Ebenfalls gut geeignet erwies sich Monafuracin, das in seiner Wirkung allerdings Furanace nicht erreicht. Beide Mittel stammen aus Japan und sind in der Bundesrepublik z. Z. nur mit Schwierigkeiten erhältlich[1]. Sie werden als Dauerbad in einer Konzentration von 2 mg/l angewandt. Man kann notfalls ohne Bedenken auch 4 mg/l anwenden. Nach 2—3 Tagen ist die Hälfte des Wassers zu wechseln und über Aktivkohle zu filtern. Da die Nitrofurane äußerst potente Bakterizide sind, sind Filter tot, die mit diesem Mittel in Berührung gekommen sind.
Wirkung auf Pflanzen: Direkt keine, wenn jedoch alle Bodenbakterien vernichtet sind, verkümmern auch die Pflanzen.

[1] Inzwischen unter dem Namen Furanace-P im Fachhandel.

Rivanol

Rivanol ist ein dem Trypaflavin verwandter Acridinfarbstoff. Man erhält es in der Apotheke in Form von Tabletten, die 100 mg Farbstoff enthalten.
Anwendung: Man löst eine Tablette in 100 ml heißem Wasser und läßt abkühlen. Dann wird ein Wattebausch in die Lösung getaucht und die zu behandelnden Stellen am Fisch außerhalb des Wassers abgetupft. Der Fisch muß dabei so gehalten werden, daß keine Rivanollösung in die Kiemen kommen kann. Statt Rivanol kann notfalls Acriflavin verwendet werden.

Sulfanilamid

4-Aminophenylsulfonamid.

Sulfothiazol

2-(4'-aminobenzolsulfonamido)thiazol.
Beide Verbindungen gehören zu der Klasse der Sulfonamide, die als stark bakterizide Stoffe auch in der Humanmedizin eingesetzt werden. Sie sind meist als freie Substanzen nicht in Apotheken vorrätig. Auf Bestellung kann sie jedoch der Apotheker besorgen.
Anwendung: Man gibt pro Liter Aquarienwasser 100 mg der Substanz zu. Beide Stoffe sind recht schlecht löslich. Es ist nicht möglich, die Menge in einem kleinen Volumen Wasser vorzulösen. Man verreibt die Substanzen am besten mit etwas Wasser, so daß keine Klumpen entstehen, und gibt die Aufschwemmung ins Becken und verteilt sie gleichmäßig. Eine leichte Trübung im Aquarium ist ohne Bedeutung. Badedauer 3 Tage.
Wirkung auf Pflanzen: Die Sulfonamide können für kurze Zeit ein Nachlassen oder einen Stillstand des Bakterienwachstums verursachen. Werden alle Bodenbakterien mit abgetötet, kann die Bepflanzung zusammenbrechen. Man behandelt besser in unbepflanzten kleinen Becken.

Trichlorfon

(2,2,2-Trichlor 1-hydroxyäthyl)phosphorsäure-dimethylester.
Trichlorfon wird sowohl als Insektizid wie auch als Wurmmittel verwendet. Es kann in der Aquaristik gegen parasitische Krebse, Haut-, Kiemen- und Darmwürmer eingesetzt werden. Trichlorfon ist in der Apotheke als Neguvon® oder, für unsere Zwecke geeigneter, als Masoten® in Großpackungen für Teichfische erhältlich. Alle im folgenden genannten Maßangaben beziehen sich auf Masoten. Für Neguvon sind sie um 20 % zu verringern. Es ist zu erwarten, daß in der Zukunft Masoten auch in kleineren, für die Aquaristik geeigneten Abpackungen angeboten werden wird. Masoten wird als Dauerbad mit einer Konzentration von 0,4mg/l für 3 Tage angewandt. Die Temperatur soll mindestens 20°, höchstens 28° betragen. Gegen parasitische Krebse, die allermeisten Haut- und Kiemenwürmer sowie *Camallanus* wirkt diese Konzentration zuverlässig. Sie ist auch, soweit meine Erfahrungen reichen, für alle Fische anwendbar. Für viele Fische kann man unbedenklich auch auf höhere Konzentration gehen. Andere Arten sind dagegen recht empfindlich. Panzerwelse z. B. vertragen Masoten recht schlecht. Die Behandlungstemperatur sollte 28° C nicht überschreiten. Notfalls Temperatur vorher absenken. Gegen *Capillaria* sind 1,6 mg/l Masoten notwen-

dig, eine Dosis, die nicht mehr alle Fische vertragen. Im Seewasser sollte mit 0,6 mg/l gearbeitet werden. Die allermeisten Arten vertragen diese Kur, jedoch fehlen bei der Vielzahl der Seefische noch genügend Erfahrungen. Es empfiehlt sich daher, vorsichtige Versuche selbst zu machen.
In den seltenen Fällen, wo Haut- und Kiemenwürmer im Dauerbad nicht reagieren, oder bei ausgesprochenen Kaltwasserfischen, kann ein 5—10minütiges Kurzbad in einer 0,3%igen Masoten-Lösung angewandt werden. Gegen Darmwürmer ist dieses Kurzbad meist unwirksam.
Wirkung auf Pflanzen: Bei normaler Anwendung keine.

Volon-A-Haftsalbe

Triamcinolon-acelonid-Graneodin
Neomycinsulfat
Gramicidin.
Die Inhaltsstoffe der Salbe sind von sekundärer Bedeutung. Wichtig ist, daß sie eine auch unter Wasser haftende Schicht auf der Haut bildet. Von infizierten Zellen freigegebene Viren bleiben zumindest zum großen Teil in der Salbenschicht stecken und können keine neuen Zellen infizieren.
Anwendung: Befallene Stellen werden außerhalb des Wassers mit Volon-A-Haftsalbe betupft. Man läßt ca. 20 Sekunden trocknen und bringt die Tiere ins Wasser zurück. Der Behandlungserfolg ist unsicher.

Zinksulfat

$ZnSO_4 \cdot 7H_2O$.
Zinksulfat ist in Form weißer Kristalle in Apotheken und Drogerien erhältlich. Für Zinksulfat gilt grundsätzlich das unter Kupfersulfat (s. S. 712) Gesagte.
Anwendung: Man löst 3 g Zinksulfat in 1 l destillierten Wasser und fügt von dieser Lösung 0,6 ml pro Liter Aquarienwasser zu. Eine Nachdosierung sollte in frischerem Seewasser am 4. und 7. Tag, in altem, gut eingefahrenem am 5. oder 6. Tag erfolgen.
Zinksulfat läßt sich mit Chinin kombinieren. Wirbellose und Algen vertragen Zink nicht, mit Ausnahme einiger Krebse.

Register

Kursiv gesetzte Seitenzahlen weisen auf Abbildungen hin.